आधुनिक असामान्य मनोविज्ञान
(MODERN ABNORMAL PSYCHOLOGY)

(भारतीय विश्वविद्यालयों के त्रिवर्षीय बी० ए०, एम० ए०, नैदानिक मनोविज्ञान में डिप्लोमा पाठ्यक्रम, संघ लोक सेवा आयोग, राज्य लोक सेवा आयोग, यू० जी० सी० के जेआरएफ/नेट (NET) पाठ्यक्रमों पर सम्पूर्णतः आधृत)

अरुण कुमार सिंह
एम० ए० (स्वर्णपदक प्राप्त), पी-एच० डी०
पूर्ववर्ती विभागाध्यक्ष
स्नातकोत्तर मनोविज्ञान विभाग
पटना विश्वविद्यालय, पटना-800 005
एवं
पूर्ववर्ती निदेशक
मनोवैज्ञानिक शोध एवं सेवा संस्थान
पटना विश्वविद्यालय, पटना-800 005

मोतीलाल बनारसीदास
दिल्ली, मुम्बई, चेन्नई, कोलकाता,
बंगलूरू, वाराणसी, पटना

*पुनर्मुद्रण : दिल्ली, **2019***
सप्तम् संशोधित एवं परिवर्द्धित संस्करण ; 2013
प्रथम संस्करण : 2001

ISBN: 978-81-208-2223-8 (सजिल्द)
ISBN: 978-81-208-2224-5 (अजिल्द)

मोतीलाल बनारसीदास

41 यू.ए. बंगलो रोड, जवाहर नगर, दिल्ली 110 007
49, 8th एफ मेन, III ब्लॉक, जयनगर, बंगलूरू 560 011
1-बी, ज्योति स्टुडियो कम्पाउन्ड, केन्नेडी ब्रिज, नाना चौक, मुम्बई 400 007
203 रायपेट्टा हाई रोड, मैलापोर, चेन्नई 600 004
9 पँचानन घोष लेन, फर्स्ट फ्लोर, कोलकाता 700 009
अशोक राजपथ, पटना 800 004
चौक, वाराणसी 221 001

आर.पी. जैन के द्वारा एन ए बी प्रिंटिंग यूनिट,
ए-44, नारायणा, फेज़-1, नई दिल्ली 110 028 में मुद्रित
एवं जे.पी. जैन द्वारा मोतीलाल बनारसीदास
41 यू.ए., बंगलो रोड, जवाहर नगर, दिल्ली-110 007 के लिए प्रकाशित

समर्पण

सहधर्मिणी कुमुद रानी
को जिनके प्रोत्साहन एवं
स्नेह की आधारशिला
पर इस पुस्तक की
नींव पड़ी

सातवाँ संस्करण

'आधुनिक असामान्य मनोविज्ञान' का सातवाँ संस्करण अभी आपके हाथ में है। लगभग प्रत्येक अध्याय में विभिन्न विश्वविद्यालयों, लोक सेवा आयोग एवं यूजीसी के नेट (NET) पाठ्यक्रमों में होने वाले परिवर्तनों के आलोक में नवीन तथ्यों एवं व्याख्याओं को सरलतम भाषा में प्रस्तुत किया गया है। इन सबों से उन छात्रों को परीक्षा की तैयारी में काफी मदद मिलेगी जो यूजीसी के नेट, लोक सेवा आयोग की परीक्षाओं की तैयारी कर रहे हैं। यथासंभव पिछले संस्करण की त्रुटियों को सुधारकर पंचम संस्करण को आकर्षक बनाया गया है।

आशा है यह संस्करण लोग काफी पसंद करेंगे तथा वे हमें अपने विचार से अवगत करायेंगे।

सितम्बर, 2013

—अरूण कुमार सिंह

प्रस्तावना

'आधुनिक असामान्य मनोविज्ञान' एक ऐसी पुस्तक है जिसकी आवश्यकता न केवल छात्रों को बल्कि शिक्षकों को भी है। इसमें मनसिक रोगों तथा उनसे संबंधित नवीनतर सिद्धान्तों का उल्लेख सरल एवं सुगम भाषा में किया गया है। इतना ही नहीं, प्रत्येक मानसिक रोग की व्याख्या एक नैदानिक केस (clinical case) के माध्यम से की गयी है ताकि छात्रों को संबंधित मानसिक रोग के लक्षणों एवं कारणों को समझने में विशेष मदद मिले।

प्रस्तुत पुस्तक में 27 अध्याय हैं जिनमें कई महत्त्वपूर्ण विषयों जैसे नैदानिक वर्गीकरण एवं मूल्यांकन (clinical classification assessment), असामान्य व्यवहार के वर्तमान सिद्धान्त एवं मॉडल, असामान्य व्यवहार के कारण, स्वप्न, चिंता विकृति (Anxiety disorder), मनोविच्छेदी विकृति, मनोदैहिक विकृति, व्यक्तित्व विकृति, द्रव्य-संबद्ध विकृति, मनोदशा विकृति (Mood disorder), मनोविदालिता, (Schizophrenia), व्यामोही विकृति (Delusional disorder), मानसिक मंदन (Mental retardation), मनश्चिकित्सा (Psychotherapy) जैसे महत्त्वपूर्ण विषयों को सम्मिलित किया गया है। मानसिक रोगों का नैदानिक वर्गीकरण करने में DSM-IV तथा ICD-10 के नियमनों का पालन करते हुए उसे बोधगम्य भाषा में प्रस्तुत किया गया है। छात्रों की सुविधा का ध्यान में रखते हुए असामान्य मनोविज्ञान की प्रमुख घटनाओं तथा कुछ महत्त्वपूर्ण वस्तुनिष्ठ प्रश्नों (objective questions) को भी इस पुस्तक में सम्मिलित किया गया है।

पुस्तक के लेखन में मुझे जिन पुस्तकों एवं जनरलों की सहायता लेनी पड़ी है, उनके लेखकों एवं प्रकाशकों के प्रति मैं अपना आभार व्यक्त किये हुए नहीं रह सकता हूँ। पुस्तक के लेखने के दौरान समयाभाव के कारण परिवार के सदस्यों की थोड़ी उपेक्षा भी हुई है। आशा करता हूँ कि वे इसे गंभीरता से न लेंगे।

अन्त में मैं श्री कमला शंकर सिंह, जो प्रकाशक मोतीलाल बनारसीदास के पटना शाखा के उच्चतम पद अर्थात् मुख्य मैनेजर के पद पर आसीन है, के प्रति भी आभार व्यक्त करता हूँ जिन्होंने समय-समय पर अपनी मीठी वाणी एवं वाक्पटुता से मेरा हौसला बुलंद रखा।

जुलाई, 2001

अरूण कुमार सिंह

असामान्य मनोविज्ञान एवं नैदानिक मनोविज्ञान की मुख्य घटनाएँ

(Major Events of Abnormal Psychology and Clinical Psychology)

A.D.

1791 : गलवानी (Galvani) इस निष्कर्ष पर पहुँचे कि तंत्रिका आवेग (nerve impulse) का स्वरूप वैद्युतीय (electrical) होता है।

1794 : पिनेल ने मानसिक अस्पतालों से मानसिक रोगियों को लोहे की जंजीर से मुक्त करने का आदेश दिया।

1807 : वेल (Bell) एवं मैगेनडाई (Megnedie) द्वारा इस निष्कर्ष पर पहुँच गया कि संवेदी एवं पेशीय तंत्रिकाएँ संरचना तथा कार्य के ख्याल से एक-दूसरे से भिन्न होते हैं।

1841 : डोरोथिया डिक्स (Dorothea Dix) ने अमेरिका तथा यूरोप में मानसिक अस्पतालों को उन्नत बनाने के लिए कार्यक्रम तैयार किया।

1861 : पॉल ब्रोका (Paul Broca) ने मस्तिष्क में संभाषण (speech) के विशिष्ट क्षेत्रों का निर्धारण किया।

1870 : फ्रिस्क (Fritsch) तथा हिटजीग (Hitzig) ने मस्तिष्क में विशिष्ट संवेदी तथा पेशीय क्षेत्रों का पता लगाया।

1879 : लिपजिग विश्वविद्यालय में विलहेल्म वुण्ट (Wilhelm Wundt) ने पहला मनोवैज्ञानिक प्रयोगशाला खोला और मनोविज्ञान को एक स्वतंत्र विज्ञान का दर्जा दिया गया। इस विश्वविद्यालय का वर्तमान नाम कार्लमार्क्स विश्वविद्यालय (Karl Marx University) है।

1883 : जी० एस० हॉल (G. S. Hall) ने जान हापकिन्स विश्वविद्यालय (John Hopkins University) में पहले अमेरिकन मनोवैज्ञानिक प्रयोगशाला की स्थापना किया।

1885 : सर फ्रॉसिस गाल्टन ने लंदन में पहला मानसिक परीक्षण-कार्य (mental testing) केन्द्र की स्थापना किया।

1887 : जी० एस० हॉल द्वारा मनोवैज्ञानिक का प्रथम पेशेवर जरनल अमेरिका में प्रकाशित किया गया। इस जरनल का नाम था—**अमेरिकन जरनल ऑफ साइकोलॉजी** (American Journal of Psychology)

1890 : जे० एम० कैटेल (J. M. Cattell) ने मानसिक परीक्षण (mental test) जैसे पद का सृजन किया।

1892 : जी० एस० हॉल (G. S. Hall) ने अमेरिकन मनोवैज्ञानिक संघ (American Psychological Association) की स्थापना किया और इसके प्रथम अध्यक्ष बने।

1895 : ब्रियूअर (Breuer) तथा फ्रायड (Freud) ने एक साथ मिलकर अपनी पुस्तक **स्टडीज इन हिस्ट्रीया** (Studies in Hysteria) का प्रतिपादन किया।

1896 : लाइटर विटमर (Lighter Witmer) ने पेनिस्लावैनिया विश्वविद्यालय (Pennsylavania University) में पहला मनोवैज्ञानिक उपचारगृह (clinic) खोला।

1896 : काल पियरसन (Karl Pearson) ने सहसंबंध के सांख्यिकीय सिद्धांत का प्रतिपादन किया।

1900 : सिगमंड फ्रायड द्वारा अपनी बहुचर्चित पुस्तक **दी इंटरप्रेटेशन ऑफ ड्रीम** (The Interpretation of Dream) का प्रकाशन किया गया।

1904 : स्पीयरमैन ने बुद्धि की व्याख्या सामान्य (General or g) तथा विशिष्ट (Specific or s) कारक के रूप में पेश किया है।

1905 : फ्रांस में बिने तथा साइमन ने बच्चों के लिए पहला माननीकृत बुद्धि परीक्षण का निर्माण किया।

1907 : पहला नैदानिक जरनल जिसका नाम **साइकोलॉजिकल क्लिनिक** (Psychological clinic) था, विटमर द्वारा प्रकाशित किया गया।

1908 : वाइनलैंड (Vineland) प्रशिक्षण स्कूल में पहला नैदानिक इटर्नशीप (clinical internship) था, विटमर द्वारा प्रकाशित किया गया।

1909 : विलियम हीली (William Healy) द्वारा पहला बाल निदेशन केन्द्र तथा शिकागो में जुवेनाइल साइकोपैथिक इन्स्टीच्यूट (Juvenile Psychopathic Institute) की स्थापना की गयी।

1910 : बिने-सामइन परीक्षण का 1908 के संशोधित संस्करण का गोडार्ड (Goddard) द्वारा किया गया अंग्रेजी अनुवाद का प्रकाशन हुआ।

1911 : र्स्टन (Stern) द्वारा बुद्धिलब्धि (Intelligence Quotient or IQ) के संप्रत्यय का विकास हुआ।

1912 : जे० बी० वाटसन (J. B. Watson) ने अपनी प्रसिद्ध पुस्तक **साइकोलॉजी एज ए बिहेवियरिस्ट व्यूज इट** (Psychology as a Behaviourist views it) का प्रकाशन किया।

1913 : कार्ल युंग (Carl Jung) अपने आप को फ्रायड से अलग करके वैश्लेषिक स्कूल (analytical school) की स्थापना किया।

1916 : स्टैनफोर्ड विश्वविद्यालय में टरमैन (Terman) द्वारा बिने-साइमन परीक्षण (Binet-Simon test) का अमेरिका में उपयोग के लिए संशोधित किया गया। इस नयी परीक्षण को स्टैनफोर्ड बिने-परीक्षण कहा गया।

1917 : अमेरिकन सैनिकों के उपयोग के लिए बुद्धि का प्रथम समूह परीक्षण का निर्माण किया गया।

1917 : नैदानिक मनोवैज्ञानिकों द्वारा अमेरिकन मनोवैज्ञानिक संघ (American Psychological Association) से संबंध विच्छेद करके नया संघ **अमेरिकन एशोसियशन ऑफ क्लिनिकल साइकोलॉजी** (American Association of Clinical Psychology or AACP) की स्थापना की गयी।

1919 : AACP पुनः अमेरिकन मनोवैज्ञानिक संघ के नैदानिक विभाग (clinical section) से जुड़ गया।

1921 : जे० एम० कैटेल द्वारा 'साइकोलॉजिक कॉरपोरेशन' (Psychological Coroporation) की स्थापना की गयी।

1921 : हरमान रोर्शाक (Hermann Rorschach) जो स्वीटजरलैंड के एक मनोरोगविज्ञानी थे, ने असंरचित सामग्रियों के आधार पर व्यक्तित्व मापने का एक परीक्षण का निर्माण किया।

1924 : डेविड लेवी (David Levy) द्वारा अमेरिका में रोर्शाक परीक्षण का परिचय प्रारंभ किया गया।

1925 : **भारतीय मनोवैज्ञानिक संघ (Indian Psychological Association) की स्थापना की गयी।**

1931 : **एपीए (APA) का नैदानिक डिविजन ने शिक्षण मानक (training standards) के लिए एक कमेटी का निर्माण किया।**

1935 : **मर्रे (Murray) द्वारा थीमेटीक एपरसेपसन टेस्ट (Thematic Apperception Test or TAT) का प्रकाशन हुआ।**

1936 : **नैदानिक मनोविज्ञान की पहली पुस्तक नैदानिक मनोविज्ञान (Clinical Psychology) का प्रकाशन लोऊटिट (Louttit) द्वारा किया गया।**

1939 : **अमेरिकन मनोवैज्ञानिक संघ का नैदानिक विभाग का अमेरिकन एशोसियन फॉर एपलायड साइकोलॉजी (American Association for Applied Psychology or AAAP) से संबंध टूटा।**

1937 : व्यक्तित्व विकास एवं कार्य में सामाजिक कारकों के **महत्त्व को नवफ्रायडियन (Neo-Freudians) द्वारा बल** डाला गया।

1938 : मेन्टल मेजरमेंट ईयरबुक (Mental Measurement Yearbook) का प्रथम प्रकाशन हुआ।

1939 : वेक्सलर-वेलेव्यू बुद्धि परीक्षण (Wechsler-Bellevue Intelligence test) का प्रकाशन हुआ।

1941-45 : द्वितीय विश्वयुद्ध की घटना के परिणामस्वरूप नैदानिक मनोविज्ञान के क्षेत्र में तेजी से फैलाव हुआ।

1942 : कार्ल रोजर्स (Carl Rogers) द्वारा क्लायंट-केन्द्रित चिकित्सा (Client-Centered therapy) का प्रतिपादन किया गया।

1943 : माइनेसोटा मल्टीफेजिक परसनालिटी इन्वेट्री (Minnesota Multiphasic Personality Inventory or MMPI) का निर्माण किया गया।

1945 : AAAP पुनः अमेरिकन मनोवैज्ञानिक संघ का सदस्य बना।

1946 : नेशनल इन्स्टीच्यूट ऑफ मेन्टल हेल्थ (National Institute of Mental Health) द्वारा नैदानिक मनोविज्ञानियों के प्रशिक्षण का समर्थन किया गया।

1947 : पेशेवर मनोविज्ञान (Professional Psychology) में परीक्षकों का अमेरिकन बोर्ड (American Board of Examiners) का संगठन किया गया।

1947 : भारतीय मनोरोगविज्ञानी (Psychiatrist) संघ का गठन।

1952 : अमेरिकन मनोरोगविज्ञानी संघ (American Psychiatric Association) द्वारा डायग्नोस्टिक एण्ड स्टैटिस्टीकल मैनुअल-I (Diagnostic and Statistical Manual of Mental disorders or DSM-I) का प्रकाशन किया गया।

1953 : अमेरिकन मनोवैज्ञानिक संघ (American Psychological Association) द्वारा मनोवैज्ञानियों के लिए नैतिकता मानक (ethical standards) प्रकाशित किया गया।

1954 : अब्राहम मैसलो (Abraham Maslow) द्वारा मानवतावादी आन्दोलन (Humanistic Movement) की शुरूआत किया गया।

1954 : बंगलौर में अखिल भारतीय मानसिक स्वास्थ्य संस्थान का गठन जिसका नाम बाद में निम्हांस (NIMHANS—National Institute of Mental Health and Neuro Science) कर दिया गया।

1962 : सेंट्रल इंस्टीच्यूट ऑफ साइकेट्री (Central Institute of Psychiatry) कांके, राँची की स्थापना।

1965 : शिकागो ट्रेनिंग कनफ्रेंस का आयोजन किया गया।

1968 : इलिनोइस विश्वविद्यालय (Illinois University) द्वारा डाक्टर ऑफ साइकोलॉजी (Doctor of Psychology or Psy D) प्रशिक्षण कार्यक्रम चलाया गया। डायग्नोस्टिक एण्ड स्टैटिस्टीकल मैनुअल का दूसरा संस्करण (Diagnostic and Statistical Manual or DSM-II) का प्रकाशन किया गया।

1968 : भारतीय नैदानिक मनोवैज्ञानिक संघ का गठन।

1969 : कैलिफोर्निया स्कूल ऑफ प्रोफेसनल साइकोलॉजी (Clifornia School of Professional Psychology) की स्थापना की गयी।

1978 : सोवियत रूस के आल्मा अटा में पूरे संसार में मानसिक स्वास्थ्य के स्तर को ऊँचा उठाने के लिए एक अंतर्राष्ट्रीय घोषणा की गयी जिसे अल्मा अटा की घोषणाएँ (Declaration for Alma Ata) कहते हैं।

1980 : DSM का तीसरा संस्करण (DSM-III) का प्रकाशन किया गया।

1981 : अमेरिकन मनोवैज्ञानिक संघ द्वारा मनोवैज्ञानिकों के लिए नैतिक मानकों का संशोधित संस्करण प्रकाशित किया गया।

1987 : DSM-III का संशोधित प्रारूप जिसे 'DSM-III-Revision' कहा गया, प्रकाशित किया गया।

1987 : मानसिक स्वास्थ्य अधिनियम (Mental Health Act, 1987) पारित।

1988 : अमेरिकन साइकोलॉजिकल सोसाइटी (American Psychological Society) की स्थापना की गयी।

1889 : MMPI का संशोधित संस्करण का प्रकाशन हुआ जिसे MMPI-2 कहा गया।

1994 : DSM-IV का प्रकाशन हुआ।

2000 : पारकिन्सन (Parkinson) रोग तथा अन्य तंत्रकीय रोगों (neurological disorders) के उपचार की खोज के लिए अर्विड कार्लसन (Arvid Carlsson) को नोबल पुरस्कार से सम्मानित किया गया। कार्लसन जो स्वीडन के एक वैज्ञानिक हैं, को यह पुरस्कार दो अमेरिकन वैज्ञानिक अर्थात् पाल ग्रीनगार्ड (Paul Greengard) एवं इरिक कैनडेल (Eric Kandel) के साथ संयुक्त रूप से दिया गया।

❑

विषय-सूची

(Contents)

अध्याय | पृ० सं०

अध्याय | पृ० सं०

अध्याय 1

विषय-वस्तु

(INTRODUCTION)

असामान्य मनोविज्ञान का विस्तृत इतिहास
(The Comprehensive History of Abnormal Psychology)

असामान्य मनोविज्ञान, मनोविज्ञान की एक ऐसी शाखा (branch) है जिसमें व्यक्तियों के असामान्य व्यवहारों एवं मानसिक प्रक्रियाओं का अध्ययन किया जाता है तथा इसका विषय-वस्तु(subject-matter) मूलत: अनाभियोजित व्यवहारों (maladaptive behaviour), व्यक्तित्व अंशाति (personality disturbances) एवं विघटित व्यक्तित्व (disorganized personality) का अध्ययन करने तथा उनके उपचार (treatment) के तरीकों पर विचार करने से सम्बन्धित है।

असामान्य व्यवहार का अध्ययन कोई नया कदम नहीं है बल्कि इसका एक लम्बा रोचक इतिहास है। असामान्य व्यवहार या मानसिक बीमारियों के अध्ययन की शुरूआत मानव जाति के अभिलिखित इतिहास (recorded history) से ही होती है हालाँकि मानव जाति की सृष्टि का इतिहास तो उससे काफी पहले से शुरू होता है। अतिप्राचीन काल में असामान्य व्यवहार का कोई ऐतिहासिक उल्लेख मनोवैज्ञानिकों के पास नहीं है। उस समय का अध्ययन मात्र अधूरा था जो अवैज्ञानिक सिद्धान्तों पर आधारित था। उस समय से लेकर आज तक का असामान्य मनोविज्ञान के इतिहास को किश्कर (Kisker, 1985) के अनुसार निम्नांकित तीन प्रमुख भागों में बाँटा गया है—

(1) पूर्ववैज्ञनिक काल : पुरातन समय से लेकर 1800 तक (Prescientific period : From primitive time to 1800 A.D.)

(2) असामान्य मनोविज्ञान का आधुनिक उद्‌भव : 1801 से 1950 तक (Modern origin of Abnormal Psychology : From 1801 to 1950)

(3) आज का असामान्य मनोविज्ञान : 1951 से लेकर आज तक (Abnormal Psychology today : From 1951 to Toady)

प्रत्येक भाग में असामान्य व्यवहारों का अध्ययन भिन्न-भिन्न दृष्टिकोणों से किया गया है जिसका एक संक्षिप्त विवरण हम अलग-अलग अनुच्छेद में करेंगे।

पूर्ववैज्ञानिक काल
(Prescientific period)

पूर्ववैज्ञानिक काल की शुरूआत पुरातन लोगों द्वारा असामान्य व्यवहार के अध्ययन से होती है और 18वीं शताब्दी तक किये गये सभी अध्ययनों को इसमें शामिल किया गया है। इस काल में मानसिक रोगियों एवं उसके उपचार के बारे में चिकित्सकों एवं आम लोगों के विचारों में एक अजीब उतार-चढ़ाव आया जिसका संक्षिप्त विवरण निम्नांकित चार भागों में बाँटकर प्रस्तुत किया जा रहा है।

1. पाषाण युग का जीववादी चिन्तन *(Animistic thinking of stone age)*

सचमुच में असामान्य व्यवहार एवं उसके उपचार (treatment) की ऐतिहासिक पृष्ठभूमि की शुरूआत पाषाण युग के एक महत्त्वपूर्ण संप्रत्यय (concept) जिसे जीववाद (animism) कहा जाता है, से प्रेरित विचारों से मानी जाती है। प्राचीन काल में Greek (ग्रीक), चीन (China) तथा मिस्र (Egypt) आदि देशों में हेब्रुज (Hebrews) निवासियों का भी कुछ ऐसा ही विचार था। इन लोगों का कहना था कि जब व्यक्ति के प्रति ईश्वर की कृपा दृष्टि समाप्त हो जाती

है तो ईश्वर की ओर से अभिशाप या दण्ड के रूप में व्यक्ति में असामान्य व्यवहार विकसित हो जाता है और व्यक्ति किसी अपदूत के चंगुल में फँस जाता है। प्राचीनकाल में मानसिक बीमारियों के प्रति लोगों का विचार इस जीववाद(animism) से सबसे अधिक प्रभावित हुआ था। जीववाद के विचारधारा के अनुसार संसार की प्रत्येक वस्तु जैसे हवा, पानी, पेड़-पौधे, पत्थर आदि के भीतर कोई अलौकिक जीव (supernatural spirit) होता है और इन सभी वस्तुओं में गति (movement) इसलिए होता है क्योंकि उसके भीतर कुछ अलौकिक प्राणी (supernatural beings) या देवता (God) का वास होता है। इसी प्राणी या देवता के कारण पत्थर लुढ़कते हैं, पेड़-पौधे बढ़ते हैं, हवा बहती है तथा नदी, झरनों आदि में पानी बहता है। जीववाद के अनुसार व्यक्ति द्वारा असामान्य व्यवहार दिखलाने का मूल कारण उसके भीतर किसी आत्मा या अपदूत (evil spirit) या पिशाच (demon) या भूत-प्रेत प्रवेश कर जाता है। दूसरे शब्दों में, जब किसी व्यक्ति के शरीर पर किसी बुरी या दुष्ट आत्मा का अधिकार (possession) हो जाता है तो व्यक्ति मानसिक रोग से ग्रसित हो जाता है। इसे उस समय **पिशाच आधिपत्य** (demon possession) की संज्ञा दी गयी थी। उस समय के लोगों को यह भी विश्वास था कि जब किसी व्यक्ति के शरीर में अच्छी आत्मा (good spirit) प्रवेश कर जाती है तो व्यक्ति का व्यवहार धार्मिक तथा आध्यात्मिक हो जाता है और ऐसे लोगों को आदर एवं स्नेह से देखा जाता है। परन्तु इस ढंग का आधिपत्य(possession) कम हुआ करता है और अधिकतर आधिपत्य (possession) पिशाच आधिपत्य के ही श्रेणी के होते हैं।

प्राचीन जीववादी चिन्तन (animistic thinking) से व्यक्ति के असामान्य मानसिक अवस्था की व्याख्या ही सिर्फ प्रभावित नहीं हुई बल्कि उसका उपचार (treatment) का ढंग (mode) भी काफी प्रभावित हुआ। उस समय उपचार की दो तरह की विधियाँ अधिक लोकप्रिय थीं–*अपदूत-निसारन* (exorcism) तथा *ट्रीफाइनेशन* (trephination)। अपदूत-निसारन एक ऐसी विधि थी जिसमें विभिन्न तरह की प्रविधियों (techniques) के सहारे शरीर के भीतर प्रवेश किया अपदूत या बुरी आत्मा को बाहर निकाला जाता था। इन प्रविधियों में प्रार्थना (prayer), जादू-टोना (incarnation) शोर-गुल (noise-making), झाड़-फूँक तथा अन्य कष्टदायक विधियाँ जैसे कोड़े लगाना (flogging), लम्बे समय तक भूखे रखना, भेड़ की लेंडी (sheep dung) तथा शराब मिलाकर तैयार किया गया शोधक (purgative) खिलाना आदि सम्मिलित थे। ऐसा उस समय के चिकित्सकों को विश्वास था कि इन सभी प्रविधियों के अपनाने से मानसिक रोग से ग्रसित व्यक्ति का शरीर इतना कष्टदायक एवं दुखद हो जाएगा कि उसके शरीर में प्रवेश किया अपदूत या बुरी आत्मा (evil spirit) अपने आप शरीर छोड़कर भाग जायेगी और तब व्यक्ति स्वस्थ हो जायेगा। बाद में चलकर अपदूत-निसारन (exorcism) विधि की लोकप्रियता ग्रीस(Greece), चीन(China) एवं मिस्र(Egypt) के देशों के पुजारियों(priests) में जो उस समय के चिकित्सक (मानसिक रोगों) के भी हुआ करते थे, काफी बढ़ गयी।

ट्रीफाइनेशन (Trephination) एक दूसरी विधि थी जिनके सहारे मानसिक रोग से ग्रस्त व्यक्तियों के भीतर मौजूद बुरी आत्मा को बाहर निकाला जाता था। इस विधि में नुकीले पत्थरों से मार-मार कर ऐसे व्यक्तियों की खोपड़ी में एक छेद कर दिया जाता था। इस विधि द्वारा उपचार करने के पीछे विश्वास यह था कि खोपड़ी में छेद करने से बुरी आत्मा बाहर निकल जायेगी और व्यक्ति स्वस्थ हो जायेगा।

2. प्रारंभिक दार्शनिक एवं मेडिकल विचारधाराएँ ***(Early philosphical and medical concepts)***

प्राचीन ग्रीस (ancient Greece) के स्वर्ण युग (Golden age) में अर्थात् करीब आज से 2500 वर्ष पहले मानसिक रोगों तथा असामान्य व्यवहार के सम्बन्ध में एक विवेकी (rational) तथा वैज्ञानिक (scientific) विचारधारा का जन्म हुआ। इसका श्रेय ग्रीक चिकित्सक हिपोक्रेट्स (Hippocrates, 460-357 B.C) को जाता है जिन्हें आधुनिक चिकित्साशास्त्र (modern medicine) का जनक (father) माना गया है। मानसिक रोगों के सम्बन्ध में हिपोक्रेट्स ने एक क्रांतिकारी विचार (revoluntionary thought) व्यक्त करते हुए कहा कि मानसिक रोग या शारीरिक रोग की उत्पत्ति कुछ स्वाभाविक कारणों (natural causes) से होता है न कि शरीर के भीतर बुरी आत्मा (demon) के प्रवेश कर जाने से या देवी-देवताओं के प्रकोप से (जैसा कि पहले समझा जाता था)। हिपोक्रेट्स के इस विचारधारा को **प्रकृतिवाद** (Naturalism) कहा गया जो स्पष्टतः **जीववाद** (Animism) के विचारधाराओं के प्रतिकूल था। इन प्रारम्भिक दार्शनिक एवं मेडिकल विचारधाराओं को निम्नांकित चार भागों में वर्णन किया जा रहा है—

(i) हिपोक्रेट्स का योगदान *(Contribution of Hippocrates)*—हिपोक्रेट्स का विचार था कि शारीरिक रोगों के समान मानसिक रोग भी कुछ स्वाभाविक कारणों (natural causes) से उत्पन्न होते हैं तथा शारीरिक रोगियों के

हिपोक्रेट्स
(Hippocrates)

समान मानसिक रोगियों का भी मानवीय देखभाल (human care) की आवश्यकता पर उन्होंने बल डाला। उनका विचार था कि सभी बौद्धिक क्रियाओं (intellectual activities) का केन्द्रीय अंग (central organ) मस्तिष्क (brain) होता है और इस तरह से मानसिक बीमारियों (mental disorders) का मूल कारण मस्तिष्कीय विकृति (brain pathology) है। उन्होंने सभी मानसिक बीमारियों को मूलत: तीन श्रेणियों (categories) में विभक्त किया–उन्माद (mania), विषाद-रोग (melancholia) तथा उन्मत्तता (phrentis) या मस्तिष्कीय ज्वर (brain fever)। प्रत्येक मानसिक रोग का उन्होंने एक नैदानिक चित्रण (clinical descriptions) भी किया जिसका आधार मानसिक रोगियों के निरीक्षण (observation) से प्राप्त नैदानिक अनुभव (clinical experiences) था। उन्होंने यह भी स्पष्ट किया कि मानसिक रोगियों के व्यक्तित्व को समझने में स्वप्न (dream) की भी भूमिका महत्त्वपूर्ण होती है। इन्होंने वंशानुक्रम (heredity) तथा पूर्ववृत्ति (predisposition) की महत्ता को बतलाते हुए यह स्पष्ट किया है कि मस्तिष्क में आघात (injuries) होने से व्यक्ति में संवेदी (sensory) तथा पेशीय (motor) कार्यों से संबंधित बीमारियाँ उत्पन्न हो सकती हैं। लेकिन इसका मतलब यह नहीं हुआ कि वे पर्यावरणी कारकों (environmental factors) की महत्ता को बेकार समझे। सच्चाई यह है कि उन्होंने इन कारकों को भी महत्त्वपूर्ण बतलाया और कहा कि मानसिक रोगियों को अपने पारिवारिक वातावरण से अलग एक स्वच्छ वातावरण में रखा जाना चाहिए ताकि उन्हें रोग से जल्द-से-जल्द छुटकारा मिल सके।

कुछ खास-खास मानसिक बीमारियाँ जैसे हिस्ट्रीया (Hysteria) की व्याख्या करते हुए उसने कहा कि यह सिर्फ औरतों में ही विशेषकर उन औरतों में होता है जिनमें बच्चा जन्म देने की लालसा तीव्र होती है। ऐसी औरतों में गर्भाशय (uterus) शरीर के भिन्न-भिन्न भागों में विचरण (move) करता है जिससे हिस्ट्रीया रोग उत्पन्न होता है तथा विवाह इसका सर्वोत्तम इलाज है। उसी तरह से उन्होंने यह भी बतलाया था कि जब हमारे शरीर के चार प्रमुख पित्त (bile) जैसे काला पित्त (black bile), पीला पित्त (yellow bile), खून (blood) तथा श्लेष्मा (phlegm) आदि का अनुपात असंतुलित हो जाता है, तो इससे मानसिक रोग उत्पन्न हो जाता है।

यद्यपि हिपोक्रेट्स के इन दोनों तरह के विचारों की मान्यता आजकल नहीं रह गयी है फिर भी उनके विचार उस समय उतने क्रांतिकारी थे कि मानसिक रोग के सम्बन्ध में दुष्ट आत्मा-सम्बन्धी विचार समाप्त हो गया और उसकी जगह पर इन रोगों के सम्बन्ध में एक स्वस्थ, विवेकी (rational) एवं वैज्ञानिक दृष्टिकोण की शुरूआत हो गयी।

(ii) प्लेटो एवं अरस्तू का योगदान *(Contribution of Plato & Aristotle)*—हिपोक्रेट्स के अलावा मानसिक रोगियों विशेषकर अपराधजन्य क्रिया करने वाले मानसिक रोगियों का अध्ययन अन्य ग्रीक दार्शनिकों जैसे प्लेटो (Plato, 429-347 B.C.) तथा उनके शिष्य अरस्तू (Aristotle, 384-322 B.C.) द्वारा किया। प्लेटो का विचार था कि चूंकि ऐसे मानसिक रोगी अपने अपराधजन्य क्रियाओं के लिए प्रत्यक्ष रूप से जिम्मेवार नहीं होते हैं, अत: उन्हें सामान्य अपराधियों के समान दण्डित नहीं किया जाना चाहिए। बल्कि इनके प्रति मानवीय दृष्टिकोण अपनाने जैसे उनके सगे-संबंधियों द्वारा उनपर निगरानी रखे जाने की आवश्यकता तथा मानवीय ढंग से उनके साथ व्यवहार करने की आवश्यकता पर बल डाला। इसके अलावा प्लेटो ने मानव व्यवहार (human behaviour) को टीक ढंग से समझने की महत्ता पर बल डाला और कहा कि सभी तरह के मानव व्यवहार शारीरिक आवश्यकताओं (physiological needs) द्वारा प्रेरित होते हैं। अपनी मशहूर पुस्तक *'रिपब्लिक'* (Republic) में उन्होंने बौद्धिक एवं अन्य क्षमताओं से सम्बद्ध वैयक्तिक विभिन्नता (individual differences) के महत्त्व पर बल डाला और यह भी बतलाया कि व्यक्ति का व्यवहार एवं चिन्तन सामाजिक-सांस्कृतिक कारकों (soció-cultural factors) द्वारा काफी हद तक निर्धारित होता है। इन सभी आधुनिक विचारों के बावजूद भी प्लेटो का यह विचार था कि मानसिक रोग तथा असामान्य व्यवहार अंशत: दैविक कारकों (divinely causes) द्वारा भी होता है।

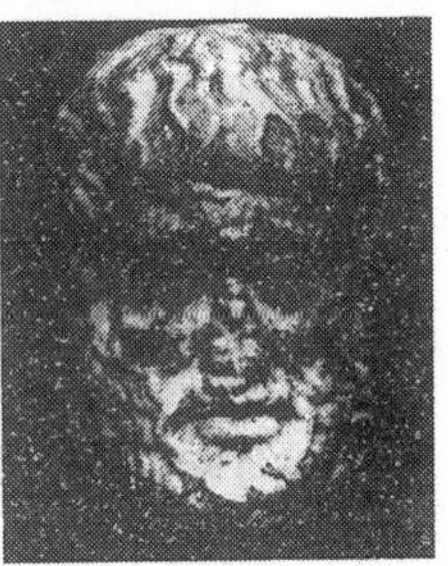
अरस्तू
(Aristotle)

(iii) उत्तर ग्रीक एवं रोमवासियों का योगदान *(Contribution of later Greek and Romans)*—हिपोक्रेट्स के

बाद ग्रीक एवं रोमन चिकित्सक मानसिक रोगियों एवं असामान्य व्यवहारों के अध्ययन में उसके द्वारा बतलाये गये मार्ग का अनुसरण करते रहे। विशेषकर मिस्र में चिकित्साविज्ञान के क्षेत्र में काफी प्रगति हुई और वहाँ के अनेक मंदिरों एवं गिरजाघरों को प्रथम दर्जे के आरोग्यशाला (sanitoriums) में बदल दिया गया जहाँ के सुखद, मनोरम एवं आनन्दायक वातावरण में मानसिक रोगियों को रखने का विशेष प्रावधान किया गया। इन आरोग्यशालाओं में रोगियों को अक्सर भिन्न-भिन्न क्रियाओं जैसे नाच-गाना, संगीत, फूलवाड़ियों में घूमना-फिरना आदि में सम्मिलित किया जाता था। इस समय के चिकित्सकों द्वारा उपचार (treatment) के कुछ अन्य साधन (tools) जैसे कसरत, शिक्षा, जल चिकित्सा (hydrotherapy), अल्पभोजन तथा कुछ असाधारण परिस्थिति में शरीर से खून बहा देना, यांत्रिक दवाब (mechanical restraints) आदि का भी उपयोग किया जाता था।

गेलेन
(Galen)

कुछ रोमन चिकित्सकों जैसे एस्कलेपियड्स (Asclepiades), सिसेरो (Cicero), ऐरेटियस (Aretaeus) तथा गेलेन (Galen) आदि द्वारा भी मानसिक रोगों के अध्ययन में महत्त्वपूर्ण योगदान किया गया। एस्कलेपियड्स (Asclepiades, 124 B.C.) ने सबसे पहले-पहल तीव्र (acute) एवं चिरकालिक (chronic) मानसिक रोगों के बीच अन्तर किया तथा भ्रम (illusion), विभ्रम (hallucination) तथा व्यामोह (delusion) के बीच स्पष्ट अन्तर किया। सिसेरो (Cicero, 106-43 B.C.) पहले ऐसे चिकित्सक थे जिन्होंने दृढ़ता के साथ यह बतलाया कि शारीरिक रोग की उत्पत्ति में सांवेगिक कारकों (emotional factors) की भूमिका अधिक होती है। करीब एक शताब्दी बाद ऐरेटियस (Aretaeus, A.D. 50-130) ने सबसे पहले-पहल यह बतलाया कि उन्माद (mania) तथा विषाद (melancholia) एक ही बीमारी (illness) के दो मनोवैज्ञानिक अभिव्यक्ति (psychological expression) हैं। उनका विचार था कि जो लोग चिड़चिड़े (irritate) तथा आक्रोशी होते हैं उनमें उन्माद जैसा मानसिक रोग होने की सम्भावना अधिक होती है तथा जो व्यक्ति अधिक सुस्त एवं गम्भीर प्रकृति के होते हैं, उनमें विषाद जैसे मानसिक रोग होने की सम्भावना अधिक होती है। गेलेन (Galen, 130-200 A.D.) एक ग्रीक चिकित्सक थे जो रोम में जाकर बस गये थे। इन्होंने मानसिक रोग के कारणों को मूलतः दो श्रेणियों (categories) में बाँटा—मानसिक कारण (mental causes) तथा शारीरिक कारण (physical causes)। मानसिक रोग के कारणों में मस्तिष्क का दुर्घटनाग्रस्त हो जाना, अतिमद्यपान करना, डर, आघात (shock), मासिक धर्म में गड़बड़ी, आर्थिक मंदता तथा प्रेम में निराशा आदि प्रमुख बतलाये गये।

जब ग्रीस (Greece) एवं रोम की सभ्यता का सूर्य अस्त होने लगा (अर्थात् गेलेन की मृत्यु जो 200 A.D. में हुई थी, के बाद) तो इन देशों के दार्शनिकों एवं चिकित्सकों द्वारा मानसिक रोगियों एवं असामान्य व्यवहार के बारे में बतलाये गये विचार एवं उपचार की विधियाँ भी प्रभावहीन होने लगीं और फिर से लोग एवं उस समय के चिकित्सक भी मानसिक रोग का कारण दुष्ट आत्मा (evil spirit) का शरीर में प्रवेशकर जाना तथा दैविक प्रकोप मानने लगे। इसे असामान्य मनोविज्ञान के इतिहास में **अन्धकार युग** (Dark age) कहा जाता है जो 500 A.D. तक माना गया है। 500 A.D. से 1500 A.D. तक के काल को **मध्ययुग** (middle age or medieval age) कहा गया है।

(iv) इस्लामिक देशों के ग्रीक विचारों की मान्यता *(Acceptance of Greek thought in Islamic countries)*—मध्य युग के दौरान कुछ इस्लामिक देशों में पहले के ग्रीक चिकित्सकों के विचारों का प्रभाव बना रहा। बगदाद में 792 A.D. में पहला मानसिक अस्पताल (mental hospital) खोला गया और फिर ऐसा ही अस्पताल डमासकश (Damascus) एवं एलेपो (Aleppo) में भी खोला गया। इन मानसिक अस्पतालों में रोगियों के साथ मानवीय व्यवहार करने तथा उपचार के मानवीय ढंगों पर अधिक बल डाला गया। इस्लामिक चिकित्सा-विज्ञान के सबसे प्रमुख चिकित्सक ऐभइसना (Avicenna, 980-1037) हैं जिन्हें "चिकित्सकों का राजकुमार" (Prince of Physicians) कहा जाता है। इन्होंने अपनी पुस्तक *'दी कैनन ऑफ मेडिसिन'* (The Canon of Medicine) में कुछ मानसिक रोगों जैसे हिस्ट्रिया, मिरगी (epilepsy), उन्माद (mania) तथा विषाद (melancholia) आदि का विस्तृत रूप से अध्ययन किया और इनके मानवीय उपचार को बढ़ावा दिया।

3. मध्य युग में पैशाचिकी *(Demenology in Middle Ages)*

जैसा कि ऊपर कहा गया है, 200-1500 A. D. के काल में 200-500 A.D. को अन्धकार युग (Dark Age) कहा गया है और 500-1500 A.D. तक के काल को मध्ययुग (Middle Age or Medieval Age) कहा गया है। अन्धकार युग तथा मध्य युग में मानसिक रोगों के प्रति करीब-करीब एक ही समान के विचार थे। अन्धकार युग की शुरूआत ग्रीक एवं रोमन सभ्यता (civilization) के सूर्यास्त एवं ईसाईयत (Christianity) के सूर्योदय से होती है। इस अवधि में एक बार फिर मानसिक रोग शैतानी शक्तियों एवं ईश्वरीय या दैविक प्रकोप का संगम स्थान बन गया। ईसाईयत के बढ़ते बोलबोला ने इस तरह के विश्वास को सुदृढ़ होने में आग में घी का काम किया। इस समय के चिकित्सकों एवं सामान्य लोग एक बार फिर इस घोर अंधकार में फँस गये जहाँ मात्र ऐसे विश्वास की प्रधानता थी कि जब व्यक्ति के शरीर में बुरी आत्मा या शैतान प्रवेश कर जाता है तो व्यक्ति का व्यवहार असामान्य, अपवित्र एवं असंगत हो जाता है जिसे हम मानसिक रोग या अस्वस्थता कहते हैं। शायद यही कारण है कि इस अवधि को मनोवैज्ञनिक ने अंधकार युग (Dark Age) कहा है। 500 A.D. के बाद जब मध्ययुग की शुरूआत हुई तो करीब इस ढंग का विचार मानसिक रोगों के प्रति बना रहा। मध्य युग के उत्तरार्द्ध (later half) में असामान्य व्यवहार में एक नयी प्रवृत्ति (trend) देखी गयी और वह थी सामूहिक पागलपन (mass madness) की प्रवृत्ति। यह बीमारी एक महामारी के रूप में यूरोप के काफी बड़े भाग में फैल गयी। इस सामूहिक पागलपन की महामारी में जैसे ही हिस्ट्रीया का लक्षण किसी एक व्यक्ति में दिखलाई पड़ा कि अन्य लोग भी देखते-देखते इससे प्रभावित होने लगते थे और वे सभी अपने घरों से बाहर आकर एक साथ मिलकर असंगत व्यवहार जैसे उछलना-कूदना, रोना, एक-दूसरे का कपड़ा फाड़ देना आदि करना प्रारम्भ कर देते थे। इटली में इस तरह के सामूहिक नाचे-गाने के उन्माद (dancing mania) को **टेरेन्टिज्म या नृत्योन्माद** (Tarantism) की संज्ञा दी गयी। इसी तरह की एक दूसरी मानसिक बीमारी भी उस समय फैली जिसे **वृकोन्माद** (Lycanthropy) की संज्ञा दी गयी। वृकोन्माद में मानसिक रोगी को ऐसा प्रतीत होता था कि वह एक भेड़िया के रूप में परिणत हो गया है। अतः वह भेड़िया के समान ही बोलता था तथा उछलता-कूदता था। 14वीं-15वीं शताब्दी में सामूहिक पागलपन(mass madness) के ये सारे रूप अर्थात् हिस्ट्रीया, नृत्योन्माद एवं वृकोन्माद अपनी चरम सीमा पर पहुँचा हुआ था। मध्ययुग में मानसिक रोग के उपचार की जवाबदेही भी मूलतः पादरियों (clergymen) पर ही था। इस युग के प्रारम्भिक भाग में तो मानसिक रोगियों का उपचार में कुछ मानवीय व्यवहार अपनाये गये परन्तु फिर बाद में वही पुराना तरीका अर्थात् **अपदूत-निसारन** (exorcism) विधियों का सहारा लिया गया। इसके साथ-ही-साथ अन्य विधियों जैसे प्रार्थना, धार्मिक जगहों का भ्रमण पवित्र जल से स्नान एवं झाड़-फूँक आदि भी काफी प्रचलित था।

15वीं शताब्दी के उत्तरार्द्ध में लोगों का यह ईश्वरपरक (theological) विश्वास काफी सुदृढ़ हो गया कि दुष्ट आत्मा का आधिपत्य (possession) दो प्रकार का होता है-एक आधिपत्य वह होता है जिसमें व्यक्ति के अपने पापों के कारण ईश्वर के अभिशाप के रूप में कोई दुष्ट आत्मा व्यक्ति को उसके इच्छा के विरुद्ध उसे पकड़ लेता है और शरीर में प्रवेश कर उसमें मानसिक रोग उत्पन्न करता है या उसे पागल बना देता है तथा दूसरा आधिपत्य (possession) वह होता है जहाँ व्यक्ति अपनी इच्छानुसाार दुष्ट आत्मा से दोस्ती कर लेता है और असामान्य एवं असंगत व्यवहार करने लगता है। इस दूसरे तरह के आधिपत्य में व्यक्ति शैतान के साथ मिलकर उसकी अलौकिक शक्ति (supernatural power) प्राप्त कर भयानक सामाजिक उपद्रव जैसी आँधी-तूफान, बाढ़, सूखाड़ लाकर लोगों को परेशान करता है। इस तरह के मानसिक रोगियों को जादूगरनी या डाइन (witches) समझा जाने लगा। 15वी शताब्दी के अन्त होते-होते इन दोनों तरह के मानसिक रोगियों में इस तरह का अन्तर समाप्त हो गया और अब सभी मानसिक रोगियों को जादूगर या डाइन ही समझा जाने लगा। फलस्वरूप, इनका उपचार भी कठोर-से-कठोर शारीरिक दण्ड (physical punishment) देकर जैसे उन्हें कोड़ा मारकर, उनके कुछ अंगों को जलाकर आदि किया जाता था। उस समय के पादरियों एवं पुजारियों ने इस तरह के जादू-टोना (witch-crafts) से लोगों को बचाने के लिए एक मैन्युअल (manual) भी तैयार किया जिसे **'दी विचेज हैमर'** (The witches hammer) की संज्ञा दी गयी। इस मैन्युअल में जादू-टोना के प्रभावों से निपटने तथा जादूगर या डाइन (witches) को न्यायिक दंड (legal punishment) देने की विधियों का उल्लेख था।

इस तरह से हम देखते हैं कि मध्य युग में मानसिक रोग एवं असामान्य व्यवहार के अध्ययन के क्षेत्र में एक तरह से

अंधकार-ही-अंधकार रहा। न तो उपचार का कोई विवेकी (rational) एवं वैज्ञानिक तरीका ही निकाला गया और न ही इन ग्रस्त व्यक्तियों के प्रति कोई मानवीय मनोवृत्ति (human attitude) ही अपनाया गया।

4. मानवीय दृष्टिकोण का उद्‌भव ***(Orgin of Humanitarian veiwpoint)***

16वीं शताब्दी के प्रारम्भ में ही मध्य युग के ईश्वरपरक (theological), आध्यात्मिक एवं अंधविश्वास विचारों जो मूलत: पादरियों एवं पुजारियों के अमानवीय दृष्टिकोण का परिणाम था, के विरुद्ध आवाज उठने लगी। चिकित्साविज्ञान के लोग इस ढंग के अंधविश्वासी एवं अमानवीय दृष्टिकोण को गलत बतलाते हुए इस बात पर सामूहिक रूप से बल डाला कि मानसिक रोग किसी दुष्ट आत्मा या दैविक प्रकोप के कारण नहीं होता है। यह एक बीमारी है जिसका उपचार अन्य बीमारियों के समान मानवीय ढंग से होना चाहिए। फलस्वरूप असामान्य व्यवहार के सम्बन्ध में एक मानवीय दृष्टिकोण जैसे सिद्धान्त का प्रादुर्भाव हुआ। इस दृष्टिकोण या सिद्धान्त के अन्तर्गत जिन चिकित्सकों ने अपना योगदान दिया है उनमें से निम्नांकित का योगदान असामान्य मनोविज्ञान के इतिहास में स्वर्ण अक्षरों में लिखे गये हैं—

(i) असामान्य के प्रति मानवीय दृष्टिकोण अपनाने वाले एक प्रमुख चिकित्सक हैं–पारासेल्सस (Paracelsus, 1490-1541) हालाँकि इनसे भी पहले जुआन लुइस भाइप्स (Juan Leuis Vives) जो एक स्पैनिश चिकित्सक थे, उस समय के अंधविश्वास एवं अमानवीय दृष्टिकोण के खिलाफ आवाज उठाये थे और सभी तरह के मानसिक रोगियों एवं सांवेगिक रूप से क्षुब्ध व्यक्तियों के मानवीय उपचार (human treatment) पर बल डाला था। पारसेल्सस का विचार था कि मध्ययुग का नृत्य उन्माद (dancing mania) किसी दुष्ट आत्मा के शरीर में प्रवेश होने के कारण नहीं होता था बल्कि यह एक तरह का रोग है जिसका उपचार मानवीय ढंग से होना चाहिए था। इन्होंने मानवीय मूलप्रवृत्तिक (instinctual) तथा आध्यात्मिक (spiritual) स्वभाव से संघर्ष की कल्पना की, मानसिक बीमारियों के मनोवैज्ञानिक कारणों पर बल डाला तथा शारीरिक चुम्बकीय (bodily magnetism) विधि द्वारा रोगियों के उपचार करने की सिफारिश की। यही शारीरिक चुम्बकीय विधि बाद में चलकर सम्मोहन (hypnosis) कहलाया।

यद्यपि पारासेल्सस ने मध्ययुग के दुष्ट आत्मा (evil spirit) तथा शैतान-सम्बन्धी विचारों का खण्डन किया, फिर भी असामान्यता की इनकी व्याख्या में अन्धविश्वास की बू आती थी क्योंकि इन्होंने असामान्य व्यवहार की व्याख्या में नक्षत्रिय प्रभावों (astral infuences) की चर्चा की। इनका विचार था कि चन्द्रमा (moon) व्यक्ति के मस्तिष्क पर एक अलौकिक प्रभाव (supernatural influence) डालता है जिससे व्यक्ति में असामान्य व्यवहार या मानसिक रोग उत्पन्न होते हैं।

(ii) जोहान वेयर (Johann Weyer, 1515-1588) जो एक जर्मन चिकित्सक थे, भिन्न-भिन्न जगहों पर कैदी के रूप में रखे गए मानसिक रोगियों की दशा देखी तथा उनपर किये गये शारीरिक अत्याचार का गहन रूप से अध्ययन किया। इन अध्ययनों के परिणाम को 1563 में उन्होंने एक पुस्तक जिसका शीर्षक था **'दी डिसेप्पशन ऑफ डेमन्स'** (The Deception of Demons) में प्रकाशित किया। इस पुस्तक में उन्होंने यह स्पष्ट रूप से बतलाया कि मानसिक रोगी किसी दुरात्मा के प्रभाव से ग्रसित नहीं होते हैं और न ही वे कोई जादू-टोना में निपुण होते हैं बल्कि वे मानसिक या शारीरिक रूप से बीमार व्यक्ति होते हैं। अत: उनका सही उपचार (treatment) सिर्फ मानवीय तरीकों से हो सकता है। उस समय के कुछ प्रमुख चिकित्सकों एवं बुद्धिजीवियों द्वारा उनके नये मत का स्वागत किया गया परन्तु कुछ ऐसे लोग भी थे जिन्होंने वेयर के विचारों को हँसी उड़ायी। गिरजाघर (church) प्रतिष्ठानों द्वारा भी वेयर के विचारों एवं पुस्तक पर प्रतिबन्ध लगा दिया गया जो 20वीं शताब्दी के प्रारम्भ तक बना रहा। इसके परिणमस्वरूप भी उनके विचार अधिक प्रभावकारी नहीं सिद्ध हो पाये।

(iii) रेजिनाल्ड स्कॉट (Reginald Scott, 1538-1599) उस समय के दूसरे प्रमुख चिकित्सक थे जिन्होंने पैशाचिकी (Demonology) तथा जादू-टोना (Witchcraft) की बुराइयों का पर्दाफाश किया। इन्होंने स्पष्टत: कहा कि मानसिक रोग किसी दुरात्मा के प्रभाव के कारण नहीं होता है बल्कि एक प्रकार का रोग है। अपने इस सिद्धान्त की व्याख्या अपनी मशहूर पुस्तक **डिस्कभरी ऑफ विचक्राफ्ट** (Discovery of Witchcraft) जिसका प्रकाशन 1584 में हुआ था, में किया। लेकिन दुर्भाग्य की बात यह हुई कि इंगलैण्ड के राजा जेम्स-I (King James I) ने इस पुस्तक पर प्रतिबन्ध लगा दिया और उसकी प्रतियों में आग लगा दी गयी। परन्तु इस समय तक गिरजाघर प्रतिष्ठानों के पादरियों द्वारा भी दुरात्मा-सम्बन्धी दृष्टिकोण पर उँगली उठाया जाने लगा था। संत विनसेंट डी पाल (St. Vincent de Paul, 1576-

1660) ने घोर विरोध के बीच एवं अपने जीवन को खतरे में डाल कर यह घोषणा की कि शारीरिक बीमारियों के समान मानसिक बीमारी भी एक रोग है जिसके कल्याण हेतु ईसाइयों को एक मानवीय दृष्टिकोण अपनाना चाहिए। इन विरोधों का ताजा परिणाम यह निकला कि असामान्य व्यवहार के प्रति धीरे-धीरे अज्ञानता का अंधकार फटने लगा और अब लोगों के मन में मानसिक रोगियों को किसी कैम्प (camp) या सुनसान जगह में न रखकर उसके लिए अस्पताल या स्वास्थ्य केन्द्र में रखकर उपचार करने की बात लोगों के मन में आने लगी। परिणामस्वरूप 16वीं शताब्दी के मध्य से ही अनेकों गिरजाघरों एवं मन्दिरों को मानसिक रोगियों के लिए मानसिक अस्पताल में परिणत किया जाने लगा और अब मानसिक रोगियों का सबसे अच्छा उपचार (treatment) उन्हें इन अस्पताल के चहारदिवारियों के भीतर बन्द करके देखभाल करना समझा जाने लगा। हेनरी-VIII (Henry VIII) ने 1547 में लंदन के संत मेरी ऑफ बेथलम (St. Mary of Bethlehem) को मानसिक अस्पताल में बदल दिया। इस ढंग का अस्पताल अन्य देशों में भी स्थापित किया गया। जैसे, 1566 में अमेरिका के मेक्सिको में **दी सन हिपोलिटो** (The Son Hippolitto), 1641 में फ्रांस में **ला मेयसन डी चॉरटंन** (La Maison de Charenton) तथा रूस में 1764 में एक मानसिक आरोग्यशाला खोला गया। परन्तु दुर्भाग्य की बात यह थी कि इन आरोग्यशालाओं एवं शरणस्थलों (asylums) में भी मानसिक रोगियों के साथ मानवीय व्यवहार न के बराबर किया जाता था और उनके साथ जानवरों से भी खराब व्यवहार किया जाता है।

(iv) मानसिक रोगियों के प्रति सही अर्थ में मानवता का दृष्टिकोण एक फ्रेंच चिकित्सक (French physician) फिलिप पिनेल (Phillippe Pinel, 1745-1826) जिन्हें आधुनिक मनोरोगविज्ञान (Modern Psychiatry) का जनक (father) भी कहा जाता है, के सक्रिय प्रयासों से प्रारम्भ हुआ। 1792 में जब फ्रेंच क्रान्ति का पहला चरण (phase) समाप्त हुआ तो पिनेल को पेरिस के मानसिक अस्पताल **ला विस्टरे** (La Bicetre) का प्रभारी बनाया गया। पद ग्रहण करने के बाद उन्होंने सबसे पहला कदम अस्पताल के मानसिक रोगियों को लोहे की जंजीर (chain) से मुक्त करके उनके साथ मानवीय व्यवहार करने का आदेश दिया तथा उन्हें हवा एवं रोशनी से पर्याप्त कमरों में रखने का भी आदेश जारी किया। इन आदेशों का अस्पताल के अधिकारियों द्वारा काफी मजाक उड़ाया गया और पिनेल को एक मानसिक रोगी ही समझा जाने लगा। परन्तु मानवीय उपचार (human treatment) दिये जाने पर मानसिक रोगियों द्वारा पहले किये जाने वाले शोरगुल (noise) तथा उत्तेजना (excitement) अपने आप काफी कम हो गये और उन्होंने उपचार में सहयोग दिखाना प्रारम्भ कर दिया। बाद में पिनेल को सालपेट्रिर अस्पताल (Salpetriere Hospital) का कार्यभार दिया जहाँ उन्होंने मानसिक रोगियों के लिए उसी तरह की व्यवस्था करवायी और फिर परिणाम उत्साहवर्द्धक निकले। पिनेल के बाद उनके शिष्य जीन एस्क्यूटरोल (Jean Esquitrol, 1772-1840) ने पिनेल द्वारा प्रारम्भ किये गये शुभ कार्य को आगे बढ़ाया और करीब-करीब 10 अन्य मानसिक अस्पताल खोला जहाँ मानसिक रोगियों को मानवीय व्यवहार द्वारा उपचार करने पर बल डाला गया। इस तरह से फ्रांस संसार का पहला ऐसा देश बना गया जहाँ मानसिक रोगियों के साथ मानवीय व्यवहार कर उनका उपचार किया जाने लगा। इसका प्रभाव अन्य देशों पर भी पड़ा और इन देशों के चिकित्सकों द्वारा भी मनवीय उपचार का स्वागत किया गया। ठीक जिस समय पिनेल का क्रान्तिकारी कार्य फ्रांस में चल रहा था, उसी समय इंगलैंड में विलियम टर्क (William Turk) ने मानसिक अस्पताल जिसका नाम **'यार्क रिट्रीट'** (York Retreat) था, खोला और मानसिक रोगियों के मानवीय उपचार के लिए समुचित कदम उठाया।

इस तरह से स्पष्ट है कि पूर्व वैज्ञानिक काल (Prescientific period) में (जो पुरातन समय से प्रारम्भ होकर 1800 तक माना गया है) असामान्य मनोविज्ञान के इतिहास में काफी उतार-चढ़ाव आया। प्रारम्भ में पुरातन लोगों (primitive people) ने असामान्य व्यवहार की व्याख्या जीववाद (animism) द्वारा किया जिसमें मानसिक रोग का कारण दुरात्मा एवं दैवी प्रकोप माना गया। इसके बाद हिपोक्रेट्स का प्रकृतिकवाद (naturalism) आया जिसके अनुयायी ग्रीस और रोम में काफी अधिक थे। हिपोक्रेट्स के अनुसार मानसिक रोग कुछ स्वाभाविक कारणों से होता था। इसके बाद फिर करीब 1500 A.D. तक मध्ययुग के अन्धकार में असामान्यता की व्याख्या भूत-प्रेत, जिन्न आदि दुरात्मा के प्रकोप में भटकता रहा परन्तु आगे आने वाले 300 वर्षों में (यानी 1800 A.D. तक) असामान्य व्यवहार के प्रति मानवता के दृष्टिकोण का प्रादुर्भाव हुआ जो फिलिप पिनेल के नेतृत्व में अपनी चरम सीमा पर पहुँच गया।

असामान्य मनोविज्ञान का आधुनिक उद्भव
(Modern Origin of Abnormal Psychology–1801-1950)

पिनेल (Pinel) एवं टर्क (Turk) द्वारा की गयी मानवीय उपचार विधियों (human treatment methods) ने असामान्य मनोविज्ञान के इतिहास में पूरे संसार में एक हल-चल-सी मचा दी। अमेरिका में इस हल-चल की अभिव्यक्ति (reflection) बेन्जामिन रश (Benjamin Rush, 1745-1813) के कार्यों द्वारा होती है। इन्होंने पेनसिलवानिया अस्पताल (Pennsylvania Hospital) में 1783 में कार्य शुरू किया और 1796 में मानसिक रोगियों को मानवीय उपचार (human treatment) करने के ख्याल से एक अलग रोगीकक्ष (ward) तैयार करवाया जहाँ उनके मनोरंजन के तरह-तरह के साधन रखे गये ताकि रुचिकर कार्यों को करने के लिए प्रेरित किया जाएँ। बाद में उन्होंने पुरुष मानसिक रोगियों एवं स्त्री मानसिक रोगियों के लिए अलग-अलग रोगीकक्ष (ward) तैयार करवाया और उनके साथ अधिक-से-अधिक मानवीय व्यवहार करने पर बल डाला गया। 1812 में उन्होंने मनोरोगविज्ञान पर पहली पुस्तक भी प्रकाशित की जिसमें मानसिक रोगियों के उपचार को अधिक आधुनिक बनाने पर बल डाला गया। परन्तु इस सब के बावजूद भी उनका चिकित्सा-सम्बन्धी सिद्धान्त अधिक लोकप्रिय नहीं हो पाया क्योंकि यह सिद्धान्त नक्षत्रशास्त्र (Astrology) के प्रभाव से ग्रसित था तथा उनके लिए प्रधान उपचार विधि रक्तमोचन (blood letting) तथा भिन्न-भिन्न तरह के शोधक (purgatives) का उपयोग किया जाना ही था जो स्पष्टतः अमानवीय विधियाँ ही थीं।

बेंजामिन रस
(Benjamin Rush)

अमेरिका में 19वीं शताब्दी के प्रारम्भ में एक विशेष आन्दोलन की शुरुआत एक महिला स्कूल शिक्षिका डोराथिया डिक्स (Dorothea Dix, 1802-1887) के सराहनीय प्रयासों से हुआ। इस आन्दोलन का नाम **मानसिक स्वास्थ्य विज्ञान आन्दोलन** (Mental hygiene movement) था जिसके अन्तर्गत मानसिक रोगियों के प्रति हर मानवीय प्रयासों को सम्मिलित किया गया। इस ढंग का मानवीय दृष्टिकोण तो यूरोप में 18वीं शताब्दी के कुछ अन्तिम वर्षों से ही प्रारम्भ हो गया था परन्तु अमेरिका में इसकी शुरुआत 19वीं शताब्दी के प्रारम्भिक वर्षों से हुई। इस आन्दोलन ने मानसिक रोगियों को बन्धन-मुक्त कर दिया तथा उन्हें ऐसे रोगीकक्ष (ward) में रखा गया जहाँ धूप एवं हवा की प्रचुरता हो। उनकी नैतिकता (morality) के स्तर को ऊँचा करने के लिए कुछ स्वीकारात्मक क्रियाएँ (positive activities) जैसे खेती-बाड़ी करना, बढ़ईगिरी (carpentry) आदि कार्यों में भी उन्हें लगाया गया। डिक्स अपने अथक प्रयास एवं मेहनत के सहारे सिर्फ अमेरिका में ही नहीं, बल्कि अन्य देशों जैसे कनाडा, स्कॉटलैण्ड के भी मानसिक अस्पतालों की परिस्थितियों (conditions) में मानवीय सुधार लाने में समर्थ हो सकी। अपने जीवन काल में करीब 32 मानसिक अस्पताल इन्होंने खुलवाया और मानसिक रोगियों से संबंधित सराहनीय एवं मानवतापूर्ण कार्य करने के लिए अमेरिका सरकार द्वारा इस महिला सुधारक को 1901 में "पूरे इतिहास में मानवता का सबसे उत्तम उदाहरण" बताया गया।

डोरोथिया डिक्स
(Dorothea Dix)

अमेरिका के अलावा इस काल(1800–1950) में फ्रांस(France), जर्मनी(Germany) तथा आस्ट्रीया(Austria) में भी असामान्य मनोविज्ञान के क्षेत्र में महत्त्वपूर्ण कार्य किये गये। जहाँ तक फ्रांस में ऐसे कार्यों का प्रश्न है, एनटोन मेसमर(Anton Mesmer 1734-1815) का नाम सबसे पहले लिया जाता है। इन्होंने फ्रांस के पेरिस शहर में **पशु चुम्बकत्व** (animal magnetism) पर कार्य करके लोगों को चकित कर दिया। इसमें वे रोगियों में बेहोशी जैसी मानसिक स्थिति उत्पन्न कर देते थे। इस प्रविधि को **मेस्मरिज्म** (mesmerism) की संज्ञा दी गयी और इसे ही बाद में **सम्मोहन** (hypnosis) की संज्ञा दी गयी। मेसमर के बहुमूल्य प्रयासों एवं कार्यों का परिणाम यह हुआ कि मनोस्नायुविकृति (psychoneurosis) को असामान्य मनोविज्ञान में एक अलग एवं विशेष रोग माना जाने लगा। बाद में नैन्सी (Nancy) शहर के चिकित्सकों जैसे लिबाल्ट (Liebault, 1823-1904) तथा उनके शिष्य बर्नहिम (Bernheim, 1837-1919) ने सम्मोहन का प्रयोग मानसिक रोगियों के उपचार में इतना अधिक सफलतापूर्वक किया कि यह प्रविधि मानसिक रोगियों के उपचार का उस समय की सबसे प्रमुख विधि बन गयी। बाद में शार्को (Charcot, 1825-1893) जो पेरिस शहर के सबसे बड़े अस्पताल में एक प्रतिभाशाली तंत्रिका-विज्ञानी (brilliant neurologist) थे, हिस्ट्रीया जैसे मानसिक रोग के उपचार में सम्मोहन का प्रयोग सफलतापूर्वक किया। एक तंत्रिका-विज्ञानी (neurologist) के रूप में उनका अटूट विश्वास यह भी था कि

मानसिक रोग के मूल कारणों में मस्तिष्कीय आघात (brain injury) एक प्रमुख कारण है । असामान्य मनोविज्ञान के क्षेत्र में शार्को का सबसे महत्त्वपूर्ण योगदान पेरिस के एक काफी मशहूर एवं नामी शिक्षक के रूप में रहा जिनका कार्य कुछ छात्रों को जो बाद में मनोविज्ञान एवं मनोरोग विज्ञान (Psychiatry) में महत्त्वपूर्ण व्यक्ति हुए, को प्रशिक्षित करना था। उनके छात्रों में से दो छात्र ऐसे थे जिनके प्रति इतिहास आभारी है—सिगमण्ड फ्रायड (Sigmund Freud, 1856-1939) जो 1885 में वियाना (Vienna) से शार्को से शिक्षा प्राप्त करने आये थे तथा पाइरे जेनेट (Pierre Janet) जो पेरिस के ही थे । अपनी मृत्यु से तीन वर्ष पहले शार्को ने जेनेट (Jenet) के अस्पताल का निदेशक (Director) बनाया जिन्होंने सफलतापूर्वक अपने गुरुदेव के कार्यों को आगे बढ़ाया । जेनेट का सबसे महत्त्वपूर्ण योगदान मनोस्नायुविकृति (psychoneurosis) में मनोविच्छेद (dissociation) के महत्त्व को अलग से बताना था ।

फ्रांस के अलावा जर्मनी (Germany) में भी इस काल (1800-1950) में कुछ ऐसे महत्त्वपूर्ण कार्य हुए जो असामान्य मनोविज्ञान के इतिहास में काफी उल्लेखनीय है। विलिहेल्म ग्रिसिंगर (Wilhelm Griesinger, 1817-1868) तथा ऐमिल क्रेपलिन (Emil Kraeplin, 1855-1926) के कार्य यहाँ विशेष रूप से उल्लेखनीय हैं। इन दोनों चिकित्सकों ने मानसिक रोगों का एक **दैहिक आधार** (somatic basis) मानते हुए इस बात पर बल डाला कि शारीरिक बीमारी तथा मानसिक बीमारी दोनों का स्वरूप करीब-करीब समान हेता है। जिस तरह से शरीर के किसी अंग विशेष में विकृति होने पर शरीरिक बीमारी होती है, उसी तरह मानसिक बीमारी भी किसी अंग-विशेष में विकृति के फलस्वरूप ही होती है। इसे असामान्य मनोविज्ञान के इतिहास में **असामान्यता का अवयवी दृष्टिकोण** (Organic viewpoint of abnormality) भी कहा जाता है।

विलिहेल्म ग्रिसिंगर (Wilhelm Griesinger) ने 1845 में एक पुस्तक प्रकाशित की जिसमें उन्होंने दृढ़तापूर्वक यह बतलाया कि मानसिक रोगों का कारण दैहिक (bodily) होता है। ऐमिल क्रेपलिन का योगदान ग्रिसिंगर के योगदान से कहीं अधिक महत्त्वपूर्ण माना गया है। इन्होंने विभिन्न लक्षणों के आधार पर मानसिक रोगों को अलग-अलग प्रकारों में बाँटा और प्रत्येक वर्ग के रोग के लिए उन्होंने उसके प्रमुख लक्षणों (symptoms) तथा उत्पत्ति के कारणों का विस्तृत वर्णन किया। सबसे पहले-पहल उन्होंने ही उत्साह-विषाद मनोविकृति (Manic-depressive psychosis) जैसे मानसिक रोग का नामकरण किया जो आज भी इसी नाम से जाना जाता है। उनके दूसरे महत्त्वपूर्ण मनोविकृति (psychosis) के प्रकार का नाम था डिमेंशिया प्राकॉक्स (Dementia Paraecox) जिसका आजकल नाम बदलकर मनोविदालिता (schizophrenia) कर दिया गया है। उन्होंने मनोविकृति (psychosis) एवं अन्य तरह के मानसिक रोगों का कारण शारीरिक या दैहिक माना जिसे उन्होंने दो प्रमुख भागों में बाँटा—अन्तर्गत कारक (endogenous factors) जिसका सम्बन्ध वंशानुक्रम (heredity) से था तथा बहिर्जात कारक (exogenous factors) जिसका सम्बन्ध मस्तिष्कीय आघात (brain injury) से था जो भिन्न-भिन्न कारकों जैसे दुर्घटना, विष तथा शारीरिक बीमारी आदि से प्राय: उत्पन्न होता है।

इमिल क्रेपलिन
(Emil Krapelin)

19वीं शताब्दी के उत्तरार्द्ध में आस्ट्रीया में भी सिगमण्ड फ्रायड (Sigmund Freud, 1856-1939) द्वारा जो एक महत्त्वपूर्ण तंत्रिकाविज्ञानी (neurologist) तथा मनोरोगविज्ञानी (psychiatrist) थे, महत्त्वपूर्ण कार्य किया गया । फ्रायड पहले ऐसे मनोरोगविज्ञानी (psychiatrist) थे जिन्होंने मानसिक रोगों के कारणों की व्याख्या करने में दैहिक कारकों के महत्त्व को कम करके मनोवैज्ञानिक कारकों (psychological factors) के महत्त्व को अधिक ऊँचा बतलाया । असामान्य मनोविज्ञान के क्षेत्र में फ्रायड के योगदान में मुक्त साहचर्य विधि (free association), अचेतन (unconscious), स्वप्न विश्लेषण (dream analysis) मनोलैंगिक सिद्धान्त (psychosexual development), मनोरचनाएँ (defense mechanism) आदि प्रधान हैं । फ्रायड का सम्पर्क जोसेफ ब्रियुअर (Josef Breuer) से हुआ जिनसे उन्होंने मनोस्नायुविकृति (psychoneurousis) के रोगियों पर सम्मोहन विधि का प्रयोग करना सीखा । ऐसे रोगियों के उपचार में उन्होंने सम्मोहन विधि का चमत्कारी प्रयोग करना सीखा । उन्होंने देखा कि सम्मोहित अवस्था में रोगी बिना किसी हिचकिचाहट के अपने संवेगों, संघर्षों एवं भावनाओं को प्रकट करता है जिसका स्पष्ट एवं सीधा सम्बन्ध रोगियों के रुग्नावस्था से होता है । इसे फ्रायड एवं ब्रियुअर ने मिलकर **विरेचन**

सिगमंड फ्रायड
(Sigmund Freud)

विधि (cathartic method) कहा। फिर 1885 में वे शार्को (Charcot) से शिक्षा प्राप्त करने पेरिस गये जहाँ उन्होंने मनस्नायुविकृति के रोगियों के उपचार में सम्मोहन विधि का चमत्कार देखा और काफी प्रभावित हुए। लेकिन वियाना लौटने के कुछ दिनों बाद उन्होंने सम्मोहन विधि का प्रयोग बन्द कर दिया क्योंकि इसमें मानसिक रोगियों का उपचार मात्र अस्थायी रूप से हो पाता था। अपने अनुभवों एवं रोगियों के निरीक्षण के आधार पर उन्होंने यह भी बतलाया कि अधिकतर मानसिक संघर्ष तथा दुश्चिन्ता (anxiety) का स्रोत अचेतन (unconscious) होता है। ऐसे मानसिक संघर्ष, दुश्चिन्ता एवं दुखद अभिप्रेरकों एवं संवेगों को व्यक्ति अपनी चेतन (consiousness) से हटाकर अचेतन (unconscious) में दमित (repress) कर देता है। इसे उन्होंने **दमन** (repression) की संज्ञा दी। उन्होंने यह भी बतलाया कि दमित अभिप्रेरक एवं इच्छाएँ व्यक्ति के व्यवहारों को अचेतन रूप से नियंत्रित करती हैं। अतः व्यक्ति के व्यवहार को सही अर्थ में समझने के लिए इन दमित अभिप्रेरकों एवं इच्छाओं के बारे में जानना आवश्यक है। दमित इच्छाओं एवं अभिप्रेरकों को चेतन में लाने की दो विधियों पर उन्होंने अधिक बल डाला है—मुक्त साहचर्य विधि (free association method) तथा स्वप्न विश्लेषण (dream analysis)। इन विधियों के सहारे कार्य करके उन्होंने 1900 में अपनी सबसे उत्तम पुस्तक **'दी इन्टरप्रेटेशन ऑफ ड्रीम'** (The Interpretation of Dream) प्रकाशित किया। मानसिक रोगियों की चिकित्सा हेतु उन्होंने **मनोविश्लेषण विधि** (psychoanalytic method) का प्रतिपादन किया जिसमें मानसिक रोगियों के अचेतन से दमित इच्छाओं को मुक्त साहचर्य विधि तथा स्वप्न विश्लेषण विधि द्वारा कुरेदकर निकाला जाता है तथा उसके आधार पर रोग का लक्षण समझा जाता है तथा फिर उसी के अनुकूल उसका उपचार किया जाता है। मनोविश्लेषण विधि की सफलता की ख्याति संसार में चारों दिशाओं में बढ़ने लगी जिसके परिणामस्वरूप इनसे शिक्षा पाने के लिए दूर-दराज से व्यक्तियों का जमघट लगना प्रारम्भ हो गया। फ्रायड के इन छात्रों में कुछ के नाम उल्लेखनीय हैं–वर्लिन (Berlin) से कार्ल अब्राहम (Karl Abraham), जूरिक (Zurich) से कार्ल युंग (Carl Jung), लंदन से अर्नेस्ट जोन्स (Ernest Jones), अमेरीका से ए० ए० व्रिल (A.A. Brill) तथा स्थानीय (local) वियाना (Vienna) से भी कई छात्र थे जिनमें एल्फ्रेड एडलर (Alfred Adler) का नाम विशेष रूप से मशहूर है। इन छात्रों में से कार्ल युंग (Carl Jung) तथा एल्फ्रेड एडलर (Alfred Adler) का नाम इतिहास के पन्नों में विशेष रूप से अंकित किया गया है क्योंकि बाद में इन लोगों ने फ्रायड से अपना सम्बन्ध तोड़ लिया और स्वतंत्र रूप से एक नया मनोविज्ञान की शुरूआत किये। कार्ल युंग के मनोविज्ञान का नाम **विश्लेषणात्मक मनोविज्ञान** (Analytical Psychology) तथा एल्फ्रेड एडलर (Alfred Adler) के मनोविज्ञान का नाम **व्यैक्तिक मनोविज्ञान** (Individual Psychology) रखा गया। इन दोनों का ही मनोविज्ञान में किये गये योगदानों के लिए इतिहास काफी आभारी है।

जब फ्रायड 53 वर्ष के थे अर्थात् 1909 में अमेरिका के क्लार्क विश्वविद्यालय (Clark University) के जी० स्टेनली (G. Stanley Hall) द्वारा उस विश्वविद्यालय के 20वीं वर्षगाँठ (anniversary) में भाग लेने के लिए उन्हें बुलाया गया जहाँ उन्होंने मनोविश्लेषण (Psychoanalysis) पर कई व्याख्यान (lecture) दिये और अमेरीकन मनोवैज्ञानिकों पर उनके व्याख्यानों का काफी प्रभाव पड़ा। जब वे 80 वर्ष के थे तो वे गम्भीर रूप से बीमार पड़ गये और उन्हें हिटलर के जर्मन सैनिकों द्वारा पकड़ लिया गया क्योंकि वियाना (Vienna) पर हिटलर ने आक्रमण कर दिया था। इंगलैण्ड के अपने कुछ दोस्तों एवं शिष्यों की मदद से उन्हें उन सैनिकों से किसी तरह छुड़ा लिया गया और वे लंदन चले गये जहाँ 1939 में अर्थात् 83 वर्ष की आयु में उनकी मृत्यु कैंसर (cancer) के कारण हो गयी।

असामान्य मनोविज्ञान के आधुनिक काल (1801-1950) में एक और ऐसे मनोरोगविज्ञानी (psychiatrist) हैं जिनके योगदान के लिए इतिहास आभारी है। वे हैं—एडॉल्फ मेयर (Adolf Meyer, 1866-1950) जिनका जन्म तो स्वीट्जरलैण्ड में हुआ था परन्तु 1892 में अमेरिका आकर बस गये और यहीं उन्होंने मानसिक रोगियों पर महत्त्वपूर्ण कार्य किया। मेयर के विचारधारा को **मनोजैविक दृष्टिकोण** (Psychobiological viewpoint) कहा जाता है। मेयर के इस विचारधारा के अनुसार असामान्य व्यवहार शारीरिक और मानसिक दोनों कारणों से होता है। इसलिए उनका मत था कि इसका उपचार मानसिक (psychogenic) तथा दैहिक (Somatogenic) दोनों आधारों पर किया जाना चाहिए। इस तरह से उनके इस विचारधारा में स्पष्टतः क्रेपलिन तथा ग्रिसिंग के दैहिक विचारों एवं फ्रायड के मनोवैज्ञानिक विचारों का एक मिश्रण देखने को मिलता है। अमेरिका आने पर पहले वे वहाँ के कुछ मानसिक अस्पतालों में मनोरोगविज्ञानी (Psychopathologist) के रूप मे कार्य करते रहे। इसके बाद वे न्यू-यार्क स्टेट साइकेट्रीक संस्थान (NewYork State Psychiatric Institute) के निदेशक (Director) नियुक्त किये गये जहाँ उन्होंने मनोजैविक दृष्टिकोण का प्रतिपादन किया। 1910 में वे जॉन

हॉपकिन्स विश्वविद्यालय में मनोरोगविज्ञान (Psychiatry) के प्रोफेसर नियुक्त किये गये और दो साल बाद यानी 1912 में वे जॉन हॉपकिन्स विश्वविद्यालय के फिप्स मनश्चिकित्सालय (Phipps Psychiatric Clinic) के निर्देशक बने और अवकाश ग्रहण करने तक मनोजैविक सिद्धान्तों का पालन करते हुए चिकित्सा करते रहे। मेयर के मनोजैविक सिद्धान्त के अनुसार मानसिक रोग की उत्पत्ति में व्यक्ति का सामाजिक वातावरण (Social environment) एक महत्त्वपूर्ण कारक होता है। यही कारण है कि रेनी (Rennie, 1957) ने इसके सिद्धान्त का नाम **मनोजैविक सामाजिक सिद्धान्त** (Psychobiosocial theory) भी रखा है। मेयर का विचार था कि मानसिक रोगियों की उपयुक्त चिकित्सा तभी सम्भव है जब उसके जैविक पदार्थों जैसे हारमोन्स, विटामिन को संतुलित करते हुए उसके घरेलू वातावरण के अंतर पारस्परिक सम्बन्धों (interpersonal relationship) को भी सुधारा जाय। सचमुच में मेयर के लिए मानसिक रोगियों का उपचार (treatment) रोगी और चिकित्सक के बीच एक तरह का पारस्परिक प्रशिक्षण (mutual education) के समान है जिसकी सफलता इन दोनों के सौहार्द्रपूर्ण एवं अच्छे सम्बन्धों पर निर्भर करता है। उपचार के इस तरह की प्रविधि का उपयोग आज भी सफलतापूर्वक किया जा रहा है।

निष्कर्षत: यह कहा जा सकता है कि मेयर का विचार था कि असामान्यता को समझने के लिए एक सम्पूर्ण दृष्टिकोण (holistic approach) अपनाना आवश्यक है। दूसरे शब्दों में, असामान्यता का अध्ययन जैविक मनोवैज्ञानिक और सामाजिक तीनों दृष्टिकोणों से करना आवश्यक है।

आज का असामान्य मनोविज्ञान : 1951 से अब तक
(Abnormal Psychology Today : 1951 to Today)

20वीं शताब्दी के पूर्वार्द्ध (first half) तक मानसिक अस्पताल ही मानसिक रोगियों के उपचार का मात्र सहारा बना रहा। परन्तु उसके बाद धीरे-धीरे इन मानसिक अस्पतालों के काले करतूत लोगों के सामने आने लगे और उनके प्रति आम जनता की मनोवृत्ति परिवर्तित होती गयी। अमेरिका के बहुत से मानसिक अस्पतालों में देखा गया कि वहाँ जो रोगियों को भर्ती कराया जाता था, उनके साथ अमानवीय व्यवहार इतनी क्रूरता के साथ किया जाता था कि उनका मानसिक रोग कम होने के बजाय बढ़ता ही जाता था। कुछ का तो इसी में देहान्त भी हो जाता था। किश्कर (Kisker, 1985) ऐसे मानसिक अस्पतालों के हालातों का वर्णन करते हुए कहते हैं कि मानसिक रोगियों को इन अस्पतालों में एक छोटा-सा कमरा में झुण्ड बनाकर रखा जाना, ऐसे कमरों में शौचालय भी नहीं होना, धूप और हवा भी लगभग न के बराबर मिलना आधा पेट खाना दिया जाना, कमसिन लड़कियों को अस्पताल से बाहर भेजकर शारीरिक व्यापार कराया जाना, अस्पताल अधिकारियों द्वारा गाली-गलौज करना आदि काफी सामान्य था। फलत: मानसिक अस्पताल में रोगियों को रखने के प्रति लोगों की मनोवृत्ति खराब हो गयी। आजकल अमेरिका में इन मानसिक अस्पतालों की जगह **सामुदायिक मानसिक स्वास्थ्य केन्द्र** (Community Mental Health Centres) ने ले लिया है। इन केन्द्रों का मुख्य उद्देश्य मानसिक रोगियों को मानवीय ढंग से उत्तम उपचार करना है। इन केन्द्रों द्वारा मूलत: पाँच तरह की सेवाएँ की जाती हैं—चौबीस घंटा आपातकालीन देखभाल (emergency care), अल्पकालीन अस्पताली सेवा (short-term hospitalisation), आंशिक अस्पताली सेवा (partial hospitalisation), बाह्य रोगियों की देखभाल (out-patient care) तथा प्रशिक्षण एवं परामर्श (counselling) कार्यक्रम। अमेरिका एवं कनाडा में ऐसे केन्द्रों की संख्या काफी अधिक है जिन्हें अपने कार्य के लिए पर्याप्त सरकारी सहायता मिलती है।

अमेरिका एवं कनाडा में आजकल सामुदायिक मानसिक स्वास्थ्य केन्द्र (Community mental health centres) का एक नवीनतम रूप जिसे संकटकाल हस्तक्षेप केन्द्र (Crisis Intervention Centre) कहा जाता है, विकसित हुआ है। इन केन्द्रों का मुख्य उद्देश्य मानसिक रोगियों को तुरंत सहायता पहुँचाना होता है। इन केन्द्रों में उपचार के लिए पहले से समय निश्चित करके मिलना जरूरी नहीं है तथा सभी वर्ग एवं आय के लोगों की सहायता के लिए तुरंत कदम उठाया जाता है। आजकल एक नये प्रकार का संकटकाल हस्तक्षेप केन्द्र भी मानसिक रोगियों के उपचार में कार्यरत देखा गया है। इसे 'हॉट लाइन दूरभाष केन्द्र' (Hot line telephone centre) की संज्ञा दी गयी है। ऐसे केन्द्रों में चिकित्सक रात या दिन के किसी भी समय मात्र दूरभाष (telephone) से सूचना प्राप्त कर मानसिक रोगियों का उपचार प्रारम्भ करने के लिए तत्पर रहते हैं। इस ढंग का दूरभाष केन्द्र सबसे पहले-पहल लास एन्जिल्स (Los Angeles) के चिल्ड्रेन

अस्पताल (Children hospital) में प्रारम्भ किया गया। ऐसे दूरभाष केन्द्रों की सफलता से प्रभावित होकर अमेरिका के बड़े-बड़े शहरों एवं विश्वविद्यालय कैम्पसों में भी इस तरह का आपात्कालीन सेवा प्रदान करने वाले केन्द्र अधिकाधिक संख्या में खोले जा रहे हैं। संसार के अन्य देशों में भी इस तरह के केन्द्र तेजी से खुल रहे हैं।

इस तरह से हम देखते हैं कि असामान्य मनोविज्ञान का इतिहास जो तीन मुख्य काल (periods) में बाँटकर बतलाया गया है, में काफी उतार-चढ़ाव रहा है। प्रारंभिक काल में यानी पूर्ववैज्ञनिक काल (prescientific period) में असामान्यता मूलतः देवी-देवाताओं का प्रकोप या दुरात्मा का प्रवेश से उत्पन्न हुआ माना जाता था। आधुनिक युग (1801-1950) में इस विचार की मान्यता जाती रही और मानसिक असामान्यता को एक प्रकार का मानसिक रोग समझकर उसके मानवीय उपचार (human treatment) पर बल डाला जाए। इस काल में असामान्यता का कारण सामाजिक वातावरण (social environment) भी बतलाया गया। 1950 के बाद का असामान्य मनोविज्ञान में पहले से चले आ रहे मानसिक अस्पताल (mental hospital) में किये जा रहे उपचार को अमानवीय ठहराया गया और उनकी आलोचना की गयी। ऐसा विचार लोगों के मन में यह विचार उत्पन्न हुआ कि इन मानसिक अस्पतालों में भर्त्ती कर देने से मानसिक रोग की तीव्रता घटने के बजाय बढ़ने लगती है। अब इन मानसिक अस्पतालों की जगह भिन्न-भिन्न प्रकार के सामुदायिक मानसिक स्वास्थ्य केन्द्रों (Community mental health centres) ने ले लिया है। संकटकाल हस्तक्षेप केन्द्र (Crisis Intervention Centres) ऐसे ही केन्द्रों का नवीनतम नमूना है जिसकी शुरुआत तो अमेरिका में हुई परन्तु इसकी बढ़ती सफलता ने अन्य देशों को भी ऐसे केन्द्रों की शुरुआत करने के लिए मजबूर कर दिया है।

असामान्य व्यवहार के स्वरूप एवं कसौटी
(Nature and Criteria of Abnormal Behaviour)

सामान्यतः मानव व्यहवार को दो भागों में बाँटा गया है—सामान्य (normal) तथा असामान्य (abnormal)। 'Nomal' शब्द लैटिन के नॉरमा (norma) शब्द से बना है जिसका अर्थ है **'बढ़ई का स्केल'** (Carpenter's rules)। जिस तरह से बढ़ई अपने स्केल का प्रयोग एक मानक (standard) के रूप में करके यह निश्चित करता है कि किस परिस्थिति में क्या सामान्य मापन होगा, ठीक इसी अर्थ में 'normal' शब्द का प्रयोग अंग्रेजी भाषा में एक मान्य पैटर्न या मानक (norms) को बोधित करने के लिए किया जाता है। मनोवैज्ञानिकों एवं अन्य विशेषज्ञों के बीच आज भी इस बात की असहमति है कि सामान्य का अर्थ क्या होगा ? कुछ लोग एक व्यवहार को सामान्य मानते हैं तों उसी व्यवहार को दूसरे समाज या संस्कृति में असामान्य माना जाता है। जब सामान्य क्या है, इसे सर्वमान्य ढंग से परिभाषित नहीं किया जा सकता है तो असामान्य व्यावहार को परिभाषित करना स्वभावतः एक टेढ़ी खीर है।

'Nomal' पद में उपसर्ग 'Ab' जोड़कर 'Abnormal' अर्थात् **'असामान्य'** पद का निर्माण हुआ है। इस तथ्य को ध्यान में रखते हुए यह कहा जा सकता है कि **असामान्य वह है जो सामान्य नहीं है या सामान्य से परे अथवा भिन्न है (Abnormal is one which is not normal or away from normal)।** परंतु मात्र इतना कह देने से असामान्य व्यवहार का अर्थ स्पष्ट नहीं होता है। रीगर, (Reiger, 1998) के अनुसार, असामान्य व्यवहार एक ऐसा व्यवहार होता है जो सामाजिक रूप से अमान्य, दुखदायी एवं विकृत संज्ञान (distorted cognition) के परिणामस्वरूप उत्पन्न होता है। चूँकि ऐसे व्यवहार से व्यक्ति को सामान्य समायोजन में (adjustment) में कठिनाई होती है, इसलिए इसका स्वरूप कुसमायोजी (maladaptive) भी होता है। बारलो एवं डुरंड[1] (Barlow & Durand, 1999) ने असामान्य व्यवहार की एक काफी विस्तृत एवं वैज्ञानिक परिभाषा दिया है जो विशेष रूप से यहाँ उल्लेखनीय है। इनके अनुसार, "असामान्य व्यवहार व्यक्ति के भीतर मनोवैज्ञानिक दुष्क्रिया की स्थिति होती है जो कार्यों में व्यथा या हानि से साहचर्यित होता है तथा एक ऐसी अनुक्रिया होती जो प्रतिनिधिक या सांस्कृतिक रूप से प्रत्याशित नहीं होता है।" असामान्य व्यवहार को मानसिक स्वस्थ्य पेशेवरों (mental health professionals) के अनुसार विभिन्न कसौटियों (criteria) के आधार पर परिभाषित करने की कोशिश की गयी है जिनका यहाँ उल्लेख आवश्यक है। ऐसी कसौटियाँ निम्नांकित हैं—

(1) सांख्यिकी अबारंबारता (statistical infrequency) की कसौटी

(2) मानक अतिक्रमण (norms violation) की कसौटी

1. "Abnormal behaviour is a psychological dysfunction within an individual that is associated with distress or impairment in functioning and response that is not typical or culturally expected."
—Barlow & Durand : *Abnormal Psychology*, 1999, p. 2

(3) व्यक्तिगत व्यथा (personal distress) की कसौटी
(4) अयोग्यता या दुष्क्रिया की कसौटी (criteria of disability or dysfunction)
(5) अप्रत्याशा (unexpectedness) की कसौटी।

इन पाँचों कसौटियों के आधार पर असामान्य व्यवहार को अलग-अलग ढंग से परिभाषित किया गया है—

1. सांख्यिकी अबारंबारता की कसौटी *(Criteria of statistical infrequency)*—इस कसौटी के अनुसार वे सभी व्यवहार असामान्य हैं जो सांख्यिकी रूप से अबारंबार (infrequent) होते हैं। दूसरे शब्दों में, इन कसौटी के अनुसार वे सभी व्यवहार असामान्य होते हैं जो सांख्यिकीय औसत (statistical average) से विचलित होते हैं। जो व्यवहार उस औसत में आते हैं, वे सामान्य कहलाते हैं और उससे जो भिन्न होते हैं, उन्हें असामान्य कहा जाता है। इस कसौटी का उपयोग मानसिक मंदता (mental retardation) जैसे असामान्य व्यवहार को परिभाषित करने में प्राय: किया गया है। जिन व्यक्तियों की बुद्धि-लब्धि 70 से कम होता है, तो उसकी बुद्धि इतनी कम समझी जाती है कि उसे मानसिक रूप से मंद (mentally retarded) होने की संज्ञा दी जाती है। स्पष्ट हुआ कि इस कसौटी के अनुसार व्यक्ति के औसत निष्पादन को ही सामान्य कहा जाता है और जो भी इस औसत निष्पादन से विचलित होता है, उसे असामान्य कहा जाता है।

परंतु इस कसौटी के कुछ स्पष्ट दोष हैं। जैसे—इस कसौटी के अनुसार न केवल औसत से कम बुद्धि-लब्धि वाले बल्कि औसत से ऊपर जैसे 140 या 160 या इससे भी अधिक बुद्धि-लब्धि वाले भी असामान्य कहलायेंगे जो कि सर्वथा गलत होगा। इस कसौटी का कोई मूल्य (value) नहीं है तथा इसमें वांछित व्यवहार एवं अवांछित व्यवहार में अंतर करने में कोई स्पष्ट तंत्र (system) नहीं है। ऐसे तंत्र का न होने का ही यह परिणाम है कि इसमें औसत व्यवहार को ही सामान्य मान लिया जाता है। इसका एक दोष यह भी बतलाया गया है कि यह कसौटी मनोवैज्ञानिकों को यह निर्देश नहीं देता है कि कौन-सा अबारंबार व्यवहार (infrequent behaviour) का उसे अध्ययन करना चाहिए ?

2. मानक अतिक्रमण की कसौटी *(Criterion of norms violation)*—प्रत्येक व्यक्ति एक समाज में रहता है जिसका अपना मानक (norms) होता है जो यह बतलाता है कि उसे क्या करना चाहिए या क्या नहीं करना चाहिए। जब व्यक्ति का व्यवहार इस मानक के अनुकूल होता है तो उसे सामान्य कहा जाता है परंतु जब उसका व्यवहार इस मानक का अतिक्रमण करता है, तो उसे असामान्य (abnormal) कहा जाता है। जैसे—कुछ समाज के मानक ऐसे हैं जिनमें अपने ही चचेरे-फुफेरे भाई-बहन में शादी को सामान्य समझा जाता है जबकि कुछ ऐसे हैं जिनमें ऐसे व्यवहार को असामान्य समझा जाता है। अत: इस तरह का व्यवहार पहली परिस्थिति में मानक अतिक्रमण नहीं कहलायेगा जबकि दूसरी परिस्थिति में मानक अतिक्रमण कहलायेगा और उसे असामान्य व्यवहार की संज्ञा दी जाएगी।

इस कसौटी के भी कुछ दोष हैं। एक ही व्यवहार एक समाज या संस्कृति में सामान्य हो सकता है परंतु वही व्यवहार दूसरे समाज में असामान्य हो सकता है क्योंकि उस व्यवहार से मानक का अतिक्रमण हो सकता है। ऐसी परिस्थिति में इस कसौटी के अनुरूप असामान्य व्यवहार का कोई सार्विक परिभाषा (universal definition) देना सम्भव नहीं है। स्पष्टत: इसका अर्थ यह भी निकलता है कि यह कसौटी असामान्य व्यवहार को एक सापेक्ष संप्रत्यय (relative concept) में तब्दील कर देता है। इतना ही नहीं, यह कसौटी जरूरत से ज्यादा विस्तृत तथा कुछ विशेष परिस्थिति में जरूरत से ज्यादा संकीर्ण भी दीखता है। यही कारण है कि अपराधी एवं वेश्याएँ जो सामाजिक मानक का अतिक्रमण करती हैं, असामान्य मनोविज्ञान में प्राय: अध्ययन के लिए सम्मिलित नहीं किये जाते हैं। दूसरे तरफ, अत्यधिक चिंतित व्यक्ति जो असामान्य मनोविज्ञान के अध्ययन का केंद्र बिन्दु है, पर आम लोगों द्वारा ध्यान भी नहीं दिया जाता है। ऐसा भी हो सकता है कि अमुक व्यवहार से मानक अतिक्रमण तो हो परंतु उसे असामान्य व्यवहार नहीं कहा जा सकता है। जैसे, 1992 में एक छात्र वर्कली विश्वविद्यालय में कक्षा (class) में नंगा आया। इससे स्पष्टत: मानक अतिक्रमण तो हुआ परंतु इससे उस छात्र में किसी प्रकार की असामान्यता तो नहीं दीख पड़ती है।

3. व्यक्तिगत व्यथा की कसौटी *(Criterion of personal distress)*—असामान्य व्यवहार को व्यक्तिगत व्यथा (personal distress or suffering) की कसौटी के रूप में भी परिभाषित किया गया है । अगर व्यक्ति का व्यवहार ऐसा होता है जिससे उसमें अधिक तकलीफ तथा यातना उत्पन्न होता है तो इसे असामान्य व्यवहार कहा जायेगा । दुश्चिंता विकृति (anxiety disorders) तथा विषाद (depression) से ग्रस्त व्यक्तियों को अधिक यातना सहना पड़ता है । अत: उनके इस व्यवहार को इस कसौटी के अनुरूप निश्चित रूप से असामान्य व्यवहार कहा जायेगा । सचमुच में असामान्य

व्यवहार को परिभाषित करने का यह उपागम (approach) पहले दोनों उपागमों या कसौटियों की तुलना में अधिक उदारवादी है क्योंकि इसमें लोग अपनी सामान्यता (normality) का परख स्वयं करते हैं न कि समाज या कोई विशेषज्ञ। शायद यही कसौटी ऐसा है जिसका उपयोग प्राय: कम गम्भीर मानसिक विकृतियों की पहचान करने में किया जाता है। अधिकतर लोग जो मनश्चिकित्सा (psychotherapy) के लिए आते हैं, ऐसे होते हैं जिन्हें कोई असामान्य घोषित नहीं किया है परंतु वे इसलिए आये होते हैं कि अपनी जिंदगी के कुछ व्यवहार से वे काफी तंग हो चुके होते हैं, तथा काफी यातना झेल चुके होते हैं।

इस कसौटी के साथ भी कुछ कठिनाइयाँ हैं जो इस प्रकार हैं—

(i) कुछ विकृतियाँ (disorders) ऐसी होती हैं जो व्यक्ति में कोई व्यथा, यातना तथा चिंता नहीं उत्पन्न करतीं हैं। जैसे मनोविकारी लोग (psychopath) तरह-तरह के समाज-विरोधी व्यवहार करते हैं परंतु उनमें न तो कोई दुश्चिंता उत्पन्न होती है और न ही कोई दोष-भाव। अत: इस कसौटी के अनुसार ऐसे व्यवहार को असामान्य व्यवहार नहीं कहा जा सकता है जो सर्वथा अनुपयुक्त होगा।

(ii) सभी तरह के व्यक्तिगत व्यथा या यातना उत्पन्न करने वाले व्यवहार को असामान्य व्यवहार नहीं कहा जा सकता है। जैसे, तीव्र भूख, तीव्र प्यास, किसी तरह का साधारण दर्द जो निश्चित रूप से व्यक्ति को यातना देता है, को असामान्य व्यवहार नहीं कहा जा सकता है।

(iii) इस कसौटी में आत्मनिष्ठता (subjectivity) अभिक है। व्यक्ति अपनी व्यथा की मात्रा को स्वयं ही निर्धारित करता है और तब यह बतलाता है कि वे कितना इससे प्रभावित है। ऐसी परिस्थिति में दो या दो से अधिक व्यक्तियों के व्यथा की मात्रा की तुलना करना कठिन है क्योंकि उनके इस अपनी मनोवैज्ञानिक अवस्था को परिभाषित करने का मानक परिवर्तित होते रहता है।

4. अयोग्यता या दुष्क्रिया की कसौटी (*Criterion of disability or dysfunction*)—अयोग्यता के आधार पर भी असामान्य व्यवहार को परिभाषित किया गया है। अगर कोई व्यक्ति अपने लक्ष्य की प्राप्ति करने में अयोग्यता के कारण असमर्थ रहता है, तो उसके इस व्यवहार को असामान्य व्यवहार कहा जायेगा। जैसे, अगर कोई व्यक्ति हवाई जहाज से कहीं जाने में इतना डरता है कि अपनी पदोन्नति को भी त्याग देता है, तो इस तरह की अयोग्यता (disability) को असामान्य व्यवहार का एक तत्त्व (component) माना जायेगा। वेकफिल्ड (Wakefield, 1992) ने इस क्षेत्र में किये गये शोधों का विश्लेषण करने के बाद यह बतलाया है कि असामान्य व्यवहार का एक महत्त्वपूर्ण तत्त्व दुष्क्रिया (dysfunction) भी है। दुष्क्रिया से तात्पर्य व्यक्ति के किसी प्रक्रम (mechanism) के स्वाभाविक कार्यवाही का इस तरह से असफल हो जाने से होता है कि उससे व्यक्ति को हानि हो जाती है। जैसे, यदि कोई व्यक्ति को तैरना अच्छी तरह आता है और वह यह भी जानता है कि पानी में उसे किसी प्रकार का कोई खतरा नहीं है, परंतु फिर भी वह पानी में प्रवेश करने में काफी डरता है, तो ऐसे दुष्क्रियात्मक व्यवहार (dysfunctional behaviour) को असामान्य व्यवहार कहा जायेगा।

इस कसौटी के साथ भी कुछ कठिनाइयाँ हैं जिनमें निम्नांकित प्रमुख हैं—

(i) अयोग्यता (disability) एक ऐसी कसौटी है जो कुछ ही व्यवहार के लिए सही है, न कि सभी तरह के व्यवहार के लिए। जैसे, ट्रान्सवेसटिज्म (transvestism) जिसमें व्यक्ति विपरीत यौन का कपड़ा पहनकर लैंगिक सुख प्राप्त करता है, में किसी तरह की अयोग्यता (disability) का तत्त्व नहीं होते हुए भी उसे असामान्य व्यवहार में रखा जाता है।

(ii) कुछ विशेषताएँ ऐसी होती हैं जिन्हें अयोग्यता (disability) कहा जा सकता है परंतु फिर भी उनका अध्ययन असामान्य मनोविज्ञान में नहीं होता है क्योंकि उन्हें असामान्य व्यावहार नहीं कहा जा सकता है। जैसे, पुलिस सेवा में पदाधिकारी बनने के लिए निर्धारित शारीरिक ऊँचाई का किसी व्यक्ति में न होना, स्वभावत: यह उसकी एक अयोग्यता है। परंतु इसे असामान्य व्यवहार भी निश्चित रूप से नहीं कहा जा सकता है।

1. " Many attempts have been made to define abrormal behavior. No one has been able to provide a consistent definition that easily accounts for all situations in which the concept is involved (Gorenstein, 1992).

—Oltamanns & Emery : *Abnormal Psychology*, 1995, p.8

(iii) दुष्क्रिया की कसौटी में यह मानकर चला जा रहा है कि व्यक्ति को यह पता पहले से होता है कि मनुष्य की सामान्य अवस्था या आंतरिक कार्यवाही (internal functioning) क्या होता है। इसी में उत्पन्न असफलता या गड़बड़ी को असामान्य व्यवहार का आधार माना जाता है। परंतु ऐसी भी परिस्थितियाँ होतीं हैं जिनमें व्यक्ति के आंतरिक कार्यवाही के बारे में पहले से पता नहीं होता है। फलतः असामान्य व्यवहार के बारे में अनुमान लगाना मुश्किल हो जाता है।

5. अप्रत्याशा की कसौटी *(Criterion of unexpectedness)*—डेविसन एवं नील (Davison & Neale, 1996) ने अप्रत्याशा की कसौटी को भी महत्त्वपूर्ण बतलाया है और यह कहा है कि इसे भी असामान्य व्यवहार का एक तत्त्व मानना आवश्यक है। सचमुच में बहुत सारे असामान्य व्यवहार पर्यावरणी तनाव उत्पन्न करने वाले उद्दीपक के प्रति एक तरह का अप्रत्याशित अनुक्रिया ही होता है। जैसे, जब व्यक्ति अपनी वित्तीय मजबूती के बावजूद भी अपनी आर्थिक स्थिति के बारे में लगातार चिंतित रहता है और जब यह चिंता सामान्य अनुपात से अधिक हो जाता है, तो इससे व्यक्ति में चिंता रोग (anxiety disorder) उत्पन्न हो जाता है। परंतु इस कसौटी को भी एक सर्वमान्य कसौटी नहीं कहा जा सकता है क्योंकि सभी अप्रत्याशित व्यवहार को असामान्य व्यवहार नहीं कहा जा सकता है। जैसे, रास्ते में जाते समय अचानक साँप देखकर डर कर चिल्लाना एक अप्रत्याशित व्यवहार है परंतु उसे असामान्य नहीं कहा जायेगा।

स्पष्ट हुआ कि असामान्य व्यवहार को समझने के लिए कई कसौटियों या दृष्टिकोणों को अपनाया गया है। परंतु इनमें से किसी भी के द्वारा असामान्य व्यवहार की एक ऐसी व्याख्या नहीं की गयी है जिसे संतोषजनक कहा जा सके तथा जो सभी परिस्थिति में मान्य हो। ओल्टमान्नस तथा इमेरी[1] (Oltmanns & Emery, 1995) ने इन शब्दों में एक उत्तम निष्कर्ष दिया है, "असामान्य व्यवहार को परिभाषित करने के बहुत सारे प्रयास किये गये हैं परंतु इनमें से कोई भी संतोषजनक नहीं है। किसी ने भी एक ऐसी संगत परिभाषा नहीं दिया है जो सभी परिस्थितियों में जिसमें संप्रत्यय का उपयोग होता है, इसकी व्याख्या कर सके (गोरेनस्टीन, 1992)।"

इसके बावजूद भी यदि हम गौर से असामान्य व्यवहार के स्वरूप की व्याख्या करने के ख्याल से दिए गए विचारों की समीक्षा करें, तो यह स्पष्ट होगा कि अधिकतर विचारों में जैसा कि कोमर (Comer, 1995) ने कहा है, असामान्य व्यवहार को चार डी (Four D's) के रूप में समझने पर आम सहमति है। ये चार डी हैं—विचलन (deviance), तकलीफ (distress), दुष्क्रिया (dysfunction) तथा खतरा (danger)। इन सबों का वर्णन इस प्रकार है—

(i) विचलन *(Deviance)*—इसके अन्तर्गत उन व्यवहारों को असामान्य व्यवहार की श्रेणी में रखा जाता है जो सामाजिक मानक (social norms) से भिन्न एवं असाधारण होते हैं।

(ii) तकलीफ *(Distress)*—असामान्य व्यवहार वैसे व्यवहार को कहा जाता है जो स्वयं व्यक्ति के लिए दुःखदायी या तकलीफदेह होता है।

(iii) दुष्क्रिया *(Dysfunction)*—असामान्य व्यवहार वैसे व्यवहार को कहा जाता है जो व्यक्ति के दिन-प्रतिदिन के व्यवहार या क्रिया को करने में बाधक सिद्ध होता है। यह व्यक्ति को इतना अधिक अशांत कर देता है कि वह साधारण सामाजिक परिस्थिति या कार्य में भी अपने आपको ठीक ढंग से समायोजित नहीं कर पाता है।

(iv) खतरा *(Danger)*—असामान्य व्यवहार सामान्यतः स्वयं व्यक्ति या रोगी के लिए तो खतरनाक होता ही है, साथ-ही-साथ वह अन्य व्यक्तियों के लिए भी खतरनाक साबित होता है। ऐसे व्यक्तियों में चूँकि असावधानी, घटिया निर्णय, विद्वेष या कुव्याख्या (misinterpretation) आदि अधिक होता है, अतः उनका व्यवहार अपना एवं दूसरों के कल्पना के ख्याल से कहीं अधिक चिंताजनक होता है।

स्पष्ट हुआ कि असामान्य व्यवहार के अर्थ एवं स्वरूप को समझने का चार आयामीय पहलू (four dimensional aspect) कहीं अधिक व्यापक एवं मान्य है।

असामान्य व्यवहार की विशेषताएँ या तत्त्व
(Characteristics or Elements of Abnormal behaviour)

असामान्य व्यवहार से तात्पर्य सामान्यतः वैसे व्यवहार से होता है जो सामाजिक मानक (social norm प्रत्याशाओं (expectations) के प्रतिकूल होता है तथा साथ-ही-साथ अपअनुकूलित (maladaptative) भी परन्तु मात्र इतना कह देने से असामान्य व्यवहार का स्वरूप पूर्णतः स्पष्ट नहीं होता है। असामान्य व्यवहा

(nuture) को पूर्णत: समझने के लिए यह आवश्यक है कि इसकी कुछ विशेषताओं पर प्रकाश डाला जाय। ऐसी कुछ प्रमुख विशेषताएँ निम्नांकित हैं—

1. समाज-विरोधी व्यवहार *(Antisocial behaviour)*—असामान्य व्यवहार सामान्य रूप से स्वीकृत नियमों, सामाजिक मानकों (social norms) एवं मूल्यों (values) का विरोधी होता है। जब व्यक्ति कोई भी व्यवहार इस ढंग का करता है कि उससे समाज के नियमों एवं मानकों (norms) का उल्लंघन होता है, तो यह निश्चित रूप से असामान्य व्यवहार कहलाता है। उदाहरणार्थ चोरी करना, बलात्कार करना, हत्या करना आदि कुछ ऐसे व्यवहार हैं जिनसे समाज के मानक एवं मूल्यों का उल्लंघन होता है। इस तरह के व्यवहार को निश्चित रूप से असामान्य व्यवहार की संज्ञा दी जाती है। अत: असामान्य व्यवहार की एक विशेषता यह है कि यह समाज-विरोधी होता है।

2. मानसिक असंतुलन *(Mental imbalance)*—असामान्य व्यवहार करने वाले व्यक्ति मानसिक रूप से असंतुलित होते हैं। ऐसे व्यक्तियों के विचारों एवं व्यवहारों में काफी अस्थिरता पायी जाती है। वे अभी कुछ सोचते हैं तथा कुछ समय के बाद ठीक उसके विपरीत सोचने लगते हैं और जब वे विपरीत सोचते हैं तो ठीक पहले से उल्टा वे करना भी प्रारंभ कर देते हैं। मानसिक असंतुलन के कारण इस तरह से असामान्य व्यक्तियों के सोचने एवं व्यवहार करने के ढंग में काफी असंगतता (inconsistency) दिखलाई पड़ती है जो स्पष्टत: एक सामान्य व्यक्ति के व्यवहारों में नहीं पाया जाता है।

3. अपर्याप्त समायोजन *(Poor adjustment)*—असामान्य व्यवहार की एक विशेषता यह भी है कि ऐसे व्यवहार में समायोजन की अपर्याप्तता होती है। असामान्य व्यवहार दिखलाने वाले व्यक्ति आज समाज की भिन्न-भिन्न परिस्थितियों में अपने आप को ठीक ढंग से समायोजित नहीं कर पाते हैं। समायोजन न करने की इस समस्या के कारण वे प्राय: तिरस्कार के पात्र भी बने रहते हैं।

4. सूझपूर्ण व्यवहार की कमी *(Lack of insightful behaviour)*—असामान्य व्यवहार में सूझ की काफी कमी होती है। इस तरह की कमी के कारण असामान्य व्यक्ति को सही-गलत, नैतिक-अनैतिक, अच्छा-बुरा का ज्ञान नहीं होता है। फलस्वरूप ऐसे व्यक्ति अपनी जिम्मेवारियों को ठीक ढंग से मूल्यांकन नहीं कर पाते हैं। सूझ के अभाव के कारण असामान्य व्यक्ति किसी भी तरह के गलत कार्य को करने में तनिक भी हिचकिचाता नहीं है। इस तरह का व्यक्ति जब जैसा मन होता है, करता है। न तो इन्हें किसी की आलोचना का डर होता है और न ही इन्हें सामाजिक बन्धनों एवं नियमों की परवाह।

5. विघटित व्यक्तित्व *(Disorganized personality)*— असामान्य व्यवहार की एक विशेषता यह भी है कि इस तरह का व्यवहार विघटित व्यक्तित्व (disorganized personality) द्वारा अधिक किया जाता है। दूसरे शब्दों में, असामान्य व्यवहार दिखलाने वाले व्यक्तियों का व्यक्तित्व अधिक विघटित होता है। उनके संज्ञानात्मक (cognitive), क्रियात्मक (motor) एवं भावात्मक (affective) पक्षों में कोई ताल-मेल नहीं होता है। सचमुच में इनका व्यक्तित्व इतना छिन्न-भिन्न होता है कि उनके व्यवहारों में किसी तरह की संगतता (consistency) नहीं रह जाती बल्कि उनका व्यवहार इतना अविवेकी (irrational) तथा असंतुलित (unbalanced) हो जाता है कि उससे लोगों के लिए कोई सही अर्थ निकालना सम्भव नहीं रह जाता है।

6. आत्मज्ञान तथा आत्म-सम्मान की कमी *(Lack of self-knowledge and self-esteem)*—असामान्य व्यक्ति के व्यवहारों से यह स्पष्ट झलकता है कि इसमें आत्म-ज्ञान तथा आत्म-सम्मान की कमी होती है। ऐसे व्यक्ति यह नहीं समझते हैं कि वह क्यों किसी खास व्यवहार करता है और उसमें दूसरों के प्रति क्यों एक विशेष तरह का भाव उत्पन्न होता है। ऐसे व्यक्ति अपने गुण (assets) एवं दायित्व (liability) का भी सही-सही मूल्यांकन (evaluation) नहीं कर पाते हैं। इतना ही नहीं, असामान्य व्यक्तियों में आत्म-सम्मान (self-esteem) की भी कमी होती है। ऐसे व्यक्ति अपने आप को अनादर एवं हीनता के भाव से देखते हैं और विभिन्न सामाजिक परिस्थितियों में वे अपने को अपअनुकूलित (maladapted) पाते हैं।

7. असुरक्षा की भावना *(Feeling of insecurity)*—असामान्य व्यक्तियों में असुरक्षा की भावना तीव्र होती है। प्राय: यह देखा गया है कि ऐसे व्यक्ति अपने आप को समाज का एक स्वीकृत हिस्सा (accepted part) नहीं मानते हैं। ऐसे व्यक्ति अन्य व्यक्तियों को शक की निगाह से देखते हैं और विभिन्न सामाजिक परिस्थितियों में कभी भी खुलकर अपने विचारों को अभिव्यक्ति (expression) नहीं कर पाते हैं। वे प्राय: डरे-डरे से रहते हैं।

8. संवेगात्मक अपरिपक्वता *(Emotional immaturity)*—असामान्य व्यवहार की एक विशेषता यह भी है कि उसमें संवेगाात्मक अपरिपक्वता स्पष्टतः देखने को मिलती है। ऐसे व्यक्तियों को अपने संवेग पर न के बराबर नियंत्रण रहता है। अंकारण रो देना तथा अकारण हँस देना ऐसे व्यक्तियों की आदत-सी होती है। परिस्थिति के अनुकूल संवेग को नियंत्रण कर उसकी उचित अभिव्यक्ति (appropriate expression) तो इन्हें आता ही नहीं। अत: ऐसे लोग संवेगात्मक रूप से अनुपयुक्त (emotionally misfit) होते हैं जिसके चलते इनमें सांवेगिक अभियोजन (emotional adjustment) की समस्या भयंकर रूप से उत्पन्न हो जाती है।

9. सामाजिक अनुकूलन की क्षमता का अभाव *(Lack of social adaptability)*—असामान्य व्यक्तियों के व्यवहारों में सामाजिक अभियोजन की क्षमता का अभाव होता है। ऐसे लोग अपने सहकर्मियों, पास-पड़ोसियों के साथ अधिक संतोषजनक सामाजिक सम्बन्ध बनाये रखने में असमर्थ रहते हैं। इतना ही नहीं, ऐसे व्यक्तियों का अनुकूलन अपने घर के सदस्यों के साथ भी ठीक नहीं होता है। सांवेगिक अस्थिरता (emotional instability) के कारण इनकी मानसिक अवस्था में तुरंत-तुरंत परिवर्तन होता रहता है जिससे इनकी सामाजिक एवं घरेलू अनुकूलन की क्षमता बद से बदतर हो जाती है।

10. तनाव एवं अतिसंवेदनशीलता *(Tension and hypersensitivity)*—असामान्य व्यक्तियों का व्यवहार तनावपूर्ण एवं संवेदनशील होता है । ऐसे व्यक्तियों को अपने संवेग एवं भाव पर कोई नियंत्रण नहीं रहता है । फलतः प्रायः उनमें मानसिक तनाव की स्थिति बनी रहती है जिससे वे कोई भी कार्य या घटना पर ध्यान-केन्द्रित नहीं कर पाते हैं। इससे उनमें ध्यान-अन्यमनस्यकता (distraction of attention) भी अधिक देखने को मिलता है । ऐसे व्यक्ति कोई साधारण-सी घटना से भी इतना अधिक उत्तेजित हो जाते हैं कि वे बेचैन दिखाई देने लगते हैं और उसके व्यवहार मे नियमितता (regularity) तथा प्रासंगिकता (relevancy) नाम की कोई चीज ही नहीं रह जाती ।

11. पश्चाताप का अनुभव नहीं होना *(No feeling of remorse)*— असामान्य व्यक्ति को अपनी गलतियों के लिए किसी प्रकार का पश्चाताप नहीं होता है । ऐसे व्यक्ति को यह समझ ही नहीं होता है कि उनके द्वारा किया गया कोई भी कार्य गलत भी हो सकता है । फलत: उसे सुधारने का तो कोई प्रश्न ही नहीं उठता है । ऐसे व्यक्तियों को गलत कार्यों के लिए किसी तरह का अफसोस या पश्चाताप कभी नहीं होता है । फलत: वे एक गलत कार्य के बाद दूसरा गलत कार्य निसंकोच होकर करते जाते हैं । उन्हें इस बात की कोई चिन्ता नहीं रहती कि इस तरह के गलत-कार्य करने से समाज उन्हें क्या कहेगा या किस ढंग का दण्ड देगा ।

इस तरह से हम देखते हैं कि असामान्य व्यक्तियों का व्यवहार जिसे असामान्य व्यवहार कहा जाता है, की कुछ खास-खास विशेषताएँ हैं जिनके आधार पर उन्हें आसानी से समझा जा सकता है ।

सामान्य व्यवहार एवं असामान्य व्यवहार में अन्तर
(Difference between Normal behaviour and Abnormal behaviour)

मनोवैज्ञानिकों ने असामान्य व्यवहार के स्वरूप को ठीक ढंग से समझने के लिए इसे सामान्य व्यवहार (normal behaviour) से भिन्न करके अध्ययन किया है । ऐसे तो असामान्य व्यवहार अपने आप में ही कुछ ऐसा होता है जो सामान्य व्यवहार से भिन्न दीख पड़ता है परन्तु फिर भी वैज्ञानिक अध्ययन करने के लिए विशेषज्ञों ने इसे सामान्य व्यवहार से गुणात्मक (qualitative) एवं मात्रात्मक (quantitative) दोनों ही ढंगों से भिन्न किया है । इसका मतलब यह हुआ कि सामान्य व्यवहार एवं असामान्य व्यवहार में गुणात्मक अन्तर (qualitative difference) एवं मात्रात्मक अन्तर (quantitative difference) दोनों ही है । गुणात्मक अन्तर (qualitative difference) से तात्पर्य वैसे गुणों की मात्रा (degree) से होता है जो असामान्य व्यवहार में दिखलाई देता है परंतु सामान्य व्यवहार में नहीं दिखलाई देता है। मात्रात्मक अंतर से तात्पर्य वैसे गुणों की मात्रा (degree) से होता है जो दोनों तरह के व्यवहारों में दिखलाई तो देता है परन्तु कम और ज्यादा की मात्रा में । इन दोनों व्यवहारों में वास्तव में अधिकतर अन्तर मात्रात्मक (quantitative) ही है । सामान्य व्यवहार (normal behaviour) एवं असामान्य व्यवहार (abnormal behaviour) में प्रमुख अन्तर निम्नांकित हैं—

1. सूझपूर्ण व्यवहार *(Insightful behaviour)*—सामान्य व्यवहार हमेशा सूझपूर्ण (insightful) होता है । एक सामान्य व्यक्ति को इस बात का स्पष्ट सूझ होता है कि वह क्या कर रहा है, कैसे कर रहा है, उसे कौन-सा व्यवहार किस परिस्थिति में करना चाहिए और किस परिस्थिति में नहीं करना चाहिए आदि, आदि । ऐसे व्यक्तियों को

नैतिक-अनैतिक एवं सही-गलत का भी यथेष्ट ज्ञान रहता है। असामान्य व्यवहार में इन गुणों की कमी पायी जाती है। सचमुच में असामान्य व्यक्ति को न के बराबर नैतिक एवं अनैतिक में अन्तर तथा सही एवं गलत में अन्तर की सूझ-बूझ रहती है। प्रत्येक कार्य जिसे वह करता है उसे सही लगता है चाहे सचमुच में वह कितना भी गलत एवं अनैतिक कार्य ही क्यों न हो। असामान्य व्यवहार में अनिर्णायकता (indecision) की भी अवस्था स्पष्टत: झलकती है जबकि सामान्य व्यक्ति का व्यवहार पूर्णत: निर्णयात्मक (decisive) एवं ठोस (firm) होता है।

2. संतुलित सामाजिक समायोजन *(Balanced social adjustment)*—सामान्य व्यक्ति के परिवार में सदस्यों के साथ, पास-पड़ोसियों एवं अपने सहयोगियों (colleagues) के साथ सौहार्द्रपूर्ण सामाजिक सम्बन्ध होता है। फलस्वरूप उसका सामाजिक समायोजन पूर्णत: संतुलित होता है। ऐसे व्यक्ति समाज के नियमों एवं रीति-रिवाजों का आदर करते हैं और उसी के अनुकूल एक सौहार्द्रपूर्ण सामाजिक सम्बन्ध बनाये रखने की कोशिश करते हैं। असामान्य व्यक्ति सामाजिक नियमों एवं रीति-रिवाजों को अनदेखी करके व्यवहार करता है। सचमुच में ऐसे व्यक्तियों की दुनिया अपनी निजी होती है जो वास्तविक सामाजिक वातावरण से भिन्न होता है। ऐसे व्यक्तियों में सामाजिक समायोजन(social adjustment) की समस्याएँ तीव्र होती हैं और उनके व्यवहार में सामाजिक कुसमायोजन (social maladjustment) अपनी चरम सीमा पर होती है। ऐसे व्यक्तियों में सहयोग की भावना और मिल-जुलकर काम करने की प्रवृत्ति का सर्वथा अभाव रहता है।

3. सांवेगिक परिपक्वता एवं नियंत्रण *(Emotional maturity and control)*—सामान्य व्यक्तियों का सांवेगिक व्यवहार (emotional behaviour) संतुतिल एवं नियंत्रित होता है। दूसरे शब्दों में, ऐसे व्यक्तियों को अपने संवेग की अभिव्यक्ति एवं उसके स्तर पर पूर्ण नियंत्रण रहता है। वह परिस्थिति के अनुकूल ही क्रोध, प्रेम, डर आदि जैसे संवेगों की अभिव्यक्ति करता है। उसके संवेगात्मक व्यवहार में स्थिरता एवं धैर्यता दिखलाई पड़ती है। दूसरी तरफ, असामान्य व्यक्तियों के सांवेगिक व्यवहार में अस्थिरता एवं अपरिपक्वता (immaturity) दिखलाई पड़ता है। ऐसे व्यक्तियों को अपने संवेग पर नियंत्रण भी नहीं रहता है और परिस्थिति के अनुकूल संवेग की अभिव्यक्ति (expression) का तो कोई प्रश्न ही नहीं उठता है। ऐसे व्यक्ति अकारण ही खुश हो जाते हैं और फिर अकारण ही दुखी हो जाते हैं। अन्य लोगों को इनकी खुशी का न तो कारण पता चलता है और न ही इनके दुख का ही। इस तरह से असामान्य व्यक्तियों का व्यवहार सामान्य व्यक्तियों के व्यवहार से सांवेगिक रूप से पूर्णत: भिन्न होता है।

4. वास्तविकता का ज्ञान *(Knowledge of reality)*—सामान्य व्यक्तियों को वास्तविकता का पूर्ण ज्ञान होता है। वह हमेशा अपने व्यवहार एवं क्रियाओं को सामाजिक मानकों (social norms) की वास्तविकता के अनुकूल बनाये रखता है। उन्हें काल्पनिक सच्चाई एकदम पसंद नहीं होती है। फलस्वरूप उनका व्यवहार भ्रम (illusion), विभ्रम (hallucination), एवं व्यामोह (delusion) आदि से ग्रसित नहीं होता है। दूसरी तरफ, असामान्य व्यक्तियों का व्यवहार काल्पनिकता एवं अवास्तविकताओं से ओत-प्रोत रहता है। असामान्य व्यक्ति को यह ज्ञान नहीं रहता है कि सामाजिक आदर्श या मानक क्या हैं तथा उनकी हकीकतें क्या हैं। उन्हें तो बस अपनी काल्पनिक दुनिया से मतलब होता है जिसमें वे लम्बी उड़ानें भरते रहते हैं। सचमुच में उनका व्यवहार भ्रम (illusion), विभ्रम (hallucination), व्यामोह (delusion), संभ्रान्ति (confusion) से इतना ग्रसित रहता है कि उनके व्यवहारों में वास्तविकता उनके पास फटकती तक नहीं है।

5. विचित्र एवं ऊटपटांग व्यवहार *(Strange and bizzare behaviour)*—सामान्य व्यक्ति का व्यवहार न तो विचित्र ही होता है और न ही ऊटपटांग (bizzare) ही होता है। ऐसे व्यक्तियों के सोचने एवं व्यवहार करने के ढंग में एक संगतता (consistency), एवं एकरूपता (uniformity) पायी जाती है। इतना ही नहीं, इनके व्यवहारों में स्पष्ट नियमितता (regularity) एवं यथार्थता (relevancy) पायी जाती है। संक्षेप में, सामान्य व्यवहार पूर्णत: विवेकी (rational), तार्किक (logical) एवं प्रासंगिक होता है। दूसरी तरफ, असामान्य व्यवहार बेतुका एवं ऊटपटांग (bizzare) होता है। सचमुच में ऐसा व्यवहार बिना सिर-पैर का होता है एवं असमन्वित होता है। इन व्यवहारों से यह स्पष्ट रूप से झलकता है कि वे सामाजिक मान्यताओं के विपरीत हैं एवं असंगत (inconsistent) हैं। असामान्य व्यक्तियों का व्यवहार आत्म-विरोधी (self-contradictory) भी होता है एवं अपने गलतियों के लिए किसी तरह का पश्चाताप भी उनमें नहीं होता है।

6. अपनी देखभाल *(Self-care)*—सामान्य व्यक्तियों का व्यवहार अपनी देख-भाल एवं सुरक्षा (security) के लिए पर्याप्त होता है। वह ऐसा व्यवहार करता है जिससे उसके अहं (ego) को चोट न पहुँचे तथा उसका मानसिक

स्वास्थ्य (mental health) बना रहे । वह हर सम्भव कोशिश करता है कि उसका व्यक्तित्व संतुलित (balanced) एवं स्वस्थ बना रहे । वह कभी कोई ऐसा व्यवहार नहीं करता है कि उसका ही अस्तित्व (existence) खतरे में पड़ जाय । दूसरी तरफ असामान्य व्यक्तियों के व्यवहार में उतनी कुशलता नहीं होती है कि वह अपनी देख-भाल कर सके एवं अपने आपको पर्याप्त सुरक्षित रख सके । सचमुच में उसे देख-भाल एवं सुरक्षित रखने का कार्यभार परिवार या समाज के अन्य लोगों को ही करना पड़ता है । इससे स्पष्ट मतलब यह हुआ कि वह समाज पर एक बोझ बनकर पलता है ।

इस तरह से हम देखते हैं कि सामान्य व्यवहार तथा असामान्य व्यवहार में काफी अन्तर है । उपर्युक्त विवरण से यह भी स्पष्ट है कि इन दोनों तरह के व्यवहारों का अन्तर गुणात्मक (qualitative) तथा मात्रात्मक (quantitative) दोनों ही है । जैसे, सूझपूर्ण व्यवहार, संतुलित सामाजिक सामायोजन, सांवेगिक परिपक्वता एवं नियंत्रण, वास्तविकता का ज्ञान, विचित्र एवं ऊटपटांग व्यवहार का न होना, अपनी देख-भाल कर लेने की क्षमता का होना, सामान्य व्यवहार को असामान्य व्यवहार से पूर्णतः भिन्न कर देता है (गुणात्मक अन्तर)। परन्तु इन दोनों में मात्रात्मक अन्तर (quantitative difference) भी है क्योंकि कभी-कभी परिस्थितिवश एक सामान्य व्यक्ति का भी व्यवहार ऊटपटांग हो जाता है, उसमें सूझ-बूझ की कमी हो जाती है, संवेगात्मक नियंत्रण खत्म हो जाता है तथा उसे सामाजिक आदर्शों एवं मानकों के विपरीत कार्य करने में तनिक भी हिचकिचाहट नहीं होती है ।

असामान्य मनोविज्ञान की परिभाषा
(Definition of Abnormal Psychology)

असामान्य मनोविज्ञान मनोविज्ञान की एक प्रमुख शाखा है जिसमें असामान्य व्यक्तियों के व्यवहारों एवं मानसिक प्रक्रियाओं का वैज्ञानिक अध्ययन किया जाता है । इसे मनोविकृति विज्ञान (psychopathology) भी कहा जाता है जिसका शाब्दिक अर्थ होता है–मन का रोगविज्ञान (pathology of mind) । इससे स्पष्ट है कि असामान्य मनोविज्ञान का विषय-वस्तु असामान्य व्यवहार (abnormal behaviour) का अध्ययन है । इस बिंदु की स्पष्ट झलक हमें असामान्य मनोविज्ञान की कुछ अग्रांकित परिभाषाओं में मिलती है—

स्ट्रेंज[1] (Strange, 1977) के अनुसार, "असामान्य मनोविज्ञान, मनोविज्ञान की वैसी शाखा है जिसका सम्बन्ध विकृत व्यवहारों के निदान, वर्गीकरण, उपचार एवं उनकी व्याख्या करने के लिए उपर्युक्त सिद्धान्तों से होता है ।"

किस्कर[2] (Kisker, 1985) के अनुसार, "असामान्य मनोविज्ञान मनोविज्ञान की एक विशिष्ट शाखा है जो व्यक्तित्व सम्बद्ध अशांति तथा व्यवहार रोगों का अध्ययन करता है ।"

ओल्टमान्नस तथा इमेरी[3] (Oltmanns & Emery. 1995) के अनुसार, "मानसिक रोगों के अध्ययन में मनोवैज्ञानिक विज्ञान का उपयोग ही असामान्य मनोविज्ञान कहलाता है ।"

कारसन एवं बुचर[4] (Carson & Butcher, 1992) के अनुसार, "असामान्य मनोविज्ञान या मनोरोग विज्ञान को लम्बे अरसे से मनोविज्ञान का एक ऐसा क्षेत्र समझा जाता है जो असामान्य व्यवहार को समझने, उपचार तथा उसके रोकथाम से सम्बन्धित है ।"

इन प्रमुख परिभाषाओं का विश्लेषण करने पर हमें असामान्य मनोविज्ञान के बारे में निम्नांकित तथ्य प्राप्त होते हैं—

(i) असामान्य मनोविज्ञान या जिसे मनोरोग विज्ञान भी कहा जाता है, मनोविज्ञान की एक विशिष्ट शाखा है ।

---

1. "Abnormal Psychology is the branch of psychology that is concerned with the behaviour disorders, their diagnosis, their classification, their treatment and theories that explain them."
—Strange : *Abnormal Psychology,* 1977, p. 25
2. "Abnormal Psychology is a specialized field of psychology dealing with personality disturbances and behaviour disorders." —Kisker : *The Disorganized Personality,* 1985, p.21
3. "Abnormal Psychology is the application of psychological science to the study of mental disorders."
—Oltmanns & Emery : *Abnormal Psychology,* 1995, p.22
4. "Abnormal Psychology or Psychopathology had long been referred to as that part of the field of psychology, which is concerned with the understanding, treatment and prevention of abnormal behaviour."
—Carson & Butcher : *Abnormal Psychology and Modern Life* 1992, p.8

(ii) असामान्य मनोविज्ञान में असामान्य व्यवहारों के बारे में अध्ययन किया जाता है। विशेषकर असामान्य व्यवहार के निदान (diognosis) उसका वर्गीकरण उपचार तथा रोकथाम पर बल डाला गया है।

(iii) असामान्य मनोविज्ञान में असामान्य व्यवहारों की सैद्धान्तिक व्याख्या (theoretical explanation) करने की कोशिश की जाती है। इस व्याख्या में भी अन्य शाखाओं के समान महत्त्वपूर्ण तथ्यों की व्याख्या कुछ प्रमुख सिद्धान्तों के रूप में किया जाता है।

निष्कर्षत: यह कहा जा सकता है कि असामान्य मनोविज्ञान मनोविज्ञान की ऐसी शाखा है जिसमें व्यक्ति के असामान्य व्यवहारों एवं असामान्य मानसिक प्रक्रियाओं के निदान, वर्गीकरण, रोक-थाम तथा उपचार से सम्बन्धित तथ्यों का अध्ययन किया जाता है और आवश्यकतानुसार उसकी वैज्ञानिक व्याख्या के लिए सिद्धान्त का भी निर्माण किया जाता है।

असामान्य मनोविज्ञान की शोध विधियाँ
(Research Methods of Abnormal Psychology)

जैसा कि हम जानते हैं, असामान्य मनोविज्ञान का विषय-वस्तु (subjective matter) असामान्य व्यवहार का अध्ययन करना है। इस असामान्य व्यवहार का वैज्ञानिक अध्ययन करने के लिए इस क्षेत्र के मनोवैज्ञानिकों द्वारा कई विधियों का उपयोग किया जाता है जिनमें निम्नांकित प्रमुख हैं—

(i) प्रेक्षण विधि (Observation Method)
(ii) प्रयोगात्मक विधि (Experimental Method)
(iii) नैदानिक केस अध्ययन विधि (Clinical Case Study Method)
(iv) सहसम्बन्धात्मक विधि (Correlational Method)
(v) अनुदैर्ध्य विधि (Longitudinal Method)
(vi) अनुरूप या तुल्यरूप प्रयोग (Analogue experiment)
(vii) एकाकी-केस प्रयोग शोध विधि (Single-case experiment research method)
(viii) सर्वे विधि (Survey Method)
(ix) क्रॉस-वर्गीय विधि (Cross-sectional method)

इन सबों का वर्णन हम अलग-अलग अनुच्छेद में करेंगे।

प्रेक्षण विधि
(Observation Method)

प्रेक्षण विधि मनोविज्ञान की एक सामान्य विधि है तथा असामान्य मनोविज्ञान की यह एक विशिष्ट विधि है। यह एक ऐसी क्रमबद्ध विधि है जिसमें प्रशिक्षित प्रेक्षक मानसिक रोग से ग्रस्त व्यक्तियों के व्यवहारों का प्रेक्षण निष्पक्ष एवं पूर्वाग्रहरहित भाव से करते हैं। बाद में विश्लेषण करके वह उसके बारे में किसी निष्कर्ष पर पहुँचता है। प्राय: प्रेक्षिप्त व्यवहार (observed behaviour) से विशेष अर्थ निकालने के लिए मनोवैज्ञानिक कुछ प्राक्कल्पना (hypothesis) का निर्माण करते हैं। इन प्राक्कल्पनाओं को इसलिए भी महत्त्वपूर्ण माना जाता है क्योंकि उसी के आधार पर यह तय किया जाता है कि उस असामान्य व्यवहार के उपचार किस उपागम या दृष्टिकोण से किया जायँ। जैसे, मान लिया जाय कि कोई मनोवैज्ञानिक यह प्रेक्षण करते हैं कि एक महिला दिन भर में करीब 80–100 बार अपना हाथ प्रतिदिन धोती है। अगर मनोवैज्ञानिक यह पाते हैं कि महिला इसलिए ऐसा करती है क्योंकि उसमें कुछ मस्तिष्कीय क्षति है, तो वे उसे उपचार करने के खयाल से यह सुनिश्चित करने की कोशिश करेंगे कि उसमें कौन-सा रोग है। अगर मनोवैज्ञानिक यह पाते हैं कि ऐसा व्यवहार कोई पापयुक्त चिंतन (sinful thought) को सांकेतिक रूप से साफ करने के खयाल से किया जा रहा है तो वह व्यक्ति के इस असामान्य व्यवहार के स्रोत या कारणों को जानने में रुचि दिखलायेंगे। उसी तरह से यदि यह पता चलता है कि यह व्यवहार मात्र कुछ विशेष अनुबंधन (conditioning) या सीखना का परिणाम है, तो वह इस दुर्भाग्यपूर्ण व्यवहार को दूर करने के लिए प्रतिअनुबंधन (Countercoditioning) का सहारा लेना।

प्रेक्षण विधि के कुछ लाभ (advantages) तथा अलाभ (disadvantages) हैं । इनके प्रमुख लाभ निम्नांकित है—

(i) इस विधि में प्रेक्षक रोगियों के व्यवहारों का चूँकि प्रत्यक्ष रूप से प्रेक्षण कर आँकड़े संग्रहण करता है, अतः प्राप्त परिणाम काफी विश्वसनीय होते हैं ।

(ii) प्रेक्षण विधि द्वारा साधारण तथा गम्भीर दोनों रूप से ग्रस्त रोगियों को व्यवहारों का अध्ययन किया जाना सम्भव है । अतः इस विधि का तुलनात्मक रूप से कार्य-क्षेत्र (scope) बड़ा है ।

(iii) प्रेक्षण विधि में प्रेक्षक जैसे चाहे, रोगियों के व्यवहार का अध्ययन कर सकता है। इसमें प्रेक्षण करने की विधि सामान्यतः पूर्ण परिभाषित नहीं होती है। प्रेक्षक परिस्थिति की आवश्यकता के अनुकूल उसमें पर्याप्त परिवर्तन कर उसे अधिक उपयोगी एवं वैज्ञानिक बना लेता है। फलतः इस विधि में लचीलापन (flexibility) अधिक होता है।

इन लाभों के बावजूद प्रेक्षण विधि के कुछ अलाभ (disadvantages) भी हैं, जिनमें निम्नांकित प्रमुख हैं :

(i) इस विधि में आत्मनिष्ठता (subjectivity) अधिक होती है । प्रायः देखा गया है कि प्रेक्षक रोगियों के प्रति पहले से कुछ पूर्वाग्रह अपने मन में रखते हैं जिससे उनका प्रेक्षण वैज्ञानिक नहीं हो पाता है ।

(ii) इस विधि से सही अर्थ में लाभान्वित होने के लिए यह आवश्यक है कि प्रेक्षक अच्छी तरह से प्रशिक्षित हों। प्रायः देखा गया है कि प्रेक्षण का कार्य अप्रशिक्षित प्रेक्षक भी करने लगते हैं जिससे इस विधि का दुरूपयोग होने की संभावना अधिक बढ़ जाती है।

(iii) इस विधि द्वारा प्राप्त परिणाम के आधार पर कारण-प्रभाव सम्बन्ध (cause effect relationship) की स्थापना नहीं हो पाता है। प्रेक्षण के आधार पर यह नहीं कहा जा सकता है कि अमुक असामान्य व्यवहार का कारण अमुक कारक है। अतः इस विधि द्वारा प्राप्त परिणाम मात्र वर्णनात्मक (descriptive) होता है व्याख्यात्मक (explanatory) नहीं।

प्रयोगात्मक विधि
(Experimental Method)

असामान्य मनोविज्ञान में मनोविज्ञान के अन्य शाखाओं के समान प्रयोगात्मक विधि का उपयोग काफी होता है। सचमुच में प्रयोग विभिन्न घटनाओं एवं व्यवहारों के बीच कारणात्मक सम्बम्ध निर्धारण करने का एक महत्त्वपूर्ण साधन है। प्रयोग में प्रयोगकर्त्ता कुछ चरों (variables) में जोड़-तोड़ (manipulation) करता है, कुछ चरों का मापन करता है तथा प्रयोज्यों को विभिन्न अवस्थाओं में यादृच्छिक आबंटन (random assignment) करता है। जिन चरों में प्रयोगकर्त्ता जोड़-तोड़ (manipulation) करता है, उसे **स्वतंत्र चर** (independent variable) कहा जाता है, जिन चरों को वह मापन करके उनके बारे में पूर्वकथन करता है, उसे **आश्रित चर** (dependent variable) कहा जाता है। अक्सर देखा गया है कि प्रयोग के दौरान कुछ ऐसे चर भी उपस्थित रहते हैं जिनका प्रभाव आश्रित चर पड़ सकता है, परंतु प्रयोगकर्त्ता उनके प्रभाव के अध्ययन में रुचि नहीं रखता है। फलतः वह ऐसे चरों को नियंत्रित करके रखता है और इस तरह के चर को **बहिरंग चर** (extraneous variable) या **नियंत्रित चर** (control variables) कहा जाता है। परंतु जब किसी कारण से प्रयोगकर्त्ता इस तरह के चर को नियंत्रित करने में असफल रहता है जिससे वह आश्रित चर को प्रभावित कर देता है, तो ऐसे चर को **औचक चर** (confounded variable) कहा जाता है और इस तरह के प्रयोग को **औचक प्रयोग** (confounded experiment) कहा जाता है। औचक चर का प्रभाव इतना आपस में मिश्रित होता है कि उन्हें अलग से मापा नहीं जा सकता है और उसके आधार पर परिणाम की व्याख्या मुश्किल हो जाती है। असामान्य मनोविज्ञान में प्रयोगात्मक विधि का उपयोग प्रायः मनश्चिकित्सा की प्रभावशीलता की जाँच करने के लिए काफी अधिक किया गया है।

एक उदाहरण—मान लिया जाए कि प्रयोगकर्त्ता निस्सहायता (helplessness) का विषाद (depression) प्रभावों का अध्ययन प्रयोगात्मक विधि से करना चाहता है। इसके लिए वह कॉलेज छात्रों का दो समूह लेता है। एक समूह ऐसा है जिसे प्रयोगकर्त्ता विशेष परिस्थिति में रखकर उसमें निस्सहायता (helplessness) उत्पन्न करता है। दूसरा समूह ऐसा है जिसे उस तरह की विशेष परिस्थिति में नहीं रखा जाता है। अतः उसे निस्सहायता की कोई अनुभूति नहीं होती है। इसके बाद दोनों समूहों की जाँच विषाद मापनी (depression scale) पर की जा सकती है । इस मापनी पर यदि पहले समूह

का माध्य प्राप्तांक (mean score) दूसरे समूह के माध्य प्राप्तांक से सार्थक रूप से भिन्न होता है, तो मनोवैज्ञानिक निश्चित रूप से इस सीधा निष्कर्ष पर पहुँचेगा कि निस्सहायता से व्यक्ति में विषादी प्रतिक्रियाएँ होती हैं ।

ऊपर के प्रयोग में निस्सहायता एक स्वतंत्रत चर का उदाहरण है तथा विषाद (depression) एक आश्रित चर का उदाहरण है । ऊपर के प्रयोग के परिणाम से इस कारण-परिणाम सम्बन्ध की पुष्टि होती है कि विषाद का एक कारण निस्सहायता है । इस तरह से प्रयोगात्मक विधि में चरों के बीच कारण-परिणाम सम्बन्ध स्थापित करके कुछ महत्त्वपूर्ण सिद्धान्त तथा नियम का प्रतिपादन किया जाता है जिससे आगे चलकर असामान्य व्यवहार के लक्षणों तथा कारणों को समझने में मदद मिलती है तथा साथ-ही-साथ उनके रोक-थाम एवं उपचार के लिए आवश्यक कदम उठाने में भी मदद मिलती है ।

मनोवैज्ञानिक प्रयोगों में कई कारकों या स्रोतों (resource) के कारण कभी-कभी गलत अनुमान (inference) लगा लिया जाता है । इसमें दो स्रोत (source) प्रमुख हैं—प्रयोगकर्त्ता पूर्वाग्रह (experimenter's bias) तथा प्रयोज्य पूर्वाग्रह (subject's bias)। अगर प्रयोगकर्त्ता एक खास प्रकार के परिणाम की उम्मीद करता है, तो वह सूक्ष्म रूप से उस ढंग का परिणाम पाने के लिए प्रयोज्यों को जानबूझकर या अनजाने में ही प्रभावित कर सकता है । इसे प्रयोगकर्त्ता पूर्वाग्रह (experimenter's bias) कहा जाता है । इसे रोजेनथल प्रभाव (Rosenthal effect) भी कहा जाता है। इसका नामकरण रोजेनथल नामक मनोविज्ञानी पर हुआ है क्योंकि इन्होंने ही सबसे पहले-पहल इस प्रभाव की व्याख्या किया था। इससे भी बड़ी समस्या प्रयोज्य पूर्वाग्रह (subject's bias) का होता है । अक्सर यह देखा जाता है कि मानव प्रयोज्य में यह विश्वास उत्पन्न हो जाता है कि उनसे क्या करने की उम्मीद की जाती है । जैसे, जब किसी को यह विश्वास हो जाता है कि एक औषध जो वास्तव में बेकार (useless) है, से उसे कोई फायदा हो सकता है, तो उसे वह खा लेने के बाद सचमुच में अच्छा प्रभाव होने का अनुभव करता है । बीकर (Beecher, 1959) ने अपने अध्ययन में पाया है कि करीब 35% प्रयोज्य ऐसे औषध जिसे **प्लेसबो औषध** (Placebo drug) कहा जाता है, लेने से अच्छा महसूस करते हैं । इस तरह के प्रभाव को **'प्रयोज्य प्रभाव'** (subject's bias) कहा जाता है । प्रयोज्य पूर्वाग्रह को नियंत्रित करने के लिए अनुसाधनकर्त्ता एक प्रयोगात्मक समूह का उपयोग करता है जिसे वास्तविक औषध दिया जाता है तथा एक नियंत्रित समूह का उपयोग किया जाता है जिसे प्लेसबो औषध दिया जाता है और दोनों समूह को समान निर्देश देकर परिणाम की तुलना की जाती है । इन दोनों तरह के पूर्वाग्रहों (bias) को नियंत्रित करना आवश्यक हो जाता है। अगर न तो प्रयोगकर्त्ता और न ही प्रयोज्य यह जानता है कि प्रयोज्य (subject) प्रयोगात्मक समूह में है कि वह प्लेसबो नियंत्रित समूह में, प्रयोग का परिणाम न तो प्रयोगकर्त्ता पूर्वाग्रह से और न ही प्रयोज्य पूर्वाग्रह से प्रभावित होता है। प्रयोग का वह डिजाइन जिसमें प्रयोज्य तथा प्रयोगकर्त्ता दोनों को यह पता नहीं होता है कि कौन प्रयोज्य प्रयोगात्मक समूह में है तथा कौन नियंत्रित समूह में है, तो इसे **द्वि-अंध प्रयोग** (double blind experiment) कहा जाता है। वह प्रयोग जिसमें सिर्फ प्रयोज्य यह जानता है कि वह प्रयोगात्मक समूह में है या नियंत्रित समूह में है, तो इसे **एकांकी-अंध प्रयोग** (single-blind experiment) कहा जाता है। वह प्रयोगात्मक डिजाइन जिसमें सिर्फ प्रयोगकर्त्ता को ही अंधकार में रखा जाता है और प्रयोज्य को नहीं, उसे **प्रयोगकर्त्ता-अंध डिजाइन** (experimenter-blind design) कहा जाता है।

प्रयोगात्मक परिस्थिति में स्वतंत्र चर के अलावा भी कई ऐसे कारक हैं जिनसे यह प्रभावित होता है कि प्रयोज्य उसमें किस तरह प्रतिक्रिया करेगा। इन कारकों में प्रयोज्यों की प्राप्ति के लिए किया गया विज्ञापन, प्रयोगकर्त्ता का व्यक्तित्व, निर्देश का स्पष्ट कथन, निर्देश में छिपा सुझाव, प्रयोगशाला का सेटिंग आदि का प्रयोगात्मक प्रभाव हो सकता है। इसे मनोवैज्ञानिकों ने **'माँग गुण'** (demand characteristics) कहा है। सचमुच में ऐसे गुण प्रयोज्य में एक विशेष प्राक्कल्पना जो इस बात से सम्बद्ध होती है कि उसे किस ढंग से इस प्रयोगात्मक परिस्थिति में व्यवहार करना चाहिए, उत्पन्न करता है।

प्रयोगात्मक विधि के कुछ लाभ (advantage) तथा कुछ अलाभ (disadvantage) हैं। इनके प्रमुख लाभ निम्नांकित हैं—

(i) इस विधि की निर्भरता तथा विश्वसनीयता काफी अधिक है क्योंकि ऐसी विधि में आंतरिक वैधता (internal validity) अधिक होती है। आंतरिक वैधता अधिक होने का मुख्य कारण यह है कि प्रयोग नियंत्रित अवस्था (control condition) में संपन्न किया जाता है जिसमें स्वतंत्र चर में पर्याप्त जोड़-तोड़ किया जाता है।

(ii) इस विधि द्वारा प्राप्त तथ्यों के आधार पर असामान्य व्यवहार के विभिन्न सिद्धान्तों एवं नियमों के प्रतिपादन में मदद मिलती है।

(iii) इस सिद्धान्त द्वारा अध्ययन किये जाने वाले चरों के बीच कारण-परिणाम सम्बन्ध (cause-effect relationship) स्थापित करने में मदद मिलती है।

(iv) इस सिद्धान्त का उपयोग असामान्य व्यवहार के प्रस्तावित नियमों एवं सिद्धान्तों की परख करने में भी की जाती है।

इन लाभों के बावजूद प्रयोगात्मक विधि के कुछ अलाभ (disadvantages) हैं जिनमें अग्रांकित प्रमुख हैं—

(i) प्रयोगकर्त्ता प्रायः प्रयोगात्मक विधि में एक छोटे प्रतिदर्श (sample) का उपयोग करता है। उस पर अध्ययन करके प्राप्त निष्कर्ष को वह जीवसंख्या के लिए सामान्यीकृत (generalize) करता है। परंतु अक्सर यह देखा गया है कि इस तरह का सामान्यीकरण सम्भव नहीं हो पाता है। यह वैध (valid) नहीं हो पाता है। इसका मतलब यह हुआ कि प्रयोगात्मक विधि में आंतरिक वैधता रहने के बावजूद बाह्य वैधता (external validity) नहीं होता है।

(ii) प्रयोगात्मक विधि द्वारा असामान्य मनोविज्ञान के बहुत-सी समस्याओं का अध्ययन सम्भव नहीं है। ऐसा इसलिए कि इसमें कुछ व्यवहारिक एवं नैतिक बंधन है। जैसे, मान लिया जाय कि कोई मनोवैज्ञानिक यह अध्ययन करना चाहते हैं कि क्या माता-पिता के डाँट-फटकार से बच्चों में बाध्यात्मक हाथ धोने (compulsive hand-washing) का व्यवहार विकसित हो जाता है । इसमें बच्चों का दो समूह लिया जायेगा—एक प्रयोगात्मक समूह होगा तथा दूसरा नियंत्रित समूह । प्रयोगात्मक सूमह के बच्चों के माता-पिता को जान-बूझकर पालन-पोषण में दंडात्मक व्यवहार अपनाने को कहा जायेगा तथा नियंत्रित समूह के बच्चों के माता-पिता को अपनी इच्छा से पालन-पोषण करने दिया जायेगा । कुछ वर्षों तक ऐसा करने के बाद फिर उन दोनों समूहों में हाथ-धोने का बाध्यात्मक व्यवहार का क्रमबद्ध अध्ययन किया जायेगा । इस प्रयोग में प्राक्कल्पना यह होगा कि दंडात्मक रूप से पाले-पोषे गये बच्चों में ऐसा बाध्यात्मक व्यवहार अधिक विकसित होगा । ऐसा प्रयोग तो निश्चित रूप से उत्तम है परंतु सचमुच में इस ढंग से मानव बच्चों का पालन-पोषण करना अधिक अव्यहारिक एवं अनैतिक दीखता है । अतः इस तरह का प्रयोग मानवीय दृष्टिकोण से नहीं किये जा सकते हैं ।

इन अवगुणों के बावजूद प्रयोगात्मक विधि का उपयोग असामान्य व्यवहार में अधिक होता है क्योंकि इस विधि में वैज्ञानिक निर्भरता (scientific dependence) अधिक है ।

नैदानिक केस अध्ययन विधि
(Clinical Case Study Method)

असामान्य मनोविज्ञान में वैज्ञानिक केस अध्ययन विधि एक महत्त्वपूर्ण विधि है । सचमुच में यह विधि भावमूलक शोध (idiographic research) पर आधृत है जिसमें मनोवैज्ञानिक व्यक्तियों के समूह नहीं बल्कि व्यक्ति विशेष का अध्ययन करके किसी स्पष्ट एवं ठोस निष्कर्ष पर पहुँचना चाहते हैं । केस अध्ययन विधि में किसी विशेष रोगी का गहराई से विवरण एवं विश्लेषण किया जाता है । केस अध्ययन विधि को कारसन एवं बुचर[1] (Carson & Butcher, 1992) के शब्दों में इस प्रकार परिभाषित किया जा सकता है, ''केस अध्ययन किसी एक व्यक्ति या परिवार की गहराई से किया गया अवलोकन है जिसके आँकड़े के कई स्रोत जिसमें साक्षात्कार तथा मनोवैज्ञानिक परीक्षण भी सम्मिलित होता है, होते हैं ।'' सारासन एवं सारासन[2] (Sarason & Sarason, 1996) के अनुसार, ''केस अध्ययन में एक ही रोगी के व्यवहार विस्तृत किया जाता है ।'' स्पष्ट हुआ कि केस अध्ययन विधि में रोगियों के समूह का नहीं बल्कि किसी विशेष रोगी का ही गहन रूप से अवलोकन किया जाता है । इस विधि में रोगी के व्यक्तित्व की संरचना, गतिकी, उसकी कमजोरियाँ एवं प्रबलता, विकासात्मक पूर्ववृत्तियाँ, तथा रोगी के बारे में भविष्य में किए जाने वाले निर्णय आदि सम्मिलित होते हैं ।

---

1. " A case study is an in-depth examination of an individual or family that draws from a number of data sources, including interviews and psychological testing".
—Carson & Butcher : *Abnormal Psychology and Modern Life,* 1992, p.22

2. "Case studies involve detailed observations of a single patient's behaviour."
—Sarason & Sarason : *Abnormal Psychology,* 1996, p. 19

स्पष्ट हुआ कि केस अध्ययन विधि में चिकित्सक रोगी के बारे में एक विस्तृत इतिहास तैयार करता है तथा उसका विश्लेषण करता है। कोरचिन (Korchin, 1986) के अनुसार एक परिपक्व एवं पूर्ण केस अध्ययन विधि उसे कहा जाता है जिसमें रोगी के व्यक्तित्व की संरचना एवं गतिकी की व्याख्या प्रेरणात्मक, संरचनात्मक, विकासात्मक अनुकूलन, पारिस्थितिकी (ecological) तथा जैविक दृष्टिकोणों से करता है। फलस्वरूप, रोगी के बारे में इस विधि द्वारा प्रायः इस तरह का प्रश्न किया जाता है—

रोगी किस स्तर की समस्या से ग्रस्त है ? किस तरह की समस्या रोगी को सबसे अधिक मात्रा में कष्ट पहुँचा रहा है ? रोगी किस तरह का व्यक्ति है ? वह क्यों कुसमायोजी व्यवहार (maladaptive behaviour) करता है ? वह अपने आप को सामाजिक वातावरण से कैसे सम्बन्धित करता है ? उसके जीवन में तनाव के प्रमुख स्रोत एवं स्वरूप क्या है ? वह इन तनावों से निबटने के लिए कौन-कौन-सा रास्ता अपनाता है ? रोगी को किस तरह का नैदानिक हस्तक्षेप की जरूरत है ? रोग के उपचार के लिए क्या किया जा सकता है और किस सीमा तक किया जा सकता है ? उसके क्या परिणाम हो सकते हैं ? आदि-आदि प्रश्नों का उत्तर ढूँढकर एक केस तैयार किया जाता है।

कई विशेषज्ञों जिनमें बेलर (Beller, 1962), हुबर (Huber, 1961) तथा मेनिगर, मेमैन तथा प्रुएसा (Menninger, Mayman & Pruysa, 1962) ने मिलकर केस अध्ययन का एक सामान्य प्रारूप भी तैयार किया जिसमें अन्य बातों के अलावा निम्नांकित प्रमुख हैं—

(i) परिचय-सम्बन्धी सूचनाएँ (Identifying information)—रोगी का नाम, उम्र, यौन, पता, धर्म, पेशा, आदि से सम्बद्ध सूचनाएँ।

(ii) समस्या (Problem)

(iii) चिकित्सक के पास आने का कारण (Reason for referral)

(iv) पारिवारिक इतिहास (Family history)

(v) स्वास्थ्य एवं मेडिकल इतिहास (Health and medical history)

(vi) स्कूल एवं शैक्षिक पृष्ठभूमि (School and educational background)

(vii) व्यक्तिगत एवं सामाजिक अभियोग (Personal and social adjustment)

(viii) कार्य एवं व्यावसायिक रिकार्ड (Work and occupational record)

(ix) वैवाहिक इतिहास एवं समायोजन (Marital history and adujstment)

(x) व्यक्तित्व वर्णन (Personality description)

(xi) सिफारिशें एवं पूर्वानुमान (Recommendations and Predictions)

उक्त प्रारूप से यह स्पष्ट है कि केस अध्ययन विधि में रोगी के भूत, वर्तमान तथा भविष्य तीनों पहलुओं का समावेश किया जाता है जिसमें भूत पर सबसे अधिक बल डाला जाता है। असामान्य तथा नैदानिक मनोविज्ञान में कुछ अध्ययन काफी चर्चित हैं जिनमें फ्रायड का लिटल हंस (Little Hans, 1909, 1962), अन्ना ओ फ्रायड (Anna O Freud, 1895/1962) तथा रौट-मैन (Rot-Man, 1909/1955), स्क्रीवर (Schrieber, 1974) का सिबिल (Sybil), थिंगपेन तथा क्लेकली (Thingpen & Cleckley, 1967) का 'दी थ्री फेसेज ऑफ इभ' (The Three faces of Eve) अधिक लोकप्रिय है। उल्लमान्न तथा कैसनर (Ullmann & Kiasner, 1965) द्वारा प्रकाशित पुस्तक 'केस स्टडीज इन विहेभियर मॉडिफिकेशन' (Case Studies in Behaviour Modification) का केस अध्ययन विधि के विकास में योगदान काफी महत्त्वपूर्ण है।

केस अध्ययन विधि के कुछ लाभ (advantages) तथा अलाभ (disadvantages) हैं। इसके प्रमुख लाभ निम्नांकित हैं—

(i) इस विधि द्वारा रोगी के व्यक्तित्व-सम्बन्धी समस्याओं का एक सम्पूर्ण तस्वीर मिलता है। इसका परिणाम यह होता है कि इससे प्राप्त तथ्य पर आधृत नैदानिक मूल्यांकन की प्रक्रिया भरोसेमंद होती है।

(ii) केस अध्ययन विधि से मनोवैज्ञानिकों को वर्तमान समय में रोग के निदान (diagnosis) में मदद मिलती है तथा भविष्य में सम्भावित नैदानिक हस्तक्षेपों को विशिष्ट करने में काफी मदद मिलती है।

(iii) टाईलर (Tiler, 1991) के अनुसार, केस अध्ययन रोगी के रोग के स्वरूप को सही-सही समझने का एक विशेष आईना (mirror) होता है। इस तरह की विशिष्टता अन्य विधियों में नहीं होती है।

(iv) कुछ खास-खास असामान्य व्यवहार की बारंबारता इतनी कम होती है कि उसका अध्ययन केवल केस अध्ययन विधि से ही की जा सकती है। जैसे, बहुव्यक्तित्व (multiple personality) जिसमें व्यक्ति दो या दो से अधिक अलग एवं स्वतंत्र व्यक्तित्व विकसित कर लेता है, एक ऐसा ही विरल असामान्य व्यवहार है जिसका अध्ययन सिर्फ केस अध्ययन विधि से ही संभव है। स्क्रीवर (Schrieber, 1974) का *सिबिल* (Sybil) नामक केस अध्ययन तथा थिंगपेन एवं क्लेकली (Thiangpen & Cleckley, 1957) का *'दी थ्री फेसेज ऑफ इभ'* (The Three Faces of Eve) नामक केस अध्ययन ऐसे ही बहुव्यक्तित्व के बारे में पर्याप्त वैज्ञानिक ज्ञान प्रदान करता है।

(v) काजडिन (Kazdin, 1980) के अनुसार, केस अध्ययन 'प्रतिउद्धरण' (counterinstance) प्रस्तुत करके कुछ नया वैज्ञानिक विचारधारा भी उत्पन्न करता है। दूसरे शब्दों में, केस अध्ययन कभी-कभी एक ऐसा उदाहरण प्रस्तुत करता है जिसमें पूर्णतः स्थापित नियम की स्पष्ट अवहेलना होती है और ऐसा करके वह एक नया वैज्ञानिक विचारधारा उत्पन्न करता है। जैसे, वोगने, फिशर एवं वोगेल (Bogen, Fisher & Vogel, 1965) ने केस अध्ययन द्वारा उस समय के एक महत्त्वपूर्ण पूर्वकल्पना जो इस बात पर बल डालता था कि मानव मस्तिष्क एक इकाई के रूप में कार्य करता है, को गलत साबित कर एक नयी विचारधारा प्रदान किये। इन लोगों के अध्ययन में एक मिरगी के रोगी को उपचार करने के सिलसिले में उसके मस्तिष्क के कोरपस कैलोजम (corpus callosum) को काट दिया गया जिसके कारण बायाँ गोलार्द्ध तथा दायाँ गोलार्द्ध के बीच सम्बन्ध खत्म हो गया। इस विभक्त मस्तिष्क (split brain) का परिणाम यह हुआ कि यद्यपि रोगी सामान्य ढंग से व्यवहार करता था परंतु रोगी के बायाँ गोलार्द्ध के लिए यह जान पाना सम्भव नहीं था कि दायाँ गोलार्द्ध ने क्या किया है और उसी तरह दायाँ गालार्द्ध के लिए भी यह जानना सम्भव नहीं था कि बायाँ गोलार्द्ध क्या किया है। ऐसे केस अध्ययन से विभक्त मस्तिष्क पर शोध प्रारम्भ हुए और उस प्राक्कल्पना को भी अस्वीकृत कर दिया गया जिसमें यह माना जाता रहा कि मानव मस्तिष्क एक इकाई के रूप में कार्य करता है।

(vi) केस अध्ययन विधि का एक अन्य लाभ यह है कि इस विधि द्वारा कभी-कभी वैसे सिद्धान्त जो विवादास्पद होते हैं, को थोड़े समय के लिए अस्थायी समर्थन भी प्रदान किया जाता है। इस विधि द्वारा कभी-कभी सिद्धान्त का 'स्वाभाविक जाँच' (natural test) भी हो जाता है। जैसे, लेन्नेवर्ग (Lenneberg, 1967) का एक सिद्धान्त यह है कि व्यक्ति में भाषा विकास किशोरावस्था से पहले (दो साल से तेरह साल) जो क्रांतिक अवधि (critical period) होती है, के बीत जाने के बाद नहीं होता है। सच्चाई यह है कि अधिकतर मनुष्यों में भाषा विकास किशोरावस्था से पहले ही हो जाता है परंतु कोई भी शोधकर्त्ता इस सिद्धान्त की जाँच किसी मानव शिशु को किशोरावस्था प्रारम्भ होने के पहले तक सबसे अलग रखकर नहीं कर सकता है। परंतु कुर्टिस (Curtiss, 1977) ने एक विशेष बच्चा जिसका नाम 'गीनी' (Genie) था, जो किसी कारणवश दो साल से तेरह साल तक अत्यधिक विलगाव (extreme isolation) में रहा था, का अध्ययन करके इस सिद्धान्त का एक स्वाभाविक जाँच (natural test) प्रदान किया जिसमें उस सिद्धान्त की पुष्टि की गयी क्योंकि गोनी का भाषा विकास 14-15 साल की उम्र तक काफी घटिया एवं कमजोर था। बहुत मेहनत के बावजूद भी वह बहुत थोड़ा ही शब्द का उपयोग कर पाता था।

इन लाभों के बावजूद केस अध्ययन विधि के कुछ अलाभ (disadvantages) भी हैं जिनमें निम्नांकित प्रमुख हैं—

(i) इस विधि का स्वरूप कुछ जटिल बतलाया गया है। इसमें सम्मिलित किये गए प्रश्नों को ठीक ढंग से तैयार करने के लिए नैदानिक सूझ-बूझ, समझ एवं कौशल की काफी अधिक मात्रा में जरूरत पड़ती है। फलतः इसका सही उपयोग एक अच्छे प्रशिक्षित एवं कुशल मनोविज्ञानी ही सही अर्थ में कर सकते हैं।

(ii) इस विधि का स्वरूप आत्मनिष्ठ (subjective) होता है। फलतः इसकी वैद्यता तथा विश्वसनीयता संदेह के घेरे में होती है।

(iii) इस विधि का उपयोग अतिगम्भीर रूप से ग्रस्त रोगियों के अध्ययन में नहीं किया जा सकता है।

(iv) इस विधि में चूँकि अनेकों कारकों या चरों को नियंत्रित करना सम्भव नहीं हो पाता है, अतः चरों के बीच कारण-परिणाम सम्बन्ध (cause-effect relationship) स्थापित नहीं किया जा सकता है।

(v) केस अध्ययन विधि से प्राप्त निष्कर्ष को अन्य व्यक्तियों के लिए सामान्यीकृत (generalize) करना सम्भव नहीं हो पाता है । जैसे, क्या यह कहा जा सकता है कि अमुक रोगी में ऊँचे स्थानों की दुर्भीति (phobia) जिस तरह से विकसित होता है, उसी तरह अन्य व्यक्तियों में भी विकसित होगा ? शायद नहीं ।

इन अलाभों के बावजूद केस अध्ययन विधि का उपयोग असामान्य मनोविज्ञान में काफी अधिक किया जाता है क्योंकि इसमें स्पष्टता (clarity) का गुण होता है । तैयार किये गये केस अध्ययन को पढ़कर रोगी की अवस्था के बारे में स्पष्ट झलक मिल जाती है ।

सहसम्बन्धात्मक विधि
(Correlational Method)

असामान्य मनोविज्ञान की एक अन्य विधि सहसम्बन्धात्मक विधि (Correlational method) है । सारासन एवं सारासन[1] (Sarason & Sarason, 1996) के अनुसार, ''सहसम्बन्धात्मक अध्ययनों में अनुसंधानकर्ताओं द्वारा अनियंत्रित घटनाओं के बीच सम्बन्धों का अनुसंधान किया जाता है। इन अध्ययनों से हमें यह पता चलता है कि दो चीजें आपस में साहचर्यित तो हैं परंतु वे इस बात की व्याख्या नहीं करते कि किस कारक का कारण क्या है ।'' सहसम्बन्धात्मक विधि एक तरह का अप्रयोगात्मक विधि (non-experimentel method) है जिसमें दो चरों या कारकों के बीच में सहसम्बन्ध ज्ञात करके असामान्य व्यवहार का वर्णन किया जाता है तथा उसके बारे में पूर्वकथन (prediction) किया जाता है । जैसे, यदि मनोवैज्ञानिक दो चरों अर्थात् सम्बन्ध-विच्छेद (divorce) तथा सांवेगिक रोग (emotional disorder) के बीच सम्बन्ध का अध्ययन करना चाहता है, तो इसके लिए व्यक्तियों के ऐसे समूहों का अध्ययन करना होगा जिनका स्वभाविक रूप से सम्बन्ध विच्छेद हो चुका है, तथा उसकी तुलना ऐसे व्यक्त्यिों से की जा सकती है जिनकी शादी बरकरार है । इन दोनों समूहों के व्यक्तियों में सांवेगिक स्थिरता के मापन पर आये प्राप्तांकों के बीच सहसम्बन्ध ज्ञात करके किसी निश्चित निष्कर्ष पर पहुँचा जा सकता है । चूंकि ऐसे अध्ययनों में प्रयोज्यों का चयन एक वर्तमान स्वाभाविक समूह से किया जाता है, इसलिए इस तरह के डिजाइन को **स्वभाविक समूह डिजाइन** (natural group design) कहा जाता है । हिर्स्कफेल्ड एवं क्रॉस (Hirschfeld & Cross, 1982) ने एक ऐसा अध्ययन किया जिसमें यह पाया गया कि जिन लोगों का सम्बन्ध-विच्छेद हो जाता है, वे उन लोगों की अपेक्षा जो वैवाहिक जीवन व्यतीत कर रहे होते हैं, सांवेगिक रूप से अधिक विषादी (depressive) होते हैं ।

असामान्य मनोविज्ञान में एक विशेष तरह के सहसम्बन्धात्मक डिजाइन (correlational design) का उपयोग अधिक होता है । इस डिजाइन में जिन लोगों में कुछ मानसिक रोग होता है, (जिसे केस कहा जाता है) की पहचान करके उनकी तुलना एक नियंत्रित समूह से अर्थात् जिन लोगों को ऐसी बीमारी नहीं होती है, के साथ की जाती है । जैसे, मनोविदालिता के रोगियों के शब्द साहचर्य की तुलना सामान्य व्यक्तियों के शब्द साहचर्य से करके यदि हम इस निष्कर्ष पर पहुँचते हैं कि इन दोनों में अंतर है, तो इसका कारण हम मनोविदालिता के रोग को मान सकते हैं ।

सहसम्बन्धात्मक विधि के कुछ लाभ (advantages) तथा अलाभ (disadvantages) हैं । इनके प्रमुख लाभ निम्नांकित हैं—

(i) इस विधि में किसी वैज्ञानिक विधि के दो मुख्य उद्देश्यों अर्थात् विवरण (description) तथा पूर्वानुमान (prediction) दोनों की पूर्त्ति उत्तम ढंग से होता है ।

(ii) यह विधि उस असामान्य व्यवहार के अध्ययन के लिए काफी लाभदायक सिद्ध हुआ है जिनका नियंत्रण यादृच्छिक आवंटन (randon assignment) से सम्भव नहीं है ।

इन लाभों के बावजूद इस विधि के निम्नांकित अलाभ (disadvantages) हैं—

(i) इस विधि में कारण-परिणाम सम्बन्ध का अनुमान नहीं लगाया जा सकता है जो इसका सबसे बड़ा अलाभ माना गया है । जैसे, कई अध्ययनों में यदि यह पाया गया है कि सम्बन्ध-विच्छेदित लोगों में वैवाहिक जीवन बरकरार रखने वाले लोगों की अपेक्षा विषाद (depression) अधिक होता है, तो सामान्यत: यह लोग समझ बैठते हैं कि सम्बन्ध-विच्छेद

1. " In correlational studies, researchers investigate the relationships between uncontrolled events. These studies show us that two things are associated but they do not explain which factor causes what".
—Sarason & Sarason : *Abnormal Psychology*, 1986, p. 19

विषाद का कारण है। ऐसा कहना सर्वथा उचित नहीं होगा। ऐसा भी सम्भव है कि विषादी व्यक्ति में अपनी इस विशेष प्रवृत्ति के कारण सम्बन्ध-विच्छेद हुआ हो। मतलब साफ है कि इस विधि से अध्ययन करने में यह निश्चित रूप से नहीं कहा जा सकता है कि कौन चर कारण है तथा कौन परिणाम।

(ii) इस विधि में आंतरिक वैधता (internal validity) तथा बाह्य वैद्यता (external validity) दोनों की ही पर्याप्त कमी होती है।

इन अलाभों के बावजूद कुछ विशेष असामान्य व्यवहारों के अध्ययन में इस विधि का उपयोग प्राय: किया जाता है।

अनुदैर्ध्य विधि
(Longitudinal Method)

असामान्य मनोविज्ञान में अनुदैर्ध्य विधि का भी उपयोग होता है। इसे अग्रदर्शी विधि (prospective methods) भी कहा जाता है। यह एक ऐसी विधि है जिसमें व्यक्तियों के एक ही समूह का अध्ययन विभिन्न अवसरों पर एक पूर्वनिर्धारित अरसे तक किया जाता है। चूँकि एक ही समूह का अध्ययन कई बार किया जाता है, इसलिए विभिन्न चरों या कारकों के बीच समय-क्रम सम्बन्ध (time-order relationship) स्थापित करना संभव हो पाता है। ध्यान रहे कि यह भी एक अप्रयोगात्मक विधि है।

इस विधि में असामान्य व्यवहार का अध्ययन करने के लिए सामान्यत: दो तरह का डिजाइन का उपयोग किया जाता है—

(i) वंशागत उच्च जोखिम डिजाइन (genetic high-risk design) तथा

(ii) व्यवहारपरक उच्च जोखिम डिजाइन (behavioural high risk design)

इन दोनों का वर्णन निम्नांकित है—

(i) **वंशागत उच्च जोखिम डिजाइन** *(Genetic high-risk design)*—मेडनिक, जॉन, स्कूसिंग (Mednick, John & Scussing, 1982) ने असामान्य मनोविज्ञान के क्षेत्र में इस डिजाइन का उपयोग अपने एक अति महत्त्वपूर्ण अध्ययन में किया है। इन लोगों द्वारा मनोविदालिता (Schirophrenia) के रोग से ग्रस्त माताओं के बच्चों के विकास का अध्ययन किया जा रहा था। चूँकि इस रोग का आनुवंशिक आधार पाया गया है, अत: इनके बच्चों में भी इस रोग के होने की सम्भावना तीव्र थी अर्थात् उनमें मनोविदालिता के होने की जोखिम अधिक आया था। ऐसे बच्चों का अध्ययन कई वर्षों तक किया गया। इनके अध्ययन के दो परिणाम अधिक चर्चित हो पाये-पहला, मनोविदालिता के रोग से ग्रस्त माताओं के बच्चों जिनमें यह रोग वास्तव में विकसित हो गया, वे उन माताओं की तुलना में अधिक क्षुब्ध पायी गयीं जो मनोविदालिता की रोगी तो थीं परंतु उनके बच्चों में अभी ऐसा रोग नहीं विकसित हुआ था। दूसरा, वैसे बच्चों की माताओं जिनमें मनोविदालिता का रोग विकसित हो गया था, उन्हें उस समय मानसिक अस्पताल में भर्त्ती करवा दिया गया था, जब उनके बच्चे छोटे ही थे।

(ii) **व्यवहारपरक उच्च-जोखिम डिजाइन** *(Behavioural high-risk design)*—इस डिजाइन का भी उपयोग असामांन्य व्यवहार के अध्ययन में काफी किया गया है। इस डिजाइन पर आधृत अनुदैर्ध्य अध्ययन में प्रयोज्यों का चयन इसलिए नहीं किया जाता है कि इनमें किसी रोग उत्पन्न होने की आनुवंशिक संवेदनशीलता होती है बल्कि उनका चयन इसलिए किया जाता है कि इनमें कुछ ऐसी मनोवैज्ञानिक या व्यवहारपरक विशेषताएँ होती हैं जो इनमें उस रोग की संवेदनशीलता उत्पन्न कर देती है। इस डिजाइन पर आधृत एक सबसे मशहूर अध्ययन चैपमैन एवं चैपमैन (Chapman & Chapman, 1987) द्वारा किया गया है। इस अध्ययन में उन्होंने एक परीक्षण पर आये प्राप्तांकों के आधार पर कुछ ऐसे व्यक्तियों की पहचान किया जिनमें असाधारण चिन्तन प्रक्रियाएँ थीं और फलत: उनमें मनोविक्षिप्ति (Psychosis) होने की उन्मुखता की प्राक्कल्पना की गयी। दो-साल तक उनका प्रेक्षण करने के बाद यह पाया गया कि उच्च जोखिम समूह के करीब साठ लोगों में निम्न-जोखिम समूह की अपेक्षा मनोविक्षिप्तता जैसी मानसिक अवस्था स्पष्ट रूप से मौजूद थी। उच्च-जोखिम समूह के तीन व्यक्तियों में तो मनोविक्षिप्ति (psychosis) का रोग वस्तुत: उत्पन्न हो गया था परंतु निम्न-जोखिम समूह के किसी व्यक्ति में मनोविक्षिप्ति का रोग विकसित नहीं हुआ था।

अनुदैर्ध्य विधि (longitudinal method) के कुछ लाभ (advantages) तथा अलाभ (disadvantages) हैं। इसके प्रमुख लाभ निम्नांकित हैं—

(i) अनुदैर्ध्य विधि द्वारा किये गये अध्ययन सहसम्बन्धात्मक विधि द्वारा किये गये अध्ययनों से अधिक शक्तिमान एवं भरोसेमंद होते हैं।

(ii) अनुदैर्ध्य विधि द्वारा किये गये अध्ययनों में विकासात्मक कारकों के पड़ने वाले प्रभावों का उत्तम अवलोकन सम्भव है।

(iii) इस विधि द्वारा अध्ययन में प्रतिदर्श (sample) को समान एवं तुल्य (equivalent) रखने से सम्बन्धित समस्या अपने आप समाप्त हो जाती है क्योंकि व्यक्तियों का एक ही समूह होता है जिसे भिन्न-भिन्न समय अंतरालों पर अध्ययन किया जाता है।

इन लाभों के बावजूद इस विधि के कुछ अलाभ हैं जो निम्नांकित हैं—

(i) इस विधि द्वारा किये गये अध्ययन के परिणाम के आधार पर यह नहीं कहा जा सकता है कि अमुक व्यवहार का कारण अमुक चर है। कहने का तात्पर्य यह है कि इस विधि में कारण-परिणाम सम्बन्ध की व्याख्या सम्भव नहीं है।

(ii) इस विधि में चूँकि अध्ययन कई महीनों तथा वर्षों तक चलता है, अतः व्यक्तियों की समान उपलब्धता हमेशा नहीं बनी रह पाती है जिससे इसकी वैधता पर लोगों को शक होता है।

(iii) इस विधि में अध्ययनकर्त्ता या शोधकर्त्ता दो विभिन्न समय अंतरालों पर किये जाने वाले अध्ययनों के बीच के वातावरण को चूँकि पूर्णतः नियंत्रित नहीं कर पाता है, अतः इस विधि द्वारा प्राप्त निष्कर्ष काफी विश्वसनीय (reliable) नहीं रह जाते।

इन अलाभों के बावजूद असामान्य व्यहवार के अध्ययनों में अनुदैर्ध्य विधि का उपयोग होते देखा गया है।

अनुरूप या तुल्यरूप प्रयोग
(Analogue Experiment)

अनुरूप या तुल्यरूप प्रयोग या शोध का भी उपयोग असामान्य व्यवहार के अध्ययन में किया जाता है। इस विधि में एक प्रयोग के समान या तुल्य परिस्थिति कायम करके असामान्य व्यवहार का अध्ययन किया जाता है। शायद यही कारण है कि इसे अनुरूप या तुल्यरूप प्रयोग (analogue experiment) कहा जाता है।

जैसा कि हम जानते हैं, प्रयोगात्मक विधि (experimental method) का एक महत्त्वपूर्ण दोष यह है कि इस विधि द्वारा सभी तरह के असामान्य व्यवहारों का अध्ययन सम्भव नहीं है क्योंकि प्रयोग की उस नियंत्रित परिस्थिति में सभी तरह के असामान्य व्यवहार को उत्पन्न नहीं किया जा सकता है। इस तुल्यरूप या अनुरूप प्रयोग में प्रयोगात्मक विधि का यह दोष अपने आप दूर हो जाता है। इस प्रयोग या शोध में प्रयोगकर्त्ता एक ऐसी परिस्थिति उत्पन्न करता है जो वास्तविक जिन्दगी की परिस्थिति के समान होती है तथा जिसमें कोई असामान्य व्यवहार विकसित हो सकता है या फिर उसका उपचार सफलतापूर्वक किया जा सकता है। एब्रामसन एवं सेल्गिमैन (Abramson & Seligman, 1977) के अनुसार वाटसन एवं रेनोर (Watson & Raynor) द्वारा मात्र ग्यारह महीने के अलवर्ट नामक बच्चा पर किया गया मशहूर अनुबंधन (conditioning) अध्ययन पहला एक ऐसा प्रयास था जिसमें प्रयोगशाला समान परिस्थिति में मानव प्रयोज्य में असामान्य व्यवहार उत्पन्न करने की कोशिश की गयी थी। एक चूहा को दिखाकर तीव्र आघात उत्पन्न करने से अलवर्ट बाद में मात्र उस चूहा को देखते ही डरना प्रारम्भ कर दिया। वाटसन एवं रेनर का यह दिखाना इस बात का सबूत था कि स्वभाविक रूप से उत्पन्न होने वाला दुर्भीति (phobia) को अनुबंधन (conditioning) द्वारा सीखा जा सकता है।

असामान्य मनोविज्ञान में अनुरूप प्रयोग या शोध का सबसे अधिक उपयोग **चिकित्सा परिणाम प्रयोग** (therapy outcome experiment) के रूप में होता है। काजडिन (Kazdin, 1986) के अनुसार, प्रायः ऐसे प्रयोगों का उद्देश्य यह देखना होता है कि क्या मनश्चिकित्सा (psychotherapy) के परिणामस्वरूप रोगी की समस्याओं में कमी आती है और अगर ऐसा होता है तो किस तरह की मनश्चिकित्सा सबसे अधिक लाभकारी होता है। ऐसे प्रयोग में शोधकर्त्ता प्रयोज्यों का तीन समूह तैयार कर सकता है–एक समूह को मनोगत्यात्मक बातचीत चिकित्सा (Psychodynamic talk therapy)

दिया जा सकता है, एक समूह को क्रमबद्ध असंवेदीकरण (systematic desensitization) देकर तथा एक अन्य समूह को नियंत्रित समूह के रूप में उपयोग किया जा सकता है । कुछ समय के बाद इन तीनों समूहों की समस्याओं में होने वाले सुधार को मापा जा सकता है तथा उनका आपस में तुलना किया जा सकता है तथा फिर किसी अंतिम निष्कर्ष पर पहुँचा जा सकता है।

अनुरूप प्रयोग के कुछ लाभ (advantages) तथा अलाभ (diadvantages) हैं । इसके प्रमुख लाभ निम्नांकित है—

(i) अनुरूप प्रयोग में कारणात्मक सम्बन्ध (causal relationship) की पहचान करने के लिए पर्याप्त आवश्यक नियंत्रण सम्भव हो पाता है । अतः इसकी आंतरिक वैधता (internal validity) अधिक होती है ।

(ii) अनुरूप प्रयोग का एक अन्य लाभ यह भी है कि इसमें प्रयोगकर्त्ता चरों की जाँच कर सकता है जिनमें जोड़-तोड़ (manipulation) वास्तविक विषादी व्यक्तियों (depressed subjects) के साथ नहीं किया जा सकता है । सामान्य कॉलेज छात्रों का थोड़े समय के लिए विषादी (depressed) बनाया जा सकता है परंतु पहले से विषादी व्यक्ति को और अधिक विषादी बनाने का जोखिम नहीं लिया जा सकता है ।

इन लाभों के बावजूद इस अनुरूप प्रयोग के कुछ अलाभ (disadvantage) भी हैं, जो निम्नांकित हैं—

(i) अनुरूप प्रयोग (analogue experiment) वास्तविक परिस्थिति के मात्र अनुरूप (analogue) ही होता है न कि वास्तविक परिस्थिति का प्रतिकृति (reproduction) होता है । फलतः इस पर लोगों को अधिक भरोसा नहीं है ।

(ii) अनुरूप प्रयोग में जबकि आंतरिक वैधता (internal validity) तो होती है परंतु बाह्य वैधता (external validity) नहीं होती है ।

इन अलाभों के बावजूद अनुरूप प्रयोगों का उपयोग असामान्य व्यवहारों के अध्ययन तथा मनश्चिकित्सीय परिणाम (psychotherapeutic outcome) को मापने में काफी अधिक होता है ।

एकाकी-केस प्रयोग शोध विधि
(Single-Case Experiment Research Method)

असामान्य मनोविज्ञान में एकाकी-केस प्रयोग विधि का भी उपयोग काफी होता है । यह एक ऐसा प्रयोगात्मक शोध है जिसमें एक ही व्यक्ति या केस का विशेष प्रयोगात्मक डिजाइन द्वारा अध्ययन करके किसी निष्कर्ष पर पहुँचा जाता है । आदर्शतः तो बहुसमूहों के साथ किया गया प्रयोग जिसमें प्रयोज्यों को विभिन्न प्रयोगात्मक अवस्थाओं (experimental conditions) में यादृच्छिक ढंग से आवंटित कर दिया जाता है, को कारण-परिणाम सम्बन्ध (cause-effect relationship) स्थापित करने का सबसे उत्तम तरीका माना जाता है । परंतु फिर भी ऐसे सामूहिक प्रयोगों (Group experiment) को जब असामान्य मनोविज्ञान में उपयोग किया जाता है, तो कुछ विशेष समस्याएँ उत्पन्न हो जाती हैं जिनके कारण एकाकी-केस प्रयोग शोध विधि का उपयोग आवश्यक हो जाता है । ऐसी कुछ समस्याएँ निम्नांकित हैं—

(i) कभी-कभी एक सामूहिक प्रयोग के लिए पर्याप्त प्रयोज्यों की इकट्ठा करना एक कठिन कार्य हो जाता है ।

(ii) प्रयोज्यों के समूह का औसत अनुक्रिया (average response) किसी व्यक्ति विशेष की अनुक्रिया का प्रतिनिधित्व नहीं भी कर सकता है ।

(iii) जब एक समूह को विशेष विवेचना (treatment) दिया जाता है तथा दूसरे समूह को इससे वंचित रखा जाता है, तो इससे भी प्रयोज्यों या व्यक्तियों में विभेदन (discrimination) का भाव उत्पन्न होता है जो पहले से ही असामान्य रहे व्यक्तियों को और भी असामान्यता की ओर ढकेलकर एक अनैतिकता का प्रश्न खड़ा कर देता है ।

उक्त समास्याओं से बचने के लिए ही असामान्य व्यवहार का अध्ययन एकाकी-केस प्रयोग शोध-विधि द्वारा किया जाता है ।

एकाकी-केस प्रयोग एक ऐसा प्रयोग होता है जिसमें एक ही व्यक्ति के व्यवहार के इर्द-गिर्द की परिस्थितियों में सुव्यवस्थित एवं क्रमबद्ध ढंग से परिवर्तन किया जाता है तथा उन परिवर्तित परिस्थितियों में उनके व्यवहार का सतत मॉनिटर किया जाता है । इस तरह से एकाकी-केस प्रयोग केस अध्ययन विधि के समान है क्योंकि इस विधि में भी एक ही व्यक्ति के व्यवहार का अध्ययन किया जाता है । परंतु इन दोनों में अंतर यह है कि एकांकी-केस प्रयोग विधि में क्रमबद्धता तथा नियंत्रण का गुण होता है जबकि केस अध्ययन विधि में इसकी कमी होती है । मनोवैज्ञानिकों ने यह पाया है कि जब एकाकी-केश प्रयोग का उपयोग ठीक ढंग से किया जाता है, तो इससे आंतरिक वैधता (internal validity)

पर्याप्त हाती है। इस प्रयोग विधि का उपयोग व्यवहार चिकित्सकों (behaviour therapist) द्वारा सर्वाधिक किया जाता है। इस प्रयोग विधि में कई तरह के प्रयोगात्मक डिजाइन का उपयोग किया जाता है परंतु उनमें से निम्नांकित दो डिजाइन का उपयोग अधिक लोकप्रिय है—

(i) ए बी ए बी डिजाइन (A B A B design)

(ii) बहुआधार रेखीय डिजाइन (Multiple baseline design) इन दोनों का वर्णन निम्नांकित है—

(i) ए बी ए बी डिजाइन *(A B A B Design)*—इस डिजाइन में, जैसा कि नाम से ही स्पष्ट है, आधाररेखीय अवस्था (baseline stage) या 'A' अवस्था के बाद विवेचना अवस्था (treatment stage) अर्थात् 'B' अवस्था दिया जाता है, फिर 'A' अवस्था पर वापस लौट जाया जाता है और उसके बाद पुन: 'B' अवस्था दिया जाता है। आधाररेखीय अवस्था एक ऐसी अवस्था होती है जिसमें व्यक्ति के व्यवहार का प्रेक्षण किसी तरह का प्रयोगात्मक विवेचन (experimental treatment) के पूर्व किया जाता है तथा विवेचन अवस्था वैसी अवस्था को कहा जाता है जिसमें प्रयोगात्मक विवेचन देने से व्यक्ति के व्यवहार में होने वाले परिवर्तन का प्रेक्षण किया जाता है। इस डिजाइन को **उत्क्रमण या उलटाव डिजाइन** (reversal design) भी कहा जाता है। ऐसा इसलिए कहा जाता है क्योंकि दूसरी 'A' अवस्था के दौरान विवेचन को हटा दिया जाता है तथा व्यवहार में होने वाला परिवर्तन या उन्नति को पुन: उलटने (reverse) की सम्भावना बनी रहती है। पहली विवेचन अवस्था में व्यवहार में हुई उन्नति (improvement) के बाद यदि व्यवहार पुन: आधाररेखीय अवस्था के व्यवहार के समान हो जाता है जहाँ कोई विवेचन नहीं दिया गया था और उसके बाद अंतिम विवेचन अवस्था (final treatment stage) में यदि उस व्यवहार में फिर उन्नति होती है, तो यह उम्मीद की जाती है कि व्यवहार में उन्नति या परिवर्तन का कारण अमुक विवेचन (treatment) ही है। परंतु यदि अगर एक आधाररेखीय अवस्था तथा एक विवेचन अवस्था (AB डिजाइन) का उपयोग किया जाता है, तो व्यवहार में होने वाला परिवर्तन को एक मात्र संयोग मानकर उसपर ध्यान नहीं भी दिया जा सकता है।

एक उदाहरण—केली एवं ड्रेबमैन (Kelly & Drabman, 1977) ने एक तीन साल की लड़की जिसका नाम 'सुसन' (Susan) था, के एक सामाजिक रूप से अवांछित व्यवहार को सामान्य करने के लिए ए बी ए बी डिजाइन (A B A B design) का उपयोग किया। इस लड़की को मुँह से जीभ निकालने की बुरी आदत थी। वह प्राय: जीभ को मुँह से बाहर निकालते रहती थी। नैदानिक मनोवैज्ञानिकों का सर्वसम्मत विचार यह था कि इससे इस लड़की के सामाजिक मान्यता पर बुरा असर पड़ेगा। अत: उसका उपचार आवश्यक है। इसके लिए A B A B डिजाइन का उपयोग किया गया। पहले सुसन के व्यवहार का आधाररेखीय प्रेक्षण (baseline observation) किया गया जिसमें प्रतिदिन 10 मिनट के सत्र में कितनी बार जीभ निकालने का व्यवहार किया गया, उसका एक रिकार्ड तैयार किया गया। यह प्रथम A अवस्था थी। इसके बाद पहली विवेचन अवस्था (B) प्रारम्भ की गयी जिसमें एक हल्का अरुचिकर उद्दीपक अर्थात नींबू का रस उसके जीभ पर (ज़ब-जब वह उसे बाहर करती थी) दिया गया। यह विवेचन 10 मिनट तक दिया गया और इसे नौ सत्रों तक जारी रखा गया। उसके बाद के सोलह सत्रों में इस तरह का विवेचन नहीं दिया गया। उसके बाद पुन: दूसरी विवेचन अवस्था (second treatment stage) दिया गया जो अगले सोलह सत्र तक चला। इस तरह के ABAB उपचार के खत्म होने के छह महीने बाद एक अनुवर्त्ती अध्ययन (follow-up study) किया गया। परिणाम में देखा गया नींबू का रस देने से मुँह से जीभ निकालने का व्यवहार समाप्त हो गया और छह महीने के बाद भी इस तरह का व्यवहार होता नहीं पाया गया।

ABAB डिजाइन का एक मुख्य दोष यह है कि इसमें बीच में उपचार को रोक दिया जाता है अर्थात् दूसरी A अवस्था में उपचार को रोककर उसके व्यवहार का प्रेक्षण किया जाता है। सुसन के केस में इस दोष का कोई खास असर नहीं दीखता क्योंकि उसकी असामान्यता जानलेवा नहीं थी। कुछ ऐसे व्यवहार होते हैं जो असामान्य होने के साथ-ही-साथ अधिक खतरनाक भी होता है। इसका उपचार इस डिजाइन द्वारा सम्भव नहीं है क्योंकि बीच में उपचार रोक देने से रोगी की जिंदगी ही खतरे में पड़ जा सकती है। फलत: ऐसी परिस्थिति के लिए बहुआधाररेखीय डिजाइन (multiple baseline design) का उपयोग आवश्यक हो जाता है।

(ii) बहुआधाररेखीय डिजाइन *(Multiple baseline design)*—इस डिजाइन में एक ही विवेचन कई लक्ष्य व्यवहार या व्यक्ति पर एक-एक करके दिया जाता है। जैसे, कई व्यक्तियों को बारी-बारी से एक ही विवेचन दिया जा सकता

है या एक ही व्यक्ति को कई व्यवहारों के लिए इस तरह का विवेचन दिया जा सकता है या एक ही व्यवहार के विभिन्न परिस्थितिजन्य कारकों (situational variants) पर एक ही विवेचन दिया जा सकता है । जब इस डिजाइन का उपयोग कई व्यक्तियों पर बारी-बारी से किया जाता है, तो प्रत्येक व्यक्ति के लिए पहले एक आधार रेखा (baseline) तैयार किया जाता है । उसके बाद एक व्यक्ति के व्यवहार के साथ विवेचन हस्तक्षेप (treatment intervention) किया जाता है, उसके बाद दूसरे व्यक्ति के लिए विवेचन हस्तक्षेप, फिर तीसरे व्यक्ति के लिए विवेचन हस्तक्ष्प किया जाता है और इसी तरह से अन्य बाकी व्यक्तियों के साथ बारी-बारी से विवेचन हस्तक्षेप किया जाता है । अगर विवेचन हस्तक्षेप से व्यवहार में उन्नति या धनात्मक परिवर्तन होता है, तो प्रत्येक व्यक्ति में इस तरह के हस्तक्षेप के बाद व्यवहार में धनात्मक परिवर्तन होंगे।

एक उदाहरण *(One example)*—डायर, क्रिश्चियन तथा लूस (Dyer, Christian & Luce, 1982) ने एक प्रयोग किया जिसमें बहुआधाररेखीय डिजाइन का उपयोग करके यह अध्ययन किया गया कि आत्मनिर्मोही बच्चे (autistic children) विभेदन-सीखना कार्य में उनकी (कार्य की) जरूरत को ध्यान में रखकर अनुक्रिया करते हैं या नहीं। आत्मनिर्मोही बच्चे के शिक्षकों की आम राय यह थी कि अधिकतर ऐसे बच्चें दिये गये कार्य की जरूरतों पर बिना ध्यान दिये ही उसके प्रति अपनी अनुक्रिया व्यक्त करना प्रारम्भ कर देते हैं । मनोवैज्ञानिकों द्वारा ऐसा महसूस किया गया कि इस तरह की बुरी प्रवृत्ति को **अनुक्रिया-विलम्ब विधि** (response-delay procedure) द्वारा ठीक की जा सकती है क्योंकि इस विधि में किसी कार्य के प्रति अनुक्रिया करने के पहले बच्चा को एक निर्धारित समय तक इंतजार करना पड़ता है । व्यवहारिक अर्थ में, विभेदन समस्या प्रस्तुत करने के बाद कुछ सेकेण्ड तक बच्चों के हाथ को पकड़े रहा जाता है ताकि वह तुरंत अनुक्रिया न कर सके । इस विधि का उपयोग तीन आत्म-निर्मोही बच्चों पर किया गया । पहले तीनों बच्चों का विभेदन कार्य पर के निष्पादन के लिए बहुआधाररेखा (multiple baselines) तैयार किया गया । इसके बाद उक्त विधि द्वारा विवेचन हस्तक्षेप पहला बच्चा के साथ, फिर दूसरा बच्चा के साथ और अंत में तीसरा बच्चा के साथ किया गया । परिणाम में देखा गया कि प्रत्येक बच्चा का विवेचन कार्य पर निष्पादन (performence) अनुक्रिया विलम्ब उपचार (response-delay treatment) के बाद बढ़ गया ।

स्पष्ट हुआ कि एकाकी-केस प्रयोग विधि द्वारा असामान्य व्यवहार का अध्ययन कई प्रयोगात्मक डिजाइन के सहारे किया जाता है । इस विधि के कुछ लाभ (advantages) तथा कुछ अलाभ (disadvantages) हैं । इसके प्रमुख लाभ निम्नांकित हैं—

(i) इस विधि में कारण-परिणाम सम्बन्ध के लिए पर्याप्त सबूत मिल जाते हैं यदि विवेचन देने के साथ-ही-साथ व्यक्ति के व्यवहार में क्रमबद्ध परिवर्तन आता जाता है ।

(ii) इस विधि द्वारा किये गये अध्ययन में आंतरिक वैधता (internal validity) अधिक होती है ।

(iii) इस विधि से प्राप्त परिणाम में विश्वसनीयता तथा निर्भरता भी पर्याप्त होती है ।

इन लाभों के बावजूद इस विधि के कुछ अलाभ (disadvantages) हैं, जिनमें निम्नांकित प्रमुख हैं—

(i) इस विधि में चूँकि एक ही व्यक्ति के व्यवहार का अध्ययन करके किसी निष्कर्ष पर पहुँच जाता है, अतः उसमें बाह्य वैधता (external validity) नहीं होती है । फलतः प्राप्त परिणाम को सामान्यीकृत (generalize) नहीं किया जा सकता है ।

(ii) इस विधि की व्यवहारिकता उत्तम नहीं है क्योंकि इस विधि द्वारा अध्ययन करने में समय एवं श्रम अधिक लगता है।

इन अलाभों के बावजूद एकाकी-केस प्रयोग विधि का अस्तित्व बना हुआ है क्योंकि इसका उपयोग असामान्य मनोविज्ञान एवं सम्बन्धित नैतिकता मनोविज्ञान की विषय-वस्तु के अध्ययन में किया जाता है ।

सर्वे विधि
(Survey Method)

असामान्य व्यवहार के अध्ययन में सर्वे विधि का भी उपयोग किया जाता है । इस विधि में लक्ष्य जीवसंख्या (target population) का निर्धारण करके फिर उससे एक प्रतिदर्श (sample) का चयन कर लिया जाता है और उनके विचारों को साक्षात्कार या प्रश्नावली आदि के माध्यम से जाना जाता है । फिर उसके आधार पर किसी निष्कर्ष पर पहुँचा

जाता है। जैसे, कॉसटेलो (Costello, 1982) ने कनाडा के करीब 500 महिलाओं का साक्षात्कार इस उद्देश्य से लिया कि यह जाना जा सके कि महिलाओं में कौन-कौन प्रकार के डर एवं दुर्भीति (phobias) सामान्यतः पाये जाते हैं। पेकेल (Paykel, 1979) ने भी एक ऐसा ही सर्वे अमेरीकन जीवसंख्या से एक प्रतिदर्श का चयन करके किया जिसमें विषादी रोग (depressive disorder) उत्पन्न करने वाले सामान्य कारकों की पहचान करने की कोशिश की गयी और पाया गया कि विषादी रोगियों के जीवन में नकारात्मक घटनाएँ (negative events) अधिक घटी होती है जिसके आधार पर वे इस प्राक्कल्पना का निर्माण कर सके कि जीवन की घटनाओं से संवेदनशील व्यक्तियों में विषादी रोग के उत्पन्न होने की सम्भावना अधिक होती है।

सर्वे विधि के कुछ लाभ (advantages) तथा अलाभ (disadvantages) हैं। इसके प्रमुख लाभ (advantages) निम्नांकित हैं—

(i) इस विधि द्वारा किया गया अध्ययन से यह पता आसानी से चल जाता है कि जीवसंख्या में अमुक रोग की व्यापकता (prevalence) कितनी है।

(ii) इस विधि द्वारा अध्ययन करने में अध्ययनकर्त्ता को यह भी पता चल जाता है कि अमुक रोग तथा अन्य चरों जैसे उम्र, यौन तथा अन्य रोग की व्यापकता के बीच कितना एवं कैसा सम्बन्ध है।

(iii) इस विधि द्वारा रोग को उत्पन्न करने वाले सम्भावित चरों या कारकों का भी पता आसानी से चल जाता है।

इन लाभों के बावजूद सर्वे विधि के कुछ अलाभ हैं, जिनमें निम्नांकित प्रमुख हैं—

(i) सर्वे विधि में प्रतिदर्श के आधार पर जीवसंख्या के बारे में सामान्यीकरण करने की कोशिश की जाती है। प्रायः देखा गया है कि प्रतिदर्श जीवसंख्या का ठीक से प्रतिनिधित्व नही करते हैं और ऐसी अवस्था में सर्वे विधि द्वारा प्राप्त परिणाम अधिक विश्वसनीय नहीं रह जाता है। कभी-कभी यादृच्छिक प्रतिदर्श (randon sampling) द्वारा प्रतिदर्श को प्रतिनिधित्व बनाये रखने की कोशिश भी विफल हो जाती है क्योंकि इस ढंग से चयनित प्रतिदर्श के सभी लोग अध्ययन में कुछ कारणों से शामिल होने से इनकार कर देते हैं। जैसे, कॉसटेलो (Costello, 1982) द्वारा किया गया सर्वे के सम्मिलित प्रतिदर्श में चयनित महिलाओं में से करीब 16% ने उसमें भाग लेने से इनकार कर दिया था। ऐसी स्थिति में अध्ययन की परिणाम की विश्वसनीयता नहीं रह जाती है।

(ii) सर्वे विधि में अक्सर देखा गया है कि उत्तरदाता (respondent) सामाजिक रूप से अनुमोदित ढंग से व्यवहार करने या उत्तर देने के लिए एक तरह का अपने ऊपर दवाब का अनुभव करते हैं। जैसे, यदि कोई व्यक्ति चूहा से डरता है, तो वह साक्षात्कारकर्त्ता से बातचीत करते समय सामाजिक अनुमोदन न होने के कारण यह नहीं कहना चाहेगा कि उसे चूहा से डर लगता है। ऐसी परिस्थिति में सर्वे विधि से प्राप्त आँकड़ों पर विश्वास नहीं किया जा सकता है तथा उसकी वैधता संदेह के घेरे में होती है।

(iii) सर्वे विधि द्वारा अध्ययन करने पर व्यक्ति की अनुक्रियाएँ बहुत हद तक उसकी स्मृति से प्रभावित होती है। जैसे, एक विषादी व्यक्ति जो प्रश्नावली पढ़कर प्रश्नों का उत्तर देने की कोशिश करता है, अक्सर अपनी जिंदगी के नकारात्मक घटनाओं को अधिक याद कर पाता है। इस पूर्वाग्रह का उनकी अनुक्रियाओं पर काफी प्रभाव पड़ता है जिससे सर्वे आँकड़े की विश्वसनीयता लगभग समाप्त हो जाती है।

स्पष्ट हुआ कि सर्वे विधि के भी कुछ लाभ हैं। फिर भी इसका उपयोग असामान्य व्यवहारों के अध्ययन में काफी किया जाता है।

अनुप्रस्थ काट विधि या क्रॉस वर्गीय विधि

(Cross Sectional Method)

असामान्य व्यवहार के अध्ययन में क्रॉस-वर्गीय विधि (cross-sectional method) का भी उपयोग होता है। इस विधि में विभिन्न चयनित व्यक्तियों की तुलना एक समय में एक साथ की जाती है। इस तरह से यह विधि अनुदैर्ध्य विधि (longitudinal method) के विपरीत है जिसमें व्यक्तियों के एक समूह का अध्ययन विभिन्न समय अंतराल पर लम्बे समय तक किया जाता है। जैसे, यदि हम यह अध्ययन करना चाहें कि किस तरह से सामान्य एवं असामान्य किशोर आत्म-वर्णन (self-descriptions) में एक-दूसरे से भिन्न होते हैं या उनकी मनोवृत्ति

एवं अपने परिवार के सदस्यों में दिखाये गए मनोवृत्ति में क्या अंतर होता है, तो ऐसी परिस्थिति में क्रॉस-वर्गीय विधि का उपयोग उत्तम माना गया है। इस विधि का उपयोग उस परिस्थिति में अधिक होता है जब मानसिक स्वास्थ्य पेशेवर किसी समरूप का अध्ययन विकासात्मक दृष्टिकोण (developmental viewpoints) से करना चाहते हों।

स्कोफिल्ड एवं बालियन (Scholfield & Belian, 1869) ने इस विधि द्वारा एक बहुचर्चित अध्ययन किया जिसमें इस प्राक्कल्पना की जाँच की गयी कि मानसिक बीमारी का बीज व्यक्ति के जिंदगी की घटनाओं में ही छिपी होती है। इस अध्ययन के लिए मनोविदालिता के रोगियों के एक समूह की तुलना ऐसे व्यक्तियों के समूह से की गयी जो मानसिक अस्पताल में तो थे परंतु वहाँ उनके होने का कारण मेडिकल तथा अमनश्चिकित्सीय (nonpsychiatric) था। इस दोनों समूहों का साक्षात्कार लिया गया जिसमें उक्त समस्या से सम्बन्धित प्रश्न किये गये। ये दोनों समूह यौन, उम्र, वैवाहिक स्तर, भाई-बहनों की संख्या तथा आश्रितों की संख्या के ख्याल से लगभग समान थे। परिणाम में दोनों समूहों में कोई बहुत अंतर तो नहीं पाया गया परंतु मनोविदालिता के रोगियों में माता-पिता के साथ प्रतिकूल सम्बन्ध, स्कूल में घटती उपलब्धि, सामाजिक विलगाव तथा कम व्यवसायिक संतुष्टि आदि पाये गये। सामान्य व्यक्तियों की जिंदगी में इन कारकों की कमी पायी गयी परंतु इन लोगों द्वारा भी अपने बाल्यावस्था में कटु अनुभवों के होते बतलाये गये। इन लोगों ने अपने माता-पिता के साथ अधिक मधुर सम्बन्ध न होने की बात बतलाया।

क्रॉस विधि के भी कुछ लाभ (advantages) तथा अलाभ हैं। इनके प्रमुख लाभ इस प्रकार हैं—

(i) अध्ययनकर्त्ता का उद्देश्य यदि किसी दिये हुए समय में एक या एक से अधिक समूहों की तुलनात्मक अध्ययन करना होता है, तो यह विधि सबसे अधिक उपयुक्त मानी जाती है।

(ii) इस विधि में व्यवहारिकता (practicality) का गुण होता है क्योंकि कम समय तथा श्रम में किसी भी समस्याओं का अध्ययन आसानी से कर लिया जाता है।

फिर भी इस विधि के कुछ अलाभ (disadvantages) हैं, जो इस प्रकार हैं—

(i) इस विधि द्वारा अध्ययन करने में परिणाम की वैधता अक्सर प्रभावित हो जाती है क्योंकि प्रायः अध्ययनकर्त्ता द्वारा जो भी व्यक्ति या समूह उपलब्ध हो पाते हैं, उनका चयन कर अध्ययन प्रारम्भ कर लिया जाता है जिसे निश्चित रूप से एक वैज्ञानिक कदम नहीं कहा जा सकता है।

(ii) इस विधि द्वारा किसी एक व्यक्ति के व्यवहार में होने वाला परिवर्तन का अध्ययन सम्भव नहीं है।

इन सब के बावजूद क्रॉस-वर्गीय विधि का उपयोग असामान्य व्यवहार के अध्ययन में होता है।

मानसिक स्वास्थ्य पेशेवर (Mental Health Professionals)

असामान्य व्यवहार के निदान एवं उपचार में औपचारिक प्रशिक्षण प्राप्त करने वाले व्यक्तियों को चिकित्सक (clinician) कहा जाता है जो जनता को नैदानिक एवं चिकित्सीय सेवाएँ (therapeutic services) देते हैं। ऐसे लोगों को मुख्य रूप से निम्नांकित पाँच भागों में बाँटा जा सकता है—

(1) परामर्श मनोवैज्ञानिक (Counselling Psychologist)

(2) नैदानिक मनोवैज्ञानिक (Clinical Psychologist)

(3) मनोरोगविज्ञानी या मनश्चिकित्सक (Psychiatrist)

(4) मनोविश्लेषक (Psychoanalyst)

(5) मनश्चिकित्सीय सामाजिक कार्यकर्त्ता (Psychiatric social worker)

(6) मनश्चिकित्सीय नर्सिंग (Psychiatric Nursing)

इन पेशेवरों का संक्षिप्त परिचय इस प्रकार हैं—

1. परामर्श मनोवैज्ञानिक (*Counselling Psychologist*)—परामर्श मनोवैज्ञानिक एक सामान्य श्रेणी के पेशेवर मनोवैज्ञानिक (professional psychologist) होते हैं जो कुछ विशिष्ट क्षेत्र जैसे पेशा चयन (vocation selection),

स्कूली समस्याओं, औषध दुरुपयोग (drug abuse), वैवाहिक द्वन्द्व (martial conflict) आदि में निर्देशन देते हैं तथा उनके प्रभावी समाधान के लिए परामर्श या सलाह भी देते हैं। इस कार्य में वे परीक्षण (tests), साक्षात्कार (interview), आदि का उपयोग करते हैं और व्यक्तियों को अपने भविष्य के विकल्पों के बारे में निर्णय लेने के लिए प्रोत्साहन देते हैं।

2. नैदानिक मनोवैज्ञानिक *(Clinical Psychologist)*—नैदानिक मनोवैज्ञानिक वैसे प्रशिक्षित मनोवैज्ञानिक होते हैं जिन्हें नैदानिक मनोविज्ञान में पी-एच०डी० की उपाधि प्राप्त होता है। मनोविज्ञान के अन्य शाखाओं में पी-एच०डी० के समान नैदानिक मनोविज्ञान में पी-एच०डी० भी मूलत: एक शोध उपाधि ही है जिसमें उन्हें एक विषय पर शोध-निबंध (dissertation) तैयार करना होता है। परंतु नैदानिक मनोविज्ञान में पी-एच० डी० करने वाले मनोवैज्ञानिक को दो अन्य क्षेत्रों में भी विशिष्टता हासिल करनी होती है जिसके कारण उनकी उपाधि मनोविज्ञान के अन्य शाखाओं के पी-एच० डी० उपाधि से भिन्न हो जाता है। वे दो क्षेत्र हैं—पहला, मानसिक रोगों के निदान (diagnosis) तथा मूल्यांकन (assessment) की प्रविधियों को सीखना तथा दूसरा, मनश्चिकित्सा (Psychotherapy) के विभिन्न विधियों तथा उनके कौशलों को सीखना। भारत में निम्हान्स (NIMHANS), बैंगलूर तथा सीआईपी (CIP), राँची दो ऐसे महत्त्वपूर्ण संस्थान हैं जहाँ से विशेष रूप से नैदानिक मनोविज्ञान में पी-एच० डी० की उपाधि प्रदान की जाती है।

इसके अलावा कुछ और वैधानिक स्नातक कार्यक्रम हैं जिन्हें पूरा करने पर मनोवैज्ञानिक को नैदानिक उपाधि मिलती है। साई० डी० (Psy. D.) अर्थात् डाक्टर ऑफ साइकोलॉजी (Doctor of Psychology) एक ऐसी ही नयी उपाधि है। इसका पाठ्यक्रम लगभग वही होता है जो नैदानिक मनोविज्ञान में पी-एच०डी० का होता है परंतु इसमें बल नैदानिक शोध पर न होकर नैदानिक परीक्षण पर होता है। भारतवर्ष में कुछ ऐसे भी संस्थान हैं जिनके माध्यम से एम०फिल० (M.Phil) की उपाधि प्रदान करते हुए नैदानिक प्रशिक्षण दिया जाता है। सेन्ट्रल इन्स्टीच्यूट ऑफ साइकेट्री (Central Institute of Psychiatry) कांके, राँची एक ऐसी संस्था है जहाँ से मेडिकल एवं समाज मनोविज्ञान में एम० फिल० की उपाधि ऐसे प्रशिक्षुओं को दिया जाता है। चाहे जिस तरह की उपाधि प्राप्त हो, एक नैदानिक मनोविज्ञानी वैसे मानसिक रोगों जो ननमेडिकल स्वरूप के होते हैं, के निदान (diagnosis) एवं उपचार में पर्याप्त रूप से प्रशिक्षित होता है। सामान्यत: नैदानिक मनोविज्ञानी के तीन कार्य होते हैं—

(i) मानसिक रोगों की पहचान एवं निदान (diagnosis)
(ii) मानसिक रोगों की चिकित्सा (therapy)
(iii) मानसिक रोगों के क्षेत्र में शोध (research) करना

किसी बड़े मानसिक स्वास्थ्य केन्द्र होने पर नैदानिक मनोविज्ञानी का एक चौथा और कार्य भी होता है और वह है–अध्ययन (teaching) करना।

3. मनश्चिकित्सक *(Psychiatrist)*—मनश्चिकित्सक एक ऐसा मानसिक स्वास्थ्य विशेषज्ञ (expert) होता है जिसे एम०डी० (M.D.) या डाक्टर ऑफ मेडीसीन (Doctor of Medicine) की उपाधि प्राप्त होता है और इन्हें स्नातकोत्तर प्रशिक्षण जिसे 'रेसिडेन्सी' (Residency) कहा जाता है, भी प्राप्त होता है जिसमें उन्हें मानसिक रोगों के निदान (diagnosis) तथा मनश्चिकित्सा (psychotherapy) दोनों में विशेष पर्यवेक्षण (supervision) का अनुभव प्राप्त किया जाता है। चूंकि एक मनश्चिकित्सक को मेडिकल उपाधि प्राप्त होती है, अत: उन्हें मानसिक रोगों के निदान एवं उपचार में मनोसक्रिय औषध (psychoactive drug) का उपयोग करने का अधिकार होता है क्योंकि उन्हें जैवरसायन (biochemistry) तथा शरीरशास्त्र (physiology) का पूर्ण ज्ञान होता है और वे ऐसे औषध के पार्श्व प्रभाव (side effect) से भी भलिभाँति अवगत होते हैं। नैदानिक मनोविज्ञानी को ऐसा अधिकार प्राप्त नहीं होता है।

मनश्चिकित्सक दो प्रकार के होते हैं–एक श्रेणी में उन मनश्चिकित्सकों को रखा जाता है जो रोगी के उपचार में दैहिक विधियों (physical methods) का अधिक उपयोग करते हैं। इन्हें सामान्यत: *न्यूरोमनश्चिकित्सक* (neuro-psychiatrist) कहा जाता है। दूसरे श्रेणी में उन मनश्चिकित्सकों को रखा जाता है जो रोगियों के उपचार में मनोवैज्ञानिक विधियों का अधिक उपयोग करते हैं। ऐसे मनश्चिकित्सक को *मनोश्चिकित्सक* (psychotherapist) कहा जाता है।

4. मनोविश्लेषक *(Psychoanalyst)*—मनोविश्लेषक एक ऐसा मानसिक स्वास्थ्य विशेषज्ञ होता है जिसे किसी मनोविश्लेषण संस्थान (psychoanalytic institute) में विशिष्ट प्रशिक्षण प्राप्त होता है और साथ-ही-साथ मनोविश्लेषण की कला में काफी निपुणता होती है। यद्यपि कि सिगमंड फ्रायड (Sigmund Freud) ने यह स्पष्टतः कहा था कि एक मनोविश्लेषक को मेडिकल प्रशिक्षण (medical training) की आवश्यकता नहीं है फिर भी अभी हाल तक कई मनोविश्लेषण संस्थानों द्वारा प्रशिक्षु को एम०डी० (M.D.) तथा मनश्चिकित्सीय रेसिडेंसी (psychiatric residency) आवश्यक माना जाने लगा है।

5. मनश्चिकित्सीय सामाजिक कार्यकर्त्ता *(Psychiatric Social Worker)*—मनश्चिकित्सीय सामाजिक कार्यकर्त्ता एक ऐसा मानसिक स्वास्थ्य विशेषज्ञ होता है जिन्हें मास्टर ऑफ सोसल वर्क एम०एस०डब्ल्यू० (M.S.W.) की उपाधि प्राप्त होती है। ये लोग मनश्चिकित्सीय परिवेश में कार्य करते हैं। ऐसे कार्यकर्त्ता को असामान्य मनोविज्ञान, मानसिक रोगों के निदान (diagnosis) तथा उपचार (treatment) का विस्तृत ज्ञान हाता है। ऐसे कार्यकर्त्ता रोगी एवं उसके घर तथा मानसिक अस्पताल एवं समुदाय के बीच एक कड़ी (link) कायम करते हुए मानसिक रोगों के उपचार में अपना योगदान करते हैं। ये लोग मनश्चिकित्सक को सामाजिक, आर्थिक एवं पर्यावरणी सूचनाएँ प्रदान करते हैं और चिकित्सीय हस्तक्षेप को मजबूत करते हैं।

6. मनश्चिकित्सीय नर्सिंग *(Psychiatric Nursing)*—मनश्चिकित्सीय नर्सिंग उन नर्स (nurse) के लिए मानसिक रोगों के निदान एवं उपचार को अपना जीवन-वृत्ति बनाने का अभिप्रेरण प्रदान करता है जिन्हें नैदानिक सेवा एवं नर्सिंग का मौलिक ज्ञान होता है। अगर वह यह चाहती है कि मानसिक स्वास्थ्य दल का वह एक प्रभावी सदस्य हो तो यह आवश्यक है कि उसे मानसिक रोगों के विभिन्न प्रकारों, नैदानिक प्रविधियों (diagnostic techniques) तथा उपचार विधियों (treatment methods) का पर्याप्त ज्ञान हो। मनश्चिकित्सीय नर्स मनोरोगविज्ञानी का एक निजी सहायक के रूप में कार्य करती है तथा मनश्चिकित्सीय वार्ड (psychiatric ward) को ठीक-ठाक रखना उनकी जवाबदेही है। वह न केवल मनोरोगविज्ञानी को मदद ही करती है बल्कि समरूप पेशेवर स्टाफ सदस्यों के साथ सहयोग करके रोगी के उपचार एवं देखभाल सम्बन्धित योजना तैयार करने में मदद करती है। किस सीमा तक मनश्चिकित्सीय नर्स उपचार कार्यक्रम में भाग लेगी, यह मानसिक अस्पताल की आवश्यकता एवं नीतियों पर निर्भर करता है।

आपातकालीन परिस्थिति में, तनावग्रस्त परिस्थिति के होने पर वह रोगी को समर्थन प्रदान करती है तथा कुछ अन्य परिस्थिति में व्यवहारिक एवं मनोरंजनात्मक चिकित्सीय कार्यों में सहयोग भी करती है।

स्पष्ट हुआ कि मानसिक स्वास्थ्य पेशेवरों के कई प्रकार हैं जिनके माध्यम से ऐसी सेवा प्रदान की जाती है। मानसिक स्वास्थ्य सेवा में इन पेशेवरों के अतिरिक्त कुछ नन-पेशेवर लोगों (non-professionals) की भी सेवा ली जाती है। ऐसे लोग मानसिक स्वास्थ्य सेवा के क्षेत्र में औपचारिक रूप से प्रशिक्षित नहीं होते हैं। ऐसे ननपेशेवरों में प्रायः स्कूल या कॉलेज के छात्र, स्कूल में पढ़ाई छोड़ देने वाले छात्र, किशोर, परिपक्व महिलाएँ, तथा अन्य वयस्क लोग जिन्हें मानसिक स्वास्थ्य के क्षेत्र में कोई डिग्री, डिप्लोमा, प्रशिक्षण प्रमाणपत्र आदि नहीं होता है, सम्मिलित किये जाते हैं। ऐसे लोगों की सेवाओं के लिए उन्हें भुगतान या कभी आंशिक रूप से भी भुगतान किया जाता है।

अध्याय-सारांश
(Chapter Summary)

1. असामान्य मनोविज्ञान के इतिहास को तीन प्रमुख भागों में बाँटकर अध्ययन किया गया है। इन तीनों कालों में असामान्यता के प्रति मनोवैज्ञानिकों मनश्चिकित्सकों एवं आम लोगों के विचारों में काफी उतर-चढ़ाव आया है।
2. असामान्य व्यवहार क्या है, इसकी पहचान करने के लिए आधुनिक नैदानिक मनोवैज्ञानिकों द्वारा प्रतिपादित पाँच तरह की कसौटियों का वैज्ञानिक वर्णन किया गया है।
3. असामान्य व्यवहार की कई विशेषताएँ हैं जिनपर भी प्रकाश डाला गया है। ऐसी ग्यारह विशेषताओं पर बल डाला गया है।

4. सामान्य व्यवहार तथा असामान्य व्यवहार में अन्तर किया गया है और ऐसी छह बिन्दुओं पर प्रकाश डाला गया है।
5. असामान्य मनोविज्ञान के विभिन्न परिभाषाओं का विश्लेषण करते हुए एक परिपक्व परिभाषा देने की कोशिश की गयी है। असामान्य मनोविज्ञान को मनोविज्ञान की एक ऐसी शाखा के रूप में परिभाषित किया गया है जिसमें व्यक्ति के असामान्य व्यवहारों एवं असामान्य मानसिक प्रक्रियाओं के निदान, वर्गीकरण, रोक-थाम, उपचार से सम्बन्धित तथ्यों का अध्ययन किया जाता है।
6. असामान्य मनोविज्ञान की कई प्रमुख विधियों का वर्णन किया गया है। प्रत्येक के लाभ एवं अलाभ का भी सविस्तार वर्णन किया गया है।
7. मानसिक स्वास्थ्य पेशा में चार तरह के पेशेवरों पर प्रकाश डाला गया है। इनमें नैदानिक मनोविज्ञानी, मनोरोगविज्ञानी, मनश्चिकित्सीय सामाजिक कार्यकर्त्ता (psychiatric social worker) तथा मनश्चिकित्सीय नर्सिंग (psychiatric nursing) आदि प्रमुख हैं।

❑

अध्याय 2

नैदानिक वर्गीकरण तथा मूल्यांकन

(DIAGNOSTIC CLASSIFICATION AND ASSESSMENT)

असामान्य व्यवहारों का नैदानिक वर्गीकरण
(Diagnositic Classification of Abnormal behaviour)

असामान्य व्यवहारों का वर्गीकरण (classification) मनश्चिकित्सकों एवं नैदानिक मनोवैज्ञानिकों का एक मुख्य विषय रहा है। यहाँ वर्गीकरण से तात्पर्य असामान्य व्यवहारों को ऐसे श्रेणियों में विभक्त करने से होता है जिनसे उनके स्वरूप को ठीक ढंग एवं स्पष्ट रूप से समझा जा सके। श्रेणीकरण (categorization) के इस प्रविधि को **निदान** (diagnosis) कहा जाता है और जब निदान मनोवैज्ञानिक विधियों (psychological method) द्वारा किया जाता है तो इसे **मनोनिदान** (psychodiagnosis) कहा जाता है। इसी अर्थ में सेलिगमैन एवं रोजेनहान[1] (Seligman & Rosenhan, 1998) ने निदान को परिभाषित करते हुए कहा है, ''व्यवहारपरक एवं मनोवैज्ञानिक पैटर्न के अनुसार मनोवैज्ञानिक विकृतियों का श्रेणीकरण ही निदान कहलाता है ।'' वर्गीकरण या श्रेणीकरण करके हम असामान्य व्यवहार या कुसमायोजी व्यवहार (maladaptive behaviour) के स्वरूप, कारणों एवं उपचार के लिए एक योजना बना पाते हैं। असामान्य व्यवहारों के नैदानिक वर्गीकरण तंत्र (diagnostic classfication system) की आवश्यकता ऐसे तो कई कारणों से होती हैं, परंतु उनमें निम्नांकित पाँच कारण को सबसे अधिक महत्त्वपूर्ण बतलाया गया है—

1. निदान एक संचार-न्यूनता प्रदान करता है *(Diagnosis provides a communication shorthand)*—**निदान से मानसिक रोगों के बारे में सही ढंग से संचार कम शब्दों में किया जाना सम्भव हो पाता है ।** ऐसा देखा गया है कि मानसिक रोगी कई तरह के लक्षण दिखाते हैं । उदाहरणस्वरूप, कोई ऐसा मानसिक रोगी हो सकता है जो अपने विचार को ठीक ढंग से सही नहीं रखता हो, प्राय: उसे यह अनुभव होता है कि लोग उससे कुछ-न-कुछ लेने की कोशिश करते हैं, कार्य में मन नहीं लगता है, हमेशा तनावग्रस्त महसूस करता हो, तथा उसमें दृष्टि विभ्रम (visual hallucinations) हो । ऐसा भी हो सकता है कि व्यक्ति इनमें से प्रत्येक लक्षण से एक साथ ही प्रभावित हो । निदानशास्त्री (diagnostician) इन सभी तरह के लक्षणों की सूची को याद न रखकर इस संलक्षण[2] (syndrome) को एक शब्द में निदान (diagnosis) कर सकते हैं–व्यामोही मनोविदालिता (Paronoid schizophrenia) ।

2. निदान उपचार के बारे में कुछ सूचना देता है *(Diagnosis tells something about treatments)*— मनोवैज्ञानिक रोग के लिए कई तरह की उपचार विधियाँ उपलब्ध हैं तथा उसमें से कुछ ऐसे हैं जो खास तरह के **विकृतियों** के लिए अधिक लाभदायक है । निदान (diagnosis) निदानशास्त्री को विशेष तरह के मानसिक रोग के लिए उपयोगी उपचार विधियों पर ही अपना ध्यान देने के लिए बाध्य करता है । जैसे, व्यामोही मनोविदालिता के रोगी का उपचार शाब्दिक मनश्चिकित्सा (verbal psychotherapy) से नहीं और न ही वेलीयम (valium) से ही सम्भव है । परंतु इसका रोगी प्राय: एक विशेष औषध अर्थात क्लोरप्रोमाजीन (chlorpromazine) से आसानी से ठीक किये जा सकते हैं । तब एक अच्छा निदान निश्चित रूप से एक ऐसा उपचार विधि का सुझाव देता है जिसे उपचार अधिक प्रभावी हो सके ।

1. "Diagnosis is the categorization of psychological disorders according to behavioural or psychological patterns."
—Seligman & Rosenhan : *Abnormality*, 1998, p.117

2. वैसे लक्षण जो एक साथ होते हैं, यानी जो समान होते हैं, उन्हें संलक्षण (syndromes) कहा जाता है।

3. निदान से रोग के कारण के बारे में सूचना मिलता है *(Diagnosis tells about etiology of disorders)*—व्यक्ति में रोग बहुत से कारणों से उत्पन्न होते हैं परंतु कुछ रोग या मानसिक समस्याएँ ऐसी होती हैं जो विशेष तरह के कारण (etiologies) से सम्बद्ध अधिक होते हैं। उदाहरणस्वरूप, मनोगतिकी सिद्धान्तवादियों का मत है कि व्यक्ति में दुश्चिंता का कारण आंशिक रूप से दमित इच्छाएँ एवं मानसिक संघर्ष हैं। निदान जान लेने के बाद उसके पीछे छिपे कारणों के बारे में जाना जा सकता है।

4. निदान से वैज्ञानिक अनुसंधान से मदद मिलती है *(Diagnosis aids scientific investigation)*—मनोवैज्ञानिक निदान का मुख्य कारण शायद नैदानिक न होकर वैज्ञानिक (scientific) होता है। समान लक्षणों वाले व्यक्तियों को एक साथ समूहन करके अनुसंधानकर्त्ताओं एवं शोधकर्त्ताओं को निदान यह सीखने का सुनहरा अवसर प्रदान करता है कि कारण एवं उपचार के ख्याल से उन लक्षणों में उभयनिष्ठ (common) चीज क्या है? सचमुच में विकासशील विज्ञान के लिए निदान (diagnosis) का यह एक अति महत्त्वपूर्ण कार्य है।

5. निदान तीसरे पार्टी के भुगतान करने में मदद करता है *(Diagnosis allows third party to like payment)*—अक्सर यह देखा गया है कि मनोवैज्ञानिक रोगों के उपचार एवं देखभाल में होने वाले खर्च का आंशिक या पूर्णरूप से वहन तीसरा पार्टी अर्थात् बीमा कम्पनी या मेडिकल संस्थान कभी-कभी करते हैं। यह बात भारत में कम परंतु विदेशों में अधिक देखने को मिलता है। ऐसी परिस्थिति में ऐसी कम्पनियों को रोगी के निदान (diagnosis) की जरूरत पड़ती है ताकि वह समझ सके कि रोगी को सचमुच में देख-रेख की जरूरत है तथा कभी-कभी देख-रेख के गुणवत्ता की भी जाँच करनी होती है। इस तरह से निदान मनोवैज्ञानिक उपचार के अर्थशास्त्र के लिए आवश्यक है।

असामान्य व्यवहारों के वर्गीकरण के लिए अब तक जितने भी प्रयास किये गये हैं, उन्हें मूलतः निम्नांकित दो सामान्य श्रेणियों में बाँटा जा सकता है—

(i) अंतर्राष्ट्रीय वर्गीकरण तंत्र (International classification system)

(ii) भारतीय वर्गीकरण तंत्र (Indian classification system)

इन दोनों वर्गीकरण में तथ्यों की व्याख्या हम अलग-अलग अनुच्छेदों में करेंगे।

अंतर्राष्ट्रीय वर्गीकरण तंत्र
(International Classification System)

कुसमायोजी व्यवहारों या असामान्य व्यवहारों को वर्गीकृत करने का प्रयास काफी पुराना है और इसका उल्लेख हमें ग्रीक, रोमन तथा मिस्र देशवासियों (Egyptians) द्वारा प्रदत्त व्याख्याओं से स्पष्ट रूप से मिलता है। परंतु उनकी प्रभावशीलता आधुनिक वर्गीकरण तंत्र पर उतनी नहीं रही है। सचमुच में एक स्पष्ट एवं वैज्ञानिक वर्गीकरण तंत्र की ओर ध्यान 19वीं शताब्दी में गया जब अमेरिका तथा यूरोप के कई देशों में मानसिक रोगियों के उपचार के लिए विभिन्न तरह के मानसिक अस्पताल खोलने का सार्थक प्रयास किया गया। पेरिस में 1889 में *काँग्रेस ऑफ मेन्टल सायंस* (Conrgress of Mental Science) ने एक एकाकी वर्गीकरण तंत्र (single classification system) का प्रतिपादन किया परंतु इसका उपयोग कई कारणों से बहुत लोकप्रिय नहीं हो पाया। इसके पहले ग्रेट ब्रिटेन (Great Britain) ने 1882 में *स्टेटीस्टीकल कमेटी ऑफ दी रायल मेडिको साइकोलॉजिकल एशोसियेशन* (Statistical Committee of the Royal Medico-Psychological Association) ने कुसमायोजी व्यवहार के वर्गीकरण का एक तंत्र का प्रतिपादन किया था जिसका तीन बार संशोधन भी हुआ परंतु फिर भी इसके सदस्यों द्वारा ही इसकी बहुत अधिक प्रशंसा नहीं की गयी। अमेरिका में 1886 में *'एशोसिएशन ऑफ मेडिकल सुपरीन्डिन्टेस ऑफ अमेरिकन इन्स्टीच्यूशन फॉर दी इनसेन'* (Association for Medical Superitendents of American Institutions for the Insane) ने उक्त ब्रिटिश तंत्र के संशोधित प्रारूप को स्वीकार किया। यह एशोसिएशन आज के *अमेरिकन मनश्चिकित्सीय संघ* (American Psychiatric Association) का अग्रदूत (forerunner) माना गया है। तब 1913 में एशोसिएशन ने एक नया वर्गीकरण तंत्र को स्वीकार किये जिसमें इमिल क्रेपलिन (Emil Kraeplin) के विचारों को भी सम्मिलित किया गया। सचमुच में क्रेपलिन जो एक जर्मन मनश्चिकित्सक थे, को श्रेणीबद्ध वर्गीकरण तंत्र (Categorical classification system) का जनक माना जाता है जिन्होंने 1883 में ही एक ऐसा वर्गीकरण तंत्र का सुझाव दिया था जिसमें मानसिक रोग का एक अस्पष्ट आंगिक

स्वरूप का उल्लेख था। इन्होंने मनोविक्षिप्ति (psychosis) के दो प्रकार बतलाया–डिमेन्सिया-प्रेकॉक्स (Dementia Praecox) जिसे आजकल मनोविदालिता (Schizophrenia) कहा जाता है तथा उत्साही-विषादी मनोविक्षिप्ति (Manic-depressive psychosis) कहा जाता है। परंतु क्रेपलीन के प्रयास से एक ऐसा वर्गीकरण तंत्र बनाने में सफलता नहीं मिल पायी जिसका सार्वत्रिक स्वागत हुआ हो परंतु फिर भी क्रेपलिन का प्रभाव आधुनिक वर्गीकरण तंत्र पर निश्चित रूप से आज भी भारी है।

द्वितीय विश्वयुद्ध के तुरंत बाद दो प्रमुख अंतर्राष्ट्रीय स्तर के वर्गीकरण तंत्र (classification system) का प्रार्दुभाव हुआ। 1948 में वर्ल्ड हेल्थ ऑरगनाइजेशन (World Health Organisation or WHO) ने *'इंटरनेशनल स्टेटीस्टीकल क्लासिफिकेसन ऑफ डिजेज, इनजुरिज एण्ड काऊजेज ऑफ डेथ'* (International Statistical Classification of Diseases, Injuries and Causes of Death, or ICD) के छठा संस्करण (Sixth edition) का प्रकाशन किया जिसमें मानसिक रोगों का एक औपचारिक वर्गीकरण (formal classification) का प्रकाशन किया गया जिसकी मान्यता न केवल ब्रिटेन बल्कि अन्य कई देशों में काफी रही। इस वर्गीकरण के प्रकाशन में अमेरिकन मनश्चिकित्सकों (American psychiatrists) ने अहं भूमिका निभाया था। इसके तुरंत बाद अर्थात् ICD-6 के प्रकाशन के तुरंत बाद अमेरिकन मनश्चिकित्सक संघ (American Psychitric Association) ने एक तुलनात्मक रूप से अधिक प्रभावकारी वर्गीकरण तंत्र का प्रकाशन किया जिसे *'डायग्नोस्टिक एण्ड स्टेटीस्टिकल मैनुअल ऑफ मेंटल डिसऑर्डर'* (Diagnostic and Statistical Manual of Mental Disorder या DSM) कहा गया। इसे DSM-I कहा गया जिसका प्रकाशन 1952 में किया गया था। परंतु इसमें भी कुछ संशोधन करने की जरूरत बाद में पड़ गयी और फिर इसका संशोधित प्रारूप 1968 में प्रकाशित किया गया जिसे DSM-II कहा गया। फिर 1960 वाले दशक में इसके द्वारा असामान्य व्यवहार के प्रदत्त वर्गीकरण की व्यापक आलोचना हुई। स्पिटजर तथा फिलिस्स (Spitzer & Fleiss, 1974) के अनुसार इस वर्गीकरण तंत्र में अन्य बातों के अलावा संगतता (consistency) की कमी थी तथा DSM -II के विभिन्न नैदानिक श्रेणियों (diagnostic categories) के बारे में मनश्चिकित्सकों ने अर्थांतर (differences in meaning) पाया गया। इसके फलस्वरूप DSM-II का पुन: संशोधित प्रारूप का प्रकाशन अमेरिकन मनश्चिकित्सा संघ द्वारा 1980 में किया गया जिसे DSM-III कहा गया। जिस कमिटी ने DSM-III के प्रकाशन के लिए प्रारूप तैयार किया था, उसके अध्यक्ष स्वयं रॉबर्ट स्पीटजर (Robert Spitzer) थे, जो एक जाने-माने अमेरिकन मनश्चिकित्सक थे। उधर ICD का नौवा संस्करण जिसे ICD-9 कहा गया, का भी प्रकाशन 1979 में हुआ जिसमें एक ऐसा वर्गीकरण तंत्र पर बल डाला गया जिसमें सभी तरह के दैहिक एवं मानसिक रोगों के श्रेणियों को सम्मिलित किया गया था। DSM-III तथा ICD-9 दोनों ने वर्गीकरण तथ्यों के बीच अविरोध या संगतता को बनाये रखने के लिए अमेरिकन मनश्चिकित्सकों ने सराहनीय प्रयास किये। जैसे, जब 1980 में DSM-III का प्रकाशन हुआ तो ICD-9 में प्रकाशित मानसिक रोगों का एक नैदानिक परिमार्जन (Clinical Modification or CM) तैयार किया गया ताकि DSM-III में हुए बहुत सारे परिवर्तनों को उसमें समावेश किया जा सके। इसे ICD-9 CM कहा गया। फिर भी इन दोनों में कुछ अंतर रह गये। ICD-9-CM में कुछ ऐसे श्रेणी रह गये जिसे फिर बाद के DSM-III के पुनर्समीक्षा में हटा दिये गए। DSM-III की पुनर्समीक्षा की गयी जिसका प्रकाशन 1987 में किया गया और इसे 'DSM-III R' (Revised) कहा गया। पुन: कुछ कमियों को दूर करने के ख्याल से 'DSM-III-R' में संशोधन करके एक नया प्रारूप तैयार किया गया जिसे DSM -IV कहा गया है और इसका प्रकाशन 1994 में हुआ। फिर 2000 में DSM-IV के मूल-पाठ (text) में कुछ संशोधन किया गया जिसे DSM-IV (Text revision) कहा गया। DSM-IV TR की विशेषता यह है कि इसमें DSM-IV द्वारा प्रस्तावित मानसिक रोगों के श्रेणियों में कोई परिवर्तन नहीं किया गया परंतु इन श्रेणियों में नये मूल-पाठ सामग्रियों (text materials) को अवश्य जोड़ा गया। DSM-IV TR में करीब 250 विभिन्न मनोवैज्ञानिक विकृतियों के प्रकारों का वर्णन किया गया है। उधर ICD-9 का भी संशोधित संस्करण 1993 में प्रकाशित हुआ जिसे ICD-10 कहा गया। केन्डेल (Kendell, 1991) के अनुसार DSM IV तथा WHO के ICD-10 में मानसिक रोगों के प्रकाशित वर्गीकरण कई दृष्टिकोणों से लगभग एक समान हैं। इन दोनों वर्गीकरण तंत्रों के विभिन्न श्रेणियों में यथासम्भव संगतता बनाये रखने का भरसक प्रयास किया गया है। इन दोनों में DSM-IV की लोकप्रियता चूँकि अधिक है, अत: हम यहाँ इसके तहत मानसिक रोगों के किये गये वर्णन का सविस्तार वर्णन अलग अनुच्छेद में करेंगे।

DSM-IV TR वर्गीकरण (*DSM-IV TR Classification*)—DSM IV TR मानसिक रोगों के वर्गीकरण का एक नवीनतम एवं वैज्ञानिक वर्गीकरण तंत्र हैं। इसके महत्त्व पर टिप्पणी करते हुए शेलिगमैन तथा रोजेनहान[1] (Seligman & Rosenhan, 1998) ने कहा है, "किसी भी हालत में डी०एस०एम०IV TR आने वाले दशकों में नैदानिक वाईबल के रूप में बना रहेगा।" DSM-IV TR में मानसिक रोगों को वर्गीकृत करने के लिए एक बहुआयामीय वर्गीकरण तंत्र (multiaxial classification system) का उपयोग किया गया है जो बहुत कुछ DSM-III-R के समान है। इस तंत्र में व्यक्ति को पाँच अलग विमाओं (five separate axes) पर रेट किया जाता है। इसमें से दो विमाओं (axis) में मानसिक रोगों के वर्गीकरण को उपस्थित किया गया है तथा अन्य तीन विमाओं द्वारा कई तरह के अतिरिक्त संगत सूचनाओं को इकट्ठा करने की कोशिश की जाती है। इससे यह पता चलता है कि मानसिक रोगों के स्वरूप को समझने में रोग के लक्षण के अतिरिक्त अन्य सूचनाओं को भी मूल्यांकन में महत्त्व देना चाहिए।

DSM-IV TR में मानसिक विकृतियाँ (mental disorder) को एक ऐसा व्यवहारपरक या मनोवैज्ञानिक पैटर्न के रूप में परिभाषित किया गया है जो व्यक्ति में दु:ख या तकलीफ (distress) को उत्पन्न किया हो या व्यक्ति को कार्य के एक या एक से अधिक क्षेत्रों में अयोग्य (disabled) कर दिया हो। इस तरह से मानसिक रोग के होने का अंदाज तभी निश्चित रूप से लगाया जाता है जब उससे व्यक्ति में वास्तविक दुष्क्रिया (genuine dysfunction) की अवस्था उत्पन्न हुआ हो न कि केवल व्यक्ति और समाज के बीच मात्र क्षुब्धता उत्पन्न हुई हो। जैसे, सामाजिक विचलन (social deviance) DSM-IV TR के अनुसार एक मानसिक रोग नहीं है क्योंकि इससे व्यक्ति तथा समाज के बीच मात्र क्षुब्धता उत्पन्न होती है, व्यक्ति में किसी प्रकार का कोई वास्तविक दुष्क्रिया उत्पन्न नहीं होता है।

DSM-IV TR के पाँच आयाम (axis) निम्नांकित हैं—

आयाम-I : नैदानिक संलक्षण (*Axis-I : Clinical Syndromes*)—इस आयाम में व्यक्तित्व विकृतियों (personality disorders) तथा मानसिक मंदता (mental retardation) को छोड़कर सोलह मानसिक रोगों को रखा गया है। दुश्चिंता विकृतियाँ (anxiety disorder); मनेविदालिता (schizophrenia) प्रमुख विषाद (major depression), द्विध्रुवीय मनस्थिति विकृतियाँ (bipolar mood disorders) आदि प्रमुख हैं। इस आयाम में उन अवस्थाओं (conditions) को भी रखा गया है जिन्हें मानसिक रोग तो नहीं कहा जा सकता है परंतु फिर भी उनके लिए व्यक्ति को उपचार (treatment) की जरूरत होती है। इसमें स्कूल, वैवाहिक तथा व्यवसायिक समस्याएँ जो मनोवैज्ञानिक स्रोतों से तो उत्पन्न नहीं होते हैं, को भी रखा जाता है।

आयम-II : व्यक्तित्व विकृतियाँ तथा मानसिक मंदता (*Axis II : Personality disorders and Mental retardation*)—इस श्रेणी में उन विकृतियों को रखा गया है जो वाल्यावस्था या किशोरावस्था में सामान्यत: प्रारम्भ होकर होते हैं और वयस्कावस्था में स्थायी रूप ले लेते हैं। इसमें दस तरह के व्यक्तित्व विकृतियाँ (personality disorders) तथा मानसिक मंदता (mental retardation) को रखा गया। प्राय: ऐसे विकृतियों की उपेक्षा मनश्चिकित्सकों द्वारा की जाती थी। अत: इन्हें DSM-IV में एक अलग आयाम में रख दिया गया है ताकि उनकी उपेक्षा न हो सके।

आयाम-III : सामान्य चिकित्सीय अवस्था (*Axis III : General Medical Conditions*)—इस आयाम में उन सभी चिकित्सकीय समस्याओं को रखा गया है जो कि मनोवैज्ञानिक रोग उत्पन्न करने में सहायक हो सकते हैं।

आयाम-IV : मनोसामाजिक एवं पर्यावरणी समस्याएँ (*Axis IV : Psychosocial and Environmental Problems*)—इस आयाम के तहत उन कारकों पर विचार किया गया है जो गत कुछ वर्षों से व्यक्ति के लिए समस्या का स्रोत रहा है या भविष्य में होने वाली प्रत्याशित समस्याएँ जैसे सेवा-निवृत्ति (retirement) जिससे व्यक्ति का वर्तमान कठिनाई बढ़ जाती है, पर विचार किया जाता है। अत: यह आयाम वैसे मनोसामाजिक एवं पर्यावरणी आसेधकों (stressors) जो मानसिक विकृति के निदान एवं उपचार को प्रभावित कर सकते हैं, को अभिलेखित करने का एक चेकलिस्ट (checklist) है।

आयाम V : कार्यों का सम्पूर्ण मूल्यांकन (*Axis V : Global assessment of Functioning*)—इस आयाम के तहत व्यक्ति के समायोजी कार्यों (adaptive functions) के स्तर का मापन होता है। इस तरह के मूल्यांकन में तीन कारकों

1. "In any event, DSM-IV is likely to remain the 'diagnostic bible' for the coming decade".
—Seligman & Rosenhan: *Abnormality,* 1998, p.90

पर अधिक बल डाला जाता है—परिवार एवं दोस्तों के साथ सामाजिक सम्बन्ध (social relation), पेशेवर कार्यवाही (occupational functioning) तथा खाली समय का उपयोग। इस आयाम के तहत इन तीनों क्षेत्रों का मापन एक 100-बिन्दु मापनी पर होता है जिसमें 1 बहुत निम्न (low) तथा 100 बहुत उच्च का संकेत करता है।

स्पष्ट है कि प्रथम दो आयामों के माध्यम से मानसिक रोगों का वर्गीकरण किया जाता है तथा अंतिम तीनों आयामों द्वारा व्यक्ति के बारे में उसके वास्तविक लक्षणों (actual systems) से आगे जाकर उसके बारे में एक सार्वभौम या व्यापक (global) तस्वीर प्राप्त करने की कोशिश की जाती है। अत: यहाँ यह अपेक्षित है कि DSM-IV के प्रथम दोनों आयामों में सम्मिलित किये गये मानसिक रोगों का संक्षिप्त वर्णन किया जाए।

आयाम-I तथा आयाम-II में कुल मिलाकर लगभग 250 मानसिक रोगों के नैदानिक श्रेणियों (diagnostic categories) का वर्णन किया गया है जिन्हें मूलत: 18 प्रमुख शीर्षकों में बाँटा गया है। आयाम-I के तहत 16 मानसिक रोगों के प्रमुख श्रेणियों को तथा आयाम-II के तहत 2 मानसिक रोगों के श्रेणियों को रखा गया है। इन सबों का संक्षिप्त वर्णन यहाँ हम उपस्थित कर रहे हैं—

आयाम[1] (Axis-I) के तहत रखे जाने वाले प्रमुख मानसिक रोग इस प्रकार है:—

(1) दुश्चिंता विकृतियाँ *(Anxiety disorders)*—इस श्रेणी में उन मानसिक रोगों को रखा गया है जिसमें दुश्चिंता का कोई-न-कोई रूप ही क्षुब्धता (disturbance) का कारण होता है। इसके तहत दुर्भीति (phobia), विभीषिका विकृति (panic disorder), सामान्यीकृत दुश्चिंता विकृति (generalized anxiety disorder), मनोग्रसित-बाध्यता विकृतियाँ (Obsessive-compulsive disorder), उत्तरअभिघातज प्रतिबल विकृतियाँ (Posttraumatic stress disorder) तथा तीव्र प्रतिबल विकृतियाँ (acute stress disorder) प्रमुख हैं।

(2) मनोविच्छेदी विकृतियाँ *(Dissociative disorders)*—इस श्रेणी में उन मानसिक रोगों को रखा गया है जिसका मुख्य लक्षण मनोवैज्ञानिक विच्छेदन (psychological dissociation) होता है जिससे उसके चेतन मन में अचानक परिवर्तन आ जाता है और उसकी स्मृति एवं पहचान (identity) प्रभावित हो जाती है। इसमें मनोविच्छेदी स्मृतिलोप (dissociative amnesia), मनोविच्छेदी आत्मविस्तृत (dissociative fugue), बहुव्यक्तित्व (multiple personality) या मनोविच्छेदी पहचान विकृति (dissociative identity disorder) तथा व्यक्तित्व लोप विकृति (depersonalization disorder) को रखा गया है।

(3) कायप्रारूप विकृतियाँ *(Somatoform Disorders)*—इस श्रेणी में उन मानसिक रोगों को रखा जाता है जिसका दैहिक लक्षणों का कोई दैहिक कारण नहीं होकर मनोवैज्ञानिक कारण होता है। इसके तहत रूपान्तर हिस्ट्रीया (conversion hysteria), दर्द विकृति (pain disorder) रोगभ्रम (hypochondriasis), शारीरिक डायसमौर्फिक विकृति (body dysmorphic disorder) को रखा गया है।

(4) मनोविदालिता एवं अन्य मनोविक्षिप्त विकृतियाँ *(Schizophrenia and other psychotic disorders)*—इसके तहत मनोविदालिता तथा मनोविक्षिप्ति (psychosis) के अन्य प्रमुख विकृतियों को रखा गया है। इसमें मनोविदालिता (schizophrenia), स्थिर-व्यामोही विकृति (delusional disorder), लघु मनोविक्षिप्त विकृति (brief psychotic disorder) आदि को रखा गया है।

(5) मनस्थिति विकृतियाँ *(Mood disorders)*—इसके तहत व्यक्ति के मनस्थिति (mood) में उतार-चढ़ाव से सम्बन्द्ध विकृतियों को रखा जाता है। इसके तहत एक-ध्रुवीय विकृति (unipolar disorder) तथा द्विध्रुवीय विकृति (bipolar disorder) को रखा गया है। एक-ध्रुवीय विकृति में रोगी सिर्फ विषादी लक्षणों (depressive symptoms) को दिखाता है जबकि द्विध्रुवीय विकृति में व्यक्ति विषादी (depressive) तथा उन्मादी (manic) दोनों लक्षणों को दिखाता है।

(6) लैंगिक एवं लिंग पहचान विकृतियाँ *(Sexual and Gender Identity disorders)*—इसके तहत यौन (sex) एवं लिंग पहचान (gender identity) से सम्बन्ध तीन तरह की विकृतियों को रखा गया है। पाराफिलियाज

1. आयाम I तथा आयाम II में आने वाले इन प्रमुख विकृतियों के नैदानिक स्वरूप (clinical picture), कारण तथा उपचार के बारे में अलग से आगे के स्वतंत्र अध्यायों में वर्णन किया गया है।

(Para-phillias) लैंगिक दुष्क्रिया (sexual dysfunction) तथा लिंग पहचान विकृति (gender identity disorder) इसके प्रमुख उदाहरण है।

(7) नींद विकृतियाँ *(Sleep disorders)*—इसके तहत नींद से सम्बद्ध मानसिक विकृतियों को रखा गया है। डायसोमनियाज (dyssomnias) तथा पारासोमनियाज (Parasomnias) दो प्रमुख नींद दिकृतियाँ हैं जिनपर ध्यान दिया गया है।

(8) भक्षण विकृतियाँ *(Eating disorders)*—इसके तहत खाने के आदत से सम्बद्ध विकृतियों को रखा जाता है जिसमें एनोरक्सिया नरभोसा (anorexia nervosa) तथा बुलिमिया नरभोसा (bulimia nervosa) दो मुख्य प्रकार हैं।

(9) कृत्रिम या नकली विकृतियाँ *(Factitious disorders)*—इस श्रेणी में उन व्यक्तियों को रखा गया है जो जानबूझकर असामान्य दैहिक या मनोवैज्ञानिक लक्षण लोग दिखाते हैं ताकि अन्य लोग उन्हें बीमार समझकर उनपर विशेष ध्यान दें।

(10) समायोजन विकृतियाँ *(Adjustment disorders)*—इस श्रेणी में उन मानसिक रोगों को रखा गया है जिसमें जिंदगी के वृहत प्रतिबल (major stressors) से व्यक्ति में सांवेगिक तथा व्यवहारपरक लक्षणों का विकास हो जाता है।

(11) आवेग नियंत्रण विकृतियाँ *(Impulse control disorders)*—इसमें इन मानसिक रोगों को रखा गया है जिसमें व्यक्ति का व्यवहार न केवल अनुपयुक्त (inappropriate) होता है बल्कि वह स्वयं के नियंत्रण के बाहर भी होता है। इसके तहत आन्तरायिक विस्फोटक *विकृतियाँ* (intermittent explosive disorder), चोर्योन्माद (kleptomania), अग्निोन्माद (pyromania) तथा रोगात्मक जुआ (pathological gambling) को रखा गया है।

(12) द्रव्यसम्बद्ध विकृतियाँ *(Substance related disorders)*—इस श्रेणी में उन व्यक्तियों को रखा जाता है जिसमें विभिन्न तरह के द्रव्य पदार्थों जैसे अल्कोहल, अफीम, कोकेन (cocaine), एम्फीटामाइन्स (amphetamines) आदि इतना अधिक खाने की बुरी आदत लोग विकसित कर लिए होते हैं जिनसे उनका सामाजिक समायोजन या व्यवसायिक कार्यों में पर्याप्त असंतुलन उत्पन्न हो जाता है। अगर वह इसका उपयोग रोकता है तो उसमें प्रत्यहार लक्षण (withdrawal symptoms) विकसित हो जाता है।

(13) वैसी विकृतियाँ जो सबसे पहले शैशवावस्था, वाल्यावस्था या किशोरावस्था में लक्षित होतीं हैं *(Disorders usually first diognosed in infancy, childhood or adolescence)*—इस श्रेणी में वैसे विकृतियों को रखा जाता है जिनका लक्षण शैशवावस्था या वाल्यावस्था या किशोरावस्था में सबसे पहले दीखता है और उसके समायोजन क्षमता को बुरी तरह से प्रभावित कर देता है। इसमें अलगाव चिंता विकृतियाँ (separation anxiety disorder), अधिगम विकृतियाँ (learning disorders), संचार विकृतियाँ (communication disorder) मल-मूत्र त्यागने से सम्बद्ध विकृतियाँ (elimination disorders), ध्यान ह्रास विकृतियाँ (attention deficit disorders), शैशव आत्मविमोह (infantile autism) आदि प्रमुख हैं।

(14) डिलिरियम, डिमेन्सिया, एमनेस्टिक एवं अन्य संज्ञानात्मक विकृतियाँ *(Delirium, Dementia, Amnestic and other Cognitive disorders)*—इस श्रेणी में वैसी मानसिक विकृतियों को रखा जाता है जिनकी उत्पत्ति व्यक्ति के संज्ञानात्मक कार्यों में दोष उत्पन्न होने से होता है। प्राय: ऐसे रोग द्रव्य दुरुपयोग (substance abuse), शारीरिक रोग, आघात (trauma) तथा उम्र-सम्बद्ध कमजोरियों से उत्पन्न हो सकता है।

(15) सामान्य मेडिकल अवस्थाओं के कारण उत्पन्न मानसिक विकृति *(Mental disorders due to General Medical Condition)*—इस श्रेणी में उन मानसिक विकृतियों को रखा जाता है जिसकी उत्पत्ति सामान्य मेडिकल अवस्थाओं के कारण होता है। जैसे, DSM-IV में कुछ मनोदशा विकृति (Mood disorder) ऐसे बतलाये गये हैं जिनका कारण सामान्य मेडिकल अवस्था होता है।

(16) अन्य ऐसी अवस्थाएँ जिनपर नैदानिक ध्यान दिया जा सकता है *(Other conditions that may be a focus of clinical attention)*—इस श्रेणी में उन सारी अवस्थाओं को रखा गया है जो किसी मानसिक रोग होने की कसौटी पर तो खरा नहीं उतरते हैं परंतु फिर भी वे व्यक्ति के लिए समस्या उत्पन्न करते हैं। जिंदगी की संकट जैसे नौकरी

छुट जाना, शैक्षिक तथा व्यवसायिक समस्याएँ, कुछ वैसी मनोवैज्ञानिक अवस्थाएँ जिनसे व्यक्ति को चंगा होने में बाधा पहुँचती है, तथा अन्तर्वैयक्तिक संघर्ष (interpersonal conflict) आदि को रखा गया है ।

आयाम II (Axis II) के तहत रखे जाने वाले मानसिक रोग इस प्रकार हैं—

(1) **व्यक्तित्व विकृतियाँ** *(Personality disorders)*—व्यक्तित्व **विकृति** से तात्पर्य व्यवहार एवं आंतरिक अनुभूतियों के स्थायी एवं कुसमायोजी पैटर्न (malapative pattern) से होता है। इस श्रेणी में 10 तरह के व्यक्तित्व विकृतियों को रखा गया है जिसमें स्थिर व्यामोही व्यक्तित्व विकृति (paranoid personality disorder), हिस्ट्रीओनिक व्यक्तित्व विकृति (histrionic personality disorder), समाज-विरोधी व्यक्तित्व विकृति (anti-social personality disorder), मनोग्रसित-बाध्यता व्यक्तित्व विकृति (obsessive-compulsive personality disorder) प्रधान हैं। DSM-III-R में व्यक्तित्व विकृति 12 बतलायी गयी थीं जिसकी संख्या DSM-IV TR में 10 कर दी गयी हैं।

(2) **मानसिक मंदता** *(Mental retardation)*—यह श्रेणी DSM-III-R में भी था जिसे DSM-IV TR में अधिक तीक्षण एवं स्पष्ट कर दिया गया है तथा इसमें उन बच्चों को रखा गया है जिसकी बौद्धिक क्षमता औसत से कम होता है, समायोजी व्यवहार (adaptative behaviour) का अभाव (deficit) होता है तथा जिसका लक्षण 18 वर्ष की आयु के पहले ही स्पष्ट हो गया होता है।

स्पष्ट हुआ कि DSM-IV TR में मानसिक रोगों को मुख्य 18 नैदानिक श्रेणियों (diagnostic categories) में बाँटकर वर्गीकृत किया गया है। DSM-IV TR की कई विशेषताओं में सबसे प्रमुख विशेषता यह है कि इसमें DSM III तथा DSM-III R के ही तरह प्रत्येक मानसिक रोग की पहचान के लिए कुछ विशेषताओं या कसौटियों (criteria) का निर्माण किया गया है ताकि उनके आधार पर कोई निदानशास्त्री आसानी से एक वस्तुनिष्ठ निर्णय ले सके। इसे नैदानिक कसौटी (diagnostic criteria) कहा जाता है। DSM III तथा DSM-IIIR के ही तरह DSM-IV में वर्गीकरण के पोलोथेटिक उपागम (polothetic approach) को बरकरार रखा है। इस उपागम के अनुसार व्यक्ति में किसी अमुक मानसिक रोग होने का दावा तभी किया जा सकता है जब व्यक्ति सम्भावित कसौटी लक्षणों की सूची में से एक निश्चित संख्या में लक्षण दिखलाता हो। इस तरह से वर्गीकरण का पोलोथेटिक उपागम, क्लासिकी उपागम (classical approach) से भिन्न है क्योंकि इस उपागम में किसी व्यक्ति में मानसिक रोग होने का दावा तभी किया जा सकता है जब प्रत्येक सम्भावित लक्षण व्यक्ति में मौजूद हों।

यद्यपि DSM-IV TR एक बहुत ही लोकप्रिय एवं वैज्ञानिक पद्धति है, परंतु फिर भी कुछ नैदानिक मनोवैज्ञानिकों एवं मनश्चिकित्सकों के नजर में यह उतना संतोषजनक नहीं है जितना कि होना चाहिए। इसमें कुछ दोष (limitations) पाये गये हैं। प्रमुख दोष या सीमाएँ निम्नांकित हैं—

(i) DSM TR में वर्गीकरण की जितनी श्रेणियाँ (categories) हैं, उनके द्वारा मानसिक रोगों का सिर्फ वर्णन (description) होता है, उसकी व्याख्या नहीं होती है। जैसे, जब DSM के अनुसार यह कहा जाता है कि अमुक व्यक्ति द्विध्रुवीय विकृति (bipolar disorder) की श्रेणी में आता है, तो उसमें यह नहीं बतलाया जाता है कि इस तरह की विकृति किस तरह से विकसित होता है, मात्र इतना ही कहा जाता है कि उस व्यक्ति का व्यवहार एक ऐसी श्रेणी से मिलता-जुलता है, जिसे द्विध्रुवीय विकृति कहा गया है।

(ii) DSM TR पद्धति की दूसरी परिसीमा यह है कि इसके द्वारा केवल वैयक्तिक व्यवहार (individual behaviour) का लेखा-जोखा दर्शाया जाता है। क्षुब्ध परिवार (disturbed families), अपराधी उपसंस्कृति (delinquent subcultures) तथा हिंसा-उन्मुखी समाज (violence-prone societies) द्वारा बहुत सारे ऐसे कुसमायोजी व्यवहार (maladaptive behaviour) दिखलाये जाते हैं जो उस स्कीम के अंतर्गत सही नहीं बैठते हैं जिसमें केवल व्यक्ति के व्यवहार को वर्गीकृत किया जाता है।

(iii) DSM-IV TR में नैदानिक निर्णय (diagnostic decision) करने के लिए जो नियम बनाये गए है, वे सचमुच में आदर्श नहीं मालूम पड़ते हैं। जैसे, उन्माद (mania) की पहचान करने के लिए DSM-IV TR में 7 लक्षणों की एक सूची बनायी गयी है जिसमें रोगी में कम-से-कम तीन लक्षण उन्माद के रूप में वर्गीकृत किये जाने के लिए आवश्यक होता है। आलोचकों ने यह प्रश्न उठाया है किस आधार पर यह संख्या तीन रखी गयी है, कही स्पष्ट नहीं किया गया है। ऐसी ही बात करीब-करीब अन्य सभी रोगों के बारे में नैदानिक निर्णय लेने में लागू होता है जो वैज्ञानिक नहीं दीखता है।

(iv) DSM-IV TR के आयाम-I तथा आयाम-II की विश्वसनीयता (reliability) प्रतिदिन के उपयोग में हमेशा संतोषप्रद नहीं हो पाता है क्योंकि प्रत्येक मानसिक रोग के लिए बने कसौटी की उपयुक्तता की जाँच निदानशास्त्री करने में अपने आत्मगत मूल्यांकन (subjective evaluation) का उपयोग करते हैं जिससे प्रत्यक्ष रूप से विश्वसनीयता पर असर पड़ता है। जैसे, उन्माद को परिभाषित करने या उसकी पहचान करने की एक कसौटी यह है कि रोगी के उत्थापित मन:स्थिति (elevated mood) असामान्य रूप से एवं सतत ढंग से उत्थापित (elevated) हो। अब इसका अर्थ क्या है, तथा इसका अर्थ एक निदानशास्त्री क्या ठीक वैसा ही लगायेगा जैसा कि दूसरा निदानशास्त्री लगायेगा? इस पर कुछ कहना मुश्किल है।

(v) टेलर (Taylor, 1999) ने DSM-IV TR के आयाम V की भी आलोचना किया है। इस आयाम की आवश्यकता यह है कि नैदानिक मनोविज्ञानी रोगी के वर्तमान व्यवहार का मूल्यांकन करे और तब वह यह निर्णय करे कि रोगी के लिए क्या समायोजी (adaptive) है और किस तरह से उसका व्यवहार एक औसत व्यक्ति के व्यवहार से मेल खाता है या भिन्न है। इस तरह के निर्णय में सांस्कृतिक पक्षपात (cultural bias) और नैदानिक मनोविज्ञानी के अपने पक्षपात (personal bias) के समावेश की उम्मीद इतनी बढ़ जाती है कि इसकी विश्वसनीयता पर भी प्रश्न चिह्न लग जाता है।

(vi) कुछ आलोचकों का मत है कि DSM के सभी वर्गीकरण श्रेणियाँ (classification categories) धनात्मक (positive) नहीं मालूम पड़तीं हैं। जैसे अधिगम विकृति (learning disorder) को ही ले लिया जाएँ। इस विकृति में पढ़ने (reading), अंकगणित तथा लिखने से सम्बद्ध कठिनाइयों से उत्पन्न विकृतियों को रखा गया है। प्रश्न यह उठता है कि क्या अगर कोई बच्चा को अंकगणित को सीखने में कठिनाई अनुभव होता है, तो उसे मनश्चिकित्सीय विकृति (psychiatric disorder) माना जा सकता है? शायद नहीं। अपने सीमा रेखा में विस्तरण करके DSM-IV TR में बाल्यावस्था के बहुत सारे समस्याओं को मनश्चिकित्सीय विकृति में लाने का प्रयास किया गया है, परंतु उसका कोई उपयुक्त कारण नहीं बतलाया गया है।

इन आलोचनाओं के बावजूद DSM-IV TR को एक महत्वपूर्ण वर्गीकरण पद्धति माना गया है। इसमें वस्तुनिष्ठता एवं वैज्ञानिकता अधिक है क्योंकि इसमें रोग के निदान (diagnosis) के लिए जो नियम बनाये गए हैं, वे काफी स्पष्ट (explicit) हैं।

भारतीय वर्गीकरण तंत्र
(Indian classification System)

मानसिक रोगों के भारतीय वर्गीकरण में दो तरह के प्रवृत्तियाँ (trends) स्पष्ट रूप से देखने को मिलती है—

(i) भारत के अधिकतर मानसिक अस्पताल एवं उपचारगृहों में ICD तथा DSM द्वारा प्रस्तावित वर्गीकरण को या तो पूर्णत: स्वीकार कर लिया गया है या फिर उसमें हल्का-फुल्का परिमार्जन करके उसे उपयोग मे लाया जा रहा है।

(ii) कुछ भारतीय मनोवैज्ञानिकों एवं मनश्चिकित्सकों द्वारा इन पद्धतियों से पूर्णरूपेण संतुष्टि नहीं होने से इन पद्धतियों मे कुछ परिवर्तन तथा संशोधन का सुझाव दिया गया है। इसमें एन०एन० विग एवं एम० सक्सेना (N. N. Wig & M. Saxena, 1982) ए० वर्घीज (A. Vergheses, 1982) तथा आर० गियल (R. Giel) एवं उनके सहयोगियों के नाम प्रमुख है। कुछ भारतीय विशेषज्ञों ने पुरातन भारतीय साहित्य में उपयुक्त विकल्पी मॉडल तथा शब्दाव्ली (terminology) आदि में खोज करके उसका सम्बन्ध आधुनिक तंत्रों विशेषकर ICD से स्थापित करने की कोशिश किया है। इनमें के० सी० दूबे, एस० दूबे तथा एच०जी० सिंह (H.G. Singh) के नाम मुख्य हैं।

एच० जी० सिंह (H.G. Singh, 1982) जो गुरुकुल कागंड़ी विश्वविद्यालय के हैं, ने मानसिक रोगों को निम्नांकित तीन प्रमुख श्रेणियों में बाँटा है—

1. गम्भीर विकृतियाँ *(Severe disorders)*—इसके तहत उन्होंने निम्नांकित प्रमुख रोगों को रखा है—

(i) उन्माद (insanity)
(ii) ग्राही (seizure or hysterial fits)
(iii) मिरगी या अपस्मार (epilepsy)
(iv) दुर्भीति (phobia)

(v) मनोविदालिता (schizophrenia)
(vi) पाप-भाव तथा हीनता भाव (Guilt feeling and inferiority feeling)

2. **साधारण रोग** *(Mild disorders)*—
(i) क्रोध (anger)
(ii) ईर्ष्या (jealousy)
(iii) मोह (eroticism)
(iv) दु:स्वप्न (evildream)
(v) बाह्य श्राप (compulsive evil suggestion)

3. **स्वास्थ्य एवं संगठन** *(Health and integration)*—इसके तहत निम्नांकित रोगों को रखा गया है—
(i) बुद्धि एवं स्मृति बर्द्धन (Intelligence and memory improvement)
(ii) पुस्तिकानी (Pustikani) अर्थात् अहं-ऊर्जन (ego energing)
(iii) सामांसा सस्यानी (Samansa Sasyani) अर्थात् सामाजिक संगठन (social integration)

एन० एन० विग एवं जी० सिंह (N. N. Wig & G. Singh, 1967) ने मनोविक्षिप्ति (psychosis) के निम्न प्रकारों पर बल डाला है—

(i) मनोविक्षिति विषादी प्रतिक्रिया (psychotic depressive reaction)
(ii) हिस्ट्रीकल मनोविक्षिप्ति (hysterical psychosis)
(iii) अज्ञात कारणों से उत्पन्न मनोविक्षिप्ति जिसमें संभ्रांतीय छवि की प्रधानता होती है। (psychoses of unknown etiology with predominantly confusional picture)।
(iv) अज्ञात कारणों से उत्पन्न मनोविक्षिप्ति जिसमें व्यामोही विभ्रात्मक तस्वीर की प्रधानता होती है (psychosis of uncertain etiology with paranoid hallucinatory symptom)।
(v) अज्ञात कारणों से उत्पन्न मनोविक्षिति जिसमें मनोविदाली भावात्मक लक्षणों की प्रधानता होती है (psychosis of uncertain etiology with schizophrenic affective symptom)।
(vi) चिरकालिक मनोविक्षिप्ति-अभावात्मक एवं अमनोविदाली (chronic psychosis-non-affective non-schizophrenic)

जे० एस० तेजा (J.S. Teja, 1975) ने अन्य मनोविक्षिप्तियों को निम्नांकित पाँच भागों में बाँटा है—

1. अज्ञात कारणों से उत्पन्न अन्य मनोविक्षिप्ति
(i) प्रतिक्रियाशील विषादी मनोविक्षिप्ति (Reactive depressive psychoses)
(ii) प्रतिक्रियाशील हिस्ट्रीकल मनोविक्षिप्ति (Reactive hysterical psychoses)
(iii) तीव्र हिस्ट्रीकल मनोविक्षिप्ति (Acute hysterical psychoses)
(iv) हिस्ट्रीकल स्वत्वात्मक अवस्था (Hysterical possessive states)
2. प्रतिक्रियाशील संभ्रांति (Reactive confusion)
3. तीक्ष्ण व्यामोही प्रतिक्रिया (Acute paranoid reactions)
5. प्रतिक्रियाशील मनोविक्षिप्त (Reactive psychosis)
5. अविशिष्ट मनोविक्षिप्ति (unspecified psychosis)

इसी तरह कुछ भारतीय मनोवैज्ञानिकों तथा मनश्चिकित्सकों ने विषादी *स्नायुविकृतियाँ* (depressive neurosis) को दो भागों में बाँटा है—स्नायुविकृति विषादी (neurotic depression) तथा प्रतिक्रियावादी विषादी (reactive depressive)। इस तरह के समूहन का कारण यह है कि स्नायुविकृत विषाद (neurotic depression) में एक ऐसा स्नायुविकृत पूर्णरूग्न व्यक्तित्व होता है जिसमें कोई मनोजन्य कारक नहीं होते हैं। दूसरे तरफ, प्रतिक्रियावादी विषाद (reactive depression) में एक ऐसा सामान्य पूर्वरूग्न व्यक्तित्व होता है जिसमें मनोजन्य कारक (psychogenic factors) होते हैं।

निष्कर्षत: यह कहा जा सकता है कि मानसिक रोगों का जो वर्गीकरण किया गया है, उसमें DSM-IV द्वारा किया गया वर्गीकरण अभी सर्वमान्य है । जहाँ तक भारतीय विशेषज्ञों द्वारा किगे गए बर्गीकरण का प्रश्न है, विशेष आत्मसयम के साथ कुछ भारतीय मनोवैज्ञानिकों एवं मनश्चिकित्सकों द्वारा उपयोग में लाया जा रहा है ।

असामान्य व्यवहार को वर्गीकृत करने के उपागम
(Approaches to Classify Abnormal Behaviour)

विडिगर तथा फ्रांसेस (Widiger & Frances, 1985) के अनुसार, असामान्य व्यवहारों को वर्गीकृत करने के लिए विशेषज्ञों द्वारा निम्नांकित तीन तरह के उपागमों (approaches) का प्रतिपादन किया गया है—

(1) सुस्पष्ट उपागम (Categorical approach)

(2) विमीय उपागम (Dimensional approach)

(3) प्रोटाटाइपल उपागम (Prototypal approach)

इन तीनों तरह के उपागम का वर्णन इस प्रकार है—

(1) सुस्पष्ट उपागम *(Categorical approach)*—वर्गीकरण के इस उपागम की उत्पत्ति का स्रोत क्रेपलिन (Kraeplin) द्वारा प्रतिपादित वर्गीकरण तंत्र (classification system) तथा असामान्य व्यवहारों के अध्ययन में जैविक परम्पराओं का समावेश है। इस उपागम की मुख्य मान्यताएँ इस प्रकार हैं—

(i) सभी मानवीय व्यवहारों का वर्गीकरण सामान्य (normal) तथा असामान्य (abnormal) जैसी श्रेणियों में स्पष्ट रूप से किया जा सकता है।

(ii) प्रत्येक मानसिक रोग अपूर्व (unique) होता है अर्थात् असामान्य व्यवहार के जो विभिन्न प्रकार (types) हैं, वे अलग-अलग तथा परस्परव्यापी (overlapping) नहीं होते हैं।

इस तरह के उपागम का उपयोग मेडिकल विज्ञान में रोगों की पहचान के लिए अधिक किया जाता है क्योंकि ऐसे रोगों का स्वरूप पृथक (discrete) होता है और प्रत्येक रोग का एक स्पष्ट कसौटी या लक्षण होता है जो यदि किसी व्यक्ति में पाया जाता है, तो उसे उस रोग का रोगी समझा जाता है। जैसे, निमोनिया (pneumonia) रोग के एक स्पष्ट लक्षण होते हैं जो यदि किसी व्यक्ति में पाये जाते हैं, तो उसे उस रोग का रोगी समझा जाता है। कारसन तथा बुचर (Carson & Butcher, 1982) ने यह स्पष्टत: कहा है कि यह उपागम अधिकतर मानसिक विकृतियों के लिए अनुपयुक्त है। विडिगर तथा फ्रांसेस (Widger & Frances, 1986) ने भी कहा है कि सुस्पष्ट उपागम निश्चित रूप से मनोवैज्ञानिक विकृतियों की जटिलताओं के ख्याल से अनुपयुक्त (inappropriate) है। फिर भी इसे एक औपचारिक ढंग से उपयोग होने वाला उपागम माना जाता है।

(2) विमीय उपागम *(Dimensional approach)*—इस उपागम की पूर्वकल्पना यह होती है कि व्यक्ति का विशेष व्यवहार विभिन्न परिभाष्य (definable) विमाओं जैसे मनोदशा (mood), सांवेगिक स्थिरता, आक्रमकता, अन्तर्वैयक्तिक विश्वास, चिंतन की स्पष्टता तथा संचार, सामाजिक अन्तर्मुखता (social introversion) पर व्यवहार की विभिन्न तीव्रताओं की मात्राओं का परिणाम होता है। जब इन विमाओं का निर्धारण कर लिया जाता है, तो वे सभी व्यक्तियों के लिए एक समान होते हैं। इस उपागम के अनुसार एक व्यक्ति दूसरे व्यक्ति से इन विमीय शीलगुणों (dimensional traits) जो बहुत कम से बहुत अधिक के परास (range) में होता है, के रूप में भिन्न होता है। अत: यहाँ व्यक्ति के व्यवहार का अध्ययन एक मापनी (scale) पर किया जाता है। जैसे, सांवेगिक स्थिरता (emotional stability) के विमीय शीलगुण पर किसी व्यक्ति या रोगी को 1 से 10 के मापनी पर अध्ययन किया जा सकता है—गम्भीर रूप से चिंतित (severely anxious) के लिए 10, साधारण ढंग से विषादित (moderately depressed) के लिए 5 तथा हल्के ढंग से उत्साहित रहने के लिए 1 का उपयोग किया जाता है। DSM-III-R का IV तथा V आयाम (axes) तथा DSM-IV TR का V आयाम विमीय मापनी (dimensional scales) के उत्तम उदाहरण है।।

यद्यपि विमीय उपागम का उपयोग मानसिक रोगों के वर्गीकरण में किया गया है, फिर भी वारलो तथा डुरंड (Barlow & Durand, 2000) के अनुसार, इस उपागम को भी तुलनात्मक रूप से असंतोषजनक माना गया है। अधिकतर विशेषज्ञों में इस बात की असहमति है कि किसी मानसिक विकृति को सही-सही समझने एवं वर्गीकृत करने

के लिए कितने विमाओं की आवश्यकता है। मिल्लोन (Millon, 1994) के अनुसार, कुछ लोगों का मत है कि इसके लिए एक ही विमा पर्याप्त है तो कुछ का कहना है कि कम-से-कम 33 विमाओं का होना अनिवार्य है। इन तथ्यों के आलोक में विमीय उपागम को भी नैत्य (routine) नैदानिक उपयोग के लिए एक बोझिल (cumbersome) प्रविधि माना गया है।

(3) प्रोटोटाइपल या प्रोटोटिपकल उपागम *(Prototypal or Prototypical approach)*—मानसिक विकृतियों को वर्गीकृत करने का प्रोटोटाइपल या प्रोटोटिपकल उपागम एक नवीनतम प्रविधि है जिसका उपयोग सुस्पष्ट उपागम तथा विमीय उपागम के विकल्प के रूप में किया जा रहा है।

इस उपागम की खाशियत यह है कि इसमें सुस्पष्ट उपागम तथा विमीय उपागम दोनों के अलाभों (disadvantages) को अलग रखते हुए दोनों के सम्भावित लाभों को सम्मिलित करने का भरसक प्रयास किया गया है। इसलिए यह एक तरह का संकर उपागम (hybrid approach) है। इस उपागम में किसी मानसिक विकृति के प्रमुख लक्षणों या विशेषताओं को मिलाकर एक प्रोटोटाईप (prototype) तैयार किया जाता है जिसमें कुछ ऐसे भी अनावश्यक विशेषताएँ होतीं हैं जिनसे उस विकृति की श्रेणी में कोई परिवर्तन नहीं होता है। कोई मानसिक विकृति (mental disorder) को वर्गीकृत करने के लिए जब इस उपागम का उपयोग किया जाता है, तो उस विकृति के विभिन्न सम्भावित विशेषताओं की सूची तैयार किया जाता है और कोई भी व्यक्ति को उस मानसिक विकृति से रखने के लिए यह आवश्यक होता है कि उसमें उन विशेषताओं में से अधिक-से-अधिक (परंतु सभी नहीं) मौजूद हों। DSM-IV TR में जो मानसिक विकृतियों का वर्गीकरण किया गया है, उसका आधार यही प्रोटोटिपकल उपागम है।

इस उपागम का मुख्य दोष यह है कि इसके आधार पर मानसिक विकृति के जो विभिन्न नैदानिक श्रेणियाँ (diagnostic categories) तैयार की जातीं हैं, उनमें आपस की सीमाएँ (boundaries) बहुत ही अस्पष्ट होती हैं जिसका परिणाम यह होता है कि शोधकर्ताओं तथा नैदानिक मनोवैज्ञानिकों को इन श्रेणियों के बारे में एक स्पष्ट विचार व्यक्त करने में काफी कठिनाई होती है।

इन तीनों उपागमों में आधुनिक समय में मानसिक विकृतियों को वर्गीकृत करने में प्रोटोटिपकल उपागम की श्रेष्ठता तुलनात्मक रूप से अधिक है।

डी एस एम चतुर्थ (टीआर) तथा डी एस एम तृतीय (संशोधित) में अंतर
(Difference between DSM IV (TR) and DSM III-R)

अमेरीकन मनोरोगविज्ञानी संघ (American Psychiatric Association) द्वारा मानसिक विकृतियों (mental disorders) को वर्गीकृत करने का एक वैज्ञानिक पद्धति (system) का प्रतिपादन किया गया है जिसे **डायग्नोस्टीक एण्ड स्टैटीस्टिकल मैनुअल ऑफ मेन्टल डिसआर्डर** (Diagnostic and Statistical Manual of Mental Disorder or DSM) कहा गया है। यह पहली बार 1952 में प्रकाशित हुआ। फिर 1968 में DSM का संशोधित संस्करण जिसे DSM II कहा गया, प्रकाशित हुआ । फिर पुन: 1980 में DSM का संशोधित संस्करण प्रकाशित किया गया जिसे DSM-III कहा गया तथा 1987 में फिर इस संस्करण का संशोधित रूप प्रकाशित किया गया जिसे DSM-III (R) कहा गया । 1994 में पुन: DSM का संशोधित संस्करण प्रकाशित किया गया और DSM-IV कहा गया। DSM-IV के पाठ्यक्रमों (textportion) में कुछ परिवर्तन करके 2000 में इसका एक नवीन संस्करण तैयार किया गया है जिसे DSM-IV TR कहा गया। अभी इस ताजा परिस्थिति में स्वभावत: छात्रों एवं शिक्षकों के मन में यह प्रश्न उठता है कि DSM-III(R) तथा DSM-IV TR में क्या मौलिक अन्तर है? इस प्रश्न का उत्तर देने के लिए हम यहाँ निम्नांकित बारह बिंदुओं का उल्लेख कर रहे हैं जिसपर DSM-IV TR को DSM-III-R से सिर्फ भिन्न ही नहीं बल्कि उन्नत (improved) भी माना जा सकता है—

(1) यद्यपि DSM-III-R एवं DSM-IV TR दोनों में ही रोगी की अवस्थाओं को पाँच आयाम (axes) तथा क्षेत्र में मूल्यांकन किया गया है, DSM-IV TR के पाँचों आयाम तुलनात्मक रूप से अधिक विशिष्ट, विस्तृत एवं वैज्ञानिक प्रेक्षणों एवं आँकड़ों पर आधृत हैं। DSM-IV TR में लगभग 250 मानसिक विकृतियों का उल्लेख है जो अपने आप में एक उच्च अभिलेख (record) है। प्रत्येक मानसिक विकृति के निदान (diagnosis) के लिए कुछ स्पष्ट कसौटी बना

हुआ है। इतना ही नहीं, इसमें प्रत्येक विकृति की नैदानिक विशेषताओं का उल्लेख है तथा साथ ही इसमें विशिष्ट आयु, संस्कृति, लिंग-सम्बद्ध विशेषता, प्रचलन (prevalence) एवं जोखिम, दिशा (course), जटिलताएँ, पूर्ववर्ती कारक (predisposing factors) एवं पारिवारिक पैटर्न आदि का भी उल्लेख मिलता है। इस तरह से हम देखते हैं कि DSM-IV TR पूर्णत: जाँचनीय लक्षणों (verifyable symptoms) पर आधारित है और साथ ही इसमें स्पष्टत: इस बात का भी उल्लेख मिलता है कि व्यक्ति की दुष्क्रिया (dysfunction) में निश्चित रूप से कुछ विशिष्ट लक्षण उपलब्ध होने पर ही उसे अमुक विकृति के लिए पहचान किया जा सकता है । DSM-III(R) में इस ढंग की विशिष्टता की सर्वथा अस्पष्टता थी।

(2) DSM-IV TR में बहुत से नये-नये मानसिक विकृतियों का समावेश किया गया है जो स्पष्टत: DSM-III-R में नहीं सम्मिलित थे । उदाहरणस्वरूप, द्विध्रुवीय दो (Bipolar II) विकृति, तीक्ष्ण तनाव विकृति (acute stress disorder), नारकोलेप्सी (narcolepsy), श्वसन सम्बद्ध नींद विकृति (breathing related sleep disorder) कुछ नये श्रेणी के मानसिक विकृति के उदाहरण हैं जो DSM-IV TR में तो हैं परंतु DSM-III(R) में नहीं हैं।

(3) DSM-IV TR में कुछ विशिष्ट कारणों तथा ध्यान आकर्षित करने के ख्याल से मानसिक विकृति के कई श्रेणियों के नामों को बदल दिया गया है। जैसे, DSM-III-R में साधारण दुर्भीति (simple phobia) के श्रेणी का नाम बदलकर DSM-IV-TR में विशिष्ट दुर्भीति (specific phobia) कर दिया गया है। उसी तरह से DSM-III-R का मनोजनिक स्मृति लोप (psychogenic amensia) तथा 'कायप्रारूप दर्द विकृति' (somatoform pain disorder) का नाम DSM-IV TR में बदलकर क्रमश: विच्छेदी स्मृतिलोप (dissociative amensia) तथा दर्द विकृति (pain disorder) कर दिया गया है। उसी तरह से अन्य 21 मानसिक विकृतियों के नाम DSM-IV में बदल दिये गए हैं ताकि उनपर विशिष्ट ढंग से ध्यान दिया जाए तथा उसका वैज्ञानिक अध्ययन किया जाए।

(4) DSM-IV TR में DSM-III-R के कुछ मानसिक विकृतियों के संगठन एवं पुनर्स्थापन (relocation) में भी परिवर्तन किया गया है। जैसे, DSM-III-R में अधिगम विकृतियाँ (learning disorders), संचार विकृतियाँ (communication disorders) एवं पेशीय कौशल विकृतियाँ (motor-skills disorders) आयाम II (axis II) में संगठित एवं स्थापित थीं परंतु DSM-IV TR में ये सभी मानसिक विकृतियों का पुनर्स्थापन (relocation) आयाम-I में किया गया है ताकि नैदानिक विशेषज्ञों (clinical experts) द्वारा उनपर विशेष ध्यान दिया जाए। उसी तरह से DSM-IV TR में एनोरेक्सिया नरभोसा (Anorexia Nervosa) तथा बुलुमिया नरभोसा (Bulimia nervosa) को 'खाने की विकृति' (eating disorders) के रूप में वर्गीकृत किया गया है जबकि DSM-III-R में वे शैशवावस्था, बाल्यावस्था तथा किशोरावस्था (infancy, childhood and adolescence) की मानसिक विकृति के रूप में वर्गीकृत थे। इसी तरह से कुछ अन्य मानसिक विकृतियों के वर्गीकरण को भी परिवर्तित किया गया है।

(5) DSM-IV TR में कुछ मानसिक रोगों के निदान (diagnosis) के लिए कुछ नयी-नयी कसौटियों (criteria) को सम्मिलित किया गया है। इन कसौटियों काDSM-III-R में कोई जिक्र तक भी देखने को नहीं मिलता है। उदाहरणस्वरूप, DSM-IV TR में मनोविदालिता (schizophrenia) के रोगी के रूप में पहचान होने के लिए यह आवश्यक है कि सक्रिय अवस्था लक्षण (active phase symptoms) कम-से-कम एक महीना के लिए अवश्य ही बना हुआ हो। उसी तरह, उन्मादी (manic) विकृति की पहचान के लिए यह आवश्यक है कि उसके लक्षण कम-से-कम एक सप्ताह के लिए अवश्य बना हुआ हो। उसी तरह से आत्ममोही बच्चों (autistic children) की पहचान के लिए आवश्यक है कि उसके लक्षण तीन साल के आयु के पहले ही उत्पन्न हुए हों तथा उसी तरह से रूपांतर हिस्ट्रीया की पहचान के लिए यह आवश्यक है कि उसके लक्षण ऐच्छिक पेशीय या संवेदी कार्यवाही को प्रभावित किया हो। मानसिक विकृतिगों की पहचान के लिए DSM-III-R में इतना कठोर एवं ठोस कसौटी तैयार नहीं किया गया था जिससे रोगों की पहचान में त्रुटियाँ हो जाया करती थीं।

(6) DSM-IV TR में DSM-III R के मानसिक विकृतियों के कई श्रेणियों को हटा दिया गया है और उसे अन्य जगहों पर सम्मिलित कर लिया गया है। जैसे, DSM-III-R में बच्चों के परिहार्य या परिवर्जन विकृति (avoident disorder) अब DSM-IV TR में 'सामाजिक दुर्भीति' (social phobia) का हिस्सा कर दिया गया है। इसी तरह, DSM-III-R का निष्क्रिय-आक्रमक व्यक्तित्व विकृति (passive-aggressive personality disorder) को DSM-IV TR में 'व्यक्तित्व विकृति अन्यथा वर्गीकृत नहीं' (Personality disorder not otherwise classified) की श्रेणी में डाला

गया है। उसी तरह से DSM-III-R का 'वाल्यावस्था का अतिचिंतित विकृति' (overanxious disorder of childhood) अब DSM-IV TR में 'सामान्यीकृत चिंता विकृति' (generalized anxiety disorder) का हिस्सा माना जाता है।

(7) DSM-IV TR में DSM-III-R का साइकोसोसल स्ट्रेशर स्केल (Psychosocial Stressor Scale) पर कठोरता को हटा दिया गया है। DSM-IV TR का पंचम आयाम (axes V) का ही अब उपयोग वैसी पर्यावरणी एवं मनोसामाजिक समस्याओं की पहचान करने में की जाती है जिनसे मानसिक रोग के निदान (diagnosis), उपचार एवं पूर्वानुमान (prognosis) प्रभावित होते हैं।

(8) ग्लोबल एसेसमेन्ट ऑफ फंक्सनिंग मापनी (Global Assessment of Functioning Scales) जिसका प्रयोग DSM-III-R के पंचम आयाम में होता है, को पर्याप्त ढंग से परिवर्तित कर दिया गया है। DSM-III-R के GAF मापनी जिसका परास 90 से 1 है DSM-IV TR में यह बढ़कर 100 से 0 हो गया है। '0' से मतलब व्यक्ति के बारे में अपर्याप्त सूचना से तथा 100 से मतलब जिंदगी के विभिन्न क्षेत्रों में श्रेष्ठ व्यवहारों के होने से होता है। इन दोनों छोरों के बीच के बिन्दुओं द्वारा लक्षणों की गम्भीरता के विभिन्न स्तरों का पता चलता है।

(9) DSM-III-R में *आंगिक मानसिक संलक्षणों* (Organic Mental Syndromes) (जो कसौटियों पर तो सही उतरता है परंतु कारण अज्ञात होते हैं) तथा आंगिक मानसिक विकृतियाँ (Organic Mental Disorders) जिसके कारण ज्ञात होते हैं, में तीव्र अंतर किया गया था जिस पर DSM-IV TR में कोई ध्यानं नहीं दिया गया है।

(10) DSM-III-R में दो अनुच्छेदों में सम्मिलित किये गए विकृतियों (disorders) अर्थात् मनोसक्रिय द्रव्य-उत्पन्न आंगिक मानसिक विकृति (Psychoactive Substance-induced Organic Mental Disorders) को एक अनुच्छेद अर्थात् द्रव्य-सम्बद्ध विकृति (Substance-Related disorders) में सम्मिलित किया गया है। DSM-III-R के अल्कोहल इडियोसिन्क्रैटिक इन्टॉक्सीकेसन (Alcohol Idiosyncratic Intoxication) को DSM-IV TR में हटा दिया गया है। DSM-III-R के द्रव्य निर्भरता के अवधि कसौटी (duration criterion) को DSM-IV TR में परिवर्तित कर दिया गया है। DSM-III-R में लक्षण को 'कम-से-कम एक महीना या किसी दीर्घकालीन अवधि में लम्बे समय तक हुआ हो' को DSM-IV TR में बदलकर '12 महीने में किसी भी समय में होने वाले' के रूप में कर दिया गया।

(11) DSM-III-R का आंगिक मनोदशा विकृति (organic mood disorder) को सामान्य मेडिकल अवस्था (general medical condition) से उत्पन्न मनोदशा विकृति तथा द्रव्य उत्पन्न मनोदशा विकृति (Substance-induced mood disorders) में बदल दिया गया है। DSM-III-R के डायस्थिमिया (Dysthymia) को अब DSM-IV TR में *डायस्थिमिक विकृति* (Dysthymic disorder) में बदल दिया गया है। उसी तरह से DSM-III-R का साइक्लोथिमिया (Cyclothymia) को साइक्लोथिमिक विकृति (cyclothymic disorder) में बदल दिया गया है तथा साथ-ही-साथ एक नयी कसौटी यह भी जोड़ दिया गया है जो यह है कि इसके लक्षणों का स्वरूप ऐसा होना चाहिए जिससे रोगी में तकलीफ काफी अधिक हो।

(12) DSM-III-R के बाल्यावस्था का अतिचिंता की विकृति (overanxious disorders of childhood) को अब सामान्यीकृत चिंता विकृति (Generalized Anxiety Disorder or GAD) में सम्मिलित कर लिया गया है तथा इसमें बच्चों पर भी विशेष ध्यान रखा गया है। GAD में लक्षणों के सेट को विशिष्ट कर दिया गया है तथा उसे अधिक विश्वसनीय भी बनाया गया है।

स्पष्ट हुआ कि DSM-IV TR की कुछ ऐसी खाशियत है जो उसे DSM-III-R से भिन्न कर देता है।

नैदानिक मूल्यांकन की प्रविधियाँ
(Procedures of Clinical Assessment)

नैदानिक मूल्यांकन (clinical assessment) नैदानिक मनोवैज्ञानिकों एवं मनश्चिकित्सकों (psychiatrists) द्वारा किया जाना वाला एक ऐसी प्रविधि है जिसमें व्यक्तियों के बारे में तरह-तरह की महत्त्वपूर्ण सूचनाएँ एकत्रित करके एक विशेष निर्णय लिया जाता है । इसे निटजिल, वर्नस्टीन तथा मिलिक[1] (Neitzel, Bernstein & Milich, 1994) ने इस

1. Clinical assessment is "the process of collecting information to be used as the basis for informed decisions by the assessor or by those to whom results are communicated."

—Niitzel, Bernstein & Milich : *Introduction to clinical Psychology*, 1994, p.80

प्रकार परिभाषित किया है ''नैदानिक मूल्यांकन मूल्यांकनकर्त्ता या जिन्हें परिणाम के बारे में सूचना दी जाती है, द्वारा सूचना एकत्रित करने की एक ऐसी प्रक्रिया है जो सूचित निर्णय का आधार बनता है।'' इस परिभाषा से निम्नांकित दो बातें बिल्कुल ही स्पष्ट है—

(i) नैदानिक मूल्यांकन में मूल्यांकनकर्त्ता व्यक्ति के बारे में कुछ सूचना एकत्रित करता है।

(ii) नैदानिक मूल्यांकन में एकत्रित सूचना के आधार पर कोई सूचित निर्णय (informed decision) व्यक्ति के बारे में लिया जाता है।

नैदानिक मूल्यांकन का उद्देश्य व्यक्ति के बारे में प्राप्त सूचनाओं के आधार पर उन्हें एक विशेष श्रेणी में वर्गीकृत (classify) करना, उनका वर्णन (description) करना तथा उसके बारे में पूर्वानुमान (prediction) करना होता है। इस तरह से नैदानिक मूल्यांकन का लक्ष्य (goal) मुख्य तीन हैं—वर्गीकरण (classification), वर्णन (description) तथा पूर्वानुमान (prediction)

नैदानिक मूल्यांकन के क्षेत्र में किये गये शोधों की समीक्षा करने के बाद हम इस निष्कर्ष पर पहुँचते हैं कि इस कार्य के लिए निम्नांकित चार तरह की प्रविधियों का उपयोग किया जाता है—

(1) नैदानिक साक्षात्कार (Clinical interview)

(2) मनोवैज्ञानिक परीक्षण (Psychological tests)

(3) प्रेक्षण (Observations)

(4) जीवन रेकार्ड (Life records)

इन सबों का वर्णन हम अलग-अलग स्वतंत्र अनुच्छेदों में करेंगे।

नैदानिक साक्षात्कार
(Clinical Interview)

मनोवैज्ञानिक मूल्यांकन (Psychological assessment) का एक अति उत्तम तरीका नैदानिक साक्षात्कार (clinical interview) है जिसमें एक आमने-सामने की परिस्थिति में रोगी या क्लायंट से बातचीत करके विशेषज्ञ या साक्षात्कारकर्त्ता एक अनुमान लगाते हैं। बिंघम एवं मूर्रे (Bingham & Moore, 1924) ने नैदानिक साक्षात्कार को 'एक उद्देश्य के साथ किया गया बातचीत' (conversation with a purpose) कहा है। ऐसे साक्षात्कार में साक्षात्कारकर्त्ता क्लायंट से समस्या के बारे में बातचीत करते हैं और वे न केवल क्लायंट क्या कहता है, बल्कि कैसे कहता है, उसका तौर-तरीका, आवाज का स्तर, शारीरिक मुद्रा (bodily postures) तथा नेत्र सम्पर्क की मात्रा आदि के बारे में महत्त्वपूर्ण सूचना प्राप्त करता है और क्लायंट की समस्या के बारे में महत्त्वपूर्ण सूचना इकट्ठा करता है। कोई भी नैदानिक साक्षात्कार को अधिक-से-अधिक सूचनात्मक (informative) होने के लिए यह आवश्यक है कि क्लायंट साक्षात्कारकर्त्ता को सहयोग प्रदान करने वाला, आत्म-प्रकटीकरण (self-disclosure) के लिए प्रोत्साहित करने वाला तथा सांवेगिक रूप से स्वस्थ व्यक्ति के रूप में प्रत्यक्षण करें।

नैदानिक साक्षात्कार कई कारणों से मूल्यांकन का काफी लोकप्रिय साधन के रूप में उपयोग किया जाता है। इनमें से निम्नांकित तीन कारण महत्त्वपूर्ण है—

(i) नैदानिक साक्षात्कार में चूंकि नैदानिक मनोविज्ञानी क्लायंट के साथ एक ऐसी परिस्थिति में बातचीत करता है जो साधारण सामाजिक अंतक्रिया का अनुकृत रूप होता है, अत: इसमें एक ही साथ शाब्दिक तथा अशाब्दिक (nonverbal) दोनों तरह के व्यवहारों के बारे में सूचना एकत्रित हो जाता है।

(ii) नैदानिक साक्षात्कार को कहीं भी आसानी से सम्पन्न किया जा सकता है।

(iii) नैदानिक साक्षात्कार की तुलना में और कोई भी दूसरी प्रविधि अधिक लचीला (flexible) नहीं है।

नैदानिक साक्षात्कार दो प्रकार के होते हैं—

(1) असंरचित साक्षात्कार (Unstrcturead interview)

(2) संरचित साक्षात्कार (Structured interview)

इन दोनों का वर्णन निम्नांकित है—

(1) असंरचित साक्षात्कार *(Unstructured interview)*—असंरक्षित साक्षात्कार **वैसे साक्षात्कार को कहा जाता है जिसमें साक्षात्कारकर्त्ता क्लायंट से किसी समस्या पर खुला दृष्टिकोण अपना कर बातचीत करता है। इसमें साक्षात्कारकर्त्ता समस्या से सम्बद्ध किसी भी प्रश्न को पूछ सकता है तथा क्लायंट भी उसपर खुले ढंग से बातचीत करता है। इस तरह के साक्षात्कार में 'लचीलापन' (flexibility) अधिक होती है। फिशर, इपस्टीन एवं हैरीस (Fisher, Epstein & Harris, 1967) ने यह भी विचार व्यक्त किया है कि जबकि असंरचित साक्षात्कार में धनात्मक गुण जैसे लचीलापन का गुण होता है, फिर भी उसे इसकी कीमत चुकानी पड़ती है। चूँकि इस तरह का साक्षात्कार असंरचित होता है, इसलिए कोई भी दो ऐसा साक्षात्कार एक समान नहीं होता है। एक ही क्लायंट के समस्या पर किया गया प्रत्येक असंरचित साक्षात्कार का परिणाम एक समान न होकर भिन्न होता है। फलतः इससे प्राप्त सूचनाओं की विश्वसनीयता (reliability) तथा वैधता (validity) काफी कम जाती है।**

(2) संरचित साक्षात्कार *(Structured interview)*—**वैसे साक्षात्कार को कहा जाता है जिसमें प्रत्येक साक्षात्कारकर्त्ता अपने मन से प्रश्नों को न पूछकर उन प्रश्नों को ही केवल क्लायंट से पूछता है जिसे वह पहले माननीकृत (standardized) कर लिया होता है। इस तरह से क्लायंट द्वारा इन माननीकृत प्रश्नों के प्रति दिये गये उत्तरों के आधार पर स्वतः ही साक्षात्कारकर्त्ता को उसके कुसमायोजी व्यवहार के लक्षणों का पता चल जाता है। आजकल इन उत्तरों को कम्प्यूटर द्वारा भी संसाधित किया जाने लगा है। इस तरह के साक्षात्कार में लचीलापन (flexibility) का गुण नहीं होता है क्योंकि साक्षात्कार में केवल विशिष्ट तरह के माननीकृत प्रश्न ही पूछे जाते हैं। इस तरह के साक्षात्कार में असंरचित साक्षात्कार के परिणाम में होने से विभिन्नता के कारण जो समस्या उत्पन्न होती है, वह अपने आप समाप्त हो जाती है। कहने का तात्पर्य यह है कि असंरचित साक्षात्कार की विश्वसनीयता (reliability) तथा वैधता (validity) से उत्पन्न समस्याएँ संरचित साक्षात्कार में अपने आप समाप्त हो जातीं हैं।**

1960 एवं 1970 वाले दशकों में कई विभिन्न संरचित साक्षात्कार मनश्चिकित्सीय निदान (psychiatric diognoses) के उद्देश्य से तैयार किये गये। इस तरह के संरचित साक्षात्कार का उपयोग DSM के वर्गीकरण तंत्र के विकास में काफी किया गया है। इसका एक उत्तम उदाहरण है—*स्ट्रक्चरड क्लिनिकल इंटरभ्यू फॉर डी एस एम* (Structured Clinical Interview for DSM or SCID)। इसे रॉबर्ट स्पिटजर (Robert Spitzer) तथा उनके सहयोगियों द्वारा लिखा गया था। इसमें DSM-IV TR में सम्मिलित किये गये सभी मानसिक विकृतियों के बारे में सूचनाओं को प्राप्त करने के लिए प्रश्नों को सम्मिलित किये गये थे। उसी तरह से विडिगर तथा फ्रांसिस (Widger & Francis, 1985) ने व्यक्तित्व विकृतियों (personality disorders) के निदान के लिए, डिनारडो एवं उनके सहयोगियों (Dinardo et al, 1988) ने चिंता विकृतियों के निदान के लिए, एडेलब्रोक एवं कोस्टेलो (Edelbrock & Costello, 1984) ने बच्चों के व्यवहार समस्याओं के निदान के लिए संरचित साक्षात्कार के प्रारूप विकसित किया है। इसी तरह से गुडमैन तथा उनके सहयोगियों (Goodman et al., 1989) ने मनोग्रसित बाध्यता के लक्षणों के निदान के लिए एक संरचित साक्षात्कार का प्रारूप तैयार किया है जिसे *येल-ब्राऊन मनोग्रसित-बाध्यता मापनी* (Yale-Brown Obsessive-Compulsive Scale or Y-BOCS) कहा जाता है जो मनश्चिकित्सकों तथा नैदानिक मनोवैज्ञानिकों के बीच आज भी काफी लोकप्रिय है। इनके अतिरिक्त रोजेनमैन(Rosenman, 1978) का संरचित साक्षात्कार (Structured Interview or SI), रोजर्स, वेसीलिव तथा कैभानाग (Rogers, Wasyliw & Cavanaugh, 1984)द्वारा विकसित *रोजर्स अपराध उत्तरदायित्व मूल्यांकन मापनी* (Rogers Criminal Responsibility Assessment Scale or RCRAS), टेपलिन एवं स्वार्ज (Teplin & Schwartz, 1989)द्वारा विकसित *'दी रेफल डिसीजन मापनी'* (The Referral Decision Scale or RDS) काफी उल्लेखनीय है।

नैदानिक साक्षात्कार के कुछ लाभ (advantages) तथा अलाभ (disadvantages) हैं। इसके प्रमुख लाभ निम्नांकित है—

(i) नैदानिक साक्षात्कार में साक्षात्कारकर्त्ता क्लायंट के अंतक्रिया को आसानी से नियंत्रित कर लेते हैं और आवश्यकतानुसार उसकी गहन अध्ययन बाद में आसानी से करते हैं।

(ii) ऐसे साक्षात्कार में क्लायंट के अशाब्दिक व्यवहार (non-verbal behaviour) का प्रेक्षण करके साक्षात्कारकर्त्ता उसके प्रतिरोध (resistance) के क्षेत्र को आसानी से पहचान कर लेते हैं। इससे ऐसे साक्षात्कार से प्राप्त सूचनाओं की वैधता में बढ़ोत्तरी हो जाती है।

(iii) नैदानिक साक्षात्कार ही एक ऐसा साधन (tool) है जो कम-से-कम क्लायंट के बारे में अधिक-से-अधिक सूचनाएँ प्रदत्त करता है। इसके द्वारा गत घटनाओं और बहुत सारे परिस्थितियों के बारे में भी आसानी से सुविधा उपलब्ध हो जाती है।

इन लाभों के बावजूद नैदानिक साक्षात्कार के कुछ अलाभ भी हैं जो निम्नांकित हैं—

(i) नैदानिक साक्षात्कार सभी तरह के क्लायंट या रोगी के लिए लाभप्रद नहीं साबित होता है। बच्चे तथा मनोविक्षिप्त रोगी (psychotic patient) अपनी समस्याओं की शाब्दिक अभिव्यक्ति खुलकर नहीं कर पाते हैं जिससे उनके समस्याओं के बारे में इस तरह के साक्षात्कार के बारे में कुछ भी नहीं जाना जा सकता है।

(ii) अक्सर देखा गया है कि नैदानिक साक्षात्कार में क्लायंट केवल उन्हीं अनुभूतियों को बतलाते हैं या बतलाने की कोशिश करते हैं जो सामाजिक रूप से वांछनीय (socially desirable) होता है। जो अनुभूतियाँ परेशान करने वाली होती है या फिर डर उत्पन्न करने वाली होती हैं, उनके बारे में वे नहीं बताते। फलत: नैदानिक साक्षात्कार बहुत अर्थपूर्ण सूचना नहीं उपलब्ध करा पाता है।

(iii) ऐसे साक्षात्कार द्वारा उपलब्ध सूचनाओं की व्याख्या में साक्षात्कारकर्त्ता के आत्मनिष्ठ कारकों की भूमिका काफी बढ़ जाती है। क्लायंट की अनुक्रियाओं का प्राप्तांक-लेखन वस्तुनिष्ठ ढंग से नहीं हो पाता है और बहुत हद तक साक्षात्कारकर्त्ता के प्रशिक्षण एवं अनुभूति के रहमोकरम पर इसकी विश्वसनीयता निर्भर करने लगती है। ऐसी परिस्थिति में क्लायंट के बारे में सही अर्थ निकालना सम्भव नहीं हो पाता है।

(iv) नैदानिक साक्षात्कार में क्लायंट द्वारा दी गयी सूचनाएँ स्मृति एवं चयनात्मक प्रत्यक्षण (selective perception) पर आधृत होती हैं। अत: वे वास्तविक अनुभूतियों का एक आत्मनिष्ठ प्रतिनिधित्व करती है जिसपर अधिक भरोसा नहीं किया जा सकता है।

(v) इस तरह के साक्षात्कार में कभी-कभी यह देखा गया है कि साक्षात्कारकर्त्ता प्रश्नों को इस ढंग से पूछते हैं कि स्वयं उन प्रश्नों से ही क्लायंट के कुछ समस्याओं या लक्षणों के होने का सुझाव मिल जाता है। स्पष्टत: यह उचित नहीं है। इस तरह से साक्षात्कारकर्त्ता द्वारा पूछे गये प्रश्नों की शैली से क्लायंट द्वारा अपनी समस्याओं के बारे में किये जाने वाले अभिव्यक्ति प्रभावित हो जाती है।

स्पष्ट हुआ कि नैदानिक साक्षात्कार के कई अलाभ (disadvantages) हैं। इन अलाभों के बावजूद नैदानिक मनोवैज्ञानिकों द्वारा क्लायंट की समस्याओं एवं लक्षणों का मूल्यांकन (assessment) करने में नैदानिक साक्षात्कार का उपयोग काफी किया जाता है।

मनोवैज्ञानिक परीक्षण
(Psychological Tests)

नैदानिक मूल्यांकन (clinical assessment) का दूसरा महत्त्वपूर्ण साधन (tool) मनोवैज्ञानिक परीक्षण है। मनोवैज्ञानिक परीक्षण किसी विशेष कार्य पर व्यक्ति के निष्पादन या उसके व्यक्तित्व को मापने का एक माननीकृत प्रविधि (standardized procedure) होता है। इसमें नैदानिक मनोवैज्ञानिकों द्वारा विभिन्न तरह के परीक्षणों का उपयोग करके क्लायंट के लक्षणों एवं समस्याओं का निदान किया जाता है। ऐसे सभी मनोवैज्ञानिक परीक्षणों को निम्नांकित तीन प्रमुख भागों में बाँटा जाता है—

(अ) व्यक्तित्व आविष्कारिका (Personality Inventory)

(ब) प्रक्षेपीय व्यक्तित्व परीक्षण (Projective personality test)

(स) बुद्धि परीक्षण (Intelligence test)

(अ) व्यकित्व आविष्कारिका *(Personality Inventory)*—व्यक्तिगत आविष्कारिका में संचरित प्रश्नों की एक सूची होती है जिसे क्लायंट स्वयं पढ़ता है और दिये गये उत्तर जैसे 'हाँ' या 'नहीं', 'सही' या 'गलत' में से किसी एक को जो उसे अपने लिए अधिक उपयुक्त (appropriate) लगता है, चुनता है। ऐसे कई व्यक्तित्व परीक्षणों का निर्माण एवं विकास किया गया है परंतु इनमें से नैदानिक मूल्यांकन के लिए आने वाले प्रमुख परीक्षण निम्नांकित हैं—

1. माइनेसोटा बहुआयामीय व्यक्तित्व परीक्षण *(Minnesota Multiphasic Personality Inventory or MMPI)* —MMPI का निर्माण मूलत: हाथावे तथा मैककिनले (Hathaway & Mckinely, 1940) द्वारा किया गया। इसमें हाथावे मनोवैज्ञानिक थीं परंतु मैककिनले मनश्चिकित्सक (psychiatrist) थे। इस परीक्षण से 550 एकांश थे और प्रत्येक एकांश के तीन उत्तर हैं—'True', 'False' 'Cann't say'. इन तीन उत्तरों में से अपने लिए उपयुक्त एवं सही उत्तर क्लायंट को बतलाना होता है। इस मौलिक प्रारूप के दो प्रतिरूप हैं—**वैयक्तिक कार्ड प्रतिरूप** (individual card form) तथा **सामूहिक पुस्तिका प्रारूप** (group booklet form)। इस आविष्कारिका का उद्देश्य व्यक्ति के रोगात्मक शीलगुणों (pathological traits) को मापना था। इस मौलिक प्रारूप में 10 नैदानिक मापनी हैं तथा चार वैधता मापनी (validity scales) हैं। नैदानिक मापनी द्वारा 10 रोगात्मक शीलगुणों का मापन होता है तथा वैधता मापनी पर के प्राप्तांकों द्वारा व्यक्ति द्वारा दिये गये उत्तरों की विश्वसनीयता तथा अनुक्रिया पूर्वाग्रहों (response biases) आदि से प्रभावित होने की मात्रा का पता चलता है। MMPI का उपयोग सफलतापूर्वक उन व्यक्तियों के लिए भी किया गया है जिसके लिए नैदानिक साक्षात्कार सम्भव नहीं है।

MMPI के कई संशोधित (revised) प्रारूप तैयार किये गये हैं जिसमें सबसे नवीनतम संशोधन को MMPI-2 के नाम से जाना जाता है। यह संशोधन बुचर, डाहलस्ट्रोम, ग्राह्म, टेलेगेन तथा कैमर (Butcher, Dahlstrom, Graham, Tellegen & Kaemmer, 1989) द्वारा किया गया है। MMPI-2 में 10 नैदानिक मापनी हैं तथा आठ वैधता मापनी (validity scales) है। इसके अतिरिक्त कई उपमापनियाँ (subscales) भी हैं। MMPI-2 में कुल 567 एकांश हैं। इन सभी वैधता मापनियों का सम्बन्ध आविष्कारिका की वैधता (validity) से कुछ भी नहीं है बल्कि इनके द्वारा विभिन्न तरह की वैसे मनोवृत्तियों का पता चलता है जिनसे परीक्षण पर की अनुक्रियाएँ विकृत हो जातीं हैं। इन सभी 10 नैदानिक मापनी एवं वैधता मापनी का वर्णन इस प्रकार है।

नैदानिक मापनी *(Clinical Scales)*

(1) रोगभ्रम *(Hypochondriasis or HS)*—इस मापनी के कुल 32 एकांश हैं और इसके द्वारा उस प्रवृत्ति की माप होती है जिसमें व्यक्ति अपने शारीरिक स्वास्थ्य एवं शारीरिक कार्य के बारे में जरूरत से ज्यादा चिंता दिखलाता है।

(2) विषाद *(Depression or D)*—इस मापनी में कुल 57 एकांश हैं और इसके द्वारा भावात्मक *विकृतियाँ* (affective disorder) से सम्बन्ध प्रवृत्तियाँ जैसे उदासी, क्षमता में ह्रास, अभिरुचि एवं ऊर्जा में कमी आदि का मापन होता है।

(3) रूपांतर हिस्ट्रीया *(Conversion Hysteria or HY)*—इस मापनी के 60 एकांश हैं और इनके द्वारा एक ऐसे *स्नायुविकृतियों* का मापन होता है जिसमें रोगी मानसिक संघर्ष एवं चिंताओं से छुटकारा पाने के लिए कोई-न-कोई शारीरिक लक्षण विकसित कर लेता है।

(4) मनोविकृत विचलन *(Psychopathic deviate or PD)*—इस मापनी में 50 एकांश हैं तथा इसके द्वारा व्यक्ति में सामाजिक एवं नैतिक मानकों को अवहेलना करने वाली प्रवृत्तियाँ का मापन होता है।

(5) पुरुषत्व-नारीत्व *(Masculinity-Feminity or M-F)*—इस मापनी में 56 एकांश हैं तथा इसके द्वारा व्यक्ति के सीमांतीय यौन भूमिका (extreme sex role) करने की प्रवृत्ति की माप होती है।

(6) स्थिर व्यामोह *(Paranoid or Pa)*—इस मापनी में 40 एकांश हैं जिनके द्वारा व्यक्ति में असामान्य शक करने की प्रवृत्ति तथा दंडात्मक एवं उत्कृष्ठता से सम्बन्ध गलत विश्वास या भ्रान्ति (delusion) का मापन होता है।

(7) मनोदौर्वल्यता *(Psychesthenia or Pt)*—इस मापनी में कुल 48 एकांश हैं जिनके द्वारा व्यक्ति में मनोग्रसित (obsession), बाध्यता (compulsion), डर, दोष-भाव, अनिर्णायकता (indecision) आदि का मापन होता है।

(8) मनोविदालिता *(Schizophrenia or Sc)*—इस मापनी में 78 एकांश हैं और इसके द्वारा व्यक्ति में असामान्य-चिंतन या व्यवहार करने की प्रवृत्ति का मापन होता है।

(9) अल्पोन्माद *(Hypomania or Ma)*—इस मापनी में 46 एकांश है और इसके द्वारा व्यक्ति के सांवेगिक उत्तेजन, अतिक्रिया (over activity) तथा विचारों का विखराव (flight of ideas) का मापन होता है।

(10) सामाजिक अंतर्मुखता *(Social Introversion or SI)*—इस मापनी में 69 एकांश हैं और इसके द्वारा व्यक्ति के कुछ विशेष प्रवृत्तियाँ जैसे लज्जालुपना, अन्य लोगों में अभिरुचि न दिखाने की प्रवृत्ति तथा असुरक्षा आदि का मापन होता है।

इस तरह से सिर्फ नैदानिक मापनी में कुल 536 एकांश हैं।

वैधता मापनी (*Validity Scales*)

? (Cannot Say)—इसके अंतर्गत उन एकांशों को रखा जाता है जिनका उत्तर व्यक्ति नहीं दे पाया है। जब इसमें अधिक एकांशों को रखा जाता है, तो इससे यह पता चलता है कि व्यक्ति एकांशों को नहीं समझ रहा है, या परीक्षक (tester) के साथ सहयोग नहीं कर रहा है या वह रक्षात्मक मनोवृत्ति (defensive attitude) विकसित कर लिया है।

L (Lie)—इस मापनी के 15 एकांश हैं और इसके द्वारा व्यक्ति में झूठ बोलने या अपने आप को गलत ढंग से पेश करने की प्रवृत्ति का मापन होता है।

F (Frequency or Infrequency)—इस मापनी में 60 एकांश हैं। इस पर उच्च प्राप्तांक आने से यह पता चलता है कि व्यक्ति लापरवाही से परीक्षण एकांशों के प्रति अनुक्रिया किया है या वह जानबूझ करके अपने रोगात्मक लक्षणों को बढ़ा-चढ़ाकर व्यक्त किया है।

K (Correction)—इस मापनी के 30 एकांश हैं और इसके द्वारा व्यक्ति में अपनी समस्याओं के बारे में या तो अत्यधिक सुरक्षात्मक दृष्टिकोण (defensive outlook) या फिर उसके बारे में बहुत ज्यादा कहने की प्रवृत्ति का मापन होता है। उच्च K प्राप्तांक से यह पता चलता है कि व्यक्ति ने अपनी समस्या को दबा दिया है तथा निम्न K प्राप्तांक से यह पता चलता है कि इसने अपनी समस्या को बढ़ा-चढ़ा कर उपस्थित किया है। चाहे K प्राप्तांक उच्च हो या निम्न हो, इससे इस बात का संकेत मिलता है कि नैदानिक मापनियों पर के प्राप्तांकों को संशोधित करने की जरूरत है।

इस तरह से यह स्पष्ट हुआ कि MMPI-2 में मौलिक MMP-I के सभी मापनियों को बरकरार रखते हुए उनके एकांशों को संशोधित किया गया है। MMPI-2 की फिर भी कुछ अपनी विशेषताएँ हैं जो इस प्रकार हैं—

(i) MMPI-2 के एकांशों को समूहन[1] (grouping) करके 15 नये अंतर्वस्तु मापनी (content scales) बनाये गए हैं जिनके द्वारा व्यक्तित्व के 15 ऐसे कारकों को मापना सम्भव हो पाया है जिसे पहले के 10 नैदानिक मापनियों द्वारा मापना सम्भव नहीं था। चिंता(anxiety), डर(fear), क्रोध(anger), टाईप ए व्यक्तित्व(Type A personality), समाज-विरोधी प्रवृत्तियाँ (antisocial tendencies), सामाजिक उदासी (social discomfort) पारिवारिक समस्याएँ (family problem) आदि मुख्य हैं।

(ii) MMPI-2 में दो नये वैधता मापनियों (validity scales) को जोड़ा गया है जिनका उपयोग उपर्युक्त चार वैधता मापनी के साथ-साथ करना होता है। ये दो वैधता मापनी हैं—भ्रिन (VRIN) तथा ट्रिन (TRIN)। इन दोनों मापनियों द्वारा परीक्षण एकांशों के प्रति असंगत (inconsistent) ढंग से उत्तर देने की प्रवृत्ति का मापन होता है। बेरी एवं उनके सहयोगियों (Berry et al. 1997) द्वारा इन दोनों नये वैधता मापनियों की प्रभावशीलता (effectiveness) की जाँच की जा रही है।

MMPI के कुछ लाभ (advantages) तथा अलाभ (disadvantages) है, इसके प्रमुख लाभ निम्नांकित हैं—

(i) MMPI व्यक्ति का परीक्षण के प्रति उत्तर देने की मनोवृत्ति (test-taking attitude) का भी पता लगा लेता है। इससे यह पता चल जाता है कि व्यक्ति कहाँ तक उत्तर देने में लापरवाही करता है, सुरक्षात्मक दृष्टिकोण अपनाता है या अपनी समस्याओं एवं लक्षणों को बढ़ा-चढ़ा कर उपस्थित किया है।

(ii) MMPI द्वारा नैदानिक विशेषज्ञ कई तरह की समस्याओं के बारे में प्रत्यक्ष रूप से उत्तम ढंग से ज्ञान प्राप्त कर लेते हैं।। ऐसी सुविधा मनोवैज्ञानिक मूल्यांकन के अन्य साधन में उपलब्ध नहीं है।

(iii) चूँकि MMPI का प्राप्तांक-लेखन (scoring) वस्तुनिष्ठ ढंग से (objectively) होता है, अतः यह व्यक्ति के बारे में नैदानिक विशेषज्ञों के आत्मनिष्ठ छवि (subjective impression) से प्रभावित नहीं होता है।

इन लाभों के बावजूद MMPI के कुछ अलाभ (disadvantages) है, जो इस प्रकार हैं—

(i) MMPI कुछ खास तरह के असामान्य व्यवहार या कुसमायोजी व्यवहार के प्रति अधिक संवेदनशीलता नहीं दिखलाता है। जैसे, दुश्चिंता *विकृतियाँ* के कुछ प्रकार, व्यक्तित्व *विकृतियाँ* तथा मन:स्थिति *विकृतियाँ* के कुछ प्रकार ऐसे हैं जिनका मापन MMPI द्वारा नहीं होता है।

---

1. समूहन (grouping) से तात्पर्य विभिन्न नैदानिक मापनियों से कुछ एकांशों को हू-ब-हू रूप में लेकर एक नया मापनी बनाने से होता है। ऐसी मापनी को अंतर्वस्तु मापनी (content scale) कहा गया है।

(ii) MMPI के एकांशों का स्वरूप शाब्दिक (verbal) होता है जिस कारण इसके द्वारा सभी तरह के व्यक्तित्व का मापन सम्भव नहीं है। इसमें तीक्ष्ण प्रकार के मनोविक्षिप्ति, कम पढ़े-लिखे व्यक्ति तथा बौद्धिक रूप से दोषग्रस्त व्यक्तियों के व्यक्तित्व का मापन इसके द्वारा सम्भव नहीं है।

(iii) बहुत सारे अध्ययनों में यह पाया गया है कि MMPI द्वारा निर्धारित व्यक्तित्व के कुछ प्रोफाइल टाईप ऐसे हैं जो स्थायी (stable) नहीं है। यह स्पष्ट नहीं अब तक हो पाया है कि इस तरह की अस्थिरता का कारण MMPI में विश्वसनीयता (reliability) की कमी है या व्यक्ति के समायोजन स्तर में होने वाले परिवर्तन के प्रति परीक्षण की संवेदनशीलता है।

इन अलाभों के बावजूद MMPI की उपयोगिता व्यक्तित्व मापन में सर्वाधिक है।

2. कैलिफोर्निया मनोवैज्ञानिक आविष्कारिका *(California Psychological Inventory or CPI)*—CPI का निर्माण 1957 में और पुनः उसका संशोधन 1987 में गफ (Gough) द्वारा किया गया। MMPI की तुलना में CPI का उद्देश्य भिन्न है, अर्थात् इसके द्वारा व्यक्तित्व के सामान्य शीलगुणों न कि रोगात्मक शीलगुणों का मापन होता है। इसमें 462 'सही-गलत' (true-false) एकांश हैं जिसमें से करीब आधे एकांश MMPI से लिए गए हैं। इस मापनी द्वारा उत्तरदायित्व (responsibility), आत्म-नियंत्रण (self-control), प्रभुत्व (dominance) तथा अन्य समान शीलगुणों का मापन होता है। इसमें तीन वैधता मापनी (validity scales) भी हैं जिनके द्वारा व्यक्ति द्वारा इस परीक्षण के एकांशों का उत्तर देने के प्रक्रम में दिखलाये गए अनुक्रिया पूर्वाग्रहों (response biases) को मापा जाता है। CPI का माननीकरण अमेरिका के लगभग सभी हिस्सों से तथा सभी सामाजिक-आर्थिक स्तरों से 13,000 पुरुष एवं महिलाओं के प्रतिदर्श पर किया गया है। एनास्टेसी (Anastasi, 1988) के अनुसार CPI का सफलतापूर्वक उपयोग किशोरापराध (delinquency), शैक्षिक ग्रेड (academic grade), पैरोल परिणाम (Parole outcome), उच्च विद्यालय को छोड़ देने की प्रवृत्ति आदि के बारे में पूर्वानुमान लगाने में सफलतापूर्वक किया गया है।

3. मिलोन नैदानिक बहुआयामीय आविष्कारिका-II *(Milion Clinical Multiaxial Inventory or MCMI-II)*—इस आविष्कारिका का निर्माण मिलोन (Millon, 1982) द्वारा किया गया जिसका संशोधित प्रारूप 1987 में प्रकाशित किया गया जिसे MCMI-II कहा गया। इस परीक्षण द्वारा मूलतः *व्यक्तित्व विकृतियाँ* (personality disorders) का मापन होता है परन्तु DSM के अन्य नैदानिक श्रेणियों के पहचान में यह सहायक भूमिका निभाता है। इसमें कुल 175 सही-गलत एकांश हैं तथा इससे 20 नैदानिक मापनियों पर प्राप्तांक मिलता है। इस तरह से इससे 20 विभिन्न तरह के नैदानिक लक्षणों के बारे में सूचनाएँ मिलती हैं जो DSM-IV TR में सम्मिलित किये गये हैं। अध्ययनों से यह पता चला है कि MCMI-II अन्य आत्म-प्रतिवेदन आविष्कारिका (self-report inventory) से अधिक उपयोगी साबित हुआ है।

4. बेक विषाद आविष्कारिका *(Beck Deressive Inventory or BDI)*—इस प्रश्नावली का निर्माण (Beck, 1985) द्वारा किया गया। इसके द्वारा विषाद की गम्भीरता की सूचना मिलती है तथा इसका उपयोग नैदानिक तथा शोध दोनों उद्देश्यों के लिए नैदानिक मनोवैज्ञानिकों द्वारा किया गया है।

5. एन इ ओ व्यक्तित्व आविष्कारिका-आर *(NEO Personality-R)*—इस आविष्कारिका का निर्माण कोस्टा एवं मैकक्रे (Costa & McCrae, 1985) द्वारा किया गया जिसका संशोधित प्रारूप 1992 में प्रकाशित किया गया। यह परीक्षण व्यक्तित्व के 'विग फाइव मॉडल' (Big Five model) पर आधारित है। इस परीक्षण द्वारा *स्नायुविकृतियाँ* (neuroticism) बहिर्मुखता (extroversion), खुलापन (openness), सहमतिजन्यता (agreeableness) तथा कर्त्तव्यनिष्ठता (conscientiousness) का मापन होता है। परीक्षण निर्माणकर्त्ताओं के अनुसार इस परीक्षण द्वारा सामान्य व्यक्तित्व का मापन होता है परंतु इनका दावा है कि उसका उपयोग मनोवैज्ञानिक *विकृतियों* के निदान में, मनश्चिकित्सीय प्रगति के पूर्वानुमान में तथा कुछ क्लायंटों के लिए चिकित्सा के आदर्श प्रारूप के चयन में भी सफलतापूर्वक किया जा सकता है। परंतु अन्य नैदानिक मनोविज्ञानी जैसे वेन-पोरथ एवं वाल्लर (Ben-Porath & Waller, 1992) ने इस दावे को खंडित करते हुए यह कहा है कि इस परीक्षण द्वारा MMPI-2 द्वारा प्रदत्त सूचनाओं से अलग कोई दूसरी सूचना नहीं मिल पाती है जिसे नैदानिक रूप से महत्त्वपूर्ण समझा जाए।

उक्त मुख्य व्यक्तित्व परीक्षणों के अलावा नैदानिक उद्देश्य से यदा-कदा आइजेन्क व्यक्तित्व प्रश्नावली (Eysenck Personality Questionnaire or EPQ) तथा बहुआयामीय व्यक्तित्व प्रश्नावली (Multidimensional Personality

Questionnaire or MPQ) का भी उपयोग किया जाता है। EPQ द्वारा तीन व्यक्तित्व आयामों अर्थात मनोविक्षिप्तिता (Psychoticism) अंतर्मुखता-बहिर्मुखता तथा सांवेगिकता-स्थायित्व का मापन होता है तथा MPQ जिसमें 300 एकांश हैं तथा जिसका निर्माण टेलेगेन (Tellegen, 1982) द्वारा किया गया, द्वारा भी तीन कारकों का मापन होता है–धनात्मक सांवेगिकता, ऋणात्मक सांवेगिकता तथा दबाब (constraint)।

व्यक्तित्व आविष्कारिका के कुछ लाभ (advantages) तथा अलाभ (disadvantages) हैं। इसके प्रमुख लाभ निम्नांकित हैं—

(i) व्यक्तित्व आविष्कारिका से प्राप्त सूचनाएँ मूल्यांकन के अन्य प्रविधि जैसे नैदानिक साक्षात्कार (clinical interview) से प्राप्त सूचनाओं का संपूरक (supplement) होता है। इससे क्लायंट के बारे में एक समग्र विश्वसनीय तस्वीर मिल पायी है।

(ii) व्यक्तित्व आविष्कारिका के माध्यम से क्लायंट के विभिन्न समस्याओं के बारे में कुछ विशिष्ट आँकड़े इकट्ठा आसानी से किये जा सकते हैं।

(iii) चूँकि व्यक्तित्व आविष्कारिका का प्राप्तांक-लेखन (scoring) वस्तुनिष्ठ ढंग से किया जाना सम्भव है, इसलिए इससे प्राप्त सूचना काफी वैध (valid) एवं विश्वसनीय (reliable) होता है।

इन लाभों के बावजूद व्यक्तित्व आविष्कारिका के कुछ अलाभ (disadvantages) भी हैं जो इस प्रकार हैं—

(i) व्यक्तित्व आविष्कारिका का स्वरूप शाब्दिक (verbal) होता है, अत: इसका उपयोग केवल वैसे क्लायंट या रोगी पर ही किया जा सकता है जो पढ़े-लिखे हों।

(ii) सामान्यत: व्यक्तित्व आविष्कारिकाओं का दुरुपयोग होते देखा गया है। इसका मतलब यह हुआ कि उसका सही उपयोग से हटकर कुछ लोगों द्वारा उसका ऐसा उपयोग किया गया है जो सर्वथा अनुचित है। जैसे प्राय: मनोविज्ञानी BDI का उपयोग नैदानिक उद्देश्यों (diagnostic purposes) के लिए करते हैं जबकि उसका सही उपयोग सिर्फ विषादी स्तर में हुए परिवर्तन के लिए किया जाना है।

(iii) व्यक्ति आविष्कारिका के एकांश (item) चूंकि प्रत्यक्ष (direct) होते हैं तथा उससे क्या पूछा जा रहा है, उसका अर्थ क्लायंट या रोगी समझता है, अत: कभी-कभी क्लायंट जान-बूझकर कुछ सुचनाओं को जिन्हें वह अपने व्यक्तित्व के लिए गोपनीय समझता है, छिपा लेता है। इसका परिणाम यह होता है कि इससे मिलने वाली सूचना यथार्थ नहीं रह जाता है।

इन अलाभों के बावजूद नैदानिक मूल्यांकन (clinical assessment) में व्यक्तित्व आविष्कारिका का उपयोग काफी किया जाता है।

(ब) प्रक्षेपीय व्यक्तित्व परीक्षण *(Projective Personality Test)*—प्रक्षेपीय परीक्षण में क्लायंट को कई अस्पष्ट उद्दीपक (ambiguous stimuli) दिये जाते हैं और उन्हें उसके प्रति अनुक्रिया करनी होती है। इस तरह का परीक्षण व्यक्तित्व के स्वरूप के बारे में किये मनोगतिकी पूर्वकल्पना (psychodynamic assmption) पर आधारित है जो यह बतलाता है कि व्यक्ति का वास्तविक अभिप्रेरण (true motive) अचेतन होता है जिसे मात्र परोक्ष रूप से ही जाना जा सकता है। जब क्लायंट दिये गये अस्पष्ट उद्दीपकों के प्रति अपनी अनुक्रिया करता है, तो वह अपने व्यक्ति के अचेतन में छिपे अभिप्रेरणों एवं इच्छाओं को परोक्ष रूप से अभिव्यक्त करता है जिसके आधार पर उसके व्यक्तित्व के बारे में अनुमान लगाया जाता है। नैदानिक मूल्यांकन में निम्नांकित तरह के प्रक्षेपीय परीक्षणों का उपयोग सर्वाधिक किया गया है।

(1) रोर्शाक परीक्षण (Rorschach Test)

(2) विषय-आत्मबोधन परीक्षण (Thematic Apperception Test or TAT)

(3) वाक्य पूर्त्ति परीक्षण (Sentence Completion Test)

(4) ड्रा-ए-परसन परीक्षण (Draw-A-Person or DAP Test)

1. रोर्शाक परीक्षण *(Rorschach Test)*—इस परीक्षण का निर्माण स्विटजरलैंड के मनश्चिकित्सक (Psychiatrist) हरमान रोर्शाक द्वारा 1911 से 1921 के बीच किया गया जिसका प्रकाशन अंतिम रूप से 1921 में ही हुआ। इसमें स्याही के धब्बे के समान 10 चित्र होते हैं जो अलग-अलग 10 कार्ड पर होते हैं। इसमें से कुछ रंगीन धब्बे होते हैं तथा कुछ

हरमान रोर्शाख
(Hermann Rorschach)

काले-उजले एवं धूसर (grey) होते हैं। इस परीक्षण का क्रियान्वयन दो अवस्थाओं में होता है—*स्वंतत्र साहचर्य की अवस्था* (free association stage) तथा *जाँच-पड़ताल की अवस्था* (inquiry phase)। स्वतंत्र साहचर्य की अवस्था में प्रत्येक कार्ड में उसे जो दिखता है, बतलाना होता है। इस तरह के सभी 10 कार्ड के प्रति दिये गए अनुक्रियाओं को नैदानिक मनोविज्ञानी लिख लेते हैं। इसके बाद दूसरी अवस्था अर्थात् जाँच-पड़ताल की अवस्था शुरू होती है जिसमें क्लायंट द्वारा दिये गए प्रत्येक अनुक्रिया के कारणों या निर्धारकों का पता लगाया जाता है। दूसरे शब्दों में, यहाँ क्लायंट से यह जानने की कोशिश की जाती है कि कार्ड की कौन-सी विशेषता के आधार पर क्लायंट ने अमुक अनुक्रिया किया है।

रोर्शाक परीक्षण पर क्लायंट द्वारा दिये गये उत्तरों का विश्लेषण निम्नांकित चार श्रेणियों में विभक्त करके किया जाता है—

(1) स्थान निरूपण *(Location)*—इससे तात्पर्य कार्ड के उस क्षेत्र से होता है जिसके प्रति क्लायंट ने अनुक्रिया किया है। सम्पूर्ण कार्ड (whole card or W), सामान्य विस्तृत (common datail or D), असाधारण *विकृतियाँ* (uncommon datail or d), उजला स्थान (white sport or S) या इन अनुक्रियाओं का विभिन्न संयोग (combinations) प्रमुख स्थान-निरूपण प्राप्तांक (location score) हैं।

(2) निर्धारक *(Determinants)*—इस प्राप्तांक-श्रेणी में इस बात का निर्माण किया जाता है कि धब्बे के किस गुण या विशेषता के कारण क्लायंट ने अमुक अनुक्रिया किया है। जैसे, मान लिया जाए कि व्यक्ति ने किसी कार्ड के धब्बे के प्रति 'चमगादड़' होने की अनुक्रिया किया है। इस निर्धारक श्रेणी में इस बात का निर्णय किया जाएगा कि व्यक्ति ने धब्बे के किस गुण अर्थात आकार (form), रंग (colour), गति (movement) शेडिंग (shading) या इनके विचित्र संयोगों में से किसके आधार पर ऐसी अनुक्रिया किया है। इस श्रेणी के लिए लगभग 24 अक्षर संकेतों (letter symbols) का प्रतिपादन किया गया जिनमें कुछ प्रमुख इस प्रकार है—आकार (form) के लिए F, रंग (colour) के लिए C, मानव गति अनुक्रिया (human movement response) के लिए M, पशु गति अनुक्रिया के लिए FM तथा निर्जीव गति अनुक्रिया (inanimate movement response) के लिए M, तथा शेडिंग अनुक्रिया के लिए 'C' आदि।

(3) विषय-वस्तु *(Content)*—इस श्रेणी में यह देखा जाता है कि व्यक्ति द्वारा दी गयी अनुक्रिया की विषय-वस्तु क्या है। विषय-वस्तु मानव, मानव के अंग विशेष, पशु, पशु के अंग विशेष, निर्जीव वस्तु, कला, कपड़ा, बादल, रक्त, आग, एक्स-रे, लैंगिक वस्तु (sexual object), संकेत (symbols) आदि कुछ भी हो सकता है। मानव के लिए H, मानव अंग विशेष के लिए Hd, पशु के लिए A, पशु अंग विशेष के लिए Ad, आग के लिए Fi, यौन के लिए Sx, घरेलु वस्तुओं के लिए Hh, आदि संकेतों के उपयोग किया जाता है।

(4) मौलिक या लोकप्रिय अनुक्रिया एवं संगठन *(Original or Popular response and Organization)*—मौलिक अनुक्रिया या लोकप्रिय अनुक्रिया (popular response) से तात्पर्य वैसी अनुक्रिया से होता है जो अनेकों व्यक्तियों द्वारा किसी कार्ड के प्रति दी जाती है। जैसे, प्रथम कार्ड के पूरे धब्बे को चमगादड़ या तितली के रूप में देखना एक लोकप्रिय अनुक्रिया (popular response) का उदाहरण है। इसी तरह से अन्य कार्डों के लिए कुछ अनुक्रियाओं को लोकप्रिय अनुक्रिया की श्रेणी में रखा गया है। कभी-कभी कुछ अनुक्रियाओं को एक साथ क्लायंट संगठित (organised) कर लेता है जिसका संकेत Z होता है।

उक्त चार श्रेणियों में रोर्शाक अनुक्रियाओं का विश्लेषण करने के बाद क्लायंट के व्यक्तित्व के बारे में एक मूल्यांकन विवरण तैयार किया जाता है। रोर्शाक परीक्षण पर के प्राप्तांकों की व्याख्या करने के लिए कम-से-कम पाँच विभिन्न प्राप्तांक-लेखनतंत्र (scoring system) हैं जिनमें सबसे लोकप्रिय क्लोफर (Klopfer) द्वारा प्रतिपादित विधि है। बेक (Beck) तथा एक्सनर (Exner) की विधि उसके बाद में ही आती है। सुंडवर्ग (Sundberg, 1977) ने रोर्शाक परीक्षण के प्राप्तांकों का विभिन्न नैदानिक विशेषज्ञों द्वारा अलग-अलग प्राप्तांक-लेखन विधि अपनाकर की गयी व्याख्या के आधार पर निम्नांकित कुछ महत्त्वपूर्ण उभयनिष्ठ तत्त्व बतलाया है जिनसे इस परीक्षण की उपयोगिता की झलक मिलती है—

(i) कार्ड के सम्पूर्ण धब्बे को आधार मानकर की गयी अनुक्रिया व्यक्तित्व में समन्वय (integration) तथा बौद्धिक संगठन (intellectual organization) बतलाता है।

(ii) कार्ड के बहुत छोटे-छोटे विस्तृति (small details) पर आधृत अनुक्रियाएँ अति नियंत्रण (over control) तथा पिपरासा या मजबूरी की ओर इशारा करता है ।

(iii) घटिया प्रारूप (poorform) तथा असाधारण (uncommon) अनुक्रियाएँ एवं सभ्रांत चिन्तन (confused thinking) मनोविक्षिप्त अवस्था (psychotic condition) की ओर इशारा करता है ।

(iv) रंग अनुक्रियाओं द्वारा सांवेगिकता (emotionality) का पता चलता है तथा जब ऐसी अनुक्रियाएँ बिना उत्तम प्रारूप या आकार के ही किये जाते हैं, तो इससे अनियंत्रित संवेग (uncontrolied cmotions) तथा आवेगशीलता (impulsivity) का पता चलता है ।

(v) मानव जाति (human movement) की अनुक्रियाएँ द्वारा कल्पना (imagination) बुद्धि, तथा एक स्वच्छ आंतरिक जिंदगी का पता चलता है ।

(vi) जब विषय-वस्तु (subject) के रूप में चाकू, बंदूक, क्रोधित अंतक्रियाएँ एवं विकृत शरीर (mutilated body) आदि हो तो इससे क्लायंट के व्यक्तित्व में डाह एवं ईर्ष्या (hostility) का पता चलता है ।

1921 से लगातार रोर्शाक परीक्षण पर कई तरह के शोध किये जा चुके हैं जिनके फलस्वरूप इसके परीक्षण के भिन्न (variant) रूप प्रकाशित हुए हैं । हेरोअर तथा स्टीनर (Harrower & Steiner, 1945) ने रोर्शाक परीक्षण को क्लायंट के समूह में क्रियान्वयन करने की एक प्रविधि बतलाया है तथा इन धब्बों का एक नया सेट भी तैयार किया है । होल्जमैन (Holtzman, 1961) ने इसी परीक्षण के तर्ज पर एक दूसरा धब्बा परीक्षण बनाया है जिसे *होल्जमैन स्थायी धब्बा परीक्षण* (Holtzman Inkblot Test) कहा गया है । इसके दो फार्म हैं और प्रत्येक फार्म में 45-45 कार्ड हैं जिनपर स्याही के धब्बे बने होते हैं । प्रत्येक कार्ड के प्रति व्यक्ति को अधिक-से-अधिक एक अनुक्रिया करनी होती है । परंतु व्यक्तित्व मापन के क्षेत्र में यह उतना लोकप्रिय नहीं हो सका जितना कि रोर्शाक परीक्षण हुआ ।

2. विषय-आत्मबोधन परीक्षण (*Thematic Apperception Test or TAT*)—इस प्रक्षेपीय परीक्षण का निर्माण मर्रे (Murray, 1935) ने हारवार्ड विश्वविद्यालय में किया तथा बाद में यानी, 1938 में मॉर्गन (Morgan) के साथ मिलकर उन्होंने इस परीक्षण का संशोधन किया । इस परीक्षण में 31 कार्ड होते हैं जिसमें से 30 कार्ड पर कुछ चित्र बने होते हैं तथा एक कार्ड सादा होता है। किसी एक क्लायंट के व्यक्तित्व को मापने के लिए उसके उम्र एवं यौन के अनुसार अधिकतर बीस कार्ड का चयन कर लिया जाता है। इस बीस कार्ड में एक सादा वाला कार्ड भी सम्मिलित होता है। क्लायंट को प्रत्येक कार्ड थोड़े समय तक दिखलाया जाता है और उसके चित्र के आधार पर उसे एक ऐसा कहानी लिखना होता है जिसमें घटना के भूत, वर्तमान एवं भविष्य तीनों का समन्वय हों । परीक्षण सामान्य प्रक्षेपण प्राक्कल्पना (projection hypothesis) पर आधारित होता है तथा पूर्वकल्पना यहाँ यह होती है कि कहानी तैयार करने में कहानी के पात्र या पात्रों द्वारा क्लायंट की अपनी आवश्यकता (need) एवं मानसिक संघर्ष (conflict) की अभिव्यक्ति होगी। कहानी-लेखन कार्य समाप्त होने के बाद उसका विश्लेषण किया जाता है। मॉर्गन तथा मर्रे के अनुसार कहानी का विश्लेषण एवं व्याख्या नायक (hero), आवश्यकता (need), प्रेस (press), थीमा (thema) तथा परिणाम (outcome) आदि के रूप में करके किया जाता है। परंतु बाद में इस तरह की व्याख्या एवं विश्लेषण के अन्य तंत्रों का भी विकास किया गया। शनीडमैन (Shneidman, 1951) के अनुसार करीब 20 ऐसे तंत्रों का प्रतिपादन उस समय तक किया जा चुका था और अब तो इसके विश्लेषण के नयी विधियों का भी विकास हो चुका है । विधि तथा तंत्र जो भी हो, TAT कहानियों का विश्लेषण करने में कहानी की संरचना (structure) तथा अंतर्वस्तु (content) पर मुख्य रूप से बल डाला जाता है। अंतर्वस्तु से तात्पर्य होता है कि कहानी में क्या वर्णन किया गया है अर्थात् व्यक्ति, उसके भाव, घटनाओं तथा परिणाम आदि पर ध्यान दिया जाता है। संरचना से तात्पर्य इस बात से होता है कि कहानी कैसे कही गयी है अर्थात् उसका संगठन, तर्क, भाषा, चित्र से उत्पन्न किसी प्रकार की गलतफहमी आदि पर ध्यान दिया जाता है। अन्य बातों के अलावा इतना तो स्पष्ट है कि TAT द्वारा क्लायंट के व्यक्तित्व के प्रमुख आवश्यकताओं (needs) का मापन सफलतापूर्वक हो जाता है।

TAT के समान कुछ अन्य प्रक्षेपीय परीक्षणों का भी निर्माण किया गया है जिनका उपयोग नैदानिक मनोवैज्ञानिक द्वारा यदा-कदा नैदानिक उद्देश्यों से किया जाता है। ऐसे परीक्षणों में निम्नांकित का उल्लेख विशेष रूप से वांछनीय हैं—

(i) चिल्ड्रेन आत्म-बोधन परीक्षण (*Children Apperception Test or CAT*)—इस परीक्षण का निर्माण बेल्लाक

(Bellak, 1992) द्वारा किया गया तथा इसके कार्डों में मानव के जगह पर पशुओं को दिखलाया गया है जो TAT से विभिन्नता का एक प्रमुख बिन्दु है । इन्हीं पशु पात्रों के आधार पर बच्चों को कहानी तैयार करना होता है ।

(ii) रोजेनविग तस्वीर-कुंठा अध्ययन *(Rosenzwig Picture-Frustration Study)*—इस परीक्षण का निर्माण रोजेनविग (Rosenzwig, 1949) द्वारा किया गया जिसमें 24 कार्टून होते हैं और प्रत्येक कार्टून में एक व्यक्ति दूसरे व्यक्ति में कुछ कुंठा उत्पन्न करते दिखलाया जाता है । क्लायंट को यहाँ बतलाना होता है कि दूसरे व्यक्ति जिसमें कुंठा उत्पन्न किया जा रहा है, का वैसी परिस्थिति में क्या अनुक्रिया होगी ।

(iii) रॉबर्ट्स आत्म-बोधन परीक्षण बच्चे के लिए *(Roberts Apperception Test for Children)*—इस परीक्षण का निर्माण मैकअर्थर तथा रॉबर्ट्स(McArthur & Roberts, 1982) द्वारा किया गया जिसमें 27 कार्ड होते हैं और प्रत्येक कार्ड में बच्चों को कुछ अन्य बच्चों एवं वयस्कों के साथ अंतक्रिया करते हुए दिखलाया गया है। इस परीक्षण पर बच्चा का प्राप्तांक उसके द्वारा दिये गए उत्तरों की तुलना 200 सामान्य बच्चों द्वारा दिये गए मानक उत्तरों के साथ तुलना करके की जाती है ।

स्पष्ट हुआ कि TAT के समान अन्य परीक्षण भी हैं जिनका उपयोग करके नैदानिक मनोविज्ञानी मनोवैज्ञानिक विकृतियाँ (psychological disorders) की पहचान एवं मूल्यांकन में करते हैं ।

3. वाक्य-पूर्त्ति परीक्षण *(Sentence completion Test)*—इस परीक्षण में कुछ अधूरे वाक्य (incomplete sentence) होते हैं जिसे क्लायंट को अपने ढंग से पूरा करना होता है । पूर्वकल्पना यहाँ यह होती है कि क्लायंट द्वारा वाक्यों को पूरा करने के लिए चुने गये शब्दों या वाक्यांशों द्वारा उसके व्यक्तित्व की झलक मिलती है । आजकल सबसे लोकप्रिय वाक्यपूर्त्ति परीक्षण जिसका नैदानिक मूल्यांकन में उपयोग किया जाता है, वह है रौटर अधूरा वाक्य ब्लैंक (Rotter Incomplete Sentence Blank) । इसमें 40 अधूरे वाक्य शाखाएँ (stems) होते हैं । जैसे मेरी माँ ...., मेरी पसंद ...., मेरी पत्नी ...., आदि । क्लायंट द्वारा दिये गए उत्तरों की तुलना परीक्षण के नियमावली में दिये गये आदर्श उत्तरों से किया जाता है तथा समायोजन (adjustment) या कुसमायोजन (maladjustment) पर सात-बिन्दु रेटिंग दिया जाता है । पुन: इन रेटिंग्स को जोड़कर एक समग्र समायोजन प्राप्तांक (overall adjustment score) प्रदत्त किया जाता है । भारत में प्रोफेसर विश्वनाथ मुखर्जी (Prof.Bishwanath Mukherjee) ने भी एक ऐसा ही वाक्य पूर्ति परीक्षण (Sentence completion test) विकसित किया जिनसे क्लायंट के व्यक्तित्व के बारे में कुछ अंदाज लगाया जा सकता है ।

4. ड्रा-ए-परसन परीक्षण *(Draw-A-Person Test)*—इस परीक्षण का निर्माण मैकोवर (Machover, 1949) द्वारा किया गया । इस परीक्षण में क्लायंट को एक व्यक्ति के चित्र का आरेखण करना होता है । इस आरेखण के आधार पर व्यक्तित्व के विभिन्न आयामों के बारे में नैदानिक मनोविज्ञानी अनुमान लगाते हैं । इस परीक्षण में प्रारम्भ में तो क्लायंट से उसे एक व्यक्ति का ही आरेखण करने के लिए कहा जाता है, फिर बाद में उसे विपरीत यौन के व्यक्ति का, एक परिवार का, एक माँ आदि का भी आरेखण करना होता है । इस परीक्षण के कुछ उपयोग में तो कुछ नैदानिक मनोविज्ञानियों ने आरेखण के बारे में कुछ प्रश्न पूछकर या उस आरेखण के बारे में उसे कोई कहानी बतलाने को भी कहते हैं ताकि उसके व्यक्तित्व के बारे में कुछ अतिरिक्त सूचना मिल सके ।

प्रक्षेपीय परीक्षण (projective test) के कुछ लाभ (advantages) तथा कुछ अलाभ (disadvantages) हैं । इसके प्रमुख लाभ निम्नांकित हैं—

(i) प्रक्षेपीय प्रविधि द्वारा व्यक्ति के अचेतन, संज्ञानात्मक एवं सांवेगिक अनुभूतियों के बारे में कुछ ऐसी महत्त्वपूर्ण सूचनाएँ मिलती हैं जिन्हें अन्य परीक्षणों से प्राप्त करना सम्भव नहीं है ।

(ii) प्रक्षेपीय परीक्षण क्लायंट द्वारा अपने वातावरण के किये गए अनोखे प्रत्यक्षणों के बारे में एक महत्त्वपूर्ण सूचना प्रदान करता है ।

(iii) प्रक्षेपीय परीक्षण की परिस्थिति ही ऐसी होती है जिसमें कुछ क्लायंट व्यक्तित्व आविष्कारिका की परिस्थिति की तुलना में बातचीत करना अधिक स्वभाविक एवं आरामदेह (comfortable) महसूस करते हैं । इसका परिणाम यह होता है कि प्रक्षेपीय परीक्षण द्वारा व्यक्तित्व का किया गया मापन अधिक विश्वसनीय होता है ।

इन लाभों के बावजूद 1970 वाले दशक से नैदानिक परिस्थिति में प्रक्षेपण प्रविधियों की लोकप्रियता काफी कमी है क्योंकि शोध अध्ययनों से कई तरह की खामियाँ (demerits) के संकेत मिले हैं । इस परीक्षण के प्रमुख अलाभ

(disadvantage) निम्नांकित हैं—

(i) प्रक्षेपीय प्रविधि का प्राप्तांक-लेखन (scoring) तथा क्रियान्वयन की विधि में माननीकरण (Standardization) की पर्याप्त कमी है जिससे इसकी विश्वसनीयता (reliability) पर बुरा असर पड़ा है।

(ii) कुछ प्रक्षेपीय प्रविधि विशेषकर रोर्शाक परीक्षण बहुत ही समय लेने वाला प्रविधि है। फलत: इसका उपयोग नैदानिक मनोविज्ञानी नहीं करना चाहते हैं।

(iii) डावेस (Dawes, 1974) ने अपने अध्ययनों के आधार पर यह बतलाया है कि प्रक्षेपण विधियों की वैधता (validity) नकारात्मक हैं।

(iv) प्रक्षेपीय परीक्षण के प्राप्तांक-लेखन (scoring) की विश्वसनीयता तथा व्याख्या (interpretation) काफी कम है।

इन अलाभों (disadvantages) के बावजूद प्रक्षेपीय प्रविधियों का उपयोग नैदानिक मूल्यांकन (clinical assessment) में काफी किया जाता है।

(स) बुद्धि परीक्षण *(Intelligence Tests)*—नैदानिक मूल्यांकन में बुद्धि परीक्षण का उपयोग काफी अधिक किया गया है। सभी बुद्धि परीक्षण के निर्माणकर्त्ताओं ने परीक्षण बनाते समय बुद्धि के स्वरूप की व्याख्या करने वाले सिद्धान्तों को ध्यान में रखा है। इनमें से कुछ सिद्धान्तवादियों ने बुद्धि को एक सामान्य कारक (general factor) के रूप में तथा कुछ ने उसे करीब 150 विशिष्ट कारकों (specific factors) के रूप मे परिभाषित किया है। विनवर्ग (Weinberg, 1989) ने उन सिद्धान्तवादियों को जिन्होंने बुद्धि को सामान्य कारक के रूप में परिभाषित किया है उसे 'पिण्डक' (lumpers) तथा उन सिद्धान्तवादियों का जिन्होंने बुद्धि को विशिष्ट कारक के रूप परिभाषित किया है, उन्हें 'विभाजक' (splitters) कहा है। नैदानिक मूल्यांकन में जितने तरह के बुद्धि परीक्षणों का उपयोग किया जाता है, उनमें निम्नांकित दो प्रमुख हैं—

1. विने मापनी (Binet Scales)
2. वेक्सलर मापनी (Wechsler scales)

इन दोनों का वर्णन इस प्रकार है—

1. विने मापनी *(Binet Scales)*—विने (Binet) तथा साइमन (Simon) ने 1905 में मिलकर एक अति महत्त्वपूर्ण बुद्धि परीक्षण बनाया जिसे विने-साइमन मापनी (Binet-Simon Scale) कहा गया। प्रारम्भ में इसमें 30 प्रश्न थे। इसके बाद में कई संशोधित प्रारूप (revised form) प्रकाशित हुए। इसका सबसे महत्त्वपूर्ण संशोधन 1916 में टरमैन द्वारा स्टैनफोर्ड विश्वविद्यालय (Stanford University) में किया गया और इसका नाम स्टैनफोर्ड-विने मापनी (Stanford-Binet Scale) रखा गया। इसी मापनी में प्रथम बार व्यक्ति के बुद्धि के मापन परिणाम की अभिव्यक्ति बुद्धिलब्धि (intelligence quotient) के रूप में की गयी। इसका सुझाव जर्मन मनोवैज्ञानिक विलियम स्टर्न (William Stern) द्वारा 1912 में दी गयी थी। फिर टरमैन तथा मेरिल (Terman & Merrill) ने स्टैनफोर्ड-विने मापनी का संशोधन 1937, 1960, 1973 में किया। अभी 1986 में इस परीक्षण का चौथा संस्करण प्रकाशित हो चुका है। इस संशोधित प्रारूप की विशेषता यह है कि इसमें एकांशों को 15 वैयक्तिक परीक्षण में समूहित किया गया। प्रत्येक परीक्षण में एकांशों को कठिनाई के बढ़ते हुए क्रम में सुव्यवस्थित किया जाता है। इन 15 परीक्षणों द्वारा चार कारकों का मापन होता है-शब्दिक तर्कणा (verbal reasoning), मूर्त्त या दृष्टि तर्कणा (abstract/visual reasoning), गुणात्मक तर्कणा (qualitative reasoning), तथा लघु-कालीन स्मृति (short-term memory)। प्रत्येक परीक्षण के लिए मानक उम्र प्राप्तांक (Standard Age Score or SAS) का निर्धारण किया जाता है। मूल प्राप्तांक (raw score) को एक प्रसामान्यीकृत मानक प्राप्तांक (normalized standard score) जिसका माध्य (mean) 50 तथा मानक विचलन (standard deviation) 8 होता है, में बदलकर SAS प्राप्त किया जाता है। स्टैनफोर्ड विने मापनी का पंचम संस्करण 2003 में प्रकाशित हुआ जिसे संक्षेप में S-B5 कहा जाता है। SB-5 द्वारा बुद्धि के पाँच कारकों अर्थात् *तरल तर्कणा* (fluid reasoning), *ज्ञान* (knowledge), *परिमाणात्मक तर्कणा* (quantitative reasoning), *चाक्षुष स्थानिक संसाधन* (visual-spatial processing) तथा *चलन स्मृति* (working memory) का मापन होता है।

2. वेक्सलर मापनी *(Wechsler Scales)*—1930 वाले दशक में डेविड वेक्सलर (David Wechsler) जो न्यूयार्क शहर के वेलेभ्यू मनश्चिकित्सक अस्पताल (Bellevue Psychiatric Hospital) में मुख्य मनोवैज्ञानिक (Chief psychologist) थे, वयस्कों की बुद्धि मापने के लिए एक परीक्षण का निर्माण किया जिसे वेक्सलर-वेलभ्यू बुद्धि परीक्षण (Wechsler-Bellevue Intelligence Test) कहा गया। इसका प्रकाशन 1939 में किया गया। पुनः इसका संशोधन 1955 में किया गया जिसका नाम बदलकर वेक्सलर वयस्क बुद्धि परीक्षण (Wechsler Adult Intelligence Scale or WAIS) रखा गया। WAIS में छह शाब्दिक (Verbal) तथा पाँच क्रियात्मक (performance) उपपरीक्षण (subtests) हैं तथा क्लायंट के तीन तरह के बुद्धिलब्धि तथा सम्पूर्ण मापनी बुद्धिलब्धि (Full Scale intelligence Quotient) प्राप्त होता है। WAIS का दूसरा संशोधन 1981 में किया गया और इसे WAIS-R कहा गया। WAIS-R द्वारा सिर्फ बुद्धिलब्धि प्राप्तांकों द्वारा ही व्याख्या नहीं होती है बल्कि उपपरीक्षण प्राप्तांकों के पैटर्न (pattern) या विखराव (scatter) के आधार पर भी अनुमान लगाया जाता है। कुछ नैदानिक मनोवैज्ञानिकों द्वारा इस पैटर्न या विखराव के आधार पर क्लायंट में मस्तिष्कीय क्षति (brain damage) तथा कुछ विशेष व्यक्तित्व गतिकी (personality dynamics) जैसे किसी समस्या समाधान में व्यक्ति आवेगशील है या सोच-समझकर काम करने वाला है, का भी अनुमान लगा पाते हैं।

WAIS-R का पुनः संशोधित प्रारूप 1997 में प्रकाशित किया गया जिसे WAIS-III कहा गया। इसमें शाब्दिक मापनी के 7 उपपरीक्षण तथा क्रियात्मक मापनी के भी 7 उपपरीक्षण हैं। WAIS-III में पैटर्न विश्लेषण (Pattern analysis) का भी प्रावधान किया गया है। 1949 में वेक्सलर ने बच्चों की बुद्धि को मापने के लिए अलग से एक बुद्धि परीक्षण का निर्माण किया है जिसे वेक्सलर बुद्धि मापनी बच्चों के लिए (Wechsler Intelligence Scale for Children or WISC) कहा गया इसमें 12 उपपरीक्षण हैं—छह शाब्दिक उपपरीक्षण तथा छह क्रियात्मक उपपरीक्षण जिसमें मात्र 10 उपपरीक्षणों का ही उपयोग किसी एक बालक पर किया जाता है। 1974 में WISC का नया संशोधन प्रकाशित हुआ जिसे WISC-R कहा गया। 1991 में पुनः WISC-R का संशोधित प्रारूप प्रकाशित किया गया है जिसे 'WISC-III' कहा गया है। इस नवीनतम संस्करण में WISC-R के उन एकांशों को जो काफी आसान थे या कठिन थे या सांस्कृतिक दृष्टिकोण से भारित (culturally loaded) थे, उन्हें नये एकांशों द्वारा प्रतिस्थापित किया गया। इस परीक्षण का माननीकरण (standardization) 22,00 बच्चों पर किया गया तथा इसमें एक नया परीक्षण जिसे 'संकेत खोज परीक्षण' (Symbol Search Test) कहा गया, एक संपूरक उपपरीक्षण के रूप में जोड़ा गया जिसका उपयोग कोडिंग उपपरीक्षण के जगह पर किया जा सकता है। WISC-III में भी तीन तरह के बुद्धिलब्धि प्राप्तांक दियें जाते हैं—शाब्दिक बुद्धि-लब्धि प्राप्तांक, क्रियात्मक बुद्धिलब्धि प्राप्तांक तथा सम्पूर्ण मापनी बुद्धिलब्धि प्राप्तांक (full scale intelligence quotient score)। इसके अतिरिक्त WISC-III के प्राप्तांकों की व्याख्या चार अन्य कारकों अर्थात् शाब्दिक बोध (Verbal comprehension), प्रत्यक्षज्ञानात्मक संगठन (Perceptual organisation), अन्यमनस्कता से मुक्ति (freedom from distractibility) जिसमें मूलतः स्मृति तथा ध्यान पर बल डाला जाता है तथा गति संसाधन (processing speed) के रूप में भी व्याख्या का प्रावधान किया गया है।

वेक्सलर ने काफी छोटे-छोटे शिशुओं अर्थात् 4½ से छह साल तक के शिशुओं की बुद्धि को मापने के लिए भी एक बुद्धि परीक्षण का निर्माण किया है जिसका उपयोग नैदानिक उद्देश्यों से अक्सर किया जाता है। इसे 'वेक्सलर प्रीस्कूल एण्ड प्राइमरी स्केल ऑफ इन्टेलीजेन्स' (Wechsler Preschool and Primary scale of Intelligence or WPPSI) किया जिसमें भी WAIS के ही पैटर्न पर कुछ शाब्दिक उपपरीक्षण हैं तथा कुछ क्रियात्मक उपपरीक्षण हैं। इसका प्रकाशन 1968 में किया गया तथा इस परीक्षण का संशोधित प्रारूप 1989 में प्रकाशित किया गया है जिसे 'WPPSI-R' कहा गया जिसमें 3 साल तक के आयु के बच्चों की बुद्धि मापने का प्रावधान किया गया।

उक्त दो प्रमुख बुद्धि परीक्षणों के अलावा भी नैदानिक मूल्यांकन में कुछ अन्य बुद्धि परीक्षणों का उपयोग नैदानिक मनोवैज्ञानिकों द्वारा यदा-कदा किया जाता है। वे हैं—कॉफमैन मूल्यांकन बैटरी : बच्चे के लिए (Kaufman Assessment Battrey for Children K-ABC) तथा 'वुडकौक-जॉनसन मनो-शैक्षिक बैटरी' (Woodcock-Johnson Psycho-Educational battery)। K-ABC द्वारा 2½ साल से 12½ साल तक के बच्चों की बुद्धि का मापन होता है। कॉफमैन तथा हैरिसन (Kaufman & Harrison, 1991)के अनुसार K-ABC द्वारा बच्चों में बुद्धि के अतिरिक्त न्यूरोमनोवैज्ञानिक समस्याओं का भी पता चलता है। वुडकौक-जॉनसन मनो-शैक्षिक बैटरी द्वारा तो मूलतः बच्चों के ही बुद्धि का मापन होता है परंतु इसका उपयोग वयस्कों के भी बुद्धि को मापने के लिए किया जा सकता है। इस परीक्षण

के 27 उपपरीक्षण हैं जिनके द्वारा संज्ञानात्मक क्षमता, शैक्षिक उपलब्धि तथा वैयक्तिक अभिरुचि का सफलतापूर्वक मापन होता है। इसका प्राप्तांक-लेखन (scoring) अन्य बुद्धिपरीक्षणों की तुलना में थोड़ा जटिल अवश्य है।

स्पष्ट हुआ कि नैदानिक मनोवैज्ञानिकों द्वारा नैदानिक मूल्यांकन में तरह-तरह के मनोवैज्ञानिक परीक्षणों अर्थात् व्यक्तित्व आविष्कारिका व्यक्तित्व प्रक्षेपण तथा बुद्धि परीक्षणों का उपयोग सफलतापूर्वक किया गया है।

प्रेक्षण प्रविधियाँ
(*Observational techniques*)

नैदानिक मूल्यांकन में नैदानिक विशेषज्ञों (clinicians) द्वारा प्रेक्षण प्रविधियों का भी उपयोग सफलतापूर्वक किया गया है। विक[1] (Weick, 1968) ने प्रेक्षण प्रविधियों को परिभाषित करते हुए कहा है कि प्रेक्षण प्रविधि, ''व्यवहारों के चयन, उत्तेजन, अभिलेखन तथा कूटसंकेतन'' की विधि है। प्रेक्षण विधि की यह एक सर्वमान्य एवं काफी विस्तृत परिभाषा है जिसका विश्लेषण करने पर हमें प्रेक्षण के स्वरूप (चाहे प्रेक्षण का प्रकार जो भी हो) के बारे में निम्नांकित मुख्य तथ्य प्राप्त होते हैं—

(i) प्रेक्षण में सबसे पहले प्रेक्षक (observer) इस बात का चयन (selction) करता है कि वह किस तरह के क्लायंट का अध्ययन करेगा, उसके किन-किन तात्कालिक व्यवहारों का अध्ययन करेगा, किस परिस्थितियों में अध्ययन करेगा तथा किस समय में अध्ययन करेगा। इस तरह से प्रेक्षण विधि में नैदानिक मनोविज्ञानिकों का ध्यान क्लायंट के तात्कालिक व्यवहार (immediate behaviour), उसके पूर्ववर्ती कारकों (antecedents) तथा उसके परिणामों (consequences) पर अधिक जाता है। इस पूर्ववर्ती-व्यवहार-परिणाम (Antecedent-Behaviour-Consequence) क्रम को प्रेक्षण का एबीसी (ABC) कहा जाता है।

(ii) इसके बाद प्रेक्षण में प्रेक्षक इस बात का निर्णय करता है कि क्या अध्ययन करने के लिए कुछ उत्तेजन (provocation) अपनी ओर से की जाए या उस घटना विशेष या व्यवहार के स्वाभाविक रूप से होने का इंतजार किया जाए।

(iii) इसके बाद प्रेक्षक किये गए व्यवहारों के अध्ययन करने के अभिलेखन (recording) की योजना बनाता है। इसके लिए वह तरह-तरह के अत्याधुनिक उपायों जैसे विडियो या ऑडियो रेकार्डिंग उपकरणों, टाईमर्स (timers), दैहिक मॉनिटरिंग तत्रों (physiological monitoring system) आदि का भी उपयोग करता है।

(iv) अन्त में मूल प्रेक्षणों (raw observations) को कुछ उपयोगी आयामों (usable dimension) में कूट-संकेतीकरण (encoding) किया जाता है।

स्पष्ट हुआ कि प्रेक्षण की कई अवस्थाएँ होती हैं जिनसे होकर प्रेक्षण कार्य को प्रेक्षक कर पाता है।

नैदानिक मूल्यांकन में जितने तरह के प्रेक्षण किये जाते हैं, उन्हें मोटे तौर पर निम्नांकित चार भागों में बाँटा गया है—

(1) व्यवहापरक मूल्यांकन (behavioural assessment)

(2) मनोदैहिक मूल्यांकन (psychophysiological assessment)

(3) न्यूरोमनोवैज्ञानिक मूल्यांकन (neuropsychological assessment)

(4) स्कैनिंग प्रविधि (scanning technique)

इस सबों का वर्णन निम्नांकित हैं—

1. व्यवहारपरक मूल्यांकन (*behavioural assessment*)—व्यवहारपरक मूल्यांकन सामान्यत: क्लायंट के उपचार के साथ काफी जुड़ा हुआ होता है। यह एक ऐसी प्रविधि है जिसमें क्लायंट के उस व्यवहार एवं चिंतन का सही-सही ढंग से अभिलेख तैयार किया जा सकता है जिसमें परिवर्तन सम्भव है। इस प्रविधि में विशेषत: ऐसे व्यवहार के आपतन (incidence), अवधि (duration) तथा तीव्रता (intensity) पर बल डाला जाता है। दूसरे शब्दों में, इस प्रविधि में क्लायंट के परिवर्तित किये जाने वाले व्यवहार कब होते हैं (आपतन), वे कितने देर होते हैं (अवधि) और उसकी तीव्रता क्या होती है, के अभिलेखन पर बल डाला जाता है। जैसे, मान लिया जाय कि कोई व्यक्ति यह रिपोर्ट करता है कि जब

---

1. Observational methods are, "the selection, provocation, recording and encoding of .... behaviours." Weick : Systematic observation Methods. In Lindzey & Aronson (Eds), *Handbook of Social Psychology* (vol-2), p. 358

उसे कोई बडे समूह में बोलना होता है, तो वह घबड़ा (nervous) जाता है। ऐसी स्थिति में यदि उसका व्यवहारपरक मूल्यांकन करना है, तो उसे एक बड़े समूह में कुछ विषय पर बोलने के लिए कहा जाएगा। इसके बाद इस बात का अभिलेखन किया जाएगा कि प्रत्येक तीस सेकण्ड में वह कितना घबड़ाया या चिंतित हुआ तथा किस तरह की चिंता से (अर्थात् नेत्र सम्पर्क की कमी, लाल या पीला चेहरा, कम्पित आवाज, ठेहुना में कम्पन आदि) ग्रस्त था।

व्यवहारपरक मूल्यांकन एक ऐसी प्रेक्षण विधि है जिसका उपयोग स्वयं क्लायंट कर सकता है। जैसे, जो व्यक्ति धूम्रपान (somking) की आदत छुड़ाना चाहते हैं, वे पहले यह निर्णय कर सकते हैं कि कब और किस अवस्था में वे धूम्रपान करते हैं। उसी तरह से जो लोग मोटापा कम करना चाहते हैं, उनसे यह कहा जा सकता है कि वे यह ठीक ढंग से अभिलेखन करें कि कब, कहाँ, कितना और किस परिस्थिति में वे अधिक खाते हैं। व्यवहारपरक मूल्यांकन को सिर्फ बाह्य-व्यवहारों के लिए ही नहीं बल्कि अपने निजी चिंतनों के लिए भी उपयोगी बतलाया गया है। जैसे, माहोनी (Mahoney, 1971) ने अपने अध्ययन में अपने क्लायंट से यह आग्रह किया कि वे इस बात का ठीक ढंग से अभिलेखन करें कि उसके मन में कब और किस परिस्थिति में आत्म-आलोचना के विचार आते हैं। क्लायंट का इस रेकार्ड के आधार पर वे यह तय कर पाये कि उसे बाद में दिया गया मनश्चिकित्सा का उस पर कितना सफल प्रभाव पड़ेगा। मैटकालफी (Matecalfe, 1956) ने यह भी दावा किया है कि व्यवहारपरक मूल्यांकन कभी-कभी ऐसे रोग या तकलीफ के कारणों का उजागर करता है जो स्वयं क्लायंट को ही पता नहीं होता है। इसमें उसने एक दमा के रोगी को अस्पताल से यह आग्रह के साथ 85 दिन का छुट्टी किया कि वे इस बात का एक अच्छा अभिलेख तैयार करें जिसमें दमा के आपतन, अवधि तथा परिस्थिति जिसमें दमा का आक्रमण होता है, का उल्लेख रहे। इस 85 दिन में उसे 15 बार दमा का आक्रमण हुआ और इसमें से 9 बार दमा का आक्रमण तब हुआ जब वह अपने माँ के साथ सम्पर्क (यानी बातचीत आदि) करता था। इससे यह पता चला कि दमा का स्रोत उसकी माँ के सम्पर्क का होना है जो स्वयं रोगी को ही पता नहीं था।

व्यवहारपरक मूल्यांकन का सबसे बड़ा लाभ यह है कि इसका उपयोग काफी सरल है तथा उसके लिए कोई विशेष प्रशिक्षण की आवश्यकता नहीं है। परंतु फिर भी इसके अलाभ (disadvantage) हैं। इसका सबसे बड़ा अलाभ यह है कि इसका उपयोग सभी तरह के मनोवैज्ञानिक समस्याओं के साथ नहीं किया जा सकता है। जैसे, अस्पष्ट व्यवहार यानी, किसी व्यक्ति का चिंतन एवं भाव (feeling) का व्यवहारिक मूल्यांकन उतना विश्वसनीय ढंग से सम्भव नहीं है जितना कि स्पष्ट व्यवहार (overt behaviour) का।

2. मनोदैहिक मूल्यांकन *(psychophysiological assessment)*—अध्ययनों से यह स्पष्ट हुआ कि कुछ मनोवैज्ञानिक अवस्थाएँ जैसे चिंता, डर एवं तनाव का कारण दैहिक विकृतियाँ (physiological disorder) प्रत्यक्ष रूप से होती है तथा कुछ तो ऐसे होते हैं जो दैहिक लक्षणों के रूप में प्रतिबिम्बित होती हैं। अत: असामान्यता का उत्तम निदान (diagnosis) एवं उपचार में मनोदैहिक मूल्यांकन (psychophysiological assessment) की अहं भूमिका बतलायी गयी है। मनोदैहिक मूल्यांकन वैसी प्रविधि होती है जिसमें मनोवैज्ञानिक *विकृतियों* के दैहिक कारणों या सूचकांकों एवं उसकी तीव्रता का पता लगाया जाता है। कुछ मनोविकृतियों का उपचार तो इस तरह के मनोदैहिक मूल्यांकन के द्वारा ही उत्तम माना जाता है। जैसे, तनाव या सिरदर्द में चेहरे की मांशपेशियों में संकुचन (contraction) होता है। वायोफिडवैक (biofeedback) की प्रविधि द्वारा उन संकुचनों को आसानी से मापा जा सकता है। यह एक ऐसी प्रविधि होती है जिसमें क्लायंट को उन मनोदैहिक परिवर्तनों (psychophysiological changes) से अवगत कराया जा सकता है तथा उन मनोवैज्ञानिक अवस्थाओं (psychological states) को भी जाना जा सकता है जो उस अवस्था को उत्पन्न किया है। बुडजिन्सकी तथा उनके सहयोगियों (Budzynski et al, 1973) ने एक अध्ययन में यह दिखलाया है कि तनाव या सिरदर्द में चेहरे की मांशपेशियों में होनेवाले संकुचनों को इलेक्ट्रोमाइयाग्राफ (Electromyagraph Or EMG) द्वारा सीधे मापा जा सकता है तथा फिर उसे क्लायंट को बतलाया जा सकता है। जैसे-जैसे क्लायंट को शिथिलिकरण (relaxation) का प्रशिक्षण दिया जाता है, वह इसका प्रभाव स्पष्टत: EMG पर देखता है तथा वह मांशपेशियों के तनाव या सिरदर्द को धीरे-धीरे उन प्रविधियों से दूर कर सकता है जिसे वह पहले सीखा होता है।

मनोदैहिक मूल्यांकन का सबसे बड़ा लाभ यह है कि इसमें मनोवैज्ञानिक अवस्थाओं का सम्बन्ध दैहिक अवस्थाओं से जोड़कर असामान्यता को समझने की कोशिश की जाती है। परंतु उसी तरह इसका अलाभ यह है कि इसका उपयोग सभी तरह के मानसिक *विकृतियों* को समझने में नहीं किया जा सकता है। इतना ही नहीं, इसमें उपयोग होने वाले कीमती उपकरण भी इस तरह के मूल्यांकन के मार्ग में बाधा पहुँचाता है।

3. न्यरोमनोवैज्ञानिक मूल्यांकन *(neuropsychological assessment)*—न्यूरोमनोवैज्ञानिक मूल्यांकन वैसे मूल्यांकन को कहा जाता है कि जिसमें इस बात का विशेष रूप से मूल्यांकन किया जाता है कि मस्तिष्कीय दुष्क्रिया (brain dysfunction) से किस तरह से मानव व्यवहार एवं चिंतन प्रभावित होकर असामान्य हो जाते हैं। न्यूरोमनोवैज्ञानिक (neuropsychologist) वैसा मनोवैज्ञानिक होता है जो यह अध्ययन करता है कि मस्तिष्क में दुष्क्रिया (dysfunction) होने से क्लायंट का व्यवहार एवं चिंतन में किस प्रकार की असामान्यता (abnormality) उत्पन्न होता है। इसके लिए ऐसे मनोवैज्ञानिकों द्वारा कई तरह के परीक्षण जिन्हें न्यूरोमनोवैज्ञानिक परीक्षण (neuropsychological test) कहा जाता है, विकसित किया गया है। इन परीक्षणों के माध्यम से यह जाना जाता है कि क्लायंट के व्यवहार में जो असामान्यताएँ हैं, उनका कारण मस्तिष्कीय दुष्क्रिया है या नहीं। ऐसे परीक्षणों में निम्नांकित प्रमुख हैं—

(i) वेन्डर दृष्टि-पेशीय गेस्टाल्ट परीक्षण (Bender Visual-Motor Gestalt Test)

(ii) लूरिया-नेबरास्का न्यूरोमनोवैज्ञानिक बैटरी (Luria-Nebraska Neuropsychological battery)

(iii) हालस्टीड-रिटान न्यूरोमनोवैज्ञानिक बैटरी (Helsteed-Reitan Neuropsychological battery)

इन सबों का वर्णन निम्नांकित हैं—

(i) वेन्डर दृष्टि-पेशीय गेस्टाल्ट परीक्षण *(Bender Visual-Motor Gestalt test)*—इस परीक्षण का निर्माण वेन्डर (Bender, 1938) द्वारा किया गया। इस परीक्षण में 9 कार्ड होते हैं जैसा कि चित्र 2.1 में दिखलाया गया है।

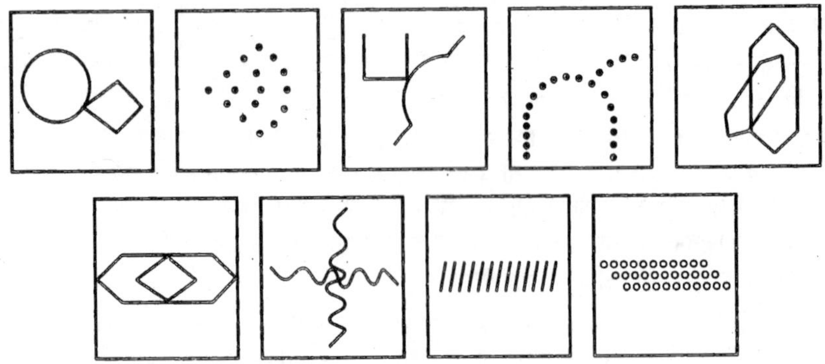

चित्र 2.1 : वेन्डर दृष्टि-पेशीय गेस्टाल्ट परीक्षण

प्रत्येक कार्ड में एक विशेष तरह का डिजाइन बना होता है। क्लायंट को एक-एक करके प्रत्येक डिजाइन दिया जाता है। क्लायंट पहले डिजाइन का नकल (copy) उतारता है, उसके बाद उसके सामने से डिजाइन हटा दिया जाता है और उसे अपनी स्मृति से ही उस डिजाइन को बनाना होता है। क्लायंट द्वारा नकल करने या स्मृति से डिजाइन बनाने में हुई त्रुटियाँ (errors) के आधार पर उसके तंत्रिकीय या मस्तिष्कीय क्षति (brain damage) का अंदाज लगाया जाता है।

परंतु कई नैदानिक विशेषज्ञों (clinicians) का मत है कि यह परीक्षण बहुत वैध (valid) नहीं है और इसको मात्र एक स्थूल परख साधन के रूप में ही स्वीकार किया जा सकता है। इनका मत है कि डिजाइन में त्रुटि (errors) सिर्फ तंत्रिकीय क्षति (neurological impairment) से ही नहीं बल्कि अन्य कारणों से जैसे हाथ में कम्पन या घबड़ाहट (nervousness) से भी उत्पन्न हो सकता है। इस परीक्षण के बारे में इस तरह की आलोचना को ही ध्यान में रखते हुए मालोनी एवं वार्ड[1] (Maloney & Ward, 1976) ने कहा है, ''मस्तिष्कीय दुष्क्रिया के परख में व्यापक उपयोग के बावजूद भी वेन्डर गेस्टाल्ट परीक्षण को प्रमस्तिष्कीय दुष्क्रिया के सामान्य प्रभावों का एक संवेदनशील माप नहीं समझा जाता है।''

1. "Despite its widespread use in screening for brain dysfunction, the Bender-Gestalt test is not considered a sensitive measure of the general effects of cerebral dysfunction."
—Maloney & Ward : *Psycholoigcal Assessment,* 1976 p. 269

(ii) लूरिया-नेबरास्का न्यूरोमनोवैज्ञानिक बैटरी *(Luria-Nebraska neuropsycho-logical Battery)*—**इस बैटरी का निर्माण रूसी मनोवैज्ञानिक एलेक्सेण्डर-लूरिया द्वारा किया गया । इस बैटरी में 269 एकांश हैं जिनके मांध्यम से क्लायंट के विस्तृत मनोवैज्ञानिक कार्यों (psychological functions) के बारे में अनुमान लगाया जाता है । इसमें क्लायंट के स्पर्श एवं गति कौशलों, शाब्दिक एवं स्थानिक (spatial) कौशलों, तीक्ष्ण एवं जटिल पेशीय समन्वय, लेखन, पठन संभाषण (speech) एवं अंकगणितीय कौशलों, तथा बौद्धिक एवं स्मृति प्रक्रियाओं के बारे में सूचना प्राप्त किया जाता है । इसके क्रियान्वयन में करीब 2½ घंटा समय लगता है । गोल्डेन एवं उनके सहयोगियों (Golden et al., 1980) के अनुसार सम्पूर्ण परीक्षण में क्लायंट द्वारा प्राप्त अंकों के पैटर्न (pattern) के आधार पर मस्तिष्क के विभिन्न भागों में हुए क्षति (imparirments) का पता चलता है । गोल्डेन (Golden, 1980) के ही अनुसार इस परीक्षण का एक रूपांतर (version) 8 साल से 12 साल के बच्चों के लिए भी तैयार किया गया है जिसके आधार पर बच्चों के मस्तिष्कीय दुष्क्रिया (brain dysfunction) का पता चलता है । इस परीक्षण का महत्त्वपूर्ण गुण यह है कि इसके क्रियान्वयन (adminstration) में कम समय लगता है तथा ब्रिकमैन एवं उनके सहयोगियों (Brickman et al, 1984) के अनुसार इस परीक्षण द्वारा वैसे मस्तिष्कीय क्षति का भी पता चलता है जो सामान्यत: तंत्रकीय परीक्षा (neurological examination) में स्पष्ट नहीं हो पाते हैं और साथ-ही-साथ इस परीक्षण में क्लायंट के शैक्षिक स्तर (educational level) को भी नियंत्रित करके रखा गया । इसका मतलब यह हुआ कि कम पढ़े-लिखे क्लायंट को सिर्फ कम पढ़े-लिखे होने के कारण कम प्राप्तांक नहीं मिलता है ।**

(iii) हालस्टीड-रिटान न्यूरोमनोवैज्ञानिक बैटरी *(Halsteed-Reitan Neuropsychological battery)*—नैदानिक मूल्यांकन विशेषज्ञ सामान्यत: सिर्फ यही नहीं जानना चाहते हैं कि क्लायंट तंत्रकीय रूप से क्षतिग्रस्त है कि नहीं बल्कि वे यह भी जानना चाहते हैं कि ऐसे क्षति का स्वरूप क्या है और वह कहाँ अवस्थित है । हालस्टीड-रिटान बैटरी इन उद्देश्यों को भरसक पूरा करता है । इस परीक्षण का उपयोग 15 साल एवं उससे ऊपर के क्लायंट पर किया जाता है परंतु इसके दो अन्य रूपांतर (version) भी विकसित किये गये हैं जिनमें से एक का उपयोग 9 साल से 14 साल के बच्चों के लिए तथा दूसरे का उपयोग 5 साल से 8 साल के बच्चों के लिए किया जाता है । बौल (Boll, 1981) के अनुसार, इस परीक्षण का वयस्क प्रारूप (adult form) में करीब 12 परीक्षण सम्मिलित होते हैं जो इस प्रकार हैं—

(1) सम्पूर्ण MMPI

(2) WAIS-R

(3) श्रेणी परीक्षण (Categories test)

(4) स्पर्श क्रियात्मक परीक्षण (Tactual Performance test)

(5) लय परीक्षण (Rhythm test)

(6) संभाषण-आवाज प्रत्यक्षण परीक्षण (Speech-Sound Perception test)

(7) अंगुली-निष्कास परीक्षण (Finger tapping test)

(8) खोज-निर्माण परीक्षण (Trail Making test)

(9) पकड़-की-शक्ति परीक्षण (Strength of Grip test)

(10) संवेदी-प्रत्यक्षज्ञानात्मक परीक्षण (Sensory-perceptual examination)

(11) स्पर्श प्रत्यक्षण परीक्षा (Tactile Perception test)

(12) बायाघात परख परीक्षण (Aphasia Screening test)

हालस्टीड-रिटान परीक्षण को क्रियान्यवन करने में लगभग छह घंटे का समय लगता है । उक्त सभी परीक्षणों के प्राप्तांकों का तुलनात्मक अध्ययन करके क्लायंट के मतिष्कीय क्षति का अनुमान लगाया जाता है और साथ-ही-साथ इस बात का भी पता लगाया जाता है कि मस्तिष्क के किस क्षेत्र में क्षति सर्वाधिक हुई है । इस दूसरे कार्य में पकड़-की-शक्ति परीक्षण की अहं भूमिका होती है । पहले कार्य के लिए कई तरह के क्षति सूचकांक (determination index) ज्ञात किया जाता है । यद्यपि यह परीक्षण काफी लोकप्रिय है परंतु इसके क्रियान्वयन में समय अधिक लगने से इसकी उपयोगिता थोड़ी सीमित हो गयी है ।

4. स्कैनिंग प्रविधि (*Scanning Technique*)—हाल में हुए तकनीकी प्रगति ने असामान्यता का मूल्यांकन मस्तिष्क के विभिन्न अंगों के संरचनात्मक विशेषताओं का प्रतिमा (image) लेकर करना सम्भव कर दिया है । इसे 'मस्तिष्कीय प्रतिमा' (brain imaging) या स्कैनिंग कहा जाता है । इसकी चार प्रचलित प्रविधियाँ है जिनका वर्णन यहाँ अपेक्षित हैं—

(i) **कम्प्यूटराइज्ड एक्सीयल टोमोग्राफी** (*Computerized Axial Tomography or CAT*)—यह एक्स-रे तकनीकी पर आधारित होता है जिसमें पूरे मस्तिष्क में एक्स-रे का एक घूमता हुआ किरण (beam) जाता है । एक्स-रे डिटेक्टर द्वारा खोपड़ी के दूसरे भाग में उस किरण को अपने में सोख लिया जाता है जो मस्तिष्क से होकर आने वाले रेडियोएक्टीभीटी (radioactivity) की मात्रा की माप करता है । रेडियोएक्टीभीटी में उत्पन्न होने वाले अंतर से मस्तिष्कीय उत्तकों (brain tissues) के सघनता या घनत्व (density) का पता चलता है । इन सूचनाओं का कम्प्यूटरीकरण होता है जिससे मस्तिष्क के क्रॉस-सेक्सन के द्विआयामीय चित्रण (two-dimensional view) का पता चलता है। इससे मस्तिष्क में रक्त जमाव (blood clots), ट्यूमर या मस्तिष्क के वर्द्धित क्षेत्र (employed areas) के स्थान का पता चल जाता है । इनके स्थान के आधार पर उस असामान्यता के बारे में भी अंदाज हो जाता है जिससे क्लायंट के संवेग या व्यवहार अन्ततोगत्वा प्रभावित होते हैं ।

(ii) **पोजिट्रोन इमिसन टोमोग्राफी** (*Positron Emission Tomography or PET*)—स्कैनिंग का दूसरा प्रमुख विधि PET है जो क्लायंट के खून में डाले गए रेडियोइसोटोपिक (radioisotopic) तत्त्वों पर निर्भर करता है । इन तत्त्वों से जो नये कण (particles)उत्पन्न होते हैं, उन्हें पोजीट्रोन (positorns) कहा जाता है । जब पोजीट्रोन मस्तिष्क में पहुँचते हैं, तो वे स्कैनर द्वारा उत्पन्न एल्केट्रॉन (electorns) से ग्रहण कर लिए जाते हैं। । ऐसे अरबों कण की पहचान होती हैं जिसे कम्प्यूटर द्वारा अभिलेखित कर लिया जाता है जो बाद में मस्तिष्क के गति तस्वीर (motion picture) में बदल जाता है । इन घुमते हुए तस्वीरों के माध्यम से मस्तिष्क में विषाणु (malingnant) या अविषाणु (nonmalingnant) ट्यूमर की पहचान होती है तथा स्ट्रोक (storke) या अन्य दूसरे तरह के घावों (injuries) से मस्तिष्क में हुए क्षति (damage) का पता चल पाता है । चूँकि PET द्वारा मस्तिष्क का घूमते हुए तस्वीर लिया जाता है, अत: इसके द्वारा मानसिक प्रक्रियाओं को स्थानीकृत करने का उत्तम साधन माना जाता है ।

(iii) **मैगनेटिक रिसोनेन्स इमेजिंग** (*Magnetic Resonance Imaging or MRI*)—स्कैनिंग का यह एक नवीनतम प्रविधि है जिसमें क्लायंट के खून में रेडियोएक्टिव तत्त्वों को डालने की जरूरत नहीं पड़ती है फिर भी इसके द्वारा मस्तिष्क का एक उत्तम तस्वीर मिल पाता है । इसे *न्यूक्लियर मैगनेटिक रेसपोन्स इमेजिंग* (Neuclear Magnetic Response Imaging or NMR) भी कहा जाता है । इस प्रविधि में क्लायंट को एक बड़े वृत्तीय मैगनेट (circular magnet) के भीतर रखा जाता है जो शरीर के हाइड्रोजन अणु (hydrogen atoms) में गति उत्पन्न करता है । जब चुम्बकीय बल (magnetic force) को बंद कर दिया जाता है, तब अणु अपने मौलिक अवस्था में आ जाता है और एक तरह का एल्कट्रोमैगनेटिक संकेत (electormagnetic symbol) उत्पन्न होता है । इन संकेतों को कम्प्यूटर ग्रहण कर लेता है और उसे मस्तिष्कीय उत्तकों के श्वेत-श्याम तस्वीरों में बदल देता है जिससे विशेषज्ञों को विभिन्न तरह की असामान्यताओं के स्रोतों का पता चल जाता है ।.

(iv) **सुपरकंडक्टिंग क्वानटम इन्टरफियरेन्स डिभाइस** (*Superconducting Quantum Interfirence Device or SQID*)—स्कैनिंग की इस विधि में मस्तिष्क के चुम्बकीय क्षेत्रों में होने वाले सूक्ष्म परिवर्तनों की पहचान कर मस्तिष्क के विभिन्न भागों की प्रतिमा ली जाती है। जब न्यूरोन्स उत्तेजित होते हैं, तो उसमें वैद्युतीय धारा (electric current) उत्पन्न होता है। ऐसे विद्युतीय धारा फिर कुछ चुम्बकीय क्षेत्रों (magnetic fields) की उत्पत्ति करते हैं जिसे SQID, तंत्रिकीय क्रिया (neural activites)के रूप में व्याख्या करता है। शोधकर्त्ताओं ने SQID का उपयोग मस्तिष्क के विभिन्न कार्यों का पता लगाने में सफलतापूर्वक किया है।

स्पष्ट हुआ कि प्रेक्षण प्रविधियाँ कई हैं जिनका उपयोग नैदानिक मूल्यांकन में किया जाता है । नैदानिक मनोविज्ञानियों द्वारा न्यूरोमनोवैज्ञानिक मूल्यांकन पर तुलनात्मक रूप से अधिक बल डाला जाता है जबकि मनश्चिकित्सकों (psychiatrists) द्वारा स्कैनिंग प्रविधियों (scanning procedures) पर अधिक बल डाला जाता है ।

जीवन-रेकर्ड
(Life Records)

नैदानिक मूल्यांकन में क्लायंट के जीवन में बीती गत घटनाओं का एक रिकार्ड तैयार किया जाता है। इनमें उसके स्कूल कार्य, पुलिस एवं मेडिकल रिकार्ड, चिट्ठियाँ, चित्र, आयकर प्रतिवेदन (income tax return), पेंटिंग, शिल्पकला, डायरी आदि मुख्य हैं जिनके आधार पर उनके गत जीवन का एक रिकार्ड तैयार किया जाता है। इसका विश्लेषण करके क्लायंट के असामान्य व्यवहारों के बारे में आसानी से एक अनुमान लगाया जाता है।

जीवन रेकार्ड विधि के कुछ लाभ तथा अलाभ हैं।

इसके मुख्य लाभ निम्नांकित हैं—

(i) नैदानिक मूल्यांकन का यह एक ऐसी विधि है जिसमें कोई खास खर्च आदि नहीं लगता है। फलतः इसका उपयोग आसानी से नैदानिक मनोविज्ञानियों द्वारा किया जाता है।

(ii) इस तरह के मूल्यांकन में क्लायंट को कोई नयी अनुक्रिया (new responses) नहीं करना पड़ता है। फलतः इस बात की कोई उम्मीद नहीं है कि मूल्यांकन आँकड़ा (assessment data) क्लायंट की स्मृति, अभिप्रेरण, अनुक्रिया शैली, या अन्य परिस्थितिजन्य कारकों से प्रभावित होगा।

इन लाभों के बावजूद इस प्रविधि के कुछ अलाभ हैं, जो इस प्रकार हैं—

(i) यह एक वस्तुनिष्ठ विधि न होकर आत्मनिष्ठ विधि है क्योंकि जीवन रेकार्ड के विश्लेषण करने का कोई वैज्ञानिक विधि नहीं है। एक ही जीवन रिकार्ड का विश्लेषण एक नैदानिक मनोविज्ञानी से दूसरे नैदानिक मनोविज्ञानी से भिन्न हो सकता है।

(ii) इस प्रविधि में क्लायंट द्वारा प्रदत्त सूचनाओं की सत्यता की जाँच का भी कोई उचित विधि उपलब्ध नहीं है। इससे इस विधि की विश्वसनीयता तथा वैधता पर बुरा प्रभाव पड़ता है।

इन अलाभों के बावजूद विशेष परिस्थितियों में नैदानिक मनोविज्ञानी जीवन रेकार्ड विधि का उपयोग एक संपूरक विधि (supplementary method) के रूप में करते हैं।

सामान्य निष्कर्ष *(General Conclusion)*—ऊपर किये गये विवरण से यह स्पष्ट हुआ कि नैदानिक मूल्यांकन की कई प्रविधियाँ हैं। इन प्रविधियों के अपने-अपने लाभ एवं अलाभ है। इन सबों को ध्यान में रखते हुए यही कहा जा सकता है कि नैदानिक मूल्यांकन करते समय कोई एक प्रविधि पर पूर्णरूपेण भरोसा करना ठीक नहीं है बल्कि इनका एक संयुक्त उपयोग द्वारा ही अधिक विश्वसनीय एवं वैध मूल्यांकन आँकड़ा प्राप्त हो सकता है।

अध्याय सारांश
(Chapter Summary)

1. व्यवहारपरक एवं मनोवैज्ञानिक पैटर्न के अनुसार मनोवैज्ञानिक विकृतियों का वर्गीकरण ही निदान (diognosis) कहा जाता है।
2. असामान्य व्यवहारों के वर्गीकरण की दो पद्धतियाँ है-अंतर्राष्ट्रीय वर्गीकरण पद्धति तथा भारतीय वर्गीकरण पद्धति।
3. अंतर्राष्ट्रीय वर्गीकरण पद्धति में DSM तथा ICD का वर्गीकरण लोकप्रिय है और इन दोनों में DSM की लोकप्रियता सबसे अधिक है। अभी DSM का चौथा संस्करण का पाठ्य संशोधन (text revision) जिसे DSM-IV TR कहा जाता है, नवीनतम वर्गीकरण पद्धति है। उधर ICD का दशवाँ संस्करण अर्थात ICD-10 नवीतम (latest) पद्धति है। DSM-IV TR में पाँच आयाम (axis) हैं जिनके द्वारा मानसिक रोगों का वर्गीकरण किया गया है।
4. भारतीय नैदानिक मनोविज्ञानियों द्वारा रोगों का जो वर्गीकरण किया गया है, उसकी लोकप्रियता भारत के कुछ नैदानिक मनोविज्ञानियों के बीच है।
5. नैदानिक मूल्यांकन (clinical assessment) एक ऐसी प्रक्रिया है जिसमें नैदानिक विशेषज्ञ विशेष प्रविधियों के सहारे क्लायंट की असामान्यता के बारे में एक सूचित निर्णय लेता है।

6. नैदानिक साक्षात्कार नैदानिक मूल्यांकन का एक प्रमुख प्रविधि है जिसमें साक्षात्कारकर्त्ता क्लायंट की समस्याओं के बारे में पूछ-ताछ कर जानना चाहता है। साक्षात्कार का स्वरूप संरचित (structured) या असंरचित (unstructured) कुछ भी हो सकता है।
7. नैदानिक मूल्यांकन में मनोवैज्ञानिक परीक्षणों (psychological tests) की भी अहं भूमिका है। मनोवैज्ञानिक परीक्षणों में व्यक्तित्व आविष्कारिका, प्रक्षेपीय परीक्षण तथा बुद्धि परीक्षणों की भूमिका काफी अधिक बतलायी जाती है।
8. नैदानिक मूल्यांकन में प्रेक्षण प्रविधियाँ (observation technique) की भी भूमिका महत्त्वपूर्ण है। व्यवहारपरक मूल्यांकन (behavioural assessment), मनोदैहिक मूल्यांकन, न्यूरोमनोवैज्ञानिक मूल्यांकन तथा स्कैनिंग (scanning) की भूमिका प्रशंसनीय है।
9. नैदानिक मूल्यांकन में जीवन रेकार्ड (life records) भी महत्त्वपूर्ण भूमिका निभाया है। क्लायंट के जीवन की गत घटनाओं का विश्लेषण करके नैदानिक मनोविज्ञानी उसके समस्याओं के बारे में एक अंदाज लगाते हैं।

❑

अध्याय 3

असामान्य व्यवहार के वर्तमान सिद्धान्त या मॉडल

(CURRENT THEORIES OR MODELS OF ABNORMAL BEHAVIOUR)

असामान्यता के मॉडल का अर्थ
(Meaning of Model of Abnormality)

असामान्य व्यवहार क्यों होता है ? जैसे प्रश्न पर नैदानिक विशेषज्ञों का ध्यान प्रारम्भ से हो गया है। फलत: असामान्य व्यवहार की व्याख्या का प्रयास काफी उत्तम ढंग से बहुत से विशेषज्ञों जिनमें नैदानिक मनोविज्ञानी, मनश्चिकित्सक (psychiatrists) मनोविश्लेषक (psychoanalysis), आदि का संयुक्त योगदान है, द्वारा किया गया है। इन सबों का परिणाम यह हुआ कि असामान्य व्यवहार की व्याख्या तीन आयामों पर सफलतापूर्वक की गयी है–असामान्य व्यवहार के नैदानिक स्वरूप (clinical picture) अर्थात् असामान्य व्यवहार के लक्षण (symptoms), असामान्य व्यवहार के कारण तथा उसका उपचार (treatment)। इन विशेषज्ञों के प्रयास से असामान्य व्यवहार की व्याख्या के लिए कुछ मॉडल बनाये गये हैं।

असामान्यता के मॉडल से तात्पर्य एक ऐसे मॉडल या सैद्धान्तिक ढाँचा से होता है जो यह बतलाता है कि असामान्य व्यवहार *क्यों* (why) एवं *कैसे* (how) विकसित होता है और इन व्यवहारों का उपचार किस तरह से उत्तम ढंग से किया जा सकता है। सचमुच में असामान्यता का मॉडल एक ऐसा संप्रत्यात्मक नक्शा (conceptural map) उपस्थित करता है जो शोधकर्ता को यह निर्णय करने में मदद करता है कि असामान्य व्यवहार का कौन पहलु अर्थात् वाह्य व्यवहार या चिन्तन अध्ययन के ख्याल से सबसे मजबूत है तथा उपचार की विभिन्न विधियों में से कौन विधि सबसे अधिक सफलीभूत होगी।

असामान्यता के कई मॉडल हैं जिनकी लोकप्रियता भिन्न-भिन्न समय में अपनी चरम सीमा पर रही है।

ऐसे तीन प्रमुख मॉडल निम्नांकित हैं:—

(1) जैविक सिद्धान्त या मॉडल (Biological theory or Model)

(2) मनोसामाजिक सिद्धान्त या मॉडल (Psychological theory or Model)

(3) सामाजिक-सांस्कृतिक सिद्धान्त या मॉडल (Sociocultural theory or Model)।

इन सबों का वर्णन हम अलग-अलग अनुच्छेदों में करेंगे।

जैविक सिद्धान्त या मॉडल
(Biological theory or Model)

जैविक सिद्धान्त या मॉडल में असामान्य व्यवहार की व्याख्या जैव-दैहिक प्रक्रियाओं (bio-physical processes) के रूप में की गयी है। इसे कभी-कभी मेडिकल मॉडल (Medical Model) या रोग मॉडल (Disease model) भी कहा जाता है। सचमुच में इस मॉडल द्वारा असामान्य व्यवहार की व्याख्या निम्नांकित दो स्तरों पर की गयी है—

(i) पहले स्तर पर इस मॉडल के अनुसार असामान्य व्यवहार को केन्द्रीय तंत्रिका तत्र (central nervous system) का रोग माना जाता है जो या तो जन्मजात (inherited) होता है या किसी प्रकार के मस्तिष्कीय विकार (brain pathology) से उत्पन्न होता है। इस स्तर पर किसी प्रकार के मनोवैज्ञानिक कारक या मनोसामाजिक वातावरण की भूमिका का कोई महत्त्व नहीं दिया जाता है।

(ii) दूसरे स्तर पर जो तुलनात्मक रूप से अधिक नवीन है, असामान्य व्यवहार का कारण जैव रसायनिक प्रक्रियाओं (biochemical processes) का असंतुलित (imbalanced) होना बतलाया गया है । जब व्यक्ति के शरीर के भीतर की ऐसी प्रक्रियाएँ किसी कारण से असंतुलित (imbalanced) हो जातीं हैं, तो व्यक्ति मानसिक विकृति (mental disorder) का शिकार हो जाता है ।

अब हम इस सिद्धान्त के योगदानों पर थोड़ा गंभीरता से विचार करेंगे । मेडिकल मॉडल के स्वरूप को हम मोटे तौर पर निम्नांकित दो भागों में बाँट कर समझ सकते हैं—

(1) आरंभिक जैविक विचारधारा (early biological viewpoints)

(2) आधुनिक जैविक विचारधारा (modern biological viewpoints)

इन दोनों का वर्णन निम्नांकित है—

1. आरंभिक जैविक विचारधारा *(Early biological viewpoints)*—आरम्भ से ही कुछ वैज्ञानिकों का यह मत रहा है कि मानसिक विकृति या असामान्य व्यवहार का कारण शारीरिक रोग के समान ही दैहिक (bodily) होता है अर्थात् असामान्य व्यवहार एक तरह का रोग है जो मस्तिष्क (brain) में विकृति के कारण उत्पन्न होता है। इस विचारधारा के आरंभिक समर्थक हाल्लर (Haller) तथा ग्रिसिंगर (Griesinger) हैं जिन्होंने 1845 में यह दावा किया कि सभी मानसिक रोगों की व्याख्या मस्तिष्कीय विकृति (brain pathology) के रूप में किया जा सकता है। इसी अवधि में वैज्ञानिकों द्वारा 'सामान्य पैरेसिस' (General Paresis) जैसे मानसिक रोग का प्रेक्षण किया गया जिसके प्राप्त निष्कर्ष से उक्त विचारधारा की पुष्टि की गयी। इस रोग की शुरूआत में रोगी बाँह तथा पैर में कमजोरी का अनुभव करता है। फिर उसमें व्यामोह (delusion) विकसित हो जाता है, व्यवहार में झक्कीपना (eccentricity) उत्पन्न हो जाता है, और फिर धीरे-धीरे सम्पूर्ण शरीर में पक्षाघात (paralysis) होता है और रोगी मर जाता है। ऐसे रोगियों के मस्तिष्क में कुछ विकृति पाये गये। फिर सेनाइल मानसिक विकृतियों (senile mental disorders) तथा मस्तिष्कीय आर्टेरियोस्क्लेरोसिस (cerebral arterio-sclerosis) में भी कुछ मस्तिष्कीय विकृति के साक्ष्य अलझिमर (Alzheimer) तथा उनके सहयोगियों द्वारा पाये गए जिनसे भी मानसिक रोगों के आंगिक आधार (organic base) होने का सबूत मिलता है।

बाद में जर्मन मनश्चिकित्सक क्रेपलिन (Kraepelin) के योगदानों ने जैविक मॉडल के विकास में महत्त्वपूर्ण भूमिका निभाया । उन्होंने 1883 में एक मशहूर पाठ्य-पुस्तक लिखा जिसमें मानसिक रोगों की उत्पत्ति में न केवल मस्तिष्कीय विकृति (brain pathology) की ही भूमिका पर बल डाला गया परंतु उन्होने कई ऐसे सम्बद्ध योगदान किये जिससे जैविक मॉडल या विचारधारा को फलने-फूलने में मदद भी मिली । इनमें से सबसे महत्त्वपूर्ण योगदान मानसिक रोगों का उनका वह वर्गीकरण तंत्र (classification system) था जो आज के DSM-IV TR का आधार है । उनका विचार था कि कुछ विशेष लक्षण पैटर्न व्यक्ति में इस तरह सतत होते हैं कि उन्हें मानसिक रोग का प्रकार कहा जा सकता है । उनकी यह विचारधारा कि मानसिक रोग का प्रत्येक प्रकार अन्य प्रकार से अलग और भिन्न है, और प्रत्येक रोग काफी पूर्वनिर्धारित एवं पूर्वानुमेय होता है, से मेडिकल मॉडल को काफी समर्थन मिला है ।

2. आधुनिक जैविक विचारधारा *(Modern Biological viewpoints)*—आधुनिक शोधों से यह स्पष्ट हुआ है कि मानसिक रोग सिर्फ मस्तिष्कीय विकृति (brain pathology) से ही नहीं बल्कि अन्य कारकों से जिनका आधार जैविक ही होता है, उत्पन्न होता है । ऐसे कारकों को निम्नांकित तीन श्रेणियों में अध्ययन किया गया है—

(1) व्यवहार आनुवंशिकी (Behaviour Genetics)

(2) मस्तिष्क में जैवरसायनिक असंतुलन (Biochemical imbalances in brain)

(3) जैवदैहिक चिकित्सा (Biophysical therapies)

(1) व्यवहार आनुवंशिकी *(Behaviour Genetics)*—व्यवहार आनुवंशिकी व्यवहार में होने वाले वैसे वैयक्तिक अंतर (individual differences) का अध्ययन करता है जो अंशतः आनुवंशिक कारकों (genetic or hereditory factors) के कारण होते हैं । व्यक्ति का सम्पूर्ण आनुवंशिक ढाँचा जो जन्मजात जीन्स (inherited genes) से बने होते हैं, को जेनोटाईप (Genotype) कहा जाता है तथा व्यक्ति के सम्पूर्ण प्रेक्षणीय गुणों को फेनोटाईप (Phenotype) कहा जाता है । जेनोटाईप तथा फेनोटाईप में इस अंतर के आधार पर हम यह आसानी से समझते हैं कि विभिन्न तरह के

असामान्य व्यवहार जेनोटाईप की विकृति होती है। सचमुच में प्रत्येक युग्मनज (zygote) में 46 क्रोमोजोम्स होते हैं और प्रत्येक क्रोमोजोम में हजारों जीन्स (genes) होते हैं और इसी जीन्स के माध्यम से माता-पिता के गुण उनके संतान में आते हैं। एक पीढ़ी से दूसरी पीढ़ी में शीलगुणों का आनुवंशिक अंतरण (genetic transmission) एक जैविक प्रक्रिया (biological process) है। नील तथा ओल्टामान्नस (Neil & Oltamanns, 1980) ने मनोविदालिता (schizophrenia) पर अध्ययन करके, पेकेल (Paykel, 1982) ने विषाद (depression) पर अध्ययन करके तथा क्लोनिंनगर तथा उनके सहयोगियों (Cloninger et al., 1986) ने मद्यपानता (alcoholism) पर अध्ययन करके यह दिखला दिया है कि इन मानसिक रोगों का आधार आनुवंशिक (hereditary) होता है। दूसरे शब्दों में, ऐसे रोग उन व्यक्तियों में अधिक होता है जिनके माता-पिता या परिवार के किसी अन्य सदस्यों में पहले हो चुका हो। मानसिक रोगों में आनुवंशिक कारकों के महत्त्व को दिखाने के लिए दो विधियों का प्रतिपादन किया गया है–*परिवारिक विधि* (family method) तथा *जुड़वाँ अध्ययन विधि* (twin study method)। परिवारिक विधि में एक परिवार के विभिन्न सदस्यों का आपस में तुलना करके इस बात का सूक्ष्म रूप से अध्ययन किया जाता है कि क्या एक सदस्य में यदि अमुक मानसिक रोग हुआ है तो दूसरे में भी उसके होने की संभावना है ? जुड़वाँ अध्ययन विधि में एकांकी जुड़वाँ बच्चों (identical twin children) की तुलना आपस में तथा भ्रात्रीय जुड़वाँ बच्चों (fraternal twin children) से करके यह तय किया जाता है कि क्या युग्म के एक बच्चा में यदि अमुक मानसिक रोग हुआ है, तो दूसरे में भी उसके लक्षण दिख रहे हैं ? एकांकी जुड़वाँ बच्चों की आनुवंशिकता 100% समान होती है जबकि भ्रात्रीय जुड़वाँ बच्चों की आनुवंशिकता मात्र 50% समान होती है। अगर कोई मानसिक रोग के होने की प्रवृत्ति आनुवंशिक होती है, तो एकांकी जुड़वाँ बच्चों में सुसंगतता दर (concordance rate) भ्रात्रीय जुड़बाँ बच्चों के सुसंगतता दर से अधिक ऊँचा होना चाहिए। कई अध्ययनों में एकांकी जुड़वाँ बच्चों में मनोविदालिता (schizophrenia) का सुसंगतता दर (concordance rate) भ्रात्रीय जुड़वाँ बच्चों के सुसंगतता दर से अधिक ऊँचा पाया गया है। इससे इस बात का समर्थन मिलता है कि मानसिक रोगों की उत्पत्ति में आनुवंशिक कारकों की भूमिका अहम् होती है।

(2) **मस्तिष्क में जैव-रसायनिक असंतुलन** (*Biochemical imbalances in brain*)—मेडिकल मॉडल को इन आधुनिक शोधों से भी समर्थन मिला है कि जब मस्तिष्क में किसी कारण से जैवरसायनिक असंतुलन उत्पन्न हो जाता है, तो इससे भी मानसिक रोग होता है। इस तरह का असंतुलन कई कारणों से होता है जिसमें तीव्र बुखार, मस्तिष्कीय फूलन (brain inflammation) तथा प्रतिबल या तनाव (stress), न्यूरोट्रांसमीटर (neurotransmitter) आदि प्रमुख हैं। इस दावे की व्याख्या एक प्रचलित उदाहरण द्वारा हम इस प्रकार करते हैं—

मनोविदालिता के बारे में एक प्रचलित प्राक्कल्पना (hypothesis) है जिसे 'डोपामाइन प्राक्कल्पना' (Dopamine hypothesis) कहा जाता है। डोपामाइन एक तरह का न्यूरोट्रांसमीटर है जिसका मुख्य कार्य तंत्रिका संचरण (neural transmission) में मदद करना होता है। डोपामाइन प्राक्कल्पना के अनुसार जब मस्तिष्क में डोपामाइन क्रियाएँ (dopamine activities) अत्यधिक बढ़ जाती है, तो इससे मनोविदालिता का रोग उत्पन्न होता है। इस तथ्य का परोक्ष समर्थन कई अध्ययनों से हुआ है जिसमें कापुर एवं रेमिंगटन (Kapur & Remington, 1996) तथा हिन्जल एवं उनके सहयोगियों (Heinzal et at., 1994) द्वारा किया गया अध्ययन अधिक मशहूर है। इनके अध्ययनों में मनोविदालिता के रोगियों को एक ऐसा औषध (drug) दिया गया जिससे मस्तिष्क में डोपामाइन क्रियाओं (dopamine activities) में कमी हो जाए। इस औषध के सतत उपयोग से ऐसा देखा गया कि मस्तिष्क में डोपामाइन क्रियाएँ अवरुद्ध हो गयी जिनसे मनोविदालिता के लक्षणों में कमी आयी। इस तरह के परिणाम से यह स्पष्ट संकेत मिलता है कि डोपामाइन से मनोविदालिता का रोग का सम्बन्ध है। सचमुच में डोपामाइन रोगी के मस्तिष्क में जैवरसायनिक असंतुलन उत्पन्न करता है जिससे मस्तिष्कीय विकृति उत्पन्न होती है और मनोविदालिता के लक्षण दिखने लगते हैं।

(3) **जैवदैहिक चिकित्सा** (*Biophysical therapy*)—जैविक मॉडल को इस तथ्य से भी समर्थन मिला है कि कई तरह के जैविक हस्तक्षेप (biological interventions) जो 1930 वाले दशक में किया गया था, से मानसिक रोगों के लक्षणों में कमी आयी है। इससे यह निष्कर्ष निकलता है कि मानसिक रोगों का निश्चित रूप से जैविक आधार होता है। जैसे, एक लोकप्रिय जैविक चिकित्सा है—वैद्युतआक्षेपी चिकित्सा (electroconvulsive therapy or ECT)। यह चिकित्सा पद्धति में रोगी के मस्तिष्क में बिजली का हल्का धारा प्रवाहित कुछ समय के लिए किया जाता है। इसके

कुछ समय के बाद प्राय: यह देखा गया है कि रोगी सामान्य अवस्था में आ जाता है। जैविक रूप से (biologically) इसकी व्याख्या करते हुए यह कहा जाता है कि बिजली का आघात लगने से रोगी के मस्तिष्क का जैवरसायन (biochemistry) सम्भवत: विघटित हो जाता है और फिर थोड़े देर के बाद उसमें एक उचित जैवरसायन संतुलन (biochemical balance) कायम हो जाता जो व्यक्ति को असामान्य व्यवहार के जगह पर सामान्य व्यवहार करने के लिए प्रेरित करता है। 1950 वाले दशक में फिर कई तरह के औषध विकसित किये गये जिनका भी उपयोग करके मानसिक रोगों का उपचार सफलतापूर्वक किया गया। जैसे, फेनोथियाजाइन्स (phenothiazines) एक ऐसा औषध है जिससे संभ्रांत चिंतन (confused thinking) तथा अन्तर्वेधी (intrusive) चिंतन में पर्याप्त कमी आती है। इस औषध के लेने से मस्तिष्कीय जैवरसायन में इतना तीव्र परिवर्तन आता है कि रोगी सामान्यता (normalcy) की ओर तेजी से लौटता है। ऐसे प्रेक्षणों से भी इस तथ्य का खुलासा होता है कि मानसिक रोगों का जैविक आधार होता हैं।

मूल्यांकन *(Evaluation)*—जैविक मॉडल जिसका सार तत्त्व यह है कि मानसिक रोग शारीरिक रोग के समान ही शरीर का एक बीमारी (illness or disease) है। इस मॉडल के स्पष्टत: कुछ लाभ (advantages) हैं तथा इसकी कुछ आलोचनाएँ (criticisms) भी हुई हैं जिनपर यहाँ विचार करना आवश्यक है। मॉडल के कुछ लाभ (advantages) इस प्रकार है—

(i) मेडिकल मॉडल का आधार परिपक्व विज्ञान है। फलत: इसके जो भी प्राक्कल्पनाएँ (hypotheses) जैसे डोपामाइन प्राक्कल्पना, आनुवंशिकता, केन्द्रीय तंत्रिका तंत्र आदि हैं, वे सभी जाँचनीय है।

(ii) मेडिकल मॉडल के तथ्य वस्तुनिष्ठ तथा प्राक्कल्पनाएँ चूँकि जाँचनीय है, अत: इस पर काफी अधिक भरोसा किया जाता है।

(iii) इस मॉडल की क्रियाविधि (methodology) उत्तम ढंग से परिभाषित हैं तथा एक निश्चित क्रम (sequence) में है जिनसे मानसिक रोग की व्याख्या होती है। इस मॉडल की क्रियाविधि के क्रम (sequence) हैं–संलक्षण (syndrome), कारण (etiology) तथा उपचार (treatment)। दूसरे शब्दों में, इस मॉडल में पहले रोग के लक्षणों के समूह जिसे संलक्षण (syndrome) कहा जाता है, तैयार किया जाता है, फिर उसका सम्भावित कारण पता लगाकर उसका उपचार किया जाता है। मानसिक रोग के स्वरूप को समझने के लिए इतना स्पष्ट क्रम (sequence) किसी भी अन्य मॉडल में नहीं देखने को मिलता है।

इन लाभों के बावजूद इस मॉडल के कुछ आलोचनाएँ की गयी हैं जो इस प्रकार हैं–

(i) जब मेडिकल मॉडल द्वारा असामान्य व्यवहार की व्याख्या की जाती है, तो रोग के लक्षण के कारण को स्वतंत्र रूप से आँकना सम्भव नहीं हो पाता है। कुछ लक्षणों या व्यवहारों को श्रेणीकृत करके उसे विशेष मानसिक रोग (mental disease) का नाम दिया जाता है और फिर उस नाम को ही उस रोग का कारण बतला दिया जाता है। इसका मतलब यही हुआ कि मेडिकल मॉडल में वृत्तीय तर्कणा (circular reasoning) की त्रुटि होती है। इसे एक उदाहरण द्वारा इस प्रकार समझाया जा सकता है–मान लिया जाए कि एक मानसिक रोगी ऐसा है जो अपने आप को वातावरण से अलग करके रखता है तथा उसमें विभ्रम (hallucination) का भी पर्याप्त अनुभव होता है। इन लक्षणों के आधार पर उसे मनोविदालिता (schizophrenia) का रोगी कहा जाएगा। परंतु जब यह पूछा जाता है कि रोगी में क्यों विभ्रम हो रहा है तथा वह क्यों सामान्य वातावरण से अपने को अलग रख रहा है तो यह कहा जाता है कि वह मनोविदालिता का रोगी है। इस तरह से वही व्यवहार या लक्षण को मनोविदालिता की संज्ञा दी जाती है। यह स्पष्टत: वृत्तीय तर्कणा (circular reasoning) का उदाहरण है।

(ii) मेडिकल मॉडल की दूसरी आलोचना यह है कि दैहिक रोग के लक्षण तो वस्तुनिष्ठ होते हैं परंतु मानसिक रोग के लक्षण आत्मनिष्ठ (subjective) होते हैं। इस आलोचना का सम्बन्ध थोमस जास्ज (Thomas Szasz) के कथन से है जिसमें यह कहा गया है कि रोगी का मानसिक लक्षण उसके द्वारा अपने बारे में किया गया संचार(communications) होता है। जब हमलोग इस तरह के बतलाये गए संचार को लक्षण (symptoms) कहते हैं, तो हमलोग किसी सामाजिक एवं सांस्कृतिक संदर्भ में ही कोई निर्णय लेकर ऐसा कहते हैं। जैसे, कोई रोगी यह कहता है कि वह भारत का प्रधानमंत्री है, तो प्रेक्षक (observer) शायद यह सोचेगा कि रोगी व्यामोही मनोविदालिता (Paranoid schizophrenia) का लक्षण दिखाया जा रहा है। इस परिस्थिति में भी यह निदान (diagnosis) इस बात पर निर्भर करेगा कि प्रेक्षक रोगी के कथन में कितना विश्वास करता है। इसमें फिर आत्मनिष्ठता (subjectivity) की काफी गुंजाइश है।

(iii) मिल्टन एवं वेहलर (Milton & Wahler, 1969) के अनुसार, मानसिक रोग के न तो विशिष्ट लक्षण (specific symptoms) होते हैं और न ही विशिष्ट कारण (etiology) ही। अभी तक मानसिक रोग के कारणों के बारे में जो कुछ भी पता चल पाया है, वह काफी सीमित है। ऐसी परिस्थिति में मेडिकल मॉडल द्वारा मानसिक रोग की व्याख्या स्वभावतः अनुपयुक्त साबित होगी है।

(iv) इस मॉडल का यह दावा कि व्यक्तित्व तथा मानसिक विकृति (mental disorder) आनुवंशिक (genetic) होता है, मात्र अर्द्धसत्य है। अध्ययनों से यह स्पष्ट हुआ है कि व्यक्तित्व अंशतः आनुवंशिक (genetic) होता है और साथ-ही-साथ मानसिक रोग भी आंशिक रूप से आनुवंशिक होता है क्योंकि बहुत सारे वैसे कारक जो आनुवंशिक नहीं होते हैं, उनका भी प्रभाव मानसिक रोगों की उत्पत्ति पर अच्छा पड़ता है।

इन आलोचनाओं के बावजूद मेडिकल मॉडल की लोकप्रियता काफी है क्योंकि गत 20 वर्षों में किए गए शोधों से निम्नांकित तीन बातें स्पष्ट हो गयी है—

(i) कुछ मानसिक रोग आनुवंशिक (genetic) होते हैं।

(ii) कुछ मानसिक रोग ऐसे होते हैं जो जैवरसायनिक क्षुब्धता (biochemical disturbances) से होते हैं तथा कुछ मानसिक रोग न्यूरोशारीरिक (neuroanatomical) होते हैं।

(iii) कुछ औषध निश्चित रूप से ऐसे हैं जिनसे व्यक्ति का संवेग एवं मनस्थिति (mood) में परिवर्तन होता है।

मनोसामाजिक सिद्धान्त या मॉडल
(Psychosocial theory or Model)

असामान्य व्यवहार की व्याख्या करने के लिए मनोसामाजिक सिद्धान्त या मॉडल का भी प्रतिपादन किया गया है। इस मॉडल में असामान्य व्यवहार की व्याख्या व्यक्ति के जिंदगी की आरंभिक अनुभूतियाँ (early experiences) तथा जिंदगी के सामाजिक एवं मनोवैज्ञानिक प्रक्रियाओं के प्रभावों के रूप में की गयी है। यही कारण है कि इस मॉडल को मनोसामाजिक मॉडल (psychosocial model) कहा जाता है। इस मॉडल के तहत कई तरह के विचारधाराओं (viewpoints) को रखा गया है जिनमें निम्नांकित प्रमुख हैं—

(1) मनोगतिकी विचारधारा (Psychodynamic viewpoints)

(2) व्यवहारवादी विचारधारा (Behaviouristic viewpoints)

(3) संज्ञानात्मक विचारधारा (Cognitive viewpoints)

(4) मानवतावादी-अस्तित्वात्मक विचारधारा (Humanistic-Existential viewpoints)

(5) अन्तरवैयक्तिक विचारधारा (Interpersonal viewpoints)

इन सभी विचारधाराओं की व्याख्या हम अलग-अलग अनुच्छेद में करेंगे।

मनोगतिकी विचारधारा
(Psychodynamic viewpoints)

असामान्य व्यवहार की व्याख्या का यह विचारधारा सिगमंड फ्रायड (Sigmund Freud) द्वारा मूलतः प्रतिपादित किया गया जिसे बाद में कई मनोवैज्ञानिकों ने अपने स्तर से संशोधित किया। फ्रायड के इस मौलिक विचारधारा को **मनोविश्लेषणात्मक** विचारधारा (psychoanalytic viewpoints) तथा उनके इस संशोधित विचारधारा को मनोगतिकी **विचारधारा** (psychodynamic viewpoints) कहा जाता है। फ्रायड ने मानसिक रोगियों के करीब 50 साल तक किये गये प्रेक्षण एवं उपचार से प्राप्त अनुभवों के आधार पर असामान्य व्यवहार की व्याख्या अचेतन के आंतरिक गतिकी (inner dynamics) के रूप में किया। इस मनोविश्लेषणात्मक विचारधारा को कई लोगों ने बाद में संशोधित कर उसे और उन्नत बनाया।

मनोगतिकी विचारधारा की अभिव्यक्ति निम्नलिखित भागों में बाँटकर उत्तम ढंग से की जा सकती है—

(1) **क्लासिकी मनोविश्लेषणात्मक सिद्धान्त** (Classical psychoanalytic theory)

(2) **नया मनोगतिकी संदर्भ** (Newer psychodynamic pespective)

(3) मनोवैश्लेषिक चिकित्सा (Psychoanalytic therapy)

(4) मनोगतिकी सिद्धान्त का प्रभाव (Impact of psychodynamic theory)

इन सबों का वर्णन निम्नांकित हैं—

1. क्लासिकी मनोविश्लेषणात्मक सिद्धान्त[1] *(Classical psychoanalytic theory)*—फ्रायड द्वारा प्रतिपादित मौलिक सिद्धान्त को क्लासिकी मनोविश्लेषणात्मक सिद्धान्त कहा जाताा है। फ्रायड को मांनसिक रोगियों के प्रेक्षण (observation) तथा उपचार का गहन अनुभव था और वे अपने इस अनुभव के आधार पर इस निष्कर्ष पर पहुँचे कि रोगी का अधिक मजबूत एवं महत्त्वपूर्ण मानसिक प्रक्रियाएँ चेतन (conscious) में न होकर अचेतन (unconscious) में होता है। चेतन के मानसिक प्रक्रियाओं से व्यक्ति पूर्णत: अवगत रहता है, अचेतन की मानसिक प्रक्रियाओं से बिल्कुल ही वह अवगत नहीं होता है। इन दोनों के बीच भी एक और अन्य तरह की मानसिक प्रक्रिया (mental process) होती है जिसे अर्द्धचेतन (subconscious) कहा जाता है, होता है। अर्द्धचेतन की मानसिक प्रक्रियाओं को व्यक्ति प्रयास करके चेतन में ला पाता है। असामान्य व्यवहार की व्याख्या में फ्रायड द्वारा प्रतिपादित निम्नांकित संप्रत्ययों (concepts) की भूमिका प्रधान है—

(i) उपाहं, अहं तथा पराहं (Id, Ego, and Super Ego)

(ii) मनोलैंगिक विकास की अवस्थाएँ (Stages of Psychosexual development)

(iii) चिंता, रक्षा प्रक्रम एवं अचेतन (Anxiety, defense mechanism and unconscious)

इस सबों का वर्णन इस प्रकार है—

(i) उपाहं, अहं तथा पराहं *(Id, Ego and Super Ego)*—फ्रायड का मत था कि व्यक्ति का व्यवहार व्यक्तित्व के तीन महत्त्वपूर्ण उपतंत्रों (subsystems) के अंतक्रिया (interaction) का परिणाम होता है। वे तीन उपतंत्र हैं–उपाहं (Id), अहं (Ego), तथा पराहं (Super Ego) जिसका वर्णन इस प्रकार है–

उपाहं (Id) मूलप्रवृत्तियों प्रणोदों (instinctual drives) का स्रोत होता है जो जन्मजात होता है तथा जिसमें दो परस्पर विरोधी मूलप्रवृत्ति (instincts) होते हैं—*जीवन मूलप्रवृत्ति* (life instinct) तथा *मृत्यु मूलप्रवृत्ति* (death instinct)। जीवन मूलप्रवृत्ति (life instinct) में संरचनात्मक प्रणोद (constructive drives) होते हैं तथा मूलत: उनका स्वरूप लैंगिक (sexual) होता है। इसके ऊर्जा को *लिबिडो* (libido) कहा जाता है। जीवन मूलप्रवृत्ति को *इरोस* (Eros) भी कहा जाता है। मृत्यु मूलप्रवृत्ति से तात्पर्य विध्वसांत्मक प्रणोद (desructive drives) से होता है जिससे व्यक्ति में आक्रमकता, बर्बादी, मृत्यु आदि की ओर उन्मुखता होती है। उपाहं का स्वरूप स्वार्थपरायण (selfish) होता है जो मूलप्रवृत्तिक आवश्यकताओं के तुरंत संतुष्टि से सम्बद्ध होता है। इसको परिस्थिति की वास्तविकता से कोई ताल्लुक नहीं होता है। इस तरह से यह आनन्द नियम (pleasure principle) द्वारा निर्देशित होता है। उपाहं मात्र व्यक्ति के मन में मानसिक प्रतिमाएँ (mental images) तथा इच्छा-पूरक दिवास्वप्न (wish-fulfilling fantasies) उत्पन्न करता है, वह कोई ऐसा वास्तविक क्रियाएँ नहीं कर पाता है जिससे कि उसके मूल प्रवृत्तिक माँग (instinctual demands) की पूर्ति हो सके। मानसिक प्रतिमाएँ एवं इच्छा-पूरक दिवास्वप्न उत्पन्न करने की इस प्रक्रिया को प्राथमिक प्रक्रिया (primary process) कहा जाता है।

अहं (ego) व्यक्तित्व का दूसरा महत्त्वपूर्ण उपतंत्र है जिसका विकास उपाहं (id) के बाद होता है। सचमुच में जीवन के दूसरे छमाही (six month) में ही उपाहं के आवेगों (id impulces) से ही अहं का विकास होता है तथा अहं मूलत: चेतन (conscious) होता है। अहं प्राथमिक प्रक्रिया द्वारा नहीं बल्कि गौण प्रक्रिया (secondary process) द्वारा कार्य करता है। महत्त्वपूर्ण निर्णय सम्बन्धी किये गए कार्य गौण प्रक्रिया के उदाहरण हैं। सचमुच में अहं वास्तविकता की माँग तथा उपाहं के तात्कालिक तुष्टि के बीचोबीच एक तरह की मध्यस्थता करते हुए कोई अंतिम निर्णय लेता है। यही कारण है कि अहं वास्तविकता के नियम (reality principle) से निर्देशित होता है।

पराहं (Super ego) व्यक्तित्व का तीसरा महत्त्वपूर्ण उपतंत्र (subsystem) है। पराहं व्यक्तित्व का नैतिक कमांडर (moral commander) होता है जो सामाजिक मूल्यों एवं नैतिकता के आलोक में सही तथा गलत का निर्णय लेता है।

---

1. इस सिद्धान्त की महत्ता को देखते हुए सिद्धान्त के सभी संबद्ध पहलुओं की विस्तृत व्याख्या अध्याय-5 में अलग से कई भागों की गयी है।

इस तरह से पराहं नैतिकता के नियम (morality principle) द्वारा निर्देशित होता है । जैसे-जैसे पराहं का विकास होता है, व्यक्ति में आंतरिक्र नियंत्रण की शक्ति बढ़ते जाती है तथा व्यक्ति में उपाहं के अप्रतिबंधित इच्छाओं से निबटने की क्षमता बढ़ते जाती है । पराहं अहं के माध्यम से भी कार्य करता है तथा अहं को अनैतिक इच्छाओं को कार्यरूप देने से रोकता है ।

फ्रायड का यह मत है कि उपाहं, अहं एवं पराहं तीनों के आपसी अंत:क्रिया जब अलग-अलग लक्ष्यों की प्राप्ति के लिए कोशिश करते हैं तो इससे व्यक्ति में आंतरिक संघर्ष (inner conflict) होता है जिसे अंतरामानसिक संघर्ष (intrapsychic conflict) कहा जाता है । अगर अंतरामानसिक संघर्ष का समाधान नहीं हो पाया तब इससे व्यक्ति में मानसिक विकृति (mental disorder) उत्पन्न होता है ।

(ii) मनोलैगिंक विकास की अवस्थाएँ *(Stages of psychosexual development)*—फ्रायड ने व्यक्तित्व विकास के पाँच मनोलैंगिक अवस्थाओं का वर्णन किया है जिनके माध्यम से व्यक्तित्व का विकास होता है । प्रत्येक अवस्था में लैंगिक सुख ग्रहण करने की एक प्रबल विधि होती है । इस अवस्थाओं का वर्णन निम्नांकित है—

(1) मुखावस्था *(Oral Stage)*—प्रथम दो वर्षों तक यह अवस्था होती है जिसमें मुँह प्रमुख कामुकता क्षेत्र (erogenous zone) होता है और बच्चों में खाने एवं चूसने की क्रिया से सबसे अधिक संतुष्टि मिलती है ।

(2) गुदावस्था *(Anal stage)*—यह अवस्था 2 से 3 साल तक की होती है तथा बच्चा अधिकतम संतुष्टि या खुशी गुदा क्षेत्र के उत्तेजन से प्राप्त करता है ।

(3) लिंग प्रधानावस्था *(Phallic Stage)*—यह अवस्था 3 से 6 साल तक की होती है तथा इस अवस्था में बच्चे जनेन्द्रियों (genitals) के आत्म-उत्तेजन (self-stimulation) से अधिक तुष्टि एवं सुख प्राप्त करते हैं । इस अवस्था में लड़कों में मातृमनोग्रन्थि (oedipus complex) तथा लड़कियों में पितृमनोग्रन्थि (electra complex) विकसित होता है ।

(4) अप्रगटावस्था *(Latency Stage)*—यह अवस्था 6 साल से 12 साल तक की होती है जिसे सच्चे अर्थ में मनोलैंगिक विकास की एक अवस्था नहीं कहा जा सकता है क्योंकि इस अवधि में कोई नया कामुकता क्षेत्र तो विकसित होता नहीं है। इस अवस्था में लैंगिक आवेग में कमी आ जाती है क्योंकि बच्चे इसमें नये कौशलों एवं अन्य क्रियाओं में अधिक रुचि लेना प्रारम्भ कर देते हैं ।

(5) जनेन्द्रियावस्था *(Genital Stage)*—यह अवस्था 13 साल से प्रारम्भ होती है जो आजीवन चलते रहता है । इस अवस्था में व्यक्ति को अधिकतम संतुष्टि या आनन्द विषमलिंगी सम्बन्ध (heterosexual relations) से होता है ।

प्रत्येक अवस्था व्यक्ति के समक्ष एक खास तरह की माँग (demand) रखता है और उसमें एक तरह का मानसिक संघर्ष (mental conflict) उत्पन्न करता है जिसे दूर या समाप्त करना आवश्यक होता है । अगर किसी कारण से यह मानसिक संघर्ष समाप्त नहीं हो पाता है, तो उससे उसमें आगे चलकर असामान्य व्यवहार उत्पन्न होने का नींव पड़ जाता है ।

(iii) चिंता, रक्षा प्रक्रम एवं अचेतन *(Anxiety, Defence mechanism and Unconscious)*—मनोविश्लेषणात्मक सिद्धान्त में चिंता एक महत्त्वपूर्ण संप्रत्यय है जिसका असामान्य व्यवहार की उत्पत्ति से सीधा एवं प्रत्यक्ष सम्बन्ध है । चिंता से तात्पर्य डर या आशंका (apprehension) के सामान्यीकृत भाव (generalized feelings) से है । फ्रायड ने तीन प्रकार के चिंता को महत्त्वपूर्ण बतलाया है–वस्तुनिष्ठ या वास्तविक चिंता (objective or reality anxiety), स्नायुविकृत चिंता (neurotic anxiety) तथा नैतिक चिंता (moral anxiety) । वास्तविक चिंता बाह्य वातावरण में उपस्थित खतरा या धमकी (threats) से उत्पन्न होता है । स्नायुविकृत चिंता की उत्पत्ति उस समय होती है जब पराहं आवेगों द्वारा अहं (ego) को एक तरह से धमकी (threat) उत्पन्न होता है । नैतिक चिंता की उत्पत्ति उस समय होती है जब व्यक्ति द्वारा किया गया या किया जाने वाला कार्य से उसके परांह (super ego) को धक्का पहुँचता है । चूँकि चिंता आनेवाला खतरा तथा दर्दनाक अनुभूतियों के प्रति एक तरह का चेतावनी होता है, इसलिए वह व्यक्ति को उससे छुटकारा पाने के लिए विशेष उपाय (strategy) खोजने के लिए प्रेरित करता है । प्राय: अहं कुछ तर्कसंगत उपायों के माध्यम से इन चिंताओं से अपने आप को बचा लेता है परंतु ऐसा हमेशा सम्भव नहीं हो पाता है और तब ऐसी हालत में कुछ अतर्क संगत उपायों (irrational measures) को अपनाकर चिंता को दूर करता है । ऐसे अतार्किक संगत उपायों को फ्रायड

ने रक्षा प्रक्रम (defense mechanism) की संज्ञा दिया है । ऐसे रक्षा प्रक्रम अचेतन स्तर पर कार्य करते हुए वास्तविकता को विकृत करके व्यक्ति में चिंता के स्तर को कम कर देता है । फ्रायड के अनुसार सबसे महत्त्वपूर्ण रक्षा प्रक्रम दमन (repression) है । इसके अतिरिकत प्रक्षेपण (projection), विस्थापन (displacement), प्रतिक्रिया निर्माण (reaction formation) यौक्तिकीकरण (rationalization), प्रतिगमन (regression) आदि प्रमुख हैं । यदि इन रक्षा प्रक्रमों के सामान्य उपयोग से व्यक्ति चिंता को दूर नहीं कर पाता है, तो उसमें फिर असामान्यता की ओर उन्मुखता बढ़ जाती है। रक्षा प्रक्रम का व्यक्ति द्वारा अत्यधिक उपयोग किये जाने से भी उसमें असामान्य व्यवहार उत्पन्न होने का नींव पड़ जाता है।

फ्रायडियन मनोविश्लेषण में अचेतन (unconscious) एक महत्त्वपूर्ण संप्रत्यय है जो चेतन तथा अर्द्धचेतन से भी बड़ा होता है । अचेतन में सभी दमित इच्छाएँ एवं मानसिक संघर्ष संचित होते हैं जो जब-जब अहं का नियंत्रण कम होता है जैसे सम्मोहन, स्वप्न, दिन-प्रतिदिन की मनोविकृतियाँ (psychopathologies of dreams) आदि में प्राय: ऐसा नियंत्रण कम हो जाता है, वे तो चेतन में अभिव्यक्ति चाहते हैं । जब तक ऐसे अचेतन इच्छाओं से मनोविश्लेषण के दौरान व्यक्ति को अवगत नहीं कराया जाता है, तथा उसे अहं संरचनाओं में सम्मिलित नहीं किया जाता है, तो इससे व्यक्ति में असामान्य व्यवहार को और मजबूत होने की सम्भावना बढ़ जाती है ।

2. नया मनोगतिकी संदर्भ *(Newer Psychodynamic perspective)*—असामान्य व्यवहार की व्याख्या में फ्रायड ने मूलत: उपाहं (id) की इच्छाओं एवं आवेगों तथा उनकी अभिव्यक्ति पर बल डाला हैं । परंतु बाद में सिद्धान्तवादियों जिसमें सिगमंड फ्रायड (Sigmund Freud) की पुत्री अन्ना फ्रायड (Anna Freud) भी शामिल हैं, ने अहं (ego) को अधिक महत्त्वपूर्ण बतलाते हुए यह कहा है कि अहं द्वारा व्यक्तित्व के कार्यपालक (executive) के रूप में कार्य करने के ढंग पर भी व्यक्ति में कुसामायोजी व्यवहार (maladaptive behaviour) उत्पन्न होने की सम्भावना निर्भर करता है । आधुनिक नैदानिक मनोविज्ञानियों एवं मनश्चिकित्सकों द्वारा न तो पराहं (id) और न ही अहं (ego) पर बल डाला जाता है बल्कि इस वस्तु (object) पर अधिक ध्यान दिया जाता है जिसके प्रति वह पराहं एवं अहं की इच्छाओं एवं आवेगों को निर्देशित किया है और जिसे बच्चा अपने व्यक्तित्व में सम्मिलित कर लिया है । इस प्रक्रिया को 'इन्ट्रोजेक्सन' (introjection) कहा जाता है । इन्ट्रोजेक्सन एक ऐसी आंतरिक प्रक्रिया होती है जिसके माध्यम से बच्चे स्मृति तथा प्रतिमाओं (image) के सहारे सांकेतिक रूप से किसी व्यक्ति को किसी संवेग से युक्त मानता है । जैसे, कोई बच्चा माता-पिता के क्रोध भरे चेहरे को आन्तरीकरण कर सकता है और फिर उस संकेत या वस्तु से उसका व्यवहार प्रभावित हो सकता है ।

मनोगतिकी चिंतन में वस्तु-सम्बन्धी (object-relations) पर आरंभिक बल 1930 वाले दशक में क्लिन (Klien), फेयरब्रेन (Fairbrain) तथा विन्निकौट्ट (Winnicott) आदि द्वारा काफी डाला गया और कहा गया कि आंतरीकृत वस्तु (internalized objects) के परस्पर विरोधी गुण जैसे वस्तु उत्तेजक एवं आकर्षक या कुंठा उत्पन्न करने वाला हो सकता है जिससे वैमनस्य (hostile) उत्पन्न हो सकता है । इतना ही नहीं, ऐसे वस्तु व्यक्तित्व के केन्द्रीय अहं से पृथक होकर स्वतंत्र अस्तित्व (independent existence) भी बना ले सकते हैं । इन सबों का परिणाम यह होता है कि इससे व्यक्तित्व में आंतरिक संघर्ष (inner conflict) होता है और उसमें धीरे-धीरे कुसामायोजी व्यवहार (maladaptive behaviour) उत्पन्न होने लगते हैं । अभी हाल में अमेरिकन मनोवैज्ञानिकों ने भी इस दृष्टिकोण की प्रशंसा की है । इन मनोवैज्ञानिकों में मेहलर (Mahler) तथा कर्नवर्ग (Kernberg) का नाम प्रधान है । कर्नवर्ग सीमारेखीय व्यक्तित्व (borderline personality) के अध्ययन के लिए मशहूर हैं। ऐसे व्यक्तित्व का सबसे प्रमुख गुण अस्थिरता (instability) होता है । ऐसे व्यक्तित्व का आत्मन (self) इसलिए अस्थिर (instable) होता है क्योंकि इनके व्यक्तित्व के आंतरीकृत वस्तु (internalized object) रोगात्मक होते हैं और साथ-ही-साथ व्यक्ति उसे एकीकृत (integrate) करने में असफल भी होता है ।

स्पष्ट हुआ कि नये मनोगतिकी संदर्भ मूलत: व्यक्ति के अन्तरवैंयक्तिक सम्बन्ध (interpersonal relationship) पर बल डालता है और इस बात की विशेष रूप से व्याख्या करता है कि किस तरह से ऐसे आरंभिक सम्बन्धों से व्यक्ति द्वारा संतोषजनक अंतक्रिया करने की क्षमता प्रभावित होती है ।

3. मनोवैश्लेषिक चिकित्सा *(Psychoanalytic therapy)*—फ्रायड द्वारा प्रतिपादित मौलिक चिकित्सा पद्धति को

मनोवैश्लेषिक चिकित्सा (psychoanalytic therapy) कहा जाता है जिसमें बाद में बहुत सारे परिमार्जन किये गए परंतु उसके मूल तत्त्व लगभग वही रहे हैं। फ्रायड का क्लासिकी मनोवैश्लेषिक चिकित्सक की प्रमुख मान्यता यह है कि स्नायुविकृत चिंता (neurotic anxiety) व्यक्ति में उस समय उत्पन्न होता है जब बचपन के दंडित एवं दमित उपाहं आवेग (id impulses) अपनी अभिव्यक्ति के लिए अहं को धमकी देता है। मनोवैश्लेषिक चिकित्सा में इस आरंभिक दमन (early repression) को हटाने का प्रयास किया जाता है ताकि रोगी बाल्यावस्था के इस मानसिक संघर्ष को समझ सके और उसे वयस्क की वास्तविकता (adult reality) के आलोक में दूर कर सके। इस दमन (repression) को हटाने के ख्याल से मनोविश्लेषक कई तरह की प्रविधियों (techniques) का सहारा लेते हैं जिनमें स्वतंत्र साहचर्य (free association), स्वप्न विश्लेषण (dream analysis) तथा रक्षा प्रक्रमों का विश्लेषण (analysis of defense mechanisms) आदि प्रमुख हैं।

गत 40–50 सालों मे नवफ्रायडियन (neo-Freudians) विशेषकर केरेन हार्नी, सुल्लीभान (Sullivan) तथा अहं विश्लेषक (ego-analytic) खासकर इरिक्सन (Erikson) हॉर्टमैन (Hortman) आदि के विचार मनोवैश्लेषिक चिकित्साओं में मिश्रित हो गया है। इसे कभी-कभी मनोगतिकी चिकित्सा (psychodynamic therapy) भी कहा जाता है। इस नये मनोश्चिकित्सा पद्धति का सार तत्त्व यह है कि इससे एक ओर चिकित्सा अवधि को लघु तथा अधिक वर्त्तमान एवं भविष्य उन्मुखी बनाने की कोशिश की गयी है तो दूसरी ओर उसमें अचेतन तथा रक्षा प्रक्रमों के महत्त्व को स्वीकृत करते हुए स्वतंत्र साहचर्य एवं स्वप्न विश्लेषण (dream analysis) जैसे, अधिक समय लेने वाले प्रविधियों का उपयोग न करने की हिदायत दी गयी है। इस तरह का मनश्चिकित्सा फ्रायडियन चिकित्सा की तुलना में अधिक सक्रिय (active) एवं निदेशात्मक (direcive) होता है। इतना ही नहीं, इस तरह की चिकित्सा वर्तमान समस्या एवं सम्बन्धों पर न कि बाल्यावस्था के मानसिक संघर्षों पर अधिक बल डालता है। फ्रायडियन मानश्चिकित्सा की तुलना में कम अवधि में पूरा होने वाला चिकित्सा तुलनात्मक रूप से कम गहन (intensive) भी होता है।

4. मनोगतिकी सिद्धान्त का प्रभाव *(Impact of psychodynamic Theory)*—मनोगतिकी सिद्धान्त सबसे पहले बार यह दिखा सकने में समर्थ हुआ कि मानव मनोवैज्ञानिक प्रक्रियाओं में क्षुब्धता (disturbances) होने से मानसिक विकृतियों की उत्पत्ति होती है। जिस तरह से मेडिकल मॉडल ने असामान्य व्यवहार के कारण के रूप में प्रचलित अंधविश्वास को हटाकर उसके जगह पर आंगिक विकृति (organic pathology) विशेषकर मस्तिष्कीय विकृति को प्रतिस्थापित किया था, ठीक उसी तरह से मनोगतिकी मॉडल ने मस्तिष्कीय विकृति को हटाकर उसके जगह पर अतिरंजित अहं प्रतिरक्षाओं (exaggerated defense mechanisms) को असामान्य व्यवहार के कारण के रूप में प्रतिस्थापित किया। यदि हम ध्यानपूर्व देखें, तो पायेंगे कि मनोगतिकी सिद्धान्त ने असामान्य व्यवहार की उत्पत्ति एवं स्वरूप को कई दृष्टिकोणों से प्रभावित किया है जिसका वर्णन यहाँ इस प्रकार हैं—

(i) असामान्य व्यवहार में अचेतन अभिप्रेरण एवं अहं-रक्षात्मक प्रक्रियाओं (ego-defense processes) की गत्यात्मक (dynamic) भूमिका होती है। चेतन एवं अचेतन के बारे में जानने के लिए फ्रायड ने स्वतंत्र विश्लेषण तथा स्वतंत्र साहचर्य जैसी प्रविधियों को प्रमुख माना था।

(ii) बाद के व्यक्तित्व समायोजन तथा कुसमायोजन (maladujstment) में आरंभिक बाल्यावस्था की अनुभूतियों की अहं भूमिका होता है। यदि ऐसी अनुभूतियाँ अनुकूल हुई, तो उससे बाद में व्यतित्व में समायोजन तथा यदि ऐसी अनुभूतियाँ प्रतिकूल हुई, तो उससे बाद में व्यक्तित्व में कुसामायोजन विकसित होता है।

(iii) मानव व्यवहार को विचलित करने में तथा मानसिक विकृति को उत्पन्न करने में लैंगिक इच्छाओं विशेषकर दमित लैंगिक इच्छाओं की अहं भूमिका होती है।

(iv) कुछ विशेष तरह के मानसिक विकृतियाँ उस समय विकसित हो जातीं हैं जब व्यक्ति अत्यंत कठिन समस्याओं का समाधान का प्रयास करता है और ऐसा प्रयास और कुछ नहीं बल्कि सामान्य अहं रक्षात्मक प्रक्रमों का मात्र एक अतिरंजित प्रारूप होता है।

मनोगतिकी मॉडल के कुछ गुण (merits) एवं अवगुण (demerits) हैं। इसके प्रमुख गुण निम्नांकित हैं—

(i) मनोगतिकी सिद्धान्त का सबसे बड़ा गुण यह बतलाया गया है कि इस सिद्धान्त में सामान्य एवं असामान्य व्यवहार की व्याख्या के लिए एक ही तरह के मनोवैज्ञानिक नियमों का उल्लेख किया गया है। चिंता, अचेतन प्रक्रियाएँ,

मानसिक संघर्ष तथा रक्षात्मक प्रक्रम (defense mechanisms) कुछ ऐसी चीजें नहीं है जो सिर्फ असामान्य व्यवहार के लिए सही है बल्कि ये सारी चीजें सामान्य व्यवहार के लिए भी लागू होती है। मानसिक संघर्ष का परिणाम (outcome) तथा रक्षात्मक प्रक्रमों के स्वरूप (nature) द्वारा यह निर्धारित होता है कि व्यवहार सामान्य (normal) होगा या असामान्य (abnormal)।

(ii) मनोगतिकी सिद्धान्त असामान्य व्यवहार की व्याख्या तो करता ही है, साथ-ही-साथ व्यक्तित्व के एक विस्तृत व्याख्या प्रस्तुत करके असामान्य व्यवहार को समझने के लिए एक बोधगम्य पृष्ठभूमि तैयार करता है।

(iii) मनोगतिकी सिद्धान्त ने मनोगतिकी प्रक्रियाओं (psychodynamic processes) का अध्ययन करने के लिए तथा मनोवैज्ञानिक दुःखों एवं तकलीफों का उपचार करने के लिए विशेष विधि का वर्णन किया गया है जो अपने आप में एक महत्त्व रखता है। इसे निम्नांकित तीन दृष्टिकोण से महत्त्वपूर्ण बतलाया गया है—

(a) मनोगतिकी के अध्ययन की विधि से असामान्य प्रक्रियाओं पर पर्याप्त प्रकाश पड़ता है और इस तरह असामान्य व्यवहारों के बारे में पहले से आ रहे बहुत सारे गलत धारणाएँ अपने-आप समाप्त हो गयीं।

(b) असामान्य व्यवहारों के उपचार के लिए एक विधि प्रदान करने से फ्रायड ने मनोवैज्ञानिक विकृतियों तथा तकलीफों के बारे में सोचने के लिए एक आशावादी दृष्टिकोण का उदाहरण प्रस्तुत किया है।

(c) स्मीथ, ग्लास एवं मिलर (Smith, Glass & Miller, 1992) के अनुसार, फ्रायडियन मनोविश्लेषण एवं उसका परिमार्जन (modifications) आधुनिक मनश्चिकित्सों के लिए आज भी एक महत्वपूर्ण प्रेरणा स्रोत है।

इन गुणों के बावजूद मनोगतिकी सिद्धान्त के कुछ अवगुण या कमजोरियाँ (weaknesses) हैं जो इस प्रकार हैं—

(i) मनोगतिकी सिद्धान्त इतना जटिल एवं कठिन है कि न तो इसकी वैधता को साबित किया जा सकता है और न ही खंडित किया जा सकता है। इसका कारण यह है कि इसमें मानव व्यवहार एवं व्यक्तित्व के बारें में एक जटिल विचार रखा गया है। बहुत सारे व्यवहार को अतिनिर्धारित (overdetermined) होते माना गया है। दूसरे शब्दों में, इस सिद्धान्त में व्यवहार को एक से अधिक कारकों द्वारा तथा जरूरत से ज्यादा मनोवैज्ञानिक ऊर्जाओं (psychic energies) द्वारा निर्धारित होते माना गया है। इसके अलावा, क्लायंट या रोगी के अचेतन अभिप्रेरक को देखा नहीं जा सकता है। मात्र इसके बारे में अनुमान लगाया जा सकता है। फलतः इसके अस्तित्व एवं प्रभाव को विश्वास के साथ पुष्टि नहीं की जा सकती है।

(ii) मनोगतिकी सिद्धान्त के बहुत सारे संप्रत्ययों (concepts) एवं नियमों का प्रयोगात्मक सत्यापन आज तक नहीं हो पाया है।

(iii) मनोगतिकी सिद्धान्त में असामान्य व्यवहार की व्याख्या में शीलगुण (trait) तथा प्रवृत्तियों (dispositions) आदि पर पर्याप्त बल डाला गया है। परंतु कई मनश्चिकित्सकों तथा नैदानिक मनोवैज्ञानिकों का मत है कि इसमें सामाजिक एवं परिस्थितिजन्य कारकों (situational factors) जिसका भी प्रभाव असामान्य व्यवहार पर पड़ता है, के बारे में कुछ भी नहीं कहा गया है।

(iv) मनोगतिकी सिद्धान्त में असामान्य व्यवहार को समझने के लिए व्यक्तिगत बर्द्धन (personal growth) तथा मूल्य विकास (value development) से सम्बद्ध अभिप्रेरकों की पर्याप्त उपेक्षा हुई है।

(v) मनोगतिकी सिद्धान्त में यौन-प्रणोद (sex drive) पर जरूरत से ज्यादा बल डाला गया है, मानव प्रकृति को निराशावादी दृष्टिकोण से देखा गया है तथा अचेतन प्रतिक्रियाओं की भूमिका को अतिरंजित (exaggerated) कर दिखालाया गया है।

इन आलोचनाओं के बावजूद मनोगतिकी सिद्धान्त असामान्य व्यवहार के स्वरूप को समझने एवं उसके उपचार करने में आज भी महत्त्वपूर्ण भूमिका निभा रहा है।

व्यवहारवादी विचारधारा
(Behaviouristic Viewpoints)

जैसा कि नाम से ही स्पष्ट है, असामान्य व्यवहार के स्वरूप की व्याख्या एवं उपचार करने के लिए व्यवहारवादी विचारधारा की उत्पत्ति मनोविज्ञान का एक महत्त्वपूर्ण स्कूल जिसे 'व्यवहारवाद' (Behaviourism) कहा जाता है, से

हुआ है। यह स्कूल अमेरिका तथा रूस के शैक्षिक मनोविज्ञान (academic psychology) पर करीब 1920 से 1960 वाले दशक तक हावी रहा और अपना विस्तृत छाप उस पर छोड़ा। इस स्कूल ने न केवल असामान्य व्यवहार की व्याख्या ही किया बल्कि अन्य क्षेत्रों में भी महत्त्वपूर्ण योगदान किया। यद्यपि व्यवहारवाद का औपचारिक स्थापना तो वाटसन (Watson) द्वारा किया गया था परंतु इसमें पैवलव, स्मीथ, थॉर्नडाइक आदि मनोवैज्ञानिकों की भी सराहनीय भूमिका रही है। व्यवहारवाद के तीन महत्त्वपूर्ण पूर्वकल्पना (assumption) हैं जो असामान्य मनोविज्ञान पर सीधे लागू होता है। वे तीन पूर्वकल्पनाओं पर यहाँ विचार करना होगा—

(1) पर्यावरणवाद *(Environmentalism)*—यहाँ इस बात पर बल डाला गया है कि सभी प्राणी (अर्थात् मनुष्य तथा पशु दोनों ही) पर्यावरण द्वारा निर्धारित होता है। हमलोग अपने गत साहचर्यों के आधार पर भविष्य के बारे में सीखते हैं। यही कारण है कि हमलोगों का व्यवहार दंड तथा पुरस्कार द्वारा व्यवस्थित (shape) किया जाता है। पुरस्कृत व्यवहार को हम भविष्य में करना चाहते हैं तथा दंडित व्यवहार को नहीं करना चाहते हैं।

(2) प्रयोगवाद *(Experimentalism)*—यह पूर्वकल्पना का सम्बन्ध इस बात से है कि प्रयोग के माध्यम से यह पता लगाया जा सकता है कि पर्यावरण के किस पहलू से व्यवहार प्रभावित होता है तथा किस तरह हम उसे परिवर्तित कर सकते हैं। अगर पर्यावरण के महत्त्वपूर्ण तथ्य को रोक लिया जाता है, व्यवहार की वर्तमान विशेषता समाप्त हो जाएगी और अगर महत्त्वपूर्ण तथ्य को पुनर्स्थापित कर दिया जाता है, तो व्यवहार का वर्तमान विशेषता पुनर्वापस आ जाता है।

(3) आशावाद *(Optimism)*—यह पूर्वकल्पना का सम्बन्ध परिवर्तन (change) से है। अगर व्यक्ति पर्यावरण का प्रतिफल (product) है और अगर वातावरण का वह सब पहलू जो उसे परिवर्तित किया है, को प्रयोग द्वारा ज्ञात किया जा सकता है, तो पर्यावरण में कभी परिवर्तन होने से व्यक्ति में भी परिवर्तन होगा।

ये तीनों पूर्वकल्पनाओं का उपयोग असामान्य व्यवहार की व्याख्या में प्रत्यक्ष रूप से की गयी है—पहला, सामान्य तथा असामान्य व्यवहार को गत अनुभूति (past expriences) से सीखा जाता है। जब व्यक्ति अपअनुकूलित अर्जित आदतों को सीख लेता है, तो उससे उसमें असामान्य व्यवहार की उत्पत्ति होती है। दूसरा, हमलोग प्रयोग करके यह निर्धारित कर सकते हैं कि पर्यावरण के किस पहलू से असामान्य व्यवहार की उत्पत्ति होती है। तीसरा, अगर हमलोग पर्यावरण के इन पहलुओं को परिवर्तित कर देते हैं, व्यक्ति अपने पुराने कुसमायोजी व्यवहार को त्याग देगा और उसके जगह पर नया, समायोजी व्यवहार को सीख लेगा।

उक्त तथ्यों का सार यह है कि व्यवहारवादी विचारधारा के अनुसार कुसमायोजी व्यवहार या असामान्य व्यवहार के दो मुख्य कारण होते हैं—

(i) व्यक्ति द्वारा समाजयोजी व्यवहार या निपुणता या संतोषजनक वैयक्तिक सम्बन्धों को विकसित करने की असफलता, तथा

(ii) अप्रभावी या कुसमायोजी व्यवहार को सीखना।

अब प्रश्न यह उठता है कि प्राणी किसी व्यवहार को किस तरह सीख लेता है तथा वह क्या चीज है जिसे वह सीखता है ? व्यवहारवादी विचारधारा के अनुसार सीखने के दो मुख्य प्रक्रियाएँ (proceses) हैं और इन प्रक्रियाओं के ही माध्यम से व्यक्ति सामान्य एवं असामान्य व्यवहार को सीखता है। ये दो प्रविधियाँ हैं—पैवलोवियल एवं क्लासिकी अनुबंधन (Pavlovian or classical conditioning) तथा साधनात्मक या क्रियाप्रसूत अनुबंधन (instrumental or operant learning)। इन दोनों का वर्णन तथा असामान्य व्यवहार में उसकी उपयोगिता निम्नांकित है—

1. पैवलोवियन या क्लासिकी अनुबंधन *(Pavlovian or Classical Conditioning)*—सीखने का यह सिद्धान्त की औपचारिक व्याख्या रूसी वैज्ञानिक आई०पी० पैवलव (I.P. Pavlov) द्वारा की गयी। इस तरह के सिद्धान्त में उद्दीपक (stimulus) तथा अनुक्रिया (response) के बीच सामयिक साहचर्य (temporal association) पर बल डाला जाता है। जैसे, भोजन प्राणी में लार-स्राव (salivation) की अनुक्रिया स्वाभाविक रूप से करता है और कोई भी उद्दीपक (stimulus) जो इस भोजन से ठीक कुछ समय पहले दिया जाएगा, कुछ प्रयासों के बाद वह भी भोजन के समानों लार-स्राव की अनुक्रिया करने लगेगा। इस उदाहरण में भोजन एक अस्वाभाविक उद्दीपक(unconditioned stimulus) तथा लार-स्राव की अनुक्रिया एक अस्वाभाविक अनुक्रिया (unconditioned response or UR) का उदाहरण है। भोजन के ठीक पहले दिया जाने वाला उद्दीपक अनुबंधित उद्दीपक (conditioned stimulus) का उदाहरण है। जब अनुक्रिया मात्र अनुबंधित

उद्दीपक से होने लगती है, तो इसे अनुबंधित अनुक्रिया (conditioned response or CR) कहा जाता है तथा इस प्रक्रिया को अनुबंधन (conditioning) कहा जाता है। पैवलोवियन अनुबंधन में दो मूल प्रक्रियाएँ होती हैं—अर्जन (acquisition) तथा विलोपन (extinction)। अर्जन CS तथा US के बीच की प्रासंगिकता (contingency) पर आधारित होता है। सीखे जाने वाले अनुक्रिया के स्वरूप के अनुसार सामान्यत: तीन से पंद्रह युग्मों (pairing) में इस सिद्धान्त के अनुसार किसी अनुक्रिया का अर्जन हो जाता है। विलोपन में CS में पहले अर्जित अनुक्रिया उत्पन्न करने की क्षमता समाप्त हो जाती है जिसका परिणाम यह होता है कि CS देने पर भी प्राणी पहले सीखी गयी या अर्जित की गयी अनुक्रिया को नहीं करता है। विलोपन की अवस्था तब उत्पन्न होती है जब CS दिये जाने के बाद US नहीं दिया जाता है।

असामान्य मनोविज्ञान के लिए क्लासिकी अनुबंधन का महत्त्व इसलिए विशेष होता है कि स्वायत्त तंत्रिका तंत्र (automanic nervous system) की बहुत सारे अनुक्रियाएँ विशेषकर डर (fear) या चिंता (anxiety) को अनुबंधित किया जा सकता है। जैसे, व्यक्ति अंधेरे से डरना सीख सकता अगर डर उत्पन्न करने वाला उद्दीपक जैसे डरावना स्वप्न या डरावना ख्याल उस अंधेरे में व्यक्ति के मन में प्राय: उत्पन्न होते हैं। बहुत तरह के असामान्य व्यवहार को व्यक्ति इस क्लासिकी अनुबंधन द्वारा सीख लेता है। जैसे, दुर्भीति (phobia) जिसमें व्यक्ति उद्दीपक से उतना अधिक डरता है जितना कि सचमुच में उससे डरना नहीं चाहिए, पैवलोवियन अनुबंधन द्वारा अक्सर सीख लिया जाता है। जैसे, बिल्ली से उत्पन्न दुर्भीति जिस व्यक्ति में होती है, उसमें बिल्ली (CS) तथा उससे सम्बद्ध कुछ दर्दनाक घटना (painful events) जैसे उसके द्वारा नोंच-खसोट लेना (scratching) आदि का एक इतिहास अवश्य होता है। ऐसे इतिहास का परिणाम यह होता है कि बिल्ली व्यक्ति के लिए दुर्भीति का स्रोत हो जाता है हालांकि सामान्यत: बिल्ली से इस तरह का असामान्य डर की कोई बात नहीं होती है।

अनुबंधन के अनुसार सांवेगिक विकृति (emotional disorders) ही लक्षण (symptoms) है और वे यदि किसी प्रकार की विकृति (pathology) की ओर इशारा नहीं करते हैं, तो लक्षण को विलोपित कर देने से अपने आप ही सांवेगिक विकृति दूर हो जाएगी। चूंकि सांवेगिक विकृति के लक्षण ऐसी सांवेगिक अनुक्रिया होती है जिसे पैवलोवियन अनुबंधन द्वारा सीखा गया होता है, तो इससे अपने आप यह आशय निकलता है कि वे सारी प्रविधियाँ जिनके माध्यम से अनुबंधित सांवेगिक अनुक्रियाओं को प्रयोगात्मक ढंग से विलोपित किया जाता है, द्वारा सांवेगिक विकृतियों को भी दूर किया जा सकता है। इस विलोपन (extinction) पर आधारित दो तरह के पैवलोवियन चिकित्सा (Pavlovian therapies) जिसका उपयोग दुर्भीति (phobia) तथा चिंता विकृतियों (anxiety disorders) के उपचार में सफलतापूर्वक किया गया है, अधिक लोकप्रिय हैं—*फ्लडिंग* (flooding) तथा *क्रमबद्ध असंवेदीकरण* (systematic desensitization)। फ्लडिंग में रोगी को लगातार कई घंटों तक उस परिस्थिति में वास्तविक रूप से रखा जाता है जो उसमें चिंता उत्पन्न करता है। जैसे, जिस व्यक्ति में बंद छोटी जगह में जाने से अत्यधिक भय लगता है, उसे ऐसे ही जगह (CS) में कई घंटों तक रखने से मौलिक भय या डर धीरे-धीरे समाप्त हो जाता है और रोगी धीरे-धीरे यह समझने लगता है कि वह व्यर्थ ही ऐसी परिस्थिति से डरता था। फ्लडिंग से ही मिलता-जुलता एक और अन्य प्रविधि जिसे अन्त:स्फोटात्मक चिकित्सा (implosive therapy) कहा जाता है, में रोगी को डर या चिंता उत्पन्न करनेवाली वास्तविक परिस्थिति में न रखकर मात्र उसके बारे में कल्पना करने के लिए कहा जाता है और इसका भी प्रभाव चिंता विकृतियों (anxiety disorder) पर फ्लडिंग के ही समान पड़ता है। क्रमबद्ध संवेदीकरण जो एक-दूसरा प्रमुख पैवलोवियन प्रविधि है तथा जिसे जोसेफ वोल्प (Joseph Wolpe) द्वारा विकिसत किया गया है, में रोगी उतरोत्तर अधिक चिंता उत्पन्न करनेवाले दृश्यों का एक सेट के बारे में कल्पना करता है और साथ-ही-साथ वह उस डर से असंगत अनुक्रिया (incompatible response) भी करता जाता है। ऐसा करने से धीरे-धीरे CS के प्रति उत्पन्न चिंता का विलोपन होने लगता है।

स्पष्ट हुआ कि पैवलोवियन अनुबंधन के नियम के सहारे यह आसानी से समझा जाता है कि व्यक्ति में सांवेगिक विकृति का विकास कैसे हुआ तथा फिर उससे छुटकारा पाने का चिकित्सीय प्रविधि क्या हो सकता है।

2. साधनात्मक या क्रियाप्रसूत अनुबंधन (*Instrumental or operant conditioning*)—इस तरह के अनुबंधन की जड़ थॉर्नडाइक द्वारा प्रतिपादित प्रभाव नियम (law of effect) है जिसे बाद में स्कीन्नर (Skinner) ने काफी वैज्ञानिक ढंग से न केवल परिवर्द्धित किया बल्कि उसका उपयोग विभिन्न क्षेत्रों में किया। स्कीन्नर ने ही सचमुच में क्रियात्मक अनुबंधन के संप्रत्यय को लोकप्रिय बनाये। इस अनुबंधन के अनुसार व्यक्ति यह सीखता है कि उसे वांछित लक्ष्य (desired goal)

की प्राप्ति किस तरह से हो सकती है। किसी पुरस्कार (reward) को पाना लक्ष्य हो सकता है या फिर किसी दंड से दूर रहना सीखना लक्ष्य हो सकता है। यहाँ व्यक्ति किसी वांछित उद्दीपक (desired stimulus) के पहले ही एक अनुक्रिया करता है। यदि अनुक्रिया से ठीक वह वांछित उद्दीपक की प्राप्ति हो जाती है (पुरस्कार) तो व्यक्ति उस अनुक्रिया को भविष्य में करना चाहता है या दोहराना चाहता है। क्रियाप्रसूत सीखना (operant learning) के माध्यम से प्राणी धीरे-धीरे यह सीख लेता है कि कौन-सा व्यवहार या घटना पुरस्कार देने वाला है तथा कौन-सा घटना या व्यवहार से दंड मिलने वाला है। इससे व्यक्ति वैसा व्यवहार धीरे-धीरे सीख लेता है जो उसके समायोजन (adjustment) में उसे मदद करता है।

इस तरह से स्कीन्र ने थॉर्नडाइक के 'प्रभाव नियम' को 'पुनर्बलन का नियम' (Principle of reinforcement) के रूप में नामकरण किया और प्रभाव नियम में उद्दीपक तथा अनुक्रिया के बीच के साहचर्य पर बल न डालकर अनुक्रिया (response) तथा उसके परिणाम (consequences) पर बल डाला है। सचमुच में उद्दीपक (stimulus) अनुक्रिया से सम्बन्धित नहीं होता है बल्कि वह उस अनुक्रिया के होने का मात्र संकेत देता है जिसे पहले पुनर्बलित (reinforced) किया जा चुका है। इस तरह के उद्दीपक को स्कीन्नर ने विभेदी उद्दीपक (discriminative stimulus) कहा है जो प्राणी को यह बतलाता है कि यदि वह अमुक व्यवहार करेगा तो उसे अमुक परिणाम मिलेगा। इस अर्थ में स्कीन्नर को एस-आर सिद्धांतवादी (Stimulus-Response theorist) न मानकर आर-आर सिद्धांतावादी (Response-Reinforcement theorist) मानना ज्यादा उचित है। स्कीनर ने पुनर्बलन (reinforcement) तथा विभेदी उद्दीपक (discriminative stimulus) के संप्रत्ययों के सहारे समायोजी (adaptive) तथा कुसमायोजी (maladaptive) व्यवहार के अर्जन की व्याख्या किया है। जब व्यकित विभेदी उद्दीपक के अर्थ को ठीक से समझ लेता है, तो वह परिस्थिति के साथ ठीक ढंग से समायोजन स्थापित करने में सफल हो जाता है क्योंकि वह आसानी से यह जान लेता है कि अमुक व्यवहार का अमुक तरह का परिणाम (पुनर्बलन) होगा। परंतु यदि किसी कारण से वह विभेदी उद्दीपक के अर्थ को नहीं समझ पाता है, तो उसमें परिस्थिति के माँग के अनुरूप व्यवहार करने की अक्षमता विकसित हो जाती है और वह कुसमायोजन का शिकार हो जाता है। विशेष असामान्य व्यवहार (abnormal behaviour) की उत्पत्ति की व्याख्या क्रियाप्रसूत अनुबंधन (operant conditioning) से कैसे होती है, को लेविनसोन (Lavinsohn, 1974) द्वारा विश्लेषित किये गए एक केस से इस तरह से समझाया जा सकता है—जब व्यक्ति को अनुक्रिया करने के बाद पुनर्बलन का निम्न मात्रा (low amount) दिया जाता है, तो इससे उसमें विषाद (deperession) उत्पन्न होता है। जब पुनर्बलन निम्न मात्रा में व्यक्ति को दिया जाता है, तो व्यक्ति बहुत कम अनुक्रियाएँ करता है जिससे पुनर्बलन की मात्रा और कम हो जाता है तथा अन्ततोगत्वा, व्यक्ति में विषादी प्रतिक्रिया (depressive reaction) विकसित हो जाता है।

क्रियाप्रसूत अनुबंधन पर आधारित बहुत सारे ऐसी प्रविधियाँ विकसित की गयीं हैं जिनका उपयोग क्रियाप्रसूत चिकित्सा (operant therapy) में किया जाता है। इसे संयुक्त रूप से प्रसंभव्यता प्रबंधन (contingency management) कहा गया है। इसमें व्यक्ति के व्यवहार में परिवर्तन उस व्यवहार के परिणाम (consequences) को नियंत्रित करके किया जाता है। इसके तहत आने वाले प्रमुख चिकित्सीय प्रविधियाँ[1] में *शेपिंग* (shaping) *टाइम-आऊट* (time out), *प्रसंभाव्यता अनुबन्ध* (contingency contracting), *अनुक्रिया लागत* (response cost), *सांकेतिक व्यवस्था* (token economies) आदि प्रधान हैं।

व्यवहारवादी मॉडल या सिद्धान्त के कुछ गुण (merits) तथा परिसीमाएँ (limitations) हैं। इसके प्रमुख गुण (merits) निम्नांकित है—

(i) व्यवहारवादी मॉडल की भूरी-भूरी प्रंशसा इसलिए की गयी है क्योंकि इसके द्वारा असामान्य व्यवहार की व्याख्या वस्तुनिष्ठ एवं यथार्थ ढंग से की गयी है।

(ii) असामान्यता के व्यवहारवादी मॉडल का शोधपरक मूल्य (humanistic value) अधिक बतलाया गया है। दूसरे शब्दों में, इस मॉडल या सिद्धान्त के अनुसार असामान्यता के अध्ययन के क्षेत्र में अब तक जितना शोध (research) किये गए हैं, उतना किसी अन्य मॉडल द्वारा प्रतिपादित सैद्धान्तिक विचारधारा में नहीं किया गया है।

(iii) व्यवहारवादी मॉडल अपनी उपयोगिता विशेष तरह के असामान्य व्यवहार को अर्जित करने तथा उसका उपचार

1. इन सभी प्रविधियों का विस्तृत व्याख्या आगे 'मनश्चिकित्सा' (Psychotherapy) वाले अध्याय में की गयी है।

करने में लोकप्रिय ढंग से सिद्ध कर चुका है। व्यवहारवादी चिकित्सक पहले से यह तय कर लेते हैं कि कौन व्यवहार में परिवर्तन करना है और कैसे परिवर्तन करना है। बाद में, चिक्त्सा की प्रभावशीलता की जाँच इस बात से आसानी से कर ली जाती है कि उस व्यवहार में वांछित परिवर्तन हुआ या नहीं।

इन गुणों के बावजूद व्यवहारवादी मॉडल के कुछ परिसीमाएँ (limitations) या आलोचनाएँ हैं जो इस प्रकार हैं—

(i) व्यवहारवादी मॉडल में रोग के लक्षणों पर तो काफी बल डाला जाता है परंतु अन्य सम्बद्ध पहलुओं की पूर्ण उपेक्षा की जाती है। सचमुच में इन लक्षणों के अतिरिक्त व्यक्ति का मूल्य तंत्र (value system), पसदंगी (choice) तथा आत्म-निर्देश (self-direction) आदि भी महत्त्वपूर्ण कारक हैं जो असामान्य व्यवहार को समझने में महत्त्वपूर्ण भूमिका निभाते हैं। परंतु इन कारकों को महत्त्वहीन समझकर उसकी पूर्ण उपेक्षा की गयी है।

(ii) व्यवहार मॉडल या सिद्धान्त में असामान्य व्यवहार का कारण सामान्यत: दोषपूर्ण सीखना (faulty learning) माना गया है। इसे आलोचकों ने एक ऐसा दावा माना है जिसे साबित करना कठिन एवं जटिल है। इतना ही नहीं, इस मॉडल की व्याख्या में गोलापन (circularity) भी अधिक है। इन आलोचनाओं को कुछ उदाहरण से इस प्रकार समझाया जा सकता है—इस मॉडल के अनुसार विषाद (depression) व्यक्ति में विशेष पुनर्बलन इतिहास (पुनर्बलन का कम मिलना) से होता है। इस तथ्य को अध्ययन करना कितना कठिन है, इसका अंदाज इसी से लगाया जा सकता है कि ऐसे व्यक्ति के व्यवहार को कई वर्षों तक लगातार प्रेक्षण किया जाएगा और साथ-ही-साथ उसे मिलने वाला पुनर्बलन (reinforcement) की मात्रा को ठीक ढंग से रिकार्ड किया जाएगा। किसी भी चिकित्सक के लिए यह एक कठिन कार्य दीखता है। उसी तरह से यदि एकांकी जुड़वाँ बच्चा जिसका पालन-पोषन अपने वास्तविक माता-पिता द्वारा हुआ हो और बाद में चलकर मनोविदालिता का रोगी हो जाता है, तो व्यवहारवादी मॉडल की यह व्याख्या होगी कि ऐसे बच्चों का पुनर्बलन इतिहास एक ही होने के कारण ऐसा हुआ। जब भ्रात्रीय बच्चे (faternal twins) को घर पर रख कर पाला-पोषा जाता है और जब उसमें से कोई एक मनोविदालिता को रोगी हो जाता है, तो व्यवहारवादी मॉडल की व्याख्या यह होगी कि ऐसा इसलिए हुआ क्योंकि उनका पुनर्बलन इतिहास अलग-अलग था। सचमुच में इस तरह की व्याख्या में न केवल गोलापन (circularity) ही बल्कि एक असंतोष भी झलकता है।

इन आलोचनाओं के बावजूद व्यवहारवादी मॉडल को नैदानिक मनोविज्ञानियों ने काफी महत्त्वपूर्ण मॉडल बतलाया है और शोध करके इसके नियमों एवं तथ्यों को अधिक उपयोगी बनाने की कोशिश किया है।

संज्ञानात्मक विचारधारा
(Cognitive Viewponts)

सज्ञानात्मक विचारधारा सचमुच में व्यवहावादी विचारधारा (behaviourstic viewpoints) के प्रति एक प्रतिक्रिया (reaction) तथा परिणाम (outgrowth) से ही विकसित हुआ है। संज्ञान (cognition) एक सामान्य पद है जिसके तहत प्रत्यक्षण, स्मृति, चिंतन, तर्कणा, (reasoning) आदि प्रक्रियाओं को रखा जाता है असामान्य मनोविज्ञान में संज्ञान पद दो कारणों से महत्त्वपूर्ण बतलाया गया है—

(i) बहुत सारे मानसिक विकृतियों (mental disorders) में गंभीर संज्ञानात्मक क्षुब्धताएँ (severe cognitive disturbances) पायी जाती हैं। जैसे, गंभीर रूप से विषादी रोगी (depressive patient) किसी कार्य पर एकाग्रता (concentration) नहीं दिखा पाते हैं। उसी तरह से मनोविदालिता रोगी में गंभीर संज्ञानात्मक क्षुब्धताएँ पायीं जाती है।

(ii) कुछ संज्ञानात्मक पैटर्नस सचमुच में सम्बद्ध मानसिकी विकृतियों के केवल लक्षण नहीं बल्कि वास्तविक कारण होते हैं।

संज्ञानात्मक मनोवैज्ञानिकों का मत है कि जो कछ भी व्यक्ति सोचता है, विश्वास करता है, उम्मीद करता तथा ध्यान देता है, उससे उसका व्यवहार प्रभावित होता है। जब ये सभी संज्ञानात्मक प्रक्रियाएँ दोषपूर्ण हो जातीं है, तो उससे कुछ मनोवैज्ञानिक विकृतियाँ (psychological disorders) उसमें उत्पन्न हो जाती हैं और इन संज्ञानात्मक प्रक्रियाओं में परिवर्तन लाकर उनकी विकृतियों की गंभीरता को कम किया जा सकता है या रोगी को चंगा किया जा सकता है। संज्ञानात्मक मनोवैज्ञानिक व्यवहारवादियों के इस बात से तो सहमत हैं कि व्यवहार का प्रेक्षण एवं मापन किया जाना सम्भव है परंतु वे उनके इस बात से सहमत नहीं है कि व्यक्ति के आत्मसंगत अनुभूतियों (subjective experiences) को वैज्ञानिक

रूप से अध्ययन नहीं किया जा सकता है। इन लोगों का मत है कि व्यवहार का सही अर्थ तभी निकाला जा सकता है जब उसकी व्याख्या व्यक्ति के आत्मगत अनुभूतियों या संज्ञान (cognition) के संदर्भ में किया जाता है। यही कारण है कि इस दृष्टिकोण को *संज्ञानात्मक-व्यवहारवादी संदर्भ* (cognitive behaviourstic perspective) भी कहा जाता है।

संज्ञानात्मक विचारधारा या मॉडल में अन्य लोगों के अलावा बैण्डुरा (Bandura), अलबर्ट इलिस (Albert Ellis) तथा एरोन बेक (Aron Beck) के नाम अधिक मशहूर हैं। इनमें इलिस तथा बेक ने न केवल असामान्य व्यवहार की व्याख़्या में बल्कि असामान्य व्यवहार के उपचार में भी विशेष तरह के मनश्चिकित्सा का प्रतिपादन करके अपना-अपना नाम रौशन किये हैं। इन दोनों के इस योगदानों पर यहाँ थोड़ा प्रकाश डालना आवश्यक है।

अलबर्ट इलिस (Albert Ellis, 1962) ने जिस मनश्चिकित्सा (psychotherapy) का प्रतिपादन किया है, उसे *रैसनल-इमोटिव चिकित्सा* (Rational emotive therapy or RET) कहा गया है। इलिस की मान्यता यह था कि व्यक्ति का व्यवहार कुसमायोजित इसलिए हो जाता है क्योंकि उसमें अतर्क संगत विश्वास (irrational belief) उत्पन्न हो जाते हैं। उनका विचार यह था कि बाह्य घटनाएँ व्यक्ति में मानसिक विकृति (mental disorder) उत्पन्न नहीं करता है बल्कि उन घटनाओं के प्रति व्यक्ति की अपनी प्रतिक्रिया जो अतर्क संगत विश्वास के कारण होती है, से मानसिक विकृति उत्पन्न होती है। इलिस ने इस पूरे प्रक्रिया की व्याख्या करने के लिए *ए बी सी मॉडल* (A B C model) का प्रतिपादन किया है—'ए' (A) से तात्पर्य बाह्य घटनाओं या उत्तेजनों से उत्पन्न अनुभूतियों (activating exprience) से होता है जिसका स्वरूप अतर्क संगत (irrational) होता है 'B' से तात्पर्य उसके बाद उत्पन्न उस विश्वास (belief) से होता है जिसका स्वरूप अतर्क संगत (irrational) होता है, तथा सी (C) से तात्पर्य व्यक्ति के उसके परिणाम (consequences) से होता है जो सांवेगिक एवं व्यवहारात्मक (behavioural) दोनों ही होता है। इस प्रक्रिया का सबसे महत्त्वपूर्ण पहलू जिससे मानव व्यवहार में कुसमायोजनशीलता (maladptability) आता है, वह 'अतर्क संगत विश्वास' (irrational belief) का जिसका कुछ नमूना इस प्रकार है—

(i) मुझे उन सभी चीजों को आसानी से प्राप्त कर लेना चाहिए जिसे वह चाहता है।

(ii) मैं हमेशा सफलता प्राप्त करता हूँ तथा मुझे दूसरों का अनुमोदन (approval) प्राप्त होता है।

(iii) समाज के अन्य लोगों का व्यवहार मेरे प्रति सहानुभूतिपूर्ण रहेगा ही अन्यथा समाज उन्हें दंडित करेगा।

इलिस का कहना है कि चिकित्सा के दौरान रोगी के अतर्क संगत विश्वास के खोखलापन से उसे सामना कराया जाता है ताकि सांवेगिक एवं व्यवहारात्मक परिणाम उसके पक्ष में हो जाए और उसके मानसिक विकृति की गंभीरता कम हो जाए।

ऐरोन बेक (Aron Beck, 1967, 1976) ने असामान्य व्यवहार की व्याख्या में संज्ञानात्मक विकृति (cognitive distortion) को महत्त्वपूर्ण बतलाया है। इनका मत है कि कुछ विशेष तरह के संज्ञानात्मक विकृति से विभिन्न तरह के मानसिक या मनोवैज्ञानिक समस्याएँ उत्पन्न होती हैं। इन संज्ञानात्मक विकृतियों में निम्नांकित तीन प्रमुख हैं—

(i) अतिरंजन *(Magnification)*—इस विकृति में व्यक्ति एक छोटी एवं साधारण घटना को बहुत ज्यादा महत्त्व देकर उसके बारे में सोचता है।

(ii) अतिसामान्यीकरण *(Overgeneralization)*—इस विकृति में साधारण एवं हल्का सबूत के आधार पर व्यक्ति बड़ा निष्कर्ष निकाल लेता है।

(iii) चयनात्मक अमूर्त्तीकरण *(Selective abstraction)*—इस तरह की विकृति में व्यक्ति सिर्फ कुछ विशेष तरह के सबूतों पर ध्यान देता है तथा समान रूप से अन्य महत्त्वपूर्ण सबूतों की उपेक्षा करता है।

ये सभी संज्ञानात्मक विकृतियाँ व्यक्ति के बिना चेतना के ही अर्थात् अपने आप संचालित होकर उसके व्यवहार में कुसमायोजन उत्पन्न कर देते हैं। जैसे, कोई व्यक्ति किसी विशेष व्यक्ति के यहाँ से नये वर्ष के मंगल कामना का कार्ड नहीं मिल पाने पर तथा अन्य दोस्तों या सम्बन्धियों के यहाँ से कार्ड मिलने पर यदि वह अत्यधिक विषादी (depressive) हो जाता है, तो उसमें उपर्युक्त तीनों संज्ञानात्मक विकृतियाँ (cognitive distortions) काम करते पायीं जातीं है। बेक द्वारा प्रतिपादित चिकित्सा जिसे संज्ञानात्मक चिकित्सा (cognitive therapy) कहा जाता है, में रोगी या क्लायंट को इस बात से अवगत कराया जाता है कि उसके विकृत चिंतन (distorted thoughts) का स्वरूप क्या है तथा इस बात की कोशिश की जाती है कि उसका इस तरह का विकृत चिंतन अधिक तर्कसंगत तथा वैध चिंतन (valid thought) द्वारा प्रतिस्थापित हो जाए।

संज्ञानात्मक विचारधारा के अनुसार असामान्य व्यवहार की व्याख्या में निम्नांकित तीन कारकों की अहम् भूमिका बतलायी गयी है—

(1) संज्ञानात्मक मूल्यांकन (cognitive appraisal)

(2) आत्म-पुनर्बलन (self-reinforcement)

(3) सूचना-संसाधन (information-processing)

इन तीनों का वर्णन इस प्रकार है—

1. संज्ञानात्मक मूल्यांकन *(Cognitive appraisal)*—संज्ञानात्मक मनोविज्ञानियों का मत है कि किसी उद्दीपक (stimulus) के प्रति व्यक्ति किस तरह की अनुक्रिया करता है, यह उस उद्दीपक द्वारा निर्धारित न होकर व्यक्ति द्वारा उस उद्दीपक की प्रदत्त व्याख्या से निर्धारित होता है। इस व्याख्या को संज्ञानात्मक मूल्यांकन (cognitive appraisal) कहा जाता है। एक ही घटना क्रम को दो व्यक्ति अलग-अलग ढंग से व्याख्या करता है जो फिर उसके व्यवहार को भिन्न ढंग से प्रभावित करता है। धनात्मक मूल्यांकन या व्याख्या किये जाने पर व्यक्ति की समायोजनशीलता मजबूत होती है परंतु ऋणात्मक मूल्यांकन होने पर व्यक्ति की समायोजनशीलता कुप्रभावित हो जाती है और उसमें मानसिक विकृति (mental disorder) उत्पन्न हो जाता है। वाल्टर मिस्केल (Walter Mischel, 1979) के अनुसार निम्नांकित पाँच ऐसे संज्ञानात्मक चर (cognitive variables) हैं जिनसे व्यक्ति के संज्ञानात्मक मूल्यांकन प्रभावित होते हैं—

(i) क्षमता *(Competencies)*—प्रत्येक व्यक्ति अपने गत शिक्षण, प्रशिक्षण एवं अनुभूति के आधार पर एक विशेष तरह की क्षमता विकसित कर लेता है जो उसे किसी घटना या उद्दीपक की व्याख्या भिन्न ढंग से करने के लिए बाध्य कर देता है।

(ii) कूटसंकेतन *(Encoding)*—प्रत्येक व्यक्ति अपनी अनुभूतियों को विशेष ढंग से प्रत्यक्षण करता है तथा श्रेणीकृत (categories) करता है जो उसके संज्ञानात्मक मूल्यांकन को भिन्न ढंग से प्रभावित करता है।

(iii) प्रत्याशाएँ *(Expectancies)*—प्रत्येक व्यक्ति अपने गत अनुभूतियों के आधार पर भिन्न ढंग की उम्मीद या प्रत्याशा विकसित करता है कि किस परिस्थिति में उसे पुरस्कार मिलेगी तथा किस परिस्थिति में उसे दंड मिलेगा।

(iv) मूल्य *(values)*—प्रत्येक व्यक्ति अपने गत शिक्षण एवं प्रशिक्षण के आधार पर विभिन्न उद्दीपकों का मूल्य भिन्न-भिन्न आँकता है। जैसे, जो व्यक्ति बाहरी क्रियाओं को अधिक महत्त्व देता है, किसी व्यक्ति द्वारा भ्रमण या सैर (excurion) पर जाने के न्योता से काफी खुश होगा परंतु दूसरा व्यक्ति जो घर में रहकर दूरदर्शन के कार्यक्रम को देखने को अधिक महत्त्व देता है, उसे यह उतना अच्छा नहीं लगेगा।

(v) योजना *(Plans)*—प्रत्येक व्यक्ति अपने गत अनुभूतियों के आधार पर अपने लिए कुछ विशेष योजना एवं नियम बनाता है जिससे उसका व्यवहार निर्देशित होता है।

मिस्केल के अनुसार उक्त पाँच संज्ञानात्मक कारकों के चलते एक ही उद्दीपक या घटना की व्याख्या व्यक्ति भिन्न-भिन्न ढंग से करता है जो उसके व्यवहार के समायोजन (adjustment) को अच्छे या बुरे ढंग से प्रभावित करता है। बुरे ढंग से प्रभावित होने पर व्यक्ति में मानसिक विकृति (mental disorder) उत्पन्न होता है।

एक अन्य मनोवैज्ञानिक जिनका नाम बैण्डुरा (Bandura, 1986) है, ने भी यह मत जाहिर किया है कि व्यक्ति का व्यवहार संज्ञान द्वारा नियमित (regulated) तथा प्रभावित होता है। परंतु बैण्डुरा के अनुसार ऐसे कारक पाँच न होकर केवल एक ही है—प्रत्याशा (expectation)। उन्होंने प्रत्याशा के दो प्रकारों का वर्णन किया है—परिणाम प्रत्याशा (outcome expectation) तथा प्रभावोत्पादकता प्रत्याशा (efficacy expectation)। जब व्यक्ति को यह विश्वास होता है कि अमुक व्यवहार का अमुक परिणाम निश्चित है, तो यह परिणाम प्रत्याशा का उदाहरण होता है। जब व्यक्ति को यह उम्मीद होती है कि वह अमुक व्यवहार को सफलतापूर्वक क्रियान्वयन कर पायेगा, तो इसे प्रभावोत्पादकता प्रत्याशा कहा जाता है। बैण्डुरा का मत है कि इन दो तरह के प्रत्याशाओं में प्रभावोत्पादकता प्रत्याशा से ही व्यक्ति का समायोजी व्यवहार सबसे अधिक प्रभावित होता है तथा ऐसी प्रत्याशाएँ पूर्व अनुभूतियों से प्राप्त निष्पादन पुनर्निवेशन (performance feedback) से निर्धारित होता है। यदि व्यक्ति को पूर्व अनुभूतियों से प्राप्त निष्पादन पुनर्निवेशन के अनुकूल नहीं होता है, अर्थात् व्यक्ति को वैसी परिस्थिति में पहले उसे सफलता नहीं मिली होती है, तो वैसी परिस्थिति में व्यक्ति का प्रभावोत्पादकता प्रत्याशा कमजोर पड़ जाता है और व्यक्ति का व्यवहार असामान्य हो जाता है।

2. आत्म-पुनर्बलन *(Self-reinforcment)*—संज्ञानात्मक विचारधारा में यह स्वीकार किया जाता है कि व्यक्ति का व्यवहार पुरस्कार तथा दंड द्वारा प्रभावित होता है परंतु उनका मत है कि सबसे प्रभावकारी पुस्कार तथा दंड बाह्य वातावरण से नहीं आते हैं बल्कि व्यक्ति के मन (mind) के भीतर से आत्म-अनुमोदन (self-apporval) या आत्म-आलोचना (self-criticism) के रूप में आते हैं। इसे ही आत्म-पुनर्बलन (self-reinforcement) कहा जाता है। जब व्यक्ति कोई व्यवहार करता है, और उसके बाद उसका मन उसकी प्रशंसा करता है, तो इससे आत्म-अनुमोदन व्यक्ति को प्राप्त होता है जो उसके समायोजन (adjustment) को मजबूत कर उसके मानसिक स्वास्थ्य को उन्नत बनाता है। दूसरे तरफ यदि व्यवहार करने के बाद व्यक्ति का मन उसका आलोचना करता है, तो इससे व्यक्ति में दोष-भाव (guilt feeling) उत्पन्न होता है जो उसमें कुसमायोजन (maladjustment) उत्पन्न कर देता है और धीरे-धीरे उसमें मानसिक विकृति (mental disorder) को बढ़ावा देता है।

3. सूचना संसाधन *(Information processing)*—सूचना संसाधन संज्ञानात्मक शोध (cognitive research) का एक विस्तृत क्षेत्र है जिसका सम्बन्ध इस तथ्य से होता है कि किस तरह से मानव मन पर्यावरण से सूचनाओं को ग्रहण करता है, संचित करता है तथा फिर उसका उपयोग करता है। सूचना संसाधन शोधों से प्राप्त बहुत सारे तथ्यों से असामान्य व्यवहार की व्याख्या में काफी मदद मिली है जिसका वर्णन निम्नांकित तीन प्रमुख भागों में बाँटकर किया गया है—

(i) अवधान (attention)

(ii) स्मृति (memory)

(iii) संगठनात्मक संरचनाएँ (organising structures)

इन सबों का वर्णन निम्नांकित हैं—

(i) अवधान *(Attention)*—व्यक्ति की ज्ञानेन्द्रियाँ किसी भी समय अनेकों उद्दीपकों (stimuli) द्वारा प्रभावित होती है परंतु व्यक्ति के लिए यह सम्भव नहीं हो पाता है कि वह उन सभी पर ध्यान दें। अतः वह उनमें से अपनी आवश्यकतानुसार कुछ पर ध्यान देता है तथा बाकी पर ध्यान नहीं देता है। इस प्रक्रिया को चयनात्मक अवधान (selective attention) कहा जाता है। जब व्यक्ति चयनात्मक अवधान की प्रक्रिया में किसी कारण से सफल नहीं हो पाता है तो उसका मन बहुत सारे सूचनाओं या उत्तेजनों से प्रभावित होने लगता है और तब उसका व्यवहार कुसमायोजित (maladjusted) होने लगता है। आज बहुत सारे शोधकर्त्ताओं का यह विचार है कि मनोविदालिता (schizophrenia) जैसी मानसिक विकृति का सबसे प्रधान कारण चयनात्मक अवधान या ध्यान की प्रक्रिया भंग हो जाना होता है। इनग्राम (Ingram, 1999) के अनुसार, बहुत सारे मनश्चिकित्सीय विकृतियों (pychiatric problems) का कारण अपने ऊपर व्यक्ति द्वारा जरूरत से ज्यादा ध्यान देना होता है। उसी तरह से बुटजिन, एकोकेल्ला एवं एलाय (Butzin, Acocella &Alloy, 1995) के अनुसार, बहुत तरह के स्नायुविकृत रोग (neurotic diseases) की उत्पत्ति में अवधान की अहम् भूमिका होती है। जैसे, दुश्चिंता विकृति (anxiety disorder) से ग्रसित व्यक्ति पर्यावरण के उद्दीपकों विशेष कर हल्का-फूल्का उत्पन्न करने वाले उद्दीपकों पर भी जरूरत से ज्यादा ध्यान देने वाले होते हैं।

(ii) स्मृति *(Memory)*—विभिन्न प्रकार के मानसिक विकृतियों में स्मृति विशेषकर स्मृति लोप (amnesia or memory loss) की अहम् भूमिका पायी गयी है। स्मृति लोप आंगिक मस्तिष्कीय विकृतियों (organic brain disorders) अर्थात् वैसे मस्तिष्कीय विकृतियों में जिसकी उत्पत्ति का कारण मस्तिष्कीय उत्तकों का क्षीण होना या नष्ट होना होता है, में अधिक पाया जाता है। कुछ ऐसे प्रयोग किये गए हैं जिनमें यह देखा गया है कि व्यक्ति अपने अव्यक्त स्मृति (implicit memory) को खोये बिना व्यक्त स्मृति (explicit memory) को खो बैठते हैं। व्यक्त स्मृति से तात्पर्य वैसे स्मृति से होता है जिससे व्यक्ति अवगत होता है और जो उसके व्यवहार को प्रभावित करता है। अव्यक्त स्मृति से तात्पर्य वैस स्मृति से होता है जो व्यक्ति के व्यवहार को उसके बिना चेतना के ही प्रभावित करता है। डामासियो, ट्रानेल एवं डामासियो (Damasio, Tranel & Damasio, 1990) ने एक प्रयोग किया जिसमें यह देखा गया कि रोगी जिनमें कुछ विशेष तरह का मस्तिष्कीय क्षति (brain damage) था, चेतन रूप से अपने बच्चों तथा पति/पत्नी के चेहरे को नहीं पहचान सके परंतु जब उन्हें वैसे व्यक्तियों के तस्वीर को दिखलाया गया जिसे वे जानते थे, तो देखा गया कि उनके हृदय गति बढ़ गयी, जिससे यह पता चल रहा था कि वे इन तस्वीरों को किसी-न-किसी स्तर पर पहचान रहे थे। इस घटना या तथ्य को स्वीटजरलैंड के मनश्चिकित्सक (psychiatrist) जिसका नाम क्लापार डे (Clapare de) था, ने

अंत:बोध (covert awareness) कहा है। उसी तरह से बुटजिन तथा उनके सहयोगियों (Bootzin et al, 1993) ने अपने अध्ययन में पाया कि जिन लोगों में मनोवैज्ञानिक स्मृति लोप होता है, उनका घटनाक्रम स्मृति (episodic memory) प्रभावित होता है परंतु उनका अर्थगत स्मृति (semantic memory) तथा कार्यविधि स्मृति (procedural memory) प्रभावित नहीं होता है। दूसरे शब्दों में, ऐसे व्यक्ति यह नहीं बता सकते हैं कि कल या परसों क्या-क्या घटनाएँ हुई थी परंतु वे काफी अच्छा से यह बतला सकते हैं कि मनोविज्ञान तथा राजनीतिशास्त्र में क्या अंतर है।

उक्त तथ्यों से यह स्पष्ट है कि असामान्य व्यवहार का सम्बन्ध स्मृति विशेषकर स्मृति लोप (amnesia) से होता है।

(iii) **संगठनात्मक संरचनाएँ** *(Organising structures)*—व्यक्ति का मन (mind) सिर्फ इसका चयन ही नहीं करता है कि उसे किस तरह की सूचना ग्रहण करनी चाहिए बल्कि वह इन सूचनाओं को एक अर्थपूर्ण एवं स्थायी पैटर्न में सुव्यवस्थित भी करता है जो फिर यह निर्धारित करता है कि अन्य किस तरह की सूचनाएँ ग्रहण की जाएँ। इसे संज्ञानात्मक मनोविज्ञानियों ने *स्कीमा* (schema) कहा है। इस तरह से जिंदगी के विशेष पहलू या क्षेत्र के बारे में सूचनाओं की एक संगठित संरचना को 'स्कीमा' कहा जाता है। जैसे, व्यक्ति में अपने माता-पिता के प्रति एक स्कीमा होता है, बाजार जाने के प्रति एक स्कीमा होता है, स्कूल तथा कॉलेज के प्रति एक स्कीमा होता है। इस तरह से व्यक्ति के मन में हजारों स्कीमा होते हैं। संज्ञानात्मक मनोविज्ञानियों के अनुसार असामान्य व्यवहार की व्याख्या करने के लिए जो महत्त्वपूर्ण स्कीमा होता है, उसे आत्म-स्कीमा (self-schema) कहा जाता है। यह व्यक्ति के अपने बारे में सूचनाओं का एक संगठित तंत्र होता है। ब्रेक (Breck, 1976) तथा बेक, इमरी एवं ग्रीनवर्ग (Beck, Emery & Greenberg, 1989) के अनुसार जब व्यक्ति का आत्म-स्कीमा दोषभाव, वंचन (deprivation) एवं अयोग्यता (worthlessness) आदि से प्रभावित हो जाता है, तो उसमें एक विशेष मानसिक अवस्था जिसे विषादी प्रवृत्ति (depressive tendency) कहा जाता है, विकसित होता है। ऐसी परिस्थिति में व्यक्ति सिर्फ उन्हीं सूचनाओं को ग्रहण करता है जो इस तरह के आत्म-स्मीका का समर्थन प्रदान करते हैं। ब्रेक का यह भी मत है कि व्यक्ति में चिंता (anxiety) का कारण भी विकृत आत्म-स्कीमा होता है और ऐसी परिस्थिति में इसका सार-तत्त्व अनिश्चितता (uncertainty) तथा धमकी (threat) से प्रबलित (dominated) होता है।

दूसरी संगठनात्मक संरचना जो असामान्य व्यवहार की व्याख्या के लिए महत्त्वपूर्ण है, उसे विश्वास (belief) कहा गया है। अलबर्ट इलिस (Albert Ellis, 1985) के अनुसार जब व्यक्ति आत्म-पराजित विश्वास (self-defeating beliefs) विकसित कर लेता है, तो उसका व्यवहार अनुपयुक्त एवं अतर्क संगत (irrational) हो जाता है। जैसे, यदि कोई वयस्क महिला में जब यह विश्वास विकसित हो जाता है कि उसके व्यवहार तथा विचार को सभी लोग अनुमोदित करेंगे तथा उससे कभी गलती हो ही नहीं सकती है, तो ऐसी परिस्थिति में वह दूसरों को खुश करने में अधिक-से-अधिक समय व्यतीत करेगी तथा अपने प्रत्येक कार्य को बार-बार चेक करने में काफी अधिक समय व्यतीत करेगी। इसका परिणाम यह होगा कि उसके व्यवहार में अर्थहीनता विकसित होगा जो धीरे-धीरे उसके व्यवहार को असामान्य बना देगा।

'जिंदगी का कार्य' (life tasks) एक तीसरी संगठनात्मक संरचना है जिसकी मदद से संज्ञानात्मक विचारधारा में असामान्यता की व्याख्या की गयी है। 'जिंदगी का कार्य' (life task) से तात्पर्य वैसे कार्य से होता है जिसे व्यक्ति अपने लिए निर्धारित करता है। जैसे, एक कॉलेज का छात्र उच्च अंक में परीक्षा में सफल होने का लक्ष्य निर्धारित करता है जो वह उसका जिंदगी कार्य का एक उदाहरण होगा। फिर वह दूसरा कार्य एक अच्छा प्रोफेसर या एक अच्छा अभियंता बनने का लक्ष्य निर्धारित कर सकता है जो उसकी जिंदगी का दूसरा कार्य होगा। सचमुच में जिंदगी के कार्य (life task) पर किये गये शोध 'स्कीमा' पर किये गये शोधों का ही प्रतिफल एवं विस्तृत रूप है। नैनसी कैनटोर (Nancy Cantor, 1990) इस क्षेत्र के अग्रणी शोधकर्त्ता हैं। इनका कहना है कि चूंकि जिंदगी का कार्य का आधार 'स्कीमा' ही होता है, अत: विकृत स्कीमा से अवास्तविक कार्य (unrealistic task) की उत्पत्ति होती है जिससे व्यक्ति अपनी जिंदगी के साथ समायोजन स्थापित करने के लिए आत्म-पराजित उपायों (self-defeating strategies) को विकसित कर लेता है जिससे उसमें मानसिक विकृति (mental disorder) उत्पन्न हो जाती है। ऐसी परिस्थिति में संज्ञानात्मक संदर्भ में एक विशेष तरह का व्यवहारपरक उपचार (behavioural treatment) प्रदान किया जाता है जिसे *संज्ञानात्मक पुनर्संरचना* (cognitive resturcturing) कहा जाता है जिसमें चिकित्सक क्लायंट को जीवन की घटनाओं को संशोधित करके अपने स्कीमा को भी संशोधित करने की मशविरा देते हैं। जैसे, क्लायंट को चिक्त्सिक द्वारा यह कहा जा सकता है कि यदि उसे काफी

प्रत्याशित (expected) एवं मनचाहा दूरभाष कॉल (telephone call) नहीं आया तो इसका मतलब यह नहीं है कि वह बेकार है तथा प्यार एवं स्नेह पाने के योग्य नहीं है। इस तरह के नकारात्मक स्कीमा के हटने पर नयी स्कीमा अपने आप विकसित हो जाता है और फिर व्यक्ति अपने लिए नया कार्य (task) एवं उपाय (strategy) को भी अपनाता है।

संज्ञानात्मक मॉडल के कुछ लाभ (advantages) एवं अलाभ (disadvantages) हैं। इसके प्रमुख लाभ निम्नांकित हैं—

(i) संज्ञानात्मक मॉडल में व्यक्ति के मानसिक विकृति को संज्ञान अर्थात् उसके चिंतन, स्मृति, विश्वास आदि के रूप में विश्लेषित किया गया है जिसका समर्थन विभिन्न मनोवैज्ञानिकों के शोधों से प्रत्यक्ष रूप से किया है। इससे अपने आप इस मॉडल की वैधता (validity) का समर्थन मिलता है।

(ii) संज्ञानात्मक मॉडल का एक खास लाभ जो अन्य किसी भी मॉडल में नहीं है वह यह है कि इस मॉडल में इस बात की व्याख्या होती है कि व्यक्ति अपनी अनुभूतियों को किस ढंग से पुनर्सरचित करता है, कैसे उसका विशेष अर्थ निकालता है और पर्यावरणी उद्दीपकों को वे उस ढंग की सूचना में बदल देता है जिसका उपयोग किया जा सके। इससे असामान्यता तथा कुसमायोजन (maladjstment) की व्याख्या तो होती ही है साथ-ही-साथ यह भी पता चल पाता है कि इसमें व्यक्ति के आंतरिक अनुभूतियों का कितना योगदान है।

इन लक्ष्यों के बावजूद संज्ञानात्मक मॉडल के कुछ अलाभ (disadvantages) हैं जो इस प्रकार है—

(i) स्कीन्नर (Skinner, 1990) ने कहा है कि संज्ञान (cognitive) का स्वरूप ऐसा होता है जिसे न तो प्रेक्षण (observe) किया जा सकता है और न मापा ही जा सकता है। अत: यह अवैज्ञानिक है और फिर इससे असामान्य व्यवहार की एक वैज्ञानिक व्याख्या सम्भव नहीं है।

(ii) 'स्कीमा' (schema) जैसे संप्रत्यय अविश्वसनीय है और यह वैज्ञानिक ढंग से परिभाषित नहीं किया गया है। इतना ही नहीं, असामान्यता की संज्ञानात्मक व्याख्या द्वारा कोई खास वैज्ञानिक व्याख्या नहीं हो पाती है। जैसे, यह कहना कि विषाद (depression) नकारात्मक स्कीमा (negative schema) से उत्पन्न होता है, से यह पता सिर्फ चलता है कि विषादी लोग निराशाजनक ढंग से सोचते हैं। परंतु सभी लोग यह जानते हैं कि इस तरह का निराशाजनक चिंतन (gloomy thinking) विषाद के निदान (diagnosis) का एक हिस्सा होता है। इस मॉडल में चिंतन (thoughts) को एक कारणात्मक दर्जा (causal status) दे दिया जाता है अर्थात् यह मान लिया जाता है कि चिंतन द्वारा विकृति (disorder) एवं अन्य लक्षण उत्पन्न हो जाते हैं। इस तथ्य को कई मनोवैज्ञानिकों ने एक बिना साबित किया हुआ दावा (unproved claim) कहा गया है।

(iii) संज्ञानात्मक मॉडल में इस तथ्य पर भी प्रकाश नहीं पड़ता है कि नकारात्मक स्कीमा (negative schema) की उत्पत्ति कहाँ से होती है।

(iv) संज्ञानात्मक मॉडल में असामान्यता की व्याख्या में विकृति या असामान्यता के वर्तमान निर्धारकों (current determinants) पर तो बल डाला जाता है परंतु उसके ऐतिहासिक पूर्ववृत्त (historical antecedents) पर अर्थात् क्लायंट के गत जिंदगी की घटनाओं पर बल नहीं डाला जाता है। इसका परिणाम यह होता है कि असामान्यता के स्वरूप की व्याख्या ठीक ढंग से इसके द्वारा नहीं हो पाती है।

निष्कर्षत: यह कहा जा सकता है कि संज्ञानात्मक मॉडल या सिद्धान्त में यद्यपि कुछ खामियाँ या परिसीमाएँ हैं, फिर भी यह मॉडल आधुनिक असामान्य मनोविज्ञान में काफी अहमियत रखता है। आजकल इस मॉडल के सार तत्त्वों को व्यवहारवादी मॉडल के सार तत्त्वों के साथ मिलाकर उपयोग किया जा रहा है ताकि कुसामायोजन की व्याख्या एवं उपचार में महत्त्वपूर्ण सफलता हासिल हो सके। संज्ञानात्मक व्यवहारवादी चिकित्सा (Cognitive-Behavioural Therapy or CBT) इसका एक नमूना है। हाल ही में लेजारस (Lazarus, 1993) द्वारा भी इस सिलसिले में किया गया प्रयास काफी महत्त्वपूर्ण है जिन्होंने यह दावा किया है कि एक ही व्यक्ति में रोग सात विभिन्न स्तरों पर होता है। इन सात स्तरों को वे 'बेसिक ईद'[1] (BASIC ID) के रूप में कूटसंकेतीकरण किया है और उनके द्वारा प्रतिपादित यह चिकित्सा पद्धति को बहुआयामीय चिकित्सा (multimodel therapy) कहा गया है।

---

1. BASIC ID की व्याख्या मनश्चिकित्सा वाले अध्याय में आगे की गयी है।

मानवतावादी-अस्तित्वात्मक विचारधारा
(Humanistic-Existential Viewpoints)

मानवतावादी-अस्तित्वात्मक विचारधारा सचमुच में मनोगतिकी विचारधारा के प्रति एक प्रतिक्रिया (reaction) तथा परिणाम (outgrowth) दोनों ही है। सचमुच में बहुत सारे मानवतावादी एवं अस्तित्ववादी चिंतकों (thinker) की आरंभिक प्रशिक्षण एक मनोविश्लेषक (psychoanalyst) के रूप में हुई थी। परंतु बाद में कई कारणों से वे एक भिन्न विचारधारा के समर्थक बन गए। सचमुच में मानवतावादी-अस्तित्वात्मक विचारधारा असामान्यता के व्यवहारवादी विचारधारा (behaviourstic viewpoint) के प्रति भी एक प्रतिक्रिया (reaction) है। मानवतावादी-अस्तित्ववादी चिंतकों द्वारा व्यवहारवादी मॉडल को यह कहकर अस्वीकृत कर दिया गया है कि इसमें सिर्फ प्रेक्षणीय व्यवहार (observable behaviour) तथा उद्दीपक परिस्थिति पर ही ध्यान दिया जाता है और व्यक्ति के आंतरिक अनुभूतियों एवं आत्म-निर्देश (self-direction) जैसे तत्त्वों के महत्त्व को अस्वीकार कर दिया गया है जो सचमुच में कुसमायोजन एवं असामान्यता का एक प्रमुख कारण है।

यद्यपि यहाँ हम असामान्यता के मानवतावादी अस्तित्वात्मक विचारधारा या मॉडल पर विचार करने जा रहे हैं, यह बता देना उचित होगा कि सचमुच में मानवतावादी मनोविज्ञान तथा अस्तित्ववादी मनोविज्ञान मनोविज्ञान के दो अलग-अलग स्कूल हैं जिनके विचारों में काफी समानता[1] होने कारण उनके बताये गये विचारधाराओं को आधुनिक मनोविज्ञानी एक संयुक्त नाम 'मानवतावादी-अस्तित्ववादी मॉडल' दिये हैं। इस विचारधारा या मॉडल की शुरूआत 1950 एवं 1960 वाले दशक में 'तीसरा बल' (third force) के रूप में हुआ। यह 'तीसरा बल' का प्रादुर्भाव पहला बल अर्थात् मनोविश्लेषणात्मक विचारधारा (psychoanalytic viewpoints) तथा दूसरा बल अर्थात्, व्यवहारवादी विचारधारा (behaviouristic viewpoints) के प्रति प्रतिक्रिया के रूप में हुआ है। मानवतावादी मनोविज्ञान में मुख्य रूप से कार्ल रोजर्स (Carl Rogers) तथा एब्राहम मैसलो (Abraham Maslow) के विचारों को तथा अस्तित्ववादी मनोविज्ञान में मुख्य रूप से रोलो मे (Rollo May), विक्टर फ्रैंक्ल (Viktor Frankl) तथा आर॰ डी॰ लाँग (R. D. Laing) के विचारों को असामान्यता की व्याख्या के लिए महत्त्वपूर्ण माना गया है।

मानवतावादी-अस्तित्वात्मक मॉडल में असामान्यता या मानसिक विकृति की व्याख्या करने में कुछ पूर्वकल्पनाओं (assumptions) को महत्वपूर्ण बतलाया है जिसमें निम्नांकित विचारणीय है—

(i) व्यक्ति का अनोखापन *(Uniqueness of Individual)*—चूँकि प्रत्येक व्यक्ति संसार को विभिन्न ढंग से प्रत्यक्षण करता है तथा अपने आत्म-निर्माण में विशेष ढंग से भाग लेता है, इसलिए प्रत्येक व्यक्ति अपने ढंग का अनोखा (unique) होता है। इस विचारधारा के अनुसार व्यक्ति को व्यवहारवादी या मनोगतिकी सूत्रों के बंधन में बाँधना, उसके अस्तित्व के एक सीमित पहलू पर ही प्रकाश डालने के समान है।

(ii) मानव अंतःशक्ति *(Human Potential)*—मानवतावादी-अस्तित्ववादी विचारधारा में मानव अंतःशक्ति (human potential) को महत्त्वपूर्ण माना गया है। इस विचारधारा के अनुसार मानव जीवन अनुभव के द्वारा वर्द्धित (growth) होते रहता है। इस विचारधारा के अनुसार प्रत्येक व्यक्ति में वह बनने की क्षमता होती है, जो वह चाहता है।

(iii) स्वतंत्रता एवं उत्तरदायित्व *(Freedom and responsibility)*—मनुष्यों में आत्मचेतना (self-awareness) का गुण होता है। यह गुण उन्हें इस बात की स्वतंत्रता प्रदान करता है कि वे अपने अस्तित्व के लिए अनेकों उपलब्ध साधनों में से किसे चुनेंगे। ऐसा करके वे अपने भाग्य का निर्माता स्वयं होते हैं। इस तरह से व्यक्ति अपने भाग्य (destiny), अच्छा या बुरा, का मालिक स्वयं होता है।

(iv) परिघटनात्मक विधि *(Phenomenological method)*—मानवतावादी-अस्तित्ववादी उपागम में परिघटनात्मक विधि को महत्त्वपूर्ण माना जाता है तथा व्यक्ति के व्यवहारों को समझने के लिए इसे सबस उपयुक्त समझा जाता है। इस विधि का सार तत्त्व यह है कि किसी व्यक्ति के व्यवहार को पूर्णरूपेण समझने के लिए यह आवश्यक है कि दुनियाँ को उस व्यक्ति की आँखों से देखा जाए। अतः प्रेक्षण किये गए व्यक्ति के विचार को जानकर ही उसके व्यवहार को समझा जा सकता है अन्यथा नहीं।

---

1. काफी समानता के बावजूद इन दोनों स्कूलों में एक प्रमुख अंतर यह है कि मानवतावादी मनोविज्ञान में व्यक्ति तथा इसकी आवश्यकताओं (needs) एवं इच्छाओं की संतुष्टि पर अधिक बल डाला जाता है जबकि अस्तित्ववादी मनोविज्ञान में व्यक्ति का सम्पूर्ण रूप से मानवीय हालातों के संबंधों के अलावा वैयक्तिक उत्तरदायित्व (individual responsibility) पर भी सर्वाधिक बल डाला जाता है।

मानवतावादी-अस्तित्ववादी विचारधारा को अब सुविधा के लिए मानवतावादी व्याख्या तथा अस्तित्ववादी व्याख्या दो भागों में बाँटकर वर्णन किया जा रहा है—

1. मानवतावादी व्याख्या *(Humanistic explanation)*—**असामान्यता (abnormality) की व्याख्या करने के लिए मानवतावादी विचारधारा का प्रतिपादन में कार्ल रोजर्स (Carl Rogers) तथा एब्राहम मैसलो (Abraham Maslow) का योगदान विशेष रूप से उल्लेखनीय है। मानवतावादी व्याख्या में मानव प्रकृति का एक धनात्मक तस्वीर (positive picture) पेश किया गया है जो मनोगतिकी विचारधारा से भिन्न है जिसमें मानव प्रकृति का एक ऋणात्मक तस्वीर पेश किया जाता है। मानवतावादी व्याख्या में मानव प्रकृति अनुकूल परिस्थिति होने पर दोस्ताना, सहयोगात्मक (cooperative) तथा रचनात्मक (constructive) होता है। अगर व्यक्ति को स्वतंत्र रूप से विकसित होने को छोड़ दिया जाता है और यदि उसमें कोई अनावश्यक दवाब नहीं है, तो व्यक्ति तर्कसंगत (rational) तथा समाजीकृत (socialized) प्राणी के रूप में विकसित होता है। वह इतना रचनात्मक (constructive) हो जाता है कि वह न केवल अपने जैविक आवश्यकताओं की पूर्त्ति कर सकने में सफल होता है बल्कि अपनी क्षमताओं का उच्च स्तरीय अंशों को भी पूरा कर पाता है।**

कार्ल रोजर्स का मत है कि व्यक्ति का प्रत्येक व्यवहार एक ही अभिप्रेरण (motivation) से नियंत्रित होता है जिसे वस्तुवादी प्रवृत्ति (actualizing tendency) कहा जाता है। वस्तुवादी प्रवृत्ति से तात्पर्य अपने आप को सुरक्षित रखते हुए आगे बढ़ाने की इच्छा से होती है। इसके एक स्तर पर तो व्यक्ति सिर्फ अपने आप को जैविक आवश्यकताओं को पूर्त्ति करते हुए जीवित रखता है तो उच्च स्तर पर इस वस्तुवादी प्रवृत्ति में व्यक्ति को अपनी इच्छा एवं अभिप्रेरणाओं की जाँच करने तथा अपनी क्षमताओं तथा अंत:शक्ति को पूरा करने की प्रवृत्ति भी सम्मिलित होती है। व्यक्ति द्वारा अपने अंत:शक्ति (potential) को जाँचने तथा उसे पूरा करने की प्रक्रिया को आत्म-सिद्धि (self-actualisation) की संज्ञा दी जाती है। अगर व्यक्ति के बचपन की अनुभूतियाँ कुछ ऐसी होतीं हैं जिनसे उसकी आत्म-सिद्धि के मार्ग में बाधा पहुँचता है और व्यक्ति वास्तविकता से अलग हो जाता है, तो उससे व्यक्ति में असामान्य व्यवहार (abnormal behaviour) उत्पन्न हो जाता है। ऐसी परिस्थिति में व्यक्ति का महत्त्वपूर्ण चिंतन, संवेग एवं मूल्य (value) आदि प्रतिकूल परिस्थिति के कारण विपरीत ढंग से प्रभावित हो जाता है जिससे उसमें असामान्य व्यवहार की उत्पत्ति हो जाती है। इस तरह से उत्पन्न असामान्य व्यवहार का उपचार करने के लिए रोजर्स ने एक विशेष चिकित्सा विधि का प्रतिपादन किया है जिसे *क्लांयट-केन्द्रित चिकित्सा* (client-centered therapy) कहा जाता है जिसमें आत्म-सिद्धि के मार्ग में आये सभी बाधाओं को एक स्वीकार्य एवं स्नेहपूर्ण वातावरण उत्पन्न कर समाप्त कर दिया जाता है और तब रोगी चंगा होकर अपने व्यक्तित्व का विकास पूर्ववत् करने लगता है।

मैसलो (Maslow) ने मानव प्रकृति को मूलत: उत्तम एवं धनात्मक ही माना है तथा सभी व्यवहार को वे एक प्रमुख मौलिक अभिप्रेरक अर्थात् आत्म-सिद्धि के प्रणोद (drive) से निर्देशित मानते हैं। मैसलो ने आवश्यकताओं के पाँच स्तर का प्रतिपादन किया है जो एक पदानुक्रम (hierarchy) में सुव्यवस्थित होता है। अगले स्तर की आवश्यकता की पुष्टि के लिए यह आवश्यक है कि पिछले स्तर की आवश्यकता की पूर्त्ति हो। जब व्यक्ति के प्रथम चारों स्तर की आवश्यकताओं की पूर्त्ति हो जाती है, तो वह पाँचवें स्तर की आवश्यकता अर्थात् आत्म-सिद्धि की आवश्यकता (self-actualisation need) की ओर अग्रसर होता है। मैसलो का मत है कि जब अत्यधिक तनाव या विपरीत या संकटकालीन परिस्थिति के कारण व्यक्ति के आत्म-सिद्धि की आवश्यकता की तुष्टि के मार्ग में बाधा पहुँचती है, तो इससे उसमें असामान्य व्यवहार की उत्पत्ति होता है।

स्पष्ट हुआ कि मानवतावादी दृष्टिकोण से असामान्य व्यवहार व्यक्तिगत वर्द्धन (personal growth) तथा दैहिक एवं मानसिक स्वास्थ्य के प्रति स्वाभाविक प्रवृत्ति के मार्ग में रूकावट या बाधा पहुँचने से होता है। मानवतावादी मनोवैज्ञानिकों के अनुसार इस तरह का रूकावट या बाधा निम्नांकित कारकों के कारण होता है—

(i) प्रतिकूल सामाजिक अवस्था (unfavourable social condition) एवं दोषपूर्ण सीखना (faulty learning)

(ii) अत्यधिक तनाव (excessive stress)

(iii) अहं-रक्षात्मक प्रक्रमों (ego-defense mechanism) का अत्यधिक उपयोग जिससे व्यक्ति में वास्तविकता (reality) से सम्बन्ध टूट जाता है।

उक्त कारणों से व्यक्ति के व्यक्तिगत वर्द्धन (personal growth) का मार्ग अवरुद्ध हो जाता है और उसमें असामान्य व्यवहार की उत्पत्ति हो जाती है। रोजर्स (Rogers) तथा मैसलो (Maslow) के अतिरिक्त अन्य मानवतावादी मनोवैज्ञानिकों जिनमें फ्रिज पर्ल्स (Fritz Perls), गार्डनर मर्फी (Gardner Murphy), विलियम जेम्स (William James), गॉर्डन आलपोर्ट (Gorden Allport) का नाम भी उदारतापूर्वक लिया जाता है, का मत है कि अनुकूल परिस्थिति के होने पर मानव व्यवहार रचनात्मक (constructive) होने के साथ-ही-साथ दोस्ताना भी होता है और व्यक्तित्व में अपअनुकूली व्यवहार (maladjusted behaviour) के उत्पन्न होने की सम्भावना कम होती है। दूसरे तरफ आक्रमकता, क्रूरता तथा स्वार्थपरता (selfishness) जैसे व्यवहार की उत्पत्ति कुंठा तथा मौलिक मानवीय स्वरूप की विकृति आदि से उत्पन्न होता है।

2. अस्तित्ववादी व्याख्या *(Existential explanation)*—अस्त्विवादी मनोविज्ञान द्वारा असामान्यता की दी गयी व्याख्या को अस्तित्ववादी व्याख्या कहा जाता है। सचमुच में अस्तित्ववादी मनोविज्ञान यूरोपियन अस्तित्ववादी दर्शनशास्त्र का ही एक अपवृद्धि (outgrowth) है। अस्तित्ववादी मनोविज्ञान में 'संसार-में-होने' (being-in-the-world) अर्थात् व्यक्ति का संसार के साथ संबंद्धता तथा अन्य लोगों के साथ उनकी सतत अनुक्रिया को महत्त्वपूर्ण माना जाता है। इसके अतिरिक्त इसमें सच्चे ढंग से रहने के लिए अपने नियमों के अनुसार संघर्ष करने की क्षमता पर भी बल डाला जाता है। जब व्यक्ति इस तरह की सतत् अनुक्रिया तथा क्षमता में अपने आप को सक्षम नहीं पाता है तो इससे उसमें अपवर्तन (alienation) की स्थिति उत्पन्न होती है जो एक तरह का 'आध्यात्मिक मृत्यु' (spiritual death) के समान होता है जिसमें व्यक्ति को अपनी जिंदगी में अर्थहीनता दिखाई देती है और वह मृत्यु के अवश्यंभाविता से काफी डरने लगता है। इन सबका परिणाम यह होता है कि उसमें मानसिक विकृति या असामान्यता विंकसित हो जाती है। अस्तित्वादी विचारधारा में मुख्य रूप से रोलो मे (Rollo May), विक्टर फ्रैंक्ल (Victor Frankl) तथा आर० डी० लायिंग (R.D. Laing) के विचार उल्लेखनीय है।

रोलो मे (Rollo May) ने ही अमेरिका में अस्तित्ववादी संदर्भ (existential perspective) को सबसे पहले-पहले बतलाया और वे एक महत्त्वपूर्ण अमेरिकन समर्थक के रूप में रहे। इनका कहना है कि जिंदगी के तथ्य का सात्त्विक संदर्भ (ontological context) के बाहर कोई अर्थ नहीं होता है। सात्विक संदर्भ से तात्पर्य रोगी के वर्तमान जिंदा आत्मन् (living self) तथा आत्मन् के चेतन (consciousness) के संदर्भ से होता है। मे के अनुसार प्रत्येक व्यक्ति में अपने अस्तित्व के लिए एक स्थायी आधार (stable foundation) का एक केन्द्र को सुरक्षित रखने की आवश्यकता होती है। जब इस केन्द्र को बाह्य बलों से धमकी मिलता है, तो इससे व्यक्ति में असामान्यता (abnormality) विकसित होता है।

विक्टर फ्रैंक्ल (Victor Frankl) जो फ्रायड के शिष्य थे, ने असामान्यता की व्याख्या करने में एक विशेष आयाम जिसे आध्यात्मिक जिंदगी (spiritual life) कहा है, को काफी महत्त्वपूर्ण माना है। फ्रैंक्ल के अनुसार व्यक्ति के व्यवहार का सबसे प्रमुख अभिप्रेरक न तो आनंद-की-इच्छा (will-to-pleasure) और न ही शक्ति-की-इच्छा (will-to-power) है बल्कि अर्थ-की-इच्छा (will-to-meaning) है। अर्थ-की-इच्छा से तात्पर्य अपने कुंठित, जटिल एवं सीमित अस्तित्व के लिए कुछ उचित कारण ढूँढ़ने से होता है। व्यक्ति इस ढंग का अर्थ को तभी समझ पाता है जब उसे मूल्य (value) का अनुभव हुआ हो। व्यक्ति से मूल्य का विकास अपने कार्यों से, अन्य लोगों के स्नेह एवं प्यार से तथा तकलीफ या दुखों का सामना करने से होता है। जब व्यक्ति के इस मूल्य अर्जन प्रक्रिया (value acquiring process) में रुकावट होता है, तो इससे व्यक्ति में असामान्यता विकसित होती है। असामान्यता के उपचार के लिए फ्रैंक्ल (Frankl) ने जिस विधि का प्रतिपादन किया है, उसे *लोगो-चिकित्सा* (logotherapy) कहा जाता है जिसमें चिकित्सक रोगी को उसके अस्तित्व के उत्तरदायित्व से सामना कराता है तथा उसे विभिन्न मूल्यों (values) में से सही मूल्य को चुनने के लिए प्रोत्साहित करता है। इससे धीरे-धीरे रोगी अपने अस्तित्व के सही अर्थ को समझने लगता है तथा उसकी समस्या की गंभीरता कमने लगती है।

आर० डी० लायिंग (R.D. Laing) जो एक ब्रिटिश मनश्चिकित्सक (British psychiatrist) हैं, के अनुसार व्यक्ति के अस्तित्व का महत्त्वपूर्ण तथ्य उसके व्यक्तिगत सम्बन्ध (personal relationship) में होता है। उनका कहना है कि असामान्य व्यवहार व्यक्ति में नहीं बल्कि उसका अन्य व्यक्तियों के साथ सम्बन्ध में विकसित होता है। समाज

या परविार व्यक्ति को गलत आत्मन् (false self) विकसित करने के लिए बाध्य करता है क्योंकि वह अर्थहीन लक्ष्यों (meaningless goal) को प्राप्त करने के लिए बाधित करता है तथा दोहरे किस्म की सूचनाओं (double message) को देकर व्यक्ति के मन में तथ्यपूर्ण व्यवहार (authentic behaviour) के प्रति उदासीनता पैदा कर देता है । इन सबों का परिणाम यह होता है कि व्यक्ति का गलत आत्मन् (self) सच्चा आत्मन् (true self) को ढँक लेता हैं और उसका व्यवहार असामान्य हो जाता है । जैसे, लायिंग (Laing, 1979) ने मनोविदालिता (schizophrenia) का उदाहरण देते हुए कहा है कि जब व्यक्ति में अत्यधिक अन्तर्वैयक्तिक तनाव होता है और साथ-ही-साथ व्यक्ति में कुछ जैवरासायनिक कठिनाइयाँ भी होती हैं, तो व्यक्ति समाज द्वारा निर्मित्त झूठे या गलत आत्मन् (false self) को बरकरार नहीं रख पाता है और वास्तविकता (reality) से पीछे हटकर वह एक अपना विशेष आंतरिक दुनिया में खो जाता है जिसे हम मनोविदालिता कहते हैं ।

निष्कर्षत: यह कहा जा सकता है कि मानवतावादी-अस्तित्ववादी विचारधारा के अनुसार असामान्य व्यवहार की उत्पत्ति तब होती है जब व्यक्ति अपने आप को स्वीकार करने में, अपने कार्यों का उत्तरदायित्व उठाने में, तथा व्यक्तिगत लक्ष्यों (personal goals) को आगे बढ़ाने में असफल रहता है ।

मानवतावादी-अस्तित्ववादी मॉडल या विचारधारा के कुछ लाभ (advantages) तथा अलाभ (disadvnatages) है । इसके प्रमुख लाभ इस प्रकार हैं—

(i) यह मॉडल मानव प्रकृति के प्रति एक आशावादी दृष्टिकोण रखते हुए मानव अंत:शक्ति (human potential) पर बल डाला है तथा अपने लक्ष्यों एवं आवश्यकताओं की पूर्त्ति के लिए वैयक्तिक क्षमताओं के वर्द्धन को महत्त्वपूर्ण मानता है । ऐसा दृष्टिकोण न तो व्यवहारवादी मॉडल और न ही मनोगतिकी मॉडल में देखने को मिलता है ।

(ii) यह मॉडल प्रत्येक व्यक्ति के अनोखेपन (uniqueness) पर बल डालता है तथा इस बात का पूर्ण भरोसा दिलाता है कि व्यक्ति निम्न पशुओं (lower animals) का सिर्फ विस्तृत प्रारूप नहीं माना जा सकता है तथा एक व्यक्ति ठीक दूसरे व्यक्ति के बिल्कुल समान नहीं होता है ।

(iii) इस विचारधारा में प्रत्येक व्यक्ति की अपनी अनुभूति को पर्याप्त महत्त्व दिया जाता है जिसके कारण इस मॉडल में उन लोगों के लिए आंतरिक आकर्षकता काफी अधिक होती है जो इस पर ध्यान दिये होते हैं ।

इस लाभों के बावजूद इस विचारधारा के कुछ अलाभ (disadvantages) हैं जो इस प्रकार हैं—

(i) इस मॉडल का सबसे प्रमुख आलोचना यह है कि यह अवैज्ञानिक है और कहीं-कहीं विज्ञान-विरोधी (anti-scientific) भी दीखता है । इसके संप्रत्यय अस्पष्ट एवं आत्मनिष्ठ (subjective) हैं जिन्हें ठीक ढंग से न तो समझा जा सकता है और न ही उससे जाँचनीय प्राक्कल्पना बनाई जा सकती है ।

(ii) इस मॉडल द्वारा असामान्यता की व्याख्या करने में क्लायंट की तात्कालिक चेतना अनुभूति (immediate conscious experience) पर इतना बल डाला जाता है जितना कि सचमुच में नहीं चाहिए । इतना ही नहीं, इस व्याख्या में अचेतन अभिप्रेरण, पुनर्बलन प्रसंभाव्यता (reinforcement contingencies), जैविक कारकों, तथा परिस्थितिजन्य प्रभावों की उपेक्षा की गयी है ।

(iii) इस मॉडल द्वारा असामान्य व्यवहार की व्याख्या करने में मानव व्यवहार के विकास की प्रक्रिया (process) पर संतोषजनक रोशनी नहीं डाला गया है । जैसे, यह कहने से कि आत्म-सिद्धि (self-actualization) की एक जन्मजात प्रवृत्ति व्यक्ति में होती है, व्यवहार के विकास की ओर तो संकेत मिलता है परंतु इसकी प्रक्रियाओं (processes) की व्याख्या नहीं होती है । सिर्फ यह कहना वस्तुवादी प्रवृत्ति (actualising tendency) के कारण व्यक्ति का विकास होता है, कुछ इस बात के समान दीखता है कि व्यक्ति भोजन इसलिए करता है क्योंकि वह भूखा होता है । यह सच हो सकता है परंतु इससे यह पता नहीं चलता है कि भूख क्या है तथा इससे मानव व्यवहार किस तरह से प्रभावित होता है ।

(iv) इस मॉडल में मानव व्यवहार का वर्णन तो उत्तम ढंग से किया जाता है परंतु उसके कारणों की वैज्ञानिक व्याख्या

नहीं होती है। यह सुनना तो अच्छा लगता है कि प्रत्येक व्यक्ति वास्तविकता के प्रत्यक्षण के अनुरूप व्यवहार करता है परंतु इससे यह तो पता नहीं चलता है कि वे कौन-कौन कारक या चर (variables) हैं जो उस व्यवहार को विकसित करने, संपोषित करने तथा परिवर्तित करने में मदद करता है।

इन आलोचनाओं या अलाभों के बावजूद मानवतावादी-अस्तित्ववादी मॉडल को काफी उपयोगी एवं महत्त्वपूर्ण बतलाया गया है क्योंकि इसके माध्यम से असामान्य व्यवहार की व्याख्या व्यक्ति के आंतरिक अनुभूतियों एवं वास्तविकता के प्रत्यक्षण के आलोक में किया जाता है।

अन्तरवैयक्तिक विचारधारा
(Interpersonal viewpoints)

मनुष्य एक सामाजिक प्राणी होता है। अत: व्यक्तित्व का अधिकतर हिस्सा इस बात से निर्धारित होता है कि उसका समाज के अन्य लोगों के साथ कैसा सम्बन्ध है तथा वह किस तरह की सामाजिक अंतक्रिया (social interaction) लोगों के साथ करता है। इस विचारधारा के अनुसार जब व्यक्ति की सामाजिक अंतक्रिया अनम्य (rigid) हो जाती है और वह सामाजिक परिस्थिति के माँग के अनुरूप नहीं हो पाती है, तो इससे व्यक्ति के व्यवहार में कुसामायोजन (maladjusment) विकसित होता है। इस तरह के कुसमायोजित व्यवहार या असामान्य व्यवहार का अंदाज हमें आसानी से तब हो जाता है जब व्यक्ति द्वारा किये गये गत एवं वर्तमान सामाजिक अंतर्क्रियाओं को विश्लेषित किया जाता है। अन्तर्वैयक्तिक विचारधारा का सारतत्त्व (central theme) यही है।

इस विचारधारा को मान्यता देने वाले प्रमुख मनोवैज्ञानिक अल्फ्रेड एडलर (Alfred Adler) इरिक फ्रोम (Erich Fromm) कैरेन हार्नी (Karen Horney) इरिक इरिक्सन (Erik Erikson) तथा हैरी स्टैक सुल्लीभान (Harry Stack Sullivan) हैं। इसके अतिरिक्त भी अन्य शास्त्रों (disciplines) के वैज्ञानिकों ने भी असामान्य व्यवहार की व्याख्या में अन्तरवैयक्तिक विचारधारा की सराहना किया है। इनमें कॉरसन (Carson, 1979), किसलर (Kiesler, 1983), लिरी (Leery, 1957) तथा विग्गिनस (Wiggins, 1982) का नाम मशहूर है। इन सभी वैज्ञानिकों द्वारा असामान्य व्यवहार की जो व्याख्या की गयी है, वह गहराई में जाने पर एक-दूसरे से थोड़ा भिन्न अवश्य दिखता है, परंतु उन सबों का सार तत्त्व यही है कि जब व्यक्ति का समाज के अन्य व्यक्तियों खास कर वैसे व्यक्तियों से जिन्हें वह अपने लिए महत्त्वपूर्ण समझता है, भूत में या वर्तमान में असंतोषजनक संबंध होता है, तो उससे अपअनुकूली व्यवहार (maladaptive behaviour) का जन्म होता है। इस सिलसिले में सुल्लीभान के विचार को तुलनात्मक रूप से विशेष महत्त्वपूर्ण माना गया है। अत: इनके विचार पर थोड़ा अलग से रोशनी डाली जा रही है।

सुल्लीभान का मत है कि व्यक्तित्व विकास की प्रक्रिया विभिन्न अवस्थाओं (कुल सात अवस्थाओं) से होकर गुजरता है और प्रत्येक में अंतरवैयक्तिक सम्बन्ध (interpersonal relationship) का एक भिन्न पैटर्न सम्मिलित होता है। जैसे, एक बच्चा व्यक्तित्त्व विकास के आरंभिक अवस्थाओं में माता-पिता के साथ किये गए अंतक्रियाओं (interaction) के द्वारा समाजीकृत (socialized) होता है। इसके बाद की अवस्थाओं में उसका समाजीकरण में माता-पिता का प्रभाव कम हो जाता है तथा साथी-संगी के साथ किये गए अंतक्रियाओं (interactions) का प्रभाव अधिक बढ़ जाता है। उसके और बाद की अवस्था में अर्थात् कमसिन वयस्कावस्था (young adulthood) में व्यक्ति किसी अन्य व्यक्ति के साथ घनिष्ठ-सम्बन्ध स्थापित करता है जिसका पटाक्षेप विवाह में होता है। सुल्लीभान का मत है कि व्यक्तित्व के इन विभिन्न अवस्थाओं में यदि व्यक्ति का विकास संतोषजनक ढंग से नहीं होता है, तो इससे व्यक्ति में कुसमायोजित व्यवहार (maladaptive behaviour) विकसित हो जाता है। इस विकासात्मक संदर्भ में सुल्लीभान के अनुसार असामान्य व्यवहार की बीज आरंभिक बाल्यावस्था (early childhood) में वैसे अंतक्रियाओं में छिपा होता है जिनसे बच्चा में चिंता उत्पन्न होती है। ऐसी परिस्थिति में सुल्लीभान के अनुसार बच्चों में 'बुरा-हम' (bad-me) का आत्मीकरण (persnofication) या मानसिक प्रोटोटाइप (mental prototype) उत्पन्न हो जाता है जो उसके अंतक्रिया को सख्त तथा दोषपूर्ण बना देता है और व्यक्ति विभिन्न परिस्थितियों में सामाजिक परिस्थिति के माँग के अनुसार सही अंतक्रिया नहीं कर पाता है और मानसिक विकृति का शिकार हो जाता है।

किसलर (Kiesler, 1986) का विचार भी इस मॉडल के लिए काफी महत्त्वपूर्ण बतलाया गया है । इस मॉडल के सारतत्त्वों को ध्यान में रखते हुए किसलर[1] (Kiesler, 1986) ने असामान्य व्यवहार को इस ढंग से परिभाषित किया है, **''असामान्य व्यवहार .....अन्तरवैयक्तिक व्यवहार के सख्त, अवरुद्ध, तथा अनत्य (extreme) पैटर्न से बना होता है जिसके सहारे असामान्य व्यक्ति, बिना किसी स्पष्ट चेतना के ही, अन्य लोग जो उसके लिए महत्त्वपूर्ण होते हैं, के साथ अंतक्रिया करता है । असामान्य व्यक्ति विभिन्न सामाजिक परिस्थिति की जरूरत के अनुसार अन्तरवैयक्तिक व्यवहारों के विस्तृत परास (range) का उपयोग करने की लोच न दिखाकर अंतर्वैयक्तिक व्यवहारों के सीमित प्रकारों के सख्त एवं अनत्य उपयोग में बँधा होता है ।''**

किसलर के उक्त परिभाषा से यह स्पष्ट है कि असामान्य व्यवहार की उत्पत्ति तब होती है जब व्यक्ति सामाजिक परिस्थिति की माँगों के अनुरूप अपने व्यवहार में लचक न दिखाकर एक सख्त (rigid) एवं निशिचित पैटर्न दिखलाता है । इस तरह की अनम्यता या सख्ती (rigidity) से व्यक्ति का अन्तर्वैयक्तिक समायोजन या अनुकूलन (interpersonal accomodation) कुप्रभावित हो जाता है जो उसके असामान्य व्यवहार के विकसित होने की प्रक्रिया को और भी मजबूत कर देता है । अन्तर्वैयक्तिक समायोजन को कारसन एवं बुचर[2] (Carson & Butcher, 1992) ने इस प्रकार परिभाषित किया है, ''अन्तर्वैयक्तिक समायोजन एक ऐसी प्रक्रिया है जिसमें दो व्यक्ति संचार एवं अंतक्रिया का एक ऐसा पैटर्न विकसित कर लेते हैं जो उन्हें सामान्य लक्ष्यों को प्राप्त करने में, पारस्परिक आवश्यकताओं की पूर्त्ति करने में तथा संतोषजनक सम्बन्ध बनाने में मदद करता है ।'' अन्तर्वैयक्तिक अनुकूलन में व्यक्ति शाब्दिक तथा अशाब्दिक संकेतों का उपयोग करके इस बात की व्याख्या करता है कि उसे क्या कहा जा रहा है । अगर दो व्यक्ति जिसमें आपस में घनिष्ठ सम्बन्ध है, में किसी कारण से संघर्ष तथा बोधहीनता (misunderstanding) विकसित हो जाती है, तो उनके बीच संचार स्पष्ट नहीं होगा और धीरे-धीरे दोनों के बीच की दूरी बढ़ने लगेगी जो एक चरम बिन्दु पर पहुँचकर व्यक्ति में कुसमायोजन(maladjustment) उत्पन्न कर देता है । सुल्लीभान (Sullivan) का भी यह मत है कि अन्तर्वैक्तिक समायोजन उस परिस्थिति में श्रेष्ठ होता है या मजबूत होता है जब संबंधित व्यक्तियों का अभिप्रेरण पूरक (complimentary) होता है अर्थात् जब दो संबंधित व्यक्ति एक-दूसरे को प्यार देने तथा प्यार पाने के लिए इच्छुक होते हैं । जब अंतर्वैयक्तिक समायोजन टूट जाता है और दो व्यक्तियों का सम्बन्ध एक-दूसरे की आवश्यकता की पूर्त्ति नहीं कर पाता है, तो इससे मानसिक संघर्ष, विलगाव आदि की उत्पत्ति होती है जो धीरे-धीरे व्यक्ति के सम्पूर्ण व्यवहार को कुसमायोजित कर देता है ।

अन्तर्वैयक्तिक मॉडल के प्रावधान द्वारा कुछ खास तरह के असामान्य व्यवहारों का बड़ा ही सटीक व्याख्या होती है । इसमें व्यक्तित्व विकृति (personality disorder) तथा विषाद (depression) प्रमुख है । व्यक्तित्व विकृति से तात्पर्य व्यवहारों एवं शीलगुणों का एक ऐसा संग्रह से होता है जो इतना अनम्य (inflexible) तथा अनत्य (extreme) होता है कि उससे व्यक्ति के सामाजिक जिन्दगी में काफी कठिनाई उत्पन्न होता है तथा इससे उसको बारम्बार दु:ख एवं तकलीफ होता है । इस तरह के व्यक्तित्व विकृति की उत्पत्ति के पीछे व्यक्ति के अन्तर्वैयक्तिक व्यवहार (interpersonal behaviour) की क्षुब्धता (disturbances) बतलाया गया है । ऐसे व्यक्तित्व विकृति वाले व्यक्तियों के साथ परिवार तथा समाज के अन्य लोगों का व्यवहार घृणा एवं तिरस्कार से भरा होता है जिससे उसकी समस्या और भी मजबूत हो जाती है । विषादी व्यक्तियों का वर्णन भी दोषपूर्ण अंतर्वैयक्तिक व्यवहार के रूप में आसानी से किया जाता है। विषादी लोग अपने को तुच्छ एवं असहाय समझकर दूसरों की मदद एवं समर्थन माँगते हैं या वे दूसरों की मदद एवं समर्थन पाने के लिए दूसरों पर आधृत हो जाते हैं । दूसरे लोग कुछ सुझाव एवं राय देकर उसके विषाद को कम करने की कोशिश

---

1. "Abnormal behaviour ... consists of a rigid, constricted and extreme pattern of interpesonal behaviours by which the abnormal person, without any clear awareness, engages others who are important in his or her life. The abnormal person, rather than possessing the flexibility to use the broad range of interpersonal behaviours warranted by different social situations, is locked into a rigid and extreme use of limited classes of interpersonal actions."

—Kiesler : The 1982 Interpersonal Circle. In Millan & Klerman (eds.) *Contemporary Directions in Psychopathology : Towards the DSM-IV*, 1986, p. 572

2. "Interpersonal accomodation is the process in which two people develop patterns of communication and interaction that enable them to attain common goals, meet mutual needs and build a satisfying relationship."

—Carson & Butcher : *Abnormal Psychology and Modern life,* 1992, p.85

करते हैं। परंतु प्राय: देखा गया है कि विषादी लोग उनके उस सुझाव एवं राय को सतही या छलावा समझकर उसपर ध्यान ही नहीं देते हैं। इससे राय एवं सुझाव देने वाला व्यक्ति काफी कुंठित हो जाता है तथा गुस्सा आता है जिससे ये लोग विषादी रोगी के साथ दुर्व्यवहार करने लगते हैं। अंततोगत्वा, विषादी व्यक्ति का इन व्यक्तियों के साथ अंतर्वैयक्तिक व्यवहार (interpersonal behaviour) दोषपूर्ण हो जाता है जिससे उसका विषाद की मात्रा और भी बढ़ जाती है। बेनजामिन (Benjamin, 1980) तथा मैकलिमोर एवं बेनजामिन (Mc Lemore & Benjamin, 1979) ने अंतर्वैयक्तिक सिद्धान्त या मॉडल को इतना उपयुक्त बतलाया है कि उन्होंने यहाँ तक कह दिया है कि यह एक ऐसा मॉडल है जिसके सहारे सभी तरह के असामान्य व्यवहारों की व्याख्या न कि केवल व्यक्तित्व विकृति एवं विषाद की व्याख्या, सम्भव है।

इस विचारधारा में चिकित्सा का मुख्य केन्द्र बिन्दु समस्या उत्पन्न करने वाले सम्बन्धों को दुरूस्त करना तथा व्यक्ति को अधिक संतोषजनक सम्बन्ध (satisfactory relationship) प्राप्त करने में मदद करना होता है। इस तरह के चिकित्सा का सम्बन्ध शाब्दिक संचार, सामाजिक भूमिका, समायोजन(accomodation) की प्रक्रिया, कारणात्मक गुणारोपण(causal attribution) तथा व्यवहार के सामान्य अंतर्वैयक्तिक संदर्भ (general interpersonal context) को उन्नत बनाना है।

अंतर्वैयक्तिक विचारधारा के कुछ गुण (merits) तथा अवगुण (demerits) हैं। इसके प्रमुख गुण निम्नांकित है—

(i) असामान्य व्यवहार की व्याख्या करने का मात्र यह एक इकलौता मॉडल है जिसमें व्यक्ति के घनिष्ठ सम्बन्ध (close relationship) के परिपेक्ष्य में अपअनुकूली व्यवहार (maladaptive behaviour) की व्याख्या की गयी है।

(ii) इस मॉडल या विचारधारा में असामान्य व्यवहार की व्याख्या में व्यक्ति के भूत एवं वर्तमान दोनों तरह के सम्बन्धों को विश्लेषित किया जाता है जिससे इसकी व्याख्या एक सम्पूर्ण एवं सभी पहलुओं को अपने में सिमटे हुए दिखता है। फलस्वरूप इस व्याख्या की वैधता तथा निर्भरता तुलनात्मक रूप से अधिक होती है।

इन गुणों के बावजूद इस मॉडल के कुछ अवगुण हैं जिनमें निम्नांकित प्रमुख है—

(i) अंतर्वैयक्तिक विचारधारा का आधार वैज्ञानिक नहीं है। कुछ मनोवैज्ञानिकों का मत है कि अंतर्वैयक्तिक व्यवहार का वैज्ञानिक अध्ययन का इसमें न तो कोई प्रयास किया गया है और न ही कोई उसकी विधि बतलायी गयी है।

(ii) अंतर्वैयक्तिक विचारधारा में व्यक्ति के गत (past) अंतर्क्रियाओं एवं अनुभूतियों को महत्त्वपूर्ण माना जाता है। परंतु उन गत अंतर्क्रियाओं को कैसे संचित करके रखा जाएगा या उसका किस तरह अध्ययन किया जाएगा, इसका कोई उल्लेख नहीं किया गया है।

(iii) असामान्य व्यवहार में व्यक्ति के मूल्यों, संज्ञान (cognition), अचेतन अभिप्रेरकों आदि की सम्भावित भूमिका पर उस विचारधारा में कुछ भी नहीं कहा गया है जबकि अन्य कई अध्ययनों से यह साबित हो चुका है कि इन सबों की भूमिका असामान्य व्यवहार की उत्पत्ति में काफी है।

इन आलोचनाओं के बावजूद अंतर्वैयक्तिक विचारधारा (interpersonal behaviour) का उपयोग असामान्य व्यवहारों की व्याख्या में आजकल काफी बढ़ गया है। इस सिलसिले में नव फ्रायडियन (Neo-Freudian) द्वारा किये गये प्रयासों से और भी अधिक प्रगति हुई है।

सामाजिक-सांस्कृतिक सिद्धान्त या मॉडल
(Socio-Cultural Theory or Model)

सामाजिक-सांस्कृतिक मॉडल में असामान्य व्यवहार की व्याख्या सामाजिक-सांस्कृतिक वातावरण के पड़ने वाले प्रभावों के रूप में की जाती है। कुछ सामाजिक-सांस्कृतिक कारक (socio-cultural factors) जैसे गरीबी (poverty), विभेद (discrimination) तथा निरक्षरता आदि का स्पष्ट प्रभाव मानसिक विकृति (mental disorder) पर पड़ता देखा गया है। अक्सर देखा गया है कि इस तरह के वातावरण से आने वाले व्यक्तियों में किसी-न-किसी प्रकार की मानसिक विकृति अवश्य पायी जाती है। ऐसे सामाजिक-सांस्कृतिक कारकों का व्यक्तित्व पर पड़ने वाले कुसमायोजी प्रभाव को दिखलाने के लिए प्रयोगात्मक साक्ष्य (experimental evidences) की कमी है क्योंकि ऐसी परिस्थितियों के साथ नियंत्रित प्रयोग करना कठिन है। आर्थिक एवं नैतिक दबावों के कारण मनोवैज्ञानिक कुछ बच्चों को ऐसे वंचित सामाजिक-सांस्कृतिक वातावरण में और कुछ को सामान्य वातावरण में रखकर पाल-पोष करके

आपस में तुलनात्मक अध्ययन नहीं कर सकते हैं। अगर ऐसा करना सम्भव होता तो यह कहा जा सकता था कि अमुक तरह का चर व्यक्ति के कुसमायोजी व्यवहार को बढ़ावा देता है। परंतु कुछ प्राकृतिक घटनाएँ इस ढंग की हुई हैं जो मनोवैज्ञानिकों एवं शोधकर्त्ताओं के लिए अध्ययन के ख्याल से प्रयोगशाला का काम किया है और उनसे प्राप्त सबूत इस बात के स्पष्ट द्योतक है कि व्यक्ति का सामाजिक-सांस्कृतिक कारकों का प्रभाव मानसिक विकृति पर पड़ता है।

20वीं शताब्दी के प्रारंभ से ही समाजशास्त्र (Sociology) एवं मानवशास्त्र (Anthropology) का प्रभाव मानव व्यवहारों के अध्ययन पर बढ़ने लगा। कुछ प्रमुख समाजशास्त्रियों एवं मानवशास्त्रियों द्वारा मिलकर असामान्य व्यवहार की उत्पत्ति की भी व्याख्या कुछ सामाजिक एवं सांस्कृतिक प्रभावों के रूप में की गयी। ऐसे लोगों में रूथ वेनेडिक्ट (Ruth Benedict), राल्फ लिन्टन (Ralph Linton), अब्राहम काडिनर (Abraham Kadiner), मारगेरेट मीड (Margaret Mead) एवं फ्रेंच वोअस (Franz Boas) आदि का नाम प्रमुख हैं। इन वैज्ञानिकों के अनुसार असामान्य व्यवहार का मुख्य कारण कुछ सामाजिक (social) एवं सांस्कृतिक (cultural) कारक होते हैं। समय में परिवर्तन होने के साथ-ही-साथ जैसे-जैसे सामाजिक-सांस्कृतिक अवस्थाओं में परिवर्तन होते हैं, वैसे-वैसे शारीरिक (physical) एवं मानसिक रोगों के पैटर्नस (patterns) में भी परिवर्तन होता जाता है। सामाजिक-सांस्कृतिक मॉडल (socio-cultural model) के निम्नांकित तीन उपमॉडल हैं जिनके अनुसार असामान्यता की व्याख्या की गयी है—

(क) समाजीकरण मॉडल (Socialization model)
(ख) सामाजिक विघटन मॉडल (Social disorganization model)
(ग) सांस्कृतिक मॉडल (Cultural model)

इन उपमॉडल द्वारा असामान्यता की व्याख्या भिन्न-भिन्न तरह के सामाजिक एवं सांस्कृतिक कारकों के रूप में किया गया है।

(क) समाजीकरण मॉडल से संबद्ध कारक *(Factors related to Socialization)*—असामान्यता का समाजीकरण मॉडल एक तरह से सामाजिक सीखना मॉडल (social learning model) का एक विस्तृत रूप है। इस मॉडल के अनुसार असामान्यता की व्याख्या दोषपूर्ण समाजीकरण के कारण होता है। समाजीकरण सामाजिक सीखना की एक ऐसी प्रक्रिया है जिसके द्वारा यह निर्धारित होता है कि व्यक्ति सामाजिक मानक (social norms) के अनुसार किस तरह से व्यवहार करता है तथा सोचता है। समाजीकरण की यह प्रक्रिया माता-पिता की गलत मनोवृत्तियों, बच्चों की पालन-पोषण की दोषपूर्ण पद्धति, परिवार में मानसिक रोग से ग्रसित सदस्यों के व्यवहारों आदि से सबसे अधिक प्रभावित होती है। इन सामाजिक अवस्थाओं में जिन बच्चों का समाजीकरण होता है, उनमें आगे चलकर असामान्य व्यवहार होने की सम्भावना अधिक बढ़ जाती है। समाजीकरण मॉडल के अन्तर्गत समाज वैज्ञानिकों द्वारा किये गये अध्ययनों से यह स्पष्ट हो गया है कि निम्नांकित तीन प्रमुख ऐसे कारक हैं जिनसे व्यक्ति में असामान्य व्यवहार की उत्पत्ति होती है—

1. माता-पिता की विकृत मनोवृत्तियाँ *(Distorted parental attitudes)*—माता-पिता की मनोवृत्तियों का प्रभाव बच्चों के समाजीकरण पर सीधा पड़ता है। कुछ माता-पिता ऐसे होते हैं जिनका विश्वास (belief) एवं मनोवृत्ति दोषपूर्ण (faulty) होता है और जिनसे उनके बच्चों में असामान्य व्यवहार के उत्पत्ति की सम्भावना अधिक हो जाती है। माता-पिता द्वारा बच्चों की उपेक्षा या जरूरत से ज्यादा प्यार, उनपर बहुत अधिक प्रभुत्व (dominance) या आत्मनिवेदन (submission) जैसे मनोवृत्ति होने पर बाद में बच्चों में अपअनुकूलित व्यवहार (maladapted behaviour) होने की सम्भावना अधिक हो जाती है। इस सिलसिले में कुछ प्रयोगात्मक अध्ययन भी उपलब्ध हैं। वाईलान्ट (Vaillant, 1974) ने एक अध्ययन किया जिसमें कुछ वयस्कों के जीवन की घटनाओं को करीब 30 साल तक प्रेक्षण किया गया। इस अध्ययन के आधार पर इन्होंने यह बतलाया कि माता-पिता द्वारा बच्चों को पर्याप्त मात्रा में प्यार स्नेह दिये जाने पर वयस्कावस्था में उनमें किसी प्रकार की असामान्यता नहीं देखी गयी। परन्तु जिन वयस्कों को बचपन में माता-पिता से अधिक डाँट-फटकार एवं उपेक्षा मिली थी, उनमें कई तरह के अपअनुकूलित व्यवहार (maladaptive behaviour) देखने को मिले। लोनी (Loney, 1973) ने कुछ समलिंगकामी महिलाओं (homosexual women) के जीवन की घटनाओं का विश्लेषण करने पर पाया कि ऐसी महिलाओं की माताएँ बच्चों के तरफ से उपेक्षा करने वाली एवं अपने धंधा में मस्त रहने वाली थी एवं पिता लापरवाह (neglectful) एवं अभद्र (churlish) थे। कुछ अध्ययनों में यह भी

देखा गया है कि जब माता-पिता में मद्यपानता (alcoholism) के प्रति उदार मनोवृत्ति होती है तो उनके बच्चे वयस्क होने पर मद्यपानव्यसनी (alcoholic addict) बन जाते हैं। इन अध्ययनों से यह स्पष्ट है कि माता-पिता की विकृत मनोवृत्तियाँ उनके बच्चों में विभिन्न प्रकार के असामान्य व्यवहार की उत्पत्ति करते हैं।

2. बच्चों के पालन-पोषण प्रणाली *(Child-rearing practices)*—समाजीकरण मॉडल का सम्बन्ध बच्चों के पालन-पोषण की प्रणाली से भी है। अधिकतर सामाजिक वैज्ञानिकों का विचार है कि बच्चों के पालन-पोषण प्रणाली के कुछ खास-खास तत्त्व (elements) ऐसे हैं जिनका प्रभाव असामान्य व्यवहार की उत्पत्ति पर सीधा पड़ता है। स्तन-पान (breast-feeding) की कमी, माता द्वारा बच्चों की सेवा-शुश्रूषा (nursing) की अवधि में कटौती, अचानक दुध-छुड़ाई (abrupt weaning), कालपूर्व शौच प्रशिक्षण (premature toliet training), अत्यधिक शारीरिक दण्ड (excessive physical punishment), अनियमित मातृत्व (irregular mothering) आदि कुछ ऐसे कारक हैं जिनसे बच्चों में असुरक्षा एवं अपर्याप्तता की भावना एवं कुंठा (frustration) उत्पन्न होती है। ऐसे बच्चे आगे चलकर किसी-न-किसी प्रकार के मानसिक रोग के शिकार हो जाते हैं। कोगेल्सहाज, एडम्स एवं टुकर (Kogelschatz, Adame & Tucker, 1992) द्वारा किये गये अध्ययनों से यह स्पष्ट हो गया है कि जिन बच्चों का पालन-पोषण माता के स्नेह एवं प्यार के अभाव तथा पिता की अनुपस्थिति में होता है, उनमें मानसिक स्वास्थ्य (mental health) सम्बन्धी समस्याएँ भयंकर रूप धारण कर लेती हैं तथा साथ-ही-साथ संवेगात्मक अस्थिरता (emotional instability) भी अधिक पायी जाती है। किस्कर (Kisker, 1994) के अनुसार बच्चों का दोषपूर्ण पालन-पोषण की प्रणाली होने से उनमें तनाव सहनशीलता (stress-tolerance) की क्षमता काफी कम हो जाती है और वयस्क होने पर ऐसे व्यक्ति में भिन्न-भिन्न तरह के असामान्य व्यवहार विशेषकर सांवेगिक असामान्यता अधिक देखने को मिलता है।

3. परिवार विकृति *(Family pathology)*—परिवार विकृति का भी योगदान असामान्य व्यवहार की उत्पत्ति में महत्त्वपूर्ण माना गया है। परिवार विकृति से तात्पर्य परिवार के सदस्यों में असामान्यता (abnormality) से होता है। अत: यदि परिवार के सदस्यों में मानसिक विकृतियाँ (mental disorders) होतीं हैं, तो उस परिवार के बच्चे भी उनके अपअनुकूलित व्यवहार (maladaptive behaviour) को सीख लेते हैं और तब उनमें भी मानसिक रोग उत्पन्न होने की सम्भावना तीव्र हो जाती है। असामान्य व्यवहार की उत्पत्ति में परिवार विकृति के महत्त्व को दिखलाने के लिए जितने भी प्रयोगात्मक सबूत हैं, उन्हें निम्नांकित दो भागों बाँटा गया है—

(i) एक श्रेणी में वैसे परिवार के प्रयोगात्मक अध्ययनों को रखा गया है जिनमें माता-पिता मानसिक रोगी थे और उनके बच्चों पर पड़ने वाले प्रभावों की समीक्षा की गयी थी। एन्थोनी एवं कोपरनिक (Anthony & Koupernik, 1994) ने अपने अध्ययन में पाये कि मानसिक रोग से ग्रस्त माता-पिता के बच्चों में सांवेगिक विकास, सामाजिक अनुक्रियात्मकता (social responsiveness), भाषा विकास (language development) आदि सामान्यत: काफी विचलित (deviated) होते हैं। फलस्वरूप, उनमें असामान्य व्यवहार उत्पन्न होने की संभावना काफी अधिक बनी होती है। कामियर(Kammeier, 1991) के अध्ययन के अनुसार मद्यपान-व्यसनी(alcoholic addict) माता-पिता के बच्चों में समायोजन-सम्बन्धी समस्याएँ (adjustment related problems) अधिक उत्पन्न होते हैं। ग्रुनेबाम (Grunebaum, 1995) ने ऐसे कई अध्ययनों की समीक्षा करने के बाद निष्कर्ष रूप में यह बतलाया कि किसी मानसिक रोग से ग्रस्त माता-पिता के बच्चों में सांवेगिक, संज्ञानात्मक एवं सामाजिक दोष (defects) पाये जाते हैं जिसके कारण वयस्क होने पर उनमें किसी मानसिक रोग के उत्पन्न होने की सम्भावना तीव्र हो जाती है।

(ii) दूसरे श्रेणी में वैसे परिवार के प्रयोगात्मक अध्ययनों को रखा गया है जिसमें बच्चे किसी-न-किसी मानसिक रोग से ग्रसित थे परन्तु माता-पिता ठीक थे। लिड्ज (Lids. 1995) ने ऐसे कई परिवारों की समीक्षा किया और बतलाया कि इसमें एक भी परिवार ऐसा नहीं था जिसे अच्छी तरह से संगठित (well-integrated) कहा जा सके। क्लोजेन तथा यैरो (Clausen &Yarrow, 1995) के अध्ययन के अनुसार ऐसे परिवारों में से 50% में क्षुब्ध वैवाहिक सम्बन्ध (distrubed marital relationship) था।

परिवार विकृति (family pathology) के इन अध्ययनों से यह स्पष्ट हो जाता है कि जब परिवार का एक सदस्य किसी मानसिक रोग से ग्रस्त हो जाता है तो अन्य सदस्यों में भी अपअनुकूलित व्यवहार (maladaptive behaviour) उत्पन्न होने की सम्भावना अधिक हो जाती है।

इस तरह से समाजीकरण मॉडल (Socialization model) में असामान्यता की व्याख्या बच्चों के प्रारंभिक काल में समाजीकरण के दौरान प्राप्त अनुभवों के रूप में की गयी है। प्रश्न अब यह उठता है कि जब एक ही परिवार के समाजीकरण का ढंग एक समान होता है तो क्यों कोई बच्चा में तो असामान्य व्यवहार विकसित हो जाता है परन्तु उसी परिवार का दूसरा बच्चा बिल्कुल ही सामान्य एवं समायोजित (adjusted) होता है ? समाजीकरण मॉडल यद्यपि ऐसे प्रश्नों का उत्तर संतोषजनक ढंग से नहीं दे पाता है, फिर भी इस मॉडल के समर्थकों का कहना है कि ऐसा इसलिए होता है क्योंकि सामान्य एवं समायोजित बच्चे (adjusted children) समायोजन के प्रभावकारी एवं अच्छे-अच्छे प्रविधियों को सीखते हैं जबकि असामान्य एवं कुसमायोजित या अपअनुकूलित (maladjusted) बच्चे कुसमायोजन की प्रविधियों (techniques) को सीखते हैं। कुछ मनश्चिकित्सकों (psychiatrists) एवं मनोवैज्ञानिकों का कहना है कि इस ढंग का अन्तर का कारण विभेदी सामाजिक सीखना (differential social learning) नहीं है बल्कि इसका कारण आनुवंशिक (genetic) एवं शरीरसंगठनात्मक (constitutional) है। दूसरे शब्दों में, इन लोगों ने समाजीकरण मॉडल (socialization model) की व्याख्या को स्वीकार करने से इनकार कर दिया है।

(ख) सामाजिक-विघटन मॉडल *(Social-disorganisation model)*—सामाजिक-विघटन मॉडल असामान्य व्यवहार की व्याख्या सामान्य सामाजिक विकृति (general social pathology) के रूप में करता है और इस तरह से यह मॉडल समाजीकरण मॉडल (socialization model) से भिन्न है जहाँ असामान्य व्यवहार की व्याख्या किसी परिवार के विशेष सामाजिक विकास में उत्पन्न गड़बड़ी के रूप में किया जाता है। सामाजिक-विघटन मॉडल के अनुसार असामान्य व्यवहार की उत्पति तब होती है जब पूरे समाज में एक तरह की विकृति (pathology) कुछ खास-खास कारकों जैसे सांस्कृतिक विघटन (cultural disintegration), शहरी विकृति (urban deterioration), उच्च व्यक्तिगत एवं सामाजिक गतिशीलता (mobility), सामाजिक एवं आर्थिक बंधन (social and economic deprivation) तथा अन्य सम्बन्धित कारकों से उत्पन्न होती है। असामान्य व्यवहार की उत्पत्ति में इन कारकों की भूमिका निम्नांकित रूप से आँका जा सकता है—

1. सांस्कृतिक विघटन *(Cultural disintegration)*—कुछ अध्ययनों में इस बात का प्रमाण मिला है कि जब सामाजिक-सांस्कृतिक वातावरण असंगठित (disorganised) एवं विघटित (disintegrated) होता है तो व्यक्तियों में मानसिक विकृतियाँ (mental disorders) तेजी से विकसित होता है। हाइटन एवं उनके सहयोगियों (Heighton et al, 1961) ने पश्चिमी अफ्रिका के योरूबा जनजाति (Yoruba tribe) पर तथा स्क्मीड (Schmidt, 1973) ने दक्षिणी सामुद्रिक द्वीप के शहरी एवं देहाती क्षेत्र के लोगों पर अध्ययन कर इस तथ्य की पुष्टि किया है। सांस्कृतिक विघटन (cultural disintegration) के इन अध्ययनों से इस बात का स्पष्ट संकेत मिलता है कि नगरीकरण (urbanization) अर्थात् देहाती क्षेत्रों से नगरों में बसने की प्रवृत्ति मानसिक रोग उत्पन्न करने में महत्त्वपूर्ण भूमिका अदा करता है। इन अध्ययनों से यह भी पता चला है कि नगरों में मानसिक विकृति (mental disorder) का अनुपात देहाती क्षेत्रों में मानसिक विकृति के अनुपात से हमेशा अधिक होता है। इन अध्ययनों से इस बात का भी पता चला है कि नगरीकरण द्वारा मानसिक रोग तेजी से उत्पन्न होने के कई कारण हैं जिनमें नगरों के सामाजिक भूमिकाओं (social roles) में स्थिरता की कमी, सामाजिक, धार्मिक एवं व्यवसायिक समूहों में संगठन की कमी, असुरक्षा की भावना, दूषित वातावरण (polluted environment) आदि प्रधान बतलाये गये हैं।

2. गतिशीलता एवं प्रवसन *(Mobility and Migration)*—सामाजिक-विघटन मॉडल के अनुसार जब व्यक्ति या व्यक्तियों का समूह अपने मूल निवास स्थान को छोड़कर किसी नयी जगह में जाकर बसता है, तो कई कारणों से उनमें समायोजन-सम्बन्धी समस्याएँ उत्पन्न हो जाती हैं जो बाद में चलकर किसी-न-किसी मानसिक रोग का रूप ले लेती है। इस प्रक्रिया को प्रवसन (migration) कहा जाता है जिससे व्यक्ति की जिन्दगी में एक नयी गतिशीतला (mobility) उत्पन्न होती है। स्पष्ट है कि गतिशीलता का सम्बन्ध प्रवसन (migration) से काफी अधिक है। प्रवसन एवं गतिशीलता के कारण कई तरह की समस्याएँ उत्पन्न होतीं हैं जिसमें भाषा-कठिनाई (language barriers), जलवायु (climate) में परिवर्तन, धार्मिक एवं सामाजिक विभिन्नताएँ, भिन्न-भिन्न तरह की नयी-नयी आदतें, समाज के लोगों द्वारा नये लोगों की सामाजिक अस्वीकृति (social nonacceptance) आदि प्रधान है। इन समस्याओं का सीधा असर व्यक्ति के शारीरिक एवं मानसिक दोनों ही तरह के स्वास्थ्यों पर पड़ता है और उनमें मानसिक विकृतियाँ उत्पन्न हो जातीं

हैं। केलर (Keller, 1975) ने एक अध्ययन किया जिसमें भारत-पाक बँटवारा (India-Pakistan division) के दौरान अनेकों पाकिस्तानी शरणार्थियों (Pakistani refugees) के बीच विभिन्न तरह के मानसिक विकृतियों के लक्षण पाये गये। लूकिओनी एवं स्कोटो (Luccioni & Scotto, 1974) ने फ्रांस में मिडी क्षेत्र (Midi region) के बच्चों पर एक अध्ययन किया और पाया कि उनके भौगोलिक क्षेत्रों में परिवर्तन एवं नाभिक परिवार (nuclear family) का समाप्त होना उनके मानसिक विकृतियों (mental disorder) का प्रधान कारणों में से था। संसार के भिन्न-भिन्न देशों में किये गये अध्ययनों से यह भी सबूत मिला है कि मानसिक रोग उत्पन्न होने का दर (rate) प्रवासियों (migrants) में अप्रवासियों (non-migrants) की तुलना में अधिक है तथा यह भी देखा गया है कि यह दर नये प्रवासियों (new migrants) में पुराने प्रवासियों (old migrants) की अपेक्षा अधिक होती है। स्पष्टतः प्रवसन एवं गतिशीलता से सम्बन्धित समस्याएँ व्यक्ति में मानसिक विकृति उत्पन्न करने में सहायक होती है।

3. सामाजिक एवं आर्थिक बंचन *(Social and Economic deprivation)*—सामाजिक-विघटन मॉडल के अनुसार सामाजिक-आर्थिक स्तर (socio-economic status) का सम्बन्ध असामान्यता (abnormality) से सीधा होता है। सामाजिक-आर्थिक स्तर जैसे-जैसे नीचा होते जाता है, वैसे-वैसे मानसिक रोग के उत्पन्न होने की सम्भावना तीव्र होते जाती है। हॉलिंगशेड तथा रेडलिक (Hollingshead & Redlich, 1958) ने इस सिलसिले में एक अति महत्त्वपूर्ण अध्ययन किया। इस अध्ययन में उन्होंने शिक्षा, पेशा एवं निवास-स्थान के क्षेत्र (area of residence) के आधार पर सामाजिक स्तर के पाँच प्रकार तैयार किया। परिणाम में पाया गया कि सबसे उच्चतम सामाजिक स्तर (highest social level) अर्थात् प्रथम सामाजिक स्तर के मात्र 1% लोग ही मानसिक विकृतियों के शिकार हुए जबकि निम्नतम सामाजिक स्तर (lowest social level) अर्थात् पाँचवें सामाजिक स्तर के 36.8% लोग मानसिक रोग के चपेट में थे। विशेष मानसिक रोग जैसे मनोस्नायुविकृति (psychoneurosis) एवं मनोविकृति (psychosis) में भी इन पाँच सामाजिक स्तरों का महत्त्वपूर्ण योगदान पाया गया। सामाजिक स्तर I तथा II में मनोस्नायुविकृति के रोगी अधिक पाये गये जबकि सामाजिक स्तर IV तथा V में मनोविकृति के रोगी अधिक पाये गये। लैंज (Lantz, 1953) ने एक दूसरा अध्ययन करके सामाजिक वर्ग (social class) तथा मानसिक विकृति (mental disorder) के बीच के सम्बन्ध की पुष्टि किया है। इन्होंने अपने अध्ययन में पाया कि उच्च सामाजिक-आर्थिक स्तर के लोगों में मनोविकृति (psychosis) कम होता है, तथा निम्न सामाजिक-आर्थिक स्तर के लोगों में मनोविकृति सबसे अधिक होता है। मध्यम सामाजिक-आर्थिक स्तर के लोगों में मनोविकृति न ज्यादा और न कम होता है। ब्रेनर (Brenner, 1973) ने अपने अध्ययन के आधार पर यह बतलाया है कि जब अचानक विघटनकारी आर्थिक परिवर्तन (disruptive economic changes) जैसे नौकरी का छूट जाना, व्यवसाय का बंद हो जाना या कमाऊ सदस्य का मृत्यु हो जाना आदि होते हैं, तो इससे व्यक्ति में तनाव (stress) एवं तीव्र चिन्ता उत्पन्न होती है और व्यक्ति मानसिक रोग का शिकार हो जाता है।

ऊपर के अध्ययनों से यह स्पष्ट है कि उच्च सामाजिक-आर्थिक स्तर के होने से मानसिक विकृति कम होती है तथा जैसे-जैसे सामाजिक-आर्थिक स्तर नीचे की ओर जाता है, मानसिक विकृति के उत्पन्न होने की सम्भावना बढ़ती जाती है। इसके कई कारण बतलाये गये हैं। पहला, उच्च सामाजिक-आर्थिक स्तर के लोग मानसिक विकृतियों से बचने के संभावित उपायों पर अधिक खर्च करके उनके होने की सम्भावना को कम कर देते हैं। अतः ऐसे लोगों में मानसिक विकृति कम होती है। दूसरा, सामाजिक-आर्थिक स्थिति मजबूत होने से व्यक्ति में व्यक्तिगत सुरक्षा (personal security) की भावना तीव्र हो जाती है। फलस्वरूप, ऐसे व्यक्तियों में तनाव एवं चिन्ता की भावना अपने-आप कम हो जाती है। ऐसी बात निम्न सामाजिक-आर्थिक स्तर के लोगों में नहीं पायी जाती है।

निष्कर्षतः यह कहा जा सकता है कि सामाजिक विघटन मॉडल द्वारा असामान्यता की व्याख्या वैसे सामाजिक विघटनकारी कारकों द्वारा होता है जिसका सम्बन्ध सांस्कृतिक असंगठन, प्रवसन से उत्पन्न समस्याएँ एवं सामाजिक आर्थिक बंचन (social and economic deprivation) आदि से होता है। आधुनिक युग में ऐसे सामाजिक कारकों का महत्त्व असामान्यता के अध्ययन के संदर्भ (context) में दिनोंदिन बढ़ता ही चला जा रहा है।

(ग) सांस्कृतिक मॉडल *(Cultural Model)*—सांस्कृतिक मॉडल के अनुसार असामान्यता या असामान्य व्यवहार की व्यख्या सांस्कृतिक एवं सामाजिक मानक (cultural and social norms) के रूप में की जाती है न कि किसी प्रकार के सामाजिक विकृति (social pathology) के रूप में। इस मॉडल के अनुसार कौन व्यवहार असामान्य कहलायेगा,

इसका निर्धारण संस्कृति (culture) द्वारा किया जाता है । मानवशास्त्रियों (anthropologists) एवं मनोवैज्ञानिकों ने कुछ ऐसे अध्ययन किये हैं जिनसे यह पता चलता है कि कुछ खास-खास ऐसी संस्कृति है जिनके व्यवहार-सम्बन्धी मानकों (norms) एवं आदतों में विचित्रता होने से वहाँ के लोगों में मानसिक विकृति (mental disorder) उत्पन्न होती है। इस तरह के विकृतियों को *मोहक विकृति* (exotic disorder) कहा गया है। ऐसी मोहक विकृतियों की शृंखला (series) में आर्कटिक हिस्ट्रीया (arctic hysteria) है जो उत्तरी साइबेरिया के वासियों में देखा गया। इस रोग का प्रधान लक्षण यह है कि रोगी में सम्मोहनीयता (suggestibility) का स्तर काफी अधिक हो जाता था। इसके अलावा, प्राय: रोगी दूसरे की क्रियाओं एवं गतियों (movements) का अनुकरण तेजी से करता था। इसका मूल कारण बतलाते हुए वोरगोरास (Borgoras, 1949) ने बतलाया कि यहाँ की संस्कृति में सुझाव ग्रहणशीलता जैसे गुणों को प्राथमिकता दी जाती थी। पिब्लौकटोक (Pibloktoq) एक दूसरा मानसिक रोग है जिसका अध्ययन ब्रिल (Brill, 1943) ने किया तथा जो इस्किमो जनजाति के औरतों में पाया गया। इस रोग से ग्रसित महिलाएँ अचानक काफी उत्तेजित होकर नाचने लगती थी, चिल्लाने लगती थी, दौड़ने लगती थी एवं अपने वस्त्रों को फाड़ डालती थी। एक-दो घंटा तक ऐसा करने के बाद वह शांत हो जाती थी। इस रोग का सम्बन्ध इंस्किमो संस्कृति में इस्किमो औरतों का असुरक्षित सांवेगिक वातावरण (insecured emotional environment) बतलाया गया है जिसमें उन्हें मर्द किसी सामान्य वस्तुओं के समान जरूरत पड़ने पर बेच सकते हैं या अदला-बदली भी कर सकते हैं। माले (Malay) जनजाति की संस्कृति में इसी तरह के अन्य दो मोहक विकृतियों (exotic disorder) का अध्ययन किया गया। ये दो विकृतियाँ हैं—एमोक (Amok) तथा लता (Lata)। एमोक (Amok) में व्यक्ति अचानक दूसरे व्यक्तियों पर जान से मार डालने के ख्याल से आक्रमण कर बैठता है। इस रोग का दौरा समाप्त होने पर रोगी बेहोश हो जाता है और होश में आने पर उसे फिर कुछ भी याद नहीं आता है। भान लून (Van Loon, 1927) के अनुसार एमोक का एक कारण मालायेन संस्कृति (Malayan culture) के लोगों में संवेग की अभिव्यक्ति (expression) के अपूर्ण नियंत्रण (imperfect control) को पसंद किया जाना है। लता (Lata) में महिलाएँ इतनी डर जाती हैं कि उनके सामने जो कुछ भी किया जाता है उसे वे दुहराती जाती है या उन्हें जो कुछ भी कहा जाता है, डर से उसे बोल-बोलकर दुहराते जाती हैं। कभी-कभी ऐसी महिलाएँ गंदी से गंदी बातों को चिल्ला-चिल्लाकर बोलने में भी शर्माती नहीं है। संक्षेप में इस रोग में संवेग की मात्रा अचानक इतनी तीव्र हो जाती है कि सभी सामान्य कार्य का होना ठप हो जाता है। इसका कारण बतलाते हुए यह कहा गया है कि माले (Malay) संस्कृति में महिलाएँ लजालु एवं दब्बू होती हैं जिन्हें घर के चाहरदीवारियों के भीतर ही रहना अधिक अच्छा समझा जाता है। वे बाहरी वातावरण की कठिनाइयों से सामना करने के योग्य नहीं रहती है। लता (Lata) उनके द्वारा इन कठिनाइयों से सामना करने के प्रति मात्र एक प्रतिक्रिया (reaction) है। लता नामक मानसिक रोग माले के अलावा जावा (Java), सियाम (Siam) चीन एवं फिलिपिन्स (Phillipines) जैसे देशों के कुछ संस्कृतियों में भी पाया गया है।

असामान्यता के सांस्कृतिक मॉडल के साथ कुछ कठिनाइयाँ बतलायी गयी है जिसके कारण यह मॉडल असामान्य व्यवहार की व्याख्या करने में पूर्णतः सफल नहीं हो पाया है। भिन्न-भिन्न सांस्कृतिक समूहों (cultural groups) में पाये जाने वाले मानसिक विकृतियों (mental disorders) के क्षेत्र अध्ययन (field studies) किये गये हैं और उनमें जो सबूत मिले हैं, उनसे सांस्कृतिक मॉडल की व्याख्या का समर्थन नहीं मिलता है। सांस्कृतिक मॉडल के अनुसार असामान्य व्यवहार मूलतः संस्कृति के व्यवहार-सम्बन्धी प्रक्रियाओं, आदतों आदि के रूप में समझा जाता है और चूँकि एक संस्कृति की ऐसी प्रक्रियाएँ एवं आदतें दूसरे संस्कृति से भिन्न होती है, इसलिए एक संस्कृति से दूसरे संस्कृति में पाये जाने वाले असामान्य व्यवहारों में भी भिन्नता होनी चाहिए। परन्तु भिन्न-भिन्न संस्कृतियों में किये गये क्षेत्र अध्ययनों से स्पष्टतः इस बात का प्रमाण मिलता है कि असामान्य व्यवहार का स्वरूप भिन्न-भिन्न संस्कृतियों में भिन्न-भिन्न न होकर करीब-करीब समान (similar) होता है। जैसे, लाइटन एवं उनके सहयोगियों (Leighton et al, 1963) ने अफ्रिका के करीब 4,000 से भी अधिक व्यक्तियों एवं मानसिक रोगियों के साक्षात्कार में पाया कि उनमें पाये जाने वाले मानसिक रोग का स्वरूप वहीं था जो अमेरिका एवं यूरोप के देशों में मानसिक रोग का था। अटकेसन (Atcheson, 1972) ने अपने अध्ययन के आधार पर बतलाया है कि यद्यपि एस्कीमो जनजाति का भौतिक (physical) एवं मनोवैज्ञानिक परिस्थितियों का स्वरूप अमेरिकन के भौतिक एवं मनोवैज्ञानिक परिस्थितियों के स्वरूप से भिन्न होता है, फिर भी उनकी संस्कृति में अमेरीकन संस्कृति के समान ही मनोविदालिता (schizophrenia), मद्यपानता (alcoholism), विकृत व्यवहार (behaviour disorders) आदि मुख्य रूप से देखने को मिलता है। इन अध्ययनों से यह स्पष्ट हो जाता है कि किसी भी मानसिक

रोग या असामान्य व्यवहार के सतही लक्षणों (surface symptoms) भले ही संस्कृति द्वारा निर्धारित होता हो, परन्तु विभिन्न समाज एवं संस्कृति में पाये जाने वाले सामान्य (common) जैविक (biological) एवं मनोवैज्ञानिक प्रक्रियाएँ (psychological processes) ही मूल कारक हैं जिनसे असामान्य व्यवहार की व्याख्या हो पाती है। शायद यही कारण है कि विभिन्न असामान संस्कृतियों में भी मानसिक विकृतियाँ या असामान्य व्यवहार का स्वरूप (nature) समान होता है। किस्कर[1] (Kisker, 1985) ने ठीक ही कहा है, ''चूँकि विभिन्न असमान संस्कृतियों में पाया जाने वाला अपअनुकूलित (maladaptive) व्यवहार बहुत ज्यादा एक ही तरह के होते हैं, इसलिए ऐसा लगता है कि इनके सतही लक्षणों (surface symptoms) का निर्धारण तो संस्कृति द्वारा होता है परन्तु असामान्य व्यवहार के मूल कारणों की व्याख्या उन जैविक एवं मनोवैज्ञानिक प्रक्रियाओं के रूप में ही हो सकती है जो सभी संस्कृतियों एवं समाजों में सामान्य (common) है।''

सामाजिक-सांस्कृतिक मॉडल के बारे में सामान्य निष्कर्ष *(General conclusion regarding socio-cultural viewpoints towards abnormality)—*

सामाजिक-संस्कृति मॉडल या विचारधारा से यह स्पष्ट हो चुका है कि असामान्य व्यवहार का कारण सिर्फ जैविक (biological) तथा मनोवैज्ञानिक (psychological) नहीं होते हैं बल्कि इसका कारण व्यक्ति का सामाजिक वातावरण भी होता है जिसमें वह पाला-पोषा जाता है एवं एक वयस्क बनता है। जैसा कि लेनार्ड एवं वर्नस्टीन[2] (Lennard & Bernstein, 1969) ने कहा है, ''चिकित्सीय या दोषपूर्ण अन्तःशक्ति प्रायः सामाजिक वातावरण में होता है न कि व्यक्तियों के भीतर ...।'' सामाजिक-सांस्कृतिक विचारधारा की मान्यता का परिणाम यह हुआ है कि मनोवैज्ञानिक, मनश्चिकित्सकों (psychiatrists) एवं सामाजिक कार्यकर्त्ताओं (social workers) का ध्यान सामाजिक परिस्थितियों (social conditions) के उत्थान की ओर अधिक गया है ताकि असामान्य व्यवहार या अपअनुकूलित व्यवहार (maladapted behaviour) की उत्पत्ति एवं उसके फैलाव पर उचित नियंत्रण लगाया जा सके। लेकिन इस दिशा में अभी भी काफी कार्य बाकी है।

असामान्यता के जैविक, मनोसामाजिक, समाज-सांस्कृतिक विचारधाराओं के बारे में एक सामान्य निष्कर्ष : एक समाकलनात्मक मॉडल *(A General conclusion regarding biological, psychosocial and socio-cultural viewopints regarding abnormality : An Intergrative Model)*

हम देख चुके हैं कि असामान्य व्यवहार की व्याख्या जैविक (biological) मॉडल, मनोसामाजिक मॉडल (psychosocial model) तथा समाज-सांस्कृतिक मॉडल (socio-cultural model) द्वारा अपने-अपने दृष्टिकोणों से भिन्न-भिन्न ढंग से की गयी है। जैविक मॉडल के अनुसार असामान्यता की व्याख्या मूलतः आनुवंशिक कारकों (hereditary factors) एवं शरीर-गठनात्मक कारकों (constitutional factors) के रूप में, मनोसामाजिक मॉडल के अनुसार मनोवैज्ञानिक कारकों (psychological factors) के रूप में तथा समाज-सांस्कृतिक मॉडल के अनुसार सामाजिक एवं सांस्कृतिक कारकों के रूप में की गयी है। आजकल के मनोवैज्ञानिकों एवं मनश्चिकित्सकों का विचार यह है कि इनमें से तीनों मॉडल की व्याख्या अपने-आप में अधूरी है। अतः वे लोग असामान्य व्यवहार के किसी भी प्रकार को समझने के लिए इन तीनों तरह की व्याख्याओं को एक साथ समाकलित या संघटित (integrate) कर समझने के कोशिश करते हैं। इसे इन लोगों ने समाकलात्मक मॉडल (integrative model) की संज्ञा दिया है। इस मॉडल के अनुसार कोई भी असामान्य व्यवहार जैविक, मनोसामाजिक एवं सामाजिक-सांस्कृतिक कारकों (factors) के अन्तःक्रिया (interaction) का परिणाम होता है। शायद यही कारण है कि असामान्य व्यवहार के उपचार (treatment) में इन तीनों तरह के कारकों से सम्बन्धित चिकित्सा (therapy) प्रदान की जाती है।

---

1. "Since the maladaptive behaviour observed in widely dissimilar cultures tends to be very much the same, it appears that while surface symptoms are frequently determined by the culture, the underlying causes of abnormal behaviour must be sought in psychological and bioiogical processes common to all cultures and societies.
—Kisker : *Disorganized Personalty,* 1985, p.110

2. "Therapeutic or damaging potentials often inhere in social contexts rather than individuals..."
—Lennard & Bernstein. *Patterns in Human Interaction,* 1996, p. 205

डायथिसिस-तनाव मॉडल : एक संकलनात्मक दृष्टिकोण
(Diathesis-Stress model : An integrative approach)

असामान्य व्यवहार की व्याख्या करने का यह एक ऐसा मॉडल या सिद्धान्त है जो जैविक (biological), मनोवैज्ञानिक (psychological) तथा पर्यावरणी (environmental) कारकों को एक मंच पर लाता है और यह कोई विशेष स्कूल या विचारधारा जैसे मनोगतिकी विचारधारा, संज्ञानात्मक विचारधारा या व्यवहारवादी विचारधारा से सम्बन्द्ध नहीं होता है । यह मॉडल असामान्य व्यवहार की व्याख्या डायथिसिस (diathesis) तथा तनाव (stress) के अंत:क्रिया (interaction) के रूप में करता है । डायथिसिस से तात्पर्य किसी विकृति या असामान्य व्यवहार व्यक्ति में उत्पन्न होने के पूर्ववृत्ति (predisposition) से होता है । कहने का तात्पर्य यह है कि जब व्यक्ति में किसी विशेष तरह की मानसिक विकृति होने की पूर्ववृत्ति होती है और यदि वह व्यक्ति पर्यावरणी कारक अर्थात् विशेष तनाव की स्थिति से गुजरता है और यदि तनाव की वह मात्रा उसके नियंत्रण सीमा से बाहर हो जाता है, तो उस व्यक्ति में सम्बद्ध मानसिक विकृति के उत्पन्न होने की सम्भावना बढ़ जाती है । इसे ही नैदानिक मनोविज्ञानियों एवं मनश्चिकित्सकों ने *डायथिसिस-तनाव मॉडल* (diathesis-stress model) की संज्ञा दिया है ।

उक्त वर्णन से यह स्पष्ट है कि किसी मानसिक विकृति या असामान्य व्यवहार के लिए पूर्ववृत्ति (predisposition) होने से व्यक्ति में विकृति या असामान्यता के होने की सम्भावना काफी बढ़ जाती है परंतु इस बात की कोई निश्चित गारंटी नहीं होता है कि उस व्यक्ति में अमुक विकृति होगा ही । इसका कारण यह है कि मॉडल का एक दूसरा भाग तनाव (stress) है जो इस बात का निर्धारण करता है कि सम्बद्ध पूर्ववृत्ति किस तरह से वास्तविक विकृति में रूपांतरित होगी । सामान्यत: इस संदर्भ में यहाँ तनाव से तात्पर्य कुछ ऐसे अनिष्टकर (noxious) या दु:खद पर्यावरणी उद्दीपक से होता है जिसका स्वरूप या तो जैविक (biological) या मनोवैज्ञानिक (psychological) कुछ भी हो सकता है । जन्म के समय ऑक्सीजन की कमी तथा बाल्यावस्था के दौरान घटिया पोषण जैविक उद्दीपक के उदाहरण हैं जिनसे कुछ मस्तिष्कीय दुष्क्रिया (brain dysfunction) उत्पन्न हो सकता है । बड़ा हादसा जैसे पति या पत्नी की मृत्यु, बलात्कार तथा अन्य लघु दु:खद घटनाएँ जैसे निर्धारित लक्ष्य को नहीं प्राप्त करना आदि मनोवैज्ञानिक स्ट्रेशर (psychological stressor) के उदाहरण हैं ।

डायथिसिस-तनाव मॉडल का सबसे महत्त्वपूर्ण बिन्दु यह है कि किसी मानसिक विकृति या असामान्यता के उत्पन्न होने के लिए डायथिसिस (या पूर्ववृत्ति) तथा तनाव (stress) दोनों का होना अनिवार्य है । जैसे, कुछ लोगों में मनोविदालिता (schizophrenia) जैसे मानसिक विकृति का एक जैविक पूर्ववृत्ति (biological predisposition) होती है । ऐसे लोगों को यदि जिंदगी में तनाव से होकर गुजरना पड़ता है, तो उनमें मनोविदालिता का रोग उत्पन्न होने की उम्मीद उस व्यक्ति की तुलना में अधिक होता है जिसमें ऐसी जैविक पूर्ववृत्ति नहीं पायी जाती है परंतु वैसे तनाव से होकर गुजरना पड़ता है ।

निष्कर्षत: यह कहा जा सकता है कि डायथिसिस-तनाव मॉडल में असामान्यता को व्यक्ति में उस असामान्यता की पूर्ववृत्ति (predisposition) तथा तनाव (stress) दोनों के अंत:क्रिया का परिणाम माना गया है । दोनों में से कोई अकेले मानसिक विकृति पैदा करने में सक्षम नहीं होता है ।

अध्याय-सारांश
(Chapter Summary)

1. असामान्य व्यवहार की व्याख्या करने के लिए तीन प्रमुख मॉडल या सिद्धान्त का प्रतिपादन विशेषज्ञों द्वारा किया गया है—जैविक सिद्धान्त या मॉडल, मनोसामाजिक सिद्धान्त या मॉडल तथा सामाजिक-सांस्कृतिक सिद्धान्त या मॉडल ।
2. जैविक सिद्धान्त जिसे मेडिकल मॉडल या रोग मॉडल (disease model) भी कहा जाता है, में असामान्य व्यवहार की व्याख्या जैव-दैहिक प्रक्रियाओं (bio-physical processes) के रूप में की गयी है । आरंभिक जैविक विचारधारा के अनुसार मानसिक रोग सिर्फ मस्तिष्कीय विकृति से ही नहीं बल्कि अन्य कारकों जैसे आनुवंशिक कारकों तथा मस्तिष्क में जैव-रसायनिक असंतुलन (biochemical imbalances) से भी उत्पन्न होता है ।
3. मनोसामाजिक सिद्धान्त (psychosocial theory) या मॉडल के अनुसार असामान्य व्यवहार की व्याख्या व्यक्ति की जिंदगी की आरंभिक अनुभूतियाँ, तथा जिंदगी के सामाजिक एवं मनोवैज्ञानिक प्रक्रियाओं के प्रभावों के रूप में की गयी है ।

इस मॉडल के तहत पाँच तरह के स्वतंत्र विचारधाराओं का समावेश है—मनोगतिकी विचारधारा, व्यवहारवादी विचारधारा, संज्ञानात्मक विचारधारा, मानवतावादी-अस्तित्वात्मक विचारधारा तथा अंतर्वैयक्तिक विचारधारा। असामान्य व्यवहार की व्याख्या में यद्यपि प्रत्येक विचारधारा का दृष्टिकोण अलग-अलग है, फिर भी उनका सारतत्त्व यही है कि व्यक्ति की अपनी अनुभूतियाँ तथा सामाजिक परिस्थितियाँ दोनों ही अंत:क्रिया करके असामान्य व्यवहार की उत्पत्ति करता है।

4. सामाजिक-सांस्कृतिक (socio-cultural) मॉडल या सिद्धान्त के अनुसार असामान्य व्यवहार की व्याख्या सामाजिक-सांस्कृतिक कारकों अर्थात् गरीबी, बंचन (deprivation) निरक्षरता आदि के प्रभावों के रूप में की जाती है। इस विचारधारा के समर्थकों द्वारा क्रॉस-सांस्कृतिक विधि (cross-cultural method) का उपयोग करके विभिन्न संस्कृतियों में उत्पन्न होने वाले असामान्य व्यवहारों का अध्ययन किया गया है। उसके तहत विशेषकर समाजीकरण के दोष, सामाजिक विघटन तथा सांस्कृतिक मानकों (cultural norms) को अधिक उत्तरदायी कारक माना गया है।
5. डायथिसिस-तनाव मॉडल (diathesis-stress model) के अनुसार असामान्यता या मानसिक विकृति सम्बद्ध असामान्यता की पूर्ववृत्ति (predispositon) तथा तनाव (stress) दोनों के अंत:क्रिया का परिणाम होता है। इस मॉडल के अनुसार दोनों में से कोई अकेले मानसिक विकृति उत्पन्न करने में सक्षम नहीं होता है।

❑

अध्याय 4

असामान्य व्यवहार के सामान्य कारण

(GENERAL CAUSES OF ABNORMAL BEHAVIOUR)

असामान्य व्यवहार के कारणों की सामान्य श्रेणियाँ
(General Categories of Causes of Abnormal Behaviour)

असामान्य व्यवहार कभी भी व्यक्ति में अचानक नहीं पैदा लेता है । इसका एक निश्चित तौर पर इतिहास होता है । असामान्य व्यवहार की सैद्धान्तिक व्याख्या करने के लिए तीन तरह के दृष्टिकोण या विचारधाराएँ हैं—जैविक विचारधारा, मनोसामाजिक विचारधारा तथा सामाजिक-सांस्कृतिक विचारधारा । प्रत्येक विचारधारा में असामान्य व्यवहार की उत्पत्ति की व्याख्या एक खास दृष्टिकोण से की गयी है । नैदानिक मनोविज्ञानियों तथा मनश्चिकित्सकों द्वारा किये गए शोधों से स्पष्ट हुआ कि असामान्य व्यवहार के कुछ इन विशिष्ट सैद्धान्तिक कारणों के अतिरिक्त कुछ सामान्य कारण (general causes) भी हैं । इन सामान्य कारणों पर विचार करने से पहले हम स्वयं इन कारणों या कारकों के सामान्य स्वरूप (general nature) पर विचार कर ले । ऐसे कारकों के सामान्य स्वरूप को मद्देनजर उन्हें निम्नांकित चार भागों में बाँटा गया है—

(1) प्राथमिक कारण (Primary Cause)
(2) पूर्ववृत्ति कारण (Predisposing Cause)
(3) प्रेरित कारण (Precipitating Cause)
(4) पुनर्बलित कारण (Reinforcing Cause)

इन सबों का वर्णन निम्नांकित है—

1. प्राथमिक कारण *(Primary Cause)*—प्राथमिक कारण से तात्पर्य वैसी अवस्था (condition) से होता है जिसे विकृति (disorder) उत्पन्न करने के लिए आवश्यक माना जाता है । जैसे, सामान्य पैरेसिस (general paresis) जैसे मानसिक विकृति के होने के लिए मस्तिष्क में गरमी या उपदंश (syphilis) का होना अनिवार्य है । ध्यान रहे कि प्राथमिक कारण किसी विकृति के होने के लिए आवश्यक तो माना जाता है परंतु उसे हमेशा पर्याप्त कारण नहीं कहा जा सकता है क्योंकि बहुत सारे ऐसी विकृतियाँ (disorders) होतीं हैं जिनका कोई प्राथमिक कारण नहीं होता है ।

2. पूर्ववृत्ति कारण *(Predisposing Cause)*—पूर्ववृत्ति कारण में उन अवस्थाओं या कारकों को रखा जाता है जो विकृति उत्पन्न होने के पहले ही उत्पन्न होकर विशेष परिस्थिति में विकृति के होने का मार्ग प्रशस्त करता है । जैसे, माता-पिता द्वारा तिरस्कार एक ऐसा कारक है जो बच्चों में बाद में तरह-तरह के समायोजन-सम्बन्धी कठिनाई तथा असामान्य व्यवहार उत्पन्न कर सकता है । स्पष्ट हुआ कि पूर्ववर्त्ती कारक व्यक्ति में पहले से ही मौजूद रहकर असामान्यता के प्रति उन्मुखता को बढ़ा देता है ।

3. प्रेरित कारण *(Precipitating Factor)*—प्रेरित कारण में वैसे कारकों को रखा गया है जो व्यक्ति के लिए वर्तमान में बर्दाश्त से बाहर हो जाता है और उसमें विकृति (disorder) उत्पन्न कर देता है। जैसे, यदि किसी कार्य में व्यक्ति को जब अप्रत्याशित असफलता (unexpected failure) हाथ लगती है, तो उससे काफी निराशा एवं कुंठा उत्पन्न हो जाता है जो असामान्य व्यवहार को उत्पन्न करने का पर्याप्त प्रेरणा देता है ।

4. पुनर्बलित कारण *(Reinforcing Cause)*—पुनर्बलित कारण में उन कारकों या अवस्थाओं को रखा जाता है

जो पहले से हो रहे अपअनुकूलित व्यवहार को संपोषित करके रखता है। जैसे, जब कोई व्यक्ति बीमार पड़ जाता है, तो परिवार के सदस्यों द्वारा उस पर काफी ध्यान, सहानुभूति दिखलाया जाता है तथा बहुत सारे उत्तरदायित्वों से उसे मुक्ति आदि मिल जाता है। ये सभी कारक उसे परोक्ष रूप से फिर से बीमार पड़ने के लिए पुनर्बलित करते हैं ताकि उसे पुनः परिवार के सदस्यों की सहानुभूति प्राप्त हो और उसे तरह-तरह के उत्तरदायित्व से मुक्ति मिलता रहे। अभी हाल के वर्षों में पुनर्बलित कारणों को व्यवहारपरक-उन्मुखी मनोवैज्ञानिकों (behaviourally-oriented psychologists) द्वारा काफी महत्त्वपूर्ण माना गया है।

जैसा कि ऊपर कहा गया है, मनश्चिकित्सकों तथा नैदानिक मनोवैज्ञानिकों द्वारा असामान्य व्यवहार के तीन विचारधाराओं के अनुरूप उसके तीन प्रमुख विशिष्ट (specific) कारण बतलाये गए हैं—जैविक कारण, सामाजिक कारण तथा सामाजिक-सांस्कृतिक कारण। इन तीनों तरह के कारणों का वर्णन हम अलग-अलग अनुच्छेदों में स्वतंत्र रूप से करेंगे।

जैविक कारण
(Biological Causes)

जैविक कारकों से तात्पर्य उन सभी कारकों से होता है जो जन्म या उससे पहले से ही व्यक्ति में प्रत्यक्ष या परोक्ष रूप से मौजूद होते हैं और बाद में असामान्य व्यवहार की उत्पत्ति में किसी-न-किसी तरह से मदद करते हैं। जैविक कारकों का ऐसा स्वरूप होता है कि वह व्यक्तित्व के सभी पहलुओं पर अपना प्रभाव डालता है। इसलिए इन कारणों का सामान्य एवं असामान्य व्यवहार की उत्पत्ति में विशेष महत्त्व होता है। इस क्षेत्र के अध्ययन से यह पता चला है कि अपअनुकूली व्यवहार (maladaptive behaviour) की उत्पत्ति तथा विकास में निम्नांकित पाँच तरह के प्रमुख जैविक कारकों की भूमिका प्रधान होती है—

(1) आनुवंशिक दोष (Genetic defects)
(2) शरीरगठनात्मक कारक (Constitutional factors)
(3) जैविक-रासायनिक कारक (Biochemical factors)
(4) मस्तिष्कीय दुष्क्रिया (Brain dysfunction)
(5) शारीरिक तनाव कारक (Bodily stress factors)

इन सबों का वर्णन इस प्रकार है—

1. आनुवंशिक दोष *(Genetic Defects)*—वंशागति (inheritance) की शुरूआत तब होती है जब महिला का अंडाणु कोशिका (egg cell) पुरुष के शुक्राणु कोशिका (sperm cell) से मिलकर गर्भित हो जाता है और उसमें बनने वाला भ्रूण (embryo) को एक आनुवंशिक कोड (genetic code) प्राप्त होता है जो पूरे जीवन काल में व्यक्ति के व्यवहार को नियमित एवं विकसित करता है। चूँकि मानव व्यवहार पर इस आनुवंशिक कोड का सीधा प्रभाव पड़ता है, अतः इसमें किसी प्रकार के दोष से यह स्वाभाविक है कि व्यक्ति के व्यवहार में असामान्यता (abnormality) उत्पन्न हो जाय। इसके तहत आने वालों दोषों को जिनसे व्यक्ति में असामान्य व्यवहार उत्पन्न होता है, निम्नांकित दो भागों में बाँटा गया है—

(1) गुणसूत्रीय असामान्यता (Chromosomal anomalies)
(2) दोषपूर्ण जीन्स (Faulty genes)

इन दोनों का वर्णन इस प्रकार है—

(1) गुणसूत्रीय असामान्यता *(Chromosomal anomalies)*—व्यक्ति की कोशिका केन्द्रक (cell nucleus) में जंजीर समान एक संरचना (sturcture) होती है जिसमें जीन्स (genes) होते हैं, को गुणसूत्र (chromosome) कहा जाता है। अब महिला का अंडाणु (egg cell) पुरुष के शुक्राणु से मिलकर गर्भित होता है, तो सामान्यतः उसमें गुणसूत्र का 23 जोड़ा होता है—प्रत्येक जोड़ा का एक गुणसूत्र माँ से तथा एक गुणसूत्र पिता से प्राप्त होता है। इसमें 22 जोड़े गुणसूत्र को ऑटोजोम्स (autosomes) कहा जाता है जो व्यक्ति के सामान्य शारीरिक विशेषताओं को निर्धारित करते हैं। गुणूसत्र का 23वाँ जोड़ा यौन गुणसूत्र (sex chromosomes) होता है जो बच्चा का यौन (sex) का निर्धारण करता है। यदि जोड़ा को दोनों गुणसूत्र X हुआ तो लड़की और एक X तथा दूसरा Y हुआ तो लड़का पैदा होता है। ध्यान रहे कि

माँ से मिलने वाला गुणसूत्र X होता है। पिता में X एवं Y दोनों गुणसूत्र होते हैं। पिता के X गुणसूत्र का माँ के X गुणसूत्र से मिलने पर लड़की तथा Y गुणसूत्र के माँ के X गुणसूत्र से मिलने पर लड़का पैदा होता है।

आनुवंशिकी के क्षेत्र में किये गये शोधों से स्पष्ट हुआ कि गुणसूत्र की संख्या (number) या उसकी संरचना में असामान्यता होने से तरह-तरह के मानसिक विकृति या असामान्य व्यवहार की उत्पत्ति होती है। गुणसूत्र की ऐसी असामान्यताओं में निम्नांकित पाँच तरह की असामान्यता अधिकतर देखने को मिलता है—

(a) ट्रीजोमी 13 *(Trisomy 13)*—गुणसूत्र की इस असामान्यता में 13वें जोड़े की गुणसूत्र में एक अतिरिक्त गुणसूत्र पाया जाता है। इसलिए इसे ट्रीजोमी 13 (trisomy 13) कहा जाता है। इससे व्यक्ति में ऐसी अवस्था उत्पन्न होती है जो उसमें मस्तिष्कीय असामान्यता (brain abnormalities) उत्पन्न करके व्यक्ति के व्यवहार को असामान्य कर देता है।

(b) ट्रीजोमी 18 *(Trisomy 18)*—इस गुणसूत्रीय असामान्यता में गुणसूत्र के 18वें जोड़ा में एक अतिरिक्त गुणसूत्र पाया जाता है। इससे व्यक्ति में गंभीर हृदय सम्बन्धी गड़बड़ियाँ उत्पन्न होती है जो व्यक्ति के व्यवहार को असामान्य कर देता है।

(c) ट्रीजोमी 21 *(Trisomy 21)*—इस गुणसूत्रीय असामान्यता में गुणसूत्र के 21वें जोड़े में एक अतिरिक्त गुणसूत्र पाया जाता है जिससे बच्चा डाऊन संलक्षण (down syndrome) से ग्रसित हो जाता है जो एक तरह मानसिक मन्दन (mental retardation) का उदाहरण है।

(d) ट्रीजोमी 23 *(Trisomy 23)*—यह गुणसूत्रीय असामान्यता पुरुषों के यौन गुणसूत्र में उत्पन्न असामान्यता से सम्बद्ध है। इसे क्लाईनफेल्टर संलक्षण (Klinefelter Syndorme) कहा जाता है। इसमें 23वें गुणसूत्र में एक अतिरिक्त X गुणसूत्र पाया जाता है—XXY। राईट, स्केफर एवं सोलोमोन्स (Wright, Schaefer & Solomons, 1979) के अनुसार ऐसे व्यक्तियों में किशोर अपराध (juvenile delinqency) की प्रवृत्ति तथा मानसिक मन्दता उत्पन्न होने की सम्भावना अधिक होती है। ऐसे व्यक्ति देखने में तो पुरुष जैसे लगते हैं परंतु उनमें पुरुषार्थ नहीं होता है।

(e) मोनोजोमी 23 *(Monosomy 23)*—यह भी यौन गुणसूत्र की असामान्यता है जो केवल महिलाओं[1] में पाया जाता है। इसमें 23वें जोड़ा में केवल एक ही X होता है अर्थात् स्थिति XO की होती है। इसे टर्नर संलक्षण (Truner's syndrome) कहा जाता है। कभी-कभी किसी-किसी महिला में एक अतिरिक्त X गुणसूत्र अर्थात् XXX होता है। ये दोनों ही गुणसूत्रीय असामान्य अवस्थाओं से महिलाओं में असामान्य व्यवहार की उत्पत्ति होती है।

(2) दोषपूर्ण जीन्स *(Faulty Genes)*—जीन्स गुणसूत्र के विभिन्न स्थानों पर अवस्थित होते हैं और सचमुच में जीन्स में ही वंशानुगत विशेषताएँ संचित होती हैं। कुछ जीन्स प्रबल (dominant) होते हैं तो कुछ जीन्स अप्रबल (recessive) होते हैं। प्रबल जीन्स के निर्देश (instruction) को युग्म के दूसरे जीन्स द्वारा विरोध किये जाने पर भी कार्यान्वित किया जाता है परंतु अप्रबल जीन्स के निर्देश को तभी कार्यान्वित किया जाता है जब दो ऐसे जीन्स एक साथ मिल कर निर्देश करते हों। असामान्य व्यवहार की उत्पत्ति में जीन्स की भूमिका प्रत्यक्ष न होकर परोक्ष होती है क्योंकि व्यक्ति का कोई भी व्यवहार सिर्फ जीन्स द्वारा न प्रभावित होकर वातावरण द्वारा भी प्रभावित होता है। आजकल इस क्षेत्र के अधिकतर वैज्ञानिकों का मत है कि जब कई दोषपूर्ण जीन्स (न केवल एक या दो जीन्स) एक साथ मिल जाते हैं या आपस में मिलकर अंतक्रिया करते हैं तो इससे व्यक्ति के मस्तिष्कीय रसायन (brain chemistry) में गड़बड़ी उत्पन्न होती है जिससे व्यक्ति का व्यवहार असामान्य हो जाता है। इसका समर्थन इस बात से भी होता है कि किसी मानसिक विकृति का सुसंगतता दर[2] (concordance rate) एकांकी जुड़वाँ बच्चों (monozygotic twins) में भ्रात्रीय जुड़वाँ

---

1. सामान्यत: महिलाओं में यौन गुणसूत्रीय असामान्यता कम होती है क्योंकि उनमें सामान्य रूप से दो एक्स गुणसूत्र होता है। यदि कोई एक दोषपूर्ण हुआ तो जोड़ा का दूसरा गुणसूत्र बहुत हद तक विकास के कार्यों को संभाल लेता है और तब कोई बहुत बड़ी असामान्यता उत्पन्न नहीं हो पाती है।
2. सुसंगता दर (concordance rate) से तात्पर्य एक ऐसे दर से होता है जिसमें किसी एक व्यक्ति का शीलगुण (trait) या कोई लक्षण दूसरे व्यक्ति में वही शीलगुण या लक्षण के पूर्वानुमान का आधार बनता है। जैसे, एकांकी जुड़वाँ के एक सदस्य में यदि मानसिक मन्दता होती है, तो इसके आधार पर यह कहा जाता है कि इस युग्म के दूसरे सदस्य में भी ऐसा होगा तो यह पूर्वानुमान सुसंगतता दर (concordance rate) का उदाहरण होगा।

बच्चे (dizygotic twins) की अपेक्षा अधिक होती है। चूँकि एकांकी जुड़वाँ बच्चों का जीन्स 100% समान होता है, और सामान्यत: उन्हें एक ही वातावरण में रखकर पाला-पोषा जाता है, इसलिए उनके व्यवहार को जीन्स से सर्वाधिक प्रभावित होता समझा जाता है। यह तथ्य मनोविदालिता (schizophrenia) जैसे मानसिक विकृति में स्पष्ट रूप से होता देखा गया है। यदि एकांड़ी जुड़वाँ बच्चा के किसी एक सदस्य को मनोविदालिता का रोग होता है, तो दूसरे सदस्य को यह रोग होने की सम्भावना भी काफी तीव्र हो जाती है। स्पष्टत: इसका कारण तब दोषपूर्ण जीन्स ही माना जाता है। हालांकि बुछ ऐसे भी प्रयोगात्मक सबूत अभी-अभी उपलब्ध हुए हैं, जिनके आधार पर असामान्य व्यवहार की उत्पत्ति से केवल दोषणूर्ण जीन्स की भूमिका होती है, को नजरअंदाज किया जाता है। जैसे, बेकर एवं डेनियल्स (Baker & Deniels, 1992) ने अपने अध्ययन में यह पाया है कि एकांकी जुडुवाँ बच्चे मनोविदालिता की विकृति में असुसंगत (disconduct) पाये जाते हैं अर्थात् एक सदस्य को मनोविदालिता होने पर दूसरे सदस्य में इस तरह की विकृति नहीं होते पायी जाती है। ऐसे ही अनेक अध्ययनों के आलोक में अन्तिम निष्कर्ष के रूप में यही कहा जा सकता है कि दोषपूर्ण जीन्स का असामान्य व्यवहार की उत्पत्ति में भूमिका पूर्णत: स्पष्ट नहीं है। शोध द्वारा इस बिन्दु पर अभी रोशनी और डालने की जरूरत है।

2. शरीरगठनात्मक कारक (*Constitutional Factors*)—मनोवैज्ञानिक, मनश्चिकित्सकों एवं अन्य वैज्ञानिकों द्वारा इस क्षेत्र में किये गए अध्ययनों से यह स्पष्ट हुआ है कि असामान्य व्यवहार का कारण शरीरगठनात्मक कारक भी होता है। कुछ विशेष एवं दोषपूर्ण शरीरगठनात्मक कारकों से असामान्य व्यवहार की उत्पत्ति होती पायी गयी है। प्रमुख शरीर-गठनात्मक कारक जिनसे असामान्य व्यवहार की उत्पत्ति होती है, को निम्नांकित तीन प्रमुख भागों में बाँटा जा सकता है—

(1) शरीरगठन या डील-डौल (Physique)

(2) शारीरिक विकलांगता (Physical handicaps)

(3) प्राथमिक प्रतिक्रिया प्रवृत्ति (Primary reaction tendencies)

इन सबों का वर्णन निम्नांकित हैं—

(1) शरीरगठन या डील-डौल (*Physique*)—कुछ ऐसे आरंभिक अध्ययन हुए हैं जिनमें यह पाया गया है कि विशेष तरह के डील-डौल वाले व्यक्ति द्वारा असामान्य व्यवहार अधिक किया जाता है। शारीरिक गठन का सम्बन्ध मानसिक विकृति एवं व्यक्तित्व विकास से दिखलाने का सबसे पहला मनोवैज्ञानिक प्रयास शेल्डन (Sheldon, 1954) द्वारा किया गया। इन्होंने शरीरगठन के तीन मुख्य प्रकार बतलाया है—एण्डोमॉर्फी (endomorphy), मेसोमोर्फी (mesomorphy) एवं एक्टोमोर्फी (ectomorphy)। शेल्डन का मत था कि तनावपूर्ण परिस्थिति के उत्पन्न होने पर इन तीन तरह के शारीरिक संरचना वाले व्यक्ति ने अलग-अलग ढंग की अपअनुकूलित व्यवहार (maladaptive behaviour) उत्पन्न होते पाये जाते हैं। जैसे, एण्डोमार्फ (endomrorph) जो नाटे-मोटे एवं आराभ पसंद व्यक्ति होते हैं, में मूड (mood) में उतार-चढ़ाव का मानसिक रोग जैसे उत्साह-विषाद मनोविकृति (manic-depressive psychosis) के होने की सम्भावना अधिक होती है। मेसोमार्फ (mesomorph) जो लम्बे, मजबूत हड्डी एवं गट्ठी मांशपेशियों वाले होते हैं, उनमें आक्रमकता (aggressiveness), अपराध (delinquency) तथा समाज-विरोधी व्यवहार करने की प्रवृत्ति अधिक देखी गयी है। उसी तरह से एक्टोमार्फ (ectomorph) जो लम्बे, दुबले-पतले कमजोर शारीरिक संरचना वाले होते हैं, में मनोविदालिता (schizophrenia), चिन्ता मनस्नायुविकृति(anxiety neurosis), पेप्टिक अल्सर(peptic ulcer) आदि होने की संभावना तीव्र होती है। परन्तु बाद के मनोवैज्ञानिकों ने शेल्डन के इस प्रयास की आलोचना की है। क्रोटेस तथा गाटी (Crotes & Gatti, 1970) ने कहा है कि शेल्डन के अध्ययन की विधियाँ दोषपूर्ण थी और मात्र एक अमनोवैज्ञानिक कारक (nonpsychological factor) यानी शरीरगठन को इतनी सरलता से मानसिक रोग से सम्बन्धित कर देना उचित नहीं है।

अभी हाल में ही कुछ मनोवैज्ञानिकों जैसे नेपोलियन, कासिन एवं यंग (Nepolean, Chassin & Young, 1980) ने अपने अध्ययन के आधार पर यह बतलाया है कि शारीरिक आकर्षण (physical attractiveness) भी एक महत्त्वपूर्ण शरीरसंगठनात्मक (constitutional factor) है जो मानसिक रोग की उत्पत्ति को प्रभावित करता है। इन्होंने अपने अध्ययन में यह पाया कि जिसका व्यक्तित्व शारीरिक रूप से आकर्षक कम होता है अर्थात् जिसमें शारीरिक सुन्दरता कम होती है, उसमें मानसिक रोग तेजी से पनपता है और इनमें समायोजन (adjustment) से सम्बन्धित समस्याएँ काफी अधिक उत्पन्न होतीं हैं। नोल्स, कैश एवं विनस्टीड (Noles, Cash & Winstead, 1985) ने तो यहाँ तक बतलाया है

कि किसी व्यक्ति में यदि शारीरिक कुरूपता की गलत धारणा को मन में बैठा दिया जाय, तो इससे भी उस व्यक्ति में असामान्य व्यवहार उत्पन्न हो जाता है। इन सभी मनोवैज्ञानिकों के अनुसार शारीरिक रूप से आकर्षक नहीं होने पर उस व्यक्ति का साथ लोगों का व्यवहार इस ढंग का होता है कि उसमें हीनता का भाव (feeling of inferiority), चिन्ता, निराशा आदि उत्पन्न हो जाता है जो धीरे-धीरे उसमें समायोजन-सम्बन्धी समस्याएँ उत्पन्न कर देता है।

(2) शारीरिक विकलांगता *(Physical handicaps)*—माँ के गर्भ में कुछ गड़बड़ी उत्पन्न होने से या फिर कुछ पर्यावरणी कारकों (environmental factors) से भी बच्चों में शारीरिक विकलांगता उत्पन्न हो जाता है। माँ के गर्भ में कुछ गड़बड़ी होने से बच्चा शारीरिक या मानसिक दोष (defects) के साथ पैदा ही होता है। इसे जन्मजात विकलांगता (congenital handicap) कहा जाता है। प्राय: ऐसा देखा गया है कि जिन बच्चों का जन्म के बाद का वजन 5.5 पौण्ड से भी कम होता है, उनमें आगे चलकर कुछ खास-खास मानसिक रोग (mental disorders) जैसे मानसिक दुर्बलता (mental deficiency), सांवेगिक समायोजन की समस्या, मस्तिष्कीय विकृतियाँ (brain disorders) आदि अधिक होतीं हैं। गर्भवती माताओं में अत्यधिक सांवेगिक उपद्रव (emotional disturbances) होने से भी पूर्वपरिपक्व (permature) बच्चों का जन्म हो जाता है। ऐसे पूर्वपरिपक्व बच्चों में आगे चलकर मानसिक रेाग होने की सम्भावना तीव्र हो जाती है। इन जन्मजात विकलांगता के अलावा पर्यावरणी कारकों (environmental factors) से भी व्यक्ति में विकलांगता उत्पन्न हो जाती है जो मानसिक रोग पैदा करते हैं। ऐसे पर्यावरणी कारकों में दुर्घटना (accidents) एक महत्त्वपूर्ण कारक है। दुर्घटना में कभी-कभी मस्तिष्कीय आघात (brain injury) इतना तीव्र होता है कि व्यक्ति में मानसिक विकृतियाँ (mental disorders) उत्पन्न कर उसके समायोजन (adjustment) से सम्बन्धित अनेकों समस्याएँ उत्पन्न कर देता है।

(3) मूल प्रतिक्रिया प्रवृत्तियाँ *(Primary reaction tendencies)*—प्रत्येक व्यक्ति में जन्म से ही बाहरी वातावरण के प्रति प्रतिक्रिया करने की एक खास प्रवृत्ति (tendency) होती है जिसे मूल अनुक्रिया प्रवृत्ति (primary reaction tendency) कहा गया है। ऐसी प्रवृति को शरीरगठनात्मक (constitutional) माना जाता है न कि वंशागत (hereditary) क्योंकि ऐसी प्रवृत्तियाँ पूर्वप्रसूतिकालीन वातावरण (prenatal environment) अर्थात् माँ के गर्भ का वातावरण द्वारा अधिक प्रभावित होता है। मनोवैज्ञानिकों द्वारा किये गये शोधों से यह स्पष्ट हो गया है कि 7 से 10% बच्चों की मूल अनुक्रिया प्रवृत्ति दोषपूर्ण (defective) होतीं हैं। ऐसे बच्चों में खाने, सोने, मल-मूत्र त्याग करने की कुछ नियमितता (regularity) नहीं होती है, वे चिड़चिड़ा प्रवृत्ति के होते हैं और वातावरण के साधारण तनाव (mild stress) से भी अत्यधिक घबड़ा जाने वाले होते हैं। माऊर्र, काडोरेट एवं केन (Mourer, Cadoret & Cain, 1980) ने एक अनुलम्ब अध्ययन (longitudinal study) करके बतलाया है कि ऐसे दोषपूर्ण मूल प्रतिक्रिया प्रवृत्ति वाले बच्चे में आगे चलकर अपअनुकूलित व्यवहार (maladaptive behaviour) तेजी से विकसित होता है। फिश (Fish, 1975) तथा मील्ह (Meelh, 1978) ने अपने-अपने अध्ययन के आधार पर यह बतलया कि दोषपूर्ण मूल प्रतिक्रिया प्रवृत्ति सचमुच में बच्चों में भविष्य में होनेवाले अपअनुकूलित व्यवहार (maladaptive behaviour) का एक मुख्य सूचक (indicator) होता है।

निष्कर्ष यह है कि शरीरसंगठनात्मक मॉडल (constitutional model) अपअनुकूलित व्यवहार (maladabtive behaviour) या असामान्य व्यवहार की उत्पत्ति की व्याख्या उन कारकों के रूप में करता है जो शरीर के संगठन या संरचना से संबंधित होते हैं हालांकि जैसे-जैसे आधुनिक वैज्ञानिक तथ्य सामने आते जा रहे हैं, वैसे-वैसे इन शरीरसंगठनात्मक कारकों की महत्ता अपने आप कमती जा रही है और नये-नये कारकों की महत्ता बढ़ती जा रही है।

3. जैविक-रासायनिक कारक *(Biochemical Causes)*—असामान्य व्यवहार की उत्पत्ति की व्याख्या करने के लिए जैविक रासायनिक मॉडल(biochemical model) का प्रतिपादन 1950 के लगभग में किया गया जब कई तरह के मनोसक्रिय औषधियाँ (psychoactive drugs) बाजार में प्रचुर मात्रा में उपलब्ध होने लगी थीं। जैविक-रासायनिक मॉडल के अनुसार असामान्यता की व्याख्या कुछ रासायनिक पदार्थों (chemical elements) के प्रभाव, खाद्य पदार्थों में पौष्टिक आहार की कमी, विटामिन एवं खनिज (mineral) पदार्थों की कमी तथा हारमोन्स की गड़बड़ी आदि के प्रभावों के रूप में किया गया है। दूसरे शब्दों में, व्यक्ति में असामान्य व्यवहार होने का कारण उसकी शरीर में कुछ रासायनिक परिवर्तन हो सकता है या पौष्टिक आहार की कमी हो सकता है या फिर कुछ हारमोन्स गड़बड़ी (harmonal disturbances) से भी हो सकता है। इन तीनों तरह के कारकों एवं मानव व्यवहार पर पड़ने वाले उनके प्रभावों का वर्णन निम्नलिखित है—

(1) रासायनिक पदार्थ *(Chemical elements)*—हमारे शरीर में एक महत्त्वपूर्ण रासायनिक पदार्थ होता है जो

तंत्रिका तंत्र (nervous system) की क्रियाओं को होने में मदद करता है या फिर इसे होने से रोकता है। एक ऐसा ही पदार्थ है ऐस्टीलकोलाईन (acetelcholine)। 1950-1955 के लगभग में अनेकों विशेषज्ञों ने यह साबित कर दिया है कि यदि मस्तिष्कीय सुषुम्ना तरल पदार्थ (cerebrospinal fluid) में ऐस्टीलकोलाईन (acetelcholine) की मात्रा का स्तर सामान्य (normal) नहीं होता है, तो व्यक्ति में आक्षेप (convulsion) उत्पन्न होता है। आजकल के विशेषज्ञों ने असामान्य व्यवहार की उत्पत्ति में मूलतः दो तरह के रासायनिक तत्त्वों को अधिक महत्त्वपूर्ण माना है—केटकोलामाईन (catecholamine) समूह के रासायनिक पदार्थ तथा इन्डोलामाइन समूह (Indoleamine) के रासायनिक पदार्थ। केटकोलामाईन समूह के दो प्रमुख उदारहण हैं—नारइपाईनफ्राईन या नारएड्रानालीन (Norepinephrine or Noradrenalin) एवं डोपामाईन (Dopamine)। उसी तरह से इन्डोलामाईन समूह का एक प्रमुख उदाहरण है— सिरोटोनिन (Serotonin)।

हमारे शरीर में केटकोलामाईन की मात्रा असामान्य व्यवहार की उत्पत्ति में एक महत्त्वपूर्ण भूमिका निभाती है। इसे **केटकोलामाईन प्राक्कल्पना** (catecholamine hypothesis) की संज्ञा दी गयी है। इस प्राक्कल्पना के अनुसार जब केन्द्रीय तंत्रिका तंत्र (central nervous system) में केटकोलामाईन की मात्रा पशु या मानव में कम जाती है, तो जीव शांत एवं मंदित (depressed) दिखलाई पड़ता है परन्तु उसकी मात्रा अत्यधिक बढ़ जाने से जीव उत्तेजित हो जाता है। अतः केटकोलामाईन की मात्रा कम होने से व्यक्ति में विषाद (depression) जैसे मानसिक रोग उत्पन्न होता है तथा उसकी मात्रा अधिक होने सें उसमें सांवेगिक उपद्रव (emotional disturbances) होते हैं जिससे व्यक्ति को सांवेगिक समायोजन (emotional adjustment) से सम्बन्धित अनेकों समस्याएँ उठ खड़ी होतीं हैं। स्विलडक्राट (Schildkraut, 1965) ने अपने अध्ययनों के आधार पर केटकोलामाईन प्राक्कल्पना (catecholamine hypothesis) की पुष्टि किया है। इन्डोलामाईन समूह (Indolamine group) में सरोटोनिन (Serotonin) एक महत्त्वपूर्ण रासायनिक तत्त्व है। वैन (Ban, 1975) के अनुसार मस्तिष्क में सेरोटोनिन की मात्रा कम हो जाने से विषाद (depression) जैसे मानसिक रोग उत्पन्न होता है तथा इसकी मात्रा अधिक हो जाने से सांवेगिक उत्तेजना (emotional excitement) होता है। इसे **इन्डोलामाईन प्राक्कल्पना** (indoleamine hypothesis) की संज्ञा दी गयी। इन रासायनिक पदार्थों के अलावा कुछ और भी रासायनिक औषधियों जैसे LSD, एमानिटा मस्कारिया (Amantia Muscaria) आदि भी हैं जिनकी भूमिका असामान्य व्यवहार की उत्पत्ति में पूर्णतः स्थापित हो चुकी है।

(2) पौष्टिक आहार की कमी से सम्बन्धित असामान्य व्यवहार *(Abnormal behaviour associated with lack of nutrition)*—आधुनिक शोधों से यह स्पष्ट हो गया है कि मस्तिष्क, सुषुम्ना (spinal cord) तथा परिधीय तंत्रिका (peripheral nerves) के उत्तक (tissues) के कार्य व्यक्ति द्वारा लिए गये पौष्टिक आहार पर निर्भर रहते हैं तथा अपनी कार्यदक्षता (work efficiency) बनाये रखते हैं। जब शैशवावस्था (infancy) तथा बचपनावस्था (childhood) में मस्तिष्क को पौष्टिक आहार के कमी के कारण उचित पोषाहार (nourishment) नहीं मिलता है, तो उनका शारीरिक एवं मानसिक विकास दोनों ही अवरुद्ध हो जाता है। मान्केवर्ग (Monckeberg, 1972) ने अपने अध्ययन में पाया कि अपौष्टिक आहार(malnutrition) की मात्रा एवं बौद्धिक क्षमता का ह्रास(deterioration) में धनात्मक सम्बन्ध(positive relationship) होता है। पौष्टिक आहार की कमी के कारण बच्चे उदासीन (apathetic) रहते हैं तथा अपने वातावरण की चीजों में कोई अभिरुचि नहीं दिखलाते हैं। शर्मा (Sharma, 1973) ने अपने अध्ययनों में पाया है कि पौष्टिक आहार उपयुक्त मात्रा में नहीं मिलने पर बच्चे मानसिक दुर्बलता (mental deficiency) के शिकार हो जाते हैं।

कुछ ऐसे भी अध्ययन किये गये हैं जिनमें विशेष रूप से खनिज पदार्थ तथा विटामिन की कमी से असामान्य व्यवहार होता पाया गया है। विनिक (Winick, 1970) के अनुसार गर्भवती माताओं के भोजन में मैगनीज की कमी (maganese deficiency) से उनके बच्चों में शारीरिक विकृति (physical deformity) तो होती ही है साथ-ही-साथ उनमें भिन्न-भिन्न प्रकार के मनोवैज्ञानिक उपद्रव (psychological distrubances) भी होते हैं। विटामिन की कमी से भी व्यक्ति में असामान्य व्यवहार होने का भी प्रमाण मिला है। विटामिन में विशेष रूप से विटामिन B की कमी से मानसिक रोग होता देखा गया है। जैसे, थियामाईन (Thiamine) या विटामिन B की कमी होने से भिन्न-भिन्न तरह के स्नायुविकृत परिवर्तन (neurological changes) एवं रक्त संचालन सम्बन्धी विकृतियाँ (disorders) होते देखी गयीं हैं। उसके कमी से व्यक्ति चिड़चिड़ा हो जाता है, नींद एवं भूख कम हो जाती है, तथा थकान अधिक महसूस होती है। मानसिक

रूप से ऐसे व्यक्ति किसी खास विषय पर एकाग्रचित (concentrate) नहीं कर पाते हैं और उनकी मानसिक शक्ति इतनी क्षीण हो जाती है कि तुरंत की घटनाओं के बारे में भी भूल जाते हैं। अत्यधिक मात्रा में थियामाईन की कमी (thiamine deficiency) होने से व्यक्ति में तीव्र विषाद (acute depression), संभ्रान्ति (confusion), विकृत चिन्तन (distorted thinking), विभ्रम (hallucination) आदि अधिक होने लगता है। विटामिन B_{12} की कमी से केन्द्रीय तंत्रिका तंत्र (central nervous system) में क्षति (damage) पहुँचती है और विभिन्न प्रकार के स्नायुविक (neurological) एवं मनोवैज्ञानिक विकृतियाँ (psychological disoders) उत्पन्न होने लगतीं हैं। भेनगर एवं वैन्ग (Wheanger & Wang, 1970) ने एक अध्ययन में पाया कि एक मनोरोग चिकित्सालय (psychiatrist clinic) में आये मानसिक रोगियों में 15 ऐसे थे जिनमें विटामिन B_{12} की अत्यधिक कमी थी।

उपयुक्त विवरण से यह स्पष्ट है कि पौष्टिक आहार ख़ासकर मैगनिज की कमी (maganese deficiency) एवं विटामिन B की कमी से व्यक्ति में असामान्य व्यवहार विकसित होता है।

(3) हारमोन्स एवं असामान्य व्यवहार *(Hormones and abnormal behaviour)*—हमारे शरीर के भीतर कुछ अन्त:स्त्रावी ग्रन्थियाँ (endocrine glands) हैं जिनसे निकलने वाले स्त्राव को हारमोन्स (hormones) कहा जाता है। हारमोन्स खून में सीधे मिल जाते हैं और व्यक्तित्व विकास एवं मानव व्यवहार पर सीधा असर डालते हैं। मनोवैज्ञानिकों के पास पर्याप्त सबूत इस बात का है कि हारमोन्स असामान्य व्यवहार की उत्पत्ति में महत्त्वपूर्ण भूमिका निभाते हैं। सेकार एवं उनके सहयोगियों (Sachar et al., 1973) के अनुसार विषाद (depression) जैसे मानसिक रोग से ग्रसित अनेकों व्यक्तियों मे ऐड्रिनल कार्टेक्स (adrenal cortex) से निकलने वाले हारमोन्स अर्थात् कार्टीसोल (Cortisol) की अधिकता पायी गयी। कुछ अध्ययनों में यह देखा गया कि जब गर्भावस्था में महिलाओं में प्रोजेस्ट्रोन (progesterone) (महिला हारमोन्स) की मात्रा में कमी आ जाती है तो महिला में असामान्य लक्षण जैसे जोर-जोर से चिल्लाना, मानसिक विषाद (mental depression) आदि स्पष्ट रूप से देखने को मिलता है। हमैवर्ग (Hamburg, 1968) ने अपने अध्ययन में पाया कि प्रोजेस्ट्रोन की सामान्य स्तर (normal level) में परिवर्तन होने से महिलाओं में खुदकशी (suicide) करने की प्रवृत्ति अधिक हो जाती है एवं उनमें आक्रमकता (aggressiveness) काफी बढ़ जाती है। भिन्न-भिन्न तरह के विद्रोहपूर्ण व्यवहार (violent behaviour) भी देखने को मिलता है।

इस तरह से हम देखते हैं कि जैविक-रासायनिक मॉडल (bio-chemical model) द्वारा असामान्यता की उत्पत्ति की व्याख्या विभिन्न तरह के जैविक एवं रासायनिक कारकों (chemical factors) के रूप में किया गया है। मनोवैज्ञानिकों एवं मनश्चिकित्सकों (psychiatrists) का सामान्य मत यही है कि इन जैविक-रासायनिक मॉडल द्वारा असामान्यता का निदान (diagnosis) करना थोड़ा कठिन होता है। इसका परिणाम यह होता है कि असामान्य व्यवहार की उत्पत्ति का यथार्थ कारण का पता नहीं चल पाता है और फिर उस पर आगे प्रयोग करना मुश्किल हो जाता है। इन कठिनाइयों के बावजूद भी जैविक रासायनिक मॉडल की महत्ता बनी हुई है क्योंकि इसके अन्तर्गत आने वाले कारकों का महत्त्वपूर्ण समझा जाता है।

4. मस्तिष्कीय दुष्क्रिया *(Brain Dysfunction)*—इस मॉडल के अनुसार असामान्य व्यवहार का कारण मस्तिष्क में दैहिक क्षति (physical damage) का होना है। इस ढंग की क्षति से मस्तिष्कीय उत्तक (brain tissue) का सामान्य कार्य (normal functioning) में बाधा पहुँचता है और व्यक्ति में कई तरह के असामान्य लक्षण (abnormal symptoms) दिखलाई देने लगते हैं। मस्तिष्कीय क्षति का कारण मस्तिष्क में चोट लगना (brain injury), संक्रामण (infection), मादकता (intoxication), बुढ़ापा, मस्तिष्कीय टियूमर (brain tumor) आदि प्रमुख है। इन कारणों की व्याख्या निम्नांकित हैं—

(1) मस्तिष्कीय चोट *(Brain Injury)*—व्यक्तित्व विघटन (personaity disorganization) तथा अपअनुकूलित व्यवहार (maladaptive behaviour) मस्तिष्क में चोट लगने से भी उत्पन्न होता है। मस्तिष्कीय चोट के कारण मस्तिष्क में स्नायुविक परिवर्तन(neurolgical changes)तो स्पष्ट रूप से दिखलाई देते हैं परन्तु ऐसी परिस्थिति में व्यक्ति मनोवैज्ञानिक लक्षण (psychological symptoms) भी दिखलाता है और उसके व्यक्तित्व में परविर्तन स्पष्ट रूप से देखने को मिलता है। मस्तिष्कीय चोट (brain injury) के बाद व्यक्ति किस ढ़ंग का मनोवैज्ञानिक लक्षण (psychological symptoms) दिखलायेगा, यहा इस बात पर निर्भर करता है कि चोट मस्तिष्क के किस भाग में लगा है और वह कितना गंभीर (serious)

है। फिर भी मस्तिष्कीय चोट लगने पर प्राय: कुछ मनोवैज्ञानिक लक्षण (psychological symptoms) जैसे दोषपूर्ण स्मृति (defective memory), भ्रम (illusion), दृष्टि एवं श्रवण प्रत्यक्षण में गड़बड़ी, विकृति चिन्तन (disordered thinking), क्षीण चेतना (impaired consciousness) आदि निश्चित रूप से देखने को मिलता है। मस्तिष्कीय चोट गंभीर होने पर व्यक्ति गहरी भावशून्यता (deep stupor) की अवस्था में भी चला जाता है।

(2) संक्रामण *(Infection)*—संक्रामक रोग (infection disease) से भी मानसिक रोग उत्पन्न होते हैं। मनोवैज्ञानिकों एवं मनश्चिकित्सकों (psychiatists) का विचार है कि संक्रामक रोग के सूक्ष्म कीटाणु का असर तंत्रिका तंत्र (nervous system) पर सीधा पड़ता है और व्यक्ति में भिन्न-भिन्न तरह के असामान्य लक्षण (abnormal symptoms) उत्पन्न करते हैं। इस तरह के संक्रामक रोग में सबसे प्रमुख रोग है—मस्तिष्कीय उपदंश (brain syphilis)। स्पायरोकेट (spirochote) नामक जीव के शरीर में प्रवेश करने से उपदंश (syphilis) नामक बिमारी होती है। जब इसके जीवाणु मस्तिष्क या सुषुम्ना (spinal cord) को अपने शिकार बना लेते हैं, तो इससे उत्पन्न रोग को मस्तिष्कीय उपदंश (brain syphilis) या न्यूरोसिफिलिस (neurosyphilis) कहा जाता है। मस्तिष्कीय उपदंश के दैहिक लक्षण (physical symptom) तथा मानसिक लक्षण (mental symptom) दोनों ही देखने को मिलता है। दैहिक लक्षणों में बोलने में हकलााना एवं तुतलाना, लिखावट (handwriting) का अस्पष्ट हो जाना एवं हाथ-पैर की गति (movement) में समन्वय (coordination) का समाप्त हो जाना प्रमुख है। मानसिक लक्षण भी कई एक तरह के देखने को मिलता है। ऐसे व्यक्तियों में प्रमुख असामान्य मानसिक लक्षण (abnormal mental symptoms) स्मृति एवं निर्णय (judgment) का ह्रास (loss) होना पाया है। ऐसे लोग अपने विचार एवं व्यवहार में मौजूद विरोधाभास (contradiction) का प्रत्यक्षण नहीं कर पाते हैं। संवेगात्मक रूप से ऐसे व्यक्तियों का व्यवहार अस्थिर (unstable) एवं अपूर्वकथनीय (predictable) होता है। उनकी मानसिक अवस्था (mood) में अकारण उतार-चढ़ाव काफी होता है। क्षण भर में वे बहुत खुश एवं उत्साही दिखलाई पड़ने लगते हैं और दूसरे क्षण में वे दु:खी एवं मंदित (depressed) दिखलाई देने लगते हैं। मस्तिष्कीय उपदंश (brain syphilis) से ग्रसित व्यक्ति सामाजिक रीति-रिवाज एवं मानकों (norms) का अनादर करते हैं और उसके विपरीत व्यवहार करने में इन्हें तनिक भी हिचकिचाहट नहीं होती है। इस तरह हम देखते हैं कि संक्रामण (infection) भी मानसिक रोग का एक प्रमुख कारण है।

(3) मादकता *(Intoxication)*—यह सर्वविदित है कि मादकता का असर व्यक्ति के मानसिक कार्यों पर बुरा पड़ता है। आधुनिक नैदानिक मनोवैज्ञानिकों (clinical psychologists) एवं मनश्चिकित्सकों (psychiatrists) के अनुसार आजकल मद्यसार (alcohol) एक प्रमुख नशा है जिसका मानसिक कुप्रभाव स्पष्ट रूप से देखने को मिलता है। मद्यसार या शराब का असर यद्यपि शरीर के प्रत्येक उत्तक (tissue) पर होता है, फिर भी इसका प्रभाव केन्द्रीय तंत्रिका तंत्र (central nervous system) के उत्तकों पर सर्वाधिक होता है। मद्यपानता का प्रभाव दैहिक एवं मानसिक दोनों ही होता है। बोलचाल एवं दृष्टि में विकृति, स्नायविक समन्वय (neural coordination) में कमी, उच्च रक्तचाप, लकवा या पक्षाघात आदि प्रमुख है। मद्यपानता (alcoholism) के अलावा मादक औषधि निर्भरता या व्यसन (drug dependency or addiction) द्वारा व्यवहारों में असामान्यता उत्पन्न होते पायी गयी है। इन मादक या नशीली औषधियों में शक्तिशाली निद्राकारी (sedatives), अफीम (opium), कोकेन (cocaine), मारिजुआना (marijuana), एवं विभ्रान्ति उत्पादक (hallucinogen) आदि प्रमुख हैं। इन मादक औषधि पर अतिनिर्भरता होने पर व्यक्ति को मादक औषधि-व्यसनी (drug addicts) कहा जाता है। इस तरह की परिस्थिति उत्पन्न होने पर व्यक्ति में शारीरिक एवं मानसिक दोनों तरह के प्रभाव पड़ते हैं। प्राय: देखा गया है कि शक्तिशाली निद्राकारी (sedatives) का व्यसनी (addict) होने पर व्यक्ति में लम्बे समय तक सन्निपात (delirium) की अवस्था उत्पन्न हो जाती है। अफीम के व्यसनी होने पर दृष्टि प्रत्यक्षण (visual perception) में विकृति (disortions) उत्पन्न हो जाता है। कोकेन के व्यसनी होने पर शारीरिक संवेदनाओं (bodily sensations) में गड़बड़ी होती है मारिजुआना (marijuana) के व्यसनी होने पर व्यक्ति को समय प्रत्यक्षण (time perception) से सम्बन्धित विकृतियाँ उत्पन्न होतीं हैं तथा विभ्रान्ति उत्पादक (hallucigon) जैसे एल० एस० डी० (LSD) आदि से व्यक्ति में जटिल मानसिक समस्याएँ उत्पन्न होतीं हैं।

हाल के ही कुछ वर्षों में मद्यपानता (alcoholism) एवं मादक द्रव्य व्यसन (drug addiction) के अलावा कुछ ऐसे केसेज (cases) भी देखे गये हैं जिनमें व्यक्तित्व-सम्बन्धी विकृतियाँ (personality disorders) का कारण जहरीले

धातु (poison metal) को चाटना या चबाना है। इस संदर्भ में सीसक विषायण (lead-poisoning) विशेष रूप से उल्लेखनीय है। प्राय: देखा गया है कि छोटे-छोटे बच्चे खिलौने, खिड़की, दरवाजा तथा फर्नीचर आदि पर सीसक-आधारित रंगलेक (lead base point) को खेल-खेल में चाटते हैं। इस सीसक (lead) का प्रभाव केन्द्रीय तंत्रिका तन्त्र (central nervous system) पर बहुत ही हानिकारक (harmful) पड़ता है और उनमें असामान्यता के कुछ लक्षण जैसे चिड़चिड़ापन (irritation), पेट-दर्द (abdominal pain), शारीरिक संतुलन (bodily balance) की गड़बड़ी, अंगों में प्रकम्पन (convulsions), सुस्ती (lethargy) आदि विकसित हो जाती है।

(4) ह्रासी परिवर्तन *(Degenerative Changes)*—मस्तिष्कीय क्षति मॉडल में बुढ़ापा (old age) से उत्पन्न कारकों को भी असामान्यता का प्रमुख कारण बतलाया गया है। बुढ़ापा में शारीरिक एवं मानसिक शक्तियों का ह्रास (degeneration) होता है जिसके कारण तरह-तरह की समस्याएँ उठ खड़ी होतीं हैं। इस उम्र में व्यक्तियों की सहन क्षमता (tolerance capacity) तथा बीमारियों से अपने आप को बचाने की क्षमता (resistance capacity) दोनों ही कम हो जाती है। व्यक्ति में दृष्टि प्रत्यक्षण (visual perception) एवं श्रवण प्रत्यक्षण (auditory perception) से सम्बन्धित अनेक प्रकार की विकृतियाँ (distortions) उत्पन्न हो जातीं हैं तथा समायोजन-सम्बन्धी समस्याएँ (adjustment-related problems) भी व्यक्ति के व्यवहार को अपअनुकूलित (maladaptive) बना देती है।

ऊपर में वर्णन किये गये आंगिक क्षति (organic damage) के अलावा भी कुछ ऐसी परिस्थितियाँ (conditions) हैं जो व्यक्ति में असामान्य व्यवहार उत्पन्न करता है। इसमें 'स्ट्रोक' (stroke) या 'सेरिब्रोभसकुलर दुर्घटना' (cerebrovascular accident) तथा 'मस्तिष्कीय टियूमर' (brain tumor) या 'न्योप्लाज्म' (neoplasm) अधिक प्रमुख है। स्ट्रोक में मस्तिष्क की खून नलिका (blood vessel) फट जाती है जिनके कारण मस्तिष्क के सम्बन्धित भाग में खून नहीं पहुँच पाता और तब मस्तिष्क के उस भाग से नियंत्रित होने वाली क्रियाएँ नहीं हो पाती है जिससे व्यक्ति में असामान्यता उत्पन्न हो जाता है। ऊटपटांग चिन्तन (bizzare thinking) एवं भाषा-सम्बन्धी दोष, पक्षाघात या लकवा (paralysis) आदि सामान्यत: देखने को मिलता है। मस्तिष्कीय टियूमर में मस्तिष्क के किसी उत्तक (tissue) का असामान्य विकास (abnormal growth) होता है जिससे व्यक्ति में असामान्यता के बहुत सारे लक्षण उत्पन्न हो जाते हैं। इन लक्षणों में संभ्रांति (confusion), स्मृति दोष (memory impairment) अंगों में प्रकम्पन (convulsions) श्रवण एवं दृष्टि प्रत्यक्षण-सम्बन्धी दोष आदि प्रमुख है।

इस तरह से हम देखते हैं कि मस्तिष्कीय विकृतियों के द्वारा असामान्यता की व्याख्या आंगिक क्षति (organic damage) के कारण होता है। इस तरह के आंगिक क्षति का कारण कोई दुर्घटना (accident), मादकता (intoxication), संक्रामण (infection) तथा बुढ़ापा में होने वाले ह्रासी परिवर्तन आदि है।

5. तनाव मॉडल *(Stress Model)*—तनाव मॉडल द्वारा असामान्यता की व्याख्या तनाव (stress) जो एक शारीरिक अवस्था (bodily condition) होती है, के रूप में की गयी है। तनाव (stress) जैसी शारीरिक अवस्था की उत्पत्ति के कई कारण हो सकते हैं। इन कारणों को *स्ट्रेसर* (stressor) कहा जाता है। स्ट्रेसर दो तरह के हो सकते हैं—भौतिक (physical) तथा मनोसामाजिक (psychosocial)। अत्यधिक तीव्र आवाज (loud noise), तीव्र रोशनी (intense light), अत्यधिक कम या ऊँचा तापमान, अधिक आद्रता (high humidity), असामान्य वायुदाबिक *तनाव* (abnormal barometric pressure) आदि भौतिक स्ट्रेसर (physical stressor) के उदाहरण हैं जो व्यक्ति में तनाव (stress) उत्पन्न करते हैं तथा जिससे व्यक्ति में भिन्न-भिन्न तरह के असामान्य लक्षण (abnormal symptoms) भी विकसित हो जाते हैं। इन भौतिक स्ट्रेसरों के अलावा कुछ मनोसामाजिक स्ट्रेसर भी हैं। विभिन्न क्षेत्रों में असफलता (failure), अनिर्णयकता (indecision), मानसिक संघर्ष, निराशा या कुण्ठा (frustration), असुरक्षा की भावना, प्रतिष्ठित पदवी न मिलना, पाप या दोष की भावना (feeling of guilt) आदि प्रमुख मनोसामाजिक स्ट्रेसर (psychosocial stressors) हैं जो व्यक्ति में तनाव (stress) पैदा करते हैं और व्यक्ति की मानसिक स्थिति को जर्जर बना देते हैं।

असामान्य व्यवहार की व्याख्या करने में तनाव सिद्धान्त (stress throry) पर सबसे अधिक बल हंस सेली (Hans Selye) के शोधों (researches) द्वारा दिया गया है। इन्होंने 1952 में *सामान्य अनुकूलन संलक्षण* (general adaptations syndrome) का संप्रत्यय (concept) विकसित किया। इस संप्रत्यय के अनुसार किसी भी तनावपूर्ण परिस्थिति (sressful situation) के प्रति अनुक्रिया (response) दो कारकों पर निर्भर करता है। पहला कारक है

केन्द्रीय तंत्रिका तंत्र (central nevous system) विशेषकर हाइपोथैलमस (hypothalamus) की क्रियाशीलता (activation) तथा दूसरा कारक पीयूष ग्रन्थि (pituitary gland) से निकलने वाले हारमोन्स है। इन दोनों तरह के कारकों से व्यक्ति के शरीर में एक ऐसी स्थिति उत्पन्न होती है जिससे वह तनावपूर्ण परिस्थिति के साथ अनुकूलन (adaptation) करके एक रक्षात्मक अनुक्रिया (defensive reaction) करता है। सेली ने अपने प्रयोगात्मक अध्ययन के आधार पर यह बतलाया कि जब प्राणी को तनावपूर्ण परिस्थिति में लम्बे समय तक के लिए लगातार रखा जाता है, तो वह सामान्य अनुकूलन संरक्षण (general adaptation syndrome) के निम्नांकित तीन चरणों (steps) से होकर गुजरता है—

(i) प्रारंभिक चेतावनी प्रतिक्रिया की अवस्था *(Phase of initial alarm reaction)*—जो कि नाम से ही स्पष्ट है, इस अवस्था में व्यक्ति को चेतावनी मिल जाती है कि कुछ ऐसे भौतिक (physical) या मनोसामाजिक कारकों से वह घिर गया है जो उनके लिए चिन्ता का विषय है।

(ii) प्रतिरोध की अवस्था *(Resistance phase)*—इस अवस्था में व्यक्ति के शरीर के भीतर कुछ जैविक-रासायनिक परिवर्तन (bio-chemical changes) होते हैं जो मूलतः हाईपोथैलमस (hypothalamus), एड्रीनल ग्रन्थि (adrenal gland) एवं पीयूष ग्रन्थि (pituitary galnd) के क्रियाशील होने से उत्पन्न होता है। ऐसे परिवर्तनों का मूल उद्देश्य विभिन्न तरह के स्ट्रेसर (stressors) से उत्पन्न प्रभावों को दूर करना होता है। दूसरे शब्दों में, जैविक-रासायनिक परिवर्तनों द्वारा व्यक्ति एक तरह का रक्षात्मक प्रतिक्रिया (defensive reaction) करता है।

(iii) थकान की अवस्था *(Exhaustion phase)*—रक्षात्मक प्रतिक्रिया करने के बावजूद भी यदि तनाव की शारीरिक स्थिति व्यक्ति में बनी रहती है, तो वह एक तरह का थकान (exhaustion) अनुभव करता है और उसमें तरह-तरह के शारीरिक एवं मानसिक उपद्रव (bodily and mental distrubances) प्रारंभ हो जाते हैं। इस अवस्था में असामान्यता से स्पष्ट लक्षण दिखलाई पड़ने लगते हैं।

निष्कर्षतः यह कहा जा सकता है कि तनाव मॉडल (stress model) के अनुसार व्यक्ति में असामान्य व्यवहार एवं अपअनुकूलित व्यवहार (maladapted behaviour) का मूल कारण कुछ भौतिक (physical) एवं मनोसामाजिक (psychosocial) कारक होते हैं जो व्यक्ति में तनाव (stress) उत्पन्न करता है। पहले तो व्यक्ति इस तरह के तनाव से अपने शरीर में कुछ जैविक-रासायनिक परिवर्तन (bio-chemical changes) करके निबट लेना चाहता है। परन्तु ऐसा प्रयास के बावजूद भी यदि तनाव (stress) की शारीरिक स्थिति बनी रहती है, तो व्यक्ति में शारीरिक लक्षण (bodily symptoms) के अलावा कुछ मानसिक उपद्रव (mental distrubance) जैसे, अनिद्रा (insomnia), विभ्रम (hallucination), सांवेगिक अस्थिरता (emotional instability), अनिर्णयकता (indecison) आदि देखे जाते हैं।

मनोसामाजिक कारण
(Psychosocial Causes)

असामान्य व्यवहार के कुछ मनोसामाजिक कारण भी बतलाये गए हैं। मनोसामाजिक कारण से तात्पर्य वैसे विकासात्मक प्रभावों (developmental influences) से होता है जो व्यक्ति को मनोवैज्ञानिक रूप से इतना परेशान कर देता है कि व्यक्ति अपने सामाजिक वातावरण के साथ ठीक ढंग से अपने आप को समायोजित नहीं कर पाता है और इस तरह से धीरे-धीरे उसमें असामान्य व्यवहार उत्पन्न हो जाता है। प्रमुख ऐसे मनोसामाजिक कारक निम्नांकित हैं—

(क) संज्ञानात्मक कारक (Cognitive factors)
(ख) आरंभिक वंचन या आघात (Early deprivation or Trauma)
(ग) अपर्याप्त जनकता (Inadequate Parenting)
(घ) रोगात्मक पारिवारिक संरचना (Pathogenic Family Structures)
(च) कुसमायोजी साथी-संगी का सम्बन्ध (Maladaptive peer relationship)

(क) संज्ञानात्मक कारक *(Cognitive Factors)*—असामान्य व्यवहार की उत्पत्ति में कुछ संज्ञानात्मक कारकों की भूमिका की पहचान की गयी है। व्यक्ति अपने बारे में क्या सोचता है तथा अपने इर्द-गिर्द के वातावरण के प्रति क्या सोचता है तथा फिर इन दोनों के सम्बन्धों के बीच क्या सोचता है, से उसका व्यवहार प्रभावित होता है। इन सभी तरह

के सोच को सामान्यत: संज्ञानात्मक नक्शा (cognitive map) या स्कीमा (Schema) कहा जाता है। संज्ञानात्मक नक्शा का एक महत्त्वपूर्ण हिस्सा आत्म-पहचान (self-identify) है जिसमें व्यक्ति अपने-आप के बारे में एक विशेष तरह की प्रतिमा बनाकर रखता है तथा उसका अपना एक खास तरह का विश्वास एवं भाव होता है जो उसे अन्य व्यक्तियों से भिन्न करता है। संज्ञानात्मक नक्शा के कुछ पहलू ऐसे होते हैं, जो व्यक्ति को सख्त (rigid) बनाते हैं तथा जिन्हें अवैध (invalid) कहा जा सकता है। ऐसे ही पहलू व्यक्ति में असामान्य व्यवहार उत्पन्न करने में सार्थक भूमिका निभाते हैं। व्यक्ति का आत्मन् (self) में एक तरफ सूचनाओं को संसाधित करने तथा व्यवहार विकल्पों में से सही व्यवहार को चुनने के नियम संचित होते हैं तो दूसरे तरफ स्वयं आत्मन् उन नियमों का एक प्रतिफल (product) होता है। आत्मन् के इन दोनों पहलुओं में से किसी भी एक पहलू में कमी या विचलन (deviation) होने से व्यक्ति में असामान्य व्यवहार विकसित होता है। जैसे, यदि किसी व्यक्ति का सूचना-संसाधन नियम (information processing rules) अपने साथी-संगी के ऐसे नियमों से काफी भिन्न होता है, तो उस व्यक्ति की वास्तविकता (reality) उन लोगों से काफी भिन्न होगा और व्यक्ति में अलगाव (isolation), तिरस्कार, निराशा आदि विकसित होगा जो उसे विभिन्न तरह के मानसिक विकृतियों का शिकार बना देता है। ऐसी परिस्थिति में व्यक्ति में विशेषकर दुश्चिंता विकृति (anxiety disorder) विकसित होने की सम्भावना अधिक होती है। मिसकेल (Mischel, 1985) द्वारा किये गए अध्ययनों से यह भी स्पष्ट हुआ है कि जब व्यक्ति संज्ञानात्मक संगठन में उपयुक्त नियम तथा सिद्धान्त को किसी कारण से नहीं सीख पाता है, तो इससे भविष्य में उसमें मानसिक विकृति होने की सम्भावना अधिक तीव्र हो जाती है। मानसिक रूप से मंदित व्यक्तियों (mentally retarded children) के करीब 75% व्यक्ति जिनमें मानसिक विकृति या असामान्य व्यवहार होने की सम्भावना अधिक होती है, बौद्धिक रूप से दबे इसलिए होते हैं क्योंकि उनके मस्तिष्कीय उत्तक (brain tissues) दोषपूर्ण नहीं होते हैं बल्कि उनके तंत्रिकीय उत्तक (normal tissue) आधुनिक जिंदगी की जटिलताओं के साथ निबटने के लिए ठीक ढंग से कार्यक्रमित (programmed) नहीं होते हैं। इस स्तर पर असफल होने से व्यक्ति में उन कौशलों का विकास ठीक ढंग से नहीं हो पाता है जिनसे वह पर्यावरण के समायोजी माँगों (adjustive demands) को पूरा कर सके और उसमें मानसिक विकृति तब विकसित होने की प्रबल सम्भावना हो जाती है।

मिसकेल (Mischel, 1973) ने कुछ ऐसे अधिगम आधृत क्षेत्रों (learning-based areas) की पहचान किया है जिसे व्यक्ति अपने बाल्यावस्था में सीखता है और जो बाद में चलकर उनमें जिंदगी की माँगों के साथ समायोजन स्थापित करने का एक विशेष शैली (style) उत्पन्न कर देता है जो वयस्कावस्था में भी प्रभावी होता है। कुछ बच्चों में यह शैली तो काफी प्रशंसनीय होता है परंतु कुछ बच्चों में यह शैली निन्दनीय होता है। जब शैली निन्दनीय होता है और यह निन्दनीय शैली वयस्कावस्था में प्रभावी होता है, तो व्यक्ति अपनी जिंदगी की घटनाओं को विशेषकर नकारात्मक घटनाओं (जैसे, बीमारी, तलाक एवं वित्तीय कमी आदि) का मूल्यांकन ठीक ढंग से नहीं कर पाता है और उसमें मानसिक विकृति खासकर विषादी प्रवृत्तियाँ (depressive tendencies) विकसित हो जातीं हैं। ऐसा भी देखा गया है कि जब बच्चों में बहुत ज्यादा परस्परविरोधी अनुभूतियाँ होतीं हैं, तो उनमें कोई संगत संज्ञानात्मक नक्शा (coherent cognitive map) नहीं विकसित होता है और ऐसे बच्चों में बाद में बहुव्यक्तित्व विकृति(MultiplePersonality Disorder or MPD) विकसित हो जाता है।

स्पष्ट है कि व्यक्ति में संज्ञानात्मक कारकों के कारण कुछ असामान्य व्यवहार विकसित हो जाता है।

(ख) आरंभिक वंचन या आघात *(Early deprivation or trauma)*—जब बच्चों के व्यक्तित्व विकास के आरंभिक निर्माणावस्था (formative period) में किसी तरह की अपर्याप्तता या वंचन (deprivation) किसी कारण से हो जाता है या कुछ आघातक अनुभूतियाँ (traumatic experiences) होतीं हैं, तो इससे उनका व्यक्तित्व विकास सही ढंग से नहीं होता है तथा कई तरह के असामान्य व्यवहार उत्पन्न हो जाते हैं। वंचन तथा आघातक अनुभूतियों से सम्बंद्ध कारक निम्नांकित तीन है—

(1) **संस्थानीकरण** (institutionalization)

(2) **घर में वंचन** (deprivation in home)

(3) **बाल्यास्था की सदमा या मानसिक आघात** (childhood trauma)

इन सबों का वर्णन अग्रांकित है—

(1) संस्थानीकरण *(Institutionalization)*—संस्थानीकरण से तात्पर्य बच्चा का पालन-पोषण अपने घर में

रखकर माता-पिता द्वारा न करके उसे किसी संस्थान जैसे अनाथालय, आवासीय स्कूल आदि में रखकर अन्य व्यक्तियों द्वारा पालन-पोषण करने से होता है। प्रायः ऐसा देखा गया है कि इस तरह के संस्थान में अपने घर की अपेक्षा हार्दिकता (warmth) तथा दैहिक सम्पर्क की कमी होती है, सामाजिक तथा सांवेगिक उत्तेजनाएँ कम होतीं हैं, बौद्धिकरण (intellectualization) की भी कमी होती है तथा धनात्मक सीखना एवं पर्याप्त प्रोत्साहन की कमी होती है। प्रोभेंस एवं लिपटन (Provence & Lipton, 1962) ने एक अध्ययन किया जिसमें उन्होंने अपने परिवार में माता-पिता द्वारा पाले-पोषे गए बच्चों की तुलना वैसे बच्चों से किया जिनका पालन-पोषण किसी संस्थान में रखकर किया गया था। परिणाम में पाया गया कि मात्र एक साल की आयु में संस्थान में पाले-पोषे गए बच्चों में लोगों के साथ आसक्ति (attachment) दिखाने की पर्याप्त कमी पायी गयी। ऐसे बच्चों में मदद के लिए वयस्क के प्रति मुड़ने की प्रवृत्ति भी कम पायी गयी। इनमें आनन्दित होने की भाव की भी पर्याप्त कमी पायी गयी। इस तरह से इन बच्चों में संवेगात्मक उदासीनता (emotional apathy) का भाव पया गया । ऐसे बच्चों का भाषण (speech) एवं भाषा विकास भी काफी मंदित थी। अध्ययनकर्त्ता ने यह पूर्वकथन किया कि ऐसे संस्थानीकृत बच्चों में समायोजन संबंद्ध कठिनाइयाँ भविष्य में अधिक होती है। इस तरह के संस्थानीकरण (institutionalization) के दीर्घकालीन प्रभाव का अध्ययन वेरेस एवं ओवर्स (Beres & Obers, 1950) ने 38 किशोरों पर किया जिन्हें 3 सप्ताह या 3 साल की आयु में संस्थान (institution) में भर्त्ती किया गया था। 16 से 18 साल के बाद यह पाया गया कि उनमें से 4 मनोविक्षिप्त (psychosis) रोग से ग्रस्त थे, 21 में व्यक्तित्व या चारित्रक विकृति (character disorder) थे, 4 मानसिक रूप से मंदित (mentally retarded) थे तथा 2 स्नायुविकृत (neurotic) थे। केवल 7 ही ऐसे थे जिनमें संतोषजनक व्यक्तिगत समायोजन (satisfactory personal adjustment) थे। इस परिणाम के आधार पर इस सामान्य निष्कर्ष पर पहुँचा गया कि एक साल की आयु से कम के उम्र में भी भर्त्ती हुए बच्चों में वयस्क होने पर घनिष्ठ अंतर्वैयक्तिक सम्बन्ध विकसित करने की अक्षमता होती है तथा उनमें समाज-विरोधी व्यवहार (antisocial behaviour) की प्रवृत्ति अधिक होती है। अभी हाल में वर्नस्टीन (Burnstein, 1981) द्वारा किये अध्ययन से भी उक्त तथ्य की संपुष्टि हुई है। इन्होंने अपने अध्ययन में पाया कि परित्यक्त बच्चों (abandoned children) में मनोवैज्ञानिक क्षुब्धता या असामान्य व्यवहार उत्पन्न होने की संभावना अधिक होती है तथा उनमें आक्रमकता (aggressiveness), विद्रोहात्मक तथा आज्ञोल्लंघन (disobedience) की प्रवृत्ति अधिक होती है। ऐसी प्रवृत्तियों को ऐसे व्यक्ति संसार के प्रति अविश्वास का भाव विकसित करके बचाव करता है जो आगे चलकर कई तरह के मानसिक विकृतियों को जन्म देता है।

(2) घर में वंचन *(Deprivation in Home)*—कुछ ऐसे भाग्यहीन बच्चे होते हैं जिन्हें घर या परिवार से अलग करके तो पाला-पोषा नहीं जाता है परंतु घर पर होते हुए भी उन्हें अपने माता-पिता का स्नेह या प्यार उतना नहीं मिल पाता है जितना कि मिलना चाहिए था। ऐसी परिस्थिति में देखा गया है कि माता-पिता अपने बच्चों पर कई कारणों से कम ध्यान देते हैं या फिर उसे तिरस्कृत करते हैं। इस तरह के जनकीय वंचन (parental deprivation) बच्चों में आगे चलकर कई तरह के असामान्य व्यवहार उत्पन्न करते हैं। इस तरह के जनकीय वंचन की व्याख्या कई मनोसामाजिक विचारधाराओं (psychosocial viewpoints) से किया जा सकता है। जैसे, फ्रायड (Freud) के अनुसार इस तरह का वंचन से मनोलैंगिक विकास के मुखावस्था (real stage) में स्थिरीकरण (fixation) हो सकता है; इरिक्सन (Erikson) के अनुसार इस तरह का वंचन से व्यक्ति में मौलिक विश्वास (basic trust) के विकास में बाधा पहुँच सकता है; स्कीन्नर (Skinner) के अनुसार इस तरह के वंचन से पर्याप्त पुनर्बलन की कमी हो जाती है जिससे बच्चों में आवश्यक कौशल का विकास नहीं हो पाता है; रोजर्स (Rogers) के अनुसार इस तरह के वंचन से उसमें विकसित हो रहे आत्म-सिद्धि प्रवृत्ति (self-actualising tendency) में प्रतिरक्षात्मक तत्त्वों (defensive elements) का समावेश अधिक हो जाता है तथा सुल्लीभान (Sullivan) के अनुसार ऐसे बच्चों में अन्य लोगों के साथ घनिष्ठता तथा चिंतामुक्त स्नेह के विकास में बाधा पहुँचती है। इन सभी तरह के सैद्धान्तिक व्याख्या इस ओर इशारा करता है कि इस तरह के वंचन से बच्चों का विकास दोषपूर्ण हो जाता है तथा उसमें अपनुकूलित व्यवहार (maladaptive behaviour) की ओर उन्मुखता अधिक बढ़ जाएगी।

घर में जनकीय वंचन (parental deprivation) से उत्पन्न होने वाले असामान्य व्यवहारों का अध्ययन रिब्बल (Ribble, 1945) द्वारा आरंभ में किया गया। इन्होंने अपने अध्ययन में पाया कि जब माताएँ बच्चों को तिरस्कार एवं उदासीन (indifferent) व्यवहार अपने बच्चों के प्रति करतीं हैं तो उनमें बहुत कम उम्र में ही तनावग्रस्तता, एवं

नकारात्मक व्यवहार विकसित हो जाता है जिससे बाद में उनमें समाज-विरोधी व्यवहार (antisocial behaviour) विकसित होने की सम्भावना बढ़ जाती है। बुलार्ड (Bullard, 1967) ने भी अपने अध्ययन में पाया कि जनकीय स्नेह एवं प्यार से वंचित बच्चों में से करीब दो-तिहाई बच्चों में सांवेगिक विकृति, विकासात्मक दोष, मानसिक मन्दन (mental retardation) आदि का विकास होते पाया गया। पैटरसन (Patterson, 1979) ने अपने अध्ययन में पाया कि ऐसे बच्चे जिनके बाल्यावस्था में वंचन बहुत अधिक मात्रा में हुई थी, में बाद में आवेगशील व्यवहार (impulsive behaviour) अधिक पाया गया। उसी तरह प्रिंग्ल (Pringle, 1965) ने अपने अध्ययन में पाया कि ऐसे बच्चों में दूसरों को स्नेह देने और दूसरों से स्नेह पाने में काफी कठिनाई होते देखी गयी तथा एट्र्स (Yaters, 1981) ने तो अपने अध्ययन में यहाँ तक देखा कि ऐसे बच्चे दूसरों के साथ अर्थपूर्ण सम्बन्ध स्थापित करने में अपने को असमर्थ पाते हैं जो वयस्क आत्मस्नेही व्यक्तित्व (adult narcissistic personality) का एक प्रमुख शीलगुण बतलाया गया है। जनकीय वंचन से अन्य असामान्य व्यवहार जो उत्पन्न होते हैं, उनमें अत्यधिक डर, घर से भाग जाना तथा बौद्धिक ह्रास आदि प्रमुख हैं।

(3) बाल्यावस्था की सदमा या मानसिक आघात(*Childhood trauma*)—बाल्यावस्था में जब बच्चों को सदमापूर्ण अनुभूतियाँ होती हैं जैसे, माता या पिता की मृत्यु, या अन्य अप्रत्याशित लैंगिक अनुभव तो इससे उसका व्यक्तित्व विकास कुप्रभावित हो जाता है तथा उसमें जीवन की समायोजी माँगों (adjustive demands) से निपटने की क्षमता का ह्रास हो जाता है और तब उसमें असामान्य व्यवहार तेजी से उत्पन्न होता है। इस तरह के सदमा जिनसे बच्चों में मनोवैज्ञानिक क्षुब्धता (psychological disturbances) उत्पन्न होती है, उसे 'मानसिक आघात या सदमा' (psychic trauma) कहा जाता है। बच्चों में मानसिक सदमा का बार-बार होने से उनमें असामान्य व्यवहार का विकास हो जाता है। वारनेस एवं प्रोजेन (Barrnes & Projen, 1985) ने अपने अध्ययन के आधार पर इस तथ्य का समर्थन किया है। ओवेन्स (Ovens, 1989) ने भी अपने अध्ययन के आधार पर इस तथ्य का समर्थन किया है। ऐसे बच्चों में दूसरों पर विश्वास नहीं विकसित हो पाता है और उनमें व्यामोही विकृतियाँ (delusional disorders) तेजी से विकसित हो जातीं हैं।

स्पष्ट हुआ कि आरंभिक वंचन या आघात से व्यक्ति में कई तरह के असामान्य व्यवहार की उत्पत्ति होती है।

(ग) अपर्याप्त जनकता (*Inadequate Parenting*)—अनेकों अध्ययन से यह स्पष्ट हुआ है कि माता-पिता के साथ बच्चों का किया गया अंत:क्रिया (interaction) जब मनोवैज्ञानिक दृष्टिकोण से अपर्याप्त (inadequate) होता है, तो इससे उनके बच्चों का व्यक्तित्व विकास कुप्रभावित हो जाता है और उनमें असामान्य व्यवहार उत्पन्न होने की सम्भावना काफी तीव्र हो जाती है। मनोवैज्ञानिकों ने ऐसे कई अपर्याप्त पैटर्न (inadequente pattern) की पहचान किया है जिनमें अग्रांकित प्रमुख हैं—

(1) अतिसुरक्षा (overprotection)
(2) अत्यधिक बंधन (excessive restriction)
(3) अवास्तविक माँग (unrealistic demands)
(4) अतिअनुमतिबोधकता (overpermissiveness)
(5) दोषपूर्ण अनुशासन (faulty discipline)
(6) अपर्याप्त एवं अतार्किक संचार (inadequate and irrational communication)
(7) आसक्ति (attachment)

इन सबों का वर्णन निम्नांकित हैं—

(1) अतिसुरक्षा (*Overprotection*)—अतिसुरक्षा से तात्पर्य माता-पिता द्वारा बच्चों की क्रियाओं को इस ढंग से मॉनीटर करने से होता है कि बच्चों द्वारा किये जाने वाले कार्यों को उन्हें न करने देकर माता-पिता खुद करके उन्हें एक तरह से कार्य करने के उत्तरदायित्व से सुरक्षा प्रदान करते हैं। इस तरह से माता-पिता बच्चों को उत्तरदायित्व के हर तरह के खतरा (danger) से उन्हें सुरक्षा प्रदान करते हैं। कई अध्ययनों में देखा गया है कि जब माता-पिता बच्चों को अतिसुरक्षा प्रदान करते हैं, तो इससे उनका सामान्य व्यक्तित्व विकास दोषपूर्ण हो जाता है और उनमें असामान्य प्रवृत्तियाँ (abnormal tendencies) विकसित हो जातीं हैं। जैसे, जेनकिन्स (Jenkins, 1968) ने अपने अध्ययन में पाया कि अनेक अतिचिंतित किशोरों की माताएँ अतिसुरक्षा प्रदान करने वाली थीं। उसी तरह से पोजनानस्की (Poznanski, 1973) ने अपने अध्ययन में पाया अतिसुरक्षा प्रदान करने वाली माताओं पर बच्चे यदि काफी निर्भर रहते हैं तो उनमें

दुर्भीति (phobia) जैसी मानसिक विकृति विकसित हो जाती है। उसी तरह से रौफ एवं नाईट (Roff & Knight, 1981) ने मध्य-आयु पुरुषों (middle-aged persons) के एक अनुदैर्ध्य अध्ययन (longitudinal study) में पाया कि इस समूह के अधिकतर मनोविदाली रोगियों के माताओं में अतिचिंता एवं अतिसुरक्षा की मनोवृत्ति की प्रबलता थी। कुछ ऐसे व्यक्तियों के माता और पिता दोनों में ही ऐसी मनोवृत्ति की तीव्रता पायी गयी।

सच्चाई यह है कि माता या पिता द्वारा दिखलाया गया ऐसा अतिसुरक्षा व्यवहार का आशय यह होता है कि माता-पिता की नजरों में बच्चा कमजोर तथा दिन-प्रतिदिन की समस्याओं से ठीक ढग से नहीं निबटने वाला होता है। बच्चा इन सबों को धीरे-धीरे अपने आत्म-पहचान (self-identity) में एक तरह सम्मिलित कर लेता है जिससे उनकी समायोजी शक्तियाँ (adjustive capacities) कमजोर पड़ जातीं हैं और वह मानसिक विकृति का शिकार हो जाता है।

(2) अत्यधिक बंधन *(Excessive Restriction)*—पालन-पोषण के दौरान माता-पिता द्वारा बच्चों में कुछ खास तरह के नियमों को पालन करवाने के लए कुछ दबाव भी डाला जाता है। इस तरह के जनकीय दबाव या बंधन से जबकि एक ओर बच्चों में उत्तम ढंग से नियंत्रित एवं सामाजीकृत व्यवहार करने की प्रेरणा मिलती है तो दूसरी ओर उनमें डर, निर्भरता (dependency), दब्बूपना, दमित विद्वेष (repressed hostility) तथा बौद्धिक क्षमता में ह्रास आदि पाये जाते हैं। इस तथ्य का समर्थन वामरिंड (Baumrind, 1971) द्वारा अपने अध्ययन से किया गया है। मेगारगी (Megargee, 1966) ने अपने अध्ययन में पाया कि जब बच्चों को आक्रमकता की अभिव्यक्ति के उपयुक्त प्रारूप पर भी माता-पिता द्वारा बंधन लगा दिया जाता है तो ऐसे बच्चों में आवेगशील (impulsive) व्यवहार की उत्पत्ति अधिक होती है।

(3) अवास्तविक माँग *(Unrealistic Demands)*—कभी-कभी माता-पिता बच्चों के सामने अवास्तविक प्रत्याशा (unrealistic expectation) तथा माँग (demand) रखते हैं। ये प्रत्याशाएँ एवं माँग या तो बहुत अधिक ऊँचे होते हैं, या बहुत नीचा होता है या विकृत (distorted) एवं सख्त (rigid) होते हैं। इन सबों का परिणाम यह होता है कि बच्चों में हीनता (inferiority) तथा अपर्याप्तता (inadequacy) का भाव विकसित हो जाता है जो उनमें मानसिक विकृति उत्पन्न करने का रास्ता प्रशस्त कर देता है। अक्सर देखा गया है कि कुछ माता-पिता बच्चों की वास्तविक क्षमता की अनदेखी करके उसके सामने श्रेष्ठता का एक ऐसा मानक (standard) रख देते हैं, जिसे बच्चा कभी भी प्राप्त नहीं कर सकता है। जैसे, एक अति साधारण छात्र से यदि उसके माता-पिता यह कहते हैं कि तुम्हें अभियंता या डाक्टर बनना ही है, तो ऐसे बच्चों में अन्ततोगत्वा निराशा, कुंठा, हीनता तथा अपर्याप्तता का भाव विकसित हो जाता है क्योंकि उन्हें इनसे सम्बद्ध परीक्षाओं में सतत असफलता ही हाथ लगता है। इस तरह की नकारात्मक प्रवृत्तियाँ उनमें मानसिक विकृति उत्पन्न कर देतीं हैं जिनका समर्थन कूपरस्मीथ (Coopersmith, 1967) तथा कोसवाय (Cosby, 1989) द्वारा अपने अध्ययनों के आधार पर किया गया है। कुछ माता-पिता ऐसे होते हैं जिन्हें अपने बच्चों के क्रियाकलापों के बारे में तबतक सुधि नहीं होती है जब तक कि स्वयं बच्चे उनसे कुछ न कहे हों। कूपरस्मीथ (Coopersmith, 1967) के अनुसार ऐसे बच्चों की उपलब्धि एवं आत्म-सम्मान (self-esteem) स्तर काफी निम्न होता है जो उन्हें धीरे-धीरे एक नकारात्मक आत्म-संप्रत्यय (self-concept) विकसित करने के लिए बाध्य कर देता है जिससे भविष्य में मानसिक विकृति उत्पन्न होने की सम्भावना अधिक बढ़ जाती है।

(4) अतिअनुमतिबोधकता *(overpermissiveness)*—कभी माता या पिता या दोनों ही बच्चों की छोटी-सी-छोटी या साधारण-से-साधारण इच्छा की पूर्त्ति के लिए काफी सजग रहते हैं। इस अवस्था को मनोवैज्ञानिकों ने *अतिअनुमतिबोधकता* (overpermissiveness) की संज्ञा दिया है। ऐसी अवस्था में माता-पिता बच्चों के प्रत्येक साधारण इच्छा की भी पूर्त्ति करने का तो प्रयास अवश्य करते हैं परंतु उन्हें उचित एंव वांछनीय व्यवहार को सीखलाने पर ध्यान न के बराबर देते हैं। इसका परिणाम यह होता है कि बच्चे माता-पिता के इस कमजोरी का शोषण करते हैं और अपने आप में तरह-तरह के नकारात्मक प्रवृत्तियाँ विकसित कर लेते हैं। अध्ययनों से यह भी पता चला है कि अतिअनुमतिबोधक बच्चे प्राय: स्वार्थी, दुष्ट, असहयोगी एवं अपनी बात को हर हालत में मनवाने वाले होते हैं। सीयर्स (Sears, 1961) ने एक अध्ययन में यह पाया है कि यदि घर में माता-पिता की ओर से उदारता अधिक होती है एवं बच्चों में अनुशासन की कमी होती है तो आगे चलकर ऐसे बच्चों में समाज-विरोधी व्यवहार की प्रवृत्ति अधिक तीव्र हो जाती है। वामरिंड (Baumrind, 1975) के अनुसार ऐसे बच्चे अधिकारियों के प्रति अधिक विद्रोहात्मक व्यवहार दिखाते हैं क्योंकि इनका काम करवाने का अपना विशेष ढंग होता है। ऐसे बच्चे किसी के साथ अंतर्वैयक्तिक सम्बन्ध

(interpersonal relationship) तो जल्दी विकसित कर लेते हैं परंतु वे ऐसे लोगों को ठीक उसी ढंग से शोषण करना प्रारंभ कर देते हैं जिस ढंग से वे घर पर अपने माता-पिता का करते थे। परंतु इसमें उन्हें उतनी सफलता नहीं मिल पाती है जिससे उनमें असंतोष एवं कुंठा विकसित हो जाता है जो उनके व्यवहार को और भी कुसमायोजित (maladjusted) बना देता है।

(5) दोषपूर्ण अनुशासन *(Faulty Discipline)*—घर में माता-पिता द्वारा बच्चों को अनुशासित करने में कभी-कभी असंगत व्यवहार दिखलाये जाते हैं। एक ही तरह के व्यवहार दिखाने पर एक दिन उसे माता-पिता से दंड मिलता है तो दूसरे दिन वही व्यवहार दिखाने के लिए माता-पिता से उन्हें पुरस्कार मिलता है। ऐसी परिस्थिति में बच्चे यह नहीं सीख पाते हैं कि उपयुक्त व्यवहार (appropriate behaviour) क्या है ? इस तरह के दोषपूर्ण अनुशासन बच्चों में आक्रमकता (aggressiveness) तथा अदयालुता उत्पन्न कर देता है और उनमें फिर विभिन्न तरह के असामान्य व्यवहार उत्पन्न करते हैं। वामरिंड (Baumrind, 1975) के अध्ययन के अनुसार यदि माता-पिता द्वारा काफी सख्त अनुशासन का पालन किया जाता है, तो इसके बहुत ही हानिकारक प्रभाव उत्पन्न होते हैं। ऐसे बच्चों में दूसरों में विश्वास की कमी, डर, माता-पिता के प्रति घृणा एवं पहल करने की कमी आदि का विकास हो जाता है। जब ऐसे बच्चों की सख्त नैतिक मानक का भी पालन करना पड़ता है, तो इनमें आत्म-दंड (self-punishment) का दोष भाव उत्पन्न हो जाता है और प्रत्येक वास्तविक या काल्पनिक कार्य के लिए अपने आप को वे दंडित करने लगते हैं। परिणामत: इनका आत्म-संप्रत्यय (self-concept) नकारात्मक हो जाता है और उनमें तरह-तरह के असामान्य व्यवहार उत्पन्न कर देते हैं।

(6) अपर्याप्त एवं अतार्किक संचार *(Inadquate and irrational communication)*—कभी-कभी घरेलू वातावरण ऐसा होता है जिसमें बच्चे यदि कोई प्रश्न माता-पिता या परिवार के अन्य वरिष्ठ सदस्यों से करते हैं, तो बच्चों को डाँट दिया जाता है और बच्चे चुप रह जाते हैं। यह अपर्याप्त संचार का एक नमूना हुआ। कभी-कभी ऐसा होता है कि बच्चों के प्रश्न का उत्तर तो माता-पिता देते हैं परंतु बच्चों को उनमें कोई तर्कसंगत अर्थ नहीं दिखता है (शायद इसलिए कि माता-पिता का उत्तर ही ऐसा होता है)। यह अतार्किक संचार का उदाहरण हुआ। अपर्याप्त संचार तथा अतार्किक संचार दोनों ही दोषपूर्ण संचार (faulty communication) के उदाहरण हैं। अध्ययनों से यह स्पष्ट हुआ है कि दोषपूर्ण संचार अधिकतर निम्न सामाजिक-आर्थिक स्तर के परिवार में अधिक होता है परंतु यह मध्य एवं उच्च सामाजिक-आर्थिक स्तर वाले परिवार में भी पाया जाता है। इस तरह के दोषपूर्ण संचार का परिणाम यह होता है कि बच्चों में आवश्यक कौशलों एवं क्षमताओं का विकास मंदित हो जाता है और उनमें कुसमायोजी व्यवहार के पनपने की सम्भावना तीव्र हो जाती है। कारसन एवं सानीस्लो (Carson & Sanisllow, 1992) तथा गोल्डस्टीन एवं स्ट्रैकेन (Goldstein & Strachan, 1987) के अध्ययन के अनुसार अधिकतर मनोविदाली रोगियों (schizophrenic patients) के परिवारों में इसी तरह का दोषपूर्ण संचार पाया जाता है। परंतु इससे यह स्पष्ट नहीं हो पाया है कि क्या दोषपूर्ण संचार से मनोविदालिता का रोग होता है या सिर्फ इन दोनों में केवल सहसम्बन्ध (correlation) है। परंतु इतना तो स्पष्ट है कि इस तरह का संचार व्यक्ति में नकारात्मक प्रवृत्ति (negative tendencies) को जन्म देकर उसमें असामान्य व्यवहार की उत्पत्ति का बीज बोता है।

(7) आसक्ति सिद्धान्त *(Attachment theory)*—असामान्य व्यवहार की उत्त्पत्ति का एक कारण आसक्ति (attachment) माना गया है। इस सिद्धान्त के प्रबल समर्थक बालवाय (Bowlby, 1982) हैं जिन्होंने यह बतलाया कि बच्चे अपने माता-पिता या जो उन्हें पालते-पोषते हैं, के साथ घनिष्ठ आसक्ति विकसित कर लेते हैं। जब यह आसक्ति सामान्य न होकर चिंता उत्पन्न करने वाला होता है जो तब होता है जब उसके माता-पिता उसके साथ असंगत (inconsistent) एवं असहयोगपूर्ण व्यवहार करते हैं, तो बच्चों में अविश्वास तथा कुंठा की उत्पत्ति होती है जो फिर उनमें कई तरह के असामान्य व्यवहार उत्पन्न कर देता है। एनेसवर्थ (Ainsworth, 1988) के अध्ययन के अनुसार चिंता उत्पन्न करने वाला आसक्ति होने पर बच्चों में निर्भरता एवं तिरस्कृत किये जाने का भी भाव उत्पन्न होता है जो उनमें बाद में समाज-विरोधी व्यवहार करने के लिए प्रेरणा देता है।

स्पष्ट हुआ कि अपर्याप्त जनकता (inadequate parenting) के कारण बच्चों का सम्पूर्ण स्वस्थकर व्यक्तित्व का विकास नहीं होता है और उसमें कई तरह के असामान्य व्यवहार के बीज बो दिये जाते हैं।

(घ) रोगात्मक पारिवारिक संरचना व्यवहार *(Pathogenic Family Struture)*—रोगात्मक पारिवारिक संरचना

का भी प्रभाव असामान्य व्यवहार की उत्पत्ति पर काफी पड़ते देखा गया है। रोगात्मक पारिवारिक संरचना से तात्पर्य वैसे पारिवारिक संरचना से होता है जिसमें कई तरह के पारिवारिक क्षुब्धता (family disturbances) इतनी अधिक मात्रा में होती है कि उससे परिवार के सदस्यों का सामान्य समायोजन (adjustment) बुरी तरह प्रभावित हो जाता है और व्यक्ति असामान्य व्यवहार से ग्रसित हो जाता है। विभिन्न अध्ययनों के आलोक में यह कहा जा सकता है कि निम्नांकित तीन तरह की पारिवारिक संरचना को रोगात्मक कहा गया है क्योंकि उनसे व्यक्ति में असामान्य व्यवहार की उत्पत्ति सीधे होने की सम्भावना काफी तीव्र हो जाती है—

(1) बेमेल परिवार (discordant family)
(2) विक्षुब्ध परिवार (disturbed family)
(3) विघटित परिवार (disrupted family)

इन तीनों तरह के परिवारों तथा उनका असामान्य व्यवहार पर पड़ने वाले प्रभावों का वर्णन निम्नांकित है—

(1) बेमेल परिवार *(Discordant Family)*—बेमेल परिवार वैसे परिवार को कहा जाता है जिसमें माता-पिता में से कोई एक या दोनों को ही एक-दूसरे से कोई संतुष्टि नहीं रह जाती है। उनमें अक्सर वाद-विवाद होते रहता है तथा पारिवारिक समस्याओं पर उनके विचार भिन्न ही नहीं बल्कि एक-दूसरे के कट्टर विरोधी होते हैं। इन लोगों में मूल्यों (values) से सम्बद्ध अंतर भी काफी होते हैं और उनमें एक-दूसरे के प्रति आक्रमकता अधिक होती हैं। ये लोग एक-दूसरे को जान-बूझकर चिढ़ाते हैं या तंग करते हैं जिससे उनमें कुंठा अधिक उत्पन्न हो जाता है। कारसन एवं बुचर (Carson & Butcher, 1992) के अनुसार ऐसे दोषपूर्ण पारिवारिक सम्बन्ध का प्रभाव उस परिवार के वयस्क एवं बच्चों पर काफी पड़ता है और उनमें समाज-विरोधी प्रवृत्तियों विकास होने की सम्भावना तीव्र हो जाती है।

(2) विक्षुब्ध परिवार *(Disturbed Family)*—विक्षुब्ध परिवार वैसे परिवार को कहा जाता है जिसमें माता-पिता में से एक या दोनों इतना सनकी या झक्की तथा असामान्य ढंग से व्यवहार करते हैं कि वे पूरे घर में सतत सांवेगिक अशांति की स्थिति पैदा कर देते हैं। ऐसे परिवार की निम्नांकित तीन विशेषताएँ होती है—

(i) ऐसे परिवार के माता-पिता अपने-अपने संतुलन बनाये रखने में हमेशा एक-दूसरे से लड़ते-झगड़ते रहते हैं जिसका परिणाम यह होता है कि ऐसे माता-पिता अपने बच्चों को पर्याप्त स्नेह या प्यार नहीं दे पाते हैं।

(ii) ऐसे परिवार के माता-पिता में अतार्किक संचार अधिक होता है जिसके कारण वे बच्चों के सामने एक दोषपूर्ण मॉडल बनकर सामने आते हैं।

(iii) ऐसे परिवार के बच्चों को माता-पिता के सांवेगिक संघर्ष (emotional conflict) में अपने आप को अधिक उलझाकर रखना पड़ता है।

कौक्स एवं कौक्स (Cox & Cox, 1997) द्वारा किये गए अध्ययनों से यह स्पष्ट हुआ है कि विक्षुब्ध परिवार के बच्चों में विषादी प्रवृत्तियाँ (depressive tendencies) का विकास तेजी से होता है।

लिड्ज तथा उनके सहयोगियों (Lidz. et. al. 1955) ने दो अन्य तरह के पारिवारिक संरचना (family structure) जो बहुत हद तक बेमेल परिवार तथा विक्षुब्ध परिवार से मिलता-जुलता है, अध्ययन किया है—वैवाहिक विच्छिन्न परिवार (marital schism family) तथा वैवाहिक वैषम्य परिवार (marital skew family)। वैवाहिक विच्छिन्न परिवार वैसे परिवार को कहा जाता है जिसमें पति तथा पत्नी दोनों ही कई कारणों से बहुत तीव्र मानसिक संघर्ष से जूझते रहते हैं। अत: यह बेमेल परिवार के सदृश होता है। वैवाहिक वैषम्य परिवार वैसे परविार को कहा जाता है जिसमें पति तथा पत्नी दोनों ही कुछ अनोखा विश्वास तथा व्यवहार बार-बार करके अपने बीच होनेवाले खुलमखुल्ला संघर्ष से बचते रहते हैं। अत: इसकी समानता विक्षुब्ध परिवार से अधिक है। लिड्ज ने ही अपने अध्ययन में पाया कि ऐसे परिवारों के सदस्यों में मनोविदालिता (schizophrenia) विकसित होने की सम्भावना अधिक होती है।

(3) विघटित परिवार *(Disrupted Family)*—विघटित परिवार से भी कई तरह के असामान्य व्यवहार की उत्पत्ति होती है। विघटित परिवार वैसे परिवार को कहा जाता है जो कई कारणों जैसे मृत्यु, सम्बन्ध-विच्छेद (divorce) अलगाव (separation) तथा अन्य समान कारणों से अधूरा रहता है। ऐसे आधे-अधूरे परिवार के बच्चों को कोई स्नेह-प्यार देने वाला नहीं रह जाता है जिससे ऐसे बच्चों का व्यक्तित्व विकास भी अधूरा ही रह जाता है और फिर उनमें समायोजन से सम्बद्ध कठिनाइयाँ उत्पन्न हो जाती हैं जो धीरे-धीरे उनके व्यवहार को असामान्य बल देता है। माता या

पिता या दोनों के असमय मृत्यु हो जाने से बच्चों में समायोजन सम्बद्ध कठिनाइयाँ अधिक होतीं हैं। शायद बहुत कम ही बच्चें इससे उत्पन्न मानसिक आघात के सदमे को झेलकर अपने आप को एक समायोजित व्यक्तित्व के रूप में विकसित कर पाते हैं। हेथरिंगटन, कौक्स एवं कौक्स (Hetherington, Cox & Cox, 1988) के अध्ययन के अनुसार माता की तुलना में पिता की अनुपस्थिति से बच्चों में असामान्यता अधिक उत्पन्न होता है। माता-पिता का सम्बन्ध-विच्छेद (divorce) होने से बच्चों में असुरक्षा (insecurity) तथा तिरस्कार (rejection) का भाव अधिक विकसित हो जाता है जो उन्हें धीरे-धीरे असामान्य व्यवहार करने की ओर प्रेरित करने लगता है। वालरस्टीन (Wallerstein, 1984) द्वारा किये गए अध्ययनों से इस तथ्य की संपुष्टि हुई है। रूट्टर (Rutter, 1981) ने अपने अध्ययन में पाया कि सम्बन्ध विच्छेदित माता-पिता या दोनों में अलगाव (separation) की स्थिति होने से बच्चों में अपराधिक प्रवृत्ति (delinquency tendency) अधिक बढ़ जाती है।

(च) कुसमायोजी साथी-संगी का सम्बन्ध *(Maladaptive peer relationship)*—जब बच्चों या वयस्कों को बुरे या कुसमायोजी साथी-संगी मिल जाते हैं, तो उससे भी उसका व्यवहार काफी प्रभावित होता है। सामान्यत: ऐसे साथी-संगी का उनके व्यवहार पर इस ढंग का प्रभाव पड़ता है कि उसमें असामान्यता (abnormality) आ जाता है। कोई (Coie, 1990) द्वारा किये गए अध्ययन से यह स्पष्ट हुआ है कि जब बच्चों या किशोरों को अपने हमजोलियों के बीच लोकप्रियता न मिलकर कुछ कारणों से तिरस्कार मिलता है, तो इससे उनमें सामाजिक विलगाव (social isolation) उत्पन्न होता है जिसके प्राय: गंभीर परिणाम होते हैं जिसमें से एक प्रमुख प्रभाव यह होता है कि ऐसे बच्चे या किशोर सामाजिक व्यवहार के अन्य नियमों को नहीं सीख पाते हैं। इसका परिणाम यह होता है कि ऐसे बच्चों को आवृत्तीय सामाजिक असफलता (repeated social failure) प्राप्त होती है जो उनके आत्म-विश्वास तथा आत्म-सम्मान की कड़ी को तोड़कर कर उनमें असामान्यता की बीज बो देता है। इस तथ्य का समर्थन डोज (Dodge, 1983), पुटाल्लाज एवं गौट्टमैन (Putallaz & Gottman, 1983) आदि के भी अध्ययनों से हुआ है। अभी हाल में कुपरस्मीडट, कोई तथा डोज (Kupersmidt, Coie & Dodge, 1990) ने एक शोध सर्वे किया जिसमें बाल्यावस्था में साथी-संगी से संबद्ध सामाजिक समस्याओं का सहसम्बन्ध वयस्कावस्था के कुसमायोजी विकृतियों (maladaptive disorder) विशेषकर मनोविदालिता (schizophrenia), स्कूल या कॉलेज छोड़ना (School or college drop out), अपराध आदि से अधिक पाया गया है। जबकि यह सत्य है कि इस तरह के सहसम्बन्धी आँकड़ों के आधार पर कोई कारण-परिणाम प्रभाव का तो अनुमान नहीं लगाया जा सकता है परंतु इतना तो स्पष्ट है कि यह कारणत्व कड़ी (causal chain) की ओर इशारा तो करता है।

स्पष्ट हुआ कि कई तरह के मनोवैज्ञानिक कारक हैं जिनके कारण व्यक्ति में मानसिक विकृति (mental disorder) उत्पन्न होता है। इन कारकों में आरंभिक वंचन, अपर्याप्त जनकता (inadequate parenting) तथा रोगात्मक पारिवारिक संरचना (pathological family structure) तुलनात्मक रूप से अधिक महत्त्वपूर्ण कारक हैं।

सामाजिक-सांस्कृतिक कारण
(Socio-Cultural Causes)

असामान्य व्यवहार के कुछ सामाजिक एवं सांस्कृतिक कारण बतलाये गए हैं। ऐसा देखा गया है कि विभिन्न सांस्कृतिक समूहों के अलग-अलग मानक (norms), मूल्य एवं व्यवहार होते हैं जिनका मानव व्यवहार पर सीधा प्रभाव पड़ता है। असामान्य व्यवहार की उत्पत्ति का कारण ऐसे मूल्यों एवं मानकों को भी बतलाया गया है। इस क्षेत्र में किये गए अध्ययनों से यह स्पष्ट हुआ है कि निम्नांकित सामाजिक-सांस्कृतिक कारणों का असामान्य व्यवहार की उत्पत्ति से सीधा सम्बन्ध होता है—

(1) निम्न सामाजिक-आर्थिक स्तर (lower socio-economic stetus)
(2) अनुपयुक्त सामाजिक भूमिका (inappriopriate social roles)
(3) आर्थिक कठिनाइयाँ एवं बेरोजगारी (economic difficulties and unemployment)
(4) सामाजिक सम्बन्ध (social relationship)
(5) सामाजिक-सांस्कृतिक वातावरण (socio-cultural environment)
(6) वैवाहिक समस्याएँ (marital problems)
(7) यौन भूमिका (gender roles)

इन सबों का वर्णन निम्नांकित है–

1. निम्न सामाजिक-आर्थिक स्तर *(Lower Socio-Economic Status)*—सामाजिक-आर्थिक स्तर का प्रभाव असामान्य व्यवहार की उत्पत्ति पर पड़ता है। सामान्यतः सामाजिक-आर्थिक स्तर तथा असामान्य व्यवहार में नकारात्मक सहसम्बन्ध होता है। इस तथ्य की संपुष्टि इरोन तथा पेटरसन (Eron & Peterson, 9182) के अध्ययन से हुआ है जिसमें यह पाया गया है कि सामाजिक-आर्थिक स्तर निम्न होने से असामान्य व्यवहार की उत्पत्ति की सम्भावना अधिक हो जाती है। जैसे, मनोविदालिता (schizophrenia) जैसी मानसिक विकृति सामाजिक वर्ग (social class) से प्रतिलोमतः (inversely) सम्बन्धित होता है। इसका मतलब यह हुआ कि निम्न सामाजिक वर्ग में इस विकृति के होने की सम्भावना अधिक होती है। परंतु जैसे-जैसे सामाजिक वर्ग का स्तर ऊपर जाता है, वैसे-वैसे मनोविदालिता की सम्भावना कमते जाती है। उसी तरह मनोदशा विकृति (mood disorder) का सम्बन्ध उच्च सामाजिक-आर्थिक वर्ग से अधिक होता है अर्थात् इसमें मनोदशा विकृति के होने की संभावना प्रबल होती है। कोहन (Kohan, 1973) तथा जिम्बार्डो (Zimbardo, 1993) के अनुसार निम्न सामाजिक-आर्थिक स्तर के परिवारों में उच्च सामाजिक-आर्थिक स्तर के परिवारों की अपेक्षा गंभीर तनाव उत्पन्न करने वाले कारक एवं परिस्थितियाँ अधिक होती हैं और ऐसे वातावरण में पले बच्चों में आवश्यक समायोजी कौशल (essential adjustive skills) नहीं विकसित हो पाता है जिसका परिणाम यह होता है कि वे समाज की नयी-नयी परिस्थितियों का ठीक ढंग से सामना नहीं कर पाते हैं और कुसमायोजित (maladjusted) होकर तरह-तरह के असामान्य व्यवहार दिखाने लगते हैं।

2. अनुपयुक्त सामाजिक भूमिका *(Inappropriate Social Roles)*—कभी-कभी कुछ ऐसी सामाजिक भूमिका ही व्यक्ति को करना पड़ता है जो बाद में चलकर उसके मानसिक अंसतुलन को बिगाड़कर उसमें असामान्य व्यवहार उत्पन्न कर देता है। जैसे, एक सैनिक को उसके मुख्य अधिकारी द्वारा दुश्मनों को जान से मार देने का आदेश दिया जाता है। ऐसी सामाजिक भूमिका निभाने के बाद सम्भव है कि उसमें दोष-भाव (feeling of guilt) विकसित हो जाए। इतना ही नहीं, इस तरह के डरावने परिस्थिति से उसमें गुप्त सांवेगिक समस्याएँ (latent emotional problems) भी विकसित हो जा सकती हैं। इन सबों का परणिाम यह हो सकता है कि उस सैनिक में असामान्य व्यवहार बाद में विकसित हो जाए। इतिहास इस तथ्य का साक्षी है कि मशहूर वियतनाम युद्ध के बहुत सारे सैनिकों में मानसिक विकृति विकसित होने का कारण ऐसा ही दोष-भाव एवं सांवेगिक समस्याएँ थीं। सचमुच में वियतनाम युद्ध से लौटे कुछ सैनिकों में कुछ दिन के बाद जो मानसिक विकृति विकसित हुई उसे देखते हुए ही DMS-III में मनश्चिकित्सकों द्वारा मनोरोग का एक विशेष-श्रेणी जिसे उत्तरआघातीय तनाव विकृति (posttraumatic stress disorder) कहा जाता है, का निर्माण किया गया।

स्पष्ट हुआ कि अनुपयुक्त सामाजिक भूमिका के कारण भी व्यक्ति में असामान्यता (abnormality) का विकास हो जाता है।

3. आर्थिक कठिनाइयाँ एवं बेरोजगारी *(Economic Difficulties and Unemployment)*—मनोवैज्ञानिक अध्ययनों से यह पता चला है कि आर्थिक कठिनाइयाँ एवं बेरोजगारी से भी व्यक्ति में मानसिक विकृति उत्पन्न होती है। नेलसन (Nelson, 1974) के अनुसार बेरोजगारी से अधिकतर आर्थिक कठिनाइयाँ उत्पन्न होतीं हैं जो व्यक्ति के लिए मनोवैज्ञानिक रूप से तथा वित्तीय रूप से (financially) हानिकारक होता है। इनका मत है कि आर्थिक कठिनाइयाँ व्यक्ति को आत्म-अवमूल्यन (self-devaluation) करने के लिए बाध्य कर देती है। ब्रेन्नर (Brenner, 1973) के अध्ययन के अनुसार लम्बी बेरोजगारी की अवधि से गुजरने पर व्यक्ति में कुछ खास तरह का कुसमायोजी व्यवहार (maladaptive behaviour) जैसे विषाद (depression), आत्म-हत्या तथा अपराध की प्रवृत्ति अधिक तीव्र हो जाती है। इनके अध्ययन से यह भी पता चला है कि आर्थिक समस्याओं से सबसे अधिक प्रभावित होने वाले वैसे व्यक्ति होते हैं जो निचले सामाजिक वर्ग के होते हैं तथा जो घटिया शिक्षा, कुपोषण, पारिवारिक अस्थिरता, अपर्याप्त आवास, निस्सहायता के भाव से पहले से ही काफी ग्रसित रहते हैं। फ्रैंक (Frank, 1994) द्वारा किये गए अध्ययनों से यह भी स्पष्ट हुआ है कि यहाँ तक कि वैसे लोग जो किसी-न-किसी रोजगार में हैं, परंतु कार्य असंतुष्टि (job dissatisfaction) होने से वे चिंता एवं तनाव से इतना अधिक ग्रसित होते हैं कि उनमे मानसिक विकृति (mental disorder) विकसित हो जाता है। अतः मानसिक असामान्यता का एक सम्बद्ध कारक कार्य असंतुष्टि (job dissatisfaction) भी होता है।

4. सामाजिक सम्बन्ध *(Social relationship)*—अध्ययनों से यह पता चला है कि पारिवारिक संबध (family relationship) के अतिरिक्त परिवार से बाहर के लोगों के साथ का सम्बन्ध से भी मानसिक स्वास्थ्य प्रभावित होता है। वर्नर (Werner, 1993) के अनुसार जिन व्यक्तियों का सामाजिक सम्बन्ध उत्तम होता है अर्थात् जिनका सामाजिक समर्थन (social support) अधिक प्राप्त होता है, उन्हें बुरे दिनों में या तनाव के दिनों में अन्य लोगों का सांवेगिक समर्थन (emotional support) अधिक प्राप्त होता है जिसका परिणाम यह होता है कि उनपर तनाव का प्रभाव कम पड़ता है तथा उनमें अपअनुकूलित व्यवहार (maladaptive behaviour) के उत्पन्न होने की सम्भावना कम होती है। ऐटोन (Eton, 1978), काटलान, रॉबिन्स एवं मार्टिन (Kaplan, Robbins & Martin, 1983) ने इस तथ्य का समर्थन अपने-अपने अध्ययनों से किया है। दूसरे तरफ सामाजिक समर्थन (social support) की कमी होने से या उसकी अनुपस्थिति से व्यक्ति में हल्का विपरीत परिस्थिति भी अत्यधिक तनाव उत्पन्न कर देता है और उसे मानसिक विकृति (mental disorder) का शिकार बना देता है। ब्लौक एवं वार्म (Block & Warm, 1989) ने अपने अध्ययन में पाया कि वैसे किशोरों में जिनका सामाजिक समर्थन बहुत ही खराब हो गया था, माता-पिता से हल्का डॉट-फटकार पड़ने पर विषादी प्रवृत्तियाँ काफी तेजी से विकसित हो गयीं। कुछ किशोरों में आत्म-हत्या की प्रवृत्ति भी मजबूत हो गयी। वालस्टोन तथा उनके सहयोगियों (Wallston et al, 1983) ने अपने अध्ययन के आधार पर यह भी बतलाया है कि उत्तम सामाजिक समर्थन बीमार व्यक्तियों को चंगा होने में भी काफी मदद करता है। जैसे, चैम्बर (Chamber, 1980) ने अपने अध्ययन में पाया कि उत्तम सामाजिक समर्थन व्यक्ति को हृदय आघात के रोगियों को तेजी से सामान्य होने में मदद करता है। रॉबर्टसन (Robertson, 1990) ने अपने अध्ययन में पाया कि उत्तम सामाजिक समर्थन से विषादी रोगी (depressive patient) बहुत तेजी से सामान्य अवस्था की ओर लौटते हैं।

अभी हाल में कोहेन एवं विल्स (Cohen & Wills, 1985) ने अपने शोध के आधार पर सामाजिक समर्थन (social support) के दो पहलुओं को असामान्य व्यवहार के लिए काफी महत्त्वपूर्ण बतलाया है। ये दो पहलू हैं— *संरचनात्मक सामाजिक समर्थन* (structural social support) तथा *कार्यात्मक सामाजिक समर्थन* (functional social support)। संरचनात्मक सामाजिक समर्थन से तात्पर्य व्यक्ति के सामाजिक सम्बन्धों के नेटवर्क जैसे वैवाहिक स्तर तथा दोस्तों की संख्या आदि से होती है। कार्यात्मक सामाजिक समर्थन से तात्पर्य व्यक्ति के सम्बन्धों के गुणवत्ता (quality) से होता है। जैसे, यदि कोई व्यक्ति में यह विश्वास है कि उसके बुरे दिनों में उसे वास्तव में मदद करने वाला दोस्त अनेक हैं, तो इसे कार्यात्मक सामाजिक समर्थन (functional social support) का उदारहण माना जायेगा। मनोवैज्ञानिक अध्ययनों से यह स्पष्ट हुआ है कि संरचनात्मक समर्थन (structural support), नश्वरता (mortality) का एक महत्त्वपूर्ण भविष्यसूचक (predictor) है। जैसे, स्कोएनबैक तथा उनके सहयोगियों (Schoenbach et al., 1986) ने अपने अध्ययन में यह पाया है कि बुजुर्ग लोगों की नश्वरता का सम्बन्ध संरचनात्मक समर्थन के निम्न स्तर से स्पष्ट रूप से होता है। सचमुच में इन दोनों तरह के सामाजिक समर्थन का सम्बन्ध विकृतियों की उत्पत्ति से होता पाया गया है। जैसे, सीमैन एवं सीमी (Seeman & Syme, 1987) ने अपने अध्ययन में पाया है कि कार्यात्मक समर्थन का उच्च स्तर होने से तनावग्रस्त परिस्थिति में धमनियों में रक्त जमने की प्रक्रिया मंद गति से होती है। उसी तरह गुडीनाऊ (Goodenow et al, 1992) ने अपने अध्ययन पाया कि जिन महिलाओं में कार्यात्मक समर्थन का स्तर ऊँचा होता है, उनमें गठिया रोगों के साथ समायोजन शक्ति अधिक होती है। रीड एवं उनके सहयोगियों (Reed et al, 1983) के अनुसार संरचनात्मक समर्थन की कमी से विभिन्न तरह के हृदय रोग होने की सम्भावना तीव्र हो जाती है। मनोवैज्ञानिकों का मत है कि जब व्यक्ति को सामाजिक समर्थन कम प्राप्त होता है, तो वह नकारात्मक संवेग (negative emotion) को प्रभावित करके व्यक्ति में मनोवैज्ञानिक एवं दैहिक विकृतयों को जन्म देता है।

5. सामाजिक-सांस्कृतिक वातावरण *(Socio-Cultural Environment)*—प्रत्येक व्यक्ति का जन्म एक विशेष समाज में होता है और उस समाज की एक अपनी संस्कृति (culture) होती है जिसके अनुसार व्यक्ति को व्यवहार करना उसकी बाध्यता होती है। स्पष्टत: तब इस तरह के सामाजिक-सांस्कृतिक वातावरण का प्रभाव व्यक्तित्व विकास पर पड़ता है। यही कारण है कि जो व्यक्ति एक ऐसे सामाजिक-सांस्कृतिक वातावरण में पाला-पोषा गया होता है जिसमें हिंसा (violence) न के बराबर होती है, तो उसके व्यक्तित्व में वैसे शीलगुणों की प्रबलता होती है जिसके माध्यम से किसी भी समस्या का समाधान शांतिपूर्ण ढंग से किया जा सकता है। ऐसे व्यक्तियों का व्यवहार कुसमायोजी कम होते हैं तथा उनमें मानसिक विकृति विकसित होने की सम्भावना भी कम होती है। दूसरे तरफ यदि व्यक्ति का पालन-पोषण एक ऐसे सामाजिक-सांस्कृतिक वातावरण में होता है जहाँ शोषण-हिंसा आदि की प्रधानता होती है, तो उनके व्यक्तित्व में

कुसमायोजी व्यवहार विकसित होने की संभावना अधिक होती है। उदाहरणस्वरूप, मार्गरेट मीड (Margaret Mead, 1949) ने न्यू गिनिया (New Guinea) के दो जनजाति अर्थात् एरापेश (Arapesh) एवं मुंडुगुमोर (Mundugumor) का अध्ययन किया जो एक ही भौगोलिक क्षेत्र में रहते थे तथा जिनका प्रजातीय उद्भव लगभग समान था। इनके अध्ययन में यह पाया गया कि एरापेश जनजाति के लोग अधिक उदार, शांत तथा सहयोगी थे जबकि मुंडुगुमोर जाति के लोग अधिक शंकालु, प्रतियोगी, झगड़ालू तथा विद्वेषपूर्ण थे। इतना ही नहीं, आधुनिक सामाजिक दृष्टिकोण से मुंडुगुमोर जाति के लोगों में कुसमायोजी व्यवहार (maladaptive behaviour) एरापेश जनजाति के लोगों की तुलना में अधिक पायी गयी। मार्गरेट मीड ने इसका कारण दोनों जनजातियों के सामाजिक-सांस्कृतिक वातावरण में अंतर होना बतलाया है।

6. वैवाहिक समस्याएँ *(Marital Problems)*—मानसिक विकृति का एक कारण वैवाहिक समस्या है। एमैटो एवं किथ (Amato & Keith, 1991) के अध्ययन के अनुसार वैसे बच्चे एवं वयस्कों में सांवेगिक समस्याएँ अधिक होतीं है जो विवाह-विच्छेदित परिवार (divorced families) से आते हैं। उन परिवार के सदस्यों में ऐसी सांवेगिक समस्याएँ कम होतीं हैं जो सामान्य होता है तथा जिनमें विवाह-विच्छेदन की घटना नहीं होती है। अत: वैवाहिक समस्याएँ एवं मनोवैज्ञानिक समस्याएँ सहसम्बन्धित होती हैं। मैकग्यू एवं लाइकेन (McGue & Lykken, 1992) ने अपने अध्ययन के आधार पर यह बतलाया है कि इन दोनों के बीच सहसम्बन्ध (correlation) का कारण सामान्य आनुवंशिक कारक (genetic factor) है जिससे सांवेगिक विकृति तथा वैवाहिक विघटन (marital disurption) दोनों ही होते हैं। गौटलिव एवं मैककेवी (Gotlib & McCabe, 1990) के अनुसार सांवेगिक समस्याओं एवं वैवाहिक समस्याओं के बीच सहसम्बन्ध होने का एक कारण यह भी हो सकता है कि वैवाहिक समस्याएँ कुछ मनोवैज्ञानिक विकृतियों (psychological disorder) का कारण नहीं बल्कि परिणाम हो सकता है। सहसम्बन्ध का कारण चाहे जो भी हो, इतना तो स्पष्ट है कि वैवाहिक समस्याएँ मनोवैज्ञानिक विकृति उत्पन्न करतीं हैं।

रॉबिन्स एवं रिगिर (Robins & Regier, 1991) ने एक बहुत ही विस्तृत अध्ययन किया जिसमें पाया कि वैवाहिक समस्याएँ विषाद (depression), मद्यपानता (alcoholism) तथा मनोविदालिता (schizophrenia) से काफी अधिक सहसम्बन्धित (correlated) होतीं हैं। जैसे, जिन व्यक्तियों को एक बार विवाह-विच्छेद हुआ था, गत एक साल में उनमें से 4.1% में विषादी प्रवृत्ति विकसित हुई थी परंतु जिन लोगों को एक-बार से अधिक विवाह-विच्छेद हुआ था, उनमें से गत एक वर्ष में 5.8% लोगों ने विषाद का अनुभव किया। जिन लोगों ने कभी शादी किया ही नहीं था, उनमें से गत एक वर्ष में लगभग 2.4% ने विषाद (depression) का अनुभव किया। उसी तरह से मद्यपानता के कुछ आँकड़े पाये गए। जिन लोगों ने कभी शादी नहीं किया था, उनमें से करीब 15% ने अपने अब तक के जीवन में मद्यपानता में लिप्तता दिखलाया। दूसरे तरफ एक बार विवाह-विच्छेदित व्यक्तियों में से करीब 16.2% लोगों ने अब तक की जिंदगी में मद्यपानता में लिप्तता दिखलाया जबकि एक बार से अधिक विवाह-विच्छेद होने पर करीब 24.2% व्यक्तियों ने मद्यपानता में लिप्तता दिखलाया। उसी तरह से मनोविदालिता के बारे में भी कुछ सबूत पाये गये। सफल ढंग से विवाहित लोगों में से केवल 1 प्रतिशत लोगों में मनोविदालिता की प्रबलता देखी गयी परंतु अविवाहित में से 2.1% तथा विवाह-विच्छेदित लोगों में से करीब 2.9% में मनोविदालिता की प्रबलता देखी गयी।

स्पष्ट हुआ कि वैवाहिक समस्याएँ मानसिक विकृतियों से काफी सहसम्बन्धित है।

7. यौन-भूमिका *(Gender Roles)*—यौन भूमिका भी व्यक्ति में मानसिक विकृति या असामान्य व्यवहार उत्पन्न करता है। यौन भूमिका के कारण महिलाएँ पुरुषों से भिन्न होती हैं तथा इन दोनों से सामाजिक प्रत्याशाएँ (social expectations) भी भिन्न-भिन्न होतीं हैं। गिलिगन (Gilligan, 1982) के अनुसार महिलाएँ अधिक सम्बन्धदर्शी (relational) होती हैं अर्थात् उनमें दूसरों के प्रति उन्मुखता अधिक होतीं है जबकि पुरुष साधनात्मक (instrumental) अधिक होते हैं अर्थात् वे उपलब्धि तथा क्रिया (action) की ओर अधिक उन्मुखी होते हैं। अध्ययनों से यह पता चला है कि यौन-भूमिका से मानसिक विकृति (mental disorder) का विकास एवं अभिव्यक्ति (expression) दोनों ही प्रभावित होती है। जैसे, नोलेन-होएक्सेमा (Nolen-Hoeksema, 1990) ने अपने अध्ययन में पाया है कि महिलाएँ की पारम्पारिक भूमिकाओं से उनमें निर्भरता एवं निस्सहायता (helplessness) को बढ़ावा मिलता है जिसके कारण ही महिलाओं में विषाद (depression) पुरुषों की तुलना में अधिक होता है। कुछ अन्य सिद्धान्तवादियों का मत है कि यौन भूमिका असामान्य व्यवहार के कारण के लिए उत्तरदायी नहीं होता है बल्कि वे इस बात को प्रभावित करते हैं कि असामान्यता की अभिव्यक्ति किस प्रकार होती है। इस विचारधारा के अनुसार स्त्री एवं पुरुष दोनों ही द्वारा निस्सहायता

(helplessness) का अनुभव किया जाता है। परंतु महिलाओं को विषादी (depressed) होने के लिए छोड़ दिया जाता है जबकि पुरुषों की यौन भूमिका उन्हें अपना कार्य करते रहने की प्रेरणा देता है मानों उनके साथ कुछ हुआ ही नहीं है। अत: पुरुष विषादी होने के बदले अपने आंतरिक दिक्कतों को एक मनोदैहिक विकृति (psychosomatic disorder) के रूप में अभिव्यक्त करते हैं। कुछ ऐसी भी परिस्थितियाँ होतीं हैं जिनमें यौन भूमिका असामान्य व्यवहार के परिणाम (consequence) को नियमित करते हैं। जैसे, कोई डरावना हमला होने पर महिलाओं की भूमिका न कि पुरुषों की भूमिका उससे दूर हट जाने की अनुमति दे सकता है और यह परिहार (avoidance) प्रवृत्ति बाद में एगोराफोबिया (agoraphobia) जैसा असामान्य व्यवहार को जन्म देता है।

अभी हाल के वर्षों में पौरुष शीलगुणों (masculine traits) तथा स्त्रैण शीलगुणों (feminine traits) का संयोग (combination) जिसे 'एण्ड्रोगिनी' (androgyny) कहा जाता है, को पुरुषों एवं महिलाओं दोनों के लिए मनोवैज्ञानिक रूप से आदर्श माना गया है। परंतु कुछ ऐसे सबूत आजकल मिले हैं जिनसे यह स्पष्ट हुआ है कि निम्न पौरुषता (low masculinity) का गुण (चाहे पुरुष हो या स्त्री) होने पर कई तरह के कुसमायोजी व्यवहारों को जन्म देता है क्योंकि यह अवस्था सामान्यत: निम्न आत्म-सम्मान (deficient self-esteem) से जुड़ा होता है। इस तथ्य का समर्थन कारसन (Carson, 1989) के अध्ययन से हुआ है। बाकॉम (Baucom, 1983) ने भी इस तथ्य को अपने अध्ययन से समर्थित किया है। इनके अनुसार जिन महिलाओं में उच्च स्त्रैण गुण होता है अर्थात् निम्न पौरुषता (masculine) होता है, वे सामूहिक समस्या समाधान परिस्थितियों का नेतृत्व करना पसंद नहीं करती हैं। बाकॉम ने महिलाओं की इस विशेष स्थिति को अर्जित निस्सहायता (learned helplessness) के तुल्य माना है जो दुश्चिंता (anxiety) तथा विषाद (depression) जैसी मानसिक विकृतियों को जन्म देता है।

स्पष्ट हुआ कि असामान्य व्यवहार की उत्पत्ति में कई तरह के सामाजिक-सांस्कृतिक कारकों का संयुक्त योगदान होता है।

सामान्य निष्कर्ष *(General Conclusion)*—उपर्युक्त वर्णन से यह स्पष्ट है कि असामान्य व्यवहार की उत्पत्ति में जैविक कारकों, मनोसामाजिक कारकों तथा सामाजिक-सांस्कृतिक कारकों की प्रमुख भूमिका होती है। कोई भी ऐसा मानसिक विकृति (mental disorder) नहीं होता है जिसमें केवल एक ही तरह के कारकों की भूमिका हो। सच्चाई यह है कि असामान्य व्यवहार के स्वरूप को ठीक ढंग से समझने के लिए यह आवश्यक है कि इन तीनों तरह के कारकों को ध्यान में रखा जाए।

अध्याय-सारांश
(Chapter Summary)

1. असामान्य व्यवहार के कुछ सामान्य कारक हैं जिन्हें चार भागों में बाँटा गया है—प्राथमिक कारण (primary cause), पूर्ववृत्ति कारण (predisposing cause), प्रेषित कारण (precipitating cause) तथा पुनर्बलित कारण (reinforcing cause)।
2. असामान्य व्यवहार के कुछ विशिष्ट कारण (specific causes) भी हैं जिन्हें तीन भागों में बाँटा गया है—जैविक कारण, मनोसामाजिक कारण तथा सामाजिक-सांस्कृतिक कारण।
3. जैविक कारण (biological causes) में कई तरह के कारकों को प्रधान बतलाया गया है जिसमें आनुवंशिक दोष, शरीरगठनात्मक कारक, जैव-रसायन कारक, मस्तिष्कीय दुष्क्रिया तथा शारीरिक तनाव कारक प्रमुख हैं। इन सभी कारकों का स्वरूप जैविक इसलिए माना गया है क्योंकि इसका संबध व्यक्ति के जन्म के पहले या जन्म से ही मौजूद कारकों से होता है। इन सब कारकों से असामान्य व्यवहार की उत्पत्ति प्रत्यक्ष या परोक्ष रूप से होता पाया गया है।
4. मनोसामाजिक कारणों की भी भूमिका असामान्य व्यवहार में काफी अधिक पायी गयी है। इन कारणों में संज्ञानात्मक कारक, आरंभिक वंचन या आघात, अपर्याप्त जनकता, रोगात्मक पारिवारिक संरचना तथा कुसमायोजी साथी-संगी का सम्बन्ध को महत्त्वपूर्ण माना गया है। इन सब कारकों के समर्थन में पर्याप्त प्रयोगात्मक सबूत उपलब्ध हैं।
5. असामान्य व्यवहार की उत्पत्ति में सामाजिक-सांस्कृतिक कारण (socio-cultural factors) की भी अहम भूमिका बतलाया गया है। इसमें निम्न सामाजिक-आर्थिक स्तर, अनुपयुक्त सामाजिक भूमिका, आर्थिक कठिनाइयाँ एवं बेरोजगारी, सामाजिक सम्बन्ध, सामाजिक-सांस्कृतिक वातावरण, वैवाहिक समस्याएँ तथा यौन भूमिका को प्रधान माना गया है।

❑

अध्याय 5

असामान्यता की मनोविश्लेषणात्मक व्याख्या

(PSYCHOANALYTIC EXPLANATION OF ABNORMALITY)

असामान्य मनोविज्ञान के इतिहास में असामान्यता के मनोवैश्लेषिक विचारधारा (psychoanalytic view point) की उत्पत्ति साइमण्ड फ्रायड (Sigmund Freud) के प्रयासों से हुई है। फ्रायड पहले ऐसे व्यक्ति थे जिन्होंने यह बतलाया कि असामान्य व्यवहार या मानसिक रोग का मनोवैज्ञानिक आधार (psychological base) भी होता है। दूसरे शब्दों में, मानसिक रोग पूर्णत: मनोवैज्ञानिक कारकों (psychological factors) से भी उत्पन्न होता है। 19वीं शताब्दी के अन्त-अन्त तक ऐसा समझा जाता था कि मानसिक रोग सिर्फ दैहिक कारकों (physiological factors) से ही होता है। फ्रायड ने इस विचारधारा का खण्डन किया और बतलाया कि मानसिक रोग का आधार पूर्णत: मनोवैज्ञानिक होता है और इसका उपचार भी मनोवैज्ञानिक विधियों से ही ठीक ढंग से हो सकता है। असामान्यता के उनके इस विचारधारा को *मनोवैश्लेषिक विचारधारा* (psychoanalytic viewpoints) कहा गया तथा उनके द्वारा प्रस्तावित उपचार की विधियों को *मनोविश्लेषण* (Psychoanalysis) कहा गया। फ्रायड के इस विचारधारा से कुछ हटकर परन्तु उनके मूल भावों की सराहना करते हुए कुछ लोगों ने असामान्यता की एक अलग व्याख्या प्रस्तुत किया। इन नये लोगों में सी० जी० युंग (C.G. Jung), अल्फ्रेड एडलर (Alfred Adler), कार्ल मेनिनगर (Karl Menninger), केरेन हार्नी (Karen Horney), इरिक फ्रोम (Erich Fromm), हैरी स्टैक सुलिभान (Harry Stack Sullivan) एवं स्वयं फ्रायड की पुत्री अन्ना फ्रायड (Anna Freud) आदि मुख्य रूप से शामिल है। इन नये लोगों के विचारधाराओं को एक साथ मिलाकर *मनोगतिकी विचारधारा* (Psychodynamic approach) कहा जाता है। हम इस अध्याय में विशेष महत्त्व के कारण मूलत: फ्रायड के ही विचारधारा पर अपना ध्यान केन्द्रित करेंगे।

फ्रायड का मनोवैश्लेषिक विचारधारा
(Freudian Psychoanalytic Viewpoints)

असामान्यता की व्याख्या एवं उपचार (treatment) के लिए फ्रायड द्वारा प्रतिपादित विचारधारा को मनोवैश्लेषिक विचारधारा (psychoanalytic viewpoints) कहा जाता है। इस विचारधारा का मूल तत्त्व यह है कि मानसिक रोग दैहिक कारकों से नहीं बल्कि मनोवैज्ञानिक कारकों से उत्पन्न होता है। फ्रायड का यह विचारधारा काफी जटिल एवं विदित है। अत: इसका वर्णन हम निम्नांकित प्रमुख भागों में बाँट कर करेंगे—

(क) मानसिक पहलू (Psychic or Mental aspect)

(ख) दैनिक जीवन की मनोवृत्तियाँ (Psychopathology of Everyday life)

(ग) मानसिक संघर्ष एवं मनोरचनाएँ (Mental conflicts and Mental Mechnisms)

(घ) मनोलैंगिक विकास का सिद्धान्त (Theory of psychosexual development)

मनोविश्लेषणात्मक विचारधारा के इन चार प्रमुख पहलुओं का विस्तृत वर्णन निम्नांकित हैं।

(क) मानसिक पहलू
(Psychic or Mental Aspect)

फ्रायड का विचार था कि व्यक्ति के व्यवहार (सामान्य या असामान्य) को समझने के लिए यह आवश्यक है कि

उसके व्यक्तित्व (personality) के विकास (development) तथा संगठन (organization) का अध्ययन किया जाय। व्यक्तित्व के विकास एवं संगठन का अध्ययन करने के लिए यह आवश्यक है कि उसके मन (mind) या मानसिक पहलू (psychic aspect) का अध्ययन किया जाए। फ्रायड के अनुसार मन या मानसिक पहलू से तात्पर्य व्यक्तित्व के उन कारकों से होता है जिसे हम अन्तरात्मा (self or psyche) कहते हैं तथा जो हमारे व्यक्तित्व में संगठन पैदा करके हमारे व्यवहारों को वातावरण के साथ समायोजन (adjustment) करने में मदद करता है। फ्रायड ने मन (mind) के निम्नांकित दो पहलुओं के अध्ययन पर अधिक बल डाला है—

(1) मन का आकारात्मक पहलू (Topographical aspect of mind)

(2) मन का गत्यात्मक या संरचनात्मक पहलू (Dynamic or Structural aspect of mind)

इन दोनों का वर्णन इस प्रकार कर सकते हैं—

1. मन का आकारात्मक पहलू *(Topographical aspect of mind)*—मन के आकारात्मक मॉडल (Topographical) या आकारात्मक पहलू से तात्पर्य वैसे पहलू से होता है जहाँ संघर्षमय परिस्थिति की गत्यात्मकता (dynamic of conflicting situation) उत्पन्न होती है। मन का आकारात्मक पहलू सचमुच में व्यक्तित्व की गत्यात्मक शक्तियों (dynamic forces) के बीच होने वाले संघर्षों का एक कार्यस्थल है। ब्राऊन[1] (Brown, 1960) ने मन के आकारात्मक पहलू को इस प्रकार परिभाषित किया है, ''मन का आकारात्मक पहलू वह है जहाँ संघर्षमय परिस्थितियों की गत्यात्मकता उत्पन्न होती है।'' फ्रायड द्वारा प्रतिपादित इस पहलू के अनुसार मन को निम्नांकित तीन स्तरों (levels) में बाँटा गया है—चेतन (conscious), अर्द्धचेतन (subconscious) तथा अचेतन (unconscious)। इन तीनों का वर्णन इस प्रकार है—

(1) चेतन *(Conscious)*—चेतन से तात्पर्य मन के वैसे भाग से होता है जिसमें वे सभी अनुभवों एवं संवेदनाएँ होती हैं जिनका सम्बन्ध वर्तमान से होता है। दूसरे शब्दों में, जिन विचारों, इच्छाओं, अनुभवों एवं प्रत्यक्षणों (perceptions) से हम वर्तमान समय में अवगत रहते हैं, वे सभी मिलकर चेतन का निर्माण करते हैं। किस्कर[2] (Kisker, 1985) के अनुसार, ''चेतन क्रियाओं का सम्बन्ध तात्कालिक अनुभवों से होता है।'' फ्रायड के अनुसार मानसिक पहलू (mental aspect) का एक छोटा-सा हिस्सा ही चेतन में होता है (चित्र-5.1 देखें)। अभी आप यह किताब पढ़ रहे है।, अतः इससे जो अनुभूति आपके मन में हो रहा है वह चेतन (conscious) है। जब व्यक्ति किसी से बातचीत करता है तो उससे संबंधित जो अनुभव एवं विचार होते हैं, वह चेतन होता है। स्पष्ट है कि चेतन का सम्बन्ध वास्तविकता (reality) से अधिक होता है। फ्रायड के अनुसार चेतन की कुछ खास-खास विशेषताएँ होती हैं जिनमें से निम्नांकित प्रमुख हैं—

(i) चेतन मन का सम्बन्ध बाहरी जगत की वास्तविकताओं के साथ सीधा होता है।

(ii) यह मन का सबसे छोटा उपखण्ड (smallest segment) है। (चित्र-5.1 देखें)

(iii) चेतन मन अर्द्धचेतन (subconscious) तथा अचेतन (unconscious) पर प्रतिबन्धक (censorship) का कार्य करता है।

(iv) चेतन मन में वर्तमान विचारों एवं घटनाओं की जीवित स्मृति चिह्न होते हैं। अतः उनकी पहचान (recognition) तथा प्रत्याह्वान (recall) आसानी से किया जा सकता है।

(v) चेतन मन व्यक्तिगत (personal), नैतिक (moral), सामाजिक (social) एवं सांस्कृतिक आदर्शों (cultural ideals) का भण्डार (storehouse) के समान होता है।

(2) अर्द्धचेतन *(Subconscious)*—अर्द्धचेतन मन से तात्पर्य वैसे मन से होता है जो सचमुच में न तो पूर्णतः चेतन (conscious) होता है और न ही पूर्णतः अचेतन (unconscious) ही होता है। इसमें वैसी इच्छाएँ, विचार, भाव आदि होते हैं जो हमारे वर्तमान चेतन या अनुभव में नहीं होते हैं परंतु थोड़ा प्रयास करने पर वे हमारे चेतन मन (conscious

---

1. "Topographical aspect of mind is that where does the dynamics of the conflicting situation occur."

—*Brown : The psychodynamics of Abnormal behaviour, 1960.*

2. "Conscious activity is considered to be immediate experience."

—Kisker *: Disorganized Personality, 1985, p.84*

mind) में आ जाते हैं। *अर्द्धचेतन* (subconscious) को अन्य नामों से *'अवचेतन'* (perconscious or foreconscious) तथा *सुलभ स्मृति* (available memory) से भी जाता है। किस्कर[1] (Kisker, 1985) के अनुसार अर्द्धचेतन को इस प्रकार परिभाषित किया जा सकता है, "अवचेतन या अर्द्धचेतन में वैसे मनोवैज्ञानिक या मानसिक या मानसिक घटनाएँ होती हैं जो चेतन से हटकर होती हैं परन्तु उन्हें स्मरण की प्रक्रिया द्वारा आसानी से प्राप्त किया जा सकता है।" इस परिभाषा से स्पष्ट है कि अर्द्धचेतन की मानसिक अनुभूतियों या घटनाओं से तो व्यक्ति अवगत नहीं रहता है परन्तु थोड़ा-सा प्रयास करने पर उसका प्रत्याह्वान (recall) कर लेता है और इस तरह से उससे अवगत हो जाता है। जैसे, किसी घटना से संबंधित तथ्यों को यदि याद करना चाहते हैं तो वह तत्काल याद नहीं पड़ता है परन्तु बाद में थोड़ा-सा प्रयास करने पर हमें याद आ जाता है। आलमारी में आप अमुक किताब को नहीं पाते हैं और आप थोड़े देर

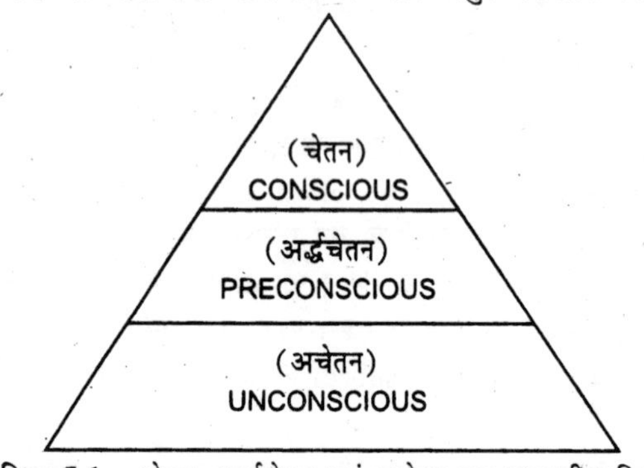

चित्र 5.1 : चेतन, अर्द्धचेतन एवं अचेतन का आकारीय चित्र

के लिए परेशान हो जाते हैं। फिर कुछ सोचने पर याद आती है कि 'अरे, वह किताब तो हम अपने मित्र को दे दिये थे'। इन उदाहरणों से यह स्पष्ट है कि व्यक्ति घटना से संबंधित तथ्य यानी किताब कहाँ होगी जैसे बातों को भूल नहीं गया था बल्कि वह चेतन से हटकर अर्द्धचेतन में चला गया था। यही कारण है कि वह उसे प्रयास कर जरूरत के अनुसार चेतन में ला पाया।

मनोविश्लेषणात्मक मनोविज्ञान (Psychoanalytic psychology) में अर्द्धचेतन की कुछ विशेषताओं पर प्रकाश डाला गया है। इन विशेषताओं में निम्नांकित प्रमुख हैं—

(i) अर्द्धचेतन मन का एक ऐसा भाग है जो चेतन से बड़ा परन्तु अचेतन (unconscious) से छोटा होता है (चित्र-5.1 देखें)।

(ii) अर्द्धचेतन (subconscious) अचेतन (unconscious) तथा चेतन (conscious) के बीच एक पुल (bridge) का काम करता है। अचेतन से चेतन में जाने वाला भाव, इच्छा एवं विचार आदि अर्द्धचेतन होकर ही गुजरता है।

(iii) अर्द्धचेतन तथा चेतन के बीच का पर्दा कमजोर होता है। शायद यही कारण है कि थोड़ा-सा प्रयास करने पर ही अर्द्धचेतन के भाव एवं विचार उस पर्दा को फाड़कर चेतन में आ जाते हैं।

(3) अचेतन *(Unconscious)*—फ्रायड के अनुसार मन का सबसे गहरा (deepest) एवं बड़ा भाग अचेतन (unconscious) है। (चित्र-5.1 देखें)। फ्रायड ने इसे मन का सबसे महत्त्वपूर्ण भाग बतलाया है। सचमुच में फ्रायड के पहले भी कुछ लोगों जैसे डेकार्ते (Descartes), लिविनिज (Leibnitz) तथा हेमहोल्ज (Helmholtz) ने अचेतन का अध्ययन किया था परन्तु फ्रायड ने सबसे पहले अचेतन का वैज्ञानिक अध्ययन करके उसका महत्त्व व्यक्तित्व के विकास में बतलाया।

अचेतन का शाब्दिक अर्थ है जो चेतन या चेतना से परे हो। हमारे कुछ अनुभव इस प्रकार के होते हैं जो न तो

---

1. "Preconscious activity was held to consist of psychological events outside consicousness but readily available through the process of memory." — Kisker : *Disorganized Personality,* 1985, p.84

हमारी चेतना (consciousness) में होते हैं और न ही अर्द्धचेतन (subconscious) में। ऐसे अनुभव अचेतन में होते हैं। अचेतन मन में रहने वाले विचार एवं इच्छाओं का स्वरूप कामुक (sexual), असामाजिक (antisocial), नैतिक (immoral) तथा घृणित (hateful) होता है। चूँकि ऐसी इच्छाएँ एवं विचारों को दिन-प्रतिदिन की जिन्दगी में पूरा करना सम्भव नहीं होता है, अतः उनको चेतन से हटाकर अचेतन में दमित (repress) कर दिया जाता है। जब वैसी इच्छाओं एवं विचारों को अचेतन में दमित (repressed) कर दिया जाता है, तो वे अचेतन में जाकर समाप्त नहीं हो जाते हैं। हाँ, थोड़ी देर के लिए निष्क्रिय (passive) अवश्य हो जाते हैं परन्तु हमेशा चेतन में आने के लिए प्रयत्न भी करते रहते हैं। अचेतन की इच्छाएँ चेतन में सीधे तो प्रवेश नहीं कर पाती है क्योंकि अहं (ego) का कड़ा प्रतिबंध (censor) ऐसी इच्छाओं को चेतन में आने से रोकता है। फलतः वे रूप बदलकर (disguised form) चेतन में प्रवेश कर जाती हैं। स्वप्न (dream), दैनिक जीवन की मनोविकृतियाँ (psychopathologies of everyday life), सम्मोहन (hypnosis) आदि कुछ प्रमुख अवसर (occasions) है जहाँ अचेतन की अनुभूतियाँ चेतन में व्यक्त (expressed) होती हैं। जैसे, किसी मित्र के घर पर यदि रूमाल या कलम या किताब छोड़कर हम चले आते हैं तो फ्रायड के अनुसार आप में उस मित्र से पुनः मिलने की एक इच्छा रहती है जो अचेतन में होती है। वही इच्छा वेश बदलकर चेतन में (अर्थात् रूमाल या कलम या किताब मित्र के घर पर छोड़ देने के रूप में) व्यक्त हो रही है।

फ्रायड के अनुसार अचेतन अनुभूतियों एवं विचारों का प्रभाव हमारे व्यवहार पर चेतन तथा अर्द्धचेतन की अनुभूतियों और विचारों से अधिक होती है। यही कारण है कि फ्रायड ने अपने सिद्धान्त में अचेतन को चेतन एवं अर्द्धचेतन की तुलना में अधिक महत्त्वपूर्ण एवं बड़ा (large) आकार का बतलाया है। चेतन एवं अचेतन के आकार (size) के स्वरूप की तुलना पानी में डूबे हुए बर्फ के एक विशाल खण्ड (iceberg) से की जा सकती है। बर्फ के टुकड़े का बड़ा भाग पानी में डूबा हुआ होता है जो दिखलाई नहीं देता है और जो दिखलाई देता है वह ऊपर का छोटा-सा भाग होता है। ठीक उसी तरह से चेतन विशाल बर्फ खण्ड के ऊपरी हिस्सा या भाग के समान आकार में छोटा होता है तथा अचेतन वर्फ खंड के डूबे हुए बड़े हिस्से के समान आकार में बड़ा होता है और जिस तरह से वह बड़ा खण्ड व्यक्ति को दिखलाई नहीं देता है, ठीक उसी तरह से अचेतन के बारे में स्वयं व्यक्ति कुछ नहीं जानता यानी अचेतन के विस्तृत भण्डार जिसमें मूलतः दमित (repressed), कामुक (sexual), अनैतिक (immoral), असामाजिक (antisocial) तथा घृणित (hateful) इच्छाएँ होतीं हैं, से व्यक्ति स्वयं अवगत नहीं रहता है।

अचेतन की कुछ विशेषताएँ ***(Some important characteristics of unconscious)***

चेतन, (conscious), अर्द्धचेतन (subconscious) तथा अचेतन (unconscious) में अचेतन (unconscious) को सर्वाधिक महत्त्वपूर्ण बतलाया गया है। फलस्वरूप मनोविश्लेषणात्मक मनोविज्ञान (psychoanalytic psychology) में इसकी कुछ विशेषताओं (characteristics) पर बल डाला गया है जिनमें निम्नांकित प्रमुख हैं—

(i) अचेतन मन चेतन तथा अर्द्धचेतन मन से बड़ा होता है *(Unconscious mind is larger than the conscious and subconscious mind)*—चित्र-5.1 में देखने से स्पष्ट हो जाता है कि अचेतन मन का क्षेत्र चेतन मन तथा अर्द्धचेतन मन के क्षेत्रों से काफी बड़ा है। इससे यह स्पष्ट हो जाता है कि अचेतन मन की अनुभूतियाँ, इच्छाएँ एवं विचारों चेतन मन तथा अर्द्धचेतन मन की अनुभूतियाँ, इच्छाएँ एवं विचारों से काफी अधिक होती हैं। शायद यही कारण है कि अचेतन मन की अनुभूतियों एवं प्रेरकों (motivations) को व्यवहारों का तुलनात्मक रूप से अधिक प्रभावकारी निर्धारक माना गया है।

(ii) अचेतन में कामुक, अनैतिक एवं असामाजिक इच्छाओं की प्रधानता होती है *(In unconscious sexual, immoral and antisocial wishes dominate)*—अचेतन में फ्रायड के अनुसार जितनी भी दमित इच्छाएँ (respressed desives) होतीं हैं, उनमें 99% इच्छाएँ यौन (sex), अनैतिक एवं असामाजिक व्यवहारों से संबंधित होती है। जब सामाजिक प्रतिबन्ध (social restrictions) के कारण ऐसी इच्छाओं की संतुष्टि दिन-प्रतिदिन की जिन्दगी में नहीं हो पाती है, तो व्यक्ति उनका दमन (repression) अचेतन में कर देता है। अचेतन में चले जाने से ऐसी इच्छाओं का प्रभाव व्यक्ति पर प्रत्यक्षतः नहीं पड़ता है और व्यक्ति में उससे संबंधित चिन्ता एवं संघर्ष (conflict) समाप्त हो जाता है।

(iii) अचेतन का स्वरूप गत्यात्मक होता है *(Unconscious is dynamic in nature)*—अचेतन मन में दमित इच्छाएँ होती हैं। दूसरे शब्दों में, अचेतन में वैसी इच्छाएँ होती हैं जो सामाजिक प्रतिबन्ध के कारण दिन-प्रतिदिन की

जिन्दगी में संतुष्ट नहीं हो पायीं। फलतः उनका चेतन से अचेतन में दमन कर दिया गया। अचेतन मन में जाने पर ऐसी इच्छाएँ समाप्त नहीं हो जाती है बल्कि सक्रिय होकर बार-बार चेतन मन में लौट आना चाहतीं है। परन्तु चेतन मन तथा अहं (ego) के प्रतिबन्धकता (censorship) के कारण वैसी इच्छाएँ चेतन में नहीं आ पातीं और वेश बदलकर (disguised form), स्वप्न (dream) तथा दैनिक जीवन की छोटी-छोटी गलतियों (psychopathologies of everyday life) के रूप में व्यक्त होतीं हैं। इस तरह से अचेतन की इच्छाओं से सक्रियता होती है जो उसके स्वरूप को गत्यात्मक (dynamic) बना देता है।

(iv) अचेतन व्यक्ति के नियंत्रण से बाहर होता है *(Unconscious is beyond the control of the person)*—अचेतन की इच्छाएँ व्यक्ति के नियंत्रण रेखा से बाहर होती है। चूँकि अचेतन के बारे में व्यक्ति पूर्णतः अनभिज्ञ रहता है, इसलिए उसपर उसका किसी प्रकार का कोई नियंत्रण होने का प्रश्न ही नहीं उठता है। व्यक्ति अचेतन के बारे में इसलिए अनभिज्ञ रहता है क्योंकि अचेतन का सम्बन्ध वास्तविकता (reality) से नहीं होता है।

(v) अचेतन में बिना किसी प्रकार के द्वन्द्व के ही परस्पर विरोधी इच्छाएँ और भावनाएँ संचित होतीं हैं *(Unconscious stores contradictory wishes and antagonistic impulses without any conflict)*—अचेतन मन की एक विशेषता यह भी है कि इसमें परस्परविरोधी इच्छाएँ एवं विचार आसानी से संचित रहते हैं। चेतन मन के लिए एक ही समय में दो परस्परविरोधी इच्छाओं को संचित करके रखना सम्भव नहीं है। इसका कारण यह है कि अचेतन में संचित विभिन्न तरह की परस्परविरोधी इच्छाओं से व्यक्ति अवगत नहीं रहता है। फलतः उसे किसी प्रकार के मानसिक संघर्ष (mental conflict) का सामना नहीं करना पड़ता है और वे ठीक ढंग से उसमें संचित रहते हैं। उदाहरणार्थ, अचेतन मन में निराशा एवं सफलता, प्रेम एवं घृणा के भाव, सुख एवं दुख का भाव आदि संचित रहते हैं और इनसे व्यक्ति को किसी प्रकार का मानसिक संघर्ष भी पैदा नहीं होता है क्योंकि व्यक्ति इन सबसे अवगत नहीं रहता है।

(vi) अचेतन अपनी इच्छाओं की संतुष्टि या अभिव्यक्ति छद्म रूप में करता है *(Unconscious satisfies or expresses its desire in disguised form)*—अचेतन मन की इच्छाएँ घृणित, असामाजिक एवं अनैतिक होती है। ऐसी इच्छाएँ हमेशा अपनी अभिव्यक्ति या संतुष्टि मन में चाहती हैं और इसके लिए वे काफी क्रियाशील (active) रहती हैं। लेकिन ऐसा सम्भव इसलिए नहीं हो पाता है कि अहं (ego) तथा चेतन मन (conscious mind) का कड़ा प्रतिबन्ध (strong censor) होता है जो उन्हें चेतन में आने देने से रोकता है। फलस्वरूप अचेतन की इच्छाएँ वेश-बदलकर या छद्म रूप (disguised form) में स्वप्नों (dreams) या दैनिक जीवन की भूलों (psychopathologies of everyday life) के माध्य से व्यक्त होती है।

(vii) अचेतन में उपाहं (id) प्रवृत्तियाँ भरी होती हैं तथा वह उपाहं के ही समान सुख के नियम (pleasure principle) द्वारा निर्देशित होता है *(Unconscious consists of id impulses and like id, it is guided by pleasure principle)*—अचेतन में उपाहं प्रवृत्तियाँ (id impulses) का भरमार होता है। अतः उपाहं की सभी विशेषताएँ अचेतन में पायी जाती है। जैसे, उपाहं (id) के समान अचेतन नैतिकता से परे होता है, अतार्किक (illogical) होता है, सामाजिक नियम को नहीं मानने वाला होता है, आदि। अचेतन की इच्छाओं का सम्बन्ध वाह्य वातावरण की वास्तविकताओं (realities) से नहीं होता है। अतः ऐसी इच्छाएँ मात्र अपना संतुष्टि (satisfaction) चाहती हैं चाहे उसका परिणाम कुछ भी हो। दूसरे शब्दों में, अचेतन मन अपनी इच्छाओं की संतुष्टि कर मात्र सुख प्रदान करना चाहता है, चाहे उसका परिणाम कुछ भी हो। यही कारण है कि यह कहा जाता है कि अचेतन मन सुख के नियम (pleasure principle) द्वारा निर्देशित होता है।

(viii) अचेतन मन का छिपा हुआ पहलू होता है *(Unconscious is the latent aspect of mind)*—अचेतन मन को व्यक्ति सीधे बाह्य प्रेक्षण (objective observation) द्वारा नहीं अध्ययन कर सकता है और न ही व्यक्ति स्वयं अन्तर्निरीक्षण (introspection) द्वारा ही इसके अस्तित्व को प्रमाणित कर सकता है क्योंकि यह मन का एक अव्यक्त पहलू होता है। इसके अस्तित्व को मात्र परोक्ष रूप से कुछ प्रमाणों जैसे स्वप्न (dream) तथा दैनिक-जीवन की भूलों आदि द्वारा ही प्रमाणित किया जा सकता है। अतः अचेतन मन एक बिजली की प्रवाह (current) के समान होता है जिसे सीधे देखा तो नहीं जा सकता है परंतु उसके प्रभावों के आधार पर उसके अस्तित्व को समझा जा सकता है।

इस तरह से हम देखते हैं कि अचेतन मन की कई विशेषताएँ हैं जिनके अध्ययन से अचेतन मन के स्वरूप का स्पष्ट ज्ञान हमें हो जाता है।

अचेतन के अस्तित्व के प्रमाण (*Proof for Existence of Unconscious*)

अचेतन की कई विशेषताओं में एक विशेषता यह है कि यह मन का एक ऐसा अव्यक्त पहलू है जिसे व्यक्ति न तो बाह्य निरीक्षण द्वारा सीधे अध्ययन कर सकता है और न ही अन्तर्निरीक्षण (introspection) द्वारा ही इसके अस्तित्व को प्रमाणित कर सकता है। सचमुच यह बिजली की प्रवाह (current) के समान होता है। जिस तरह से बिजली की प्रवाह को देखा नहीं जा सकता है और उसके अस्तित्व को प्रभावों (effects) के रूप में जाना जा सकता है, ठीक उसी तरह से अचेतन मन को सीधे नहीं जाना जा सकता है तथा इसके अस्तितव (existence) को परोक्ष रूप से ही कुछ सबूतों के आधार प्रमाणित किया जा सकता है। फ्रायड (Freud) एवं कुछ अन्य उनके सहयोगियों ने अचेतन के अस्तित्व को निम्नांकित सबूतों (proofs) के आधार पर प्रमाणित किया है—

(i) स्वप्न (*Dream*)—फ्रायड के अनुसार अचेतन के अस्तित्व का सबसे तगड़ा सबूत स्वप्न (dream) है। फ्रायड का कहना है कि स्वप्न में अचेतन की इच्छाओं की संतुष्टि होती है। नींद की अवस्था में चेतन मन के प्रतिबन्ध (consors) कुछ ढीले पड़ जाते हैं। फलत: अचेतन की अनुभूतियाँ एवं अतृप्त इच्छाएँ छद्म रूप (disguised form) धारण कर चेतन अवस्था में प्रवेश करती हैं जिसके कारण व्यक्ति स्वप्न देखता है और अचेतन की अतृप्त इच्छाओं की संतुष्टि भी करता है। स्वप्न का स्वरूप कुछ भी हो सकता है। स्वप्न में व्यक्ति अपनी सुखद इच्छाओं की संतुष्टि भी करते देखता है या अपने आप को दण्ड देते हुए जैसे पहाड़ पर से गिरते देखना, समुद्र या नदी में डूबते देखना, आग में जलते देखना आदि भी पाता है। इन दोनों तरह के स्वप्नों में फ्रायड के अनुसार अचेतन की इच्छाओं एवं अनुभूतियों की संतुष्टि या अभिव्यक्ति होती है। यही कारण है कि फ्रायड ने स्वप्न के अपने सिद्धान्त का नाम अचेतन की अतृप्त इच्छाओं को संतुष्ट करने वाला सिद्धान्त (wisfulfillment theory of dream) कहा है तथा स्वप्न को *अचेतन का राजकीय मार्ग* (Royal road to unconscious) कहा है। उपयुक्त वर्णन से यह स्पष्ट हो जाता है कि अचेतन मन की इच्छाओं के कारण ही हम स्वप्न देखते हैं। अत: स्वप्न को अचेतन के अस्तित्व का एक पर्याप्त सबूत माना जा सकता है।

(ii) दैनिक जीवन की भूलें या मनोवृत्तियाँ (*Errors or psychopathologies of everyday life*)—अचेतन के अस्तित्व का प्रमाण हमें दैनिक जीवन के अनेक भूलों (errors) से भी प्राप्त हो जाता है। हम अपने दैनिक जीवन में बोलने, लिखने, पढ़ने, पहचानने से संबंधित अनेक भूल या गलतियाँ करते हैं। फ्रायड ने अपनी पुस्तक *साइकोपैथोलॉजी ऑफ एभरीडे लाईफ* (Psychopathology of everyday life) जिसका प्रकाशन 1914 में किया गया था, में इन सामान्य भूलों के बारे में विस्तृत रूप से वर्णन किया है। इन सामान्य भूलों में नामों का भूलना (forgetting of names), बोलने की भूल (slip of tongue), लिखने की भूल (slip of pen), वस्तुओं को इधर-उधर रखना (mislaying of objects) तथा अनजाने में की गई क्रियाएँ आदि प्रधान हैं। फ्रायड के अनुसार ऐसी सभी सामान्य भूलें अपने आप संयोग वश नहीं हो जातीं हैं बल्कि उसका एक निश्चित कारण होता है जो अचेतन में दमित रहता है। प्राय: देखा गया है कि कभी-कभी व्यक्ति अपने दैनिक जीवन में बोलना कुछ चाहता है, और ठीक उसके विपरीत बोल देता है, किसी से मिलने जाता है तो वहाँ वह अपना रूमाल या चाभी छोड़कर चला आता है, किसी समान (goods) को ऐसी जगह रख देता है जिसे फिर ढूँढ़ना काफी कठिन हो जाता है, आदि-आदि। ऐसी सारी गलतियाँ इसलिए होतीं हैं क्योंकि अचेतन की इच्छाओं से इनका सम्बन्ध होता है। अत: दैनिक जीवन की मनोवृत्तियों या भूलों द्वारा भी हमें अचेतन के अस्तित्व का प्रमाण मिलता है।

(iii) सम्मोहन (*Hypnosis*)—फ्रायड ने सम्मोहन द्वारा अचेतन के अस्तित्व को प्रमाणित करने की कोशिश किया है। सचमुच में सम्मोहन की अवस्था एक प्रकार का *मोहावस्था* (state of trance) है जिसमें व्यक्ति की चेतना शून्य हो जाती है और व्यक्ति सम्मोहन (hypnotizer) के आज्ञानुसार कार्य करने के लिए प्रेरित (motivated) रहता है। हिस्टीरिया (hysteria) के अनेक रोगियों (patients) पर फ्रायड ने सम्मोहन विधि का उपयोग करने पर पाया कि इस अवस्था में रोगी कुछ ऐसी अनुभूतियों एवं तथ्यों को बतलाता है या कार्यों को करता है जिसे वह सम्मोहित अवस्था के पहले न तो किया था और न ही उसके बारे में कभी सोचा था। स्पष्टत: उनकी ऐसी अनुभूतियों एवं तथ्यों का श्रोत अचेतन (unconscious) मन ही होता है। इतना ही नहीं, यह भी देखा गया है कि यदि सम्मोहन अवस्था में रोगी को सम्मोहन द्वारा भविष्य में कुछ करने का सुझाव दिया जाता है, तो वह उसे भी आसानी से करता है। कारण पूछे जाने

पर वह उसका कोई उत्तर नहीं दे पाता है, परन्तु वह उस कार्य को करता है। इस तरह के सुझाव को सम्मोहन के बाद का सुझाव (posthypnotic suggestion) कहा जाता है। उदाहरणार्थ, यदि सम्मोहक रोगी को सम्मोहन अवस्था में ही यह सुझाव देता है कि वह अगले मंगलवार को 11 बजे सुबह अपने मौसी से मिलने जाएगा, तो वह ठीक उस दिन वह समय पर मौसी से मिलने जाता है। कारण पूछने पर कहता है, बस यू ही चला आया। स्पष्टत: वह अपना यह कार्य अचेतन के निर्देश के अनुसार कर रहा है अत: सम्मोहन के बाद से सुझावों का कार्यान्वित होना भी अचेतन के अस्तित्व का एक पर्याप्त सबूत है।

(iv) निद्रा-भ्रमण स्वप्नचारिता *(Somnambulism)*—अचेतन के अस्तित्व का सबूत निद्रा-भ्रमण या स्वप्नचारिता (somnambulism) से भी मिलता है। निद्रा-भ्रमण एक ऐसी अवस्था है जिसमें व्यक्ति कुछ क्रियाएँ सोई हुईं अवस्था में भी सामान्य ढंग से करता है और पुन: सो जाता है। नींद टूटने पर उसे इस बात का कोई ज्ञान नहीं रहता है कि वह सचमुच में ऐसी क्रियाओं को किया था। प्राय: देखा गया है कि व्यक्ति नींद की अवस्था में उठकर खाना पकाने लगता है, नदी में स्नान करने चला जाता है, हरमोनियम बजाने लगता है, आदि-आदि। इन क्रियाओं को कुछ देर करके वह पुन: आकर सो जाता है। फिर सुबह नींद टूटने पर उसे नींद में जागकर किये गये कार्यों का कुछ भी ज्ञान नहीं होता है। इन क्रियाओं का नियंत्रण एवं संचालन निश्चित रूप से अचेतन मन द्वारा ही होता है क्योंकि नींद की अवस्था में चेतन मन द्वारा इन क्रियाओं को संचालित होने का प्रश्न ही नहीं उठता है। इसके अलावा, यदि इन क्रियाओं का संचालन चेतन मन द्वारा होता तो सुबह नींद से उठने पर व्यक्ति को यह स्पष्टत: याद रहता कि उसने क्या किया है और क्या नहीं। परन्तु ऐसा नहीं होता है। इन सबसे यह स्पष्ट हो जाता है कि निद्रा-भ्रमण से भी हमें अचेतन के अस्तित्व का प्रमाण मिलता है।

(v) मानसिक रोग *(Mental diseases)*—फ्रायड के अनुसार सभी मानसिक रोग अचेतन की जटिल एवं प्रबल इच्छाओं का चेतन में प्रवेश करने से उत्पन्न होता है। ऐसी प्रबल इच्छाएँ धीरे-धीरे चेतन के प्रतिबन्धक (censorship) तथा अहं (ego) के मनोरचना (mental mechanism) या बचाव रचना (defense mechanism) को कमजोर बना देती हैं और व्यक्ति मानसिक रोग का शिकार हो जाता है। इस तरह से मानसिक रोग का होना अपने आप में अचेतन के अस्तित्व को प्रमाणित करता है। अगर अचेतन की अतृप्त एवं अनैतिक इच्छाओं द्वारा चेतन ग्रसित न हो, तो व्यक्ति में किसी प्रकार का मानसिक रोग भी उत्पन्न नहीं होगा।

(vi) किसी समस्या का अचानक एवं स्वत: समाधान होना *(Sudden and automatic solution of a problem)*—प्राय: ऐसा होता है कि व्यक्ति जब किसी समस्या के समाधान पर सोचना प्रारंभ कर देता है, तो अपनी पूरी कोशिश के बाद भी वह उसका समाधान नहीं ढूँढ़ पाता है। ऊबकर उस समस्या पर सोचना ही कुछ समय के लिए छोड़ देता है या फिर सोने चला जाता है। कुछ समय के बाद या जब नींद खुलती है तो वह अचानक उस समस्या का समाधान करता पाया जाता है। ऐसा इसलिए होता है कि जब चेतन रूप से व्यक्ति समस्या का समाधान पर सोचना बन्द कर देता है तो अचेतन रूप से वह उस समस्या के समाधान पर सोचता रहता है। इस अचेतन के प्रयास के कारण ही उसे समस्या का अचानक हल मिल जाता है। इसी तरह से यह भी देखा गया है कि कभी-कभी अचानक बहुत पहले की विस्मृतियाँ चेतना में आ जातीं हैं जबकि इसके पहले बहुत कोशिश के बाद भी व्यक्ति याद नहीं कर पाया था। इसका प्रधान कारण अचेतन ही है।

(vii) घबड़ाहट की अवस्था *(State of nervousness)*—घबड़ाहट की अवस्था एक ऐसी सांवेगिक अवस्था (emotional state) होती है जिसमें व्यक्ति का चेतन मन एक असंतुलित (imbalanced) अवस्था में होती है और वह यह नहीं समझ पाता है कि क्या करें, क्या कहें एवं क्या न कहें। ऐसी अवस्था में चेतन मन का अचेतन मन पर रहने वाला प्रतिबन्ध (censor) कुछ ढीला पड़ जाता है और व्यक्ति कुछ ऐसी विचित्र बातों को बतलाता है जिसमें अन्य व्यक्ति तथा स्वयं वह अपने आप भी आश्चर्य (surprise) में पड़ जाता है। आखिर ऐसी विचित्र बातें उसके चेतन मन में कहाँ से आ जाती है ? स्पष्टत: ऐसी बातें उसके अचेतन मन में होती हैं जो मन में घबड़ाहट से उत्पन्न असंतुलित अवस्था के कारण प्रतिबन्ध में ढीलाई होने से प्रवेश कर जाती हैं।

(viii) ठीक समय पर नींद का अचानक टूट जाना *(State of awakening at the stipulated time)*—जब कभी भी व्यक्ति यह निश्चित कर सोता है कि अमुक समय में उसे उठ जाना है, तो वह ऐसा करने में प्राय: समर्थ हो जाता

है। जैसे, यदि व्यक्ति रात में यह निश्चय कर सोता है कि उसे 2.30 रात में उठकर रेलवे स्टेशन जाना है, तो ठीक व्यक्ति की नींद उस समय प्रायः टूट जाती है और वह पूर्वनिश्चित समय पर स्टेशन पहुँच जाता है। ऐसा क्यों होता है ? नींद की अवस्था में चेतन मन तो निष्क्रिय (passive) हो जाता है परन्तु अचेतन मन सक्रिय रहता है जो व्यक्ति को पूर्वनिश्चित समय पर नींद से उठा देता है। अतः ऐसी घटनाओं से भी अचेतन के अस्तित्व का प्रमाण मिल जाता है।

(ix) एनेस्थेसिया का प्रभाव *(Effect of anaesthesia)*—यह देखा गया है कि जब व्यक्ति को एनेस्थेसिया दिया जाता है तो वह चेतना-विहीन हो जाता है। इस चेतना-विहीन अवस्था में भी वह कुछ-न-कुछ बड़बड़ाता है। ऐसा क्यों होता है ? स्पष्टतः एनेस्थेसिया देने से व्यक्ति का चेतन मन तो शून्य हो जाता है। अतः बड़बड़ाने जैसी क्रियाओं का संचालन एवं नियंत्रण अचेतन मन द्वारा ही होता है। अतः ऐसी क्रियाओं से भी अचेतन मन के अस्तित्व का एक प्रमाण या सबूत मिलता है।

(x) स्वतंत्र साहचर्य *(Free association)*—स्वतंत्र साहचर्य एक ऐसी विधि है जिसका प्रयोग फ्रायड (Freud) ने मानसिक रोगियों के अचेतन इच्छाओं के बारे में पता लगाने के लिए किया था। इस विधि में रोगी स्वतंत्रतापूर्वक अपने मन में आने वाले सभी तरह के भावों, विचारों, संघर्षों, घटनाओं को व्यक्त करता है। इस क्रम में रोगी अपने मन की कुछ वैसी विस्तृत अनुभूतियों एवं भावों को भी बता डालता है जिसका सम्बन्ध चेतन मन से न होकर अचेतन मन से होता है। अतः स्वतंत्र साहचर्य विधि द्वारा व्यक्त कुछ अनुभूतियों एवं भावों से भी व्यक्ति के अचेतन मन के अस्तित्व का सबूत मिलता है।

इस तरह से हम देखते हैं कि अचेतन मन के अस्तित्व को प्रमाणित करने के लिए अनेकों तरह के सबूत प्रदान किये गये हैं। इन सबूतों के बाद अचेतन के अस्तित्व एवं उसके महत्त्व पर निर्भरता काफी बढ़ जाती है।

चेतन, अर्द्धचेतन तथा अचेतन मन का एक तुलनात्मक अध्ययन *(A Comparative study of Conscious, Subconscious and Unconscious)*

चेतन (conscous), अर्द्धचेतन (subconscious) तथा अचेतन (unconscious) मन के आकारात्मक पहलू (topographical aspect) के तीन भाग है जिनका एक तुलानात्मक अध्ययन करने पर हमें निम्नांकित तथ्य प्राप्त होते हैं—

(i) चेतन मन का वह भाग होता है जिससे व्यक्ति पूर्णतः अवगत (aware) होता है। इस मन की सारी अनुभूतियाँ मस्तिष्क में ताजी होती है। अर्द्धचेतन (subconscious) मन का वह भाग होता है जिसकी अनुभूतियों से व्यक्ति वर्तमान समय में अवगत तो नहीं रहता है परन्तु थोड़ा-सा प्रयास करने पर उससे आसानी से अवगत हो जाता है। अचेतन (unconscious) मन का वह भाग होता है जिनकी अनुभूतियों से व्यक्ति पूर्णतः अनभिज्ञ रहता है। कोशिश करने पर भी उनसे वह विगत नहीं हो पाता है।

(ii) चेतन मन का सम्बन्ध वातावरण की वास्तविकताओं (realities) एवं आदर्शों से सीधा होता है परन्तु अचेतन (unconscious) मन का सम्बन्ध वातावरण की वास्तविकताओं एवं आवेशों से सीधा नहीं होता है। अर्द्धचेतन (subconscious) चेतन तथा अचेतन मन के बीच का भाग होता है जिसका सम्बन्ध सामान्यतः तो वातावरण से नहीं होता है परन्तु आवश्यकता पड़ने पर वह अपना सम्बन्ध इस वातावरण से स्थापित कर लेता है।

(iii) चेतन मन आकार में बहुत छोटा होता है अर्थात् सम्पूर्ण मन का सबसे छोटा भाग चेतन होता है। कुछ लोगों का कहना है कि चेतन भाग सम्पूर्ण मन का 1/8 भाग होता है। मन का सबसे बड़ा भाग अचेतन (unconscious) होता है। इसका आकार सम्पूर्ण मन का लगभग 7/8 भाग होता है। अर्द्धचेतन का आकार अचेतन से छोटा एवं चेतन से बड़ा होता है।

(iv) चेतन मन में केवल वर्तमान अनुभूतियों की स्मृतियाँ रहतीं हैं परन्तु अचेतन मन में सिर्फ वैसी विगत अनुभूतियाँ (past experiences) ही रहती है जिनका तात्कालिक अनुभवों से कोई सम्बन्ध नहीं होता है। अर्द्धचेतन (subconscious) में वैसी अनुभूतियाँ होतीं हैं जो विगत (past) तो होती हैं परन्तु उनका तात्कालिक अनुभवों से सम्बन्ध जुड़ा होता है। यही कारण है कि आवश्यकता पड़ने पर उनका प्रत्याह्वान (recall) हम कर लेते हैं।

(v) चेतन मन की इच्छाएँ आदर्श (ideal) होती हैं तथा उसका स्वरूप नैतिक एवं सामाजिक होता है। अचेतन

की इच्छाओं का स्वरूप अनैतिक, असामाजिक तथा अतार्किक (illogical) होता है। अर्द्धचेतन की इच्छाएँ भी नैतिक एवं सामाजिक ही होती हैं परन्तु उनका प्रभाव व्यक्ति के व्यवहारों पर कोई खास नहीं होता है।

(vi) मन के चेतन भाग में पराहं (super ego) तथा अहं (ego) की प्रवृत्तियाँ की अधिकता होतीं हैं परन्तु अचेतन भाग पर पूर्णत: उपाहं (id) की प्रवृत्तियों का बोलबाला होता है। अर्द्धचेतन (subconscious) भाग पर भी अहं (ego) की ही प्रवृत्तियों का अशंत: नियंत्रण पाया जाता है।

(vii) चेतन मन का विषय (content) स्पष्ट एवं व्यक्त (mainfested) होते हैं। यही कारण है कि चेतन मन के विषय के किसी भी अंश को अपनी इच्छानुसार हमलोग प्रत्याह्वान (recall) कर लेते हैं। अचेतन के विषय (content) पूर्णरूप से दमित होते हैं। फलत: उनका प्रत्याह्वान बहुत कोशिश करने के बावजूद भी हम नहीं कर पाते हैं। परन्तु अर्द्धचेतन (subconscious) के विषय आंशिक रूप से दमित (partially repressed) होते हैं। अत: जरूरत पड़ने पर व्यक्ति थोड़ा प्रयास करके उसके विषय का प्रत्याह्वान (recall) कर लेता है।

ऊपर किये गये विवरण से यह स्पष्ट है कि चेतन (conscious), अर्द्धचेतन (subconscious) तथा अचेतन (unconscious) एक दूसरे से समान (similar) होते हुए भी भिन्न (different) है।

अचेतन के बारे में एडलर तथा युंग का विचारधारा *(Adler and Jung's viewpoints regarding Unconscious)*

अचेतन के बारे में फ्रायड (Freud) के अलावा दो अन्य मनोविश्लेषकों (psychoanalysts) अर्थात् एडलर (Adler) एवं युंग (Jung) ने भी अपने-अपने विचार व्यक्त किये गये। एडलर तथा युंग दोनों ही फ्रायड (Freud) के सहकर्मी (colleagues) थे। परन्तु बाद में इन दोनों व्यक्तियों को फ्रायड से कुछ मतभेद हो गया और वे उनसे अलग होकर अलग-अलग पद्धति (system) की स्थापना किये। एडलर ने अपनी मनोवैज्ञानिक पद्धति को *व्यक्तिक मनोविज्ञान* (Individual Psychology) कहा तथा युंग (Jung) ने अपनी मनोवैज्ञानिक पद्धति को *वैश्लेषिक मनोविज्ञान* (Analytical psychology) कहा।

एडलर ने अपनी मनोवैज्ञानिक पद्धति में फ्रायड के समान चेतन (conscious) तथा अचेतन (unconscious) में अन्तर नहीं किया है और कहा है कि इन दोनों को व्यक्तित्व के दो विरोधी भाग (opposing part) मानना उचित नहीं है। सचमुच में चेतन एवं अचेतन दोनों ही व्यक्तित्व के दो सहयोगी भाग (cooperating parts) हैं। एडलर के अनुसार प्रत्येक व्यक्ति का एक जीवन शैली (style of life) होता है जिनके अनुसार व्यक्ति का व्यवहार संचालित एवं नियंत्रित होता है। जीवन शैली (style of life) का विकास व्यक्ति द्वारा वातावरण में किये गये अंत:क्रियाओं (interactions) द्वारा होता है। चेतन तथा अचेतन दोनों इस जीवन-शैली के अन्तर्गत दो पूरक (complementary) बल (foce) हैं जिनके बीच अन्तर (diffenerce) नहीं किया जा सकता है। एडलर[1] (Adler, 1925/64) के ही शब्दों में, ''किसी व्यक्ति के अस्तित्व के दो परस्पर विरोधी भाग के रूप में हम चेतन तथा अचेतन को नहीं रख सकते हैं। जैसे ही चेतन के बारे में हम समझ नहीं पाते हैं या उससे अवगत नहीं हो सकते हैं, वह अचेतन बन जाता है और जैसे ही हम अचेतन प्रवृत्तियों को समझने लगते हैं या उससे अवगत हो जाते हैं वह चेतन बन जाता है।'' इस तरह एडलर ने अचेतन एवं चेतन को एक-दूसरे का विरोधी न मानकर एक-दूसरे का पूरक (complementary) माना है तथा दोनों में कोई विभेद नहीं किया है। शायद यही कारण है कि एडलर का अचेतन का सिद्धान्त फ्रायड के समान उतना लोकप्रिय नहीं हो सका। हाल एवं उनके सहयोगियों (Hall et al., 1985) के अनुसार अचेतन मन (mind) का एक छोटा भाग होता है तथा बड़ा भाग चेतन (conscious) होता है। एडलर का यह विचार फ्रायड द्वारा अचेतन के बारे में कही गयी बात के ठीक उल्टा है।

युंग ने अचेतन (unconscious) का विस्तृत रूप से वैज्ञानिक अध्ययन किया है। युंग के अनुसार अचेतन मन का वह हिस्सा (part) है जो व्यक्तित्व को समझने में सम्पूर्णता (completeness) लाता है। अचेतन में वैसे सारी प्रवृत्तियाँ

---

1. "We cannot oppose consciousness to unconsciousness as if they were antagonistic halves of an individual's existence. The concious life becomes unconcious as soon as we fail to understand it and as soon as we understand an unconcious tendency, it has already become conscious" —*Adler : Problems of Neurosis 1929/64,* P. 163

होतीं हैं जो पहले कभी चेतन में थीं परन्तु फिर उन्हें अचेतन में दमित (repressed) कर दिया गया तथा साथ-ही-साथ इसमें वैसी प्रवृत्तियाँ भी होतीं हैं जो कभी भी चेतन में नहीं थी। अचेतन की बहुत-सी प्रवृत्तियों एवं इच्छाओं द्वारा भविष्य के चेतन (future consciousness) का जन्म होता है। शायद यही कारण है कि कभी-कभी व्यक्ति को नजदीक भविष्य में अपने साथ होने वाली घटनाओं का आभास कुछ पहले ही हो जाता है। परन्तु अचेतन के कुछ तत्त्व (प्रवृत्ति एवं इच्छा) ऐसे होते हैं जो कभी भी चेतन में नहीं आते हैं। इसे युंग(Jung 1954/60) ने *साइकोयाड अचेतन* (Psychoid unconscious) कहा है और उन्होंने यह भी स्वीकार किया है कि इसका अस्तित्व को प्रमाणित करना सम्भव नहीं है।

युंग (Jung) ने अचेतन (unconscious) को दो भागों में बाँटा है—व्यक्तिगत अचेतन (personal unconscious) तथा सामूहिक अचेतन (collective unconscious)। युंग के अनुसार व्यक्तिगत अचेतन अचेतन का सबसे ऊपरी सतह (top layer) होता है तथा इसमें वैसी अनुभूतियाँ (experiences) होती हैं जो कभी पहले चेतना में थी परन्तु अनैतिक एवं अतार्किक (illogical) होने के कारण उन्हें दमित कर दी गयी हैं तथा साथ-ही-साथ वैसी अनुभूतियाँ भी होती हैं जो पहले से ही अचेतन में मौजूद थी और वे कभी भी चेतन मन में पहले नहीं थी। हाल, लिण्डजे लोहलिन तथा मैनोसेविज[1] (Hall, Lindzey, Lohlin & Manosevitz, 1985) के अनुसार, "व्यक्तिगत अचेतन में वैसी अनुभूतियाँ होतीं हैं जो दमित होतीं हैं, या भूली हुई होतीं हैं तथा साथ-ही-साथ वैसी अनुभूतियाँ भी होतीं हैं जो कभी चेतन अनुभव में नहीं आ पायी हैं।" युंग ने इस तरह के अचेतन (unconscious) को व्यक्तिगत अचेतन इसलिए कहा है क्योंकि इसका सम्बन्ध पूर्णतः किसी व्यक्ति विशेष से होता है। यही कारण है कि प्रत्येक व्यक्ति का व्यक्तिगत अचेतन (personal unconscious) अपूर्व (unique) होता है। फिस्ट (Feist, 1985) के अनुसार युंग के व्यक्तिगत अचेतन के कुछ अनुभूतियाँ इस प्रकार की होतीं हैं जिसे व्यक्ति जरूरत पड़ने पर थोड़ा-सा प्रयास करके प्रत्याह्वान (recall) कर लेता है, कुछ अनुभूतियाँ ऐसी होतीं हैं जिनका प्रत्याह्वान बहुत कठिनाई (difficulty) से व्यक्त कर पाता है तथा कुछ ऐसी होती हैं जिन्हें चेतन मन (conscious mind) में कभी लाया ही नहीं जा सकता है।

सामूहिक अचेतन (collective unconscious) को *जातीय अचेतन* (racial unconscious) भी कहा जाता है। सामूहिक अचेतन अचेतन का भीतर एवं बड़ा भाग होता है जिसमें मानव जाति में हजारों वर्ष के पीढ़ी-दर-पीढ़ी से चली आ रही अनुभूतियाँ संचित होती हैं जिसे व्यक्ति प्रायः अपने पूर्वजों (ancestors) से प्राप्त करता है। सामूहिक अचेतन की स्मृतियाँ एवं अनुभूतियाँ जन्मजात (inherited) होतीं है जो एक पीढ़ी से दूसरी पीढ़ी (generation) और फिर दूसरी पीढ़ी से तीसरी पीढ़ी में संचारित होते रहतीं हैं। युंग के अनुसार सामूहिक अचेतन का विषय (contents) किसी एक समाज या संस्कृति के सभी व्यक्तियों के लिए एक समान होता है। सामूहिक अचेतन की अनुभूतियाँ निष्क्रिय या सुषुप्त (dormant) नहीं होतीं हैं बल्कि सक्रिय होकर व्यक्ति के चिन्तन, संवेगों एवं व्यवहारों को प्रभावित करती हैं। यह सामूहिक अचेतन की अनुभूतियों (experiences) का परिणाम है कि व्यक्तियों में भिन्न-भिन्न तरह के धार्मिक विश्वास, देवकथाएँ (myths) एवं अनुश्रुतियाँ (legends) विकसित होती हैं और उसके अनुसार उनका व्यवहार नियंत्रित होता है। सूर्य एक देवता है जैसे विश्वास का जन्म इसी सामूहिक अचेतन की अनुभूतियों की सक्रियता का परिणाम है। युंग के अनुसार सामूहिक अचेतन की अनुभूतियाँ व्यक्ति में व्यैक्तिक स्वप्न (individual dream) भी उत्पन्न करता जिसे उन्होंने *बड़ा स्वप्न* (big dream) कहा है। ऐसे स्वप्नों का अर्थ व्यक्ति खुद नहीं समझता क्योंकि उसके स्वप्न का सम्बन्ध पूरे मानवजाति (mankind) से होता है।

इस तरह से हम देखते हैं कि युंग के अचेतन का सिद्धान्त फ्रायड के अचेतन के सिद्धान्त से भी अधिक विस्तृत एवं वैज्ञानिक है।

फ्रायड और युंग के अचेतन मन के सिद्धान्तों की तुलना (*Comparison of Freud's and Jung's theories of Unconscious*)

फ्रायड के अचेतन का सिद्धान्त तथा युंग के अचेतन का सिद्धान्त, एडलर के अचेतन का सिद्धान्त की तुलना में अधिक लोकक्रिय हो पाया है। अतः फ्रायड एवं युंग के सिद्धान्तों का एक तुलनात्मक अध्ययन करना आवश्यक है।

1. "Experiences that have been suppressed, or forgotten as well as those that fail to make a conscious impression, fill the personal unconscious." —*Hall et al. : Theories of Personality*, 1985, p. 112.

इस तुलनात्मक अध्ययन में हम इन दोनों सिद्धान्तों की समानताओं (similarities) एवं विभिन्नताओं (dissimilarities) पर प्रकाश डालेंगे । इन दोनों सिद्धान्तों की प्रमुख समानताएँ (similarities) निम्नांकित है—

(i) फ्रायड (Freud) तथा युंग (Jung) के सिद्धान्तों में सबसे प्रमुख समानता (similarity) यह है कि दोनों मनोविश्लेषकों (psychoanalysts) ने अचेतन में दमन (repression) के महत्त्व को स्वीकार किया है । दोनों ने एक स्वर में अपने-अपने सिद्धान्तों में कहा है कि जब व्यक्ति की इच्छाएँ सामाजिक नियमों के विपरीत होतीं हैं, तो वह वैसी इच्छाओं को अचेतन में दमन (repression) कर देता है।

(ii) फ्रायड तथा युंग दोनों ने ही यह बतलाया है कि अचेतन में दमित इच्दाएँ काफी सक्रिय (active) रहतीं हैं तथा स्वप्नों एवं दैनिक जीवन की सामान्य भूलों (psychopathologies of everyday life) आदि के रूप में प्रकट होती है ।

(iii) फ्रायड (Freud) एवं युंग (Jung) दोनों ही ने यह स्वीकार किया है कि दमित इच्छाएँ परस्परविरोधी होते हुए भी अचेतन में संचित रहतीं हैं तथा अपनी संतुष्टि के लिए बिना प्रतिस्पर्द्धा (competition) तथा संघर्ष (conflict) के ही प्रयत्नशील रहती है ।

इन समानताओं के बावजूद भी अचेतन के बारे में फ्रायड (Freud) एवं युंग (Jung) में कुछ अन्तर है । अन्तर निम्नांकित है—

(i) फ्रायड ने अचेतन को दो भागों में नहीं बाँटा है जबकि युंग ने अचेतन को दो भागों में अर्थात् व्यक्तिगत अचेतन (personal unconscious) तथा सामूहिक अचेतन या प्रजातीय अचेतन (collective unconscious or social unconscious) दो भागों में बाँटा है । सचमुच में फ्रायड का अचेतन से मतलब व्यक्तिगत अचेतन (personal unconscious) से था ।

(ii) फ्रायड के अनुसार अचेतन का सम्बन्ध सिर्फ भूत (past) से होता है जबकि युंग के अनुसार अचेतन का सम्बन्ध भूत के अलावा वर्तमान एवं भविष्य की इच्छाओं से भी होता है । दूसरे शब्दों में, अचेतन का सम्बन्ध विगतकाल या भूत (past) में उत्पन्न वैसी इच्छाओं से होती है जिनकी संतुष्टि न होने के कारण इन्हें दमित कर दिया गया था। परंतु युंग के अनुसार अचेतन का सम्बन्ध ऐसी विगत इच्छाओं के अलावा वर्तमान एवं भविष्य की इच्छाओं से भी होता है ।

(iii) फ्रायड (Freud) के अनुसार अचेतन की इच्छाएँ एवं अनुभूतियाँ कामुक (sexual) तथा अनैतिक प्रकृति के होती हैं जबकि युंग (Jung) के अनुसार अचेतन की इच्छाएँ एवं अनुभूतियाँ कामुक (sexual) तथा अकामुक (nonsexual) दोनों ही प्रकृति के होती हैं । युंग के अनुसार अकामुक इच्छाएँ भी कुंठित होकर धीरे-धीरे दमित हो जातीं हैं ।

(iv) फ्रायड के अनुसार अचेतन में दमित होने वाली इच्छाएँ चेतन स्तर से होकर अचेतन में जाती हैं, अर्थात् वे कभी-न-कभी चेतन मन में थीं परन्तु उनकी संतुष्टि नहीं होने के कारण उन्हें अचेतन मन में दमित कर दिया गया होता है । लेकिन युंग (Jung) के अनुसार अचेतन मन में चेतन से दमित होने वाली इच्छाओं के अलावा कुछ ऐसी इच्छाएँ भी होती हैं जो वंश-परम्परा के नियमों द्वारा व्यक्ति को अपने माता-पिता या पूर्वजों से मिला होता है ।

(v) फ्रायड के अनुसार अचेतन के विषय (content) पूर्णतः अर्जित (acquired) होते हैं परंतु युंग (Jung) के अनुसार अचेतन का विषय अंशतः अर्जित (acquired) होते हैं (व्यक्तिगत अचेतन) तथा अशंतः जन्मजात तथा वंशागत (hereditary) होते हैं (सामूहिक अचेतन) ।

उपर्युक्त वर्णन से यह स्पष्ट है कि अचेतन के बारे में फ्र ायड (Freud) एवं युंग (Jung) के विचारों में समानता (similarity) होते हुए भी काफी भिन्नता (dissimilarity) है ।

अचेतन का महत्त्व *(Importance of Unconscious)*

अचेतन का महत्त्व असामान्य मनोविज्ञान के क्षेत्र में काफी है । मनोविश्लेषकों (psychoanalysts) के अनुसार अचेतन का महत्त्व निम्नांकित तीन कारकों से सर्वाधिक हैं—

(i) अचेतन का महत्त्व मानसिक रोगों (mental diseases) को समझने एवं उसके लक्षणों के कारणों को समझने

में काफी अधिक है। अधिकतर मनोवैज्ञानिक आजकल इस बात से सहमत है कि मानसिक रोगों के कारण व्यक्ति की अतृप्त इच्छाएँ एवं मानसिक संघर्ष (mental conflict) आदि होते हैं जो अचेतन में ही दमित रहते है। । अतः इन रोगों के स्वरूप एवं उसके लक्षणों को समझने में चेतन काफी मदद करता है।

(ii) दिन-प्रतिदिन की घटनाओं जैसे स्वप्न (dream), दिवास्वप्न (daydream) दैनिक जीवन की सामान्य भूलों (psychopathologies of everyday life) तथा विभिन्न प्रकार के मानसिक संघर्षों (mental conflicts) आदि को समझने में अचेतन की भूमिका सराहनीय है। अचेतन की इच्छाएँ दिन-प्रतिदिन की इन घटनाओं द्वारा व्यक्त होतीं हैं और व्यक्ति को परोक्ष रूप से संतुष्टि दिलाती हैं।

(iii) अचेतन का महत्त्व मानसिक रोगों की चिकित्सा में भी काफी है। मनोचिकित्सा (psychotherapy) के भिन्न-भिन्न प्रविधियों (techniques) जैसे सम्मोहन (hypnosis) एवं मनोविश्लेषण (psychoanalysis) आदि द्वारा अचेतन की अतृप्त इच्छाओं एवं संघर्षों (conflicts) का पता लगाया जाता है और फिर उसके अनुकूल इन रोगों का चिकित्सा किया जाता है। जब अचेतन के अस्तित्व (existence) को स्वीकार नहीं किया गया था, तो वैसी परिस्थिति में मनोचिकित्सा की प्रविधियाँ (techniques) का भी महत्त्व इन रोगों की चिकित्सा में काफी सीमित था और लोग मूलतः झाड़-फूँक पर ही विश्वास अधिक किया करते थे।

उपयुक्त विवरण से यह स्पष्ट है कि अचेतन का महत्त्व काफी अत्यधिक है क्योंकि इससे असामान्य मनोविज्ञान के क्षेत्र में काफी प्रगति हुई है।

2. मन का गत्यात्मक या संरचनात्मक पहलू *(Dynamic or Structural aspect of mind)*—फ्रायड के अनुसार मन के गत्यात्मक पहलू (dynamic aspect) से तात्पर्य उन प्रतिनिधियों या साधनों (means) से होता है जिसके द्वारा मूलप्रवृत्तियों (instincts) से उत्पन्न मानसिक संघर्षों (mental conflicts) का समाधान होता है। ब्राऊन[1] (Brown) के अनुसार, "व्यक्तित्व के गत्यात्मक पहलू से फ्रायड का तात्पर्य उन प्रतिनिधियों से होता है जिनके मूलप्रवृत्तियों से उत्पन्न रहने वाले संघर्षों का समाधान किया जाता है।" मूलप्रवृत्तियों (instinct) से फ्रायड का तात्पर्य वैसे जन्मजात शारीरिक उत्तेजन (innate bodily excitation) से होता है जिसके द्वारा व्यक्ति के सभी तरह के व्यवहार निर्धारित किये जाते हैं। फ्रायड ने मूलप्रवृत्तियों को मूलतः दो भागों में बाँटा है—*जीवन मूलप्रवृत्ति* (life instinct) तथा *मृत्यु मूलप्रवृत्ति* (death instinct)। जीवन मूलप्रवृत्तियों द्वारा व्यक्ति के सभी तरह के रचनात्मक कार्यों (contructive works) का तथा मृत्यु मूलप्रवृत्ति द्वारा व्यक्ति के सभी तरह के ध्वंसात्मक (destructive) कार्यों तथा आक्रमकारी व्यवहारों (aggressive behaviours) का निर्धारण होता है। सामान्य व्यक्तित्व में इन दोनों तरह के प्रवृत्तियों में एक संतुलन बना होता है। जब इन परस्पर विरोधी मूल प्रवृत्तियों में संघर्ष होता है तो व्यक्ति उनका समाधान करने की कोशिश करता है। इस तरह के समाधन के लिए फ्रायड ने मूलतः तीन प्रतिनिधियों (agents) का वर्णन किया है—उपाहं (id), अहं (ego) तथा पराहं (super ego)। इन तीनों का वर्णन निम्नांकित हैं—

(1) उपाहं *(Id)*—उपाहं व्यक्तित्व का जैविक तत्त्व (biological component) है जिनमें उन प्रवृत्तियों का भरमार होता है जो जन्मजात होती हैं तथा जो असंगठित, कामुक (sexual), आक्रामकतापूर्ण तथा किसी नियम आदि को मानने वाली नहीं होती है। एक नवजात शिशु में मूलतः उपाहं की प्रवृत्तियों का ही भरमार होता है। उपाहं की प्रवृत्तियाँ "आनन्द सिद्धान्त" (pleasure principle) द्वारा निर्धारित होती है क्योंकि ऐसी प्रवृत्तियों का मुख्य उद्देश्य आनन्द देने वाले प्रेरणाओं की संतुष्टि करना होता है। इसे उचित-अनुचित, विवेक-अविवेक, समय, स्थान आदि से कोई मतलब नहीं होता है। उपाहं की प्रवृत्तियों का वास्तविकता (reality) से मतलब नहीं होता है क्योंकि वह अचेतन में होता है। व्यक्तित्व में उत्पन्न तनावों एवं संघर्षों को दूर करने के लिए उपाहं मूलतः दो तरह के प्रक्रम (mechanisms) को अपनाता है—*सहज प्रक्रिया* (reflex action) तथा *प्राथमिक प्रक्रिया* (primary process)। सहज प्रक्रिया में उपाहं तनाव उत्पन्न करने वाले स्रोत (source) के प्रति अपने आप (automatically) अनुक्रिया कर तनाव को दूर करता है। खाँसना (coughing), छींकना (sweezing), आँख मिचकाना (blinking) आदि कुछ ऐसी ही सहज प्रक्रियाओं के उदाहरण हैं। प्राथमिक प्रक्रिया में व्यक्ति वैसे उद्दीपकों (stimuli) जिनसे पहले इच्छा की संतुष्टि होती थी, के बारे में मात्र एक कल्पना कर अपना

1. ". . . by the dynamic aspects of the self, Freud means the agents through which conflict arising in the instincts are worked out." —Brown : *Psychodynamics of Abnormal behaviour, p.165.*

संघर्ष या तनाव दूर करता है । एक बच्चा जिस अमुक खिलौना से पहले वह खेलता था, नहीं देने पर उस खिलौने का मात्र कल्पना कर ही अपनी इच्छा को पूर्ति करता है तथा मानसिक तनाव को दूर करता है ।

उपाहं की कुछ खास-खास विशेषताएँ (characteristics) होती हैं जिनका ज्ञान भी अपेक्षित है । वैसी विशेषताओं का वर्णन निम्नांकित है—

(i) उपाहं (id) में जीवन मूलप्रवृत्तियों (life instincts) तथा मृत्यु मूलप्रवृत्तियों (Death instincts) दोनों का ही समावेश रहता है *(Id contains both life instincts and death instincts)*—जीवन मूलप्रवृत्ति के कारण व्यक्ति रचनात्मक कार्य (constructive work) करता है तथा मृत्यु मूलप्रवृत्ति के कारण व्यक्ति विध्वंसात्मक कार्य (destructive work) करता है । इन दोनों कार्यों से उन्हें सुख या आनन्द मिलता है । एक बच्चा अपने खिलौने से खेलता है और मन भर जाने पर पटककर उसे तोड़ डालता है । इन दोनों ही तरह के कार्यों अर्थात् रचनात्मक एवं विध्वंसात्मक कार्यों से बच्चा को आनन्द मिलता है ।

(ii) उपाहं का सम्बन्ध जीवन की वास्तविकताओं (realities) से नहीं होता है *(Id is not concerned with the realities of life)*—उपाहं का सम्बन्ध बाह्य वातावरण की वास्तविकताओं से नहीं होता है । शायद यही कारण है कि उपाहं नैतिक एवं सामाजिक प्रतिबन्धों का बिना ख्याल के ही अपनी सभी इच्छाओं को पूरा करने के लिए लालायित रहता है । जब कोई बच्चा हाथी देखने का निश्चय कर लेता है तो वश वह हर तरह से हाथी देखने के लिए लालायित हो उठता है चाहे उसे उस क्षण हाथी दिखलाना सम्भव हो या नहीं । चूँकि उपाहं का सम्बन्ध वास्तविकता से नहीं होता है, अत: यह व्यक्तियों के जीवन के अनुभवों से परिवर्तित नहीं होता है ।

(iii) उपाहं आनन्द सिद्धान्त द्वारा निर्देशित होता है *(Id is guided by pleasure principle)*— उपाहं आनन्द सिद्धान्त द्वारा नियंत्रित होता है । उपाहं का ध्येय केवल सुख प्राप्त करना होता है । इसलिए उपाहं केवल उन्हीं इच्छाओं को जन्म देती है जिनसे व्यक्ति को सुख मिलता हो चाहे वे इच्छाएँ सामाजिक रूप से अनुचित एवं अविवेक पूर्ण ही क्यों ने हों । एक छोटा बच्चा जब हाथी देखने की इच्छा प्रकट करता है, तो कोसों दूर चलकर भी हाथी देखने जाने में भी वह हिचकिचाता नहीं है । उपाहं की सारी शक्ति सुख या आन्नद की प्राप्ति में लगा होता है । जैसा कि फिस्ट[1] (Feist, 1985) ने कहा है, "उपाहं की सारी शक्ति एक उद्देश्य के लिए खर्च की जाती है और वह है आनन्द प्राप्त करने का उद्देश्य ।"

(iv) उपाहं अतार्किक होता है *(Id is illogical)*—उपाहं अतार्किक होता है क्योंकि इसमें परस्पर विरोधी इच्छाएँ संचित होती हैं । उदाहरणार्थ, किसी व्यक्ति में एक महिला को जान से मार देने की इच्छा हो सकती है परन्तु साथ-ही-साथ उसी महिला के साथ यौन समागम (sexual union) की भी इच्छा उसमें हो सकती है । अत: स्पष्ट है कि उपाहं अतार्किक होता है ।

(v) उपाहं नैतिकता से परे (amoral) एवं असंगठित (unorganized) होता है *(Id is amoral and unorganized)*—उपाहं नैतिकता से परे (amoral) होता है । इसका स्पष्ट मतलब यह हुआ है कि उपाहं को सही-गलत का ज्ञान नहीं होता है । उसे क्या करना चाहिए एवं क्या नहीं करना चाहिए, इसका ज्ञान बिल्कुल ही नहीं होता है । यही कारण है कि एक छोटा बच्चा (जो पूर्णत: उपाहं द्वारा निवेशित होता है) विच्छु तक को हाथ से पकड़ लेने में तनिक भी हिचकिचाता नहीं है । इतना ही नहीं, उपाहं असंगठित (unorganized) भी होता है क्योंकि उपाहं में संचित अनुभूतियाँ एक-दूसरे से संबंधित नहीं होती हैं । जैसे, यदि किसी छोटे बच्चे का हाथ एक बार गर्म स्टोव को स्पर्श कर लेने से जल भी गया है तो वह फिर कुछ समय बाद गर्म स्टोव सामने होने पर वह उसे छू लेने के लिए हाथ बढ़ाता है ।

(vi) उपाहं पूर्णत: अचेतन होता है *(Id is wholly unconscious)*—उपाहं पूर्णत: अचेतन होता (चित्र—5.2 देखें) । उपाहं की प्रवृत्तियाँ अचेतन रूप से अपनी संतुष्टि चाहती है। चूँकि उपाहं अचेतन होता है, इसलिए यह नैतिकता से परे, असामाजिक एवं वास्तविकता से दूर होता है।

2. अहं *(Ego)*–अहं (ego or I) मन के गत्यात्मक पहलू का दूसरा प्रमुख भाग है। जन्म के कुछ दिन बाद तक

1. "All energy of id is spent for one purpose—to seek pleasure." —Feist : *Theories of personality*, 1985, p.25.

बच्चा पूर्णतः उपाहं की प्रवृत्तियों द्वारा नियंत्रित होता है । परन्तु सामाजिक नियमों एवं नैतिक मूल्यों के कारण उनकी ऐसी प्रवृत्तियों या इच्छाओं की पूर्त्ति नहीं होती है जिसके फलस्वरूप उसमें निराशा (frustration) का अनुभव होता है और उसका सम्बन्ध वास्तविकता (reality) से स्थापित होता है । इस प्रक्रिया में उसमें अहं (ego) का विकास होता है । अतः अहं मन का वह हिस्सा है जिसका सम्बन्ध वास्तविकता (reality) से होता है तथा जो बचपन में उपाहं की प्रवृत्तियों (id impulses) से ही जन्म लेता है । अहं 'वास्तविकता सिद्धान्त' (reality principle) द्वारा नियंत्रित होता है तथा वातावरण की वास्तबिकता के साथ इसका सीधा सम्बन्ध (direct relationship) होता है । अहं को व्यक्तित्व का निर्णय लेने वाला या कार्यकारिणी शाखा (executive branch) माना गया है । चूँकि अहं अशंतः (partly) चेतन (conscious), अंशतः अर्द्धचेतन (subconscious) तथा अंशतः अचेतन (unconscious) होता है, इसलिए अहं द्वारा इन तीनों स्तर पर ही निर्णय लिया जाता है । (चित्र 5.2 देखें) ।

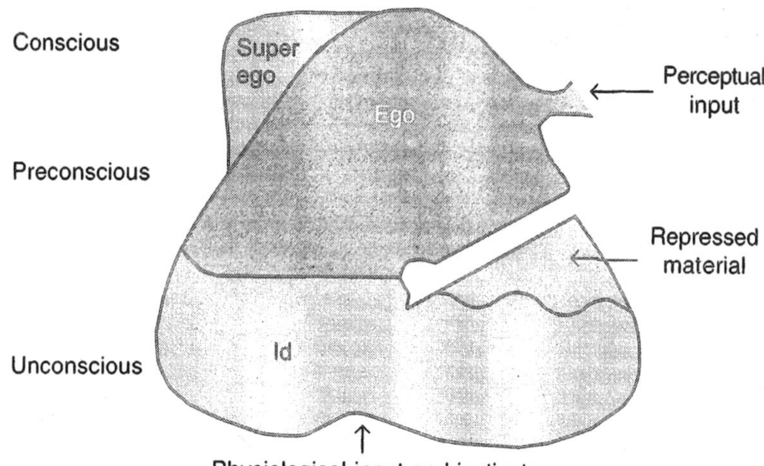

चित्र-5.2 : उपाहं, अहं एवं पराहं का चित्र

अहं व्यक्ति की आवश्यकताओं की पूर्त्ति चिन्तन के गौण प्रक्रियाओं (secondary processes) द्वारा अर्थात् वास्तविक चिन्तन (realistic thinking) द्वारा न कि स्वली चिन्तन (autistic thinking) द्वारा करता है। व्यक्ति की आवश्यकताओं की पूर्त्ति करने तथा अन्य संज्ञानात्मक (cognitive) एवं बौद्धिक (intellectual) कार्यों को करने में अहं तिकोणी (three-sided) संघर्ष से घिर जाता है। अहं (ego) इन कार्यों को करने में उपाहं (id), पराहं (super ego) तथा वास्तविक दुनिया (real world) के माँगों (demands) को ध्यान में रखता है। उपाहं (id) एवं पराहं (super ego) के माँग अवास्तविक (unrealistic) होते हैं। दूसरे तरफ बाह्य दुनिया (external world) की माँग (demand) वास्तविकता एवं सामाजिक नियमों के अनुकूल होता है। यदि अहं बाह्य दुनियाँ की वास्तविकता के पक्ष में निर्णय लेता है जो इससे उपाहं (id) एवं पराहं (super ego) की इच्छाओं एवं प्रवृत्तियों की अवहेलना होती है और यदि इनकी इच्छाओं एवं प्रवृत्तियों के पक्ष में अहं निर्णय लेता है, तो दुनियाँ की वास्तविकता की उपेक्षा होती है। फलस्वरूप अहं (ego) के सामने एक अजीव संघर्षमय परिस्थिति होती है जहाँ उसे इस तरह का निर्णय करना होता है जिससे इन दोनों पक्षों को समान संतुष्टि मिले। व्यक्तित्व के कार्यकारिणी शाखा (executive branch) के रूप में अहं (ego) किसी संघर्षमय परिस्थिति से उत्पन्न चिन्ता को कम करने के लिए बचाव मनोक्रिया या प्रक्रम (defense mechanism) का सहारा लेता है। इस बचाव मनोक्रिया के कई प्रकार हैं जिसमें दमन (repression) एक प्रमुख प्रकार है।

अब अहं (ego) के स्वरूप (nature) को ठीक ढंग से समझने के लिए यह आवश्यक है कि इसकी कुछ विशेषताओं (characteristics) पर ध्यान दिया जाय । फ्रायड (Freud) के अनुसार इसकी प्रमुख विशेषताएँ (characteristics) निम्नांकित हैं—

(i) अहं व्यक्तित्व की कार्यकारिणी शाखा (executive branch) के रूप में कार्य करता है । अतः इसके द्वारा सभी महत्त्वपूर्ण निर्णय (decisions) लिए जाते हैं ।

(ii) अहं अंशत: चेतन (conscious), अंशत: अर्द्धचेतन (subconscious) तथा अशंत: अचेतन (unconscious) होता है। अत: इसके द्वारा इन तीनों स्तरों अर्थात् चेतन, अर्द्धचेतन एवं अचेतन स्तर पर निर्णय लिया जाता है। जैसा कि फिस्ट[1] (Feist, 1985) ने कहा है, "चूँकि अहं अंशत: चेतन, अंशत: अर्द्धचेतन एवं अंशत: अचेतन होता है, इसलिए इन तीनों स्तरों में से प्रत्येक स्तर पर (अहं द्वारा) निर्णय लिया जाता है।"

(iii) अहं 'वास्तविकता सिद्धान्त' (reality principle) द्वारा निर्देशित (guided) एवं नियंत्रित होता है। अहं का सम्बन्ध बाह्य संसार की वास्तविकता (reality) से सीधा होता है और इस अर्थ में यह उपाहं (id) एवं पराहं (super ego) दोनों से भिन्न है क्योंकि इन दोनों का सम्बन्ध ऐसी वास्तविकताओं से नहीं होती है।

(iv) अहं का सम्बन्ध नैतिकता से नहीं होता है *(Ego is not concerned with morality)*—अहं यह नहीं जानता है कि क्या उचित है तथा क्या अनुचित है। अहं सिर्फ यह देखता है कि किसी भी कार्य को करने का अभी सुअवसर है या उसे करने का अभी सुअवसर नहीं है। सुअवसर होने पर अहं अनुचित कार्यों को भी करने की अनुमति दे देता है। शायद यही कारण है कि सुअवसर देखकर परीक्षार्थी परीक्षा में नकल कर लेते हैं जिसके लिए उन्हें कोई पश्चाताप भी नहीं होता है। इसे ध्यान में रखते हुए यदि अहं को अवसरवादी (opportunist) कहा जाय, तो कोई अतिश्योक्ति (exaggeration) नहीं होगा।

(v) अहं एक अभियोजक (adjustor) के रूप में कार्य करता है। एक ओर वह उपाहं (id) एवं पराहं (super ego) की अवास्तविक प्रवृत्तियों (unrealistic tendencies) से पूर्णत: अवगत रहता है तथा उसके परिणाम को गंभीरतापूर्वक सोचता है तो दूसरी ओर उन प्रवृत्तियों एवं इच्छाओं की सामाजिक वास्तविकता (social realities) को ध्यान में रखकर अवसर मिलने पर उसकी पूर्त्ति करने की अनुमति भी देता है।

3. पराहं *(Super ego)*—पराहं (super ego) को 'अहं-से-ऊँचा (above-I) भी कहा गया है। जैसे-जैसे बच्चा बड़ा होते जाता है, वह अपना तादात्म्य (identification) माता-पिता के साथ स्थापित करते जाता है जिसके परिणामस्वरूप वह यह सीख लेता है कि क्या उचित है तथा क्या अनुचित है। इसी तरह के सीखना से पराहं (super ego) के विकास की शुरूआत होती है। पराहं को व्यक्तित्व का नैतिक शाखा (moral or ethical branch) माना गया है जो व्यक्ति को यह बतलाता है कि कौन कार्य नैतिक है तथा कौन कार्य अनैतिक है। यह आदर्शवादी सिद्धान्त (idealistic principle) द्वारा निर्देशित एवं नियंत्रित होता है। इस तरह से बचपन में समाजीकरण (socialization) के दौरान बच्चा माता-पिता द्वारा दिये गये उपदेशों को अपने अहं (ego) में आत्मसात कर लेता है और यही बाद में पराहं (super ego) का रूप ले लेता है। पराहं (super ego) विकसित होकर एक तरफ उपाहं (id) की कामुक (sexual), आक्रामक एवं अनैतिक प्रवृत्तियों पर रोक लगाता है तो दूसरी ओर अहं (ego) को वास्तविक एवं यथार्थ लक्ष्यों (real goals) से हटाकर नैतिक लक्ष्यों (moral goals) की ओर ले जाता है। एक पूर्णत: विकसित पराहं (well-developed super ego) व्यक्ति के कामुक एवं आक्रामक प्रवृत्तियों पर नियंत्रण दमन (repression) के माध्यम से करता है। हालाँकि वह दमन का प्रयोग स्वयं नहीं करता है, फिर भी वह अहं को दमन के प्रयोग का आदेश देकर ऐसी इच्छाओं पर नियंत्रण रखता है। यदि अहं इस आदेश का पालन नहीं करता है, तो इससे व्यक्ति में दोष-भाव (guilt-feeling) उत्पन्न हो जाता है। उपाहं (id) के ही समान पराहं (super ego) को भी अवास्तविक (unrealistic) कहा गया है क्योंकि पराहं इस बात का ख्याल नहीं करता कि उसके नैतिक आदेशों (moral or ethical order) को पूरा करने में वातावरण में उपस्थित किन-किन कठिनाइयों का सामना अहं (ego) को करना होता है। वह आँख-मूंदकर अपने नैतिक आदेशों की पूर्णता (perfection) की लक्ष्य की ओर अहं को खींचने की भरपूर कोशिश करता है। अहं (ego) के समान ही पराहं (super ego) चेतन, अर्द्धचेतन एवं अचेतन तीनों ही होता है। (चित्र-5.2 देखें)

पराहं (super ego) के वास्तविक स्वरूप को ठीक ढंग से समझने के लिए इसके निम्नांकित विशेषताओं पर विचार करना आवश्यक है—

(i) पराहं व्यक्तित्व का नैतिक कमाण्डर होता है *(Super ego is the moral commander of personality)*—पराहं नैतिकता एवं आदर्शों का भण्डार होता है। समाजीकरण के दौरान बचपन में व्यक्ति उचित-अनुचित एवं

1. "Since the ego is partly conscious, partly preconscious and partly unconscious, decisions are made at all these three levles." —Feist : *Theories of Personality*, 1985, p. 25

नैतिक-अनैतिक कार्यों को अपने माता-पिता से प्राप्त होने वाले उपदेशों से सीखता है जो सभी पराहं द्वारा किये जाते हैं। पराहं नैतिकतायुक्त होने के कारण उपाहं (id) के कामुक इच्छाओं पर नियंत्रण करता है तथा अहं को वास्तविक होने का ही यह परणिाम है कि हम चोरी-डकैती, लूट-मार, वेश्यावृत्ति आदि को बुरा समझकर उसे नहीं करते हैं। जिन व्यक्तियों में पराहं का विकास अधूरा होता है, वे इन घृणित कार्यों को प्राय: करते हैं और इसके लिए उन्हें किसी तरह का कोई पश्चाताप भी नहीं होता है।

(ii) उपाहं (id) के समान ही पराहं (super ego) वास्तविकता से परे यानी अवास्तविक (unrealistic) होता है। फ्रायड ने इसे अवास्तविक इसलिए कहा है क्योंकि यह अपने नैतिक आदेशों को अहं द्वारा पूरा करवाने में अहं के सामने आये वास्तविक कठिनाइयों का तनिक भी ख्याल नहीं करता है। फिस्ट[1] (Feist, 1985) के शब्दों में, ''अहं द्वारा पराहं के आज्ञा को पालन करने में हुए कठिनाइयों या असम्भवों को वह (अर्थात् पराहं) ख्याल नहीं करता है और इस अर्थ में वह यथार्थवादी (unrealistic) है।''

(iii) पराहं (super ego) के दो उपतंत्र (subsystems) होते हैं—*अन्त:करण या विवेक* (conscience) तथा *अहं-आदर्श* (ego-ideal)। जब माता-पिता द्वारा बच्चों को अनुचित कार्य किये जाने पर सजा या दण्ड मिलता है तो इससे उनमें अन्त:करण या विवेक (conscience) विकसित होता है तथा जब बच्चों को उचित कार्य किये जाने पर माता-पिता द्वारा पुरस्कार (reward) दिया जाता है, तो उनमें अहं-आदर्श (ego-ideal) विकसित होता है।

(iv) पराहं चेतन (conscious), अर्द्धचेतन (subconscious) एवं अचेतन (uncouscio-us) तीनों स्तर पर कार्य करता है। (चित्र–5.2 देखें)

(v) पराहं (super ego) व्यक्ति को अनैतिक एवं कामुक प्रवृत्तियों पर रोक दमन (repression) द्वारा लगवाता है। यद्यपि दमन का प्रयोग पराहं स्वयं नहीं कर सकता है, अत: वह इसका प्रयोग अहं द्वारा करवाकर ऐसी प्रवृत्तियों एवं इच्छाओं पर रोक लगवाता है। यदि अहं पराहं के दमनकारी आज्ञा का पालन नहीं करता है तो वह (पराहं) व्यक्ति में दोष की भावना (feeling of guilt) एवं पश्चाताप की भावना (feeling or remorse) उत्पन्न कर देता है।

उपाहं, अहं एवं पराहं का तुलनात्मक अध्ययन *(A Comparative Study of Id, Ego and Super Ego)*

फ्रायड के अनुसार एक स्वस्थ्य सामान्य व्यक्ति में उपाहं (id) अहं (ego) तथा पराहं (super ego) काफी समन्वित्त ढंग से कार्य करता है तथा इसमें किसी प्रकार का संघर्ष नहीं होता है। ऐसे व्यक्तियों का अहं (ego) काफी शक्तिशाली (powerful) होता है। उपाहं (id), अहं (ego) तथा पराहं (super ego) की विशेषताओं पर ध्यान देने से स्पष्ट हो जाता है कि उनमें कुछ समानताएँ (similarities) है तथा कुछ विषमताएँ (dissimilarities) है। उसकी प्रमुख समानताएँ (similarities) निम्नांकित हैं—

(i) उपाहं (id), अहं (ego) एवं पराहं (super ego) तीनों ही मन के गत्यात्मक पहलू के काल्पनिक भाग (imaginary parts) हैं जिन्हें अन्य वस्तुओं के समान ठोस रूप से दिखलाया नहीं जा सकता है।

(ii) किसी भी मानसिक संघर्ष में उपाहं (id), अहं (ego) तथा पराहं (super ego) तीनों ही शामिल रहते हैं अन्तर सिर्फ मात्रा (degree) का होता है। आक्रमकता एवं कामुक प्रवृत्तियों से संबंधित मानसिक संघर्ष में उपाहं का आवेष्टन (involvement) अधिक होता है परन्तु नैतिकता से संबंधित मानसिक संघर्ष में पराहं (super ego) का आवेष्टन (involvement) अधिक होता है। अहं (ego) को तो दोनों ही तरह के संघर्ष में समान रूप से जुझना पड़ता है।

इन समानताओं के बावजूद भी इन तीनों में कुछ विषमताएँ हैं जो निम्नांकित हैं—

(i) उपाहं (id) बच्चों में जन्म से ही मौजूद रहता है। 1-2 वर्ष के बाद बच्चों में अहं (ego) का विकास होता है और जब बच्चा 3-4 वर्ष का हो जाता है तब वह तादात्म्य (identificaiton) अपने माता-पिता के साथ स्थापित कर लेता है तथा उनके उपदेशों को ग्रहण करने लगता है जिससे उसमें पराहं (super ego) का विकास होने लगता है। अत: कालक्रमिक (chronological) खयाल से उपाहं, अहं एवं पराहं का अंतर वही है जो क्रमश: एक बड़ा भाई, मँझला भाई एवं छोटा भाई का होता है।

1. "Super ego is unrealistic in the sense that it does not take into consideration the difficulties or impossibilities faced by the ego in carrying out its orders." —Feist *: Theories of Personality*, 1985, p. 28.

(ii) उपाहं (id) 'आनन्द सिद्धान्त' (pleasure principle) द्वारा नियंत्रित होता है, अहं (ego) 'वास्तविकता सिद्धान्त' (reality principle) से नियंत्रित होता है तथा पराहं (super ego) 'आदर्शवादी सिद्धान्त' (idealistic principle) से नियंत्रित होता है।

(iii) उपाहं (id) तथा पराहं (super ego) को बाह्य वातावरण की वास्तविकता (reality) से कोई मतलब नहीं होता है जबकि अहं (ego) को बाह्य वातावरण की वास्तविकता (reality) से सीधा सम्बन्ध होता है।

(iv) उपाहं (id) पूर्णत: (wholly) अचेतन (unconscious) होता है, परंतु अहं (ego) तथा पराहं (super ego) दोनों ही अंशत: चेतन, अंशत: अर्द्धचेतन (subconscious) तथा अंशत: अचेतन (unconscious) होते हैं (चित्र–5.2 में देखें)

(v) अहं (ego) एक समायोजक (adjustor) के रूप में कार्य करता है जबकि उपाहं (id) की प्रवृत्तियाँ तथा पराहं (super ego) की प्रवृत्तियाँ परस्परविरोधी होती हैं और यह अहं (ego) को अपनी-अपनी ओर खींचने में व्यस्त रहतीं हैं।

स्पष्ट है कि समान होते हुए भी उपाहं, अहं एवं पराहं में भिन्नता है।

दैनिक जीवन की मनोविकृतियाँ (Psychopathologies of Everyday Life)

स्वरूप *(Nature)*—सभी व्यक्ति अपने दैनिक जीवन में कुछ-न-कुछ भूलें करता है। इसमें से कुछ भूलें ऐसी होतीं हैं, जिनका हमें ज्ञान होता है तथा हम तुरंत ही उन भूलों में सुधार कर लेते हैं। परन्तु कुछ भूलें ऐसी होती हैं जिसे व्यक्ति अपने दैनिक जीवन में अज्ञानतावश तथा अनायास कर बैठता है। ये ऐसी भूलें (errors) हैं जो व्यक्ति को निरूद्देश्य (unpurposeful) तथा मात्र संयोगवश (just by chace) होने लगता है। फ्रायड (Freud) के अनुसार ऐसी भूलें अनायास नहीं होती है बल्कि उनका कारण होता है जो अचेतन (unconscious) में दमित (repressed) होता है। अचेतन में दमित विरोधी विचार (contradictory thoughts), कामुक इच्छाएँ (sexual desires), अतृप्त इच्छाएँ (unfulfilled wishes), आक्रामक प्रवृत्तियाँ (aggressive tendencies) ही इन भूलों का कारण होती है। अचेतन में दमित ऐसी प्रवृत्तियाँ इन गलतियों या भूलों द्वारा चेतन में अभिव्यक्त (expressed) होतीं हैं। ऐसी गलतियों (errors) को ही फ्रायड ने *'दैनिक जीवन की मनोविकृतियाँ'* (Psychopathologies of everyday life) कहा है। फ्रायड ने अपनी पुस्तक 'साइकोपैथोलॉजी ऑफ एवरीडे लाइफ' 'Psychopathology of Everyday life' जो 1914 में प्रकाशित हुआ, में इन मनोविकृतियों का विस्तृत वर्णन किया है। इन मनोविकृतियों (psychopathologies) में बोलने की भूलें (slips of tongue), लिखने की भूलें (slip of pen), किसी व्यक्ति या स्थान के नामों को भूलना (forgetting of names), चीजों को इधर-उधर रखने की भूलें (mislaying of objects), पहचानने की भूलें (errors in recognition), छपाई की भूलें (misprints), अनजाने में की गयी क्रियाएँ (erroneously carried out actions) आदि प्रमुख हैं। चूँकि इन भूलों के कारण अचेतन में होते हैं, अत: व्यक्ति इन भूलों के प्रति अनभिज्ञ रहता है तथा उसे मात्र संयोगवश या बिना ध्यान के होने वाली गलती समझकर अपने-आप को संतुष्ट कर लेता है।

दैनिक जीवन के मनोविकृतियों के प्रमुख प्रकार *(Some important types of psychopathologies of everyday life)*

फ्रायड (Freud) ने अनेकों तरह की मनोविकृतियों (psychopathologies) का वर्णन किया है जिनमें निम्नांकित प्रमुख है—

(1) बोलने की भूलें *(Slip of tongue)*—प्राय: यह देखा गया है कि दैनिक जीवन में व्यक्ति से बोलने की भूलें हो जाया करती हैं। वह बोलना कुछ चाहता है और बोल कुछ और ही देता है। ऐसी गलतियों पर स्वयं व्यक्ति को भी आश्चर्य होता है। इस आश्चर्य का कारण यह है कि ऐसी गलतियों के जन्म का स्रोत अचेतन होता है। मेरिंगर तथा मेयेर (Meringer & Mayer, 1948) ने बोलने में हुए इस तरह के भूल का कारण शब्दों की ध्वनियों में समानता बतलाया है। परन्तु फ्रायड (Freud) ने इसका जोरदार खण्डन किया है और कहा है कि इसका कारण अचेतन में दमित इच्छाएँ होती हैं जो इस तरह के भूल के रूप में चेतन में व्यक्त होकर अपना आंशिक संतुष्टि कर लेती है। बोलने की भूलें

के बहुत से उदाहरण हमें दैनिक जीवन में मिलते हैं। जैसे, एक बार एक नेता किसी सभा का उद्घाटन करते हुए कहे, ''सज्जनों मैं घोषणा करता हूँ कि 'कोरम' पूरा है अत: मैं सभा का कार्यवाही विधिवत् रूप से समाप्त करता हूँ।'' जबकि नेताजी को बोलना था, ''सज्जनों, मैं घोषणा करता हूँ कि कोरम पूरा है और अब मैं सभा की कार्यवाही विधिवत् रूप से प्रारंभ करता हूँ।'' बाद में नेताजी के विचारों का विश्लेषण से यह पता चला कि सचमुच में नेताजी उस सभा को नहीं होने देना चाहते थे क्योंकि उनके नजरों में उस सभा का न तो कोई औचित्य था और न ही उससे कोई सार्थक उद्देश्य की ही पूर्त्ति होती थी। उसी तरह से बोलने की भूल (slip of tongue) का एक अच्छा उदाहरण ब्राउन (Brown, 1969, p. 233-234) ने दिया। ब्राउन के एक मित्र को अपने ऊपर काफी गर्व था तथा अपने ज्ञान-भण्डार को अन्य व्यक्तियों के ज्ञान-भण्डार से काफी बड़ा समझता था। एक बार उसे एक सभा में अपने मित्र के लेख पर बधाई देनी थी। उसे कहना था, ''क्या मैं इस महान लेख पर अपना साधारण विचार प्रकट कर सकता हूँ।'' ("May I offer a few modest remarks on this very brilliant paper ?") परन्तु उसने कहा, ''इस निम्न कोटि के लेख पर क्या मैं अपना महान विचार प्रकट कर सकता हूँ ?'' (May I offer a few brilliant remarks on this very modest paper)। इस उदाहरण से स्पष्ट है कि उस व्यक्ति के अचेतन मन में इस लेख के प्रति महानता का नहीं बल्कि निम्नता का विचार था। इसी तरह के अनेक उदाहरण हम अपने दैनिक जीवन से भी दे सकते हैं जिसमें इस तरह की बोलने की भूलें हुआ करती हैं। इसी तरह फ्रायड ने एक उदाहरण देते हुए कहा है कि एक बार एक ऐसी रोगणी के लिए दवा लिखा जा रहा था जो सचमुच में इलाज के खर्च से काफी परेशान थी। रोगणी अचानक बोल उठी, ''हमें इतना भी बिल (bills) न देना जिन्हें मैं निगल ही नहीं पाऊँ।'' उसका यहाँ स्पष्टत: बिल (bills) से तात्पर्य (pills) से था। स्पष्ट है कि बोलने की भूल अचेतन द्वारा प्रेरित होती है।

(2) नामों को भूलना *(Forgetting of names)*—प्राय: ऐसा होता है कि हम अपने दैनिक जीवन में परिचित व्यक्तियों, वस्तुओं तथा स्थानों के नामों को स्थायी या अस्थायी तौर पर भूल जाते हैं। कई बार तो बहुत कोशिश करने के बाद भी उनके नाम याद नहीं आते हैं परन्तु अपने आप फिर बाद में याद आ जाते हैं। यह अस्थायी भूलना का कारण अर्द्धचेतन (subconscious) होता है। परन्तु स्थायी रूप से भूलना या लम्बे समय तक याद नहीं आने का कारण अचेतन (unconscious) ही होता है। नामों को भूलने के समान ही हम अन्य बातों को भी भूलते रहते हैं। जैसे किसी से किये गये वायदों का भूल जाना, पत्र को डाकखाने के पत्र-पटी में डालना भूलना, किसी से ली गई वस्तु को लौटाना भूलना आदि भी हमारे दैनिक जीवन में प्राय: होते रहते हैं। साधारणत: इन सभी तरह के भूलने की क्रिया का कोई स्पष्ट कारण हमें पता नहीं चलता है और हम इसे एक संयोगवश या निरर्थक होने वाली घटना समझकर उस पर ध्यान नहीं देते हैं परन्तु फ्रायड ने कहा है कि ये सभी तरह का भूलना निरर्थक एवं संयोगवश नहीं होते बल्कि वे सार्थक होते हैं और उनका कारण अचेतन या अर्द्धचेतन में होता है। फ्रायड ने कई उदाहरण देकर यह स्पष्ट किया है कि इन सभी तरह के भूलने के पीछे कोई-न-कोई कारण जरूर होता है। इन तथ्यों से संबंधित अचेतन में कुछ दमित दुखद या अप्रिय अनुभूतियाँ (experiences) होती हैं जिनसे उत्पन्न मानसिक संघर्षों (mental conflicts) से मुक्ति पाने के लिए हम अचेतन रूप से उसे भूल जाते हैं। फ्रायड ने अपनी पुस्तक 'साइकोपैथोलॉजी ऑफ एभरीडे लाइफ' में एक अच्छा उदाहरण प्रस्तुत किया है जो इस प्रकार है—

किसी 'R' महोदय को एक महिला 'P' से प्रेम हो गया लेकिन यह प्रेम एक-तरफा था। 'P' ने 'R' को कभी प्रेम नहीं किया। कुछ दिनों बाद 'P' की शादी 'M' नाम के युवक से हो गयी। 'R' 'M' को पहले से ही जानता था और दोनों एक-दूसरे के साथ व्यापार भी किया था। इस पुरानी जान-पहचान के बाद भी अब 'R' बार-बार 'M' का नाम भूल जाया करता था और जब उसका नाम लिखने की जरूरत होती थी तो वह अक्सर दूसरे से पूछता था। यहाँ स्पष्ट है कि 'R' अपने भाग्यशाली प्रतिद्वन्द्वी 'M' के बारे में अपने समस्त जानकारी को समाप्त कर उसके नाम तक को भूल जाना चाहते थे।

सारासन (Sarason, 1972) ने अपनी पुस्तक 'एबनॉरमल साइकोलॉजी' में एक इसी तरह का रोचक एवं दिलचस्प उदाहरण दिया है—एक महिला अपनी बेटी की कुछ मानसिक समस्याओं का इलाज कराने के लिए मनोचिकित्सक के पास गयी। मनोचिकित्सक द्वारा बेटी का नाम पूछे जाने पर महिला उसके नाम को बतलाने में असमर्थ रही क्योंकि वह भूल गयी थी। बाद में बातचीत से पता चला कि महिला को इस बेटी को जन्म देने मे भयानक तकलीफें उठानी पड़ी थीं। स्पष्ट है कि अचेतन में दमित अप्रिय एवं दु:खद अनुभव द्वारा उत्पन्न मानसिक संघर्षों से मुक्ति पाने हेतु अचेतन

रूप से महिला अपने बेटी का नाम भूल गयी थी। फ्रायड ने इसी तरह के दु:खद घटना के कारण भूलने का एक उदारहण इस प्रकार दिया है—फ्रैंक (Frank) जो फ्रांस का रहने वाला था भारतवर्ष आया था। एक दिन वह अपने प्रिय पालतू कुत्ता (pet dog) के साथ ढेले मार-मार कर खेल रहा था। इस सिलसिले में कुत्ता तालाब में गिर गया लेकिन तब भी वह कुत्ता पर ढेला फेंकने का क्रम जारी रखा। इसका परिणाम यह हुआ कि कुत्ता तालाब में डूबकर मर गया। इस दु:खद घटना का प्रभाव फ्रैंक क मन पर काफी पड़ा जिसके परिणास्वरूप वह अपने देश के सुप्रसिद्ध बाजार का नाम जिसका नाम, 'POND' था भूल गया। फ्रैंक को इस बात का एहसास तब हुआ जब उसके दोस्त ने उस बाजार से सामान खरीदने की चर्चा की। यद्यपि कि फ्रैंक उस बाजार से काफी परिचित था, फिर भी जब उसका नाम उसे याद नहीं आया, तो इसपर उसे काफी आश्चर्य हुआ। यहाँ 'POND' नामक बाजार को भूलने का स्पष्ट कारण इस तालाब (या Pond) में हुई वह दु:खद घटना थी जिसके परणिामस्वरूप वह शब्द अचेतन में दमित हो गया था।

(3) लिखने की भूलें *(Slip of pen)*—लिखने की भलें भी हमारे दैनिक जीवन की सामान्य भूलों में से एक है। इस तरह की भूल में व्यक्ति लिखना कुछ चाहता है और लिख कुछ और देता है। लिखने की भूलों में इसके अलावा अन्य भूलें जैसे अधिक शब्द लिख देना, सही शब्द के बदले विपरीत शब्द लिख देना, किसी महत्त्वपूर्ण शब्द का छूट जाना, बाद के शब्दों को पहले लिखना आदि सम्मिलित होतीं हैं। सामान्यत: ऐसी गलतियों का कारण लिखते समय ध्यान न देना या ध्यान का बँट जाना या भाषा-ज्ञान का अभाव माना गया है। परन्तु फ्रायड ने विश्लेषणात्मक सबूत (analytical evidences) देकर यह साबित कर दिया है कि लिखने की भूलें भी अचेतन की दमित इच्छाओं के कारण ही होतीं हैं। एक नर्स का किसी डॉक्टर से प्रेम हो गया था परन्तु डॉक्टर द्वारा इसे नापसन्द किये जाने के कारण उसे डॉक्टर को भूल जाना पड़ा। उसने डॉक्टर को एक पत्र लिखा जिसमें उसने 'doctor' के स्थान पर 'Dear' लिखा। इस भूल के माध्यम से नर्स ने डाक्टर के प्रति अचेतन में संचित प्रेम प्रदर्शित किया। एक बार पटना विश्वविद्यालय के एक प्रोफेसर एवं विभागाध्यक्ष अपने श्वसुर के मृत्यु हो जाने पर कुलपति (Vice-chancellor) को आकस्मिक छुट्टी (casual leave) के लिए निवेदन पत्र में लिखा, ''चूँकि आपके श्वसुर की मृत्यु हो गयी है, इसलिए हमें आकस्मिक छुट्टी पर जाने की इजाजत दी जाय।'' जबकि उन्हें लिखना था, ''चूँकि मेरे श्वसुर की मृत्यु हो गयी है, इसलिए हमें आकस्मिक छुट्टी पर जाने की इजाजत दी जाय।'' स्पष्टत: प्रोफेसर साहब को अपने श्वसुर से अधिक लगाव एवं प्रेम था जिसकी मृत्यु एक दु:खद समाचार थी जो अचेतन में दमित हो गयी थी। अचेतन की वह इच्छा लिखने की भूल के रूप में प्रकट हुई। (ब्राउन) Brown, 1969) ने एक मित्र का उदाहरण दिया है—उस मित्र को इंगलैंड जाने की इच्छा थी परन्तु कुछ कारणवश उसे शिकागो जाना पड़ा। उसने शिकागो से ब्राउन को लिखा, "I am so glad that I am coming to see you soon." और लिफाफे पर पता लिखा था—To Mr...Chicago, England." स्पष्ट है कि इंगलैंड जाने की इच्छा लिफाफे पर गलत पता लिखने की भूल में प्रकट हुई। उसी तरह ब्राऊन (Brown, 1969) ने एक दूसरा उदाहरण दिया है कि जिसमें डॉ० कार्ल मेनिंगर (Dr. Karl Menninger) ने एक कार्य से किसी व्यक्ति के घर पर मिलने गये। परन्तु उस व्यक्ति ने डॉ० मेनिंगर में कोई रुचि नहीं दिखलाई, और मात्र एक साधारण व्यक्ति के रूप में व्यवहार किया। मेनिंगर वापस आने के बाद उस व्यक्ति को एक धन्यवाद पत्र लिखा, ''मैं आपको धन्यवाद ज्ञापित करना चाहता हूँ क्योंकि मेरे सम्मान में आपने कोई शिष्टता नहीं दिखलाई।'' ("I wish to thank you for any courtsies which you extended to me.") लेकिन सचमुच में वे लिखना चाहते थे, ''मैं आपको धन्यवाद ज्ञापित करना चाहता हूँ क्योंकि मेरे सम्मान में आपने काफी शिष्टता दिखलाई''। ("I wish to thank you for many courtsies you extended to me")। स्पष्ट है कि डॉ० मेनिंगर उस व्यक्ति के उदासीन व्यवहार के प्रति आभार प्रकट करने की इच्छा नहीं रखते थे। इसलिए अचेतन रूप से उन्होंने 'many courtsies' के स्थान पर 'any courtsies' लिख दिया।

(4) छपाई की भूलें *(Misprints)*—छपाई की भूलें (misprints) भी हमारे जीवन में अक्सर देखने को मिलती हैं। अक्सर समाचार-पत्रों, पुस्तकों एवं विज्ञापनों में इस तरह की भूलें देखने को मिलती हैं तथा अनेक बार इन गलतियों का सुधार भी देखने को मिलता है। इन गलतियों से भी हमें अचेतन में दमित इच्छाओं एवं विचारों के संकेत मिलते है।। इसके कुछ उदाहरण इस प्रकार हैं। एक बार लंदन के एक समाचार-पत्र में छपा कि सभा में "His Highness clown Prince" भी उपस्थित थे। 'clown' का अर्थ अंग्रेजी में 'जोकर' होता है। सचमुच में 'clown' के जगह 'crown' छपना था। अगले दिन समाचार-पत्र में क्षमायाचना के साथ गलती का सुधार किया गया और छपा, "The crow prince" भी

उपस्थित थे। यहाँ पुनः एक गलती हो गयी—"Crown Prince" के जगह "Crow Prince" (कौआ राज कुमार) छप गया। इस दुहराई गयी गलती से यह स्पष्ट हो जाता है कि प्रेस के प्रायः सभी कर्मचारी में "Crown Prince" के प्रति घृणा की भावना थी। शायद यही कारण है कि प्रेस के कर्मचारियों द्वारा "Crown Prince" के प्रति किये गये अपमानजनक सम्बोधनों को सुधारा नहीं गया। उसी तरह एक बार एक युद्ध संवाददाता (War correspondent) एक ऐसे सेनापति के सम्बन्ध में जो अपनी कमजोरियों के लिए प्रसिद्ध था, लिखा 'Battle scared veteran' (अर्थात् युद्धभीत योद्धा)। अगले दिन क्षमायाचना के साथ गलती का सुधार किया गया और संवाददाता ने लिखा कि उपयुक्त शब्द इस प्रकार होना चाहिए था, "Bottle Scarred veteran"। यहाँ 'Scared' को तो सुधारकर 'Scarred' ठीक कर दिया परन्तु 'Battle' की जगह 'Bottle' छप गया। स्पष्ट है कि यहाँ संवाददाता के अचेतन में उस सेनापति के लिए अधिक प्रेम-भाव एवं सम्मान का स्थान नहीं था जिसकी अभिव्यक्ति छपाई की इन भूलों के माध्यम से प्रकट हुई।

(5) पहचानने की भूल *(Mistakes in recognition)*—हमारे दैनिक जीवन में पहचानने की भूल भी एक महत्त्वपूर्ण भूल है। ऐसी भूलें किसी वस्तु, स्थान तथा व्यक्ति को पहचानने से संबंधित होती हैं। अक्सर देखा है कि हम किसी अपरिचित व्यक्ति को परिचित व्यक्ति या मित्र समझ बैठते हैं तथा किसी परिचित व्यक्ति या वस्तु के उपस्थित रहने पर भी हम उसे देख नहीं पाते हैं। पहचानने की इन दोनों तरह की भूलें अधिक सामान्य हैं और इनके द्वारा व्यक्ति के अचेतन मेन में संचित दमित इच्छाओं के बारे में हमें संकेत मिलते हैं। फ्रायड के अनुसार जब कोई व्यक्ति अपने मित्र या प्रेमपात्र को देखना चाहता है तो वह अपरिचित व्यक्ति को ही अपना मित्र या प्रेमपात्र समझ बैठता है। इस प्रकार की भूल द्वारा व्यक्ति अपने मित्र या प्रेमपात्र से मिलने की अचेतन इच्छा की संतुष्टि कर लेता है। इस तरह से कभी-कभी ऐसा होता है कि व्यक्ति या वस्तु के उपस्थित होने पर भी हम उसे देख नहीं पाते हैं। फ्रायड के अनुसार ऐसा इसलिए होता है क्योंकि अचेतन में उस व्यक्ति या वस्तु के प्रति घृणा होती है। इसी तरह समाचार-पत्र में किसी समाचार को रहते हुए उसे नहीं देखना तथा अपनी बगल से किसी परिचित मित्र को गुजरते हुए न देख पाना आदि कुछ ऐसी पहचानने की भूलें हैं, जिनके पीछे कोई-न-कोई अचेतन की दमित इच्छाएँ सक्रिय होती हैं।

(6) वस्तुओं को गलत स्थान पर रखना *(Mislaying of objects)*—अक्सर ऐसा देखा गया है कि हम वस्तुओं जैसे चाभी, महत्त्वपूर्ण कागज, रूमाल, कलम, डायरी आदि को इधर-उधर रख देते हैं, और समय पर जब उन्हें ढूँढ़ते हैं तो वह वस्तु नहीं मिलती है। दैनिक जीवन की इन भूलों के पीछे भी अचेतन की दमित इच्छाएँ सक्रिय होतीं हैं। फ्रायड के अनुसार वस्तुओं को इधर-उधर रखकर उसके बारे में भूल जाने से यह संकेत मिलता है कि व्यक्ति में उस वस्तु को अपने सामने से हटा देने की प्रवृत्ति अधिक होती है क्योंकि ऐसा कर देने से उनकी कोई समस्या या उलझन का समाधान हो जाता है। जोन्स (Jones) ने इस सम्बन्ध में एक काफी रोचक उदाहरण दिया है। उसने लिखा है कि जब उन्हें अधिक खाँसी आती है तो वे अपनी धूम्रपान-नलिका (smoking-pipe) को भूल से गलत स्थान पर रख देते थे और काफी प्रयास के बावजूद भी वे उसका खोज नहीं कर पाते थे। परन्तु जब खाँसी समाप्त हो जाती थी तो धूम्रपान-नलिका अति शीघ्र मिल जाती थी। उसी तरह ब्रिल (Brill) ने भी एक रोचक उदाहरण प्रस्तुत किया है। एक व्यक्ति एक जन्म-दिन महोत्सव में अपनी इच्छा के विपरीत तथा अपनी पत्नी के दबाव के कारण जाने को तैयार हुआ। जब वे उत्सव के अनुकूल कपड़े पहनने के लिए बक्सा को खोलने के लिए तैयार हुए तो चाभी नहीं मिली। काफी प्रयास के बावजूद भी चाभी नहीं मिली। दूसरे दिन सुबह जब उन्होंने ताला तोड़ा तो पाया कि चाभी बक्से के अन्दर थी। विश्लेषण करने पर ज्ञात हुआ कि अपने अचेतन की दमित इच्छाओं (उत्सव में न जाने की इच्छा) के कारण उसने कुछ समय पूर्व ही चाभी बक्से में रखकर ताला दबाकर बन्द कर दिया था।

(7) अनजाने में की गयी क्रियाएँ *(Erroneously carried out actions)*—अक्सर ऐसा होता है कि हम चेतन रूप से जो करना चाहते हैं, उसके बदले में हम कोई दूसरी क्रिया कर बैठते हैं और जब इन गलतियों का हमें ज्ञान होता है तो उसका हमें कोई अर्थ ही समझ में नहीं आ पाता है। जैसे, हम किसी व्यक्ति को 100 रुपये का नोट देना चाहते हैं परन्तु भूल से 500 रुपये का नोट दे देते हैं। हम अपने मित्र या परिचित व्यक्ति के यहाँ जाते हैं और अपना रूमाल, कलम, चश्मा आदि अनजाने में छोड़ आते हैं या कभी-कभी अपने मित्र से उनके कलम हस्ताक्षर करने के लिए (या कुछ लिखने के लिए) माँगते हैं और फिर उसे अपने जेब में रखकर चले आते हैं। इन सभी तरह की गलतियाँ जो अनजाने में होते दीख पड़तीं हैं, के पीछे अचेतन की दमित इच्छाएँ प्रबल होती हैं। ब्रिल (Brill) ने इसका एक अच्छा

उदाहरण दिया है—एक डाक्टर के मन में अपने चाचा के प्रति तीव्र घृणा एवं द्वेष भाव अधिक थी। एक बार उसके चाचा भयंकर रूप से बीमार पड़ गये तो उस डाक्टर ने भूल से 'डिजिटालिस' (Digitalis) नामक औषध के जगह पर हायोसिन (Hyoscine) नाम की औषध दे दी जिससे उसके चाचा की मृत्यु हो गयी। स्पष्ट है कि इस भयानक भूल के पीछे डाक्टर के मन में चाचा के प्रति तीव्र घृणा एवं द्वेष भाव थी। जोन्स (Jones) ने इसी तरह का एक उदाहरण अपने दैनिक जीवन से दिया है। इन्होंने एक बार सिगरेट का एक नया डिब्बा खरीदा परन्तु उनके पास के डिब्बे में भी कुछ सिगरेट बची हुई थी। वे नये डिब्बे का सिगरेट पीना चाहते थे परन्तु चूँकि ऐसा करने से पहले वाला सिगरेट बेकार हो जाता, अत: वे इस बचे हुए सिगरेट को ही पहले पीने का निश्चय कर एक किताब पढ़ने लगे। किताब पढ़ने में तल्लीन रहने के कारण वे भूल से नये डिब्बे का सिगरेट पीना प्रारंभ कर दिया। स्पष्ट है कि यहाँ जोन्स ने नये डिब्बे का सिगरेट पीकर अपनी उस दमित इच्छा की पूर्ति किया जिसके अनुसार वे सचमुच में नये डिब्बे का ही सिगरेट पीना चाहते थे परन्तु मितव्ययिता का विचार करके उन्होंने पुराना सिगरेट ही पीने की ठान रखी थी। हमारे दैनिक जीवन में अक्सर देखा जाता है कि पति से पत्नी ने कोई चीज मगाँयी परन्तु पति महोदय और चीज तो लाये परन्तु पत्नी द्वारा मगाँयी चीज को लाना भूल गये। इसकी सफाई में पति महोदय चाहे जो भी कह ले परन्तु फ्रायड तो यही कहेंगे कि पति के अचेतन में पत्नी द्वारा मँगायी गयी वस्तु के प्रति तुच्छता या घृणा की भाव थी।

(8) सांकेतिक क्रियाएँ *(Symptomatic acts)*—व्यक्ति अपने दैनिक जीवन में कुछ ऐसी सांकेतिक क्रियाएँ जैसे बैठे-बैठे पैर हिलाना, कलम या पेन्सिल के ऊपरी भाग को दाँत से दबाना, चाभी के गुच्छे को नचाना, भाषण देते समय किसी खास शब्द को बार-बार दुहराना, आदि करता है। इन सांकेतिक क्रियाओं का अर्थ तो व्यक्ति खुद भी नहीं समझता है परन्तु फ्रायड के अनुसार निश्चित रूप से इन हरकतों द्वारा अचेतन की दमित इच्छाओं का संकेत मिलता है। फ्रायड ने एक बार यह देखा कि एक विवाहित महिला अपने ऊँगली से अँगुठी को बार-बार निकालती थी तथा भीतर कर लेती थी। फ्रायड द्वारा पूछने पर कि वह ऐसा क्यों कर रही है, उसने कहा, ''ऐसी ही।'' परन्तु विश्लेषण करने पर पता चला कि वह महिला अपनी पति को कुछ करणों से तलाक (divorce) देना चहती थी परन्तु सामाजिक एवं नैतिक कारणों से वह ऐसा करना उचित नहीं समझती थी। फ्रायड के अनुसार अँगूठी को ऊँगली से खिसकाकर निकालने की क्रिया द्वारा पति को परित्याग करने तथा पुन: उस अगूँठी को ऊँगली के भीतर करने की क्रिया द्वारा नैतिक एवं सामाजिक बंधनों के कारण पति को परित्याग नहीं करने के विचारों का संकेत मिलता है।

उपर्युक्त विवरण से यह स्पष्ट है कि हमारे सामान्य जीवन की गलतियाँ या भूलें जो स्पटत: बेतुकी एवं निरर्थक दीख पड़ती हैं, सचमुच में निरर्थक नहीं होती है। इन भूलों एवं गलतियों द्वारा अचेतन मन की अतृप्त इच्छाएँ एवं विचारों की अभिव्यक्ति होती है। अत: मनोवैज्ञानिक दृष्टिकोण से दैनिक जीवन की ऐसी भूलें महत्त्वपूर्ण एवं सार्थक होती है।

मानसिक संघर्ष एवं मनोरचनाएँ या रक्षा युक्तियाँ
(Mental conflicts and Mental mechanisms or Defense Mechanism)

मानसिक संघर्ष का स्वरूप *(Nature of mental conflicts)*—प्रत्येक व्यक्ति चाहे सामान्य (normal) हो या असामान्य (abnormal), को किसी-न-किसी प्रकार के मानसिक संघर्ष का सामना कभी-न-कभी तो करना ही पड़ता है। प्रश्न यह उठता है कि मानसिक संघर्ष (mental conflict) किसे कहते हैं। मानसिक संघर्ष से तात्पर्य एक ऐसी स्थिति से होती है जो परस्पर दो या दो से अधिक विरोधी या एक-दूसरे से असंगत (inconsistent) प्रवृत्तियाँ या इच्छाएँ एक ही साथ अपनी संतुष्टि चाहती हैं। ऐसी स्थिति में दोनों प्रवृत्तियाँ एक-दूसरे की संतुष्टि में बाधा डालतीं हैं जिससे एक तरह का संघर्ष (conflict) की स्थिति उत्पन्न हो जाती है जिसे हम मानसिक संघर्ष कहते हैं। स्ट्रेन्ज[1] (Strange, 1965) ने इसे इस प्रकार परिभाषित किया है, ''जब परस्पर मेल न खाने योग्य प्रवृत्तियाँ एक साथ अभिव्यक्ति चाहती हैं, तो इससे (मानसिक) संघर्ष होती है। चूँकि ऐसी प्रवृतियों या प्रेरणाएँ एक-दूसरे को अवरुद्ध (block) करती हैं, इसलिए व्यक्ति के लिए तब तक कुछ करना सम्भव नहीं होता है जब तक कि वह इनमें से किसी एक की संतुष्टि को स्थगित न कर देता है।'' इस परिभषा से स्पष्ट है कि व्यक्ति में मानसिक संघर्ष की स्थिति उत्पन्न तब होती है जब दो

1. "Conflicts occurs when mutually exclusive impulses seek simultaneous expression. Since these impulses or motives block each other, the person in conflict is unable to act until he can delay satisfaciton of one of the motives."
—Strange : *Abnormal Psychology*, 1965, p. 120-21

या दो से अधिक परस्पर विरोधी इच्छाएँ अपनी संतुष्टि एक साथ चाहती हैं। इससे व्यक्ति का मानसिक संतुलन (mental equilibrium) बिगड़ जाता है और मानसिक संघर्ष की स्थिति उत्पन्न हो जाती है। जैसे यदि किसी विद्यार्थी को एक ही समय में वर्ग में भी जाना हो तथा साथ-ही-साथ अपने मित्र को स्टेशन पर विदा करने भी, तो इससे जो मानसिक स्थिति उत्पन्न होगी वह मानसिक संघर्ष की स्थिति होगी। सामान्यत: व्यक्ति ऐसे संघर्षों के पक्ष तथा विपक्ष में विचार करके उनका समाधान आसानी से कर लेता है परन्तु कुछ संघर्ष ऐसे होते हैं जिनके बारे में व्यक्ति आसानी से कोई निर्णय नहीं ले पाता है क्योंकि दोनों विरोधी प्रेरणाओं में से किसी एक को छोड़ना भी सम्भव नहीं है। ऐसी अवस्था में व्यक्ति निरन्तर संघर्ष की अवस्था में होता है जिससे व्यक्ति को सतत मानसिक तनाव (continuous mental tension) का सामना करना पड़ता है और वह धीरे-धीरे किसी-न-किसी मानसिक रोग का शिकार हो जाता है।

मानसिक संघर्ष के प्रकार ***(Types of Mental conflict)***

मनोवैज्ञानिकों ने मानसिक संघर्ष के निम्नांकित चार प्रमुख प्रकार बतलाए हैं—

(1) उपागम-उपागम संघर्ष (Approach-approach conflict)

(2) परिहार-परिहार संघर्ष (Avoidance-avoidance conflict)

(3) उपागम-परिहार संघर्ष (Approach-avoidance conflict)

(4) द्विउपागम-परिहार संघर्ष (Double-approach-avoidance conflict)

इन प्रकारों की व्याख्या इस प्रकार हैं—

(1) उपागम-उपागम संघर्ष *(Approach-approach conflict)*—जब व्यक्ति के सामने दो धनात्मक लक्ष्य (positive goals) होते हैं जो समान रूप से महत्त्वपूर्ण एवं आकर्षक होते हैं तथा जब व्यक्ति इन दोनों की प्राप्ति एक ही समय में कर लेना चाहता है, तो इससे उत्पन्न मानसिक संघर्ष को उपागम-उपागम संघर्ष (approach-approach conflict) कहा जाता है। इस स्थिति में संघर्ष इसलिए होता है कि दोनों धनात्मक लक्ष्यों से संबंधित इच्छाओं की पूर्त्ति करना एक साथ सम्भव नहीं होता है। फलत: व्यक्ति के किसी एक इच्छा की अवहेलना कर दूसरी इच्छा के पक्ष में निर्णय कर संतुष्ट होना पड़ता है। जैसे मान लिया जाय कि किसी महिला के सामने दो समान रूप से आकर्षक इच्छाएँ अर्थात् धनात्मक लक्ष्य (positive goal) हैं। इन दोनों इच्छाओं में से एक समय में किसी एक ही इच्छा की पूर्त्ति हो सकती है और स्वभावत: तब दूसरी इच्छा का उसे परित्याग करना होगा। ऐसी परिस्थिति में उस महिला में उत्पन्न संघर्ष उपागम-उपागम संघर्ष का उदाहरण होगा। जैसे कोई कॉलेज की छात्रा रात में अपनी दोस्त की बारात में शामिल होना चाहती है और साथ-ही-साथ उसी समय अपनी माँ के साथ आवश्यक सामान खरीदने के लिए बाजार भी जाना चाहती है तो इससे उत्पन्न संघर्ष को उपागम-उपागम संघर्ष की श्रेणी में रखा जायेगा। यहाँ दोनों ही लक्ष्य धनात्मक हैं क्योंकि दोनों ही महिला को स्वीकार है। इस तरह के उपागम-उपागम संघर्ष (approach approach conflict) को *अपसारित संघर्ष* (divergent conflict) भी कहा जाता है क्योंकि इस तरह के संघर्ष में व्यक्ति एक ही समय में दो अपसारित लक्ष्यों (divergent goals) की ओर जाने के लिए प्रेरित रहता है।

(2) उपागम-परिहार संघर्ष *(Approach-avoidance conflict)*—इस तरह के संघर्ष में व्यक्ति के सामने लक्ष्य तो एक ही होता है परन्तु उसके प्रति परस्परविरोधी भाव उसमें उत्पन्न हो जाते हैं। इस लक्ष्य पर वह पहुँचना भी चाहता है तथा साथ-ही-साथ उससे दूर भी रहना चाहता है। इस तरह के संघर्ष अन्य संघर्षों की अपेक्षा अधिक घातक होता है।

यहाँ व्यक्ति के सामने एक ही लक्ष्य होत है जिसे वह प्राप्त करना भी चाहता है (धनात्मक मान) तथा जिससे वह दूर रहना भी चाहता है (ऋणात्मक मान)। उदाहरणार्थ, यदि किसी व्यक्ति को एक ऐसी नौकरी मिल रही हो जिसे वह काफी पसन्द करता है क्योंकि उसका वेतनमान अधिक है परन्तु वह उसमें जाना नहीं चाहता है क्योंकि उसमें दूर-दूर के ग्रामीण इलाकों में जा जाकर लोगों से सम्पर्क स्थापित करना आवश्यक है। इस तरह की संघर्ष की स्थिति उपागम-परिहार संघर्ष की स्थिति होगी।

(3) परिहार-परिहार संघर्ष *(Avoidance-avoidance conflict)*—इस तरह के संघर्ष में व्यक्ति दो ऋणात्मक लक्ष्यों (negative goals) के बीच घिर जाता है। वह इन दोनों लक्ष्यों या इच्छाओं से दूर रहना चाहता है फिर भी इन दोनों में से किसी एक की पूर्त्ति के पक्ष में निर्णय लेना ही पड़ता है जिससे उसमें संघर्ष उत्पन्न होता है। यहाँ व्यक्ति दो ऋणात्मक लक्ष्य (negative goals) के बीच में होता है। चाहे व्यक्ति किसी भी ऋणात्मक लक्ष्य के पक्ष में निर्णय

क्यों न ले, उसे कुपरिणाम का सामना करना ही पड़ता है। मनोवैज्ञानिकों ने इस तरह की परिस्थिति को 'इधर खन्दक उधर खाई' (between the devil and the deep blue sea) से उपमा देकर तुलना किया है। व्यक्ति न तो खन्दक में जाना चाहता है और न खाई में ही गिरना चाहता है। परंतु उसे किसी एक में जाने का निर्णय लेना ही पड़ता है। जैसे, यदि किसी विद्यार्थी को रसायनशास्त्र तथा भौतिक शास्त्र में से किसी को अपने अध्ययन विषय के रूप में चुनना पड़े जबकि दोनों विषय उसे काफी कठिन तथा नीरस लगता हो, तो इससे उत्पन्न संघर्ष को परिहार-परिहार संघर्ष (avoidance-avoidance conflict) कहा जाता है।

(4) द्विउपागम-परिहार संघर्ष *(Double approach-avoidance conflict)*—इस तरह से संघर्ष में दो (या कभी-कभी दो से अधिक भी) धनात्मक एवं दो ऋणात्मक लक्ष्य व्यक्ति को एक साथ अपने-अपने ओर खींचने लगते हैं। जीवन की अधिकांश परिस्थितियाँ इसी प्रकार की होतीं हैं जिसमें व्यक्ति को कई धनात्मक एवं ऋणात्मक लक्ष्यों का सामना एक साथ करना पड़ता है। ऐसी परिस्थिति में उत्पन्न संघर्ष को *द्विउपागम-परिहार संघर्ष* (double approach-avoidance conflict) या *बहु उपागम-परिहार संघर्ष* (multiple approach-avoidance conflict) भी कहा जाता है। स्पष्ट है कि ऐसी परिस्थिति में व्यक्ति कम-से-कम दो धनात्मक लक्ष्यों एवं दो ऋणात्मक लक्ष्यों के बीच होता है और ये सभी लक्ष्य अपनी-अपनी पूर्त्ति एक साथ चाहते हैं। इसे एक उदाहरण द्वारा इस प्रकार समझाया जा सकता है। मान लीजिए कि एक नौकरी पेशा महिला है जिसकी शादी उसके मनपसन्द परन्तु बेरोजगार युवक से होने वाली है। परन्तु परिस्थिति कुछ ऐसी है कि शादी के बाद उस महिला को अपना शहर छोड़कर अपने पति के साथ रहने के लिए जाना आवश्यक है। अब इस उदाहरण पर गौर करें। मनपसंद युवक के साथ शादी करना एक धनात्मक लक्ष्य है तथा दूसरा धनात्मक लक्ष्य है नौकरी। इस उदाहरण में पहला ऋणात्मक लक्ष्य शादी के बाद नौकरी छोड़ना, तथा दूसरा ऋणात्मक लक्ष्य अपने पति की बेरोजगारी है। इस तरह से दोनों धनात्मक लक्ष्य एवं दोनों ऋणात्मक लक्ष्य महिला को अपनी-अपनी दिशा में सोचने के लिए बाध्य कर रहे हैं जिससे महिला में जो संघर्ष उत्पन्न होगी उसे द्विउपागम-परिहार लक्ष्य (double approach-avoidance conflict) कहा जायेगा।

इस तरह से हम देखते हैं कि किसी भी व्यक्ति को अपने जीवन-काल में भिन्न-भिन्न तरह के संघर्षों से जूझना पड़ता है। एक सामान्य व्यक्ति (normal person) इन संघर्षों का उचित समाधान तुरंत ढूँढ़ लेता है परन्तु जब वह किसी कारण से ऐसा नहीं कर पाता है तो इससे उसमें तनाव की स्थिति लम्बे समय तक बनी रहती है जिससे उसमें असामान्य व्यवहार के लक्षण दिखलाई पड़ने लगते हैं।

मानसिक संघर्षों का समाधान *(Resolution of Mental Conflicts)*

मानसिक संघर्षों का समाधान व्यक्ति चेतन स्तर (conscious level) तथा अचेतन स्तर (unconscious level) पर करता है। जब वह मानसिक संघर्षों का समाधान चेतन-स्तर पर करता है तो वह तर्क-वितर्क करते हुए संघर्ष के पक्ष-विपक्ष में सोचता है और अन्त में वह उसका एक निश्चित समाधान पर पहुँच जाता है। चेतन-स्तर पर समस्याओं का समाधान काफी आसान होता है।

जहाँ तक अचेतन-स्तर पर मानसिक समस्याओं का समाधान का प्रश्न है, यह चेतन-स्तर पर होने वाले समाधान से भिन्न होता है। इस तरह के समाधान में व्यक्ति संघर्ष के बारे में तर्क-वितर्क नहीं करता है बल्कि उसका अहं (ego) कुछ इस प्रकार के रक्षात्मक उपयों को अपनाता है जिससे संघर्ष का समाधान अपने-आप हो जाता है। इसलिए इन्हें *अहं-सुरक्षा युक्तियाँ* (ego defense mechanism) या *रक्षात्मक युक्तियाँ* (defense mechanism) या *मानसिक मनोरचनाएँ* (mental mechanism) भी कहा जाता है। प्रायः अहं (ego) मानसिक संघर्ष का समाधान युक्तिसंगत तरीकों (rational measures) से करना चाहता है परन्तु जब वह ऐसा नहीं कर पाता है तो कुछ अयुक्तिसंगत तरीकों (irrational measures) को अपनाता है ताकि वह उन संघर्षों का समाधान कर सके एवं व्यक्ति का मानसिक संतुलन (mental equilibrium) बना रहे।

इन अयुक्तिसंगत तरीकों को ही अहं रक्षा युक्तियाँ (ego-defense mechanism) कहा जाता है। ऐसी रक्षा युक्तियों (defense mechanisms) की निम्नांकित दो विशेषताएँ होतीं हैं—

(i) रक्षा-युक्तियाँ या अहं-रक्षा युक्तियाँ अचेतन स्तर पर काम करती हैं। अतः वे आत्म-भ्रामक (self-deceptive) होती हैं।

(ii) रक्षा-युक्तियाँ वास्तविकता के प्रत्यक्षण को विकृत (distort) कर देतीं हैं । इसलिए मानसिक संघर्ष से उत्पन्न चिन्ता अपने आप समाप्त हो जाती है ।

मनोवैज्ञानिकों ने कई रक्षा-युक्तियों का वर्णन किया है जिन्हें मूलत: दो भागों में बाँटकर अध्ययन किया गया है—

(क) प्राथमिक मानसिक मनोरचनाएँ (Primary mental mechanisms)

(ख) गौण मानसिक मनोरचनाएँ (Secondary mental mechanisms)

(क) प्राथमिक मानसिक मनोरचनाएँ *(Primary Mental Mechanisms)*—प्राथमिक मानसिक मनोरचनाएँ या जिन्हें मुख्य मनोरचनाएँ (major mechanism) भी कहा जाता है, वे मनोरचनाएँ हैं जो स्वतंत्र रूप से या तो मानसिक तनाव, संघर्ष एवं चिन्ता को दूर कर देती हैं या उनकी तीव्रता कम कर देती हैं । ऐसी मनोरचनाओं में मानसिक संघर्षों से उत्पन्न तनाव को कम करने की शक्ति होती है। इस श्रेणी में आने वाले प्रमुख मनोरचनाएँ हैं—दमन (repression), प्रतिगमन (regression), प्रतिक्रिया निर्माण (reaction formation), यौक्तिकीकरण (rationalization), रूपान्तर (conversion), उदात्तीकरण (sublimation) आदि।

(ख) गौण मानसिक मनोरचनाएँ *(Secondary Mental mechanisms)*—गौण मानसिक मनोरचना या अप्रधान मनोरचनाएँ (minor mental mechanism) से तात्पर्य वैसे मनोरचनाओं से होता है जो स्वयं मानसिक संघर्ष से उत्पन्न तनाव आदि को दूर करने की क्षमता नहीं रखती हैं परन्तु इन तनावों को कम करने में वे मुख्यत: अन्य मानसिक मनोरचनाओं की मदद करतीं हैं । ऐसी मनोरचनाओं में वास्तविकता के पलायन (denial or reality), आत्मीकरण (identification) प्रेक्षपण (projection), अन्त:क्षेपण (introjection), विस्थापन (displacement) क्षतिपूर्त्ति (compensation), स्थानान्तर (transference), स्वप्न-चित्र (fantasy) आदि प्रमुख हैं ।

इन दोनों श्रेणियों में आने वाले प्रमुख मानसिक मनोरचनाओं (mental mechanisms) का वर्णन इस प्रकार है—

(क) प्राथमिक या मुख्य मनोरचनाएँ (Primary or Major mental mechanisms)—

इस श्रेणी में आने वाले मुख्य मनोरचनाएँ निम्नांकित हैं—

1. दमन *(Repression)*—फ्रायड द्वारा वर्णन किये गये मनोरचनाओं में दमन (repression) सबसे प्रमुख मनोरचना है । दमन एक ऐसी मनोरचना है जिसके द्वारा चिन्ता, तनाव एवं संघर्ष उत्पन्न करने वाली असामाजिक एवं अनैतिक इच्छाओं को चेतना से हटाकर व्यक्ति अचेतन में कर देता है । दमन की यह प्रक्रिया भी अचेतन रूप से ही होती है । दमन को कभी-कभी *चयनात्मक विस्मरण की घटना* (phenomenon of selective forgetting) भी कहा जाता है । इसे पेज[1] (Page, 1947) ने इसे इस प्रकार परिभाषित किया है, "कष्टकर या अनैतिक होने के कारण व्यक्ति को विक्षुब्ध (disturb) करने वाले विचार या इच्छाएँ जब स्वत: ही व्यक्ति के चेतना से हट जाते हैं, तो दमन की संज्ञा दी जाती है ।" इस परिभाषा से यह स्पष्ट है कि दमन एक ऐसी स्वत: होने वाली मानसिक प्रक्रिया है जिनके द्वारा कष्टकर एवं अनैतिक विचार व्यक्ति के चेतन से हट जाते हैं । जब व्यक्ति की कोई इच्छा ऐसी होती है जो असामाजिक एवं अनैतिक होती है तो वह अहं (ego) तथा पराहं (super ego) को मान्य नहीं होता है । फलस्वरूप अहं (ego) अचेतन स्तर पर ऐसी इच्छाओं को चेतन स्तर से हटा देता है जिसे हम दमन कहते हैं। जैसे, यदि कोई व्यक्ति अपनी भाभी से यौन-सम्बन्ध (sexual relationship) स्थापित करने की इच्छा रखता है, तो इस तरह की अनैतिक इच्छा को व्यक्ति का अहं (ego) तथा पराहं (super ego) कभी पूरा करने की अनुमति नहीं देगा । फलस्वरूप ऐसी इच्छा का स्वत: ही दमन (repression) हो जायेगा । इसी तरह के अनेक अनैतिक एवं असामाजिक इच्छाओं का उदाहरण दिया जा सकता है जिसे अहं (ego) के लिए पूरा करना सम्भव नहीं है । फलत: उनका दमन कर दिया जाता है । ऐसी अनैतिक एवं असामाजिक इच्छाओं का जब अचेतन में दमन कर दिया जाता है, तो वे वहाँ निष्क्रय (passive) नहीं रहती बल्कि हमेशा चेतन में आने की कोशिश करती रहती हैं । वे स्वप्न (dream) तथा दैनिक जीवन के भिन्न-भिन्न प्रकार की भूलों के रूप में अचेतन से चेतन में अभिव्यक्त होती है ।

कुछ मनोवैज्ञानिकों ने दमन को **प्राथमिक दमन** (primary repression) तथा **गौण दमन** (secondary repression) दो भागों में बाँटा है । जब इच्छाएँ अचेतन में ही उत्पन्न होती है और वहीं दमित कर दी जाती है तो इसे प्राथमिक दमन (primary repression) कहा जाता है । इस तरह की इच्छाएँ व्यक्ति के चेतन में कभी होती ही नहीं

1. "The involuntary or spontaneous exclusion from conscious awarness of thoughts and impulses that are distrubing to the individual because of their painful or immoral nature is termed repression."

—Page : *Abnormal Psychology*, 1947, p.46

है। मूलतः इस तरह के दमन का सम्बन्ध बाल्यवास्था की इच्छाओं से होता है। गौण दमन (secondary repression) से तात्पर्य वैसी इच्छाओं से होती है जो कभी व्यक्ति के चेतन में थी परन्तु अब वे चेतन से अचेतन में दमित कर दी गयी है। व्यक्ति की अनैतिक एवं असामाजिक इच्छाओं का दमन इसी श्रेणी के दमन में आता है। कुछ मनोवैज्ञानिकों ने दमन को पूर्ण दमन (complete repression) तथा अपूर्ण दमन (incomplete repression) जैसे दो श्रेणियों में रखा है। पूर्ण दमन से तात्पर्य वैसे दमन से होता है जिसमें अचेतन में दमित होने पर इच्छाएँ पूर्णतः निष्क्रिय हो जातीं हैं या यों कहा जाय कि वे पूर्णतः इस तरह शिथिल हो जातीं हैं कि उनका पुनः अभिव्यक्ति चेतन में कभी भी नहीं हो पाती है। ऐसी इच्छाएँ व्यक्ति के व्यवहार पर कोई प्रभाव भी अपनी निष्क्रियता या शिथिलता के कारण नहीं डाल पातीं हैं। अपूर्ण दमन से तात्पर्य वैसे दमन से होता है जिसमें दमित इच्छाएँ अचेतन में होते हुए भी सक्रिय होतीं हैं और व्यक्ति के व्यवहार को काफी प्रभावित करती हैं। ऐसी इच्छाएँ मौका पाकर व्यक्ति के चेतन में अभिव्यक्त होने के लिए काफी प्रयत्नशील रहतीं हैं। फ्रायड के अनुसार स्वप्न तथा दैनिक जीवन की तरह-तरह की भूलें इस तरह की प्रयत्नशीलता का प्रभाव है।

मनोवैज्ञानिकों का मत है कि दमन (repression) की प्रक्रिया अन्य दो प्रक्रियाओं जैसे दलन (supperssion) तथा **अवरोधन** (inhibition) से कुछ समान होते हुए भी भिन्न है। दमन (repression) एवं दलन (suppression) में अन्तर इस प्रकार है—दलन की प्रक्रिया में व्यक्ति जान बूझकर या प्रयत्न कर के कष्टकर एवं अनैतिक इच्छाओं को चतन से अचेतन में भेजता है। अतः दलन की प्रक्रिया ऐसी होती है जिसका व्यक्ति को ज्ञान होता है परन्तु दमन की प्रक्रिया स्वतः होने वाली प्रक्रिया है जिसके द्वारा कष्टकर एवं अनैतिक इच्छाओं का दमन हो जाता है। इसमें व्यक्ति अपनी ओर से कोई जान-बूझकर अचेतन में इच्छाओं का दमन करने के लिए कोशिश नहीं करता है। जब हम अपने कष्टकर अनुभूतियों को भूलने हेतु दोस्तों के घर जाकर गपशप में लीन हो जाते हैं तो यह दलन (suppression) का एक उदाहरण होगा। दमन की प्रक्रिया अवरोधन की प्रक्रिया से भी भिन्न होती है। अवरोधन की प्रक्रिया में व्यक्ति जान-बूझकर कष्टकर एवं संघर्षमय इच्छाओं के जगह पर किसी दूसरी इच्छा को लाकर उसकी अभिव्यक्ति को अवरुद्ध (inhibit) कर उसके बारे में भूल जाना चाहता है। जैसे, यदि किसी विद्यार्थी में एक साथ ही पिकनिक पर जाने तथा कॉलेज जाने की इच्छा उत्पन्न होती है तो इस संघर्षमय परिस्थिति से छुटकारा पाने के लिए वह एक नयी इच्छा को उत्पन्न कर अर्थात् चुपचाप सो जाने की इच्छा उत्पन्न कर वह दोनों इच्छाओं की अभिव्यक्ति को अवरुद्ध (inhibit) कर तनाव को दूर कर लेता है। दमन की प्रक्रिया में अवरोधन के समान व्यक्ति प्रयत्नपूर्वक तनाव उत्पन्न करने वाली इच्छाओं को नहीं भूलता है बल्कि यह प्रक्रिया स्वतः होती है जिसका व्यक्ति को न तो ज्ञान रहता है और न उसके लिए कोई कोशिश ही करनी पड़ती है।

2. यौक्तिकीकरण *(Rationalization)*—यौक्तिकीकरण एक ऐसी प्रक्रिया है जिसमें अयुक्तिसंगत (irrational) अभिप्रेरकों एवं इच्छाओं से उत्पन्न मानसिक संघर्ष या तनाव का समाधान उन अभिप्रेरकों एवं इच्छाओं को युक्तिसंगत (rational) बनाकर अर्थात् तर्कपूर्ण एवं विवेकपूर्ण व्याख्या कर लिया जाता है। इस तरह से यौक्तिकीकरण में व्यक्ति अपने अयुक्तिसंगत व्यवहारों को एक युक्तिसंगत (rational) एवं तर्कसंगत (justifyable) व्यवहार के रूप में परिणत कर अपने आप एवं दूसरों को संतुष्ट कर अपना मानसिक संघर्ष दूर करने की कोशिश करता है। जेली तथा जाईगलर[1] (Hjelle & Ziegler, 1981) ने यौक्तिकीकरण (rationalization) को परिभाषित करते हुए कहा है, "यौक्तिकीकरण एक भ्रामक विवेक (fallacious reasoning) है जिसमें स्वयं एवं दूसरों के सामने किसी अयुक्तिसंगत व्यवहार को अधिक युक्तिसंगत एवं तर्कसंगत व्यवहार के रूप में उपस्थित किया जाता है।" इससे स्पष्ट है कि यौक्तिकीकरण में व्यक्ति कुछ ऐसी युक्तियों (rationales) का सहारा लेता है जिनसे अनुचित या अवांछनीय प्रेरणाओं के अधीन होकर किये गये व्यवहारों को वह युक्तिसंगत एवं तर्कसंगत (justifyable) सिद्ध कर देता है। जैसे, मशहूर ऐशोप की पौराणिक कथा (Aesop's fables) में जब लोमड़ी अंगूर के वृक्ष तक पहुँचने में असमर्थ रहती है तब कहती है, "अंगूर खट्टे हैं।" यौक्तिकीकरण के उदाहरण दैनिक जीवन में भी काफी मिलता है। परीक्षा में असफल हो जाने पर विद्यार्थी अक्सर

---

1. "Rationalization refers to fallacious reasoning in that it misrepresents irrational behaviour in order to make it appear rational and thus justifyable to oneself and others."

—Hjelle & Ziegler : *Theories of personality*, 1981, p.49

यह कहता है कि पिता जी अच्छे किताबों को खरीदने के लिए समय पर पैसा नहीं दिये थे या शिक्षक परीक्षा में पूछे गये प्रश्नों से संबंधित पाठ्यक्रम (syllabus) को तो पढ़ाये ही नहीं थे। उसी तरह से कोई व्यक्ति अपनी आर्थिक तंगी से उत्पन्न चिन्ता को दूर करने के लिए अक्सर कहता है—अपने घर की सूखी रोटी भी दूसरों के घर के मिठाई एवं हलवे से अधिक प्यारी होती है या अमीरों के महलों से अपनी झोपड़ी भली आदि।

यौक्तिकीकरण (rationalization) दो प्रकार के होते हैं—

(i) सावर-ग्रेप्स टाईप (Sour grapes type), तथा (ii) स्वीट लेमन टाईप (Sweet lemon type)। सावर-ग्रेप्स टाईप (Sour-Grapes type) में व्यक्ति उस वस्तु या व्यक्ति में दोष ढूँढ़ता है या उसे कलंकित करता है जिसे प्राप्त करने में उसे असफलता मिलती है। किसी युवक को जब अपने मनपसंद की सुंदर लड़की से शादी नहीं हो पाती, तो वह युवक अक्सर यही कहता है, "चलो अच्छा हुआ, उससे भी अधिक सुंदर लड़की मिलने का एक रास्ता खुल गया।" 'अंगूर खट्टे हैं' की पौराणिक कथा (fable) भी यौक्तिकीकरण के इसी श्रेणी में आती है।

(ii) स्वीट लेमन टाईप (*Sweet-lemon type*)—इस तरह के यौक्तिकीकरण में व्यक्ति अपनी तुच्छ वस्तु को दूसरे की कीमती चीजों की तुलना में श्रेष्ठ या अच्छा प्रमाणित करके अपने तुच्छ के होने से उत्पन्न चिन्ता या संघर्ष को दूर करता है। जैसे, अपनी झोपड़ी दूसरे के महल से भली तथा अपनी सूखी रोटी दूसरे के हलवे से अधिक स्वादिष्ट होती है' जैसी युक्तियाँ यौक्तिकीकरण के इस श्रेणी के उदाहरण हैं।

3. प्रतिक्रिया निर्माण (*Reaction formation*)—इस मनोरचना में व्यक्ति अपने अहं (ego) को किसी कष्टकर एवं अप्रिय इच्छा तथा प्रेरणा के ठीक विपरीत इच्छा या प्रेरणा विकसित कर बचाता है। एक रक्षात्मक प्रक्रिया (defensive process) के रूप में प्रतिक्रिया निर्माण (reaction formation) के विकास में दो चरण (steps) सम्मिलित होते हैं। पहले चरण (step) में व्यक्ति अपनी अप्रिय एवं कष्टकर विचारों एवं इच्छाओं को अचेतन (unconscious) में दमन कर देता है तथा दूसरे चरण में वह इन दमित इच्छाओं एवं विचारों के ठीक विपरीत इच्छा चेतन स्तर पर व्यक्त कर अपने तनाव को दूर करता है। प्रतिक्रिया निर्माण के अनेक उदाहरण हमें दैनिक जीवन में मिलते हैं। जैसे, प्रेम करने में असफल हो जाने पर अपनी प्रेमिका या प्रेमी से घृणा करना, भ्रष्ट नेता द्वारा भ्रष्टाचार के विरोध में भाषण देना तथा चरित्रहीन व्यक्ति द्वारा चरित्र-सम्बन्धी बातों पर तरह-तरह से मुँह बनाना आदि कुछ प्रतिक्रिया निर्माण के प्रमुख उदाहरण है। हमारे दैनिक जीवन में प्रतिक्रिया निर्माण की अभिव्यक्ति कुछ प्रमुख लोकोक्तियों (proverbs) द्वारा जैसे सौ चूहे खाकर बिल्ली चली हज को तथा मुँह में राम बगल में छुरी से भी होता है।

4. प्रतिगमन (*Regression*)—फ्रायड द्वारा बतलाये गये मनोरचनाओं में प्रतिगमन भी एक प्रमुख मनोरचना है। प्रतिगमन (regression) का शाब्दिक अर्थ पीछे की ओर हो जाना होता है। असामान्य मनोविज्ञान में भी प्रतिगमन (regression) का प्रयोग करीब-करीब इसी अर्थ में हुआ है। जब कोई वयस्क अपनी इच्छाओं, प्रेरणाओं एवं व्यवहारों को वाल्यावस्था (childhood) की इच्छाओं, प्रेरणाओं एवं व्यवहारों के अनुकूल बना लेता है तो इसे प्रतिगमन (regression) की संज्ञा देते हैं। एक वयस्क जब एक बच्चा के समान व्यवहार करने लगता है या बचकाना ढंग से अपनी इच्छाओं एवं प्रेरणाओं की अभिव्यक्ति करता है, तो उसकी इन इच्छाओं से संबंधित मानसिक चिन्ता तथा तनाव अपने आप थोड़ा कम हो जाता है। जेली तथा जाइगलर[1] (Hjelle & Ziegler, 1981) ने इस प्रकार परिभाषित किया है, "प्रतिगमन में मनोलैंगिक विकास के प्रारंभिक अवस्था या अभिव्यक्ति की कुछ ऐसे तरीकों जो साधारण एवं बचकाना (childlike) होते हैं, की ओर उलटाव (reversion) पाया जाता है।" इस परिभाषा से स्पष्ट है कि प्रतिगमन में मानसिक संघर्ष तथा तनाव के समाधान के लिए व्यक्ति में बाल्यावस्था के व्यवहारों की ओर पलटने की प्रवृत्ति अधिक होती है। इसके भी कई उदाहरण हमारे दैनिक जीवन में मिलते हैं। जैसे, किसी मानसिक संघर्ष या समस्या के आ जाने पर वयस्क व्यक्ति भी कभी-कभी बच्चों जैसा फूट-फूट कर रोने लगता है। इतना ही नहीं, वह कभी तो बच्चों जैसा चिड़-चिड़ापन एवं सांवेगिक आवेग भी दिखलाने लगता है। इसी तरह शादी-सुदा लड़की जब सलवार कुरता या बेबी शैली में स्कर्ट-ब्लौज पहनती है, तो यह भी प्रतिगमन (regression) का एक अच्छा उदाहरण बनता है।

---

1. "Regression involves a reversion to an earlier stage of psychosexual development or to a mode or expression that is simple and more childlike." —Hjelle & Ziegler : *Theories of Personality, 1981, p.49*

प्रतिगमन के सामान्यत: दो रूप होते हैं—

(a) अहं प्रतिगमन (ego regression)

(b) यौन प्रतिगमन (libido regression)

इन दोनों का वर्णन इस प्रकार है—

(a) अहं प्रतिगमन *(ego regression)*—अहं प्रतिगमन में व्यक्ति अपने जीवन की जटिल एवं संघर्षमय परिस्थितियों से उत्पन्न तनाव को कम करने के लिए कुछ उन वस्तुओं से आनन्द प्राप्त करने की प्रवृत्ति दिखलाता है जिन वस्तुओं से प्राय: बच्चे आनन्द प्राप्त करते हैं। जैसे, किसी प्रौढ़ व्यक्ति द्वारा पतंग उड़ाना, गोली खेलना तथा गुल्ली-डंडा खेलना आदि कुछ अहं प्रतिगमन (ego regression) के अच्छे उदाहरण हैं।

(b) यौन-प्रतिगमन *(libido-regression)*—इस प्रतिगमन में व्यक्ति अपने काम (sex) सम्बन्धी प्रवृत्तियों की संतुष्टि बाल्यावस्था के तरह की काम प्रवृत्तियों को अपनाकर करता है, जैसे प्रौढ़ महिला द्वारा गुड्डे-गुड़ियों की शादी करवाने का खेल खेलना, अँगूठा चूसना (thumb sucking) तथा अक्सर दाँतों तले टॉफी चबाना आदि यौन प्रतिगमन के कुछ उदाहरण हैं।

मानसिक संघर्ष या अन्तर्द्वन्द्व को दूर करने का यह तरीका व्यक्ति क्यों अपनाता है ? इसका उत्तर देते हुए मनोवैज्ञानिकों ने कहा है कि मानव जीवन की सबसे सुखी अवस्था बाल्यावस्था है जहाँ बच्चा को न तो कोई विशेष चिन्ता होती है और ना ही उनके इच्छाओं की तृप्ति में कोई बाधा ही। लेकिन जब विकास के क्रम में वह कठिनाइयों एवं बाधाओं का सामना करता है और जब उन सबका समाधान करने में वह सफल हो जाता है तो वह इससे उत्पन्न मानसिक पीड़ा को दूर करने के लिए बाल्यावस्था की ओर मुड़ जाता है और बच्चों जैसा व्यवहार करने तथा इच्छाओं की अभिव्यक्ति कर के उसे पुन: सुख की अभिव्यक्ति होने लगती है।

प्रतिगमन (regression) को नैदानिक मनोवैज्ञानिकों (clinical psychologists) ने एक प्रमुख मनोरचना बतलाया है तथा इसे मनोविकृति (psychosis) तथा मनोविदालिता (schizophrenia) में विशेष रूप में महत्त्वपूर्ण बतलाया है।

5. उदात्तीकरण *(Sublimation)*—मानसिक संघर्षों को दूर करने में उदात्तीकरण का भी महत्त्वूपर्ण हाथ होता है। इस मनोरचना में व्यक्ति दमित इच्छाओं की पूर्त्ति समाज द्वारा स्वीकृत रचनात्मक क्रियाओं (constructive activities) के रूप में करता है। इसमें व्यक्ति अपनी असंतुष्ट इच्छाओं की पूर्त्ति समाज द्वारा स्वीकृत लक्ष्यों या उद्देश्यों (socially-approved goals) के रूप में प्रतिस्थापित करके करता है। जब व्यक्ति की इच्छा कुछ बाधाओं एवं अवरोधों (obstacles) के कारण संतुष्ट नहीं हो पाती है तो वह अचेतन में दमित हो जाती है और व्यक्ति फिर उस दमित इच्छाओं की पूर्त्ति समाज द्वारा स्वीकृत लक्ष्यों एवं उद्देश्यों को प्राप्त करके करता है। सारासन[1] (Sarason, 1972) ने उदात्तीकरण को इस प्रकार परिभाषित किया है, ''जब प्रवृत्तियों की संतुष्टि सीधा तरीका से होना अवरुद्ध हो जाता है तो सामाजिक रूप से लाभदायक स्थानापन्न (substitute) के रूप में उसकी संतुष्टि की जाती है, जिसे उदात्तीकरण कहा जाता है।'' इस परिभाषा से यह स्पष्ट है कि उदात्तीकरण में व्यवित की वैसी इच्छाएँ जो सीधे तौर पर पूरी नहीं हो पायी थी और इसलिए वह दमित हो गयी थी, की पूर्त्ति प्रतिस्थापन्न सामाजिक क्रियाओं के रूप में होती है। फ्रायड (Freud) ने इसका एक अच्छा उदाहरण इस प्रकार दिया है। एक विवाहित महिला को जब बहुत दिन पुत्रवती होने की इच्छा की संतुष्टि नहीं हो पायी तो वह एक बाल कल्याण केन्द्र (child welfare centre) खोल ली जिसमें प्रत्येक बच्चा का देख-भाल वह स्वयं किया करती थी। उदात्तीकरण का उदाहरण हमें चित्रकार के भिन्न-भिनन मुद्राओं के चित्रों में, कवियों के श्रृंगार रस एवं विरह रस की कविताओं में, उपन्यासकारों के रोमांटिक उपन्यासों में भी मिलता है। प्राय: देखा गया है कि एक संतानहीन व्यक्ति धर्मशाला, अनाथालय एवं मंदिर की स्थापना कर संतान नहीं होने के फलस्वरूप उत्पन्न मानसिक तनाव को कम करता है। कहा जाता है कि जब तुलसीदास को अपनी पत्नी जिससे वे अटूट प्रेम करते थे, द्वारा फटकार मिली तो वे भगवान की आराधना की ओर मुड़ गये और एक सफल कवि बन गये। यह भी एक उदात्तीकरण का ही उदाहरण है।

उदात्तीकरण से व्यक्ति को प्रत्यक्ष (direct) एवं अप्रत्यक्ष (indirect) दोनों ही लाभ होते हैं। इसका प्रत्यक्ष लाभ

---

1. "Sublimation is obtaining gratification from socially useful substitutes when the more direct forms of impulse gratification is blocked." —Sarason : *Abnormal Psychology* 1992, p.60

तो यह होता है कि इससे व्यक्ति की दमित इच्छाओं या असंतुष्ट इच्छाओं से उत्पन्न तनाव में स्पष्ट कमी आ जाती है। दूसरा अप्रत्यक्ष लाभ यह है कि व्यक्ति की प्रतिष्ठा समाज के नजरों में काफी बढ़ जाती है क्योंकि वह समाज के लिए उपयोगी एवं हितकारी कार्य अधिक करने लग जाता है। ऐसे तो इस उदात्तीकरण की मनोरचना द्वारा मानसिक स्वास्थ्य (mental health) को काफी सुरक्षा मिलती है परन्तु यदि इस मनोरचना का उपयोग अधिक होने लगता है तो उसका स्वरूप आवेगशील (impulsive) हो जाता है और फिर व्यक्ति को समायोजन (adjustment) करने में काफी दिक्कत होने लगती है।

6. रूपान्तर(*Conversion*)—रूपान्तर एक ऐसी मनोरचना है जिसमें मानसिक संघर्षों तथा तनावों का समाधान शारीरिक लक्षणों (physiological symptoms) के रूप में रूपान्तरित करके करता है। चूँकि इस तरह का रूपान्तर(conversion) मूलतः अचेतन रूप से होता है, अतः इससे व्यक्ति अवगत नहीं होता है। ब्राउन तथा मेनिनगर[1] (Brown & Menninger, 1969) ने रूपान्तर को इस प्रकार परिभाषित किया है, ''रूपान्तर एक ऐसी मनोरचना है जिसके द्वारा मूल प्रेरणाओं के कुंठित हो जाने से संबंधित दमित ऊर्जा किसी शारीरिक रोग के कार्यात्मक लक्षणों के रूप में परिवर्तित या रूपान्तरित हो जाता है।'' इस परिभाषा से स्पष्ट है कि जब व्यक्ति की कोई ऐसी इच्छा जो अनैतिक एवं असामाजिक होने के कारण दमित कर दी जाती है और जब बाद में वही दमित इच्छा शारीरिक रोगों के लक्षणों के रूप में प्रकट होती है तो इसे रूपान्तर की संज्ञा दी जाती है। इस तरह के रूपान्तर का प्रयोग हमें दैनिक जीवन में तथा साथ-ही-साथ ही रूपान्तर उन्माद (conversion hysteria) के रोगियों में काफी देखने को मिलता है। प्रायः यह देखा जाता है कि जो छात्र परीक्षा से ज्यादा भयभीत होते हैं, वे ठीक परीक्षा के दिन ही तीव्र बुखार, पेचिश (dysentery), अतिसार (diarrhoaea) आदि से ग्रसित हो जाते हैं। इस तरह से वे परीक्षा से उत्पन्न भय या चिन्ता से अपने आप को मुक्त कर लेते हैं। रूपान्तर हिस्ट्रीया (conversion hysteria) के मानसिक रोग में तो रूपान्तर के उदाहरण भरमार हैं। जैसे, फ्रायड (Freud) ने एक महिला का उदाहरण दिया है जिसे हस्तमैथुन (masturbation) करने की बुरी लत थी। वह स्वयं भी समझती थी कि यह बुरी लत है क्योकि इससे शारीरिक एवं मानसिक स्वास्थ्य पर बुरा असर पड़ता है। परन्तु उससे मिलने वाले शारीरिक सुख को वह छोड़ना भी नहीं चाहती थी। अतः इस मानसिक संघर्ष का समाधान उसने हाथ में पक्षाघात (paralysis) विकसित करके कर लिया। इस तरह के पक्षाघात के कारण महिला हस्तमैथुन करने तथा न करने से उत्पन्न संघर्ष से अपने आप को बचा सकी। उसी तरह से एक महिला जो कई बच्चों की माँ थी, अपने पति द्वारा अतिसंभोग (exccessive sexual intercourse) को नापसंद करती थी तथा साथ-ही-साथ वह प्रसव-पीड़ा फिर से उठाना नहीं चाहती थी। परन्तु अपने पति के इस इच्छा का विरोध भी नहीं कर सकती थी तथा किसी तरह के गर्भ-निरोधक उपायों के प्रयोग से घृणा भी करती थी। ऐसी परिस्थिति में उत्पन्न मानसिक संघर्ष का समाधान उसने अपने दोनों पैरों में अचानक पक्षाघात(paralysis) विकसित कर के कर लिया। पक्षाघात के कारण संभोग की स्थिति तथा भविष्य में होने वाले प्रसव पीड़ा की संभावना दोनों से ही वह महिला बच गयी। इसी तरह जो सैनिक युद्ध से काफी भयभीत हो जाते हैं और युद्ध करना नहीं चाहते और जिन्हें अपने सेनापति की आज्ञा के अनुसार युद्ध करने की पूरी संभावना भी दीख पड़ती है, प्रायः अपने हाथों में अचानक पक्षाघात (paralysis) विकसित कर लेते हैं जिससे वे बन्दूक उठा नहीं सकते हैं और तब उन्हें दुश्मनों से युद्ध करने का कोई प्रश्न ही नहीं उठता है। ध्यान रहे कि रूपान्तर में अपनाये गये शारीरिक रोग के लक्षणों का सचमुच में कोई शारीरिक आधार (bodily base) नहीं होता है, मात्र उनका आधार कार्यात्मक (functional) होता है। जैसे, उपयुक्त केसेज में जो पक्षाघात (paralysis) की बात कही गयी है उसका शारीरिक आधार नहीं होता है क्योंकि मेडिकल डाक्टरों के अनुसार इसमें किसी प्रकार की कोई स्नायविक (neurological) या अन्य किसी प्रकार का शारीरिक दोष नहीं होता। फिर भी रोगी के पक्षाघात वाले विशेष अंग कार्य नहीं कर पाते।

रूपान्तर जैसे मनोरचना (mental machanisms) में व्यक्ति को दोहरा लाभ होता है। शारीरिक असमर्थता के कारण एक ओर तो व्यक्ति को मानसिक संघर्ष एवं तनावपूर्ण परिस्थिति से तो छूटकारा मिल ही जाता है तो दूसरी तरफ वह व्यक्ति दूसरे व्यक्तियों के दया एवं सहानुभूति (sympathy) का पात्र भी बन जाता है।

---

1. "Conversion is a mechanism through which repressed energy connected with the frustration or basic drives is changed (converted) into the functional symptoms of bodily disease."

—Brown & Menninger : *The Psychodynamics of Abnormal behaviour, 1969, p. 171*

(ख) गौण मनोरचनाएँ *(Secondary or Minor Mechanism)*

इन श्रेणी में आने वाले प्रमुख मनोरचनाएँ निम्नांकित हैं—

1. प्रक्षेपण *(Projection)*—असामान्य मनोविज्ञान में प्रक्षेपण का अर्थ अपनी कमजोर प्रवृत्तियों एवं अमान्य इच्छाओं को दूसरों पर आरोपित करना होता है। जेली तथा जाइगलर[1] (Hjelle & Ziegler, 1981) के शब्दों में, ''दूसरे लोगों या वातावरण के प्रति अपनी अमान्य प्रवृत्तियों, मनोवृत्तियों, एवं व्यवहारों को अचेतनरूप से आरोपित करने की प्रक्रिया को प्रक्षेपण कहते हैं।'' इस परिभाषा से यह स्पष्ट है कि प्रेक्षपण में व्यक्ति अपनी निकृष्ट अनैतिक एवं घृणित प्रवृत्तियों तथा विचारों को दूसरों में देखता है। सचमुच में इस मनोरचना में व्यक्ति अपनी असफलताओं के लिए दूसरों को जिम्मेवार ठहराता है तथा अपनी गलतियों के लिए दूसरों को दोषी ठहराता है। ऐसा करने से व्यक्ति अपने आप को दोषमुक्त समझता है जिससे उसमें शान्ति एवं आत्म-संतोष की भावना उत्पन्न होती है। जैसे, छात्र परीक्षा में असफल हो जाने पर इसका दोष स्वयं पर न लेकर कठिन प्रश्न के पूछे जाने, शिक्षक द्वारा कुछ अध्यायों को नहीं पढ़ाया जाना, माता-पिता द्वारा उन्हें परीक्षा के समय भी घरलू कार्यों में व्यस्त रखना आदि बतलाकर अपने आप को संतुष्ट रखता है। इस तरह से प्रक्षेपण करने पर छात्र को असफलता से उत्पन्न मानसिक समस्या का समाधान बहुत हद तक अपने आप हो जाता है। उसी तरह एक पति जो अपने पत्नी के चरित्र पर संदेह करता है, स्वयं ही अनेकों लड़कियों के प्रति आकर्षित होते अपने आप को पाता है। परन्तु उसकी यह इच्छा अपने आप को अमान्य होने के कारण वह इसका प्रत्यारोपण अपनी पत्नी पर करता है। सिमोन्डस (Symonds, 1975) के अनुसार प्रक्षेपण में व्यक्ति अपने द्वेष भावनाओं, अनैतिकता, कामेच्छा, अवगुणों एवं दुर्गुणों का प्रत्यारोपण दूसरे व्यक्तियों पर करके अपने आप को दोषमुक्त करता है और अपने आप में शान्ति एवं आत्म-संतोष (self-satisfaction) पैदा करता है।

2. आत्मीकरण *(Identification)*—आत्मीकरण में व्यक्ति दूसरे व्यक्ति के अनुरूप बनकर अपने मानसिक संघर्षों को कम करता है या अपने अहं (ego) को मानसिक संघर्ष से बचाता है। स्ट्रेन्ज[2] (Strange, 1965) के अनुसार, ''आत्मीकरण एक ऐसी प्रक्रिया है जिसमें व्यक्ति अपने आप को दूसरे व्यक्ति या व्यक्तियों के समूह के प्रति इस सीमा तक संबंधित करता है कि वह दूसरे व्यक्तियों के मूल्यों, मानकों (standards) तथा व्यवहार के पैटनर्स को अपने आप में सम्मिलित कर लेता है।'' इस परिभाषा से यह स्पष्ट है कि आत्मीकरण या तादात्म्य (identification) की मनोरचना में व्यक्ति दूसरों के मूल्यों (values) तथा शीलगुणों को अपनाता है और ऐसा करने से वह अपनी कमजोरियों एवं दुर्गुणों से उत्पन्न मानसिक तनाव को कम करता है। प्रायः व्यक्ति उन्हीं व्यक्ति या व्यक्तियों के शीलगुणों या मूल्यों को अपनाता है जिन्हें वह महत्त्वपूर्ण एवं श्रेष्ठ समझता है। इस तरह से पुत्र अपने पिता को मॉडल मानकर उसके साथ आत्मीकरण करता है तथा उनके शीलगुणों एवं व्यवहारों के अनुकूल व्यवहार करता है। ऐसा करने से उसकी व्यक्तिगत कमजोरियाँ छिप जाती हैं और वह अपने आप को पिता के ही समान श्रेष्ठ समझने लगता है। उसी तरह कोई युवती श्री देवी बनना चाहती है तो कोई युवक अमिताभ बच्चन। कहने का तात्पर्य यह है कि युवती या युवक जब फिल्मस्टार के साथ आत्मीकरण करता है, तो वह उनके केश शैली (hair style) को, बोलने-चालने के ढंग को एवं चलने-फिरने के ढंग को अपने में आत्मसात् कर लेता है जिससे वह अपने व्यक्तिगत कमजोरियों एवं बुराइयों को भूलकर फिल्मस्टार के समान ही अपने आप को श्रेष्ठ समझने लगता है और इस तरह से अपने आप को वह इन कमजोरियों एवं बुराइयों से उत्पन्न मानसिक तनाव से दूर कर लेता है।

आत्मीकरण (identification) अनुकरण (imitation) से बहुत समान होते हुए भी इससे भिन्न है क्योंकि अनुकरण की प्रक्रिया की चेतना व्यक्ति को होती है परन्तु आत्मीकरण की प्रक्रिया अचेतन रूप से होती है।

3. अन्तःक्षेपण *(Interjection)*—अन्तःक्षेपण एक ऐसी मनोरचना है जिसमें दूसरे व्यक्तियों के शीलगुणों या वातावरण के गुणों को व्यक्ति एक शीलगुण या अपने वातावरण का एक गुण मानने लगता है। इस तरह से अन्तःक्षेपण

---

1. "Projection refers to the process of unconsciously attributing one's own attributable impulses, attitudes and behaviours to other people or to the environment." —Hjelle & Zeigler : *Theories of Personality, 1981, p. 48*

2. Identification is defined as the process of associating and affiliating oneself with another person or group of people to the extent that the values, standards and behaviour patterns of the others are incorporated into ones own self." —Strange : *Abnormal Psychology 1965, p. 126*

(interjection) की प्रक्रिया प्रक्षेपण के विपरीत है। प्रक्षेपण में व्यक्ति अपने अवगुणों को दूसरों में देखता है परन्तु अन्त:क्षेपण में व्यक्ति दूसरों के गुणों को अपने में देखता है। मिलर (Miller, 1978) ने इसे परिभाषित करते हुए कहा, ''व्यक्ति द्वारा अपने वातावरण के गुणों को अपने व्यक्तित्व में सम्मिलित करने की प्रवृत्ति को अन्त:क्षेपण कहते हैं।'' इस परिभाषा से स्पष्ट है कि अन्त:क्षेपण में व्यक्ति दूसरे के गुणों को अपने व्यक्तित्व का एक अंग बना लेता है और निराशाजनक भावों तथा मानसिक संघर्षों से उत्पन्न तनाव से अपने को बचा लेता है। जैसे, यदि कोई छात्र यह समझता है कि वह ही प्रसिद्ध फिल्मस्टार शाहरूख खान है तो यह एक अन्त:क्षेपण का उदाहरण होगा। शाहरूख खान के शीलगुण को अपने व्यक्तित्व के शीलगुण बनाकर वह अपने में व्याप्त कमियों एवं कमजोरियों से उत्पन्न संघर्ष तथा मानसिक तनाव से अपने-आप को बचा लेता है। ध्यान देने से यह स्पष्टत: दीख पड़ता है कि अन्त:क्षेपण की मनोरचना बहुत कुछ आत्मीकरण (identification) की मनोरचना के समान है फिर भी इन दोनों में एक प्रमुख अन्तर है। आत्मीकरण में व्यक्ति दूसरे व्यक्तियों के समान बनने का प्रयास करता है जबकि अन्त:क्षेपण में स्वयं व्यक्ति दूसरे व्यक्तियों के शीलगुणों को अपने व्यक्तित्व का एक अभिन्न अंग मानने लगता है।

फ्रायड (Freud) का कहना था कि अन्त:क्षेपण मनोरचना के प्रयोग से व्यक्ति में पराहं (super ego) के विकास में तेजी आती है जिसका परिणाम यह होता है कि व्यक्ति को अपने वातावरण के वस्तुओं एवं व्यक्तियों के साथ अभियोजन करने में मदद मिलती है। परंतु यदि इस मनोरचना का प्रयोग बहुत अधिक होने लगता है तो वैसी परिस्थिति में उसमें वातावरण की वास्तविकता को मूल्यांकन करने की क्षमता कम जाती है और तब उसमें अभियोजन से संबंधित समस्याएँ उत्पन्न हो जाती है। फ्रायड ने यह भी बतलाया है कि मनोविदालिता (schizophrenia) तथा स्थिर-व्यामोह (Paranoia) के मानसिक रोगियों में इस मनोरचना का योगदान अधिक होता है। शायद यही कारण है कि इन रोगों से ग्रस्त व्यक्ति अपने आप को कभी तो ईश्वर का दूत तो कभी अपने को देश का प्रधानमंत्री या राष्ट्रपति समझने लगता है।

4. क्षतिपूर्त्ति एवं अतिक्षतिपूर्त्ति *(Compensation and Overcompensation)*—मनोवैज्ञानिकों ने क्षतिपूर्त्ति एवं अतिक्षतिपूर्त्ति की व्याख्या भी एक रक्षात्मक-युक्ति (defense mechanism) के रूप में किया है। जैसा कि नाम से ही स्पष्ट है, क्षतिपूर्त्ति में व्यक्ति अपनी हीनताओं (inferiorities) एवं अयोग्यताओं (inadquacies) से उत्पन्न मानसिक तनाव को कुछ ऐसी क्रियाएँ करके दूर करता है जिसमें उसे श्रेष्ठता (superiority) तथा आत्म-संतोष (self-satisfaction) होता है। क्षतिपूर्त्ति की प्रक्रिया चेतन या अचेतन, प्रत्यक्ष या अप्रत्यक्ष तथा वाँछित या अवांछित किसी रूप में हो सकती है। अगर शरीर से कमजोर छात्र व्यायाम करके तथा पौष्टिक भोजन करके अपनी शारीरिक दुर्बलता की कमी को पूरा करता है तो यह चेतन एवं प्रत्यक्ष क्षतिपूर्त्ति का उदाहरण होगा। परन्तु यदि वही छात्र अपनी शारीरिक दुर्बलता की कमी को पढ़ाई के क्षेत्र में या खेल के मैदान में विशेष योग्यता प्राप्त करके पूरा करता है तो यह अचेतन एवं अप्रत्यक्ष क्षतिपूर्त्ति का उदाहरण होगा। मानव इतिहास से भी हमें क्षतिपूर्त्ति के अनेक उदाहरण मिलते हैं। जैसे, डेमोस्थीनीस (Demosthenes) जो ग्रीस के थे, में भयंकर हकलाने का दोष था। लेकिन बाद में वे अपने प्रयासों के फलस्वरूप इस शारीरिक दोष को दूर करके ग्रीस का एक सफल वक्ता बन गया। इसी तरह से टेड शान (Ted Shawn) जो पोलियो से ग्रसित थी, बाद में अपने प्रयासों के फलस्वरूप अमेरिका की एक सफल नर्तकी बन गयी। श्रवण दोष (hearing disorders) के बावजूद भी अपने सफल प्रयासों के फलस्वरूप मोजार्ट (Mozart), विथोभेन (Beethoven), स्मेटाना (Smetana) एक महान संतीज्ञ बन गये। नेत्रहीन होने के बावजूद भी अपने प्रयासों से सूरदास एक महान कवि बन गये। इन उदाहरणों से स्पष्ट है कि व्यक्ति अपनी कमजोरियों एवं हीनता से उत्पन्न मानसिक तनाव या संघर्ष को दूर करने के लिए कुछ अन्य खास विशेष योग्यता प्राप्त कर लेता है। इस विशेष योग्यता से व्यक्ति में शांति एवं आत्म-संतोष (self-satisfaction) होता है जिससे उसका मानसिक तनाव एवं संघर्ष दूर हो जाता है।

सामान्यत: क्षतिपूर्त्ति को मनोवैज्ञानिकों ने एक समायोजनात्मक प्रवृत्ति के रूप में व्याख्या किया है। दूसरे शब्दों में, क्षतिपूर्त्ति से व्यक्ति को अभियोजन करने में सहायता मिलती है। इस तरह की क्षतिपूर्त्ति को वांछनीय क्षतिपूर्त्ति (desirable compensation) की श्रेणी में रखी जाती है। परन्तु कभी-कभी यह देखा गया है कि व्यक्ति क्षतिपूर्त्यात्मक क्रियाओं (compensatory activities) को एक संतुलन बिन्दु के बाद भी करते रहता है। इस तरह की क्रियाओं को अतिक्षतिपूर्त्ति (overcopensation) कहा गया है जो एक तरह का अवांछनीय क्षतिपूर्त्ति (undesirable compensation) की श्रेणी

में आता है। स्ट्रेंज[1] (Strange, 1965) ने अतिक्षतिपूर्त्ति को परिभाषित करते हुए कहा है, ''व्यक्ति के जिन्दगी में क्षतिपूर्त्यात्मक क्रियाएँ संतुलन बनाये रखने की बिन्दु से परे भी जारी रहती हैं, तो इस मनोरचना को अतिक्षतिपूर्त्ति कहा जाता है।'' यदि कोई छात्र अपनी पढ़ाई में कमजोरी की क्षतिपूर्त्ति खेल के मैदान में विशिष्ट प्राप्त कर इस सीमा तक करता है कि अब उसे पढ़ाई में बिल्कुल ही मन लगता और सिर्फ उसे मैदान का खेल ही खेल नजर आता है, तो यह एक अतिक्षतिपूर्त्ति का उदाहरण होगा और इससे उसे आगे चलकर उसमें समायोजन-सम्बन्धी कठिनाइयाँ भी उत्पन्न हो जायेगी। इस तरह का क्षतिपूर्त्ति अवांछनीय क्षतिपूर्त्ति का उदाहरण है जिससे व्यक्ति का संतुलन बने रहने के बजाय बिगड़ सकता है।

5. विस्थापन *(Diplacement)*—विस्थापन भी एक ऐसी मनोरचना है कि जिसके सहारे व्यक्ति अपने अहं (ego) को कष्टकर एवं अनैतिक इच्छाओं से उत्पन्न द्वन्द्वों एवं संघर्षों से बचाता है। इस मनोरचना में व्यक्ति अपने संवेग या प्रेरणा (motivation) को किसी विशेष वस्तु या व्यक्ति से अचेतन रूप से हटाकर दूसरे व्यक्ति या वस्तु से संबंधित कर लेता है। पेज[2] (Page, 1947) ने विस्थापन को इस प्रकार परिभाषित किया है, ''जब किसी उत्पन्न संवेग की सीधी अभिव्यक्ति अवरूद्ध हो जाती है, तो संवेग परोक्ष रूप से किसी तटस्थ वस्तु या विचार के प्रति स्थानान्तरित होकर अभिव्यक्त होता है। संवेग का इस तरह का मौलिक वस्तु से असंबंधित वस्तुओं या परिस्थितियों के प्रति स्थानान्तरण विस्थापन कहलाता है।'' इस परिभाषा से यह स्पष्ट है कि व्यक्ति दिन-प्रतिदिन की सांवेगिक अंत:क्रियाओं में से कुछ ऐसी अन्त:क्रियाएँ होतीं हैं जिनकी खुलकर अभिव्यक्ति (expression) विभिन्न कारणों से व्यक्ति नहीं कर पाता है। इससे व्यक्ति में मानसिक संघर्ष तथा द्वन्द्व उत्पन्न होता है। इस संघर्ष से बचने के लिए अहं (ego) वैसी सांवेगिक प्रतिक्रियाओं को मौलिक (original) या संबंधित व्यक्ति या वस्तु से हटाकर किसी दूसरे तटस्थ (neutral) व्यक्ति या वस्तु पर स्थानान्तरित कर देता है जिससे वह स्वयं अपने आप को तनाव से बचा लेता है। विस्थापन के अनेक उदाहरण हमारे दैनिक जीवन में मिलते हैं। पिता या माता द्वारा पिटाई होने पर बालक द्वारा अपने छोटे भाई या बहन को पीटना, अपने-आप को दफ्तर में अपमानित होने पर घर में आकर पत्नी तथा बच्चों पर गुस्सा दिखलाना, संतानहीन औरत द्वारा दूसरों के बच्चों के प्रति अधिक प्रेम दिखलाना, आदि विस्थापन के कुछ उदाहरण हैं। इन उदाहरणों से यह भी स्पष्ट है कि व्यक्ति अपनी सांवेगिक प्रतिक्रियाओं को उन्हीं वस्तुओं या व्यक्तियों के प्रति स्थानान्तरित करता है जिनसे उन्हें भय कम होता है या जो खतरनाक नहीं होते हैं। उपर्युक्त उदाहरण में व्यक्ति पत्नी एवं बच्चों पर अपना गुस्सा उतारता है क्योंकि वह जानता है कि इन सबसे उन्हें किसी प्रकार का भय नहीं है। विस्थापन के सामन्यत: दो रूप होते हैं—एक रूप तो वह होता है जिसमें संवेग दूसरे व्यक्ति या वस्तु के प्रति स्थानान्तरित हो जाता है (जैसे कि ऊपर के उदाहरण में दिखलाया गया है) तथा दूसरा रूप वह होता है जिसमें सांवेगिक प्रतिक्रियाएँ स्वयं की ओर (towards self) स्थानान्तरित होती हैं। जेली तथा जाइगलर[3] (Hjelle & Ziegler, 1981) के अनुसार, ''विस्थापन का एक कम लोकप्रिय रूप स्वयं के प्रतिकूल में होना है जिसमें दूसरों के प्रति विद्वेष प्रवृत्तियाँ स्वयं के प्रति निर्देशित होती हैं और मंदता एवं आत्म-निन्दा की भाव उत्पन्न करतीं हैं।'' जब विस्थापन स्वयं की ओर उन्मुख होता है तो जो प्रेम या घृणा भाव किसी व्यक्ति या वस्तु के प्रति होता है वह स्वयं व्यक्ति की ओर ही उन्मुख होता है। ऐसी परिस्थिति में व्यक्ति अत्यधिक आत्म-निन्दा या अत्यधिक आत्म-प्रशंसा करता पाया जाता है।

फ्रायड के अनुसार विस्थापन की प्रक्रिया प्राय: अर्द्धचेतन स्तर (subconscious level) पर होती है लेकिन यह अचेतन स्तर (unconscious level) पर भी होते पायी जाती है। जैसे, माता-पिता के प्रति घृणा एवं अक्रामक भाव की अभिव्यक्ति (expression) तथा एक नवयुवक द्वारा सामाजिक तंत्रों (social systems) के विरुद्ध क्रान्तिकारी विचारों (revolutionary ideas) तथा संस्थान के बॉस (Boss) के प्रति घृणा एवं आक्रमकता दिखलाकर की जाती है।

---

1. "When the compensatory activities are carried beyond the point of effective balance in individual's life, the mechanism is called overcompensation." —Strange : *Abnormal Psychology, 1965, p.129*
2. "When the direct expression or an aroused emotion is inhibited, the emotion may be indirectly discharged by transferring it to a neutral object or idea. This transfer of affect from its original to an unrealated setting is called displacemrnt." — Page : *Abnormal Psychology, 1974, p.49.*
3. "A less common form of displacement is turning against the self, whereby hostile impulses toward others are redirected to onself, producing feelings of depression and self-depreciation." —Hjelle & Zeigler : *Theories of Personality, 1981, p.49*

6. स्थानान्तरण (*Transference*)—व्यक्ति मानसिक संघर्ष से बचने के लिए स्थानान्तरण (transference) मनोरचना का भी प्रयोग करता है। स्थानान्तरण एक ऐसी मनोरचना है जिसमें व्यक्ति अपने प्रेम, आक्रमकता या घृणा का भाव एक व्यक्ति या वस्तु से हटा कर दूसरे व्यक्ति या वस्तु से सम्बन्ध स्थापित कर उससे जोड़ता है। ब्राउन तथा मेनिनगर[1] (Brown & Menninger, 1969) ने स्थानान्तरण को इस प्रकार परिभाषित किया है, "प्रेम की भावना अर्थात् कामुक केथेक्सिस का एक वस्तु या व्यक्ति से हटकर दूसरे वस्तु या व्यक्ति से संबंधित हो जाना स्थानान्तरण कहलाता है। स्थानान्तरण में आक्रमक प्रवृत्तियाँ भी प्रतिस्थापित होती है।" इस परिभाषा से यह स्पष्ट हो जाता है कि स्थानान्तरण में व्यक्ति का धनात्मक भाव (प्रेम की भावना) या ऋणात्मक भाव (घृणा, आक्रमकता का भाव आदि) दोनों एक व्यक्ति या वस्तु से हटकर दूसरे व्यक्ति या वस्तु से संबंधित हो जाती है। इससे यह भी स्पष्ट है कि स्थानान्तरण की मनोरचना विस्थापन की मनोरचना के काफी समान है। इस समानता के बावजूद भी इन दोनों में एक प्रमुख अन्तर है। विस्थापन की मनोरचना में व्यक्ति का संवेग (अर्थात् प्रेम या घृणा) किस व्यक्ति या वस्तु पर स्थानान्तरित होगा, यह स्वयं उसे ज्ञात नहीं होता है परन्तु स्थानान्तरण (transference) की मनोरचना में व्यक्ति को यह पता होता है कि वह अपना संवेग अर्थात् प्रेम या घृणा की भाव किस व्यक्ति या वस्तु से संबंधित कर रहा है।

फ्रायड के अनुसार स्थानान्तरण को मनोविश्लेषण (psychoanalysis) के लिए काफी महत्त्वपूर्ण बतलाया गया है। उनके अनुसार स्थानान्तरण के दो प्रमुख प्रकार होते हैं—धनात्मक स्थानान्तरण (positive transference) तथा नकारात्मक स्थानान्तरण (negative transference)। धनात्मक स्थानान्तरण में व्यक्ति अपने अचेतन में दमित प्रेम के भावों एवं इच्छाओं को दूसरे व्यक्ति या वस्तु से संबंधित करता है। नकारात्मक स्थानान्तरण में व्यक्ति अचेतन में दमित घृणा के भावों एवं इच्छाओं को दूसरे व्यक्ति या वस्तु से संबंधित करता है। जैसे, किसी लड़की से प्रेम में असफल व्यक्ति का उसके अपने बिल्ली (pet cat) या पालतू कुत्ते से लगाव हो जाना तथा किसी व्यक्ति से घृणा हो जाने पर उनके बाल-बच्चों से भी घृणा करना क्रमशः धनात्मक स्थानान्तरण एवं ऋणात्मक स्थानांतरण के अच्छे उदाहरण हैं।

7. नकारात्मकता (*Negativism*)—इस मनोरचना में व्यक्ति किसी वस्तु या व्यक्ति के प्रति नकारात्मक मनोवृत्ति (negative attitude) विकसित कर लेता है तथा अपने अहं को मानसिक संघर्ष या तनाव से बचा लेता है। इस मनोरचना का उपयोग बच्चों द्वारा अक्सर किया जाता है। प्रायः यह देखा जाता है बच्चे उन कार्यों को नहीं करते हैं जिन्हें माता-पिता उन्हें करने के लिए कहते हैं तथा उन कार्यों को करते हैं जिन्हें माता-पिता उन्हें नहीं करने के लिए कहते हैं। नकारात्मकता प्रायः अनुचित एवं अविवेकपूर्ण व्यवहारों के फलस्वरूप उत्पन्न होता है। जैसे, जैक जिसकी उम्र 10 साल की थी, अपने माता-पिता के सम्बन्ध विच्छेद के बाद अपने बहन के साथ चाची के घर रहने लगा। चाची उसके बहन को तो दुलार-प्यार देती थी परन्तु जैक को प्रत्येक अनुचित एवं विवेकहीन कार्यों के लिए दोषी ठहराकर उसे फटकारती रहती थी। धीरे-धीरे वह यह निर्णय कर लिया कि वह चाची के किसी प्रश्न का जवाब नहीं देगा और उनके बातों को नहीं मानेगा। इस तरह से नकारात्मकता की प्रवृत्ति विकसित कर जैक अपने अहं (ego) को चाची के दुर्व्यवहार से उत्पन्न संघर्ष या तनाव से बचा लेता था।

8. प्रत्याहार (*Withdrawal*)—इस मनोरचना में व्यक्ति मानसिक संघर्ष या तनाव से बचने के लिए इस तरह की स्थिति उत्पन्न करने वाली परिस्थिति से अपने आप को दूर रखता है। इस मनोरचना का अधिक प्रयोग करने से व्यक्ति अधिक लजालु एवं भीरू स्वभाव का हो जाता है। वर्नहम (Brunham, 1924) के अनुसार प्रत्याहार के अत्यधिक प्रयोग से व्यक्ति में एक विशेष मानसिक स्थिति उत्पन्न होती है जिसे *मिथ्याहीन बुद्धि* (pseudo-feeblemindedness) कहा जाता है। यद्यपि प्रत्याहार मनोरचना का प्रयोग बच्चे अधिक करते हैं, परन्तु वयस्कों में भी यह अधिक होता पाया गया है। प्रत्याहार के प्रयोग करने वाले व्यक्ति प्रायः यह कहता है कि "मैं नहीं जानता", "लगता है यह कठिन कार्य है," "मेरे लिए यह, सम्भव नहीं है" आदि-आदि। पेज (Page, 1947) के अनुसार ऐसे व्यक्तियों को उचित प्रोत्साहन एवं प्रशिक्षण से रास्ते पर लाया जा सकता है।

9. कल्पना तरंग या दिवास्वप्न (*Fantasy or Daydream*)—दिवास्वप्न या कल्पना तरंग एक ऐसी सामान्य मनोरचना (common mental machanism) है जिसका प्रयोग सभी लोग करते पाये गये हैं। इस मनोरचना में व्यक्ति जागृत अवस्था में होते हुए भी एक ऐसी मानसिक अवस्था से गुजरता है जिसमें वे अपनी उन सभी इचछाओं एवं प्रवृत्तियों को काल्पनिक रूप से संतुष्ट होते देखता है जो उनमें मानसिक संघर्ष या तनाव उत्पन्न

कर रहे होते हैं। जैसे, एक छात्र जो एक आई० ए० एस० (I.A.S) आफिसर बनने की कोशिश में या संघर्ष में दिन-रात जुड़ा रहता है, अक्सर सड़क पर चलते-चलते थोड़े देर के लिए इस दिवास्वप्न में डूब जाता है कि वह आई० ए० एस० आफिसर के चैम्बर में बैठकर फाईल पर कुछ लिख रहा है तथा बहुत से लोग उससे मिलने के लिए बाहर खड़े हैं परन्तु वह चैम्बर में चल रही सभा (meeting) में इतना व्यस्त है कि उन लोगों से तत्काल मिलने का कोई प्रश्न ही नहीं है। इस उदाहरण से यह स्पष्ट है कि दिवास्वप्न का स्वरूप इच्छा-पूरक (wishfulfilling) होता है। फ्रायड ने इसे प्राथमिक प्रक्रिया (primary process) की संज्ञा दिया है।

मनोवैज्ञानिकों ने इच्छा-पूरक दिवास्वप्न के दो प्रकार बतलाये हैं—विजेता-नायक दिवास्वप्न (conquering-hero daydream) तथा दु:खभोग-नायक दिवास्वप्न (suffering-hero daydream)। विजेता-नायक दिवास्वप्न में व्यक्ति कल्पना में अपने आप को किसी देश का प्रमुख जैसे राष्ट्रपति निर्वाचित होने या प्रधान मंत्री निर्वाचित होने, किसी संस्था का प्रधान होने, तथा लाट्री (lottery) का प्रथम पुरस्कार पाने आदि जैसे चीजें प्राप्त करते हुए देखता है। दु:खभोग नायक दिवास्वप्न में व्यक्ति कल्पना में यह देखता है कि वह बुरी तरह से दुर्घटनाग्रस्त हो गया और कभी-कभी यह भी देखता है कि वह मर गया है और उसके बच्चे सांत्वना दे रहे हैं। इन दोनों तरह के दिवास्वप्नों में व्यक्ति अपनी दमित इच्छाओं (जो संघर्ष या तनाव के कारण) की पूर्त्ति करता पाया जाता है। दिवास्वप्न का अत्यधिक प्रयोग होने से व्यक्ति में मानसिक रोग उत्पन्न हो जाता है। मनोविदालिता (schizophrenia) के रोगियों में इस तरह के दिवास्वप्नों की प्रधानता होती है।

इस तरह से हम देखते हैं कि व्यक्ति मानसिक संघर्षों एवं तनावों से अपने आप बचाने के लिए विभिन्न प्रकार के मनोरचनाओं (mental mechainsms) का सहारा लेता है। इन मनोरचनाओं में यौक्तिकीकरण (rationalization), प्रक्षेपण (projection), दमन (repression), क्षतिपूर्त्ति (compensation) तथा दिवास्वप्न (fantasy) तुलनात्मक रूप से अधिक सामान्य है।

मनोलैंगिक विकास का सिद्धान्त
(Theory of Psychosexual development)

फ्रायड के मनोलैंगिक विकास (psychosexual development) का सिद्धान्त सबसे महत्त्वपूर्ण सिद्धान्त है। इस सिद्धान्त की व्याख्या करने के पहले यह बतला देना उचित होगा कि फ्रायड का यौन (sex) से क्या मतलब था तथा फ्रायड के अनुसार व्यक्ति लैंगिक क्रियाएँ (sexual activities) कब से करना प्रारम्भ कर देता है। सामान्य लोगों के लिए दो विषमलिंगी (opposite sex) प्राणियों के जननेन्द्रियों (sex organs) के पारस्परिक सम्पर्क द्वारा की जाने वाली रतिक्रिया (sexual intercourse) को लैंगिक क्रिया (sexual activity) की संज्ञा दी जाती है। परन्तु फ्रायड ने यौन (sex) का अर्थ इससे काफी विस्तृत संदर्भ में बतलाया है। इनके अनुसार यौन से तात्पर्य प्राणी के उन सभी क्रियाओं से होता है जिनसे उन्हें सुख मिलती है तथा संतुष्टि होती है। लैंगिक क्रियाएँ (sexual activity) के बारे में यह आम धारणा है कि प्राणी ऐसी क्रियाओं की शुरुआत किशोरावस्था (adolescence) तथा वयस्कावस्था (adulthood) से करता है। परन्तु फ्रायड ने यह स्पष्ट किया कि लैंगिक क्रियाओं की शुरुआत व्यक्ति के शैशवकाल (infancy period) से ही होता है और उम्र बीतने के साथ-साथ उसका विकास ठीक उसी ढंग से होता है जैसे व्यक्ति का शारीरिक एवं मानसिक विकास होता है।

फ्रायड के अनुसार लैंगिक शक्ति (sexual energy) जिसे उन्होंने लिबिडो (libido) कहा है, जन्म के समय से ही व्यक्ति में मौजूद होता है और उसके बाद कई मनोलैंगिक अवस्थाओं (psychosexual stages) से होते हुए व्यक्ति के उम्र बीतने के साथ-साथ लैंगिक शक्ति का भी विकास होता है। मनोलैंगिक विकास के सिद्धान्त का मुख्य सार यही है। मनोलैंगिक विकास के मुख्य पाँच अवस्थाएँ (stages) होतीं हैं और करीब-करीब प्रत्येक अवस्था में एक मुख्य कामुकता क्षेत्र (primary erogenous zone) का विकास होता है। मुख्य कामुकता क्षेत्र से तात्पर्य शरीर के वैसे क्षेत्र से होता है जो संबंधित अवस्था में लैंगिक उत्तेजना (sexual excitement) का केन्द्र बिन्दु होता है। जैसे, मुखावस्था (oral stage) जो मनोलैंगिक विकास की पहली अवस्था है, में मुख्य कामुकता क्षेत्र (primary erogeneous zone) मुँह (mouth) होता है। फ्रायड का मत था कि प्रत्येक अवस्था पर व्यक्ति को कुछ खास-खास सामाजिक अनुभव (social experiences) होते हैं जो व्यक्तित्व पर कुछ स्थायी छाप मनोवृत्ति, शीलगुण (trait) तथा मूल्य

(values) के रूप में छोड़ते हैं। सामान्यत: व्यक्ति को प्रत्येक अवस्था में दो तरह की अनुभूतियाँ (experiences) होतीं हैं—कुंठा की अनुभूति (experience of frustration) या अतिसेवन की अनुभूति (experience of indulgence)। जब बच्चों की आवश्यकताओं (needs) की पूर्त्ति माता-पिता द्वारा ठीक ढंग से नहीं की जाती है, तो इससे कुंठा की अनुभूति उत्पन्न होती है तथा जब बच्चों की आवश्यकताओं की पूर्त्ति करने के सम्बन्ध में माता-पिता द्वारा जरूरत से ज्यादा प्रयास की जाती है, तो इससे बच्चों में अतिसेवन की अनुभूति उत्पन्न होती है। इन दोनों तरह की अनुभूतियों (experiences) से वयस्कावस्था (adulthood) में भिन्न-भिन्न तरह के शीलगुण (traits), मनोवृत्ति (attitudes) एवं मूल्य (values) आदि विकसित होते हैं। फ्रायड ने यह भी स्पष्ट किया है कि कभी-कभी किसी मनोलैंगिक अवस्था की समस्याओं को बच्चा ठीक ढंग से समाधान नहीं कर पाता है। फलतः आगे की अवस्थाओं में भी उसका व्यवहार उसी अवस्था पर के समस्याओं का समाधान करने के लिए अक्सर किया जाता है। फ्रायड ने इस प्रक्रिया को स्थायीकरण (fixation) कहा है। जैसे, कभी-कभी 10 साल का बच्चा भी अपना अगूँठा चूसता रहता है। स्पष्टत: यह मुखावस्था पर स्थायीकरण (fixation) का एक उदाहरण है।

फ्रायड के मनोलैंगिक विकास के सिद्धान्त के पाँच अवस्थाएँ निम्नांकित हैं—

(1) मुखावस्था (Oral stage)
(2) गुदावस्था (Anal stage)
(3) शिश्नावस्था (Phallic stage)
(4) अव्यक्त अवस्था (Latency stage)
(5) जननेन्द्रियावस्था (Genital stage)

इन पाँचों अवस्थाओं का वर्णन निम्नांकित हैं—

1. मुखावस्था *(Oral Stage)*—मुखावस्था मनोलैंगिक विकास की पहली अवस्था है जो जन्म से लेकर करीब-करीब 1 साल के उम्र तक का होती है।

जैसा कि नाम से ही स्पष्ट है, इस अवस्था का कामुकता क्षेत्र (erogeneous zone) मुँह होता है। फलस्वरूप, बच्चा मुँह द्वारा की जाने वाली सभी क्रियाओं जैसे चूसना, (sucking), निगलना (swallowing), जाबड़ा (jaw) से कोई चीज दबाना या जाबड़ा में दाँत निकल आने पर दाँत से दबाना आदि द्वारा लैंगिक सुख (sexual pleasure) प्राप्त करता है। इस अवस्था को निम्नांकित दो भागों में बाँटा गया है—

(i) **मुखवर्त्ती चूषण की अवस्था** *(Oral sucking stage)*—मुखवर्ती चूषण की अवस्था जन्म से लेकर प्रथम 6 महीनों तक का होता है। सचमुच में यह अवस्था बच्चों के मुँह में दाँत निकलने से पहले की अवस्था होती है। इस अवस्था में बच्चा स्तनपान (breast sucking) द्वारा लैंगिक सुख प्राप्त करता है। उसे माँ के स्तन को चूसना अच्छा लगता है या जिन शिशुओं को बोतल का दूध पिलाया जाता है, उसे रबर का निपुल (nipple) चूसते रहना अच्छा लगता है। इस तरह से उस अवस्था में चूसने की क्रिया की प्रधानता होती है जो कभी-कभी अपनी चरम-सीमा पर पहुँचती है और ऐसी परिस्थिति में जब उसे स्तन चूसने या निपुल चूसने को नहीं मिलता है तो वह अपना अगूँठा ही चूसना (thumb sucking) प्रारंभ कर देता है। इस तरह से शिशु इस अवस्था में अपने शरीर से आनन्द प्राप्त करता है लेकिन शिशु को स्वयं इसकी कोई चेतना नहीं रहती है। इसे फ्रायड ने *आत्मकामुकता या आत्मप्रेम* (auto-eroticism or self-love) कहा है जो शैशव लैंगिकता (infantile sexuality) का एक मुख्य लक्षण है।

फ्रायड के अनुसार इस अवस्था का प्रभाव प्रौढ़ावस्था (adulthood) के व्यक्तित्व विकास (personality development) पर काफी अधिक पड़ता है। फ्रायड का कहना था कि जिस शिशु को इस अवस्था पर जरूरत से अधिक या कम मात्रा में मुखवर्त्ती उत्तेजन (oral stimulaiton) से संतुष्टि प्राप्त होता है, उनका व्यक्तित्व एक खास प्रकार का हो जाता है जिसे फ्रायड ने *मुखवर्त्ती निष्क्रिय व्यक्तित्व* (oral-passive personality) कहा है। ऐसे व्यक्ति आशावादी (optimist) होते हैं तथा उन्हें दूसरे व्यक्तियों पर विश्वास अधिक होता है। इनमें निष्क्रियता (passivity) तथा दूसरों पर अत्यधिक निर्भरता (exccessive dependence upon others) का शीलगुण पाया जाता है। इस अवस्था पर स्थायीकरण (fixation) हो जाने से व्यक्ति में वयस्क होने पर कुछ खास-खास आदत जैसे पान चबाना, शराब पीना, सिगरेट पीना, चुम्बन (kissing) में अत्यधिक आनन्द लेना आदि को मिलता है।

(ii) मुखवर्त्ती दंतदंशन की अवस्था *(Oral biting stage)*—इस अवस्था की शुरुआत सामान्यत: 7वें महीना से होती है जब शिशुओं में दाँत निकलने को हो आते हैं। इस अवस्था के प्रारंभ होते ही शिशुओं को स्तनपान माँ बन्द कर देती है जिसे दूध-छुड़ाई (weaning) कहा जाता है। दूध-छुड़ाई (weaning) की प्रक्रिया प्रारंभ होने से शिशुओं में कुंठा (frustration) होता है जिससे उसे मानसिक आघात भी पहुँचता है। इसके परिणामस्वरूप वह अपने आहार के लिए स्वयं निर्देशित क्रियाएँ (self-directed activities) करता है। इस अवस्था में चूँकि शिशुओं में दाँत निकलने लगते हैं, अत: अपनी आक्रमण प्रवृत्तियों को दिखलाने के लिए वह दंतदंशन (biting) करना प्रारंभ कर देता है। फ्रायड के अनुसार इस अवस्था में माँ का स्तन न मिलने से शिशु उत्पन्न कुंठा को दो तरह की प्रक्रियाओं द्वारा दिखलाता है—दंतदंशन (biting) की प्रक्रिया तथा चबाने (chewing) की प्रक्रिया द्वारा। इस विशेषता के कारण इस अवस्था को *मुखवर्त्ती-आक्रामक अवस्था* (Oral aggressive stage) या *मुखवर्त्ती-पड़पीड़न अवस्था* (Oral-sadistic stage) भी कहा जाता है। इस अवस्था में कुछ हद तक माँ अपने शिशुओं से स्वतंत्र होकर इधर-उधर भी काम-कार्य भी करने लगती है जिससे शिशुओं में माँ के प्रति घृणा का भाव उत्पन्न हो जाता है। लेकिन उसकी आवश्यकताओं की पूर्त्ति करने का मुख्य स्रोत माँ ही रहती है। अत: वह माँ से प्यार भी करता है। इस तरह से उसमें माँ के प्रति परस्पर विरोधी भाव (ambivalent feeling) उत्पन्न हो जाता है।

फ्रायड के अनुसार इस अवस्था का भी प्रभाव प्रौढ़ावस्था (adulthood) के व्यक्तित्व विकास पर काफी पड़ता है। फ्रायड का कहना था कि इस अवस्था पर शिशुओं में अत्यधिक या कम उत्तेजना (stimulation) होने से उनमें एक विशेष तरह का व्यक्तित्व का विकास होता है जिसे *मुखवर्त्ती-आक्रमक व्यक्तित्व* (oral-aggressive personality) कहा जाता है। ऐसे व्यक्ति अपनी आवश्यकताओं के लिए दूसरों पर अत्यधिक प्रभुत्व (dominance) दिखलाते हैं और उनका बुरी तरह से शोषण करते हैं। इस अवस्था पर स्थायीकरण (fixation) हो जाने पर व्यक्ति निराशावाद (pessimistic), तार्किक (argumentative) एवं कटुस्वभाव (cynical) वाला हो जाता है। इस तरह व्यक्ति वयस्क होने पर तोड़-फोड़, क्रोध एवं अन्य प्रकार के परपीड़न कार्यों (sadistic activities) से अधिक खुश होते हैं।

मुखावस्था (oral period) में शिशुओं में उपाहं (id) प्रवृत्तियों की ही प्रधानता होती है। उनमें अभी अहं (ego) तथा पराहं (super ego) की कोई चेतना नहीं होती है।

2. गुदावस्था *(Anal stage)*—मनोलैंगिक विकास (psychosexual development) का दूसरा स्तर गुदावस्था (anal stage) है जो करीब जीवन के पहला साल समाप्त होने पर प्रारंभ होता है तथा दूसरा साल की अवधि समाप्त होने तक बनी होती है। दूसरे शब्दों में, यह अवस्था 2 से 3 साल तक के आयु के बीच होती है। इस अवस्था में कामुकता क्षेत्र (erogeneous zone) मुँह से हटकर शरीर के गुदा क्षेत्र (anal region) में आ जाता है। फलस्वरूप बच्चे मल-मूत्र त्यागने से संबंधित क्रियाओं से आनन्द उठाते हैं। इस अवस्था में दो तरह की गुदा क्रियाएँ (anal activities) होतीं हैं—

गुदा बहिष्कारक क्रियाएँ (anal expulsive activities) तथा *गुदा धारणात्मक क्रियाएँ* (anal retentive activities)। गुदा की परित्यागात्मक अवस्था में मल-मूत्र त्यागने में शिशु लैंगिक सुख प्राप्त करता है क्योंकि ऐसा करने से उसका शारीरिक तनाव दूर हो जाता है तथा उसे काफी आराम मिलता है। मल-मूत्र त्यागने से शिशु की श्लेष्मल झिल्ली (mucous membrane) काफी उत्तेजित हो जाती जिसके परिणामस्वरूप बच्चों में लैंगिक सुख (sexual pleasure) की प्राप्ति होती है। गुदा-धारणात्मक अवस्था में शिशु मल-मूत्र को कुछ देर तक रोककर रखे रहते हैं जिसमें उनके आँत (bowel) तथा मूत्राशय (bladder) में एक तरह से हल्का तनाव उत्पन्न होता है जिससे भी उन्हें आनन्द का अनुभव होता है। इन दोनों अवस्थाओं का वर्णन तथा व्यक्तित्व पर उनके पड़ने वाले प्रभावों का वर्णन इस प्रकार है—

(i) गुदा-निष्कासन की अवस्था *(Anal expulsion stage)*—जैसा कि ऊपर कहा जा चुका है, इस अवस्था में शिशु को मल-मूत्र का परित्याग करने में लैंगिक सुख की प्राप्ति होती है क्योंकि ऐसा करने से उसका श्लेष्मल झिल्ली (mucous memberane) उत्तेजित हो जाता है जो उसके लैंगिक सुख में एक सक्रिय योगदान करता है। इसके अलावा, माता-पिता द्वारा उचित स्थान एवं सही समय पर नियमित रूप से मल-मूत्र त्याग करने की प्रशिक्षण (toilet training) भी दी जाती है। इस प्रशिक्षण के दौरान माता-पिता द्वारा अपनायी गयी मनोवृत्ति (attitude) एवं विधियों (methods) का प्रभाव बच्चों के व्यक्तित्व विकास पर काफी पड़ता है। जब माता-पिता मल-मूत्र त्यागने के लिए शिशु का खुशामद

करते हैं, पुचकारते हैं तथा सीटी बाजते हैं, तो इससे शिशुओं में आक्रमकता (aggressiveness) की प्रवृत्ति काफी बढ़ती है। वयस्क होने पर ऐसे शिशुओं में एक विशेष प्रकार के व्यक्तित्व का विकास होता है जिसे गुदा-आक्रमक व्यक्तित्व (anal-aggressive personality) कहा जाता है। ऐसे व्यक्तियों के व्यक्तित्व में क्रूरता (cruelty), विनाशिता (destructiveness), विद्वेष (hostility), क्रमहीनता (disorlerliness) आदि शीलगुणों की प्रधानता होती है।

(ii) गुदाधारणात्मक अवस्था *(Anal Retentive stage)*—इस अवस्था में शिशु को मल-मूत्र को कुछ देर तक रोककर रखने में लैंगिक आनन्द आता है। मल-मूत्र को कुछ देर तक रोके रखने से शिशुओं के मूत्राशय (bladder) एवं आँत (bowel) में एक हल्का-सा तनाव उत्पन्न होता है जिससे उसे लैंगिक आनन्द मिलता है। परन्तु इस तनाव से वह अधिक देर तक आनन्दित नहीं हो सकता है, क्योंकि उसे तो मल-मूत्र का त्याग कुछ देर के बाद करना ही पड़ता है। इससे शिशुओं में निराशा (frustration) उत्पन्न होती है जो बाद में चलकर विशेष व्यक्तित्व शीलगुणों (personality traits) का सृजन करने में महत्त्वपूर्ण भूमिका निभाती है। जैसा कि ऊपर कहा गया है, मल-मूत्र त्यागने के लिए दी गयी प्रशिक्षण (tiolet training) में यदि माता-पिता द्वारा शिशुओं के प्रति काफी उदारता न दिखलाकर काफी कठोरता एवं क्रूरता दिखलाया जाता है, तो शिशु जान-बूझकर अपने मल-मूत्र को अधिक समय तक रोक लेते हैं जिससे उनमें कब्जियत (constipation) बढ़ जाती है। इस प्रक्रिया से शिशुओं को अपने माता-पिता के प्रति अवज्ञा-भाव (feeling of disregard) प्रकट करने का सुअवसर मिलता है (जिससे उसे एक तरह की आत्म संतुष्टि होती है) तथा साथ-ही-साथ शिशु इसके द्वारा अपने माता-पिता का ध्यान अपनी ओर आकृष्ट करने के एक साधन के रूप में भी इसे प्रयोग करने में सफल हो पाते हैं। फ्रायड (Freud) के अनुसार यदि माता-पिता मल-मूत्र त्यागने की प्रशिक्षण देने में क्रूरता एवं कठोरता बरतते हैं, तो इससे ऐसे शिशुओं में वयस्क होने पर एक विशेष व्यक्तित्व का विकास होता है जिसे **गुदा धारणात्मक व्यक्तित्व** (anal retentive personality) कहा जाता है। ऐसे व्यक्तियों के व्यक्तित्व में हठ (obtinancy), कंजूसी (stinginess) क्रमबद्धता (orderliness) तथा समयनिष्ठा (punctuality) आदि के शीलगुण की प्रधानता होती है।

गुदा अवस्था (anal stage) की एक विशेषता यह है कि इस अवस्था की समाप्ति तक अहम् (ego) का विकास काफी हो जाता है और बच्चों का व्यवहार वास्तविकता के सिद्धान्त (reality principle) द्वारा बहुत हद तक निर्देशित होने लगता है। शिशुओं में लिंग भिन्नता (sex distinction) का भी ज्ञान प्रारंभ हो जाता है यानी, वे लिंग के रचनात्मक भिन्नता से परिचित हो जाते हैं। परन्तु इन सबके बावजूद इस अवस्था में मुँह, गुदा (anus) एवं योनि (vagina) आदि में कोई अन्तर वह नहीं समझता है। वह स्तन (breast), शिश्न (penis) एवं मल (feces) को भी अचेतन रूप से समान ही समझता है।

3. लिंग प्रधानावस्था या शिश्नावस्था *(Phallic stage)*—मनोलैंगिक विकास की तीसरी अवस्था शिश्नावस्था (phallic stage) है जो चौथे से पाँचवें साल के दौरान उत्पन्न होती है। इस अवस्था में एक नया कामुकता क्षेत्र(erogeneous zone) का विकास होता है। यह नया कामुकता क्षेत्र जनेनन्द्रिय (genital) होता है। लड़कियों के जनेनन्द्रिय को योनि (vagina) तथा लड़कों के जनेन्द्रिय को शिश्न (penis) कहा जाता है। फ्रायड (Freud) का कहना था कि इस अवस्था में बच्चे अपने जनेनन्द्रिय को छूते हैं, मलते हैं तथा खींचते हैं । इससे उनके जनेनन्द्रियों में संवेदन उत्पन्न होता है और उन्हें लैंगिक आनन्द (sexual pleasure) की प्राप्ति होती है। यद्यपि इस अवस्था में जनेनन्द्रियों से मिलने वाले लैंगिक सुख की प्रधानता होती है, परन्तु इसका मतलब यह नहीं है कि इस अवस्था में मुखावस्था (oral stage) तथा गुदावस्था (anal stage) से उत्पन्न अनुभूतियों का प्रभाव बिल्कुल ही समाप्त हो जाता है।

इस अवस्था में बच्चे चूँकि लिंग-भेद (sex-difference) से भली-भाँति परिचित हो जाते हैं परन्तु जनेनन्द्रिय (genital) के लैंगिक कार्य के बारे में उन्हें कोई स्पष्ट ज्ञान नहीं होता है, इसलिए उसके बारे में वे अधिक-से-अधिक जानकारी प्राप्त करने की जिज्ञासा दिखलाते हैं। इस अवस्था के बच्चों में प्रदर्शन प्रवृत्ति (exhibitionistic tendency) की प्रधानता होती है। फलस्वरूप वे माँ-बहन, माता-पिता को नंगा देखने का अवसर ढूँढ़ते रहते हैं। इतना ही नहीं, कभी-कभी बच्चे माता-पिता को रति-क्रिया (sexual intercourse) में संलग्न भी देखने का मौका ढूँढ़ लेते हैं और यदि प्रत्यक्ष रूप से नहीं भी देखते तो जब उन्हें कमरे से बाहर जाने, दूसरे कमरे में सोने के लिए बाध्य करने तथा खेलने हेतु बाहर जाने के लिए प्रेरित किया जाता है तो उन्हें अनुभव होता है कि माता-पिता के बीच कोई विशेष रुचिपूर्ण क्रिया

अवश्य होने वाली है। फ्रायड के अनुसार माता-पिता के बीच रतिक्रिया को देखकर बच्चे समझते हैं कि उनके पिता माता के प्रति एक आक्रामक व्यवहार (aggressive behaviour) कर रहे हैं।

फ्रायड का कहना है कि इस अवस्था में लड़का में मातृ-मनोग्रन्थि (oedipus complex) का विकास तथा लड़कियों में पितृ-मनोग्रन्थि (electra complex) का विकास होता है। फ्रायड के अनुसार मातृ-मनोग्रन्थि प्रत्येक लड़का में तथा पितृ-मनोग्रन्थि प्रत्येक लड़की में विकसित होता है। इसका मतलब यह हुआ कि ये दोनों मनोग्रन्थियाँ (complexes) सर्वसार्विक (universal) होती है। मातृ-मनोग्रन्थि (oedipus complex) में प्रत्येक लड़का अचेतन रूप से (unconsciously) अपने माता से लैंगिक प्रेम तथा रतिक्रिया (sexual intercourse) की इच्छा करता है तथा पिता से घृणा करता है। वह पिता को अपना प्रतिद्वन्द्वी (rival) समझने लगता है तथा इन्हें माँ के साथ लैंगिक संतुष्टि (sexual satisfaction) के मार्ग में प्रमुख बाधक मानने लगता है। लेकिन वह यह भी समझता है कि माँ के साथ उसका लैंगिक प्रेम (sex love) पिता को कतई पसंद नहीं है और वे एक दिन गुस्साकर जरूर ही उसका शिश्न (penis) काट देंगे। कभी-कभी ऐसा देखा भी गया है कि जब लड़का बार-बार पिता द्वारा अपने शिश्न को न छूने या खींचने के लिए मना किये जाने के बाद भी वह नहीं मानता है तो वे चाकू या कैंची दिखलाकर सचमुच में शिश्न काट देने की धमकी देते हैं। इससे लड़का में पहले से उत्पन्न शिश्न काट दिये जाने की चिन्ता और भी प्रबल हो जाती है। इसे फ्रायड ने *'बधिया होने की चिन्ता'* (castration anxiety) कहा है।

लड़कियों में इस अवस्था में पितृ-मनोग्रन्थि (electra complex) का विकास होता है। यह एक ऐसी मनोग्रन्थि है जिसमें लड़की पिता से लैंगिक सुख (sexual pleasure) प्राप्त करना चाहती है तथा अपने माता से घृणा करती है तथा उसे मर जाने की कामना करती है। माँ को वह अपना प्रतिद्वन्द्वी (rival) समझती है। लड़कियों में लड़कों की अपेक्षा यह स्तर जटिल होता है। इस अवस्था में लड़कियों में *शिश्न ईर्ष्या* (penis envy) भी उत्पन्न हो जाता है जो लड़कों के बधिया होने की चिन्ता (castration anxiety) का एक प्रतिरूप (counterpart) है। शिश्न ईर्ष्या के उत्पन्न होने से लड़कियों में अपने माँ के प्रति उत्पन्न घृणा एवं द्वेष की भाव और भी मजबूत हो जाती है। 'शिश्न ईर्ष्या' में लड़की में इस बात से ईर्ष्या हो जाती है उसके पास अपने भाइयों एवं पिता के समान शिश्न (penis) नहीं है। उसका अपना विश्वास यह होता है कि उसके पास भी पहले ऐसा ही शिश्न था परन्तु सजा के रूप में उसकी माँ उससे उसके शिश्न ही छिन ली है। इससे स्वभावतः वह माँ के प्रति अधिक विद्वेषी (hostile) हो जाती है। शिश्न ईर्ष्या (penis envy) से लड़कियों में हीनता की भाव (feeling of inferiority) भी उत्पन्न होता है क्योंकि लड़की अपने आप में भाइयों एवं पिता से तुलना करने पर शिश्न जैसे अंग की कमी पाती है।

फ्रायड का कहना था कि जब लड़का में मातृ-मनोग्रन्थि (oedipus complex) का सफलतापूर्वक समाधान तथा लड़की में पितृ-मनोग्रथिं (electra complex) का सफलतापूर्वक समाधान हो जाता है तो इससे इनमें नैतिकता (morality) का विकास होता है। प्रायः इन मनोग्रन्थियों का समाधान दमन (repression) द्वारा तथा अपने माता-पिता के साथ आत्मीकरण (identification) करके किया जाता है। इसका परिणाम यह होता है कि लड़कों तथा लड़कियों में पराहं (super ego) का विकास प्रारंभ हो जाता है।

जब इन दोनों मनोग्रन्थियों (complexes) का ठीक ढंग से समाधान नहीं हो पाता है तो इसका परिणाम उसके व्यस्क व्यक्तित्व (adult personality) पर सीधा पड़ता है। फ्रायड के अनुसार जो लड़का शैश्नावस्था (phallic stage) पर आबद्ध (fixated) होता है, उनमें वयस्क होने पर व्यक्तित्व के अन्य शीलगुणों में उतावलापन, शेखीबाजी (boastfulness), उच्चाकांक्षा (high ambition) आदि शीलगुण की प्रधानता होती है। जो लड़की शैश्नावस्था पर आबद्ध (fixated) होती हैं उनमें वयस्क होने पर व्यक्तित्व के अन्य शीलगुणों में इश्कबाजी (flirtatiousness), सम्मोहकता (seductiveness) तथा स्वच्छन्द संभोगिता (promiscuity) आदि शीलगुणों की प्रधानता होती है। फ्रायड के अनुसार वयस्कता (adulthood) में पुरुषों में होने वाले नपुंसकता (impotencey) तथा स्त्रियों के ठण्ढापन (frigidity) का एक मनोवैज्ञानिक कारण शैश्नावस्था (phallic stage) के इन मनोग्रन्थियों (complexes) का ठीक ढंग से समाधान नहीं होना होता है।

4. अव्यक्तावस्था या निलीनावस्था *(Latency Stage)*—मनोलैंगिक विकास की यह चौथी अवस्था है जो शैश्नावस्था (phallic stage) के बाद प्रारम्भ होता है। यह अवस्था 6 या 7 साल के उम्र से प्रारंभ होकर लगभग

12 वर्ष की आयु तक रहती है। इस अवस्था में बच्चों में कोई नया कामुकता क्षेत्र (erogeneous zone) नहीं विकसित होता है तथा साथ-ही-साथ लैंगिक इच्छाएँ (sexual wishes) भी सुषुप्त (dormant) रहतीं हैं। इस अवस्था में बच्चे अपनी लैंगिक इच्छाओं (sexual wishes) को अनैतिक समझकर उसका दमन कर देते हैं तथा अन्य बाहरी चीजों एवं घटनाओं में अधिक रुचि दिखलाना प्रारंभ कर देते हैं। इस तरह से उनमें बहिर्मुखी (extroverted) अभिरुचि अधिक बढ़ जाती है। सच पूछा जाय तो इस अवस्था में बच्चों का लिविडो (libido) या यौन-शक्ति (sex-energy) का उदात्तीकरण (sublimation) हो जाता है। दूसरे शब्दों में, इस अवस्था में बच्चों के लिविडो (libido) की अभिव्यक्ति (expression) भिन्न-भिन्न प्रकार के अलैंगिक क्रियाओं (non-sexual activities) जैसे शिक्षा (education), चित्रकारी, खेल-कूद (athletics), हम-उम्र के बच्चों के साथ सम्बन्ध के रूप में अभिव्यक्ति होते हैं। इस अवस्था में वे सामाजिक आदर्शों एवं नैतिक मूल्यों (ethical values) को अच्छी तरह से समझने लगते हैं तथा उसी के अनुकूल व्यवहार करने पर काफी बल डालते हैं। इसका परिणाम यह होता है कि ऐसे बच्चों में पराहं (super ego) तीव्रता से विकसित होता है तथा वह मजबूत होता है।

5. जननेन्द्रियावस्था *(Genital Stage)*—मनोलैंगिक विकास की यह अन्तिम अवस्था है जो 13 वर्ष की आयु से प्रारंभ होकर निरन्तर चलता रहता है। इस अवस्था में किशोरावस्था (adolescence) तथा वयस्कावस्था (adulthood) दोनों ही सम्मिलित होते हैं। इस अवस्था का प्रारंभ होते ही किशोरों एवं किशोरियों में अनेक तरह के शारीरिक परिवर्तन होते हैं तथा ग्रन्थीय विकास (glandular development) परिपक्व हो जाते हैं। इसका परिणाम यह होता है कि पुरुषों में मूँछ, दाढ़ी तथा स्त्रियों में स्तन (breast) का विकास एवं मासिक धर्म (menstruation) की शुरूआत हो जाती है। जननेन्द्रियावस्था (genital stage) के प्रारंभ के कुछ वर्ष जो किशोरावस्था के वर्ष होते हैं, में व्यक्तियों में अपने ही लिंग (sex) के व्यक्तियों के साथ रहने, उठने-बैठने एवं बातचीत करने की प्रवृत्ति अधिक तीव्र होती है। इसे फ्रायड ने *समलिंगकामुकता* (homosexuality) कहा है। फ्रायड का दावा यह है कि प्रारंभिक किशोरावस्था में सभी व्यक्ति में समलिंगकामुकता (homosexuality) की प्रवृत्ति होती है। परन्तु धीरे-धीरे जैसे-जैसे व्यक्ति प्रारंभिक किशोरावस्था (early adolescence) से निकलकर वयस्कावस्था (adulthood) में प्रवेश करता है तो उसकी समलिंगकामुकता प्रवृत्ति कमने लगती है और उसमें विपरीत यौन (opposite sex) के व्यक्तियों के प्रति आकर्षण (attraction) बढ़ने लगते हैं और समलिंगकामुकता(homosexuality) के जगह पर विषम लिंगकामुकता(heterosexuality) विकसित होने लगता है। 20 वर्ष की अवस्था आ जाने पर इस विषमलिंगकामुकता के औपचारिक अभिव्यक्ति की अनुमति समाज दे देता है जिसके परिणामस्वरूप वयस्क पुरुष एवं वयस्क स्त्री की शादी हो जाती है और सामान्य यौन-क्रिया प्रारंभ हो जाती है। फ्रायड का कहना था कि जिन व्यक्तियों में मनोलैंगिक विकास के प्रारंभिक अवस्थाओं विशेषकर प्रथम तीन अवस्थाओं में से किसी भी पर यदि स्थायीकरण (fixation) होती है तो वैसे लोगों को इस जननेन्द्रियावस्था (genital stage) में उपयुक्त समायोजन (adequate adjustment) करने में काफी कठिनाई होती है।

फ्रायड के इस मनोलैंगिक विकास के सिद्धान्त (theory of psychosexual development) की आलोचना कुछ लोगों ने किया है। मनोलैंगिक विकास के पाँच अवस्थाओं में शिश्नावस्था(phallic stage) की तीव्र आलोचना की गयी है।

(i) आलोचकों का यह मत है कि इस अवस्था (शिश्नावस्था) के मातृ-मनोग्रन्थि (oedipus complex) तथा पितृ मनोग्रन्थि (electra complex) जो जैविक रूप से (biologically) सर्वसार्विक (universal) होते हैं, सही नहीं है। इन आलोचकों जिसमें करेन हार्नी (Karen Horney), इरिक फ्राम (Erich Fromm) आदि प्रमुख हैं, का कहना है कि कुछ ऐसी संस्कृति है जिसमें पिता एवं पुत्र के बीच विद्वेष का कारण लैंगिक डाह (sexual jealousy) न होकर परिवार में पिता का अत्यधिक प्रभावकारी प्रभुत्व (effective dominance) होता है। पुत्र इस प्रभुत्व का विरोध करता है जिसे पिता दमित कर देना चाहते हैं। फलस्वरूप पुत्र में पिता के प्रति विद्वेष एवं घृणा उत्पन्न होती है।

(ii) करेन हार्नी (Karen Horney, 1937) ने फ्रायड द्वारा इस शैश्नावस्था (phallic stage) में प्रतिपादित 'शिश्न ईर्ष्या' (penis envy) के संप्रत्यय को भी एक बेतुका एवं जरूरत से ज्यादा यौन भावनाओं से ओत-प्रोत माना है। इससे महिलाओं के मनोविज्ञान को समझने में कोई मदद नहीं मिलती है क्योंकि इससे उन सामाजिक एवं सांस्कृतिक कारकों का समावेश नहीं होता है जिससे महिला का मनोविज्ञान प्रभावित होता है।

इन आलोचनाओं के बावजूद भी फ्रायड का मनोलैंगिक विकास का सिद्धान्त एक महत्त्वपूर्ण सिद्धान्त है और आज भी कई मनोविश्लेषकों (psychoanalysts) जैसे एडलर (Adler) एवं युग (Jung) जो फ्रायड के मनोविश्लेषण (psychanalysis) की विधियों से अपने आप को अलग कर लिए हैं, व्यक्तित्व के विकास की व्याख्या में फ्रायड के संप्रत्ययों (concepts) का प्रयोग प्रत्यक्ष या अप्रत्यक्ष रूप से किये हैं। कुछ आधुनिक व्यक्तित्व मनोवैज्ञानिकों (personality psychologists) द्वारा भी फ्रायड के संप्रत्यय को अधिक महत्त्वपूर्ण बतलाया गया है।

अध्याय-सारांश
(Chapter Summary)

1. इस अध्याय में फ्रायड के मनोविश्लेषणात्मक विचारधारा (psychoanalytic viewpoints) को चार भागों में बाँट कर प्रस्तुत किया गया है—मानसिक पहलू, दैनिक जीवन की मनोविकृतियाँ, मानसिक संघर्ष एवं मनोरचनाएँ तथा मनोलैंगिक विकास का सिद्धान्त।
2. फ्रायड ने मानसिक पहलू को दो भागों में बाँटकर अध्ययन किया है—मन का आकारात्मक पहलू (topographical aspect of mind) तथा मन का गत्यात्मक या संरचनात्मक पहलू (dynamic or structural aspect or mind)। मन के आकरात्मक पहलू को तीन स्तरों अर्थात् चेतन, (conscious), अर्द्धचेतन (subconscious) तथा अचेतन (unconscious) में बाँटकर अध्ययन किया गया है। मन के गत्यात्मक पहलू या संरचनात्मक पहलू के भी तीन एजेण्ट (agent) बतलाये गये हैं। वे तीन एजेण्ट हैं—उपाहं (id), अहं (ego) तथा पराहं (super ego)। अचेतन के अस्तित्व (existence) के सबूत के लिए कुछ तथ्यों का भी अध्ययन किया गया है तथा फ्रायड एडलर एवं युंग के अचेतन के सिद्धान्तों की तुलनात्मक अध्ययन भी किया है।
3. फ्रायड के मनोविश्लेषक विचारधारा में दैनिक जीवन की मनोविकृतियों का अध्ययन भी प्रमुख है। इस अध्याय में कुछ प्रमुख मनोविकृतियों जैसे बोलने की भूल (slip of tongue), नामों को भूलना, लिखने की भूलें (slip of pen), छपाई की भूलें, पहचानने की भूल, वस्तुओं को गलत स्थान पर रखना तथा अनजाने में की गयी क्रियाओं आदि का वर्णन किया गया है।
4. मानसिक संघर्षों का समाधान चेतन तथा अचेतन दोनों रूप से होता है। मानसिक संघर्ष के चार प्रकार होते हैं—उपागम-उपागम संघर्ष, परिहार-परिहार संघर्ष, उपागम-परिहार संघर्ष तथा द्विउपागम-परिहार संघर्ष। इन संघर्षों का अचेतन समाधान करने के लिए विभिन्न प्रकार की मनोरचनाएँ (mental mechanisms) या रक्षात्मक युक्तियाँ (defence mechanism) का सहारा व्यक्ति लेता है। इन रक्षा युक्तियों में दमन, यौक्तिकीकरण (rationalizaiton), प्रतिक्रिया निर्माण, प्रतिगमन, उदात्तीकरण (sublimation), रूपान्तरण (transference) आदि अधिक प्रमुख हैं।
5. फ्रायड के मनोलैंगिक विकास का सिद्धान्त (theory of psychosexual development) एक प्रमुख सिद्धान्त है जिसकी व्याख्या पाँच अवस्थाओं (stages) में बाँट कर किया गया है—मुखावस्था, गुदावस्था (anal stage), शैश्नावस्था (phallic stage), अव्यक्त अवस्था (latency stage) तथा जननेन्द्रियावस्था (genital stage)। प्रत्येक अवस्था का महत्त्व व्यक्तित्व विकास में दिखलाया गया है तथा उनकी एक आलोचनात्मक व्याख्या भी प्रस्तुत की गयी है।

❑

अध्याय 6

स्वप्न

(DREAM)

स्वप्न का अर्थ एवं स्वरूप
(Meaning and Nature of Dream)

स्वप्न एक ऐसी घटना है जो हम सबों के साथ घटित होता है। दूसरे शब्दों में, हम सभी लोग स्वप्न देखते हैं। कभी स्वप्न सुखद होते हैं, तो कभी दुःखद होते हैं। कभी-कभी स्वप्न मिश्रित होते हैं, अर्थात् उसका कुछ अंश सुखद होता है, तो कुछ अंश दुखद होता है। इस तरह से स्वप्न हमारे जीवन का एक भाग होता है जिसके बारे में जानने की उत्सुकता हम सभी को हमेशा बनी रहती है।

स्वप्न का रूप जटिल है। आदिकाल से ही स्वप्न के स्वरूप (nature) के बारे में विशेषज्ञों, दार्शनिकों, लेखकों एवं शरीरविज्ञानियों (physiologists) ने इसके स्वरूप को समझने की कोशिश किया है। इन लोगों में हिपोक्रेट्स (Hippocrates), अरस्तू (Aristotle), गैलेन (Galen), ल्युक्रिटिअस (Lucretius), सिसेरो (Cicero) आदि के नाम अधिक मशहूर है। आदिकाल के दार्शनिकों एवं विशेषज्ञों का मत था कि स्वप्न का स्वरूप (nature) अलौकिक (supernatural) होता है। अतः स्वप्न के समय आत्मा शरीर से अलग होकर भ्रमण करती है। इस अवस्था में आत्मा जो कुछ भी देखती है या सुनती है, वहीं स्वप्न है। यही कारण है कि इन लोगों का विचार है कि सोये हुए व्यक्ति को अचानक नहीं उठाना चाहिए अन्यथा आत्मा शरीर में प्रवेश नहीं कर पायेगी जिससे व्यक्ति की मृत्यु हो सकती है। आज भी बहुत से जनजातियों (tribes) में इस विचार की प्रधानता पायी जाती है। इस तरह कुछ दार्शनिकों का मत है कि स्वप्न दैविक शक्ति (divine force) का एक प्रतिफल है। जब व्यक्ति पर भगवान खुश रहते हैं, तो वह सुखद स्वप्न देखते हैं और जब व्यक्ति से भगवान रूष्ट हो जाते हैं, तो वह दुखद स्वप्न देखता है।

बाद में कुछ लोगों ने जिसमें सिसेरो (Cicero) का नाम अधिक मशहूर है, बतलाया कि स्वप्न का स्वरूप (nature) अर्थहीन (meaningless) होता है। फलस्वरूप स्वप्न गत दिनों के अनुभूतियों से उत्पन्न आकस्मिक प्रतिमाओं (accidental images) का एक अर्थहीन कड़ी है। परन्तु स्वप्न के इस अर्थहीन स्वरूप की मान्यता अधिक दिनों तक नहीं बनी रही।

फिर कुछ लोगों ने स्वप्न के स्वरूप की व्याख्या शरीर के भीतर होने वाले परिवर्तनों (inner bodily changes) के रूप में करने की कोशिश किया है। किश्कर[1] (Kisker, 1964) के अनुसार अरस्तू (Aristotle) सबसे पहले दार्शनिक थे जिनके अनुसार स्वप्न उन भीतरी दैहिक परिवर्तनों द्वारा उत्पन्न होता है जिसे व्यक्ति जागृतावस्था में अनुभव नहीं कर पाता है। बाद में ल्यूक्रिटिअस (Leucretius) ने अपनी पुस्तक 'डी रीरम नैचूरा' (De Rerum Natura) में यह बतलाया है कि स्वप्न का संबंध जागृत अवस्था की क्रियाओं एवं उन शारीरिक आवश्यकताओं से होता है जिसकी संतुष्टि की जाती है। थॉमस हाब्स (Thomas Habbes) एवं इमैन्यूल कान्ट (Immanuel Kant) ने ऐसा ही विचार व्यक्त करते हुए कहा है कि शारीरिक उद्दीपकों (bodily stimuli) के कारण व्यक्ति में स्वप्न उत्पन्न होता है।

1. "Aristotle was one of the first to point out that dreams may be caused by inner physiological changes which are not noticed in the waking state." —Kisker : *Disorganized Personality, 1994, p. 119.*

आजकल मनोवैज्ञानिकों (psychologists) द्वारा स्वप्न के स्वरूप (nature) की व्याख्या कुछ दूसरे ढंग से की जाती है। आधुनिक मनोवैज्ञानिकों जैसे फ्रायड (Freud), एडलर (Adler), युंग (Jung), ब्राउन (Brown) आदि का मत है कि स्वप्न एक मानसिक प्रक्रिया (mental process) है। इन लोगों के अनुसार भिन्न-भिन्न तरहं की मानसिक क्रियाएँ लगातार चलती रहती है और स्वप्न भी इन्हीं लगातार चलने वाली क्रियाओं में से एक है। इन मनोवैज्ञानिकों के अनुसार स्वप्न हमारे जीवन की घटनाओं से संबंधित होता है और इसका स्वरूप कुछ विभ्रमिक (hallucinatory) होता है। शायद यही कारण है कि स्वप्न टूट जाने एवं नींद खुल जाने पर स्वप्न के अनुभव तेजी से समाप्त होते दीख पड़ते हैं। इसी पृष्ठभूमि (background) में ब्राउन तथा मेनिनगर[1] (Brown & Menninger, 1940) ने स्वप्न के अर्थ को समझाते हुए कहा है, "स्वप्न विभ्रम हैं जिन्हें हम सभी प्रत्येक रात्रि अनुभव करते हैं और जब हम जागते हैं तो इनका विभ्रमिक स्वरूप बिल्कुल ही स्पष्ट हो जाता है।"

पेज[2] (Page, 1974) ने स्वप्न को परिभाषित करने में अपने एवं प्रसिद्ध मनोवैज्ञानिक फ्रायड (Freud) के विचारों को व्यक्त करते हुए कहा है, "स्वप्न में अचेतन के संघर्षों की झलक मिलती है, दमित इच्छाओं की अभिव्यक्ति होती है तथा फ्रायड द्वारा इसे अचेतन की ओर जाने वाला एक राजकीय मार्ग (royal road) कहा गया है।"

इन परिभाषाओं से यह स्पष्ट है कि स्वप्न में निम्नलिखित तथ्यों की प्रधानता होती है—

(i) स्वप्न निद्रावस्था की एक विशेष मानसिक प्रक्रिया है जो निरन्तर होती है।

(ii) स्वप्न में विभ्रामक अनुभूतियाँ (hallucinatory experiences) होतीं हैं।

(iii) स्वप्न में अचेतन में दमित इच्छाओं की अभिव्यक्ति होती है। यही कारण है कि स्वप्न अचेतन की ओर जाने वाला एक राजकीय मार्ग (royal road) है।

इस तरह से यह कहा जा सकता है कि स्वप्न निद्रावस्था की एक ऐसी मानसिक स्थिति है जिसका संबंध हमारे व्यक्तिगत घटनाओं, इच्छाओं, संघर्षों आदि से होता है।

स्वप्न की विशेषताएँ
(Characteristics of Dream)

आधुनिक मनोवैज्ञानिकों ने स्वप्न की कुछ विशेषताओं (characteristics) का वर्णन किया है जिसके आधार पर उसके सार्थक स्वरूप पर अधिक प्रकाश पड़ता है। इन मनोवैज्ञानिकों के शोधों (researches) के पहले स्वप्न को निरर्थक माना जाता था। परन्तु इन लोगों ने यह साबित कर दिया है कि स्वप्न निरर्थक न होकर एक सार्थक प्रक्रिया है जिसके आधार पर हमें मानसिक रोगों के लक्षणों (symptoms) एवं उसके गतिकी (dynamics) को समझने में काफी मदद मिलती है।

फ्रायड (Frued), एडलर (Adler), युंग (Jung) ब्राउन (Brown) आदि मनोवैज्ञानिकों के विचारों का एक संयुक्त अध्ययन करने पर हम इस निष्कर्ष पर पहुँचते हैं कि स्वप्न की कुछ खास-खास विशेषताएँ, हैं जिनसे इसके स्वरूप पर अधिक प्रकाश पड़ता है। इन विशेषताओं में निम्नांकित प्रमुख हैं—

(i) स्वप्न सार्थक होते हैं *(Dreams are meaningful)*—साधारण लोग स्वप्न को अर्थहीन समझते हैं। परन्तु स्वप्न अर्थहीन नहीं होता है। उसका विशेष अर्थ होता है। मनोविश्लेषकों ने अनेकों उदाहरण देकर यह साबित कर दिया है कि स्वप्न का विशेष अर्थ होता है। जैसे, एक बार एक छात्र ने यह स्वप्न देखा कि उसकी माँ की मृत्यु हो गयी है। माँ के शव को लेकर जब वह श्मशान घाट की ओर जा रहा था तो रास्ते में अचानक उसके पिता बेहोश होकर गिर पड़े और उनकी भी मृत्यु हो गयी। जब छात्र के उस स्वप्न का मनोविश्लेषक (psychoanalyst) द्वारा मनोविश्लेषण किया गया तो पाया गया कि छात्र अपने माता-पिता दोनों से ही नफरत एवं घृणा करता था क्योंकि इन दोनों ने ही मिलकर उसे अपनी महबूबा के साथ प्रेम-व्यापार जारी रखने में बाँधा पहुँचाए थे। इस उदाहरण से स्पष्ट हो जाता है कि स्वप्न निरर्थक नहीं होकर सार्थक होता है।

---

1. "Dreams are hallucination which we all experience every night. When we awake, their hallucinatory nature is quite obvious to us." —Brown & Menninger : *The Psychodynamics of Abnormal behaviour, 1940, p. 221*
2. "Dreams mirror unconscious conflicts, express repressed wishes and have been called by Freud the royal road to the unconscious." —Page : *Abnormal Psychology, p. 191*

(ii) स्वप्न प्रतीकात्मक होते हैं *(Dreams are symbolic)*—स्वप्न में हम जो कुछ भी देखते हैं, वह सचमुच में अचेतन की दमित इच्छाओं का एक प्रतीक (symbol) मात्र ही होता है। चूँकि इन प्रतीकों का अर्थ अलग-अलग व्यक्तियों के लिए अलग-अलग होता है, इसलिए उसका अर्थ समझना थोड़ा कठिन होता है। परन्तु इसका अर्थ समझते ही स्वप्न का अर्थ भी स्पष्ट हो जाता है। इस तरह के प्रतीक को वैयक्तिक प्रतीक (personal symbol) कहा जाता है। ऐसे प्रतीकों का संबंध व्यक्ति के निजी घटनाओं एवं साहचर्यों से अधिक होता है। इसके अलावा कुछ प्रतीक सार्वजनिक (universal) होते हैं जिसका अर्थ सभी व्यक्तियों के लिए करीब-करीब एक समान होता है। जैसे, फ्रायड (Freud) के अनुसार बच्चों, भाइयों एवं बहनों के प्रतीक पशु या कीड़े होते हैं। उसी तरह से केला, लाठी, छतरी तथा अन्य सभी लम्बे आकार की वस्तुएँ पुरुष जननेन्द्रिय (male genital) के प्रतीक होते हैं तथा गुफा, गड्ढा, आदि स्त्री जननेन्द्रिय (female genital) के उदाहरण हैं। इस तरह से फ्रायड ने एक लम्बी सूची दी है जिससे यह पता चलता है कि स्वप्न की कौन-कौन-सी बातें किन अचेतन इच्छाओं के प्रतीक (symbols) हैं। इन प्रतीकों के माध्यम से स्वप्नों का अर्थ समझना काफी आसान हो जाता है।

(iii) स्वप्न विभ्रात्मक प्रवृत्ति के होते हैं *(Dreams are hallucinatory in nature)*—स्वप्न में व्यक्ति जो कुछ भी देखता है या अनुभव करता है, वह एक प्रकार का विभ्रम (hallucination) ही होता है क्योंकि नींद टूटने के बाद स्वप्नावस्था की सारी बातें एवं दृश्य गायब हो जाते हैं। सचमुच में स्वप्न के समय घटनाएँ जितनी सही लगती है नींद समाप्त होने पर वे उतनी ही मिथ्या महसूस होती हैं। इससे स्वप्न के विभ्रमात्मक स्वरूप स्पष्ट हो जाता है।

(iv) स्वप्न आत्मगत एवं आत्मकेन्द्रित होते हैं *(Dreams are subjcetive and ego-centeric)*— स्वप्न आत्मगत (subjective) एवं आत्मकेन्द्रित (ego-centeric) दोनों ही होते हैं। स्वप्न को आत्मगत इसलिए कहा जाता है क्योंकि इसके विषय एवं घटनाएँ व्यक्ति के निजी जीवन के अनुभवों से संबंधित होते हैं जिसका अनुभव मात्र उस व्यक्ति को ही होता है दूसरे को नहीं। स्वप्न आत्मकेन्द्रित भी होते हैं क्योंकि स्वप्न का केन्द्र व्यक्ति स्वयं ही होता है। स्वप्न की यथार्थता इस केन्द्र बिन्दु के अर्थहीनता के आलोक में समाप्त हो जाती है।

(v) स्वप्न से भविष्य का भी संकेत मिलता है *(Dreams also hint toward future)*—स्वप्न की इस विशेषता पर युंग (Jung) महोदय ने अधिक बल डाला है। युंग का कहना है कि स्वप्न में व्यक्ति को भविष्य में होने वाली घटनाओं का भी संकेत मिलता है न की सिर्फ इसके द्वारा बीती हुई जिन्दगी के दमित इच्छाओं की ही अभिव्यक्ति होती है। युंग ने कई ठोस उदाहरण देकर इस विशेषता की यथार्थता को दिखला दिया है।

(vi) स्वप्न में अचेतन की दमित इच्छाओं की अभिव्यक्ति होती है *(Dream express the repressed wishes of unconscious)*—फ्रायड (Freud) ने स्वप्न के इस विशेषता पर सर्वाधिक बल डाला है। उन्होंने कहा कि स्वप्न में व्यक्ति अचेतन की दमित इच्छाओं की पूर्त्ति करता है। अत: स्वप्न के घटनाओं एवं विषयों के आधार पर हमें स्पष्टत: अचेतन के स्वरूप का पता चल जाता है। शायद यही कारण है कि स्वप्न को फ्रायड ने *'अचेतन की ओर जाने वाली एक राजकीय मार्ग'* (Royal road to unconscious) कहा है। चूँकि व्यक्ति स्वप्न में अपनी उन इच्छाओं की पूर्त्ति करने का प्रयास करता है जिसे वह साधारण जिन्दगी में सामाजिक प्रतिबन्धों के कारण नहीं कर पाया था, इसलिए फ्रायड ने कहा है कि **'स्वप्न इच्छापूर्त्ति का प्रयास है'** (Dreams are attempted wish fulfillment).

इन विशेषताओं से यह स्पष्ट हो जाता है कि स्वप्न एक ऐसी मानसिक घटना या प्रक्रिया है जिसका मनोवैज्ञानिक महत्त्व (psychological significance) काफी अत्यधिक है क्योंकि स्वप्न हमें व्यक्ति के बीती जिन्दगी तथा भविष्य की घटनाओं दोनों के बारे में एक अर्थपूर्ण ज्ञान प्रदान करता है।

स्वप्न के प्रकार
(Types of dream)

मनोवैज्ञानिकों ने स्वप्न के कई प्रकार बतलाये हैं। कुछ मनोवैज्ञानिकों ने स्वप्न को सामान्यत: दो भागों में बाँटा है— सरल स्वप्न (simple dream) तथा जटिल स्वप्न (complex dream)। सरल स्वप्न में स्वप्न की घटनाएँ एवं कहानी छोटी एवं सरल होतीं हैं तथा इसमें दमित इच्छाओं की पूर्त्ति प्रत्यक्ष रूप से होती है। जटिल स्वप्न (complex dream) में स्वप्न की घटनाएँ एवं कहानी लम्बी एवं इस तरह एक दूसरे से मिश्रित होती हैं कि उसमें दमित इच्छाओं की पूर्त्ति अप्रत्यक्ष रूप से होती दीख पड़ती है। जटिल स्वप्न की एक विशेषता यह भी है कि इस तरह के स्वप्न के विषय स्वयं

स्वप्नद्रष्टा (dreamer) को ही समझ में नहीं आ पाता है तथा उसका औचित्य एवं संगतता को वह खुद भी नहीं समझ पाता है। कुछ आधुनिक मनोवैज्ञानिकों ने स्वप्न में देखे गये घटनाओं एवं विषयों (content) के आधार पर स्वप्न को निम्नांकित सात भागों में बाँटा है—

(i) **इच्छापूर्त्ति-स्वप्न** *(Wish fulfillment dream)*—जिन स्वप्नों में प्रत्यक्ष या अप्रत्यक्ष रूप से व्यक्ति की इच्छा पूर्त्ति या अभिव्यक्ति होती है, उसे इच्छापूर्त्ति स्वप्न (wish fulfillment dream) कहा जाता है। जैसे, एक छोटा बालक जब स्वप्न में किसी वैसे खिलौना से जी भर कर खेलता है जिससे वह अपने जाग्रतावस्था में खेलने की तीव्र इच्छा रखता है तो यह इच्छापूर्त्ति स्वप्न का उदाहरण हुआ। परन्तु अधिकांश स्वप्न वैसे होते हैं जिसमें इच्छाओं की पूर्त्ति या अभिव्यक्ति अप्रत्यक्ष रूप से या छद्म रूप से (disguised form) होती है। वयस्क के स्वप्न अधिकतर ऐसे ही होते हैं।

(ii) **दुश्चिन्ता स्वप्न** *(Anxiety dream)*—जिन स्वप्नों में व्यक्ति तीव्र दुश्चिन्ता या भय से ग्रसित हो जाता है, उसे दुश्चिन्ता स्वप्न (anxiety dream) कहा जाता है। इस तरह के स्वप्न की एक विशेषता यह होती है कि स्वप्नद्रष्टा स्वप्न देखते-देखते काफी भयभीत हो जाता है तथा उसके शरीर से संवेगात्मक परेशानी की स्पष्ट झलक मिलती है। प्राय: देखा गया है कि इस तरह के स्वप्न देखते समय व्यक्ति का शरीर काँपने लगता है, हाथ-पैर इधर-उधर फेंकने लगता है तथा कभी-कभी वह जोर से चिल्लाने या रोने भी लगता है। नींद टूटने पर वह पाता है कि उसका शरीर पसीना से तर-ब-तर हो गया है। व्यक्ति इस तरह का स्वप्न भी अक्सर देखता है और मनोवैज्ञानिकों का कहना है कि वैसे व्यक्ति इस तरह का स्वप्न अधिक देखते हैं जिनकी संवेगात्मक जिन्दगी (emotional life) क्षुब्ध (distrubed) होने के कारण अधिक चिन्तित एवं आशंकित रहते हैं।

(iii) **दण्ड स्वप्न** *(Punishment dream)*—जिन स्वप्नों में स्वप्नद्रष्टा (dreamer) किसी तरह का सजा (punishment) पाता है, उसे दण्ड स्वप्न (punishment dream) कहा जाता है। इस तरह के स्वप्न वैसे व्यक्ति देखते हैं जिनका पराहं (super ego) तो विकसित होता है परन्तु फिर भी वे कुछ ऐसे कार्य अपने दैनिक जीवन में कर बैठते हैं जो अनैतिक (immoral) तथा असामाजिक होता है। जब कोई व्यक्ति स्वप्न यह देखता है कि उसका आँख फोड़ा जा रहा है या हाथ-पाँव बाँधकर पीटा जा रहा है तो यह दण्ड स्वप्न (punishment dream) का उदाहरण होगा क्योंकि व्यक्ति यहाँ एक तरह का सजा पा रहा है।

(iv) **भविष्योन्मुख स्वप्न** *(Prophetic dream)*—जिन स्वप्नों में व्यक्ति को भविष्य में होने वाले किसी घटना का संकेत मिलता है, उसे भविष्योन्मुख स्वप्न (prophetic dream) कहा जाता है। इस तरह के स्वप्न पर युंग (Jung) महोदय ने काफी बल डाला है। कभी-कभी ऐसा होता है कि व्यक्ति स्वप्न में यह देखता है कि उसके साथ कोई दुर्घटना (accident) हो गया है या वह परीक्षा में पास कर गया है। कुछ दिनों के बाद सचमुच में उसके साथ कोई दुर्घटना हो जाती है या परीक्षाफल निकलने पर पाता है कि वह परीक्षा में पास कर गया है। इस तरह से स्पष्ट है कि कभी-कभी स्वप्न हमें आगे दिनों पर घटनेवाली घटनाओं की ओर भी संकेत करता है।

(v) **प्रतिरोध स्वप्न** *(Protest dream)*—उन स्वप्नों को प्रतिरोध स्वप्न कहा जाता है जिसमें व्यक्ति सामाजिक मान्यताओं एवं मूल्यों को तोड़ता है या तोड़कर उसका प्रतिरोध व्यक्त करता है। फिशर (Fisher, 1945) ने यह बतलाया है कि यदि कोई व्यक्ति स्वप्न में यह देखता है कि उसने अपने शरीर का सारा वस्त्र उतार कर सड़क पर फेंक दिया है क्योंकि कुछ लोग उसके कीमती वस्त्र छीनने के लिए पीछे दौड़े आ रहे थे, तो यह एक प्रतिरोध स्वप्न (Protest dream) का उदाहरण होगा क्योंकि इसमें व्यक्ति सामाजिक मान्यता के विरुद्ध नंगा होकर एक प्रतिरोध (protest) व्यक्त कर रहा है।

(vi) **समाधान स्वप्न** *(Resolution dream)*—कुछ ऐसे स्वप्न होते हैं जिसमें व्यक्ति अपनी समस्याओं का विशेषकर मानसिक गुत्थियों तथा संघर्षों का समाधान करता पाया जाता है। जैसे, पेज (Page, 1947) ने एक ऐसी विद्यार्थी के स्वप्न के उदाहरण दिया है जो गणित (Mathematics) की जटिल समस्याओं का समाधान प्राय: स्वप्न में किया करता था। ऐसी जटिल समस्याओं का समाधान जब जाग्रतावस्था में वह नहीं कर पाता था तो स्वप्न में वह आसानी से इन समस्याओं का समाधान कर लेता था।

(vii) **गति-संबंधी स्वप्न** *(Kinesthetic dream)*—जिन स्वप्नों में व्यक्ति अपने आप को तैरते, गाते, उछलते, रोते एवं कभी-कभी उड़ते हुए देखता है उसे गति-संबंधी स्वप्न (Kinesthetic dream) कहा जाता है। फिशर (Fisher,

1945) के अनुसार इस तरह का स्वप्न वैसे व्यक्ति अधिक देखते हैं जिनकी काल्पनिक शक्ति (imaginative power) अधिक विकसित होती है।

इस तरह से हम देखते हैं कि स्वप्न के कई प्रकार हैं। स्वप्न के इन प्रकारों में इच्छापूर्त्ति स्वप्न, दुश्चिन्ता स्वप्न, दण्ड एवं भविष्योन्मुख स्वप्न अन्य स्वप्नों की अपेक्षा अधिक महत्त्वपूर्ण हैं तथा मनोवैज्ञानिकों द्वारा इन स्वप्नों का अध्ययन भी तुलनात्मक रूप से अधिक किया गया है।

स्वप्न के सिद्धान्त (Theories of Dream)

दार्शनिकों, (Philosophers), शरीरशास्त्रियों (Physiologists) तथा मनोवैज्ञानिकों ने स्वप्न की व्याख्या करने के लिए कुछ सिद्धान्तों (theories) का वर्णन किया है। इन सिद्धान्तों को मूलत: तीन विस्तृत श्रेणियों (broad categories) में बाँटा गया है अलौकिक सिद्धान्त (Supernatural theories), दैहिक सिद्धान्त (Physiological theory) तथा मनोवैज्ञानिक सिद्धान्त (Psychological theory)। दैहिक सिद्धान्त भी दो प्रकार के होते हैं— प्रत्यक्षीकरण विपर्यय सिद्धान्त (Perception-Illusion theory) तथा प्रबोध-प्रयत्न एवं भूल सिद्धान्त (Apperceptive trial & error theory)। मनोवैज्ञानिक सिद्धान्त में कई मनोवैज्ञानिकों के सिद्धान्त आते हैं परन्तु उनमें फ्रायड (Freud) एडलर (Adler) एवं युंग (Jung) तीन मनोवैज्ञानिकों के सिद्धान्त अधिक लोकप्रिय है। स्वप्न के सिद्धान्त के इस वर्गीकरण को चित्र—6.1 में दिखलाया गया है।

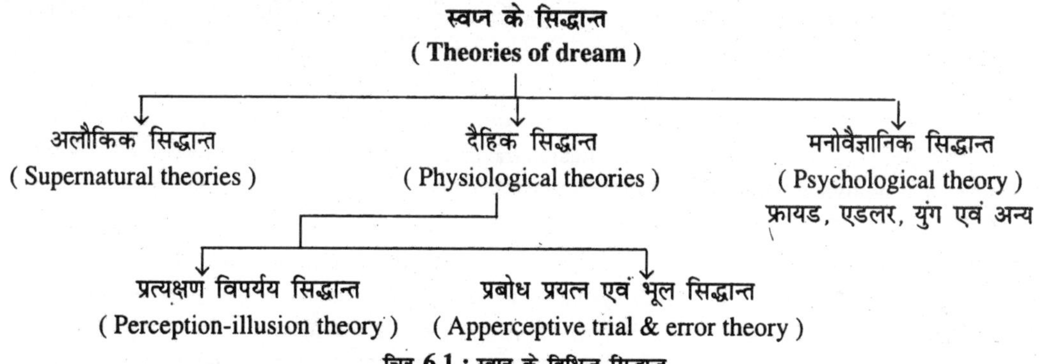

चित्र 6.1 : स्वप्न के विभिन्न सिद्धान्त

इन सभी सिद्धान्तों का वर्णन निम्नांकित हैं—

(क) अलौकिक सिद्धान्त *(Supernatural theories)*—स्वप्न का यह सबसे प्राचीन सिद्धान्त है। यह सिद्धान्त सैकड़ों वर्ष पहले से चले आ रहे विश्वास (beliefs) के रूप में स्वप्न की व्याख्या करता है। पुरातन मनुष्यों (primitive man), रोम तथा ग्रीक के पुरातन दार्शनिकों एवं मध्य युग के धार्मिक विद्वानों का मत (expressed opinion) यह था कि स्वप्न एक अलौकिक घटना (supernatural event) है जो दैवी-देवताओं के प्रभाव से होता है। यदि देवी-देवता खुश रहते हैं तो इससे व्यक्ति मधुर एवं आनन्ददायक स्वप्न देखता है परन्तु यदि देवी-देवता नाराज रहते है तो व्यक्ति में भयंकर एवं घबड़ा देने वाले स्वप्न पैदा करते हैं। इन पुरातन विद्वानों का यह भी मत था कि स्वप्न में व्यक्ति की आत्मा (spirit) व्यक्ति के शरीर के अलग होकर विचरण करती है और वह जो कुछ भी देखती है या सुनती है वही व्यक्ति को स्वप्न में दिखलाई देता है या अनुभव होता है।

परन्तु स्वप्न के इस अलौकिक सिद्धान्त की मान्यता आज के वैज्ञानिक युग में बिल्कुल ही समाप्त हो गयी है हालांकि अभी भी कुछ ग्रामीण क्षेत्रों एवं जनजातियों (tribes) के लोगों में स्वप्न की व्याख्या इसी सिद्धान्त के प्रारूप के अनुकूल किया जाता है।

(ख) स्वप्न का शारीरिक सिद्धान्त *(Physiological theories of dream)*—इस सिद्धान्त के अनुसार स्वप्न शारीरिक उत्तेजनाओं (bodily stimuli) की एक मानसिक अभिव्यक्ति है। नींद के दौरान बाह्य उत्तेजनाओं (external stimuli) के कारण शरीर के भीतर कुछ आंगिक परिवर्तन (organic changes) होते हैं और स्वप्न उन्हीं परिवर्तनों की

एक अभिव्यक्ति है। मशहूर दार्शनिक अरस्तू (Aristotle), थामस हाब्स (Thomas Hobbes) तथा शरीरशास्त्री (physiologist) गेलेन (Galen) आदि का विचार सर्वाधिक प्रमुख है। इस सिद्धान्त को मूलतः निम्नांकित दो भागों में बाँटा गया है—

(i) प्रत्यक्षण-विपर्यय सिद्धान्त *(Perception-illusion theory)*—यह सिद्धान्त अत्यन्त ही सरल ढंग से स्वप्न की व्याख्या करता है। इस सिद्धान्त की मान्यता यह है कि नींद (sleep) की अवस्था में व्यक्ति की चेतना (consciousness) काफी निष्क्रिय (passive) हो जाती है। इसका परिणाम यह होता है कि व्यक्ति का बाहरी उद्दीपकों (external stimuli) का कुछ भी ज्ञान नहीं होता है। फलस्वरूप व्यक्ति को इस तरह की बाह्य उद्दीपकों जैसे रोशनी, गर्मी, ठंढी हवा, आदि का कुछ भी ज्ञान नहीं रहता है। परन्तु नींद की अवस्थाओं में भी इस तरह के उत्तेजनाओं का प्रभाव उसके शरीर के भिन्न-भिन्न अंगों पर पड़ते रहते हैं। इसका परिणाम यह होता है कि व्यक्ति के अंगों में स्नायु प्रवाह (nerve impulse) उत्पन्न होते हैं जो संवेदी न्यूरोन (sensory neuron) द्वारा मस्तिष्क में पहुँचते हैं। परन्तु चूँकि व्यक्ति नींद की अवस्था में होता है, फलस्वरूप इन उद्दीपकों द्वारा मस्तिष्क में पहुँचे स्नायु प्रवाह (nerve impulse) का अयथार्थ प्रत्यक्षण (false perception or illusory perception) होता है। यही अयथार्थ प्रत्यक्षण हमारे स्वप्न का आधार बनते हैं। इससे स्पष्ट है कि स्वप्न में प्रत्यक्षण का स्वरूप भ्रमात्मक होता है। शायद यही कारण है कि इस सिद्धान्त को प्रत्यक्षण-भ्रम सिद्धान्त (perception-illusion theory) कहा जाता है। चूँकि निद्रावस्था में वृहत मस्तिष्क (cerebrum) एवं अन्य उच्चतर मानसिक केन्द्रों का नियंत्रण मस्तिष्क के नीचे के केन्द्रों पर कम होता है, इसलिए व्यक्ति स्वप्न में उद्दीपकों का एक भ्रमात्मक एवं अतिरंजित (exaggerated) रूप देखता है। जैसे, निद्रावस्था में यदि व्यक्ति का हाथ या पैर या कोई और अंग विछावन से नीचे लटक जाता है तो प्रायः उस व्यक्ति को महसूस होता है कि उसका शरीर किसी ऊँची जगह से नीचे की ओर लुढ़का जा रहा है। उसी तरह सोये हुए व्यक्ति के चेहरे पर पानी की छींटें लगाने से व्यक्ति यह महसूस करता है कि वह नदी या झील में डूब रहा है।

(ii) प्रबोधात्मक प्रयत्न एवं भूल सिद्धान्त *(Apperceptive trial & error theory)*—यह सिद्धान्त में स्वप्न की व्याख्या प्रत्यक्षण-विपर्यय सिद्धान्त (perception-illusion theory) के समान ही भौतिक (physical) एवं शारीरिक उत्तेजनाओं (physiological stimuli) के प्रति किये गये प्रतिक्रियाओं के रूप में होता है। इस सिद्धान्त का कहना है कि नींद की अवस्था में बाहरी एवं आन्तरिक उत्तेजनाओं का प्रभाव हमारे शरीर के अंगों या अवयवों (organs) पर पड़ता है जिसका सही-सही अर्थ समझने का प्रयास स्नायुमंडल (nervous sytem) द्वारा किया जाता है। परन्तु चूंकि व्यक्ति नींद में होता है जिसमें स्नायुमंडल (nervous system) की शक्ति सुषुप्त होती है, स्नायुमंडल का यह प्रयास अधिक सफल नहीं हो पाता है। फलतः उसे ऐसा करने में त्रुटियाँ (errors) होतीं हैं। सारांश यह है कि इस सिद्धान्त के अनुसार निद्रावस्था में उच्च केन्द्रों (higher centres) की शक्ति कमजोर पड़ जाने के कारण शारीरिक उत्तेजनों का अर्थ सही-सही स्पष्ट करने में प्रयत्न एवं भूल (trial & error) की प्रक्रिया होती है। शायद यही कारण है कि इस सिद्धान्त का नाम संप्रत्यक्ष या प्रबोधात्मक प्रयत्न एवं भूल सिद्धान्त दिया गया है।

इस तरह से स्वप्न के दैहिक सिद्धान्त के दोनों उपसिद्धान्त का जो वर्णन ऊपर किया गया है उससे यह स्पष्ट हो जाता है कि निद्रावस्था में जब कोई बाह्य या भीतरी उत्तेजना द्वारा हमारे शरीर के अंगों में परिवर्तन उत्पन्न किया जाता है, तो उससे हम स्वप्न देखते हैं। दैहिक सिद्धान्त के प्रमुख समर्थक गेलेन (Galen), थॉमस हाब्स (Thomas Hobbes), विंज (Binze), हालिंगवर्थ (Hollingworth), नाइट डनलप (Knight Dunlop), सार्जेन्ट (Sargent) एवं इमैन्यूल कान्ट (Immanuel Kant) आदि है। गेलेन[1] (Galen) के शब्दों में स्वप्न शरीर की अवस्थाओं को बतलाता है। थॉमस हाब्स (Thomas Hobbes) ने भी कहा है कि सभी स्वप्न शारीरिक उद्दीपकों का परिणाम है। उसी तरह से इमैन्यूल कान्ट (Immanuel Kant) ने पेट की गड़बड़ी (disordered stomach) को स्वप्न का कारण माना है। सार्जेन्ट[2] (Sargent) ने भी कुछ ऐसा ही कहा है "स्वप्नद्रष्टा द्वारा स्वप्न में उत्तेजनाओं को ग्रहण किया जाता है परन्तु उनका सोया हुआ मन उन उत्तेजनाओं का अर्थ सही ढंग से समझने में असफल रहता है।" सार्जेन्ट ने स्वप्नों के शारीरिक आधार की पुष्टि करने के लिए कुछ प्रयोग भी किये हैं। सार्जेन्ट ने एक प्रयोग किया जिसमें प्रयोज्य (subject)

1. "A dream indicates the condition of the body." —Galen
2. "The stimulus is accepted by the dreamer but the sleeping mind fails to interpret it alright." —Sargent

को उस समय इत्र सुँघाया गया जब वह सो रहा था। नींद टूटने के बाद उस प्रयोज्य ने एक ऐसा स्वप्न का वर्णन किया जिसमें वह बतलाया कि अपनी पत्नी के लिए दुकान से इत्र खरीदने गया हुआ था परन्तु पैसा कम जाने के कारण वह ऐसा करने में समर्थ नहीं रहा और लौटकर घर आ गया। इमैन्यूल कान्ट (Immanuel Kant) ने यह बतलाया है कि अगर रात्रि में व्यक्ति अधिक खाना खा लेता है तो इससे उसकी पाचन-क्रिया में गड़बड़ी हो जाती है तथा हृदय एवं नाड़ी की गति तीव्र हो जाती है, और तब ऐसी परिस्थिति में व्यक्ति प्रायः दुश्चिंता स्वप्न (anxiety dream) अधिक देखता है जिसमें वे स्वप्न की भयंकर घटनाओं से घबड़ाकर उठ जाते हैं और पाते हैं कि उनके शरीर पर पसीना की बूंदें है तथा वे काफी घबड़ाए हुए हैं। उसी तरह कान्ट ने एक विद्यार्थी के स्वप्न का उदाहरण दिया है। इस विद्यार्थी को जब-जब उसके दाँत में दर्द होता था, वह एक विशेष स्वप्न देखा करता था जिसमें वह अपने दोस्त को मुँह में थपड़ मार-मारकर उसके दाँत तोड़ते देखता था।

उपर्युक्त सभी उदाहरणों से यह स्पष्ट है कि शारीरिक सिद्धान्त के अनुसार स्वप्न का आधार शारीरिक होता है। उद्दीपकों द्वारा व्यक्ति के शरीर के भीतर कुछ परिवर्तन होते हैं जिसका अनुभव मस्तिष्क को होता है। इससे व्यक्ति को उन उद्दीपकों का एक अयथार्थ ज्ञान (illusory knowledge) होता है। नींद की अवस्था में चूंकि मस्तिष्क के उच्चतर केन्द्र आंशिक रूप से कार्य करते हैं, इसलिए, मस्तिष्क में उत्पन्न स्नायुप्रवाहों (nerve impulses) यानी संवेदनाओं की व्याख्या मात्र अर्थहीन, अतार्किक एवं हास्यास्पद होती है।

कुछ लोगों ने स्वप्न के दैहिक सिद्धान्त की आलोचना किया है। विशेषकर मनोवैज्ञानिकों (psychologists) द्वारा इस सिद्धान्त की तीव्र आलोचना की गयी है। इन आलोचनाओं में निम्नांकित प्रमुख हैं—

(i) कुछ विशेषज्ञों का मत है कि स्वप्न के शारीरिक सिद्धान्त स्वप्न की व्याख्या करने में कुछ खास-खास समस्याओं से संबंधित प्रश्नों का उत्तर नहीं दे पाता है। जैसे, एक ही प्रकार की शारीरिक उत्तेजना (bodily stimulation) भिन्न-भिन्न व्यक्तियों में भिन्न-भिन्न प्रकार के स्वप्न क्यों उत्पन्न करते हैं ? उसी तरह यदि स्वप्न का कारण मात्र शारीरिक उत्तेजना है तो सभी व्यक्ति या एक ही व्यक्ति को सदा एक समान स्वप्न देखना चाहिए था, परन्तु ऐसा नहीं होता है।

(ii) शारीरिक सिद्धान्त की व्याख्या से यह स्पष्ट हो जाता है कि यह सिद्धान्त स्वप्न को निरर्थक एवं उद्देश्यहीन मानता है। परन्तु मनोवैज्ञानिकों ने यह साबित कर दिया है कि स्वप्न न तो निरर्थक ही होता है और न ही उद्देश्यहीन है। यह सार्थक होता है तथा उद्देश्यपूर्ण होता है। इतना अवश्य है कि स्वप्न के अर्थ एवं उद्देश्य को समझने के लिए मनोवैज्ञानिक में विशेष कौशल का होना अनिवार्य है।

(ग) मनोवैज्ञानिक सिद्धान्त *(Psychological theories)*—स्वप्न के मनोवैज्ञानिक सिद्धान्त द्वारा स्वप्न की व्याख्या व्यक्ति की चेतन एवं अचेतन की अनुभूतियों के रूप में की गयी है। कुछ मनोवैज्ञानिकों जैसे फ्रायड (Freud), एडलर (Adler), युंग (Jung), एवं कार्ल अब्राहम (Karl Abraham) ने स्वप्न के अध्ययनों में विशेष अभिरुचि दिखलायी है। इन लोगों ने अपने-अपने मनोवैज्ञानिक विश्लेषणों के आधार पर बतलाया है कि स्वप्न सार्थक होता है तथा उसका एक खास उद्देश्य होता है न कि वे निरर्थक एवं उद्देश्यहीन होता है। फ्रायड, एडलर एवं युंग ने स्वप्न की व्याख्या विशेष सिद्धान्त बनाकर किया है जो आज भी मनोवैज्ञानिकों के बीच काफी लोकक्रिय है। अतः यहाँ हम इन तीन सिद्धान्तों की विस्तृत आलोचनात्मक व्याख्या करेंगे जो निम्नांकित है—

1. फ्रायड का इच्छापूर्त्ति का सिद्धान्त *(Freud's wish-fulfillment theory)*—स्वप्न के इस सिद्धान्त का प्रतिपादन सिगमण्ड फ्रायड (Sigmund Freud) द्वारा किया गया है। फ्रायड एक ऐसे मनोविश्लेषक (psychoanalyst) थे जिन्होंने मनःस्नायुविकृति (psychoneusosis) के रोगियों के अध्ययन के सिलसिले में स्वप्न के विशेष स्वरूप अर्थात् उसके अर्थपूर्ण एवं उद्देश्यपूर्ण स्वरूप को समझा तथा विस्तृत विश्लेषण करके स्वप्न के इच्छापूर्त्ति सिद्धान्त का प्रतिपादन किया। फ्रायड के इस विशेष प्रयास का ही परिणाम है कि उन्होंने 1900 में अपनी बहुचर्चित पुस्तक **'दी इन्टरप्रेटेशन ऑफ ड्रीम्स'** (The Interpretation of Dream) प्रकाशित किया जिसमें स्वप्न के सिद्धान्त की विस्तृत वैज्ञानिक व्याख्या प्रस्तुत की गयी। इस सिद्धान्त के मूल तत्त्वों की व्याख्या इस प्रकार है—

(i) स्वप्न नींद का संरक्षक (guardian) होता है। इसका मतलब यह हुआ कि स्वप्न व्यक्ति के नींद का रक्षक (preserver) होता है अर्थात् स्वप्न से व्यक्ति की नींद टूटती नहीं है बल्कि नींद की रक्षा होती है। फ्रायड का मत था कि स्वप्न में अहं (ego) का अचेतन भाग (unconscious part) कुछ अधिक सक्रिय हो जाता है और अपनी दमित

इच्छाओं (repressed desires) को स्वप्न की अनुभूतियों में प्रकट होने की आज्ञा खुलकर देता है। इसका परिणाम यह होता है कि व्यक्ति की नींद टूटने के बजाय और लम्बी हो जाती है फ्रायड का मत था कि अचेतन की दमित इच्छाएँ जितनी ही अधिक समय तक स्वप्न की अनुभूतियों के रूप में प्रकट होती है, नींद (sleep) उतनी लम्बी हो जाती है क्योंकि स्वप्न से नींद की रक्षा होती रहती है। इसके अनेकों उदाहरण हमें दैनिक जीवन में मिलता है। एक बालक जो तरह-तरह की मिठाइयों से काफी प्रलोभित हो जाता है अक्सर स्वप्न में यह देखता है कि वह किसी दुकान या पार्टी में बैठकर तरह-तरह की मिठाइयाँ भरपेट खा रहा है। जबतक वह स्वप्न में मिठाई खा रहा है, उसकी नींद की रक्षा अपने-आप हो जा रही है। अत: स्वप्न को फ्रायड ने नींद का *संरक्षक* (guardian) या *रक्षक* (preserver) माना है।

(ii) स्वन में व्यक्ति की उन सभी इच्छाओं की पूर्त्ति होती है जो अनैतिक, कामुक (sexual) एवं असामाजिक होने के कारण कभी दमित कर दी गयी थीं। शायद यही कारण है कि उनके सिद्धान्त को इच्छापूर्त्ति का सिद्धान्त कहा जाता है। फ्रायड का मत था कि व्यक्ति की अनैतिक, कामुक (sexual) एवं असामाजिक इच्छाओं की पूर्त्ति अपने दिन-प्रतिदिन की जिन्दगी में नहीं हो पाती है। फलस्वरूप, व्यक्ति ऐसी इच्छाओं को अचेतन में दमित कर देता है। अचेतन में जाने पर ऐसी इच्छाएँ समाप्त नहीं हो जाती है बल्कि मौका देखकर चेतन (conscious) में आकर अपनी संतुष्टि चाहती है। जागृतावस्था में अहं (ego) के कड़ा प्रतिबन्ध (censor) के कारण इनकी अभिव्यक्ति चेतन में नहीं हो पाती है। परन्तु सुप्तावस्था में अहं (ego) का यह प्रतिबन्ध (censor) कुछ ढीला पड़ जाता है (परन्तु पूर्णत: समाप्त नहीं हो जाता है)। फलस्वरूप अचेतन की अनैतिक, कामुक एवं अनुचित अनुभूतियाँ कुछ अपना रूप बदलकर (disguised form) चेतन में (अर्थात् नींद में) अभिव्यक्त होकर अपनी संतुष्टि कर लेती हैं। यही कारण है कि फ्रायड ने स्वप्न के स्वरूप को इच्छापूर्त्ति करने वाला कहा है तथा साथ-ही-साथ उसे (अर्थात् स्वप्न को) *'अचेतन की ओर जाने वाला एक राजकीय मार्ग'* (Royal road to unconscious) कहा है।

(iii) स्वप्न के विषय *(Dream contents)*—फ्रायड के स्वप्न के सिद्धान्त में स्वप्न के विषय (dream content) को काफी महत्त्वपूर्ण बतलाया गया है। फ्रायड के अनुसार स्वप्न में व्यक्ति जो कुछ भी देखता है, वे सभी अचेतन में दमित इच्छाओं का एक छद्म रूप (disguised form) होता है। इसका मतलब यह हुआ कि अचेतन की दमित इच्छाएँ अपना वास्तविक रूप बदलकर प्रकट होती हैं। इस वास्तविक रूप के बारे में स्वप्न के विश्लेषण के बाद पता चल पाता है। फ्रायड के अनुसार स्वप्न के दो विषय होते हैं—व्यक्त विषय[1] (manifest content) तथा अव्यक्त विषय (latent content) स्वप्न[2] के व्यक्त विषय (manifest content) से तात्पर्य स्वप्न के उन विषयों या तथ्यों एवं घटनाओं से होता है जिसे व्यक्त प्रत्यक्षत: स्वप्न में देखता है तथा नींद टूटने पर उसके बारे में वर्णन करता है। स्वप्न के अव्यक्त विषय[2] (latent content) से तात्पर्य स्वप्न में देखे गये घटनाओं एवं तथ्यों के पीछे छिपे अर्थ से होता है जिसका पता हमें स्वप्न विश्लेषण के बाद ही होता है।

इस तरह से यह स्पष्ट है कि स्वप्न का व्यक्त विषय (manifest content) अर्थात् जो कुछ भी व्यक्ति स्वप्न में देखता है, उसके आधार पर कुछ अर्थ नहीं लगाया जा सकता है क्योंकि वे अचेतन के वास्तविक विचारों के विकृत (distorted) या अयथार्थ (unreal) एवं असंगत रूप में होते हैं। जबतक स्वप्न विश्लेषण करके व्यक्त विषय के पीछे छिपे हुए अर्थ को (यानी, अव्यक्त विषय को) का पता नहीं लगा लिया जाता है, स्वप्न में देखे गये घटनाओं एवं विषयों को समझना सम्भव नहीं है। उदाहरणार्थ, फ्रायड ने एक युवती के स्वप्न का वर्णन करते हुए कहा है "युवती अक्सर यह स्वप्न देखा करती थी कि वह रायल राजा एवं रानी के साथ सफर कर रही है।" महिला के इस स्वप्न में रायल राजा एवं रानी के साथ-साथ घूमना स्वप्न के व्यक्त विषय (manifest content) है जिसका महिला के जीवन इतिहास के संदर्भ में विश्लेषण करने पर फ्रायड ने बतलाया कि वस्तुत: युवती अपने माँ-बाप के साथ घूमना चाहती थी। परन्तु चूँकि उसके माँ-बाप प्राय: कोई-न-कोई बहाना लगाकर उसे अपने साथ ले जाने से इनकार कर देते थे, अत: उसकी इस इच्छा का धीरे-धीरे अचेतन में दमन हो गया। इस दमित इच्छा की पूर्त्ति युवती स्वप्न में रायल राजा एवं रानी के साथ-साथ घूम कर की।

(iv) स्वप्न कार्य *(Dream work)*—स्वप्न कार्य (dream work) या जिसे स्वप्न प्रक्रम (dream mechanism)

---

1. "Manifest content of dream refers to what is seen by dreamer in the dream." —Author.
2. "Latent content of dream refers to the underlying meaning hidden in what is seen in dream. Only after analyzing the dream we can know about the real meaning of latent content" —Author

भी कहा जाता है, फ्रायड के स्वप्न के सिद्धान्त का एक अन्य महत्त्वपूर्ण पहलू है। स्वप्न-कार्य[1] या स्वप्न-प्रक्रम से तात्पर्य उन प्रक्रमों (mechanisms) द्वारा होता है जिसके द्वारा स्वप्न के अव्यक्त विषय (latent content) स्वप्न के व्यक्त विषय (manifest content) के रूप में परिवर्तित हो जाता है। स्वप्न के अव्यक्त विषय (latent content) अचेतन में दमित इच्छाएँ ही होतीं हैं जिसका स्वरूप प्राय: अनैतिक (immoral), अतार्किक एवं कामुक होता है। चेतन के प्रतिबन्धकों (censorship) के कारण ऐसी इच्छाओं को स्वप्न में भी सीधे अभिव्यक्त होने की अनुमति नहीं होती है। फलस्वरूप, वे छद्मरूप (disguised from) धारण कर लेतीं हैं और स्वप्न में व्यक्त होती है। स्वप्न में देखे गये पहलुओं को **व्यक्त विषय** (manifest content) कहा जाता है। जिन रचनाओं द्वारा स्वप्न के अव्यक्त विषय स्वप्न के व्यक्त विषय के रूप में परिवर्तित होती है, उसे स्वप्न-रचना (dream mechanism) कहा जाता है। फ्रायड के अनुसार निम्नांकित पाँच ऐसी स्वप्न-रचनाएँ (dream mechanisms) हैं—

(1) संक्षेपण (Condensation)
(2) विस्थापन (Displacement)
(3) प्रतीकीकरण (Symbolization)
(4) नाटकीयकरण (Dramatization), तथा
(5) गौण विस्तारण (Secondary elaboration)

इस सभी स्वप्न रचनाओं की व्याख्या निम्नांकित हैं—

(1) संक्षेपण *(Condensation)*—संक्षेपण एक ऐसी स्वप्न रचना है जिसके द्वारा अचेतन की अधिक-से-अधिक इच्छाएँ आपस में सहयोग कर अपना एक लघु रूप या संक्षिप्त रूप बना लेती हैं और तब स्वप्न के व्यक्त विषय (manifest content) के रूप में व्यक्त होती हैं। इससे स्पष्ट हो जाता है कि स्वप्न के व्यक्त विषय की एक घटना, वस्तु या व्यक्ति अचेतन के कई अनुभवों एवं इच्छाओं का एक संक्षिप्त रूप होता है। जैसे, एक विद्यार्थी ने यह स्वप्न देखा, "वह किसी पहाड़ पर खड़ा है। अचानक उसके पास एक ऐसा व्यक्ति आता है जिसकी सूरत कई लोगों से मिलती है—अपने स्कूल के अंग्रेजी के शिक्षक के चेहरा से, अपने भयानक चाचा के चेहरा से तथा अंपने शराबी पड़ोसी के लाल-लाल एवं बड़े-बड़े आँख वाले चेहरा से। विद्यार्थी इस भयावह सूरत को देखकर चिल्ला उठता है तथा उसकी नींद टूट जाती है।" इस उदाहरण में संक्षेपण (condensation) का एक अच्छा उदाहरण देखने को मिलता है जिसमें विद्यार्थी द्वारा स्वप्न में देखा गया एक भयानक चेहरा कई व्यक्तियों से संबंधित अनुभवों का प्रतीक था।

(2) विस्थापन *(Displacement)*—विस्थापन एक दूसरा स्वप्न-कार्य या स्वप्न रचना (dream mechanism) है जिसके द्वारा स्वप्न का रूप विकृत हो जाता है। विस्थापन एक ऐसी स्वप्न-रचना है जिसमें व्यक्ति की अचेतन की इच्छा संबंधित व्यक्ति या वस्तु के प्रति प्रकट न होकर, स्वप्न में किसी दूसरे व्यक्ति या वस्तु के प्रति प्रकट हो जाती है या कभी-कभी अचेतन के महत्त्वपूर्ण व्यक्ति या वस्तु के बदले स्वप्न में किसी महत्त्वहीन व्यक्ति या वस्तु के प्रति प्रकट हो जाती है। जैसे, फ्रायड ने एक व्यक्ति का उदाहरण दिया है जिसने स्वप्न में देखा कि वह अपने मामा की हत्या कर दिया है जिन्हें वह अपनी वास्तविक जीवन में काफी इज्जत करता था तथा स्नेह देता था। स्वप्न विश्लेषण से यह पता चला कि वस्तुत: उस व्यक्ति के अचेतन में अपने पिता की हत्या कर देने की इच्छा थी क्योंकि उसके पिता एक क्रूर एवं अनैतिक व्यक्ति थे जिनकी करतूतों से पूरे परिवार की इज्जत मटियामेट हो गयी थी। पिता की हत्या करने की उसकी अचेतन की इच्छा मामा पर विस्थापित हो गयी। फलत: उसने स्वप्न में देखा कि उसने अपने मामा (जो उसके पिता के समान थे) की हत्या कर दी है।

(3) प्रतीकीकरण *(Symbolization)*—फ्रायड के अनुसार प्रतीकीकरण (symbo-lization) एक सबसे महत्त्वपूर्ण स्वप्न-रचना (dream-mechanism) है जिसके द्वारा अचेतन की दमित कामुक इच्छाएँ वास्तविक रूप में स्वप्नों में प्रकट न होकर अपना रूप बदलकर यानी कुछ विशेष प्रतीक (symbols) के रूप में प्रकट होती हैं। स्पष्ट है कि प्रतीकीकरण द्वारा भी अचेतन की इच्छाएँ स्वप्न में विकृत रूप में प्रकट होती हैं। स्वप्न में देखे गये भिन्न-भिन्न प्रकार के प्रतीक (symbols) अचेतन के अव्यक्त विषय या इच्छाओं का प्रतिनिधित्व करता है। फ्रायड ने अपनी मशहूर पुस्तक 'दी

1. "Dream machanism refers to those mechanisms through which the latent content of dream is transformed into manifest conternt" —Author

इन्टरप्रेटेशन ऑफ ड्रीम' (The Interpretation of Dreams) में अनेकों स्वप्न-विश्लेषण कर स्वप्न के प्रतीकों (symbols) की एक सूची बनाया है। इन प्रतीकों को उन्होंने विश्वजनीन या सार्वजनीन (universal) कहा है, अर्थात् इन प्रतीकों का अर्थ सभी व्यक्तियों के लिए एक समान होता है। इसमें कोई वैयक्तिक भिन्नता (individual differences) नहीं पायी जाती है। फ्रायड ने अपनी उपुर्यक्त पुस्तक में प्रतीकों की एक लम्बी सूची प्रदान किया है जिसमें से कुछ महत्त्वपूर्ण प्रतीक एवं उसके अर्थ निम्नांकित हैं—

	प्रतीक (Symbols)	**अर्थ (Meaning)**
(i)	छाती, डंडा, साँप, बन्दूक, पैर, केला या इसी तरह के अन्य लम्बी आकार की वस्तुएँ	पुरुष लिंग (Male sex organ)
(ii)	जहाज, नाव, डब्बा, गुफा, बोतल, संदूक	स्त्री-लिंग (Female sex organ)
(iii)	सेव, नासपाती, आम, गेंद, एवं अन्य गोल तथा मुलायम वस्तुएँ	स्तन (Breast)
(iv)	छोटे-छोटे जीव जन्तु एवं कीड़े-मकोड़े	भाई-बहन (Siblings)
(v)	ईश्वर, राजा-रानी एवं अन्य महान व्यक्ति	माता-पिता (Parents)
(vi)	तैरना, नाचना, यात्रा करना, चढ़ना, उतरना, भोजन करना	रतिक्रिया (Sexual intercourse)
(vii)	घर	प्राणी का शरीर
(viii)	दिल, गंजापन, दाँत का गिरना, या बाल झड़ना	बधियाकरण की चिन्ता (castration anxiety)

उपर्युक्त सूची से यह स्पष्ट है कि अचेतन की कामुक एवं अनैतिक इच्छाएँ कुछ प्रतीकों के माध्यम से स्वप्न में विकृत होकर अभिव्यक्त होती है।

(4) नाटकीकरण *(Dramatization)*—नाटकीकरण एक ऐसा स्वप्न-रचना (dream-mechanism) है जिसके सहारे अचेतन की कामुक एवं अनैतिक इच्छाएँ अर्थात् अव्यक्त विषय (latent content) दृश्यरूप में स्वप्नों में प्रकट होती हैं। इस नाटकीयता के कारण स्वप्न के विषय इतने बदल जाते हैं कि उनका सही अर्थ ज्ञात करना कठिन हो जाता है। जिस तरह नाटक या चलचित्र की घटनाएँ एक-एक करके दृश्यरूप में हमारे सामने आती जाती हैं, ठीक उसी तरह से नाटकीकरण में स्वप्न की घटनाएँ भी बारी-बारी से एक-एक करके हमारे सामने आती जाती रहती हैं। स्वप्न की इन घटनाओं में दृश्य (visual), श्रवण (auditory) स्वाद, स्पर्श एवं गन्ध से संबंधित अनुभव भी होते हैं। इस तरह से यह स्पष्ट है कि नाटकीकरण की इस स्वप्न-रचना में स्वप्न के अव्यक्त विषय वास्तविक जीवन की प्रत्यक्ष घटनाओं के रूप में एक सजीव दृश्य के रूप में प्रकट होते हैं जिससे इनके अर्थ को समझना थोड़ा कठिन हो जाता है।

(5) गौण विस्तारण *(Secondary elaboration)*—स्वप्न के व्यक्त विषय (manifest content) की घटनाएँ प्रायः अतार्किक, असंगत एवं निरर्थक मालूम पड़ती हैं। इसका मतलब यह हुआ कि स्वप्न के व्यक्त विषय की भिन्न-भिन्न घटनाओं तथा दृश्यों के बीच कुछ निश्चित संबंध नहीं होता है। व्यक्ति एक क्षण अपने को लंदन शहर में घूमते देखता है तो दूसरे क्षण वह किसी घनघोर जंगल में चारों ओर से भयानक जानवरों से घिरा हुआ अपने आप को पाता है। स्पष्टतः ऐसी घटनाओं का आपस में कोई संबंध नहीं होता है। अतः जब व्यक्ति की नींद टूट जाती है, अर्थात् जब उसका स्वप्न समाप्त हो जाता है, तथा वह अर्द्धचेतन (subconscious) अवस्था में लेटा होता है, तो वह स्वप्न के इन बिखरी हुई कड़ियों एवं दृश्यों का संबंध आपस में जोड़ना प्रारंभ कर देता है। इस प्रक्रिया को गौण विस्तारण (secondary elaboration) की संज्ञा दी गयी है। अतः गौण विस्तारण की प्रक्रिया स्वप्न समाप्ति के तुरंत बाद प्रारंभ होती है तथा स्वप्न के अतार्किक एवं असंगत दृश्यों को एक संगत एवं तार्किक घटना में बदल देता है जिससे अव्यक्त विषय (latent content) की घटनाओं एवं इच्छाओं पर एक परदा पड़ जाता है और हम स्वप्न के विषय की पहचान नहीं कर पाते हैं।

उपर्युक्त पाँच स्वप्न रचनाओं (dream mechanism) द्वारा स्वप्न के अव्यक्त विषय (latent content) स्वप्न के व्यक्त विषय (manifest content) में परिवर्तित हो जाते हैं जिसके फलस्वरूप हम स्वप्न की घटनाओं का अर्थ सही

ढंग से नहीं समझ पाते हैं। स्वप्न के इन विभिन्न रचनाओं (mechanisms) द्वारा अव्यक्त विषय (latent content) का व्यक्त विषय (manifest content) में परिवर्तित होने की प्रक्रिया को निम्नांकित उदाहरण द्वारा अच्छी तरह से हम समझा सकते हैं—

एक सुंदर अस्ट्रीयन नवयुवती ने एक रात स्वप्न देखा, ''वह अपने भाई के साथ एक सुन्दर फुलवारी में घूम रही थी। अचानक वर्षा होने लगी। इसलिए भाई ने छाता खोलकर उसे दे दिया। छाता के भीतर हम दोनों साथ-ही-साथ कुछ दूर तक बस पकड़ने के लिए पैदल चलते हैं। फिर बस में बैठकर एक जलपानगृह के पास जाते हैं। जलपानगृह में दोनों भर पेट भोजन करते हैं। इसके बाद जलपान का पैसा देकर दोनों जलपानगृह के दरवाजे से जैसे ही निकलते हैं कि उसका ध्यान एक ऐसा भयंकर आदमी पर पड़ता है जिसका चेहरा बाघ की तरह था तथा दाँतें हाथी के समान बाहर निकले हुए दिखलाई दे रहे थे। इस भयानक चेहरा को देखकर वह बिल्कुल ही डर जाती है और जोर से चिल्ला उठती है। फलत: उसकी नींद टूट जाती है।''

फ्रायड ने नवयुवती के इस स्वप्न का विश्लेषण करने से पहले उसका संक्षिप्त जीवन इतिहास (life history) लिया। वह युवती एक ऐसे युवक से प्यार करती थी जो उसके सहपाठी (class fellow) भी था तथा साथ-ही-साथ उसके भाई का दोस्त भी था। उपर्युक्त स्वप्न में भाई उसके प्रेमी का विस्थापित रूप है। बस पर साथ-साथ यात्रा करना एवं जलपानगृह में खूब संतुष्टि के साथ भोजन करना उस युवक के साथ रतिक्रिया (sexual intercourse) संबंधी अचेतन की इच्छाओं की संतुष्टि के प्रतीक है। छाता पुरुष जनेन्द्रिय (male genital organ) के प्रतीक है। उसे अपने हाथों से पकड़ना महिला के अचेतन में उस युवक के जननेन्द्रिय (genitals) को पकड़ने के दमित इच्छा की संतुष्टि या अभिव्यक्ति करता है। जलपानगृह से निकलते समय एक ऐसा आदमी का चेहरा देखना जिसका दाँत हाथी के समान बाहर निकले हुए एवं चेहरा बाघ की तरह भयानक लगना संक्षेपण (condensation) के उदाहरण है। युवती अपने दैनिक जीवन में भाई के दोस्त को भी भाई ही समझती थी। परन्तु उसके प्रति आकर्षित भी थी और उसके साथ प्रणय-व्यापार चाहती थी। परन्तु उसकी इस अनैतिक एवं कामुक इच्छा अचेतन में दमित हो जाती है जिसकी पूर्ण संतुष्टि वह अपने स्वप्न में कर लेती है।

यद्यपि फ्रायड का स्वप्न का सिद्धान्त एक प्रमुख सिद्धान्त है तथा उनके सिद्धान्त से यह साबित हो जाता है कि स्वप्न सार्थक एवं महत्त्वपूर्ण होते हैं फिर भी कुछ लोगों ने स्वप्न के इस सिद्धान्त की आलोचना किया है। इन आलोचनाओं में निम्नांकित प्रमुख हैं—

(i) फ्रायड (Freud) ने यह स्पष्ट बतलाया है कि स्वप्न में व्यक्ति अपने अचेतन में दमित कामुक इच्छाओं की पूर्त्ति करता है। अत: स्वप्न व्यक्ति को एक तरह का सुख प्रदान कर उसके नींद को सुरक्षित रखता है तथा उसे सुचारु रूप से आगे बढ़ने देता है। यदि फ्रायड का यह कथन सत्य है तो व्यक्ति दण्ड स्वप्न (punishment dream) एवं दुश्चिंता स्वप्न (anxiety dream) क्यों देखता है ? ऐसे स्वप्नों में व्यक्ति अपने आप को दण्ड पाते देखता है तथा अपने आप को दोषी ठहराता है। इन स्वप्नों द्वारा तो व्यक्ति के किसी इच्छा की पूर्त्ति नहीं होती है। अत: फ्रायड का स्वप्न सिद्धान्त इसकी व्याख्या नहीं कर पाता।

फ्रायड ने इस आलोचना का जवाब देते हुए कहा है कि सचमुच में ऐसे स्वप्नों में भी व्यक्ति की इच्छा की पूर्त्ति होती है। जब व्यक्ति अपने दैनिक जीवन में कोई अनैतिक एवं अनुचित यौन-संबंधी क्रियाएँ करता है तो उसका पराहं (super ego) उसे दण्ड देने की इच्छा व्यक्त करता है। पराहं की ऐसी ही इच्छाओं की संतुष्टि दण्ड स्वप्न (punishment dream) तथा दुश्चिंता स्वप्न (anxiety dream) में होता है।

(ii) फ्रायड ने अपने इस सिद्धान्त में यौन या काम (sex) पर अत्यधिक बल डाला है और कहा है कि व्यक्ति का प्रत्येक स्वप्न अचेतन की दमित कामेच्छा की पूर्त्ति करता है। आलोचकों ने इसे स्वीकार करने से इनकार कर दिया है। इन लोगों के अनुसार ऐसा कहना कि अचेतन की सभी इच्छाएँ काम-संबंधी होती है और स्वप्न में सिर्फ ऐसी ही इच्छाओं की पूर्त्ति होती है, यह कहना ठीक नहीं है। सच्चाई यह है कि व्यक्ति के मन में अन्य तरह के विचार आक्रामक एवं विद्रोही विचार, नैतिक विचार, सामाजिक विचार भी होते हैं। परन्तु इन सभी विचारों एवं इच्छाओं की पूर्त्ति दिन-प्रतिदिन की जिन्दगी में सम्भव नहीं है। इसलिए उनका दमन हो जाता है और स्वप्न में व्यक्ति के इन इच्छाओं की पूर्त्ति होती है।

(iii) फ्रायड के स्वप्न सिद्धान्त की तीव्र आलोचना उसके प्रतीकों (symbols) से भी संबंधित हैं। फ्रायड के अनुसार स्वप्न के ऐसे प्रतीकों (symbols) का अर्थ सर्वव्यापी (universal) होता है। यह तथ्य अन्य लोगों को मान्य नहीं है। जैसे, युंग (Jung) ने कहा है कि स्वप्न के प्रतीक का अर्थ वैयक्तिक (individual) होते हैं अर्थात् उनमें व्यैक्तिक विभिन्नता (individual difference) होता है। जैसे, यदि पाँच आदमी अपने-अपने स्वप्न में यह देखते हैं कि वे बस से सफर कर रहे हैं, तो इन सबों के लिए बस में सफर करने का अर्थ एक ही होगा, यह कहना उचित नहीं है। सचमुच में इसका सही अर्थ प्रत्येक व्यक्ति के जीवन इतिहास के संदर्भ में अलग-अलग हो सकता है।

(iv) फ्रायड ने सभी स्वप्नों की व्याख्या अपने गत अनुभवों (past experiences) के आधार पर किया है। दूसरे शब्दों में, फ्रायड के अनुसार स्वप्न का संबंध हमेशा व्यक्ति के भूत (past) से होता है। परन्तु इस तथ्य को भी उन्हीं के शिष्य एडलर (Adler) एवं युंग (Jung) ने मानने से इनकार कर दिया है। एडलर ने कई स्वप्नों का विश्लेषण कर यह दिखला दिया है कि स्वप्न का संबंध वर्तमान (present) एवं भविष्य (future) से भी होता है। उसी तरह युंग (Jung) ने भी अनेक स्वप्न-विश्लेषण कर यह दिखला दिया है कि स्वप्न में हमें भविष्य में होने वाली घटनाओं का भी आभास मिलता है।

(v) कुछ आलोचकों का मत है कि फ्रायड के स्वप्न सिद्धान्त का आधार असामान्य व्यक्तियों के स्वप्न हैं। इसके द्वारा सामान्य व्यक्तियों के स्वप्नों का विश्लेषण करना तथा उसके स्वरूप को समझने की कोशिश करना एक प्रमुख भूल होगी।

इन आलोचनाओं के बावजूद भी फ्रायड का स्वप्न सिद्धान्त एक प्रमुख सिद्धान्त है। दिलचस्प बात यह है कि फ्रायड के इस सिद्धान्त में सिर्फ मनोवैज्ञानिक ही नहीं बल्कि अन्य विषय के विशेषज्ञों ने भी करीब-करीब समान रूप से अभिरुचि दिखलाया है। यह लोकप्रियता अपने आप में इस बात का सबूत है कि फ्रायड का सिद्धान्त एक अति महत्त्वपूर्ण सिद्धान्तों में से एक है।

2. युंग का स्वप्न सिद्धान्त *(Jung's theory of dream)*—युंग (Jung) फ्रायड (Freud) के ही सहकर्मी थे, परन्तु बाद में उनसे मतभेद हो जाने के कारण अपना एक अलग स्कूल की स्थापना किया जिसे **विश्लेषणात्मक स्कूल** (Analytical school) कहा जाता है। युंग ने फ्रायड के स्वप्न सिद्धान्त से हटकर एक अलग सिद्धान्त का प्रतिपादन किया जिसे युंग का स्वप्न-सिद्धान्त (Jungian theory of dream) कहा जाता है। इस सिद्धान्त को स्वप्न का **स्वतः प्रतीकात्मक सिद्धान्त** (Auto symbolic theory of dream) भी कहा जाता है।

युंग के इस सिद्धान्त में अचेतन की महत्ता को स्वीकार किया गया है परन्तु इसकी महत्ता के बारे में युंग का विचार फ्रायड के विचार से भिन्न है। फ्रायड द्वारा वर्णित अचेतन मूलतः व्यक्तिगत अचेतन (personal unconscious) है हालांकि स्वयं फ्रायड ने इसका नामकरण मात्र अचेतन ही करके किया है। परन्तु युंग ने अचेतन को स्पष्टतः दो भागों में बाँटा है—व्यक्तिगत अचेतन (personal unconscious) तथा जातीय या सामूहिक अचेतन (racial or collective unconscious)। युंग के अनुसार व्यक्तिगत अचेतन में प्रत्येक व्यक्ति के निजी अनुभूतियों से संबंधित दमित इच्छाएँ होतीं हैं। इसमें नैतिक एवं अनैतिक तथा कामुक एवं अकामुक दोनों तरह की इच्छाएँ होती हैं। प्रत्येक व्यक्ति का व्यक्तिगत अचेतन (personal unconscious) भिन्न-भिन्न होता है। सचमुच में युंग ने व्यक्तिगत अचेतन को अचेतन का ऊपरी सतह (upper layer) माना है। सामूहिक या जातीय अचेतन (collective or racial unconscious) में ऐसी बात नहीं होती है। इसमें पूर्वजों की इच्छाएँ संस्कार आदि संचित होते हैं जो एक पीढ़ी से दूसरी पीढ़ी तथा दूसरी से तीसरी पीढ़ी और इसी तरह पीढ़ी दर पीढ़ी में स्थानांतरित (transfer) होते रहते हैं। यही कारण है कि सामूहिक या जातीय अचेतन प्रत्येक मानव जाति में एक समान होता है। युंग के अनुसार सामूहिक या जातीय अचेतन, अचेतन का निचली सतह (bottom surface) होता है। युंग के अनुसार स्वप्न में दोनों ही अचेतन अर्थात् व्यक्तिगत अचेतन एवं सामूहिक अचेतन की इच्छाओं की अभिव्यक्ति होती है। इसका स्पष्ट मतलब तब यह हुआ कि सभी स्वप्नों के लिए दमन (repression) आवश्यक नहीं है क्योंकि जिन स्वप्नों में प्रजातीय या सामूहिक अचेतन की इच्छाओं की अभिव्यक्ति होती हैं उसमें तो निश्चित रूप से दमन का महत्त्व शून्य होता है क्योंकि ऐसी इच्छाएँ व्यक्तियों में पीढ़ी-दर-पीढ़ी से अपने आप ही स्थानांतरित होते रहती है। हाँ, जिन स्वप्नों में व्यक्तिगत अचेतन की इच्छाओं की अभिव्यक्ति होती है उसमें दमन की भूमिका कुछ अवश्य होती। चूंकि स्वप्न में सामूहिक अचेतन की इच्छाओं की भी अभिव्यक्ति होती है, इसलिए स्वप्न का विषय कभी-कभी बहुत ही विचित्र एवं हास्यस्पद दीख पड़ता है।

युंग ने स्वप्न के अपने इस सिद्धान्त में फ्रायड की कामुक इच्छा (libido) को अस्वीकार कर दिया है और उसके जगह पर जीने की इच्छा (will to live) को ही मौलिक इच्छा बतलाया है।

इस मौलिक इच्छा की पूर्त्ति व्यक्ति अपने दिन-प्रतिदिन की जिन्दगी में तरह-तरह के क्रियाओं द्वारा करता है। लेकिन कभी-कभी ऐसा होता है कि व्यक्ति ने इन इच्छाओं की पूर्त्ति कुछ विशेष कारणों से सम्भव नहीं हो पाता है। जब किसी बाधा के कारण व्यक्ति के जीने की इच्छा अवरुद्ध हो जाती है तब यह विपरीत दिशा में लौटने लगती है जिसे प्रतिगमन (regression) कहा जाता है। इस प्रतिगमन के फलस्वरूप जीने की इच्छा (will to live) चेतन से अचेतन मन में चली जाती है। स्वप्नों में यही इच्छाएँ अपना रूप बदलकर यथासम्भव अभिव्यक्त होतीं हैं। इस व्याख्या से यह स्पष्ट है कि युंग के अनुसार स्वप्न का स्वरूप (nature) सिर्फ कामुक (sexual) न होकर ऐसा भी होता है जिसमें किसी तरह की इच्छा की अभिव्यक्ति हो जाती है।

युंग (Jung) ने फ्रायड के ही समान अपने सिद्धान्त में प्रतीकों (symbols) के महत्त्व को स्वीकार किया है परन्तु एक विशेष अर्थ में युंग फ्रायड से भिन्न हैं। फ्रायड ने इन प्रतीकों को सार्वजनीन (universal) माना है अर्थात् उनके लिए इसका अर्थ सभी व्यक्तियों के लिए एक समान होता है परन्तु युंग (Jung) ने इन प्रतीकों को व्यक्तिगत (personal) कहा है अर्थात् इसका अर्थ एक व्यक्ति से दूसरे व्यक्ति के लिए भिन्न-भिन्न होता है। जैसे, पहाड़ पर चढ़ना फ्रायड के लिए रतिक्रिया (sexual intercourse) का प्रतीक (symbol) है परन्तु युंग के अनुसार यह एक व्यक्ति के लिए किसी तरह की सफलता का प्रतीक हो सकता है तो किसी अन्य व्यक्ति के लिए किसी महत्त्वपूर्ण आकांक्षा का।

युंग ने अपने सिद्धान्त में इस बात पर विशेष रूप से बल डाला है कि स्वप्न द्वारा भविष्य की घटनाओं का संकेत मिलता है न कि इसके द्वारा सिर्फ भूत (past) की अतृप्त इच्छाओं की ही संतुष्टि होती है। फिस्ट[1] (Feist, 1985) ने युंग के सिद्धान्त पर टिप्पणी करते हुए कहा है, ''युंग का विचार था कि स्वप्न भूत (past) के बारे में बतलाता है तथा साथ-ही-साथ भविष्य के बारे में भी पहले बतलाता है। अन्य मानसिक घटनाओं के समान स्वप्नों का भी एक कारण (cause) तथा एक उद्देश्य (purpose) होता है।'' इसके समर्थन में युंग ने अनेकों स्वप्न का विश्लेषण कर सबूत प्रदान किया है। उदाहरण के रूप में यहाँ एक स्वप्न का वर्णन किया जा रहा है—एक मृत सैनिक के पॉकेट से उन्हें एक डायरी मिली। उस डायरी में मृत सैनिक ने अपने तीन दिन पहले देखे गये स्वप्न का वर्णन किया था जो इस प्रकार है—''वह अपने तीन अन्य मित्रों के साथ एक विशाल ऊँचा पहाड़ पर चढ़ रहा है। पहाड़ चढ़ने में वह तुरंत ही अन्य मित्रों को पीछे छोड़ते हुए काफी आगे बढ़ जाता है। उसके अन्य मित्र उसे आगे न बढ़ने का बार-बार आग्रह कर रहे थे। परन्तु वह सभी मित्रों का अनसूनी कर आगे बढ़ते जाता है। इतने में उसका पैर फिसल जाता है और पुनः अपने मित्रों के पास पहुँच जाता है। उसके मित्र उसे अब नीचे लौट चलने का आग्रह करते हैं। परन्तु वह उन लोगों को फिर और थोड़ा ऊपर चढ़ने के लिए मना लेता है। थोड़ा ऊपर चढ़ने के बाद उसका पैर पुनः फिसल जाता है और वह धरती पर गिर जाता है जिससे उसका मस्तिष्क फट जाता है और उसकी मृत्यु हो जाती है। इसी घबड़ाहट में उसकी नींद टूट जाती है।''

इस स्वप्न से यह स्पष्ट है कि सैनिक के साथ वही घटना घटी जिसे वह तीन दिन पहले अपने स्वप्न में देखा था। इसी तरह के कई स्वप्नों का उल्लेख युंग (Jung) द्वारा किया गया है जिससे यह पता चतला है कि स्वप्न द्वारा भविष्य की घटनाओं का संकेत मिलता है।

यद्यपि फ्रायड के समान युंग भी स्वप्न में गौण विस्तारण (secondary elaboration) के महत्त्व को स्वीकार किया है और उन्हीं के समान यह भी माना है कि इस प्रक्रिया द्वारा स्वप्न की बिखरी एवं असंगत घटनाओं को एक संगत, संबंधित एवं सार्थक रूप दिया जाता है फिर भी उन्होंने यह स्पष्ट कर दिया है कि गौण विस्तारण की प्रक्रिया को स्वप्न का एक अंग मानना उचित नहीं है। सचमुच में यह प्रक्रिया स्वप्न के बाद किया गया स्वप्न-चिन्तन (dream thought) की एक तरह से उपज होती है।

इस तरह से हम देखते हैं कि युंग के स्वप्न का सिद्धान्त फ्रायड के सिद्धान्त से अलग हटकर एक स्वतंत्र सिद्धान्त है जिसकी भी मान्यता आधुनिक मनोवैज्ञानिकों के बीच काफी है।

---

1. "He (Jung) theorized that dreams reveal the past as well as prophecy the future. As with other psychic events, they have both a cause and a purpose." —Feist : *Theories of personality,* 1985, p. 126

3. एडलर का स्वप्न सिद्धान्त *(Adler's theory of dream)*—एडलर (Adler) भी फ्रायड के सहकर्मी ही थे परन्तु बाद में फ्रायड से मतभेद हो जाने के कारण वे उनके स्कूल अर्थात् 'मनोविश्लेषण' (Psychoanalysis) से अलग हो गये और मनोविज्ञान का एक नया स्कूल या संप्रदाय (school or system) का प्रतिपादन किया जिसे *वैयक्तिक मनोविज्ञान* (Individual psychology) की संज्ञा दी गयी । इस सम्प्रदाय के तहत उन्होंने कई महत्त्वपूर्ण सिद्धान्तों का वर्णन किया है जिसमें स्वप्न का सिद्धान्त एक प्रमुख सिद्धान्त है ।

एडलर ने अपने स्वप्न के सिद्धान्त में फ्रायड द्वारा प्रतिपादित दमित कामुक इच्छाओं (repressed sexual wishes) के महत्त्व को अस्वीकार किया परन्तु मानसिक संघर्ष (mental conflict) के महत्त्व को स्वीकार किया । एडलर का विचार है कि प्रत्येक व्यक्ति अपने जीवन में अधिकतर क्षेत्रों में श्रेष्ठता तथा महानता की उच्चतम शिखर पर पहुँचना चाहता है । इसे उन्होंने ''श्रेष्ठता की प्रयास प्रवृत्ति'' (striving for superiority) कहा है । इसी प्रवृत्ति के अनुसार वह अपना जीवन-शैली (style of life) का भी निर्माण कर लेता है । परन्तु व्यक्ति की श्रेष्ठता प्रवृत्ति की पूर्त्ति वातावरण के कुछ जटिलताओं एवं कठिनाइओं के कारण नहीं हो पाती है । फलस्वरूप व्यक्ति में मानसिक संघर्षों या निराशाओं से उत्पन्न परिस्थिति का समाधान करता पाया जाता है । इससे स्पष्ट है कि एडलर के अनुसार स्वप्न में अतृप्त कामुक इच्छाओं की पूर्त्ति नहीं होती है जैसा कि फ्रायड ने कहा था बल्कि श्रेष्ठता-प्रवृत्तियों को तृप्त करने की कोशिश की जाती है । एडलर ने अपने स्वप्न सिद्धान्त में यह भी स्पष्ट कर दिया है कि स्वप्न का संबंध व्यक्ति के जीवन की वर्तमान घटनाओं से होता है । इन घटनाओं से उत्पन्न समस्याओं का समाधान स्वप्नद्रष्टा (dreamer) अपने स्वप्न में करता है । इसके समर्थन में एडलर ने कई स्वप्नों का उल्लेख किया है । उदाहरण के रूप में एक ऐसा ही स्वप्न का वर्णन इस प्रकार से है— एक किरानी जो अपने को अपने बॉस (Boss) से अधिक योग्य समझता था, एक रात स्वप्न में देखा, ''वह अपने बॉस (boss) के साथ एक पहाड़ी पर घूमने गया है । बॉस को वह पहाड़ी के अच्छे होटल में ठहराया है और वह उसके हर तरह के सेवा के लिए अपने आप को समर्पित कर रखा है । बॉस उसके सेवा से काफी प्रसन्न होकर उसे नौकरी में पदोन्नति कर देने का वादा करता है । परन्तु इसके लिए वह एक शर्त्त भी रखता है । शर्त्त यह था कि वह सामने के पहाड़ पर के फुलवाड़ी से कुछ दुर्लभ फूलों को लाकर उसके कोट में लगा दें । किरानी इस शर्त्त को आसान समझकर पहाड़ पर चढ़ने लगता है परन्तु उसका पैर फिसल जाता है और वह नीचे गिर जाता है। इससे वह अचानक चीख उठता हैं और उसकी नींद टूट जाती है ।''

इस स्वप्न की व्याख्या करके एडलर (Adler) ने दिखला दिया है कि स्वप्न में श्रेष्ठता-प्रवृत्तियों (striving for superiority) को तृप्त करने की कोशिश की जाती है तथा साथ-ही-साथ स्वप्न का संबंध वर्तमान घटनाओं (present events) से अधिक होता है । इस स्वप्न में किरानी अपने बॉस (boss) से पदोन्नति प्राप्त कर अपने दैनिक जीवन के अतृप्त श्रेष्ठता-प्रवृत्तियों को तृप्त करता है । इतना ही नहीं, इस स्वप्न में किरानी अपने वर्तमान समस्या का भी समाधान ढूँढ़ने की कोशिश करता है । वह अपने आप को अपने बॉस से भी चूँकि अधिक योग्य एवं सक्षम मानता है, इसलिए उसके अन्तर्गत काम करने में उसे एक मानसिक संघर्ष का भी सामना करना पड़ रहा था । वह अपने इस संघर्ष को दूर करने के लिए पदोन्नति पाने के लिए रखे गये कठिन शर्त्त को भी पूरा कर लेने में तनिक भी हिचकिचाता नहीं है । इस तरह से स्पष्ट है कि एडलर के स्वप्न का सिद्धान्त का संबंध वर्तमान घटनाओं एवं उसका एक समाधान ढूँढ़ने से काफी अधिक होता है ।

फ्रायड, युग एवं एडलर के स्वप्न सिद्धान्तों का एक तुलनात्मक अध्ययन
(A Comparative Study of Freud's, Jung's, and Adler's Theories of Dream)

हम देख चुके हैं कि फ्रायड(Freud) एवं उनके दोनों शिष्यों(disciples) अर्थात् युंग(Jung) एवं एडलर(Adler) ने स्वप्न की मनोवैज्ञानिक व्याख्या किया है । इन तीनों सिद्धान्तों में एक महत्त्वपूर्ण समानता यह बतलाया गया है कि स्वप्न में तीनों मनोवैज्ञानिकों के अनुसार व्यक्ति के दैनिक जीवन की अतृप्त इच्छाओं की पूर्त्ति होता है । फ्रायड ने स्वप्न में अतृप्त कामुक इच्छाओं की संतुष्टि या पूर्त्ति होते माना है एवं, युंग (Jung) ने स्वप्न में जीने की इच्छा (will to live) जैसी मौलिक इच्छाओं की तृप्ति होते माना है एवं एडलर(Adler) के अनुसार व्यक्ति स्वप्न में श्रेष्ठता-प्रवृत्तियों(striving for superiority) को तृप्त करते पाया जाता है । इस तरह से स्वप्न के तीनों सिद्धान्तों में किसी-न-किसी तरह की इच्छापूर्त्ति पर बल डाला गया है । इस समानता के बावजूद इन तीनों सिद्धान्तों में कुछ अन्तर है, जो निम्नांकित है—

(i) फ्रायड (Freud) ने स्वप्न का संबंध व्यक्ति के गत अनुभूतियों (past experiences) से माना है जबकि एडलर

(Adler) ने स्वप्न का संबंध वर्तमान (present) अनुभूतियों एवं घटनाओं से तुलनात्मक रूप से अधिक माना है तथा युंग (Jung) ने स्वप्न का संबंध भविष्य की घटनाओं एवं होने वाली अनुभूतियों से तुलनात्मक रूप से अधिक माना है।

(ii) फ्रायड (Freud) के अनुसार स्वप्न का स्वरूप कामुक (sexual) होता है। दूसरे शब्दों में, व्यक्ति स्वप्न में सिर्फ अपनी दमित कामुक इच्छाओं की पूर्त्ति या संतुष्टि करता है। युंग (Jung) एवं एडलर (Adler) फ्रायड द्वारा दिये जाने वाले इस बल (emphasis) से सहमत नहीं है। युंग का कहना है कि स्वप्न में व्यक्ति अपनी सिर्फ कामुक इच्छाओं की ही पूर्त्ति या संतुष्टि नहीं करता है बल्कि अन्य दूसरे तरह की इच्छाओं जो व्यक्ति के जीने की इच्छा (will to live) से संबंधित होता है, की भी पूर्त्ति होती है। उसी तरह एडलर (Adler) के अनुसार स्वप्न में व्यक्ति श्रेष्ठता-प्रवृत्तियों (striving for superiorty) से संबंधित अतृप्त इच्छाओं की भी पूर्त्ति करता है न कि सिर्फ कामुक इच्छाओं की ही पूर्त्ति करता है।

(iii) फ्रायड के लिए स्वप्न में दमित अनुभूतियों (repressed experiences) का विशेष महत्त्व है। फ्रायड ने यह स्पष्ट किया था कि दमन के माध्यम से व्यक्ति के अचेतन में असंतुष्ट या अतृप्त कामुक इच्छाएँ संचित हो जातीं हैं और स्वप्न में इन्हीं इच्छाओं की संतुष्टि होती देखी जाती है। इसका मतलब यह हुआ कि स्वप्न के लिए इच्छाओं का दमित होना अनिवार्य है। परन्तु युंग (Jung) फ्रायड के इस विचार से सहमत नहीं है। युंग के अनुसार व्यक्ति स्वप्न में सिफ व्यक्तिगत अचेतन (personal unconscious) की अनुभूतियों (जिनके लिए दमन आवश्यक है) की ही अभिव्यक्ति नहीं करता है बल्कि प्रजातीय अचेतन या सामूहिक अचेतन (racial unconscious or collective unconscious) की अनुभूतियों (जिसके लिए दमन आवश्यक नहीं है क्योंकि इस अचेतन में हमें पूर्वजों से मिले विचार पहले से ही संचित होते हैं) की भी अभिव्यक्ति होती है। इस तरह से युंग ने स्वप्न में व्यक्ति अचेतन एवं सामूहिक अचेतन दोनों के महत्त्व को स्वीकार किया है जबकि फ्रायड ने मात्र व्यक्तिगत अचेतन (personal unconscious) की अनुभूतियों के महत्त्व को ही स्वीकार किया है।

(iv) फ्रायड (Freud) के अनुसार स्वप्न के सिद्धान्त में प्रतीक (symbols) को सार्वजनीन (universal) माना गया है। इसका मतलब यह हुआ कि स्वप्न प्रतीकों (symbols) का अर्थ प्रत्येक व्यक्ति के लिए एक समान होता है। परन्तु युंग (Jung) ने इसे स्वीकार करने से इनकार कर दिया है और कहा है कि स्वप्न प्रतीकों के अर्थ में वैयक्तिक विभिन्नता (individual difference) होती है। स्वप्न के एक ही प्रतीक के अर्थ भिन्न-भिन्न व्यक्तियों के लिए अलग-अलग होते हैं।

इस तरह से हम देखते हैं कि फ्रायड, एडलर तथा युंग के स्वप्न सिद्धान्तों में कुछ समानता होते हुए भी विभिन्नता है।

स्वप्न के दैहिक सहसंबंधता
(Physiological Correlates of Dreams)

मनोवैज्ञानिकों ने स्वप्न में होने वाले कुछ दैहिक प्रक्रियाओं (physiological processes) का भी अध्ययन किया है जिसका वर्णन यहाँ अपेक्षित है। स्वप्न का संबंध नींद (sleep) से सीधा है। मनोवैज्ञानिकों ने नींद (sleep) को दो भागों में बाँटा है—तीव्र आँख गतिक नींद (Rapid eye movement sleep or REM sleep) तथा अतीव्र आँख गतिक नींद (Non-rapid eye movement sleep or NREM sleep)। REM नींद जिसका सबसे पहले-पहल अध्ययन एसरीनस्काई तथा क्लिटमैन (Aserinskey & Kleitmen, 1953) द्वारा किया गया था, में व्यक्ति को गहरी नींद नहीं आती है और वह प्राय: भिन्न-भिन्न प्रकार के स्वप्न (dream) देखा करता है। इस तरह के नींद में व्यक्ति आधा सोता है तथा आधा जागता है। क्लिटमैन (Kleitman) के अनुसार सामान्य नींद का 20% नींद ऐसा ही होता है। यदि किसी व्यक्ति को REM नींद से सहसा उठा दिया जाता है, तो 80% उम्मीद यह की जाती है कि वह किसी-न-किसी स्वप्न (dream) देखते रहने के बारे में बतलायेगा। इसलिए इस तरह के नींद को *स्वप्न नींद* (dream sleep) भी कहा जाता है। NREM में व्यक्ति गहरी नींद में सोता है। इसकी चार अवस्थाएँ होती हैं और व्यक्ति अन्तिम अवस्था में पहुँचने पर गहरी नींद में होता है। NREM की अवस्था से व्यक्ति को सहसा उठा देने से मात्र 20% ही इस बात की उम्मीद होती है कि वह यह बतलायेगा कि वह किसी-न-किसी प्रकार का स्वप्न देख रहा था। चाहे स्वप्न REM की अवस्था की हो या NREM की अवस्था की हो, इसमें दो तरह के दैहिक सहसंबंध (physiological correlates) पाये गए हैं—

1. EEG पैटनर्स (*EEG Patterns*)—स्वप्न के दौरान व्यक्ति के मस्तिष्क के तरंगों (brain waves) में स्पष्ट परिवर्तन होते पाये गये हैं। इनका अध्ययन EEG (Electroencephaogram) द्वारा किया गया है। डेमेन्ट तथा क्लिटमैन

(Dement & Klietman, 1957) के अनुसार REM नींद में जो स्वप्न व्यक्ति देखता है, उससे मस्तिष्क में बनने वाला तरंग (waves) करीब-करीब वैसा ही होता है जो जगे रहने की अवस्था में होता है । इस अवस्था में(REM में) मस्तिष्क तरंग प्रति सेकंड करीब 8 से 12 चक्र(cycles) की दर से उत्पन्न होता है तथा इसकी ऊँचाई(height) अधिक एवं नियमित होती है । इसे अल्फा तरंग (alpha wave) कहा जाता है । इसके अलावा इसमें हृदय की गति 45 से 100 स्पंदन(beats) प्रति मिनट होता है तथा उसका श्वसन (breathing) भी अनियमित हो जाता है । NREM नींद के दौरान जो स्वप्न होते हैं, उनमें अल्फा तरंग कम तथा डेल्टा तरंग (delta wave) अधिक देखने को मिलता है । डेल्टा तरंग में 1 से 2 चक्र प्रति सेकंड की दर से मस्तिष्क तरंग बनते हैं तथा इसकी ऊँचाई कम होती है तथा वे अनियमित (regular) अधिक होते हैं ।

2. स्वप्न में होने वाले अन्य शारीरिक गतिविधियाँ *(Other physiological changes in dream)*—कुछ ऐसे शोध (researches) किये गये हैं जिसमें REM तथा NREM अवस्थाओं में होने वाले स्वप्न के दौरान अन्य शारीरिक गतिविधियों का अध्ययन किया गया है । डेमेन्ट (Dement, 1960) के अध्ययन के अनुसार जब मानव प्रयोज्यों (human subjects) को REM अवस्था से पाँच लगातार रातों में विशेष प्रबन्ध द्वारा वंचित रखा गया है, तो उसमें चिड़चिड़ापन, चिन्ता तथा तनाव आदि अधिक होते पाये गए । ऐसे प्रयोज्यों का व्यवहार दिन में सामान्य से कुछ विचलित नजर आता था । ऐसे प्रयोज्यों में एकाग्रता की कमी तथा स्मृति लोप के भी लक्षण पाये गए । जिम्बार्डो एवं रूक(Zimbardo & Ruch, 1977) ने एक बिल्ली पर प्रयोग किया जिसे REM नींद से करीब 70 दिनों तक वंचित रखे जाने पर पाया गया कि इस तरह की बिल्ली में आक्रमकता (aggression), यौन (sex) एवं क्रोध (anger) जैसे व्यवहारों में पहले से काफी वृद्धि हो गयी । आधुनिक शोधों से यह स्पष्ट हुआ है कि REM से वंचित होने पर एक विशेष मस्तिष्कीय रसायन(brain chemical) जिसे सरोटोनिन (serotonin) कहा जाता है, की कमी हो जाती है और इसी से प्राणियों में उपर्युक्त दैहिक एवं मानसिक परिवर्तन होते पाये जाते हैं ।

स्पष्ट हुआ कि स्वप्न में कुछ प्रमुख दैहिक परिवर्तन होते हैं जिन्हें मनोवैज्ञानिकों ने EEG द्वारा तथा REM नींद की अवस्थाओं से प्राणियों को वंचित करके अध्ययन किया है । इन अध्ययनों से स्वप्न का दैहिक अवस्थाओं में स्पष्ट संबंध का पता चलता है ।

अध्याय-सारांश
(Chapter-Summary)

1. स्वप्न निद्रावस्था की एक विशेष मानसिक प्रक्रिया है जिसमें विभ्रामक अनुभूतियों (hallucinatory experiences) द्वारा अचेतन की दमित इच्छाओं की अभिव्यक्ति या संतुष्टि होती है । स्वप्न की कई विशेषताएँ (characterstics) होती हैं । जैसे, स्वप्न सार्थक होते हैं; स्वप्न प्रतीकात्मक होते हैं; स्वप्न विभ्रात्मक प्रवृत्ति के होते हैं; स्वप्न आत्मगत एवं आत्मकेन्द्रित होते हैं; स्वप्न से भविष्य का भी संकेत मिलता है तथा स्वप्न द्वारा अचेतन में दमित इच्छाओं की अभिव्यक्ति होती है । चूँकि स्वप्न में अचेतन की दमित इच्छाओं की अभिव्यक्ति होती है, इसलिए फ्रायड (Freud) ने इसे अचेतन का राजकीय मार्ग (Royal road to unconscious) कहा है ।
2. मनोवैज्ञानिकों ने स्वप्न के कई प्रकारों का वर्णन किया है । इन प्रकारों में इच्छापूर्ति स्वप्न, दुश्चिन्ता स्वप्न, दण्ड स्वप्न, भविष्योन्मुख स्वप्न, प्रतिरोध स्वप्न, समाधान स्वप्न एवं गति-संबंधी स्वप्न प्रमुख है ।
3. स्वप्न के विभिन्न सिद्धान्त है जिन्हें मूलत: तीन भागों में बाँटा गया है—अलौकिक सिद्धान्त (Supernatural theory), दैहिक सिद्धान्त (Physiological theory) तथा मनोवैज्ञानिक सिद्धान्त। स्वप्न का अलौकिक सिद्धान्त एक क्लासिकी सिद्धान्त (classical theory) है जिसकी मान्यता आजकल बिल्कुल ही समाप्त हो गयी है । स्वप्न के शारीरिक सिद्धान्त (Physiological theory) को दो भागों में बाँटा गया है । प्रत्यक्षण-विपर्यय सिद्धान्त (Perception-illusion theory) तथा संप्रत्यक्ष या प्रबोधात्मक प्रयत्न एवं भूल सिद्धान्त (Apperceptive trial & error theory) । स्वप्न के मनोवैज्ञानिक सिद्धान्त (psychological theory) में तीन मनोवैज्ञानिकों द्वारा प्रतिपादित सिद्धान्त काफी अधिक महत्त्वपूर्ण हैं । इन तीनों मनोवैज्ञानिकों में फ्रायड (Freud), एडलर (Adler) एवं युंग (Jung) का नाम सबसे अधिक महत्त्वपूर्ण हैं । कुछ आलोचनाओं के वाबजूद इन तीनों व्यक्तियों में फ्रायड द्वारा प्रतिपादित सिद्धान्त काफी महत्त्वपूर्ण है । फ्रायड के अनुसार व्यक्ति स्वप्न में अपने अचेतन में दमित कामुक (sexual) एवं अनैतिक इच्छाओं की संतुष्टि करते पाया जाता है । इसलिए फ्रायड के सिद्धान्त को इच्छापूर्त्ति का सिद्धान्त (Wish-fulfillment theory of dream) की भी संज्ञा दी गयी है ।

❑

अध्याय 7

तनाव तथा समायोजन विकृतियाँ

(STRESS AND ADJUSTMENT DISORDERS)

तनाव या प्रतिबल का अर्थ एवं विशेषताएँ
(Meaning and Characteristics of Stress)

तनाव या प्रतिबल (stress) आधुनिक समाज की एक बड़ी समस्या है। आधुनिक शोधों से यह पता चलता है कि करीब 75% रोगों का कारण यही तनाव का होता है। यहाँ तक हृदय रोग एवं कैंसर जैसे जान लेवा रोग में भी तनाव की भूमिका स्थापित हो चुकी है। प्रश्न यह उठता है कि तनाव का क्या अर्थ होता है ? मनोवैज्ञानिकों ने तनाव को परिभाषित करने के लिए भिन्न-भिन्न दृष्टिकोणों को अपनाया है जो इस प्रकार है—

(i) कुछ मनोवैज्ञानिकों ने तनाव को उद्दीपक (stimulus) कारकों के रूप में समझने की कोशिश किया है और कहा है कि कोई भी घटना (event) या परिस्थिति जो व्यक्ति को असाधारण अनुक्रिया करने के लिए बाध्य करता है, तनाव कहलाता है । घटनाएँ जैसे भूकम्प, अगजनी, नौकरी छूट जाना, व्यवसाय का खत्म हो जाना, प्रियजनों की मृत्यु कुछ प्रमुख घटना है जो व्यक्ति में तनाव उत्पन्न करता है। ऐसे भौतिक, सामाजिक तथा पर्यावरणी कारकों को जो तनाव उत्पन्न करते हैं, *आसेधक* (Stressor) कहा जाता है।

(ii) कुछ मनोवैज्ञानिकों ने तनाव को अनुक्रिया (response) के रूप में परिभाषित करने की कोशिश की है। यहाँ मनोवैज्ञानिकों द्वारा कठिन परिस्थितियों में व्यक्ति द्वारा किए गए मनोवैज्ञानिक एवं दैहिक अनुक्रियाओं पर बल डाला गया है। जब व्यक्ति इस विशेष तरह की मनोवैज्ञानिक अनुक्रियाएँ जैसे चिन्ता, क्रोध, आक्रमकता आदि एवं दैहिक अनुक्रियाएँ जैसे पेट की गड़बड़ी, नींद न आना, रक्त चाप में वृद्धि आदि दिखलाता है तो हम कहते हैं कि व्यक्ति में तनाव उत्पन्न हो गया है। इस क्षेत्र के प्रसिद्ध मनोवैज्ञानिक हंस सेली[1] (Hans Selye, 1979) ने तनाव को एक अनुक्रिया के रूप में ही परिभाषित करते हुए कहा है "तनाव से तात्पर्य शरीर द्वारा आवश्यकतानुसार किए गए अविशिष्ट अनुक्रिया से होता है।" इस परिभाषा की एक विशेषता यह है कि इसमें तनाव को एक अविशिष्ट अनुक्रिया (nonspecific response) कहा गया है जिससे सेली का तात्पर्य यह था कि ऐसी अनुक्रियाएँ किसी खास तरह के आसेधक या तनाव उत्पन्न करने वाले उद्दीपक से संबंधित नहीं होते हैं बल्कि एक ही तरह की अनुक्रियाएँ तनाव उत्पन्न करने वाले कोई भी उद्दीपक द्वारा उत्पन्न की जाती है।

(iii) मनोवैज्ञानिकों का तीसरा समूह वह है जो उपर्युक्त दोनों ही दृष्टिकोणों के अनुसार तनाव को न सिर्फ उद्दीपक और न ही सिर्फ अनुक्रिया बल्कि इन दोनों के संबंध (relationship) के आधार पर परिभाषित करने की कोशिश की है। इस उपागम को संबंधात्मक उपागम (transactional approach) कहा जाता है। ऐसे मनोवैज्ञानिकों का मत है कि कुछ परिस्थिति या घटनाएँ निश्चित रूप से ऐसी होतीं हैं जो सभी व्यक्तियों के लिए तनावपूर्ण होतीं हैं। कई ऐसी भी घटनाएँ या परिस्थिति होतीं हैं जो कुछ ही व्यक्ति में तनाव उत्पन्न कर सकता है। अत: तनाव को उद्दीपक के रूप में सार्थक ढंग से परिभाषित नहीं किया जा सकता है। उसी तरह से तनावपूर्ण घटनाओं के प्रति की जाने वाली अनुक्रियाओं यहाँ तक कि दैहिक अनुक्रियाओं को भी मनोवैज्ञानिक कारकों द्वारा आसानी से प्रभावित किया जा सकता है। अत: मात्र

1. "Stress refers to nonspecific response of the body to any demand made upon it."

—Hens Selye : *The stress of life, 1979,* p. 40

अनुक्रिया के रूप में भी तनाव को ठीक ढंग से समझा नहीं जा सकता है। संबंधात्मक उपागम के अनुसार तनाव को समझने के लिए यह जानना आवश्यक है कि व्यक्ति परिस्थिति या घटना का मूल्यांकन अपनी आवश्यकताओं या अभिप्रेरकों तथा वैसी परिस्थिति से निबटने के मौजूद साधन के रूप में किस तरह से करता है। दूसरे शब्दों में, इस उपागम के अनुसार तनाव व्यक्ति तथा वातावरण (जिससे व्यक्ति को खतरा महसूस होता है तथा उनके साधनों को चुनौती देती है) के बीच एक खास संबंध को प्रतिविम्बित करता है। इस उपागम के प्रमुख समर्थक लेजारस एवं फोल्कमैन (Lazarus & Folkman, 1984) एवं टेलर (Taylor, 1991) रहे हैं।

लेजारस एवं फोल्कमैन (Lazarus & Folkman), टेलर (Taylor) आदि के विचारों को संचित करते हुए मॉर्गन, किंग, विस्ज एवं स्कौपलर[1] (Morgan, King, Weisz & Schopler, 1986) ने तनाव की एक उत्तम परिभाषा इस प्रकार दिया है—"हमलोग तनाव को एक आन्तरिक अवस्था के रूप में परिभाषित करते हैं जो शरीर के दैहिक माँगों (बीमारी की अवस्थाएँ, व्यायाम, अत्यधिक तापक्रम आदि) या वैसे पर्यावरणी एवं सामाजिक परिस्थितियाँ जिसे सचमुच में हानिकारक, अनियंत्रण योग्य तथा निपटने (coping) के मौजूद साधनों को चुनौती देने वाला के रूप में मूल्यांकित किया जाता है, से उत्पन्न होता है।"

बेरोन[2] (Baron, 1992) ने भी तनाव (stress) को कुछ इसी अर्थ में परिभाषित किया है, "तनाव एक ऐसी बहुआयामी प्रक्रिया है जो हमलोग में वैसी घटनाओं के प्रति अनुक्रिया के रूप में उत्पन्न होती है जो हमारे दैहिक एवं मनोवैज्ञानिक कार्यों को विघटित करता है या विघटित करने की धमकी देता है।"

यदि हम उपर्युक्त दोनों विस्तृत परिभाषाओं का विश्लेषण करें तो तनाव के स्वरूप के बारे में निम्नांकित विशेषताएँ प्रकाश में आएंगी।

1. तनाव एक बहुआयामीय प्रक्रिया (multi-faceted process) है जो आसेधकों (stressors) के मूल्यांकन के बाद उसके प्रति की गयी एक तरह की अनुक्रिया है।

2. सामान्यतः यह समझा जाता है कि तनाव जीवन के नकारात्मक घटनाओं(negative events) या दुर्भाग्यपूर्ण घटनाओं से होता है। परंतु सच्चाई यह है कि तनाव स्वीकारात्मक घटनाओं (positive events) से भी व्यक्ति में उत्पन्न होता है। जैसे—किसी उच्च कुल में शादी होना, अच्छे पद पर प्रोन्नति होना, बहुत बड़ा पुरस्कार या इनाम पाना आदि कुछ घटनाएँ ऐसी हैं जिनसे भी व्यक्ति में तनाव उत्पन्न होता है। मशहूर कैनाडियन शरीरशास्त्री (physiologist) हंस सेली (Hans Selye) ने यही कारण है कि तनाव या प्रतिबल को दो भागों में बाँटा है—स्वीकारात्मक तनाव (positive stress) तथा नकारात्मक तनाव (negative stress)। स्वीकारात्मक तनाव को *यूस्ट्रेस* (eustress) तथा नकारात्मक तनाव को *ड्रिसस्ट्रेस* (distress) की संज्ञा उन्होंने दिया है। इन कारणों से तनाव को एक बहुआयामीय प्रक्रिया कहा गया है।

3. तनाव में जो घटनाएँ, परिस्थितियाँ आदि होती हैं (जिनमें तनाव उत्पन्न होता है) वे व्यक्ति के नियंत्रण के बाहर होतीं हैं। यदि किसी विशेष कारण से परिस्थिति व्यक्ति के नियंत्रण में की जाती है तो तनाव कम हो जाता है।

4. तनाव में मनोवैज्ञानिक (psychological) तथा दैहिक (physiological) दोनों तरह की अनुक्रियाएँ होतीं हैं। दूसरे शब्दों में, तनाव में व्यक्ति मानसिक रूप से तथा शारीरिक दोनों ही रूप से क्षुब्धता (disturbance) का अनुभव करता है।

5. तनाव थोड़े समय के बाद समाप्त भी हो सकता है या लम्बे समय तक चल भी सकता है। तनाव कम समय तक चलेगा या लम्बे समय तक चलेगा, यह बहुत कुछ तनाव उत्पन्न करने वाली घटनाओं या परिस्थितियों के स्वरूप पर निर्भर करता है।

निष्कर्षतः यह कहा जा सकता है कि तनाव परिस्थिति या घटना का मूल्यांकन करने के बाद उसके प्रति की गयी एक विशेष अनुक्रिया होती है जिसमें व्यक्ति अपने मानसिक एवं दैहिक कार्यों को विघटित होते पाता है।

---

1. "We will define stress as an internal state which can be caused by physical demands on the body (diseased conditions, exercise, extremes of temperature and the like) or by environmental and social situations which are evaluated as potentially harmful, uncontrollable or exceeding our resources for coping."
—Morgan, King, Weisz & Schopler : *Introduction to Psychology, 1986,* p. 321

2. "Stress is many-faceted process that occurs in us in response to events that disrupt or threaten to disrupt our physical or psychological functioning." —Baron : *Psychology,* 1992, p. 443

तनाव की प्रतिक्रियाएँ
(Reactions to Stress)

तनाव में व्यक्ति दो तरह की अनुक्रियाएँ करता है जो निम्नांकित हैं—

(क) मनोवैज्ञानिक प्रतिक्रियाएँ (Psychological reactions)

(ख) दैहिक प्रतिक्रियाएँ (Physiological reactions)

इन दोनों तरह की प्रतिक्रियाएँ का वर्णन निम्नांकित हैं—

(क) मनोवैज्ञानिक प्रतिक्रियाएँ *(Psychological reactions)*—तनाव में कई तरह के मनोवैज्ञानिक या मानसिक प्रतिक्रियाएँ होतीं हैं। दूसरे शब्दों में, तनाव में व्यक्ति की मानसिक कार्यों में एक तरह का विघटन (disruption) या क्षुब्धता पाया जाता है। इन सभी तरह के मानसिक विघटनों को निम्नांकित दो मुख्य भागों में बाँटा जा सकता है।

1. संज्ञानात्मक सिद्धान्त *(Cognitive impairment)*—तनाव में स्पष्ट रूप से संज्ञानात्मक विकृति (cognitive impairment) पाया जाता है। व्यक्ति में एकाग्रता (concentration) की क्षमता कम जाती है तथा वह अपने चिन्तन को तार्किक रूप से संगठित नहीं कर पाता है। चिन्तन में चिंता की भूमिका बढ़ जाती है और व्यक्ति परिस्थिति के विभिन्न पहलुओं को ठीक ढंग से प्रत्यक्षण नहीं कर पाता है। अवधान विस्तार कम हो जाता है तथा ध्यान या अवधान में क्षणभंगुरता बढ़ जाती है। स्मृति शक्ति भी इसमें कमजोर पड़ जाती है। दूसरे शब्दों में, तनाव में व्यक्ति के संज्ञानात्मक कार्य(cognitive functioning) में एक तरह की असामान्यता आ जाती है। मनोवैज्ञानिकों द्वारा किए गए शोधों से यह भी स्पष्ट हुआ है कि तनाव की परिस्थिति में व्यक्ति कुछ वैसा व्यवहारात्मक पैटर्न दिखलाता है जिसे वह गत समय में कर चुका होता है। जैसे—जिन व्यक्तियों में सतर्क एवं चौंकना रहने की प्रवृत्ति पहले से अधिक होती है, वे तनाव की स्थिति में और भी अधिक सतर्क एवं चौकना हो जाते हैं तथा जो आक्रमक प्रकृति के होते हैं, उनमें तनाव होने पर पहले से आक्रमकता और भी बढ़ जाती है और उनके सभी व्यवहारों में आक्रमकता के स्पष्ट सबूत मिलते हैं। इसका कारण बतलाया गया है कि तनाव से व्यक्ति में इस तरह का संज्ञानात्मक विकृति उत्पन्न हो जाती है कि व्यक्ति समस्या के समाधान के वैकल्पिक साधनों (alternative means) का प्रत्यक्षण नहीं कर पाता है तथा अपने व्यवहार में दृढ़ता (rigidity) दिखाता है ।

2. सांवेगिक अनुक्रियाएँ *(Emotional responses)*—तनाव (stress) में व्यक्ति तरह-तरह की सांवेगिक अनुक्रियाएँ विशेषकर ऋणात्मक सांवेगिक अनुक्रियाएँ (negative emotional responses) करता है। ऐसी सांवेगिक अनुक्रियाओं में अग्रांकित प्रमुख हैं—

(i) चिंता *(Anxiety)*—जब व्यक्ति तनावपूर्ण परिस्थिति में घिर जाता है तो उसमें सबसे पहली सांवेगिक अनुक्रिया जो होती है वह चिन्ता (anxiety) की होती है। चिन्ता एक ऐसा अप्रिय सांवेगिक अवस्था है जिसमें व्यक्ति में डर, आशंकाएँ, परेशानी आदि की प्रधानता होती है। चिन्ता मुख्य रूप से दो प्रकार के होते हैं—सामान्य (normal) तथा स्नायुविकृत (neurotic)। सामान्य चिन्ता का स्वरूप समायोजी (adaptive) होता है और इस तरह चिन्ता तनाव उत्पन्न करने वाली परिस्थिति के साथ समायोजन करने में व्यक्ति को मदद करता है। स्नायुविकृत चिन्ता (neurotic anxiety) में व्यक्ति तनाव उत्पन्न करने वाली परिस्थिति से इतना अधिक डर जाता है या आशंकित हो जाता है कि इसके कारण वैसी परिस्थिति के साथ उसके निबटने की क्षमता लगभग समाप्त हो जाती है और वह अपने आप को बेसहारा महसूस करता है। फ्रायड (Freud) के अनुसार चिन्ता का कारण अचेतन का संघर्ष (unconscious conflict) होता है।

(ii) क्रोध एवं आक्रमकता *(Anger and Aggression)*—तनाव उत्पन्न करने वाली परिस्थितियों के प्रति एक अन्य संवेगात्मक अनुक्रिया (anger) भी होती है जिससे बाद में व्यक्ति आक्रमक व्यवहार (aggressive behaviour) करने लगता है। मनुष्यों तथा पशुओं पर किए गए अध्ययनों से यह स्पष्ट हुआ है कि तनाव उत्पन्न करने वाले उद्दीपक या परिस्थिति के प्रति प्राणी में पहले क्रोध उत्पन्न होता है और यदि ऐसे उद्दीपक प्राणी के सामने अधिक समय तक बने रहे तो वह उनके प्रति आक्रमकतापूर्ण व्यवहार भी करने लगता है। बच्चों पर किए गए अध्ययनों से यह स्पष्ट हुआ है कि जब उन्हें लक्ष्य वस्तु (goal object) तक पहुँचने से रोक दिया जाता है तो उनमें एक तरह की कुण्ठा (frustration) उत्पन्न होता है और उस कुण्ठा से फिर उनमें आक्रमक व्यवहार का जन्म होता है और वे लक्ष्य वस्तु की ओर आक्रमकता दिखलाने लगते हैं। कभी-कभी लक्ष्य वस्तु या स्रोत (sources) जो व्यक्ति में कुण्ठा उत्पन्न करता है, अस्पष्ट होता है। ऐसी परिस्थिति में व्यक्ति यह नहीं जानता कि उसे किस वस्तु पर आक्रमण करना चाहिए परंतु उसमें

क्रोध (anger) तो रहता है। ऐसी परिस्थिति में वह अपनी आक्रमकता को दिखाने के लिए उपयुक्त वस्तु की खोज करता है। कभी-कभी ऐसा भी होता है कि कुण्ठा उत्पन्न करने वाला स्रोत अधिक शक्तिशाली होता है, जिसके कारण उसके प्रति व्यक्ति आक्रमकता नहीं दिखा पाता है। इन सारी परिस्थितियों में व्यक्ति की आक्रमकता किसी विशेष व्यक्ति या वस्तु की ओर न कि वास्तविक वस्तु या व्यक्ति की ओर विस्थापित हो जाती है। इस तरह के आक्रमकता को *विस्थापित आक्रमकता* (displaced aggression) कहा जाता है।

(iii) भावशून्यता तथा विषाद *(Empathy and depression)*—तनाव उत्पन्न करने वाली परिस्थिति के प्रति कुछ लोगों में क्रोध एवं आक्रमकता का व्यवहार न होकर ठीक उसके विपरीत भावशून्यता तथा विषाद का भाव विकसित हो जाता है। सामान्यत: यह देखा गया है कि अगर तनावपूर्ण परिस्थिति व्यक्ति के सामने बनी होती है और व्यक्ति उसके साथ निपटने में सफल नहीं होता है, तो वह उनके प्रति भावशून्यता या उदासीनता विकसित कर लेता है जो बाद में व्यक्ति में विषादी प्रवृत्ति (depressive tendency) उत्पन्न कर देता है। मनोवैज्ञानिक अध्ययनों से यह स्पष्ट हुआ है कि कुंठा उत्पन्न करने वाले उद्दीपक के प्रति की गयी प्रतिक्रिया (reaction) को व्यक्ति अन्य व्यवहारों के समान सीखता है। जैसे—जो व्यक्ति तनाव उत्पन्न करने वाली परिस्थिति के प्रति आक्रमकता दिखाकर कभी सफलता प्राप्त नहीं कर पाता है, तो वह उसके प्रति उदासीन रहने की अनुक्रिया करना सीख लेता है और इससे धीरे-धीरे फिर उसमें दिखाई गयी प्रवृत्ति मौजूद हो जाती है। पशुओं तथा मनुष्यों पर किए गए अध्ययनों से यह भी स्पष्ट हुआ है कि प्राणी ज़ब तनाव पूर्ण परिस्थिति से अपने आप को घिरा हुआ पाता है तो वह अपने आप को निस्सहाय (helpless) पाता है। इन अध्ययनों से ही मनोविज्ञान में अर्जित निस्सहायता (learned helplessness) के संप्रत्यय का विकास हुआ है जिसमें सैलिगमैन (Seligman) का योगदान सबसे महत्त्वपूर्ण है।

(ख) दैहिक प्रतिक्रियाएँ *(Physiological reaction)*—तनाव उत्पन्न करनेवाली परिस्थिति या उद्दीपक के प्रति व्यक्ति दैहिक प्रतिक्रियाएँ (physiological reactions) भी करता है। अक्सर देखा गया है कि तनावपूर्ण परिस्थिति से घिर जाने पर व्यक्ति में पेट की गड़बड़ी, हृदय गति का असामान्य होना, श्वसन गति में परिवर्तन आदि होते हैं। ये सभी दैहिक प्रतिक्रियाओं (physiological reactions) के उदाहरण हैं। ऐसी दैहिक प्रतिक्रियाओं (physiological reactions) को निम्नांकित दो शीर्षकों के तहत बाँटकर अध्ययन किया गया है—

1. आपातकालीन अनुक्रियाएँ *(Emergency responses)*—तनाव उत्पन्न करने वाले उद्दीपक के प्रति व्यक्ति के शरीर में कुछ ऐसी अनुक्रियाएँ होतीं हैं जिसे आपातकालीन अनुक्रियाएँ (emergency responses) कहा जाता है। ऐसी अनुक्रियाओं के माध्यम से शरीर में यकृत (liver) अतिरिक्त मात्रा में चीनी की उत्सर्जन करता है ताकि शरीर की मांसपेशियों को अधिक-से-अधिक शक्ति मिल पाये। शरीर में कुछ ऐसे हारमोन्स (hormones) निकलने लगते हैं जो चर्बी तथा प्रोटीन को चीनी में बदल देता है जिससे भी शारीरिक कार्य के लिए पर्याप्त ऊर्जा व्यक्ति को मिलने लगते हैं। व्यक्ति के हृदय गति, रक्त चाप तथा श्वसन गति में वृद्धि हो जाती है तथा मांसपेशियों में तनाव भी काफी बढ़ जाता है। लार या श्लेष्मा (mucus) की मात्रा में काफी कमी आ जाती है ताकि फेफड़ा को अधिक-से-अधिक वायु प्रवेश करने के रास्ते में कही कोई रुकावट नहीं आए। शायद यही कारण है कि तनावपूर्ण परिस्थिति में व्यक्ति को मुँह सूखा होने का अनुभव होता है। इन्डोरफिन्स (endorphins) जो एक तरह का स्वाभाविक दर्दनाशक है, की मात्रा में वृद्धि हो जाती है तथा शरीर के सतही क्षेत्रों में पाये जाने वाले रक्त नलिकाएँ थोड़ी संकुचित हो जातीं हैं जिसके परिणामस्वरूप तनावपूर्ण परिस्थिति से निबटने में यदि शरीर में कहीं कुछ कट-फट भी जाता है, तो कम मात्रा में रक्त व्यक्ति के शरीर से निकलता है। शरीर का प्लीहा (spleen) अधिक मात्रा में रक्त लाल कण का उत्सर्जन करता है ताकि अधिक-से-अधिक ऑक्सीजन शरीर के अंगों को मिल सके। इतना ही नहीं, हड्डी मज्जा (bone marrow) से अधिक श्वेत रक्त कण का उत्सर्जन होने लगता है ताकि शरीर किसी प्रकार के सम्भावित संक्रामण (infection) से ठीक ढंग से निबट सके।

उक्त सभी तरह के आपातकालीन अनुक्रियाओं का उद्देश्य मात्र एक ही होता है—तनाव उत्पन्न करने वाली परिस्थिति के साथ ठीक ढंग से निबटना तथा उसके साथ उपयुक्त समायोजन (adjustment) करना। ये सभी दैहिक अनुक्रियाएँ स्वायत्त तंत्रिका तंत्र (antononic nervous system) तथा अन्तस्रावी ग्रन्थि (endocrine gland) खासकर एड्रीनल ग्रन्थि तथा पीयूष ग्रन्थि (pituitury gland) की मदद से नियमित एवं नियंत्रित होती है। प्राय: ऐसी परिस्थिति में स्वायत्त तंत्रिका तंत्र आना कार्य हाईपोथैलमस (hypothalamus) के नियंत्रण में करता है। इस तरह के दैहिक अनुक्रिकाओं के

पैटर्न जो जटिल होने के साथ-ही-साथ, जन्तजात भी होते हैं, को कैनन (Cannon, 1920) ने *'भिड़ो या भागो अनुक्रिया'* (fight or fight response) कहा है क्योंकि ऐसी अनुक्रियाएँ व्यक्ति की परिस्थिति से भिड़ जाने या उससे भाग जाने के लिए तैयार करता है । इसे सेली (Seyle, 1979) ने चेतावनी प्रतिक्रिया (alarm response) कहा है क्योंकि ऐसी अनुक्रियाएँ व्यक्ति को परिस्थिति से भिड़ जाने या उससे भाग जाने के लिए तैयार करता है ।

2. सामान्य अनुकूलन संलक्षण *(General Adaptation Syndrome or GAS)*—GAS के संप्रत्यय का प्रतिपादन सेली (Selye, 1979) द्वारा किया गया। इसके माध्यम से सेली ने तनावपूर्ण परिस्थिति में होने पर पशुओं द्वारा दिखालाये जाने वाले दैहिक परिवर्तनों (physiological charges) का वर्णन किया है। यद्यपि ऐसे परिवर्तन पशुओं में होते पाये गए हैं फिर भी सेली का मत है कि इस तरह का शारीरिक परिवर्तन मनुष्यों में भी होता है बशर्ते वे आसेधकों (stressors) या तनाव उत्पन्न करने वाले उद्दीपकों से लगातार लम्बे समय तक घिरे रहते हों। GAS में होने वाले शारीरिक परिवर्तनों की व्याख्या तीन अवस्थाओं (stages) में बाँटकर की गयी है जो निम्नांकित है—

हंस सेली
(Hans Selye)

(i) चेतावनी प्रतिक्रिया की अवस्था (Stage of alarm reaction)
(ii) प्रतिशोध की अवस्था (Stage of resistance)
(iii) समापन की अवस्था (Stage of exhaustion)

इन सबों का वर्णन इस प्रकार है—

(i) चेतावनी प्रतिक्रिया की अवस्था *(Stage of alarm reaction)*—जब व्यक्ति तनाव उत्पन्न करने वाली परिस्थिति या घटना जिसे आसेधक (stressor) कहा जाता है, से घिर जाता है और उससे प्रभावित होता है तो उसमें सबसे पहले जो शारीरिक परिवर्तन होते हैं, उसे चेतावनी प्रतिक्रिया (alarm reaction) की संज्ञा दी जाती है। इस अवस्था में व्यक्ति का शरीर अपने आप को आसेधक के प्रति तात्कालिक अनुक्रिया (immediate response) करने के लिए तत्पर करता है। अनुकम्पी तंत्रिका तंत्र (sympathetic nervous system) उत्तेजित हो जाता है और व्यक्ति आसेधक की चुनौती या धमकी से निबटने के लिए तैयार होता है। इस अवस्था की दो उपअवस्थाएँ (substages) होतीं हैं—*आघात अवस्था* (shock phase) तथा *प्रतिआघात अवस्था* (countershock phase)। आघात अवस्था में आरोधक से पहली बार सामना होने से एक तरह का शारीरिक आघात व्यक्ति को लगता है जिसमें शारीरिक तापक्रम तथा रक्त चाप गिर जाता है, हृदय गति कम हो जाता है तथा मांसपेशियाँ सुस्त हो जातीं हैं । इस अवस्था के तुरंत बाद *प्रतिआघात अवस्था* उत्पन्न होती है जिसमें शरीर अपने रक्षा प्रक्रमों को बढ़ा देता है और सभी तरह की आपातकालीन अनुक्रियाएँ जैसे हृदय गति, रक्त चाप एवं श्वसन आदि में तीव्रता आ जाती है। इसका परिणाम यह होता है कि आसेधक से निबटने की प्रतिशोध क्षमता (resistance capacity) व्यक्ति में बढ़ने लगती है जैसा कि चित्र 7.1 में ऊपरी वक्र (curve) जो मौलिक आसेधक (original stressor) के हैं, से पता चलता है । चित्र से स्पष्ट है कि प्रतिआघात अवस्था में वक्र ऊपर की ओर बढ़ने लगता है।

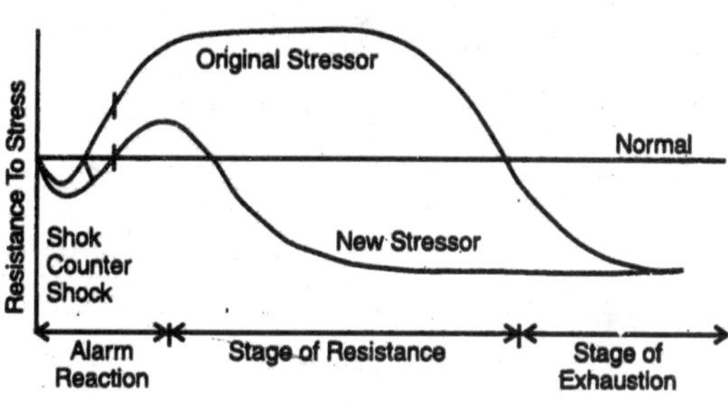

चित्र 7.1 : सामान्य अनुकूल संलक्षण (GAS)

(ii) प्रतिरोध की अवस्था *(Stage of resistance)*—अगर व्यक्ति के सामने आसेधक (stressor) की मौजूदगी जारी रहता है, तो GAS की दूसरी अवस्था अर्थात् प्रतिरोध की अवस्था का प्रारंभ होता है जहाँ शरीर आसेधक की निरंतर मौजूदगी से उत्पन्न प्रभाव को अवरुद्ध करता है। इस अवस्था में शरीर में कुछ हारमोन्स (hormones) निकलते हैं जिनसे प्रतिरोध की मात्रा में वृद्धि हो जाती है अर्थात् इस हारमोन्स के सहारे शरीर अपने मुख्य प्रक्रमों को मजबूत कर आसेधक के प्रभावों से अपने आप को बचाता है। पीयूष ग्रन्थि (pituitary gland) के कुछ कोशिकाओं (cells) द्वारा शरीर के

रक्तधारा में एक विशेष हारमोन्स जिसमें एड्रेनोकोरटिकोट्रोपिक (adrenocorticotropic ACTH) प्रधान है, विशेष रूप से उत्सर्जित किया जाता है। ACTH का स्राव अंशतः एक दूसरे तरह के रासायनिक पदार्थ जिसे **कोरटिकोट्रोपीन रीलिजिंग फैक्टर** (corticotropin-releasing factor या CRF) कहा जाता है तथा जो हाईपोथैलमस (hypothalamus) में उत्सर्जित होता है, द्वारा नियंत्रित होता है। आसेधक (stressors) से हाईपोथैलेमस उत्तेजित हो जाता है जिसके फलस्वरूप CRF अधिक मात्रा में पीयूष ग्रन्थि (pituitary gland) भेजे जाते हैं जो ACTH की मात्रा को रक्त में बढ़ा देता है। ACTH की मात्रा रक्त में अधिक होने से आसेधक के प्रभावों को शरीर पर पड़ने से रोका जाता है। इस तरह से प्रतिरोध स्तर (resistance level) बढ़ जाता है। इतना ही नहीं, ACTH एड्रीनल ग्रन्थि के कॉर्टेक्स (cortex) को भी उत्तेजित करता है जिससे कोर्टिसोल (cortisol) नामक हारमोन्स शरीर के रक्त में मिलता है और इससे भी आसेधकों के प्रभावों से लड़ने की क्षमता शरीर में बढ़ती है। परंतु इस हारमोन्स का अधिकतम स्तर का बना रहना शरीर के लिए हानिकारक होता है।

अगर इसी अवस्था में व्यक्ति के सामने कोई नया आसेधक (stressor) आ जाता है तो इस नये आसेधक के प्रति व्यक्ति की प्रतिरोध शक्ति काफी कम हो जाती है। जैसा कि चित्र 7.1 में नया आसेधक (new stressor) के वक्र में दिखलाया गया है ।

(iii) समापन की अवस्था *(Stage of exhaustion)*—GAS की तीसरी अवस्था समापन की अवस्था (stage of exhaustion) होती है जिसमें मौलिक आसेधक (original stressors) तथा नया आसेधक (new stressors) दोनों के ही प्रति अनुक्रिया करने की क्षमता में काफी कमी आ जाती है और प्राणी में शिथिलता बढ़ जाती है । वह निष्क्रिय-सा हो जाता है तथा बीमार पड़ जाता है । यह भी देखा गया है कि आसेधक-उत्पन्न हारमोन्स (stressor-induced hormones) का स्तर अधिक समय तक बना रहने से व्यक्ति में आँत का घाव (stomach ulcer), दम्मा, उच्च रक्त चाप, कैंसर के होने की सम्भावना एवं मधुमेह (diabetes) आदि रोग उत्पन्न हो जाते हैं और व्यक्ति की मृत्यु की सम्भावना बढ़ जाती है ।

स्पष्ट हुआ कि आसेधकों (stressors) के प्रति व्यक्ति न केवल मनोवैज्ञानिक बल्कि दैहिक प्रतिक्रियाएँ भी करता है । चूँकि इन आसेधकों से उत्पन्न तनाव व्यक्ति के स्वास्थ्य के लिए हानिकारक होता है, अतः इसके कारणों तथा उससे निपटने के उपायों पर प्रकाश डालना आवश्यक है ।

तनाव का मापन
(Measurement of Stress)

शोधकर्ताओं ने तनाव को मापने का सफल प्रयास किया है और इसके लिए वे निम्नांकित चार प्रमुख प्रविधियों का वर्णन किया है—

(1) आत्म-रिपोर्ट विधि *(Self-report method)*—यह एक ऐसी विधि है जिसमें तनाव से प्रभावित व्यक्ति सांवेगिक तकलीफ, उससे जीवन में होने वाले परिवर्तन तथा तनाव की गंभीरता (severity) आदि के बारे में बतलाया है। उसके द्वारा बतलाये गए सूचकांकों (indices) के आधार पर तनाव के बारे में मापा जाता है । होल्मस तथा राहे (Holmes & Rahe, 1967) द्वारा निर्मित सामाजिक पुनर्समायोजन रेटिंग मापनी (Social redjustment rating scale), नूतन अनुभूतियों का सिड्युल (Schedule of recent experiences) तथा कैन्नर एवं उनके सहयोगियों (Kanner et al., 1981) द्वारा निर्मित 'हास्सेल' मापनी (Hassles scales) तथा अन्य प्रश्नावलियों का उपयोग आत्म-रिपोर्ट विधि के अंतर्गत किया जाता है ।

(2) व्यवहारपरक विधियाँ *(Behavioural methods)*—इस विधि में व्यक्ति में तनाव का मापन विशेष परिस्थिति में किये गये कार्यों के निष्पादन के आधार पर किया जाता है । यदि निष्पादन में ऐसी परिस्थिति में तेजी से गिरावट आती है, तो समझा जाता है कि तनाव की गंभीरता व्यक्ति के लिए काफी है ।

(3) दैहिक सूचकांक विधि *(Physiological indices method)*—इस विधि में तनाव का मापन व्यक्ति के शरीर के भीतर होने वाले परिवर्तन तथा त्वचा संवेदकता (skin conductivity), हृदय गति, रक्त चाप आदि में हुए परिवर्तन (कमी या बेशी) के आधार पर किया जाता है।

(4) जैवरासायनिक सूचकांक *(Biochemical indicators)*—इसमें तनाव का मापन शरीर में हुए कुछ रासायनिक परिवर्तनों जैसे केटकोलामाइन्स तथा 17-हाईड्रोक्सीकार्टीकासटारायड्स (17-hydroxycorticosteriods) का रक्त-स्तर तथा मूत्रीय स्तर (urinary level) में होनेवाले परिवर्तनों के आधार पर होता है।

इनमें से प्रत्येक विधि के कुछ दोष हैं जिनके चलते उनका उपयोग काफी सोच-समझकर किया जाता है। ऐसे अवगुणों का उल्लेख यहाँ आवश्यक है जो इस प्रकार है—

(i) पहली विधि जो आत्म-रिपोर्ट पर आधारित है, पर इसलिए पूर्ण विश्वास नहीं किया जाता है क्योंकि व्यक्ति प्राय: अपने आप को अच्छा ढंग से उपस्थित करने की कोशिश करता है और इस कोशिश में वह तनाव का एक सही तस्वीर नहीं प्रस्तुत करता है।

(ii) व्यवहारपरक विधि को इसलिए दोषपूर्ण माना जाता है क्योंकि इसमें कार्य निष्पादन की व्याख्या विभिन्न ढंग से की जा सकती है। जैसे, किसी कार्य परिस्थिति में निष्पादन में ह्रास का कारण तनाव न होकर व्यक्ति के अभिप्रेरण में कमी, संज्ञानात्मक दाब (cognitive strain) तथा थकान भी होता है।

(iii) तनाव को दैहिक सूचक द्वारा मापन करने के लिए यह आवश्यक है कि कुछ सम्बद्ध कीमती उपकरण खरीदे जाय और ऐसा करना सचमुच में अपने आप में एक तनावपूर्ण अनुभूति होगा।

(iv) रासायनिक परिवर्तनों के आधार पर तनाव को मापना बहुत विश्वसनीय नहीं रह जाता है क्योंकि शरीर में इस ढंग का परिवर्तन अन्य कारणों से भी होता है। जैसे, केटकोलामाइन स्राव (catecolamine secretion) में वृद्धि न केवल तनाव में बल्कि अन्य परिस्थितियों में भी होता है। अत: इस वृद्धि का कारण मात्र तनाव को मानना ठीक नहीं है।

स्पष्ट हुआ कि तनाव मापने की कई विधियाँ हैं। यद्यपि प्रत्येक विधि में कुछ खामियाँ (limitations) हैं, फिर भी उनका उपयोग परिस्थिति के अनुसार किया जाता है। बॉम (Bamm, 1982) के अनुसार तनाव का सही मापन के लिए यह आवश्यक है कि इन विभिन्न मापकों का उपयोग एक साथ किया जाय ताकि उसके प्राप्त परिणाम अधिक विश्वसनीय हो सके।

आसेधक की श्रेणियाँ
(Categories of Stressors)

व्यक्ति में किन कारकों से तनाव उत्पन्न होता है, इसका गहन अध्ययन मनोवैज्ञानिकों द्वारा किया गया है और इन कारकों की एक सूची तैयार की गयी है जिनसे व्यक्ति में तनाव उत्पन्न होता है। ऐसे कारकों में निम्नांकित प्रमुख हैं—

1. तनावपूर्ण जीवन की घटना (stressful life events)
2. प्रेरकों का संघर्ष (conflict of motives)
3. दिन प्रतिदिन का उत्पादन (daily hassles)
4. कार्य उत्पन्न तनाव (work-related sources)
5. पर्यावरणी स्रोत (environmental sources)
6. कुंठा (frustration)

इन सबों का वर्णन निम्नांकित हैं—

1. तनावपूर्ण जीवन की घटनाएँ *(Stressful life events)*—व्यक्ति की जिन्दगी में तरह-तरह की घटनाएँ घटती रहतीं हैं। कुछ सुखद होतीं हैं तथा कुछ दुखद होतीं हैं। इस दोनों तरह की घटनाओं की प्रमुख जरूरत यह होती है कि व्यक्ति उनके साथ पुनर्समायोजन (readjustment) करे। मनोवैज्ञानिकों द्वारा किये गए अध्ययनों से स्पष्ट हुआ है कि ऐसी घटनाओं के प्रति जब व्यक्ति ठीक ढंग से समायोजन नहीं कर पाता है तो वे तनाव (stress) उत्पन्न करतीं हैं और व्यक्ति में दैहिक एवं सांवेगिक विकृतियाँ (emotional disorders) उत्पन्न कर देतीं हैं। इस सिलसिले में होल्मस एवं राहे (Holmes & Rahe, 1967) का अध्ययन काफी महत्त्वपूर्ण रहा है। इन लोगों ने जीवन के तनावपूर्ण घटनाओं के महत्त्व को मापने के लिए एक विशेष मापनी (scale) मात्रा उत्पादन (magnitude production) की विधि द्वारा विकसित किया है जिसे *सामाजिक पुनर्समायोजन रेटिंग मापनी* (Social Rearrangement Rating Scale or SRRS) कहा गया है। इस मापनी में विभिन्न तरह की 43 घटनाओं जैसे पति या पत्नी की मृत्यु, तलाक, वैवाहिक अलगाव (marital separation), शादी, परिवार के किसी सदस्य की बीमारी, अवकाशप्राप्ति, किसी गहरे दोस्त की मृत्यु, परिवार में किसी नये सदस्य की प्राप्ति, गर्भ, घर से किसी सदस्य का गुम हो जाना, ससुराल वालों से झगड़ा, घर बदलना, खाने की आदत में परिवर्तन, हल्का फुल्का कानूनी उल्लंघन आदि को सम्मिलित किया गया है तथा सबसे अधिक तनावपूर्ण से सबसे कम तनावपूर्ण होने की दिशा में श्रेणीबद्ध (ranking) किया गया है। इन विभिन्न घटनाओं का जीवन परिवर्तन इकाई मूल्य (life change unit value) जो 100 से 1 के बीच होता है, भी निर्धारित किया गया। जीवन परिवर्तन इकाई मूल्य से यह पता चलता है कि ऐसी घटनाओं को होने पर कितना पुनर्समायोजन (readjustment) की जरूरत व्यक्ति को पड़ती है। जैसे—इस मापनी में सबसे अधिक तनावपूर्ण जीवन घटना पति या पत्नी की मृत्यु बतलाया गया है जिसका इकाई मूल्य 100 है। उसी तरह से अवकाशप्राप्ति (retirement) का इकाई मूल्य 45 बतलाया गया है तथा सबसे अंतिम श्रेणी में अर्थात् 43rd श्रेणी में मामूली कानूनी उल्लंघन (minor violation of law) को रखा गया है जिसका इकाई मूल्य 1 बतलाया गया है। यह पता लगाने के लिए कि व्यक्ति एक खास अवधि जैसे पिछले एक या दो साल में कितना तनाव (stress) का अनुभव किया है, उसे मापनी पर के 43 एकांशों में से उन एकांशों पर चिह्न लगाने के लिए कहा जाता है, जो उक्त अवधि में उनके लिए सही पाये गए। इसके बाद एकांशों के संबंधित इकाई मूल्यों को जोड़ दिया जाता है जिसे कुल तनाव प्राप्तांक (total stress score) कहा जाता है। यह प्राप्तांक जितना ही अधिक होता है, उनमें तनाव उतना ही अधिक होता है और उनका सांवेगिक एवं दैहिक स्वास्थ्य खराब होने की सम्भावना उतनी ही अधिक होती है। सामान्यत: जब इस मापनी पर किसी व्यक्ति का 250 या उससे अधिक प्राप्तांक मात्र एक साल की अवधि के जीवन घटना परिवर्तनों के आधार पर आता है तो उसका जीवन तनावपूर्ण समझा जाता है और अगले एक साल के भीतर उसे सांवेगिक एवं दैहिक रूप से बीमार पड़ने की सम्भावना है। सामान्यत: 150 या इससे कम कुल प्राप्तांक वाले व्यक्ति को सामान्य तनाव 150 से 199 के बीच प्राप्तांक लाने वाले व्यक्ति को हल्का तनाव (mild stress), 200 से 299 प्राप्तांक लाने वाले व्यक्ति को साधारण तनाव (moderate stress) तथा 300 से ऊपर प्राप्तांक लाने वाले व्यक्ति को जीवन के बड़े तनावपूर्ण घटना से ग्रस्त समझा जाता है। होल्मस एवं मासूदा (Holmes & Masuda, 1974) ने भी एक अध्ययन करके यह दिखलाया है कि वैसे व्यक्ति जिनका कुल प्राप्तांक उक्त जीवन घटना परिवर्तन मापनी पर 300 या उससे ऊपर आया, वे अगले 9 महीनों में उन व्यक्तियों की तुलना में भयंकर रूप से बीमार पड़े जिनका कुल तनाव प्राप्तांक 200 या उससे नीचे था। इन अध्ययनों से यह स्पष्ट हो जाता है कि जितना ही अधिक तनावपूर्ण घटनाएँ किसी व्यक्ति की जिन्दगी में घटतीं हैं उसमें तनाव की मात्रा उतनी ही अधिक होती है तथा उसके स्वास्थ्य पर उतना ही अधिक बुरा प्रभाव पड़ता है। प्रोफेसर रीता अग्रवाल (Rita Agrawal, 2001) ने भी भारतीय संदर्भ में एक ऐसा मापनी बनाया है जिसके माध्यम से जीवन के तनावपूर्ण घटनाओं की तीव्रता को मापा जाता है।

यद्यपि जीवन की महत्त्वपूर्ण घटना परिवर्तनों को तनाव (stress) का एक प्रमुख कारण बतलाया गया है फिर भी निम्नांकित कुछ ऐसे तथ्य हैं जिनसे उक्त संबंध पर आशंकाएँ पैदा हैं—

(i) तनाव (stress) के प्रभावों को कुछ सामान्य स्वास्थ्य आदत (health habit) जैसे—विशेष तरह का भोजन करने की आदत, सिगरेट पीने की आदत, शराब पीने की आदत से उत्पन्न प्रभावों से अलग करना कठिन है। व्यक्ति अपने जीवन की घटनाओं में हुए प्रमुख परिवर्तनों के साथ समायोजन करने में सम्भव है कि वह और अधिक शराब पीना शुरू कर दे या सिगरेट पीना प्रारंभ कर दे। ऐसी परिस्थिति में उसमें उत्पन्न बीमारी या सांवेगिक एवं दैहिक अवस्थाओं के कारण स्वास्थ्य आदत अधिक खराब हो जायेगी तथा जीवन की प्रमुख घटनाएँ कम होंगी।

(ii) अगर जीवन की परिवर्तित घटना ही सिर्फ तनाव का कारण होती तो कोई भी ऐसी घटना समान ढंग से सभी व्यक्तियों में तनाव उत्पन्न करता परंतु ऐसा नहीं होता है। ऐसा देखा गया है कि कुछ घटनाएँ कुछ व्यक्ति में अधिक तनाव उत्पन्न करतीं हैं परन्तु वही घटनाएँ दूसरे व्यक्ति में तनाव उत्पन्न नहीं कर पातीं। इतना ही नहीं, यह भी देखा गया है कि साधारण-सी घटना कुछ व्यक्ति को अधिक सांवेगिक एवं दैहिक क्षति उत्पन्न करता है परंतु कभी-कभी अधिक तनावपूर्ण घटना भी कुछ व्यक्ति में अधिक सांवेगिक एवं दैहिक क्षति उत्पन्न नहीं कर पाता है। ऐसे वैयक्तिक विभिन्नताओं से इस ओर संकेत मिलता है कि तनाव का कारण सिर्फ घटना विशेष को मानना पूर्णत: तर्क संगत नहीं लगता है। अध्ययनों से यह स्पष्ट हुआ है कि जिन व्यक्तियों में मनोवैज्ञानिक कठोरता(psychological hardiness) अधिक होता है, वे परिस्थिति के तनावपूर्ण होने पर भी अधिक तनाव का अनुभव नहीं करते हैं। मनोवैज्ञानिक कठोरता को मापने के लिए लेखक द्वारा

एक मापनी विकसित किया गया है जिसे *सिंह मनोवैज्ञानिक कठोरता मापनी* (Singh Psychological Hardiness Scale or SPHC) की संज्ञा दी गयी है।

(iii) जीवन घटना मापनी (life scale events) के कुछ एकांश ऐसे हैं जिन्हें सांवेगिक एवं दैहिक अस्वस्थता का परिणाम (result) न कि कारण माना जा सकता है। जैसे—व्यक्ति का खराब सांवेगिक या दैहिक स्वास्थ्य के कारण उसमें व्यवहारिक एवं आर्थिक कठिनाइयाँ उत्पन्न हो सकतीं हैं जो तनाव का कारण बन सकता है।

(iv) जीवन घटना मापनी का एक महत्त्वपूर्ण पूर्वकल्पना यह है कि परिवर्तन अपने आप में तनावपूर्ण (stressful) होता है। परंतु बाद में किए गए शोधों से यह स्पष्ट हुआ है कि धनात्मक परिवर्तनों का संबंध खराब स्वास्थ्य से नहीं होता है और कभी-कभी तो ऐसा होता है कि परिवर्तन न होने से ही व्यक्ति में तनाव होता है। इससे यह पता चलता है कि कोई भी जीवन घटना तनावपूर्ण होगा या नहीं, यह बहुत कुछ व्यक्ति के व्यक्तिगत इतिहास एवं वर्तमान जीवन परिस्थिति पर निर्भर करता है।

इन परिस्थितियों के बावजूद जीवन घटना में होने वाले परिवर्तन को तनाव का एक मुख्य कारण बतलाया गया है।

2. प्रेरकों का संघर्ष *(Conflict of motives)*—जब अभिप्रेरकों के बीच संघर्ष होता है, तो इससे व्यक्ति में तनाव (stress) उत्पन्न होता है। ऐसी परिस्थिति में जिस अभिप्रेरक की तुष्टि नहीं होती है, उससे व्यक्ति में कुण्ठा उत्पन्न होता है जो तनाव का एक प्रमुख स्रोत होता है। जैसे—एक छात्र जो वर्ग में उत्तम अंक नहीं प्राप्त कर सकता है, खेल के मैदान में ख्याति पाकर अपने मानसिक संघर्ष को दूर तो कर सकता है, परंतु फिर भी उसमें तनाव यह सोचकर अवश्य होगा कि इसका निष्पादन वर्ग में उत्तम नहीं है। व्यक्ति के जीवन में कई ऐसे मानसिक संघर्ष होते हैं जो तनाव उत्पन्न करते हैं। इनमें सहयोग बनाम प्रतियोगिता, स्वतंत्रता बनाम निर्भरता (independence vs dependence), घनिष्ठता बनाम पृथकता (intimacy vs isolation) तथा आवेग अभिव्यक्ति बनाम नैतिक मानक (impulsive expression vs moral standard) प्रमुख हैं। हमारे समाज में प्रतियोगिता तथा सफलता पर अधिक बल डाला जाता है परन्तु साथ-ही-साथ समाज सहयोगिता के दृष्टिकोण को भी महत्त्वपूर्ण मानता है। परिणामस्वरूप मानसिक संघर्ष होता है और तनाव उत्पन्न होता है। उसी तरह से व्यक्ति में दूसरों के साथ रहने तथा दूसरों के सुख-दुख में हाथ बाँटने की इच्छा का टकराव इस बात से हो सकता है कि यदि ऐसा अधिक करते हैं तो इससे हमें परिवार के लोग तिष्कृत कर देंगे और हम अकेला हो जाएँगे। यह स्थिति भी व्यक्ति में तनाव (stress) उत्पन कर सकता है। उसी तरह से कभी-कभी व्यक्ति दूसरों पर अधिक निर्भरता दिखाता है परंतु साथ-ही-साथ वह यह भी सोचता है कि वयस्क होकर दूसरों पर निर्भर रहना अच्छी बात नहीं है। इससे भी व्यक्ति में तनाव उत्पन्न होता है। कुछ क्षेत्र जैसे यौन एवं आक्रमकता ऐसे होते हैं जिसमें व्यक्ति की अपनी इच्छाएँ नैतिक सामान्य मानकों (normal standards) से टकरातीं हैं और यदि व्यक्ति इन मानकों की अवहेलना करता है तो इससे उसमें दोष भाव (guilt feeling) होता है जो तनाव का एक स्रोत बन जाता है।

स्पष्ट हुआ कि विरोधी अभिप्रेरकों के बीच समझौता का प्रयास अपने आप में तनाव (stress) की उत्पत्ति करता है।

1930 में कर्टलेविन (Kurt Lewin) ने दो विरोधी झुकावों या प्रवृत्तियों के रूप में संघर्ष का वर्णन किया है—उपागम (approach) तथा परिहार (avoidance)। जब व्यक्ति को दो वांछनीय विकल्पों (desirable alternatives) के बीच चुनना आवश्यक हो जाता है तो इसे उपागम-उपागम संघर्ष (approach-approach conflict) कहा जाता है। परिहार-परिहार संघर्ष (avoidance-avoaidance conflict) में व्यक्ति को दो अवांछनीय विकल्पों के बीच किसी एक को चुनने के लिए बाध्य किया जाता है। तीसरे तरह के संघर्ष को उपागम-परिहार संघर्ष (approach-avoidance conflict) कहा जाता है जहाँ व्यक्ति को एक ही पसंद (choice) में वांछनीय एवं अवांछनीय दोनों ही अभिप्रेरकों का सामना करना पड़ता है। अध्ययनों से यह पता चलता है कि इन तीनों में उपागम-परिहार संघर्ष तनाव या प्रतिबल का सबसे मजबूत स्रोत है।

3. दिन-प्रतिदिन का उलझन *(Daily hassles)*—जिन्दगी की बड़ी एवं महत्त्वपूर्ण घटना तो निश्चित रूप से तनाव के स्रोत हैं परंतु दिन-प्रतिदिन की छोटी-मोटी उलझनों से भी तनाव उत्पन्न होता पाया गया है। ऐसे उलझनें चूँकि व्यक्ति की जिन्दगी में लगभग अक्सर होतीं हैं, इसलिए तनाव उत्पन्न करने में इनका महत्त्व कम नहीं है। इस तथ्य की संपुष्टि लेजारस तथा उनके सहयोगियों (Lazarus et al., 1985) एवं कैनर तथा उनके सहयोगियों (Kanner et al., 1981) द्वारा किए गए अध्ययनों से होती है। दिन प्रतिदिन की उलझनें (hassles) जिनसे अक्सर व्यक्ति में तनाव उत्पन्न होते देखा गया है, उन्हें निम्नांकित छः भागों में बाँटा जा सकता है।

(i) पर्यावरणी उलझन *(Environmental hassles)*—इसमें आवाज, शोरगुल, अपराध, पास-पड़ोस से होने वाले बक-झक आदि को रखा गया है।

(ii) घरेलू उलझन *(Household hassles)*—इसमें भोजन बनाना, बर्त्तन धोना, घर की सफाई, कपड़ा या अन्य सामान को खरीदना आदि से संबंध कारकों को रखा गया है।

(iii) आन्तरिक भाव से सम्बद्ध उलझन *(Inner concern hassles)*—इसमें अकेले होने का भाव, किसी से मनमुटाव या झगड़ा हो जाने का भाव आदि कारकों को रखा गया है।

(iv) समयाभाव से उत्पन्न उलझन *(Hassles due to lack of time)*—इसमें बहुत सारे चीजों को एक दिये गये समय के भीतर पूरा कर लेने तथा एक ही साथ बहुत सारे उत्तदायित्वों को निभाने आदि कारकों को रखा गया है।

(v) आर्थिक उत्तरदायित्व से उत्पन्न उलझन *(Hassles arising due to financial responsibility)*—इसमें धन बचाने तथा कमाने से संबंध कारकों तथा उनकी आर्थिक जवाबदेही स्वीकार करना आदि सम्मिलित होता है, जिनका भार सामाजिक एवं कानूनी रूप से सचमुच में उन पर नहीं पड़ना चाहिए था।

(vi) कार्य उलझन *(Work hassles)*—कार्य (job) से असंतुष्टि, पदोन्नति के अवसर का न होना तथा किसी भी समय कार्य से हटाये जाने की सम्भावना आदि को रखा गया है।

लेजारस एवं उनके सहयोगियों (Lazarus et al., 1985) एवं कैनर तथा उनके सहयोगियों (Kanner et al., 1981) ने अपने शोधों के आधार पर उक्त उलझनों को मापने के लिए एक उलझन मापनी (Hassles scale) विकसित किया है। इस मापनी पर व्यक्ति उन घटनाओं के बारे में बतलाता है जिनसे वह गत महीना में उलझन में पड़ा हुआ था। इस अध्ययन पर आये प्राप्तांकों तथा व्यक्ति द्वारा दिखलाये गये मानसिक लक्षणों के बीच धनात्मक संबंध (positive correlation) पाए गए। अत: यह स्पष्ट हो जाता है कि दिन-प्रतिदिन के उलझनों से भी व्यक्ति में तनाव उत्पन्न होता है और इससे उसमें सांवेगिक एवं दैहिक अस्वस्थता आती है।

4. कार्य से उत्पन्न तनाव *(Stress produced by work)*—व्यक्ति जिस कार्य को करता है, उससे संबंधित कुछ कारक ऐसे होते हैं जो उसमें तनाव (stress) उत्पन्न करता है। जैसे—किसी कर्मचारी को बहुत कम समय में बहुत सारे कार्य यदि करने के लिए कहा जाता है, तो इससे स्वभावत: उसमें तनाव उत्पन्न हो जाता है। ऊब (boredom) का भाव विकसित होता है जो बाद में तनाव उत्पन्न करता है। इतना ही नहीं, यदि कर्मचारी (employee) यह अनुभव करता है कि काम करने का मौलिक वातावरण (physical environment) ठीक नहीं है, अर्थात् उसमें रोशनी, हवा, शोरगुल, नियंत्रण आदि का ठीक प्रबंध नहीं है, तो इससे भी उसमें कार्य असंतुष्टि (job dissatisfaction) होता है जिससे फिर व्यक्ति में तनाव उत्पन्न होता है। उसी तरह से कार्य (job) से सम्बद्ध कछ अन्य कारण भी हैं जिनसे व्यक्ति में तनाव उत्पन्न होता है। इनमें भूमिका संघर्ष (role conflict) तथा निष्पादन मूल्यांकन (performance appraisal) प्रधान है। भूमिका संघर्ष की स्थिति में किसी कार्य-पालक (executive) या मैनेजर से कर्मचारियों के विभिन्न समूहों द्वारा भिन्न-भिन्न प्रत्याशाएँ विकसित होतीं हैं जिसे पूरा करना व्यवस्थापक के लिए सम्भव नहीं हो पाता है जिसके परिणामस्वरूप उसमें तनाव उत्पन्न होता है। उदाहरण के रूप में विश्वविद्यालय में कुलपति के पद को ही ले लें। कर्मचारी उनसे अच्छी सेवा शर्तें की माँग करता है, शिक्षकगण उत्तम शैक्षिक माहौल बनाये रखने पर बल डालते हैं, छात्रगण उनसे विकसित पढ़ाई कराने की उम्मीद रखते हैं तथा सरकार उन्हें अपने साधनों (resources) की पहचान करते हुए कार्य करने पर बल डालता है। इस तरह की विरोधी प्रत्याशाओं के कारण जिनका पूरा करना उनके लिए सम्भव नहीं है, भूमिका संघर्ष उत्पन्न होता है जो उनमें तनाव उत्पन्न करता है। उसी तरह से यदि कर्मचारी के निष्पादन का मूल्यांकन करने का तरीका कुछ ऐसा है जिसे कर्मचारी उचित समझते हैं, तो इससे उनमें तनाव उत्पन्न नहीं होता है। परंतु यदि वे यह समझते हैं कि तरीका अनुचित है तो इससे स्वभावत: उनमें तनाव उत्पन्न होगा।

जब कार्य पर तनाव अत्यधिक तीव्र (intense) होता है और व्यक्ति उससे अपने आप को छुटकारा नहीं दिला पाता है, तो इससे उसमें एक विशेष अवस्था जिसे *'वर्नआऊट'* (Burn out) कहा जाता है, उत्पन्न होता है। इस अवस्था में कर्मचारी काफी निराश, असंतुष्ट, कार्य अक्षमता तथा मनोवैज्ञानिक रूप से कमजोर एवं नष्ट दिखते हैं। वर्न आऊट के अंतिम चरण में व्यक्ति कार्य करने में अपने आप को बिल्कुल ही असमर्थ पाता है। राईस (Rice, 1987) के अनुसार वर्न आऊट कार्य तनाव का एक लक्षण नहीं है बल्कि अप्रबंधित कार्य तनाव (unmanaged work stress) का परिणाम है।

5. पर्यावरणी स्रोत (*Environmental sources*)—तनाव उत्पन्न होने का कारण पर्यावरण (environment) भी होता है। कुछ पर्यावरणी कारक ऐसे हैं जो स्वाभाविक होते हैं और व्यक्ति में तनाव उत्पन्न करते हैं। जैसे—भूकम्प, अगजनी, तीव्र आँधी, तूफान आदि कुछ ऐसे ही कारक हैं जो व्यक्ति में तनाव (stress) उत्पन्न करते हैं। कास्ल (Kasl, 1990) के अनुसार ऐसे स्वाभाविक पर्यावरणी कारकों का अध्ययन तो उस समय नहीं किया जा सका है जिस समय इनकी प्रबलता होती है परंतु बाद में व्यक्तियों की अनुभूति के आधार पर यह अंदाज लगाया जाता है कि ऐसी स्वभाविक घटनाएँ व्यक्ति में काफी तनाव उत्पन्न करतीं हैं। इन स्वाभाविक कारकों के अलावा कुछ पर्यावरणी कारक ऐसे हैं जो मनुष्यों द्वारा निर्मित हैं और व्यक्ति में तनाव उत्पन्न करते हैं। जैसे—शोरगुल प्रदूषण (noise pollution), अणु परीक्षण (nuclear test) से उत्पन्न स्थिति कुछ ऐसे कारकों के उदाहरण हैं जिनसे व्यक्ति में तनाव उत्पन्न होता है। वाम तथा उनके सहयोगियों (Baum et al., 1983) ने अपने अध्ययन में पाया कि अणु परीक्षण के स्थान से नजदीक में रहने वाले व्यक्ति में उन व्यक्तियों की तुलना में अधिक तनाव उत्पन्न हुआ जो उस स्थान से दूर रहते हैं। इसी तरह से कोहेन तथा उनके सहयोगियों (Cohen et al., 1986) ने एक अध्ययन किया जिसका उद्देश्य शोरगुल का तनाव पर पड़ने वाले प्रभावों का अध्ययन करना था। इस प्रयोग में एक व्यस्त हवाई अड्डा (busy aerodram) के नजदीक के स्कूली बच्चों की तुलना उन स्कूली बच्चों से की गयी जिनका स्कूल ऐसे जगह पर अवस्थित था जो एकान्त एवं सुनसान जगह पर था जहाँ काफी शांति बनी रहती थी। परिणाम में देखा गया कि पहले तरह के स्कूली बच्चों में दूसरे तरह के स्कूली बच्चों की तुलना में तनाव अधिक होता था जिसकी अभिव्यक्ति उनके बढ़े हुए रक्त चाप तथा मानकीकृत परीक्षणों (standardized tests) पर खराब निष्पादन से पता चलता है।

6. कुंठा (*Frustrations*)—जब व्यक्ति की कोशिश किसी लक्ष्य पर पहुँचने में बाधित हो जाती है, तो इससे व्यक्ति में कुंठा उत्पन्न होता है। इस तरह का कुंठा तब उत्पन्न होता है जब वांछित लक्ष्य की प्राप्ति के मार्ग में बाधा उत्पन्न हो जाता है या किसी अन्य व्यक्ति द्वारा बाधा खड़ा कर दिया जाता है। ऐसे कई चीजें हैं जिनसे व्यक्ति को अपने दिन-प्रतिदिन की जिंदगी में कुंठा उत्पन्न होती है। इनमें विभेद एवं पूर्वाग्रह, कार्य असन्तुष्टि (job dissatisfaction) तथा प्रियजनों की मृत्यु आदि प्रमुख बाह्य या पर्यावरणी कारक हैं जो व्यक्ति में कुंठा उत्पन्न करते हैं। उसी तरह से दैहिक विकलांगता, अकेलापन, दोषभाव, अपर्याप्त आत्म-नियंत्रण, आवश्यक क्षमताओं की कमी आदि कुछ ऐसे प्रधान आंतरिक कारक हैं जिनसे व्यक्ति में कुंठा उत्पन्न होता है। इन दोनों तरह के कारकों से उत्पन्न कुंठाओं से तनाव (stress) का जन्म होता है क्योंकि ऐसी कुंठाओं निबटना व्यक्ति के लिए सामान्यत: काफी कठिन होता है।

निष्कर्षत: यह कहा जा सकता है कि व्यक्ति में तनाव (stress) कई कारणों से उत्पन्न होता है। यदि हम तनाव को कम करने के उपाय पर सोचते हैं तो हमें इन कारकों को भी ध्यान में रखना होगा।

तनाव कम करने के उपाय
(Strategies for coping Stress)

तनाव का कारण चाहे जो भी हो, यह व्यक्ति के सांवेगिक एवं दैहिक स्वास्थ्य पर खराब असर डालता है। अत: इसे कम करने के उपायों पर मनोवैज्ञानिकों ने गंभीरता से सोचा है। तनाव को कम करने से सम्बद्ध व्यवहार को समायोजी व्यवहार (coping behaviour) कहा जाता है। समायोजी व्यवहार को मनोवैज्ञानिकों ने अपने-अपने ढंग से परिभाषित किया है। जैसे, गुडस्टीन एवं लेनियोन[1] (Goodstein & Lanyon, 1975) ने समायोजी व्यवहार को इस प्रकार परिभाषित किया है—

"समायोजी व्यवहार से तात्पर्य उस सीमा से होता है जहाँ तक व्यक्ति कम-से-कम तीन तरह के चुनौतियों से निबटने में सक्षम होता है—(1) भौतिक वातावरण से मिलने वाले प्रत्यक्ष चुनौतियाँ (2) अपनी दैहिक सीमाओं से मिलने वाली चुनौतियाँ (3) अंतरवैयक्तिक चुनौतियाँ।" लेजारस तथा लाउनियर[2] (Lazarus & Launier, 1978) ने भी समायोजी

1. "By coping we mean the degree to which individuals are able to meet and master at least three kinds of challenges to their existence : (1) direct challenges from the physical environemnt (2) challenges stemming from their physical limitations (3) interpersonal challenges."
—Goodstein & Lanyon : *Adjustment, Behaviour and Personlality :1975, p. 14-15*
2. "Coping consists of efforts, both action-oriented and intrapsychic, to manage (that is, master, tolerate, reduce, minimize) environmental and internal demands and conflicts among them."
—Lazarus & Launier : *Internal and External determinants of behaviour, 1978, p. 311*

व्यवहार को इसी ढंग से परिभाषित करते हुए कहा है, ''पर्यावरणी एवं आंतरिक मांगों तथा उनके बीच के संघर्षों को नियंत्रण करने (अर्थात् उसे वश में करने, सहने या कम करने) के क्रिया-उन्मुखी एवं अंत:मानसिक दोनों तरह के प्रयासों को समायोजी व्यवहार कहा जाता है।'' वुड एवं वुड (Wood & Wood, 1999) के अनुसार, ''समायोजी व्यवहार से तात्पर्य विचारण एवं क्रिया के माध्यम से किया गया व्यक्ति के उस प्रयास से होता है जिसके द्वारा वह भार डालने या अपने ऊपर हावी होने वाले से निपटता है।''[1]

उक्त परिभाषाओं का विश्लेषण करने पर हमें समायोजी व्यवहार (coping behaviour) के कई विशेषताओं पर प्रकाश पड़ता है जो निम्नांकित हैं—

(i) समायोजी व्यवहार व्यक्ति तथा पर्यावरण के माँगों के बीच किया गया कोई एक समय की क्रिया व्यवहार नहीं होता है बल्कि इन दोनों के अपने-अपने प्रसाधनों, मूल्यों एवं माँगों के बीच एक विशेष समय तक लगातार चलने वाला अन्त:क्रिया है। अत: यह एक प्रक्रिया (process) या उपाय (strategy) है।

(ii) समायोजी व्यवहार में तनावयुक्त उद्दीपकों या परिस्थितियों के प्रति कई तरह की क्रियाएँ एवं प्रतिक्रियाएँ की जाती हैं।

(iii) इस तरह से समायोजी व्यवहार (coping behaviour) में पर्यावरण की माँग, शारीरिक सीमाओं एवं अंतर्वैयक्तिक चुनौतियाँ तीनों तरह के व्यक्ति अपने मूल्यों, प्रसाधनों, आदि के साथ इस ढंग से व्यवस्थित करता है कि उनका कम-से-कम प्रभाव स्वयं व्यक्ति पर पड़ सके।

(iv) समायोजी व्यवहार प्रयासयुक्त (effortful) होता है। यह अपने आप नहीं होता है।

(v) समायोजी व्यवहार एक सीखा गया व्यवहार होता है।

लेजारस एवं फौल्कमैन (Lazarus & Folkman, 1984) के अनुसार इस सभी उपायों को निम्नांकित दो भागों में बाँटा गया है—

1. समस्त-केन्द्रित समायोजी उपाय (Problem-focused coping strategies)
2. संवेग-केन्द्रित समायोजी उपाय (Emotion-focused coping strategies)

इन दोनों तरह के उपायों का वर्णन निम्नांकित हैं–

1. समस्या-केन्द्रित समायोजी उपाय *(Problem-focused coping strategies)*—इस तरह के उपाय में व्यक्ति तनावपूर्ण परिस्थिति या समस्या का मूल्यांकन करता है और कुछ ऐसा उपाय करता है जिसमें वह उसे परिवर्तन कर सकने में या उससे दूर रहने में सफल हो सके। इन उपायों का उपयोग व्यक्ति तब करता है जब वह यह देखता है कि समस्या जो तनाव उत्पन्न कर रहा है, अधिक गंभीर नहीं है तथा वह उस समस्या के स्वरूप में कुछ परिवर्तन ला सकता है। इस उपाय में समस्या जो तनाव उत्पन्न कर रहा है, व्यक्ति उसे स्पष्ट करता तथा परिभाषित करता है, फिर उसका वैकल्पिक समाधान (alternative solution) ढूँढ़ता है। उन सभी समाधानों के सम्भावित लाभ एवं हानियों के रूप में उनका मूल्यांकन करता है। उसमें से सही विकल्प को चुनकर फिर उसे कार्य रूप देता है। व्यक्ति इन क्रमिक उपायों को कितनी सही-सही और मुस्तैदी से कार्य रूप देता है, यह उसके गति अनुभूतियों, बौद्धिक क्षमता तथा आत्म-नियंत्रण की क्षमता आदि पर निर्भर करता है। इस तरह से व्यक्ति समस्या के स्वरूप को परिवर्तित करके तनाव को कम करने की कोशिश करता है। यहाँ विशेष रूप से निम्नांकित दो तरह के उपाय (strategies) अधिक लाभकारी सिद्ध होते हैं—

(i) नियंत्रण उपाय (control strategy)

(ii) पूर्वकथन उपाय (prediction strategy)

इन दोनों का वर्णन इस प्रकार है—

(i) नियंत्रण उपाय *(Control strategy)*—जब व्यक्ति किसी तनावपूर्ण घटना पर अपना नियंत्रण कायम करने में सफल होता है, तो इससे तनाव की गंभीरता अपने आप कम हो जाती है। अत: यहाँ व्यक्ति यह कोशिश करता है कि तनाव उत्पन्न करने वाले परिस्थिति को नियंत्रित करे। इस तथ्य का प्रयोगात्मक सत्यापन ग्लास एवं सिंगर (Glass

---

1. "Coping refers to a person's efforts through action and thought to deal with demands percived as taxing or overwhealing." —Wood & Wood : *The World of Psychology* 1989, p. 478

& Singer, 1972) के अध्ययनों से हो चुका है। व्यक्ति तनाव उत्पन्न करने वाली परिस्थिति पर नियंत्रण पाने के लिए इस परिस्थिति या समस्या का विकल्प ढूँढ़ता है और यदि ऐसा करने में सफल हो जाता है, तो समस्या व्यक्ति के लिए समस्या नहीं रह जाती है और तब इससे उत्पन्न होने का कोई प्रश्न ही नहीं उठता है।

(ii) पूर्वकथन उपाय *(Prediction strategy)*—इस उपाय या योजना के तहत तनावपूर्ण परिस्थिति या घटना उत्पन्न होने के बारे में पहले से ही पूर्वकथन कर दिया जाता है जिसका परिणाम यह होता है कि परिस्थिति आने पर व्यक्ति उसके साथ ठीक ढंग से निपट सकता है। इस योजना के तहत व्यक्ति को समस्या की गंभीरता से निपटने तथा उसे कम करने का पर्याप्त मौका मिल जाता है। तनावपूर्ण परिस्थिति से निपटने के लिए वह कई विकल्पों को सोच लेता है और उसमें से सही विकल्प का प्रयोग करके वह समस्या का समाधान कर लेता है।

समस्या-केन्द्रित उपाय (Problem-focused strategy)के तहत कुछ उपाय कभी-कभी ऐसे भी होते हैं जिनसे व्यक्ति का ध्यान समस्या के स्वरूप को परिवर्तित करने की ओर न जाकर स्वयं अपनी ओर जाता है और वह अपने आप में कुछ परिवर्तन लाकर समस्या का समाधान करता है। इसमें व्यक्ति अपनी आकांक्षा स्तर (level of aspiration) में परिवर्तन लाने की कोशिश करता है, वह संतुष्टि के वैकल्पिक माध्यमों (alternative sources) की खोज कर लेता है तथा नये-नये कौशलों को सीख लेता है। इन आन्तरिक उपायों से भी तनाव उत्पन्न करने वाली समस्या के साथ उत्तम ढंग से निबटा जाता है।

2. संवेग-केन्द्रित समायोगी उपाय *(Emotion-focused coping strategies)*—इस तरह के उपाय में व्यक्ति समस्या से उत्पन्न सांवेगिक अनुक्रिया पर ध्यान केन्द्रित करता है। व्यक्ति समस्या को परिवर्तित करने की कोशिश नहीं करता है परंतु समस्या से उत्पन्न चिन्ता को कम करने का उपाय करता है। इन उपायों का उपयोग वहाँ किया जाता है जहाँ व्यक्ति को यह महसूस होने लगता है कि तनाव उत्पन्न करने वाली समस्या इतनी गंभीर है कि उसे बदला नहीं जा सकता है तथा व्यक्ति में तनाव अधिक मात्रा में उत्पन्न हो रहा है। इसके तहत निम्नांकित दो तरह के उपायों का वर्णन किया गया है—

(i) व्यवहारात्मक उपाय *(Behavioural strategy)*—इस उपाय में व्यक्ति कुछ खास-खास तरह के व्यवहार करके अपना तनाव को दूर करने का प्रयास करता है। जैसे—वह समस्या से ध्यान हटाकर किसी दूसरी चीज में ध्यान लगाता है, शराब तथा सिगरेट अधिक मात्रा में पीने लगता है, दोस्तों से सामाजिक एवं सांवेगिक समर्थन प्राप्त करने की कोशिश करता है। कोहेन एवं विल्स (Cohen & Wills, 1985) ने अपने अध्ययन के आधार पर यह बतलाया है कि वैसे लोग जिनके सामाजिक बंधन अधिक मजबूत एवं विस्तृत होते हैं, उन्हें अपने दोस्तों तथा अन्य लोगों से सामाजिक समर्थन अधिक मिलता है।

(ii) संज्ञानात्मक उपाय *(Cognitive measures)*—इस उपाय में व्यक्ति तनावपूर्ण परिस्थिति के अर्थ में परिवर्तन का पुनर्मूल्यांकन (reappraisal) करता है। यह पुनर्मूल्यांकन वहाँ वास्तविक होता है जहाँ व्यक्ति गंभीरता से सोचने पर इस निष्कर्ष पर पहुँचता है कि समस्या सचमुच में उतनी गंभीर नहीं थी। परंतु कभी-कभी ऐसा करने में हमलोग वास्तविकता को विकृत (distort) कर देते हैं तथा अपने आप को एक तरह से धोखा देते हैं। ऐसे संज्ञानात्मक उपायों को फ्रायड (Freud) ने *रक्षा प्रक्रम* (defense mechanism) कहा है जिनमें निम्नांकित सात प्रमुख हैं—

(1) दमन *(Repression)*—इसमें तनावपूर्ण समस्या से उत्पन्न चिन्ताओं, यादों आदि व्यक्ति के चेतन से निकलकर अचेतन में चले जाते हैं क्योंकि वे मानसिक रूप से कष्टकर होती हैं। इसे दमन (repression) की प्रक्रिया कहा जाता है जो दलन (suppression) से भिन्न होता है जहाँ व्यक्ति चिन्ता उत्पन्न करने वाले इच्छाओं एवं यादों को जान-बूझकर चेतन से हटाये रखता है ताकि वह किसी दूसरे तथ्य पर ध्यान दे सके। अत: दमन में व्यक्ति अपनी इच्छाओं एवं यादों से अवगत नहीं होता है जबकि दलन में व्यक्ति को यह पता नहीं होता है कि वह कौन-कौन इच्छाओं एवं यादों को चेतन से अलग किया है।

(2) प्रतिक्रिया निर्माण *(Reaction formation)*—इसमें व्यक्ति तनाव उत्पन्न करने वाले इच्छा या विचार के ठीक विपरीत इच्छा या विचार विकसित करके व्यक्ति तनाव को कम करता है। भ्रष्टाचार से चिन्तित एवं तनावग्रस्त एक नेता प्राय: भ्रष्टाचार के खिलाफ में भाषण देकर अपना मानसिक बोझ एवं उलझन कम कर लेता है।

(3) यौक्तिकीकरण *(Rationalization)*—इसमें व्यक्ति अपने अयुक्तिसंगत व्यवहारों को एक युक्तिसंगत एवं तर्कसंगत व्यवहार के रूप में परिणत कर अपने आप को संतुष्ट कर अपना मानसिक तनाव दूर करता है। इस तरह यौक्तिकीकरण से दो उद्देश्यों की पूर्त्ति होती है—पहला तो यह कि जब व्यक्ति लक्ष्य पर पहुँचने में असमर्थ रहता है, तो

इससे उत्पन्न कुण्ठा की गंभीरता को यौक्तिकीकरण कम कर देता है तथा दूसरा यह कि वह व्यक्ति द्वारा किए गए व्यवहार के लिए एक स्वीकार्य अभिप्रेरक (acceptable motive) प्रदान करता है । जैसे—एक छात्र समय पर परीक्षा भवन में नहीं पहुँचने पर यह यौक्तिकीकरण कर सकता है कि उसके कमरे के सहयोगी (room-met) ने उसे ठीक समय पर सुबह नहीं उठाया । यहाँ छात्र परीक्षा भवन में समय पर नहीं पहुँचने से उत्पन्न तनाव को एक युक्तिसंगत व्यवहार के माध्यम से दूर करना चाहता है । सम्भव है कि उसके दोस्त ने सचमुच में उसे ठीक समय पर नहीं उठाया हो परंतु परीक्षा भवन में समय पर पहुँचने की जवाबदेही उस पर है न कि उसके दोस्त पर ।

(4) **प्रेक्षपण** *(Projection)*—इस तरह के रक्षा प्रक्रम में व्यक्ति अपना तनाव दूर करने के लिए अपनी गलतियों, असफलताओं आदि का आरोपण दूसरों पर करता है और इस तरह से अपने आप को दोषमुक्त समझता है जिससे उसमें शांति एवं आत्म-संतोष उत्पन्न होता है । सचमुच में प्रेक्षपण एक तरह का यौक्तिकीकरण ही है परंतु इसका महत्त्व अलग से इसलिए है क्योंकि यह हमारे समाज में अधिक व्यापक तौर पर उपयोग किया जाता है । परीक्षा में असफलता प्राप्त करने पर छात्र अपना तनाव प्रायः यह कहते हुए कम करता है कि शिक्षक ठीक ढंग से पढ़ाये नहीं थे या उसे माता-पिता द्वारा घरेलू कार्यों में परीक्षा की अवधि में उन्हें काफी व्यस्त रखा गया था । ऐसा सोचने से स्वभावतः वह अपने को दोषी नहीं पाता है और तब उसका तनाव कम हो जाता है ।

(5) **विस्थापन** *(Displacement)*—विस्थापन भी एक महत्त्वपूर्ण संज्ञानात्मक रक्षा प्रक्रम (cognitive defense mechanism) है जिसके माध्यम से व्यक्ति अपना तनाव कम करता है । इसमें कष्टकर अभिप्रेरकों एवं संघर्षों से उत्पन्न तनाव को मौलिक वस्तु जो ऐसे कष्टकर अभिप्रेरकों एवं संघर्षों की उत्पत्ति करता है, से असम्बद्ध वस्तुओं या परिस्थितियों के प्रति स्थानान्तर करके कम करता है । जैसे—माता-पिता द्वारा डाँट पड़ने पर यदि कोई बालक अपने छोटे भाई को पीटकर अपना तनाव दूर करता है तो यह विस्थापन का उदाहरण होगा । स्पष्ट है कि विस्थापन में व्यक्ति अपना तनाव उस वस्तु या व्यक्ति के प्रति प्रतिक्रिया करके करता है, जो उसे कम खतरनाक या भय उत्पन्न करने वाला दीखता है ।

(6) **अस्वीकरण** *(Denial)*—जब बाहरी वास्तविकता (external reality) इतना अधिक कष्टकर या दुखदायी हो जाता है कि व्यक्ति उसका सहन नहीं कर सकता है, तो ऐसी परिस्थिति में उस वास्तविकता के अस्तित्व को मानने से इनकार करके वह अपना तनाव दूर करता है । जैसे—घातक रूप से बीमार शिशु के माता-पिता अपना तनाव यह सोचकर कम कर लेते हैं कि शिशु को कुछ भी ऐसा घातक बीमारी नहीं हुआ है हालाँकि बीमारी के परिणाम (outcome) को भी वह अच्छी तरह से समझते हैं।

(7) **बौद्धिकीकरण** *(Intellectualization)*—बौद्धिकीकरण एक ऐसा रक्षा प्रक्रम है जिसमें व्यक्ति तनावपूर्ण परिस्थिति से उसके बारे में अमूर्त्त (abstract) ढंग से सोचकर एक तरह का निर्लिप्तता या अलगाव (detatchment) विकसित कर लेता है जिसके परिणामस्वरूप वह अपना तनाव कुछ कम कर पाता है । जैसे—एक डाक्टर जिन्हें लगातार रोगी के जिन्दगी-मौत से जुझना पड़ता है, में उनकी अवस्थाओं को देखकर उनमें तनाव उत्पन्न होता है । परंतु वह इन रोगियों के प्रति संवेगिक रूप से आवेष्टन (involvement) न दिखाकर एक तरह का अलगाव विकसित कर लेता है जिससे उसका तनाव कम हो जाता है और वह रोगी का ढंग से उपचार करने में सफल हो पाता है ।

स्पष्ट हुआ कि तनाव की गंभीरता को कम करने के कई उपायों का वर्णन किया गया है फिर भी ये सारे उपाय अपने उद्देश्य में अधिक सफल नहीं हो पाये हैं क्योंकि समाज के अधिकतर व्यक्तियों में तनाव की गंभीरता इस बुरी तरह से छायी हुई कि उनका सांवेगिक एवं दैहिक स्वास्थ्य दिनों-दिन खराब होता जा रहा है । अतः इस सिलसिले में अभी बहुत कुछ करना बाकी है जिसे मनोवैज्ञानिकों ने एक चुनौती के रूप में लिया है ।

प्रतिबल या तनाव का प्रबंधन
(Management of Stress)

जैसा कि हम जानते हैं, व्यक्ति दिन प्रतिदिन की जिंदगी में होने वाले तनावों को दूर करने के लिए तरह-तरह के उपायों को अपनाता है । परंतु ऐसे उपाय हमेशा कारगर साबित कई करणों से नहीं हो पाता है । इन कारणों में सबसे प्रमुख कारण प्रतिबल या तनाव की गंभीरता है या उसकी नवीनता है। ऐसी परिस्थितियों से निबटने के लिए स्वास्थ्य मनोवैज्ञानिकों (health psychologists) ने प्रतिबल प्रबंधन (stress management) के कुछ प्रविधियों की ओर ध्यान दिया है । उन प्रविधियों पर विचार करने के पहले हम यहाँ बता देना उचित समझते हैं कि प्रतिबल प्रबंधन क्या है ?

प्रतिबल प्रबंधन से तात्पर्य एक ऐसे कार्यक्रम से होता है जिसमें लोगों को तनाव के स्रोतों से अवगत कराते हुए उनसे निपटने के आधुनिक एवं वैज्ञानिक तरीकों के बारे में शिक्षा दी जाती है । इतना ही नहीं, ऐसे कार्यक्रम में तनाव को कम करने के कौशलों का अभ्यास भी करवाया जाता है ।

तनाव प्रबंधन के कई तरीके हैं जिनमें मूलत: तीन अवस्थाएँ सम्मिलित होती हैं—

(i) पहली अवस्था में तनाव प्रबंधन में सम्मिलित होने वाले व्यक्ति यह सीखते हैं कि तनाव क्या होता है ?

(ii) दूसरी अवस्था में वे तनाव को दूर करने या कम करने के कौशलों को सीखते हैं तथा उनका इस कार्य में अभ्यास भी कराया जाता है ।

(iii) अंतिम अवस्था में लक्षित तनावपूर्ण परिस्थितियों (targeted stressful situations) में वे तनाव प्रबंधन प्रविधियों का अभ्यास करते हैं तथा उनके प्रभावशीलता को मॉनीटर करते हैं ।

उक्त तीनों अवस्थाओं पर आधारित अमेरिका में एक अति महत्त्वपूर्ण तनाव प्रबंधन कार्यक्रम (stress management programme) विकसित किया गया है जिसे 'कामवैट स्ट्रेस नाऊ' (Combat Stress Now or CSN) कहा जाता है जिसका सफलतापूर्वक उन कॉलेज छात्रों के लिए किया गया जो शैक्षिक जीवन के तनावों से निबटने में कठिनाई अनुभव करते हैं ।

लेहरेर एवं ऊलफोल्क (Lehrer & Wolfolk, 1993) के अनुसार तनाव प्रबंधन के कई प्रविधियाँ (techniques) हैं जिन्हें मोटे तौर पर दो मुख्य भागों में बाँटा गया है—

(1) वैयक्तिक उपागम (Individual approach)

(2) पर्यावरणी परिवर्तन उपागम (Environmental change approach)

इन दोनों का वर्णन इस प्रकार है—

1. वैयक्तिक उपागम *(Individual approach)*—इसके तहत तनाव प्रबंधन के लिए मुख्यत: व्यक्ति विशेष पर कार्य किया जाता है जिसमें निम्नांकित प्रविधियों को रखा गया है—

(i) उत्तेजन की कमी *(Arousal reduction)*—इस प्रविधि में व्यक्ति को मांशपेशियों के शिथिलीकरण (relaxation) का प्रशिक्षण दिया जाता है और इस कार्य में कभी-कभी बायोफिडबैक (biofeedback) का भी सहारा लिया जाता है । ऐसा देखा गया है कि इस तरह से व्यक्ति को प्रशिक्षित करने से वह इस कौशल का उपयोग फिर धीरे-धीरे अपने वास्तविक जिंदगी के तनावों को कम करने के लिए सफलतापूर्वक करने लगता है । डेभिसन एवं थॉम्पसन (Davison & Thompson, 1988) ने इस क्षेत्र में किये गए अध्ययनों की समीक्षा करने के बाद यह बतलाया है कि इस तरह के प्रशिक्षण का स्थायी लाभ तभी मिलता है जब इस तरह के शिथिलीकरण का अभ्यास लगातार व्यक्ति करता है ।

(ii) संज्ञानात्मक पुनर्संरचना *(Cognitive restructing)*—इस प्रविधि के मुख्य प्रवर्त्तक इल्लिस (Ellis, 1962) तथा बेक (Beck) है । यह एक ऐसी प्रविधि है जिसमें व्यक्ति के विश्वास तंत्रों (belief systems) में परिवर्तन लाने की कोशिश किया जाता है ताकि वह अपने जिंदगी की अनुभूतियों का एक उचित एवं सही व्याख्या प्रस्तुत कर सके एवं अपने संवेगों एवं स्पष्ट व्यवहार में वांछित परिवर्तन ला सके । इल्लिस एवं बेक का मत है कि व्यक्ति में तनावग्रस्त अनुभूतियों के उत्पन्न होने के कारण अयौक्तिक विश्वास (irrational belief) उत्पन्न होता है । ऐसे विश्वास के कारण व्यक्ति दूसरों से और यहाँ तक कि स्वयं से अधिक अपेक्षाएँ करने लगता है और तनावग्रस्त हो जाता है । संज्ञानात्मक पुनर्संरचना की प्रविधि में ऐसे विश्वासों को दूर करके उनके जगह पर यौक्तिक विश्वास (rational belief) उत्पन्न किया जाता है जिससे वे अपने दिन-प्रतिदिन की जिंदगी से तनाव को दूर रखने में समर्थ हो सके । फोल्कमैन तथा लोजारस (Folkman & Lazarus, 1984) ने अपने अध्ययन के आधार पर इस तथ्य का समर्थन किया है ।

(iii) व्यवहारात्मक कौशल प्रशिक्षण *(Behavioural skills training)*—तनाव प्रबंधन की यह एक ऐसी प्रविधि है जिसमें व्यक्ति को व्यवहार से सम्बद्ध कुछ ऐसे कौशलों (skills) को सीखलाया जाता है जिनका उपयोग करके वह अपने तनाव को कम कर सकता है । जैसे समय प्रबंधन (time management) एक ऐसा ही कौशल है जिसे सीखला कर व्यक्ति अपने दिन-प्रतिदिन की जिंदगी के तनाव को कम कर सकता है । अक्सर देखा गया है कि व्यक्ति को कम समय में जरूरत से ज्यादा काम कभी-कभी करना होता है जो स्पष्टत: तनाव का एक कारण बनता है । समय प्रबंधन

में व्यक्ति को इस बात का प्रशिक्षण दिया जाता है कि वह ऐसी परिस्थिति से किस तरह निबटेगा। स्पष्ट हुआ कि इस प्रविधि में व्यक्ति को कुछ विशेष व्यवहारात्मक कौशल (behavioural skills) सीखलाया जाता है ताकि वह अपने दिन-प्रतिदिन की घटनाओं से होने वाले तनावों पर नियंत्रण रख सके।

2. पर्यावरणी परिवर्तन उपागम *(Environmental changes approach)*—वैयक्तिक उपागम में उन प्रविधियों पर बल डाला जाता है जो व्यक्ति को विशेष तरह के वातावरण (environment) के साथ समंजन स्थापित करने के लिए तैयार करता है। परंतु पर्यावरणी परिवर्तन उपागम में वातावरण को ही एक समस्या मानकर तथा उसमें परिवर्तन करके तनाव को कम करने का कौशल सीखलाया है। इसमें सामाजिक समर्थन (social support) की भूमिका को काफी महत्त्वपूर्ण बतलाया गया है। कोहेन तथा विल्लस (Cohen & Wills, 1985) ने सामाजिक समर्थन के दो प्रकार बतलाये हैं—*संरचनात्मक सामाजिक समर्थन* (structual social support) तथा *कार्यात्मक सामाजिक समर्थन* (functional social support)। संरचनात्मक सामाजिक समर्थन से तात्पर्य व्यक्ति के सामाजिक संबंधों के नेटवर्क जैसे उसके वैवाहिक स्तर तथा दोस्तों की संख्या आदि से होता है। कार्यात्मक सामाजिक समर्थन से व्यक्ति के संबंधों के गुणवत्ता (quality) से है। जैसे, क्या व्यक्ति को यह विश्वास है कि संकट की घड़ी में वह अपने संबंधियों को अपने पास बुला सकता है ? यदि हाँ, तो यह समझा जायेगा कि व्यक्ति को कार्यात्मक सामाजिक समर्थन भी प्राप्त है। गुडनाऊ एवं ग्रेडी (Goodnow & Grady, 1990), सीमैन तथा सीमी (Seeman & Syme, 1990) द्वारा किये गये अध्ययनों से यह स्पष्ट हुआ कि निम्न सामाजिक समर्थन से व्यक्ति में तनाव होता है और फिर कई तरह के शारीरिक एवं मानसिक रोग भी उत्पन्न हो जाते हैं। अत: इस उपागम में कुछ इस तरह का प्रशिक्षण व्यक्ति को दिया जाता है जिसके सहारे वह अपने सामाजिक समर्थन के स्तर को मजबूत करके अपने इर्द-गिर्द के वातावरण को इस तरह से परिवर्तित कर देता है कि उसे तनाव न के बराबर होता है। इस क्षेत्र में सामुदायिक मनोविज्ञानियों (community psychologists) द्वारा किया गया योगदान भी काफी सराहनीय है।

निष्कर्षत: यह कहा जा सकता है कि तनाव या प्रतिबल प्रबंधन के कई प्रविधियाँ हैं। इन प्रविधियों का संयुक्त रूप से उपयोग करके व्यक्ति तंनावमुक्त जिंदगी व्यतीत कर सकता है।

तनाव या प्रतिबल के सिद्धान्त
(Theories of Stress)

तनाव के कई सिद्धान्तों का प्रतिपादन किया गया है जिसमें मूलत: इस बात की व्याख्या करने की कोशिश की गयी है कि क्यों वैसी घटनाएँ या उद्दीपक को जिन्हें व्यक्ति तनावग्रस्त समझता है, उसके दैहिक, संज्ञानात्मक, सांवेगिक तथा व्यवहारपरक कार्यों पर नकारात्मक प्रभाव डालते हैं ? ऐसे सिद्धान्तों में निम्नांकित चार को काफी महत्त्वपूर्ण बतलाया गया है—

1. संज्ञानात्मक लागत की सिद्धान्त (Theories of cognitive costs)
2. दैहिक उत्तेजन का सिद्धान्त (Theories of physiological arousal)
3. सांवेगिक कार्यों का सिद्धान्त (Theories of emotional functioning)
4. निस्सहायता का सिद्धान्त (Theories of helplessness)

1. संज्ञानात्मक लागत का सिद्धान्त *(Theories of cognitive costs)*—जैसा कि नाम से ही स्पष्ट है, इस सिद्धान्त के अनुसार जब भी व्यक्ति किसी तनावग्रस्त घटना का शिकार होता है, तो उससे निपटने के लिए उसे अधिक संज्ञानात्मक संसाधनों (cognitive resources) का उपयोग (या खर्च या लागत) करना पड़ता है। यहाँ व्यक्ति को विशेष रूप से यह ध्यान देना होता है कि तनावपूर्ण घटना का स्वरूप क्या है, इसका प्रभाव कितना बुरा होने जा रहा है, क्या यह स्थायी प्रकृति का है या थोड़े समय के लिए है, आदि आदि। इस तरह के संज्ञानात्मक प्रयासों के दो तरफा व्यक्ति पर पड़ता है। पहला तो यह है कि इससे व्यक्ति के संज्ञानात्मक क्षमताओं पर जरूरत से ज्यादा भार पड़ता है तथा दूसरे तरफ उसे अन्य कार्यों को करने के लिए संज्ञानात्मक साधनों की कमी हो जाती है जिससे उसका निष्पादन (performance) अन्य कार्यों पर कम हो जाता है। इसे *संज्ञानात्मक लागत प्राक्कल्पना* (cognitive cost hypothesis) कहा जाता है जिसका प्रतिपादन ग्लास एवं सिंगर (Glass & Singer, 1972) द्वारा किया गया। स्पष्ट हुआ कि तनावग्रस्त उद्दीपक या घटना के होने पर व्यक्ति के संज्ञानात्मक प्रक्रियाओं को काफी कीमत चुकानी पड़ती है जिससे तनाव का तीव्र अनुभव होता है।

टेलर (Taylor, 1999) ने उक्त सिद्धान्त का समर्थन यह कहते हुए प्रदान किया है कि अपूर्वकथनीय (unpredictable) या अनियंत्रणीय (uncontrollable) घटनाएँ पूर्वकथनीय एवं नियंत्रणीय घटनाओं की तुलना में अधिक तनाव उत्पन्न करने वाले होती हैं। इसका कारण यह है कि जब घटनाएँ पूर्वकथनीय एवं नियंत्रणीय होता है, तो व्यक्ति को कम संज्ञानात्मक भार या कीमत चुकानी पड़ती है। इस तरह से टेलर ने अपने इस प्रेक्षण से संज्ञानात्मक कीमत के सिद्धान्त को समर्थन प्रदान किया है।

2. दैहिक उत्तेजन का सिद्धान्त *(Theories of physiological arousal)*—इस सिद्धान्त के अनुसार व्यक्ति को तनाव के नकारात्मक प्रभाव का अनुभव होने का कारण उसका दैहिक उत्तेजन (physiological arousal) होता है। जब व्यक्ति किसी तनावपूर्ण घटना या उद्दीपक का सामना करता है, तो उसमें तरह-तरह के दैहिक उत्तेजन होते हैं। इन दैहिक उत्तेजनों में हृदय गति में वृद्धि, श्वसन गति में वृद्धि, त्वक् संचालकता (skin conductivity) में परिवर्तन, रक्त-चाप में परिवर्तन आदि मुख्य है। इन्हीं परिवर्तनों का परिणाम होता है कि व्यक्ति तनाव के नकारात्मक प्रभावों को अनुभव करता है।

कुछ मनोवैज्ञानिकों ने सिद्धान्त की व्याख्या से असहमति जताते हुए यह कहा है कि सिद्धान्त में दैहिक उत्तेजना के जो विभिन्न सूचक बतलाये गए हैं, वे आपस में ठीक ढंग से संबंधित नहीं होते तथा उत्तेजन के सही सूचकांक नहीं होते हैं। जैसे, व्यक्ति के हृदय गति तथा रक्त चाप में वृद्धि तो तेजी से सीढ़ी चढ़ने से या व्यायाम करने से भी हो सकता है। अत: उत्तेजन सिद्धान्त की व्याख्या बहुत उपयुक्त नहीं दीख पड़ता है।

3. सांवेगिक कार्यों के सिद्धान्त *(Theories of cognitive functioning)*—इस सिद्धान्त के अनुसार व्यक्ति को तनाव के नकारात्मक प्रभाव का अनुभव इसलिए होता है क्योंकि इसमें व्यक्ति को कुछ सांवेगिक अनुक्रियाएँ (emotional resposneses) करना होता है। तनावपूर्ण घटना व्यक्ति में कुंठा (furstration) उत्पन्न करता है जिससे व्यक्ति में क्रोध एवं चिड़चिड़ापन उत्पन्न होता है। इस तरह के मनस्थिति में परिवर्तन (mood changes) से अन्य कार्यों पर व्यक्ति के निष्पादन में कमी आ जाती है तथा साथ-ही-साथ उसकी अभिरुचि में भी कमी हो जाती है। डोलार्ड एवं मिलर (Dollard & Miller, 1950) के अनुसार कुंठा से व्यक्ति में आक्रमकता (aggression) भी उत्पन्न होता है। कोहेन (Cohen, 1980) के अनुसार शायद यही कारण है कि तनाव की अवस्था में व्यक्ति दूसरों की कम मदद करता है तथा अन्य धनात्मक सामाजिक व्यवहार भी कम करता है।

आलोचकों का मत है कि उक्त सिद्धान्त की व्याख्या सही तो है परंतु कुछ ही तरह के तनावों (stress) के लिए उपयुक्त (appropriate) जान पड़ता है। इसके पक्ष में निम्नांकित दो बातें कहीं जाती हैं—

(i) सभी तरह के तनाव नकारात्मक मनस्थिति (negative mood) उत्पन्न नहीं करता है परंतु फिर भी उसमें अभिप्रेरण तथा निष्पादन (performance) में कमी देखी जाती है।

(ii) तनाव (stress) से हमेशा खीझ या क्रोध (annoyance) उत्पन्न नहीं होता है। इससे डर, विषाद (depression) तथा अन्य मनस्थिति (mood) उत्पन्न हो सकता है जिससे यह कोई आवश्यक नहीं है कि व्यक्ति में अभिप्रेरक की कमी हो या उसके निष्पादन में कमी हो जाय।

उक्त तथ्यों के आलोक में यह कहा जा सकता है कि सिद्धान्त की व्याख्या मात्र आंशिक (partial) ही है।

4. निस्सहायता का सिद्धान्त *(Theory of helplessness)*—इस सिद्धान्त का प्रतिपादन का आधार मार्टिन सेलिगमैन (Martin Seligman, 1975) का अर्जित निस्सहायता का सिद्धान्त (Theory of learned helplessness) है। इस सिद्धान्त का सार तत्त्व यह है कि तनाव व्यक्ति में निस्सहायता (helplessness) का भाव उत्पन्न करता है। जब व्यक्ति किसी तनावग्रस्त उद्दीपक या घटना का सामना करता है, तो उसके साथ निबटने के लिए वह विशेष व्यवहार करता है परंतु जब उस व्यवहार से उसे सफलता नहीं मिलती है, और ऐसा कई बार हो चुका होता है, तो वह अपने-आप को निस्सहाय (helpless) महसूस करता है। इसका मतलब यह हुआ कि तनाव उत्पन्न करनेवाली परिस्थिति पर नियंत्रण न करने का अनुभव बार-बार होने से व्यक्ति अपने आप को निस्सहाय रखना सीख लेता है। इस तथ्य की संपुष्टि हिरोटो एवं सेलिगमैन (Hiroto & Seligmen, 1975) ने अपने प्रयोग के आधार पर किया है। इस तरह के अर्जित निस्सहायता से तीन तरह की कमियाँ (deficits) उत्पन्न होतीं हैं—*अभिप्रेरणात्मक कमी* (motivational deficit), *संज्ञानात्मक कमी* (cognitive deficit) तथा *सांवेगिक कमी* (emotional deficit)। निस्सहाय व्यक्ति कोई ऐसा प्रयास नहीं करता है जिससे उसका परिणाम में परिवर्तन हो सके। यह अभिप्रेरणात्मक कमी का उदाहरण है। निस्सहाय व्यक्ति उन नयी

अनुक्रियाओं को नहीं सीख पाता है जिससे वह तनावपूर्ण उद्दीपकों से अपने आपको छुटकारा दिला सके। यह संज्ञानात्मक कमी का उदाहरण है। अर्जित निस्सहायता व्यक्ति में हल्का या तीव्र विषाद (depression) भी उत्पन्न कर सकता है। यह सांवेगिक कमी का उदाहरण है। स्पष्टत: तब इस सिद्धान्त के अनुसार तनाव के नकारात्मक प्रभाव (negative effort) की व्याख्या व्यक्ति में उसमें उत्पन्न निस्सहायता (helplessness) से की गयी है।

निष्कर्षत: यह कहा जा सकता है कि तनाव के नकारात्मक प्रभाव की व्याख्या करने के लिए कई सिद्धान्तों का प्रतिपादन किया गया है। ये सभी सिद्धान्त अपने आप में पूर्ण न होकर अधूरा है क्योंकि उससे तनावग्रस्त उद्दीपक या घटना से उत्पन्न तनाव का मात्र एक अंश की ही व्याख्या होती है। अत: मनोवैज्ञानिकों से यह उम्मीद की जाती है कि वे कुछ और भी नये सिद्धान्तों का प्रतिपादन करेंगे ताकि तनाव की एक सैद्धान्तिक एवं वैज्ञानिक व्याख्या हो सके।

तनाव से अभिमुख कराने वाले पूर्ववर्त्ती कारक
(Predisposing factors to Stress)

कोई भी तनाव व्यक्ति पर अपना कितना गहरा प्रभाव डालता है, यह अंशत: आसेधक (stressors) की विशेषताओं, अंशत: व्यक्ति के व्यक्तिगत एवं परिस्थितिजन्य विशेषताओं तथा फिर इन दोनों अर्थात् आसेधक एवं व्यक्ति के संबंधों पर निर्भर करता है। मनोवैज्ञानिकों द्वारा किये गए शोधों के आधार पर कुछ ऐसे कारकों की पहचान की गयी है जो व्यक्ति को बाह्य परिस्थितियों जिनसे तनाव उत्पन्न होता है, के प्रति अनुपयुक्त ढंग से अनुक्रिया करने के लिए बाध्य करते हैं। ऐसे पूर्ववर्त्ती कारकों (predisposing factors) का वर्णन निम्नांकित है—

1. आसेधक का स्वरूप *(Nature of stressor)*—आसेधक व्यक्ति पर कितना अपना प्रभाव डालेगा अर्थात् वह कितना तनाव व्यक्ति में उत्पन्न करेगा, यह इस बात पर आधारित होता है कि आसेधक का महत्त्व, अवधि (duration), संचयन प्रभाव (cumulative effect), विविधता (multiplicity) तथा आसन्नता (imminence) कितना है। जिस आसेधक का संबंध जीवन की महत्त्वपूर्ण घटनाओं जैसे विवाह-विच्छेद (divorce), गंभीर बीमारी, नौकरी का छूटना तथा प्रियजनों की मृत्यु आदि से होता है, वह अधिकतर व्यक्तियों के लिए काफी तनावपूर्ण होता है। दूसरे शब्दों में, महत्त्वपूर्ण घटनाओं से आसेधक का संबंध होने पर व्यक्ति में तनाव अधिक उत्पन्न होता है। इस तथ्य का समर्थन जिलवर्ग, विस एवं होरोविज (Zilberg, Weiss & Horowitz, 1982) द्वारा अपने अध्ययन से किया गया है। उसी तरह से जब आसेधक की अवधि लम्बी होती है, तो उसकी गंभीरता का प्रभाव भी काफी पड़ता है। यही कारण है कि व्यक्ति में लम्बी थकान थोड़े देर के थकान की तुलना में अधिक तनाव उत्पन्न करता है। सिंगर (Singer, 1980) के अनुसार आसेधकों का संचयन प्रभाव (cumulative effect) भी होता है। जैसे, दाम्पत्य जीवन में अक्सर पति या पत्नी अपने संबंधों को न बिगड़ने देने के ख्याल से कई तरह के होने वाले हल्के-फुल्के कुंठाओं को बर्दाश्त करते रहते हैं। आसेधकों में विधिता (multiplicity) का भी गुण होता है। जब कई आसेधक एक ही समय में व्यक्ति पर अपना प्रभाव दिखाते हैं, तो निश्चित तौर पर उनसे उत्पन्न तनाव अधिक गंभीर होता है। जैसे, यदि किसी व्यक्ति को हृदय आघात (heart attack) हुआ हो और उसी समय उसे नौकरी छूटने एवं पुत्र को जेल जाने की खबर एक साथ मिलती हैं, तो उससे उत्पन्न तनाव इन सभी घटनाओं के अलग-अलग होने से उत्पन्न तनाव से निश्चित रूप से अधिक गंभीर होगा। तनाव की गंभीरता जैसे-जैसे उस समय के नजदीक आता है जिसके प्रति व्यक्ति को समायोजन करने की आवश्यकता होती है, बढ़ते जाती है। जैसे, जेनिस तथा लेभेनथाल (Janis & Leventhal, 1965) ने अपने अध्ययन में पाया है कि जब व्यक्ति कोई तनावपूर्ण परिस्थिति जैसे बड़ा सर्जिकल ऑपरेशन की उम्मीद करता है, तो जैसे-जैसे ऑपरेशन का समय नजदीक आते जाता है, तनाव की गंभीरता बढ़ते जाती है। उसी तरह से इपस्टीन एवं फेंज (Epstein & Fenz, 1965) ने अपने अध्ययन में पाया कि सैनिकों में पाराशुट से अगले बार कूदने का समय जैसे-जैसे नजदीक आते जाता है, वैसे-वैसे उनमें तनाव की गंभीरता बढ़ते जाती है।

2. व्यक्ति का प्रत्यक्षण एवं तनाव का सहनशक्ति *(Individual's perception and tolerance of stress)*—एक ही आसेधक (stressor) सभी व्यक्तियों में एक समान तनाव उत्पन्न नहीं करता है। कुछ में वह गंभीर तनाव उत्पन्न करता है तो वह कुछ में हल्का तनाव उत्पन्न करता है। इसका कारण व्यक्ति का प्रत्यक्षण तथा तनाव सहनशक्ति होता है अर्थात् व्यक्ति उस आसेधक को किस तरह से प्रत्यक्षण करता है तथा उसमें तनाव सहने की शक्ति कितनी है। अत: इन दोनों कारकों का वर्णन यहाँ अपेक्षित हैं—

(i) व्यक्ति का प्रत्यक्षण *(Individual's perception)*—अगर व्यक्ति परिस्थिति को अधिक धमकीपूर्ण एवं गंभीर समझता है (चाहे वह वास्तव में हो या न हो) तथा साथ-ही-साथ उसे यह अहसास हो जाता है कि उसके पास इतने संसाधन नहीं है कि वह उस परिस्थिति से निपट सकता है, तो ऐसी परिस्थिति में उसमें तनाव की गंभीरता अधिक महसूस होती है। कभी-कभी ऐसा भी होता है कि परिस्थिति व्यक्ति के सामने कुछ दूसरे तरह का समायोजी माँग (adjustive demand) रखता है जिसका उस व्यक्ति को कोई अनुमान नहीं था या उससे निपटने के लिए उसके पास कोई उत्तम साधन नहीं होता है, तो ऐसी परिस्थिति में भी तनाव की गंभीरता अधिक हो जाती है।

(ii) तनाव सहनशक्ति *(Stress tolerance)*—तनाव सहनशक्ति से तात्पर्य व्यक्ति के उस क्षमता से होता है जिसमें बिना कोई खास क्षति के ही व्यक्ति तनावग्रस्त परिस्थिति के साथ सफलतापूर्वक निपट लेता है। प्रत्येक व्यक्ति में तनाव सहनशक्ति एक समान नहीं होता है। कुछ व्यक्तियों में यह शक्ति अधिक होती है तो कुछ व्यक्तियों में यह शक्ति कम होती है। जिन व्यक्तियों में ऐसी सहनशक्ति अधिक होती है, वे तनावग्रस्त परिस्थितियों में भी अधिक तनाव का अनुभव नहीं करते हैं।

मनोवैज्ञानिक द्वारा किये गए अध्ययनों से यह स्पष्ट हुआ है कि जिन व्यक्तियों द्वारा परिस्थिति को अधिक तनाव उत्पन्न कने वाला नहीं समझा जाता है तथा जिनमें सहनशक्ति भी अधिक होती है, उसमें तनाव की गंभीरता का अनुभव काफी कम होता है।

3. सामाजिक समर्थन *(Social Suport)*—सामाजिक समर्थन का भी प्रभाव तनाव की गंभीरता पर पड़ता है। संकट की घड़ी में समाज के अन्य लोगों से मिलने वाला समर्थन को सामाजिक समर्थन कहा जाता है। कोहेन एवं विल्स (Cohen & Wills, 1986) ने सामाजिक समर्थन के दो पहलुओं को महत्त्वपूर्ण बतलाया है—संरचनात्मक सामाजिक समर्थन (structural social support) तथा कार्यात्मक सामाजिक समर्थन (functional social support) संरचनात्मक सामाजिक समर्थन से तात्पर्य व्यक्ति के सामाजिक संबंधों के नेटवर्क जैसे वैवाहिक स्तर तथा दोस्तों की संख्या आदि से होता है। कार्यात्मक सामाजिक समर्थन से तात्पर्य व्यक्ति के संबंधों के गुणवत्ता (quality) से होता है। जैसे, यदि कोई व्यक्ति में यह विश्वास होता है कि उनके बुरे दिनों में उसे वास्तव में मदद करने वाले दोस्त अनेक हैं तो इसे कार्यात्मक सामाजिक समर्थन कहा जाएगा। जिन व्यक्तियों में सामाजिक समर्थन की कमी होती है या नहीं होता है, उनमें तनाव (stress) की गंभीरता अधिक उत्पन्न होती है। ऐसे लोगों में नश्वरता (mortality) की दर भी अधिक होती है। इसी गंभीरता के कारण ऐसे लोगों में हृदय रोग (heart disease) होने की सम्भावना काफी तीव्र हो जाती है। कुकेण्डाल (Kuykendall, 1990) के एक अध्ययन के अनुसार महिलाओं द्वारा तनाव की गंभीरता का तुलनात्मक रूप से कम अनुभव किया जाता है क्योकि महिलाओं को प्रारंभ से ही सामाजिक समर्थन पुरुषों की अपेक्षा अधिक मिला होता है। इन्होंने ही अपने एक-दूसरे अध्ययन में यह पाया है कि जो विधवाएँ गिरजाघर या मंदिर में पूजा-पाठ अधिक करती हैं, उनमें वैसी विधवाओं की तुलना में जो इन धार्मिक स्थानों में जाकर पूजा-पाठ नहीं करती है, कम विषाद (depression) का अनुभव करती हैं। शायद ऐसा इसलिए होता है कि इन धार्मिक संस्थाओं में जाने से उनके प्रति सामाजिक समर्थन देने वाले व्यक्तियों की संख्या में वृद्धि हो जाती है।

निष्कर्षतः यह कहा जा सकता है कि आसेधक (stressor) का स्वरूप तथा उन आसेधकों के साथ निबटने की क्षमता की अंतःक्रिया से ही मूलतः तनाव की गंभीरता का निर्धारण होता है।

अत्यधिक तनाव के क्षतिपूरणहीनता
(Decompensation under Excessive Stress)

जब आसेधक (stressor) साधारण स्तर का होता है, तो व्यक्ति उसके साथ समायोजन स्थापित करके व्यवहार करने की कोशिश करता है और इसमें उसे बहुत हद तक सफलता भी मिल जाती है। परंतु जब आसेधक गंभीर स्तर का होता है जैसे किसी प्रियजनों की मृत्यु या नौकरी का छूट जाना आदि तो व्यक्ति उसके साथ समायोजन स्थापित करने में सफल नहीं भी हो पाता है और उसे यह अनुभव होने लगता है कि वह समन्वित ढंग से कार्य नहीं कर रहा है और अन्ततोगत्वा स्वास्थ्य भंग (breakdown) हो जाता है। ऐसी अवस्था में व्यक्ति के समायोजी कार्यों में जो न्यूनता उत्पन्न होती है, उसे क्षतिपूरणहीनता (decompensation) कहा गया है। अतः यहाँ अत्यधिक एवं गंभीर तनाव के कुछ सामान्यीकृत प्रभावों (generalized effects) एवं सम्बद्ध क्षतिपूरणहीनता (decompesation) के प्रकारों पर विचार करना आवश्यक

है। इनका वर्णन हम निम्नांकित चार स्वतंत्र शीर्षकों के तहत कर सकते हैं—

(1) गंभीर तनाव के प्रभाव (effects of severe stress)

(2) जैविक क्षतिपूरणहीनता (biological decompensation)

(3) मनोवैज्ञानिक क्षतिपूरणहीनता (psychological decompensation)

(4) सामाजिक-सांस्कृतिक क्षतिपूरणहीनता (socio-cultural decompensation)

इन सबों का वर्णन निम्नांकित है :-

1. गंभीर तनाव के प्रभाव *(Effect of severe stress)*—यदि हम जिंदगी की सच्चाई की ओर झाँकने का साहस करें, तो यह निर्विवाद सत्य दिखाई देगा कि तनाव या प्रतिबल जीवन का एक मुख्य तथ्य है। सचमुच में व्यक्ति के भीतर सोये हुए क्षमताओं को जागृत करने के लिए यह आवश्यक है कि तनाव साधारण मात्रा में कम-से-कम अवश्य मौजूद हो। परंतु यदि तनाव की मात्रा अधिक गंभीर हो जाती है, तो इसका व्यक्तित्व पर कुप्रभाव पड़ता है और व्यक्ति में तरह-तरह के असामान्य लक्षण विकसित हो जाते हैं। मनोवैज्ञानिकों द्वारा किये गये अध्ययनों से यह स्पष्ट हुआ है कि गंभीर तनाव के कम-से-कम निम्नांकित तीन स्पष्ट प्रभाव होते हैं।

(i) समायोजनात्मक कार्यक्षमता में कमी *(Lowering of adaptive efficiency)*— तीव्र एवं गंभीर तनाव से व्यक्ति के शरीर में इस ढंग का परिवर्तन आता है कि वह दैहिक रूप से विभिन्न तरह के वैक्ट्रीया तथा वाईरस आदि के आक्रमणों से अपने आप को नहीं बचा पाते है। इस तरह के गंभीर तनाव का मनोवैज्ञानिक स्तर पर भी काफी प्रभाव पड़ता है। मनोवैज्ञानिक रूप से ऐसे व्यक्तियों का प्रत्यक्षज्ञानात्मक क्षेत्र संकुचित हो जाता है तथा संज्ञानात्मक प्रक्रियाएँ काफी अनम्य (rigid) हो जाती है। फलतः वे पर्यावरण (environment) या वस्तुओं का वस्तुनिष्ठ प्रत्यक्षण नहीं कर पाते हैं जिससे उनमें विषादी एवं आत्म-हत्या की प्रवृत्ति अधिक तीव्र हो जाती है। इतना ही नहीं, गंभीर तनाव से व्यक्ति में संवेग (emotion) का स्तर काफी ऊँचा हो जाता है अर्थात् व्यक्ति में डर, चिंता एवं क्रोध का स्तर इतना अधिक हो जाता है कि उससे व्यक्ति का सिर्फ निष्पादन ही नहीं खराब होता है बल्कि उससे व्यवहार में विघटन (disorganization) भी उत्पन्न हो जाता है।

(ii) समायोजी साधनों का समाप्त होना *(Depletion of adaptive resources)*—लंबे समय तक चलने वाला गंभीर तनाव से व्यक्ति में समायोजी क्षमताएँ काफी नष्ट हो जातीं हैं। जब व्यक्ति एक गंभीर आसेधक से निबटने में अपनी शक्ति को लगाता है, तो दूसरे आसेधक से निबटने के लिए उसके पास कम शक्ति या साधन रह जाता है। इतना ही नहीं, इसका गंभीर परिणाम यह भी होता है कि इस तरह के गंभीर तनाव से व्यक्ति में किसी रोग से लड़ने की क्षमता भी काफी कम हो जाती है। मनोवैज्ञानिकों द्वारा किये गये अध्ययनों से यह भी स्पष्ट हुआ है कि लंबे अवधि के गंभीर तनाव से व्यक्ति में आसेधकों (stressor) के प्रति या तो रोगात्मक अतिअनुक्रियात्मकता (overresponsiveness) पायी जाती है या फिर रोगात्मक असंवेदनशीलता (psychological insensitivity) की स्थिति उत्पन्न हो जाती है। ये दोनों ही अवस्थाएँ ऐसी होती हैं जिनसे व्यक्ति के समायोजी साधनों या शक्तियों में काफी कमी हो जाती है।

(iii) शारीरिक तंत्रों पर कुप्रभाव *(bad effects upon body system)*—गंभीर तनाव से शारीरिक तंत्रों पर बुरा प्रभाव पड़ता है। सामान्यतः यह धारणा कि गंभीर तनाव के बाद आराम (rest) करने से उसका प्रभाव कम हो जाता है, सेली (Selye, 1976) के अनुसार गलत है। बल्कि सेली का दावा तो यह है कि इस धारणा के विपरीत बात देखी जाती है। गंभीर चिंता से व्यक्ति में समायोजन समस्याएँ जैसे अत्यधिक चिंता उत्पन्न हो जातीं हैं जिससे व्यक्ति में उच्च रक्त चाप (high blood pressure) उत्पन्न हो जाता है। इस तथ्य का समर्थन डेविडसन एवं बॉम (Davidson & Baum, 1986), तथा ग्लिजर एवं सैक्स (Gleser & Sacks, 1989) के अध्ययनों से हुआ है।

2. जैविक क्षतिपूरणहीनता *(Biological decompensation)*—गंभीर तनाव में जैविक क्षतिपूरणहीनता का एक निश्चित क्रम होता है जिसकी व्याख्या सेली (Selye, 1976) द्वारा प्रतिपादित विशेष मॉडल जिसे *सामान्य अनुकूलन संलक्षण* (General Adaptation Syndrome or GAS) कहा जाता है, किया गया है । सेली के अनुसार गंभीर तनाव के प्रति जो जैविक प्रक्रियाएँ (biological process) होतीं हैं, वे तीन प्रमुख अवस्थाओं से होकर गुजरती हैं—अलार्म प्रतिक्रिया की अवस्था (stage of alarm reaction), प्रतिरोध की अवस्था (stage of resistance) तथां समापन की अवस्था (stage of exhaustion)। अलार्म की अवस्था में स्वायत्त तंत्रिका तंत्र सक्रिय होकर शरीर के भीतर के रक्षात्मक बलों को उत्तेजित

कर देता है। प्रतिरोध की अवस्था में व्यक्ति का जैविक अनुकूलन सबसे अधिक होता है क्योंकि शारीरिक साधनों (bodily resources) का अधिकतम उपयोग करके तनाव की गंभीरता के प्रभाव को कम करने की कोशिश की जाती है। समापन की अवस्था में तनाव की गंभीरता से व्यक्ति को लड़ने की शारीरिक शक्ति समाप्त हो जाती है और वह तनाव की गंभीरता से अपने आप को बचाने में अक्षम पाता है और इस तरह से किसी रोग से ग्रसित होकर मृत्यु की गोद में चला जाता है। अगर जैविक क्षतिपूरणहीनता की प्रक्रिया अपने इस पूरे प्रक्रम को ठीक ढंग से आच्छादित नहीं करता है ताकि व्यक्ति की मृत्यु नहीं होती है, तो संपोषक प्रक्रिया (maintenance process) की शुरूआत होती है जिससे शरीर अब तक के हुए क्षति को दुरुस्त करता है तथा फिर से सामान्य कार्यों को पुनर्संगठित (reorganise) करता है।

3. मनोवैज्ञानिक क्षतिपूरणहीनता *(Psychological decompensation)* — अत्यधिक तनाव की गंभीरता के अंतर्गत कुछ मनोवैज्ञानिक क्षतिपूरणहीनता होती है। इस तरह की परिस्थिति में व्यक्तित्व में कुछ ऐसी क्षतिपूरणहीनता (decompensation) होती है जिसे स्पष्ट रूप से निर्दिष्ट किया जाता है और ये बहुत कुछ जैविक क्षतिपूरणहीनता से मिलता-जुलता भी है क्योंकि इसमें कुछ जैविक अनुक्रियाएँ भी होती हैं। मनोवैज्ञानिक क्षतिपूरणहीनता में निम्नांकित तीन तरह की प्रक्रियाएँ सम्मिलित होती हैं :-

(1) अलार्म एवं संघटन *(Alarm & Moblization)* — मनोवैज्ञानिक क्षतिपूरणहीनता के इस अवस्था में आसेधकों (stressors) से व्यक्ति के निपटने के सभी साधनों को चौकन्ना करके उसे संघटित किया जाता है। इस अवस्था में व्यक्ति में संवेगिक उत्तेजन (emotional arousal), अत्यधिक तनाव, अत्यधिक संवेदनशीलता, अत्यधिक सतर्कता आदि व्यक्ति बना कर रखता है ताकि उसमें अधिक-से-अधिक आत्म-नियंत्रण (self-control) बना रह सके। इस अवस्था में कुसमायोजन (maladjustment) के लक्षण जैसे सतत चिंतन एवं तनाव, पेट की गड़बड़ी, नींद की कमी तथा हीन कार्यकुशलता आदि भी विकसित हो जाती है जो स्पष्टतः इस बात का संकेत करता है कि समायोजी साधनों का संघटन (moblization) अपर्याप्त है।

(2) प्रतिरोध *(Resistance)* —अगर तनाव जारी रहता है, तो प्रायः देखा गया है कि व्यक्ति उससे निबटने के लिए कोई-न-कोई रास्ता ढूँढ लेता है और इस तरह से वह मनोवैज्ञानिक विघटन (psychological disintegration) को बहुत तक प्रतिरोधिकृत कर लेता है। कार्य-उन्मुखी समायोजी उपायों (task-oriented adjustive measures) तथा अहं-रक्षात्मक प्रक्रमों (ego-defensive mechanisms) का उपयोग करके प्रतिरोध के स्तर को व्यक्ति ऊँचा बनाये रखता है। परंतु फिर भी इस अवस्था में तनाव के लक्षण जिसमें विभिन्न तरह के मनोदैहिक लक्षणों एवं वास्तविकता विकृति (reality distortions) आदि प्रायः देखने को मिलते हैं। इस अवस्था के उत्तरावधि में व्यक्ति के व्यवहार में अनम्यता (rigidity) आ जाती है जिसका परिणाम यह होता है कि व्यक्ति पहले से उपयोग में लाये गये रक्षात्मक प्रक्रमों को ही उपयोग करना अधिक उचित समझता है और वह तनावपूर्ण परिस्थिति का पुनर्मूल्यांकन करके कुछ नये समायोजी पैटर्न को विकसित नहीं करता है।

(3) समापन *(exhaustion)* — यदि व्यक्ति को सतत गंभीर तनाव का सामना करना पड़ता है, तो व्यक्ति का समायोजी साधन कमजोर पड़ने लगते हैं तथा प्रतिरोध की अवस्था में अपनाये गये समायोजी उपाय असफल होने लगते हैं। इस अवस्था की शुरूआत होने पर समन्वित व्यवहार कम होते हैं तथा अनुपयुक्त सुरक्षात्मक उपायों में बढ़ोतरी हो जाती है। इसमें मनोवैज्ञानिक विघटन भी होता है और वास्तविकता के साथ व्यक्ति का संबंध टूट जाता है और इसमें विभ्रम (hallucination) तथा भ्रम (illusion) आदि उत्पन्न हो जाते हैं। इस तरह के विभ्रमात्मक एवं भ्रमात्मक व्यवहार के संपन्न होने में सामान्य मस्तिष्कीय कार्य भी उपापचयी परिवर्तनों (metabolic changes) के कारण बाधित हो जाते हैं। अगर व्यक्ति को अत्यधिक तनाव का सामना निरंतर करना पड़ता है, तो मनोवैज्ञानिक क्षतिपूरणहीनता की प्रक्रिया संपूर्ण मनोवैज्ञानिक असमन्वय (psychological disintegration) की सीमा तक पहुँच जाती है जहाँ व्यक्ति आक्रामक व्यवहार, हिंसा, उदासीनता, विस्मय आदि काफी दिखलाया जाता है और अंत में उसकी मृत्यु भी हो जाती है। सीगेल (Siegel, 1984) ने मनोवैज्ञानिक क्षतिपूरणहीनता के इस ढंग की प्रक्रिया को 31 बंधक-व्यक्तियों (hostages) में स्पष्ट रूप से होते पाया है।

(4) सामाजिक-सांस्कृतिक क्षतिपूरणहीनता *(Socio-cultural demenpensation)* —कुछ प्रमुख वैज्ञानिकों जैसे टोनीबी (Tonybee) तथा अन्य लोगों ने यह स्पष्ट किया है कि अत्यधिक एवं गंभीर तनाव (stress) की स्थिति में

जैविक क्षतिपूरणहीनता एवं मनोवेज्ञानिक क्षतिपूरणहीनता के समान सामाजिक-सांस्कृतिक क्षतिपूरणहीनता भी होता है। युद्ध, अकाल, भयंकर बाढ़ तथा अन्य आर्थिक समस्याओं के होने पर व्यक्तिगण इतना तनावग्रस्त हो जाते हैं कि उनकी समायोजी क्षमताएँ काफी कम हो जाती हैं और स्वयं समाज में विभिन्न मात्रा में क्षतिपूरणहीनता हो जाती है जिसके उसके संगठन (organization) पर बुरा प्रभाव पड़ता है। ऐसी अवस्था में समाज कुछ इस प्रकार के अनन्य साधनों (extreme mesures) को अपनाता है कि उसका संगठन बना रहे तथा असमन्वय (disintegration) की प्रक्रिया और आगे न बढ़ सके। मानव सभ्यता के उत्थान एवं पतन में ऐसी प्रक्रियाएँ स्पष्ट रूप से दीखती हैं।

निष्कर्षत: यह कहा जा सकता है कि क्षतिपूरणहीनता का स्वरूप चाहे जैविक या मनोवैज्ञानिक या सामाजिक-सांस्कृतिक कुछ भी हो, किसी भी परिस्थिति में उसका परिणाम इस मुख्य बिंदु पर आधारित होता है कि क्षतिपूरणहीनता से उत्पन्न क्षति (damage) को कहाँ तक ठीक-ठाक किया जा सकता है और बचे हुए संसाधनों (resources) को कहाँ तक पुनर्गठित किया जा सकता है। कुछ तो ऐसी परिस्थितियाँ होती हैं जिनसे व्यक्ति या समूह को जब गंभीर तनाव (stress) का सामना करना पड़ता है तो उसके कार्यात्मक क्षमता में स्थायी रूप से कमी आ जाती है परंतु कुछ ऐसी परिस्थितियाँ भी होतीं हैं जहाँ गंभीर तनाव से उत्पन्न समस्याओं को सही ढंग से समाधान करके व्यक्ति या समाज, समन्वय एवं संगठन का उच्च स्तर बना कर रखने में सक्षम हो पाता है।

समायोजन विकृति
(Adjustment disorder)

DSM-III-R तथा DSM-IV (TR) में समायोजन-सम्बद्ध विकृतियों का एक अलग समूह तैयार किया गया है। जैसा कि नाम से ही स्पष्ट है, समायोजन विकृति में स्पष्ट आसेधकों (stressors) के प्रतिक्रिया में व्यक्ति में कुछ व्यावहारिक एवं मनोवैज्ञानिक क्षुब्धता होती है। एक व्यक्ति जिसका व्यवहार किसी सामान्य आसेधक (stressor) अर्थात्, विवाह-विच्छेद, मृत्यु, नौकरी छूटना आदि के प्रति अपअनुकूली (maladaptive) होता है और इस ढंग की अपअनुकूलता (maladaptation) आसेधक से सामना होने के तीन महीना के भीतर होता है तो इसे समायोजन विकृति (adjustment disorder) कहा जाता है। किसी व्यक्ति के उस व्यवहार को अपअनुकूली कहा जाता है जिसमें वह सामान्य ढंग से कार्य नहीं कर पाता है या फिर आसेधक के प्रति की गयी प्रतिक्रिया काफी अत्यधिक होता है। प्राय: यह देखा गया है कि व्यक्ति का अपअनुकूलन (maladjustment) उस समय कम हो जाता है जब आसेधक की गंभीरता कम हो जाती है या फिर व्यक्ति उस आसेधक के प्रति अनुकूलन करना सीख लेता है। मनोचिकित्सकों एवं नैदानिक मनोवैज्ञानिक द्वारा तीन प्रमुख श्रेणी के आसेधकों की पहचान की गयी है जिनसे समायोजन विकृति उत्पन्न होता है। वे तीन हैं-बेरोजगारी (unemployment), विवाह-विच्छेद या अलगाव (divorce or separation) तथा शोक या गमी (bereavement)।

चूँकि समायोजन विकृति एक ऐसी विकृति है जो कम-से-कम बुरा तथा हानिकारक समझा जाता है, इसलिए उसे सबसे हल्का एवं साधारण विकृति समझा जाता है और फलत: मनोचिकित्सकों एवं नैदानिक मनोवैज्ञानिकों के लिए वह कोई चुनौतीपूर्ण निदान (diagnosis) अभी नहीं साबित हुआ है।

उत्तर आघातीय तनाव विकृति
(Posttraumatic Stress Disorder or PTSD)

DSM-III में उत्तर आघातीय तनाव विकृति (Posttraumatic stress Disorder or PTSD) को एक ऐसे निदान (diagnosis) के रूप में सर्वप्रथम पहचान की गयी थी जिसमें अत्यधिक गंभीर तनाव के प्रति व्यक्ति की प्रतिक्रियाओं को जिसमें बढ़े हुए दुश्चिंता (increased anxiety) भी सम्मिलित होता है, दर्शाया गया था। परंतु DSM-IV (TR) में PTSD को अधिक स्पष्ट एवं वस्तुनिष्ठ बनाकर एक ऐसी दुश्चिंता विकृति[1] (anxiety disorder) के रूप में उपस्थित किया गया है जिसकी उत्पत्ति गंभीर तनाव या प्रतिबल (stress) से होता है।

PTSD एक ऐसी दुश्चिंता या डर विकृति है जिसकी उत्पत्ति विभिन्न घटना (specific event) से होती है। कुछ

1. PTSD को DSM-IV (TR) में एक दुश्चिंता विकृति (anxiety disorder) के तरह श्रेणीबद्ध किया गया है परंतु चूँकि इसका संबंध प्रत्यक्ष रूप से तनाव या प्रतिबल (stress) से अधिक है, अत: हम इसकी विस्तृत व्याख्या यहाँ ही उचित समझकर करते हैं।

हालातों में तो विशिष्ट घटना महाविपत्ति (catastrophe) जैसे प्राकृतिक आपदा अर्थात् अकाल, आगजनी, भूकंप, बाढ़, युद्ध आदि होता है तो कुछ हालातों में विभिन्न घटना का स्वरूप स्वयं मानव द्वारा ही उत्पन्न होते हैं जैसे विवाह-विच्छेद, प्रियजनों की मृत्यु, पीछे से वार करके किसी को जान से मार देना, बलात्कार आदि होता है। ऐसी स्वाभाविक या अस्वाभाविक विशिष्ट घटना के बाद व्यक्ति में सांवेगिक एवं मनोवैज्ञानिक समस्याएँ उत्पन्न हो जाती हैं जो उसके व्यवहार को कुसमायोजित बना देता है। इस स्थिति को PTSD कहा जाता है । स्पष्ट हुआ PTSD का प्रमुख कारण कोई व्यक्ति न होकर विशिष्ट घटना ही होता है।

DSM-IV (TR) में PTSD के निम्नांकित छह लक्षण (symptoms) या कसौटी (criteria) बतलाया गया है जिसके आधार पर इसकी स्पष्ट पहचान की जाती है। वे छह लक्षण निम्नांकित हैं–

(1) व्यक्ति को अपने दिन-प्रतिदिन की जिंदगी में गंभीर तनाव से उत्पन्न मानसिक आघात (trauma) की याद बार-बार आती है। यहाँ तक व्यक्ति को नींद में या स्वप्न में भी उस घटना की याद बारबार आती है।

(2) व्यक्ति हमेशा उन उद्दीपकों (stimuli) से दूर भागने की कोशिश करता है जो उस मानसिक आघात से उत्पन्न करनेवाली घटना से किसी-न-किसी रूप से साहचर्यित होता है क्योंकि इससे उनमें गंभीर चिंता उत्पन्न होती है।

(3) व्यक्ति में हमेशा उच्च स्तरीय उत्तेजन (arousal) जैसे चिरकालिक तनाव (chronic tension) तथा चिड़चिड़ापन का अनुभव होता है। साथ-ही-साथ उसमें अनिद्रा की शिकायत हो जाती है तथा उनमें चिड़चिड़ापन का स्तर इतना बढ़ जाता है कि आघात के साधारण स्तर को भी वह सहन नहीं कर पाता है।

(4) व्यक्ति में एकाग्रता (concentration) की शिकायत हो जाती है तथा स्मृति लोप (amensia) तीव्र हो जाती है एवं दर्द संवेदनाओं के प्रति सुन्नता (numbing) का गुण पाया जाता है।

(5) व्यक्ति में विषाद (depression) का स्तर ऊँचा हो जाता है। वह अपने आप को सामाजिक सम्पर्क (social contact) से दूर कर लेता है तथा उन सभी अनुभूतियों से दूर रहना चाहता है जो उसमें उत्तेजन (excitation) को और बढ़ा देता हो।

(6) ऊपर बतलाये गये सभी लक्षण करीब एक माह से अधिक समय तक व्यक्ति में मौजूद हो।

PTSD का एक केस उदाहरण (A case example of PTSD)

"एक 27-वर्षीय लड़की (रोगी) को उसके एक साथी द्वारा उसके व्यवहारों का मूल्यांकन करने के लिए उपचारगृह (clinic) में जाने की सलाह दी गयी। आठ महीना पहले उस लड़की के एक पुरुष-दोस्त (boyfriend) को किसी ने एक रात पीछे से वार करके जान से मार दिया था परंतु वह जो उस समय मौजूद थी, बिना किसी तरह के क्षति हुए ही निकल भागी थी। कुछ दिनों तक उदास रहने के बाद वह अपने आप को संभालने की कोशिश की और बहुत हद तक पुलिस को एक आदर्श गवाह के रूप में जान से मार देने वाले व्यक्ति के पहचान करने में मदद भी की। परंतु उस आदमी के गिरफ्तार होने के बाद जिसपर खून या हत्या का आरोप था, उस लड़की के व्यवहार में कुछ महत्त्वपूर्ण परिवर्तन आ गये। रोगी को लगातार बार-बार रात में भयावह सपने आने लगे और हत्या वाली रात की यादें आने लगी। स्वप्न में उसे अक्सर खून के छींटे दिखलाई देतीं थीं तथा कुछ संदेहयुक्त व्यक्ति द्वारा पीछा करते हुए उसका पीछा करने का स्वप्न भी वह देखती थी। दिन में जब वह अकेले कहीं जाती थी तो वह अक्सर इन सबसे सम्बद्ध दिवास्वप्नों में खो जाती थी और यह भूल जाती थी कि वह कहाँ जा रही है। जब वह दोस्तों के बीच होती थी तो वह चौंक जाती थी और अपने आप में खोयी रहती थी। वह दुकान पर ही खरीदी हुई सामान को छोड़कर घर आ जाती थी और यह भूल जाती थी कि वह क्या खरीदी है तथा कहाँ खरीदी थी। उसमें एकाग्रता न होने की गंभीर समस्या उत्पन्न हो गयी तथा उससे उसका कार्य निष्पादन काफी प्रभावित रहता था। उसे अनिद्रा एवं सुन्नता (numbing) की भी शिकायत हो गयी। धीरे-धीरे वह अपने दोस्तों से दूर रहना ज्यादा अच्छा समझने लगी। उसे अपने पुरुष-दोस्त की मृत्यु पर काफी दोष-भाव (guilt feeling) भी होता था परंतु क्यों होता था, उसे भी स्पष्टतः नहीं सोच पाती थी।"

उक्त महिला रोगी में PTSD के सभी छह लक्षण स्पष्टतः देखने को मिलते हैं जिससे इस विकृति का स्वरूप और भी स्पष्ट हो जाता है।

DSM-IV (TR) में PTSD से मिलता-जुलता एक और विकृति का भी वर्णन किया गया है जिसे तीव्र तनाव विकृति

(acute stress disorder) कहा गया। अत: PTSD एवं तीव्र तनाव विकृति का अंतर जान लेना लाभप्रद ही होगा। इन दोनों में मुख्य अंतर यह है कि तीव्र तनाव विकृति में जो मानसिक आघात से उत्पन्न तनाव उत्पन्न होता है, उससे व्यक्ति कुछ दिनों या एकाध सप्ताह में अपनी आप को बाहर कर लेता है और लगभग सामान्य हो जाता है। परंतु PTSD में ऐसी बात नहीं होती है और रोगी की समस्याएँ बद से बदतर होते चली जाती है। सामान्यत: रोगी के लक्षण कई महीनों तक बने रहते हैं।

PTSD के हैतुकी या कारण (*Etiology of PTSD*)

इस क्षेत्र में कई लोगों द्वारा महत्त्वपूर्ण अध्ययन किये गए हैं जिनके सामान्य निष्कर्ष यही रहा है कि PTSD के सभी सम्भावित जोखिम कारकों (risk factors) को निम्नांकित तीन भागों में बाँटा जा सकता है–

(1) जैविक कारक (biological factors)
(2) मनोवैज्ञानिक कारक (psychological factors)
(3) सामाजिक कारक (social factors)

इन तीनों का वर्णन इस प्रकार है–

1. जैविक कारक (*Biological factors*)—PTSD की व्याख्या कई तरह जैविक कारकों या सिद्धान्तों के रूप में की गयी है। क्रयस्टल एवं उनके सहयोगियों के अनुसार (Krystal et al. 1989) इस सिद्धान्त के अनुसार मानसिक आघात (traume) जो किसी तरह के तनाव या प्रतिबल का प्रतिफल है, से नारएड्रीनरजिक तंत्र (noradrenergic system) प्रभावित हो जाता है जिससे रक्त में नोरइपाइनफ्राइन (norepinephrine) का स्तर बढ़ जाता है और व्यक्ति में उत्तेजक एवं आक्रामकता अधिक होती है जो इस विकृति का मुख्य लक्षण है। कोसटेन एवं उनके सहयोगियों (Kosten et al, 1987) ने भी इस सिद्धान्त का समर्थन परोक्ष रूप से करते हुए कहा है कि अस्पताल में PTSD के रोगियों में नोरइपाइनफ्राइन (norepinephrine) का स्तर मनोविदालिता तथा मनोदशा विकृति (mood disorder) के रोगियों में नोरइपाइनफ्राइन के स्तर से ऊँचा था। यह सिद्धान्त से इस बात की ओर भी इशारा मिलता है कि अत्यधिक नोरपाइनफ्राईन से कम सबल आसेधकों (stressors) द्वारा भी अधिक तीव्रता के साथ तनाव प्रतिक्रियाएँ उत्पन्न होती हैं।

जैविक कारकों के बारे में एक दूसरा सिद्धान्त यह है कि जब व्यक्ति को तनावपूर्ण परिस्थिति का सामना करना पड़ता है, तो इससे व्यक्ति के शरीर में एक विशेष प्रकार के रासायनिक तत्त्व जिसे ओपीयाड्स' (opiods) कहा जाता है, की वृद्धि हो जाती है। इसका प्रभाव शरीर पर कुछ वैसा ही होता है जैसा कि मार्फिन (morphine) का होता है। बान डेन कोल्क तथा उनके सहयोगियों (Van den kolk et al., 1984) ने अपने अध्ययन में पाया कि ओपीयाडस से सुन्नता या स्तब्धता (numbing) उत्पन्न होता है जो PTSD का एक विशेष लक्षण है। जैसे, इसके अध्ययन में यह पाया गया कि वियतनामी युद्ध के वैसे सैनिक जिनमें PTSD की विकृति थी, उनमें हिंसा भरे दृश्यों वाला फिल्म दिखाया गया, तो उनमें दर्द की संवेदनशीलता काफी कम होते पायी गयी।

PTSD का एक दूसरा जैविक सिद्धान्त भी है जो न्यूरोदैहिकी (neurophysiology) पर अधिक बल डालता है। कोल्ब (Kolb, 1987) के अनुसार जब व्यक्ति को मानसिक आघात पहुँचता है,तो इससे व्यक्ति में पुराने स्नायविक रास्ते (neural path ways) नष्ट हो जाते हैं तथा उसके जगह पर नये स्नायविक रास्ते कायम हो जाते हैं जो व्यक्ति में PTSD के लक्षण उत्पन्न करते हैं। क्रायस्टल एवं उनके सहयोगियों (Krystal et al., 1989) ने अपने अध्ययन में पाया है कि PTSD के रोगियों में मस्तिष्क के परिधीय क्षेत्रों में न्यूरोट्रांसमीटर (neurotransmitter) का स्तर ऊँचा पाया जाता है।

उक्त व्याख्या के आलोक में यह कहा जा सकता है कि PTSD की उत्पत्ति में जैविक कारकों की भी भूमिका है। परंतु फिर भी अभी इस बिंदु पर इतना ही कहा जा सकता है कि PTSD की विकृति में जैविक कारकों की भूमिका की पहचान अभी शुरूआती दौर में है। इस क्षेत्र में अभी अत्यधिक गहरे शोध की आवश्यकता है।

2. मनोवैज्ञानिक कारक (*Psychological factors*)—इस क्षेत्र में किये गए अध्ययनों से यह स्पष्ट हुआ है कि कुछ ऐसे मनोवैज्ञानिक कारक हैं जिनकी उपस्थिति होने से जब भी किसी तनावपूर्ण परिस्थिति से उत्पन्न मानसिक अध्ययन से व्यक्ति प्रभावित होता है, उसे PTSD की विकृति विकसित हो सकती है । जैसे ब्रेसलाऊ (Breslau, 1991) के अध्ययन के आधार पर यह देखा गया कि माता-पिता से कम उम्र में ही बिछुड़ जाने पर, विकृति का पारिवारिक

इतिहास होने पर, कुछ विशेष विकृति जैसे दर्द विकृति (pain disorder) एवं मनोग्रस्ति-वाध्यता विकृति (obssessive-compulsive disorder) का पहले से होने पर तथा महिलाओं में मानसिक आघात होने पर PTSD के होने की सम्भावना अधिक बढ़ जाती है। फॉय एवं उनके सहयोगियों (Foy et al, 1987) ने अपने अध्ययन में पाया है कि जिन सैनिकों में इस विकृति का पारिवारिक इतिहास था, उसमें निम्न संघर्ष का अनुभव होने पर भी PTSD के लक्षण विकसित हो गए। जोन्स एवं बारलो (Jones & Barlow, 1990) के अनुसार मानसिक आघात उत्पन्न होने के पहले जिन लोगों में मनोवैज्ञानिक कठिनाइयाँ (psychological difficulties) अधिक होती है, उनमें भी PTSD के लक्षण तेजी से विकसित होते हैं। इस तरह के व्यक्तित्व को पूर्व विकृत व्यक्तित्व (premorbid personality) कहा जाता है। कहने का तात्पर्य यह है कि पूर्वविकृत व्यक्तित्व एक डायथेसीस (diathesis) उत्पन्न कर देता है जो मानसिक आघात के तनाव से मिलकर व्यक्ति में PTSD का लक्षण उत्पन्न कर देता है। उपर्युक्त कारकों के अलावा कुछ अन्य विशेष सिद्धान्त या मॉडल द्वारा भी PTSD की व्याख्या की गयी है जो इस प्रकार है–

(i) मनोगतिकी मॉडल (Psychodynamic model) के अनुसार PTSD की उत्पत्ति में मानसिक आघात से उत्पन्न चिंताओं से बचने के लिए अपनाये गये सुरक्षात्मक प्रक्रमों (defensive mechanisms) पर बल डाला गया है। तीव्र एवं गहरे मानसिक आघात से निबटने की आवश्यकता के कारण व्यक्ति दमन (repression) का सहारा लेता है जिससे उसमें प्रत्याहार (withdrawal) एवं सुन्नता (numbing) के लक्षण विकसित होते हैं। दूसरे तरफ जब दमन कमजोर पड़ जाता है तो व्यक्ति पुन: उस मानसिक आघात का अनुभव करने लगता है। ओई, लिम एवं हेनीसी (Oei, Him & Hennessy, 1990) के अनुसार इस तरह के व्यक्ति चिंता एवं सुरक्षा (defence) के बीच एक संतुलन बनाये रखने में कठिनाई का अनुभव करते हैं जिसका परिणाम यह होता है कि व्यक्ति में फिर धीरे-धीरे PTSD के लक्षण विकसित हो जाते हैं।

(ii) परिहार अधिगम (avoidance learning) के द्विकारकी सिद्धान्त (two-factor theory) द्वारा भी PTSD की व्याख्या करने की कोशिश की गयी है। इस द्विसिद्धान्त में क्लासकी अनुबंधन (classical conditioning) तथा क्रियाप्रसूत अनुबंधन (operant conditioning) दोनों तरह के तत्त्व सम्मिलित होते हैं। इडना फोआ (Edna Foa, 1989) जो PTSD के लक्षण एवं कारण के क्षेत्र में अधिक महत्त्वपूर्ण योगदान किये हैं, ने PTSD की व्याख्या इसी द्विकारकीय सिद्धान्त के माध्यम से किया है । इनके अनुसार मानसिक आघात से उत्पन्न आतंक, आघात उत्पन्न करने वाली परिस्थिति के कई संकेतों (cues) के साथ संयोजित होकर व्यक्ति में कई तरह के डर (fears) उत्पन्न करते हैं। ऐसा क्लासिकी अनुबंधन (classical conditioning) के नियमों (principle) के कारण होता है। क्रियाप्रसूत अनुबंधन (operant conditioning) के नियमों के अनुरूप व्यक्ति डर उत्पन्न करने वाले अन्य परिस्थितियों से भी दूरी बनाकर रखना सीख लेता है क्योंकि इन परिस्थितियों से दूर रखने से वह अपनी चिंता को कम करता है। जैसे, एक महिला पर रात में अकेले जाते समय यदि किसी व्यक्ति द्वारा आक्रमण किया जाता है, तो वह समान परिस्थितियों में भी डर का अनुभव करेगी और उसका डर सिर्फ रात की अकेले की परिस्थिति तक ही सीमित नहीं रहेगी बल्कि वह अन्य परिस्थितियों में भी जो तुलनात्मक रूप से कम धमकीपूर्ण है, अकेले रहने से डरेगी। स्पष्टत: इस उदाहरण में PTSD के जो लक्षण हैं, उसमें क्लासिकी अनुबंधन तथा क्रियाप्रसूत अनुबंधन दोनों का योगदान ही रहा है।

(iii) संख्यात्मक-व्यवहारात्मक मॉडल जिसमें फोआ, स्टेकेटी एवं रथबाम (Foa, Steketey, & Rothbaum, 1989) तथा जोन्स एवं बारलो (Jones & Barlow, 1990) का मुख्य योगदान है, के अनुसार जब व्यक्ति में आत्म-निन्दा (self-blame), भविष्य में होने वाले मानसिक आघात की प्रत्याशा (expectancy) तथा डर का विकास आदि मौजूद होते हैं तो उनसे व्यक्ति में PTSD विकसित होता है। इन सब कारकों से व्यक्ति में तनाव की गंभीरता बढ़ती है जिससे उसमें PTSD के विभिन्न लक्षणों का जन्म देता है।

3. सामाजिक कारक *(Social factors) :* PTSD की उत्पत्ति में कुछ सामाजिक कारकों की भी अहम भूमिका बतलायी गयी है। इस क्षेत्र में किये गये अध्ययनों से यह पता चला है कि अधिक तीव्र एवं जान लेने वाली धमकीपूर्ण परिस्थितियों से PTSD के उत्पन्न होने की सम्भावना काफी तीव्र हो जाती है। जैसे, ओई, लिम एवं हेनीसी (Oei, Lim & Hennessy, 1990) के अध्ययन के अनुसार PTSD उन वियतनाम युद्ध के सैनिकों में अधिक पाया गया जो युद्ध में घायल हो गये थे, जो असैनिकों की हत्या का दृश्य देखे थे या अन्य तरह-तरह के अत्याचार किये थे। उसी तरह से किलपैट्रीक (Kilpatrick, 1989) के अनुसार उस महिला में जिस पर बलात्कार (rape) का पहले प्रयास हो चुका है,

दैहिक रूप से आक्रमण होने पर या उस पर जानलेवा लैंगिक आक्रमकता होती है, तो उसमें भी PTSD की विकृति विकसित होने की सम्भावना तीव्र हो जाती है। सामाजिक समर्थन (social support) की कमी से भी व्यक्ति में PTSD विकसित होता है। ओई, लिम एवं हेनेसी (Oei, Lim & Hennessy, 1999) के अध्ययन के अनुसार वियतनाम युद्ध से लौटने के बाद जिन सैनिकों को सामाजिक तिरस्कार का सामना अधिक करना पड़ा, उनमें PTSD का विकास तेजी से हुआ।

उपर्युक्त कारकों के आलोक में हम इस निष्कर्ष पर पहुँचते हैं कि यद्यपि मानसिक आघात (trauma) PTSD का एक आवश्यक कारण है, इसका विशिष्ट कारण निश्चित तौर पर जटिल (complex) है। मानसिक आघात उत्पन्न होने से पहले के कारक, मानसिक आघात के दौरान उत्पन्न होने वाले कारक और उसके बाद उत्पन्न होने वाले कारक सबों का PTSD में संयुक्त योगदान होता है।

PTSD के निवारण एवं उपचार *(Prevention and Treatment of PTSD)*

मानसिक आघात उत्पन्न होने के महीनों या सालों बाद PTSD का लक्षण विकसित होना प्रारंभ हो सकता है परंतु अधिकतर केसेज में मानसिक आघात के कुछ ही दिनों बाद कठिनाई प्रारंभ हो जाती है । चाहे PTSD का प्रारंभ तुरंत हो या देरी से हो, मानसिक आघात पुनर्नुभव (reexperiencing) लंबे समय तक चल सकता है। अत: PTSD के उपचार की दिशा में पहले कुछ आपातकालीन उपाय (emergency measure) पर विचार किया जाता है। इस आपातकालीन उपायों में गहरी वैयक्तिक परामर्श (intensive individual counselling) से लेकर सामूहिक परिचर्या (group discussion) का सहारा लिया जाता है। इस तरह के आपातकालीन उपाय से एक तरह का निवारण पुनर्नुभव (preventive reexperience) के रूप में होते हैं क्योंकि इनसे व्यक्ति में मानसिक आघात का समय-समय पर पुनर्नुभव (reexperience) नहीं हो पाता है और फिर गंभीर परिणाम नहीं पड़ पाते हैं।

PTSD के उपचार के रूप में कुछ मनोट्रोपिक औषधों (psychotropic medications) का भी उपयोग किया जाता है। विभिन्न तरह के चिंता-विरोधी औषध (anti-anxiety drugs) तथा विभिन्न तरह के विषाद-विरोधी औषध (anti-depressant drugs) का उपयोग करने पर PTSD के लक्षणों में कुछ कमी देखी गयी है। जैसे, डेविडसन एवं उनके सहयोगियों (Davidson et al., 1998) के अनुसार जब ऐसे रोगियों को विषाद-विरोधी औषध (anti-depressant drugs) दिये गये, तो करीब उनमें से 36% में PTSD के लक्षण में काफी कमी आ गयी। वैसे मनश्चिकित्सक (psychotherapists) जिन्हें PTSD में विशिष्टता प्राप्त है, ने इस विकृति के उपचार के लिए कुछ विशेष सुझाव दे रखा है जिन्हें एक निश्चित निम्नांकित क्रम में चिकित्सा के दौरान उपयोग किया जाना चाहिए–

(i) क्लायंट के साथ एक विश्वसनीय चिकित्सीय संबंध कायम करना।

(ii) मानसिक आघात से निपटने की प्रक्रियाओं के बारे में क्लायंट को शिक्षा देना।

(iii) तनाव-प्रबंधन प्रशिक्षण (stress-management training)।

(iv) मानसिक आघात को पुनर्नुभव करने का साहस उत्पन्न करना।

(v) क्लायंट के अनुभवों में मानसिक आघात से सम्बद्ध अनुभवों को समन्वित करना।

स्करफिल्ड (Scurfield, 1985) के अनुसार जब उपर्युक्त चरणों के अनुसार PTSD के क्लायंट का उपचार किया जाता है, तो उसमें बहुत हद तक सफलता मिलती है।

अध्याय सारांश
(Chapter Summary)

1. तनाव एक बहु-आयामीय प्रक्रिया है जो व्यक्ति में वैसी घटनाओं के प्रति अनुक्रिया के रूप में उत्पन्न होती है जो हमारे दैहिक एवं मानसिक कार्यों को विघटित करता है या विघटित करने का धमकी देता है। सामान्य अनुकूलन संलक्षण (General Adaptation Syndrome or GAS) एक प्रमुख दैहिक प्रतिक्रिया है।
2. तनाव को मापने के लिए कई तरह की विधियों का प्रतिपादन किया गया है जिनमें आत्म-रिपोर्ट विधि, व्यवहारपरक विधियाँ तथा जैवारसायनिक सूचकांक (biochemical indicators) प्रमुख हैं ।
3. कई ऐसे कारकों की भी पहचान की गयी है जिनसे व्यक्ति में तनाव उत्पन्न होता है।

4. तनाव कम करने के कई उपाय हैं जिनमें समस्या-केन्द्रित समायोजी उपाय (problem-focused coping strategies) तथा संवेग-केन्द्रित समायोजी उपाय (emotion-focused coping strategies) प्रमुख हैं।
5. तनाव के प्रबंधन की कई प्रविधियाँ हैं जिन्हें मूलतः दो भागों में बाँटा गया है—वैयक्तिक उपागम (individual approach) तथा पर्यावरणी परिवर्तन उपागम (environmental change approach) ।
6. तनाव या प्रतिबल के कई सिद्धान्त हैं जिनमें चार प्रमुख हैं—संज्ञानात्मक लागत का सिद्धान्त, दैहिक उत्तेजन का सिद्धान्त, सांवेगिक कार्यों का सिद्धान्त तथा निस्सहायता का सिद्धान्त।
7. मनोवैज्ञानिक अध्ययनों से यह स्पष्ट हुआ है कि अत्यधिक तनाव में व्यक्ति में एक विशेष स्थिति उत्पन्न होती है जिसे *क्षतिपूरणहीनता* कहा जाता है। इसमें जैविक क्षतिपूरणहीनता (biological decompensation), मनोवैज्ञानिक क्षतिपूरणहीनता (psychological decompensation) तथा सामाजिक-सांस्कृतिक क्षतिपूरणहीनता (socio-cultural decompensation) प्रमुख हैं।
8. समायोजन विकृति (adjustment disorder) एक तरह का ऐसी विकृति है जिसमें व्यक्ति सामान्य आसेधक के प्रति भी अनुकूलन (adaptation) नहीं स्थापित कर पाता है और इस ढंग की अपअनुकूलता आसेधक से सामना होने के तीन महीना के भीतर होती है। जब आसेधक की गंभीरता कम हो जाती है, तो व्यक्ति का अपअनुकूलन भी कम हो जाता है । यही कारण है कि समायोजन विकृति को कोई गंभीर विकृति नहीं समझा गया है।
9. उच्च आघातीय तनाव विकृति (Posttraumatic stress disorder or PTSD) DSM IV (TR) में दुश्चिंता विकृति (anxiety-disorder) का एक प्रमुख प्रकार बतलाया गया है परंतु फिर भी चूँकि इसका संबंध तनाव (stress) से प्रत्यक्ष है, इसलिए इसकी व्याख्या यही की गयी है। PTSD का मुख्य कारण तनाव से उत्पन्न मानसिक आघात (trauma) है जिसमें अन्य लक्षणों के अतिरिक्त विषाद (depression), एकाग्रता में कमी, स्मृति-लोप, दर्द संवेदनाओं के प्रति सुन्नता (numbing), चिड़चिड़ापन, आक्रमकता आदि प्रधान हैं। इसके तीन तरह के कारणों पर बल डाला गया है—जैविक कारक (biological factors), मनोवैज्ञानिक कारक तथा सामाजिक कारक (social factors)। जहाँ तक PTSD के निवारण एवं उपचार का प्रश्न है, इसमें मनोट्रोपिक औषध तथा मनश्चिकित्सीय प्रविधियों को महत्त्वपूर्ण बतलाया गया है। PTSD के आपातकालीन उपायों में सामाजिक समर्थन (social support) तथा वैयक्तिक परामर्श (individual counselling) भी प्रधान हैं ।

❑

अध्याय 8

चिंता विकृतियाँ

(ANXIETY DISORDERS)

चिंता विकृति के स्वरूप एवं प्रकार
(Nature and Types of Anxiety Disorders)

असामान्य मनोविज्ञान में चिंता (anxiety) एवं उससे उत्पन्न मानसिक विकृतियों पर सर्वाधिक ध्यान दिया गया है। चिंता से तात्पर्य डर (fear) एवं आशंका (apprehension) के दुखद भाव (unpleasant feeling) से होता है। इस तरह के चिंता से कई तरह के मानसिक विकृतियों की उत्पत्ति होती है जिसे पहले एक सामान्य नैदानिक श्रेणी (diagnostic category) अर्थात् *'स्नायुविकृति'(neurosis)* या *'मनोस्नायुविकृति' (psychoneurosis)* में रखा गया। ध्यान रहे कि 'स्नायुविकृति' पद का प्रयोग सबसे पहले अंग्रेज वैज्ञानिक विलियम कूलेन (William Cullen) द्वारा स्नायुमंडल (nervous system) के विकृत संवेदनों (disordered sensations) के लिए 1769 में प्रकाशित *सिस्टम ऑफ नोसोलॉजी (System of Nosology)* में किया गया था। बाद में फ्रायड तथा उनके सहयोगियों ने स्नायुविकृति का उपयोग चिंता से उत्पन्न मानसिक रोगों के लिए किया और आज भी इसका उपयोग करीब-करीब इसी अर्थ में आम लोगों द्वारा किया जाता है। स्नायुविकृति (neurosis) में कई तरह के मानसिक विकृतियों को रखा गया था जिसमें चिंता स्नायुविकृति (anxiety neurosis), दुर्भीति स्नायुविकृति, रूपांतर स्नायुविकृति (conversion neurosis), रोगभ्रमी स्नायुविकृति (hypochondrical neurosis), मनोग्रस्ति बाध्यता स्नायुविकृति (obsessive-compulsive neurosis) आदि को रखा गया। इन सबों के अलग-अलग लक्षण या नैदानिक स्वरूप (clinical nature) थे। स्नायुविकृति (neurosis) के चाहे जो भी प्रकार क्यों न हो, स्नायुविकृत जीवन-शैली (neurotic life-style) के दो प्रमुख विशेषताएँ बतलाये गये हैं–*स्नायुविकृत केन्द्रक (neurotic nucleus)* तथा *स्नायुविकृत विरोधाभास (neurotic paradox)*। स्नायुविकृत केन्द्रक से तात्पर्य वास्तविकता (reality) के दोषपूर्ण मूल्यांकन तथा तनाव से निपटने के जगह उससे दूर हट जाने की प्रवृत्ति से होता है तथा स्नायुविकृत विरोधाभास से इस विशेष तरह के जीवन-शैली को उसके कुसमायोजी एवं आत्म-घातक स्वरूप के बावजूद भी बनाये रखने की प्रवृत्ति से होता है।

DSM-IV (TR) में मनश्चिकित्सकों ने 'स्नायुविकृति' (neurosis) जैसे नैदानिक श्रेणी (diagnostic category) को अमान्य घोषित इसलिए किया कि इतने विभिन्न विशेषताओं या लक्षणों वाले मानसिक विकृतियों को एक श्रेणी में रखना उचित नहीं होगा क्योंकि उनके भिन्न लक्षणों एवं कारणों का वैज्ञानिक अध्ययन सम्भव नहीं हो पायेगा। फलत: DSM-IV (TR) में 'स्नायुविकृति' जैसी श्रेणी को हटा दिया गया है और सचमुच में 'स्नायुविकृति' जैसी पुरानी श्रेणी को तीन नये प्रमुख भागों में बाँट कर उनके गहन अध्ययन पर बल डाला गया है। वे तीन श्रेणियाँ हैं–*चिंता विकृति* (anxiety disorder) *कायरूप विकृति* (somatoform disorder) तथा *विच्छेदी विकृति* (dissociative disorder)।

इस अध्याय में चिंता विकृति का वर्णन किया जाएगा। DSM-IV (TR) में चिंता विकृति से तात्पर्य वैसे विकृति से होता है जिसमें क्लायंट या रोगी में अवास्तविक चिंता एवं अतार्किक डर (irrational fear) की मात्रा इतनी अधिक होती है कि उससे उसका सामान्य जिन्दगी का व्यवहार अपअनुकूलित (maladapted) हो जाता है तथा इसमें व्यक्ति अपने चिंता की अभिव्यक्ति बिल्कुल ही स्पष्ट ढंग से करता है। DSM-IV (TR) में चिंता विकृति के निम्नांकित छह प्रमुख प्रकार बतलाये गये हैं–

(1) दुर्भीति (Phobias)
(2) भीषिका विकृति (Panic disorder)
(3) सामान्यीकृत चिन्ता विकृति (Generalized Anxiety disorder or GAD)
(4) मनोग्रस्ति बाध्यता विकृति (Obsessive-compulsive disorder or OCD)
(5) उत्तर आघातीय तनाव विकृति (Posttraumatic stress disorder or PTSD)
(6) तीव्र तनाव विकृति (Active stress disorder)

इनमें से इस अध्याय में सिर्फ चार ही विकृतियों का वर्णन किया जायेगा क्योंकि इसमें से PTSD का वर्णन अध्याय-7 में किया जा चुका है, तथा तीव्र तनाव विकृति तुलनात्मक रूप से कम महत्त्वपूर्ण होने के कारण उसका भी विस्तृत वर्णन नहीं किया जाएगा। प्रत्येक मानसिक विकृति का अध्ययन हम अलग-अलग अनुच्छेदों में स्वतंत्र रूप से करेंगे। ध्यान रहे कि इनमें से दुर्भीति तथा उत्तर आघातीय तनाव विकृति डर *विकृति (fear disorder)* है क्योंकि इसमें डर या चिंता का संबंध विभिन्न वस्तु या परिस्थिति से होता है जबकि बाकी सब रोगों में कोई विशेष वस्तु या परिस्थिति नहीं होती है जिससे रोगी चिंतित हो। अत: सही अर्थ में, दुर्भीति एवं उत्तर आघातीय तनाव विकृति को छोड़कर बाकी अन्य चार को ही चिंता विकृति में रखने की सिफारिश किया है (Seligman & Rosenhan, 1998)।

दुर्भीति
(Phobias)

दुर्भीति (Phobia) एक बहुत ही सामान्य चिन्ता विकृति है जिसमें व्यक्ति किसी ऐसे विशिष्ट वस्तु (object) या परिस्थिति (situation) से सतत एवं असंतुलित (disproportionate) मात्रा में डरता है जो वास्तव में व्यक्ति के लिए कोई खतरा या न के बराबर खतरा उत्पन्न करता है। जैसे, जिस व्यक्ति में मकड़ा से दुर्भीति (phobia) उत्पन्न हो गया है, वह उस कमरे में नहीं जा सकता है जहाँ मकड़ा मौजूद है। स्पष्टत: मकड़ा एक ऐसा जीव-जंतु है जो व्यक्ति के लिए कोई खतरा नहीं पैदा करता है। परंतु इससे दुर्भीति उत्पन्न हो जाने पर व्यक्ति के सामान्य व्यवहार को वह विचलित (deviate) कर देता है।

सेलिगमैन एवं रोजेनहान[1] (Seligman & Rosenhan, 1998) ने दुर्भीति को इस प्रकार परिभाषित किया है-''दुर्भीति एक सतत डर प्रतिक्रिया है जो खतरा के वास्तविकता के अनुपात से परे होता है।''

डेविसन एवं नील[2] (Davison & Neale, 1996) ने दुर्भीति को कुछ और स्पष्ट ढंग से इस तरह परिभाषित किया है, ''मनोरोगविज्ञानियों द्वारा दुर्भीति को एक विघटनकारी, डर-व्यवहृत परिहार जो किसी खास वस्तु या परिस्थिति से उत्पन्न खतरा के अनुपात से अधिक होता है तथा जिसे प्रभावित व्यक्ति द्वारा आधारहीन समझा जाता है, के रूप में परिभाषित किया गया है।''

इन परिभाषाओं से यह स्पष्ट है कि दुर्भीति में व्यक्ति या रोगी किसी ऐसे वस्तु या परिस्थिति से असंतुलित मात्रा में (out of proportion) डरता है जिससे वास्तव में कोई खतरा नहीं होता है। उसका डर इतना अत्यधिक होता है कि उससे उसका सामान्य जीवन का व्यवहार अपअनुकूलित (maladapted) हो जाता है। इस तरह से दुर्भीति में पाया गया डर दिन-प्रतिदिन के जीवन में पाया गया सामान्य डर से भिन्न होता है। दिन-प्रतिदिन का डर सिर्फ उसी वस्तु से होता है जो वास्तव में खतरनाक होता है तथा इस डर से उसका व्यवहार अपअनुकूलित (maladapted) नहीं होता है।

दुर्भीति के लक्षण या नैदानिक विशेषताएँ *(Symptoms or clinical features of phobias)*

अमेरीकन मनश्चिकित्सक संघ (American Psychiatric Association or APA, 1994) के अनुसार दुर्भीति के निम्नांकित प्रमुख लक्षण होते हैं-

(i) किसी विशिष्ट परिस्थिति या वस्तु से इतना अधिक सतत डर (persistent fear) जो वास्तविक खतरा के अनुपात से कहीं अधिक होता है।

---

1. "A phobia is a persistent fear reaction that is strongly out of proportion on the reality of the danger."
–Seligman & Rosenhan : *Abnormality* 1998, p. 125.
2. "Psychopathologists define phobia as a disrupting, fear-mediated avoidance, out of proportion to the danger posed by a particular object or situation and indeed, recognized by the sufferer as groundless."
—Davison & Neale : *Abnormal Psychology,* 1996, p. 130.

(ii) व्यक्ति को उस विशिष्ट वस्तु या परिस्थिति से सामना होने पर अत्यधिक चिंता या विभीषका दौरा (panic attack) भी उत्पन्न हो जाता है।

(iii) व्यक्ति या रोगी यह समझता है कि डर अत्यधिक या अवास्तविक है।

(iv) व्यक्ति दुर्भीति उत्पन्न करने वाली परिस्थिति या वस्तु से दूर रहना पसंद करता है।

(v) अगर उपर्युक्त लक्षण कोई और विशेष रोग से उत्पन्न न हुए हों।

उपर्युक्त प्रमुख लक्षणों के अतिरिक्त ऐसे व्यक्तियों में अन्य कई तरह के लक्षण जैसे तनाव, सिरदर्द, पीठ में दर्द, पेट की गड़बड़ी आदि देखने को मिलते हैं। तीव्र संत्रास या आतंक (panic) की स्थिति में ऐसे व्यक्तियों में व्यक्तित्व लोप (depersonalization) का अनुभव उत्पन्न होता है तथा साथ-ही-साथ अवास्तविकता (unreality) तथा विचित्रता (strangeness) आदि का भाव भी उत्पन्न करता है। दुर्भीति में प्राय: विषाद (depression) के लक्षण भी देखे जाते है और कई रोगियों में तो गंभीर अंतरवैयक्तिक कठिनाइयाँ (interpersonal difficulties) भी उत्पन्न हो जातीं हैं। कुछ रोगियों में तो निर्णय लेने में भी काफी कठिनाई उत्पन्न हो जाती है जिसे कॉफमैन (Kaufmann, 1973) ने व्यंग्यात्मक लहजे में *निर्णय दुर्भीति (decidophobia)* कहा है।

दुर्भीति का एक केस उदाहरण *(A case example of phobia)*

''अन्ना (Anna) नाम की एक महिला जिसकी आयु 38 वर्ष की थी, में बिल्ली से दुर्भीति विकसित हो गया। छह महीना पहले उसके मकान के ठीक सामने वाला मकान खाली हो गया था और उसमें बड़े-बड़े घास उग आये थे जिसमें अगल-बगल की बिल्लियाँ आकर खूब उछल-कूद किया करती थी। अन्ना को यह डर हो गया था कि जब वह अपने मकान से बाहर निकलेगी तो बिल्ली उस पर कूद कर उसे नोंच-खसोंट लेगी। इसलिए वह अपने आप को घर में बंद रखा करती थी। जब वह चार वर्ष की थी, तो उसके मन में यह भयावह ख्याल आता था कि उसके पिता बिल्ली के एक बच्चे को पकड़कर पानी में डुबा दिये थे और तब से ही वह सचमुच में बिल्ली से आतंकित रहती थी। यह कहने पर भी कि उसके पिता ऐसा नहीं कर सकते हैं, वह उस डर से घबड़ा जाती थी। बिल्ली को देखते ही वह अधिक आतंकित हो जाती थी तथा वह सिर्फ बिल्ली के डर से उत्पन्न आशंकाओं के बारे में ही सोचा करती थी। वह कोई भी अप्रत्याशित गति, छाया या आवाज को बिल्ली की ही आवाज समझ बैठती थी।''

उक्त केस में अन्ना इसलिए घर में ही रहना चाहती है क्योंकि उसे डर है कि यदि वह घर से बाहर निकलती है तो बिल्ली द्वारा उस पर आक्रमण किया जा सकता है। उसका डर सचमुच में उस अनुपात से काफी अधिक है जिसमें सचमुच में बिल्ली उसपर झपटकर हानि पहुँचा पाये। यहाँ वास्तविक खतरा लगभग शून्य है परंतु उसका डर काफी अतार्किक (irrational) एवं अनत्य (extreme) है। सचमुच में उसकी समस्या एक सामान्य डर से कहीं अधिक है। अत: यह निश्चित रूप से दुर्भीति (phobia) का एक उत्तम उदाहरण है।

एक नवीनतम अनुमान के अनुसार लोगों के बीच दुर्भीति एक सामान्य विकृति है। आम लोगों के बीच इस मनोविकृति के होने का दर 6.2% है जिसमें महिलाओं में इसका दर 8% है जबकि पुरुषों में उससे आधा से भी कम अर्थात् 3.4% है।

दुर्भीति के प्रकार
(Types of Phobia)

दुर्भीति के कई प्रकार हैं जिन्हें तालिका 8.1 में प्रस्तुत किया गया है। इन सभी दुर्भीतियों के मुख्य तीन सामान्य प्रकार बतलाये गये हैं जो इस प्रकार है–

(क) विशिष्ट दुर्भीति (Specific phobia)

(ख) एगोरा दुर्भीति (Agoraphobia)

(ग) सामाजिक दुर्भीति (Social phobia)

इन तीनों का वर्णन इस प्रकार है–

(क) विशिष्ट दुर्भीति *(Specific Phobia)*

विशिष्ट दुर्भीति एक ऐसा असंगत (irrational) डर होता है जो विशिष्ट वस्तु या परिस्थिति की उपस्थिति या उसके अनुमान मात्र से ही उत्पन्न होता है। जैसे, बिल्ली से डरना या मकड़ा से डरना विशिष्ट दुर्भीति का उदाहरण है। सम्पूर्ण

दुर्भीति का करीब 3% दुर्भीति ही विशिष्ट दुर्भीति होता है। विशिष्ट दुर्भीति बहुत तरह के होते हैं जिन्हें मूलतः निम्नांकित चार प्रमुख भागों में बाँटा गया है–

तालिका 8.1 : कुछ महत्त्वपूर्ण दुर्भीतियों (Important phobias) की एक सूची

हवा (Air)	: एरोफोबिया (Aerophobia)
जानवर (Animals)	: जूफोबिया (Zoophobia)
मधुमक्खी (Bees)	: एपिफोबिया (Apiphobia) या मेलिस्सोफोबिया (Melissophobia)
दाढ़ी (Beards)	: पोगनोफोबिया (Pogonophobia)
अकेले होने का डर	: औटोफोबिया (Autophobia) या मोनोफोबिया (Monophobia) या इरेमोफोबिया (Eremophobia)
जिंदा दफना दिये जाने का डर	: टैपोफोबिया (Tapophobia)
गंदा होने का डर (being dirty)	: औटोमाइसोफोबिया (Automysophobia)
टकटकी लगाकर देखे जाने का डर	: स्कोपोफोबिया (Scopophobia)
किताब (Book)	: बिबलियोफोबिया (Bibliophobia)
रक्त (Blood)	: हेमैटोफोबिया (Hematophobia)
बिल्ली (Cat)	: एइलूरोफोबिया (Ailurophobia) या गैटोफोबिया (Gatophobia)
कैंसर (Cancer)	: कैंसरोफोबिया (Cancerophobia) या कारसिनो मैटोफोबिया (Carcinomato-phobia)
बच्चे (Children)	: पेडियोफोबिया (Pediophobia)
गिरिजाघर (Church)	: एक्लेसियाफोबिया (Ecclesiaphobia)
ठंडा (Cold)	: साइक्रोफोबिया (Psychrophobia) या फ्रिजोफोबिया (Frizophobia)
श्वासरोधन (Choking)	: निगोफोबिया (Pnigophobia)
लाश (Corpse)	: नेक्रोफोबिया (Necrophobia)
पुल पार करने का डर	: जीफाइरोफोबिया (Gephyrophobia)
भीड़ (Crowds)	: औकलोफोबिया (Ochlophobia)
अंधेरा (Darkness)	: अक्लूफोबिया (Achluphobia)
औषध (Drugs)	: फार्माकोफोबिया (Pharmacophobia)
गुड़िया (Dolls)	: पेडियोफोबिया (Pediophobia)
स्वप्न (Dreams)	: ओनीरोफोबिया (Oneriophobia)
रोग (Disease)	: नोसोफोबिया (Nosophobia) या पैथोफोबिया (Pathophobia)
गंदगी (Dirt)	: माइसोफोबिया (Mysophobia) या राइपोफोबिया (Rhypophobia)
राक्षस, दुष्टात्मा (Demons, Devils)	: डेमेनोफोबिया (Demenophobia)
मृत्यु (Death)	: नेक्रोफोबिया (Necrophobia) या थैनोटोफोबिया (Thanatophobia)
दिन की रोशनी (Day light)	: फेनगोफोबिया (Phengophobia)
खाली कमरा (Empty room)	: केनोफोबिया (Kenophobia)
बंद जगह (Enclosed space)	: क्लाउस्ट्रोफोबिया (Claustrophobia)
आँख (Eye)	: ओम्मैटोफोबिया (Ommatophobia)
इंगलैंड तथा अंग्रेजी चीज (England & English things)	: एंगलोफोबिया (Anglophobia)
मल (Feces)	: कोपरोफोबिया (Coprophobia)
आग (Fire)	: पायराफोबिया (Pyrophobia)
फूल (Flowers)	: एनथोफोबिया (Anthophobia)

बाढ़ (Flood)	: एन्टलोफोबिया (Antlophobia)
कुहासा (Fog)	: होमिक्लोफोबिया (Homichlophobia)
असफलता (Failure)	: काकोराफियाफोबिया (Kakorraphiaphobia)
उड़ना (Flying)	: एयेरोफोबिया (Aerophobia)
भोजन (Food)	: सिटोफोबिया (Citophobia) या सिबोफोबिया (Cibophobia)
परदेशी (Foreigners)	: एक्सनोफोबिया (Xenophobia)
फ्रांस तथा फ्रेंच चीज (France and French things)	: गाल्लोफाबिया (Gallophobia)
रोयाँ (Fur)	: डोराफोबिया (Doraophobia)
रोगाणु (Germs)	: स्पर्मोफोविया (Spermophobia)
भूत (Ghosts)	: फासमोफोबिया (Phasmophobia)
जर्मनी एवं जर्मन चीज (Germany and German things)	: जर्मैनोफोबिया (Germanophobia)
ईश्वर (God)	: थियोफाबिया (Theophobia)
कब्र या मकबरा (Graves)	: टैफोफोबिया (Taphophobia)
ताप (Heat)	: थर्मोफोबिया (Thermophobia)
ऊँचाई (Height)	: एक्रोफोविया (Acrophobia)
हृदय रोग (Heart Disease)	: कार्डियोफोबिया (Cardiophobia)
घर (Home)	: डोमैटोफोबिया (Domatophobia)
समलैंगिकता (Homosexuality)	: होमोफोबिया (Homophobia)
घोड़ा (Horses)	: हिप्पोफोबिया (Hippophobia) या इक्यूनोफोबिया (Equimenophpobia)
मानव लोग (Human beings)	: एन्थ्रोपोफोबिया (Anthropophobia)
बर्फ, तुषार (Ice, Frost)	: क्रायोफोबिया (Cryophobia)
पागलपन (Insanity)	: लाइसोफोबिया (Lyssophobia) या मैनियाफोबिया (Maniaphobia)
बीमारी (Illness)	: नोसेमाफोबिया (Nosemaphobia)
संक्रामक (Infection)	: मायसोफोबिया (Mysophobia) या मोलिसमोफाबिया (Molysmophobia)
अपूर्णता (Imperfection)	: एटेलोफोबिया (Atelophobia)
रोशनी (Light)	: फोटोफोबिया (Photophobia)
बिजली या तड़ित (Lighting)	: एस्ट्रापाफोबिया (Astrapaphobia) या केराओनोफोबिया (Keraunophobia)
शादी (Marriage)	: गामाफोबिया (Gamophobia)
पुरुष (Man)	: एण्ड्रोफोबिया (Androphobia)
मशीनरी (Machinery)	: मैकनोफोबिया (Mechanophobia)
मांस (Meat)	: कारनोफोबिया (Carnophobia)
दर्पण (Mirror)	: आइसोपहोफोबिया (Eisoptrophobia)
चूहे (Mice)	: मुसोफोबिया (Musophobia)
मुद्रा (Money)	: क्रोमेटोफोबिया (Chrometophobia)
मिशाइल (Missiles)	: वैलिसटोफोबिया (Ballistophobia)
रात्रि (Night)	: नायक्टोफोबिया (Nyctophobia)
नंगापन (Nakedness)	: गाइमनोफोबिया (Gymnophobia)

आवाज (noise) या जोर-जोर से बोलना (Loud talking) : फोनोफोबिया (Phonophobia)
नयापन (Novelty) : न्यूफोविया (Neophobia) या काइनोफाविया (Cainophobia)
गंध (Odors) : औसमोफोबिया (Osmophobia)
शरीर का गंध (Odors of body) : औसफ्रेसियोफोबिया (Osphresiophobia)
खुला जगह (Open space) : एगोराफोबिया (Agoraphobia) या सीनोफोबिया (Cenophobia)
दर्द (Pain) : अलगोफोबिया (Algophobia) या ओडिनेफोबिया (Odynephobia)
जहर (Poison) : टाक्सीफोबिया (Toxiphobia)
खुशी (Pleasures) : हेडनोफोबिया (Hednophobia)
शारीरिक प्यार (Physical love) : इरोटोफोबिया (Erotophobia)
गरीबी (Poverty) : पेनियाफोबिया (Peniaphobia)
गर्भ (Pregnancy) : माइयूसियोफोबिया (Mieusiophobia)
दंड (Punishment) : पोआनेफोबिया (Poinephobia)
रेलवे (Railways) : साइडेरोड्रोमोफाबिया (Siderodromophobia)
वर्षा (Rain) : आमब्रोफोबिया (Ombrophobia)
रूस या रूसी चीजों से डर : रूसोफोबिया (Russophobia)
शैतान (Satan) : शैतानोफोबिया (Satanophobia)
स्कूल (School) : स्कोलिओनोफोबिया (Scholionophobia) या डिडास्कालेनियाफोबिया (Didaskalei-nophobia)
लैंगिक संबंध (Sexual intercourse) : कोइटोफोबिया (Coitophobia) या साइप्रिडोफोबिया (Cypridophobia)
छाया (Shadows) : स्किओओफोबिया (Sciophobia)
चमड़ा (Skin) : डरमैटोफोबिया (Dermatophobia)
तेज वस्तु (Sharp objects) : बेलोनोफोबिया (Belonophobia)
नींद (Sleep) : हिपनोफोबिया (Hypnophobia)
साँप (Snakes) : ओफिडियोफोबिया (Ophidiophobia)
चर्म रोग (Skin diseases) : डरमैटोसियोफोबिया (Dermatosiophobia)
वर्फ (Snow) : कियोनोफोविया (Chionophobia)
चाल या रफ्तार (Speed) : टैकोफोबिया (Tachophobia)
मकड़ा (Spiders) : एरेकनोफोबिया (Arachnophobia)
डंक (Stings) : स्नीडोफोबिया (Cnidophobia)
अपरिचित (Strangers) : एक्सनोफोबिया (Xenophobia)
सूर्य (Sun) : हेलियाफोबिया (Heliophobia)
सर्जरी (Surgery) : अर्गोसियोफोबिया (Ergasiophobia)
निगलना (Swallowings) : फागोफोबिया (Phagophobia)
दाँत (Teeth) : ओडोनटोफोबिया (Odonophobia)
छूना (Touching) या छुआ जाना (being touched) : हाफेफोबिया (Haphephobia)
यात्रा (Travel) : होडोफोबिया (Hodophobia)
पेड़ (Trees) : डेन्ड्रोफोबिया (Dendrophobia)
13 की संख्या से डर (Fear of number 13) : ट्रिस्कायडेक्काफोबिया (Triskaidekkaphobia)

सवारी (Vehicles)	: एमैक्सोफोबिया (Amaxophobia) या औक्नोफोबिया (Ochno-phobia)
यौन रोग (Vernreal diseases)	: साइप्रिडोफोबिया (Cypridophobia) या भेनेरियोफोबिया (Venereo-phobia)
पानी (Water)	: हाइड्रोफोबिया (Hydrophobia)
हवा (Wind)	: एनेमोफोबिया (Anemophobia)
महिला (Women)	: गायनोफोबिया (Gynophobia)
शब्द (Words)	: लोगोफोबिया (Logophobia)
कार्य (Work)	: इर्गेसियोफोबिया (Ergasiophobia) या पोनोफोबिया (Pono-phobia)
कीड़े-मकोड़े (Worms)	: हेलमिनथोफोबिया (Helminthophobia)
बर्रे (Wasps)	: स्फेकसोफोबिया (Spheksophobia)
घाव (Wounds) या घायल होना	: ट्राऊमैटोफोबिया (Traumatophobia)
लेखन (Writing)	: ग्राफोफोविया (Graphophobia)

(i) पशु दुर्भीति *(Animal phobia)*–पशु दुर्भीति एक बहुत ही सामान्य प्रकार का विशिष्ट दुर्भीति है जिसमें रोगी विशेष तरह के पशु से कुछ कारणों से असंगत (irrational) ढंग से डरने लगता है। पशु दुर्भीति महिलाओं में अधिकतर पाया जाता है तथा इसकी शुरूआत बाल्यावस्था (childhood) से होता है। प्रमुख पशु दुर्भीति निम्नांकित है–

बिल्ली (cats), से डर	: एल्यूरोफोबिया (ailurophobia)
कुत्ता (dogs) से डर	: साइनोफोबिया (cynophobia)
कीट-मकोड़ों (insects) से डर	: इन्सेक्टोफोबिया (insectophobia)
मकड़ा (spiders) से डर	: एरेकनोफोबिया (arachnophobia)
चिड़ियों (birds) से डर	: एबिसोफोबिया (avisophobia)
घोड़ा से डर	: इक्यूनोफोबिया (equinophobia)
साँप से डर	: ओफिडयोफोबिया (ophidiophobia)
कृन्तकों (rodents) से डर	: रोडेनटोफोबिया (rodentophobia)
जीवाणुओं या रोगाणुओं से डर	: माइसोफोबिया (mysophobia)

(ii) अजीवित वस्तु से उत्पन्न दुर्भीति *(Inanimate object phobia)*–इसमें रोगी कुछ अजीवित वस्तुओं से असंगत डर (irrational fear) दिखलाता है। जैसे, सम्भव है कि व्यक्ति अंधेरा (darkness) से या गंदगी से ऐसा असंगत डर दिखलाना प्रारंभ कर दे। पशु दुर्भीति के समान ही इस तरह के दुर्भीति का केन्द्र बिंदु कोई एक विशेष वस्तु (object) होता है वरना अन्य दृष्टिकोणों से व्यक्ति सामान्य दिखता है। इस तरह की दुर्भीति पशु दुर्भीति की तुलना में अधिक सामान्य (common) है तथा वे पुरुष एवं महिला दोनों में ही लगभग समान रूप से होता है। इस तरह की दुर्भीति की एक विशेषता यह भी है कि यह किसी भी उम्र में व्यक्ति में हो सकता है। ऐसे दुर्भीति के प्रमुख प्रकार निम्नांकित हैं–

आंधी-तूफान (storm) से डर	: ब्रौनटोफोबिया (brontophobia)
ऊँचाई (heights) से डर	: एक्रोफोबिया (acrophobia)
अंधेरा (darkness) से डर	: नाइक्टोफोबिया (nyctophobia)
बंद जगहों (closed spaces) से डर	: क्लाऊस्ट्रोफोबिया (claustrophobia)
अकेलापन (being alone) से डर	: मोनोफोबिया (monophobia)
आग (fire) से डर	: पायरोफोबिया (pyrophobia)
भीड़ (crowds) से डर	: ऑकलोफोबिया (ochlophobia)
हवाई जहाज से यात्रा करने का डर	: एवियाफोबिया (aviaphobia)

(iii) बीमारी एवं चोट से सम्बद्ध दुर्भीति *(Illness and injury phobias)*–इस तरह की दुर्भीति में व्यक्ति में चोट, जख्म या अन्य तरह के बीमारी से सम्बद्ध असंगत डर (irrational fear) उत्पन्न हो जाता है हालांकि जिस बीमारी

से वह इतना डरता है, उससे अब इतना डरने की बात नहीं है। ऐसे लोग अन्य दृष्टिकोण से सामान्य होते हैं परंतु उनमें इस बात का भयानक डर बना रहता है कि उसे जल्द ही अमुक बीमारी हो जाएगा। इस तरह के भयानक डर से ही उसमें कुछ लक्षण जैसे छाती में दर्द तथा पेट में दर्द आदि होने लगता है जिससे वह समझता है कि अब उसमें अमुक रोग उत्पन्न हो जाएगा । इस तरह की दुर्भीति की शुरूआत सामान्यत: मध्य आयु (middle ages) में होता है। इस तरह की दुर्भीति को *नोसोफोबिया (nosophobia)* कहा जाता है जिसके विशिष्ट सामान्य प्रकार कुछ इस तरह से हैं–

मृत्यु (death) से डर : थैनेटोफोबिया (thanatophobia)
कैंसर (cancer) से डर : कैंसरोफोबिया (cancerophobia)
यौन रोगों (venereal) से डर : वेनेरियोफोबिया (venerophobia)

(iv) रक्त दुर्भीति *(Blood phobia)*–इस तरह के रोगी में उन परिस्थितियों से असंगत डर (irrational fear) विकसित हो जाता है जिसमें उन्हें रक्त देखने को मिलता है, चाहे कट-फट जाने से रक्त निकल रहा हो या फिर सूई देने से रक्त निकल रहा हो। या अन्य कोई कारण से रक्त निकल रहा हो । इसी दुर्भीति के कारण वे मेडिकल जाँच आदि से अपने को दूर रखते हैं। सामान्य जीवसंख्या का करीब 4% लोगों में रक्त दुर्भीति सामान्य मात्रा में पाया गया है। क्लिनकेनेचट् (Klinknecht, 1994) के अनुसार रक्त दुर्भीति महिलाओं में पुरुषों की अपेक्षा अधिक होती है और इसकी शुरूआत अक्सर उत्तर बाल्यावस्था (later childhood) में होती है।

(ख) एगोराफोबिया *(Agoraphobia)*

'एगोराफोबिया' (agoraphobia) का शाब्दिक अर्थ भीड़-भाड़ या बाजार स्थलों (market places) से डर से होता है। परंतु वास्तविकता यह है कि एगोराफोबिया में कई तरह के डर सम्मिलित होते हैं जिसका केंद्र बिंदु सार्वजनिक या आम स्थान (public place) ही होता है जहाँ से व्यक्ति को ऐसा विश्वास होता है कि किसी तरह की घटना या दुर्घटना होने पर न तो कोई बचाव सम्भव है और न कोई बचाने के लिए ही आ सकता है। खरीददारी करने के लिए जाने से डर, भीड़-भाड़ वाले स्थानों में प्रवेश से डर तथा यात्रा करने से डर आदि एगोराफोबिया के सामान्य अंश हैं। नैदानिक मनोवैज्ञानिकों एवं मनश्चिकित्सकों के उपचार गृह में आने वाले दुर्भीति रोगियों में से करीब 60% रोगी एगोराफोबिया के ही होते हैं। यह महिलाओं में अधिक होता है तथा इसकी शुरूआत प्राय: किशोरावस्था तथा आरंभिक वयस्कावस्था (early adulthood) में होता है।

एगोराफोबिया की शुरूआत बार-बार आतंक दौरा (panic attack) होने से सामान्यत: होता है। इसमें कुछ और लक्षण भी स्पष्ट रूप से देखने को मिलते हैं। जैसे, इसमें तनाव (tension), घुमड़ी (dizziness), हल्का-फुल्का बाध्यता (compulsive) व्यवहार यथा बार-बार यह देखना कि दरवाजा बंद ठीक से है कि नहीं या बिछावन के नीचे झाँककर यह देखना कि कहीं कोई घुस तो नहीं गया है, तथा विषादी प्रवृत्तियाँ (depressive tendencies) भी देखने को मिलता है। बगलास्स तथा उनके सहयोगियों (Buglass et al., 1977) के अनुसार एगोराफोबिया के रोगियों के करीब 93% रोगी ऐसे पाये गये जिनमें ऊँचाई एवं बंद जगहों से भी असंगत डर पाया गया। एगोराफोबिया में विखरित एवं अविशिष्ट चिंता (nonspecific anxiety) पाया जाता है तथा मार्क्स (Marks, 1989) के अनुसार ऐसे रोगियों या क्लायंट के स्वायत्त तंत्रिका तंत्र (autonomic nervous system) से लिया गया रिकॉर्ड यह दिखलाता है कि जब वे आराम करते होते भी हैं तो उनमें उत्तेजन का स्तर काफी ऊँचा होता है।

DSM-IV (TR) में एगोराफोबिया की उत्पत्ति विभीषका विकृति (panic disorder) के इतिहास के बिना या उसके साथ दोनों ही तरह से होते माना गया है। कुछ ऐसे व्यक्ति होते हैं जिनमें विभीषका विकृति में हुए आतंक या विभीषका दौरा (attack) के कारण एगोराफोबिया विकसित हो जाता है तथा कुछ ऐसे व्यक्ति होते हैं जिनमें ऐसे आतंक या विभीषका का कोई इतिहास नहीं होता है फिर भी उनमें यह रोग विकसित हो जाता है। यही कारण है कि DSM-IV (TR) में एगोराफोबिया को वास्तविक दुर्भीति (true phobia) का एक प्रकार न मानकर विभीषका विकृति (panic disorder) का एक उपप्रकार (subtype) बतलाकर उसकी व्याख्या की गयी है।

(ग) सामाजिक दुर्भीति *(Social phobia)*

सामाजिक दुर्भीति वैसे दुर्भीति को कहा जाता है जिसमें व्यक्ति को अन्य व्यक्तियों की उपस्थिति का सामना करना पड़ता है। व्यक्ति को ऐसी परिस्थिति में यह डर बना रहता है कि उसका मूल्यांकन (evaluation) लोग करेंगे। फलत: वह ऐसी परिस्थितियों से दूर हटना चाहता है तथा वह चिंतित नजर आता है तथा वह काफी घबड़ाया हुआ दिखता है। इसे *सामाजिक चिंता विकृति* (social anxiety disorder) भी कहा जाता है। ऐसे लोग आम लोगों के बीच बोलने तथा कुछ विशेष तरह की भूमिका करने आदि से काफी डरते हैं। इतना ही नहीं, ऐसे लोग आम लोगों के साथ खाना खाने या सार्वजनिक पेशाब-पैखाना घरों के उपयोग से भी काफी डरते हैं।

सामाजिक दुर्भीति की शुरूआत प्राय: किशोरावस्था में होता है तथा 25 साल के बाद फिर शायद ही किसी व्यक्ति में इसका प्रकोप होता है। इसका कारण यह है कि किशोरावस्था में ही व्यक्ति प्रथम बार सही अर्थ में सामाजिक चेतना तथा अन्य लोगों के साथ अंत:क्रियाओं से अवगत हो पाता है। यह विकृति सचमुच में पुरुष तथा महिला दोनों में ही समान रूप से होता पाया गया है। टर्नर तथा उनके सहयोगियों (Turner et al., 1990) के अनुसार सामाजिक दुर्भीति का अन्य विकृतियों के साथ मिलकर होने की सम्भावना भी अधिक होती है। प्राय: यह देखा गया है कि यह विकृति सामान्यीकृत चिंता विकृति (generalized anxiety disorder), विशिष्ट दुर्भीति (specific phobia), विभीषका विकृति (panic disorder) तथा बाध्य व्यक्तित्व विकृतियों (compulsive personality disorder) के साथ-साथ भी उत्पन्न होता है।

दुर्भीति के हैतुकी या कारण *(Etiology of Phobias)*

दुर्भीति के उत्पत्ति के कारणों पर मनोवैज्ञानिकों तथा मनश्चिकित्सकों द्वारा काफी गहन रूप से अध्ययन किया गया है और उन अध्ययनों से मिले तथ्यों पर यदि विचार करें तो यह स्पष्ट होगा कि दुर्भीति के निम्नांकित चार प्रमुख सिद्धान्त या कारक या रूपावली (paradigms) हैं जिनमें उसकी व्याख्या अलग-अलग ढंगों से की गयी है–

(1) जैविक सिद्धांत या कारक (biological theories or factors)

(2) मनोविश्लेषणात्मक सिद्धान्त या कारक (psychoanalytic theories or factors)

(3) व्यवहारपरक सिद्धान्त या कारक (behavioural theories or factors)

(4) संज्ञानात्मक सिद्धान्त या कारक (cognitive theories or factors)

इन सबों का वर्णन निम्नांकित है–

1. जैविक सिद्धान्त या कारक *(Biological Theories or Factors)*

एक ही तरह के तनाव वाली परिस्थिति में होने पर भी कुछ व्यक्तियों में दुर्भीति विकसित हो जाता है जबकि कुछ अन्य व्यक्ति में नहीं। इसका कारण यह बतलाया गया है कि जिनमें दुर्भीति उत्पन्न हो जाता है, उनमें कुछ जैविक दुष्कार्य (biological malfunctioning) होता है (डायथिसिस) जो इनमें तनावपूर्ण परिस्थिति के बाद दुर्भीति उत्पन्न करता है। इस क्षेत्र में किये गये शोधों से यह स्पष्ट हुआ कि निम्नांकित दो क्षेत्रों से सम्बद्ध जैविक कारक महत्त्वपूर्ण हैं–

(i) स्वायत्त तंत्रिका तंत्र *(Autonomic nervous system)*–कुछ अध्ययनों से इस बात के सबूत मिले हैं कि दुर्भीति उन व्यक्तियों में अधिक उत्पन्न होता है जिनका स्वायत्त तंत्रिका तंत्र कई तरह के पर्यावरणी उद्दीपकों से बहुत ही जल्द उत्तेजित हो जाता है। लेसी (Lecey, 1967) ने इस तरह के स्वायत्त तंत्रिका तंत्र को *स्वायत्त अस्थिरता (autonomic lability)* कहा जाता है। गाबे (Gabbay, 1992) के अनुसार स्वायत्त अस्थिरता बहुत हद तक वंशानुगत रूप से निर्धारित (genetically determined) होता है। अत: व्यक्ति के आनुवंशिकता (heredity) का दुर्भीति उत्पन्न होने में एक निश्चित भूमिका होती है।

(ii) आनुवंशिक कारक *(Genetic factors)*–कुछ ऐसे अध्ययन हुए हैं जिनसे यह स्पष्ट सबूत मिलता है कि दुर्भीति होने की सम्भावना उन व्यक्तियों में अधिक होता है जिसके माता-पिता तथा तुल्य संबंधियों में इस तरह का रोग पहले उत्पन्न हो चुका हो। जैसे, हैरिस तथा उनके सहयोगियों (Harris et. al., 1983) के अनुसार एगोराफोबिया के रोगियों के प्रत्यक्ष संबंधियों में इस विकृति के होने की सम्भावना नियंत्रित प्रयोज्यों के प्रत्यक्ष संबंधियों की तुलना में अधिक पायी गयी। नोएस तथा उनके सहयोगियों (Noyes et al., 1986) ने अपने अध्ययन में पाया कि एगोराफोबिया के

संबंधियों में इस विकृति के साथ-साथ विभिषीका विकृति (panic disorder) के उत्पन्न होने की संभावना अधिक थी। उसी तरह से टॉरग्रेसेन (Torgrasen, 1983) ने अपने अध्ययन में पाया है कि एकांडी जुड़वाँ बच्चों (identical twin children) में भ्रात्रीय जुड़वाँ बच्चों (fraternal twin children) की तुलना में एगोराफोबिया की सुसंगतता दर (concordance rate) अधिक होता है।

उपर्युक्त अध्ययनों के आलोक में हम इस निष्कर्ष पर पहुँचते हैं कि दुर्भीति की उत्पत्ति में जैविक कारकों की भूमिका होती है।

2. मनोविश्लेषणात्मक सिद्धान्त *(Psychoanalytical Theories)*

दुर्भीति के कारणों की व्याख्या मनोविश्लेषणात्मक कारकों के रूप में भी की गयी है। फ्रायड (Freud) पहले ऐसे व्यक्ति थे जिन्होंने दुर्भीति के कारणों की व्याख्या मनोविश्लेषणात्मक सिद्धान्त के रूप में किया है। फ्रायड के अनुसार दमित उपांह इच्छाओं (repressed id impulses) से उत्पन्न चिंता के प्रति रोगी द्वारा अपना गया दुर्भीति एक सुरक्षा (defense) होता है। यह चिंता डर उत्पन्न करने वाले उपांह की इच्छाओं से विस्थापित होकर किसी वैसे वस्तु या परिस्थिति से संबंधित हो जाता है जो इन इच्छाओं से किसी-न-किसी ढंग से जुड़ा होता है। वह वस्तु या परिस्थिति जैसे बंद स्थान, ऊँचाई (height), कीड़े-मकोड़े आदि तब व्यक्ति के लिए दुर्भीति उत्पन्न करने वाले उद्दीपक (stimulus) हो जाते हैं। उनसे दूर रहकर व्यक्ति अपने आप को दमित संघर्ष (repressed conflict) से बचाता है ।

सिगमंड फ्रायड ने यह भी बतलाया है कि पशु दुर्भीति (animal phobias) विशेषकर छोटे-छोटे बच्चों में बधियाकरण (castration) के अचेतन डर से उत्पन्न होता है। इनका मत था कि जब अचेतन लैंगिक इच्छाएँ चेतन में प्रवेश करने की कोशिश करती हैं, तो अहम् चिंता को किसी दूसरे वस्तु पर स्थानान्तरित कर देता है जो फिर बाद में वास्तव में खतरनाक जैसा प्रतीत होता है। फ्रायड का बहुचर्चित दुर्भीति का केस उदाहरण लिटल हंस (Little Hans) का है जो उनके मेडिकल सहकर्मी का ही सुपुत्र था। हंस घोड़ा से डरता था और उसके द्वारा काटे जाने के डर से वह गली या रोड पर बाहर नहीं निकलता था। फ्रायड के अनुसार सामाजिक दुर्भीति भी लैंगिक इच्छाओं से उत्पन्न होने वाले अचेतन इच्छाओं से जन्म लेता है। उदाहरणस्वरूप, फ्रायड का विश्वास था कि भीड़ से डर उत्पन्न होने का कारण व्यक्ति का यह अचेतन डर होता है कि इससे व्यक्ति अपने आपको एक समूह के सामने अनावृत्त (expose) कर पायेगा।

दुर्भीति का दूसरा मनोविश्लेषणात्मक व्याख्या ऐरीटी (Arieti, 1979) द्वारा प्रदान किया गया है। इनके अनुसार बाल्यावस्था में बच्चे निर्दोषता की अवधि से गुजरते हैं जिसके दौरान उन्हें यह विश्वास रहता है कि वयस्क लोग उन्हें किसी भी तरह के खतरा से हमें बचा पायेंगे। परंतु जब उनका यह विश्वास टूट जाता है तो वे अन्य वयस्कों विशेषकर माता-पिता को अधिक विश्वसनीय नहीं मानने लगते हैं। परंतु वे इस अविश्वास से बहुत ही जल्द अपने को छुटकारा दिलाने की कोशिश करने लगते हैं क्योंकि यह सामाजिक दृष्टिकोण से अनुचित होता है। इसलिए वे फिर से इन वयस्कों में विश्वास तथा भरोसा करने की प्रयास प्रारंभ कर देते हैं और इस क्रम में वे अचेतन रूप से अन्य लोगों के डर को कुछ वस्तु या परिस्थिति से प्रतिस्थापित कर देते हैं। इससे अंततोगत्वा व्यक्ति में दुर्भीति (phobia) उत्पन्न हो जाता है।

3. व्यवहारपरक सिद्धान्त *(Behavioural Theories)*

इस सिद्धान्त के अनुसार व्यक्ति में दुर्भीति उत्पन्न होने का मुख्य कारण दोषपूर्ण सीखना (faulty learning) होता है। इस दोषपूर्ण सीखना की व्याख्या निम्नांकित तीन तरह के कारकों से की गयी है–

(i) परिहार अनुबंधन (avoidance conditioning)
(ii) मॉडलिंग (modeling)
(iii) धनात्मक पुनर्बलन (positive reinforcement)

इन तीनों का वर्णन निम्नांकित है–

(i) परिहार अनुबंधन *(Avoidance conditioning)*–दुर्भीति का विकास परिहार अनुबंधन के द्वारा होता पाया गया है। इस तथ्य को सबसे पहले वाटसन (Watson) तथा उनकी शिष्या जो बाद में उनकी पत्नी बनी, अर्थात् रेनर (Raynor) द्वारा एक अलबर्ट (Albert) नामक बालक में प्रयोगात्मक रूप से डर या दुर्भीति उत्पन्न करके दिखलाया गया था। बाद में इसकी सटीक व्याख्या माऊर्र (Mowrer, 1947) द्वारा किया। इनके अनुसार दुर्भीति दो तरह के सम्बद्ध सीखना से

होता है—क्लासिकी अनुबंधन (classical conditioning) द्वारा जब किसी तटस्थ उद्दीपक को जिसे अनुबंधित उद्दीपक (conditional stimulus) भी कहा जाता है, डर उत्पन्न करने वाला उद्दीपक या घटना के साथ युग्मित कर दिया जाता है, तो व्यक्ति पहले इस तटस्थ उद्दीपक के प्रति डरना सीख लेता है। फिर इसके बाद व्यक्ति इस अनुबंधित डर को तटस्थ उद्दीपक या अनुबंधित उद्दीपक से दूर रहकर काम करना सीख लेता है। यह दूसरे तरह के सीखना को *क्रिया प्रसूत अनुबंधन (operant conditioning)* कहा जाता है (क्योंकि डरने की अनुक्रिया उसके पुनर्बलित परिणामों से संपोषित होती है)। दुर्भीति के उत्पन्न होने के लिए यह आवश्यक है कि उत्पन्न डर सामान्यीकृत (generalized) हो अर्थात् व्यक्ति सिर्फ अनुबंधित उद्दीपक से ही नहीं डरे बल्कि अन्य समान उद्दीपकों से भी डरे। जैसे, वह सिर्फ कोई विशेष ऊँचे मकान पर जाने से ही नहीं डरे बल्कि सभी ऊँची चीजों पर जाने से डरे। इस परिहार अनुबंधन मॉडल द्वारा कई तरह की दुर्भीतियों की व्याख्या आसानी से की गयी है। जैसे, नैदानिक मनोविज्ञानियों का मत है कि उपचारगृह में आए दुर्भीति के रोगियों में यह देखा गया है कि किसी विशिष्ट वस्तु से विकसित दुर्भीति प्रायः उस वस्तु से उत्पन्न दर्द भरे अनुभूतियों से ही प्रारंभ हुआ है। जैसे, स्कूटर से दुर्घटना हो जाने पर कुछ लोगों में सिर्फ स्कूटर ही नहीं बल्कि सभी तरह के दो पहिया, तीन पहिया तथा चार पहिया वाहनों के चलाने के प्रति उनमें असंगत डर (irrational fear) विकसित हो जाता है।

परिहार अनुबंधन मॉडल का एक दोष यह है कि सभी तरह की दुर्भीति के उत्पन्न होने की व्याख्या यह मॉडल संतोषजनक ढंग से नहीं कर पाता है। ओस्ट (Ost, 1987) ने अपने अध्ययन में यह पाया है कि कुछ ऐसे भी व्यक्ति उनके उपचारगृह में आए जिनमें सर्प, जीवाणु, हवाईजहाज तथा ऊँचाई से दुर्भीति उत्पन्न तो अवश्य थी परंतु उनके जीवन में इन वस्तुओं से कभी भी कोई अप्रिय अनुभव नहीं हुआ था। उसी तरह से कुछ अध्ययनों में यह भी देखा गया कि मोटर या कार दुर्घटना की अनुभूति नहीं होने पर भी उनमें इनके प्रति दुर्भीति उत्पन्न हो गया था। इन सबों से हम इस निष्कर्ष पर पहुँचते हैं कि परिहार अनुबंधन मॉडल (avoidance conditioning model) दुर्भीति की पूर्ण व्याख्या करने में अकेले सक्षम नहीं है।

(ii) मॉडलिंग *(Modeling)*—मॉडलिंग के अनुसार दुर्भीति व्यक्ति में दूसरों के व्यवहार को प्रेक्षण करके (या उसके बारे में दूसरों से सुनकर भी) विकसित होता है। प्रेक्षण द्वारा इस तरह के सीखना को *स्थानापन्न सीखना (vicarious learning)* या *प्रेक्षणात्मक सीखना (observational learning)* भी कहा जाता है। इस तथ्य को वैण्डुरा तथा रोजेनथल (Bandura & Rosenthal, 1966) ने अपने अध्ययन में दिखलाया है जिसमें यह स्पष्ट रूप से यह पाया गया कि जब प्रयोज्यों ने दूसरों में किसी वैद्युत उपकरण को स्पर्श करने पर दर्द का अनुभव होते कई प्रयासों में प्रेक्षण किया, तो उसमें भी उस उपकरण से असंगत डर उत्पन्न हो गया। मॉडलिंग द्वारा दुर्भीति विकसित होने की प्रक्रिया को माइनेका तथा उनके सहयोगियों (Mineka et al., 1994) के प्रयोगों में भी स्पष्ट रूप से दिखलाया गया है। इस प्रयोग में किशोर बंदरों को कुछ ऐसे माता-पिता का दर्जा प्राप्त किये बंदरों के साथ रखा गया जो साँप से काफी डरते थे। विभिन्न प्रेक्षणात्मक सीखना के सत्र के दौरान किशोर बंदरों ने उन वयस्क बंदरों को साँप से डरने के व्यवहारों का तथा अन्य उद्दीपकों से नहीं डरने के व्यवहारों का प्रेक्षण किया। छह ऐसे सत्रों (sessions) के बाद यह पाया गया कि किशोर बंदरों में भी साँप के प्रति इसी ढंग का असंगत डर (irrational fear) विकसित हो गया। तीन महीना के बाद अनुवर्ती अध्ययन (follow-up study) में यह पाया गया कि डर स्थायी (durable) था। इस अध्ययन से यह स्पष्ट हो जाता है कि प्रेक्षणात्मक सीखना (observational learning) से भी दुर्भीति विकसित होता है।

परंतु मॉडलिंग या प्रेक्षणात्मक सीखना का भी वही दोष पाया गया है जो परिहार अनुबंधन मॉडल (avoidance conditioning model) के हैं। कई अध्ययनों से यह स्पष्ट हुआ कि दुर्भीति के सभी रोगी यह नहीं कहते हैं कि उन्होंने किसी अन्य व्यक्ति को संवेगात्मक परिस्थिति में प्रेक्षण किया है। इसके अतिरिक्त, कुछ ऐसे व्यक्ति भी हैं जिन्हें दूसरों से काफी बुरा अनुभव प्राप्त हुआ है परंतु फिर भी उसमें किसी प्रकार का कोई दुर्भीति उत्पन्न नहीं हुआ है। ऐसे सबूतों से यह स्पष्ट होता है कि मॉडलिंग अपने आप में दुर्भीति की पूर्ण व्याख्या नहीं करता है।

(iii) धनात्मक पुनर्बलन *(Positive reinforcement)*—दुर्भीति का विकास व्यक्ति में धनात्मक पुनर्बलन के आधार पर भी होता है। जैसे मान लिया जाए कि कोई बच्चा स्कूल जाने से डर कर अपने माता-पिता के सामने कुछ ऐसा बहाना बनाता है कि उसे स्कूल नहीं जाना पड़े। यदि माता-पिता उसके इस बहाना को सुनकर उसे स्वीकार कर लेते हैं और जिसके परिणामस्वरूप, उसे स्कूल नहीं जाना पड़ता है तो यहाँ माता-पिता द्वारा बच्चा को स्कूल नहीं जाने के लिए सीधा

धनात्मक पुनर्बलन मिल रहा है। इसका परिणाम यह होगा कि बच्चा भविष्य में डर कर स्कूल न जाने की अनुक्रिया को करना सीख लेगा। इस उदाहरण से स्पष्ट होता है कि धनात्मक पुनर्बलन से भी व्यक्ति में डर या दुर्भीति उत्पन्न होता है। डेविसन एवं नील (Davison & Neale, 1996) ने अपने अध्ययन से इस तथ्य की संपुष्टि किया है।

4. संज्ञानात्मक सिद्धान्त ***(Cognitive Theories)***

दुर्भीति के विकास में कुछ संज्ञानात्मक कारकों की भी अहम् भूमिका रही है। दुर्भीति विकृति से ग्रस्त व्यक्ति जान-बूझकर परिस्थिति को या उससे मिलने वाली सूचनाओं को इस ढंग से संसाधित करते हैं कि उससे उनका दुर्भीति और भी मजबूत हो जाता है। इस तरह से दुर्भीति के उत्पन्न होने तथा उसे संपोषित होने में एक तरह का संज्ञानात्मक पूर्वाग्रह (cognitive bias) होता है। इस तथ्य का समर्थन टोमार्केन, माइनेका तथा कूक (Tomarken, Mineka & Cook, 1989) के एक अध्ययन से होता है। इस अध्ययन में साँप या मकड़ा (spiders) से डरने वाले प्रयोज्यों का दो समूह तैयार किया। साँप या मकड़ा से अधिक डरने वाले प्रयोज्यों का समूह तथा साँप या मकड़ा से कम डरने वाले प्रयोज्यों का समूह। इसके बाद इन्हें कई ऐसे स्लाइड (slides) दिखलाये गए जिनमें से कुछ तो डर-संगत (fear relevent) थे (जैसे, फन फैलाये साँप) तथा कुछ ऐसे स्लाइड दिखलाये गए जिसमें डर असंगत (fear irrelevent) जैसे तरह-तरह के फूल खिले थे। इसके बाद उन्हें तीन में से किसी एक को परिणाम (outcome) के रूप में दिया गया—बिजली का आघात (electric shock), आवाज (tone) या कुछ नहीं (nothing)। स्लाइड देखने और उसका परिणाम से सामना कराने के बाद प्रयोज्यों को प्रत्येक प्रकार के स्लाइड का साहचर्य उसके परिणाम से बतलाने के लिए कहा गया (जैसे, यह उन्हें बतलाने के लिए कहा गया कि कितने प्रतिशत प्रयासों में फूल देखने के बाद बिजली का आघात दिया गया।) वास्तविकता यह थी कि प्रत्येक प्रकार के स्लाइड तथा प्रत्येक परिणाम के बीच साहचर्य की मात्रा एक समान अर्थात् 33 प्रतिशत ही थी। प्रयोग के परिणाम में यह देखा गया कि जिन प्रयोज्यों में डर अधिक था, वे डर उत्पन्न करने वाले स्लाइड तथा बिजली के आघात के वास्तविक साहचर्य को अतिआकलन (overestimate) किया। इस आधार पर प्रयोगकर्त्ताओं द्वारा इस निष्कर्ष पर पहुँचा गया कि साँप या मकड़ा से अधिक मात्रा में डरने वाले प्रयोज्य जान-बूझकर सूचनाओं को इस ढंग से संपोषित कर रहे थे कि उनमें ऐसे डर और अधिक संसोधित होता रहे या बना रहे। सामाजिक दुर्भीति में भी संज्ञानात्मक कारकों की स्पष्ट भूमिका देखने को मिला है। गोल्डफ्रिड (Goldfried, 1984) ने अपने अध्ययन में यह पाया है कि ऐसे लोग सामाजिक परिस्थिति में होने वाले मूल्यांकन (evaluation) को लेकर अधिक चिंतित रहते हैं। बेट्स (Bets, 1950) के अनुसार ऐसे लोग दूसरों के मन में अपने बारे में उत्पन्न होने वाले प्रतिमा (image) का अधिक ख्याल रखते हैं।

स्पष्ट हुआ कि दुर्भीति के कारणों की व्याख्या करने के लिए कई तरह के सिद्धान्तों का वर्णन किया गया है। अत: दुर्भीति के हैतुकी (etiology) को सम्पूर्ण रूप से समझने के लिए यह आवश्यक है कि इन सभी सिद्धान्तों द्वारा प्रतिपादित कारकों पर उचित ध्यान दिया जाए।

दुर्भीति के उपचार *(Treatment of Phobias)*

दुर्भीति के उपचार (treatment) की कई विधियाँ हैं जिन्हें मोटे तौर पर निम्नांकित चार प्रमुख भागों में बाँटा जा सकता है—

1. जैविक उपचार (biological treatment)
2. मनोविश्लेषणात्मक उपचार (psychoanalytic treatment)
3. व्यवहारपरक उपचार (behavioural treatment)
4. संज्ञानात्मक उपचार (cognitive treatment)

इन सबों का वर्णन इस प्रकार है।

1. जैविक उपचार *(Biological treatment)*—दुर्भीति के रोगियों की चिंता को कम करने के लिए चिंता-विरोधी औषध (anti-anxiety drugs) जैसे बारबिट्रेट (Barbiturate) का प्रयोग किया जाता है। परंतु चूँकि इसका अवांछनीय पार्श्विक प्रभाव (side effect) अधिक होता पाया गया, इसलिए अब इसका उपयोग कम होने लगा है। अब तुलनात्मक रूप से दो अन्य औषधों जैसे प्रोपैनेडियोल्स (Propanediols) तथा बेनजोडियाजेपाइन्स (Benzodiazepines) का उपयोग दुर्भीति के रोगियों के उपचार में अधिक किया जाता है।

इन औषधों के सहारे उपचार करने में जो सबसे बड़ा दोष दिखता है, वह यह है कि औषध बंद करते ही पुन: दुर्भीति के लक्षण लौट आते हैं। अत: जैविक चिकित्सा (biological therapy) दुर्भीति के रोगियों का एक बहुत सही उपचार नहीं दिखता है।

2. मनोविश्लेषणात्मक उपचार *(Psychoanalytic treatment)*—मनोविश्लेषणात्मक चिकित्सा में चिकित्सक रोगी के उन दमित मानसिक संघर्ष (reperssed mental coflict) की पहचान करना चाहता है जो उसमें असंगत डर (irrational fear) तथा डर के वस्तुओं (objects) या परिस्थितियों से दूर ले जाता है। इस तरह के संघर्ष की पहचान करने में वह स्वतंत्र साहचर्य विधि (free association method), स्वप्न विश्लेषण आदि का सहारा लेता है। परम्परागत मनोविश्लेषक (orthodox psychoanalyst) मूलत: लैंगिक संघर्ष (sexual coflicts) का पता लगाकर रोग का उपचार करते हैं परंतु ऐरीटी (Arieti) के अन्तरवैयक्तिक सिद्धान्त से सम्बद्ध मनोविश्लेषक ऐसे रोगी को अपने सामान्यीकृत डर (generalized fear) को समझने में मदद कर उसका उपचार करते हैं।

3. व्यवहारपरक उपचार *(Behavioural treatment)*—दुर्भीति के उपचार में कई तरह के व्यवहारपरक विधियों जैसे क्रमबद्ध असंवेदीकरण (systematic desensitization), मॉडलिंग तथा फ्लडिंग (flooding) आदि प्रमुख हैं।

क्रमबद्ध असंवेदीकरण की प्रविधि जिसका विकास जोसेफ ओल्प (Joseph Wolpe) द्वारा 1950 वाले दशक में किया गया था, द्वारा दुर्भीति का उपचार काफी किया गया है। इस विधि में उपचार तीन स्तरीय अवस्था में होता है। पहली अवस्था में चिकित्सक रोगी को मांशपेशियों के शिथिलीकरण (relaxation) का प्रशिक्षण देता है। दूसरी अवस्था में चिकित्सक की मदद से रोगी उन सभी वस्तुओं या परिस्थितियों जिनसे वह डरता है, की एक पदानुक्रमिक सूची (hierarchical list) तैयार करता है । तीसरी अवस्था में प्रतिअनुबंधन (counterconditioning) के सहारे रोगी के दुर्भीति को धीरे-धीरे कम किया जाता है। इस तीसरी अवस्था में रोगी गहरी शिथिलीकरण (relaxation) की अवस्था में रहते हुए सूची से डर उत्पन्न करने वाले उद्दीपकों के बारे में एक-एक करके सोचते जाता है। वह पहले सूची के उस उद्दीपक के बारे में सोचता है जिससे सबसे कम डर उत्पन्न होता है, फिर उत्तरोत्तर अधिक डर उत्पन्न करने वाले उद्दीपक के बारे में एक के बाद एक करके सोचता है। इससे उसका डर स्वभावत: कम हो जाता है क्योंकि डर तथा शिथिलीकरण (relaxation) आपस में असंगत अनुक्रिया (incompatible response) है जो एक साथ नहीं हो सकता है। दुर्भीति के रोगियों के उपचार में इस विधि का उपयोग विल्सन एवं ओलयरी (Wilson & O'Leary, 1980) द्वारा काफी अधिक सफलतापूर्वक किया गया है।

मॉडलिंग की प्रविधि में दुर्भीति के रोगी किसी ऐसे मॉड्ल या व्यक्ति के व्यवहार को देखता है जो उसके रोग से सम्बद्ध व्यवहार को बिना किसी डर के करता है। जैसे, सर्प दुर्भीति के रोगी को एक ऐसा मॉडल दिखला कर उसका उपचार सफलतापूर्वक बैण्डुरा (Bandura, 1986) द्वारा किया गया है जिसमें मॉडल या व्यक्ति सर्प को लेकर अपने शरीर पर छोड़ता है तथा वह फिर सर्प को हाथ से पकड़कर उसे उलट-पुलट करते हुए अपने कंधे एवं गले में लिपटाता है। उसे देखकर रोगी यह सीखता है कि सचमुच में सर्प से उसका डर व्यर्थ है। फिर उसके बाद चिकित्सक उस रोगी को धीरे-धीरे साँप के पास आने, उसे छूने एवं पकड़ने के लिए प्रोत्साहित करता है और इस तरह से बार-बार करके उसकी दुर्भीति को कम या समाप्त करता है।

फ्लडिंग (Flooding) में दुर्भीति के रोगी को उस वस्तु या परिस्थिति में लंबे अवधि तक रखा जाता है जिससे वह डरता है। जैसे, बंद स्थान से दुर्भीति जिसे क्लाऊस्ट्रोफोबिया (claustrophobia) कहा जाता है, के रोगी को बंद कमरे में कुछ घंटों तक रखा जा सकता है तथा ऊँचाई से डरने वाले व्यक्ति को ऊँचे मकान पर कुछ घंटों के लिए ले जाया जा सकता है। ऐसा करने से रोगी में यह सूझ उत्पन्न होता है कि उसका डर व्यर्थ है क्योंकि किसी भी तरह का अनर्थ तो नहीं होता है। ऐसी सूझ से उसकी दुर्भीति स्वत: कमने लगती है।

उपर्युक्त प्रविधि के अलावा दुर्भीति खासकर रक्त दुर्भीति (blood phobia) के उपचार के लिए एक नयी प्रविधि जिसे *प्रयुक्त तनाव* (applied tension) कहा जाता है, का उपयोग अधिक किया जा रहा है। इस प्रविधि का प्रतिपादन स्वीडेन (Sweden) के मनोवैज्ञानिक लारस-गोरेन ओस्ट (Lars–Goren Ost) द्वारा किया गया और यह प्रविधि क्रमबद्ध असंवेदीकरण (systematic desensitization) के तर्क पर आधृत है। ओस्ट ने यह देखा कि रक्त दुर्भीति के रोगी जब रक्त को देखता है तो उसमें कुछ ऐसी जैविक प्रक्रियाएँ प्रारंभ होती हैं जो अन्य तरह के दुर्भीति के रोगियों में

होने वाले जैविक प्रक्रियाओं से विपरीत होता है। जैसे, रक्त दुर्भीति का रोगी जब रक्त देखता है तो उसका रक्त चाप (blood pressure) कम हो जाता है तथा हृदय गति मंद हो जाता है तथा अक्सर वह बेहोश हो जाता है। ओस्ट का तब तर्क यह है कि यदि ऐसे रोगी को अपने मांसपेशियों में तनाव उत्पन्न करने का प्रशिक्षण दिया जाए तो इससे स्वभावत: विपरीत जैविक प्रक्रिया जैसे रक्त चाप एवं हृदय गति में वृद्धि आदि होगी और तब रक्त देखकर उसमें बेहोशी जैसी अनुक्रिया नहीं होगी। प्रयुक्त तनाव विधि में रोगी को अपने बाँह, हाथ, पैर आदि की मांसपेशियों से तनाव उत्पन्न करके फिर उसे धीरे-धीरे तनावरहित करने का प्रशिक्षण दिया जाता है ताकि वह इसका रक्त देखने पर उपयोग कर सके । ओस्ट (Ost, 1989) ने अपने एक अध्ययन में जिसमें रक्त दुर्भीति के 30 रोगियों को प्रयुक्त तनाव के सहारे उपचार किया, यह पाया कि 90% रोगियों में इसका अच्छा परिणाम पाया गया।

4. संज्ञानात्मक उपचार (*Cognitive treatment*)—दुर्भीति के उपचार में संज्ञानात्मक प्रविधियाँ अधिक सफलीकृत नहीं हो पायी है। इलिस (Ellis, 1962) का सुझाव है कि रोगी के असंगत विश्वासों (irrational beliefs) द्वारा दुर्भीति संपोषित होता है। अत: जब भी रोगी उस वस्तु या परिस्थिति जिससे वह डरता है, का सामना करता है, तो उसे अपने असंगत विश्वास के खोखलापन को समझाने की कोशिश करनी चाहिए। इससे रोगी में असंगत विश्वास कमजोर होकर उसके जगह पर संगत विश्वास कायम हो जाएगा और फिर धीरे-धीरे उसकी दुर्भीति कम हो जाएगी या समाप्त हो जाएगी । परंतु टर्नर (Turner, 1992) एवं विलियम्स एवं रैपापोर्ट (Williams & Rappaport, 1983) ने अपने-अपने अध्ययनों में यह स्पष्ट रूप से पाया है कि डर उत्पन्न करने वाले वस्तु या परिस्थिति से बिना सामना कराये हुए सिर्फ असंगत विश्वास को कमजोर करके दुर्भीति के रोगियों को कोई विशेष फायदा नहीं होता है।

स्पष्ट हुआ कि दुर्भीति जिसके कई प्रकार हैं, कई कारणों से उत्पन्न होता है। इसके उपचार के कई विधियाँ (behavioural methods) हैं जिनका उपयोग आज भी मनोवैज्ञानिकों एवं मनश्चिकित्सकों (psychiatrists) द्वारा काफी किया जाता है।

भीषिका विकृति
(Panic Disorder)

भीषिका विकृति चिंता विकृति (anxiety disorder) का एक प्रमुख प्रकार है। भीषिका विकृति में रोगी को अचानक एक अव्याख्येय (inexplicable) भीषिका या आतंक (panic) का दौरा पड़ता है । जब रोगी को इस तरह का अप्रत्याशित भीषिका दौरा बार-बार अर्थात् हफ्ता में कम-से-कम एक या दो बार अवश्य पड़ता है तो उसे DSM-IV (TR) में भीषिका विकृति कहा गया है। इस तरह से भीषिका विकृति में अप्रत्याशित बारंबार भीषिका दौरा (panic attack) होता है।

भीषिका दौरा (panic attack) को DSM-IV (TR) में कुछ प्रमुख दैहिक संवेदनाओं (physiological sensations) के रूप में परिभाषित किया गया है। इन दैहिक संवेदनों में यदि कम-से-कम चार दैहिक संवेदन भी कोई व्यक्ति अनुभव करता है, तो उसे भीषिका दौरा कहा जाएगा। ये दैहिक संवेदन इस प्रकार हैं–

(i) हृदय गति का तीव्र या कम होना
(ii) पसीना आना
(iii) मांसपेशियों में कंपन उत्पन्न होना
(iv) साँस की गति रुकने या मंद होने का अनुभव होना
(v) छाती में दर्द या तकलीफ होना
(vi) दम घुटने (choking) का अनुभव होना
(vii) पेट में दर्द होना तथा मिचली का अनुभव करना
(viii) बेहोशी होना या चक्कर आने का अनुभव करना
(ix) अवास्तविकता (derealization) या अपने आप से अलग होने का अनुभव (depersonalization) होना
(x) अपने आप पर नियंत्रण खोने का डर होना या सनकी (crazy) होना
(xi) मरने का डर होना
(xii) सुन्न (numbness) या झुनझुनी (tingling) संवेदन का होना
(xiii) कपकपी या अत्यधिक गर्मी का अनुभव होना

स्पष्ट हुआ कि भीषिका दौरा के न केवल दैहिक (physiological) और सांवेगिक (emotional) लक्षण हैं बल्कि इसके कुछ संज्ञानात्मक (cognitive) लक्षण भी हैं। रोगी में यह अनुभव होना कि वह अब जल्द ही मरने वाला है, या उसे अब अपने पर नियंत्रण की कमी महसूस करना या सनकी (crazy) होना आदि संज्ञानात्मक लक्षण के उदाहरण हैं।

भीषिका दौरा (panic attack) सप्ताह में एक या दो बार कम-से-कम अवश्य होता है और दौरा आने पर लगभग कुछ मिनट तक तो अवश्य बना रहता है और कभी-कभी घंटों बना रहता है। भीषिका दौरा संकेतिक (cued) तथा असंकेतिक (uncued) दोनों ही तरह का होता है। संकेतिक भीषिका दौरा कोई विशेष परिस्थिति या उद्दीपक से संबंधित होता है और जब व्यक्ति को उस उद्दीपक या परिस्थिति से सामना होता है, उसमें दौरा पड़ता है। ऐसी परिस्थिति में तब मनश्चिकित्सक उसमें दुर्भीति (phobia) रोग उत्पन्न हो जाने का अनुमान लगाते हैं। भीषिका दौरा प्रत्याशित (unexpected) ढंग से भी होता है और किसी वस्तु या परिस्थिति से संबंध नहीं होता है। जब भीषिका दौरा अप्रत्याशित एवं बारंबार होता है, तो यह समझा जाता है कि व्यक्ति में **भीषिका विकृति** (panic disorder) विकसित हो गयी है। मेयर्स तथा उनके सहयोगियों (Myers et al., 1984) के अध्ययन के अनुसार भीषिका विकृति का दर पुरुषों में (0.7%)होता है तथा महिलाओं में 1.0% होता है। पोलार्ड, पोलार्ड एवं कार्न (Pollard, Pollard & Corn, 1989) के अनुसार इस विकृति की शुरूआत आरंभिक वयस्कावस्था (early adulthood) में होता है तथा इसका संबंध तनावपूर्ण जीवन की अनुभूतियों से होता है।

DSM-IV (TR) में भीषिका विकृति को एगोराफोबिया (agoraphobia) के साथ या उसके बिना भी होने की बात कही गयी है। जब भीषिका विकृति के रोगी कहीं आम स्थानों (public places) जैसे बस अड्डा, रेलवे प्लेटफॉर्म, स्कूल, अस्पताल आदि में जाने से इसलिए घबड़ाता है कि वहाँ दौरा पड़ने पर उसे कोई देखने वाला नहीं होगा, तो ऐसी परिस्थिति में यह समझा जाता है, कि उसमें भीषिका विकृति एगोराफोबिया के साथ उत्पन्न हुआ है। परंतु ऐसा नहीं होने पर अर्थात् जब रोगी आम स्थानों पर जाने से घबड़ाता नहीं है बल्कि उसमें सामान्य प्रतिक्रिया बनी रहती है, तो ऐसा समझा जाता है कि उसमें भीषिका विकृति बिना एगोराफोबिया के ही उत्पन्न हुआ है। मनश्चिकित्सकों की आम राय है कि अधिकतर केसेज में भीषिका विकृति एगोराफोबिया के लक्षण के साथ उत्पन्न होता है।

भीषिका विकृति का एक केस उदाहरण ***(A case example of panic disorder)***

यह केस उदाहरण स्पिट्ज़र एवं उनके सहयोगियों (Spitzer et al., 1983) द्वारा उद्धृत किया गया है। "मिसेज वाट्सन (Mrs. Watson) की आयु 45 वर्ष की थी और उनके दो बच्चे भी थे। उसे अपने चाचा से बचपन से ही काफी लगाव था क्योंकि उसके पालन-पोषण में चाचा की अहम भूमिका रही थी। कुछ महीना पहले उसके चाचा की मृत्यु हो गयी थी जिससे उसे काफी मानसिक आघात पहुँचा था। कुछ दिन पहले जब वह अपने काम से घर लौट रही थी तो रास्ते में ही उसे विभीषिक दौरा (panic attack) पड़ा। जाड़े के मौसम में वह पसीने-पसीने हो गयी। उसे अनुभव होने लगा कि उसका हृदय गति रुकने-रुकने को है तथा उसकी साँस की गति काफी अनियमित ढंग से चलने लगी। उसे अवास्तविकता (derealization) तथा अपने आप से अलग होने का अनुभव (depersonalization) का अनुभव होने लगा। अगल-बगल के लोगों से सहायता माँग कर वह किसी तरह नजदीक के अस्पताल में पहुँची जहाँ उसका मेडिकल जाँच किया गया और किसी तरह की कोई असामान्यता नहीं पायी गयी। सिर्फ इतना ही पाया गया कि उसका हृदय गति कुछ अनियमित था जो जाँच के ही दौरान फिर सामान्य हो गया।

इसी तरह का दूसरा विभीषका दौरा फिर उसे घर पर जब वह खाना बना रही थी, पड़ा। अगले कुछ सप्ताहों में उसे घर में ऐसा ही और दौरा पड़ा। जैसे-जैसे उसमें विभीषका दौरा पड़ने की संख्या बढ़ते गयी, उसे घर से बाहर जाने में डर उत्पन्न हो गया। हमेशा वह इस बात से अब डरने लगी कि अकेले वह बाहर नहीं जाएगी क्योंकि सम्भव है कि उसे इस ढंग का विभीषका दौरा पड़ जाए तो कौन उसे बचा पाएगा। फलत: वह अपने सामाजिक कार्यों एवं मनोरंजन सम्बद्ध बाहर के कार्यों में काफी कटौती कर दिया। बहुत दिनों तक उसका उपचार किये जाने पर फिर वह महिला अपने सामान्य जीवन की ओर लौट गयी और फिर कभी उसे विभीषका दौरा नहीं पड़ा। उसके इस उपचार में अन्य प्रविधियों के अतिरिक्त विषाद-विरोधी औषध (antidepressant medicine) जैसे इमीप्रेमाईन (imipramine) की अहं भूमिका बतलायी गयी।"

उक्त केस उदाहरण में महिला को विभीषका विकृति (panic disorder) के साथ-साथ एगोराफोबिया के भी लक्षण स्पष्ट हैं।

विभीषका विकृति के हैतुकी *(Etiology of panic disorder)*

विभीषका विकृति के कई कारण बतलाए गये हैं जिन्हें मोटे तौर पर निम्नांकित दो प्रमुख भागों में बाँटा गया है–

(1) जैविक कारक (biological factors)

(2) मनोवैज्ञानिक कारक (psychological factors)

इन दोनों कारकों का वर्णन निम्नांकित है–

1. **जैविक कारक** *(biological factors)*–अध्ययनों से यह पता चला है कि विभीषका विकृति उन व्यक्तियों में जल्द होता है जिनके परिवार के किसी सदस्य में यह पहले हो चुका है। टॉरगेरसेन (Torgersen, 1983) के अनुसार विभीषका विकृति की सुसंगतता दर (corcordance rate) एकांडी जुडुवाँ (identical twin children) में भ्रात्रीय जुडुवाँ बच्चों (fraternal twin children) की अपेक्षा काफी अधिक होता है। इनके अध्ययन के अनुसार यदि एकांड़ी जुडुवाँ युग्म में से एक बच्चा में विभीषका विकृति (panic disorder) होती है, तो दूसरा ऐसे बच्चा में इसके होने की संभावना 31% बढ़ जाती है। परंतु भ्रात्रीय जुडुवाँ युग्म में से यदि कोई एक को विभीषका विकृति होती है, तो युग्म के दूसरा बच्चा में इस विकृति के होने की कोई सम्भावना नहीं के बराबर होती है। इससे स्पष्टतः यह पता चलता है कि विभीषका विकृति का एक आनुवंशिक आधार (genetic base) होता है। चार्नी एवं हेनिनगर (Charney & Heninger, 1986) ने अपने अध्ययन के आधार पर यह बतलाया है कि जब व्यक्ति के मस्तिष्क का वह सर्किट (circuit) जो आपातकालीन प्रतिक्रिया (emergency reaction) को धीमा करता है या बंद करता है, की क्षमता कमजोर हो जाती है, तो इससे उसमें विभीषका विकृति उत्पन्न होने की सम्भावना बढ़ जाती है। रॉबिन्स तथा उनके सहयोगियों (Robins et al., 1986) के अनुसार विभीषका विकृति के रोगी में यह भी पाया गया है कि उनके मस्तिष्क के कुछ हिस्सों में रक्त प्रवाह तथा ऑक्सीजन सामान्य से अधिक होता है।

लेई (Ley, 1987) के अध्ययन के अनुसार विभीषका दौरा का संबंध अतिश्वसन (hyperventilation or overbreathing) से होता है। अतिश्वसन से व्यक्ति का स्वायत्त तंत्रिका तंत्र (autonomic nervous system) उत्तेजित हो जाता है जिससे रोगी में विभीषका दौरा के सभी दैहिक लक्षण उत्पन्न हो जाते हैं। कुछ अध्ययनों से यह भी पता चला है कि जब श्वसन वायु (breathing air) में कार्बन डायऑक्साइड (CO_2) की मात्रा सामान्य से अधिक होती है, तो इससे भी विभीषका दौरा पड़ता है क्योंकि कार्बन डायक्साइड की मात्रा अधिक होने से अतिश्वसन (hyperventilation) की अवस्था उत्पन्न होने की सम्भावना अधिक होती है।

2. **मनोवैज्ञानिक कारक** *(Psychological factors)*–विभीषका विकृति के कुछ मनोवैज्ञानिक कारण भी बतलाए गये हैं। क्लार्क (Clark, 1989) के अध्ययन के अनुसार विभीषका विकृति उत्पन्न होने का एक कारण यह है कि व्यक्ति अपने भीतर उत्पन्न शारीरिक संवेदनाओं (bodily sensations) का अनर्थकर भ्रांतिपूर्ण व्याख्या (catastrophic misinterpretation) करता है। विभीषका विकृति वाले रोगी सामान्य चिंता अनुक्रियाओं जैसे तीव्र हृदय गति, दम फूलने की स्थिति तथा चक्कर आने की स्थिति को यह मान लेते हैं कि अब विभीषका दौरा पड़ने ही वाला है। जबकि वास्तविकता यह होता है कि यह अन्य कारकों से उसमें होता है। ऐसी भ्रांतिपूर्ण व्याख्या (misinterpretation) से व्यक्ति में परेशानी और भी अधिक बढ़ जाती है और अंततोगत्वा उसमें पूर्ण रूप से विभीषका विकृति (panic disorder) उत्पन्न हो जाता है। इस तथ्य का समर्थन हॉल्ट एवं एण्डरसन (Holt & Anderson, 1989) द्वारा अपने शोध के आधार पर किया गया है।

अध्ययनों से यह भी पता चला है कि विभीषका विकृति के रोगी में इस बात का काफी डर बना रहता है कि यदि उन्हें विभीषिका दौरा कहीं आम जगह या स्थान (public place) में पड़ जायगा तो उसे अपने आप पर कोई नियंत्रण (control) नहीं रह जाएगा। सैंडरसन, रेपी एवं वारलो (Sanderson, Rapee & Barlow, 1989) ने अपने अध्ययन में ऐसे रोग की उत्पत्ति में इस तरह के नियंत्रण (control) के महत्त्व को दिखलाया है। सचमुच में इस प्रयोग में प्रत्यक्षित नियंत्रण (perceived control) का विभीषका प्रतिक्रिया (panic disorder) पर पड़ने वाले प्रभावों का अध्ययन किया गया । विभीषका विकृति के रोगियों को साँस लेने के लिए ऐसी परिस्थिति में कहा गया जिसमें कार्बन (CO_2) की मात्रा पर्याप्त थी और उनसे यह कहा गया कि जब एक बत्ती जलेगी, तो वे डायल (dial) घुमाकर कार्बन के सांद्रता (concentration) को कम कर सकते हैं। आधे प्रयोज्यों के लिए बत्ती लगातार जलती थी परंतु आधे प्रयोज्यों के लिए

बत्ती कभी नहीं जली। सच्चाई यह थी कि डायल के घुमाने का कोई भी प्रभाव कार्बन के सांद्रता के स्तर पर नहीं पड़ता था परंतु फिर भी उनसे यह कहा गया था कि डायल से कार्बन के सांद्रता स्तर को नियंत्रित किया जा सकता है। सचमुच में प्रयोग का उद्देश्य इस तरह के नियंत्रण करने की प्रत्यक्षित क्षमता (perceived ability) के पड़ने वाले प्रभाव का अध्ययन करना था। परिणाम में देखा गया जिस समूह के प्रयोज्यों ने यह सोचा कि वे कार्बन के स्तर को नियंत्रित कर सकते हैं, उनमें से मात्र 20% में ही विभीषका दौरा (panic attack) हुआ जबकि वैसे प्रयोज्यों के समूह जिन्हें डायल घुमाकर कार्बन के सांद्रता को नियंत्रित करने की बात नहीं सोचा था, उसमें से 80% प्रयोज्यों में विभीषका दौरा पड़ा। इस अध्ययन से यह पता चलता है कि विभीषका विकृति में प्रत्यक्षित नियंत्रण (perceived control) का पर्याप्त महत्त्व है।

स्पष्ट हुआ कि विभीषका विकृति की उत्पत्ति में कई तरह के जैविक एवं मनोवैज्ञानिक विशेषकर संज्ञानात्मक कारकों की सराहनीय भूमिका है।

विभीषका विकृति की चिकित्सा या उपचार ***(Therapies or Treatment of panic disorder)***

विभीषका विकृति के उपचार के लिए कुछ औषध (drug) का सफलतापूर्वक उपयोग किया गया। इसमें ट्राईसाईक्लिक विषाद-विरोधी औषध (tricyclic antidepressant drugs) तथा चिंता-विरोधी औषध (anti-anxiety drug) जैसे अल्परोजालम (alprozalam) से विभीषका दौरा काफी कम हो जाते देखा गया और कुछ रोगियों में तो इन औषधों के उपयोग से इस तरह का दौरा पूर्णतः समाप्त हो गया।

इसके अतिरिक्त इस विकृति के रोगियों के उपचार में कुछ मनोवैज्ञानिक चिकित्साओं (psychological therapies) का भी उपयोग बारलो, क्रेसकी एवं क्लोसको (Barlow, Craske & Klosko, 1989) तथा क्लोसको एवं उनके सहयोगियों (Klosko et al., 1990) द्वारा किया गया है। इन लोगों का तर्क है कि यदि शारीरिक संवेदनाओं (bodily sensation) की भ्रांत व्याख्या (misinterpretation) से व्यक्ति में विभीषका विकृति होती है, तो इस भ्रांत व्याख्या को यदि बदल दिया जाए तो इससे विकृति अपने आप दूर हो जाएगी। अतः इन लोगों के मनोवैज्ञानिक चिकित्सा में इसी तर्क का सहारा लेकर उपचार प्रारंभ किया गया। ऐसे रोगियों से यह कहा गया कि विभीषका विकृति तब उत्पन्न होती है जब सामान्य चिंता के दैहिक लक्षणों को वे हृदय आघात (heart attack) के लक्षण समझकर अधिक घबड़ा जाते हैं। उनसे कहा गया कि स्वयं चिंता से ही श्वसन गति में कमी, छाती में दर्द तथा पसीना आदि आने लगता है। अगर इन लक्षणों का हृदय आघात के लक्षण गलती से समझ लिया जाता है, तो लक्षण और भी गंभीर हो जाते हैं और विभीषका दौरा (panic attack) होने की सम्भावना तीव्र हो जाती है। अतः रोगियों को इन लक्षणों को पुनर्व्याख्या इस ख्याल से करने के लिए कहा जाता है कि वे सिर्फ चिंता के लक्षण हैं और इसके बाद उन्हें इन लक्षणों से निपटने की प्रशिक्षण दी गयी। उन्हें इस प्रशिक्षण के दौरान यह दिखलाया जाता है कि जिन दैहिक लक्षणों को वे हृदय आघात के लक्षण मान रहे थे, वे वास्तव में सामान्य चिह्न (normal anxiety) के लक्षण हैं। इस तरह के प्रशिक्षण के बाद से रोगी अपने शारीरिक संवेदनों की सही व्याख्या करना सीख लेता है। कई अध्ययनों में यह देखा गया है कि इस तरह के साधारण मनोवैज्ञानिक चिकित्सा से करीब 80 से 90% रोगी चंगा हो गए क्योंकि फिर उनमें दोबारा विभीषका दौरा नहीं पड़ा।

स्पष्ट हुआ कि विभीषका विकृति के उपचार में जैविक तथा मनोवैज्ञानिक दोनों तरह की चिकित्साओं का उपयोग किया जाता है। परंतु इन दोनों में से मनोवैज्ञानिक चिकित्सा तुलनात्मक रूप से अधिक प्रभावी सिद्ध हुआ है क्योंकि कोई परोक्ष प्रभाव (side effect) नहीं होता है।

सामान्यीकृत चिंता विकृति
(Generalized Anxiety Disorder or GAD)

सामान्यीकृत चिंता विकृति (Generalized Anxiety Disorder or GAD) एक अन्य चिंता विकृति है जिसपर DSM-IV (TR) में विशेष ध्यान दिया गया है। GAD एक ऐसी विकृति है जिसमें रोगी चिरकालिक (chronic) अवास्तविक या अत्यधिक चिंता से ग्रस्त रहता है। इस तरह की चिंता को परंपरागत रूप से *स्वतंत्र-प्रवाही चिंता* (free-floating anxiety) कहा जाता है। GAD से ग्रसित व्यक्ति हमेशा तनाव, चिंता एवं बिखरित अशांति (diffused uneasiness) की दुनियाँ में होता है। DSM-IV (TR) के अनुसार यदि किसी व्यक्ति की जिंदगी कम-से-कम गत छह माह ऐसे बीते हों जिसमें अधिकतर अवधि में उसे अवास्तविक एवं अत्यधिक चिंता बना हुआ रहा हो, तो निश्चित रूप से उसे GAD का रोगी कहा जा सकता है।

GAD की नैदानिक विशेषताएँ या लक्षण (symptoms) कई हैं। जैसे, सांवेगिक रूप से (emotionally) ऐसे रोगी बेचैन, तनावग्रस्त, सतर्क, हैरान (Jittery) दिखता है। वह आनेवाले खतरों जैसे हृदय आघात, मर जाने या नियंत्रण खोने आदि जैसी बातों के बारे में सोच-सोचकर काफी परेशान रहता है । संज्ञानात्मक रूप से (cognitively) वह हमेशा कुछ बुरा होने की उम्मीद करते रहता है परंतु यह नहीं बता पाता है कि क्या बुरा होने वाला है। दैहिक (physically) रूप से भी उसमें कई तरह के लक्षण दिखाई पड़ते हैं। व्यक्ति में कई आपातकालीन दैहिक प्रतिक्रियाएँ (emergency physical reaction) भी होते पायी गयीं हैं जिनमें पसीना आना, हृदय गति तीव्र होना, पेट की गड़बड़ी होना, सिर का उड़ा-उड़ा अनुभव होना, हाथ-पाँव काफी ठंढ हो जाना आदि प्रधान हैं। ऐसे व्यक्ति जल्द थकान अनुभव करते हैं, एकाग्रचित (concentrate) होने में कठिनाई का अनुभव करते हैं, चिड़चिड़ा व्यवहार दिखलाते हैं तथा उनमें अनिंद्रा की शिकायत भी होती है। व्यवहारात्मक (behaviourally) रूप से, ऐसे व्यक्ति हमेशा अपने आप को दूसरों से छुपाते हैं या छुपाने के ख्याल से कहीं और चले जाते हैं। ऐसे व्यक्ति को किसी निर्णय पर पहुँचने में कठिनाई होती है और अगर कोई निर्णय ले भी लिए तो वे यह सोच-सोच कर परेशान रहते हैं कि अवश्य ही उसमें कोई-न-कोई त्रुटि हो गयी होगी।

GAD की विकृति अन्य विकृतियों की तुलना में कम होते पायी जाती है। रेपी (Rapee, 1991) के अनुसार GAD सामान्य जनसंख्या के मात्र 4% लोगों में ही होते देखा गया है। वारलो (Barlow, 1996) के अनुसार GAD की शुरूआत सामान्यत: 15 साल की आयु में प्रारंभ हो जातता है परंतु कुछ व्यक्ति ऐसे भी पाये गये हैं जिन्हें इसकी समस्या पूरे जिंदगी के दौरान होता है। जीवन के तनावपूर्ण घटनाओं के अनुसार GAD महिलाओं में पुरुषों की अपेक्षा अधिक होता है तथा सामाजिक दुर्भीति (social phobia) तथा मनोग्रसित-वाध्यता विकृति (obsessive-compulsive disorder) के साथ इस रोग के होने की सम्भावना तुलनात्मक रूप से अधिक होती है।

GAD का एक केस उदाहरण *(A case example of GAD)*

इस केस उदाहरण को डेविसन एवं नील (Davison & Neale, 1996) द्वारा उद्धृत किया गया है, "24 वर्ष का मैकेनिक को मनश्चिकित्सा के लिए उसे मेडिकल चिकित्सक द्वारा भेजा गया। उसे नींद नहीं आने की शिकायत थी तथा साथ-ही-साथ चक्कर भी आता था। वह आरंभिक साक्षात्कार के दौरान काफी दुखित दीखता था तथा वह बोलते-बोलते हाँफ जाता था तथा उसे काफी पसीना भी आता था। वह बार-बार पानी पीता था फिर भी उसकी प्यास नहीं बुझती थी। उसमें तीव्र चिंता के और भी लक्षण मौजूद थे। वह यह भी कहता था कि उसे हमेशा तनाव बना रहता था । उसे किसी भी चीज की चिंता होने लगती थी तथा नाना प्रकार की चिंता होती थी। जब वह अन्य लोगों के साथ कार्य करता था या अंत:क्रिया करता था तो वह सोचकर चिंतित हो जाता था कि कहीं कोई भयानक घटना जैसे हृदय आघात (heart attack) या मृत्यु न हो जाए। उसने अपने अंतर्वैयक्तिक संबंधों (interpersonal relationship) में तरह-तरह की कठिनाइयों के बारे में भी बतलाया और कहा कि उसका यह संबंध दोषपूर्ण होने के कारण ही उसे कई नौकरी से बाहर निकाल दिया गया था।"

इस केस उदाहरण में GAD के अधिकतर लक्षण रोगी में पाये गये हैं।

GAD के हैतुकी *(Etiology of GAD)*

GAD का अध्ययन नैदानिक मनोविज्ञानियों तथा मनश्चिकित्सकों द्वारा काफी किया गया है और उनके अध्ययनों से यह स्पष्ट हुआ है कि GAD के कई कारण हैं जिनमें से निम्नांकित प्रमुख हैं–

(1) जैविक कारक (biological factors)
(2) मनोवैज्ञानिक कारक (psychoanalytic factors)
(3) अधिगम से सम्बद्ध कारक (learning factors)
(4) संज्ञानात्मक-व्यवहारात्मक कारक (cognitive-behavioural factors)

इन सबों का वर्णन इस प्रकार है–

1. जैविक कारक *(biological factors)*–कुछ अध्ययनों से यह स्पष्ट हुआ है कि GAD का कारण आनुवंशिकता (hereditary) है। जैसे, स्लेटर एवं शिल्ड (Slater & Shields, 1969) ने एकांडी जुडुवाँ बच्चों के सत्तरह युग्मों तथा भ्रातीय जुडुवाँ (fraternal twins) के 28 जुडुवाँ युग्मों का तुलनात्मक अध्ययन किया और पाया कि

49% एकांडी जुडुवाँ बच्चों में सामान्यीकृत चिंता विकृति थी जबकि मात्र 4% भ्रातीय जुडुवाँ बच्चों में चिंता स्नायुविकृति पायी गयी। टारग्रेसन (Torgersen, 1983) ने अपने अध्ययन में GAD के लिए भी एकांडी जुडुवाँ बच्चों में इसी तरह का सुसंगतता दर (concordance rate) पाया। इन अध्ययनों के आलोक में यह कहा जा सकता है कि GAD का आधार आनुवंशिकता (hereditary) भी है।

2. मनोवैश्लेषिक कारक *(Psychoanalytic factors)*–मनोवैश्लेषिक सिद्धान्त द्वारा भी GAD की व्याख्या की गयी है। इस सिद्धान्त के अनुसार अहम् (ego) की इच्छा एवं उपांह (id) की इच्छा में अचेतन संघर्ष (unconscious conflict) के कारण GAD की उत्पत्ति होती है। उपांह की ऐसी इच्छाएँ जो प्राय: अपनी अभिव्यक्ति चेतन में चाहती हैं परंतु अहं उनके इस अभिव्यक्ति पर इसलिए रोक लगा देता है क्योंकि उसे डर होता है कि ऐसा होने से उसे दंड मिल सकता है। चूँकि ऐसी चिंता का स्रोत अचेतन (unconscious) होता है, अत: रोगी बिना कारण जाने हुए हमेशा चिंतित एवं आशंकित होता है। चिंता का वास्तविक स्रोत अर्थात् गत दंडित उपांह की इच्छाएँ हमेशा मौजूद होती हैं और उससे दूर होने का कोई रास्ता नहीं होता है। फलत: व्यक्ति हमेशा तनावग्रसित तथा आशंकित रहता है और उसका कारण भी नहीं समझ पाता है।

3. अधिगम से सन्बद्ध कारक *(Factors related to learning)*–यहाँ GAD को वातावरण के बाह्य उद्दीपकों (external stimuli) से अनुबंधित (conditioned) माना जाता है। ओल्प (Wolpe, 1958) ने इस कारण का समर्थन प्रदान किया है। जैसे, यदि कोई व्यक्ति जागृतावस्था में सामाजिक संपर्क (social contact) के बारे में चिंतित हो सकता है। अगर वह व्यक्ति अन्य लोगों के साथ अपना अधिक समय व्यतीत करता है तो यह समझा जा सकता है कि इसकी चिंता इस परिस्थिति से न कि अन्य आंतरिक कारकों से अनुबंधित (conditioned) है। इससे साबित होता है कि GAD में व्यक्ति की चिंता बाह्य उद्दीपकों से अनुबंधित होता है और ऐसे उद्दीपकों का परास (range) काफी विस्तृत होता है।

4. संज्ञानात्मक-व्यवहारात्मक कारक *(Cognitive-behavioural factor)*–संज्ञानात्मक- व्यवहारात्मक मॉडल में GAD के प्रमुख कारण के रूप में नियंत्रण (control) एवं नि:सहायता (helplessness) पर ध्यान केन्द्रित किया गया है। बारलो (Barlow, 1998) के अनुसार GAD के रोगी धमकीपूर्ण परिस्थितियों (threatening situations) को अपने नियंत्रण से परे मानता है जिससे उनमें अत्यधिक चिंता सतत (continuous) बना होता है। इस तरह के नियंत्रण की कमी के अतिरिक्त कुछ अन्य संज्ञानात्मक प्रक्रियाएँ भी ऐसे रोगियों के साथ संबंधित होती हैं। केन्डाल एवं इनग्राम (Kendall & Ingram, 1989) तथा बेक एवं उनके सहयोगियों (Beck et al., 1987) के अनुसार जब व्यक्ति किसी साधारण एवं नयी परिस्थिति को भी तनावपूर्ण एवं धमकी भरा प्रत्यक्षण करता है तो उससे अनावश्यक उसकी चिंता बढ़ जाती है और इतना ही नहीं, वह सतत बढ़ी हुई मात्रा में बना रहता है। ऐसे रोगी भविष्य के सम्भावित महाविपदा (disaster) के बारे में सोच-सोच कर परेशान रहते हैं। मैकलियोड एवं उनके सहयोगियों (MacLeod et al., 1986) के अध्ययन के अनुसार GAD के रोगियों का ध्यान उन उद्दीपकों की ओर तेजी से जाता है जिनसे उनके अनुसार कुछ दैहिक हानि हो सकती है या जहाँ सामाजिक भाग्यहीनता (social misfortune) जैसे आलोचना, तिरस्कार एवं व्याकुलता की सम्भावना अधिक होती है। बटलर एवं मैथ्यूज (Butler & Mathews, 1983) के अनुसार ऐसे रोगी अस्पष्ट उद्दीपकों (vague stimuli) को अधिक धमकीपूर्ण समझते हैं तथा अपने साथ अशुभ घटनाओं के होने की आशंका अधिक समझते हैं।

स्पष्ट हुआ कि GAD के कई सम्भावित कारण हैं। इसके स्वरूप को समझने के लिए इन सबों पर ध्यान देना होगा।

GAD के उपचार *(Treatment of GAD)*

GAD के उपचार के लिए निम्नांकित दो तरह की प्रविधियाँ अधिक लोकप्रिय हैं–

1. जैविक या मेडिकल प्रविधि *(biological or medical techniques)*–थॉम्पसन (Thompson, 1996) तथा हंट एवं सिंह (Hunt & Singh, 1991) द्वारा किये गये अध्ययनों से यह स्पष्ट हुआ है कि चिंता-विरोधी औषध (anti-anxiety drug) के लेने से GAD के चिंता लक्षणों में काफी कमी आ जाती है। परंतु ऐसा देखा गया है कि औषध को बंद करते ही सभी लक्षण पुन: लौट जाते हैं और रोगी फिर से यह सोचने लगता है कि उसके चिंता के लक्षण का स्वरूप कुछ ऐसा है जिसपर नियंत्रण नहीं पाया जा सकता है। इन कारणों से सिर्फ चिंता-विरोधी औषधों का उपयोग करके GAD के रोगियों का स्थायी उपचार सम्भव नहीं है।

2. संज्ञानात्मक-व्यवहारात्मक चिकित्सा *(Cognitive-Behavioural Therapy or CBT)*–CBT द्वारा GAD के रोगियों का उपचार सफलतापूर्वक किया गया है और इसके समर्थन में तीन प्रमुख अध्ययनों का उल्लेख किया जा सकता है। बटलर तथा उनके सहयोगियों (Butler et al., 1991) ने 57 GAD के रोगियों को तीन समूहों में बाँट कर प्रत्येक को अलग-अलग प्रविधियों से उपचार किया। वे तीन प्रविधि थे–CBT, सिर्फ व्यवहारात्मक चिकित्सा (behavioural therapy) तथा इंतजार-सूची नियंत्रण (wait-list control)। 4 से 12 सत्र तक उपचार किया गया और 18 महीना तक अनुवर्तन (follow-up) किया गया और पाया गया कि CBT द्वारा किया गया उपचार सबसे अधिक प्रभावशाली सिद्ध हुआ। पाभर तथा उनके सहयोगियों (Paver et el., 1990) ने 101 GAD रोगियों के उपचार में CBT तथा चिंता-विरोधी औषध अर्थात् डियाजेपाम (diazepam) का तुलनात्मक अध्ययन किया और छह महीना तक के अनुवर्तन (follow-up) में यह देखा गया कि CBT डियाजेपाम से कहीं अधिक लाभकारी था। वोरकोभेक एवं कास्टेलो (Borkovec & Costello, 1993) ने एक अन्य अध्ययन किया जिसमें GAD के उपचार में CBT तथा शिथिलीकरण (relaxation) को क्लायंट-केन्द्रित चिकित्सा (client centered therapy) से अधिक श्रेष्ठ पाया गया।

कभी-कभी GAD के रोगियों में प्रबल चिंता के साथ-ही-साथ चरम निःसहायता (extreme helplessness) का भाव भी होता है। ऐसी परिस्थिति में इस लक्षण को दूर करने के ख्याल से रोगी में उचित चिकित्सीय प्रविधि अपनाकर सामर्थ्यता (competence) का भाव विकसित किया जाता है । इस तरह का कौशल विकसित करने के लिए शाब्दिक निर्देश (verbal instruction), मॉडलिंग (modeling) या क्रियाप्रसूत शेपिंग (operant shaping) जैसी प्रविधियों का उपयोग किया गया है। गोल्डफ्रिड एवं डेविसन (Goldfried & Davison, 1976) ने इन तीनों के संयोजित उपयोग को एक अधिक बुद्धिमत्ता कदम बतलाया है।

निष्कर्षतः यह कहा जा सकता है कि GAD के उपचार के लिए चिंता-विरोधी औषधों का उपयोग एक अस्थायी समाधान के लिए किया जा सकता है तथा CBT का उपयोग एक स्थायी समाधान के लिए किया जा सकता है।

मनोग्रस्ति-बाध्यता विकृति
(Obsessive-Compulsive Disorder or OCD)

आरंभ में नैदानिक मनोवैज्ञानिकों (clinical psychologists) तथा मनश्चिकित्सकों (psychiatrists) का विचार था कि मनोग्रस्तता (obsession) तथा बाध्यता (compulsion) दो स्वतंत्र रोग है। परंतु बाद के अध्ययनों से यह स्पष्ट हो गया कि ये दोनों स्वतंत्र रोग नहीं हैं बल्कि एक ही विकृति के दो पहलू हैं। रोगी में कभी एक पहलू प्रधान होता है तो कभी दूसरा पहलू प्रधान होता है और कभी-कभी यह देखा गया है कि ये दोनों पहलू एक ही रोगी में संतुलित रूप से समान मात्रा में दिखलाई देते हैं। इस रोग के इन दोनों पहलुओं को समझने के लिए हम इसका वर्णन अलग-अलग निम्नांकित ढंग से करेंगे–

मनोग्रस्तता *(Obsession)*–मनोग्रस्तता एक ऐसी अवस्था होती है जिसमें रोगी बार-बार किसी अतार्किक एवं असंगत विचारों को न चाहते हुए भी मन में दोहराते रहता है। रोगी ऐसे विचारों की अर्थहीनता, असंगतता एवं अतार्किक स्वरूप को भली-भाँति समझता है और उनसे छुटकारा भी पाना चाहता है परंतु वह लाचार रहता है और विचार बार-बार उसके मन में आकर उसमें मानसिक अशांति उत्पन्न करते रहता है।

किस्कर[1] (Kisker, 1985) के अनुसार, "मनोग्रस्तता एक ऐसा विचार या चिंतन है जो हास्यास्पद, बेतुका तथा स्पष्टतः अर्थहीन होता है फिर भी ऐसा होता है जिससे रोगी छुटकारा नहीं पा सकता है।"

सेलिगमैन एवं रोजेनहान[2] (Seligman & Rosenhan, 1998) के अनुसार, "मनोग्रस्तता ऐसे पुनरावर्त्ती चिंतन, प्रतिमाओं एवं आवेगों को कहा जाता है जो चेतन में प्रवेश करते हैं और प्रायः घृणित (abhorrent) होते हैं और उनको नियंत्रित करना या समाप्त करना कठिन होता है।"

1. "An obsession is an idea or a thought that is silly, absurd or apparently meaningless yet one that the obsessive person can't get rid of." –Kisker : *Disorganized Personality,* 1985, p. 201
2. "Obsessions are repetitive thoughts, images or impulses that invade consciousness, are often abhorrent and are very difficult to dismiss or control." –Seligman and Rosenhan : *Abnormality,* 1998, p. 163

डेविसन एवं नील[1] (Davison & Neale, 1996) के अनुसार, ''मनोग्रस्तता अंतर्वेधी (intrusive) एवं पुनरावर्त्ती चिंतन, आवेग एवं प्रतिमाएँ होती हैं जो मन में बिना बुलाये या स्वैच्छिक रूप से आती हैं और अनुभव करने वाले व्यक्ति के लिए असंगत (irrational) एवं अनियंत्रणीय होता है।''

इन परिभाषाओं का विश्लेषण करने से मनोग्रस्तता के स्वरूप के बारे में हमें निम्नांकित तथ्य मिलते हैं–

(i) मनोग्रस्तता का संबंध विचार, चिंतन तथा प्रतिमाओं (images) से होता है।

(ii) ऐसे विचार या चिंतन बेतुका (absurd) एवं अर्थहीन होते हैं।

(iii) ऐसे विचार या चिंतन का स्वरूप पुनरावर्ती (repetitive) होता है तथा रोगी के मन में बार-बार आकर उसकी मानसिक शांति को भंग करते हैं।

(iv) चाहकर भी ऐसे विचारों या चिंतनों को उत्पन्न न होने देने पर रोगी का कोई नियंत्रण नहीं रहता है।

DSM-IV (TR) में ऐसे पुनरावर्ती विचारों या चिंतनों को मनोग्रस्तता का विचार या चिंतन कहलाने के लिए यह भी कसौटी जोड़ा गया है कि ऐसे विचार से रोगी को मानसिक तकलीफ होनी चाहिए, उसका समय काफी बर्बाद होना चाहिए तथा उससे व्यक्ति के दिन-प्रतिदिन की जिंदगी के सामान्य कार्यों, व्यावसायिक कार्यों, शैक्षिक कार्यों तथा सामाजिक कार्यों में पर्याप्त बाधा पहुँचना चाहिए।

प्राय: मनोग्रस्तता (obsession) के विचार एवं चिंता का संबंध कुछ ऐसे प्रश्नों से होता है जिनका उत्तर सही-सही देना कठिन होता है। जैसे क्या दुनियाँ में भगवान है? सत्य क्या है? क्या सभी धर्म की उत्पत्ति एक ही है? आदि-आदि। मनोग्रस्तता का संबंध अत्यधिक शक, अनिर्णायकता (indecision) तथा टाल-मटोल या विलंबन आदि से भी हो सकता है। रोगी ऐसी परिस्थिति में किसी निष्कर्ष पर पहुँचने में असफल रहता है तथा समस्या पर फिर से पुनर्विचार (reconsider) करना छोड़ देता है।

बाध्यता *(Compulsion)*–बाध्यता एक तरह का व्यवहारात्मक प्रतिक्रिया (behavioural reaction) है जिसमें रोगी अपनी इच्छा के विरुद्ध किसी क्रिया को बार-बार करते रहने के लिए बाध्य रहता है । ऐसी क्रियाएँ अवांछित ही नहीं बल्कि अतार्किक एवं असंगत भी होती है। साफ-सुथरे हाथ को बार-बार धोने का व्यवहार, ताला ठीक ढंग से लगा रहने पर भी उसे बार-बार झकझोर कर देखना, सड़क पर खड़े होकर आते-जाते गाड़ियों का नंबर नोट करना, किसी चीज को चुराने की बाध्यता (Kleptomania), आग लगाने की बाध्यता (Pyromania) आदि बाध्यता के कुछ उदाहरण हैं। बाध्यता को किस्कर[2] (Kisker, 1985) ने इस प्रकार परिभाषित किया है, ''मनोग्रस्तता जब कार्य में बदल दिये जाते हैं, तो बाध्यता कहा जाता है। बाध्यता से ग्रसित लोग एक ही कार्य बार-बार करते हैं हालांकि वे यह महसूस करते हैं कि ऐसा करने का कोई अर्थ नहीं है।''

डेविसन एवं नील[3] (Davison & Neale, 1996) ने भी बाध्यता को इस प्रकार परिभाषित किया है, ''बाध्यता एक आवर्त्ती व्यवहार है जिसे व्यक्ति अपनी व्यथा को कम करने के लिए तथा कुछ संकट या विपत्ति को रोकने के ख्याल से करने के लिए बाधित अनुभव करता है।''

उक्त परिभाषाओं के विश्लेषण से बाध्यता के स्वरूप के बारे में हमें निम्नांकित तथ्य प्राप्त होते हैं–

(i) बाध्यता में व्यक्ति न चाहते हुए भी एक ही क्रिया को बार-बार दोहराता है।

(ii) बाध्यता में व्यक्ति द्वारा की गयी क्रियाएँ अवांछित ही नहीं बल्कि अतार्किक एवं असंगत भी होता है।

बाध्यता में रोगी से जब यह पूछा जाता है कि वे क्यों बार-बार एक ही क्रिया को अनावश्यक दोहराते रहते हैं तो उनका अवाक उत्तर यही होता है कि यदि वे ऐसा नहीं करते हैं तो वे अशांत (uneasy) तथा अप्रीतिकर (uncomfortable) महसूस करते हैं।

---

1. "Obsessions are instrusive and recurring thoughts, impulses and images that come unbidden to the mind and appear irrational and uncontrollable to the individual experiences them."
–Davison & Neale : *Abnormal Psychology,* 1996, p. 150

2. "Compulsions are obsessions carried into action. People who suffer from compulsions repeat certain actions over and over again, even though they realize that there is no sense to it."
–Kisker : *Disorganized Personality,* 1985, p. 202

3. "A compulsion is a repetitive behaviour that the person feels driven to perform in order to reduce distress or prevent some calamity from occuring." –Davison & Neale : *Abnormal Psychology,* 1996, p. 150

कुछ ऐसी भी परिस्थिति होती है जिसमें मनोग्रस्तता (obsession) तथा बाध्यता (compulsion) के बीच स्पष्ट रेखा नहीं होती है। ह्वाइट एवं कोल (White & Cole, 1990) के अनुसार कुछ मनोग्रस्ति विचार (obsessive thoughts) का स्वरूप ऐसा होता है जो रोगी में चिंता तो कम उत्पन्न करता है परंतु वह बाध्यता व्यवहार (compulsive behaviour) जैसा कार्य करता है। जैसे, कभी-कभी व्यक्ति किसी चिंता से बचने के लिए मन-ही-मन व्यक्ति कुछ जाप बार-बार करता है या फिर कुछ गिनती बार-बार करने लगता है। उसे *संज्ञानात्मक बाध्यता (Cognitive compulsion)* कहा गया है ।

एस० अख्तर, एन० एन० विग, वी० के० वर्मा, डी० प्रसाद एवं एस० के० वर्मा (S. Akhter, N. N. Wig, V. K. Verma, D. Prasad & S. K. Verma, 1975) ने मनोग्रस्तता (obsession) तथा बाध्यता (compulsion) के अंतर्वस्तु (content) का अध्ययन किया जिसमें इन लोगों ने 82 ऐसे रोगियों का साक्षात्कार लिया। इसमें इन्होंने मनोग्रस्तता के पाँच विभिन्न प्रारूप (form) तथा बाध्यता के दो भिन्न प्रारूप पाये जो इस प्रकार है–

मनोग्रस्तता के प्रारूप *(Forms of Obsession)*

अख्तर एवं उनके सहयोगियों (Akhter et. al., 1975) ने मनोग्रस्तता के पाँच प्रारूप बतलाये हैं जो इस प्रकार हैं–

(1) **मनोग्रस्ति शक** *(Obsessive doubts)*–इस तरह के सतत विचार (persistant thoughts) का संबंध कुछ ऐसे पूर्ण कार्य (completed tasks) से होता है जिसे ठीक-ठाक ढंग से संपन्न कर लिया जाता है। जैसे, कमरा का ताला ठीक से बंद करके आने के बाद भी कुछ रोगी के मन में यह विचार बार-बार आता है कि उसने ताला ठीक से बंद नहीं किया है । इस तरह का शक करीब 95% रोगियों में पाया गया।

(2) **मनोग्रस्ति चिंतन** *(Obsessive thinking)*–इस तरह के सतत चिंतन का संबंध रोगी के जीवन में भविष्य में घटने वाली घटनाओं से सम्बद्ध होता था। साक्षात्कार लिए गये रोगियों में से 34% रोगियों में इस तरह का चिंतन पाया गया। जैसे, एक गर्भवती महिला रोगी बार-बार यह चिंतन करके परेशान रहती थी कि लड़का होने के बाद उसे कहीं दूर नौकरी पर जाना पड़ सकता है परंतु वह (लड़का) हमारे पास ही आना चाहेगा और ऐसी परिस्थिति में तब वह क्या करेगी ?

(3) **मनोग्रस्ति आवेग** *(Obsessive impulses)*–कुछ रोगियों में कुछ साधारण एवं तुच्छ क्रियाओं को करने से सम्बद्ध तीव्र इच्छाएँ बार-बार आते देखी गयी और ऐसी रोगियों की संख्या 17% थी । जैसे, एक चालीस वर्ष के वकील के मन में अपना छोटा इकलौता बेटा को गला घोंट देने की तीव्र आवेगिक इच्छा (impulsive desire) बार-बार आती थी।

(4) **मनोग्रस्ति डर** *(Obsessive fears)*–26% रोगियों में यह देखा गया कि वे इस बात से काफी भयभीत एवं डरे हुए रहते थे कि वे अपना नियंत्रण कहीं खोकर कुछ ऐसा कार्य न कर दें जो सामाजिक रूप से लज्जित करने वाला हो। जैसे, एक 32 वर्ष के शिक्षक को प्रायः यह डर परेशान करता था कि वह वर्ग में अपने पत्नी के असंतोषजनक लैंगिक व्यवहार के बारे में कुछ कह न दें।

(5) **मनोग्रस्ति प्रतिमा** *(Obsessive image)*–कुछ रोगियों में हाल में देखे गये दृश्य या कल्पना किये गये दृश्यों से सम्बद्ध घटना की प्रतिमाएँ मन में सतत आतीं थीं। ऐसे रोगियों की संख्या मात्र 7% थीं। जैसे, एक रोगी के मन में शौचगृह में जाने पर प्रतिमा बार-बार आती थी कि उसके नवजात शिशु को पैखाना में कोई बहा दे रहा है।

बाध्यता के प्रारूप *(Forms of Compulsions)*

बाध्यता के दो प्रारूप मुख्य रूप से पाये गये–

(i) **अनुवर्त्ती बाध्यता** *(Yielding compulsion)*–इसमें रोगी कोई क्रिया करने की प्रबल दवाब महसूस करता है। इस तरह की अनुवर्ती बाध्यता करीब 61% रोगियों में पाया गया। जैसे, एक किरानी जिसकी आयु 29 वर्ष की थी, अपने पॉकेट में बार-बार हाथ डालकर यह देखता था कि उसमें महत्त्वपूर्ण पत्र तो नहीं पड़ा है हालांकि वह जानता था कि यह सही नहीं है।

(ii) **नियंत्रण बाध्यता** *(Controlling compulsion)*–इस तरह के बाध्यता में रोगी अपना ध्यान किसी बाधित व्यवहार (compulsive behaviour) को नियंत्रित करने के ख्याल से कुछ आवर्ती व्यवहार करता है। जैसे, एक 16 साल का लड़का अपने अनुचित लैंगिक इच्छा से उत्पन्न चिंता को नियंत्रित जोर-जोर से बोलते हुए गिनती करके करता था।

मेयर्स एवं उनके सहयोगियों (Myers et al., 1984) ने अपने अध्ययन के आधार पर यह बतलाया है कि जीवसंख्या के 1 से 3% लोग OCD से प्रभावित होते हैं। क्रिंगलेन (Kringlen, 1970) के अनुसार OCD की शुरूआत आरंभिक वयस्कावस्था में किसी तनावपूर्ण घटना जैसे गर्भ ठहरना, बच्चे का जन्म होना, पारिवारिक संघर्ष तथा कार्य में विशेष कठिनाई आदि के कारण उत्पन्न होता है।

OCD का एक केस उदाहरण ***(A case example of OCD)***

यह केस उदाहरण रेचमैन एवं हाजसन (Rachman & Hodgson, 1980) द्वारा उद्धृत किया गया है। "38 वर्ष की एक महिला थी जो एक बच्चे की माँ भी थी। उसे वयस्कावस्था जिंदगी में संदूषण या संपर्क विकार (contamination) की चिंता बार-बार सताने लगी। करीब एक दिन में हजारों बार उसके मन में यह विचार उत्पन्न होता था कि वह जीवाणु या रोगाणु (germs) से ग्रसित हो जाएगी । जैसे उसके मन में यह विचार उत्पन्न होता था कि वह या उसके बच्चा जीवाणु से ग्रसित हो जाएगा, जो वह उसे रोक नहीं पाती थी और वह हजारों बार उसे बार-बार सोचते जाती थी। इस तरह की सतत चिंता से परेशान होकर वह घर पर कपड़ा धोने का बाध्यित व्यवहार (compulsive behaviour) करना प्रारंभ कर देती थी जिसमें दिन भर का अधिक समय उसी में लग जाता था। वह अपने बच्चे को एक ऐसे कमरे में बंद रखती थी जिसके फर्श एवं दीवाल को रगड़-रगड़ कर वह अधिक बार धोकर साफ कर लेती थी। वह घर के सभी दरवाजों को संदूषण के डर से हाथ से पकड़कर पैर से ही खोलती एवं बंद करती थी।"

उक्त महिला में हम देखते हैं कि पहले मनोग्रस्ति विचार (obsessive thoughts) की प्रबलता थी जो फिर बाद में बाध्यता (compulsion) में बदल गया। इस तरह से यह OCD का एक उत्तम उदाहरण सिद्ध होता है।

OCD के सिद्धान्त या हैतुकी ***(Theories or etiologies of OCD)***

OCD के कारणों की व्याख्या करने के लिए कई सिद्धान्तों का वर्णन किया गया है जिनमें निम्नांकित प्रमुख हैं–

(1) जैविक सिद्धांत या कारक (biological theories or factors)

(2) मनोविश्लेषिक सिद्धांत या कारक (psychoanalytic theories or factors)

(3) व्यवहारात्मक सिद्धांत या कारक (behavioural theories or factors)

(4) संज्ञानात्मक सिद्धांत या कारक (cognitive theories or factors)

इन सबों का वर्णन निम्नांकित है–

1. जैविक सिद्धांत या कारक *(Biological theories or factors)*–अब तक किये गये शोधों से यह स्पष्ट रूझान मिला है कि OCD की उत्पत्ति में कुछ जैविक कारकों की निर्णायक भूमिका होती है। मैककिओन एवं मर्रे (Mc-Keon & Murray, 1987) ने अपने अध्ययन में पाया है कि OCD के रोगियों के संबंधियों में चिंता विकृति (anxiety disorders) अधिक होती है तथा लिनाने एवं उनके सहयोगियों (Lenane et al., 1990) ने अपने अध्ययन में पाया कि करीब 30% संबंधियों में OCD का रोग था। जेनीक (Jenike, 1986) के अध्ययन के अनुसार OCD उत्पन्न होने में इनसेफालीटिस (encephalities), सिर में चोट (head injuries) तथा मस्तिष्कीय ट्यूमर (brain tumor) की भी अहमियत पायी गयी है।

जैवमेडिकल शोधकर्त्ताओं (biomedical researches) ने अपने शोधों के आधार पर यह दावा प्रस्तुत किया है कि OCD एक मस्तिष्कीय रोग (brain disease) है और इसके समर्थन में निम्नांकित तीन तरह के सबूतों की चर्चा की गयी है–

(1) तंत्रकीय चिह्न *(Neurological signs)*–कुछ ऐसे सबूत मिले हैं जिनमें यह देखा गया है कि OCD मस्तिष्कीय आघात (brain trauma) से विकसित होता है। ऐसे रोगियों के तंत्रकीय परीक्षण (neurological examination) के बाद कई तरह की असामान्यता जैसे घटिया पेशीय समन्वय (poor motor coordination), अनैच्छिक झटका (involuntary jerks) तथा घटिया दृष्टि-पेशीय निष्पादन (visual-motor performance) होने का सबूत मिला है । हौलैण्डर एवं उनके सहयोगियों (Hollander et al., 1992) ने अपने शोधों से इसकी संपुष्टि किया है। रैपोपोर्ट (Rapoport, 1990) ने इसके समर्थन में एक केस का उल्लेख किया है–एक आठ साल का बच्चा जिसका नाम जैकब था, मैदान में गेंद खेल रहा था। अचानक वह गिर गया और मस्तिष्कीय रक्तस्राव (brain haemorrhage)

के साथ वह बेहोश हो गया। इसके बाद उसके मस्तिष्क का सफलतापूर्वक सर्जिकल ऑपरेशन किया गया और बाद में उसमें बाध्यता (compulsion) विकसित हो गया जिसमें वह प्रत्येक चीज को 'सात' बार गिनता था, प्रत्येक चीज को 'सात' बार नाम लेता था, वह 'सात' बजने पर खाना प्रारंभ करता था, आदि-आदि। इस केस से भी यह स्पष्ट होता है कि मस्तिष्कीय आघात लगने से OCD के लक्षण विकसित होते हैं।

कुछ ऐसे भी सबूत मिले हैं जिनसे यह पता चला है कि OCD का संबंध मिरगी रोग से भी है। रैपोपोर्ट (Rapoport, 1990) ने अपने अध्ययन के आधार पर यह बतलाया कि जब यूरोप में मिरगी रोग का प्रकोप 1916 से 1918 के बीच हुआ था तो उस समय ऐसे रोगियों में OCD के भी लक्षण विकसित हो गए थे।

(2) मस्तिष्कीय स्कैन असामान्यता *(Brain scan abnormalities)*–मस्तिष्कीय स्कैन अध्ययनों से यह पता चला है कि OCD के रोगियों के मस्तिष्क के कई भाग ऐसे होते हैं जिनमें अतिक्रियाशीलता (overactivity) पायी जाती है। जैसे, 'कॉर्टिकल-स्ट्रीएटल-थैलेमिक' (Cortical-Striatal-Thalamic) क्षेत्र की सक्रियता (activity) OCD के रोगियों में अधिक पाया जाता है। मस्तिष्क के इस क्षेत्र का संबंध असंगत सूचनाओं एवं व्यवहार की अनावश्यक पुनरावृत्ति को कम करना है। स्वभावत: जब मस्तिष्क का उक्त क्षेत्र अत्यधिक क्रियाशील हो जाता है, तो रोगी में असंगत सूचनाओं के बारे में आवृत्तीय चिंतन करने तथा संबंध व्यवहार की अनावश्यक पुनरावृत्ति अधिक होने लगती है जो OCD का एक प्रमुख लक्षण है। रॉबिन्सन एवं उनके सहयोगियों (Robinson et al., 1995) तथा बैक्सटर तथा उनके सहयोगियों (Baxter et al., 1999) ने अपने-अपने अध्ययनों से उक्त व्याख्या का समर्थन किया है।

(3) औषध चिकित्सा से मिले सबूत *(Evidences from drug therapy)*–इस क्षेत्र के विशेषज्ञों विशेषकर मनश्चिकित्सकों का मत है कि जब कोई रोग विशेष औषध (drug) से कम होता है या लगभग समाप्त हो जाता है, तो इससे अपने आप यह निष्कर्ष निकलता है कि रोग का कुछ जैविक आधार है। जैसे, OCD की चिकित्सा में एक विशेष औषध जिसे क्लोमिप्रेमाइन (clomipramine) कहा जाता है, काफी उत्तम सिद्ध हुआ है क्योंकि इससे OCD के लक्षण काफी कम हो जाते हैं। क्लोमिप्रेमाइन एक तरह का विषाद-विरोधी दवा (antidepressant drug) है।

स्पष्ट हुआ कि OCD की उत्पत्ति में कई तरह के जैविक कारकों की अहमियत है।

2. मनोविश्लेषणात्मक सिद्धांत *(Psychoanalytic theory)*–इस सिद्धांत के अनुसार जब अवांछनीय एवं अचेतन के चिंतनों (unconscious thoughts) जो दमित होकर व्यक्ति के अचेतन में होते हैं, चेतन में आने की कोशिश करता है, तो इससे व्यक्ति एक सुरक्षात्मक उपायों को ढूँढता है और इस सुरक्षात्मक उपाय के रूप में वह OCD के लक्षणों को विकसित कर लेता है। इस सुरक्षात्मक प्रक्रिया के रूप में वह मूलत: प्रतिस्थापन *(substitution)* तथा विस्थापन *(displacement)* का उपयोग करता है। जैसे, एक लड़की का अचेतन खौफनाक चिंतन यह था कि 'उसकी माँ तीव्र बुखार से मर जा सकती है।'' इस तरह का चिंतन जब-जब चेतन में आता था, वह चिंतित हो जाती थी और इस चिंता से बचने के लिए उसने अपने इस खौफनाक चिंतन का प्रतिस्थापन कुछ कम अवांछनीय वस्तु जैसे रंग एवं गर्म वस्तुओं के चिंतन से हो गया। अब वह कुछ खास तरह के रंग को बार-बार देखना पसंद करती थी, गर्म पानी से बार-बार स्नान करना, हाथ धोना उसे अच्छा लगता था, आदि-आदि। इस लड़की द्वारा प्रतिस्थापित चिंतन अपनी स्वेच्छा से न होकर कारण पर आधारित था–गर्म एवं रंगीन वस्तु से उसे 'बुखार' का प्रतिबिम्बन हो रहा था जिससे उसकी माँ मर सकती थी।

इस सिद्धांत में यह भी साफ कर दिया गया है कि संघर्ष-उत्पन्न करने वाला चिंता से किस तरह के व्यक्ति में मनोग्रस्तता (obsession) उत्पन्न होगा। जिन व्यक्तियों में कुछ विशिष्ट अचेतन संघर्ष (specific unconscious conflict) जैसे अपने बच्चे या अपने सगे-संबंधियों को जान से मार देने या घायल करने का चिंतन आदि होता है, उनमें OCD उत्पन्न होने की संभावना अधिक होती है। OCD के रोगियों द्वारा जिस तरह के विशिष्ट लक्षण दिखलाये जाते हैं, वह एक ऐसा संकेत होता है जिससे उसे भीतर का संघर्ष प्रतिबिम्बित होता है।

3. व्यवहारात्मक सिद्धांत *(Behavioural theories)*–इस सिद्धांत के अनुसार OCD को एक सीखा गया विकृति (learnt disorder) माना गया है जो विशेष तरह के परिणामों से पुनर्बलित (reinforce) होता है। एक ऐसा परिणाम है–डर की कमी (reduction of fear)। इस व्याख्या का समर्थन मेअर एवं चेसर (Meyer & Chesser, 1970) तथा हाजसन एवं रैकमैन (Hogson & Rachman, 1972) द्वारा किया गया है। जैसे, बाधित हाथ साफ करने का व्यवहार (compulsive hand washing) को एक क्रियाप्रसूत पलायन अनुक्रिया (operant escape response) माना गया है जो

गंदगी या जीवाणु से दूषित हो जाने की मनोग्रस्ति चिंतन (obsessional thinking) को कम करता है। शेक्सपीयर (Shakespear) के मशहूर नाटक 'मैकबेथ' में लेडी मैकबेथ जब किंग डनकन (King Duncan) को मारने में सफल हो जाती है, तो उसमें बार-बार हाथ धोने की बाधित व्यवहार विकसित हो जाता है क्योंकि इसमें यह मनोग्रस्ति चिंतन विकसित हो गया था कि उसका हाथ इस कार्य में किसी-न-किसी तरह के जीवाणु से दूषित हो गया है। उसी तरह से कुछ रोगियों में बाधित जाँच करने का व्यवहार (compulsive checking) उत्पन्न हो जाता है जो रोगी के उस चिंता को कम करने में मदद करता है कि अगर ठीक से किसी अमुक व्यवहार (जैसे–ताला बंद करके उसे बार-बार यह देखना कि कहीं खुला तो नहीं रह गया है) नहीं करेगा तो कुछ बहुत बड़ा अनर्थ हो जाएगा। रैचमैन एवं हाजसन (Rachman & Hodgson, 1980) ने अपने अध्ययन में साफ-सुथरा रहने का बाधित व्यवहार (cleaning compulsion) तथा जाँच-पड़ताल करने का बाधित व्यवहार (checking compulsing) का तुलनात्मक अध्ययन किया और पाया कि पहले तरह के व्यवहार करने वाले रोगी दूसरे तरह के व्यवहार करने वाले रोगी की तुलना में अपनी चिंता अधिक कम करने में सफल हो पाते हैं।

4. संज्ञानात्मक सिद्धांत *(Cognitive theory)*–संज्ञानात्मक सिद्धांत के अनुसार जब व्यक्ति किसी ऐसी परिस्थिति में होता है जिसमें कुछ अवांछनीय या खतरनाक परिणाम उत्पन्न होने की थोड़ी सम्भावना होती है और जब व्यक्ति इस तरह के परिणाम का अति आकलन (over estimate) करता है, तो उसमें OCD के लक्षण उत्पन्न होने की संभावना अधिक बढ़ जाती है। इस विचारधारा के समर्थक कार्र (Carr, 1974) हैं और उनके अनुसार इस तरह का संज्ञानात्मक सेट अर्थात् अतिआकलन का संज्ञानात्मक सेट व्यक्ति को उस तरह की परिस्थिति से दूर हटने की प्रवृत्ति उत्पन्न करता है और इस तरह से उसमें OCD के उत्पन्न होने की सम्भावना तीव्र हो जाती है।

स्पष्ट हुआ कि OCD के कारणों की व्याख्या कई तरह के सिद्धांतों द्वारा की गयी है। इसके कारण को ठीक ढंग से समझने के लिए इन सभी तरह के सिद्धांतों को समझना आवश्यक है।

OCD का उपचार *(Treatment of OCD)*

OCD के उपचार के लिए कई तरह के चिकित्सीय प्रविधियों (therapeutic techniques) का प्रावधान किया गया है जिसमें निम्नांकित तीन प्रमुख हैं–

(1) मनोविश्लेषणात्मक चिकित्सा (psychoanalytic therapy)

(2) व्यवहार चिकित्सा (behaviour therapy)

(3) औषध सिद्धांत (drug therapy)

इन सबों का वर्णन निम्नांकित है–

1. मनोविश्लेषणात्मक चिकित्सा *(Psychoanalytic therapy)*–इस तरह की चिकित्सा में रोगी के अचेतन मन में दमित मानसिक संघर्ष की पहचान करने की कोशिश की जाती है। इस चिकित्सीय प्रविधि में रोगी के सुरक्षात्मक प्रतिक्रियाओं (defensive reaction) का विस्तृत विश्लेषण किया जाता है और उसके मानसिक संघर्ष की उत्पत्ति के कारणों में उसकी सूझ विकसित की जाती है। रोगी को रोग के कारण की उत्पत्ति में सूझ विकसित हो जाती है, रोग के लक्षण लगभग समाप्त होते दिखते हैं। लॉघलिन (Laughlin, 1976) के अनुसार OCD के उपचार में मनोविश्लेषणात्मक चिकित्सा अधिक प्रभावकारी सिद्ध नहीं हुआ है क्योंकि इस विधि में रोगी के सुरक्षात्मक प्रतिक्रियाओं के विश्लेषण में वर्षों का समय लग जाता है और उसके बाद भी उसका कोई ठोस नतीजा नहीं निकलता है। OCD का मनोविश्लेषणात्मक चिकित्सा द्वारा उपचार करने से सम्बद्ध चूँकि कोई नियंत्रित अध्ययन नहीं हुआ है, अत: इस चिकित्सा सुविधा की प्रभावशीलता (effectiveness) के बारे में कुछ नहीं कहा जा सकता है।

2. व्यवहार चिकित्सा *(Behaviour therapy)*–OCD के उपचार में व्यवहार चिकित्सा की भूमिका काफी सराहनीय रही है। व्यवहार चिकित्सा के तीन प्रविधियों अर्थात् मॉडलिंग (modeling), फ्लडिंग (flooding) तथा अनुक्रिया निवारण (response prevention) को संयोजित करके उसका उपयोग OCD के उपचार में सफलतापूर्वक किया गया है। OCD के उपचार में व्यवहार चिकित्सा के इन तीन प्रविधियों को संयोजित करके उपयोग करने से सम्बद्ध छह नियंत्रित अध्ययन किये गये हैं। अध्ययनकर्त्ता हैं–रैचमैन, हाजसन एवं मार्क्स (Rachman, Hodgson & Marks,

1971), हाजसन, रैचमैन एवं मार्क्स (Hodgson, Rachman & Marks, 1972), रैचमैन, मार्क्स एवं हाजसन (Rachman, Marks & Hodgson, 1973), रोपर, रैचमैन एवं मार्क्स (Roper, Rachman & Marks, 1975), मार्क्स एवं रैचमैन (Marks & Rachman, 1978), साल्जमैन एवं थेलर (Salzman & Thaler, 1981)। इन तीन प्रविधियों का संयुक्त उपयोग बार-बार हाथ धोने के बाधित व्यवहार को दूर करने में अधिक सफलतापूर्वक किया गया है। सामान्यत: इस तरह के बाधित व्यवहार से संबद्ध मनोग्रसित चिंतन यह होता है कि उसका शरीर कुछ जीवाणु या विषाणुओं से संदूषित हो गया है। इस लक्षण में इन तीनों विधियों का संयुक्त उपचार इस प्रकार किया जाता है–इसमें पहले रोगी यह देखता है कि चिकित्सक अपने आप को किसी प्रकार के गंदगी से संदूषित कर लिए। यह मॉडलिंग का उदाहरण हुआ। इसके बाद रोगी को अपने पूरे शरीर पर उस गंदगी को फैलाकर खूब रगड़ने के लिए कहा जाता है । यह फ्लडिंग को उदाहरण हुआ। फिर उसी अवस्था में बिना उसे धोये या साफ-सुथरा किये वह कुछ घंटों तक अपने आप को रखे रहता है। यह अनुक्रिया निवारण (response prevention) का उदाहरण हुआ। इस तरह से दर्जनों सत्र (dozen sessions) में रोगी को अपने पूरे शरीर के ऊपर गंदगी को फैलाकर बिना उसे धोये या साफ-सुथरा किये घंटों तक बैठने के लिए कहा जाता है। इसका परिणाम यह होता है क्रि संदूषण का मनोग्रस्ति चिंतन धीरे-धीरे समाप्त हो जाता है और दिन-प्रतिदिन की जिंदगी में बार-बार हाथ धोने का बाधित व्यवहार भी कम हो जाता है। उक्त छह अध्ययनों में यह पाया गया कि करीब OCD के दो-तिहाई रोगियों में इन तीनों प्रविधियों के संयुक्त उपयोग से रोग के लक्षण समाप्त होते पाये गये। फोआ तथा कोजाक (Foa & Kozak, 1999) ने अपनी समीक्षा में 16 ऐसे अध्ययनों को सम्मिलित किया जिसमें 300 OCD के रोगियों को व्यवहार चिकित्सा के इन तीनों प्रविधियों द्वारा उपचार किया गया था और पाया गया कि करीब उसमें से 83% रोगियों को ऐसे उपचार से काफी फायदा हुआ।

स्पष्ट हुआ कि OCD के उपचार में व्यवहार चिकित्सा एक काफी उपयोगी चिकित्सा विधि साबित हुआ है।

3. औषध चिकित्सा *(Drug therapy)*–OCD के उपचार में कुछ औषधों के गुणकारी प्रभाव पड़ते देखे गए हैं। क्लोमिप्रेमाइन (Clomipramine) एक ऐसी ही औषध है जिसके सेवन से OCD के लक्षण समाप्त होते दिखते हैं। क्लोमिप्रेमाइन एक विषादविरोधी दवा (antidepressant drug) है जो सेरोटोनिन के पुनर्वापसी (reuptake) को रोकता है। दर्जनों अध्ययन ऐसे किये गये हैं जिनमें यह देखा गया है कि क्लोमिप्रेमाइन (clomipramine) के कुछ दिनों तक सेवन से मनोग्रस्तता समाप्त हो जाते हैं तथा बाध्यता (compulsion) आसानी से कम हो जाते हैं। फोआ एवं कोजाक (Foa & Kozak, 1993) के अनुसार क्लोमिप्रेमाइन द्वारा उपचार किये जाने पर OCD के लगभग 50 से 60% रोगियों में मनोग्रस्ति बाध्यता के लक्षण दूर हो जाते हैं।

परंतु ऐसा देखा गया है कि क्लोमिप्रेमाइन OCD के उपचार के लिए बहुत ही पूर्ण दवा नहीं है । कुछ अध्ययनों में यह पाया गया कि बहुत से रोगी इस औषध को सेवन से भी ठीक नहीं हो पाते हैं तथा कई रोगी तो इस औषध को उसके पार्श्व प्रभाव (side effect) के डर से सेवन नहीं करते हैं। कब्जियत, ऊंघना तथा लैंगिक अभिरुचि में कमी इसके प्रमुख पार्श्व प्रभाव में हैं। ग्रिस्ट (Griest, 1990) ने अपने अध्ययन में पाया कि जिन रोगियों को कुछ लाभ भी होता है, वे पूर्णत: स्वस्थ नहीं हो पाते हैं। उनके लक्षण थोड़े समय के लिए दब अवश्य जाते हैं और थोड़े समय के बाद वे पुन: वापस हो जाते हैं।

निष्कर्षत: यह कहा जा सकता है OCD के उपचार के कई प्रविधियाँ हैं जिनमें व्यवहार चिकित्सा सबसे अधिक प्रभावी है।

अध्याय सारांश (Chapter Summary)

1. चिंता विकृति (anxiety disorder) से तात्पर्य वैसे विकृति से होता है जिसमें क्लायंट या रोगी में अवास्तविक चिंता एवं अवास्तविक डर की मात्रा इतनी अधिक होती है कि उससे उसका सामान्य जिंदगी का व्यवहार अपअनुकूलित (maladapted) हो जाता है तथा इसमें व्यक्ति अपनी चिंता की अभिव्यक्ति बिल्कुल ही स्पष्ट ढंग से करता है।
2. चिंता विकृति के छह प्रमुख प्रकार हैं–दुर्भीति, भीषिका विकृति, सामान्यीकृत चिंता विकृति, मनोग्रस्ति-बाध्यता विकृति, उत्तर आघातीय तनाव विकृति तथा तीव्र तनाव विकृति।

3. दुर्भीति एक बहुत ही सामान्य चिंता विकृति है जिसमें व्यक्ति किसी ऐसे विशिष्ट वस्तु या परिस्थिति से सतत एवं असंतुलित मात्रा में डरता है जो वास्तव में व्यक्ति के लिए कोई खतरा या न के बराबर खतरा उत्पन्न करता है। दुर्भीति के तीन सामान्य प्रकार बतलाये गये हैं–विशिष्ट दुर्भीति (specific phobia), एगोरादुर्भीति (agoraphobia) तथा सामाजिक दुर्भीति (social phobia)। इसके कई कारण हैं तथा उपचार की विधियाँ भी अनेक हैं।
4. भीषिका दौरा (panic disorder) एक अन्य चिंता विकृति है जिसमें रोगी को अचानक एक अव्याख्येय (inexplicable) भीषिका या आतंक (panic) का दौरा पड़ता है। इस तरह का दौरा हफ्ता में कम-से-कम एक या दो बार अवश्य पड़ता है। इस तरह के दौरा में DSM-IV (TR) में कुछ प्रमुख दैहिक संवेदनों को उसका लक्षण बतलाया गया है। इसके कई कारण हैं तथा उपचार की विधियाँ भी अनेक हैं।
5. सामान्यीकृत चिंता विकृति (Generalized Anxiety disorder or GAD) एक ऐसी विकृति है जिसमें रोगी चिरकालिक (chronic) अवास्तविक या अत्यधिक चिंता से ग्रस्त रहता है । GAD से ग्रसित व्यक्ति हमेशा तनाव, चिंता एवं विखरित अस्वाभाविकता (diffused uneasiness) की दुनियाँ में होता है। DSM-IV (TR) के अनुसार यदि किसी व्यक्ति का समय कम-से-कम छह मास ऐसे बीते हों जिसमें अधिकतर अवधि में उसे अवास्तविक एवं अत्यधिक चिंता बना हुआ रहा हो तो निश्चित रूप से उसे GAD का रोगी कहा जाता है। इसके कई कारण हैं तथा उपचार की विधियाँ भी अनेक हैं।
6. मनोग्रस्ति-बाध्यता विकृति (Obsessive-compulsive disorder or OCD) में रोगी अपनी चिंता को विशेष लक्षण जैसे मनोग्रस्ति चिंतन (obsessive thinking) अर्थात् बार-बार एक ही तरह का विचार मन में आना तथा बाध्यता जिसमें रोगी एक ही व्यवहार को अकारण बार-बार दोहराता है, मुख्य रूप से पाये जाते हैं। मनोग्रस्ति चिंतन में रोगी विचारों की अर्थहीनता, असंगतता एवं अतार्किक स्वरूप को भली-भाँति समझता है और उनसे छुटकारा भी पाना चाहता है परंतु वह लाचार रहता है और विचार बार-बार आकर उसके मानसिक शांति को भंग कर देता है। बाध्यता (compulsion) में व्यक्ति न चाहते हुए भी एक ही क्रिया को बार-बार दोहराता है। बाधता में व्यक्ति द्वारा की गयी अनुक्रियाएँ अवांछित ही नहीं बल्कि अतार्किक एवं असंगत भी होता है। इसके कई कारण हैं तथा उपचार की विधियाँ भी अनेक हैं।

❑

अध्याय 9

कायप्रारूप विकृतियाँ

(SOMATOFORM DISORDERS)

कायप्रारूप विकृति के स्वरूप एवं प्रकार
(Nature and Types of Somatoform Disorders)

कायप्रारूप विकृति (Somatoform disorder) DSM-IV (TR) वर्गीकरण पद्धति का एक प्रमुख विकृति है। इस विकृति से तात्पर्य एक ऐसी विकृति श्रेणी से होता है जिसमें व्यक्ति उन दैहिक लक्षणों की शिकायत करता है जिनसे दैहिक समस्याओं की उपस्थिति का अंदाज होता है परंतु सचमुच में इसका कोई आंगिक या कायिक (somatic) आधार नहीं होता है। यद्यपि ऐसे व्यक्तियों में लक्षणों का कोई शारीरिक या कायिक आधार नहीं होता है परंतु उसे ऐसा विश्वास होता है कि उनके लक्षण वास्तविक ही नहीं परंतु गंभीर भी है। निम्नांकित पाँच ऐसे कसौटियाँ (criteria) उपलब्ध हैं जिनके आधार पर यह कहा जा सकता है कि रोगी में कायप्रारूप विकृति (somatoform disorder) है या नहीं–

(i) रोगी के दैहिक कार्यों में कुछ परिवर्तन हुआ हो। जैसे, उसमें बहरापन या पक्षाघात (paralysis) के लक्षण उपलब्ध हों।

(ii) ऐसे लक्षणों (symptoms) की व्याख्या ज्ञात दैहिक या स्नायविक हालातों के रूप में किया जाना सम्भव नहीं हो। जैसे, बहरापन या पक्षाघात के उत्पन्न होने पर भी उसका कोई स्नायविक क्षति (neurological damage) का कोई सबूत न हो।

(iii) इस बात का धनात्मक सबूत (positive evidence) हो कि रोगी के दैहिक लक्षण मनोवैज्ञानिक कारकों (psychological factors) से संबंधित हो।

(iv) रोगी में प्राय: दैहिक क्षति (physical loss) के प्रति उदासीनता रहती हो अर्थात् उसे अपने दैहिक लक्षणों के प्रति कोई विशेष चिंता नहीं हो।

(v) रोगी द्वारा दिखलाये गये चिंता उसके ऐच्छिक नियंत्रण (volutary control) के बाहर हों।

यदि किसी रोगी में उपर्युक्त पाँच कसौटियों के अनुरूप लक्षण पाये जाते हैं, तो उसे निश्चित रूप से कायप्रारूप विकृति (somatoform disorder) का रोगी माना जाएगा।

कायप्रारूप विकृति के मुख्य पाँच प्रकार बतलाये गये हैं–

(1) शरीर दुष्क्रिया आकृति विकृति (Body dysmorphic disorder)
(2) रोगभ्रम (Hypochondriasis)
(3) कायिक विकृति (Somatization disorder)
(4) कायप्रारूप दर्द विकृति (Somatoform pain disorder)
(5) रूपांतर विकृति (Conversion disorder)

इन पाँच प्रकार के विकृतियों में प्रथम चार की व्यापकता (prevalence) कम है तथा अंतिम प्रकार की व्यापकता तथा नैदानिक महत्त्व अधिक है। अत: प्रथम चार की प्रस्तुति संक्षिप्त रूप से की जाएगी तथा अंतिम विकृति का सविस्तार वर्णन किया जाएगा जो अग्रांकित है–

शरीर दुष्क्रिया आकृति विकृति
(Body Dysmorphic Disorder)

इस विकृति में रोगी को अपने चेहरे में कुछ कल्पित दोष (imagined defect) उत्पन्न हो जाने की आशंका उत्पन्न हो जाती है। जैसे सम्भव है कि रोगी को यह विश्वास हो जाए कि उसका नाक का आकार दिनों दिन बड़ा होता जा रहा है या उसके ऊपरी होंठ ऊपर की दिशा में तथा निचली होंठ नीचे की दिशा में लटकता जा रहा है। इस तरह के कल्पित दोष से वह इतना अधिक चिंतित रहता है कि उसके दिन प्रतिदिन के सामाजिक जिंदगी में काफी परेशानी आ जाती है और समायोजन सम्बद्ध समस्याएँ उत्पन्न हो जातीं हैं।

इस तरह की विकृति से संबद्ध कम शोध किये गये हैं। इस तरह की विकृति वाले अधिकतर रोगी यूरोपियन एवं एशियन देशों के मानसिक अस्पतालों में कुछ देखने को मिले हैं। अमेरिका में इस तरह के रोगी न के बराबर देखे गए हैं। यही कारण है कि कई मनश्चिकित्सकों में इस बात पर मतभेद है कि इसे कायप्रारूप विकृति (somatoform disorder) का एक स्वतंत्र प्रकार माना जाए या नहीं। फिल्लिप्स (Phillips, 1991) के अनुसार जापान एवं कोरिया में शरीर दुष्क्रिया आकृति विकृति को सामाजिक दुर्भीति (social phobia) का एक प्रकार के रूप में समझा जाता है।

रोगभ्रम
(Hypochondriasis)

इस विकृति में रोगी अपने स्वास्थ्य के बारे में जरूरत से ज्यादा सोचता है तथा उसके बारे में चिंता करता है। उसके मन में अक्सर यह बात बनी रहती है कि उसे कोई-न-कोई शारीरिक व्याधि या बीमारी हो गयी है और उसकी यह चिंता इतना अधिक हो जाती है कि वह अपने दिन-प्रतिदिन की जिंदगी के साथ समायोजन करने में असमर्थ रहता है। DSM-IV (TR) की कसौटी के अनुसार इस तरह की चिंता व्यक्ति में कम-से-कम छह महीना तक बने रहने पर ही उसे रोगभ्रम (hypochondriasis) की श्रेणी में रखा जा सकता है अन्यथा नहीं। इस विकृति में रोगी की शिकायत किसी एक अंग विशेष तक सीमित नहीं रहती है। कभी-कभी उन्हें लगता है कि पेट में कोई भयानक रोग हो गया है तो कभी उनके सिर में कुछ गड़बड़ी नजर आती है। इसी तरह से कभी उन्हें अपने यौन अंगों (sex organs) में किसी ढंग के शारीरिक रोग होने की खौफनाक चिंता होती है। जब ऐसे रोगियों से उनके लक्षण के बारे में विस्तृत रूप से पूछ-ताछ की जाती है, तो वे उसका सही-सही वर्णन करने से असमर्थ रहते हैं। मेडिकल परीक्षण से जब यह बात स्पष्ट हो जाती है कि वास्तव में उनकी आशंकाएँ निराधार हैं तो भी उन्हें यह विश्वास नहीं होता है कि उनमें कोई रोग नहीं है। बल्कि वे मेडिकल परीक्षणों में कुछ कमी रह जाने की बात करते हैं।

आधुनिक अध्ययनों से यह पता चला है कि यह रोग महिलाओं एवं पुरुषों में लगभग समान ढंग से होता है।

कायिकी विकृति
(Somatization Disorder)

यह एक ऐसी कायप्रारूप विकृति (somatoform disorder) है जिसमें रोगी को बिना किसी तरह के आंगिक दोष (organic impairment) के ही नाना प्रकार के कायिक शिकायतें (somatic complaint) होतीं हैं। कहने का तात्पर्य यह है कि इस रोग में रोगी को बहुकायिक शिकायतें होती हैं जबकि दैहिक रूप से वह चंगा रहता है। कायिक विकृति में कम-से-कम आठ तरह के लक्षण निश्चित रूप से होते हैं जो इस प्रकार है–

(i) **चार तरह के दर्द के लक्षण** *(Four pain symptoms)*—इसमें दर्द सिर, पेट, पीठ, छाती, पेशाब करने के दौरान, मासिक धर्म के दौरान, लैंगिक क्रिया के दौरान आदि में से किसी चार से सम्बद्ध हो सकता है।

(ii) **दो आमाशयांत्र लक्षण** *(Two gastrointestinal symptom)*—कम-से-कम दो आमाशयांत्र लक्षण जैसे मिचली, कै, डायरिया, पेट फूलना आदि अवश्य हुए हों।

(iii) **एक लैंगिक लक्षण** *(One sexual symptom)*—इसमें कम-से-कम एक लैंगिक लक्षण जैसे लैंगिक तटस्थता (sexual indifference), स्खलन समस्याएँ (ejaculatory problems), अनियमित मासिक स्राव, मासिक स्राव में अत्यधिक रक्त निकलना आदि अवश्य हुए हों।

(iv) एक कूटस्नायविक लक्षण[1] *(One pseudoneurological symptoms)*—कम-से-कम एक कूटस्नायविक लक्षण जैसे अंधापन (blindness), द्विदृष्टि (double vision), बहरापन (deafness), स्पर्श संवेदन की कमी, विभ्रम (hallucination), पक्षाघात, कंठ में दर्द या खाते समय निगलने में कठिनाई, पेशाब करने में कठिनाई आदि अवश्य हुए हों।

सचमुच में कायिक विकृति की शुरूआत किशोरावस्था में होती है तथा DSM-IV (TR) के कसौटी के अनुसार इसकी शुरूआत निश्चित रूप से 30 साल के उम्र से पहले होती है। इस रोग को कभी-कभी *व्रिक्वेट संलक्षण* (Briquet's Syndrome) भी कहा जाता है क्योंकि इस तरह के रोग पर सबसे पहले फ्रेंच मनश्चिकित्सक पाईरे व्रिक्वेट (Pierre Briquet) का ध्यान गया था और उन्होंने इसका वैज्ञानिक अध्ययन सबसे पहले किया।

कायप्रारूप दर्द विकृति या साइकालगिया
(Somatoform Pain Disorder or Psychalgia)

इस विकृति में रोगी गंभीर एवं स्थायी तौर पर दर्द का अनुभव करता है जबकि इस तरह के दर्द का कोई दैहिक आधार (physical basis) नहीं होता है। इस तरह का दर्द प्राय: हृदय या अन्य महत्त्वपूर्ण अंगों के क्षेत्र से सम्बद्ध होता है। गहन मेडिकल जाँच में ऐसे रोगियों के दर्द का कोई भी स्पष्ट आधार या विकृति नहीं मिलती है। सामान्यत: इस तरह के दर्द की उत्पत्ति का संबंध किसी प्रकार के संघर्ष या तनाव से होता है या जब व्यक्ति किसी दुखद परिस्थिति से छुटकारा पाना चाहता है या अन्य लोगों की सहानुभूति या ध्यान को अपनी ओर खींचना चाहता है, तो इस तरह का दर्द व्यक्ति में उत्पन्न होते देखा गया है। मनश्चिकित्सकों का मत है कि इस रोग के निदान (diagnosis) में काफी दिक्कत इसलिए होती है क्योंकि दर्द एक पूर्णत: आत्मनिष्ठ अनुभूति (subjective experience) है जो मनोवैज्ञानिक रूप से प्रभावित होने वाली घटना है। अत: यह पहचान करना मुश्किल हो जाता है कि व्यक्ति में होने वाला दर्द का स्वरूप कायप्रारूप (somatoform) है या यह वास्तविक दर्द है।

रूपांतर विकृति या रूपांतर हिस्ट्रीया
(Conversion disorder or Conversion hysteria)

कायप्रारूप विकृतियों में सबसे सामान्य एवं प्रबल विकृति रूपांतर विकृति (conversion disorder) है जिसे पहले रूपांतर हिस्ट्रीया (conversion hysteira) के नाम से जाना जाता था। फ्रायड पहले ऐसे मनोवैज्ञानिक थे जिन्होंने इस रोग के लिए 'रूपांतर' (conversion) पद का उपयोग किया था। इनका मत था कि इस रोग में व्यक्ति की दमित मूलप्रवृत्ति (repressed instinct) संवेदी-पेशीय लक्षणों (sensory-motor symptoms) में बदल जाते हैं और उनके कार्यों को अवरूद्ध कर देते हैं। आज भी 'रूपांतर' पद का यही अर्थ है। इस तरह से यह कहा जा सकता है कि रूपांतर विकृति वैसी विकृति को कहा जाता है जिसमें व्यक्ति के तनाव, मानसिक संघर्ष आदि की अभिव्यक्ति कुछ दैहिक लक्षणों (bodily symptoms) के रूप में होते हैं और ऐसे दैहिक लक्षणों का कोई दैहिक आधार नहीं होता है और सामान्यत: इन लक्षणों की अभिव्यक्ति उन अंगों के कार्यों में उत्पन्न अवरूद्धता के माध्यम से होती है जो केन्द्रीय तंत्रिका तंत्र (central nervous system) के नियंत्रण में होते हैं। जैसे, एक व्यक्ति को हस्तमैथुन (masturbation) की बुरी आदत थी। इससे उसमें चिंता और तनाव हमेशा बनी रहती थी। अचानक एक दिन उसे यह अनुभव होने लगा कि उसका हाथ ही नहीं उठ रहा है क्योंकि उसके हाथ में पक्षाघात (paralysis) हो गया है। मेडिकल जाँच में पक्षाघात के कोई दैहिक सबूत नहीं पाये गये। स्पष्टत: यहाँ व्यक्ति अपने मानसिक संघर्ष तथा तनाव की अभिव्यक्ति दैहिक लक्षण (bodily symptoms) अर्थात् हाथ में पक्षाघात के रूप में कर रहा है। यह एक रूपांतर हिस्ट्रीया का उदाहरण है।

सचमुच में हिस्ट्रीया रोग का एक अपना लंबा इतिहास है जिसपर हम यहाँ संक्षिप्त में चर्चा करेंगे। हिपोक्रेट्स (Hippocrates) ने इस रोग को महिलाओं का रोग कहा था जो गर्भाशय (uterus) के शरीर में घूमने से होता है। गर्भाशय का घूमना महिलाओं में संतानोत्पादन की इच्छा या चाहत का परिणाम होता है। फ्रायड ने हिपोक्रेटस के उस सिद्धांत का अस्वीकृत किया और यह दिखलाया कि हिस्ट्रीया का संबंध दमित मूलप्रवृत्तियों (repressed instinct) से है तथा ऐसे मूल प्रवृत्तियों को जान-बूझकर दबाकर उसे छद्म रूप (disguished form) में अभिव्यक्ति करके किया जाता है। जैसे,

1. कूटस्नायविक लक्षण वैसे लक्षण को कहा जाता है जिसमें दैहिक लक्षण तो होते हैं परंतु उनका कोई वास्तविक दैहिक आधार नहीं होता है।

हिस्ट्रीकल व्याक्षोम (hysterical convulsion) अवैध लैंगिक इच्छा का एक सांकेतिक अभिव्यक्ति (symbolic expression) हो सकता है तथा हिस्ट्रीकल पक्षाघात (hysterical paralysis) अवैध (forbidden) आक्रमक इच्छाओं के लिए आत्म-दंड (self-punishments) की अभिव्यक्ति हो सकती है। स्पष्टतः तब फ्रायड के अनुसार हिस्ट्रीया का स्वरूप रूपांतरित होता है जिसमें मानसिक संघर्ष या तनाव आदि का दैहिक लक्षणों में रूपांतर हो जाता है।

नैदानिक स्वरूप या लक्षण *(Clinical picture or symptoms)*

मनोवैज्ञानिकों एवं मनश्चिकित्सकों (psychiatrists) ने रूपांतर हिस्टीरिया के नैदानिक स्वरूप (clinical picture) को समझने के लिए उसके लक्षणों (symptoms) को निम्नांकित दो भागों में बाँटा है–

(1) संवेदी लक्षण (Sensory symptoms)

(2) पेशीय लक्षण (Motor symptoms)

इन दोनों लक्षणों का वर्णन निम्नांकित है–

(1) संवेदी लक्षण *(sensory symptoms)*–रूपान्तरित हिस्टीरिया में रोगी के संवेदी प्रक्रियाओं (sensory processes) में कुछ विकृति आ जाती है। दूसरे शब्दों में, इस रोग के रोगी के ज्ञानेन्द्रिय (sense organ) के कार्यों में कुछ विकृति आ जाती है। इसे ही संवेदी लक्षण (sensory symptoms) कहा जाता है। रूपांतरित हिस्टीरिया के प्रमुख संवेदी लक्षण निम्नांकित हैं–

(i) एनेस्थेसिया *(Anesthesia)*–इसमें रोगी के शरीर के किसी अंग से संवेदनशीलता (sensitivity) लुप्त होते दिखलाई पड़ती है।

(ii) हाइपेस्थेसिया *(Hypesthesia)*–इसमें रोगी अपने शरीर से या शरीर के किसी अंग से आंशिक रूप से संवेदनशीलता लुप्त होते पाता है।

(iii) हाइपरस्थेसिया *(Hyperesthesia)*–इसमें रोगी के शरीर में अतिसंवेदनशीलता पायी जाती है।

(iv) एनाग्लेसिया *(Analgesia)*–इसमें रोगी के शरीर में दुःख या दर्द के प्रति कोई संवेदनशीलता नहीं पायी जाती है।

(v) पैरेस्थेसिया *(Paresthesia)*–इसमें रोगी अपवदात्मक या असाधारण संवेदना जैसे किसी प्रकार की घंटी सुनने की संवेदना आदि का अनुभव करता है।

रूपान्तरित हिस्टीरिया के रोगी में इन प्रमुख संवेदी लक्षणों के अलावा कुछ और संवेदी लक्षण जो विशेषतः दृष्टि (vision) एवं श्रवण (audition) से संबंधित है, पाये गये हैं। जैसे आयरनसाइड तथा वैचलर (Ironside & Bachelor, 1945) ने द्वितीय विश्व युद्ध के वायु सैनिकों के अध्ययन में दृष्टि संवेदना संबंधित इस रोग के अनेक लक्षण पाये जिसमें धुँधली दृष्टि (blurred vision), प्रकाश की असहनीयता (photophobia), दोहरी दृष्टि (double vision), किसी एक आँख से कम दिखलाई देना, पढ़ते समय कुछ अक्षरों का एक साथ मिल जाना प्रमुख थे। उसी तरह से अन्य लोगों ने इस रोग में श्रवण संवेदना संबंधी विकृति भी होते पाया है जिसमें आंशिक या पूर्णरूप से बहरापन (partial or total loss of sensation), कुछ अस्पष्ट आवाजों का कानों में गुंजन तथा किसी अलौकिक शक्ति जैसे भगवान या पैगम्बर के विशेष अपूर्ववाणी को सुनने का अनुभव आदि प्रधान हैं।

(2) पेशीय लक्षण *(Motor symptoms)*–रूपांतरित हिस्टीरिया के रोगी के पेशीय अंगों (motor organs) के कार्यों में भी कुछ विकृतियाँ देखने को मिलते हैं जिन्हें विशेषज्ञों ने पेशीय लक्षण (motor symptoms) कहा है। पेशीय लक्षणों में हिस्टीरिकल पक्षाघात (hysterical paralysis) सबसे अधिक सामान्य है। हिस्टीरिकल पक्षाघात में रोगी के किसी एक पाँव या हाथ में पक्षाघात हो जाता है जिसके कारण उससे संबंधित शारीरिक क्रिया अवरूद्ध हो जाती है। कभी-कभी यह भी देखा गया है कि हिस्टीरिकल पक्षाघात में पक्षाघात का संबंध किसी कार्यविशेष तक ही सीमित रहता है। जैसे, सम्भव है कि भोजन करते समय हाथ की मांशपेशियाँ न कार्य करे परंतु अन्य कार्य, जैसे, लिखना, बंदूक चलाना, किसी वाद्ययंत्र बजाना आदि में मांशपेशियाँ किसी तरह की कोई शिथिलता न दिखलावें। पक्षाघात के अलावा स्नायविक प्रकम्पन (tremors), सिकुड़न या चलने-फिरने में झटका (twitches) आदि भी प्रमुख हैं। चलने-फिरने से संबंधित दूसरा प्रमुख लक्षण जो रूपान्तरित हिस्टीरिया में अक्सर देखा गया है, वह है एस्टासिया-एवासिया (astasia-abasia) का। इसमें सोये रहने पर या बैठे रहने पर रोगी अपने पैर की गतिशीलता पर नियंत्रण बनाये रखने में समर्थ हो जाता है लेकिन जब वह खड़ा हो जाता है या चलने लगता है तो उसके पैर ठीक ढंग से कार्य नहीं करते हैं। परिणामतः उसकी चाल

में बेढंगापन एवं लड़खड़ाहट आ जाती है। इसके अलावा इस रोग के रोगी में कभी-कभी वाक्-इन्द्रिय (speech-organ) की मांशपेशियाँ के कार्यशीलता से संबंधित दोष भी देखने को मिलते हैं। एफोनिया (aphonia) एवं मुटिज्म (mutism) दो ऐसी ही लक्षण हैं। एफोनिया (aphonia) में रोगी सिर्फ अत्यंत धीमी आवाज जैसे फुसफुसाहट की आवाज में ही कुछ बोल पाता है तथा मुटिज्म में रोगी एक तरह से गूँगा हो जाता है क्योंकि वह बिल्कुल ही बोलने से लाचार होता है। एफोनिया तथा मुटिज्म में तुलनात्मक रूप से एफोनिया अधिक सामान्य लक्षण (common symptom) है।

इन सभी लक्षणों के अलावा रोगी में कभी-कभी हिस्टीरिकल ऐंठन या आक्षेप (hysterical convulsion) भी देखने को मिलता है जो बहुत कुछ मिरगी (epilepsy) के दौरा में उत्पन्न ऐंठन के समान होता है। मिरगी के समान हिस्टीरिक आक्षेप में कभी-कभी रोगी मूर्च्छा (faint) की स्थिति में चला जाता है। मिरगी रोग के मूर्च्छा तथा हिस्टीरिकल मूर्च्छा में एक अंतर है। रोगी में हिस्टीरिकल मुर्च्छा का दौरा हमेशा दूसरे लोगों के बीच में ही आता है। अकेले रहने पर रोगी में ऐसा दौरा कभी नहीं आता है। परंतु मिरगी रोग का मूर्च्छा का दौरा किसी भी परिस्थिति में अर्थात् रोगी अकेले में हो या लोगों के बीच में, पड़ सकता है।

रूपान्तरित हिस्टीरिया के रोगी में कई अन्य रोगों के लक्षण इतना स्पष्ट एवं मजबूत होते हैं कि वास्तविक रोग के लक्षणों से भिन्न करना साधारणत: सम्भव नहीं है। फिर भी विशेषज्ञों ने कुछ ऐसे मापदंड (criteria) बना रखे हैं जिनके आधार पर वास्तविक रोग तथा रूपान्तरित हिस्टीरिया के लक्षणों में अंतर किया जाता है। ऐसे मापदंड मुख्यत: अग्रलिखित चार हैं–

(i) रूपांतरित हिस्टीरिया का रोगी अपने शारीरिक लक्षणों के प्रति उदासीन (indifferent) रहता है तथा उसमें किसी तरह की चिंता नहीं होते देखी जाती है जबकि वास्तविक रोग का रोगी अपने लक्षणों को देख-देख कर काफी चिन्तित रहता है। इसे *ला बेली उदासीनता (la belle indifference)* कहा गया है।

(ii) रूपान्तरित हिस्टीरिया में शारीरिक रोग के लक्षण का स्वरूप चूँकि मिथ्या (pseudo) होता है, इसलिए संबंधित शारीरिक अंग की कार्य-क्षमता कुछ खास-खास मौके को छोड़कर बनी रहती है। परंतु वास्तविक रोग में संबंधित शारीरिक अंग की कार्य-क्षमता समाप्त हो जाती है।

(iii) रूपान्तरित हिस्टीरिया के रोगी का लक्षण चयनात्मक (selective) होता है, अर्थात् शारीरिक विकृति के लक्षण उन्हीं अंगों में दीख पड़ते हैं जो मानसिक संघर्ष का स्रोत होता है। जैसे, हस्तमैथुन (masturbation) से उत्पन्न मानसिक संघर्ष को दूर करने में व्यक्ति के हाथ में पक्षाघात (paralysis) हो सकता है। वास्तविक रोग में ऐसी बात नहीं होती है और कोई अंग प्रभावित हो सकता है।

(iv) रूपान्तरित हिस्टीरिया के रोगी के लक्षणों को सम्मोहन (hypnosis) अथवा चेतना-शून्यता (narcosis) की अवस्थाओं में मनश्चिकित्सक (psychotherapist) कम कर सकते हैं या दूर कर सकते हैं। परंतु वास्तविक रोग के लक्षणों पर सम्मोहन अथवा चेतना-शून्यता जैसी प्रक्रियाओं का कोई प्रभाव नहीं पड़ता है।

DSM-IV (TR) में रूपान्तर हिस्ट्रीया के निदान (diagnosis) के लिए निम्नांकित कसौटियों (criteria) का वर्णन किया गया है–

(i) एक या एक से अधिक ऐसे लक्षण मौजूद हों जिनसे ऐच्छिक पेशीय (motor) या संवेदी (sensory) कार्य प्रभावित होते हैं और जिनका स्वरूप स्नायविक (neurological) दीख पड़ता हो।

(ii) लक्षणों की उत्पत्ति में मनोवैज्ञानिक कारकों का हाथ हो क्योंकि लक्षण उत्पन्न होने के पहले व्यक्ति में कुछ मानसिक संघर्ष तथा आसेधक (stressors) अवश्य ही उपस्थित रहें हों।

(iii) लक्षण जान-बूझकर व्यक्ति द्वारा उत्पन्न नहीं किये गये हों।

(iv) लक्षणों का स्वरूप ऐसा हो कि उपयुक्त अनुसंधान के बाद भी उसकी व्याख्या सामान्य मेडिकल अवस्था द्वारा किया जाना सम्भव नहीं हो।

(v) लक्षणों का स्वरूप ऐसा हो कि उनसे व्यक्ति के सामाजिक, पेशेवर तथा अन्य महत्त्वपूर्ण क्षेत्रों में समायोजन में काफी तकलीफ होती हो।

(vi) लक्षण ऐसा हो कि वह दर्द या अन्य लैंगिक दुष्क्रिया (sexual dysformation) से सम्बद्ध नहीं हो तथा कायिक विकृति (somatization disorder) में नहीं आता हो तथा अन्य मेडिकल विकृति के रूप में व्याख्या योग्य नहीं हो।

एक केस उदाहरण ***(A case example)***

"फ्रेड के. (Fred K.) एक 50 वर्ष का विवाहित व्यक्ति था जो कार्यपालक (executive) जैसे उत्तम श्रेणी में कार्य करता था। उसकी पत्नी उससे काफी कम उम्र की और आकर्षक (attractive) थी। उसे अचानक बायें हाथ एवं बाँह में पक्षाघात (paralysis) हो गया। उसके हाथ की अँगुलियाँ भीतर की ओर मुड़ गयीं थीं। मेडिकल डॉक्टर द्वारा तरह-तरह के जाँच किये गये और जाँच के दौरान कोई स्नायविक दोष (neurological defect) नहीं पाया गया। रोगी इस जाँच से संतुष्ट नहीं था और उसके पक्षाघात के लक्षण मौजूद रहे। वह अपने बाँह एवं अँगुलियों को दूसरों को गर्व से दिखलाता था और सिगरेट जलाकर उसे हाथ से सटाकर लोगों को दिखलाता था कि उसे कोई दर्द नहीं हो रहा था। सचमुच में पक्षाघात से कुछ कठिनाई तो होती थी परंतु उसकी बहुत चिंता उसे नहीं रहती थी। मेडिकल उपचार से फायदा नहीं होने के बाद मनश्चिकित्सा (psychotherapy) से उसका उपचार किया गया। मनश्चिकित्सा के दौरान यह बात स्पष्ट हुई कि उसे रूपांतर हिस्ट्रीया का रोग है। सचमुच में मनश्चिकित्सा से यह स्पष्ट हुआ कि रोगी रूपांतर हिस्ट्रीया के लक्षणों के द्वारा अपने एक विशेष मानसिक संघर्ष या तनाव को दूर करना चाहता था जिसका कारण यह था–उसकी कम आयु की सुन्दर पत्नी पार्टी एवं क्लब जाने की शौकीन थी। वह अपना यह शौक रात-रात भर क्लब एवं पार्टी में रहकर पूरा करती थी जबकि रोगी यह चाहता था कि रात में वह अपना घर चली आये, यहीं खाना खाये और फिर सो जाए। उसे अपनी पत्नी की विश्वसनीयता पर भी शक रहता था। परंतु अभिरुचि एवं उम्र में अंतर होने के कारण पत्नी पति की बात मानने से इनकार कर दी और दोनों के बीच गंभीर तनाव हो गया और वह क्लब एवं पार्टी में जाने की बारंबारता को और तीव्र कर दी। इस मानसिक तनाव के कारण उसमें पक्षाघात के लक्षण सर्वप्रथम विकसित हुए थे। इस पक्षाघात से रोगी के कुछ उद्देश्यों की पूर्ति अवश्य होने लगी। अब उसकी पत्नी उसके पास सेवा करने के ख्याल से ज्यादा रहने लगी तथा पार्टी एवं क्लब जाना कुछ कम कर दी। वह अपने नौकरी से किसी भी समय काम छोड़कर घर आ जाया करता था।

एक दिन सुबह अचानक वह पाया कि उसकी पत्नी किसी पुलिस पदाधिकारी के साथ घर छोड़कर भाग गयी। इस घटना से रोगी का पहले का शक विश्वास में परिणत हो गया। कुछ दिन बीतने के बाद जब उसे विश्वास हो गया कि अब उसकी पत्नी लौटने वाली नहीं है, तो रूपांतर हिस्ट्रीया के सभी लक्षण अपने आप गायब हो गए। शायद रोगी ने अचेतन स्तर पर यह सोचा होगा कि जब पत्नी ही नहीं रही तो अब इन लक्षणों का क्या फायदा।"

उपर्युक्त केस उदाहरण में रोगी में रूपांतर हिस्ट्रीया के सभी कसौटियों (criteria) को पूरा होते आसानी से देखा जा सकता है।

रूपांतर हिस्ट्रीया के कारण या हैतुकी ***(Etiology or causes of conversion hysteria)***

आधुनिक शोधों से यह पता चला है कि रूपांतर हिस्ट्रीया के कई कारण हैं जिनमें निम्नांकित प्रमुख हैं–

(i) जब व्यक्ति कुछ अप्रियकर एवं खौफनाक परिस्थिति से बचना चाहता है, तो ऐसी परिस्थिति में रूपान्तरित हिस्टीरिया के लक्षण विकसित हो जाते हैं। हालपर्न (Halpern, 1944) ने 15 ऐसे ही हिस्टीरिकल वायु सैनिकों के केसेज का उदाहरण अपने अध्ययन के आधार पर प्रस्तुत किया है। इन सैनिकों को आँख से बिना किसी शारीरिक विकृति के ही बहुत धुँधला दीखने लगा था। यह लक्षण उस समय हवाई अड्डा पर विकसित हुआ जब उन्हें हवाई जहाज पर चढ़कर उसे उड़ाना था। बाद में इस तरह का लक्षण उस समय समाप्त हो गया जब ऐसे सैनिकों को अस्पताल में भर्ती करवाया ही जा रहा था। इस उदाहरण से स्पष्ट है कि वायु सैनिक जो हवाई जहाज उड़ाना नहीं चाहते थे, उस संघर्षमय एवं खौफनाक परिस्थिति का सामना अपने आँख द्वारा धुँधला दीखने का लक्षण विकसित करके किया। अतः रूपांतरित हिस्टीरिया के रोगी किसी संघर्षमय एवं खौफनाक परिस्थिति से बचने के लिए किसी शारीरिक रोग के लक्षण का ढोंग (simulation) रचता है।

(ii) व्यक्तित्व शीलगुण *(Personality characteristics)*–आधुनिक अध्ययनों से यह पता चला है कि कुछ खास-खास तरह के व्यक्तित्व शीलगुणों के होने पर उसमें रूपांतरित हिस्टीरिया तेजी से विकसित होता है। वर्वीक (Verbeek, 1973) के अनुसार जिन व्यक्तियों में सुझावशीलता (suggestibility) का शीलगुण अत्यधिक होता है, उसमें इस तरह का रोग जल्दी से विकसित होता है। इसके अलावा जिन व्यक्तियों में सांवेगिक अनुक्रियाशीलता (emotional responsiveness) में कमी, उत्तेजनशीलता की अधिकता, किसी बात को बढ़ा-चढ़ा कर कहने के आदत तथा अन्तर्वैयक्तिक संबंधों (interpersonal relationship) में चालबाजी (manipulation) करने का शीलगुण होता है, उनमें रूपांतरित हिस्टीरिया का रोग होने की सम्भावना अधिक होती है। जिन महिलाओं का व्यक्तित्व कामुकतापूर्ण तथा जो वास्तविक यौन संबंध में उदासीन होती हैं, उनमें भी रूपान्तर हिस्टीरिया का रोग तेजी से पनपता है।

(iii) जब व्यक्ति किसी वांछित लक्ष्य (desired goal) को प्राप्त करना चाहता है परंतु सामान्यतः नहीं कर पाता है तो वैसी परिस्थिति में भी उस व्यक्ति में रूपान्तरित हिस्टीरिया विकसित हो जाता है । इस रोग का ढोंग रचकर व्यक्ति अपने वांछित लक्ष्य को प्राप्त कर लेता है। इस तथ्य के समर्थन में कोलमैन (Coleman, 1964) ने एक 10 साल के बच्चे का उदाहरण दिया है जिसे अपने परिवार के सदस्यों का दुलार-प्यार काफी प्राप्त था। शिकायत थी कि चलते समय बच्चा के पैर में एक तरह का लड़खड़ाहट एवं झटका आता है जिसके इलाज के लिए उसे मनश्चिकित्सक (psychotherapist) के दौरान यह पता चला कि पिता के दुर्घटनाग्रस्त हो जाने तक वह पिता के स्नेह का केन्द्र-बिंदु था। लेकिन अब परिवार के सभी सदस्यों का ध्यान एवं स्नेह बच्चा से हटकर पिता की ओर चला गया था । इस तरह के व्यवहार से बच्चा काफी चिन्तित एवं मानसिक संघर्ष से घिरा हुआ रहता था जिसका समाधान उसने अपने पैर में चलते समय लड़खड़ाहट एवं झटका दिखलाने के लक्षण विकसित करके कर लिया।

(iv) किसी अवांछित प्रवृत्तियों (impulses) से बचाव (defense) के रूप में भी व्यक्ति कभी-कभी रूपांतरित हिस्टीरिया का रोगी बन जाता है। एब्से (Abse, 1959) ने एक ऐसे पुरुष का उदाहरण देकर इस तथ्य को साबित कर दिया है कि उसकी पत्नी जब से उसे छोड़कर दूसरे पुरुष के साथ चली गयी तो उसके पैरों में पक्षाघात (paralysis) हो गया। मनश्चिकित्सा (psychotherapy) के दौरान यह पता चला कि वह अपनी पत्नी तथा उसके प्रेमी को जान से मार देना चाहता था। परंतु उसने अपने इस खौफनाक इच्छा का दमन कर दिया था। पैरों में पक्षाघात का हो जाना एक तरह से उस व्यक्ति को अपनी दमित इच्छा को क्रियान्वयन करने से बचा लिया। स्पष्ट है कि रूपान्तरित हिस्टीरिया अवांछित प्रवृत्तियों के क्रियान्वयन के प्रति एक तरह से बचाव (defense) के रूप में व्यक्ति विकसित करता है।

(v) कुछ विशेष परिस्थिति में रूपान्तरित हिस्टीरिया वास्तविक शारीरिक बीमारी या कोई ऐसी दुर्घटना (accident) जिसमें व्यक्ति कम या ज्यादा घायल हो गया हो, के कारण भी विकसित होता है । उदाहरणार्थ, अगर किसी तरह की दुर्घटना व्यक्ति को एक अपने जोखिम-भरा किसी व्यावसायिक या अन्य उत्तरदायित्व से छुटकारा दिला देता है, तो व्यक्ति यही चाहेगा कि वह कुछ और दिन इसी तरह बीमार रहे ताकि उसे उत्तरदायित्व से छुटकारा मिला रहे। ऐसी परिस्थिति में रूपान्तरित हिस्टीरिया हो जाने की तीव्र सम्भावना होती है।

(vi) रूपांतर हिस्ट्रीया की उत्पत्ति में कुछ सामाजिक-सांस्कृतिक कारकों की भी भूमिका बतलायी गयी है। यह रोग देहाती क्षेत्रों में तथा निम्न सामाजिक-आर्थिक स्तर के व्यक्तियों में अधिक देखने को मिलता है। इतना ही नहीं, यह रोग उन व्यक्तियों में भी अधिक होता पाया गया है जिन्हें मेडिकल एवं मनोवैज्ञानिक संप्रत्ययों (concepts) के बारे में कम ज्ञान होता है। यह रोग पुरुषों की तुलना में महिलाओं में अधिक होता है और महिलाओं में इस रोग के लक्षण शरीर के दायीं ओर की तुलना में बायीं ओर अधिक होते देखा गया है।

स्पष्ट हुआ कि रूपांतर हिस्ट्रीया के कई कारण हैं। यदि हम रूपांतर हिस्ट्रीया के स्वरूप को ठीक ढंग से समझना चाहते हैं तो इन सबों पर संयुक्त रूप से ध्यान देना होगा।

कायप्रारूप विकृति का उपचार
(Treatment of Somatoform disorder)

कायप्रारूप विकृति के उपचार के लिए कई प्रविधियों का वर्णन किया गया है जिनमें निम्नांकित प्रमुख हैं–

1. सामना *(confrontation)*–इस प्रविधि में चिकित्सक रोगी को अपने लक्षणों के प्रति अधिक जागरूकता बढ़ाकर उसका उपचार करने की कोशिश करते हैं। जैसे, चिकित्सक रूपांतर हिस्ट्रीया के एक ऐसे रोगी को जिसे दिखलाई नहीं दे रहा है, उसे कुछ नहीं दिखलाई देने के बावजूद भी उसका निष्पादन दृष्टि कार्यों पर अच्छा बतलाता है। इसका परिणाम यह होता है कि रोगी की दृष्टि चेतना (visual awareness) बढ़ जाती है और रोगी में धीरे धीरे सामान्य दृष्टि लगभग कायम हो जाती है । ब्रेडी एवं लिंड (Brady & Lind, 1961) ने अपने अध्ययन में कई ऐसे रोगियों का उपचार सफलतापूर्वक किया है। परंतु ऐसा देखा गया है कि रोगियों में इस तरह का चंगापन प्रायः क्षणिक होता है और इससे रोगी में मानसिक संघर्ष एवं आत्म-सम्मान (self-esteem)की कमी हो जाती है। कुछ रोगियों में तो यह भाव भी उत्पन्न हो जाता है कि चिकित्सक उसकी हँसी उड़ा रहे हैं। फलतः वे चिकित्सा को तुच्छ समझने लगते हैं।

2. सुझाव *(Suggestion)*–कुछ चिकित्सकों का मत है कि यदि चिकित्सक पूरे विश्वास के साथ रोगी को मात्र यह सरल सुझाव देता है कि उसके लक्षण अब जल्द ही दूर हो जाएँगे, तो इससे भी रोग के उपचार पर अनुकूल प्रभाव पड़ते देखे गये हैं। रूपांतर हिस्ट्रीया के रोगियों में सुझावग्रहणशीलता का गुण अधिक होता है और कुछ चिकित्सकों का

यह दावा रहा है कि यदि ऐसे रोगियों को पूरे विश्वास के साथ यह सुझाव दिया जाता है कि उसके रोग के लक्षण समाप्त हो जाएँगे तो सचमुच में ऐसे रोग के लक्षण बहुत हद तक समाप्त हो जाते दिखते हैं। कार्टर (Carter, 1994) ने अपने अध्ययन में पाया कि 100 रूपांतर हिस्ट्रीया के रोगियों में ऐसे सुझाव के बाद करीब 75 रोगियों के लक्षण समाप्त हो गए। परंतु बर्ड (Bird, 1995) का मत है कि कार्टर के अध्ययन पर पूर्णरूपेण विश्वास इसलिए नहीं किया जा सकता है कि इसमें कोई नियंत्रित समूह (control group) नहीं था जिससे तुलना करके यह कहा जा सके कि सचमुच में दिये गए सुझाव के कुछ स्पष्ट परिणाम पड़े थे।

3. मनोवैश्लेषिक सूझ *(Psychoanalytic insight)*–मनोवैश्लेषिक चिकित्सा (psychoanalytic therapy) में कायप्रारूप विकृति के उपचार के लिए रोगी के मनोवैश्लेषिक सूझ (psychoanalytic insight) उत्पन्न करने पर अधिक बल डाला जाता है। इस तरह के सूझ के उत्पन्न हो जाने पर रोगी उन मानसिक संघर्षों के बारे में उत्तम समझ हासिल कर लेता है जो उसमें दैहिक लक्षण(physical symptoms) उत्पन्न किये हो। टरगे(Turgay, 1999) ने रूपांतर हिस्ट्रीया तथा अन्य कायप्रारूप विकृतियों के रोगियों का मनोवैश्लेषिक चिकित्सा प्रविधि से किया गया उपचार से संबद्ध अध्ययनों की समीक्षा के आधार पर यह बतलाया है कि अधिकतर रोगियों में जब इस तरह का मनोवैश्लेषिक सूझ उत्पन्न कर दिया जाता है, तो उनके दैहिक लक्षण बहुत हद तक समाप्त हो जाते हैं। परंतु कुछ अन्य विशेषज्ञों का मत है कि चूंकि इनसे सम्बद्ध उत्तम ढंग से नियंत्रित अध्ययनों(well-controlled studies) की कमी है, अतः अंतिम रूप से कुछ कहा नहीं जा सकता है।

4. अन्य चिकित्साएँ *(Other therapies)*–कायप्रारूप विकृति के उपचार में दूसरे तरह की चिकित्साओं का भी उपयोग सफलतापूर्वक किया गया है। जैसे वान केमपेन तथा उनके सहयोगियों (Van Kempen et al., 1992) ने अपने अध्ययन में पाया है कि एमीट्रीपटाइलाईन (Amitriptyline) जो एक तरह का विषादविरोधी (antidepressant) औषध है तथा जिसका दर्द निवारक प्रभाव भी होता है, से दर्द विकृति के रोगियों को काफी लाभ होता है। लियोवस्की(Liowski,, 1996) के अनुसार दर्द विकृति के लक्षण को दूर करने में सूझपूर्ण राय (sensible advice) की भी अहम् भूमिका होती है। इनके अनुसार जब रोगी को यह कहा जाता है कि उसके चिकित्सा का लक्ष्य दर्द से मुक्ति दिलाना नहीं है बल्कि उन्हें दर्द पर अपना नियंत्रण कायम कर लेना है ताकि वे अपनी जिंदगी में ठीक से समय व्यतीत कर सके, तो इसका भी काफी फायदा उन्हें होता है। कायप्रारूप विकृति के उपचार में पारिवारिक चिकित्सा(family therapy) को भी महत्त्वपूर्ण बतलाया गया है। टरगे (Trugay, 1990) के अध्ययनानुसार करीब 89 वयस्कों जो रूपांतर विकृति के रोगी थे, पारिवारिक चिकित्सा दिये जाने पर उनमें से करीब आधे रोगियों को दो सप्ताह के भीतर रोग से मुक्ति मिल गयी।

स्पष्ट हुआ कि कायप्रारूप विकृति के उपचार के लिए कई तरह की प्रविधियाँ उपलब्ध हैं। मनश्चिकित्सकों तथा नैदानिक मनोवैज्ञानिकों द्वारा इनमें से उपयुक्त विधि का चयन करके उसका उपचार किया जाता है।

अध्याय सारांश
(Chapter Summary)

1. कायप्रारूप विकृति DSM-IV (TR) के अनुसार एक ऐसी विकृति श्रेणी है जिसमें व्यक्ति उन दैहिक लक्षणों की शिकायत करता है जिनसे दैहिक समस्याओं की उपस्थिति का अंदाज होता है परंतु सचमुच में इसका कोई आंगिक या कायिक (somatic) आधार नहीं होता है।
2. कायप्रारूप विकृति के मुख्य पाँच प्रकार हैं–शरीर दुष्क्रिया आकृति विकृति, रोगभ्रम, कायिक विकृति, कायप्रारूप दर्द विकृति, रूपांतर विकृति (conversion disorder)।
3. रूपांतर विकृति (conversion disorder) जिसे पहले हिस्ट्रीया (hysteria) के नाम से जाना जाता था, सबसे सामान्य कायप्रारूप विकृति है।
4. रूपांतर विकृति के कई तरह के लक्षण हैं जिनमें संवेदी लक्षण (sensory symptoms) तथा पेशीय लक्षण (motor symptoms) प्रमुख हैं।
5. रूपांतर विकृति के कई कारण बतलाये गये हैं।
6. रूपांतर विकृति के उपचार की कई प्रविधियाँ उपलब्ध हैं जिनमें सामना (conforntation), सुझाव (suggestion), मनोवैश्लेषिक सूझ (psychoanalytic insight), पारिवारिक चिकित्सा (family therapy) आदि प्रमुख हैं।

❑

अध्याय 10

मनोविच्छेदी विकृतियाँ

(DISSOCIATIVE DISORDERS)

मनोविच्छेदी विकृति का स्वरूप
(Nature of Dissociative Disorder)

मनोविच्छेदी विकृति एक महत्त्वपूर्ण एवं सामान्य (common) मानसिक रोग है जिसमें रोगी के मानसिक प्रक्रियाएँ विशेषकर स्मृति या चेतना जो समन्वित (integrated) रहता है, विच्छेदित हो जाता है। इसमें स्मृति का कुछ क्षेत्र चेतन से विच्छेदित होकर अलग हो जाता है जिससे व्यक्ति अपने आप को तथा वातावरण को भिन्न ढंग से प्रत्यक्षण करने लगता है। कहने का तात्पर्य यह है कि मनोविच्छेदी विकृति का सबसे प्रमुख लक्षण विच्छेदन (dissociation) है। विच्छेदन की अनुभूति में अन्य बातों के अलावा निम्नांकित पाँच तरह की अनुभूतियाँ अधिक होती हैं–

1. स्मृतिलोप *(amensia)*–स्मृतिलोप में रोगी अपने पूर्व अनुभूतियों का आंशिक या पूर्णरूपेण प्रत्याह्वान (recall) करने में असमर्थ रहता है।

2. व्यक्तित्वलोप *(depersonalization)*–इसमें रोगी अपने आप से असम्बद्ध (datached) महसूस करता है। रोगी को ऐसा महसूस होता है कि वह कोई धारा में बह रहा है या वह अपने ही गतिविधियों से बाहर से खड़ा होकर देख रहा है।

3. वास्तविकता लोप *(derealization)*–इसमें रोगी को पूरा वातावरण ही अवास्तविक एवं अविश्वसनीय लगता है।

4. पहचान संभ्रांति *(identity confusion)*–इसमें रोगी को अपने बारे में यह संभ्रांति उत्पन्न होती है कि वह कौन है, क्या है, आदि-आदि।

5. पहचान बदलाव *(identity alteration)*–इसमें रोगी कभी-कभी कुछ आश्चर्य उत्पन्न करने वाले कौशलों से अपने को लैश पाता है। रोगी को आश्चर्य इसलिए होता है कि उसे पता भी नहीं रहता है कि उसमें ऐसा कौशल है। जैसे, सम्भव है कभी-कभी रोगी विदेशी भाषा के कुछ ऐसे शब्दों का उपयोग करके अपने सम्भाषण को आकर्षक बना देता है कि उसे आश्चर्य होने लगता है।

स्पष्ट हुआ कि मनोविच्छेदी विकृति में रोगी को विच्छेदन (dissociation) का जो अनुभव होता है, उसमें कई तरह की अनुभूतियाँ सम्मिलित होती हैं।

मनोविच्छेदी विकृति के प्रकार
(Types of Dissociative Disorder)

मनोविच्छेदी विकृति के कई प्रकार बतलाये गये हैं जिनमें निम्नांकित चार प्रमुख हैं–

(1) मनोविच्छेदी स्मृतिलोप (Dissociative amensia)
(2) मनोविच्छेदी आत्मविस्मृति (Dissociative fugue)
(3) मनोविच्छेदी पहचान विकृति (Dissociative Indentity disorder DID)
(4) व्यक्तित्वलोप विकृति (Depersonalization disorder)

इन सबों का वर्णन हम अलग-अलग अनुच्छेदों में करेंगे–

मनोविच्छेदी स्मृतिलोप
(Dissociative amentia)

इसे पहले मनोजनिक स्मृतिलोप (psychogenic amensia) कहा जाता था। इस विकृति में रोगी अपने ऐसे महत्त्वपूर्ण व्यक्तिगत अनुभूतियों का प्रत्याह्वान (recall) पूर्णत: या अंशत: नहीं कर पाता है जिसका स्वरूप तनाव उत्पन्न करने वाला होता है या जो मानसिक आघात उत्पन्न किये होते हैं। इससे रोगी का सामाजिक एवं अन्य दूसरे तरह के समायोजन पर बुरा प्रभाव पड़ता है। स्मृति लोप (amensia) के कई प्रकार होते हैं जिनमें निम्नांकित प्रमुख हैं–

1. **पश्चगामी स्मृतिलोप** *(retrograde amensia)*–यह एक तरह का स्थानीकृत स्मृति लोप (localised amensia) है जिसमें व्यक्ति मानसिक आघात उत्पन्न करने वाली घटना के ठीक पहले की अनुभूतियों को भूल जाता है।
2. **उत्तर आघातीय स्मृतिलोप** *(post-traumatic amensia)*–इसमें व्यक्ति मानसिक आघात उत्पन्न करने वाली घटना के बाद की अनुभूतियों का प्रत्याह्वान नहीं कर पाता है। अत: यह भी एक तरह का स्थानीकृत स्मृति लोप (localised amensia) है।
3. **अग्रगामी स्मृतिलोप** *(anterograde amensia)*–इसमें रोगी मानसिक आघात उत्पन्न होने के बाद के किसी अनुभूति का प्रत्याह्वान करने में अपने आप को असमर्थ पाता है।
4. **चयनात्मक या श्रेणीबद्ध स्मृतिलोप** *(selective or categorical amensia)*–इसमें रोगी किसी घटना से संबद्ध सूचनाओं का प्रत्याह्वान न करके कुछ ही सूचनाओं का प्रत्याह्वान करता है।
5. **सामान्यीकृत स्मृतिलोप** *(generalized amensia)*–इसमें रोगी अपनी पूरी जिंदगी की घटनाओं का प्रत्याह्वान करने में अपने आप को असमर्थ पाता है।
6. **सतत स्मृतिलोप** *(continuous amensia)*–इसमें रोगी खास समय या बिन्दु तक के ही अनुभूतियों का प्रत्याह्वान कर पाता है, उसके बाद के अनुभूतियों का नहीं।
7. **क्रमबद्ध स्मृतिलोप** *(systematized amensia)*–इसमें रोगी कुछ विशेष श्रेणी की सूचनाओं का प्रत्याह्वान नहीं कर पाता है। जैसे, रोगी किसी व्यक्ति या किसी परिवार से सम्बद्ध सारे अनुभूतियों का प्रत्याह्वान करने में जब अपने आप को असमर्थ पाता है, तो यह क्रमबद्ध स्मृतिलोप का उदाहरण बनता है।

इसमें से अंतिम तीन लक्षणों को अधिक गंभीर माना गया है और यदि कोई व्यक्ति इन तीनों लक्षणों को दिखाता है तो यह समझा जाता है कि उसका मनोविच्छेदी विकृति अधिक गंभीर है। मनोविच्छेदी स्मृतिलोप बच्चों से लेकर वयस्क में से किसी भी उम्र समूह में होता है। स्मृतिलोप की अवधि कुछ मिनट से लेकर कुछ वर्षों तक का हो सकता है।

मनोविच्छेदी आत्मविस्मृति
(Dissociative Fugue)

इसे पहले मनोजनिक आत्म विस्मृति (psychogenic fugue) कहा जाता था। इसमें व्यक्ति में स्मृतिलोप (amensia) के लक्षण तो होते ही हैं, साथ-ही-साथ वह अपने घर या सामान्य निवास स्थान छोड़कर अचानक एवं अप्रत्याशित ढंग से दूर चला जाता है और वह वहाँ नया काम, नया नाम बताकर एक नयी जिंदगी की शुरूआत करता है। कई दिन, महीना तथा कभी-कभी साल बीत जाने के बाद फिर रोगी अचानक अपने आप को नये जगह में पाकर आश्चर्यचकित रह जाता है और फिर वह नयी जिंदगी के बारे में सब कुछ भूल जाता है। उसे यह भी समझ में नहीं आता है कि वह किस तरह यहाँ आया था और क्यों आया था।

अध्ययनों से यह स्पष्ट हुआ कि मनोविच्छेदी आत्म विस्मृति की शुरूआत किसी-न-किसी ऐसी घटना के बाद होता है जिससे व्यक्ति को काफी अधिक तीव्र मात्रा में मानसिक आघात लगा हो। ऐसे रोग के व्यक्ति प्राय: अपरिपक्व (immature), आत्मकेन्द्रित तथा काफी अत्यधिक सुझावग्रहणशील होते हैं। जब ऐसे व्यक्तियों को ऐसी दुखद परिस्थिति का सामना करना पड़ता है जिससे उसे छुटकारा पाना सम्भव नहीं है, तो उनमें मनोविच्छेदी आत्म-विस्मृति के रोग उत्पन्न होने की सम्भावना अधिक बढ़ जाती है। प्राय: ऐसे व्यक्तियों में उन दुखद परिस्थितियों से उत्पन्न होने की

सम्भावना अधिक बढ़ जाती है। प्रायः ऐसे व्यक्तियों में उन दुखद परिस्थितियों से उत्पन्न अनुभूतियों को भूल जाने की चेतन इच्छा एवं उस परिस्थिति से दूर हट जाने की इच्छा भी होती है परंतु व्यक्ति को यह समाधान मान्य नहीं होता है। अन्ततोगत्वा, तनावपूर्ण परिस्थिति या दुःखद परिस्थिति इतना अधिक असहनीय हो जाता है कि वे अपने व्यक्तित्व के संबंधित पहलू एवं उससे इच्छाओं को दमित कर देते हैं। यही दमन कुछ समय बीतने पर मनोविच्छेदी आत्मविस्मृति का कारण बनता है। ओनील तथा केम्पलर (O' Neil & Kempler, 1969) के अनुसार मनोवैज्ञानिक आत्मविस्मृति काफी चयनात्मक होता है और उसका संबंध सिर्फ उन घटनाओं एवं सामग्रियों से होता है जो असहनीय होता है तथा आत्मन् (self) को चुनौती देने वाला होता है। मनोविच्छेदी आत्मविस्मृति में व्यक्ति सामान्य दिखता है और जटिल-से-जटिल कार्यों को भी ठीक ढंग से करता है। अध्ययनों से यह स्पष्ट हुआ है कि सामान्य जनसंख्या का करीब 0.2% लोगों में ही इस तरह का रोग पाया जाता है। स्पष्टतः तब इस तरह के रोग का प्रचलन (prevalence) काफी कम है।

मनोविच्छेदी पहचान विकृति
(Dissociative Identity Disorder or DID)

इस रोग को पहले *बहुव्यक्तित्व विकृति (Multiple personality disorder)* कहा जाता था। DID में एक ही व्यक्ति में दो या दो से अधिक भिन्न व्यक्तित्व अवस्थाएँ पायीं जातीं हैं। प्रत्येक अवस्था अपने आप में संवेगात्मक एवं भावात्मक दृष्टिकोण से काफी सुसज्जित एवं संगठित होते हैं और प्रत्येक व्यक्तित्व तंत्र का अपना अलग विचार एवं संज्ञान (cognition) होता है। व्यक्ति एक व्यक्तित्व अवस्था में कुछ समय (जैसे कुछ महीना या साल) तक रहकर फिर अपने आप दूसरे व्यक्तित्व अवस्था में चला जाता है। एक व्यक्तित्व अवस्था दूसरे व्यक्तित्व अवस्था से नाटकीय ढंग से भिन्न होता है। जैसे व्यक्ति एक व्यक्तित्व अवस्था में मजाकिया, चिंतामुक्त व्यवहार कर सकता है तो दूसरी अवस्था में वह काफी गंभीर, शांत एवं चिंतायुक्त व्यवहार कर सकता है। वैसी आवश्यकताएँ एवं व्यवहार जो मुख्य व्यक्तित्व में अवरूद्ध एवं दबी होती हैं, वे अन्य व्यक्तित्व अवस्थाओं में विशेष रूप से अभिव्यक्ति होतीं हैं।

DID में एक ही व्यक्ति में कितने तरह की व्यक्तित्व अवस्थाएँ हो सकती हैं ? इस प्रश्न का उत्तर देने के लिए रॉस (Ross, 1989) ने एक अध्ययन किया जिसमें यह देखा गया कि औसतन इसकी संख्या 15 तक होती है। अभी हाल में चर्चित 'ट्रूडी चेस' (Truddi chase) का केस है जिसमें इस महिला (अर्थात् ट्रूडी चेस) में 92 विभिन्न व्यक्तित्व अवस्थाएँ पायी गयी हैं। जब व्यक्ति में दो से अधिक व्यक्तित्व अवस्थाएँ होती हैं, तो सामान्यतः प्रत्येक अवस्था एक-दूसरे के बारे में कुछ हद तक जानता है और एक-दूसरे से बात करके एक सतत साथी के रूप में भी कार्य करता है। जैसा कि डेविसन एवं नील[1] (Davison & Neale, 1996) ने कहा है, ''जब व्यक्ति में दो से अधिक बदलाव होते हैं, तो प्रत्येक एक-दूसरे के बारे में कुछ हद तक जानता है। सचमुच में वे एक-दूसरे से कुछ बातचीत भी कर सकते हैं तथा सतत सहयोगी भी हो सकते हैं।''

DID की शुरुआत प्रायः आरंभिक बाल्यावस्था में ही हो जाता है परंतु इसकी पहचान किशोरावस्था से पहले शायद ही कभी हो पाता है। यह अन्य मनोविच्छेदी रोगों की तुलना में अधिक चिरकालिक एवं गंभीर होता है और इससे पूर्ण मुक्ति शायद ही कभी किसी को होती है। यह रोग महिलाओं में पुरुषों की अपेक्षा कई गुणा अधिक होता है। इस रोग में व्यक्तित्व विभाजन के अतिरिक्त भी कुछ लक्षण पाए जाते हैं जिनमें विषाद (depression), बोर्डर रेखीय व्यक्तित्व (boarder line personality), तथा कायरूप विकृति (somatization disorder) अधिक सामान्य हैं।

DID के अस्तित्व (existence) का एक अपना विवादास्पद इतिहास है। इसका सबसे पहला उल्लेख हमें 19वीं शताब्दी में मिलता है। स्टक्लिफ एवं जोन्स (Stucliffe & Jones, 1962) ने इस रोग के साहित्य की समीक्षा किया और कुल 77 ऐसे केसेज की पहचान किया जो मूलतः 1890 एवं 1920 में प्रकाश में आये थे। 1970 तक इस रोग के बहुत कम रोगी थे। ब्लिस (Bliss, 1980) के अनुसार 1970 वाले दशक में इस रोग के केवल 14 केसेज पाये गए। फिर पुटनाम एवं उनके सहयोगियों (Putnam et al., 1980) ने 1980 वाले दशकों में इस रोग के 100 केसेज पाये और अभी का आलम यह है कि करीब उन सभी रोगियों जिनका इलाज के लिए मानसिक अस्पताल एवं उपचार गृह में दाखिला

1. "When an individual has more than two actors, each of these may to some extent be aware of others. In fact, they may talk to each other and be constant companions."

–Davison & Neale : *Abonormal Psychology,* 1996, p. 180

किया जाता है, के करीब 5% DID के रोगी होते हैं। ब्रैडशा (Bradshaw, 2000) के अनुसार इस रोग के उत्पन्न होने की दर में आजकल बेतहाशा वृद्धि होने का कारण बच्चों के साथ किया गया दुर्व्यवहार (child abuse) विशेषकर महिला बच्चों का लैंगिक दुर्व्यवहार (sexual abuse) है जो आजकल कई कारणों से कई परिवारों में अधिक होते देखा गया है। बच्चों का लैंगिक दुर्व्यवहार इसका सबसे बड़ा इकलौता कारण बतलाया गया है।

केस उदाहरण *(A case example)*

DDI के कई उदाहरण हैं जिनमें **'दी थ्री फेसेज ऑफ इभ'** (Three Faces of Eve) जिसे थिगपेन एवं क्लेकली (Thigpen & Clickley, 1954), **सिबिल** (Sybil) जिसे स्कीवर (Schreiber, 1974), **डॉ० जेकिल एवं मिस्टर हाईड** (Dr. Jekyll and Mr. Hyde) तथा **जूली-जेनी-जेरी** (Julie-Jenny-Jerrie) जिसे डेविस एवं ओशरसन .(Davis & Osharson, 1977) द्वारा प्रदत्त किया गया है, प्रमुख है।

यहाँ हम डेविस एवं ओशरसन (Davis & Osherson, 1977) द्वारा उद्धृत जूली-जेनी-जेरी वाले केस उदाहरण को उपस्थित कर रहे हैं-

''जुली (Julie) एक 36 वर्षीय विवाहित महिला थी जिसे एक आठ साल का दत्तक बेटा था जिसका नाम ऐडम (Adam) था। स्कूल में बार-बार वह असफल हो रहा था। इस कारण इसे अपने बेटा के उपचार कराने के लिए एक मनोवैज्ञानिक उपचारगृह (psychological clinic) में आना पड़ा। इसी दौरान कुछ ऐसे संकेत मिले जिसके कारण चिकित्सक को स्वयं जुली के बारे में विस्तृत रूप से जानने का निर्णय लेना पड़ा।

जुली बहुत ही सहयोगी एवं दुनियादार (sophisticated) महिला थी। उसे अपने बारे में अच्छा सोच-समझ था। चिकित्सा के छठा सत्र के दौरान अचानक वह यह कहकर चिकित्सक को भौंचक्का कर दी कि वह चिकित्सा के दौरान किसी अन्य को लाना चाहती है। पहले चिकित्सक यह समझे कि बाहर कहीं और कोई इंतजार कर रहा होगा। परंतु यह देखा गया कि जूली अपना आँख बंद कर ली और थोड़े देर के बाद धीरे-धीरे अपना आँख खोली और भौं ऊपर चढ़ाते हुए अपने मुँह से सिगरेट को निकालकर उसे बुझाते हुए कही, ''मैं चाहती हूँ कि जूली सिगरेट न पीये। उसे तम्बाकू के गंध से घृणा होती है।'' उस समय वह अपना जेरी (Jerrie) (दूसरा व्यक्तित्व) बतलायी और एक घंटे के बाद उसी तरीके को अपनाते हुए फिर वह अपना नाम जेनी (Jenny) जो एक तीसरा व्यक्तित्व था, बतलायी।

जेनी यह बतलायी कि वह मौलिक व्यक्तित्व है और यह भी बतलायी कि 3 वर्ष की आयु में वह जेरी हो गयी थी तथा आठ साल की आयु होने पर वह फिर जुली हो गयी थी। अपने क्षुब्ध पारिवारिक परिस्थिति से उत्पन्न तनाव से निपटने के लिए दो विभिन्न समयों में वह दो व्यक्तित्व का सृजन की थी।

जेनी यह बतलाती है कि तीन और आठ साल के बीच उसके दैहिक कल्याण (physical welfare) की उपेक्षा की गयी थी, उसके पड़ोसी ने उसका लैंगिक शोषण (sexual exploitation) भी किया था एवं आठ साल की आयु में उसे माता-पिता ने यह कहकर दूसरों को स्थायी दत्तक-ग्रहण (permanent adoption) के लिए दे दिया था कि वह सुधरने लायक नहीं है। इसी समय वह जेनी से जूली बन गयी थी। जूली के रूप में उसका व्यक्तित्व सरल था तथा विपरीत परिस्थितियों के साथ निबटने की क्षमता उसमें थी। यहाँ ध्यान देने योग्य बात है कि जूली को जेरी के व्यक्तित्व के बारे में कुछ भी पता नहीं था। चिकित्सा प्रारंभ होने के दो साल पहले जूली जेरी के बारे में जान सकी। इस समय जूली की आयु 34 वर्ष की थी।

जूली-जेनी-जेरी तीनों व्यक्तित्व स्पष्टतः भिन्न थे। जेनी जो मौलिक व्यक्तित्व था, बहुत ही लज्जालु (shy), डरा-डरा रहने वाला तथा असुरक्षित महसूस करने वाला व्यक्तित्व था। यह व्यक्तित्व तीन साल के बच्ची के समान कभी-कभी व्यवहार करता था। वह जूली तथा जेरी दोनों व्यक्तित्व के बारे में जानती थी और उसकी उम्मीद यह थी कि जूली तथा जेरी दोनों ही एक दिन मिलकर एक साथ एडम की एक उत्तम माँ बनेगी।

जूली तीनों व्यक्तित्व में सबसे अधिक समन्वित थी। जूली विषमलिंगी (heterosexual) थी तथा सांवेगिक रूप से एक उत्तम माँ बनने के सभी गुण उसमें थे। जूली को धूम्रपान करने की बुरी आदत थी। जूली को जेरी के बारे में पता नहीं था।

जेरी जूली के विपरीत थी। जेरी समलिंगी (homosexual) थी, मर्दाना पोशाक की शौकीन थी तथा अपने आप

पर अधिक भरोसा करने वाली थी। जेरी धूम्रपान नहीं करती थी। जेरी का रक्त चाप जूली से हमेशा 20 बिंदु अधिक होता था। जेरी को जूली के बारे में पता होता था।''

उपर्युक्त केस उदाहरण में एक ही महिला के तीन भिन्न व्यक्तित्व अर्थात् जूली-जेनी-जेरी (Julie-Jenny-Jerry) को दर्शाया गया है। ऊपर के केस उदाहरण में कुछ मात्रा में स्मृतिलोप (amensia) की घटना प्रत्येक व्यक्तित्व में पाया जा रहा है। फिर तीन व्यक्तित्व में से एक व्यक्तित्व अन्य दो व्यक्तित्व से अवगत होता भी देखा गया है। जैसे, जेनी को जूली तथा जेरी दोनों के बारे में पता था तथा जेरी भी जूली के बारे में जानता था। इसी तरह से इन तीनों में से एक व्यक्तित्व अन्य व्यक्तित्व को नहीं भी जानता था। जैसे, जूली को जेरी के बारे में पता नहीं होता था। लेस्टर (Lester, 1977) के अनुसार एक महिला के ये तीनों व्यक्तित्व सिर्फ स्मृति के ख्याल से एक दूसरे से भिन्न नहीं थे बल्कि वे एक-दूसरे से इच्छा, मनोवृत्ति, अभिरुचि, सीखने की क्षमता, ज्ञान, नैतिकता, लैंगिक उन्मुखता, बोलने का ढंग, उम्र, रक्तचाप, हृदय गति आदि में भी भिन्न थे। इन सबों के आधार पर उक्त केस बहुव्यक्तित्व विकृति (multiple personality disorder) या DID एक ठोस उदाहरण बनता है।

DID के हैतुकी (Etiology of Dissociative Indentity Disorder or DID)

DID के केसेज का गंभीर रूप से विश्लेषण करने के बाद इसके प्रमुख तीन कारण बतलाये गये हैं जो इस प्रकार हैं–

(i) DID का सबसे बड़ा इकलौता कारण बाल्यावस्था में हुआ दुर्व्यवहार (abuse) विशेषकर लैंगिक दुर्व्यवहार (sexual abuse) है। प्रायः देखा गया है कि सामान्यतः चार से छह साल के आयु में जब किसी बच्चे के साथ विशेषकर लड़की के साथ दुर्व्यवहार खासकर लैंगिक दुर्व्यवहार किया जाता है तो इससे उसे तीव्र सांवेगिक आघात पहुँचता है जो बाद में चलकर DID का मानसिक रोग उत्पन्न करता है। कून्स (Coons, 1994), कीनी एवं फारले (Keaney & Farley, 1996) ने अपने-अपने अध्ययनों के आधार पर यह बतलाया है कि जब ऐसा दुर्व्यवहार होने से उसे तीव्र सांवेगिक आघात पहुँचता है, तो वह इससे अपने आप को बचाने के लिए ऐसा नया व्यक्तित्व विकसित कर लेता है जिसमें उसे सब कुछ नया लगता है और वह पहले व्यक्तित्व को भूल चुका होता है।

(ii) ऐसे रोगी आत्म-सम्मोहन (self-hypnosis) की प्रति तीव्र उन्मुखता रखने वाले होते हैं। आत्म-सम्मोहन से तात्पर्य एक ऐसी अवस्था से होता है जिसमें व्यक्ति अपने आप को अपनी इच्छा से एक ऐसी स्तब्धता (trance) की स्थिति में ला देता है जिसमें वे सारे गुण होते हैं जो औपचारिक रूप से उत्पन्न किये गए सम्मोहन का होता है। आत्म-सम्मोहन का गुण होने के कारण ऐसे व्यक्ति विशेषकर लड़कियाँ बहुत तेजी से अपने व्यक्तित्व को कई स्वतंत्र पहचान की अवस्था में आसानी से बाँट लेते हैं।

(iii) क्लूफ्ट (Kluft, 1991) के अनुसार जब व्यक्ति यह पाता है कि अपने सांवेगिक समस्याओं से वह निपटने में आत्म-सम्मोहन के माध्यम से नया व्यक्तित्व का सृजन कर सफल हो जाता है तो भविष्य में भी जब उसे किसी ऐसी सांवेगिक समस्या का सामना करना पड़ता है, तो वह उसका समाधान फिर एक नया व्यक्तित्व पहचान बना कर लेता है। उस तरह से एक ही व्यक्ति में कई स्वतंत्र व्यक्तित्व पहचान उत्पन्न होकर DID उत्पन्न कर देते हैं।

DID के उपचार (Treatment of Dissociative Identity Disorder)

DID का उपचार मनश्चिकित्सकों के लिए कड़ी चुनौती है। सामान्यतः इसका उपचार निम्नांकित दो तरह की चिकित्सा से किया जाता है–

(i) **संज्ञानात्मक चिकित्सा** *(Cognitive therapy)*–इस तरह की चिकित्सा में चिकित्सक रोगी के स्वतःचिंतन (automatic thoughts) का संग्रहण करता है, फिर उसे असंगत चिंतनों (irrational thoughts) को चुनौती देने एवं उससे निपटने के लिए कौशल सीखलाता है और वह उस आधार को पहचानने की कोशिश करवाता है जिसके कारण रोगी के लिए ऐसे असंगत चिंतनों को महत्त्व दिया गया था। इसमें आवश्यकतानुसार चिकित्सक सम्मोहन (hypnosis) का भी सहारा लेता है। उक्त कोशिशों से रोगी अपने बहु व्यक्तित्त्व विकृति को समझकर फिर उसके अर्थहीनता को समझ लेता है और तब उसके लक्षण भी धीरे-धीरे समाप्त हो जाते हैं।

(ii) **मनोगतिकी चिकित्सा** *(Psychodynamic therapy)*–इस तरह के चिकित्सा में चिकित्सक सबसे पहले रोगी

को अपनी समस्या से अवगत कराने की कोशिश करता है। इसके लिए वह सम्मोहन का सहारा लेता है और रोगी को सम्मोहित अवस्था में लाकर उसके विभिन्न व्यक्तित्व पहचानों से अवगत कराया जाता है और प्रत्येक को स्वतंत्र होकर बोलने के लिए भी कहा जाता है। रोगी को यह भी कहा जाता है कि वे सभी व्यक्तित्व पहचानों (personality identities) के बातों को ध्यान से सुने एवं सम्मोहनावस्था के बाद भी उसे याद रखें। जब रोगी अपने विभिन्न स्वतंत्र पहचानों से अवगत हो जाता है तो चिकित्सक उसे (सम्मोहन के बाद) यह समझाने की कोशिश करते है कि उनका एक शरीर है और एक सिर है जिसमें विभिन्न तरह के व्यक्तित्व का होना नामुमकिन है। वास्तव में जो उनके अलग-अलग व्यक्तित्व पहचान है, वे उनके ही द्वारा बाल्यावस्था में आत्म-सम्मोहन (self-hypnosis) द्वारा बिना किसी चेतन या दुर्भावपूर्ण उद्देश्य के ही सृजित किये गए हैं। अब इनकी कोई जरूरत नहीं है क्योंकि वह अब वयस्क है और उसमें इन सबों को परास्त करने का पर्याप्त शक्ति भी है। इन सब का परिणाम अनुकूल होता है और रोगी अपने वास्तविक व्यक्तित्व को ही काफी अहमियत देना प्रारंभ कर देता है और फिर धीरे-धीरे DID के लक्षण दूर हो जाते हैं। क्लूफ्ट (Kluft, 1987) ने एक अध्ययन किया जिसमें 34 DID के रोगियों का उपचार मनोगतिकी चिकित्सा द्वारा किया गया जिसमें से 94% में काफी तीव्र उन्नति पायी गयी। पुटनाम तथा लोएवेनस्टीन (Putnam & Loewenstein, 1996) ने अपने एक सर्वे में यह पाया कि 305 नैदानिक विशेषज्ञों द्वारा DID के रोगियों का किया गया उपचार में से औसतन एक रोगी को इस प्रविधि द्वारा चार साल तक उपचार किये जाने पर अनुकूल सफलता मिलती है।

उपर्युक्त मनश्चिकित्सीय प्रविधियों के अलावा विषादविरोधी (antidepressant) तथा चिंता विरोधी (antianxiety) औषधों का भी उपयोग DID के उपचार में अनुकूल प्रभाव छोड़ता पाया गया है।

स्पष्ट हुआ कि DID के कई कारण है तथा इसके उपचार के लिए संज्ञानात्मक चिकित्सा तथा मनोगतिकी चिकित्सा का उपयोग किया गया है। विषाद विरोधी तथा चिंता विरोधी औषधों का भी उपयोग हल्का-फुल्का अनुकूल प्रभाव उत्पन्न करने के लिए किया गया है।

व्यक्तित्वलोप विकृति
(Depersonalization disorder)

व्यक्तित्वलोप विकृति एक ऐसी विकृति है जिसमें व्यक्ति का आत्मन् (self) का प्रत्यक्षण या अनुभव इस हद तक बदला रहता है कि उससे पृथक्करण (detatchment) का भाव उत्पन्न होता है। व्यक्ति अपने आप को यंत्रवत् चलने वाला प्राणी (automaton) समझने लगता है। उसे यह महसूस होता है कि वह स्वप्न की दुनियाँ में रह रहा है। उसे अनुभव होता है कि वह अपनी ही मानसिक प्रक्रियाओं एवं शारीरिक प्रक्रियाओं का एक बाहरी प्रेक्षक बनकर उसका प्रेक्षण कर रहा है। इसमें रोगी को संवेदी भ्रामक (sensory anesthesia), भावात्मक अनुक्रियाओं की कमी, अपनी ही क्रियाओं पर नियंत्रण खोने का भाव आदि होता पाया गया है। व्यक्तित्वलोप विकृति के रोगियों में वास्तविक परख (reality testing) का गुण बिल्कुल ठीक होता है अर्थात् वह यह समझता है कि उसे यंत्रवत् चलने वाला प्राणी (automaton) का मात्र एक अनुभव होता है न कि वह सचमुच में वैसा प्राणी है। ऐसे रोगियों में सम्मोहनशीलता (hypnotizability) का गुण अधिक होता है।

DSM-IV (TR) में व्यक्तित्व लोप विकृति को एक स्वतंत्र मनोविच्छेदी विकृति (dissociative disorder) के रूप में सम्मिलित किया जाना एक विवादास्पद बिंदु है क्योंकि व्यक्तित्वलोप विकृति में रोगी के स्मृति में किसी प्रकार की कोई क्षुब्धता (disturbances) नहीं पाया जाता है जबकि अन्य सभी मनोविच्छेदी विकृतियों में इस तरह का लक्षण मुख्य रूप से पाया जाता है।

स्पष्ट हुआ कि मनोविच्छेदी विकृति के कई प्रकार हैं। इन सभी प्रकारों में DID तुलनात्मक रूप से अधिक सामान्य (common) हैं।

अध्याय-सारांश
(Chapter Summary)

1. मनोविच्छेदी विकृति एक ऐसा मानसिक रोग है जिसमें व्यक्ति की मानसिक प्रक्रिया विशेषकर स्मृति या चेतन जो सामान्यतः समन्वित रहता है, विच्छेदित हो जाता है।

2. विच्छेदन की अनुभूति में अन्य बातों के अलावा पाँच तरह की अनुभूतियाँ प्रमुख होती हैं। ये अनुभूतियाँ हैं–स्मृतिलोप, व्यक्तित्वलोप, वास्तविकतालोप, पहचान संभ्रांति तथा पहचान बदलाव।
3. मनोविच्छेदी विकृति के चार प्रमुख प्रकार हैं–मनोविच्छेदी स्मृतिलोप (dissociative amensia), मनोविच्छेदी आत्मविस्मृति (dissociative fugue), मनोविच्छेदी पहचान विकृति (Dissociative Identity Disorder) तथा व्यक्तित्वलोप विकृति (depersoalization disorder)।
4. मनोविच्छेदी स्मृतिलोप में रोगी अपने महत्त्वपूर्ण व्यक्तिगत अनुभूतियों का प्रत्याह्वान पूर्णतः या अंशतः नहीं कर पाता है।
5. मनोविच्छेदी आत्मविस्मृति में स्मृतिलोप के लक्षण के अतिरिक्त रोगी अपना घर या निवास के सामान्य स्थान को अप्रत्याशित ढंग से छोड़कर दूर जाकर नया नाम एवं नया काम से नयी जिंदगी की शुरूआत करता है।
6. मनोविच्छेदी पहचान विकृति में एक ही व्यक्ति में दो या दो से अधिक भिन्न व्यक्तित्व अवस्थाएँ पायीं जातीं हैं और प्रत्येक अवस्था अपने आप में भावात्मक एवं संवेगात्मक दृष्टिकोण से सुसज्जित एवं संगठित होता है। रोगी को ऐसी अवस्था में दूसरे व्यक्तित्व के बारे में सूचना रह भी सकता है या नहीं भी रह सकता है। इस रोग के उपचार के लिए संज्ञानात्मक चिकित्सा तथा मनोगतिकी चिकित्सा का उपयोग काफी किया जाता है।
7. व्यक्तित्व लोप विकृति में रोगी का आत्मन् (self) का प्रत्यक्षण या अनुभव इस हद तक बदल जाता है कि उसमें पृथक्करण का भाव उत्पन्न हो जाता है। व्यक्ति अपने आप को एक यंत्रवत् चलने वाला प्राणी (automaton) समझने लगता है। परंतु फिर भी उसमें वास्तविकता परख (reality testing) का गुण होता है।

❑

अध्याय 11

मनोदैहिक विकृतियाँ

(PSYCHOSOMATIC DISORDERS)

मनोदैहिक विकृति का अर्थ एवं स्वरूप
(Meaning and Nature of Psychosomatic Disorder)

मनोदैहिक विकृति (psychosomatic disorder or psychopysiologic disorder) एक ऐसी विकृति है जिसमें मनश्चिकित्सकों (psychiatrists) तथा नैदानिक मनोवैज्ञानिकों (clinical psychologists) ने 1930 के लगभग से अभिरुचि (interest) दिखलाना प्रारंभ किया है। यद्यपि यह सही है कि DSM-IV (TR) में मनोदैहिक विकृति को अलग से एक मानसिक रोग नहीं माना गया है और यही कारण है कि इसे इसमें सम्मिलित भी नहीं किया गया है । फिर भी चूँकि असामान्य व्यवहार से इसका विशेष ऐतिहासिक संबंध है, अत: यहाँ इसका वर्णन किया जा रहा है। इस तरह की विकृति (disorder) में रोगी अपने सांवेगिक संघर्षो (emotional conflict) एवं चिंताओं (anxieties) की अभिव्यक्ति वास्तविक शारीरिक लक्षणों (actual bodily symptoms) के रूप में करता है। इस तरह से इस रोग में रोगी में कुछ वास्तविक शारीरिक बीमारियाँ होतीं हैं परंतु उनका कारण मनोवैज्ञानिक (psychological) होता है न कि दैहिक (physiological)। दूसरे शब्दों में, मनोदैहिक विकृति वैसी विकृति को कहा जाता है जिसमें रोग के लक्षण की अभिव्यक्ति (expression) शारीरिक होती है परंतु उनका कारण शारीरिक न होकर मनोवैज्ञानिक (psychological) होता है। अत: इस रोग का कारण सांवेगिक संघर्ष तथा चिंता आदि होता है। शायद यही कारण है कि इस रोग का नाम *मनोदैहिक विकृति* (psychosomatic disorder) रखा गया है। इस रोग की विशेषता यह भी बतलायी गयी है कि इसमें उन्हीं अंगों (organs) द्वारा रोग के लक्षण की अभिव्यक्ति होती है जो स्वायत्त तंत्रिका तंत्र (autonomic nervous system) के नियंत्रण में होते हैं। स्वायत्त तंत्रिका तंत्र के नियंत्रण में रहने वाले कुछ प्रमुख अंगों के नाम हैं–हृदय (heart), गुर्दा (kidney), आँत (intestine), चर्म क्रियाएँ (skin activities) आदि। अत: स्पष्ट है कि इस रोग में इन्हीं शारीरिक अंगों में विकृतियाँ (disorders) उत्पन्न होकर सांवेगिक संघर्षो (emotional conflicts) की अभिव्यक्ति होती है। किस्कर[1] (Kisker, 1964) ने मनोदैहिक विकृति (psychosomatic disorder) को इस प्रकार परिभाषित किया है, ''जब भीतरी सांवेगिक कठिनाइयों की अभिव्यक्ति उन शारीरिक तंत्रों द्वारा की जाती है जो स्वायत्त तंत्रिका तंत्र द्वारा नियंत्रित या तंत्रिकोत्तेजित होती है तो इस अवस्था को मनोदैहिक विकृति (pychophysiologic disorder) कहा जाता है।'' **सारासन**[2] (Sarason, 1972) ने भी मनोदैहिक विकृति (psychophysiological disorder) को कुछ ऐसे ही परिभाषित करते हुए कहा है, ''मनोदैहिक या मनोशारीरिक प्रतिक्रिया स्नायुविकृत अवस्था के समान अवस्था को कहा जाता है जिसमें किसी एक लक्ष्य अंग या अंग तंत्र में शारीरिक क्षति होती है ।''

इन परिभाषाओं का विश्लेषण (analysis) करने पर हमें मनोदैहिक विकृतियों के स्वरूप (nature) के बारे में निम्नांकित तथ्य प्राप्त होते हैं–

1. "When the underlying emotional difficulties are expressed through body systems innervated by the autonomic nervous system, the resulting condition is called a psychophysiologic disorder."
—Kisker : *Disorganized personality,* 1964, p. 298
2. "Psychophysiological or psychosomatic reactions might be described as neurotic-like conditions in which there is physical damage to one target bodily or organ system". —Sarason : *Abnormal psychology,* 1972, p. 305

(i) मनोदैहिक विकृति में शारीरिक रोग के स्पष्ट लक्षण होते हैं।

(ii) इस तरह की विकृति में रोग शारीरिक अवश्य होता है, परंतु उसका कारण मनोवैज्ञानिक (psychological) होता है। दूसरे शब्दों में, इस रोग का कारण सांवेगिक संघर्ष (emotional conflict), चिन्ता, मानसिक तनाव आदि होते हैं जो मनःस्नायुविकृति (psychoneurosis) की अवस्था में पाये जाते हैं। अंतर इतना ही होता है कि मनोदैहिक विकृति में ये मनोवैज्ञानिक कारक अधिक गंभीर एवं चिरकालिक (chronic) स्वरूप के होते हैं जबकि मनःस्नायुविकृति (psychoneurosis) में ये कारक इतना गंभीर एवं चिरकालिक प्रकृति के नहीं होते हैं।

(iii) मनोदैहिक विकृति में शरीर के वे ही अंग रोग का शिकार होते हैं जो स्वायत्त तंत्रिका तंत्र (autonomic nervous system) के नियंत्रण में होते हैं अर्थात् केन्द्रीय तंत्रिका तंत्र (central nervous system) के अधीन रहने वाले अंग इस रोग से प्रभावित नहीं होते हैं।

(iv) मनोदैहिक विकृति में कभी-कभी तो मनोवैज्ञानिक कारकों का शारीरिक रोग के लक्षण से संबंध बिल्कुल ही स्पष्ट होता है परंतु कभी-कभी इन दोनों का संबंध उतना स्पष्ट नहीं होता है। अतः उसके बारे में विशेष प्रयास करके एक अनुमान लगाना होता है।

(v) मनोदैहिक विकृति (psychosomatic disorder) में रोगी अपनी सांवेगिक स्थिति (emotional state) के बारे में चेतन रूप से (consciously) प्रायः अवगत नहीं रहता है।

इन विशेषताओं से स्पष्ट है कि मनोदैहिक विकृति एक ऐसी अवस्था होती है जिसमें मनोवैज्ञानिक कारकों एवं दैहिक लक्षणों का अनोखा संगम होता है।

मनोदैहिक विकृति के प्रकार
(Types of Psychosomatic Disorder)

मनोदैहिक विकृतियों (psychosomatic disorders) को मनश्चिकित्सकों (psychiatrists) तथा नैदानिक मनोवैज्ञानिकों (clinical pschologists) ने शरीर के प्रभावित होने वाले अंगों के आधार पर कई श्रेणियों में विभाजित किया है। अमेरीकन मनश्चिकित्सीय संघ (American Psychiatric Association, 1952) ने इसे निम्नांकित 10 भागों में बाँटा है–

(1) मनोदैहिक हृदयवाहिका विकृतियाँ *(Psychophysiologic cardiovascular disorders)*–इस श्रेणी में हृदय एवं रक्तनलिकाओं (blood vessels) से संबंधित रोगों को रखा जाता है। इसमें हृदय गति में वृद्धि (tachycardia), एनजीनल संलक्षण (Anginal syndrome), हृदय-रक्तधमनी की विकृति (coronary diseases), सिरदर्द, अधसीसी (migraine) आदि मुख्य रूप से आते हैं।

(2) मनोदैहिक आमाशयांत्र की विकृति *(Psychophysiologic gastrointestinal disorder)*–इस श्रेणी में पाचन संस्थान (digestive tract) में उत्पन्न रोगों का रखा जाता है। इसमें एनोरेक्सीया नरभोसा (anorexia nervosa), वुलिमिया (bulimia), आँत का घाव (peptic ulcer), शोथ (colitis), पेचिश (dysentery), जठर-शोध (gastritis) आदि प्रधान हैं।

(3) मनोदैहिक श्वसन विकृतियाँ *(Psychophysiologic respiratory disorders)*–इस श्रेणी में श्वसन तंत्र (respiratory system) से संबंधित रोगों को रखा जाता है। इसमें आने वाले कुछ प्रमुख रोग हैं–श्वसनी दमा (broncial asthma), सामान्य सर्दी (common cold), फेफड़े का क्षय रोग (tuberclusis), उच्च श्वसन संलक्षण (hyperventilation syndrome)।

(4) मनोदैहिक त्वचा-संबंधी विकृतियाँ *(Psychophysiologic skin disorder)*–इस श्रेणी में त्वचा में उत्पन्न रोगों को मूलतः रखा जाता है। इसमें न्यूरोडरमैटोशिश (neurodermatosis), खींचना एवं खुजलाहट (scratching and itching), एटोपिक डरमैटोसीस (atopic dermatosis) आदि को रखा जाता है।

(5) मनोदैहिक जननमूत्र विकृतियाँ *(Psychophysiologic genitourinary disorders)*–इस श्रेणी में यौन अंगों से संबंधित रोगों को रखा जाता है। इसमें मूलतः मासिक धर्म संबंधी विकृतियाँ (menstual disorder), नपुंसकता (impotency), गर्भपात (abortion) आदि को रखा जाता है।

(6) मनोदैहिक अंत:स्रावी विकृतियाँ *(Psychophysiologic endocrine disorders)*–इस श्रेणी में अंत:स्रावी ग्रन्थियों (endocrine glands) से संबधित रोगों को रखा जाता है। इसमें मूलत: हाईपरथायरोडिज्म (hyperthyroidism) आदि जैसी अवस्थाओं को रखा जाता है।

(7) मनोदैहिक पेशीय-पंजरीय विकृतियाँ *(Psychophysiologic musculoskeletal disorders)*–इस रोग में मूलत: पीठ का दर्द, मांशपेशियों में ऐंठन, तनाव, गठिया आदि को रखा जाता है।

(8) विशिष्ट प्रकार की ज्ञानेन्द्रियों से संबंधित मनोदैहिक विकृतियाँ *(Psychophysiologic disorders of organs of special sense)*–इस श्रेणी में मूल रूप से चिरकालिक कनजंक्टिभाइटिस (chronic conjuctivitis) तथा अन्य समान रोगों को रखा जाता है।

(9) हेमिक तथा लिम्फैटिक मनोदैहिक विकृतियाँ *(Psychophysiological hemic and lymphatic disorders)*–इस रोग में खून एवं लिम्पैटिक तंत्रों (lymphatic system) से संबंधित बीमारियाँ आती हैं।

(10) अन्यान्य प्रकार की मनोदैहिक विकृतियाँ *(Psychosomatic disorders of other types)*– इस रोग में वैसे विकृतियों को रखा जाता है जिसमें तंत्रिका तंत्र (nervous system) में सांवेगिक कारकों (emotional factors) की भूमिका महत्त्वपूर्ण है। बहुस्केलेरोसिस (multiple sclerosis) एक ऐसा ही रोग का उदाहरण है।

इस तरह से हम देखते हैं कि मनोदैहिक विकृति के 10 प्रकार हैं। इनमें से प्रथम पाँच प्रकार अंतिम पाँच प्रकार से अधिक महत्त्वपूर्ण एवं सामान्य बतलाया गया है। अत: इस पुस्तक में प्रथम पाँच प्रकारों एवं उनमें आने वाले रोगों की ही विशेष चर्चा की जाएगी।

मनोदैहिक हृदयवाहिका विकृतियाँ
(Psychophysiological Cardiovascular Disorders)

हृदयवाहिका की विकृति सबसे सामान्य मनोदैहिक विकृति (psychophysiological disorder) है । जैसा कि हम जानते हैं, सांवेगिक तनावों (emotional stresses) के प्रति हृदय सबसे अधिक संवेदनशील अंग है। तीव्र उत्तेजन की संवेगात्मक अवस्था उत्पन्न होते ही हृदय की धड़कन अनियमित हो जाती है, रक्त-चाप में वृद्धि हो जाती है, नाड़ी भी तेज हो जाती है तथा मांशपेशियों में रक्त की आपूर्ति बढ़ जाती है एवं अन्तरावयवों (visceral organs) में रक्त की आपूर्त्ति कम हो जाती है। विषाद (depression) की संवेगात्मक अवस्था उत्पन्न होने पर हृदय गति मंद पड़ जाती है तथा रक्त-चाप भी घट जाता है। मेंनजर तथा क्राउस (Mainser & Krause, 1940) ने अपने अध्ययन में पाया कि इस तरह की मनोवैज्ञानिक अवस्था अर्थात् सांवेगिक अवस्था के सतत् (continuous) बने रहने से व्यक्ति में *इलेक्ट्रोकार्डियोग्राम* (Electrocardiogram or EKG) की गड़बड़ी उत्पन्न हो जाती है।

हृदयवाहिका की विकृति (cardiovascular disorders) में निम्नांकित विकृतियाँ अधिक सामान्य हैं–

(1) हृदयगति में वृद्धि (Tachycardia)
(2) एनजाइनल संलक्षण (Anginal syndrome)
(3) उच्च रक्त चाप या आवश्यक हाइपरटेनशन (High blood pressure or Essential hypertension)
(4) हृदय-रक्तधमनी की विकृति (Coronary diseases)

1. हृदयगति में वृद्धि *(Tachycardia)*–यह एक ऐसी विकृति (disorder) है जिसमें रोगी के हृदय गति में वृद्धि होने के साथ-ही-साथ हृदय सामंजस्य (heart rhythm) में अनियमितता होती है। इस तरह के रोगी जो अपने आंतरिक संघर्षों (inner conflicts) की अभिव्यक्ति तीव्र हृदय गति एवं अनियमित हृदय सामंजस्य (heart rhythm) के माध्यम से करता है, कमजोरी महसूस करता है और कभी-कभी उसे साँस लेने में कठिनाई का भी अनुभव करता है। विकृति (disorder) जब गंभीरता की स्थिति में आ जाती है, तो रोगी में मानसिक शून्यता या बेहोशी भी उत्पन्न हो जाती है। अध्ययनों से यह स्पष्ट हो गया है कि इस विकृति में नाड़ी की गति जो सामान्यत: 72 स्पन्दन (beats) प्रति मिनट होता है, बढ़कर 150 स्पन्दन (beats) या उससे अधिक भी हो जाता है। हृदयगति में वृद्धि (tachycardia) का प्रकोप (attack) किसी भी समय तथा किसी भी परिस्थिति में हो सकता है। किस्कर (Kisker, 1964) ने अपने अध्ययनों के आधार पर यह बतलाया है कि यह विकृति (disorder) उन व्यक्तियों (individuals) में अधिक होता है जिनमें

प्रतियोगिता (competition) की भावना तो काफी होती है परंतु प्रतियोगिता में असफलता होने का डर भी उतना ही अधिक होता है।

2. एनजाइनल संलक्षण *(Anginal syndrome)*–इस तरह की विकृति (disorder) में रोगी की छाती में अचानक तीव्र एवं जानलेवा दर्द हो जाता है। कभी-कभी इस तरह का दर्द के कारण तो कायिक हृदय रोग (organic heart disease) होता है परन्तु जब इस रोग का स्वरूप (nature) मनोदैहिक (psychophysiological) होता है तो इस तरह के दर्द का कारण कोई-न-कोई सांवेगिक संघर्ष (emotional conflict) होता है। इस रोग के कई कारण बतलाये गए हैं जिनमें शारीरिक तंत्र (body system) का कमजोर होना, सामाजिक अनुबंधन (social conditioning) तथा किसी संघर्ष को सांकेतिक रूप से व्यक्त करने की आवश्यकता आदि प्रधान हैं। किस्कर (Kisker, 1964) ने एनजाइनल दर्द (anginal pain) का एक ऐसा केस का उदाहरण दिया है जिसमें एक पुरुष रोगी ने अपने डाक्टर को बतलाया कि उसकी छाती में इतना दर्द होता है मानों उसकी छाती फट रही हो। उपचार के दौरान यह पता चला कि इसका कारण एक तीव्र सांवेगिक आघात (emotional shock) था जिसका कारण उसकी पत्नी का गैर पुरुष के साथ अनैतिक संबंध था। अंत में डाक्टर की सलाह पर जब पत्नी ने गैर पुरुष के साथ अपने अनैतिक संबंध को समाप्त किया, तो पति का एनजाइनल दर्द भी धीरे-धीरे कमने लगा और फिर समाप्त हो गया।

3. आवश्यक हाइपरटेंशन या उच्च रक्तचाप *(Essential hypertension or high bood pressure)*–हाइपरटेंशन या उच्च रक्त चाप हृदयवाहिका विकृतियाँ (cardiovascular disorders) में सबसे अधिक सामान्य विकृति है। बिना किसी तरह के स्पष्ट आंगिक कारण के ही हाइपरटेंशन का होना को आवश्यक हाइपरटेंशन कहा जाता है। इस विकृति में, जैसा कि नाम से ही स्पष्ट है, शरीर में रक्तचाप (blood prssure) बढ़ जाता है तथा रोगी में सिरदर्द चिड़चिड़ापन, अन्यमन्यस्कता आदि लक्षण स्पष्ट रूप से दिखते हैं। हाइपरटेंशन के कुछ ऐसे केसेज होते हैं जिनमें तो इस रोग का कारण शारीरिक (bodily) होता है और इन केसेज को मनोदैहिक विकृति (psychological disorder) में नहीं रखा जाता है। परन्तु हाइपरटेंशन के कुछ ऐसे केसेज होते हैं जिनका कारण स्पष्टतः शारीरिक न होकर सांवेगिक (emotional) होता है जिन्हें हम मनोदैहिक विकृति में रखते हैं।

मनश्चिकित्सकों (psychiatrists) एवं नैदानिक मनोवैज्ञानिकों (clinical psychologists) ने हाइपरटेंशन (hypertension) की सांवेगिक उत्पत्ति (emotional origin) की व्याख्या करने के कई सिद्धांत (theory) का वर्णन किया है। इन्नस् (Innes, 1969) के सिद्धान्त के अनुसार कुछ व्यक्ति अपने व्यक्तित्व में क्रोध (anger) एवं रोष (rage) का तूफान छिपा रखते हैं भले ही वह ऊपर से शांत दिखाई देते हैं। ऐसे व्यक्तियों में हाइपरटेंशन का रोग उत्पन्न होने की संभावना तीव्र होती है। इन्नस् (Innes, 1969) ने हाइपरटेंशन के रोगियों के व्यक्तित्व के शीलगुणों (traits) का अध्ययन किया और बतलाया है कि ऐसे व्यक्तियों का माँ के साथ घनिष्ठ संबंध होता है, इनमें दूसरों पर निर्भर रहने की आदत होती है, आत्म-विश्वास की कमी एवं असुरक्षा के भाव की क्षतिपूर्त्ति के रूप में आदर्शपूर्ण व्यवहार (perfectionistic behaviour) दिखलाने की आदत होती है। ऐसे रोगियों में आदर्शपूर्ण व्यवहार (perfectionistic behaviour) दिखलाने की आदत होती है। ऐसे रोगियों में जिंदगी की कठिनाइयों से बचने के लिए कुछ विशेष औषध (drugs) सेवन करने की आदत तथा साथ-ही-साथ भोजन अधिक करने की प्रवृत्ति विकसित हो जाती है।

4. हृदय-धमनी विकृति *(Coronary diseases)*–हृदय वाहिका विकृतियों (cordio-vascular disorders) में हृदय-रक्तधमनी की विकृति भी एक सामान्य विकृति है और इस रोग से मरने वालों की संख्या भी काफी है। इस रोग में हृदय में खून की आपूर्त्ति करने वाली धमनियों (arteries) में रक्त का थक्का जम जाता है जिसके कारण हृदय को खून की आपूर्त्ति उतनी नहीं हो पाती है जितनी की होनी चाहिए और वह बीमार पड़ जाता है। इससे हृदय के कुछ उत्तकें (tissues) भी नष्ट हो जातीं हैं और रोगी में दिल का दौरा पड़ता है और वह जिन्दगी और मौत के बीच जूझने लगता है। इस रोग का आधार शारीरिक (physiological) होता है परंतु कुछ केसेज में इसका कारण मनोवैज्ञानिक (psychological) भी होता पाया गया है। अध्ययनों से पता चला है कि सांवेगिक तनाव(emotional stress) इस रोग का सबसे प्रमुख कारण है। फ्रिडमैन तथा रोजेनमैन(Friedman & Risenman, 1958) के अध्ययन के अनुसार टाईप-ए-व्यवहार (Type-A-behaviour) वाले व्यक्ति में हृदय धमनी विकृति होने की संभावना अधिक होती थी। उच्च महत्त्वाकांक्षा, तीव्र प्रतियोगिता, व्यग्रता आदि टाईप-ए-व्यवहार के कुछ

प्रमुख लक्षण हैं। क्रोगर (Kroger, 1990) के अनुसार सांवेगिक तनाव एवं चिता के कारण हृदय की मांशपेशियों (cardiac muscles) में उत्तेजना अधिक बढ़ जाती है, रक्त प्रवाह में परिधीय अवरोध (peripheral resistance) बढ़ जाता है तथा रक्त जमने की प्रक्रिया तीव्र हो जाती है। ये सभी कारक आपस में मिलकर हृदय को कमजोर (weak) कर देते हैं और व्यक्ति इस रोग का शिकार हो जाता है। जोन्स (Jones, 1982) ने एक अध्ययन कर सांवेगिक तनाव एवं खून जमने की प्रक्रिया में धनात्मक सहसंबंध (positive correlation) दिखलाया है। इन्होंने अपने अध्ययन में पाया कि शांत प्रकृति के व्यक्तियों के शरीर से निकले खून को जमने में करीब 8 से 12 मिनट का समय लगा, शंकालु प्रकृति के व्यक्तियों के शरीर से निकले खून को जमने में 4 से 5 मिनट का समय लगा तथा अत्यधिक व्यग्र, उत्तेजित एवं डरे हुए व्यक्ति के शरीर से निकले खून को जमने में मात्र 1 से 3 मिनट का समय लगा। अध्ययन से स्पष्ट हो जाता है कि व्यक्ति में संवेगात्मक तनाव एवं व्यग्रता होने से खून में जल्द जमने की प्रवृत्ति तीव्र हो जाती है। शायद यही कारण है कि जब किसी व्यक्ति में संवेगात्मक तनाव की स्थिति चिरकालिक (chronic) होती है, तो उनके उन रक्त नलिकाओं में खून जल्दी जमने लगता है जो हृदय को खून की आपूर्त्ति (supply) करता है। नतीजन, व्यक्ति में हृदय-रक्तधमनी की विकृति (coronary disease) उत्पन्न हो जाता है।

मनोदैहिक आमाशयांत्र की विकृतियाँ
(Psychophysiologic Gastrointestinal Disorders)

इस रोग में व्यक्ति अपने सांवेगिक तनावों (emotional tension) की अभिव्यक्ति उन भागों में रोग उत्पन्न करके करता है जो पाचन संस्थान (digestive systems) से जुड़े होते हैं। पाचन संस्थान द्वारा मूलतः तीन प्रमुख क्रियाएँ होती हैं (i) पाचन क्रिया (digestive functions) (ii) शोषण की क्रिया (absorption), तथा (iii) मल-मूत्र त्यागने की प्रक्रिया (eliminative functions)। इन सभी क्रियाओं का नियंत्रण स्वायत्त तंत्रिका तंत्र (autonomic nervous system) द्वारा होता है। जब व्यक्ति तनावपूर्ण स्थिति में काफी दिनों से होता है, तो सामान्य स्वायत्त कार्य (normal autonomic function) प्रभावित हो जाते हैं जिनसे पाचन संस्थान की क्रियाओं में गड़बड़ी हो जाती है और धीरे-धीरे व्यक्ति मनोदैहिक आमाशयांत्र की विकृतियों (physiological gastrointestinal disorders) से ग्रसित हो जाते हैं। इस श्रेणी में आने वाली प्रमुख विकृतियाँ (disorders) निम्नांकित हैं–

(1) आँत का घाव (Peptic Ulcer)
(2) एनोरेक्सीया नरभोसा (Anorexia Nervosa)
(3) बुलिमिया (Bulimia)
(4) जठर-शोथ (Gastritis)
(5) वृहदान्त्र शोथ (Colitis)

इन विकृतियों के नैदानिक स्वरूप (clinical picture) तथा कारणों (etiologies) का वर्णन निम्नांकित है–

1. आँत का घाव *(Peptic ulcer)*–इस रोग में प्रायः छोटी आँत (small intestine) के ऊपरी हिस्से में या आमाशय (stomach) में एक खुला मुँह का जख्म या घाव हो जाता है। इस रोग का मुख्य लक्षण भोजन करने के एकाध-घंटे बाद पेट में दर्द का होना है। दर्द के साथ-साथ प्रायः कै होता है या मिचली भी आती है। अत्यधिक गंभीर अवस्था होने पर रोगी के पेट के भीतर रक्त निकलता है जो मुँह के रास्ते कभी-कभी कै के द्वारा बाहर भी निकलने लगता है। अध्ययनों से पता चला है कि आँत का घाव उत्पन्न करने में आमाशय रस (gastric juice) का महत्त्व काफी अधिक है। इस तरह की सार्थकता को सबसे पहले-पहल जॉन यंग (John Young) द्वारा 1803 में पेन्सिलवानिया विश्वविद्यालय (University of Pennsylvania) में दिखलाया गया था। इस आमाशय रस (gastric juice) में तीन प्रमुख तत्त्व होते हैं–मुकस (mucus), पेपसिन (pepsin) तथा हाइड्रोक्लोरिक अम्ल (hydrochloric acid)। इसमें से हाइड्रोक्लोरिक अम्ल ही आँत का घाव (peptic ulcer) उत्पन्न करने में काफी महत्त्वपूर्ण भूमिका निभाता है। आँत के घाव से प्रभावित प्रत्येक रोगी में हाइड्रोक्लोरिक अम्ल की अधिकता देखी गयी है।

आँत के घाव (peptic ulcer) की उत्पत्ति में सतत सांवेगिक तनाव (persistent emotional stress) का महत्त्व काफी बतलाया गया है। जब व्यक्ति इस तरह के सांवेगिक तनाव में अधिक दिनों से होता है तो वेगस तंत्रिका (vagus nerve) का कार्य प्रभावित हो जाता है। वेगस तंत्रिका (vagus nerve) एक ऐसा तंत्रिका होता है जो आमाशय रस

(gastric juice) तथा आमाशय के क्रमाकुंचक गति (peristaltic motions) को नियंत्रित करता है। वस्तुत:, सतत या चिरकालिक सांवेगिक तनाव (persistent or chronic emotional tension) के होने से वेगस तंत्रिका पर नियंत्रण करीब-करीब हट जाता है और काफी अधिक मात्रा में आमाशय रस निकलने लगता है जो धीरे-धीरे आमाशय के दीवार को गलाने लगता है जिससे अंततः आँत का घाव (peptic ulcer) उत्पन्न हो जाता है।

आँत के घाव की उत्पत्ति में सांवेगिक तनाव (emotional stress) के महत्त्व को ब्रैडी (Brady, 1958) द्वारा एक प्रयोग में भी दिखलाया गया है। यह प्रयोग इस क्षेत्र का सबसे महत्त्वपूर्ण प्रयोग है। यह प्रयोग दो बंदरों पर किया गया था। इन दोनों बन्दरों को अगल-बगल में विशेष कुर्सी पर बैठाया गया। इनमें से एक बंदर के बगल में एक लीभर (lever) लगा था जिसे दबा देने से बिजली का शॉक न तो उरो लगता था और न ही उसके बगल वाले बन्दर को। इस बंदर को *कार्यपालक बन्दर* (executive monkey) कहा गया। दूसरे बन्दर के बगल में भी इसी तरह का लीभर (lever) लगा था परन्तु इस लीभर के दबाने या न दबाने से बिजली के शॉक का कोई संबंध नहीं था। इस बंदर को *नियंत्रित बंदर* (control monkey) की संज्ञा दी गयी। दोनों बन्दरों को प्रतिदिन 6 घंटा का सत्र (session) दिया गया जिसमें लीभर दबाकर बिजली के आघात (electric shock) से छुटकारा पाने की अनुक्रिया को सीखना था। इसमें देखा गया कि 24वाँ दिन अचानक कार्यपालक बन्दर (executive monkey) आघात-बचाव सत्र (shock-avoidance session) के दौरान मर गया हालांकि उसकी तबीयत पहले बिल्कुल ही ठीक थी। इसके बाद उसकी शव-परीक्षा (autopsy) की गयी तो देखा गया कि छोटी आँत के ऊपरी भाग (upper intestine) पर घाव हो गया था अर्थात् उसमें आँत का घाव (peptic ulcer) विकसित हो गया था। उसके कुछ घंटों के बाद नियंत्रित बन्दर (control monkey) को जान से मार दिया गया और उसकी शव परीक्षा (autopsy) की गयी तो पाया गया कि उसमें किसी प्रकार की कोई आमाशयांत्र की विकृति (gastrointestinal disorder) नहीं थी। ब्रैडी (Brady, 1958) के अनुसार कार्यपालक बन्दर (executive monkey) में सांवेगिक तनाव (emotional tension) नियंत्रित बन्दर (control monkey) में सांवेगिक तनाव की अपेक्षा अधिक थी क्योंकि इसमें इस बात की चिंता बनी रहती थी कि वह जल्द-से-जल्द लीभर दबाकर स्वयं अपने आप को एवं अपने साथी को किस तरह से बचा सके। नियंत्रित बन्दर में ऐसी कोई चिंता नहीं थी। इस प्रयोग के परिणाम से यह स्पष्ट हो जाता है कि आँत का घाव (peptic ulcer) उत्पन्न करने में सांवेगिक तनाव (emotional tension) की भूमिका काफी महत्त्वपूर्ण होती है।

होगर-पेटरसन (Hoger-Peterson, 1958) ने कई पशुओं पर प्रयोग करके एवं साथ-ही-साथ मानव रोगियों का नैदानिक प्रेक्षण (clinical observations) करके यह बतलाया है कि यह रोग उन मनुष्यों तथा पशुओं में अधिक होता है जिनमें प्रतियोगिता की भावना काफी अधिक होती है तथा साथ-ही-साथ जो अपने आप को हमेशा किसी-न-किसी काम में व्यस्त रखते हैं।

2. एनोरेक्सीया नरभोसा *(Anorexia Nervosa)*–यह एक मनोदैहिक विकृति (psychophysiological disorder) है जिसमें रोगी को भूख नहीं लगती है। इस तरह की विकृति (disorder) को सबसे पहले सर विलियम गल (Sir William Gull) ने 1874 में दिखलाया था। इस विकृति में रोगी के शरीर का वजन धीरे-धीरे कमता जाता है और बिना किसी कायिक रोग (organic pathology) के ही रोगी में भूख धीरे-धीरे कमती चली जाती है। यह रोग कम उम्र की औरतों में अधिक होता पाया गया है और इसमें कुछ अन्य लक्षण जैसे मासिक धर्म की गड़बड़ी (menstrual disturbances), धीमी हृदय गति (slow heart rate) तथा अन्य चयापचयी गड़बड़ियाँ (metabolic disturbances) प्रधान हैं।

एनोरेक्सीया (anorexia) की शुरूआत बचपनावस्था में ही हो जाता है। ऐसे बालक जिन्हें कम भूख लगती है वे अपने आप में एक संवेगात्मक समस्या (emotional problems) बन जाते हैं और फिर माता-पिता द्वारा खाना खाने पर बल दिया जाना ऐसी संवेगात्मक समस्याओं को और भी बढ़ा-चढ़ा देता है जिससे रोग की प्रगति तेज हो जाती है। लेसर (Lesser, 1960) ने अपने अध्ययन के आधार पर बतलाया है कि इस तरह की विकृति उन बालकों या व्यक्तियों में अधिक विकसित होती है जिन्हें मातृत्व अतिरक्षा (maternal overprotection) मिला होता है। एनोरेक्सीया नरभोसा (anorexia nervosa) के कुछ ऐसे भी केसेज मिले हैं जिसमें देखा गया है कि रोगी के घरों में कुछ विशेष अवांछनीय तत्त्व (undesirable element) जैसे माँ एवं बेटी में विद्वेषता (hostility) आदि देखे गए हैं। लैंगिक समायोजन

(sexual adjustment) में गड़बड़ी तथा कुंठा से भी एनोरेक्सीया नरभोसा (anorexia nervosa) की अवस्था उत्पन्न हो जाती है।

4. बुलिमिया *(Bulimia)*–बुलिमिया एक ऐसी मनोदैहिक विकृति (psychophysiological disorder) है जिसमें रोगी अत्यधिक खाना खाता है जिसके कारण उसमें मोटापन (obesity) बढ़ जाता है। इस तरह से यह मनोदैहिक विकृति एनोरेक्सीया नरभोसा (anorexia nervosa) से विपरीत की स्थिति होती है। मोटापा कभी-कभी कुछ अंत:स्रावी ग्रन्थियों (endocrine glands) की गड़बड़ी के कारण भी उत्पन्न हो जाता है तो ऐसी अवस्था निश्चित रूप से मनोदैहिक (psychophysiological) नहीं होता है। कुछ ऐसे भी केसेज होते हैं जिसमें मोटापा का कारण, सांवेगिक प्रतिक्रिया (emotional reactions) होती है। इस कारण से उत्पन्न विकृति (disorder) मनोदैहिक होता है। कुछ मनश्चिकित्सकों (psychiatrists) ने बुलिमिया (bulimia) में अत्यधिक खाने के व्यवहार को किसी अपूर्ण आवश्यकता (unfulfilled need) का एक प्रतिस्थापित संतुष्टि (substitute satisfaction) माना है। अध्ययनों से पता चला है कि महिलाओं में अतिभक्षण (overeating) का कारण पुरुषों या विवाह के प्रति अचेतन स्तर पर एक तरह का विरोध (protest) करना होता है।

बुलिमिया(bulimia) के कारण की व्याख्या मनोविश्लेषकों(psychoanalysts) द्वारा भी किया गया है। मनोविश्लेषण सिद्धान्त (psychoanalytic theory) के अनुसार बुलिमिया के रोगी में मनोलैंगिक विकास (psychosexual development) के मुखावस्था (oral phase) से संबंधित गड़बड़ी (disturbance) पायी जाती है। जैसा कि हम जानते हैं, मनोलैंगिक अवस्था के मुखावस्था में बालक मुँह-संबंधी क्रियाओं एवं खाने-पीने की क्रियाओं में सर्वाधिक दिलचस्पी लेता है। अगर इस अवस्था की समस्याएँ जो मूलत: उपर्युक्त क्रियाओं (activities) से संबंधित होती हैं, को ठीक ढंग से समाधान नहीं किया, तो मुखावस्था की आवश्यकताएँ वयस्कावस्था तक बनी रहतीं हैं जिसके परिणामस्वरूप व्यक्ति वयस्कावस्था में अतिभक्षण (overeating) जैसा व्यवहार करता है।

4. जठर-शोथ *(Gastritis)*–यह एक ऐसी मनोदैहिक विकृति है जिसमें रोगी में अपच (indigestion), अतिअम्लता (hyperacidity), मिचली (nausea), अत्यधिक गैस का होना आदि लक्षण पाये जाते हैं। कई अध्ययनों से यह स्पष्ट हो गया है कि जठर-शोथ के उक्त लक्षण का संबंध चिंता, क्रोध तथा आत्मदोष (self-accusation) जैसी भावनाओं से अधिक है। जठर-शोथ के कई कारण मनश्चिकित्सकों (psychiatrists) द्वारा बतलाये गए हैं जिसमें एक प्रमुख कारण अनुबन्धन (conditioning) माना गया है। अगर बालक अपने परिवार में यह देखता है कि जब-जब किसी तरह का मनोवैज्ञानिक तनाव (psychological tension) माता या पिता के सामने आता है, तब उनमें (माता-पिता में) उक्त लक्षण विकसित हो जाते हैं। इस तरह का प्रेक्षण (observation) कई बार किये जाने पर बालक भी किसी तरह के सांवेगिक तनाव या मानसिक संघर्ष की अवस्था उत्पन्न होने पर जठर-शोथ का लक्षण विकसित कर प्रतिक्रिया (reaction) व्यक्त करना सीख लेता है। होगर-पेटरसन (Hoger-Peterson, 1958) ने अपने अध्ययन में पाया कि जठर-शोथ का रोग उन व्यक्तियों में अधिक विकसित होता है जिनमें प्रभुत्व (dominance) का शीलगुण अधिक होता है जिनके भाई-बहनों में आपस में विद्वेष (hostility) अधिक होता है तथा प्राधिकार (authority) के प्रति भीतर-भीतर प्रतिशोध एवं आक्रमकता (aggressiveness) का भाव अधिक होता है।

5. वृहदान्त शोथ *(colitis)*–यह एक ऐसा मनोदैहिक विकृति (psychophysiological disorder) है जिसमें बहुत तरह के लक्षण (symptoms) पाये जाते हैं जिनमें मूलत: अतिसार (diarrhoea), कब्जियत (constipation), पेट में दर्द तथा पैखाना में खून का आना सम्मिलित है। कुछ ऐसे केसेज होते हैं जिनमें उक्त लक्षण का कारण शारीरिक (bodily) होता है। अत: इन केसेज को मनोदैहिक (psychosomatic) नहीं माना जा सकता है। परंतु कुछ ऐसे केसेज होते हैं जिनमें इन लक्षणों का कारण पूर्णत: मनोवैज्ञानिक (psychological) होता है। ऐसे केसेज स्पष्टत: मनोदैहिक विकृति (psychosomatic disorder) के उदाहरण होते हैं। ह्वाइट (White, 1939) ने अपने अध्ययन में पाया कि इस रोग की उत्पत्ति में सांवेगिक तनाव की भूमिका का अधिक महत्त्व होता है। उन्होंने वृहदान्त शोथ (colitis) को दो भागों में बाँटा है–म्यूकस वृहदान्त शोथ (mucous colitis) तथा अल्सरेटिव वृहदान्त शोथ (ulcerative colitis)।

म्यूकस वृहदान्त शोथ (mucous colitis) का प्रधान लक्षण यह है कि इसमें रोगी को खून तथा म्यूकस (mucous) मिला हुआ पैखाना होता है। सामान्यत: रोगी में भूख कम हो जाती है और वह अपच (indigestion) का

शिकार हो जाता है। रोगी का पेट भारी रहता है तथा खाना खाने के बाद पेट में दर्द का अनुभव प्रारंभ हो जाता है। अल्सरेटिव वृहदान्त शोथ (ulcerative colitis) में वृहदान्त (colon) का म्यूकोसा (mucosa) कमजोर पड़ जाता है जिससे उसमें घाव हो जाता है और उससे खून निकलने लगता है।

चाहे म्यूकस वृहदान्त शोथ हो या अल्सरेटिव वृहदान्त शोथ (ulcerative colitis), इसकी उत्पत्ति प्राय: सांवेगिक कारणों से होता पाया गया है। सांवेगिक कारणों में परिवार में किसी की मृत्यु, संबंध विच्छेद (divorce), नौकरी का छूटना तथा अन्य सामान्य कारकों द्वारा इस रोग की उत्पत्ति होता पाया गया है। गारमा (Garma, 1950) ने अपने अध्ययन में पाया कि वृहदान्त शोथ (colitis) उन व्यक्तियों में अधिक विकसित होता है जिनकी बुद्धि का स्तर सामान्य या सामान्य से ऊँचा होता है परंतु इनमें उपयुक्त सांवेगिक अनुभूतियों (emotional excperience) की कमी होती है। जब-जब ऐसे व्यक्तियों के सामने किसी भी तरह की सांवेगिक कठिनाई उत्पन्न होती है, उनमें विषाद (depression) तथा आँत-संबंधी गड़बड़ी (bowel disturbances) उत्पन्न हो जाती है। ब्राउन (Brown, 1938) के अनुसार इस तरह का रोग उन व्यक्तियों में अधिक होता है जिनमें आत्म-स्नेह (narcissicism) की भावना अधिक होती है तथा जिनका ध्यान अपने शरीर के अंगों के कार्यों पर जरूरत से ज्यादा होता है। मनोलैंगिक विकास का स्तर ऐसे व्यक्तियों में अपरिपक्व (immature) होता है।

स्पष्ट हुआ कि मनोदैहिक आमाशयांत्र की विकृति के कई प्रकार होते हैं। प्रत्येक प्रकार में सांवेगिक तनाव (emotional stress) तथा मनोवैज्ञानिक संघर्ष (psychological conflict) की प्रधानता होती है।

मनोदैहिक श्वसन विकृतियाँ
(Psychophysiologic Respiratory Disorders)

मनोदैहिक श्वसन विकृतियाँ (psychophysiologic respiratory disorders) वैसी विकृतियाँ हैं जिसमें रोगी को श्वास-संबंधी कठिनाइयाँ होतीं हैं। ऐसा देखा गया है कि जब-जब रोगी संवेगात्मक तनाव एवं चिन्ता की परिस्थिति से घिर जाता है, उसमें श्वास संबंधी विकृतियाँ उत्पन्न हो जातीं हैं। कभी तो उसे दम घुटने का अनुभव होता है तो कभी उसे फेफड़ों में काफी कम दवाब का अनुभव होता है। इस श्रेणी में आने वाले कुछ प्रमुख विकृतियाँ इस प्रकार हैं–

(1) श्वसनी दमा (Bronchial Asthma)
(2) सामान्य सर्दी (Common cold)
(3) अतिश्वसन संलक्षण (Hyperventilation syndrome)
(4) यक्ष्मा या टी० बी० (Tuberculosis)

इन सबका वर्णन निम्नांकित है–

1. श्वसनी दमा *(Bronchial Asthma)*–यह एक ऐसी विकृति (disorder) है जिसमें श्वसनी मांशपेशियों (bronchial muscles) में ऐंठन (spasma) से रोगी को श्वास लेने में कठिनाई होती है। मनोदैहिक श्वसन विकृति में इस रोग का कारण सांवेगिक तनाव एवं चिंता माना गया है। इस रोग में श्वसनी म्यूकोसा (bronchial mucosa) में फूलन (inflammation) उत्पन्न हो जाता है तथा साथ-ही-साथ रोगी की छाती में ऐंठन होता है तथा उसमें खांसी तथा श्वास में घरघराहट (wheezing) आदि भी होता है। कुछ ऐसे भी केसेज देखे गए हैं जिनमें इन लक्षणों का कारण किसी खास तरह के तत्त्वों को व्यक्ति द्वारा सूंघ लिया जाना है या खा जाना होता है। परंतु अधिकतर केसेज में इस तरह के रोग का कारण मनोवैज्ञानिक (psychological) होता है।

मनश्चिकित्सकों (psychiatrists) एवं नैदानिक मनोवैज्ञानिकों (clinical psychologists) ने कई ऐसे बालक जो इस रोग से ग्रस्त थे, के व्यक्तित्व शीलगुणों (personality characteristics) का अध्ययन किया ताकि यह निश्चित किया जा सके कि किन-किन तरह के शीलगुण वाले बालकों में यह रोग विकसित होता है। न्यूहॉस (Neuhaus, 1958) ने एक ऐसा ही अध्ययन किया और उसके आधार पर यह बतलाया कि श्वसनी दमा (bronchial asthma) के रोग से प्रभावित बालक प्राय: औसत बुद्धि (average intelligence) से ऊपर के होते हैं, और इनमें चिड़चिड़ापन, आक्रमकता तथा आत्म-विश्वास की कमी पायी जाती है। कनैप एवं उनके सहयोगियों (Knappe et al, 1957) ने एक ऐसा ही अध्ययन किया है जो श्वसनी दमा (bronchial asthma) के रोग से ग्रसित थे। उन्होंने अपने अध्ययन में पाया

कि ऐसे वयस्कों में मातृत्व निर्भरता (maternal dependence) का एक लंबा इतिहास होता है और जब-जब इनके सामने सांवेगिक परिस्थिति ऐसी आ जाती है जिससे इन्हें माँ से अलग होने की सम्भावना बढ़ जाती है, तो इस रोग के लक्षण उभर कर सामने आ जाते हैं।

मनोविश्लेषण सिद्धान्त (Psychoanalytic theory) के अनुसार श्वसनी दमा (bronchial asthma) का कारण स्वयं के प्रति या अन्य दूसरों के प्रति एक तरह की आक्रामकता (aggression) बतलाया गया है। श्वसनी दमा का लक्षण विकसित करके रोगी अपने प्रति एक तरह की आक्रामकता का लक्षण दिखलाता है। कभी-कभी रोगी का लक्षण इतना गंभीर हो जाता है कि दूसरे लोग भी उसे ठीक ढंग से सहायता चाहकर भी नहीं कर पाते और तब ऐसी परिस्थिति में रोगी एक तरह से दूसरों के प्रति आक्रामकता (aggressiveness) दिखलाता है। कुछ मनोविश्लेषकों (psychoanalysts) का मानना है कि रोग का कारण क्रोध एवं चिंता का दमन (repression) होता है। कुछ अन्य मनोविश्लेषकों का मत है कि दमा (asthma) का कारण दूसरों से मदद मिलने की दमित इच्छा तथा अकेले न रहने का एक तरह का शैशव आग्रह (infantile appeal) होता है। मनोविश्लेषकों का मानना है कि श्वसनी दमा उन व्यक्तियों में प्रायः होता है जो कंजूस प्रकृति के होते हैं। जब-जब ऐसे व्यक्तियों को आर्थिक कठिनाई का सामना करना पड़ता है तब-तब इनमें श्वसनी दमा (bronchial asthma) के लक्षण उभर आते हैं।

इस तरह से स्पष्ट हुआ कि श्वसनी दमा के कई कारण हैं। आधुनिक मनश्चिकित्सकों (psychiatrists) की आम राय यह है कि श्वसनी दमा की उत्पत्ति में एक संवेदनशील स्वायत्त तंत्र (sensitive autonomic system), एलर्जी (allergy) की प्रवृत्ति (tendency) तथा सांवेगिक तनाव (emotionless stress) का एक अनोखा संगम होता है।

2. सामान्य सर्दी *(Common cold)*–कुछ ऐसे भी सबूत मिले हैं जिनके आधार पर यह स्पष्ट रूप से कहा जाता है कि सामान्य सर्दी (common cold) में सांवेगिक तत्त्वों (emotional components) की प्रधानता होती है। कुछ केसेज में सामान्य सर्दी, कुंठा (frustration), चिड़चिड़ापन (irritation), ध्यान अपनी ओर आकृष्ट करने की आवश्यकता, दुखद परिस्थितियों (unpleasant situations) से दूर रहने की आवश्यकता आदि का प्रतिफल या प्रतिक्रिया होता है। मीरलू (Meerloo, 1958) ने अपने अध्ययन में पाया कि जब व्यक्ति तनावपूर्ण परिस्थिति (stress situation) में होता है तो उसमें सामान्य सर्दी (common cold) विकसित करने की सम्भावना अधिक होती है। मनोवैज्ञानिक रूप से (psychologically) सामान्य सर्दी अनेकों तरह के उद्देश्यों (purposes) को पूरा करता है। सामान्यतः यह आराम करने एवं प्रतिगमन (regression) का एक बहाना (excuse) होता है। कुछ लोगों में यह विद्वेष (hostility) तथा आक्रामकता (aggression) दिखलाने का एक तरीका होता है। एलेक्जेण्डर तथा सॉल (Alexander & Saul, 1940) ने अपने अध्ययन में पाया कि एक महिला शिक्षक जब-जब घबड़ाहट की परिस्थिति में आ जाती थी या किसी डरावने परिस्थिति से घिर जाती थी तो उसमें सामान्य सर्दी (common cold) के लक्षण दिखलाई पड़ते थे।

3. अति श्वसन संलक्षण *(Hyperventilation syndrome)*–यह एक ऐसी मनोदैहिक विकृति है जिसमें रोगी जरूरत से ज्यादा एवं जोर-जोर से श्वास लेता एवं छोड़ता है। इस तरह से श्वसन की गहराई एवं तीव्रता (rapidity) दोनों में ही वृद्धि हो जाती है। इस विकृति में रोगी में तरह-तरह के अन्य शारीरिक लक्षण (physiological symptoms) भी विकसित हो जाते हैं। जैसे, इस विकृति में रोगी का सिर उड़ा-उड़ा रहना, चक्कर आना, शरीर सुन्न हो जाना तथा हाथ एवं पाँव में झुनझुनी उत्पन्न होना आदि प्रधान रूप से देखे जाते हैं। रोगी की दृष्टि (vision) धुँधली हो जाती है तथा उसे ऐसा लगता है कि वह अब बेहोश हो जाएगा। कुछ रोगी यह भी बतलाते हैं कि उनकी छाती में भारीपन है तथा हृदय के अगल-बगल दर्द हो रहा है। अध्ययनों से पता चला है कि अतिश्वसन संलक्षण (hyperventilation syndrome) की शुरूआत प्रायः एक ऐसी परिस्थिति से होती है जिसमें रोगी अत्यधिक चिंतित हो जाता है तथा सांवेगिक प्रतिक्रियाएँ अधिक गंभीर हो जातीं हैं। कुछ ऐसे भी केसेज देखे गये हैं जिसमें व्यक्ति जब चिंता स्वप्न (anxiety dream) तथा अन्य दूसरे तरह के भयानक स्वप्न देखता है, तो उसमें अतिश्वसन संलक्षण (hyprerventilation syndrome) विकसित हो जाते हैं।

4. यक्ष्मा या टी० वी० *(Tubercluosis)*–यक्ष्मा या क्षय रोग एक ऐसा रोग है जो वेसिलस (bacillus) द्वारा उत्पन्न होता है। इसमें फेफड़ा में प्रायः चिरकालिक सूजन (chronic inflammation) उत्पन्न हो जाता है। रोगी छाती

में दर्द महसूस करने लगता है। इस रोग का कारण शारीरिक होने के अलावा मनोवैज्ञानिक (psychological) भी होते देखा गया है। किस्कर (Kisker, 1965) ने एक ऐसा केस (case) का वर्णन किया है जिसमें यह देखा गया है कि रोगी को उस समय तुरंत ही क्षय रोग के लक्षण विकसित हो जाते थे जब वह यह समझता था कि उसे अब उस कमरा को छोड़ना पड़ेगा जो काफी साफ-सुथरा रहता है तथा साथ-ही-साथ उसमें स्वास्थ्य-लाभ के पूर्ण साधन मौजूद हैं। कुछ लोगों ने क्षय रोग से पीड़ित व्यक्तियों के व्यक्तित्व शीलगुणों (personality traits) का अध्ययन किया है और पाया है कि ऐसे व्यक्तियों में सामाजिक सम्पर्क (social contacts) स्थापित करने की अक्षमता, लैंगिक असंयमी (sexual promiscuity), द्वैधवृत्ति संबंध (ambivalent relationship), आत्म-निष्फलता (feeling of self-defeat) की भावना आदि की प्रधानता होती है। ऐसे रोगियों में कभी-कभी विषाद (depression) की भी अवस्था पायी जाती है जो बीच-बीच में आक्रामता (aggression) तथा विद्वेषता से प्रस्फुटित होती है। ऐसे रोगी स्वभाव से संवेदनशील, चिंतित एवं सांवेगिक रूप से चंचल (emotionally volatile) होते हैं। फर्लाशीम (Flarsheim, 1958) ने अपने अध्ययन में पाया कि जिन व्यवितयों का शारीरिक बनावट (body type) एस्थेनिक प्रकार (asthenic type) का अर्थात् लंबा कद परंतु दुबला-पतला शरीर होता है, उनमें क्षय रोग विकसित होने की सम्भावना अधिक होती है।

इस तरह से हम देखते हैं कि मनोदैहिक श्वसन विकृतियों के कई प्रकार हैं। इन प्रकारों में श्वसनी दमा (bronchial asthma) सबसे सामान्य मनोदैहिक श्वसन विकृति है जिसमें मनोवैज्ञानिक की रुचि अधिक रही है।

मनोदैहिक त्वचा-संबंधी विकृतियाँ (Psychophysiologic Skin Disorders)

मनोदैहिक त्वचा-संबंधी विकृति में उन विकृतियों को रखा जाता है जो त्वचा से संबंधित हैं। मनोवैज्ञानिकों एवं मनश्चिकित्सकों (psychiatrists) में आम सहमति इस बात की है कि त्वचा एक ऐसा माध्यम है जिससे सांवेगिक प्रतिक्रियाओं का स्पष्ट झलक मिलता है। जैसे, जब व्यक्ति किसी परिस्थिति में लज्जित हो जाता है, तो उसके चेहरे की त्वचा में एक विशेष रंग उत्पन्न हो जाता है जिसे देखकर यह स्पष्ट रूप से समझ लिया जाता है कि वह लज्जित हो गया है। उसी तरह से तीव्र डर की अवस्था में त्वचा के छोटे-छोटे केशिकानलियों (capillaries) से खून बाहर चले जाते हैं जिससे त्वचा सूखा नजर आती है और व्यक्ति के चेहरे पर हवाई उड़ते नजर आते हैं। इस तरह से त्वचा सांवेगिक तनाव (emotional stress) अभिव्यक्ति करने का एक प्रमुख माध्यम होता है क्योंकि इसमें छोटे-छोटे बहुत सारे रक्त नलिकाएँ (blood vessels) होती हैं जिनका नियंत्रण एवं संचालन स्वायत्त तंत्रिका तंत्र (autonomic nervous system) द्वारा होता है। इसके अलावा, त्वचा विकृतियों (skin disorders) में एक महत्त्वपूर्ण सांवेगिक कारक होता है, जो अन्य रोगों में नहीं होती है और वह यह है कि त्वचा-संबंधी विकृतियों को छिपाया नहीं जा सकता है और इस विकृति को आसानी से दूसरों द्वारा देखा जा सकता है। त्वचा-संबंधी विकृति (skin disorders) में निम्नांकित विकृतियाँ अधिक सामान्य (common) हैं–

(1) न्यूरोडरमैटोसिस (Neurodermatosis)
(2) खरोचना एवं खुजलाना (scratching and itching)

इन दोनों का वर्णन इस प्रकार है–

1. न्यूरोडरमैटोसिस *(Neurodermatosis)*–न्यूरोडरमैटोसिस (neurodermatosis) से तात्पर्य वैसे त्वचा- संबंधी विकृतियों (skin disorders) से होता है जो सांवेगिक अस्थिरता (emotional instability) की परिस्थिति में व्यक्ति में उत्पन्न होते हैं। इस श्रेणी में अनामिका (ring finger) का डरमैटोसिस या त्वचाशोध (dermatosis), अँगूठा का त्वचाशोथ तथा होठों का त्वचाशोथ (dermatosis) प्रमुख हैं। कुछ ऐसे केसेज देखें गये हैं जिसमें अनामिका (ring finger) में त्वचा शोथ (dermatosis) उत्पन्न हो गया था अर्थात् अँगूठी के ठीक नीचे एवं उसके अगल-बगल की त्वचा में फूलन, लाली, लहर, फफोले आदि उत्पन्न हो गये थे। पहले तो इसका कारण अँगूठी के नीचे जमी कुछ गंदगी तथा धातु (metal) के प्रति प्रतिक्रिया समझी गयी। परंतु बाद में जब अँगूठी को दूसरी अँगुली में पहना गया तो इस तरह का शोथ (dermatosis) नहीं देखा गया। इसका स्पष्ट मतलब यह था कि इसका कारण कुछ मनोवैज्ञानिक था। एक अमेरीकन महिला की अनामिका (ring finger) में इसी ढंग का शोथ (dermatosis) विकसित हो गया था जिसका कारण उसका एक ऐसे युवक के साथ शादी निश्चित होना था जिसे वह नहीं पसंद करती थी। जब वह शादी

टूट गयी, तो उसकी अनामिका का शोथ (dermatosis) भी अपने आप समाप्त हो गया। इस केस से यह बिल्कुल ही स्पष्ट हो जाता है कि अनामिका का त्वचाशोथ (ringfinger dermatosis) में सांवेगिक कारकों का महत्त्व होता है।

अँगूठा का त्वचाशोथ (dermatosis) भी मनश्चिकित्सकों (psychiatrists) एवं मनोवैज्ञानिकों के लिए विशेष रुचिकर विषय रहा है तथा उसमें भी इनलोगों ने मनोवैज्ञानिक कारकों (psychological factors) की प्रधानता पायी है। कुछ मनोविश्लेषकों (psychoanalysts) का मत है कि अँगूठा का त्वचाशोथ (dermatosis) उन व्यक्तियों में पाया जाता है जो अपरिपक्व (immature) प्रकृति के होते हैं और जो जिन्दगी की समस्याओं से हमेशा जूझते रहते हैं। ऐसे लोगों में मुखावस्था (oral stage) में लौट जाने की तीव्र प्रवृति होती है क्योंकि इस अवस्था की क्रियाओं से उन्हें शकुन मिलता है। फलस्वरूप, ऐसे लोग बड़े होकर भी अँगूठा चूसना प्रारंभ कर देते हैं क्योंकि इस अवस्था में उन्हें स्तनपान (breast feeding) तो माँ नहीं करा सकती है या दूध के बोतल में दूध भरकर तो उसे नहीं पिला सकती हैं। परन्तु चूंकि ऐसे लोग बड़े होकर अँगूठा चूसना एक असामाजिक एवं बचकाना कार्य समझते हैं, अत: उनमें मानसिक संघर्ष (mental conflict) होता है जिसका समाधान वे आसानी से अँगूठा में त्वचाशोथ (dermatosis) विकसित करके कर लेते हैं। शोथ चूँकि एक तरह का घाव ही होता है, अत: स्वभावत: वे उसे अब चूस नहीं पाते हैं और उनकी समस्या का समाधान भी हो जाता है। मनोविश्लेषकों की इस व्याख्या से स्पष्ट है कि अँगूठा का त्वचाशोथ (thumb dermatosis) में सांवेगिक कारकों (emotional factors) की भूमिका काफी होती है।

होठों के त्वचाशोथ (lips dermatosis) में भी सांवेगिक कारकों (emotional factors) की भूमिका पायी गयी है। ब्राउन (Brown, 1977) के अनुसार होठों के त्वचाशोथ उन किशोरियों (adolescent girls) में तेजी से विकसित होता है जिसमें किसी युवक का प्यार पाने एवं चुम्बन किये जाने की तीव्र लालसा होती है। परंतु सामाजिक बंधन एवं नैतिक समस्याओं (moral problems) के कारण उनकी लालसा पूरी नहीं हो पाती है जिससे उनमें कुंठा (frustration) एवं सांवेगिक तनाव उत्पन्न हो जाता है जिससे बचाव के रूप में होंठ में त्वचाशोथ (dermatosis) उत्पन्न हो जाता है। ब्राउन (Brown, 1977) के इस व्याख्या से स्पष्ट है कि होठों के त्वचाशोथ (dermatosis) की उत्पत्ति में भी सांवेगिक कारकों (emotional factors) की भूमिका होती है।

2. खरोंचना एवं खुजलाना *(scratching and itching)*–कुछ ऐसे सबूत भी मिले हैं जिनमें देखा गया है कि शरीर के किसी भाग में अधिक खुजलाहट एवं खरोंचने की प्रवृत्ति के पीछे मनोवैज्ञानिक कारण (psychological factor) होता है। किस्कर (Kisker, 1964) के अनुसार इस तरह की प्रवृत्ति का कारण दूसरों के प्रति आक्रामकता (aggression) दिखलाने की इच्छा का एक तरह से विस्थापन (displacement) होना है। जब व्यक्ति किसी कारण अपनी आक्रामकता दूसरों के प्रति नहीं दिखला सकता है तो उस आक्रामकता को अपने प्रति विस्थापित कर देता है जिसकी अभिव्यक्ति वह अत्यधिक खुजलाहट तथा खरोंचने के रूप में करके करता है।

इस तरह से हम देखते हैं कि त्वचा संबंधी विकृतियाँ (skin disorders) भी मनोवैज्ञानिक कारणों से उत्पन्न होती हैं। इन विकृतियों में न्यूरोडरमोटैसिस (neurodermatosis) प्रधान है।

मनोदैहिक जनन-मूत्र विकृतियाँ
(Psychophysiologic Genitourinary Disorders)

इस तरह की विकृतियाँ भी आजकल काफी देखने को मिलती हैं। इन विकृतियों का संबंध शरीर के श्रोणीय क्षेत्र (pelvic region) एवं इसके लैंगिक कार्यों (sexual functions) तथा पेशाब-पैखाना करने संबंधी कार्यों से होता है। ऐसी विकृतियों का कारण दैहिक (physical) भी हो सकता है तथा मनोवैज्ञानिक (psychological) भी। जब ऐसी विकृतियाँ मनोवैज्ञानिक कारकों (psychological factors) से उत्पन्न होतीं हैं, तो इसे मनोदैहिक जनन-मूत्र विकृति (psychophysiological genitourinary disorders) की संज्ञा दी जाती है। इस श्रेणी में आने वाली प्रमुख विकृतियाँ निम्नांकित हैं—

(1) पेशाब-संबंधी विकृति (Urinary distrubances)
(2) मासिक धर्म संबंधी विकृति (Menstrual disorders)
(3) स्वत: गर्भपात (Spontaneons abortion)
(4) लैंगिक कार्यों की विकृतियाँ (Disturbances of sexual function)

इन सबका वर्णन निम्नांकित हैं—

1. पेशाब संबंधी विकृति *(Urinary disturbances)*—चैपमैन (Chapman, 1959) ने अपने अध्ययन के आधार पर यह बतलाया कि पेशाब-संबंधी क्रियाओं का संबंध व्यक्ति के सांवेगिक अवस्थाओं से होता है। ऐसे भी मूत्रण क्षेत्र (urniary tract) में स्वायत्त तंत्रों (autonomic fibers) की प्रचुरता होती है, अतः इसका संबंध सांवेगिक अवस्थाओं से होना कोई आश्चर्य की बात नहीं है। इस तरह के संबंध का ही परिणाम है कि कुछ लोगों में दूसरों की उपस्थिति में पेशाब नहीं उतरता है या यदि उन्हें बोतल आदि में पेशाब करने को कहा जाय, तो उन्हें पेशाब होता ही नहीं है या बहुत थोड़ा होता है। स्ट्राब (Straub, 1989) ने एक प्रयोग किया जिसमें पाया कि पेशाब करने की बारंबारता (frequency) का संबंध चिन्ता, आक्रामकता तथा मानसिक संघर्षों (mental coflict) से काफी होता है । उसी तरह से पेशाब को बहुत देर तक रोक रखने की प्रवृत्ति का संबंध सांवेगिक दमन (emotional repression) तथा प्रत्याहारी इच्छाओं (withdrawal tendencies) से अधिक होता है।

कुछ मनश्चिकित्सकों (psychiatrists) ने बालकों में पाये जाने वाले ऐसी विकृतियों का अध्ययन किया है। एक ऐसी प्रमुख विकृति का नाम 'इन्यूरेसिस' (enuresis) या बिछावन गीला करना (bed-wetting) है। कुछ बालकों में बिछावन गीला करने की बुरी आदत होती है। ऐसे बालकों का जब मनोविश्लेषणात्मक अध्ययन (psychoanalytic study) किया गया तो पाया गया कि इनमें अपने माता-पिता तथा अन्य ऐसे ही लोगों जैसे अभिभावकों (guardians) के प्रति उनमें तीव्र दोष एवं विद्वेष (hostility) की भावना थी। वे बिछावन गीला कर अपने इस दमित दोष एवं विद्वेष की भावना की अभिव्यक्त करते हैं।

2. मासिक धर्म संबंधी विकृतियाँ *(Menstrual disorders)*—महिलाओं में प्रत्येक मासिक धर्म होने के पहले एक खास तरह की सांवेगिक प्रतिक्रिया (emotional reaction) पायी जाती है जिसे प्राक्मासिक धर्म संबंधी तनाव (premenstrual tension) कहा जाता है। इस तरह के तनाव में महिलाएँ प्रायः तुनुकमिजाजी प्रवृत्ति की हो जातीं हैं और भिन्न-भिन्न मात्राओं में चिन्ता (anxiety) पायी जाती है। सामान्यतः मासिक धर्म प्रारंभ होने पर तनाव कम जाता है परन्तु कभी-कभी मासिक धर्म प्रारंभ होने पर गंभीरता और भी अधिक बढ़ जाती है। इन लक्षणों में बेचैनी, एकाग्रता (concentration) की कमी, अनुपयुक्त सांवेगिक प्रस्फोटन (emotional outbursts), तुच्छ घटनाओं पर कस कर बरस जाना आदि मूल रूप से देखे जाते हैं। शारीरिक लक्षणों में सिरदर्द, कमर में दर्द तथा अनिद्रा प्रधान है। मासिक धर्म से संबंधित दो तरह की विकृतियाँ मूल रूप से देखने को मिलती हैं—डाइस्मेनोरिया (dysmenorrhea) तथा मनोजनिक एमनोरिया (psychogenic amenorrhea) प्रधान है। डाइस्मेनोरिया (dysmenorrhea) में मासिक धर्म होने के साथ-साथ तीव्र दर्द होता है। अध्ययनों से पता चला है कि ऐसी महिलाओं में आक्रामकता (aggressiveness) तो अधिक थी ही साथ-ही-साथ इनमें दूसरों पर निर्भरता (dependency) वयस्कावस्था (adulthood) आ जाने पर भी अधिक थी। इनमें दूसरों की सहानुभूति एवं सुरक्षा पाने की लालसा भी तीव्र थी। क्रोगर तथा फ्रीड (Kroger & Freed, 1975) के अध्ययन के अनुसार डाइस्मेनोरिया (dysmenorrhea) की शिकायत अधिकतर उन महिलाओं में होती है जिनमें पुरुष-सुलभ शारीरिक गुणों (masculine physical traits) की प्रधानता होती है। मनोजनिक एमनोरिया (psychogenic amenorrhea) में मासिक धर्म की कमी या कभी-कभी पूर्णतः यह बिना किसी कायिक कारण (organic cause) के ही रुक जाता है। क्रोगर (Kroger, 1974) के अनुसार इस तरह की विकृति का संबंध कुछ खास-खास कारक जैसे सांवेगिक आघात (emotional shock), लैंगिक संघर्ष (sexual conflict), गर्भ-धारण करने की तीव्र इच्छा, माता या पिता की मृत्यु से उत्पन्न सांवेगिक तनाव आदि से मूल रूप से पाया गया है।

3. स्वतः गर्भपात *(Spontaneous abortion)*—कुछ अध्ययनों से यह पता चलता है कि स्वतः गर्भपात का कारण कभी-कभी सांवेगिक तनाव (emotional stress) भी होता है। स्क्वीअर तथा डनवार (Squier & Dunbar, 1946) ने अपने अध्ययन में पाया कि जब डाक्टर तथा नर्स द्वारा असंतोषजनक एवं चिन्ता उत्पन्न करने वाला टिप्पणी (remarks) किया जाता है, तो इससे रोगी में अनावश्यक चिन्ता उत्पन्न हो जाती है और उनका संवेगात्मक स्तर (emotional level) बढ़ जाता है जिससे अन्त में गर्भपात (abortion) हो जाता है। ग्रिम (Grimm, 1962) ने एक अध्ययन किया जिसमें उन्होंने महिलाओं के दो समूहों का तुलनात्मक अध्ययन किया। एक समूह में वैसी महिलाएँ थी जिन्हें कई बार स्वतः गर्भपात हो चुका था तथा दूसरे समूह में वैसी महिलाऍं थी जिन्हें कभी गर्भपात नहीं हुआ था। उन्होंने

पाया कि इन दोनों तरह की महिलाओं के व्यक्तित्व शीलगुणों (presonality traits) में काफी अन्तर था। उन्होंने स्पष्ट रूप से पाया कि गर्भपात करने वाली महिलाओं में सांवेगिक नियंत्रण (emotional control) कम था, दूसरों पर निर्भरता अधिक थी, उनमें दोष-भाव (guilt feeling) अधिक थी। इस अध्ययन से यह स्पष्ट हो जाता है कि स्वत: गर्भपात के कुछ मनोवैज्ञानिक कारण भी होते हैं।

4. लैंगिक कार्यों की विकृतियाँ *(Disturbances of sexual functions)*—जननमूत्र विकृतियों (genitourinary disorders) में कई तरह की लैंगिक विकृतियाँ (sexual disturbances) भी सम्मिलित हैं। मनोनपुंसकता (psychic impotency) तथा मंदकामुकता (frigidity) ऐसे लैंगिक विकृतियों में प्रधान है। मनोनपुंसकता (psychic impotency) में पुरुष कुछ सांवेगिक करणों से लैंगिक क्रिया करने तथा उससे आनन्द उठाने में असमर्थ रहता है। ऐसी अवस्था गंभीर हो जाने से पुरुष को किसी भी हालत में लैंगिक कार्य के लिए तैयार नहीं किया जा सकता है। पुरुषों में इस तरह के मनोनपुंसकता (psychic impotency) के कई कारण बतलाये गये हैं। जैसे, कुछ ऐसे केसेज में पुरुष को अपने विपरीत लिंगी के साथ किसी प्रकार का तीव्र मानसिक संघर्ष का होना बतलाया गया है। कुछ केसेज में इसका कारण अव्यक्त समलिंगता (latent homosexuality) बतलाया गया है। डबलिन (Dublin, 1975) के अनुसार जब पुरुष यह देखता है कि उसका महिला सहयोगी (female partner) लैंगिक कार्य में अधिक अभिरुचि नहीं ले रही है, तो इससे भी पुरुष में मनोनपुंसकता (psychic impotency) विकसित हो जाती है। मनोनपुंसकता (psychic impotency) की उत्पत्ति में सांवेगिक तनाव के महत्त्व को एक मशहूर केस द्वारा इस प्रकार समझाया जा सकता है—एक रात एक व्यक्ति ने यह स्वप्न देखा कि वह अपने दोस्त की पत्नी के साथ संभोग किया है। नींद टूटने पर इससे उसमें सांवेगिक तनाव की स्थिति बन गयी जो धीरे-धीरे मजबूत होती चली गयी। यद्यपि स्वप्न को दमित कर (repressed) दिया गया परन्तु इसका प्रभाव व्यक्ति के शरीर पर इतना हुआ कि उसमें नपुंसकता (impotency) विकसित हो गयी। मनोचिकित्सा (psychotherapy) के दौरान बाद में उस स्वप्न के स्वरूप पर प्रकाश डाला गया और नपुंसकता के साथ उस स्वप्न के संबंध को उस व्यक्ति को समझाया गया तब बाद में जाकर लैंगिक अक्षमता यानी नपुंसकता समाप्त हो गयी।

महिलाओं (females) में मनोनपुंसकता (psychic impotency) के तुल्य (equivalent) को मंदकामुकता (fridigity) की संज्ञा दी गयी है। इस तरह की अवस्था में महिलाओं में लैंगिक भाव (sexual feeling) की कमी पायी जाती है। कुछ महिलाओं में तो लैंगिक भाव (sexual feeling) की हल्की-फुल्की कमी होती है परन्तु कुछ महिलाओं में इस तरह के भाव की कमी अत्यंत गंभीर रूप से हो जाती है। मनोवैज्ञानिक अध्ययनों से यह पता चला कि महिलाओं में मंदकामुकता (frigidity) के कई कारण बतलाये गए हैं जिनमें अत्यधिक दोष-भाव (excessive guilt feelings), रोग हो जाने का डर या घायल हो जाने का डर, विपरीत लिंग के व्यक्तियों के साथ विद्वेष, संघर्षपूर्ण लैंगिक लगाव (conflicting sexual attatchment) तथा अव्यक्त समलिंगता (latent homosexuality) आदि अधिक प्रधान हैं। फ्रेंच एवं एलेक्जेण्डर (French & Alexander, 1948) के अध्ययन के अनुसार महिलाओं में मंदकामुकता (frigidity) एक तरह से आत्म-पर्याप्तता (self-sufficiency) तथा प्रभुत्व (dominance) की मनोवृत्ति का द्योतक होता है। कुछ महिलाएँ लैंगिक क्रिया में अपने निष्क्रिय भूमिका (passive role) को स्वीकार नहीं करती है और यह भावना धीरे-धीरे इतनी मजबूत हो जाती है कि उसमें मंदकामुकता (frigidity) के लक्षण स्पष्ट होने लगते हैं।

इस तरह से स्पष्ट हुआ कि मनोदैहिक जननमूत्र विकृतियों (psychophysiologic genitourinary disorders) में कई तरह की विकृतियाँ (disorders) आतीं हैं। इन विकृतियों में स्वत: गर्भपात (spontaneous abortion) तथा लैंगिक कार्यों की विकृतियाँ (disturbances of sexual function) तुलनात्मक रूप से अधिक सामान्य हैं।

मनोदैहिक विकृतियों के सामान्य कारण
(General Etiology of Psychophysiological Disorders)

अन्य रोगों के समान ही मनचिकित्सकों (psychiatrists) ने मनोदैहिक विकृतियों (psychophysiological disorders) के तीन सामान्य कारण (general etiology) बतलायें हैं जो निम्नांकित हैं—

(1) जैविक कारक (Biological factors)

(2) मनोसामाजिक कारक (Psychosogical factors)

(3) सामाजिक-सांस्कृतिक कारक (Socio-cultural factors)

इन तीनों तरह के कारकों की व्याख्या निम्नांकित है–

1. जैविक कारक *(Biological factors)*–मनोदैहिक विकृतियों की व्याख्या जैविक कारकों (biological factors) के रूप में की गयी है क्योंकि कुछ मनश्चिकित्सकों (psychiatrists) का मानना है कि इन विकृतियों की उत्पत्ति में जैविक तत्त्वों (biological facts) की काफी भूमिका पायी जाती है। प्रमुख जैविक कारक निम्नांकित हैं–

(i) जननिक कारक *(Genetic factors)*–मनोदैहिक विकृतियों (psychosomatic disorders) में जननिक कारक का महत्त्व काफी बतलाया गया है। ग्रिगोरी तथा रोजन (Gregory and Rozen, 1965) ने अपने अध्ययनों में पाया कि अल्सर या शोथ रोगियों (ulcer patients) के भाइयों में इस रोग की होने की सम्भावना अन्य व्यक्तियों में इस रोग के होने की सम्भावना दुगुनी से अधिक होती है। उसी तरह से श्वसनी दमा (bronchial asthma), उच्च रक्त–चाप (hypertension), अर्द्ध सिरदर्द या अधसीसी (migraine) भी उन्हीं व्यक्तियों में अधिक पाया जाता है जिनके संबंधियों में इस रोग का प्रकोप हो चुका होता है। इन अध्ययनों से यह पता चल जाता है कि मनोदैहिक विकृति (psychosomatic disorder) का कारण जननिक कारक (genetic factor) है हालांकि कुछ अन्य अध्ययनों में इस दावा (claim) का खंडन करते हुए यह कहा गया है कि इसमें सीखने (learning) तथा अनुभव (experience) की भूमिका से इनकार नहीं किया जा सकता है। परिवार में किसी को भी यदि किसी प्रकार का मनोदैहिक विकृति या रोग उत्पन्न हो जाता है, तो अन्य सदस्य को उनके व्यवहारों को प्रेक्षण (observation) करके उसे सीखने का मौका और फिर वैसे ही लक्षण विकसित करने की प्रेरणा भी मिलती है। इस आलोक में यह कहना कि चूँकि परिवार के किसी एक सदस्य में रोग उत्पन्न होने पर अन्य सदस्यों में रोग उत्पन्न होने का कारण जननिक (genetic) होता है, बहुत उचित नहीं दिख पड़ता। इसमें अनुभव (experience) तथा सीखने (learning) जैसे कारकों की भूमिका भी होती है। इस तथ्य का समर्थन लिलजेफोर्स तथा राहे (Liljefors & Rahe, 1970) के अध्ययन से भी मिलता है। उन्होंने 32 एकांडी जुड़वाँ भाइयों (identical twin brothers) का अध्ययन किया जिसके प्रत्येक युग्म के एक सदस्य में हृदय रक्तधमनी की विकृति (coronory disease) थी तथा दूसरा इस दृष्टिकोण से सामान्य था। जिस सदस्य में विकृति थी, वह अधिक कार्योन्मुखी (work-oriented), आराम कम करने की प्रवृत्ति वाला तथा घरेलू समस्याओं (home problems) से घिरे रहने वाले स्वभाव का आदमी था। इससे स्पष्ट हो जाता है कि मनोदैहिक विकृति में जिन्दगी की तनावपूर्ण परिस्थिति (life stress) की भूमिका भी अधिक होती है।

(ii) स्वायत्त क्रियाओं में अन्तर एवं शारीरिक दुर्बलता *(Differences in autonomic functions and somatic weaknesses)*–ओल्फ (Wolff, 1950) तथा रॉबिन्सन (Robinson, 1985) के अध्ययनों से यह स्पष्ट हो गया है कि अरुचिकर उद्दीपकों (aversive stimuli) या अरुचिकर परिस्थितियों (aversive situations) के प्रति बालक या वयस्क समान रूप से दैहिक प्रतिक्रिया (somatic reactions) नहीं करते हैं। कुछ लोग ऐसे उद्दीपकों के प्रति उच्च रक्त दवाब (hypertension) के रूप में तो कुछ अधसीसी (migraine) के रूप में तो कुछ श्वसनी दमा (bronchial asthma) के रूप में लक्षण विकसित कर प्रतिक्रिया (reaction) करते हैं। फ्रीडमैन तथा इवाई (Friedman & Iwai, 1976) ने अपने अध्ययन में पाया कि जिन लोगों में तनावपूर्ण परिस्थिति में हृदय की धड़कन बढ़ जाती है, उनमें मनोदैहिक हृदय वाहिका विकृतियाँ (psychophysiologic cardiovascular diseases) होने की सम्भावना अधिक होती है तथा जिन लोगों में ऐसी परिस्थिति से घिर जाने पर अमाशय में स्राव (secretions) अधिक होने लगता है, उसमें आमाशय का घाव (peptic ulcer) तथा अन्य आमाशयांत्र विकृतियाँ (gastrointestional disorders) विकसित होने की सम्भावना अधिक होती है।

कुछ ऐसे सबूत भी मिले हैं जिसमें यह देखा गया है कि आनुवांशिकता (heredity), बीमारी (illness) या अन्य किसी दूसरे प्रकार के आघात (trauma) के कारण शरीर का कोई अंग काफी दुर्बल (weak) हो जाता है और व्यक्ति जब भी किसी संघर्षमय परिस्थिति (conflicting situation) में होता है या सांवेगिक तनाव की परिस्थिति में होता है, तो उसके उस अंग की क्रिया प्रभावित हो जाती है और संबंधित लक्षण विकसित हो जाते हैं। इसे *कायिक–कमजोरी सिद्धान्त* (somatic-weakness theory) कहा गया है। जैसे, किसी व्यक्ति का फेफड़ा जन्मजाती कुछ कारणों से या किसी बीमारी से या किसी प्रकार के आघात लगने से प्रभावित होकर कमजोर हो जाता है तो सांवेगिक तनाव की परिस्थिति में अत्यधिक उम्मीद यह होती है कि उसमें श्वसन संबंधी मनोदैहिक विकृतियों जैसे श्वसनी दमा (bronchial asthma),

अतिश्वसन संलक्षण (hyperventilation syndrome) आदि विकसित हो जाएगा। उसी तरह से जिन व्यक्तियों का किसी कारण से दुर्बल आमाशय (weak stomach) हो जाता है, तो सांवेगिक संघर्ष (emotional conflict) की परिस्थिति में उनमें आमाशयांत्र की विकृतियों (gastrointestional disorders) के रूप में लक्षण प्रस्फुटित होने की सम्भावना अधिक रहती है।

(iii) मस्तिष्कीय-अन्तरावयवी नियंत्रण प्रक्रिया का भंग होना *(Disruption of corticovisceral control mechanism)*–मनोदैहिक विकृतियों की जैविक व्याख्या (biological explanation) मस्तिष्कीय-अन्तरावयवी नियंत्रण प्रक्रिया (corticovisceral control mechanism) के रूप में भी किया गया है। इस प्रक्रिया द्वारा स्वायत्त क्रियाओं (autonomic functioning) का नियंत्रण होता है। जब मस्तिष्कीय अन्तरावयवी नियंत्रण प्रक्रिया कार्य करना बंद कर देती है, तो व्यक्ति का समस्थिति (homeostasis) से संबंधित कार्य ठीक ढंग से सम्पन्न नहीं हो पाता है अर्थात् इसकी स्थिति में गड़बड़ी उत्पन्न हो जाती है। इसका परिणाम यह होता है कि व्यक्ति की सांवेगिक अनुक्रियाओं की तीव्रता में काफी वृद्धि हो जाती है और एक सामान्य समय सीमा (normal time limits) के भीतर व्यक्ति पुन: समस्थिति (homeostasis) या आंतरिक शारीरिक संतुलन (internal physiological balance) बनाने में असमर्थ रहता है। सतत तनाव (continued stress) की अवस्था में ऐसे लोगों में तब मनोदैहिक विकृति (psychophysiological disorder) उत्पन्न होने की सम्भावना तीव्र हो जाती है।

2. मनोसामाजिक कारक *(Psychosocial factors)*–मनोदैहिक विकृतियों की उत्पत्ति में मनोसामाजिक कारकों अर्थात् कुछ मनोवैज्ञानिक एवं सामाजिक कारकों की भूमिका का भी अध्ययन किया गया है हालांकि इन कारकों का संबंध इन विकृतियों से स्पष्ट रूप से अभी तक नहीं जोड़ा जा सका है। ऐसे मनोसामाजिक कारकों में से कुछ प्रमुख कारक निम्नांकित हैं–

(i) व्यक्तित्व शीलगुण एवं अपर्याप्त समायोजन प्रारूप *(Personality characteristics and inadequate adjustment patterns)*–कुछ ऐसे अध्ययन किये गए हैं जिनसे स्पष्ट हो गया है कि जब व्यक्ति में एक खास तरह के शीलगुणों (trait) की अधिकता होती है, तो उसमें एक विशेष प्रकार के मनोदैहिक विकृति के होने की सम्भावना अधिक होती है, परन्तु कुछ अन्य दूसरे तरह के शीलगुणों की अधिकता होने पर उसमें कुछ दूसरे प्रकार के मनोदैहिक विकृति के होने की सम्भावना अधिक हो जाती है। जैसे, डनबार (Dunbar, 1943, 1954) ने अपने अध्ययन के आधार पर बतलाया है कि जिन लोगों में दृढ़ता (rigidity), किसी उद्दीपक के प्रति अतिसंवेदनशीलता, चिरकालिक विद्वेषता (chronic hostility) जैसे शीलगुणों की प्रधानता होती है उसमें उच्च रक्तचाप (hypertension) के होने की सम्भावना अधिक होती है। अन्य अध्ययनों में भी इस तरह के तथ्यों को समर्थन मिला है। जैसे, किडसन (Kidson, 1973) ने अपने अध्ययन में पाया कि जिन व्यक्तियों में असुरक्षा, चिन्ता, संवेदनशीलता आदि जैसे शीलगुणों की प्रधानता होती है, उनमें उच्च रक्तताप जैसे मनोदैहिक विकृति विकसित होने की सम्भावना अधिक होती है। कुछ लोगों जैसे रॉबिन्सन तथा उनके सहयोगियों (Robinson et al, 1972) ने उपर्युक्त तथ्य का खंडन किया है और कहा है कि व्यक्तित्व शीलगुणों को मनोदैहिक विकृति (psychophysiological disorder) का कारण नहीं बल्कि उपज (product) मानना चाहिए।

कुछ अध्ययनों में तनावपूर्ण परिस्थिति में व्यक्ति की मनोवृत्ति (attitude) तथा समायोजन क्षमता (coping capacity) के संबंधों पर प्रकाश डाला गया है और यह बतलाया गया है कि कुछ खास-खास मनोदैहिक विकृति में एक विशेष तरह की समायोजन क्षमता (coping capacity) पायी जाती है। जैसे, शोथ (ulcers) के रोगियों में आम तौर पर यह देखा गया है कि उनमें यह भावना व्याप्त होती है कि जो उसे मिलना चाहिए था, जिन्दगी में वह नहीं मिल पाया है और इसलिए उसे प्राप्त करने का भरसक प्रयास करना चाहिए। उसी तरह उच्च रक्तचाप (hypertension) के रोगियों का समायोजन पैटर्न (adjustment pattern) कुछ ऐसा होता है जिसमें वह अपने आप को विभिन्न परिस्थितियों से हमेशा सतर्क रखता है, वह अपने आप को खतरा से घिरा पाता है, इसलिए उससे दूर रहने के लिए वह भरसक चौकन्ना रहता है। कहने का तात्पर्य यह है कि एक खास ढंग की समायोजनशीलता का पैटर्न या प्रारूप होने पर व्यक्ति में उससे संबंधित मनोदैहिक विकृति (psychosomatic disorder) विकसित होता है । इस तथ्य की पुष्टि ग्राहम (Graham, 1962) ने अपने अध्ययनों के आधार पर किया है।

(ii) अन्तर्वैयक्तिक संबंध *(Interpersonal relationship)*–कई अध्ययनों से यह पता चला है कि कुछ कारणों जैसे वैवाहिक दु:ख, विवाह-विच्छेद या तलाक (divorce) तथा दोषपूर्ण पारिवारिक प्रारूप (pathogenic family patterns) से जब व्यक्ति का अंतर्वैयक्तिक संबंध (interpersonal relationship) दोषपूर्ण हो जाता है, तो इसका प्रभाव उसके समायोजनशीलता पर बुरा पड़ता है और वह किसी सांवेगिक परिस्थिति या तनावपूर्ण परिस्थिति के होने पर प्राय: मनोदैहिक लक्षणों (psychosomatic symptoms) द्वारा अपनी प्रतिक्रिया व्यक्ति करते हैं। ब्लूम, अशर एवं ह्वाइट (Bloom, Asher & White, 1978) ने अपने अध्ययनों में उपर्युक्त तथ्य की पुष्टि करते हुए कहा है कि वैसे व्यक्तियों जिन्हें तलाक का सामना करना पड़ा या जिनका वैवाहिक जीवन दु:खी था उनकी मृत्यु दर (death rate) विभिन्न तरह के मनोदैहिक विकृतियों के कारण उन व्यक्तियों की तुलना में अधिक था जिनमें ऐसी कोई समस्या नहीं थी। स्ट्रोएब तथा स्ट्रोएब (Stroebe & Stroebe, 1983) ने अपने अध्ययन के आधार पर यह बतलाया है कि पति या पत्नी की मृत्यु हो जाने पर जिन्दा रहने वाले व्यक्ति में तरह-तरह की चिंताएँ उत्पन्न हो जातीं हैं और उनमें मनोदैहिक विकृतियाँ (psychosomatic disorder) उत्पन्न हो जातीं हैं और उनका जीवित रहना सम्भव नहीं हो पाता है। इन दोनों मनोवैज्ञानिकों ने अपने अध्ययन में पाया कि पुरुषों में अपनी पत्नी की मृत्यु का गम महिलाओं में अपने पति की मृत्यु के गम की तुलना में अधिक गंभीर होता है। अत: उनमें मनोदैहिक विकृतियाँ (psychosomatic disorders) उत्पन्न होने की सम्भावना अधिक होती है। शायद यही कारण है कि ऐसे पुरुषों में मृत्यु दर अधिक होती है। लिंक (Lynch, 1977) के अनुसार जिन व्यक्तियों में मानवीय संबंधों की कमी होती है तथा जो अकेले रहने के लिए बाध्य रहते हैं, उनमें मनोदैहिक हृदयवाहिका विकृतियाँ (cardiovascular disorders) विकसित होने की सम्भावना अधिक होती है। लिपटन एवं उनके सहयोगियों (Lipton et al, 1966) तथा ओल्डस् (Olds, 1970) ने अपने-अपने अध्ययनों में पाया कि श्वसनी दमा (bronchial asthma) के रोगियों की अधिकतर माताएँ अपने बच्चों के प्रति द्वैधवृत्ति (ambivalent) संबंध रखने वाली थी अर्थात् वे अपने बच्चों को कभी तो काफी डाँट फटकार करती थी तो कभी उसे जरूरत से ज्यादा दुलार-प्यार करती थीं। ऐसे परिवार के बच्चों में असुरक्षा (insecurity) तथा अतिनिर्भरता (overdependent) के शीलगुण अधिक थे, अत: वे किसी सांवेगिक तनाव की परिस्थिति में मनोदैहिक विकृतियों (psychophysiologic disorder) के लक्षण विकसित कर लेते थे।

(iii) तनाव का स्वरूप एवं प्रकार *(Nature and type of stress)*–एलेक्जेण्डर (Alexander, 1950) ने अपने अध्ययन के आधार पर यह बतलाया है कि एक खास तरह के सांवेगिक तनाव (emotional stress) उत्पन्न होने पर एक विशेष प्रकार की मनोदैहिक विकृति (psychosomatic disorder) उत्पन्न होती हैं । जैसे, जिन व्यक्तियों को स्नेह, प्यार, अनुराग एवं दूसरों से सुरक्षा (protection) नहीं मिल पाता है, वे सांवेगिक रूप से अस्थिर हो जाते हैं तथा उनमें चिंता एवं क्रोध (anger) जैसे संवेग की अधिकता होने से आमाशय अम्ल (stomach acid) जरूरत से ज्यादा निकलने लगता है और व्यक्ति में आँत का शोथ (peptic ulcer) विकसित हो जाता है। एलेक्जेण्डर (Alexander, 1950) के अनुसार दबा हुआ विद्वेषी आवेग से ऐसी सांवेगिक अवस्था उत्पन्न होती है जो आवश्यक हाइपरटेंशन (essential hypertension) को जन्म देता है। इसे अनाभिव्यक्त-क्रोध या *भीतरी-क्रोध सिद्धांत (anger-in-theory)* कहा जाता है जिसका प्रतिपादन उन्होंने अपने उन रोगियों के प्रेक्षण के आधार पर किया जो उनके पास मनोविश्लेषण के लिए आये हुए थे। हालांकि कुछ आधुनिक अध्ययनों से इस तथ्य को समर्थन नहीं मिला है, फिर भी लोग यह मानते हैं कि कई तरह के तनावपूर्ण परिस्थितियों के उत्पन्न होने पर व्यक्ति में मनोदैहिक विकृतियाँ (psychophysiologic disorder) विकसित हो जातीं हैं।

(iv) स्वायत्त तंत्रिका तंत्र के कार्यों को सीखना *(Learning of the functions of autonomic nervous system)*– कुछ लोगों का मत है कि पुनर्बलन (reinforcement) तथा आकस्मिक अनुबंधन (accidental conditioning) के आधार पर व्यक्ति वैसे कार्यों को करना सीख लेता है जो सामान्यत: स्वायत्त तंत्रिका तंत्र (autonomic nervous system) के अधीन होते हैं और इस तरह से उनमें मनोदैहिक विकृतियाँ (psychosomatic disorders) उत्पन्न हो जातीं हैं। जैसे, जिन बच्चों का पेट खराब हो जाने पर उन्हें स्कूल जाने से प्राय: रोका जाता है, वे किसी भी सांवेगिक परिस्थिति के आने पर अन्तरावयवी अनुक्रियाओं (visceral response) में गड़बड़ी करने की आदत सीख लेते हैं और आगे चलकर उनमें आमाशयांत्र विकृतियाँ (gastrointestinal disorders) उत्पन्न होने की सम्भावना बढ़ जाती है।

इस तरह से हम देखते हैं कि मनोदैहिक विकृतियों के कई मनोसामाजिक कारण हैं जिनमें व्यक्तित्व शीलगुण,

अपर्याप्त समायोजन प्रारूप तथा अंतर्वैयक्तिक संबंधों (interpersonal relationship) को तुलनात्मक रूप से अधिक महत्त्वपूर्ण बतलाया गया है।

3. सामाजिक-सांस्कृतिक कारक *(Socio-cultural factors)*–कुछ ऐसे सबूत मिले हैं जिनके आधार पर यह कहा जाता है कि मनोदैहिक विकृतियों की उत्पत्ति में सामाजिक-सांस्कृतिक कारकों (socio-cultural factors) की भी भूमिका होती है। जैसे, उस समाज में जिनकी संस्कृति आधुनिकीकरण (modernization) के पूर्ण चपेट में होती है, श्वसनी दमा (bronchial asthma), सिरदर्द (headaches), शोथ (ulcers) तथा उच्च रक्त चाप (hypertension) जैसे मनोदैहिक विकृतियाँ (psychosomatic disorders) अधिक विकसित होती हैं जबकि वैसे समाज में जिनमें आधुनिक संस्कृति का प्रभाव नहीं पड़ा है, ऐसी विकृतियाँ नहीं पायी जाती हैं। परन्तु जैसे-जैसे वे आधुनिक संस्कृति के चपेट में आते जाते हैं, वैसे-वैसे उनमें इन विकृतियों (disorders) तथा साथ-ही-साथ आमाशयांत्र विकृति (gastrointestional disorders) के उत्पन्न होने की सम्भावना बढ़ जाती है। कुछ लोगों जैसे पासामानिक (Pasamanick, 1962), रेनी एवं स्रौल (Rennie & Srole, 1956) ने अपने-अपने अध्ययनों से यह बतलाया है कि उच्च सामाजिक-आर्थिक स्तर (high socio-economic status) के लोगों में शोथ (ulcers) एवं हृदय रोग अधिक होते हैं जबकि निम्न सामाजिक-आर्थिक स्तर के लोगों में श्वसनी दमा (bronchial asthma) तथा संधिशोथ (arthritis) जैसी मनोदैहिक विकृतियाँ (psycho-physiological disorders) अधिक होतीं हैं हालांकि कुछ अन्य लोगों ने मनोदैहिक विकृतियों एवं सामाजिक-आर्थिक स्तर (socio-economic status) में इस ढंग का कोई स्पष्ट संबंध होने से इनकार किया है।

निष्कर्षत: यह कहा जा सकता है कि मनोदैहिक विकृतियों (psychosomatic disorders) के कई कारण हैं। अगर सचमुच में किसी भी मनोदैहिक विकृति की उत्पत्ति को स्पष्ट रूप से समझना है, तो जैविक, मनोसामाजिक एवं सामाजिक-सांस्कृतिक कारकों (socio-cultural factors) पर संयुक्त रूप से ध्यान देना अनिवार्य है।

मनोदैहिक विकृतियों का उपचार
(Treatment of Psychosomatic Disorders)

मनोदैहिक विकृतियों (psychosomatic disorder) के तीन तरह के उपचार (treatment) बतलाये गये हैं– जैविक उपचार (psychosocial treatment), मनोसामाजिक उपचार (psychosocial treatment) तथा सामाजिक-सांस्कृतिक उपचार (socio-cultural treatment)। जैविक उपचार के रूप में कुछ विशेष प्रशान्तक (tranquilizers) तथा मस्तिष्कीय एल्क्ट्रोचिकित्सा (cerebral electrotherapy) आदि का उपयोग सफलतापूर्वक किया गया है। फ्रिडमैन तथा उनके सहयोगियों (Friedman et al, 1982) ने इन मनोसामाजिक उपचार की विधियों द्वारा टाईप ए (Type A) व्यवहार में कमी करके टाईप बी (Type B) व्यवहार की ओर उन्मुखता पैदा करने का सफलतापूर्वक प्रयास किया है। मनोसामाजिक उपचार में व्यवहार चिकित्सा (behaviour therapy) का प्रयोग सफलतापूर्वक किया गया है। सामाजिक-सांस्कृतिक उपचार (socio-cultural treatment) के रूप में समाज में ऐसे तत्त्वों के समावेश करने पर बल डाला जाता है जिससे सामाजिक-सांस्कृतिक ढाँचे में ऐसा परिवर्तन हो सके जिससे लोगों में सांवेगिक तनाव एवं संघर्ष में कमी आ जाए। इस संदर्भ में शैक्षिक (educational), परामर्श (counselling) तथा अन्य संबंधित कार्यक्रम पर भी अधिक बल डाला जाता है।

मनोदैहिक विकृति तथा रूपान्तर प्रतिक्रिया में अन्तर
(Distinction between Psychosomatic Disorder and Conversion Reaction)

मनोदैहिक विकृति (psychosomatic disorder) तथा रूपान्तर प्रतिक्रिया दोनों में समानता (similarity) होते हुए भी अन्तर है। दोनों में समानता यह है कि दोनों रोगों में मनोवैज्ञानिक एवं सांवेगिक कारणों के कारण कुछ शारीरिक लक्षण (bodily symptoms) दिखलाई देते हैं। परन्तु फिर भी इन दोनों में अन्तर है जो निम्नांकित है–

(i) रूपान्तर हिस्टीरिया मन:स्नायुविकृति (psychoneurosis) का एक प्रकार है जबकि मनोदैहिक विकृति (psychosomatic disorder) न तो मन:स्नायु विकृति का प्रकार है और न ही मनोविकृति (psychosis) का। बल्कि यह एक स्वतंत्र श्रेणी है।

(ii) रूपान्तर हिस्टीरिया में व्यक्ति अपने मानसिक तनाव एवं सांवेगिक संघर्ष की अभिव्यक्ति उन ज्ञानवाही

(sensory) एवं गतिवाही (motor) अंगों द्वारा करता है जो केन्द्रीय तंत्रिका तंत्र (central nervous system) द्वारा नियंत्रित होते हैं जबकि मनोदैहिक विकृति (psychosomatic disorder) में व्यक्ति अपने मानसिक तनाव एवं सांवेगिक संघर्ष की अभिव्यक्ति उन अंगों द्वारा करता है जो स्वायत्त तंत्रिका तंत्र (autonomic nervous system) द्वारा नियंत्रित होते हैं। दूसरे शब्दों में, रूपान्तर हिस्टीरिया में सांवेगिक तनावों के कारण ज्ञानेन्द्रियों एवं मांशपेशियों में विकृति के लक्षण विकसित होते हैं जबकि मनोदैहिक विकृतियों में सांवेगिक तनावों के कारण आन्तरिक अवयवों (internal organs) जैसे हृदय, आँत, चर्म (skin) तथा अंतःस्रावी ग्रन्थियों में विकृति उत्पन्न हो जाती है।

अध्याय सारांश
(Chapter Summary)

1. मनोदैहिक विकृति एक ऐसी विकृति है जिसमें व्यक्ति अपने सांवेगिक संघर्षों (emotional conflict) की अभिव्यक्ति उन अंगों में विकृति या रोग उत्पन्न करके करता है तो स्वायत्त तंत्रिका तंत्र (autonomic nervous system) के नियंत्रण में होते हैं। हृदय, गुर्दा, फेफड़ा, आंत एवं चर्म कुछ ऐसे अंग के उदाहरण हैं।
2. मनोदैहिक विकृति के 10 प्रकार बतलाये गए हैं जिनमें पाँच प्रकार के महत्त्व पर तुलनात्मक रूप से अधिक बल डाला गया है। वे पाँच प्रकार हैं–

   मनोदैहिक हृदयवाहिका विकृतियाँ (cardiovascular reactions), मनोदैहिक आमाशयांत्र की विकृति (gastro-intestional reactions), मनोदैहिक श्वसन विकृति (respiratory disorders), मनोदैहिक त्वचा-संबंधी विकृतियाँ (skin reactions) तथा मनोदैहिक जननमूत्र विकृतियाँ (genitourianary disorders)।

   इनमें प्रत्येक प्रकार में आने वाले प्रमुख मनोदैहिक विकृतियों के लक्षण एवं कारणों (etiology) पर प्रकाश डाला गया है।
3. मनोदैहिक विकृतियों के कुछ सामान्य कारण (general etiology) हैं। ऐसे कारणों को तीन भाग में बाँटा गया है–जैविक कारण (biological causes), मनोसामाजिक कारण (psychosocial causes) तथा सामाजिक-सांस्कृतिक कारक (socio-cultural factors)।
4. मनोदैहिक विकृतियों के उपचार के भी तीन प्रमुख प्रकार बतलाये गए हैं–

   जैविक उपचार (biological treatment), मनोसामाजिक उपचार (psychological treatment) तथा सामाजिक-सांस्कृतिक उपचार (socio-cultural treatment)।
5. मनोदैहिक विकृति (psychosomatic disorder) तथा रूपान्तर हिस्टीरिया (conversion hysteria) एक-दूसरे से समान होते हुए भी भिन्न हैं। ऐसी दो भिन्नताएँ बिन्दुओं पर प्रकाश डाला गया है ।

❑

अध्याय 12

व्यक्तित्व विकृतियाँ

(PERSONALITY DISORDERS)

व्यक्तित्व विकृति का अर्थ एवं स्वरूप
(Meaning and Nature of Personality Disorder)

व्यक्तित्व विकृति (Personality disorder) या जिसे कारसन तथा बुचर (Carson & Butcher, 1992) ने *चारित्रिक विकृति* (Character disorder) भी कहा है, एक ऐसी सामान्य श्रेणी है जिसमें उन व्यक्तियों को रखा जाता है जिनके व्यक्तित्व के शीलगुण (traits) एवं उनका विकास इतना अपरिपक्व (immature) तथा विकृत (distorted) होता है कि अपने वातावरण के लगभग प्रत्येक चीज, घटनाओं एवं व्यक्ति के बारे में वे एक दोष पूर्ण चिन्तन तथा प्रत्यक्षण (perception) करते हैं और जिसके कारण उनमें कुसमायोजनशीलता (maladaptiveness) इतनी अधिक बढ़ जाती है कि लोग उनसे तंग आ जाते हैं और परिवार के सदस्य उनके व्यवहार पर जरूरत से ज्यादा चिंतित हो उठते हैं। व्यक्तित्व विकृति किसी तनावपूर्ण परिस्थिति (stress situation) के प्रति एक प्रतिक्रिया नहीं होती है जैसा कि हम समायोजन विकृतियों (adjustment disorders) में पाते हैं और न ही वह चिंता (anxiety) के प्रति एक तरह का बचाव (defenses) का परिणाम होता है जैसा कि मानसिक विकृतियों में हम पाते हैं बल्कि यह एक तरह का अपरिपक्व व्यक्तित्व विकास (immature personality development) का प्रतिफल (product) होता है। इस तरह की व्यक्तित्व विकृतियों (personality disorders) के लक्षण किशोरावस्था (adolescence) तक स्पष्ट हो जाते हैं जो वयस्कावस्था में भी मौजूद रहते हैं।

व्यक्तित्व विकृति मूलतः शीलगुणों की विकृति है। दूसरे शब्दों में, व्यक्तित्व विकृति वैसा विकृति है जो पर्यावरण को कुसमायोजित ढंग से प्रत्यक्षण करने तथा उसके प्रति अनुक्रिया करने की प्रवृत्ति की ओर इशारा करता है।

कारसन तथा बुचर[1] (Carson & Butcher, 1992) के शब्दों में, ''सामान्यतः व्यक्तित्व विकृतियाँ व्यक्तिगत शीलगुणों का एक उग्र या अतिरंजित प्रारूप है जो व्यक्ति को उत्पाती व्यवहार विशेषकर अंतर्वैयक्तिक प्रकृति के उत्पाती व्यवहार को करने के लिए एक झुकाव उत्पन्न करता है।''

DSM-IV[2] (1994) के अनुसार, ''व्यक्तित्व विकृति व्यवहार तथा आन्तरिक अनुभूतियों का एक ऐसा स्थायी पैटर्न होता है जो व्यक्ति की संस्कृति की प्रत्याशाओं से लंबे रूप से विचलित होता है, अनम्य एवं व्यापक होता है, जिसकी शुरुआत किशोरावस्था या आरंभिक बाल्यावस्था में होता है, जो विशेष समय तक स्थिर रहता है तथा जिससे तकलीफ एवं हानि होती है।''

1. "Personality disorders, in general, appear to be extreme or exaggerated patterns of personality traits that predispose the individual to troublesome behaviour often of an interpersonal nature."
–Carson & Butcher : *Abnormal Psychology and Modern life,* 1992 p. 292

2. "A personality disorder is an enduring pattern of inner experience and behaviour that deviates markedly from the expectations of the individual's culture, is pervasive and inflexible, has an onset in adolescence or early childhood, is stable over time and leads to distress or impairment." –DSM-IV, 1994, p. 629

डेविसन एवं नील[1] (Davison & Neale, 1996) के अनुसार, "व्यक्तित्व विकृति विकृतियों का विषम समूह है जो वैसे व्यवहारों एवं अनुभूतियों का स्थायी एवं अनम्य पैटर्न होता है, जो सांस्कृतिक प्रत्याशाओं से विचलित होता है और तकलीफ या हानि पहुँचाता है।"

उपर्युक्त परिभाषाओं के विश्लेषण से यह स्पष्ट हो जाता है कि व्यक्तित्व विकृति (personality disorders) में व्यक्ति में व्यवहारात्मक विसामान्यताएँ (behavioural deviations) अर्थात् व्यवहारों में विसामान्यताएँ इतनी अधिक एवं विचित्र होतीं हैं कि दूसरे लोगों के लिए उनसे कोई अर्थ निकालना सम्भव नहीं हो पाता है तथा साथ-ही-साथ उनका व्यवहार अपूर्वानुमानेय (unpredictable) हो जाता है। दूसरे शब्दों में यह कहा जा सकता है कि व्यक्ति का व्यवहार कुछ ऐसा होता है जो अन्य लोगों को स्वीकार या मान्य नहीं रह जाता है। ऐसे व्यक्ति में सामान्यत: किसी प्रकार की कोई चिंता (anxiety) या विषाद (depression) आदि नहीं होता है। व्यक्तित्व विकृति (personality disorder) की श्रेणी में किसी विकृति (disorder) को रखे जाने के लिए यह आवश्यक है कि विकृत शीलगुण (distorted traits) का स्वरूप चिरकालिक (chronic) हो। अगर किसी बीमारी (illness) आदि के कारण उसमें थोड़े दिनों से विकृत शीलगुण के लक्षण दिखलाई देते हैं तो मात्र इसके आधार पर उसे व्यक्तित्व विकृति (personality disorder) की श्रेणी में नहीं रखा जा सकता है। व्यक्तित्व विकृति के सभी लक्षण प्राय: किशोरावस्था (adolescence) तक स्पष्ट हो जाते हैं जो वयस्कावस्था (adulthood) में भी बने रहते हैं, परंतु मध्यावस्था (middle age) या प्रौढ़ावस्था (old age) के आते-आते करीब समाप्त हो जाते हैं। DSM-IV (TR) में व्यक्तित्व विकृति का वर्णन आयाम II (Axis II) में किया गया है जबकि अन्य मानसिक विकृतियों को आयाम I (Axis I) में रखा गया है।

व्यक्तित्व विकृति की पहचान या निदान में सम्मिलित समस्याएँ
(Problems involved in the recognition or diagnosis of Personality Disorder)

व्यक्तित्व विकृति (personality disorder) का सही-सही पहचान करने या उसका सही-सही निदान करने में कई तरह की समस्याओं (problems) का सामना करना पड़ता है। कुछ मनश्चिकित्सकों (psychiatrists) के अनुसार ऐसी प्रमुख समस्याएँ निम्नांकित हैं–

(1) व्यक्तित्व विकृति (personality disorder) का सही-सही निदान (d gnosis) या पहचान करने में सबसे पहली समस्या इस क्षेत्र में नाम मात्र के किये गए शोधों (researches) का [illegible] शोध के अभाव में मनश्चिकित्सकों एवं नैदानिक मनोवैज्ञानिक (clinical psychologists) ने वस्तुनिष्ठ कसौटी (ective criteria) अबतक बना पाने में असमर्थ रहे हैं जिसके कारण इस विकृति की सही पहचान करने में लोग अक्सर भूल कर बैठते हैं। इतना ही नहीं, व्यक्तित्व विकृति को अबतक लोगों ने स्पष्ट ढंग से परिभाषित भी नहीं किया है जिसके कारण रोग की पहचान ठीक-ठीक करना सम्भव नहीं हो पाता है।

(2) विडगर एवं फ्रान्सेस (Widiger & Frances, 1985) के अनुसार व्यक्तित्व विकृति (personality disorder) की सही-सही पहचान इसलिए भी कठिन हो जाती है कि व्यक्तित्व विकृति के विभिन्न प्रकार पारस्परिक रूप से अनन्य (mutually exclusive) नहीं है। प्राय: यह देखा गया है कि एक ही व्यक्ति में व्यक्तित्व विकृति के एक से अधिक प्रकार (type) की विशेषताएँ (characteristics) देखने को मिलते हैं जिससे व्यक्तित्व विकृति के किसी एक निश्चित प्रकार के होने की पहचान करना सम्भव नहीं है।

(3) फ्रान्सेस (Frances, 1980) के अनुसार व्यक्तित्व विकृतियों (personality disorders) में पाये जाने वाले व्यक्तित्व शीलगुण (personality traits) का स्वरूप विमीय (dimensional) होने के कारण वे सामान्य अभिव्यक्ति (normal expressions) से लेकर रोगात्मक अभिव्यक्ति (pathological expression) दोनों में पाये जाते हैं। दूसरे शब्दों में, ऐसे शीलगुण (traits) थोड़े मात्रा में सामान्य व्यक्तियों (normal individuals) द्वारा भी अभिव्यक्त किये जाते हैं जिसका परिणाम यह होता है कि वास्तविक व्यक्तित्व विकृति (real personality disorder) की पहचान करना एक कठिन कार्य हो जाता है।

---

1. "Personality disorders are heterogeneous group of disorders regarded as enduring, inflexible patterns of inner experience and behaviour that deviate from cultural expectations and cause distress or impairment."

–Davison & Neale : *Abnormal Psychology*. 1996

(4) व्यक्तित्व विकृतियों के निदान(diagnosis) में चौथी कठिनाई इस कारण आती है कि इन विकृतियों को अनुमानित शीलगुणों (inferred traits) के आधार पर परिभाषित किया जाता है न कि कोई वस्तुनिष्ठ व्यवहारों (objective behaviours) के आधार पर। नतीजन, ऐसी विकृतियों का सही-सही पहचान करना सम्भव नहीं हो पाता है।

उपर्युक्त चार समस्याओं में से किसी भी समस्या से निदान (diagnosis) की विश्वसनीयता (reliabilities) बुरी तरह प्रभावित है। अत: मनश्चिकित्सकों (psychiatrists) तथा नैदानिक मनोवैज्ञानिकों (clinical psychologists) द्वारा यह प्रयास किया जा रहा है कि व्यक्तित्व विकृति (personality disorder) के कुछ वस्तुनिष्ठ कसौटी (objective criteria) तैयार कर ली जाए ताकि इसके निदान (diagnosis) में किसी प्रकार की कोई भूल नहीं हो सके।

व्यक्तित्व विकृति का नैदानिक स्वरूप
(Clinical Picture of Personality Disorder)

व्यक्तित्व विकृति (personality disorders) के कई प्रकार बतलाये गए हैं और प्रत्येक प्रकार की विशेषताएँ (characteristics) कुछ अलग-अलग हैं। फिर भी व्यक्तिगत विकृतियों (personality disorders) की कुछ विशेष सामान्य विशेषताएँ (common features) हैं जिनके आधार पर व्यक्तित्व विकृति के स्वरूप को समझना आसान है। ऐसी कुछ सामान्य विशेषताएँ (common features) निम्नांकित हैं–

(1) विघटित व्यक्तिगत संबंध *(Disrupted personal relationship)*–व्यक्तिगत विकृति (personality disorder) का चाहे जो भी प्रकार क्यों न हो, उसमें विघटित व्यक्तिगत संबंध (disrupted personal relationship) की विशेषता पायी जाती है। ऐसे व्यक्तियों का व्यक्तिगत संबंध अन्य व्यक्तियों के साथ इतना बुरा होता है कि अन्य लोग उससे काफी नाराज तो रहते ही हैं साथ-ही-साथ घबड़ाए भी रहते हैं।

(2) चिरकालिक दुखदायी व्यवहार *(Chronic troublesome behaviour)*–व्यक्तित्व विकृति में व्यक्ति ऐसा व्यवहार काफी लम्बे अरसे से दिखलाता है जो दूसरों के लिए कष्टकर एवं दुखदायी होता है। वे एक पर एक कहर अन्य लोगों पर ढाते चले जाते हैं जिससे उनके संपर्क में आये व्यक्तियों को काफी दु:ख पहुँचता है।

(3) नकारात्मक नतीजा *(Negative outcomes)*–व्यक्तित्व विकृति में व्यक्ति को अपनी जिंदगी की घटनाओं का नकारात्मक नतीजा ही सामने आता है। इन नकारात्मक नतीजों में विवाह-विच्छेद (divorce), व्यसनी विकृति (addictive disorder), अपराधिक व्यवहार (criminal disorder) आदि प्रधान हैं। खान्टजियन एवं ट्रीस (Khantzion & Treece, 1985) ने अपने अध्ययन में पाया कि व्यक्तित्व विकृति के सभी प्रकारों में व्यक्ति में नारकोटिक (narcotics) के प्रति एक तरह की मजबूत निर्भरता (strong dependence) देखा गया।

(4) एक ही कुसमायोजी व्यवहार को दोहराना *(Repetitions of the same maladaptive behaviour)*–ऐसा देखा गया है कि व्यक्तित्व विकृति में जो भी विशेष शीलगुण पैटर्न जैसे शक करना, विद्वेष दिखलाना, जिद्दीपन करना आदि विकसित होता है, वह प्रत्येक परिस्थिति में उनके द्वारा दिखलाया जाता है जिसके परिणामस्वरूप व्यक्ति एक ही तरह का कुसमायोज़ी व्यवहार बार-बार करता है। जैसे, किसी व्यक्तित्व विकृति (personality disorder) में यदि निर्भरता (dependence) के शीलगुण की प्रधानता होती है, तो वह अपनी विशेष माँग पर हठ दिखलाकर अपने प्रियजन से संबंध को तोड़ लेता है। इसके बाद वह पुन: किसी दूसरे व्यक्ति के साथ उसी ढंग की निर्भरता (dependence) का संबंध दिखलाता है और पुन: उसी व्यवहार को दोहराता है अर्थात् कुछ दिन के बाद पुन: उससे अपना संबंध विच्छेद कर लेता है। कहने का तात्पर्य यह है कि व्यक्तित्व विकृति (personality disorder) में व्यक्ति के कुसमायोजी व्यवहार (maladaptive behaviour) में काफी संगतता (consistency) पायी जाती है अर्थात् वह अपने दोषपूर्ण व्यवहार को बिना उससे कुछ सीख लिए ही उसे दोहराता जाता है।

(5) व्यक्तित्व विकृति *(Personality disorder)*–व्यक्तित्व विकृति (personality disorder) में व्यक्ति अपनी समस्याओं एवं कुसमायोजी पैटर्न (maladaptive pattern) से छुटकारा पाना नहीं चाहता है। फलस्वरूप वह अपनी ओर से शायद ही कभी किसी प्रकार की चिकित्सा उपायों (therapeutic means) पर अमल करता है। यदि कोई अन्य व्यक्ति द्वारा उसे चिकित्सा के लिए भेजा भी जाता है, तो वह चिकित्सक (therapist) के साथ धोखाधड़ी करता है या उसके साथ पूर्ण सहयोग नहीं दिखलाता है जिसके फलस्वरूप उसकी विकृति की गंभीरता बनी की बनी रहती है।

(6) व्यवहार परिवर्तन के विरोधी *(Resistant to change in behaviour)*–व्यक्तित्व विकृति में व्यक्ति द्वारा ऐसा व्यवहार पैटर्न दिखलाया जाता है जिसमें वह किसी प्रकार का परिवर्तन नहीं करना चाहता है। ऐसे व्यक्ति न तो अपने व्यवहार में नया परिवर्तन लाना चाहते हैं और न ही दूसरों को इस बात का अवसर ही देते हैं कि वे उनके व्यवहार में परिवर्तन की माँग कर सकें।

उपर्युक्त विशेषताओं (features) के आधार पर यह स्पष्ट रूप से कहा जा सकता है कि व्यक्तित्व विकृति (personality disorders) की कुछ खास-खास विशेषताएँ हैं जिनके आधार पर इनके स्वरूप को आसानी से समझा जा सकता है। इन्र विशेषताओं को नीचे के केस उदाहरण द्वारा और अधिक स्पष्ट किया जा रहा है।

व्यक्तित्व विकृति व्यक्तित्व का एक केस उदाहरण ***(Case example)***

"मार्क (Mark) नाम का एक 22 वर्षीय युवक को मनोवैज्ञानिक उपचारगृह में लाया गया। उसपर चोरी तथा डकैती का मुकदमा चलने वाला था। उसका केस रिकॉर्ड से यह पता चला कि 9 साल की आयु से ही वह कई बार सामाजिक रूप से घिनौने कार्य के लिए जेल जा चुका था। वह अपने विध्वंसात्मक व्यवहार (disruptive behaviour) एवं कर्त्तव्यत्यागिता (truancy) के लिए स्कूल से निकाल दिया गया था। कई बार वह घर से कई सप्ताह तथा दिनों के लिए भाग गया था। आज तक वह किसी भी नौकरी पर कुछ दिनों तक ही टिक पाया। उसके इतने कम दोस्त थे कि उन्हें अकेला ही कहा जा सकता था। प्रारंभ में तो वह किसी से आकर्षक ढंग से मिलता-जुलता था परंतु तुरंत ही वह अपने आक्रमक तथा आत्म-उन्मुखी व्यवहार (self-oriented behaviour) के कारण उससे झगड़ा कर लेता था। पूरे चिकित्सा के सत्र के दौरान वह सामान्यतः भद्र ढंग से व्यवहार किया और वह चिकित्सक को यह बता कर गया कि उसे चिकित्सा सत्र से कितना लाभ हुआ।"

उक्त केस उदाहरण में व्यक्तित्व विकृति के सभी लक्षण स्पष्ट रूप से झलकते हैं।

व्यक्तित्व विकृति के प्रकार
(Types of Personality Disorder)

DSM-IV (2000) (TR) जो मनोरोग के वर्गीकरण का नवीनतम सर्वमान्य अमेरीकन पद्धति है, के अनुसार व्यक्तित्व विकृति के निम्नांकित प्रमुख 10 प्रकार हैं–

(1) स्थिर व्यामोही व्यक्तित्व विकृति (Paraniod personality disorder)
(2) स्किजोआयड व्यक्तित्व विकृति (Schizoid personality disorder)
(3) स्किजोटाइपल व्यक्तित्व विकृति (Schizotypal personality disorder)
(4) हिस्ट्रीओनिक व्यक्तित्व विकृति (Histrionic personality disorder)
(5) आत्ममोही व्यक्तित्व विकृति (Narcissistic personality disorder)
(6) समाज विरोधी व्यक्तित्व विकृति (Antisocial personality disorder)
(7) सीमान्तरेखीय व्यक्तित्व विकृति (Boarderline personality disorder)
(8) परिवर्जित व्यक्तित्व विकृति (Avoidant personality disorder)
(9) अवलम्बित व्यक्तित्व विकृति (Dependent personality disorder)
(10) मनोग्रस्ति वाध्यता व्यक्तित्व विकृति (Obsessive-compulsive personality disorder)

DSM-IV (TR) में *स्थिरव्यामोही व्यक्तित्व विकृति, स्किजोआयड व्यक्तित्व विकृति तथा स्किजोटाइपल व्यक्तित्व विकृति* को समूह अ (Cluster A) में रखा गया है। इस समूह में आने वाले इन तीनों व्यक्तित्व विकृतियों का व्यवहार लगभग एक समान होता है अर्थात् उनका व्यवहार विचित्र, अनियमित या झक्की तथा असामाजिक (social) होता है। ये तीनों व्यक्तित्व विकृतियों के लक्षणों की समानता मनोविदालिता के रोग के लक्षणों से काफी अधिक है। इन तीनों व्यक्तित्व विकृतियों का एक मौलिक पूर्वकल्पना यह है कि इनमें विशेष तरह का व्यवहारपरक शीलगुण (behavioural traits) या अन्तर्वैयक्तिक शैली (interpersonal styles) होती है। समूह 'ब' (Cluster B) में चार व्यक्तित्व विकृतियों को रखा गया है–*समाज विरोधी व्यक्तित्व विकृति* (Antisocial personality disorder), *सीमान्तरेखीय व्यक्तित्व विकृति* (boarderline personality disorders), *हिस्ट्रीओनिक व्यक्तित्व विकृति* (histrionic personality disorder) तथा

आत्ममोही व्यक्तित्व विकृति (narcissistic personality disorder) । इन चारों को एक समूह में रखने का तर्क यह रखा गया है कि इन सबों का व्यवहार नाटकीय, सांवेगिक तथा सनकी तरह का होता है। समूह 'स' (Cluster C) में व्यक्तित्व विकृति के तीन उपप्रकारों (subtype) को रखा गया है–*परिवर्जित व्यक्तित्व विकृति* (Avoidant personality disorder), *अवलम्बित व्यक्तित्व विकृति* (dependent personality disorder) तथा *मनोग्रसित-बाध्यता व्यक्तित्व विकृति* (obsessive-compulsive personality disorders) । इन तीनों का उभयनिष्ठ तत्त्व जो इनको एक श्रेणी में रखने के लिए वाध्य करता है, वह है चिंता (anxiety) या डर, हालाँकि मनोग्रसित-बाध्यता व्यक्तित्व विकृति को अधिक ठीक ढंग से चिंता के रूप में न समझकर कुछ विशेष नियमों के साथ जुड़कर व्यवहार करने तथा सांवेगिक हार्दिकता (emotional warmth) की कमी आदि के रूप में अधिक ठीक ढंग से समझा जाता है ।

इन सभी व्यक्तित्व विकृति के प्रकारों का वर्णन इस प्रकार हैं–

(1) **स्थिर-व्यामोह व्यक्तित्व विकृति** *(Paranoid personality disorder)*—ऐसे व्यक्तित्व विकृति वाले व्यक्तियों में मूल रूप से शक, अतिसंवेदनशीलता (hypersensitiveness) ईर्ष्या, जिद्दीपन जैसे शीलगुणों की अधिकता पायी जाती है। ऐसे लोग अपने गलत कार्यों को भी तर्क के आधार पर सही ठहराने की कोशिश करते हैं। वे हमेशा अपने को निर्दोष साबित करने की कोशिश करते हैं हालांकि उनका व्यवहार हर तरह से दोषपूर्ण ही होता है। ऐसे लोग अपने पद एवं कोटि (rank) के प्रति अधिक सतर्क होते हैं और जो लोग इनसे उँचे ओहदे या प्रतिष्ठा वाले होते हैं, उनके प्रति इनमें जलन का भाव अधिक होता है। जो लोग कमजोर एवं इनसे प्रतिष्ठा में कम होते हैं, उनके प्रति इनमें ऐसे लोग घृणा की भाव दिखलाते हैं।

(2) **स्किजोआयड व्यक्तित्व विकृति** *(Schizoid personality disorder)*—ऐसी विकृति वाले व्यक्तियों में लोगों के साथ सामाजिक संबंध बनाये रखने की अक्षमता (inability) होती है और साथ-साथ उनकी इस दिशा में कोई अभिरुचि भी नहीं होती है। ऐसे लोगों में अपनी भावनाओं को अभिव्यक्त करने की पूरी क्षमता भी नहीं होती है। यही कारण है कि अन्य व्यक्तियों द्वारा इन्हें असामाजिक एवं एकान्तप्रिय (loners) समझा जाता है। इसमें सामाजिक कौशलता (social skills) की सर्वथा कमी पायी जाती है।

(3) **स्किजोटाइपल व्यक्तित्व विकृति** *(Schizotypal personality disorder)*—ऐसे विकृति वाले व्यक्ति एकान्तप्रिय, अतिसंवेदनशील तथा बातचीत में झक्कीपन (eccentric) दिखलाने वाले होते हैं। ऐसी विकृति वाले व्यक्ति तथा स्किजोआयड व्यक्तित्व वाले व्यक्ति में यद्यपि समानता अधिक होती है फिर भी स्किजोटाइपल विकृति वाले व्यक्तित्व की सबसे बड़ी पहचान यह है कि इनका चिन्तन, प्रत्यक्षण एवं बातचीत में झक्कीपना या सनकपना (eccentricity) काफी अधिक होतीं है। ऐसे लोगों को यद्यपि वास्तविकता का ज्ञान होता है फिर भी उनमें व्यक्तिगत एवं अन्धविश्वासपूर्ण चिन्तन की काफी प्रधानता एवं स्पष्टता देखी जाती है। इस तरह के चिन्तन के कारण उनकी वास्तविकता की भावना (sense of reality) प्रभावित होकर कमने लगती है।

(4) **हिस्ट्रीओनिक व्यक्तित्व विकृति** *(Histrionic personality disorder)*—इस तरह की विकृति वाले व्यक्ति मूल रूप से कुछ ऐसे व्यवहारात्मक पैटर्न दिखलाते हैं जिसमें अपरिपक्वता, उत्तेजना, सांवेगिक अस्थिरता, उत्तेजना के लिए उतावलापन आदि की प्रधानता होती है। प्राय: ऐसे व्यक्तियों का लैंगिक अभियोजन (sexual adjustment) भी असंतोषजनक होता है तथा अंतर्वैयक्तिक संबंध (interpersonal relationship) भिन्न-भिन्न एवं तूफानी होता है। ऐसे व्यक्तियों में आत्म-केन्द्रिता (self-centeredness) अधिक होती है तथा दूसरों का अनुमोदन (approval) पाने की तीव्र लालसा होती है।

(5) **आत्ममोही व्यक्तित्व विकृति** *(Narcissistic personality disorder)*—ऐसी विकृति वाले व्यक्तित्व में आत्म-महत्त्व (self-importance) की भावना काफी तीव्र एवं मजबूत होती है। ऐसे व्यक्ति अपने आप को काफी महत्त्वपूर्ण व्यक्ति समझते हैं और लोगों से अलग विशेष सेवा की उम्मीद करते हैं। ऐसे व्यक्ति महत्त्वाकांक्षी होते हैं और अपनी इच्छा एवं विचार के समक्ष दूसरों की इच्छा एवं विचार को तुच्छ समझते हैं। ऐसे व्यक्ति किसी दूसरे व्यक्ति को अपने निकट आने नहीं देते हैं तथा साथ-ही-साथ अपने ऊपर उसे निर्भर भी होने नहीं देते हैं। ऐसे व्यक्तियों में परानुभूति (empathy) की सर्वथा कमी होती है। वे अपने व्यक्तित्व में कभी भी किसी प्रकार के दोष या विकृति की उपस्थिति को स्वीकार नहीं करते हैं। फलत: वे कभी भी मनोवैज्ञानिक उपचार (psychological treatment) की आवश्यकता महसूस नहीं करते हैं।

(6) **समाज-विरोधी व्यक्तित्व विकृति** *(Anti-social personality disorder)*—व्यक्तित्व विकृति के सभी प्रकारों में प्रमुख एवं सामान्य (common) प्रकार समाज-विरोधी व्यक्तित्व है। इस प्रकार की विकृति वाले व्यक्ति लगातार आक्रामकता या अन्य समाज-विरोधी व्यवहार दिखलाकर दूसरों के अधिकार की अवहेलना करते हैं। ऐसे लोग दूसरों को ठगने में काफी होशियार होते हैं। ऐसे लोग किसी भी तरह के असामाजिक एवं अनैतिक कार्य करने में हिचकिचाते नहीं हैं और वे उसे करना अपना अधिकार मानते हैं।

(7) **सीमान्त रेखीय व्यक्तित्व विकृति** *(Boarderline personality disorder)*—इस तरह की विकृति वाले व्यक्ति में व्यक्तित्व विकृति के लक्षण के अलावा कुछ ऐसे लक्षण भी पाये जाते हैं जो गंभीर मानसिक रोग यानी भावात्मक रोग (affective disorder) में पाये जाते हैं। शायद यही कारण है कि इस तरह की विकृति का नामकरण सीमान्त रेखीय व्यक्तित्व विकृति (boarderline personality disorder) किया गया है। ऐसी विकृति वाले व्यक्ति में व्यवहारात्मक समस्या (behavioural peroblems) के अलावा मनोदशा में परिवर्तन (moods shifts) होते देखा गया है। ऐसे व्यक्ति थोड़ा-सा भी उत्तेजन पाने से अत्यधिक क्रोधित हो जाते हैं। ऐसे व्यक्ति की प्रकृति आवेगशील (impulsive) होती है तथा उनका व्यवहार अपूर्वानुमेय (unpredictable), अस्थिर (unstable) एवं आक्रमकतापूर्ण (aggressive) होता है। विडिगर एवं उनके सहयोगियों (Widiger et al. 1986) के अनुसार ऐसे व्यक्तियों की पहचान आवेगशीलता (impulsivity) तथा आत्म-विकृति (self-mutilation) के आधार पर आसानी से किया जाता है। गुण्डरसन तथा सिंगर (Gounderson & Singer, 1986) के अनुसार ऐसे व्यक्तियों का अन्तर्वैक्तिक संबंध (interpersonal relationship) असंतोषजनक होता है तथा साथ-ही-साथ उनमें आत्महत्या की प्रवृत्ति अधिक मजबूत होती है।

(8) **परिवर्जित व्यक्तित्व विकृति** *(Avoidant personality disorder)*—ऐसी विकृतिवाले व्यक्तित्व दूसरों द्वारा अपने प्रति दिखलाये गए तिरस्कार तथा अवहेलना के प्रति अत्यधिक संवेदनशील होते हैं। ऐसे व्यक्तियों का सीमित सामाजिक संबंध (limited social relationship) होता है तथा नये-नये सामाजिक अन्तःक्रिया करने तथा अपने सामाजिक संबंध को मजबूत करने की चिन्ता इनमें तनिक भी नहीं रहती है। ऐसे लोग अपनी आलोचनाओं से काफी डरे हुए भी होते हैं।

(9) **अवलम्बित व्यक्तित्व विकृति** *(Dependent personality disorder)*—ऐसी विकृति वाले व्यक्ति अन्य व्यक्तियों पर अत्यधिक निर्भर रहते हैं और जब भी वे अकेले होते हैं तो उनमें बेचैनी (discomfort) का भाव उत्पन्न होता है। ऐसे लोगों में आत्म-विश्वास (self-confidence) की कमी होती है तथा साथ-ही-साथ उनमें पर्याप्त क्षमता एवं कौशल होने के बावजूद भी वे अपने को निःसहाय पाते हैं। उनका निष्पादन (performance) उस सीमा तक ठीक एवं संतोषजनक होता है जब उन्हें दूसरों के साथ मिलकर काम करना होता है। परन्तु जैसे ही उन्हें अकेले कार्य करने के लिए छोड़ दिया जाता है, उनका निष्पादन अत्यन्त ही हास्यास्पद हो जाता है।

(10) **मनोग्रसित-बाध्यता व्यक्तित्व विकृति** *(Obsessive-compulsive personality disorder)*—ऐसी विकृति वाले व्यक्ति में नियम, कानून आदि के प्रति सतर्कता अधिक होती है और वे इस बात पर अधिक बल डालते हैं कि प्रत्येक व्यक्ति को अपने-अपने ढंग से कार्य करने की स्वतंत्रता होनी चाहिए। ऐसे लोगों में अपनी हार्दिक भावनाओं (warm feeling) को अभिव्यक्त करने की अक्षमता होती है। ऐसे व्यक्तियों में हास्य करने की अक्षमता होती है तथा वे अतिअविरोधी (overinhibited), अतिकर्त्तव्यनिष्ठ (overconscientious), दृढ़ (rigid) प्रकृति के होते हैं। इस तरह की विकृति वाले व्यक्तियों की जीवन-शैली जिद्दीपन (obstinacy) तथा बाध्यता पूर्ण आदेशों (compulsive orderlines) से भरा होता है।

इस तरह से हम देखते हैं कि व्यक्तिव विकृति के कई प्रकार (types) हैं। इन सभी प्रकारों में समाज विरोधी प्रकार (antisocial personality) सबसे अधिक महत्त्वपूर्ण है जिसका अध्ययन मनश्चिकित्सकों (psychiatrists) एवं मनोवैज्ञानिकों द्वारा काफी विस्तृत ढंग से किया गया है। अतः हम व्यक्तित्व विकृति के इस प्रकार का अध्ययन अलग से इसी अध्याय में करेंगे।

व्यक्तित्व विकृति के कारणात्मक कारक (Causal Factors in Personality Disorder)

व्यक्तित्व विकृति के कारणों पर अब तक विशेषज्ञों (experts) एवं मनोवैज्ञानिकों द्वारा अधिक प्रकाश कई कारणों से उतना नहीं डाला गया है, जितना डाला जाना चाहिए था। इन कारणों में अग्रांकित दो कारण अधिक महत्त्वपूर्ण हैं–

(i) पहली बात तो यह है कि व्यक्तित्व विकृति (personality disorder) का औपचारिक रूप से स्वतंत्र पहचान 1952 के पहले नहीं की गयी थी। अत: इससे संबंधित शोध की कमी है।

(ii) व्यक्तित्व विकृति एक ऐसी विकृति है जिसकी स्पष्ट पहचान करने में अभी भी लोगों को दिक्कत होती है तथा ऐसे व्यक्तियों को अभी भी उपचार के लिए मनोवैज्ञानिक क्लिनिक (psychological clinic) में नहीं भेजा जाता है।

इन कठिनाइयों के बावजूद व्यक्तित्व विकृति के, अन्य मानसिक रोगों (mental disease) के ही समान, निम्नांकित तीन कारण बतलाये गये हैं–

1. जैविक कारक *(Biological factors)*—कुछ अध्ययनों से यह पता चला है कि बच्चों में खास तरह के शारीरिक संगठनात्मक प्रतिक्रिया प्रवृत्ति (constitutional reaction tendencies) जैसे, अत्यधिक संवेदनशीलता, उच्च या निम्न जीवन शक्ति (high or low vitality) आदि से एक खास तरह के व्यक्तित्व विकृति के उत्पन्न होने की सम्भावना अधिक हो जाती है। केन्डलर तथा ग्रुयनवर्ग (Kendler & Gruenberg, 1982) ने अपने अध्ययन में पाया है कि स्थिर व्यामोही व्यक्तित्व विकृति के विकास में जननिक कारकों (genetic factors) की भूमिका स्पष्ट होती है। लोरैन्गर तथा उनके सहयोगियों (Loranger at al., 1982) ने भी अपने अध्ययन में पाया है कि सीमान्त रेखीय व्यक्तित्व विकृति (boarderline) की उत्पत्ति में जननिक कारकों की भूमिका अधिक होती है। समाजविरोधी व्यक्तित्व (antisocial personality) की उत्पति में भी विभिन्न तरह के जैविक कारकों को महत्त्वपूर्ण बतलाया गया है।

2. मनोवैज्ञानिक कारक *(Psychological factors)*—मनोवैज्ञानिक कारकों में प्रारंभिक सीखना (early learning) के कारक को काफी महत्त्वपूर्ण माना गया है। इस विचार के अनुसार बचपनावस्था में ही बच्चे खास-खास ढंग से कुछ अनुक्रियाओं को करना विशेष परिस्थितिवश या अपने से बड़ों को करते देखकर सीख लेते हैं। इनमें से कुछ अनुक्रियाएँ ऐसी होती है जो बालकों में बाद में चलकर व्यक्तित्व विकृति (personality disorder) उत्पन्न करती हैं। विशेषकर समाज विरोधी व्यक्तित्व (antisocial personality) के विकास में इस तरह के सीखना तथा अन्य दूसरों मनोवैज्ञानिक कारकों (psychological factors) को अधिक महत्त्वपूर्ण बतलाया गया है।

3. सामाजिक-सांस्कृतिक कारक *(Socio cultural factors)*—व्यक्तित्व विकृति के विकास में सामाजिक-सांस्कृतिक कारकों (socio-cultural factors) की भूमिका बहुत अधिक स्पष्ट नहीं हो पायी है। ऐसा विशेषज्ञों का अनुमान है कि आधुनिक संस्कृति की विशेष माँगों जैसे समस्या का तुरंत समाधान होना, आरामदेह जिन्दगी, तुरंत संतुष्टि (immediate satisfacation) आदि से व्यक्ति के जीवन शैली (life-style) में उत्तरदायित्वहीनता (irresponsibility), आत्मकेन्द्रिता (self-centeredness) आदि जैसे लक्षण विकसित होते हैं जो व्यक्ति में धीरे-धीरे व्यक्तित्व विकृति (personality disorder) उत्पन्न करते हैं। फिर भी अभी इस दिशा में निश्चित रूप से कुछ कहने के पहले विशेष शोध (research) की आवश्यकता है।

निष्कर्षत: यह कहा जा सकता है कि व्यक्तित्व विकृति के तीन सामान्य कारण बतलाये गये हैं। परन्तु अभी प्रत्येक क्षेत्र में शोध के कमी के कारण कुछ निश्चित निष्कर्ष पर पहुँचना सम्भव नहीं हो पाया है।

व्यक्तित्व विकृति के उपचार एवं प्रतिफल
(Treatment and Outcomes of Personality Disorder)

विशेषज्ञों का मत है कि व्यक्तित्व विकृति का स्वरूप कुछ ऐसा होता है कि वह अपने आप में किसी भी तरह की चिकित्सा (therapy) का विरोधी (resistant) होता है। ऐसे लोग यह मानने के लिए तैयार नहीं होते हैं कि उनमें कुछ असामान्यताएँ हैं जिनका उपचार (treatment) करना आवश्यक है। जोर-जबर्दस्ती से या किसी के द्वारा पकड़ कर चिकित्सा के लिए लाये जाने पर वे चिकित्सक के साथ भी विचित्र व्यवहार (bizzare behaviour) दिखलाते हैं तथा साथ-ही-साथ उनके साथ वे सहयोग (cooperate) नहीं करते हैं। फलत: व्यक्तित्व विकृति के रोगियों का उपचार काफी कठिन हो जाता है। यही कारण है कि भाईलैन्ट (Vaillent, 1975) ने यह सुझाव दिया है कि ऐसे लोगों का उपचार (treatment) बाहरी रोगी (out patient) के रूप में नहीं करना चाहिए बल्कि इनका उपचार कुछ खास-खास परिस्थिति जैसे कारागार (prison) आदि में रखकर करना चाहिए जहाँ ऐसे लोगों के व्यवहारों में उदंडता कम हो जाती है और वे चिकित्सा के साथ बहुत हद तक सहयोग भी करते हैं। लीमैन तथा मुलभे (Leeman & Mulvey, 1973) ने परावलम्बी व्यक्तित्व विकृति (dependent personality disorder) के उपचार के लिए एक विशेष उपाय (strategy) का वर्णन किया है जिसमें उन्होंने दो तरह की बातों को ऐसे रोगी के उपचार

में महत्त्वपूर्ण बतलाया है। पहली बात तो यह है कि ऐसे रोगियों को प्रारंभ में ही बतला देना चाहिए कि चिकित्सा की अवधि थोड़ी होगी तथा दूसरी बात यह है कि वे उनकी जिन्दगी चलाने का उत्तदायित्व नहीं लेने जा रहे हैं। इन बातों को बतलाकर यदि उन्हें चिकित्सीय सत्र (therapeutic session) दिया जाता है, तो यह काफी लाभकर सिद्ध होता है।

समाज-विरोधी व्यक्तित्व का अर्थ
(Meaning of Antisocial Personality)

व्यक्तित्व विकृतियों (personality disorders) में सबसे प्रमुख व्यक्तित्व विकृति समाज-विरोधी व्यक्तित्व (antisocial personality) है जिसे मनोवैज्ञानिकों एवं मनश्चिकित्सकों(psychiatrists) ने अधिक गंभीरतापूर्वक अध्ययन किया है। जैसा कि नाम से ही स्पष्ट है, इस तरह के व्यक्तित्व वाले व्यक्ति समाज-विरोधी व्यवहार करते हैं जिसके फलस्वरूप उनका पारस्परिक संबंध एवं सामाजिक अभियोजन असंतुलित हो जाते हैं। इस तरह के व्यक्तित्व विकृति (personality disorder) को अन्य कई नामों से भी जाना जाता है जिसमें *समाजविकारी व्यक्तित्व* (sociopathic personality), *मनोविकारी व्यक्तित्व* (psychopathic personality), *शारीरिक गठन संबंधी मनोविकारी व्यक्तित्व* (constitutional psychopathic personality), तथा *नैतिक मूढ़ता* (moral imbecility) अधिक प्रमुख हैं। समाजविरोधी व्यक्तित्व को कारसन तथा बुचर[1] (Corson & Butcher 1992) के शब्दों में इस प्रकार परिभाषित किया जा सकता है–

'समाज विरोधी व्यक्तित्व एक ऐसा व्यक्तित्व विकृति है जिसकी प्रमुख विशेषता नीति-विषयक या नैतिक विकास की स्पष्ट कमी होती है तथा ऐसे व्यक्ति में व्यवहारों के एक अनुमोदित मॉडल को ग्रहण करने की स्पष्ट अक्षमता होती है। मूलतः ऐसे व्यक्ति असामाजीकृत (unsocialized) होते हैं और वे अन्य व्यक्तियों, समूहों एवं सामाजिक मूल्यों के प्रति कोई सार्थक निष्ठता दिखलाने के अयोग्य होते हैं।''

उपर्युक्त विवरण से यह स्पष्ट है कि समाज-विरोधी व्यक्तित्व एक ऐसा व्यक्तित्व विकृति होता है जिसमें व्यक्ति बिना किसी अवरोध (inhibition) का अनुभव किये ही समाज-विरोधी कार्य करता है। DSM-IV (TR) के वर्गीकरण पद्धति (classification system) के अनुसार सिर्फ उन्हीं व्यक्तियों को समाज-विरोधी व्यक्तित्व (antisocial personality) की श्रेणी में रखा जा सकता है जो निम्नांकित कसौटी (criteria) के अनुरूप होते हैं–

(1) किसी नियमानुकूल व्यवहार करने में सामाजिक मानकों (social norms) के प्रति अनुरूपता दिखाने में असफल रहना।

(2) बार-बार झूठ बोलना तथा अपने व्यक्तित्व लाभ या खुशी के लिए धोखाधड़ी करना।

(3) आवेगशील (impulsive) व्यवहार करना या आगे के लिए नियोजित (planned) व्यवहार न करना।

(4) चिड़चिड़ापन तथा आक्रमणशीलता (aggressiveness) दिखलाना।

(5) अपना एवं अन्य व्यक्तियों की सुरक्षाओं के लिए लापरवाही ढंग से असम्मान (reckless disregard) दिखाना

(6) सतत उत्तरदायित्वहीनता (irresponsibility) दिखाया।

(7) अपने किये गये गलत कार्यों के लिए पश्चताप (remorse) की कमी होना ।

(8) व्यक्ति की आयु कम-से-कम 18 वर्ष का निश्चित रूप से हो

(9) 15 वर्ष की आयु के पहले ही चारित्रिक विकृति (conduct disorders) के पक्के सबूत मिल चुके हों।

समाज-विरोधी व्यक्तित्व का नैदानिक स्वरूप
(Clinical Picture of Antisocial Personality)

समाज-विरोधी व्यक्तित्व के कई स्पष्ट लक्षण या विशेषताएँ बतलायी गयी हैं जिसपर मनश्चिकित्सकों (psychiatrists) एवं नैदानिक मनोवैज्ञानिकों (clinical psychologists) ने अधिक बल डाला है। इन विशेषताओं से

1. "Antisocial personality is a personality disorder in which the outstanding characteristics are a marked lack of ethical or moral development and an apparent inability of the individual to follow approved models of behaviour. Basically these individuals are unsocialized and seemingly incapable of significant loyality to other persons, groups or social values." –Carson & Butcher : *Abnormal psychology & Modern life,* 1992, p. 281.

समाज-विरोधी व्यक्तित्व के नैदानिक स्वरूप (clinical picture) का स्पष्ट झलक मिलता है। ऐसी प्रमुख विशेषताएँ (characteristics) निम्नांकित हैं–

(1) अन्तःकरण का अपर्याप्त विकास *(Inadequate conscience development)*—ऐसे व्यक्तियों का यद्यपि बौद्धिक विकास (intellectual development) पर्याप्त होता है, परन्तु उनके अन्तःकरण (conscience) का विकास अपर्याप्त एवं अधूरा होता है। फलस्वरूप ऐसे लोग सामाजिक नैतिक मूल्यों की अवहेलना करते हैं। वे अपने आप को कुछ ऐसे नैतिक मूल्यों से जुड़े होने का दावा करते हैं जिनका संबंध वास्तविक व्यवहार से बिल्कुल ही नहीं होता है।

(2) चिन्ता एवं दोष भाव की कमी *(Lack of anxiety and guilt feeling)*—ऐसे लोगों में अपने समाज-विरोधी व्यवहार के करने पर किसी प्रकार की चिन्ता नहीं होती है और न ही उन्हें इसके किसी प्रकार का पछतावा ही होता है। इस तरह से एक तरफ उनमें चिन्ता एवं दोष (guilt) की कमी होती है तो दूसरे तरफ वे अपने व्यवहार में दिखावा के रूप में पर्याप्त मात्रा में सद्भाव (sincerity) बनाये रखते हैं ताकि उनके व्यवहार पर कोई भी व्यक्ति किसी प्रकार का शक न कर सके।

(3) उत्तरदायित्वहीन एवं आवेगशील व्यवहार *(Irresponsible and impulsive behaviour)*—समाज-विरोधी व्यक्तित्व की एक विशेषता यह भी है कि ऐसे व्यक्तियों में दूसरों की आवश्यकता, भलाई एवं कल्याण का बिल्कुल ख्याल नहीं रहता है। वे जिन्दगी में हमेशा दूसरों से कुछ छीन लेना सीखे होते हैं। उन्हें परिश्रम द्वारा कमाकर कुछ भी इकट्ठा करना नहीं आता है। वे आवेग में आकर किसी भी सामाजिक नियम को तोड़ना एक खेल समझते हैं। वे तात्कालिक सुख (immediate pleasure) की प्राप्ति में विश्वास रखते हैं चाहे इसके लिए उसे किसी भी तरह की कुर्बानी क्यों न देना पड़े। इनमें किसी भी तरह के सामाजिक उत्तरदायित्व से भागने की प्रवृत्ति काफी अधिक होती है। शायद यही कारण है कि ऐसे लोग किसी भी नौकरी (job) से खेल-खेल में त्याग-पत्र देकर दूसरे तरह के धंधा में लग जाते हैं जिसे पुनः वह कुछ दिनों के बाद छोड़ देते हैं। अभी कुछ नवीनतम अध्ययनों (latest studies) जिसे लेविस, रॉबिन्स तथा राईस (Lewis, Robins & Rice, 1985) तथा लेविस एवं सहयोगियों (Lewis et al, 1983) द्वारा किये गये हैं, से यह भी स्पष्ट हो गया है कि समाज-विरोधी व्यक्तित्व वाले व्यक्तियों में मद्यपानता (alcoholism) की भी आदत होती है।

(4) अपने असामाजिक व्यवहार के लिए दूसरों को दोषी ठहराना *(To blame others for own socially disapproved behaviour)*—समाज-विरोधी व्यक्तित्व वाले व्यक्ति प्रायः दूसरों की कमजोरियों एवं उनकी अभिप्रेरणाओं (motives) पर अधिक ध्यान देते हैं ताकि वे अपनी गलतियों के लिए दूसरों को ठीक ढंग से दोषी ठहराकर अपने आप को निर्दोष साबित कर सकें। ऐसे लोगों में हास्य करने का अंदाज अच्छा होता है तथा वे आशावादी प्रकृति के होने का दिखावा करके आसानी से दूसरों का विश्वास प्राप्त कर लेते हैं तथा मौका मिलते ही उन्हें अपनी गलतियों का निशाना बना देते हैं।

(5) अधिकारी व्यक्तियों का बहिष्कार *(Rejection of authority figure)*—समाज-विरोधी व्यक्तित्व की एक विशेषता यह भी है कि ऐसे लोगों की मनोवृत्ति अधिकारी व्यक्तियों (authority figures) जैसे घर में माता-पिता, स्कूल एवं कॉलेज में शिक्षक तथा प्रिन्सिपल, ऑफिस में पदाधिकारीगण (officers) आदि के प्रति विरोधात्मक होता है और वे सामाजिक नियमों एवं कानूनों को लागू करने वाले अधिकारियों (law-enforcing authority) के साथ हमेशा संघर्ष एवं तनाव (tension) की स्थिति बनाये रखते हैं।

(6) गत अनुभूतियों से लाभ न उठाने की क्षमता *(Inability to profit by past experiences)*—ऐसे लोगों के व्यक्तित्व का एक लक्षण यह भी होता है कि इन्हें अपने कारनामों के लिए समाज एवं अधिकारियों (authorities) की ओर से काफी दण्ड भी मिला होता है। परन्तु दण्ड के बावजूद भी ये कुछ उससे सीख नहीं पाते हैं और वे अपने व्यवहार में कोई परिवर्तन नहीं करते हैं।

(7) अच्छा अन्तर्वैयक्तिक संबंध बनाये रखने की अक्षमता *(Inability to maintain good interpersonal relationship)*— समाज-विरोधी व्यक्तित्व की यह भी एक विशेषता है कि प्रारंभ में ऐसे व्यक्ति जोर-शोर से अन्य व्यक्तियों के साथ मित्रता का हाथ बढ़ाते हैं और एक अच्छा दोस्त होने का दम भरते हैं। परन्तु शीघ्र ही यह स्पष्ट हो जाता है कि ऐसे लोगों की दोस्ती अन्य लोगों के साथ घनिष्ठ नहीं हो पाती है और वह तुरंत ही टूट जाता है। ऐसा

इसलिए होता है क्योंकि ऐसे व्यक्ति प्रायः उत्तरदायित्वहीन, आत्मकेन्द्रित (egocentric), असहानुभूतिपूर्ण, अकृतघ्न तथा कठोर (remoresless) प्रकृति के होते हैं। इन लोगों का यौन संबंध (sex relationship) भी काफी शोषणपूर्ण (exploitative) तथा छल-कपट से भरा होता है। अतः निश्चित रूप से ऐसे लोग एक विश्वासी यौन साथी नहीं बन पाते हैं।

समाज-विरोधी व्यक्तित्व के कारण
(Etiology of Antisocial Personality)

समाज-विरोधी व्यक्तित्व के अध्ययनों से यह पता चला है कि इस तरह के व्यक्तित्व के तीन प्रमुख कारण हैं जो निम्नांकित हैं–

(1) जैविक कारक (Biological factors)
(2) पारिवारिक संबंध (Family relationship)
(3) सामाजिक-सांस्कृतिक कारक (Socio-cultural factors)

इन कारकों की व्याख्या निम्नांकित है–

1. जैविक कारक *(Biological factors)*–समाज-विरोधी व्यक्तित्व की व्याख्या कुछ जैविक कारकों के रूप में की गयी है। ऐसे व्यक्तित्व में आवेगशीलता (impulsiveness) तथा अनुशासनहीनता आदि का गुण अधिक होता है। अतः कुछ मनोवैज्ञानिकों ने इसकी व्याख्या जैविक कारकों के रूप में करना अधिक उपयुक्त (appropriate) समझा है। जैविक कारकों में निम्नांकित प्रमुख हैं–

(i) अपर्याप्त सांवेगिक उत्तेजन *(Deficient emotional arousal)*–लाइकेन (Lykken, 1957) तथा आइजेन्क (Eysenck, 1960) आदि द्वारा किये गये अध्ययनों से यह स्पष्ट हो गया है कि समाज-विरोधी व्यक्तित्व या मनोविकारी व्यक्तित्व (psychopathic personality) में सांवेगिक उत्तेजन (emotional arousal) की क्षमता पर्याप्त नहीं होती है। इसका परिणाम यह होता है कि वे तनावपूर्ण परिस्थितियों में भी बहुत कम चिंतित होते हैं। फलस्वरूप, उन्हें सामान्य विवेक (normal conscience) की उत्पत्ति नहीं होती है और उन्हें किसी भी प्रकार के समाज-विरोधी कार्य (antisocial acts) करने में कोई हिचक नहीं होती है।

(ii) संज्ञानात्मक कार्यों में अपूर्णता *(Deficient in cognitive functions)*–कुछ मनोवैज्ञानिकों ने इस बात पर बल डाला है कि मनोविकारी व्यक्तित्व वाले व्यक्तियों में चूँकि संज्ञानात्मक कार्यों की अपूर्णता (deficit) होती है, अतः वे बहुत सारे समाज-विरोधी कार्य बिना हिचक के करते पाये जाते हैं। गोरेन्स्टीन (Gorenstein, 1987) ने एक अध्ययन किया जिसमें उन्होंने यह पाया कि मनोविकारी व्यक्तित्व वाले व्यक्तियों में किसी वस्तु पर विस्तृत रूप से ध्यान देने की अक्षमता पायी जाती है जो स्पष्टतः इस बात की ओर संकेत करता है कि मस्तिष्क के अग्रपालि (frontal lobe) के कार्य दोषपूर्ण थे।

(iii) जननिक प्रभाव *(Genetic influence)*–मैकमिलन तथा कोफोड (MacMillan & Kofoed, 1984) ने कई मनोविकारी व्यक्तित्वों का विश्लेषण करके यह बतलाया है कि ऐसे लोगों में समाजविरोधी व्यवहार करने की एक जन्मजात प्रवृत्ति होती है और यह जन्मजात प्रवृत्ति मूल रूप से जीन्स (genes) द्वारा उन्हें प्राप्त होते हैं। इसका मतलब यह हुआ कि जिन व्यक्तियों के माता-पिता समाज-विरोधी व्यक्तित्व के होते हैं, उनके बच्चों में समाज-विरोधी कार्य करने की प्रवृत्ति अधिक पायी जाती है।

(iv) उत्तेजन जिज्ञासा *(Stimulation seeking)*–कई अध्ययनों से यह पता चला है कि जिन व्यक्तियों में नयी-नयी उत्तेजनाओं (new stimulation) के प्रति अधिक जिज्ञासा होती है अर्थात् जिन व्यक्तियों में कुछ नये-नये कारनामे करके नयी-नयी अनुभूति प्राप्त करने में आनंद आता है, उनमें मनोविकारी व्यक्तित्व विकसित होने की उम्मीद अधिक होती है। ऐसे व्यक्तियों में इस ढंग की अनुभूति प्राप्त करने की एक अतृप्त लालसा होती है जो उन्हें तरह-तरह के नये-नये समाजविरोधी कार्य करने की प्रेरणा प्रदान करता है। जुकरमैन (Zukerman, 1972) के अध्ययन के अनुसार ऐसे लोगों का संवेदन-प्राप्ति मापनी (Sensation-Seeking Scale) पर हमेशा उच्च प्राप्तांक (high scores) आता है जो अपने आप में यह बतलाता है कि ऐसे लोगों में आवेगशीलता (impulsivity) अधिक होती है।

(v) असामान्य ई ई जी *(Abnormal electroencephalogram)*–कई अध्ययनों में यह देखा गया है कि समाज-विरोधी व्यक्तित्व में सामान्य व्यक्तित्व की तुलना में EEG द्वारा अभिलेखित मस्तिष्कीय तरंग (brain waves)

में अधिक असामान्यता (abnormality) होती है। ऐसी असामान्यता दो तरह की होती है। पहला, समाजविरोधी व्यक्तित्व का मस्तिष्कीय तरंग धीमा होता है जो मस्तिष्क के उस हिस्से की अपरिपक्वता को बतलाता है जो नैतिक समझ (moral understanding) के लिए जिम्मेवार होता है। दूसरा, समाज-विरोधी व्यक्तित्व वाले व्यक्तियों के मस्तिष्कीय तरंग में धनात्मक स्पाईकिंग (positive spiking) होता है। कुरलैंड एवं उनके सहयोगियों (Kurland et al, 1979) के अनुसार समाज-विरोधी व्यक्तित्व विकृति में यह करीब 40 से 45% होता है जबकि सामान्य व्यक्तियों में ऐसा धनात्मक स्पाईकिंग मात्र एक से दो प्रतिशत होता है। धनात्मक स्पाईकिंग स्वयं ही आवेगशील एवं आक्रामक व्यवहार से सीधा संबंधित होता है।

2. पारिवारिक संबंध *(Family Relationship)*–कुछ मनोवैज्ञानिकों ने समाज-विरोधी व्यक्तित्व के कारणों को विभिन्न प्रकार के पारिवारिक संबंधों के रूप में व्याख्या किया है। ऐसे प्रमुख कारण निम्नांकित हैं–

(i) माता-पिता द्वारा तिरस्कार एवं असंगति दिखलाया जाना *(Parental rejection and inconsistency)*–मैककॉर्ड तथा मैककॉर्ड (McCord & McCord, 1964) ने मनोविकारी व्यक्तित्व (psychopathic personality) से संबंधित अध्ययनों की समीक्षा (review) करके यह बतलाया है कि जब माता-पिता अपने बच्चों को बात-बात में तिरस्कृत करते हैं तथा उन्हें पर्याप्त अनुराग (affection) नहीं देते हैं तो उससे इन बच्चों में आगे चलकर मनोविकारी व्यक्तित्व (psychopathic personality) विकसित हो जाता है। बस (Buss, 1966) ने अपने अध्ययनों के आधार पर बतलाया है कि माता-पिता के दो विशेष तरह के व्यवहारों से मनोविकारी व्यक्तित्व की उत्पत्ति होने की सम्भावना अधिक होती है। जब माता-पिता अपने बच्चों से दूरी एवं तटस्थता (neutrality) का संबंध रखते हैं और उनके प्रति प्रेम भाव या घनिष्ठ-संबंध का अभाव दिखलाते हैं, तो बच्चे ऐसा ही करना सीख लेते हैं और उनका भी रुख अन्य दूसरे व्यक्तियों के साथ ऐसा ही होता है जो धीरे-धीरे व्यक्ति में मनोविकारी व्यक्तित्व उत्पन्न करने लगता है। कभी-कभी माता-पिता बच्चों को पुरस्कार (rewards), तथा दण्ड देने में असंगतता (inconsistency) बरतते हैं। एक ही व्यवहार करने के लिए कभी तो वे बच्चों को पुरस्कार देते हैं तथा काफी उसे शाबासी देते हैं तो कभी उसी तरह व्यवहार या उससे मिलता-जुलता व्यवहार करने पर वे उसे दंड देते हैं या कठोर सजा देते हैं। इस तरह की असंगति(inconsistency) से बच्चों के आत्म-पहचान (self-identity) की भावना नहीं विकसित हो पाती है और वे समाज-विरोधी कार्य को एक अच्छा कार्य समझकर उसे खुलेआम एवं बिना हिचक के करना प्रारंभ कर देते हैं।

(ii) बचपनावस्था में माता-पिता को खो देना *(Loss of parents in childhood)*–अध्ययनों से यह पता चलता है कि जिन बच्चों के सिर से बचपनावस्था में ही माता-पिता का साया किसी कारण से जैसे माता-पिता की मृत्यु से या आपस में विवाह-विच्छेद (divorce) से या संबंध-विच्छेद (separation) से उठ जाता है, तो उनमें समाज-विरोधी (antisocial) व्यक्तित्व तेजी से विकसित होता है। ग्रीर (Greer, 1964) ने अपने अध्ययन में पाया कि समाज-विरोधी व्यक्तित्व के एक समूह में 60% व्यक्ति ऐसे थे जो बचपन में ही अपने माता-पिता को खो चुके थे। माता-पिता के न होने से ऐसे बच्चों का सांवेगिक विकास (emotional development) ठीक ढंग से नहीं हो पाता है जिसके फलस्वरूप उनमें समाज-विरोधी व्यक्तित्व (anti-social personality) विकसित होने लगता है।

(iii) दोषपूर्ण पारिवारिक अंत:क्रियाएँ *(Faulty family interactions)*–समाज-विरोधी व्यक्तित्व का विकास दोषपूर्ण पारिवारिक अंत:क्रियाएँ (faulty family interactions) से भी विकसित होता है । हीभर (Heaver, 1943) तथा ग्रीनएक्र (Greenacre, 1945) ने अपने-अपने अध्ययनों के आधार पर यह बतलाया है कि जब परिवार में स्थिति ऐसी होती है कि माँ अपने बच्चों के प्रति अत्यधिक आसक्त (indulged) होती है तथा पिता अपने क्षेत्र के एक सफल व्यक्ति होते हैं और वे बच्चों को अनुराग एवं सहानुभूति समय के अभाव में नहीं दे पाते हैं तथा अपनी सफलता बनाये रखने के लिए वे बच्चों से दूरी बनाये रखते हैं तो इस दोषपूर्ण पारिवारिक परिस्थिति में पलने वाले बच्चों का व्यक्तित्व समाज-विरोधी (anti-social) हो जाता है।

3. सामाजिक-सांस्कृतिक कारक *(Socio-cultural factors)*–समाज-विरोधी व्यक्तित्व के कुछ सामाजिक-सांस्कृतिक कारण भी बतलाये गए हैं। सामान्यत: यह देखा गया है कि समाज-विरोधी व्यक्तित्व निम्न सामाजिक-आर्थिक समूहों (lower socio-economic group) में अधिक तेजी से विकसित होता है। यदि वातावरण ऐसा है जिसमें सामाजिक मानक (social norms) तथा नियमावली (regulation) का अनादर होता है, असंघटनात्मक शक्तियाँ चरम

पर होती हैं तथा अवांछनीय साथी-संगी मॉडल की प्रचुरता होती है, तो ऐसी परिस्थिति में व्यक्ति में अंतकरण का विकास अधूरा रह जाता है, अन्य लोगों के कल्याण की चिंता नहीं होती है तथा ध्वंसात्मक व्यवहार (destructive behaviour) अधिक होते हैं। पारिवारिक स्तर पर ऐसे घरों में माता-पिता द्वारा तिरस्कार, तथा असंगत अनुशासन (incontistent discipline) होता है जो व्यक्तियों में अविश्वास, आत्म-अवमूल्यांकन (self-devaluation), विद्वेष एवं घृणा का भाव अधिक मात्रा में उत्पन्न करता है। इन सबों का परिणाम समाज-विरोधी व्यवहारों में वृद्धि होना होता है।

स्मीथ, मेल्गस एवं बालवाई (Smith, Melges & Bowbly, 1996) ने अपने अध्ययन में पाया कि जब व्यक्ति में निस्सहायता (helplessness) तथा निराशावाद (hopelessness) का भाव इसलिए तीव्र हो जाता है क्योंकि जिस समाज में वह रहता है उनकी परिस्थितियाँ हमेशा उसके लिए प्रतिकूल एवं विषम रहीं हैं, तो वह मन में यह ठान लेता है कि यदि हम अच्छा नहीं बन सके तो दूसरे कैसे अच्छा बन जाएँगे। ऐसा सोचकर वह समाजविरोधी व्यवहार करके लोगों में आतंक फैलाता है। स्मीथ (Smith, 1988) ने समाज-विरोधी व्यक्तित्व की व्याख्या एक दूसरे ढंग से किया है। इनका मानना है कि हमारे पूँजीवादी समाज के प्रतियोगितापूर्वक, भौतिकवादी एवं विकाऊ मूल्यों के कारण समाज-विरोधी उन्मुखताओं एवं प्रवृत्तियों में काफी वृद्धि होती है। कुछ ऐसी सांस्कृतिक समूह भी पाये गए हैं जिनमें समाज-विरोधी व्यवहार विशेष कारणों से कम होता पाया गया है। जैसे, हट्ट्राईट्स(Hutterites) जो मध्य-पश्चिम के गाँवों में रहने वाला एक सांस्कृतिक समूह है, में समाज-विरोधी व्यवहार बहुत कम होता है जिनका सबसे प्रधान कारण यह है कि इन सांस्कृतिक समूह के मानक के अनुरूप वैसे व्यक्ति जिनका विचलित सामाजिक विशेषता (deviant social characteristics) होती है, उन्हें समाज छोड़कर हट जाना होता है क्योंकि ऐसे व्यक्तियों को समाज मान्यता नहीं देती है। इस नैसर्गिक चयन (natural selection) के कारण इस सामाजिक-सांस्कृतिक समूह में समाज-विरोधी प्रवृत्तियाँ स्वभावतः कम हो जातीं हैं।

इस तरह से स्पष्ट हो गया कि समाज-विरोधी व्यक्तित्व के कई कारण होते हैं। परंतु इन सभी कारणों में पारिवारिक संबंधों से जुड़े हुए कारणों को सर्वाधिक महत्त्व दिया गया है।

समाजविरोधी व्यक्तित्व के उपचार एवं प्रतिफल
(Treatment and Outcomes of Antisocial Personality)

समाज-विरोधी व्यक्तित्व (antisocial personalities) में चूँकि कोई स्पष्ट असामान्यता का लक्षण मानसिक रोगों के समान नहीं होता है, अतः ऐसे लोगों को किसी मानसिक अस्पताल या मानसिक क्लिनिक में तो कभी नहीं लाया जाता है। समाज-विरोधी व्यक्तित्व के उपचार में मनोचिकित्सा की पुरानी प्रविधियाँ जैसे फ्रायड का मनोविश्लेषण प्रविधि तथा रोजर्स का क्लायंट-केन्द्रित चिकित्सा अधिक सफल सिद्ध नहीं हो पायी हैं। परंतु इस तरह के व्यक्तित्व के उपचार में व्यवहार चिकित्सा (behaviour therapy) का प्रयोग कई लोगों ने सफलतापूर्वक करके दिखला दिया है । इसमें बैण्डुरा (Bandura, 1969) का नाम विशेष रूप से उल्लेखनीय है जिन्होंने एक नियंत्रित परिस्थिति (control situation) में रखकर व्यवहार चिकित्सा (behaviour therapy) द्वारा समाज-विरोधी व्यक्तित्व की चिकित्सा करने में सफलता प्राप्त की है। इन्होंने नियंत्रित परिस्थिति को इसके उपचार के लिए आवश्यक बतलाया है क्योंकि ऐसी परिस्थिति नहीं होने से उनके सामने एक समाज-विरोधी व्यवहार को अनुचित समझने का एक मॉडल (model) प्रस्तुत नहीं किया जा सकता है। भाईलैन्ट (Vaillant, 1975) ने भी समाज-विरोधी व्यक्तित्व के उपचार के लिए नियंत्रित परिस्थिति में रखकर ही व्यवहार चिकित्सा देने की सिफारिश की है। उन्होंने इस बात पर भी बल डाला है कि समाज-विरोधी व्यवहार को नियंत्रित करने में दण्ड (punishment) अधिक प्रभावकारी (effective) सिद्ध नहीं होता है।

सौभाग्य की बात है कि अधिकतर समाज-विरोधी व्यक्तित्व वाले व्यक्ति अपने आप भी 40 साल से आगे उम्र बढ़ने पर अपने समाज-विरोधी व्यवहार को अनुचित समझकर छोड़ देते हैं। इस उम्र में ऐसे व्यक्तियों में सामाजिक परिपक्वता तथा सूझ (insight) विकसित हो जाता है तथा उनके जैविक प्रेरणाओं (biological drives) में कमी आ जाती है। फलस्वरूप, इनके समाज-विरोधी व्यवहार में अपने आप कमी आ जाती है। परंतु कुछ ऐसे अपवाद होते हैं जिनमें ऐसी प्रवृत्ति नहीं देखने को मिलती है और वे समाज के लिए घातक बने रहते हैं। अतः समाज-विरोधी व्यक्तित्व का उपचार करना ही अधिक उपयुक्त कदम होगा न कि उसे इस उम्मीद पर छोड़ देना कि 40 साल के उम्र के बाद उनका ऐसा व्यवहार अपने आप कम हो जाएगा।

अध्याय सारांश
(Chapter Summary)

1. सामान्यत: व्यक्तित्व विकृतियाँ शीलगुणों का एक उग्र या अतिरंजित प्रारूप है जो व्यक्ति को उत्पाती व्यवहार विशेषकर अंतर्वैयक्तिक प्रकृति के उत्पाती व्यवहार को करने के लिए एक झुकाव उत्पन्न करता है।
2. व्यक्तित्व विकृति (personalitry disorder) के पहचान या निदान में कुछ समस्याएँ आतीं हैं। ऐसी चार प्रमुख समस्याओं का वर्णन किया गया है।
3. व्यक्तित्व विकृति (personality disorder) की कुछ सामान्य विशेषताएँ होतीं हैं जिनके आधार पर उनके स्वरूप को आसानी से समझा जा सकता है। ऐसी सामान्य विशेषताओं में विघटित व्यक्तिगत संबंध, चिरकालिक दु:खदायी व्यवहार, नकारात्मक नतीजा (negative outcomes), एक ही कुसमायोजी व्यवहार को दोहराना, व्यक्तित्व विकृति तथा व्यवहार परिवर्तन के विरोधी (resistant to change in behaviour) प्रधान हैं।
4. व्यक्तित्व विकृति के 10 प्रकार बतलाये गए हैं। इन प्रकारों में समाज-विरोधी व्यक्तित्व (antisocial personality) सबसे अधिक प्रमुख हैं।
5. व्यक्तित्व विकृति (personality disorder) के कई कारणों पर प्रकाश डाला गया है। इन कारणों को मुख्य तीन श्रेणियों(categories) में बाँटा गया है। जैविक कारक(biological factor), मनोसामाजिक कारक(psychosocial factor) तथा सामाजिक-सांस्कृतिक कारक (socio-cultural factor)।
6. जहाँ तक व्यक्तित्व विकृति के उपचार (treatment) तथा प्रतिफल (product) का प्रश्न है, इसपर भी मनोवैज्ञनिकों ने प्रकाश डाला है। ऐसी विकृति वाले व्यक्तियों का उपचार थोड़ा कठिन कार्य अवश्य है फिर भी उन्हें विशेष परिस्थिति अर्थात् कारागार (prison) आदि में रखकर सफलतापूर्वक उपचार किया गया है।
7. समाज-विरोधी व्यक्तित्व (antisocial personality) जिसे मनोविकारी व्यक्तित्व (psychopathic personality) भी कहा जाता है, सबसे सामान्य (common) एवं प्रमुख व्यक्तित्व प्रकार है । इसके नैदानिक स्वरूप (clinical picture) में अन्य विशेषताओं के अलावा अंत:करण का अपर्याप्त विकास, चिंता एवं दोष-भाव (guilt-feeling) की कमी, उत्तरदायी एवं आवेगशील व्यवहार, अपने असामाजिक व्यवहार के लिए दूसरे को दोषी ठहराना, अधिकारी व्यक्तियों का बहिष्करण, गत अनुभूतियों से लाभ न उठाने की क्षमता, अच्छे अन्तर्वैयक्तिक संबंध (good interpersonal relationship) बनाये रखने की अक्षमता आदि प्रधान हैं।
8. समाज विरोधी व्यक्तित्च के कई कारण बतलाए गए हैं जिनमें जैविक कारक (biological factors), पारिवारिक संबंध (family relationship) तथा सामाजिक-सांस्कृतिक कारक (socio-cultural factors) आदि प्रधान हैं।

❑

अध्याय 13

द्रव्य-संबद्ध विकृतियाँ

(SUBSTANCE-RELATED DISORDERS)

द्रव्य-संबद्ध विकृति का स्वरूप तथा कुछ महत्त्वपूर्ण पद
(Nature of Substance-related Disorder and Some Important terms)

विभिन्न तरह के औषधों (drugs) या रसायन द्रव्यों का सतत उपयोग से तरह-तरह की समस्याएँ उत्पन्न हो जातीं हैं जो व्यक्ति के सामाजिक एवं व्यवसायी कार्यो में बाधा पहुँचता है। उसे सामान्यत: द्रव्य-संबद्ध विकृति कहा गया है। DSM-IV (TR) में द्रव्य-संबद्ध विकृति का वर्णन करने के लिए दो महत्त्वपूर्ण पदों (terms) का उपयोग किया गया है—

(1) द्रव्य-दुरुपयोग (substance-abuse)

(2) द्रव्य-निर्भरता (substance-dependence)

द्रव्य-दुरुपयोग (substance-abuse) औषध-उपयोग का एक ऐसा पैटर्न है जो ज्यादा गंभीर (severe) तो नहीं होता है परंतु इससे अपने घर तथा कार्य-स्थल पर के जवाबदेहियों को ठीक ढंग से निर्वाह करने में व्यक्ति को बाधा पहुँचती है तथा इसमें व्यक्ति खतरनाक परिस्थिति (dangerous situation) जैसे कार चलाना, हवाई जहाज चलाना आदि में भी होने पर इन औषधों के उपयोग से बाज नहीं आता है। विलकिंसन एवं उनके सहयोगियों (Wilkinson et al, 1987) के अनुसार जो लोग इन औषधों (drugs) का दुरुपयोग करते हैं, वे एक समय में एक से अधिक औषध का उपयोग करते हैं । इस बहुउपयोग (multiple usage) को *बहु-द्रव्य दुरुपयोग* (poly-substance abuse) कहा गया है।

द्रव्य-दुरुपयोग की पहचान के लिए यह आवश्यक है कि व्यक्ति सतत औषध के लेने के कारण एक साल के भीतर ही निम्नांकित में से कोई तीन समस्या से ग्रसित हो—

(i) महत्त्वपूर्ण जवाबदेहियों को पूरा करने में असफल रहना। जैसे, व्यक्ति अपने कार्य से अनुपस्थित रहता हो या अपने बच्चों की उपेक्षा करता हो।

(ii) मदहोशी की अवस्था में व्यक्ति अपने आप को दैहिक खतरा से अनावृत्त (expose) करता हो। जैसे, मदहोशी की अवस्था में वह कोई खतरनाक मशीन चलाता हो या भारी वाहन चलाता हो ।

(iii) व्यक्ति सतत सामाजिक या अन्तर्वैयक्ति समस्याएँ जैसे अपने पति या पत्नी से झगड़ना, परिवार के अन्य सदस्यों के साथ झगड़ना आदि व्यवहार करता हो।

(iv) व्यक्ति को कानूनी समस्याओं जैसे गिरफ्तारी आदि का सामना करना पड़ा हो।

लम्बे समय तक यदि व्यक्ति में द्रव्य दुरुपयोग की स्थिति चलते रहती है, तो इससे उसमें एक विशेष अवस्था उत्पन्न होती है जिसे *द्रव्य निर्भरता* (substance-dependence) कहा जाता है । ऐसी निर्भरता (dependence) दो तरह की होती है—*मनोवैज्ञानिक निर्भरता* (Psychological dependence) तथा *दैहिक निर्भरता* (physiological dependence) । मनोवैज्ञानिक निर्भरता में व्यक्ति औषध लेने की तीव्र लालसा दिखलाता है और उसे लेने के लिए वह मानसिक रूप से योजना बना चुका होता है । ऐसे लोग जिनमें मनोवैज्ञानिक निर्भरता उत्पन्न हो जाती है, वे अपना अधिकतर समय औषध प्राप्त करने के प्रयास में लगाते हैं जिसका परिणाम यह होता है कि वे अपने स्कूल, कार्य तथा सामाजिक संबंध पर बहुत ही कम ध्यान दे पाते हैं । प्राय: इनकी दोस्ती वैसे लोगों से हो जाती है जो उन्हें वांछित औषध को प्राप्त करने में मदद करते हो। औषध पर मनोवैज्ञानिक निर्भरता दिखाने वाले व्यक्ति यह जानते हुए भी कि ऐसे औषध से उनमें हृदय रोग,

किडनी का रोग, पेट में शोथ (Ulcer) हो सकता है, औषध लेना जारी रखते हैं। जब व्यक्ति अत्यधिक तथा बार-बार द्रव्यों (substances) को लेता है जिससे उसमें सहनशीलता (tolerance) या प्रत्याहार संलक्षण (withdrawal syndrome) विकसित हो जाते हैं, तो इसे दैहिक निर्भरता (physiological dependence) की संज्ञा दी जाती है। उसी अवस्था को *व्यसन* (addiction) भी कहा जाता है। इस प्रकार द्रव्य-निर्भरता (substance dependence) एक गंभीर पैटर्न (severe pattern) है जो सतत (persistent) या नित्य औषध के खाने से उत्पन्न होता है और इससे व्यक्ति में सहनशीलता (tolerance) तथा प्रत्याहार या निवर्तन लक्षण (withdrawal symptoms) उत्पन्न हो जाते हैं। द्रव्य-निर्भरता को पहले *व्यसन* (addiction) कहा जाता था परंतु अब व्यसन पद का उपयोग न के बराबर किया जाता है। अब प्रश्न उठता है कि ये दोनों पद अर्थात् सहनशीलता तथा प्रत्यहार का क्या अर्थ होता है? *सहनशीलता* एक ऐसी दैहिक प्रक्रिया (physiological process) है जिसमें व्यक्ति को वांछित प्रभाव उत्पन्न करने के लिए अब पहले की तुलना में अधिक-से-अधिक मात्रा में व्यसनी औषध (addictive drug) को लेना पड़ता है। *प्रत्याहार* (withdrawal) से तात्पर्य अदुखद (unpleasant) मनोवैज्ञानिक एवं दैहिक प्रभावों से होता है जो उस समय व्यक्ति में उत्पन्न होता है जब वह अब तक लगातार खाये जाने वाले औषध को लेना बंद कर देता है। इसमें अन्य बातों के अलावा व्यक्ति में बेचैनी, घबड़ाहट, कंपन और कुछ केसेज में मृत्यु भी हो जाती है।

द्रव्य-निर्भरता की पहचान तभी होती है जब व्यक्ति में निम्नांकित सात लक्षणों में से कम-से-कम तीन अवश्य ही एक साल के भीतर ही उपस्थित हुए हो—

(i) व्यक्ति में सहनशीलता (tolerance) विकसित हो गयी हो। दूसरे शब्दों में, व्यक्ति को अब वांछित प्रभाव उत्पन्न करने के लिए पहले से अधिक मात्रा में द्रव्य लेना पड़ रहा हो या अगर व्यक्ति पहले की मात्रा में ही औषध सेवन करता हो, तो उसका प्रभाव पहले की तुलना में कम होता हो।

(ii) द्रव्य को लेना बंद कर देने पर व्यक्ति में प्रत्याहार के लक्षण विकसित हो गये हों। प्रत्याहार लक्षणों को कम करने या उससे छुटकारा पाने के लिए रोगी अन्य द्रव्य का भी सेवन करने लग सकता है।

(iii) व्यक्ति द्रव्य का उपयोग अधिक करता हो या उसका उपयोग विशेष अवधि तक न करके लम्बे समय तक करता हो।

(iv) व्यक्ति यह स्वीकार करता हो कि वह अधिक मात्रा में द्रव्य का सेवन करता है तथा रोकने का भी प्रयास किया हो परंतु सफल नहीं हुआ हो।

(v) व्यक्ति का अधिकांश समय द्रव्य हासिल करने में बीतता हो या उसके प्रभाव से मुक्ति पाने में बीतता हो।

(vi) व्यक्ति उस परिस्थिति में भी औषध का सेवन जारी रखता हो जब उसके सेवन से अधिक दैहिक एवं मनोवैज्ञानिक समस्याएँ उत्पन्न होतीं हैं।

(vii) द्रव्य के उपयोग से बहुत सारे क्रियाएँ जैसे, मनोरंजन करना, सामाजीकृत होना, दिये गए कार्यों को करना आदि की बारंबारता में काफी कमी आयी हो।

ध्यान रहे कि द्रव्य-निर्भरता (substance dependence) की पहचान दैहिक निर्भरता (physical dependence) के बिना या उसके साथ भी किया जा सकता है।

द्रव्य-संबद्ध विकृति के मुख्य प्रकार
(Major Substance-Related Disorders)

द्रव्य-संबद्ध विकृति के कई प्रकार हैं जिनमें मुख्य निम्नांकित हैं—

(1) मद्यपानता (Alcoholism) या मद्यपान-संबद्ध विकृति (Alcohol-related disorder)

(2) नाइकोटिन एवं सिगरेट धूम्रपान संबद्ध विकृति (Nicotine and Cigaratte smoking related disorder)

(3) उत्तेजक संबद्ध विकृति (Stimulants-related disorder)

(4) स्वापक संबद्ध विकृति (Opioid-related disorder)

(5) भ्रमात्मकता संबद्ध विकृति (Hallucinogens related disorder)

(6) केन्नाविस संबद्ध विकृति (Cannabis-related disorder)

(7) शमक-निद्राजनक तथा प्रशांतक संबद्ध विकृति (Sedative-hypnotic and Tranquilizers related disorder)

इन सबों का वर्णन हम अलग-अलग अनुच्छेदों में करेंगे।

मद्यपानता या मद्यपान-संबद्ध विकृति
(Alcoholism or Alcohol-related Disorder)

मद्यपानता (alcoholism) एक ऐसी विकृति (disorder) है जो सिर्फ पीने वाले व्यक्ति को ही प्रभावित नहीं करता है बल्कि हत्या, बलात्कार (rape), आत्महत्या एवं मोटरगाड़ी दुर्घटना (automobile accidents) के एक प्रमुख कारण के रूप में भी इसे स्वीकार किया गया है। मद्यपानता को कई लोगों ने वैज्ञानिक ढंग से परिभाषित करने की कोशिश किया है। जैसे—कारसन तथा बुचर[1] (Carson & Butcher, 1992) के अनुसार, ''मद्यपांनता एक ऐसी अवस्था है जिसमें अल्कोहल पर इतनी अधिक निर्भरता बढ़ जाती है कि इससे जिन्दगी के समायोजन में बाधा पहुँचती है।''

सारासन[2] (Sarason, 1972) के अनुसार, ''मद्यपानता एक ऐसी चिरकालिक अवस्था है जिसमें व्यक्ति शारीरिक और/या दैहिक कारणों से अपने आप को इतनी अधिक मात्रा में अल्कोहल पीने से रोक नहीं पाता है कि उसमें उन्माद (intoxication) उत्पन्न न हो जाए और अन्ततः उनका स्वास्थ्य खराब न हो जाए एवं सामाजिक और व्यावसायिक क्षति न हो जाए।''

उपर्युक्त परिभाषाओं को एवं ऐसी ही अन्य परिभाषाओं का यदि हम विश्लेषण करें तो इस निष्कर्ष पर पहुँचते हैं कि मद्यपानता (alcoholism) की अवस्था में निम्नांकित विशेषताएँ होती हैं—

(i) इसमें व्यक्ति अधिक मात्रा में अल्कोहल पीता है।

(ii) पीने की लत से व्यक्ति में मनोवैज्ञानिक क्षुब्धता (psychological disturbances) उत्पन्न हो जाती है। उसमें समायोजन संबंधी तरह-तरह की कठिनाइयाँ उत्पन्न हो जाती है।

(iii) अल्कोहल-व्यसनी (alcohol addict) के सामाजिक एवं आर्थिक क्रिया-कलापों में भी काफी क्षुब्धता (disturbances) उत्पन्न हो जाती है।

(iv) ऐसे लोगों को पीने पर कोई नियंत्रण नहीं रह जाता है।

मद्यपानता (alcoholism) की एक विशेषता यह भी है कि यह सभी तरह के उम्र एवं सामाजिक-आर्थिक स्तर के लोगों में पाया जाता है। इसका न कोई शैक्षिक सीमा (educational boundary) है और ना ही कोई व्यावसायिक सीमा (occupational boundary) है।

मद्यपानता के नैदानिक स्वरूप
(Clinical Picture of Alcoholism)

मद्यपानता के नैदानिक स्वरूप की व्याख्या उसके पड़ने वाले बुरे परिणामों के रूप में की गयी है । इस संबंध में जापान की एक मशहूर लोकोक्ति है, *''पहले व्यक्ति शराब को पीता है, फिर शराब ही शराब को पीता है और तब अन्त में शराब आदमी को ही पी जाता है।''* मद्यपानता (alcoholism) के कुछ ऐसे विशेष लक्षण देखने को मिले हैं जिनसे इनकी पहचान आसानी से कर ली जाती है। अध्ययनों से यह स्पष्ट हुआ कि मद्यपान-व्यसनी(alcohol addict) का उच्च मस्तिष्कीय केन्द्र (higher brain centres) अल्कोहल से इतना अधिक प्रभावित हो जाता है कि इनका चिन्तन एवं सही निर्णय करने की क्षमता लगभग समाप्त हो जाती है। इनका आत्म-नियंत्रण (self-control) समाप्त हो जाता है। ऐसे लोगों में क्रियात्मक समन्वय (motor coordination) ढीला पड़ जाता है और उनमें दर्द, सर्द तथा अन्य इसी तरह की अनुभूतियों के प्रत्यक्षण में विभेद करने की क्षमता कम हो जाती है । मद्यपान-व्यसनी (drug addict) को पीने के बाद कुछ देर तक अतिरिक्त शक्ति, फुर्तीलापन, खुशी, संतोष आदि का अनुभव होने लगता है। वह अवास्तविकता (unreality) की दुनियाँ में पहुँच जाता है जहाँ न तो उसे किसी प्रकार की चिन्ता और न ही किसी प्रकार का भय होता है। थोड़ी देर के लिए उसकी

---

1. "Alcoholism refers to the dependence on alcohol to the extent that it seriously interferes with life adjustment."
—Carson & Butcher : *Abnormal Psychology and Modern life,* 1992 p. 296.
2. "Alcoholism is currently defined as a chronic condition in which the individual is unable, for physical and or psychological reasons, to refrain from frequent consumption of alcohol in quantities sufficient to produce intoxication and ultimately, ill-health and social and vocational detrioration."
—Sarason : *Abnormal Psychology,* 1972, p. 581

आत्म-श्रद्धा (self-esteem) अधिक बढ़ जाती है। मनश्चिकित्सकों (psychiatrists) ने अध्ययन कर यह बतलाया है कि जब ऐसे व्यक्तियों के खून में अल्कोहल की मात्रा 0.1% हो जाती है, तो उस व्यक्ति को मदहोश (intoxicated) समझा जाता है। इन लोगों ने खून में अल्कोहल की भिन्न-भिन्न मात्राओं तथा उससे संबंधित लक्षण (symptoms) का विशेष वर्णन किया है जिससे उसके नैदानिक स्वरूप (clinical picture) की स्पष्ट झलक मिलता है। जैसे, ऐसे व्यसनी (addict) जिस के खून में अल्कोहल की मात्रा .03% होता है, उनके चिन्तन एवं भावनाओं (feelings) में हल्का-फुल्का परिवर्तन आता है। जब वह मात्रा .06% हो जाता है, तो उसमें मानसिक ,सुख एवं जोश (warmth) का अनुभव होता है, .07% होने पर व्यसनी बातूनी हो जाता है तथा उसमें अतिरंजित संवेग (exaggerated emotion) उत्पन्न होने लगता है। .12% हो जाने पर व्यक्ति की चाल-ढाल बेढंगा हो जाता है तथा चलने में उसके पैर लड़खड़ाने लगते हैं। .15% हो जाने पर व्यसनी मोटा-मोटी मदहोशी (gross intoxication) की अवस्था में प्रवेश कर जाता है।

मद्यपान-व्यसनी (alcohol addicts) में लैंगिक उत्तेजन (sexual stimulation) अधिक पाया जाता है परन्तु लैंगिक निष्पादन (sexual performance) में कमी पायी जाती है। ऐसे व्यक्तियों में 'ब्लैक-आऊट' (black out) अर्थात् स्मृति का ह्रास (loss of memory) पाया जाता है। जो लोग अत्यधिक अल्कोहल पीते हैं, उनमें शराब की हल्की-फुल्की मात्रा से तीव्र स्मृति ह्रास (memory loss) हो जाता है। पोलिक एवं उनके सहयोगियों (Polich et al, 1981) ने एक अध्ययन कर यह बतलाया है कि मद्यपान-व्यसनी (alcohol addicts) में कम्पन (tremors), सुबह-सुबह पीने की आदत, नियंत्रण की कमी, स्मृति-ह्रास (memory loss), भोजन समय पर न करना, दिन में कई बार पीने की आदत आदि प्रधान है।

मद्यपानता की अवस्थाएँ
(Phases of Alcoholism)

मद्यपानता (alcoholism) की कई अवस्थाएँ बतलायी गयी हैं जिनका विकास क्रमिक गति से होता है। अल्कोहल या मद्यपान के सामान्य प्रभाव (general effects) दिखलाने वाले अध्ययनों से यह स्पष्ट हो गया है कि अल्कोहल शारीरिक रूप से एक शमक (depressant) के रूप में कार्य करता है और इसका सबसे महत्त्वपूर्ण मनोवैज्ञानिक प्रभाव (psychological effects) यह होता है कि व्यक्ति में डर एवं तनाव का कम हो जाना है। यद्यपि मद्यपानता (alcoholism) के मनोवैज्ञानिक एवं सामाजिक विकास में कोई एक समान पैटर्न नहीं देखने को मिलता है, फिर भी कुछ सामान्य अवस्थाओं की पहचान की गयी है। जेलिनेक (Jellinek, 1951, 1971) ने 2,000 मद्यसेवियों (alcoholics) का अध्ययन किया और बतलाया कि मद्यपानता की निम्नांकित चार अवस्थाएँ होती हैं—

(1) प्राक्-मद्यप लक्षणात्मक अवस्था (Prealcoholic symptomatic stage)
(2) प्रारंभिक अवस्था (Prodormal phase or early phase)
(3) संकटकालीन अवस्था (Crucial phase)
(4) चिरकालिक अवस्था (Chronic phase)

इन अवस्थाओं का वर्णन निम्नांकित है—

(1) प्राक्-मद्यप लक्षणात्मक अवस्था *(Prealcoholic symptomatic stage)*—मद्यपानता की यह पहली अवस्था (first stage) है। इस अवस्था में व्यक्ति पहले-पहल सामाजिक प्रचलनों (social conventions) के अनुरूप खास-खास मौकों पर मद्यपान करता है। शराब पीने के फलस्वरूप वह अपने तनाव एवं भय को भूल जाता है और उसे काल्पनिक आनन्द मिलता है । इससे पुनर्बलित (reinforce) होकर वह और अधिक पीना प्रारंभ कर देता है। प्रारंभ में वह मद्यपान का सहारा तनाव को कम करने के लिए कभी-कभी लेता है परन्तु धीरे-धीरे तनाव की सहनशक्ति इतनी कम हो जाती है कि उन्हें बाध्य होकर मद्यपान करना पड़ता है। परिणाम यह होता है कि जहाँ व्यक्ति कभी-कभी पीता था, अब वह लगातार प्रतिदिन पीने लगता है। इस नयी आदत को बनने में कई महीने लग जाते हैं।

(2) प्रारंभिक अवस्था *(Prodormal phase or early phase)*—मद्यपानता की यह दूसरी अवस्था है। इस अवस्था में पीने वाले व्यक्ति के व्यवहार में कुछ विसामान्यता (deviancy) के लक्षण दिखलाई देने लगते हैं। इस अवस्था में पहुँचने पर व्यक्ति शराब की मात्रा को बढ़ा देता है। व्यक्ति में स्मृति-ह्रास (loss of memory) सामान्य रूप से देखे जाते हैं। इस अवस्था में चुराकर तथा छिपकर शराब पीने की इच्छा तीव्र हो जाती है। इतना ही नहीं, गट-गट पीना (gulping drinking), शराब पीने के प्रसंग से दूर हटना, दोष-भाव (guilt-feeling) इत्यादि के लक्षण भी देखने को मिलते हैं।

(3) संकटकालीन अवस्था *(Crucial phase)*—मद्यपानता की यह तीसरी अवस्था है। इस अवस्था में व्यक्ति के मदिरापान पर से नियंत्रण हट जाता है। जब वह शराब पीना प्रारंभ करता है तो वह तब तक पीते जाता है जबतक कि उसकी चेतना बनी होती है। इस अवस्था में मद्यसेवी को शराब पीने की इच्छा इतनी प्रबल हो जाती है कि उसे सामान्य सामाजिक नियमों, समय तथा परिस्थिति का भी कोई ख्याल नहीं रह जाता है और वह शराब पीने के पीछे दिवाना रहता है। फलस्वरूप कभी-कभी उसे अपने व्यवसाय (occupation) या अपनी नौकरी से भी वंचित होना पड़ता है। इससे उसे अपने ही परिवार के लोगों से लड़ाई भी लड़नी पड़ती है। शराबी का शारीरिक स्वास्थ (physical health) भी काफी गिर जाता है। वह अपने शराब पीने की आदत को युक्तिसंगत व्याख्या एवं युक्तिपूर्ण दलीलों द्वारा छिपाने की कोशिश करता है। इस अवस्था में शराबी में आक्रामक व्यवहार, अविदेकपूर्ण प्रतिरोध (unreasonable resentments), निरंतर पश्चाताप (persistent remorse) आदि देखने को मिलता है।

(4) चिरकालिक अवस्था *(Chronic phase)*—मद्यपानता की यह चौथी अवस्था है जिसकी शुरूआत सुबह-सुबह पीने की आदत (morning drinking) से होता है। शराबी यह समझाता है कि जबतक वह सुबह में पीयेगा नहीं, वह कोई भी काम प्रारंभ नहीं कर सकता है । सचमुच में इस अवस्था में मद्यसेवी शराब को अपने जिन्दगी का एक हिस्सा मान लेता है। वे शराब पीने के लिए घर के सामान यहाँ तक कि औरतों के गहने आदि भी चुपके से बेच डालता है। उसकी शारीरिक एवं आर्थिक स्थिति इतनी खराब हो जाती है कि वह किसी काम का नहीं रह जाता है। मानसिक विकृतियों (mental disorders) के लक्षण विकसित हो जाते हैं तथा उनमें शारीरिक कम्पन (physiological tremor) आदि भी विकसित हो जाते हैं। ऐसे लोग अपनी जिन्दगी की बाजी हार चुके होते हैं। उनकी सामाजिक प्रतिष्ठा मटियामेट हो जाती है तथा ऐसे लोगों में अस्पष्ट भय (indefinable fear) अधिक विकसित हो जाते हैं।

स्पष्ट हुआ कि मद्यपानता (alcoholism) की कई अवस्थाएँ होती हैं जिनसे होकर इसका विकास होता है। जेलिनेक (Jellinek) द्वारा बतलाये गए ये अवस्थाएँ यद्यपि सामान्य होते हैं फिर भी कुछ मद्यपान सेवियों (alcoholics) में इस पैटर्न से थोड़ा विचलन (deviation) पाया जाता है। जैसे, कुछ मद्यपान सेवी ऐसे होते हैं जिनमें स्मृतिह्रास (memory loss) नहीं होता है तथा कुछ ऐसे मद्यपान सेवी होते हैं जिनमें यह लक्षण प्रारंभ की अवस्थाओं में न होकर बाद की अवस्थाओं में होता है।

मद्यपानता से संबंधित मनोविक्षिप्तियाँ
(Psychoses associated with Alcoholism)

विभिन्न अध्ययनों एवं शोधों (researches) से यह स्पष्ट हुआ कि मद्यपानता से कई ऐसे लक्षण दिखलाई देने लगते हैं जिनमें वास्तविकता से संपर्क की कमी, संभ्राति (confusion), उत्तेजन (excitement) तथा उन्माद (delirium) आदि प्रधान होते हैं। इन्हें *मद्यसारिक मनोविक्षिप्ति* (alcoholic psychosis) कहा जाता है। इस तरह की अवस्था अत्यधिक मात्रा में अधिक दिनों से शराब पीने से उत्पन्न होती है। चार तरह के मद्यसारिक मनोविकृति (alcoholic psychosis) के प्रकार की पहचान मनश्चिकित्सकों (psychiatrists) द्वारा की गयी है जो निम्नांकित है—

(1) अल्कोहल वैशिष्ट्य मादकावस्था (Alcohol idiosyncratic intoxication)
(2) अल्कोहल प्रत्याहार उन्माद (Alcohol withdrawal delirium)
(3) चिरकालिक अल्कोहल विभ्रमावस्था (Chronic Alcoholic hallucinosis)
(4) अल्कोहल स्मृति लोप विकृति (Alcoholic amenstic disorder)

इन चारों का वर्णन निम्नांकित है—

(1) अल्कोहल वैशिष्ट्य मादकावस्था *(Alcohol idiosyncratic intoxication)*—इस अवस्था को पहले *विकृति मादकावस्था* (pathological intoxication) कहा जाता था। इस अवस्था का मुख्य लक्षण यह है कि इसमें व्यक्ति में अल्कोहल या शराब के सहन शक्ति में काफी गिरावट आ जाती है। फलस्वरूप शराब की थोड़ी मात्रा भी व्यक्ति के व्यवहार को उग्र रूप प्रदान कर देता है। ऐसे व्यक्तियों में आक्रामकता (aggressiveness) की प्रवृत्ति, मानसिक दुविधा (mental confusion) तथा स्मृति क्षीणता या स्मृति लोप आदि के लक्षण प्रबल होते हैं।

(2) अल्कोहल प्रत्याहार उन्माद *(Alcohol withdrawal delirium)*—इसे पहले कम्पोन्माद (delirium trements) भी कहा जाता था। इस तरह की मद्यसारिक मनोविकृति (alcoholic psychosis) सबसे सामान्य

(common) होता है। यह उन मद्यसेवियों में पाया जाता है जो काफी लम्बे अरसे से शराब पीते आ रहे हैं या फिर उन मद्यसेवियों (alcoholics) में विकसित होता है जो लम्बी अवधि तक मद्यपान करने के बाद मद्यपान का त्याग कर देते हैं। उन्माद (delirium) की अवस्था उत्पन्न होने के पहले इनमें अनिद्रा एवं बेचैनी की शिकायत होती है । ऐसी परिस्थिति में व्यक्ति को हल्की-फुल्की आवाज भी काफी उत्तेजित कर देती है। इन लक्षणों के अलावा व्यक्ति में समय एवं जगह की स्थिति-भ्रान्ति (disorientation), स्पष्ट विभ्रम (vivid hallucination), तीव्र डर (accute fear), अत्यधिक सुझावग्रहणशीलता (extreme suggestibility), हाथ, जीभ एवं होठों में कम्पन, हृदय की गति में वृद्धि, पसीना से तर-बतर होना आदि भी देखे जाते हैं। उन्माद की अवस्था उत्पन्न होने पर करीब 6 दिनों तक यह सामान्यत: बनी होती है। उसके बाद मद्यसेवी को गहरी नींद आती है। नींद से उठने के बाद व्यक्ति को अपने किये गए कार्यों के लिए पश्चाताप होता है जिसके परिणामस्वरूप वह कई सप्ताह बाद तक दोबारा शराब पीने की हिम्मत नहीं करता है।

(3) चिरकालिक अल्कोहलिक विभ्रमावस्था *(Acute hallucinosis)*—इस तरह के मद्यसारिक मनोविकृति (alcoholic psychosis) का प्रधान लक्षण श्रवण-संबंधी विभ्रम (auditory hellucinations) का होना है। इसमें मद्यसेवी को पहले किसी एक व्यक्ति की आवाज सुनाई देती है। कुछ सप्ताह या महीना बाद उसे एक साथ कई व्यक्तियों की आवाज सुनाई पड़ती है और सभी में उसकी आलोचना एवं शिकायत ही उसे सुनाई देता है। सामान्यत: इस मनोविकृति में मद्यसेवी में एक साथ 7 दिनों तक लगातार तीव्र मात्रा में श्रवण-संबंधी विभ्रम बना होता है। कभी-कभी इसकी अवधि ज्यादा भी हो सकती है। विभ्रम को छोड़कर ऐसे मद्यसेवी का व्यक्तित्व सामान्य (normal) होता है। विभ्रम समाप्त होने के बाद व्यक्ति को सूझ होने लगती है कि वे सभी आवाजें बेकार एवं विभ्रात्मक थीं।

(4) अल्कोहल स्मृतिलोप विकृति *(Alcohol amenestic disorder)*—इस तरह की विकृति को पहले *कोरसाकॉफ मनोविक्षिप्ति* (Korsakoff psychosis) कहा जाता था क्योंकि इस विकृति का सर्वप्रथम उल्लेख रूसी मनश्चिकित्सक कोरसाकॉफ (Korsakoff) द्वारा 1887 में किया गया था। अत: इसे उन्हीं के नाम से जाना जाता है। आजकल इस *वर्निक-कोरसाकॉफ संलक्षण* (Wernicke-Korsakoff syndrome) कहा जाता है । इस मनोविक्षिप्ति का सबसे प्रधान लक्षण स्मृतिदोष (memory defect) है। इस विकृति से ग्रसित मद्यसेवी तुरंत के अनुभवों एवं घटनाओं को बिल्कुल ही भूल जाते हैं जबकि अन्य दूसरे तरह की स्मृतियाँ सामान्य होतीं हैं। ऐसे व्यक्तियों में विभ्रम (hallucination) तथा समय एवं स्थान की स्थितिभ्रान्ति (disorientation) काफी पायी जाती है। आधुनिक अध्ययनों से यह स्पष्ट हो गया है कि इस तरह की मनोविकृति भोजन में विटामिन B की कमी से उत्पन्न होती है। अमेरीकन पब्लिक हेल्थ एशोसियेशन (American Public Health Association, 1986) के अनुसार थियामाइन (thiamine) अर्थात् विटामिन B युक्त भोजन देने से इस विकृति के लक्षण आसानी से दूर किये जा सकते हैं।

स्पष्ट हुआ कि मद्यपानता (alcoholism) से संबंधित कई तरह की मनोविकृतियाँ (psychoses) उत्पन्न हो जातीं हैं। इनमें से अन्तिम दो तरह की मनोविकृतियों का अध्ययन तुलनात्मक रूप से अधिक किया गया है।

मद्यपानता के प्रस्तावित उप-प्रकार (Proposed Sub-types of Alcoholism)

मनश्चिकित्सकों तथा नैदानिक मनोवैज्ञानिकों ने मद्यपानता के कुछ समजातीय श्रेणियों (homogeneous categories) में बाँटकर अध्ययन करने की कोशिश किया है। जैसे DSM-IV (TR) में मद्यपानता से संबंधित समस्याओं को निम्नांकित दो विस्तृत भागों में बाँटा गया है—

(1) मद्यपान दुरुपयोग प्रकार (alcohol abuse types)

(2) मद्यपान निर्भरता प्रकार (alcohol dependence types)

मद्यपान दुरुपयोग प्रकार (alcohol abuse type) में व्यक्ति इतना अधिक मद्यपान करता है कि उसका कार्य या संस्थान में निष्पादन काफी खराब हो जाता है। घरेलू जवाबदेहियों को वह ठीक से नहीं निभा पाता है। दैहिक रूप से कठिन एवं खतरनाक परिस्थितियों में भी वह मद्यपान करता है। जब उपर्युक्त लक्षणों के साथ-साथ व्यक्ति में सहनशीलता (tolernace), प्रत्याहार (withdrawal) या मद्यपान करने की बाध्यता व्यवहार (compulsive behaviour) का उसे अनुभव हो तो इस अवस्था को *मद्यपान निर्भरता* (alcohol dependence) कहा जाता है।

जेलिनेक (Jellinek, 1960) ने सहनशीलता तथा प्रत्याहार (withdrawal), पीने पर नियंत्रण की कमी, विभिन्न अंगों जैसे लीभर में हुए उत्पन्न क्षति को ध्यान में रखते हुए मद्यपानता के पाँच विभिन्न प्रकार बतलाया है। रॉबर्ट क्लोनिनगर (Robert Cloninger, 1987) जो वाशिंगटन विश्वविद्यालय में मनश्चिकित्सक हैं, के अनुसार मद्यपानता के दो प्रमुख उप-प्रकार है—

(i) टाइप एक मद्यपानता (Type I alcoholism)

(ii) टाइप दो मद्यपानता (Type II alcoholism)

टाईप एक मद्यपानता वैसे मद्यपानता को कहा जाता है जो जिंदगी के आरंभिक अवस्था में प्रारंभ न होकर बाद की अवस्था में प्रारंभ होता है, इनमें मनोवैज्ञानिक निर्भरता अधिक होती है व्यक्ति प्राय: चिंतित रहता है, तथा इनमें समाज-विरोधी व्यक्तित्व शीलगुणों की कमी पायी जाती है। ऐसे लोगों में स्वास्थ्य से संबंधित समस्याएँ काफी होती हैं। टाईप दो मद्यपानता वैसे मद्यपानता को कहा जाता है जिसकी शुरूआत जिंदगी के आरंभिक काल में जैसे किशोरावस्था में होता है तथा इसमें सतत समाज-विरोधी व्यवहार भी व्यक्ति करते पाया जाता है। इस तरह की मद्यपानता अधिकांशत: पुरुषों में ही होता है। ऐसे लोगों में चिंता कम होती है तथा इनका साभाजिक एवं पेशेवर कार्यों में प्राय: विघ्न-बाधाएँ होते रहतीं हैं। मद्यपानता से संबद्ध इनमें मेडिकल समस्याएँ काफी कम होती हैं।

मद्यपानता के प्रभाव
(Effects of Alcoholism)

मद्यपानता के कई तरह के प्रभाव पड़ते देखे गये हैं। कुछ प्रभाव तत्कालीन होते हैं तथा कुछ समय बीतने के बाद देखे जाते हैं। मनश्चिकित्सकों तथा नैदानिक मनोविज्ञानियों ने ऐसे प्रभावों की चर्चा निम्नांकित चार तरह के शीर्षकों के तहत किया है—

(1) व्यवहारात्मक प्रभाव (Behavioural effects)

(2) जैविक प्रभाव (Biological effects)

(3) मद्यपान सहनशीलता (Alcohol tolerance)

(4) दैहिक निर्भरता (Physical dependence)

इन सबों का वर्णन इस प्रकार है—

(1) व्यवहारात्मक प्रभाव *(Behavioural effects)*—व्यक्ति के व्यवहार पर मद्यसार (alcohol) पीने का प्रभाव तरह-तरह के होते हैं। यह प्रभाव किस तरह का होगा, यह बहुत कुछ इस बात पर निर्भर करता है कि व्यक्ति कितनी मात्रा में मद्यसार पीया है तथा उसे मद्यसार पीने का पूर्ण अनुभव कितने दिनों का है। जब मद्यसार कम मात्रा में पीया जाता है, तो अधिकतर लोगों में इससे खुशी तथा तनाव में कमी का अनुभव होता है। हालांकि मद्यसार एक तरह का शामक (sedative) है, परंतु निम्न मात्रा में लिए जाने पर यह उत्तेजक (stimulant) का कार्य करने लगता है। अक्सर देखा गया है कि निम्न मात्रा में लेने पर व्यक्ति अधिक वातूनी हो जाता है, अधिक निर्गामी (outgoing) हो जाता है तथा वह सामाजिक अवरोधों (social limitations) से कम प्रतिबंधित होता है। बोगेन (Bogen, 1987) ने रक्त में मद्यसार स्तर (alcohol level) तथा उसका व्यवहार पर पड़ने वाले प्रभावों का अध्ययन किया है जो काफी विस्तृत एवं प्रशंसनीय है—

(i) जब रक्त में मद्यसार स्तर .03% पर होता है, तो व्यक्ति का व्यवहार धीमा एवं सम्मानित होता है।

(ii) जब रक्त में मद्यसार स्तर .05% पर होता है, तो व्यक्ति का व्यवहार थोड़ा जोशीला एवं भद्र होता है।

(iii) जब रक्त में मद्यसार स्तर .1% होता है, तो उनका व्यवहार खतरनाक एवं क्रूरतापूर्ण हो जाता है।

(iv) जब रक्त में मद्यसार स्तर .2% होता है, जो उसका व्यवहार भौचक्का करने वाला तथा क्षुब्धतापूर्ण होता है।

(v) जब रक्त में मद्यसार स्तर .25% होता है, तो व्यक्ति घृणित (disgusted) तथा अस्त-व्यस्ततापूर्ण व्यवहार करता है।

(vi) जब रक्त में मद्यसार स्तर .3% होता है, तो व्यक्ति का व्यवहार प्रलापी (delirious), दिशाविहीन तथा शराब पीये व्यक्ति के समान लगता है।

(vii) जब रक्त में मद्यसार स्तर .35% होता है, तो शराब के नशे में धूत होकर वह मरा-सा लेटा रहता है।

(viii) जब रक्त में मद्यसार स्तर .6% होता है, तो उसकी मृत्यु की संभावना बहुत बढ़ जाती है।

जब व्यक्ति मद्यसार अधिक मात्रा में लेता है, तो उसका शामक प्रभाव (depressant effect) पड़ता है तथा उसका संवेदी एवं पेशीय कार्यों में स्पष्ट दोष नजर आते हैं। उसकी दृष्टि तीक्ष्णता में कमी आ जाती है तथा गंध एवं स्वाद की संवेदनशीलता भी कम हो जाती है। उसकी गति एवं संभाषण मंदित हो जाता है। जब रक्त में मद्यसार स्तर .08 से .1 प्रतिशत हो जाता है, तो प्रतिक्रिया समय (reaction time) में कमी हो जाती है। मैककीम (McKim, 1986) ने अपने अध्ययन में पाया कि इस स्तर पर जटिल प्रतिक्रिया समय (complex reaction time) जिसमें व्यक्ति को अनुक्रिया करने के पहले विभिन्न स्रोतों से सूचनाओं को संगठित करना पड़ता है, यथार्थता तथा गति के ख्याल से काफी मंद हो जाता है। उच्च मात्रा में मद्यसार लेने से स्मृति प्रक्रियाएँ भी प्रभावित हो जाती है। उद्दीपकों के प्रति ध्यान, नयी सूचनाओं को कूटसंकेत करने की क्षमता तथा लघुकालीन स्मृति (short-term memory) सभी मंदित हो जाते हैं। अत्यधिक मद्यपान करने पर व्यक्ति में बेहोशी जैसे स्थिति उत्पन्न हो जाती है और पीने से संबद्ध घटनाओं की यादगारी उसे कुछ भी नहीं रहती है।

(2) जैविक प्रभाव *(Biological effects)*—मद्यपानता का प्रभाव मस्तिष्क तथा शरीर के अन्य अंगों पर स्पष्ट रूप से पड़ता है। मद्यसार का प्रभाव कई न्यूरोट्रांसमीटर तंत्रों (neurotransmitter system) पर पड़ता है तथा स्नायविक कार्यों पर सीधा प्रभाव डालता है। मद्यसार न्यूरोन के झिल्ली (membrane) के साथ अविशिष्ट अंतक्रिया (nonspecific interaction) करता है। मद्यसार झिल्ली में घुल जाता है तथा झिल्ली के दैहिक अवस्थाओं को परिवर्तित करके उसे अधिक तरल बना देता है । इससे न्यूरोन की क्रियाएँ मंद पड़ जाती है। मद्यसार अधिक मात्रा में पीने पर व्यक्ति के संवेदी एवं पेशीय कार्यों में दुर्बलता जो देखा जाता है, उसका मुख्य कारण यही सामान्य शमक क्रिया (general depressent action) है। इसके अतिरिक्त मद्यसार का प्रभाव अन्य न्यूरोट्रांसमीटर तंत्रों पर विशेषकर नोरपाइनफ्राइन(norepinephrine), डोपामाईन (dopamine), सेरोटोनिन (serotonin) तथा गामा- एमनियोब्यूट्रिक एसिड (GABA) आदि पर स्पष्ट रूप से पड़ता है। इन तंत्रों पर मद्यसार का प्रभाव से व्यक्ति की मनोदशा (mood) में बदलाव एवं चिंता कम होने वाले प्रभाव स्पष्टत: देखे जाते हैं। मद्यपान से कुछ मस्तिष्कीय कोशिकाएँ विशेषकर अग्रपालि की कोशिकाएँ काफी क्षतिग्रस्त हो जातीं हैं जिनसे उसमें कुछ असामान्यता उत्पन्न हो जाती है। मद्यसार से प्रतिरक्षक तंत्र (immune system) की प्रभावशीलता कम हो जाती है जिससे संक्रामकता (infection) का खतरा बढ़ जाता है।

मद्यसार का प्रभाव सिर्फ मस्तिष्क पर ही नहीं बल्कि शरीर के अन्य अंगों पर भी काफी पड़ता है। मद्यसार पीने से व्यक्ति की भूख में कमी आ जाती है क्योंकि मद्यसार द्वारा काफी कैलोरी (calory) व्यक्ति को मिलता है। परन्तु यह एक तरह का खाली (empty) कैलोरी होता है क्योंकि इसमें आवश्यक पोषक तत्त्वों की कमी होती है। मद्यसार से कुपोषण (malnutrition) बढ़ता है क्योंकि इससे भोजन पचने की क्रिया तथा उसे विटामिन अलग होने की प्रक्रिया दोनों ही प्रभावित होता है। जो व्यक्ति बहुत दिनों से अधिक मात्रा में मद्यसार का सेवन करता है, उसमें बी-कम्प्लेक्स विटामिन की कमी हो जाती है जिसमें उसमें स्मृतिलोप (amensia) के लक्षण उत्पन्न हो जाते हैं। ऐसे व्यक्ति में हाल एवं बहुत पहले की घटनाओं से संबद्ध स्मृति लोप अधिक पाया जाता है।

अधिक दिनों से मद्यसार पीते आने से व्यक्ति में प्रोटीन (protein) की भी कमी हो जाती है जिससे यकृत या जिगर में सिर्रहोसिस (cirrhosis) उत्पन्न हो जाता है। किर्रहोसिस एक ऐसा रोग है जिसमें मद्यसार के प्रभाव से कुछ यकृत कोशिकाएँ मर जाती हैं तथा कुछ यकृत कोशिकाओं में इतना अधिक वसा (fat) जमा हो जाता है कि वे कार्य नहीं कर पाती हैं। अन्ततोगत्वा, रोगी मरणासन्न हो जाता है और फिर उसकी मृत्यु भी हो जाती है। ऐसे मद्यसार स्वयं ही यकृत के कार्यों को बाधित करता है तथा यकृत कोशिकाओं को क्षति पहुँचाता है। इसके अतिरिक्त ही मद्यसार के कुछ दैहिक प्रभाव स्पष्ट रूप से देखे गये हैं। जैसे, इससे अंत:स्रावी ग्रन्थियों को क्षति पहुँचता है, उच्च रक्तचाप उत्पन्न होता है, हृदय गति बाधित होती है, कोशिका नली फट जाती है जिससे मद्यसार पीने वाले व्यक्ति का चेहरा लाल एवं फूला हुआ दिखता है, आदि-आदि।

ऐसे भी पाया गया है कि यदि गर्भवती महिलाएँ मद्यसार का सेवन करती है तो इससे उनके भ्रूण (fetus) का विकास अवरुद्ध हो जाता है तथा मानसिक दुर्बलता (mental retardation) के अतिरिक्त इनमें आनन (facial) तथा कपालीय (cranial) असंगति बढ़ जाती है। इस अवस्था को *भ्रूणिक मद्यसार संलक्षण* (fetal alcohol syndrome) कहा जाता है। कुछ अध्ययनों में जैसे स्टामफर तथा उनके सहयोगियों (Stampfer et al., 1988) में यह पाया है कि हल्की मात्रा में शराब पीने से महिला और पुरुष दोनों में चक्रीय हृदय रोग (coronary heart disease or CHD) की संभावना काफी कम जाती है।

(3) मद्यपान सहनशीलता *(Alcohol Tolerance)*—मद्यसार का प्रभाव यह भी होता है कि व्यक्ति में सहनशीलता (tolerance) विकसित हो जाता है जिसमें अब अधिक मात्रा में मद्यसार पीकर रोगी को बहुत थोड़ा उत्तेजनशीलता का अनुभव होता है। मद्यपान सहनशीलता से संबद्ध कई तीन तरह की घटनाएँ अक्सर देखने को मिलती हैं– *चयापचयी सहनशीलता (metabolic tolerance)*, *व्यवहारात्मक सहनशीलता (behavioural tolerance)* तथा *कोषकीय सहनशीलता (cellular tolerance)*। चयापचयी सहनशीलता में यकृत अधिक चयापचयी इन्जाइम्स (enzymes) पैदा करता है तथा मद्यसार को तेजी से तोड़कर अपने में सोख लेता है जिससे यकृत या जिगर को काफी क्षति होती है। व्यवहारात्मक सहनशीलता वैसे सहनशीलता को कहा जाता है जिसमें व्यक्ति मद्यसार के प्रभाव में कार्य करना सीख लेता है। जैसे, बहुत से ऐसे मद्यपान करने वाले व्यक्ति हैं जो पीकर ही बहुत सारे कार्यों को सामंजस्य ढंग से करते हैं हालांकि इस तरह के रक्त मद्यसार स्तर (blood alcohol level) पर अन्य व्यक्तियों के लिए कार्य करना संभव नहीं हो पाता है। कोषकीय सहनशीलता (cellular tolerance) में न्यूरोन मद्यसार की उपस्थिति के प्रति व्यानुकूलित हो जाता है। लघुमस्तिष्क में न्यूरोन को जब अन्तःशिरा मद्यसार (intraveneous alcohol) दिया जाता है, तो उसमें उत्तेजन की गति बढ़ जाती है और जब उसे लंबे अवधि तक मद्यसार से अनावृत्त कराया जाता है, तो इस तरह का उत्तेजन पैटर्न पुनः अपने समन्वय अवस्था में आ जाता है। मद्यसार से प्रत्याहार (withdrawal) के दौरान इस उत्तेजन गति में तीव्र कमी आ जाती है।

स्पष्ट हुआ कि मद्यपान सहनशीलता के कई प्रकार होते हैं जो मद्यपान के प्रभाव के रूप में देखे जा सकते हैं।

(4) दैहिक निर्भरता *(Physical dependence)*—मद्यसार पीने वालों में दैहिक निर्भरता (physical dependence) तेजी से विकसित होता है। दैहिक निर्भरता व्यक्ति में तभी विकसित होता है जब मद्यसार का उपयोग लम्बे समय तक व्यक्ति करता है और पीने की अवधि तथा स्तर के अनुसार प्रत्याहार संलक्षण (withdrawal syndrome) परिवर्तित होते हैं। प्रत्याहार संलक्षण के लक्षण पिछली बार पीने के बाद से करीब 12 घंटा बीत जाने पर प्रारंभ होता है। प्रारंभ में कमजोरी, जी मिचलाना, चिंता, कम्पन, तीव्र हृदय गति तथा नींद में कमी आदि लक्षण देखे जाते हैं। गंभीर केसेज में इन संलक्षणों में इनके अतिरिक्त विभ्रम, दिशाविहीनता, संभ्रांति तथा घबड़ाहट आदि तीव्र हो जाता है। मामला और अधिक गंभीर होने पर कम्पन, बेहोशी तथा गंभीर उन्माद (delirium) आदि जिसे कम्पनोमाद (delirium tremens or D.T.) विकसित हो जाता है। कम्पनोमाद की अवस्था दो से चार दिन के भीतर विकसित हो जाता है। दारयानानी एवं उनके सहयोगियों (Daryanani et al., 1998) के अनुसार अगर कम्पनोमाद का उपचार नहीं किया गया तो अगले सात से दस दिनों में संलक्षणों की गंभीरता कम हो जाती है।

स्पष्ट हुआ कि मद्यपानता के कई तरह के प्रभाव व्यक्ति पर पड़ते देखे जाते हैं।

मद्यपानता के हैतुकी या कारण
(Etiology of Alcoholism)

सामान्यतः जिस व्यक्ति को मद्यपान-व्यसनी (alcoholic) समझा जाता है, वह बहुत अत्यधिक मात्रा में मद्यसार पीता देखा गया है और इसके परिणामस्वरूप उसे अपने जीवन में कई तरह की परिस्थितियों का सामना करना पड़ता है। प्रायः ऐसे लोगों में बाध्य मद्यपान (compulsive drinking) होता है तथा बहुत कोशिश करने के बाद भी वह उसे रोकने में सक्षम नहीं होता है।

मद्यपानता के कारण से संबद्ध कई सिद्धांत हैं जो इस बात की व्याख्या करता है कि मद्यपानता के क्या कारण होते हैं, तथा कौन लोग मद्यपान-व्यसनी हो जाते हैं। इस क्षेत्र में किये गए अध्ययनों की समीक्षा के बाद इस निष्कर्ष पर पहुँचते हैं कि मद्यपानता के निम्नांकित प्रमुख कारण हैं–

(1) जैविक कारक (biological factors)

(2) मनोसामाजिक कारक (psychosocial factors)

(3) सामाजिक-सांस्कृतिक कारक (socio-cultural factors)

इन सबों का वर्णन निम्नांकित हैं–

1. जैविक कारक *(Biological factors)*—ऐसा देखा गया है कि मद्यपान रोगियों के रक्त एवं शरीर की कोशिकाएँ मद्यसार पदार्थों के साथ अनुकूलित एवं अभियोजित (adjusted) हो जाती हैं। इसका परिणाम यह होता है

कि मद्यपानता शायद इन व्यक्तियों की एक शारीरिक आवश्यकता (physiological need) हो जाती है। ऐसी अवस्था में वे यदि थोड़े देर के लिए भी अपने आप को शराब से वंचित करते हैं तो वे बेचैन हो जाते हैं एवं कई तरह के शारीरिक लक्षण जैसे पसीना आना, चक्कर आना, वमन की इच्छा होना, विभ्रम (hallucination), ऐंठन आदि मुख्य रूप से देखने को मिलते हैं। इन शारीरिक कष्टों से छुटकारा पाने के लिए व्यक्ति पुनः शराब पर टूट जाता है।

हाल में कुछ ऐसे अध्ययन हुए हैं जिनसे यह स्पष्ट हो जाता है कि मद्यपानता आनुवंशिक रूप से (genetically) काफी अधिक प्रभावित होता है। इन अध्ययनों में कॉटन (Cotton, 1979) तथा गोल्डमैन (Goldman, 1998) ने अपने अध्ययनों में पाया है कि मद्यपानी माता-पिता के बच्चों, भाई-बहनों में सामान्य लोगों की तुलना में तीन से चार गुणा मद्यपानता अधिक होती है। केण्डलर तथा उनके सहयोगियों (Kendler et al., 1994) ने अपने अध्ययन में यह पाया है कि एकांडी जुड़वाँ बच्चों में भ्रात्रीय जुड़वाँ बच्चों की तुलना में मद्यपानता का सुसंगतता दर (concordance rate) अधिक था। गुडविन तथा उनके सहयोगियों (Goodwin et al., 1973) ने अध्ययन किया जिसमें मद्यपान-व्यसनी के बच्चों का पालन-पोषण जब दूसरों के घर में रखकर किया गया तो 30 साल की आयु में इन व्यक्तियों में से 18% ने मद्यपानता की ओर झुकाव दिखलाया जबकि नियंत्रित प्रयोज्यों जिन्हें भी दूसरों के घर में रखकर पाला-पोषा गया था, में से मात्र 5% ने मद्यपानता की ओर उन्मुखता दिखलाया। बोहमैन एवं सिगवार्डस्सन (Bohman & Sigvadrsson, 1999) ने एक अध्ययन किया जिसमें यह देखा गया कि जब माताएँ मद्यपान करने वाली होतीं हैं तो उनकी पुत्रियों में मद्यपानता की सम्भावना अन्य ऐसी महिलाओं की तुलना में जिनकी माताएँ मद्यपानी नहीं थीं, चार गुणा होती है। कैडोरेट (Cadoret, 1996) ने अपने अध्ययन में पाया कि जिन पुरुष वयस्कों के पिता मद्यपानी थे, इनके इन संतानों में अन्य सामान्य पुरुष वयस्कों की तुलना में मद्यपानता की दर दुगुणा अधिक था।

उपर्युक्त सभी अध्ययनों से यह स्पष्ट हो जाता है कि मद्यपानता का आधार आनुवंशिकता (hereditary) होता है।

2. मनोसामाजिक कारक *(Psychosocial factors)*—मद्यपानता की स्थिति में न केवल दैहिक निर्भरता बल्कि रोगी मनोवैज्ञानिक निर्भरता (psychological dependence) भी विकसित कर लेता है। अब प्रश्न उठता है कि मद्यपान व्यसनी में मनोवैज्ञानिक निर्भरता क्यों विकसित होती है। इसका उत्तर देने के लिए मनोवैज्ञानिकों द्वारा कई तरह के मनोसामाजिक कारकों (psychosocial factors) का उल्लेख किया गया है जिसमें निम्नांकित तीन महत्त्वपूर्ण हैं–

(1) व्यक्तित्व कारक (personality factors)

(2) प्रतिबल, तनाव ह्रास तथा पुनर्बलन (stress, tension reduction and reinforcement)

(3) वैवाहिक एवं अन्य घनिष्ठ संबंध (marital and other intimate relationship)

इन सबों का वर्णन इस प्रकार है–

(1) व्यक्तित्व कारक *(Personality factors)*—मनोवैज्ञानिकों द्वारा किये गए अध्ययनों के आधार पर इस मूल प्रश्न का उत्तर देने की कोशिश की गयी है–क्या व्यक्तित्व का कोई खास प्रकार होता है जो मद्यपान व्यसनी हो जाता है ? इन लोगों द्वारा किये गए अध्ययनों से यह स्पष्ट हुआ है कि संभाव्य मद्यपानी (potential alcoholics) सामान्यतः सांवेगिक रूप से अपरिपक्व होते हैं, उन्हें दुनियाँ से काफी उम्मीद होती है, वे अन्य लोगों से अत्यधिक प्रशंसा एवं प्यार की उम्मीद करते हैं, असफलता के प्रति तीव्र हीनता भावनाओं के साथ प्रतिक्रिया करते हैं तथा कुंठा सहनशीलता (frustration tolerance) की क्षमता कम होती है। मोरे, स्कीन्नर तथा ब्लाशफिल्ड (Morey, Skinner & Blashfield, 1984) ने अपने अध्ययन में यह पाया है कि जिन व्यक्तियों में मद्यपानता होने का उच्च जोखिम (high risk) होता है, उनका व्यक्तित्व विशेषकर आक्रमकता तथा आवेगशीलता के गुणों में उन व्यक्तियों की तुलना में भिन्न होते हैं जिनमें मद्यपानता होने का निम्न जोखिम (low risk) होता है। कैडोरेट तथा उनके सहयोगियों (Cadoret et al., 1996) एवं ड्रेक तथा भाईलैन्ट (Darake & Vaillant, 1988) द्वारा किये गए अध्ययनों से यह स्पष्ट हुआ कि जिन व्यक्तियों का समाज-विरोधी व्यक्तित्व (anti-social personality) होता है, उन्हें मद्यपान व्यसनी (alcoholics) होने की संभावना बहुत अधिक होती है। ग्रैंड (Grand et al., 1985) तथा अल्टरमैन (Alterman, 1988) ने इस क्षेत्र में किये गये अध्ययनों की समीक्षा के आधार पर यह बतलाया है कि करीब 75 से 80% अध्ययनों में समाज-विरोधी व्यक्तित्व तथा मद्यपानता में संबंध पाया गया है।

(2) प्रतिबल, तनाव ह्रास तथा पुनर्बलन *(Stress, tension reduction and reinforcement)*—मनोवैज्ञानिकों

के एक समूह की प्राक्कल्पना (hypothesis) यह है कि कुछ लोग इसलिए मद्यपानता को अपना लेते हैं क्योंकि मद्यपान करने से उनकी ज़िंदगी का तनाव, चिंता आदि में कमी आ जाती है। मद्यपान करके अपनी जिंदगी के तनावपूर्ण परिस्थितियों में बिना किसी तरह के चिंता दिखलाये वे उत्तम निष्पादन बनाये रखने में सक्षम हो जाते हैं। इस प्राक्कल्पना के अनुसार तब मद्यपानता एक सीखा गया कुसमायोजी व्यवहार है जो तनाव ह्रास (tension reduction) की प्रक्रिया से पुनर्बलित (reinforced) एवं संपोषित होता है। लेभेनसन एवं उनके सहयोगियों (Levenson et al., 1980) तथा मूलानी (Mullaney, 1999) द्वारा किए गए अध्ययनों से यह स्पष्ट हुआ है कि मद्यपानता व्यक्ति के तात्कालिक तनाव की स्थिति को कम कर देता है और व्यक्ति थोड़े देर के लिए काफी अच्छा महसूस करने लगता है हालाँकि वह यह जानते हैं कि बाद में इसका परिणाम बुरा हो सकता है।

कॉक्स तथा क्लिंगर (Cox & Clingler, 1988) ने मद्यपानता की व्याख्या करने के लिए एक *अभिप्रेरणात्मक मॉडल (motivational model)* का प्रतिपादन किया है। इस मॉडल में मद्यपानता का उत्तरदायित्व स्वयं व्यक्ति पर ही लादा गया है। व्यक्ति द्वारा मद्यपान किये जाने का कारण यह है कि व्यक्ति स्वयं ही चेतन या अचेतन रूप से मद्यपान करने का निर्णय करता है। इस मॉडल के अनुसार व्यक्ति ऐसा निर्णय लेने के लिए इसलिए अभिप्रेरित होता है क्योंकि इससे उसमें भावात्मक परिवर्तन अर्थात् उसके मनोदशा (mood) में परिवर्तन आ जाता है तथा साथ-ही-साथ इससे उसे कुछ हद तक अपने साथियों का समर्थन भी मिलता है। संक्षेप में, मद्यसार या एल्कोहल को व्यक्ति इसलिए पीता है क्योंकि यह व्यक्ति के लिए पुनर्बलन का कार्य करता है।

3. सामाजिक-सांस्कृतिक कारक *(Socio-cultural factors)*—मद्यपानता के क्षेत्र में किए गए अध्ययनों से यह स्पष्ट है कि व्यक्ति को मद्यपान व्यसनी बनने में समाज के संस्कृति का भी योगदान होता है। वेल्स (Bales, 1946), हार्टोन (Horton, 1943), सुलकुनेन (Sulkunen, 1976) द्वारा किये गए अध्ययनों से यह स्पष्ट हुआ है कि निम्नांकित तीन ऐसे कारक हैं जो मद्यपानता की ओर व्यक्तियों में उन्मुखता उत्पन्न करता है–

1. समाज की संस्कृति में प्रतिबल (stress) या तनाव का सामान्य स्तर कितना है। कुछ सामाजिक संस्कृतियाँ ऐसी होती हैं जिनमें स्वभावतः तनाव अधिक उत्पन्न होता है। हार्टोन (Horton, 1943) ने 56 ऐसे ही समाज की संस्कृतियों की समीक्षा किया है और पाया है कि जिन सामाजिक संस्कृतियों में असुरक्षा का स्तर अधिक होता है, उनमें एल्कोहल या मद्यसार पीने की उन्मुखता अधिक देखी गयी है (अगर इस संस्कृति में मद्यसार पर्याप्त मात्रा में सहज ढंग से उपलब्ध है)।

2. कुछ अध्ययनों में देखा गया है कि द्रुत सामाजिक परिवर्तन तथा सामाजिक विघटन (social disintegration) से भी मद्यसार के प्रति लोगों की उन्मुखता में वृद्धि होती है। एक अध्ययन में जिसे टाईम, अप्रील 22, 1974 में प्रकाशित किया गया था, यह पाया गया है कि ग्रामीण एलास्का (Alaska) के बहुत से क्षेत्रों में रहने वाले एस्किमो (Eskimo) में मद्यपानता (drinking) एक मुख्य समस्या इसलिए बन गयी थी क्योंकि उनके जीवन शैली में तीव्र परिवर्तन आया था जो लगभग एक तरह से सामाजिक विघटन के तुल्य था। मैककार्ड, मैडकार्ड तथा गुडेमैन (McCord, McCord & Gudeman, 1960) द्वारा किये गए अध्ययन से यह पता चला है कि शैक्षिक स्तर तथा सामाजिक-सांस्कृतिक स्तर गंदा होने से व्यक्तियों में मद्यपानता की प्रबलता भी अधिक होती है।

3. सामाजिक-संस्कृति द्वारा मद्यपानता के प्रति लोगों में उत्पन्न मनोवृत्ति पर भी मद्यपानता की आवृत्ति तथा प्रबलता निर्भर करता है। सुलकुनेन (Sulkunen, 1976) ने एक अध्ययन किया जिसमें इन्होंने मुस्लिम, मोरमोन (Mormons), यूरोपियन (Europeans) में पाये जाने वाले सांस्कृतिक मनोवृत्ति का मद्यपानता पर पड़ने वाले प्रभाव का अध्ययन किया है और पाया है कि मुस्लिम तथा मोरमोन में मद्यपानता की प्रबलता बहुत कम पायी जाती है क्योंकि इनके संस्कृति में इसके प्रति एक तरह का नकारात्मक मनोवृत्ति होती है। इसके तुलना में यूरोपियन तथा यूरोपियन संस्कृति से प्रभावित छह देशों अर्थात् अर्जेन्टाइना, कनाडा, चिली, जापान, संयुक्त राज्य अमेरिका तथा न्यूजीलैंड (New Zealand) द्वारा पूरे संसार का मद्यसार का करीब 80% पीया जाता है हालाँकि इन सभी देशों में पूरे संसार के जनसंख्या का मात्र 20% ही लोग रहते हैं। फ्राँस में मद्यपानता का सबसे ऊँचा दर पाया गया है क्योंकि इस संस्कृति में मद्यसार को एक उत्तम परोस्य वस्तु माना गया है। यही कारण है कि नोबुल (Noble, 1979) ने अपने अध्ययन में पाया है कि फ्रांस में लिभर की एक विशेष बीमारी जिसे सिरोसिस (cirrhosis) कहा जाता है, से मरने वालों की संख्या सबसे अधिक होती है क्योंकि इस रोग का मद्यपानता से प्रत्यक्ष संबंध है।

स्पष्ट हुआ कि कई कारण एवं कई अवस्थाएँ ऐसी हैं जो व्यक्ति को मद्यपानता की ओर झुकाव उत्पन्न करता है।

मद्यपानता के उपचार तथा परिणाम
(Treatment and Outcomes of Alcoholism)

मद्यपानता के उपचार की कई विधियाँ हैं जिनमें महत्त्वपूर्ण निम्नांकित दो हैं–

(1) जैविक उपचार (biological treatment)

(2) मनोसामाजिक उपचार (psychosocial treatment)

इन दोनों का वर्णन इस प्रकार है–

1. जैविक उपचार *(Biological treatment)*—मद्यपानता के उपचार का मुख्य उद्देश्य यह होता है कि व्यसनी फिर से मद्यसार का सेवन करना बंद कर दे। इसके लिए कई तरह के जैविक उपचार किये जाते हैं। इनमें *डीटॉक्सीफिकेशन (detoxification)* तथा कुछ विशेष तरह के औषध का उपयोग मुख्य है। डीटॉक्सीफिकेशन एक ऐसी प्रक्रिया है जिसमें व्यसनी के शरीर से मद्यसार (alcohol) को कम किया जाता है या हटाया जाता है। डीटॉक्सीफिकेशन की प्रक्रिया अस्पताल में या किसी उपचार केन्द्र पर मेडिकल पर्यवेक्षण (medical supervision) के तहत की जाती है। जिन लोगों में गंभीर निर्भरता विकसित कर गयी होती है, उनके लिए पहले डीटॉक्सीफिकेशन करना अनिवार्य हो जाता है ताकि उनके मद्यसार प्रत्याहार संलक्षण (alcoholic withdrawal syndrome) का उपचार ठीक ढंग से किया जा सके। इसके लिए प्राय: क्लोरडियाजेपौक्साईड (chlordiazepoxide) नामक औषध का उपयोग किया जाता है। इस औषध से व्यसनी में पेशीय उत्तेजन, मितली, कै तथा प्रत्याहार में तो कमी आती ही है साथ-ही-साथ प्रत्याहार (withdrawal) से संबद्ध चिंता तथा तनाव में भी कमी आती है। डीटॉक्सीफिकेशन के बाद सामान्यत: ऐसे व्यक्तियों का सक्रिय उपचार मनोवैज्ञानिक विधियों से किया जाता है जिसमें उन्हें समूह में रखकर मनश्चिकित्सा, सलाह तथा व्यवहार चिकित्सा (behaviour therapy) आदि दिया जाता है।

मद्यपानता के उपचार में कुछ चिकित्सीय औषध (therapeutic drug) का भी उपयोग सफलतापूर्वक किया गया है। डिसुलफियारम (Disulfiarm) एक ऐसा ही औषध है। यह एक तरह का ऐंटाबुज (antabuse) है जो उन ऐंजाइम (anzyme) को प्रतिरोधित करता है जो मद्यसार के चयापचय (metabolsim) को सहायता देता है। अगर डिसुलफियारम खाने के बाद व्यक्ति मद्यसार का सेवन करता है तो इससे शरीर में एसिटालडेहिड (acetaldehyde) का निर्माण होता है और व्यक्ति बीमार महसूस करने लगता है। इस औषध द्वारा उपचार किये जाने का तर्क यह है कि इस औषध के कटु अनुभव से व्यक्ति मद्यसार का सेवन करना छोड़ देगा। बोहन (Bohn, 1997) के अध्ययन के अनुसार डिसुलफियारम से मद्यसार सेवन की आवृत्ति में कमी तो अवश्य आती है परंतु भविष्य में इसका कोई प्रतिरोधक प्रभाव स्थायी तौर पर पड़ते नहीं देखा गया है।

अभी हाल के वर्षों में वोलपाइसेली तथा उनके सहयोगियों (Volpicelli et al., 1992, 1995) ने अपने अध्ययनों में एक-दूसरे औषध जिसे *नालट्रेक्सोन (naltrexone)* कहा जाता है, मद्यपानता के उपचार में अधिक लाभप्रद बतलाया है। नालट्रेक्सोन एक अफीम विरोधी (opiate antagonist) है जो मस्तिष्क में अफीमीय संचरण (opioid transmission) को कम करता है या रोकता है। नालट्रेक्सोन सचमुच में मद्यसार पीने की प्रेरणा-शक्ति को कम करता है और यह औषध विशेषकर उन व्यक्तियों के उपचार में अधिक प्रभावी सिद्ध हुआ है जो सिर्फ 'थोड़ा-सा मद्यसार' किये बिना कोई कार्य का आरंभ नहीं करते हैं।

स्पष्ट हुआ कि कई तरह के जैविक उपचार प्रविधियाँ हैं जिनका उपयोग मद्यपानता के उपचार में किया जाता है।

2. मनोसामाजिक उपचार *(Psychosocial treatment)*—मद्यपानता के उपचार के लिए कुछ मनोवैज्ञानिक उपचार विधियाँ भी उपलब्ध हैं। वैयक्तिक मनश्चिकित्सा (individual psychotherapy) का उपयोग इसमें कभी-कभी किया जाता है क्योंकि यह उतना प्रभावी नहीं होता है। मद्यपानता की चिकित्सा में मनश्चिकित्सा के उन प्रारूपों पर अधिक बल डाला जाता है जिसमें सामूहिक चिकित्सा (group therapy) महत्त्वपूर्ण समझा जाता है। अत: मनोसामाजिक उपचार में निम्नांकित तीन तरह की प्रविधियाँ तुलनात्मक रूप से अधिक लोकप्रिय हैं–

(1) सामूहिक चिकित्सा (Group therapy)

(2) व्यवहारात्मक चिकित्सा (Behavioural therapy)

(3) एल्कोहलिक ऐनोनिमस (Alcoholic anmymous)

इन सबों का वर्णन निम्नांकित है–

(1) सामूहिक चिकित्सा *(Group therapy)*—मद्यपान व्यसनी के उपचार में सामूहिक चिकित्सा की भूमिका अहं बतलायी गयी है। इसमें मद्यपान व्यसनी के परिवार के सदस्यों को एक साथ बुलाया जाता है या फिर अपरिचित व्यसनी का एक समूह तैयार करके चिकित्सा प्रदान की जाती है। इस सामूहिक चिकित्सा में मद्यपान व्यसनी को अपनी समस्याओं तथा उनके परिणामों से अवगत कराया जाता है। इस द्वय प्रक्रिया का परिणाम यह होता है कि मद्यपान व्यसनी मद्यसार से संबद्ध समस्याओं से निबटने के नये तरीके ढूँढ लेते हैं और वे पहले से अधिक समझ-बूझ से काम लेते हैं। फलतः इनकी समस्या की गंभीरता कम हो जाती है।

(2) पर्यावरणी हस्तक्षेप *(Environmental intervention)*—कुछ मनोवैज्ञानिकों का विचार है कि सिर्फ मद्यपान व्यसनी को अपनी समस्याओं से निबटने के नये-नये तरीकों को सीखला देने से काम नहीं चलेगा बल्कि उनके सामाजिक वातावरण में भी बदलाव लाना आवश्यक है। सामान्यतः यह देखा गया है कि मद्यपान व्यसनी को अपने परिवार के सदस्यों एवं दोस्तों के साथ संबंध खराब हो जाता है। कभी-कभी इस बुरी आदत के चलते उन्हें अपना नौकरी गँवाना पड़ता है। इन सबका परिणाम यह होता है कि उनका सामाजिक पर्यावरण काफी वैरपूर्ण एवं धमकीपूर्ण होता है जो एक तरह उनमें नयी समस्या उत्पन्न कर देता है और फिर उससे निबटने के लिए उनमें पीने की ओर उन्मुखता बढ़ जाती है। अतः कुछ करने के लिए यह आवश्यक है कि उनके सामाजिक पर्यावरण में पर्याप्त हस्तक्षेप या बदलाव लाया जाए।

(3) व्यवहारात्मक चिकित्सा *(Behavioural therapy)*—मद्यपानता के उपचार में कई तरह के व्यवहार चिकित्सा का उपयोग सफलतापूर्वक किया गया है। व्यवहार चिकित्सा के कई प्रकार हैं जिनका उपयोग इसके उपचार में किया जाता है। इनमें विरुचि अनुबंधन (aversive conditioning), अस्पष्ट संवेदीकरण (covert sensitization) तथा कौशल-प्रशिक्षण प्रविधि (skill-training procedure) जो एक तरह का संज्ञानात्मक व्यवहार चिकित्सा (cognitive-behaviour therapy) है, प्रधान है।

विरुचि अनुबंधन की प्रविधि में मद्यपान को कम करने के लिए कई तरह के अनिष्टकर उद्दीपकों (noxious stimuli) को व्यसनी के सामने रखा जाता है जो उसमें विरुचि (aversion) उत्पन्न करते हैं। फिर यह विरुचि उसके मद्यपान व्यवहार से अनुबंधित हो जाता है जिसके कारण उसमें मद्यसार पीने की आवृत्ति में अपने आप कमी आ जाती है। जैसे, मद्यसार पीने के व्यवहार को बिजली का आघात से युग्मित करके व्यसनी में मद्यपानता के प्रति उदासीनता विकसित किया जा सकता है। क्लेसन एवं माल्म (Claeson & Malum, 1873) ने एक अध्ययन किया जिसमें मद्यपानता की समस्याओं से गंभीर रूप से ग्रसित व्यसनियों को उक्त विधि जिसमें पीने के संबद्ध उद्दीपकों को वैद्युतीय आघात (electric shock) के साथ युग्मित कर उपचार किया गया और परिणाम में पाया गया है कि करीब 24% व्यसनियों में यह प्रविधि काफी सफल रहा।

अस्पष्ट संवेदीकरण (covert sensitization) एक दूसरी व्यवहार चिकित्सा है जिसका उपयोग मद्यपानता के उपचार में सफलतापूर्वक किया गया है। यह एक ऐसी प्रविधि है जिसमें मद्यपान व्यसनी को अनिष्टकर मानसिक प्रतिमाओं (noxious mental images) के साथ अनुबंधन प्रविधि द्वारा साहचर्चित करके उसकी समस्याओं को दूर करने की कोशिश की जाती है। इस प्रविधि के मुख्य समर्थक काऊटेला (Cautela, 1967) हैं। इस विधि द्वारा प्रदत्त उपचार का अनुवर्त्ती अध्ययन (follow-up study) से यह पता चला है कि थोड़े समय के लिए या लघु अवधि के लिए इस विधि का प्रभाव काफी उत्तम होता पाया गया है। परन्तु इस प्रविधि का दीर्घकालीन प्रभाव उत्तम नहीं रहा है क्योंकि मात्र काल्पनिक उद्दीपकों अर्थात् प्रतिमाओं से यह उम्मीद करना कि यह व्यक्ति के जिंदगी पैटर्न या जीवन शैली में महत्त्वपूर्ण परिवर्तन लाकर उसे लम्बे अरसे तक बरकरार रखेगा, अवास्तविक दीखता है।

अभी हाल में मद्यपानता के उपचार में संज्ञानात्मक-व्यवहार चिकित्सा (cognitive behaviour therapy or CBT) की भूमिका भी सराहनीय सिद्ध हुआ है। कौशल-प्रविधि (skills-training procedure) एक ऐसी ही प्रविधि है जिसपर मार्लाट (Marlatt, 1985) तथा लाँग एवं मार्लाट (Long & Marlatt, 1993) द्वारा सर्वाधिक बल डाला गया है। सचमुच में इस प्रविधि में संज्ञानात्मक व्यवहार चिकित्सा को सामाजिक सीखना सिद्धान्त तथा मॉडलिंग (modeling) के साथ संयोजित करके उपयोग किया जाता है। इस प्रविधि में व्यसनी को मद्यसार के बारे में विशिष्ट ज्ञान दिया जाता है, उन परिस्थितियों से निबटने के लिए पर्याप्त कौशल विकसित करने की कोशिश की जाती है जिसमें मद्यसार उपयोग की

संभावना अधिक होती है, उनके इनसे संबंधित संज्ञान एवं प्रत्याशाओं को परिमार्जित किया जा सकता है तथा उन्हें तनाव-निरोध कौशलों को भी सीखलाया जाता है। अध्ययनों से यह स्पष्ट हुआ है कि इस प्रविधि का लाभ मूलतः वैसे मद्यपान व्यसनी को अधिक होता है जिनमें पीने की आदत नयी-नयी पड़ी होती है।

उक्त प्रविधियों के अतिरिक्त आजकल मद्यपानता को कम करने के लिए कुछ विशिष्ट कार्यक्रम चलाये जा रहे हैं जिनमें *नियंत्रित मद्यपान उपचार कार्यक्रम* (controlled drinking treatment programme) तथा *आत्म-नियंत्रण प्रशिक्षण कार्यक्रम* (self-control teaching programme) प्रमुख हैं। नियंत्रित मद्यपान उपचार कार्यक्रम में मद्यपान व्यसनी को मद्यसार कम मात्रा में लेने के लिए प्रशिक्षण दिया जाता है और यहाँ पूर्वकल्पना यह होती है कि जिन्हें पीने की आदत पड़ गयी है, उनकी इस बुरी लत को सिर्फ कम किया जा सकता है, उनसे पूर्णतः छुटकारा पाना संभव नहीं है। मिलर तथा उनके सहयोगियों (Miller et al, 1986) ने एक अध्ययन किया जिसमें उन्होंने नियंत्रित मद्यपान उपचार कार्यक्रम के चार दीर्घकालीन अनुवर्ती अध्ययनों के परिणाम की समीक्षा किया और पाया कि इनमें धीरे-धीरे मद्यत्यागी (abstainness) की संख्याओं में वृद्धि हुई तथा इन चारों अध्ययनों में शामिल किये व्यसनियों में से करीब 15% ने स्पष्टतः मद्यपान के व्यवहार में सख्त कमी ला पाने में अर्थात् उसे नियंत्रित कर पाने में सफल हो पाए। मिलर ने इस अध्ययन के बाद निष्कर्ष के रूप में यह भी बतलाया कि इस तरह का नियंत्रण कार्यक्रम उन मद्यपान व्यसनियों के लिए अधिक लाभप्रद होता है जो अभी गंभीर रूप से इस समस्या से ग्रसित नहीं हुए हों। आत्म-नियंत्रण प्रशिक्षण कार्यक्रम (self-control training programme) पर सर्वाधिक बल लोमीबाँड़ तथा कैड्डी (Lovibond & Caddy, 1970) द्वारा दिया गया है। इस प्रविधि में मद्यपान व्यसनी को उनके रक्त में मद्यसार के उन्मत स्तर (intoxicating level) से अवगत कराया जाता है जिसे रक्त-मद्यसार विभेदन प्रशिक्षण सत्र (blood alcohol discrimination training session) कहा गया है। इसमें चिकित्सक व्यसनी को रक्त में मौजूद मद्यसार के स्तर से तथा उसके कुपरिणाम से अवगत कराता है तथा उसे भविष्य में इस पर नियंत्रण रखने के उपाय बतलाता है तथा साथ-ही-साथ उन्हें मद्यसार के विकल्प के उपयोग पर भी बल डालता है। इस विधि का भी अधिकतर लाभ उन व्यक्तियों को होता है जिनमें अभी मद्यसार पर पूर्ण निर्भरता नहीं विकसित हो पायी है। लाँग तथा किड्रोफ (Long & Kidrof, 1990) के अध्ययन के अनुसार इस तरह की प्रविधि की लोकप्रियता इधर हाल के वर्ष में काफी बढ़ी है।

(4) एल्कोहलिक एनसेनिमस *(Alcoholic Anonymous or AA)*—मद्यपानता को कम करने या नियंत्रित करने का यह एक व्यवहारिक उपागम है जिसकी शुरूआत तो अमेरिका में हुई परंतु AA समूह की स्थापना अन्य देशों में भी सफलता के साथ हुई। AA समूह की स्थापना 1935 में दो व्यक्तियों अर्थात् डॉ० बॉब (Dr. Bob) तथा बिल डब्ल्यू (Bill W.) द्वारा एकरोन (Akron) जो ओहियो (Ohio) में है, हुआ। विल डब्ल्यू ने अपने व्यक्तित्व में कुछ आध्यात्मिक परिवर्तन (spiritual change) लाकर मद्यपानता को नियंत्रित कर लिया और फिर उन्होंने डॉ० बॉब को भी मद्यपानता को नियंत्रित करने में सफलतापूर्वक मदद किया। बाद में ये दोनों मिलकर अन्य मद्यपान व्यसनी को इससे छुटकारा पाने के लिए एक संगठन (organization) की स्थापना किया जिसे AA कहा गया और जिनसे काफी मद्यपान व्यसनी को अपनी बुरी लत पर नियंत्रण करने में सफलता मिली।

सचमुच में AA एक तरह का परामर्श कार्यक्रम है जिसमें मद्यसेवियों (alcoholics) जिनका नाम गुप्त रखने के लिए नाम के प्रथम अक्षर का ही प्रयोग किया जाता है, को समूह या अकेले में रखकर मद्यपानता से संबंधित उनकी समस्याओं का वर्णन किया जाता है, उन्हें आत्म-मूल्यांकन करने के लिए कहा जाता है और उन व्यक्तियों के विचारों से अवगत कराया जाता है जो मद्यपानता छोड़कर स्वस्थकर जिंदगी बिता रहे होते हैं। AA की मुख्य दो मान्यताएँ होती हैं—

(i) यदि व्यक्ति एक बार मद्यसार पीना शुरू कर देता है, तो वह हमेशा पीयेगा।

(ii) बिना विशेष मदद के कोई भी व्यक्ति शराब पीना बंद नहीं कर सकता है।

स्पष्टतः AA जिसका उद्देश्य मद्यपान व्यसनी से मद्यपानता को दूर करना है, एक कठिन कार्य है। फिर भी इस संगठन को अपने उद्देश्य में काफी सफलता मिली है। अभी हाल के वर्षों में AA का संबंधित प्रारूप (affiliated forms) जैसे एल-एनोन (Al-Anon), पारिवारिक समूह तथा अला-टीन (Ala-Teen) भी काफी लोकप्रिय हुआ है जिसका उद्देश्य परिवार के सदस्यों को भी एक साथ बुलाकर समस्या एवं उसके निदान पर विचार-विमर्श करना होता है ताकि उनके उभयनिष्ठ अनुभूतियों को जाना जा सके, मद्यपानता के स्वरूप को समझा जा सके तथा उन्हें इस समस्या से निपटने के वैयक्तिक प्रविधियों से अवगत कराया जा सके।

पर्याप्त लोकप्रियता के बावजूद AA संगठन में कुछ खामियाँ (limitations) पायीं गयी हैं जिनसे इसकी प्रभावशीलता पर आँच आयी है। इन खामियों में प्रमुख निम्नांकित हैं—

(i) AA चिकित्सा विधि में मद्यपानता के अन्य चिकित्सा विधियों की तुलना में व्यक्तियों (या व्यसनियों) में इससे अपने को हटा लेने (dropout) का दर अधिक होता है। एडवार्डस, हेन्समशैन तथा हॉकर (Edwards, Hensman & Hawker, 1989) के अनुसार यह दर करीब 80% तक होता है। बाकी जो बचते हैं, उनमें से मात्र आधे ही किसी तरह से मद्यपानता को नियंत्रित कर पाते हैं।

(ii) AA विधि द्वारा मद्यपानता के उपचार में यह भी देखा गया है कि इस संगठन में सम्मिलित किये गए कुछ व्यक्तियों में अधिकतर AA सत्र के अर्ध-धार्मिक एवं उपदेशात्मक गुणों तथा सामूहिक सिफारिशनामा प्रारूप (group testimonial form) को स्वीकार नहीं करते हैं जिससे भी इसकी प्रभावशीलता प्रभावित हुई है।

(iii) कारसन एवं बुचर (Cason & Butcher, 1996) के अनुसार जिन व्यक्तियों को AA समूह में शामिल करके मद्यपानता का उपचार किया जाता है, उनमें से अधिकतर की जिंदगी में और अधिक कठिनाई सामने आ जाती हैं और उन कठिनाइयों से निबटने के लिए ऐसे लोग और अधिक मात्रा में तथा बारंबारता के साथ मद्यसार पीना प्रारंभ कर देते हैं।

स्पष्ट हुआ कि मद्यपानता के उपचार की कई विधियाँ हैं। इनमें व्यवहार चिकित्सा तथा औषध उपचार का महत्त्व तुलनात्मक रूप से अधिक है।

नाइकोटिन एवं सिगरेट-धूम्रपान संबद्ध विकृति (Nicotine and Cigarette Smoking Related Disorder)

नाइकोटिन एक जहरीला एकालोयाड (akaloid) है जो तम्बाकू का मुख्य तत्त्व है। यह सिगरेट, खैनी (chewing tobacco), सिगार, सूँघनी (snuff) आदि में पाया जाता है। आजकल नाइकोटिन का उपयोग नाइकोटिन निर्यास (nicotine gum) तथा नाइकोटिन फाहा (nicotine patch) आदि के रूप में भी किया जाता है। निर्यास तथा फाहा द्वारा व्यक्ति त्वचा (skin) मार्ग के माध्यम से नाइकोटिन अपने शरीर के अंदर लेता है जबकि खैनी में मुख मार्ग से तथा अन्य में धूम्रपानी (smoking) माध्यम से नाइकोटिन व्यक्ति अपने शरीर के भीतर ग्रहण करता है। नाइकोटिन एक तरह का सामान्य उत्तेजक (stimulant) ही है।

नाइकोटिन संबद्ध विकृति दो प्रकार के बतलाये गए हैं—

(1) नाइकोटिन निर्भरता (nicotine dependence)

(2) नाइकोटिन प्रत्याहार (nicotine withdrawal)

इन दोनों का वर्णन इस प्रकार है—

(1) नाइकोटिन निर्भरता *(Nicotine dependence)*—निकोटिन एक ऐसा तत्त्व है जिसके सेवन से इसके प्रति व्यक्ति में तीव्र निर्भरता (dependency) विकसित हो जाता है। हिल्ट्स (Hilts, 1994) के अध्ययन के अनुसार नाइकोटिन व्यसनी (addictive) नहीं होता है परंतु निश्चित रूप से व्यक्ति में निर्भरता उत्पन्न करता है। इसका अंदाज इसी से लगाया जा सकता है कि इनके अध्ययन में यह स्पष्ट रूप से देखा गया कि जो धूम्रपान करने वाले व्यक्ति अपनी इस आदत को छोड़ने की कोशिश किये, उनमें 70% ने तीन महीने के भीतर फिर से धूम्रपान करना प्रारंभ कर दिये। DSM-IV (TR) के अनुसार धूम्रपान करने वाले व्यक्तियों में से करीब 80% से अधिक धूमपान बंद करने की इच्छा प्रतिवर्ष व्यक्त करते हैं तथा 35% प्रत्येक वर्ष इसे बंद करने का सक्रिय प्रयास भी करते हैं। परंतु 5% से कम को ही इसमें सफलता मिल पाती है। जिसमें निकोटिन निर्भरता विकसित कर जाती है, उनमें निम्नांकित लक्षण मुख्य रूप से देखने को मिलते हैं—

(i) धूमपान करने के लिए बाध्यता महसूस करना

(ii) धूमपान तथा निकोटिन लेने के प्रति अत्यधिक आवेष्टन (involvement) दिखाना

(iii) निकोटिन तथा धूमपान की आपूर्ति (supply) के लिए पर्याप्त उपाय करना

(iv) धूमपान कुछ दिनों तक रोक देने पर धूमपान पुन: करने की तीव्र इच्छा दिखाना

यह सर्वविदित है कि धूमपान से मेडिकल समस्याएँ उत्पन्न होतीं हैं और इस ज्ञान के बावजूद भी उसका उपयोग ऐसे व्यक्तियों में निश्चित रूप से स्वास्थ्य संबद्ध समस्याएँ उत्पन्न करना है।

(2) नाइकोटिन प्रत्याहार *(Nicotine withdrawal)*—जब नाइकोटिन तथा धूमपान करने वाला व्यक्ति कुछ दिनों तक के लिए उसे छोड़ देता है, तो उसमें कुछ विशेष तरह के संलक्षण (syndromes) पाया जाता है जिसे नाइकोटिन प्रत्याहार (nicotine withdrawal) का नाम दिया गया है। DSM-IV (TR) में लाइकोटिन प्रत्याहार के मुख्य निम्नांकित चार कसौटियाँ (criteria) बतलाये गये हैं जिसके आधार यह तय किया जा सकता है कि व्यक्ति में नाइकोटिन प्रत्याहार के लक्षण उपस्थित हैं अथवा नहीं।

(i) कई गत सप्ताहों से व्यक्ति नाइकोटिन का सेवन कर रहा है।

(ii) जब व्यक्ति अचानक नाइकोटिन का सेवन बंद कर देता हो या कम कर देता हो तो चौबीस घंटों के भीतर निम्नांकित में से कम-से-कम *चार* लक्षण अवश्य ही उसमें विकसित हो गये हों—

(1) विषादी मनोदशा (depressed mood)

(2) नींद की कमी

(3) कुंठा, चिड़चिड़ापन या क्रोध

(4) चिंता

(5) ध्यान एकाग्रता में कठिनाई

(6) बेचैनी

(7) हृदय गति में कमी

(8) भूख अधिक लगना या शारीरिक वजन में वृद्धि

(iii) ऊपर के बतलाये गए लक्षणों का स्वरूप ऐसा होना चाहिए कि उनसे व्यक्ति को अपनी सामाजिक, व्यवसायिक तथा अन्य महत्त्वपूर्ण जवाबदेहियों को निभाने में पर्याप्त कठिनाई तथा तकलीफ होती हो।

(iv) उक्त लक्षणों की उत्पत्ति में किसी मानसिक रोग का प्रत्यक्ष या अप्रत्यक्ष हाथ न हो।

अध्ययनों से यह स्पष्ट हुआ है कि धूमपान करने के आदी व्यक्ति यदि धूमपान बन्द कर देता है तो इससे उसमें कई तरह के चयापचयी परिवर्तन (metabolic changes) आ जाते हैं जिससे उनमें भूख अधिक लगती है तथा उनका शारीरिक वजन अधिक बढ़ जाता है। अध्ययनों से यह भी पता चला है कि अधिकतर औद्योगिक सम्पन्नता वाले देशों में धूमपान का प्रचलन कम होते जा रहा है परन्तु विकासशील देशों में इसका प्रचलन बढ़ते जा रहा है। महिलाओं में पुरुषों की अपेक्षा धूमपान की बारंबारता एवं प्रचलन कम होता है। सामान्यत: धूमपान की शुरूआत किशोरावस्था में होती है और कितनी तेजी से इसपर निर्भरता व्यक्ति विकसित कर लेता है, यह स्पष्ट नहीं है। इनमें से जो 20 साल के आयु के बाद भी धूमपान जारी रखते हैं, उसमें 95% लोग नियमित धूमपान करने वाले हो जाते हैं। जो लोग धूमपान को छोड़ने में सफल हो जाते हैं, उसमें करीब 25% से भी कम तो ऐसे व्यक्ति होते हैं जो प्रथम प्रयास में ही छोड़ देते हैं। मनोवैज्ञानिकों द्वारा किये गए अध्ययनों से यह भी स्पष्ट हुआ है कि धूमपान का जोखिम व्यक्ति में उस समय बढ़ जाता है जब उसे जैविक रिश्तेदारों (biological relatives) द्वारा धूम्रपान किया जाता हो। जुड़वाँ बच्चों एवं दत्तक-ग्रहण (adoption) अध्ययनों से यह बिल्कुल ही स्पष्ट हो गया है कि धूमपान जैसे व्यवहार की उत्पत्ति में आनुवांशिक कारकों (genetic factors) की भूमिका अहं है।

नाइकोटीन एवं सिगरेट धूमपान संबद्ध विकृति का उपचार
(Treatment of Nicotine and Cigarette Smoking related disorder)

फिओर तथा उनके सहयोगियों (Fiore et al., 1990) द्वारा किये गये शोधों से यह स्पष्ट हुआ है कि अधिक धूम्रपान करने वाले व्यक्ति परामर्श प्रोग्राम तथा अन्य किसी प्रकार के चिकित्सा या सुझाव के ही धूमपान करना छोड़ देते हैं। करीब दो-तिहाई धूमपान करने वाले व्यक्ति प्रत्येक वर्ष धूमपान छोड़ने की कोशिश करते हैं परंतु वे सफल नहीं हो पाते हैं और उनके लक्षण कुछ सप्ताह तथा महीना के भीतर पुनः लौट आते हैं अर्थात् वे पुनः धूमपान करना प्रारंभ कर देते हैं। कुछ केसेज में व्यवहार चिकित्सा, सामूहिक परामर्श (group counselling) तथा चिकित्सक के राय मात्र से ही काफी उन्नति होती देखी गयी है परंतु फिर भी इस बात का कोई स्पष्ट सबूत नहीं है कि ये सभी उपाय नाइकोटिन प्रतिस्थापन चिकित्सा (nicotine replacement therapy) की अनुपस्थिति में उत्तम ढंग से कार्य करते हैं। जो धूमपान

करने वाले व्यक्ति किसी वैकल्पिक विधि से अपनी इस बुरी आदत को छोड़ने में असमर्थ रहते हैं, उनके लिए मनोरोगविज्ञानियों तथा नैदानिक मनोविज्ञानियों द्वारा नाइकोटिन प्रतिस्थान चिकित्सा प्रदान करके उनकी बुरी लतों की गंभीरता को कम करने में पर्याप्त सफलता मिलती है। नाइकोटिन प्रतिस्थापन चिकित्सा में नाइकोटिन निर्यास या गोंद (nicotine gum) तथा नोइकोटिन फाहा (nicotine patch) व्यक्ति के शरीर के किसी भाग के चमड़े पर साट दिया जाता है। त्वचा धीरे-धीरे नाइकोटिन को अपने में सोखता है। इस तरह के चिकित्सा का उद्देश्य व्यक्ति में नाइकोटिन की उपलब्धि को सीमित समय तक बनाये रखते हुए धूमपान व्यवहार को कम करना होता है। शरीर में इस तरह से प्रवेश पाया हुआ नाइकोटिन का प्रभाव धूमपान के समान प्रभाव नहीं डालता है तथा धूमपान के प्रत्याहार लक्षणों एवं लालसा (craving) को निश्चित रूप से कम करता है। फिओर तथा उनके सहयोगियों (Fiore et al., 1994) तथा डेल एवं उनके सहयोगियों (Dale et al. 1995) द्वारा किये गए अध्ययनों से यह स्पष्ट हुआ है कि नाइकोटिन प्रतिस्थापन चिकित्सा का उपयोग आसान होता है, इसके बहुत कम पार्श्व प्रभाव (side effect) होते हैं तथा धूमपान करने वाले व्यक्तियों को धूमपान से दूर रखने में बिना किसी तरह के प्रत्याहार लक्षण उत्पन्न किये सफल हो पाता है।

स्पष्ट हुआ कि नाइकोटिन-संबंध विकृतियों का समुचित उपचार भी संभव है हालांकि इस सिलसिले में हुई प्रगति को बहुत संतोषजनक नहीं माना जा सकता है।

उत्तेजक-संबद्ध विकृति (Stimulant-related Disorder)

उत्तेजक (stimulant) ऐसे तत्त्वों (substances) को कहा जाता है जो केन्द्रीय तंत्रिका तंत्र की क्रिया को बढ़ाता है जिससे व्यक्ति का हृदय गति तथा रक्त चाप में वृद्धि हो जाती है तथा व्यक्ति की चिंतन प्रक्रियाएँ, क्रियाएँ एवं सतर्कता में वृद्धि हो जाती है। उत्तेजक की श्रेणी में कई तत्त्वों को रखा गया है परंतु *कोकेन* (cocaine) तथा *एम्फीटामाइन्स* (amphetamines) दो सबसे महत्त्वूपर्ण उत्तेजक हैं जिसका प्रभाव व्यक्ति के मस्तिष्क पर असाधारण रूप से पड़ता है और उसमें तरह-तरह के लक्षण उत्पन्न कर देता है। इसके अतिरिक्त नाइकोटिन (nicotine) तथा कैफेइन (caffeine) भी उत्तेजक ही हैं परंतु इसका प्रभाव बहुत ही साधारण ढंग का होता है। इसमें नाइकोटिन से संबद्ध विकृतियों की चर्चा अलग से हो चुकी है। अत: हम यहाँ कोकेन, एम्फीटामाइन्स तथा कैफेइन (caffeine) के पड़ने वाले प्रभावों तथा उनसे उत्पन्न विकृतियों पर ही विचार करेंगे–

1. कोकेन से संबद्ध विकृति *(Cocaine-related disorder)*—कोकेन कोका (coca) नामक पौधा का एक विशेष तत्त्व होता है जो दक्षिण अमेरिका में काफी उपजता है। इस औषध (drug) को इस पौधा से सबसे पहले 1865 में अलग कर उसके पड़ने वाले प्रभावों का अध्ययन किया गया था। कोकेन को व्यक्ति कई तरीकों से उपयोग में लाता है। जैसे, सामान्यत: इसे व्यक्ति सूई लगाकर शरीर के भीतर करता है, इसका ठोस रूप बनाकर जिसे क्रेक कोकेन (crack cocaine) कहा जाता है, धूम्रपान किया जा सकता है या फिर उसे नाक से सूँघ कर ग्रहण किया जा सकता है। क्रेक कोकेन की शक्ति (potency) सामान्य कोकेन से काफी अधिक होती है और बाजार में सस्ती भी मिलती है। कोकेन का सामान्य प्रभाव केन्द्रीय तंत्रिका तंत्र (central nervous system) को उत्तेजित करना होता है। यह मस्तिष्क के कम-से-कम तीन भागों पर स्पष्ट रूप से प्रभाव डालता है–प्रमस्तिष्कीय बलकुट (cerebral cortex) जिससे व्यक्ति की स्मृति तथा तर्कणा (reasoning) शक्ति का नियंत्रण होता है; हाइपोथैलेमस (hypothalamus) जिससे व्यक्ति में भूख, शारीरिक तापक्रम, नींद, संवेग जैसे डर तथा क्रोध आदि का नियंत्रण होता है तथा लघु मस्तिष्क (cerebellum) जिससे व्यक्ति के पेशीय क्रियाओं जैसे चलना तथा शारीरिक संतुलन आदि का नियंत्रण होता है। सामान्यत: कोकेन लेने से व्यक्ति में उत्तेजन, अतिरिक्त शक्ति, श्रेष्ठता तथा सुखाभास (euphoria) आदि का अनुभव होता है। परंतु कोकेन से व्यक्ति का प्रत्यक्षज्ञानात्मक प्रक्रियाओं पर तथा वास्तविकता के ज्ञान पर कोई प्रभाव नहीं पड़ता है। जब व्यक्ति अधिक मात्रा में कोकेन लेता है, तो इससे केन्द्रीय तंत्रिका तंत्र से कई भाग एक साथ प्रभावित होते हैं और इससे व्यक्ति में तीव्र नाड़ी गति, तीव्र हृदय गति, उच्च रक्त चाप, तेजी से परंतु गहरी साँस तथा अत्यधिक सतर्कता आदि उत्पन्न हो जाते हैं। स्पष्ट: कोकेन का इस तरह के प्रभाव का कारण पूरे मस्तिष्क के न्यूरोन्स से दो तरह का न्यूरोट्रांसमीटर अर्थात् डोपामाईन (dopamine) तथा नोरपाइनफ्राइन (norepinephrine) का उत्पन्न होना होता है। क्लिवर तथा गाविन (Kleber & Gawin, 1987) द्वारा किये गये अध्ययनों से यह स्पष्ट हुआ है कि इन न्यूरोट्रांसमीटर की अधिकता से मस्तिष्क अत्यधिक उत्तेजित

हो जाता है और फिर उस तरह का वांछित प्रभाव व्यक्ति में उत्पन्न करता है। रोस्सी तथा उनके सहयोगियों (Rosse et al. 1993) तथा यूडोफस्काई, सिलभर एवं हेल्स (Yudofsky, Silver & Hales, 1993) के अनुसार अगर कोकेन की बहुत अधिक मात्रा व्यक्ति द्वारा लिया जाता है तो इससे केन्द्रीय तंत्रिका तंत्र इतना अधिक उत्तेजित हो जाता है कि इससे व्यक्ति के शरीर में मांशपेशियों का समन्वय कमजोर पड़ जाता है, निर्णय करने की क्षमता खराब हो जाती है आक्रमकता (aggression), वाछित व्यवहार (compulsive behaviour) एवं तुरंत-तुरंत बदलते हुए मनोदशा प्राय: देखने को मिलता है। ये सभी लक्षण एक विशेष अवस्था के हैं जिसे *कोकेन उन्मादन* (cocaine intoxication) कहा जाता है। अधिक गंभीर उन्मादन की स्थिति में व्यक्ति अधिक चिंतित, संभ्रातिपूर्ण(confused), असंगत(incoherent)तथा असंबद्ध(rambling) आदि हो जाता है। कुछ ऐसे लोगों में विभ्रम (hallucination) या व्यामोह (delusion) या दोनों ही उत्पन्न हो जाता है। इस अवस्था को *कोकेन-उत्पन्न विकृति* (Cocaine-induced disorder) कहा जाता है। DSM-IV (TR) में कोकेन उन्मादन (cocaine intoxication) के मुख्य कसौटी निम्नांकित बतलाए गए हैं—

(i) व्यक्ति कोकेन का उपयोग हाल में ही प्रारंभ किया हो।

(ii) कोकेन लेने के दौरान या उसके तुरंत बाद व्यक्ति में महत्त्वपूर्ण कुसमायोजी व्यवहारात्मक या मनोवैज्ञानिक परिवर्तन जैसे सुखाभास (euphoria), अन्तर्वैयक्तिक संवेदनशीलता (interpersonal sensitivity) में अंतर, चिंता, तनाव तथा क्षीण या दुर्बल निर्णय (impaired judgement) आदि उत्पन्न हुए हों।

(iii) कोकेन के उपयोग के दौरान या उसके तुरंत बाद निम्नांकित में से दो या दो से अधिक लक्षणों का विकास अवश्य हुआ हो—

(a) हृदय गति में वृद्धि (tachycardia) (b) आँख की पुतली में फैलाव (c) उच्च या निम्न रक्तचाप (d) पसीना आना या ठंड लगना (e) कै होना या जी मितलाना (f) शारीरिक वजन में कमी (g) मनोपेशीय (psychomotor) मंदता या तीव्रता (h) मांसपेशियों की कमजोरी, मंदित श्वसन गति, छाती में दर्द आदि (i) संभ्राति (confusion), पेशीय कम्पन, बेहोशी आदि।

(iv) उक्त लक्षणों की उत्पत्ति किसी मानसिक रोग या सामान्य मेडिकल अवस्था से नहीं हुआ हो।

जब व्यक्ति कोकेन का उपयोग बिलकुल ही बंद कर देता है या उसका उपयोग काफी कम कर देता है, तो देखा गया है कि उसमें निवर्तन या प्रत्याहार लक्षण (withdrawal symptoms) विकसित हो जाते हैं। यह लक्षण कोकेन का उपयोग बंद करने या कम करने के कुछ घंटों या कुछ दिनों के भीतर विकसित हो जाता है। इनमें थकान, भयंकर या डरावना स्वप्न, अनिद्रा या अत्यधिक निद्रा, तीव्र भूख, मनोपेशीय (psychomotor) उत्तेजन या मंदता आदि प्रमुख होते हैं । गाविन तथा इलिनवुड (Gawin & Ellinwood, 1999) द्वारा किये गए अध्ययन से यह स्पष्ट हुआ है कि कोकेन लेना बंद कर देने या कम कर देने से उत्पन्न संयम या परिवर्जन पैटर्न (abstinence pattern) में मुख्य रूप से निम्नांकित तीन अवस्थाएँ पायी जाती है—

(i) पहली अवस्था को **क्रैश अवस्था** (crash phase) कहा जाता है जो कुछ घंटों से कुछ दिनों तक का होता है। इस अवस्था में व्यक्ति की मनोदशा (mood) तथा ऊर्जा में तीव्र कमी होती है। इसके अतिरिक्त व्यक्ति में चिंता, विषाद (depression), घबड़ाहट तथा कोकेन फिर से लेने की लालसा तीव्र हो उठती है। व्यक्ति में नींद काफी आती है और वह एल्कोहल लेना इसमें पसंद करता है।

(ii) दूसरी अवस्था **प्रत्याहार की अवस्था** (stage of withdrawal) की होती है जो कई सप्ताहों तक की होती है। इसमें उत्साह, बेचैनी, अधीरता आदि लक्षण मुख्य रूप से पाये जाते हैं। इतना ही नहीं, इनमें विषाद, सुख अनुभव करने की अक्षमता तथा कोकेन का सेवन के समय सुखाभास की यादें आदि मुख्य रूप से देखने को मिलती है।

(iii) तीसरी अवस्था **विलोपन की अवस्था** (stage of extinction) होती है जहाँ व्यक्ति में कोकेन का उपयोग रोक देने या बंद कर देने के बाद अब एक सामान्य हालात उत्पन्न होता है । इस अवस्था में व्यक्ति में सामान्य मनोदशा (normal mood) तथा ऊर्जा का पुनर्संचलन (restore) होता है। कभी-कभी व्यक्ति में महीनों या वर्षों बाद कोकेन लेने की इच्छा देखी जाती है और इस तरह की इच्छा का मुख्य कारण कोकेन के उपयोग के समय का सुखाभास की यादें होती हैं।

कोकेन का प्रभाव व्यक्ति के न केवल मानसिक तथा सांवेगिक कार्यो पर होता है बल्कि उसके जैविक अस्तित्व (biological existence) को भी खतरे में डाल देता है। इसका अत्यधिक मात्रा में उपयोग करने से व्यक्ति में श्वसन

रोग तथा हृदय रोग उत्पन्न होते देखा गया है। स्कर्लिंग (Scherling, 1994) के अध्ययन के अनुसार कोकेन का प्रयोग जब गर्भवती माताओं द्वारा किया जाता है, तो इससे उनके गर्भस्थ शिशु पर काफी प्रभाव पड़ता है। कोकेन पुरईन की सीमा (placental barrier) को लाँघकर भीतर प्रवेश कर जाता है और गर्भस्थ शिशु के मस्तिष्क के उत्तकों (tissue) को प्रभावित कर देता है। इतना ही नहीं, यह पुरईन में रक्त आपूर्ति (blood supply) को भी अवरुद्ध कर देता है जिससे गर्भस्थ शिशु को ऑक्सीजन (Oxygen) नहीं मिल पाता है। इससे एक विशेष अवस्था उत्पन्न होती है जिसे *भ्रूणिक कोकेन संलक्षण* (fetal cocaine syndrome) कहा जाता है। इस संलक्षण की मुख्य लक्षणों में परिवर्तित प्रतिरक्षक कार्य (altered immune function), कोकेन के प्रति संवेदनशीलता में कमी, सीखने की क्षमता में कमी, मस्तिष्क के डोपामाइन तंत्र में कमी तथा कंठ ग्रन्थि (thyroid gland) का असामान्य आकार आदि का होना मुख्य है।

उपचार *(Treatments)*

कोकेन से संबद्ध विकृतियों का उपचार के कई तरीके उपलब्ध हैं जिनमें निम्नांकित प्रमुख हैं—

(i) कुछ लोगों ने कोकेन निर्भरता (cocaine dependence) का उपचार जैविक चिकित्सा (biological therapy) से करने का सुझाव दिया है। अध्ययनों में यह पाया जाता है कि विषाद-विरोधी औषध (anti-depressant drug) जैसे डेसमीथाइमइप्रेमाइन (desme-thyimpramine) के उपयोग से व्यक्ति अपने आप को कोकेन लेने की बुरी लत से दूर रखने में सफल हो पाता है।

(ii) मनश्चिकित्सा (psychotherapy) की कुछ विशेष विधि जैसे व्यवहार चिकित्सा द्वारा कोकेन लेने की बुरी आदत को छुड़ाया जा सकता है। इस विधि का प्रयोगात्मक जाँच हिग्गिन्स तथा उनके सहयोगियों (Higgins et al, 1993) द्वारा किया गया। इन लोगों ने कोकेन आधृत रोगियों को दो समूह में बाँटा—एक समूह को प्रसंभाव्यता-प्रबंधन उपागम (contingency-management approach) पर आधारित व्यवहार चिकित्सा दिया गया जिसमें एक सप्ताह में कई बार रोगी के पेशाब की जाँच होती थी और यदि उसमें कोकेन के तत्त्व नहीं पाये जाते थे तो उन्हें एक ऐसा पर्ची दिया जाता था जिसके बदले में वे बाजार से अपनी इच्छानुसार सामान खरीद सकते थे। अगर उनके पेशाब में कोकेन के तत्त्व पाये जाते थे, तो उन्हें कोई ऐसी पर्ची नहीं दिया जाता था। ऐसा देखा गया है कि कुछ ऐसे लोग कोकेन लेने से परहेज करके करीब 1000 डालर तक का सामान खरीद सकने में सफल हुए। इसके बाद ऐसे लोगों को दोस्त तथा परिवार के अन्य सदस्यों के बीच रखकर कुछ परामर्श (counselling) भी दिया गया। एक दूसरा समूह नियंत्रित समूह (control group) था जिसे सिर्फ कोकेन के उपयोग के हानिकारक प्रभावों के बारे में बतलाया गया और उसे कोकेन न लेने का परामर्श दिया गया। परिणाम में देखा गया कि इन दोनों समूहों में कोकेन उपयोग से परहेज में काफी अन्तर था। व्यवहार चिकित्सा तथा परामर्श पाने वाले समूह के करीब 68 प्रतिशत लोग लगातार 8 से 16 सप्ताह तक परहेज बनाये रखने में सफल हुए जबकि मात्र परामर्श पाने वाले नियंत्रित समूह के प्रयोज्यों ने केवल 42 प्रतिशत ही व्यक्ति कुछ दिनों तक ही परहेज बनाये रखने में सफल हुए। इस अध्ययन से यह स्पष्ट हो जाता है कि कोकेन के उपचार में व्यवहार चिकित्सा के लाभदायक प्रभाव होते हैं।

(iii) कोकेन लेने वाले व्यक्तियों की बुरी लत को छोड़ाने के लिए व्यसन (addiction) के अधिगम मॉडल (learning model) का भी सहारा लिया जाता है। इस प्रविधि का उपयोग ओ'ब्रिन तथा उनके सहयोगियों (O'Brien et al, 1998) द्वारा कोकेन से परहेज उत्पन्न करने में सफलतापूर्वक उपयोग किया गया है। जब ऐसे व्यक्ति को कोकेन-संबद्ध उद्दीपक से अनावृत्त किया जाता है तो उसमें होने वाले दैहिक परिवर्तन पर भी ध्यान दिया जाता है। इस चिकित्सा में यह कोशिश की जाती है कि इन दैहिक परिवर्तनों को ऐसे नये उद्दीपकों के साथ अनुबंधित (conditioned) कर दिया जाए जो कोकेन से संबंधित नहीं होते हैं। ऐसा करने से व्यक्ति में कोकेन के प्रति उत्पन्न लालसा (craving) को आसानी से विलोपित किया जा सकता है। ओब्रिन तथा उनके सहयोगियों ने अपने अध्ययन में स्पष्टतः पाया है कि सचमुच में ऐसा करने से कोकेन लेने वाले व्यक्तियों में कोकेन से अच्छा परहेज विकसित हो गया।

इस तरह से स्पष्ट हुआ कि कोकेन लेने वाले व्यक्तियों को उनके इस बुरी लत को छुड़ाने के लिए कई चिकित्सकीय उपाय उपलब्ध हैं। इनमें व्यवहार चिकित्सा सबसे अधिक लाभप्रद बतलाया गया है।

2. एम्फीटामाइन्स (*Amphetamines*)

एम्फीटामाइन्स एक ऐसा उत्तेजक औषध (stimulant drug) है जिसे प्रयोगशाला में तैयार किया जाता है। इसके कुछ सामान्य उदाहरण हैं—एम्फीटामाइन अर्थात् बेनजेड्राइन (Benzedrine), डेस्ट्रोएम्फीटामाईन अर्थात् डेक्सेड्राइन (Dexedrine) तथा मेथएम्फीटामाइन अर्थात् मेथेड्राइन (methedrine)। एम्फीटामाइन का उपयोग सबसे पहले 1930 वाले दशक में मशहूर रसायनज्ञ (chemist) गोर्डन ऐलेस (Gorden Alles) द्वारा दम्मा (asthma) रोग के उपचार के लिए किया गया था। बाद में इस औषध (drug) की लोकप्रियता खासकर के उन लोगों में बढ़ गयी जो मोटापा कम करना चाहते थे, उन खिलाड़ियों में जो अपने शरीर में अतिरिक्त ऊर्जा की उत्पत्ति चाहते थे या वैसे सैनिक, ट्रक ड्राइवर, हवाई-जहाज चालक तथा छात्र जो रात-रात भर जागकर अपने उद्देश्य तक पहुँचने के लिए कड़ी मेहनत करना चाहते थे। एम्फीटामाइन का उपयोग तुरंत एवं अधिक उत्तम प्रभाव के लिए नश में सूई देकर भी किया जाता है।

कोकेन के समान ही एम्फीटामाइन लेने से व्यक्ति के शरीर में ऊर्जा तथा सतर्कता काफी बढ़ जाता है तथा व्यक्ति में भूख कम लगता है। गोल्डस्टीन (Goldstien, 1994) के अनुसार एम्फीटामाइन व्यक्ति के केन्द्रीय तंत्रिका तंत्र (central nervous system) को मस्तिष्क के न्यूरोन में विशेष न्यूरोट्रांसमीटर अर्थात् डोपामाइन (dopamine) एवं नोरइपाइफ्राइन को प्रवाहित करके प्रभावित करता है। जब व्यक्ति एम्फीटामाइन का उपयोग साधारण मात्रा में करता है तो इससे उनमें सतर्कता मनादेशा में उत्थान तथा सचेतता (wakefulness) काफी बढ़ जाता है। मनोपेशीय निष्पादन (psychomotor performance) में थोड़े समय के लिए वृद्धि हो जाती है परंतु उसके बाद उसमें कमी आ जाती है और तब व्यक्ति थकान एवं विषाद (depression) का अनुभव करने लगता है। उसके सतर्कता (alertness) में कमी आ जाती है।

जब एम्फीटामाइन अधिक मात्रा में व्यक्ति द्वारा लिया जाता है तो इसका सार्थक प्रभाव व्यक्ति के केन्द्रीय तंत्रिका तंत्र तथा हृदयवाहिका तंत्र (cardiovascular system) पर पड़ता है। इससे व्यक्ति में घबड़ाहट, सिरदर्द, ऊँघना, शक, आशंका, संभ्राति (confusion), उच्च रक्तचाप, धड़कन में असामान्यता आदि उत्पन्न हो जाता है। अगर एम्फीटामाइन की अधिक मात्रा का सतत उपयोग किया जाता है, तो इससे इस औषध के प्रति अत्यधिक सहनशीलता (tolerance) और उसके बिना रहने की भी सहनशीलता में वृद्धि हो जाती है। ऐसे व्यक्तियों में अपनी दिन-प्रतिदिन की जवाबदेहियों के प्रति तटस्थता विकसित हो जाती है, व्यक्ति में लापरवाही, असतर्कता, उदासी बढ़ जाता है तथा वह कुपोषित हो जाता है। उनके चिंतन में व्यामोह की प्रबलता बढ़ जाती है जो बाद में उसमें मनोविक्षिप्ति (psychosis) उत्पन्न कर देता है जिसमें विभ्रम (hullucination) एक प्रधान लक्षण होता है। किसी-किसी व्यक्ति में एम्फीटामाइन का प्रयोग कम कर देने या बंद कर देने से प्रत्याहार लक्षण (withdrawal symptoms) भी विकसित हो जाते हैं। अत: एम्फीटामाइन का उच्च खुराक एवं लम्बे अरसे से उपयोग व्यक्ति के लिए खतरनाक (dangerous) एवं आत्म-ध्वंसात्मक (self-destructive) होता है। इससे अंततोगत्वा, व्यक्ति में उसपर निर्भरता (dependence) विकसित हो जाता है।

3. केफैईन (*Caffeine*)

चाऊ (Chou, 1994) के अनुसार केफैइन सबसे अधिक उपयोग में लाया जाने वाला उत्तेजक औषध (stimulant drug) है। इसका करीब 75% उपयोग कॉफी, चाय, कोला (cola) तथा चाकलेट (chocolete) आदि के रूप में लिया जाता है। इस क्षेत्र में किये गए शोधों से यह पता चलता है कि जो भी केफैइन व्यक्ति लेता है, उसका 99% शरीर अपने में सोख लेता है और आधे से एक घंटे में इसका उच्चतम प्रभाव शरीर पर पड़ने लगता है। बेनोविज (Benowitz, 1990) के अध्ययन के अनुसार केफैइन व्यक्ति के केन्द्रीय तंत्रिका तंत्र को मस्तिष्क के न्यूरोन्स में विभिन्न प्रकार के न्यूरोट्रांसमीटर जैसे डोपामाइन (dopamine), सीरोटोनिन (serotonin) तथा नोरफाइफ्राइन (norepinephrine) उत्पन्न करके प्रभावित करता है। इस तरह से यह व्यक्ति में उत्तेजन, सतर्कता तथा सामान्य पेशीय क्रिया (general motor activity) को बढ़ा देता है। इससे जटिल पेशीय कार्य में बाधा पहुँचती है तथा नींद की अवधि तथा गुणवत्ता दोनों ही इससे प्रभावित हो जाती है। केफैइन से पूरे शरीर में जैविक परिवर्तन (biological changes) भी उत्पन्न हो जाता है। लेभिट्ट (Levitt, 1978) तथा बेनोविज (Benowitz, 1990) के अध्ययनों के अनुसार साधारण मात्रा में केफैइन लेने से हृदय गति बढ़ जाती है, श्वसन गति बढ़ जाती है तथा पेट में उत्पन्न होने वाला गैस्ट्रीक अम्ल (gastric acid) बढ़ जाता है।

अमेरिकन मनोरोगविज्ञानी संघ (American Psychiatric Association, 1994) के अनुसार यदि व्यक्ति 250

मिलीग्राम केफैइन से अधिक मात्रा में कॉफी लेता है, तो इससे उसमें एक विशेष अवस्था जिसे *केफैइन उन्मादन* (caffeine intoxication) कहा जाता है जिसमें मूलत: बेचैनी (restlessness), घबड़ाहट (nervousness), उत्तेजन, पेट की गड़बड़ी (stomach disturbances), नींद की कमी, अत्यधिक पेशाब लगना, हृदय गति में वृद्धि तथा फड़कन (twitching) मनोपेशीय उत्तेजन (psychomotor agitation) आदि होते हैं, पाये जाते हैं। सारासन एवं सारासन (Sarason & Sarason, 1996) के अनुसार यदि इनमें से पाँच या उससे अधिक लक्षण मौजूद हो और करीब 150 मिलीग्राम केफैइन व्यक्ति प्रतिदिन लेता हो तो उसे निश्चित रूप से केफैइन उन्मादन की श्रेणी में रखा जाएगा। ए पी ए (APA, 1994) के अनुसार केफैइन उन्मादन व्यक्ति में दुश्चिंता विकृति (anxiety disorder) या नींद विकृति (sleep disorder) भी उत्पन्न कभी-कभी कर देता है। जब व्यक्ति 10 ग्राम केफैइन (लगभग 100 प्याला कॉफी) अगर पी लेता है तो इससे उसमें श्वसन ह्रास (respiratiry failure), रक्त संचालन ह्रास (circulatory failure) तथा ग्रैंड माल दौरा (Grand Mal seizure) आदि भी उत्पन्न हो जाते हैं।

यद्यपि DSM-IV (TR) में केफैइन निर्भरता (caffeine dependence) नाम का श्रेणी उल्लेख अलग से नहीं किया गया है, फिर भी DSM के परिशिष्ट (appendix) में इसे एक श्रेणी के रूप में उद्धृत किया गया है ताकि इससे संबद्ध कुछ अध्ययन किया जाए। इस सिलसिले में कुछ ऐसे प्रयोगात्मक सबूत मिले हैं जिनके आधार पर यह कहा जा सकता है कि केफैइन कुछ व्यक्तियों में प्रत्याहार लक्षण (withdrawal symptom) उत्पन्न करता है। सिलभरमैन तथा उनके सहयोगियों (Silverman et al. 1992) ने अपने अध्ययन में यह पाया है कि वैसे व्यक्ति जो निम्न से साधारण मात्रा में ही केफैइन प्रतिदिन लेते हैं, यदि वे इसे लेना बंद कर देते हैं तो उनमें प्रत्याहार लक्षण (withdrawal symptoms) स्पष्ट रूप से देखने को मिलते हैं। इस अध्ययन में 62 वयस्क प्रयोज्य थे और कुल छह दिनों तक अध्ययन जारी रखा गया। इसमें प्रथम दो दिनों में इन प्रयोज्यों ने केफैइन पीया तथा वैसे भोजन किये जिसमें यह पर्याप्त मात्रा में थी। इसके बाद के दो दिनों में प्रयोज्यों ने केफैइन से परहेज रखा और उन्हें ऐसा नकली गोली (placebo pill) दिया गया जिसमें वे यह समझते थे कि केफैइन है (परंतु सच्चाई ऐसी नहीं थी)। अंतिम दो दिनों में भी प्रयोज्यों को ऐसे भोजन से परहेज रखा गया जिसमें केफैइन होते थे परंतु उन्हें वास्तव में केफैइन की गोली (caffeine pills) खाने के लिए दिया जाता था। परिणाम में देखा गया कि दो दिनों के प्लेसबों अवधि में केफैइन अवधियों की तुलना में 52% प्रयोज्यों में दर्दनाक सिरदर्द (painful headache), 11% प्रयोज्यों में विषाद (depression), 8% प्रयोज्यों में चिंता तथा 8% प्रयोज्यों में थकान पाया गया। इतना ही नहीं, प्लेसबो के अवधि के दौरान अन्य दोनों केफैइन अवधि की तुलना में 13% प्रयोज्यों ने अनाधिकृत दवाओं का उपयोग किये तथा टैपिंग कार्य (tapping task) पर उनका निष्पादन भी काफी मंद रहा है। इस परिणाम से यह स्पष्ट रूप से साबित होता है कि केफैइन से प्रत्याहार लक्षण (withdrawal symptoms) विकसित होते हैं।

स्वापक संबद्ध विकृति
(Opioid Related Disorder)

स्वापक (opioids) में अफीम (opium) तथा इससे व्युत्पन्न (derived) औषध (drug) जैसे हेरोइन (heroin), मार्फिन (morphine), कोडिन (codine), हाइड्रोमार्फोन (hydromorphone), मेथाडोन (methadone), आक्सीकोडोन (Oxycodone), मेपेरिडीन (meperidine) तथा फेन्टानिल (fentanyl) आदि सम्मिलत होते है। इन विभिन्न स्वापक औषधों को एक संयुक्त नाम अर्थात् *नारकोटिक्स* (narcotics) भी दिया गया है। स्वापक का उपयोग कई तरह के मेडिकल उद्देश्यों जैसे पीड़ा संवेदन को कम करने, अतिसार विरोधी (antidiarrheal) एजेण्ट तथा खाँसी को कम करने में किया जाता है। स्वापक समूह में हेरोइन सबसे अधिक व्यसनी औषध (addictive drug) है। स्वापक व्यसनी या लती व्यक्तियों के समूह में हेरोइन औषध सबसे अधिक लोकप्रिय है जिससे नश में सूई देकर शरीर के भीतर ग्रहण किया जाता है या फिर त्वचा के भीतर भी सूई देकर रख देने से शरीर उसे ग्रहण कर लेता है। इस प्रक्रिया को *त्वचा-पोपिंग* (Skin-popping) कहा जाता है। जैफे (Jaffe, 1996) के अनुसार हेरोइन का आरंभिक प्रभाव सुखाभास (euphoria) का होता है जो कुछ मिनट तक ही व्यक्ति में बना होता है। इससे व्यक्ति में चिंता, विद्वेष तथा आक्रमकता में कमी आती है। इसके अतिरिक्त स्वापकों के प्रयोग से व्यक्ति में दर्द आदि में कमी होती है जिससे अभिप्रेरित होकर व्यक्ति इसे ग्रहण करता है।

स्वापक के कई तरह के *प्रभाव* देखे गए हैं जिनमें निम्नांकित महत्त्वपूर्ण हैं—स्वापक औषध व्यक्ति के मस्तिष्क के

विभिन्न क्षेत्रों पर अपना व्यापक प्रभाव डालता है जिससे कई तरह के महत्त्वपूर्ण दैहिक परिवर्तन (physiological changes) व्यक्ति में होते हैं। इस समूह के औषध का सबसे स्पष्ट दैहिक प्रभाव यह होता है कि इससे दर्द संवेदन में कमी आ जाती है। प्रारंभ में स्वापक (opiates) का मुख्य प्रभाव मितली आना या कै करना होता है। इससे आँख की पुतली में संकुचन भी पैदा होता है जो हेरोइन व्यसनी में बिलकुल ही स्पष्ट रूप से देखने को मिलता है। स्वापक पाचन तंत्र में भोजन को आगे बढ़ने की गति में बाधा भी पहुँचाता है जिससे व्यक्ति में कब्ज (constipation) भी पैदा होता है। इससे शरीर का रक्त चाप में कमी आती है और पसीना भी काफी निकलता है। स्वापक समूह के औषध का सबसे महत्त्वपूर्ण दैहिक प्रभाव श्वसन मंदता (respiratory depression) उत्पन्न करना है। अगर ज्यादा मात्रा में इसका उपयोग किया जाता है तो इससे श्वसन गति रुक जाती है और व्यक्ति का देहांत भी हो जाता है। इसके अतिरिक्त स्वापक लेने वाले व्यक्तियों में विषाद, समाज-विरोधी व्यवहार तथा चिंता विकृति प्राय: देखने को मिलता है। परोक्ष रूप से स्वापक के उपयोग से व्यक्ति में एड्स (AIDS) जैसे गंभीर रोग होने की संभावना भी बढ़ जाती है क्योंकि इस औषध का उपयोग करते समय एक ही सूई से कई व्यसनी औषध को अपने नश में सूई द्वारा डालते हैं।

आधुनिक अध्ययनों से यह पता चला है कि स्वापक उन्मादन (opioid intoxication) कुछ व्यक्तियों में तेजी से विकसित होती है। इस समूह के औषध के उपयोग का एक पैटर्न यह है कि इसकी शुरूआत प्रयोशाला में मनोरंजन के ख्याल से किया जाता है। प्राय: लोग किसी दोस्त के सलाह पर या उसके निर्देशन में रहकर इसका उपयोग करते हैं। यह पैटर्न निम्न सामाजिक-आर्थिक स्तर के लोगों में अधिक प्रचलित होता है। इसके उपयोग का दूसरा पैटर्न जो तुलनात्मक रूप से कम देखा जाता है, वह यह है कि कुछ लोग ऐसे औषध की शुरूआत डाक्टरों द्वारा बतलाये गए दर्दनाशक गोलियों के नियमित उपयोग से करते हैं और बाद में इनमें इन दवाइयों के प्रति निर्भरता (dependence) विकसित हो जाती है। चाहे पैटर्न जो भी हो, स्वापक उन्मादन (opioid intoxication) की स्थिति उत्पन्न हो जाती है और व्यक्ति के व्यवहार में कुछ ऐसे परिवर्तन आ जाते हैं जिसे अपअनुकूली (maladaptive) ही कहा जा सकता है। DSM-IV (TR) में स्वापक उन्मादन की पहचान करने के लिए निम्नांकित कसौटियों को महत्त्वपूर्ण बतलाया गया है—

(i) व्यक्ति स्वापक लेना हाल में ही प्रारंभ किया हो।

(ii) स्वापक उपयोग के दौरान या उसके थोड़े देर के बाद व्यक्ति के व्यवहार में इस ढंग के मनोवैज्ञानिक परिवर्तन हुए हों जिन्हें अपअनुकूली (maladaptive) कहा जा सकता है। जैसे व्यक्ति में पहले तो सुखाभास हुआ हो परंतु बाद में फिर उदासीनता (apathy), दुर्बल निर्णय, दुर्बल या क्षीण सामाजिक या व्यवसायिक व्यवहार हुआ हो।

(iii) व्यक्ति में आँख की पुतली का संकुचन (contraction) हो और उसमें इनमें से एक या एक से अधिक लक्षण जैसे ऊँघना या बेहोशी, अस्पष्ट भाषण (slurred speech), ध्यान या स्मृति में क्षति आदि हों।

(iv) ये सभी लक्षण का कारण कोई सामान्य मेडिकल अवस्था या कोई विशेष मानसिक विकृति (mental disorder) नहीं हो।

ग्रिली (Grilly, 1999) द्वारा किये गए अध्ययनों से यह स्पष्ट हुआ है कि स्वापक उन्मादन का संबंध स्वापक प्रत्याहार (opioid withdrawal) से भी होता है। स्वापक से मदहोश व्यक्तियों में स्वापक निर्भरता विकसित हो जाती है और जब वे इसका उपयोग कम कर देते हैं या बंद कर देते हैं तो इससे व्यक्ति में कुछ प्रत्याहार लक्षण (withdrawal symptoms) विकसित हो जाते हैं। DSM-IV (TR) के अनुसार स्वापक प्रत्याहार की पहचान के लिए निम्नांकित प्रमुख कसौटियाँ होती हैं—

(1) इन दो में से कोई एक हुआ हो—(i) कई सप्ताहों या और भी अधिक समय से भारी मात्रा में लिया जाने वाला स्वापक का उपयोग बंद किया गया हो या उसमें कमी कर दी गयी हो।

(ii) स्वापक उपयोग के बाद व्यक्ति कुछ ऐसे औषध लेना प्रारंभ किया हो जो स्वापक विरोधी (opioid antagonist) हो।

(2) इनमें से तीन या उससे अधिक लक्षण व्यक्ति में विकसित हुआ हो—(i) मितली या कै होना (ii) उदासपूर्ण मनोदशा (iii) मांसपेशियों में दर्द (iv) पुतली में फैलाव, पसीना (v) अतिसार (vi) बुखार (vii) अनिद्रा (viii) जँभाई लेना (ix) लैक्रिमेसन (lacrimation) ।

(3) '2' में दर्शाए गए लक्षणों से व्यक्ति के सामाजिक, व्यवसायिक या अन्य क्षेत्रों के कार्यों में पर्याप्त क्षति हुई हो।

(4) इसमें से कोई भी लक्षण का सामान्य मेडिकल अवस्था या कोई मानसिक विकृति (mental disorder) से संबंध नहीं हो।

स्पष्ट हुआ कि स्वापक प्रत्याहार लक्षण (opioid withdrawal symptom) के कुछ स्पष्ट कसौटी हैं जिनके आधार पर आसानी से इन लक्षणों की पहचान संभव है।

स्वापक व्यसन का उपचार *(Treatment of Opioid Addiction)*

स्वापक व्यसन के उपचार का जहाँ तक प्रश्न है, यह आधुनिक शोधकर्त्ताओं एवं नैदानिक मनोवैज्ञानिकों को एक तरह से चुनौती प्रदान किया है। इसमें से तो कुछ ऐसे लोग अवश्य होते हैं जो स्वयं ही धीरे-धीरे स्वापक का उपयोग बंद कर देते हैं। परंतु कुछ जरूर ऐसे होते हैं जिनके लिए उन्हें चिकित्सा की अवश्यकता पड़ती है। इस ख्याल से कुछ चिकित्सीय समुदाय (therapeutic communities) जैसे सिनैनोन (Synanon), फोनिक्स हाऊस (Phoenix House) तथा ओडिसी (Odyssey) आदि की स्थापना की गयी है । इन संस्थानों द्वारा औषध लेने वाले व्यक्तियों को ऐसे औषधों से अपने आप को दूर रखने का भरसक प्रयास किया जाता है क्योंकि इनका विश्वास है कि इस तरह की बीमारी का कोई इलाज नहीं होता है बल्कि मात्र उससे अपने आप को नियंत्रित करके रखा जा सकता है। परंतु सच्चाई यह है कि ऐसे सामुदायिक संस्थानों के सुझाव से शायद ही स्वापक लेने वाला बुरी लत का व्यक्ति लम्बे अरसे तक अपने आप को उससे दूर रख पाता है।

अभी हाल के कुछ वर्षों में स्वापक व्यसनी का मुख्य उपचार संयोजक या प्रतिस्थापन चिकित्सा (maintenance or substitution therapy) बतलाया गया है। इस चिकित्सा में गंभीर स्वापक के जगह पर साधारण या कम गंभीर स्वापक को व्यक्ति से लेने का आग्रह किया जाता है। इससे व्यक्ति को कुछ खतरनाक स्वापक के पड़ने वाले गंभीर समस्या से निबटा जा सकता है। जैसे हेरोइन लेने की बुरी लत को छुड़ाने के लिए उसके जगह पर मेथाडोन (methadone) लेने के लिए कहा जा सकता है। मेथाडोन हेरोइन से निम्नांकित कई कारणों से अधिक उपयुक्त बतलाया गया है—

(i) मेथाडोन को आसानी से मुख से लिया जा सकता है और इस तरह से हेरोइन लेने के लिए नश में सूई देने की कष्टदायक प्रक्रिया से छुटकारा पाया जा सकता है।

(ii) मेथाडोन का प्रभाव हेरोइन पर लम्बे अरसे तक बना रहता है और प्रत्याहार लक्षणों को कम-से-कम 36 घंटों तक उत्पन्न होने से रोककर रखता है। इतना ही नहीं, मेथाडोन के प्रत्याहार लक्षण हेरोइन के प्रत्याहार लक्षणों से कम गंभीर होते हैं।

(iii) क्रेक (Kreck, 1992) के अनुसार मेथाडोन लेने से व्यक्ति में कोई सुखाभास (euphoria) उत्पन्न नहीं होता है और हेरोइन लेने के पहले यदि मेथाडोन ले लिया जाता है, तो इससे भी स्वापक के सामान्य प्रभाव व्यक्ति पर होते नहीं देखे जाते हैं।

(iv) सामान्यत: मेथाडोन लेने के लिए व्यक्ति को नित्य दिन उपचार गृह (clinic) में आना पड़ता है जहाँ उसे चिकित्सकों द्वारा ऐसे औषध और संबंधित अन्य औषधों से अपने आप को दूर रखने की सलाह दी जाती है। इतना ही नहीं, यहाँ उसे सुखमय जीवन के लिए सामाजिक समर्थन (social support) भी उपस्थित किये जाते हैं जिसका अनुकूल प्रभाव व्यक्ति पर होता है।

यद्यपि मेथाडोन चिकित्सा को एक उत्तम चिकित्सा अवश्य बतलाया गया है परंतु कुछ अध्ययनों जैसे बॉल एवं रॉल्स (Ball & Rolls, 1991) तथा जैनिस एवं उनके सहयोगियों (Zanis et al, 1996) ने अपने-अपने अध्ययनों में यह पाया है कि जैसे ही मेथाडोन को लेना व्यक्ति बंद कर देता है, बहुत दिनों तक व्यक्ति अपने आप को हेरोइन से दूर नहीं रख पाता है। अत: इसे बहुत ही लाभदायक एवं उपयोगी चिकित्सा नहीं कहा जा सकता है।

मेथाडोन (methadone) के अलावा एक दूसरा औषध भी है जिसका उपयोग स्वापक औषधों से परहेज उत्पन्न करने में उपयोग किया जाता है। इसे *नालट्रेक्सोन* (naltrexone) कहा जाता है जो सचमुच में स्वापक अभिग्राहकों (opioid receptors) को अवरूद्ध करता है । यह सुरक्षित तथा अविषाक्त (nontoxic) भी होता है और इसके एक खुराक का असर लगभग तीन दिनों तक बना होता है। नालट्रेक्सोन चिकित्सा की अवधि सामान्यत: तीन महीने की बतलायी गयी है। उसके बाद से व्यक्ति में स्वापक के उपयोग से परहेज बरतने की क्षमता लगभग पर्याप्त ढंग से विकसित हो जाती है। कोसटेन तथा उनके सहयोगियों (Kosten et al; 1987) द्वारा किये गए अध्ययनों से यह स्पष्ट हुआ है कि

मात्र परहेज करना स्वापक विशेषकर हेरोइन-आश्रित व्यक्तियों के लिए पर्याप्त नहीं है क्योंकि इससे व्यसनी के मेडिकल, सांवेगिक, सामाजिक एवं परिवारिक समस्याओं का समाधान नहीं होता है। अत: वुडी एवं उनकी सहयोगियों (Woody et al, 1994) ने यह सुझाव दिया है कि स्वापक व्यसनियों के पर्याप्त उपचार के लिए उन्हें पारिवारिक चिकित्सा, विषाद दूर करने के लिए मनश्चिकित्सा, व्यवसायिक परामर्श (vocational counselling) आदि दिये जाने की सिफारिश की गयी। वैसे स्वापक व्यसनी जो लम्बे समय से स्वापक निर्भर (opioid-dependent) हैं तथा जिनमें कुछ मनोरोगी विकृतियाँ (psychiatric disorders) भी विकसित हो गयी है, उनके लिए मनोगतिकी एवं संज्ञानात्मक-उन्मुखी चिकित्सा को भी अधिक उपयोगी बतलाया गया है।

भ्रमात्मक-संबद्ध विकृति
(Hallucinogens-Related disorder)

भ्रमात्मकता[1] (hallucinogens) जिन्हें *साइकेडेलिक्स* (Psychedelics) भी कहा जाता है, एक ऐसा औषध है जो केन्द्रीय तंत्रिका तंत्र (central nervous system) पर इस ढंग से प्रभाव डालता है जिससे व्यक्ति के आंतरिक एवं बाह्य वातावरण के प्रत्यक्षण में पर्याप्त परिवर्तन लाता है। सामान्यत: व्यक्ति में संवेदी प्रतिस्थापन (sensory displacement) होता है जो व्यक्ति के विशेषकर रंग प्रत्यक्षण एवं सुनने की क्षमता को परिवर्तित कर देता है। व्यक्ति का आत्मन् प्रत्यक्षण (self-perception) में अंतर हो जाता है और इस नये अनुभव के साथ दृष्टि, श्रव्य (anditory) तथा स्पर्श विभ्रम (hallucinations) भी होने लगता है।

भ्रमात्मकता के दो प्रकार होते हैं—मौलिक या स्वाभाविक (natural) तथा सांश्लेषिक (synthetic)। मेसकालिन (mescaline), सिलोसाइविन (psilocybin), डाइमेथाइल ट्राइप्टामाईन (dimethyl tryptamine or DMT) मौलिक भ्रमात्मकता के उदाहरण हैं तथा डाईथिलट्राइप्टामाईन (diethyltryptamine or STP) तथा लाइर्सजिक एसिड डाइथालामिड (lysergic acid diethylaminde or LSD), मेथिलिनडायऑक्सिमेथएम्फिटामाइन (methylenedioxy-methamphetamine or MDMA) सांश्लेषिक भ्रमात्मकता के कुछ प्रमुख उदाहरण हैं। इसमे LSD का उपयोग अन्य औषधों की तुलना में सर्वाधिक किया जाता है।

LSD एक रंगहीन, गंधहीन तथा स्वादहीन औषध है। इसका यदि 50 माइक्रोग्राम (microgram) भी व्यक्ति निगलता है तो यह अपना प्रभाव व्यक्ति पर उत्पन्न करना प्रारंभ कर देता है। इसके दो घंटे के भीतर व्यक्ति में एक विशेष अवस्था उत्पन्न हो जाती है, जिसे *भ्रमात्मक उन्मादन* (hallucinogen intoxication) कहा जाता है। DSM-IV (TR) में ऐसे उन्मादन को *भ्रमात्मकता-उत्पन्न विकृति* (hallucinogen induced disorder) की श्रेणी में रखा गया है। भ्रमात्मकता उन्मादन की अवस्था में व्यक्ति के प्रत्यक्षण खासकर दृष्टि प्रत्यक्षण (visual perception) में काफी अधिक तीव्रता आ जाती है और व्यक्ति में तरह-तरह के अपअनुकूली मनोवैज्ञानिक तथा दैहिक परिवर्तन आ जाते हैं। व्यक्ति को रंग का प्रत्यक्षण विकृत हो जाता है । व्यक्ति को भ्रम (illusion) का अनुभव होता है जिसमें वस्तुओं का प्रत्यक्षण विकृत होता है। निर्जीव वस्तुओं को व्यक्ति सजीव समझता है और उसे यह महसूस होता है कि इस ढंग का वस्तु साँस ले रहा है तथा उसका आकार में परिवर्तन हो रहा है। इसमें व्यक्ति को किसी ऐसा वस्तु, व्यक्ति या कोई ज्यामितीय आकार दिखता है, जो सचमुच में उपस्थित नहीं होता है। इतना हीं नहीं, LSD के प्रभाव से *सिनेस्थेसिया* (synesthesia) भी उत्पन्न होता है जहाँ व्यक्ति को विशेष तरह का प्रत्यक्षण संबंध ज्ञानेन्द्रिय से न होकर दूसरे ज्ञानेन्द्रिय से होता है। जैसे, व्यक्ति यह कहते पाया जाता है कि वह तीव्र आवाज को देख रहा है तथा रंग को सुन रहा है (न कि देख रहा है) इतना ही नहीं, LSD से व्यक्ति में संवेगात्मक परिवर्तन (emotional changes) भी होते हैं जिसमें सुखाभास (euphoria) से लेकर विषाद (depression) तक की स्थिति पायी जाती है। व्यक्ति को समय का प्रत्यक्षण धीमा हो जाता है और भूली-बिसरी यादें पुन: जागृत हो जाती है। दैहिक लक्षणों में पुतली का फैलना, पसीना आना, धड़कन बढ़ना, अस्पष्ट दृष्टि, कम्पन तथा

1. भ्रमात्मकता (hallucinogen) के समान ही प्रभाव एक अन्य तरह के औषध जैसे फेनेसाइक्लिडीन (phencyclidine or PCP) तथा केनाविक तथा उनके अन्य योगिकों द्वारा भी उत्पन्न होता है । परंतु उनके मनोवैज्ञानिक तथा व्यवहारपरक प्रभावों में थोड़ा अंतर होने के कारण उनकी व्याख्या अलग से केनाविस-संबद्ध विकृति के तहत आगे की गयी है ।

अंगों के कार्यों में समन्वय की कमी आदि प्रधान है। DSM-IV (TR) में भ्रमात्मकता उन्मादन की पहचान के लिए निम्नांकित कसौटियों का उल्लेख मिलता है—

(i) व्यक्ति भ्रमात्मक औषध का उपयोग हाल में ही प्रारंभ किया हो

(ii) भ्रमात्मक औषध खाने के तुरंत बाद व्यक्ति में नैदानिक रूप से सार्थक व्यवहारात्मक तथा मनोवैज्ञानिक परिवर्तन हुए हों जिनमें स्पष्ट चिंता या विषाद, संदर्भात्मक विचार (idea of reference), मस्तिष्क खो देने का भय, व्यामोही विचार, घटिया निर्णय, घटिया सामाजिक एवं व्यवसायिक व्यवहार आदि मुख्य हैं।

(iii) प्रत्यक्षज्ञानात्मक परिवर्तन जिनमें भ्रम, विभ्रम, व्यक्तित्व लोप (depersonalization) तथा सिनेस्थेसिया (synesthesia) आदि प्रमुख है।

(iv) भ्रमात्मक औषध लेने के दौरान या उसके तुरंत बाद निम्नांकित में से दो या दो से अधिक लक्षणों का विकास हुआ हो—(a) पुतली का फैलाव (b) हृदय धड़कन में वृद्धि (c) पसीना आना (d) अतिस्पन्दन (palpitation) (e) अस्पष्ट दृष्टि (f) शरीर में कम्पन (g) असमन्वय (incoordination)।

(iv) उक्त लक्षण किसी सामान्य मेडिकल अवस्था या किसी मानसिक विकृति के कारण उत्पन्न नहीं हुए हों।

जैकोब्स (Jacobs, 1993, 1987, 1984) द्वारा किये गए अध्ययनों से यह स्पष्ट हुआ है कि भ्रमात्मकता औषध जिसमें LSD की भूमिका सबसे अधिक महत्त्वपूर्ण है, उक्त लक्षणों को इसलिए उत्पन्न करते हैं क्योंकि ऐसे औषध उन न्यूरोन्स के कार्य में बाधा पैदा करते हैं जो सीरोटोनिन (serotonin) उत्पन्न करते हैं।

कुछ ऐसे सबूत मिले हैं जिसमें यह देखा गया है कि LSD लेने वाले व्यक्ति अपने आप को घायल कर लेते हैं, या आत्म-हत्या कर लेते हैं या दूसरों की भी हत्या कर देते हैं। इसके अतिरिक्त LSD का कुछ और भी खतरनाक प्रभाव देखने को मिले हैं। ऐसे कुछ व्यक्तियों में *भ्रमात्मकता-उत्पन्न मनोविक्षिप्त विकृति* (hallucinogen-induced psychotic disorder) उत्पन्न होती है जिसमें बोअर्स (Bowers, 1977) के अनुसार व्यक्ति में ऐसा विभ्रम विकसित हो जाता है जो वास्तविकता से संभ्राति उत्पन्न करता है तथा व्यक्ति अपने क्षुब्ध प्रत्यक्षण (disturbed perception) को समर्थन देने के लिए निराले एवं अनोखे विचारों को भी विकसित कर लेता है। कभी-कभी कुछ ऐसे व्यक्ति में भ्रमात्मकता-उत्पन्न मनोदशा विकृति (hallucinogen-induced mood disorder) भी विकसित हो जाता है जिसमें व्यक्ति में अत्यधिक विषाद एवं दोष-भाव विकसित हो जाता है। इसके अतिरिक्त कुछ व्यक्ति में *भ्रमात्मकता उत्पन्न चिंता विकृति* (hallucinogen induced anxiety disorder) भी विकसित हो जाता है जिसमें व्यक्ति में तनाव, डर, बेचैनी आदि लक्षण विकसित हो जाते हैं। बहुत से लोगों को यह डर हो जाता है कि वे अपना मस्तिष्क नष्ट कर चुके हैं और अपने आप को सनकी बना दिये हैं। इसके अतिरिक्त करीब एक चौथाई ऐसे लोग जो LSD बहुत अधिक मात्रा में उपयोग कर चुके होते हैं, उनमें इसका लम्बे समय तक प्रभाव भी पड़ते देखा गया है जिसे *भ्रमात्मकता सतत प्रत्यक्षण विकृति* (hallucinogen persisting perception disorder) कहा जाता है। इसे संक्षेप में फ्लैशबैक (flashback) भी कहा जाता है। एपीए (APA, 1994) के अनुसार यह वह स्थिति होती है जिसमें LSD का गत अनुभूति के महीनों या वर्षों बाद व्यक्ति में संवेदी एवं सांवेगिक परिवर्तन फिर से अपने आप होने लगते हैं। हालाँकि वे उतने गंभीर नहीं होते हैं, फिर भी वे कई महीनों तक व्यक्ति में बने होते हैं। कुछ ऐसे भी केसेज पाये गए हैं जिनमें अंतिम LSD लेने के करीब पाँच साल बाद फ्लैशबैक का अनुभव हुआ है। अत: फ्लैशबैक पूर्णत: अपूर्वकल्पनीय (unpredictable) होता है।

भ्रमात्मकता (hallucinogen) में LSD के अलावा दो और औषध हैं जिनका उपयोग कम मात्रा में ही सही, व्यक्ति कभी-कभी करता पाया गया है और उससे प्रभावित होता पाया गया है। इनमें मुख्य रूप से दो महत्त्वपूर्ण है—

(i) फेनसाइक्लिडीन (Phencyclidine or PCP)

(ii) मेथिलीनडायऑक्सिमेथएम्फिटामाइन (Methylenedioxymethamphtamine or MDMA)

इन दोनों का संक्षिप्त वर्णन इस प्रकार है—

PCP जिसे आम लोग 'दूत धूल' (angle dust) कहते हैं, का कुछ व्यक्तियों द्वारा दुरुपयोग (abuse) किया जाता है जिसके कुछ महत्त्वपूर्ण प्रभाव व्यक्ति पर पड़ते देखे गये हैं। इसका उपयोग सबसे पहले 1950 वाले दशक में संवेदनहर (anesthetic) के रूप में उपयोग किया गया था। परंतु तुरंत बाद में इसकी खपत आम लोगों में इसलिए बढ़ गयी क्योंकि इससे कभी-कभी चिन्तन (hallucination) तथा स्थितिभ्रांति (disorientation) उत्पन्न होता है। यह बाजार में शुद्ध

उजले महीन पाउडर के रूप में या टेबलेट या कैपसूल के रूप में उपलब्ध हैं। इस औषध को व्यक्ति धूमपान के माध्यम से, सूँघ करके या नश में सूई देकर शरीर के भीतर करता है। जब शरीर इसे ग्रहण कर लेता है, तो थोड़े समय के बाद ही इसका प्रभाव व्यक्ति पर होने लगता है। व्यक्ति में उन्मादन, जोश, झुनझुनी होने का अनुभव तथा शरीर के परिधीय अंगों में सुनापन (numbness) का अनुभव होने लगता है। LSD उन्मादन के समान इसमें व्यक्ति में दृष्टि विभ्रम (visual hallucination) तो नहीं होता है परंतु व्यक्ति अपने शारीरिक प्रतिमा (body image) में विकृति तथा अनत्य व्यक्तित्व लोप (depersonalization) का भाव निश्चित रूप से महसूस करता है। कम मात्रा में इसे लेने से व्यक्ति में दर्द के प्रति असंवेदनशीलता उत्पन्न होती है। जब व्यक्ति इसका उपयोग अधिक मात्रा में करने लगता है, तो उसमें संभ्रांति (confusion) तथा उत्तेजित उन्मादन विकसित हो जाता है और कभी-कभी व्यक्ति में बेहोशी की स्थिति भी आ जाती है। कुछ ऐसे व्यक्तियों में मनोविदालिता के समान मनोविक्षिप्ति (psychosis) की स्थिति उत्पन्न हो जाती है जो कुछ सप्ताह या महीनों तक बना रहता है। हालांकि इसका उपयोग हाल के वर्षों में कमा है, यह फिर भी नैदानिक मनोविज्ञानियों एवं मनोरोगविज्ञानियों के लिए एक चिंता का विषय है क्योंकि इसके उपयोग से व्यक्ति में आक्रमक एवं हिंसात्मक प्रवृत्ति बढ़ती है। कभी-कभी इससे आत्महत्या तथा विषाद (depression) का भी भाव व्यक्ति में उग्र हो जाता है।

PCP के लेने से मस्तिष्क का जो भाग प्रभावित होता है, उस पर शोध करने से शोधकर्ताओं को यह पता चला है कि हृदय आघात या रक्ताघात (stroke) के बाद मस्तिष्क को पहुँचने वाले क्षति से PCP बचाता है। यह कैसे होता है, वैज्ञानिक को यह प्रक्रिया पता नहीं है लेकिन उन्होंने ऐसा होते कई पशुओं में देखा है। अभी हाल में कुछ दवा कंपनियों द्वारा एक नया सांश्लेषिक औषध (synthetic drug) विकसित करने की कोशिश की जा रही है जिसका वांछित प्रभाव PCP के समान हो परंतु PCP के अवांछित प्रभाव न उत्पन्न हो सके। मायर्स (Myers, 1988) के अनुसार MK-801 एक ऐसा ही यौगिक है जो PCP के समान है और पशुओं पर किये गए अध्ययनों से यह पता चलता है कि हृदय अघात या रक्ताघात पहुँचने के बाद या पहले देने से उनके स्नायविक क्षति (neuronal damage) को रोकता है।

MDMA जिसे साधारण भाषा में 'एस्टासी' (Ecstasy) कहा जाता है, भी एक महत्त्वपूर्ण भ्रमात्मक औषध है। 'एस्टासी' का हिन्दी में अर्थ 'हर्षोन्माद' होता है। सचमुच में MDMA एक ऐसा औषध है जो एम्फीटामाईन (amphetamine) से अधिक संबंधित है परंतु फिर भी इसे भ्रमात्मकता (hallucinogen) की ही श्रेणी में रखा गया है क्योंकि इससे प्रत्यक्षज्ञानात्मक सचेतता (perceptual awareness) में परिवर्तन आ जाता है। जिन व्यक्तियों द्वारा MDMA का सेवन किया जाता है, उनका कहना है कि इससे व्यक्ति में सुखाभास का भाव उत्पन्न होता है तथा साथ-ही-साथ उसमें सामाजिकता तथा झुनझुनी (tingling) संवेदन का भी पर्याप्त अनुभव होता है। ऐसे व्यक्तियों का कहना है कि इस तरह के औषध का तीक्ष्ण प्रभाव खत्म हो जाने के बाद भी व्यक्ति तुलनात्मक रूप से अपने में अधिक सूझपूर्ण, उत्साहपूर्ण तथा सचेतता का अनुभव करता है। ग्रीन, क्रॉस तथा गुडविन (Green, Cross & Goodwin, 1995) द्वारा किये गए अध्ययनों से अभी यह स्पष्ट हुआ है कि MDMA का न्यूरोविषाक्त प्रभाव (neurotoxic effect) मस्तिष्क पर खासकर के केन्द्रीय सिरोटोनिन न्यूरोन्स (central serotonin neurons) पर होता है।

स्पष्ट हुआ कि कई तरह के भ्रमात्मक औषध हैं जिनका प्रभाव व्यक्ति के मनोवैज्ञानिक एवं दैहिक अवस्था पर पड़ता है और उससे उसमें सार्थक परिवर्तन आते हैं।

केन्नाविस-संबद्ध विकृति
(Cannabis-Related Disorder)

DSM-IV में केन्नाविस-संबद्ध विकृति एक स्वतंत्र श्रेणी की विकृति है जिसमें केन्नाविनोआयड्स (cannabinoids) से उत्पन्न समस्याओं पर विचार किया गया है। केन्नाविनोआयड्स एक ऐसा तत्त्व है जो केन्नाविस पौधा (cannabis plant) से उत्पन्न होता है । इस पौधा को हेम्प पौधा (hemp plant) या *केन्नाविस सटिवा* (Cannbis sativa) कहा जाता है। यह एक ऐसा पौधा है जो समूचे संसार के गर्म जलवायु (climate) में उपजता है। इसके मुख्य तत्त्व को डेल्टा-9-टेट्राहाइड्रोकेन्नाविनोल(delta-9-tertahydrocannabinal or delta-9-THC)या संक्षेप में टेट्राहाइड्रोकेन्नाविनोल (tetrahydrocannabinol or THC) कहा जाता है । THC का प्रयोग शायद ही कभी इसके शुद्ध रूप में किया जाता है। THC इस पौधा के पत्तियों एवं फूलों के राल या रेसिन (resin) से तैयार किया जाता है। हेम्प के विभिन्न प्रकारों से उत्पन्न औषध का एक संयुक्त नाम दिया गया है जिसे *केन्नाविस* (Cannabis) कहा जाता है। इस समूह का सबसे

शक्तिमान औषध को *हाशिश* (hashish) तथा सबसे कमजोर औषध को *मैरीजुआना* (Marijuana) कहा जाता है। इन दोनों के बीच शक्ति वाले औषध को *गाँजा* (ganja) कहा जाता है। अध्ययनों से यह पता चला है कि केन्नाविस में कई तरह के सक्रिय यौगिक (compounds) होते हैं। टीएचसी (THC) सबसे अधिक महत्त्वपूर्ण तथा केन्नाविस के पड़ने वाले प्रभावों के लिए उत्तरदायी है। केन्नाविस में टीएचसी की मात्रा जितनी ही अधिक होती है, वह उतना ही अधिक प्रभावी होता है। हाशिश, मैरीजुआना की तुलना में अधिक प्रभावी इसलिए होता है क्योंकि उसमें टीएचसी की मात्रा तुलनात्मक रूप से अधिक होती है।

केन्नाविस धूम्रपान के माध्यम से व्यक्ति द्वारा ग्रहण किया जाता है। विलसन तथा मैकगुरी (Wilson & McGurie, 1998) द्वारा किये गए शोधों से यह स्पष्ट हुआ है कि जब इसे निम्न मात्रा में लिया जाता है तो इससे व्यक्ति में आंतरिक खुशी तथा शिथिलीकरण (relaxation) का भाव व्यक्ति में उत्पन्न होता है और व्यक्ति बातूनी (talkative) अधिक नजर आता है। परंतु कुछ ऐसे भी व्यक्ति होते हैं जो ऐसी परिस्थिति में अधिक चिंतित, शक्की तथा चिड़चिड़ा हो जाते हैं। कुछ ऐसे भी व्यक्ति हैं जो इस साधारण मात्रा में केन्नाविस लेने के बाद अपने प्रत्यक्षण को अधिक तीक्ष्ण होते पाते हैं तथा उन्हें कुछ तीव्र आवाज या विचित्र दृश्य दिखाई देने का अनुभव होता है। समय उनके लिये धीरे-धीरे बीतता नजर आता है तथा आकार एवं दूरी वास्तविकता से हटकर नजर आते हैं । इनका निर्णय दोषपूर्ण तथा व्यक्ति में सामाजिक प्रत्याहार का व्यवहार होता देखा गया है। इसके साथ-ही-साथ इनमें भूख की कमी, मुँह सुखना, मितली तथा हृदय गति में तीव्रता आदि के लक्षण भी देखने को मिलता है। इस समग्र अवस्था को *केन्नाविस उन्मादन* (Cannabis intoxication) की संज्ञा दी जाती है। जब केन्नाविस अधिक मात्रा में लिया जाता है तो इससे व्यक्ति में दृष्टि विकृति (visual distortions), शारीरिक प्रतिमा में बदलाव तथा विभ्रम के लक्षण उत्पन्न हो जाते हैं। कोई-कोई ऐसा व्यक्ति में संभ्रांति (confusion) उत्पन्न हो जाता है या वह आवेगशील हो जाता है तथा कुछ यह सोचकर घबड़ा जाते हैं कि उसका मस्तिष्क अब खत्म होने जा रहा है। कुछ लोगों में ऐसा व्यामोह (delusion) विकसित हो जाता है कि अन्य दूसरे लोग उन्हें चोट पहुँचाने की कोशिश कर रहे हैं। इसे केन्नाविस-उत्पन्न मनोरोग विकृति (Cannabis-induced psychotic disorder) कहा जाता है। चैत, फिशमैन तथा स्कूस्टर (Chait, Fishman & Schuster, 1995) के अनुसार केन्नाविस का प्रभाव सामान्यत: तीन से छह घंटों तक बना रहता है परंतु व्यक्ति की मनोदशा (mood) में परिवर्तन अधिक समय तक बना रहता है।

मैरीजुआना का प्रभाव *(Effect of Marijuana)*—इस श्रेणी के औषध (drug) में मैरीजुआना का उपयोग सर्वाधिक होता है। अत: इसपर यहाँ हम अलग से चर्चा करेंगे। 1970 वाले दशक तक जो मैरीजुआना का उपयोग किया जाता था, तो वह कम शक्ति की होती थी। फलत: उससे निर्भरता (dependence) या दुरुपयोग या कुप्रयोग (abuse) का कोई पैटर्न नहीं विकसित होता था। परन्तु अब की तस्वीर थोड़ा भिन्न है। अब जो मैरीजुआना बाजार में उपलब्ध है, उसमें टीएचसी की मात्रा पहले वाले मैरीजुआना में पाये जाने वाले टीएचसी की मात्रा से करीब 10 से 15 प्रतिशत अधिक होता है। इसका परिणाम यह होता है कि आज के लोग जब इसका सेवन अधिक मात्रा में करते हैं तो उनमें मैरीजुआना के प्रति निर्भरता (dependence) विकसित हो जाता है। इतना ही नहीं, कुछ व्यक्ति में सहनशीलता (tolerance) भी विकसित हो जाता है तथा कुछ में जब वे उसे रोकने की कोशिश करते हैं या उसका उपयोग कम कर देते हैं, तो उनमें फ्लू (flu) के समान प्रत्याहार लक्षण (withdrawal symptoms) विकसित हो जाते हैं।

जैसे-जैसे मैरीजुआना की शक्ति तथा उपयोग में वृद्धि हुई है, शोधकर्त्ताओं द्वारा इस निष्कर्ष पर पहुँच गया है कि ऐसे तत्त्व का धूम्रपान करने से खतरनाक परिणाम होते हैं। पहले यह समझा जाता था कि मैरीजुआना का धूम्रपान करने से मोटरकार चलाने पर कोई प्रभाव नहीं पड़ता है परंतु हाल ही में पेटरसन (Peterson, 1984) द्वारा किये गये अध्ययनों से यह स्पष्ट हुआ है कि इसका प्रभाव मोटरकार चलाने पर पर्याप्त होता है। हुकर तथा जोन्स (Hooker & Jones, 1987) के अध्ययन के अनुसार मैरीजुआना व्यक्ति के संज्ञानात्मक कार्यों में भी बाधक होता है। ऐसे लोगों को एकाग्रता में कठिनाई तथा वे हाल में घटित घटना को भी ठीक ढंग से याद नहीं कर पाते हैं। जब इसका प्रयोग काफी अधिक दिनों से किया जाता है, तो इससे व्यक्ति में फेफड़े का रोग उत्पन्न होने का डर बना रहता है। अध्ययनों से यह स्पष्ट हुआ है कि मैरीजुआना धूम्रपान करने से व्यक्ति में अपने फेफड़े से साँस बाहर छोड़ने की क्षमता में कमी आ जाती है। रे एवं कसीर (Ray & Ksir, 1993) ने अपने अध्ययन के आधार पर यह बतलाया है कि मैरीजुआना के धुआँ में अधिक टार (tar) एवं वेनजोपाइरिन (benzopyrene) होता है जिससे उसमें कैंसर (cancer) उत्पन्न होने की संभावना काफी

बढ़ जाती है। मैरीजुआना के चिरकालिक (chronic) रोगियों में मानवीय जनन क्षमता (reproduction) भी काफी प्रभावित हो जाता है। आरंभिक अध्ययनों से तो यह पता चला है कि मैरीजुआना का पुरुष हारमोन अर्थात् टेस्टोस्ट्रोन (testosterone) में कोई कमी नहीं आती है परंतु 1970 वाले दशक में हुए अध्ययनों से यह पता चला है कि मैरीजुआना से शुक्राणु की संख्या तथा शुक्राणु की क्रिया दोनों में ही पर्याप्त कमी आ जाती है। महिलाओं में अण्डोत्सर्ग (ovulation) अनियमित तथा असामान्य हो जाता है। हालिस्टर (Hallister, 1986) द्वारा किये गए अध्ययन से यह पता चला है कि टीएचसी (THC) का व्यक्ति के प्रतिरक्षक तंत्र (immune system) पर भी हल्का दमनकारी (repressive) प्रभाव पड़ता है। हालांकि यह दमन नैदानिक रूप से अधिक सार्थक नहीं होता है, फिर भी मैरीजुआना धूमपान करने वाले व्यक्ति में इसका आने वाले समय में कुछ सार्थक प्रभाव हो सकता है।

उक्त वर्णन से यह स्पष्ट है कि मैरीजुआना के मनोवैज्ञानिक प्रभाव (psychological effect) तथा दैहिक प्रभाव (somatic effect) स्पष्ट रूप से होते हैं। परंतु सबसे चौंका देने वाली बात यह देखने को मिला है कि इसका **चिकित्सीय प्रभाव** *(therapeutic effect)* भी होता है। इस बात का पता भी 1970 वाले दशक में ही चला है जब इसके ऊपर के अन्य दो प्रभावों का खुलासा हुआ था। सलान, जिनबर्ग तथा फ्रेई (Salan, Zinberg & Frei, 1975) द्वारा कई द्विअंध अध्ययन (double blind studies) किये गये जिसमें यह पाया गया कि टीएचसी (THC) तथा अन्य संबंध औषध कैंसर के कुछ रोगियों में रसायनचिकित्सा (chemotherapy) के बाद भूख की कमी तथा मितली को दूर करने में सफल होता है। जब भी कोई अन्य औषध मितली जैसी प्रवृत्ति को रोकने में सफल नहीं होता है, तो मैरीजुआना का उपयोग करके इस तरह की प्रवृत्ति को आसानी से कम किया जाता है। इस तथ्य का सत्यापन जाफे (Jaffe, 1985) तथा पोस्टर (Poster, 1985) के भी अध्ययनों से हो गया है। इसे एड्स (AIDS) रोग से उत्पन्न तकलीफों (discomfort) को दूर करने के लिए भी उपयोग किया जाता है। क्लिन (Klein, 1992) के अध्ययनानुसार एड्स के रोगी द्वारा मैरीजुआना का धूमपान किये जाने पर इससे रोगी के भूख में वृद्धि होती है, उसकी मितली में कमी आती है तथा उसे अच्छी नींद भी आती है। मैरीजुआना के धूमपान से ग्लूकोमा (glaucoma) के रोगी को भी आराम मिलता है। ग्लूकोमा एक ऐसा रोग है जिसमें नेत्र गोलक से तरल पदार्थ का निकलना अवरुद्ध हो जाता है।

मैरीजुआना के उपर्युक्त चिकित्सीय प्रभाव सर्वमान्य नहीं है और इस पर वाद-विवाद जारी है। कुछ लोगों का यह मत है कि मैरीजुआना स्वास्थ्य के लिए बुरा होता है। जैसे, टीएचसी (THC) आजकल गोली के रूप में उपलब्ध है और लेकिन बहुत से रोगी जब इसका उपयोग करते हैं तो उन्हें कै हो जाता है तथा यह एड्स के रोगियों में भी वांछित प्रभाव उत्पन्न करते नहीं देखा गया है। ग्लूकोमा के रोगी भी इससे लाभ उठाते नहीं देखे गए।

स्पष्ट हुआ कि केन्नाविस-संबद्ध समस्याएँ कई हैं। केन्नाविस समूह में मैरीजुआना सबसे प्रमुख एवं सामान्य औषध है जिसका प्रभाव व्यक्ति पर मनोवैज्ञानिक, दैहिक एवं चिकित्सीय भी पड़ता है।

शामक-निद्राजनक या चिंता-विरोधी संबद्ध विकृति
(Sedative-Hypnotic or Anxiolytic Related Disorder)

शामक-निद्राजनक औषध (sedative-hypnotic drug) से व्यक्ति में शिथिलीकरण (relaxation) तथा निद्रालुप्त (downsiness) उत्पन्न होता है क्योंकि यह मुख्य रूप से केन्द्रीय तंत्रिका तंत्र (central nervous system) की क्रिया को मंदित कर देता है। जब इसे कम मात्रा में लिया जाता है, तो इसका प्रभाव प्रशांत (calming) या **उपशामक** (sedative) के समान होता है तथा जब इसका उपयोग अधिक मात्रा में किया जाता है, तो इससे व्यक्ति में नींद आती है और इससे *निद्राजनक* (hypnotics) होता है। इस समूह के दो औषध अधिक लोकप्रिय हैं–*चिंता-विरोधी औषध* (anti-anxiety drug) तथा *वारविटुरेट्स* (Barbiturates)।

चिंता-विरोधी औषध (anti-anxiety or anxidytic drug) जिन्हें लघु प्रशांतक (minor tranquilizer) भी कहा जाता है, व्यक्ति को बिना निद्रालुता (drownsiness) की अवस्था उत्पन्न किये ही, उसे चिंता से मुक्त करता है। इस श्रेणी में सबसे प्रमुख औषध *वेनजोडियाजेपाइनस* (benzodiazepines) है जिसे 1950 वाले दशक में सर्वप्रथम बाजार में उपलब्ध कराया गया था । इसमें *एल्प्राजोलम* (alpraxolam or xanax), *डियाजेपाम* (diazapam or valium), *क्लोरडियाजेपोक्साइड* (chlordiazepoxide or librium), *ट्रीएजोलम* (triazolam or halicon) तथा *ऑक्सएजीपाम*

(oxazepam or tranxene) सबसे सामान्य औषध हैं। वेनजोडियाजेपाइन्स का मनोवैज्ञानिक एवं दैहिक प्रभाव हल्का होता है तथा इसमें विषाक्तता (toxicity) नहीं होता है। जब इसका उपयोग चिकित्सीय मात्रा (therapeutic dose) में किया जाता है, तो इससे व्यक्ति की चिंता कम हो जाती है और उसका अन्य कोई प्रभाव व्यक्ति पर नहीं होता है। साधारण मात्रा में लेने पर उससे व्यक्ति में हल्का सुखदायी भाव तथा उत्तेजन का भाव उत्पन्न होता है जैसा कि निम्न मात्रा में एल्कोहल लेने से होता है। जब इसका उपयोग उच्च मात्रा में किया जाता है, इससे व्यक्ति में नींद एवं शामकता (sedation) उत्पन्न होता है तथा श्वसन गति (respiration rate) हल्का प्रभावित हो जाता है। इसका उच्च मात्रा में प्रयोग से किसी व्यक्ति की मृत्यु अब तक नहीं हुई है हालांकि इसका एल्कोहल के साथ मिलाकर उपयोग व्यक्ति के जीवन के लिए घातक सिद्ध हो सकता है। चूँकि वेनजोडियाजेपाइन्स एक सुरक्षात्मक औषध है, अतः इसका उपयोग आम व्यक्ति तथा मेडिकल डॉक्टरों द्वारा अनिद्रा (insommia) तथा चिंता (anxiety) के उपचार में काफी अधिक किया जाता है।

वारविटुरेट्स (barbiturates) जिसकी खोज 100 वर्ष पहले जर्मनी में की गयी थी, चिंता को कम करने तथा व्यक्ति में नींद उत्पन्न करने के लिए डाक्टरों द्वारा 1950 से पहले वाले दशक में काफी किया गया। बेनजोडियाजेपाइन्स (benzodiozepines) के आ जाने से और इस औषध को तुलनात्मक रूप से सुरक्षित होने के कारण, वारविटुरेट्स का उपयोग अब कम हो गया है परंतु फिर भी इसका उपयोग आम जनता तथा मेडिकल डाक्टरों द्वारा काफी किया जाता है।

वारविटुरेट्स को व्यक्ति सामान्यतः गोली या कैपसुल के रूप में निगलकर शरीर के भीतर करता है। अगर इसकी मात्रा निम्न होती है, तो इससे व्यक्ति में हल्का सुखाभास, सिर में हल्कापान तथा पेशीय समन्वय में थोड़ा कमी होता है। यदि यह उच्च मात्रा में लिया जाता है, तो इससे गंभीर उन्मादन (severe intoxication) उत्पन्न हो जाता है जिसमें चिंतन में कठिनाई, अस्पष्ट संभाषण (slurred speech), घटिया सूझ-बूझ एवं स्मृति, सांवेगिक अस्थिरता तथा आक्रमक व्यवहार मुख्य है। कभी-कभी व्यक्ति अपना होश-हवास खो देता है तथा उसका श्वसन गति काफी धीमी पड़ जाती है। जब उसकी मात्रा और भी अधिक बढ़ जाती है, तो व्यक्ति का साँस पूर्णतः रूक जाता है। अमेरिका में जितने भी आत्महत्याएँ होती हैं, उनमें अधिकतर वारविटुरेट्स की उच्च मात्रा खा लेने से ही होती है।

हाल में किये गए शोधों से यह स्पष्ट हुआ है कि वारविटुरेट्स दुरुपयोग (barbiturates abuse) निम्नांकित तीन प्रकार के होते है—

(i) चिरकालिक उन्मादन *(Chronic intoxication)*—प्रारंभ में व्यक्ति इसका उपयोग अनिद्रा तथा चिंता को कम करने के लिए लेता है और बाद में वह इसका व्यसनी (addicted) बन जाता है। इसका चिरकालिक उपयोग से व्यक्ति में अस्पष्ट संभाषण (slurred speech) तथा कार्य को करने की क्षमता में ह्रास आदि होता है।

(ii) प्रासंगिक उन्मादन *(Episodic intoxication)*—इसमें व्यक्ति वारविटुरेट्स का उपयोग हल्का सुखाभास उत्पन्न करने के लिए करता है।

(iii) अन्तःशिरा इंजेक्शन *(Intravenous injection)*—इस तरह के उन्मादन में व्यक्ति वारविटुरेट्स का अन्य औषध जैसे हेरोइन (heroine) के साथ मिलकर शरीर के नश में इंजेक्शन लगाता है। इसका उपयोग यदि इस प्रकार से लम्बे समय तक किया जाता है, तो कई तरह की जटिलताएँ व्यक्ति में उत्पन्न हो जाता है।

अभी नवीनतम शोधों द्वारा यह पता चल पाया है कि वारविटुरेट्स तथा वेनजोडियाजेपाइन्स किस स्नायविक प्रक्रम (neural mechanism) के माध्यम से अपना प्रभाव व्यक्ति पर डालता है। ऐसे औषध अवरोधक न्यूरोट्रांसमीटर यानी गामा एमिनोवूट्रीक एसिड (Gama aminobutyric acid or GABA) उत्पन्न करता है। जैसा कि हम जानते हैं, न्यूरोट्रांसमीटर एक ऐसा रसायन होता है जिसका काम एक न्यूरोन से दूसरे न्यूरोन में सूचनाओं को पहुँचाना होता है। गामा एक अवरोधक न्यूरोट्रांसमीटर है और जैसे ही इसे न्यूरोग्राहक (nuero receptor) ग्रहण करता है, न्यूरोन में उत्तेजनशीलता समाप्त हो जाती है। इन औषधों का चिंता विरोधी प्रभाव इसी गावा (GABA) के कारण ही होता है। बहुत अत्यधिक मात्रा में वारविटुरेट्स लेने से उन न्यूरोन्स की उत्तेजनशीलता में कमी आ जाती है जो रेटिकुलर फॉरमेशन (reticular formation) में सूचनाएँ भेजती है। चूँकि रेटिकुलर फॉरमेशन शरीर की उत्तेजनशीलता (arousal centre) का केन्द्र है और व्यक्ति को वातावरण के प्रति सतर्क एवं सचेत बनाकर रखता है और चूँकि इसकी उत्तेजनशीलता में उक्त औषध कमी लाता है, अतः इससे व्यक्ति को नींद आती है । और भी अत्यधिक मात्रा में वारविटुरेट्स लेने से व्यक्ति का सुषुम्नीय प्रतिवर्त (spinal reflexes) तथा मांशपेशियों की क्रियाएँ मंदित हो जाती हैं । इसका प्रयोग सर्जिकल संवेदनहर (anesthetics) के रूप में भी किया

जाता है। अगर वारविटुरेट्स की मात्रा जरूरत से ज्यादा ऊँचा हो जाता है, तो व्यक्ति का साँस रुक जाता है, रक्तचाप में काफी गिरावट आ जाती है और व्यक्ति बेहोशी की अवस्था में आ जाता है और उसकी मृत्यु भी हो जाती है।

शामक-निद्राजनक औषध में वारविटुरेट्स दुरुपयोग से व्यक्ति में निर्भरता (dependence) भी उत्पन्न हो जाता है। जो लोग उसका बहुत अत्यधिक उपयोग करते हैं, उनमें इस औषध के लिए सहनशीलता (tolerance) बढ़ जाता है। अगर व्यक्ति औषध से परहेज करना प्रारंभ करता है, तो उसमें प्रत्याहार लक्षण (withdrawal symptoms) विकसित हो जाता है जिसमें मतली, कै होना, कमजोरी, चिंता तथा विषाद का भाव तथा नींद से संबंधित समस्याएँ उत्पन्न हो जातीं हैं। वारविटुरेट्स प्रत्याहार एक सबसे खतरनाक प्रत्याहार लक्षण है क्योंकि कुछ वारविटुरेट्स व्यसनी जब वे औषध से अपने को दूर रखते हैं, तो उनमें कम्पन (convulsion) उत्पन्न हो जाता है।

स्पष्ट हुआ कि शामक-निद्राजनक या चिंता विरोधी औषध से संबद्ध कई तरह की समस्याएँ हैं जिनमें औषध उन्मादन, औषध निर्भरता आदि प्रमुख हैं।

द्रव्यों का संयोजन
(Combination of Substances)

सामान्यत: यह देखा जाता है कि व्यक्ति एक समय में एक से अधिक औषध का उपयोग करते हैं। इसे तकनीकी तौर पर *बहुद्रव्य उपयोग* (polysubstance use) की संज्ञा दी जाती है। बहुद्रव्य उपयोग की आवृत्ति आजकल इतनी तेजी से बढ़ रही है कि अब मनोरोग विज्ञानियों (psychiatrists) द्वारा निकट भविष्य में ही *बहुद्रव्य-संबद्ध विकृति* (poly substance related disorder) द्रव्य-संबद्ध विकृति के समान ही एक स्वतंत्र श्रेणी के रूप में विचार किये जाने की संभावना है। बहुद्रव्य उपयोग के दो तरह के प्रभाव व्यक्ति में देखने को मिलता है—

(1) क्रॉस सहनशीलता प्रभाव (Cross-tolerance effect)

(2) साइनरजिस्टीक प्रभाव (Synergistic effect)

इन दोनों का वर्णन इस प्रकार है—

(1) क्रॉस-सहनशीलता प्रभाव *(Cross-tolerance effect)*—कभी-कभी दो या दो से अधिक औषधों का प्रभाव व्यक्ति के शरीर तथा मस्तिष्क पर इतना समान होता है कि जैसे ही व्यक्ति में एक औषध के लिए सहनशीलता (tolerance) विकसित हो जाती है, उसमें दूसरे औषध के लिए अपने आप ही सहनशीलता विकसित हो जाती है हालाँकि संभव है कि व्यक्ति इस दूसरे औषध को कभी भी नहीं लिया हो। इस तरह की अवस्था को *क्रॉस सहनशीलता* (cross tolerance) कहा जाता है। ऐसी स्थिति में कोई एक औषध खाकर दूसरे औषध के लेने से उत्पन्न प्रत्याहार लक्षण (withdrawal symptoms) को कम किया जाता है। चूँकि एल्कोहल तथा चिंता-विरोधी औषध (antianxiety drug) क्रॉस-सहनशील हैं, अत: एल्कोहल प्रत्याहार लक्षणों को कभी-कभी चिंता विरोधी औषधों का कुछ विटामिन के साथ उपयोग कर कम किया जा सकता है।

(2) साइनरजिस्टीक प्रभाव *(Synergistic effect)*—जब एक ही समय में कई तरह के औषध व्यक्ति के शरीर में मौजूद रहते हैं, तो वे एक-दूसरे के प्रभाव को मजबूत कर देते हैं। इस संयुक्त प्रभाव को *साइनरजिस्टीक प्रभाव* (synergistic effect) कहा जाता है। साइनरजिस्टीक प्रभाव हमेशा किसी एक औषध के कुल प्रभाव से कहीं अधिक होता है। साइनरजिस्टीक प्रभाव दो तरह के होते हैं। एक तरह का साइनरजिस्टीक प्रभाव वह होता है जिसमें दो या दो से अधिक लिए गए औषध का प्रभाव एक-दूसरे के समान होता है। जैसे, एल्कोहल, चिंता-विरोधी औषध, वारविटूरेट्स (barbiturates) तथा स्वापक (opioids) सभी का प्रभाव केन्द्रीय तंत्रिका तंत्र (central nervous system) को मंदित (depress) करना होता है और यदि इनका उपयोग एक साथ किया जाए तो इससे जैसे कि मिलर तथा गोल्ड (Miller & Gold, 1990) ने अपने अध्ययन में पाया है, केन्द्रीय तंत्रिका तंत्र काफी गंभीर रूप से मंदित हो जा सकता है और व्यक्ति में उच्च मात्रा में बेहोशी (coma) उत्पन्न हो सकता है या फिर व्यक्ति की मृत्यु भी हो सकती है। इस तरह के साइनरजिस्टीक प्रभाव से कई तरह के दु:खदायी घटनाएँ घट चुकी हैं। एक-दूसरे तरह का साइनरजिस्टीक प्रभाव तब उत्पन्न होता है जब लिए जाने वाले औषधों का प्रभाव एक-दूसरे के समान न होकर विपरीत होता है। जैसे, उत्तेजक औषध (stimulant drugs), वारविटुरेट्स तथा एल्कोहल के विपरीत प्रभाव व्यक्ति में उत्पन्न करता है और एक साथ होने पर

व्यक्ति की शारीरिक एवं मानसिक स्थिति पर बुरा प्रभाव डालता है। जैसे, जो छात्र रात में अधिक जागकर अध्ययन करने के ख्याल से एम्फीटामाइन्स लेते हैं जो एक तरह का उत्तेजक है और फिर नींद आने के ख्याल से वारविटुरेट्स लेते हैं, वे अज्ञानतावश अपने आप को काफी खतरनाक स्थिति में रखते हैं।

स्पष्ट हुआ कि औषधों के संयोजन (combination) का प्रभाव बहुत ही स्पष्ट होता है और जहाँ तक संभव हो इसके हानिकारक प्रभावों से बचने का पर्याप्त कोशिश करना चाहिए।

द्रव्य-संबंध की विकृतियों की सामान्य व्याख्या
(General explanation of Substances-related disorders)

नैदानिक मनोवैज्ञानिकों एवं मनोरोगविज्ञानियों द्वारा किये गए शोधों से यह स्पष्ट हुआ है कि द्रव्य-संबंध विकृति की सामान्य व्याख्या या उसके सामान्य कारणों की व्याख्या निम्नांकित चार तरह के विचारधाराओं के आधार पर किया गया है—

1. जननिक एवं जैविक विचारधारा (genetic and biological view)
2. मनोगतिकी विचारधारा (psychodynamic view)
3. व्यवहारपरक विचारधारा (behavioural view)
4. सामाजिक सांस्कृतिक विचारधारा (sociocultural view)

इन सभी विचारधाराओं द्वारा द्रव्य-संबंध विकृतियों की व्याख्या इस प्रकार की गयी है—

(1) **जननिक एवं जैविक विचारधारा** *(Genetic and biological view)*—केण्डलर तथा उनके सहयोगियों (Kendler et al, 1994) तथा गोल्डस्टीन (Goldstein, 1994) द्वारा किये गए अध्ययनों से यह स्पष्ट हुआ कि व्यक्ति में द्रव्य या औषध दुरुपयोग (abuse) एवं निर्भरता (dependence) के प्रति पूर्ववृत्ति (predisposition) आनुवंशिक हो सकता है या उसे व्यक्ति अपने पुरखों से प्राप्त कर सकता है। इन लोगों द्वारा जुड़वाँ बच्चों एवं दत्तक (adopted) बच्चों पर अध्ययन किया गया है। जुड़वाँ बच्चों के अध्ययनों में एकांडी (identical) जुड़वाँ बच्चों के सुसंगतता दर (concordance rate) की तुलना भ्रात्रीय जुड़वाँ बच्चे (fraternal twins) के सुसंगतता दर से किया गया है। अगर सचमुच में औषध निर्भरता एवं औषध दुरुपयोग (drug abuse) वंशागत (interited) होता है, तो एकांडी जुड़वा बच्चों में सुसंगता दर भ्रातीय जुड़वाँ बच्चों के सुसंगतता दर से अधिक होनी चाहिए। गोल्डस्टीन (Goldstein, 1994) ने अपने अध्ययन में ठीक ऐसा ही पाया है। इनके अध्ययन में एल्कोहल-दुरुपयोग सुसंगतता दर एकांडी जुड़वाँ बच्चों में 54% पाया गया जबकि भ्रात्रीय जुड़वाँ बच्चों में यह दर मात्र 28% पाया गया। गुडविन तथा उनके सहयोगियों (Goodwin et al, 1993) द्वारा किये गये अध्ययनों से भी औषध दुरुपयोग एवं निर्भरता के वंशागत होने का सबूत मिलता है। इनके अध्ययन में एक ऐसे लोगों के समूह में मद्यपानता (alcoholism) के दर का अध्ययन किया गया जिन्हें जन्म के तुरंत बाद गोद लेकर पाला-पोषा गया था। दत्तकों का एक समूह ऐसा था जिनके जैविक माता-पिता (biological parents) मद्यपान-व्यसनी (alcoholic) थे तथा दत्तकों का दूसरा समूह ऐसा था जिनके जैविक माता-पिता मद्यपान व्यसनी नहीं थे। 30 साल की आयु होने पर देखा गया कि वैसे दत्तक वयस्क जिनके जैविक माता-पिता मद्यपान व्यसनी थे, उनमें एल्कोहल दुरुपयोग की दर उन दत्तकों की अपेक्षा जिनके जैविक माता-पिता मद्यपान व्यसनी नहीं थे, अधिक ऊँचा पाया गया। इस तरह के निष्कर्ष से यह स्पष्ट होता है कि मद्यपानता की पूर्ववृत्ति वंशागत होती है।

अभी हाल में *जीन मैपिंग प्रविधि* (gene mapping technique) द्वारा कुछ ऐसे सबूत मिले हैं जिनसे भी इस बात की पुष्टि होती है कि औषध दुरुपयोग एवं औषध निर्भरता में आनुवंशिक कारकों की भूमिका है। इस नवीनतम प्रविधि में अनुसंधानकर्त्ता वैसे जीन्स की पहचान करते हैं जो विभिन्न विशेषताओं एवं विकृतियों (disorders) से संबद्ध होते हैं। इस प्रविधि का उपयोग करते हुए अनुसंधानकर्त्ता असामान्य (aberrant) जीन्स तथा द्रव्य-संबद्ध विकृति (substance-related disorder) में संबंध की खोज करते हैं। ऐसे अध्ययन मूलतः ब्लम एवं नोबुल (Blum & Noble, 1993), गेजमैन एवं उनके सहयोगियों (Gejman et al. 1994) टर्नर तथा उनके सहयोगियों (Turner, 1992) द्वारा किये गए और इनके अध्ययनों में यह पाया गया कि कोकेन निर्भरता (Cocaine dependence) के प्रयोज्यों में से 51% में तथा एल्कोहलिक प्रयोज्यों में से 69% में डी-टू ग्राहक जीन (D2 receptor gene) स्पष्ट रूप से पाया गया जो इस

बात का सबूत बनता है कि इन द्रव्य-संबंध विकृतियों में इस जीन का महत्त्व है। यद्यपि इस तरह के नवीनतम खोज को अभी पूर्ण मान्यता नहीं दी गयी है परंतु इतना तो स्पष्ट हो जाता है कि दोषपूर्ण जीन का हाथ द्रव्य संबंध विकृति में है।

कुछ ऐसे अध्ययन भी किये गए हैं जिनमें औषध सहनशीलता तथा औषध निर्भरता के उत्पन्न होने में विशेष तरह की जैविक प्रक्रिया (biological process) भी होते पायी गयी है। गोल्डस्टीन (Goldstein, 1994) के अध्ययन के अनुसार विशेष तरह के औषध लेने से व्यक्ति का मस्तिष्क विशेष तरह का न्यूरोट्रांसमीटर जो सामान्यतः दर्द को कम करने, व्यक्ति में नींद लाने, मनोदशा (mood) एवं सतर्कता के स्तर को परिवर्तित करने में मदद करता है, को कम करता है। चूँकि औषध से ऐसी प्रतिक्रिया उत्पन्न होती है, अतः न्यूरोट्रांसमीटर का महत्त्व अपने आप कम हो जाती है। जैसे-जैसे व्यक्ति औषध का उपयोग अधिक मात्रा में करता जाता है, मस्तिष्क में न्यूरोट्रांसमीटर के उत्पादन की मात्रा कमती जाती है और व्यक्ति को आरंभिक प्रभाव उत्पन्न करने के लिए अधिक मात्रा में औषध की जरूरत सतत बनी रहती है। संक्षेप में व्यक्ति में औषध के लिए सहनशीलता (tolerance) विकसित हो जाता है। ऐसी परिस्थिति में व्यक्ति की निर्भरता अपने न्यूरोट्रांसमीटर पर कम और औषध पर अधिक हो जाती है, और वे अपने आप को शांत, सतर्क एवं खुश करने के लिए अधिक-से-अधिक मात्रा में औषध खाने के लिए विवश रहता है। जैसे, फाकेलमान (Fackelmann, 1993) ने अपने अध्ययन के आधार पर यह बतलाया है कि यदि व्यक्ति मैरीजुआना (marijuana) का उपयोग अधिक करता है, तो अभी हाल में खोज की गयी 'आनंडामाइड' (anandaminde) जो शरीर का अपना स्वाभाविक टी एच सी (THC) है, के उत्पादन की मात्रा में काफी कमी आ जाती है जिससे व्यक्ति के मनोदशा (mood), दर्द, स्मृति एवं गति (movement) में काफी परिवर्तन आ जाता है। उसी तरह से यदि व्यक्ति वेनजोडियाजेपाइनस (benzodiazepines) का उपयोग अधिक करना प्रारंभ कर देता है, तो ऐसी अवस्था में व्यक्ति के मस्तिष्क में अवरोधक न्यूरोट्रांसमीटर (inhibitory neurotransmitter) अर्थात् गाबा (GABA) का उत्पादन कम हो जाता है और जब व्यक्ति इसका उपयोग बंद कर देता है, तो वैसी परिस्थिति में व्यक्ति के मस्तिष्क में गाबा की मात्रा कम हो जाता है जिसे फिर बढ़ाने के लिए व्यक्ति में वेनजोडियाजेपाइनस लेने की बाध्यता या निर्भरता उत्पन्न हो जाती है। उसी तरह से स्नीडर (Synder, 1991) ने अपने अध्ययन में पाया कि अगर व्यक्ति स्वापक (opioids) का चिरकालिक उपयोग करता है, तो उससे मस्तिष्क का अपना न्यूरोट्रांसमीटर अर्थात् इन्डोरफिन्स (endorphins) का उत्पादन कम हो जाता है और तब जब भी व्यक्ति को दर्द कम करने या प्रशांत करने की आवश्यकता पड़ती है तो, व्यक्ति को स्वापक पर अधिक निर्भरता दिखाने की बाध्यता होती है।

स्पष्ट हुआ कि कुछ जननिक एवं जैविक कारक ऐसे हैं जो द्रव्य-संबंध विकृतियाँ उत्पन्न करने के लिए सीधे उत्तरदायी हैं।

(2) मनोगतिकी विचारधारा *(Psychodynamic view)*—मनोगतिकी विचारधारा में द्रव्य-संबंध विकृतियों की व्याख्या निर्भरता आवश्यकता (dependence need) के रूप में की गयी है। एवाडी (Abadi, 1984), वार्ड (Ward, 1985) तथा शेडलर एवं ब्लौक (Shedler & Block, 1990) के अध्ययनों के अनुसार जब बाल्यावस्था में बच्चा के परिपोषण आवश्यकता (nurturance need) की पूर्ति ठीक ढंग से नहीं हो पाती है, तो वैसी अवस्था में ऐसे बच्चे पूरी जिंदगी समर्थन, मदद तथा आराम पाने के लिए दूसरों पर निर्भरता दिखाते हैं ताकि उस परिपोषण आवश्यकता की पूर्ति की जाए जिसे वे एक बच्चा के रूप में अपने माता-पिता से पूरा नहीं कर पाये थे। अगर समर्थन पाने का यह स्रोत का आधार औषध लेने के रूप में हुआ, तो ऐसी परिस्थिति में व्यक्ति औषध पर निर्भरता संबंध (dependence relationship) विकसित कर लेता है।

कुछ मनोगतिक सिद्धांतवादियों का मानना है कि कुछ व्यक्ति *द्रव्य दुरुपयोग व्यक्तित्व* (substance abuse personality) विकसित कर लेते हैं जो उन्हें औषध लेने के लिए अधिक पूर्वाग्रहित करता है। इसका समर्थन कुछ प्रयोगात्मक तथ्यों से भी हुआ है। शेडलर एवं ब्लौक (Shedler & Block, 1990), ग्रीनस्पून तथा बाकालार (Grinspoon & Bakalar, 1986) द्वारा किये गए अध्ययनों में व्यक्तियों के दो समूहों का चयन किया गया जिसमें से एक समूह विशेष तरह के औषध का चिरकालिक उपयोग करते आय़े थे तथा दूसरा समूह ऐसा था जो किसी प्रकार का औषध कभी नहीं लेता था। दोनों समूहों के व्यक्तियों का साक्षात्कार एवं अन्य विभिन्न व्यक्तित्व परीक्षणों का क्रियान्वयन करके उनका व्यक्तित्व प्रोफाइल तैयार किया गया और आपस में तुलना की गयी। परिणाम में पाया गया कि औषध का दुरुपयोग करने वाले व्यक्तियों का व्यक्तित्व अधिक निर्भर, समाजविरोधी, आवेगशील तथा विषादी प्रकृति का था जबकि

नियंत्रित समूह के व्यक्तियों में ऐसे शीलगुण की कमी थी। इस निष्कर्ष से यह साबित हो जाता है कि द्रव्य दुरुपयोग की पूर्ववृत्ति (predisposition) एक खास तरह के व्यक्तित्व प्रोफाइल वाले व्यक्तियों में ही होता है।

(3) व्यवहारपरक विचारधारा *(Behavioural view)*—व्यवहारपरक विचारधारा के अनुसार औषध लेने का पुनर्बलित प्रभाव (reinforcing effect) व्यक्ति पर पड़ता है क्योंकि औषध लेने से व्यक्ति अपने में तनाव में कमी, सुखाभास, जोश-खरोश में वृद्धि आदि होने का अनुभव करता है। इस तरह के प्रभाव से पुनर्बलित होकर व्यक्ति औषध या विशेष द्रव्य को और भी लेना प्रारंभ कर देता है और वह ऐसा खासकर के तनावग्रस्त परिस्थिति (stressful situation) में अधिक करता है। क्लार्क तथा सेयिटी (Clark & Sayette, 1993) एवं स्टीली एवं जोसेफ्स (Steele & Josephs, 1990) ने ऐसी ही व्याख्या प्रस्तुत किया है। इसका प्रयोगात्मक समर्थन कुछ अध्ययनों से हुआ है।

यंग एवं हरलिंग (Young & Herling, 1986) तथा मारलाट्ट (Marlatt, 1977) ने मानव एवं पशुओं पर अध्ययन करके पाया कि जब वे तनावपूर्ण परिस्थिति में होते हैं, तो वे एल्कोहल का उपयोग अधिक करते हैं। कुछ व्यवहारपरक सिद्धान्तवादियों का मत है कि जब लोग तनावग्रस्त एवं घबड़ा जाते हैं, तो अपने आप को सामान्य बनाने के लिए वे औषध का उपयोग अधिक करना प्रारंभ कर देते हैं। यदि यह दावा सही है तो वैसे लोग जिनमें चिंता, विषाद तथा क्रोध का स्तर अधिक ऊँचा होता है, उनमें औषध दुरुपयोग (abuse) तथा निर्भरता (dependence) अधिक होना चाहिए। इस तरह के प्रत्याशा का समर्थन सचमुच में किंग एवं उनके सहयोगियों (King et al, 1993) तथा बकस्टीन तथा उनके सहयोगियों (Bukstein et al, 1992) एवं मानले (Manley, 1992) के अध्ययनों से हुआ है। हासीन एवं उनके सहयोगियों (Hasin et al, 1995) ने एक अध्ययन में 835 नैदानिक रूप से विषादी रोगियों का प्रेक्षण किया और पाया कि अपने इस विकृति के दौरान करीब एक चौथाई लोगों ने औषध का दुरुपयोग किया। मैकाफाल, मैकके एवं डोनोवान (McFall, Mackay & Donovan, 1992) ने अपने अध्ययन में पाया कि वियतनाम युद्ध में उत्तरआघातीय तनाव या प्रतिबल विकृति से ग्रस्त सैनिकों में द्रव्य-संबंध विकृतियाँ (substance related disorders) वियतनाम युद्ध से लौटे उन सैनिकों की अपेक्षा अधिक थी जिसमें ऐसी विकृति नहीं विकसित हुई थी। इसी तरह से हिगुची तथा उनके सहयोगियों (Higuchi et al., 1993) तथा वालफिश एवं उनके सहयोगियों (Walfish et al., 1992) द्वारा किये गए अध्ययनों से यह स्पष्ट हुआ है कि चिंता विकृति तथा बुलिमिया नरभोसा (Bulimia nervosa) के रोगियों में द्रव्य-संबंध विकृति औसत से अधिक होते देखी गयी है। उसी तरह से यामा (Yama, 1994) के अध्ययन के अनुसार जिन व्यक्तियों का वाल्यावस्था में दैहिक तथा लैंगिक शोषण होता है, वयस्कावस्था में उनमें द्रव्य-संबंद्ध विकृतियाँ अधिक विकसित होती हैं।

देखा यह गया है कि औषध प्रारंभ में तो व्यक्ति में तनाव एवं चिंता को कम करके उनमें सुखाभास उत्पन्न करता है परंतु बाद में जब वह इसका उपयोग अधिक मात्रा में चिरकालिक ढंग से करता है, तो तस्वीर ठीक इसके विपरीत हो जाता है और व्यक्ति अधिक चिंतित एवं विषादी प्रवृत्ति का हो जाता है। इसके बावजूद भी वे औषध का उपयोग जारी रखते हैं ? क्यों ? कुछ व्यवहारवादी सिद्धान्तवादियों द्वारा इसका उत्तर रिचार्ड सोलोमोन (Richard Solomon) के विरोधी-प्रक्रिया सिद्धान्त (opponent process theory) द्वारा देने की कोशिश की गयी है। सोलोमोन (Solomon, 1980) का मत है कि मानव मस्तिष्क की संरचना ही ऐसी होती है कि सुखद संवेग जैसे औषध लेने से उत्पन्न सुखाभास अन्ततोगत्वा इसका विरोधी प्रभाव या नकारात्मक उत्तरप्रभाव (negative after effect) उत्पन्न करता है जिसके कारण व्यक्ति में पहले की तुलना में अधिक दुखद अनुभूति होती है। जो लोग सुखाभूति उत्पन्न करने वाला औषध को लेते रहते हैं, उनमें उसका नकारात्मक उत्तरप्रभाव (negative after effect) जैसे उस औषध को और अधिक मात्रा में लेने की लालसा, प्रत्याहार अनुक्रियाएँ (whithdrawal responses) तथा औषध लेने की अधिक-से-अधिक इच्छा आदि उत्पन्न हो जाता है। सोलोमोन के अनुसार अन्ततोगत्वा विरोधी प्रक्रियाएँ (opponent processes) अधिक प्रबलकारी हो जाती है तथा सुखाभासी प्रक्रियाओं को दबा देता है और नकारात्मक उत्तरप्रभावों को त्यागने का प्रयास सुखाभास को प्रतिस्थापित कर देता है और व्यक्ति का यही प्राथमिक अभिप्रेरक के रूप में कार्य करने लगता है।

उक्त तथ्यों से यह स्पष्ट होता है कि द्रव्य-संबद्ध विकृतियों की व्याख्या व्यवहारात्मक सिद्धान्त के कई दृष्टिकोणों से किया गया है।

(4) सामाजिक-सांस्कृतिक विचारधारा *(Socio-cultural view)*—सामाजिक-सांस्कृतिक विचारधारा के सिद्धान्तवादियों का मत है कि वैसे व्यक्तियों में औषध दुरुपयोग (abuse) या निर्भरता (dependence) अधिक विकसित

होती है जिनके समाज का स्वरूप ऐसा होता है जो प्रतिबल या तनाव अधिक उत्पन्न करता है या जिनके परिवार के सदस्यों द्वारा औषध लेने के व्यवहार को मूल्यवान समझा जाता है या फिर उसका आदर किया जाता है। इस क्षेत्र में किये गए अध्ययनों से सिद्धान्त के इन दावों का पूर्ण समर्थन प्राप्त हुआ है। लिनस्कीए, स्ट्राउस तथा कोलवाई (Linsky, Strauss & Colby, 1985) द्वारा किये गए अध्ययन में यह पाया गया है कि अमेरिका के उन क्षेत्रों में जहाँ के लोगों की दिन-प्रतिदिन की जिंदगी अधिक कई कारणों से तनावग्रस्त होती है, उनमें मद्यपानता का दर अधिक ऊँचा होता है। उसी तरह से वेकान (Becon, 1973) के अध्ययनानुसार यह देखा गया कि शिकार करने वाले समाज के सदस्यों में जिसमें खतरा, अनिश्चितता तथा तनाव तुलनात्मक रूप से खेती एवं कृषि पर निर्भर रहने वाले समाज के सदस्यों की तुलना में अधिक होती है, मद्यपानता का दर अधिक ऊँचा होता है। उसी तरह से स्मीथ तथा उनके सहयोगियों (Smith et al, 1993) तथा विऊवेइस (Beauvais, 1992) द्वारा किये गए अध्ययनों से यह स्पष्ट हुआ है कि निम्न सामाजिक-आर्थिक वर्ग के लोगों में द्रव्य दुरुपयोग दर एवं मद्यपानता की दर बहुत अधिक होती है। इसी तरह कुछ अध्ययनों में यह देखा गया है कि जो लोग तनावपूर्ण वातावरण में रहते हैं, उनमें हेरोइंन की आदत बहुत अधिक मजबूत पायी गयी।

कुछ ऐसे अध्ययन हुए हैं जिनसे इस बात का समर्थन मिलता है कि पारिवारिक मनोवृत्ति तथा कार्य करने का ढंग की भूमिका द्रव्य दुरुपयोग में काफी अधिक होती है। कारे (Carey, 1993) तथा कासिन एवं उनके सहयोगियों (1993) तथा होलमैन एवं उनके सहयोगियों (Holman et al, 1993) ने अपने-अपने अध्ययनों में यह स्पष्ट रूप से पाया है कि उन किशोरों में जिनके माता-पिता तथा साथी-संगी एल्कोहल पीते हैं, उनमें मद्यपानता अधिक देखी गयी। साथ-ही-साथ वैसे किशोरों में भी मद्यपानता अधिक देखी गयी जिनका पारिवारिक वातावरण तनावपूर्ण एवं समर्थहीन (unsupportive) था। मैककार्ड तथा मैककार्ड (McCord & McCord, 1960) उसी तरह से अपने अध्ययन में पाये कि यूहदी एवं प्रोटेस्टैन्ट (Protestant) में मद्यपानता की दर काफी कम पायी गयी जिसका मुख्य कारण यह था कि इन धार्मिक समूहों से मद्यपानता की सीमा स्पष्ट रूप से परिभाषित होती है तथा उन्मादन (intoxication) होने की सीमा तक मद्यपान करना सामाजिक रूप से बहिष्कृत माना जाता है। वाइलांट तथा मिलोफ्स्काई (Milofsky, 1982) ने उसी तरह से अपने अध्ययन में पाया है कि आइरिस (Irish) एवं पूर्वी यूरोपियन (Eastern Europeans) में जहाँ स्वीकार्य मद्यपानता की सीमा परिभाषित नहीं है, मद्यपानता की दर काफी अधिक है।

स्पष्ट हुआ कि द्रव्य-संबंध विकृति की व्याख्या कई कारकों के सहारे की गयी है। इनमें प्रथम तीन विचारधाराओं को तुलनात्मक रूप से अधिक महत्त्वपूर्ण एवं प्रभावी बतलाया गया है।

द्रव्य-संबंध विकृतियों का उपचार
(Treatment for Substance-Related Disorders)

द्रव्य-संबद्ध विकृतियों के उपचार के लिए कई तरह की प्रविधियों का उपयोग किया जाता है। इनमें से कुछ में भी तो चिकित्सा को पर्याप्त सफलता मिली है तो कुछ में साधारण सफलता। इन उपचारों का उपयोग व्यसनी को उपचारगृह या अस्पताल में भर्ती करके भी किया जाता है या फिर इसका उपयोग बिना भर्ती किये भी किया गया है। व्यसनी को भर्ती करके उपचार करना निश्चित तौर पर थोड़ा महँगा पड़ता है।

द्रव्य-संबंध विकृतियों के उपचार कार्यक्रम को कुछ समस्याओं का सामना करना पड़ता है, जिसमें प्रमुख है—

(i) विभिन्न द्रव्य संबंध विकृति की उपचार समस्याएँ भी प्रायः भिन्न-भिन्न हुआ करतीं हैं। इस तथ्य पर कलेवर तथा गॉविन (Kleber & Gowin, 1987) द्वारा पर्याप्त बल डाला गया है।

(ii) प्रोचस्का (Prochaska, 1992) के अध्ययन के अनुसार कुछ लोग तो ऐसे होते हैं जो द्रव्य-संबंध समस्याओं से बिना किसी उपचार के ही निपट लेते हैं परंतु कुछ ऐसे भी होते हैं जो इन समस्याओं से निपट कर फिर उनके चपेट में आ जाते हैं और कुछ ऐसे होते हैं जो काफी गहन उपचार के बाद भी ऐसी समस्याओं से निपट नहीं पाते हैं। ऐसी अवस्था में यह निश्चितपूर्वक नहीं कहा जा सकता है कि उपचार सफल हो रहा है, असफल हो रहा है या व्यक्ति के लिए फालतू सिद्ध हो रहा है।

(iii) वुडी तथा उनके सहयोगियों (Woody et al, 1988) का मत है कि जैसा मानसिक विकृतियों (mental disorder) में होता है, विभिन्न शोधकर्त्ताओं द्वारा द्रव्य-संबंध विकृतियों के उपचार में विभिन्न कसौटियाँ तथा लक्षणों को

अपनाकर उपचार किया जाता है। ऐसी परिस्थिति में उपचार की प्रभावशीलता के बारे में कोई निश्चित निष्कर्ष पर पहुँचना निश्चित रूप से एक कठिन कार्य है।

इन समस्याओं के बावजूद द्रव्य-संबद्ध विकृतियों के उपचार के लिए कुछ महत्त्वपूर्ण चिकित्साओं का सुझाव दिया गया है जो इस प्रकार है—

(1) सूझ चिकित्सा (Insight therapy)

(2) व्यवहारपरक एवं संज्ञानात्मक-व्यवहारपरक चिकित्सा (Behavioural and Cognitive Behavioural therapies)

(3) जैविक चिकित्सा (Biological therapy)

(4) आत्म-मदद कार्यक्रम (Self-help programme)

(5) नियंत्रित-औषध उपयोग बनाम परहेज (Controlled drug use versus abstinence)

(6) सामाजिक सांस्कृतिक उपचार कार्यक्रम (Socio-cultural treatment programme)

(7) रोक-थाम (Prevention)

इन सबों का वर्णन इस प्रकार है—

(1) सूझ चिकित्सा *(Insight therapy)*—इस तरह की चिकित्सा प्रविधि में चिकित्सक औषध दुरुपयोग करने वाले व्यक्तियों को उन मनोवैज्ञानिक कारकों से अवगत कराने की कोशिश करते हैं जो उनकी समस्याओं से संबद्ध होते हैं। जैसे मनोगतिकी चिकित्सा में चिकित्सक व्यक्ति के मन के भीतर के संघर्ष (conflict) को पता लगाकर उसे कम करने की कोशिश करते हैं और उसके बाद द्रव्य-संबंध जीवन शैली को बदलने का भरसक प्रयास किया जाता है। क्लायंट केन्द्रित चिकित्सा (clinent centred therapy) में चिकित्सक उन भावों एवं चिंतनों को स्वीकार करने का निदेश देते हैं जिसे क्लायंट ने औषध लेने की ओर मुड़ने के वक्त अपने आप से भी छिपा लिया था।

मेयर तथा उनके सहयोगियों (Meyer et al, 1989) ने अपने अध्ययन के आधार पर यह बतलाया है कि यद्यपि इन चिकित्साओं का उपयोग द्रव्य-संबद्ध विकृतियों के उपचार में किया है, फिर भी शोधों के आधार पर उसे पूर्णत: प्रभावी नहीं बतलाया गया है। गालेंटर (Galanter, 1993) तथा विडमैन (Weidman, 1985) द्वारा किये गए अध्ययनों से यह स्पष्ट हुआ है कि सूझ चिकित्सा उस परिस्थिति में अधिक लाभदायक एवं प्रभावकारी सिद्ध होता है जब उसका उपयोग अन्य चिकित्सीय कार्यक्रम के साथ किया जाता है। जैसे, गालेंटर (Galenter, 1993) के अनुसार जब ऐसे सूझ चिकित्सा का उपयोग व्यवहारपरक एवं जैविक चिकित्साओं के साथ किया जाता है, तो वे काफी लाभकारी सिद्ध होते हैं।

(2) व्यवहारपरक एवं संज्ञानात्मक व्यवहारपरक चिकित्सा *(Behavioural and Cognitive behavioural therapy)*—द्रव्य-संबद्ध विकृतियों के उपचार के लिए कई तरह के व्यवहार चिकित्सा (behaviour therapy) की प्रविधियों का उपयोग किया जाता है जिनमें निम्नांकित प्रमुख है—

(i) विरुचि अनुबंधन (aversive conditioning)

(ii) अन्त:संवेदीकरण (covert sensitisation)

(iii) वैकल्पिक प्रशिक्षण (teaching alternatives)

(iv) प्रसंभाव्यता प्रशिक्षण (contingency training)

इन सबों का वर्णन इस प्रकार है—

(i) विरुचि अनुबंधन *(Aversive conditioning)*—चिकित्सा की यह प्रविधि क्लासिकी अनुबंधन (classical conditioning) के नियमों पर आधृत है। इस चिकित्सा प्रविधि में जब व्यक्ति औषध ले रहा होता है, ठीक उसी समय कुछ अदुखद उद्दीपक (unpleasant stimulus) जैसे बिजली का आघात (electric shock) आदि बार-बार उपस्थित किया जाता है। इस ढंग से बारंबार युग्मित होने पर उस औषध के प्रति व्यक्ति नकारात्मक ढंग से प्रतिक्रिया करने लगता है और औषध के प्रति उसकी लालसा कम हो जाती है। इस प्रविधि का सफलतापूर्वक उपयोग एल्कोहल दुरुपयोग (alchohol abuse) तथा निर्भरता (dependence) के उपचार में किया गया है। पहले इस प्रविधि द्वारा उपचार में विरुचि उद्दीपक के रूप में प्राय: बिजली का आघात का उपयोग किया जाता है परंतु अब इसका उपयोग कम किया जाता है और अब जैसा कि एलकिन्स (Elkins, 1991) ने कहा है, मद्यपानता व्यवहार को औषध-उत्पन्न मतली (nausea) तथा उल्टी (vomiting) से संबंधित करके उपचार किया जाता है।

(ii) अन्तःसंवेदीकरण *(Covert sensitization)*—इस प्रविधि में जैसा कि इम्मेल काम्प (Emmel Kamp, 1994) तथा काऊटेला (Cautela, 1977) ने कहा है, मद्यपानता व्यसनी को मद्यपान करते समय काफी डरावना, घबड़ा देने वाला, विकर्षण उत्पन्न करने वाला दृश्य मन में सोचने के लिए कहा जाता है। पूर्वकल्पना यह होती है कि ऐसे काल्पनिक दृश्य का मद्यपानता व्यवहार के साथ युग्मित हो जाने पर स्वभावतः व्यक्ति में मद्यसार (liquor) के प्रति एक नकारात्मक मनोवृति उत्पन्न होगा और वह ऐसा व्यवहार करना कम कर देगा या समाप्त कर देगा।

सचमुच में अन्तः संवेदीकरण भी एक प्रकार कर विरुचि अनुबंधन (aversive conditioning) ही है और विरुचि चिकित्सा द्रव्य-संबद्ध विकृतियों में तभी प्रभावकारी होता है जब क्लायंट इस चिकित्सा के दुखद अनुभूतियों को जानते हुए उसे जारी रखने के लिए प्रयत्नशील एवं अभिप्रेरित रहें।

(iii) वैकल्पिक प्रशिक्षण *(Alternative teaching)*—इस प्रविधि में चिकित्सक द्रव्य-संबध समस्याओं को कम करने के ख्याल से औषध लेने के विकल्प को स्वीकार करने पर बल डालते हैं। जैसे, रोहसेनाऊ, स्मीथ एवं जॉनसन (Rohsenow, Smith & Johnson, 1985) ने अपने अध्ययन के आधार पर यह बतलाया है कि शराब पीने वाले जो प्रायः अपना तनाव या चिंता कम करने के लिए पीते हैं, को शिथिलीकरण (relaxation), मनन या चिंतन (meditation) या वायोफिडबैक (biofeedback) का प्रशिक्षण दिया जा सकता है। वान हास्लेट (Van Hasselt, 1993) के अनुसार मद्यपान व्यसनी को सामाजिक कौशल का प्रशिक्षण इस ढंग का दिया जा सकता है कि वे मद्यपानता के प्रति अपने आक्रोश को ठीक ढंग से व्यक्त कर सके तथा साथ-ही-साथ मद्यपानता के प्रति सामाजिक दबाव का मुकाबला भी ठीक ढंग से कर सके। एंगुलियर तथा मुनसन (Anguliar & Munson, 1992) के अनुसार द्रव्य दुरुपयोग करने वाले व्यक्तियों को अवकाश शिक्षण कार्यक्रम (leisure education programmes) में लगाया जा सकता है ताकि वह औषध दुरुपयोग के विकल्प में 'धनात्मक हँसी मजाक' करना सीख सकें। इससे स्वभावतः उसका तनाव एवं चिंता कम हो जाएगा।

(iv) प्रसंभाव्यता प्रशिक्षण *(Contingency training)*—यह प्रशिक्षण विधि साधनात्मक अनुबंधन (instrumental conditioning) के नियमों पर आधृत है और इसके द्वारा कोकेन दुरुपयोग (cocaine abuse) करने वाले व्यक्तियों का उपचार किया जाता है। इस प्रशिक्षण में व्यक्ति के पेशाब की जाँच की जाती है और जब-तब उसका पेशाब औषध-तत्त्व मुक्त होते हैं, उसे कुछ प्रोत्साहन (incentive) दिया जाता है। हिगिन्स तथा उनके सहयोगियों (Higgins et al, 1993) द्वारा एक अध्ययन किया गया जिसमें कोकेन दुरुपयोग करने वाले व्यक्तियों को संभाव्यता प्रशिक्षण दिया गया जिसमें 58% ऐसे व्यसनियों द्वारा छह महीना तक उपचार करवाया गया जिसमें से करीब 68% व्यसनियों द्वारा करीब लगातार आठ सप्ताहों तक परहेज दिखलाया गया। चूँकि इस प्रशिक्षण में व्यक्ति अपने आप को अधिक समय तक लगाकर रखता है तथा लम्बे समय तक इसके परिणामस्वरूप परहेज से रह पाता है, अतः इस तरह के प्रशिक्षण का स्वभावतः उपचार के ख्याल से महत्त्व बढ़ जाता है।

अधिकतर व्यवहार चिकित्सा अपने आप में अधिक सफलीभूत नहीं हो पाता है तथा अन्य संज्ञानात्मक प्रविधियों के साथ संयोजित कर यदि उसका उपयोग किया जाता है, तो वह काफी प्रभावी सिद्ध होता है। इसे *संज्ञानात्मक व्यवहारपरक चिकित्सा* (cognitive behavioural therapy) कहा जाता है। एक ऐसी ही चिकित्सा है—व्यवहारपरक आत्म-नियंत्रित प्रशिक्षण (behavioural self-control training or BSCT)। इस प्रशिक्षण में चिकित्सक क्लायंट को पहले मद्यपानता के अपने व्यवहार को मॉनीटर (monitor) करने के लिए कहता है। जब व्यक्ति मद्यपानता के व्यवहार से संबद्ध समय, संवेग, शारीरिक परिवर्तन तथा अन्य परिस्थितियों को काफी ठीक ढंग से अभिलेखित कर लेता है, तो वह अत्यधिक मद्यपानता से साहचर्यित होने वाले संकेतों को ठीक ढंग से पहचान करने के प्रति अधिक संवेदनशील (sensitive) हो जाता है। इसके बाद क्लायंट को अपने मद्यपानता की सीमा को पहचानने की प्रशिक्षण दी जाती है, मद्यपानता के दर को कम करने की सलाह दी जाती है तथा अन्य समायोजी विकल्पी व्यवहार जैसे शिथिलीकरण प्रविधि (relaxation training) का उपयोग करने के लिए कहा जाता है कि मद्यपानता पर परोक्ष रूप से नियंत्रण रखा जाए। मिलर तथा उनके सहयोगियों (Miller et al, 1992) ने अपने अध्ययन के आधार पर यह बतलाया है कि वी एस सी टी का कार्यक्रम उन केसेज के लिए काफी उत्तम माना गया है जहाँ व्यसनी का उम्र कम होता है तथा जब वे दैहिक रूप से एल्कोहल (alcohol) पर निर्भर नहीं होता है।

संज्ञानात्मक-व्यवहारपरक चिकित्सा की एक अन्य विधि जिसे **पुनःपतन रोक-थाम प्रशिक्षण** (relapse prevention training) कहा जाता है, का भी उपयोग द्रव्य-संबंध विकृति (substance-related disorder) के उपचार में किया जाता है। इस चिकित्सीय प्रविधि में मद्यपान व्यसनी आत्म-मॉनिटरिंग (self-monitoring) के सहारे उन परिस्थितियों एवं सांवेगिक परिवर्तनों पर नजर रखते हैं जो उन्हें मद्यपान करने के लिए आकर्षित करते हैं। इसके बाद उन्हें ऐसी परिस्थिति में समायोजी उपायों को सीखने के लिए कहा जाता है। यहाँ क्लायंट को पहले से ही यह सुनिश्चित करने का प्रशिक्षण दिया जाता है कि उसे कितना मद्यपान करना चाहिए, तथा किस परिस्थिति में वे कितना मद्यपान करेंगे आदि। होलोन तथा बेक (Hollon & Beck, 1992) द्वारा किये गए अध्ययन से यह पता चला है कि पुन:पतन रोक-थाम प्रशिक्षण उन्मादन की बारंबारता को रोकने में सफल होता है। मेयर तथा बेक (Meyer & Beck, 2000) के अध्ययन के अनुसार इस प्रशिक्षण का लाभ सबसे अधिक एल्कोहल का दुरुपयोग करने वाले व्यक्तियों को होता है न कि इस पर निर्भर करने वाले व्यक्तियों का। केरोल (Carrol, 1991) के अनुसार इसका सफलतापूर्वक उपयोग कोकेन दुरुपयोग (cocaine abuse) करने वाले व्यक्तियों के उपचार में भी होता है।

स्पष्ट हुआ कि द्रव्य विकृतियों के उपचार में व्यवहारपरक संज्ञानात्मक प्रविधियाँ अनेक हैं जिनका उपयोग यदि ठीक ढंग से किया जाता है, तो काफी हद तक सफलता मिलती है।

(3) जैविक चिकित्सा *(Biological therapy)*—द्रव्य-संबंध विकृतियों के उपचार में जैविक चिकित्सा की अहम भूमिका है। जैविक चिकित्सा सचमुच में तीन तरह से ऐसे व्यक्तियों की मदद करता है—ऐसी चिकित्सा द्रव्य (substances) से व्यसनी को दूर रहने में मदद कर सकता है या फिर उससे नजदीक रहते हुए भी परहेज बना कर रखने में मदद कर सकता है या फिर व्यसनी को जितना द्रव्य का वह उपयोग करता है, उससे आगे न बढ़ते देकर उतना ही पर उसे संपोषित करने में मदद कर सकता है। इस तरह से ऐसे जैविक चिकित्सा के तीन मुख्य प्रकार हैं—

(i) डीटॉक्सिफीकेसन (detoxification)

(ii) प्रतिरोधी औषध (antagonist drug)

(iii) औषध संपोषण चिकित्सा (drug maintenance therapy)

इन सबों को वर्णन इस प्रकार है—

(i) डीटॉक्सिफीकेसन *(Detoxification)*—डीटॉक्सिफीकेसन एक ऐसी प्रविधि है जिसमें व्यसनी औषध (drug) से क्रमबद्ध एवं मेडिकल देख-रेख में अपने आप को दूर रखता है। जैसे, औषध व्यसनी को यह कहा जा सकता वह औषध लेना पूर्णत: बंद न कर दें। हालांकि ऐसी प्रविधि में व्यक्ति में प्रत्याहार लक्षण (withdrawal symptoms) होते हैं परंतु उनका स्वरूप काफी हल्का होता है। एक दूसरा डीटॉक्सिफीकेसन प्रविधि वह है कि व्यक्ति को कोई दूसरा ऐसा औषध लेने के लिए कहा जाए जो प्रत्याहार के लक्षणों को कम करता है। जैसे, चिंता-विरोधी औषध का उपयोग अक्सर गंभीर एल्कोहल प्रत्याहार प्रतिक्रियाओं को कम करने के लिए किया जाता है।

(ii) प्रतिरोधी औषध *(Antagonist drug)*—जब रोगी सफलतापूर्वक औषध के दुरुपयोग या उपयोग से अपने आप को दूर करने में सफल हो जाता है, तो अगला चुनौती यह आता है कि ऐसा क्या उपाय किया जाए कि उसमें औषध दुरुपयोग या निर्भरता (dependence) फिर से उत्पन्न न हो। एक ऐसी ही जैविक प्रविधि में द्रव्य संबद्ध विकृति से ग्रसित व्यक्ति में प्रतिरोधी औषध (antagonist drug) दिया जाता है जो व्यसनी औषध (addictive drug) के प्रभाव को परिवर्तित कर देता है या फिर रोक देता है। जैसे, रे तथा कसीर (Ray & Ksir, 1993) ने अपने अध्ययन के आधार पर यह सुझाव दिया है कि जो लोग एल्कोहल पीने से छुटकारा चाहते हैं उन्हें *डिसुलफिराम* (disulfiram) दिया जा सकता है। इस औषध का कोई खास उत्तर प्रभाव नहीं होता है परंतु इसे लेकर जो व्यक्ति एल्कोहल पीने की कोशिश करता है, उसमें मतली, उल्टी आना, तीव्र हृदय गति, ऊँघना तथा कभी-कभी बेहोशी आदि जैसे लक्षण उत्पन्न हो जाते हैं। फलत: ऐसे लोग एल्कोहल नहीं पीते हैं । मेयर तथा उनके सहयोगियों (Meyer et al, 1989) द्वारा किये गए अध्ययनों से यह स्पष्ट हुआ है कि डिसुलफिराम से उन्हीं व्यक्तियों को फायदा होता है जो अपने इस बुरी लत को छोड़ने के लिए काफी अभिप्रेरित रहते हैं। उसी तरह से स्वापक (opioids) पर निर्भर व्यक्तियों की लत को छोड़ाने के लिए कुछ विशेष प्रतिरोधी औषध जैसे नालोक्सोन (naloxone), साइक्लाजोसाइन (cyclazocine) तथा नालट्रेक्सोन (naltrexone) तथरा बुप्रेनोरफाईन (buprenorphine) आदि का उपयोग सफलतापूर्वक किया जाता है।

(iii) औषध संपोषक चिकित्सा *(Drug maintenance therapy)*—इस तरह के चिकित्सा में व्यक्ति को एक

तरह के औषध निर्भरता को दूर करने के लिए उससे कम गंभीर औषध को लेने की सलाह दी जाती है और उसे इस कम गंभीर औषध पर ही संपोषित करके रखा जाता है। इसका परिणाम यह होता है कि व्यक्ति में पहले वाले औषध पर की निर्भरता समाप्त हो जाती है। जैसे, हेरोइन व्यसन (heroine addiction) की गंभीरता को कम करने के लिए 1960 वाले दशक में व्यक्तियों को उसके जगह पर मेथाडोन (Methadone) लेने की सलाह दी जाती है जो तुलनात्मक रूप से कम गंभीर है तथा जिसका पार्श्व प्रभाव (side effect) भी नहीं होता है। इसे *मेथाडोन संपोषण चिकित्सा* (methodone maintenance therapy) कहा गया। परंतु ऐसा कार्यक्रम या चिकित्सा 1980 वाले दशक मे कम लोकप्रिय हो गया क्योंकि मेथाडोन में भी व्यसनता (addictiveness) उत्पन्न करने का गुण पाया गया। बहुत से नैदानिक मनोविज्ञानियों का मत है कि एक व्यसन (addiction) का किसी दूसरे व्यसन से प्रतिस्थापन्न करना औषध निर्भरता का कोई स्थायी समाधान नहीं है और बहुत से मेथाडोन व्यसन से ग्रस्त व्यक्तियों में कुछ अतिरिक्त औषध समस्याएँ उत्पन्न हो जाती हैं जिससे मौलिक समस्या और भी गंभीर हो जाती है और औषध मुक्त जिंदगी जीने की तमन्ना मात्र एक सपना बन कर रह जाती है।

(4) आत्म-मदद कार्यक्रम *(Self-help programme)*—नैदानिक हस्तक्षेपों के बढ़ते हुए दर एवं सीमित सफलता (limited success) के कारण कुछ औषध व्यसनियों द्वारा आपस में ही एक-दूसरे को मदद करने के खयाल से तथा बिना किसी पेशेवर मदद के ही विशेष संगठन (organization) का निर्माण किया गया है। इस तरह का प्रथम प्रयास 1935 में ओहियो राज्य में किया गया जब दो मद्यपान व्यसनी ने आपस में मिलकर एक-दूसरे को मदद करने की इच्छा जाहिर किया। इस तरह के समूह को आत्म-मदद समूह (self-help group) तथा व्यसनता को दूर करने के ख्याल से चलाए गए कार्यक्रम को आत्म-मदद कार्यक्रम (self-help programme) कहा जाता है जिसमें से कुछ का वर्णन इस प्रकार है—

पहला ऐसा संगठन **एल्कोहल्किस एनोनीमस** (Alcoholics Anonymous or AA) है जिसके सदस्य एल्कोहल संबंध समस्याओं पर आपस में विचार-विमर्श करते हैं तथा विचारों का आदान-प्रदान करके एक-दूसरे का समर्थन इस ढंग से करते हैं कि उनकी समस्या की गंभीरता कम हो जाए। ए ए वर्ल्ड सर्विसेज (A A World Services, 1994) के अनुसार पूरे अमेरिका तथा 100 अन्य देशों में करीब 89,000 समूह में 20 लाख सदस्य है। AA के सदस्यों की सभा समय-समय पर होते रहती है और चौबीस घंटे इसके सदस्य एक-दूसरे को मदद के लिए तैयार रहते हैं। इनके सदस्य एक समय में एक दिन (one day at a time) एल्कोहल पीना बंद रखते हैं और इनका मुख्य नीति यह लक्ष्य प्राप्त करना होता है कि एल्कोहल मुक्त जिंदगी से ही उनका पूर्ण विकास संभव है। AA के भिन्न-भिन्न सदस्य इस संगठन के विभिन्न पहलुओं को अधिक लाभकारी मानते हैं। कुछ सदस्यों के लिए इस संगठन का साथी-संगी का समर्थन एवं तादात्म्य (indentification) को महत्त्वपूर्ण माना जाता है क्योंकि इससे उसे मद्यपान व्यवहार पर नियंत्रण करने में सुविधा मिलती है तथा कुछ लोगों के लिए इस संगठन का आध्यात्मिक पहलू (spiritual dimension) उनके मद्यपान व्यवहार को नियंत्रित करने में काफी मदद करता है।

एलएनोन (AlAnon) एक दूसरा आत्म-मदद संगठन है जो एल्कोहल से उत्पन्न समस्याओं का समाधान करता है। इस समूह के सदस्य एक-दूसरे से अपनी दु:खद अनुभूतियों को आपस में सुनाते हैं और इस तरह से वे यह सीखते हैं कि किस तरह से दु:खद अनुभूतियों के साथ निबटा जा सकता है और किस तरह से अपने मद्यपानता व्यवहार को पुनर्बलित करने से रोका जा सकता है।

कुछ ऐसे आत्म-मदद कार्यक्रम भी विकसित किये गए हैं जो अन्य द्रव्य-संबद्ध विकृतियों हेरोइन निर्भरता (heroin dependence) तथा कोकेन निर्भरता (cocaine dependence) को समाप्त करने में काफी उपयोगी सिद्ध हुए। **नारकोटिक्स एनोनीमस** (Narcotics Anonymous) तथा **कोकेन एनोनीमस** (Cocaine anonymous) दो ऐसे प्रमुख आत्म-मदद कार्यक्रम हैं।

इन सभी आत्म-मदद कार्यक्रमों की वास्तविक सफलता का शत-प्रतिशत मूल्यांकन करना थोड़ा कठिन है क्योंकि इससे जिन लोगों को सफलता मिली है, जिन लोगों को नहीं मिल सकी है, तथा जिन लोगों ने इन कार्यक्रमों को बीच में अस्वीकृत कर दिया है, का कोई रिकार्ड या अभिलेख नहीं रखा जाता है। गालेनटर तथा उसके सहयोगियों (Galanter et al, 1990) के सर्वे के अनुसार कुछ लोग तो ऐसे हैं जो गर्व से यह कहते हैं कि वे ऐसे आत्म-मदद समूह के सदस्य

हैं और उनकी जिंदगी में इससे काफी बदलाव आया है परंतु कुछ ऐसे भी लोग हैं जो इस तरह के आत्म-मदद समूह की उपयोगिता को नकार देते हैं।

(5) नियंत्रित औषध उपयोग बनाम परहेज *(Controlled drug use versus abstinence)*—आधुनिक मनोरोगविज्ञानियों तथा नैदानिक मनोवैज्ञानियों ने एक महत्त्वपूर्ण प्रश्न उठाया है—क्या सम्पूर्ण परहेज औषध दुरुपयोग एवं निर्भरता का मात्र उपचार है या व्यक्ति औषध के उपयोग को अपने नियंत्रण में रखना सीख ले सकते हैं ? इस प्रश्न पर काफी वाद-विवाद हुआ है और यह वाद-विवाद मद्यपानता के संदर्भ में अधिक हुआ है। वाटसन (Watson, 1983) तथा वाइलान्ट (Vaillant, 1983) के अध्ययनों से यह स्पष्ट हुआ है कि परहेज (abstinence) तथा नियंत्रित मद्यपानता दोनों ही लक्ष्य कुछ ऐसे हैं जिन्हें प्राप्त करना मुश्किल है। इन दोनों तरह के उपचारों का मार्ग कुछ ऐसा है कि उससे मद्यपान व्यसनी को फायदा तो होता है परंतु इनका पुन: पतन (relapse) दर भी काफी अधिक होता है। सोवेल एवं सोवेल (Sobell & Sobell, 1984) के अध्ययन के अनुसार इस प्रश्न में लोगों की निर्लिप्तता (involvement) इतनी अधिक रहती है कि एक तरफ से लोग दूसरे तरफ के लोगों के अभिप्रेरण एवं सत्यनिष्ठा को चुनौती देने लगते हैं। ओलीयरी एवं विल्सन (O'Leary & Wilson, 1987) के अनुसार नियंत्रित मद्यपानता (controlled drinking) तथा परहेज दोनों ही उपचार लक्षण कुछ ऐसे हैं जिनकी सफलता व्यक्ति के व्यक्तित्व तथा विशेष मद्यपान समस्या के स्वरूप पर निर्भर करता है। ऐसे अध्ययनों से यह पता चला है कि परहेज उन व्यक्तियों के लिए एक उत्तम एवं उपयुक्त लक्ष्य है जो एल्कोहल पर दैहिक रूप से निर्भर करते हैं जबकि नियंत्रित मद्यपानता का लक्ष्य उन व्यक्तियों के लिए उत्तम होता है जो कमसीन मद्यपान व्यसनी होते हैं तथा जिन्हें मद्यपानता के अनुरूपयोगी (nonabusive) प्रकार को सीखना होता है। अध्ययनों से यह भी पता चला है कि परहेज का लक्षण उन लोगों के लिए अधिक उपयुक्त सिद्ध होता है जिन्हें यह विश्वास होता है कि वे एल्कोहलिक (alcoholic) है तथा उसे मात्र परहेज करके ही समाप्त किया जा सकता है।

यद्यपि परहेज तथा नियंत्रित मद्यपानता (controlled drinking) दोनों ही लक्ष्यों, उपचार के दृष्टिकोण से आदर्श माने गए हैं, फिर भी अध्ययनों से प्राप्त तथ्य इस बात की ओर इशारा करते हैं कि पुन: पतन दर (relapse rate) ऐसे कार्यक्रम में काफी उच्च देखा गया है। वाइलान्ट (Vaillant, 1983) ने एक अनुदैर्ध्य अध्ययन (longitudinal study) किया जिसमें यह पाया गया कि इन कार्यक्रमों के साथ उपचार के 30 साल के बाद 110 व्यक्तियों में से करीब 20% साधारण ढंग से मद्यपान करने लगे, 34% में परहेज बना कर रखे तथा बाकी सार्थक ढंग से मद्यपान समस्याओं से ग्रसित होते पाये गए। हसर एवं उनके सहयोगियों (Hser et al, 1993) के अध्ययन के अनुसार हेरोइन व्यस्तता के लिए इन दो तरह के कार्यक्रमों से किए गए उपचार का तस्वीर और भी निराशाजनक है। इनके अध्ययन में इन कार्यक्रमों के सहारे दिये गए उपचार के 25 साल बाद करीब 75% हेरोइन व्यसनी या तो मर गये थे, या जेल में थे या अभी भी हेरोइन का दुरुपयोग कर रहे थे तथा मात्र 25% ही औषध मुक्त (drug-free) जिंदगी बिता रहे थे। इन अध्ययनों से यह स्पष्ट होता है कि उपचार के ये दोनों कार्यक्रम अर्थात् नियंत्रित अवस्था (controlled state) में होना या फिर पूर्णत: परहेज आपस में तो आदर्श लक्ष्य लगते हैं परंतु वास्तव में वे बहुत प्रभावकारी नहीं हैं।

(6) सामाजिक-सांस्कृतिक उपचार कार्यक्रम *(Socio-culural treatment programme)*—कई अध्ययनों से यह पता चला है कि द्रव्य दुरुपयोग विकृति से संबद्ध अधिकतर लोग ऐसे सामाजिक-सांस्कृतिक पृष्ठभूमि से आते हैं जिनमें निर्धनता, आक्रोश, हिंसा आदि की प्रधानता होती है। अत: ऐसे लोगों को चिकित्सक द्वारा चिकित्सा उपलब्ध कराये जाते समय इन सब तथ्यों को विशेष रूप से ध्यान दिया जाता है और उसी के संदर्भ में उन्हें प्रशिक्षित एवं पुनर्शिक्षित (reeducate) करने की कोशिश की जाती है। लिसानस्काई-गोमवर्ग (Lisansky-Gomberg, 1993) के अनुसार चिकित्सकों की आम सहमति इस बात से है कि द्रव्य-संबद्ध विकृतियों से ग्रसित व्यक्तियों के यौन (gender) का विशेष रूप से ध्यान रखना चाहिए। द्रव्य-संबंध विकृतियों से संबद्ध महिलाओं में यौन संबंधी समस्याएँ पुरुषों की अपेक्षा अधिक होता है। जैसे, कुछ अध्ययनों में यह देखा गया है कि द्रव्य-विकृति से संबंध करीब 75% महिलाएँ 16 वर्ष की आयु के पहले लैंगिक दुरुपयोग (sexual abuse) का शिकार हुई होतीं हैं। इसी तरह से हागन (Hagan, 1991) तथा वर्थ (Worth, 1991) के अध्ययन के अनुसार द्रव्य-संबद्ध विकृति से संबंधित ऐसी महिलाएँ जो 27 वर्ष तक की आयु प्राप्त कर चुकी होती हैं, वे औसतन 10 बार बलात्कार का शिकार हुई होती हैं। परिणामत: बहुत सारे द्रव्य-संबंध विकृति से संबंधित महिलाएँ ऐसे उपचार-गृह (clinic) में जाकर उपचार करना चाहती है जो सिर्फ महिलाओं का उपचार करता

है जहाँ उन्हें ऐसी शिक्षा तथा ज्ञान दिया जाता है जिनसे उनमें विकृति से संबद्ध समस्याएँ तो कमती ही हैं साथ-ही-साथ उन्हें उत्तम पारिवारिक समायोजन के अच्छे सूत्र भी मिल जाते हैं।

(7) रोकथाम *(Prevention)*—औषध दुरुपयोग के रोकथाम उपायों को भी उपचार के मार्ग में एक महत्त्वपूर्ण कदम बतलाया गया है। नेशनल इंस्टीच्यूट ऑफ ड्रग एव्यूज (National Institute of Drug Abuse or NIDA 1991) के अनुसार औषध दुरुपयोग को रोकने के लिए कई तरह के कार्यक्रम (programmes) बनाये गये हैं जिनकी प्रविधियाँ (techniques) तथा उद्देश्य भिन्न-भिन्न हैं। कुछ कार्यक्रम तो ऐसे हैं जो औषध के 'सम्पूर्ण परहेज' (total abstinence) पर बल डालते हैं तो कुछ ऐसे हैं जो अल्प मात्रा में औषध के लेने की सिफारिश करते हैं। कुछ ऐसे भी कार्यक्रम हैं जिनमें कम उम्र में औषध न लेने का सुझाव दिया जाता है क्योंकि ऐसे कार्यक्रम की मान्यता यह होती है कि कम उम्र से ही औषध लेने से उनमें वयस्कावस्था में औषध दुरुपयोग की प्रवृत्ति बढ़ जाती है। औषध रोकथाम कार्यक्रम का केन्द्र बिन्दु *व्यक्ति विशेष* हो सकता है जहाँ व्यक्ति को औषध के अदुखद औषध प्रभावों के बारे में बतलाया जाता है या इसका केन्द्रबिन्दु *परिवार* (family) हो सकता है जहाँ माता-पिता को पारिवारिक कार्य के स्तर को उन्नत बनाने के लिए उनमें कौशल विकसित करने पर बल डाला जाता है या इसका केन्द्रबिन्दु साथी-संगी समूह (peer group) हो सकता है जहाँ साथी-संगी के मानकों को परिवर्तित करके या साथी-संगी के दवाबों को रोकने पर बल डाला जाता है या इसका केन्द्र बिंदु पूरा समुदाय (community) हो सकता है जहाँ कुछ ऐसी घोषणाओं पर बल डाला जाता है जिससे औषध का दुरुपयोग इक्कट्ठे ही समाप्त हो जाए। एन आइ डी ए (NIDA, 1984) के अनुसार सबसे उत्तम रोकथाम कार्यक्रम वह होगा जिसमें इन केन्द्र बिन्दुओं में से कई क्षेत्रों पर बल डालते हुए एक विस्तृत कार्यक्रम तैयार किया जाए ताकि व्यक्ति की जिंदगी के सभी क्षेत्रों में औषध दुरुपयोग के बारे में एक सतत संदेश दिया जा सके।

अभी हाल में प्राक्स्कूली बच्चों के लिए औषध दुरुपयोग के रोक-थाम के कुछ कार्यक्रम विकसित किये गए हैं। इनमें **'बिगनिंग एल्कोहल एण्ड एडिक्सन बेसिक एडुकेशन स्टडीज'** (Beginning Alcohol and Addiction Basic Education Studies or BABES) कार्यक्रम विशेष रूप से उल्लेखनीय है। यह कार्यक्रम में प्राक्स्कूली बच्चों की निर्णय लेने का कौशल, समायोजी व्यवहार करने का कौशल, साथी-संगी के दबावों से अपने आप को वंचित रखकर उनकी भावों से निबटने का कौशल आदि सीखलाया जाता है। इसमें एल्कोहल तथा उसके पड़ने वाले बुरे प्रभावों से उन्हें अवगत कराया जाता है ताकि वे अपने आप को उससे दूर रख सके। **हेड स्टार्ट** (Head Start) भी इसी ढंग का एक कार्यक्रम है जिसमें औषध के पड़ने वाले बुरे प्रभावों, उसके जोखिम कारकों, स्वास्थ्य समस्याओं, साथी-संगी के गलत प्रभावों से अवगत कराया जाता है तथा उनसे निबटने का पर्याप्त प्रशिक्षण भी दिया जाता है।

स्पष्ट हुआ कि द्रव्य संबंध विकृतियों के उपचार के कई तरीके हैं। इनमें से सिर्फ कोई एक तरीका अपने आप में बहुत अधिक प्रभावी नहीं हो सकता है। अत: इनमें से कुछ प्रविधियों को एक साथ मिलाकर यदि औषध दुरुपयोग या निर्भरता (dependence) को रोकने का प्रयास किया जाता है तो यह निश्चित रूप से अधिक गुणकारी साबित होगा। इस तरह का मत कोमर (Comer, 1999) तथा ओइमेड (Oyemade, 1998) द्वारा भी व्यक्त किया गया है।

अध्याय सरांश
(Chapter Summary)

1. DSM-IV (TR) में द्रव्य दुरुपयोग (substance abuse) तथा द्रव्य निर्भरता (substance dependence) दो महत्त्वपूर्ण पदों को सम्मिलित किया गया है ताकि द्रव्य-संबंध विकृतियों की व्याख्या ठीक ढंग से की जाए।
2. द्रव्य-संबंध विकृतियाँ कई हैं जिनमें मद्यपानता या मद्यपान संबद्ध विकृति (alcohol-related disorder), नाइकोटिन एवं सिगरेट धूमपान संबद्ध विकृति, उत्तेजक (stimulant) संबद्ध विकृति, स्वापक (opioid) संबद्ध विकृति, भ्रमात्मकता (hallucinogens) संबद्ध विकृति, केन्नाविस (Cannabis) संबद्ध विकृति तथा शमक-निद्राजनक (sedative hypnotic) तथा प्रशांतक (tranquilizer) संबद्ध विकृति प्रधान है।
3. मद्यपानता एक ऐसी अवस्था होती है जिसमें एल्कोहल पर इतनी अधिक निर्भरता बढ़ जाती है कि इससे जिंदगी के समायोजन में बाधा पहुँचती है। मद्यपानता के दो प्रकार होते हैं—टाइप एक (Type one) तथा टाइप दो (Type two)। मद्यपानता के चार तरह के प्रभाव होते हैं—व्यवहारात्मक प्रभाव, जैविक प्रभाव, मद्यपान सहनशीलता तथा दैहिक निर्भरता। मद्यपानता या मद्यपान-संबद्ध विकृति के मुख्य तीन कारक अर्थात जैविक कारक, मनोसामाजिक कारक तथा सामाजिक-सांस्कृतिक कारक प्रमुख हैं।

4. मद्यपानता के दो तरह के उपचार (treatment) अर्थात् जैविक उपचार तथ मनोसामाजिक उपचार अधिक लोकप्रिय हैं।
5. नाइकोटिन एवं सिगरेट धूमपान संबद्ध विकृति के दो प्रकार हैं—नाइकोटिन निर्भरता तथा नाइकोटिन प्रत्याहार। इन दोनों के अपने-अपने विशेष लक्षण हैं।
6. उत्तेजक संबद्ध विकृति में मूलतः तीन द्रव्यों अर्थात् कोकेन (cocaine), केफैइन (caffeine) तथा एम्फीटामाइन्स (amphetamines) से संबंध विकृतियों का सविस्तार वर्णन किया गया है। ये सभी उत्तेजक (stimulant) हैं जो केन्द्रीय तंत्रिका तंत्र की क्रियाओं को बढ़ाता है।
7. स्वापक संबद्ध विकृति (opioid-related disorders) में अफीम तथा उससे उत्पन्न औषध जैसे हेरोइन, कोडिन, हाइड्रोमार्फोन तथा फेन्टानिल आदि से संबद्ध विकृति का वर्णन होता है।
8. भ्रमात्मकता संबद्ध विकृति (hallucinogens-related disorder) में मूलतः एल एस डी (LSD) पीसपी (PCP) एमडीएमए (MDMA) से संबद्ध विकृतियों के लक्षणों एवं कारणों पर बल डाला जाता है।
9. केन्नाविस (Cannabis) संबद्ध विकृति में हाशिश (hashish) तथा मैरीजुआना (marijuana) संबद्ध दुरुपयोग (abuse) तथा निर्भरता (dependences) का वर्णन किया गया है।
10. शामक-निद्राजनक या चिंता-विरोधी संबद्ध विकृति में मूलतः चिंता विरोधी औषध (anti-anxiety drug) तथा वरविटुरेट्स (barbiturates) आदि से संबध विकृतियों के लक्षणों एवं कारणों पर बल डाला गया है।
11. क्रॉस सहनशीलता प्रभाव (cross-tolerance effect) तथा साइनरजिस्टीक प्रभाव (synergistic effect) दो ऐसे प्रभाव हैं जो द्रव्यों के संयोजन (combination) से पड़ता है।
12. द्रव्य-संबंध विकृतियों की सामान्य व्याख्या चार तरह के कारकों के रूप में की गयी है—जननिक एवं जैविक विचारधारा, मनोगतिकी विचारधारा, व्यवहारपरक विचारधारा तथा सामाजिक-सांस्कृतिक विचारधारा।
13. द्रव्य-संबंध विकृतियों के उपचार के लिए कई तरह की चिकित्सा प्रविधियों एवं कार्यक्रम को महत्त्वपूर्ण बतलाया गया है। इनमें सूझ चिकित्सा, व्यवहारपरक एवं संज्ञान-व्यवहारात्मक चिकित्सा, जैविक चिकित्सा, आत्म-मदद कार्यक्रम (self-help programme), नियंत्रित औषध उपयोग बनाम परहेज (controlled drug use versus abstinence), सामाजिक सांस्कृतिक कार्यक्रम तथा रोकथाम (prevention) आदि मुख्य हैं।

❑

अध्याय 14

मनोदशा विकृतियाँ एवं आत्महत्या
(MOOD DISORDERS AND SUICIDE)

मनोदशा विकृति का अर्थ एवं प्रकार
(Meaning and Types of Mood Disorder)

मनोदशा विकृति (mood disorder) जैसा नाम से ही स्पष्ट है, एक ऐसी मानसिक विकृति (mental disorder) है जिसमें व्यक्ति के भाव (feeling), संवेग (emotion) एवं संबंधित मानसिक दशाओं में इतना उतार-चढ़ाव होता है कि वह अपने दिन-प्रतिदिन के जीवन में समायोजन (adjustment) का सामान्य स्तर बना कर नहीं रख पाता है और उसकी सामाजिक एवं पेशेवर (occupational) जिंदगी में तरह-तरह की समस्याएँ उत्पन्न हो जातीं हैं। इस तरह की मानसिक विकृति में व्यक्ति की मनोदशा में कभी तो काफी विषाद (depression) देखा जाता है तो कभी विषाद एवं सुखाभास दोनों ही बारी-बारी से होते देखा जाता है। चाहे मानसिक अवस्था विषाद का हो या सुखाभास का, रोगी का समायोजन (adjustment) बुरी तरह प्रभावित हो जाता है और व्यक्ति को चिकित्सा (therapy) देना अनिवार्य हो जाता है। इण्डियन एकेडमी ऑफ क्लिनिकल साइकेट्री (Indian Academy of Clinical psychiatry) के एक नवीनतम अध्ययन जिसे 2000 में प्रकाशित किया गया, के अनुसार भारत के सामान्य जनसंख्या का करीब 5% या लगभग 5 करोड़ भारतीयों में मनोदशा विकृति का रोग पाया जाता है। (हिन्दुस्तान टाइम्स, पटना, 10 अक्टुबर, 2000)

DSM-IV (TR) में तीन तरह के मनोदशा विकृति का उल्लेख किया गया है जो निम्नांकित है—

1. विषादी विकृति *(Depressive disorder)*—इसे *एकध्रुवीय विकृति* (unipolar disorder) भी कहा जाता है और इसका मुख्य लक्षण व्यक्ति में उदासी एवं विषाद (depression) का होना है। इसके अतिरिक्त इसमें भूख, नींद एवं शारीरिक वजन में कमी होते पायी जाती है और व्यक्ति का संक्रियण स्तर (activation level) काफी कम जाता है। विषादी विकृति को फिर दो भागों में बाँटा गया है—

(1) डायस्थाइमिक विकृति *(Dysthymic disorder)*—इस विकृति में विषादी मनोदशा (depressive mood) का स्वरूप चिरकालिक (chronic) होता है अर्थात् गत कई वर्षो से व्यक्ति की मनोदशा विषादी होती है। व्यक्ति को गत कई वर्षो से किसी भी चीज में अभिरुचि (interest) या आनन्द की कमी का अनुभव करता है। बीच में कुछ दिनों के लिये उसकी मनोदशा भले ही सामान्य हो जाता दिखते है परंतु विषादी मनोदशा की प्रबलता सतत बनी रहती है।

(2) बड़ा विषादी विकृति *(Major depressive disorder)*—उस विकृति में व्यक्ति एक या एक से अधिक बड़े विषादी घटनाओं (depressive episode) का अनुभव किया होता है। व्यक्ति प्रत्येक चीज में अपनी अभिरुचि (interest) खो चुका होता है तथा उसे कोई कार्य में मन नहीं लगता है। ऐसे व्यक्तियों में नींद की कमी, शारीरिक वजन में कमी, थकान, स्पष्ट रूप से सोचने की क्षमता में कमी, बेकार एवं अयोग्य होने का भाव, आत्म-हत्या (suicide) की प्रवृत्ति आदि अधिक होती है। इस विकृति में श्रेणीकृत होने के लिए यह आवश्यक है कि ऐसे लक्षण कम-से-कम गत दो सप्ताह से अवश्य हो रहे हों।

2. द्विध्रुवीय विकृति *(Bipolar disorder)*—द्विध्रुवीय विकृति वैसी विकृति को कहा जाता है जिसमें व्यक्ति या रोगी में बारी-बारी से विषाद (depression) तथा उन्माद[1] (mania) दोनों ही तरह की अवस्थाएँ होती पायी जाती हैं। यही कारण है कि इसे *उन्मादी-विषादी विकृति (manic-depressive disorder)* भी कहा जाता है। DSM-IV (TR)

में द्विध्रुवीय विकृति के निम्नांकित तीन प्रकार बतलाये गये हैं–

(i) साइक्लोथाइमिक विकृति *(Cyclothymic disorder)*—डायस्थाइमिक विकृति (dysthymic disorder) के समान साइक्लोथाइमिक विकृति में भी मनोदशा में चिरकालिक क्षुब्धता पायी जाती है। इसमें विषादी व्यवहार तथा अल्पोन्मादी (hypomanic) व्यवहार दोनों ही पाये जाते हैं परंतु इन दोनों में से किसी की भी गंभीरता ऐसी नहीं होती है कि वह DSM-IV द्वारा निर्धारित कसौटी को छू सके। ऐसे व्यवहारों का इतिहास निश्चित रूप से कम-से-कम दो वर्ष पुराना अवश्य होता है।

(ii) द्विध्रुवीय एक विकृति *(Bipolar I disorder)*—द्विध्रुवीय एक विकृति, जैसा कि नाम से ही स्पष्ट है, वैसी मानसिक विकृति होती है जिसमें रोगी या व्यक्ति एक या एक से अधिक उन्माद की घटना तथा एक या एक से अधिक विषाद (depression) की घटना की अनुभूति अवश्य किया होता है। गुडविन तथा जैमिसन (Goodwin & Jamison, 1987) के अनुसार द्विध्रुवीय एक विकृति के बहुत कम रोगी ऐसे भी होते हैं जो एक या एक से अधिक बार उन्मादी अवस्था का अनुभव किये हों परंतु उन्हें कभी भी विषादी लक्षण का अनुभव नहीं हुआ हो।

(iii) द्विध्रुवीय दो विकृति *(Bipolar II disorder)*—द्विध्रुवीय दो विकृति वैसी मानसिक विकृति होती है जिसमें रोगी को कम-से-कम एक अल्पोन्मादी (hypomanic) मानसिक अवस्था का अनुभव तथा एक या एक से अधिक विषादी मानसिक अवस्थाओं का अनुभव हो चुका होता है। इसके रोगी को कभी उन्मादी (manic) मानसिक अवस्था का अनुभव नहीं होता है। अल्पोन्मादी अवस्था एक ऐसी अवस्था होती है जिसमें व्यक्ति की मनोदशा थोड़े देर के लिए बढ़ी-चढ़ी होती है, तथा उनमें चिड़चिड़ापन जैसी स्थिति उत्पन्न हो जाती है परंतु उनका सामाजिक एवं व्यावहारिक कार्य पर कोई बुरा प्रभाव नहीं पड़ता है तथा ऐसे व्यक्ति को मानसिक अस्पताल में भर्त्ती करवाकर उपचार करवाना भी आवश्यक नहीं होता है।

द्विध्रुवीय एक विकृति (Bipolar I disorder) तथा द्विध्रुवीय दो विकृति (Bipolar II disorder) में मुख्य अंतर यह है कि द्विध्रुवीय दो विकृति में उन्मादी व्यवहार की गंभीरता कम होती है जबकि द्विध्रुवीय एक विकृति में उन्मादी व्यवहार व्यक्ति अधिक गंभीर मात्रा में दिखलाता है।

3. अन्य मनोदशा विकृति *(Other mood disorder)*—इस श्रेणी में वैसी मनोदशा विकृतियों को रखा गया है जो दैहिक एवं मानसिक विकृतियों से उत्पन्न हो जाते हैं। जैसे, क्लिंटन (Clinton, 1993) के अध्ययन के अनुसार प्रत्येक 10 मुख्य विषादी विकृति में से एक का कारण मनोवैज्ञानिक या सांवेगिक (emotional) न होकर कोई मेडिकल बीमारी जैसे कैंसर, मधुमेह, हृदय आघात आदि, या कुछ द्रव्य दुरुपयोग (substance abuse) या अन्य विकृतियों के उपचार के लिए लिया जाने वाला औषध आदि होता है।

इस अध्याय में केवल प्रथम दो तरह की मनोदशा विकृतियों अर्थात् विषादी विकृति (depressive disorder) तथा द्विध्रुवीय विकृति (bipolar disorder) पर ही विस्तृत ढंग से विचार किया जाएगा।

विषाद का स्वरूप
(Nature of Depression)

विषाद (depression) मानसिक रोगों का एक प्रमुख एवं सामान्य जड़ है। विषाद से तात्पर्य मनोदशा (mood) में उत्पन्न उदासी से होता है या इससे तात्पर्य एक नैदानिक संलक्षण (clinical syndrome) से होता है जिसमें पाँच तरह के लक्षण अर्थात् सांवेगिक (emotional), अभिप्रेरणात्मक (motivational), व्यवहारात्मक (behavioural), संज्ञानात्मक (cognitive) तथा दैहिक (somatic) लक्षणों का एक सम्मिश्रण पाया जाता है। इसे *नैदानिक विषाद* (clinical depression) भी कहा जाता है। यहाँ विषाद पद का उपयोग इसी नैदानिक विषाद (clinical depression) के अर्थ में किया जाता है न कि मनोदशा (mood) में उत्पन्न साधारण उदासी के अर्थ में। नैदानिक विषाद में विषादी मनोदशा (depressed mood) के अतिरिक्त अन्य कई लक्षण जैसे, थकान, शक्तिहीनता, नींद में कठिनाई, भूख में कमी,

1. उन्माद (mania) की अवस्था वैसी अवस्था होती है जिसमें व्यक्ति की मनोदशा (mood) एवं आत्म-सम्मान बढ़ा होता है, विचारों की उड़ान की ऊँचाई ऊँची होती है, मनोपेशीय क्रियाएँ (psychomotor activity) अधिक होतीं हैं, वातूनीयता अधिक होती है तथा उसमें सुखाभास (euphoria) का भाव भी होता है । इसमें प्रायः रोगी को मानसिक अस्पताल में उपचार के लिए ले जाना आवश्यक हो जाता है।

एकाग्रता में कमी आदि मुख्य रूप से देखने को मिलता है। *विषादी विकृति* (depressive disorder) के प्रकारों पर विचार करने के पहले यह आवश्यक है कि नैदानिक विषाद (clinical depression) के पाँच सामान्य लक्षणों पर प्रकाश डाला जाए। वे पाँच सामान्य लक्षण (symptoms) निम्नांकित हैं—

(1) सांवेगिक लक्षण *(Emotional symptoms)*—विषाद के कुछ स्पष्ट सांवेगिक लक्षण होते हैं। ऐसे लोगों में सांवेगिक लक्षण के रूप में उदासी, निराशा (hopelessness), दुखी (unhappiness), लज्जालूपना, दोषभाव, बेकारी का भाव आदि प्रधान होता है। इसमें उदासी (sadness) सबसे सामान्य सांवेगिक लक्षण है। इसमें से कुछ लोग तो इतना अधिक विषादी हो जाते हैं कि बिना रोये हुए सामाजिक वार्तालाप (social conversation) नहीं कर पाते हैं। विषाद की अवस्था में उदासी के भाव के साथ-ही-साथ चिंता (anixety) का भी भाव अधिक प्रबल होता है। ऐसे लोगों को अपने हॉवी या शौक (hobby), मनोरंजन तथा परिवार सभी अर्थहीन लगते हैं और इनसे उन्हें किसी प्रकार की कोई आनन्द नहीं आता है। यहाँ तक कि प्रमुख जैविक क्रियाएँ जैसे, भूख एवं यौन (sex) भी इनके लिए कोई सार्थक सुख का साधन नहीं रह जाता है। क्लार्क, बेक एवं बेक (Clerk, Beck & Beck, 1994) ने अपने अध्ययन के आधार पर यह बतलाया है कि विषादी रोगियों में से 92% लोग ऐसे होते हैं जिन्हें अपनी जिंदगी में कोई मुख्य अभिरुचि नहीं रह जाती है तथा 64% ऐसे होते हैं जिनमें दूसरे लोगों के प्रति भावशून्यता उत्पन्न हो जाती है।

(2) संज्ञानात्मक लक्षण *(Cognitive symptoms)*—एक विषादी व्यक्ति अपने बारे में हमेशा नकारात्मक ढंग से सोचता है। इस तरह का नकारात्मक चिंतन अपने तथा अपने भविष्य के बारे में होता है। नकारात्मक ढंग से अपने बारे में चिंतन करते हुए ऐसे व्यक्ति यह सोचता है कि वह तुच्छ एवं घटिया है तथा उसमें आत्म-सम्मान (self-esteem) नाम की कोई चीज नहीं है। वह अपने को असफल मानता है और इस असफलता का मुख्य कारण अपने आप को ही वह समझता है। वह अपने आप को हर ढंग से अयोग्य एवं अपर्याप्त मानता है। ऐसे लोगों में दोषभाव (guilt feeling) भी अधिक होता है। इनके जीवन में जब-जब असफलता होती है, उसका पूर्ण दायित्व वे अपने ऊपर लेते हैं। ऐसे लोग अपने बारे में नकारात्मक विचार तो रखते ही हैं, साथ-ही-साथ अपने भविष्य को निराशा एवं उदासी से भरा समझते हैं । उनका यह विचार होता है कि अब सब कुछ खराब हो गया और अब उसे किसी अच्छे चीज की उम्मीद छोड़ देनी चाहिए और इस बुरे भविष्य के लिए वह तरह-तरह के तर्क भी लोगों को देना प्रारंभ कर देता है। ऐसे लोग प्राय: यह भी कहते सुने जाते हैं कि उनकी बौद्धिक क्षमता (intellectual ability) दिन-प्रतिदिन गिरती जा रही है। उनमें संभ्राति (confusion) बढ़ता जा रहा है, वे घटनाओं को ठीक ढंग से याद नहीं रख पाते हैं और वे छोटी-छोटी समस्याओं का समाधान ठीक ढंग से नहीं कर पाते हैं । इसे चानोन, बेकर तथा रॉबर्टसन (Channon, Baker & Robertson, 1993) के अध्ययन के आधार पर संपुष्ट किया गया है।

(3) अभिप्रेरणात्मक लक्षण *(Motivational symptoms)*—विषादी व्यक्ति प्राय: अपने दिनचर्या के कार्यों में अभिरुचि खो देते हैं। करीब सभी ऐसे व्यक्तियों में प्रणोद (drive), पहल (intiative) तथा स्वेच्छा (spontaneity) की कमी पायी जाती है। ऐसे लोगों को काम पर जाने के लिए, दूसरों के साथ बातचीत करने के लिए, भोजन करने के लिए तथा यौन व्यवहार करने के लिए काफी दवाब डालना पड़ता है। एरोन बेक (Aron Beck, 1567) ने ऐसी स्थिति को *'इच्छाओं का पक्षाघात'* (paralysis of will) कहा जाता है। ऐसे लोग किसी समस्या पर अंतिम निर्णय लेने में काफी कठिनाई का सामना करते हैं। सचमुच में इनके लिए निर्णय लेना एक भय या डर से भरा हुआ कार्य होता है जिसे वे सामान्यत: नहीं करना चाहते हैं। ऐसे लोग अपनी जिंदगी की क्रियाओं एवं दवाबों से बचने के लिए आत्महत्या (suicide) करने में भी हिचकिचाते नहीं है। कोरियेल तथा विनोकुर (Coryell & Winokur, 1992) के अध्ययन के अनुसार आत्महत्या करने वालों में से आधे लोग ऐसे होते हैं जो विषादी (depressed) होते हैं ।

(4) व्यवहारपरक लक्षण *(Behavioural symptoms)*—विषादी व्यक्तियों की क्रियाएँ सामान्यत: तेजी से गिरता है। वे कम कार्य करते हैं तथा उनकी उत्पादकता (production) भी काफी कम होती है। वे अकेले रहकर अधिक समय व्यतीत करते हैं और विछावन पर ही लम्बे समय तक लेटे रहते हैं। पार्कर तथा उनके सहयोगियों (Parker et al, 1993) तथा वयवाल्ड एवं रूडिक-डेविस (Buchwaled & Rudick-Davis, 1993) द्वारा किये गए अध्ययनों से यह स्पष्ट हुआ है कि विषादी लोग (depressed people) बहुत धीरे-धीरे चलते हैं तथा उनके व्यवहार से ऐसा लगता है कि उनमें न तो चलने की इच्छा है और न शक्ति। यहाँ तक कि उनका संभाषण (speech) धीमा, एकस्वरीय (monotonal) तथा

आँख झुकाकर किया जाता है। वैक्सर (Waxer, 1974) के अध्ययन के अनुसार विषादी लोग अविषादी व्यक्तियों की अपेक्षा साक्षात्कारकर्त्ता के साथ सीधे आँख सम्पर्क स्थापित करके बातचीत नहीं करते हैं तथा प्रायः वे मुँह फेरकर किसी प्रश्न का जवाब देते देखे जाते हैं।

(5) दैहिक लक्षण *(Somatic symptoms)*—विषादी व्यक्तियों में प्रायः दैहिक लक्षण जैसे सिरदर्द, अपच, कब्ज, छाती में दुखद संवेदन तथा पूरे शरीर में दर्द आदि भी होते देखे जाते हैं। सचमुच में बहुत सारे ऐसी विषादी अवस्थाओं को कभी-कभी मेडिकल समस्या समझने की भूल कर ली जाती है। काजेस तथा उनके सहयोगियों (Kazes et al, 1994) के अध्ययन के अनुसार विषादी व्यक्तियों में अन्य दैहिक लक्षणों की तुलना में भूख एवं नींद में कमी या क्षुब्धता प्रमुख होती है। इनका थकान का स्वरूप कुछ ऐसा होता है कि लम्बे समय तक आराम एवं नींद के बाद भी वह समाप्त नहीं होता है । वालेनगर (Ballenger, 1998) के अनुसार करीब 9% विषादी व्यक्ति ऐसे भी होते हैं जिन्हें नींद काफी आती है।

स्पष्ट हुआ कि विषाद (depression) में कई तरह के लक्षण (symptoms) होते हैं। एक विशेष प्रश्न जिसमें मनोवैज्ञानिकों और मनश्चिकित्सकों एवं मनोरोगविज्ञानियों की अभिरुचि रही है, वह है—सामान्य लोगों में कौन लोग विषाद के प्रभाव से अधिक प्रभावित होते हैं ? सामान्यतः इसका उत्तर नकारात्मक होता है क्योंकि विषाद एक ऐसी मानसिक अवस्था है जिससे सभी लोग चाहे वे अमीर हों या गरीब, बूढ़े हों या जवान, स्त्री हो या पुरुष सभी प्रभावित होते हैं। फिर भी कुछ अध्ययनों से ऐसे संकेत मिले हैं जिनसे यह पता चला है कि सामान्य जनसंख्या के कुछ लोग ऐसे अवश्य हैं जो विषाद के प्रति अधिक संवेदनशील होते हैं। अध्ययनों से यह पता चला है कि महिलाओं में सभी तरह के विषादी अवस्थाओं के होने की संभावना पुरुषों की अपेक्षा दुगुनी अधिक होती है। उसी तरह से आयु (age) पर भी विषाद के उत्पन्न होने की संभावना निर्भर करता है। रोर्समैन (Rorsman, 1992) के अनुसार महिलाओं में 20 से 29 वर्ष तथा पुरुषों में 40 से 49 वर्ष की आयु में विषाद का प्रभाव सर्वाधिक देखा गया है। हेन्डरसन (Henderson, 1992) के अध्ययन के अनुसार जिन व्यक्तियों को सामाजिक समर्थन (social support) कम प्राप्त होता है, उनमें विषाद उत्पन्न होने का जोखिम अधिक होता है। ऐसे लोग थोड़ा-सा ही तनावग्रस्त परिस्थिति उत्पन्न होने पर विषादी व्यवहार करना प्रारंभ कर देते हैं। उसी तरह से व्यक्तियों के माता-पिता, भाई-बहन आदि में विषादी प्रकृति होने से उनमें ऐसी प्रवृत्ति विकसित होने की संभावना काफी अधिक हो जाती है। इण्डियन एकेडमी ऑफ क्लिनिकल साइकेट्री (Indian Academy of Clinical Psychiatry or IACP) के एक नवीनतम अनुसंधान जिसका प्रकाशन 2000 में किया गया, के अनुसार भारत में मेडिकल सहायता के लिए आने वाले रोगियों में से करीब 6 से 35% रोगी विषाद (depression) से ग्रसित रहते हैं।

जैसा कि पहले कहा जा चुका है, विषादी विकृति या एकध्रुवीय विषाद (unipolar depression) के मुख्य दो प्रकार होते हैं। इन दोनों का वर्णन अब हम एक-एक करके स्वतंत्र अनुच्छेदों में करेंगे।

डायस्थाइमिक विकृति
(Dysthymic Disorder)

डायस्थाइमिक विकृति एक ऐसी विषादी विकृति है जिसे एकध्रुवीय विकृति (unipolar disorder) में रखा गया है। यह एक हल्का तथा व्यक्ति के समायोजी शक्ति को कम प्रभावित करने वाला विकृति है। सचमुच में 'डायस्थमिया' (dysthmia) एक ग्रीक शब्द है जिसका अर्थ होता है दोषपूर्ण या रूग्ण मनोदशा (diseased mood) । इसी शब्द से 'डायस्थाइमिक' (dysthyamic) बना है।

डायस्थाइमिक विकृति वैसी विषादी विकृति होती है जिसका स्वरूप चिरकालिक (chronic) होता है अर्थात् जिसमें विषादी लक्षण गत कई वर्षों से पाये जाते हैं। किसी भी विषादी विकृतिं को डायस्थाइमिक विकृति (dysthymic disorder) कहलाने के लिए यह अति आवश्यक है कि विषादी मनोदशा या आनन्द तथा अभिरुचि में कमी गत कई वर्षों से व्यक्ति में मौजूद हो हालांकि बीच-बीच में कभी-कभी यह संभव है कि चंद दिनों के लिए व्यक्ति की मनोदशा सामान्य हो जाए। ऐसे लोग लगभग पूरे दिन भर विषादी प्रवृत्ति से जुझते रहते हैं और इनमें निम्नांकित में से कम-से-कम दो समस्याएँ निश्चित तौर पर होतीं हैं—खाना खाने संबद्ध कठिनाइयाँ जैसे बहुत अधिक नींद आना या बहुत कम नींद आना, सतत थकान बना रहना, निर्णय लेने में या एकाग्रता दिखाने में कठिनाई, निराशा का भाव, अपने बारे में निम्न विचार

आदि प्रमुख हैं। इस विकृति की अवधि 2 से 20 वर्ष तक का होता है। केलर (Keller, 1990) के अनुसार इसका माध्यिका अवधि (median duration) करीब 5 वर्षों का होता है । यह 18 साल से 64 साल तक के व्यक्तियों में स्पष्ट रूप से देखने को मिलता है तथा उसके बाद इसका प्रभाव कमता जाता है। डायस्थाइमिक विकृति किसी भी अन्य मनोदशा विकृति के साथ-साथ उत्पन्न हो सकता है परंतु प्राय: यह मुख्य विषाद (major depression) के साथ होते पाया जाता है। अगर डायस्थाइमिक विकृति के रोगी में मुख्य विषाद (major depression) के भी लक्षण विकसित हो जाते हैं, तो इसे *द्वैविषाद* (double depression) कहा जाता है क्योंकि वैसी परिस्थिति में इन दोनों विकृतियों में लक्षण मौजूद रहते हैं। केलर (Keller, 1990) के अध्ययन के अनुसार द्वैविषाद की अवस्था व्यक्तियों में प्राय: होते देखी जाती है। डायस्थाइमिक विकृति की शुरूआत बाल्यावस्था से आरंभिक वयस्कावस्था (early adulthood) में कभी भी हो सकता है। इसके विस्तृत स्वरूप को दिखाने के लिए एक केस (case) को उद्धृत किया जा रहा है जो मौलिक रूप से स्पिटजर (Spitzer, 1981) द्वारा चयनित किया गया था—

"एक 28-वर्षीय शादी-शुदा महिला जो एम बी ए (MBA) की उपाधि प्राप्त करने के बाद कैलिफोर्निया यह सोचकर गयी कि वहाँ उसे अधिक ऊँचा कार्यपालक (executive) की नौकरी मिल जायगी। परंतु किसी कारण से ऐसा नहीं हुआ और वह अपनी नौकरी, पति तथा अपने भविष्य के बारे में सोचकर विषादी (depressed) हो गयी जिसका खुलासा उसने अपने चिकित्सक से भी किया। उसकी शिकायत यह थी कि उसे सतत विषादी मनोदशा (depressed mood), निराशा तथा तुच्छता का भाव बना रहता है जो उसे 16 या 17 साल की आयु से ही बना हुआ रहता है। हालांकि कॉलेज में वह ठीक थी तथा उसकी दोस्ती बुद्धिमान एवं होनहार छात्रों से ही था परंतु फिर भी उसके मन में यह बात बनी रहती थी कि वह उनलोगों के तुलना में तुच्छ है। स्नातक परीक्षा पास करने के बाद वह अपने मनपसंद व्यक्ति से शादी की थी परंतु शादी के थोड़े दिनों के बाद ही उसे यह अनुभव होने लगा कि उससे शादी करके उससे बड़ी भूल हो गयी। वह हमेशा अपने पति के व्यवहार, वस्त्र, उनके माता-पिता को कोसती थी और फिर बदले में, उसके पति भी उसे अस्वीकृत करते हुए एक सनकी महिला करार दिया करते थे। हाल में, उसे अपने कार्य में भी कठिनाई होने लगी। उसे अपने नौकरी पर कोई महत्त्वपूर्ण जवाबदेही का कार्य नहीं देकर अति साधारण कार्य करने के लिए कहा जाता था जिसमें न तो उसकी कोई अभिरुचि होती थीं और न ही वह कोई पहल (initiative) ही दिखाती थी। वह अपने मालिक (boss) को आत्मकेंद्रित, अनुचित एवं दूसरों की परवाह नहीं करने वाला बतलाती थी।"

उक्त महिला में डायस्थाइमिक विकृति के सभी प्रमुख लक्षण मौजूद थे। महिला की विषादी प्रवृत्ति चिरकालिक (chronic) था अर्थात् गत करीब 12 वर्षों से मौजूद था। वह अपने कार्य में अभिरुचि खो चुकी थी तथा भविष्य के लिए काफी चिंतित रहती थी।

डायस्थाइमिक विकृति के क्षेत्र में कई अध्ययन किये गए हैं जिनसे यह पता चलता है कि इस विकृति वाले व्यक्ति जैविक रूप से विषाद (depression) से संबंधित होता है और हालैंड तथा थासे (Howland & Thase, 1991) के अध्ययन के अनुसार ऐसे लोगों में मुख्य विषादी विकृति (major depressive disorder) होने का जोखिम काफी अधिक बना होता है। इनके ही अध्ययनानुसार डायस्थाइमिक विकृति के रोगियों में तीव्र आँख गति (rapid eye movement) नींद की लम्बी अवधि भी पायी जाती है।

बड़ा विषादी विकृति
(Major Depressive Disorder)

बड़ा विषादी विकृति (major depressive disorder) एक प्रमुख विषादी विकल्प है। जैसा कि नाम से ही स्पष्ट है, इस विकृति में व्यक्ति को कई बड़े विषादी घटना (major depressive episode) का अनुभव हुआ होता है। बड़ा विषादी घटना वैसी घटना होती है जिसमें व्यक्ति में विषादी मनोदशा (depressed mood) होती है या व्यक्ति सभी तरह के क्रियाओं में अपनी अभिरुचि या आनन्द खो चुका होता है। DSM-IV (TR) की कसौटी के अनुसार इसके अतिरिक्त बड़ा विषादी विकृति कहलाने के लिए निम्नांकित लक्षणों में से कम-से-कम पाँच लक्षण नित्य दिन दो सप्ताह तक अवश्य व्यक्ति में मौजूद रहना चाहिए—

(i) उदास (sad) एवं विषादी मनोदशा (depressed mood)

(ii) साधारण एवं सामान्य क्रियाओं में अभिरुचि (interest) एवं आनन्द की कमी

(iii) नींद में कठिनाई का अनुभव करना तथा बिछावन पर लेटने पर बहुत देर तक नींद नहीं आना, मध्य रात्रि में नींद खुल जाने पर पुनः नींद नहीं आना, सुबह में जल्द नींद खुल जाना या कुछ रोगियों में इन सबों के विपरीत खूब नींद आना ।

(iv) क्रिया स्तर (action level) में परिवर्तन जैसे सुस्ती का अनुभव करना या उत्तेजन का अनुभव करना

(v) भूख कम लगना तथा शारीरिक वजन में कमी या इसके विपरीत भूख अधिक लगना या शारीरिक वजन में वृद्धि

(vi) ऊर्जा की कमी तथा थकान का अनुभव

(vii) नकारात्मक आत्म-संप्रत्यय (negative self-concept), अपने आप को दोषित करने की प्रवृत्ति, दोष-भाव (guilt feeling) एवं अयोग्यता का भाव

(viii) एकाग्रता में कठिनाई, मंद चिंतन तथा अनिर्णयकता

(ix) मृत्यु या आत्म-हत्या का विचार बार-बार मन में आना

बड़ा विषादी विकृति व्यक्ति में होने का औसत आयु 40 से 50 साल की होती है। यह रोग पुरुषों की अपेक्षा महिलाओं में अधिक होता है। हिर्स्कफेल्ड एवं क्रॉस (Hirschfeld & Cross, 1982) के अध्ययन के अनुसार निम्न सामाजिक-आर्थिक स्तर के लोगों में यह रोग तुलनात्मक रूप से अधिक होता है।

जिन व्यक्तियों को बड़ा विषादी विकृति हुआ होता है, उनमें से थोड़े से रोगियों में यानी, करीब 15% रोगियों में मनोविक्षिप्ति (psychosis) के लक्षण भी विकसित हो जाते हैं । ऐसे लोगों में स्थिर व्यामोह (delusion) तथा विभ्रम (hallucination) अधिक प्रधान होता है। मनोविक्षिप्ति के लक्षण दिखाने वाले विषादी व्यक्ति तरह-तरह के स्थिर व्यामोह जैसे 'मेरी गलती से वह बीमार पड़ी है' या उसे यह विश्वास हो सकता है कि वह अपनी मृत पत्नी को देख रहा है, आदि-आदि विकसित हो जाते हैं। कुछ रोगियों में इस तरह के बड़े विषादी घटनाओं के अनुभव का एक इतिहास भी पाया जाता है। इसे *आवृत्त बड़ा विषादी विकृति* (recurrent major depressive disorder) कहा जाता है। बड़ा विषादी विकृति का स्वरूप *मौसमी* (seasonal) भी हो सकता है और ऐसी स्थिति में मौसम में परिवर्तन होने से यथा गर्मी से जाड़े की ऋतु आने से विषादी अनुभूति का उत्पन्न होना हो सकता है। इस विकृति का स्वरूप *कैटेटोनिक* (catatonic) भी हो सकता है और ऐसी परिस्थिति में विषादी अनुभूति उत्पन्न होने पर व्यक्ति पेशीय गतिहीनता या अत्यधिक पेशीय गति दिखलाता है। इस विकृति का स्वरूप *पोस्टपार्टम* (postpartum) भी हो सकता है और ऐसी अवस्था में बच्चा में जन्म होने के चार सप्ताह के भीतर विषादी अनुभूति होने लगती है। इस विकृति का स्वरूप *विषादप्रवण* (malancholic) भी हो सकता है जिसमें व्यक्ति किसी भी सुखमय घटनाओं से प्रभावित नहीं होता है, सुबह में अधिक विषाद करता है, उसमें महत्त्वपूर्ण पेशीय क्षुब्धता होती है, सुबह जल्द नींद खुल जाती है, भूख में कमी हो जाती है तथा अत्यधिक दोषभाव (guilt feeling) हो जाता है ।

बड़ा विषाद विकृति के स्वरूप को निम्नांकित केस उदाहरण द्वारा स्पष्ट किया जा रहा है जिसे ओल्टमानस तथा इमेरी (Oltmanns & Emery, 1995) द्वारा उद्धृत किया गया है—

''काथी (Cathy) एक 31 वर्षीय विवाहित महिला थी जिसे अभी हाल में पदोन्नति दिया गया था और उसे अपने फर्म की एक तेज-तरार कमसिन सदस्या समझी जाती थी। लेकिन वह स्वयं अपने इस पदोन्नति से खुश नहीं थी और अपने आप को वह इसके काबिल नहीं समझती थी। वह गत कई महीनों से काफी निराश रहती थी, चिड़चिड़ापन तथा थका-थका महसूस करती थी। उसकी यह निराशाजनक मानसिक स्थिति और भी उस समय गंभीर हो गयी जब उसके फर्म का एक क्लायंट जिसके कार्यों के निगरानी का दायित्व सीधे काथी पर था, फर्म छोड़कर दूसरे फर्म में चली गयी। इसके लिए काथी अपने आप को दोषी ठहराने लगी और वह इस घटना को अपने व्यवसायिक अयोग्यता (professional incompetence) का एक प्रतिबिम्ब मानने लगी हालांकि उस क्लायंट द्वारा फर्म छोड़ने के कारण कुछ ऐसे थे जो काथी के नियंत्रण से परे थे। क्लायंट के चले जाने के बाद काथी को ऑफिस जाने में अभिरुचि काफी कम गयी और ऑफिस का काम उसे एक बोझ के समान लगने लगा। वह अपने कार्य पर एकाग्रचित (concentrate) भी नहीं हो पाती थी और वह हमेशा अपनी अयोग्यता पर अपने आप को कोसती रहती थी। वह अपने आप को बीमार घोषित कर दी और सारा समय घर में दूरदर्शन के सामने बैठ कर व्यतीत करती थी हालांकि वह दूरदर्शन के किसी भी कायंक्रम (programme) को ध्यान से नहीं देखती थी। वह हमेशा सुस्त बनी रहती थी लेकिन वह कभी भी ठीक से नहीं सोती थी। उसकी भूख

समाप्त हो गयी थी। उससे लोग मिलने-जुलने की कोशिश भी करते थे परंतु वह इन लोगों से मिलना-जुलना कोई-न-कोई बहाना लगाकर टाल देती थी। सचमुच में उसे किसी से बातचीत करना अच्छा नहीं लगता था। वह गत पाँच साल से अपने पति से अलग रह रही थी और उसके अच्छे पुरुष मित्र भी अब उससे दूर रहने लगे थे। कभी-कभी काथी को यह अनुभव होता था कि वह मर जाती तो ज्यादा अच्छा होता। वह आत्महत्या करने के विचार पर भी बार-बार सोचा करती थी परंतु साथ-ही-साथ उसे ऐसा भी लगता था कि ऐसा करने से परिस्थिति पहले से और भी गंभीर हो सकती है।''

केस उदाहरण के गहन अध्ययन से यह स्पष्ट हो जाता है कि काथी में बड़ा विषादी विकृति (major depressive disorder) के सभी लक्षण मौजूद थे।

विषादी विकृति के करणत्व विचारधारा
(Etiological Viewpoints of Depressive Disorder)

विषादी विकृति चाहे वह हल्का-फुल्का या साधारण विकृति जैसे डायस्थामिक विकृति (dysthymic disorder) हो या बड़ा विषादी विकृति (major depressive disorder) हो, उसकी व्याख्या करने के लिए नैदानिक मनोवैज्ञानिकों, मनश्चिकित्सकों तथा मनोरोगविज्ञानियों ने निम्नांकित विचारधाराओं को महत्त्वपूर्ण बतलाया है—

(1) जैविक विचारधारा (Biological viewpoints)

(2) मनोगतिकी विचारधारा (Psychodynamic viewpoints)

(3) व्यवहारात्मक विचारधारा (Behavioural viewpoints)

(4) संज्ञानात्मक विचारधारा (Cognitive viewpoints)

इन सबों का वर्णन निम्नांकित है—

1. जैविक विचारधारा *(Biological viewpoints)*—जैविक विचारधारा की मान्यता यह है कि विषाद (depression) शरीर की विकृति होती है और विषाद का कारण या तो जीन्स (genes) में होता है या कुछ ऐसे दैहिक गड़बड़ी (physiological malfunction) में होता है जिसका आधार जननिक (inherited) हो सकता है या नहीं भी हो सकता है। स्कूइलर (Schuyler, 1974) के अनुसार निम्नांकित चार ऐसे स्पष्ट संकेत (indications) हैं जिनके आधार पर यह कहा जा सकता है कि विषाद का जैविक आधार (biological basis) होता है—

(1) महिलाओं में स्वाभाविक दैहिक परिवर्तन की अवधि जैसे बच्चा जन्म देने के बाद या मासिक स्राव शुरू होने के पहले अपने आप विषाद की शुरूआत होती है।

(2) विभिन्न संस्कृतियों, यौन (sexes), उम्र एवं प्रजातियों (races) के लोगों में विषादी लक्षणों में लगभग समानता होती है जिससे अपने आप उसका जैविक आधार की पुष्टि होती है।

(3) दैहिक चिकित्सा (somatic therapies) विशेषकर ट्रीसाइक्लिक एन्टीडीप्रेसैन्ट (tricyclic anti-depressant), सेरोटोनिन रिऊप्टेक इन्हीविटरस (Serotonin reuptake inhibitors), वैद्युतआक्षेपी आघात (electroconvulsive shock) एवं एमएओ इन्हीविटरस (MAO inhibitors) विषाद के प्रभावी उपचार हैं।

(4) कुछ औषधों के पार्श्वप्रभाव (side effect) के रूप में विषाद को सामान्य व्यक्तियों में उत्पन्न किया जा सकता है। जैसे, रिसरपाइन (reserpine) जिसका उपयोग उच्च रक्तचाप को कम करने के लिए किया जाता है, से व्यक्ति में विषाद (depression) उत्पन्न किया जा सकता है।

जैविक विचारधारा में विषाद उत्पन्न होने की व्याख्या निम्नांकित तीन कारकों के रूप में किया गया है—

(1) आनुवंशिक कारक (Genetic factor)

(2) न्यूरोरसायन कारक (Neurochemical factors)

(3) न्यूरोएनाटौमिकल कारक (Neuroanatomical factors)

इन तीनों की व्याख्या इस प्रकार है—

(1) आनुवंशिक कारक *(Genetic factors)*—एकध्रुवीय विकृति (unipolar disorder) की उत्पत्ति में कुछ आनुवंशिक कारकों का योगदान होता है जिसका सबूत निम्नांकित तीन तरह के अध्ययनों से मिलता है—

(i) पारिवारिक वंशवृक्ष अध्ययन (Family pedigree studies)

(ii) जुडुवाँ अध्ययन (Twin studies)

(iii) दत्तक-ग्रहण अध्ययन (Adoption studies)

इन सबों का वर्णन इस प्रकार है—

(i) पारिवारिक वंशवृक्ष अध्ययन *(Family pedigree studies)*—ऐसे अध्ययनों में शोधकर्त्ता कुछ ऐसे व्यक्तियों का चयन करते हैं जो एकध्रुवीय विषाद से प्रभावित होते हैं। ऐसे व्यक्तियों को *प्रोवैण्ड* (proband) कहा जाता है। ऐसे व्यक्तियों के निकट संबंधियों का फिर गहन से इस बात का निर्धारण करने के लिए अध्ययन किया जाता है कि उनमें एकध्रुवीय विषाद के लक्षण हैं या नहीं। अगर एकध्रुवीय विषाद की पूर्ववृत्ति (predispssition) आनुवंशिक होती है, तो इनके संबंधियों में भी इस तरह के विषाद के लक्षण सामान्य लोगों की तुलना में अधिक होनी चाहिए। हैरिंगटन तथा उनके सहयोगियों (Harrington et al, 1993) तथा नर्नवर्गर एवं गेरशन (Nurnberger & Gershon, 1992) द्वारा किये गए ऐसे पारिवारिक वंशवृक्ष अध्ययनों के आधार पर यह पाया गया कि विषादी व्यक्तियों के निकट संबंधियों के करीब 20% लोगों में विषादी प्रवृत्ति पायी गयी जबकि सामान्य लोगों में (अर्थात् जो उनके निकट संबंधी नहीं थे) में ऐसी प्रवृत्ति मात्र 5 से 10% ही पाया गया। ऐसे अध्ययनों से विषाद के जैविक मॉडल (biological model) का स्पष्ट समर्थन मिलता है।

(ii) जुडुवाँ अध्ययन *(Twin studies)*—ऐसे अध्ययनों में एकांडी जुडुवाँ बच्चों (identical twin children) की तुलना भ्रात्रीय जुडुवाँ बच्चों (faternal twin children) से किया गया है और प्रत्याशा (expectations) के अनुरूप तथ्य पाये गए। नर्नवर्गर तथा गेरशन (Nurnberger & Gershon, 1992) द्वारा किये गए अध्ययनों से इस तथ्य की संपुष्टि हुई है कि एकांडी जुडुवाँ में के किसी एक व्यक्ति को यदि एकध्रुवीय विषाद उत्पन्न होता है, तो दूसरे व्यक्ति में भी ऐसा विषाद उत्पन्न होने की संभावना बहुत अधिक रहती है जबकि ऐसी संभावना भ्रात्रीय जुडुवाँ व्यक्तियों में नहीं होता है या बहुत कम होता है। वर्टेलसेन, हारमाल्ड एवं हौग (Bertelsen, Harvald & Hauge, 1997) ने अपने अध्ययन में पाये कि जब एकांडी जुडुवा युग्म में से एक को एकध्रुवीय विषाद (unipolar depression) उत्पन्न होता है तो दूसरे में यही रोग के उत्पन्न होने की संभावना 43% बढ़ जाता है जबकि भ्रात्रीय जुडुवाँ युग्म में किसी एक को एकध्रुवीय विषाद होने पर दूसरा में ऐसी ही विकृति होने की संभावना मात्र 20% होती है। इस अध्ययन से यह स्पष्ट होता है कि एकध्रुवीय विषाद का आधार आनुवंशिक (hereditary) है क्योंकि एकांडी जुडुवाँ बच्चों की आनुवंशिकता 100% समान होता है जबकि भ्रात्रीय जुडुवाँ बच्चों की आनुवंशिकता मात्र 50% ही समान होती है।

(iii) दत्तक-ग्रहण अध्ययन *(Adoption studies)*—दत्तक-ग्रहण व्यक्तियों के अध्ययन से भी इस बात का सबूत मिलता है कि एकध्रुवीय विषाद (unipolar depression) का कारण आनुवंशिक होता है। वेण्डर तथा उनके सहयोगियों (Wender et al., 1986) तथा स्नीडर (Synder, 2000) के अध्ययनों से इस तथ्य का खुलासा हुआ है। इनके अध्ययनों में ऐसे दत्तक व्यक्तियों जिनमें एकध्रुवीय विषाद (unipolar depression) उत्पन्न हो गया था तथा जिन्हें अस्पताल में रखकर उपचार किया जा रहा था, के गहन विश्लेषण से यह पता चला कि विषादी दत्तकों (depressed adoptees) के जैविक माता-पिता भी गंभीर विषाद (severe depression) से ग्रसित थे जबकि अविषादी दत्तकों (nondepressed adoptee) के जैविक माता-पिता में ऐसे गंभीर विषाद के कोई लक्षण नहीं थे। इस निष्कर्ष से भी यह स्पष्ट होता है कि एकध्रुवीय विषाद (unipolar depression) का कारण आनुवंशिक (genetic) है।

(2) न्यूरोरसायन कारक *(Neurochemical factors)*—मेडिकल शोधों से यह स्पष्ट हुआ है कि विषाद (depression) की उत्पत्ति में न्यूरोट्रांसमीटर (neurotransmitter) की भी अहम् भूमिका होती है। जैसा कि हम जानते हैं, न्यूरोट्रांसमीटर मस्तिष्कीय रसायन (brain chemical) है जो एक न्यूरोन से दूसरे न्यूरोन के बीच संधिस्थल पर सूचनाओं के संचरण (transmission) में मदद करता है। अध्ययनों से स्पष्ट हुआ कि नोरपाइनफ्राइन (norepinephrine) तथा सेरोटोनिन (serotonin) दो ऐसे न्यूरोट्रांसमीटर जिनकी भूमिका विषाद में सर्वाधिक है। अमेरीकन मेडिकल वैज्ञानिकों ने 1950 वाले दशक में शोध करके यह बतलाया कि जब मस्तिष्क में नोरपाइफ्राइन की मात्रा कम हो जाती है, जो इससे व्यक्ति में अभिप्रेरणात्मक स्तर की कमी हो जाती है अर्थात् उसमें विषाद (depression) उत्पन्न हो जाता है। इन लोगों का मत है कि जब मस्तिष्क में एक न्यूरोन से सूचनाएँ दूसरे न्यूरोन में जाने के बीच के संधिस्थल (synapse) पर पहुँचता है, तो वहाँ नोरपाइनफ्राईन (norepinephrine) का स्राव (discharge) होता है। इसका परिणाम

यह होता है कि दूसरा न्यूरोन पहले न्यूरोन के स्नायु प्रवाह (nerve impulse) या सूचना से उत्तेजित हो जाता है और यह दूसरा न्यूरोन तबतक उत्तेजित रहता है जबतक कि नोरपाइनफ्राइन की मात्रा कम नहीं हो जाती है। सचमुच में इसकी मात्रा में कमी दो तरीका से आता है—*पुनर्वापसी* (reuptake) तथा *तोड़ना* (breakdown)। पुनर्वापसी में पहला न्यूरोन नोरपानफ्राइन को अपने सोख लेता है जिससे संधिस्थल पर इसकी मात्रा कम जाती है तथा तोड़ने की प्रक्रिया में नोरपाइनफ्राईन रसायनिक ढंग से तोड़ दिया जाता है और उसे निष्क्रिय (inactive) बना दिया जाता है। पुनर्वापसी तथा/या तोड़ने की प्रक्रिया तेजी से सम्पन्न होने से नोरपाइनफ्राईन की मात्रा कम हो जाती है और उससे व्यक्ति में अभिप्रेरण का स्तर बहुत कम हो जाता है और विषाद उत्पन्न हो जाता है। चूँकि नोरपाइनफ्राइन केटकोलामाइन (catecholamine) समूह का रसायन (chemical) है, इसलिए यह प्राक्कल्पना कि नोरपाइनफ्राइन की कमी से विषाद होता है, को *केटकोलामाइन प्राक्कल्पना* (catecholamine hypothesis) कहा जाता है। इपाइनफ्राइन (epinephrine) तथा डोपामाइन (dopamine) केटकोलामाइन समूह के दो अन्य रसायन (chemical) हैं। विषाद के केटकोलामाइन प्राक्कल्पना के समर्थन में निम्नांकित तीन तरह के सबूत प्रदान किये गए हैं।

(1) 1950 वाले दशक में मेडिकल शोधकर्त्ताओं की एक खोज यह थी कि रिसरपाईन (reserpine) जिसका उपयोग उच्च रक्तचाप को कम करने के लिए किया जाता है, कुछ लोगों में विषाद उत्पन्न करता है। मस्तिष्क पर रिसरपाइन के पड़ने वाले प्रभाव का अध्ययन करने से यह पता चला कि मस्तिष्क के कई न्यूरोन्स के तंत्रिका छोर (nerve endings) पर इपाईनफ्राइन की मात्रा में कमी आ गयी थी जिससे यह निष्कर्ष निकाला गया कि विषाद का संबंध नोरईपाइनफ्राइन के निम्न मात्रा से प्रत्यक्ष रूप से है।

(2) एक विशेष विषाद विरोधी औषध (antidepressant drug) समूह जिसे मोनोएमाइन ऑक्सीड्स अवरोधक (monoamine oxides or MAO inhibitors) कहा जाता है, के उपयोग से मस्तिष्क के अधिकतर न्यूरोन्स (neurones) में नोरपाइनफ्राइन की आपूर्ति (supply) बढ़ जाती है और विषाद की अवस्था में स्पष्ट कमी आ जाती है। ऐसे अध्ययनों से परोक्ष रूप से यह सबूत मिलता है कि नोरपाइनफ्राइन की कमी से व्यक्ति में विषाद की उत्पत्ति होती है।

(3) 1950 वाले दशक में ही विषाद-विरोधी औषध का एक दूसरे समूह का पता लगा जिसे *ट्रीसाइक्लिक्स* (tricyclics) कहा गया। स्नीडर (Snyder, 1976, 1984) द्वारा किये गए अध्ययन से यह स्पष्ट हुआ है कि यद्यपि यह औषध एम ए ओ अवरोधक से रासायनिक रूप से भिन्न है, फिर भी इसका असर भी लगभग वैसा ही होता है । दूसरे शब्दों में, इस औषध से भी मस्तिष्क में नोरनपाइनफ्राइन की आपूर्ति बढ़ जाती है और व्यक्ति में विषादी अवस्था समाप्त हो जाती है। अतः इससे भी परोक्ष रूप से यह निष्कर्ष प्राप्त होता है कि नोरपाइनफ्राइन की कमी से व्यक्ति में विषाद की अवस्था उत्पन्न होती है।

जहाँ एक ओर अमेरीकन शोधकर्त्ताओं द्वारा विषाद के कारण के रूप में नोरपाइनफ्राइन (norepinephrine) पर बल डाला जा रहा था, वही ब्रिटिश शोधकर्त्ताओं द्वारा एक-दूसरे न्यूरोट्रांसमीटर अर्थात् *सेरोटोनिन* (serotonin) को महत्त्वपूर्ण मानकर विषाद की व्याख्या करने पर बल डाला जा रहा था। ब्रिटिश शोधकर्त्ताओं की आम राय यह थी कि सेरोटोनिन का मस्तिष्क न्यूरोन पर ठीक वैसा ही प्रभाव पड़ता है जैसा कि नोरपाइनफ्राइन(norepinephrine)का पड़ता है। एमस्टरडैम, ब्रनस्वीक तथा मेनडेल्स (Amsterdom, Brunswik & Mendels, 1980) ने अपने अध्ययन के आधार पर यह बतलाया कि रेसरपाइन (reserpine) जिस तरह से नोरपाइनफ्राइन की मात्रा को कम करता है, ठीक उसी तरह मस्तिष्कीय सीरोटोनिन को भी वह कम करता है तथा एम ए ओ अवरोधक तथा ट्रीसाइक्लिक विषाद विरोधी औषध जिस तरह से नोरपाइफ्राइन की मात्रा को बढ़ाता है ठीक उसी तरह या सेरोटीनिन की मात्रा को भी बढ़ता है। इतना ही नहीं, वैसे न्यूरोन जो सेरोटोनिन का उपयोग करते हैं, वे मस्तिष्क के उन क्षेत्रों में अवस्थित होते हैं जिसमें नोरपाइनफ्राइन का उपयोग करने वाले न्यूरोन अवस्थित होते हैं। ऐसे सबूतों के आधार पर गोल्डन तथा गिलमोर (Golden & Gilmore, 1990) द्वारा इस निष्कर्ष पर पहुँच गया कि सेरोटोनिन न्यूनता(serotonin deficiency)से विषाद(depression)की उत्पत्ति होती है। चूँकि सीरोटोनिन *इनडोलएमाइन* (indoleamine) समूह का रसायन है, अतः उसे *इन्डोलएमाइन प्राक्कल्पना* (indoleamine hypothesis) भी कहा जाता है। हिस्टएमाइन (histamine) इस समूह का दूसरा रसायन है।

यद्यपि न्यूरोट्रांसमीटर के प्रभाव के समर्थन में बहुत सारे सबूत उपलब्ध हैं, फिर भी इनके प्रभाव को वैज्ञानिकों द्वारा थोड़ा शक के नजर से देखा जा रहा है। इसका कारण यह है कि ट्रीसाइक्लिक तथा एमएओ अवरोधक नोरपाइनफ्राइन

को तो प्रभावित करते ही हैं साथ-ही-साथ इनका और भी कई तरह का प्रभाव मस्तिष्क पर पड़ता है। इस कारण ऐसा संभव हो सकता है कि उनका प्रभाव औषध के कुछ अन्य गुणों के कारण न कि नोरपाइनफ्राइन पर पड़ने वाले प्रभावों के कारण हुआ हो। फिर केटकोलमाइन प्राक्कल्पना तथा इनडोलएमाइन प्राक्कल्पना (indolemine hypothesis) का दावा भी परस्पर विरोधी है। केटकोलमाइन प्राक्कल्पना के अनुसार नोरपाइनफ्राइन की अनुपलब्धता तथा इनडोलएमाइन प्राक्कल्पना के अनुसार सेरोटोनिन की अनुपलब्धता विषाद का कारण है। ऐसी परिस्थिति में वैज्ञानिकों के बीच थोड़ा संभ्राति (confusion) मौजूद है कि दोनों में अधिक उपयुक्त एवं वैज्ञानिक कौन है।

(3) न्यूरोएनाटॉमिकल कारक *(Neuroanatomical factors)*—कुछ ऐसे अध्ययन हुए हैं जिनसे यह पता चला है कि विषाद (depression) का न्यूरोएनाटॉमिक आधार भी हैं। मोटे तौर पर ऐसे अध्ययनों को निम्नांकित दो श्रेणियों में बाँटा जा सकता है—

(i) स्कैनिंग प्रविधियों पर आधारित अध्ययन (studies based on scanning techniques)

(ii) हारमोनल अध्ययन (hormonal studies)

इन दोनों को वर्णन निम्नांकित हैं—

(i) स्कैनिंग प्रविधियों पर आधारित अध्ययन *(Studies based on scanning techniques)*—कई स्कैनिंग प्रविधियों जैसे कम्प्यूटर टोमोग्राफी (Computer Tomography or CT), मैगनेटिक रिसोर्स इमेजिंग (Magnetic Resource Imaging or MRI), पोजिट्रॉन इमिसन टोमोग्राफी (Positron Emission Tomography or PET), ट्रॉसक्रैनियल मैगनेटिक स्टीमुलेशन (Transcranial Magnetic Stimulation or TMS) तथा सिंगल फोटोन इमिसन कम्प्यूटेड टोमोग्राफी (Single Photon Emission Computed Tomography or SPECT) से किये गए अध्ययनों से यह स्पष्ट हुआ कि विषाद का कारण मस्तिष्क के कुछ भागों जैसे अग्रपालि (frontal lobe) तथा/या लघु मस्तिष्क (cerebrum) के कुछ भागों में रक्त प्रवाह (blood flow) में परिवर्तन या चयापचय (metabolism) के दर में परिवर्तन होना होता है। सैकिम तथा ग्रीनवर्ग (Sackeim & Greenberg, 1982) द्वारा किये गए अध्ययनों से यह स्पष्ट हुआ है कि प्रहार (strokes) के वजह से बायाँ गोलार्द्ध (left hemisphere) में उत्पन्न मस्तिष्कीय क्षति (brain damage) दायाँ गोलार्द्ध में उत्पन्न ऐसी ही क्षति की अपेक्षा अधिक उच्च मात्रा में विषाद उत्पन्न करता है। बेंच तथा उनके सहयोगियों (Bench et al, 1993, 1995) ने अपने अध्ययनों के आधार पर यह बतलाया है कि बड़ा विषाद (major depression) के रोगियों में बायाँ अग्रपालि (left frontal lobe) में रक्त प्रवाह (blood flow) में कमी हो जाती हैं। कुछ अन्य अध्ययनों में यह पाया जाता है कि विषाद की स्थिति में बायाँ अग्रपालि के कुछ हिस्सों की क्रियाएँ मंदित हो जाती हैं। इन तथ्यों से यह स्पष्ट हो जाता है कि विषाद की अवस्था उत्पन्न होने में मस्तिष्क के कुछ भागों की भूमिका सक्रिय होती है।

(ii) हारमोनल अध्ययन *(Hormonal studies)*—हारमोनल अध्ययनों से भी कुछ ऐसे तथ्य सामने आये हैं जिनसे यह पता चलता है कि विषाद में अंतस्रावी ग्रन्थियों (endocrine glands) की भी अहम भूमिका है। जैसा कि हम जानते हैं, हमारे शरीर के विभिन्न भागों में कई तरह के अंतस्रावी ग्रन्थियाँ हैं जिनका संचालन हाइपोथैलमस (hypothalamus) करता है । हाइपोथैलमस मस्तिष्क का एक ऐसा क्षेत्र है जिसे 'मस्तिष्क का मस्तिष्क' (brain of the brain) कहा जाता है। लाम तथा उनके सहयोगियों (Lam et al., 1985) द्वारा किये गए अध्ययनों से यह स्पष्ट हुआ कि एक विशेष तरह का हारमोन जिसे मेलाटोनिन (Melatonin) कहा जाता है, की भूमिका विषाद (depression) में अधिक होती है। इसे *ड्रैकुला हारमोन* (Dracula hormone) के उपनाम से भी जाना जाता है। यह हारमोन मस्तिष्क में अवस्थित *पिनियल ग्रन्थि* (Pineal gland) से उस परिस्थिति में अधिक निकलता है जब हमारे इर्द-गिर्द के वातावरण में अंधेरा छाने लगता है परंतु जब इस वातावरण में पर्याप्त रोशनी होती है तो इस ढंग का स्राव नहीं निकलता है। मनुष्यों में इस हारमोन की भूमिका पूर्णत: स्पष्ट नहीं है परंतु पशुओं में इस हारमोन के अधिक निकलने से उनका संक्रियण स्तर में कमी हो जाती है। गुप्ता (Gupta, 1988) तथा डिलसाभर (Dilsaver, 1990) द्वारा किये गए अध्ययनों से मनुष्यों में विशेषकर जाड़े के मौसम में जब रात बड़ा और दिन छोटा होता है, मेलाटोनिन (Melatonin) अधिक निकलता है जिससे उनमें संक्रियण स्तर कम हो जाता है और विषादी लक्षण (depression symptoms) उत्पन्न हो जाते हैं। इस तरह के पैटर्न को *मौसमी भावात्मक विकृति* (Seasonal Affective Disorder or SAD) कहा जाता है और इसकी पहचान DSM में भी की गयी

है। इन सबके अतिरिक्त कुछ और भी ऐसे अध्ययन हुए हैं जिनसे विषादी लक्षणों की उत्पत्ति में हारमोन की सकारात्मक भूमिका का पता चला है। मस्तिष्क के बल्क (cortex) में एक विशेष तरह का हारमोन जिसे कार्टिसोल (cortisol) कहा जाता है, की अधिकता से व्यक्ति में विषादी प्रवृत्ति होते पाया गया है।

स्पष्ट हुआ कि विषादी विकृति की उत्पत्ति में कई तरह के जैविक कारकों की भूमिका होती है।

3. मनोगतिकी विचारधारा *(Psychodynamic viewpoints)*—इस विचारधारा की शुरूआत फ्रायड तथा उनके शिष्य कार्ल एब्राहम (Karl Abraham) से हुआ है। इन दोनों ने विषाद को किसी प्रकार के हानि (loss) के प्रति एक प्रतिक्रिया (reaction) कहा है। जब व्यक्ति को किसी प्रकार की प्रिय वस्तु या व्यक्ति का हानि या क्षति होता है, तो इससे कुछ ऐसी अचेतन प्रक्रियाएँ प्रारंभ होती हैं जो व्यक्ति में विषाद (depression) उत्पन्न करता है। इसका बीज फ्रायड के अनुसार बाल्यावस्था में ही बो दिया जाता है। फ्रायड का कहना था कि मुखावस्था (oral period) के दौरान किसी बच्चे की आवश्यकताओं की पूर्ति काफी अधिक हो सकती है या काफी कम हो सकती है। इसका परिणाम यह होता है कि व्यक्ति इस अवस्था पर अवस्थित (fixed) हो जाता है और इससे संबंधित आवश्यकताओं की तुष्टि करने पर अधिकतर समय अपने आप पर निर्भर किये रहता है। इसका परिणाम यह होता है कि मनोलैंगिक परिपक्वता (psychosexual maturation) का विकास रुक जाता है और वह अपने आत्म-सम्मान (self-esteem) के संपोषण के लिए दूसरों पर अधिक निर्भरता दिखाने लगता है। प्रश्न यह उठता है कि बाल्यावस्था की इस घटना से एक वयस्क में विषाद (depression) किस तरह विकसित होता है ? इसका उत्तर थोड़ा जटिल है—जब ऐसे लोगों को वयस्कावस्था में किसी प्रिय वस्तु की क्षति होती है या प्रियजनों की मृत्यु या बिलगाव का सामना करना पड़ता है तो ऐसे व्यक्ति अपने मुखावस्था में प्रतिगमित (regress) हो जाते हैं। इस अवस्था में प्रतिगमित होने के बाद ऐसे व्यक्ति की अपनी पहचान उस व्यक्ति के साथ एकीकृत (fuse) हो जाता है जिसे वह खो चुका होता है। दूसरे शब्दों में, ऐसा व्यक्ति प्रियजन को अपने आत्मन् (self) के साथ आत्मसात् (introject) कर लेता है और तब उनके मन में जो भाव अपने प्रियजनों के प्रति थे, वे स्वयं के प्रति हो जाते हैं। कुछ व्यक्तियों में अचेतन की सम्पूर्ण प्रक्रिया थोड़े समय तक बनी होती है और थोड़े समय के बाद व्यक्ति अपना एक भिन्न एवं स्वतंत्र पहचान बना कर अपने सामाजिक संबंधों को पुन: जीवित कर लेता है। परंतु कुछ लोग ऐसा नहीं कर पाते हैं और उनमें अचेतन की यह प्रक्रिया काफी जटिलताएँ उत्पन्न कर देती हैं। उनकी दु:ख और प्रसन्नता की प्रक्रिया और भी अधिक गहरी एवं गंभीर हो जाती है। वे खोया-खोया महसूस करते हैं, सामाजिक संबंधों से अपने आप को दूर रखते हैं, और अपनी क्षति (loss) के प्रति अधिक शंकित हो उठते हैं। मृत्यु या अन्य कारणों से उससे अलग हो जाने के कारण प्रियजनों के क्षति के प्रति जो क्रोध का आत्मसाती भाव (interojected feeling) होता है, उससे ऐसे लोगों में अपने आप के प्रति घृणा का भाव उत्पन्न हो जाता है जिससे उनमें नकारात्मक मनोदशा (negative moods), आत्म-दोष (self-blame) तथा सामजिक संबंधों से प्रत्याहार (withdrawal) आदि जैसे व्यवहार उत्पन्न हो जाते हैं जिसका परिणाम यह होता है कि ऐसे लोग और भी अधिक विषादी (depressed) हो जाते हैं। फ्रायड तथा अब्राहम (Abraham) का मत था कि प्रियजनों या वस्तुओं की क्षति होने पर मूलत: दो तरह के लोग आत्मसात् (introjection) तथा विषाद (depression) से सर्वाधिक प्रभावित होते हैं—जिन बच्चों के माता-पिता मुखावस्था (oral stage) के दौरान उनके परिपोषण आवश्यकता (nurturance need) को पूरा करने में अक्षम रहते हैं या फिर जिनके माता-पिता इनके इन आवश्यकताओं की पूर्ति मुखावस्था के दौरान जरूरत से ज्यादा किये हों। जिन बच्चों की इन आवश्यकताओं की पूर्ति अपर्याप्त ढंग से होती है, वे पूरी जिंदगी दूसरों पर आधारित रहते हैं, अपने को स्नेह पाने के लायक नहीं समझते हैं और उनका आत्म-सम्मान कम होता है। जिन लोगों की आवश्यकताओं की पूर्ति अत्यधिक होती है, वे मुखावस्था को इतना सुखमय समझते हैं कि वे जिंदगी में अन्य अवस्थाओं की ओर बढ़ाना ही नहीं चाहते हैं (मुखावस्था स्थायीकरण)। वेमपौरैड (Bemporad, 1992) के अनुसार ये दोनों तरह के लोग पूरी जिंदगी दूसरों का स्नेह एवं अनुमोदन (approval) पाने के लिए कड़ी मेहनत करते रहते हैं। किसी प्रियजन के खोने या अलग होने पर ऐसे लोगों में क्षति (loss) का अत्यधिक तीव्र भाव उत्पन्न होता है तथा इन्हें छोड़कर चले जाने के लिए इन प्रियजनों के प्रति अत्यधिक क्रोध का भाव भी उत्पन्न होता है।

प्रश्न यह उठता है कि कुछ लोग तो ऐसे होते हैं जिनमें प्रियजनों को बिना खोये हुए भी विषाद (depression) विकसित हो जाता है। ऐसा क्यों ? फ्रायड ने इसकी व्याख्या करने के लिए काल्पनिक (imagined) या सांकेतिक

(symbolic) क्षति के संप्रत्यय का विकास किया। जैसे, जिन लोगों की नौकरी छुट जाती है, वे अचेतन रूप से ऐसा महसूस कर सकते हैं कि अपनी पत्नी से उत्तम संबंध टुटने के समान है क्योंकि नौकरी में असफल होने से वह उन्हें बेकार का आदमी समझेगी।

समय बीतने के साथ कुछ नये मनोगतिकी सिद्धान्तवादियों ने फ्रायड (Freud) तथा अब्राहम (Abraham) द्वारा प्रतिपादित विषाद के इस सिद्धान्त में परिमार्जन किया है। जैसे, कोहेन तथा उनके सहयोगियों (Cohen et al., 1954) ने विषाद में स्वयं के प्रति ईर्ष्या या क्रोध पर दिया गया बल को अनावश्यक बतलाया है। बिबरिंग (Bibring, 1953) तथा जैकोबसन (Jackobson, 1571) ने विषाद में मुखावस्था स्थायीकरण (oral fixation) पर किया गया बल को भी अनावश्यक कहा है और इन लोगों ने विषाद को मुखावस्था (oral stage) तथा लिंग प्रधानावस्था (phallic stage) की समस्याओं से जोड़कर उसकी व्याख्या किया है। इसी तरह से जैकोबसन (Jackobson, 1971) ने यह स्वयं कहा है कि आत्म-सम्मान (self-esteem) की कमी विषाद के उत्पन्न होने का मुख्य कारण होता है।

उक्त मनोगतिकी व्याख्या का समर्थन कुछ अध्ययनों एवं शोधों में व्यापक ढंग से हुआ है। स्पिज (Spitz, 1946) ने एक अध्ययन किया जिसमें 123 शिशुओं को अपने-अपने माताओं से अलग कर एक नर्सरी में रखा गया। इसमें यह देखा गया कि 19 शिशु माता से अलग होकर काफी उदास रहने लगे और सिसक-सिसक कर प्राय: रोते रहते थे। इतना ही नहीं, ऐसे शिशु इर्द-गिर्द के वातावरण से अपने आप को अलग कर लिए, तथा बिछावन पर चुपचाप लेटे रहने लगे। ऐसे शिशुओं में नींद की भी कमी हो गयी। इनका सम्पूर्ण विकास भी धीमा पड़ गया। बाद में कुछ अध्ययन किये गए जिनमें भी यह स्पष्ट रूप से देखा गया कि 6 साल की आयु के पहले माँ से अलग होने पर शिशुओं में विषादी प्रतिक्रियाएँ (Depressive reaction) होतीं हैं जिसे बोलबाई (Bowlby, 1980) ने *एनैक्लिटीक विषाद* (Anaclitic depression) की संज्ञा दिया है। बुरबैक तथा बोरडुईन (Burbach & Borduin, 1986) ने अपने शोध में यह पाया है कि व्यक्ति के आरंभिक जिंदगी में यदि महत्त्वपूर्ण क्षति (loss) होता है, तो वयस्कावस्था आने पर उसमें विषाद (depression) अधिक उत्पन्न होता है। बारनेस तथा प्रोसेन (Barnes & Prosen, 1985) ने एक अध्ययन किया जिसमें 1250 मेडिकल रोगियों पर एक विषाद मापनी (Depression Scale) का क्रियान्वयन किया गया और परिणाम में देखा गया कि इन मापनी पर उन व्यक्तियों द्वारा उच्च अंक प्राप्त किया गया जिन्हें आरंभिक वयस्कावस्था में महत्त्वपूर्ण क्षति जैसे पिता या माता की मृत्यु का अनुभव हुआ होता है। उसी तरह क्रुक एवं इलियट (Crook & Eliot, 1980) ने भी अपने अध्ययन में यह पाया कि अविषादी वयस्क की तुलना में अधिकतर विषादी वयस्क पाँच साल की आयु के पहले अपने माता-पिता को खो चुके होते हैं। पार्कर (Parker, 1992) ने अपने अध्ययन में पाया है कि वैसे लोग जिनके वयस्कावस्था की आवश्यकताओं की पूर्ति ठीक ढंग से नहीं हुई होती है, वे किसी प्रकार की क्षति (loss) का अनुभव करने पर बहुत तेजी से विषादी (depressed) हो जाते हैं। पार्कर ने विषादी तथा अविषादी दोनों तरह के प्रयोज्यों को एक विशेष मापनी (scale) जिसका नाम 'पेरेन्टल वौंडिग इनस्टुमेंट' था, का क्रियान्वयन किया गया। इस मापनी द्वारा यह पता चलता है कि वाल्यावस्था में व्यक्ति को अपने माता-पिता से कितना प्यार, देख-रेख, स्नेह आदि मिला है। परिणाम में देखा गया कि अधिकतर विषादी लोगों ने बच्चे के पालन-पोषण की एक ऐसी शैली का वर्णन किया जिनमें माता-पिता द्वारा देख-रेख की कमी तथा उच्च बचाव (high protection) का मिश्रण देखा गया। इस तरह की शैली को *'स्नेहहीन नियंत्रण'* (affectionless control) की संज्ञा दी गयी।

कुछ मनोगतिकी शोधों में अनुसंधानकर्त्ता या शोधकर्त्ता स्वप्न का अध्ययन करके यह जानने की कोशिश किये हैं कि क्या विषाद में सचमुच में व्यक्ति अपने आप से ईर्ष्या तथा घृणा करता है ? हाऊरी तथा उनके सहयोगियों (Hauri el al. 1974) ने विषादी व्यक्तियों के स्वप्नों की तुलना अविषादी व्यक्तियों के स्वप्नों से किया और पाया कि अधिकतर विषादी व्यक्तियों ने अपने स्वप्नों में ईर्ष्या (hostility) तथा आत्म-पीड़न (masochism) का उच्च स्तरीय प्रदर्शन किया था।

हालांकि कई अध्ययनों से विषाद के मनोगतिकी विचारधारा (psychodynamic view) को समर्थन प्राप्त हुआ है, फिर भी इस तरह की व्याख्या की कुछ परिसीमाएँ (limitations) है जो इस प्रकार है—

(i) यद्यपि अध्ययनों से यह पता चला है कि अपर्याप्त माता-पिता का स्नेह एवं देख-रेख तथा कई तरह की क्षतियों (losses) से विषाद उत्पन्न होता है, इनसे इस बात की स्थापना नहीं होती है कि ये कारक मूलत: किस तरह से विषादी

विकृति के लिए उत्तरदायी हैं। नर्सरी अध्ययन में 123 शिशुओं में से केवल 19 बच्चों में ही माता से अलग होने पर विषाद उत्पन्न हुआ था जो इन शिशुओं का मात्र 15 प्रतिशत ही है। पेकेल एवं कूपर (Packel & Cooper, 1992) द्वारा किये गए अध्ययनों से यह स्पष्ट हुआ है कि वैसे लोग जिन्हें अपनी जिंदगी में बड़ी क्षति होती है, उनमें से मात्र 10% लोग में ही विषाद उत्पन्न होता है। इन आंकड़ों से अपने आप ही यह पता चल जाता है कि इन दोनों कारकों द्वारा विषाद की गयी व्याख्या बहुत वजन नहीं रखता है।

(ii) मनोगतिकी विचारधारा के समर्थन में जो अध्ययन हुए हैं उनमें से अधिकतर अध्ययनों में बच्चों के विषाद पर अत्यधिक बल डाला गया है। आयोजकों का मत है कि ऐसा संभव है कि इस अवस्था का विषाद वयस्क विषाद (adult depressed) से भिन्न हो।

(iii) विषाद के मनोगतिकी व्याख्या के साथ एक कठिनाई यह भी है कि इसके अध्ययनों के बहुत-सा परिणाम असंगत (inconsistent) है। जैसे, पार्कर (Parker, 1992) तथा ओवेन, लांसी एवं फ्रीमेन (Owen, Lancee & Freeman, 1986) ने अपने-अपने समीक्षणों के आधार पर यहाँ स्पष्ट रूप से बतलाया है कि कुछ अध्ययनों में तो वाल्यावस्था तथा उत्तर विपाद (later depression) में संबंध पाया गया है लेकिन अन्य अध्ययनों में ऐसा संबंध नहीं पाया गया है। उसी तरह से क्लेरमैन (Klerman, 1984) ने अपने अध्ययन में पाया है कि कुछ विषादी लोग में तो अपने प्रति तथा लोगों के भीतर आंतरिक ईर्ष्या होती है परंतु कुछ ऐसे व्यक्तियों में इस तरह की ईर्ष्या नहीं भी होती है।

(iv) कुछ मनोवैज्ञानिक का मत हे कि विषाद के मनोगतिकी व्याख्या के कुछ तत्त्वों की जाँच संभव नहीं है। जैसे, सांकेतिक क्षति (symbolic loss), मुखावस्था में स्थायीकरण तथा आत्मसात् (interojection) जैसी प्रक्रियाएँ अचेतन स्तर पर क्रियाशील होतीं हैं जिनके बारे में शोधकर्त्ता यह ठीक ढंग से जाँच नहीं कर सकते हैं कि ऐसी प्रक्रियाएँ कब और कैसे प्रारंभ होती है।

इन परिसीमाओं के बावजूद विषाद के मनोगतिकी व्याख्या की अपनी एक मान्यता एवं महत्त्व है जिनके कारण इसकी विश्वसनीयता आज भी बनी हुई है।

3. व्यवहारात्मक विचारधारा *(Behavioural vewpoints)*—व्यवहारवादियों द्वारा विषाद की एक भिन्न व्याख्या की गयी है। लेविन्सोन (Lewinson, 1984) ने विषाद की एक व्यवहारवादी व्याख्या प्रस्तुत किया है। इनका मत है कि कुछ लोग ऐसे हैं जिनके लिए पुरस्कार जो सामान्यत: धनात्मक व्यवहारों को पुनर्बिलत करता है, का मूल्य धीरे-धीरे कमने लगता है और तब ऐसे लोग कम-से-कम धनात्मक व्यवहार करते हैं और उनका कार्य करने की शैली विषादी (depressed) हो जाता है। सचमुच में ऐसे लोगों की क्रिया-स्तर में जब कमी आ जाती है तो पुनर्बलन (reinfocements) या पुरस्कार की संख्या में भी कमी आ जाती है और पुनर्बलन में कमी से ऐसे लोगों के धनात्मक व्यवहार (positive behaviour) में और कमी आ जाती है जिससे उनके विषादी प्रवृत्तियाँ और प्रबल हो जातीं हैं। इस सिद्धान्त का एक उप सिद्धान्त यह है कि जब व्यक्ति को दंडात्मक अनुभूतियाँ अधिक होतीं हैं, तो इनसे भी व्यक्ति में विषाद (depression) उत्पन्न होता है क्योंकि ऐसी अनुभूतियों के कारण व्यक्ति आनन्दमय क्रियाओं या पुरस्कार मिलने वाली क्रियाओं का सुखानुभूति करने में बाधा महसूस करता है। इस तरह से यह स्पष्ट हुआ कि लेविनसोन व्यवहारात्मक माडल (Lewinson behavioural model) के अनुसार विषाद (depression) को अनुक्रिया-आधृत-धनात्मक पुनर्बलन (Response-contingent positive reinforcement) का परिणाम माना जाता है।

लेविनसोन के इस सिद्धान्त की जाँच करने के लिए कुछ प्रयोगात्मक अध्ययन भी किए गए हैं। जैसे, लाइवेट तथा लेविनसोन (Liabet & Lewinson, 1973) तथा लेनिसोन तथा शेफर (Lewinson & Sheffer, 1971) द्वारा अध्ययन किया गया जिसमें विषादी व्यक्तियों के प्रति उनके परिवार के सदस्यों द्वारा किये गए अंत:क्रियाओं का ठीक से अभिलेख करके उनका विश्लेषण किया गया और पाया गया कि जो परिवार के सदस्य विषादी (depressed) थे, उनके प्रति परिवार के सदस्यों द्वारा अविषादी सदस्यों की तुलना में अधिक शाब्दिक पुनर्बलन (verbal reinforcements) दिये गए। लेविनसोन ने अपने अध्ययन में यह भी पाया हे कि व्यक्ति के पुनर्बलन की संख्या विषाद की उपस्थिति तथा अनुपस्थिति से संबंधित होता है। इन्होंने 30 दिन की अवधि के दौरान यह पाया कि विषादी लोगों को न केवल कम संख्या में धनात्मक पुनर्बलन प्राप्त हुआ बल्कि जब उनके पुनर्वलन की संख्या में वृद्धि हुई, तो विषादी प्रयोज्यों की मनोदशा भी उन्नत हो गयी। उसी तरह से लेविनसोन (Lewinson, 1975) ने एक अध्ययन में यह भी पाया कि विषादी लोग अविषादी लोगों

की तुलना में कुछ खास-खास क्षेत्रों जैसे स्वास्थ्य, वित्त, सामाजिक अंतक्रिया, शैक्षिक एवं व्यावसायिक अभिरुचि आदि में तुलनात्मक रूप से अधिक अदुखद अनुभूतियाँ प्राप्त किये होते हैं।

लेविनसोन (Lewinson) एवं अन्य व्यवहारवादियों का मत है कि सामाजिक पुनर्बलन (social reinforcements) तुलनात्मक रूप से अधिक महत्त्वपूर्ण होता है और पेटरसन (Peterson, 1993) तथा लेविनसोन (Lewinson, 1984) ने यह भी स्पष्ट किया है कि विषादी व्यक्तियों द्वारा अविषादी व्यक्तियों की तुलना में कम धनात्मक सामाजिक पुनर्वलन का अनुभव किया जाता है। जैसे-जैसे ऐसे व्यक्तियों की मनोदशा उन्नत(improve) होती है, वैसे-वैसे धनात्मक सामाजिक पुनर्बलन की संख्या में भी वृद्धि होते जाती है। कई अन्य संबंधित अध्ययनों में यह भी देखा गया है कि विषादी रोगी दूसरों को क्रोधित जल्द कर देते हैं, उन्हें अन्य व्यक्तियों द्वारा तिरस्कृत किया जाता है, इनके दोस्त कम होते हैं, इन्हें अन्तर्वैयक्तिक समर्थन कम मिलते हैं तथा उन्हें दु:खद सामाजिक अंतक्रियाओं का अनुभव तुलनात्मक रूप से अधिक होता है।

यद्यपि लेविनसोन तथा अन्य व्यवहारवादियों द्वारा व्यवहारवादी व्याख्या की पकड़ को मजबूत करने की कोशिश की गयी है, फिर भी इनके द्वारा किये गये शोधों की कुछ अपनी परिसीमाएँ (limitations) है जिनपर भी यहाँ प्रकाश डालना उचित है—

(i) लेविनसोन तथा अन्य कई शोधकर्त्ताओं द्वारा जो अध्ययन किये गए हैं, वे विषादी तथा अविषादी व्यक्तियों के आत्म-प्रतिवेदन (self-reports) पर आधारित है और यह प्रमाणित हो चुका है कि इस तरह का मापन पूर्वाग्रहित एवं गलत होता है। परिणामत: इन अध्ययनों की वैधता तथा विश्वसनीयता पर अधिक भरोसा नहीं किया जा सकता है।

(ii) लेविनसोन तथा उनके सहयोगियों द्वारा किये गए अध्ययनों का स्वरूप मुख्यत: सहसंबंधात्मक (correlational) है और इससे यह पता नहीं चलता है कि पुनर्बलात्मक घटनाओं (reinforcing events) में हुई कमी विषाद के आरंभिक कारण (initial cause) हैं या एक विषादी मनोदशा से अपने आप व्यक्ति की क्रियाओं में कमी हो गयी है और इसलिए उसे स्वभावत: कम पुनर्बलन (reinforcement) मिलता है।

इन परिसीमाओं के बावजूद व्यवहारवादी विचारधाराओं की व्याख्या को विषाद का एक वैज्ञानिक व्याख्या माना गया है जिसकी अहमियत आज भी बनी हुई है।

4. संज्ञानात्मक विचारधारा *(Cognitive viewpoints)*—विषाद का संज्ञानात्मक विचारधारा आज सबसे प्रमुख मनोवैज्ञानिक सिद्धान्त है जिसका सारतत्त्व यह है कि न केवल संज्ञान (cognition) बल्कि व्यक्ति का व्यवहार एवं जैवरसायन भी विषाद का महत्त्वपूर्ण तत्त्व है । संज्ञानात्मक विचारधारा में निम्नांकित दो तरह की विचारधारा अत्यधिक लोकप्रिय है—

(1) बेक का सिद्धान्त (Beck's theory)

(2) निस्सहायता/निराशा सिद्धान्त (Helplessness/Hopelessness theory)

इन दोनों का वर्णन इस प्रकार है—

(1) बेक का सिद्धान्त *(Beck's theory)*—बेक (Beck, 1967, 1993) का विचार था कि एकध्रुवीय विषाद (unipolar depression) का कारण नकारात्मक चिंतन (negative thinking) होता है न कि किसी तरह का मानसिक संघर्ष या धनात्मक पुनर्बलन (negative reinforcement) की कमी। बेक का मत है कि विषादी लोगों में अपने बारे में, अपनी परिस्थितियों तथा भविष्य के बारे में इतना अधिक नकारात्मक चिंतन भरा रहता है कि उनका सभी व्यवहार स्वत: इससे काफी प्रभावित हो जाता है। बेक के अनुसार अपअनुकूली मनोवृत्ति (maladaptive attitude), संज्ञानात्मक त्रिक (cognitive triad), चिंतन में त्रुटि तथा स्वत: चिंतन (automatic thoughts) ही चार ऐसे कारक जो आपस में मिलकर नकारात्मक चिंतन की उत्पत्ति में महत्त्वपूर्ण भूमिका निभाते हैं। इन चारों का वर्णन इस प्रकार है—

(ii) अपअनुकूली मनोवृत्ति *(Maladaptive attitudes)*—बेक का मत है कि अपने प्रति तथा पर्यावरण के प्रति बच्चों की मनोवृत्ति, उनकी अपनी अनुभूतियों, उनके पारिवारिक संबंधों तथा अपने इर्द-गिर्द के लोगों द्वारा उनके बारे में किये निर्णय पर आधारित होता है। इसमें कुछ बच्चे नकारात्मक मनोवृत्ति विकसित कर लेते हैं। ये नकारात्मक मनोवृत्तियाँ *स्कीमाज* (Schemas) का काम करती हैं जिसकी कसौटी मानकर बच्चा अपनी अनुभूतियों का मूल्यांकन करते हैं। स्कीमाज से तात्पर्य व्यवहार को कूटसंकेतिक करने तथा उसकी व्याख्या करने से होता है। यद्यपि ऐसी स्कीमाज की उत्पत्ति जीवन के आरंभिक अवस्थाओं में होता है, फिर भी वे वयस्कावस्था की अनुभूतियों को भी प्रभावित करते हैं।

(ii) संज्ञानात्मक त्रिक् *(Cognitive triad)*---बेक का मत है कि विषाद की उत्तम व्याख्या अपने बारे में, परिस्थिति के बारे में तथा भविष्य के बारे में उत्पन्न नकारात्मक मनोवृत्ति (negative attitude) जिसे उन्होंने संज्ञानात्मक त्रिक् कहा है, के माध्यम से उत्तम ढंग से की जा सकती है। एक विषादी व्यक्ति तथ्यों की कुव्याख्या नकारात्मक ढंग से करता है, परिस्थिति के नकारात्मक पहलू पर ध्यान केंद्रित करता है तथा भविष्य के बारे में निराशावादी एवं निराशाजनक प्रत्याशाओं को उत्पन्न करता है। ऐसे व्यक्ति अपनी अनुभूतियों को बोझ, बाधा या आघात (traumas) के रूप में समझते हैं जो व्यक्ति को लगातार पराजित करते रहता है तथा साथ-ही-साथ हतोत्साहित करते रहता है। इतना ही नहीं, ऐसे लोग अपने आप को अवांछित, अयोग्य, अपर्याप्त, कमजोर एवं मंद समझते हैं। ऐसे व्यक्ति अपने भविष्य के लिए काफी चिंतित रहते हैं और वे अपने भविष्य को खोखला, दु:खभरा, कुंठा एवं असफलताओं का संसार मानते हैं।

(iii) चिंतन में त्रुटि *(Errors in thinking)*—बेक के अनुसार विषादी व्यक्ति आदतन त्रुटिपूर्ण तर्क अपनाते हैं जिससे उनका संज्ञानात्मक त्रिक् (cognitive triad) और भी अधिक मजबूत हो जाता है। ऐसे त्रुटिपूर्ण तर्क के पाँच प्रकार हैं—मनचाहा अनुमान (arbitrary inference), चयनात्मक पृथक्करण (selective abstraction), अतिसामान्यीकरण (over-generlization), विस्तारण (magnification) एवं न्यूनीकरण (minimization) तथा वैयक्तिकरण (personalisation)। मनचाहा अनुमान में व्यक्ति थोड़ा या विरोधी सबूत के बावजूद भी नकारात्मक निष्कर्ष पर विश्वास करता है। चयनात्मक पृथक्करण में व्यक्ति किसी एक नकारात्मक पहलू पर विस्तृत रूप से ध्यान देता है तथा अन्य बड़े संदर्भ की उपेक्षा करता है। अतिसामान्यीकरण में व्यक्ति एक साधारण एवं तुच्छ घटना के आधार पर बहुत बड़ा निष्कर्ष पर पहुँचने की भूल करता है। विस्तारण में विषादी व्यक्ति किसी एक मामूली एवं साधारण घटना का अपने विषाद का महत्त्वपूर्ण कारक बना लेता है। जैसे, किसी छात्र को मात्र एम० ए० वर्ग का 8-10 क्लास नहीं करने पर यदि उसमें यह विश्वास उत्पन्न हो जाता है कि वह एम० ए० फेल कर जाएगा, तो यह एक विस्तारण का उदाहरण होगा। न्यूनीकरण में विषादी व्यक्ति अपने धनात्मक अनुभूतियों के महत्त्व का न्यूनाकल (underestimate) करता है तथा नकारात्मक अनुभूतियों की अतिरंजित करता है। वैयक्तिकरण (personalization) में विषादी व्यक्ति प्राय: अपने आप को नकारात्मक घटनाओं का भूलवश कारण मान लेता है।

(iv) स्वत: चिंतन *(Automatic thoughts)*--विषादी लोग संज्ञानात्मक त्रिक् का अनुभव स्वत: चिंतन (automatic thoughts) के रूप में करता है जो दुखद चिंतनों का एक ऐसा धाराप्रवाह है जो व्यक्ति को हमेशा उसके कल्पित अपर्याप्तता (assumed inadequacy) तथा परिस्थिति के निराशाजनक पहलुओं को याद दिलाते रहता है। बेक ने ऐसे चिंतनों को स्वत: इसलिए कहा है क्योंकि ऐसा लगता है कि वे अपने आप एक प्रतिवर्त (reflex) के समान घटित हो रहे हों।

बेक का मत है कि विषाद के सांवेगिक, अभिप्रेरणात्मक, व्यवहारात्मक तथा दैहिक पहलुएँ संज्ञानात्मक प्रक्रियाओं से ही निकलते हैं। अगर कोई व्यक्ति यह सोचता है कि उसे कोई लोग नहीं चाहता है या पसंद करता है, तो उसे सामाजिक विलगाव (social outcast) होने का दु:ख भरा अनुभव होगा। अगर वह दु:खद भविष्य के बारे में सोचता है, तो वह कोई भी नया प्रोजेक्ट या कार्य करने के लिए अभिप्रेरित नहीं होगा। जैसे ही संज्ञानात्मक प्रक्रियाओं द्वारा विषाद के अतिरिक्त नये लक्षण उत्पन्न होते है, बेक का मानना है कि ये नये लक्षणों द्वारा मौलिक नकारात्मक संज्ञान की पुष्टि होती है और इस तरह से एक पुनर्निर्वेशन तंत्र (feedback system) की उत्पत्ति होती है जिससे दोषपूर्ण संज्ञान पुनर्बलित होता है। दूसरे शब्दों में, जो लोग अपने आप को उदास पाते हैं, तथा रोते-विलखते पाते हैं, वे इन समस्याओं को इस बात का सबूत मानते हैं कि उनकी जिंदगी दुखमय है। उसी तरह से जो लोग कोई कार्य करने में अपने को अनाभिप्रेरित (unmotivated) मानते हैं, वे अपनी निष्क्रियता को इस बात का सबूत मानते हैं कि उनका भविष्य खोखला होगा। इस तरह से विषादी व्यक्ति तुरंत ही एक दुर्दम्य चक्र (vicious cycle) में फँस जाता है।

(2) निस्सहायता/निराशा सिद्धान्त *(Helplessness/Hopelessness theory)*—यहाँ पर हमलोग एकध्रुवीय विषाद (unipolar depression) की व्याख्या के लिए तीन अंतरसंबद्ध सिद्धांत (interrelated theory) की व्याख्या करेंगे—मौलिक निस्सहायता सिद्धान्त (original helplessness theory), फिर इसका बाद में पल्लवित संज्ञानात्मक एवं आरोपण सिद्धान्त (attributional theory) और अंत में इसका आधुनिक प्रारूप में अंतरित (transformed) निराशा सिद्धान्त (hopelessness theory)।

निस्सहायता सिद्धान्त का मौलिक प्रारूप सेलिगमैन (Seligman, 1974) द्वारा प्रतिपादित किया गया। सेलिगमैन ने कुत्ता पर प्रयोग करके यह स्पष्ट रूप से देखा कि पशु में निस्सहायता का भाव उस समय विकसित हो जाता है जब उसे अनियंत्रण योग्य विरुचिपूर्ण उत्तेजन (uncomfortable aversive stimulation) का सामना करना पड़ता है। यह निस्सहायता बाद में ऐसे तनावपूर्ण परिस्थिति जो नियंत्रण योग्य (comfortable) होते हैं, में उसके निष्पादन को काफी प्रभावित करता है। वे दर्दनाक उद्दीपकों (painful stimulation) के प्रति प्रभावी ढंग से अनुक्रिया करना सीखने की क्षमता एवं अभिप्रेरण खो देते हैं। इसे सेलिगमैन ने *अर्जित निस्सहायता* (learned helplessness) की संज्ञा दिया है। सेलिगमैन ने अपने इस प्रेक्षण के आधार पर यह मंतव्य दिया कि पशुओं का यह अर्जित निस्सहायता मानव विषाद (human depression) के कुछ पहलुओं की व्याख्या करने में काफी सक्षम है। उन्होंने पशुओं के निस्सहायता व्यवहार तथा मानव विषाद के लक्षणों में काफी समानता पाया। सचमुच में सेलिगमैन ने मानव विषाद की व्याख्या करने में व्यवहारात्मक एवं संज्ञानात्मक दोनों तरह के मॉडलों से लिए गए संप्रत्ययों को संयोजित किया है और स्पष्टत: यह कहा है कि व्यक्ति में विषाद (depression) तब उत्पन्न होता है जब वे यह सोचते हैं कि

(i) उन्हें अपने जिंदगी में मिलने वाले पुनर्बलन (reinforcement) पर कोई नियंत्रण नहीं है।

(ii) वे स्वयं ही अपने इस निस्सहाय अवस्था के लिए जिम्मेवार हैं।

सैलिगमैन के अनुसार विषाद के सभी लक्षण इस निस्सहायता (helplessness) तथा आत्म-निन्दा (self-blame) से ही उपजते हैं।

1978 तक इस सिद्धान्त के कई खामियाँ और विषाद के कई अस्पष्ट व्याख्याएँ सामने आयीं जिसका परिणाम यह हुआ कि एब्रामसन, सेलिगमैन तथा टीसडेल (Abramson, Seligman & Teasdele) ने इस सिद्धान्त का एक संशोधित प्रारूप तैयार किया। सेलिगमैन के निस्सहायता सिद्धान्त के बारे में एक महत्त्वपूर्ण प्रश्न उठाया गया, वह है—अगर विषादी व्यक्ति अपने जिंदगी की घटनाओं को नियंत्रित करने में अक्षम पाते हैं, तो वे क्यों हमेशा प्रत्येक चीज के लिए अपने आप को दोषी ठहराते हैं ? इस प्रश्न का उत्तर देने के लिए इस सिद्धान्त को संशोधित किया गया। इस संशोधित सिद्धान्त को विषाद का *आरोपण मॉडल* (attributional model) कहा गया। इस सिद्धान्त के अनुसार जब व्यक्ति को किसी परिस्थिति में असफलता (failure) हाथ लगता है, तो वह इस असफलता का आरोपण कोई-न-कोई कारण के रूप में करता है। इस तरह के आरोपण के तीन विमाएँ होतीं हैं—*आंतरिक-बाह्य* (internal-external) *विमा, सम्पूर्ण-विशिष्ट* (global-specific) *विमा* तथा *स्थिर-अस्थिर* (stable-unstable) *विमा*। आंतरिक-बाह्य विमा इस बात का निर्धारण करता है कि असफलता का करण स्वयं व्यक्ति है या कोई दूसरी घटना या व्यक्ति। सम्पूर्ण-विशिष्ट (global-specific) विमा द्वारा यह निर्धारित होता है कि असफलता का कारण कुछ ऐसा है जो कई परिस्थितियों से बँधा है या फिर वह किसी विशिष्ट परिस्थिति से बँधा है। स्थिर-अस्थिर विमा इस बात का निर्धारण करता है कि असफलता का कारण कोई स्थायी कारक है या फिर कोई अस्थायी कारक। इस संशोधित सिद्धान्त के अनुसार जब व्यक्ति किसी घटना या असफलता का कारण अपने नियंत्रण से परे देखता है तो वह मन-ही-मन यह पूछता है कि ऐसा क्यों ? अगर वह वर्तमान की कमी का कारण आंतरिक (internal) मानता है जो सम्पूर्ण (global) एवं स्थायी दोनों ही है, तो वह भविष्य में नकारात्मक परिणामों को रोकने में अपने आप को निस्सहाय (helpless) महसूस करेगा और उसे कुछ धनात्मक होने की उम्मीद नहीं रह जाएगी और व्यक्ति में एकध्रुवीय विषाद (unipolar depression) उत्पन्न होगा। अगर वह अन्य कारक के रूप नियंत्रण में कमी का आरोपण करता है, तो विषादी प्रतिक्रिया नहीं होगी। आरोपण (attribution) का यह कारण इस बात की स्पष्ट व्याख्या करता है कि किसी परिस्थिति या घटना को नियंत्रित करने की क्षमता खो देने के प्रति क्यों कुछ लोग निस्सहाय ढंग से प्रतिक्रिया करते हैं तो कुछ लोग ऐसा नहीं करते हैं। रामिरेज तथा उनके सहयोगियों (Ramirez et al. 1992) ने अपने अध्ययन के आधार पर यह भी बतलाया है कि अगर व्यक्ति को परिस्थिति पर नियंत्रण खोने के कारण का आरोपण बाह्य कारकों या कुछ ऐसे आंतरिक कारकों के रूप में की जाती है जो विशिष्ट (specific) या अस्थिर (unstable) होता है तो व्यक्ति में निस्सहायता को रोका जा सकता है या कम किया जा सकता है। चूँकि निस्सहायता सिद्धान्त को संशोधित किया गया है, इसलिए कई अध्ययनों में आरोपण की शैली, निस्सहायता तथा विषादी कार्यों (depressive functions) के बीच संबंध की प्रयोगात्मक जाँच भी की गयी है तथा उसका समर्थन भी किया गया है। सेलिगमैन तथा उनके सहयोगियों (Seligman et al., 1988) ने एक अध्ययन किया जिसमें साधारण मात्रा में विषादी

वयस्कों के समूह को चिकित्सा (threrapy) के पहले और बाद में *आरोपणीय शैली प्रश्नावली* (Attributional Style Questionnaire) क्रियान्वयन किया गया। परिणाम में देखा गया कि चिकित्सा के पहले विषादी के उनके उच्च स्तर का आरोपण शैली कुछ ऐसा था जो बहुत ही आंतरिक, स्थायी एवं सम्पूर्ण (global) था। चिकित्सा के बाद में और फिर एक साल बाद उनके विषादी स्तर काफी कम हो गया था तथा उनका आरोपण शैली निश्चित रूप से कम आंतरिक, कम स्थायी एवं कम सम्पूर्ण (global) था। जब विषादी आरोपणीय शैली (depressive attrbutional style) वाले व्यक्ति को दु:खद तथा हानिकर अनुभूतियाँ होती हैं, तो वे काफी विषादी (depressed) हो जाते हैं और उनका आत्म-सम्मान (self-esteem) लगभग समाप्त हो जाता है।

उक्त सिद्धान्त का नवीनतम (latest) संशोधन एब्रामसन, मेटालस्काई तथा एलाय (Abramson, Metalsky & Alloy, 1989) द्वारा किया गया और इसका नाम *निराशाजनक सिद्धान्त* (hopelessness theory) रखा गया है। इस सिद्धान्त के अनुसार विषाद का कुछ खास प्रकार जिसे निराशाजनक विषाद (hopelessness theory) कहा जाता है, के होने का कारण निराशाजनक की अवस्था होती है। निराशाजनक अवस्था वैसी अवस्था को कहा जाता है जिसमें व्यक्ति को यह प्रत्याशा (expectation) होता है कि वांछनीय परिणाम (desirable outcome) नहीं होंगे तथा अवांछनीय परिणाम अवश्य होंगे और व्यक्ति के पास इसे परिवर्तित करने के लिए कोई उपाय नहीं है।

आरोपण-मॉडल के समान यहाँ भी जीवन की नकारात्मक घटनाएँ (negative events) व्यक्ति में मौजूद मानसिक अवस्था (mental stage) जिसे *डायथिसिस* (diathesis) कहा जाता है, के साथ अंतक्रिया (interaction) करके एक निराशाजनक स्थिति (hopelessness stage) उत्पन्न करता है। एक महत्त्वपूर्ण डायथिसिस तो आरोपण शैली पैटर्न (attributional style pattern) है। परंतु इस सिद्धान्त में एक अन्य डायथिसिस पर सर्वाधिक बल डाला गया है जो व्यक्ति की वह प्रवृत्ति होती है जिसके आधार पर वह यह अनुमान लगाता है कि जीवन के नकारात्मक घटनाओं का गंभीर नकारात्मक परिणाम होते हैं और स्वयं के बारे में व्यक्ति एक नकारात्मक अनुमान लगाता है। मेटालस्काई तथा उनके सहयोगियों (Metalsky et al, 1993) ने एक प्रयोग करके इस सिद्धान्त का जाँच किया है। इस प्रयोग में पाया गया कि परीक्षण में प्राप्त खराब ग्रेड (poor grade) का आरोपण सम्पूर्ण (global) एवं स्थायी कारकों के रूप में करने वाले छात्रों में विषादी मनोदशा अधिक पायी गयी तथा यह पैटर्न उन छात्रों में अधिक देखा गया जिनका आत्म-सम्मान (self-esteem) काफी निम्न था जिससे उनमें निराशाजनक की अवस्था में वृद्धि होती पायी गयी। स्पष्टत: इस तरह के परिणाम से निराशाजनक सिद्धान्त (hopelessness theory) को समर्थन मिलता है।

स्पष्ट हुआ कि एकध्रुवीय विषाद की व्याख्या करने के लिए संज्ञानात्मक सिद्धान्त में कई तरह के विचारों पर बल डाला गया है।

अंतिम निष्कर्ष के रूप में यह कहा जा सकता है कि एकध्रुवीय विषादी (unipolar depression) की व्याख्या करने के लिए कई तरह के विचारधाराओं का वर्णन किया गया है जिनमें जैविक विचारधारा, व्यवहारात्मक विचारधारा तथा संज्ञानात्मक विचारधारा तुलनात्मक रूप से अधिक महत्त्वपूर्ण है।

एकध्रुवीय विषाद का उपचार
(Treatment of Unipolar Depression)

मनोवैज्ञानिकों एवं मनोरोगविज्ञानियों (psychiatrists) के पास आने वाले क्लायंट या रोगियों में से करीब 10% रोगी ऐसे होते हैं जो एकध्रुवीय विषाद (unipolar depression) से ग्रसित होते हैं। इनके उपचार (treatment) के कई विधियों का प्रतिपादन किया गया है जिनमें से निम्नांकित प्रमुख हैं—

(1) मनोगतिकी चिकित्सा (psychodynamic therapy)

(2) व्यवहारात्मक चिकित्सा (behavioural therapy)

(3) अन्तर्वैयक्तिक चिकित्सा (interpersonal therapy)

(4) संज्ञानात्मक चिकित्सा (cognitive therapy)

(5) योग चिकित्सा (yoga therapy)

(6) जैविक चिकित्सा (biological therapy)

इन सबों का वर्णन हम अलग-अलग अनुच्छेदों में करेंगे—

1. मनोगतिकी चिकित्सा *(Psychodynamic therapy)*—मनोगतिकी चिकित्सा में चिकित्सक यह पूर्वकल्पना करता है कि एकध्रुवीय विषाद (unipolar depression) का कारण वास्तविक एवं काल्पनिक क्षतियों (loses) के अचेतन के दु:ख जो दूसरों पर अत्यधिक निर्भरता दिखलाने से मिश्रित होता है, बतलाया गया है । चिकित्सक यहाँ विषादी व्यक्तियों के इन प्रक्रियाओं को चेतन में लाने की कोशिश करते हैं ताकि वे अपने दु:ख-दर्द के वास्तविक स्रोत को समझा सके और उनसे अपने को दूर रहना सीख सकें। ऐसे चिकित्सक इन विषादी व्यक्तियों के साथ कुछ वैसे मनोगतिकी प्रविधियों का भी उपयोग करते हैं जिसे वे अन्य विकृति के रोगियों के उपचार में उपयोग करते हैं। जैसे, ऐसे चिकित्सक क्लायंट को चिकित्सा के दौरान मुक्त रूप से (freely) अपने मन में आने वाले विचारों की अभिव्यक्ति करने की सलाह देते हैं, क्लायंट द्वारा चिकित्सा के दौरान दिखलाये गए अन्तरण (transference), प्रतिरोध (resistance), साहचर्यों एवं स्वप्नों (dreams) की व्याख्या करते हैं तथा अपने क्लायंट को गत अनुभूतियों एवं भावों का पुनर्मूल्यांकन (reevaluate) करने में मदद करते हैं। ऐसा देखा गया कि स्वतंत्र साहचर्य (free association) ने एक रोगी को क्षति (loss) के आरंभिक अनुभूतियों जिनसे उसमें विषाद उत्पन्न हो गया था, का प्रत्याह्वान (recall) करने में मदद किया। मनोगतिकी चिकित्सक की आम उम्मीद यह रहती है कि विषादी क्लायंट के उपचार के दौरान चिकित्सक तथा अन्य लोगों पर अपनी निर्भरता कम करता जाएगा और अपनी जिंदगी में संबंधित परिवर्तन करता जाएगा।

यद्यपि मनोगतिकी चिकित्सा का उपयोग सफलतापूर्वक विषादी रोगियों के उपचार में किया गया है, फिर भी शापिरों एवं उनके सहयोगियों (Shapiro et al. 1994) का यह दावा है कि एकध्रुवीय विषाद (unipolar depression) के उपचार में कभी-कभी ही इस प्रविधि द्वारा सफलता मिलता है। इसके इस सीमित प्रभावशीलता (limited effectiveness) के दो मुख्य कारण बतलाये गए हैं—

(i) विषादी क्लायंट इतना अधिक निष्क्रिय होते हैं तथा थकान महसूस करते हैं कि वे चिकित्सा के दौरान विचार-विमर्श में शायद ही कभी ठीक ढंग से हिस्सा बँटा सकते हैं। इसका परिणाम यह होता है कि वे उस सूक्ष्म स्तर के सूझ का भी उपयोग नहीं कर पाते हैं जिसकी जरूरत इस चिकित्सा में होती है।

(ii) अक्सर देखा गया है कि विषादी रोगी मनोगतिकी चिकित्सा का त्याग सिर्फ इसलिए कर देते हैं क्योंकि इसका स्वरूप लम्बा (long term) होता है और रोगी को तात्कालिक लाभ की इससे कोई उम्मीद नहीं रह जाती है। यही कारण है कि स्वार्टवर्ग तथा स्टाइल्स (Svartberg & Stiles, 1991) ने अपनी समीक्षा के आधार पर यह बतलाया है कि लघुकालीन मनोगतिकी उपागम (short-term psychodynamic approach) विषादी रोगियों के उपचार में तुलनात्मक रूप से अधिक लाभप्रद सिद्ध हुआ है।

यद्यपि शोधकर्त्ताओं का यह अनुमान रहा है कि मनोगतिकी चिकित्सा विषादी रोगियों के उपचार में सीमित उपयोगिता दिखलाता है, फिर भी इस प्रविधि का उपयोग इस विकृति के रोगियों के उपचार में काफी किया जाता है।

2. व्यवहारात्मक चिकित्सा *(Behavioural therapy)*—एकध्रुवीय विषाद के उपचार के कई व्यवहारात्मक उपचार हैं। इनमें लेविनशोन (Lewinshon, 1989) द्वारा प्रतिपादित व्यवहारात्मक चिकित्सा काफी लोकप्रिय है। इस चिकित्सा में निम्नांकित तीन तरह की क्रियाएँ (activities) चिकित्सक द्वारा करके एकध्रुवीय विषाद का उपचार किया जाता है—

(1) सुखद घटनाओं से पुनर्परिचित करवाना *(Reintroducing pleasureable events)*—इसमें चिकित्सक क्लायंट के दिन-प्रतिदिन की क्रियाओं को मॉनीटर करता है और तब 10 ऐसी क्रियाओं का चयन करता है जो क्लायंट के लिए काफी सुखद होतीं हैं और क्लायंट को इन क्रियाओं को करने का एक साप्ताहिक प्रोग्राम (weekly programme) तैयार किया जाता है। टेरी एवं लेविनशोन (Teri & Lewinshon, 1986) के अध्ययनानुसार इस तरह के कार्यक्रम में अधिक-से-अधिक सहभागिता दिखाने से विषादी व्यक्ति की मनोदशा (mood) में काफी सुधार होते देखा गया है।

(2) अविषादी व्यवहारों को पुनर्बलित करना *(Reinforcing nondepressive behaviour)*—इस प्रविधि में चिकित्सक विषादी रोगी के विषादी व्यवहार एवं कथनों को नजरअंदाज करता है और उसके जगह रचनात्मक व्यवहार एवं कथनों पर वह अधिक ध्यान देता है तथा उसे पुरस्कृत (rewards) भी करता है। चिकित्सक इस उपागम के एक हिस्सा के रूप में क्लायंट के दोस्त एवं पारिवारिक सदस्य का भी उपयोग करता है जिनमें इन लोगों को वह आदेश देता

है कि रोगी के विषादी व्यवहार एवं कथनों पर ध्यान न दें तथा उनके अनुकूली व्यवहार (adaptative behaviour) को पुरस्कृत करें। ऐसा करने से क्लायंट में अनुकूली व्यवहार को दोहराने की एक प्रेरणा उत्पन्न हो जाती है और उसका विषादी मनोदशा में काफी सुधार होता है।

(3) सामाजिक कौशल विकसित करने का शिक्षण देना *(Teaching social skills)*—जो लोग विषादी होते है, उनमें दूसरों के साथ संतोषजनक संबंध विकसित करने के कौशल (skill) में कमी होती है। अत: ऐसे लोगों को सामाजिक कौशल उन्नत बनाने का प्रशिक्षण देकर उनके विषादी मनोदशा को सुधारा जाता है। हरसेन तथा उनके सहयोगियों (Hersen et al, 1984) द्वारा किये गए अध्ययनों से यह स्पष्ट हुआ है कि जिन विषादी क्लायंट को विभिन्न तरह की सामाजिक भूमिकाएँ सिर्फ इसलिए करवायी गयी कि उनका सामाजिक कौशल क्षमता में वृद्धि हो जाए तो यह पाया गया है कि इसमें उनके मनोदशा (mood) में भी सुधार हो गया।

अध्ययनों से यह स्पष्ट हुआ कि लेविनशोन प्रविधियाँ तभी अधिक प्रभावी हुई हैं जब इन तीनों प्रविधियों का उपयोग विषाद को कम करने में किया गया हो और जब विषाद की मात्रा साधारण (mild) हो। अभी हाल के वर्षों में लेविनशोन एवं उनके सहयोगियों ने एकध्रुवीय विषाद के उपचार के लिए एक विस्तृत सामूहिक उपचार कार्यक्रम (comprehensive group treatment programme) तैयार किया है जिसमें भाषण, वर्गक्रियाएँ (classroom activities) तथा घर पर कुछ कार्य करने के लिए दिया जाता है और लेविनशोन तथा उनके सहयोगियों का दावा है कि इस कार्यक्रम में भाग लेने वाले क्लायंट में से करीब 80% में विषादी लक्षणों में भारी कमी आई और अन्य कई क्लायंट भी इसी तरह से लाभान्वित हुए।

3. अन्तर्वैयक्तिक चिकित्सा *(Interpersonal therapy)*—अन्तर्वैयक्तिक चिकित्सा या जिसे अन्तर्वैयक्तिक मनश्चिकित्सा (interpersonal psychotherapy or IPT) भी कहा जाता है, का विकास क्लेरमैन एवं विसमैन (Klerman & Weissman, 1992) द्वारा किया गया। इसका उपयोग इनलोगों द्वारा एकध्रुवीय विषाद (unipolar depression) के लिए सफलापूर्वक किया है। IPT में करीब 12 से 16 हफ्ते के सत्रों में क्लायंट को अन्तर्वैयक्तिक संघर्ष (interpersonal conflict) में सूझ विकसित करने की कोशिश की जाती है, उसके सामाजिक परिस्थिति को परिवर्तित करने की कोशिश की जाती है तथा इस बात की भी कोशिश की जा जाती है कि वे सामाजिक कौशल (social skill) को सीख लें। ऐसा देखा गया है कि इनसे विषादी व्यक्तियों की मनोदशा में काफी सुधार आता है। इस चिकित्सा में चिकित्सक निम्नांकित चार अन्तर्वैयक्तिक समस्या क्षेत्रों में से कम-से-कम एक पर अवश्य ही बल डालता है ताकि उसके विषादी मनोदशा को उन्नत बनाया जा सके—

(i) दु:खभरी प्रतिक्रियाएँ *(grief reactions)*—IPT चिकित्सा एक मनोगतिकी चिकित्सक के समान ही यह मानते हैं कि कोई महत्त्वपूर्ण प्रियजनों के खो देने से विषादी व्यक्तियों में दु:खभरी प्रतिक्रियाओं का अनुभव होता है। अत: ऐसी परिस्थिति में IPT चिकित्सक क्लायंट को उस क्षति के बारे में याद दिलाने में, खोये हुए व्यक्ति के साथ के संबंधों को खोजबीन करने में तथा अलग हुए प्रियजनों के प्रति क्रोधपूर्ण भाव (angry feeling) अभिव्यक्त करने में मदद करते हैं। जब क्लायंट खोये हुए प्रियजनों को याद करने की नयी प्रविधि का प्रतिपादन करता है, तो वे इनके साथ संबंध स्थापित करने के नये तरीका भी विकसित कर लेते हैं जो निश्चित रूप से कम विषादी (depressed) होता है।

(ii) अन्तर्वैयक्तिक भूमिका वाद-विवाद *(Interpersonal role dispute)*—विषादी व्यक्ति प्राय: अपने आप को अन्तर्वैयक्तिक भूमिका वाद-विवाद के बीच खड़ा पाता है । इस तरह की भूमिका वाद-विवाद तब उत्पन्न होता है जब दो व्यक्ति अपने संबंधों तथा भूमिकाओं के बारे में भिन्न-भिन्न प्रत्याशाएँ विकसित कर लेता है। इस तरह के वाद-विवाद से एक तरह से स्पष्ट मानसिक संघर्ष होता है जो बाद में विषादी भाव (depressed feelings) व्यक्ति में उत्पन्न कर देता है। IPT चिकित्सक को ऐसे भूमिका वाद-विवाद की पहचान करके उसकी खोजबीन में मदद करता है और चिकित्सा के दौरान चिकित्सक क्लायंट को इस भूमिका वाद-विवाद के समाधान के तरीका विकसित करने पर भी बल डालते हैं।

(iii) अन्तर्वैयक्तिक भूमिका अंतरण *(Interpersonal role transition)*—विषादी व्यक्ति अन्तर्वैयक्तिक भूमिका अंतरण का भी अनुभव करता है। सामान्यत: यह देखा जाता है कि जीवन के महत्त्वपूर्ण परिवर्तनों जैसे विवाह-विच्छेद, बच्चे का जन्म या मृत्यु आदि के साथ समायोजन करने में लोगों को काफी कठिनाई होती है। इस तरह के कठिनाई का कारण यह है कि विषादी व्यक्ति हुई क्षति के साथ-साथ भूमिका परिवर्तन के साथ अपने-आप को समायोजित करने में अक्षम पाता है क्योंकि वह समझता है कि परिस्थिति उनके आत्म-सम्मान एवं पहचान को चुनौती एवं धमकी दे रहा है।

ऐसी परिस्थिति में IPT चिकित्सक क्लायंट को अपनी पुरानी भूमिकाओं का मूल्यांकन करने या पुनर्समीक्षा करने में तथा नयी भूमिकाओं द्वारा उत्पन्न अवसरों की खोज-बीन करने में तथा सामाजिक समर्थन तंत्र को विकसित करने में मदद करता है। इन नयी भूमिकाओं पर काबू पा लेने से व्यक्ति में आशावादी भाव उत्पन्न होता है और क्लायंट के खोये आत्म-सम्मान को बरकरार रखने में चिकित्सक मदद करता है।

(iv) अन्तर्वैयक्तिक कमी *(Interpersonal deficit)*—अन्तर्वैयक्तिक कमी या घाटा अर्थात् अत्यधिक शर्माना (extreme shyness), दूसरों की आवश्यकताओं के प्रति असंवेदनशीलता तथा सामाजिक अनुपयुक्तता (social awkwardness) आदि प्रायः विषादी मनोदशा में पाये जाते हैं। IPT चिकित्सक विभिन्न तरह के मनोगतिकी एवं व्यवहारात्मक प्रविधियों जैसे सामाजिक कौशल, प्रशिक्षण तथा निश्चियात्मकता प्रशिक्षण (assertiveness training) का उपयोग करके क्लायंट के सामाजिक प्रभावशीलता को उन्नत बनाने की कोशिश करते हैं ताकि उसका अन्तर्वैयक्तिक कमियाँ (interpersonal deficits) दूर हो जाए।

एलकिन (Elkin, 1994), क्लेरमैन तथा विशमैन (Klerman & Weissman, 1992) द्वारा किये गए अध्ययनों से यह स्पष्ट हुआ है कि IPT चिकित्सा उन विषादी रोगियों के लिए एक प्रभावी चिकित्सा प्रविधि है जो एकध्रुवीय विषाद के या तो साधारण या फिर गंभीर केस होते हैं। इन अध्ययनों में यह देखा गया कि विषादी लक्षण करीब 50 से 60% रोगियों में पूर्णतः समाप्त हो गए। कई अन्य अध्ययनों के आधार पर यह स्पष्ट हुआ है कि IPT चिकित्सा उन विषादी रोगियों के लिए उत्तम है जो मनोसामाजिक संघर्ष से जुझते रहते हैं।

4. संज्ञानात्मक चिकित्सा *(cognitive therapy)*—जैसा कि हम जानते हैं, बेक एकध्रुवीय विषाद को संज्ञानात्मक त्रुटियों की एक शृंखला का परिणाम मानते हैं। इनका विश्वास है कि विषादी व्यक्तियों का एक अपअनुकूली मनोवृत्ति (maladaptive attiudes) होता है जिससे ऐसे व्यक्ति स्वयं को, अपने इर्द-गिर्द के वातावरण एवं भविष्य को नकारात्मक ढंग से देखते हैं । इसे बेक ने संज्ञानात्मक त्रिक् (cognitive triad) कहा है। ये पूर्वाग्रहित विचारधारा अतार्किक चिंतन (illogical thinking) से संयोजित होकर व्यक्ति में एक स्वायत्त चिंतन (automatic thoughts) उत्पन्न करता है जिससे व्यक्ति का मन भर जाता है और उसमें विषादी लक्षण (depressive symptoms) उत्पन्न होता है। इसी संदर्भ पर आधारित बेक ने एकध्रुवीय विषाद के उपचार के लिए एक संज्ञानात्मक उपचार विधि (cognitive treatment method) विकसित किया है जो क्लायंट को अपने दुष्क्रियात्मक संज्ञानात्मक प्रक्रियाओं को पहचानकर परिवर्तित करने में मदद करता है जिससे क्लायंट की मनोदशा तथा व्यवहार दोनों में परिवर्तन हो जाता है। बेक द्वारा प्रतिपादित उपचार विधि में 12 से 20 सत्र दिये जाते हैं जिससे क्लायंट के संज्ञानात्मक त्रुटियों (cognitive errors) को सुधारने की कोशिश की जाती है। बेक के उपचार विधि के निम्नांकित चार अवस्थाएँ (phases) हैं—

(i) पहली अवस्था : क्रियाओं में वृद्धि तथा मनोदशा को उन्नत बनाना *(Phase I : Increasing activities and elevating mood)*—इस अवस्था में क्लायंट को कई तरह की क्रियाओं में भाग लेने के लिए प्रोत्साहित किया जाता है। यहाँ पूर्वकल्पना यह होती है कि क्लायंट जब अधिक-से-अधिक क्रियाओं में भाग लेगा, तो उसमें आत्म-विश्वास बढ़ेगा तथा वह अधिक सक्रिय होकर अपनी विषादी मनोदशा में परिवर्तन करेगा। यहाँ व्यवहारात्मक कार्यक्रम (behavioural programme) के समान एक कार्यक्रम तैयार किया जाता है जिसमें चिकित्सक तथा क्लायंट मिलकर प्रत्येक सत्र में प्रत्येक घंटा में किये जाने वाले क्रियाओं की एक सूची तैयार करते हैं और क्लायंट को उन क्रियाओं को तैयार किया गया कार्यक्रम के अनुसार करने की प्रेरणा दी जाती है। ऐसा देखा गया है कि जैसे-जैसे क्लायंट एक सप्ताह से दूसरे सप्ताह में अधिक सक्रिय होते देखा जाता है, उसका विषादी मनोदशा (depressed moods) में सुधार होते चला जाता है। एक सीमा तक बेक विषादी रोगियों के उपचार में व्यवहारात्मक प्रविधियों को सम्मिलित करते हैं और यही कारण है कि कुछ लोग बेक के इस कार्यक्रम को शुद्ध रूप से एक संज्ञानात्मक हस्तक्षेप न मानकर एक *संज्ञानात्मक-व्यवहारात्मक हस्तक्षेप* (cognitive behavioural intervention) मानना अधिक उचित समझते हैं।

(ii) दूसरी अवस्था : स्वतः चिंतनों की जाँच करना तथा उसे गलत साबित करना *(Phase II : Examining and invalidating automatic thoughts)*—जब क्लायंट पहले से अधिक सक्रिय हो जाते हैं और वे अपने विषाद से कुछ राहत महसूस करते हैं, वे अपने आप के बारे में उत्तम ढंग से सोच पाते हैं तथा प्रेक्षण (observe) कर पाते हैं। संज्ञानात्मक चिकित्सक तब उन्हें नकारात्मक स्वतः चिंतन के बारे में शिक्षित करने के कोशिश करते हैं तथा उन्हें कुछ

गृहकार्य भी दे देते जिसमें क्लायंट अपने चिंतन को ठीक ढंग से अभिलेखित करता है। इन स्वत: चिंतनों को चिकित्सा सत्र में समीक्षा किया जाता है जहाँ क्लायंट अपने चिंतन को वास्तविक करार देता है वहाँ चिकित्सक उसकी वैधता को चुनौती देते हैं। इस तरह से कई सत्रों के बाद चिकित्सक एवं क्लायंट आपस में मिलकर एक सांझा प्रयास करते हैं जिसमें ऐसे चिंतनों की वास्तविकता की जाँच कर उसे अदैध घोषित कर दिया जाता है।

(iii) तीसरी अवस्था : विकृत चिंतनों तथा नकारात्मक पूर्वाग्रहों की पहचान करना *(Phase III : Identifying distorted thinking and negative biases)*—जैसे ही क्लायंट अपने स्वत: चिंतन के दोषों की पहचान करना प्रारंभ कर देता है, संज्ञानात्मक चिकित्सक उन्हें यह बताने की कोशिश करते हैं कि किस तरह से अतार्किक चिंतन प्रक्रियाएँ ऐसे स्वत: चिंतनों के विकास में मदद करते हैं। जब क्लायंट स्वत: चिंतनों एवं अतार्किक चिंतन में उत्पन्न त्रुटियों की समीक्षा करता है, चिकित्सक भी उन्हें यह जानने में मदद करते हैं कि घटनाओं का उनके द्वारा की गयी सारी व्याख्याओं में एक नकारात्मक पूर्वाग्रह (negative bias) है। यहाँ चिकित्सक विभिन्न प्रविधियों का उपयोग करके क्लायंट को इन पूर्वाग्रहित शैली को बदलने का भरसक प्रयास करते हैं। जैसे, जो क्लायंट अपने-आप की निन्दा अधिक करने के कारण विषादी होते हैं, उसके इस प्रवृत्ति को कम करने के लिए चिकित्सक प्राय: पुनर्आरोपण प्रविधि (reattribution technique) का उपयोग करते हैं जिसमें क्लायंट को यह प्रशिक्षण दिया जाता है कि वे अपनी समस्या के उन कारणों की भी पहचान करें जो स्वयं के अलावा हो सकते हैं। ऐसा करने से स्वभावत: उसमें आत्म-निन्दा की प्रवृत्ति कम हो जाती है और तब विषादी प्रवृत्तियाँ कम हो जाती हैं।

(iv) चौथी अवस्था : मौलिक मनोवृत्तियों को परिवर्तित करना *(Phase IV : Altering primary attitudes)*—चिकित्सा के अंतिम अवस्था में चिकित्सक क्लायंट के मौलिक मनोवृत्ति में परिवर्तन करने में मदद करता है क्योंकि इसी मनोवृत्ति के कारण ही उसकी विषादी अवस्था की शुरूआत हुई मानी जाती है। चिकित्सा के प्रथम तीन अवस्थाओं में बहुत सारे क्लायंट अपने मनोवृत्ति के कुसमायोजी स्वरूप को समझने लगते हैं और वे स्वयं ही उसे बदलने की कोशिश प्रारंभ कर देते हैं। चिकित्सक क्लायंट को अपनी मनोवृत्ति की जाँच करने के लिए प्रोत्साहित करते हैं जिससे क्लायंट अपने इस मनोवृत्ति में और तीव्रता से परिवर्तन लाने की प्रक्रिया आरंभ कर देता है। चिकित्सक की पूर्वकल्पना यह होती है कि क्लायंट के मौलिक मनोवृत्ति की बराबर जाँच एवं चुनौती से वह सोचने का एक ऐसा ढंग स्वयं विकसित कर लेगा जो तुलनात्मक रूप से कम आत्म-पराजक (self-defeating) स्वरूप का होगा और इस तरह से उसके विषाद का संज्ञानात्मक पृष्ठभूमि समाप्त हो जाएगी।

कई अध्ययनों से बेक द्वारा संज्ञानात्मक चिकित्सा की उपयोगिता सिद्ध हुई है। होलोन एवं बेक (Hollon & Beck, 1994) द्वारा किये गए अध्ययनों से यह साबित हुआ है कि जिन लोगों को इस तरह का संज्ञानात्मक चिकित्सा दिया गया, वे उन लोगों की अपेक्षा जिन्हें ऐसी कोई चिकित्सा नहीं दी गयी थी, अपने विषादी लक्षणों में अधिक सुधार किये। करीब 50 से 60% क्लायंट ऐसे थे जिनमें विषादी लक्षण इस तरह के संज्ञानात्मक चिकित्सा के बाद पूर्णत: समाप्त हो गए। पेस तथा डिक्सन (Pace & Dixon, 1993) ने अपने अध्ययन में पाये कि जिन क्लायंट को बेक संज्ञानात्मक चिकित्सा दी गयी, उनके संज्ञानात्मक कार्यों में धीरे-धीरे उन्नति हुई अर्थात् उनमें निराशावादी प्रवृत्तियाँ कमी तथा आत्म-संप्रत्यय में धनात्मक परिवर्तन हुए। इस तरह के सफलता के कारण बेक के चिकित्सीय उपागम का उपयोग कई मनोवैज्ञानियों द्वारा किया जा रहा है।

5. योग चिकित्सा *(Yoga Therapy)*—अभी हाल में कुछ अध्ययनों से इस बात का पक्का सबूत मिला है कि योग चिकित्सा से भी एक ध्रुवीय विषाद का उपचार संभव है। मृदुल मिश्र एवं राजेश कुमार सिन्हा (Mirdula Mishra & Rajesh Kumar Sinha, 2001) ने 22 ऐसे रोगियों को योग चिकित्सा के बाद उनके विषादी स्तर में सार्थक कमी होते पाया है । इन रोगियों द्वारा कुछ प्रमुख योग अभ्यास जैसे *आसन* (Asana), *प्राणायाम* (Pranayama), *मुद्रा* (Mudra), *प्रत्याहार* (Pratyahar), *धारणा* (Dharna), *ध्यान* (Dhyan) आदि का उपयोग किया गया । इन रोगियों द्वारा योग के उन जीवन शैलियों का उपयोग किया गया था जो स्वामी निरंजनान्द सरस्वती द्वारा तैयार किया था ।

6. जैविक चिकित्सा *(Biological therapy)*—एकध्रुवीय विषाद (unipolar depression) के उपचार के लिए जैविक चिकित्सा या मेडिकल चिकित्सा का भी उपयोग काफी किया गया है। विषादी क्लायंट के लिए दो तरह की चिकित्सा का प्रावधान है—

(i) वैद्युतआक्षेपीय चिकित्सा (Electroconvulsive therapy)

(ii) विषाद विरोधी औषध का उपयोग (Use of antidepressant drugs)

इन दोनों का वर्णन निम्नांकित है—

(i) वैद्युतआक्षेपीय चिकित्सा *(Electroconvulsive therapy or ECT)*—ECT विषादी रोगियों के उपचार के एक विवादित प्रविधि है। कुछ लोग इसे एक ऐसा जैविक प्रविधि मानते हैं जिसका कोई अवांछनीय प्रभाव नहीं होता है क्योंकि इसके न्यूनतम जोखिम संलग्न हैं जबकि कुछ लोग इसे एक अंत्य (extreme) एवं डरावना विधि मानते हैं जिससे स्मृति विलोप तथा अन्य तंत्रकीय क्षति होती है। इस प्रविधि में रोगी के सिर पर दो एल्कट्रोड (electrode) लगा दिये जाते हैं और करीब 65 से 140 वोल्ट का वैद्युतीय प्रवाह (electrical current) करीब आधे सेकेंड या उससे भी कम अवधि के लिए प्रवाहित किया जाता है। ECT की यह प्रविधि मोटे तौर पर दो प्रकार की होती है—

(a) द्विपार्श्विक वैद्युत आक्षेपीय चिकित्सा (bilateral ECT)

(b) एक पार्श्विक वैद्युत आक्षेपी चिकित्सा (unilateral ECT)

द्विपार्श्विक वैद्युत आक्षेपीय चिकित्सा में अग्रमस्तिष्क के दोनों तरफ एक-एक एल्कट्रोड लगा दिया जाता है और विद्युत मस्तिष्क के अग्रपालि (frontal lobes) से होकर गुजरता है। अभी हाल के वर्षों में एक अपार्श्विक वैद्युती आक्षेपीय आघात की लोकप्रियता बढ़ी है जिसमें एक ही एल्कट्रोड रोगी के मस्तिष्क पर लगाया जाता है ताकि बिजली का धारा मस्तिष्क के एक ही तरफ से होकर गुजरे। सच्चाई यह है कि जब रोगी के मस्तिष्क से होकर बिजली की धारा प्रवाहित होती है, तो इससे उसमें आक्षेप (convulsion) उत्पन्न होता है जो लगभग 25 सेकंड से कुछ मिनट तक बना रहता है। इस मस्तिष्कीय आक्षेप में ही रोगी में विषादी लक्षण काफी हद तक समाप्त हो जाते हैं । एक विषादी रोगी के लिए दो से तीन सप्ताह तक 6 से 9 बार ECT दिया जाता है और फिंक (Fink, 1992) के अध्ययनानुसार अधिकतर विषादी रोगियों में विषाद के लक्षण समाप्त हो जाते हैं। वुचन तथा उनके सहयोगियों (Buchan et al. 1992) द्वारा किये गए समीक्षा से यह पता चला है कि करीब 60 से 70 रोगियों में जिन्हें ECT दिया गया था, काफी उन्नति हुई अर्थात् विषादी लक्षणों में सुधार हुआ।

प्रश्न यह उठता है कि ECT से एकध्रुवीय विषादी लक्षणों में किस तरह से सुधार होता है ? अधिकतर मनोरोगविज्ञानियों का मत है कि ECT देने से मस्तिष्क में न्यूरोट्रांसमीटर की क्रियाएँ बढ़ जाती है ओर इससे मस्तिष्क में उत्पन्न नोरइपाइनफ्राइन (norrepinephrine) तथा सीरोटोनिन (serotonin) की कमी दूर हो जाती है जिससे विषादी लक्षणों में कमी उत्पन्न हो जाती है। यद्यपि यह एक उत्तम सिद्धान्त दीखता है परंतु फिर भी यह नहीं भूला जा सकता है कि—

(a) ECT पूरे मस्तिष्क के न्यूरोन को उत्तेजित कर देते हैं जिससे वैसे न्यूरोन भी उत्तेजित हो जाते हैं जो नोरइपाइनफ्राइन तथा सीरोटोनिन का स्राव नहीं करके दूसरे तरह के न्यूरोट्रांसमीटर उत्पन्न करते हैं।

(b) ECT से उत्पन्न आक्षेप पूरी शरीर के अन्य तंत्रों पर भी अपना अच्छा प्रभाव डालता है।

आधुनिक रूप में कई कारणों से विषादी रोगियों के उपचार में ECT का उपयोग काफी कम हुआ है जिसमें सबसे प्रमुख कारण इसके बहुत सारे अवांछनीय प्रभाव (undesirable effect) का होना है । इसका तुलनात्मक प्रयोग कम होने का एक दूसरा महत्त्वपूर्ण कारण यह है कि अब बहुत सारे ऐसे औषध उपलब्ध हैं जिससे विषाद का उपचार आसानी से संभव हो पाता है। अब हम ऐसे ही औषधों की उपयोगिता पर विचार करेंगे।

(ii) विषाद-विरोधी औषधों का उपयोग *(Use of antidepressant drugs)*—आजकल एकध्रुवीय विषाद के उपचार में कई तरह के औषधों का उपयोग किया जाता है जिनमें निम्नांकित तीन तरह के औषधों की लोकप्रियता सर्वाधिक है—

(a) मोनोएमाइन ऑक्सीडेस प्रतिरोधक (monoamine oxidase or MAO inhibitors)

(b) ट्रीसाइक्लिक्स (tricyclics)

(c) द्वितीय पीढ़ी के विषादविरोधी औषध (second-generation antidepressant drugs)

इन सबों का वर्णन गिम्नांकित है—

(a) मोनोएमाइन ऑक्सीडेस प्रतिरोधक *(Monoamine oxidase or MAO inhibitors)*—प्रारंभ में विषादी लक्षणों को दूर करने के लिए इप्रोनियाजिड (iproniazid) जैसे औषध का उपयोग किया जाता था। परंतु यह देखा गया कि इससे व्यक्ति का यकृत (liver) खराब हो जाता है और व्यक्ति की मृत्यु भी हो जाती है। अत: शोधकर्ताओं द्वारा एक विशेष तरह का समान औषध की खोज की गयी जिसमें मॉरप्लान (Morplan), नारडिल (Nardil) तथा पारनेट (Parnate) मुख्य हैं जो सभी क्रमश: आइसोकार्बोक्साजिड (Isocarboxazid), फेनेलजाइन (Phenelzine) तथा ट्रैनीलसाइप्रोमाइन (Tranylcypromine) के व्यापार नाम (trade name) हैं। ये तीनों औषध एक ही तरह का कार्य करता है और वह यह है कि इसके लेने से शरीर में विशेष तरह इनजाइम (enzyme) अर्थात् मोनोएमाइन ऑक्सीडेस (monoamine oxidase or MAO) का उत्पादन कम हो जाता है। शायद यही कारण है कि इन्हें एमएओ अवरोधक (MAO inhibitors) कहा जाता है। डेविस (Davis, 1980) ने अपने अध्ययन के आधार पर यह कहा है कि साधारण से अधिक गंभीर विषादी रोगियों में से करीब आधे रोगियों को एमएओ अवरोधक देने से उनके विषादी लक्षण दूर हो जाते हैं। सचमुच में एमएओ अवरोधक विषाद को कम करने में इस तरह अपनी भूमिका निभाता है—जब एमएओ इन्जाइम रसायनिक रूप से नोरइपाइफ्राइन के अणुओं से अंत:क्रिया करता है जो ऑक्सीकरण की प्रक्रिया के कारण यह उससे नाइट्रोजन या एमाइन जैसे तत्त्व को हटा देता है और न्यूरोट्रांसमीटर के रूप में कार्य करने की प्रभावशीलता को कम कर देता है। इसलिए जिन लोगों में एमएओ का स्तर ऊँचा होता है उनमें नोरइपाइफ्राइन की मात्रा काफी कम होती है और ऐसे लोगों में विषाद उत्पन्न हो जाता है। एमएओ अवरोधक एमएओ इन्जाइम के इस विध्वंसात्मक क्रिया को रोककर नोरइपाइनफ्राइन की बर्बादी को रोक देता है। इसका परिणाम यह होता है कि व्यक्ति में नोरइपाइनफ्राइन की मात्रा बढ़ जाती है और व्यक्ति के विषादी लक्षणों में कमी आ जाती है।

(b) ट्रीसाइक्लिक्स *(Tricyclics)*—कई अध्ययनों से यह स्पष्ट हुआ है कि ट्रीसाइक्लिक्स से एकध्रुवीय विषाद (unipolar depression) के लक्षणों में कमी आती है। प्रमुख ट्रीसाइक्लिक्स हैं—इमीप्रामाइन (Imipramine), एमीट्रीपटाइलीन (amitriptyline), नोरट्रीपटाइलिन (nortriptyline) तथा डाक्सेपीन (Doxepin) जिनके व्यापार नाम (trade name) क्रमश: हैं—टफ्रेनिल (Tofranil), एलाभिल (Elavil), एवेनटील (Aventyl) तथा साइनक्वान (Sinequan)। इन्हें ट्रीसाइक्लिक्स विषाद विरोधी औषध इसलिए कहा जाता है क्योंकि इन सबों में तीन वृत्तीय आणविक संरचना (three-ring molecular structure) सामान्य ढंग से होती है। कई अध्ययनों में विषाद के एकध्रुवीय पैटर्न के उपचार में ट्रीसाइक्लिक्सि की उपयोगिता स्पष्ट किया गया है। माँटगोमेरी तथा उनके सहयोगियों (Montgomery et al, 1993) ने सैकड़ों अध्ययनों की समीक्षा किया जिसमें यह पाया गया कि ट्रीसाइक्लिक्सि लेने वाले अनेकों विषादी रोगियों के लक्षणों में उन विषादी रोगियों के लक्षणों की तुलना में काफी सुधार हुए जिन्हें प्लेसबो गोली (placebo pills) दिया गया था। गुडविन (Goodwin, 1992), मैकनील तथा किम्बोलिक (McNeel & Cimbolic, 1986) ने अपने-अपने अध्ययनों के आधार पर यह स्पष्ट किया है कि ट्रीसाइक्लिक्सि न्यूरोट्रांसमीटर के पुनर्वापसी (reuptake) के प्रक्रम को प्रभावित करके विषाद के लक्षणों को दूर करता है। ट्रीसाइक्लिक्सि इस न्यूरोट्रांसमीटर के पुनर्वापसी को अवरुद्ध करता है जिससे नोरइपाइफ्राइन तथा सीरोटोनिन पर्याप्त मात्रा में न्यूरोन के छोर पर बने होते हैं जिससे न्यूरोट्रांसमीटर की क्रियाएँ होते रहती हैं और उनका विषादी लक्षण कम हो जाता है।

आजकल विषादी लक्षणों को दूर करने में ट्रीसाइक्लिक्सि का उपयोग एमएओ प्रतिरोधक (MAO inhibitors) की तुलना में निम्नांकित दो कारणों से अधिक होता है—

(i) हालांकि ट्रीसाइक्लिक्सि के कुछ अपने अवांछनीय प्रभाव (undesirable effect) जैसे थकान, मुँह का सुखना, अस्पष्ट दृष्टि आदि अवश्य होते हैं, फिर भी इसे एमएओ अवरोधक की तुलना में कम खतरनाक समझा जाता है। इतना ही नहीं, इसके सेवन करते समय कोई खान-पान की प्रतिबंध भी नहीं होती है।

(ii) स्वौनगर एवं कॉन्सटान्टाइन (Swanger & Constantine, 1983) द्वारा किये गए अध्ययनों से यह स्पष्ट हुआ है कि विषादी लक्षणों को दूर करने में ट्रीसाइक्लिक्सि का प्रभाव एमएओ अवरोधक के प्रभावों से काफी उत्तम एवं श्रेष्ठ होता है।

स्पष्ट हुआ कि ट्रीसाइक्लिक्सि का उपयोग एकध्रुवीय विषादी लक्षणों को दूर करने में एमएओ अवरोधों की तुलना में अधिक होता है।

(c) द्वितीय पीढ़ी विषादविरोधी औषध *(Second-Generation antidepressant drugs)*—एमएओ अवरोधक तथा ट्रीसाइक्लिक्सि के अतिरिक्त अभी हाल के वर्षों में कुछ ऐसे औषध विकसित किये गये हैं जो सीधे नोरइपाइफ्राइन (norepinephrine) तथा सीरोटोनिन (Serotonin) ग्राहकों (receptors) की संवेदनशीलता को परिवर्तित करते हैं। इनमें मैप्रोटीलाइन (Maprotiline), एमॉक्सामाइन (Amoxapine) तथा ट्रेजोडोन (Trazodone) प्रमुख हैं जिनके व्यापार नाम (trade name) क्रमशः लूडियोमिल (Ludiomil), एसेनडिन (Asendin) तथा डीसीरेल (Desyrel) हैं। इसके अतिरिक्त कुछ अन्य द्वितीय पीढ़ी विषाद-विरोधी औषध भी हैं जिनमें फ्लूमौक्सीटाईन (fluoxetine), सेरट्रालाइन (Sertraline) तथा पैरोक्सेटाइन (Paroxetine) प्रधान हैं तथा जिनके व्यापार नाम क्रमशः प्रोजैक (Prozac), जोलोफ्ट (Zoloft) तथा पैक्सील (Paxil) है। इन्हें चयनात्मक सीरोटोनिन पुनर्वापसी अवरोधक (selective serotonin reuptake inhibitors or SSRIs) भी कहा जाता है। कुछ ऐसे अध्ययन हुए हैं जिनमें द्वितीय पीढ़ी औषध की प्रभावशीलता की तुलना ट्रीसाइक्लिक्सि की प्रभावशीलता से की गयी है और पाया गया है कि दोनों समान रूप से प्रभावी हैं। फिर भी द्वितीय पीढ़ी औषध की लोकप्रियता तुलनात्मक रूप से बढ़ रही है। इनका उपयोग उन विषादी रोगियों जिनमें आत्म-हत्या की प्रवृत्ति अधिक होती है, उपयोगी पाया गया है क्योंकि इन औषधों की अतिमात्रा (overdose) भी रोगी के शरीर पर कोई खास प्रभाव नहीं डालता है। इतना हीं नहीं, पहले के विषाद-विरोधी औषधों के अवांछित प्रभावों जैसे कब्ज, मुँह का सुखना, अस्पष्ट दृष्टि, शरीर का वजन बढ़ना आदि इस द्वितीय पीढ़ी के औषध के साथ नहीं होता पाया गया है।

स्पष्ट हुआ कि एकध्रुवीय विषाद (unipolar depression) के उपचार की कई प्रविधियाँ है। इनमें विषादी लक्षणों की गंभीरता कम होने पर संज्ञानात्मक चिकित्सा उत्तम मानी जाती है तथा गंभीर विषादी लक्षणों में जैविक चिकित्सा और फिर उसके बाद संज्ञानात्मक चिकित्सा देने से सर्वाधिक लाभ होता है।

द्विध्रुवीय विकृति या उन्माद-विषाद विकृति
(Bipolar Disorder or Manic-Depression Disorder)

हमलोग यह देख चुके हैं कि मनोदशा (mood) से संबद्ध विकृति में करीब 80 से 95 प्रतिशत केसेज में सिर्फ विषाद (depression) होते हैं और इन्हें एकध्रुवीय विकृति (unipolar disorder) कहा जाता है। परंतु 5 से 20 प्रतिशत केसेज ऐसे होते हैं जिनमें केवल विषाद की अवस्था नहीं होती है बल्कि विषाद के साथ-साथ उन्माद (mania) की भी अवस्था होती है जिसे द्विध्रुवीय विकृति (bipolar disorder) कहा जाता है।

जैसा कि पहले कहा जा चुका है, द्विध्रुवीय विकृति के तीन प्रकार होते हैं—साइक्लोथाइमिक विकृति (cyclothymic disorder), द्विध्रुवीय एक विकृति (Bipolar I disorder) तथा द्विध्रुवीय दो विकृति (Bipolar II disorder)। इन तीनों का वर्णन इस प्रकार है—

1. साइक्लोथाइमिक विकृति *(Cyclothymic disorder)*—साइक्लोथाइमिक विकृति मनोदशा क्षुब्धता के एक चिरकालिक अवस्था (chronic state) को कहा जाता है जिसमें विषाद तथा अल्प उन्माद (hypomania) के लक्षण गत दो वर्षों से कम-से-कम अवश्य ही देखे जाते हैं। यद्यपि इसमें विषाद एवं अल्पोन्माद (hypomania) दोनों के लक्षण पाये जाते हैं, परंतु वे उतना गंभीर नहीं होते हैं कि वे DSM-IV (TR) में निर्धारित विषाद एवं उन्माद की कसौटी को छू सके। DSM-IV (TR) में इस विकृति की निम्नांकित चार कसौटी (criteria) बतलायी गयी है—

(1) कम-से-कम दो सालों तक अनेकों अवधि में अल्पोन्मादी लक्षण (hypomanic symptoms) तथा अनेकों अवधि में विषादी मनोदशा रोगी द्वारा दिखलायी गयी हो।

(2) दो साल की अवधि में 2 महीना से ज्यादा ऐसी कोई अवधि न हो जिनमें रोगी इन लक्षणों को नहीं दिखलाया हो।

(3) कोई बड़ा विषादी घटना (major depressive episode) का अनुभव हुआ हो।

(4) प्रथम दो वर्षों में कोई उन्मादी घटना (manic episode) का अनुभव नहीं हुआ हो।

साइक्लोथाइमिक विकृति की शुरूआत किशोरावस्था या आरंभिक वयस्कावस्था में होता है। हालैंड एवं थेस (Howland & Thase, 1993) ने अपने अध्ययन के आधार पर यह बतलाया है कि साइक्लोथाइमिक विकृति वाले रोगियों में से कुछ रोगी आगे चलकर स्पष्ट रूप से द्विध्रुवीय विकृति (bipolar disorder) से ग्रसित हो जाते हैं। कुछ अध्ययनों में द्विध्रुवीय विकृति तथा साइक्लोथाइमिक विकृति में एक जननिक संबंध (genetic link) होते पाया गया है। जैसे, हालैंड तथा थेस (Howland & Thase, 1998) के अध्ययन से यह स्पष्ट हुआ है कि साइक्लोथाइमिक विकृति से ग्रसित व्यक्तियों के कुछ संबंधी जरूर ही ऐसे होते हैं जिनमें द्विध्रुवीय विकृति (bipolar disorder) हुआ हो। इन अध्ययनों से सह स्पष्ट होता है कि साइक्लोथाइमिक विकृति का संबंध द्विध्रुवीय विकृति से एकध्रुवीय विकृति (unipolar disorder) की तुलना में अधिक है।

2. द्विध्रुवीय एक विकृति *(Bipolar I disorder)*—द्विध्रुवीय एक विकृति वैसी विकृति को कहा जाता है जिसमें रोगी को एक या एक से अधिक उन्मादी अवस्था तथा एक या एक से अधिक विषादी अवस्था का अनुभव हुआ हो। गुडविन तथा जैमिसन (Goodwin & Jamison, 1987) के अनुसार बहुत कम लोग ऐसे हो सकते हैं जो एक या एक से अधिक उन्मादी घटना (manic episode) का अनुभव अवश्य किये हो परंतु उन्हें कोई भी विषादी घटना (depressive episode) का अनुभव नहीं हुआ हो। इसके बावजूद भी ऐसे लोगों को द्विध्रुवीय विकृति का रोगी माना जाता है क्योंकि ऐसी उम्मीद की जाती है कि उनमें कभी-न-कभी विषाद की घटना का अनुभव अवश्य ही होगा। द्विध्रुवीय एक विकृति में अधिकतर रोगियों में उन्मादी तथा विषादी घटनाएँ बारी-बारी से होतीं हैं परंतु कुछ ऐसे भी रोगी होते हैं जिन्हें मिश्रित घटनाओं (mixed episode) का अनुभव होता है अर्थात् एक ही दिन में उन्मादी एवं विषादी दोनों तरह के लक्षण दीखते हैं। उन्माद (mania) से तात्पर्य एक ऐसी मानसिक स्थिति से होती है जिसमें रोगी की मनोदशा बढ़ी-चढ़ी होती है, विचारों का उड़ान ऊँचा होता है तथा मनोपेशीय क्रियाएँ (psychomotor activities) अधिक होते हैं। द्विध्रुवीय विकृति (bipolar disorder) का चाहे जो भी प्रकार हो, इसमें विषादी अवस्था (depressive stable) के लक्षण तो वही होते हैं जो बड़ा विषादी विकृति (major depressive disorder) के होते हैं परंतु उन्माद (mania) के लक्षण कुछ दूसरे होते हैं जिन्हें मौटे तौर पर विषाद के लक्षणों का विपरीत कहा जा सकता है। इन लक्षणों की चर्चा आगे की जाएगी।

3. द्विध्रुवीय दो विकृति *(Bipolar II disorder)*—द्विध्रुवीय दो विकृति में DSM-IV के अनुसार निम्नांकित तीन प्रमुख लक्षण होते हैं—

(i) एक या एक से अधिक बड़ा विषादी घटना का अनुभव हुआ हो।

(ii) कम-से-कम अल्पोन्मादी घटना (hypomanic episode) का अनुभव हुआ हो। एक अल्पोन्मादी घटना वैसी घटना को कहा जाता है जब व्यक्ति को एक खास अवधि तक बढ़ाचढ़ा एवं चिड़चिड़ा मनोदशा का अनुभव हुआ होता है परंतु इससे व्यक्ति का सामाजिक एवं व्यवसायिक कार्यो में बाधा नहीं पहुँचा होता है और व्यक्ति को अस्पताल में भर्ती करके उपचार करने की जरूरत नहीं होती है। जिन लोगों द्वारा अल्पोन्मादी घटना का अनुभव किया जाता है, वे इसे रोगात्मक (pathological) नहीं समझते हैं।

(iii) ऐसे रोगियों में उन्मादी घटना (manic episode) का कोई अनुभूति नहीं हुआ होता है ।

इस तरह से द्विध्रुवीय दो विकृति में अल्पोन्मादी घटना तथा बड़ा विषादी घटना बारी-बारी से होते पाये जाते हैं।

DSM-IV (TR) में उन्मादी घटना (manic episode) या उन्माद के मुख्य लक्षण (symptoms) निम्नांकित बतलाये गए हैं—

(i) एक सप्ताह तक रोगी की मनोदशा असामान्य ढंग से काफी बढ़ा-चढ़ा एवं चिड़ाचिड़ा-सा बना हुआ हो

(ii) मनोदशा क्षुब्धता (mood distrubance) की अवधि में निम्नांकित में से तीन या उससे अधिक लक्षण महत्त्वपूर्ण ढंग से उपस्थित हो (यदि मनोदशा में सिर्फ चिड़चिड़ापन हो, तो चार लक्षण अवश्य हों)—

(a) बढ़ा हुआ आत्म-सम्मान (inflated self-esteem)

(b) नींद की कमी

(c) पहले की तुलना में वातूनी (talkative) अधिक होना

(d) विचारों का उड़ान होना या यह अनुभव होना कि उनके विचार हवा से बातें कर रहा हो

(e) ध्यान भंगता (distractibility) अर्थात् तुच्छ एवं महत्त्वहीन चीजों के प्रति ध्यान जल्द चला जाना

(f) मनोपेशीय क्रियाओं (psychomotor activities) जैसे लैंगिक क्रिया, लाभरहित व्यवसाय में लगना आदि में वृद्धि होना।

(g) उन क्रियाओं में अत्यधिक आवेष्टन (involvement) दिखाना जो आनन्द तो देते हों परंतु उसमें दर्दनाक परिणाम की उच्च अंतशक्ति (potential) छिपी हुई हो

(iii) उक्त लक्षण ऐसे हो जो व्यक्ति के सामाजिक एवं व्यवसायिक समायोजन में बाधा डालता हो।

(iv) उक्त लक्षण का कारण कोई द्रव्य (substance) का दैहिक प्रभाव या सामान्य मेडिकल अवस्था न हो।

स्पष्ट हुआ कि द्विध्रुवीय दो विकृति (bipolar II disorder) की स्पष्टता द्विध्रुवीय एक विकृति (bipolar I disorder) से अधिक है। इन दोनों विकृतियों में मुख्य अंतर यह है कि द्विध्रुवीय दो विकृति में उन्मादी व्यवहार (manic behaviour) की गंभीरता द्विध्रुवीय एक विकृति में उन्मादी व्यवहार से कम होती है।

द्विध्रुवीय विकृति (bipolar disorder) के क्षेत्र में किये गए अनेकों अध्ययनों के आधार पर उसके कई अन्य संबंध तथ्यों का पता चला है। जैसे, इस विकृति की शुरूआत 15 से 44 साल के उम्र में होती है तथा पहली घटना उन्मादी या विषादी में से कुछ भी हो सकता है। केल्लर (Keller, 1987) के अनुसार उन्मादी घटना का औसत मियाद 2 से 3 महीनों का होता है परंतु विषादी घटना का औसत मियाद इससे थोड़ा बड़ा होता है। हाँ, द्विध्रुवीय दो विकृति (bipolar II disorder) के रोगियों में ये दोनों घटनाएँ (episode) तुलनात्मक रूप से कम गंभीर एवं लघु अवधि के लिए होते हैं। अगर कोई रोगी एक साल में चार या उससे अधिक बार अपनी मनोदशा में क्षुब्धता (distrubance) होते पाता है तो इसकी विकृति चाहे द्विध्रुवीय एक हो या दो, उसे एक नया नाम अर्थात् *द्रुत चक्र* (rapid cycling) दिया जाता है। अगर उसकी मनोदशा क्षुब्धता मौसम के साथ जैसे अत्यधिक ठंड का मौसम या गर्मी का मौसम प्रारंभ होने के साथ परिवर्तित होता है, तो उसे *सामाजिक या मौसमी भावात्मक विकृति* (Seasonal Affective Disorder or SAD) की संज्ञा दी जाती है। केसलर (Kessler, 1994) द्वारा किये गए अध्ययनों से यह स्पष्ट हुआ है कि द्विध्रुवीय एक विकृति द्विध्रुवीय दो विकृति की तुलना में अधिक सामान्य है। ऐसे तो द्विध्रुवीय विकृति पुरुष तथा महिला दोनों में ही होते पाये जाते हैं परंतु महिलाओं में पुरुषों की तुलना में यह अधिक सामान्य होती है। अध्ययनों से यह भी स्पष्ट हुआ है कि द्विध्रुवीय विकृति सभी प्रजाति समूहों तथा सभी तरह सामाजिक-आर्थिक समूहों में होते पाया जाता है।

द्विध्रुवीय विकृति का एक केस उदाहरण *(A case example of bipolar disorder)*

यह केस उदाहरण ओल्टमानस एवं इमरी (Oltmanns & Emmery, 1995) द्वारा उद्धृत किया गया है—

''डेब्बी एक 21-वर्षीय अविवाहित महिला थी, जो मानसिक रोग के अस्पताल में उस समय भर्ती करवायी गयी जब उन्मादी घटना (manic episode) का तीव्र ढंग से वह अनुभव कर रही थी। जब वह उच्च विद्यालय की छात्रा थी, उस समय उसे विषाद (depression) के उपचार के लिए मनश्चिकित्सा दी गयी थी। कॉलेज में दो सेमेस्टर पूरा करने के बाद उसे एक स्थानीय समाचार पत्र में अच्छी नौकरी (Job) दो सालों के लिए मिल गयी। अभी मानसिक अस्पताल में भर्ती होने के कई सप्ताह पहले उसे उन्मादी दौरा (manic attack) पड़ा था। डेब्बी ने अपना नौकरी से अचानक त्यागपत्र देकर अपने पुरुष दोस्त जो किसी दूसरे शहर में रहता था, के पास चली गयी। बिना किसी वैकल्पिक रोजगारी के अपनी नौकरी से त्यागपत्र देना उसके घटिया निर्णय का पहला सूचक था। अब वह अपने खाली समय को कुछ खास-खास क्रियाओं को करके भरता था। उसे नींद की शिकायत होने लगी तथा उसकी मनोदशा काफी चिड़चिड़ा (irritable) हो गया । एक दिन उसे अपने पुरुष मित्र से काफी बक-झक भी हो गयी और वह अपना सभी सामान लेकर अपने वापस चली आयी। घर लौटने पर वह अपने माता-पिता से बहुत ज्यादा बक-बक करते रहती थी और एक दिन वह अपने माँ से झगड़कर टेनिस क्लब की ओर चल पड़ी। रास्ते में उसे दो अज्ञात पुरुष मित्र से मुलाकात हुई जिसके कहने पर वह उन दोनों के साथ एक पार्टी में भाग लेने चली गयी। वह पार्टी में रात भर रही और तीन ऐसे व्यक्तियों के साथ लैंगिक संबंध स्थापित की जिससे वह पहले कभी नहीं मिली थी। अगले दिन घर पर आकर फिर वह अपने पिता से झगड़ गयी। उसके पिता उसके व्यवहार से इतना अधिक क्षुब्ध हो गए कि उनको सहायतार्थ पुलिस बुलानी पड़ी। पुलिस उसे एक मनोरोगविज्ञानी के यहाँ ले गई जहाँ मनोरोगविज्ञानी ने उसका गहन साक्षात्कार लिया और पाया कि उसकी मनोदशा असंगत (irrational) तथा अति उग्र (violent) था और उसे मानसिक अस्पताल में भर्ती करने की सिफारिश किया। मानसिक

अस्पताल में यद्यपि वह ठीक ढंग से बोल तो लेती थी परंतु उसके विचार में बड़प्पन (grandiose) था तथा वह पुरुष रोगियों के कभी गोद में बैठकर तथा कभी उन्हें चूमकर अपने बढ़े हुए मनोपेशीय क्रियाओं की अभिव्यक्ति करती थी।''

इस केस के गहन अध्ययन से यह स्पष्ट हो जाता है कि डेब्बी द्विध्रुवीय विकृति (bipolar disorder) का शिकार थी। इसकी जिंदगी में एक विषादी घटना स्कूल की अवस्था में घटी थी तथा उन्मादी घटना कॉलेज की अवधि में जब वह नौकरी भी कर रही थी।

द्विध्रुवीय विकृति के हैतुकी
(Etiology of Bipolar Disorder)

द्विध्रुवीय विकृति की व्याख्या कई तरह के कारकों के रूप में की गयी है। इन कारकों में निम्नांकित हैं—

(1) न्यूरोट्रांसमीटर (neurotransmitter)
(2) सोडियम आयन क्रिया (Sodium ion activity)
(3) जननिक कारक (Genetic factors)
(4) तनाव (Stress)

इन सबों का वर्णन इस प्रकार है—

1. न्यूरोट्रांसमीटर *(Neurotransmitter)*—कई अध्ययनों से यह स्पष्ट हुआ है कि विषाद के समान उन्मादी घटनाओं की अनुभूति में भी न्यूरोट्रांसमीटर का हाथ होता है। पोस्ट एवं उनके सहयोगियों (Post et al., 1980) ने अपने अध्ययन में यह पाया है कि नोरइपाइनफ्राइन (norepinephrine) की मात्रा अधिक होने से व्यक्ति में उन्मादी अनुभूतियाँ अधिक होती हैं तथा निम्न स्तर होने से विषाद की उत्पत्ति होती है। इसका परोक्ष समर्थन टेलनर तथा उनके सहयोगियों (Telner et al., 1986) के अध्ययनों से भी हुआ है। जब द्विध्रुवीय विकृति के रोगियों को रेसरपाइन (reserpine) दिया गया है (जिससे रोगी के रक्तचाप को कम कर दिया जाता है) तो इससे नोरइपाइनफ्राइन की आपूर्ति मस्तिष्क में कम हो जाती है तथा रोगियों का उन्मादी लक्षण कम हो गया। इससे अपने आप यह स्पष्ट हो जाता है कि नोरइपाइनफ्राइन का स्तर ऊँचा होने से उन्मादी घटनाओं का अनुभव होता है। उच्च-नोरइपाइनफ्राइन की मात्रा तथा उन्मादी अनुभूतियों के संबंध का समर्थन **लिथियम** (lithium) नामक औषध के प्रभावों को देखने के लिए किये गए शोधों से भी हुआ है। बन्नी तथा गारलैंड (Bunney & Garland, 1984) द्वारा किये गए शोधों से यह स्पष्ट हुआ है कि लिथियम एक औषध है जो मस्तिष्क के मुख्य भागों में नोरइपाइनफ्राइन के स्तर को कम करके उन्मादी लक्षणों को कम करता है। इससे यह स्पष्ट होता है कि उन्माद अपने आप में उच्च नोरइपाइनफ्राइन की मात्रा से संबंधित होता है।

चूँकि सीरोटोनीन (serotonin) का प्रभाव विषाद के संदर्भ में नोरइपाइनफ्राइन के ही समान होता है, अतः इस क्षेत्र के शोधकर्त्ताओं का ऐसा मानना है कि सीरोटोनीन की आपूर्ति अधिक होने से उन्मादी अनुभूतियाँ उत्पन्न होगीं। परन्तु दुर्भाग्यवश ऐसा कोई स्पष्ट एवं सतत संबंध नहीं पाया गया। जैसे, प्राइस (Price, 1990) के अध्ययन में यह पाया गया कि सीरोटोनीन के निम्न स्तर से ही उन्माद (mania) की अवस्था उत्पन्न होती है। बन्नी एवं गारलैंड (Bunney & Garland, 1984) ने भी सीरोटोनीन तथा उन्माद के संबंध पर कुछ ऐसा ही टिप्पणी किया है ।

स्पष्ट हुआ कि सीरोटोनीन तथा नोरइपाइनफ्राइन का समान समझे जाने वाले प्रभाव एक-दूसरे के यहाँ विपरीत प्रभाव डाल रहे हैं।

इस परस्पर विरोधी प्रभाव से सार्थक अर्थ निकालने हेतु प्रेंज तथा उनके सहयोगियों (Prange et al. 1974) ने मनोदशा विकृति (mood disorder) के एक नया सिद्धान्त जिसे *अनुज्ञात्मक सिद्धान्त* (Permissive theory) कहा गया, का प्रतिपादन किया। इस सिद्धान्त के अनुसार सीरोटोनीन का निम्न स्तर मनोदशा विकृति की शुरूआत करता है और मस्तिष्क के नोरइपाइनफ्राइन क्रियाओं से उत्पन्न विकृति के विशेष प्रारूप (form) को परिभाषित करने की अनुज्ञा या आज्ञा देता है। निम्न सीरोटोनीन का स्तर के बाद यदि नोरइपाइनफ्राइन का भी निम्न स्तर उत्पन्न होता है, तो इससे रोगी में विषाद उत्पन्न होगा और यह तथ्य एकध्रुवीय विषाद (unipolar depression) के न्यूरोट्रांसमीटर सिद्धान्त के दावे के अनुकूल है। इसके विपरीत, यदि सीरोटोनीन का निम्न स्तर के बाद नोरइपाइनफ्राइन का उच्च स्तर उत्पन्न होता है, तो इससे रोगी में उन्माद (mania) की अवस्था उत्पन्न होगी। हालांकि इस क्षेत्र के सभी शोधकर्त्ता इस बात से संतुष्ट नहीं

हैं कि सीरोटीनोन तथा नोरइपाइनफ्राइन (norepinephrine) आपस में इस ढंग से अंतक्रिया (interaction) करके द्विध्रुवीय विकृति (bipolar disorder) उत्पन्न करता है। मनोदशा विकृति निश्चित रूप से इन दोनों तरह के न्यूरोट्रांसमीटर के कार्य में किसी-न-किसी तरह की असामान्यता की ओर इशारा करता है।

2. सोडियम आयन क्रिया *(Sodium ion activity)*—मेलजर (Meltzer, 1991) का मत है कि उन्माद एवं विषाद का कारण पूरे मस्तिष्क में न्यूरोन्स झिल्लियों में सोडियम आयन्स का दोषपूर्ण संचार है। अगर मस्तिष्कीय सूचनाओं को सचमुच में ठीक ढंग से रांचारित होना है, सोडियम आयन (sodium ion) का न्यूरोन झिल्ली के भीतर और बाहर आगे तथा पीछे ठीक ढंग से संचारित होना अनिवार्य है। जब इन आयनों का संचार ठीक ढंग से होता है तो एक न्यूरोन न तो जरूरत से ज्यादा किसी उद्दीपक से उत्तेजित होगा और न उसके प्रति प्रतिरोध (resistance) दिखलायेगा। इसके विपरीत कुछ शोधकर्त्ताओं का ऐसा विश्वास है कि यदि आयन का अनुचित संचरण (transpotation) हुआ तो न्यूरोन बहुत आसानी से या तो उत्तेजित हो जाएगा या फिर बहुत मुश्किल से उत्तेजित हो पाएगा। पहली अवस्था की असामान्यता से उन्माद (mania) तथा दूसरी अवस्था की असामान्यता से विषाद (depression) होता है। सोडियम आयन के संचरण में इस तरह के दोष से न्यूरोन के झिल्लियों (membranes) में होने वाले सामान्य परिवर्तनों में दोष उत्पन्न हो जाता है और जिसका परिणाम यह होता है कि व्यक्ति की मनोदशा (mood) में एक छोर से दूसरे छोर तक का परिवर्तन होता है।

काटो एवं उनके सहयोगियों (Kato et al. 1991) तथा मेलजर (Meltzer, 1991) द्वारा किये गए अध्ययनों से इस तथ्य का समर्थन मिला है क्योंकि इन लोगों ने अपने इन अध्ययनों में स्पष्ट रूप से मस्तिष्कीय न्यूरोन के झिल्ली के प्रोटीन के कार्यों में असामान्यता पाये। इन न्यूरोन के झिल्लियों के प्रोटीन कार्यों में सामान्यता से सोडियम आयन का झिल्ली के आगे पीछे उत्तम एवं पर्याप्त संचरण होता है। कुछ अध्ययनों से यह भी पता चला है कि द्विध्रुवीय विकृति वाले रोगियों में इन न्यूरोन के झिल्लियों में दोष (defect) भी पाया जाता है जो सोडियम आयन के संचरण प्रक्रम में समस्या उत्पन्न कर देता है।

3. जननिक कारक *(Genetic factor)*—कई ऐसे अध्ययन किये गए हैं जिनसे यह पता चला है कि द्विध्रुवीय विकृति का कारण आनुवंशिकता (heredity) होता है। यह उन व्यक्तियों में अधिक पाया जाता है जिनके माता-पिता या अन्य नजदीकी संबंधियों में पहले से हो चुका होता है। पारिवारिक वंशवृक्ष अध्ययनों (family pedigree studies) से इस तथ्य का पूर्ण समर्थन मिला है। नूरनवर्गर तथा गेरशोन (Nurnberger & Gershon, 1992) तथा अमेरीकन मनोरोगविज्ञानी संघ (American Psychiatric Association, 1994) द्वारा किये गए अध्ययनों के आधार पर यह पता चला है कि द्विध्रुवीय विकृति (bipolar disorder) वाले व्यक्तियों के नजदीकी संबंधियों में इस रोग के होने की संभावना 4 से 25 प्रतिशत तक होती है जबकि सामान्य व्यक्तियों के नजदीकी संबंधियों में इस रोग के होने की संभावना मात्र 1% होती है। फिशकर (Fischer, 1980) तथा वर्टेलसन एवं उनके सहयोगियों (Bertelsen et al. 1977) द्वारा किये गए अध्ययनों से यह स्पष्ट हुआ है कि अगर एकांडी जुडुवाँ का एक बच्चा को द्विध्रुवीय विकृति (bipolar disorder) हो गया तो 70% उम्मीद यह है कि इस जुडुवाँ युग्म का दूसरा बच्चा में भी यह रोग विकसित हो जाएगा जबकि भ्रात्रीय जुडुवा (fraternal twin) में से किसी एक में द्विध्रुवीय विकृति होने पर दूसरा में ऐसी विकृति होने की संभावना मात्र 25% होती है। ऐसे परिणाम से स्पष्टतः इस तथ्य की ओर संकेत मिलता है कि द्विध्रुवीय विकृति (bipolar disorder) का आधार आनुवंशिकता (heredity) होता है।

कुछ शोधकर्त्ताओं द्वारा जननिक सहलग्नता अध्ययनों (Genetic linkage studies) के माध्यम से भी द्विध्रुवीय विकृति में जननिक पूर्ववृत्तियों (genetic predisposition) की संभावना का पता लगाने की कोशिश की गयी है। बेरोन तथा उनके सहयोगियों (Baron et al. 1987) तथा जोम्पो एवं उनके सहयोगियों (Zompo et al. 1984) द्वारा किये गए ऐसे अध्ययनों जिसमें कुछ परिवार के कई पीढ़ियों तक के लोगों का अध्ययन किया गया, से इस निष्कर्ष पर पहुँच गया कि द्विध्रुवीय विकृति का संबंध लाल-हरा रंग अंधेपन (red-green colour blindness) से तथा एक विशेष तरह के मेडिकल न्यूनता (medical deficiency) से स्पष्ट रूप से होता है। ये दोनों तरह की अवस्थाएँ एक्स गुणसूत्र (X-chromosome) के जीन्स द्वारा संचरित होता है जिससे यह पता चलता है कि द्विध्रुवीय विकृति की पूर्ववृत्ति (predisposition) एक्स गुणसूत्र के जीन्स द्वारा संचरित हो सकता है।

उपर्युक्त दोनों तरह के अध्ययनों से जो सबूत मिलते हैं उनसे यह स्पष्ट हो जाता है कि द्विध्रुवीय विकृति का स्वरूप जननिक (inherited) भी होता है।

4. तनाव *(Stress)*—कई अध्ययनों से इस बात की पुष्टि हुई है कि द्विध्रुवीय विकृति का कारण तनाव भी होता है। एमवेलास (Ambelas, 1987) द्वारा किये गए अध्ययन में यह स्पष्ट रूप से पाया गया है कि उन्मादी घटनाओं का करीब दो-तिहाई घटनाओं का कारण जिंदगी में कुछ-न-कुछ तनाव ही का होना होता है। यह भी देखा गया है कि तनावपूर्ण घटनाएँ उन व्यक्तियों में उन्मादी अवस्था उत्पन्न कर देता है जिनमें द्विध्रुवीय विकृति (bipolar disorder) का गत इतिहास होता है। उदाहरणस्वरूप, एनोनसन तथा शुक्ला (Anonson & Shukla, 1987) ने अपने अध्ययन में पाया कि द्विध्रुवीय विकृति (bipolar disorder) के उन रोगियों में जिन्हें लिथियम (lithium) देकर उपचार किया जा रहा था, उस समय उन्मादी अवस्था काफी बढ़ गयी जब इन रोगियों को एक बड़े आँधी-तूफान से हुए तबाही के परिणामस्वरूप तनावपूर्ण स्थिति का सामना करना पड़ा। कुछ लोगों का मत है कि विषादी या उन्मादी रोगियों के साथ रहना अपने आप में तनावपूर्ण होता है जिससे फिर सामान्य व्यक्ति में भी द्विध्रुवीय विकृति होने की संभावना तीव्र हो जाती है। मोल्ज (Moltz, 1993) द्वारा किये गए एक अध्ययन में यह पाया गया कि विषादी अवस्था में होने पर उनके साथ रह रहे व्यक्तियों में से करीब 40% व्यक्तियों में विषादी रोग विकसित हो गया।

स्पष्ट हुआ कि द्विध्रुवीय विकृति (bipolar disorder) के होने के कई कारण हैं। इनमें जैविक कारकों की भूमिका तुलनात्मक रूप से अधिक महत्त्वपूर्ण है।

द्विध्रुवीय विकृति का उपचार
(Treatment of Bipolar Disorder)

अभी हाल तक द्विध्रुवीय विकृति का कोई ठोस उपचार नहीं था परंतु इधर हाल के वर्षों में नैदानिक मनोवैज्ञानिकों तथा मनोरोगविज्ञानियों द्वारा किये गए प्रयासों का परिणाम यह हुआ है कि द्विध्रुवीय विकृति के उपचार की दिशा में महत्त्वपूर्ण सफलता हासिल हुई है। इनके प्रयासों के फलस्वरूप अब इस तरह की विकृति का उपचार निम्नांकित दो तरह की प्रविधियों द्वारा अधिक उत्तम ढंग से किया जाता है—

(1) लिथियम चिकित्सा (Lithium therapy)

(2) योजन मनश्चिकित्सा (Adjunctive psychotherapy)

इन दोनों का वर्णन निम्नांकित है—

1. लिथियम चिकित्सा *(Lithium therapy)*—लिथियम चिकित्सा में चिकित्सक द्विध्रुवीय विकृति के रोगी को उचित मात्रा में लिथियम नामक औषध लेने की सलाह देते हैं। लिथियम एक ऐसा औषध है जो उन मस्तिष्क न्यूरोन्स के संधिस्थली क्रियाओं में परिवर्तन ला देता है जो नोरइपाइनफ्राइन तथा सीरोटोनोनीन जैसे न्यूरोट्रांसमीटर का स्राव करते हैं। लिथियम द्वारा द्विध्रुवीय विकृति के उन्मादी अवस्था (manic phase) तथा विषादी अवस्था (depressive phase) दोनों में ही सुधार होते पाए गए हैं और इन दोनों के पक्ष में पर्याप्त प्रयोगशाला सबूत (experimental evidence) होते हैं।

क्लोरमैन (Klerman, 1992), प्रिन (Prien, 1992) तथा बन्नी एवं गारलैंड (Bunney & Garland, 1984) द्वारा स्वतंत्र रूप से कई अध्ययन किये गए हैं। इन लोगों ने अपने-अपने अध्ययन में वैसे रोगियों के एक समूह को जिन्हें उन्मादी घटनाओं का अनुभव हुआ था, को लिथियम औषध कुछ दिनों तक सेवन करने के लिए कहा तथा ऐसे ही रोगियों के एक-दूसरे समूह को प्लेसवो औषध (placebo drug) सेवन करने के लिए उतने ही दिनों तक कहा गया। फिर कुछ दिनों के बाद इन दोनों तरह के रोगियों का तुलनात्मक अध्ययन करने के बाद इस निष्कर्ष पर पहुँच गया कि लिथियम का सेवन करने वाले रोगियों का उन्मादी लक्षण बहुत कम होते पाये गए। ओबू-सालेह (Abou-Saleh, 1992) ने एक अध्ययन एकांकी-प्रयोज्य ए वी ए वी (single subject ABAB) डिजाइन पर आधृत करके किया जिसमें एक उन्मादी रोगी को कुछ समय के लिए लिथियम दिया गया, फिर प्लेसवो औषध (placebo drug) दिया गया, उसके बाद फिर लिथियम औषध दिया गया और इसी क्रम को कई बार दोहराया गया। परिणाम में देखा गया कि बारम्बार लिथियम का उपयोग प्लसो औषध की तुलना में इनके लक्षणों को दूर करने में काफी सहायक सिद्ध हुए। सप्पस एवं उनके सहयोगियों (Suppes et al. 1991), तथा प्रिन (Prien, 1992) द्वारा किये गए अध्ययनों से यह स्पष्ट हुआ है कि जिन रोगियों में

बारम्बार उन्मादी व्यवहारों का अनुभव होता है, उनमें लिथियम के सेवन से या उपयोग से उसकी बारम्बारता में काफी कमी आ जाती है। डेविस (Davis, 1976) द्वारा एक अध्ययन किया गया जिसमें यह स्पष्ट तौर पर यह देखा गया कि 212 द्विध्रुवीय विकृति के रोगियों द्वारा लिथियम का उपयोग करने के बाद मात्र 36% ही में लक्षणों का पुनर्वापसी होता पाया गया जबकि 68 द्विध्रुवीय विकृति के रोगियों द्वारा प्लेसवो का उपयोग करने पर 79% रोगियों में लक्षण पुनर्वापसी के संकेत मिले। इस परिणाम से यह भी पता चलता है कि उन्मादी रोगियों के लिए लिथियम एक *प्रोफिलैक्टिक* (prophylactic) औषध के समान है जो वास्तव में रोग के लक्षणों को आगे विकसित होने से रोकता है। यही कारण है कि आजकल चिकित्सक उन्मादी रोगियों के लक्षण समाप्त होने के बाद भी उन्हें कुछ दिनों तक लिथियम का सेवन करते रहने की सलाह देते हैं।

लिथियम चिकित्सा का उपयोग द्विध्रुवीय विकृति में विषादी व्यवहारों के उपचार में भी हुआ है और इसके भी पर्याप्त सबूत है। क्लेरमैन एवं उनके सहयोगियों (Klerman et al. 1994) तथा अवोउ-सालेह (Abou-Saleh, 1992) द्वारा दिये गए शोधों से यह स्पष्ट हुआ है कि लिथियम का संपोषक मात्रा (maintenance dose) का सेवन करने से रोगी में भविष्य में होने वाले विषादी अनुभूतियाँ नहीं होती हैं या फिर कम जाती हैं। इस तरह के परिणाम से प्रोत्साहित होकर लोगों ने लिथियम का उपयोग एकध्रुवीय विषाद (unipolar depression) के उपचार में भी किये। परंतु यहाँ उन्हें मिश्रित परिणाम प्राप्त हुए। जैसे, प्रिन (Prine, 1984) ने अपने अध्ययन में पाया कि लिथियम के सेवन से एकध्रुवीय विषाद (unipolar depression) के रोगियों को कुछ विशेष फायदा नहीं होता है। गुडविन तथा उनके सहयोगियों (Goodwin et al. 1992) तथा अबोउ-सालेह (Abou-Saleh, 1992) ने अपने-अपने अध्ययनों में पाया है कि लिथियम का उपयोग से एकध्रुवीय विषाद के कुछ रोगियों को अवश्य ही लाभ पहुँचता है। कोप्पेन (Coppen, 1994) द्वारा किये गए अध्ययनों से यह स्पष्ट हुआ है कि लिथियम के उपयोग से एकध्रुवीय विषाद (unipolar depression) के उत्पन्न होने की संभावना काफी कम हो जाती है। अभी हाल में यह पता चला है कि लिथियम एकध्रुवीय विषाद के उन रोगियों के लिए जो ट्रीसाइक्लिक्सि औषध के प्रति असंवेदनशील थे, को संवेदनशील बनाकर ट्रीसाइक्लिक्सि चिकित्सा को प्रभावी बनाने में महत्त्वपूर्ण भूमिका निभाता है।

(2) योजन मनश्चिकित्सा *(adjunctive psychotherapy)*—कुछ चिकित्सकों का मत है कि द्विध्रुवीय विकृति की चिकित्सा में सिर्फ लिथियम चिकित्सा (lithium therapy) बहुत प्रभावकारी नहीं होता है। प्रिन तथा उनके सहयोगियों (Prien et al. 1994) का मत है कि द्विध्रुवीय विकृति का करीब 30 से 40% रोगी लिथियम के प्रति अनुक्रियाशील नहीं होते हैं या उसके सेवन की स्थिति में भी रोग के लक्षणों का पुनर्वापसी हो जाता है। कुछ ऐसे भी सबूत उपलब्ध है जिसमें यह कहा गया है कि लिथियम का उपयोग करने वाले करीब 50% रोगी ऐसे होते हैं जो उचित मात्रा (proper dosage) में लिथियम का सेवन नहीं करते हैं। बहुत रोगी ऐसे होते हैं जो लिथियम का सेवन चिकित्सकों द्वारा बतलाये गए मात्रा में नहीं लेते हैं, कुछ बीच में ही छोड़ देते हैं तथा कुछ ऐसे होते हैं जिन्हें चिकित्सकों द्वारा ही गलत मात्रा में खाने की सलाह दी जाती है। इन समस्याओं के आलोक में बहुत सारे चिकित्सक मनश्चिकित्सा को लिथियम उपचार (lithium treatment) के एक योजक (adjunct) के रूप में उपयोग करने की सलाह दिया है। इस तरह के मनश्चिकित्सा को *योजन मनश्चिकित्सा* (adjunct psychotherapy) की संज्ञा दी जाती है। गोल्डस्टीन (Goldstein, 1990) तथा ग्रेब्स (Graves, 1993) द्वारा किये गए शोधों से यह स्पष्ट हुआ है कि द्विध्रुवीय विकृति वाले रोगियों को विभिन्न तरह के वैयक्तिक (individual), सामूहिक (group) तथा पारिवारिक (family) चिकित्सा प्रदान की जाती है ताकि वे उन समस्याओं से आसानी से निपट सके जो उनके उपचार के रास्ते में बाधा पहुँचाते हैं। इसमें अन्य बातों के अलावा रोगियों के पारिवारिक एवं सामाजिक संबंधों, शिक्षा एवं समस्या समाधान के तरीकों आदि पर बल डालकर उनमें ऐसा विश्वास उत्पन्न किया जाता है कि वे जल्द-से-जल्द रोग के लक्षण से मुक्त हो जाएँ।

स्पष्ट हुआ कि द्विध्रुवीय विकृति के उपचार में लिथियम चिकित्सा तथा मनश्चिकित्सा दोनों की संयुक्त भूमिका होती है।

आत्महत्या
(Suicide)

आत्महत्या के स्वरूप *(Nature of Suicide)*—आत्महत्या या खुदकशी (suicide) प्राय: मनोदशा विकृतिं (mood disorders) से संबंध होता है। आत्महत्या क्या है? इस प्रश्न का संतोषजनक उत्तर इडविन शेनिडमैन (Edwin

Shneidman, 1993, 1981, 1963) द्वारा किया गया है जिन्हें इस क्षेत्र में शोध करने का सबसे प्रभावकारी वैज्ञानिक माना जाता है। इडविन शेनिडमैन ने आत्महत्या को परिभाषित करते हुए कहा है कि यह एक साभिप्राय या ज्ञानकृत मृत्यु (intentional death) है अर्थात् यह एक आत्म-प्रेरित मृत्यु है जिसमें व्यक्ति अपनी जिंदगी को समाप्त करने का एक ज्ञानकृत (intentional), प्रत्यक्ष (direct) एवं चेतन प्रयास करता है।

आत्महत्या मृत्यु का एक प्रमुख कारण बन गया है और नवीनतम शोधों से यह स्पष्ट हुआ है कि पश्चिमी देशों में मृत्यु के दस प्रमुख कारणों (top ten causes) में आत्महत्या भी एक है। आत्महत्या की दर एक देश से दूसरे देश में भिन्न-भिन्न होती है। वर्ल्ड स्वास्थ्य संगठन (WHO, 1988) के आँकड़ों के अनुसार आत्महत्या की दर कुछ देश में जैसे हंगरी, जर्मनी, आस्ट्रीया, डेनमार्क, स्वीटजरलैंड, फ्रांस तथा जापान आदि में सर्वाधिक है अर्थात प्रति एक लाख में 20 से अधिक है जबकि मिस्र, ग्रीक, इटली, स्पेन आदि में सबसे कम है अर्थात प्रति एक लाख में एक या दो है परंतु अमेरिका तथा कनाडा में यह दर इन दोनों के बीच है अर्थात् प्रति एक लाख में 12 से 13 तक।

स्निडमैन (Schneidman, 1993) ने चार तरह के व्यक्तियों की पहचान किया है जो जान-बूझकर अपनी जिन्दगी को समाप्त करते हैं या ज्ञानकृत मृत्यु (intentional death) की प्राप्ति करते हैं। वे चार प्रकार हैं—*मृत्यु चाहने वाले व्यक्ति* (death seeker), *मृत्यु की पहल करने वाले व्यक्ति* (death initiator), *मृत्यु की उपेक्षा करने वाले व्यक्ति* (death ignorer) तथा *मृत्यु का सामना करने वाले व्यक्ति* (death darer)।

मृत्यु चाहने वाले व्यक्ति (death seeker) वैसे व्यक्ति होते हैं जो आत्महत्या करते समय अपने मन में अपनी जिंदगी को समाप्त कर देने की स्पष्ट इच्छा रखते हैं। इसके बारे में उनके मन में कोई द्वन्द्व नहीं होता है। अत: जिन्दगी समाप्त करने की मात्र एक इच्छा ही उसके मन में होता है। परन्तु यह एकाकी इच्छा की अवधि काफी लघु होती है। कुछ घंटा बीत जाने पर या अगले दिन यह एकाकी इच्छा बदल कर अन्य इच्छाओं के साथ मिल जाती है। कई वैज्ञानिकों का मत है कि जो लोग अपने जीवन-लीला को समाप्त करने में घातक औजारों का उपयोग करते हैं, उनमें ऐसी ही इच्छा की प्रबलता होती है। अत: ऐसे लोगों को मृत्यु चाहने वाले व्यक्ति (death seeker) की श्रेणी में रखा जाता है।

मृत्यु की पहल करने वाले व्यक्ति (death initiator) में भी अपने जीवन लीला को समाप्त कर देने की स्पष्ट इच्छा होती है परन्तु साथ-ही-साथ इनमें यह भी विश्वास होता है कि मृत्यु की प्रक्रिया तो होनी है परन्तु वे उसे सिर्फ तीव्र कर देना चाहते हैं ताकि वे जल्दी ही अपने आप को मृत्यु को समर्पित कर दें। अधिकतर वृद्ध लोगों में ऐसा ही विश्वास कायम होता है। अत: इन लोगों को आत्महत्या करने वालों की इस श्रेणी में रखा जाता है।

मृत्यु की उपेक्षा करने वाले व्यक्ति (death ignorers) में वैसे व्यक्ति को रखा जाता है जिनमें यह विश्वास होता है कि आत्महत्या से उनका अस्तित्व खतम नहीं होता है बल्कि उसे एक नयी जिन्दगी की प्राप्ति होती है जिसमें संभवत: उन्हें तुलनात्मक रूप से अधिक खुशी मिलेगी। अधिकतर वैसे आत्महत्या जो बाल्यावस्था (childhood) में किये जाते हैं या फिर धार्मिक प्रवृत्ति से ओत-प्रोत व्यक्तियों द्वारा किया गया आत्महत्या को इसी श्रेणी का आत्महत्या माना जाता है।

मृत्यु का सामना करने वाले व्यक्ति (death darer) की श्रेणी में वैसे व्यक्तियों को रखा जाता है जो आत्महत्या का प्रयास करते समय अपने इरादों में द्वैधवृत्ति (ambivalence) दिखलाते हैं अर्थात् वे इस तरह का कार्य करते हैं जिससे दूसरों को लगे कि वह आत्महत्या करना चाहता है परन्तु मन से वे ऐसा करना भी नहीं चाहते हैं। जैसे, यदि कोई व्यक्ति काफी ऊँची इमारत के खुले छत के किनारे-किनारे चलता है तो इससे उसकी मृत्यु की इच्छा में स्पष्टत: द्वैधवृत्ति दिखलाई देती है। ब्रेन्ट तथा उनके सहयोगियों (Brent et al., 1988) तथा हाटन तथा उनके सहयोगियों (Hawton et al., 1982) द्वारा किये गए शोधों से यह स्पष्ट हुआ है कि मृत्यु का सामना करने वाले व्यक्ति (death darer) प्राय: ऐसे व्यक्ति होते हैं जो दूसरों की ध्यान अपनी ओर खींचते हैं, दूसरों में दोष-भाव उत्पन्न करने की कोशिश करते हैं या मृत्यु प्राप्त करने की कोशिश करके अपना क्रोध का इजहार भी करते हैं।

कभी-कभी यह भी देखा गया है कि व्यक्ति अपने मृत्यु के लिए कुछ अप्रत्यक्ष (indirect), अस्पष्ट, आंशिक या अचेतन भूमिका (unconsious role) निभाता है। स्निडमैन (Shneidman, 1993) ने ऐसे व्यक्तियों को आत्महत्या सदृश श्रेणी (suicide-like category) जिसे *उपज्ञानकृत मृत्यु* (subintentional death) कहा जाता है, में श्रेणीवद्ध किया है। जैसे, काफी गम्भीर रूप से बीमार व्यक्ति जो स्वयं द्वारा खाये जाने वाले औषधों का सतत दुष्प्रबंधन (mismanage) करते हैं, इसी श्रेणी के होते हैं। एक सम्बद्ध कार्य में कार्ल मेन्निंगर (Karl Menninger, 1938) ने

आत्महत्या का एक अन्य श्रेणी जिसे *चिरकलिक आत्महत्या* (chronic suicide) कहा है, की भी पहचान किया है। इस श्रेणी के व्यक्ति लम्बे समय तक कुछ ऐसी क्रियाएँ जान-बूझकर करते रहते हैं जिनसे उनके अस्तित्व में बने रहने का खतरा काफी बढ़ जाता है। जैसे, कभी-कभी व्यक्ति अपनी जिन्दगी को समाप्त करने के लिए जान-बूझकर अधिक मद्यपान करता है, अत्यधिक औषध का सेवन करता है, जोखिम भरा व्यवसाय या जोखिम भरा कार्य करता है। ऐसे व्यक्ति के प्रयास को चिरकालिक आत्महत्या की श्रेणी में रखा जाता है।

आत्महत्या का अध्ययन
(Study of Suicide)

आत्महत्या के क्षेत्र में अध्ययन करने वाले शोधकर्त्ता की एक मौलिक समस्या यह होती है कि उनके प्रयोज्य चूँकि जीवित नहीं होते हैं, अतः उनसे किसी प्रकार की जानकारी सम्भव नहीं हो पाती है। फिर भी मनोवैज्ञानिकों द्वारा आत्महत्या के अध्ययन करने के लिए दो तरह के शोध युक्तियों (research strategies) पर बल डाला गया है जो इस प्रकार है–

(1) अनुदर्शी विश्लेषण (Retrospective analysis)

(2) वैसे व्यक्तियों का अध्ययन जो आत्महत्या का प्रयास करने के बावजूद बच गये हों (Studying people who survive their suicide attempts)

इन दोनों का वर्णन निम्नांकित हैं–

1. अनुदर्शी विश्लेषण *(Retrospective analysis)*–यह एक ऐसी प्रविधि है जिसमें नैदानिक मनोवैज्ञानिक एवं शोधकर्त्ता व्यक्ति की गत जिन्दगी से आँकड़ों को इकट्ठा करते हैं। इसे जैकोब एवं क्लिन (Jacob & Klein, 1993) ने *मनोवैज्ञानिक शव परीक्षण* (Psychological autopsy) कहा जाता है। यद्यपि यह सही है कि आत्महत्या सामान्यतः अचानक की जाती है, परन्तु उसके दोस्त तथा परिवार के सदस्यों से व्यक्ति के जीवन के बारे में महत्त्वपूर्ण तथ्य इकट्ठा किये जाते हैं जिनका विश्लेषण भी बाद में किया जाता है। आत्महत्या करने वाले व्यक्ति किसी-न-किसी समस्या को लेकर मनश्चिकित्सा (psychotherapy) के लिए चिकित्सीय सत्र से भी गुजर चुके होते हैं। मनश्चिकित्सक द्वारा नोट किये गये तथ्यों का विश्लेषण करने से भी आत्महत्या करने वाले व्यक्ति के बारे में जानकारी मिलती है अनुदर्शी आँकड़े आत्महत्या करने वाले व्यक्ति द्वारा आत्महत्या करने के पहले लिखे गये पत्र या नोट से भी प्राप्त होते हैं। इनका भी विश्लेषण करने से आत्महत्या करने वाले व्यक्ति के बारे में कुछ जानकारी मिलती है।

दुर्भाग्यवश अनुदर्शी विश्लेषण में बतलाये गये उपर्युक्त स्रोत हमेशा उपलब्ध नहीं हो पाते हैं। फ्लियर तथा पेशवार्क (Flear & Pasewark, 1982) ने अपने अध्ययन के आधार पर यह बतलाया कि आत्महत्या करने वाले सभी व्यक्तियों में से एक चौथाई से भी कम मनश्चिकित्सा (psychotherapy) में आये हुए होते हैं। उसी तरह से ब्लैक (Black, 1993) ने अपने शोध के आधार पर बतलाया है कि सिर्फ 12 से 34 प्रतिशत आत्महत्या करने वाले व्यक्ति ही आत्महत्या सम्बद्ध नोट या टिप्पणी छोड़ जाते हैं। इतना ही नहीं, कई लोगों द्वारा अनुदर्शी सूचना को वैध (valid) भी माना नहीं जाता है।

2. वैसे व्यक्तियों का अध्ययन जो आत्महत्या का प्रयास करने के बावजूद बच गये हों *(Studying people who survive their suicide attempts)*–शोधकर्त्ताओं द्वारा ऐसे व्यक्तियों का अध्ययन जो आत्महत्या का प्रयास करने के बावजूद बच गये हों, का अध्ययन यह पूर्वकल्पना करके की जाती है कि ऐसे लोग उन व्यक्तियों के समान होते हैं जो वास्तव में आत्महत्या कर चुके होते हैं। कोमर (Comer, 1999) के अनुसार ऐसे व्यक्तियों के अध्ययन से भी आत्महत्या करने वाले व्यक्तियों के बारे में महत्त्वपूर्ण सूचना मिलती है हालाँकि कहाँ तक वे वैध होते हैं इस पर वैज्ञानिकों ने शक जाहिर किया है।

वास्तविकता यह है कि आत्महत्या करने वाले व्यक्तियों के बारे में सही-सही सूचना प्राप्त करने के लिए उपर्युक्त दोनों तरह की प्रविधियों को संयोजित करना आवश्यक है।

आत्महत्या के बारे में कुछ तथ्य तथा कुछ गलत धारणाएँ
(Some Facts and Misconceptions about suicide)

आत्महत्या के क्षेत्र में किये गए शोधों से कुछ महत्त्वपूर्ण तथ्य सामने आये हैं तथा साथ-ही-साथ गलत धारणाएँ भी प्रकाश में आयी हैं जिनपर विचार करना आवश्यक है। पहले हम आत्महत्या के बारे प्राप्त कुछ महत्त्वपूर्ण तथ्यों पर विचार करेंगे जो इस प्रकार हैं–

(1) आत्महत्या की दर प्रति एक लाख व्यक्तियों में किये जाने वाले आत्महत्या के आधार पर ज्ञात किया जाता है जो भिन्न-भिन्न देशों में भिन्न है। वर्ल्ड स्वास्थ्य संगठन (World Health Organization, 1988) के अनुसार कुछ देशों जैसे हंगरी, जर्मनी, आस्ट्रीया, डेनमार्क, फिनलैंड, बेलजियम, स्वीटजरलैंड, फ्राँस तथा जापान में यह दर सर्वाधिक है (अर्थात् प्रति एक लाख में 22 से लेकर 45 तक)। परन्तु अन्य देश जैसे इटली, आयरलैंड, पेरू, मिस्र आदि में सबसे कम अर्थात् प्रति एक लाख में 1 से 2 आत्महत्या होती है। अमेरिका तथा कनाडा में यह दर बीचोबीच का है अर्थात् प्रति एक लाख में 12 से 13 तक आत्महत्या होती है।

(2) आत्महत्या करने वालों में से आधे ऐसे होते हैं जो पहले भी एकाध वैसा प्रयास कर चुके होते हैं परन्तु करीब दो-तिहाई आत्महत्या प्रयास करने वाले ऐसे होते हैं जो फिर दोबारा प्रयास नहीं करते हैं।

(3) पुरुषों की तुलना में महिलाओं में आत्महत्या की दर सामान्यत: तीन गुना अधिक होता है।

(4) विधवा होने पर या विवाह-विच्छेद होने पर महिलाओं में आत्महत्या की जोखिम बढ़ जाती है।

(5) आत्महत्या की प्रवृत्ति बहुत वृद्ध व्यक्तियों तथा बहुत कम उम्र के व्यक्तियों दोनों में ही होता है। दूसरे शब्दों में यह 75 साल की आयु से अधिक तथा 14 साल से कम आयु के व्यक्तियों में भी होता है।

(6) आत्महत्या सभी तरह के सामाजिक एवं आर्थिक स्तर के लोगों में होती है परन्तु यह मनश्चिकित्सकों, (psychiatrists) अधिवक्ताओं, डाक्टरों एवं मनोवैज्ञानिकों के समूहों में अधिक होता है।

(7) आत्महत्या से हुई मृत्यु के अतिरिक्त कोई दूसरी मृत्यु नहीं होती है जो दोस्तों एवं सम्बन्धियों में स्थायी तौर पर दु:ख, दोषभाव तथा सामान्य क्षुब्धता (disturbances) उत्पन्न करता हो।

(8) आत्महत्या की दर बच्चों एवं किशोरों में दिनोंदिन बढ़ते जा रही है।

(9) आत्महत्या की दर विषादी सालों (depressive years) में अधिक तथा समृद्धि (prosperity) के सालों में स्थिर होता है। युद्ध के समय यह दर में कमी हो जाती है।

(10) संसार में सबसे अधिकतम आत्महत्या की दर हंगरी (Hungary) में तथा सबसे निम्नतम दर मिस्र (Egypt) में है।

आत्महत्या के बारे में कुछ गलत धारणाएँ (misconception) भी प्रचलित हैं जो इस प्रकार हैं–

1. वैसे लोग जो आत्महत्या के बारे में बातचीत करते हैं, आत्महत्या नहीं करेंगे।
2. आत्महत्या बिना चेतावनी के किया जाता है।
3. कुछ विशेष वर्ग के लोग ही आत्महत्या करते हैं।
4. किसी धार्मिक समूह का मात्र सदस्य होने से यह समझा जा सकता है कि वह व्यक्ति आत्महत्या नहीं करेगा।
5. आत्महत्या की अभिप्रेरण आसानी से पहचाना जा सकता है।
6. वे सभी लोग जो आत्महत्या करते हैं, विषादी (depressed) होते हैं।
7. एक व्यक्ति जो मृत्यु-योग्य शारीरिक बीमारी से ग्रस्त है, आत्महत्या नहीं करेगा।
8. आत्महत्या करना एक पागलपन है।
9. आत्महत्या करने की प्रवृत्ति जन्मजात होती है।
10. आत्महत्या तापक्रम, सप्ताह के विशेष दिन, मौसम, वायुमण्डलीय दबाव आदि से प्रभावित होता है।
11. आत्महत्या अंतरिक्षीय कारकों (cosmic factors) जैसे चन्द्रमा की अवस्थाओं या सूर्य की अवस्था (अर्थात् सुबह, दोपहर, शाम) आदि से प्रभावित होता है।
12. सांवेगिक अवस्था उन्नत होने पर व्यक्ति आत्महत्या नहीं करता है।
13. आत्महत्या करने वाले व्यक्ति स्पष्टत: मरना चाहते हैं।
14. आत्महत्या के बारे में चिन्तन विरले (rare) ही होते हैं।
15. एक विषादी व्यक्ति (depressed person) से आत्महत्या के बारे में पूछे जाने पर वह आत्महत्या करने को तैयार हो जायेगा।
16. वैसे लोग जो आत्महत्या साधारण प्राणघातक औजारों से करते हैं, वे सचमुच में अपने आप को खतम करने के लिए काफी गम्भीर नहीं होते हैं।

आत्महत्या के प्रेरित कारक
(Precipitating factors in Suicide)

अध्ययनों के आधार पर यह स्पष्ट हो गया है कि आत्महत्या कई तरह के समसामयिक (contemporaneous) कारकों या घटनाओं से सम्बन्ध होता है। हालाँकि ऐसी घटनाएँ या कारक आत्महत्या की पूर्ण व्याख्या नहीं भी कर पाता है, फिर भी वे निश्चित रूप से आत्महत्या की प्रवृत्ति को उत्पन्न करने में मदद करते हैं। आत्महत्या को बढ़ावा देने वाले ऐसे सामान्य प्रेरित कारक निम्नांकित हैं–

1. तनावयुक्त घटनाएँ एवं परिस्थिति *(Stressful events and situations)*— हिक्किनेन, अरो एवं लाननक्विस्ट (Heikkinen, Aro & Lonnquist 1992) तथा पेकेल (Paykel, 1991) द्वारा किये गए शोधों से यह स्पष्ट हुआ है कि जो लोग आत्महत्या का प्रयास कर चुके होते हैं, उनके गत एक साल में नियन्त्रित प्रयोज्यों (control subjects) की तुलना में अवांछित घटनाएँ जिनसे उनमें तनाव उत्पन्न हुआ हो, काफी घटित होतीं हैं। अध्ययनों से यह भी स्पष्ट हुआ है कि कोई एकाकी तनावयुक्त घटना या फिर कई ऐसी घटनाओं से प्रभावित होकर व्यक्ति आत्महत्या का प्रयास कर चुका होता है। पेकेल (Paykel, 1991) के अध्ययनों से यह पता चला है कि सबसे प्रमुख नूतन तनाव (recent stress) जो आत्महत्या के लिए व्यक्ति को प्रेरित करता है, वह है अपने प्रिय व्यक्ति की मृत्यु, विवाह विच्छेद, अस्वीकार आदि के माध्यम से कुछ खो देना। हिक्किनेन (Heikkinen, 1992) तथा स्नीडर (Snyder, 1992) के अनुसार नौकरी खो देना भी एक ऐसा तनावयुक्त कारक है जो व्यक्ति में आत्महत्या की प्रवृत्ति को बढ़ावा देता है। प्रोबस्टीन्ग तथा टिल (Probsting & Till, 1985) द्वारा किये गये शोधों से यह स्पष्ट हुआ है कि वियाना (Vienna) में बेरोजगार व्यक्तियों में आत्महत्या की दर सामान्य लोगों के बीच आत्महत्या के दर से सार्थक रूप से अधिक होता है।

तात्कालिक एवं नूतन तनावग्रस्त परिस्थितियों के अलावा कुछ ऐसे दीर्घकालीन तनावग्रस्त परिस्थिति (long-term stressful situation) भी हैं जिनसे व्यक्ति में आत्महत्या की प्रवृत्ति को बढ़ावा मिलता है। निम्नांकित चार ऐसे दीर्घकालीन परिस्थितियों या कारकों की पहचान की गयी है।

(i) गम्भीर बीमारी *(Serious illness)*–लेस्टर (Lestr, 1992) तथा एलेवेक एवं बोलुंड (Allebeck & Bolund, 1991) के शोधों से यह स्पष्ट हुआ है कि दर्दनाक एवं ऐसी गम्भीर बीमारी जो व्यक्ति में लगभग अपंगता की स्थिति उत्पन्न कर देता है, आत्महत्या का प्रयास करने वाले बहुत सारे व्यक्तियों के लिए महत्त्वपूर्ण उत्प्रेरक कारक रहा है। ऐसी समस्याओं या बीमारी से ग्रस्त लोगों में यह विश्वास होता है कि उनकी मृत्यु निश्चित है और उससे छुटकारा नहीं मिल सकता है या बीमारी से उत्पन्न तकलीफ असहनीय है। ऐसी परिस्थिति में आत्महत्या ही एक ऐसा उपाय लगता है जिससे वे अपने आप को निजात दिला सकते हैं। बोलुंड (Bolund, 1985) ने 88 कैंसर रोगियों जिनकी मृत्यु आत्महत्या के कारण हुई थी, का मेडिकल रिकार्ड का विश्लेषण किया और बतलाया कि करीब उनमें से दो-तिहाई रोगी कैंसर के अन्तिम अवस्था में थे और उनमें जीने की इच्छा भी समाप्त हो गयी थी।

(ii) अपमानजनक वातावरण *(Abusive environment)*–जब व्यक्ति अपने आप को किसी ऐसे अपमानजनक एवं दमनात्मक वातावरण में घिरा हुआ पाता है जिससे उसे छुटकारा नहीं मिल सकता है, तो वह आत्महत्या करने पर उतारू हो जाता है। वर्गमैन तथा ब्रिसमार (Bergman & Brismar, 1991) द्वारा किये गए अध्ययनों से यह स्पष्ट हुआ है कि युद्ध के बन्दियों, दुर्व्यवहारित बच्चे (abused children), दुर्व्यवहारित पति-पत्नी आदि द्वारा अपनी जीवन को समाप्त करने का भरसक प्रयास किया जाता है। ऐसे लोगों को यह विश्वास हो जाता है कि उनकी अवस्था में कमी भी किस तरह का सुधार सम्भव नहीं है। अत: वे पूर्णत: निराश होकर इस ढंग का कदम उठाते हैं।

(iii) पेशेवर या व्यवसायिक तनाव *(Occupational stress)*–कुछ पेशा ही ऐसा होता है जो व्यक्ति में असन्तुष्टि या तनाव इतना अधिक उत्पन्न कर देता है कि वह आत्महत्या करने के लिए प्रेरित हो उठता है। होल्मस तथा रिक (Holmes & Rich, 1990) तथा स्टिलियन (Stillion, 1985) द्वारा किये गये शोधों से यह पता चला है कि मनोरोग विज्ञानियों (psychiatrists), मनोवैज्ञानिकों, दंतचिकित्सकों (dentists), वकीलों (layers) मेडिकल डाक्टरों तथा अकुशल श्रमिकों (unskilled labours) में आत्महत्या का दर तुलनात्मक रूप से अधिक ऊँचा होता है। सम्भवत: इसका कारण यह बतलाया गया है कि इन पेशाओं में व्यक्ति में लम्बे अरसे से संवेगात्मक समस्याएँ उत्पन्न होते रहती हैं जो

उनके जीवन-वृत्ति की अभिरुचि एवं सन्तुष्टि को लगभग समाप्त कर देते हैं। फलतः ऐसे लोग आत्महत्या करने के लिए प्रेरित हो जाते हैं।

(iv) भूमिका द्वन्द्व *(Role conflict)*–भूमिका द्वन्द्व से भी व्यक्ति में आत्महत्या की प्रेरणा उत्पन्न होती है। प्रत्येक व्यक्ति को समाज में तरह-तरह की भूमिका निर्वाह करना पड़ता है। जैसे, एक व्यक्ति को एक पति, पुत्र, सहकर्मी (colleague) आदि की भूमिका निभाना पड़ सकता है। ऐसी भूमिकाएँ एक-दूसरे के साथ संघर्ष उत्पन्न कर सकतीं हैं और व्यक्ति में तनाव उत्पन्न कर सकती है। स्टैक (Stack, 1987) तथा स्टिलियन (Stillion, 1985) द्वारा किये गए शोधों से यह स्पष्ट हुआ है कि जो महिलाएँ घर से बाहर कोई नौकरी करती है, उनमें प्रायः भूमिका द्वन्द्व (role conflict) होता है क्योंकि इनकी पारिवारिक मांग (family demands) तथा नौकरी की जरूरतें (job requirements) प्रायः एक-दूसरे से टकरातीं है। परिणामतः ऐसी महिलाओं में आत्महत्या का प्रयास तुलनात्मक रूप से अधिक होता है। स्टीफेन्सन एवं विक्स (Stefansson & Wicks, 1991) के अनुसार जो महिलाएँ व्यवसायिक भूमिका (professional position) निभाती है, उनमें भूमिका द्वन्द्व अधिक होती है और उनमें आत्महत्या की दर फलतः सर्वाधिक होती है।

2. मनोदशा एवं चिन्तन में परिवर्तन *(Mood and thought changes)*–आत्महत्या का प्रयास करने वाले अधिकतर व्यक्ति में मनोदशा (mood) तथा उसके चिन्तन में परिवर्तन होते पाया जाता है हालाँकि यह परिवर्तन इतना गम्भीर नहीं होता है कि उसे कोई मानसिक विकृति (mental disorder) का रूप दिया जाय। मैकगुरी (McGuire, 1982) तथा टिशलर तथा उनके सहयोगियों (Tishler et al. 1982) ने आत्महत्या के प्रयास को उदासी में वृद्धि से सम्बन्धित पाया है। पाईन (Pine, 1981) के अनुसार आत्महत्या का प्रयास करने वाले व्यक्तियों में चिन्ता, क्रोध तथा दोष भाव की अधिकता पायी जाती है। स्निडमैन (Shneidman, 1991, 1993) के अध्ययन के अनुसार जब व्यक्ति की मनोवैज्ञानिक आवश्यकताओं की पूर्त्ति नहीं होती है, तो उससे व्यक्ति में असहनीय दर्द या तकलीफ होती है, जिससे छुटकारा पाने के लिए भी व्यक्ति आत्महत्या का प्रयास करता है। स्निडमैन ने अपने अध्ययन में यह भी पाया है कि आत्महत्या का प्रयास करने वाले व्यक्तियों में निराशावादी प्रवृत्तियाँ इतनी तीव्र हो जातीं हैं कि वह यह सोचने के लिए मजबूर हो जाता है कि उसकी वर्तमान परिस्थिति, समस्या तथा नकारात्मक मनोदशा (negative mood) कभी परिवर्तित होने वाला नहीं है। फलतः इससे छुटकारा पाने के लिए आत्महत्या करने के अलावा उसे कोई दूसरा रास्ता नहीं दिखता है। विशार तथा वेक (Weishaar & Beck, 1992) ने अपने अध्ययन के आधार पर यह बतलाया है कि निराशावादी प्रवृत्ति स्वयं अपने आप में आत्महत्या का एक बड़ा जोखिम कारक (risk factor) है। स्निडमैन (Schneidman, 1993) तथा न्यूरिंगर (Neuringer, 1976, 1974) के अनुसार आत्महत्या का प्रयास करने वाले व्यक्ति द्विभागी चिन्तन (dichotomous thinking) विकसित कर लेते हैं और ऐसे व्यक्ति अपनी समस्या तथा उनका समाधान (आत्महत्या) को दोनों में से कोई एक के रूप में सोचते हैं।

3. अल्कोहल उपयोग *(Alcohol use)*–अध्ययनों से यह पता चला है कि आत्महत्या करने वालों में से करीब 20 प्रतिशत लोग ऐसे अवश्य होते हैं जो आत्महत्या करने के पहले अल्कोहल अवश्य पीते हैं। फ्लेभिन तथा उनके सहयोगियों (Flavin et al., 1990) तथा एवेल तथा जिडेनवर्ग (Zeidenberg, 1985) के अध्ययन के अनुसार आत्महत्या करने वाले व्यक्तियों के शव परीक्षण (autopsies) से यह पता चलता है कि करीब एक-चौथाई ऐसे लोग मृत्यु के समय कानूनी रूपी से मदहोश थे। कुछ विशेषज्ञों का मानना है कि अल्कोहल पीने से व्यक्ति के व्यवहार में सामान्य अवरोध (normal inhibition) समाप्त हो जाता है जिसका परिणाम यह होता है कि उन्हें मृत्यु से कोई डर नहीं रह जाता है और आत्महत्या कर बैठते हैं। रोजर्स (Rogers, 1992) का कहना है कि अल्कोहल पीने से व्यक्ति का निर्णय क्षमता तथा समस्या समाधान क्षमता में पर्याप्त कमी आ जाती है और तब वह आत्महत्या को एक सामान्य कार्य समझकर उसे करने के लिए उतारू हो जाता है। विटलौक एवं ब्रौडहर्स्ट (Whitlock & Broadhurst, 1969) के अनुसार अल्कोहल पीने से व्यक्ति में हिंसा करने की प्रवृत्ति पर से नियंत्रण में कमी हो जाती है और तब व्यक्ति अस्पष्ट आक्रमक भाव (covert aggressive feelings) खुले रूप से अभिव्यक्त करता है और आत्महत्या पर उतारू हो पाता है।

4. मानसिक विकृति *(Mental disorders)*–ब्रेन्ट तथा उनके सहयोगियों (Brent et al, 1993), वियोमोन्ट तथा हेटजेल (Beaumont & Hetzel, 1992) द्वारा किये गये अध्ययनों से यह स्पष्ट हुआ है कि आत्महत्या का प्रयास करने वाले सभी व्यक्तियों में से 30 से 70 प्रतिशत लोगों में कोई-न-कोई मानसिक विकृति (mental disorder) के उदाहरण

पाये जाते हैं। इन अध्ययनों से यह भी पता चला है कि आत्महत्या का प्रयास करने वाले व्यक्तियों में विशेष रूप से तीन तरह के मानसिक विकृतियाँ अर्थात् मनोदशा विकृति (mood disorder) जिसमें एकध्रुवीय तथा द्विध्रुवीय विषाद (unipolar and bipolar depression) दोनों ही सम्मिलित होते हैं, मनोविदालिता (schizophrenia) तथा द्रव्य-सम्बन्ध विकृति (substance-related disorder) विशेषत: मद्यपानता (alcoholism) आदि सम्मिलित होते हैं। ब्लैक एवं विनोकुर (Black & Winokur, 1990) ने अपने शोधों के आधार पर यह बतलाया है कि इन तीनों में से प्रत्येक मानसिक विकृति से ग्रस्त करीब 10 से 15 प्रतिशत मानसिक रोगियों द्वारा आत्महत्या का प्रयास किया जाता है।

जिन व्यक्तियों में वृहत् विषाद (major depression) का रोग होता है, उनमें आत्महत्या करने का विचार काफी अधिक मजबूत होता है। पावसेट तथा उनके सहयोगियों (Pawcett et al, 1987) के अनुसार जिन ऐसे लोगों में निराशावाद (hopelessness) का भाव तीव्र होता था, उनमें आत्महत्या की प्रवृत्ति अधिक मजबूत होती थी। यहाँ तक कि गंभीर शारीरिक बीमारियों जिनमें निराशावादी प्रवृत्तियाँ अधिक मजबूत होंती थीं व्यक्ति को आत्महत्या करने के लिए मजबूर करती थी।

द्रव्य-सम्बन्ध विकृतियों में मद्यपानता (alcoholism) का संबंध आत्महत्या की प्रवृत्ति से अधिक होती है। अल्कोहल एवं अन्य द्रव्य पदार्थों के लगातार अत्यधिक सेवन से व्यक्ति में निराशावादी प्रवृत्तियाँ अधिक तीव्र हो जातीं हैं जिसके परिणामस्वरूप ऐसे व्यक्तियों में आत्महत्या करने की प्रवृत्ति अधिक तीव्र हो जाती है। फ्रांसेस एवं फ्रैंकलीन (Frances & Franklin, 1988) ने अपने अध्ययन के आधार पर यह बतलाया है कि द्रव्य-दुरुपयोग (substance abuse) तथा आत्महत्या का विचार दोनों ही एक तीसरा कारक द्वारा उत्पन्न होता है जो मनोवैज्ञानिक दर्द (psychological pain) जैसे नैराश्य या निर्भिकता (desperation) है। सचमुच में ऐसे मनोवैज्ञानिक दर्द या नैराश्य का भाव व्यक्ति को अल्कोहल पीने के लिए प्रेरित करता है और व्यक्ति धीरे-धीरे अल्कोहल दुरुपयोग (alcohol abuse) में फंसता जाता है जो सचमुच में उसकी समस्या का समाधान करने के बजाय उसे और भी गम्भीर करता जाता है और तब ऐसी समझ व्यक्ति में उत्पन्न होता है, तो उससे छुटकारा पाने के लिए वह आत्महत्या का प्रयास तेज कर देता है। पोन्नुडुराई, जेयाकर तथा सरस्वथी (Ponnudurai, Jeyakar & Saraswathy, 1986) ने तामिलनाडु में एक अध्ययन किया जिसमें उन्होंने कमसीन आयु के व्यक्तियों द्वारा किये गये 86 आत्महत्या के प्रयासों का विश्लेषण किया और बतलाया कि ऐसे प्रयास अल्कोहल (alcohol) तथा आरगेनोफोस्फेट (organophosphate) के उपयोग के बाद किया गया था।

मनोविदालिता (Schizophrenia) के रोगियों द्वारा आत्महत्या का प्रयास प्राय: कोई काल्पनिक आवाज या कोई यह व्यामोह (delusion) की आत्महत्या एक बड़ा एवं उत्तम कार्य है, के कारण किया जाता है। हॉस तथा उनके सहयोगियों (Hoss at el, 1993) एवं विटा तथा उनके सहयोगियों (Vieta et al, 1992) द्वारा किये गये शोधों से यह भी स्पष्ट हुआ है कि मनोविदालिता के रोगियों द्वारा आत्महत्या के अधिकतर प्रयासों में उत्साह भंग (demoralization) का भाव तीव्र होता है। उन्हें यह विश्वास हो जाता है कि मनोविदालिता का रोग इनके जीवन के उत्साह को सदा के लिए भंग कर देगा। फलत: वे आत्महत्या के लिए प्रेरित हो जाते हैं।

5. मॉडलिंग *(Modelling)*–फिलिप्स तथा उनके सहयोगियों *(Philpips et al, 1992)* का मत है कि आत्महत्या की प्रवृत्ति आत्महत्या के बारे में पढ़ने से या उसे किये देखकर भी उत्पन्न होती है। इसे मॉडलिंग द्वारा प्रेरित आत्महत्या कहा जाता है। शायद ऐसे लोग अपने जीवन की समस्याओं से जूझते रहते हैं और अन्य व्यक्तियों द्वारा किया गया आत्महत्या उन्हें अपनी समस्या का एक सम्भावित समाधान नजर आता है या यह भी हो सकता है कि ऐसे लोग आत्महत्या करने की बात बहुत दिनों से सोच रहे हों और अन्य व्यक्ति की आत्महत्या देखकर उनके अपने विचार को भी ऐसे ही कार्य के रूप में अभिव्यक्त करने की अनुमति मिल जाती है। अध्ययनों से यह स्पष्ट हुआ है कि निम्नांकित तीन तरह के मॉडल से आत्महत्या की प्रवृत्ति व्यक्ति में मजबूत हो जाती है।

(i) प्रसिद्धि *(Celebrities)*–जब व्यक्ति यह देखता है कि किसी व्यक्ति द्वारा आत्महत्या किये जाने पर उस व्यक्ति को इतना प्रसिद्धि मिल गया है कि वह मरकर भी अमर हो गया, तो वैसी परिस्थिति में व्यक्ति में आत्महत्या की प्रवृत्ति बढ़ जाती है और मन-ही-मन वह सोचने लगता है कि ऐसा करके वह अमर हो जायेगा। ऐसे आत्महत्या का उदाहरण राजनैतिक क्षेत्र (political field) में तथा मनोरंजन करनेवाले व्यक्तियों से अधिक मिलता है जिसमें देखा जाता

है कि व्यक्ति जान-बूझकर अपने आप को जोखिम में डालकर आत्महत्या करने का प्रयास करता है ताकि आगे आने वाले पीढ़ी उसका नाम लेते रहे।

(ii) अत्यधिक चर्चित आत्महत्या *(Highly publicized suicides)*–कभी-कभी यह देखा गया कि समाचार तन्त्र कोई विशेष तरह के आत्महत्या को उसके अस्वाभाविक प्रकृति, विशेष अर्थ, या अद्वितीय परिस्थिति (extraordinary situation) के कारण अधिक प्रचार कर देता है। इस तरह से अत्यधिक चर्चा में रहने के कारण कुछ लोग जिनमें कुछ सांवेगिक समस्याएँ पहले से मौजूद होती हैं, आत्महत्या करने के लिए प्रेरित होते हैं। ईशि (Ishii, 1991) द्वारा किये गये प्रयोगों से उस तथ्य की संपुष्टि हुई है। एशटन तथा दोनान (Ashton & Donnan, 1981) ने एक सर्वे किया जिसमें यह पाया गया कि इंगलैंड में जब एक व्यक्ति द्वारा आत्म-दाह (self-immolation) किया गया और उसकी चर्चा समाचार तन्त्रों में काफी अधिक हुई तो उसके बाद एक साल के भीतर करीब 82 व्यक्तियों ने उसी तरह आत्म-दाह करके आत्म-हत्या कर लिया। भारत में जब मंडल आयोग की सिफारिश को केन्द्र सरकार लागू करने की घोषणा की गयी थी, तो जब उसका विरोध करते हुए एक छात्र आत्म-दाह कर आत्महत्या किया था, जिसकी चर्चा समाचार तंत्रों में काफी किया गया था और तब उसका अनुकरण करते हुए एक महीना के भीतर कई अन्य नवयुवकों ने आत्मदाह कर आत्महत्या कर लिए थे। ऐसे आत्महत्या करनेवाले व्यक्तियों के जब इतिहास का विश्लेषण किया गया तो पाया गया कि इस तरह के व्यक्तियों में सांवेगिक समस्याएँ पहले से मौजूद थीं और वे राजनैतिक रूप से प्रेरित नहीं थी। भारतीय परिपेक्ष्य में आत्मदाह से सम्बद्ध केस रिपोर्ट पर दो अध्ययन उपलब्ध हैं जिनके आलोक में पी० मेहता, जोसेफ तथा वर्गीज (P. Mehta, Joesph & Verghese, 1985) ने इसे व्यक्तित्व विकृति, सामाजिक कारक, महिमागान (glorification) तथा मीडिया प्रचार (media publicity) के रूप में गुणारोपित किया है।

(iii) सहकर्मियों द्वारा किया गया आत्महत्या *(Suicides by Colleagues)*–कार्यालयों, छोटे-छोटे समुदाय, स्कूल, कॉलेजों आदि जैसे कार्य स्थलों में जब एक व्यक्ति द्वारा आत्महत्या की जाती है, तो उसका इस कार्य स्थल के अन्य सहयोगियों द्वारा काफी चर्चा की जाती है। इसका प्रभाव यह होता है कि इससे अन्य लोग प्रभावित हो जाते हैं और उनमें से कुछ लोग भी आत्महत्या का प्रयास करने लगते हैं। इसका एक उत्तम उदाहरण हमें अमेरिकन जल सेना के प्रशिक्षण स्कूल में मिलता है जहाँ के एक प्रशिक्षु ने आत्महत्या कर लिया था और इस घटना से प्रभावित होकर एक अन्य प्रशिक्षु ने भी आत्महत्या कर लिया तथा दूसरे ने आत्महत्या का प्रयास किया। ऐसी घटनाओं से घबड़ाकर प्रशिक्षण स्कूल को आत्महत्या की इस बढ़ती प्रवृत्ति को रोकने के लिए सामूहिक चिकित्सा सत्र का आरम्भ करना पड़ा।

स्पष्ट हुआ कि कई ऐसे कारक हैं जिनमें आत्महत्या को प्रवृत्ति की प्रेरणा मिलती है। कोई भी शोधकर्त्ता जो इस क्षेत्र में कार्य कर रहे हैं उन्हें इन कारकों को ध्यान में रखना आवश्यक है।

आत्महत्या की सैद्धान्तिक व्याख्या (Theoretical explanation of Suicide)

हालांकि यह सच है कि ऐसे कारक या परिस्थितियाँ होती हैं जो आत्महत्या की प्रवृत्ति को बढ़ावा देती है, अधिकतर लोग जो ऐसी परिस्थितियों का सामना करते हैं, आत्महत्या नहीं भी करते हैं। अत: कुछ लोग आत्महत्या के प्रति अन्य लोगों की तुलना में अधिक उन्मुखी होते हैं। ऐसा क्यों होता है? इस प्रश्न का उत्तर देने का प्रयास मनोवैज्ञानिकों एवं शोधकर्त्ताओं द्वारा किया गया है और इसके लिए निम्नांकित तीन तरह के विचारधाराओं या सिद्धान्तों का प्रतिपादन किया गया है जो इस प्रकार है–

(1) मनोसामाजिक विचारधारा (Psychosoical view)

(2) जैविक विचारधारा (Biological view)

(3) सामाजिक-सांस्कृतिक विचारधारा (Socio-cultural view)

इन तीनों तरह के सैद्धान्तिक विचारधाराओं का वर्णन इस प्रकार है–

1. मनोसामाजिक विचारधारा *(Psychosocial view)*–अधिकतर मनोवैश्लेषिक सिद्धान्तवादियों (psychoanalytic theorists) का मत है कि आत्महत्या प्राय: विषाद (depression) तथा आत्म-निर्देशित क्रोध (self-directed anger) के कारण होता है। इस तरह के विचारधारा का प्रतिपादन सबसे पहले विलहेल्म स्टीकेल (Wilhelm Stekel)

द्वारा 1910 में एक सभा में व्यक्त की गयी जहाँ उन्होंने यह स्पष्टत: कहा, "वैसा कोई भी व्यक्ति अपने आपको नहीं मारता जो दूसरों को मारना नहीं चाहता हो या दूसरों की मृत्यु नहीं चाहता हो।" कुछ साल बाद यानी 1920 में सिगमण्ड फ्रायड (Sigmund Freud) ने भी इस पर अपना मत जाहिर करते हुए इसे समर्थन प्रदान किया। फ्रायड ने आत्महत्या की व्याख्या करने के लिए दो तरह के सिद्धान्त का प्रतिपादन किया। पहला सिद्धान्त वह है जिसमें उन्होंने विषाद (depression) के अपने सिद्धान्त को विस्तृत किया और आत्महत्या को मूलत: एक हत्या (murder) के रूप में व्याख्या किया। इस सिद्धान्त के अनुसार जब व्यक्ति किसी ऐसे व्यक्ति को खो देता है जिसे वह घृणा एवं प्यार दोनों ही किया है तथा उस व्यक्ति को इन्ट्रोजेक्ट (introject) किया है, तो व्यक्ति में आक्रामकता (aggressiveness) स्वयं अपनी ओर निदेशित हो जाती है और यदि यह भाव काफी तीव्र हुआ तो व्यक्ति आत्महत्या कर लेता है। फ्रायड द्वारा प्रतिपादित दूसरा सिद्धान्त यह बतलाता है कि मृत्यु मूलप्रवृत्ति (death instinct) जिसे *थैनेटोस* (Thanatos) भी कहा जाता है तथा जो जीवन मूलप्रवृत्ति के विरोध में कार्य करता है, कहा जाता है, जब स्वयं व्यक्ति की ओर निदेशित होती है, तो व्यक्ति अपनी जिन्दगी समाप्त कर लेता है।

फ्रायड द्वारा आत्महत्या के बारे में प्रतिपादित सिद्धान्त के समर्थन में शोधकर्त्ताओं ने कुछ तथ्य प्रदान किये हैं। पेकेल (Paykel, 1991) ने बाल्यावस्था में हुए क्षति (losses) का सम्बन्ध बाद में होने वाले आत्महत्या जैसे व्यवहार से स्पष्ट रूप से पाया है। ऐडम तथा उनके सहयोगियों (Adam et al., 1982) ने एक प्रयोग किया जिसमें पारिवारिक इतिहासों का तुलनात्मक अध्ययन किया गया और पाया गया कि आत्महत्या के प्रयास करने वाले 98 व्यक्तियों में अपने आरम्भिक जीवन में ही माता-पिता को खो देने का प्रतिशत 48 था जबकि 102 व्यक्तियों के नियन्त्रित समूह में जिन्होंने ऐसा प्रयास नहीं किया था, माता-पिता के खोने का ऐसा प्रतिशत मात्र 24 था। कुछ समाजशास्त्रीय परिणाम (sociological findings) से भी फ्रायड के इस विचारधारा का समर्थन मिलता है कि आत्महत्या करने वाले व्यक्ति मृत्यु मूलप्रवृत्ति को अपने आप के तरफ न कि दूसरों के तरफ निदेशित करते हैं। जैसे, राष्ट्रीय आत्महत्या दर (national suicide rate) युद्ध (war) के समय कम हो जाता है क्योंकि इस अवधि में लोग अपने आत्म-विध्वंसात्मक ऊर्जा (self-destructive energy) को (अर्थात् मृत्यु मूलप्रवृत्ति को) दुश्मन के खिलाफ निदेशित करते हैं। इसी तरह से विन्सटाक (Binstock, 1974) ने अपने अध्ययन में यह पाया है कि मानववध (homicide) के समय आत्महत्या की दर में कमी आ जाती है क्योंकि ऐसी परिस्थिति में मृत्यु मूलप्रवृत्ति भी दूसरे लोगों के प्रति निदेशित होती है।

बाद में फ्रायड स्वंय ही आत्महत्या के अपने सिद्धान्त से असन्तुष्टि जाहिर किया और फिर अन्य मनोगतिकी सिद्धान्तवादियों द्वारा समय बीतने के साथ-साथ उसके सिद्धान्त में परिवर्तन किया है। इसके बाद भी आत्म-निदेशित आक्रमकता (self-directed aggression) तथा क्षति (loss) इन लोगों की व्याख्या का केन्द्र रहा है।

वस्तु-सम्बन्ध (object-relations) तथा अंतरवैयक्तिक सिद्धान्तों (interpersonal theories) द्वारा आत्महत्या में क्षुब्ध पारिवारिक सम्बन्ध (disturbed family relationship) को महत्त्वपूर्ण बतलाया गया है। इन विचारधाराओं के अनुसार क्षुब्ध पारिवारिक सम्बन्ध से बच्चों या ऐसे परिवार के व्यक्तियों में धनात्मक आत्मन् (positive self) विकसित करने की अक्षमता विकसित हो जाती है नकारात्मक भावों (negative affect) के साथ समायोजित करने की क्षमता में पर्याप्त कमी आ जाती है। परिणामत: इससे अन्तर्वैयक्तिक द्वन्द्व (interpersonal conflict), सामाजिक अलगाव (social isolation) आदि विकसित हो जाता है और व्यक्ति आत्महत्या की ओर उन्मुखी हो जाता है।

संज्ञानात्मक परिपेक्ष्य (cognitive perspective) के ख्याल से जब व्यक्ति को अपने आरम्भिक जीवन में नकारात्मक अनुभूतियाँ (negative experiences) होतीं हैं तो ऐसी परिस्थिति में तनाव (stress) के दौरान व्यक्ति में निराशा (hopelessness) का भाव बढ़ जाता है। फलत: ऐसे व्यक्तियों में आत्महत्या का प्रयास तीव्र हो जाता है।

2. जैविक विचारधारा *(Biological viewpoints)*–आत्महत्या की व्याख्या कुछ जैविक कारकों के रूप में की गयी है। इन कारकों की भूमिका के समर्थन में दो तरह के प्रयोगात्मक सबूत उपलब्ध हैं–*जुडुवाँ अध्ययनों* (twin studies) *से प्राप्त तथ्य* तथा *न्यूरोट्रांसमीटर* (neurotransmitter) *से सम्बद्ध अध्ययन।*

जुएल-नाइलेसन एवं भाइडवेक (Juel-Nielsen & Videbach, 1970) ने एक सर्वे किया जिसमें डेनमार्क में 1870 तथा 1920 के बीच जन्मे जुडुवाँ बच्चों का एक रिकार्ड तैयार किया जिसमें 19 एकांडी जुडुवाँ बच्चे थे तथा 58 भ्रात्रीय युग्म (fraternal pairs) थे। इनलोगों का विश्लेषण से यह पता चला कि एकांकी जुड़वाँ में से चार ने आत्महत्या कर

लिया था भ्रात्रीय जुडुवाँ में से किसी ने भी आत्महत्या का प्रयास तक नहीं किया। केटी (Kety, 1990) ने अपने अध्ययन में पाया कि आत्महत्या का सुसंगता दर (concordance rate) एकांकी जुडुवाँ बच्चों में भ्रात्रीय जुडुवाँ बच्चों की अपेक्षा अधिक था। केटी (Kety, 1990) तथा वेन्डर एवं उनके सहयोगियों (Wender et al; 1986) ने अपने अध्ययन में पाया कि जैविक सम्बन्धियों (biological relatives) में आत्महत्या का दर भ्रात्रीय सम्बन्धियों (adopted relatives) की तुलना में अधिक था। इन अध्ययनों से यह भी स्पष्ट हो जाता है कि आत्महत्या के प्रयास में जैविक कारकों की भूमिका होती है।

परन्तु इस तरह के निष्कर्ष पर इस कारण प्रश्न चिह्न लग जाता है कि ऐसे जननिक कारकों की भूमिका विषाद (depression) तथा मनोविदालिता (Schizophrenia) जैसे मानसिक रोगों में भी पाया जाता है और इन दोनों तरह के मानसिक रोगों के रोगियों में आत्महत्या की प्रवृत्ति भी अधिक पायी जाती है। अत: निश्चितपूर्वक यह नहीं कहा जा सकता है कि कहाँ तक इन जननिक कारकों के कारण आत्महत्या की प्रवृत्ति होती है।

आत्महत्या के प्रयास में जैवरसायनिक असामान्यता (biochemical abnormalites) खासकर न्यूरोट्रांसमीटर की गड़बड़ी की भी भूमिका होती है। बोनगर (Bonger, 1991), ब्राऊन, गुडविन तथा बन्नी (Brown, Goodwin, & Bunney, 1982), विनकेल, स्टैनले एवं स्टैनले (Winchel, Stanley & Stanley, 1990) द्वारा किये गये अध्ययनों से यह स्पष्ट हुआ है कि आत्महत्या का प्रयास करने वालों एवं विषादी रोगियों के सेरिब्रोस्पाइनल तरल पदार्थ (cerebrospinal fluid) में हाइड्रोक्सिन्डोलिएक्टिक अम्ल (5-hydroxyindolactic acid or 5-HIAA) का निम्न स्तर पाया जाता है। 5-HIAA सचमुच में मस्तिष्कीय सेरोटोनिन (brain serotonin) का एक उप-उत्पादक (by-product) होता है। आत्महत्या का प्रयास करने वालों में 5-HIAA के निम्न स्तर के होने का खुलासा सबसे पहले पहले एशवर्ग तथा उनके सहयोगियों (Abserg et al, 1992) के अध्ययन से हुआ जिन्होंने यह पाया कि 68 विषादी रोगियों (depressed patients) में 20 रोगियों में जिन्होंने आत्महत्या का कई प्रयास कर चुके थे, 5-HIAA का स्तर काफी निम्न था। निटजिल एवं उनके सहयोगियों (Neitzel et al, 1998) के अनुसार आत्महत्या का प्रयास करने वाले कारकों के सेरिव्रोस्पाइनल तरल में होमोवैनिलिक अम्ल (homovanillic acid or HVCA) की भी कमी पायी गयी। HVCA एक डोपामाइन उप-उत्पादक (dopamine by-product) है। इन अध्ययनों से यह स्पष्ट हो जाता है कि आत्महत्या का प्रयास करने वाले व्यक्तियों में कुछ न्यूरोट्रांसमीटर असामान्यता (neurotransmitter abnormalities) पायी जाती है।

परन्तु कुछ ऐसे भी सबूत मिले हैं जो उपर्युक्त तथ्य के विरोध में जाते हैं। सेरोटोनिन का निम्न स्तर तथा आत्महत्या का प्रयास के बीच का सम्बन्ध विषाद के माध्यम से जुड़ा हुआ नहीं पाया गया है। जैसे, ब्राऊन तथा उनके सहयोगियों (Brown et al., 1982) ने अपने अध्ययन में पाया कि वैसे व्यक्तियों जिन्होंने आत्महत्या का प्रयास कर चुके थे, में 5-HIAA का निम्न स्तर तो अवश्य पाया गया परन्तु उनमें विषाद (depresssion) का कोई लक्षण नहीं पाया गया। उसी तरह भान प्राग (Van Prag, 1983) तथा वानिकी एवं एराटो (Banki & Arato, 1983) ने अपने-अपने अध्ययन में पाया है कि 5-HIAA का निम्न स्तर मनोविदालिता के रोगियों में तथा व्यक्तित्व विकृतियों (personality disorders), द्रव्य निर्भरता (substance dependence) आदि में भी होता है।

नवीनतम अध्ययनों से यह पता चलता है कि सेरोटोनिन (serotonin) का निम्न स्तर विषादी प्रवृत्तियाँ न उत्पन्न कर व्यक्ति में आक्रमक प्रवृत्तियाँ (aggressive tendencies) उत्पन्न कर देती है और तब व्यक्ति में आत्महत्या से सम्बद्ध चिन्तन (thinking) एवं प्रवृत्तियाँ तीव्र हो जातीं हैं। यह तथ्य लिन्नोलिया तथा विरक्कयूनेन (Linnoila & Virkkunen, 1992) तथा ब्राऊन एवं उनके सहयोगियों (Brown et al, 1992) के प्रयोगात्मक अध्ययन के निष्कर्ष पर आधारित है। बानकी तथा उनके सहयोगियों (Banki et al, 1985) तथा भान प्राग (Vann Pragg, 1983) ने अपने-अपने अध्ययनों में पाया कि जो लोग बन्दुक तथा अन्य घातक तरीकों का उपयोग करके आत्महत्या किये थे, उनमें 5-HIAA का स्तर निम्न पाया गया था।

3. सामाजिक-सांस्कृतिक विचारधारा *(Socio-cultural view)*–आत्महत्या के व्यवहार पर सामाजिक एवं सांस्कृतिक कारकों का भी प्रभाव पड़ता है। ईमाइल दुर्खिम (Emile Durkheim) जो एक मशहूर समाजशास्त्री है, आत्महत्या के सामाजिक-सांस्कृतिक विचारधारा के प्रबल समर्थक हैं। दुर्खिम के अनुसार आत्महत्या का प्रयास करना या आत्महत्या कर लेना सचमुच में इस बात पर आधृत होता है कि व्यक्ति कहाँ तक अपने आप को ऐसे सामाजिक संस्थानों

जैसे परिवार, तथा समुदाय आदि में अंतरसम्बन्ध पाता है। यह अन्तरसम्बन्धता जितनी ही अधिक होगी, आत्महत्या का दर उतनी ही कम होगी। ठीक इसके विपरीत, यह अंतरसम्बधता जितनी ही कम होगी, या व्यक्ति अपने आप को समाज एवं समुदाय से कम जुड़ा हुआ पायेगा, उनमें आत्महत्या की प्रवृत्ति अधिक होगी। व्यक्ति का समाज एवं समुदाय के ऐसे अंतरसम्बन्धों पर आधारित आत्महत्या के निम्नांकित चार प्रकार का उल्लेख दुर्खिम ने अपने सिद्धान्त में किया है।

(i) अहंवादी आत्महत्या *(Egoistic suicide)*–दुर्खिम के अनुसार इस तरह की आत्महत्या उन लोगों द्वारा की जाती है जिनपर समाज का नियन्त्रण नहीं के बराबर होता है। ऐसे लोग समाज के मानकों एवं नियमों का ख्याल नहीं करते हैं और न हो वे सामाजिक धारा में समन्वित होते हैं। दुर्खिम के अनुसार इस तरह की आत्महत्या उन व्यक्तियों द्वारा अधिक किया जाता है जो अकेले, एवं सबसे अलग-थलग रहते हैं तथा अधार्मिक विचार के होते हैं। किसी समाज में जब ऐसे व्यक्तियों की संख्या अधिक होती है, तो उस समाज में आत्महत्या का दर अधिक होगा।

(ii) परोपकारी आत्महत्या *(Altruistic suicide)*–इस तरह के आत्महत्या उन व्यक्तियों के द्वारा की जाती है जो सामाजिक संरचना (social structure) में अपने आप को काफी समन्वित कर देते हैं तथा समाज के कल्याण के लिए अपनी जिन्दगी को जान-बूझकर बलिदान चढ़ा देते हैं। इसका सबसे उत्तम उदाहरण हमें वैसे सैनिकों के जीवन से मिलता है जो अपने देश को बचाने के लिए जान-बूझकर दुश्मन के हाथ शिकार हो जाते हैं। उसी तरह से वियतनाम युद्ध का विरोध कुछ बौद्ध मठवासियों एवं संन्यासीनियों द्वारा आत्मदाह करके करना परोपकारी आत्महत्या के कुछ प्रमुख उदाहरण हैं। दुर्खिम के अनुसार वैसा समाज जो परोपकारी मृत्यु को बढ़ावा देता है या ऐसे मृत्यु को सम्मानित करता है, उसमें परोपकारी आत्महत्या का दर काफी अधिक होता है।

(iii) एनोमिक आत्महत्या *(Anomic suicide)*–एनोमिक आत्महत्या उन व्यक्तियों द्वारा किया जाता है जिनका सामाजिक पर्यावरण एक स्थायी संरचना (stable structure) जैसे परिवार, धार्मिक संस्थानों आदि का समर्थन नहीं प्रदान करता है और जिन्दगी को सार्थक नहीं बना पाता है। इस तरह के सामाजिक अवस्था को *एनोमी* (anomie) कहा जाता है जिसका शाब्दिक अर्थ बिना नियम (without law) का होता है। ऐसे समाज के व्यक्तियों में समाज में रहने का कोई आनन्द नहीं आता है और व्यक्ति आत्महत्या के लिए उन्मुख हो जाता है। अत: इस तरह के आत्महत्या में व्यक्ति आत्महत्या इसलिए करता है क्योंकि उसे एक असंगठित (unorganized) तथा अनियमित सामाजिक वातावरण का सामना करना पड़ता है। दुर्खीम का दावा था कि जब भी किसी समाज में अराजकता, अनियमितता (irregularities) फैलती है, तो उसमें आत्महत्या की दर बढ़ जाती है। ऐतिहासिक शोध (historical research) से भी इस दावे की पुष्टि होती है। आर्थिक मंदी तथा सामाजिक असंगठन (social disintegration) से देश में अराजकता की अवस्था उत्पन्न होती है और तब राष्ट्र में आत्महत्या दरें तेज हो जाती है।

(iv) घातक आत्महत्या *(fatalistic suicides)*–घातक आत्महत्या उन व्यक्तियों द्वारा की जाती हैं जिन्हें गम्भीर सामाजिक अलगाव (social isolation) या अस्वीकृति (rejection) का अनुभव करना पड़ता है तथा जिनमें सामाजिक संगठन (social integration) की उम्मीद निम्न होती है। प्राय: कैदियों (prisoners) या गुलाम व्यक्तियों द्वारा की गयी हत्या घातक आत्महत्या (fatalistic suicide) का उदाहरण है।

दुर्खिम के समय से किये गये अध्ययनों से यह स्पष्ट हुआ है कि सामाजिक परिवर्तनों एवं सामाजिक नियमों से कई तरह के आत्महत्या सम्बद्ध होते हैं। इसके अतिरिक्त किये गये अध्ययनों से यह भी स्पष्ट हुआ है कि आसेधकों (stressors) की गम्भीरता से भी आत्महत्या एवं इसकी प्रवृत्ति में वृद्धि होती है। ऐसी आसेधकों में बेरोजगारी, वैवाहिक अस्थिरता (marital instability), कानूनी समस्याएँ, तथा सीमित सामाजिक समर्थन प्रमुख हैं। समाज में अत्यधिक बेरोजगारी उत्पन्न होने से आत्महत्या एवं उसकी प्रवृत्ति में वृद्धि होती है क्योंकि ऐसी स्थिति में निराशावादी प्रवृत्तियाँ तथा घटता आत्म-सम्मान (decreased self-esteem) अधिक तीव्र हो जाता है। सामाजिक समर्थन से आत्महत्या की दर में कमी होती है तथा सामाजिक अलगाव (social isolation) से इसमें वृद्धि होती है। यही कारण है कि अविवाहित, विवाह विच्छेदित (divorced), विधवा-विधुर व्यक्तियों के बीच आत्महत्या की प्रवृत्ति तुलनात्मक रूप से अधिक होते पायी गयी है।

स्पष्ट हुआ कि आत्महत्या की व्याख्या करने के लिए तीन तरह की सैद्धान्तिक विचारधाराएँ उपलब्ध हैं जिनके आलोक में इस व्यवहार को ठीक ढंग से समझा जा सकता है।

विभिन्न आयु के व्यक्तियों में आत्महत्या
(Suicide in Different age Groups)

आत्महत्या करने की सम्भावना सामान्यत: उम्र बीतने के साथ-साथ बढ़ते जाती है। हाल में तीन तरह के आयु वाले व्यक्तियों में आत्महत्या तथा इसमें बढ़ते प्रवृत्ति को काफी गहन रूप से अध्ययन किया गया है जो इस प्रकार है–

(1) बच्चों द्वारा किया गया आत्महत्या (chilidren suicides)

(2) किशोरों एवं अल्पवयस्कों द्वारा किया आत्महत्या (adolescent and young adults suicides)

(3) प्रौढ़ व्यक्तियों द्वारा किया गया आत्महत्या (elderly suicide)

इन तीनों तरह के आत्महत्याओं का वर्णन इस प्रकार किया जा सकता है–

1. बच्चों द्वारा किया गया आत्महत्या *(Children Suicides)*—यद्यपि बच्चों द्वारा किया गया आत्महत्या या आत्महत्या के प्रयास के सबूत कम मिलते हैं, परन्तु कुछ ऐसे तथ्य प्राप्त हुए हैं जिनसे यह स्पष्ट हुआ है कि गत कई सालों में बच्चों में भी इस ढंग की प्रवृत्ति में वृद्धि है। काईनहार्स्ट तथा उनके सहयोगियों (Kineharst et al, 1987) ने एक अध्ययन किया जिसमें 5 और 14 साल के आयु के बच्चों द्वारा आत्महत्या के किये गये प्रयास के अध्ययन से यह पता चला है कि इनमें से अधिकतर ने कोई औषध अतिमात्रा (overdose) में लेकर आत्महत्या का प्रयास किया था तथा इनमें से आधे बच्चे ऐसे थे जिनके सिर्फ माँ या सिर्फ पिता ही जीवित थे और 25 प्रतिशत ऐसे थे जिन्होंने इसके पहले भी आत्महत्या का प्रयास कर चुके थे। इन शोधकर्त्ताओं का मत था कि बच्चों द्वारा आत्महत्या का प्रयास करने के पहले कुछ निश्चित व्यवहारात्मक पैटर्न जैसे घर से भाग जाना, दुर्घटना-प्रवणता (accident proneness), अत्यधिक क्रोध एवं क्रूरता दिखलाना, अकेलापन, आत्म निन्दा आदि जैसे व्यवहार किये जाते हैं। मैकगुरी (Mc Gurie, 1982) द्वारा भी अपने प्रयोग के आधार पर इस तथ्य की सम्पुष्टि की गयी है। एसारनाऊ (Asarnow, 1992) एवं फास्को एवं फास्को (Fasko & Fasko, 1991) एवं काईनहार्स्ट तथा उनके सहयोगियों (Kienhorst et al, 1987) द्वारा किये गये अध्ययनों के आधार पर यह भी स्पष्ट हुआ है कि बच्चों द्वारा किया गया आत्महत्या या आत्महत्या का प्रयास का सम्बन्ध उनके किसी प्रियजन की मृत्यु, पारिवारिक तनाव, माता-पिता का बेरोजगारी, माता-पिता द्वारा दुर्व्यवहार तथा विचार का नैदानिक स्तर आदि से होता है। जैकोबसन (Jacobsen, 2003) द्वारा किया गया एक शोध से यह स्पष्ट हुआ है कि करीब 6 से 26 प्रतिशत स्कूली बच्चों में आत्महत्या करने की तीव्र विचार उनके इस प्रतिदर्श (sample) में पाये गए।

2. किशोरों तथा अल्पवयस्कों द्वारा किया गया आत्महत्या *(Adolescent and young adults suicides)*–किशोरों तथा अल्पवयस्कों (young adults) द्वारा सबसे अधिक संख्या में आत्महत्या या आत्महत्या का प्रयास किया जाता है। इतना ही नहीं, इन आयु समूहों में आत्महत्या की दर भी काफी तेजी से बढ़ी है। मैकइनटौश (McIntosh, 1955) के अनुसार इन आयु समूहों में आत्महत्या की दर 1955 से अबतक दुगुनी हो गयी है। इसके विशेष महत्त्व के कारण इन दोनों आयु समूहों में होने वाले आत्महत्या या उसके प्रयास पर विचार अलग से किया जायेगा जो निम्नांकित हैं–

(i) किशोरों द्वारा की गयी आत्महत्या *(Adolescent suicides)*–इस आयु समूह में 13 से 19 साल तक के आयु के व्यक्तियों का अध्ययन किया गया है। नवीनतम तथ्यों से यह स्पष्ट हुआ है कि किशोरों द्वारा की जाने वाली आत्महत्या तथा उसके प्रयास में काफी वृद्धि हुई है। दुनिया का एक सबल देश अर्थात् अमेरिका में तो इकट्ठा किये गए आँकड़े यह बतलाते हैं कि प्रतिवर्ष करीब 2,000 किशोरों द्वारा आत्महत्या की जाती है। रॉबिन्स तथा रूटर (Robins & Rutter, 1990) के अनुसार लड़कों के लिए आत्महत्या का दर प्रति एक लाख में 15 तथा लड़कियों के लिए प्रति एक लाख में 3 बतलाया गया है। एक अध्ययन के अनुसार 15 से 19 साल के आयु के बीच व्यक्तियों की हुई मृत्यु का तीसरा प्रमुख कारण आत्महत्या (suicide) माना गया है जो इस आयु समूह में होने वाले मृत्यु का 14% प्रतिशत तक का होता है।

किशोरावस्था में किये गए आत्महत्या या इसके प्रयास से सम्बद्ध कारक कई हैं। शेफर तथा उनके सहयोगियों (Shaffer et al; 1988) के अनुसार ऐसे लोग आसेधकों (stressors) के प्रति आवेगशील ढंग से (impulsively) एवं आक्रमकतापूर्ण व्यवहार करते हैं। शेफर तथा गोऊल्ड (Shaffer & Gould, 1986) के अनुसार आक्रमकता एवं समाजविरोधी व्यवहार प्राय: किशोरों द्वारा किया गया आत्महत्या में सम्मिलित होता है। किशोरों में आत्महत्या के कुछ महत्त्वपूर्ण चेतावनी संकेत (warning signal) इस प्रकार होते हैं–थका-थका अनुभव करना, नींद की कमी, भूख न लगना, मनोदशा में परिवर्तन, स्कूल निष्पादन में ह्रास (decline), लोगों से मिलने-जुलने से दूर होना, धूम्रपान अधिक

करना, औषध या अल्कोहल पीना प्रारम्भ कर देना, महत्त्वपूर्ण एवं मूल्यांकन चीजों की उपेक्षा करना आदि। पीक तथा रेड्डिक (Peach, & Reddick, 1991) द्वारा किये गये अध्ययनों से इन चेतावनी संकेतों का पता लगाया गया है। डाइकमैन (Dykeman, 1984) के अध्ययन के अनुसार, औषध को अति मात्रा (drug overdose) में लेकर किशोर प्राय: आत्महत्या करते हैं। अन्य आयु समूहों के समान किशोरों द्वारा किया गया आत्महत्या या इसका प्रयास उनके विषाद (depression) से सम्बद्ध होते हैं। इसके अतिरिक्त यह भी पता चला है कि ऐसे किशोर अत्यधिक तनाव से ग्रस्त भी होते हैं। ऐडम्स तथा उनके सहयोगियों (Adams et al, 1994) के अनुसार अधिकतर ऐसे किशोरों का माता-पिता से घटिया सम्बन्ध, पारिवारिक द्वन्द्व, साथियों के साथ अपर्याप्त सम्बन्ध तथा सामाजिक विलगाव (social isolation) आदि प्रधान रूप से होता है। किशोरों द्वारा की गयी आत्महत्या में तात्कालिक तनाव जैसे बेरोजगारी, परिवार का वित्तीय धक्का (financial set back), अपने विपरीत लिंग के दोस्तों से वादा-खिलाफी आदि की भी मुख्य भूमिका होती है।

स्कूल में उत्पन्न तनाव भी किशोरों द्वारा आत्महत्या या इसके प्रयास में महत्त्वपूर्ण भूमिका निभाता है। हाऊसटन तथा उनके सहयोगियों (Houston et al; 1982) द्वारा किया गया एक अध्ययन में यह पाया गया कि ऐसे किशोरों में से 60 प्रतिशत ऐसे थे जो स्कूल में सही ढंग से आगे नहीं बढ़ रहे थे। लेरोक्स (Leroux, 1986) द्वारा किया गया अध्ययन से यह स्पष्ट हुआ है कि शैक्षिक रूप से प्रतिभाशाली छात्र कभी-कभी इसलिए आत्महत्या का प्रयास करते हैं क्योंकि उन्हें पूर्णता (perfectness) दिखलाने पर बल डाला जाता है तथा साथ-ही-साथ उन्हें अपने वर्ग में हमेशा शीर्ष स्थान बनाये रखने पर बल डाला जाता है। क्रॉस-सांस्कृतिक अध्ययनों से यह स्पष्ट हुआ है कि जापान के किशारों में शैक्षिक तनाव से आत्महत्या सबसे अधिक होती है क्योंकि जापानी किशोरों को 'शकेन जिगोकु' (Shiken Jigoku) अर्थात् 'परीक्षा नरक' (examination hell) से गुजरना पड़ता है जो एक काफी प्रतियोगितापूर्ण परीक्षण अवधि (competitive testing period) होती है जिसे पास करने के बाद ही उन्हें कॉलेज में दाखिला मिलता है। असफल परीक्षार्थी प्राय: आत्महत्या कर बैठते हैं।

किशोरावस्था में आत्महत्या व्यवहार की एक विशेषता यह भी है कि किशोरों द्वारा आत्महत्या के प्रयास अधिक किया जाता है परन्तु वास्तविक आत्महत्या कम किया जाता है। सोलोमन तथा मर्फी (Soloman & Murphy, 1984) के सर्वे के अनुसार प्रति 1,00,000 लाख में किशोरों द्वारा आत्महत्या का किया गया प्रयास का परास (range) 57 से 100 तक की होती है। हांटोन (Hanton, 1986) तथा पफेफर (Pfeffer, 1986) का कहना है कि सचमुच में आत्महत्या के प्रयास की यह संख्या और भी अधिक हो सकती है और आत्महत्या का प्रयास तथा वास्तविक आत्महत्या का अनुपात 50 से 1 या 200 से 1 तक का हो सकता है। वास्तव में ऐसे प्रयास द्वारा किशोर दूसरों को यह दिखलाना चाहते हैं कि वे काफी हतोत्साह एवं निराशोन्मत्त (disperate) हैं, दूसरों की मदद उन्हें चाहिए या फिर वे दूसरों को एक नया पाठ सीखलाने के लिए ऐसा करते हैं। डायक्स्ट्रा (Diekstra, 1989) के अध्ययन के अनुसार आत्महत्या के प्रयास करनेवाले किशोरों में से करीब 40 प्रतिशत ऐसे होते हैं जो और भी अधिक बार-बार आत्महत्या का प्रयास करते हैं और 14 प्रतिशत ऐसे होते हैं जो सचमुच में आत्महत्या करके मृत्यु को प्राप्त करते हैं।

कुछ मनोवैज्ञानिकों का मत है कि किशोरावस्था अपने आप में आँधी और तूफान की अवस्था होती है जिसमें किशोरों को तनाव, द्वन्द्व, घर तथा स्कूल में कठिनाई आदि अधिक होता है। किशोर किसी भी घटना के प्रति अधिक संवेदनशील होकर, क्रोधित होकर तथा आवेगशीलता के साथ प्रतिक्रिया करते हैं। फलत: अन्य आयु के व्यक्तियों की तुलना में तनाव की घड़ी में किशोरों में आत्महत्या की प्रवृत्ति अधिक तीव्र हो जाती है।

(ii) कॉलेज छात्रों द्वारा की गयी आत्महत्या *(Suicides by college students)*—इस आयु समूह में सामान्यत: 19 से 23-24 वर्ष के व्यक्तियों को रखा गया है और उनके द्वारा आत्महत्या व्यवहार का अध्ययन किया गया है। पहले यह समझा जाता था कि इस आयु समूह के व्यक्तियों द्वारा आत्महत्या का प्रयास सर्वाधिक किया जाता है परन्तु बाद में किये गये सर्वे से इस तथ्य को समर्थन नहीं मिला है। इस आयु-समूह में महिला छात्राओं द्वारा अधिक आत्महत्या का प्रयास किया जाता है परन्तु घातक आत्महत्या (fatal suicide) पुरुषों द्वारा ही अधिक किया जाता है। कारसन तथा जानसन (Carson & Johnson, 1985) द्वारा किये गये अध्ययन से यह स्पष्ट हुआ है कि करीब 20 प्रतिशत कॉलेज छात्र अपने कॉलेज जीवनवृत्ति (college career) में कभी-न-कभी आत्महत्या का विचार विकसित कर लेते हैं।

लिमैन (Lyman, 1961) एवं प्रिस्टर एवं क्लूम (Priester & Clum, 1992) के अध्ययन के अनुसार इस आयु

समूह में आत्महत्या का एक प्रमुख कारण स्वयं कॉलेज द्वारा दी गयी चुनौती ही होता है। शैक्षिक दवाब, परीक्षा में उत्तम अंक प्राप्ति की होड़ से छात्रों की जिन्दगी तनावग्रस्त हो जाती है। बर्कोविज (Berkovitz, 1985) तथा कारसन एवं जॉनसन (Carson & Johnson, 1985) द्वारा किये गये अध्ययनों से यह पता चला है कि इस आयु-समूह के व्यक्तियों को अपने परिवार एवं दोस्तों से काफी दूर जाकर पढ़ाई करनी पड़ती है जिससे इनमें सामाजिक समर्थन की कमी पायी जाती है। इतना ही नहीं, उनके मूल्यों (values) में भी तीव्र गति से परिवर्तन हो जाता है, फलतः इनमें आत्महत्या करने की प्रवृत्ति तीव्र हो जाती है। कुछ केसेज में यह भी देखा गया है कि कॉलेज छात्रों में कॉलेज में प्रवेश के पहले से ही कुछ समस्याएँ मौजूद रहती हैं जो उनके कॉलेज में प्रवेश करते ही कॉलेज की समस्याओं से मिलकर काफी गम्भीर हो जाती है और उनमें आत्महत्या के विचार उत्पन्न करने लगते हैं। कुछ नैदानिक मनोवैज्ञानिकों का मत है कि कॉलेज छात्रों में वैसे ही छात्रों द्वारा आत्महत्या की बात सोची जाती है जिन्होंने यह नहीं सीखा है कि व्यक्तिगत समस्याओं से किस तरह से निपटा जाए। जैसे करसन एवं जॉनसन (Carson & Johnson, 1985) ने अपने एक अध्ययन में जिसमें उन्होंने 218 स्नातक में पढ़ने वाले छात्रों को सम्मिलित किया था, पाया कि इसमें से जो छात्र आत्महत्या करते हैं या उसका प्रयास करते हैं, उनमें तनाव अधिक अनुभव नहीं किया जाता है परन्तु उनमें अपनी समस्याओं एवं तीव्र संवेगों से निपटने की क्षमता कम होती है।

अब प्रश्न यह उठता है कि किशोरों एवं अल्पवयस्कों (young adults) में जो गत वर्षो में आत्महत्या की बढ़ती प्रवृत्ति उत्पन्न हुई है, उसके क्या सम्भावित कारण हो सकते हैं? इसकी व्याख्या करने के लिए मनोवैज्ञानिकों एवं समाजशास्त्रियों द्वारा निम्न बिन्दुओं पर विचार किया गया है।

(i) हालिंगर (Holinger, 1999) के अनुसार इन आयु समूहों में आत्महत्या की प्रवृत्ति मजबूत होने का कारण नौकरी के लिए प्रतियोगिता, कॉलेज में अच्छा स्थान प्राप्ति की इच्छा आदि महत्त्वपूर्ण कारक है।

(ii) पेक (Peck, 1982) के अनुसार एकाकी परिवार (nuclear family) के सदस्यों में गत कुछ वर्षों में आपसी सम्बन्ध में खट्टास विकसित होने लगे हैं। इसका परिणाम यह हुआ कि इनके सदस्यों में तिरस्कार एवं अन्यसंक्रामण (alienation) का भाव तीव्र होता जाता है जिनसे इनमें आत्महत्या की प्रवृत्ति अधिक होती है।

(iii) हॉटन (Hawton, 1986) तथा स्कूकिट एवं स्कूकिट (Schukit & Schukit, 1991) द्वारा किये गये अध्ययनों से यह स्पष्ट हुआ है कि आधुनिक समय में इन आयु-समूहों को तरह-तरह के औषध (drug) आसानी से उपलब्ध हो जाते हैं और इतना ही नहीं, उन्हें सेवन करने का दबाव भी कई स्रोतों से अधिक पड़ता है। परिणामस्वरूप, इनमें आत्महत्या की प्रवृत्ति बढ़ जाती है। मिलर तथा उनके सहयोगियों (Miller et al., 1919) के अध्ययन के अनुसार 70 प्रतिशत आत्महत्या करने वाले इन आयु समूह के व्यक्तियों द्वारा औषध का दुरुपयोग या मद्यपान किया जाता है।

(iv) गुल्ड एवं शेफर (Guild & Shaffer, 1986) के अधययन के अनुरूप किशोरों एवं अल्पवयस्कों द्वारा किए गए आत्महत्या प्रयासों को जन माध्यमों (mass media) से दिखलाने से भी इस आयु समूह के व्यक्तियों में आत्महत्या की प्रवृत्ति बढ़ जाती है।

इन कारकों से इतना तो स्पष्ट हो जाता है कि आधुनिक सामाजिक परिवर्तन एवं वृद्धि (advancement) से जहाँ एक ओर कुछ सुविधाएँ प्राप्त हुई है, तो दूसरी ओर उनकी कीमत भी चुकानी पड़ रही है क्योंकि इन तकनीकी वर्द्धन (technological advancement) से ऐसी प्रवृत्तियाँ नवयुवकों में बढ़ी भी हैं।

3. प्रौढ़ व्यक्तियों द्वारा किया गया आत्महत्या *(Suicides done by elderly)*—प्रौढ़ व्यक्तियों द्वारा भी आत्महत्या किये जाते हैं और पहले की तुलना में ऐसे व्यक्तियों द्वारा आत्महत्या का व्यवहार में काफी वृद्धि हुई है। मैकइनटौश (McIntosh, 1992) के अध्ययन के अनुसार अमेरिका में प्रति 100,000 ऐसे व्यक्तियों में 21 आत्महत्या कर लेते हैं।

रिचमैन (Richman, 1991) के अनुसार बहुत सारे कारक हैं जो प्रौढ़ व्यक्तियों में आत्महत्या करने के प्रयास को बढ़ावा देते हैं। इनके अध्ययन के अनुसार जैसे-जैसे व्यक्ति का उम्र बीतता जाता है या वह प्रौढ़ावस्था में आगे बढ़ता जाता है, वे प्राय: बीमार पड़ते हैं, अपने निकट संबंधियों या दोस्तों का साथ छुटता जाता है, स्वयं अपनी जिन्दगी पर उनका नियन्त्रण नहीं रह जाता है तथा वे समाज में सम्मान एवं प्रतिष्ठा खो देते हैं। ऐसी अनुभूतियों से उनमें निराशा, अकेलापन, विषाद इतना तीव्र हो जाता है कि वे आत्महत्या करने के लिए उतारू हो जाते हैं। लोयेवेल तथा उनके सहयोगियों (Loebel et. al., 1991) ने एक अध्ययन किया जिसमें 44% वृद्ध व्यक्तियों ने आत्महत्या सिर्फ इसलिए किया क्योंकि

उन्हें परिवारवालों द्वारा घर से हटाकर नर्सिंग होम में रखने की बात की जा रही थी। नाइटो तथा उनके सहयोगियों (Nieto et. al., 1992) द्वारा किये गये अध्ययन से यह स्पष्ट हुआ है कि जो व्यक्ति अपने पति या पत्नी को खो देते हैं, उनमें आत्महत्या की प्रवृत्ति तीव्र हो जाती है। अध्ययनों से यह भी स्पष्ट हुआ है कि प्रौढ़ व्यक्तियों द्वारा आत्महत्या का विचार में दृढ़ता अधिक होती है और जब वे एक बार ऐसा करने के लिए सोच लेते हैं, तो उसपर अडिग बने रहते हैं। नाइटो एवं उनके सहयोगियों ने (Nieto et. al., 1992) ने अपने अध्ययन में यह भी पाया है कि ऐसे लोग आत्महत्या के लिए कम हिंसक परन्तु घातक तरीका अपनाते हैं। मैकइनटौश (Mcintosh, 1987) के अनुसार प्रत्येक चार प्रौढ़ व्यक्तियों जिनके द्वारा आत्महत्या का प्रयास किया जाता है, में से एक निश्चित रूप से आत्महत्या कर लेते हैं। लिनेस तथा उनके सहयोगियों (Lyness et. al., 1992) ने अपने अध्ययन के आधार पर यह बतलाया है कि 50% प्रौढ़ व्यक्तियों द्वारा किये गए आत्महत्या में नैदानिक विषाद (clinical depression) एक प्रमुख कारक होता है।

स्पष्ट हुआ कि विभिन्न आयु समूहों के व्यक्तियों द्वारा आत्महत्या किये जाते हैं जिनके कारण थोड़ा भिन्न है।

आत्महत्या के उपचार एवं रोकथाम
(Treatment and Prevention of Suicide)

जो लोग आत्महत्या का प्रयास करते हैं या आत्महत्या करने के लिए सोचते हैं, उनके उपचार (treatment) के मुख्य दो श्रेणियाँ हैं-

(1) आत्महत्या के प्रयास के बाद उपचार (Treatment after suicide attempt)

(2) आत्महत्या का रोकथाम (Suicide prevention)

इन दोनों का वर्णन इस प्रकार है-

1. आत्महत्या के प्रयास के बाद उपचार *(Treatment after suicide attempt)*—आत्महत्या का प्रयास करने वाले व्यक्तियों का सबसे प्राथमिक उपचार मेडिकल देख-रेख (medical care) की होती है। आत्महत्या के प्रयास के बाद ऐसे व्यक्ति में गंभीर चोट, मस्तिष्कीय क्षति तथा अन्य मेडिकल समस्याएँ उत्पन्न हो जातीं हैं। सबसे पहले इन्हें मेडिकल उपचार की जरूरत होती है। जैसे ही ऐसे व्यक्तियों का यह मेडिकल समस्या कमता है या ठीक-ठाक हो जाता है, तो फिर मनश्चिकित्सा (Psychotherapy) प्रारंभ की जाती है। दुर्भाग्य की बात यह है कि कभी-कभी ऐसे व्यक्तियों को आवश्यकतानुसार मनश्चिकित्सा (Psychotherapy) नहीं भी दी जाती है। जैसे, हारकावी तथा एसनिस (Harkavy & Asnis, 1985) ने 382 किशोरों के यादृच्छिक सर्वे में यह पाया कि करीब 9% ऐसे किशोर थे जिन्होंने आत्महत्या का एक प्रयास किया और उनमें से मात्र आधे को ही मनश्चिकित्सा प्रदान की गयी थी। सुकास एवं लोनक्विस्ट (Suokas & Lonnquist, 1991) ने अपने अध्ययन में पाया कि आत्महत्या का प्रयास करने वाले 46% व्यक्ति ऐसे थे जिन्हें मनश्चिकित्सा तो दूर रही, उन्हें मनोवैज्ञानिक परामर्श (psychological consultation) भी नहीं दिया गया था। जब ऐसे व्यक्तियों की मनश्चिकित्सा प्रदान की जाती है, तो उन्हें मानसिक आस्पताल में भर्ती करके या बिना भर्त्ती किये भी उनका उपचार किया जाता है। जैसे, मनोविदालिता तथा अन्य मनोदशा विकृति (mood disorders) से ग्रस्त व्यक्तियों द्वारा आत्महत्या का प्रयास करने पर उनका उपचार मानसिक अस्पताल में भर्त्ती करके ही किया जाता है।

मनश्चिकित्सा (psychotherapy) में मूलत: ऐसे व्यक्तियों को अर्थात जिन्होंने आत्महत्या करने का प्रयास किया हो, को दो तरह की चिकित्सा सामान्यत: उपलब्ध करायी जाती है—*व्यवहार चिकित्सा* (behaviour therapy) तथा *सूझ-उन्मुखी उपचार* (insight-oriented treatment)। एक अध्ययन ऐसा भी उपलब्ध है जिसमें इन दोनों तरह के चिकित्सीय प्रविधि का एक तुलनात्मक अध्ययन किया गया है। लाइवरमैन एवं एकमैन (Liberman & Ekman, 1981) द्वारा एक ऐसा ही अध्ययन किया गया है। इस अध्ययन में 24 आत्महत्या का प्रयास करने वालों में से 12 का उपचार व्यवहार चिकित्सा द्वारा तथा 12 का उपचार सूझ-उन्मुखी उपचार द्वारा किया गया। व्यवहार चिकित्सा समूह को यह सीखलाया गया कि वह किस तरह से अपने शाब्दिक तथा अशाब्दिक अभिव्यंजक कौशल (expressive skills) को उन्नत बनायेगा और साथ-ही-साथ उन्हें विश्रांति सत्र (relaxation session) भी दिया गया। इनलोगों द्वारा पारिवारिक सत्र (family session) में भी भाग लिया गया जहाँ इनलोगों द्वारा यह सीखा गया कि पारिवारिक संचार को किस तरह उन्नत बनाया जाय तथा उत्तरदायित्व को किस तरह से निभाया जाए। बाकी 12 आत्महत्या का प्रयास करने वालों समूह को सूझ-उन्मुखी उपचार (insight-oriented treatment) दिया गया जिसमें उन्हें वैयक्तिक मनोगतिकी चिकित्सा

(psychodynamic therapy) सत्र दिया गया और बाद में सामूहिक चिकित्सा तथा पारिवारिक चिकित्सा सत्र भी दिये गये। ये दोनों तरह की चिकित्सा को नौ महीने तक दिया गया। परिणाम के रूप में पहले स्तर के मूल्यांकन में यह पाया गया कि जिन व्यक्तियों को व्यवहार चिकित्सा दिया गया था, उनमें उनलोगों की तुलना में जिन्हें मनोगतिकी चिकित्सा दी गयी थी, अधिक तेजी से उन्नति होते पायी गयी। वैसे व्यक्तियों में कम मात्रा में विषाद, चिंता तथा आत्म-कथनों में तुलनात्मक रूप से अधिक दृढ़ता पायी गयी। परंतु बाद में इन दोनों ही तरह के व्यक्तियों द्वारा आत्महत्या का प्रयास लगभग एक समान संख्या में किया गया। सूझ चिकित्सा वाले प्रयोज्यों में से तीन ने तथा व्यवहार चिकित्सा वाले प्रयोज्यों में से दो ने फिर आत्महत्या का प्रयास किया। इससे यह साबित होता है कि आत्महत्या के प्रयास के उपचार में इन दोनों में से किसी एक को अधिक प्रभावी नहीं कहा जा सकता है।

2. आत्महत्या का रोकथाम *(Suicide prevention)*—गत तीन वर्षों में नैदानिक मनोवैज्ञानिकों एवं अन्य विशेषज्ञों का ध्यान आत्महत्या उपचार (suicide treatment) से हटकर आत्महत्या रोकथाम (suicide prevention) पर अधिक गया है। *आत्महत्या रोकथाम कार्यक्रम* की शुरूआत 1950 वाले दशक में आत्महत्या रोकथाम कार्यक्रम (suicide prevention programme) के विकास के साथ हुआ। अमेरिका में पहला ऐसा कार्यक्रम फारबेरो तथा स्निडमैन (Farberow & Shneidman,) द्वारा 1955 में प्रारंभ किया गया जिसका नाम *लॉस एंजिल्स आत्महत्या रोकथाम केन्द्र* (Los Angeles Suicide Prevention Center) था। इंगलैंड में पहला ऐसा केन्द्र का नाम *स्मैरिटन* (Samaritans) था जिसे 1953 में खोला गया था। आज की तिथि में पूरे संसार के विभिन्न देशों में 800 से अधिक आत्महत्या रोकथाम केन्द्र खोले जा चुके हैं और नये-नये केन्द्र खोले जा रहे हैं। इन केन्द्रों में मानसिक स्वास्थ्य पेशेवरों के देखरेख में आत्महत्या का प्रयास करने वाले व्यक्तियों को सलाह दी जाती है क्योंकि ऐसे केन्द्रों में ऐसे व्यक्तियों को 'संकट' (crisis) से घिरा हुआ व्यक्ति के रूप में परिभाषित किया जाता है। दूसरे शब्दों में, ऐसे व्यक्तियों को गंभीर तनाव से ग्रस्त, उससे निपटने में सक्षम, डरने का भाव, परिस्थिति को अपरिवर्तन योग्य व्याख्या करनेवाला समझा जाता है। परिणामत: ऐसे केन्द्र *'संकट हस्तक्षेप'* (crisis intervention) का कार्यक्रम चलाते हैं अर्थात् ऐसे सलाहकार आत्महत्या का प्रयास करने वाले व्यक्तियों को परिस्थिति का सही-सही ढंग से समझाने में मदद करते हैं; उन्हें उत्तम एवं उचित निर्णय लेने में मदद करतै हैं और उनके संकट से निबटने में उन्हें मदद करते हैं। आरंभिक सम्पर्क के दौरान ऐसे केन्द्रों में सलाहकार (counsellor) मूलत: निम्नांकित कार्य करते हैं—

(i) धनात्मक संबंध स्थापित करना *(Establishing a positive relationship)*—सलाहकार आत्महत्या का प्रयास करने वाले व्यक्तियों या आत्महत्या की बात बतलाने वाले व्यक्ति के साथ एक धनात्मक संबंध स्थापित करता है। वे उनके साथ एक धनात्मक एवं सुखद भाव उत्पन्न करने वाले शब्दों में बातचीत करते हैं ताकि आत्महत्या का प्रयास करनेवाले व्यक्ति का सलाहकार में पूर्ण विश्वास उत्पन्न हो सके।

(ii) समस्या को समझना एवं स्पष्ट करना *(Understanding and Clarifying problem)*—सलाहकार पहले आत्महत्या का प्रयास करने वाले या आत्महत्या की बात सोचने वाले व्यक्ति के संकट को ठीक ढंग से समझता है और तब वह उस व्यक्ति को उनके समस्याओं को सही-सही ढंग से एवं रचनात्मक ढंग से समझने में मदद करता है। सलाहकार ऐसे आत्मघाती व्यक्ति को अपने महत्त्वपूर्ण समस्या की पहचान करने, उनके संकट का अस्थायी स्वरूप को समझने तथा आत्मघाती कार्य के विकल्प को स्वीकार करने पर जोर देते हैं।

(iii) आत्महत्या की संभाव्यता को पहचानना *(Assessing suicide potential)*—आत्महत्या के प्रयास करने वाले कुछ व्यक्ति तो आत्महत्या के प्रति काफी गंभीर होते हैं जबकि कुछ उतने गंभीर नहीं होते हैं। दूसरे शब्दों में, कुछ व्यक्तियों में आत्महत्या करने का जोखिम (risk) अधिक होता है जबकि कुछ में ऐसा जोखिम कम होता है सलाहाकार इन दोनों तरह के व्यक्तियों के साथ भिन्न-भिन्न ढंग से निपटने की युक्ति की खोज करता है। इसका मतलब यह हुआ कि नैदानिक मनोविज्ञानियों द्वारा सही-सही आत्महत्या मूल्यांकन प्रविधि (suicide assessment technique) के विकास पर भी इन केन्द्रों में जोर डाला जाता है। इस सिलसिले में ऐसे केन्द्रों द्वारा एक प्रश्नावली (questionnaire) विकसित किया गया है जिसे *'लेथिलिटी मापनी'* (lethality scale) कहा गया है। इस प्रश्नावली में दिये गए उत्तरों के आधार पर सलाहकार यह तय कर पाते हैं कि आत्महत्या का प्रयास करने वाले व्यक्ति में तनाव की मात्रा कितनी है, उसके महत्त्वपूर्ण व्यक्तित्व शीलगुण क्या है, आत्महत्या के प्लान की विस्तृतता क्या है, उसके लक्षण की गंभीरता क्या है, उससे निपटने

के उपाय उसके पास क्या है, आदि-आदि। इसके बाद सलाहकार उसके बारे में यह निर्णय लेता है कि उसके सुरक्षा को ध्यान में रखकर उसे अस्पताल में भर्त्ती कर लिया जाय या उससे कुछ अन्य कार्य कराया जाए।

(iv) आत्महत्या का प्रयास करनेवाले व्यक्तियों के साधनों का मूल्यांकन करना तथा उसे गतिशील बनाना *(Assessing and mobilizing the suicidal resources)*—हालाँकि यह सही है कि आत्महत्या का प्रयास करने वाले व्यक्ति अपने आप को अप्रभावी, तथा निःसहाय (helpless) पाता है, ऐसे व्यक्तियों में कई तरह के साधन सम्पन्नताएँ तथा अन्य शक्तियाँ होतीं है। सलाहकार उन साधन सम्पन्नताओं (resource) की पहचान करता है तथा उसे सक्रिय करने की कोशिश करता है।

(v) एक प्लान बनाना *(Formulating a plan)*—अन्त में सलाहकार आत्महत्या का प्रयास करने वाले व्यक्ति के कल्याण के लिए एक प्लान या योजना तैयार करता है जिसमें दोनों की भागेदारी होती है। वे दोनों मिलकर आत्महत्या का एक विकल्प (alternative) तैयार कर लेते हैं। हालाँकि योजना बनाने में दोनों की सहभागिता होती है, सलाहकार की भूमिका प्रधान होती है, वह सुझाव देता है तथा यहाँ तक कि ऐसा संबंध को बढ़ावा देता है जिसमें आत्महत्या करने वाला व्यक्ति उसपर निर्भर रह सके।

अध्ययनों से यह स्पष्ट हुआ है कि संकट हस्तक्षेप यद्यपि आत्महत्या का प्रयास करने वाले व्यक्तियों के लिए एक लाभकारी रोकथाम प्रविधि है, फिर भी करीब 60 प्रतिशत केसेज में ऐसे व्यक्तियों को दीर्घकालीन चिकित्सा (long-term therapy) की जरूरत होती है। मिल्स (Mills, 1985) के अनुसार ऐसी दीर्घकालीन उपचार की जरूरत खासकर उन व्यक्तियों को पड़ती है जिन्हें अपनी जिन्दगी की समस्याओं से निबटने में काफी समस्याओं का सामना करना पड़ता है।

स्पष्ट हुआ कि आत्महत्या के उपचार तथा रोकथाम की प्रविधियाँ अलग-अलग हैं जिनका उपयोग आत्महत्या का प्रयास करने वाले व्यक्तियों की गंभीरता के आलोक में किया जाता है।

अध्याय सारांश
(Chapter Summary)

1. मनोदशा विकृति एक ऐसी विकृति है जिसमें रोगी के मनोदशा के उन्मादी तथा विषादी अवस्थाओं का ऐसा दौर आता है जिससे उसका सामाजिक एवं व्यवसायिक समायोजन पर कुप्रभाव पड़ता है।
2. DSM-IV (TR) में तीन तरह के मनोदशा विकृति का उल्लेख किया गया है—विषादी विकृति (depressive disorder), द्विध्रुवीय विकृति (bipolar disorder) तथा अन्य मनोदशा विकृति (other mood disorder)
3. विषादी विकृति के दो मुख्य प्रकार हैं—डायस्थाइमिक विकृति (dysthymic disorder) तथा बड़ा विषादी विकृति (major depressive disorder)। इनमें बड़ा विषादी विकृति को अधिक प्रमुख प्रकार बतलाया गया है तथा इसे एकध्रुवीय विषाद (unipolar depression) भी कहा जाता है।
4. विषादी विकृति के करणत्व व्याख्या करने के लिए चार तरह के विचारधाराओं का उल्लेख किया गया है—जैविक विचारधारा, मनोगतिकी विचारधारा, व्यवहारात्मक विचारधारा तथा संज्ञानात्मक विचारधारा।
5. एकध्रुवीय विषाद के उपचार के कई तरीके बतलाये गए हैं जिनमें मनोगतिकी चिकित्सा, व्यवहारात्मक चिकित्सा, अन्तर्वैयक्तिक चिकित्सा, संज्ञानात्मक चिकित्सा तथा जैविक चिकित्सा प्रमुख है।
6. द्विध्रुवीय विकृति (bipolar disorder) मनोदशा विकृति का एक अन्य प्रकार है जिसमें विषादी तथा उन्मादी दोनों तरह के लक्षण पाये जाते हैं। यही कारण है कि इसे *उन्माद विषाद विकृति* (manic-depressive disorder) भी कहा जाता है। द्विध्रुवीय विकृति के तीन प्रकार होते हैं—*साइक्लोथाइमिक विकृति* (cyclothymic disorder), *द्विध्रुवीय एक विकृति* (Bipolar I disorder) तथा *द्विध्रुवीय दो विकृति* (Bipolar II disorder)।
7. द्विध्रुवीय विकृति के कई कारण बतलाये गए हैं जिनमें न्यूरोट्रांसमीटर, सोडियम आयन क्रिया, जननिक कारक तथा तनाव (stress) आदि मुख्य है।
8. द्विध्रुवीय विकृति के उपचार के कई विधियाँ बतलायी गयी हैं जिनमें लिथियम चिकित्सा (lithium therapy) तथा योजन मनश्चिकित्सा (adjunctive psychotherapy) प्रमुख हैं।
9. आत्महत्या एक आत्मप्रेरित मृत्यु होती है जिसमें व्यक्ति अपनी जिंदगी को समाप्त करने का एक ज्ञानकृत, प्रत्यक्ष एवं चेतन प्रयास करता है।

10. आत्महत्या का अध्ययन करने के लिए दो तरह के शोध युक्तियों (research strategies) का सहारा लिया गया है—अनुदर्शी विश्लेषण (retrospective analysis) तथा वैसे व्यक्तियों का अध्ययन जो आत्महत्या करने के बावजूद बच गए हों।
11. आत्महत्या को प्रेरित करने वाले कारक कई हैं जिनमें तनावयुक्त घटनाएँ एवं परिस्थिति, मनोदशा एवं चिंतन में परिवर्तन, अल्कोहल उपयोग, मानसिक विकृति, मॉडलिंग आदि प्रधान हैं।
12. आत्महत्या की सैद्धान्तिक व्याख्या करने के लिए तीन तरह की विचारधारा अर्थात् मनोसामाजिक विचारधारा, जैविक विचारधारा एवं सामाजिक-सांस्कृतिक विचारधारा का प्रतिपादन किया गया है।
13. विभिन्न आयु के व्यक्तियों में आत्महत्या की दरें एवं प्रयास अलग-अलग होती हैं।
14. आत्महत्या के उपचार एवं रोकथाम (prevention) से संबद्ध प्रयास भी सराहनीय हैं परन्तु अभी इसे और भी उन्नत बनाने का प्रयास किया जाना चाहिए।

❑

अध्याय 15

मनोविदालिता

(SCHIZOPHRENIA)

मनोविदालिता का अर्थ
(Meaning of Schizophrenia)

मनोविदालिता एक गंभीर मानसिक रोग है जिसे सामान्य भाषा में 'पागल' कहा जाता है। मनोविदालिता चिंतन (thinking) एवं क्षुब्ध मनोदशा (troubled mood) की विकृति है। चिंतन में ऐसी विकृति की अभिव्यक्ति रोगी किसी वस्तु या चीज पर ध्यान केन्द्रित करने की अक्षमता तथा किसी संप्रत्यय (concepts) के विकास में अपनी असमर्थता के रूप में करता है। इससे रोगी में गलत प्रत्यक्षण एवं गलत विश्वास उत्पन्न होता है, वास्तविकता (reality) को समझने में अनेकों कठिनाइयाँ होतीं हैं तथा भाषा तथा संबंधित सांवेगिक अभिव्यक्ति में ताल-मेल करने में असमर्थता होती है।

उपर्युक्त तथ्यों के संदर्भ में डेभिसन एवं नील[1] (Davison & Neale, 1996) ने मनोविदालिता (schizophrenia) को इस प्रकार परिभाषित किया है, ''मनोविदालिता मनोविक्षिप्त विकृतियों का एक समूह है जिसमें चिंतन, संवेग तथा व्यवहार में अत्यधिक क्षुब्धता की विशेषता होती है—विकृत चिंतन जिसमें विचार तार्किक रूप से संबद्ध नहीं होते हैं, दोषपूर्ण प्रत्यक्षण एवं ध्यान होता है, पेशीय क्रियाओं में अनोखा क्षुब्धता होती है तथा चिपटा या अनुपयुक्त भाव होता है।'' यह रोगी को अन्य लोगों एवं वास्तविकता से दूर करके उसे व्यामोह तथा विभ्रम के काल्पनिक दुनिया में ले जाता है।

यदि हम इस विस्तृत परिभाषा पर ध्यान दें तो यह स्पष्ट है कि मनोविदालिता का रोग एक काफी गंभीर रोग है क्योंकि इसमें रोगी का सम्पूर्ण व्यक्तित्व क्षुब्ध (disturb) हो जाता है। इसकी विशेषताओं में अन्य बातों के अलावा निम्नांकित मुख्य होता है—

(i) रोगी का चिंतन इतना क्षुब्ध (distrub) हो जाता है कि उसके विचार का तार्किक क्रम (logical sequence) समाप्त हो जाता है।

(ii) रोगी को वास्तविकता का ज्ञान नहीं रह जाता है और उसकी अपनी काल्पनिक दुनिया बन जाती है जिसमें तरह-तरह के व्यामोह (delusions) तथा विभ्रम (hallucinations) की प्रबलता होती है।

(iii) रोगी चूँकि काल्पनिक दुनिया में रहना अधिक पसंद करता है, अतः यह स्वभाविक है कि अन्य लोगों से उसका सामाजिक सम्पर्क टूट जाता है।

(iv) रोगी का सिर्फ चिंतन एवं संवेग ही नहीं बल्कि व्यवहार भी काफी विघटित हो जाता है।

स्पष्ट हुआ कि मनोविदालिता का मानसिक रोग का स्वरूप अत्यन्त ही गंभीर होता है जिसके परिणामस्वरूप तात्कालिक नैदानिक हस्तक्षेप (clinical intervention) की जरूरत पड़ती है।

---

1. "Schizophrenia is a group of psychotic disorders characterized by major disturbances in thought, emotion and behaviour—disordered thinking in which ideas are not logically related, faulty perception and attention, bizarre disturbances in motor activity and flat or inappropriate affect."

—Davison & Neale : *Abnormal Psychology,* 1996, p. 389

मनोविदालिता : एक ऐतिहासिक परिप्रेक्ष्य
(Schizophrenia : A Historical Perspective)

मनोविदालिता एक ऐसा गंभीर मानसिक विकृति है जो मानव सभ्यता में बहुत पहले से ही सबों को ज्ञात है भले ही उस समय इसका नाम कुछ और रहा हो। कटिंग (Cutting, 1985) के अनुसार उस समय यह रोग आम व्यक्तियों में 'पागलपन' (madness) के नाम से मशहूर था। हिपोक्रेटस (Hippocrates, 460-370 B.C.) जो एक मशहूर ग्रीक चिकित्सक थे, के अनुसार यह रोग शरीर के द्रव्यों (body humors) में कुछ कारणों से उत्पन्न असंतुलन से होता पाया गया है। गेलेन (Galen, 130-200 AD) जो रोमन चिकित्सक (Roman physician) थे, ने इस रोग के लिए *'डिमेनसिया'* (Dementia) पद का उपयोग किया और बतलाया कि यह रोग उत्पन्न होने का मुख्य कारण व्यक्ति के सामान्य (normal) 'पशु जोश' (animal spirit) के आकार एवं संख्या में कमी तथा मस्तिष्क में उत्पन्न अत्यधिक ठंडापन एवं आर्द्रता (humidity) होता है।

1865 में बेलजियम (Belgiam) मनोरोगविज्ञानी (psychiatrist) जिसका नाम वेनेडिक्ट मोरेल (Benedict Morel, 1809-1873) था, 14 साल के एक ऐसा बच्चा जिसमें उत्तरोत्तर (progressive), उदासीनता (apathy), प्रत्याहार (withdrawal) तथा सांवेगिक अस्थिरता (emotional instability) के मुख्य लक्षण थे, के लिए *डिमेन्स प्रीकोक* (Demence Precoce) पद का उपयोग किया। यह लड़का एक कुशाग्र बुद्धि का था तथा उसका शैक्षिक निष्पादन बहुत अच्छा था। परंतु धीरे-धीरे वह सभी शैक्षिक चीजों में अभिरुचि खो दिया और वह उन सभी चीजों को भूल गया जिसे वह सीखा था। लड़का के गंभीर बौद्धिक एवं मानसिक ह्रास (deterioration) के लिए डिमेन्स (Demence) पद का उपयोग किया गया तथा इस तरह के मानसिक ह्रास के आरंभिक शुरूआत को बतलाने के लिए प्रीकोक (precoce) पद का उपयोग किया गया। 1899 में इमिल क्रेपलिन (Emil Kraeplin) जो एक मनोरोगविज्ञानी (psychiatrist) थे, मोरेल (Morel) द्वारा प्रतिपादित नाम अर्थात् 'डिभेन्स प्रीकोक' के लिए उसका लैटिन (Latin) प्रारूप का उपयोग किया और यह लैटिन प्रारूप था—*'डीमेनसिया प्रीकोक्स'* (Dementia preacox)। इस तरह से मनोविदालिता (schizo-phrenia) का प्राक्नाम डीमेनसिया प्रेकोक्स था। इस पद में डीमेनसिया का मतलब उत्तरोत्तर बौद्धिक ह्रास (progressive intellectual deterioration) से तथा प्रेकोक्स (praecox) से तात्पर्य आरंभिक शुरूआत (early reset) से था। क्रेपलिन ने इस रोगी में एक सामान्य मानसिक दुर्बलता (mental weakness) का मुख्य लक्षण पाया जिसमें अन्य बातों के अलावा विभ्रम, व्यामोह, नकारात्मकता (negativism), ध्यान संबंधी कठिनाइयाँ, सांवेगिक दुष्क्रिया (emotional dysfunction), रूढ़िगत व्यवहार (stereotyped behaviour) आदि मुख्य हैं। परंतु क्रेपलिन ने मनोविदालिता को इन लक्षणों के आधार पर परिभाषित करने के अतिरिक्त और कुछ भी नहीं किया। उन्होंने इन अलग-अलग लक्षणों को अंतर संबंधित करने का कोई खास प्रयास नहीं किया और सिर्फ यह बतलाया कि ये सभी डीमेनसिया (dementia) की ओर इशारा करते हैं और चिंतन, भाव तथा व्यवहार में पाये जाने वाले सामान्य एकता (usual unity) में कमी दिखलाते हैं।

1911 में स्वीटजरलैंड के मनोरोगविज्ञानी जिनका नाम ब्ल्यूलर (Bleuler, 1857-1939) था, ने इस तरह के मानसिक विकृति का नाम 'मनोविदालिता' (schizophrenia) दिया। उन्होंने कहा कि डीमेनसिया प्रेकोक्स इस विकृति का उपयुक्त नाम नहीं है और इसलिए उन्होंने दो ग्रीक शब्दों अर्थात् *'स्कीजीन'* (schizein) तथा *'फ्रेन'* (phren) पदों को मिलाकर 'स्किजोफ्रेनिया' (schizophrenia) नाम इस मानसिक विकृति का दिया। 'स्कीजीन' का मतलब विभक्त होना (to split) होता है तथा फ्रेन (phren) का मतलब मन (mind) से होता है। चूँकि ब्ल्यूलर (Bleuler) ने इस रोग में रोगी के चिंतन एवं संवेग के साहचर्यात्मक धागे में स्पष्ट रूप से विभाजन के लक्षण मुख्य रूप से पाये थे, अतः उन्होंने इस मानसिक विकृति का नाम इस ढंग से किया। मनोविदालिता की व्याख्या करने में ब्ल्यूलर स्पष्ट रूप से क्रेपलिन (Kraeplin) से दो मुख्य बिंदुओं पर भिन्न विचार व्यक्त किये—पहला, इस विकृति की शुरूआत कोई जरूरी नहीं है कि जिंदगी के आरंभिक वर्षों में ही हो जैसा कि क्रेपलिन का दावा था तथा दूसरा, इस विकृति में डेमेनसिया के ही लक्षण होंगे, आवश्यक नहीं है। सचमुच में ब्ल्यूलर ने मनोविदालिता की व्याख्या एक

इउगेन ब्ल्यूलर
(Eugen Bleuler)

स्वतंत्र ढंग से किया जो तुलनात्मक रूप से अधिक वैज्ञानिक भी है। ब्ल्यूलर के अनुसार मनोविदालिता में (i) चिंतन प्रक्रियाओं का बिखराव पाया जाता है (ii) संवेग तथा चिंतन मे विखंडन (split) होता है तथा (iii) वास्तविकता से प्रत्याहारी व्यवहार (withdrawal behaviour) होता है। उन्होंने बल डालते हुए यह भी कहा कि मनोविदालिता से अर्थ कदापि यह नहीं होता है कि इसमें रोगी का व्यक्तित्व दो या दो से अधिक भागों में विभक्त हो जाता है हालांकि कुछ लोगों द्वारा मनोविदालिता का गलत अर्थ यही लगाया जाता है। ब्ल्यूलर ने मोरेल (Morel) द्वारा मनोविदालिता के प्रस्तुत वर्णन को थोड़ा और श्रेष्ठ बनाते हुए कहा कि मनोविदालिता में यह कोई आवश्यक नहीं है कि रोगी में बौद्धिक ह्रास (intellectual deterioation) हो तथा उत्तरोत्तर मानसिक ह्रास (progressive mental determination) होने का कोई नियम नहीं होता है। इसके विपरीत उन्होंने यह बतलाया कि इस विकृति में बहुत से ऐसे रोगी होते हैं जो अन्ततोगत्वा अपने व्यवहार में एक तरह की निरंतरता एवं स्थायीत्व दिखाते हैं।

ब्ल्यूलर द्वारा प्रतिपादित मनोविदालिता के संप्रत्यय का अमेरीकन मनोरोगविज्ञानियों पर काफी गहरा प्रभाव पड़ा और अमेरीकन मनोरोगविज्ञानियों में कई प्रमुख मनोरोगविज्ञानी आगे आकर इस मानसिक रोग को गंभीरतापूर्वक एवं अधिक वैज्ञानिक ढंग से अध्ययन किये। इन लोगों ने मनोविदालिता के संप्रत्यय का विस्तार (expansion) भी किया। इनमें एडोल्फ मेयर (Adolf Meyer, 1886-1950) के नाम सबसे अधिक प्रमुख है। मनोविदालिता के अमेरीकन संप्रत्यय पर ब्ल्यूलर के पड़ने वाले प्रभावों का अंदाज इस बात से हो जाता है कि बीसवीं शताब्दी के प्रथम भाग में मनोविदालिता के रोगियों की संख्या में पर्याप्त वृद्धि हुई। न्यूयार्क स्टेट साइकियाट्रिक इन्सटीच्यूट (NewYork State Psychiatric Institute) में 1930 वाले दशक में कुल रोगियों में से 20% रोगी की पहचान मनोविदालिता के रूप में हुई। 1940 वाले दशक में इसकी संख्या और बढ़ गयी और 1952 में यह प्रतिशत बढ़कर 80% हो गया ।

मनोविदालिता के अमेरीकन विचारधाराओं का विस्तार फिर उन अनुसंधानकर्त्ताओं से भी हुआ जो मनोविदालिता के कुछ अतिरिक्त उपप्रकारों का वर्णन किये। जैसे कासानीन (Kasanin, 1933) ने डोमेनसीया प्रेकोक्स (Dementia praecox) के 9 रोगियों में यह पाया कि उनमें इस विकृति की शुरूआत अचानक हुई थी तथा उनमें चंगापन की गति भी तीव्र थी। इन्होंने इन रोगियों में मनोविदालिता के लक्षण तथा भावात्मक लक्षण (affective symptoms) दोनों का एक संयोग पाया। इसलिए इन्होंने ऐसी विकृति की व्याख्या करने के लिए एक नया पद दिया जिसे *स्कीजोएफेक्टिव मनोविक्षिप्ति* (schizoaffective psychosis) कहा गया। कासानीन द्वारा प्रतिपादित यह प्रकार बाद में मनोविदालिता के अमेरीकन संप्रत्यय (cencept) का एक हिस्सा बन गया जिसे डी एस एम-I (DSM-I, 1952) तथा डी एस एम II (DSM-II, 1968) में सम्मिलित भी किया गया। मनोविदालिता के श्रेणी को होक (Hoch) तथा उनके साथियों द्वारा और भी विस्तृत किया गया। होक तथा पोलाटिन (Hoch & Polatin, 1949) ने *सिडोन्यूरोटिक मनोविदालिता* (pseudoneurotic schizophrenia) तथा होक एवं डुनाईफ (Hoch & Dunaif, 1955) ने *सिडोसाइकोपैथिक मनोविदालिता* (Pseudo-psychopathic Schizophreina) जैसे उप-प्रकार का वर्णन उन रोगियों के लिए किया जिनमें चिंता एवं प्रत्याहारी लक्षणों के अतिरिक्त गंभीर अंतर्वैयक्तिक समस्याएँ भी थी तथा उनमें तंत्रिकातापी (neurotic) तथा मनोविकारी (psychopathic) लक्षण भी मौजूद थे। होक का कहना था कि यद्यपि इन रोगियों में मनोविदालिता के रोगी के स्पष्ट लक्षणों की कमी थी फिर भी इन रोगियों में संज्ञानात्मक एवं सांवेगिक विघटन (disorganization) के लक्षण थे जो मनोविदालिता की पहचान के लिए पर्याप्त समझे जाते थे। 1960 तथा 1970 वाले दशकों में प्रक्रिया-प्रतिक्रियात्मक विमा (process-reactive dimension) एक अन्य महत्त्वपूर्ण तरीका था जिसके माध्यम से अमेरिका में मनोविदालिता के संप्रत्यय के अध्ययन का विस्तार हुआ। गत चालीस वर्षों से अमेरिका में मनोविदालिता का अध्ययन उक्त विमा (dimension) पर काफी हुआ है। मनोविदालिता में दो तरह के केसेज देखे गए—कुछ केसेज ऐसे थे जिसमें मनोविदालिता का रोग जिंदगी के आरंभिक वर्षों में न होकर बाद के वर्षों में हुआ था और उनका स्वास्थ्य लाभ (recovery) कभी-कभी होता था तथा कुछ केसेज ऐसे होते थे जिसमें मनोविदालिता का रोग जिंदगी में आरंभिक अवस्था में ही हो जाता था और फिर बाद के वर्षों में उनका हालत और भी बद से बदतर होता चला जाता था। दूसरे तरह के केसेज में रोगी के चिंतन, संवेग एवं अभिरुचि में धीरे-धीरे घातक रूप से क्षीणता (depletion) आती थी तथा पहले तरह के केसेज में अत्यधिक गंभीर लक्षण बहुत तेजी से विकसित होते थे। दूसरे तरह के केसेज के लिए *प्रक्रिया मनोविदालिता* (process schizophrenia) के संप्रत्यय का उपयोग किया गया। जबकि पहले तरह के केसेज के लिए *प्रतिक्रियात्मक मनोविदालिता* (reactive schizophrenia) के संप्रत्यय का उपयोग किया गया। प्रक्रिया मनोविदालिता तो

लगभग वही था जिसे क्रेपलिन ने मूलत: डीमेनसिया प्रेकोक्स कहा था। प्रतिक्रियात्मक मनोविदालिता का संप्रत्यय अमेरिकन मनोरोगविज्ञानियों द्वारा एक विस्तारित प्रारूप (extended form) था।

मनोविदालिता के उपचार में जो अभिरुचि अमेरीकन मनोविज्ञानियों में पायी गयी, उससे भी मनोविदालिता के संप्रत्यय का विस्तारित अध्ययन संभव हो पाया। जैसा कि हम जानते हैं, ब्ल्यूलर तथा मेयर ने यह बतलाया था कि इस रोग में मानसिक ह्रास का होना अनिवार्य नहीं है। तब इसका मतलब यह हुआ कि इस रोग के उपचार में नैदानिक हस्तक्षेप (clinical intervention) का पर्याप्त गुंजाइश है। हैरी स्टैक सुलिभान (Harry Stack Sullivan, 1892-1949) ने इस विचारधारा का फायदा उठाते हुए प्रथम ऐसे मनोविज्ञानी होने का दर्जा प्राप्त किये जिन्होंने मनोविदालिता के लिए एक क्रमबद्ध मनोवैज्ञानिक उपचार विकसित किया हो। इसका विचार था कि संवेगात्मक तथा संज्ञानात्मक कारक जिनसे व्यक्ति का अंतरवैयक्तिक संबंध (interpersonal relationship) प्रभावित होता है, को सुधारकर मनोविदालिता के रोगी का सफल उपचार संभव है। परंतु दुर्भाग्यवश आधुनिक शोधकर्त्ताओं द्वारा उनके इस विचारधारा की अत्यधिक प्रशंसा नहीं की गयी है। DSM-IV (TR) के प्रकाशन हो जाने से अमेरिकन मनोवैज्ञानिकों एवं मनोरोगविज्ञानियों द्वारा मनोविदालिता का एक ऐसा कसौटी-आधृत संक्षिप्त परिभाषा दी गयी है जिससे इसके स्वरूप को समझना बिलकुल ही आसान हो गया। इन कसौटियों की चर्चा आगे की जाएगी।

मनोविदालिता का क्रम, विस्तार एवं व्यापकता
(Course, Incidence and Prevalence of Schizophrenia)

अमेरिकन मनोरोगविज्ञानी संघ (American Psychiatric Association, 1994) के अनुसार मनोविदालिता का रोग व्यक्ति में सामान्यत: 18-19 वर्ष से लेकर 35-36 वर्ष की आयु के बीच में कभी भी होता पाया गया है। हालांकि इस रोग का क्रम (course) एक व्यक्ति से दूसरे व्यक्ति में बहुत ही भिन्न होता है, फिर भी अधिकतर केसेज में इस रोग के उत्पन्न होने में निम्नांकित तीन अवस्थाएँ (phases) पायी जाती हैं—

(1) पूर्व लाक्षणिक अवस्था (prodromal phase)
(2) सक्रिय अवस्था (active phase)
(3) अवशिष्ट अवस्था (residual phase)

इन तीनों का वर्णन इस प्रकार है—

1. पूर्वलाक्षणिक अवस्था *(Prodromal phase)*—इस अवस्था में मनोविदालिता के लक्षण रोगी में स्पष्ट नहीं रहते हैं परंतु व्यक्ति अपने गत कार्य के सामान्य स्तर से गिरता हुआ नजर आता है। व्यक्ति अपने आप को सामाजिक रूप से अलग कर लेता है, अपने उत्तरदायित्वों को निभाने तथा कार्यों को ठीक से पूरा करने में अपने आप को अक्षम पाता है, उसमें अनोखा आदत जैसे, कूड़ा-कर्कट को जमा करने की आदत विकसित हो जाती है, वह व्यक्तिगत स्वास्थ्य संबंधी बातों की उपेक्षा करने लगता है तथा वह अनुपयुक्त या कुंठित भाव (blunted affect) दिखाने लगता है। इसके अतिरिक्त, रोगी अपने प्रत्यक्षण, चिंतन एवं संचार (comunication) में क्षुब्धता अनुभव करता है जिसकी अभिव्यक्ति अस्पष्ट एवं लाक्षणिक संभाषण (speech), विचित्र विचार, अंध विश्वास या 'छठे इंद्रिय' (sixth sense) में विश्वास आदि दिखला कर करता है।

2. सक्रिय अवस्था *(Active phase)*—इस अवस्था में मनोविदालिता के लक्षण मजबूत एवं स्पष्ट हो जाते हैं। कुछ केसेज में यह देखा गया है कि इस अवस्था की शुरूआत व्यक्ति के तनावपूर्ण जिंदगी से होती है। इसमें रोग के धनात्मक लक्षण (positive symptoms) तथा ऋणात्मक लक्षण (negative symptoms) दोनों ही स्पष्ट रूप से देखने को मिलते हैं।

3. अवशिष्ट अवस्था *(Residual phase)*—इस अवस्था में रोगी फिर से लाक्षणिक अवस्था (prodormal phase) में लौटने के समान लक्षण दिखाना प्रारंभ कर देता है। सक्रिय अवस्था के गंभीर एवं भड़कीले लक्षणों में थोड़ा कमी आती है परंतु फिर भी बहुत से रोगियों में सतत ह्रास (continuous deterioation) के लक्षण स्पष्ट रूप से दीखते हैं। रोगी का संवेग विशेष रूप से कुंठित या फीका (flat) होता है। रोगी गत कार्यों एवं उत्तरदायित्वों को ठीक से निभा पाने में असमर्थ रहता है।

इसमें से प्रत्येक अवस्था कई दिनों या वर्षों तक रोगी में बना हो सकता है। स्ट्रेंज (Strange, 1992) के अनुसार हालांकि करीब एक चौथाई रोगी इस रोग से पूर्णत: स्वास्थ्य लाभ का फायदा उठा पाते हैं, अधिकतर रोगियों में

कम-से-कम कुछ अवशिष्ट दोष (residual impairment) निश्चित रूप से बने रहते हैं। अवशिष्ट अवस्था में महीनों या वर्षों रहने के बाद कुछ रोगियों में पुनः सक्रिय अवस्था उत्पन्न हो जाती है और फिर उसके बाद अवशिष्ट अवस्था आती है। इस तरह से मनोविदालिता का रोग इन अवस्थाओं के उतार-चढ़ाव के रूप में चलते रहता है।

मनोविदालिता के जहाँ तक विस्तार (incidence) का प्रश्न है, ए पी ए (A P A, 1994) के अनुमान के अनुसार 100 में से एक व्यक्ति में इस रोग के होने की संभावना प्रबल होती है। डोह्रेनवेन्ड तथा उनके साथियों (Dohrenwend et al., 1992) के अनुसार मनोविदालिता के रोग का विस्तार अमीरों की तुलना में गरीबों में तिगुणा अधिक होता है तथा इसकी व्यापकता (prevalence) अर्थात् एक निश्चित समय में विशिष्ट जनसंख्या में मनोविदालिता के रोगियों की संख्या गरीबों में अमीरों की तुलना में आठ गुणा अधिक होता है। इस तरह से स्पष्ट हुआ कि मनोविदालिता रोग के विस्तार तथा व्यापकता दोनों ही गरीबों में तुलनात्मक रूप से अधिक होता है। अध्ययनों से यह भी स्पष्ट हुआ है कि मनोविदालिता के रोग की शुरूआत में यौन अंतर (sex difference) भी पाया जाता है। पच्चीस वर्ष के आयु के पहले के पुरुषों में इस रोग के उत्पन्न होने का जोखिम अधिक रहता है जबकि महिलाओं में पच्चीस वर्ष की आयु पार करने के बाद ही इस रोग के होने की संभावना अधिक होती है। गोल्डस्टीन (Goldstein, 1988) के अध्ययन के अनुसार इस तरह का यौन अंतर सतत बना रहता है तथा महिलाओं को पुरुषों की तुलना में कम अवधि के लिए तथा कम संख्या में रोग के उपचार के लिए मानसिक अस्पताल में भर्ती करवाना पड़ता है। महिलाओं के लिए दीर्घकालीन पूर्वानुमान (long term prognosis) पुरुषों की तुलना में अच्छा होता है जिसका कारण वेड (Wade, 1999) के अनुसार यह है कि महिलाओं में पुरुषों की अपेक्षा उत्तम सामाजिक कौशल (social skills) होता है।

मनोविदालिता का नैदानिक लक्षण
(Clinical Symptoms of Schizophrenia)

नैदानिक मनोवैज्ञानिकों तथा मनोरोगविज्ञानियों द्वारा किये गए शोधों के आधार पर यह स्पष्ट हुआ है कि मनोविदालिता के निम्नांकित तीन तरह के लक्षण (symptoms) होते हैं–

(1) धनात्मक लक्षण (Positive symptoms)

(2) ऋणात्मक लक्षण (Negative symptoms)

(3) मनोपेशीय लक्षण (Psychomotor symptoms)

इन तीनों तरह के लक्षणों का वर्णन इस प्रकार किया जा सकता है–

(1) धनात्मक लक्षण *(Positive symptoms)*—धनात्मक लक्षण से तात्पर्य उन लक्षणों से होता है जिसमें रोगी सामान्य कार्यों की मनोवैज्ञानिक ज्यादती या बहुलता (psychological excess) दिखलाता है। इस श्रेणी के लक्षणों में व्यामोह (delusions), विघटित चिंतन एवं संभाषण (disorganized thinking and speech), विभ्रम (hallucination) तथा अनुपयुक्त भाव (inappropriate affect) मुख्य हैं।

(2) ऋणात्मक लक्षण *(Negative symptoms)*—ऋणात्मक लक्षण से तात्पर्य उन लक्षणों से होता है जिसमें रोगी सामान्य कार्यों की मनोवैज्ञानिक कमी (psychological deficit) दिखलाता है। इस श्रेणी के लक्षणों में संभाषण की कमी (poverty of speech), भोथरा एवं कुंठित प्रभाव (blunted and flat effect) तथा बाह्य वातावरण के साथ क्षुब्ध संबंध (disturbed relationship with external world) आदि मुख्य हैं।

(3) मनोपेशीय लक्षण *(Psychomotor symptoms)*—इस श्रेणी के लक्षणों में व्यक्ति के गति (moment) में स्वाभाविकता (spontaneity) की कमी, हाव-भाव, तौर-तरीके में अनोखापन आदि मुख्य हैं।

इन तीनों तरह के लक्षणों का सविस्तार वर्णन हम इस प्रकार कर सकते हैं–

1. धनात्मक लक्षण *(Positive symptoms)*—मनोविदालिता के कई धनात्मक लक्षण हैं जिनका वर्णन इस प्रकार से किया जा सकता है–

(i) व्यामोह *(Delusion)*—व्यामोह से तात्पर्य एक ऐसे गलत विश्वास (false belief) से होता है जिसके गलत होने का सबूत उपस्थित होने के बावजूद भी व्यक्ति उसे गलत मानने को तैयार नहीं होता है। मनोविदालिता के कुछ रोगी तो ऐसे होते हैं जिनमें एक ही व्यामोह प्रबल होता है परंतु कुछ ऐसे भी रोगी होते हैं जिनमें एक से अधिक व्यामोह स्पष्ट

रूप से देखने को मिलता है। ए पी ए (A P A, 1994) के अनुसार मनोविदालिता में सबसे प्रमुख व्यामोह दंडात्मक व्यामोह (delusion of persecution) होता है परंतु अन्य व्यामोह जैसे संदर्भ (reference), बड़प्पन (grandiosity) एवं नियंत्रण (control) का व्यामोह भी अधिक देखने को मिलता है। *दंडात्मक व्यामोह* में मनोविदालिता के रोगी को ऐसा विश्वास हो जाता है कि लोग उन्हें योजना बनाकर विभेदित कर रहे हैं, डरा-धमका रहे हैं, उसपर आक्रमण करने वाले हैं या उन्हें जान-बूझकर तंग किया जा रहा है। *संदर्भ के व्यामोह* में रोगी दूसरों के कार्यों या व्यवहारों में विशेष एवं व्यक्तिगत महत्त्व जोड़ता है। जैसे, कुछ आदमियों को आपस में बातचीत करते देख रोगी को यह विश्वास हो जाता है कि वे लोग उसके बारे में ही बातचीत कर रहे हैं या सिनेमा या दूरदर्शन पर विभिन्न पात्रों को आपस में बातचीत करते देख उन्हें यह विश्वास हो जाता है कि उनके बारे में ही वे लोग बातचीत कर रहे हैं। *बड़प्पन के व्यामोह* में रोगी अपने आप को बड़ा आविष्कारक, ऐतिहासिक व्यक्तित्व, धार्मिक एवं राजनैतिक नेता होने का विश्वास विकसित कर लेता है। *नियंत्रण के व्यामोह* में रोगी को यह विश्वास हो जाता है कि उसके आवेग, भाव, चिंतन तथा क्रिया आदि का नियंत्रण उनके द्वारा न होकर दूसरों द्वारा हो रहा है। जैसे, एक मनोविदालिता के महिला रोगी को यह विश्वास हो गया था कि उसके खाने की आवश्यकता, कार चलाने की गति (speed) तथा अन्य लोगों के प्रति उसका किया गया व्यवहार का निर्धारण कुछ बाह्य बलों (external forces) द्वारा होता है। मनोविदालिता के रोगी में व्यामोह होने के कारण उसका व्यवहार विद्रोही (violent) भी हो जाता है।

(ii) विभ्रम *(hallucinations)*—किसी बाह्य उद्दीपक (external world) की अनुपस्थिति में व्यक्ति में होने वाले प्रत्यक्षण को विभ्रम (hallucination) कहा जाता है। मनोविदालिता के रोगी में विभ्रम का बहुत ही मजबूत सबूत पाया गया है। मनोविदालिता के रोगी में ऐसे तो कई तरह के विभ्रम पाये जाते हैं परंतु सबसे प्रमुख श्रवण विभ्रम (auditory hallucination) होता है। ए पी ए (A P A, 1994) तथा मुसेर एवं उनके सहयोगियों (Mueser et al., 1990) द्वारा दिये गए प्रयोगात्मक सबूतों के आधार पर मनोविदालिता के रोगी प्राय: कुछ ऐसे आवाज (sound) एवं बोली (voice) सुनने का प्रत्यक्षण करता है जो उसके सिर (head) से बाहर से आते हैं। यह बोली जानी-पहचानी भी हो सकती है या नया भी, किसी एक आदमी का हो सकता है या कई आदमियों की, आलोचनात्मक भी हो सकता है या प्रशंसनीय (complimentary) भी हो सकता है। रोगी प्राय: ईश्वर (God) से सीधे बातचीत करने का अनुभव बतलाता है तथा वह उनकी आदेश को सुनता है तथा उनको आदेश देता है। हेलवर्ग (Heilburn, 1983) के अध्ययन के अनुसार मनोविदालिता के रोगियों में श्रवण विभ्रम का अनुभव, दयाहीनता, सुस्ती तथा संवेदी अलगाव (sensory isolation) के समय अधिक होता है। मारगो, हेम्सले तथा स्लेड (Margo, Hemsley & Slade, 1981) ने अपने एक अध्ययन में पाया कि जब मनोविदालिता के रोगी को आकर्णक (headphone) पर मृदु आघात को सुनाया गया तथा जब वे दृष्टि सूचनाओं को कम करने के लिए धूप चश्मा का उपयोग कर रहे होते थे, तो उनमें श्रव्य विभ्रम की संख्या में वृद्धि हो गयी।

इसके अतिरिक्त मनोविदालिता के रोगी में स्पर्श विभ्रम (tactile hallucination), दैहिक विभ्रम (somatic hallucination) दृष्टि विभ्रम (visual hallucination), स्वाद विभ्रम (gustatory hallucination) तथा घ्राण विभ्रम (olfactory hallucination) भी होता पाया गया है। स्पर्श विभ्रम में रोगी को जलन का संवेदन, बिजली के आघात का संवेदन, शरीर पर छोटे-छोटे कीड़े-मकोड़े रेंगने का संवेदन तथा झुनझुनी का संवेदन आदि मुख्य रूप से होता पाया गया है। दैहिक विभ्रम (somatic hallucination) में रोगी यह अनुभव होते बतलाता है कि उसके शरीर के भीतर कुछ हो रहा है। जैसे, उसके शरीर के भीतर का अंग अपना जगह बदल रहा है या उसके पेट में साँप रेंग रहा है आदि। दृष्टि विभ्रम में रोगी को ऐसी चीजों का अस्पष्ट से लेकर स्पष्ट प्रत्यक्षण होता है जो वहाँ उपस्थित नहीं होते हैं। ऐसी मानसिक प्रतिमाओं का प्रत्यक्षण सामान्य व्यक्तियों द्वारा नहीं होता है। स्वाद विभ्रम में रोगी को यह अनुभव होता है कि उसके खाना खाने तथा पानी पीने के स्वाद बिलकुल ही विचित्र हैं। घ्राण विभ्रम में रोगी ऐसे गंध का अनुभव करता है जिसे अगल-बगल का कोई अन्य व्यक्ति अनुभव नहीं करता है और इन गंधों के पीछे पागल के समान दौड़ता रहता है।

मनोविदालिता के रोगियों में अक्सर देखा गया है कि विभ्रम तथा व्यामोही अवस्थाएँ दोनों साथ-साथ होती हैं। जैसे, मनोविदालिता का एक पुरुष रोगी में दंडात्मक व्यामोह के साथ-साथ यह विभ्रम हो गया था कि उसके सोने के कमरे में जहर का गंध है या उसके चाय तथा कॉफी में भी किसी ने जहर मिला दिया है।

(iii) विघटित चिंतन तथा संभाषण *(Disorganized thinking and Speech)*—मनोविदालिता के रोगी का संभाषण पैटर्न तथा चिंतन पैटर्न बहुत ही विघटित होता है। DSM-IV (TR) में विघटित संभाषण (disordered speech) पर तुलनात्मक रूप से अधिक बल डाला गया है क्योंकि विघटित संभाषण (disorgnized speech) को वस्तुनिष्ठ ढंग से मापना थोड़ा कठिन है। विघटित संभाषण से तात्पर्य ऐसे संभाषण से होता है जिसमें रोगी के विचारों के बीच साहचर्य ढीला-ढाला होता है तथा जिसमें रोगी का विचार एक विषय से दूसरे विषय पर इतना तेजी से बदलता है कि सुनने वाला व्यक्ति कोई उससे अर्थ नहीं निकाल पाता है। रट्टर (Rutter, 1985) द्वारा किये गए अध्ययनों से यह स्पष्ट हुआ है कि मनोविदालिता के रोगी अक्सर अनुपयुक्त प्रश्न पूछते हैं तथा उसका अनुपयुक्त उत्तर भी देते हैं। इनके अध्ययनों से यह भी स्पष्ट हुआ है कि मनोविदालिता के रोगी का संभाषण सम्पूर्ण रूप से अस्पष्ट, आवर्ती, जरूरत से ज्यादा मूर्त या अमूर्त (abstract) होता है जिसमें यह नहीं समझ में आता है कि वह क्या कह रहा है। हाँ, इतना तो अवश्य पता चलता है कि उसका चिंतन भी विघटित (disorganized) है। ऐसे रोगी औपचारिक चिंतन विकृति (formal thinking disorder) की अभिव्यक्ति संतनन (perseverating) तथा तुकान्त (rhyme) द्वारा करता है! संतनन में रोगी अपने शब्दों एवं वाक्यों को बार-बार दोहराता है तथा कभी-कभी वह अपने चिंतन एवं वाक्यों को निदेशित करने के लिए कुछ तुकान्त शब्दों का भी उपयोग करता पाया जाता है।

(iv) अनुपयुक्त भाव *(Inappropriate affect)*—मनोविदालिता के बहुत से रोगियों द्वारा अनुपयुक्त संवेग अर्थात् परिस्थिति के अनुरूप न होकर परिस्थिति से भिन्न संवेग दिखलाया जाता है । जैसे, ऐसी सूचना मिलने पर जिससे वे खुश हो सकते हैं, ऐसे रोगी दुःख व्यक्त करने लगते हैं । उसी तरह से जब उन्हें कोई भयानक या घबड़ा देने वाली बात कही जाती है, तो वे हसँना प्रारंभ कर दे सकते हैं। इतना ही नहीं, उनकी मनोदशा में भी अनुपयुक्त बदलाव (shift) आते देखा गया है।

स्पष्ट हुआ कि मनोविदालिता के रोगियों में कई तरह के धनात्मक लक्षण होते हैं जिनसे उनके व्यवहार में एक तरह का मनोवैज्ञानिक बाहुलता (psychological excess) का पता चलता है।

2. ऋणात्मक लक्षण *(Negative Symptoms)*—मनोविदालिता के प्रमुख ऋणात्मक लक्षण (negative symptoms) जिन्हें 'अभाव मनोविदालिता' (deficit schizophrenia) भी कहा जाता है, निम्नांकित हैं—

(i) संभाषण की कमी *(Poverty of speech)*—मनोविदालिता के रोगियों में संभाषण (speech) से संबद्ध कई तरह के दोष पाये जाते हैं। जैसे, ऐसे रोगी किसी प्रश्न का उत्तर देने के पहले बहुत देर तक चुप रहता है। प्रायः उत्तर वह कम-से-कम शब्दों में देता है। कई बार वह किसी प्रश्न का उत्तर देता ही नहीं है। जब भी वह कुछ बोलता है, तो वह बहुत धीरे-धीरे बोलता है। उनके कथनों में अवरुद्धता (blocking) अक्सर देखा जाता है जिसमें उसकी स्मृति से उसके विचार लुप्त हो जाते हैं जिसका परिणाम यह होता है कि कोई कथन पूरा होने के पहले ही चुप्पी या खामोशी में समाप्त हो जाता है। इतना ही नहीं, ऐसे रोगी द्वारा बहुत देर बहुत कुछ कहे जाने के बाद भी उससे कोई सार्थक अर्थ नहीं निकलता है।

(ii) भोथरे एवं कुंठित प्रभाव *(Blunted and Flat affect)*—मनोविदालिता के कुछ रोगियों द्वारा भोथरे संवेग (blunted emotions) दिखलाये जाते हैं। जैसे, ऐसे रोगियों द्वारा अन्य लोगों की तुलना में कम क्रोध, उदासी, खुशी या अन्य भाव दिखलाये जाते हैं। कुछ रोगी तो ऐसे होते हैं जिनके द्वारा परिस्थिति अनुकूल होने के बावजूद भी कोई संवेग नहीं दिखलाया जाता है। इसे *कुंठित प्रभाव* (flat effect) कहा जाता है। ऐसे रोगियों के चेहरे पर हमेशा एक सुस्त भाव बना रहता है, वे किसी से आँख मिलाकर बातचीत नहीं करते हैं तथा उनकी बोली नीरस (monotonous) होती है। ऐसे रोगी के आवाज की तीव्रता इतनी धीमी होती है कि उसे ठीक से सुना भी नहीं जा सकता है।

(iii) इच्छाशक्ति की क्षुब्धता *(Disturbance in Volition)*—चूँकि मनोविदालिता के रोगी की एक अपनी विकृत दुनियाँ (distorted world) होती है, अतः इनकी इच्छाशक्ति में भी पर्याप्त परिवर्तन होते रहते हैं। ऐसे रोगियों में भावशून्यता (apathy), सामान्य लक्षणों में अभिरुचि एवं ऊर्जा (energy) की कमी महसूस करना तथा किसी कार्य को पूरा करने में अक्षम रहना आदि प्रायः देखे जाते हैं। इस तरह का लक्षण उन रोगियों में अधिक होता है जिनमें यह रोग बहुत लम्बे समय से चला आ रहा होता है। कुछ ऐसे रोगियों में उभयभावी (ambivalent) मनोदशा भी पायी जाती है। जैसे, कुछ रोगी ऐसे होते हैं जो घर से बाहर इसलिए नहीं निकलते हैं क्योंकि उन्हें बहुत कुछ नया निर्णय लेना होगा परंतु घर में होने पर भी उन्हें प्रत्येक व्यवहार के लिए कुछ-न-कुछ अवांछित निर्णय लेने की मजबूरी महसूस होते रहती है।

(iv) बाह्य वातावरण के साथ क्षुब्ध संबंध *(Disturbed relationship with external world)*—फालून (Faloon et al. 1984) तथा बेलाक एवं उनके सहयोगियों (Bellack et al., 1989) द्वारा किये गए अध्ययनों से यह स्पष्ट हुआ है कि मनोविदालिता के रोगी प्राय: अपने आप को पर्यावरण से सांवेगिक एवं सामाजिक रूप से हटा लेते हैं और अपने विचार एवं कल्पनाओं की दुनिया में पूर्णत: खो जाते हैं। वे अपने आप को अन्य लोगों से दूर कर लेते हैं और उनसे बातचीत भी नहीं करना चाहते हैं। चूँकि उनके विचार विकृत एवं अतार्किक होते हैं, उनका यह प्रत्याहार (withdrawal) उन्हें वास्तविकता से और भी दूर जाने में मदद करता है। इस तथ्य की पुष्टि कटिंग एवं मर्फी (Cutting & Murphy, 1988, 1990) के अध्ययनों से स्पष्ट रूप से हुआ है जिसमें यह पाया गया कि मनोविदालिता के करीब 75% रोगियों में अन्य मानसिक रोग के रोगियों की तुलना में दिन-प्रतिदिन की सामाजिक समस्याओं एवं तथ्यों का ज्ञान काफी कम होता है।

3. मनोपेशीय लक्षण *(Psychomotor symptoms)*—मनोविदालिता के रोगियों में मनोपेशीय लक्षण भी पाये जाते हैं। ऐसे रोगियों में उनके द्वारा किये गए व्यवहार के हाव-भाव, गति एवं दिशा काफी विस्मयपूर्ण एवं हास्यास्पद होता है। ऐसे लक्षणों का स्वरूप आवर्ती (repetitive) होता है तथा प्राय: उद्देश्यपूर्ण (purposive) भी लगता है। कभी-कभी मनोविदालिता के मनोपेशीय लक्षण (psychomotor symptoms) एक अनत्य प्रारूप (extreme form) ले लेता है जिसे *कैटेटोनिया* (catatonia) कहा जाता है। इसमें कैटेटोनिया स्टूपर (catatonia stupor), कैटेटोनिक दृढ़ता (catatonic rigidity), कैटेटोनिक हाव-भाव (catatonic posturing) तथा कैटेटोनिक उत्तेजन (catatonic excitement) तुलनात्मक रूप से अधिक सामान्य है। कैटेटोनिक स्टूपर में रोगी अपने पर्यावरण के प्रति पूर्णत: अनभिज्ञता तथा अनुक्रियाहीनता (unresponsiveness) दिखाता है जिसके परिणामस्वरूप वह लम्बे समय तक गतिहीन एवं खामोशी की अवस्था में अपने आप को रख पाता है। कैटेटोनिक दृढ़ता में रोगी घंटों एक दृढ़ एवं सीधा मुद्रा या भंगिमा इस ढंग से बनाये रखता है कि वह उसमें किसी ढंग का परिवर्तन को नापसंद करता है। कैटेटोनिक हाव-भाव (catatonic posturing) में रोगी लम्बे समय तक एक अजूबा शारीरिक स्थिति बनाकर जैसे घंटों एक पैर पर खड़ा रहकर या एक हाथ सीधा ऊपर उठाये हुए स्थिति में बना कर रखने में सक्षम होता है। मनोविदालिता के कुछ रोगियों द्वारा *मोमी नम्यता* (waxy flexibility) भी दिखलाया जाता है जिसमें रोगी अपने आप को बहुत लम्बे समय तक ठीक उसी स्थिति में बनाकर रखता है जिस स्थिति में दूसरे लोग उसे रखकर गये हैं। जैसे, मानसिक अस्पताल में यदि नर्स एक ऐसे रोगी के एक हाथ को सीधे खड़ा कर देती है तो संभव है कि रोगी अपने हाथ को उसी स्थिति में घंटों बनाकर तबतक रखे रहे जबतक कि वह नर्स आकर फिर उसका हाथ नहीं नीचे करे। कैटेटोनिक उत्तेजन में रोगी भयानक ढंग से अपना हाथ एवं पैर फेंकते हुए तेजी से इधर-उधर दौड़ता फिरता है। ऐसे रोगी जब इस तरह की उत्तेजनशीलता अनियंत्रित ढंग से दिखलाता है, तो वह अपने एवं अन्य व्यक्तियों के लिए खतरा उत्पन्न कर देता है। इस तरह से मनोविदालिता के रोगी का व्यवहार अकथनीय (unpredictable) होता है।

स्पष्ट हुआ कि मनोविदालिता के रोगियों द्वारा कई तरह के लक्षण दिखलाये जाते हैं जिनके आधार पर उनकी पहचान तथा निदान (diagnosis) में मदद मिलती है।

मनोविदालिता का निदान करना
(Diagnosing the Schizophrenia)

मनोविदालिता का निदान (diagnosis) या साधारण शब्दों में पहचान एक विवादास्पद विषय प्रारंभ से ही रहा है। इसका सबसे बड़ा कारण यह है कि इस रोग का प्रत्येक लक्षण किसी-न-किसी रूप में दूसरे मानसिक या दैहिक रोग में तथा अन्य आघातीय तनाव (traumatic stress) में भी पाया जाता है । फिर भी हाल में (DSM-IV, TR 2000) में इस समस्या का समाधान मनोविदालिता की कुछ स्पष्ट कसौटी (criteria) बनाकर करने की कोशिश की गयी है। DSM-IV (TR) में मनोविदालिता रोग होने की पहचान निम्नांकित तरह की कसौटियों के आधार पर किया गया है—

(i) व्यक्ति में मनोविदालिता के लक्षण गत छह महीना या उससे अधिक अवधि तक अवश्य ही हों। इस छह महीना की अवधि में से कम-से-कम एक महीना की अवधि सक्रिय अवस्था (active phase) की हो जिसमें मूलत: व्यामोह (delusion), विभ्रम (hallucination), विघटित संभाषण (disorganized speech), कैटेटोनिक लक्षण तथा नकारात्मक लक्षण (negative symptoms) अवश्य ही मौजूद हो। बाकी अवधि प्राक्‌लाक्षणिक अवधि (prodormal phase) या अवशिष्ट अवस्था (residual phase) का हो सकता है।

(ii) व्यक्ति कुछ क्षेत्रों जैसे सामान्य काम-काज, सामाजिक संबंध तथा आत्म-देखरेख (self-care) में निष्पादन के गत स्तर से नीचे गिरा हो या ह्रास हुआ हो।

(iii) अगर रोगी में विषादी (depressive) या उन्मादी (manic) घटना का अनुभव हुआ हो, तो यह निश्चित रूप से मनोविदालिता के लक्षण प्रारंभ होने के पहले या बाद में हुआ हो या मनोविदालिता की सम्पूर्ण अवधि की तुलना में काफी थोड़े समय के लिए हुआ हो। सचमुच में यह कसौटी मनारोगविज्ञानियों को मनोविदालिता को मनोदशा विकृति (mood disorder) से भिन्न करने में मदद करता है।

(iv) मनोविदालिता के लक्षण रोगी में द्रव्य उपयोग (substance use) या अन्य मेडिकल अवस्था (medical condition) जैसे मस्तिष्कीय ट्यूमर, मस्तिष्कीय आघात (brain trauma), या विटामिन बी12 कमी (Vitamin B12 deficiency) आदि से नहीं हुआ हो।

स्पष्ट हुआ कि DSM-IV (TR) के उक्त कसौटियों के आधार पर यह तय करना तुलनात्मक रूप से आसान हो जाता है कि किसी व्यक्ति में अमुक रोग मनोविदालिता का है या नहीं।

मनोविदालिता के प्रकार (Types of Schizophrenia)

जैसा कि हम जानते हैं, मनोविदालिता एक विषमरूपी (heterogeneous) मानसिक विकृति (heterogeneous mental disorder) है। मनोविदालिता के कुछ रोगियों में विभ्रम (hullucination) तथा व्यामोह (delusion) अधिक होता है परंतु बातचीत में वे संगत (coherent) दीखते हैं। उसी तरह से मनोविदालिता के कुछ रोगी ऐसे होते हैं जिनका चिंतन प्रक्रिया काफी विघटित होती है परंतु सचमुच में उनमें कोई क्रमबद्ध व्यामोह नहीं होता है। क्रेपलिन (Kraeplin) ने 1896 में ऐसे संदर्भ को देखते हुए मनोविदालिता के तीन प्रकार का वर्णन किया था—*हेबीफ्रेनिक* (hebephrenic), *कैटेटोनिक* (catatonic) तथा *व्यामोही मनोविदालिता* (paranoid schizophrenia) । DSM-IV (TR) (2000) के विशेषज्ञों ने क्रेपलिन के इस प्रकार को व्यापक एवं वैज्ञानिक बतलाते हुए उसे अपने वर्गीकरण में शामिल किया है। इसके अनुसार मनोविदालिता के निम्नांकित पाँच प्रकार मुख्य हैं—

(1) विघटित मनोविदालिता (disorganized schizophrenia)
(2) कैटेटोनिक मनोविदालिता (catatonic schizophrenia)
(3) व्यामोही मनोविदालिता (paranoid schizophrenia)
(4) मिश्रित मनोविदालिता (undifferentiated schizophrenia)
(5) अवशिष्ट मनोविदालिता (residual schizophrenia)

इन सबों का वर्णन निम्नांकित है—

1. विघटित मनोविदालिता *(Disorganized schizophrenia)*—क्रेपलिन द्वारा प्रस्तावित हेविफ्रेनिक मनोविदालिता (hebephrenic schizophrenia) को DSM-IV (TR) में विघटित मनोविदालिता (disorganized schizo-phrenia) कहा गया है। मनोविदालिता के इस प्रकार का मुख्य लक्षण संभ्राति (confusion), असंगतता (incoherence) तथा कुंठित प्रभाव (flat effect) आदि है। इस प्रकार में विभ्रम तथा व्यामोह (delusion) विशेषकर लैंगिक, रोगभ्रमी (hypochondrical), धार्मिक तथा दंडात्मक (persecutory) काफी होते हैं एवं घटिया ढंग से संगठित होते हैं। रोगी में अपने शरीर से संबंधित विचित्र विचार विशेषकर शारीरिक ह्रास (bodily deterioration) से संबंधित विचार काफी आते हैं। ऐसे रोगियों में औपचारिक चिंतन क्षुब्धताएँ एवं प्रत्याक्षज्ञानात्मक समस्याएँ इतनी प्रबल होती हैं कि उनका सामान्य संचार (communication) प्रभावित हो जाता है और फिर उनसे उनमें सामाजिक अलगाव एवं प्रत्याहार (withdrawal) जैसे व्यवहार और मजबूत हो जाते हैं। इस तरह के रोगी मूर्खतापूर्ण व्यवहार (silly behaviour) अधिक दिखलाते हैं। जैसे, ऐसे रोगी बिना कोई कारण के ही हीं-हीं या ठी-ठी (giggle) करते रहता है। यही कारण है कि इस तरह के मनोविदालिता को क्रेपलिन ने पहले 'हेविफ्रेनिक' (Hebephrenic) कहा था जो हेब (Hebe) एक ऐसे ग्रीक देवता के नाम पर आधारित है जो अन्य देवताओं को हँसाने के लिए हमेशा एक 'जोकर' के रूप में कार्य करते थे। विघटित मनोविदालिता के रोगी न तो वे अपना देख-रेख ठीक से करते हैं और न ही इनका सामाजिक संबंध (social relationship) ही उत्तम होता है।

एक केस उदाहरण *(A case example)*

''विलमा एफ (Wilma F) एक 23 वर्षीय महिला थी जिसे अत्यधिक उत्तेजित हो जाने, अपना कपड़ा फाड़ देने तथा माता-पिता के साथ मार-पीट करने के लक्षण मौजूद थे। वह अपने आप से बातचीत करते रहती थी, उसे विश्वास था कि अन्य लोग हमेशा उसके साथ कमरा में बैठे रहते हैं, कभी-कभी अनोखा शारीरिक मुद्रा बनाती थी, हमेशा हीं-हीं या ठी-ठी (giggle) करते रहती थी तथा मूर्खतापूर्ण ढंग से व्यवहार करती थी। जब उसे मानसिक अस्पताल में भर्ती करवाया गया तो उसे विघटित मनोविदालिता (disorganized schizophrenia) के रूप में पहचान की गयी। 15 महीनों तक मानसिक अस्पताल में रहने के बाद उसे वहाँ से छुट्टी दे दी गयी क्योंकि उसके लक्षण की गंभीरता समाप्त हो गयी थी। घर पर आकर वह बिल्कुल ही सामान्य ढंग से घरेलू कार्यों में हाथ बँटाने लगी। जब वह 31-32 वर्ष की हुई, तो वह अनुपयुक्त लैंगिक संबंध (sexual relationship) भी कुछ पुरुषों के साथ स्थापित की और दो नाजायज बच्चे की माँ भी बन गयी। जब वह 40 वर्ष की हुई, तो वह फिर मानसिक रूप से क्षुब्ध हो गयी और उसका व्यवहार आक्रोशपूर्ण तथा मूर्खतापूर्ण हो गया। उसे पुनः मानसिक अस्पताल में लाया गया जहाँ वह अत्यधिक मुस्कराती रहती थी तथा अनुपयुक्त ढंग से हँसती रहती थी। व्यामोही चिंतन (delusional thinking) के कुछ संकेत उसके व्यवहार से मिलते थे परंतु विभ्रम स्पष्टतः नहीं देखे जा सकते थे। उसके व्यवहार का सबसे अनोखा एवं मुख्य लक्षण उसकी अनुपयुक्त मुस्कुराहट एवं हँसी थी।''

विलमा एफ का केस के गहन अध्ययन से यह स्पष्ट हो जाता है कि वह एक विघटित मनोविदालिता की रोगी थी जिसका सबसे मुख्य लक्षण अनुपयुक्त एवं मूर्खतापूर्ण व्यवहार था।

2. कैटेटोनिक मनोविदालिता *(Catatonic Schizophrenia)*—कैटेटोनिक मनोविदालिता का वर्णन सबसे पहले 1868 में कार्ल काह्लवॉम (Karl Kahlbaum) जो एक जर्मन चिकित्सक थे, द्वारा किया गया। इन्होंने इस रोग को **'तनाव पागलपन'** (tension insanity) कहा था और इसे एक आंगिक विकृति (organic disorder) कहा गया जिसमें उन्होंने यह बलताया था कि इस विकृति का कारण मस्तिष्क में फूलन (swelling) का होना है। उस समय इस रोग का प्रमुख लक्षण पेशीय क्रियाओं का सामान्य अवरोध (inhibition) का होना बतलाया गया हालांकि कुछ ऐसे भी केसेज होते थे जिनमें मनोपेशीय क्रियाओं (psychomotor activities) की बाहुल्यता देखी जाती थी।

आधुनिक समय में मनोविदालिता के इस प्रकार का आधार आंगिक (organic) नहीं माना गया है परंतु इसके लक्षण के रूप में निश्चित रूप से मनोपेशीय क्रियाओं (psychomotor activities) की क्षुब्धता ही है। कैटेटोनिक मनोविदालिता में पेशीय लक्षण (motor symptoms) बौद्धिक (intellectual) तथा सांवेगिक लक्षणों (emotional symptoms) से अधिक स्पष्ट होता है। सामान्यतः इस प्रकार के मनोविदालिता में तीन तरह की लाक्षणिक अवस्थाएँ होती हैं—एक अवस्था कैटेटोनिक स्टूपर (catatonic stupor) का होता है जिसमें रोगी गतिहीन (motionless) तथा अनुक्रियाहीन (unresponsive) होने का लक्षण दिखलाता है। रोगी एक स्थिति में लम्बे समय तक चुपचाप सोता या खड़ा रहता है, वह किसी से बातचीत नहीं करना चाहता है, तथा किसी के बात पर कोई ध्यान भी नहीं देता है। कभी-कभी उसके शरीर की मांशपेशियों में कड़ापन (rigidity) उत्पन्न हो जाता है तथा वह सामान्य प्रतिरोध (general resistance) एवं नकारात्मकता (negativism) दिखलाता है। कभी-कभी वह सांकेतिक हाव-भाव, रूढ़िवाद गति (stereotyped movement) तथा दृढ़ मनोवृत्ति (rigid attitudes) भी दिखलाता है। इतिहासकारों का कहना है कि सुकरात (Socrates) जो एक ग्रीक दार्शनिक थे, जब तीव्र ठढक पड़ रहा था, तो एक दिन सुबह से ही अगले दिन के सुबह तक लगातार चुपचाप गतिहीन होकर अपने कमरे में खड़े रह गए थे। वे जरूर ही कैटेटोनिक होंगे भले ही उस समय इस रोग के बारे में कोई नहीं जानता था।

कैटेटोनिक मनोविदालिता की एक दूसरी अवस्था उत्तेजन अवस्था (excited phase) होता है। इस अवस्था में रोगी काफी उत्तेजित दीखता है, जोर-जोर से चिल्लाते रहता है, आक्रामकता दिखलाता है तथा अकारण ही आवेगशील हो उठता है। इसमें रोगी बेचैन रहता है तथा उसे नींद नहीं आती है। उसके हाथ में जो कुछ भी पड़ता है, उसे वह बर्बाद कर देता है। बिना कोई पूर्व चेतावनी के ही ऐसे रोगी दूसरों पर आक्रमण कर बैठता है। आजकल कैटेटोनिक की यह अवस्था शायद ही कभी देखने को मिलता है क्योंकि औषध चिकित्सा (drug therapy) से उन्हें आसानी से नियंत्रित कर लिया जाता है। कैटेटोनिक मनोविदालिता का तीसरा प्रारूप वह होता है जिसमें स्टूपर तथा उत्तेजन (excitement) के चरम (extreme) लक्षण फेर-बदल कर होते रहते हैं।

एक केस उदाहरण ***(A case example)***

''हैरी जी (Harry G.) एक 27 वर्ष का युवक सैनिक था जिसमें मानसिक बीमारी तब उत्पन्न हुई जब उसे सेना में कुछ अशोभनीय व्यवहार के लिए कैद में डाल दिया गया था। वहाँ वह काफी विषादी (depressed) रहता था, नींद नहीं आती थी, भोजन भी न के बराबर करता था, लोगों के साथ सहयोग नहीं करता था, कुछ व्यामोही विचार उसके मन में आते थे तथा उसमें श्रव्य (auditory) तथा दृष्टि विभ्रम (hallucinations) भी काफी थे। इन कारणों से उसे सैनिक कैद से सैनिक अस्पताल में अंतरण कर दिया गया और कुछ दिनों तक उपचार के बाद फिर वह असैनिक जिंदगी में लौट आया जहाँ उसे एक मनोरोगी अस्पताल (psychiatric hospital) में भर्ती करवाया गया। मनोरोगविज्ञानियों द्वारा इस रोगी का कड़ा निरीक्षण किया गया और उसके उपरांत यह पाया गया कि रोगी काफी चुपचाप रहता था, निर्देश को नहीं मानता था, एक जगह पर घंटों एक मुद्रा में बैठा या खड़ा रहता था। अगर उसे हाथ पकड़ कर कहीं ले जाया जाता था, तो वह काफी धीरे-धीरे चलता था तथा वह अपने पहल पर कभी भी नहीं कोई क्रिया करता था। जब उससे कोई प्रश्न किया जाता था, तो ऐसा लगता था कि वह उसे सुना ही नहीं हो। वह अक्सर अपने नाक के सीधे आँखें फाड़-फाड़ कर देखते रहता था। अस्पताल में मनोरोग विज्ञानियों ने इसे कैटेटोनिक मनोविदालिता के रूप में पहचान कर रखा था।''

हैरी जी० के केस का गहन अध्ययन से कोई इस बात से इनकार नहीं कर सकता है कि उसमें कैटेटोनिक मनोविदालिता के लक्षण नहीं थे। मानसिक अस्पताल के विशेषज्ञों द्वारा भी इस रोग के लिए उपयुक्त चिकित्सा प्रदान किया जा रहा था।

3. व्यामोही मनोविदालिता *(Paranoid Schizophrenia)*—मनोविदालिता के इस प्रकार का सबसे प्रमुख लक्षण, व्यामोह तथा श्रव्य विभ्रम (auditory hallucinations) का एक क्रमबद्ध एवं संगठित तंत्र (system) का होना है। व्यामोह में दंडात्मक व्यामोह (delusion of persecution) की प्रबलता होती है परंतु इसके अतिरिक्त बड़प्पन का व्यामोह (delusion of grandeur), ईर्ष्या का व्यामोह (delusion of jealously) तथा संदर्भ का व्यामोह (delusion of reference) भी पाया जाता है। जैसे, ऐसे रोगी को यह गलत विश्वास हो जा सकता है कि उसके पड़ोसी उसे जान से मार देने का प्लान बना रहे हैं (दंडात्मक व्यामोह)। उसी तरह ऐसे रोगी में यह गलत विश्वास हो जा सकता है कि उसमें अद्भूत ईश्वरीय शक्ति है या इस तरह का ज्ञान उपलब्ध है कि संसार को आश्चर्यचकित कर दे सकता है (बड़प्पन का व्यामोह)। ऐसे रोगी को यह गलत विश्वास हो जा सकता है कि उसके पति/पत्नी का व्यवहार उसके प्रति अधिक विश्वसनीय नहीं है (ईर्ष्या का व्यामोह)। उसी तरह से ऐसे रोगी को यह भी गलत विश्वास हो जा सकता है कि दूरदर्शन या रेडियो से जो कहा जा रहा है तथा मैगजिन में जो छपा है, उसका उद्देश्य उसी पर टिप्पणी करना है। इसके अतिरिक्त ऐसे रोगियों में तरह-तरह के श्रव्य विभ्रम (auditory hallucinations) भी होते हैं जिनसे उनकी व्यामोही अवस्थाएँ और भी मजबूत हो जाती है। जब ऐसे रोगियों के चिंतन तथा प्रत्यक्षण की सत्यता के बारे में दूसरे लोगों द्वारा प्रश्न किया जाता है, तो उनके इस व्यामोही चिंतन एवं विभ्रमात्मक प्रत्यक्षणों के साथ-साथ उसमें क्रोध या चिंता भी उत्पन्न होता है। ए पी ए (APA, 1994) के अनुसार इसके विपरीत कुछ रोगियों जिनमें बड़प्पन का व्यामोह अधिक होता है, वे शांत एवं अकेले रहते हैं। अपने विशेष ज्ञान से विश्वस्त एवं प्रभावित होकर वे अन्य लोगों को बिलकुल ही नया समझकर उसपर हँसते हैं।

एक केस उदाहरण ***(One case example)***

''डोरोथी एल (Dorothy L) एक 49 वर्षीय अविवाहित महिला थी जो स्कूल तक ही शिक्षा प्राप्त किये हुए थी तथा जो 26 वर्षों तक स्वीचबोर्ड ऑपरेटर के रूप में कार्य कर चुकी थी। उस समय वह संध्याकालीन कॉलेज में जाकर व्यवसाय प्रशासन (business administration) तथा आंतरिक सजावट (interior decoration) का कोर्स भी करती थी। उसकी मुख्य अभिरुचि पुरातत्वों (antiquties) के संग्रह में थी। वह पूरी जिंदगी एक छोटा-सा गाँव में बितायी थी, पहले कुछ दिनों तक अपने माता-पिता के साथ, फिर कुछ दिनों तक छोटे भाई एवं बहनों के साथ और फिर अभी हाल में अकेले ही। उसके पिता एक निष्क्रिय व्यक्ति थे जो एक किसान के रूप में अपने परिवार का पालन-पोषण करते थे। माँ एक सीमान्तीय मनोविक्षिप्ति की रोगी (boardeline psychotic) थी जिसके व्यामोही विचार थे तथा बहन स्नायुविकृति (neuroticism) की रोगी थी। जब रोगी 34 वर्ष की आयु की थी, तो उसकी माँ की मृत्यु हो गयी थी और उसके दो साल बाद वह गाँव छोड़कर न्यू आरिलयन (New Orleans) चली गयी। उस समय उसमें संभ्रान्ति एवं

व्यामोह (delusion) भी कुछ हद तक थे। परंतु बाद में वह अपने कार्य (job) पर पुनः लौट गयी जहाँ कई वर्षों तक वह अनोखा व्यवहार करती रही। जब वह 40 वर्ष की आयु में प्रवेश की, तो वास्तविकता से गंभीर रूप से विच्छेद (break) होने के कारण उसे मानसिक अस्पताल में भर्ती करवाया गया।''

मानसिक अस्पताल में मनोरोगविज्ञानियों के प्रेक्षण के अनुसार रोगी में विचारों का बिखराव, उनमें साहचर्य की कमी, अनोखे (bizare) व्यामोह आदि मुख्य रूप से थे। उसकी सांवेगिक आवाज अनुपयुक्त तथा कुंठित (flat) थी। दंडात्मक व्यामोह का उल्लेख वह अधिक करती थी और ऐसा करते समय वह पूर्णतः अपने आप को सभी चीजों से अलग-थलग करके रखती थी। वह कई तरह के श्रव्य विभ्रम का उल्लेख भी करती थी जिससे उसके दंडात्मक व्यामोह और भी अधिक मजबूत हो गये थे। मनोरोगविज्ञानियों ने इसे एक व्यामोही मनोविदालिता के रोगी के रूप में पहचान करके उपचार करना प्रारंभ किया।''

डोरोथी एल० के केस से यह स्पष्ट हो जाता है कि व्यामोही मनोविदालिता में अन्य बातों के अलावा दंडात्मक व्यामोह तथा श्रव्य विभ्रम (auditory hallucination) का एक क्रमबद्ध सम्मिश्रण होता है।

4. मिश्रित मनोविदालिता *(Undifferentinated Schizophrenia)*—इस श्रेणी में उस मानसिक रोगी को रखा जाता है जिन्हें मनोविदालिता के रोगी के रूप में पहचान तो की जाती है परंतु उसे मनोविदालिता के कोई स्पष्ट प्रकार में रखना संभव नहीं हो पाता है। जब रोगी में मनोविदालिता के लक्षण अचानक उत्पन्न होते हैं और लघु अवधि में ही वे दूर हो जाते हैं, तो उसे *प्रखर मिश्रित मनोविदालिता* (acute undifferentiated schizophrenia) कहा जाता है। परंतु जब मनोविदालिता के रोग की शुरूआत क्रमिक (gradual) होती है और उसके लक्षण लम्बे समय तक बने रहते हैं, तो इसे *चिरकालिक मिश्रित मनोविदालिता* (chronic undiffentiated schizophrenia) कहा जाता है।

एक केस उदाहरण *(One case example)*

''सिलभिया एम० (Sylvia M.) एक 45 वर्षीय अविवाहित महिला थी जिसे उनके पड़ोसियों, आग विभाग (fire department) तथा स्वास्थ्य विभाग की शिकायतों के आधार पर मानसिक अस्पताल में भर्ती करवाया गया। रोगी की मनोविक्षिप्त (psychotic) अवस्था की शुरूआत गत चार वर्षों से हुई थी जिसमें वह अकेले रह रही थी। वह अपने आप से अक्सर बातचीत करते रहती थी, तरह-तरह के विभ्रम से घिरी रहती थी तथा रात में जोर-जोर से चिखती-चिल्लाती रहती थी। जैसे, अक्सर जैसा कि उसके पड़ोसी बतलाते थे, रोगी रात में जोर-जोर से चिल्लाते हुए सुनी जाती थी, 'यहाँ से चले जाओ, अगर तुम मेरे बच्चों को ले जाओगे, तो मैं तुम्हें जान से मार दूँगी।' जबकि सच्चाई यह थी कि उसकी कभी शादी नहीं हुई थी तथा उसका कोई बच्चा नहीं था। वह जिस एपार्टमेंट में रहती थी, उसमें गंदगी का अंबार था। जब उसे मानसिक अस्पताल में भर्ती करवाया गया था, तो उस समय उसके एपार्टमेन्ट से 37 बड़े थैलों में कूड़ा-करकट भरकर रखा पाया गया था।''

सिलभिया की माँ की मौत उसके जन्म के कुछ दिनों बाद हो गयी थी तथा पिता शराबी हो गए थे। रोगी की पालन-पोषण उसके संबंधियों द्वारा किया गया। जब उस महिला की भी मृत्यु हो गयी, तो वह अपने घर लौट गयी और पिता की उत्तम देख-रेख उनकी मृत्यु तक करते रहीं। उसके बाद वह बिलकुल अकेली रहने लगी और फिर धीरे-धीरे उसके व्यक्तित्व में ह्रास होने लगा।

मानसिक अस्पताल में जब मनोरोगविज्ञानियों द्वारा इस रोगी का प्रेक्षण किया गया तो पाया गया कि वह उम्र के हिसाब से अधिक बड़ी दिख रही थी। जब वह साक्षात्कार कक्ष में प्रवेश की, तो काफी शक्की दीख रही थी तथा कमरा के दीवार तथा कोनों पर काफी ध्यान से देख रही थी। वह काफी तनावग्रस्त, घबड़ायी तथा बार-बार अपने हाथों को एक-दूसरे पर रगड़ रही थी। कभी-कभी बिना किसी उद्दीपक या उपयुक्त परिस्थिति की ही वह हँसने लगती थी। हालाँकि उसे समय, स्थान तथा व्यक्ति का ज्ञान रहता था, परंतु उसके लघुकालीन एवं दीर्घकालीन दोनों तरह की स्मृतियाँ दोषपूर्ण थीं। अपने अस्तित्व विहिन बच्चों के बारे में उसके मन में कई तरह के व्यामोह थे। मानसिक अस्पताल में मनोरोगविज्ञानियों ने इसे मिश्रित मनोविदालिता (undifferentiated schizophrenia) के रूप में पहचान किया।''

मिश्रित मनोविदालिता के उक्त उदाहरण से यह स्पष्ट है कि इस तरह की श्रेणी में कुछ इस तरह के लक्षण होते हैं कि उन्हें किसी एक श्रेणी में स्पष्ट रूप से रखकर अध्ययन नहीं किया जा सकता है।

5. विशिष्ट मनोविदालिता *(Residual schizophrenia)*—इस श्रेणी में मनोविदालिता के उन रोगियों को रखा जाता है जो मनोविदालिता के सम्पूर्ण कसौटी पर तो खरे नहीं उतरते हैं परंतु फिर भी उनमें मनोविदालिता के लक्षण दीख पड़ते हैं। दूसरे शब्दों में, इस प्रकार में मनोविदालिता के भड़कीले लक्षण की संख्या तथा तीव्रता में तो कमी हो जाती है परंतु फिर भी वे अवशिष्ट प्रारूप (residual form) में बने रहते हैं। इसमें रोगी में भोथरे या अनुपयुक्त सांवेगिक प्रतिक्रिया, सामाजिक प्रत्याहार (social withdrawal), अनोखा व्यवहार (eccentric behaviour) तथा कुछ अतार्किक चिंतन (illogical thinking) के लक्षण होते हैं। DSM-IV (TR) (2000) के अनुसार इस प्रकार के मनोविदालिता के मुख्य लक्षण इस प्रकार हैं—

(i) स्पष्ट सामाजिक अलगाव (social isolation) या प्रत्याहार (withdrawal)
(ii) सामाजिक भूमिकाओं को करने में स्पष्ट दोष (impairment)
(iii) बहुत ही विचित्र व्यवहार
(iv) व्यक्तिगत स्वास्थ्य एवं देखभाल (grooming) में गंभीर दोष
(v) भोथरा (blunt), कुंठित (flat) या अनुपयुक्त सांवेगिक अभिव्यक्ति
(vi) विचित्र, जादुई या अनोखे चिंतन
(vii) असाधारण या प्रत्यक्षज्ञानात्मक अनुभूतियाँ (unusual perceptual experiences)
(viii) भावशून्यता (apathy) या पहल (initiativeness) की कमी।

इस तरह से स्पष्ट हुआ कि मनोविदालिता के इस प्रकार में मनोविदालिता के प्रमुख लक्षण जैसे व्यामोह, विभ्रम, असंगतता (incoherence) तथा विघटित व्यवहार (disorganized behaviour) आदि तो अनुपस्थित रहते हैं परंतु अन्य उपयुक्त तरह के लक्षण उनमें दीख पड़ता है जो निश्चित रूप से दुखदायी होते हैं।

स्पष्ट हुआ कि मनोविदालिता के कई प्रकार हैं। इनमें से प्रथम तीन प्रकार के रोगियों की संख्या तुलनात्मक रूप से अधिक देखी गयी है।

मनोविदालिता के आयाम
(Dimension of Schizophrenia)

DSM-IV (TR) में मनोविदालिता के रोगियों को उनके लक्षणों के आधार पर श्रेणीबद्ध किया गया है। परंतु नैदानिक मनोवैज्ञानिकों का मत है कि इन रोगियों को मनोविदालिता के आरंभ होने, किस तरह से उनके लक्षण विकसित हुए तथा उपचार के प्रति ऐसे रोगियों द्वारा किस तरह की अनुक्रिया होती है, के आधार पर भी उन्हें श्रेणीबद्ध किया जा सकता है। इन कसौटियों को मनोविदालिता का नैदानिक विमा कहा गया है जो इस प्रकार है—

(1) तीक्ष्ण चिरकालिक विमा (acute-chronic dimension)
(2) धनात्मक-ऋणात्मक लक्षण विमा (positive-negative symptom dimension)
(3) व्यामोही-अव्यामोही विमा (paranoid-non-pararoid dimension)

इनका वर्णन इस प्रकार है—

1. तीक्ष्ण-चिरकालिक विमा *(Acute-chronic dimensions)*—तीक्ष्ण विमा वैसा विमा होता है जिसमें मनोविदालिता के भयावह लक्षणों की शुरूआत अचानक परंतु तेजी से किसी घातक घटना के कारण होता है। जिगलर एवं फिलिप्स (Zigler & Phillips, 1961) तथा ऐरीटी (Arieti, 1994) के अध्ययनों के अनुसार इस तरह के मनोविदालिता में प्राय: रोगी के जिंदगी में एक ऐसा संकट (crisis) उत्पन्न होता है जो उसमें सामाजिक या सांवेगिक रूप से अशांत (upset) कर देता है और वह इससे बचने का कोई रास्ता न पाकर मनोविदालिता का लक्षण विकसित कर लेता है। इस तरह का संकट में घर से किसी कारण से भाग जाना, किसी नौकरी के लिए स्कूल छोड़ देना, पहला अनुचित लैंगिक संबंध, भाई-बहन या माता-पिता की मृत्यु आदि प्रमुख होते हैं। ऐसे संकट के पहले रोगी का इतिहास सामान्य (normal) होता है। इस तीक्ष्ण विमा को प्रतिक्रियात्मक (reactive) विमा भी कहा जाता है और इस तरह के मनोविदालिता को *प्रतिक्रियात्मक मनोविदालिता* (reactive schizophrenia) भी कहा जाता है।

इसके विपरीत, चिरकालिक मनोविदालिता वैसा मनोविदालिता को कहा जाता है जिसमें रोगी क्रमिक एवं लम्बे अवधि से रोग के लक्षणों को दिखाता है। इस तरह के रोग में कोई इकहरा (single) संकट या स्पष्ट अशांति या तनाव नहीं होता है जिसे इस रोग की उत्पत्ति का कारण माना जा सके। बल्कि रोगी के बारे में गहराई से जानने के बाद पता चलता है कि इसके पीछे पारिवारिक तथा साथी-संगी द्वारा तिरस्कार, घटिया स्कूल में शिक्षा, घटिया सामाजिक समायोजन, अत्यधिक शर्मालुपना तथा सामाजिक प्रत्यहार (social withdrawal) आदि मुख्य होते हैं। इस विमा को प्रक्रिया विमा (process dimensions) भी कहा जाता है और इसे *प्रक्रिया मनोविदालिता* (process schizophrenia) भी कहा जाता है।

नैदानिक अभ्यास (clinical practice) में तीक्ष्ण-चिरकालिक अंतर इस बात पर आधृत होता है कि मनोविदालिता रोग का झटका कितने बार उसे लगा है और कितने दिनों तक वह मानसिक अस्पताल में भर्ती रहा है। यदि रोग का पहला झटका ऐसा होता है जो व्यक्ति को 12 महीनों से कम अवधि के लिए मानसिक अस्पताल में भर्ती रहने के लिए बाध्य किया हो, या उसे कई ऐसा झटका लगा हो जो थोड़े-थोड़े दिन के लिए उसे मानसिक अस्पताल में भर्ती अवश्य कर दिया हो, तो उससे यह समझा जाता है कि उसमें तीक्ष्ण मनोविदालिता की विकृति उत्पन्न हुआ है। जब रोगी को मानसिक अस्पताल में दो सालों से अधिक अवधि के लिए भर्ती करवाना आवश्यक हो जाता है, तो इसे चिरकालिक मनोविदालिता की संज्ञा दी जाती है। जब किसी व्यक्ति को इस विकृति के उपचार के लिए मोटे तौर पर 18 से 24 महीना तक मानसिक अस्पताल में भर्ती करना आवश्यक होता है, तो इस परिस्थिति में उसे तीक्ष्ण एवं चिरकालिक मनोविदालिता में से किसमें रखकर व्याख्या की जाए, एक बहुत ही टेढ़ी खीर साबित होता है। यह तथ्य इस वर्गीकरण के निम्न विश्वसनीय एवं वैध होने का रहस्य अपने आप ही खोल देता है।

2. धनात्मक-ऋणात्मक लक्षण विमा *(Dimension of positive-negative symptom)*—मनोविदालिता के विमा को सिर्फ उन कारकों के खयाल से ही नहीं समझा जा सकता है जो इनके पूर्ववर्ती (precipitants) होते हैं, बल्कि इस तथ्य के आधार पर जाना जाता है कि कौन-कौन-सा अर्थात् धनात्मक या ऋणात्मक लक्षण रोगी दिखा रहा है, विशेष तरह के उपचार के प्रति उसकी क्या अनुक्रिया होती है तथा दीर्घकालीन प्रतिफल (long term outcome) क्या हुआ है। इन धनात्मक तथा ऋणात्मक लक्षणों के नैदानिक आयामों के आधार पर मनोविदालिता को टाईप एक (Type I) तथा टाईप दो (Type II) दो भागों में बाँटा गया है—

टाईप एक (Type I) मनोविदालिता वैसे मनोविदालिता को कहा जाता है जिसमें मनोविदालिता के लक्षणों का आरंभ अचानक होता है तथा इनमें सिर्फ धनात्मक लक्षण (positive symptoms) जैसे व्यामोह (delusion) विभ्रम (hallucination) तथा प्रबल चिंतन क्षुब्धता (prominent thought disorder) आदि पाये जाते हैं। इस तरह के धनात्मक लक्षण वाले मनोविदालिता में मस्तिष्क में डोपामाइन जैसे न्यूरोट्रांसमीटर की अतिसक्रियता (overactivity) पायी जाती है।

टाइप दो मनोविदालिता वैसे मनोविदालिता को कहा जाता है जिसमें नकारात्मक लक्षण (negative symptoms) अर्थात् कुंठित प्रभाव (flat affect), इच्छाशक्ति की कमी तथा संभाषण (speech) की कमी आदि मुख्य रूप से देखा जाता है। नकारात्मक लक्षण में धनात्मक लक्षणों की तुलना में पलटावी होने का गुण कम होता है तथा वे घटिया दीर्घकालीन परिणाम (long-term outcome) से साहचर्यित होते हैं। डोपामाइन संचरण (dopamine transmission) से ऐसे नकारात्मक लक्षण असंबंधित होते हैं अर्थात् डोपामाइन की क्रियाएँ बहुत कम होती हैं परंतु मस्तिष्क में होने वाले संरचनात्मक परिवर्तन तथा बौद्धिक ह्रास (intellectual impairment) से निश्चित रूप से किसी-न-किसी ढंग से साहचर्यित होते हैं। टाइप दो लक्षणों का बहुत घटिया पूर्वानुमान (poor prognosis) होता है। अभी हाल में किये गये अध्ययनों से यह पता चला है कि पुरुषों में ज्यादा प्रक्रिया (process) एवं टाइप टू मनोविदालिता जबकि स्त्रियों में ज्यादा प्रतिक्रियात्मक एवं टाइप एक मनोविदालिता उत्पन्न होता है।

3. व्यामोही-अव्यामोही विमा *(Paranoid-nonparanoid dimension)*—यह एक ऐसी विमा है जिसके आधार पर मनोविदालिता के वर्गीकरण का कसौटी दंडात्मक व्यामोह तथा बड़प्पन (grandeur) व्यामोह की उपस्थिति (presence) या अनुपस्थिति होता है। उपस्थिति अवस्था को *व्यामोही* (paranoid) तथा अनुपस्थित अवस्था को *अव्यामोही* (nonparanoid) कहा जाता है। जिगलर एवं लेभाइन (Ziegler & Levine, 1973) द्वारा किये गए अध्ययनों

से यह स्पष्ट हुआ है कि व्यामोही-अव्यामोही विमा प्रक्रिया, प्रतिक्रियात्मक विमा (process-reactive dimension) से स्वतंत्र है, फिर भी कुछ अन्य अध्ययनों जैसे वस (Buss, 1966) तथा फेन्टन एवं मैकग्लाशन (Fenton & McGlashan, 1991) द्वारा किये गए अध्ययनों से यह स्पष्ट हुआ है कि व्यामोही मनोविदालिता बहुत हद तक प्रतिक्रियात्मक मनोविदालिता (reactive schizophrenia) के समान होता है क्योंकि ऐसे व्यामोही मनोविदालिता में रोगी प्रतिक्रियात्मक मनोविदालिता के समान ही बौद्धिक रूप से अधिक अक्षुण्ण (intact) होता है, परिपक्वता का स्तर पर्याप्त होता है तथा रोगी विभिन्न कार्यों में उत्तम निष्पादन दिखाता है।

स्पष्ट हुआ कि मनोविदालिता के कई आयाम हैं। इनमें से टाइप एक तथा टाइप दो मनोविदालिता नैदानिक मनोवैज्ञानिकों के बीच तुलनात्मक रूप से अधिक लोकप्रिय है। कुएस्टा तथा उनके सहयोगियों (Cuesta et al, 1994), फेन्टन तथा मैकग्लाशन (Fenton & McGlashan, 1994) द्वारा किये गए शोधों से यह स्पष्ट हुआ है कि टाइप एक आयाम के मनोविदालिता टाइप दो आयाम के मनोविदालिता की तुलना में रोग से चंगा होने तथा मनोविक्षिप्ति-विरोधी औषधों (antipsychotic drugs) के प्रति उत्तम अनुक्रिया करते हैं।

मनोविदालिता के हैतुकी
(Etiology of Schizophrenia)

मनोविदालिता के कारणों की व्याख्या करने के लिए कई तरह के विचारधाराएँ उपलब्ध हैं जिनमें निम्नांकित तीन प्रमुख हैं—

(क) जैविक विचारधारा (biological viewpoints)

(ख) मनोवैज्ञानिक विचारधारा (psychological viewpoints)

(ग) सामाजिक-सांस्कृतिक विचारधारा (socio-cultural viewpoints)

इन सबों का वर्णन निम्नांकित है—

(क) जैविक विचारधारा *(Biological viewpoints)*—इस विचारधारा के तहत मनोविदालिता की व्याख्या जैविक कारकों के रूप में की गयी है जिन्हें मोटे तौर पर दो भागों में बाँटा गया है—

(1) जननिक कारक (genetic factors)

(2) जैविक कारक (biological factors)

इन दोनों तरह के कारकों की व्याख्या हम इस प्रकार से कर सकते हैं—

(1) जननिक कारक *(genetic factors)*—इस क्षेत्र के अनुसंधानकर्त्ता एवं शोधकर्त्ताओं का सामान्य मत यह है कि कुछ लोगों में मनोविदालिता रोग का एक जैविक पूर्ववृत्ति (biological predisposition) जन्म से होता है अर्थात् ऐसी पूर्ववृत्ति वे अपने माता-पिता से प्राप्त करते हैं और डायथिसिस तनाव मॉडल (diathesis stress model) के अनुसार जब भी ऐसे लोगों को किशोरावस्था या आरंभिक वयस्कावस्था में अत्यधिक तनाव का सामना करना पड़ता है, उनमें वह पूर्ववृत्ति विकसित होकर मनोविदालिता का रूप ले लेता है। इस व्याख्या का पूर्ण समर्थन गॉटेसमैन (Gottesman, 1991) तथा हॉल्जमैन एवं मैथीसी (Holtzman & Matthysse, 1990) द्वारा किया गया है और इस विचारधारा के पक्ष में निम्नांकित चार तरह के अध्ययन किये गए हैं—

(i) मनोविदालिता के रोगियों के संबंधियों का अध्ययन (studies of relatives of schizophrenia)

(ii) ऐसे जुड़वाँ बच्चे जो मनोविदालिता के रोगी रहे हों, का अध्ययन

(iii) मनोविदालिता के ऐसे रोगी जो दत्तक (adopted) रहे हों, का अध्ययन

(iv) गुणसूत्रीय मैपिंग (chromosomal mapping)

इन सबों का वर्णन इस प्रकार है—

(i) मनोविदालिता के रोगियों के संबंधियों का अध्ययन *(Studies of relatives of schizophrenia)*— केन्डलर तथा उनके सहयोगियों (Kendler et al. 1994), ए. पी. ए. (APA, 1994) तथा गॉट्टेसमैन (Gottesman, 1991) द्वारा किये गए अध्ययनों से यह स्पष्ट हुआ है कि मनोविदालिता उन व्यक्तियों में जो इस रोग के रोगी के संबंधी होते हैं, तुलनात्मक रूप से उन व्यक्तियों में जो इस रोग के रोगी के संबंधी (relatives) नहीं होते हैं, अधिक होता है।

अध्ययनों से यह भी स्पष्ट हुआ है कि सामान्य जनसंख्या के करीब एक प्रतिशत लोगों में मनोविदालिता का रोग पाया जाता है। रोगी के प्रथम क्रम संबंधियों (first-order relatives) जैसे माता-पिता, भाई-बहन एवं बच्चों में यह प्रतिशत बढ़कर 10% हो जाता है। करीब माता-पिता में 6%, भाई-बहन में 9%, तथा मनोविदालिता के रोगियों के 13 से 16% बच्चों में भी मनोविदालिता का यह रोग होता पाया जाता है। उसी तरह द्वितीय क्रम (second-order) संबंधियों में मनोविदालिता का दर बढ़कर 3 प्रतिशत हो जाता है। चचेरा, ममेरा, मौसेरा, भाई-बहन, चाची, चाचा, भतीजा, भतीजी, पोता, पोती आदि द्वितीय क्रम के संबंधी के उदाहरण हैं। ऐसे सबूतों के आधार पर यह निष्कर्ष पर पहुँचा जाता है कि मनोविदालिता के होने का कारण जननिक (genetic) है। परंतु आलोचकों का मत है कि इसके आधार पर ऐसा निष्कर्ष पर पहुँचना वैज्ञानिक नहीं होगा क्योंकि एक ही परिवार के सदस्यों का पारिवारिक वातारण भी लगभग एक समान होता है अत: संभव है कि समान पारिवारिक प्रभावों के कारण ही मनोविदालिता का रोग परिवार के सदस्यों में फैलता हो।

(ii) **ऐसे जुड़वाँ बच्चे जो मनोविदालिता के रोगी रहे हों, का अध्ययन** *(Studies of twins who are schizophrenic)*—मनोविदालिता के जननिक आधार को साबित करने के लिए नैदानिक मनोवैज्ञानिकों द्वारा जुड़वाँ बच्चों (twin children) का अध्ययन किया गया है। जैसा कि हम जानते हैं, एकांडी जुड़वाँ (identical twin) बच्चों में आनुवंशिकता 100% सामान्य (common) होता है क्योंकि इनका जीन्स समरूप (identical) होता है जबकि भ्रात्रीय जुड़वाँ (feternal twin) में आनुवंशिकता मात्र 50% सामान्य होता है क्योंकि इसके कुछ ही जीन्स सामान्य होते हैं। अगर मनोविदालिता का कारण जननिक कारक (genetic factor) है, तो एकांडी जुड़वाँ बच्चों में भ्रात्रीय जुड़वाँ बच्चों की तुलना में मनोविदालिता के उत्पन्न होने का सुसंगतता दर (concordance rate) उच्च (higher) होना चाहिए। इस प्रत्याशा का समर्थन कई अध्ययनों जिनमें गॉटेसमैन (Gottesman, 1991) गॉटेसमैन एवं शिल्ड (Gottesman & Shields, 1982) तथा ए पी ए (APA, 1994) द्वारा किया गया अध्ययन मुख्य है। इन अध्ययनों में सामान्यत: यह देखा गया है कि यदि एकांडी जुड़वाँ युग्म में से किसी एक को यदि मनोविदालिता का रोग हुआ तो 40 से 60% इस बात की उम्मीद है कि युग्म के दूसरे सदस्य में यह रोग विकसित हो जाएगा। दूसरे तरफ यदि भ्रात्रीय जुड़वाँ युग्म में से एक सदस्य को यदि मनोविदालिता का रोग हो गया तो मात्र 17% संभावना इस बात की है कि युग्म के दूसरे सदस्य में यह रोग विकसित होगा। इस तथ्य का समर्थन अमेरिका के मशहूर एवं काफी चर्चित गिनेन बहनों (Genain sisters) के अध्ययन से भी होता है। ये चारों बहनों का जन्म एक साथ हुआ था और वे एकांडी चतुष्क (monozygotic quadruplet) थीं। ऐसे बच्चों के जन्म होने की संभावना 16 अरब जन्म में एक होता है। अत: मनोरोगविज्ञानियों के लिए उत्सुकता का विषय था। ये चारों बहनें 20 साल की आयु में मनोविदालिता के रोगी हो गयी थी। इन सबूतों के आधार पर हम निष्कर्ष पर पहुँचते हैं कि मनोविदालिता का आधार जननिक होता है।

(iii) **मनोविदालिता के ऐसे रोगियों का अध्ययन जो दत्तक रहे हों** *(Studies of schizophrenic people who are adopted)*—ऐसे दत्तक-ग्रहण अध्ययनों (adoption studies) से इस बात का पक्का सबूत मिला है कि मनोविदालिता की मानसिक विकृति में अन्य रोगों जैसे मधुमेह (diabetes), उच्च रक्तचाप (hypertension) आदि के समान एक जननिक (genetic) आधार होता है। इन अध्ययनों में कुछ ऐसे वयस्क होते हैं जो मनोविदालिता के रोगी हैं और जिन्हें बचपन से ही दत्तक (adopt) बना लिया गया था, के व्यवहारों की तुलना उनके जैविक संबंधियों (biological relatives) तथा दत्तक संबंधियों (adoptive relatives) से की जाती है। यदि उनके जैविक संबंधियों में ठीक उसी तरह के लक्षण मिलते हैं जैसा कि उस वयस्क रोगी में तो यह अनुमान लगाया जाता है कि इस रोग का कारण जननिक (genetic) है तथा जब दत्तक संबंधियों से उसका लक्षण मिलता-जुलता है, तब यह समझा जाता है कि मनोविदालिता का कारण कुछ पर्यावरणी प्रभाव (environmental influences) हैं। इस सिलसिले में सबसे महत्त्वपूर्ण अध्ययन केटी तथा उनके सहकर्मियों (Kety et al. 1978, 1988) द्वारा कोपेनहेगन (Copenhagen) में किया गया है। इस अध्ययन में केटी ने 5,500 ऐसे वयस्कों का रिकार्ड का पहले प्रेक्षण किया जिन्हें बचपनावस्था में ही दत्तक बनाकर पाला-पोषा गया था। इसमें से 33 ऐसे केसेज मिले जो मनोविदालिता के रोगी थे। शोधकर्त्ताओं ने फिर उसी प्रतिदर्श (sample) से समान, उम्र, यौन एवं शिक्षा प्राप्त 33 सामान्य दत्तक वयस्कों का चयन नियंत्रण समूह के रूप में किया। बाद में शोधकर्त्ताओं ने इस 66 दत्तकों के 365 जैविक (biological) तथा दत्तक संबंधियों (adoptive relatives) जिसमें माता-पिता तथा भाई-बहन मुख्य थे को चार समूहों में बाँटे—

(a) मनोविदालिता के दत्तक रोगियों के जैविक संबंधी (biological relatives)
(b) मनोविदालिता के दत्तक (adoptee) रोगियों के दत्तक संबंधी (adoptive relatives)
(c) सामान्य दत्तकों (normal adoptees) के जैविक संबंधी
(d) सामान्य दत्तकों के दत्तक संबंधी

एक मनोरोगविज्ञानी जिसे यह पता नहीं था कि कौन किससे संबंधित है, सभी 365 संबंधियों का गहराई से साक्षात्कार लिया। इस मनोरोगविज्ञानी द्वारा तैयार किया गया साक्षात्कार सारांश का मूल्यांकन कई ऐसे अन्य मनोरोगविज्ञानियों द्वारा स्वतंत्र रूप से किया गया जिन्हें भी इन 365 व्यक्तियों में से किसी के बारे में कुछ पता नहीं था। इस मूल्यांकन के बाद इन 365 संबंधियों को मनोरोगी निदान (psychiatric diagnosis) प्रदत्त किया गया जिसमें यह देखा गया कि इन 365 संबंधियों में से करीब 37 में मनोविदालिता के स्पष्ट या अस्पष्ट लक्षण पाये गए। इन 37 में से अधिकतर व्यक्ति मनोविदालिता दत्तकों (schizophrenic adoptees) के जैविक संबंधी (biological relatives) पाये गए। इस परिणाम के आधार पर यह स्पष्ट हो जाता हे कि मनोविदालिता का एक जननिक आधार (genetic base) होता है। मनोविदालिता रोग के दत्तकों (adoptees) के जैविक संबंधियों (biological relatives) में से 14% को स्पष्ट (definite) मनोविदालिता या अस्पष्ट मनोविदालिता (uncertain schizophrenia) का रोगी पाया गया जबकि ऐसे दत्तकों के जैविक संबंधियों में से 2·7% ही मनोविदालिता के रोगी पाये गए। सामान्य दत्तकों (normal adoptees) के जैविक (biological) तथा दत्तक (adoptive) संबंधियों में मनोविदालिता के होने का दर क्रमशः 3·4% तथा 5·5% पाया गया। स्पष्टतः मनोविदालिता रोग के दत्तकों (adoptees) के जैविक संबंधियों में मनोविदालिता के रोग उत्पन्न होने की संभावना अधिक थी। इससे स्पष्ट रूप से यह पता चलता है कि मनोविदालिता का एक जननिक आधार होता है।

केटी के शोध कार्य की आलोचना यह कहते हुए किया गया है कि उनके अध्ययन के परिणाम में अस्पष्ट मनोविदालिता (uncertain schizophrenia) के श्रेणी में जिन व्यक्तियों को रखा गया था, उनमें मनोविदालिता के निश्चित लक्षण नहीं थे। फलतः इनको आधार मानकर किया गया विश्लेषण पर पूर्णतः विश्वास नहीं किया जा सकता है। इस आलोचना की गंभीरता को स्वीकार करते हुए केटी ने फिर से प्राप्त आँकड़ों का विश्लेषण किया जिसमें सिर्फ उन्हीं व्यक्तियों के रिकार्ड सम्मिलित किए गए जिनमें मनोविदालिता के स्पष्ट एवं निश्चित लक्षण थे। इस कसौटी को आधार मानकर विश्लेषण करने पर मनोविदालिता दत्तकों (schizophrenic adoptees) के जैविक संबंधियों में मनोविदालिता के वयस्कता दर (prevalence rate) 6·4% तथा जबकि यही दर दत्तक संबंधियों (adoptive relatives) में मात्र 1·4% था तथा सामान्य दत्तकों (normal adoptees) के जैविक संबंधियों एवं दत्तक संबंधियों (adoptive relatives) में क्रमशः 1·7% तथा 2·2% था। इस तरह के परिणाम से भी यह स्पष्ट हो जाता है कि मनोविदालिता के रोग का एक स्पष्ट जननिक आधार (genetic base) होता है।

(iv) गुणसूत्रीय मैपिंग *(Chromosal mapping)*—कुछ मनोरोगविज्ञानियों द्वारा गुणसूत्रीय मैपिंग की प्रविधि द्वारा मनोविदालिता के जननिक कारणों का पता लगाने की कोशिश की गयी है। इस प्रविधि में शोधकर्त्ता पहले कुछ ऐसे परिवारों का चयन करते हैं जिसमें मनोविदालिता बहुत ही सामान्य है, प्रत्येक सदस्य का रक्त नमूना के रूप में लिया जाता है, प्रत्येक रक्त नमूना से डीएनए (DNA) को अलग करके उसे कई हिस्सों में बाँट दिया जाता है फिर उसकी तुलना उन रक्त नमूना के डीएनए के बँटे भाग से किया जाता है, जो ऐसे परिवार के सदस्यों से लिए गए होते हैं जिन्हें मनोविदालिता का रोग नहीं हुआ होता है। यह तुलना एक विशेष प्रविधि जिसे *रेस्ट्रीक्सन फ्रैगमेन्ट-लेन्थ पोलिमार्फिज्म* (Restriction fragment-length polymorphism or RFLP) कहा जाता है, द्वारा किया जाता है । गुरलिंग तथा उनके सहयोगियों (Gurling et al. 1989) ने एक ऐसा अध्ययन किया जिसमें आइसलैंड (Iceland) के पाँच परिवार तथा इंगलैंड के दो परिवारों पर आरएफएलपी का उपयोग करने पर पाया गया कि मनोविदालिता के रोगियों के परिवार के सदस्यों के गुणसूत्र पाँच का एक विशेष क्षेत्र सामान्य व्यक्तियों के परिवार के सदस्यों के गुणसूत्र पाँच के ही इस विशेष क्षेत्र से भिन्न था। इन शोधकर्त्ताओं ने मनोविदालिता के रोगियों के 39 परिवारों तथा सामान्य व्यक्तियों के 65 परिवारों का अध्ययन करके यह बतलाया कि मनोविदालिता के रोगियों के कुछ सदस्यों में गुणसूत्र पाँच के एक विशेष क्षेत्र में कुछ असामान्य जीन्स का एक गुच्छ या समूह पाया जाता है जो सामान्य व्यक्तियों में नहीं होता है। इस आधार पर स्पष्ट रूप से यह संकेत मिलता है कि मनोविदालिता का एक स्पष्ट जननिक आधार होता है।

हाल्जमैन तथा मैथीसी (Holtzman & Matthysse, 1990) द्वारा इस अध्ययन की आलोचना करते हुए यह कहा गया है कि इस अध्ययन में गुणसूत्र पाँच का क्षेत्र सम्मिलित किया गया है जो काफी बड़ा होता है क्योंकि इसमें 1000 से अधिक जीन्स सम्मिलित होते हैं। गुरलिंग एवं उनके सहयोगियों ने इस क्षेत्र के उन जीनों की पहचान नहीं किया है जिनसे मनोविदालिता व्यक्ति में उत्पन्न होता है। इसके अतिरिक्त मैक्कीआरडी तथा उनके सहयोगियों (Macciardi et al. 1992) और केनेडी एवं उनके सहयोगियों (Kennedy et al. 1988) द्वारा किये गए अध्ययनों में मनोविदालिता के रोगियों के गुणसूत्र पाँच के क्षेत्र तथा सामान्य व्यक्तियों के गुणसूत्र पाँच के क्षेत्र में कोई संगत अंतर (consistent discrepancy) नहीं पाया गया। वास्सेट (Basset, 1994) द्वारा किए गए अध्ययनों से यह संकेत मिला है कि गुणसूत्र 9, 10, 11, 18 तथा 19 के क्षेत्रों के जीन्स में कुछ ऐसे दोष पाये गये हैं जिनसे मनोविदालिता के रोग होने की पूर्ववृत्ति (predisposition) अधिक होती है।

उपर्युक्त चार तरह के सबूतों को ध्यान में रखते हुए यह कहा जा सकता है कि मनोविदालिता के कुछ स्पष्ट जननिक आधार हैं।

(2) जैविक कारक *(Biological factors)*—जैविक शोधों द्वारा दो तरह के जैविक कारकों का पता चलता है जो मनोविदालिता का रोग उत्पन्न करने में महत्त्वपूर्ण भूमिका निभाते हैं—

(i) जैव रसायन असामान्यताएँ (biochemical abnormalities)

(ii) असामान्य मस्तिष्कीय संरचना (abnormal brain structure)

इन दोनों का वर्णन इस प्रकार है—

(i) जैव रसायन असामान्यताएँ *(biochemical abnormalities)*—इस क्षेत्र में किये गए शोधों से यह स्पष्ट हुआ है कि मनोविदालिता के रोगियों में वे न्यूरोन (neuron) जो डोपामाइन (dopamine) नामक न्यूरोट्रांसमीटर का उपयोग करते हैं, बहुत जल्द ही उत्तेजित हो जाते हैं और जरूरत से ज्यादा सूचनाओं का संचरण (transmission) करते हैं। इस तरह की अधिकता से मनोविदालिता के विकृति का लक्षण उत्पन्न होता है। इसे सामान्यत: *डोपामाइन प्राक्कल्पना* (Dopamine hypothesis) कहा जाता है जिसके अनुसार डोपामाइन की अधिकता मनोविदालिता का लक्षण उत्पन्न करता है। मनोविदालिता का संबंध डोपामाइन जैसे न्यूरोट्रांसमीटर से होने का सबूत मनोविक्षिप्त विरोधी औषध (antipsychotic drugs) के उपयेग से साबित हुआ। फेनोथियाजाइन्स (phenothiazines) एक ऐसा ही औषध है जिसके लेने से डोपामाइन का निकलना काफी कम हो जाता है क्योंकि यह डोपामाइन ग्राहकों (dopamine receptors) को प्रतिबंधित तथा अवरुद्ध करता है। बाद में शोधकर्त्ताओं द्वारा मस्तिष्क के कई तरह के डोपामाइन ग्राहकों की पहचान की गयी और यह भी पाया गया कि फेनोथियाजाइन्स से विशेष तरह के डोपामाइन ग्राहक (dopamine receptors) जिसे डी-टू-ग्राहक (D-2 receptor) कहा जाता है, अधिक प्रतिबंधित होता है।

डोपामाइन प्राक्कल्पना (Dopamine hypothesis) तथा उसके द्वारा डी-टू ग्राहक पर बल दिये जाने की प्रक्रिया का सबसे बड़ा चुनौती एक नया मनोविक्षिप्ति विरोधी औषध जिसे *असाधारण मनोविक्षिप्तिविरोधी औषध* (atypical antipsychotic drug) कहा जाता है, से मिला है क्योंकि इस नये औषध के क्रिया प्रक्रम (action mechanism) का तरीका पौराणिक मनोविक्षिप्ति विरोधी औषध से भिन्न है। *क्लोजापाइन* (clozopine) एक ऐसा ही असाधारण मनोविक्षिप्ति विरोधी औषध है। अभी हाल में किये गए अध्ययनों से यह स्पष्ट हुआ है कि फियोथियाजाइन्स तथा क्लोजापाइन में मुख्य अंतर विभिन्न डोपामाइन ग्राहकों को प्रतिबंधित करने तथा अवरुद्ध करने की क्षमता के ख्याल से है। फेनोथियाजाइन्स द्वारा मस्तिष्क के सिर्फ डी-टू ग्राहक (D-2 receptors) को ही अवरूद्ध (block) करना संभव हो पाता है परंतु इसका कोई भी असर अन्य ग्राहकों जैसे डी-वन ग्राहक (D-1 receptors) पर नहीं पड़ता है। इस तथ्य की पुष्टि फारडे तथा उनके सहयोगियों (Farde et al. 1992) के अध्ययनों से किया गया है। दूसरे तरफ गरलैक एवं हानसेन (Gerlach & Hansen, 1992) ने अपने अध्ययन में पाया है कि क्लोजापाइन एक ऐसा औषध है जो मस्तिष्क का करीब आधे डी-टू ग्राहक तथा आधे डी-वन ग्राहक दोनों के कार्यों को प्रतिबंधित तथा अवरूद्ध करता है। इस परिणाम से यह पता चलता है कि डी-टू ग्राहक डी-वन ग्राहक की तुलना में मनोविदालिता के लक्षण उत्पन्न करने में कम प्रभावी होते हैं जो स्पष्टत: डोपामाइन प्राक्कल्पना के विरोध में जाता है।

डोपामाइन प्राक्कल्पना को चुनौती इस तथ्य से भी मिलता है कि क्लोजापाइन एक ऐसा औषध है जो उस ग्राहक

को भी प्रतिबंधित एवं अवरूद्ध करता है जो एक अन्य न्यूरोट्रांसमीटर अर्थात् सीरोटोनीन (Serotonin) उत्पन्न करता है। इस तथ्य का खुलासा मेल्जर (Meltzer, 1992) द्वारा किये गए शोधों से हुआ है। इसके आधार पर शोधकर्त्ताओं में यह विश्वास होने लगा है कि तब सीरोटोनीन का अत्यधिक स्राव होने से भी मनोविदालिता के लक्षण उत्पन्न होता है। कुछ शोधकर्त्ताओं का मत है कि ऐसा भी संभव हो सकता है कि मस्तिष्क में डोपामाइन तथा सीरोटोनीन के अन्त:क्रिया प्रभाव से मनोविदालिता के लक्षण उत्पन्न होते हों। ये सभी निष्कर्ष तथा अनुमान डोपामाइन प्राक्कल्पना के विरोध में जाते हैं।

डोपामाइन प्राक्कल्पना को चुनौती क्रो (Crow, 1982) द्वारा किये गए शोधों से भी मिलता है क्योंकि इनका अपने अध्ययन में प्रेक्षण यह रहा है कि अत्यधिक डोपामाइन की क्रियाओं से सिर्फ टाइप वन मनोविदालिता (Type I Schizophrenia) के लक्षण उत्पन्न होते हैं तथा टाइप-टू मनोविदालिता के लक्षणों का संबंध इससे नहीं होता पाया गया है। सचमुच में रागिन तथा उनके सहयोगियों (Ragin et al., 1999) का मत है कि टाइप टू मनोविदालिता के लक्षण का कारण असामान्य मस्तिष्कीय संरचना (abnormal brain structure) होता है जिनकी चर्चा अब हम आगे करेंगे।

(ii) असामान्य मस्तिष्कीय संरचना *(Abnormal brain structure)*—क्रेप्लिन (Kraeplin) पहले मनोरोगविज्ञानी थे जिन्होंने यह दावा किया था कि मनोविदालिता का कारण असामान्य मस्तिष्कीय संरचना होता है। उसके बाद अभी हाल में कुछ मनोरोगविज्ञानियों खासकर स्ट्रेंज (Strange, 1992) तथा बक्सबाम तथा हेयर (Buchsbaum & Haier, 1987) द्वारा किये गए शोधों से यह स्पष्ट हुआ कि टाइप टू मनोविदालिता (Type II Schizophrenia) का कारण असामान्य मस्तिष्कीय संरचना होती है। इस सिलसिले में निम्नांकित तथ्य अधिक महत्त्वपूर्ण है—

(a) कैनन तथा मैक्रो (Cannon & Macro, 1994) तथा ए पी ए (APA, 1994) द्वारा किये गए शोधों से यह स्पष्ट हुआ है कि मनोविदालिता का कारण मस्तिष्क के वेन्ट्रीकल (ventricles) का बड़ा हो जाना होता है। वेन्ट्रीकल वह स्थान होता है जहाँ मस्तिष्कीय तरल पदार्थ (cerebrospinal fluid) जमा होते हैं। इन अध्ययनों में यह पाया गया है कि ऐसे रोगियों के मस्तिष्क के बायें तरफ का वेन्ट्रीकल दायें तरफ के वेन्ट्रीकल से अधिक बढ़ा हुआ रहता है। बॉर्नस्टीन (Bornstein, 1994) के अध्ययन के अनुसार ऐसे रोगी मनोविदालिता के ऋणात्मक लक्षणों को अधिक तथा धनात्मक लक्षणों को कम दिखाते हैं और इनका सामाजिक अभियोजन खराब, अत्यधिक संज्ञानात्मक क्षुब्धता एवं परम्परागत मनोविक्षिप्तिविरोधी औषध (traditional antipsychiatric drug) के प्रति अनुक्रियाहीनता दिखलाता है।

(b) कुछ अन्य अध्ययनों जिसे विशेषकर रेनी (Raine, 1982) तथा सुद्दाथ (Suddath, 1992) द्वारा किया गया है, में यह पाया गया है कि मनोविदालिता रोग विशेषकर टाइप-टू मनोविदालिता रोग का कारण अग्रपालि (frontal lobe) वृहत् मस्तिष्क (cerebrum) तथा क्रैनियम (cranium) का सामान्य से छोटा होना होता है तथा साथ-ही-साथ ऐसे रोगियों के मस्तिष्क में खून की आपूर्ति का कम होना भी माना जाता है। विनबर्गर (Weinberger, 1983) ने एक अध्ययन किया जिसमें मनोविदालिता के रोगियों के एक समूह के निष्पादन (performance) की तुलना सामान्य व्यक्तियों के एक समूह के निष्पादन के साथ पत्ती-छाँटने (card-sorting) के कार्य पर किया और अग्रपालि में खून प्रवाहित होने का दर का मापन किया। परिणाम में देखा गया कि आधे से अधिक मनोविदालिता के रोगियों में रक्त प्रवाह काफी कम गया जबकि सामान्य व्यक्तियों में इस कार्य के दौरान रक्त प्रवाह में वृद्धि हो गयी।

ग्रीन तथा उसके सहयोगियों (Green et al. 1984) ने अभी हाल में मनोविदालिता के विशिष्ट लक्षण (specific symptom) का संबंध विशिष्ट संरचनात्मक असामान्यता (specific structural abnormality) से जोड़ने का प्रयास किया है। जैसे, मनोविदालिता के रोगियों में श्रव्य विभ्रम (auditory hallucination) का कारण ब्रोका क्षेत्र (Broca area) अर्थात् मस्तिष्क का संभाषण क्षेत्र (speech area) में उत्पन्न गड़बड़ी विशेषकर अत्यधिक रक्त आपूर्ति का होना माना है।

मनोविदालिता में उत्पन्न मस्तिष्कीय संरचना में असामान्यता का कारण जननिक कारक, जन्म से संबंधित कठिनाइयाँ, असंक्राम्य प्रतिक्रिया (immune reaction) या जीव-विष (toxin) आदि माना गया है। नवीनतम विचारधारा के अनुसार मस्तिष्कीय असामान्यता का कारण प्राक्-जन्म अवधि में वायरस (virus) से शिशु का प्रभावित होना माना गया है।

स्पष्ट हुआ कि मनोविदालिता का कारण मस्तिष्कीय संरचना में असामान्यताएँ होती हैं जिनमें जैवरसायन तथा संरचनात्मक दोनों तरह के कारक सम्मिलित होते हैं। परंतु एक विशेष प्रश्न यहाँ यह भी उठता है कि कुछ लोग जिनमें इस ढंग की मस्तिष्कीय असामान्यताएँ होती हैं, में कभी भी मनोविदालिता के लक्षण नहीं विकसित होते हैं, क्यों ? शायद

इसका कारण यह है कि जैविक कारक तो मनोविदालिता के उत्पन्न होने की सिर्फ पृष्ठभूमि तैयार कर देता है। सचमुच में इस रोग की उत्पत्ति में सक्रिय भूमिका मनोवैज्ञानिक कारकों की होती है जिसपर अब प्रकाश डाला जाएगा।

(ख) मनोवैज्ञानिक विचारधारा *(Psychological viewpoints)*—मनोविदालिता के कारण की व्याख्या विभिन्न मनोवैज्ञानिक विचारधाराओं से भी किया गया है जिनमें निम्नांकित प्रमुख हैं—

(1) मनोगतिकी विचार (psychodynamic view)
(2) व्यवहारात्मक विचार (behavioural view)
(3) पारिवारिक विचार (family view)
(4) अस्तित्ववादी विचार (existential view)
(5) संज्ञानात्मक विचार (cognitive view)

इन सबों का वर्णन इस प्रकार है—

(1) मनोगतिकी विचार *(Psychodynamic view)*—मनोविदालिता की मनोगतिकी व्याख्या का सूत्रधार फ्रायड (Freud, 1924) है जिनके अनुसार इस रोग की उत्पत्ति में दो स्तरीय मनोवैज्ञानिक प्रक्रिया सम्मिलित होती है—पहला, प्राक्-अहम् (pre-ego) अवस्था में प्रतिगमन (regression) तथा दूसरा अहम् का नियंत्रण (ego-control) को पुनर्स्थापित करने के लिए पुनर्प्रयास (restitutive efforts to reestablish ego control) । फ्रायड का मत था कि स्नायुविकृति (neurosis) के रोगियों के समान ही मनोविदालिता के लक्षण की उत्पत्ति व्यक्ति को आत्म-संतुष्टि प्रदान करने वाले आवेगों एवं इच्छाओं तथा वास्तविक दुनिया के माँग के बीच संघर्ष (conflict) होने से होता है। जब व्यक्ति का बाह्य वातावरण काफी कठोर एवं धमकीपूर्ण हो जाता है, (जैसे किसी बच्चा के माता-पिता उसके प्रति काफी कठोर एवं ध्यान नहीं देने वाले हो जाते हैं) तो वह व्यक्ति अपने जीवन के आरंभिक काल में प्रतिगमित (regress) हो जाते हैं अर्थात् एक ऐसी अवस्था में प्रतिगमित हो जाता है जो उसमें अहम् (ego) निर्माण के पहले एवं बाह्य वातावरण के अस्तित्व को स्वतंत्र रूप से पहचान करने के पहले की अवस्था होती है। अन्ततोगत्वा, मनोविदालिता के रोगी प्राथमिक आत्मरति (primary narcissim) की अवस्था में प्रतिगमित हो जाते हैं जिसमें वह सिर्फ अपनी आवश्यकताओं को ही स्वीकार करता है। इससे उसमें आत्म-आसक्त् (self-indulgent) लक्षणों जैसे ढीला-ढाला मानसिक साहचर्य, बड़प्पन का व्यामोह, नवनिर्मित शब्द के प्रयोग की इच्छा आदि का विकास हो जाता है। फ्रायड का यह भी विचार है कि इस तरह के प्राक्-अहम् अवस्था में प्रतिगमित (regress) होने के बाद ऐसे रोगी अहम-नियंत्रण (ego-control) एवं वास्तविकता के साथ सम्पर्क की पुनर्स्थापना करने की भरसक कोशिश करते हैं। उनका यह प्रयास से उनमें मनोविदालिता के कुछ नये लक्षण विकसित होते हैं। जैसे श्रव्य विभ्रम (auditory hellucination) इन रोगियों द्वारा खोये हुए वास्तविकता सम्पर्क को पुनर्स्थापित करने का एक अचेतन प्रयास (unconsicous attempt) है।

फ्रायड द्वारा प्रतिपादित मनोविदालिता के उक्त व्याख्या को कई अन्य मनोगतिकी विश्लेषकों जैसे ब्लांट एवं विल्ड (Blatt & Wild, 1976) फेनिकेल (Fenichel, 1945) द्वारा भी सही ठहराया गया है। परंतु जैसा कि मेहर (Meher, 1966) ने कहा है कि फ्रायड के उक्त व्याख्या का कोई शोध समर्थन (research support) उपलब्ध नहीं हो पाया है।

(2) व्यवहारात्मक विचार *(Behavioural view)*—व्यवहारात्मक विचारधारा में मनोविदालिता की व्याख्या क्रियाप्रसूत अनुबंधन (operant conditioning) द्वारा किया गया है। इसका समर्थन लाइवरमैन (Liberman, 1982), उल्लमान तथा क्रेसनर (Ullmann & Krasner, 1975) ने अपने शोधों से काफी किया है। इन लोगों का मत है कि अधिकतर लोगों को अपने वातावरण के एजेन्ट अर्थात् परिवार, पास-पड़ोस तथा सामाजिक संस्थानों (social institutions) द्वारा सामाजिक संकेतों अर्थात् दूसरे लोगों की हँसी, टिप्पणी, अप्रसन्नता (unhappiness) पर उचित ध्यान देना सीखलाया जाता है। जब वे इन उद्दीपकों के प्रति सामाजिक रूप से वांछित ढंग से अनुक्रिया करते हैं, तो वे अपने सांवेगिक आवश्यकताओं की तुष्टि ठीक ढंग से करते हैं तथा वे अपने लक्ष्य की प्राप्ति भी कर लेते हैं। परंतु कभी-कभी परिस्थिति असाधारण हो जाती है जो उसे इन सामाजिक संकेतों के प्रति ठीक ढंग से अनुक्रिया करने की दिशा में बाधा पहुँचता है या व्यक्ति के जिंदगी के महत्त्वपूर्ण लोग उन्हें सामाजिक अपर्याप्तता के कारण पुनर्बलन (reinforcement) प्रदान करने में असफल रहे होते हैं । इन दोनों ही परिस्थितियों में ऐसे लोग सामाजिक संकेतों (social cues) के प्रति ध्यान देना बंद कर देते हैं और उसके बदले में असंगत संकेतों (irrelevant cues) पर ध्यान देना अधिक पसंद करने लगते हैं। जब

वे ऐसे असंगत संकेतों जैसे खुली आकाश में बादलों पर देखना, कमरे की रोशनी के चमकीलापन स्तर पर ध्यान देना पर अधिक ध्यान देने लगते हैं, उनके व्यवहार में अनोखापन बढ़ने लगता है जो धीरे-धीरे उनमें मनोविदालिता के लक्षण उत्पन्न करते हैं। ऐसी अनुक्रियाओं पर फिर वातावरण अर्थात् पास-पड़ोस, परिवार तथा अन्य सामाजिक संस्थानों द्वारा काफी ध्यान दिया जाने लगता है। इस तरह के पुनर्बलन (reinforcement) मिलने से रोगी में अनुक्रियाओं का भविष्य में होने की संभावना और भी प्रबल हो जाती है।

आजकल मनोविदालिता की उक्त व्यवहारात्मक व्याख्या को मात्र एक आंशिक व्याख्या माना गया है। आजकल के मनोविज्ञानियों का मत है कि यद्यपि इस तरह की व्याख्या से यह पता चलता है कि कुछ परिस्थितियों में क्यों कुछ व्यक्तियों द्वारा अन्य व्यक्तियों की तुलना में मनोविदालितायी व्यवहार (schizophrenic behaviour) अधिक किये जाते हैं, फिर भी इस व्याख्या द्वारा मनोविदालिता के लक्षण तथा उसके उत्पन्न होने के कारणों की पर्याप्त व्याख्या नहीं होती है।

(3) पारिवारिक विचार *(Family view)*—मनोविदालिता की उत्पति में सामाजिक वातावरण खासकर के पारिवारिक वातावरण का महत्त्व काफी है। परिणामस्वरूप, नैदानिक मनोविज्ञानियों ने मनोविदालिता के रोगियों के परिवारों का गहन अध्ययन करके निम्नांकित पहलू को सर्वाधिक महत्त्वपूर्ण बतलाया है—

(i) मनोविदालितायी माँ (schizophrenic mother)
(ii) द्वय-बंध संचार (double-bind communication)
(iii) पारिवारिक संरचना (family structure)
(iv) परिवार का स्तर (status of the family)

इन सबों का वर्णन निम्नांकित है—

(i) मनोविदालितायी माँ *(Schizophrenic mother)*—कुछ लोगों का कहना है कि मनोविदालिता के रोगी के माता-पिता विशेषकर माता का एक विशेष व्यक्तित्व शैली (personality style) होता है। इस क्षेत्र के मशहूर नैदानिक मनोवैज्ञनिक जिनका नाम फ्रोमरिकमान (Fromm-Reichmann, 1948) है, ने मनोविदालिता के रोगी की माँ के लिए विशेष पद जैसे *मनोविदालतायी माँ* (schizophrenic mother) का प्रतिपादन किया और बतलाया कि ऐसी माताएँ अपने बच्चों की आवश्यकताओं के प्रति उदासीन, दबंग (domineering) एवं अप्रभावनीय आदि होती हैं। फ्रोम-रिकमान के अनुसार ऐसी माताएँ ऊपर से अपने बच्चों के प्रति समर्पित दीखती हैं परंतु सचमुच में वे ऐसा नहीं होती हैं और बच्चों का उपयोग अपनी आवश्यकताओं की पूर्ति करने के लिए करती है। वे अपने बच्चों के प्रति असुरक्षात्मक (nonprotective) एवं तिरस्कारात्मक मनोवृत्ति दिखाती हैं जिसके परिणामस्वरूप बच्चों में मनोविदालिता उत्पन्न होने की एक मजबूत पृष्ठभूमि तैयार होती है।

हालांकि मनोविदालतायी माँ की भूमिका के प्रति कई आधुनिक चिकित्सकों ने अपनी सहमति जताई है, फिर भी कुछ ऐसे शोध हुए हैं जिनमें उक्त दावे का खंडन होता है। वारिंग एवं रिक्स (Waring & Rieks, 1965) ने अपने शोधों में यह पाया है कि मनोविदालिता के रोगियों के कई माताएँ ऐसी नहीं थी जिन्हें मनोविदालितायी माँ कहा जा सकता है बल्कि मनोविदालिता के रोगियों की माताओं में कुछ भिन्न व्यक्तित्व शैली पायी गयी। वारिंग एवं रिक्स के अध्ययन के परिणाम में यह देखा गया कि मनोविदालिता के रोगियों की माताएँ लज्जालू, अपर्याप्त (inadequate), प्रत्याहारी (withdrwan), चिंतित, शक्की एवं असंगत (incoherent) थी जबकि सामान्य व्यक्तियों की माताओं (जो नियंत्रित समूह थी) में बहुत सारे वैसे गुण पाये गए जिसे फ्रोम-रिकमान (From-Reichmann) ने मनोविदालतायी माँ का गुण बतलाया था। स्पष्टत: तब इससे मनोविदालतायी माँ के संप्रत्यय की वैधता शक के घेरे में आ जाती है।

(ii) द्वय बंध संचार *(Double bind communication)*—मनोविदालिता के पारिवारिक सिद्धांत (family theories) का एक प्रमुख प्राक्कल्पना (hypothesis) द्वय-बंध संचार (double bind communication) है जिसका प्रतिपादन वेटसन (Batteson, 1978) द्वारा किया गया है। इस प्राक्कल्पना के अनुसार कुछ माता-पिता ऐसे होते हैं जो अपने बच्चों को प्राय: ऐसी सूचनाओं को देते हैं जो परस्पर विरोधी होती हैं जिसका परिणाम यह होता है कि बच्चा एक द्वय-बंध परिस्थिति (double-bind situation) में अपने आप को पाता है—बच्चे एक ओर अपने माता-पिता को नाखुश भी नहीं कर पाते हैं तथा दूसरी ओर उसे गलत समझकर करना भी नहीं चाहते हैं। वेटसन (Bateson, 1978) का मत

है कि जिन बच्चों को इस ढंग की परिस्थिति का सामना अक्सर करना पड़ता है, उनमें मनोविदालिता के लक्षण तेजी से विकसित होते हैं।

वेटसन का मत है कि किसी भी सूचना (message) में दो तरह के संचार सम्मिलित होते हैं—*प्राथमिक संचार* (primary communication) तथा *मेटासंचार* (meta communication)। सूचना का अर्थगत पहलू (semantic aspect) को प्राथमिक संचार तथा सूचना के संबंध हाव-भाव, आवाज की शैली (tone style) तथा संदर्भ (context) आदि को मेटा संचार कहा जाता है। सामान्यत: प्राथमिक संचार तथा मेटा संचार एक-दूसरे के अनुरूप होते हैं परंतु कभी-कभी वे एक-दूसरे के विरोधी एवं असंगत (incongruent) भी होते हैं। जैसे—कोई एक व्यक्ति दूसरे व्यक्ति से मिलने पर झटकेदार हाथ मिलाते हुए एवं मुँह बिचकाते हुए जब यह कहता है, "मुझे आपसे मिलकर बहुत खुशी हुई" तो निश्चित रूप से उसमें प्राथमिक संचार तथा मेटासंचार में विरोध जाहिर होता है। इस तरह के असंगत संचार से ही द्वय-बंध सूचनाओं (double-bind message) की उत्पत्ति इसी ढंग की परिस्थिति से होती है और व्यक्ति में मनोविदालिता के लक्षण उत्पन्न करने में सहायक होते हैं क्योंकि इस सिद्धान्त के अनुसार ऐसी परिस्थिति का अक्सर सामना करने वाले बच्चे एक विशेष तरह की जीवन शैली विकसित कर लेते हैं और उनमें से कुछ शैली ऐसी होतीं हैं जिनसे व्यक्ति में मनोविदालिता के रोग के लक्षण विकसित हो जाते हैं। ऐसी ही कुछ शैली का वर्णन इस प्रकार है—

(a) एक शैली ऐसी होती है जिसमें व्यक्ति प्राथमिक संचार की उपेक्षा करता है तथा मेटा संचार के प्रति ही सिर्फ अनुक्रिया करता है। दूसरे शब्दों में, ऐसे व्यक्ति हमेशा दूसरों की बात पर शक करता है, तथा व्यक्ति के आवाज की शैली एवं हाव-भाव में छिपे संकेतों की ओर वह ज्यादा ध्यान देता है। ऐसे लोगों में कुछ दिनों बाद *व्यामोही मनोविदालिता* (paranoid schizophrenia) के लक्षण विकसित हो जाते हैं।

(b) एक दूसरी शैली यह हो सकती है जिसमें व्यक्ति सिर्फ प्राथमिक संचार के प्रति ही अनुक्रिया करे और प्रत्येक संचार की व्याख्या अक्षरश: करें। ऐसे लोग प्राय: किसी संचार के पीछे छिपे अर्थ को नहीं समझ पाते हैं और इस तरह के व्यवहार से आगे चलकर व्यक्ति में *विघटित मनोविदालिता* (disorganized schizophrenia) के लक्षण विकसित हो जाते हैं।

(c) एक तीसरी शैली यह हो सकती है कि व्यक्ति लोगों के इस तरह के असंगत सूचनाओं (incongruent messages) की उपेक्षा कर उसपर ध्यान ही नहीं दें। जो लोग इस ढंग की शैली अपनाते हैं, वे धीरे-धीरे बाह्य वातावरण से अपने-आप को दूर करते जाते हैं। अन्ततोगत्वा, वे प्रत्याहारी (withdrawn) तथा चुप एवं खोये-खोये रहने लगते हैं और *कैटेटोनिक मनोविदालिता* (catatonic schizophrenia) के लक्षण फिर उनमें विकसित हो जाते हैं।

स्पष्ट हुआ कि द्वय-बंध सूचना सिद्धान्त द्वारा व्यामोही, विघटित एवं कैटेटोनिक तीनों तरह के मनोविदालिता के लक्षण विकसित होते हैं।

(iii) पारिवारिक संरचना *(Family structure)*—विशेष तरह की पारिवारिक संरचना का भी प्रभाव मनोविद्ालिता की उत्पत्ति पर पड़ता है। थियोडोर लिड्ज (Theodore Lidz, 1973) ने मनोविदालिता की उत्पत्ति में पारिवारिक संरचना को काफी महत्त्वपूर्ण बतलाया है। इनका मत है कि कुछ परिवारों में अंतक्रिया (interaction) एवं संचार का एक क्षुब्ध पैटर्न (distrubed pattern) होता है जिससे बच्चे काफी प्रभावित हो जाते हैं और उनमें मनोविदालिता के लक्षण उत्पन्न हो जाते हैं। लिड्ज के शोधों के अनुसार दो तरह के पारिवारिक संरचनाओं में से कोई एक से मनोविदालिता उत्पन्न हो सकता है। वे दोनों पारिवारिक संरचना इस प्रकार है—*वैवाहिक फूट* (martial schism) तथा *वैवाहिक विषमता* (martial skew) ।

लिंड्जे के अनुसार वैवाहिक फूट (martial schism) महिलाओं में मनोविदालिता उत्पन्न होने का प्रमुख कारण है। वैवाहिक फूट वैसे परिवारों में अधिक देखने को मिलता है जिनमें माता और पिता दोनों में खुला संघर्ष होता है तथा दोनों में अपने लाड़ली की निष्ठा (loyality) पाने के लिए एक तरह की प्रतियोगिता जैसी परिस्थिति होती है। माँ अपने पति द्वारा हमेशा नीचे दिखाये जाने के कारण एक निम्न आत्म-सम्मान (low self-esteem) विकसित कर लेती है और पिता लाड़ली से सांवेगिक संबंध विकसित कर लेते हैं। ऐसी परिस्थिति में बेटी यह नहीं समझ पाती कि उसे किसका पक्ष लेना चाहिए क्योंकि वह जानती है कि यदि इन दोनों में से किसी भी एक के पक्ष में गयी तो दूसरा उसे तिरस्कृत कर देगा। ऐसे संघर्षात्मक परिस्थिति लड़की में धीरे-धीरे मनोविदालिता का लक्षण उत्पन्न करने लगता है।

लिड्ज का दावा है कि वैवाहिक विषमता (mertial skew) वाले पारिवारिक संरचना से पुरुषों में मनोविदालिता के लक्षण विकसित होते हैं। इस तरह के पारिवारिक संरचना में कोई स्पष्ट ईर्ष्या (hostility) नहीं होता है। ऐसी पारिवारिक संरचना में माँ दूसरों की आवश्यकताओं के प्रति उदासीन रहती है और पारिवारिक जिंदगी पर दबंग भूमिका निभाती है। पिता अपने इस मनोविदालितायी पत्नी के कार्यों एवं इच्छाओं में हाँ में हाँ मिलाकर अपनी मानसिक शांति को बरकरार रखते हैं। माँ पुत्र के साथ एक तीव्र संवेगात्मक संबंध विकसित कर लेती है और उसे अपने पिता की इच्छाओं का ख्याल न कर उसकी इच्छाओं पर सिर्फ ध्यान देने के लिए कहती है। ऐसी परिस्थिति में पुत्र को घोर मानसिक संघर्ष एवं अशांति का सामना करना पड़ता है क्योंकि वह माँ की बात को मानना भी चाहता है और पिता की ओर उपेक्षा भी नहीं दिखाना चाहता है। इस तरह के मानसिक संघर्ष से बचने के लिए वह मनोविदालिता का लक्षण विकसित कर लेता है जो उन्हें इस तरह के पारिवारिक गतिकी (family dynamics) तथा आंतरिक अशांति से बचाने का एक उत्तम माध्यम सिद्ध होता है।

यद्यपि लिड्ज का यह सिद्धान्त एक लोकप्रिय सिद्धान्त है और मनोवैज्ञानिकों को शोध करने के लिए आकर्षित भी किया है फिर भी इस सिद्धान्त की विश्वसनीयता तथा वैधता (validity) शक के घेरे में है क्योंकि यह सिद्धान्त जैसा कि लिड्ज (Lindz) के अध्ययन से पता चलता है, मात्र 40 परिवारों के प्रतिदर्श पर आधारित है और यह सभी 40 परिवारों का प्रतिदर्श उच्च सामाजिक-आर्थिक स्तर का परिवार था। स्पष्टत: इनके अध्ययन में मध्यम एवं निम्न सामाजिक-आर्थिक स्तर के परिवारों को सम्मिलित नहीं किया गया था जिससे इस सिद्धान्त की व्यापकता अपने आप सीमित हो जाती है।

(iv) परिवार का स्तर *(Status of the family)*—मनोवैज्ञानिकों द्वारा किये गए शोधों से यह स्पष्ट हुआ है कि परिवार के सदस्यों का व्यवहार से मनोविदालिता के उत्पन्न होने की संभावना प्रभावित होती है। लेफ्फ तथा भाघन (Leff & Vaughan, 1976), सुआंग एवं उनके सहयोगियों (Tsuang et al. 1974) द्वारा किये गए अध्ययनों से यह स्पष्ट हुआ है कि मनोविदालिता का रोग तनावपूर्ण पारिवारिक परिस्थिति विशेषकर माता-पिता का सांवेगिक अस्थिरता (emotional instability) से उत्पन्न होता है। इसके अतिरिक्त मिकलोविज (Miklowitz, 1994) तथा फालून एवं लिबरमैन (Fallon & Liberman, 1983) द्वारा किये गए अध्ययनों से यह स्पष्ट हुआ है कि पारिवारिक संघर्ष (family conflict) भी मनोविदालिता के रोग उत्पन्न करने में सहायक होता है। मनोविदालिता के रोगियों के परिवारों के अनेकों अध्ययनों से निम्नांकित तीन तरह की प्रवृत्तियों का पता चला है—

(i) ऐसे परिवार में माता-पिता में अधिक मानसिक संघर्ष होता है।

(ii) ऐसे परिवार में माता-पिता आपस में संचार स्थापित करने में अधिक कठिनाई का अनुभव करते हैं।

(iii) ऐसे परिवार में माता-पिता अन्य सामान्य परिवार के माता-पिता की तुलना में अपने बच्चों की आलोचना अधिक करते हैं तथा उनमें संलिप्तता अधिक दिखाते हैं।

भाघन तथा उनके सहयोगियों (Vaughan et al. 1992) तथा मैभारियास तथा उनके सहयोगियों (Mavreas et al. 1992) ने इन तीन प्रवृत्तियों के मद्देनजर यह स्पष्ट किया है कि नकारात्मक पारिवारिक अनुभूतियाँ (negative family experences) से मनोविदालिता के विकास एवं चिरकालिकता (chronacity) प्रभावित होता है।

(4) अस्तित्ववादी विचार *(Existential view)*—मनोविदालिता की अस्तित्ववादी व्याख्या लेंग (Laing, 1967) द्वारा किया गया। इनका मत है कि सचमुच में मनोविदालिता एक धनात्मक या रचनात्मक (constructive) प्रक्रिया है जिसमें व्यक्ति सामाजिक एवं पारिवारिक वातावरण द्वारा उत्पन्न संभ्रांति (confusion) तथा दुख से अपने आप को चंगा करने की कोशिश करता है। अगर व्यक्ति को इस प्रक्रिया को पूरा करने के लिए अकेले छोड़ दिया जाए, तो मनोविदालिता के रोगी निश्चित रूप से समन्वय (integration) के एक स्वस्थ स्तर की प्राप्ति कर सकेंगे।

लेंग का अस्तित्ववादी सिद्धान्त की व्याख्या की शुरूआत इस बात से होती है कि अपने जिंदगी को अर्थ (meaning) देने के लिए सभी मनुष्य अपने वास्तविक आत्मन् (true self) के सम्पर्क में रहे। परंतु आजकल के सामाजिक परिवेश में इस तरह के आंतरिक खोज करना एवं अर्थपूर्ण अस्तित्व पर पहुँचना एक कठिन कार्य होता है। खासकर आजकल के सामाजिक अंतक्रियाएँ व्यक्ति को एक गलत आत्मन् (false self) विकसित करने की उम्मीद रखता है ताकि वह अन्य लोगों की प्रत्याशाओं, माँगों एवं मानकों (standards) को पूरा कर सके। मनोविदालिता के रोगी

की पारिवारिक परिस्थिति इस ढंग की होती है कि इनके सदस्य आपस में काफी संभ्रांतिपूर्ण ढंग से एक दूसरे के साथ संचार करते हैं एवं व्यवहार करते हैं। इतना ही नहीं, इनकी प्रत्याशाएँ परस्पर विरोधी होती हैं तथा विरोधी माँग उपस्थित करने वाली होती है। ऐसे परिवार के बच्चे अपने वास्तविक आत्मन् (true self) की खोज करने में तो असमर्थ रहते ही हैं, साथ-ही-साथ वे एक गलत आत्मन् (false self) भी ठीक ढंग से विकसित नहीं कर पाते हैं ताकि अन्य लोगों की प्रत्याशाओं एवं माँगों को पूरा किया जा सके। परिस्थिति इतनी भयावह हो जाती है कि घोर निराशा के कारण ऐसे लोग अपनी शक्ति एवं उद्देश्य (purpose) की खोज में काफी गहराई से आंतरिक छानबीन शुरू कर देते हैं। ऐसे लोग अपने आप को अन्य लोगों से दूर खींच लेते हैं और अपनी आंतरिक संकेतों पर अधिक ध्यान देना प्रारंभ कर देते हैं ताकि एक मानव के रूप में सम्पूर्णता को प्राप्त किया जा सके। लेंग का विचार है कि ऐसे लोग अधिक मजबूत तथा कम संभ्रांतिपूर्ण हो सकते हैं बशर्ते कि अकेले उन्हें अपना आंतरिक छानबीन स्वतंत्र रूप से करने के लिए छोड़ दिया जाए। परंतु ऐसा होता नहीं है। समाज एवं चिकित्सक उसे मनोविदालिता का रोगी कहकर अपने आप को रोगी समझने के लिए तथा रोग का लक्षण दिखलाने के लिए बाध्य कर देते हैं।

अधिकतर सिद्धान्तवादियों ने लैंग (Laing) के इस विचारधारा को अस्वीकृत कर दिया है कि मनोविदालिता एक धनात्मक या रचनात्मक प्रक्रिया है। इन सिद्धान्तवादियों का मत है कि मनोविदालिता एक ऐसी समस्या है जो रोगी में काफी तकलीफ उत्पन्न करता है और उसे कोई फायदा नहीं होता है । अत: इसे धनात्मक या रचनात्मक प्रक्रिया नहीं कहा जा सकता है। मनोविदालिता के इस अस्तित्ववादी व्याख्या पर अभी वाद-विवाद जारी है और अभी तक किये गए शोधों के आधार पर इस वाद-विवाद का कोई हल नहीं निकला है।

(5) संज्ञानात्मक विचार *(Cognitive view)*—मनोविदालिता की संज्ञानात्मक व्याख्या में गत कई दशाब्दी के जैविक परिणामों (biological findings) को सम्मिलित किया गया है। इस सिद्धान्त के अनुसार व्यक्ति में पहले जैविक समस्याएँ (biological problems) उत्पन्न होती हैं जिनसे उनमें अनोखी संवेदी अनुभूतियाँ (sensory experiences) होती हैं। व्यक्ति इस अनोखे एवं असाधारण अनुभूतियों की व्याख्या करता है और इस प्रयास में उसमें मनोविदालिता के लक्षण कुछ विकसित हो जाते हैं। जब ऐसे व्यक्ति को पहला बार इस तरह का अनोखा आवाज, दृष्टि एवं अन्य संवेदन आदि का अनुभव होता है, तो वह अपने दोस्तों एवं संबंधियों से उनका अर्थ समझने में मदद माँगता है। अन्ततोगत्वा, व्यक्ति को यह विश्वास होने लगता है कि उनके दोस्त एवं संबंधी उनसे सच्चाई छिपा रहे हैं। परिणामस्वरूप, व्यक्ति उनसे मिलने वाले किसी भी तरह की राय एवं सुझाव को अस्वीकृत कर देते हैं। ऐसी परिस्थिति में जैसा कि गारेटी (Garety, 1991) तथा माहेर (Maher, 1974) ने अपने अध्ययनों से बतलाया है, व्यक्ति में यह गलत विश्वास विकसित हो जाता है कि लोग उसे दंडित (persecute) करने की कोशिश कर रहे हैं। यह गलत विश्वास को दंडात्मक व्यामोह (delusion of persecution) की संज्ञा दी जाती है जो मनोविदालिता का एक प्रमुख लक्षण है। जिमवार्डो (Zimbardo, 1976) के अनुसार ऐसे रोगी या व्यक्ति *'पागलपन के एक युक्तिसंगत मार्ग'* (rational path to madness) को अपना लेते हैं।

मनोविदालिता का संज्ञानात्मक व्याख्या अन्य व्याख्याओं की तुलना में नवीन है और इसमें मूलरूप से मनोविदालिता का प्राथमिक लक्षण अर्थात् व्यामोह (delusion) की उत्पत्ति पर बल डाला गया है। इस व्याख्या का मूल्यांकन करने के लिए काफी सीमित एवं परोक्ष (indirect) सबूत हैं जो बहुत ज्यादा विश्वसनीय नहीं है।

स्पष्ट हुआ कि मनोविदालिता की मनोवैज्ञानिक व्याख्या कई दृष्टिकोणों से की गयी है। इनमें पारिवारिक सिद्धान्त (family theory) द्वारा प्रदत्त व्याख्या तुलनात्मक रूप से अधिक संतोषजनक है।

(ग) सामाजिक-सांस्कृतिक विचारधारा *(Socio-Cultural view)*—कई सामाजिक-सांस्कृतिक सिद्धान्तवादियों जिनमें मोड्रो (Modrow, 1992), मर्फी (Murphy, 1968), रोजेनहान (Rosenhan, 1973) तथा स्केफ (Scheff, 1966) का नाम मशहूर है, का कहना है कि मनोविदालिता के बहुत सारे लक्षण व्यक्ति में सिर्फ इसलिए उत्पन्न हो जाते हैं कि उनपर मनोविदालिता का लेबल लग जाता है। जैसे ही व्यक्ति यह देख लेता है कि समाज उसपर मनोविदालिता का लेबल लगा दिया, उसमें एक आत्मपूरक भविष्यवाणी (self-fulfilling prophecy) विकसित हो जाती है जिससे मनोविदालिता के बहुत सारे लक्षण उसमें और भी विकसित हो जाते हैं।

कुछ ऐसे भी सामाजिक-सांस्कृतिक सिद्धान्तवादी हैं जो यह मानते हैं कि मनोविदालिता मूलत: समाज की ही देन है और सामाजिक प्रत्याशा (expectation) एवं मानक (norms) के विभिन्नता के अनुरूप मनोविदालिता का यह रोग

एक समाज से दूसरे समाज तक परिवर्तित होता रहता है। प्रत्येक समाज व्यक्ति के व्यवहार में उत्पन्न अनोखापन को भिन्न-भिन्न ढंग से परिभाषित करता है और मनोविदालिता के रोगियों से विभिन्न तरह की भूमिकाओं की उम्मीद करता है। संक्षेप में, जिन लक्षणों को पश्चिमी समाज में मनोविदालिता कहा जाता है, वे उन लक्षणों से भिन्न होंगे जो अन्य देशों एवं संस्कृतियों द्वारा परिभाषित होंगे। जैसे, मशहूर मानवशास्त्री जेन मर्फी (Jane Murphy, 1976) ने दो अपश्चिमी (non-western) समाज का अध्ययन किया—एक वेरिंग समुद्र के द्वीप पर रहते थे और वे यूपिक (Yupik) भाषा बोलने वाले एस्किमो (Estimo) थे तथा दूसरा ट्रापिक नाइजेरिया (tropical Nigeria) के देहाती क्षेत्र में रहने वाले लोग जिन्हें इगवा योरूवास (Egba Yorubas) कहा जाता था। अध्ययन के परिणाम में पाये कि एस्किमो जाति के लोगों में एक मानसिक बीमारी थी जिसे वे लोग *'नूथकाविहक'* (nuthkavihak) कहते थे तथा योरूवास जाति के लोगों में एक उसी तरह की बीमारी थी जिसे वे लोग *'वेयर'* (were) कहते थे। इन दोनों रोगों के लक्षणों में विभ्रम, व्यामोह तथा स्थितिभ्रांति या आत्म भ्रान्ति (disorientation) प्रधान था जिसे पश्चिमी देशों में मनोविदालिता कहा जाता है।

दो दशकों से भी अधिक अवधि के लिए वर्ल्ड हेल्थ ऑरगाजाइजेशन (World Health Organisation or WHO) विभिन्न मानसिक बीमारियों जिसमें मनोविदालिता भी सम्मिलित है, का क्रॉस-संस्कृतिक अध्ययन करके उसके उत्पत्ति के कारणों का पता लगाया। इसमें 10 देशों जिसमें विकसित एवं विकासशील (developing) दोनों तरह के देश सम्मिलित थे, से 13,000 रोगियों का अध्ययन किया। इसमें से अधिकतर रोगी शहरी क्षेत्र के थे तथा औसत सामाजिक-आर्थिक स्तर वाले परिवार के थे। यह अध्ययन सारटोरियस एवं उनके सहयोगियों (Sartorious et al. 1986) तथा सारटोरियस एवं उनके अन्य सहयोगियों (Sartorious et al. 1992) द्वारा किया गया। अध्ययन के परिणाम में पाया गया कि करीब सभी देशों की संस्कृति में मनोविदालिता के लक्षणों के बारे में तो सहमति थी परंतु सबसे आश्चर्यचकित कर देने वाला तथ्य विकाशील देशों में मनोविदालिता के परिणाम (outcome) के बारे में था। इस अध्ययन में देखा गया कि विकाशशील देश जैसे भारत, लंका आदि के मनोविदालिता के रोगियों के लक्षणों में विकसित देशों जैसे अमेरिका तथा ब्रिटेन (Britain) के मनोविदालिता के रोगियों के लक्षणों की तुलना में तेजी से सुधार आया। दो साल तक चिकित्सा देने के बाद विकासशील देशों के करीब 38% जबकि विकसित देशों के करीब 22% ही रोगी पूर्णत: चंगा हो पाये।

व्यक्ति के सामाजिक वर्ग (social class) का भी प्रभाव मनोविदालिता की उत्पत्ति पर पड़ता है। अध्ययनों में पाया गया है जब व्यक्ति का सामाजिक वर्ग निम्न होता है, तो मनोविदालिता के उत्पन्न होने का दर अधिक होता है। यह संबंध बड़े शहरों में तो स्पष्ट रूप से देखा जाता है परंतु छोटे शहरों में सामाजिक वर्ग तथा मनोविदालिता के बीच का यह संबंध अस्पष्ट होता है। फेरिस एवं डनहाम (Faris & Dunham, 1939) तथा सौगस्टैड (Saugstad, 1989) के अध्ययन के अनुसार अमेरिका में मनोविदालिता के होने का उच्चतम दर उन शहरों में पाया गया है जिसमें निम्न सामाजिक-आर्थिक स्तर के लोग अधिक रहते हैं। क्लार्क द्वारा किये गए अध्ययन से यह पता चला है कि पेशा (occupation) का भी प्रभाव मनोविदालिता की उत्पत्ति पर पड़ता है। निम्न स्तर के पेशाओं में मनोविदालिता का दर उच्चतम पाया गया है। ऐरो, ऐरो एवं केसकिमाकी (Aro, Aro & Keskimaki, 1995) ने भी अपने अध्ययन से इस तथ्य की संपुष्टि किया है। एन० चक्रवर्ती (N. Chakarborty, 1980) के अनुसार मनोविदालिता के अधिकतर रोगी समाज के गरीब तथा असंगठित (disorganised) वर्ग से आते हैं।

स्पष्ट हुआ कि सामाजिक-सांस्कृतिक कारकों जैसे सामाजिक वर्ग, पेशा, नामकरण (labelization), संस्कृति के विभिन्न एवं विरोधी प्रत्याशाएँ एवं मानकों का प्रभाव मनोविदालिता की उत्पत्ति पर पड़ती है।

मनोविदालिता के हैतुकी के बारे में सामान्य निष्कर्ष *(General conclusion about etiologies of Schizophrenia)*—मनोविदालिता के कारणों की व्याख्या मुख्य रूप से तीन तरह के संदर्भों (contexts) में की गयी है—जैविक विचारधारा, मनोवैज्ञानिक विचारधारा एवं सामाजिक-सांस्कृतिक विचारधारा। इनमें जैविक विचारधारा तथा मनोवैज्ञानिक विचारधारा को तुलनात्मक रूप से अधिक महत्त्वपूर्ण बतलाया गया है। मनोवैज्ञानिक विचारधारा में पारिवारिक सिद्धान्त (family theories) को सर्वाधिक महत्त्वपूर्ण बतलाया गया है।

जननिक अंतरण एवं पर्यावरणी कारकों को अध्ययन करने की विधियाँ (Methods of Studying Genetic transmission and Environmental factors)

मानसिक रोगों खासकर मनोविदालिता (schizophrenia) जैसे गंभीर रोगों की उत्पत्ति में आनुवंशिक कारकों की भूमिका का अध्ययन करने के लिए कई तरह की विधियों का प्रतिपादन किया गया है। इन विधियों द्वारा सिर्फ जननिक

आनुवंशिकता (genetic inheritance) के महत्त्व का ही पता नहीं चलता है बल्कि इस बात का भी पता चलता है कि इनकी उत्पत्ति में पर्यावरणी कारकों की भूमिका क्या है ? इन विधियों में निम्नांकित प्रमुख हैं—

(1) परिवार अध्ययन विधि (family studies method)
(2) जुड़वाँ अध्ययन विधि (twin studies method)
(3) दत्तक अध्ययन विधि (adoption studies method)

इन सबों का वर्णन इस प्रकार है—

1. परिवार अध्ययन विधि *(Family studies method)*—इस विधि में शोधकर्त्ता किसी एक परिवार के पिछले कई पीढ़ियों तक का एक विस्तृत पारिवारिक रूप-रेखा तैयार करता है । इसे पारिवारिक वृक्ष (family tree) कहा जाता है। इसके बाद इस पारिवारिक वृक्ष की उन व्यक्तियों की पहचान की जाती है जो किसी मानसिक विकृति के लक्षणों को दिखलाते हैं। इससे यह पता चलता है कि किसी मानसिक विकृति का एक विशेष पैटर्न कई पीढ़ियों से उन परिवार में चला आ रहा है या नहीं। अगर इस बात का सबूत मिलता है कि कोई विशेष मानसिक विकृति जैसे मनोविदालिता, स्थिर-व्यामोह (paranoia), रूपांतर हिस्ट्रीया (conversion hysteria) आदि कई पीढ़ियों से उस परिवार में आ रहा है, तो स्पष्टतः यह समझा जाता है कि उस रोग या विकृति का कारण बहुत हद तक जननिक (genetic) है। परिवार अध्ययन विधि से मनोविदालिता तथा अन्य विकृतियों के बीच के संबंधों जो विभिन्न पीढ़ियों के एक ही परिवार में होते हैं, का भी पता चलता है। अगर कई विकृतियाँ एक साथ किसी परिवार में होते पाया जाता है, तो इससे यह पता चलता है कि वे सभी मानसिक विकृतियाँ आपस में आनुवंशिक रूप से (genetically) समान हैं। इस समानता को *स्पेकट्रम* (spectrum) कहा जाता है।

अध्ययनों से यह पता चलता है कि इस विधि के कारण मनोविदालिता विकृति से ग्रसित दम्पति की पहचान अन्य रोगों से ग्रसित दम्पति की पहचान से आसान होता है। जब माता-पिता दोनों ही मनोविदालिता के रोगी होते हैं, तो उनके बच्चे में इस रोग की संभावना अत्यधिक इसलिए हो जाता है क्योंकि मनोविदालिता रोग से साहचर्यित जीन का दोहरा खुराक इन्हें मिल जाता है। गोट्टेसमैन (Gottesman, 1991) द्वारा किये गए अध्ययनों से यह स्पष्ट हुआ है कि हालांकि ऐसा परिवार बहुत ही कम मिलता है जिसमें माता और पिता दोनों ही मनोविदालिता के रोगी रहें हों, पाँच ऐसे अध्ययन हुए हैं जिनमें ऐसी ही दम्पति के वयस्क बच्चों को सम्मिलित किया गया और परिणाम में पाया गया कि ऐसे दम्पति जिसमें पति-पत्नी दोनों ही मनोविदालिता के रोगी रहे हों, के करीब एक-तिहाई बच्चों में वयस्क होने पर यह मानसिक विकृति उत्पन्न हो गयी। अन्य वयस्कों में जबकि मनोविदालिता का रोग तो नहीं उत्पन्न हुआ था परंतु अन्य मानसिक रोग के होने की संभावना बहुत अधिक थी। इसके अतिरिक्त इन अध्ययनों का सबसे चौंका देने वाला परिणाम यह था कि ऐसे परिवारों का एक-चौथाई बच्चे ऐसे थे जिनमें वयस्क होने पर न तो मनोविदालिता और न ही किसी अन्य प्रकार की मानसिक विकृति पायी गयी और इस तरह के परिणाम को आश्चर्यचकित करने वाला परिणाम इसलिए भी कहा गया क्योंकि इसके दोनों माता-पिता मनोविदालिता के रोगी थे तथा ऐसे माता-पिता के साथ रहने में स्पष्टतः उन्हें काफी मानसिक तनाव भी झेलना पड़ा होगा। इस तरह के परिणाम का ही नतीजा है कि विशेषज्ञों एवं शोधकर्त्ताओं में जननिक कारकों के अलावा अन्य पर्यावरणी कारकों के अध्ययनों में भी अभिरुचि जागी और अन्य विधियों की खोज की जिसकी चर्चा आगे है।

2. जुड़वाँ अध्ययन विधि *(Twin studies method)*—जैसा कि हम देख चुके हैं, परिवार अध्ययन विधि द्वारा मनोविदालिता में आनुवंशिकता के समग्र तस्वीर के बारे में तथा विभिन्न मानसिक विकृतियों के जननिक संबंध के बारे में ही ज्ञान होता है। परंतु जुड़वाँ अध्ययन विधि द्वारा आनुवंशिक कारकों को स्थिर या नियंत्रित (constant) रखते हुए पर्यावरणी कारकों की भूमिका पर ध्यान दिया जाना संभव हो पाता है। इस अध्ययन विधि में एकांडी जुड़वाँ (monozygotic twin) बच्चों तथा भ्रात्रीय जुड़वाँ (dizygotic twin) बच्चों का अध्ययन किया जाता है। जैसा कि हम जानते हैं, एकांडी जुड़वाँ बच्चों की आनुवंशिकता 100% समान होता है क्योंकि इनका विकास एक ही गर्भित अंडा (fertilized egg) से होता है जबकि भ्रात्रीय जुड़वाँ बच्चों की आनुवंशिकता एक सामान्य भाई-बहन के तरह मात्र 50% ही समान (similar) होता है। इस विधि द्वारा फिर इन दोनों तरह के जुड़वाँ बच्चों में मानसिक विकृति के सुसंगतता दर (concordance rate) का निर्धारण किया जाता है। सुसंगतता दर वैसा दर होता है जिससे जुड़वाँ युग्म के किसी एक

बच्चा में कोई विशेष मानसिक विकृति होने पर फिर दूसरे बच्चा में वही विकृति के होने की संभावना का पता चलता है।

जुड़ुवाँ अध्ययन विधि द्वारा किये गए अध्ययनों से यह पता चला है कि मनोविदालिता का औसत सुसंगता दर एकांडी जुड़ुवाँ बच्चों में 47 या 50% तक होता है जबकि यही औसत दर भ्रात्रीय जुड़ुवाँ बच्चों में 4% से 17% तक ही मात्र होता है। इस सिलसिले में ऑनस्टैड तथा उनके सहयोगियों (Onstad et al. 1991) का अध्ययन काफी महत्त्वपूर्ण है। हालांकि यह विशिष्ट दर एक अध्ययन से दूसरे अध्ययन तक परिवर्तित होते रहता है परंतु सभी अध्ययनों में यह स्पष्ट रूप से पाया गया है कि एकांडी जुड़ुवाँ बच्चों में मनोविदालिता के सुसंगतता दर भ्रात्रीय जुड़ुवाँ बच्चों की सुसंगतता दर की अपेक्षा अधिक होता है। इस पैटर्न से तो यह पता चलता है कि इस मानसिक विकृति के उत्पन्न होने में आनुवंशिक कारकों की पर्याप्त भूमिका है।

परंतु ध्यान देने वाली बात यह है कि मनोविदालिता के किसी भी जुड़ुवाँ बच्चों के अध्ययन में सुसंगतता दर 100% के करीब भी नहीं पाया गया जो उस परिस्थिति में होना चाहिए था जब मनोविदालिता का कारण पूर्णतः आनुवंशिक है। अतः ऐसे अध्ययनों से अपने आप इस बात का पता चल जाता है कि इस रोग की उत्पत्ति में पर्यावरणी कारकों की भी भूमिका होती है।

यद्यपि जुड़ुवाँ अध्ययन विधि द्वारा मनोविदालिता में आनुवंशिक कारकों की भूमिका का पता चलता है, फिर भी इसकी कुछ आलोचनाएँ हैं जिनपर भी नजर रखना होगा। जैसे, एकांडी जुड़ुवाँ तथा भ्रात्रीय जुड़ुवाँ अध्ययन विधि में इन दोनों तरह के बच्चों का पर्यावरणी कारक को एक समान स्थिर रखना संभव नहीं हो पाता है। कुछ आलोचकों का मत है कि एकांडी जुड़ुवाँ बच्चों में दैहिक एवं व्यवहार संबद्ध समानता होने के कारण उनके माता-पिता द्वारा उनके प्रति लगभग समान ढंग से व्यवहार किया जाता है जिनसे इन बच्चों को पर्यावरणी अनुभूतियाँ भी लगभग एक समान होती है। परंतु भ्रात्रीय जुड़ुवाँ बच्चों के साथ ऐसी समान अनुभूतियाँ नहीं होतीं हैं क्योंकि इनमें व्यवहार तथा दैहिक समानता उतनी अधिक नहीं होती है जिसके परिणामस्वरूप उनके प्रति माता-पिता द्वारा किया गया व्यवहार अधिक समान नहीं होता है। एकांडी जुड़ुवाँ बच्चों में मनोविदालिता का सुसंगतता दर अधिक होने का कारण पर्यावरणी अनुभूतियों की समानता भी हो सकती है। फलतः मनोवैज्ञानिकों द्वारा एक ऐसी विधि की खोज की गयी जिसमें जननिक कारकों तथा पर्यावरणी कारकों के प्रभावों को अलग करके अध्ययन किया जाए।

3. दत्तक अध्ययन विधि *(Adoption studies method)*—दत्तक अध्ययन विधि एक अन्य ऐसी विधि है जिसमें मनोविदालिता या अन्य मानसिक विकृतियों की उत्पत्ति में पर्यावरण तथा आनुवंशिकता (heredity) के पड़ने वाले प्रभावों का अध्ययन किया गया है। इस अध्ययन विधि में सामान्य ढंग से दत्तक व्यक्तियों में मानसिक रोगों के होने की संभावना का तुलनात्मक अध्ययन किया जाता है मनोविदालिता पर निम्नांकित तीन तरह के दत्तक अध्ययन (adoption studies) किये गए हैं—

(i) एक श्रेणी में उन अध्ययनों को रखा जा सकता है जिसमें वैसे दत्तक बच्चे जिनके जैविक माता-पिता (biological parents) मनोविदालिता के रोगी थे, की तुलना वैसे दत्तक बच्चों से की गयी जिनके जैविक माता-पिता इस रोग के शिकार नहीं थे—

इस तरह के कई अध्ययन डैनिश (Danish) एवं अमेरीकन मनोवैज्ञानिकों के सौजन्य से किये गए हैं। इसमें रोजेनथल तथा उनके सहयोगियों (Reosenthal et al. 1968, 1975) तथा कैनन एवं मेडनिक (Cannon & Mednick, 1993) द्वारा किया गया अध्ययन विशेष रूप से उल्लेखनीय नहीं हैं। इनके अध्ययनों में 39 ऐसे दत्तक बच्चों का एक समूह था जिनके जैविक माता-पिता में मनोविदालिता का रोग था तथा 47 ऐसे दत्तक बच्चों का एक समूह ऐसा था जिनके माता-पिता में मनोविदालिता का रोग नहीं था । परिणाम में देखा गया कि ऐसे दत्तक बच्चों का वयस्कावस्था में आने पर 39 में से तीन में मनोविदालिता का रोग विकसित हो गया जबकि 47 में से किसी में भी मनोविदालिता का रोग विकसित नहीं हुआ। इस परिणाम से यह स्पष्ट होता है कि मनोविदालिता के रोग का कारण आनुवंशिक कारक ही होता है।

(ii) दूसरे श्रेणी के अध्ययनों में दत्तक बच्चों जो बाद में मनोविदालिता (schizophrenia) के रोगी हो गए थे, के जैविक एवं दत्तक परिवारों में मनोविदालिता के होने की आवृत्ति का पता लगाया गया और फिर उनका तुलनात्मक अध्ययन किया गया । केटी एवं उनके सहयोगियों (Kety et al. 1978) ने एक ऐसा ही गहन अध्ययन डेनमार्क के

कोपेनहेगन में किया और परिणाम में पाये कि ऐसे दत्तक बच्चे जिनमें मनोविदालिता का रोग बाद में उत्पन्न हो गया था, के जैविक संबंधियों में दत्तक संबंधियों की तुलना में यह रोग दुगुना अधिक पाया गया। इसके बाद केटी तथा उनके सहयोगियों (Kety et al. 1994) द्वारा डेनमार्क के अन्य हिस्सों में भी ऐसे ही शोध किये और परिणाम में इसी ढंग का तथ्य पाया। इन सबों से इस बात का सबूत मिलता है कि मनोविदालिता के रोग की उत्पत्ति में जननिक कारकों (genetic factors) की भूमिका प्रधान होती है।

(iii) तीसरे तरह की दत्तक अध्ययनों को क्रॉस-पोष्य अध्ययन (cross-fostering study) कहा गया है। ऐसे अध्ययनों में यह तय करने की कोशिश की जाती है कि क्या वैसे बच्चे जिनके जैविक माता-पिता में मनोविदालिता का रोग उत्पन्न नहीं हुआ था परंतु उनका पालन-पोषण इस रोग से ग्रस्त दत्तक माता-पिता ने किया हो, में मनोबिदालिता के रोग उत्पन्न होने की संभावना अन्य दो समूहों में से किसी एक की तुलना में अधिक होती है। ये दो समूह हैं—पहला, वैसे बच्चों का समूह जिनके जैविक माता-पिता में मनोविदालिता का रोग उत्पन्न हुआ हो तथा दूसरा, वैसे बच्चों का समूह जिनके जैविक माता-पिता में मनोविदालिता का रोग नहीं हुआ हो तथा उनका पालन-पोषण सामान्य एवं स्वस्थ दत्तक माता-पिता द्वारा हुआ हो। वेन्डर तथा उनके सहयोगियों (Bender et al. 1974) द्वारा किया गया एक अध्ययन इस श्रेणी का प्रमुख अध्ययन है। इस अध्ययन के परिणाम में यह पाया गया कि इस बात से मनोविदालिता के रोग को उत्पन्न होने का कोई खास संबंध नहीं होता है कि उनका पालन-पोषण एक सामान्य एवं स्वस्थ दत्तक माता द्वारा हुआ है या एक ऐसे दत्तक (adoptive) माता-पिता द्वारा हुआ है जिनमें से एक कम-से-कम इस रोग का शिकार हो चुका हो क्योंकि इन दोनों तरह के परिवारों में पले बच्चों में वयस्कता आने पर मनोविदालिता का रोग होने का दर लगभग समान था। इस अध्ययन से तब यह पता चलता है कि ऐसे दत्तक माता-पिता जो स्वयं मनोविदालिता के रोगी रह चुके हैं, द्वारा पालन-पोषण किये जाने पर बच्चों में वयस्कता आने पर मनोविदालिता के रोग उत्पन्न होने की संभावना अधिक नहीं रहती है। परंतु उस तरह के तनावपूर्ण वातावरण में पाले-पोषे जाने पर इन बच्चों में वयस्कता आने पर इस रोग के होने की संभावना बढ़ जाती है जिनके जैविक माता-पिता में यह रोग था।

स्पष्ट हुआ कि मनोविदालिता तथा अन्य समान मानसिक विकृतियों के उत्पन्न होने में पर्यावरण तथा आनुवंशिकता के सापेक्ष महत्त्व का अध्ययन करने की तीन विधियाँ काफी प्रचलित हैं। इनमें जुड़वाँ अध्ययन विधि तथा दत्तक अध्ययन विधि तुलनात्मक रूप से अधिक लोकप्रिय है।

मनोविदालता के उपचार
(Treatment of Schizophrenia)

आरंभ में मनोविदालिता का उपचार काफी कठिन एवं कुंठा से भरा हुआ था। बीसवीं शताब्दी के आधे से अधिक वर्षों तक यानी लगभग 1955 तक मनोविदालिता का मुख्य उपचार सांस्थानिकता (institutionalization) तथा खास सुरक्षा में रखकर देख-रेख करना था। प्राय: रोगियों को मानसिक अस्पताल में पिछले वार्ड के किसी कमरे में रखकर उपचार के नाम पर मात्र उनका देखभाल किया जाता था। परंतु इस तरह के उपचार से उन्हें कोई खास लाभ नहीं होता था और जिन रोगियों में रोग के लक्षण की गंभीरता थोड़ी कमती भी थी, तो थोड़े दिनों के बाद फिर और भी गंभीर हो जाती थी। अत: इस तरह की उपचार विधि अपने-आप अप्रभावी बन गया और उसके जगह पर धीरे-धीरे कई तरह की नयी उपचार प्रविधियाँ उपयोग में आने लगी जिसका वर्णन इस प्रकार है—

(1) मनोविक्षिप्ति विरोधी औषध (Antipsychotic drug)

(2) मनश्चिकित्सा (Psychotherapy)

(3) सामुदायिक उपागम (Community approach)

इन तीनों का वर्णन इस प्रकार है—

1. मनोविक्षिप्तिविरोधी औषध *(Antipsychotic drug)*—ब्रेसलीन (Bresslin, 1992) तथा विनबर्गर (Weinberger, 1991) के अनुसार 1950 वाले दशक में मनोविक्षिप्ति विरोधी औषध का आविष्कार होने से मनोविदालिता के उपचार में एक नयी क्रांति आयी। क्लोरप्रोमाजिन (chlorpromazine) सबसे पहला ऐसा औषध है जो हिस्टामाइन विरोधी औषध (antihistamine drug) समूह का है। क्लोरप्रोमाजिन की खोज होने के बाद कई अन्य तरह मनोविक्षिप्ति विरोधी औषध का आविष्कार हुआ है जिसका मनोविदालिता के उपचार में सफलतापूर्वक उपयोग किया गया

है। इन्हें एक साथ *न्यूरोलेप्टिक औषध* (neuroleptic drug) कहा जाता है क्योंकि इनके लेने से रोगी में जो प्रभाव उत्पन्न होता है, वह तंत्रिका रोग (neurological diseases) के लक्षण के समान होता है। इस मानसिक रोग के उपचार में अक्सर थियोरिडाजिन (thioridazine), मेसोरिडाजिन (mesoridazine), फ्लूफेनाजिन (fiuphenazine) तथा ट्रिफ्लूपेराजिन (trifluoperazine) का उपयोग किया जाता है जिसका व्यापार नाम (trade name) क्रमशः मेल्लारिल (mellaril), सेरेनटिल (serentil), प्रोलिक्सिन (prolixin) तथा स्टेलाजिन (stelazine) हैं। इसके अतिरिक्त हालोपेरिडॉल (haloperidol) तथा थियोथिक्सीन (thiothixene) का उपयोग मनोविदालिता के उपचार में किया जाता है। इनका व्यापार नाम क्रमशः हालडोल (Haldol) तथा नभाने (Navane) हैं।

स्ट्रेंज (Strange, 1992) तथा डेभिस तथा उनके सहयोगियों (Davis et al. 1988) द्वारा किये गए शोधों से यह स्पष्ट हुआ है कि ये सभी मनोविक्षिप्ति विरोधी औषध डोपामाइन न्यूरोट्रांसमीटर (dopamine neurotransmitter) के बढ़ी हुई क्रियाओं को कम कर देता है जिससे मनोविदालिता के खासकर के टाइप-एक मनोविदालिता के लक्षण काफी कम हो जाते हैं। टाइप दो मनोविदालिता जिसमें नकारात्मक लक्षण (negative symptoms) अधिक होते हैं, के रोगियों को इस तरह के मनोविक्षिप्ति विरोधी दवा से कोई खास फायदा नहीं होता है। कई अध्ययनों से मनोविदालिता के उपचार में ऐसे औषधों की प्रभावशीलता साबित हो गयी है। इस सिलसिले में मे, टुमा तथा डिक्सन (May, Tuma & Dixon, 1981) तथा मे (May, 1968) द्वारा किया गया अध्ययन काफी महत्त्वपूर्ण है। इस अध्ययन में मनोविदालिता के 228 ऐसे रोगियों का चयन किया गया जो मानसिक अस्पताल में उपचार के लिए भर्ती थे। इन्हें पाँच समूह में बाँटकर अध्ययन किया गया—एक समूह को सिर्फ मनोविक्षिप्ति विरोधी औषध देकर उपचार किया, दूसरे समूह को सिर्फ मनोगत्यात्मक चिकित्सा (psychodynamic therapy) देकर उपचार किया गया; तीसरे समूह को मनोविक्षिप्ति विरोधी औषध एवं मनश्चिकित्सा (psychotherapy) के द्वारा उपचार किया गया; चौथे समूह को सिर्फ मिल्यू चिकित्सा (milieu therapy) दिया गया तथा पाँचवें समूह को सिर्फ वैद्युत आघातीय चिकित्सा (electroconvulsive therapy) द्वारा चिकित्सा दिया गया। परिणाम में देखा गया कि पहले तथा तीसरे समूह के रोगियों में रोग के लक्षण में अन्य समूहों के रोगियों की तुलना में काफी कमी आयी। दूसरे समूह तथा चौथे समूह के रोगियों के लक्षण में सबसे कम सुधार हुआ। पाँचवें समूह के रोगियों के लक्षण में सुधार इन दोनों तरह के सुधार के बीचोबीच में रहा। इस अध्ययन से यह स्पष्ट हो जाता है कि मनोविक्षिप्ति विरोधी औषध का मनोविदालिता के उपचार में अच्छा प्रभाव पड़ता है।

परंतु दुर्भाग्य की बात यह है कि इन मनोविक्षिप्ति विरोधी औषधों का मनोविदालिता के लक्षणों पर तो प्रभाव पड़ता ही है, साथ-ही-साथ इससे कई तरह के अवांछित प्रभाव (undesrirable) भी व्यक्ति पर पड़ते हैं। इन प्रभावों को *अतिरिक्त पिरामिडियल प्रभाव* (extrapyramidal effect) कहा जाता है क्योंकि इस तरह के प्रभाव की उत्पत्ति का कारण मस्तिष्क के एक्सट्रापिरामिडियल क्षेत्र (extrapyramidal area) पर अधिक पड़ता है। यह क्षेत्र द्वारा व्यक्ति के पेशीय क्रियाओं (motor activities) का निर्धारण होता है। इन लक्षणों में निम्नांकित प्रमुख हैं—

(1) पारकिनसोनियन लक्षण *(Parakinsonian Symptoms)*—इसमें रोगी मांसपेशियों में गंभीर एवं निरंतर कंपन तथा दृढ़ता (rigidity) दिखलाता है, बहुत धीरे-धीरे चल पाता है, अपने पैरों को रगड़ता या घसीटता है, तथा कोई अन्य अभिव्यक्ति नहीं दिखाता है। इन लक्षणों को कभी-कभी चिकित्सक मनोविदालिता का लक्षण ही भूल से समझ बैठते हैं।

(2) डायस्टोनिया *(Dystonia)*—इसमें रोगी के मांशपेशियों में अनैच्छिक (involuntary) संकुचन (contraction) होता है जिससे उसका चेहरा, गर्दन, जीभ तथा पीठ में अनोखा एवं नियंत्रणहीन (uncontrollable) गतियाँ (movements) होतीं हैं। खन्ना, दास एवं दामोदर (Khanna, Das & Damodar, 1992) के अध्ययन के अनुसार यह बूढ़े रोगियों तथा मनोविक्षिप्ति-विरोधी औषधों के उच्च मात्रा (high dosage) के कारण होता है।

(3) एकाथिसिया *(Akathisia)*—इस तरह के पार्श्वप्रभाव (side effect) में बेचैनी, तथा घबड़ाहट अत्यधिक मात्रा में होता है। ऐसे रोगियों के अवयव या अंग में बहुत अधिक कष्ट या बेचैनी (discomfort) होता है जिसे दूर करने के लिए वह लगातार अपना हाथ पैर को खींचता रहता है।

(4) न्यूरोलेपटिक मैलिगनेन्ट संलक्षण *(Neuroleptic Malignant Syndrome)*—इस तरह के संलक्षण में रोगी एक गंभीर एवं जानलेवा प्रतिक्रिया करता है जिसमें मांशपेशियों में दृढ़ता (rigidity), बुखार, परिवर्तित चेतना तथा स्वायत

दुष्क्रिया (autonomic dysfunction), निर्जलन (dehydration) आदि मुख्य हैं। इस तरह का संलक्षण करीब 2·3% रोगियों में जो मनोविक्षिप्ति औषध लेते हैं, उत्पन्न होता है।

(5) टारडाइभ डायस्काइनेसिया *(Tardive Dyskinesia)*—इस पद का अर्थ होता है—देरी से उत्पन्न होने वाला विकृति (late appearing movement disorder) । ऐसा देखा गया है कि ऊपर वर्णित सभी अवांछित प्रभाव मनोविक्षिप्ति विरोधी औषध लेने के सप्ताह भर के भीतर उत्पन्न हो जाते हैं जबकि कुछ लक्षण ऐसे होते हैं जो सामान्यत: ऐसे औषधों को एक साल तक लेने के बाद उत्पन्न होता है । इसे ही *टारडाइम डायस्कइनेसिया* कहा जाता है। इसमें रोगी के जीभ, मुँह, चेहरा या सम्पूर्ण शरीर में अनैच्छिक रूप से तड़पने या छटपटाने का संवेदन होता रहता है। इसके अतिक्ति अनैच्छिक रूप से रोगी चूसने, चबाने तथा ओठ चाटने की भी अनुक्रिया करता है। इतना ही नहीं, इसमें व्यक्ति के पैर, बाँह या पूरे शरीर में झटकेदार या उद्देश्यहीन गति होता है। सोरोकिन तथा उनके सहयोगियों (Sorokin et al. 1988) के अनुसार कुछ रोगियों में स्मृति दोष (memory impariment) भी होता देखा गया है।

स्पष्ट हुआ कि मनोविक्षिप्ति विरोधी औषधों के कई तरह के पार्श्व प्रभाव (side effect) होते हैं जो निश्चित रूप से अवांछनीय है। इसके बावजूद ऐसे औषधों का उपयोग मनोविदालिता के उपचार में काफी किया जाता है। इन पार्श्व प्रभाव को ध्यान में रखते हुए ही कुछ नये मनोविक्षिप्ति विरोधी औषधों (antipsychotic drug) की खोज की गयी है। बक्ले एवं उनके सहयोगियों (Buckely et al. 1994) तथा मेल्जर (Meltzer, 1991) के अनुसार इन नये औषध में *क्लोजापाईन* (Clozapine) बहुत ही प्रमुख है जिसे असाधारण मनोविक्षिप्ति विरोधी औषध (atypical antipsychotic drug) कहा जाता है क्योंकि इसका जैविक प्रभाव पौराणिक (traditional) मनोविक्षिप्ति विरोधी औषधों से भिन्न होता है। यह पौराणिक मनोविक्षिप्ति विरोधी औषधों से भिन्न होता है। यह पौराणिक मनोविक्षिप्ति विरोधी औषधों से अधिक प्रभावी भी रहा है क्योंकि इससे 80 से 85% मनोविदालिता के रोगियों का सही-सही उपचार होता है जबकि पौराणिक मनोविक्षिप्ति विरोधी औषधों से मात्र 65 से 75% रोगियों का ही सफल इलाज हो पाता है। इसका एक अतिरिक्त लाभ यह है कि इससे किसी तरह के एक्सट्रापाइरामिडल लक्षण (extrapyramidal symptoms) उत्पन्न नहीं होते हैं क्योंकि इससे डोपामाइन न्यूरोट्रांसमीटर उतना अवरूद्ध नहीं होता है जितना कि पौराणिक मनोविक्षिप्ति विरोधी औषध से होता है । इसके बावजूद भी क्लोजापाइन के कुछ गंभीर परिणाम होते हैं । जो रोगी इस औषध को लेते हैं, उसमें से 1 से 2% रोगियों में *एगरानूलोसाइटोसिस* (agranulocytosis) की अवस्था विकसित हो जाती है जिसमें उजला रक्त कोशिकाओं (white blood cells) में इतनी कमी आ जाती है कि व्यक्ति की जिंदगी का अस्तित्व खतरे में पड़ जाता है। थोमस एवं गोडिमांड (Thomas & Gondemand, 1992) के अनुसार क्लोजापाइन जिसका व्यापार नाम (trade name) क्लोजारिल (clozaril) है, के सेवन करने वाले रोगियों में यह भी देखा गया है कि इससे रोगी में अत्यधिक लार स्राव का होना, शरीर के वजन में वृद्धि, सुस्ती एवं कभी-कभी बेहोशी आदि के भी लक्षण उत्पन्न हो जाते हैं । इन कारणों से मनोविदालिता के उपचार में क्लोजारिल का उपयोग आधुनिक मनोरोगविज्ञानियों द्वारा तब किया जाता है जब पौराणिक न्यूरालेपटिक औषधों का उनपर कोई प्रभावी नहीं पड़ता है।

2. मनश्चिकित्सा *(Psychotherapy)*—मनोविदालिता के रोगियों का उपचार मनश्चिकित्सा की प्रविधियों से भी किया जाता है। सामान्यत: मनोविदालिता के रोगियों का उपचार मनोविक्षिप्ति विरोधी औषधों के सेवन के बाद प्रारंभ किया जाता है। इस रोग के उपचार में मनश्चिकित्सा के निम्नांकित प्रकारों का उपयोग किया जाता है—

(1) सूझ चिकित्सा (insight therapy)
(2) सामाजिक चिकित्सा (social therapy)
(3) पारिवारिक चिकित्सा (family therapy)

इन सबों का वर्णन इस प्रकार है—

(1) सूझ चिकित्सा *(Insight therapy)*—मनोविदालिता के उपचार में विभिन्न तरह के सूझ चिकित्साओं का उपयोग किया जाता है। वासिलेनकी (Wasylenki, 1992) द्वारा किये गए शोधों से यह स्पष्ट हुआ है कि सूझ चिकित्सक को जिन्हें मनोविदालिता के रोगियों के उपचार में पर्याप्त अनुभव है, चाहे उनकी उन्मुखता किसी भी सिद्धान्त या प्रविधि की ओर क्यों न हो, अच्छा सफलता मिलता है। ह्वाइटहार्न तथा वेज (Whiteharn & Betz, 1975) के अध्ययन के अनुसार ऐसे सफल सूझ चिकित्सक वैसे चिकित्सक जो सफल नहीं होते हैं, के तुलना में अधिक सक्रिय

भूमिका निभाते हैं। सूझ चिकित्सा में चिकित्सक रोगी के विश्वास को जीत करके तथा उससे एक घनिष्ठ संबंध विकसित करके उनके लक्षणों की गंभीरता को बहुत हद तक कम करने में सफल होते देखे गए हैं। इस सिलसिले में फ्रोम-रिकमान (Fromm-Rechimann, 1950) द्वारा किया गया चिकित्सीय योगदान विशेष रूप से प्रशंसनीय है।

(2) सामाजिक चिकित्सा *(Social therapy)*—मनोविदालिता के रोगियों में खासकर चिरकालिक (chronic) रोगियों में सामाजिक कौशलों की काफी कमी पायी जाती है। मनोविक्षिप्ति-विरोधी दवाओं के सेवन से जब रोगी के धनात्मक लक्षण कम हो जाते हैं तो भी सामाजिक कौशलों की कमी दीखता है जिनसे उसके व्यवहार में विभिन्नता बनी रहती है। सामाजिक कौशल की यह कमी सामाजिक अंत:क्रियाओं, आत्म देख-रेख (self-care), आत्म-प्रबंधन कौशल (self-management skills) तथा संज्ञानात्मक कौशलों (cognitive skills) के क्षेत्र में अधिक देखा जाता है। इस तरह के चिकित्सा को *सामाजिक चिकित्सा* (social therapy) या समाज चिकित्सा (sociotherapy) कहा जाता है। विलसन, डायमंड तथा फ्रेजर (Wilson, Diamond & Fraser, 1990) के अनुसार इस तरह का चिकित्सा मूलत: सामूहिक चिकित्सा प्रारूप या वैयक्तिक चिकित्सा (individual therapy) प्रारूप के रूप में सम्पन्न किया जाता है ।

सामजिक कौशल प्रशिक्षण कार्यक्रम एक काफी संरचित कार्यक्रम होता है जिसमें नये एवं अधिक समायोजी अन्तर्वैयक्तिक व्यवहार (adjustive interpersonal behaviour) को सीखलाया जाता है। अन्य बातों के अलावा सामाजिक कौशल के तत्वीय पहलू जैसे आवाज प्रबलता (voice volume), स्वर (pitch), नेत्र सम्पर्क (eye contact) एवं बातचीत के दौरान सिर मोड़ना या घूमाना आदि से संबद्ध प्रशिक्षण दिये जाते हैं। आत्म देख-रेख (self-care) कौशलों को व्यवहारात्मक-प्रशिक्षण विधियों (behavioural training method) से उन्नत बनाया जाता है। ऐसी विधियाँ मूलत: व्यवहार चिकित्सा के ही अंग माने गए हैं। इनके द्वारा अन्य बातों के अलावा अपने-आप को निरंतर साफ-सुथरा रखने, अपने रुपये-पैसों के खर्चों का उपयुक्त हिसाब, भोजन पकाना, सामान्य तौर-तरीके आदि को सीखलाया जाता है। इतना ही नहीं, मनोविदालिता के रोगियों में संज्ञानात्मक कौशलों की भी कमी होती है और इसे भी सीखलाने की कोशिश चिकित्सकों द्वारा की जाती है। ऐसे कमियों में असंगत संकेतों द्वारा ध्यानाकर्षण, एक खास समय तक किसी वस्तु पर ध्यान देने की असमर्थता, किसी घटना की गलत व्याख्या करना, विभ्रम तथा घटिया (poor) साहचर्यो से ध्यानभंग होना आदि प्रमुख है। इन कमियों को दूर करने के लिए संज्ञानात्मक व्यवहार चिकित्सा (cognitive behaviour therapy) का उपयोग किया जाता है। इस चिकित्सा द्वारा रोगियों के चिरकालिक श्रव्य विभ्रम (chronic auditory hellucinations) को कम किया जाता है। इस चिकित्सा में रोगियों को यह समझाया जाता है कि ऐसे श्रव्य विभ्रम जो उन्हें शरीर के भीतर से उत्पन्न होने देता है, का कारण किसी बाह्य उद्दीपक या वस्तु के प्रति गलत ढंग से उनके द्वारा आरोपण के कारण होता है। जैसे, वेन्टाल तथा उनके सहयोगियों (Bentall et al. 1994) द्वारा किये गए शोधों से यह स्पष्ट हुआ है कि संज्ञानात्मक व्यवहार चिकित्सा के उपयोग से कुछ रोगियों में यह चेतना उत्पन्न हुई कि सचमुच में जिस आवाज (voice) से वे दु:खी थे, वे सचमुच में किसी की आवाज नहीं थी बल्कि उसके प्रति उसके चिंतन (thoughts) थे, जो उसके दु:ख का कारण था । इससे बहुत तरह के संबंधित विभ्रम में कमी आ जाती है। मनोविदालिता के रोगियों में व्यवहार चिकित्सा का उपयोग कुछ वैसे विकृत संज्ञानों (disordered cognitions) को परिवर्तित करने के लिए भी किया गया है जिससे सामाजिक समस्या समाधान (social problem solving) क्षमता प्रभावित होता है। ब्रेन्नर तथा उनके सहयोगियों (Brenner et al. 1989) द्वारा एक ऐसा प्रशिक्षण कार्यक्रम चलाकर इस तथ्य की संपुष्टि की गयी। इस कार्यक्रम में रोगियों के ध्यान विस्तार (attention span) तथा सामाजिक संकेतों के विभेद (discrimination) का प्रशिक्षण दिया गया। रोगियों के दो समूह लिए गए—एक समूह को कुछ ऐसे स्लाइड (slides) जिसमें मानव चेहरा की अभिव्यक्तियों (facial expression) जिनके माध्यम से विभिन्न संवेगों की अभिव्यक्तयों के बीच अंतर किया जा सकता था, दिखलाये गए । इस समूह में शोधकर्त्ताओं द्वारा कुछ वैसे संकेतों की पहचान कराने में भी रोगियों की मदद की गयी जिसे समूह के अन्य सदस्यों द्वारा दिये जाते थे। यह प्रशिक्षण 18 महीना तक चला। रोगियों का दूसरा समूह नियंत्रित समूह था जिसे ऐसी कोई प्रशिक्षण नहीं दिया गया। परिणाम में देखा गया कि प्रशिक्षण पाने वाले समूह के लक्षणों में कमी आयी, इनके द्वारा ध्यान देने की क्षमता में वृद्धि हुई, समझ तथा समायोजन की क्षमता पहले से अधिक हो गयी। प्रशिक्षण नहीं पाने वाले समूह में ऐसी कोई बात नहीं देखी गयी। इस परिणाम से यह स्पष्ट हो जाता है कि संज्ञानात्मक व्यवहार चिकित्सा द्वारा मनोविदालिता के रोगियों के संज्ञानात्मक कौशलों की कमी को दूर करके उसे उन्नत बनाया जाना संभव है।

(3) पारिवारिक चिकित्सा *(Family therapy)*—ऐसा देखा गया है कि मनोविदालिता के रोगियों को सफल उपचार के बाद मानसिक अस्पताल से निकलकर पुनः अपने परिवार में ही जाना पड़ता है जहाँ परिवार के सदस्यों यथा भाई-बहनों, माता-पिता, चाचा-चाची तथा अन्य लोगों के साथ अंतःक्रिया करना पड़ता है। अगर इन लोगों का व्यवहार सकरात्मक तथा प्रशंसनीय होता है, तो इससे इन रोगियों पर अधिक अनुकूल प्रभाव पड़ता है तथा उनके रोग के लक्षणों की पुनर्वापसी की समस्या उत्पन्न नहीं होती है। परंतु कभी-कभी परिवार के सदस्यों का व्यवहार रोगी के प्रति निन्दक होता है जिसके परिणामस्वरूप रोग के लक्षणों में तेजी से पुनर्वापसी होने लगता है और रोगी को पुनः मानसिक अस्पताल में भर्ती करवाना आवश्यक हो जाता है। अतः मनोवैज्ञानिकों द्वारा ऐसे रोगियों के पारिवारिक चिकित्सा (family therapy) की आवश्यकता पर बल डाला गया है। पारिवारिक चिकित्सा का केन्द्र बिंदु परिवार तथा स्वयं रोगी दोनों ही होता है। इस तरह की चिकित्सा में सामान्यतः परिवार के सदस्यों को मनोविदालिता के बारे में पर्याप्त निर्देशन (guidance), प्रशिक्षण, व्यवहारिक राय, विशेष शिक्षा, सांवेगिक समर्थन तथा परानुभूति (empathy) आदि के बारे में बतलाया जाता है। इससे परिवार के सदस्यगण अपने-अपने प्रत्याशाओं में वास्तविकता, विचलित व्यवहार को सहन की क्षमता, दोष-भाव की कमी तथा संचार एवं अंतक्रिया के नये पैटर्नों को लागू करने की कोशिश आदि-बढ़ता है। इस प्रक्रिया को *मनोशिक्षा* (psychoeducation) कहा जाता है। इस तरह के मनोशिक्षा में परिवार के सदस्यों को मनोविदालिता के स्वरूप (nature) जिसमें उसके निदान (diagnosis), लक्षण, भविष्य के प्रत्याशाओं, उसके उपचार आदि के बारे में भी बतलाया जाता है। इसके साथ-ही-साथ यही भी बतलाया जाता है कि रोगी की आवश्यकताओं तथा साथ-ही-साथ परिवार के अन्य सदस्यों की आवश्यकताओं को एक साथ विचार करने के लिए किस तरह से परिवार के सभी सदस्य आपस में कार्य प्रारम्भ कर सकते हैं। कुछ शिक्षा कार्यक्रम में रोगी कुछ या सभी सत्रों में भाग लेता है जबकि कुछ कार्यक्रम ऐसे होते हैं जिनमें परिवार के अन्य सदस्यगण ही सिर्फ भाग लेते हैं। कुछ शैक्षिक कार्यक्रम ऐसे होते हैं जिनसे एक समय में एक ही परिवार के लोग भाग लेते हैं जबकि कुछ ऐसे होते हैं जिनमें कई पारिवारिक समूह एक साथ आपस में भाग लेते हैं। इन सभी शैक्षिक सत्रों में चिकित्सक मनोविदालिता के बारे में व्याप्त सामान्य मनगढंत वार्ता पर भी प्रकाश डालते हैं। जैसे, वह यह स्पष्ट रूप से कहता है कि मनोविदालिता में व्यक्तित्व विभाजन (split of personality) नहीं होता है। इसमें परिवार के सदस्य जब मनोविदालिता के प्रचलन (prevalence) के बारे में सुनते हैं तो उन्हें यह जानकर संतोष होता है कि उनके समान अन्य लोग भी हैं जो इस तरह के कुंठा-कठिनाई एवं रोग से पीड़ित हैं। मनोविज्ञान के जननिक कारणों एवं पर्यावरणी कारकों पर भी प्रकाश डाला जाता है।

पारिवारिक चिकित्सा के कुछ प्रविधियों में अभिव्यक्त संवेग (expressed emotion) पर भी बल डाला गया है। लेफ्फ एवं भाघन (Leff & Vaughan, 1985) के अनुसार अभिव्यक्त संवेग (Expressed Emotion or EE) से तात्पर्य एक ऐसी प्रक्रिया से होती है जिसके सहारे परिवार के क्षुब्ध व्यक्ति के बारे में परिवार के सदस्यों द्वारा की गयी अभिव्यक्त मनोवृत्ति (expressed attitude) से होता है। किसी भी परिवार की EE का स्तर नकारात्मक (negative) या सकारात्मक (positive) हो सकता है। नकारात्मक EE में रोगी को परिवार के सदस्यों द्वारा आलोचना किया जाता है, उसके प्रति ईर्ष्या दिखलाया जाता है और सांवेगिक अति आवेष्टन (emotional overinvolvement) दिखलाया जाता है। कुछ परिवार के सदस्य नकारात्मक EE अधिक दिखाते हैं तो कुछ परिवार के सदस्य ऐसे होते हैं जो नकारात्मक EE को कम दिखलाते हैं। मनोवैज्ञानिकों द्वारा किये गए शोधों से यह स्पष्ट हुआ है कि जिस रोगी के परिवार में सदस्यों द्वारा नकारात्मक EE अधिक मात्रा में दिखलाया जाता है, उसमें मनोविदालिता के लक्षणों की पुनर्वापसी (return) जल्दी होता है तथा उन्हें पुनः जल्द ही मानसिक अस्पताल में भर्ती कराना आवश्यक हो जाता है। लेफ्फ एवं भाघन (Leff & Vaughan, 1981) ने अपने अध्ययन में पाया कि उक्त तथ्य चाहे रोगी मनोविक्षिप्ति-विरोधी औषध ले रहा हो या नहीं, दोनों ही परिस्थितियों में सही उतरता है। भाघन तथा उनके सहयोगियों (Vaughan et al. 1984) के अनुसार लास एजिंल (Los Angels) तथा इंगलैंड में किये गए अध्ययनों से भी समान ही निष्कर्ष प्राप्त हुए हैं। अध्ययनों से यह भी स्पष्ट हुआ कि EE का स्तर किसी भी परिवार में परिवर्तित होते रहता है। होगारटी एवं उनके सहयोगियों (Hogarty et al. 1986) के अनुसार जब किसी परिवार में EE का स्तर उच्च से निम्न होता है, तो मनोविदालिता के लक्षणों की पुर्नवापसी (return) की दर में कमी आ जाती है।

स्पष्ट हुआ कि मनश्चिकित्सा के कई प्रकारों का उपयोग मनोविदालिता के रोगियों के उपचार में किया जाता है। इनमें से पारिवारिक चिकित्सा तुलनात्मक रूप से लोगों का ध्यान अधिक खींचा है।

3. सामुदायिक उपागम *(Community approach)*—मनोविदालिता के रोगियों के उपचार की दिशा में सामुदायिक उपागम की भी भूमिका प्रशंसनीय है। इसमें मनोविदालिता के रोगियों के मानसिक अस्पताल के अमानवीय हालतों से हटाकर उन्हें समुदाय में रखकर ही उपचार किया जाता है। इस तरह के समुदाय-आधृत कार्यक्रम (community based programme) की मान्यता यह है कि इससे ऐसे रोगियों का उपचार एक ऐसी अवस्था में रखकर किया जाना संभव हो पाता है जहाँ मानवीय अवस्था तुलनात्मक रूप से अधिक मौजूद होते हैं और फिर इस तरह की अवस्था में रखकर उपचार करने से लक्षणों की पुनर्वापसी भी कम होती है। इस तरह के सामुदायिक चिकित्सा में रोगियों को औषध, मनश्चिकित्सा के अतिरिक्त सामाजिक कौशलों में प्रशिक्षण, आवासीय देख-रेख, व्यवसायिक परामर्श तथा प्रशिक्षण भी दिया जाता है। होगार्टी (Hogarty, 1993) द्वारा किये गये अध्ययन सर्वेक्षणों से यह स्पष्ट हुआ है कि उन सामुदायिक कार्यक्रमों के रोगियों जिनमें उनके उक्त आवश्यकताओं की पूर्ति ठीक से होती है, रोग के लक्षण उन सामुदायिक कार्यक्रमों जिसमें उक्त आवश्यकताओं की पूर्ति ठीक से नहीं होती है, तेजी से दूर होते हैं। सामुदायिक उपागम के तहत निम्नांकित पहलुओं पर अधिक बल डाला जाता है—

(1) समन्वित सेवा (coordinated services)
(2) लघुकालीन अस्पतालीकरण (long term hospitalization)
(3) आंशिक अस्पतालीकरण (partial hospitalization)
(4) अपूर्ण घर (halfway houses)
(5) व्यवसायिक प्रशिक्षण (occupational training)

इन सबों का वर्णन निम्नांकित है—

(1) समन्वित सेवा *(Coordinated services)*—इसके तहत सामुदायिक मानसिक स्वास्थ्य केन्द्र (community mental health centre) की स्थापना 50,000 से 200,000 लाख की आबादी पर की जाती है। इसे केन्द्र में मनोविदालिता के रोगी को औषध, मनश्चिकित्सा तथा रोगी को भर्ती करके देख-रेख की सुविधा उपलब्ध होती है। बिसर (Beiser, 1995) के अनुसार इस तरह का केन्द्र में दिये गए सेवाओं से मनोविदालिता के रोगियों का उपचार सार्थक ढंग से होता है और ऐसे रोगियों का व्यवहार उन रोगियों की अपेक्षा अधिक समन्वित दीखता है जिन्हें ऐसा उपचार नहीं मिला होता है। इस तरह के केन्द्रों का काम विभिन्न तरह के सामुदायिक सेवाओं को समन्वित भी करना होता है। इस तरह का समन्वय विशेषकर उन रोगियों के लिए काफी महत्त्वपूर्ण हो जाता है जो मनोविदालिता के रोगी होने के साथ-ही-साथ द्रव्य दुरुपयोग (substance abuse) के भी रोगी होते हैं। वेस्टरमेयर (Westermeyer, 1992) के अध्ययन के अनुसार ऐसे रोगियों के लिए वैसा समन्वित कार्यक्रम जो द्रव्य दुरुपयोग के उपचार के साथ-ही-साथ मनोविदालिता के उपचार को एक साथ ले चलता है, काफी लोकप्रिय एवं महत्त्वपूर्ण साबित हुआ है। यदि ऐसे रोगियों को सिर्फ पौराणिक द्रव्य दुरुपयोग के उपचार वाला कार्यक्रम चलाया जाता है, तो इससे बहुत लाभ नहीं होता है।

(2) लघुकालीन अस्पतालीकरण *(Short-term hospitalization)*—जब कोई व्यक्ति में मनोविदालिता के लक्षण विकसित हो जाते हैं, तो उन्हें आजकल के चिकित्सक पहले मनोविक्षिप्तिविरोधी औषध (antipsychotic drug) तथा मनश्चिकित्सा देकर उसके लक्षणों को दूर करने की कोशिश करते हैं। परंतु जब इससे भी बात नहीं बनती है, तो उन्हें लघुकालीन अस्पतालीकरण की सुविधा उपलब्ध कराया जाता है जो कुछ सप्ताहों का ही होता है जहाँ उसे भर्ती करके उन सारे तरह से उपचार दिये जाते हैं जो उन्हें किसी मानसिक अस्पताल में रखकर लम्बे समय तक दिये जाते हैं। जैसे ही रोगी में कुछ स्थिरता आती है, उसे फिर सामुदायिक मानसिक स्वास्थ्य केन्द्र (community mental health centre) में उत्तर देख-रेख (after care) के लिए रखा जाता है। केटोन (Caton, 1982) तथा हर्ज एवं उनके सहयोगियों (Herz et al. 1987) द्वारा किये गए शोधों से यह स्पष्ट हुआ है कि इस तरह का लघुकालीन अस्पतालीकरण से मनोविदालिता के लक्षणों में तेजी से कमी आती है और उसका फिर से मानसिक अस्पताल में भर्ती किये जाने की दर में भी कमी आ जाती है।

(3) आंशिक अस्पतालीकरण *(Partial hospitalization)*—इस तरह के कार्यक्रम की शुरूआत मॉस्को (Moscow) में 1933 में हुई और उसकी सफलता को देखकर फिर इसे अन्य देशों जैसे, कनाडा, इंगलैंड, अमेरिका आदि में भी अपनाथा गया। अमेरिका में फिर इसे सामुदायिक उपचार कार्यक्रम (community treatement programme) द्वारा

भी 'अपनाया गया। आंशिक अस्पतालीकरण की जरूरत मनोविदालिता के उन रोगियों को अधिक होती है जिनकी आवयश्कताएँ पूर्णरूपेण अस्पतालीकरण (full hospitalization) तथा बाह्यरोगी चिकित्सा सत्र (out patient therapy session) के बीचोबीच में होती है। कुछ सामुदायिक केन्द्र ऐसे होते हैं जो *दिन केन्द्र* (day centre) या *दिन अस्पताल* (day hospital) चलाते हैं और इसमें आंशिक अस्पतालीकरण की सुविधा उपलब्ध कराते हैं। इस तरह के आंशिक अस्पतालीकरण में मनोविदालिता के रोगियों को रखकर सिर्फ दिन में ही उन सभी सुविधाओं को प्रदान करके उपचार किया जाता है जो किसी बड़े मानसिक अस्पताल में ही सामान्यत: उपलब्ध होता है। रात में रोगी अपना घर चला जाता है। आजकल इस ढंग के दिन अस्पताल में रोगियों को विशिष्ट उपचार कार्यक्रम प्रदान किया जाता है तथा उनके सामाजिक कौशल को उन्नत बनाने के लिए कुछ सामाजिक पुनर्वास कार्यक्रम (social rehabilitation programme) भी उपलब्ध कराये जाते हैं। क्रीड, ब्लैक तथा एनथॉनी (Creed, Black & Anthony, 1989) हर्ज तथा उनके सहयोगियों (Herz et al. 1971) द्वारा किये गए शोधों से यह पता चला है कि दिन अस्पताल में मनोविदालिता के रोगियों के लक्षणों का कमने का दर उन रोगियों से अधिक होता है जिन्हें पौराणिक बाह्यरोग चिकित्सा (traditional outpatient therapy) या विस्तरित अस्पतालीकरण (extended hospitalization) देकर उपचार किया जाता है।

(4) अपूर्ण घर *(Halfway houses)*—अपूर्ण घर से तात्पर्य वैसे आवास (residence) से होता है जिसमें वैसे मानसिक रोगियों को रखा जाता है जिन्हें अस्पतालीकरण (hospitalization) की जरूरत नहीं होती है परंतु जो न तो अपने परिवार और न ही अकेले ही रह सकते हैं। सामान्यत: ऐसे घरों में 12 से 24 मानसिक रोगियों के रहने की व्यवस्था होती है। यहाँ इनकी मदद एवं उपचार के लिए पारापेशेवर (paraprofessionals) होते हैं जिन्हें रोगियों को सांवेगिक समर्थन तथा दिन-प्रतिदिन की आवश्यकताओं के संबंध व्यवहारिक मार्गदर्शन करने का शिक्षण प्राप्त होता है। इस तरह के घरों में बहुत तरह के मानसिक रोगी रहते हैं परंतु इनमें मनोविदालिता के रोगियों की संख्या अधिक होती है। ऐसे घरों का वातावरण रोगियों को काफी सांवेगिक समर्थन प्रदान करता है। वे एक दूसरे के साथ दिन-प्रतिदिन की समस्यओं पर विचार करते हें तथा समुदाय में समायोजन करने के खयाल से एक-दूसरे की मदद भी करते हैं। ऐसे घरों में दी जाने वाली चिकित्सा का आधार मिल्यू चिकित्सा (milieu therapy) का सिद्धान्त होता है। केटोन (Caton, 1982) तथा सिम्पसन, हाईड तथा फाराघेर (Simpson, Hyde & Faragher, 1989) द्वारा किये गए शोधों से यह स्पष्ट हुआ है कि ऐसे अपूर्ण घर बहुत से मनोविदालिता के रोगियों को अपने समुदाय में समायोजन करने में मदद किया है तथा उन्हें पुन: मानसिक अस्पताल में जाने से रोका भी है।

(5) पेशेवर प्रशिक्षण *(Occupational training)*—लेशनर तथा उनके सहयोगियों (Leshiner et al. 1992) का मत है कि मनोविदालिता के रोगियों को दिया जाने वाला सामुदायिक उपचार (commumity treatement) का महत्त्वपूर्ण पहलू पेशेवर प्रशिक्षण (occupational training) है । इसके पीछे पूर्वकल्पना यह है कि नियमित रोजगार से व्यक्ति न केवल अपने आप को समर्थन ही देता है बल्कि एक स्वतंत्रता तथा आत्म-सम्मान भी प्राप्त करता है एवं अन्य लोगों के साथ मिलकर कार्य करना भी सीखता है। इससे दिन-प्रतिदिन की जिंदगी में एक क्रम (order) एवं दोस्ताना भाव भी उत्पन्न होता है। मनोविदालिता के रोग से मुक्त होने वाले बहुत से व्यक्ति ऐसे प्रशिक्षण प्राप्त कर अपने आप को मानसिक अस्पताल में पुनर्वापसी को रोक पाने में समर्थ होते हैं। ऐसे व्यक्तियों को प्राय: *आश्रय कार्यशाला* (sheltered workshop) में पेशेवर प्रशिक्षण दिया जाता है। आश्रय कार्यशाला एक ऐसा सुरक्षित एवं पर्यवेक्षित (supervised) कार्यस्थल होता है जहाँ के कर्मचारियों को कोई साधारण कार्य या ऐसा कार्य जिससे प्रतियोगियता नहीं होती है, करनी होती है। जैसे, इस कार्यशाला में काम करने वालों को गुड़िया बनाना, दिन-प्रतिदिन के काम में आने वाले घरेलू चीजों जैसे दियासलाई का बाक्स बनाना आदि कार्य करना होता है। उनके चीजों को बाजार में बेचा जाता है और प्राप्त धन को उनलोगों के निष्पादन के आधार पर उनमें बाँट दिया जाता है । मनोविदालिता के रोगी रह चुके व्यक्तियों में इससे धीरे-धीरे आत्मविश्वास उत्पन्न होता है तथा सामाजिक कौशल की क्षमता मजबूत हो जाती है। पहले तो इस ढंग के पेशेवर प्रशिक्षण देने वाले संस्थान की काफी कमी थी परंतु अब ऐसे संस्थानों की संख्या में पर्याप्त वृद्धि हुई है जो मनोविदालिता जैसे गंभीर रोग के रोगियों के लिए एक अच्छी खबर है।

निष्कर्षत: यह कहा जा सकता है कि मनोविदालिता के रोगियों के उपचार की कई विधियाँ हैं। इन विधियों में मनोविक्षिप्तिविरोधी औषधों और मनश्चिकित्सा की विधियों का उपयोग तुलनात्मक रूप से अधिक प्रभावी सिद्ध हुआ है।

अध्याय सारांश
(Chapter Summary)

1. मनोविदालिता मनोविक्षिप्त विकृतियों का एक समूह होता है जिसमें रोगी का चिंतन विकृत हो जाता है और तरह-तरह के विभ्रम उत्पन्न हो जाते हैं और रोगी वास्तविकता से दूर हटकर अनोखा पेशीय क्रियाएँ करता है।
2. मनोविदालिता का रोग कोई नया नहीं है और इसकी एक ऐतिहासिक पृष्ठभूमि है। पहले इस रोग को डिमेनसिया (dementia) कहा जाता था। क्रेपलिन ने 1899 में इसके लिए डिमेनसिया प्रेकोक्स (dementia praecox) पद का उपयोग किया था और फिर ब्ल्यूलर (Bleuler) ने 1911 में मनोविदालिता पद का सृजन किया जिसका शाब्दिक अर्थ मन का विभक्त होना हुआ। ब्ल्यूलर ने इस रोग का नाम मनोविदालिता इसलिए रखा था क्योंकि उन्होंने इस रोग के रोगी के चिंतन एवं संवेग के साहचर्यात्मक धागे में स्पष्ट रूप से विभाजन का लक्षण पाया था। आजकल मनोविदालिता का प्रयोग इस आरंभिक अर्थ से और भी विस्तृत अर्थ में किया जाता है।
3. मनोविदालिता के उत्पन्न होने में सामान्यतः तीन अवस्थाएँ पायी जाती हैं—पूर्वलाक्षणिक अवस्था, सक्रिय अवस्था तथा अवशिष्ट अवस्था । इस रोग का विस्तार (incidence) 1% सामान्यतः होता पाया गया है।
4. मनोविदालिता के तीन तरह के नैदानिक लक्षण (clinical symptoms) होते हैं—धनात्मक लक्षण, नकारात्मक या ऋणात्मक लक्षण तथा मनोपेशीय लक्षण। व्यामोह विघटित चिंतन एवं संभाषण, विभ्रम आदि धनात्मक लक्षण के उदाहरण हैं; संभाषण की कमी, भोथरा एवं कुंठित प्रभाव, वाह्य वातावरण के साथ क्षुब्ध संबंध नकारात्मक लक्षण के उदाहरण हैं तथा व्यक्ति के गति में स्वाभाविकता की कमी, हाव-भाव तौर-तरीके में अनोखापन आदि मनोपेशीय लक्षण के उदाहरण है ।
5. मनोविदालिता के निदान (diagnosis) के लिए कुछ स्पष्ट कसौटियाँ तैयार की गयी हैं जिसमें अन्य बातों के अलावा, इसके लक्षण गत छह महीना या उससे अधिक अवधि तक अवश्य होना तथा सामान्य काम-काज, सामाजिक संबंध तथा आत्म देख-रेख में कमी होना प्रधान है।
6. मनोविदालिता के कई प्रकार बतलाये गए हैं जिनमें पाँच प्रमुख हैं—विघटित मनोविदालिता, कैटेटोनिक मनोविदालिता, व्यामोही मनोविदालिता, मिश्रित मनोविदालिता तथा अवशिष्ट मनोविदालिता ।
7. मनोविदालिता के तीन आयाम (dimension) बतलाये गए हैं—तीक्ष्ण-चिरकालिक विमा, धनात्मक-ऋणात्मक विमा तथा व्यामोही-अव्यामोही विमा।
8. मनोविदालिता के तीन सामान्य कारण बतलाये गए हैं—जैविक कारक, मनोवैज्ञानिक कारक तथा सामाजिक-सांस्कृतिक कारक। इन तीनों कारकों में प्रथम दो को महत्त्वपूर्ण माना गया है और उसके पक्ष में पर्याप्त प्रयोगात्मक सबूत दिये गए हैं।
9. जहाँ तक मनोविदालिता के उपचार (treatment) का प्रश्न है, इसके लिए भी तीन तरह के साधन उपलब्ध हैं—मनोविक्षिप्ति विरोधी औषध (antipsychotic drug), मनश्चिकित्सा (psychotherapy) तथा सामुदायिक उपागम (community approach) । इनमें से प्रथम दो का उपयोग तुलनात्मक रूप से मनोविदालिता के उपचार में अधिक होता पाया गया है ।

❑

अध्याय 16

व्यामोही विकृति या स्थिर-व्यामोही विकृति
(DELUSIONAL DISORDER OR PARANOID DISORDER)

स्थिर-व्यामोही विकृति का स्वरूप
(Nature of Paranoid Disorder)

स्थिर-व्यामोही विकृति (paranoid disorder) एक ऐसा मानसिक रोग है जिसकी चर्चा हिपोक्रेटस (Hippocrates) द्वारा भी अपने समय में की गयी थी। उस समय उन्होंने स्थिर-व्यामोह का अर्थ 'पागलपन' (insanity) बतलाया था। आधुनिक समय में स्थिर-व्यामोह का प्रयोग इस अर्थ में नहीं होता है। 18वीं शताब्दी में मनोरोगविज्ञानियों (psychiatrists) एवं नैदानिक मनोविज्ञान (clinical Psychology) के विशेषज्ञों ने इसका प्रयोग एक खास अर्थ में किया जिसमें रोगियों में व्यामोह (delusions) की प्रधानता होती थी। व्यामोह का अर्थ गलत विश्वास (false belief) से होता है। आधुनिक समय में विशेषज्ञों के अनुसार स्थिर-व्यामोह (paranoia) से तात्पर्य एक वैसे मानसिक रोग से होता है जिसमें रोगी एक जटिल व्यामोह तंत्र (delusional system) विकसित कर लेता है परन्तु उसमें किसी प्रकार के विभ्रम (hallucinations), भाषा तथा क्रिया-कलापों में गड़बड़ी (disturbances) तथा स्थिति भ्रान्ति (disorientation) आदि का कोई लक्षण नहीं होता है। स्पष्ट हुआ कि इस रोग में रोगी में व्यामोह तंत्र (delusional system) इतना जटिल (complex) होता है कि उससे उसके व्यवहार में असामान्यता तथा कुसमायोजन (maladjustment) स्पष्ट रूप से दिखते हैं। सुव्यवस्थित एवं स्थिर व्यामोह (well-systematized and constant delusion) के अलावा इस तरह के रोगियों में और कोई भी लक्षण असामान्य नहीं होते हैं। DSM-IV (TR) में इस रोग का नाम **व्यामोही विकृति** (delusional disorder) रखा गया है। इसे बुटजिन, ऐकोसेल्ला एवं एलाय[1] (Butzine, Acocella & Alloy, 1993) के शब्दों में इस प्रकार परिभाषित किया जा सकता है—

"व्यामोही विकृति, व्यामोही तंत्र में मौलिक असामान्यता होती है। वास्तव में कुछ व्यामोही तंत्र की ही सिर्फ असामान्यता होती है और सभी पहलुओं में व्यक्तित्व सामान्य दीखता है।"

असामान्य मनोविज्ञान के इतिहास में स्थिर-व्यामोह के कई ठोस उदाहरण मिलते हैं। जैसे, कार्सन, बुचर तथा कोलमैन (Carson, Butcher & Coleman, 1988) ने एक अत्यन्त ही मशहूर केस (case) का वर्णन किया है जिसके द्वारा स्थिर व्यामोह (paranoia) के स्वरूप पर प्रकाश पड़ता है—

"एक इन्जीनियर ने सान फ्रान्सीसको (San Farancisco) तथा बड़े शहरों में व्याप्त कुहासा (fog) को दूर करने का एक मास्टर प्लान (master plan) विकसित किया और उसे वह उस कम्पनी (company) को दिया जहाँ वह नौकरी करता था। कम्पनी उसके 'मास्टर पलान की जाँच गहनता पूर्वक करने के बाद इस निष्कर्ष पर पहुँची कि प्लान अवैज्ञानिक है, अत: उसे अस्वीकृत कर दिया। उससे इन्जीनियर साहब को मानसिक धक्का पहुँचा और उन्होंने यह कहते हुए अपने पद से त्यागपत्र दे दिया कि अन्य इन्जीनियरों की मदद से कम्पनी ने जो निर्णय लिया है, वह सर्वथा गलत है क्योंकि अन्य इंजीनियरों को मास्टर प्लान की जटिलता (complexity) ठीक ढंग से समझ में नहीं आयी है। इसके

1. "In the delusional disorder, delusion system is the fundamental abnormality. Indeed in some cases, the delusional system is the only abnormality; in all other respects the person appears quite normal."

—Butzin, Acocella & Alloy : *Abnormal Psychology*, 1993, p. 386

बाद वह दूसरा ऐसा इंजीनियरिंग संस्थान (engineering firm) की खोज में सतत भटकता रहा जो उसके मास्टर प्लान में निहित विचारों के तकनीकी क्षमता (techinical proficiency) को समझ सके तथा उसके महत्त्व को पहचान सके। जब भी कोई व्यक्ति उसके प्लान की प्रवीणता (proficiency) के बारे में कोई प्रश्न करता था, तो वह तर्क देकर उसे वहीं ठहराने की कोशिश करता था परन्तु कभी-कभी वह उसके प्रति शक की निगाह से देखता था तथा क्रूरतापूर्ण (hostile) व्यवहार भी करता था। धीरे-धीरे उसमें यह सुव्यवस्थित विश्वास (well-syntematized belief) उत्पन्न हो गया कि सभी इंजीनियरिंग संस्थान (engineering firms) ने मिलकर उसके प्लान को चुराकर कार्यान्वित करने तथा उससे मुनाफा कमाने की एक गुप्त योजना बना ली है। मामला इतना गंभीर हो गया कि उसने पुलिस में इसकी एक रिपोर्ट दर्ज करायी और पुलिस को उसने धमकी दी कि यदि वे लोग इस सिलसिले में कुछ करने में नाकामयाब रहे, तो वे स्वयं कोई कदम उठायेंगे। इस धमकी के परिणामस्वरूप उन्हें मानसिक अस्पताल में भर्ती कराया गया जहाँ उन्हें स्थिर-व्यामोह (paranoia) का रोगी घोषित किया गया।''

उपर्युक्त उदहारण से स्पष्ट है कि स्थिर-व्यामोह (paranoia) में व्यक्ति किसी-न-किसी प्रकार के सुव्यवस्थित (well-systematized) एवं स्थिर (fixed) व्यामोह (delusion) विकसित कर लेता है और इतना ही नहीं, इसके पक्ष में कुछ मनगढ़न्त तर्क भी देता है। व्यामोह को छोड़कर रोगी अन्य दृष्टिकोणों से ठीक नजर आता है। ऐसे रोगियों में मनोविदालिता (schizophrenia) के रोगियों के समान विभ्रम (hallucination) नहीं होते हैं।

DSM-III-R द्वारा 1987 में मानसिक रोगों का वर्गीकरण प्रस्तुत करने के पहले स्थिर-व्यामोह (paranoia) में दो तरह के मनोविकृतियों (psychoses) को शामिल किया जाता था—**स्थिर-व्यामोह** (paranoia) तथा **स्थिर व्यामोही अवस्था** (paranoid state) । स्थिर व्यामोह में रोगी में मूलतः धीरे-धीरे दण्ड का व्यामोह (delusion of persecution) तथा महानता या श्रेष्ठता का व्यामोह (delusion of grandeur) विकसित होता है जो काफी क्रमबद्ध (systematized) एवं तार्किक (logical) होता है। इन व्यामोहों (delusions) को छोड़कर रोगी का व्यक्तित्व में कोई विभ्रम (hallucination) तथा गंभीर विघटन (serious disorganization) के लक्षण नहीं होते हैं। स्थिर-व्यामोही अवस्था (paranoid state) में जो व्यामोह (delusions) होते हैं वे क्षणिक होते हैं और उनमें न तो क्रमबद्धता (systematization) होता है और न उनमें तार्किक तत्त्व ही पाये जाते हैं । इस तरह की अवस्था प्रायः उस समय उत्पन्न होती है जब रोगी में मानसिक तनाव का स्तर बढ़ जाता है। DSM-IV (TR) में इन दोनों तरह के रोगों को एक ही शीर्षक अर्थात् *व्यामोही विकृति* (delusional disorder) में रखा गया है। परन्तु चूँकि स्थिर-व्यामोह (paranoia) तुलनात्मक रूप से अधिक लोकप्रिय (popular) पद है, इसलिए आगे इसी पद का प्रयोग हम करेगें। DSM-IV (TR) में व्यामोही विकृति की पहचान के लिए कुछ कसौटियों (criteria) को बतलाया गया है। इन कसौटियों का वर्णन इस प्रकार है—

1. व्यक्ति में एक या एक से अधिक व्यामोह जो सामान्य जीवन की परिस्थितियों से संबद्ध होते हैं, कम-से-कम एक महीने से उपस्थित हो ।

2. व्यामोही मनोविदालिता (paranoid schizophrenia) के लक्षण व्यक्ति में न हो। श्रव्य विभ्रम या दृष्टि विभ्रम, यदि हो, तो वह प्रबल नहीं हों। व्यामोही विषयों से संबद्ध स्पर्श या घ्राण (olfactory) विभ्रम उपस्थित हो सकते हैं।

3. व्यामोह (delusion) के प्रभाव के अलावा व्यक्ति का व्यवहार किसी भी तरह से अनोखा नहीं दीखता हो।

4. अगर व्यामोह के साथ-ही-साथ, व्यक्ति के मनोदशा (mood) में कुछ क्षुब्धता यदि आयी भी हो, तो उसकी अवधि व्यामोही अवधि की तुलना में काफी कम हो।

5. व्यक्ति के व्यवहार में क्षुब्धता (distrubance) का कारण कोई सामान्य मेडिकल अवस्था या किसी औषध के लेने से उत्पन्न दैहिक प्रभाव से न हो।

इन कसौटियों से स्पष्ट है कि व्यामोही विकृति में सिर्फ व्यामोह उत्पन्न होने की ही असामान्यता होती है अन्यथा व्यक्ति का व्यवहार बिलकुल ही सामान्य होता है।

DSM-IV (TR) (2000) के अनुसार नैदानिक परिप्रेक्ष्य में व्यामोही विकृति (delusional disorder) के बहुत कम केसेज देखने को मिलते हैं। मानसिक अस्पताल में भर्ती होने वाले मानसिक रोगियों का मात्र 1% से 2% रोगी ही व्यामोही विकृति के होते हैं। इस विकृति के उत्पन्न होने की आयु सामान्यतः मध्यावस्था (middle age) या उत्तर वयस्कावस्था होता है परंतु कभी-कभी उससे भी कम आयु में इस रोग की शुरूआत हो जाती है।

स्थिर-व्यामोही विकृति के प्रकार
(Types of Paranoid disorder)

स्थिर-व्यामोही विकृति के कई प्रकार बतलाये गए हैं जिनमें निम्नांकित प्रमुख हैं—

1. दंडात्मक प्रकार *(Persecutory types)*—इस प्रकार की विकृति के रोगी में यह व्यामोह (delusion) या गलत विश्वास उत्पन्न हो जाता है कि दूसरे लोग उसके प्रति कुछ साजिश कर रहे हैं, उन्हें तकलीफ देने का प्लान तैयार कर रहे हैं तथा उनके प्रति विभेद दिखलाने का एक जाल विछा रहे हैं। इन सबों से छुटकारा पाने के लिए प्रायः रोगी न्यायालय (court) में याचिका दायर कर कानूनी सुनवाई करता है और यदि उसके पक्ष में फैसला नहीं हुआ तो फिर उससे ऊपर के न्यायालय में पुनः सुनवाई के लिए याचिका देता है। इसे *क्यूरूलोअस स्थिर-व्यामोह* (querulous paranoia) कहा जाता है। इस तरह के दंडात्मक व्यामोह वाले व्यक्ति उन व्यक्तियों के प्रति क्रोध तथा अहिंसा दिखाते हैं जिन्हें वे यह समझते हैं कि वह उन्हें चोट पहुँचा रहा है।

2. ईर्ष्यालु प्रकार *(Jealous type)*—इस प्रकार में रोगी में यह गलत विश्वास उत्पन्न हो जाता है कि उसका लैंगिक साथी (sexual partner) अविश्वासी (unfaithful) है। इस तरह के गलत विश्वास का आधार छोटे-छोटे सबूतों के आधार पर लगाये गए गलत अनुमान (incorrect inferences) होते हैं।

3. कामोन्मादी प्रकार *(Erotomanic type)*—इस प्रकार में रोगी को यह गलत विश्वास हो जाता है कि कुछ उच्च-स्तरीय व्यक्ति या सम्मानित व्यक्ति उसके साथ प्यार करते हैं और उसके साथ लैंगिक संबंध (sexual liason) की इच्छा रखते हैं। कभी-कभी इसमें रोगी किसी अपरिचित व्यक्ति से रोमांस करने का विश्वास विकसित कर लेता है। प्रायः रोगी अपने व्यामोह के व्यक्ति से चिट्ठी, दूरभाष, उपहार आदि देकर अपना सम्पर्क बनाये रखता है हालांकि कभी-कभी वह इस तरह के व्यामोह को पूर्णतः गुप्त रखता है। नैदानिक प्रतिदर्श (clinical sample) में इस प्रकार के रोग अधिकतर महिलाओं में होता है।

4. आडम्बरी प्रकार *(Grandiose types)*—इस प्रकार में रोगी को यह गलत विश्वास हो जाता है कि उसमें कोई असाधारण या दिव्य सूझ या शक्ति या योग्यता है । उसे यह भी गलत विश्वास हो जाता है कि उसने कोई महत्त्वपूर्ण खोज (discovery) किया है। ऐसे रोगी प्रायः यह भी कहते पाये जाते हैं कि उनका किसी बड़े राजनैतिक नेता से व्यक्तिगत संबंध है या वह ईश्वर का दूत है।

5. शारीरिक प्रकार *(Somatic type)*—इस प्रकार में रोगी को यह गलत विश्वास हो जाता है कि उसमें कोई-न-कोई शारीरिक क्षुब्धता (physical disturbance) उत्पन्न हो गया है। वह इस विचार से हमेशा अत्यधिक परेशान रहता है। शारीरिक व्यामोह (somatic delusion) के कई प्रकार होते हैं। इसमें सबसे सामान्य प्रकार वह है जिसमें रोगी का यह गलत विश्वास हो जाता है कि उसके त्वचा, मुँह, मलाशय (rectum) तथा योनि (vagina) से दुर्गन्ध आ रहा है। उसके त्वचा के भीतर कुछ परजीवी (parasite) हैं तथा उसका बड़ा आँत (large intestive) ठीक से कार्य नहीं कर रहा है, आदि-आदि।

6. मिश्रित प्रकार *(Mixed type)*—इस श्रेणी में स्थिर व्यामोह के उन रोगियों को रखा जाता है जिसमें कोई एक तरह का व्यामोही विषय की प्रबलता नहीं होती है।

7. अविशिष्ट प्रकार *(Unspecified type)*—इस प्रकार में स्थिर-व्यामोह के किसी रोगी को तब रखा जाता है जब उसका प्रबल व्यामोही विश्वास के बारे में यह निश्चय नहीं किया जा सकता है कि वह किस प्रकार है। जैसे, मान लिया जाए कि कोई व्यक्ति में संदर्भ व्यामोह (referential delusion) तो होता है परंतु उसमें आडम्बरी (gradiose) या दंडात्मक तत्त्व न हो, तो यह नहीं कहा जा सकता है कि उसका व्यामोही विश्वास किस श्रेणी का है।

स्पष्ट हुआ कि स्थिर-व्यामोही विकृति के कई प्रकार हैं। व्यामोह का वस्तु विभिन्न संस्कृति में भिन्न होता है। इनमें से ईर्ष्यालु प्रकार महिलाओं की अपेक्षा पुरुषों में अधिक होता है परंतु अन्य स्थिर-व्यामोही विकृतियों में कोई समग्र बड़ा यौन अंतर नहीं होता पाया जाता है। इनमें से दंडात्मक प्रकार सबसे अधिक प्रचलित प्रकार है। कुछ अध्ययनों से इस बात की संपुष्टि हुई है कि ईर्ष्यालु प्रकार का पूर्वानुमान (prognosis) दंडात्मक प्रकार से अधिक श्रेष्ठ होता है।

स्थिर-व्यामोही विकृति के लक्षण या नैदानिक स्वरूप
(Symptoms or Clinical picture of Paranoid disorder)

स्थिर-व्यामोह (paranoia) के कुछ लक्षण (symptoms) बतलाये गए हैं जिनके आधार पर उनका नैदानिक स्वरूप (clinical picture) अधिक स्पष्ट हो जाता है। इनमें निम्नांकित लक्षण (symptoms) अधिक महत्त्वपूर्ण हैं—

(1) **व्यामोह** *(Delusion)*—स्थिर-व्यामोह के रोगी में व्यामोह की प्रधानता होती है। इन व्यामोहों में दण्ड-व्यामोह (delusion of persecution) तथा आडम्बरी व्यामोह (delusion of grandeur) अधिक पाया जाता है। दण्ड-व्यामोह में रोगी को यह दृढ़ विश्वास हो जाता है कि उसके मित्र या अन्य लोग उसके पीछे पड़े हुए हैं और उन्हें हानि पहुँचाने या धोखा देने का प्लान रच रहे हैं। उसे यह भी विश्वास हो जाता है कि चारों ओर उसके दुश्मन लगे हुए हैं जो उनकी गतिविधियों पर कड़ी नजर रखे हैं। कभी-कभी रोगी को यह भी विश्वास हो जाता है कि लोग उसे जान से मार देने का प्लान रच रहे हैं। इससे बचाव के लिए वे अपने घर के चारों ओर सख्त घेराबन्दी (barricade) भी कर देते हैं। नौकरी पेशा रोगी को अक्सर यह विश्वास हो जाता है कि उनका नियोजक उन्हें निलंबित (suspend) करने का प्लान बना रहा है।

इसके अलावा स्थिर-व्यामोह के कुछ रोगियों में आडम्बरी-व्यामोह (delusion of grandeur) की भी प्रधानता होती है। इसमें रोगी अपने आप को एक अति प्रधान व्यक्ति या सर्वाधिक क्षमता वाला व्यक्ति समझने लगता है। किस्कर (Kisker, 1985) ने एक ऐसी महिला रोगी का वर्णन किया है जो अपने आपको 'विश्व सुंदरी' मानती थी और सुंदर-से-सुंदर महिला को अपने आगे तुच्छ समझती थी। बाद में मानसिक अस्पताल में उपचार के दौरान पता चला कि वह स्थिर-व्यामोह का रोगी है।

चाहे रोगी में दण्ड-व्यामोह हो या आडम्बरी-व्यामोह या अन्य कोई व्यामोह जैसे ईर्ष्या का व्यामोह (delusion of jealousy), किसी रोग से पीड़ित होने का व्यामोह आदि, विभिन्न रोगियों में व्यामोह (delusion) का विषय भिन्न-भिन्न होता है परन्तु उनका रूप लगभग स्थिर (constant) या एक जैसा होता है।

कभी-कभी दो या दो से अधिक रोगियों में एक-दूसरे के मात्र निकट सम्पर्क के कारण अन्त:पाशन व्यामोह (intrelocking delusion) विकसित हो जाता है जिसे ऐतिहासिक रूप से (historically) **'फोली ए ड्यूक्स'** (folie a duex) कहा जाता है जिसका अर्थ यह होता है कि इसमें रोग का कारण कोई आन्तरिक मनोग्रन्थि (internal complex) नहीं है बल्कि रोगी का मात्र निकट साहचर्य है।

(2) **विभ्रम की कमी** *(Lack of hallucination)*—स्थिर-व्यामोह (paranoia) के रोगियों में विभ्रम (hallucination) शायद ही कभी देखने का मिलता है। अगर कभी भी विभ्रम किसी रोगी में देखने को मिलता है तो उसका स्वरूप श्रव्य (auditory) ज्यादा होता है दृश्य (visual) कम।

(3) **क्रमबद्ध एवं तार्किक चिन्तन** *(Systematized and logical thoughts)*—स्थिर-व्यामोह के रोगियों का एक लक्षण यह भी है कि वे अपने व्यामोह (delusion) या दृढ़ विश्वास की वैधता (validity) को क्रमबद्ध (systematized) एवं सुव्यवस्थित तर्क (well-established logic) के आधार पर सिद्ध करते हैं। इस कारण वे बातचीत (conversation) में पूर्णत: सामान्य (normal) दीखते हैं।

(4) **स्थातिभ्रान्ति की कमी** *(Lack of disorientation)*—स्थिर-व्यामोह के रोगियों में मनोविकृति (psychosis) के अन्य प्रकारों के समान स्थिति-भ्रान्ति (disorientation) नहीं होता है। फलस्वरूप, ऐसे रोगियों को यह पूर्णत: ज्ञान होता है कि वह कौन है, कहाँ है, आदि-आदि।

(5) **चिन्तन की क्रमिक अवस्थाएँ** *(Sequential modes of thinking)*—असामान्य मनोविज्ञान तथा मनश्चिकित्सकों (psychiatrists) ने स्थिर-व्यामोह के रोगियों के चिन्तन प्रक्रियाओं (thinking process) का विश्लेषण करके यह दिखलाया है कि ऐसे रोगियों के चिन्तन का एक खास क्रम (sequence) में होता है जिनमें मूलत: पाँच कदम होते हैं—

(i) संदिग्धता (Suspiciousness)—पहली अवस्था में रोगी को अनावश्यक रूप से दूसरों पर शक होने लगता है और वह दूसरों की इच्छा तथा कार्यों को शक की निगाह से देखता है।

(ii) रक्षात्मक चिन्तन (Protective thinking)—इस अवस्था में रोगी अपने शक को मजबूत करने के ख्याल से दूसरों के कुछ खास-खास व्यवहारों पर अधिक ध्यान देता है तथा अपनी गलतियों का दोष दूसरों पर पड़ता है।

(iii) विद्वेषता (Hostility)—इस अवस्था में उसके चिन्तन (thinking) में अधिक विद्वेषता उत्पन्न होती है और वह तथाकथित (alleged) अन्याय (injustice) एवं दुर्व्यवहार (mistreatment) के पति क्रोधपूर्ण अनुक्रिया करता है और इस तरह से उसका शक (doubt) और भी जड़ पकड़ लेता है।

(iv) व्यामोहित स्पष्टीकरण (Paranoid illumination)—इस अवस्था में रोगी को यह स्पष्ट अनुभव होने लगता है कि उसकी अनुभूतियाँ एवं भाव में कुछ विचित्रता है।

(v) व्यामोह (Delusions)—अन्त में, रोगी में कुछ निश्चित व्यामोहित चिन्तन (delusional thinking) जिसमें प्रभाव व्यामोह (delusion of influence), दण्ड व्यामोह (delusion of persecution) तथा आडम्बरी व्यामोह (delusion of grandeur) आदि प्रधान हैं, स्पष्टत: विकसित हो जाते है।

स्थिर-व्यामोह के कारण या हैतुकी
(Etiology of Paranoia)

मनश्चिकित्सकों एवं मनोवैज्ञानिकों के अध्ययनों से यह स्पष्ट हो गया है कि स्थिर-व्यामोह (paranoia) के रोग में रोगी में किसी प्रकार की शारीरिक गड़बड़ी (bodily distrubances) तथा जननिक विकृतियाँ (genetic disorders) नहीं होती है। इसका मतलब यह हुआ कि इस रोग का कोई आनुवंशिक कारण (hereditary etiology) नहीं होता है। इस रोग में मनोसामाजिक कारकों (psychosocial factors) की भूमिका काफी अधिक बतलायी गयी है। प्रमुख ऐसे कारकों की व्याख्या इस प्रकार है—

(1) विफलता एवं हीनता की भावना *(Failure and feeling of inferiority)*—अध्ययनों से यह पता चला है कि यह रोग उन व्यक्तियों में अधिक विकसित करता है जिन्हें जीवन के महत्त्वपूर्ण अवस्थाओं (critical stages) जैसे सामाजिक जीवन (social life), व्यावसायिक जीवन (occupational life) तथा दाम्पत्य जीवन (marital life) में असफलताओं की लम्बी श्रृंखला होती है जो मूलत: अवास्तविक (unrealistic) लक्ष्य, दूसरों के साथ मिलने-जुलने की अक्षमता तथा अवास्तविक विश्वास की दृढ़ता (rigidity) आदि से उत्पन्न होता है। इस तरह की असफलताओं का परिणाम यह होता है कि रोगी अपने आप को तुच्छ एवं महत्त्वहीन समझने लगता है और एक तरह से वह अपने आप को अस्वीकृत (reject) या तिरस्कृत समझने लगता है। असफलताओं से उत्पन्न हीनता की भाव को छिपाने के लिए व्यक्ति आडम्बरी व्यामोह (delusion of grandeur) तथा आत्म-महत्ता (self-importance) जैसे विश्वास विकसित कर लेता है और वह इस तरह से धीरे-धीरे स्थिर-व्यामोह (paranoia) का रोगी बन जाता है।

(2) दोषपूर्ण सीखना एवं विकास *(Faulty learning and development)*—वोहनर्ट तथा स्मीथ (Bohnert & Smith, 1970) एवं स्वार्ज (Schwartz, 1963) के अध्ययनों से यह स्पष्ट हो गया है कि स्थिर-व्यामोह उन वयस्कों में विकसित होता है जो बचपन में अधिक एकान्तप्रिय (seclusive), जिद्दी, शक्की, दण्ड देने पर प्रतिरोध व्यक्त करने वाले होते हैं। इतना ही नहीं, इनका बचपन का इतिहास यह बतलाता है कि शायद ही कभी ऐसे बच्चे अन्य बच्चों के साथ मिल-जुलकर सामान्य ढंग से खेल (play) खेलते थे तथा अन्य बालकों के साथ कभी भी सौहार्द्रपूर्ण संबंध स्थापित कर पाते थे। इन गुणों के कारण बचपनावस्था में बालकों में दूसरों के प्रति सामान्य आस्था या विश्वास नहीं उत्पन्न हो पाता है और वयस्कावस्था में इनमें आत्म-आलोचना (self-criticism) या आत्मभर्त्सना को बर्दाश्त करने की क्षमता नहीं हो पाती है। फलस्वरूप वह अपनी त्रुटियों एवं विफलताओं को दूसरों पर आरोपित करते हैं और धीरे-धीरे व्यामोह (delusion) से ग्रस्त हो जाते हैं।

कुछ मनश्चिकित्सकों (psychiatrists) ने स्थिर-व्यामोह के रोगियों की पारिवारिक पृष्ठभूमि (family background) भी दोषपूर्ण बतलाया है जिसमें सिर्फ दोषपूर्ण शिक्षण(faulty learning) ही संभव है। ऐसे रोगियों का पारिवारिक वातावरण सत्तावादी (authoritarian) तथा अत्यधिक दमनकारी (excessively repressive) होता है। कोई भी सदस्य परिवार के प्रमुख सदस्यों से खुलकर बातचीत नहीं कर सकता है क्योंकि प्रमुख सदस्य अधिक दमनकारी प्रकृति एवं अपने विचारों की महानता के आगे किसी अन्य के विचार को स्वीकार करना अपनी तौहीनी समझने वाले होते हैं। ऐसे प्रमुख सदस्य

अन्य लोगों से अपने आपको काफी अधिक श्रेष्ठ (superior) समझते हैं। ऐसे परिवार में रहने के कारण व्यक्ति भी अपने आप में आडम्बरी-व्यामोह (delusion of grandeur) विकसित कर स्थिर-व्यामोह (paranoia) के रोगी बन जाते हैं।

(3) लैंगिक कुसमायोजन *(Sexual maladjustment)*—स्थिर-व्यामोह के रोग का एक कारण समलिंगी कामुकता (homosexuality) बतलाया गया है। साइमण्ड फ्रायड (Sigmund Freud) के अनुसार व्यक्ति में जब समलिंगी कामुक इच्छाएँ काफी तीव्र हो जाती हैं, तो व्यक्ति उसका दमन करता है जिससे उसमें मानसिक संघर्ष (mental conflict) होता है और इस तरह के संघर्ष से बचने के लिए व्यक्ति स्थिर-व्यामोह (paranoia) का लक्षण विकसित कर लेता है। दूसरे शब्दों में, व्यक्ति तरह-तरह के व्यामोह (delusion) विकसित कर लेता है और इस तरह वह अपने आप को समलिंगी कामुकता (homosexuality) से उत्पन्न मानसिक संघर्ष से दूर रखने में समर्थ हो पाता है । आधुनिक मनश्चिकित्सकों (psychiatrists) ने यह भी स्पष्ट कर दिया है कि स्थिर-व्यामोह के रोग का कारण सिर्फ समलिंगी कामुकता (homosexuality) ही नहीं बल्कि विषमलिंगी कामुकता (heterosexuality) भी है। जब व्यक्ति किसी विपरीत लिंग के व्यक्ति के साथ लैंगिक संबंध चाहता है परन्तु संभव नहीं हो पाता है तो उसके मन में मानसिक संघर्ष उत्पन्न होता है जिसका समाधान वह अपने प्रिय व्यक्ति के प्रति ईर्ष्या का व्यामोह (delusion of jealousy) करके करता है और इस तरह से उनमें स्थिर व्यामोह का रोग धीरे-धीरे विकसित होने लगता है। दूसरे शब्दों में, विषमलिंगी संबंध विफल होने पर वह सोचने लगता है कि वह उसे (अपने प्रिय व्यक्ति) को प्रेम नहीं करता है बल्कि घृणा तथा उससे ईर्ष्या करता है।

(4) रक्षात्मक संरचनाओं का विस्तृतीकरण *(Elaboration of defensive structures)*—जैसे कि हम जानते हैं, स्थिर-व्यामोह के रोगियों के जीवन में असफलताओं की लम्बी श्रृंखला होती है । इससे अपने आप को बचाने के लिए वह तरह-तरह के रक्षात्मक उपायों (defensive means) का सहारा लेता है। इस प्रक्रिया में वह अपनी रक्षात्मक संरचनाओं (defensive structures) का लम्बा विस्तृतीकरण (long eleboration) करता है और अपनी असफलता के लिए वह तार्किक चिन्तन (logical reasoning) विकसित करता है ताकि वह अपने आप को एवं अन्य लोगों को भी यह अश्वस्त कर सके कि उसके असफलता का कारण वह स्वयं नहीं है बल्कि कुछ ऐसे कारक हैं जिनपर उसका कोई नियंत्रण नहीं था। इस तरह से उसमें व्यामोह (delusion) सुदृढ़ होने लगता है । कैमरन (Cameron, 1959) ने अपने अध्ययन के आधार पर यह बतलाया है कि धीरे-धीरे ऐसे रोगियों में व्यामोह इतना सुदृढ़ हो जाता है कि वह अपना एक 'नकली समुदाय' (pseudo community) विकसित कर लेता है जिसमें रोगी हमेशा अपने आप को कुछ वैसे व्यक्तियों (वास्तविक एवं काल्पनिक) से घिरा पाता है जिसका उद्देश्य उसके प्रतिकूल कोई क्रिया (activity) करना होता है। इसका परिणाम यह होता है कि रोगी किसी मामूली बात को भी काफी गंभीरता से लेता है अर्थात् वह तिल का ताड़ कर देता है। इस तरह की प्रक्रिया से उसमें व्यामोह धीरे-धीरे और भी मजबूत होता जाता है और व्यक्ति व्यामोह रोग के चंगुल में फँसता जाता है।

(5) व्यक्तित्व का विशिष्ट प्रकार *(A particular kind of personality type)*—कुछ अध्ययनों से यह पता चला है कि स्थिर-व्यामोह (paranoia) वैसे व्यक्तियों में विकसित होता है जो संदेही (suspicious), ईर्ष्यालु (jealous), महत्त्वाकांक्षी (ambitious) तथा असाधारण रूप से संवेदनशील (sensitive) होते हैं। जब ये सारी विशेषताएँ व्यक्ति में लम्बे समय तक मौजूद रहती हैं, तो इससे व्यक्ति में अनावश्यक रूप से अपने को बड़ा समझने की भावना उत्पन्न हो जाती है। ऐसे लोग अपनी श्रेष्ठता (superiority) बनाये रखने के लिए अपने अभिमानसूचक विचार दूसरों पर थोपते हैं। इन सबका परिणाम यह होता है कि व्यक्ति में धीरे-धीरे कई तरह के व्यामोह (delusion) विकसित हो जाते हैं और व्यक्ति स्थिर-व्यामोह (paranoia) का रोगी बन जाता है।

इस तरह से यह स्पष्ट हुआ कि स्थिर-व्यामोह की उत्पत्ति में मनोसामाजिक कारकों (psychosocial factors) की प्रधानता होती है।

स्थिर व्यामोह के उपचार
(Treatment of Paranoia)

स्थिर-व्यामोह (paranoia) की प्रारंभिक अवस्था में रोगियों की चिकित्सा करना आसान होता है । ऐसी अवस्था में इन्हें वैयक्तिक मनोचिकित्सा (individual psychotherapy) तथा समूह मनोचिकित्सा (group psychothearpy)

देकर आसानी से चंगा किया जा सकता है। इस प्रारंभिक अवस्था में व्यवहार चिकित्सा (behaviour therapy) देकर रोगियों को उनके लक्षणों (symptoms) से आसानी से मुक्त कराया जा सकता है। जैसे, विरुचि अनुबंधन (aversive conditioning) द्वारा कुसमायोजी व्यवहार को पुनर्बलित करने वाले कारकों को दूर करके तथा उत्तम समायोजी पैटर्न को अपनाकर स्थिर व्यामोही विश्वास को दूर किया जा सकता है।

परन्तु यदि स्थिर-व्यामोह (paranoia) की अवस्था बहुत आगे बढ़ चुकी होता है यानी रोग पुराना हो चुका होता है, तो वैसी अवस्था में इसके उपचार में थोड़ी कठिनाई आती है। रोग पुराना हो जाने पर रोगी के साथ अर्थपूर्ण ढंग से कुछ कहना या सुझाव देना चिकित्सक (therapist) के लिए संभव नहीं हो पाता है। फलतः उन्हें मनोचिकित्सा (psychotherapy) देकर चंगा करना संभव नहीं हो पाता है। इस विकराल अवस्था में ऐसे रोगियों को मानसिक आरोग्यशाला (mental hospital) में भर्ती कराकर चिकित्सा कराना अनिवार्य हो जाता है जहाँ उन्हें मेडिकल चिकित्सा (medical therapy) देकर उन्हें चंगा करने का प्रयास किया जाता है।

अध्याय सारांश
(Chapter Summary)

1. व्यामोही विकृति (delusional disorder) या जिसे स्थिर व्यामोही विकृति (paranoid disorder) भी कहा जाता है, एक ऐसा मानसिक रोग है जिसके बारे में लोगों को बहुत पहले से ही जानकारी है। इस तरह की विकृति में व्यक्ति की असामान्यता मात्र एक बिंदु पर होता है और वह है व्यामोही तंत्र (delusional system) का। व्यक्ति में कुछ व्यामोह या गलत विश्वास उत्पन्न हो जाते हैं जिनसे उनका व्यवहार कुसमायोजी हो जाता है। व्यामोही तंत्र की असामान्यता के अतिरिक्त उसके व्यक्तित्व में कोई असामान्यता नहीं होती है। इसकी पहचान के लिए DSM-IV (TR) में पाँच कसौटी बतलाये गये हैं।
2. स्थिर-व्यामोही विकृति के मुख्य छह प्रकार बतलाये गए हैं—दंडात्मक प्रकार, ईर्ष्यालु प्रकार, कामोन्मादी प्रकार, आडम्बरी प्रकार, शारीरिक प्रकार, मिश्रित प्रकार तथा अवशिष्ट प्रकार।
3. स्थिर-व्यामोही विकृति के कई लक्षणों में व्यामोह, विभ्रम की कमी, क्रमबद्ध तथा तार्किक चिंतन, स्थिति भ्रांति की कमी, चिंतन की क्रमिक अवस्थाएँ आदि देखी जाती हैं।
4. स्थिर-व्यामोही विकृति के कई कारण हैं जिनमें विफलता एवं हीनता की भावना, दोषपूर्ण सीखना एवं विकास, लैंगिक कुसमायोजन, रक्षात्मक संरचनाओं का विस्तृतीकरण तथा व्यक्तित्व का विशिष्ट प्रकार आदि प्रधान है।
5. स्थिर व्यामोही विकृति के उपचार का जहाँ तक प्रश्न है, इससे वैयक्तिक मनश्चिकित्सा, सामूहिक मनश्चिकित्सा तथा व्यवहार चिकित्सा की प्रविधियाँ अधिक प्रभावी सिद्ध हुई हैं।

❑

अध्याय 17

मानसिक मन्दन तथा अधिगम असमर्थता

(MENTAL RETARDATION AND LEARNING DISABILITIES)

मानसिक दुर्बलता का अर्थ एवं स्वरूप
(Meaning and Nature of Mental Deficiency)

मानसिक दुर्बलता या मन्दन (mental retardation or deficiency) या जिसे मानसिक न्यूनता (mental deficiency) भी कहा जाता है, में मनोवैज्ञानिकों की अभिरुचि करीब 1935 के बाद जगी। उसके पहले इनलोगों द्वारा मानसिक दुर्बलता (mental deficiency) के अध्ययन पर न के बराबर ही ध्यान दिया गया था। *दी अमेरिकन एशोसियन ऑन मेन्टल रिटार्डेशन*[1] (The American Association on Mental Retardation, 1992) के अनुसार, "मानसिक दुर्बलता का संबंध वर्तमान क्रिया वाही में पर्याप्त परिसीमाओं से होता है। इसमें सार्थक रूप से अधोऔसत बौद्धिक क्रिया होती है तथा निम्नांकित उपयुक्त समायोजी कौशल क्षेत्रों में से दो या दो से अधिक में संबंधित परिसीमाएँ साथ-साथ होतीं हैं—संचार, आत्म-देखरेख, घरेलू जिंदगी, सामाजिक कौशल, सामुदायिक अनुप्रयोग, आत्म-दिशा, स्वास्थ्य, सुरक्षा, कार्यात्मक शिक्षा, अवकाश एवं कार्य। मानसिक दुर्बलता 18 साल की आयु के पहले ही अभिलक्षित होती है।"

इस परिभाषा से बहुत अधिक प्रभावित होकर DSM-IV (1994) में भी मानसिक दुर्बलता की परिभाषा लगभग इस प्रकार दी गयी है। DSM-IV के इस परिभाषा को डेभिसन एवं नील[2] (Davison & Neale, 1996) के शब्दों में हम इस प्रकार व्यक्त कर सकते हैं।

"DSM-IV में मानसिक दुर्बलता को समायोजी व्यवहार में कमी के साथ सार्थक रूप से अधोऔसत बौद्धिक कार्यवाही के रूप में परिभाषित किया जाता है तथा यह 18 वर्ष की आयु से पहले अभिलक्षित हो जाता है।"

इन परिभाषाओं का विश्लेषण करने पर मानसिक दुर्बलता के बारे में हम निम्नांकित निष्कर्ष पर पहुँचते हैं—

(i) मानसिक दुर्बलता में व्यक्ति का बौद्धिक कार्यवाही (intellectual functioning) सार्थक रूप से अधोऔसत (subaverage) होता है। DSM-IV के कसौटी के अनुसार ऐसे व्यक्ति की बुद्धिलब्धि 70 से नीचे होता है।

(ii) व्यक्ति अपने उम्र के अनुसार वर्तमान समायोजी व्यवहार को नहीं कर पाता है तथा कम-से-कम इन क्षेत्रों में से दो में व्यक्ति की प्रभावशीलता काफी चिंताजनक होती है—संचार, आत्म देख-रेख (self-care), घरेलू जीवन, सामाजिक कौशल, सामुदायिक प्रयोग, आत्म-निदेश, कार्यात्मक शैक्षिक कौशल, स्वास्थ्य तथा सुरक्षा।

(iii) इस तरह की मानसिक दुर्बलता की शुरूआत अर्थात् इसके लक्षण 18 साल की आयु के पहले ही प्रारंभ हो जाता है। स्वभावतः तब इस श्रेणी में उन लोगों को नहीं रखा जाता है जिनमें मानसिक दुर्बलता के लक्षण 18 साल की आयु के बाद किसी विशेष कारण जैसे मस्तिष्क क्षति (brain injury) या रोग से हुआ होता है।

1. "Mental retardation is characterised by significantly subaverage intellectual functioning, existing concurrently with related limiations in two or more of the following applicable adaptive skill areas : communication, self-care, home living, social skills, community use, self-direction, health and safety, functional academics, leisure and work. Mental retardation mainifests before age 18."

—*The American Association on Mental Retardation,* 1992, p. 1

2. "In DSM-IV mental retardation is defined as significantly subaverage intellectual functioning along with deficits in adaptive behaviour and occuring prior to age 18."—Davison & Neale : *Abnormal Psychology*, 1996, p. 458

मानसिक मंदता की ऐतिहासिक पृष्ठभूमि
(Historical Beckground of Mental Retardation)

मानसिक मंदता का इतिहास, यदि हम गौर से देखें, तो मानव के इतिहास के समानान्तर ही है। जिस तरह से पुरातन समय में कुछ लोग मानसिक रोग का शिकार होते थे, ठीक उसी ढंग से लोग मानसिक मंदता का भी शिकार होते थे।

मानसिक मंदता का सबसे पहला महत्त्वपूर्ण अध्ययन फ्रांस (France) में 1799 में जीन इटार्ड (Jean Itard) द्वारा तब किया गया जब वे *भिक्टर* नामक बच्चा का अध्ययन किया तथा जिसे 'वाइल्ड वॉय ऑफ ऐभेरोन' (Wild Boy of Averon) के शीर्षक के तहत प्रकाशित किया गया। इस बच्चे को तीन शिकारियों द्वारा फ्रांस में ऐभरोन के जंगल में तब पकड़ा गया गया था जब बच्चा इन तीनों के डर से भाग कर पेड़ पर चढ़ गया था। उस समय इस बच्चे की उम्र 11-12 वर्ष की थी। इटार्ड ने इस बच्चे को पेरिस लाये और करीब पाँच वर्षों तक उसे प्रशिक्षित किया गया। इटार्ड का मानना था कि बच्चे की यह दशा तथा मानसिक मंदता इसलिए थी क्योंकि उसका सम्पर्क अन्य लोगों के साथ नहीं था। परंतु दुर्भाग्यवश पाँच साल के गहन प्रशिक्षण के बावजूद भी बच्चा की मानसिक दशा में कोई खाश सुधार नहीं हुई और वे काफी निराश हो गए और एक नकारात्मक रिपोर्ट तत्कालीन सरकार को सौंप दिया।

परंतु जब इटार्ड ने भिक्टर के व्यवहार का सूक्ष्मविश्लेषण किया तो पाया कि उसने अन्य किशोरों की तुलना में निश्चित रूप से प्रगति नहीं दिखलायी किन्तु जब उसका व्यवहार पाँच साल पहले के व्यवहार से जब उसे जंगल में पकड़ा गया था, निश्चित रूप से उन्नत हुए थे। इसके आधार पर इटार्ड इस निष्कर्ष पर पहुँचे कि एक मानसिक रूप से मंदित बच्चा से बुद्धि का एक सामान्य स्तर पर पहुँचने की उम्मीद करना व्यर्थ है परंतु प्रशिक्षण देने से उसके व्यवहार में उन्नति निश्चित रूप से हो सकती है।

इटार्ड के इस कार्य से प्रोत्साहन प्राप्त करके उनके एक शिष्य जिसका नाम इडोआर्ड सेगुईन (Edoward Seguin) था, ने 1837 में पेरिस में मानसिक रूप से मंदित बच्चों को प्रशिक्षित करने के लिए एक प्रशिक्षण केन्द्र (training centre) खोला। जब सेगुइन पेरिस छोड़कर अमेरीका में 1850 में उत्प्रवास करने (emigrate) आ गए थे, तो वे मानसिक रूप से मंदित बच्चों के उपचार का कार्यक्रम जारी रखे। उन्होंने अपने इस कार्यक्रम में ज्ञानेन्द्रियों के प्रशिक्षण पर अधिक बल डाला। शायद यही कारण है कि उनके इस प्रविधि को *दैहिक विधि* (physiological method) कहा गया।

1940 में इंगलैंड में मानसिक रूप से मंदित बच्चों के लिये पहला आश्रम (asylum) खोला गया जबकि अमेरीका में ऐसे बच्चों के लिए पहला इस ढंग का संस्थान 1847 में मासासूसेट्स (Massachusetts) में खोला गया था जिसका नाम *वाल्टर ई. फर्नल्ड स्टेट स्कूल* (Walter E. Fernald State School) था। बाद में ऐसा ही राज्यस्तरीय स्कूल को न्यूयार्क, पैंसिलवानिया तथा ओहियो में अगले दस सालों में खोला गया। 1876 तक मानसिक रूप से मंदित बच्चों को प्रशिक्षित करने के 10 ऐसे स्कूल स्थापित हो चुके थे और इसी साल इन स्कूलों के अधीक्षकों (Superintendents) ने आपस में मिलकर एक संघ की स्थापना किया जिसका नाम *एसोसियन ऑफ मेडिकल ऑफिसर्स ऑफ अमेरीकन इन्स्टीच्यूसन फार इडियट्स एण्ड फिब्लिमानडेड परसनस'* (Association of Medical Officers of American Institutions for Idiots and Feebleminded Persons) रखा गया। इसी संघ का नाम आज *अमेरीकन ऐशोसियन ऑन मेनटल डिफिसियनसी* (American Association on Mental Defieiency or AAMD) है।

मानसिक मंदता के इतिहास में ग्रिगोर मेन्डल (Gregor Mendel) का कार्य जिसमें आनुवंशिकता (heredity) के महत्त्व पर अधिक बल डाला गया, काफी महत्त्वपूर्ण है। 19वीं शताब्दी के अन्तिम 20 वर्षों में मानसिक मंदता के पारिवारिक प्रभाव (familial incidence) के अध्ययन में वैज्ञानिकों की रूचि अधिक थी। आर. एल. डगडेल (R. L. Dugdale) ने 1877 में मानसिक मंदता का सबसे पहला पारिवारिक अध्ययन किया जिसमें उन्होंने मानसिक रूप से मंदित दो बहनों के पारिवारिक वंशवृक्ष (family pedigree) तैयार किया और पाया कि उनके बच्चों में मानसिक मंदता उत्पन्न

होने की संभावना काफी अधिक थी। कुछ वर्षों बाद अर्थात् 1912 में एच. एच. गोडार्ड (H. H. Goddard) कालिकाक परिवार (Kallikak family) पर अध्ययन किया गया परिणाम को प्रकाशित किया जिसमें भी मानसिक मंदता का एक स्पष्ट आनुवंशिक आधार पाया गया। इन सभी अध्ययनों का परिणाम यह हुआ कि लोगों को मानसिक मंदता के अध्ययन में काफी रूचि उत्पन्न हो गयी।

उक्त शोधों के परिणाम से प्रेरणा पाकर एच. एच. गोडार्ड (H. H. Goddard) के निर्देशन में अमेरीका के न्यू जर्सी (New Jersey) के भाईनलैंड (Vineland) में मानसिक मंदता के क्षेत्र में शोध एवं प्रशिक्षण के खयाल से एक विशेष स्कूल की स्थापना की गयी जिसे *भाईनलैंड प्रशिक्षण स्कूल* (Vineland Training School) की संज्ञा दी गयी। फिर 1920 एवं 1930 वाले दशकों में मानसिक रूप से मंदित बच्चों के सेवाओं के लिए कुछ और आग विकास का वैज्ञानिक प्रयास किया गया। विभिन्न तरह के उपचार गृहों (clinics) में ऐसे बच्चों के लिए नैदानिक (diagnositic) एवं परामर्श सेवाएँ (consultation services) का शुभारंभ भी किया गया।

हेनरी गोडार्ड
(Henry Goddard)

द्वितीय विश्व युद्ध का भी योगदान मानसिक मंदता के क्षेत्र में सराहनीय रहा। इस युद्ध के दौरान कई *विशेष प्रशिक्षण इकाईयाँ* (special training units) की स्थापना की गयी और इन इकाईयों में कार्यरत मनोवैज्ञानिकों द्वारा कुछ ऐसी सेवाएँ प्रदान की गयीं जिनसे मानसिक मंदता के क्षेत्र में एक नयी हलचल उत्पनन्न हो गयी। इन वैज्ञानिकों के प्रयास से बहुत सारे ऐसे पुरुष जिनमें कम बौद्धिक क्षमता होने के कारण उन्हें युद्ध के लिए अयोग्य करार किया जा रहा था, अब विशेष प्रशिक्षण देकर उन्हें योग्य एवं प्रभावी बनाया गया। इसका परिणाम असैनिक जिन्दगी (civilian life) में विशेषकर औद्योगिक संस्थानों में काफी अनुकूल पड़ा क्योंकि इस तरह का विशेष प्रशिक्षण देकर कई कम बुद्धि के औद्योगिक कार्यकर्त्ताओं को इस योग्य बनाया गया कि वे दिये गए कार्य को ठीक-ठाक से कर सके।

द्वितीय विश्वयुद्ध के बाद मानसिक मंदता के क्षेत्र में तीव्र गति से उन्नति हुई। मानसिक मंदता के कारणों को पता लगाने में, इसका आरंभिक पहचान करने में, उनका शिक्षण, रोकथाम तथा उपचार से संबंधित क्षेत्र में पर्याप्त शोध किये जा रहे हैं।

मानसिक दुर्बलता की प्रमुख विशेषताएँ
(Major Characteristics of Mental Deficiency)

मानसिक रूप से दुर्बल बच्चों की पहचान आसानी से कुछ निश्चित विशेषताओं (characteristics) के आधार पर कर लिया जाता है। मानसिक दुर्बलता की ऐसी प्रमुख विशेषताओं में निम्नांकित प्रमुख हैं—

(1) सीमित बौद्धिक क्षमता *(limited intellectual capacity)*—मानसिक दुर्बलता का सबसे प्रमुख लक्षण सीमित बौद्धिक क्षमता है। इसमें व्यक्ति का बुद्धि स्तर उम्र के अनुसार सामान्य से नीचे होता है। यही कारण है कि यह कहा जाता है कि मानसिक दुर्बलता में एक अधो-सामान्य मानसिक अवस्था (subnormal mental state) की अवस्था होती है।

(2) सीमित समायोजन योग्य व्यवहार *(limited adaptive behaviour)*—मानसिक दुर्बलता में समायोजन-योग्य व्यवहार की कमी पायी जाती है या ऐसा व्यवहार बहुत ही सीमित मात्रा में किया जाता है। अभियोजन-योग्य व्यवहार से तात्पर्य दिन-प्रतिदिन के सामान्य कार्यों को करने की क्षमता तथा शिक्षण एवं प्रशिक्षण ग्रहण करने की क्षमता से होती है। इन क्षमताओं की कमी से मानसिक रूप से दुर्बल व्यक्ति को अपने सामान्य कार्य के लिए भी दूसरों की देख-रेख की आवश्यकता पड़ती है।

(3) शारीरिक न्यूनता *(bodily inferiority)*—मानसिक दुर्बलता में मानसिक विकास तो सामान्य से कम होता ही है, साथ-ही-साथ शारीरिक विकास (physical development) भी सामान्य से हीन या न्यून होता है। ऐसे व्यक्तियों में इस न्यूनता के कारण एक शारीरिक विचित्रता दिखलाई देती है। जैसे—ऐसे लोगों के होंठ भद्दा, नाटा कद, चेहरे पर

सूखापन, चमड़ी मोटी, आँख एवं नाक में निश्चित सामंजस्य की कमी आदि स्पष्ट रूप से देखने को मिलता है जिससे उसकी शारीरिक-न्यूनता की स्पष्ट झलक मिलती है।

(4) सामाजिक अयोग्यता *(social disability)*—मानसिक रूप से दुर्बल व्यक्ति में बुद्धि का स्तर चूँकि सामान्य से कम होता है, इसलिए वे निःसंकोच होकर यौन-संबंधी अपराध एवं अन्य समाज-विरोधी कार्य करते हैं। ऐसे व्यक्तियों में कुछ प्रमुख सामाजिक शीलगुण जैसे—आत्म-संयम (self-restraint), आत्मरक्षा (self-protection), आत्म-निर्भरता (self-dependency), आत्म-सम्मान (self-esteem) तथा आत्म-विश्वास (self-reliance) आदि शीलगुणों की अपर्याप्तता देखी जाती है ।

(5) शिक्षा एवं प्रशिक्षण की अपर्याप्तता *(inadequacy of education and training)*—मानसिक दुर्बलता से ग्रसित व्यक्तियों में उम्र के अनुसार शिक्षा (education) तथा प्रशिक्षण (training) प्राप्त करने की अक्षमता या अपर्याप्तता (inadequacy) होती है। फलस्वरूप ऐसे लोग किसी प्रकार के औपचारिक (formal) तथा/या अनौपचारिक (informal) शिक्षण ग्रहण करने अथवा कोई कार्य करने में पर्याप्त प्रशिक्षण पाने में सर्वथा असमर्थ रहते हैं।

(6) सीमित प्रेरणा एवं संवेग *(limited motivation and emotion)*—मानसिक दुर्बलता (mental deficiency) से ग्रसित व्यक्ति में सामान्य संवेगों (normal emotions) तथा सामाजिक प्रेरणाओं (social motivations) की कमी पायी जाती है। फलस्वरूप, ऐसे व्यक्ति परिस्थिति के अनुकूल संवेग दिखला सकने में असमर्थ होते हैं तथा इनमें साधारण प्रेरणाएँ जैसे किसी लक्ष्य को प्राप्त करना, प्रभुत्व दिखलाने, दूसरों से मेल-जोल रखने आदि की नितान्त कमी पायी जाती है।

(7) संज्ञानात्मक दुर्बलता *(cognitive deficiency)*—मानसिक रूप से ग्रसित व्यक्तियों में संज्ञानात्मक दुर्बलता पायी जाती है जिसके फलस्वरूप ऐसे व्यक्तियों की स्मृति (memory), ध्यान (attention), चिन्तन (thinking) एवं प्रत्यक्षण (perception) काफी अविकसित होती है। फलतः इससे ग्रसित व्यक्ति की संज्ञानात्मक प्रक्रियाएँ (cognitive process) काफी अत्यधिक मंदित एवं दयनीय होती है।

उपर्युक्त विशेषताओं के आधार पर मानसिक दुर्बलता (mental deficiency) की पहचान आसानी से कर ली जाती है। इससे मनोवैज्ञानिकों को फायदा यह होता है कि ऐसे बालकों की समस्याओं को दूर करने में तथा उनके पुनर्वास (rehabilitation) संबंधी समस्याओं पर प्रकाश डालने में विशेष फायदा होता है।

मानसिक दुर्बलता के स्तर या प्रकार
(Levels or Types of Mental Deficiency)

नैदानिक मनोवैज्ञानिकों के अनुसार मानसिक दुर्बलता (mental deficiency) के कई स्तर (levels) या प्रकार बतलाए गए हैं। सच्चाई यह है कि इन लोगों द्वारा मानसिक दुर्बलता के स्तर का निर्धारण करने में कुछ कसौटियों (criteria) को सामने रखा गया है और उन्हीं के आधार पर उसके प्रकार या स्तर निर्धारित किया गया है। ऐसी कसौटियाँ (criteria) निम्नांकित तीन हैं—

(1) बुद्धि की कसौटी के आधार पर (On the basis of criteria of intelligence)

(2) समायोजन-योग्य व्यवहार की कसौटी के आधार पर (On the basis of criterion of adaptive behaviour)

(3) नैदानिक कसौटी के आधार पर (On the basis of clinical criterion)

इन तीनों का वर्णन निम्नांकित हैं—

1. बुद्धि की कसौटी के आधार पर *(On the basis of criterion of intelligence)*—नैदानिक मनोवैज्ञानिकों (clinical psychologists) ने बुद्धि मापकर व्यक्ति की मानसिक दुर्बलता (mental deficiency) के विभिन्न स्तर का वर्णन किया है। उपर्युक्त बुद्धि परीक्षण द्वारा बुद्धि मापकर उसकी अभिव्यक्ति बुद्धि-लब्धि (intelligence quotient or I.Q.) में की जाती है। 90 से 110 की बुद्धि लब्धि को सामान्य या औसत बुद्धि लब्धि माना गया है। व्यक्ति में 90 से बुद्धि लब्धि जितना ही कम होगा, उसमें मानसिक दुर्बलता (mental deficiency) का स्तर उतना ही गंभीर होगा। बुद्धि

लब्धि की मात्रा के आधार पर प्रारंभ में मानसिक दुर्बलता (mental deficiency) के निम्नांकित तीन स्तर या प्रकार (type) बतलाए गए हैं—

(1) मूर्ख *(Moron)*—इस श्रेणी के मानसिक रूप से दुर्बल व्यक्तियों की बुद्धिलब्धि 50 से 69 के बीच होती है तथा उनकी मानसिक आयु 8 वर्ष या उससे थोड़ी अधिक होती है।

(2) मूढ़ *(Imbecile)*—इस श्रेणी के मानसिक रूप से दुर्बल व्यक्ति की बुद्धि लब्धि 20 से 40 के बीच होती है तथा मानसिक आयु (mental age) 3 से 7 साल के भीतर होती है।

(3) जड़ *(Idiot)*—इस श्रेणी के मानसिक रूप से दुर्बल व्यक्ति की बुद्धि लब्धि 20 से नीचे होती है तथा इनकी मानसिक आयु 3 साल से कम होती है।

उपर्युक्त विवरण से स्पष्ट है कि मानसिक दुर्बलता (mental deficiency) की सबसे कम गंभीर श्रेणी मूर्ख (moron) है जबकि जड़ (idiot) सबसे अधिक गंभीर श्रेणी है।

प्रारंभ में उपर्युक्त तीन श्रेणियों के अलावा एक और श्रेणी का भी उल्लेख मिलता है जिसे *जड़ पंडित* (Idiot savant) कहा जाता है। ऐसे लोगों की बुद्धिलब्धि तो कम अवश्य होती है परन्तु उनमें कुछ विशेष असाधारण क्षमता (ability) जैसे असाधारण स्मृति (exceptional memory), असाधारण सांगीतिक क्षमता या असाधारण यांत्रिक क्षमता (mechanical ability) आदि होती है।

आधुनिक समय में बुद्धि के आधार पर उपर्युक्त श्रेणियों यानी, मूर्ख (moron), मूढ़ (idiot) का प्रचलन समाप्त हो गया है क्योंकि ऐसे पदों के साथ नकारात्मक संवेगात्मक भाव संबद्ध है। अत: आधुनिक नैदानिक मनोवैज्ञानिकों द्वारा बुद्धि की कसौटी पर मानसिक दुर्बलता के जो स्तर या प्रकार बनाए गए हैं उनका नामकरण दूसरे ढंग से किया गया है। *अमेरिकन एशोसियशन ऑन मेन्टल डिफिसियेन्सी* (American Association on Mental Deficiency or AAMD, 1973) तथा *अमेरिकन मनोरोगविज्ञानी संघ* (American Psychiatric Association) ने मिलकर बुद्धि के आधार पर मानसिक दुर्बलता के निम्नांकित चार प्रमुख स्तर (levels) या प्रकार (type) बतलाएँ हैं—

(1) साधारण मानसिक दुर्बलता (Mild mental retardation)

(2) मध्यवर्गीय मानसिक दुर्बलता (Moderate mental retardation)

(3) गंभीर मानसिक दुर्बलता (Severe mental retardation)

(4) अतिगंभीर मानसिक दुर्बलता (Profound mental retardation)

इन चारों का वर्णन निम्नांकित है—

(1) अल्प मानसिक दुर्बलता *(Mild mental retardation)*—इस श्रेणी की मानसिक दुर्बलता से ग्रस्त व्यक्तियों की बुद्धि लब्धि (I.Q.) 52-67 के बीच होती है तथा वयस्क हो जाने पर भी इनकी बौद्धिक क्षमता (intellectual level) 9 से 11 साल के बालकों के करीब होता है। इनका सामाजिक अभियोजन (social adjustment) लगभग किशोरों के बराबर होता है। इनमें किसी प्रकार की मस्तिष्कीय विकृति (brain pathology) तथा अन्य शारीरिक विसंगतियाँ (physical anomalies) नहीं होती हैं। ऐसे लोग कुछ शिक्षण ग्रहण करने योग्य (educable) होते हैं तथा माता-पिता के सहयोग एवं विशेष शैक्षिक प्रोग्राम (special educational programme) द्वारा इनके सामाजिक अभियोजन के स्तर को बढ़ाया जा सकता है तथा साधारण शैक्षणिक एवं व्यावसायिक कौशलों (skills) को अर्जित करने लायक इन्हें बनाया जा सकता है।

(2) साधारण मानसिक दुर्बलता *(Moderate mental deficiency)*—इस श्रेणी के मानसिक रूप से दुर्बल व्यक्तियों का बुद्धिलब्धि 35 से 51 के बीच होती है तथा वयस्क हो जाने पर भी इनकी बौद्धिक क्षमता 4 से 7 साल के बच्चों के बराबर होती है। इस तरह के व्यक्ति हल्का-फुल्का प्रशिक्षण पाने योग्य (trainable) होते हैं। फलस्वरूप इन्हें विशेष परीक्षण देकर अक्षरज्ञान कराया जा सकता है । इनकी शारीरिक बनावट बेडौल एवं कुरूप होती है तथा इनमें क्रियात्मक समन्वय (motor coordination) संबंधी दोष पाये जाते हैं। इनमें से कुछ लोग आक्रामक एवं बैरी प्रकृति (hostile tendency) के भी होते हैं।

(3) गंभीर मानसिक दुर्बलता *(Severe mental retardation)*—इस श्रेणी की मानसिक दुर्बलता की प्रकृति काफी गंभीर होती है और इसमें आने वाले व्यक्तियों का बुद्धि लब्धि 20 से 35 के बीच होता है। इन्हे *आश्रित दुर्बल* (dependent retarded) भी कहा जाता है। ऐसे लोग अपनी देख-रेख स्वयं नहीं कर पाते हैं बल्कि वे दूसरों पर इसके लिए निर्भर रहते हैं। इन लोगों का क्रियात्मक (motor) एवं भाषण विकास (speech development) काफी दुर्बल एवं कमजोर होता है। इतना ही नहीं, इनमें संवेदी दोष (sensory defects) तथा क्रियात्मक विकलांगता भी होते हैं। विशेष प्रशिक्षण दिए जाने पर इनमें से कुछ साधारण व्यावसायिक कार्य (occupational tasks) किसी के निरीक्षण (supervision) में करने के लायक हो जाते हैं।

(4) अतिगंभीर मानसिक दुर्बलता *(Profound mental deficiency)*—मानसिक दुर्बलता का यह सबसे गंभीर प्रकार है। इससे ग्रस्त व्यक्ति की बुद्धि लब्धि 20 से नीचे होती है। ऐसे लोग साधारण-से-साधारण कार्य करना भी नहीं सीख पाते हैं। ऐसे व्यक्तियों में कई तरह के शारीरिक दोष होते हैं। इन लोगों में केन्द्रीय तंत्रिका तंत्र (central nervous system) से संबंधित दोष भी होते हैं। फलस्वरूप ऐसे लोग अपने से न खा सकते हैं न कपड़ा पहन सकते हैं और न बाहरी खतरों से अपने आप को बचा ही सकते हैं। इन लोगों में गूंगापन (mutism), बहरापन (deafness), पेशीय संकुचन एवं ऐंठन आदि भी देखने का मिलता है। ऐसे लोगों का स्वास्थ्य खराब होता है तथा रोग से लड़ने की ताकत भी कम होती है। फलस्वरूप वे जल्दी ही परलोक सिधार जाते हैं।

स्पष्ट हुआ कि बौद्धिक क्षमता (intellecutal capacity) के आधार पर मानसिक दुर्बलता के कई स्तर (level) या प्रकार होते हैं।

2. समायोजन-योग्य व्यवहार की कसौटी के आधार पर *(On the basis of criterion of adaptive behaviour)*—इस कसौटी में रोगी के प्रशिक्षण (training) एवं शैक्षिक अन्तःशक्तियों (educational potentials) के आधार पर मानसिक दुर्बलता के स्तर या प्रकार का निर्धारण किया जाता है। इस कसौटी के आधार पर मानसिक दुर्बलता (mental deficiency) के निम्नांकित तीन प्रकार (type) या स्तर (level) होते हैं जो निम्नांकित हैं—

(1) अप्रशिक्षण योग्य *(Untrainable)*—इस श्रेणी के मानसिक रूप से दुर्बल व्यक्ति अपने कम बौद्धिक क्षमता के कारण हमेशा दूसरों पर आधारित रहते हैं और किसी प्रकार के प्रशिक्षण से भी ये लोग कोई फायदा नहीं उठा पाते हैं। मानसिक रूप से दुर्बल व्यक्तियों की कुल संख्या के लगभग 5% लोग ही इस श्रेणी में आते हैं।

(2) प्रशिक्षण योग्य *(Trainable)*—ऐसे लोगों की संख्या मानसिक रूप से दुर्बल कुल व्यक्तियों की संख्या का लगभग 20% होता है। ये लोग प्रशिक्षण (training) से कुछ हद तक अपने शैक्षिक एवं व्यावसायिक कौशलों को उन्नत बनाने में सफल हो पाते हैं। इसे *टी मानसिक दुर्बलता* (T-mental retardation) कहा जाता है।

(3) शिक्षण ग्रहण योग्य *(Educable)*—ऐसे लोगों की संख्या मानसिक रूप से दुर्बल कुल व्यक्तियों की संख्या का लगभग 75% होता है। इस श्रेणी के लोगों की विशेषता यह है कि यदि इनकी शिक्षा-दीक्षा के लिए विशेष वर्ग (class) चलाया जाय, तो ऐसे लोग एक प्रशंसनीय स्तर पर शैक्षिक उपलब्धि प्राप्त कर सकने में सफल हो सकते हैं तथा समाज में उपयुक्त समायोजन बहुत हद तक करने में सफल हो सकते हैं। इसे *ई-मानसिक दुर्बलता* (E-mental retardation) भी कहा जाता है।

3. नैदानिक कसौटी के आधार पर *(On the basis of clinical criteria)*—नैदानिक कसौटी के आधार पर भी मानसिक दुर्बलता के कई प्रकार बतलाए गए हैं। उन्हें नैदानिक प्रकार (clinical types) कहा जाता है। ऐसे प्रकारों में स्पष्ट रूप से कुछ-न-कुछ जैविक विकृतियाँ (biological deformities) होती है अर्थात् उसके कुछ-न-कुछ आंगिक कारण (organic causes) होते हैं। ऐसे नैदानिक प्रकारों में निम्नांकित दस प्रमुख हैं—

(1) डाउन्स संलक्षण (Down's Syndrome) या मंगोलिज्म (Mongolism)
(2) फेनिलकेटोन्युरिया (Phenylketonuria or PKU)
(3) बौनापन (Cretinism)
(4) लघुशीर्षता एवं दीर्घशीर्षता (Microcephaly and Macrocephaly)
(5) जलशीर्षता (Hydrocephaly)
(6) टर्नर संलक्षण (Turner's Syndrome)

(7) क्लाइनफेल्टर संलक्षण (Klinefelter's Syndrome)

(8) दुर्बल एक्स संलक्षण (Fragile X Syndrome)

(9) विलियम्स संलक्षण (Williams Syndrome)

(10) प्रेडर-बिल्ली संलक्षण (Prader-Willi Syndrome)

इन सबका वर्णन निम्नांकित है—

(1) डाउन्स संलक्षण *(Down's Syndrome)* या **मंगोलिज्म** *(Mongolism)*—इस प्रकार की मानसिक दुर्बलता का वर्णन सबसे पहले-पहल ब्रिटेन के मनश्चिकित्सक लैंगडान डाउन (Langdan Down) ने 1886 ई० में किया था। इस श्रेणी के व्यक्तियों की बुद्धिलब्धि 25 से 50 के बीच होती है तथा इनकी मानसिक आयु 6-7 वर्ष तक की होती है। ऐसे व्यक्तियों के चेहरे की बनावट मंगोलियन जाति के लोगों से मिलती-जुलती है। इसलिए इसे *मंगोलिज्म* भी कहा जाता है। ऐसे व्यक्ति का चेहरा गोल, आँखें धँसी हुई, नाक छोटी और चपटी, हाथ छोटे परन्तु मोटे एवं जीभ पर एक गहरा दरार होता है। इनके बावजूद ऐसे लोग अपनी देख-रेख संबंधी कौशल तथा स्वीकार्य सामाजिक व्यवहार (acceptable social behvaiour) बहुत हद तक सीखने में सफल हो जाते हैं। डाउन संलक्षण वाले अधिकतर बच्चों की बुद्धिलब्धि करीब 50 होती है। इनकी बौद्धिक हीनता उच्च-स्तरीय संज्ञानात्मक कौशल जैसे संप्रत्यय निर्माण तथा लचीले समस्या समाधान करते समय स्पष्ट रूप से दीखता है। ऐसे बच्चों में भाषा की अभिव्यक्ति से संबद्ध हीनता भी स्पष्ट रूप से देखने को मिलता है। पुसकेल(Pueschel, 1987)के अनुसार ऐसे बच्चों में रटकर सीखने (rote learning) तथा दृष्टि-पेशीय क्षमता (visual-motor ablities) काफी विकसित होता है जिसके कारण वे बहुत ही आसानी से दिन-प्रतिदिन की जिंदगी के कौशलों को सीख लेते हैं। ऐसे बच्चों में समाजीकता(sociability), सापेक्ष रूप से स्थिर संवेग तथा उत्तम मानसिक स्वास्थ्य अन्य मानसिक रूप से दुर्बल बच्चों की तुलना में अधिक होती है। व्रग्गी तथा उनके सहयोगियों (Brugge et al., 1994) द्वारा किये गए अध्ययनों से यह स्पष्ट हुआ है कि ऐसे बच्चों में उम्र का पूर्वपक्व प्रभाव (premeture effect) जैसे कम उम्र में शरीर पर झुर्रिया पड़ जाना, घटिया स्मृति एवं संभ्रांति (confusion) आदि भी स्पष्ट रूप से देखने को मिलते हैं। ऐसे बच्चों के मस्तिष्कीय कोश में ह्रास भी स्पष्ट रूप से देखा जा सकता है। पहले के विशेषज्ञों का मत था कि डाउन संलक्षण (Down's Syndrome) वंशागत (hereditary) होते हैं। परन्तु इस सिद्धान्त की मान्यता कुछ सबूतों से गलत साबित हो गयी। फिर यह समझा गया कि इसका कारण ग्रंथीय विसंतुलन (glandular imbalance) है। परन्तु इसकी मान्यता भी अब समाप्त हो गयी।1959 में फ्रांस के तीन वैज्ञानिकों जिनके नाम लेजेयुन(Lejeune), टर्पिन(Terpin) एवं गाउदिर (Gauthier) थे, ने यह स्पष्ट रूप से दिखला दिया कि ऐसे व्यक्तियों के क्रोमोजम्स के 21वाँ युग्म में एक अतिरिक्त क्रोमाजोम्स होता है। फलस्वरूप ऐसे लोगों में क्रोमोजोम्स की संख्या 46 न होकर 47 होती है। डाउन संलक्षण पीढ़ी-दर-पीढ़ी चलने वाला जन्मजात रोग नहीं होता है बल्कि यह उत्पादक प्रक्रिया (reproductive period) के दौरान एक विशेष जननिक त्रुटि (genetic error) के परिणामस्वरूप होता है। डाउन संलक्षण (Down's Syndrome) का कोई संतोषजनक उपचार (effective treatment) की खोज अब तक नहीं हो पायी है।

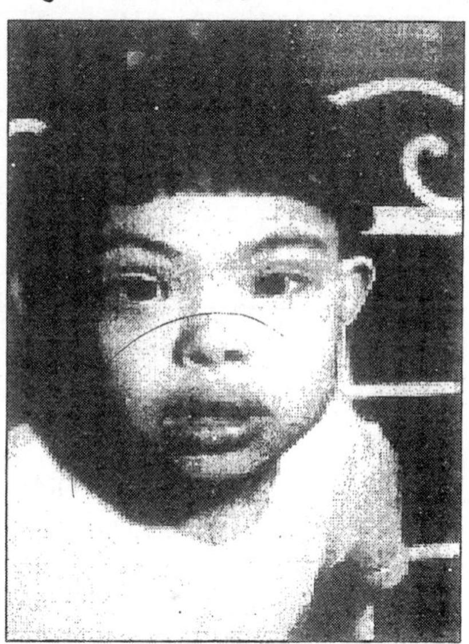

मंगोलिज्म से संबंधित मानसिक मंदता (Mental retardation associated with Mongolism)

(2) फेनिलकेटोन्यूरिया *(Phenylketonuria or PKU)*—PKU एक ऐसी मानसिक दुर्बलता है जिसका संबंध प्रोटीन चयापचय (Protein metabolism) में गड़बड़ी से होता है। इसमें जन्म के समय बच्चा सामान्य दीखता है। 6 से 12 महीने के भीतर मानसिक दुर्बलता के लक्षण दिखलाई पड़ते हैं। प्रारंभ में ऐसे बच्चों में लक्षण की शुरूआत कुछ विशेष शारीरिक लक्षण जैसे—कै, शरीर के पसीना का विचित्र गन्ध, कम्पन, एक्जिमा आदि से होती है। ऐसे बच्चों में गंभीर (severe) से लेकर अतिगंभीर (profound) तक की मानसिक दुर्बलता पायी जाती है। ऐसे बच्चों की आँख, त्वचा एवं

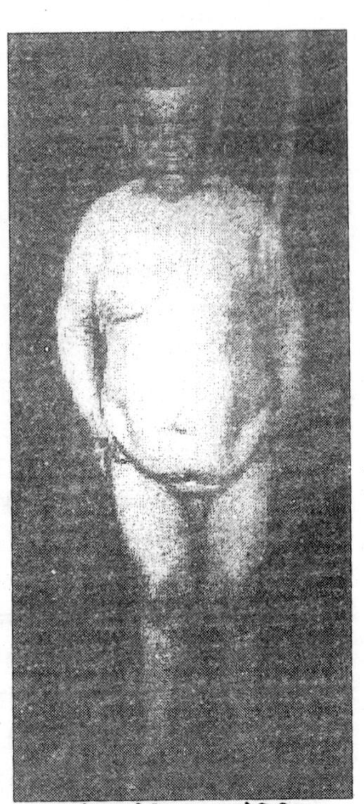

हाइपोथायरोडिज्म या क्रेटिनिज्म
(Hypothyroidism or Cretinism)

बाल के रंग फीके होते हैं। प्रोटीन चयापचय की गड़बड़ी से फेनिलालानाइन (Phenylalanine) अधिक मात्रा में शरीर में जमा हो जाते हैं जो मष्तिष्क की कोशिकाओं (cells) को जर्जर बना देता है और बच्चों में मानसिक दुर्बलता (mental deficiency) उत्पन्न कर देता है।

PKU के प्रारंभिक पहचान के वैज्ञानिक तरीके निकल गए हैं तथा भोजन संबंध ी नियंत्रण बरतकर इनका उपचार भी किया जाता है। 6 माह की आयु के पहले कम मात्रा में फेनिलालानाइन युक्त भोजन देकर इनकी मानसिक दुर्बलता के स्तर पर बहुत हद तक नियंत्रण पाया जा सकता है।

(3) बौनापन *(Cretinism)*—इस तरह की मानसिक दुर्बलता को *हाईपोथारोयाडिज्म* (hypothyroidism) भी कहा जाता है। यह दुर्बलता थायरायड हारमोन्स (thyroid hormones) की अत्यधिक कमी या अनुपस्थिति से उत्पन्न होती है। ऐसे व्यक्ति का कद बौना-समान (dwarf-like) होता है। ये देखने में कुबड़े जैसे लगते हैं। इनका सिर बड़ा, गर्दन मोटी पर छोटी एवं आँखों की पलकें भी मोटी होती हैं। इनका यौन विकास (sex development) एवं संवेगात्मक विकास (emotional development) भी सीमित होता है। इनकी क्रियात्मक क्षमताओं (motor abilities) का विकास भी देर से होता है। लगभग 4½ वर्ष की आयु से पहले ऐसे बच्चे उठने, बैठने एवं चलने में असमर्थ रहते हैं। इनकी बुद्धि लब्धि 25-75 तक होती है। प्राय: ऐसे बच्चे शांत प्रकृति के होते हैं तथा अल्पभाषी होते हैं परन्तु दूसरे बच्चों के साथ खेल में, वे जिद्दीपना (stubbornness) अधिक दिखलाते पाए जाते हैं।

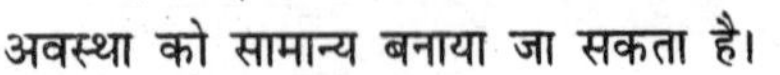

ऐसे बच्चों को हारमोन्स चिकित्सा (hormones therapy) विशेषकर थायरक्सीन की टीकिया या सूई नियमित रूप से देकर इनके मानसिक तथा शारीरिक अवस्था को सामान्य बनाया जा सकता है।

माइक्रोसेफेली से संबंधित मानसिक मंदता
(Mental retardation associated with Microcephaly)

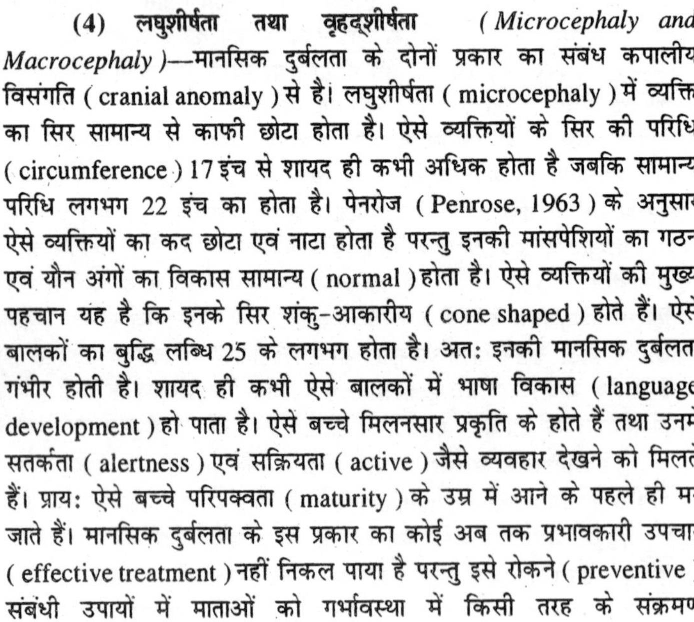

(4) लघुशीर्षता तथा वृहद्शीर्षता *(Microcephaly and Macrocephaly)*—मानसिक दुर्बलता के दोनों प्रकार का संबंध कपालीय विसंगति (cranial anomaly) से है। लघुशीर्षता (microcephaly) में व्यक्ति का सिर सामान्य से काफी छोटा होता है। ऐसे व्यक्तियों के सिर की परिधि (circumference) 17 इंच से शायद ही कभी अधिक होता है जबकि सामान्य परिधि लगभग 22 इंच का होता है। पेनरोज (Penrose, 1963) के अनुसार ऐसे व्यक्तियों का कद छोटा एवं नाटा होता है परन्तु इनकी मांसपेशियों का गठन एवं यौन अंगों का विकास सामान्य (normal) होता है। ऐसे व्यक्तियों की मुख्य पहचान यह है कि इनके सिर शंकु-आकारीय (cone shaped) होते हैं। ऐसे बालकों का बुद्धि लब्धि 25 के लगभग होता है। अत: इनकी मानसिक दुर्बलता गंभीर होती है। शायद ही कभी ऐसे बालकों में भाषा विकास (language development) हो पाता है। ऐसें बच्चे मिलनसार प्रकृति के होते हैं तथा उनमें सतर्कता (alertness) एवं सक्रियता (active) जैसे व्यवहार देखने को मिलते हैं। प्राय: ऐसे बच्चे परिपक्वता (maturity) के उम्र में आने के पहले ही मर जाते हैं। मानसिक दुर्बलता के इस प्रकार का कोई अब तक प्रभावकारी उपचार (effective treatment) नहीं निकल पाया है परन्तु इसे रोकने (preventive) संबंधी उपायों में माताओं को गर्भावस्था में किसी तरह के संक्रमण

(infection) एवं विकिरण (rediation) से बचने की सलाह दी जाती है क्योंकि इन दोनों तरह के कारकों का प्रभाव भ्रूण (fetus) के कपालीय संरचना पर पड़कर उनमें विकृति उत्पन्न कर सकता है।

वृहत्-शीर्षता (macrocephaly) में व्यक्ति का सिर जरूरत से ज्यादा बड़ा हो जाता है। इस तरह के मानसिक दुर्बलता में रोगी के मस्तिष्क के आकार (size) तथा वजन (weight) में वृद्धि गलिया कोशिकाओं (glia cells) जो मस्तिष्क के उत्तकों (tissues) का एक समर्थक संरचना (supporting structure) होती है, में असामान्य विकास से होता है। इसमें बच्चों में दृष्टि क्षीणता (visual impairment), कम्पन (convulsion) तथा अन्य स्नायविक लक्षण (neurological symptoms) भी देखने को मिलते हैं। ऐसे बच्चों की मानसिक दुर्बलता का स्तर गंभीर होता है। इनका कोई उपचार नहीं है परन्तु ऐसी दुर्बलता विरल (rare) होती है।

(5) जलशीर्षता *(Hydrocephaly)*—इस प्रकार का मानसिक दुर्बलता से ग्रस्त शिशु के मस्तिष्क में एक प्रकार का जलद्रव (fluid) जिसे *सेरेब्रो-स्पाइनल द्रव* (cerebrospinal fluid) कहा जाता है, अत्यधिक मात्रा में जमा हो जाता है जिससे मस्तिष्क का आकार बड़ा हो जाता है। गंभीरता बढ़ने पर शिशु में कम्पन एवं पक्षघात (paralysis) के भी लक्षण दिखलाई पड़ते हैं। मस्तिष्क में फैलाव (expansion) के कारण मस्तिष्कीय कोशिकाएँ काफी पतली हो जातीं हैं और शिशु या व्यक्तियों में मानसिक दुर्बलता उत्पन्न हो जाती है। इनमें भी मानसिक दुर्बलता का स्तर गंभीर होता है । जलशीर्षता की अवस्था जन्मजात होती है परन्तु कभी-कभी यह उन बच्चों में भी विकसित हो जाता है जिनका विकास सामान्य होता है।

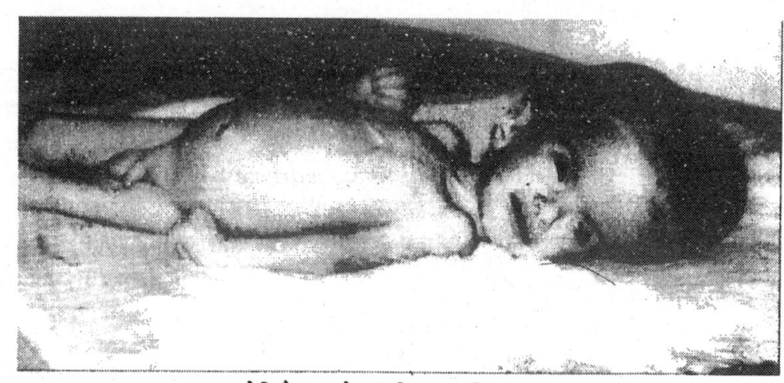

हाइड्रोसिफैलस से संबंधित मानसिक मंदता
(Mental retardation associated with Hydrocephalus)

(6) टर्नर संलक्षण *(Turner's syndrome)*—इस तरह की मानसिक दुर्बलता (mental deficiency) सिर्फ बालिकाओं (females) में पायी जाती है। इस तरह की बालिकाओं की गर्दन-छोटी एवं झुकी होती है तथा इनमें लैंगिक अपरिपक्वता भी पायी जाती है इनकी बुद्धि लब्धि 30-40 के लगभग होती है। इस तरह की मानसिक दुर्बलता का कारण यौन क्रोमोजोम्स (sex chromosomes) में गड़बड़ी होती है क्योंकि ऐसी बालिकाओं में सिर्फ एक ही X क्रोमोजोम्स (XO) पाया जाता है।

(7) क्लाइनफेल्टर संलक्षण *(Klinefelter's Syndrome)*—इस तरह की मानसिक दुर्बलता सिर्फ पुरुषों या बालकों में होती हैं। इससे ग्रसित बालक की विशेषताएँ कुछ अलग-अलग होतीं हैं । परन्तु एक सामान्य विशेषता जो सभी ऐसे बालकों में देखा जाता है, वह यह है कि यौन ग्रन्थि (sex gland) की न्यूनता इनमें पायी जाती है। ऐसे बालकों में वयस्कता आ जाने पर भी उनका यौन ग्रन्थि अपरिपक्व होता है। इनकी बुद्धि लब्धि प्राय: 35-40 के बीच में होती है। इस तरह की मानसिक दुर्बलता का कारण भी यौन क्रोमोजोम्स की विसंगताएँ होती हैं । ऐसे बालकों में सामान्य यौन क्रोमोजाम्स XY न होकर XXY होता है अर्थात् एक X अतिरिक्त होता है।

(8) दुर्बल एक्स संलक्षण *(Fragile X Syndrome)*—इस तरह के संलक्षण में जो मानसिक मन्दन या दुर्बलता उत्पन्न होती है, उसका कारण यौन गुणसूत्र अर्थात् 23वाँ गुग्म के गुणसूत्र के एक्स गुणसूत्र का कमजोर होना होता है। महिलाओं में 23वाँ युग्म का दोनों गुणसूत्र एक्स होता है जबकि पुरुषों में एक एक्स तथा दूसरा वाई (Y) होता है। महिला में यदि दो में से एक एक्स कमजोर होता है तो दूसरा स्वस्थ एक्स द्वारा बहुत कुछ क्षतिपूर्ति कर लिया जाता है। परंतु पुरुषों में चूँकि एक ही एक्स होता है, अत: इसकी दुर्बलता की क्षतिपूर्ति नहीं हो पाती है। अत: इस संलक्षण की गंभीरता पुरुषों

में महिलाओं की तुलना में अधिक होता है। दुर्बल एक्स संलक्षण वाले बच्चों का मन्दन (retardation) का औसत स्तर लगभग वही होता है जो डाउन संलक्षण वाले बच्चे का होता है फिर भी इन दोनों में निम्नांकित अंतर देखा गया है—

(a) होडाप्प एवं उनके सहयोगियों (Hodapp et. al., 1992) के अध्ययन के अनुसार ऐसे दोनों तरह के मानसिक रूप से मंदित बच्चे अधिगम क्षमता (learning abilities) तथा सामजिक व्यवहार दिखलाने में एक-दूसरे से भिन्न होते हैं । जैसे दुर्बल एक्स संलक्षण वाले बच्चे उन सूचनाओं को सीखने में काफी कठिनाई का अनुभव करते हैं जिनमें आनुक्रमिक क्रम (sequential order) होता है जबकि डाउन संलक्षण वाले बच्चों को ऐसे क्रम वाले सूचनाओं को सीखने में कोई दिक्कत नहीं होती है। इसी तरह से डाउन संलक्षण वाले बच्चों का सामाजिक व्यवहार पर्याप्त एवं मधुर होता है परंतु दुर्बल एक्स संलक्षण वाले बच्चों का सामाजिक संबंध घटिया होता है।

(b) कुछ ऐसे भी सबूत मिले हैं जिनसे यह स्पष्ट हुआ है कि दुर्बल एक्स संलक्षण वाले बच्चों में विरोधात्मक तथा विध्वंसात्मक व्यवहार (disruptive behaviour) करने की प्रवृत्ति अधिक होती है जबकि डाउन संलक्षण वाले बच्चों में ऐसी प्रवृत्ति नहीं होती है।

डायकन्स तथा उनके सहयोगियों (Dykens et al., 1994) द्वारा किये गए अध्ययनों से यह स्पष्ट हुआ है कि दुर्बल एक्स संलक्षण का कारण जननिक त्रुटि (genetic error) है जो एक पीढ़ी से दूसरी पीढ़ी तक स्थानान्तरण होते रहता है। ऐसे बच्चों का शारीरिक गठन में भी विचित्रता होती है—इनका लम्बा पतला चेहरा होता है जिसपर चिपटा नाक और असामान्य रूप से बड़े-बड़े कान होते हैं । ऐसे पुरुष बच्चों का टेस्टीकल (testicle) भी बड़ा होता है।

(9) विलियम्स संलक्षण *(Williams Syndrome)*—विलियम्स संलक्षण मानसिक मन्दन का एक ऐसा नैदानिक प्रकार है जो काफी विरल (rare) होता है क्योंकि उसकी संभावना 20,000 बच्चों में से किसी एक में होने की होती है। इस संलक्षण की उत्पत्ति का कारण गुणसूत्र संख्या सात पर एक जीन (gene) के विलोपित (delete) होना होता है। ऐसे बच्चे शब्दावली एवं व्याकरण से संबद्ध कौशल तो दिखाते हैं परंतु भाषा के अन्य पहलुओं पर काफी पिछड़े रह जाते हैं । चूँकि ऐसे बच्चों के शब्दावली (vocabulary) तथा अन्य बौद्धिक कौशलों (intellectual skills) में काफी अंतर होता है, अतः होडाप्प तथा डायकेन्स (Hodapp & Dykens, 1994) ने विलियम्स संलक्षण वाले बच्चों को *'चिंतन के सापेक्ष अनुपस्थिति में भाषा'* (language in relative absence of thought) वाला बच्चा कहा है । फिर भी ऐसे बच्चों को ध्वनि या आवाज से लगाव होता है और वे कहानी सुनकर मनोरंजन कर लेते हैं । ऐसे बच्चों में शारीरिक गठन का भी दोष पाया जाता है। जैसे, अध्ययनों से यह स्पष्ट हुआ है कि ऐसे सभी बच्चों में हृदय रोग होता है तथा इनका प्रमस्तिष्कीय कार्टेक्स (cerebral cortex) सामान्य से छोटा होता है। इनकी ठुडी पतली होती है तथा नाक छोटा परंतु ऊपर की ओर उल्टा हुआ होता है।

(10) प्रेडर-विल्ली संलक्षण *(Prader-Willi Syndrome)*—इस तरह के संलक्षण में जो मानसिक दुर्बलता होती है उसका कारण 15वें गुणसूत्र में कुछ जननिक तथ्यों (genetic material) में पर्याप्त कमी होती है। ऐसे बच्चों में भूख बहुत लगती है तथा भोजन के प्रति वे एक तरह से तीव्र लालसा (craving) दिखलाते हैं । इसका शारीरिक कद नाटा होता है तथा ऐसे बच्चे विरोधात्मक व्यवहार (oppositional behaviour) अधिक करते पाये जाते हैं। इनकी मानसिक दुर्बलता का स्तर साधारण (moderate) होता है।

स्पष्ट हुआ कि मानसिक दुर्बलता (mental deficiency) के कई प्रकार हैं और प्रत्येक की अपनी-अपनी कुछ विशेषताएँ हैं जिनके आधार पर उनकी पहचान की जाती है।

मानसिक दुर्बलता के सामान्य कारण या हैतुकी
(General Etiology or Causes of Mental Deficiency)

मानसिक दुर्बलता (mental deficiency) का कभी तो कारण स्पष्ट होता है तो कभी कारण स्पष्ट नहीं होता है। मानसिक दुर्बलता के नैदानिक प्रकार (clinical types) का जहाँ तक प्रश्न है , इनके कारण तुलनात्मक रूप से अधिक स्पष्ट होता है। परन्तु अन्य प्रकारों में इसके कारण अधिक स्पष्ट नहीं होते हैं। फिर भी नैदानिक मनोवैज्ञानिकों ने इसके स्वरूप को स्पष्ट करने के लिए मानसिक दुर्बलता के कुछ सामान्य कारणों पर प्रकाश डाला है जिनमें निम्नांकित प्रमुख हैं—

(1) गंभीर संक्रमण *(Serious infection)*—जब शिशु जन्म के तुरंत बाद या गर्भावस्था में ही किसी प्रकार के गंभीर संक्रमण (serious infection) से ग्रसित हो जाता है, तो इससे मस्तिष्क का सामान्य विकास अवरुद्ध तथा मन्द पड़ जाता है और उसमें विभिन्न स्तर की मानसिक दुर्बलता (mental deficiency) उत्पन्न हो जाती है। अध्ययनों से यह

पता चला है कि जिन गर्भवती माताओं को गर्भ धारण करने से प्रथम तीन महीनों में रूबेला (rubella) या खेसरा (measels) जैसा संक्रामक रोग हो जाता है, उनके शिशुओं में जन्म के बाद मानसिक दुर्बलता के लक्षण दिखलाई पड़ते हैं। इसके अलावा गर्भावस्था में कभी-कभी अन्य संक्रामक रोग जैसे साइटोमेगालिक रोग (cytomegalic disease) से माताएँ प्रभावित हो जातीं हैं जिससे रोग के विषाणु (virus) भ्रूण (fetus) को प्रभावित कर देते हैं और उससे ऐसे शिशुओं में बाद में मानसिक दुर्बलता विकसित हो जाती है।

(2) **नशा** *(Intoxication)*—कुछ ऐसे सबूत मिले हैं जिनसे यह पता चलता है कि जब माताएँ गर्भावस्था में कुछ नशा करती हैं या वे कुछ औषधियों का नियमित रूप से सेवन करती हैं तो इससे भ्रूण की मानसिक अवस्था प्रभावित हो जाती है और उसमें मानसिक दुर्बलता उत्पन्न हो जाती है। गर्भावस्था में अल्कोहल (alcohol), कोकेन (cocaine), तम्बाकू, मैरीजुआना (marijuana), कुनैन (quinine), अर्सेनिक (arsenic), लीड (lead) तथा कार्बन मोनोक्साइड (carbon monoxide) से उत्पन्न नशा प्रायः शिशुओं में मानसिक दुर्बलता उत्पन्न करने में सक्रिय भूमिका निभाते हैं। वैसे द्रव्य (substances) जो खेड़ी या पुरइन (placenta) को पार करके गर्भस्थ शिशु को क्षति पहुँचाता है, को **टीरैटोजेन्स** (teratogens) कहा जाता है । फ्रास्किा तथा उनके सहयोगियों (Frascia et al., 1994) के अनुसार कोकेन, तम्बाकू तथा मैरिजुआना तीन महत्त्वपूर्ण टीरैटोजेन्स हैं जो मानसिक रूप से गर्भस्थ शिशु को कमजोर करते हैं। जन्म के बाद भी जब बच्चे किसी तरह से सालिसाइलेट (salicylate), लीड (lead) तथा अन्य कीटनाशी पदार्थों को किसी-न-किसी रूप में खा लेता है, तो इससे भी ऐसे बालकों में मानसिक दुर्बलता के लक्षण दीख पड़ने लगते हैं। केरनिकटेरस (Kernicterus) एक ऐसी मानसिक दुर्बलता है जो जन्म के तुरंत बाद कुछ-कुछ दिनों तक विषाक्त तत्त्वों (toxic elements) के खाने से उत्पन्न हो जाता है । इस तरह की मानसिक दुर्बलता से ग्रसित बच्चों में दूध पीने में कठिनाई, शरीर के तापक्रम में परिवर्तन होते रहना तथा असाधारण ढंग से रोना आदि कुछ प्रारंभिक लक्षण होते हैं।

(3) **क्रोमोजोम्स के रचना संबंधी दोष** (Defect in composition of chromosomes)—सामान्यतः एक सामान्य व्यक्ति में क्रोमोजोम्स की संख्या 46 अर्थात् 23 युग्म (pair) होते हैं। मानसिक दुर्बलता के कुछ नैदानिक प्रकारों (clinical types) से जो सबूत मिले हैं उनसे यह स्पष्ट हुआ है कि ऐसे प्रकारों में से कुछ में क्रोमोजोम्स की संख्या 46 से अधिक होती है तथा कुछ में इसकी संख्या 46 से कम होती है। जैसे—डाउन संलक्षण में क्रोमोजोम्स की संख्या 47 होती है। उसी तरह से क्लाइनफेल्टर संलक्षण (Klinefelter's syndrome) में क्रोमोजोम्स की संख्या 47 ही होती है परन्तु टर्नर संलक्षण (Turner's syndrome) में क्रोमोजोम्स की संख्या 45 ही होती है। इन सब तथ्यों से स्पष्ट होता है कि मानसिक दुर्बलता का कारण क्रोमोजोम्स में रचना संबंधी दोष होते हैं।

(4) **चयापचय, वर्द्धन एवं आहार की अनुपयुक्त** *(Inadequacy of metabolism, growth and nutrition)*—अनेक ऐसे सबूत मिले हैं जिनसे यह स्पष्ट हो जाता है कि मानसिक दुर्बलता के लक्षण उन बालकों में भी स्पष्ट रूप से दिखाई देते हैं जिनमें चयापचय (metabolism), वर्द्धन (growth) एवं आहार (nutrition) से संबंधित गड़बड़ियाँ (disturbances) होती हैं। PKU जैसी मानसिक दुर्बलता का कारण प्रोटीन चयापचय (protein metabolism) की गड़बड़ी होती है तथा टे-सैक बीमारी (Tay-Sach's disease) जैसी मानसिक दुर्बलता का कारण बसा चयापचय (fat metabolism) में गड़बड़ी बतलायी गयी है। थायरायड ग्रन्थि के स्राव में कमी से बौनापन (cretinism) पर हाइपोथायरयडिज्म (hypothyroidism) जैसी मानसिक दुर्बलता उत्पन्न होती है। इन सबूतों के आधार पर यह स्पष्ट हो जाता है कि मानसिक दुर्बलता का कारण चयापचय, वर्द्धन एवं आहार की अनुपयुक्तता भी है।

(5) **मस्तिष्क के अंगों की क्षति** *(Damages to the brain)*—मानसिक दुर्बलता का एक कारण मस्तिष्क के अंगों में क्षति होना बतलाया गया है। इस तरह की क्षति पूर्वप्रसूति अवस्था (prenatal period) तथा जन्म के बाद की अवस्था दोनों में ही हो सकती है। अध्ययनों से यह पता चला है कि जब गर्भवती महिला के गर्भाशय का यदि एक्स-रे (X-ray) द्वारा किरणित (radiate) किया जाता है तो इससे भ्रूण (fetus) को मस्तिष्कीय क्षति पहुँचती है और ऐसे शिशुओं को मानसिक रूप से दुर्बल होने की संभावना अधिक बढ़ जाती है। इसके अलावा मस्तिष्कीय क्षति (brain injury) अन्य अवस्थाओं जैसे किसी बाह्य दुर्घटना से सिर पर चोट लगना, मस्तिष्क के भीतर ट्यूमर (tumor) हो जाने से मस्तिष्कीय अंगों पर अनावश्यक दबाव पड़ना तथा जन्म की प्रक्रिया में डाक्टरों द्वारा फारसेप (forcep) आदि के प्रयोग से मस्तिष्क पर अनावश्यक बल पड़ना आदि से भी उत्पन्न हो सकता है। इन सब परिस्थितियों में शिशु में मानसिक दुर्बलता (mental deficiency) के उत्पन्न होने की संभावना काफी बढ़ जाती है।

(6) अज्ञात पूर्वप्रसूति प्रभाव *(Unknown prenatal influence)*—कुछ मानसिक दुर्बलता पूर्वप्रसूति काल (prenatal period) अर्थात् जन्म के पहले जब भ्रूण (fetus) गर्भावस्था में होता है, के दौरान कुछ अज्ञात कारकों से उत्पन्न होता है। इस तरह की मानसिक दुर्बलता का कारण जन्मजात मस्तिष्कीय दोष (congenital cerebral defects) बतलाया गया है। मंगोलिज्म (mangolism), लघुशीर्षता (microcephaly), बृहद्शीर्षता (macrocephaly), जलशीर्षता (hydrocephaly) तथा एनेन सिफैली (anencephaly) ऐसे ही मानसिक दुर्बलता के कुछ उदाहरण हैं। एनेनसिफैली में शिशु में लघु मस्तिष्क, वृहत् मस्तिष्क एवं खोपड़ी की चौड़ी हड्डियों (flat bones) की अनुपस्थिति पायी जाती है। यह अत्यन्त ही गंभीर प्रकार की मानसिक दुर्बलता है। ऐसी मानसिक दुर्बलता के प्रकारों के अध्ययनों से यह स्पष्ट हो जाता है कि मानसिक दुर्बलता का एक कारण कुछ अज्ञात पूर्व प्रसूति कारक (unknown prenatal factor) होते हैं।

(7) सामाजिक-सांस्कृतिक वंचन *(Socio-cultural deprivation)*—कुछ विशेषज्ञों का मत है कि वातावरण-संबंधी आवश्यक तत्त्वों के अभाव में बच्चे संवेगात्मक रूप से उत्पन्न कुंठा (furstration) या वंचना (deprivation) के शिकार हो जाते हैं जिनसे उनमें मानसिक दुर्बलता उत्पन्न हो जाती है। कारसन (Carson, 1988) ने अपने अध्ययन के आधार पर बतलाया है कि जब शिशु को माता-पिता के स्नेह से वंचित रह जाना पड़ता है, तो इससे भी मानसिक दुर्बलता (mental deficiency) उत्पन्न होती है। इस तरह की वंचना के कई कारण हो सकते हैं जिनमें सामाजिक एवं आर्थिक स्तर का निम्न होना, माता-पिता का तलाक या मृत्यु या उनका अलगाव (separation), घरों में व्यक्तियों की संख्या अधिक होना आदि होता है। ऐसे परिवार के बच्चे जब स्कूल में पहुँचते हैं, तो उन्हें उनकी चाल-ढाल, बोलने-चालने का ढंग, वेश-भूषा आदि के आधार पर शिक्षक भी उसे मानसिक रूप से दुर्बल समझकर उनके साथ वैसा ही व्यवहार करते हैं। नतीजन, उनकी मानसिक दुर्बलता और तेजी से बढ़ती है।

(8) सांस्कृतिक-पारिवारिक कारक *(Cultural-familial factor)*—मानसिक दुर्बलता (mental deficiency) का कारण सिर्फ वंचन (deprivation) ही नहीं होता है बल्कि यह भी होता है कि बच्चे ऐसे सांस्कृतिक वातावरण (cultural environment) में तुच्छ अन्तःक्रियाएँ (inferior interactions) ही अधिक करते हैं जो उनमें धीरे-धीरे मानसिक दुर्बलता (mental deficiency) की उत्पत्ति करने में प्रमुख भूमिका निभाता है। हेबर (Heber, 1970), टारजन एवं आसेनवर्ग (Tarjan & Eisenberg, 1972) ने अपने-अपने अध्ययनों में पाया है कि जब बच्चे ऐसे पारिवारिक-संस्कृति (familial culture) से आते हैं जिनमें बौद्धिक उत्तेजन की कमी पायी जाती है तथा परिवार गरीबी से अभिशापित होता है, तो कम-से-कम से 58% बच्चे मानसिक रूप से अवश्य दुर्बल हो जाते हैं।

स्पष्ट हुआ कि मानसिक दुर्बलता के कई कारण होते हैं। कई विशेषज्ञों ने उक्त कारणों का विश्लेषण किया और उन्हें दो सामान्य श्रेणियों में रखकर अध्ययन किया है—आंगिक कारक (organic cause) तथा ननआंगिक (nonorganic causes)। उपर्युक्त कारकों में से प्रथम छह कारक आंगिक कारक हैं तथा अंतिम दो कारक ननआंगिक कारक हैं। जिगलर तथा होडाप्प (Zigler & Hodapp, 1986) द्वारा किये गए अध्ययन से यह स्पष्ट हुआ है कि मानसिक दुर्बलता विशेषकर बुद्धिलब्धि 50 से नीचे वाले केसेज का 25 से 50 प्रतिशत केसेज का कारण आंगिक होता है जिसमें उन्होंने करीब 300 ज्ञात जैविक कारकों को महत्त्वपूर्ण बतलाया है। बाकी 50 से 75 प्रतिशत केसेज का कारण ननआंगिक (nonorganic) बतलाया है जिसमें सामाजिक-सांस्कृतिक कारकों की भूमिका अहम् होती है।

मानसिक दुर्बलता के उपचार एवं रोक-थाम
(Treatment and Prevention of Mental Deficiency)

ऐसे तो मानसिक दुर्बलता एक ऐसी विकृति (disorder) है जिसका पूर्णरूपेण उपचार (treatment) संभव नहीं है फिर भी मनोवैज्ञानिकों ने इसके उपचार-संबंधी कुछ आधुनिक तरीकों का आविष्कार किया है जिससे कुछ हद तक इनका उपचार संभव हो पाया है। इतना ही नहीं, मनोवैज्ञानिकों ने कुछ ऐसे उपायों का भी वर्णन किया है जिनसे मानसिक दुर्बलता की अवस्था की रोक-थाम (prevention) की जा सके। यहाँ हम इन दोनों तरह के उपायों (measures) पर विचार करेंगे जो निम्नांकित है—

1. रोगहर चिकित्सीय प्रविधियाँ *(Curative Therapeutic techniques)*—इन प्रविधियों में उन उपायों को रखा जाता है जिनके उपयोग से मानसिक रूप से दुर्बल व्यक्तियों की बुद्धि स्तर को तो ऊँचा नहीं किया जा सकता है परन्तु निश्चित रूप से इस लायक बनाया जा सकता है कि वे कुछ अंशों तक आत्म-निर्भर होकर कम-से-कम साधारण कार्यों को बिना किसी की देख-रेख कर सकें।

ऐसे उपायों में निम्नांकित प्रमुख हैं—

(1) माता-पिता की शिक्षा *(Educating the parents)*—मानसिक रूप से दुर्बल बच्चों के उपचार (treatment) में सबसे पहला कदम उसके माता-पिता को यह स्वीकार कराना होता है कि उनके बच्चे मानसिक रूप से कमजोर या दुर्बल हैं, जिनकी उचित देख-रेख एवं सहायता आवश्यक है। प्रायः देखा जाता है कि ऐसे बालकों के माता-पिता यह मानने के लिए तैयार नहीं होते हैं कि उनके बच्चे मानसिक रूप से कमजोर हैं और यदि मानते भी हैं तो काफी देर करके। ऐसी परिस्थिति में आवश्यकता इस बात की होती है कि माता-पिता को इस ढंग से शिक्षित किया जाए कि वे अपने बच्चों की ऐसी कमजोरियों को शैशवावस्था या प्रारंभिक बाल्यावस्था (early childhood) में ही पहचान कर लें जिससे ऐसे बच्चों का उचित व्यक्तित्व एवं व्यावसायिक प्रशिक्षण तुरंत देकर आत्म-निर्भर बनाया जा सके।

(2) स्कूल प्रशिक्षण *(School training)*—मानसिक रूप से दुर्बल बच्चों को विशेषकर उन बच्चों को जिनकी मानसिक दुर्बलता साधारण (simple) है, स्कूल भेजकर इस ढंग से प्रशिक्षित किया जा सकता है कि वे कुछ व्यावसायिक कौशल (vocational skills) विकसित कर लें ताकि वे कामचलाऊ ढंग से अपनी जरूरतों को स्वयं पूरा करके कुछ हद तक आत्मनिर्भर हो सकें। स्कूल में ऐसे बच्चों की शिक्षा अलग से विशेष कक्षा (special class) में जहाँ मानसिक रूप से दुर्बल बच्चे ही हों, दिया जाना चाहिए। इनके विशेष पाठ्यक्रम (syllabus) तथा पुस्तक भी होनी चाहिए। स्कूल में इस तरह की विशेष कक्षा में रखकर मानसिक रूप से दुर्बल बच्चों को प्रशिक्षित करने के तीन फायदे (advantages) बतलाए गए हैं जो निम्नांकित हैं—

(i) विशेष कक्षा (special class) में चूँकि सभी मानसिक रूप से दुर्बल बच्चे ही रहते हैं, अतः उन्हें अन्य सामान्य बच्चों के साथ प्रतिस्पर्द्धा नहीं करना पड़ता है। इससे वे अपनी असफलता पर सामान्य बच्चों द्वारा हँसी उड़ाये जाने तथा अन्य इसी तरह के व्यवहारों से बच जाते हैं। परिणामतः उनमें हीनता का भाव विकसित नहीं होता है।

(ii) विशेष कक्षा (special classes) में विशेष रूप से तैयार किए पाठ्यक्रमों (syllabus) को पढ़ाना भी आसान होता है। इनमें क्रियात्मक संगठन (motor coordination), भाषा एवं वांछनीय व्यक्तित्व शीलगुणों के विकास पर अधिक बल डालकर इन बच्चों को अधिक-से-अधिक लाभान्वित किया जा सकता है।

(iii) मानसिक रूप से दुर्बल बच्चों को शिक्षक के विशेष ध्यान की जरूरत होती है जो सामान्य कक्षा (general class) में संभव न होकर इसी विशेष कक्षा (special class) में ही संभव हो पाता है।

विशेष कक्षा के इन लाभों के बावजूद कुछ समस्याएँ भी हैं। जैसे, हेल्टर, हाल्जमैन एवं मेस्सिक (Helter, Holtzman & Messick, 1982) ने अपने अध्ययन के आधार पर यह बतलाया है कि इस प्रकार का कार्यक्रम प्रायः अलग मकान में नियमित कक्षाओं से हटकर चलाया जाता है। इस तरह का अलगाव (segregation) सामान्यीकरण (normalization) का प्रतिकूल होता है तथा सामान्य छात्रों में मानसिक एवं ऐसे दुर्बल बच्चों के प्रति पूर्वाग्रह (biases) उत्पन्न कर देता है। इसलिए आजकल इस तरह के विशेष शिक्षा का विकल्प ढूँढ़ लिया गया है जिसमें साधारण रूप से मानसिक दुर्बल बच्चों को भी आंशिक रूप से सामान्य बुद्धि के बच्चों की कक्षा में बैठाकर कुछ समय के लिए शिक्षण दिया जाता है। इसे डन्न (Dunn, 1968) ने *मुख्य प्रवाही* (mainstreaming) कहा है। स्टेनबैक तथा स्टेनबैक (Stainback & Stainback, 1994) के अनुसार आजकल कुछ स्कूलों में तो विशेष कक्षा के कार्यक्रम (programme) को पूर्णतः रद्द कर दिया है और सभी तरह के क्षमतावाले छात्रों को एक ही कक्षा में रखकर प्रशिक्षण देने का प्रावधान किया है। इस तरह के शिक्षण कार्यक्रम को *अन्तर्भाव* (inclusion) की संज्ञा दी गयी है जिसमें छात्र नहीं बल्कि शिक्षक एक कक्षा से दूसरे में मानसिक रूप से दुर्बल बच्चों को विशेष रूप से मदद करते हैं

(3) घरेलू प्रशिक्षण *(Home training)*—मनोवैज्ञानिकों का मत है कि मानसिक रूप से दुर्बल बच्चों का घरेलू प्रशिक्षण भी उनके उपचार में एक महत्त्वपूर्ण भूमिका निभाता है। घरेलू प्रशिक्षण में विशेषकर माता-पिता का स्नेह, भाई एवं बहनों का ऐसे बच्चों के प्रति उचित एवं अनुकूल मनोवृत्ति (attitude) तथा परिवार के अन्य सदस्यों द्वारा ऐसे बच्चों को परिवार का एक महत्त्वपूर्ण सदस्य माना जाना अधिक महत्त्वपूर्ण है। इस तरह का घरेलू माहौल होने से ऐसे बच्चों में आत्म-विश्वास उत्पन्न होने लगता है और धीरे-धीरे वे कुछ अंशों में आत्म-निर्भर हो जाते हैं।

(4) वातावरण में सुधार *(Improvement in environment)*—मानसिक रूप से दुर्बल बच्चों के उपचार की

दिशा में कुछ मनोवैज्ञानिकों द्वारा यह सुझाव दिया गया है कि चूँकि ऐसे बच्चों में से अधिकतर बच्चे ऐसे पारिवारिक वातावरण से आते हैं जिनमें वंचन (deprivation) तीव्र होती है, अत: यदि इनके वातावरण को इस ढंग से उन्नत बना दिया जाता है कि उनका घरेलू-वातावरण बौद्धिक रूप से उत्तेजक हो, तो उनकी मानसिक दुर्बलता बहुत हद तक कम हो सकती है और वे कुछ सामाजिक मान-सम्मान भी प्राप्त कर सकते हैं।

(5) मेडिकल उपचार *(Medical treatment)*—मानसिक रूप से दुर्बल कुछ बच्चों का मेडिकल उपचार भी संभव है। मेडिकल उपचार में विशेषकर हारमोन्स चिकित्सा (hormones therapy) का विशेष महत्त्व बतलाया गया है। जैसे—हाइपोथायराडिस्म (hypothyroidism) या क्रेटिनिज्म की चिकित्सा थाइराक्सीन की सूई देकर या टिकिया खिलाकर आसानी से किया जा सकता है। उसी तरह से PKU जैसी मानसिक दुर्बलता की चिकित्सा भी विशेष प्रकार के आहार (special diets) देकर तथा कुछ आहार-संयम (control of diet) द्वारा किया जा सकता है।

(6) संस्थाकरण *(Institutionalization)*—गंभीर रूप से मानसिक दुर्बलता से ग्रसित बच्चों को किसी ऐसे संस्था में रखकर उपचार किया जाना चाहिए जहाँ उसके उपचार के लिए विशेष प्रबन्ध है । कुछ ऐसी संस्थाएँ हैं, जहाँ सिर्फ मानसिक रूप से कमजोर बच्चों को ही शिक्षित किया जाता है। ऐसा देखा गया है कि उन बच्चों को ऐसी संस्थाओं में शिक्षित करके उनमें पर्याप्त सामाजिक एवं व्यावसायिक कौशल (occupational skills) आसानी से विकसित किया जा सकता है।

(7) प्रयुक्त व्यवहार विश्लेषण *(Applied behaviour analysis)*—यह प्रविधि क्रियाप्रसूत अधिगम (operant learning) के नियमों पर आधारित है और इसका उपयोग साधारण तथा गंभीर दोनों तरह के मानसिक रूप से दुर्बल बच्चों के उपचार में किया जाता है। प्रयुक्त व्यवहार विश्लेषण की प्रविधि में एक विशेष क्रियाप्रसूत शिक्षण प्रक्रिया (operant teaching process) का उपयोग किया जाता है जिसमें जटिल कौशलों को कई छोटे-छोटे इकाइयों (smaller units) में बाँट दिया जाता है । जैसे, यदि किसी ऐसे बच्चा को वर्णमाला लिखना सीखलाया जाता है, तो इस कार्य को कई छोटे-छोटे अंशों में यथा कलम या पेंसिल पकड़ना, उसे कॉपी पर लिखने के खयाल से ले जाना, एक समय में एक वर्ण को सामने रखना आदि में बाँटकर सम्पन्न किया जा सकता है। प्रत्येक अंश को करने पर उन्हें पुनर्बलन की आवृत्ति को कम कर दिया जाता है और अन्त में बिल्कुल ही इस उम्मीद के साथ हटा दिया जाता है कि वह अब अपने आप ही लक्ष्य व्यवहार अर्थात् लिखने का कार्य कर लेगा। इसे *संपोषण* (maintenance) कहा जाता है तथा फिर वह नयी परिस्थितियों में भी लिखने का व्यवहार करने लगता है जिसे *सामान्यीकरण* (generalization) की संज्ञा दी जाती है।

2. रोक-थाम संबंधी उपाय *(Preventive measures)*—इस प्रविधि में उन उपायों को रखा जाता है जिनके सहारे मानसिक दुर्बलता को फैलने से रोका जा सकता है। ऐसे उपायों में प्रमुख निम्नांकित हैं—

(1) बन्ध्याकरण *(Sterilization)*—आधुनिक विशेषज्ञों द्वारा यह सुझाव दिया गया है कि मानसिक दुर्बलता को फैलने से रोकने का एक सरल उपाय यह है कि इससे ग्रसित पुरुष या महिला का बन्ध्याकरण (sterilization) कर दिया जाए ताकि उनसे कोई सन्तान पैदा न हो सके। ऐसी परिस्थिति में मानसिक दुर्बलता का शिकार अगली पीढ़ी नहीं हो पायेगी और इस तरह से मानसिक दुर्बलता आगे नहीं बढ़ पायेगी।

(2) गर्भपात *(Abortion)*—यदि कोई मानसिक रूप से दुर्बल महिला गर्भवती हो ही जाती है, तो उसका गर्भपात करा देना चाहिए ताकि उनके बच्चे हो ही नहीं क्योंकि विशेषज्ञों का अनुमान है कि ऐसी स्त्रियों के बच्चों को भी मानसिक रूप से दुर्बल होने की संभावना 95% तक की होती है।

(3) शादी पर रोक *(Ban on marriage)*—सरकार को चाहिए कि विशेष कानून बनाकर मानसिक रूप से दुर्बल व्यक्ति विशेषकर गंभीर रूप से प्रभावित ऐसे व्यक्ति को शादी करने पर रोग लगा दें। परन्तु सिर्फ कानून से ही नहीं काम चलेगा। इस दिशा में कानून को सख्ती से क्रियान्वयन करना भी होगा।

(4) पूर्वप्रसूति पहचान एवं रोक-थाम *(Prental detection and Prevention)*—भावी माता-पिता यदि अपने होने वाले संतानों में उत्पन्न होने वाले किसी जननिक विकृति (genetic disorder) के बारे में जानना चाहते हैं, तो वे इसका लाभ जननिक सलाह (genetic counselling) से उठा सकते हैं। इसके लिए उन्हें ऐसे परामर्शदाता को अपना पारिवारिक इतिहास (family history) बतलाना होता है तथा रक्त प्रतिदर्श (blood sample) का गुणसूत्र के बारे में जानने के लिए विश्लेषण करना होगा। इन प्रक्रियाओं के पूरा होने पर यह पता चल जाएगा कि उनसे जो संतान होगा, उसमें कोई जननिक दोष होगा या नहीं। ऐसे स्थिति में तब वे अपनी सुविधानुसार गर्भपात कराने का भी निर्णय ले सकते

हैं। अभी हाल में कुछ विशेषज्ञों ने गर्भ के चौथे माह में एमियोटिक तरल (ammiotic fluid) की जाँच करवाने की सलाह दिये हैं। एमनोयिक तरल वैसा तरल होता है जिससे भ्रूण (fetus) घिरा हुआ होता है। इस जाँच से भी पता चल जाता है कि होने वाला बच्चा में मानसिक दुर्बलता होगा या नहीं। अगर मानसिक दुर्बलता के होने की उम्मीद होती है, तो फिर उचित रोकथाम संबद्ध कारवाई की जा सकती है।

पूर्वप्रसूति काल में कुछ और भी रोकथाम संबद्ध उपायों पर विशेषज्ञों द्वारा बल डाला गया है ताकि बच्चों को मानसिक दुर्बलता से बचाया जा सके। इसमें गर्भवती माताओं को कुपोषण, बीमारी (illness), लम्बित सांवेगिक तनाव से बचाना सम्मिलित है। वामनिस्टर (Baumeister, 1991) ने ऐसी माताओं को अल्कोहल से भी दूर रहने का सलाह दिया है ताकि टीरैटोजेनिक प्रभाव (teratogenic effect) से भ्रूण को बचाया जा सके।

(5) उत्तरप्रसूति पहचान एवं आरंभिक बाल्यावस्था शिक्षा *(Postnatal defection and early childhood education)*—जन्म के बाद ऐसे बच्चों में जिनमें मानसिक दुर्बलता का कारण चयापचयी न्यूनता (metabiolic deficiency) होती है, को बहुत हद तक आरंभिक अवस्था में ही पहचान करके सुधार किया जा सकता है । जैसे, जिगलर एवं होडाप्प (Zigler & Hodapp, 1986) ने अपने अध्ययन के आधार पर यह बतलाया है कि PKU जैसी मानसिक दुर्बलता को बाल्यावस्था में भोजन में आवश्यक परिमार्जन करके कम किया जा सकता है या रोका जा सकता है। उसी तरह से वैसे शिशुओं जिनमें लैक्टोज (lactose) जो दूध में पाया जाता है, तथा फ्रक्टोज (fructose) जो फल, सब्जी तथा चीनी आदि में पाया जाता है लेने की जननिक असहनीयता (genetic intolerance) होता है, के आहार को नियंत्रित करके उनकी संबद्ध मानसिक दुर्बलता को बहुत हद तक नियंत्रित किया जा सकता है।

निम्न बुद्धि वाले बच्चे जिनमें साधारण मानसिक दुर्बलता (mild mental retardation) होता है, की पहचान करके उन्हें नर्सरी या प्राक्स्कूल कार्यक्रम के माध्यम से भी प्रशिक्षित करके उनके मानसिक दुर्बलता को कम करने का प्रयास किया गया है। इस सिलसिले में अमेरीका में *प्रोजेक्ट हेड स्टार्ट* (Project Heard Start) बहुत ही अहमियत भूमिका निभा रहा है। जिगलर तथा स्टीफको (Zigler & Styfco, 1993) के अनुसार यह प्रोजेक्ट द्वि-पीढ़ी हस्तक्षेप (two-generational intervention) के माध्यम से बच्चों एवं उनके माता-पिता दोनों को ही प्रशिक्षित करता है ताकि मानसिक दुर्बलता की गंभीरता को कम किया जा सके। इस तरह के प्रोजेक्ट में बच्चों को आरंभिक पठन कौशलों का प्रशिक्षण दिया जाता है जबकि उनके माता-पिता को बच्चों के आहार देने से लेकर व्यवहार प्रबंधन (behaviour management) तक शिक्षण दिया जाता है। इस तरह से हेड प्रोजेक्ट के माध्यम से माता-पिता तथा बच्चों दोनों को ही प्रशिक्षित करके मानसिक दुर्बलता की गंभीरता को कम करने का भरसक प्रयास किया जाता है।

स्पष्ट है कि मानसिक दुर्बलता के उपचार एवं उसके रोकने की अनेक प्रविधियाँ हैं। उपचार एवं रोक-थाम की प्रविधियों को एक साथ मिलाकर मानसिक दुर्बलता पर आसानी से काबू पाया जा सकता है।

मानसिक दुर्बलता तथा मानसिक बीमारी में अन्तर
(Difference between Mental Deficiency and Mental Illness)

मनोरोगविज्ञानियों एवं नैदानिक मनोविज्ञानियों के अनुसार मानसिक दुर्बलता (mental deficiency) तथा मानसिक बीमारी (mental illness) दोनों ही मानसिक विकृति (mental disorder) की श्रेणी में आते हैं क्योंकि दोनों ही के व्यवहारों में विसामान्यता (deviancy) पायी जाती है। इस समानता (similarity) के बावजूद इन दोनों में कुछ अन्तर है जो निम्नांकित हैं—

(1) मानसिक दुर्बलता (mental retardation) एक अधोसामान्य मानसिक अवस्था (sub-normal mental condition) होती है। दूसरे शब्दों में, इसमें बौद्धिक विकास एक खास स्तर पर आकर रुक जाता है। परन्तु मानसिक बीमारी (mental illness) में बुद्धि का विकास किसी स्तर पर आकर रुकता नहीं है फिर भी कुछ सांवेगिक समस्याओं के कारण रोगी अपनी बुद्धि का उपयोग उत्तम समायोजन करने में नहीं कर पाता है।

(2) मानसिक दुर्बलता प्राय: जन्मजात ही होती है। बहुत कम ही बच्चों में इस प्रकार की दुर्बलता जन्म के कुछ महीनों या वर्षों तक सामान्य रहने पर विकसित करता है। परन्तु अधिकतर मानसिक बीमारी जन्मजात नहीं होते हैं, वे अर्जित होते हैं क्योंकि ऐसे रोगों की उत्पत्ति अनेक तरह के मनोसामाजिक (psychosocial) एवं सांस्कृतिक कारकों (cultural factors) से होती है।

(3) मानसिक दुर्बलता (mental deficiency) में व्यक्ति की बुद्धि सीमित (limited) होती है परन्तु मानसिक बीमारी में व्यक्ति की बुद्धि सीमित नहीं होती है बल्कि वे उसका सही दिशा में उपयोग करने में असमर्थ रहते हैं।

(4) मानसिक दुर्बलता से ग्रसित व्यक्तियों में उचित-अनुचित, नैतिक-अनैतिक कार्यों में अन्तर करने की क्षमता नहीं होती है। अत: वे समाज-विरोधी कार्य बिना किसी हिचकिचाहट के करते पाये जाते हैं। मानसिक बीमारी में ऐसी बात नहीं होती है। कुछ मानसिक रोग जैसे दुश्चिंता विकृति(anxiety disorder)ऐसे होते हैं जिसमें व्यक्तियों में तो उचित-अनुचित एवं नैतिक-अनैतिक व्यवहार का काफी ख्याल रहता है। अत: वे प्राय: समाज-विरोधी कार्य नहीं करते हैं।

(5) मानसिक रूप से दुर्बल व्यक्तित्व का विघटन (disorganization) बहुत कम पाया जाता है जबकि मानसिक बीमारी में विशेषकर मनोविदालिता एवं मनोदशा विकृति (mood disorder) में व्यक्तित्व का गंभीर विघटन (severe disorganization) पाया जाता है।

(6) मानसिक दुर्बलता (mental deficiency) में विभ्रम (hallucination), भ्रम (illusion), व्यामोह (delusion), निद्राभ्रमण (sleep-walking), स्मृति लोप (amnesia) जैसे लक्षण नहीं पाये जाते हैं जबकि मानसिक बीमारी में इन लक्षणों की प्रधानता होती है।

(7) मानसिक रूप से दुर्बल लोगों में आत्म-निर्भरता (self-dependency), आत्म-विश्वास एवं आत्म-सम्मान (self esteem) जैसे गुणों की कमी होती है। अत: उन्हें अपने सामान्य कार्यों को करने के लिए भी दूसरों की देख-रेख आवश्यक हो जाती है। परन्तु मानसिक बीमारी से ग्रस्त व्यक्तियों में ऐसी बात नहीं होती है। खासकर दुश्चिंता विकृति के रोगियों में तो उपयुक्त शीलगुण पर्याप्त मात्रा में होते हैं जिनमें उन्हें किसी की देख-रेख की जरूरत प्राय: नहीं पड़ती है।

(8) मानसिक रूप से दुर्बल व्यक्ति की शारीरिक रचना (bodily structure) प्राय: विकृत (distorted) एवं भद्दी होती है लेकिन मानसिक बीमारी से ग्रसित व्यक्तियों में किसी प्रकार की शारीरिक विकृति नहीं होती है और इनका शारीरिक रूप भद्दा भी नहीं होता है।

(9) मानसिक रूप से दुर्बल व्यक्तियों का उपचार (treatment) कठिन होता है। उनकी स्थिति में थोड़ा सुधार भले ही किया जा सकता है परन्तु उसका पूर्णरूपेण उपचार कभी भी संभव नहीं है। मानसिक रूप से ग्रसित व्यक्तियों का उपचार विभिन्न वैज्ञानिक विधियों से पूर्णरूपेण संभव है।

(10) मानसिक दुर्बलता (mental deficiency) के ऐसे तो अनेक कारण हैं परन्तु उनमें जैविक कारण (biological causes) सबसे महत्त्वपूर्ण है। परन्तु मानसिक बीमारी के कारणों में जैविक कारक, मनोसामाजिक कारक (psychosocial factors) तथा सामाजिक-सांस्कृतिक (socio-cultural factors) तीनों ही अधिक महत्त्वपूर्ण हैं।

उपर्युक्त तथ्यों से स्पष्ट है कि मानसिक दुर्बलता (mental deficiency) तथा मानसिक बीमारी में अनेक अन्तर हैं जिसके आधार पर उनकी पहचान की जाती है।

अधिगम असमर्थता
(Learning Disabilities)

बहुत से बच्चे अधिगम (learning), समन्वय (co-ordination) तथा संचार (communication) के क्षेत्र में अपर्याप्तता (inadequacy) दिखलाते हैं। इस तरह के विकृतियों से स्कूल तथा दिन-प्रतिदिन की जिंदगी में बच्चों का निष्पादन (performance) काफी खराब या घटिया हो जाता है। ऐसी विकृतियाँ लड़कों में लड़कियों की अपेक्षा अधिक दीखतीं हैं। इन समस्याओं को मानसिक विकृति (mental disorder) के रूप में वर्गीकृत करना काफी विवादास्पद विषय (controversioal issue) रहा है। बहुत से नैदानिक मनोविज्ञानियों का विचार है कि ऐसी समस्याएँ मूलत: शैक्षिक (educational) या सामाजिक (social) होती हैं जो स्कूल या घर तक ही सीमित होती हैं। अत: इन्हें एक मानसिक विकृति के रूप में नहीं लिया जा सकता है। परंतु DSM-IV (1994) के विशेअज्ञों ने इसे एक मानसिक विकृति का दर्जा दिया है। इन समस्याओं से उत्पन्न दुष्क्रियाएँ (dysfunctions) और अन्य मानसिक समस्यओं के साथ बार-बार होना, इन विशेषज्ञों के अनुसार, मानसिक विकृति की दर्जा के लिए पर्याप्त सबूत है। हटिंगटन तथा वेन्डर (Huntington & Bender, 1993) के अनुसार कुछ ऐसे सबूत उपलब्ध हैं जिनसे यह पता चलता है कि इन समस्याओं को विशेषकर

अधिगम की समस्याओं से ग्रस्त बच्चों को किशोरावस्था में आने पर विषाद (depression) तथा आत्महत्या (suicide) जैसी समस्याएँ अधिक होतीं हैं। इन कारणों से इन्हें मानसिक विकृति का दर्जा देना ही उपयुक्त होगा।

DSM-IV में अधिगम विकृति (learning disorder), संचार विकृति (communication disorder) तथा समन्वय से संबद्ध पेशीय-कौशल विकृति (motor skill disorder) की पहचान अलग-अलग की गयी है। कुछ नैदानिक मनोवैज्ञानिकों को इन तीनों को एक साथ मिलाकर *अधिगम असमर्थता* (learning disabilities) का नाम देना अधिक उपयुक्त समझा है क्योंकि इन तीनों में बच्चा अपने बौद्धिक स्तर के अनुरूप विशिष्ट शैक्षिक या भाषा या पेशीय क्षेत्र में विकसित होने में असमर्थ रहता है।

ध्यान रहे कि DSM-IV में अधिगम असमर्थता (learning disabilities) नाम के कोई पद का उपयोग नहीं किया गया है। अधिगम असमर्थता की पहचान एवं उपचार स्कूल तंत्र के भीतर ही हो जाती है।

बच्चों में अधिगम, भाषा तथा पेशीय कौशल से संबद्ध तीन स्वतंत्र विकृतियाँ निम्नांकित हैं—

(1) अधिगम विकृतियाँ (learning disorders)

(2) संचार विकृतियाँ (communication disorders)

(3) पेशीय कौशल विकृतियाँ (motor skills disorder)

इन तीनों का वर्णन इस प्रकार है—

1. अधिगम विकृतियाँ (Learning disorders)—अधिगम विकृति का संबंध बच्चों के अधिगम से संबद्ध कठिनाइयों से होता है। DSM-IV के अनुसार अधिगम विकृतियाँ निम्नांकित तीन हैं—

(i) पठन विकृति (reading disorder)

(ii) गणित विकृति (mathematics disorder)

(iii) लेखन अभिव्यक्ति की विकृति (disorder of written expression)

इनका वर्णन इस प्रकार है—

(i) पठन विकृति *(Reading disorder)*—इस विकृति को *डायस्लेक्सिया* (dyslexia) भी कहा जाता है। इसमें बच्चे शब्दों को ठीक से पहचान नहीं पाते हैं और जो पढ़ते हैं, उसे समझ नहीं पाते हैं हालांकि उन्हें कोई दृष्टि या श्रव्य दोष नहीं होता है और उनका बौद्धिक स्तर भी औसत होता है। ऐसे बच्चे धीरे-धीरे एवं रुक-रुक करके पढ़ते हैं तथा जब वे पढ़ते हैं तो वे शब्दों को विकृत (distort) कर देते हैं या छोड़ देते हैं या प्रतिस्थापित कर देते हैं। इस तरह की विकृति की पहचान चौथी कक्षा या उसके बाद के कक्षाओं में छात्र के आने के बाद पता चलता है। अमेरिकन मनोरोगविज्ञानी संघ (APA, 1994) के अनुसार 4% स्कूली बच्चों में ऐसी विकृति होते पायी जाती है। वयस्कावस्था में आने पर धारा-प्रवाह मौखिक पठन, बोध (comprehension) तथा शब्दों को हिज्जे या वर्तनी (spelling) से संबधित समस्या जारी रहती है। इस विकृति के हल्के-फुल्के केसेज को पठन चिकित्सा (reading therapy) देकर दूर किया जा सकता है और वयस्कावस्था आते-आते पूर्णतः समाप्त किया जा सकता है। परंतु कुछ ऐसे भी केसेज हैं जिसमें उपचार के बावजूद समस्या बनी रहती है।

(ii) गणित विकृति *(Mathematics disorder)*—इस तरह की विकृति की पहचान तब होती जब बच्चों का अंकगणितीय कौशल उनके बौद्धिक क्षमता से काफी नीचे होता है और उसके शैक्षिक उपलब्धि (academic achievement) के साथ बाधा पहुँचता है। ऐसे बच्चों को भाषाई कौशल (linguistic skills) से संबंधित कठिनाई हो सकती है, अर्थात् ऐसे बच्चे लिखित समस्याओं को गणितीय संकेतों में कूटसंकेत करने में कठिनाई अनुभव कर सकता है। फिर ऐसे बच्चों को प्रत्यक्षज्ञानात्मक कौशल (perceptual skills) से संबद्ध समस्याएँ हो सकती हैं अर्थात् ऐसे बच्चे संख्यात्मक संकेतों (numerical symbols) की पहचान ठीक से नहीं कर पाते हैं। ऐसे बच्चों को ध्यान कौशल (attention skill) की समस्या होती है अर्थात् ऐसे बच्चों को अंकों को जोड़ते समय पिछले अंकों की शृंखला से आये अंकों की याद से संबंधित समस्या होती है। स्कूल में गणित में घटिया उपलब्धि का सबसे बड़ा कारण गणित विकृति माना गया है जो लड़कों एवं लड़कियों में लगभग समान ढंग से होता है।

(iii) लेखन अभिव्यक्ति की विकृति *(disorder of written expression)*—इस विकृति में बच्चों द्वारा लिखे गये अंशों में तरह-तरह की त्रुटियाँ बारम्बार होतीं हैं। इन त्रुटियों में हिज्जे (spelling), व्याकरण विरामादि-विधान (punctuation), पराग्राफ संगठन (paragraph organisation) से संबद्ध त्रुटियाँ प्रधान होती हैं। एपीए (APA, 1994) के अनुसार ऐसे केसेज की पहचान दूसरी कक्षा में आते-आते कर ली जाती है। लेखन अभिव्यक्ति की ऐसी त्रुटियाँ इतनी प्रबल हो जाती है कि बच्चा का निष्पादन उसके बौद्धिक स्तर से काफी नीचे चला जाता है।

स्पष्ट हुआ कि अधिगम विकृतियाँ तीन प्रकार की होती हैं और इनसे बच्चों का शैक्षिक निष्पादन काफी गिर जाता है।

2. संचार विकृति *(Communication disorder)*—जैसा कि नाम से ही स्पष्ट है, इस तरह की विकृति का संबंध बच्चों द्वारा किये जाने वाले संचार (communication) तथा भाषा में उत्पन्न दोष से होता है। यह भी चार प्रकार का होता है—

(i) ग्रहणशील अभिव्यंजक भाषा विकृति (expressive language disorder)

(ii) अभिव्यंजक भाषा विकृति (expressive language disorder)

(iii) ध्वनिक विकृति (phonological disorder)

(iv) हकलाना (Stuttering)

इन सबों को वर्णन इस प्रकार है—

(i) ग्रहणशील-अभिव्यंजक भाषा विकृति *(Receptive expressive language disorder)*—इस विकृति वाले बच्चों में भाषा को समझने एवं अभिव्यक्त करने से संबद्ध दोष इतना अधिक गंभीर होता है कि इससे उसका शैक्षिक उपलब्धि प्रभावित या दिन-प्रतिदिन की क्रियाएँ काफी प्रभावित हो जातीं हैं। हल्के-फुल्के ऐसे केसेज में तो यह देखा गया है कि बच्चे विशेष तरह के शब्दों या जटिल कथनों को समझने में कठिनाई महसूस करते हैं। परंतु कुछ गंभीर केसेज में बच्चे मौलिक शब्द कोष या साधारण वाक्यों को समझने या श्रव्य सूचनाओं को संसाधित करने में कठिनाई महसूस करते हैं। ऐसे बच्चों को विभिन्न आवाजों के बीच विभेदन करने, आवाज तथा संकेतों को साहचर्यित करने या उसे संग्रहण करने तथा प्रत्याह्वान करने में कठिनाई का अनुभव करता है। इतना ही नहीं, इनकी कठिनाइयों में अभिव्यंजक भाषा विकृति के भी कुछ लक्षण सम्मिलित हो सकते हैं। 3% स्कूली बच्चों में इस ढंग की समस्याएँ होती हैं। कुछ तो उम्र बीतने पर इन समस्याओं से छुटकारा पा लेते हैं जबकि कुछ गंभीर केसेज में यह समस्या बनी की बनी रह जाती है।

(ii) अभिव्यंजक भाषा विकृति *(Expressive language disorder)*—इस विकृति वाले बच्चे अपने आप को अभिव्यक्त (express) करने के लिए उपयुक्त भाषा का प्रयोग करने में असमर्थ पाते हैं। ऐसे बच्चों की शब्दाबली काफी सीमित एवं अयथार्थ होती है; इन्हें नये शब्दों को सीखने में दिक्कत होती है; हमेशा वाक्यों को छोटा कर देते हैं; वाक्यों के महत्त्वपूर्ण हिस्सों को त्याग देते हैं; शब्दों को असाधारण ढंग से क्रमित करते हैं तथा भाषा का मंद विकास दिखलाते हैं। उसे 5 प्रतिशत बच्चों में ऐसी समस्याएँ होती हैं। धीरे-धीरे उनमें से आधे द्वारा सम्पूर्ण भाषा क्षमता विकसित कर लिया जाता है और बाकी किशोरावस्था आते-आते सामान्य क्षमता विकसित कर लेते हैं। विशिष्ट मदद से भी ऐसे बच्चों को काफी मदद मिलती है।

(iii) ध्वनिक विकृति *(Phonological disorder)*—वैसे बच्चे जो उपयुक्त उम्र के बावजूद सही-सही ढंग से शब्दों को नहीं बोल पाते हैं, उन्हें ध्वनिक विकृति का रोगी माना जाता है बशर्ते कि ऐसी विकृति का कारण श्रव्य दोष या संभाषण प्रक्रम (speech mechanism) में किसी प्रकार का दोष न हो। ऐसे बच्चे बोले गए शब्दों का अस्पष्ट उच्चारण करते हैं, शब्दों का प्रतिस्थापन करते हैं तथा शब्दों को छोड़कर बोलते हैं जिनसे उनका बातचीत बिलकुल ही एक बेबी के बातचीत (baby talk) के समान लगता है। ऐसा अनुमान लगाया गया है कि आठ साल से नीचे के करीब 2 से 3% बच्चों द्वारा इस प्रकार की विकृति साधारण से गंभीर रूप में होता पाया जाता है। एपीए (APA, 1994) के अनुसार 17 वर्ष की आयु तक इस विकृति का दर घटकर 0·5% रह जाता है। संभाषण चिकित्सा (speech therapy) से यह विकृति पूर्णत: समाप्त हो जाता है।

(iv) हकलाना *(Stuttering)*—इस विकृति से ग्रसित बच्चे अपने संभाषण (speech) के सामान्य प्रवाह

(fluencey) तथा समय पैटर्निंग में क्षुब्धता का अनुभव करते हैं। वे किसी अक्षर या शब्दों को कभी-कभी दोहरा देते हैं, कभी उसे लम्बे समय तक बोलते हैं या कभी शब्दों को बीच में बोल देते हैं, एक शब्द के भीतर एक अक्षर बोलकर रुक जाते हैं और फिर बोलते हैं, आवाज को अवरूद्ध कर देते हैं तथा अन्य शब्द जो कठिन होते हैं, को अन्य शब्दों से प्रतिस्थापित कर देते हैं या फिर इन शब्दों को बोलते हैं तो काफी दैहिक तनाव महसूस करते हैं, एक ही अक्षर (syllable) में पूरा शब्द बोल देते हैं, आदि-आदि। करीब एक प्रतिशत बच्चों में हकलाने की विकृति पायी जाती है और इनमें से 75% पुरुष होते हैं। हकलाने की समस्या 2 से 7 साल की आयु में होती है और इसमें से करीब 80% बच्चे अपने आप बिना उपचार के ही 16 साल की आयु आते-आते ठीक हो जाते हैं।

स्पष्ट हुआ कि संचार विकृति के भी कई प्रकार होते हैं। इनमें से अभिव्यंजक भाषा विकृति तुलनात्मक रूप से अधिक देखने को मिलता है।

3. पेशीय कौशल विकृतियाँ *(Motor-skill disorder)*—इसे *विकासात्मक समन्वय विकृति* (developmental coordination disorder) भी कहा जाता है। इसमें बच्चों के पेशीय समन्वय (motor coordination) में ऐसा पर्याप्त दोष होता है जिसकी व्याख्या मानसिक मन्दन (mental retardation) या कोई ज्ञात दैहिक विकृति के रूप में नहीं की जा सकती है। बच्चा को अपने जूता का फीता बाँधने में कठिनाई हो सकती है या कमीज के बटन लगाने में कठिनाई हो सकती है और बड़ा होने पर गेंद खेलने, हाथ से लिखने या अन्य समान कार्यों में दिक्कत का अनुभव हो सकता है। इस विकृति की पहचान तभी की जाती है जब इन दोषों द्वारा उसके शैक्षिक उपलब्धि या दिन-प्रतिदिन की अन्य क्रियाएँ बुरी तरह प्रभावित हो जाती है।

स्पष्ट हुआ कि अधिगम असमर्थता के जो तीन प्रारूप हैं, उनमें अधिगम विकृतियाँ सबसे अधिक महत्त्वपूर्ण है क्योंकि इससे बच्चों की शैक्षिक उपलब्धियाँ काफी अधिक प्रभावित होती है।

अधिगम असमर्थता के हैतुकी
(Etiology of Learning disabilities)

अधिगम असमर्थता के कारणों को दो प्रमुख भागों में बाँटा जा सकता है—

(1) जैविक कारक (biological factors)

(2) मनोवैज्ञानिक कारक (psychological factors)

इन दोनों का वर्णन निम्नांकित है—

1. जैविक कारक *(Biological factors)*—कुछ ऐसे अध्ययन हुए हैं जिनके आधार पर यह कहा जा सकता है कि अधिगम असमर्थता का कारण आनुवंशिकता (heredity) है। माथानी, डोलान तथा विलसन (Mathaney, Dolan & Wilson, 1976) द्वारा जुड़वाँ बच्चों (twin studies) पर अध्ययन किया गया जिसमें इस तथ्य की संपुष्टि की गयी है। पेनिंगटन तथा स्मीथ (Pennington & Smith, 1988) द्वारा किये गए अध्ययन से यह पता चला है कि साधारण शब्द पठन (reading) एवं हिज्जे (spelling) कौशल जननिक (inherited) होता है जबकि पठन बोध (reading comprehension) जननिक नहीं होता है। फलतः शब्द पठन एवं हिज्जे से संबद्ध विकृति का कारण जननिक दोष होता है। कुछ ऐसे अध्ययन हुए हैं जिनसे यह पता चला है कि तंत्रकीय समस्याओं (neurological problems) से भी अधिगम असमर्थता उत्पन्न होती है। गालावुर्डा (Galaburda, 1989) ने एक अध्ययन किया जिसमें आठ ऐसे व्यक्तियों के मस्तिष्कों का शव-परीक्षण (autopsy) किया गया जिन्हें बाल्यावस्था में डायस्लेक्सिया (dyslexia) हुआ था। इनके मस्तिष्क के न्यूरोन्स के संगठन, संख्या तथा स्थान से संबद्ध असामान्यताएँ पायीं गयीं। इनके मस्तिष्क के बायाँ गोलार्द्ध (left hemisphere) जो भाषा पर नियंत्रित रखता है, में न्यूरोन्स संबद्ध ऐसे दोष पाये गये। इन अध्ययनों से यह स्पष्ट हुआ कि अधिगम असमर्थता के कुछ जैविक कारक भी होते हैं।

2. मनोवैज्ञानिक कारक *(Psychological factors)*—अधिगम असमर्थता की व्याख्या करने के लिए कुछ मनोवैज्ञानिक सिद्धान्त (psychological theories) भी विकसित किये गए हैं। इनमें निम्नांकित प्रमुख हैं—

(i) **प्रत्याक्षज्ञानात्मक कमी सिद्धान्त** *(Perceptual deficit theory)*—इस सिद्धान्त के अनुसार अधिगम विकृति का कारण प्रत्यक्षज्ञानात्मक प्रक्रियाओं (perceptual processing) की समस्याएँ हैं। जैसे, डायस्लेक्सिया (dyslexia) का कारण एक ऐसा प्रत्यक्षज्ञानात्मक कमी होता है जिसमें बच्चे अक्षरों को उल्टे क्रम में प्रत्यक्षण करते हैं और जिनसे पठन त्रुटियाँ होती है। जैसे, अक्षर *d* को अक्षर *b* के रूप में पढ़ना एक ऐसी ही त्रुटि का उदहारण है। काल्फी तथा उनके सहयोगियों (Calfee et al. 1985) के अनुसार 5 और 6 साल की आयु होने पर अक्षर संभ्रांति (letter confusion) तथा पठन क्षमता (reading ability) में किसी तरह का कोई संबंध नहीं पाया गया। हाल ही में किये गए शोधों से यह स्पष्ट हुआ है कि भाषा संसाधन (language processing) में कुछ समस्या उत्पन्न होने पर भी डायस्लेक्सिया की असामान्यता उत्पन्न हो जाती है । मान एवं ब्रेडी (Mann & Brady, 1988) द्वारा किये गए शोधों से यह स्पष्ट हुआ है कि इसमें संभाषण का प्रत्यक्षण एवं बोले गए भाषा की आवाज का विश्लेषण और छपे शब्दों से उनका संबंध महत्त्वपूर्ण है। कुछ अनुदैर्ध्य अध्ययनों (longitudinal studies) से भी यह पता चला है कि आरंभिक भाषा संबद्ध समस्याओं के आधार पर भी आगे उत्पन्न होने वाला डायस्लेक्सिया के बारे में अनुमान लगाया जा सकता है। जैसे, ब्रेडली एवं ब्रायन्ट (Bradley & Bryant, 1985) ने अपने अध्ययन में पाया कि चार साल की आयु में लय (rhyme) तथा अनुप्रास (alliteration) की पहचान में कठिनाई अनुभव करने वाले बच्चों को डायस्लेक्सिया होने की संभावना अधिक होती है; स्कारबोरोफ (Scarborough, 1990) के अनुसार पाँच साल के जिन बच्चों में परिचित वस्तुओं का तेजी से नाम बतलाने की असमर्थता होती है, उनमें डायस्लेक्सिया उत्पन्न होने की संभावना अधिक होती है तथा उसी तरह स्कारबोरोफ के ही अध्ययन के अनुसार दो साल की आयु में जिन बच्चों में वाक्य रचना या वाक्य विन्यास से संबद्ध नियम (synthatic rule) को सीखने में कठिनाई होती हैं, उनमें भी डायस्लेक्सिया के रोग होने की संभावना अधिक होती है।

(ii) **शैक्षिक निर्देश सिद्धान्त** *(Academic instruction theory)*—इस सिद्धान्त के अनुसार अधिगम विकृतियों का कारण प्रत्यक्षण में कमी नहीं बल्कि शिक्षण (teaching) में कमी की ओर इशारा करता है तथा इसका कारण कुछ बच्चों को संज्ञानात्मक कार्यों में घटिया निर्देश (instruction) का मिलना होता है। इन्गेलमान (Englemann, 1969) इस सिद्धान्त के प्रबल समर्थक रहे हैं। यही कारण है कि इस सिद्धान्त के समर्थकों द्वारा ऐसे बच्चों को शिक्षण के एक उत्तम विधि खोजकर पढ़ाने पर बल डाला गया है। इन लोगों द्वारा अंकगणित, पठन (reading) एवं अन्य अधिगम क्षेत्रों को तत्त्व कौशलों (component skills) में बाँटकर तथा प्रत्येक कौशल को थोड़ा-थोड़ा करके पढ़ाने पर बल डाला गया है। स्वार्ज (Schwartz, 1977) द्वारा अधिगम विकृतियों से ग्रस्त बच्चों को ऐसी ही प्रविधि से पढ़ाया गया और परिणाम में देखा गया कि ऐसे बच्चों का औसत निष्पादन पहले से काफी बढ़ गया। ऐसे बच्चों के पठन स्तरों में ही सिर्फ उन्नति नहीं हुई बल्कि उसके अवधान विस्तार (attention span), आत्म-विश्वास तथा स्वत: पठन (spontaneous reading) क्षमता में भी पर्याप्त वृद्धि हो गयी।

उपर्युक्त दोनों सिद्धान्तों के अलावा भी कुछ ऐसे अध्ययन हुए हैं जिनसे अधिगम असमर्थता के कारणों पर प्रकाश पड़ता है। मैकग्यूनेस (McGuiness, 1985) के अनुसार ऐसी विकृतियों में यौन अंतर होता है। इसका मतलब यह हुआ कि पुरुष एवं स्त्री मस्तिष्क के बीच संरचनात्मक या हारमोन्ल (hormonal) अंतर होने से भी लड़का तथा लड़की के अधिगम क्षमता में अंतर होता है। जैसे, मस्तिष्क के बायाँ गोलार्द्ध में यदि किसी प्रकार की क्षति होती है, तो इससे पुरुषों में अधिगम असमर्थता महिलाओं की तुलना में अधिक उत्पन्न हो जाता है। किमुरा (Kimura, 1983) के अनुसार इसका संभवत: एक कारण यह हो सकता है कि महिलाओं के दायाँ गोलार्द्ध में भाषा का स्थायीकरण पुरुषों की अपेक्षा अधिक होता है। इसका मतलब यह हुआ कि लड़कों में भाषा एवं पठन असमर्थता लड़कियों की अपेक्षा तुलनात्मक रूप से अधि क होता है। मैकग्यूनेस (McGuiness, 1985) के ही अनुसार लड़कों एवं लड़कियों के संवेदी पेशीय समन्वय (sensory-motor integration) क्षमता में भी अंतर होता है लड़कों का सम्पूर्ण पेशीय नियंत्रण कौशल दृष्टि (visual) तंत्र से अधिक समन्वित होता है । जबकि लड़कियों का सम्पूर्ण पेशीय नियंत्रण कौशल श्रवण तंत्र (auditory system) से अधिक समन्वित होता है। इसका मतलब यह हुआ कि लड़कियों में श्रवण-पेशीय (auditory-motor) दोष जैसे भाषा कौशल दोष तब तुलनात्मक रूप से अधिक होगा।

स्पष्ट हुआ कि अधिगम असमर्थता (learning disabilities) के कई कारण हैं और इसमें जैविक तथा मनोवैज्ञानिक दोनों तरह के कारकों का योगदान होता है।

अधिगम असमर्थता के उपचार
(Treatment of Learning disablities)

अधिगम असमर्थता के उपचार के दिशा में कुछ सार्थक कदम मनोवैज्ञानियों एवं अन्य विशेषज्ञों द्वारा उठाये गए हैं। इन प्रयासों को मौटे तौर पर निम्नांकित दो भागों में बाँटा जा सकता है—

(1) भाषाई उपागम (linguistic approach)

(2) सफलता उन्मुखी उपागम (success-oriented approach)

इन दोनों की व्याख्या इस प्रकार है—

1. भाषाई उपागम *(Linguistic approach)*—इस उपागम द्वारा उपचार करने में मूलतः वैसे बच्चों पर बल डाला जाता है जिसमें पठन एवं लेखन कठिनाइयाँ होती हैं। लेयोन एवं मोट्स (Lyon & Moats, 1988) द्वारा किये गए शोधों के अनुसार इस उपागम में बच्चों को ध्यान से सुनने, ठीक से बोलने, पढ़ने एवं तार्किक क्रम में लिखने का प्रशिक्षण दिया जाता है। काफी छोटे बच्चों में पढ़ने का निर्देश देने के पहले अन्य पठन कौशल जैसे अक्षर विभेद, ध्वनिक विश्लेषण (phonotic analysis) तथा अक्षर आवाज साहचर्य आदि को सीखला दिया जाता है। ब्रक (Bruck, 1987) के अनुसार डायस्लेक्सिया से ग्रसित वयस्कों को कॉलेज में कई तरह के निर्देशात्मक समर्थन (instructional support) जैसे टेप किया हुआ भाषण (lecture), विशेष तरह के शिक्षकों से सम्पर्क आदि करके बहुत हद तक दूर कर लिया जाता है।

हाल के वर्षों में कुछ शोधकर्त्ताओं द्वारा इस बात पर बल डाला गया है कि अधिगम असमर्थ (learning-disabled) कुछ बच्चे ऐसे होते हैं जिनमें सीखने की क्षमता की कमी नहीं होती है बल्कि उनमें कुछ शिक्षण योग्य कौशल (teachable skills) की ही कमी होती है। ब्रेसवेल तथा केन्डाल (Braswell & Kendall, 1988) द्वारा इस तथ्य पर अधिक बल डाला गया है। इसका स्पष्ट आशय तब यह हुआ कि ऐसे बच्चों को उत्तम अधिगम में तभी मदद की जा सकती है जब समायोजी संज्ञानात्मक साधनों (adaptive cognitive strategies) को अपनाया जाए। हैरिस (Harris, 1996) ने अपने प्रयोग से इसका स्पष्ट समर्थन दिया है। इन्होंने अपने इस प्रयोग में कुछ ऐसे बच्चों को आत्म-बातचीत (self-talk) करने का तरीका सीखलाया जबकि ऐसे बच्चों का एक नियंत्रित समूह को ऐसा नहीं सीखलाया गया। बाद में दोनों समूह को एक विशेष तरह के कार्य करते समय उनके द्वारा किये गए निजी संभाषण (private speech) का दृष्टि टेप (videotape) किया और उनके निजी संभाषण के टिप्पणियों का विश्लेषण करने के बाद यह पाया गया कि प्रयोगात्मक समूह के बच्चों द्वारा नियंत्रित समूह के बच्चों की तुलना में अधिक संगत टिप्पणी किये गये और उनके संभाषण भी अधिक उन्नत थे। इससे यह पता चलता है कि अधिगम-असमर्थ बच्चों को कुछ शिक्षण योग्य कौशल (teachable skills) बतला देने पर उनकी अधिगम असमर्थता को बहुत हद तक कम किया जा सकता है।

2. सफलता-उन्मुखी उपागम *(Success-oriented approach)*—अधिगम-असमर्थता वाले बच्चों को सफलता-उन्मुखी उपागम अपनाकर भी उसकी समस्या का समाधान किया जा सकता है। इस तरह के उपागम का दृष्टिकोण व्यवहारवादियों द्वारा बतलाये गए कदम होते हैं। इसमें ऐसे बच्चों को कोई पठन कार्य या अन्य समान कार्य को सीखलाने के पहले उसे छोटे-छोटे अंशों में बाँट लिया जाता है। प्रत्येक अंश को एक-एक करके उसके सामने उपस्थित किया जाता है और एक में सफल होने पर ही आगे का अंश बच्चों को दिया जाता है। इससे अधिगम असमर्थता वाले बच्चों में अभिप्रेरण (motivation) बना रहता है तथा उसे किसी प्रकार का कुंठा (frustration) का सामना नहीं करना पड़ता है।

स्पष्ट हुआ कि अधिगम-असमर्थता के उपचार की दिशा में जो कदम उठाये गए हैं, उसे पूर्ण नहीं माना जा सकता है। अतः अभी इस सिलसिले में और भी कुछ सराहनीय कदम उठाये जाने की उम्मीद है।

अध्याय सारांश
(Chapter Summary)

1. मानसिक दुर्बलता से तात्पर्य समायोजी व्यवहार में कमी के साथ-साथ अधोऔसत बुद्धि से होता है और यह 18 वर्ष की आयु से पहले ही परिलक्षित होता है।
2. मानसिक दुर्बलता की प्रमुख विशेषताओं में सीमित बौद्धिक क्षमता, सीमित समायोजन योग्य व्यवहार, सामाजिक अयोग्यता, शारीरिक न्यूनता, सीमित प्रेरणा एवं संवेग आदि प्रमुख हैं।
3. मानसिक दुर्बलता के कई प्रकार विभिन्न कसौटियों के आधार पर बतलाये गए हैं। जैसे, बुद्धि की कसौटी के आधार पर इसे मूर्ख, मूढ़ तथा जड़ (idiot) आदि में बाँटा गया है। फिर बुद्धि के ही आधार पर इसे साधारण, मध्यवर्गीय, गंभीर एवं अति गंभीर में बाँटा गया है। समायोजन योग्य व्यवहार की कसौटी के आधार पर अप्रशिक्षण योग्य, प्रशिक्षण योग्य, शिक्षण ग्रहण योग्य आदि में बाँटा गया है। नैदानिक कसौटी के आधार पर इसे डाउन संलक्षण, बौनापन, टर्नर संलक्षण आदि श्रेणी में बाँटा गया है।
4. मानसिक दुर्बलता के सामान्य कारणों में गंभीर संक्रमण, नशा, गुणसूत्र के संरचनाओं में दोष, मस्तिष्कीय अंगों में क्षति आदि प्रधान है।
5. मानसिक दुर्बलता के उपचार एवं रोक-थाम के कई उपायों का वर्णन किया गया है। इनमें रोगहर चिकित्सीय प्रविधियाँ तथा रोकथाम संबंधी उपायों को महत्त्वपूर्ण बतलाया गया है।
6. मानसिक दुर्बलता तथा मानसिक रोग में अंतर है। ऐसे 10 बिंदुओं पर प्रकाश डाला गया है।
7. अधिगम असमर्थता (learning disabilities) में मूलतः तीन तरह के विकृतियों को रखा गया है—अधिगम विकृति, संचार विकृति तथा पेशीय-कौशल विकृति।
8. अधिगम विकृति का संबंध बच्चों के अधिगम से संबद्ध कठिनाइयों से होता है तथा इसमें तीन तरह की विकृतियाँ सम्मिलित होती हैं—पठन विकृति, गणित विकृति तथा लेखन अभिव्यक्ति की विकृति।
9. संचार विकृति (communication disorder) का संबंध बच्चों द्वारा किया गया संचार एवं भाषा में उत्पन्न दोष से होता है। इसमें चार तरह की विकृतियाँ सम्मिलित हैं—ग्रहणशील-अभिव्यंजक भाषा विकृति, अभिव्यंजक भाषा विकृति, ध्वनिक विकृति तथा हकलाना।
10. पेशीय-कौशल विकृति (motor skill disorder) जिसे विकासात्मक समन्वय विकृति भी कहा जाता है, का संबंध बच्चों द्वारा अपने दिन-प्रतिदिन के सामान्य क्रियाओं को समन्वित ढंग से करने की असमर्थता से होती हैं।
11. अधिगम असमर्थता के कई कारण हैं जिनमें जैविक कारक तथा मनोवैज्ञानिक कारक प्रधान हैं।
12. अधिगम असमर्थता के उपचार का जहाँ तक प्रश्न है, इसके लिए दो तरह के उपागमों (approaches) को महत्त्वपूर्ण बतलाया गया है और इसमें भाषाई उपागम (linguistic approach) तथा सफलता-उन्मुखी उपागम प्रमुख हैं।

❑

अध्याय 18

लैंगिक एवं लिंग पहचान विकृतियाँ
(SEXUAL AND GENDER IDENTITY DISORDERS)

लैंगिक विकृतियाँ (sexual disorders) में वैसे विकृतियों को रखा जाता है जिनका संबंध लैंगिक कार्यों में किसी-न-किसी तरह की असामान्यता से होता है।

DSM-IV TR के अनुसार लैंगिक विकृतियों (sexual disorders) को मूलतः निम्नांकित तीन तरह के विस्तृत श्रेणियों (broad categories) में बाँटा गया है—

(1) लैंगिक दुष्क्रिया (Sexual dysfunction)

(2) पाराफिलियाज (Paraphillias)

(3) लिंग पहचान विकृति (Gender Identity disorder)

इन तीनों का वर्णन हम अलग-अलग अनुच्छेदों में करेंगे।

लैंगिक दुष्क्रिया के अर्थ एवं स्वरूप
(Meaning and Nature of Sexual Dysfunction)

मानव लैंगिक व्यवहार (human sexual behaviour) एक जटिल व्यवहार है। कभी-कभी इस व्यवहार में कुछ असामान्यताएँ आ जाती हैं। लैंगिक दुष्क्रिया (sexual dysfunction) एक ऐसी ही असामान्यता (abnormality) है जिसमें लैंगिक संतोष (sexual gratification) की कमी पायी जाती है। कारसन, वुचर तथा कोलमैन[1] (Carson, Butcher & Coleman, 1988) ने लैंगिक दुष्क्रिया (sexual dysfunction) को इस प्रकार परिभाषित किया है, "लैंगिक दुष्क्रिया से तात्पर्य लैंगिक तुष्टि की इच्छा में कमी या लैंगिक तुष्टि प्राप्त करने की क्षमता में क्षीणता से होती है। कुछ अपवाद को छोड़कर इस तरह की क्षीणता दैहिक या संरचनात्मक विकृति के अभाव में होती है तथा दोषपूर्ण मनोलैंगिक समायोजन तथा सीखना पर आधारित होती है।" *सारासन एवं सारासन*[2] (Sarason & Sarason, 2005) ने लैंगिक दुष्क्रिया को इस प्रकार परिभाषित किया है, "लैंगिक दुष्क्रिया, लैंगिक अनुक्रिया या अभिरूचि में एक ऐसे सतत दोष के रूप में परिभाषित किया जाता है जो व्यक्तिगत तकलीफ या अन्तर्वैयक्ति कठनाई उत्पन्न करता है।"

इन परिभाषाओं से यह स्पष्ट है कि लैंगिक दुष्क्रिया (sexual dysfunction) का संबंध व्यक्ति में लैंगिक तुष्टि (sexual gratification) की कमी से होता है। इस परिभाषा का विश्लेषण करने पर हमें कुछ प्रमुख बिन्दुओं (major points) का पता चलता है जो निम्नांकित है—

(i) लैंगिक दुष्क्रिया में व्यक्ति में लैंगिक संतोष या तुष्टि की इच्छा में क्षीणता (impairment) पायी जाती है।

1. "The term sexual dysfunction refers to impairment either in the desire for sexual gratification or in the ability to achieve it. With some exception, such impairments occur in the absence of anatomical or physiological pathology and are based on faulty psychosexual adjustment and learning."

—Carson, Butcher & Coleman : *Abnormal Psychology and Modern Life*, 1988, p. 414

2. "A sexual dysfunction can be generally defined as persistent impaiment of sexual interest or response that cause interpersonal difficulty or personal distress." —Sarason & Sarason, 2005, p. 277

(ii) इस तरह की क्षीणता प्राय: किसी दैहिक (physiological) या संरचनात्मक विकृति (anatomical pathology) के अभाव में ही होता है।

(iii) इस तरह की क्षीणता प्राय: अर्जित होती है जो दोषपूर्ण लैंगिक समायोजन (sexual adjustment) तथा दोषपूर्ण सीखना पर आधारित होता है।

लैंगिक दुष्क्रिया के प्रकार
(Types of Sexual Dysfunction)

DSM-IV (TR) (2000) लैंगिक दुष्क्रिया के तीन प्रकार बतलाये गए हैं—

1. लैंगिक इच्छा विकृति (Sexual desire disorders)
2. लैंगिक उत्तेजन विकृति (Sexual arousal disorders)
3. कामोत्तापी विकृति (Orgasmic disorders)

इन तीनों का वर्णन इस प्रकार है—

1. लैंगिक इच्छा विकृति *(Sexual desire disorders)*—इस विकृति में लैंगिक क्रिया की इच्छा तथा कल्पना का सतत अनुपस्थिति या हीनता पायी जाती है। इस तरह की हीनता में अन्तर्वैयक्तिक कठिनाई (interpersonal difficulty) तथा स्पष्ट व्यथा (marked distress) का अनुभव व्यक्ति करता है। इसके तहत दो तरह की विकृतियाँ सम्मिलित होतीं हैं—*हाइपोएकटिव लैंगिक इच्छा विकृति* (Hypoactive sexual desire disorder or HSDD) तथा *लैंगिक विरूचि विकृति* (Sexual aversion disorder or SAD)। HSDD में व्यक्ति में लैंगिक इच्छा तथा कल्पनापओं की कमी या अनुपस्थिति पायी जाती है जबकि SAD पहले का ही एक अन्तय (extreme) प्रारूप है जिसमें व्यक्ति काफी सक्रिय होकर दूसरों के साथ सभी तरह के जनेन्द्रिय सम्पर्कों (genital contact) से अपने आप को दूर रखता है। इतना ही नहीं, इसमें व्यक्ति संभावित लैंगिक अवसर के बारे में काफी चिन्ता, डर, घृणा आदि भी दिखलाता है। HSDD तथा लैंगिक विरूचि विकृति के कारणों के बारे में लोगों को बहुत अभी पता नहीं है परंतु कुछ अध्ययनों से इसके कुछ कारणों का खुलासा हुआ है। जैसे, लोप्पिकोलो एवं फ्रिडमैन (Lopiccolo & Friedman, 1988) ने अपने नैदानिक अनुभवों के आधार पर इसके संभावित कारणों में धार्मिक परम्परानिष्ठा (religious orthodoxity), विषाद (depression), गर्भधारण करने का भय, आकर्षकता में कमी, अवांछित व्यक्ति के साथ लैंगिक क्रिया करने का डर तथा अन्तर्वैयक्तिक तनाव (interpersonal tension) आदि को प्रमुख बतलाया है। स्टुआर्ट एवं ग्रीयर (Stuart & Greer, 1984) के अनुसार इसके संभावित कारणों में लैंगिक मानसिक आघात (sexual trauma) का गत इतिहास जैसे बलात्कार आदि का अनुभव तथा लैंगिक सम्पर्क से उत्पन्न होने वाली बिमारियों जैसे एड्स (AIDS) से डर आदि प्रमुख है।

2. लैंगिक उत्तेजन विकृति *(Sexual arousal disorder)*—इस विकृति में लैंगिक उत्तेजन की सतत कमी या अनुपस्थिति पायी जाती है। लैंगिक उत्तेजन में सुखद (pleasure) तथा आत्मगत अनुभूति होती है जिससे बाह्य जनेन्द्रियों में तनाव या विस्तार (swelling) होता है। इस विकृति में व्यक्ति आने लैंगिक सहयोगी (sexual partner) से लैंगिक या जनेन्द्रिय सम्पर्क से दूर भागता है। इस तरह की विमुखता के साथ अन्तर्वैयक्ति कठिनाई तथा व्यथा भी साहचर्यित होता है। लैंगिक उत्तेजन विकृति के भी दो प्रकार है—*स्त्री लैंगिक उत्तेजन विकृति* (female sexual arousal disorder, or FSAD) तथा पुरुष उत्थानक्षम विकृति (Male erectile disorder)। पहले तरह की विकृति को सामान्य भाषा में *मंदकामुकता* (frigidity) तथा दूसरे को *नपुंसकता* (impotency) भी कहा जाता है। स्त्री लैंगिक उत्तेजन विकृति में लैंगिक क्रिया को आसानी से पूरा होने के लिए यौनि में पर्याप्त मात्रा में तरल पदार्थ नहीं निकल पाता है। FASD का कारण अभी तक स्पष्ट नहीं हो पाया है परंतु यह उन महिलाओं में अधिक होता पाया गया है जिनमें श्रोणिय उभार (pelvic swelling) के प्रति संवेदनशीलता की कमी होती है। जिन महिलाओं में ऐसी शारीरिक संवेदन पर्याप्त होता है, उनमें लैंगिक उत्तेजन तेजी से होता है। पुरुष उत्थानक्षम विकृति में पुरुष अपने लिंग (penis) में पर्याप्त उत्थान (eraction) नहीं बना पाता है या उतना देर तक बनाकर नहीं रख पाता है जो लैंगिक क्रिया के लिए आवश्यक होता है। एक अनुमान के अनुसार 40 साल से 70 साल के बीच में करीब 52 प्रतिशत पुरुषों में इस तरह की विकृति पायी जाती है। टीर तथा मोलमैन (Tiefer & Molman, 1989) द्वारा किये गए अध्ययन से यह स्पष्ट हुआ है कि इसके प्रमुख

कारणों में निष्पादन चिंता (performance anxiety), संज्ञानात्मक निकर्षण (cognitive distraction), तनाव तथा संबंधात्मक समस्याएँ (relationship problems) आदि प्रधान होती है।

3. कामोत्तापी विकृति *(Orgasmic disorders)*—कामोत्ताप (orgasm) लैंगिक क्रिया का एक बहुत ही महत्त्वपूर्ण एवं आनन्दायक पहलू होता है जिसमें पुरुष में लैंगिक क्रिया के दौरान स्खलन (ejaculation) होता है तथा स्त्री में यौनि का बाहरी तीसरें भाग की दिवाल में संकुचन (contraction) होता है। स्त्री तथा पुरुष दोनों में कामोत्ताप की अवस्था में सामान्य पेशीय तनाव तथा अनैच्छिक श्रोणिय खिंचाव (involuntary pelvic thrusting) उत्पन्न होता है। कामोत्तापी विकृति के तीन प्रकार बतलाये गये हैं जिसमें से एक महिलाओं में तथा दो पुरुषों में होता है। ये तीन प्रकार हैं—*महिला कामोत्तापी विकृति* (female orgasmic disorder), *पुरुष कामोत्तापी विकृति* (male orgasmic disorder) तथा *प्राक्परिपक्व स्खलन* (premature ejaculation)। महिला कामोत्तापी विकृति में महिलाओं में सामान्य लैंगिक उत्तेजन की अवधि के बाद कामोत्ताप (orgasm) का अनुभव नहीं होता है। इस तरह का उत्तेजन हस्तमैथुन (masturbation) तथा लैंगिक सहयोगी के साथ लैंगिक कार्य करने से हो सकता है। इसे *अवरोधित महिला कामोत्ताप* (inhibited female orgasm) भी कहा जाता है। स्पेक्टर (Spector, 1990) के अनुसार उनके अध्ययन में 20% महिलाएँ कामोत्ताप का अनुभव नहीं होने की शिकायत की तथा ऐसी विकृति निम्न सामाजिक-आर्थिक स्तर की महिलाओं में अधिक देखी गयी। पुरुष कामोत्तापी विकृति में पुरुष लैंगिक क्रिया, हस्तमैथुन तथा लैंगिक सहयोगी द्वारा हाथ से लिंग को पकड़कर उत्तेजित करने पर स्खलन नहीं हो पाता है या बहुत ही कठिनाई से हो पाता है। इसे *मंदित स्खलन* (retarded ejaculation) या *अवरोधित पुरुष कामोत्ताप* (inhibited male orgasm) भी कहा जाता है। इस तरह की विकृति बहुत ही विरल (rare) होती है तथा इसके संभावित कारणों में अपने महिला सहयोगी को गर्भधारण करने से बचाने की इच्छा, प्यार को बनाये रखने की इच्छा तथा इर्ष्या की अभिव्यक्ति आदि होती है।

प्राक्स्खलन विकृति में पुरुष स्खलन को उस समय तक रोक रखने में अपने को असमर्थ पाता है जबतक कि उसके महिला सहयोगी लैंगिक क्रिया के दौरान कामोत्ताप का अनुभव कर सके। यह पुरुषों का सबसे सामान्य लैंगिक दुष्क्रिया है। इससे पुरुषों में लैंगिक अपर्याप्तता (sexual inadequacy) का भाव उत्पन्न होता है। एक विचारधारा के अनुसार जब पुरुष कामोत्तेजना के उच्च स्तर पर पहुँचता है तो उसमें चिन्ता काफी बढ़ जाती है और इसी चिन्ता से उसमें अनैच्छिक कामोत्ताप (involuntary orgasm) का अनुभव होता है जो प्राक्स्खलन का कारण बनता है।

उपयुक्त बातों के अतिरिक्त पुरुष तथा महिला दोनों में ही एक विशेष तरह की विकृति उत्पन्न होती है जिसे *डायसपैरिअनिया* (dyspareunia) कहा जाता है जिसमें संभोग के दौरान या उससे पहले व्यक्ति में जनेन्द्रिय दर्द (genital pain) होना प्रारंभ हो जाता है जिससे लैंगिक क्रिया में बाधा पहुँचती है। इसके अतिरिक्त महिलाओं में एक और विकृति/ होती है जिसे *भैजानिसमस* (vaginiusmus) कहा जाता है जिसमें महिलाओं की योनि (vegina) का बाहरी भाग अनैच्छिक रूप से इतना ज्यादा जकड़ (spasm) जाता है कि लैंगिक क्रिया करना असंभव हो जाता है। डायसपैरिऊनिया तथा भैजानिसमस को एक साथ मिलाकर लैंगिक दर्द विकृति (sexual pain disorder) भी कहा जाता है। स्पष्ट हुआ कि लैंगिक दुष्क्रिया के कई प्रकार हैं जिनकी विशेषताएँ अलग-अलग हैं।

लैंगिक दुष्क्रिया के कारण
(Causes of Sexual dysfunction)

यह देखा जा चुका है कि लैंगिक दुष्क्रियता के कई प्रकार होते हैं। और प्रत्येक प्रकार के कारण अलग-अलग होते हैं । कुछ हालातों में तो ऐसी दुष्क्रियता (dysfunction) का कारण थकान या कोई शारीरिक रोग होता है परन्तु अधि कतर केसेज में इसका कारण मनोसामाजिक (psychosocial) ही होता है। यद्यपि कि अलग-अलग लैंगिक दुष्क्रियता (sexual dysfunction) के कारण अलग-अलग होते हैं, फिर भी इसके कुछ सामान्य कारण (general causes) बतलाये गए हैं जो निम्नांकित हैं—

1. दोषपूर्ण सीखना *(Faulty learning)*—मास्टर्स तथा जॉनसन (Masters & Johnson, 1970) ने अपने अध्ययनों से यह स्पष्ट कर दिया है कि लड़का तथा लड़की दोनों में ही बचपनावस्था से ही यौन (sex) के प्रति परिवार के सदस्यों तथा समाज के अन्य लोगों द्वारा एक खास तरह की मनोवृत्ति विकसित करा दी जाती है जिससे आगे चलकर लैंगिक दुष्क्रिया (sexual dysfunction) उत्पन्न हो जाती है। जैसे, लड़कियों को प्राय: बचपन से यह सीखलाया जाता

है कि यौन संबंध (sexual relations) एक गंदी एवं बुरी चीज होती है। फलस्वरूप उनमें निषेध की मनोवृत्ति (attitude of inhibition) विकसित हो जाती है जिससे बाद में लैंगिक संबंधों के बारे में चिन्ता तथा दोषभाव (guilt feeling) उत्पन्न हो जाता है चाहे वह संबंध शादी के बाद किया जाए या शादी के पहले किया जाए। इस तरह की मनोवृत्ति एवं दोषपूर्ण सीखना (faulty learning) से लड़कियों में लैंगिक दुष्क्रिया उत्पन्न हो जाती है। लड़कियों के समान लड़कों में भी यौन संबंधों (sex relations) के प्रति गलत मनोवृत्ति कुछ कारणों से विकसित हो जाता है। मास्टर्स तथा जॉनसन (Masters & Johnson, 1970) के अध्ययन के अनुसार अपरिपक्व स्खलन (premature ejaculation) जैसी लैंगिक दुष्क्रियता उन पुरुषों में अधिक विकसित होता है जिन्हें पहली बार जल्दीबाजी में स्खलन करने की जरूरत कुछ खास परिस्थिति के कारण जैसे अपनी प्रेमिका के साथ किसी अनुपयुक्त जगह पर यौन संबंध करने के कारण करना पड़ा हो। जब जल्दबाजी में स्खलन करने का पैटर्न एक बार पुरुष में स्थापित हो जाता है, तो ऐसे ही व्यक्तियों में आगे चलकर अपरिपक्व स्खलन (immature ejaculation) जैसी दुष्क्रियता (dysfunction) भी विकसित हो जाती है।

2. डर तथा चिन्ता आदि की भावनाएँ *(Feelings of fear and anxiety)*—कुछ अध्ययनों में यह पाया गया है कि पुरुष तथा महिला में यौन संबंधों के बारे में कुछ अनावश्यक डर एवं चिन्ता कई कारणों से उत्पन्न हो जाती है जिसका परिणाम यह होता है कि उनमें किसी-न-किसी प्रकार की लैंगिक दुष्क्रियता (sexual dysfunction) उत्पन्न हो जाती हैं। जैसे, कूपर (Cooper, 1969) ने एक शोध में 49 ऐसे पुरुष वयस्कों का अध्ययन किया जो अपर्याप्त उत्थानशीलता (erectile insufficiency) से ग्रसित थे। उन्होंने पाया कि करीब 94%ऐसे पुरुषों में इसका कारण अपनी नपुंसकता से उत्पन्न चिन्ता (anxiety) होती है। उसी तरह से अपरिपक्व स्खलन (immature ejaculation) से ग्रसित पुरुष में अपने नियंत्रण की कमी तथा अपने यौन साथी को संतुष्ट करने की अक्षमता से उत्पन्न चिन्ता की मात्रा अधिक पायी जाती है। महिलाओं में भी यौन संबंधों के बारे में कुछ चिन्ताएँ घेर रखतीं हैं जिनसे उनमें दुष्क्रियता (dysfunction) विकसित हो जाती है। प्राय: महिला यह सोच-सोचकर परेशान रहती है कि क्या उसके यौन साथी (sex partner) उसे लैंगिक रूप से आकर्षक पाते हैं या नहीं। इस ढंग की चिन्ता तथा परेशानी यदि लम्बे समय तक मौजूद होती है, तो इससे महिलाओं में लैंगिक दुष्क्रियता (sexual dysfunction) विकसित हो जाता है।

3. अन्तर्वैयक्तिक समस्याएँ *(Interpersonal problems)*—कुछ अध्ययनों से यह पता चला है कि यौन साथियों (sex partners) के बीच अन्तर्वैयक्तिक संबंध (interpersonal relationship) ठीक नहीं होने से लैंगिक दुष्क्रियता (sexual dysfunction) विकसित हो जाती है। जैसे, यदि यौन साथियों के बीच संबंध ऐसा है कि एक साथी दूसरे को काफी चाहता है तथा दूसरा साथी उसे उतना नहीं चाहता है तथा किसी और को चाहता है, तो ऐसी परिस्थिति में अधिक चाहने वाले साथी में लैंगिक दुष्क्रियता उत्पन्न हो सकती है। फ्रिडमैन (Friedman, 1974) तथा लोविज एवं लोविज (Lobitz & Lobitz, 1978) ने अपने-अपने अध्ययनों से यह स्पष्ट कर दिया है कि इस तरह का एकतरफा अन्तर्वैयक्तिक संबंध (interpersonal relationship) लैंगिक क्रियाओं को क्षीण करता है।

इस तरह से हम देखते हैं कि लैंगिक दुष्क्रिया (sexual dysfunction) के कई कारण (causes) हैं। लैंगिक दुष्क्रिया का उपचार (treatment) करते समय इन कारणों पर ध्यान देना आवश्यक होता है।

लैंगिक दुष्क्रिया के उपचार तथा प्रतिफल (Treatment and Outcome of Sexual dysfunction)

लैंगिक दुष्क्रिया का उपचार (treatment) पहले एक कठिन कार्य समझा जाता था। परन्तु आधुनिक शोधों (researches) से यह स्पष्ट हो गया है कि इसका उपचार उतना कठिन नहीं है जितना समझा जाता था। इन शोधों में लोपिकोलो तथा स्टॉक (Lopiccolo & Stock, 1986), वैनडेरीकेन (Vandereycken, 1982) द्वारा किए गए शोध विशेष महत्त्वपूर्ण हैं। इन विशेषज्ञों का मानना है कि यदि यौन साथियों (sex partners) से अनावश्यक निषेध (inhibitions), डर तथा गलत धारणाओं को हटा दिया जाता है और उसके जगह पर यौन व्यवहार के प्रति सही एवं सुखद मनोवृत्ति (correct attitude) विकसित कर ली जाती है, तो इससे लैंगिक दुष्क्रिया में काफी कमी आ जाती है। इन विशेषज्ञों ने 30% से 100% तक इन प्रविधियों के सहारे सफलता प्रतिफल (success outcomes) का दावा किया

है। ऐण्डरसन (Anderson, 1983), जिलवर्गेल्ड तथा किलमान (Zilbergeld & Kilmann, 1984) ने भी अपने-अपने अध्ययनों से सफलता प्रतिफल (success outcome) के उपर्युक्त दर (rate) का समर्थन दिया है।

पाराफिलियाज (Paraphillias)

DSM-IV TR में पाराफिलियाज को अन्य महत्त्व लैंगिक विकृति बतलाया गया है। पाराफिलिया (Paraphillia) की संरचना दो शब्दों पारा (Para) तथा फिलिया (Philia) से हुआ है। 'Para' का अर्थ होता है साधारण से परे (beyond the usual) तथा Philia का अर्थ होता है प्यार (love)। इसे ध्यान में रखते हुए कहा जा सकता है कि इसका कार्य असाधारण वस्तुओं से प्यार से होता है। निटजिल, स्पेल्ज, कैकाऊली तथा वर्नस्टीन[1] (Nietzel, Speltz, McCauley & Bernstein, 1998) के अनुसार, "पाराफिलियाज लैंगिक व्यवहार का एक आवर्त्ती पैटर्न है जिसमें उत्तेजन तथा/या कामोत्ताप ऐसी क्रिया या दिवास्प्नों पर निर्भर करता है जिसमें सामाजिक रूप से अनुपयुक्त या असाधारण उद्दीपक सम्मिलित होते हैं।" पाराफिलियाज को कारसन, वुचर तथा कोलमैन[2] (Carson, Butcher & Coleman, 1988) के शब्दों में इस प्रकार परिभाषित किया जा सकता है, "पाराफिलियाज सतत् लैंगिक उत्तेजन पटैर्नस का एक ऐसा समूह होता है जिसमें पूर्ण लैंगिक तुष्टि के लिए असाधारण वस्तुओं, धर्मविधि (rituals) तथा परिस्थितियों की जरूरत पड़ती है।"

पाराफिलियास आजकल इस तरह उन अवस्थाओं को कहा जाता है जिसे पहले यौन व्याप्ति (sex perversion) या यौन विचलन (sex deviation) कहा जाता था। DSM-IV TR के अनुसार सभी पाराफिलियाज की मुख्य विशेषता वैसी सतत लैंगिक इच्छा एवं कल्पना होती है जो संबंधित होता है—

(i) अमानव वस्तुओं (nonhuman objects) से
(ii) अपना या अपने सहयोगी के तकलीफ (suffering) से
(iii) बच्चे या अन्य ऐसे व्यक्ति जिनकी राय न हो

DSM-IV TR की कसौटी के अनुसार जिन लोगों में ऐसी प्रवृत्ति कम-से-कम छह महीनों तक होती है, तथा जिनसे व्यक्ति का सामाजिक, व्यावसायिक एवं अन्य कार्यों में बाधा पहुँचती है, उन्हें ही इस श्रेणी से प्रभावित व्यक्ति माना जाता है।

स्पष्ट है कि पाराफिलियाज में व्यक्ति की लैंगिक तुष्टि कुछ असाधारण वस्तुओं (unusual objects) या परिस्थितियों से ही पूर्णरूपेण मिल जाता है और उसके बिना कामोत्ताप (orgasm) प्रायः संभव नहीं हो पाता है। यद्यपि इस तरह के असाधारण वस्तुओं से लैंगिक तुष्टि थोड़ा बहुत प्राप्त करने का सबूत बहुत से सामान्य व्यक्तियों (normal individuals) में मिलता है परन्तु पाराफिलिक (Paraphiliac) व्यक्तियों में मात्र ऐसी वस्तुओं से ही पूर्ण लैंगिक तुष्टि मिल जाती है और यही लैंगिक पैटर्न उनके जीवन का आदत बन जाती है। जैसे, बहुत सारे ऐसे सामान्य व्यक्ति हैं जिन्हें अपनी प्रेमिका द्वारा उपहार में दिये गए रूमाल से लैंगिक तुष्टि कुछ मात्रा में होती है परन्तु पाराफिलिक व्यक्ति को मात्र ऐसे रूमाल से पूर्ण लैंगिक तुष्टि हो जाएगी और उन्हें अपनी प्रेमिका की कोई जरूरत ही नहीं होगी।

पाराफिलियाज (Paraphilias) के अन्तर्गत निम्नांकित नौ प्रकार के लैंगिक विसामान्यताओं (sexual deviation) को रखा गया है—

(i) वस्तु कामुकता (Fetishism), (ii) अंग प्रदर्शन (Exhibitionism), (iii) नग्नदर्शन-रति (Voyeurism), (iv) परपीड़न (Sadism), (v) आत्मपीड़न या स्वपीड़न (Mesochism), (vi) बाल लैंगिकता (Pedophilia), (vii) पशुलैंगिकता (Zoophilia), (viii) फ्रोटियूरिज्म (Frotteurism), (ix) भिन्न लिंग वस्त्रधारण (Transverstism)।

1. "........paraphiliias is a repetitive pattern of sexual behaviour in which arousal and/or orgasm depends on fantasies or actions involving atypical or socially inappropriate stimuli."
—Nietzel, Speltz, McCantey & Bernstein (1998) *Abnormal Psychology,* p. 516

1. "The paraphilias are a group of persistent sexual arousal patterns in which unusual objects, rituals or situations are required for full sexual satisfaction to occur."
—Carson, Butcher & Coleman : *Abnormal Psychology and Modern Life*, 1988, p. 423

उपर्युक्त प्रमुख प्रकार के लैंगिक विसामान्यताओं के अलावा तीन और प्रकार के लैंगिक विसामान्यताओं का भी वर्णन किया गया है जो तुलनात्मक रूप से कम बारंबारता (frequency) में देखने को मिलता है। वे तीन विसामान्यताएँ हैं—

(i) कौटुम्बिक व्यभिचार (Incest)

(ii) बलात्कार (Rape)

(iii) समजाति लैंगिकता (Homosexuality)

इस तरह से हम देखते हैं कि लैंगिक विसामान्यता के कुल ग्यारह प्रमुख प्रकार हैं । इन सब का वर्णन हम अलग-अलग अनुच्छेदों में करेंगे।

वस्तु-कामुकता
(Fetishism)

वस्तु-कामुकता (fetishism) में व्यक्ति कोई भी अजीवित वस्तु जैसे विपरीत लिंग के व्यक्ति के वस्त्र या शरीर का कोई हिस्सा जैसे बाल आदि को अपने पास रखता है और उसे स्पर्श करके लैंगिक तुष्टि (sexual satisfaction) प्राप्त करता है। जिस वस्तु को व्यक्ति अपने लैंगिक तुष्टि का स्रोत बनाता है, उसे फेटिश (fetish) या कामोत्तेजक वस्तु कहा जाता है। वस्तु-कामुकता (fetishism) पुरुषों में महिलाओं की अपेक्षा अधिक होता है और प्राय: कामोत्तेजक-वस्तु (fetish) के रूप में विपरीत लिंग (opposite sex) के पैर, बाँह (arms), आदि का चित्र, जूते, दस्ताना (gloves), रूमाल, कलम, बटुआ (purse), अधोवस्त्र (undergarments) जैसे पैण्टी (panty), ब्रेसियर्स (brassiers) तथा अन्य ऐसी ही वस्तुएँ उपयोग की जाती हैं। इन वस्तुओं को स्पर्श कर या चुम कर उन्हें इतनी अधिक लैंगिक तुष्टि (sexual satisfaction) होती है कि वे विपरीत लिंग के साथ संभोग (sexual infercourse) की कोई जरूरत ही नहीं महसूस करते हैं।

एक नैदानिक उदाहरण *(An example of a clinical case)*—"*रिचार्ड एच०* (Richard H.) को उपचार (treatment) के लिए मनोवैज्ञानिक क्लिनिक (psychological clinic) में लाया गया। उन्हें महिलाओं का अधोवस्त्र (underclothing) चुराने की बुरी लत लग गयी थी। ये अगल-बगल के फ्लैट (flat) में प्राय: इस ख्याल से घूमते रहते थे कि जब भी मौका मिलेगा, वे महिलाओं के अधोवस्त्र को चुरा लेंगे। महिलाओं ने इनकी हरकत से उबकर पुलिस को सूचना दे दी और एक दिन वे रंगे हाथों पकड़े गए और न्यायाधीश (Judge) के सामने अपनी सफाई पेश करने के लिए उन्हें उपस्थित किया गया। सफाई पेश करने के दौरान इन्होंने यह स्वीकार किया कि अबतक उन्होंने महिलाओं के बहुत सारे अधोवस्त्र चुरा लिए और जिसकी खबर उनकी पत्नी बच्चों को भी नहीं है। जब रोगी अपने दोष को स्वीकार करके उपचार कराने के लिए सहमत हो गया, तो न्यायाधीश ने उन्हें सजा मुक्त कर दिया।"

उपर्युक्त उदहारण (case) से स्पष्ट है कि वस्तु-कामुकता (fetishism) में व्यक्ति की लैंगिक तुष्टि (sexual satisfaction) का स्रोत कोई ऐसी वस्तु होती है जिसका उपयोग विपरीत लिंग के व्यक्तियों द्वारा किया जाता है।

वस्तु-कामुकता (fetishism) का कारण अनुबन्धात्मक अनुभूतियाँ (conditioning experiences) बतलायी गयीं हैं। व्यक्ति उस वस्तु को अपने लैंगिक तुष्टि (sexual satisfaction) का आधार मान लेता है जो प्रथम लैंगिक आनन्द (first sexual pleasure) में उपस्थित होते हैं। जैसे, यदि किसी पुरुष को किसी महिला के जुड़े में लगाए गए क्लिप (clip) अधिक सुंदर एवं कामोत्तेजक लगता है तो बाद में वह उस ढंग के क्लिप को स्पर्श कर अपनी लैंगिक तुष्टि (sexual satisfaction) करेगा। मनोविश्लेषणवादी सिद्धान्त (psychoanalytical theory) के अनुसार फेटिश वस्तुएँ (fetish objects) लैंगिक वस्तुओं का प्रतिनिधित्व करती हैं और यही कारण है कि इन वस्तुओं से व्यक्ति को पूर्ण लैंगिक तुष्टि (sexual satisfaction) होती है।

जहाँ तक वस्तु-कामुकता (fetishism) के उपचार (treatment) का प्रश्न है, उसके लिए समूह चिकित्सा (group theory) तथा व्यवहार चिकित्सा (behaviour therapy) का प्रयोग उत्तम माना गया है। कुशनर (Kushner. 1965) ने व्यवहार चिकित्सा (behaviour therapy) के माध्यम से एक 33 वर्षीय पुरुष जिन्हें महिला की पैन्टी (panty) पहनने और उसके बाद हस्तमैथुन (masturbation) कर लैंगिक तुष्टि प्रदान करने की बुरी लत विकसित हो गयी थी, का सफलतापूर्वक उपचार किया।

अंग प्रदर्शन
(Exhibitionism)

अंग प्रदर्शन एक ऐसी लैंगिक विसामान्यता (sexual deviancy) है जिसमें व्यक्ति अपने यौन अंगों को दूसरों को विशेषकर विपरीत लिंग के व्यक्तियों को अनुपयुक्त अवस्था (inappropriate conditions) में दिखलाकर लैंगिक तुष्टि (sexual satisfaction) प्राप्त करता है। कभी-कभी इन यौन अंगों को दिखलाने के साथ-साथ व्यक्ति कुछ खास शारीरिक मुद्रा (bodily posture) जैसे हस्तमैथुन (masturbate) आदि करके भी दिखलाता है। इस ढंग की विसामान्यता पुरुषों में ही अधिक होती है। महिलाओं में इक्का-दुक्का ऐसी विसामान्यता के उदाहरण मिलते हैं। रूथ (Rooth, 1974) ने अपने अध्ययन में पाया है कि अंग प्रदर्शन की समस्या कुछ खास-खास देशों जैसे अमेरिका, कनाडा तथा यूरोप आदि में अधिक देखने को मिलता है जबकि वर्मा, पाकिस्तान, श्रीलंका तथा भारत जैसे देशों में न के बराबर देखने को मिलता है। अध्ययनों से यह भी पता चला है कि अंग-प्रदर्शन (exhibitionism) से ग्रसित व्यक्ति अपने इस घृणितकार्य को प्रायः एक खास जगह पर एक खास समय में करते हैं । अमेरिका तथा यूरोप के देशों में प्रायः यह कार्य उद्यान (Park), ऑफिस, गिरजाघर (Church) के मैदानों आदि में किया जाता है।

एक नैदानिक केस उदाहरण *(An examble of a clinical case)*—"जार्ज बी (George B.) एक 14 वर्ष का लड़का था जिसे न्यायालय (court) द्वारा मनोवैज्ञानिक क्लिनिक में दो कमसीन लड़कियों के अपने यौन अंग (sex organ) को दिखलाने के आरोप में गिरफ्तार कर भेजा गया था। मनोवैज्ञानिक परीक्षा (psychological examination) के दौरान इस व्यक्ति को मनोवैज्ञानिकों ने एक सहयोगशील (cooperative) एवं सामान्य व्यक्ति पाया। उसके चिन्तन (thinking) भी स्पष्ट एवं तार्किक (logical) थे। परन्तु यह भी पाया गया कि उसे अपने लैंगिक इच्छाओं एवं अभिप्रेरणाओं की पर्याप्तता (adequacy) पर अधिक शक था। ऐसे ही एक घटना के आरोप में गिरफ्तार किए जाने वाले एक दोस्त ने उसे बतलाया था कि उसने एक लड़की से यौन संबंध करके उसकी मीठी दास्तान सुनाया था तथा साथ-ही-साथ कुछ अश्लील तस्वीरें भी उसे दिखलायी थी। परिणामतः वह काफी उत्सुक हो गया था और वह प्रत्यक्षतः कुछ अनुभव प्राप्त करना चाहता था। फलस्वरूप, उसने अंग प्रदर्शन करना आरम्भ कर दिया।"

अंग प्रदर्शन (exhibitionism) के कारणों (etiologies) का जहाँ तक प्रश्न है, इसमें व्यक्तिगत अपरिपक्वता (personal immaturity) प्रमुख है क्योंकि करीब 60% अंग प्रदर्शक (exhibitionists) में यही कारण होता पाया गया है। प्रायः यह देखा गया है कि ऐसे लोगों को यौन (sex) के बारे में जहाँ-तहाँ से कुछ गलत सूचनाएँ मिल जाती है जो उन्हें अंग प्रदर्शन करने के लिए मजबूर कर देती हैं। साथ-ही-साथ ऐसे लोगों में विपरीत लिंग के व्यक्तियों के साथ सीधे अन्तःक्रिया (interaction) करने में लज्जा एवं संकोचशीलता आदि भी अधिक पाया जाता है। अंग प्रदर्शन का एक अन्य कारण अन्तर्वैयक्तिक तनाव (interpersonal stress) माना गया है। प्रायः जब कोई विवाहित पुरुष अंग प्रदर्शन करता है तो यह देखा गया है कि उसका संबंध अपनी पत्नी से कुछ कारणों से तनावपूर्ण रहा होता है और अंग प्रदर्शन कर अपने आप को तनाव से मुक्त करने का भरसक प्रयास करता है।

यद्यपि अधिकतर अंग प्रदर्शक अपनी भूल स्वीकार नहीं करते हैं और यह कहकर निकल जाना चाहते हैं कि वे तो पेशाब कर रहे थे और पैन्ट का चेन या बटन को लगाना भूल गए थे। फिर भी मनोवैज्ञानिकों के पास इस बात का पक्का सबूत है कि ऐसे लोगों की कुछ मानसिक समस्याएँ होतीं हैं जिनके कारण वे वैसा करते हैं। इनके उपचार (treatment) के लिए मनोवैज्ञानिकों ने व्यवहार चिकित्सा (behaviour therapy) विशेषकर विरुचि अनुबन्धन (aversive conditioning) तथा असंवेदीकरण (desensitization) को अधिक सफल पाया है।

नग्नदर्शन रति
(Voyeurism)

नग्नदर्शन-रति (Voyeurism), जैसा कि नाम से ही स्पष्ट है, एक ऐसी लैंगिक विसामान्यता (sexual deviancy) है जिसमें व्यक्ति किसी दूसरे व्यक्तियों को लैंगिक संबंध करते हुए या महिलाओं को पोशाक बदलते समय कहीं से छिप कर देखता है तथा मात्र उसे देखने से लैंगिक संतुष्टि (sexual satisfcation) होता है। कभी-कभी छिपकर देखते-देखते वह इतना उत्तेजित हो जाता है कि हस्तमैथुन (masturbate) भी करना प्रारंभ कर देता है। उसे **स्कोटोफिलिया**

(Scotophilia) या **इन्सपेक्सनलिज्म** (inspectionalism) भी कहा जाता है। इस तरह की लैंगिक असामान्यता (sexual deviancy) केवल पुरुषों में ही पायी जाती है।

अध्ययनों से पता चला है कि नग्नदर्शन-रति की असामान्यता उन पुरुषों में तेजी से विकसित होता है जिन्हें महिलाओं के अर्द्धनग्न एवं लुभावने अंगों को देखने का मौका अधिक मिला होता है। ऐसी परिस्थिति में उनमें लैंगिक उत्तेजन अधिक बढ़ जाती है और उनमें उत्सुकता (curiosity) काफी बढ़ जाती है जिससे उनमें नग्नदर्शन-रति जैसी असामान्यता बाद में विकसित हो जाती है। जब ऐसी विसामान्यता (deviancy) विवाहित पुरुषों में होती है, तो इसका कारण पत्नी से लैंगिक समायोजन (sexual adjustment) का अभाव माना जाता है। कोलमैन (Coleman, 1976) ने अपने कई अध्ययनों से इस तथ्य की पुष्टि की है जिसमें विवाहित पुरुषों में नग्नदर्शन-रति (voyeurism) का कारण अपनी पत्नियों से पर्याप्त लैंगिक तुष्टि (sexual satisfaction) का न मिलना बतलाया गया है । ऐसी परिस्थिति में ऐसे व्यक्ति नग्नदर्शन-रति द्वारा अपनी कुंठित (frustrated) लैंगिक इच्छाओं की तुष्टि करते हैं।

जहाँ तक नग्नदर्शन-रति (voyeurism) के उपचार (treatment) का प्रश्न है, व्यवहार चिकित्सा (behaviour therapy), चिकित्सा के अन्य विधियों से अधिक सफल सिद्ध हुआ है।

परपीड़न
(Sadism)

परपीड़न (sadism) पद की उत्पत्ति मारक्विस डी सैड (Marquis de Sade, 1740-1814) के नाम से हुआ है जिन्हें विपरीत लिंगी पर क्रूरता दिखलाकर लैंगिक तुष्टि करने की बुरी आदत पड़ गयी थी। उन्हीं के नाम पर परपीड़न (sadism) का नामकरण किया गया जिसमें व्यक्ति अपने लैंगिक पात्र (sexual partner) को पीड़ा या कष्ट पहुँचाकर लैंगिक तुष्टि (sexual satisfaction) करता है। प्रायः वह अपने लैंगिक साथी (sexual partner) को दाँत काटकर, चाबुक मारकर या सूई चूभोकर पीड़ा या कष्ट पहुँचाता है। प्रायः इस तरह की विसामान्यता (deviancy) पुरुषों में ही होता है परन्तु क्राफ्ट-एविंग (Krafft-Ebing, 1990) के अनुसार कभी-कभी ऐसी लैंगिक विसामान्यता (sexual deviancy) कुछेक महिलाओं में भी पायी जाती है।

परपीड़न के कारणों में यौन के प्रति नकारात्मक मनोवृत्ति (negative attitude), नपुंसकता (fear of impotency), किसी खास प्रकार के मनोरोग से ग्रसित हो जाना तथा ऐसी अनुभूति जिसमें लैंगिक उत्तेजन का संबंध दर्द आदि से अधिक रहा हो, प्रधान हैं।

परपीड़न के जहाँ तक उपचार (treatment) का प्रश्न है इसके बारे में कोई महत्त्वपूर्ण आँकड़े प्राप्त नहीं हैं। ऐसे रोगियों का उपचार अन्य रोगियों की तुलना में थोड़ा कठिन है। फिर भी कुछ अध्ययन ऐसे हुए हैं जिसमें यह देखा गया है कि समूह चिकित्सा (group therapy) परपीड़न (sadism) के लिए लाभदायक होते हैं।

आत्मपीड़न या स्वपीड़न
(Masochism)

इस पद का नामकरण आस्ट्रीयन उपन्यासकार (novelist) एल० भी० सेकर-मैसोक (L. V. Sacher-Mascoh) के नाम पर किया गया है जिनके उपन्यास के पात्र दर्द एवं दुःख उठाकर लैंगिक आनन्द उठाते थे। सचमुच में यह विकृति परपीड़न (sadism) के ठीक विपरीत है। इस विकृति से प्रभावित व्यक्ति अपने आपको कष्ट पहुँचाकर तथा तकलीफ देकर लैंगिक आनन्द प्राप्त करता है। अध्ययनों से पता चला है कि इस तरह के लैंगिक विकृति स्त्रियों में अधिक होती है। आत्मपीड़न का एक उत्तम केस ईस्ट (East, 1946) द्वारा बतलाया गया है जिसमें एक महिला प्रायः अपने बाँह, पैर तथा स्तन को चाकू से हल्के ढंग से काट लेती थी तथा उनमें कुछ सूई चुभो लेती थी। कटने से महिला को उत्पन्न दर्द से लैंगिक तुष्टि (sexual pleasure) मिलती थी तथा खून को निकलते देखकर वह काफी आनन्दित होती थी।

आत्मपीड़न के कारणों में अनुबंधित सीखना (conditioned learning) को महत्त्वपूर्ण बतलाया गया है। जहाँ तक इस विकृति के उपचार (treatment) का प्रश्न है, इसके लिए मनोवैज्ञानिकों ने व्यवहार चिकित्सा (behaviour therapy) को विशेषकर विरुचि अनुबन्धन प्रविधि (aversive conditioning technique) को अधिक उपयुक्त एवं उपयोगी बतलाया है।

बाल लैंगिकता
(Pedophilia)

जैसा कि नाम से ही स्पष्ट है, बाल लैंगिकता (pedophilia) में यौन वस्तु (sex object) बच्चे होते हैं। बाल लैंगिकता पुरुषों (men) में महिलाओं की अपेक्षा अधिक पायी जाती है। इस तरह की विकृति से ग्रस्त पुरुषों की आयु औसतन 40 साल होती है। वे बच्चों से अपना यौन-अंग (sex organ) को पकड़वाते हैं जिनसे उन्हें आनन्द आता है। यदि पीड़ित (victim) व्यक्ति छोटी उम्र जैसे 10-12 साल की लड़की है, तो उसके साथ अंशतः या पूर्णतः लैंगिक समागम (sexual intercourse) भी किया जाता है। लेनियान (Lanyon, 1986) के अध्ययन के अनुसार इस विकृति से ग्रसित व्यक्ति प्रायः विवाहित होते हैं और उनमें से कुछ कई बच्चों के माता-पिता भी होते हैं। बाल लैंगिकता में पीड़ित (victim) बालक या बालिका का अपराधी (offender) से परिचय प्रायः पहले से ही होता है और लैंगिक व्यवहार (sexual behaviour) लम्बे समय से बिना किसी दबाव (coercion) के चलते रहता है।

रॉसमैन (Rossman, 1973) ने अपने गहन अध्ययन के आधार पर इसके चार कारणात्मक श्रेणी (causative categories) बतलाये हैं जो निम्नांकित हैं—

(i) व्यक्तिगत रूप से अपरिपक्व अपराधी *(Personally immature offender)*—बाल लैंगिकता का यह श्रेणी या प्रकार सबसे सामान्य (common) है। ऐसे लोगों को अपने उम्र के व्यक्तियों के साथ संतोषजनक संबंध बनाने की अक्षमता होती है और वे अपने से कम उम्र के व्यक्तियों विशेषकर बच्चों के साथ अपना अच्छा संबंध बनाकर रखने वाले में से होते हैं। कुछ मनोवैज्ञानिकों का मत है कि ऐसे लोग विकास के प्रारंभिक अवस्था पर ही स्थायीकृत (fixated) होते हैं।

(ii) प्रत्यागमित अपराधी *(Regressed offender)*—इस श्रेणी के उन बाल लैंगिक अपराधियों को रखा जाता है जो किशोरावस्था में तो सामान्य होते हैं परन्तु वयस्कावस्था (adulthood) में प्रवेश करने पर वे कई कारणों से अपने को सामान्य लैंगिक संबंध बनाये रखने में सक्षम नहीं रहते हैं और वे अपने लैंगिक हवस का शिकार किसी बालिका या बालक को बना लेते हैं। इस तरह के प्रत्यागमन (regression) का प्रमुख मौजूदा कारण अपराधी द्वारा यह अनुभव करना होता है कि उसकी पत्नी या स्त्रीदोस्त (girl friend) का लैंगिक संबंध किसी दूसरे व्यक्ति से है।

(iii) अनुबंधित अपराधी *(Conditioned offender)*—इस श्रेणी में उन पुरुषों को रखा जाता है जिन्हें छोटे-छोटे बच्चों के साथ लैंगिक व्यवहार करने की अनुपम अनुभूति होती है और वयस्कावस्था में प्रवेश कर जाने पर भी वे अपनी आदत को बनाये रखते हैं।

(iv) मनोविकारी अपराधी *(Psychopathic offender)*—इस श्रेणी में उन पुरुषों को रखा जाता है जिनका व्यक्तित्व समाज-विरोधी (antisocial) या मनोविकारी (psychopathic) होता है और सचमुच में वे नये-नये लैंगिक भावोत्तेजना (thrills) प्राप्त करने के लिए बच्चों को अपने हवस का शिकार बनाते हैं। ऐसे बाल लिंगी व्यक्तियों में आक्रामक व्यवहार (sexual behaviour) भी देखने को मिलते हैं।

जहाँ तक बाल लैंगिकता (pedophilia) के कारण का प्रश्न है, मनश्चिकित्सकों का मत है कि ऐसे व्यक्तियों में गंभीर मस्तिष्कीय क्षति (severe brain deterioration) पायी जाती है जिससे उनमें सामान्य प्रतिरोधात्मक नियंत्रण (normal inhibitory control) समाप्त हो जाता है और वे अपने आप को बाल लैंगिकता जैसी विकृति से अछूता नहीं रख पाते हैं। कुछ मद्यपान व्यसनी (alcoholic addict) भी इस तरह के विकृति के शिकार हो जाते हैं।

पशुलैंगिकता तथा फ्रोटियूरिज्म
(Zoophilia and Frotteurism)

पशु लैंगिकता तथा फ्रोटियूरिज्म दोनों ही लैंगिक विसामान्यता (sexual deviancy) के विरल प्रकार (rare form) हैं । पशुलैंगिकता में व्यक्ति पशुओं के साथ लैंगिक सम्पर्क करता है। प्रायः इस तरह का लैंगिक व्यवहार ग्रामीण पुरुषों एवं लड़कों में अधिक देखने को मिलता है। किन्सी (Kinsey, 1947) ने अपने अध्ययन में पाया कि करीब 40 से 45 प्रतिशत ऐसे ग्रामीण लोग पशुओं के साथ यौन सम्पर्क स्थापित करते हैं। कभी-कभी इस तरह की लैंगिकता मानसिक रूप से मंद बालकों (mentally retarded children) में भी पाया जाता है।

फ्रोटियूरिज्म (Frotteurism) एक ऐसी विसामान्यता (sexual deviancy) है जिसमें व्यक्ति को अपने विपरीत लिंग के आदमी के शरीर को छूने या उसमें रगड़ मारने में लैंगिक तुष्टि की प्राप्ति होती है। यह भी लैंगिक विसामान्यता का एक विरल रूप है जो पुरुषों में महिलाओं की अपेक्षा अधिक होता है।

एक और विशेष विरल (rare) प्रकार की लैंगिक विसामान्यता (sexual deviancy) का वर्णन असामान्य मनोविज्ञान के साहित्य (literature) में मिलता है और वह है नेक्रोफिलिया (necrophilia) जिसमें व्यक्ति मृत व्यक्तियों के प्रति लैंगिक रूप से आकर्षित होते हैं।

भिन्नलिंग वस्त्रधारण
(Transvestism)

इसे *क्रॉस-पहनावा* (cross-dressing) भी कहा जाता है। इसमें व्यक्ति अपने विपरीत लिंग के व्यक्तियों का पोशाक पहनता है और इसीसे उसे लैंगिक उत्तेजन (sexual arousal) की प्राप्ति होती है। एपीए (APA, 1994) के अनुसार ऐसे लोगों में उत्तरवाल्यावस्था या किशोरावस्था आते ही इस तरह की प्रवृत्ति उत्पन्न हो जाती है। इस तरह का विचलन सिर्फ विषमलिंगी पुरुषों (heterosexual males) में पाया जाता है । ऐसे पुरुष दिन-प्रतिदिन की जिंदगी में तो पौरुष दिखलाते हैं परंतु एकांत वाले जगहों में महिलाओं का वस्त्र धारण कर लैंगिक उत्तेजन प्राप्त करते हैं। इसमें से कुछ तो ऐसे होते हैं जो महिलाओं का कोई एक वस्त्र जैसे अंडरवियर (underwear) पहनते हैं तो कोई और भी अन्य तरह के वस्त्रों का उपयोग करते हैं। कुछ तो ऐसे होते हैं जो पूर्णतः महिलाओं के समान सौंदर्य प्रसाधन से अपने आप को लैश करके तथा महिलाओं के समान सम्पूर्ण ढंग से पोशाक पहन लेते हैं। कोलोडनी, मास्टरस एवं जॉनसन (Kolodny, Masters & Johnson, 1979) के अध्ययन के अनुसार बहुत से विवाहित पुरुष जिनमें भिन्न लिंग वस्त्र धारण (transvestism) का विचलन पाया जाता है, अपने पत्नी को क्रॉस पहनावा व्यवहार करने के लिए भी बाध्य करते हैं । हाल में किये गए शोधों से यह भी पता चला है कि ऐसे व्यक्ति में ईर्ष्या (hostility) अधिक होती है और वे आत्म-केन्द्रित (self centred) होते हैं तथा घनिष्ठता की क्षमता इनमें सीमित होती है। इनका वैवाहिक जीवन में लड़ाई-झगड़ा अधिक होता पाया जाता है। ऐसे पुरुषों में महिलाओं जैसे भाव भी उत्पन्न होने लगता है।

कौटुम्बिक व्यभिचार
(Incest)

कौटुम्बिक व्यभिचार (incest) से तात्पर्य परिवार के सदस्यों के बीच में सामाजिक एवं सांस्कृतिक रूप से निषेधित (prohibited) यौन समागम (sexual coitus) से होता है। इसमें भाई एवं बहन, पिता एवं पुत्री, माँ-बेटा, चाचा-भतीजी, श्वसुर-बहु, मामा-भगिनी के बीच यौन समागम (sexual coitus) अधिक सामान्य (common) है। इनमें से माँ-बेटा के बीच यौन समागम (sexual coitus) विरल (rare) होता है। समीट एवं क्रोइसो (Summit & Kryso, 1978) ने अपने अध्ययन के आधार पर यह बतलाया है कि संयुक्त राज्य अमेरिका में करीब प्रतिवर्ष 36,000 पिता-पुत्री यौन समागम के केसेज (cases) होते हैं । हरमैन (Herman, 1981) के अनुसार केसेज की वास्तविक संख्या इससे भी अधिक हो सकती है। बागले (Bagley. 1969) ने भिन्न-भिन्न तरह के कौटुम्बिक व्यभिचारी व्यवहारों (incestuous behaviours) का अध्ययन किया है और बतलाया है कि ऐसे व्यवहारों के मुख्य कारणों को निम्नांकित पाँच भागों में बाँटा जा सकता है—

(1) परिस्थितिजन्य कौटुम्बिक व्यभिचार *(Situational incest)*—इस तरह के कौटुम्बिक व्यभिचार (incest) में परिस्थिति महत्त्वपूर्ण कारण माना गया है। जैसे, यदि किशोरावस्था में भाई तथा बहन एक ही कमरे में सोते हों, तो उन दोनों में लैंगिक प्रयोग (sexual experiemetation) तथा लैंगिक समागम (sexual intercourse) की संभावना अधिक बढ़ जाती है।

(2) पारिवारिक विकृति तथा क्षुब्ध वैवाहिक संबंध . *(Family pathology and diturbed marital relations)*—लेनिओन (Lanyoun, 1986) ने अपने अध्ययन में पाया है कि जब पति-पत्नी का संबंध ठीक नहीं होता है, तो इससे पिता-पुत्री सहवास (father-daughter intercourse) में वृद्धि हो जाती है।

(3) गंभीर मनोरोग *(Severe psychopathology)*—मद्यपानता (alcohol) तथा मनोविकृति (psychosis) से

ग्रसित व्यक्तियों में आन्तरिक नियंत्रण (internal control) इतना कम हो जाता है कि उन्हें कौटुम्बिक व्यभिचारी व्यवहार (incestuous behaviour) करने में किसी प्रकार की कोई हिचकिचाहट नहीं होती है। इस तरह का व्यवहार मनोविकारी माता-पिता (psychopathic parents) में भी अधिक देखने को मिलता है।

(4) दोषपूर्ण पैतृक मॉडल *(Faulty paternal model)*—ऐसा देखा गया है कि यदि पिता अपनी पुत्री के साथ सहवास (sexual intercourse) करता है तो वे अपने लड़के को एक ऐसा अवांछनीय मॉडल (undesirable model) प्रदान करते हैं जिससे वे (लड़के) अपनी बहनों के साथ सहवास करने या फिर अपनी बेटियों के साथ सहवास करने की पर्याप्त प्रेरणा प्राप्त करते हैं। इस तरह से दोषपूर्ण पैतृक मॉडल (paternal model) से कौटुम्बिक व्यभिचारी व्यवहार (incestuous behaviour) को बढ़ावा मिलता है।

(5) बाल लैंगिकता *(Pedophilia)*—कुछ माता-पिता (parent) बाल लैंगिकता से ग्रसित होते हैं। वे अपने ही बच्चों को बेझिझक अपने लैंगिक हवस का शिकार बना लेते हैं।

स्पष्ट है कि कौटुम्बिक व्यभिचार (incest) के कई रूप होते हैं तथा उसके कई प्रकार होते हैं।

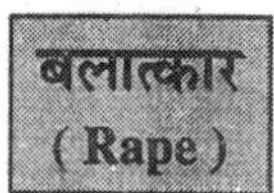

बलात्कार (Rape)

बलात्कार एक ऐसी लैंगिक विसामान्यता (sexual deviancy) है जिसमें एक व्यक्ति अर्थात् पुरुष दूसरे व्यक्ति अर्थात् महिला को वास्तविक या धमकीपूर्ण बलकृत दवाब (forcible coercion) डालकर लैंगिक समागम (sexual intercourse) करता है। अध्ययनों से इस बात की पुष्टि हुई है कि अधिकतर बलात्कार की घटना कम उम्र के पुरुषों द्वारा अर्थात् 18 से 24 साल के पुरुषों द्वारा ही किया जाता है। अधिक उम्र के पुरुषों द्वारा इस तरह का व्यवहार कम संख्या में किया जाता है।

मनोवैज्ञानिकों ने बलात्कार को सुनियोजित व्यवहार बतलाया है और यह कोई पृथक क्रिया (isolated activitiy) न होकर पुनरावृत्तीय क्रिया (repetitive act) होती है। अध्ययनों से यह भी पता चला है कि बलात्कार करने वाले पुरुष प्राय: निम्न सामाजिक-आर्थिक स्तर (low socio-economic status) के होते हैं तथा उनकी बुद्धि तथा शिक्षा-दीक्षा भी कम होती है। बलात्कार की घटना में करीब एक तिहाई बलात्कार ऐसे होते हैं जिसमें अपराधी (offender) की संख्या एक से अधिक होती है। बलात्कार चाहे एक अपराधी द्वारा किया गया हो या अपराधियों के एक समूह द्वारा किया गया हो, इसमें शारीरिक आघात (physical trauma) अधिक होता है। कभी-कभी तो महिला की हत्या भी कर दी जाती है। शारीरिक आघात के अलावा मानसिक आघात (mental trauma) भी तीव्र होती है जिससे उनमें विषाद (depression), परिहार (withdrawal) तथा विषमलिंगी संबंध (heterosexual relationship) में बाधा आदि प्रधान है।

ग्रोथ एवं उनके सहयोगियों (Groth et al., 1977) ने बलात्कार के 225 घटनाओं का विश्लेषण किया और पाया कि बलात्कार में तीन तरह के तत्त्व मिले होते हैं—क्रोध (anger), बल (power) तथा लैंगिकता (sexuality)। इन लोगों ने इन तीनों तथ्यों में लैंगिकता (sexuality) को बलात्कार में सबसे कम महत्त्वपूर्ण पाया है और कहा है कि बलात्कार में मूलत: क्रोध (anger) तथा बल की प्रधानता होती है। इन लोगों ने बल-प्रेरित बलात्कार (force-inspired rape) एवं क्रोध-प्रेरित बलात्कार (anger-inspired rape) दोनों को दो-दो भागों में बाँटा है और इस तरह से बलात्कार के मूल चार प्रकार हो जाते हैं जो निम्नांकित हैं—

(1) बल-निश्चयात्मक बलात्कार *(Power-assertive type)*—इस तरह के बलात्कार में महिला को डरा-धमकाकर, जान-लेवा औजार दिखलाकर तथा शारीरिक बल का उपयोग कर बलात्कार किया जाता है। ऐसे लोगों में दूसरों पर अधिकार जमाने या अपनी शक्ति दिखलाने की अटूट लालसा होती है। ग्रोथ के प्रतिदर्श में करीब 44% बलात्कार इस श्रेणी के थे।

(2) बल-आश्वस्त बलात्कार *(Force-assurance rape)*—इस तरह के बलात्कार में भी बलात्कारकर्त्ता (rapist) महिला को डरा-धमकाकर रास्ते पर लाता है और उसमें यह भाव प्रधान होता है कि यह तो एक अबला है जो हमेशा हमसे कमजोर है। अत: वह विश्वस्त होकर उसपर जबरदस्ती बलात्कार करता है। ग्रोथ के प्रतिदर्श (sample) में करीब 21% बलात्कार इस श्रेणी के थे।

(3) क्रोध-प्रतिशोध बलात्कार (*Anger-retaliation rape*)—इस तरह के बलात्कार में बलात्कारकर्त्ता महिला से बदला लेने की भावना से काफी क्रोधित होकर बलात्कार करता है। उसमें महिला के प्रति घृणा, क्रोध एवं विरक्ति (disgust) की भावना भी होती है। ऐसे बलात्कार में लैंगिक सुख (sexual pleasure) यदि कुछ होता भी है, तो वह नाम मात्र का ही। ग्रोथ एवं उनके सहयोगियों के प्रतिदर्श में करीब 30% बलात्कार इसी श्रेणी के थे।

(4) क्रोध-उत्तेजन बलात्कार (*Anger-excitation rape*)—इस प्रकार के बलात्कार में वैसे बलात्कार को रखा जाता है जिसमें बलात्कारकर्त्ता को लैंगिक सुख (sexual pleasure) एवं उत्तेजन (excitement) अपने आक्रामक व्यवहार के लैंगिक तत्त्वों (sexual elements) से नहीं होता है बल्कि महिला को तड़पते देखने से होता है। इस तरह के बलात्कारकर्त्ता का व्यक्तित्व परपीड़न (sadist) श्रेणी का होता है। ग्रोथ एवं उनके सहयोगियों द्वारा अध्ययन किये गए प्रतिदर्श का करीब 5% बलात्कार इसी श्रेणी के थे।

स्पष्ट हुआ कि बलात्कार के कई प्रकार होते हैं जिनमें प्रथम तीन प्रकार की आवृत्ति (frequency) तुलनात्मक रूप से अधिक होती है।

समजातिलैंगिकता
(Homosexuality)

अपने ही लिंग (sex) के व्यक्तियों के साथ लैंगिक संबंध करना समजातिलैंगिकता (homo-sexuality) कहा जाता है। महिलाओं में इस तरह के व्यवहार को स्त्रीसमलिंगकामुकता (lesbianism) कहा जाता है। पहले के मनोवैज्ञानिकों एवं मनश्चिकित्सकों (psychiatrists) द्वारा समजातिलैंगिकता को एक मानसिक विकृति (mental disorder) माना जाता था तथा समजातिलिंगी (homosexual) को एक बीमार व्यक्ति माना जाता था। परन्तु आधुनिक मनोवैज्ञानिकों एवं मनश्चिकित्सकों (psychiatrists) ने स्पष्ट कर दिया है कि समजातिलैंगिकता में किसी प्रकार का व्यक्तित्व अपसमायोजन (persoanlity maladjustment) नहीं होता है। यही कारण है कि अमेरिकन मनश्चिकित्सक संघ (American Psychiatric Association) द्वारा प्रकाशित DSM के मानसिक रोग की सूची से इसे हटा दिया है। लैनसन (Lanson, 1985) द्वारा किये गए अध्ययनों से पता चला है कि दिन-ब-दिन समजातिलिंगीयों (homosexuals) की संख्या में वृद्धि होते जा रही है।

समजातिलैंगिकता (homosexuality) के कारण (causes) की व्याख्या करने के लिए जैविक (biological), मनोवैज्ञानिक (psychological) तथा समाजशास्त्रीय सिद्धान्तों (sociological theories) का प्रतिपादन किया गया है। जैविक सिद्धान्त (biological theories) के अनुसार इसकी उत्पत्ति में हारमोन्स गड़बड़ी (harmonal disturbances) तथा आनुवंशिक कारक (genetic factors) की भूमिका अधिक प्रधान बतलायी गयी है। मनोवैज्ञानिक सिद्धान्त (psychological theories) के अनुसार समजातिलैंगिकता का व्यवहार किशोरावस्था में ही अनुबन्धन (conditioning) द्वारा सीख लिए जाते है। मनोगतिकी विचारधारा (psychodynamic viewpoint) के अनुसार समजातिलिंगी (homosexuals) मनोलैंगिक विकास (psychosexual development) के जनेन्द्रिय अवस्था (genital stage) के स्थायीकृत (fixated) होते हैं। समाजशास्त्रीय सिद्धान्त (sociological theories) के अनुसार समजातिलैंगिकता (homo-sexuality) का कारण दोषपूर्ण पारिवारिक संबंध तथा माता-पिता द्वारा विकृत देख-रेख (parental pathogenic care) बतलाया गया है।

इसके बावजूद विशेषज्ञों (experts), मनोवैज्ञानिकों एवं मनश्चिकित्सकों (psychiatrists) के बीच समजातिलैंगिकता (homosexuality) के कारण के बारे में कोई सहमति नहीं है।

लिंग पहचान विकृति
(Gender Identity Disorder)

कुछ लोग ऐसे होते हैं जिन्हें यह दृढ़ विश्वास हो जाता है कि उन्हें एक गलत शरीर (body) ईश्वर ने दे दिया है। इसका मतलब यह हुआ कि इस तरह की अनुभूति वाले पुरुष को यह महसूस होता है कि वे महिलाएँ ही हैं परंतु गलती से शरीर पुरुष का हो गया है। दूसरे तरफ इस तरह की अनुभूतिवाली महिला को यह महसूस होता है कि वे पुरुष ही हैं परंतु गलती से शरीर स्त्री का दे दिया गया है। ऐसा महसूस करके पुरुष तथा स्त्री दोनों ही काफी परेशान रहते हैं और इस तरह की स्थिति को **लिंग पहचान विकृति** (gender identity disorder) कहा जाता है। इसे **परा लैंगिकता**

(transsexualism) भी कहा जाता है। ब्लैनकार्ड (Blanchard, 1989) के अनुसार इसे **लिंग डायस्फोरिया** (gender dysphoria) भी कहा जाता है।

DSM-IV TR में लिंग पहचान विकृति को सही-सही निरूपण करने (diagnose) करने के लिए यह बतलाया गया है कि व्यक्ति में निम्नांकित दो तत्त्व निश्चित रूप से उपस्थित हों—

(i) एक सतत क्रास लिंग पहचान (corss-gender identification) की इच्छा अर्थात् व्यक्ति में विपरीत यौन बनने की इच्छा, तथा

(ii) व्यक्ति में अपने जैविक यौन (biological sex) तथा लैंगिक अंगों (sexual organs) से बहुत ही असंतोष या घृणा का होना।

लिंग पहचान विकृति बच्चों तथा व्यस्कों दोनों में पायी जाती है हालांकि इन दोनों ही अवस्थाओं में यह विकृति बहुत ही कम मात्रा में होता है। जहाँ तक बच्चों में लिंग पहचान विकृति का प्रश्न है, यह वैसे बच्चों में अधिक देखने को मिलता है जिन्हें लड़का या लड़की होने में काफी असंतोष होता है तथा उनमें विपरीत यौन बनने में काफी तीव्र इच्छा होती है। जैसे, कोई लड़की तीव्र इच्छा लड़का बनने का दिखला सकती है। वह महिलाओं का सामान्य वस्त्रों को पहनने में अनिच्छा दिखलाती है और इस बात पर जोर दे सकती है कि वह लड़की नहीं लड़का ही है। वह लड़का का ही पोशाक बनने में इच्छा व्यक्त कर सकती है। यहाँ तक कि वह कुछ खाश तरह का व्यवहार करके जैसे बैठकर पेशाब करने से इनकार करके यह साबित करना चाहती है कि वह लड़की न होकर लड़का ही है। जो लड़का लिंग पहचान विकृति से प्रभावित होता है, वे इसी ढंग का विपरीत यौन का व्यवहार करने लगता है। कुछ अध्ययनों में यह देखा गया है कि लिंग पहचान विकृति से प्रभावित होने वाले बच्चे प्रायः कुछ ऐसे समस्याएँ दिखलाते हैं जो लिंग-संबंधी तथ्यों से परे होता है। जैसे, जुकर तथा ब्रैडेली (Zuker & Bradley, 1995) के अनुसार इन समस्याओं में सामाजिक परिहार (social avoidance), अलगाव चिन्ता (separation anxiety) तथा विषाद (depression) आदि प्रमुख है जो प्रायः साथियों के बहिष्कार तथा पारिवारिक आलोचना (family criticism) जिन्हें ऐचे बच्चे को अनुभव करना पड़ता है, से संबंधित होते हैं। फलतः ऐसे बच्चों में आत्महत्या से संबंधित विचार तथा आत्महत्या का प्रयास प्रायः किया जाता है।

लिंग पहचान विकृति व्यस्कों (adults) में भी होता देखा गया है। ऐसे व्यस्कों की दो तरह की श्रेणियाँ होतीं हैं। पहली श्रेणी में वैसे व्यस्कों को रखा जाता है जो समलैंगिक (homosexual) होते हैं। अधिकतर ऐसे व्यस्क बचपन में लिंग पहचान विकृति से प्रभावित हुए होते हैं और अब पेशेवरों की मदद से अपने वांछित यौन को स्वीकार करने के लिए तत्पर होते हैं। इस प्रक्रिया को *यौन पुनर्हस्तांरण* (sex ressignment) की संज्ञा दी जाती है। ऐसे क्लायंट प्रायः 20 से 22 साल के उम्र में जब वे लगभग अपने परिवार से स्वतंत्र हो जाते हैं, इस ढंग का पेशेवर मदद के लिए उपचार गृह में आते हैं। इनमें से बहुत व्यस्कों को कोई लैंगिक अनुभूति (sexual experience) नहीं होता है तथा लैंगिक तुष्टि क्रास-यौन इच्छा (cross-gender desire) में बहुत ही सीमित भूमिका निभाता है। यौन पुर्नहस्तांतरण चिकित्सा (sex ressignment therapy) के बाद ऐसे व्यस्क प्रायः अपने आप को एक विषमलिंगी (hetrosexual) के रूप में समझने लगते हैं। दूसरी श्रेणी में सिर्फ वैसे पुरुष होते हैं जिनकी उन्मुखंता विषम लिंगी (heterosexual) की ओर होती है। अधिकतर ऐसे व्यस्कों को बाल्यावस्था में यौन संभ्रांति (gender confusion) का अनुभव हुआ होता है परंतु कुछ को इस ढंग का संभ्रांति किशोरावस्था या व्यस्कावस्था में आकर होता है। ऐसे पुरुष शादी भी करते हैं और अपने बच्चों का लालन-पोषण भी करते हैं तथा प्रायः विषमलिंगी क्रियाएँ करते हैं। परंतु लैंगिक क्रिया के दौरान वे अपने आप को अपने महिला लैंगिक सहयोगी का लेसवियन प्रेमी (lesbian lover) मानते हैं। चूंकि ऐसे पुरुषों को अपने यौन से पर्याप्त असंतुष्टि रहती है, इसलिए ऐसे लोग यौन-पुर्नहस्तांतरण सर्जरी (sex reassignment surgery) के बाद भी उत्ततम समायोजन बनाकर रखने में असमर्थ होते हैं।

ऐसे व्यस्क जिनमें यौन पहचान विकृति (gender identity disorder) होती है, उनमें प्रायः विषाद (depression) तथा चिन्ता (anxiety) भी अधिक होती है। स्त्री-से-पुरुष बनने वाले व्यस्कों में पुरुष-से-स्त्री बनने वाले व्यस्कों की तुलना में मनोवैज्ञानिक समस्याएँ अधिक होती हैं। इसका कारण यह है कि स्त्री-से-पुरुष बनने वाले व्यक्तियों के लिए समायोजन (adjustment) आसान होता है क्योंकि उन्हें अपने यौन रूपान्तरण (sex conversion) के लिए कम सामाजिक निन्दा (social condemnation) का सामना करना पड़ता है तथा समाज भी पुरुष की भूमिका को महिला की भूमिका की तुलना में अधिक तबज्जो देती है।

लिंग पहचान विकृति के कारण ***(Causes of Gender Identity Disorder)***

लिंग पहचान विकृति के दो मुख्य कारण बतलाये गए हैं—

(i) आनुवंशिक एवं जैविक कारक *(Hereditary and biological factors)*—कूलिज तथा उनके सहयोगियों (Collidge et al., 2002) ने 4 से 17 साल के जुड़ुवाँ बच्चों का एक अध्ययन करके यह बतलाया कि लिंग पहचान विकृति के कारण आनुवंशिक (hereditary) है। क्यूनसी (Quinsey, 2003) ने अपने अध्ययन के आधार पर यह बतलाया है कि इस विकृति का कारण जैविक (biological) होता है। दूसरे शब्दों में, इस विकृति से प्रभावित बच्चे या किशोर को जन्म के पहले से ही हारमोन्स के कुछ असाधारण स्तर का सामना करना पड़ा था। इस तरह के हारमोन्स से बच्चों का हाइपोथैलमस काफी प्रभावित हो जाता था जिसके परिणामस्वरूप बच्चों में लिंग पहचान (gender identity) तथा लैंगिक पहचान की प्रक्रिया प्रभावित हो जाती है। ब्रेडेली तथा जुकर (Bradley & Zucker, 1997) तथा क्यूनसी (Quinsey, 2003) कुछ ऐसे लड़कियों पर अध्ययन किया जिसमें जब वे माँ के गर्भ में थीं, तो उस समय उन्हें टेस्टोस्ट्रोन (testosterone) जैसे हारमोन के उच्च स्तर का सामना करना पड़ा। इनमें कुछ लड़कियों के जन्म के समय ही पुरुष जनेन्द्रिय (male genital) था तथा उनका व्यवहार काफी पुरुषोचित (masculine) था। ऐसे लड़कियों में लिंग पहचान विकृति के उत्पन्न होने की संभावना काफी अधिक थी।

(**ii**) लिंग पहचान विकृति के कुछ मनोवैज्ञानिक कारण भी बतलाये गए हैं। मनोवैज्ञानिकों का मत है कि बच्चों में लिंग पहचान स्थापना कराने में माता-पिता की भूमिका काफी सराहनीय है। कुछ माता-पिता ऐसे होते हैं जो अपने बच्चों के लालन-पोषण के दौरान विपरीत यौन के पौशाक पहनाते हैं तथा विपरीत यौन के उपयुक्त खिलौनों को खेलने के लिए देते हैं। इससे बच्चों में लिंग उपयुक्त व्यवहार (sex appropriate behaviour) नहीं विकसित हो पाता है और फिर आगे चलकर उनमें लिंग पहचान विकृति के उत्पन्न होने की संभावना तीव्र हो जाती है। इस तथ्य की पुष्टि कई अध्ययनों से की गयी है।

स्पष्ट हुआ कि लिंग पहचान विकृति के कई कारण हैं।

अध्याय सारांश
(Chapter Summary)

1. लैंगिक विकृतियों (sexual disorders) को दो भागों में बाँटा गया है—लैंगिक दुष्क्रिया (sexual dysfunction) तथा लैंगिक विसामान्यता (sexual deviancy) । लैंगिक दुष्क्रिया से तात्पर्य लैंगिक तुष्टि की इच्छा की कमी या लैंगिक तुष्टि प्राप्त करने की अक्षमता से होती है।
2. लैंगिक दुष्क्रिया के मुख्य तीन प्रकार हैं : लैंगिक इच्छा विकृति (sexual desire disorders) लैंगिक उत्तेजन विकृति (sexual arousal disorder) तथा कामोत्तापी विकृति (organism disorder)।
3. लैंगिक दुष्क्रिया के कारण कई हैं जिनमें दोषपूर्ण सीखना (faulty learning), डर एवं चिन्ता आदि की भावनाएँ तथा अन्तर्वैयक्तिक समस्याएँ (interpersonal problems) आदि प्रधान हैं।
4. जहाँ तक लैंगिक दुष्क्रिया (sexual dysfunction) के उपचार का प्रश्न है, उसमें विशेषज्ञों का मानना है कि यदि यौन साथियों से अनावश्यक निषेध, डर तथा गलत धारणाओं को किसी तरह हटा दिया जाता है और उसके प्रति सही एवं सुखद मनोवृत्ति विकसित कर ली जाती है, तो लैंगिक दुष्क्रिया में काफी कमी आ जाती है।
5. *पाराफिलियाज* (paraphilias) के अन्तर्गत नौ प्रकार के लैंगिक विसामान्यताओं का वर्णन किया गया है। इसके अलावा तीन और लैंगिक विसामान्यताएँ हैं जो आधुनिक समाज में काफी देखने को मिले हैं। वे हैं—कौटुम्बिक व्यभिचार (incest), बलात्कार (rape) तथा समजातिलैंगिकता (homosexuality) ।
6. लिंग पहचान विकृति (gender indentity disorder) एक ऐसा विकृति है जिसमें व्यक्ति यह महसूस करता है कि उसका लिंग (sex) तथा शरीर सुमेलित (matched) नहीं है। यह विकृति बच्चों एवं व्यस्कों दोनों में होता है। इस विकृति का कारण आनुवंशिकता, जैविक तथा मनोवैज्ञानिक सभी बतलाये गए हैं।

❑

अध्याय 19

संज्ञानात्मक विकृतियाँ

(COGNITIVE DISORDERS)

संज्ञानात्मक विकृति के स्वरूप
(Nature of Cognitive Disorder)

संज्ञानात्मक विकृति (cognitive disorder) DSM-IV TR द्वारा तैयार किया गया मानसिक विकृतियों की सूची का एक प्रमुख भाग है। संज्ञानात्मक विकृति को DSM-IV TR के पहले वाले संस्करणों (editions) में **आंगिक मानसिक विकृति** (organic mental disorder) कहा जाता था क्योंकि ऐसे विकृतियों का स्पष्ट आधार मस्तिष्क में उत्पन्न कुछ जैविक परिवर्तन होते हैं। DSM-IV TR में जब इसका नाम बदलकर संज्ञानात्मक विकृति रखा गया, तो इससे तात्पर्य मानसिक विकृतियों के एक ऐसे समूह से होता है जिसमें निम्नांकित तीन विशेषताएँ स्पष्ट रूप से दीखतीं हैं—

(1) ऐसे विकृत मूलतः मस्तिष्क में होने वाले जैविक परिवर्तनों से उत्पन्न होते हैं।

(2) ऐसे विकृतियों में व्यक्ति के संज्ञान (cognition) में दोष उत्पन्न हो जाता है।

(3) ऐसे विकृति किसी भी उम्र में उत्पन्न हो सकते हैं परंतु वृद्ध लोगों (older people) में अधिक उत्पन्न होते हैं।

संज्ञानात्मक विकृति में जो अवस्थाएँ उत्पन्न होती हैं, उनके कई कारण होते हैं परंतु इनमें मस्तिष्क में चोट लगना, ट्यूमर (tumors), छुतहा रोग (infectious disease), किसी प्रकार के जहर का प्रभाव तथा द्रव्य-उत्पन्न परिवर्तन (substance-induced changes) आदि प्रधान हैं। जब इन विकृतियों में मस्तिष्कीय क्षति (brain damage) होता है, तो उसका स्वरूप या तो नाभीय (focal) होता है या फिर विकेन्द्रित (diffused) । नाभीय क्षति में मस्तिष्क के विशिष्ट क्षेत्र में क्षति होता देखा गया है जबकि विकेन्द्रित क्षति में ऐसे मस्तिष्कीय उत्तकों (brain tissues) में क्षति होती है जो मस्तिष्क के विभिन्न क्षेत्रों में फैले होते हैं। छुतहा रोगों तथा जहर से सामान्यतः विकेन्द्रित क्षति ही उत्पन्न होती है।

कुछ मनोसामाजिक तथा सामाजिक-सांस्कृतिक कारकों से भी संज्ञानात्मक विकृति की गंभीरता प्रभावित होती है परंतु उनसे ऐसे विकृतियों की उत्पत्ति का कोई संबंध नहीं होता है।

संज्ञानात्मक विकृतियों के कई सामान्य लक्षण होते हैं जिनमें निम्नांकित प्रधान हैं—

(1) इसमें रोगी उन घटनाओं की याद भी नहीं रख पाता है जो चन्द मिनट पहले घटी थी।

(2) संज्ञानात्मक विकृति के रोगी में लिखित भाषा को समझने की क्षमता की कमी होती है हालांकि ऐसे रोगी बोल-चाल की भाषा को आसानी से समझ लेते हैं।

(3) परिचित वस्तुओं या व्यक्तियों को ऐसे रोगी ठीक से नहीं पहचान पाते हैं।

(4) ऐसे रोगी व्यवहार के साधारण क्रम (sequences) को भी सुनियोजित नहीं कर पाते हैं।

(5) ऐसे रोगियों की चेतना इतनी धुँधली हो जाती है कि वे यह नहीं समझ पाते हैं कि उनके इर्द-गिर्द के वातावरण में क्या हो रहा है।

(6) ऐसे रोगियों में संभ्रांति (confusion) तथा स्थितिभ्रान्ति (disorientation) की स्थिति काफी गंभीर होती है जिसके कारण इनमें व्यामोही विश्वास (delusional beliefs) उत्पन्न हो जाता है।

(vii) ऐसे रोगियों में व्यवहार की उपयुक्तता (appropriateness) के बारे में निर्णय लेने की कमी पायी जाती है।

(viii) ऐसे रोगियों में देशिक व्यवस्थाओं (spatial arrangements) को सही ढंग से समझने या पेशीय व्यवहारों को समन्वित करने में पर्याप्त कठिनाई होती है।

संज्ञानात्मक विकृति के उपयुर्क्त सामान्य लक्षण ऐसे तो सभी उम्र के व्यक्तियों में उत्पन्न हो सकते हैं परंतु उनमें से अधिकतर लक्षण वृद्ध लोगों में उत्पन्न होते हैं क्योंकि अधिकतर रोग जिनसे मस्तिष्कीय स्थितिभ्रान्ति उत्पन्न होती है, से वृद्ध लोग ही अधिक प्रभावित होते हैं। अत: हम यहाँ संज्ञानात्मक विकृतियों की शुरूआत बुढ़ापा (ageing) तथा मस्तिष्क एवं मनोवैज्ञानिक प्रक्रियाओं पर सामान्य बुढ़ापा का पड़ने वाले प्रभावों से करेंगे।

वृद्ध काल
(Aging)

वृद्ध काल जीवन अवधि का एक समापन काल (closing period) माना गया है। वृद्धकाल की अवधि को भी सामन्यत: दो भागों में बाँटा गया है–वृद्ध काल की आरंभिक अवधि (early old age) जो 60 वर्ष की आयु से प्रारंभ होकर 70 वर्ष की आयु तक की होती है तथा वृद्धकाल की उच्च अवधि (advanced old age) जो 70 से मृत्यु तक की अवधि होती है। वृद्ध काल की अवधि को ह्रास अवधि (period of decline) माना गया है। इस अवधि में व्यक्ति के शारीरिक एवं मानसिक क्षमता में काफी तेजी से ह्रास होती है।

वृद्ध काल में जो समस्याएँ उत्पन्न होती हैं, उन्हें सामान्यत: दो भागों में बाँटकर अध्ययन किया गया है—

(1) सामान्य वृद्धकाल की समस्याएँ (Problems of normal aging)

(2) मस्तिष्कीय घाव तथा दुष्क्रिया से वृद्ध काल में उत्पन्न समस्याएँ (Problems arising due to brain lesion and dysfunctions in old age)

इन दोनों का वर्णन इस प्रकार हैं—

1. सामान्य वृद्ध काल की समस्याएँ *(Problems of normal aging)*—वृद्ध काल में कुछ समस्याएँ ऐसी होती हैं जो सिर्फ बीतते उम्र के कारण होता है। वृद्ध लोगों के प्रति व्यक्तियों में कई तरह के पूर्वाग्रह (prejudices) भी उत्पन्न हो जाते हैं जिन्हें *एज्जिम* (ageism) कहा जाता है। इन पूर्वाग्रहों में ऐसे लोगों में लैंगिक अभिरुचि की कमी तथा बौद्धिक क्षमताओं के ह्रास को उपचार योग्य नहीं मानना प्रधान हैं। ऐसे वृद्धों में कोई मस्तिष्कीय दुष्क्रिया (brain dysfunction) तथा मस्तिष्कीय घाव (brain lesion) नहीं पाया जाता है। ऐसी समस्याओं में निम्नांकित प्रमुख हैं—

(1) बेलस्काई (Belsky, 1990) द्वारा किये गए अध्ययनों से यह स्पष्ट हुआ कि सामान्य वृद्धकाल में संवेदी तथा पेशीय कार्यों में पर्याप्त ह्रास होता है। शारीरिक लचीलापन, पेशीय शक्ति तथा गति (speed), श्रवण, दृष्टि, स्वाद की संवेदनशीलता, शारीरिक संतुलन आदि में पर्याप्त कमी आ जाती है। यह कमी या ह्रास कुछ व्यक्तियों में 65 या 70 साल के आयु के बाद काफी तीव्र होता है। इसका परिणाम यह होता है कि ऐसे लोगों में सामान्य समायोजन (adjustment) से संबद्ध समस्याएँ उत्पन्न हो जातीं हैं। अनन्तथारमण (Anantharaman, 1981), एन. महंथी (N. Mohanthy, 1982) तथा राममूर्त्ती (Rammurthy, 1979) ने भी अपने-अपने अध्ययनों से इस तथ्य का समर्थन किया है।

(2) वृद्ध काल की समस्याएँ न केवल मानसिक बल्कि शारीरिक भी होती है क्योंकि इस अवधि में कई तरह के चयापचयी परिवर्तन (metabolic changes) भी होते हैं। इस अवधि में श्वसन, हृदय, यकृत (liver) तथा वृक्क (kidney) आदि का कार्य में काफी कमी आ जाती है। यही कारण है कि ऐसे लोगों में वयस्कों की तुलना में विभिन्न औषधों का प्रभाव देरी से होता है। इसके अतिरिक्त, मस्तिष्कीय ग्राहकों (brain receptors) की संवेदनशीलता अधिकतर औषधों के साथ काफी बढ़ जाती है। इसका परिणाम यह होता है कि ऐसे लोगों के लिए औषध विषाक्त (toxic) साबित हो जाता है। इस तथ्य का समर्थन कमिंग्स तथा कौफे (Commings & Coffey, 1994) ने अपने अध्ययन से किया है। इतना ही नहीं, ये वृद्ध लोग बताये गये औषधों को गलत ढंग से या गलत क्रम में भी लेते हैं। लामी (Lamy, 1985) के अध्ययन के अनुसार 40 प्रतिशत वृद्ध लोग एक से अधिक डाक्टरों द्वारा बतलाये गये औषधों को लेते हैं, 30 प्रतिशत वृद्ध लोग इन औषधों को लेने में त्रुटि करते हैं तथा 12 प्रतिशत वृद्ध लोग ऐसे होते हैं जो दूसरों को दवाओं को गलती से अपनी ही दवा समझकर ले लेते हैं। इन अवस्थाओं का परिणाम यह होता है कि वृद्ध लोगों में औषध उत्पन्न विकृतियाँ

(drug-induced disorders) तथा व्यवहारात्मक असामान्यताएँ उत्पन्न होने की संभावना बढ़ जाती है। ऐसी संभावनाएँ अन्य कारकों जैसे सामाजिक समर्थन का निम्नतर स्तर से मिलकर उनके मानसिक संतुलन को गंभीर रूप से खराब कर देता है।

(3) बढ़ते उम्र के साथ वृद्ध लोगों का संज्ञानात्मक कार्यों (cognitive functions) में भी परिवर्तन आते हैं। 50 से 60 की आयु में बुद्धिलब्धि प्राप्तांक (IQ scores) में कमी आने लगते हैं और उसके बाद जो बुद्धिलब्धि में कमी आती है, उसमें वैयक्तिक भिन्नताएँ होती हैं। कुछ क्षमताएँ ऐसी होती हैं जिनमें तेजी से ह्रास होती है तथा कुछ क्षमताएँ ऐसी होती हैं जिनमें उम्र बीतने से मजबूती आती है। जैसे, मारगोशेस (Margoshes, 1995) ने अपने अध्ययन के आधार पर यह बतलाया है कि कुछ बौद्धिक प्रक्रियाएँ जैसे सर्जनात्मकता (creativity) वैसे वृद्ध व्यक्तियों में बढ़ता है जो अपने पूरी जिन्दगी में समय-समय पर सर्जनात्मक उपहार (creative gifts) देते आए होते हैं।

(4) मैकगुईगन (McGuigan, 1994) ने अपने अध्ययन में वृद्ध लोगों की एक महत्त्वपूर्ण समस्या की ओर ध्यान दिलाते हुए कहा है कि इन लोगों में वैसे कार्यों पर का निष्पादन जिससे पेशीय गति (motor speed), तीव्र सूचना संसाधन या सूक्ष्म पेशीय नियन्त्रण की जरूरत होती है, काफी तेजी से गिरता है।

(5) अधिकतर वृद्ध लोगों में स्मृति ह्रास (memory loss) की मजबूत शिकायत होती है। ऐसे लोगों में पहले की घटना की तुलना में हाल की घटनाओं की ही स्मृति कमजोर हो जाती है। रैडक्लिफ तथा सैक्सटन (Radcliff & Saxton, 1994) ने अपने अध्ययन में पाया है कि ऐसे लोगों का लघुकालीन स्मृति (short-term memory) काफी कमजोर हो जाती है। ऐसी स्मृति ह्रास में से कुछ का स्वरूप ऐसा होता है जो वृद्धकाल (ageing) के कारण न होकर विषाद (depression) या औषध (medicine) लेने के पार्श्व प्रभाव (side effect) का परिणाम होता है। मारजोशेस (Margoshes, 1955) ने अपने अध्ययन के आधार पर यह बतलाया कि अधिकतर वृद्ध लोग जिन्हें भुलक्कड़ होने का विश्वास होता है, जाँचोपरांत सामान्य स्मृति (normal memory) दिखलाते हैं। गार्डी तथा उनके सहयोगियों (Gardy et at, 1995) ने अपने अध्ययन के आधार पर यह बतलाया है कि वृद्ध लोगों के भूलने के कुछ पहलू ऐसे होते हैं जिनका संबंध सूचनाओं के प्रत्याह्वान (recall) से नहीं होता है बल्कि आरंभिक सूचनाओं को सीखने के समय उनके अपर्याप्त संचयन (storage) से होता है। संचयन से संबद्ध समस्याएँ तब उठतीं हैं जब लोगों का ध्यान इधर-उधर विचलित अधिक होता है तथा बढ़ते उम्र के साथ ध्यान विचलन एक प्रमुख समस्या होती है। जब ये वृद्ध लोग महत्त्वपूर्ण चीजों पर ध्यान देकर अपना ध्यान विचलन कम कर देते हैं, तो उनकी स्मृति क्षमता तेजी से उन्नत एवं मजबूत हो जाती है।

उपर्युक्त तथ्य जो मूलतः यह दर्शाते हैं कि वृद्ध काल एक दुःखद काल होता है तथा जिसमें व्यक्ति को अधिकतर समय अपने आप के साथ परेशानियों के साथ निबटते हुए बीतता है, कुछ अध्ययनों में इसके विपरीत तथ्य पाए गए हैं। जैसे, मायर्स तथा डाइनेर (Myers & Diener, 1995) ने अपने अध्ययन में पाया कि वृद्ध लोग सचमुच में उतने ही खुश रहते हैं जितने कि अन्य उम्र समूह के लोग। इनगलहार्ट (Inglehart, 1990) ने 16 देशों से 1,69,776 लोगों का सर्वे किया जिसमें यह पाया गया कि 80 प्रतिशत लोग चाहे वे जिस उम्र के हों, अपनी जिन्दगी से संतुष्टि व्यक्त किये। कुछ शोधकर्त्ताओं ने वृद्ध लोगों में अपने जीवन से संतुष्ट होने का कारण दैहिक एवं मानसिक रूप से सक्रिय रहना, कुछ विशेष तरह के धार्मिक या आध्यात्मिक मूल्यों को ग्रहण कर लेना, तनाव को कम करने के लिए वैसे संबंधों पर अधिक ध्यान देना जो आनंद उत्पन्न करने वाले होते हैं, आदि बतलाया है। कोफे (Coffey, 1999) ने अपने अध्ययन के आधार पर यह बतलाया है कि मानसिक रूप से सक्रिय रहने से व्यक्ति की जिन्दगी लम्बी होती है।

2. मस्तिष्कीय घाव तथा दुष्क्रिया से वृद्धकाल में उत्पन्न समस्याएँ *(Problems arising due to brain lesion and dysfunctions in old age)*—वृद्ध लोगों में मस्तिष्कीय घाव (brain lesions) तथा दुष्क्रिया (dysfunction) के कारण उत्पन्न गंभीर मानसिक विकृति अधिक सामान्य होती है। इससे उनसे तीव्र मानसिक समस्या उत्पन्न होती है जिसके लिए उन्हें किसी मनश्चिकित्सक के देख-रेख में इलाज कराना आवश्यक हो जाता है। DSM - IV में इन समस्याओं का विशेष नाम दिया गया है जिनमें उन्माद (delirium), मनोभ्रंश (dementia), स्मृति लोप तथा अन्य संज्ञानात्मक विकृतियाँ प्रधान हैं। DSM-IV के पहले के अन्य संस्करणों में इन विकृतियों को **आंगिक मस्तिष्कीय विकृति** (organic brain disorder) कहा जाता था क्योंकि इनका कारण मस्तिष्कीय रोग या मस्तिष्कीय दुष्क्रिया ही माना जाता था। परंतु DSM-IV में उसका नाम इसलिए बदल दिया गया क्योंकि अधिकतर वैज्ञानिकों का मत था कि इन विकृतियों का एक

जैविक आधार (biological basis) होता है। परंतु वर्ल्ड हेल्थ आरगनाइजेशन (World Health Organisation) के वर्गीकरण तंत्र यानी ICD-10 में इन विकृतियों के लिए आंगिक मानसिक विकृति (organic mental disorders) ही नाम रखा गया है।

सभी संज्ञानात्मक विकृतियों (cognitive disorders) का सामान्य सार तत्त्व यह है कि इसमें रोगी की स्मृति, भाषा, चेतन, प्रत्यक्षण तथा बुद्धि आदि में जैविक कारणों से उत्पन्न दोष (impairnment) मौजूद होते हैं। इन संज्ञानात्मक विकृतियों में निम्नांकित प्रमुख हैं–

(1) स्मृति लोपीय विकृतियाँ (Amnestic disorders)

(2) उन्माद (Delirium)

(3) मनोभ्रंश (Dementia)

इन सबों का वर्णन हम अलग-अलग स्वतंत्र अनुच्छेदों में करेंगे।

स्मृतिलोपीय विकृतियाँ
(Amnestic disorders)

स्मृतिलोपीय विकृति (amnestic disorders) में स्मृतिलोप (amnesia) की अवस्था होती है जिसमें रोगी में स्मृति से संबंध कई तरह के दोष पाए जाते हैं। इस तरह की विकृति में स्मृति लोप ही मुख्य लक्षण होता है। कभी-कभी अन्य संज्ञानात्मक कठिनाइयाँ भी होती हैं जिनमें उन्माद (delirium) या मनोभ्रंश (dementia) के लक्षण देखे जा सकते हैं। स्मृतिलोपीय विकृतियाँ सामान्य मेडिकल अवस्था (general medical condition) के प्रत्यक्ष प्रभाव से उत्पन्न होता है या फिर अल्कोहल के सतत उपयोग के प्रभाव से भी उत्पन्न होता है। जब अल्कोहल पीने के सतत उपयोग के प्रभाव से समृति लोप के लक्षण उत्पन्न होता है, तो इस अवस्था को **वर्निक-कोरसाकोफ्फ संलक्षण** (Wernicke-Korsakoff syndrome) कहा जाता है। DSM-IV TR में स्मृतिलोपीय विकृति के पहचान के लिए कुछ विशेष कसौटी बनाया गया है जिसमें अन्य बातों के अलावा इस तथ्य पर बल डाला गया है कि स्मृति लोप के स्वरूप को इतना गम्भीर होना चाहिए कि उससे उसका सामाजिक या व्यावसायी समायोजन पर बुरा असर पड़ता हो, तथा उसमें नयी सूचनाओं को सीखने तथा गत सीखे गये सूचनाओं का प्रत्याह्वान (recall) करने की असमर्थता हो।

स्मृतिलोपीय विकृति में मूलत: दो तरह के स्मृतिलोप देखने को मिलते हैं–

(i) एन्टीरोग्रेड स्मृतिलोप (anterograde amnesia)

(ii) रिट्रोग्रेड स्मृतिलोप (retrograde amnesia)

एन्टीटोग्रेड स्मृति लोप में व्यक्ति में नयी सूचनाओं को याद करने की असमर्थता पायी जाती है जबकि रिट्रोग्रेड स्मृतिलोप में व्यक्ति सीखी गयी या याद की गयी सूचनाओं का जरूरत के अनुसार प्रत्याह्वान (recall) नहीं कर पाता है। इन स्मृति लोपों की गम्भीरता कैसी होगी, यह बहुत कुछ इस बात पर आधृत होता है कि मस्तिष्क के कौन-सी संरचना में क्षति हुई है। यदि हिपोकैम्पस (hippocampus) या मेडियल डायनसिफेलोन (medial diencephalon) का क्षेत्र क्षतिग्रस्त हुआ होता है, तो स्मृति संबद्ध गड़बड़ियाँ स्थायी होती हैं।

बहुत रोगी जिनमें स्मृतिलोपीय विकृतियाँ काफी गंभीर होती है, उन्हें अपनी समस्याओं में सूझ-बूझ की कमी तो दिखाई देती है और वे लोग या तो इन समस्याओं को मानने से इनकार कर देते हैं या फिर उनके प्रति तटस्थ रहने लगते हैं। ऐसे लोगों में समय तथा स्थान की स्थिति भ्रांति (disorientation) भी पाया जाता है परंतु वे अपनी पहचान के बारे में सतर्क रहते हैं। ऐसे रोगी स्मृति लोप से स्मृति में उत्पन्न खाई (gap) को अन्य आवश्यक बातों से भर देते हैं, जिसे **'गपशप'** (confabulation) की घटना का नाम दिया गया है। अत: वैज्ञानिकों को रोगी द्वारा बतलाये गये तथ्यों का सत्यापन करने के लिए किसी तीसरे पार्टी जैसे उसके दोस्त, माता-पिता आदि से जानकारी लेना आवश्यक हो जाता है।

स्मृतिलोपीय विकृतियों की व्यापकता (prevalence) का सही-सही आकलन करना कई कारणों से मुश्किल होता है। इन कारणों में निम्नांकित प्रमुख है–

(1) अधिकतर केसेज में यह देखा गया है कि स्मृतिलोपीय विकृतियाँ चंद घंटों या दिनों से अधिक नहीं टिक पाता है। फलत: प्रभावित व्यक्ति नैदानिक विशेषज्ञों के ध्यान में आता ही नहीं है।

(2) कुछ केसेज में ऐसा देखा गया है कि ऐसी विकृतियाँ इतना धीरे-धीरे व्यक्ति में विकसित होती हैं कि उसपर भी विशेषज्ञों का ध्यान नहीं जाता है। जैसे, जो लोग अल्कोहल को बहुत लम्बे अरसे से पीते आ रहे होते हैं, तो उनमें स्मृतिलोपीय विकृति विटामिन [विटामिन बी-1 अर्थात् थियामिन (thiamine)] की कमी के कारण काफी धीरे-धीरे उत्पन्न होता है।

(3) सामाजिक-सांस्कृतिक कारकों से भी स्मृतिलोपीय विकृति का मूल्यांकन कठिन हो जाता है। जैसे, कुछ ऐसी संस्कृति है जिसमें जन्मदिन को कोई खास महत्त्व नहीं दिया जाता है। अत: यदि वैसे व्यक्ति से जन्मदिन से संबद्ध सूचनाएँ पूछी जातीं हैं तो प्रायः व्यक्ति उसे नहीं बता जाता है। अतः ऐसी परिस्थिति में स्मृतिलोपीय विकृति का पहचान गलत हो सकती है।

(4) कभी-कभी जान-बूझकर भी व्यक्ति स्मृतिलोप का लक्षण दिखलाता है ताकि उसे कुछ संभावित दुखद अनुभूतियों से छुटकारा मिल सके।

अतः यह आवश्यक है कि नैदानिक विशेषज्ञ वास्तविक स्मृतिलोपीय विकृति को नकली विकृति (factitious disorders) से भिन्न कर के लें जिनमें उसे कभी-कभी सफलता नहीं भी मिलती है।

इन सबों के बावजूद स्मृतिलोपीय विकृति संज्ञानात्मक विकृति का एक प्रमुख प्रारूप है जिसपर गम्भीरता से ध्यान दिया जा रहा है।

उन्माद (Delirium)

उन्माद का नैदानिक वर्णन *(Clinical description of delirium)*— पद डिलिरियम जिसका हिन्दी अनुवाद उन्माद है, लैटिन के दो शब्दों से मिलकर बना है–'de' तथा 'lira' इसमें 'डी' (de) का अर्थ होता है परे या हटकर (out of) तथा लिरा (lira) का अर्थ होता है लीक या मार्ग। अत: डिलिरियम पद का शाब्दिक अर्थ जैसा कि वेल्स तथा डनकन (Wells & Duncan, 1950) ने कहा है, होता है सामान्य अवस्था से अलग हो जाना। लगभग इसी अर्थ में उन्माद (delirium) को आधुनिक नैदानिक विशेषज्ञों ने चेतन का एक मलिन अवस्था (clouded state of conscionsness) कहा गया है। इसमें मलिन चेतन के साथ-ही-साथ संज्ञान (cognition) भी कुछ दिनों या घंटों तक प्रभावित रहता है। लिपोस्की (Lipowski, 1990) के अनुसार उन्माद एक ऐसा मानसिक रोग है जिसके लक्षणों का उल्लेख हमें 25,00 वर्ष पहले की कृतियों में भी मिलता है।

उन्माद के लक्षण (symptoms) सामान्यतः अचानक रोगी में विकसित हो जाते है। रोगी को किसी घटना या वस्तु पर ध्यान केन्द्रित करने में काफी कठिनाई होती है तथा वह एक संगत एवं निर्देशित चिंतन (directed thinking) करने में असमर्थता दिखा पाता है। उन्माद के आरंभिक अवस्था में रोगी खासकर रात्रि में अधिक बेचैन होता है क्योंकि नींद-जागत क्रम (sleep-waking cyle) क्षुब्ध हो जाता है। परिणामतः दिन में रोगी उँघते रहता है तथा रात्रि में बेचैन तथा उत्तेजित रहता है। उनमें घबड़ा देने वाले स्वप्न भी अधिक आता है।

उन्माद के रोगी बातचीत (conversation) ठीक से नहीं कर पाते हैं क्योंकि उनका ध्यान तथा चिंतन दोनों ही क्षुब्ध रहता है। उनके द्वारा बोले गए शब्द अस्पष्ट होते हैं तथा उनका हस्तलेखन (handwriting) तथा शब्दों का हिज्जे (spelling) दोषपूर्ण होता है। गंभीर उन्माद में रोगी की भाषा बिल्कुल ही असंगत हो जाता है। ऐसे रोगी में संभ्रंति (confusion) इतनी अधिक हो जाती है कि उनमें समय, स्थान तथा व्यक्ति के लिए पूर्णतः स्थितिभ्रांति (disorientation) उत्पन्न हो जाती है। ऐसे रोगी अपना नाम भी नहीं बतला पाते हैं। 24 घंटा की अवधि में बीच में उन्माद के रोगियों में सामान्य अंतराल (normal interval) भी देखा जाता है जहाँ रोगी सतर्क एवं संगत दिखते हैं। इस तरह की अस्थिरता (fluctuation) रोगी को अन्य विकृति जैसे मनोभ्रंश (dementia) से भिन्न करता है।

उन्माद के रोगियों में प्रत्यक्षज्ञानात्मक कठिनाइयाँ (perceptual difficulties) भी सामान्य ढंग से देखने को मिलता है। रोगी प्रायः अपरिचित को परिचित समझने की भूलकर बैठता है। किसी चीज को बहुत छोटा या बहुत बड़ा समझने की भूल भी ऐसे रोगियों द्वारा काफी होता है। भ्रम तथा विभ्रम (hallucinations) की मात्रा भी काफी होता पाया जाता है। वृद्ध लोगों में उत्पन्न उन्माद की स्थिति में करीब 40 से 70 प्रतिशत लोगों में स्थिरव्यामोही गलत विश्वास (paranoid deluison) उत्पन्न हो जाता है।

'इन विकृत चिंतनों तथा प्रत्यक्षणों के साथ-साथ ऐसे रोगियों की मनोदशा (mood) तथा क्रिया (activity) में पर्याप्त उतार-चढ़ाव होता देखा गया है। ऐसे रोगी का व्यवहार अनियमित (erratic) होता है। जैसे, एक समय में वे अपना कपड़ा नोंचते देखे जाते हैं तो दूसरे समय में वे चुपचाप शांत भाव से बैठे देखे जाते हैं। ऐसे रोगियों में सांवेगिक उथल-पुथल तीव्र होता है तथा बहुत ही जल्द उनमें एक संवेग से फिर दूसरा संवेग उत्पन्न होने लगता है। इन संवेगों में विषाद, चिंता, डर, क्रोध, चिड़चिड़ापन, सुखाभास (euphoria) आदि मुख्य है। इतना ही नहीं, इनमें बुखार, लाल चेहरा, तीव्र कम्पन, ध्रुत हृदयगति, उच्च रक्तचाप आदि भी काफी होता है। लिपोवस्की (Lipowski, 1983) तथा स्ट्रब एवं ब्लैक (Strub & Black, 1981) के अनुसार अगर उन्माद की अवस्था आगे बढ़कर और तीव्र हो जाती है, तो रोगी में वास्तविकता से सम्पर्क टूट जाता है तथा वह पूर्णतः भावशून्य (stuporous) हो जाता है।

उन्माद की व्यापकता तथा दिशा *(Course and Prevalence of delirium)*

उन्माद के लक्षण किसी भी उम्र के व्यक्तियों में हो सकता है परंतु यह सबसे सामान्य बच्चों एवं वृद्ध लोगों में होता है। बच्चों में उन्माद की शुरूआत उच्च बुखार (high fever) होने पर अक्सर देखा जाता है। वृद्धों में उन्माद तेजी से या फिर मन्द गति से भी विकसित होता है। उन्माद की अवस्था वृद्धों के लिए अधिक गंभीर होता है। मिलर (Miller, 1981) के अनुसार 10 से 15 प्रतिशत ऐसे वृद्ध लोग जिन्हें सर्जिकल ऑपरेशन हुआ होता है, में उन्माद के लक्षण विकसित हो जाते हैं। लिपोवस्की (Lipowski, 1983) ने इस क्षेत्र के साहित्य की समीक्षा करके यह बतलाया है कि अस्पताल में भर्त्ती होने वाले वृद्धों में से आधे या एक तिहाई लोगों में अस्पताल में रहने के दौरान उन्माद के लक्षण विकसित हो जाते हैं। अध्ययनों से यह भी पता चला है कि उन्माद वृद्धों के लिए एक गम्भीर स्वास्थ्य समस्या है। जिन वृद्धों को खुला-हृदय सर्जरी (open-heart surgery) का ऑपरेशन किया जाता है, उनके 80 प्रतिशत रोगियों में उन्माद के लक्षण विकसित हो जाते हैं। परंतु जब ऐसे रोगियों का ऑपरेशन के पहले प्राक्मनश्चिकित्सीय सलाह दी जाती है, तो जैसा कि स्मीथ एवं डिम्सडेल (Smith & Dimsdale, 1989) ने कहा है, इस तरह के उन्माद होने के लक्षण कम हो जाता है।

अब प्रश्न यह उठता है कि बुढ़ापे के समय को उन्माद का एक जोखिम कारक (risk factor) क्यों माना जाता है? वृद्ध काल से संबद्ध बहुत-सी अवस्थाएँ ऐसे जोखिम को बढ़ा देती है। इन अवस्थाओं में असामान्य सोडियम का स्तर, चिरकालिक बीमारी (chronic illnesses), मस्तिष्कीय रोग, बुखार, दोषपूर्ण वृक्क (kidney), आवासीय परिवर्तन, दृष्टि तथा श्रवण का कमजोर पड़ जाना तथा डाक्टरों द्वारा बतलाये गए औषधों का अधिक उपयोग आदि प्रधान हैं। ऐसे वृद्ध लोग विभिन्न तरह के रोगों के लिए कई तरह के औषध लेते हैं जिनका पार्श्व प्रभाव (side effect) उनके मस्तिष्कीय संरचनाओं विशेषकर लिम्बिक तंत्र (limbic system) पर पड़ता है, तो इससे स्मृति एवं संवेग दोनों ही प्रभावित हो जाते हैं।

उन्माद के कारण *(Causes of delirium)*

वृद्ध लोगों में उन्माद के कारणों को कई सामान्य वर्गों में बाँटा गया है—औषध उत्तेजना (drug intoxication), चयापचयी (metabolic) तथा पोषण (nuitritional) असंतुलन, संक्रमण (infection), बुखार, तंत्रकीय विकृतियाँ (neurological disorders) तथा इर्द-गिर्द के वातावरण में परिवर्तन से उत्पन्न तनाव आदि मुख्य हैं। लिपोवस्की (Lipowaki, 1980) के अनुसार उन्माद बड़े सर्जिकल ऑपरेशन के बाद तथा मनोसक्रिय तत्त्वों (Psychoactive substance) से प्रत्याहार (withdrawal) तथा सिर में चोट लगने आदि से भी उत्पन्न होता है। वृद्ध लोगों में उन्माद कुछ खास बीमारी से भी उत्पन्न होता है। इन बीमारियों में निमोनिया (pneumonia), मूत्रपथ का संदूषण (infection), कैंसर, मस्तिष्कीय स्ट्रोक (cerebrovascular stroke) आदि प्रमुख हैं। वेसडाइन (Besdine, 1980) के अनुसार वृद्ध लोगों में उन्माद का सबसे महत्त्वपूर्ण इकलौता कारण बतलाए गए औषधों को लेने की तीव्र उत्तेजना मानी गयी है। परंतु सोलोन (Soloane, 1980) के अनुसार अधिकतर केसेज में उन्माद के एक से अधिक कारण होते हैं।

हालांकि उन्माद सामान्यतः बहुत तेजी से अर्थात् कुछ घंटों या दिनों में विकसित हो जाता है, इसके प्रारंभ होने का वास्तविक तरीका इसको उत्पन्न करने वाले कारकों पर निर्भर करता है। जैसे, विष-जन्य (toxic) प्रतिक्रिया या मस्तिष्काघात (concussion) से उन्माद का कारण चयापचयी क्षुब्धता (metabolic disturbances) होती है, और इसके लक्षण धीरे-धीरे एक विशेष समय तक विकसित होते रहते हैं।

उन्माद के प्रमुख लक्षणों एवं कारणों को हम बारलो तथा डुरंड (Barlow & Durand, 1999) के एक केस उदाहरण द्वारा इस प्रकार समझा सकते हैं–

"मिस्टर जे (Mr. J.) एक वृद्ध भद्र व्यक्ति थे। इन्हें अस्पताल के इमेरजेन्सी वार्ड में भर्ती कराया गया। वे अपना नाम नहीं बता पा रहे थे तथा कभी-कभी अपनी बेटी जो उनके साथ थी, की भी वह पहचान नहीं कर पा रहे थे। मिस्टर जे काफी परेशान, स्थितिभ्रान्त (disoriented) तथा संभ्रांत (confused) दिख रहे थे। वे स्पष्ट शब्दों में बोल भी नहीं पा रहे थे तथा पूछे जा रहे कुछ प्रश्नों पर ध्यान केन्द्रित करने में अपने आप को असमर्थ पा रहे थे। उनकी बेटी ने नर्स से यह बतलाया कि वे इस ढंग का व्यवहार एक दिन पहले से कर रहे हैं। उनकी बेटी ने यह भी बतलाया कि उनके पिता का व्यवहार बिल्कुल ही अनूठा था तथा उसे इस बात की चिंता बनी हुई है कि वे कही पागल तो नहीं होते जा रहे हैं। उसने यह भी बतलाया कि उसके डाक्टर ने उसे उच्च रक्तचाप के लिए दी जा रही दवा को अभी दो दिन पहले बदला था तथा उसे शक है कि कहीं इस नये दवा के कारण ही तो नहीं उसके पिता की मानसिक अवस्था ऐसी हो गयी है। अस्पताल के डाक्टरों द्वारा मिस्टर जे का गहन जाँच के बाद यह पाया गया कि उनमें जो उन्मादी अवस्था थी, उसका कारण नये द्रव्य या औषध का सेवन था। अतः यह एक द्रव्य-उत्पन्न उन्माद (substance-induced delirium) की अवस्था थी। जब इस दवा को रोक दी गयी, तो उनमें उन्माद के लक्षण अगले दो दिनों में समाप्त हो गयी।"

इस केस उदाहरण में मिस्टर जे द्वारा उन्माद के सभी प्रमुख लक्षण दिखलाये जा रहे थे तथा उसका कारण किसी औषध का सेवन करना था।

उन्माद का उपचार (*Treatment of delirium*)

उन्माद का उपचार उसे उत्पन्न करने वाले कारकों को ध्यान में रखकर किया जाता है। जब उन्माद का कारण अल्कोहल पीना बंद कर देना होता या अन्य लिए जा रहे औषधों को रोक देना होता है, तो ऐसे केसेज का उपचार जैसा कि काज (Katz, 1993) ने बतलाया है, बेनजोडियाजेपाइन्स (Benzodiazepines) देकर किया जाता है। इस औषध से रोगी को मानसिक शांति मिलती है तथा उसे नींद आती है। संदूषण, मस्तिष्कीय आघात तथा ट्यूमर से उन्माद उत्पन्न होने पर फिर उसी के अनुरूप मेडिकल हस्तक्षेप किया जाता है। टरजेपैक (Terzepacz, 1996) के अनुसार उन्माद की हल्की अवस्था होने पर मनोविकृति विरोधी औषध (antipsychotic drug) जिसमें हेलोपेरीडोल (haloperidol) महत्त्वपूर्ण होता है, अधिक लाभकारी सिद्ध हुआ है।

रिकिमर (Richeimer, 1987) ने उन्माद के उपचार के लिए मनोसामाजिक हस्तक्षेप (psychosocial intervention) को भी महत्त्वपूर्ण माना है। इस तरह के हस्तक्षेप का उद्देश्य रोगी में यह पुनर्विश्वास उत्पन्न करना होता है कि वह अपनी चिंता, विभ्रमों एवं घबड़ाहट को आसानी से दूर कर सकता है। जैसे, जब रोग के उपचार में लिए गए निर्णयों में रोगी का निर्णय भी सम्मिलित कर लिया जाता है, तो इससे रोगी में आत्म-नियंत्रण एवं आत्म-विश्वास काफी बढ़ जाता है जिसमें उसे अपनी अवस्थाओं से निबटने में मदद मिलती है।

कुछ निरोधक उपाय (preventive efforts) का उपयोग करके भी उन्माद के प्रति संवेदनशील रोगियों में उन्माद की उत्पत्ति को रोका जा सकता है। विशेष मेडिकल देख-रेख (medical care) तथा उपयुक्त चिकित्सीय औषध के उपयोग से उन्माद की अवस्था को उत्पन्न होने से रोका जा सकता है।

स्पष्ट हुआ कि उन्माद का उपचार संभव है तथा यह रोग उत्पन्न ही न हो, इसके लिए कुछ रोधात्मक प्रविधियाँ (preventive measures) भी उपलब्ध हैं।

मनोभ्रंश
(Dementia)

मनोभ्रंश (dementia) एक ऐसा संज्ञानात्मक विकृति है जिसे साधारण लोग 'सठियाना' (senility) कहते हैं। इस विकृति में व्यक्ति की बौद्धिक क्षमता का ऐसा क्रमिक ह्रास होता है कि उसका सामाजिक एवं व्यावसायिक कार्य दोषपूर्ण

हो जाते हैं। मनोभ्रंश को निटजेल, स्पेल्ज, मैककाउले तथा वर्नस्टीन[1] (Neitzel, Speltz, McCauley & Bernstein, 1998) के शब्दों में इस प्रकार परिभाषित किया जा सका है—

''मनोभ्रंश में कई संज्ञानात्मक कार्य जिसमें स्मृति, चिंतन, तर्कण तथा एकाग्रता सम्मिलित होता है, का समग्र क्षति होता है तथा जो इतना गंभीर होता है कि इससे घर या कार्य पर के व्यक्ति के दिन प्रतिदिन के कार्य बाधित होते हैं।''

मनोभ्रंश सचमुच में कोई इकलौता रोग नहीं है। यह एक ऐसा संलक्षण (syndrome) है जो कई ऐसे रोगों का प्रतिफल होता है जिसमें केन्द्रीय तंत्रिका तंत्र सीधे प्रभावित होता है।

मनोभ्रंश में सबसे प्रबल लक्षण स्मृति दोष (meaning impairment) होता है हालांकि इस तरह का दोष मनोभ्रंश का प्रथम लक्षण नहीं माना जाता है। व्यक्ति कभी-कभी अपने औलाद का नाम भूल जाता है और गंभीर अवस्था में वह अपना नाम भी भूल जाता है। परंतु स्मृति दोष उत्पन्न होने के पहले ऐसे रोगियों में कुछ अन्य लक्षणों जैसे व्यक्तित्व में परिवर्तन, सामाजिक प्रत्यहार (social withdrawal), संभ्रांति, क्रोध, सामाजिक कौशल की गुमनामी तथा दोषपूर्ण निर्णय (impaired judgement) आदि भी देखने को मिलते हैं। मनोभ्रंश के आरंभिक अवस्था में बातचीत के दौरान रोगी कई बार सही शब्दों के उपयोग में अपने को असमर्थ पाता है तथा उसकी भाषा अस्पष्ट आवाज एवं अनुपयुक्त शब्द के कारण दोषपूर्ण हो जाती है।

मनोभ्रंश की अवस्था जब थोड़ा आगे बढ़ती है तो रोगी की शाब्दिक अभिव्यक्ति लघु या आवर्तीय (repetitive) हो जाता है तथा कुछ गंभीर केसेज में रोगी इकोलेलिया (echolalia) का व्यवहार भी दिखलाता है जिसमें रोगी दूसरों द्वारा बोले गये शब्दों को ठीक उसी ढंग से जोर-जोर से बोलकर दोहराता है।

मनोभ्रंश किसी भी उम्र के व्यक्तियों में हो सकता है परंतु यह सामान्यतः वृद्ध लोगों में अधिक होता है। रीवोक तथा फोलस्टीन (Rebok & Folstein, 1993) के अध्ययन के अनुसार 65 साल या उससे ऊपर के कुल व्यक्तियों में से 5 प्रतिशत में मनोभ्रंश उत्पन्न होता है तथा जैसे-जैसे उम्र बढ़ता जाता है, मनोभ्रंश होने की संभावना बढ़ते जाती है। 85 साल की आयु के सम्पूर्ण व्यक्तियों में से 10 प्रतिशत व्यक्तियों में मनोभ्रंश का रोग उत्पन्न होता है।

आरंभिक अवस्था में मनोभ्रंश के लक्षण बहुत कुछ विषाद (depression) के लक्षण से मिलते-जुलते हैं। परंतु ग्रासवर्ग तथा नकारा (Grossberg & Nakara, 1988) के अनुसार कुछ ऐसी विशेषताएँ हैं जिनके आधार पर इन दोनों में अंतर किया जा सकता है। इन दोनों के बीच अंतर के प्रमुख बिन्दुएँ इस प्रकार हैं—

(1) विषाद की शुरूआत अचानक एवं तेजी से होती है। इसका एक व्यक्तिगत तथा पारिवारिक इतिहास भी होता है। मनोभ्रंश की शुरूआत धीरे-धीरे विभिन्न अवस्थाओं से गुजरते हुए होता है।

(2) मनोभ्रंश के रोगी अपने लक्षणों के प्रति उदासीन होते हैं। वे अपने रोग के लक्षणों से अनभिज्ञता दिखलाते हैं जबकि विषाद के रोगी अपनी समस्याओं के बारे में बहुत बल देकर दूसरों को बतलाते हैं।

(3) विषाद के लक्षण सुबह में बहुत ही गंभीर होता है जबकि मनोभ्रम के लक्षण सुबह में उतने गंभीर नहीं होते हैं परंतु जैसे-जैसे दिन चढ़ता जाता है, लक्षण की गंभीरता बढ़ते जाती है।

(4) किसी उत्तेजक औषध (stimulant drug) देने से विषादी व्यक्ति अधिक क्रियाशील (energetic) महसूस करता है तथा उसमें संभ्रांति (confusion) भी कम हो जाती है। परंतु ऐसे औषधों के प्रति मनोभ्रंश के रोगियों में संभ्रांति और भी अधिक बढ़ जाता है। ऐसे रोगी में प्रत्याहारी (withdrawal) प्रवृत्तियाँ भी बढ़ जाती हैं।

(5) मनोभ्रंश के रोगी का हालत सतत गिरता जाता है जबकि विषाद के रोगियों का हालत समय बीतने के साथ या तो स्थिर रहता है या फिर उन्नत होता जाता है।

मनोभ्रंश के कारण (*Causes of Dementia*)

मनोभ्रंश की पहचान सामान्यतः लक्षणों के संभावित कारणों पर आधारित होता है। DSM-IV TR में मनोभ्रंश के पाँच प्रमुख कारण बतलाए गये है (जिनसे मनोभ्रंश के प्रकार का भी पता चलता है) : अल्झीमर प्रकार का मनोभ्रंश

1. " Dementia refers to an overall loss of several cognitive functions including memory, thinking, reasoning and concentration, that is so severe that it interfers with person's daily functioning both at work and home.".

—Neitzel, Speltz, McCauley & Bernstein : *Abnormal Psychology,* 1998, p.388

(dementia of the Alzheimer's type) संवहनी मनोभ्रंश (vascular dementia), अन्य मेडिकल अवस्थाओं के कारण उत्पन्न मनोभ्रंश (dementia due to other medical conditions), द्रव्य-उत्पन्न मनोभ्रंश (substance-induced dementia) तथा बहुकारणों से उत्पन्न मनोभ्रंश (dementia due to multiple causes) ।

मनोभ्रंश के सबसे सामान्य कारण इस प्रकार है—

(1) अल्झीमर रोग (Alzheimer's disease) के कारण मनोभ्रंश बहुत अधिक होता पाया गया है।

(2) संवहनी रोग (vascular illness) जिसमें स्ट्रोक के कारण मस्तिष्क में रक्त आपूर्ति तथा ऑक्सीजन की आपूर्ति में कमी आ जाती है, भी मनोभ्रंश का एक प्रमुख कारण है।

उक्त दोनों कारणों से उत्पन्न मनोभ्रंश को **मुख्य मनोभ्रंश** (primary dementia) कहा जाता है क्योंकि ऐसा मनोभ्रंश मस्तिष्कीय दोष (brain impairment) से प्रत्यक्ष रूप से उत्पन्न होते हैं।

(3) बहुत सारी अवस्थाएँ जैसे संदूषण (infection), चयापचयी क्षुब्धता (metabolic disturbances), औषध प्रतिक्रिया (drug reactions), ट्यूमर, विटामिन की कमी तथा सिर में चोट आदि से मनोभ्रंश की उत्पत्ति होती है। इन कारणों से उत्पन्न मनोभ्रंश को *गौण मनोभ्रंश* (secondary dementia) कहा जाता है।

स्पष्ट हुआ कि मनोभ्रंश के विभिन्न कारण होते हैं जिनसे विभिन्न प्रकारों का मनोभ्रंश उत्पन्न होता है। अब हम इन सभी प्रकार के मनोभ्रंश का अध्ययन अलग से करेंगे।

अल्झीमर प्रकार के मनोभ्रंश
(Dementia of Alzheimer's type or DAT)

मनोभ्रंश का सबसे प्रमुख कारण अल्झीमर रोग (Alzheimer's disease) बतलाया गया है क्योंकि आधे से अधिक रोगियों में मनोभ्रंश का कारण यही अल्झीमर रोग होता है। यह रोग की पहचान सबसे पहले पहल जर्मन तंत्रिकाविज्ञानी (neurologist) एलोइस अल्झीमर (Alois Alzheimer) ने 1907 किया। इस रोग में व्यक्ति के मस्तिष्क का कार्टेक्स (cortex) में अपलटावी क्रमिक ह्रास (irreversible gradual deterioration) उत्पन्न हो जाता है जिसके कारण उसमें स्मृति दोष (memory impairment) तथा अन्य संज्ञानात्मक कमी (cognitive deficits) के लक्षण उत्पन्न हो जाते हैं। यह रोग तुलनात्मक रूप से महिलाओं में अधिक होता है। यह रोग 65 वर्ष या इसके अधिक आयु के व्यक्तियों में अधिक होता देखा गया है। कभी-कभी यह रोग 65 साल से कम आयु के व्यक्तियों से भी उत्पन्न हो जाता है।

DSM-IV TR के नैदानिक कसौटी (diagnostic criteria) के अनुसार DAT के पहचान के लिए बहु संज्ञानात्मक अभाव (multiple cognitive deficits) जो धीरे-धीरे विकसित होता है, पर बल डाला गया है। इसमें सबसे प्रबल स्मृति दोष (memory impairment) होता है। रोगी नयी सूचनाओं को संगठित करने की अक्षमता दिखलाता है जिसका परिणाम यह होता है कि वह नयी सूचनाओं को ठीक से नहीं सीख पाता है। DAT के रोगी महत्त्वपूर्ण घटनाओं की याद भूल जाता है। इतना ही नहीं, ऐसे लोग वातावरण में या दिनचर्या (routine) में हुए परिवर्तनों के साथ समायोजन की क्षमता को भी खो देता है।

अल्झीमर रोग कम-से-कम तीन या अधिक-से-अधिक आठ अवस्थाओं के क्रम से गुजरता है। रोग के आरंभिक अवस्थाओं में रोगी दिनचर्या के सामाजिक परिस्थितियों के साथ ठीक से निबट लेता है परंतु बाद में जैसे रोगी की आयु बढ़ती है, रोगी सांवेगिक रूप से भोथरा (flat) तथा सामाजिक रूप से अपने आप को अलग रखने लगता है। इस रोग के बीच की अवस्थाओं में रोगी प्रत्यक्षण, बोध (understanding) तथा भाषा से संबंध विकृतियाँ भी दिखलाता है। इनमें *ऐफासिया* (aphasia) जिसमें भाषा से संबंध कठिनाइयाँ होती है, *एप्रॉक्सिया* (aproxia) जिसमें रोगी का पेशीय कार्य (motor functioning) दोषपूर्ण होता है तथा *एगनोसिया* (agnosia) जिसमें रोगी परिचित वस्तुओं की पहचान में असमर्थता दिखलाता है, प्रधान है। ये सभी संज्ञानात्मक दोष इतने गंभीर होते हैं कि उसका व्यक्ति के सामाजिक एवं व्यावसायिक कार्यों पर गंभीर नकारात्मक प्रभाव पड़ता है तथा गत क्षमताओं की तुलना में वर्तमान क्षमता काफी दबा हुआ होता है।

इस रोग में रोगी का व्यक्तित्व में भी काफी बदलाव आता है। रोग विद्वेषी (hostile) या सांवेगिक रूप से अस्थिर हो जाता है तथा परिवार के सदस्यों पर दैहिक रूप से या शाब्दिक रूप से आक्रमण भी कर बैठता है। रोगी में स्थिर-व्यामोह (paranoia) भी उत्पन्न हो जाता है जिससे उसका देख-रेख (care) प्रभावित होता है। अन्तोगत्वा, रोगी

इस हद तक गिर जाता है कि वे अपने आप को देख-रेख के लायक भी नहीं समझता है। ऐसी स्थिति में यहाँ तक दिनचर्या कार्य जैसे कपड़ा पहनना, भोजन करना तथा स्नानगृह का उपयोग करना इनके लिए कठिन हो जाता है। रोग के लक्षण उत्पन्न होने पर सामान्यत: रोगी 8 से 12 साल तक जीवित रहता है।

आधे से अधिक मनोभ्रंश का कारण अल्झीमर रोग ही होता है। अत: नैदानिक विशेषज्ञों ने इस रोग के कारणों का विशेष अध्ययन किया है और निम्नांकित तथ्य पाए गए हैं—

(i) गुणसूत्र (chromosomes) 1, 14, 19 तथा 21 में जब कुछ असामान्य जीन्स होते हैं तो वे कुछ ऐसा प्रोटीन (protein) पैदा करते हैं जिससे व्यक्ति में तरह-तरह के संज्ञानात्मक कमी धीरे-धीरे उत्पन्न हो जाते हैं जिसे अल्झीमर रोग की संज्ञा दी जाती है।

(ii) कुछ अन्य अध्ययनों से यह पता चलता है कि पारिवारिक इतिहास, मस्तिष्कीय चोट, पर्यावरणी जीव-विष (toxin) से सम्पर्क, हृदय-रोग, ऐसिटिलकोलाइन का निम्न स्तर आदि के मौजूद रहने से अल्झीमर रोग उत्पन्न होने की संभावना अधिक बढ़ जाती है।

अल्झीमर रोग आज की तिथि में लाइलाज है तथा इसका रोक-थाम भी उपलब्ध नहीं है। फिर भी इस दिशा में कुछ बिन्दु विचारणीय है जो इस प्रकार है—

(i) अभी कुछ नये-नये औषध जो अस्थायी तौर पर इनके लक्षणों की गंभीरता को कम कर सकता है, की खोज की जा रही है। टेक्राइन (Tacrine), डीप्रेनिल (Deprenyl), निमोडिपिन (Nimodipine), प्रोपेन्टोफिलिन (Propentofylline) आदि प्रधान हैं।

(ii) कुछ मनोसामाजिक हस्तक्षेप (psychosocial interventions) प्रविधियाँ भी हैं जो अल्झीमर के रोगियों को तथा उन्हें देख-रेख करने वालों को रोग के लक्षणों की गंभीरता को कम करने में मदद करता है। जैसे, काजमैन तथा कावास (Katzman & Kawas, 1994) ने अपने अध्ययन के आधार पर यह बतलाया है कि सिर में चोट न लगने देना, हृदय संवहनी रोग (cardiovascular diseases) की रोकथाम, रक्तचाप तथा तनाव को व्यायाम तथा उपयुक्त भोजन के माध्यम से नियंत्रित करके अल्झीमर रोग के उत्पन्न होने की संभावना को रोका जा सकता है।

स्पष्ट हुआ कि DAT मनोभ्रंश का एक प्रमुख प्रकार है जिसमें रोगी में कई तरह के संज्ञानात्मक अभाव (cognitive deficit) उत्पन्न हो जाते हैं।

संवहनी मनोभ्रंश
(Vascular Dementia)

गोरेलिक तथा मैनगोन (Gorelick & Mangone, 1991) के अध्ययन के अनुसार संवहनी मनोभ्रंश (Vascular dementia) अल्झीमर रोग के बाद मनोभ्रंश का दूसरा प्रमुख कारण है क्योंकि 15 प्रतिशत मनोभ्रंश के रोगी संवहनी मनोभ्रंश के ही होते हैं। सवहनी मनोभ्रंश से तात्पर्य वैसे मनोभ्रम से होता है जिसकी उत्पत्ति का कारण हृदय संवहनी अवस्थाएँ (cordiovascular conditions) जैसे स्ट्रोक या धमनी रोग होते हैं जो मस्तिष्क में रक्त आपूर्ति तथा ऑक्सीजन आपूर्ति को बाधित कर देते हैं। संवहनी मनोभ्रंश 15 प्रतिशत केसेज में अल्झीमर रोग के साथ-साथ होता पाया जाता है। संवहनी मनोभ्रश प्राय: एक प्रगामी (progressive) रोग होता है जिसकी गंभीरता बीतते समय के साथ बढ़ते जाता है। 19वीं शताब्दी में संवहनी मनोभ्रम को *'साफनिंग ऑफ ब्रेन'* (Softening of brain) कहा जाता था। यह रोग पुरुषों में महिलाओं की तुलना में अधिक होता है।

संवहनी मनोभ्रम के बहुत सारे लक्षण अल्झीमर रोग के लक्षण के समान हैं परंतु कुछ लक्षण इससे भिन्न भी है। अल्झीमर रोग से भिन्न संवहनी मनोभ्रंश की शुरूआत अचानक होतो है और उसके बाद न कि धीरे-धीरे बढ़ते जाता है। संवहनी मनोभ्रंश में लक्षणों का कोई सतत पैटर्न नहीं होता है। पेशीय दोष (motor impairments) पहले उत्पन्न होता है जबकि स्मृति दोष बाद के चरण में दिखता है। विभिन्न तरह के संज्ञानात्मक दोष का संबंध मस्तिष्क के किसी एक गोलार्द्ध (hemisphere) से होता है। इसके रोगियों में विषाद (depression) तथा अन्य स्थानीय तंत्रकीय चिन्ह (local neurological signs) जैसे शरीर के एक तरफ के अंगों का पक्षाघात (paralysis) आदि सामान्य होता है। प्रत्येक स्ट्रोक के बाद विभ्रम, व्यामोह (delusion) तथा उन्माद (delirium) की अल्प अवधि पायी जाती है। इस रोग से ग्रसित

व्यक्तियों का औसत जीवन काल अल्ज़ीमर रोग से ग्रसित रोगियों के जीवन से कम होता है क्योंकि इस रोग के रोगी हृदय-आघात (heart attack) या स्ट्रोक होने पर अचानक मर जाते हैं।

संवहनी मनोभ्रंश के रोग के कारण के रूप में उन्हीं कारकों को उल्लिखित किया जाता है जो हृदय संवहन रोग (cardiovascular disease) के उत्पन्न होने के लिए जिम्मेवार माने गये हैं। इनमें उम्र, तंबाकू का सतत उपयोग, उच्च रक्तचाप, कोलेस्ट्रोल का उच्च स्तर, व्यायाम की कमी आदि को महत्त्वपूर्ण माना गया है। इस रोग के ये सभी जोखिम कारक (risk factors) हैं।

गोरेलिक तथा मैनगोन (Gorelick & Mangone, 1991) के अध्ययन के अनुसार संवहनी मनोभ्रम रोग का रोकथाम (prevention) उसके उपचार की तुलना में अधिक आसान होता है। इसके रोक-थाम की प्रविधियों में सारे जोख्मि कारकों को यथासंभव नियंत्रित करना सर्वश्रेष्ठ माना जाता है।

अन्य मेडिकल अवस्थाओं से उत्पन्न मनोभ्रंश (Other Medical Conditions Causing Dementia)

नैदानिक विशेषज्ञों तथा DSM-IV TR में कुछ ऐसी तंत्रकीय एवं जैव-रासायनिक प्रक्रियाओं (biochemical process) की पहचान की गयी है जिनमें भी मनोभ्रंश उत्पन्न होता है। ऐसी प्रक्रियाएँ कई हैं जिनमें निम्नांकित प्रधान है—

(1) पेरी (Perry, 1993) के अनुसार एच आई भी (Human Immunodeficiency Virus or HIV) जिससे व्यक्ति में एड्स (Acquired Immunodeficiency Syndrome or AIDS) उत्पन्न होता है, से मनोभ्रंश उत्पन्न होता है। एच आइ भी से उत्पन्न मनोभ्रंश के आरंभिक लक्षण कुछ इस प्रकार होते हैं—संज्ञानात्मक मंदी (cognitive slowness), दोषपूर्ण अवधान (impaired attention) तथा स्मृतिह्रास आदि। नाविया (Navia, 1990) के अनुसार मनोभ्रंश के ऐसे रोगी फूहड़ (clumsy) होते हैं तथा भाव शून्य (apathy) तथा सामाजिक रूप से अलग-थलग व्यवहार करने लगते हैं। एड्स के 29 से 87 प्रतिशत रोगियों में संज्ञानात्मक दोष इतना गंभीर हो जाता है कि करीब इनमें से एक-तिहाई लोग DSM-IV के एच आई भी से उत्पन्न मनोभ्रम की कसौटी पर खरे उतरने लगते हैं। एच आई भी से उत्पन्न मनोभ्रंश को *सबकार्टिकल मनोभ्रम* (subcortical dementia) भी कहा जाता है क्योंकि इसमें मस्तिष्क के भीतरी क्षेत्रों अर्थात् कार्टेक्स (cortex) के भीतर का क्षेत्र प्रभावित होते हैं जिसके कारण मनोभ्रंश के लक्षण उत्पन्न होते हैं।

(2) मनोभ्रंश *पिक रोग* (Pick's disease) से भी उत्पन्न होता है। यह एक तरह का प्रगामी या पुरोगामी ह्रासी (progressive degenerative) रोग है जिसका कारण अभी तक ज्ञात नहीं हो पाया है। इसमें अल्ज़ीमर रोग के समान ही कार्टिकल मनोभ्रंश (cortical dementia) के लक्षण उत्पन्न होते हैं। इस रोग के आरंभिक दिनों में रोगी की यादाश्त ठीक-ठाक होती है तथा स्थितिभ्रांति (disorientation) भी कम होता है। व्यक्तित्व में परिवर्तन, अवरोधहीन मनोदशा (uninhibited mood) तथा सांवेगिक प्रतिक्रियाएँ इसके आरंभिक लक्षण होते हैं। यह रोग सामान्यत: 40 से 50 साल की आयु में व्यक्ति को होता है और मनोभ्रंश का लक्षण उत्पन्न करता है।

(3) *लीवी वाडी मनोभ्रंश* (Lewy body dementia) एक अन्य ह्रासी मनोभ्रम (degenerative dementia) है। हनसेन तथा उनके सहयोगियों (Hansen et al 1990) के अध्ययन के अनुसार इसमें व्यक्ति में असामान्य प्रोटीन (abnormal protein) जमा हो जाते हैं जिसे *लीवी वाडी* (lewy body) कहा जाता है और यह मस्तिष्कीय स्तंभ (brain stem) के भीतर तथा कार्टेक्स के न्यूरोन्स में विकार (degeneration) उत्पन्न कर देता है। इसका परिणाम यह होता है कि व्यक्ति में मनोभ्रंश के लक्षण उत्पन्न हो जाते हैं। इस रोग में विभ्रम (hallucination) सामान्य होता है तथा संज्ञानात्मक क्षमताएँ (cognitive abilities) में भी काफी उतार-चढ़ाव होने लगता है। कभी रोगी के चिंतन स्पष्ट होते हैं तो कभी उसमें स्मृति ह्रास तथा संभ्रांति (confusion) के लक्षण दीखने लगते हैं। लीवी वाडी मनोभ्रंश में कुछ विशेष पेशीय लक्षण जैसे मांसपेशियों का अकड़न, मन्द गति आदि भी स्पष्ट रूप से देखने को मिलता है।

(4) *पारकिन्सन रोग* (Parkinson's disease) से भी मनोभ्रंश (dementia) होता है। फ्रीडमैन (Freedman, 1980) के अध्ययन के अनुसार पारकिन्सन रोग जो पूरे संसार में 1000 में से एक व्यक्ति में होता पाया जाता है, में विशेष तरह के पेशीय लक्षण (motor symptoms) देखने को मिलता है। ऐसे रोगियों में चूँकि डोपामाइन नामक न्यूरोट्रांसमीटर

की मात्रा कम हो जाती है, अत: इनकी शारीरिक गतियाँ मन्द हो जातीं हैं, शरीर में कम्पन होते रहता है तथा चलने-फिरने में हचकते हैं। इन्हें अपने शारीरिक गति पर नियंत्रण कम हो जाता है। पारकिन्सन रोग के सभी रोगियों में मनोभ्रंश (dementia) नहीं विकसित होता है परंतु कुछ रोगियों में मनोभ्रंश विकसित हो जाते हैं। इनमें सवकार्टिकल मनोभ्रम (subcortical dementsia) जिसकी चर्चा ऊपर की गयी है, के सभी लक्षण दिखते हैं।

(5) *हनटिंगटन रोग* (Huntington's disease) के कारण भी मनोभ्रंश (dementia) के लक्षण व्यक्ति में विकसित हो जाते हैं। इस रोग में भी रोगी में प्रगामी सवकार्टिकल ह्रास (progressive subcortical degeneration) होता है जिससे रोगी में पेशीय क्षुब्धता (motor disturbances) उत्पन्न हो जाते हैं। हनटिंगटन रोग व्यक्ति में 30 से 40 साल की आयु में सामान्यत: होता है। यह रोग आनुवंशिक (hereditary) होता है तथा गुणसूत्र 4 में एक प्रबल जीन (dominant gene) के कारण उत्पन्न होता है। इस रोग के लक्षणों में आनन विकृति (facial grimaces), मांशपेशियों में फड़कन, अनावश्यक हचकन (jerking) आदि प्रमुख हैं। इसमें व्यक्तित्व में परिवर्तन हो जाता है तथा स्मृति ह्रास एवं विषाद, रोग के आरंभिक दिनों में स्पष्ट रूप से दिखते हैं। बाद में इनमें प्रगामी बौद्धिक ह्रास, स्मृति समस्या, असंगठित संभाषण (disorganized speech) आदि भी उत्पन्न हो जाते हैं।

(6) *क्रेट्फेल्ड-जैकोब रोग* (Creutzfeldt-Jakob disease) के कारण भी मनोभ्रंश (dementia) उत्पन्न होते हैं क्रेटफेल्ड-जैकोब रोग जैसा कि गिब्सन तथा उनके सहयोगियों (Gibson et al. 1968) ने कहा है, एक ऐसा छुतहा रोग है जो व्यक्ति में रोगग्रस्त उत्तकों (diseased tissues) के खाने से उत्पन्न होता है। स्मीथ तथा काऊसेन्स (Smith & Cousens, 1996) के अनुसार इसे *'पागल गाय रोग'* (Mad cow disease) भी कहा जाता है जो एक व्यक्ति से दूसरे व्यक्ति में रोगग्रस्त गाय का मांश (infected beef) खाने से उत्पन्न होता है। पेशीय समन्वय में कमी, स्मृति में तेजी से ह्रास, ध्यान में विचलन तथा व्यवहार में परिवर्तन आदि इसके सामान्य लक्षण हैं जो इस रोग के आरंभिक दिनों में आमतौर पर दिखते हैं। यह रोग काफी तेजी से आगे बढ़ता है और साल भर के अंदर में ही रोगी की मृत्यु भी हो जाती है।

स्पष्ट हुआ कि कई तंत्रकीय (neurological) तथा जैव रसायनिक प्रक्रियाएँ (biochemical reactions) ऐसे हैं जो व्यक्ति में न केवल कोई रोग उत्पन्न करते हैं बल्कि वे धीरे-धीरे व्यक्ति में मनोभ्रंश के लक्षण भी उत्पन्न कर देते हैं।

द्रव्य-उत्पन्न मनोभ्रम
(Substance-induced Dementia)

जब व्यक्ति औषध (drug) का लम्बे अरसे से उपयोग करता है तथा भोजन कम या अपोषक तत्त्वों से युक्त भोजन करता है, तो फिर उसमें मनोभ्रंश के लक्षण उत्पन्न होने लगते हैं क्योंकि ऐसी स्थिति से मस्तिष्कीय क्षति (brain damage) उत्पन्न हो जाता है। होरवाथ (Horwath, 1975) के अध्ययन के अनुसार करीब-करीब 10 प्रतिशत लोग जो अल्कोहल पीने पर निर्भरता विकसित कर लेते हैं, में मनोभ्रंश के लक्षण विकसित हो जाते हैं। DSM-IV TR में कई ऐसे औषधों की पहचान की गयी है जिनसे मनोभ्रंश (dementia) के लक्षण उत्पन्न होते हैं। इनमें अल्कोहल, ग्लू (glue) या गैसोलाईन (gasoline) जिसे सुखाभास के लिए लोग सूँघते हैं, चिंता-विरोधी औषध (antianxiety drug) तथा शामक (sedative) आदि प्रधान हैं। ये सभी औषधों का स्वरूप कुछ ऐसा होता है कि वे रोगी में निर्भरता उत्पन्न कर देते हैं जिसके कारण वे उसका उपयोग रोक नहीं पाते हैं। परसनस एवं निक्सन (Persons & Nixon, 1993) के अनुसार इस तरह के निर्भरता का परिणाम यह होता है कि व्यक्ति में अल्झीमर रोग से उत्पन्न मनोभ्रंश के समान मनोभ्रंश उत्पन्न हो जाते हैं। DSM-IV TR में द्रव्य-उत्पन्न मनोभ्रंश के लिए लगभग वही कसौटी (criteria) रखे गये हैं जो अन्य मनोभ्रंश के लक्षणों के लिए रखे गये हैं। इनमें स्मृति दोष (memory impairment) के साथ-ही-साथ निम्नांकित संज्ञानात्मक क्षुब्धताओं (cognitive disturbances) में से एक का होना अनिवार्य माना गया है—

(1) एफासिया *(Aphasia)*—इसमें रोगी भाषा से संबद्ध क्षुब्धता दिखलाता है।

(2) एप्राक्सिया *(Aproxia)*—इसमें रोगी पेशीय क्रियाओं (motor activities) को करने में अपने को अक्षम पाता है हालांकि उसके पेशीय तंत्र ठीक-ठाक होते हैं।

(3) एगनोसिया *(Agnosia)*—संवेदी कार्य (sensory function) ठीक-ठाक रहने के बावजूद रोगी परिचित वस्तुओं की पहचान नहीं कर पाता है।

स्पष्ट हुआ कि द्रव्य या औषध के सतत उपयोग से भी मनोभ्रंश के लक्षण उत्पन्न हो जाते हैं।

अध्याय सारांश
(Chapter Summary)

1. संज्ञानात्मक विकृति से तात्पर्य एक ऐसी विकृति से होता है जो मूलतः मस्तिष्क में होने वाले परिवर्तनों से उत्पन्न होता है तथा जिसमें व्यक्ति के संज्ञान में दोष उत्पन्न हो जाता है। ऐसी विकृतियाँ वृद्ध लोगों में ही अधिकतर होती हैं।
2. वृद्धकाल (ageing) व्यक्ति के जीवन अवधि का एक समापन काल माना गया है। इस काल में दो तरह की समस्याएँ होती हैं—सामान्य समस्याएँ तथा मस्तिष्कीय घाव एवं दुष्क्रिया से संबंध समस्याएँ।
3. संज्ञानात्मक विकृति में तीन तरह की विकृतियों को सम्मिलित किया गया है—स्मृतिलोपीय विकृति (amnestic disorder), उन्माद (delirium) तथा मनोभ्रंश (dementia)।
4. स्मृतिलोपीय विकृति में मुख्यतः स्मृतिलोप की अवस्था होती है जिसमें रोगी में स्मृति से संबद्ध कई तरह के दोष पाए जाते हैं। वर्निक-कोरसाकोफ्फ संलक्षण (Wernicke-Korsakoff syndrome) एक ऐसी ही स्मृतिलोपीय विकृति है। स्मृतिलोपीय विकृति में मुख्यतः दो तरह के स्मृतिलोप होते हैं—एन्टीरोग्रेड स्मृतिलोप (anterograde amentia) तथा रिट्रोग्रेड स्मृतिलोप (retrograde amnesia)।
5. उन्माद (delirium) एक अन्य संज्ञानात्मक विकृति है जिसमें रोगी को किसी घटना या वस्तु पर ध्यान केन्द्रित करने में अधिक कठिनाई होती है तथा वह संगत एवं निदेशित चिंतन करने में असमर्थता दिखलाता है।
6. मनोभ्रंश (dementia) एक ऐसा संज्ञानात्मक विकृति है जिसे साधारण लोग सठियाना (senility) के नाम से जानते हैं। इस रोग में व्यक्ति की बौद्धिक क्षमता का क्रमिक ह्रास इतना अधिक होता है कि उसका सामाजिक एवं व्यावसायिक कार्य दोषपूर्ण हो जाता है। DSM-IV TR में मनोभ्रम के कई कारण बतलाये गए हैं तथा उन कारणों पर आधृत मनोभ्रम के प्रमुख प्रकार हैं—अल्झीमर प्रकार का मनोभ्रंश (dementia of Alzheimer's type), संवहनी मनोभ्रंश (vascular dementia), अन्य मेडिकल कारणों से उत्पन्न मनोभ्रंश (dementia due to other medical conditions) तथा द्रव्य-उत्पन्न मनोभ्रंश (substance-induced dementia)।

❑

अध्याय 20

नैदानिक हस्तक्षेप : मनश्चिकित्सा

(CLINICAL INTERVENTION : PSYCHOTHERAPY)

नैदानिक हस्तक्षेप या मनश्चिकित्सा का अर्थ
(Meaning of Clinical Intervention or Psychotherapy)

सामान्यत: किसी अस्वस्थ व्यक्ति को औषध (drug), शल्य (surgery) आदि प्रविधियों से पुन: स्वस्थ बनाने की प्रक्रिया को उपचार (treatment) या चिकित्सा (therapy) की संज्ञा दी जाती है। मानसिक रूप से अस्वस्थ एवं सांवेगिक रूप से विक्षुब्ध व्यक्तियों की मनोवैज्ञानिक विधियों से उचार करना *मनश्चिकित्सा* (psychotherapy) कहा जाता है। इसे *नैदानिक हस्तक्षेप* (clinical intervention) भी कहा जाता है क्योंकि इसमें नैदानिक मनोवैज्ञानिक अपने व्यवसायी या पेशेवर क्षमता (professional capacity) का उपयोग करते हुए मानसिक रूप से या सांवेगिक रूप से विक्षुब्ध व्यक्ति के व्यवहार को प्रभावित करने की कोशिश करता है। सामान्यत: मनश्चिकित्सा का उपयोग उन मानसिक रोगियों के लिए लाभकारी होता है जो मन:स्नायुविकृति (psychoneurosis) से पीड़ित होते हैं। इसका उपयोग दूसरे प्रकार के मानसिक रोगियों जैसे मनोविक्षिप्ति या मनोविकृति (psychosis) के रोगियों के साथ भी किया जाता है परंतु ऐसे रोगियों को मनश्चिकित्सा के अलावा मेडिकल चिकित्सा (medical therapy) भी देना अनिवार्य होता है।

मनश्चिकित्सा की कुछ प्रमुख परिभाषाएँ इस प्रकार दी गयी हैं—

ओलवर्ग[1] (Wolberg, 1967) के अनुसार, ''मनश्चिकित्सा सांवेगिक प्रकृति की समस्याओं के लिए उपचार का एक प्रारूप है जिसमें एक प्रशिक्षित व्यक्ति जान-बूझकर एक रोगी के साथ पेशेवर संबंध इस उद्देश्य से कायम करता है कि उसमें धनात्मक व्यक्तित्व वर्द्धन तथा विकास हो, व्यवहार के विक्षुब्ध पैटर्न के मंदित वर्तमान लक्षणों को दूर किया जा सके या उसमें परिमार्जन किया जा सके।''

रौटर[2] (Rotter, 1976) के अनुसार, ''मनश्चिकित्सा मनोवैज्ञानिक की एक सुनियोजित क्रिया होती है जिसका उद्देश्य व्यक्ति की जिन्दगी में ऐसा परिवर्तन लाना होता है जो उसकी जिन्दगी को भीतर से अधिक खुश तथा अधिक संरचनात्मक या दोनों ही बनाता है।''

निटजील, वर्नस्टीन एवं मिलिक[1] (Nietzel, Bernstein & Milich, 1991) के अनुसार, ''मनश्चिकित्सा में

1. "Psychotherapy is a form of treatment for problems of an emotional nature in which a trained person deliberately establishes a professional relationship with a patient with the object of removing, modifying a retarding existing symptoms of mediating distrubed patterns of behaviour and of promoting positive personality growth and development." —Wolberg : *The Techniques of Psychotherapy,* 1967, p. 3

2. "Psychotherapy...is planned activity of the psychologists, the purpose of which is to accomplish changes in the individual that make his life adjustment potentially happier, more constructive or both." —Rotter : *Clinical Psychology,* 1971, p. 79

3. "Psychotherapy consists of a relationship between at least two participants, one of whom has special training and expertise in handling psychlogical problems and one of whom is experiencing a problem in adjustment and has entered the relationship in order to alleviate this problem. The psychotherapeutic relationship is a nurturant but purposeful alliance in which several methods, largely psychological in nature, are employed to bring about the changes desired by the client." —Nietzel, Bernstein & Milich : *Introduction to Clinical Psychology,* 1991, p. 251

कम-से-कम दो सहभागी होते हैं, जिसमें एक को मनोवैज्ञानिक समस्याओं से निबटने में विशेष प्रशिक्षण तथा सुविज्ञता प्राप्त होती है और उसमें से एक समायोजन में समस्या का अनुभव करता है और वे दोनों समस्या को कम करने के लिए एक विशेष संबंध कायम किये होते हैं। मनश्चिकित्सकीय संबंध एक पोषक परंतु उद्देश्यपूर्ण संबंध होता है जिसमें मनोवैज्ञानिक स्वरूप की कई विधियों का उपयोग क्लायंट में बाधित परिवर्तन लाने के लिए किया जाता है।"

इन परिभाषाओं का विश्लेषण से यह स्पष्ट होता है कि मनश्चिकित्सा में रोगी तथा चिकित्सक के बीच वार्तालाप होता है जिसके माध्यम से रोगी अपनी सांवेगिक समस्याओं एवं मानसिक चिन्ताओं की अभिव्यक्ति करता है तथा चिकित्सक विशेष सहानुभूति, सुझाव एवं सलाह देकर रोगी में आत्म-विश्वास एवं आत्म-सम्मान कायम करता है जिससे रोगी की समस्याएँ धीरे-धीरे समाप्त होती चली जाती हैं और उसमें ठीक ढंग से समायोजन करने की क्षमता पुन: विकसित हो जाती है। मनश्चिकित्सा या नैदानिक हस्तक्षेप के स्वरूप को अधिक स्पष्ट करने के लिए यह आवश्यक है कि मनश्चिकित्सा में निहित निम्नांकित तीन मौलिक तथ्यों पर प्रकाश डाला जाए—

(1) सहभागी (participants)

(2) चिकित्सकीय संबंध (therapeutic relationship)

(3) मनश्चिकित्सा की प्रविधि (techniques of psychotherapy)

इन तीनों तथ्यों का वर्णन निम्नांकित है—

1. सहभागी *(Participants)*—मनश्चिकित्सा में दो सहभागी (participants) होते हैं—पहला सहभागी क्लायंट या रोगी होता है तथा दूसरा सहभागी चिकित्सक (therapist) होता है। क्लायंट वह व्यक्ति होता है जिसमें सांवेगिक या मानसिक क्षुब्धता (disturbance) इतनी अधिक उत्पन्न हो जाती है कि उसे किसी प्रशिक्षित चिकित्सक की मदद अपनी समस्याओं के समाधान के लिए लेना पड़ जाता है। रोगी में समस्या की क्षुब्धता की मात्रा अधिक भी हो सकती है या फिर थोड़ी भी हो सकती है। मनोवैज्ञानिकों द्वारा किये गए शोधों से यह स्पष्ट हुआ है कि मनश्चिकित्सा के लिए सबसे उत्तम क्लायंट या रोगी वह होता है जिसमें कुछ खास-खास गुण होते हैं। जैसे—मनश्चिकित्सा से सबसे अधिक लाभ उन रोगियों को होता है जो बुद्धिमान, अभिप्रेरित, शाब्दिक (verbal), अपने व्यवहार में परिवर्तन लाने के लिए साधारण मात्रा में चिन्ता दिखातें हों तथा चिकित्सक को अपनी समस्याओं के बारे में ठीक से जानकारी दे सकते हों। गुरमैन तथा राजीन (Gurman & Razin, 1971) ने अपने अध्ययन से इस तथ्य की संपुष्टि किया है। अब प्रश्न उठता है कि क्लायंट या रोगी मनश्चिकित्सा के लिए किस ढंग की समस्या लेकर पहुँचते हैं? इस प्रश्न का संतोषजनक उत्तर वैण्डेनवॉस तथा स्टाप्प (Vander Bos & Stapp, 1983) द्वारा किया गया एक सर्वे के आधार पर मिलता है। इस सर्वे में करीब 6,500 मनोवैज्ञानिकों के विचारों का अध्ययन किया गया और पाया कि मनश्चिकित्सा द्वारा जिन समस्याओं का निदान सामान्यत: होता है, वे बारंबारता (frequency) के क्रम में इस प्रकार है—

(i) दुश्चिंता एवं विषाद (anxiety and depression), (ii) अन्तर्वैयक्तिक समस्याएँ (interpersonal problems), (iii) वैवाहिक समस्याएँ (martial problems), (iv) स्कूली समस्याएँ (school difficulties), (v) दैहिक शिकायत (physical compliants), (vi) कार्य संबद्ध कठिनाइयाँ (job related difficulties), (vii) द्रव्य दुरूपयोग (substance abuse), (viii) मनोविक्षिप्त अवस्थाएँ (psychotic conditions), (ix) मानसिक दुर्बलता (mental retardation)।

मनश्चिकित्सा का दूसरा सहभागी (participant) चिकित्सक (therapist) होता है। चिकित्सक वह व्यक्ति होता है जो अपने विशेष प्रशिक्षण तथा अनुभव के कारण क्लायंट या रोगी को अपनी क्षुब्धताओं (disturbance) से निबटने में मदद करता हो। चिकित्सा के लिए यह आवश्यक है कि उसमें विशेष कौशल (skills) हो और वह विशेष रूप से प्रशिक्षित हो ताकि वह क्लायंट की क्षुब्धताओं को समझ सके और तब उसके साथ इस ढंग से अन्त:क्रिया कर सके कि वह (क्लायंट) फिर अपनी समस्याओं या क्षुब्धताओं से ठीक ढंग से निबट सके। एक उत्तम चिकित्सक में पर्याप्त कौशल तथा प्रशिक्षण के अलावा कुछ व्यक्तिगत गुण भी होना चाहिए। प्रसिद्ध मनश्चिकित्सक कार्ल रोजर्स (Carl Rogers) के अनुसार एक उत्तम चिकित्सक में परानुभूति (empathy), प्रमाणिकता (genuiness) तथा शर्तहीन धनात्मक सम्मान देने की क्षमता अवश्य होनी चाहिए। इसके अलावा इनमें क्लायंट की समस्याओं को ठीक ढंग से सुनने, बिना निर्णायक (judgemental) दृष्टिकोण दिखलाये बोध (understanding) तथा संवेदनशीलता (sensitivity) का भाव दिखाने आदि की क्षमता होनी चाहिए।

2. चिकित्सीय संबंध *(Therapeutic relationship)*—मनश्चिकित्सा का दूसरा महत्त्वपूर्ण पहलू चिकित्सक तथा क्लायंट के बीच विकसित संबंध (relationship) होता है जिसे चिकित्सीय संबंध (therapeutic relationship) कहा जाता है। चिकित्सीय संबंध वैसा संबंध होता है जिसमें चिकित्सा तथा रोगी दोनों ही यह जानते हैं कि वे लोग वहाँ क्यों एकत्रित हुए हैं तथा उनकी अन्तःक्रियाओं का नियम तथा लक्ष्य (goal) क्या है।

मनश्चिकित्सा की शुरुआत चिकित्सीय अनुबन्ध (therapeutic contract) से होता है जिसमें उपचार का लक्ष्य, चिकित्सा की प्रविधि जिसका उपयोग किया जाना है, संभावित जोखिम तथा चिकित्सा एवं रोगी के वैयक्तिक जवाबदेहियों (responsibilities) का उल्लेख होता है। औरलिनस्की एवं होवार्ड (Orlinsky & Howard, 1986) के अनुसार चिकित्सीय अनुबन्ध एक तरह की रूपरेखा (blueprint) के रूप में कार्य करता है जो चिकित्सीय संबंध को इस तरह का बनने में मदद करता है जिसमें क्लायंट सक्रिय निर्णयकर्ता के रूप में न कि सहायता पाने वाले एक निष्क्रिय व्यक्ति के रूप में कार्य करता है।

चिकित्सक की यह कोशिश रहती है कि वह रोगी के साथ एक ऐसा भद्र संबंध बना सके कि वह अर्थात् रोगी अपने व्यवहार में परिवर्तन लाने के लिए काफी उत्सुक रहे। कोरचीन (Korchin, 1976) ने यह स्पष्टतः कहा है कि चिकित्सकीय संबंध में आसक्ति लाने (attatchment) तथा अनासक्तिक या अलगाव (datatchment) का संतुलन (balance) होना चाहिए। स्ट्रप तथा हैडले (Sturpp & Hadley, 1979) के अनुसार कुछ रोगी या क्लायंट ऐसे होते हैं जिनके साथ चिकित्सीय संबंध तेजी से विकसित होते हैं तथा कुछ ऐसे क्लायंट होते हैं जिनके साथ इस ढंग का संबंध नहीं विकसित हो पाता है और चिकित्सा की प्रगति धीमी पड़ जाती है। स्ट्रप (Strupp, 1989) तथा औरलिनस्की एवं होवार्ड (Orlinsky & Howard, 1986) द्वारा इस क्षेत्र में किये गए अध्ययनों से यह स्पष्ट हुआ है कि उत्तम चिकित्सीय संबंध में अन्य बातों के अलावा निम्नांकित अपेक्षित गुण होता है—

(i) क्लायंट एवं चिकित्सक के बीच चिकित्सीय संबंध में नैतिक बचनबद्धता होती है जिसमें गोपनीयता (confidentiality) प्रमुख है। चिकित्सक रोगी के गोपनीयता की रक्षा करता है तथा चिकित्सा के दौरान बतलाये गए बातों को किसी अन्य व्यक्ति से नहीं बतलाता है।

(ii) चिकित्सीय संबंध इस ढंग का होना चाहिए कि चिकित्सक रोगी के कल्याण को सर्वाधिक प्राथमिकता दे।

(iii) उस चिकित्सीय संबंध को उत्तम माना जाता है जिसमें भूमिका-निवेश (role-investment), परानुभूतीय गूँज (empathic resonance) तथा परस्पर प्रतिज्ञापन (mutual affirmation) जैसे तीन तत्त्व होते हैं। भूमिका निवेश (role investment) से तात्पर्य इस बात से होता है कि चिकित्सक तथा रोगी दोनों ही चिकित्सा को सफल बनाने में व्यक्तिगत प्रयास करते हैं। परानुभूतीय गूँज (empathic resonance) से तात्पर्य इस बात से होता है कि चिकित्सा के दौरान किस हद तक चिकित्सक तथा रोगी दोनों ही समान दृष्टिकोण रखते हैं। परस्पर प्रतिज्ञापन से तात्पर्य इस बात से होता है कि किस सीमा तक चिकित्सक तथा रोगी एक-दूसरे की भलाई के लिए ध्यान देते हैं।

(iv) स्ट्रप (Strupp, 1989) ने इस बात पर बल डाला है कि चिकित्सीय परिणाम उत्तम होने के लिए यह आवश्यक है कि चिकित्सीय संबंध को रोगी एक कृत्रिम या बनावटी संबंध के रूप में न लेकर उसे एक वास्तविक संबंध के रूप में प्रत्यक्षण करे।

स्पष्ट हुआ कि चिकित्सीय संबंध (therapeutic relationship) मनश्चिकित्सा का एक महत्त्वपूर्ण तत्त्व है जिसकी अपनी कुछ विशेषताएँ हैं।

3. मनश्चिकित्सा की प्रविधि *(Techniques of psychotherapy)*—मनश्चिकित्सा की कई पद्धतियाँ हैं। मनश्चिकित्सा के प्रत्येक पद्धति की अपनी-अपनी प्रविधियाँ हैं। मनश्चिकित्सा की प्रविधियों में अन्तर होने का मुख्य कारण उनके पीछे छिपे व्यक्तित्व सिद्धान्त तथा वे सारे परिवर्तन हैं जो चिकित्सक रोगी में उत्पन्न करना चाहते है। यद्यपि मनश्चिकित्सा के कई प्रकार हैं, फिर भी कई प्रविधियाँ ऐसी हैं जो उन सभी प्रकारों में सामान्य (common) है। इन प्रविधियों का स्वरूप मूलतः मनोवैज्ञानिक होता है न कि दैहिक या मेडिकल। नैदानिक हस्तक्षेप या मनश्चिकित्सा के कुछ ऐसी प्रमुख पद्धतियाँ इस प्रकार हैं—

(i) सूझ उत्पन्न करना *(Fostering insight)*—मनश्चिकित्सा की एक पद्धति रोगी के मनोवैज्ञानिक समस्याओं में सूझ उत्पन्न करना है। सूझ उत्पन्न करने के लिए रोगी में आत्म-मूल्यांकन तथा आत्म-ज्ञान विकसित करने की कोशिश

की जाती है। सूझ उत्पन्न करने के लिए चिकित्सक रोगी के व्यवहार की व्याख्या भी करते हैं। फ्रायड ने रोगी में सूझ उत्पन्न करने पर सबसे अधिक बल डाला था जिसमें अचेतन के प्रभावों का मूल रूप से विश्लेषण किया जाता है। क्लायंट को यह समझाया जाता है कि वे क्यों इस तरह का व्यवहार करते हैं। यदि वे ऐसा समझ जाते हैं तो इससे नये व्यवहार की उत्पत्ति उसमें होती है जिसे सूझ कहा जाता है।

(ii) सांवेगिक अशांति को कम करना *(Reducing emotional discomfort)*—मनश्चिकित्सा में रोगी के सांवेगिक अशांति की मात्रा को इतना कम कर दिया जाता है कि वह चिकित्सा में आगे ठीक ढंग से सहयोग कर सके तथा अपने व्यवहार में स्थायी परिवर्तन लाने के लिए अभिप्रेरित रहे। सांवेगिक अशांति को कम करने का उत्तम तरीका यह है कि रोगी के सांवेगिक शक्ति (emotional strength) को उत्तम चिकित्सीय संबंध द्वारा बढ़ाया जाए। जब रोगी यह समझता है कि चिकित्सक उसका एक व्यक्तिगत दोस्त है जिसपर भरोसा किया जा सकता है, तो उसमें स्वत: सांवेगिक स्थिरता (emotional stability) उत्पन्न होती है।

(iii) विरेचन को प्रोत्साहित करना *(Encouraging catharsis)*—चिकित्सक की उपस्थिति में रोगी को अपने संवेगों, भावों आदि की खुली अभिव्यक्ति करने के लिए कहा जाता है। इस प्रक्रिया को विरेचन (catharsis) कहा जाता है। इस तरह से विरेचन की प्रक्रिया द्वारा कुछ वैसे दबे हुए संवेग की अभिव्यक्ति होती है जिसे स्वयं रोगी बहुत समय पहले से नहीं जानता था। चिकित्सक ऐसे संवेगों को अभिव्यक्त करने में रोगी को भरपूर प्रोत्साहन देता है। उन्हें ऐसी उम्मीद रहती है कि इससे रोगी के दुखदायक भावों एवं संवेगों को समझने में मदद मिलेगी और वह फिर कुछ खास-खास संवेगों से बिलकुल ही नहीं डरेगा या चिंतित होगा।

(iv) नयी सूचना देना *(Providing new information)*—मनश्चिकित्सा का स्वरूप शैक्षिक (educational) होता है। चिकित्सक रोगी को प्रत्यक्ष या अप्रत्यक्ष रूप से कुछ नयी-नयी सूचनाओं को देता है ताकि रोगी के वर्तमान ज्ञान में उत्पन्न खाई या विकृति को संशोधित किया जा सके। इस सिलसिले में रोगी को चिकित्सक कभी-कभी कोई विशेष तरह के विषय या क्षेत्र (जो उनकी समस्या से संबंधित होता है) को पढ़ने का सुझाव देते हैं। इसे संदर्भिका चिकित्सा (bibliotherapy) कहा जाता है। नयी सूचना प्राप्त होने से रोगी में एक ऐसा संदर्भ उत्पन्न होता है जो उन्हें उन समस्याओं से निबटने में मदद करता है जो उन्हें असाधारण परंतु समाधेय (solvable) दीखते हैं।

(v) परिवर्तन के लिए उम्मीद एवं विश्वास विकसित करना *(Developing faith and expetancy for change)*—मनश्चिकित्सा में रोगी में उत्तम परिवर्तन के लिए विश्वास तथा प्रत्याशा (expectancy) उत्पन्न की जाती है। चिकित्सक हर तरह से परिस्थिति को इस ढंग से मोड़ते हैं कि रोगी में यह विश्वास उत्पन्न हो जाए कि उसे मदद की जा रही है तथा निश्चित रूप से उसके व्यवहार में धनात्मक परिवर्तन होंगे तथा उनकी सांवेगिक समस्याएँ कम हो जाएगी। इस लक्ष्य की प्राप्ति के लिए चिकित्सक विरेचन, रोगी के भावों की व्याख्या तथा उत्तम चिकित्सीय संबंध का निर्माण आदि जैसी प्रविधियों का सहारा लेते हैं।

स्पष्ट हुआ कि मनश्चिकित्सा एक जटिल प्रक्रिया है जिसमें चिकित्सक रोगी के साथ अन्त:क्रिया करके एक ऐसा उत्तम चिकित्सीय संबंध का निर्माण करते हैं कि रोगी की सांवेगिक एवं मनोवैज्ञानिक समस्याओं का उत्तम निदान हो पाता है।

मनश्चिकित्सा के उद्देश्य या लक्ष्य
(Goals or Purposes of Psychotherapy)

मनश्चिकित्सा का सामान्य उद्देश्य रोगी के संवेगात्मक समस्याओं एवं मानसिक तनाव को दूर करके उसमें सामर्थ्य (competency), आत्म-बोध (self-actualization), पर्याप्त परिपक्वता (adequate maturation) आदि विकसित करना होता है। इन सामान्य उद्देश्यों के अलावा मनश्चिकित्सा (psychotherapy) के कुछ विशिष्ट उद्देश्य या लक्ष्य हैं जो निम्नांकित हैं—

(1) रोगी के अपअनुकूलित व्यवहारों (maladapted behaviours) में परिवर्तन लाना (To change the maladaptive behaviours of the patient)

(2) रोगी के अन्तर्वैयक्तिक संबंध एवं अन्य दूसरे तरह के सामर्थ्य को विकसित करना (To develop interpersonal relationship and other competencies of the patient)

(3) रोगी के आन्तरिक संघर्षों को एवं व्यक्तिगत तनाव को कम करना (To reduce inner conflicts and personal tensions of the patient)

(4) रोगी में अपने इर्द-गिर्द के वातावरण एवं स्वयं अपने बारे में बने अयथार्थ पूर्वकल्पनाओं में परिवर्तन लाना (To modify inccurate assumptions of the patients about self and the immediate environment)

(5) रोगी में अपअनुकूलित व्यवहार को सम्पोषित करने वाले कारकों या अवस्थाओं को दूर करना (To remove those factors or conditions that maintain maladaptive behaviour in the patient)

(6) रोगी को अपने वातावरण की वास्तविकताओं के साथ अच्छी तरह समायोजन करने में सहायोग प्रदान करना (To help the patients to make adjustment with the realities of the environment)

(7) आत्म-बोध एवं आत्मसूझ को सुस्पष्ट करना (To foster a clear cut sense of self-identity and self-insight)

सुन्डवर्ग एवं टाइलर (Sundberg & Tyler, 1962) ने मनश्चिकित्सा (psychotherapy) के विभिन्न पहलुओं एवं इस क्षेत्र में किये गए शोधों (researches) की समीक्षा किया और बतलाया कि मनोश्चिकित्सा (psychotherapy) के प्रमुख उद्देश्यों (goals) या लक्ष्यों में निम्नांकित सर्वाधिक उत्कृष्ट है—

(1) उपयुक्त कामों को करने के लिए रोगी की प्रेरणा को मजबूत करना (strengthening the patients, motivation to do the right things)

(2) भावों की अभिव्यक्ति द्वारा सांवेगिक दबावों को कम करने में मदद करना (reducing emotional pressure by facilitating the expression of feeling)

(3) वर्द्धन के लिए सामर्थ्यता की अभिव्यक्ति करना (releasing the potential for growth)

(4) अपनी आदतों को बदलने में मदद करना (helping in changing the habits)

(5) रोगी के संज्ञानात्मक रचनाओं को परिवर्तित करना (modifying the cognitive structure of patients)

(6) आत्म-ज्ञान प्राप्त करना (gaining the self-knowledge)

(7) अन्तर्वैयक्तिक संबंधों एवं संचारों को प्रोत्साहित करना (facilitating interpersonal relations and communication)

(8) ज्ञान प्राप्त करने एवं निर्णय करने में प्रोत्साहन करना (gaining knowledge and facilitating decision-making)

(9) शारीरिक अवस्थाओं में परिवर्तन करना (altering bodily states)

(10) चेतन की वर्तमान अवस्था को परिवर्तित करना (altering the present state of consciousness)

(11) रोगी के सामाजिक वातावरण को परिवर्तित करना (changing the social environment of the patient)

इन सबों का वर्णन निम्नांकित है—

(1) रोगी द्वारा सही कार्य करने की प्रेरणा को मजबूत करना *(Strengthing the patient's motivation to do right things)*—मनश्चिकित्सा का चाहे जो प्रकार क्यों न हो, मनश्चिकित्सक हमेशा यह कोशिश करते हैं कि वे रोगी को सही कार्य करने की प्रेरणा को तीव्र करें। सचमुच में मनश्चिकित्सा का यह एक सामान्य उद्देश्य (common purpose) है जो काफी महत्त्वपूर्ण है। रोगी अधिक वांछनीय ढंग से (desirable ways) व्यवहार कर सके इसके लिए सुझाव, अनुनय (persuation), सम्मोहन (hypnosis) आदि जैसे तरकीबों का सहारा लिया जाता है।

(2) तीव्र भावों की अभिव्यक्ति करके सांवेगिक दबाव को कम करना *(Reducing emotional pressure by facilitating the expression of intense feelings)*—मनश्चिकित्सा का एक उद्देश्य रोगी के भीतर छिपे भावों (feelings) की अभिव्यक्ति कराना होता है। इसके पीछे तर्क यह छिपा होता है कि जब रोगी अपने भीतर छिपे क्षुब्धता (disturbance) उत्पन्न करने वाले भावों की अभिव्यक्ति करता है, तो इससे उसका सांवेगिक दवाब कम हो जाता है तथा रोगी की मानसिक बीमारी की गंभीरता बहुत कम हो जाती है। फ्रायड ने इस इस तरह के सांवेगिक मुक्ति (emotional release) को *विरेचन* (catharsis) कहा है।

(3) रोगी के अन्तःशक्ति को वर्धन एवं विकास के लिए मुक्त करना *(Releasing the potentials of patients for growth and development)*—इस उद्देश्य के पीछे मनश्चिकित्सकों की मान्यता यह होती है कि व्यक्ति

की जिन्दगी एक निश्चित विकास रेखा के अनुरूप हमेशा बढ़ती है और जब उसके इस सामान्य वर्द्धन प्रवृत्ति में किसी प्रकार की अवरुद्धता आदि है तो उससे मनःस्नायुविकृति (psychoneurasis) तथा अन्य मानसिक रोगों की उत्पत्ति होती है। अतः मनश्चिकित्सा का उद्देश्य इन अवरोधों को दूर करना होता है ताकि रोगों के वर्द्धन तथा विकास की अन्तःशक्ति (potential) फल-फूल सके। अन्तःशक्तियों के इस तरह के वर्द्धन तथा विकास पर रोजर्स (Rogers) तथा मैसलो (Maslow) द्वारा जिन्होंने मानवतावादी चिकित्सा प्रतिपादन किया है, सर्वाधिक बल डाला गया है। अतः यह कहा जा सकता है कि मनश्चिकित्सा का लक्ष्य रोगी में वर्द्धन के मौलिक अंतःशक्तियों को प्रस्फुटित करना होता है। इस बिन्दु पर सुंडवर्ग तथा टाइलर[1] (Sundberg & Tyler, 1961) ने बहुत ही सटीक टिप्पणी करते हुए इस प्रकार कहा है, ''मनश्चिकित्सक को एक मैकेनिक जो औजार या उपकरण में दोष का पता लगाता है तथा उसका मरम्मत करता है, के रूप में नहीं समझा जाना चाहिए बल्कि उसे एक माली के रूप में समझा जाना चाहिए जो पौधा को जिसमें वर्द्धन की आंतरिक प्रवृत्ति है, की छँटाई करता है, उचित धूप, पोषक पदार्थ तथा नमी देकर उसे उत्तेजित करता है।''

(4) अवांछित एवं अनुचित आदतों को परिवर्तित करना *(Changing undesirable and inappropriate habits)*—मनश्चिकित्सा का एक उद्देश्य एक ऐसी परिस्थिति का उत्पन्न करना होता है जिसमें रोगी के अवांछित, अनुचित एवं संकट उत्पन्न करने वाली आदतों का प्रतिस्थापन नयी वांछित आदतों से किया जा सके। इसके लिए मनश्चिकित्सक अनुबंधन (conditioning) तथा सीखने के सामान्य नियमों का सहारा लेते हैं तथा वे ऐसे वांछित आदतों के बाद पुनर्बलन देकर उसको सीखलाने की कोशिश करते हैं। आजकल इसके अलावा अन्य परिष्कृत (sophisticated) विधियों का भी उपयोग रोगी के अवांछित आदतों को परिवर्तित करने में किया जाता है।

(5) रोगी की संज्ञानात्मक संरचना में परिमार्जन करना *(Modifying the cognitive structure of the person)*—मनश्चिकित्सा का एक उद्देश्य यह भी है कि रोगी अपने बारे में, दूसरे व्यक्तियों के बारे में तथा वातावरण के अन्य वस्तुओं एवं घटनाओं आदि के बारे में पूर्णतः अवगत हो तथा इस संज्ञानात्मक संरचना में व्याप्त असंगतता (inconsistencies) को पहचानने तथा उसे आवश्यकतानुसार परिवर्तितत करे क्योंकि इस तरह की असंगतता से व्यक्ति की सामान्य अवधारणा (conceptions) विकृत हो जाती है और वह रोग का शिकार हो जाता है।

(6) रोगी के ज्ञान को तथा प्रभावी निर्णयों को लेने की क्षमता में वृद्धि करना *(Increasing the patient's knowledge and his capacity for effective decisions)*—मनश्चिकित्सा का उद्देश्य रोगी के वर्तमान ज्ञान को इस लायक बना देना होता है कि वह अपनी जिन्दगी में प्रभावी निर्णय ले सके। उसे विभिन्न अवसरों के बारे में पर्याप्त ज्ञान दिया जाता है तथा प्रत्येक विकल्प के पक्ष-विपक्ष में तथ्य उनके सामने रखा जाता है तथा फिर उन्हें ऐसी परिस्थितियों का सामना कराके ऐसी क्षमता धीरे-धीरे विकसित की जाती है कि वे अपने जीवन के सभी महत्त्वपूर्ण निर्णय को लेने में सक्षम हो सके।

(7) रोगी में आत्म-ज्ञान या सूझ में वृद्धि करना *(Incereasing self-knowledge or insight)*—मनश्चिकित्सा का उद्देश्य रोगी में पर्याप्त सूझ विकसित करना होता है ताकि वह यह समझ सके कि वह किस तरह व्यवहार करता है तथा क्यों वैसा व्यवहार करता है। ऐसा करने के लिए मनश्चिकित्सक अचेतन में छिपे इच्छाओं को चेतन में लाते हैं। जब रोगी अपने अचेतन की अभिप्रेरणाओं एवं इच्छाओं को चेतन में लाकर उसे समझने की कोशिश करता है, तो उससे उसमें आत्म-ज्ञान या सूझ उत्पन्न होता है और रोगी की कुसमायोजी व्यवहार की गंभीरता में कमी होने लगती है।

(8) अन्तर्वैयक्तिक संबंधों पर बल दिया जाना *(Emphasizing interpersonal relationship)*—मनश्चिकित्सा का एक उद्देश्य यह भी स्पष्ट करना होता है कि किस तरह से रोगी का व्यवहार उसके चिन्तन से प्रभावित होता है और उसका व्यवहार किस तरह से चिन्तन के विभिन्न पहलुओं पर निर्भर करता है। इसमें रोगी तथा अन्य लोगों के बीच हुए संचार (communication) पर पर्याप्त बल डाला जाता है जिससे अन्तर्वैयक्तिक संबंध को अधिक संतोषजनक बनाया

---

1. "The psychothrapist should not be thought of as machanic, locating and repairing defects in pieces of equipment, but rather as more of a gardner, removing weeds, providing light, nutrients and moisture to stimulate a plan intrinsically disposed to grow."

—Sundberg & Tyler : *The Practice of Psychological testing in clinical science in the U.S. American Psychologist,* 1961, p. 289

जा सकता है। यदि गौर से देखा जाए तो मनश्चिकित्सा में स्वयं ही एक नया अन्तर्वैयक्तिक संबंध सम्मिलित होता है जो स्पष्टत: उस संबंध से मेल नहीं खाता है जिसे रोगी अपनी जिन्दगी में विकसित किये हुए होता है। ऐसी परिस्थिति में मनश्चिकित्सक विशेष रूप से इस बात का ख्याल रखते हैं कि अन्तर्वैयक्तिक संबंध का स्वरूप इस प्रकार का हो जिससे रोगी को अपनी वास्तविक जिन्दगी के अन्य लोगों के साथ सामाजिक अन्त:क्रिया करने में सहुलियत हो।

(9) रोगी के सामाजिक वातावरण में परिवर्तन उत्पन्न करना *(Bringing change in social environment of patient)*—मनश्चिकित्सा का चाहे जो भी प्रारूप क्यों न हो, इसका एक मुख्य उद्देश्य रोगी के सामाजिक वातावरण में परिवर्तन लाना होता है। किसी भी रोगी का वास्तविक भलाई तो तब होता है जब वह अपने दिन-प्रतिदिन की जिंदगी में ठीक ढंग से समायोजन कर सके। यद्यपि रोगी का सामाजिक वातावरण जिसमें वह दूसरों से तथा दूसरे संस्थानों (institutions) से प्रभावित होता है, मनश्चिकित्सा के नियंत्रण से बाहर होता है, फिर भी कोशिश इस बात की कि जाती है कि रोगी के सामाजिक वातावरण के एजेन्टों को इस ढंग से प्रभावित किया जाए जिससे उसमें पर्याप्त परिवर्तन आ जाए और रोगी का सामाजिक जीवन सुखमय हो सके।

(10) रोगी के शारीरिक प्रक्रियाओं में परिवर्तन लाना ताकि उसके दर्दनाक अनुभूतियों को कम किया जा सके तथा शारीरिक चेतना में वृद्धि की जा सके *(Changing the bodily or somatic processes in order to reduce painful feelings and/or increase body awareness)*—मनश्चिकित्सा में यह एक पूर्वकल्पना रहती है कि मन (mind) तथा शरीर (body) दोनों ही एक-दूसरे को प्रभावित करते हैं। स्वच्छ मन के लिए स्वच्छ शरीर का होना आवश्यक है। मनश्चिकित्सक का मत है कि रोगी के शारीरिक दु:खों या दर्दनाक अनुभूतियों को कम करके तथा उनमें शारीरिक चेतना में वृद्धि करके मनश्चिकित्सा की परिस्थिति के लिए उन्हें अधिक उपयोगी बनाया जा सकता है। यही कराण है कि कुछ मनश्चिकित्सा (psychotherapy) जैसे व्यवहार चिकित्सा में 'विश्राम प्रशिक्षण' (relaxation training) देकर उनके तनाव एवं चिन्ता को दूर किया जाता है और इसे प्रतिअनुबंधन (counterconditioning) के लिए आवश्यक भी माना जाता है। उसी तरह से रोगी के शारीरिक चेतना में वृद्धि करने के लिए विभिन्न तरह के व्यायामों (exercises) जो भारतीय योग के नियमों पर आधारित होते हैं, का सहारा लिया जा सकता है। इन सबों का परिणाम यह होता है कि रोगी अपने वास्तविक जिन्दगी में ठीक ढंग से समायोजन स्थापित करने में सफल हो जाता है।

(11) रोगी के चेतन अवस्थाओं में इस तरह का परिवर्तन करना ताकि उसमें आत्म-बोध नियंत्रण तथा सर्जनात्मकता की क्षमता में वृद्धि हो सके *(Altering state of consciousness in order to extend self-awarness, control and creativity)*—मनश्चिकित्सा का एक उद्देश्य यह भी होता है कि रोगी के चेतन अवस्था में इस ढंग का परिमार्जन या परिवर्तन किया जाए कि उससे उसमें अपने व्यवहारों पर अधिक नियंत्रण की क्षमता बढ़ जाए, उसमें सर्जनात्मकता क्षमता में वृद्धि हो जाए तथा आत्म-बोध में भी वृद्धि हो जाए। इन सब क्षमताओं के विकास के लिए तरह-तरह की प्रविधि जिसमें मनन (meditation), अलगाव (isolation) तथा चेतन विस्तार (consciousness expansion) आदि प्रमुख हैं, का सहारा लिया जाता है। इन सब विधियों से रोगियों में आत्म-ज्ञान (self-knowledge) तथा आत्म-निर्भरता, आत्म-सामर्थ्यता आदि जैसे गुणों का विकास होता है।

स्पष्ट हुआ कि मनश्चिकित्सा के कई उद्देश्य हैं। इन लक्ष्यों में से अधिक-से-अधिक लक्ष्यों की पूर्ति होने से मनश्चिकित्सा की प्रभावशीलता काफी बढ़ जाती है।

मनश्चिकित्सा के प्रकार
(Types of Psychotherapy)

जैसा कि हम जानते हैं, मनश्चिकित्सा मानसिक रोगों के उपचार की मनोवैज्ञानिक विधि होती है। इसमें सांवेगिक क्षुब्धताओं का उपचार दैहिक विधि से न करके मनोवैज्ञानिक विधियों से की जाती है। चूँकि सांवेगिक क्षुब्धताओं के उपचार करने की मनोवैज्ञानिक विधियाँ अनेक हैं, अत: मनश्चिकित्सा (psychotherapy) के भी कई प्रकार बतलाये गए हैं। मनश्चिकित्सा के पाँच प्रमुख सामान्य प्रकार हैं और फिर प्रत्येक के कई उपप्रकार हैं जिनका वर्णन इस प्रकार है—

1. मनोगतिकी चिकित्सा *(Psychyodynamic therapy)*—मनोगतिकी चिकित्सा से तात्पर्य एक ऐसे मनोवैज्ञानिक उपचार दृष्टिकोण से होता है जिसमें व्यक्ति या रोगी के व्यक्तित्व गतिकी (personality dynamics) पर मनोविश्लेषणात्मक

परिप्रेक्ष्य (psychoanalytic perspective) में बल डाला जाता हे। इस चिकित्सा के तहत पाँच प्रमुख उपप्रकार हैं जो इस प्रकार है—

(i) फ्रायड का मनोविश्लेषिक चिकित्सा (Freud's Psychoanlytic therapy)
(ii) एडलर का वैयक्तिक चिकित्सा (Adler's Individual therapy)
(iii) युंग का विश्लेषणात्मक चिकित्सा (Jung's Analytical therapy)
(iv) अहं विश्लेषण (Ego analysis)
(v) संक्षिप्त मनश्चिकित्सा (Brief Psychotherapy)
(vi) वस्तु संबंधी चिकित्सा (Object relation therapy)
(vii) अन्तर्वैयक्तिक मनोगत्यात्मक चिकित्सा (Interpersonal Psychodynamic therapy)

इन सबों का वर्णन अगले अध्याय में किया जाएगा।

2. व्यवहार चिकित्सा *(Behaviour therapy)*—व्यवहार चिकित्सा में कुसमायोजी या अपअनुकूलित व्यवहार (maladapative behaviour) के जगह पर समायोजी या अनुकूलित व्यवहार (adaptive behaviour) पैवलव, स्कीनर तथा वैण्डुरा द्वारा बतलाये गए सिद्धान्तों पर आधारित प्रविधियों द्वारा सीखलाया जाता है।

इन सबों का वर्णन आगे के अध्याय में किया जाएगा।

3. संज्ञानात्मक व्यवहार चिकित्सा *(Cognitive behaviour therapy)*—इस तरह की चिकित्सा में चिकित्सक रोगी के संज्ञानात्मक प्रक्रियाओं जैसे—चिन्तन, प्रत्यक्षण, मूल्यांकन तथा आत्म-कथनों (self-statements) को ध्यान में रखते हुए चिकित्सा प्रदान करता है। इसके चार प्रमुख उपप्रकार हैं—

(i) रैशनल-इमोटिव चिकित्सा (Rational-Emotive therapy)
(ii) संज्ञानात्मक चिकित्सा (Cognitive therapy)
(iii) तनाव-टीका चिकित्सा (Stress-inculation therapy)
(iv) बहुआयामी चिकित्सा (Multi-model therapy)

इन चारों का वर्णन आगे के अध्याय में किया गया है।

4. मानवतावादी-अनुभवजन्य चिकित्सा *(Humanistic-Experimental Therapy)*—इस चिकित्सा में रोगी की समस्याओं का समाधान उनके भीतर छिपे अन्त:शक्तियों (potentials) एवं अस्तित्वात्मक पहलुओं के आलोक में की जाती है। इसके अन्तर्गत निम्नांकित तरह के चिकित्सा प्रकारों को रखा गया है—

(i) क्लायंट केन्द्रित चिकित्सा (Client-Centered therapy)
(ii) अस्तित्वात्मक चिकित्सा (Existential therapy)
(iii) गेस्टाल्ट चिकित्सा (Gestalt therapy)
(iv) लोगो चिकित्सा (Logo therapy)
(v) नियत भूमिका चिकित्सा (Fixed-role therapy)

इन सबों की व्याख्या अलग अध्याय में आगे की जाएगी।

5. सामूहिक चिकित्सा *(Group therapy)*—सामूहिक चिकित्सा में रोगी का उपचार एक समूह में न कि वैयक्तिक रूप से की जाती है। इसके अन्तर्गत निम्नांकित पाँच प्रकार के चिकित्सा पद्धति को रखा गया है—

(i) मनोनाटक (Psychodrama)
(ii) पारिवारिक चिकित्सा (Family therapy)
(iii) वैवाहिक या युग्म चिकित्सा (Marital or Copuple therapy)
(iv) संव्यवहार विश्लेषण (Transactional analysis)
(v) सामूहिक मुठभेड़ चिकित्सा (Encounter group therapy)

इन सबों की व्याख्या आगे अलग अध्याय में की जाएगी।

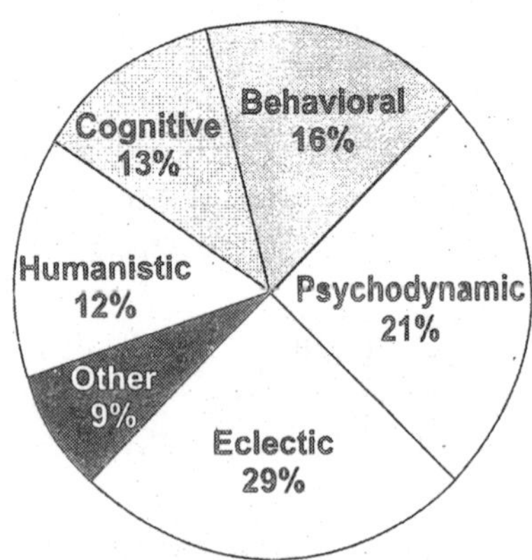

चित्र 20.1 : मनश्चिकित्सा के विभिन्न प्रकारों के प्रति नैदानिक मनोवैज्ञानिकों की उन्मुखता

स्पष्ट हुआ कि मनश्चिकित्सा के मुख्य पाँच प्रकार हैं और इन पाँचों प्रकार के कई उपप्रकार हैं। स्पष्ट हुआ कि मनश्चिकित्सा के कई प्रारूप हैं जिसमें से कुछ व्यक्ति विशेष पर बल डालते हैं, कुछ व्यक्तियों के समूह पर बल डालते हैं तथा कुछ एक ही परिवार के सदस्यों पर बल डालते हैं। नोरक्रॉस, प्रोचास्का गालाघेर (Norcross, Prochaska & Gallagher, 1989) ने एक सर्वे किया जिसमें उन्होंने मनश्चिकित्सा के विभिन्न प्रारूपों के प्रति करीब 579 नैदानिक मनोवैज्ञानिकों की अपनी उन्मुखता का विश्लेषण किया जिसे चित्र 20.1 में दिखलाया गया है—

चित्र से स्पष्ट है कि करीब 21% नैदानिक मनोविज्ञानी मनोगत्यात्मक चिकित्सा, 16% मनोविज्ञानी व्यवहार चिकित्सा, 13% मनोवैज्ञानिक संज्ञानात्मक व्यवहार चिकित्सा, 12% मानवतावादी-अनुभावात्मक चिकित्सा, 9% अन्य चिकित्सा तथा 29% मनोवैज्ञानिक ग्रहणशील (electic) उपागम अर्थात् कई चिकित्सीय पद्धति को एक साथ मिलाकर एक नया दृष्टिकोण अपनाते हुए रोगियों का उपचार करते हैं।

स्पष्ट हुआ कि मनश्चिकित्सा के कई प्रकार हैं। इन प्रकारों का एक सरल वर्गीकरण या सामान्य वर्गीकरण प्रस्तुत करने के ख्याल से कारसन तथा बुचर (Carson & Butcher, 1992) ने अति चर्चित वर्गीकरण पद्धति का वर्णन किया है जिसका वर्णन यहाँ अपेक्षित है। इस पद्धति का आधार चिकित्सीय ध्यान (therapeutic attention) के लिए प्रमुख क्लायंट उपतंत्र (client subsystem) है। इनके अनुसार सामान्यत: किसी भी मनश्चिकित्सा में नियंत्रित चार पहलूओं पर ध्यान दिया जाता है—भाव (affect), व्यवहार (behaviour), संज्ञान (cognition) तथा पर्यावरण (environment)। इसे अंग्रेजी शब्द के प्रथम अक्षरों को मिलाकर ABCE ढाँचा या पैमाना कहा जाता है। इसी के अनुसार करसन एवं बुचर ने मनश्चिकित्सा के निम्नांकित चार प्रबल (dominant) प्रकार बतलाये हैं जो इस प्रकार है—

1. टाईप 'ए' चिकित्सा *(Type A therapy)*—इसे टाईप 'ए' मनश्चिकित्सा इसलिए कहा जाता है क्योंकि इस तरह की पद्धति में क्लायंट के भाव (affect) या संवेग या चिंता (anxiety) में परिवर्तन लाकर उसका उपचार करने की कोशिश किया जाता है। इसके अन्तर्गत फ्रायडियन मनश्चिकित्सा, फ्रायडियन मनश्चिकित्सा के विभिन्न विकल्प (alternatives), क्लासिकी अनुबंधन पर आधारित व्यवहार चिकित्सा एवं फ्लडिंग (flooding), अत:स्फोटात्मक चिकित्सा (implosive therapy) आदि प्रमुख हैं। सभी तरह के जैविक चिकित्साओं (biological therapies) को भी इसी के अन्तर्गत रखा जाता है।

2. टाईप 'बी' चिकित्सा *(Type B therapy)*—इसके अन्तर्गत उन सभी चिकित्साओं को रखा जाता है जिसका स्पष्ट उद्देश्य रोगी के अपअनुकूली व्यवहार (maladaptive behaviour) में परिवर्तन लाना होता है। क्रियाप्रसूत अनुबंधन (operant conditioning) पर आधारित सभी तरह के व्यवहार चिकित्सा को इस श्रेणी में रखा जाता है क्योंकि इनका उद्देश्य पुनर्बलन संभाव्यता (reinforcement contingencies) में जोड़-तोड़ करके रोगी के अपअनुकूली व्यवहार में स्पष्ट ढंग से परिवर्तन लाना होता है।

3. टाईप 'सी' चिकित्सा *(Type C therapy)*—इस तरह की चिकित्सा में रोगी के संज्ञान अर्थात् उसके

सूझ-बूझ, प्रत्यक्षण, विश्वास आदि में परिवर्तन लाकर उनका उपचार की कोशिश की जाती है। *रैसनल-इमोटिव चिकित्सा* (Rational Emotive therapy), *बेक का संज्ञानात्मक चिकित्सा* (Beck's cognitive therapy) तथा *तनाव-टीका चिकित्सा* (Stress-inoculation therapy) को इसी श्रेणी में रखा गया है।

4. टाईप 'ई' चिकित्सा *(Type E therapy)*—इस तरह की चिकित्सा में रोगी के माता-पिता, शिक्षक, दोस्त, पड़ोसियों आदि के पर्यावरणी प्रतिक्रियाओं (environmental reactions) में परिवर्तन करके उसका उपचार करने की कोशिश की जाती है। अन्तर्वैयक्तिक चिकित्सा (interpersonal therapy) तथा सामुदायिक चिकित्सा (community therapy) को इस श्रेणी की चिकित्सा में रखा गया है।

यद्यपि चिकित्सा के उपयुक्त चार प्रकार काफी लोकप्रिय हैं, फिर भी इनका दोष यह है कि इन चार श्रेणियों में चिकित्सा के केवल प्रबल श्रेणियों को ही रखा जा सकता है, सभी तरह के चिकित्साओं को नहीं। इस परिसीमा को स्वयं करसन एवं बुचर ने भी स्वीकार किया है।

मनचिकित्सा का तरीका
(Modes of Psychotherapy)

मनश्चिकित्सा के तरीका (modes) से तात्पर्य इस बात से होता है कि मनश्चिकित्सा किस प्रकार संपन्न की जाती है तथा किस परिस्थिति में संपन्न की जाती है। मनश्चिकित्सा के दो तरीका (modes) का वर्णन किया गया है—

(1) वैयक्तिक तरीका (individual mode)

(2) सामूहिक तरीका (group mode)

इन दोनों का वर्णन अलग-अलग इस प्रकार है—

1. वैयक्तिक तरीका *(Individual mode)*—वैयक्तिक तरीका वैसे तरीका को कहा जाता है जिसमें चिकित्सा की परिस्थिति ऐसी होती है जिसमें एक चिकित्सक तथा एक रोगी होता है तथा चिकित्सक विशेष मनोवैज्ञानिक प्रविधि अपनाकर चिकित्सा की प्रक्रिया संपन्न करते हैं। क्लायंट-केन्द्रित चिकित्सा(client centred therapy),मनोविश्लेषणात्मक चिकित्सा (psychonalytic therapy)तथा व्यवहार चिकित्सा(behaviour therapy) में चिकित्सक वैयक्तिक तरीका ही अपनाकर रोगी का उपचार करते हैं। इन सभी चिकित्सीय प्रविधियों का वर्णन आगे अलग-अलग अध्याय में की जाएगी।

2. सामूहिक तरीका *(Group mode)*—सामूहिक तरीका वैसे तरीका को कहा जाता है जिसमें चिकित्सक रोगी का चिकित्सा अकेले में न करके एक समूह में करते हैं। ऐसे समूह सामान्यतः दो प्रकार के होते हैं—समूह असंबंधित व्यक्तियों (unrelated individuals) का भी हो सकता है या समूह में सभी एक ही परिवार के सदस्य हो सकते हैं। जब चिकित्सा का समूह असंबंधित व्यक्तियों का होता है, तो उसे *सामूहिक चिकित्सा* (group therapy) कहा जाता है परंतु जब चिकित्सा समूह एक एक ही परिवार के सदस्य से बना होता है, तो इसे *पारिवारिक चिकित्सा* (family therapy) कहा जाता है और जब चिकित्सा में सिर्फ पति एवं पत्नी को ही सम्मिलित किया जाता है, तो उसे *वैवाहिक चिकित्सा* (marital therapy) कहा जाता है। इन सभी तरह के चिकित्सा का वर्णन आगे अलग-अलग अध्याय में किया जाएगा।

नैदानिक मनोवैज्ञानिकों द्वारा मनश्चिकित्सा के इन दोनों तरीकों का उपयोग किया जाता है। किस परिस्थिति में वे किस तरह की चिकित्सा का उपयोग करेंगे, यह रोगी की समस्या तथा चिकित्सक का अपना प्रशिक्षण, कौशल आदि पर निर्भर करता है।

वैयक्तिक चिकित्सा तथा समूह चिकित्सा में मुख्य अंतर निम्नांकित है—

(i) वैयक्तिक चिकित्सा में सिर्फ एक रोगी की ही चिकित्सा चिकित्सक करते हैं जबकि सामूहिक चिकित्सा में एक साथ कई रोगियों का उपचार संभव हो जाता है।

(ii) वैयक्तिक चिकित्सा में व्यक्तित्व गतिकी तथा अचेतन के संघर्षों को गहराई से जानना संभव हो पाता है परंतु सामूहिक चिकित्सा में चिकित्सक के लिए इस तरह का प्रयास संभव नहीं हो पाता है।

(iii) वैयक्तिक चिकित्सा के उपचार में सामूहिक चिकित्सा की तुलना में कम खर्च लगता है।

(iv) वैयक्तिक चिकित्सा की प्रविधियाँ सामूहिक चिकित्सा की प्रविधियों की तुलना में अधिक व्यापक है।

चिकित्सीय चरों का स्वभाव
(Nature of Therapeutic Variables)

मनश्चिकित्सा की प्रक्रिया कुछ ऐसे कारकों या चरों से प्रभावित होती है जो उस प्रक्रिया में महत्त्वपूर्ण भूमिका निभाते हैं तथा मनश्चिकित्सा के परिणाम (outcome) को प्रभावित करते हैं। नैदानिक मनोवैज्ञानिकों द्वारा ऐसे पाँच कारकों की पहचान की गयी है जिसकी चर्चा आगे **'मनश्चिकित्सा का मूल्यांकन'** वाले अध्ययन में किया गया है।

नैदानिक हस्तक्षेप का क्रम
(Course of Clinical Intervention)

नैदानिक हस्तक्षेप या मनश्चिकित्सा के विभिन्न प्रकार हैं। यदि हम उन प्रकारों पर ध्यान दें तो यह स्पष्ट होगा कि मनश्चिकित्सक एक खास क्रम में प्रविधियों का अनुसरण करते हुए चिकित्सा की प्रक्रिया जारी रखते हैं। नैदानिक हस्तक्षेप के इस क्रम (course) को होकानसन (Hokanson, 1983) ने निम्नांकित पाँच चरणों में क्रमबद्ध किया है—

(1) आरंभिक सम्पर्क (initial contact)
(2) मूल्यांकन (assessment)
(3) उपचार का लक्ष्य (goals of treatment)
(4) उपचार को क्रियान्वयन करना (implementing treatment)
(5) समायन, मूल्यांकन तथा अनुवर्तन (termination, evaluation and follow-up)

इन पाँचों चरणों का वर्णन निम्नांकित है—

1. आरंभिक सम्पर्क *(Initial contact)*—नैदानिक हस्तक्षेप या मनश्चिकित्सा की यह पहली अवस्था होती है जिसमें क्लायंट उपचार-गृह (clinic) में प्रवेश करता है तथा चिकित्सक से पहला सम्पर्क करता है। इसमें रोगी या क्लायंट के मन में तरह-तरह की आशंकाएँ, शक, चिन्ता आदि होतीं हैं। कुछ क्लायंट तो मेडिकल उपचार तथा मनश्चिकित्सा में अंतर को समझ भी नहीं पाते हैं। इस अवस्था में क्लायंट को यह बतलाया जाता है कि उपचार-गृह में क्या होता है तथा रोगियों को की जाने वाली सेवाओं से उसे अवगत कराया जाता है। इसका क्लायंट की मनोवृत्ति पर तथा चिकित्सा में सहयोग देने की इच्छा पर अनुकूल प्रभाव पड़ता है। इसके अतिरिक्त क्लायंट को यहाँ उपचार गृह के अन्य कर्मचारियों उनकी योग्यताओं, उनकी फीस आदि के बारे में भी बतलाया जाता है। यहाँ यह भी तय किया जाता है कि क्लायंट से आगे सम्पर्क जारी रखा जा सकता है या उसे किसी अन्य पेशेवर या चिकित्सक के पास चिकित्सा के लिए भेजा जा सकता है।

2. मूल्यांकन *(Assessment)*—जब यह निश्चित कर लिया जाता है कि क्लायंट से आगे सम्पर्क रखा जा सकता है तो उसकी समस्याओं के मूल्यांकन के लिए उसे फिर कुछ दिनों तक उपचार गृह में बुलाया जाता है। क्लायंट की समस्या के वास्तविक स्वरूप को ध्यान में रखते हुए कई तरह के मूल्यांकन प्रविधियों का उपयोग किया जाता है। विभिन्न तरह के मनोवैज्ञानिक परीक्षणों द्वारा रोगी के बारे में कई तरह की सूचनाएँ एकत्रित की जाती हैं। इतना ही नहीं, रोगी या क्लायंट का एक केस इतिहास (case history) भी तैयार किया जाता है। इस सिलसिले में कभी-कभी क्लायंट के परिवार के सदस्यों एवं उसके मित्रों का भी साक्षात्कार आवश्यक हो जाता है। कभी-कभी क्लायंट को ही विभिन्न परिस्थितियों में अपने व्यवहारों, चिंतनों एवं भावों का आत्म-निरीक्षण करके उसके बारे में बतलाने के लिए कहा जाता है। कुछ क्लायंट की समस्याओं से निबटने के लिए अन्य श्रेणी के पेशेवरों जैसे मेडिकल डाक्टर से भी सम्पर्क करना आवश्यक हो जाता है। जिन क्लायंट की समस्या का संबंध बेरोजगारी तथा आर्थिक पहलुओं से होता है, उनके लिए चिकित्सक सामाजिक कार्यकर्त्ताओं (social workers) तथा कार्य सलाहकार (job counselors) से भी संबंध स्थापित करते हैं। अन्त में विभिन्न स्रोतों से प्राप्त सूचनाओं को विश्लेषित करने के बाद उनका प्रारंभिक समन्वय (preliminary integration) किया जाता है जिससे रोगी की समस्याओं का आरंभिक परिकल्पना (initial conceptalization) की जाती है।

3. उपचार का लक्ष्य *(Goals of treatment)*—मूल्यांकन आँकड़ों के समन्वित करने के बाद चिकित्सक तथा क्लायंट एक साथ समस्या के बारे में क्रमबद्ध रूप से विचार-विमर्श करना तथा उसका निदान के लिए क्या किया जा सकता है, पर भी विचार करना प्रारंभ कर देते हैं। इसमें क्लायंट तथा चिकित्सक के बीच एक तरह का अनुबन्ध

(contract) तैयार किया जाता है जिसमें चिकित्सक क्लायंट की समस्याओं को दूर करने का वादा करता है और रोगी अपनी इच्छाओं एवं उद्देश्यों का उल्लेख करता है। इस अनुबन्ध में चिकित्सा का लक्ष्य, चिकित्सा की अवधि, चिकित्सा का सामान्य प्रारूप, चिकित्सीय सत्र की आवृत्ति, खर्च, क्लायंट की जवाबदेहियों आदि का भी उल्लेख होता है। चिकित्सा की प्रक्रिया जैसे-जैसे आगे बढ़ती है, अनुबन्धन के कुछ प्रावधानों को परिवर्तित भी करना पड़ता है। चिकित्सा के दौरान क्लायंट के बारे में अतिरिक्त सूचनाएँ प्राप्त होती हैं जिनके संदर्भ में अनुबन्ध के प्रावधानों में परिवर्तन करना पड़ता है। अक्सर देखा गया है कि कुछ क्लायंट ऐसे होते हैं कि चिकित्सा के दौरान चिकित्सक के प्रति उनमें अतिरिक्त विश्वास पैदा हो जाता है और ऐसी परिस्थिति में वे उपचार के लक्ष्य को और आगे बढ़ाने के लिए तत्पर रहते हैं।

4. उपचार का क्रियान्वयन करना *(Implementing the treatment)*—मनश्चिकित्सा के इस चरण में उपचार का विशिष्ट प्रारूप तैयार किया जाता है। जब आरंभिक लक्ष्य (initial goals) निर्धारित कर लिए जाते हैं, तो यह निश्चित किया जाता है कि मनश्चिकित्सा का कौन प्रारूप रोगी या क्लायंट के लिए अधिक उपयुक्त होगा। क्लायंट-केन्द्रित चिकित्सा, व्यवहार चिकित्सा, मनोविश्लेषणात्मक चिकित्सा आदि में से कोई भी चिकित्सा द्वारा रोगी का उपचार किया जाता है। क्लायंट की समस्याओं के संदर्भ में चिकित्सा के प्रारूप के बारे में रोगी से विचार-विमर्श किया जाता है। इतना ही नहीं, रोगी से घर पर क्या करने की उम्मीद की जाती है, इसके बारे में भी उसे बतला दिया जाता है।

5. समापन, मूल्यांकन तथा अनुवर्तन *(Termination, Evaluation and Followup)*—जब चिकित्सक को यह विश्वास हो जाता है कि क्लायंट अपनी समस्याओं को स्वयं ही निबटा लेता है, समापन की प्रक्रिया प्रारंभ की जाती है। समापन अचानक नहीं करके क्रमिक ढंग से होता है। चिकित्सा सत्र की बारंबारता को धीरे-धीरे घटाया जाता है। समापन की अवस्था में चिकित्सक रोगी के मन में उत्पन्न होने वाले भावनाओं का भी ख्याल करता है।

चिकित्सा के दौरान रोगी में हुई प्रगति का भी मूल्यांकन किया जाता है। संबंधित आँकड़ों को एकत्रित करके इसलिए रखा जाता है कि रोगी अपने द्वारा किये गए प्रयासों का तथा उपचारगृह द्वारा किये गए प्रयासों का वस्तुनिष्ठ मूल्यांकन स्वयं कर सके। इससे उपचार गृह तथा संबंधित चिकित्सक की प्रतिभा एवं कौशल का उचित जानकारी भी लोगों को होती है। अनुवर्तन द्वारा चिकित्सा परिणाम की प्रभावशीलता का अनुमान लगाया जाता है। इसके लिए कुछ शोध प्रोजेक्ट (research project) की भी शुरूआत की जाती है।

स्पष्ट हुआ कि नैदानिक हस्तक्षेप या मनश्चिकित्सा के क्रम (course) में कई चरण होते हैं जिनसे होकर इसकी प्रक्रिया संपन्न होती है।

नैदानिक हस्तक्षेप के मूल्यांकन की विधियाँ
(Methods of Evaluating Clinical Intervention)

नैदानिक हस्तक्षेप के मूल्यांकन के कई विधियाँ हैं। नैदानिक मनोवैज्ञानिकों ने ऐसी आठ विधियों का प्रतिपादन किया है जिनका वर्णन आगे 'मनश्चिकित्सा का मूल्यांकन' वाले अध्याय में किया गया है। ये आठ विधियाँ हैं—केस अध्ययन, सहसंबंधात्मक अध्ययन, नैदानिक सर्वे, प्रयोगात्मक अध्ययन, अनुरूप शोध अध्ययन, परसोनोलिस्टिक अध्ययन, मेटा-विश्लेषण (meta-analysis) तथा परिणाम-मापन विधियाँ।

नैदानिक हस्तक्षेप या मनश्चिकित्सा के मूल्यांकन में निहित समस्याएँ
(Problems involved in Evaluation of Clinical intervention or Psychotherapy)

मनश्चिकित्सा या नैदानिक हस्तक्षेप की प्रभावशीलता की जाँच एक कठिन कार्य है। इसकी प्रभावशीलता की जाँच मनश्चिकित्सा के परिणाम (outcome) को माप कर किया जाता है। सच पूछा जाय तो मापन की यह प्रक्रिया एक अयथार्थ विधियों पर आधारित है जिससे अयथार्थ एवं आत्मनिष्ठ आँकड़े (subjective data) प्राप्त होते हैं। मनश्चिकित्सा के परिणाम की माप कई विधियों द्वारा की जाती है और इन सबों की विशिष्ट समस्याएँ हैं जिनका अब हम यहाँ अवलोकन करेंगे—

(1) रोगी के व्यवहार में होने वाले परिवर्तन के बारे में चिकित्सक की धारणा *(Therapist's impression of changes that have occured in patient's behaviour)*—स्पष्टत: दिये गए चिकित्सा के कारण रोगी के व्यवहार में होने वाले परिवर्तन को चिकित्सक के अनुमान के आधार पर मापना एक भ्रामक सूचक है क्योंकि प्रत्येक चिकित्सक

अपने आप को योग्य एवं सफल चिकित्सक मानता है। इतना ही नहीं, यह भी देखा गया है कि चिकित्सक जान-बूझकर जटिल रोग से ग्रस्त रोगी की चिकित्सा जल्द-से-जल्द यह कहकर समाप्त कर देते हैं कि उनके विशेष कौशल गुण आदि के रोगी पूर्णत: चंगा हो गया। स्पष्ट है कि इस सूचकांक (index) के आधार पर चिकित्सा के परिणाम (outcome) का मूल्यांकन करना कितना भ्रामक है।

(2) **स्वयं रोगी का अपना मत** *(Opinion expressed by patient himself)*—चिकित्सा के परिणाम का मूल्यांकन रोगी के मत, विचार आदि के आधार पर करना भी समस्यात्मक है। प्राय: देखा गया है कि रोगी मात्र चिकित्सक को खुश करने के लिए यह कह देता है कि वह अब पहले से अच्छा अनुभव कर रहा है। इसके पीछे उसकी छिपी एक और मनशा यह होती है कि ऐसा कहकर वह अपने आप को अधिक ग्राह्यशील (receptive) तथा प्रखर बुद्धि के होने का दिखावा कर सकता है। स्पष्टत: तब ऐसी परिस्थिति में चिकित्सा के परिणाम का मूल्यांकन एक समस्या ही बनी रहती है।

(3) **रोगी के दोस्त तथा परिवार के सदस्यों का मत** *(Opinion expressed by members of family and friends)*—चिकित्सक के परिणाम को रोगी के परिवार के सदस्यों तथा दोस्तों द्वारा अभिव्यक्त विचारों के आधार पर मूल्यांकित करना भी समस्यात्मक है। इसका करण यह है कि परिवार के सदस्यों तथा दोस्तों में भी रोगी को चंगा देखने की प्रवृत्ति मजबूत होती है और इस प्रवृत्ति के दबाव में आकर वे उसे चंगा हो जाने का समझ तुरंत बना लेते हैं।

(4) **व्यक्तित्व परीक्षण के प्राप्तांकों की तुलना** *(Comparison of scores of personality test)*—चिकित्सा के परिणम का मूल्यांकन रोगी द्वारा चिकित्सा प्रारंभ होने के पहले व्यक्तित्व परीक्षण पर आये प्राप्तांकों की तुलना चिकित्सा के बाद व्यक्ति परीक्षण पर आये प्राप्तांकों की तुलना के आधार पर की जाती है। यद्यपि मूल्यांकन की यह कसौटी में थोड़ी वस्तुनिष्ठता (objectivity) है, फिर भी इस कसौटी में दो तरह की मुख्य समस्याएँ हैं—पहला तो यह कि व्यक्तित्व परीक्षण पर के प्राप्तांक से यह पता नहीं चलता है कि क्लायंट अपने वास्तविक जिन्दगी में किस तरह से व्यवहार करेगा। दूसरा यह कि चिकित्सा प्रारंभ होने के पहले और बाद में व्यक्तित्व परीक्षण प्राप्तांक में आये अंतरों से इस बात का कोई सबूत नहीं मिलता है कि चिकित्सा से व्यवहार में हुए परिवर्तन स्थायी होंगे। इन दोनों कारकों के कारण मनश्चिकित्सा के परिणाम का मूल्यांकन दोषपूर्ण एवं समस्यात्मक हो जाता है।

(5) **कुछ चयनित स्पष्ट व्यवहार में परिवर्तन** *(Changes in some selected overt behaviour)*—चिकित्सा के परिणाम का मूल्यांकन रोगी द्वारा किये गए कुछ विशेष व्यवहार में हुए परिवर्तन के आधार पर भी किया जाता है। हालाँकि चिकित्सकों के बीच आम मान्यता यह है कि मूल्यांकन का यह कसौटी अन्य कसौटियों की तुलना में सरल एवं सुरक्षित (safe) है, फिर भी इसमें समस्याएँ हैं। एक समस्या तो यह है कि चिकित्सा परिस्थिति में व्यक्ति के व्यवहार में होने वाले परिवर्तन अन्य परिस्थिति में सामान्यीकृत (generalize) नहीं हो पाते हैं। इसके अलावा रोगी के व्यवहार में परिवर्तन जिसे चिकित्सक चयनित करते हैं, सचमुच में वह चिकित्सक के लक्ष्य को प्रतिबिम्बित करता है। जैसे—एक चिकित्सक चिकित्सा को अधिक प्रभावी कह सकता है जब उसका रोगी अपने बच्चों पर आक्रमक व्यवहार दिखाना कम कर देता है। परंतु दूसरा चिकित्सक चिकित्सा को तब प्रभावकारी कहता है जब उसका रोगी वर्द्धन-उन्मुखी (growth-oriented) तथा आत्म-निर्देशित (self-directed) व्यक्ति के रूप में व्यवहार करने लगता है।

इन समस्याओं के बावजूद मनश्चिकित्सा के परिणाम की प्रभावशीलता को मापने के लिए नैदानिक मनोवैज्ञानिकों तथा मनश्चिकित्सकों द्वारा काफी प्रयास किये जा रहे हैं तथा इन लोगों द्वारा कुछ ऐसे परिणाम कसौटी (outcome measures) को भी ढूँढ़ा जा रहा है जिससे समस्या कम-से-कम उत्पन्न हो सके।

अध्याय सारांश
(Chapter Summary)

1. जब नैदानिक मनोवैज्ञनिक अपने पेशेवर क्षमता (professional capacity) के कारण रोगी के व्यवहार को प्रभावित करके उसमें वांछित परिवर्तन लाता है, तो इसे नैदानिक हस्तक्षेप (clinical intervention) कहा जाता है। उसे मनश्चिकित्सा (psychotherapy) भी कहा जाता है। मनश्चिकित्सा के स्वरूप को समझने के लिए यह आवश्यक है इसके सहभागियों (participants) अर्थात् रोगी एवं चिकित्सक, चिकित्सीय संबंध तथा मनश्चिकित्सा की प्रविधि आदि को भी जाना जाए।
2. मनश्चिकित्सा के दो तरीकों (modes) का वर्णन किया गया है—वैयक्तिक तरीका (individual mode) तथा सामूहिक तरीका (group mode)।
3. नैदानिक हस्तक्षेप (clinical intervention) का क्रम (sequence) के पाँच चरण हैं—आरंभिक सम्पर्क, मूल्यांकन, उपचार का लक्ष्य, उपचार को क्रियान्वयन करना, समापन, मूल्यांकन तथा अनुवर्तन।
4. मनश्चिकित्सा का मूल्यांकन एक कठिन कार्य है क्योंकि इसमें पाँच तरह की समस्याएँ स्पष्ट रूप से सम्मिलित होती हैं।

❑

अध्याय 21

मनोगत्यात्मक चिकित्सा
(PSYCHODYNAMIC THERAPY)

मनोगत्यात्मक चिकित्सा : अर्थ एवं ऐतिहासिक परिप्रेक्ष्य
(Psychodynamic Therapy : Meaning and Historical Perspective)

मनोगत्यात्मक चिकित्सा (Psychodynamic therapy) मनश्चिकित्सा का सबसे लोकप्रिय एवं पुराना प्रारूप है। मनोगत्यात्मक चिकित्सा से तात्पर्य एक ऐसे मनोवैज्ञानिक उपचार दृष्टिकोण से होता है जिसमें व्यक्ति या रोगी के व्यक्तित्व गतिकी (personality dynamics) पर मनोविश्लेषणात्मक परिप्रेक्ष्य (psychoanlytic perspective) में बल डाला जाता है। इसे *मनोविश्लेषण-उन्मुखी चिकित्सा* (psychoanalytical-oriented therapy) या *मनोविश्लेषणात्मक चिकित्सा* (psychoanalytic therapy) भी कहा जाता है।

इस चिकित्सा विधि का प्रतिपादन सिगमण्ड फ्रायड (Sigmund Freud) द्वारा किया गया। मनोविश्लेषणात्मक चिकित्सा (psychonalytic therapy) एक ऐसी गहन एवं दीर्घकालीन प्रविधि है जिसमें दमित स्मृतियों, चिन्तनों, डर, आशंकाओं एवं मानसिक संघर्षों जो संभवत: आरंभिक मनोलैंगिक विकास (psychosexual development) में उत्पन्न समस्याओं के कारण पैदा होते हैं, का पता लगाया जाता है तथा व्यक्ति को वास्तविकता के संदर्भ में व्यवहार करने में मदद करता है। इस प्रविधि में ऐसा समझा जाता है कि इन दमित इच्छाओं एवं मानसिक संघर्षों में जब रोगी को सूझ उत्पन्न हो जाता है, तो रोगी स्वयं ही उनके दमन (repression) एवं अन्य संबंधित रक्षात्मक प्रक्रमों (defense mechanism) पर अपनी ऊर्जा बर्बाद नहीं करता है। ऐसी परिस्थिति में व्यक्ति अपने व्यक्तित्व गतिकी को विभिन्न चिन्ताओं एवं आशंकाओं से उत्पन्न समस्याओं को चेतन स्तर पर ही सुलझाने की कोशिश करते हैं। इससे उनमें उत्तम व्यक्तित्व संगठन (personality intergration) उत्पन्न होता है तथा उसके जीवन शैली में सुधार आता है।

जैसा कि ऊपर कहा गया है, मनोविश्लेषणात्मक चिकित्सा की शुरूआत सिगमंड फ्रायड (Sigmund Freud) द्वारा की गयी। इन्हें मनश्चिकित्सा (psychotherapy) का संस्थापक (founder) कहा जाता है। फ्रायड के यहूदी पिता ऊन व्यापारी थे और ये अपने माता-पिता के सबसे बड़े संतान थे। इन्होंने 1881 में वियाना विश्वविद्यालय से एम॰ डी॰ (M.D.) की उपाधि प्राप्त की और 1881 में ही वे एक शोध पद पर कार्य भी करने लगे। उसी समय, उनका संबंध जोसेफ व्रियूर (Joseph Breuer) से होता है जो 'अन्ना ओ' (Miss Anna O) नामक महिला का उपचार कर रहे थे। यह महिला हिस्ट्रीया रोग से ग्रस्त थी। इस महिला के बाँह एवं पैर में अंगघात (paralysis) तथा दृष्टिहीनता की शिकायत बिना किसी शारीरिक आधार के ही थी। व्रियूर ने अन्ना को सम्मोहित किया और सम्मोहन के दौरान वह कुछ ऐसी अनुभूतियों को बतला सकी जिनसे वे स्वयं ही अवगत सामान्यत: नहीं थीं। इन अनुभूतियों को बतला देने से उनमें सामान्यता के लक्षण दीखने लगे तथा उनकी दैहिक लक्षण लगभग समाप्त हो गए। व्रियूर ने इसे 'बातचीत उपचार' (talking cure) कहा। व्रियूर की इस प्रविधि से फ्रायड काफी प्रभावित हुए और वे उनके साथ मिलकर हिस्ट्रीया तथा मनश्चिकित्सा के एक सिद्धान्त का भी प्रतिपादन किया।

'अन्ना ओ' के 'बातचीत उपचार' प्रविधि से लेकर अपनी मृत्यु अर्थात् 1939 तक फ्रायड अपने रोगियों का गहन प्रेक्षण किये और अपने प्राप्त अनुभूतियों के आधार पर मानव व्यक्तित्व की गतिकी (dynamics) तथा संरचना, मनोविकृति (psycho-pathology) के स्वरूप तथा मनोवैज्ञानिक उपचार (psychological treatment) के बारे में

विभिन्न तरह के प्राक्कल्पनाएँ (hypothesis) विकसित किये जिनसे मनोविश्लेषण को एक मनश्चिकित्सा की प्रविधि के रूप में विकसित होने का पर्याप्त मौका मिला। इस सिलसिले में उनकी महत्त्वपूर्ण कृति *'दी इन्टरप्रेटेशन ऑफ ड्रीम'* (The Interpretation of Dream) जो 1900 में प्रकाशित हुई, सबसे अधिक महत्त्व रखता है।

मनोवैश्लेषिक चिकित्सा के लक्ष्य
(Goals of Psychonalytic Therapy)

मनोविश्लेषणात्मक चिकित्सा का मौलिक लक्ष्य रोगी को अपने आप को उत्तम ढंग से समझने में मदद करने से होता है ताकि वह रोगी पहले से अधिक समायोजी ढंग से सोच सके तथा व्यवहार कर सके। इस चिकित्सा में पूर्वकल्पना यह होती है कि जब रोगी यह देख पाता है कि कुसमायोजी ढंग से व्यवहार करने के क्या वास्तविक कारण हैं (जो प्रायः अचेतन में होते हैं) तथा जब वे यह देखते हैं कि वे कारण बहुत ठोस एवं वैध (valid) नहीं हैं, तो वे अपने आप कुसमायोजी ढंग से व्यवहार करना बंद कर देते हैं। इस तरह से रोगी का लक्षण अपने आप दूर हो जाता है।

फ्रायड (Freud, 1938) ने मनोविश्लेषणात्मक चिकित्सा का लक्ष्य पर प्रकाश डालते हुए कहा है कि मनोविश्लेषणात्मक परिस्थिति कुछ इस प्रकार की होती है—रोगी का अहं उसके आंतरिक मानसिक संघर्षों से कमजोर पड़ जाता है। इन मानसिक संघर्षों में उपाहं (id) का मूलप्रवृत्तिक माँग (instinctual demands) तथा पराहं (super ego) की नैतिकतापूर्ण माँग (moral demands) का महत्त्वपूर्ण योगदान हो जाता है। विश्लेषक रोगी को इन मानसिक संघर्षों से उत्पन्न समस्याओं में उन्हें मदद करता है। इस उद्देश्य से रोगी तथा विश्लेषक दोनों मिलकर पराहं तथा उपाहं की उक्त प्रवृत्तियों से निबटने के लिए युद्ध स्तर पर कार्य प्रारंभ कर देते हैं। इस कार्य में रोगी तथा विश्लेषक या चिकित्सक एक-दूसरे को मदद करते हैं। रोगी का बीमार अहं विश्लेषक के सामने उन सभी सामग्रियों को सामने रखता है जो उनका आत्म-प्रत्यक्षण (self-perception) उपलब्ध कराता है। विश्लेषक उन सामग्रियों को जो रोगी के अचेतन द्वारा प्रभावित हो चुका होता है, की नयी व्याख्या प्रदान करता है जिससे रोगी को अपनी अज्ञानता तथा भूल का एहसास हो पाता है। अन्ततोगत्वा, इससे अहं को अपने खोये मानसिक ऊर्जा पर पर्याप्त नियंत्रण बढ़ जाता है और उसके व्यवहार में सामान्यता आने लगती है।

उक्त मनोविश्लेषणात्मक परिस्थिति की व्याख्या से तब यह स्पष्ट होता है कि मनोविश्लेषणात्मक उपचार के निम्नांकित तीन मुख्य उद्देश्य हैं—

(i) रोगी के समस्यात्मक व्यवहार के कारणों में बौद्धिक एवं सांवेगिक (emotional) सूझ विकसित करना। इस तरह का सूझ रोगी में एक दो मनोविश्लेषणात्मक सत्र में न विकसित होकर कई सत्रों से गुजरने के बाद विकसित होता है।

(ii) रोगी में सूझ विकसित होने के बाद उस सूझ का आशय (implication) के बारे में पता लगाना होता है।

(iii) धीरे-धीरे रोगी के उपाहं (id) तथा पराहं (super ego) की क्रियाओं पर अहं (ego) के नियंत्रण को बढ़ाना होता है।

मनोवैश्लेषिक चिकित्सा के उक्त महत्त्वपूर्ण लक्ष्यों को प्राप्त करने की प्रक्रिया में रोगी के व्यक्तित्व का क्रमिक पुनर्संरचना (gradual reconstruction) सम्मिलित होती है। यह प्रक्रिया बहुत लम्बी चलती है (करीब तीन से पाँच सत्र प्रति सप्ताह 2 साल से 15 साल तक की अवधि तक), इसकी फीस भी काफी अधिक होती है (करीब 100 डॉलर प्रति घंटा) तथा इसमें उच्चस्तरीय चिकित्सीय कौशल की जरूरत पड़ती है। इन कारणों से मनोविश्लेषणात्मक उपचार के महत्त्वाकांक्षी लक्ष्य पर पहुँचना असंभव नहीं तो कठिन अवश्य होता है।

फ्रायडियन मनोवैश्लेषिक चिकित्सा
(Freudian Psychoanalytic Therapy)

मनश्चिकित्सा (psychotherapy) के इतिहास में फ्रायड (Freud) पहले ऐसे व्यक्ति थे जिन्होंने मानस विकृतियों से ग्रसित लोगों के उपचार में मनोवैज्ञानिक विधियों (psychological methods) का वैज्ञानिक प्रयोग किया। इनके द्वारा प्रतिपादित विधि को मनोवैश्लेषिक चिकित्सा (psychoanalytic therapy) या मनोगतिकी चिकित्सा (psycho-dynamic therapy) की संज्ञा दी गयी है।

फ्रायड द्वारा प्रतिपादित चिकित्सा में व्यक्ति के दमित इच्छाओं, चिन्तन, संघर्ष एवं डर आदि पर मनोवैश्लेषिक दृष्टिकोण से प्रकाश डाला जाता है। ऐसे संघर्ष, इच्छाओं, डर आदि को अचेतन (unconscious) से बाहर निकालकर उसमें पर्याप्त सूझ (insight) विकसित करने की कोशिश की जाती है ताकि उससे उत्पन्न होने वाले संवेगात्मक एवं समायोजन संबंधी कठिनाइयों को रोगी ठीक ढंग से सुलझा सके। इस प्रविधि में चिकित्सक को *मनोविश्लेषक* (psychoanalyst) या संक्षेप में *विश्लेषज्ञक* (analyst) भी कहा जाता है। इस विधि को *निर्देशात्मक चिकित्सा* (directive therapy) भी कहा जाता है।

फ्रायड द्वारा प्रतिपादित मनोवैश्लेषिक चिकित्सा पर यदि हम ध्यान दें तो पायेंगे कि यह चिकित्सा कुछ खास-खास चरणों (stages) में सम्पन्न किया जाता है। इनमें प्रमुख चरण (stage) निम्नांकित हैं—

(1) स्वतंत्र साहचर्य की अवस्था (stage of free association)

(2) प्रतिरोध की अवस्था (stage of resistance)

(3) स्वप्न-विश्लेषण की अवस्था (stage of dream-analysis)

(4) दिन-प्रतिदिन के व्यवहारों की व्याख्या की अवस्था (stage of interpertation of everyday behaviour)

(5) स्थानान्तरण की अवस्था (stage of transference)

(6) समापन की अवस्था (stage of termination)

इन अवस्थाओं का वर्णन निम्नांकित है—

(1) स्वतंत्र साहचर्य की अवस्था *(Stage of free association)*—फ्रायड की चिकित्सा प्रणाली की सबसे पहली अवस्था स्वतंत्र साहचर्य (free association) की होती है। रोगी को एक मन्द-प्रकाश (semi-dark) कक्ष या कमरा में एक आरामदेह एवं गद्दीदार कोच (coach) पर लेटा दिया जाता है तथा चिकित्सक रोगी की दृष्टि से ओझल होकर अर्थात् पीछे बैठक जाता है। चिकित्सक रोगी से कुछ देर तक सामान्य ढंग से बातचीत कर एक सौहार्द्रपूर्ण (rapport) वातावरण स्थापित कर लेता है और रोगी से यह अनुरोध करता है कि उसके मन में जो कुछ भी आता जाए, उसे वह बिना किसी संकोच के कहता जाए, चाहे वे विचार सार्थक हों या निरर्थक हों, नैतिक हों या अनैतिक हों। रोगी की बातों को चिकित्सक ध्यानपूर्वक सुनता है और यदि कहीं उसे हिचकिचाहट आदि होती है, तो चिकित्सक या विश्लेषक उसकी मदद करते हैं। इस प्रविधि को *स्वतंत्र साहचर्य की विधि* (method of free association) कहा जाता है जिसका उद्देश्य रोगी के अचेतन में छिपे अनुभवों, मनोलैंगिक इच्छाओं (psychosexual wishes) एवं मानसिक संघर्षों को कुरेदकर अचेतन स्तर पर लाना होता है।

(2) प्रतिरोध की अवस्था *(Stage of resistance)*—प्रतिरोध की अवस्था स्वतंत्र साहचर्य (free association) की अवस्था के बाद उत्पन्न होती है। रोगी जब अपने मन में आने वाले किसी भी तरह के विचारों को कहकर विश्लेषक (analyst) को सुनाता है, तो इसी प्रक्रिया में एक ऐसी अवस्था आ जाती है जहाँ वह अपने मन के विचारों को व्यक्त नहीं करना चाहता है और वह या तो अचानक चुप हो जाता है या कुछ बनावटी बात जान-बूझकर करने लगता है। इस अवस्था को *प्रतिरोध की अवस्था* (stage of resistance) कहा जाता है। प्रतिरोध की अवस्था तब उत्पन्न होती है जब रोगी के मन में शर्मनाक एवं चिन्ता उत्पन्न करने वाली बात आ जाती है जिसे वह विश्लेषक को नहीं बतलाना चाहता है। फलस्वरूप वह चुप हो जाता है या उसकी जगह पर कुछ दूसरी बनावटी बातें करने लगता है। विश्लेषक या चिकित्सक इस प्रतिरोध की अवस्था को खत्म करने का प्रयास करता है ताकि चिकित्सा में प्रगति हो सके। प्रतिरोध को खत्म करने के लिए वह सुझाव, सम्मोहन (hypnosis), लिखकर विचार व्यक्त करने, पेन्टिंग, चित्रांकन (drawing) आदि का सहारा लेता है। वह रोगी से घनिष्ठ संवेगात्मक संबंध स्थापित कर उसका विश्वासपात्र बनता है ताकि प्रतिरोध की इच्छाओं की अभिव्यक्ति आसानी से हो सके। प्रतिरोध समाप्त करना चिकित्सक या विश्लेषक के लिए चुनौतीपूर्ण कार्य होता है जिसे काफी सावधानीपूर्वक करना होता है।

(3) स्वप्न-विश्लेषण की अवस्था *(Stage of dream-analysis)*—रोगी के अचेतन में दमित प्रेरणाओं, बाल्यावस्था की मनोलैंगिक इच्छाएँ (psychosexual desires) एवं मानसिक संघर्षों को कुरेदकर चेतन-स्तर पर लाने के लिए विश्लेषक रोगी के स्वप्न का अध्ययन एवं उसका विश्लेषण करता है। फ्रायड के अनुसार स्वप्न में व्यक्ति अपने अचेतन की दमित इच्छाओं की पूर्ति करता है। अत: रोगियों के *स्वप्नों के अनुसार* स्वप्नों का विश्लेषण करके चिकित्सक

उसके अचेतन के संघर्षों एवं चिन्ताओं के बारे में जान पाते हैं। रोगी के स्वप्नों के अव्यक्त विषयों (latent contents) के अर्थ को विश्लेषक (analyst) उन्हें समझाता है जिससे रोगी को अपने मानसिक संघर्ष (mental conflict) एवं संवेगात्मक कठिनाई के वास्तविक कारण को समझने में मदद मिलती है।

(4) दिन-प्रतिदिन के व्यवहारों की व्याख्या *(Stage of interpretation of everyday behaviour)*—फ्रायड (Freud) ने अपनी प्रसिद्ध पुस्तक 'दी साइकोपैथोलॉजी ऑफ एवरीडे लाईफ' (The Psychopathology of Everyday Life) में स्पष्टत: यह बतलाया है कि दिन-प्रतिदिन का व्यवहार से भी अचेतन के द्वन्द्व (conflicts) तथा रक्षाओं (defense) का पता चलता है। उसी के अनुरूप मनोविश्लेषक रोगी के दिन-प्रतिदिन के सभी तरह के व्यवहारों चाहे वे तुच्छ से तुच्छ ही क्यों न हो, पर ध्यान देने की कोशिश करते हैं तथा उसका भी विश्लेषण करने की कोशिश करते हैं। बोलने की भूलें (slip of tongue), नामों को भूलना (forgetting of names), लिखने की भूलें (slip of pen), वस्तुओं को गलत स्थान पर रखना (mislaying of objects) आदि दिन-प्रतिदिन के कुछ ऐसे व्यवहार हैं जिनकी व्याख्या से व्यक्ति के अचेतन द्वन्द्वों का अंदाज होता है। जैसे, यदि रोगी स्वप्न के स्पष्ट या प्रकट विषय (manifest content) को भूल जाता है या स्वप्न को बतलाते समय कुछ उसका विशेष भाग को भूल जाता है, तो मनोविश्लेषक को यह शक हो जाता है कि रोगी स्वप्न में संकेतिक तथ्यों (symbolized fact) को छिपा रहा है और उसका संबंध रोगी के अचेतन मन से निश्चित रूप से है। यहाँ तक किसी दोस्त के नाम को क्षणिक रूप से भूल जाने की घटना को भी मनोविश्लेषक इसलिए सार्थक समझते हैं क्योकि उस दोस्त का संबंध अचेतन के कुछ भाव या आवेग जैसे ईर्ष्या (jealousy) आदि से अवश्य ही होता है।

(5) स्थानान्तरण की अवस्था *(Stage of transference)*—चिकित्सीय सत्र (therapeutic session) के दौरान जैसे-जैसे रोगी एवं चिकित्सक के बीच अन्त:क्रिया (interaction) होते जाती है, दोनों के बीच जटिल एवं सांवेगिक नये संबंध (relationship) भी उभर कर सामने आ जाते हैं। इसका परिणाम यह होता है कि रोगी अक्सर अपने गत जिन्दगी (past life) में जैसी मनोवृत्ति शिक्षक, माता, पिता या दोनों के प्रति बना रखा होता है, वैसी ही मनोवृत्ति वह चिकित्सक के प्रति विकसित कर लेता है। इसे ही *स्थानान्तरण* (transference) की संज्ञा दी जाती है। स्थानान्तरण विकसित होने से रोगी शांत मन से एवं पूर्ण विश्वास के साथ अपने विचारों की अभिव्यक्ति करता है। उसे यह विश्वास हो जाता है कि चिकित्सक एक ऐसे व्यक्ति हैं जिनके समक्ष वह अपनी व्यक्तिगत इच्छाओं एवं मानसिक द्वन्द्वों के बारे में खुलकर अभिव्यक्ति कर सकता है। इस तरह से रोगी विश्लेषक को ही अपनी घृणा अथवा प्रेम दोनों का ही पात्र मान बैठता है और अचेतन में संचित संवेगात्मक एवं भावात्मक प्रवाहों का उसकी ओर प्रदर्शन करने लगता है।

स्थानान्तरण (transference) के तीन प्रकार होते हैं—

(i) धनात्मक स्थानान्तरण *(Positive transference)*—इसमें रोगी विश्लेषक के प्रति अपने स्नेह एवं प्रेम की प्रतिक्रियाओं को दिखलाता है।

(ii) ऋणात्मक स्थानान्तरण *(Negative transference)*—इसमें रोगी विश्लेषक के प्रति अपनी घृणा एवं संवेगात्मक विलगाव की प्रतिक्रियाओं की अभिव्यक्ति करता है।

(iii) प्रति स्थानान्तरण *(Counter transference)*—इसमें विश्लेषक ही रोगी के प्रति स्नेह, प्रेम एवं संवेगात्मक लगाव दिखाता है।

जहाँ तक धनात्मक स्थानान्तरण का प्रश्न है, इससे चिकित्सा का वातावरण पहले से और भी अधिक सौहार्द्रपूर्ण बन जाता है और रोगी अपने को सुरक्षित अनुभव करता है तथा वह अचेतन की दमित इच्छाओं की अभिव्यक्ति खुलकर करता है। ऋणात्मक स्थानान्तरण में चिकित्सक रोगी की घृणा एवं आक्रामक व्यवहारों का केन्द्र होता है। अत: यहाँ उन्हें काफी सूझ-बूझ से काम लेना पड़ता है तथा वह रोगी का विश्वासपात्र बनकर उसके घृणा भावों को स्पष्ट करता है ताकि चिकित्सा में प्रगति आगे की ओर बनी रहे। प्रतिस्थानान्तरण (counter transference) की स्थिति से विश्लेषक (analyst) की अक्षमता (infeficiency) का पता चलता है और ऐसे विश्लेषक के बारे में फ्रायड ने कहा है कि उन्हें पहले अपना मनोविश्लेषण करवा लेना चाहिए। ऐसे विश्लेषक या चिकित्सक को आदर्श (ideal) नहीं माना जाता है। चाहे धनात्मक स्थानान्तरण हो या ऋणात्मक स्थानान्तरण हो, चिकित्सक अपने आप को निर्लिप्त (univolved) रखते हुए चिकित्सा को आगे बढ़ाता है जो स्पष्टत: एक कठिन कार्य है।

(6) समापन की अवस्था *(Stage of termination)*—चिकित्सा के अन्त में विश्लेषक (analyst) के सफल प्रयास के फलस्वरूप रोगी को अपने संवेगात्मक कठिनाई एवं मानसिक संघर्षों के अचेतन कारणों का एहसास होता है जिससे रोगी में अन्तर्दृष्टि या सूझ (insight) का विकास होता है। रोगी में सूझ का विकास हो जाने से उसके आत्म-प्रत्यक्षण (self perception) तथा सामाजिक प्रत्यक्षण (social perception) में परिवर्तन आ जाता है। इससे रोगी की मनोवृत्ति, विश्वास एवं मूल्यों (values) में धनात्मक परिवर्तन आता है तथा वह अपने व्यक्तिगत प्रेरणाओं (personal motives) को सही संदर्भ में समझने लगता है। रोगी में सूझ का विकास हो जाने से चिकित्सक रोगी से धीरे-धीरे संबंध- विच्छेद करने का प्रयास करता हे। यहाँ चिकित्सक को एक महत्त्वपूर्ण सावधानी जो बरतनी पड़ती है, वह यह है कि संबंध-विच्छेद वह अचानक न करे क्योंकि ऐसा करने से कभी-कभी रोगी में नये लक्षण प्रकट हो जाते हैं।

फ्रायडियन मनोविश्लेषणात्मक विधि (psychoanalytical method) के कुछ गुण (merits) एवं अवगुण (demerits) हैं। इसके प्रमुख गुण निम्नांकित हैं—

(i) मनोविश्लेषणात्मक चिकित्सा द्वारा चिकित्सा चूँकि अचेतन की दमित इच्छाओं, संघर्षों एवं उलझनों को सुलझा कर किया जाता है, अतः इससे जो उपचार होता है, वह अधिक स्थायी होता है और रोगी में पुनः उसी रोग के लक्षण उपचार के बाद कभी दोबारा नहीं दीख पड़ते हैं। चूँकि इस विधि में अचेतन की गहराइयों में जाकर उसे कुरेदा जाता है तथा संवेगात्मक कठिनाइयों एवं मानसिक उलझनों का कारण का पता लगाया जाता है, इसलिए इसे *गहरी चिकित्सा* (depth therapy) भी कहा जाता है।

(ii) मनोविश्लेषणात्मक चिकित्सा के विधि को एक महत्त्वपूर्ण विधि इसलिए भी माना जाता है क्योंकि इस विधि द्वारा मानसिक रोग के कारण का पहले पता लगा लिया जाता है और बाद में उसका उपचार उसी आलोक में किया जाता है। फलस्वरूप यह विधि चिकित्सा की अन्य विधियों से उत्तम मानी जाती है जिनमें मूलतः सिर्फ लक्षणात्मक उपचार (symptomatic treatment) पर ही अधिक बल डाला जाता है।

(iii) यह प्रविधि हिस्ट्रीया, स्नायुकृति विषाद (neurotic depression), अन्तर्मुखी (introvert) तथा कम अभिप्रेरित रोगियों के लिए सबसे अधिक प्रभावकारी माना गया है।

इन गुणों के बावजूद इस विधि के कुछ अवगुण (demerits) हैं जो निम्नांकित हैं—

(i) इस विधि द्वारा उपचार (treatment) में काफी समय लगता है। सामान्यतः इस विधि द्वारा उपचार में एक रोगी को प्रति सप्ताह तीन से पाँच बार तक लगातार कई महीनों तक और यहाँ तक कि कभी-कभी वर्षों तक विश्लेषक के पास आना पड़ता है। समय अधिक लगने के कारण चिकित्सा की यह विधि व्यावहारिक (practical) नहीं रह जाती है। रोगी चिकित्सा से उबने लगता है और उसकी कठिनाइयाँ घटने के बजाय बढ़ने लगती है।

(ii) इस उपचार विधि में समय अधिक लगने से विश्लेषक अधिक रोगियों का उपचार चाह कर भी नहीं कर पाता है।

(iii) चिकित्सा की यह विधि खर्चीली भी काफी अधिक है। प्रत्येक सत्र (session) जिसकी संख्या प्रति सप्ताह पाँच तक की होती है, रोगी को अलग-अलग फीस देना पड़ता है। अतः इस विधि द्वारा सिर्फ धनी वर्ग के रोगी ही लाभान्वित हो पाते हैं।

(iv) चिकित्सा की इस विधि का उपयोग काफी छोटे बालकों या काफी बूढ़े लोगों पर सफलतापूर्वक नहीं किया जा सकता है क्योंकि इन दोनों श्रेणियों के लोग चिकित्सा के दौरान उतना सहयोग नहीं कर पाते हैं जितनी जरूरत पड़ती है। इतनी ही नहीं, इन दोनों तरह के व्यक्तियों में चिकित्सक को सूझ उत्पन्न करना एक टेढ़ी खीर के समान होता है। जब सूझ ठीक ढंग से उत्पन्न नहीं हो पाती है, तो रोगी की समस्या का समाधान भी ठीक ढंग से नहीं हो पाता है।

(v) मनोवैश्लेषिक चिकित्सा विधि का एक दोष यह भी बतलाया गया है कि इसके लिए विश्लेषक (analyst) को कुशल एवं प्रशिक्षित होना अनिवार्य है। सभी तरह के चिकित्सक इस विधि का संचालन सही-सही ढंग से नहीं कर पाते हैं। परिणामतः यह विधि लोकप्रिय नहीं हो पायी है।

(vi) इस तरह की चिकित्सा से वही रोगी अधिक लाभान्वित होते हैं जिनकी शिक्षा की स्तर अधिक होती है। कम शिक्षित रोगी चूँकि उत्तम शाब्दिक अन्तःक्रिया (verbal interaction) चिकित्सीय सत्र के दौरान करने में असमर्थ होते हैं, अतः वे उससे लाभान्वित नहीं हो पाते हैं।

इन परिसीमाओं (limitations) के बावजूद यह विधि चिकित्सा की एक महत्त्वपूर्ण विधि है। कुछ संशोधनों के साथ आज भी इस विधि का उपयोग नैदानिक मनोवैज्ञानिक (clinical psychologists) तथा मनोरोगविज्ञानियों (psychiatrists) द्वारा शोधों (researches) एवं चिकित्सा में की जा रही है। यह चिकित्सा विशेषकर उन रोगियों के लिए आज भी काफी लाभप्रद है जो अपना आत्म-मूल्यांकन (self-evaluation) या अपनी आस्थाओं में सूझ (insight) गहन रूप से विकसित करना चाहते हैं।

मनोवैश्लेषिक विकल्प
(Psychoanalytic Alternatives)

फ्रायड द्वारा प्रतिपादित मौलिक मनोवैश्लेषिक चिकित्सा विधि में आगे चलकर नव-फ्रायडियन, युंग, एडलर, औटोरैंक, अहं विश्लेषकों (ego analysts), बेलाक एवं स्माल (Bellak & Small) द्वारा महत्त्वपूर्ण परिमार्जन (modification) किये गए। युंग (Jung) ने स्वप्न तथा प्रतीकात्मक प्रक्रियाओं पर अधिक बल डाला, रैंक ने 'जन्माघात' (birth trauma) को अधिक महत्त्वपूर्ण बतलाया जबकि एडलर तथा अन्य नव-फ्रायडवादियों ने संस्कृति, सीखना-सामाजिक संबंधों को मूलप्रवृत्तिक बलों (instinctual forces) की तुलना में अधिक महत्त्वपूर्ण बतलाया। यद्यपि इन लोगों द्वारा चिकित्सा में उक्त संप्रत्ययों पर बल डालकर चिकित्सा पद्धति के मौलिक प्रविधि में कुछ परिवर्तन अवश्य ला सकने में समर्थ हुए हैं, फिर भी इन परिवर्तनों से चिकित्सा में स्वतंत्र साहचर्य (free association), स्वप्न विश्लेषण (dream analysis) एवं व्याख्या, स्थानान्तरण तथा प्रतिरोध (resistance) के महत्त्व में न के बराबर परिवर्तन आया।

मनोविश्लेषणात्मक विकल्प के रूप में यहाँ निम्नांकित पाँच तरह की चिकित्सा पद्धति पर बल डाला जाएगा—

(1) एडलर का वैयक्तिक चिकित्सा (Adler's individual therapy)

(2) युंग का विश्लेषणात्मक चिकित्सा (Jung's analytical therapy)

(3) अहं वैश्लेषिक चिकित्सा (Ego analytic therapy)

(4) संक्षिप्त मनश्चिकित्सा (Brief psychotherapy)

(5) अन्तर्वैयक्तिक मनोगत्यात्मक चिकित्सा (Interpersonal psychodynamic therapy)

इन सबों का वर्णन निम्नांकित है—

1. एडलर का वैयक्तिक चिकित्सा *(Adler's Individual therapy)*—एडलर पहले ऐसे मनोवैज्ञानिक थे जिन्होंने अपने आप को फ्रायडियन मनोविश्लेषण से अलग कर एक नयी विचारधारा का शुरूआत किया जिसमें दी जाने वाली चिकित्सा को वैयक्तिक चिकित्सा (individual therapy) की संज्ञा दी गयी। एडलर के अनुसार कुसमायोजी व्यवहार (maladaptive behaviour) का कारण उपाहं (id) तथा पराहं (super ego) के आवेगों का अहं (ego) के साथ टकराव नहीं होता है बल्कि दोषपूर्ण जीवनशैली (life styles) तथा मन में गलत धारणाओं का विकास होता है। चिकित्सा सत्र में रोगी को यही समझाया जाता है कि उसके कुसमायोजी व्यवहार का कारण उसकी गलत धारणाएँ एवं दोषपूर्ण जीवनशैली है। रोगी को तब उचित मनोवृत्ति विकसित करने में मदद की जाती है तथा उन्हें सामाजिक अभिरुचि (social interest), साहस (courage) तथा सामान्य बोध (common sense) की दिशा में अपने जीवन शैली में धनात्मक परिवर्तन लाने की सलाह दी जाती है। इस तरह से चिकित्सा सत्र का केन्द्र बिन्दु यह होता है कि व्यक्ति को अपने दोषपूर्ण जीवन शैली से अवगत कराया जाए और फिर उसमें परिवर्तन लाने के लिए प्रोत्साहित किया जाए। इसके लिए चिकित्सक कई तरह की प्रविधियों का उपयोग करते हैं जिनमें निम्नांकित चार प्रमुख हैं—

(1) मॉडलिंग *(Modeling)*—इस प्रविधि में चिकित्सक अपने आप को व्यक्ति के सामने सामाजिक अभिरुचि (social interest) का एक उत्तम मॉडल के रूप में पेश करते हैं और रोगी को मॉडल के अनुरूप व्यवहार करने की सलाह देते हैं।

(2) कार्य निर्धारण *(Task setting)*—इसमें रोगी को कुछ ऐसे नये कार्य करने के लिए दिये जाते हैं जिससे उपचार में मदद मिलती है क्योंकि इस नये कार्य को करने से उसकी गलत धारणा तथा मनोवृत्ति में परिवर्तन आते हैं।

(3) विशेष प्रतिरूप उत्पन्न करना *(Creating images)*—इसमें रोगी को किसी आदर्श जीवन शैली के बारे में

बतलाया जाता है और उसे फिर अपने दोषपूर्ण जीवन शैली के बारे में बतलाकर उस आदर्श जीवन शैली से तुलना करने को कहा जाता है और उसी के अनुरूप अपने जीवन-शैली में परिवर्तन लाने के लिए कहा जाता है।

(4) पुश-बटन प्रविधि (*Push-button technique*)—जब रोगी अपने आप को अपने संवेगों के कब्जा में होने की विवशता जाहिर करता है तो चिकित्सक उसे इसे गलत धारणा का परिणाम बतलाते हुए यह कहते हैं कि वह अपने गत दुखदायी अनुभूति की याद करे और उससे उत्पन्न नकारात्मक सांवेगिक भाव पर ध्यान दें। इसके बाद रोगी को इस ओर से ध्यान हटाकर (अर्थात् चिन्तनरूपी मशीन का बटन दबाकर) गत सुखदायी अनुभूति की याद करने के लिए कहा जाता है तथा उत्पन्न धनात्मक संवेगों पर ध्यान देने के लिए कहा जाता है। इस तरह से दो तरह के सांवेगिक स्थितियों के बीच आगे-पीछे करने से यह पता चलता है कि रोगी को अपने संवेगों पर कितना नियंत्रण है।

मोसाक एवं ड्रिकुर्स (Mosak & Dreikurs, 1973) ने एडलेरियन मनश्चिकित्सा (Adlerian psychotherapy) के निम्नांकित प्रमुख लक्ष्य (goal) बतलाये हैं—

(i) रोगी तथा चिकित्सक के बीच एक उत्तम चिकित्सीय संबंध (therapeutic relationship) को स्थापित करना तथा उसे संपोषित करना।

(ii) व्यक्ति के जीवन शैली (life style) तथा लक्ष्यों को पता लगाना तथा साथ-ही-साथ यह भी पता लगाना कि उनसे व्यक्ति का व्यवहार किस तरह से प्रभावित होता है।

(iii) ऐसी व्याख्या या सुझाव देना जिससे रोगी अपने जीवन-शैली तथा उसके परिणामों में सूझ विकसित कर सके।

(iv) रोगी की मनोवृत्ति को इस तरह से मोड़ देना ताकि रोगी में एक समायोजी जीवन शैली उत्पन्न हो सके। दूसरे शब्दों में रोगी में उत्पन्न सूझ को रचनात्मक क्रिया में बदलना।

एडलर के अनुसार वैयक्तिक चिकित्सा में सम्मिलित चरण निम्नांकित हैं—

(i) पहले चरण में रोगी के कुसमायोजित व्यवहार के कारणों का पता लगाया जाता है। ऐसा करने के लिए रोगी के साथ उत्तम सौहार्द्रपूर्ण (rapport) संबंध स्थापित कर लिया जाता है। विश्लेषक रोगी से बातचीत करके कारणों का पता लगाता है। एडलर के अनुसार व्यक्ति को दोषपूर्ण जीवन-शैली (style of life), हीनता का भाव तथा अतिरंजित इच्छाओं के कारण ही रोगी में कुसमायोजी व्यवहार की उत्पत्ति सामान्यतः होते पायी जाती है।

(ii) दूसरे चरण में रोगी द्वारा बतलाये गए स्वप्नों का विश्लेषण किया जाता है, ताकि कुसमायोजित लक्षणों के उपयुक्त एवं वास्तविक कारणों का पता लगाया जा सके।

(iii) तीसरे चरण में रोगी को अपने सामाजिक जीवन में व्यवहार करने के लिए प्रोत्साहित किया जाता है तथा उसमें महसूस की गयी कठिनाइयों को बतलाने के लिए कहा जाता है।

(iv) चौथे चरण में विश्लेषक उन कठिनाइयों का विश्लेषण इस ढंग से रोगी के सामने करता है कि रोगी उन परिस्थितियों में अपने आप को बचा सके जिससे उसमें आत्म-धोखा (self-deception) की स्थिति उत्पन्न होती है।

(v) पाँचवें और अंतिम चरण में रोगी में सूझ विकसित हो जाती है क्योंकि रोगी के विवेक एवं व्यावहारिक पहलुओं का संबंध अन्तदर्शी पहलू से स्थापित हो जाता है।

वैयक्ति चिकित्सा के प्रमुख लाभ (advantages) निम्नांकित है—

(i) वैयक्तिक चिकित्सा का आधार रोगी के जीवन की वास्तविक या व्यवहारिक घटना होती है। फलस्वरूप इससे जो सूझ रोगी में उत्पन्न होता है, उसका प्रभाव उसपर स्थायी होता है। परिणामस्वरूप रोगी के कुसमायोजी लक्षण स्थायी तौर पर दूर हो जाते हैं और उनके व्यवहार में पूर्णता तथा व्यवहारिकता आ जाती है।

(ii) वैयक्तिक चिकित्सा में फ्रायडियन मनोविश्लेषणात्मक चिकित्सा की तुलना में कम खर्च तथा समय लगता है।

(iii) सारासन (Sarason, 1989) के अनुसार वैयक्तिक चिकित्सा बाध्यता व्यवहार (compulsive behaviour) तथा दुश्चिंता विकृति (anxiety disorder) के रोगियों के लिए अधिक प्रभावी होता है।

(iv) वैयक्तिक चिकित्सा द्वारा वैसे सामान्य व्यक्तियों (normal individuals) की भी सहायता की जाती है जिनमें दोषपूर्ण जीवनशैली तथा गलत धारणाओं के कारण कुछ समस्याएँ उत्पन्न हो गयी होती हैं।

(v) एडलेरियन चिकित्सा वैयक्तिक (individual) तथा सामूहिक (group) दोनों तरह की परिस्थिति के लिए

सुगम एवं उपयोगी बतलाया गया है। इसका मतलब यह हुआ कि इस चिकित्सा विधि का उपयोग वैयक्तिक चिकित्सा (individual therapy) तथा सामूहिक चिकित्सा (group therapy) दोनों के रूप में की जा सकती है जो इसका एक विशेष लाभ बतलाया गया है।

इन लाभों के बावजूद एडलरियन चिकित्सा के कुछ दोष (limitations) या अवगुण (demerits) हैं जो इस प्रकार है—

(i) एडलेरियन चिकित्सा द्वारा मनोविक्षिप्ति (psychosis) के रोगियों का उपचार संभव नहीं है।

(ii) मानसिक मंदता (mental deficiency), औषध व्यसन (drug addiction) तथा मद्यपानता (alcholosim) के रोगी भी इस चिकित्सा प्रविधि से लाभ नहीं उठा पाते हैं।

(iii) एडलेरियन प्रविधि को फ्रायडियन प्रविधि की तुलना में अधिक कठिन बतलाया गया है क्योंकि यहाँ चिकित्सा का मूल उद्देश्य रोगी के जीवन शैली में परिवर्तन लाकर उसके कुसमायोजी व्यवहार को दूर करना होता है।

इन अवगुणों के बावजूद एडलेरियन प्रविधि का उपयोग मानसिक रोगियों के उपचार में प्रायः किया जाता है।

(2) युंग का विश्लेषणात्मक चिकित्सा *(Jung's Analytical therapy)*—युंग (Jung) भी फ्रायड के मनोविश्लेषण (pschoanalysis) से काफी प्रभावित थे परंतु कुछ खास बिंदुओं पर फ्रायड से मतभेद हो जाने के कारण उन्होंने रोगियों के उपचार के लिए एक अलग चिकित्सा विधि का प्रतिपादन किया जिसे *विश्लेषणात्मक चिकित्सा* (analytical therapy) कहा जाता है।

युंग ने इस चिकित्सा विधि में रोगी के दमित लैंगिक इच्छाओं एवं उलझनों (conflicts) पर फ्रायड की तुलना में कम बल डाला है। इसके बदले में उन्होंने वैयक्तिकता (individuation) पर अधिक बल डाला है। वैयक्तिकता एक ऐसी प्रक्रिया है जिसमें व्यक्ति अपने आत्मन् (self) के भिन्न-भिन्न पहलुओं को एक साथ मिलाकर एक संगठित सम्पूर्णता (unified whole) विकसित करता है। युंग के अनुसार चिकित्सा का उद्देश्य व्यक्ति को एक पूर्णतः संतुलित व्यक्ति बनाना होता है और इसके लिए यह आवश्यक है कि आत्मन् के विवेकपूर्ण पहलुओं को उसके अन्तदर्शी पहलुओं (intuitive aspects) के साथ मिलाया जाए। उनका अन्तदर्शी पहलू अचेतन में होता है जिसे चेतन स्तर पर लाना आवश्यक है क्योंकि जबतक अन्तदर्शी पक्ष अचेतन में दबा रहता है तबतक इसका संबंध व्यक्ति के व्यवहारिक एवं विवेकपूर्ण पहलुओं से नहीं जोड़ा जा सकता है और व्यक्ति मानसिक रोग से छुटकारा नहीं पा सकता है। अन्तदर्शी पहलुओं को चेतन स्तर पर लाने के लिए युंग ने शब्द साहचर्य (word association) तथा स्वप्न विश्लेषण का प्रतिपादन किया। जब दोनों तरह की प्रविधियों से उसके आत्मन् (self) का अन्तदर्शी भाग चेतन पर आ जाता है तो रोगी अपने आप को एक विस्तृत एवं सम्पूर्णता के दृष्टिकोण से देखता है जिससे उसमें मानसिक शांति (mental peace) एवं सामंजस्य (harmony) विकसित हो जाता है और वह समायोजनशील व्यवहार करने लगता है। इससे उसके मानसिक रोग के लक्षण दूर हो जाते हैं।

विश्लेषणात्मक चिकित्सा (analytical therapy) में निम्नांकित चरण या कदम मुख्य रूप से सम्मिलित होते हैं—

(i) रोगी से पहले उत्तम सौहार्द्रपूर्ण संबंध स्थापित करके उसके अचेतन की इच्छाओं एवं उलझनों को समझने की कोशिश चिकित्सक द्वारा किया जाता है।

(ii) ऐसी इच्छाओं एवं उलझनों को जानने के लिए चिकित्सक द्वारा शब्द साहचर्य प्रविधि तथा स्वप्न विश्लेषण की प्रविधि अपनायी जाती है।

(iii) तीसरे चरण में व्यक्ति में अचेतन की इच्छाओं एवं उलझनों का संबंध आत्मन् (self) के विवेकी पहलुओं (rational aspects) से जोड़ने का प्रयास किया जाता है। इसके लिए चिकित्सक द्वारा रोगी को पुनर्शिक्षा (reeduation) दिया जाता है ताकि वह (रोगी) अपनी समस्याओं के समाधान में एक सूझ विकसित कर ले और अन्ततोगत्वा उसमें इच्छाशक्ति (will power) की उत्पत्ति हो जाए।

(iv) चौथा चरण समापन की होती है जिसमें धीरे-धीरे चिकित्सक रोगी से सम्पर्क की बारंबारता में कमी कर देता है।

विश्लेषणात्मक चिकित्सा प्रविधि के प्रमुख लाभ (advantages) निम्नांकित हैं—

(i) इस प्रविधि द्वारा चिकित्सक में समय, धन तथा श्रम तीनों की तुलनात्मक रूप से बचत होती है। फ्रायडियन चिकित्सा की तुलना में इस प्रविधि द्वारा चिकित्सा कम खर्च में, कम मेहनत तथा कम समय में संपन्न कर लिया जाता है।

(ii) इस प्रविधि द्वारा प्रदत्त चिकित्सा का प्रभाव अधिक प्रभावकारी (effective) होता है क्योंकि इसमें रोगी के अंतदर्शी पहलुओं (intuitive aspects) को चेतन स्तर पर लाकर रोगी में सूझ विकसित करने की कोशिश की जाती है।

(iii) इस प्रविधि पर इसलिए भी भरोसा अधिक होती है क्योंकि इसमें अचेतन की इच्छाओं को जानने के लिए सिर्फ स्वप्न विश्लेषण का ही नहीं बल्कि शब्द साहचर्य का भी उपयोग किया जाता है। चूँकि शब्द साहचर्य एक प्रक्षेपण प्रविधि (projective technique) है, इसलिए इसके निष्कर्ष को अधिक विश्वसनीय होना बिलकुल ही स्वाभाविक है।

इन लाभों के बावजूद विश्लेषणात्मक चिकित्सा की कुछ परिसीमाएँ (limitations) या अवगुण हैं जो इस प्रकार है—

(i) विश्लेषणात्मक चिकित्सा प्रविधि को मनोविक्षिप्ति (psychosis) के रोगियों के उपचार के लिए उपयुक्त नहीं बलताया गया है।

(ii) इस प्रविधि द्वारा रोगी के उपचार के लिए यह आवश्यक है कि चिकित्सक विशेष रूप से प्रशिक्षित हो तथा उन्हें शब्द साहचर्य परीक्षण तथा उससे प्राप्त आँकड़ों का विश्लेषण का उत्तम ज्ञान हो। साधारण चिकित्सा इस प्रविधि का उपयोग सफलतापूर्वक नहीं कर पाते हैं।

(iii) इस प्रविधि द्वारा की गयी चिकित्सा अधिक लोकप्रिय नहीं हो सका जो इस बात का परोक्ष सबूत देता है कि इस विधि द्वारा संपन्न मनश्चिकित्सा के परिणाम (outcome) संतोषजनक नहीं थे।

स्पष्ट हुआ कि युंग के विश्लेषणात्मक चिकित्सा में जहाँ एक ओर कुछ लाभ है तो उसमें कुछ हानि भी सम्मिलित है।

अहं-वैश्लेषिक चिकित्सा
(Ego Analytic Therapy)

मनोवैज्ञानिकों का एक समूह ऐसा है जो फ्रायड द्वारा प्रतिपादित नियमों एवं संप्रत्ययों का एडलर (Adler) के समान पूर्णतः अस्वीकृत न करके उसमें कुछ परिमार्जन किया है और उसे अपनी चिकित्सा पद्धति में उपयोग किया है। इस समूह को अहं विश्लेषक (ego analysts) कहा गया। इनमें हार्टमान (Hartmann, 1939) फ्रायड की सबसे बड़ी सुपुत्री अन्ना फ्रायड (Anna Freud), क्रिस (Kris, 1950), इरिक्सन (Erikson, 1956) तथा रैपापोर्ट (Rapaport, 1953) मुख्य रूप से मशहूर हैं। इन लोगों का मत है कि अहं (ego) का कार्य उपाहं (id) तथा वास्तविक दुनिया (real world) के उलझनों (conflict) को सुलझने में मध्यस्ता ही करना नहीं है बल्कि और भी अन्य महत्त्वपूर्ण कार्य करना है। अहं का कार्य स्पष्टतः अचेतन के संघर्षों या उलझनों को सुलझाने तथा दुश्‍िंचता से बचाने के अतिरिक्त भी बहुत कुछ है। इन लोगों के अनुसार अहं के अन्य कार्यों में समायोजी कार्य (adaptive function) तथा उलझन-मुक्त कार्य (conflict free functions) भी हैं जिसमें स्मृति, सीखना तथा प्रत्यक्षण आदि भी सम्मिलित होते हैं।

अहं विश्लेषकों द्वारा प्रतिपादित चिकित्सा फ्रायड द्वारा प्रतिपादित चिकित्सा से कुछ मात्रा में ही भिन्न हैं जो इस प्रकार है—

(i) अहं विश्लेषकों के चिकित्सा का लक्ष्य पुनर्शिक्षणीय (reeducative) होता है जबकि फ्रायडियन मनोवैश्लेषिक चिकित्सा का लक्ष्य पुनर्संरचनात्मक (reconstructive) होता है।

(ii) अहं विश्लेषकों की चिकित्सा में शैशवावस्था की अनुभूतियाँ (infantile experiences) तथा स्थानांतरण स्नायुविकृति (transference neurosis) पर फ्रायडियन मनोवैश्लेषिक चिकित्सा की तुलना में कम बल डाला जाता है।

(iii) अहं-वैश्लेषिक चिकित्सा (ego-analytic therapy) में व्यक्ति के वर्तमान समस्याओं पर अधिक जबकि फ्रायडियन मनोवैश्लेषिक चिकित्सा में व्यक्ति के गत जिन्दगी की अनुभूतियों एवं संस्करणों पर अधिक बल डाला जाता है।

अहं-वैश्लेषिक चिकित्सा (ego-anlytic therapy) में चिकित्सा निम्नांकित पूर्वकल्पना (assumptions) करके चिकित्सा-कार्य करता है—

(i) मानव-व्यवहार का निर्धारण मूलप्रवृत्ति (instinct) द्वारा न होकर अहं (ego) द्वारा किये गए विभिन्न कार्यों द्वारा होता है।

(ii) मूलप्रवृत्ति (instinct), उपाहं (id) तथा वास्तविकता से अलग हटकर अहं (ego) की स्वायत्तता (autonomy) होती है।

(iii) अहं (ego) समायोजी सीखना (adaptive learning) तथा पर्यावरणी निपुणता (environmental mastery) के लिए ऐसा प्रणोद (drives) उत्पन्न करता है जो लैंगिक तथा आक्रमक मूलप्रवृत्ति से भिन्न होता है।

(iv) महिला लैंगिकता (female sexuality) पुरुष लैंगिकता (male sexuality) से कम न होकर समकक्ष होता है।

(v) उपाहं (id), अहं (ego) तथा पराहं (super ego) द्वारा व्यक्तित्व की संरचना (structure) की संतोषजनक व्याख्या नहीं होती है।

(vi) मनश्चिकित्सा आरंभिक बाल्यावस्था की अनुभूतियों को खोजबीन करने का एक माध्यम से कहीं कुछ अधिक है। सचमुच में चिकित्सा एक विशेष संबंधात्मक अनुभूति होती है जिसमें एक ऐसा धनात्मक वर्द्धन की अंत:शक्ति (portential) छिपी होती है जिसमें क्लायंट या रोगी आत्म-सिद्धि (self-actualization) की ओर अग्रसर होता है।

(vii) सर्जनात्मकता (creativity) तथा अनुराग प्रणोद के लिए व्यक्ति में अंत:शक्ति (potential) छिपी रहती है।

(viii) सर्जनात्मकता (creativity) तथा लचीलेपन को मनश्चिकित्सा के लिए आवश्यक माना जाता है।

अहं-वैश्लेषिक चिकित्सा में निम्नांकित चरण या कदम (steps) सम्मिलित होते हैं—

(i) क्लायंट के साथ सौहार्द्रपूर्ण (rapport) संबंध स्थापित करके उनकी वर्तमान समस्याओं के बारे में उन्हें बतलाने के लिए कहा जाता है।

(ii) चिकित्सक क्लायंट को इन समस्याओं के बारे में निर्भिक ढंग से एक ऐसे सोच-समझ के साथ बतलाने के लिए कहते हैं कि उन्हें मनोविश्लेषण की पुरानी विधियों जैसे स्वप्न विश्लेषण तथा स्वतंत्र साहचर्य (free association) का उपयोग न करना पड़े तो उत्तम होगा। यहाँ क्लायंट को विशेष तरह की अनुभूतियों जैसे माता-पिता के साथ उलझनों एवं अन्य भयानक अनुभूतियों के बारे में बतलाने के लिए कहा जाता है।

(iii) चिकित्सक क्लायंट को विशेष सुझाव पुनर्शिक्षा देकर उनकी वर्तमान समस्याओं को सुझांने तथा उसमें एक नयी दिशा तथा सूझ उत्पन्न करता है।

(iv) अन्त में जब क्लायंट समस्याओं से निबटने में अपने आप सक्षम हो जाता है, तो चिकित्सक धीरे-धीरे क्लायंट से मिलना कम करता है। प्रति सप्ताह तीन चिकित्सीय सत्र से दो और फिर दो से एक और फिर महीना में एक सत्र देकर चिकित्सीय सत्र की बारंबारता में कमी करके चिकित्सा का समापन करता है।

अहं-वैश्लेषिक चिकित्सा (ego-analytic therapy) के कुछ गुण एवं दोष हैं। इसके प्रमुख गुण या लाभ निम्नांकित हैं—

(i) ब्लैंक एवं ब्लैंक (Blanck & Blanck, 1974) के अनुसार इस चिकित्सा पद्धति में चूँकि क्लायंट के वर्तमान लक्षणों तथा उनसे संबंधित घटनाओं के बीच के संबंध को समझने पर बल डाला जाता है, अत: चिकित्सा का परिणाम (outcome) स्थायी एवं प्रभावी होता है।

(ii) फोर्ड एवं अर्बन (Ford & Urban, 1963) का मत है कि इसमें रोगी के चिकित्सीय संबंध में पुनर्शिक्षा के माध्यम से विश्वास उत्पन्न किया जाता है। इसलिए इस चिकित्सा विधि द्वारा रोगी के कुसमायोजी व्यवहारों के लक्षण तेजी से दूर होते हैं।

(iii) इस चिकित्सा में चूँकि चिकित्सक रोगी के व्यक्तित्व के स्नायुविकृत पहलुओं (neurotic aspects) को ही नहीं बल्कि भावात्मक पहलुओं (effective aspects) तथा उनकी आपस की अन्त:क्रियाओं को भी समझता है, इसलिए इसके द्वारा की गयी चिकित्सा में समग्रता तथा गहनता का विशेष गुण होता है।

इन गुणों के बावजूद अहं-वैश्लेषिक चिकित्सा के कुछ अवगुण भी हैं जो इस प्रकार हैं—

(i) इस चिकित्सा प्रविधि में अंतरण (transference) तथा स्वतंत्र साहचर्य (free association) जैसी प्रविधि को पर्याप्त महत्त्व नहीं दिया जाता है, अत: चिकित्सा की प्रक्रिया का परिणाम बहुत निर्भर योग्य नहीं होता है।

(ii) इस चिकित्सा पद्धति में स्वप्न विश्लेषण जैसे महत्त्वपूर्ण प्रविधि का उपयोग न के बराबर किया जाता है जिससे भी मनोवैज्ञानिकों ने इस पद्धति की वैधता तथा सफलता पर आशंका जतायी है।

इन अवगुणों के बावजूद अहं-वैश्लेषिक चिकित्सा आधुनिक नैदानिक मनोवैज्ञानिकों के बीच काफी लोकप्रिय है।

इस बिन्दु पर विनर[1] (Weiner, 1976) ने बहुत ही उत्तम निष्कर्ष दिया है जो इस प्रकार है, ''चूँकि अहं-वैश्लेषिक उपागम में बहुत सारे योग्य चिकित्सकों के विचार किसी एक पद्धति के सैद्धान्तिक उत्केन्द्रता या विशिष्ट शब्दावली से जुड़े हुए बिना ही सम्मिलित होते हैं और चूँकि यह व्यक्तित्व विकास तथा मनोविकृति के बहुचर्चित मनोगत्यात्मक संप्रत्ययों से संबंधित है, यह वर्तमान नैदानिक पेशा में सबसे अधिक प्रयुक्त मनश्चिकित्साओं में से है।''

संक्षिप्तमनश्चिकित्सा
(*Brief Psychotherapy*)

संक्षिप्त मनश्चिकित्सा एक ऐसी मनश्चिकित्सा पद्धति है जो मनोविंश्लेषणात्मक चिकित्सा के नियमों एवं सिद्धान्तों पर ही लगभग आधारित होता है परंतु अंतर इतना ही है कि यह संक्षिप्त एवं निश्चित अवधि तक चलने वाली चिकित्सा है। यह एक आपातकालीन संकट-उन्मुखी चिकित्सा है जो समस्या या संकट से घिरे व्यक्तियों में उत्पन्न तीव्र संवेग एवं अभिप्रेरण पर आधारित होता है। संक्षिप्त मनश्चिकित्सा का उद्देश्य व्यक्तित्व की पुनर्संरचना (reconstruction) न करके तात्कालिक लक्षणों को दूर करना होता है। इस तरह की मनश्चिकित्सा की अवधि कुछ सत्रों से लेकर अधिकतम एक साल तक का होता है। संक्षिप्त मनश्चिकित्सा के आरंभिक पथप्रदर्शकों में फ़ेरंनक्जी (Frenczi, 1920) तथा एलेकजेण्डर एवं फ्रेंच (Alexander & French, 1946) तथा शिकागो स्कूल (Chicago school) का नाम प्रमुख है।

हाल ही में बेलाक एवं स्माल (Bellack & Small, 1965) ने एक इस तरह की चिकित्सा विकसित किया है। मान्न (Mann, 1973) ने एक ऐसी ही मनश्चिकित्सा की पद्धति विकसित की है जिसे उन्होंने *'समय-बंधित मनश्चिकित्सा'* (time-limited psychotherapy) कहा है। इसमें मात्र 12 उपचार सत्र (treatment session) होता है जिसका उद्देश्य रोगी को वर्तमान लक्षणों से छुटकारा दिलाना होता है। हाल ही स्ट्रप तथा विन्डर (Strupp & Binder, 1984) ने संक्षिप्त मनश्चिकित्सा का एक अन्य प्रकार विकसित किया है जिसे *'समय-बंधित गत्यात्मक-मनश्चिकित्सा'* (time-limited dynamic psychology) की संज्ञा दी गयी है। इसमें करीब 25-30 उपचार सत्र दिये जाते हैं तथा जिसमें मनोगत्यात्मक नियमों एवं सिद्धान्तों का उपयोग करते हुए रोगी के वर्तमान लक्षणों को ही सिर्फ दूर करने की कोशिश नहीं की जाती है बल्कि रोगी के व्यक्तित्व की संरचना में स्थायी परिमार्जन लाने की भी कोशिश की जाती है।

स्पष्ट हुआ कि संक्षिप्त मनश्चिकित्सा के विभिन्न रूपों या प्रकारों पर भिन्न-भिन्न लोगों द्वारा बल डाला गया है। कौस एवं सियांग (Koss & Shiang, 1995) के अनुसार संक्षिप्त मनश्चिकित्सा के रूप विभिन्न क्यों न हों परंतु उनमें निम्नांकित छह बिन्दुओं की उभयनिष्ठता (communality) अवश्य पायी जाती है—

(i) सभी संक्षिप्त मनश्चिकित्सा की प्रविधियों में मूल्यांकन (assessment) तेजी से होता है।

(ii) संक्षिप्त मनश्चिकित्सा की सभी प्रविधियों में रोगी से यह स्पष्ट कर दिया जाता है कि चिकित्सा-सीमित अवधि तक ही चलेगा तथा छह से पच्चीस सत्रों में लाभ होने की उम्मीद की जाती है।

(iii) संक्षिप्त चिकित्सा में लक्ष्य ठोस (concerete) होता है और रोगी के बदतरीन (worst) लक्षणों को दूर करने, अपने जीवन में बीत रहे घटनाओं को समझने में, उसे मदद करने पर तथा भविष्य में रोगी को उत्तम समायोजन करने में मदद करने पर बल डाला जाता है।

(iv) संक्षिप्त चिकित्सा के सत्र में रोगी के वर्तमान जिन्दगी तथा व्यवहारों की व्याख्या की ओर अधिक तथा उसके भावों के ऐतिहासिक महत्त्व की ओर कम ध्यान दिया जाता है।

(v) संक्षिप्त चिकित्सा में चिकित्सक के प्रति धनात्मक हस्तांतरण (positive transference) को बढ़ावा दिया जाता है ताकि रोगी चिकित्सक के सुझाव एवं राय को ठीक ढंग से स्वीकार कर सके।

---

1. "Because the ego-analytic approach incorporates the thinking of many able clinicians, without being tied to the theoretical eccentricities or idiosyncratic terminology of any one systemitizer and because it relates closely to widely employed psychodynamic conceptualizations of psychopathology and personality development, it is among the most community applied psychotherapies in current clinical practice."

—Weiner : *Clinical Methods in Psychology,* 1976, p. 349

(vi) संक्षिप्त चिकित्सा के चिकित्सकों में आप राय यह होती है कि मनश्चिकित्सा से रोगी चंगा नहीं होता है परंतु यह निश्चित रूप से रोगी को अपनी जिन्दगी के तनावों एवं चिन्ताओं से अपने आप को बचाने में यह मदद करता है।

संक्षिप्त मनश्चिकित्सा (brief psychotherapy) में सम्मिलित चरण निम्नांकित हैं—

(i) आरंभिक बातचीत करके रोगी के साथ उत्तम सौहार्द्र (rapport) स्थापित कर लिया जाता है और उससे अपनी समस्याओं के बारे में मुक्तकंठ से बतलाने के लिए कहा जाता है।

(ii) दूसरे चरण में रोगी द्वारा बतलाये गए स्वप्नों का विश्लेषण भी किया जाता है ताकि उसके लक्षण के पीछे छिपे अचेतन कारणों को जाना जा सके।

(iii) तीसरे चरण में रोगी द्वारा चिकित्सक को एक योग्य एवं मदद करने वाला विशेषज्ञ के रूप में ग्रहण किये जाने के ख्याल से वह अर्थात् चिकित्सक अंतरण (trasnference) को बढ़ावा देता है।

(iv) चौथे चरण में चिकित्सक रोगी की समस्याओं और उनके पीछे छिपे कारणों का एक समग्र व्याख्या (global interpretation) करता है ताकि तेजी से रोगी में सूझ उत्पन्न हो जाए। चिकित्सक इस तरह की व्याख्या में व्यवहारों के अचेतन निर्धारकों (unconscious determinants) पर अधिक बल डालता है।

(v) अंतिम चरण समापन का होता है जिसमें चिकित्सक रोगी से धीरे-धीरे अपना संबंध-विच्छेद करने लगता है क्योंकि रोगी को अब चिकित्सक की मदद की जरूरत नहीं रह जाती है।

संक्षिप्त मनश्चिकित्सा का मुख्य लाभ यह बतलाया गया है कि इसके द्वारा चिकित्सा करने में चूँकि समय कम लगता है, अतः इसका उत्तम परिणाम कम समय में ही देखने के लिए उपलब्ध हो जाता है। दूसरे शब्दों में, रोगी कम समय में ही अपने समस्यात्मक लक्षणों से छुटकारा पा लेता है। फिर भी इस मनश्चिकित्सा के मुख्य दो अवगुण (demerits) हैं जो निम्नांकित हैं—

(i) चूँकि इस मनश्चिकित्सा में कम समय में ही रोगी का उपचार करने का प्रयास किया जाता है, अतः इसके द्वारा किये गए उपचार का परिणाम बहुत स्थायी नहीं होता है। अक्सर देखा गया है कि कुछ समय बीतने के बाद रोगी में पुराने लक्षण फिर धीरे-धीरे वापस आने लगते हैं।

(ii) कई नैदानिक मनोवैज्ञानिकों का मत है कि इस तरह की चिकित्सा का उपयोग सिर्फ उसी परिस्थिति में करना चाहिए जब रोगी में विशेष आपातकालीन अवस्था उत्पन्न हो गयी हो। सामान्य परिस्थिति में इस तरह की मनश्चिकित्सा का उपयोग लाभकारी नहीं होगा क्योंकि इस तरह की चिकित्सा में रोगी के व्यक्तित्व की पुनर्संरचना (restructuring) पर कोई बल नहीं डाला जाता है।

उक्त परिसीमाओं के आलोक में यह कहा जा सकता है कि संक्षिप्त मनश्चिकित्सा का उपयोग का निर्णय लेने में परिस्थिति को अच्छी तरह से जाँच कर लेना चाहिए क्योंकि इसकी सीमाएँ काफी स्पष्ट एवं घातक है।

वस्तु-संबंध चिकित्सा
(Object-relation therapy)

आधुनिक समय में मनोविश्लेषणात्मक चिकित्सा के क्षेत्र में एक महत्त्वपूर्ण विकल्प वस्तु-संबंध चिकित्सा (object-relation therapy) है जिसका आधार वस्तु-संबंध सिद्धान्त (object-relation theory) है। जैसा कि हम जानते हैं, इस सिद्धान्त का प्रतिपादन कई ब्रिटिश विश्लेषकों (British analysis) जिसमें फेयरबेंन (Fairbairn, 1952), विनिकोट्ट (Winicott, 1965), क्लिन (Klin, 1975), मार्गरेट मेहलर (Margaret Mahler, 1975), ओटो कर्नवर्ग (Otto Kernberg, 1976) एवं कोहूट (Kohut, 1983) आदि के नाम मुख्य हैं, द्वारा किया गया। वस्तु-संबंध सिद्धान्त में माँ-शिशु अन्तक्रिया (mother-infant interaction) से उत्पन्न होने वाले अन्तर्वैयक्तिक संबंध (interpersonal relationship) तथा अहं की शक्ति एवं संरचना पर उसके पड़ने वाले प्रभाव का अध्ययन किया जाता है। जब इस संबंध का स्वरूप कुछ ऐसा होता है कि शिशु महत्त्वपूर्ण आरंभिक आवश्यकताओं की पहचान नहीं कर पाता है, तो उसमें संगठित सम्पूर्ण आत्मन् (unified self) का विकास नहीं हो पाता है और उसका आत्मन् (self) दोषपूर्ण हो जाता है जो शिशु की जिन्दगी में आगे चलकर व्यक्तित्व विकृति (personality disorders) के रूप में अभिव्यक्त होता है।

चिकित्सा सत्र के दौरान विश्लेषक का मुख्य कार्य एक अनुक्रियाशील, हार्दिक (warm) एवं परानुभूतिपूर्ण (empathic), आत्म-वस्तु (self-object) के रूप में अपने आप को पेश करना होता है ताकि रोगी अपने शिशुकाल के आरंभिक आवश्यकताओं की अभिव्यक्ति करने में प्रोत्साहित हो सके। इससे रोगी का आत्मन् (self) पूरित होती है और इस प्रक्रिया को आत्म-पूरण (self-completion) कहा जाता है। कोहूट (Kohut, 1983) ने आत्म-पूरण के लिए तीन तरह के आत्म-वस्तु हस्तांरण (self-object transference) को महत्त्वपूर्ण बतलाया है जो निम्नांकित है—

(1) **दर्पण हस्तांतरण** *(Mirror transference)*—इस तरह के हस्तांतरण में आत्म.वस्तु (self-object) द्वारा (अर्थात् विश्लेषक द्वारा) आत्म प्रदर्शन (exhibitionistic) की आवश्यकता (need) तथा भव्य या प्रतापी (grandiose) आवश्यकता की पहचान की जाती है एवं उसकी प्रशंसा की जाती है।

(2) **आदर्शात्मक हस्तांतरण** *(Idealizing transference)*—इस तरह के हस्तांरण में आत्म-वस्तु द्वारा संरक्षण तथा शामक (soothing) आवश्यकताओं की पहचान कर उनकी प्रशंसा की जाती है।

(3) **सर्वसम हस्तान्तरण** *(Twinship transference)*—इस तरह के हस्तांतरण में आत्म-वस्तु द्वारा दूसरे व्यक्ति के साथ घनिष्ठता (closeness) दिखाने की आवश्यकता की पहचान की जाती है तथा उसकी प्रशंसा की जाती है।

वस्तु-संबंध चिकित्सा में सम्मिलित प्रमुख चरण निम्नांकित हैं—

(i) प्रथम चरण में रोगी के साथ विश्लेषक हार्दिक संबंध स्थापित करके एक उत्तम आत्म-वस्तु (self-object) की भूमिका प्रदान करता है।

(ii) रोगी के शैशवाकाल के उन आरंभिक आवश्यकताओं की पहचान की जाती है जिसकी अपर्याप्ता अभिव्यक्ति से वह एक संगठित आत्मन् (unified whole) विकसित करने में सफल नहीं हो सका। ऐसी आवश्यकताएँ तीन होती हैं—दर्पणात्मक (mirroring), आदर्शात्मक (idealizing) तथा सर्वसमात्मक (twining)।

(iii) तीसरे चरण में एक ऐसा चिकित्सीय संबंध (therapeutic relationship) कायम करने की कोशिश की जाती है जिसे आवश्यकता-तुष्टि संबंध (need-gratifying relationship) कहा जा सके। सचमुच में विश्लेषक इस चिकित्सीय संबंध को रोगी के लिए एक ऐसा दूसरा अवसर के समान मानते हैं जिसमें रोगी उस संतुष्टि को आसानी से प्राप्त कर ले सकता है जो शैशवावस्था में प्राप्त करने से वह वंचित रह चुका था। इसके लिए विश्लेषक एक अनुक्रियाशील हार्दिक एवं परानुभूतिपूर्ण भूमिका करता है।

(iv) चौथे चरण रोगी में यह ज्ञान विकसित होता है कि उसका वर्तमान व्यक्तित्व उलझन किस तरह से आरंभिक सांवेगिक वंचनों (emotional deprivation) से उत्पन्न हुआ है।

(v) पाँचवें और अंतिम चरण में विश्लेषक रोगी से अपना संबंध धीरे-धीरे विच्छेदित कर लेते हैं।

वस्तु-संबंध चिकित्सा के कुछ गुण एवं दोष या परिसीमाएँ (limitations) हैं। इसका प्रमुख गुण (merits) निम्नांकित हैं—

(i) इसमें एक आवश्यकता-तुष्टिपूर्ण संबंध (need-gratifying relationship) विकसित होने पर बल डाला जाता है। इससे रोगी में आरंभिक सांवेगिक वंचनों (early emotional deprivations) की क्षपिपूर्ति तेजी से होती है।

(ii) इस चिकित्सा में अहं समर्थन (ego support) तथा स्वीकृति (acceptance) पर अधिक बल डाला जाता है। फलत: रोगी में उत्पन्न मनोवैज्ञानिक आघात (psychological trauma) तेजी से दूर हो जाते हैं।

इन गुणों के बावजूद इस चिकित्सा की कुछ परिसीमाएँ हैं जो इस प्रकार हैं—

(i) वस्तु-संबंध चिकित्सा यद्यपि मनोगत्यात्मक विकल्पी चिकित्सा है, फिर भी इसकी लौलुपता एवं झुकाव मानवतावादी चिकित्सा (humanistic therapy) की ओर अधिक है क्योंकि इसमें कुछ वैसे ही संप्रत्ययों तथा प्रक्रियाओं पर अधिक बल डाला गया है। इसे कुछ अन्य विश्लेषकों ने काफी गंभीरता से लिया है।

(ii) लेभाईन (Levine, 1985) का मत है कि क्लासिकी मनोविश्लेषकों ने वस्तु-संबंध चिकित्सा के परिणाम पर शक जाहिर करते हुए कहा है कि रोगी की वर्तमान समस्याओं का कहाँ तक इसमें निदान हो पायेगा, कहना मुश्किल है क्योंकि इसमें मात्र स्नेह या अनुराग द्वारा चिकित्सा करने पर बल डाला गया है।

इन परिसीमाओं के बावजूद वस्तु संबंध चिकित्सा अभी कुछ विश्लेषकों (analysts) के बीच काफी लोकप्रिय है।

अन्तर्वैयक्तिमनोगत्यात्मकचिकित्सा
(Interpersonal Psychodynamic therapy)

इस चिकित्सा पद्धति का प्रतिपादन हैरी स्टैक सुलिभान (Harry Stack Sullivan) द्वारा किया गया। इस चिकित्सा में रोगी तथा उसके सामाजिक वातावरण के अन्त:क्रिया (interaction) पर बल डाला जाता है। सुलिभान जिन्हें नव-फ्रायडियन (neo-Freudian) भी कहा जाता है, का मत है कि रोगी की मूल कठिनाई वास्तविकता का गलत प्रत्यक्षण किया जाना है जो मूलत: माता-पिता तथा बच्चों के अन्तर्वैयक्तिक संबंध में विघटन (disorganization) से उत्पन्न होता है। सुलिभान के अनुसार चिकित्सक अन्तर्वैयक्तिक संबंधों का एक विशेषज्ञ प्रेक्षक (expert observer) होता है जो रोगी या क्लायंट को यह स्पष्ट करता है कि किस तरह से उसका विशेष संज्ञान तथा संबंधित दोषपूर्ण व्यवहार शैली उसे अपनी जिन्दगी उत्तम ढंग से जीने में कठिनाई उत्पन्न कर रहा है। जब रोगी इस पहलू को समझ लेता है तो वह अधिक समायोजनशील तरीकों से व्यवहार करने के लिए प्रेरित हो उठता है।

सुलिभान द्वारा प्रतिपादित चिकित्सा में फोर्ड एवं अर्बन (Ford & Urban, 1963) के अनुसार निम्नांकित चरण सम्मिलित होते हैं—

(i) पहले चरण में चिकित्सक रोगी की प्रमुख समस्याओं की समीक्षा (review) करता है।

(ii) दूसरे चरण में उन व्यवहारों का पता लगाया जाता है जो उसकी समस्या के आलोक में संगत होते हैं।

(iii) तीसरे चरण में समस्या के सामान्य रूप-रेखा या प्रकार के बारे में एक निर्णय (decision) लिया जाता है।

(iv) चौथे चरण में रोगी की सम्पूर्ण अनुक्रियाओं का सावधानीपूर्वक एवं विस्तृत अध्ययन किया जाता है।

(v) पाँचवें चरण में रोगी के चिन्ताओं, परिवर्तन पैटर्न (avoidance pattern) तथा वह अन्तर्वैयक्तिक परिस्थिति जिससे वे होते हैं, का पता लगाया जाता है।

(vi) छठे चरण में रोगी को इन विभिन्न पैटर्नों के बारे में विस्तार रूप से बतलाया जाता है।

(vii) सातवें चरण में रोगी को इन दुश्चिताओं के मुख्य तथ्यों से अवगत कराया जाता है।

(viii) आठवें चरण में रोगी को उन दुश्चिताओं का व्यवहार पर पड़ने वाले प्रभावों से अवगत कराया जाता है।

(ix) नौंवे चरण में यह देखा जाता है कि रोगी में चिन्ता की तीव्रता धीरे-धीरे कम जाती है क्योंकि उसे अपनी चिन्ता का कारण समझ में आ जाता है।

स्पष्ट हुआ कि सुलीभान द्वारा प्रतिपादित चिकित्सा में रोगी के विभिन्न व्यवहारों पर क्रमबद्ध ध्यान देकर उनकी समस्याओं को दूर करने की कोशिश की जाती है।

मनोगत्यात्मक अन्तर्वैयक्तिक चिकित्सा (psychodynamic interpersonal theory) का समकालीन उदाहरण (contemporary example) क्लरमैन तथा विसमैन (Klerman & Weissman, 1984) द्वारा प्रतिपादित अन्तर्वैयक्तिक चिकित्सा है। इसमें सम्मिलित चरण लगभग वही है जो सुलिभान के चिकित्सा पद्धति में हैं तथा विषाद (depression) के रोगियों के लिए इसे अधिक लाभकारी बतलाया गया है।

अन्तर्वैयक्तिक चिकित्सा (interpersonal therapy) के निम्नांकित लाभ या गुण बतलाये गए हैं—

(i) इस तरह की चिकित्सा विषाद, मनोदशा (mood) तथा व्यक्तित्व विकृतियों (personality disorders) के रोगियों के उपचार के लिए काफी लाभदायक सिद्ध हुआ है।

(ii) कौश तथा बुचर (Koss & Butcher, 1996) के अनुसार चूँकि इसमें रोगी तथा चिकित्सक दोनों ही एक साथ कड़ी मेहनत करते हैं और विशिष्ट एवं नियन्त्रणीय लक्ष्य पर ध्यान केन्द्रित करते हैं, अत: इस चिकित्सा का परिणाम (outcome) फ्रायडियन मनश्चिकित्सा के परिणाम से कम प्रभावी नहीं होता पाया गया है।

इन गुणों के बावजूद इस चिकित्सा के कुछ अवगुण भी हैं जो इस प्रकार है—

(i) इस तरह की चिकित्सा द्वारा दुर्भीति (phobia) तथा मनोग्रसित-बाध्यता (obsessive-compulsive) के रोगियों का उपचार उत्तम परिणाम के साथ नहीं किये जाते हैं। विशमैन (Weissman, 1989) ने अपने शोधों के आधार पर इस तथ्य की संपुष्टि किया है।

(ii) अन्तर्वैयक्तिक चिकित्सा में चिकित्सक बहुत ध्यान देकर रोगी के कई व्यवहारों में से कुछ सीमित व्यवहारों को

चुन लेता है। इसका परिणाम यह होता है कि ऐसे चिकित्सा में एक समय में रोगी के व्यवहारों, मनोवृत्तियों एवं भावों के सीमित प्रसार (range) पर ही ध्यान दिया जा सकता है। इससे अनावश्यक रूप से चिकित्सा के सम्पूर्ण लक्ष्य की प्राप्ति में बाधा पहुँचती है।

इन अवगुणों के बावजूद सुलिभान द्वारा प्रतिपादित अन्तर्वैयक्तिक चिकित्सा कुछ विशेषज्ञों जैसे डिमासकिओ (Di Mascio), होरोविज (Horowitz), ग्रीनवर्ग (Greenberg) आदि के बीच काफी लोकप्रिय है।

सामान्य निष्कर्ष *(General Conclusion)*—स्पष्ट हुआ कि फ्रायडियन मनोविश्लेषणात्मक चिकित्सा के मौलिक स्वरूप से कुछ लोगों ने बिलकुल ही हटकर तथा कुछ लोगों ने उनकी चिकित्सा में कुछ परिमार्जन करके कई तरह के चिकित्सा पद्धति का विकास किया है। इन दोनों तरह के चिकित्सा पद्धतियों का वर्णन मनोविश्लेषण के विकल्प (Psychonalytic alternatives) के तहत किया गया है। एडलर का वैयक्तिक चिकित्सा, युंग का वैश्लेषणात्मक चिकित्सा, अहं-विश्लेषिक चिकित्सा (ego-analytic therapy), संक्षिप्त मनश्चिकित्सा (brief psychotherapy) तथा अन्तर्वैयक्तिक मनोगत्यात्मक चिकित्सा (interpersonal psychodynamic therapy) आदि प्रमुख हैं। इसके अलावा ओटो रैंक (Otto Rank) द्वारा प्रतिपादित इच्छा चिकित्सा (will therapy) को भी मनोविश्लेषण के विकल्प में रखा जाता है परंतु उसकी लोकप्रियता सीमित होने के कारण उसकी चर्चा नहीं की गयी है। ओटो रैंक फ्रायड से संबंध विच्छेद करने के बाद इच्छा चिकित्सा का प्रतिपादन किया। संक्षेप में इस चिकित्सा में अचेतन एवं रोगी के गत जिन्दगी के अन्वेषण को तुलनात्मक रूप से कम महत्त्व दिया जाता है। रैंक के अनुसार रोगी में उत्तम स्वास्थ्य बनाये रखने की एक जन्मजात इच्छा होती है और यही इच्छा से उसमें परिपक्व स्वतंत्रता का भाव उत्पन्न होता है। चिकित्सक रोगी के भीतर वर्द्धन के लिए छिपे अन्त:शक्ति (potential) का एक मददगार के रूप में न कि अचेतन को खोजबीन करने वाला के रूप में मात्र कार्य करता है। रैंक के इस विचार से आगे चलकर कार्ल रोजर्स ने प्रेरणा लेकर क्लायंट-केन्द्रित चिकित्सा का प्रतिपादन किया।

अध्याय सारांश
(Chapter Summary)

1. मनोगत्यात्मक चिकित्सा (psychodynamic therapy) से तात्पर्य एक ऐसे मनोवैज्ञानिक उपचार दृष्टिकोण से होता है जिसमें क्लायंट या रोगी के व्यक्तित्व गतिकी पर मनोवैश्लेषिक परिप्रेक्ष्य (psychonalytic perspective) में बल डाला जाता है। फ्रायड द्वारा प्रतिपादित मनोगत्यात्मक चिकित्सा को मनोवैश्लेषिक चिकित्सा (psychoanalytic therapy) कहा जाता है।
2. मनोवैश्लेषिक चिकित्सा के मुख्य तीन उद्देश्य हैं जिसमें रोगी को अपनी समस्या में सूझ विकसित करना प्रमुख है। यही कारण है कि उसे *सूझ-उन्मुखी चिकित्सा* (insight-oriented therapy) भी कहा जाता है।
3. फ्रायड द्वारा प्रतिपादित मनश्चिकित्सा के छह चरण हैं तथा इनके गुण-दोष भी हैं जिनपर विशेष रूप से प्रकाश डाला गया है।
4. मनोवैश्लेषिक चिकित्सा प्रविधि के बहुत सारे विकल्प (alternatives) हैं जिनमें पाँच प्रमुख विकल्पों पर गंभीरतपर्वूक विचार किया गया है। वे पाँच प्रमुख विकल्प हैं—युंग की विश्लेषणात्मक चिकित्सा, एडलर का वैयक्तिक चिकित्सा, अहं वैश्लेषिक चिकित्सा (ego analytic therapy), संक्षिप्त मनश्चिकित्सा (brief psychotherapy) तथा अन्तर्वैयक्तिक मनोगत्यात्मक चिकित्सा (interpersonal psychodynamic therapy)।
5. प्रत्येक पाँच वैकल्पिक चिकित्सा प्रविधियों की आलोचनात्मक व्याख्या अलग-अलग की गयी है।

❑

अध्याय 22

व्यवहार चिकित्सा एवं संज्ञानात्मक-व्यवहार चिकित्सा

(BEHAVIOUR THERAPY AND COGNITIVE BEHAVIOUR THERAPY)

व्यवहार चिकित्सा का अर्थ एवं स्वरूप
(Meaning and Nature of Behaviour Therapy)

व्यवहार चिकित्सा(behaviour therapy)एक ऐसा पद है जो नैदानिक मनोविज्ञान में काफी लोकप्रिय है। लिण्डस्लेय, स्कीन्नर तथा सोलोमोन (Lindsley, Skinner & Solomon) द्वारा एक शोध पत्र जिसे 1953 में प्रकाशित किया गया था, में इस पद अर्थात् 'व्यवहार चिकित्सा' के पद का उपयोग सबसे पहले-पहले किया गया था। इन मनोवैज्ञानिकों द्वारा यद्यपि इसका उपयोग बाद में नहीं किया गया परंतु एक-दूसरे मशहूर मनोवैज्ञानिक अर्थात् आइजेन्क (Eysenck) ने इसका उपयोग जारी रखा। आजकल इसका उपयोग नैदानिक मनोवैज्ञानिक में काफी अधिक किया जाता है।

'व्यवहार चिकित्सा' के बदले में कभी-कभी व्यवहार परिमार्जन (behaviour modification) पद का भी उपयोग किया जाता है। यद्यपि इन दोनों पदों को एक-दूसरे के जगह पर काफी उपयोग किया गया है फिर भी कुछ मनोवैज्ञानिकों द्वारा इन दोनों में अंतर किया जाता है। जिन मनोवैज्ञानिकों द्वारा व्यवहार चिकित्सा का आधार स्कीन्नर द्वारा बतलाये गये नियमों या सिद्धान्तों को प्रमुख माना जाता है, वे 'व्यवहार परिमार्जन' (behaviour modification) का उपयोग करते हैं जबकि जिन मनोवैज्ञानिकों द्वारा इस तरह के चिकित्सा का आधार सामाजिक सीखना (social learning) तथा/या संज्ञानात्मक सीखना माना जाता है, वे व्यवहार चिकित्सा पद का अधिक प्रयोग करते हैं। परंतु इन दोनों पदों का उक्त अंतर कोई जटिल समस्या उत्पन्न नहीं करता है और लोगों द्वारा इन दोनों पदों को एक-दूसरे के जगह पर प्राय: उपयोग किया जाता है।

अब प्रश्न उठता है कि *व्यवहार चिकित्सा क्या है?* व्यवहार चिकित्सा मनश्चिकित्सा की एक ऐसी प्रविधि है जिसमें मानसिक रोगों का उपचार कुछ ऐसी विधियों से किया जाता है जिसका आधार अनुबंधन (conditioning) के क्षेत्र में विशेषकर पैवलव (Pavlov) तथा स्कीन्नर द्वारा तथा संज्ञानात्मक सीखना के क्षेत्र में किये गए प्रमुख सिद्धांत एवं नियम होते हैं। ओल्प[1] (Wolpe, 1969) जो व्यवहार चिकित्सा के जाने-माने समर्थक हैं, ने व्यवहार चिकित्सा को इस प्रकार परिभाषित किया है, "अपअनुकूलित व्यवहार को परिवर्तित करने के ख्याल से प्रयोगात्मक रूप से स्थापित या सीखने के नियमों का उपयोग व्यवहार चिकित्सा है। अपअनुकूलित आदतों को कमजोर किया जाता है तथा उनका त्याग किया जाता है, अनुकूलित आदतों की शुरूआत की जाती है तथा मजबूत किया जाता है।"

उक्त परिभाषा से यह स्पष्ट है कि व्यवहार चिकित्सा में अपअनुकूलित व्यवहार के जगह पर अनुकूलित व्यवहार (adaptive behaviour) को मजबूत करने को कोशिश की जाती है ताकि व्यक्ति सामान्य व्यवहार ठीक ढंग से करे।

व्यवहार चिकित्सा में अपअनुकूलित व्यक्ति के बारे में निम्नांकित दो पूर्वकल्पनाएँ (assumptions) की जाती है—

(i) अपअनुकूलित या कुसमायोजित व्यक्ति (maladapted person) वैसे व्यक्ति को कहा जाता है जो जिन्दगी की समस्याओं से निबटने के लिए पर्याप्त सामर्थ्य किसी कारणवश नहीं विकसित कर पाना सीख पाये।

1. "Behaviour therapy is the use of experimentally established principles of learning for the purpose of changing unadaptive behaviour. Unadaptive habits are weakened and eliminated; adaptive habits are initiated and strengthened."
—Wolpe : *The Practice of Behaviour Therapy,* 1969 p. vii

(ii) ऐसे व्यक्ति कुछ दोषपूर्ण समायोजन पैटर्न (faulty adjustment pattern) सीख लेते हैं जो किसी-न-किसी स्रोत से पुनर्बलित होकर अपने आप संपोषित (maintained) होते रहते हैं।

व्यवहार चिकित्सा में अपअनुकूलित व्यवहार (maladaptive behaviour) को परिवर्तित कर उसकी जगह पर अनुकूलित व्यवहार सीखलाने का प्रयत्न किया जाता है। इस क्षेत्र के प्रमुख नैदानिक मनोवैज्ञानिकों जैसे फारकास (Farkas, 1980), रॉस (Ross, 1985), काजडिन (Kazdin, 1978) आदि द्वारा किये गये शोधों के आधार पर व्यवहार चिकित्सा के कुछ प्रमुख नियमों (principles) का प्रतिपादन किया गया है जो इस प्रकार है—

(i) सामान्य व्यवहार तथा असामान्य व्यवहार में निरंतरता (continuity) होती है जो यह बतलाता है कि अधिगम या सीखने के जो मौलिक नियम हैं, वे दोनों तरह के व्यवहार पर लागू होते हैं। दूसरे शब्दों में, तब यह कहा जा सकता है कि व्यक्ति अपनुकूलित व्यवहार को उन्हीं मनोवैज्ञानिक प्रक्रियाओं के माध्यम से सीखता है जिनके माध्यम से वह अनुकूलित व्यवहार को सीखता है।

(ii) व्यवहार चिकित्सा का मुख्य उद्देश्य व्यक्ति द्वारा स्पष्ट रूप से किये गए अपअनुकूलित व्यवहार को परिमार्जित करना होता है। ऐसे व्यवहार से संबंधित संज्ञान एवं संवेगों पर भी प्रत्यक्ष रूप से ध्यान दिया जाता है।

(iii) व्यवहार चिकित्सा की जितनी भी प्रविधियाँ (techniques) हैं, वे प्रयोगात्मक मनोविज्ञान के सैद्धान्तिक मूल तथा आनुभविक तथ्यों (empirical findings) पर आधृत हैं। प्रारंभ के दिनों में व्यवहार चिकित्सा मुख्यतः सीखने के सिद्धान्तों के तथ्यों पर आधृत था परंतु आजकल इसका आनुभविक आधार (empirical foundations) उससे कहीं अधिक विस्तृत है।

(iv) व्यवहार चिकित्सा में रोगी के वर्तमान समस्याओं पर न कि उसके बाल्यावस्था की अनुभूतियों या ऐतिहासिक पृष्ठभूमि पर बल डाला जाता है।

(v) व्यवहार चिकित्सा में उपचार के प्रयोगात्मक मूल्यांकन (experimental evaluation) के प्रति वचनबद्धता होती है। इसमें सिर्फ उन्हीं प्रविधियों (techniques) को सम्मिलित किया जाता है जिनका विभिन्न तरह के प्रयोगात्मक समूह डिजाइन द्वारा वैज्ञानिक रूप से जाँच कर लिया गया हो।

(vi) व्यवहार चिकित्सा में चिकित्सक यद्यपि वैज्ञानिक रूप से जाँचकर लिए गये प्रविधियों को ही अपनाता है फिर भी वह अपनी सेवा प्रदान करने में नैतिक नियमों एवं दुरूस्त नैदानिक सिद्धान्तों के अनुरूप निर्णय लेने के लिए बाध्य होता है। व्यवहार चिकित्सा में समस्या-आधृत प्रविधियों (problem-focused techniques) पर अधिक बल डाला जाता है।

उक्त नियमों को ध्यान में रखते हुए एक व्यवहार चिकित्सक चिकित्सा की प्रक्रिया को संपन्न करते हैं और वे अपने रोगियों के कल्याण के लिए कार्यरत रहते हैं।

व्यवहार चिकित्सा की ऐतिहासिक पृष्ठभूमि
(Historical background of Behaviour therapy)

अधिकतर व्यवहारवादी नैदानिक मनोवैज्ञानिक (behavioural clinicians) व्यवहार चिकित्सा की बुनियादी संबंध का स्रोत प्रसिद्ध अमेरिकन मनोवैज्ञानिक जे॰ बी॰ वाटस (J. B. Watson) को मानते हैं। संचमुच में वाटसन तथा रेनर (Watson & Rayner, 1920) ने अलबर्ट (Albert) नामक बच्चा एवं एक उजला चूहा (white rat) पर मशहूर प्रयोगशाला प्रयोग किया जो व्यवहारवादी नैदानिक मनोवैज्ञानिकों के लिए प्रेरणा स्रोत है। इस अध्ययन में यह दिखलाया गया कि बच्चा में स्नायुविकृति (neurosis) किस तरह से विकसित होता है। पैवलोवियन अनुबंधन के नियमों के आलोक में अलबर्ट के सामने एक उजला चूहा रखा गया ताकि वह उसके साथ खेल सके। जैसे ही वह खेलना प्रारंभ करता है था, एक तीव्र आवाज उत्पन्न कर दिया जाता था जिससे वह डर जाता था। कुछ प्रयासों के बाद यह देखा गया कि अलबर्ट उजला चूहा को मात्र देखकर ही डरने लगा और इतना ही नहीं अन्य सभी उजले रायेंदार चीजों से भी वह डरने लगा। मेरी कभर जोन्स (Mary Cover Jones, 1924) ने एक प्रयोग करके यह दिखलाया कि किस तरह से ऐसे अर्जित डर (learned fears) को दूर किया जा सकता है। इनका प्रयोग 3 साल का एक बच्चा जिसका नाम पीटर (Peter) था, पर किया गया। पीटर चूहों, खरगोश तथा अन्य समान जानवरों से डरता था। इस डर को कम करने के ख्याल से जोन्स ने पिंजड़े में बंद खरगोश को पीटर के सामने धीरे-धीरे नजदीक उस समय लाया जब पीटर खाना खा रहा था। ऐसा कई

बार किया गया तो देखा गया कि डर उत्पन्न करनेवाला वस्तु अर्थात् खरगोश भोजन (food) के साथ साहचर्यित हो गया और कुछ महीनों के बाद खरगोश से पीटर के मन में व्याप्त डर बिलकुल ही समाप्त हो गया। अगर हम ध्यानपूर्वक देखें तो वाटसन तथा जोन्स का उक्त अध्ययन 30 साल बाद ओल्प (Wople) द्वारा प्रतिपादित व्यवहार चिकित्सा के विकास का एक महत्त्वपूर्ण पूर्ववर्ती कारक (antecendent factor) साबित हुआ।

जैसा कि अलबर्ट (Albert) तथा पीटर (Peter) के अध्ययनों से स्पष्ट है, व्यवहार चिकित्सा का सबसे पहला सैद्धान्तिक स्रोत पैवलोवियन अनुबंधन तथा हल (Hull) द्वारा प्रतिपादित सीखने का सिद्धान्त है। 1950 वाले दशक में दक्षिण अफ्रीका के दो मनोवैज्ञानिकों अर्थात् जोसेफ ओल्प (Joseph Wolpe) तथा अर्नोल्ड लेजारस (Arnold Lazarus) तथा लंदन के मॉडस्ले विश्वविद्यालय (Maudsely University) में हांस आइजेन्क (Hans Eysenck) ने पशु शोधों के परिणामों को मनुष्यों की चिन्ता के ग्रहण एवं उससे छुटकारा दिलाने में उपयोग करने लगे और इस तरह से धीरे-धीरे व्यवहार चिकित्सा का विकास होता गया।

जिस समय ओल्प (Wolpe), लेजारस (Lazarus) तथा आइजेन्क (Eysenk) अपने अनुबंधन प्रविधियों का विकास कर रहे थे, क्रियाप्रसूत अनुबंधन (operant conditioning) का भी प्रभाव स्पष्टत: दीखने लगा था। स्कीनर (Skinner, 1953), लिंडस्लेय एवं स्कीनर (Lindsley & Skinner, 1954) ने अपने शोधों से यह दिखला रहे थे कि अस्पताल में भर्ती किये गए मनोविक्षिप्ति (psychosis) के रोगियों के व्यवहारों को क्रियाप्रसूत विधियों (operant conditioning) से परिवर्तित किया जा सकता है। जब वातावरण को इस ढंग से नियंत्रित किया जा सकता है कि रोगी द्वारा कुछ विशेष तरह की अनुक्रिया करने पर कुछ विशेष तरह का उसे परिमाण (पुरस्कार) प्राप्त हो, तो उनके व्यवहारों में सार्थक परिवर्तन संभव है।

स्पष्ट हुआ कि पैवलोवियन अनुबंधन तथा क्रियाप्रसूत अनुबंधन (operant conditioning) की प्रविधियों पर आधृत स्पष्ट व्यवहारों (overt behaviour) में परिमार्जन पर आरंभिक व्यवहार चिकित्सकों द्वारा अधिक बल डाला गया तथा ये लोग व्यवहार के संज्ञानात्मक स्वरूप (cognitive nature) का पूर्णत: उपेक्षा किये। लेकिन 1954 में जुलियन रौटर (Julian Rotter) ने अपनी प्रसिद्ध पुस्तक *'सोसल लर्निंग एण्ड क्लिनिक साइकोलॉजी'* (Social Learning and Clinical Psychology) में यह स्पष्ट रूप से बतलाया कि प्राणी का व्यवहार पुनर्बलन (reinforcement) के मूल्यों (values) तथा साथ-ही-साथ यह प्रत्याशा (expectation) कि ऐसे व्यवहार भविष्य में करने से उन्हें पुनर्बलन मिलेगा, दोनों से ही निर्धारित होता है। इस सिलसिले में अल्बर्ट वैण्डुरा (Albert Bandura) द्वारा व्यवहार के परिमार्जन में सामाजिक सीखना योगदान की भी अहमियत काफी थी। रौटर (Rotter) तथा बैण्डुरा (Bandura) जैसे मनोवैज्ञानिकों द्वारा जो संज्ञानात्मक पहलू (cognitive aspects) पर बल डाला गया है, उससे व्यवहार चिकित्सा का स्वरूप विस्तृत तो हुआ ही है साथ-ही-साथ उसके सेवायोग्य स्वरूप की भी लोकप्रियता बढ़ी है।

व्यवहार चिकित्सा का औपचारिक पहचान 1950 वाले दशक के उत्तरार्द्ध में तथा 1960 वाले दशक के प्रारंभ में हुआ। इस अवधि में नैदानिक मनोविज्ञान में उपचार के व्यवहारवादी तरीकों पर अत्यधिक बल डाला जा रहा था। मनश्चिकित्सा की प्रभावशीलता को आइजेन्क (Eysenck) द्वारा खुला चुनौती दिया जाना, नैदानिक मूल्यांकन से अत्यधिक असंतुष्टि तथा व्यवहार विकृति (behaviour disorder) के मेडिकल मॉडल के प्रति असंतोष के कारण नैदानिक मनोवैज्ञानिकों द्वारा व्यवहार चिकित्सा को चिकित्सा के अन्य पौराणिक विधियों की तुलना में अधिक महत्त्व दिया गया। इसका परिणाम यह हुआ कि व्यवहार चिकित्सा की औपचारिक शुरूआत दक्षिण अफ्रीका (South Africa), इंगलैंड तथा संयुक्त राज्य अमेरिका में बहुत हद तक स्वतंत्र रूप से हुआ परंतु फिर भी इनमें आपसी सहयोग बना हुआ था। दक्षिण अफ्रीका में जोसेफ ओल्प (Joseph Wolpe) ने जो शोध किया, उससे उनकी प्रसिद्ध पुस्तक *'साइकोथिरापी वाई रेसिप्रोकल इनहिबिसन'* (Psychotherapy by Reciprocal Inhibition) प्रकाशित हुई जिसमें उन्होंने असंवेदीकरण (desensitization) की प्रविधि को विकसित किया। फिर इस सिलसिले में उनके दो छात्रों अर्थात् स्टेनले रैचमैन (Stanley Rachman) तथा अर्नोल्ड लेजारस (Arnold Lazarus) ने फिर इस सिलसिले में महत्त्वपूर्ण योगदान किये। लंदन में दो महत्त्वपूर्ण व्यक्तियों अर्थात् हांस आइजेन्क (Hans Eysenck) तथा एम॰ बी॰ शापिरो (M. B. Shapiro) ने व्यवहार चिकित्सा की कुछ प्रविधियों अर्थात् फ्लडिंग (Flooding), असंवेदीकरण (desensitization) तथा विरुचि चिकित्सा (aversion therapy) के क्षेत्र में महत्त्वपूर्ण योगदान किये। अमेरिका में व्यवहार चिकित्सा के क्षेत्र में डनलप

(Dunlop) जिन्होंने 1930 वाले दशक में बुरी आदतों को छुड़ाने में नकारात्मक अभ्यास (negative practice) का उपयोग किया, साल्टर (Salter, 1949) ने सांवेगिक अभिव्यक्ति की क्षमता को बढ़ाने के ख्याल से एक विशेष चिकित्सीय प्रविधि जिसे *'अनुबंधित प्रतिवर्त चिकित्सा'* (Conditional Reflex Therapy) कहा गया, का प्रतिपादन किया, आदि के योगदान महत्त्वपूर्ण हैं। सचमुच में अमेरिका में व्यवहार चिकित्सा का ठोस विकास दो कारकों के परिणामस्वरूप हुआ—पहला कारक था कि आइजेन्क द्वारा व्यवहार चिकित्सा में किये गए योगदानों को औपचारिक रूप से स्वीकार किया जाना तथा दूसरा कारक, देश में कई ऐसे पुस्तकों का प्रकाशन होना जिनसे व्यवहार परिमार्जन की प्रविधि मजबूत हुई।

आज की स्थिति यह है कि व्यवहार चिकित्सा पूरे संसार में नैदानिक मनोवैज्ञानिकों के लिए एक महत्त्वपूर्ण चिकित्सा पद्धति बन गयी है। इस क्षेत्र में दर्जनों पेशेवर जनरल (professional journals) हैं जो नैदानिक मनोविज्ञान के क्षेत्र के व्यवहारवादी उपागमों पर बल डालते हैं । इन जरनलों में प्रमुख हैं—*विहेभियर थिरापी* (Behaviour Therapy), *विहेभियर मॉडिफिकेशन* (Behaviour Modification), *कॉगनिटीव थिरापी एण्ड रिसर्च* (Cognitive therapy and Research), *जनरल ऑफ विहेभियर थिरापी एण्ड एक्सपेरिमेन्टल साइकियेट्री* (Journal of Behaviour Therapy and Experimental Psychiatry)।

व्यवहार चिकित्सा की प्रविधियाँ
(Techniques of Behaviour Therapy)

व्यवहार चिकित्सा की कई प्रविधियाँ हैं जिनमें निम्नांकित प्रमुख हैं—

(1) क्रमबद्ध असंवेदीकरण (Systematic desensitization)
(2) विरुचि चिकित्सा (Aversion Therapy)
(3) अन्त:स्फोटात्मक चिकित्सा (Implosive therapy) एवं फ्लडिंग (Flooding)
(4) दृढ़ग्राही चिकित्सा (Assertive therapy)
(5) संभाव्यता प्रबंधन (Contingency Management)
(6) मॉडलिंग (Modeling)
(7) वायोफिडबैक विधि (Biofeedback method)

इन सभी प्रविधियों का वर्णन हम अलग-अलग अनुच्छेद में करेंगे।

क्रमबद्धअसंवेदीकरण
(*Systematic Desensitization*)

व्यवहार चिकित्सा की यह विधि सबसे लोकप्रिय एवं महत्त्वपूर्ण विधि है जिसका प्रतिपादन साल्टर (Salter, 1949) तथा ओल्प (Wolpe, 1958) द्वारा किया गया। इस विधि का उपयोग तब किया जाता है जब रोगी में परिस्थिति के प्रति उत्तम ढंग से अनुक्रिया करने की क्षमता होती है परंतु वह ऐसा नहीं करके उससे डर कर या चिंतित होकर अनुक्रिया करता है। क्रमबद्ध असंवेदीकरण मूलत: चिंता कम करने की एक प्रविधि है जो इस स्पष्ट नियम पर आधृत है कि एक ही समय में व्यक्ति चिंता (anxiety) तथा विश्राम दोनों की अवस्था में एक साथ नहीं हो सकता है। इसमें रोगी को पहले विश्राम की अवस्था में होने का प्रशिक्षण दिया जाता है और जब वह इस विश्राम की अवस्था में होता है, तो उसमें चिंता उत्पन्न करने वाले उद्दीपकों को बढ़ते क्रम में दिया जाता है। अन्ततोगत्वा, रोगी चिंता उत्पन्न करने वाले उद्दीपकों के प्रति असंवेदित हो जाता है क्योंकि रोगी उन्हें विश्राम की अवस्था में ग्रहण करने की अनुभूति प्राप्त कर चुका होता है। ओल्प (Wolpe) का मत है कि क्रमबद्ध असंवेदीकरण की सफलता का कारण यह है कि यह विधि प्रतिअनुबंधन के नियमों (principle of counterconditioning) पर आधृत होता है। चिन्ता के जगह पर विश्रांति (relaxation) का प्रतिस्थापन प्रतिअनुबंधन का उदाहरण है।

ओल्प (Wolpe) के अनुसार क्रमबद्ध असंवेदीकरण की प्रविधि के तीन चरण (steps) होते हैं जो निम्नांकित हैं—

(i) आराम करने का प्रशिक्षण (*Training in relaxation*)—इस अवस्था में रोगी को विश्राम करने का प्रशिक्षण दिया जाता है। यह कार्य चिकित्सा के पहले 5-6 सत्रों (sessions) में पूरा किया जाता है। इन सत्रों में रोगी

को अपनी मांसपेशियों को संकुचित करने और अचानक उन्हें ढीला करने का प्रशिक्षण तबतक दिया जाता है जबतक कि रोगी पूर्णरूप से विश्राम की अवस्था प्राप्त करने में सफल नहीं हो जाता है। विश्राम का प्रशिक्षण देने में क्रमिक विश्राम प्रशिक्षण (progressive relaxation training) जिसे जैकोवसन द्वारा 1938 में प्रतिपादित किया गया था, को अपनाया जाता है। इस विधि में खाश तरह के अभ्यास (exercise) जिसमें कुछ सेकंड के लिए मांशपेशियों को कड़ा (tense) किया जाता है तथा फिर कुछ सेकंड के लिए नरम किया जाता है, के माध्यम से रोगी को मानसिक एवं दैहिक रूप से आराम करने का प्रशिक्षण दिया जाता है। कभी-कभी विश्राम का प्रशिक्षण देने में सम्मोहन (hypnosis), औषध तथा मनन (mediation) आदि का भी सहारा लेना पड़ता है।

(ii) चिंता के पदानुक्रम का निर्माण *(Construction of hierachies of anxieties)*—इस अवस्था में चिकित्सक उन उद्दीपकों की एक सूची तैयार करता है जिनसे रोगी में चिंता उत्पन्न होती है। इस सूची की विशेषता यह होती है कि ऐसे उद्दीपकों को एक आरोही क्रम (ascending order) में सुव्यवस्थित कर रखा जाता है अर्थात् सबसे कम चिंता उत्पन्न करने वाले उद्दीपक को सबसे नीचे, उससे अधिक चिंता उत्पन्न करने वाले उद्दीपक या परिस्थिति को उससे ऊपर और इसी तरह क्रमिक रूप से एक के बाद एक करते हुए सबसे अधिक चिंता उत्पन्न करने वाले उद्दीपक या परिस्थिति को सबसे ऊपर में रखा जाता है। जैसे—यदि कोई महिला अपने पति के प्रति ईर्ष्या एवं चिंता के भाव से ग्रस्त हो जाती है तो वार्तालाप के दौरान चिकित्सक उन भिन्न-भिन्न उद्दीपकों या परिस्थितियों की एक सूची तैयार करेगा जिसमें उस महिला को अपने पति से ईर्ष्या होती है। संभव है कि पत्नी यह कहे कि उसे सबसे अधिक चिंता एवं ईर्ष्या उस समय होती है जब वह अपने पति को किसी सुंदर लड़की से हँस-हँसकर बातचीत करते हुए देखती है। इससे कम चिंता उसे उस समय होती है जब वह उसके ऑफिस की किसी महिला से बातचीत करते देखती है और सबसे कम चिंता उस समय होती है जब वह अपने पति को किसी नवयुवती पर टकटकी लगाये देखती है। इन तीनों तरह की परिस्थितियों को क्रमशः 1, 2 एवं 3 क्रम में सूचीबद्ध वह कर लेगा इसके बाद वास्तविक असंवेदीकरण (desensitization) की प्रक्रिया प्रारंभ की जाती है।

(iii) असंवेदीकरण की कार्य-विधि *(Desensitization precedure)*—असंवेदीकरण की प्रक्रिया उपर्युक्त दोनों अवस्थाओं (stages) के बाद ही प्रारंभ की जाती है। इस अवस्था में रोगी आँख बंदकर के आराम कुर्सी पर बैठक जाता है और चिकित्सक सबसे पहले एक तटस्थ परिस्थिति का वर्णन करता है और रोगी को यह निर्देश दिया जाता है कि वह इन परिस्थितियों की कल्पना करे और अपने को पूर्ण विश्राम की स्थिति में भी रखे। रोगी यदि इस तटस्थ उद्दीपक के बाद भी शांत रहता है तो उसके सामने रोगी द्वारा बतलाये गए चिन्तोत्पादक उद्दीपक परिस्थिति की सूची में सबसे कम चिन्ता उत्पन्न करने वाली परिस्थिति या उद्दीपक का वर्णन किया जाता है। इसके बाद सूची में उससे अधिक चिंता उत्पन्न करनेवाली परिस्थिति का वर्णन किया जाता है और इसी तरह क्रमशः बढ़ते हुए मूल्य की चिन्तोपादक परिस्थितियों का एक के बाद एक करके वर्णन किया जाता है। इसी क्रम में जिस चिन्तोत्पादक परिस्थति की कल्पना करने पर रोगी की विश्रामावस्था भंग हो जाती है, सत्र वहीं रोक दिया जाता है। इस तरह से कई दिनों तक सत्र देकर रोगी को चिन्तोत्पादक परिस्थितियों की कल्पना करने और उसकी उपस्थिति में शांति रहने का प्रशिक्षण दिया जाता है। चिकित्सा तबतक जारी रहता है जबतक कि रोगी पूर्णरूपेण उस परिस्थिति में भी शांत रहने में सफल नहीं हो जाता है जिससे अधिकतम चिन्ता (सूची के अनुसार) उसमें उत्पन्न होती थी। इन सभी सत्रों की अवधि 30 मिनट की होती है और प्रति सप्ताह 2 से 3 बार सत्र दिये जाते हैं।

असंवेदीकरण (desensitization) प्रविधि के कई प्रारूप (form) हैं जिनमें निम्नांकित दो अधिक प्रचलित हैं—

(i) सामूहिक संवेदीकरण *(Group desensitization)*—इस प्रारूप में कई रोगियों को जिनका लक्षण लगभग समान होता है, एक साथ बैठाकर चिन्ता उत्पन्न करने वाली परिस्थितियों या उद्दीपकों का एक सामान्य पदानुक्रम (hierarchy) तैयार किया जाता है। पदानुक्रम में ऊपर की ओर बढ़ना उस बिंदु पर रोक दिया जाता है जब उन रोगियों में सबसे कम चिन्तित रोगी को सफलता मिल जाती है।

(ii) इन विवो असंवेदीकरण *(In vivo desensitization)*—यह एक बहुत ही लोकप्रिय प्रारूप है जिसमें जीवन की वास्तविक परिस्थिति में विभिन्न तरह के चिन्ता उत्पन्न करने वाले उद्दीपकों से क्रमिक ढंग से रोगी का सामना कराया जाता है। इसमें मांशपेशियों को नरम करने का प्रशिक्षण के विकल्प में स्वयं चिकित्सक ही होते हैं जो रोगी को विभिन्न

तरह के वातावरण में ले जाकर चिंता अवरोधक (anxiety inhibition) का कार्य करते हैं। ब्रिन्टविक एवं सोलियोम (Bryntwick & Solyom, 1973) ने असंवेदीकरण के इस प्रारूप का उपयोग दुर्भीति (phobia) के गंभीर रोगी के उपचार में काफी सफलतापूर्वक किया है।

उपयोग *(Application)*—क्रमबद्ध असंवेदीकरण की प्रविधि का सफलतापूर्वक उपयोग निम्नांकित परिस्थिति में किया गया है—

(i) क्रमबद्ध असंवेदीकरण का उपयोग विभिन्न तरह के दुर्भीति (phobia) के रोग विशेषकर कुत्ता या ऊँचाई से अयुक्तिसंगत डर के उपचार में सफलतापूर्वक किया है। कुछ लोगों ने इस प्रविधि का उपयोग कुछ असाधारण दुर्भीति जैसे बैलून से डरना, हवा के झोंका से डरना, कोई विशेष अंक से डरना, नाटे लोगों से डरना, गंदा कमीज से डरना आदि के उपचार में सफलतापूर्वक किया है। इस पर निटजिल तथा उनके सहयोगियों[1] (Neitzel et al., 1998) ने एक सटीक टिप्पणी इस प्रकार किया है, ''आजकल उपयोग में आने वाला उत्तम-शोधित मनश्चिकित्सा प्रविधि क्रमबद्ध असंवेदीकरण है जो अच्छे ढंग से परिभाषित उद्दीपकों यथा कुत्तों एवं ऊँचाइयों से उत्पन्न दुर्भीति के लिए प्रभावी है।''

(ii) क्रमबद्ध असंवेदीकरण का उपयोग उस परिस्थिति में भी किया जाता है जहाँ व्यक्तियों में चिन्ता तात्कालिक रूप से स्पष्ट न होकर छिपी होती है। ऐसी अवस्था में व्यक्ति को ध्यान केन्द्रित करने में कठिनाई होना, खराब स्मृति, संभ्रांति (confusion), बोलने में धाराप्रवाहिता की कमी, लैंगिक अनिच्छा, पेशीय कार्यों की असंगतता आदि पायी जाती है। इन लक्षणों के उपचार में क्रमबद्ध असंवेदीकरण उत्तम माना गया है। व्यामोह (delusion), हिस्ट्रीकल पक्षाघात (hysterical paralysis), मद्यपानता (alcoholism), औषध-दुरुपयोग (drug abuse) आदि के उपचार में भी यह उपयोगी सिद्ध हुआ है।

(iii) मनोदैहिक रोगों में मनोवैज्ञानिक पक्ष अर्थात् रोगी के चिन्ता को कम करने में भी क्रमबद्ध असंवेदीकरण की प्रविधि सफल साबित हुआ है हालांकि इसके दैहिक पक्ष के उपचार में तो मेडिकल उपचार (medical treatment) ही अधिक लाभप्रद साबित हुआ है।

मूल्यांकन *(Evaluation)*—क्रमबद्ध असंवेदीकरण की प्रविधि एक काफी लाभदायक चिकित्सीय विधि है। पॉल (Paul, 1969) ने इस प्रविधि पर आधृत शोधों के परिणामों के आलोक में यह बतलाया है कि यह प्रविधि उन चिन्ता समस्याओं को दूर करने में एक असमानान्तर विधि साबित हुआ है जिनमें चिन्ता उत्पन्न करने वाली परिस्थिति या उद्दीपक बिलकुल ही स्पष्ट होता है। शायद यही कारण है कि दुर्भीति के रोगियों के उपचार में इस विधि को काफी सफलता मिली है।

फिर भी इस प्रविधि के साथ कुछ कठिनाइयाँ हैं जिनमें निम्नांकित प्रमुख हैं—

(i) इस प्रविधि द्वारा सभी तरह के रोगियों की चिन्ताओं तथा डर का उपचार नहीं किया जा सकता है। ओल्प (Wolpe, 1969) के अनुसार निम्नांकित तीन तरह के रोगियों के उपचार में यह विधि लाभप्रद साबित नहीं हुई है—

(a) ऐसे रोगी जिन्हें विश्राम की अवस्था में आने में काफी कठिनाई महसूस होती है।

(b) ऐसे रोगी जो चिन्ता उत्पन्न करने वाली परिस्थितियों के बारे में वास्तविक सूचना न देकर भ्रामक सूचना देते हैं।

(c) ऐसे रोगी जिनकी कल्पनाशक्ति कमजोर होती है।

(ii) जिन चिन्ता-आधृत समस्याओं की उत्पत्ति एक उद्दीपक (stimulus) से न होकर अनेक उद्दीपकों से होती है, उनका भी उपचार क्रमबद्ध असंवेदीकरण से ठीक ढंग से नहीं होता है। जैसे—मनोग्रसित-बाध्यता स्नायुविकृति (obsessive-compulsive nuerosis), दर्दनाक आघात (panic attack), एगोराफोबिया (agroaphobia) आदि के उपचार में यह प्रविधि अधिक सफलीभूत नहीं हो पाया है।

(iii) डेविडसन तथा विल्सन (Davidson & Wilson, 1973) का मत है कि क्रमबद्ध असंवेदीकरण की प्रक्रिया सचमुच में प्रतिअनुबंधन (conterconditioning) पर आधृत न होकर विलोपन (extinction) पर आधृत है। जब रोगी बार-बार चिन्तोत्पादक परिस्थिति का सामना करता है परंतु कोई बुरी अनुभूति नहीं उत्पन्न होती है तो अन्ततोगत्वा चिन्ता से संबंधित अनुक्रियाओं का अपने आप विलोपन हो जाता है।

---

1. "One of the best-researched psychotherapy techniques in use today, systematic desensitization is effective for phobias of well-defined stimuli such as dogs and heights."
—Neitzel, Speltz, McCanley & Bernstein : *Abnormal Psychology,* 1998, p. 569

इन कठिनाइयों के बावजूद हम कह सकते हैं कि क्रमबद्ध असंवेदीकरण आज भी नैदानिक मनोवैज्ञानिकों के लिए एक उत्तम रूप से वैधीकृत (best-validated) उपचार प्रविधि है।

विरुचि चिकित्सा
(*Aversion Therapy*)

विरुचि चिकित्सा व्यवहार चिकितसा की एक ऐसी विधि है जिसमें चिकित्सक रोगी को अवांछित व्यवहार (unwanted behaviour) न करने का प्रशिक्षण कुछ दर्दनाक (painful) या असुखद उद्दीपकों को देकर करता है। इस तरह की प्रविधि में चिन्ता उत्पन्न करने वाली परिस्थिति या उद्दीपक के प्रति रोगी में एक तरह की विरुचि (aversion) पैदा कर दी जाती है जिससे उससे उत्पन्न होने वाला अवांछित या कुसमायोजित व्यवहार अपने आप धीरे-धीरे बंद हो जाता है। रोगी में विरुचि (aversion) उत्पन्न करने के लिए दंड (punishment), बिजली का आघात तथा कुछ विशेष दवा (drug) आदि का उपयोग किया जाता है। अधिकतर विरुचि चिकित्सा में क्लासिकी अनुबंधन के नियमों का ही पालन किया जाता है। परंतु कुछ विरुचि विधि (aversion methods) में दंड का भी उपयोग किया जाता है जिसमें रोगी द्वारा अवांछित व्यवहार किये जाने के तुरंत बाद उसे दंड देकर उसमें ऐसे व्यवहार के प्रति विरुचि उत्पन्न कर दी जाती है ऐसी परिस्थिति में विरुचि चिकित्सा में तब क्रियाप्रसूत अनुबंधन (operant conditioning) के नियमों का पालन किया जाता है।

ऐतिहासिक पृष्ठभूमि (*Historical background*)—विरुचि चिकित्सा के उपयोग का इतिहास कई शताब्दी पुराना है। उल्मान्न एवं क्रेसनर (Ulmann & Krasner, 1975) ने स्पष्टत: यह सबूत देते हुए कहा है कि पुराने समय में इसका उपयोग रोमन द्वारा प्राय: किया जाता था जिसमें वे नशाखोरों या मद्यपों के शराब के बोतल में सर्पमीन (eel) मिला देते थे ताकि वे उन्हें पीकर पचा नहीं पावें और इस तरह से धीरे-धीरे इस प्रक्रिया द्वारा उनमें शराब के प्रति एक तरह की विरुचि उत्पन्न हो जाए। एक रूसी मनश्चिकित्सक जिसका नाम कैनटोरोविच (Kantorovich, 1930) है, पहले ऐसे वैज्ञानिक हैं जिन्होंने वैज्ञानिक तरीके से इसका उपयोग मद्यपानता (alcoholism) से ग्रसित रोगियों की चिकित्सा में किया था। मद्यपानता की चिकित्सा में रोगी के सामने शराब की बोतल प्रस्तुत करने पर जब वह पीने के लिए आगे हाथ बढ़ाता था तो उसे बिजली का आघात दिया जाता था। यहाँ तक कि शराब की गंध अथवा उसके स्वाद की कल्पना करने पर भी उसे बिजली का आघात दिया जाता था। इस प्रक्रिया को बार-बार दोहराने के बाद परिणाम में यह देखा गया कि इसमें रोगी में शराब के प्रति आकर्षण की जगह विरुचि (aversion) का भाव विकसित हो गया और धीरे-धीरे उसने शराब पीना छोड़ दिया। लोभास (Lovass, 1977) ने बिजली के आघात द्वारा दंडित कर गंभीर रूप से आत्म-विमोही बच्चे (autistic children) का उपचार करने में सफलता पाया है।

विरुचि चिकित्सा की प्रविधि एवं उपयोग (*Procedures and application of aversion therapy*)—विरुचि चिकित्सा में जैसा कि नाम से ही स्पष्ट है, रोगी में अवांछित व्यवहार के प्रति एक तरह की विरुचि उत्पन्न की जाती है। विरुचि उत्पन्न करने के लिए सामान्यत: दो तरह के हानिकर या अनिष्टकर उद्दीपकों को दिया जाता है—बिजली का आघात (electric shock) तथा एक ऐसा रासायनिक औषध जिससे या तो रोगी में मतली (nausea) उत्पन्न होता है या अस्थायी तौर पर उसके श्वसन को अवरूद्ध करता है। इन दोनों तरह के प्रमुख उद्दीपकों के अलावा कभी-कभी रोगी में विरुचि उत्पन्न करने के लिए ऐसे उद्दीपक भी दिये जाते हैं जिनसे उसे बदबूदार गंध या उसे खराब स्वाद का अनुभव होता हो।

आधुनिक नैदानिक मनोवैज्ञानिकों द्वारा बिजली का आघात देकर दंडित करते हुए उपचार की इस विधि को लोगों द्वारा नैतिकता (morality) के आधार पर आलोचना किया गया है और इसे एक उत्तम विधि नहीं बतलाया गया है। आजकल विरुचि चिकित्सा में लोग बिजली के आघात से कम हानिकारक प्रविधि जैसे अन्य अनुक्रियाओं का विभेदी पुनर्बलन (differential reinforcement of other responses) जिसे संक्षेप में DOR कहा जाता है, का उपयोग करना प्रारंभ कर दिया है। DOR में उस व्यवहार को पुनर्बलित किया जाता है जो अवांछित व्यवहार या कुसमायोजित व्यवहार के विरुद्ध होते हैं। जैसे—जो बालक समाज-विरोधी व्यवहार करता है, उसे रचनात्मक कार्य करने पर धनात्मक पुनर्बलन देने से धीरे-धीरे अपने आप ही उसमें समाज-विरोधी कार्य के प्रति विरुचि (aversion) उत्पन्न हो जाएगी। DOR का प्रयोग आधुनिक नैदानिक मनोवैज्ञानिकों जिनमें कार (Carr, 1984) तथा रूसो (Russo, 1991) का नाम अधिक मशहूर

है, द्वारा सफलतापूर्वक कई तरह की विकृतियों जैसे धूम्रपान करना, औषधि व्यसन (drug addiction), जुआ खेलना, लैंगिक विसामान्ताएँ आदि के उपचार में किया जाता है।

अभी हाल में विरुचि चिकित्सा (aversion therapy) का एक विशेष प्रकार जिसे *अस्पष्ट संवेदीकरण* (covert sensitization) कहा जाता है, का प्रतिपादन जोसेफ कौटेला (Joseph Cautela, 1980) द्वारा किया गया। इस प्रविधि में रोगी को अवांछित व्यवहार करने के बाद मिलने वाले अरुचिकर परिणामों (aversive consequences) के बारे में कल्पना करने के लिए कहा जाता है। ऐसा बार-बार करने से उस अवांछित व्यवहार के प्रति एक तरह की विरुचि रोगी में उत्पन्न हो जाती है। कौटेला तथा कियरनी (Cautela & Kearney, 1986) के अनुसार ऐसे अस्पष्ट संवेदीकरण द्वारा उत्पन्न विरुचि (aversion) कई दृष्टिकोणों से बिजली का आघात से उत्पन्न विरुचि या रसायनिक पदार्थ द्वारा उत्पन्न विरुचि से अधिक लाभप्रद होता है। कुछ ऐसे लाभ निम्नांकित हैं—

(i) अस्पष्ट संवेदीकरण के कोई परोक्ष प्रभाव (side effect) रोगी पर नहीं पड़ता है।

(ii) अस्पष्ट संवेदीकरण में न तो कोई विशिष्ट मेडिकल कर्मचारी और न ही कोई विशिष्ट उपकरण का ही प्रभाव पड़ता है।

(iii) अस्पष्ट संवेदीकरण की प्रविधि को आसानी से विभिन्न तरह की परिस्थितियों में लागू किया जा सकता है।

इन लाभों के बावजूद अस्पष्ट संवेदीकरण जैसे विरुचि चिकित्सा का प्रमुख दोष यह है कि इससे उन रोगियों को कोई खास लाभ नहीं होता है जिनमें स्पष्ट रूप से कल्पना करने की क्षमता नहीं होती है या फिर ऐसी क्षमता सीमित होती है। ऐसे रोगियों को इस प्रविधि से तभी लाभ पहुँच सकता है जब उन्हें उत्तम ढंग से कल्पना करने का प्रशिक्षण दे दिया जाए।

विरुचि चिकित्सा के कुछ लाभ एवं अलाभ हैं। इसके प्रमुख लाभ (advantages) इस प्रकार है—

(i) विरुचि चिकित्सा कुछ खास तरह के रोगियों विशेष कर मद्यपानता के रोगियों के अपअनुकूली व्यवहार (maladaptive behaviour) के उपचार में अधिक लाभप्रद साबित हुआ है।

(ii) बेकर तथा ब्रेन्डन (Baker & Brandon, 1988) के अनुसार विरुचि चिकित्सा का रोगी के व्यवहार पर बहुत ही तीव्र प्रभाव पड़ता है जिसके कारण वह शीघ्र ही अपअनुकूली व्यवहार का त्याग करके अनुकूली व्यवहार करना सीख लेता है।

इन लाभों के बावजूद विरुचि चिकित्सा के निम्नांकित अलाभ हैं जिसके चलते इसकी लोकप्रियता कमी है—

(i) विरुचि चिकित्सा द्वारा रोगी के व्यवहार में परिवर्तन तो तेजी से अवश्य होता है परंतु वह परिवर्तन स्थायी (stable) नहीं होता है।

(ii) मास्टरस एवं उनके सहयोगियों (Masters et. al., 1987) ने यह शक जाहिर किया है कि विरुचि प्रविधियाँ शायद ही कभी उपयुक्त वैकल्पिक व्यवहार (alternative behaviour) रोगी में उत्पन्न कर पाता है।

(iii) विरुचि प्रविधियों का उपयोग करने की अनुमति समाज सामान्यत: नहीं देता है क्योंकि ऐसी प्रविधियों को अनैतिक समझा जाता है।

(iv) विरुचि चिकित्सा का पार्श्व प्रभाव (side effect) भी पड़ता देखा गया है क्योंकि इससे रोगी में सामान्यीकृत डर (generalized fear) तथा आक्रमकता (aggressiveness) में पहले की तुलना में काफी वृद्धि हो जाती है।

इन अलाभों के कारण गत दशकों में विरुचि चिकित्सा का नैदानिक उपयोग तथा शोध दोनों में काफी कमी आयी हे। आजकल विरुचि का उपयोग तभी किया जाता है जब अन्य विधियों द्वारा रोगी का उपचार किसी कारण से संभव नहीं हो पाता है।

अंत:स्फोटात्मक चिकित्सा तथा फ्लडिंग
(*Implosive Therapy and Flooding*)

अंत:स्फोटात्मक चिकित्सा (implosive therapy) तथा फ्लडिंग दो ऐसी प्रविधियाँ हैं जो विलोपन (extinction) के नियम पर आधारित हैं। इन दोनों तरह की चिकित्सा प्रविधि की मुख्य पूर्वकल्पना यह है कि व्यक्ति किसी उद्दीपक या परिस्थिति के प्रति इसलिए डरता है या चिंतित रहता है क्योंकि वह सचमुच में यह नहीं सीख पाया है कि ऐसे उद्दीपक

या परिस्थिति वास्तव में खतरनाक नहीं है। जब उन्हें ऐसी परिस्थिति में या उद्दीपकों के बीच कुछ समय तक लगातार रखा जाता है तो वे धीरे-धीरे यह सीख लेते हैं कि उनकी चिंता या डर निराधार हैं। इस तरह से उपयुक्त पुनर्बलन (reinforcement) के अभाव में उनकी चिंता या डर धीरे-धीरे विलोपित हो जाता है।

अंत:स्फोटात्मक चिकित्सा के मुख्य समर्थक स्टाम्फ एवं लेविस (Stampfl & Levis, 1967) हैं। इसे *'इन भिट्रो असंवेदीकरण'* (in vitro desensitization) भी कहा जाता है। अत: यह प्रविधि ओल्प (Wolpe) के क्रमबद्ध असंवेदीकरण (systematic desensitization) की प्रविधि से काफी मिलती-जुलती है। अंतर सिर्फ इतना ही है कि इसमें कम चिन्तोत्पादक उद्दीपक या परिस्थिति से बढ़ते हुए क्रम में क्रमश: अधिक चिन्तोत्पादक उद्दीपक या परिस्थिति प्रस्तुत नहीं की जाती है बल्कि रोगी को सर्वाधिक चिन्तोत्पादक परिस्थिति के बारे में कल्पना (imagine) करने के लिए कहा जाता है तथा चिंता से संबंधित विरुचिकर दृश्यों (aversive scenes) को दिमाग में ताजा करने के लिए प्रोत्साहित किया जाता है। इस चिकित्सा में रोगी को अधिक सुझावग्राही (suggestible) बनाने के ख्याल से कभी-कभी सम्मोहन (hypnosis) या औषध (drugs) भी दिया जाता है। इस तरह से चिकित्सीय सत्र में चिकित्सक रोगी में सर्वाधिक चिंता उतपन्न करने की परिस्थिति पैदा करने की भरपूर कोशिश करता है। इस तरह के कई सत्रों के बाद रोगी यह महसूस करने लगता हे कि वह व्यर्थ ही वैसे उद्दीपकों या परिस्थिति से चिंतित रहता था क्योंकि उससे वास्तव में कोई हानि नहीं होती है। इसका परिणाम यह होता है कि अपअनुकूली व्यवहार धीरे-धीरे विलोपित हो जाता है।

अंत:स्फोटात्मक चिकित्सा की प्रक्रिया को स्टाम्फ (Stampfl, 1975) ने एक विशेष नैदानिक केस (clinical case) से व्याख्या किया है जो इस प्रकार है—

एक कमसिन महिला (young woman) पानी से काफी डरती थी और उसे डर था कि वह पानी में डूब जाएगी। इससे परेशान होकर वह कभी भी पानी में तैर नहीं पाती थी। हालांकि वह समझती थी कि यह उनका एक अयुक्तिसंगत (irrational) डर है फिर भी वह पानी से इतनी डरी रहती थी कि टब में नहाते समय वह एक *'जीवन संरक्षक'* (life preserver) पहन का स्नान करती थी। चिकित्सक ने उन्हें यह कहा कि वह कुछ समय तक यह कल्पना करे कि किसी गहरे एवं पानी से भरे टब में बिना जीवन संरक्षक पहने ही स्नान कर रही है। प्रारंभ में इस दृश्य की कल्पना करने में महिला को काफी चिंता उत्पन्न हुई। परंतु फिर भी इसे इस दृश्य की कल्पना बार-बार करने के लिए कहा गया और यहाँ तक कि उसे इस तरह की कल्पनायुक्त अभ्यास करने के लिए 'गृह कार्य' दिया जाता था। अन्त में महिला जब इस तरह के चिन्तोत्पादक परिस्थिति की कल्पना करने के बावजूद किसी प्रकार की कोई हानि न होते पायी, तो उसकी चिंता समाप्त हो गयी। चौदह चिकित्सा सत्र के बाद महिला बिना किसी चिंता के ही टब में स्नान कर सकने में सफल रही और इस तरह से अपअनुकूलित व्यवहार समाप्त हो गयी।

फ्लडिंग (Flooding) व्यवहार चिकित्सा की एक दूसरी प्रविधि है जो अंत:स्फोटात्मक चिकित्सा से काफी मिलती-जुलती है। इसे *'इन भिभो प्रविधि'* (in vivo techniques) भी कहा जाता है। चिकित्सा की इस प्रविधि में रोगी को चिन्तोत्पादक परिस्थिति के बारे में कल्पना करने के लिए नहीं कहा जाता है बल्कि उसे उस तरह की वास्तविक परिस्थिति में रखकर उपचार किया जाता है। इस विधि का उपयोग उन व्यक्तियों पर किया जाता है जो चिंता उत्पन्न करने वाली परिस्थिति या उद्दीपक के बारे में ठीक ढंग से किसी कारण से कल्पना नहीं कर पाते हैं। जैसे—मान लिया जाए कि किसी ऐसे रोगी का उपचार इस प्रविधि द्वारा करना है जो ऊँचे स्थान पर जाने से अयुक्तिसंगत ढंग से (irriationally) डरता है। तब ऐसे व्यक्ति को किसी ऊँचे मकान या जगह पर ले जाया जाएगा और वहाँ से नीचे देखने के लिए कहा जाएगा। इससे व्यक्ति चिंता उत्पन्न करने वाली परिस्थिति से वास्तविक रूप से अनावृत्त (expose) तो होता ही है साथ-ही-साथ उसमें यह समझ भी विकसित हो जाती है कि जिस परिस्थिति से वह डरता था वह वास्तव में ऐसी परिस्थिति नहीं थी। धीरे-धीरे वह इस तरह की परिस्थिति में होते हुए भी चिंतामुक्त हो जाता है।

आधुनिक समय में फ्लडिंग प्रविधि का प्रादुर्भाव दो तरह के प्रयोगों से हुआ है—पहला प्रयोग मॉरमैन (Moerman) द्वारा *'प्रयोगात्मक स्नायुविकृति'* (experimental neurosis) पर किया गया जिसमें यह दिखलाया गया कि पशु में प्रायोगिक ढंग से उत्पन्न चिंता को उसे डर या चिंता उत्पन्न करने वाली परिस्थिति में रहने के लिए बाध्य करके कम किया जा सकता है। दूसरे तरह के प्रयोग परिवर्जन सीखना (avoidance learning) के क्षेत्र में हुए हैं जिनमें मोटे तौर पर यह दिखलाया गया है कि बलित अनावरण (forced exposure) का चिकित्सीय महत्त्व काफी होता है।

कुछ मनोवैज्ञानिकों द्वारा अंत:स्फोटात्मक चिकित्सा तथा फ्लडिंग (flooding) का तुलनात्मक अध्ययन किया गया है। जैसे—इमेलकाम्प एवं वेसेल्स (Emmelkamp & Wessels, 1975) ने इन दोनों का तुलनात्मक अध्ययन करते हुए यह कहा है कि फ्लडिंग अंत:स्फोटात्मक चिकित्सा से अधिक लाभकारी होता है क्योंकि फ्लडिंग का आधार वास्तविकता न कि कल्पना होता है। फोए एवं कोजाक (Foa & Kozak, 1985) ने यह मत जाहिर किया है कि साधारण दुर्भीति (simple phobia) के उपचार में फ्लडिंग प्रविधि अंत:स्फोटात्मक प्रविधि से अधिक लाभकारी होता है। स्टेकिटी एवं फोए (Steketee & Foa, 1985) ने फ्लडिंग प्रविधि का उपयोग मनोग्रस्ति-बाध्यता स्नायुविकृति (obsessive compulsive methods) के उपचार में सफलतापूर्वक किया है।

अंत:स्फोटात्मक चिकित्सा तथा फ्लडिंग दोनों ही अनावरण प्रविधि (exposure technique) हैं जिनके कुछ लाभ एवं अलाभ हैं। इनके प्रमुख लाभ इस प्रकार हैं—

(i) इन दोनों तरह की प्रविधियों में रोगी को चिन्तोत्पादक परिस्थिति से अनावृत्त करके उपचार किया जाता है। फलत: किया गया उपचार तुलनात्मक रूप से अधिक स्थायी होता है।

(ii) कमजोर कल्पनाशक्ति वाले रोगियों को अनावरण प्रविधि विशेषकर फ्लडिंग से अधिक लाभ होता है।

इसके बावजूद अनावरण प्रविधियों के कुछ अलाभ (disadvantage) भी हैं जिनमें निम्नांकित प्रमुख हैं—

(i) अनावरण प्रविधि में चूँकि रोगी में कल्पना या वास्तविक परिस्थिति में रखकर बहुत अधिक चिंता उत्पन्न करने की कोशिश की जाती है, अत: कभी-कभी रोगी में इसका तीव्र पार्श्व प्रभाव (side effect) होता पाया गया है। प्राय: रोगियों में घबड़ाहट तथा आक्रमकता जैसे व्यवहार देखने को मिलते हैं।

(ii) अनावरण प्रविधि सभी तरह के रोगियों विशेषकर गंभीर प्रकृति के मानसिक रोगियों के लिए उपयुक्त साबित नहीं होता है।

इन कारणों से 1970 वाले दशक से अनावरण प्रविधियों का नैदानिक महत्त्व काफी कमने लगा है। मास्टर्स तथा उनके सहयोगियों (Masters et al., 1987) ने यह स्पष्टत: कहा है कि दोनों ही अनावरण विधियाँ अपने विशेष अलाभीय कारकों (disadvantages factors) के कारण अपनी लोकप्रियता काफी खो चुकी है।

दृढ़ग्राहीचिकित्सायाप्रशिक्षण

(*Assertiveness Therapy or Training*)

दृढ़ग्राही चिकित्सा या प्रशिक्षण व्यवहार चिकित्सा की एक अन्य प्रमुख प्रविधि है। इसका उपयोग उन व्यक्तियों के उपचार करने के लिए किया जाता है जिन्हें अनुबंधित चिंता अनुक्रियाओं के कारण अन्य लोगों के साथ अन्तर्वैयक्तिक संबंध (interpersonal relationship) कायम करने में असमर्थता महसूस होती है। कुछ व्यक्ति ऐसे होते हैं जो अन्य व्यक्तियों के साथ उत्तम अंतर वैयक्तिक संबंध स्थापित नहीं कर पाते हैं जिससे उनमें हीनता, तुच्छता एवं चिंता का भाव उत्पन्न हो जाता है। ऐसे लोग अनावश्यक रूप से मानसिक तनाव से घिरे रहते हैं। ऐसे लोग चिन्तित, क्रोधित तथा उत्साहहीन लगते हैं। इनका आत्म-सम्मान कम हो जाता है तथा तरह-तरह के मनोवैज्ञानिक लक्षण विकसित हो जाते हैं।

दृढ़ग्राही चिकित्सा में ऐसे लोगों को दूसरों पर प्रभाव डालने का प्रशिक्षण देकर आत्म-सम्मान को ऊँचा उठाया जाता है। दूसरे शब्दों में, ऐसे लोगों में निश्चयात्मकता (assertiveness) के गुण को मजबूत किया जाता है। निश्चयात्मकता से तात्पर्य अपनी भावनाओं की इस ढंग से अभिव्यक्ति करने से होता है कि उससे दूसरों के अधिकार तथा मनोभाव को किसी प्रकार का कोई ठेस न लगे।

दृढ़ग्राही चिकित्सा के मुख्य दो उद्देश्य बतलाये गए हैं—

(i) अगर व्यक्ति में पर्याप्त सामाजिक कौशल (social skills) नहीं है, तो दृढ़ग्राही चिकित्सा का उद्देश्य ऐसे व्यक्तियों को यह बतलाना होता है कि वे अपने आप को किस तरह से प्रभावी ढंग से अभिव्यक्त करेंगे।

(ii) दृढ़ग्राही चिकित्सा का दूसरा उद्देश्य संज्ञानात्मक अवरोधों (cognitive obstacles) को दूर करना होता है ताकि व्यक्ति ठीक ढंग से आत्म-अभिव्यक्ति (self-expression) कर सके।

उक्त दोनों उद्देश्यों की प्राप्ति से व्यक्ति में एक उत्तम व्यक्ति होने का भाव विकसित होता है और उनमें स्पष्ट व्यवहार एवं चिंतन का एक ऐसा पैटर्न विकसित होता है कि व्यक्ति को उपयुक्त सामाजिक पुरस्कार मिलता है तथा अपनी जिंदगी

से उत्तम संतुष्टि होती है। दृढ़ग्राही चिकित्सा क्लासिकी अनुबंधन (classical conditioning) और साधनात्मक या क्रियाप्रसूत अनुबंधन (instrumental or operant conditioning) में से किसी भी अनुबंधन के नियमों पर आधारित हो सकता है।

ऐतिहासिक पृष्ठभूमि *(Historical background)*—दृढ़ग्राही प्रशिक्षण की ऐतिहासिक पृष्ठभूमि पर यदि हम ध्यान दें, तो यह स्पष्ट होगा कि इसके मौलिक प्रारूप का उपयोग अन्य कई चिकित्सीय प्रविधियों में इसका औपचारिक प्रादुर्भाव के पहले ही उपयोग किया जा चुका था। जैसे, मोरेनो (Moreno, 1946) द्वारा प्रतिपादित मनोनाटक (psychodrama) में रोगियों को विशिष्ट भूमिकाओं को कराकर उन्हें स्वत: क्रिया करने एवं भावनाओं की अभिव्यक्ति करने के लिए प्रोत्साहित किया जाता था। जार्ज केली (George Kelly, 1955) द्वारा प्रतिपादित निश्चित भूमिका चिकित्सा (fixed role therapy) में भी रोगी को एक ऐसे मॉडल की भूमिका करने के लिए प्रोत्साहित किया जाता है जिसका व्यवहार उसके अपने व्यवहार से अधिक महत्त्वपूर्ण लगते हैं। सचमुच में दृढ़ग्राही प्रशिक्षण का प्रथम क्रमबद्ध वर्णन साल्टर (Salter, 1949) द्वारा प्रतिपादित अनुबंधित प्रतिवर्त चिकित्सा (conditioned reflex therapy) को माना गया है। साल्टर ने अवरोधित रोगियों (inhibited clients) को अपनी इच्छाओं को ठीक ढंग से अभिव्यक्त करने के खयाल से कई उत्तेजनशील प्रविधियों (excitatory techniques) का प्रतिपादन किया जिनमें निम्नांकित प्रमुख थे—

(i) आनन वार्ता (facial talk)—इसमें रोगी को अनुभव किये गये संवेग के अनुरूप आनन अभिव्यक्ति (facial expression) करने के लिए प्रोत्साहित किया जाता था।

(ii) अपने परस्पर विरोधी विचारों की अभिव्यक्ति करने का प्रशिक्षण दिया जाता था।

(iii) दूसरों के प्रशंसोक्ति (compliment) को किस तरह स्वीकार करते हुए उन्हें किस तरह से धन्यवाद ज्ञापन किया जाना चाहिए।

दृढ़ग्राही प्रशिक्षण में सबसे महत्त्वपूर्ण व्यक्तित्व जोसेफ ओल्प (Joseph Wolpe) को माना गया है जिन्होंने 1949 में दृढ़ग्राही या निश्चयात्मक व्यवहार को चिंता अवरोधक (anxiety inhibitor) माना है। ओल्प ने ऐसे दृढ़ग्राही व्यवहार (assertive behaviour) को अन्तर्वैयक्तिक चिंता(interpersonal anxiety) का अवरोधक माना है और विशिष्ट दृढ़ग्राही कौशलों में रोगियों को सफलतापूर्वक प्रशिक्षित करके दृढ़ग्राही प्रशिक्षण के महत्त्व को सिद्ध कर सकने में समर्थ हुए।

दृढ़ग्राही प्रशिक्षण की क्रियाविधि *(Procedure of assertive training)*—यद्यपि दृढ़ग्राही प्रशिक्षण एकाकी परिस्थिति में अर्थात् एक-एक रोगी पर स्वतंत्र रूप से किया जा सकता है, अधिकतर ऐसे प्रशिक्षण रोगियों का एक समूह बनाकर संपन्न किया जाता है। ऐसे प्रशिक्षण के मुख्य चार तत्त्व (components) होते हैं जो इस प्रकार है—

(i) पहले चरण में दृढ़कथन (assertion) को स्पष्ट रूप से परिभाषित किया जाता है तथा उसे आक्रमकता एवं विनम्रता (submissiveness) से भिन्न किया जाता है।

(ii) दूसरे चरण में विभिन्न सामाजिक परिस्थितियों में रोगी के अधिकारों (rights) तथा अन्य व्यक्तियों के अधिकारों के वर्णन पर प्रकाश डाला जाता है।

(iii) तीसरे चरण में दृढ़कथन के राह में संज्ञानात्मक अवरोधों (cognitive obstacles) की पहचान करके उसे दूर करने की कोशिश की जाती है।

(iv) चौथे चरण में रोगी दृढ़ग्राही व्यवहार (assertive behaviour) करने का अभ्यास करता है।

इस चौथे एवं अंतिम चरण को काफी महत्त्वपूर्ण माना गया है। इस चरण में चिकित्सक रोगी द्वारा किये जाने वाले व्यवहारों को करके उसे दिखाता है और इस तरह से चिकित्सक दृढ़ग्राही व्यवहार (assertive behaviour) का एक मॉडल के रूप में कार्य करता है। उसके इस प्रयास को चिकित्सक पुनर्बलित (reinforce) करता है तथा उसे और अधिक उन्नत बनाने के लिए तरह-तरह का सुझाव देता है। इस तरह कुछ रिहर्सल के बाद रोगी जिन्दगी की वास्तविक परिस्थिति में नये विचारों एवं व्यवहारों को करने के लिए प्रोत्साहित किया जाता है। बाद के सत्रों में इस दिशा में रोगी को मिली सफलताओं एवं असफलताओं का विश्लेषण किया जाता है। ऐसे सत्रों में फिर नये सामाजिक कौशलों का अभ्यास किया जाता है। यह पूरा क्रम (sequence) को तबतक दोहराया जाता है जबतक कि रोगी को आगे प्रशिक्षण पाने की आवश्यकता नहीं रह जाती है।

मनोवैज्ञानिकों द्वारा किये गए अध्ययनों से यह स्पष्ट हुआ है कि दृढ़ग्राही प्रशिक्षण की उपयोगिता काफी अधिक है। इससे कई तरह के रोगियों का उपचार सफलतापूर्वक किया जा सकता है। जैसे—दृढ़ग्राही प्रशिक्षण द्वारा वैवाहिक समस्याओं से ग्रसित पत्नी-पति, कॉलेज के ऐसे छात्र जिनमें अन्तर्वैयक्तिक समस्याएँ गंभीर हैं, लजालू एवं अंतर्मुखी वयस्क, औषध व्यसनी, मद्यपान व्यसनी तथा आक्रमक प्रकृति वाले व्यक्तियों का उपचार आसानी से किया जाता है।

दृढ़ग्राही प्रशिक्षण के कुछ लाभ (advantages) तथा अलाभ (disadvantages) हैं। इसके प्रमुख लाभ निम्नांकित हैं—

(i) जब व्यक्ति में अपअनुकूलित व्यवहार का कारण आत्म-निश्चयात्मकता (self-assertiveness) की कमी होती है, तो इस तरह की चिकित्सा से रोगी को सर्वाधिक लाभ होता है। प्राय: यह देखा गया है कि लजालु, संकोचशील एवं अंतर्मुखी व्यक्तित्व वाले व्यक्तियों में आत्म-निश्चयात्मकता की कमी पायी जाती है। अत: ऐसे व्यक्तियों को इस चिकित्सा विधि से अधिक लाभ होता है।

(ii) कॉलेज छात्रों एवं उपचार गृह या मानसिक अस्पताल में भर्ती किये गए रोगियों के अध्ययन से यह स्पट हुआ है कि जिन व्यक्तियों को दृढ़ग्राही प्रशिक्षण (assertive training) मिला होता है, वे उन व्यक्तियों से अधिक उत्तम एवं लाभप्रद स्थिति में (समायोजी व्यवहार के दृष्टिकोण से) होते हैं जिन्हें ऐसा प्रशिक्षण नहीं मिला होता है।

इन लाभों के बावजूद दृढ़ग्राही प्रशिक्षण के कुछ अलाभ हैं जो इस प्रकार है—

(i) ओल्प (Wolpe, 1969) के अनुसार दृढ़ग्राही चिकित्सा द्वारा उन दुर्भीतियों के रोगियों का उपचार नहीं किया जा सकता है जिनका संबंध अवैयक्तिक उद्दीपकों (nonpersonal stimuli) से होता है।

(ii) दृढ़ग्राही चिकित्सा कुछ विशेष तरह की अन्तर्वैयक्तिक परिस्थिति के लिए भी लाभकारी नहीं होता पाया गया है। जैसे—जब व्यक्ति को कुछ व्यक्तियों द्वारा तिरस्कृत कर दिया जाता है तो दृढ़ग्राही व्यवहार से ऐसे व्यक्तियों की समस्या का समाधान न होकर बल्कि उनमें आक्रमक व्यवहार ही उत्पन्न होने लगता है।

इन अलाभों के बावजूद दृढ़ग्राही चिकित्सा की प्रभावशीलता (effectiveness), नैदानिक मनोवैज्ञानिकों के बीच अधिक है तथा कभी वे क्रियाप्रसूत अनुबंधन तथा कभी क्लासिकी अनुबंधन के नियमों के अनुकूल इस चिकित्सा विधि का उपयोग करके रोगी का उपचार करते हैं।

संभाव्यताप्रबंधन
(*Contingency Management*)

संभाव्यता प्रबंधन एक ऐसा सामान्य पद है जिसके अन्तर्गत उन सभी चिकित्सीय प्रविधियों को रखा जाता है जो क्रियाप्रसूत अनुबंधन (operant conditioning) के नियमों का उपयोग करते हुए व्यक्ति के व्यवहार में परिवर्तन, परिणामों (consequences) को नियंत्रित करके किया जाता है। 'संभाव्यता' (contingency) शब्द से इस ओर इशारा होता है कि विशेष परिणाम (consequence) (जैसे पुरस्कार या दंड) व्यक्ति के सामने तभी उपस्थित किया जाता है जब उसके द्वारा सिर्फ उस व्यवहार को किया जाता है जिसे मजबूत करना है या कमजोर करना है। बुटजिन, एकोसेला एवं एलाय[1] (Bootzin, Acocella & Alloy, 1993) के शब्दों में इसे एक प्रकार परिभाषित किया जा सकता है, "किसी अनुक्रिया की आवृत्ति को परिवर्तित करने के ख्याल से उस अनुक्रिया के परिणाम में किया गया जोड़-तोड़ को संभाव्यता प्रबंधन कहा जाता है।"

संभाव्यता प्रबंधन के तहत कई चिकित्सा प्रविधियों को रखा गया है जिनमें निम्नांकित छह प्रमुख हैं—

(i) शेपिंग (Shaping)

(ii) समय वहिर्गामी (Time-out)

(iii) संभाव्यता अनुबन्ध (Contingency contracting)

(iv) अनुक्रिया नियम (Response cost)

---

1. "The manipulation of the consequence of a response in order to change the frequency of that response is called contingency management." —Bootizin, Acocella & Alloy : *Abnormal Psychology,* 1993 p. 513-514

(v) प्रीमैक नियम (Premack Principle)

(vi) सांकेतिक व्यवस्था (Token economy)

इन सबों का वर्णन निम्नांकित है—

(i) शेपिंग *(Shaping)*—इस प्रविधि को कभी-कभी आनुक्रमिक सन्निकटन (successive approximation) भी कहा जाता है। इस प्रविधि में व्यक्ति में पहले एक वांछित व्यवहार वैसे व्यवहार को पुनर्बलित करके विकसित किया जाता है जो उस वांछित व्यवहार के सन्निकट होता है। फिर धीरे-धीरे सिर्फ उसी व्यवहार को चयनात्मक रूप से पुनर्बलित किया जाता है जो वांछित व्यवहार के बिलकुल समान होता है और इस तरह से अंतिम वांछित व्यवहार को फिर व्यक्ति सफलतापूर्वक कर सकने में सफल हो पाता है। शेपिंग प्रविधि का उपयोग वैसे व्यवहारों की उत्पत्ति में लाभप्रद साबित हुआ है जो व्यक्ति के वर्तमान क्षमता से थोड़ा ऊपर होता है। इसके अलावा इसका सफलतापूर्वक उपयोग कम बोलने वाले बच्चों को ठीक से बोलने में तथा असंगत शौच आदत (toilet habits) को बच्चों में सुचारु करने तथा मानसिक रूप से मंदित बच्चों को आत्म-निर्भर एवं कुछ कौशल सीखलाने में सफलतापूर्वक किया गया है।

(ii) समय वर्हिगामी *(Time out)*—यह एक ऐसी प्रविधि है जो सचमुच में विलोपन (extinction) का एक विशिष्ट प्रारूप है जिसमें अवांछित व्यवहार की आवृत्ति को उस परिस्थिति से दूर करके या हटा करके किया जाता है जिसमें उस व्यवहार को करने के लिए पर्याप्त पुनर्बलक (reinforces) मौजूद होते हैं। जैसे—एक बच्चा जो वर्ग में अक्सर अनुशासनहीन व्यवहार करता है, उसे वर्ग से हटाकर उसके अनुशासनहीन व्यवहार को कम किया जा सकता है। वर्ग से हटा देने से ऐसे अनुशासनहीन व्यवहार अन्य छात्रों द्वारा उसके इस व्यवहार पर ध्यान देकर जो पुनर्बलित होता है, वह नहीं हो पाता है जिससे धीरे-धीरे ऐसा व्यवहार स्वयं ही विलोपित हो जाता है।

(iii) संभाव्यता-अनुबन्ध *(Contingency contracting)*—इस चिकित्सीय प्रविधि में रोगी तथा चिकित्सक के बीच एक औपचारिक सहमति या अनुबन्ध (contract) होता है। इसमें दोनों के लिए कुछ विशिष्ट तरह के व्यवहार के परिणामों का स्पष्ट उल्लेख होता है। स्टुआर्ट (Stuart, 1971) के अनुसार इस तरह के अनुबन्ध के मुख्य पाँच तत्त्व होते हैं—

(a) अनबन्धन के प्रति रोगी एवं चिकित्सक दोनों की जवाबदेहियों का उल्लेख।

(b) अनुबन्ध की शर्तों को पूरा किये जाने पर मिलने वाला पुरस्कार का उल्लेख।

(c) अनुबन्ध के प्रावधानों के साथ अनुपालन को मॉनीटर करने के लिए विशेष तंत्र (system) का निर्माण।

(d) असाधारण कार्यों के लिए कुछ विशेष लाभ देने का उल्लेख।

(e) अनुबन्धन के शर्तों की असफलता होने पर दंड का उल्लेख।

सचमुच में संभाव्यता अनुबन्ध में शर्त के मुताबिक बहुत सारे व्यवहार-परिवर्तन की प्रविधियों को संगठित किया जाता है। इसका उपयोग कई तरह की परिस्थितियों में किया गया है। जैसे—वुड एवं जैकोबसन (Wood & Jacobson, 1985) ने संभाव्यता अनुबन्ध का उपयोग वैवाहिक तनाव (martial stress) को दूर करने में, बोऊडीन (Boudin, 1972) ने औषध व्यसन को कम करने में, ब्रोनेल तथा फ्रोयेट (Brownell & Foreyt, 1985) ने मोटापा कम करने में तथा एलेक्जेण्डर तथा पारसन्स (Alexander & Parsons, 1973) ने पारिवारिक झंझट को कम करने में सफलतापूर्वक किया है।

कुछ ऐसे भी नैदानिक मनोवैज्ञानिक हैं जो इस बात से सहमत नहीं हैं कि रोग के उपचार के लिए औपचारिक अनुबन्ध (formal contract) की कोई आवश्यकता नहीं है। विडिगर एवं रोर्र (Widiger & Rorer, 1984) ने तो यहाँ तक दावा किया है कुछ विशेष तरह के नैदानिक हस्तक्षेप (clinical intervention) के लिए तो औपचारिक अनुबन्ध (formal contract) किया जाना संभव ही नहीं है।

(iv) अनुक्रिया लागत *(Response Cost)*—अनुक्रिया की प्रविधि एक तरह से दंड संभाव्यता (punishment contingency) है जिसमें व्यक्ति को अवांछित व्यवहार करने पर मिलने वाला पुरस्कार से हाथ धोना पड़ता है या देय सुविधा को हटा लिया जाता है। यातायात एवं पार्किंग नियम को तोड़ने पर किया जाने वाला आर्थिक दंड अनुक्रिया लागत का उत्तम उदाहरण है। उसी तरह शरारती व्यवहार करने पर किसी बच्चा को दूरदर्शन कार्यक्रम देखने से वंचित करना भी अनुक्रिया लागत का एक उदाहरण होगा।

अनुक्रिया लागत प्रविधि का सफलतापूर्वक उपयोग कई तरह की नैदानिक समस्याओं जैसे आक्रमक व्यवहार, शैक्षिक

समस्याएँ, धूम्रपान की समस्या, अत्यधिक खाना खाने की समस्या, आत्म-दोषी ठहराने की बुरी आदत को दूर करने में किया गया है। काजडिन एवं उनके सहयोगियों (Kazdin et. al., 1972) ने अनुक्रिया लागत की इस लोकप्रियता का मुख्य कारण इसमें निहित दो स्पष्ट लाभ (advantages) बतलाया है जो इस प्रकार है—

(a) अनुक्रिया लागत के परिणास्वरूप जो अवांछित व्यवहार व्यक्ति करना छोड़ना सीखता है, वह अन्य दूसरे तरह के मिलने वाले दंड के परिणामस्वरूप ऐसा ही सीखे गये व्यवहार की अपेक्षा अधिक स्थायी होता है।

(b) दंड के अधिक तीव्र एवं विरुचिकर (aversive) प्रभावों के समान अनुक्रिया लागत में मिलने वाला दंड का कोई पार्श्व प्रभाव (side effect) नहीं होता है।

(v) प्रीमैक नियम *(Premack principle)*—इसे कभी-कभी *ग्रैंडमा नियम* (Grandma's rules) भी कहा जाता है। इस प्रविधि में वांछित व्यवहार को व्यक्ति को उससे अधिक आकर्षक व्यवहार करने की छूट देकर पुनर्बलित किया जाता है। जैसे, जब किसी बच्चों को यह कहा जाता है कि उसे संगीत का पाठ पूरा करने पर ही खेलने की अनुमति दी जाएगी तो यह प्रीमैक नियम का एक उत्तम उदाहरण होगा।

(vi) सांकेतिक व्यवस्था *(Token economy)*—सांकेतिक व्यवस्था एक ऐसी प्रविधि है जिसमें कुसमायोजित व्यवहार को दूर करने के लिए रोगी को उपयुक्त व्यवहार करना कुछ संकेत (tokens) के रूप में ठोस पुनर्बलन (tangile reinforcer) देकर सीखलाया जाता है। बाद में रोगी अपनी इच्छानुसार उस संकेत को देकर वांछित वस्तु या सुविधा या लाभ प्राप्त कर सकता है। इस तरह से संकेत यहाँ एक तरह से मुद्रा (money) के रूप में कार्य करता है। सांकेतिक व्यवस्था के मुख्य चार तत्त्व (components) होते हैं जो निम्नांकित हैं—

(a) लक्ष्य व्यवहार *(Target behaviour)*—यह तत्त्व इस ओर इशारा करता है कि रोगी, चिकित्सक तथा अन्य संबंधित कर्मचारी आपस में मिलकर इस बात का निर्धारण करते हैं कि कौन व्यवहार को परिवर्तित करना है। ऐसे व्यवहार को लक्ष्य व्यवहार कहा जाता है। जैसे, जब रोगी किसी मानसिक रोगशाला में भर्ती होता है तो उसके सामाजिक अन्तःक्रिया तथा आत्म-मदद (self-help) से संबंधित व्यवहार को लक्ष्य व्यवहार बनाया जाता है।

(b) विनिमय के रूप में संकेत *(Toekn as medium of exchange)*—सांकेतिक व्यवस्था में कुछ संकेत जैसे—कागज या कूट के बने रंगीन गोलाकार या आयताकार टुकड़े तथा सिक्का के समान सोने का पानी चढ़ा धातु के कुछ वस्तुएँ आदि होते हैं जिन्हें व्यक्ति को वांछित व्यवहार करने पर दिया जाता है।

(c) प्रोत्साहित करने वाला पुनर्बलक *(Backup reinforcer)*—सांकेतिक व्यवस्था में संकेत के बदले में मिलने वाला कोई विशेष सामान या सेवाएँ होती हैं। भोजन, मनोरंजन की सुविधाएँ, अस्पताल से कुछ समय के लिए छुट्टी तथा अन्य आरामदेह सुविधाएँ कुछ प्रमुख प्रोत्साहन प्रदान करने वाला पुनर्बलक के रूप में उपयोग किये जाने वाली चीजें हैं।

(d) विनिमय का नियम *(Rules of exchanges)*—सांकेतिक व्यवस्था में विनिमय के कुछ स्पष्ट नियम होते हैं जिसमें इस बात का स्पष्ट उल्लेख होता है कि लक्ष्य व्यवहार करने के बाद उसे कितना संकेत (tokens) मिलेगा तथा किसी विशेष प्रोत्साहन प्रदान करने वाला पुनर्बलक को प्राप्त करने के लिए उसे कितना संकेत प्राप्त करना होगा। परिस्थिति के अनुसार विनिमय के नियम में परिवर्तन लाया जाता है ताकि किसी प्रकार की गड़बड़ी न हो सके।

मनश्चिकित्सीय संस्थान में सांकेतिक व्यवस्था पर पहला रिपोर्ट एलौन एवं अजरीन (Ayllon & Azrin, 1965) द्वारा प्रकाशित किया गया जिन्होंने चिरकालिक महिला रोगियों में सांकेतिक व्यवस्था की प्रविधि द्वारा आत्म-देखरेख व्यवहार (self-care behaviour) को काफी प्रोत्साहित किया। बुर्चार्ड (Burchard, 1967) तथा कोहेन (Cohen, 1968) ने सांकेतिक व्यवस्था के सहारे समाज-विरोधी व्यवहार (antisocial behaviour) तथा अपराधी व्यवहार में परिवर्तन लाने में सफलता प्राप्त किया है। पॉल (Paul, 1982) ने इसका सफलतापूर्वक उपयोग मनोविदालिता के चिरकालिक रोगियों के उपचार में किया है।

नैदानिक मनोवैज्ञानिकों का मत है कि जब उपयुक्त व्यवहार के लिए संकेत (token) का उपयोग एक पुनर्बलक (reinforcer) के रूप में किया जाता है तो इसके कई स्पष्ट लाभ (advantages) हैं जिनमें निम्नांकित प्रमुख हैं—

(i) व्यक्ति जितना ही अधिक वांछनीय व्यवहार करता है, वह उतना ही अधिक संकेत (token) अर्जित कर पाता है।

(ii) संकेत का स्वरूप कुछ ऐसा होता है कि उससे कोई प्रत्यक्ष संतुष्टि तो नहीं होती है। इसलिए उसका प्रोत्साहन मूल्य (incentive value) बना रहता है।

(iii) संकेत द्वारा उचित व्यवहार या निष्पादन तथा पुनर्बलन (reinforcement) के बीच होने वाला देरी (delay) को संकेत द्वारा प्राय: कम कर दिया जाता है।

(iv) यह बात पूर्णत: रोगी पर छोड़ दिया जाता है कि वह कितना संकेत अर्जित कर सकता है तथा किस तरह से उसका उपयोग वांछित वस्तुओं की प्राप्ति में किया जा सकता है।

(v) संकेत द्वारा रोगी के संस्थान के वातावरण तथा बाह्य वातावरण के माँग की दूरी को पूरा किया जाता है।

संकेत व्यवस्था प्रविधि के कुछ लाभ (advantage) तथा अलाभ (disadvantages) है। इसका प्रमुख लाभ निम्नांकित है—

(i) इस चिकित्सा प्रविधि द्वारा गंभीर मानसिक रूप से ग्रस्त रोगियों का उपचार संभव है। जैसे मनोविदालिता (schizophrenia), अपराधियों एवं समस्यात्मक स्कूली बच्चों की अनुशानहीनता जैसे व्यवहार का उपचार किया जाता है।

(ii) इस प्रविधि द्वारा रोगी में सामाजिक जीवन एवं विभिन्न व्यवसाय से संबंधित वांछित व्यवहारों को विकसित करने में काफी मदद मिली है।

(iii) इस चिकित्सा पद्धति के संचालन में चिकित्सक में विशेष कौशल की आवयकता नहीं होता हैं अत: इसमें संचालन संबंधी कोई कठिनाई नहीं होती है।

(iv) इस चिकित्सा पद्धति में समय तथा श्रम अन्य प्रविधियों की तुलना में कम लगता है।

इन लाभों के बावजूद इस चिकित्सा पद्धति के कुछ अलाभ (disadvantages) हैं जिनमें निम्नांकित प्रमुख हैं—

(i) सांकेतिक व्यवस्था पद्धति से रोगी का किया गया उपचार प्राय: स्थायी नहीं होता है। जब रोगी मानसिक अस्पताल या उपचार गृह से बाहर निकलकर वास्तविक जिंदगी में पहुँचता है तो उस तरह का सांकेतिक पुनर्बलन (token reinforcement) ने मिलने के अभाव में रोगी के विलोपित अवांछित व्यवहार पुन: लौट जाते हैं।

(ii) आजकल सांकेतिक व्यवस्था पद्धति की लोकप्रियता में इसलिए भी कमी आयी है क्योंकि इसे संचालन के लिए पर्याप्त संख्या में अस्पताल में कर्मचारी प्राय: उपलब्ध कई कारणों से नहीं हो पाते हैं।

(iii) किली (Kelly, 1990) के अनुसार सांकेतिक व्यवस्था पद्धति से किसी रोग के बारे में प्राप्त परिणाम का सामान्यीकरण (generalization) कई कारणों से संभव नहीं हो पाता है।

(iv) सांकेतिक व्यवस्था पद्धति से उपचार किये जाने पर रोगी में कभी-कभी कुछ बुरी आदत जैसे—दूसरों पर निर्भर होने तथा दूसरों से कुछ पाने की आदत विकसित हो जाती है।

इन अलाभों के बावजूद सांकेतिक व्यवस्था का उपयोग नैदानिक मनोवैज्ञानिकों खासकर वैसे नैदानिक मनोवैज्ञानिकों जो व्यवहार चिकित्सा के नियमों से कम वाकिफ भी होते हैं, अधिक लोकप्रिय है।

मॉडलिंग
(Modeling)

जैसा कि नाम से ही स्पष्ट है, मॉडलिंग एक ऐसी प्रविधि है जो प्रेक्षणात्मक सीखना (observational learning) पर आधारित है। इस प्रविधि में दूसरे व्यक्ति जैसे माता-पिता या चिकित्सक को रोगी एक खास व्यवहार करते देखता है तथा साथ-ही-साथ उस व्यवहार से मिलने वाले परिणामों से भी अवगत होता है। इस तरह के प्रेक्षण के आधार पर रोगी खुद भी वैसा ही व्यवहार करना धीरे-धीरे सीख लेता है। मॉडलिंग की प्रभावशीलता को बैण्डुरा, ब्लैनकार्ड तथा रिट्टर (Bandura, Blanchard & Ritter, 1969) के एक आरंभिक अध्ययन में सबसे पहले दिखलाया गया था। इस अध्ययन में रोगी के सर्प दुर्भीति (snake phobia) को दूर करने की कोशिश की गयी थी। ऐसे अनेकों कई और अध्ययन करने के बाद बैण्डुरा तथा उनके सहयोगियों द्वारा इस निष्कर्ष पर पहुँच गया कि सर्प दुर्भीति के करीब 90% रोगियों को इस प्रविधि द्वारा सफलतापूर्वक उपचार किया जाना संभव हो पाया।

मॉडलिंग के उक्त मौलिक प्रविधि में नैदानिक मनोवैज्ञानिकों द्वारा कई महत्त्वपूर्ण परिमार्जन (modifications) किये गए हैं। सबसे सामान्य परिमार्जन को *सहभागी मॉडल* (participant modeling) कहा जाता है। सहभागी मॉडलिंग में रोगी एक जीवित मॉडल को कुछ करते हुए देखता है या किसी सुरक्षित परिस्थिति में रोगी धीरे-धीरे डरने वाले वस्तु से निदेशित सम्पर्क (guided contact) स्थापित करता है। जैसे, यदि रोगी यह देखता है कि मॉडल साँप पकड़े हुए हैं

या मॉडल के शरीर पर साँप रेंग रहा है, तो रोगी को भी धीरे-धीरे साँप पकड़ने तथा फिर उसे अपने शरीर पर रेंगने देने के लिए कहा जाता है। ऐसा करने से रोगी में धीरे-धीरे साँप से डर समाप्त होने लगता है और उसकी चिंता कमने लगती है । मॉडलिंग का दूसरा महत्त्वपूर्ण परिमार्जन को *गुप्त मॉडलिंग* (covert modeling) कहा जाता है। गुप्त मॉडलिंग में रोगी को एक ऐसे मॉडल की कल्पना करने के लिए कहा जाता है जो वैसा व्यवहार कर रहा होता है जिसे वह अपनाना या सीखना चाहता हैं। ऐसा बार-बार करने से उस वांछनीय व्यवहार (desired behaviour) को करने की प्रवृत्ति रोगी में विकसित हो जाती हैं काऊटेला (Cautela, 1971) तथा काऊटेला एवं उनके सहयोगियों (Cautela et. al., 1974) ने सर्प दुर्भीति दूर करने में गुप्त मॉडलिंग को जीवित मॉडलिंग (live modeling) के समान ही प्रभावी माना है। काजडिन (Kazdin, 1974, 1975) ने गुप्त मॉडलिंग का सफलतापूर्वक उपयोग उन समस्याओं के उपचार में किया है जिसमें निश्चयात्मकता (assertiveness) की कमी पायी जाती है।

अभी हाल में ऐसा देखा गया है कि कई व्यवहार चिकित्सा जो अस्पताल में भर्त्ती हुए रोगियों पर किया गया है, में मॉडलिंग की लोकप्रियता काफी बढ़ी है। बेलाक, हरसेन एवं टर्नर (Bellack, Hersen & Turner, 1976) ने तीन चिरकालिक मनोविदालिता के रोगियों में विभिन्न तरह के डरों को मॉडलिंग, भूमिका निर्वाह (role playing) तथा धनात्मक पुनर्बलन (positive reinfocement) के सहारे दूर करने में सफल हुए।

मॉडलिंग के कुछ लाभ (advantages) तथा अलाभ (disadvantages) हैं। इसके प्रमुख लाभ निम्नांकित हैं—

(i) मॉडलिंग में किसी प्रकार का प्रत्यक्ष धनात्मक पुनर्बलन का उपयोग नहीं होता है। इसमें रोगी मॉडल के व्यवहार का मात्र प्रेक्षण करके अपने संज्ञान (cognition) में उचित परिवर्तन करता है और फिर व्यवहार में परिवर्तन करता है। फलत: इससे व्यवहार में हुआ परिवर्तन तुलनात्मक रूप से अधिक स्थायी होता है।

(ii) मासरमैन (Masserman, 1943) तथा वैण्डुरा (Bandura, 1969) के अनुसार मॉडलिंग कुछ विशेष परिस्थिति में खासकर वैसी परिस्थिति में जहाँ रोगी में निश्चयात्मकता जैसे महत्त्वपूर्ण सामाजिक व्यवहार की कमी होती है, काफी लाभप्रद साबित हुआ है।

इन लाभों के बावजूद मॉडलिंग के कुछ अलाभ (disadvantages) भी हैं जो निम्नांकित हैं—

(i) मॉडलिंग की सफलता इस बात पर आधृत होता है कि रोगी मॉडल तथा उसके व्यवहार को कितना अधिक ध्यान देकर देखता है तथा उसे महत्त्वपूर्ण समझकर उसके व्यवहार करने की इच्छा व्यक्त करने की कोशिश करता है। अक्सर देखा गया है कि रोगी मॉडल के व्यवहार को मात्र एक नाटक समझकर उसकी उपेक्षा करता है। ऐसी समझ वाले रोगियों के उपचार में मॉडलिंग बहुत प्रभावकारी सिद्ध नहीं होता है।

(ii) मॉडलिंग की प्रविधि को सफल होने के लिए यह आवश्यक है कि चिकित्सक में सामाजिक कौशल (social skills) हो। जिन चिकित्सकों में ऐसे कौशल की कमी पायी जाती है, वे इस प्रविधि से उपचार करने में अधिक लाभान्वित नहीं हो पाते हैं।

इन अलाभों के बावजूद मॉडलिंग प्रविधि की उपयोगिता खास करके दुर्भीति के रोग के उपचार में काफी अधिक है। आज भी कई व्यवहार चिकित्सक इस प्रविधि का उपयोग करके दुर्भीति के रोगियों का उत्तम उपचार कर रहे हैं।

बायोफिडबैक विधि
(*Biofeedback Method*)

वायोफिडबैक एक ऐसी व्यवहार चिकित्सा है जिसे निटीजिल तथा उनके सहयोगियों (Neitzel et. al., 1991) ने संभाव्यता प्रबंधन (contingency management) का ही एक अनोखा प्रारूप (unique version) माना है। व्यक्ति जब अपने आंतरिक एवं स्वायत्त अनुक्रियाओं (autonomic responses) का नियंत्रण व्यवहारपरक विधियों (behavioural methods) से करता है, तो इसे *वायोफिडबैक* (biofeedback) कहा जाता है। इस प्रविधि में विशेष वैद्युत उपकरण के सहारे रोगी को अपनी शारीरिक क्रियाओं के बारे में सूचना प्रदान की जाती है। ऐसी शारीरिक क्रियाओं में मूलत: अनैच्छिक क्रियाओं जैसे हृदय गति, रक्त चाप, त्वचा का तापक्रम, मस्तिष्कीय तरंग (brain waves) तथा अन्य संबंधि त कार्य जिनका संचालन मूलत: स्वायत्त तंत्रिका तंत्र (autonomic nervous system) से होता है, प्रधान होते हैं। इन अनैच्छिक क्रियाओं में परिवर्तन लाने का प्रशिक्षण देकर रोगी के कुसमायोजित व्यवहार को दूर करके उसकी जगह पर

समायोजित व्यवहार (adaptive behaviour) को सीखलाया जाता है। वायोफिडबैक विधि द्वारा उपचार करने में निम्नांकित चरण (steps) सम्मिलित होते हैं—

(i) रोगी को उस शारीरिक अनुक्रिया (physiological response) जिसमें परिवर्तन लाना है, का मॉनीटर विशेष वैद्युत उपकरण द्वारा किया जाता है।

(ii) उपकरण द्वारा सूचनाओं को श्रवण (auditory) या दृश्य संकेतों (visual cues) के रूप में परिवर्तित कर उसे रोगी के सामने रखा जाता है।

(iii) रोगी उस संकेत में परिवर्तन अपनी शारीरिक क्रियाओं में परिवर्तन करके करता है।

जैसे मान लिया जाए कि यदि कोई व्यक्ति सिरदर्द से प्रभावित है तो उसके सिर पर इलेक्ट्रोड लगा दिया जाएगा जो सिर के क्षेत्र से छोटे-छोटे पेशीय क्रियाओं को ग्रहण कर उसे एक विशेष आवाज में बदल देगा। पेशीय क्रियाओं में परिवर्तन होने से आवाज में भी परिवर्तन होगा। रोगी का कार्य उस आवाज में कमी लाना या उसे समाप्त करना होगा जिससे यह पता चलेगा कि पेशीय तनाव समाप्त हो गया या कम हो गया अर्थात् सिरदर्द कम हो गया या समाप्त हो गया। ऐसा बार-बार बरने से अन्ततोगत्वा रोगी अपने सिरदर्द को कम करने में सफल हो पाता है।

वायोफिडबैक प्रविधि का उपयोग कई तरह के रोगों जैसे उच्च रक्तचाप (high blood pressure), सिरदर्द, अनियमित हृदय गति तथा रेनाऊड रोग (Raynaud's disease) जिसमें निम्न रक्त बहाव बनने के कारण हाथ या पैर में कोथ (gangrene) हो जाता है, के उपचार में सफलतापूर्वक किया गया है। अभी हाल में कासिसी तथा मैकग्लिन (Cassisi & McGlynn, 1988) ने वायोफिडबैक का सफलतापूर्वक उपयोग रात्रिक ब्रक्सीज्म (noctural bruxism) के उपचार में किया है। इस रोग में रोगी नींद में दाँत कटकटाता एवं पीसता है जिससे सिरदर्द, आनन दर्द (facial pain) तथा दंत समस्याएँ (dental problems) आदि उत्पन्न हो जाती हैं। इसमें एक विशेष वैद्युतीय उपकरण द्वारा रोगी के नींद में होने पर उसके चेहरे के मांशपेशीय तनावों को मॉनीटर (monitor) किया जाता है। इसे EMG कहा जाता है। जब EMG एक क्रान्तिक स्तर (critical level) पर पहुँच जाता है, तो इससे घंटी की आवाज होती है तथा रोगी नींद से उठ जाता है और ब्रक्सीज्म (bruxism) का व्यवहार समाप्त हो जाता है। इसे बार-बार करके ब्रक्सीज्म को काफी हद तक नियंत्रित कर दिया जाता है।

वायफिडबैक प्रविधि द्वारा चाहे जिस तरह के रोग का उपचार क्यों न किया जा रहा हो, एक मॉनीटर तथा पुनर्निवेशन उपकरण (feedback apparatus) रोगी के शरीर से लगा दिया जाता है जो बाद में कुछ शारीरिक या मानसिक उपाय करके वांछित दिशा में अपनी आंतरिक अनुक्रिया में परिवर्तन करता है। अधिकतर केसेज में इस परिवर्तन के लिए परिणाम ज्ञान ही पुनर्बलक (reinforce) के रूप में उपयोग किया जाता है परंतु कभी-कभी प्रशंसा या मौद्रिक पुरस्कार (monetary reward) को भी पुनर्बलक के रूप में उपयोग किया जाता है।

वायफिडबैक प्रविधि के कुछ लाभ (advantages) तथा अलाभ (disadvantages) हैं। इसके प्रमुख लाभ निम्नांकित हैं—

(i) वायोफिडबैक द्वारा ऐसे रोगों उपचार में अधिक मदद मिलती है जिनका एक स्पष्ट दैहिक आधार होता है। मिलर (Miller, 1983) ने ऐसे रोगों के उपचार में वायाफिडबैक को नैदानिक रूप से एक काफी संपन्न विधि माना है।

(ii) वायोफिडबैक प्रविधि द्वारा उपचार में तुलनात्मक रूप से अधिक वस्तुनिष्ठता, विश्वसनीयता तथा वैधता है।

इन लाभों के बावजूद वायोफिडबैक विधि के कुछ अलाभ हैं जो निम्नांकित हैं—

(i) वायोफिडबैक में मॉनीटर करने के लिए जो वैद्युतीय उपकरण का उपयोग किया जाता है, वह काफी कीमती होता है। फलस्वरूप, इसका उपयोग सभी तरह के चिकित्सक नहीं कर पाते हैं।

(ii) वायोफिडबैक प्रविधि द्वारा उपचार गृह या मानसिक अस्पताल के परिसर में किये गए परिवर्तनों को व्यक्ति अपनी वास्तविक जिंदगी में बनाकर सामान्यत: नहीं रचा पाता है।

(iii) रीड, कैटकीन तथा गोल्डबैंड (Reed, Katkin & Goldband, 1986) ने अपने अध्ययन के आधार पर यह बतलाया है कि वायोफिडबैक जैसे जटिल एवं कीमती प्रविधि द्वारा व्यक्ति के व्यवहार में जो परिवर्तन आते हैं, उतना परिवर्तन या उससे अधिक परिवर्तन आसानी से उससे आसान प्रविधि जैसे—विश्रांति प्रशिक्षण (relaxation training) द्वारा उत्पन्न किया जा सकता है। ऐसी परिस्थिति में तब वायोफिडबैक जैसी प्रविधि का कोई सार्थक महत्त्व नहीं रह जाता है।

इन अलाभों या परिसीमाओं के बावजूद धीरे-धीरे आजकल अधिकतर मानसिक अस्पतालों में वायोफिडबैक प्रविधि की लोकप्रियता बढ़ते जा रही है।

व्यवहार चिकित्सा का मूल्यांकन (Evaluation of Behaviour Therapy)

हमलोग यह देख चुके हैं कि व्यवहार चिकित्सा की कई विधियाँ हैं और प्रत्येक विधि की कुछ लाभ एवं परिसीमाएँ (limitations) हैं। नैदानिक मनोवैज्ञानिकों ने व्यवहार चिकित्सा का एक समग्र मूल्यांकन (overall evaluation) किया है तथा इसके गुण एवं दोषों का वर्णन किया है। इसके गुण या प्रमुख लाभ निम्नांकित हैं—

(i) व्यवहार चिकित्सा एक संक्षिप्त एवं यथार्थ विधि है। मार्क्स (Marks, 1982) के अनुसार चूँकि इस चिकित्सा विधि में लक्ष्य व्यवहार जिसका उपचार करना निश्चय कर लिया जाता है तथा जिस प्रविधि का उपयोग करना है, उसे भी तय कर लिया जाता है, अत: इस विधि के परिणाम अधिक निर्भर योग्य होते हैं एवं इसके परिणाम हो एक वैज्ञानिक प्रारूप में रिपोर्ट किया जा सकता है, विचार-विमर्श किया जा सकता है तथा यथार्थपूर्ण ढंग से मूल्यांकन किया जा सकता है।

(ii) काजडिन एवं विलसन (Kazdin & Wilson, 1978) के अनुसार व्यवहार चिकित्सा चूँकि सीखने के नियमों पर स्पष्टत: आधारित होता है, अत: इसमें चिकित्सक की योग्यता एवं दक्षता आदि पर कोई विशेष निर्भरता नहीं रहती है। कम दक्ष चिकित्सक भी इस विधि का उपयोग सफलतापूर्वक कर पाते हैं।

(iii) व्यवहार चिकित्सा का तीसरा लाभ यह है कि इसके द्वारा उपचार करने में अन्य विधियों की तुलना में कम समय एवं खर्च लगता है। इसमें सहयोगी कार्यकर्त्ताओं की भी जरूरत कम पड़ती है। इस विधि का स्वरूप कुछ ऐसा होता है कि इसे आसानी से समपेशेवरों (paraprofessional) तथा अपेशेवरों (non-professionals) दोनों को उसमें प्रशिक्षित किया जा सकता है। अत: व्यवहार चिकित्सा की विधि अधिक व्यवहारिक एवं लोकप्रिय है।

(iv) व्यवहार चिकित्सा ने लक्षण प्रतिस्थापन (symptom substitution) के संप्रत्यय को निरर्थक साबित करते हुए यह दिखलाया है कि मानसिक रोगों को सिर्फ मेडिकल मॉडल के दृष्टिकोण से देखना अनुचित है तथा इसका मनोगतिकी विकल्प (psychodynamic alternative) भी उपलब्ध है।

इन लाभों के बावजूद व्यवहार चिकित्सा के कुछ अलाभ या परिसीमाएँ (limitations) हैं जिनमें निम्नांकित प्रमुख हैं—

(i) व्यवहार चिकित्सा सभी तरह की मानसिक विकृतियों के उपचार के लिए लाभप्रद नहीं बतलाया गया है। जैसे— मनोविदालिता (schizophrenia) के रोगी, आत्म-विमोही बच्चे (autistic children) तथा गंभीर रूप से विषादी रोगी (seriously depressed patients) आदि के उपचार में यह विधि बहुत अधिक लाभप्रद साबित नहीं होता है।

(ii) व्यवहार चिकित्सा को कुछ नैदानिक मनोवैज्ञानिकों ने सतही (superficial) कहा है। चूँकि व्यवहार चिकित्सा में रोगी के गत अनुभूतियों को महत्त्व नहीं दिया जाता है, रोगी में सूझ विकसित करना इसका मुख्य लक्ष्य नहीं होता है, तथा इसका संबंध किसी स्पष्ट सैद्धान्तिक समस्याओं से नहीं होता है। यह चिकित्सा उन लोगों के लिए खोखला नजर आता है जो रोगी में आत्म-बोध (self-understanding) तथा आत्म-स्वीकार (self-acceptance) के विकास पर अधिक बल डालते हैं।

(iii) कुछ आलोचकों का मत है कि व्यवहार चिकित्सा द्वारा रोगी के लक्षण स्थायी तौर पर दूर नहीं होते हैं बल्कि उससे मात्र लक्षण प्रतिस्थापन (symptom substitution) होता है। लक्षण प्रतिस्थापन से तात्पर्य एक ऐसी प्रक्रिया से होती है जिसमें रोगी में किसी समस्या के उपचार के दौरान उस समस्या से संबंधित लक्षण तो दूर हो जाते हैं परंतु बाद में उनसे कुछ दूसरे रोग के लक्षण इसलिए विकसित हो जाते हैं क्योंकि इसमें लक्षण के अन्तर्निहित कारणों को समझाने की कोशिश नहीं की जाती है।

(iv) कुछ नैदानिक मनोवैज्ञानिकों का मत है कि व्यवहार चिकित्सा में रोगी को वैयक्तिक स्वतंत्रता (individual freedom) पर एक तरह से अंकुश लग जाता है। इसका कारण यह है कि इस तरह की चिकित्सा में चिकित्सक अपने मूल्यों (values) के अनुरूप रोगी के व्यवहार को समझने की कोशिश करते हैं तथा उसमें जोड़-तोड़ (manipulation) करते हैं।

(v) ग्रासवर्ग (Grossberg, 1997) ने यह कहा है कि व्यवहार चिकित्सा उन समस्याओं जिनकी प्रकृति अस्पष्ट होती है तथा जिनका स्परूप अस्तित्ववादी (existential) होता है, का उपचार करने में अधिक सफल नहीं हुआ है। जैसे—यदि किसी व्यक्ति में विषाद (depression) या चिंता का अपरिभाषित प्रारूप है अर्थात उसका स्रोत अस्पष्ट है, तो क्या व्यवहार चिकित्सा से उसका उपचार संभव है? ग्रासवर्ग ने इस क्षेत्र में किये गए शोधों की समीक्षा के आधार पर यह बतलाया है कि इसका उत्तर नकारात्मक ही होगा।

इन परिसीमाओं या अलाभों के बावजूद व्यवहार चिक्तिसा की उपयोगिता आधुनिक नैदानिक मनोवैज्ञानिकों के बीच काफी अधिक है। खासकर असंवेदीकरण, मॉडलिंग, वायोफिडबैक प्रविधियों की लोकप्रियता तुलनात्मक रूप से काफी अधिक है।

व्यवहार चिकित्सा तथा मनोवैश्लेषिक चिकित्सा का एक तुलनात्मक अध्ययन (A Comparative study of Behaviour Therapy and Psychoanalytic Therapy)

व्यवहार चिकित्सा तथा मनोवैश्लेषिक चिकित्सा (Psychoanalytic therapy) मनश्चिकित्सा के दो प्रमुख प्रकार हैं। इन दोनों तरह की मनश्चिकित्सा का प्रमुख समानता बिंदु यह है कि इनके द्वारा सिर्फ उन्हीं मानसिक विकृतियों (mental disorders) का उपचार संभव है जिनका स्वरूप गंभीर नहीं होता है। इस समानता के बावजूद इन दोनों तरह की मनश्चिकित्साओं में निम्नांकित अंतर है—

(i) व्यवहार चिकित्सा स्पष्ट रूप से एक औपचारिक सिद्धान्त एवं नियम पर आधारित होता है। फलतः इससे कई तरह की जाँचनीय अनुमान लगाना संभव हो पाता है। जैसे व्यवहार चिकित्सा स्पष्टतः अनुबंधन सिद्धांत (conditioning theory) पर आधृत होता है। परंतु मनोवैश्लेषिक चिकित्सा (psychoanalytic therapy) एक असंगत सिद्धांत (inconsistent theory) पर आधारित होता है जिसका प्रतिपादन कभी भी स्पष्ट रूप से नहीं किया गया।

(ii) व्यवहार चिकित्सा का आधार नियंत्रित प्रेक्षण (controlled observation) या प्रयोग है। यह मूलतः क्लासिकी अनुबंधन (classical conditioning) प्रयोग, क्रियाप्रसूत अनुबंधन (operant conditioining) प्रयोग, प्रेक्षणात्मक सीखना (observational learning) प्रयोगों से प्राप्त तथ्यों पर आधारित होता है। दूसरे तरफ मनोवैश्लेषिक चिकित्सा का आधार इस तरह का प्रयोग या नियंत्रित प्रेक्षण न होकर नैदानिक प्रेक्षण (clinical observation) होता है। इस तरह की चिकित्सा मूलतः चिकित्सक के निजी प्रेक्षणों एवं अनुभवों पर आधारित होता है।

(iii) व्यवहार चिकित्सा में रोगी के लक्षणों को अपअनुकूली अनुबंधित अनुक्रिया (unadaptive conditioned response) माना जाता है। इसका मतलब यह हुआ कि इसमें यह समझा जाता है कि जब व्यक्ति अपअनुकूलित अनुक्रिया को सीखता है, तो इससे विशेष प्रकार के लक्षण (symptoms) विकसित होते हैं। दूसरे तरफ, मनोवैश्लेषिक चिकित्सा में रोगी के लक्षण अचेतन कारणों या अचेतन मनोग्रन्थि (unconsious complexes) का परिणाम माना जाता है। दूसरे शब्दों में, इस चिकित्सा की मान्यता यह है कि व्यक्ति में किसी अमुक रोग के लक्षण विकसित होने का कारण उसका अचेतन संघर्ष (unconscious conflict) होता है।

(iv) व्यवहार चिकित्सा में मानसिक विकृति (mental disorder) के लक्षणों को *दोषपूर्ण सीखना* (faulty learning) का सबूत माना जाता है जबकि मनोवैश्लेषिक चिकित्सा में मानसिक विकृति के लक्षणों को *दमन* (repression) का सबूत माना जाता है।

(v) व्यवहार चिकित्सा में चिकित्सक यह मानते हैं कि लाक्षणिकी (symptomatology) का निर्धारण वैयक्तिक विभिन्नता (individual difference) तथा आकस्मिक पर्यावरणी परिस्थितियों (accidental environmental circumstances) से होता है। दूसरे तरफ मनोवैश्लेषिक चिकित्सा में लाक्षणिकी का निर्धारण रक्षा प्रक्रमों (defence mechanisms) जैसे दमन (repression), प्रतिक्रिया निर्माण (reaction formation), प्रक्षेपण (projection), प्रतिस्थापन (displacement) आदि से होता है। फ्रायड के अनुसार इन रक्षा प्रक्रमों का उपयोग सभी लोग करते हैं परंतु जब उसका उपयोग अधिक होने लगता है, तो वह विशेष लक्षण का निर्धारक बन जाता है।

(vi) व्यवहार चिकित्सा में सभी तरह की चिंता विकृतियों (anxiety disorders) का उपचार का संबंध रोगी के वर्तमान आदतों से होता है तथा उसकी ऐतिहासिक विकास (historical development) को असंगत एवं अनुपयुक्त

समझा जाता है। परंतु मनोवैश्लेषिक चिकित्सा में ऐसी बात नहीं होती है और इसमें रोगी के चिंता विकृतियों के उपचार का संबंध सीधे उसके ऐतिहासिक विकास से संबंधित होता है। दूसरे शब्दों में, इस चिकित्सा में रोगी का उपचार तबतक ठीक ढंग से नहीं किया जा सकता है जबतक कि उसका गत इतिहास (past history) को अर्थात् उनके जीवन की घटनाओं एवं अंतक्रियाओं को विस्तृत रूप से नहीं जाना जाए।

(vii) व्यवहार चिकित्सा में रोगी को चंगा उसके लक्षणों का उपचार करके किया जाता है। दूसरे शब्दों में, यह कहा जा सकता है कि व्यवहार चिकित्सा में रोगी के अपअनुकूली अनुक्रियाओं (unadaptive responses) को विलोपित करके और उसके जगह पर वांछित अनुक्रियाओं (desirable responses) को सीखा कर किया जाता है। परंतु मनोवैश्लेषिक चिकित्सा (posychoanalytic therapy) में रोगी को चंगा उसके स्वयं लक्षणों का उपचार करके नहीं किया जा सकता है बल्कि रोगी के अचेतन के संघर्षों (conflict) एवं गतिकी (dynamics) को सावधानीपूर्वक दूर करके किया जाता है।

(viii) मनोवैश्लेषिक चिकित्सा द्वारा मानसिक विकृतियों के उपचार में रोगी के स्वप्नों, लक्षणों, क्रियाओं आदि की व्याख्या काफी अहमियत रखता है परंतु व्यवहार चिकित्सा में यद्यपि कि ऐसी व्याख्या आत्मनिष्ठ एवं अनुपयुक्त न भी हो, तो भी उसका कोई खास महत्त्व नहीं होता है।

(ix) मनोवैश्लेषिक चिकित्सा में लाक्षणिक उपचार (symptomatic treatment) से सचमुच में रोगी में कुछ नये लक्षणों का जन्म एवं विस्तरण होता है। एक ओर उसमें एक मानसिक विकृति के लक्षण तो समाप्त हो जाते हैं परंतु कुछ नये लक्षणों का उदय हो जाता है। परंतु व्यवहार चिकित्सा में ऐसी बात नहीं है और इसमें लाक्षणिक उपचार देने पर रोगी में स्थायी स्वास्थ्यलाभ प्राप्त करता है बशर्ते कि स्वायत्त (autonomic) एवं कंकाली (skeletal) अनुबंधित अनुक्रियाएँ (conditioned responses) पूर्णत: विलोपित कर दी गयी हों।

(x) मनोवैश्लेषिक चिकित्सा में रोगी तथा चिकित्सक के बीच स्थानांतरण संबंध (transference relationship) मानसिक विकृतियों के उपचार के लिए आवश्यक होता है। स्थानांतरण संबंध एक ऐसा संबंध होता है जिसमें चिकित्सा के दौरान रोगी चिकित्सा के साथ सांवेगिक लगाव विकसित कर लेता है जिसके परिणास्वरूप वह उसे एक ऐसे व्यक्ति के रूप में पहचान करता है जो बीते दिनों में उसके सांवेगिक संघर्ष (emotional conflict) का केन्द्र रहा हो। व्यवहार चिकित्सा में मानसिक विकृतियों के उपचार के लिए रोगी एवं चिकित्सक के बीच इस ढंग का व्यक्तिगत संबंध की आवश्यकता नहीं होती है हालांकि ऐसा संबंध निश्चित रूप से कुछ विशेष परिस्थिति में लाभदायक हो सकता है।

स्पष्ट हुआ कि मनोवैश्लेषिक चिकित्सा तथा व्यवहार चिकित्सा एक-दूसरे से भिन्न हैं हालांकि दोनों ही मनश्चिकित्सा के ही प्रकार हैं।

संज्ञानात्मक व्यवहार चिकित्सा
(Cognitive Behaviour Therapy or CBT)

अर्थ एवं स्वरूप *(Meaning and Nature)*—व्यवहार चिकित्सा में व्यक्ति के प्रेक्षणीय व्यवहार (observable behaviour) तथा प्रेक्षणीय पुनर्बलन (observable reinforcements) में संबंध जोड़कर कुसमायोजित व्यवहार को हटाने तथा समायोजित व्यवहार को सीखलाने की कोशिश की जाती है। व्यवहार चिकित्सा में रोगी के आंतरिक घटनाओं जैसे उसके चिंतन, प्रत्यक्षण (perception), मूल्यांकन तथा आत्म-कथनों (self-statements) आदि पर कोई ध्यान नहीं दिया जाता है। दूसरे शब्दों में, व्यवहार चिकित्सा में चिकित्सक रोगी के संज्ञानात्मक प्रक्रियाओं (cognitive process) की उपेक्षा करते हैं। संज्ञानात्मक व्यवहार चिकित्सा जिसे संक्षेप में *संज्ञानात्मक चिकित्सा* (cognitive therapy) भी कहा जाता है, में रोगी के इन संज्ञानात्मक प्रक्रियाओं को ध्यान में रखते हुए चिकित्सा की जाती है जो तुलनात्मक रूप ये अधिक लाभप्रद साबित हुआ है। इस तरह से संज्ञानात्मक व्यवहार चिकित्सा को परिभाषित करते हुए यह कहा जा सकता है कि यह एक ऐसा व्यवहार चिकित्सा है जिसमें मानसिक रोग का कारण संज्ञान या चिन्तन माना जाता है तथा विभिन्न तरह की प्रविधियों को अपनाकर रोगी का संज्ञानात्मक पुनर्संरचना (cognitive restructuring) किया जाता है ताकि रोगी गलत चिन्तन तथा विश्वास का त्याग करके उसके जगह पर उपयुक्त चिन्तन एवं विश्वास विकसित करके समायोजी व्यवहार (adaptive behaviour) करने में सफल हो पाता है। निटीजिल, वर्नस्टीन तथा मिलिक[1] (Neitzel, Bernstein & Milich, 1991) के शब्दों में संज्ञानात्मक चिकित्सा को इस प्रकार परिभाषित किया जाता है, *''संज्ञानात्मक चिकित्सा को ऐसे उपचार उपागम के रूप में परिभाषित किया जाता है जो रोगी के संज्ञान (विश्वास, स्कीमा, आत्म-कथन तथा समस्या-समाधान उपायों)* को प्रभावित करके उसके कुसमायोजी व्यवहार को परिवर्तित करने का कोशिश करता है।'' इस परिभाषा का विश्लेषण करने पर हमें संज्ञानात्मक व्यवहार चिकित्सा के स्वरूप के बारे में निम्नांकित तथ्य प्राप्त होते हैं—

(i) संज्ञानात्मक व्यवहार चिकित्सा में रोगात्मक व्यवहार का कारण गलत संज्ञान या चिंतन माना जाता है।

(ii) इस चिकित्सा में रोगी के इस गलत संज्ञान या चिंतन को दूर करके उसके जगह पर सही संज्ञान या चिंतन विकसित करने की कोशिश की जाती है। इस प्रक्रिया को *संज्ञानात्मक पुनर्संरचना* (cognitive restructuring) कहा जाता है।

संज्ञानात्मक व्यवहार चिकित्सा के प्रकार *(Types of Cognitive behaviour therapy)*—संज्ञानात्मक व्यवहार चिकित्सा के मुख्य प्रकार निम्नांकित हैं—

(i) रैसनल-इमोटिव चिकित्सा (Rational-Emotive Therapy or RET)

(ii) बेक का संज्ञानात्मक चिकित्सा (Beek's Cognitive Therapy)

(iii) तनाव-टीका चिकित्सा (Stress inocluation Therapy)

(iv) सामाजिक समस्या समाधान (Social Problem Solving)

(v) बहुआयामी चिकित्सा (Multimodel Therapy)

इन सबों का वर्णन हम अलग-अलग अनुच्छेद में करेंगे।

रैसनल-इमोटिव चिकित्सा
(Rational-Emotive Therapy or RET)

इस चिकित्सा विधि का प्रतिपादन इलिस (Ellis, 1958, 1973, 1975) द्वारा किया गया। इसे संक्षेप में RET कहा जाता है। इस चिकित्सा विधि की पूर्वकल्पना यह होती है कि रोगी का सांवेगिक एवं मनोवैज्ञनिक समस्याओं का कारण बाह्य तनाव (external stress) नहीं होता है बल्कि आंतरिक एवं अतर्कसंगत विचारों एवं विश्वासों से होता है जो व्यक्ति में होता है तथा जो उन्हें यह सोचने के लिए बाध्य करता है कि उनकी खुशी के लिए उनकी इच्छाओं की पूर्ति आवश्यक है। यहाँ चिकित्सक रोगी के ऐसे अविवेकपूर्ण व्यवहार तथा विश्वासों की खोजबीन करता है जिसे वह वर्षों से स्वीकार किये हुए होता है और जिसके परिणामस्वरूप उसका व्यवहार कुसमायोजित हो गया होता है। चिकित्सक रोगी के मन में ऐसे विश्वासों को हटाकर उनमें नया विश्वास तथा संज्ञान (cognition) विकसित करता है ताकि वह फिर से समायोजित या अनुकूलित व्यवहार (adaptive behaviour) करने लगे। इस तरह से RET में चिकित्सक रोगी के विश्वास तंत्रों (belief systems) तथा आत्म-कथनों (self-statements) को पुनर्संगठित करने की भरपूर कोशिश करता है। जैसा कि ऊपर कहा जा चुका है, चिकित्सक यही मान कर चलते हैं कि रोगी के गलत विश्वास-तंत्र एवं आदर्शवादी आत्म-कथन (जैसे, मैं प्रत्येक कार्य समय पर हमेशा करता हूँ, मैं कभी झूठ नहीं बोलता, आदि-आदि) ही उसके धनात्मक आत्म-योग्यता (positive self-worth) तथा संतोषजनक सांवेगिक संबंध कायम करने में बाधक सिद्ध होते हैं। अत: ऐसे आत्म-कथनों एवं इससे संबंधित विश्वास तंत्रों को बदल देना चाहिए। ऐसा करने के लिए चिकित्सक कई विधियों का उपयोग करते हैं जिनमें निम्नांकित दो काफी प्रचलित हैं—

(i) पहली विधि तो वह है जिसमें रोगी के गलत विश्वासों का विवेकपूर्ण तथ्यों से सामना कराया जाता है ताकि रोगी अपने आप ही नकारात्मक संवेगात्मक परिणामों से लड़ सकें और उसकी व्यर्थता को समझकर अपने मस्तिष्क से उसे निकाल फेंके।

(ii) दूसरी प्रविधि वह है जिसमें चिकित्सक व्यवहारोन्मुख प्रविधियों (behaviourally-oriented techniques)

---

1. "Cognitive therapy can be defined as a treatment approach that attempts to modify maladaptive behaviour by influencing a client's cognitions (beliefs, schems, self-statements and problem-solving strategies.)"

—Neitzel, Bernstein & Milich : *Introduction to Clinical Psychology,* 1994, p. 318

को अपनाकर रोगी के व्यवहार एवं चिंतन में परिवर्तन लाता है। जैसे—चिकित्सक रोगी को गृह-कार्य के रूप में कुछ आत्म-पुनर्बलन व्यवहार अभ्यास करने को दे देता है। अपने गलत विश्वास के विरुद्ध कार्य करते समय रोगी को मन-ही-मन यह सोचने के लिए कहा जाता है, "मैं सचमुच में एक अच्छा काम कर रहा हूँ।"

RET के कुछ विशेष लाभ (advantages) तथा अलाभ (disadvantages) हैं। इसके प्रमुख लाभ निम्नांकित हैं—

(i) RET द्वारा आसानी से सामान्य चिंता, बोलने की चिंता (speech anxiety) तथा परीक्षण चिंता (test anxiety) के बारे में रोगी के मन में उत्पन्न होने वाले आत्म-कथनों (self-reports) को आसानी से कम किया जा सकता है।

(ii) कुछ ऐसे सबूत प्राप्त हुए हैं जिनसे यह पता चलता हे कि RET अत्यधिक क्रोध, विषाद (depression) तथा समाज-विरोधी व्यवहार (anti-social behaviour) को कम करने में प्रभावी होता है।

(iii) RET द्वारा टाईप ए व्यवहार (Type A behaviour) में भी कमी आती है।

(iv) RET द्वारा उन लोगों की भी मदद की जाती है जो सांवेगिक रूप से बीमार न होकर स्वस्थ हैं परंतु दिन-प्रतिदिन की समायोजन में कुछ सामान्य कठिनाई होती है।

(v) कैनगेलोसी तथा उनके सहयोगियों (Cangelosi et. al., 1980) के अध्ययन के अनुसार RET उचित आत्म-संप्रत्यय (self-concepts) विकसित करने में भी मदद करता है।

इन लाभों के बावजूद RET की कुछ परिसीमाएँ (limitations) या अलाभ हैं जो इस प्रकार है—

(i) RET कुछ खास रोग जैसे—एगोराफोबिया (agoraphobia) के उपचार में अन्य प्रविधियों की तुलना में घटिया है।

(ii) सामाजिक चिंता (social anxiety) को कम करने में RET अन्य दूसरी प्रविधि जैसे—क्रमबद्ध असंवेदीकरण (systematic desensitization) की तुलना में तुच्छ (inferior) साबित हुआ है।

(iii) स्मीथ (Smith, 1983) ने अपने शोधों के आधार पर यह बतलाया है कि इस बात का बहुत ही हल्का सबूत है कि यह प्रविधि रोगी के चिंतन की अयुक्तिसंगतता (irrationality) कम करके अपना प्रभाव डालता है।

इन परिसीमाओं या अलाभों के बावजूद RET की लोकप्रियता नैदानिक मनोवैज्ञानिकों के बीच अधिक है क्योंकि इसके द्वारा रोगी अपने वातावरण को अधिक तर्कसंगत ढंग से समझना सीखता है।

बेक का संज्ञानात्मक चिकित्सा
(Beck's Cognitive Therapy)

इस चिकित्सा विधि का प्रतिपादन बेक (Beck, 1979) द्वारा विषादी रोगियों (depressed patients) के उपचार के लिए किया गया था। बाद में इसका उपयोग चिन्ता विकृतियों (anxiety disorders) तथा दुर्भीति (phobia) के रोगियों के उपचार में भी किया गया। बेक की इस चिकित्सा पद्धति की मूलभूत पूर्वकल्पना (fundamental assumtion) यह है कि विषाद जैसी समस्या मूलतः स्वयं अपने बारे में, अपने वातावरण के बारे में तथा अपने भविष्य के बारे में रोगी द्वारा अताकिंक चिन्तन (illogical thinking) के कारण उत्पन्न होता है। सचमुच में विषादी लक्षणों द्वारा रोगी अपनी जिन्दगी की घटनाओं के बारे में तरह-तरह की तार्किक त्रुटियों (logical errors) तथा विकृतियों (distortions) को दर्शाता है। इस तरह के अतार्किक स्कीमा रोगी को अपने बारे में, अपनी दुनिया के बारे में तथा अपने भविष्य के बारे में निराशावादी ढंग से सोचने के लिए मजबूर करता है। बेक ने इन तीन तरह के अतार्किक एवं गलत स्कीमा को *'संज्ञानात्मक त्रिक'* (cognitive triad) कहा है। बेक ने विषादी रोगियों में विकृति चिंतन (distorted thinking) के कई प्रकारों का वर्णन किया है जिनमें निम्नांकित प्रमुख हैं—

(i) मनचाहा अनुमान *(Arbitrary inference)*—इसमें रोगी अपर्याप्त या अतर्कसंगत सूचनाओं के आधार पर अपने बारे में अनुमान लगाता है। जैसे—यदि कोई व्यक्ति यह विचार रखता है कि वह बेकार है क्योंकि उसे अमुक पार्टी में नहीं बुलाया गया तो यह मनचाहा अनुमान का उदाहरण होता है।

(ii) आवर्धन *(Magnification)*—इसमें रोगी किसी छोटी घटना को बढ़ा-चढ़ा कर काफी विस्तारित कर देता है। जैसे—यदि कोई व्यक्ति यह सोचता है कि उसके द्वारा बनाया गया सम्पूर्ण मकान बेकार हो गया क्योंकि उसमें पूजाघर के लिए कोई जगह नहीं बच सका, तो इस तरह का विषादी चिंतन आवर्धन का उदाहरण होगा।

(iii) न्यूनीकरण *(Minimization)*—इसमें रोगी बड़ी घटना को संकुचित कर उसके बारे में विकृत ढंग से सोचता है। अत: यह आवर्धन के विपरीत है। जैसे—यदि कोई छात्र यह सोचता है कि इतनी कठिन परीक्षा म वह मात्र भाग्य का साथ देने से सफल हो पाया है क्योंकि सच्ची बात तो यह है कि वह एक मूर्ख एवं बुद्धिहीन ही है, तो यह न्यूनीकरण का उदाहरण होगा।

संज्ञानात्मक चिकित्सा में RET के समान रोगी को अपने विश्वास में परिवर्तन लाने के लिए प्रोत्साहित नहीं किया जाता है बल्कि उन्हें कुछ ऐसे प्रयोगात्मक अपूर्वाग्रहित (unbiased) व्यवहार करने के लिए प्रोत्साहित किये जाते हैं ताकि वे अपने बारे में कुछ ऐसे तथ्य या सूचना इकट्ठा कर सके जिससे वे स्वयं ही अपने गलत विश्वास को हटा सकने में समर्थ हो सकें। संज्ञानात्मक चिकित्सा में रोगी के पाँच संबंधित उपायों पर बल डाला जाता है—

(i) संज्ञान (cognition), संवेग (affect) तथा व्यवहार (behaviour) के बीच संबंधों की पहचान करना।

(ii) नकारात्मक संज्ञानात्मक त्रिक (negative cognitive triad) के परिणामों को मॉनीटर करना।

(iii) इन गलत विश्वासों एवं विकृतियों के पक्ष तथा विपक्ष में सबूतों की परख करना।

(iv) गलत एवं अनुचित संज्ञानों के विकल्प के रूप में अधिक वास्तविक व्याख्या प्रस्तुत करना।

(v) कुछ 'गृह-कार्यों' को करना जिसमें रोगी नये चिंतन उपायों का रिहर्सल करता है तथा समस्याओं के साथ ठीक ढंग से निपटता है।

बेक के संज्ञानात्मक चिकित्सा (cognitive therapy) के कुछ लाभ (advantages) तथा अलाभ (disadvantages) हैं। इसके प्रमुख लाभ निम्नांकित हैं—

(i) मिलर तथा बरमैन (Miller & Berman, 1983) ने बेक के संज्ञानात्मक चिकित्सा द्वारा दिये गये संज्ञानात्मक व्यवहारात्मक चिकित्सा का मेटाविश्लेषण (meta-analysis) किया और पाया कि उत्तर-उपचार प्रभाव आकार (posttreatment effect size) .83 था तथा संज्ञानात्मक चिकित्सा के उपचार का माध्य प्रभाव आकार (mean effective size) अन्य उपचारों की तुलना में .21 था। बाद में विषादी रोगियों के लिए संज्ञानात्मक चिकित्सा का मेटा-विश्लेषण करने के बाद इस निष्कर्ष पर पहुँच गया कि ऐसे रोग के लिए संज्ञानात्मक चिकित्सा अन्य चिकित्सा पद्धति से अधिक गुणकारी एवं प्रभावकारी होता है। सापिरो तथा सापिरो (Shapiro & Shapiro, 1982) ने भी अपने अध्ययन के आधार पर इस तथ्य की संपुष्टि किया है।

(ii) डॉबसन (Dobson, 1989) ने अपने अध्ययन के आधार पर-यह बतलाया है कि बेक द्वारा प्रतिपादित संज्ञानात्मक चिकित्सा से अन्य चिकित्सा पद्धतियों जैसे—औषध चिकित्सा, असंज्ञानात्मक-व्यवहारपरक उपचार पद्धतियों की तुलना में लघु-कालीन उन्नति (short-term improvement) अधिक होता है।

इन लाभों के बावजूद बेक के संज्ञानात्मक चिकित्सा के कुछ अलाभ हैं जिनमें निम्नांकित प्रमुख हैं—

(i) रश तथा उनके सहयोगियों (Rush et al. 1982) ने अपने अध्ययन में पाया कि विषादी रोगियों के उपचार में औषध-चिकित्सा द्वारा उत्पन्न प्रभाव संज्ञानात्मक चिकित्सा द्वारा उत्पन्न प्रभाव से तीव्र एवं श्रेष्ठ होता है। ऐसी परिस्थिति में विषाद के उपचार में संज्ञानात्मक चिकित्सा को अधिक वजन देना उपयुक्त न होगा।

(ii) संज्ञानात्मक चिकित्सा जितना विषादी रोगियों के लिए लाभप्रद है उतना ही लाभप्रद यह अन्य रोगों के लिए नहीं है।

इन अलाभों के बावजूद संज्ञानात्मक चिकित्सा की लोकप्रियता संज्ञानात्मक व्यवहार चिकित्सा में अधिक है।

तनाव-टीका चिकित्सा
(Stress-Inoculation Therapy)

यह चिकित्सा विधि एक तरह का आत्म-निर्देशन विधि (self-instructional method) है। इस चिकित्सा में पूर्वकल्पना यह होती है कि रोगी की समस्या का मूल कारण उसके कुसमायोजित विश्वास (maladaptive belief) होता है जो व्यक्ति में नकारात्मक सांवेगिक अवस्था (negative emotional states) एवं तरह-तरह के कुसमायोजित व्यवहार उत्पन्न करता है। इस चिकित्सा विधि में यह निश्चित किया जाता है कि रोगी किन-किन तरह के तनावों से ग्रस्त रहता

है तथा उसके बाद फिर उसके संज्ञान में किस तरह से परिवर्तन लाया जा सकता है ताकि वह इन तनावों के साथ ठीक ढंग से समायोजन करके चिन्तामुक्त हो सके। तनाव-टीका विधि के तीन चरण (steps) हैं जो निम्नांकित हैं—

(i) संज्ञानात्मक तैयारी की अवस्था *(Stage of cognitive preparation)*—इस अवस्था में चिकित्सक तथा रोगी एक साथ मिलकर समस्या या तनाव उत्पन्न करने वाले उद्दीपकों या परिस्थितियों के प्रति रोगी का विश्वास एवं मनोवृत्ति का पता लगाते हैं तथा रोगी में व्याप्त उनसे संबंधित आत्म-कथनों(self-statements)का पता लगाया जाता है। आत्म-कथन से तात्पर्य वैसे कथन से होता है जो रोगी समस्या के बारे में अक्सर कहा करता है। चिकित्सक एवं रोगी दोनों मिलकर कुछ ऐसे नये आत्म-कथन तैयार करते हैं जो रोगी के लिए अधिक समायोजी (adaptive) साबित होता है।

(ii) अधिग्रहण एवं पूर्वाभ्यास की अवस्था *(Stage of acquisition and rehearsal)*—इस अवस्था में रोगी समायोजित आत्म-कथनों (adaptive self-statements) को सीखता है तथा तनाव उतपन्न करने वाली काल्पनिक परिस्थिति में ही उनका अभ्यास करता है।

(iii) उपयोग एवं अभ्यास की अवस्था *(Stage of application and practice)*—इस अवस्था में रोगी तनाव उत्पन्न करनेवाली वास्तविक परिस्थिति में सीखे गये संज्ञानात्मक उपायों एवं अन्य नये-नये समायोजन की प्रविधियों का उपयोग करता है। परिस्थिति को इस ढंग से सुव्यवस्थित किया जाता है कि रोगी को पहले हल्का-फुल्का तनाव उत्पन्न करने वाली परिस्थिति में रखा जाता है और जैसे-जैसे उसमें आत्म-विश्वास आता जाता है, उसे अन्य गंभीर रूप से उत्पन्न करने वाले तनाव में रखकर उसमें आत्म-विश्वास एवं नये-नये समायोजी विश्वास (adaptive belief) उत्पन्न करने की कोशिश की जाती है।

तनाव टीका चिकित्सा का सफलतापूर्वक उपयोग कई तरह की नैदानिक समस्याओं के उपचार में किया गया है। जैसे—मैकेनवाम (Meichnwam, 1975) ने इस विधि का उपयोग चिंता के उपचार में, टर्क (Turk, 1974) ने इसका उपयोग दर्द (pain) निवारण में तथा जेनी एवं वालरस्कीम (Jenni & Wollershein, 1979) ने टाईप ए व्यवहार के उपचार में सफलतापूर्वक किया है।

सामाजिकसमस्यासमाधान
(Social Problem Solving or SPS)

कुछ मनोवैज्ञानिक उलझन (distress) का स्वरूप ऐसा होता है जिसे व्यक्ति यह विश्वास करता है कि इनका जन्म कुछ वैसी समस्याओं से हुआ है जिनका उनके पास कोई समाधान नहीं था। ऐसी उलझनों को दूर करने के लिए *सामाजिक समस्या समाधान* (social problem solving or SPS) जैसी प्रविधि का प्रतिपादन मूलत: डीजूरीला एवं गोल्डफ्रिड (D'zurilla & Goldfried, 1971), गोल्डफ्रिड एवं डीजूरीला (Goildfried & D'zurilla) तथा कैनफर एवं वुसेनमेयर (Kanfer & Busenmeyer, 1982) द्वारा किया गया। SPS के माध्यम से जो मनश्चिकित्सा प्रदान की जाती है, उसमें निम्नांकित चरण (steps) मुख्य हैं—

(i) रोगी को पहले यह विश्वास करना सीखलाया जाता है कि उनकी मनोवैज्ञानिक उलझन असाधित समस्या (unsolved problem) के प्रति एक प्रतिक्रिया है और उन्हें उन समस्याओं को एक धमकी (threats) के रूप में न लेकर एक चुनौती या विशेष अवसर के रूप में स्वीकार करना चाहिए।

(ii) इसके बाद रोगी को यह पहचान करना सीखलाया जाता है कि वे समस्याएँ क्या हो सकती हैं या फिर किस तरह की हो सकती हैं।

(iii) तीसरे चरण में रोगी को उन समस्याओं का जितना अधिक-से-अधिक वैकल्पिक समाधान हो सकता है, उसके बारे में बिना उसके संभावित औचित्य के सोचने के लिए कहा जाता है। इस तरह इस अवस्था में रोगी का विक्षिप्तिकरण (brainstroming) किया जाता है।

(iv) चौथे चरण में प्रत्येक समाधान के परिणाम के बारे में सोचने के लिए कहा जाता है।

(v) पाँचवें चरण में उसे एक निर्णय पर पहुँचकर उसे कार्यरूप देने के लिए प्रोत्साहित किया जाता है।

(vi) अंतिम चरण में कार्यान्वित निर्णय के आधार पर विशेष लक्ष्य पर पहुँचने की प्रभावशीलता का मूल्यांकन किया जाता है।

कुछ नैदानिक शोधों से यह स्पष्ट हुआ है कि SPS एक काफी लाभदायक संज्ञानात्मक व्यवहार चिकित्सा विधि है। ऐसी इसकी कुछ लाभदायक उपयोगिताएँ निम्नांकित हैं—

(i) लारेंस (Lawrence, 1989) ने अपने अध्ययन में पाये हैं कि SPS द्वारा प्रशिक्षित किये जाने पर रोगी अपनी विषादी प्रतिक्रिया (depressive reaction) को उन रोगियों की तुलना में जिन्हें SPS से प्रशिक्षण नहीं दिया गया था, कम करने में सफल हो पाये। नेजू (Nezu, 1990) ने भी अपने शोध में कुछ इसी प्रकार के परिणाम पाये।

(ii) विसवर्ग (Weissberg, 1981) तथा इलियास एवं क्लैबी (Elias & Clabby, 1989) ने अपने-अपने शोधों में यह स्पष्ट रूप से पाया है कि SPS द्वारा प्रशिक्षण प्राप्त करने पर स्कूली बच्चों में अन्य बच्चों की तुलना में जिन्हें ऐसा प्रशिक्षण प्राप्त नहीं हुआ था, उत्तम समस्या-समाधान कौशल विकसित करने में सफल हो पाये।

(iii) वेडील (Bedeel, 1982) ने SPS को मनश्चिकित्सीय रोगियों (psychiatric patients) के लिए अधिक लाभदायक बतलाया है।

(iv) चैनी, ओलियरी तथा मार्लाट (Chany, O'Leary & Marlatt, 1978) ने SPS को अल्कोहल कुप्रयोग (alcohal abuse) को सुधारने में भी काफी लाभदायक बतलाया है।

इन उपयोगिताओं के बावजूद SPS को निम्नांकित बिन्दुओं पर आलोचना किया गया है—

(i) कुछ नैदानिक मनोवैज्ञानिकों की मान्यता यह है कि SPS प्रशिक्षण में इस बात पर बल डाला जाता है कि व्यक्ति को किसी भी कुंठा या समस्या पर नियंत्रण पाने के लिए हमेशा एक प्रभावशाली कदम उठाना चाहिए। इससे रोगी को नुकसान होने की संभावना अधिक होती है क्योंकि इस तरह की मानयता से व्यक्ति में 'टाईप-ए' (Type-A) व्यक्तित्व का विकास होने की संभावना काफी बढ़ जाती है।

(ii) SPS द्वारा सभी तरह के मानसिक उलझनों विशेषकर जटिल मानसिक उलझनों का समाधान संभव नहीं है।

इन अलाभों के बावजूद SPS का उपयोग संज्ञानात्मक व्यवहार चिकित्सा की एक प्रविधि के रूप में काफी अधिक की जाती है।

बहुआयामीचिकित्सा
(*Multimodel Therapy*)

इस तरह के संज्ञानात्मक-व्यवहारपरक (cognitive-behavioural) पद्धति का विकास लेजारस (Lazarus, 1973, 1989) द्वारा किया गया है। इस चिकित्सा पद्धति में जैसा कि नाम से ही स्पष्ट है, नैदानिक मनोवैज्ञानिक कई तरह के चिकित्सीय दृष्टिकोणों को एक साथ संयोजित करके रोगी का उपचार करते हैं। लेजारस का मत है कि कोई भी व्यक्ति निम्नांकित सात विभिन्न आयामों का संग्रह होता है—

(i) व्यवहार (Behaviour)

(ii) भावात्मक प्रक्रियाएँ (Affective processes)

(iii) संवेदन (Sensations)

(iv) प्रतिभा (Images)

(v) संज्ञान (Cognition)

(vi) अन्तर्वैयक्तिक संबंध (Interpersonal relationships)

(vii) औषध (Drugs)

इन सातों को संक्षेप में लेजारस ने 'BASIC ID' के रूप में संक्षिप्तिकरण किया है। लेजारस के इस चिकित्सा पद्धति की मान्यता यह है कि एक प्रभावी चिकित्सा को इन सातों या उनमें से कुछ क्षेत्रों की समस्याओं की पहचान कर उनके उपयुक्त चिकित्सा पद्धति का उपयोग करना चाहिए। इन समस्याओं की पहचान करके यहाँ चिकित्सक उन्हें एक खास क्रम में सुव्यवस्थित करता है और तब प्रत्येक समस्या का समाधान के लिए उपयुक्त चिकित्सीय विधि को अपनाया जाता है। लेजारस ने यह स्पष्ट किया है कि उपयुक्त चिकित्सीय प्रविधि के उपयोग के बारे में निर्णय करने में नैदानिक

मनोवैज्ञानिक को अपना विशेष स्कूल या संप्रदाय संबंधन या सैद्धान्तिक दृष्टिकोण पर बल न डालकर खुले विचार से उस पर मनन करना चाहिए।

बहुआयामी चिकित्सा का एक प्रमुख लाभ यह है कि चूँकि इसमें रोगी की समस्याओं की पहचान विभिन्न दृष्टिकोणों से की जाती है और उसी के अनुरूप चिकित्सा की जाती है, अतः इससे रोगी की समस्याओं का उपचार एक विस्तृत दृष्टिकोण से होता है। इससे रोगी पर स्थायी प्रभाव पड़ता है और उसमें समायोजी लक्षण तेजी से विकसित होते हैं। इस चिकित्सा पद्धति का दोष यह है कि इसका संचालन करना एक कठिन एवं जटिल कार्य है। इतना ही नहीं, इस चिकित्सा पद्धति में चिकित्सक को काफी कुशल एवं सूझ-बूझ वाला व्यक्ति होना चाहिए क्योंकि समस्या का विश्लेषण कई क्षेत्रों या दृष्टिकोणों से करना होता है। ओल्प (Wolpe, 1984) ने इस चिकित्सा पद्धति की आलोचना करते हुए यह भी कहा है कि इस तरह की पद्धति मौलिक व्यवहारवादी नियमों से काफी भिन्न है तथा व्यवहार चिकित्सा के मौलिक शक्ति को कमजोर करने वाला पद्धति है। इन अलाभों के बावजूद बहुआयामी चिकित्सा मनश्चिकित्सा के विभिन्न स्कूलों को मिलाकर एक समन्वित ढंग की चिकित्सा विकसित करने का एक सफल प्रयास है।

संज्ञानात्मक-व्यवहार चिकित्सा का मूल्यांकन
(Evaluation of Cognitive-Behaviour Therapy)

संज्ञानात्मक-व्यवहार चिकित्सा के विभिन्न प्रविधियों का एक सामान्य अवलोकन करने के बाद हम इस निष्कर्ष पर पहुँचते हैं कि इसके कुछ स्पष्ट लाभ (advantages) तथा अलाभ (disadvantages) हैं। इसके प्रमुख लाभ इस प्रकार हैं—

(i) संज्ञानात्मक चिकित्सकों (cognitive therapists) का मत है कि इस चिकित्सा पद्धति का व्यवहारिक मूल्य (practical value) अन्य चिकित्सा पद्धति के व्यवहारिक मूल्य से अधिक है। इन लोगों का मत है कि संज्ञानात्मक चिकित्सा पद्धति इतनी सरल प्रविधि है कि इसका अनुप्रयोग किसी भी नैदानिक मनोवैज्ञानिक द्वारा आसानी से किया जा सकता है।

(ii) संज्ञानात्मक चिकित्सा कुछ मानसिक रोगों के लिए अचूक एवं सबसे उत्तम चिकित्सा पद्धति साबित हुआ है क्योंकि इसका परिणाम (outcome) अधिक प्रभावी एवं धनात्मक पाया गया है। जैसे—होलोन एवं गार्वर (Hollon & Garber, 1990) ने संज्ञानात्मक चिकित्सा को विषादी रोगियों (depressive patients) के लिए सर्वाधिक उपयोगी बतलाया है। होलोन तथा बेक (Hollon & Beck, 1986) ने विषादी रोग के लिए इसे कुछ औषध (drugs) से भी अधिक उपयोगी बतलाया है।

(iii) मालकेलसन तथा मारकियोनी (Michelson & Marchione, 1991) ने संज्ञानात्मक व्यवहार चिकित्सा को चिंता विकृति (anxiety disorders) तथा बेक एवं फ्रीमैन (Beck & Freeman, 1990) ने इसे कुछ व्यक्तित्व विकृति एवं व्यसनी विकृति (addictive disorders) के लिए भी काफी लाभदायक माना है।

(iv) संज्ञानात्मक चिकित्सा का एक अन्य विशेष लाभ यह है कि इस तरह की चिकित्सा पद्धति में एक स्पष्ट नियमावली (manual) होता है जिसमें यह निर्देश होता है कि पद्धति को किस ढंग से क्रियान्वयन किया जाता है तथा उसका मूल्यांकन किया जाता है। जैसे—बेक, शा एवं इमरी (Beck, Shaw & Emery, 1979) ने विषादी रोगियों के उपचार के लिए संज्ञानात्मक चिकित्सा के क्रियान्वयन एवं मूल्यांकन के लिए एक विशेष नियमावली का उपयोग किया है जिससे इस चिकित्सा का अनुप्रयोग (application) और भी सरल हो गया है।

इन लाभों के बावजूद संज्ञानात्मक चिकित्सा के कुछ अलाभ (disadvantages) भी हैं जो इस प्रकार है—

(i) कुछ नैदानिक मनोवैज्ञानिकों का मत है कि व्यक्ति की जिन्दगी हमेशा विवेकी (rational) नहीं होता हैं और किसी व्यक्ति के लिए मात्र इतना समझ लेने से कि उसकी जिन्दगी अविवेकी पूर्वकल्पनाओं (irritational assumptions) पर आधारित है, से पर्याप्त चिकित्सीय परिवर्तन नहीं आ जाते हैं। कभी-कभी अविवेकी चिन्तन निरंतर बने रहते हैं और उसके व्यवहार को प्रभावित करते रहते हैं हालांकि रोगी अविवेकी समझकर उसे दूर करने का भरसक प्रयास करता है।

(ii) कुछ ऐसी परिस्थितियाँ भी होती हैं जिसमें व्यक्ति दुनिया के प्रति अपना दृष्टिकोण बदलना कठिन पाता है और

.ह ऐसा नहीं कर पाता है। फलतः ऐसी समस्याओं का उपचार संज्ञानात्मक चिकित्सा से होना संभव नहीं हो पाता है। ारीबी, अपमानजनक शादी (abusive marriage), खराब कार्य परिस्थिति आदि कुछ ऐसी ही परिस्थितियाँ हैं।

(iii) विडेल एवं टर्नर (Biedel & Turner, 1986) ने संज्ञानात्मक व्यवहार चिकित्सा में निम्नांकित तीन तरह के संप्रत्यात्मक कठिनाइयों का उल्लेख किया है—

(a) संज्ञान (cognition) पद की परिभाषा असंगत (inconsistent) ढंग से दी गयी है। इस चिकित्सा पद्धति में संज्ञान को कभी एक प्रक्रिया (process) मानकर परिभाषित किया गया है तो कभी उसे एक परिणाम (outcome) मानकर परिभाषित किया गया है।

(b) कई सांवेगिक विकृतियों (emotional disorders) का कारण विकृत संज्ञान (distorted cognition) नहीं होते पाये गए हैं। इससे इस चिकित्सा पद्धति की मौलिक पूर्वकल्पना को ठेस पहुँचती है।

(c) परम्परागत व्यवहार चिकित्सा तथा संज्ञानात्मक व्यवहार चिकित्सा के बीच अंतर करना कठिन है क्योंकि अधिकतर संज्ञानात्मक व्यवहार चिकित्सा कई असंज्ञानात्मक प्रविधियों (noncognitive techniques) जैसे—विशेष भूमिका निर्वाह, उल्लिखित गृह कार्य आदि का भी उपयोग उपचार में करते हैं।

संज्ञानात्मक चिकित्सक को संज्ञानात्मक चिकित्सा के उक्त तीन संप्रत्ययात्मक कठिनाइयों पर विशेष रूप से ध्यान देना चाहिए।

उक्त अलाभों के बावजूद संज्ञानात्मक व्यवहार चिकित्सा का उपयोग किया जाता है। आधुनिक नैदानिक मनोवैज्ञानिकों का मत है कि संज्ञानात्मक व्यवहार चिकित्सा को यदि व्यवहार चिकित्सा की प्रविधियों के साथ मिलकर उपयोग किया जाता है, तो उसका परिणाम अधिक गुणकारी एवं लाभकारी होता है।

अध्याय सारांश
(Chapter Summary)

1. व्यवहार चिकित्सा मनश्चिकित्सा की एक ऐसी प्रविधि है जिसमें मानसिक रोगों का उपचार कुछ ऐसी विधियों से किया जाता है जिसका आधार अनुबन्धन (conditioning) के क्षेत्र में विशेषकर पैवलव, स्कीन्नर द्वारा प्रतिपादित सीखने के नियम तथा संज्ञानात्मक सीखना के क्षेत्र में किये गए प्रमुख सिद्धान्त एवं नियम हैं।
2. जहाँ तक व्यवहार चिकित्सा की ऐतिहासिक पृष्ठभूमि का प्रश्न है, इसका बुनियादी स्रोत प्रसिद्ध अमेरिकन मनोवैज्ञानिक जे० वी० वाटसन (J. B. Watson) हैं। बाद में ओल्प (Wolpe), लेजारस (Lazarus), स्कीन्नर (Skinner) तथा लिंडस्ले एवं स्कीन्नर (Lindsley & Skinner) आदि के योगदानों से व्यवहार चिकित्सा का क्षेत्र काफी विकसित हुआ है।
3. क्रमबद्ध असंवेदीकरण (systematic desensitization) व्यवहार चिकित्सा की एक प्रमुख विधि है जिसका प्रतिपादन साल्टर (Salter) तथा ओल्प (Wole) द्वारा किया गया। इसमें रोगी को पहले विश्राम की अवस्था में होने का प्रशिक्षण दिया जाता है और जब वह इस विश्राम की अवस्था में होता है तो उसमें चिंता उत्पन्न करने वाले उद्दीपकों को बढ़ते क्रम में दिया जाता है। अन्त में रोगी चिंता उत्पन्न करने वाले उद्दीपक के प्रति असंवेदित हो जाता है क्योंकि रोगी उन्हें विश्राम की अवस्था में ग्रहण करने की पूर्व अनुभूति प्राप्त कर चुका होता है।
4. विरुचि चिकित्सा (aversion therapy) व्यवहार चिकित्सा की एक ऐसी विधि है जिसमें चिकित्सक रोगी को अवांछित व्यवहार न करना कुछ विरुचिकर या असुखद उद्दीपकों को देकर सीखलाया करता है।
5. दृढ़ग्राही चिकित्सा या प्रशिक्षण में व्यक्ति को दृढ़ग्राही व्यवहार करना सीखलाया जाता है। यहाँ चिकित्सक दृढ़ग्राही व्यवहार के एक मॉडल के रूप में कार्य करता है। बाद में रोगी को वही व्यवहार करने के लिए प्रोत्साहित किया जाता है।
6. अंतःस्फोटात्मक चिकित्सा तथा फ्लडिंग (Flodding) दो ऐसी प्रविधियाँ हैं जो विलोपन (extinction) के नियम पर आधारित हैं। अंतःस्फोटात्मक चिकित्सा में रोगी को सर्वाधिक चिन्तोत्पादक परिस्थिति के बारे में कल्पना करने के लिए कहा जाता है तथा चिंता से संबंधित विरुचिकर दृश्यों को दिमाग में ताजा करने के लिए प्रोत्साहित किया जाता है। इसे 'इन भिट्रो' (in Vitro) प्रविधि भी कहा जाता है। फ्लडिंग (Flooding) में रोगी को चिन्तोत्पादक

परिस्थिति के बारे में कल्पना करने के लिए नहीं कहा जाता है बल्कि उसे उस तरह की वास्तविक परिस्थिति में रखकर उपचार किया जाता है। इसे 'इन भिभो' (in Vivo) प्रविधि भी कहा जाता है।

7. संभाव्यता प्रबंधन (contingency management) एक सामान्य पद है जिसके अन्तर्गत व्यवहार चिकित्सा के उन सभी प्रविधियों को रखा जाता है जो क्रियाप्रसूत अनुबंधन (operant conditioning) के नियमों पर आधारित होते हैं। किसी अनुक्रिया की आवृत्ति में परिवर्तन करने के खयाल से उस अनुक्रिया के परिणाम जैसे—पुरस्कार या दंड में किया गया जोड़-तोड़ को संभाव्यता प्रबंधन कहा जाता है।
8. मॉडलिंग (modeling) व्यवहार चिकित्सा की एक ऐसी प्रविधि है जो प्रेक्षणात्मक सीखना (observational learning) के नियम पर आधारित है। वैण्डुरा (Bandura) इसके प्रमुख समर्थक हैं। इसमें रोगी किसी मॉडल को एक ऐसा व्यवहार करता देखता है जिससे वह डरता था। परंतु मॉडल को निडर होकर वह व्यवहार करते देखकर यह सीख लेता है कि उस व्यवहार को करने में वास्तव में डरने की कोई बात नहीं है। सर्प दुर्भीति (snake phobia) को दूर करने में मॉडलिंग एक काफी सफल प्रविधि साबित हुआ है।
9. वायोफिडबैक विधि व्यवहार चिकित्सा की एक अन्य विधि है जिसमें व्यक्ति अपनी आंतरिक एवं स्वायत्त क्रियाओं में परिवर्तन करना सीखता है। इस प्रविधि द्वारा मूलतः शारीरिक रोगों जैसे—सरदर्द, अनियमित हृदयगति, उच्च रक्तचाप आदि का उपचार किया जाता है।
10. व्यवहार चिकित्सा का एक समग्र मूल्यांकन किया गया है जिसमें इसके चार लाभों एवं पाँच अलाभों का वर्णन किया गया है।
11. संज्ञांनात्मक व्यवहार चिकित्सा के पाँच प्रमुख प्रकारों का उनके गुण एवं दोषों के साथ वर्णन किया गया है। इन प्रकारों में रैसनल इमोटिव चिकित्सा, बेक का संज्ञानात्मक चिकित्सा, तनाव-टीका चिकित्सा, सामाजिक समस्या समाधान एवं बहुआयामी चिकित्सा (multimodel therapy) को रखा गया है।
12. संज्ञानात्मक व्यवहार चिकित्सा का एक समग्र (overall) मूल्यांकन किया गया है जिसमें इसके चार लाभों तथा तीन अलाभों का वर्णन किया गया है।

❑

अध्याय 23

मानवतावादी-अनुभवात्मक चिकित्सा
(HUMANISTIC-EXPERIENTIAL THERAPY)

मानवतावादी-अनुभवात्मक चिकित्सा के स्वरूप एवं लक्ष्य
(Nature and Goals of Humanistic-Experiential Therapy)

मानवतावादी-अनुभवात्मक चिकित्सा एक सूझ-केन्द्रित (insight-focused) चिकित्सा है जो इस बात की पूर्वकल्पना करता है कि किसी भी असामान्य व्यवहार का उपचार व्यक्ति की आवश्यकता तथा प्रेरणा (motivation) के स्तर में वृद्धि करके की जा सकती है। इसे मनश्चिकित्सा के *परिघटनात्मक मॉडल* (phenomenological model) के तहत रखा गया है तथा इस तरह की चिकित्सा को कुछ विशेषज्ञों द्वारा मानवतावादी-अस्तित्ववात्मक चिकित्सा (Humanistic-Experiential therapy) या *परिघटनात्मक-अस्तित्ववात्मक चिकित्सा* (Phenomenological-Experimential therapy) भी कहा जाता है। इस उपागम या मॉडल में मानव व्यवहार का आधार चेतन अनुभूति (conscious experience) बतलाया गया है। इस चिकित्सा पद्धति में व्यक्ति को सर्जनात्मक तथा उत्तरोत्तर आगे बढ़ने वाला प्राणी माना जाता है जो अन्य बातें समान रहने पर, अपने भीतर छिपे अन्त:शक्ति का अनुभव करके अपने व्यवहार का चेतन रूप से मार्गनिर्देशन भी करते रहता है। जब उसके इस समझ में गड़बड़ी उत्पन्न होती है या उसके अस्तित्व पर प्रतिबंध लगता है, तो व्यक्ति में असामान्य व्यवहार की उत्पत्ति होती है।

मानवतावादी-अनुभवात्मक चिकित्सा या परिघटनात्मक चिकित्सा का मुख्य सार (themes) एवं लक्ष्य को इस प्रकार उल्लिखित किया जा सकता है—

(i) इस चिकित्सा में क्लायंट को एक व्यक्ति के रूप में वर्द्धित करने पर पर्याप्त बल डाला जाता है। इसमें चिकित्सक क्लायंट या रोगी को अपने अनोखे अन्त:शक्ति (potential) को पहचानने एवं उस तक पहुँचने में उसे मदद करते हैं। यहाँ पूर्वकल्पना यह होती है कि जब क्लायंट अपनी अन्त:शक्ति के करीब होगा, तो वह बिना किसी के मदद के ही जिन्दगी की समस्याओं का समाधान अपने ही कर सकने में सफल होगा।

(ii) परिघटनात्मक चिकित्सा में चिकित्सक तथा क्लायंट की भूमिका स्तरीय एवं परस्पर होता है। जहाँ मनोगत्यात्मक चिकित्सा में चिकित्सक एवं रोगी में 'डाक्टर-रोगी' का संबंध होता है तथा व्यवहार चिकित्सा में इन दोनों में 'शिक्षक-छात्र' का संबंध होता है, वहाँ परिघटनात्मक मॉडल में चिकित्सक एवं रोगी का संबंध 'माली एवं फूल' के संबंध के समान होता है। जिस तरह से माली अपने विशेष प्रयास से फूल को उन्नत बनाता है, ठीक उसी तरह से चिकित्सक क्लायंट के भीतर छिपे अन्त:शक्ति का वर्द्धन करता है और क्लायंट को स्पष्टत: इस संबंध का लाभ पहुँचाता है।

(iii) इस चिकित्सा में क्लायंट तथा चिकित्सक के बीच के संबंध को एक प्रधान कारक माना जाता है जिसके सहारे वर्द्धन (growth) होती है। यह एक वास्तविक अन्तर्वैयक्तिक संबंध होता है जो कलायंट में ऐसे मानवीय अनुभूतियों को उत्पन्न करता है जो अपने आप क्लायंट में वर्द्धन लाता है।

(iv) इस तरह की चिकित्सा की सारभूत कल्पना यह होती है कि क्लायंट की बीती अनुभूतियों को परिवर्तित नहीं किया जा सकता है तथा वह क्लायंट के भविष्य के लिए उतना महत्त्वपूर्ण नहीं होता है जितना कि वर्तमान होता है। इसलिए इस तरह की चिकित्सा में चिकित्सीय संबंध के तात्कालिक अनुभूतियों (immediate experience) को काफी महत्त्वपूर्ण माना जाता है।

(v) इस चिकित्सा में यह भी पूर्वकल्पना की जाती है कि अधिकतर क्लायंट सामान्य (normal) लोगों के ही समान होते हैं। क्लायंट वातावरण के प्रति अपने विशेष प्रत्यक्षण के अनुरूप ही व्यवहार करते हैं। अत: चिकित्सक वातावरण पर रोगी की नजरों से देखकर ही उनकी समस्याओं को समझने की कोशिश करते हैं।

उक्त तथ्यों के अनुरूप परिघटनात्मक मॉडल (phenomenological model) में रोगियों का उपचार किया जाता है। इस मॉडल के तहत निम्नांकित चिकित्सा को मुख्य रूप से देखा गया है—

(1) क्लायंट केन्द्रित चिकित्सा (Client-centred therapy)
(2) गेस्टाल्ट चिकित्सा (Gestalt therapy)
(3) लोगो चिकित्सा (Logotherapy)
(4) अस्तित्ववादी चिकित्सा (Existential therapy)

इन सबों का वर्णन हम अलग-अलग अनुच्छेदों में करेंगे।

क्लायंट-केन्द्रित चिकित्सा (Client-Centred Therapy)

इस चिकित्सा का प्रतिपादन कार्ल रोजर्स (Carl Rogers) द्वारा 1940 के दशक में किया गया। इसे अन्य नामों जैसे *व्यक्ति-केन्द्रित चिकित्सा* (Person-centred therapy) या *अनिदेशित चिकित्सा* (non-directive therapy) भी कहा जाता है।

कार्ल रोजर्स
(Carl Rogers)

रोजर्स ने अपनी चिकित्सा विधि में रोगी के लिए क्लायंट (client) तथा चिकित्सक (therapist) के लिए सलाहकार (Councelor) शब्द का प्रयोग किया है। रोजर्स फ्रायड के इन दोनों विचारों को अस्वीकृत कर दिये हैं—पहला अविवेकी मूलप्रवृत्ति (irrational instinct) से व्यक्ति का व्यवहार प्रभावित होता है तथा दूसरा चिकित्सीय प्रक्रिया में चिकित्सक को एक निदेशक, व्याख्याता तथा जाँचकर्त्ता (prober) के रूप में कार्य करना होता है। रोजर्स का मत है कि चिकित्सा एक प्रक्रिया (process) होती है न कि विभिन्न प्रविधियों का एक सेट। इनका मत है कि चिकित्सक क्लायंट की समस्या का समाधान मात्र उन्हें कुछ कहकर या कुछ पढ़ाकर नहीं कर सकते हैं। रोजर्स के अनुसार की वास्तविक प्रक्रिया "अगर.........तब" ("If......then") प्रतिज्ञाप्ति से प्रारंभ होता है। इसका मतलब यह हुआ कि यहाँ मान्यता यह होती है कि अगर चिकित्सक द्वारा सही परिस्थिति उत्पन्न की जाती है, तब क्लायंट में अपने आप परिवर्तन आयेगा और उसमें वर्द्धन होगा।

रोजर्स (Rogers, 1961) ने मानव प्रकृति तथा उन तरीकों जिनके सहारे उसे समझा जा सकता है, के बारे में निम्नांकित पूर्वकल्पनाएँ किया है—

(i) व्यक्ति को उनके अपने प्रत्यक्षण तथा भाव के आधार पर ही सही ढंग से जाना जा सकता है।

(ii) स्वस्थ लोग अपने व्यवहार से पूर्णत: अवगत होते हैं।

(iii) स्वस्थ लोग जन्मजात रूप से उत्तम एवं प्रभावी होते हैं। वे तभी क्षुब्ध एवं अप्रभावी हो जाते हैं जब उनमें दोषपूर्ण सीखने की अनुभूति होती है।

(iv) स्वस्थ लोग उद्देश्यपूर्ण (purposive) तथा लक्ष्य-निदेशित (goal-directed) होते हैं। वे पर्यावरण के उद्दीपकों के प्रभावों के प्रति निष्क्रिय रूप से अनुक्रिया नहीं करते हैं बल्कि वे लोग आत्म-निदेशित (self-directive) होते हैं।

(v) चिकित्सक को क्लायंट के लिए घटनाओं में जोड़-तोड़ करके उसे अनुरूप नहीं बनाना चाहिए बल्कि उसे वैसी अवस्था उत्पन्न करनी चाहिए कि क्लायंट स्वतंत्र होकर कोई निर्णय अपने ले सके।

उक्त पूर्वकल्पनाओं के आलोक में चिकित्सक चिकित्सीय प्रक्रिया को संचालित करता है।

क्लायंट-केन्द्रित चिकित्सा का उद्देश्य क्लायंट में ऐसी नयी अनुभूति पैदा करना होता है जिससे वर्द्धन प्रक्रिया का पुनर्चलन (restart) हो सके। इसके लिए चिकित्सक को इस प्रकार व्यवहार करना पड़ता है—

(i) चिकित्सा प्रक्रिया में चिकित्सक क्लायंट की व्यक्त इच्छाओं एवं भावनाओं के प्रति इस ढंग से अनुक्रिया करता है जो योग्य एवं उत्कर्ष (worth) अवस्थाओं की उत्पत्ति में बाधक नहीं होता है।

(ii) चिकित्सा प्रक्रिया में चिकित्सक क्लायंट को जैसा वह वर्तमान में है, पूर्णतः स्वीकार करता है।

(iii) चिकित्सा प्रक्रिया में चिकित्सक क्लायंट को एक व्यक्ति के रूप में स्वीकार कर कार्य करता है।

उक्त तथ्यों के अनुरूप इस चिकित्सा में एक ऐसी अन्तर्वैयक्तिक संबंध (interpersonal relationship) को उत्पन्न किया जाता है जिसका उपयोग व्यक्तिगत वर्द्धन (personal growth) के लिए क्लायंट आगे करता है। रोजर्स के अनुसार इस तरह का वर्द्धन-उत्पन्न करने वाला संबंध (growth enhancing relationship) की उत्पत्ति के लिए चिकित्सक में अन्य बातों के अलावा निम्नांकित तीन गुणों (qualities) का होना अनिवार्य है—

(1) शर्तहीन धनात्मक सम्मान (Unconditional positive regard)

(2) परानुभूति (Empathy)

(3) संगतता (Congruence)

(1) शर्त्तहीन धनात्मक सम्मान *(Unconditional positive regard)*—रोजर्स के चिकित्सा पद्धति द्वारा शर्त्तरहित धनात्मक सम्मान दिखलाया जाना चिकित्सा की सफलता के लिए अतिआवश्यक माना जाता है। इस तरह की मनोवृत्ति से निम्नांकित तीन तरह के संकेत मिलते हैं।

(i) चिकित्सक क्लायंट पर एक व्यक्ति के रूप में विशेष ध्यान (care) देते हैं।

(ii) चिकित्सक उन्हें स्वीकार (accept) करते हैं।

(iii) चिकित्सक क्लायंट के परिवर्तन की क्षमता में विश्वास (trust) रखता है।

इन तीनों पहलुओं का वर्णन इस प्रकार है—

(i) चिकित्सक क्लायंट पर एक व्यक्ति के रूप में विशेष ध्यान देते हैं *(The therapist cares about the client as a person)*—चिकित्सक क्लायंट पर एक व्यक्ति के रूप में विशेष ध्यान देते हैं और इस कार्य को वे कई तरह से संपन्न करते हैं जिनमें सबसे उत्तम ढंग अस्वत्वात्मक रूप से ध्यान देना (nonpossessive caring) है जिसमें वास्तविक धनात्मक भाव की अभिव्यक्ति होती है। इसे कई तरीकों से किया जाता है परंतु सबसे उत्तम तरीका वह है जिसमें चिकित्सक क्लायंट से सीधे यह कहता है कि वह उनकी बातों को ध्यान से सुन रहा है और उनकी बातें काफी दिलचस्प उन्हें लग रही है। इससे क्लायंट में आत्म-अभिव्यक्ति की तीव्र प्रेरणा जागती है।

(ii) चिकित्सक क्लायंट को स्वीकार करते हैं *(The therapist accepts the client)*—चिकित्सक के शर्त्तरहित धनात्मक सम्मान (unconditional positive regard) में शर्त्तरहित (unconditional) शब्द इस ओर इशारा करता है चिकित्सक क्लायंट को बिना किसी अपना फैसला या निर्णय के ही उसे स्वीकार (accept) करता है। क्लायंट को स्वीकार करने का अपने आप में यह अर्थ होता है कि चिकित्सक अपनी भूमिका से संबंधित बहुत से कार्यों को नहीं करता है। इसमें अन्य बातों के अलावा प्रमुख यह है कि वह क्लायंट की भावों (feelings) को अपनी ओर से व्याख्या करने से दूर रहता है। रोजर्स का विश्वास है कि एक मानव के रूप में चिकित्सक द्वारा स्वीकार किया जाना अपने आप ही क्लायंट में वर्द्धन-उत्पन्न करने वाली अनुभूति को जन्म देता है। इस तरह से क्लायंट केन्द्रित चिकित्सा में चिकित्सक क्लायंट के भावों को न तो अनुमोदित करता है और न ही उसे नामंजूर करता है बल्कि उसे मात्र स्वीकार करता है। ऐसा भी हो सकता है कि चिकित्सक क्लायंट के भाव तथा विचार से असहमत हो परंतु फिर भी वह तटस्थ होकर बिना किसी तरह की प्रतिक्रिया दिखलाये उसे स्वीकार करके क्लायंट में वर्द्धन-उत्पन्न करने वाली अनुभूतियों को बढ़ावा देता है।

(iii) चिकित्सक क्लायंट के परिवर्तन की क्षमता में विश्वास रखता है *(Therapist trusts the client's ability to change)*—शर्त्तहीन धनात्मक सम्मान का 'धनात्मक' (positive) शब्द इस ओर इशारा करता है कि चिकित्सक क्लायंट के समस्या समाधान एवं वर्धन की अन्तःशक्ति (potential) में विश्वास रखता है। रोजर्स का मत है कि यदि क्लायंट यह समझता है कि चिकित्सक को उसकी अन्तःशक्ति (potential) में विश्वास नहीं है, तो क्लायंट में आत्म-निर्भरता का विकास नहीं होने का खतरा उत्पन्न हो जाता है। दूसरे तरफ यदि क्लायंट यह समझता है कि उसकी अन्तःशक्ति में चिकित्सक को विश्वास है, तो इससे उसमें आत्म-निर्भर होने का गुण विकसित होता है। इसके लिए कम-से-कम रोजर्स को निम्नांकित तीन चीजें नहीं करना चाहिए—पहला, चिकित्सक को किसी प्रकार की राय क्लायंट को नहीं देनी चाहिए। दूसरा, चिकित्सक को क्लायंट के लिए किसी प्रकार की जबावदेही नहीं लेनी चाहिए तथा तीसरा, चिकित्सक को क्लायंट के लिए किसी प्रकार निर्णय अपनी ओर से नहीं लेना चाहिए।

(2) परानुभूति *(Empathy)*—रोजर्स के अनुसार परानुभूति से तात्पर्य इस बात से होता है कि चिकित्सक क्लायंट के भावों को ठीक से समझें और वह पर्यावरण को अपनी नजर से न देखकर क्लायंट की नजर से देखें। जब क्लायंट यह समझता है कि चिकित्सक ठीक वैसा ही प्रत्यक्षण कर रहा है जैसा कि वह करता है तो इससे चिकित्सीय संबंध मजबूत हो जाते हैं। इसे रोजर्स ने *परानुभूति* समझ (emphatic understanding) की संज्ञा दिया है।

क्लायंट-केन्द्रित चिकित्सा में चिकित्सक को सिर्फ परानुभूतिक मनोवृत्ति (emphatic attiude) ही नहीं दिखाना चाहिए। बल्कि उन्हें इस तरह की मनोवृत्ति को क्लायंट से संचारित (communicate) भी करना चाहिए। इसे चिकित्सक क्लायंट की बातों को सक्रिय होकर सुनकर निभाता है। परानुभूतिक मनोवृत्ति को संचारित करने में *परावर्तन* (reflection) की भूमिका पर रोजर्स ने अधिक बल डाला है। परावर्तन में चिकित्सक क्लायंट के विचारों एवं व्यक्तव्यों को मात्र दोहराता ही नहीं है बल्कि इसमें वह क्लायंट के भावों को और अधिक स्वच्छ, स्पष्ट बना कर उन्हें स्वीकार करता है। इस तरह से परावर्तन द्वारा दो तरह के उद्देश्यों की पूर्त्ति होती है। पहला, इसके माध्यम से चिकित्सक अपने सांवेगिक समझ की इच्छा को संचारित करते हैं तथा दूसरा इसके माध्यम से क्लायंट को चिकित्सक अपने भावों (feelings) के प्रति ठीक ढंग से अवगत करा पाते हैं।

रोजर्स का मत है कि चिकित्सीय सत्र में परानुभूति की मनोवृत्ति बहुत धीरे-धीरे न कि एक दो सत्रों में ही उत्पन्न हो जाता है। चिकित्सक द्वारा उपयोग किये गये परिवर्तन को देखकर क्लायंट धीरे-धीरे यह समझने लगता है कि चिकित्सक उन्हें तथा उनकी भावों को स्वीकार कर रहा है।

(3) संगतता *(Congruence)*—संगतता या जिसे *यथार्थता* (genuineness) भी कहा जाता है, से तात्पर्य इस बात से होता है कि चिकित्सक को क्लायंट के साथ एक यथार्थ एवं वास्तविक संबंध विकसित करना चाहिए और वह जितना ही अधिक ऐसा संबंध विकसित करने में समर्थ होगा, वह उतना ही सफल होगा। इसके लिए यह आवश्यक है कि चिकित्सक के भाव (feeling) तथा क्रियाएँ (actions) एक-दूसरे के साथ संगत (congruent) हो। यद्यपि यह सही है कि किसी भी चिकित्सक के लिए संगतता को प्राप्त करना एक कठिन कार्य है, फिर भी एक चिकित्सक को सफल होने के लिए अपने भावों एवं व्यवहारों में संगतता दिखाना अनिवार्य है क्योंकि ऐसा होने से वह एक *वास्तविक* मानवीय संबंध (real human relationship) को कायम कर पाता है।

जैसा कि उपर्युक्त व्याख्या से यह स्पष्ट है कि क्लायंट केन्द्रित चिकित्सा एक ''अगर....तब'' ("If....then") पूर्वकल्पना की ओर इशारा करता है। इसका मतलब यह हुआ कि अगर चिकित्सक द्वारा सही एवं ठीक हालात या अवस्था उत्पन्न किया जाता है, तब क्लायंट में परिवर्तन (change) होगा। अब प्रश्न उठता है कि रोजर्स के इस चिकित्सा पद्धति में वे कौन-कौन-सी विमाएँ (dimensions) हैं जिसमें क्लायंट में परिवर्तन चिकित्सा के दौरान होते हैं? रोजर्स (Rogers, 1961) में ऐसी छह विमाओं का वर्णन किया है जो इस प्रकार है—

(i) क्लायंट के अभिज्ञा में वृद्धि *(Increase in awareness of client)*—इस तरह की चिकित्सा में क्लायंट अपनी उन भावों (feelings) के निकट सम्पर्क में आता है जिसे वह पहले अपनी अभिज्ञा (awareness) से दूर रखता था। इसके अतिरिक्त क्लायंट अपनी वर्तमान अनुभूतियों पर ध्यान केंद्रित करता है। इससे क्लायंट में आत्म-अभिज्ञा (self-awareness) में काफी वृद्धि होती है।

(ii) आत्म-स्वीकरण में वृद्धि *(Increased self-acceptance)*—रोजर्स द्वारा प्रतिपादित इस चिकित्सा के दौरान धीरे-धीरे क्लायंट आत्म-आलोचना (self-criticism) करता पाया जाता है तथा वह अपने आलोचना आप को अधिक स्वीकार करते हुए देखा जाता है। अब वह अपने भावों एवं व्यवहारों का उत्तरदायित्व अपने ऊपर लेना अधिक शुरू कर देता है तथा अन्य लोगों तथा परिस्थिति पर दोष मढ़ना धीरे-धीरे कम कर देता है।

(iii) संज्ञानात्मक लोच में वृद्धि *(Increased cognitive flexibility)*—क्लायंट-केन्द्रित चिकित्सा रोगी के संज्ञानात्मक आबद्धता (cognitive fixedness) को दूर करके उसमें संज्ञानात्मक लोच लाता हे। केली (Kelley, 1955) ने यह स्पष्ट रूप से साबित किया है जब व्यक्ति वातावरण को एक निश्चित एवं आबद्ध ढंग से प्रत्यक्षण करता है, तो इससे समस्या उत्पन्न होती है। जैसे—सभी राजनीतिज्ञ धोखेबाज होते हैं, ऐसा सोचना संज्ञानात्मक आबद्धता का एक उदाहरण है। क्लायंट-केन्द्रित चिकित्सा इस तरह की संज्ञानात्मक आबद्धता दूर करके परिस्थिति को विभिन्न ढंग से प्रत्यक्षण करने की प्रेरणा क्लायंट को देता है ताकि उसे वस्तुस्थिति का ठीक ढंग से ज्ञान हो सके।

(iv) अन्तर्वैयक्तिक आराम में वृद्धि (*Increased interpersonal comfort*)—रोजर्स द्वारा प्रतिपादित चिकित्सा में जैसे-जैसे चिकित्सीय सत्र में वृद्धि होते जाती है, क्लायंट अपने विभिन्न तरह के संबंधों में अधिक-से-अधिक आराम या सुख-चैन का अनुभव करता है। क्लायंट सुरक्षात्मक अन्तर्वैयक्तिक उपागमों (defensive interpersonal approaches) का त्याग कर देता है और उसे जैसा वह है, के बारे में अन्य लोगों को बताकर काफी खुशी होती है।

(v) आत्म-आस्था में वृद्धि (*Increase in self-reliance*)—जैसे-जैसे चिकित्सा सत्र आगे बढ़ता है, क्लायंट दूसरों पर कम निर्भर रहने लगता है तथा उसे अपनी क्षमताओं पर अधिक-से-अधिक भरोसा हो जाता है। इसका परिणाम यह होता है कि क्लायंट विभिन्न सामाजिक परिस्थितियों जैसे—शादी, पार्टी, भाषण आदि की परिस्थिति में बिलकुल ही डरता नहीं है क्योंकि वह यही समझता है कि जो वह सोचना है, वह उतना ही महत्त्वपूर्ण है जितना दूसरे लोग सोचते हैं।

(vi) क्लायंट के स्पष्ट व्यवहारों में परिवर्तन (*Changes in overt behaviour of the client*)—क्लायंट-केन्द्रित चिकित्सा में क्लायंट के स्पष्ट व्यवहारों (overt behaviour) में काफी परिवर्तन आ जाते हैं। उसका व्यवहार पहले से अधिक परिपक्व हो जाता है तथा आत्मन् (self) वस्तुनिष्ठ विचार एवं वास्तविकता पर आधृत हो जाता है तथा उसके व्यवहार में मनोवैज्ञानिक तनाव की स्पष्ट कमी देखी जाती है।

क्लायंट में उक्त तरह के परिवर्तन अचानक न होकर चिकित्सीय सत्र के दौरान धीरे-धीरे होता पाया जाता है।

क्लायंट केन्द्रित चिकित्सा का मूल्यांकन (*Evaluation of client-centred therapy*)—इस तरह की चिकित्सा के कुछ लाभ (advantages) तथा अलाभ (disadvantages) है। इसके प्रमुख लाभ निम्नांकित हैं—

(i) साधारण कुसमायोजित व्यवहार के लिए क्लायंट-केन्द्रित चिकित्सा (client-centred therapy) को अधिकतर नैदानिक मनोवैज्ञानिकों द्वारा एक उत्तम प्रविधि माना गया है क्योंकि यह विधि एक सरल विधि है और क्लायंट के व्यक्तिगत पहल (personal initiative) से ही चिकित्सा का अधिकतर कार्य सम्पन्न हो जाता है।

(ii) क्लायंट-केन्द्रित चिकित्सा मनोगतिकी (psychodynamics) के किसी विशिष्ट सिद्धान्त के समर्थन पर निर्भर नहीं करता है। अतः नैदानिक मनोवैज्ञानिकों द्वारा इसका प्रयोग अधिक खुलकर किया जाता है और इस कारण इसकी लोकप्रियता काफ़ी बनी हुई है।

(iii) रोजर्स तथा उनके सहयोगियों को इस बात की दुहाई दी जाती है कि इन लोगों ने चिकित्सा की प्रक्रिया (process) तथा परिणाम (outcomes) को पहली बार वस्तुनिष्ठ बनाने पर इतना जोर दिया। सचमुच में इन्हीं के प्रयासों के कारण चिकित्सा के विशेष कमरे की अत्यधिक गुप्तता (excessive privacy) भंग हो पायी और इन्होंने ही प्रथम बार चिकित्सीय सत्र (therapy sessions) का टेप रेकार्डिंग (tape recording) करने पर बल डाला ताकि अन्य शोधकर्त्ताओं द्वारा भी उसका बाद में विश्लेषण कर प्रक्रिया एवं परिणाम की जाँच किया जा सके।

इन लाभों के बावजूद क्लायंट-केन्द्रित चिकित्सा की कुछ अलाभ (disadvantages) भी हैं जो इस प्रकार है—

(i) क्लायंट केन्द्रित चिकित्सा गंभीर मानसिक रोगों के लिए उपयुक्त नहीं होता है। चूँकि ऐसे रोगी गंभीर रूप से विक्षिप्त होते हैं, अतः उनमें व्यक्तिगत पहल का अभाव होता है तथा आत्म-सिद्धि (self-actualization) के अभिप्रेरण की बहुत कमी पायी जाती है। इसका प्रभाव यह होता है कि वे इस तरह के चिकित्सा का लाभ नहीं उठा पाते हैं।

(ii) कुछ नैदानिक मनोवैज्ञानिकों का मत है कि क्लायंट-केन्द्रित चिकित्सा क्लायंट की समस्याओं की गहराई (depth) में न पहुँचकर मात्र सतह पर ही रह जाता है। अतः इस चिकित्सा पद्धति से जो समस्या का समाधान होता है, वह ठीक ढंग से नहीं हो पाता है और क्लायंट में रोग के लक्षण को फिर से लौट आने की संभावना तीव्र हो जाती है।

(iii) रोजर्स ने यह पूर्वकल्पना किया है कि व्यक्ति का व्यवहार हमेशा एक विशेष अभिप्रेरण जिसे आत्म-सिद्धि (self-actualization) की आवश्यकता कहा जाता है, से निदेशित होता है। अब प्रश्न यह उठता है कि जब व्यक्ति का व्यवहार हमेशा इसी आत्म-सिद्धि की अभिप्रेरण से निर्धारित होता है तो वह दोषपूर्ण विचार (faulty ideas) को किस तरह से सीख लेता है? इतना ही नहीं, ऐसे दोषपूर्ण विचार किन परिस्थितियों में सीख जाते हैं तथा इस तरह के दोषपूर्ण सीखना से उसके किस तरह की आवश्यकता तथा अभिप्रेरण की तुष्टि होती है? इन प्रश्नों का उत्तर क्लायंट-केन्द्रित चिकित्सा में नहीं मिलता है।

(iv) आधुनिक नैदानिक मनोवैज्ञानिक द्वारा क्लायंट-केन्द्रित चिकित्सा का उपयोग ठीक उस रूप में नहीं किया जाता

है जिस रूप में रोजर्स द्वारा उसे प्रारंभ में प्रतिपादित किया गया था। वे इसमें अन्य सरल मार्गों को अपनाकर इसका उपयोग करते पाये गये हैं।

(v) व्यूटलर तथा उनके सहयोगियों (Beutler et al., 1986) तथा लैमबर्ट तथा उनके सहयोगियों (Lambert et. al., 1986) ने अपने-अपने अध्ययनों के आधार पर यह बतलाया है कि रोजर्स की यह पूर्वकल्पना सही नहीं है कि इस तरह की चिकित्सा का धनात्मक परिणाम (positive outcome) चिकित्सक के परानुभूति (empathy), यथार्थता (genuineness) तथा सौहार्द्रता (warmth) से संबंधित होता है या उसपर आधारित होता है।

इन अलाभों के बावजूद क्लायंट-केन्द्रित चिकित्सा का उपयोग आजकल नैदानिक मनोवैज्ञानिकों एवं मनोविश्लेषकों द्वारा काफी किया जाता है क्योंकि इसकी विधि सरल एवं सुगम है।

गेस्टाल्ट चिकित्सा
(Gestalt Therapy)

फ्रिज पर्ल्स
(Fritz Perls)

गेस्टाल्ट चिकित्सा का प्रतिपादन फ्रेडेरिक एस० (फ्रिज) पर्ल्स (Frederich S. (Fritz) Perls, 1967, 1970) द्वारा किया गया है। 'गेस्टाल्ट' (Gestalt) पद का अर्थ होता है—संपूर्ण (whole)। गेस्टाल्ट चिकित्सा मन तथा शरीर की एकता (unity) पर बल डालता है जिसमें चिन्तन, भाव तथा क्रिया के समन्वय (intergration) की आवश्यकता पर सर्वाधिक बल डाला जाता है।

रोजर्स (Rogers) के समान पर्ल्स का भी यह विश्वास था कि व्यक्ति में एक जन्मजात अच्छाई (innate goodness) होता है तथा उसके इस प्रकृति को अभिव्यक्त करने का मौका दिया जाना चाहिए। जब व्यक्ति किसी कारण से इस जन्मजात गुण की अभिव्यक्ति से वंचित होता है या यह गुण कुंठित हो जाता है, तो मनोवैज्ञानिक समस्याएँ (psychological problems) की उत्पत्ति होने लगती है। गेस्टाल्ट चिकित्सक व्यक्ति के सर्जनात्मक (creative) तथा सार्थक पहलुओं न कि नकारात्मक एवं विकृत पहलुओं पर (जिसपर मनोविश्लेषकों द्वारा अधिक बल डाला जाता है) बल डालते हैं। गेस्टाल्ट चिकित्सा का मुख्य लक्ष्य रोगी को अपनी आवश्यकता, इच्छा एवं आशंकाओं को समझने एवं स्वीकार करने में मदद करना होता है तथा साथ-ही-साथ उन्हें इस बात से भी अवगत कराना होता है कि अपने लक्ष्य तक पहुँचने में तथा उन आवश्यकताओं की तुष्टि करने में वे किस तरह असफल रहे।

गेस्टाल्ट चिकित्सा का मुख्य लक्ष्य रोगी के वर्द्धन की रुकी प्रक्रिया को फिर से चालू करना होता है। इस लक्ष्य की प्राप्ति निम्नांकित दो तरह से किया जाता है—

(i) रोगी को उन भावों से अवगत कराने जो उनके व्यक्तित्व के प्रमुख हिस्सा हैं, परंतु जिसे उसने ठीक से नहीं समझने के कारण अलग रखा था, को कोशि की जाती है।

(ii) रोगी को उन भावों एवं मूल्यों (values) से अवगत कराया जाता है जिसे वे यह समझते हैं कि उनके व्यक्तित्व का यथार्थ हिस्सा है जबकि सच्चाई यह है कि व्यक्ति उन्हें दूसरे लोगों से लिया है।

इस तरह से गेस्टाल्ट चिकित्सा में रोगी या क्लायंट को आत्मन् (self) के उन यथार्थ पहलुओं को पुनः ग्रहण करने के लिए प्रोत्साहित किया जाता है जिसे पहले अस्वीकृत कर दिया गया होता है तथा उन पहलुओं को अस्वीकृत करने के लिए प्रोत्साहित किया जाता जो उनके व्यक्तित्व के नहीं होते हैं। जब रोगी व्यक्तित्व के सभी पहलुओं को एकत्रित तथा संगठित करता है तो वह जैसा वह वास्तव में है, उसके लिए उत्तरदायित्व लेने के लिए तैयार हो जाता है। गेस्टाल्ट चिकित्सा में वर्तमान अनुभूतियों पर बल डाला जाता है न कि दमित आवेगों या स्मृतियों की प्राप्ति पर तथा भविष्य के बारे में अनुमान लगाने की अनुभूतियों पर। इन दोनों तरह की अनुभूतियों को चिकित्सा के लक्ष्य से विचलन (deviation) माना जाता है। इसे उन्होंने वास्तविकता से पलायन (escape from reality) की संज्ञा दिया है।

पर्ल्स के अनुसार क्लायंट के वास्तविक जिन्दगी को उन्नत बनाने एवं चिकित्सा में विकास के लिए यह आवश्यक है कि रोगी को वर्तमान की अनुभूतियों में जानकारी बढ़े तथा उसमें अपने कार्यों के लिए उत्तरदायित्व को समझाने की तत्परता बढ़े। इस तरह से गेस्टाल्ट चिकित्सा में तीन महत्त्वपूर्ण संप्रत्यय हैं जो इस प्रकार है—

(i) वर्तमान की अनुभूतियाँ (here and now experiences)

(ii) जानकारी (awareness)

(iii) उत्तरदायित्व (responsibility)

इन तीनों का वर्णन निम्नांकित है—

(i) वर्तमान की अनुभूतियाँ *(Here and now experiences)*—पर्ल्स. ने स्पष्ट शब्दों में कहा है कि गेस्टाल्ट चिकित्सा में वर्तमान (here and now) महत्त्वपूर्ण होता है और चिकित्सा का उद्देश्य इसी वर्तमान रोगियों के विश्वास को सुदृढ़ करना होता है। रोगी की समस्याओं का उत्तर भूत (past) में ढूँढ़ना अर्थहीन होगा। पर्ल्स (Perls, 1970) के ही शब्दों में वर्तमान के महत्त्व को इस प्रकार समझा जा सकता है, ''मेरे लिए वर्तमान के सिवा किसी का भी अस्तित्व नहीं है। वर्तमान = अनुभव = चेतना = वास्तविकता। भूत बीच चुका होता है तथा भविष्य आने वाला होता है। सिर्फ वर्तमान ही सामने होता है।''[1] गेस्टाल्ट चिकित्सक के अनुसार जब वर्तमान (now) तथा भूत या भविष्य के चिन्तनों (precoccuptions) में अंतर होता है, तो रोगी में चिंता उत्पन्न होती है। इसलिए चिकित्सा के दौरान चिकित्सक भरपूर यह कोशिश करता है कि रोगी का ध्यान उसके वर्तमान भावों, चिन्तनों एवं अनुभूतियों पर रहे।

(ii) जानकारी *(Awareness)*—जानकारी से तात्पर्य अनुभूतियों को स्वीकार करने की क्षमता से होती है।

(iii) उत्तरदायित्व *(Responsibility)*—गेस्टाल्ट चिकित्सा का यह एक महत्त्वपूर्ण संप्रत्यय (concept) है जिसमें व्यक्ति अपनी क्रियाओं एवं भावों की जवाबदेही अपने कंधों पर लेता है।

लेविटस्काई एवं पर्ल्स (Levitsky & Perls, 1970) के अनुसार गेस्टाल्ट चिकित्सा में दो तरह की प्रविधियाँ (techniques) सम्मिलित होती हैं। एक को नियम (rules) तथा दूसरे को खेल या गेम (game) कहा जाता है। गेस्टाल्ट चिकित्सा के प्रमुख नियम (rules) इस प्रकार है—

(i) रोगी को वर्तमान काल में बातचीत करने के लिए कहा जाता है। बीते यादों एवं भविष्य की प्रत्याशाओं (anticipations) से रोगी को दूर रहने के लिए कहा जाता है।

(ii) बातचीत किसी के बारे में नहीं बल्कि सामानान्तर स्तर पर किया जाता है।

(iii) रोगी में उत्तरदायित्व (responsibility) का भाव उत्पन्न करने के लिए उसे ''मैं'' शब्द का प्रयोग अधिक-से-अधिक करने के लिए कहा जाता है।

(iv) रोगी सतत् रूप से (continually) तात्कालिक अनुभूतियों (immediate experience) पर ध्यान केन्द्रित करता है।

(v) कोई गप-शप या इधर-उधर की बात नहीं की जाती है।

(vi) यह कोशिश की जाती है कि रोगी कोई प्रश्न न करें क्योंकि प्रश्नों को अपने विचार व्यक्त करने का एक निष्क्रिय तरीका न कि सूचना प्राप्त करने का एक तरीका समझा जाता है।

गेस्टाल्ट चिकित्सा में कुछ तथाकथित गेस्टाल्ट गेम्स (Gestalt Games) भी किये जाते हैं। जैसे—रोगी जब अपने बारे में कुछ कहता है तो उसे कहा जाता है कि वह यह कहे, ''मैं उसकी जवाबदेही लेता हूँ।'' जैसे—''मैं बहुत खुश व्यक्ति नहीं हूँ।'' उसी तरह से एक अन्य तथाकथित गेम में रोगी को जोर-जोर से बोलकर उस टिप्पणी या वाक्य को दोहराने के लिए कहा जाता है जिसे चिकित्सक महत्त्वपूर्ण समझकर कहता है। इसी तरह के अन्य गेम जैसे भूमिका-निर्वाह गेम (role-playing game) भी रोग को करने के लिए कहा जाता है जिसमें रोगी को भिन्न-भिन्न तरह की भूमिका (role) करनी पड़ती है।

गेस्टाल्ट चिकित्सा (Gestalt therapy) में निम्नलिखित संप्रत्ययों (concepts) को भी महत्त्वपूर्ण माना गया है क्योंकि इन सबसे रोगी की वर्तमान अवस्थाओं को समझने में मदद मिलती है—

(i) टापडॉग तथा अंडरडॉग *(Top dog-Underdog)*—गेस्टाल्ट चिकित्सा के टापडॉग से तात्पर्य करीब-करीब वही है जो फ्रायड के सिद्धान्त में पराहं (super ego) का है तथा अंडरडॉग से तात्पर्य वही है जो फ्रायड के सिद्धान्त में उपाहं (id) का है। जब व्यक्ति के इन दोनों पहलुओं में संघर्ष होता है तो रोगी को वार्तालाप के माध्यम से इन दोनों की भूमिका करनी पड़ती है ताकि आत्मन् (self) के इन दोनों संघर्षात्मक पहलुओं को आपस में समन्वित कर सके।

1. "To me nothing exists except the now. Now = experience = awareness = reality. The past is no more and the future not yet. Only me now exists."
—Perls : *Gestalt Therapy Now*, 1970, p. 14

(ii) स्वप्न *(Dreams)*—गेस्टाल्ट चिकित्सा द्वारा चिकित्सा में स्वप्न का भी उपयोग किया जाता है परंतु मनोविश्लेषकों से भिन्न ढंग से। पर्ल्स का मानना है कि स्वप्न का प्रत्येक तत्त्व चाहे उसका स्वरूप मानव से संबंधित हो या किसी अन्य वस्तु से संबंधित हो, द्वारा रोगी के व्यक्तित्व के एक असंबद्ध (alienated) अंश का प्रतिनिधित्व होता है। चिकित्सा सत्र में रोगी को अपने स्वप्न के बारे में वर्तमान काल का उपयोग करते हुए बतलाना होता है और इस तरह से उसे स्वप्न के विषय के अनुरूप भूमिका करनी होती है। गेस्टाल्ट चिकित्सकों का मत है कि स्वप्न के विभिन्न वस्तुओं या व्यक्तियों की भूमिका का निर्वाह करने में आत्मन् (self) के असंबद्ध अंशों को रोगी समझता है तथा ऐसा समझ विकसित कर लेने पर उसे पुनः समन्वित करने में सफलता मिलती है।

(iii) रक्षाएँ *(Defenses)*—गेस्टाल्ट चिकित्सा का उद्देश्य रोगी द्वारा खेले गए तथाकथित गेम्स (games) के पीछे छिपी रक्षाएँ (defenses) का पता लगाना है। पर्ल्स (Perls) का कहना है कि स्नायुविकृत व्यवहार (neurotic behaviour) में ऐसी रक्षाओं के कई तहें (layers) होती हैं। ऐसे व्यवहार के पहले तह में रोगी स्वयं अपने आप का सामना करने के लिए कतराता है और वह तरह-तरह के चिन्ता, दुर्भीति (phobias) एवं आशंकाओं से अपने आप को घिरा पाता है। गेस्टाल्ट चिकित्सक का कार्य इस रक्षात्मक तह (defenseive layer) को हटाकर रोगी को वास्तविकता से अवगत कराना होता हैं। इस तरह की वास्तविक जानकारी होने से रोगी में सम्पूर्णता एवं प्रफूल्लता (aliveness) आती है।

(iv) अशाब्दिक व्यवहार का उपयोग *(Use of nonverbal behaviour)*—गेस्टाल्ट चिकित्सा से क्लायंट के अशाब्दिक व्यवहारों का भी उपयोग किया जाता है क्योंकि इससे कुछ महत्त्वपूर्ण सूचनाएँ मिलती हैं। चिकित्सक को चिकित्सा सत्र के दौरान क्लायंट क्या कहता है तथा वह क्या करता है, पर काफी ध्यान देना होता है। उनके इन अशाब्दिक व्यवहारों के विपरीत होती हैं और वे चिकित्सा के लिए काफी महत्त्वपूर्ण माने जाते हैं क्योंकि इसके आधार पर क्लायंट द्वारा उपयोग किया गया रक्षात्मक प्रतिक्रियाओं का वास्तविक अर्थ समझने में मदद मिलती है।

(v) नैतिक प्रेक्ष्य *(Moral percepts)*—नारैनजो (Naranjo, 1970) ने गेस्टाल्ट चिकित्सा के कुछ प्रमुख बिन्दुओं को जिसे उन्होंने 'नैतिक प्रेक्ष्य' (moral percepts) कहा है, इस प्रकार संक्षिप्त रूप से व्याख्या किया है—

(a) वर्तमान में रहना *(Live now)*—रोगी को हमेशा वर्तमान के बारे में न कि भविष्य या भूत के बारे में सोचना चाहिए।

(b) उपस्थित वस्तुओं के बारे में सोचना *(Live here)*—रोगी या क्लायंट को सिर्फ सामने उपस्थित वस्तुओं के बारे में सोचना चाहिए, अनुपस्थित वस्तुओं या व्यक्तियों के बारे में नहीं।

(c) कल्पना करना बंद करना *(Stop imagining)*—रोगी को सिर्फ वास्तविक चीजों या घटनाओं के बारे में सोचना चाहिए।

(d) क्लायंट को अनावश्यक चिंतन को बंद करना चाहिए।

(e) रोगी को अपने विचारों की अभिव्यक्ति सीधे करनी चाहिए, उसकी व्याख्या या उसमें जोड़-तोड़ नहीं करना चाहिए।

(f) रोगी को दुखकर तथा सुखकर दोनों तरह की वस्तुओं से अवगत होना चाहिए।

(g) रोगी को वे सभी विचार एवं चिंतन जो उनके अपने नहीं हैं, के बारे में सोचना नहीं चाहिए।

(h) रोगी को वास्तविकता का आदर करना चाहिए और उससे अपने आप को पूर्णतः संबद्ध रखना चाहिए।

गेस्टाल्ट चिकित्सक का मुख्य उद्देश्य क्लायंट को सर्जनात्मक (creative) तथा खुले दिमाग का बनाना होता है तथा साथ-ही-साथ उसे इस लायक भी बना देना होता है कि वातावरण की घटनाओं का सामना तात्कालिक, अनिर्णायक (non-judgemental) तथा अचिंतनशील (non-reflective) ढंग से कर सके। इस लक्ष्य की प्राप्ति के लिए चिकित्सक कई तरह की प्रविधियों (techniques) को अपनाता है जिनमें से कुछ महत्त्वपूर्ण प्रविधि निम्नांकित है—

(i) मैं-भाषा का उपयोग *(Use of I-Language)*——अपने वर्तमान तथा भविष्य की जिन्दगी की जवाबदेही में मदद लेने के खयाल से चिकित्सक क्लायंट को 'मैं-भाषा' का उपयोग करने के लिए प्रोत्साहित करता है। जैसे, यदि क्लायंट यह कहता है कि उसका आवाज ऐसा लगता है मानो वह रो रहा हो तो चिकित्सक उसे यह सलाह देता है कि

आप यह कहें कि "मैं रो रहा हूँ"। इस तरह के भाषा के उपयोग का फायदा यह होता है कि प्रत्येक व्यवहार का उत्तरदायित्व क्लायंट अपने ऊपर ले पाता है और क्लायंट अपने आप को एक सक्रिय (achieve) न कि निष्क्रिय (passive) प्राणी के रूप में समझता है तथा अपने आप को एक ऐसा प्राणी के रूप में समझने में उसे मदद मिलता है जो अन्वेषणात्मक प्रकृति का है न कि एक ऐसा प्राणी जिसका व्यवहार पूर्णत: बाहरी कारकों द्वारा निर्धारित हो रहा हो।

(ii) रिक्त कुर्सी प्रविधि *(Empty Chair Techniqeus)*—रिक्त कुर्सी प्रविधि में चिकित्सक क्लायंट को अपने ओर न मुँह करके एक रिक्त कुर्सी की ओर मुँह करके बैठने के लिए कहता है और उस कुर्सी के प्रति क्लायंट अपने भावों का प्रक्षेपण (projection) यह मानते हुए करता है कि कोई व्यक्ति उस कुर्सी पर बैठा है। इस प्रविधि के उपयोग से क्लायंट को अपने वास्तविक भावों, संवर्गों एवं अभिप्रेरणों को खुद समझने का मौका मिलता है।

(iii) भावों का प्रक्षेपण *(Projection of Feelings)*—गेस्टाल्ट चिकित्सक जो समूह में कार्य करते हैं, लोगों का एक युग्म (pair) बना देते हैं, उन्हें अपना-अपना आँखें बंद करने के लिए कहा जाता है, और उसी अवस्था में एक ऐसे व्यक्ति का चेहरा का अनुमान लगाने के लिए कहा जाता है जिनके साथ उनका तीव्र सांवेगिक लगाव (emotional attachment) हो। इसके बाद उन्हें इस व्यक्ति के बारे में उत्पन्न भाव पर ध्यान केन्द्रित करने के लिए कहा जाता है। इसके बाद उन्हें आँखें खोलने के लिए कहा जाता है ताकि वे अपने-अपने सहयोगी (partner) को देख सके। इसके कुछ क्षण के बाद फिर उनसे आँख बंद करने के लिए कहा जाता है और कुछ तटस्थ चीज जैसे कोई किताब या गणितीय समस्या के बारे में सोचने के लिए कहा जाता है। इसके बाद पुन: आँखें खोलकर उन्हें दूसरी बारी में अपने सहयोगी (partner) पर देखने के लिए कहा जाता है। इसके बाद उनसे यह बतलाने के लिए कहा जाता है कि दोनों परिस्थितियों में वे अपने सहयोगी के बारे में जो अनुभव किये, उसमें क्या अन्तर पाये। इस प्रविधि का उद्देश्य क्लायंट को उस परिस्थिति के साथ सामना करने के लायक बनाना होता है जिसमें व्यक्ति अपने दिन-प्रतिदिन की परिस्थिति में कुछ करते समय अन्य कारकों या घटनाओं से उत्पन्न बल प्रवेश (intruction) से घबड़ा जाता है।

(iv) उलटाव *(Reversal)*—इस प्रविधि में क्लायंट को अपने भाव (feeling) संवेग के विपरीत व्यवहार करना होता है। जैसे, कोई क्लायंट जो काफी अधिक संकोची (timid) है चिकित्सा सत्र के दौरान एक बहुत तेज-तर्रार व्यक्ति के समान व्यवहार करने के लिए कहा जा सकता है। इसका फायदा जैसा कि पर्लस (Perls) ने बतलाया है, यह है कि इससे व्यक्ति अपने आत्मन् (self) के उस भाग से भी अवगत हो जाता है, जो उसके भीतर छिपा होता है।

गेस्टाल्ट चिकित्सा के कुछ लाभ (advantages) तथा कुछ अलाभ (disadvantages) हैं। इसके प्रमुख लाभ निम्नांकित हैं—

(i) गेस्टाल्ट चिकित्सा में वर्तमान (here-and-now), उत्तरदायित्व (responsibility), अनुभव (experience) तथा अभिज्ञा (awareness) पर अधिक बल डालकर यह स्पष्टत: दिखला दिया गया है कि क्लायंट के व्यवहार में परिवर्तन करने के लिए उसके गत अनुभूतियों (past experiences) का विश्लेषण आवश्यक नहीं है। इससे सूझ-उन्मुखी चिकित्सा में एक तरह की क्रांति उत्पन्न हुई।

(ii) गेस्टाल्ट चिकित्सा की संचालन विधियाँ काफी सरल एवं सुगम है। इसका परिणाम यह होता है कि इस तरह की चिकित्सा बहुत उपयोगी सिद्ध होता है।

इसके बावजूद गेस्टाल्ट चिकित्सा के कुछ अलाभ हैं जिनमें निम्नांकित प्रमुख हैं—

(i) गेस्टाल्ट चिकित्सा की विधि वस्तुनिष्ठ (objective) न होकर आत्मनिष्ठ (subjective) है। फेयर्स (Phares, 1984) के अनुसार इस चिकित्सा की विधि में इतनी अधिक विभिन्नता या विविधता है कि उसके आधार पर कोई संगठित एवं समन्वित वस्तुनिष्ठ आँकड़े प्राप्त करना संभव नहीं है।

(ii) गेस्टाल्ट चिकित्सा में रोगी के वर्तमान पर बल डाला जाता है तथा उसके भूत एवं भविष्य की पूर्णरूपेण अवहेलना की जाती है। परिणामस्वरूप, कुछ मनोवैज्ञानिकों का मत है कि इस चिकित्सा से जो लाभ होता है, वह स्थायी न होकर अस्थायी होता है।

(iii) फेयर्स (Phares, 1984) के अनुसार गेस्टाल्ट चिकित्सा की अलोकप्रियता का एक कारण यह भी है कि इनके समर्थकों द्वारा इसपर शोध के विचार का हमेशा विरोध किया गया। अस्पष्ट कारणों से इनके समर्थकों द्वारा इससे संबंधित

शोध को मानवता विरोधी बतलाया गया। इस पर कोरचिन[1] (Korchin, 1986) ने बिलकुल ही ठीक टिप्पणी किया है, *''अबतक गेस्टाल्ट चिकित्सा का कोई क्रमबद्ध लेखा-जोखा नहीं तैयार किया है। इसकी प्रभावशीलता या इसके विशेष प्रविधि के मूल्य से संबंधित कोई गुणात्मक शोध सबूत नहीं है।''*

इन अलाभों के बावजूद चिकित्सा उन नैदानिक मनोवैज्ञानिकों के लिए एक उत्तम चिकित्सा पद्धति रहा है जिन्हें मानवतावादी सिद्धान्तों में अधिक विश्वास है।

लोगोचिकित्सा
(Logotherapy)

लोगोचिकित्सा की प्रविधि विक्टर फ्रैंकल(Victor Frankl, 1963, 1965, 1967)द्वारा विकसित की गयी है। चिकित्सा की यह विधि अस्तित्वात्मक सिद्धान्तों पर आधारित है। अत: कुछ लोगों ने इसे *अस्तित्वात्मक चिकित्सा* (existential therpay) का ही एक भाग माना है। ध्यान रहे कि लोगोचिकित्सा का प्रतिपादन मनश्चिकित्सा की पौराणिक विधियों को विस्थापित करने के लिए नहीं बल्कि उसके पूरक (supplement) के रूप में किया गया है।

लोगोचिकित्सा (logotherapy) में 'लोगो' (logo) से तात्पर्य 'अर्थ' (meaning) से होता है। अत: इसे शाब्दिक भाषा में अर्थ पर आधारित चिकित्सा (therapy of meaning) कहा गया है। इस तरह की चिकित्सा में व्यक्ति की जिंदगी में अर्थहीनता के भाव के उत्पन्न होनेवाली समस्याओं एवं चिन्ताओं को दूर करने की कोशिश की जाती है। दूसरे शब्दों में, इस तरह की चिकित्सा का संबंध व्यक्ति के अस्तित्ववादी समस्याओं (existential problems) को दूर करना होता है क्योंकि ऐसी समस्याएँ आध्यात्मिक (spiritual) एवं मनोवैज्ञानिक तथ्य उत्पन्न करती हैं। इस तरह की चिकित्सा में रोगी के गत जिन्दगी की ऐतिहासिक पुनर्संरचना पर बल न डालकर उसके समकालीन आध्यात्मिक समस्याओं और उसके भविष्य या आगे के आशय (implications) को समझने पर बल डाला जाता है।

फ्रैंक्ल (Frankl) के अनुसार व्यक्ति का सबसे प्रमुख अभिप्रेरक 'अर्थ-की-इच्छा' (will-to-meaning) होता है। 'अर्थ-की-इच्छा' से तात्पर्य अपनी जिन्दगी के आध्यात्मिक एवं मनोवैज्ञनिक पहलुओं के अर्थ एवं संगतता (relevance) को वास्तविक ढंग से समझकर उसके अनुरूप व्यवहार करने से होता है। फ्रैक्ल का यह मानना है कि व्यक्ति में यह अभिप्रेरक आत्मसिद्धि (self-actualization) का अभिप्रेरक एवं तनाव कम करने की इच्छा से अधिक प्रबल होता है। जब व्यक्ति की इस आवश्यकता या अभिप्रेरक की संतुष्टि नहीं होती है तो इससे अस्तित्वात्मक कुंठा (existential frustration) उत्पन्न होती है और इससे व्यक्ति की जिन्दगी में अर्थहीनता (meaningless) के भाव की उत्पत्ति हो जाती है जिसे फ्रैक्ल ने अस्तित्वात्मक रिक्तता (existential vaccum) कहा है। इस तरह के अस्तित्वात्मक रिक्तता का भाव आधुनिक जटिल जिन्दगी में बढ़ गयी है और दिनोंदिन बढ़ती जा रही है। इस तरह का भाव मन:स्नायुविकृति (psychoneurosis) तथा मनोविक्षिप्ति (psychosis) के साथ भी हो सकता है या इन दोनों की अनुपस्थिति में भी व्यक्ति में हो सकता है। शायद यही कारण है कि फ्रैंक्ल ने यह स्पष्ट कर दिया है कि लोगोचिकित्सा मनश्चिकित्सा का एक प्रतिस्थापन या प्रतिस्थायी (substitute) न होकर एक संपूरक (complement) होता है।

फ्रैंक्ल के अनुसार जब व्यक्ति की अपनी जिंदगी की आध्यात्मिक (spiritual) या दार्शनिक समस्याओं एवं स्नेह (love) तथा जीवन-मृत्यु आदि से संबंधित अर्थ (meaning) में दिशा-विहीनता उत्पन्न हो जाती है, तो इससे अत्तित्वात्मक कुंठा उत्पन्न हो जाती है जिसे व्यक्ति पहले अपने स्तर से दूर करने की कोशिश करता है। जब व्यक्ति में ऐसी कुंठा की मात्रा अत्यधिक हो जाती है जिससे वह उसके नियंत्रण से बाहर हो जाता है, तो उससे स्नायुविकृति लक्षणों (neurotic symptoms) की उत्पत्ति होती है जिसे फ्रैंक्ल ने *न्यूजेनिक स्नायुविकृति* (neuogenic neurosis) कहा है। इस तरह की स्नायुविकृति में सचमुच में अर्न्तोद (drives) अभिप्रेरक या मूलप्रवृत्तियों (instincts) के बीच किसी तरह का संघर्ष (conflict) नहीं पाया जाता है बल्कि व्यक्ति के नैतिक सिद्धान्तों का एक टकराव पाया जाता है। ऐसे टकराव से उत्पन्न संघर्षो को दूर करना लोगोचिकित्सा का मुख्य उद्देश्य है।

---

1. "As yet no systematic account has been written of Gestalt therapy. There is virtually no research evidence of its effectiveness of the value of particular techniques." —Korchin : *Modern Clinical Psychology*, 1986, p. 367

लोगोचिकित्सा में रोगी या क्लायंट को अपनी जिंदगी के उत्तरदायित्व से जानकारी कराने की कोशिश की जाती है क्योंकि मानव अस्तित्व के लिए ऐसी जानकारी मूलभूत तत्त्व हैं। चिकित्सक यहाँ रोगी पर अपने मूल्यों (values) को थोपने की कोशिश नहीं करता है बल्कि रोगी के गिरते हुए आध्यात्मिक मूल्यों के प्रति उन्हें सजग एवं सतर्क कर देता है ताकि उसकी जवाबदेही वे अपने ऊपर लें एवं आध्यात्मिक संघर्षों में सूझ-बूझ विकसित कर सकें।

फ्रैंक्ल द्वारा प्रतिपादित लोगोचिकित्सा की दो विधियाँ सबसे अधिक लोकप्रिय हो पायी हैं जो इस प्रकार हैं—

(i) परस्परविरोधी अभिप्राय की विधि (technique of paradoxical intention)

(ii) अचिंतन की प्रविधि (technique of dereflection)

ये दोनों ही प्रविधियाँ मन:स्नायुविकृति (psychoneurosis) खासकर के मनोग्रसित बाध्यता (obsessive-compulsive) तथा दुर्भीति (phobia) के रोगियों के उपचार में काफी ख्याति प्राप्त कर चुकी है। परस्पर विरोधी अभिप्राय की प्रविधि व्यवहार चिकित्सा के अन्त:स्फोटात्मक चिकित्सा (implosive therapy) से मिलता-जुलता है। इस प्रविधि में रोगी को सचेत होकर वैसा व्यवहार या अनुक्रिया करने के लिए कहा जाता है जो उसमें चिंता या आशंका उत्पन्न करता है। इस तरह के परस्पर विरोधी इच्छा धीरे-धीरे व्यक्ति के डर (fear) को प्रतिस्थापित कर देती है। जैसे—जिस व्यक्ति में एक बड़े समूह के सामने बोलने में डर एवं घबड़ाहट होती है, उसे ऐसे समूह के सामने डरने या घबड़ाने के लिए प्रोत्साहित किया जाएगा। फ्रैंक्ल के अनुसार परस्पर विरोधी तथ्य (paradoxical fact) यहाँ यह है कि जब वह ऐसा जान-बूझकर करना चाहेगा तो वह नहीं कर पायेगा अर्थात् उसमें डर या घबड़ाहट नहीं होगा।

अचिंतन (dereflection) की प्रविधि में रोगी को चिन्ता उत्पन्न करनेवाली परिस्थिति या व्यवहार से ध्यान हटाकर अन्य रचनात्मक तथ्यों की ओर लाने की कोशिश की जाती है। इससे रोगी में नयी चेतना, आध्यात्मिकता एवं सूझ-बूझ विकसित हो जाती है।

फ्रैंक्ल के लोगोचिकित्सा के कुल लाभ (advantages) तथा अलाभ (disadvantages) हैं। इसके प्रमुख लाभ निम्नांकित हैं—

(i) लोगोचिकित्सा ही मात्र एक ऐसी चिकित्सा पद्धति है जिसके सहारे मानव के अस्तित्वात्मक समस्याओं से उत्पन्न मनोवैज्ञानिक तनावों को दूर किया जा सकता है।

(ii) लोगोचिकित्सा रोगी को अपनी जिंदगी में अर्थपूर्ण ढंग से रहने एवं घटनाओं को समझने की उन्मुखता प्रदान करता है।

इसके बावजूद लोगोचिकित्सा के कुछ अलाभ (disadvantages) भी हैं जिनमें निम्नांकित प्रमुख हैं—

(i) लोगोचिकित्सा में क्रमबद्धता नहीं है।

(ii) लोगोचिकित्सा के कुछ संप्रत्यय (concepts) ऐसे हैं जिन्हें समझना कठिन है।

(iii) लोगोचिकित्सा में आत्मनिष्ठता (subjectivity) अधिक तथा वस्तुनिष्ठता (objectivity) कम है। परिणामस्वरूप, इस चिकित्सा के परिणाम (outcome) अधिक धनात्मक नहीं हो पाते हैं।

इन अलाभों के बावजूद लोगोचिकित्सा को मानव समस्याओं खासकर अस्तित्वात्मक समस्याओं से उत्पन्न चिंता को दूर करने का एक उत्तम साधन माना गया है।

अस्तित्ववादीचिकित्सा
(*Existential Therapy*)

इस चिकित्सा विधि के प्रमुख समर्थक बिन्सवैन्गार (Binswanger, 1942) तथा मे, एन्जिल एवं एलेनवर्गर (May, Angel & Ellenberger, 1958) हैं। यद्यपि इस चिकित्सा विधि में रोगी के उपचार या चिकित्सा में कोई निश्चित कार्य-विधि (procedure) तो अपनायी नहीं जाती है परंतु इसमें प्रत्येक व्यक्ति की वैयक्तिकता (uniqueness) तथा उसके मूल्यों एवं भावों (feelings) को समझकर रोगी के स्वस्थकर अस्तित्व के लिए एक माहौल तैयार किया जाता है। यद्यपि अस्तित्ववाद (existentialism) में व्यक्ति के स्वतंत्र इच्छाओं (free will) तथा उत्तरदायित्व (responsibility) पर अधिक बल डाला जाता है, इसमें उन चिंताओं को भी महत्त्वपूर्ण माना गया है जिसे व्यक्ति अपनी जिन्दगी में मुख्य पसंद या चयन (choice) करने में अनुभव करता है। ऐसे पसंद या चयन को अस्तित्ववादी चयन (existential choice)

कहा जाता है। ऐसे चयन पर व्यक्ति का अस्तित्व निर्भर करता है। किसी अमुक नौकरी को करना या उसे न करना ऐसे ही अस्तित्ववादी चयन का एक उदाहरण है। अस्तित्ववादी मनोवैज्ञानिकों का मत है कि सचमुच में जीवित रहने के लिए व्यक्ति को उन चिन्ताओं से अवगत होना ही पड़ता है जो अस्तित्ववादी चयन (existential choices) से उत्पन्न होते हैं। सामान्यत: अस्तित्ववादी चिन्ता निम्नलिखित स्रोतों से उत्पन्न होता है—

(i) यह चिंतन कि हमलोग एक दिन मर जायेंगे, अस्तित्ववादी चिंता उत्पन्न करता है।

(ii) यह चिंतन कि हमलोग अकेले हैं, अस्तित्ववादी चिंता उत्पन्न करता है।

(ii) यह चिंतन कि हमलोगों को अपने निर्णय लेना है, उसके अनुरूप कार्य करना है तथा फिर उसके परिणामों को भुगतना है, अस्तित्ववादी चिंतन उत्पन्न करता है।

अस्तित्ववादी चिकित्सा का उद्देश्य व्यक्ति को उक्त तरह की चिंताओं से मुक्त करना होता है। ऐसा करने के लिए यहाँ चिकित्सक रोगी के चेतन तथा उपचेतन की क्रियाओं के अध्ययन तक अपने आप को बाँधकर नहीं रखते हैं बल्कि वे रोगी को उसके इर्द-गिर्द की वास्तविकता पर ध्यान केन्द्रित करके व्यक्ति को उसके आंतरिक पहलुओं का पुनर्निर्माण (reconstruct) करने में मदद करते हैं। इसके लिए चिकित्सक विन्सवैन्गर (Winswanger, 1942) द्वारा विकसित विधि जिसे *'डेजिन एनालिसिस'* (Dasein analysis or existential analysis) की संज्ञा दी गयी है, का भी अनुसरण करते हैं।

अस्तित्वादी चिकित्सा के प्रमुख लक्ष्य (goal) निम्नांकित हैं—

(i) अस्तित्ववादी चिकित्सक रोगी को परिघटनात्मक दृष्टिकोण (phenomenological frame of references) अपनाने की सलाह देकर उसके प्रतिसमर्थन एवं परानुभूति (empathy) दिखाते हैं। इसके बाद चिकित्सक उसे अपना व्यवहार, भाव, संबंध एवं जिन्दगी के सही अर्थ को समझाते हैं। चिकित्सक क्लायंट को गत एवं वर्तमान पसंदगियों या चयनों (choices) से रोगों का सामना कराते हैं तथा उसका स्पष्टीकरण करते हैं। इन दोनों में से रोगी के वर्तमान चयनों को वे अधिक महत्त्वपूर्ण मानते हैं।

(ii) अस्तित्ववादी चिकित्सक रोगी या क्लायंट को एक खुला एवं स्नेहपूर्ण वातावरण में अपने आप को दूसरों से संबंधित करने की पर्याप्त प्रेरणा देता है ताकि रोगी का यह चिंता दूर हो सके कि वह अकेला है।

(iii) अस्तित्ववादी चिकित्सा का लक्ष्य रोगी या क्लायंट में वर्द्धन तथा उचित चयन के लिए छिपे अन्त:शक्ति (potential) से उसे अवगत कराना है। अस्तित्ववादी चिकित्सा में यह मानकर चिकित्सक चलते हैं कि क्लायंट प्रत्येक क्षण अपना अस्तित्व नये ढंग से उत्पन्न करता है ताकि वह अर्थपूर्ण ढंग से जीवित रह सके।

अस्तित्ववादी चिकित्सा के लाभ (advantages) तथा अलाभ (disadvantages) हैं। इसके प्रमुख लाभ इस प्रकार हैं—

(i) अस्तित्ववादी चिकित्सा एक ऐसी पहली चिकित्सा है जिसमें रोगी को अपने भीतर छिपे अन्त:शक्ति से अवगत कराकर उसे अर्थपूर्ण ढंग से जीवित रहने की प्रेरणा दी जाती है।

(ii) टिल्लिक (Tillich, 1992) के अनुसार अस्तित्ववादी चिकित्सा का एक विशेष लाभ यह है कि चूँकि इस तरह की चिकित्सा में क्लायंट अपने अस्तित्व को वास्तविक ढंग से समझने की कोशिश करता है इसलिए इससे अस्तित्ववादी स्नायुविकृति (existential neurosis) के लक्षणों को स्थायी रूप से दूर करने में काफी मदद मिलती है।

इसके बावजूद अस्तित्ववादी चिकित्सा के कुछ अलाभ (disadvantages) हैं जो इस प्रकार हैं—

(i) अस्तित्ववादी चिकित्सा का सबसे मुख्य आलोचना यह है कि इसमें यह नहीं स्पष्ट है कि क्लायंट में वर्द्धन उत्पन्न करने के लिए किन-किन तरह के चिकित्सीय प्रविधियों का उपयोग किया जाएगा। इससे चिकित्सा की वैधता संदेह के घेरे में जा आती है।

(ii) अस्तित्ववादी चिकित्सा में स्पष्ट एवं ठोस संक्रियाओं की जिसके माध्यम से वैज्ञानिक शोध किया जा सके, की कमी है। यद्यपि अस्तित्ववादी चिकित्सक कई सफल केसेज का प्रकाशन कर चुके हैं, इस क्षेत्र में कोई शोध नहीं किया गया है।

(iii) अस्तित्ववादी चिकित्सक के नजर में आधुनिक विज्ञान मानव में मानवीय मूल्यों को कम करता है। अत: इन लोगों का विश्वास है कि विज्ञान का व्यक्ति पर उपयोग करने से व्यक्ति की वैयक्तिकता (uniqueness) समाप्त हो जाता है। इससे मानवीय चिंता समाप्त न होकर और बढ़ सकती है।

(iv) अस्तित्ववादी चिकित्सा क्लायंट के व्यक्तिगत अनुभूतियों पर अधिक निर्भर करता है। आलोचकों का मत है कि क्लायंट का व्यक्तिगत अनुभूति अनोखा (unique) होता है, चिकित्सक यह कैसे समझ जाते हैं कि वे रोगी के इस आंतरिक अनुभूति को ठीक उसी ढंग से जान पाते हैं जैसा कि वह स्वयं जानता है? इस प्रश्न का उत्तर अस्तित्ववादी चिकित्सा में नहीं मिल पाता है।

(v) कुछ आलोचकों का मत है कि अस्तित्ववादी चिकित्सा को एक चिकित्सा प्रविधि न कहकर चिकित्सक द्वारा अपनाया गया एक सामान्य मनोवृत्ति (attitude) कहना अधिक उचित है। इस पर रोल्लो मे[1] (Rollo May, 1961) ने बहुत ही सटीक टिप्पणी की है जो इस प्रकार है, "अस्तित्ववादी चिकित्सा चिकित्सक की एक पद्धति नहीं है बल्कि मनुष्यों की संरचना को तथा उनकी अनुभूतियों जो सभी प्रविधियों का आधार होती है, को समझने से संबंधित होता है।"

इन अलाभों के बावजूद अस्तित्ववादी चिकित्सा का यह मौलिक तथ्य कि व्यक्ति का अस्तित्व सतत रूप से पुनर्मार्जित हो रहा है तथा व्यक्ति अपनी पुरानी गलतियों एवं निष्फलों का कैदी नहीं होता है, अन्य दूसरे तरह के चिकित्साओं का एक मुख्य आधार है।

मानवतावादी-अनुभवात्मक चिकित्सा या परिघटनात्मक चिकित्सा का मूल्यांकन (Evaluation of Humanistic-Experiential therapy or Phenomenological therapy)

स्पष्ट हुआ कि परिघटनात्मक चिकित्सा या मानवतावादी-अनुभवात्मक चिकित्सा में चिकित्सक कई तरह की प्रविधियों का उपयोग करके क्लायंट या रोगी का उपचार करते हैं। यदि हम इस चिकित्सा का एक समग्र रूप से मूल्यांकन करें, तो इसके कुछ बिंदुओं पर विशेष प्रकाश पड़ता है।

इन बिन्दुओं में कुछ इसके लाभ (advantages) तथा कुछ इसके अलाभ (disadvantages) की ओर इशारा करते हैं। प्रमुख लाभ की बिंदु निम्नांकित है—

(i) इस चिकित्सा में क्लायंट के किसी खास व्यवहार पर बल न डालकर उसे एक समग्र प्राणी (whole person) के रूप में अध्ययन किया जाता है। इसका विशेष लाभ यह होता है कि क्लायंट की समस्याओं को ठीक ढंग से समझने में मदद मिलती है।

(ii) इस चिकित्सा में क्लायंट के आंतरिक बलों एवं अन्तःशक्तियों को समझने पर चूँकि बल डाला जाता है, अतः इसके द्वारा क्लायंट की समस्या को जड़ से उखाड़ फेंकने में काफी मदद मिलती है।

(iii) अस्तित्ववादी चिकित्सा रोगी में सच्चा आत्म-ज्ञान (self-knowledge) उत्पन्न करने में सक्षम होता है।

(iv) कुछ नैदानिक मनोवैज्ञानिकों का मत है कि परिघटनात्मक चिकित्सा रोगी में एक ऐसी नयी उम्मीद या प्रत्याशा उत्पन्न करता है जो अन्य दूसरे की तरह की चिकित्सा जैसे व्यवहार चिकित्सा तथा मनोविश्लेषणात्मक चिकित्सा उत्पन्न नहीं करता है। इसका कारण यह है कि परिघटनात्मक चिकित्सा में क्लायंट या रोगी के अपने विचार या इच्छा को सर्वाधिक आदर किया जाता है।

इन लाभों के बावजूद परिघटनात्मक चिकित्सा के कुछ अलाभ (disadvantages) हैं जिनमें निम्नांकित प्रमुख हैं—

(i) परिघटनात्मक उपचार अस्पष्ट (vague) होने के साथ-ही-साथ अवास्तविक (unrealistic) होता है। कुछ नैदानिक मनोवैज्ञानिकों का मत है कि इस चिकित्सा पद्धति की विधि को प्रायः एक प्रक्रिया (process) के रूप में बतलाया गया है जिसे स्पष्टतः समझना कठिन है। जैसे, नैदानिक मनोवैज्ञानिकों ने इस प्रक्रिया पर शक जाहिर किया है कि क्या सचमुच में चिकित्सा के दौरान चिकित्सक अनिदेशात्मक (nondirective) तथा अनिर्णयात्मक (unjudgemental) हो सकता है?

(ii) परिघटनात्मक उपचार कार्यविधि (treatment procedures) अधूरा (incomplete) होता है। जैसा कि हम जानते हैं, इस तरह की चिकित्सा में मूल्यांकन (assessment) को कोई खास महत्त्व नहीं दिया जाता है। परिणामस्वरूप नैदानिक परीक्षणों जिनके माध्यम से रोगी के पृष्ठभूमीय कारकों (background factors) की पहचान की जाती है, पर

---

1. "Existential therapy is not a system of therapy but an attitude toward therapy, not a set of new techniques but a concern with the understanding of the structure of the human being and his experience that must underlie all techniques."
—May : *Existential Psychology*, 1961, p. 18-19

अधिक बल नहीं डाला जाता है। फलतः इस तरह का उपचार एक तरह से आंशिक एवं अधूरा ही होता है।

(iii) परिघटनात्मक चिकित्सा या मानवतावादी-अनुभवात्मक चिकित्सा की भाषा में काफी अस्पष्टता होती है। इस तरह की चिकित्सा में अक्सर क्लायंट, वर्द्धन, आत्म-सिद्धि (self actualization), सर्जनात्मकता (creativity), वैयक्तिकता (individuality) आदि जैसे पदों का उपयोग किया जाता है। आलोचकों का कहना है कि इन पदों का अर्थ वस्तुनिष्ठ एवं सुस्पष्ट नहीं होता है तथा इसके अर्थ में इसलिए भी संभ्रांति उत्पन्न होता है क्योंकि इनका प्रयोग परिघटनात्मक विज्ञान (phenomenology) से हटकर दूसरे क्षेत्रों में भी अलग-अलग अर्थों में किया जाता है।

(iv) मानवतावादी-अनुभवात्मक चिकित्सा का गुणकारी प्रभाव पर मतैक्यता नहीं है। एक ओर इस चिकित्सा के समर्थकों द्वारा इसके गुणकारी प्रभाव का दावा किया गया है जबकि इस चिकित्सक के आलोचकों का दावा यह है कि इस चिकित्सा के गुणकारी (beneficial) प्रभाव नहीं होते हैं तथा इस तरह की चिकित्सा के परिणाम का मूल्यांकन सिर्फ क्लायंट (client) तथा चिकित्सक ही और वह भी आत्मनिष्ठ ढंग (subjectively) से ही कर सकते हैं।

(v) मानवतावादी-अनुभवात्मक चिकित्सक या परिघटनात्मक चिकित्सा द्वारा सभी तरह के रोगियों का उपचार संभव नहीं है। आलोचकों का मत है कि इस तरह की चिकित्सा पद्धति सिर्फ बुद्धिमान तथा आत्मदर्शी (introspective) रोगियों के लिए ही गुणकारी होते हैं। इस तरह की चिकित्सा बच्चों, मानसिक रूप से मंद व्यक्तियों तथा व्यवहार समस्या से ग्रसित व्यक्तियों के लिए अधिक गुणकारी या लाभकारी नहीं हैं।

इन अलाभों के बावजूद परिघटनात्मक चिकित्सा का अपना महत्त्व है। इस तरह की चिकित्सा में विभिन्न चिकित्सीय उपायों का एक उत्तम सेट मिलता है। रोजर्स की चिकित्सा पद्धति तथा गेस्टाल्ट चिकित्सा का योगदान इस दृष्टिकोण से विशेष रूप से उल्लेखनीय है।

अध्याय सारांश (Chapter Summary)

1. मानवतावादी-अनुभवात्मक (humanistic-experiential) या परिघटनात्मक (phenomenological) चिकित्सा एक सूझ-केन्द्रित (insight-focused) चिकित्सा है। इसके तहत चार प्रमुख चिकित्सा पद्धति को रखा गया है।
2. क्लायंट-केन्द्रित चिकित्सा का प्रतिपादन रोजर्स (Rogers) द्वारा किया गया। इस तरह की चिकित्सा में चिकित्सक एक अनिदेशात्मक तथा अनिर्णयात्मक (nonjudgemental) रूप अपनाकर रोगी का उपचार उसमें सूझ उत्पन्न करके करता है।
3. गेस्टाल्ट चिकित्सा का प्रतिपादन फ्रिज पर्ल्स (Fritz Perls) द्वारा किया गया। इस तरह की चिकित्सा में रोगी के व्यक्तित्व के सम्पूर्ण पहलू पर ध्यान देकर उसमें सूझ उत्पन्न करने की कोशिश की जाती हैं। इस तरह की चिकित्सा का केन्द्र रोगी की वर्तमान अनुभूतियाँ (here-and-experience) होती है न कि उसके भूत एवं भविष्य का चिंतन।
4. लोगोचिकित्सा (logotherapy) में व्यक्ति की जिंदगी की अर्थहीनता के भाव से उत्पन्न होनेवाली समस्याओं एवं चिन्ताओं को दूर करने की कोशिश की जाती है।
5. अस्तित्ववादी चिकित्सा में चिकित्सक अस्तित्ववादी पसंदों (existential choices) से उत्पन्न चिंताओं को दूर करने का भरपूर प्रयास करता है।
6. मानवतावादी-अनुभवात्मक चिकित्सा या परिघटनात्मक चिकित्सा का मूल्यांकन करते हुए उसके लाभ के चार बिन्दुओं तथा अलाभ के पाँच बिन्दुओं पर प्रकाश डाला गया है।

❑

अध्याय 24

सामूहिक चिकित्सा, पारिवारिक चिकित्सा, वैवाहिक चिकित्सा तथा भिड़ंत समूह चिकित्सा

(GROUP THERAPY, FAMILY THERAPY, MARTIAL THERAPY AND ENCOUNTER GROUP THERAPY)

सामूहिक चिकित्सा
(Group Therapy)

ऐसा प्रायः देखा जाता है कि अधिकतर मानसिक समस्याओं की उत्पत्ति एवं संपोषण विशेष सामाजिक संदर्भ (social context) द्वारा होता है। परिणामस्वरूप, चिकित्सकों में यह भाव उत्पन्न हुआ कि क्यों नहीं जब विभिन्न मानसिक रोगों के कारण में एक सामाजिक परिप्रेक्ष्य की भूमिका न कि अंतरामानसिक (intrapsychic) कारकों की भूमिका प्रधान होती है, उनका उपचार अलग-अलग न करके एक समूह में किया जाय। इसका एक विशेष फायदा यह भी होगा कि कम समय में अधिक रोगियों का उपचार भी हो जायेगा। इन सब भावनाओं के कारण नैदानिक मनोवैज्ञानिकों द्वारा एक विशेष चिकित्सा पद्धति का प्रतिपादन किया गया जिसे *सामूहिक चिकित्सा* (group therapy) कहा गया। सामूहिक चिकित्सा, जैसा कि नाम से ही स्पष्ट है, वैसी चिकित्सा पद्धति को कहा जाता है जिसमें एक साथ कई रोगियों का उपचार किया जाता है। दूसरे शब्दों में, इस तरह की चिकित्सा में रोगियों का उपचार एक समूह में किया जाता है। रोगियों का यह समूह असंबंधित व्यक्तियों का भी हो सकता है या फिर संबंधित (related) व्यक्तियों का भी हो सकता है। जब यह समूह असंबंधित व्यक्तियों का होता है, तो उसे *सामूहिक चिकित्सा* (group therapy) तथा जब वह समूह संबंधित व्यक्तियों का होता है, तो उसे *पारिवारिक* (family) तथा *वैवाहिक* (martial) चिकित्सा की संज्ञा दी जाती है।

सामूहिक चिकित्सा का ऐतिहासिक परिप्रेक्ष्य *(Historical perspective of group therapy)*—सामूहिक चिकित्सा का औपचारिक शुभारंभ जोसेफ एच० प्राट (Joseph H. Pratt) द्वारा 1905 में क्षय रोग से ग्रस्त रोगियों को मेडिकल डाक्टरों के उपचार संबंधी सुझावों के साथ सहयोग दिखाने तथा उनके दबे मनोबल को ऊँचा करने के लिए किया गया था। सचमुच में प्राट ने 25-25 ऐसे रोगियों का समूह तैयार किये और भाषण तथा सामूहिक विचार-विमर्श (group discussion) की विधि को अपनाकर उनके दबे मनोबल को ऊँचा किया तथा उनकी विषादी प्रवृत्तियों को दूर किये। उनके इस प्रयास की सफलता से प्रभावित होकर अगले 30 वर्षों में कई मनोरोगविज्ञानी एवं नैदानिक मनोवैज्ञानिकों ने रोगियों के उपचार में सामूहिक विधि (group method) का उपयोग करना प्रारंभ कर दिये। इनमें लाजेल (Lazell) तथा मार्श (Marsh) के नाम मशहूर हैं जिन्होंने मनश्चिकित्सीय रोगियों के लिए सामूहिक चिकित्सा की प्रविधि को अपनाया। इस सामूहिक चिकित्सा के इतिहास में जे० एल० मोरेनो (J. L. Moreno) का भी योगदान काफी महत्त्वपूर्ण रहा है जिन्होंने वियाना (Vienna) में 1900-1910 के बीच चिकित्सा में सामूहिक विधि (group methods) पर अधिक बल डाले तथा कार्य किये। जब वे अमेरिका में आये, तो 1925 में 'मनोनाटक' (Psychodramma) का प्रतिपादन किया जिसे सामूहिक चिकित्सा की एक नयी विधि उस समय कहा गया। मोरेनो ने 'समूह चिकित्सा' पद का भी इस्तेमाल किया। बुरों (Burrow) उस समय के एक प्रमुख मनोविश्लेषक (psychoanlysts) थे जिन्होंने सामूहिक चिकित्सा की कार्य-विधि को महत्त्वपूर्ण बतलाया तथा उसे 'सामूहिक विश्लेषण' (group analysis) की संज्ञा दिया। स्लावसन (Slavson) ने 1930 वाले दशक में बच्चों तथा किशोरों को नियंत्रित खेल (controlled play) के माध्यम

से उनकी मानसिक समस्याओं को दूर करने का भरसक प्रयास किया। इस तरह का खेल में सचमुच में क्षुब्ध बच्चों तथा किशोरों को एक समूह में खेल के माध्यम से उपचार किया जाता था। इनकी यह कार्य-विधि मनोविश्लेषिक संप्रत्ययों (Psychoanalytic concepts) पर आधारित है। इन्होंने *'अमेरिकन ग्रूप साइकोथिरापी एशोसियेशन'* (American Group Psychotherapy Association) की स्थापना किया तथा इस संघ द्वारा एक जनरल (journal) का भी प्रकाशन किया गया जिसका संपादक (editor) के रूप में वे कई वर्षों तक कार्य किये। अपने विशेष प्रयासों एवं कार्य के कारण स्लावसन (Slavson) सामूहिक चिकित्सा के क्षेत्र में 1930 से 1970 तक एक महत्त्वपूर्ण मनोवैज्ञानिक बने रहे।

सामूहिक चिकित्सा का विकास उक्त नैदानिक संदर्भ (clinical context) के अतिरिक्त सामान्य शैक्षिक संदर्भ (general educational context) में भी हुआ और इस दूसरे तरह के संदर्भ में विकास 1945-50 के बाद हुआ। शैक्षिक संदर्भ में सामूहिक चिकित्सा का उद्देश्य रोगात्मक सांवेगिक विकृति का उपचार करना नहीं था बल्कि सामान्य लोगों के अन्तर्वैयक्तिक कौशलों, समायोजन क्षमता तथा संवेदनशीलता (sensitivity) का उचित विकास करना था। इस सिलसिले में कर्ट लेविन (Kurt Lewin) तथा उनके सहयोगियों का योगदान काफी महत्त्वपूर्ण है जिन्होंने समूह गत्यात्मकता (group dynamics) के संप्रत्यय का विकास किया तथा इसके कुछ विधियों का भी प्रतिपादन किया। इस विधि में T-ग्रूप विधि (T-group method) काफी लोकप्रिय हुआ। इसे *ट्रेनिंग-ग्रूप विधि* (Training-group method) भी कहा जाता है। कर्ट लेविन जर्मनी के एक मनोवैज्ञानिक थे जो हिटलर के आतंकवाद से तंग आकर अमेरिका में आ बसे थे। लेविन अपने सहयोगियों जिनमें ब्रैडफोर्ड, वेनी तथा लिपिट (Bradford, Benne & Lippitt) का नाम मशहूर है, अन्तर्सामूहिक तनावों (intergroup tension) को दूर करने के ख्याल से नेताओं का प्रशिक्षण समूह में दिया। 1950 में इन लोगों के प्रयास से ऐसे प्रशिक्षण के लिए नेशनल ट्रेनिंग लेबोरेट्री (National Training Laboratory या NTL) की स्थापना की गयी। NTL कार्यक्रम का मुख्य केन्द्र बिंदु टी-ग्रुप विधि था हालांकि यहाँ होने वाले सम्मेलनों में मनोवैज्ञानिकों द्वारा अन्य विधियों पर भी बल डाला गया। परंतु फिर भी NTL के क्रियाओं को नैदानिक मनोवैज्ञानिक नैदानिक समूह चिकित्सा (clinical group therapy) के लिए महत्त्वपूर्ण नहीं मानते थे क्योंकि नैदानिक मनोवैज्ञानिक समूह गतिकी के नियमों से अपनी अनभिज्ञता दिखलाये। यहाँ तक NTL मनोवैज्ञानिकों ने स्वयं ही यह कहा कि उनकी विधियों का उद्देश्य व्यक्ति के सांवेगिक समस्याओं (emotional problems) का निराकरण करना नहीं था। धीरे-धीरे परिस्थिति दो दिशाओं में आगे बढ़ी। एक दिशा वह थी जिसमें NTL मनोवैज्ञानिकों ने अपनी सामूहिक विधि तथा प्रयासों को स्वस्थ लोगों के लिए न कि मानसिक रूप से बीमार लोगों के लिए अधिक उपयुक्त एवं उपयोगी समझने लगे। दूसरे तरफ, नैदानिक सामूहिक चिकित्सा से संबंध कई मनोवैज्ञानिक समूह गतिकी के विज्ञान तथा टी-ग्रुप विधि से नजदीक आये और उसमें विशिष्टता हासिल कर उसका उपयोग नैदानिक परिस्थिति में करने लगे। आधुनिक नैदानिक मनोवैज्ञानिकों द्वारा समूह चिकित्सा में इन दोनों तरह की दिशाओं को संयोजित करके उसका विशेष फायदा उठाया जा रहा है। यालोम (Yalom, 1978) द्वारा सामूहिक चिकित्सा के क्षेत्र में किये गये प्रयास में इस संयोजन का स्पष्ट झलक मिलता है।

सामूहिक चिकित्सा का आजकल महत्त्व काफी बढ़ गया है जिसका स्पष्ट सबूत यह है कि मनश्चिकित्सा के सभी वैसे स्कूल या उपागम जिनका दृष्टिकोण वैयक्तिक मनश्चिकित्सा (individual psychotherapy) हैं, ने भी समूह चिकित्सा को अपनाया है। यही कारण है कि आजकल हमें मनोवैश्लेषिक सामूहिक चिकित्सा (psychoanalytic group therapy), क्लायंट-केन्द्रित सामूहिक चिकित्सा (client-centered group therapy), संव्यवहार विश्लेषण चिकित्सा (transactional analysis therapy), मुठभेड़ सामूहिक चिकित्सा (encounter group therapy), गेस्टाल्ट सामूहिक चिकित्सा (Gestalt group therapy), व्यवहार सामूहिक चिकित्सा (behavioural group therapy) आदि देखने को मिलते हैं। जैकोब्स तथा गुडमैन (Jacobs & Goodman, 1989) के अनुसार सामूहिक चिकित्सा बहुत सारे अपेशेवर आत्म-मदद संगठनों (non-professional self-help organizations) में भी देखने को मिलता है। जैसे—चेतन-उत्तेजक समूह (consciousness-raising group), वज़न-नियंत्रण समूह (weight-control group), निश्चयात्मकता समूह (assertiveness group), अलकोहलिक एनोनमस (Alcoholic Anonymous or AA) आदि इस तरह के समूह के कुछ उदाहरण हैं जिनके द्वारा समूह चिकित्सा की प्रविधि को महत्त्वपूर्ण बतलाया गया है।

सामूहिक चिकित्सा में उपचारी कारक
(Curative Factors in Group Therapy)

सामूहिक चिकित्सा के विभिन्न उपागम (approaches) है। जैसे, मनोवैश्लेषिक समूह चिकित्सा, क्लायंट-केन्द्रित समूह चिकित्सा, गेस्टाल्ट समूह चिकित्सा तथा व्यवहार समूह चिकित्सा आदि कुछ ऐसे ही विभिन्न तरह के उपागम के उदाहरण हैं। इन विभिन्नताओं के पीछे छिपे कुछ सामान्य कारक हैं जिनपर सामूहिक चिकित्सा की उपयोगिता निर्भर करता है। यालोम (Yalom, 1975) ने ऐसे ग्यारह कारकों की पहचान किया है जो सामूहिक चिकित्सा के सारतत्त्व की ओर इशारा करता है। ये ग्यारह कारक जिन्हें उपचारी कारक (curative factors) कहा जाता है, निम्नांकित है—

(i) प्रत्याशा *(Hope)*—अन्य दूसरे तरह की मनश्चिकित्सा के समान सामूहिक चिकित्सा भी क्लायंट में यह उम्मीद या प्रत्याशा उत्पन्न करता है कि उनकी सांवेगिक समस्याओं में परिवर्तन होगा और यह प्रत्याशा का सचमुच में चिकित्सीय मूल्य अधिक होता पाया गया है।

(ii) सूचना प्रदान करना *(Imparting information)*—सामूहिक चिकित्सा में क्लायंट चिकित्सा से मनोवैज्ञानिक क्षुब्धता (psychological disturbance), मनोगत्यात्मक (psychodynamics), पुनर्बलन प्रसंभाव्यता (reinforcement contingency) आदि के बारे में सूचना प्राप्त करते हैं। इतना ही नहीं, वे अपनी विशिष्ट समस्याओं के बारे में समूह के नेता तथा समूह के अन्य सदस्यों से भी राय एवं निर्देशन (guidance) प्राप्त करते हैं।

(iii) सार्विकता *(Universality)*—सामूहिक चिकित्सा में जब क्लायंट अन्य क्लायंट की समस्याओं के बारे में सुनता है, तो उसे पहली बार यह महसूस होता है कि उसकी समस्या, चिंता, आशंका के समान दूसरों को भी चिंता, आशंका या समस्या है तथा वह अकेले नहीं इस तरह की समस्या या चिंता से जुझ रहा है, तो इसका उसपर चिकित्सीय दृष्टिकोण से उत्तम प्रभाव होता है।

(iv) परोपकारिता *(Altruism)*—सामूहिक चिकित्सा में चिकित्सा समूह के सदस्यगण एक-दूसरे को राय देते हैं, तरह-तरह के प्रोत्साहन देते हैं तथा एक-दूसरे के प्रति सहानुभूति दिखाते हैं। इस प्रक्रिया में राय, प्रोत्साहन तथा सहानुभूति दिखाने वालों में यह भाव उत्पन्न होता है कि वे लोग अपने साथियों को कुछ दे सकते हैं जबकि राय, प्रोत्साहन एवं सहानुभूति प्राप्त करने वालों में यह भाव उत्पन्न होता है कि वे अकेला नहीं है। सामाजिक समर्थन के इस आदान-प्रदान से चिकित्सा का काफी गुणकारी प्रभाव देखने को मिलता है।

(v) सामाजिक कौशल का विकास *(Development of social skills)*—इस तरह की चिकित्सा में जब क्लायंट को समूह के अन्य सदस्यों से सुधारात्मक पुनर्निवेशन (corrective feedback) प्राप्त होता है, तो इससे वह अपने अन्तर्वैयक्तिक व्यवहार के त्रुटियों को सुधार लेता है। इस तरह के सामाजिक कौशल के विकास से चिकित्सा के परिणाम को धनात्मक होने की संभावना तीव्र हो जाती है।

(vi) अनुकरणशील व्यवहार *(Initative behaviour)*—समूह चिकित्सक तथा समूह के अन्य सदस्य नये तरह के व्यवहार को सीखने के लिए एक उत्तम मॉडल के रूप में होते हैं।

(vii) प्राथमिक पारिवारिक समूह के सुधारात्मक सार *(Corrective recapitualation of primary family group)*—सामूहिक चिकित्सा में समूह एक परिवार के समान होता है जिसमें चिकित्सक माता-पिता के जगह पर तथा अन्य सदस्य भाई-बहन के (siblings) के जगह पर होते हैं इस तरह से समूह एक नये परिवार का रूप अपनाकर क्लायंट के मौलिक परिवार द्वारा उत्पन्न घाव एवं अवरोधों को दूर करने में सक्षम होता है।

(viii) अन्तर्वैयक्तिक सीखना *(Interpersonal learning)*—सामूहिक चिकित्सा में क्लायंट समूह के अन्य सदस्यों के साथ अंतक्रिया करके अपने बारे में सूझ विकसित करते हैं तथा वे जिस तरह का संबंध विकसित करना चाहते हैं, उसके बारे में पहले से रहे विचार की समीक्षा करते हैं। इस तरह से समूह एक *'सामाजिक प्रयोगशाला'* (social laboratory) के रूप में कार्य करता है जिसमें नये ढंग के संप्रत्यय एवं संबंध को सीखा जाता है।

(ix) समूह समग्रता *(Group cohesiveness)*—सामूहिक चिकित्सा में समूह में घनिष्ठता तथा 'होने' का भाव एक समग्र (whole) रूप से विकसित करता है जिससे क्लायंट को आराम एवं प्रोत्साहन प्राप्त होता है।

(x) विरेचन *(Catharsis)*—समूह के सुरक्षात्मक वातावरण में सदस्यगण उन संवेगों एवं इच्छाओं को स्वतंत्र रूप से व्यक्त करते हैं जो वर्षों से उन्हें परेशान करते आये हैं।

(xi) अस्तित्ववादी कारक *(Existential factors)*—सामूहिक चिकित्सा में क्लायंट अन्य लोगों के साथ अन्त:क्रिया करने के बाद यह सीखते हैं कि व्यक्ति का जिंदगी भीतर से बहुत ठीक एवं साफ-सुथरा नहीं होता है तथा यद्यपि अन्य लोगों का समर्थन बहुत ही मददगार साबित होता है, फिर भी वे मौलिक रूप से अकेले हैं और उन्हें अपने से ही एक निर्णय करना होगा।

उक्त कारकों के होने से समूह चिकित्सा की प्रभावशीलता में वृद्धि हो जाती है। इतना यहाँ बता देना आवश्यक है कि इनमें से कुछ कारक ऐसे हैं जो समूह चिकित्सा के अतिरिक्त वैयक्तिक चिकित्सा (individual therapy) में भी पाये जाते है। जैसे, प्रत्याशा, सूचना प्रदान करना, विरेचन तथा अनुकरणीय व्यवहार आदि कारक वैयक्तिक चिकित्सा में भी पाये जाते हैं। इतना ही नहीं, उपर्युक्त ग्यारह कारकों में से सभी कारक सामूहिक चिकित्सा के सभी प्रकारों के लिए समान रूप से महत्त्वपूर्ण नहीं होते हैं। फिर भी इन उपचारी कारकों से यह पता चलता हैं कि सामूहिक चिकित्सा क्यों प्रभावी होता है या इसका परिणाम क्यों धनात्मक होता है।

सामूहिक चिकित्सा की प्रक्रिया
(Process of Group Therapy)

सामूहिक चिकित्सा की प्रक्रिया (process) से तात्पर्य उन चरणों या कारकों की व्याख्या से होती है जिससे होकर चिकित्सा का यह कार्य संपन्न किया जाता है। नैदानिक मनोवैज्ञानिकों के अनुसार इस प्रक्रिया में निम्नांकित चार कारकों को महत्त्वपूर्ण माना गया है—

(1) औपचारिक व्यवस्था (formal arrangement)
(2) समूह का संगठन (composition of group)
(3) समूह की अवधि (duration of group)
(4) समूह चिकित्सा की भूमिका (role of group therapist)

इन सबों का वर्णन निम्नांकित है—

1. औपचारिक व्यवस्था *(Formal arrangement)*—समूह चिकित्सा की प्रक्रिया प्रारंभ करने में सबसे पहले एक इस ढंग की व्यवस्था करनी पड़ती है जिसमें चिकित्सा का कार्य ठीक ढंग से हो सके। इस चिकित्सा के लिए सामान्यत: सदस्यों की संख्या 6 से 12 तक की होती है परंतु 8 से 10 की संख्या को अधिक आदर्श माना गया है। सदस्यों को एक वृत्ताकार एवं खुले वातावरण में बैठाया जाता है ताकि प्रत्येक सदस्य एक-दूसरे को तथा चिकित्सक को ठीक ढंग से देख सके। सामान्यत: समूह चिकित्सा में एक चिकित्सक होता है परंतु कभी-कभी एक उनका सहयोगी चिकित्सक भी होता है। अगर दो चिकित्सक का प्रावधान किया जाता है तो उसमें एक पुरुष तथा दूसरा स्त्री चिकित्सक को भी रखा जाता है। एक निश्चित संख्या में सदस्य होने पर ही समूह चिकित्सा का प्रारंभ किया जाता है या चिकित्सा प्रारंभ होने के बाद भी उसमें नये सदस्यों को सम्मिलित किया जाता है।

2. समूह का संगठन *(Composition of group)*—जैसा कि ऊपर कहा गया है कि समूह में आदर्श संख्या 10 सदस्यों की होती है। परंतु यदि समूह बहुत छोटा होता है या इससे अधिक बड़ा होता है, तो दोनों ही परिस्थितियों में समूह चिकित्सा की प्रभावशीलता में कमी आती है। अत: चिकित्सक को समूह निर्माण में काफी सतर्कता बरतनी पड़ती है और इसमें उसे निम्नांकित बातों पर ध्यान रखना आवश्यक हो जाता है—

(i) समूह के निर्माण में स्थिर-व्यामोही (paranoid), मस्तिष्कीय-क्षति रोगी (brain-damaged patient), समाज-विरोधी व्यक्तित्व वाले रोगी, आत्मरोगभ्रमी (hypocondrical) तथा मनोविक्षिप्ति (psychosis) के रोगी को सम्मिलित नहीं किया जाना चाहिए क्योंकि ऐसे रोगी समूह के कार्य तथा उसके द्वारा दिये गये विशिष्ट कार्यों को ठीक से नहीं कर पाते हैं।

(ii) समूह में क्लायंट को सम्मिलित करने के पहले प्राक्मूल्यांकन (preassessment) कर यह देख लेना चाहिए कि उसे सामूहिक चिकित्सा की आवश्यकता है या नहीं या फिर उसे इस तरह की चिकित्सा से लाभ हो सकता है या नहीं।

(iii) सामूहिक चिकित्सक को इस बात का निश्चय कर लेना चाहिए कि तैयार किया जाने वाला समूह सजातीय

(homogenous) हो या विषम-जातीय (heterogeneous) हो। जब समूह में सिर्फ वैसे क्लायंट का चयन किया जाता है जो उम्र, यौन तथा समस्या के स्वरूप आदि में समान हो तो उसे सजातीय समूह कहा जाता है परंतु जब समूह में सभी तरह के क्लायंट को सम्मिलित किया जाता है, तो उसे विषमजातीय समूह कहा जाता है। विषमजातीय समूह का निर्माण समजातीय समूह के निर्माण की अपेक्षा आसान होता है। समजातीय समूह का फायदा यह होता है कि इसमें लक्षण उन्नति (symptom improvement) पर बल दिया जाना संभव हो पाता है। विषमजातीय समूह का फायदा यह होता है कि इसमें क्लायंट को भिन्न-भिन्न तरह के रोगियों तथा उनके भिन्न-भिन्न संदर्भ (perspective) के साथ अन्त:क्रिया करने का मौका मिलता है।

3. समूह की अवधि *(Duration of group)*—सामूहिक चिकित्सा कितने समय तक चलना चाहिए, सामूहिक चिकित्सा का सत्र कितने घंटे का होना चाहिए आदि कुछ महत्त्वपूर्ण प्रश्न हैं जिसके बारे में चिकित्सक को निर्णय करना होता है। प्राय: देखा गया है कि सामूहिक चिकित्सक के कुछ समूह तो ऐसे होते हैं जो कभी नहीं समाप्त होते हैं और उसके पुराने सदस्य हटते जाते हैं तथा उसके जगह पर नये सदस्य आते रहते हैं। इस तरह से समूह का अस्तित्व बना होता है। दूसरे तरफ सामूहिक चिकित्सा के कुछ समूह ऐसे होते हैं जो सत्रों की खास संख्या के बाद समाप्त हो जाते हैं। समूह चिकित्सा का सत्र वैयक्तिक चिकित्सा के सत्र की तुलना में सामान्यत: लंबा होता है। सामान्यत: इसका सत्र 1½ से 2 घंटे तक का होता है जो सप्ताह में एक या दो बार होता है। प्राय: सत्र सायंकाल में प्रस्तावित होता है। समूह चिकित्सा में वैयक्तिक चिकित्सा की तुलना में सत्र लम्बा होने का कारण यह है कि समूह में आठ से दस सदस्य होते हैं और प्रत्येक को अपना दृष्टिकोण स्पष्ट करना होता है। स्वभावत: तब सत्र लंबा हो जाता है।

4. समूह चिकित्सक की भूमिका *(Role of group therapist)*—सामूहिक चिकित्सा में चिकित्सक की भूमिका अहम होती है। इन्हें समूह पर न तो पूर्ण नियंत्रण रखकर और न ही उसे पूरी स्वतंत्रता देकर कार्य करना होता है। सचमुच में एक चिकित्सक को इन दोनों छोरों के बीच में अपनी भूमिका काफी सतर्कतापूर्वक निभाना होता है। सामूहिक चिकित्सा को समूह में एक विशेष संस्कृति उत्पन्न करना होता है तथा उसे संपोषित करना होता है। समूह में उस समस्या पर सर्वाधिक बल डाला जाता है जिसका संबंध समूह के सतत कार्य (continued functioning) से अधिक होता है। इसके तुलना में उन कार्य पर कम बल डाला जाता है जिसका स्वरूप वैयक्तिक (personal) या अन्तरवैयक्तिक (interpersonal) होता है। सामूहिक चिकित्सा में चिकित्सक की भूमिका कैसी होनी चाहिए इस पर कोरचिन[1] (Korchin, 1986) ने बहुत ही सटीक टिप्पणी करते हुए इस प्रकार कहा है, "जैसा कि वैयक्तिक चिकित्सा में होता है, समूह चिकित्सक को बिना अधिकारवादी हुए ही अधिकारपूर्ण, सदस्यों को परिचालित किये ही मुख्य रूप से आवेष्टित तथा बिना विशेषज्ञता दिखाये हुए एक विशेषज्ञ की भूमिका करनी होती है।" स्पष्ट है कि सामूहिक चिकित्सा में चिकित्सा की भूमिका जटिल परंतु महत्त्वपूर्ण होती है और उनकी इस भूमिका से चिकित्सा के परिणाम की सार्थकता पर सीधा असर पड़ता है।

स्पष्ट हुआ कि समूह चिकित्सा की प्रक्रिया के कई पहलू हैं जिनपर ध्यान देकर ही इस तरह की चिकित्सा को गुणकारी या लाभकारी बनाया जा सकता है।

सामूहिक चिकित्सा के मॉडल या उपागम (Models or Approaches of Group Therapy)

सामूहिक चिकित्सा के कई मॉडल (model) या उपागम (approaches) का वर्णन नैदानिक मनोवैज्ञनिकों द्वारा किया गया है। इन मॉडल को निम्नांकित चार भागों में बाँटा जा सकता है—

(1) मनोगतिकी सामूहिक चिकित्सा मॉडल (Psychodynamic group therapy model)
(2) व्यवहारपरक सामूहिक चिकित्सा मॉडल (Behavioural group therapy model)
(3) मानवतावादी सामूहिक चिकित्सा मॉडल (Humanistic group therapy model)
(4) समकक्षी आत्म-मदद समूह मॉडल (Peer self-help model)

1. "As in individual therapy, the group therapist must be authoritative without being authoritarian, centrally involved without manipulating the members, being expert without playing the expert."
—Korchin : *Modern Clinical Psychology,* 1986, p. 3996

इन चारों का वर्णन निम्नांकित है—

1. मनोगतिकी सामूहिक चिकित्सा मॉडल *(Psychodynamics group therapy model)*—इस मॉडल में बाल्यावस्था में उत्पन्न मानसिक संघर्ष को ही मानसिक रोग का कारण माना जाता है तथा इस संघर्ष में रोगी में सूझ उत्पन्न करके उसका उपचार किया जाता है। वैयक्तिक चिकित्सा के समान मनोगतिकी सामूहिक चिकित्सा में यालोम (Yalom) के सातवीं एवं आठवीं बिंदु अर्थात् प्राथमिक पारिवारिक समूह के सुधारात्मक स्तर (corrective recapitulation of primary family group) तथा अन्तर्वैयक्तिक सीखना (interpersonal learning) पर अधिक बल डाला जाता है। इस सामूहिक संदर्भ में सामूहिक चिकित्सक उन्हीं विधियों द्वारा उपचार करते हैं जिन विधियों का उपयोग वैयक्तिक चिकित्सा में चिकित्सक करते हैं। इसमें प्रतिरोध (resistance), स्थानान्तरण (transference) तथा स्वप्न का विश्लेषण आदि प्रमुख हैं। चिकित्सक इस बात पर बहुत ही गौरपूर्वक ध्यान देता है कि समूह के सदस्य क्या कहते हैं या करते हैं तथा कुछ ऐसी व्याख्याएँ दी जाती हैं जिनसे क्लायंट के वर्तमान समस्या का स्पष्टीकरण हो सके।

इस मॉडल के तहत सबसे चर्चित स्लावसन (Slavsion, 1964) का *'विश्लेषणात्मक सामूहिक मनश्चिकित्सा'* (analytic group psychotherapy) है। सचमुच में समूह में संचालित यह एक तरह का मनोविश्लेषणात्मक चिकित्सा (psychonalytic therapy) है। इसमें स्वतंत्र साहचर्य, स्थानान्तरण (transference), प्रतिरोध (resistance) की व्याख्या आदि करके रोगी के मानसिक संघर्ष में सूझ उत्पन्न करने की भरपूर कोशिश की जाती है।

वोल्फ (Wolf, 1975) ने भी इस बात पर बल डाला है कि मनोविश्लेषणात्मक चिकित्सा को समूह में भी संपन्न किया जा सकता है। वोल्फ के सामूहिक चिकित्सा में 8 से 10 जिसमें महिला तथा पुरुष क्लायंट की संख्या बराबर-बराबर होती है, का निर्माण किया जाता है। यह समूह एक सप्ताह में तीन बार मिलता है और प्रत्येक सत्र करीब 90 मिनट का होता है। रोगी या क्लायंट अपनी भावों को तथा अंन्य सदस्यों के प्रति अपनी भावनाओं का खुलकर अभिव्यक्ति करते हैं, अपने-अपने स्वप्न को बतलाते हैं, प्रतिरोध (resistance) तथा स्थानान्तरण (transference) का विश्लेषण करते हैं। चिकित्सक आवश्यकतानुसार इन सबों की व्याख्या करके रोगी में सूझ उत्पन्न करने की भरपूर कोशिश करता है।

मनोनाटक (Psychodrama) भी एक सामूहिक चिकित्सा है जिसे मनोविश्लेषणात्मक समूह चिकित्सा मॉडल के तहत रखा गया है। मनोनाटक का प्रतिपादन मोरेनो (Moreno, 1946, 1959) द्वारा किया गया। इस विधि में रोगी एक समूह की नियंत्रित परिस्थिति में अपनी कठिनाइयों एवं मानसिक संघर्षों (mental conflicts) को अभिव्यक्त करने का अभिनय करता है ताकि उससे संबंधित समायोजन की कठिनाइयों से वह अवगत हो सके। इसके लिए एक नाटकीय परिस्थिति तैयार की जाती है जिसमें रोगी के अलावा अन्य कई लोग होते हैं तथा जिनकी मदद से रोगी किसी भूमिका का अभिनय करता है। जैसे—किसी रोगी को पति के रूप में यदि कुछ समायोजन संबंधी कठिनाइयाँ हैं तो उससे पति की भूमिका करवायी जाएगी। परिस्थिति को नाटकीय बनाने के ख्याल से कोई नर्स पत्नी की भूमिका तथा चिकित्सक माता-पिता की भूमिका कर सकते हैं। मोरेनो ने मनोनाटक में भाग लेने वाले पात्रों का विशेष नामकरण किया है जो इस प्रकार है—

(i) नाटक का प्रधान अभिनेता (protogonist)
(ii) निदेशक (director)
(iii) सहायक अहम् (auxiliary ego)
(iv) श्रोता या दर्शक (audience)

इनका वर्णन इस प्रकार है—

(i) नाटक का प्रधान अभिनेता *(Protogonist)*—मनोनाटक का प्रधान अभिनेता या पात्र स्वयं रोगी ही होता है। इस रोगी को अपने वास्तविक जीवन की समस्याएँ एवं कठिनाइयाँ जो उसमें चिन्ता उलझन कर रही है, को प्रदर्शन करने हेतु भूमिका (role) करने के लिए प्रोत्साहित किया जाता है।

(ii) निदेशक *(Director)*—मोरेनो ने मुख्य चिकित्सक को निदेशक कहा है। निदेशक की देख-रेख में ही मनोनाटक का संचालन एवं क्रियान्वयन होता है।

(iii) सहायक अहम् *(Auxiliary ego)*—सहायक चिकित्सा कर्मचारीगण जैसे—नर्स सहायक चिकित्सा तथा अन्य रोगी आदि मिलकर सहायक अहम् (auxiliary egoes) की भूमिका निर्वाह करते हैं। सहायक अहम् का मुख्य कार्य

प्रधान अभिनेता अर्थात् रोगी को अपनी भूमिका निर्वाह करने में पूर्ण सहायता प्रदान करना होता है। जैसे—किसी प्रधान अभिनेता को यदि भाई (brother) की भूमिका (role) करना है तो सहायक अहम् में से कुछ बहन, माता-पिता आदि की भूमिका करके उसे अर्थात् रोगी को भाई की भूमिका का ठीक ढंग से निर्वाह करने में मदद करेंगे।

(iv) श्रोता या दर्शक *(Audience)*—श्रोता या दर्शक की भूमिका में अन्य व्यक्तियों या रोगियों को रखा जाता है।

मनोनाटक के रंगमंच पर प्रधान या मुख्य अभिनेता अर्थात् रोगी स्वाभाविक ढंग से अपनी सांवेगिक कठिनाइयों की अभिव्यक्ति कर सके, इसके लिए पर्याप्त माहौल तैयार किया जाता है। मंच पर पात्रों को कब और किस तरह का संवाद (dialouge) बोलना होता है, इसके लिए किसी प्रकार का अनुबोधन निदेशक (director) द्वारा नहीं किया जाता है। इस तरह से रंगमंच पर जो अभिनय होता है वह स्वतंत्र एवं पूर्वाभ्यासरहित होता है और फ्रायड के मुक्त साहचर्य (free association) के समान ही होता है। इस तरह के अभिनय से रोगी के दमित एवं सांवेगिक कठिनाइयाँ प्रस्फुटित होती हैं।

मनोनाटक का उपयोग वहाँ अधिक लाभकारी होता है जब रोगी चिकित्सा की अन्य विधियों में भाग लेने से इनकार कर देता है या किसी कारणवश लेने में असमर्थ रहता है। ऐसे रोगियों को मनोनाटक के सत्रों में दर्शक या श्रोता के रूप में पहले-पहले रखा जाता है और बाद में स्वयं ही वे मुख्य अभिनेता या रोगी की भूमिका तैयार करने हेतु तैयार हो जाते हैं। मनोनाटक का यह एक प्रमुख लाभ माना गया है। इस लाभ के बावजूद इस विधि की कुछ परिसीमाएँ (limitations) है। जैसे, कुछ नैदानिक मनोवैज्ञानिकों का मानना है कि चिकित्सक की इस विधि को स्वतंत्र चिकित्सा विधि के रूप में न प्रयोग कर सहायक चिकित्सा विधि के रूप में ही किया जाना चाहिए क्योंकि इस विधि द्वारा केवल सतही चिकित्सा संभव है, गहन चिकित्सा नहीं किया जा सकता है। इसकी दूसरी परिसीमा यह है कि इसमें रोगी को उसकी इच्छा एवं अभिरुचि के अनुरूप भूमिका नहीं होने पर इस तरह की चिकित्सा व्यर्थ साबित होती है।

संव्यवहार विश्लेषण *(Transactional analysis or TA)*—एक अन्य विधि है जिसे मनोगतिकी समूह चिकित्सा के तहत रखा गया है। इस विधि का प्रतिपादन बर्नी (Berne) द्वारा 1950 वाले दशक में किया गया। TA एक ऐसी प्रक्रिया है जिसमें समूह में व्यक्तियों के विभिन्न पहलुओं के बीच होने वाले अन्तःक्रियाओं का विश्लेषण किया जाता है। इस विश्लेषण का केन्द्र बिन्दु व्यक्ति के अहम् अवस्था (ego states) के तीन मुख्य पहलू (aspects) होते हैं। बर्नी के अनुसार प्रत्येक व्यक्ति में तीन अहम् अवस्थाएँ (ego states) होती हैं—*चाइल्ड अहम् अवस्था* (Child ego state), *पैरेन्ट अहम् अवस्था* (Parent ego state) तथा *एडल्ट अहम् अवस्था* (Adult ego state)। इन तीनों अवस्थाओं के अर्थ लगभग वही हैं जो फ्रायड के क्रमशः उपाहं (id), अहम् (ego) तथा पराहं (super ego) के हैं। चाइल्ड अवस्था से तात्पर्य व्यक्तित्व के ऐसे भाग से होता है जिसमें बाल्यावस्था की भावनाओं की प्रधानता होती है जैसा कि उपाहं आवेगों (id impulses) में होता है। एडल्ट अवस्था (Adult state) से तात्पर्य व्यक्तित्व के वैसे हिस्से से होता है जो सूचना का संसाधन वास्तविक संदर्भ के आलोक में करता है जैसा कि अहम् करता है। पेरेन्ट अवस्था (parent state) से तात्पर्य व्यक्ति के उस भाग से होता है जो माता-पिता एवं अन्य समान मॉडल के साथ अन्तःक्रिया करने से उत्पन्न नैतिक विचारों पर आधारित होता है जैसा कि पराहं (super ego) की स्थिति में होता है। प्रत्येक अहम् अवस्था के धनात्मक (positive) तथा ऋणात्मक (negative) विशेषताएँ होती हैं। जैसे, धनात्मक चाइल्ड (positive child), स्वतःप्रवर्तित (spontaneous), निर्विरोध तथा सर्जनात्मक (creative) गुणों से युक्त होता है जबकि ऋणात्मक चाइल्ड (negative child), आशंकित, अत्यधिक सांवेगिक तथा दोष-भाव से युक्त होता है। उसी तरह से धनात्मक पेरेन्ट अवस्था समर्थन देने वाला, स्नेह देने वाला तथा काफी सूझ-बूझ दिखाने वाला होता है। परंतु ऋणात्मक पेरेन्ट का स्वरूप दंडनीय तथा निन्दा करने की तीव्रता दिखाने के गुणों से युक्त होता है। एडल्ट अहं अवस्था संतुलित एवं विवेकी (reasonable) हो सकता है जो धनात्मक गुण है तथा अस्वतःप्रवर्तित (nonspontaneous) हो सकता है जो ऋणात्मक गुण का उदाहरण है। व्यक्ति इन धनात्मक तथा ऋणात्मक विशेषताओं में से किस तरह की विशेषताओं को दिखायेगा, यह इस बात पर निर्भर करता है कि उसे किस तरह से पाला-पोषा गया है।

TA में चिकित्सक समूह के सदस्यों की अन्तःक्रियाओं का विश्लेषण करते हैं तथा सदस्यों को उन अहम् अवस्थाओं को समझने में मदद करते हैं जिनके सहारे में वे एक-दूसरे के साथ बातचीत करके अपनी इच्छाओं एवं भावनाओं की अभिव्यक्ति करते हैं। यहाँ चिकित्सक की पूर्वकल्पना यह होती है कि ये तीनों अहम् अवस्थाओं अर्थात् चाइल्ड, एडल्ट तथा पेरेन्ट के बीच दोषपूर्ण अन्तर्वैयक्तिक अनुक्रिया (faulty interpersonal interaction) होने से व्यक्ति में कुसमायोजित

व्यवहार पनपता है। अत: इस चिकित्सा विधि में चिकित्सक कुसमायोजित व्यक्तियों के समूह के सदस्यों को इस ढंग से अन्त:क्रिया करने के लिए प्रेरित करते हैं कि उनके चाइल्ड, एडल्ट तथा पेरेन्ट आपस में ठीक ढंग से संचार स्थापित कर सकें। ऐसा होने से उन लोगों में कुसमायोजित व्यवहार कमने लगता है तथा उसकी जगह पर समायोजित व्यवहार मजबूत होने लगता है। ध्यान रहे कि TA में उन इकाइयों (units) अर्थात् उद्दीपक एवं अनुक्रियाओं का विश्लेषण होता है जो एक दिये हुए समय में दो या दो से अधिक व्यक्तियों के अहम् अवस्थाओं के बीच सक्रिय होता है। इन इकाइयों को संव्यवहार (transactions) कहा जाता है।

TA का एक विशेष पहलू जो अधिक लोकप्रिय हुआ है, को *गेम्स* (games) कहा गया है। बर्नी (Berne, 1964) के अनुसार गेम्स से तात्पर्य उन व्यवहारों से होता है जिसे लोग अपनाकर अन्य लोगों से जरूरत से ज्यादा-से-ज्यादा नजदीक आने की प्रक्रिया से अपने आप को बचा पाते हैं। इस तरह के व्यवहार के पीछे व्यक्ति का कोई अव्यक्त या परोक्ष इच्छा छिपी होती है। TA सामूहिक चिकित्सा में यह पता लगाने तथा साथ-ही-साथ यह विश्लेषण करने पर बल डाला जाता है कि किस तरह से सदस्य एक-दूसरे के साथ गेम्स खेलते हैं।

TA में कभी-कभी अनुबंध (contract) की प्रक्रिया भी सम्मिलित होती है। दूसरे शब्दों में, समूह के सदस्यगण यह स्पष्ट करते हैं कि चिकित्सा में वे किस चीज की प्राप्ति करना चाहते हैं और उसका उल्लेख वे स्पष्ट ढंग से करते हैं। चिकित्सक उन्हें इस लक्ष्य की प्राप्ति में पर्याप्त मदद का वादा करता है। इस तरह से अनुबंध एक तरफा (one-way) होता है जिसमें रोगी पर उत्तरदायित्व सौंपा जाता है। समूह के सदस्यों से उन लक्ष्यों की प्राप्ति की ओर कार्य करने की उम्मीद की जाती है क्योंकि यह एक तरह से उनकी जवाबदेही होती है।

TA का यथोचित मूल्यांकन करते हुए यह कहा जा सकता है कि यह एक तीव्र एवं क्रियाउन्मुखी उपागम (action-oriented approach) है। इसमें वर्तमान की अवस्था पर पर्याप्त बल देते हुए तत्कालीन समस्या (immediate problem) के समाधान पर बल दिया जाता है जिसके कारण यह चिकित्सा पद्धति रोगी एवं चिकित्सक दोनों को समान रूप से मनोहर दीखता है। इन गुणों के बावजूद कुछ नैदानिक मनोवैज्ञानिकों का मत है कि मानव समस्याएँ जटिल होती हैं जिसे आसानी से 'गेम्स' में परिवर्तित नहीं किया जा सकता है तथा इस तरह की चिकित्सा पद्धति से जो भी लाभ मिलता है, वह स्थायी न होकर अस्थायी होता है। आलोचकों के इस दावे को खंडित करने के लिए कोई शोध सबूत भी नहीं उपलब्ध हैं क्योंकि TA चिकित्सक कोई ऐसे शोध नहीं किये हैं जिनसे इस विधि की प्रभावशीलता का मूल्यांकन हो सके।

2. व्यवहारपरक सामूहिक चिकित्सा मॉडल (*Behavioural group therapy model*)—इस मॉडल में व्यवहार चिकित्सा की प्रविधियों का उपयोग रोगियों के एक समूह में किया जाता है। लेजारस (Lazarus, 1975) ने यह बिलकुल ही स्पष्ट किया है कि सामूहिक असंवेदीकरण सत्र (group desensitization session) चलाना संभव है। उसी तरह से रोगियों को समूह में ही इस बात का प्रशिक्षण दिया जा सकता है कि कैसे आराम (relax) किया जा सकता है तथा उसी तरह से समूह के सभी रोगियों का एक सामान्य दुश्चिंता पदानुक्रम (common anxiety hierarchy) तैयार करना संभव है। व्यवहारपरक समूह (behavioural groups) में यालोम द्वारा बतलाये गये उपचारी कारकों की सूची में से दूसरा, पाँचवाँ तथा छठा कारक अर्थात् सूचना प्रदान करना, सामाजिक कौशल का विकास तथा अनुकरणशील व्यवहार पर अधिक बल डालता है।

इस मॉडल के तहत निम्नांकित दो तरह की चिकित्सा पर सर्वाधिक बल डाला गया है—

(i) सामाजिक कौशल प्रशिक्षण (Social-skills training)

(ii) निश्चयात्मकता प्रशिक्षण (Assertiveness training)

इन दोनों का वर्णन निम्नांकित है—

(i) सामाजिक-कौशल प्रशिक्षण (*Social-skills training*)—सामाजिक कौशल प्रशिक्षण की मान्यता यह होती है कि व्यवहार के संबंद्ध कई समस्याओं का कारण सांवेगिक संघर्ष (emotional conflict) नहीं होता है बल्कि विशेष अन्तर्वैयक्तिक परिस्थिति जैसे किसी बिंदु पर आलोचना करना या अभिनन्दन स्वीकार करना तथा विपरीत लिंग के व्यक्तियों के प्रति अनुक्रिया करना आदि में सुविज्ञता (expertise) में कमी के कारण उत्पन्न होता है। सामाजिक-कौशल प्रशिक्षण में ऐसी परिस्थितियों के प्रति चिकित्सक क्लायंट को व्यवहारपरक रिहर्सल (behavioural rehearsal) के

माध्यम से यह सीखलाता है कि लक्षित व्यवहार को कैसे करना चाहिए तथा उस व्यवहार को करके क्लायंट को बतलाता है तथा उन परिस्थितियों में उनका अभ्यास करने के लिए प्रेरित करता है जिसमें उन्हें कठिनाई का सामना करना पड़ता है।

सामाजिक कौशल प्रशिक्षण को वैयक्तिक या सामूहिक किसी भी परिस्थिति में संपन्न किया जा सकता है। जब इसे एक समूह में संपन्न किया जाता है, तो यह सामूहिक चिकित्सा का प्रारूप लेता है। सामूहिक चिकित्सक पहले क्लायंट या रोगी का एक ऐसा समूह तैयार करता है जिनकी अन्तर्वैयक्तिक समस्याएँ (interpersonal problems) एक समान हों और फिर उनकी इन समान समस्याओं पर प्रशिक्षण दिया जाता है। उदाहरणस्वरूप, किशोर अपराधों के समूह होने पर चिकित्सक इस बात पर बल डालेंगे कि अधिकारियों के साथ किस तरह से व्यवहार करना चाहिए, आक्रमकता के प्रति किस तरह से अनुक्रिया करनी चाहिए, कार्य साक्षात्कार (job interview) में किस तरह से अनुक्रिया करनी चाहिए, आदि। सांचेज एवं लेविनसोन (Sanchez & Lawinson, 1980) ने विषादी रोगियों के लिए, बेलाक तथा उनके सहयोगियों (Bellack et al., 1984) ने चिरकालिक मनोविक्षिप्त रोगियों (Chronic psychotic patient) के लिए इस तरह का सामूहिक सामाजिक कौशल प्रशिक्षण का सफल आयोजन किया है।

(ii) निश्चयात्मकता प्रशिक्षण *(Assertiveness training)*—एक तरह का सामाजिक कौशल प्रशिक्षण ही है जिसे भी वैयक्तिक परिस्थिति में या सामूहिक परिस्थिति किसी में संपन्न किया जा सकता है। निश्चयात्मकता से तात्पर्य दूसरों के अधिकार का बिना अतिक्रमण किये अपने अधिकार के लिए डटे रहने से होता है। एण्ड्रीऊ साल्टर (Andrew Salter, 1949) इसके प्रमुख प्रवर्तक हैं। सामूहिक निश्चयात्मकता प्रशिक्षण में क्लायंट अपनी समस्याओं पर विचार-विमर्श निश्चयात्मकता के साथ चिकित्सक के निदेशन में करते हैं तथा उन परिस्थितियों में निश्चयात्मक अनुक्रियाओं का भूमिका-निर्वाह होता है। कई बार ऐसा भी होता है कि चिकित्सक निश्चयात्मक अनुक्रिया (assertive response) करके पहले दिखला देते हैं। इसके बाद क्लायंट उस अनुक्रिया को उसी ढंग से करते हैं और फिर उन्हें चिकित्सक तथा समूह के अन्य सदस्यों से परिणाम ज्ञान मिलता है। इस तरह से क्लायंट उस व्यवहार को बार-बार तब तक करता है जबतक कि क्लायंट उस व्यवहार को ठीक ढंग से न कर लेता है। इसके अतिरिक्त चिकित्सक कभी-कभी क्लायंट को कुछ गृह कार्य भी देते हैं ताकि वे उसका घर पर अभ्यास करके जल्दी उस तरह के व्यवहार को करना सीख ले। अगर उन्हें वैसा करने पर घर पर कोई दिक्कत आदि होती है, तो फिर उसकी चर्चा वे समूह में आकर करते हैं और चिकित्सक के विशेष निदेशन एवं सुझाव के तहत उसे फिर दूर करने का हर संभव प्रयास किया जाता है।

3. मानवतावादी सामूहिक चिकित्सा मॉडल *(Humanistic group therapy model)*—मानवतावादी सामूहिक चिकित्सा मॉडल सामूहिक चिकित्सा का एक प्रमुख मॉडल है। मानवतावादी समूह में समूह की अनुभूतियों को चिकित्सा के लिए सर्वोपरि माना जाता है। इस तरह की चिकित्सा में यालोम (Yalom) के उपचारी कारकों की सूची में से चौथा एवं आठवाँ कारक अर्थात् परोपकारिता (altruism) तथा अन्तर्वैयक्तिक सीखना (interpersonal learning) पर अधिक बल डाला जाता है। दूसरे शब्दों में, मानवतावादी समूह चिकित्सा में मुख्य चिकित्सीय लाभ दो कारकों से उत्पन्न होता है—पहला, पारस्परिक समर्थित समूह (mutually supportive group) के सदस्य होने के नाते सदस्यों में घनिठष्ता तथा सहयोग का भाव विकसित होता है एवं दूसरा, दूसरों के साथ गहन अन्तःक्रिया करके क्लायंट अपने बारे में जानने का मौका प्राप्त करता है। इसके अतिरिक्त कुछ मानवतावादी समूह में सांवेगिक विरेचन (emotional catharsis) जैसे कारक को भी महत्त्वपूर्ण माना गया है।

मानवतावादी समूह में निम्नांकित तीन तरह के मॉडलों पर अधिक बल डाला गया है—

(i) भिड़ंत समूह मॉडल (Encounter group model)

(ii) टी-समूह या संवेदनशीलता समूह मॉडल (T-group or Sensitivity group model)

(iii) गेस्टाल्ट समूह मॉडल (Gestalt-group model)

इन सबों का वर्णन इस प्रकार है—

(i) भिड़ंत समूह मॉडल *(Encounter group model)*—इस तरह के सामूहिक चिकित्सा का शुभारंभ कैलिफोर्निया के इसेलेन संस्थान (Esalen Institute) में हुआ। इसमें समूह में स्वतंत्र एवं स्पष्टवादी अभिव्यक्ति के माध्यम से व्यक्तिगत वर्द्धन (personal growth), खुला विचार तथा व्यक्तिगत संबंधों में ईमानदारी पर बल डाला जाता है। इसकी प्राप्ति के लिए समूह के सदस्यों को शारीरिक रूप से एक-दूसरे को स्पर्श करने, चिल्लाने, रोने तथा संवेग की अन्य

अप्रतिबंधित अभिव्यक्ति करने के लिए प्रोत्साहित किया जाता है। ऐसा करने से समूह के सदस्य अपने व्यवहार तथा दूसरे के व्यवहार के बारे में समझ पाते हैं और इस तरह से धीरे-धीरे वे अपने से अधिक अवगत होने लगते हैं तथा समूह के अन्य सदस्यों को भी स्वीकार करने लगते हैं। इसकी विस्तृत चर्चा आगे इसी अध्याय में अलग से करेंगे।

(ii) टी-समूह या संवेदनशीलता प्रशिक्षण मॉडल *(T-group or sensitivity training models)*—टी-समूह जिसे संवेदनशीलता समूह भी कहा जाता है, मानवतावादी समूह चिकित्सा का ऐसा प्रकार है जिसे मौलिक रूप से 1947 में नेशनल ट्रेनिंग लेबोरेट्री (National Training Laboratory or NTL) में किये गये शोधों एवं प्रशिक्षण कार्यक्रमों के परिणामस्वरूप विकसित किया गया। टी-समूह का मौलिक उद्देश्य प्रजातंत्रीय विधियों से समूह के नेता को समूह के कार्यों को उन्नत बनाने में मदद करना और बाद में व्यवसायी कार्यपालकों (business executives) को अपने कर्मचारियों के साथ संबंधों को सुधारना था। टी-समूह चिकित्सा को मूलतः शैक्षिक (educational) प्रविधि के रूप में देखा जाता है तथा यह गंभीर रूप से क्षुब्ध व्यक्तियों का एक उपचारी प्रविधि नहीं थी। परंतु कई ऐसे सबूत मिले हैं जिनमें यह देखा गया है कि टी-समूह से प्रशिक्षित व्यक्तियों में उत्तम संचार की क्षमता में वृद्धि, उनकी स्वायत्तता (autonomy), लचीलापन एवं आत्म-चेतना में वृद्धि तथा अन्य लोगों के भावों के प्रति संवेदनशीलता में वृद्धि हो जाती है। इन सबसे मानसिक रूप से क्षुब्ध व्यक्तियों की कई समस्याएँ अपने आप कम हो जाती हैं।

टी-समूह में सदस्यों को एक-दूसरे के प्रति उभरते वर्तमान संबंधों (here-and-now relationship) पर ध्यान देने के लिए चिकित्सक कहता है। इसमें सदस्यों की संख्या 10 से 20 तक की होती है। सदस्य के रूप में उन व्यक्तियों को सम्मिलित किया जाता है जिनकी जिंदगी में समस्याएँ तो नहीं हैं परंतु उन्हें कुछ कमी अवश्य महसूस होती है तथा उन्हें यह भी अनुभव होता है कि जितनी घनिष्ठता तथा उत्तेजनशीलता के साथ उसे जीना चाहिए था, वह नहीं जी रहा है। इस सामूहिक चिकित्सा मॉडल में सदस्यों को शारीरिक सम्पर्क न करके शाब्दिक प्रविधियों (verbal procedures) द्वारा उन्हें प्रशिक्षित किया जाता है और इस तरह से टी-समूह या संवेदनशीलता समूह भिड़ंत समूह (encounter group) से भिन्न होता है जहाँ प्रशिक्षण का आधार शारीरिक संपर्क ही होता है। आजकल इस अंतर को बहुत महत्त्व नहीं दिया जाता है और अब यह माना जाने लगा है कि इन दोनों में स्पष्ट अंतर करना एक टेढ़ी खीर है। टी-समूह में सदस्यों को एक ऐसी परिस्थिति में रखा जाता है जिसमें लोग ईमानदारी से खुले रूप से अन्तःक्रिया कर सके। इसके बाद उन्हें पुनर्निवेशन (feedback) प्राप्त करने और देने में तथा अपने आप को एवं दूसरों को समझने में मदद की जाती है। धीरे-धीरे वे स्वयं को तथा साथ-ही-साथ दूसरों को ठीक ढंग से समझने लगते हैं और इससे उनकी मानसिक उलझन एवं परेशानियाँ धीरे-धीरे घटती जाती है। फेयर्स[1] (Phares, 1984) ने इस बिंदु पर बहुत ही सटीक टिप्पणी करते हुए कहा है, ''दूसरों को सुनकर तथा उसके प्रति अनुक्रिया करके प्रत्येक सहभागी में एक ऐसी संवेदनशीलता विकसित हो जाती है जो उसमें अधिक आत्म-बोध (self-understanding),` `अपने प्रति अन्य लोगों की प्रतिक्रिया के प्रति अभिज्ञा तथा अपने एवं दूसरों की प्रशंसा में वृद्धि उत्पन्न करता है।''

हाऊट तथा सरवर (Houts & Serber, 1972) के अनुसार यह प्रायः देखा गया है कि टी-समूह में भाग लेने वाले व्यक्ति सिर्फ टी-समूह में भाग लेना सीखते हैं। इस समूह में सीखे गये कौशलों एवं सूझ को वे वास्तविक जिंदगी में स्थानांतरित नहीं कर पाते हैं।

(iii) गेस्टाल्ट समूह मॉडल *(Gestalt group model)*—जैसा कि हम जानते हैं, गेस्टाल्ट चिकित्सा क्लायंट के कुंठित सांवेगिक संघर्ष की पहचान करके उसे बाहर निकालता है तथा उससे उत्पन्न भाव की जवाबदेही अपने ऊपर लेने के लिए प्रोत्साहित करता है। जब ऐसी चिकित्सा एक समूह में संपन्न की जाती है, तो सदस्यगण एक-दूसरे को अपनी सांवेगिक कठिनाइयों का समाधान करने में मदद करते हैं। इसमें चिकित्सक की कोशिश यह होती है कि सदस्य अप्रतिबंधित ढंग से अपनी सांवेगिक प्रतिक्रिया की अभिव्यक्ति करें और इस अर्थ में गेस्टाल्ट समूह चिकित्सा टी-समूह चिकित्सा से भिन्न परंतु भिड़ंत समूह चिकित्सा के करीब आ जाता है। गेस्टालट समूह चिकित्सा टी-समूह चिकित्सा तथा भिड़ंत समूह चिकित्सा दोनों से इस अर्थ में भिन्न है कि गेस्टाल्ट समूह चिकित्सा में रोगी के गत अनुभूति एवं इतिहास

---

1. "By listening to others and responding to them, each participant gains a sensitivity that promotes greater self-understanding, awareness of others reactions to oneself and an increased appreciation of both self and others."
—Phares : *Clinical Psychology*, 1984, p. 505

को महत्त्वपूर्ण समझकर उपचार किया जाता है जबकि इन दोनों तरह की चिकित्सा में रोगी या क्लायंट के वर्तमान अनुभूतियों पर बल डालकर उसकी चिकित्सा की जाती है।

मानवतावादी समूह चिकित्सा मॉडल का चाहे जो प्रारूप हो, क्लायंट में व्यक्तिगत वर्द्धन (personal growth) तथा वैयक्तिक संबंधों में खुलेपन में वृद्धि पर ही बल दिया जाता है। इस तरह से यहाँ बल नकारात्मक (negative) न होकर धनात्मक (positive) होता है। सचमुच में सैकड़ों लोग इस तरह के चिकित्सा समूह में योगदान इसलिए नहीं कर रहे हैं कि वे मनोवैज्ञानिक रूप से क्षुब्ध हैं बल्कि इसलिए कर रहे हैं कि उन्हें यह अनुभव होता है कि उनकी जिंदगी में पर्याप्त घनिष्ठता तथा उत्तेजनशीलता की कमी है।

4. समकक्षी आत्म-मदद समूह चिकित्सा मॉडल *(Peer self-help group therapy model)*—गत कुछ वर्षों में इस मॉडल का विकास हुआ है। इसमें जिन व्यक्तियों में एक समान समस्याएँ होती हैं, वे एक साथ मिलकर एक समूह का निर्माण करते हैं जो आपस में बिना किसी चिकित्सा की मदद से उसपर विचार-विमर्श करते हैं और उसका एक समाधान ढूँढ़ते हैं। अल्कोहलिक एनोनिमस (Alcoholic Anonymous or AA) जो सबसे पहले 1930 वाले दशक में निर्मित हुआ, इसका एक उत्तम उदाहरण है। आजकल कई तरह की समस्याओं का निदान के लिए इस तरह का आत्म-मदद समूह (self-help group) का निर्माण किया गया है। जैसे, कैंसर के रोगियों का समूह, विधवाओं का समूह, विधुर का समूह, अल्कोहल पीने वाले पति-पत्नी का समूह आदि द्वारा आत्म-समूह का निर्माण करके अपनी-अपनी समस्याओं को कम करने की कोशिश की गयी है। यालोम (Yalom) के अनुसार इस तरह के समूह चिकित्सा में उपचारी कारक (curative factor) सामाजिक समर्थन (social support) का होता है। जब समूह के सदस्य आपस में समस्या पर विचार-विमर्श करते हैं तो वे एक-दूसरे के प्रति एक तरह का सहानुभूति तथा सामाजिक समर्थन भी दिखाते हैं जिनका उनकी समस्या के समाधान पर उत्तम असर पड़ता है।

स्टुआर्ट (Stuart, 1987) के अनुसार कई ऐसे सबूत मिले हैं जिनसे यह स्पष्ट हुआ है कि ऐसा आत्म-मदद समूह का चिकित्सीय परिणाम (therapeutic outcome) उतना ही अनुकूल रहा है जितना कि पेशेवर मानसिक स्वास्थ्य समूह का चिकित्सीय परिणाम। फिर भी लाइबरमैन (Liberman, 1989) ने यह विचार व्यक्त किया है कि आत्म-मदद समूह द्वारा चिकित्सीय परिणाम के अनुकूल होने का दावा बहुत सही नहीं है क्योंकि अधिकतर ऐसे मूल्यांकन अध्ययनों की कार्यविधि में कई तरह के दोष पाये गये हैं। इसके बावजूद आत्म-मदद समूह आजकल एक उत्तम सामूहिक चिकित्सा पद्धति के रूप में ऊभर का सामने आया है और यह विशेषकर उन व्यक्तियों के लिए अधिक आकर्षक एवं लाभदायक रहा है जो किसी पेशेवर मानसिक स्वास्थ्य विशेषज्ञ के यहाँ नहीं जाना चाहते हैं।

स्पष्ट हुआ कि सामूहिक चिकित्सा के कई मॉडल या उपागम हैं। इनमें से कौन-सा मॉडल का चिकित्सक उपयोग करेगा, यह बहुत कुछ क्लायंटों की समस्या पर आधारित होता है।

सामूहिक चिकित्सा का मूल्यांकन
(Evaluation of Group Therapy)

सामूहिक चिकित्सा की प्रभावशीलता का मूल्यांकन करने के लिए वेडनर एवं कॉल (Bedner & Kaul, 1978) और कॉल तथा वेडनर (Kaul & Bedner, 1986) ने सामूहिक चिकित्सा के क्षेत्र में किये गये अध्ययनों का तीन क्रमबद्ध एवं बड़ी समीक्षा किया जिसका सार निष्कर्ष यह था कि सामूहिक चिकित्सा सामान्य रूप से कोई उपचार नहीं करने या पलेसबो उपचार (placebo treatment) की तुलना में अधिक उत्तम होता है, और लगभग स्थायी होता है। परंतु उन्होंने इस निष्कर्ष पर विश्वास करने के पहले इन अध्ययनों की तीन सामान्य त्रुटियों की ओर भी ध्यान दिलाया है जिसपर विचार करना आवश्यक है—

(i) इन अध्ययनों में रोगियों की उन्नति का संबंध उनकी मनोवृत्ति तथा आत्म-संप्रत्यय (self-concept) में केवल धनात्मक परिवर्तन से था और इसका संबंध व्यक्ति के वास्तविक व्यवहार से नहीं था।

(ii) समीक्षा में शामिल किये गए कई अध्ययनों की कार्य-विधि (methodology) प्रयोगात्मक एवं वैज्ञानिक दृष्टिकोण से दोषपूर्ण थे।

(iii) सामूहिक चिकित्सा का क्षेत्र इतना विस्तृत एवं विषम (heterogeneous) है कि उसका एकांकी मूल्यांकन

करना मुश्किल है। कोई एक ऐसी बात नहीं कही जा सकता है जो सामूहिक चिकित्सा के सभी प्रकारों पर समान रूप से लागू होता है।

फिर भी उक्त समीक्षा से सामूहिक चिकित्सा के कुछ लाभ (advantages) तथा परिसीमाओं (limitations) का स्पष्ट पता चला है। इस चिकित्सा के प्रमुख लाभ इस प्रकार है—

(i) सामान्य रूप से विभिन्न तरह के सामूहिक चिकित्सा विभिन्न श्रेणी के रोगियों के लिए गुणकारी सिद्ध हुआ है और इस चिकित्सा का अनुकूल परिणाम (favourable outcome) बहुत दिनों तक बना हुआ पाया गया है।

(ii) प्राक्समूह प्रशिक्षण (pregroup training) अर्थात् सामूहिक चिकित्सा में भाग लेने के लिए सामान्य कौशल को बतलाना तथा उसमें उत्पन्न अनुभूतियों के प्रति धनात्मक मनोवृत्ति उत्पन्न करने से सामूहिक चिकित्सा, रोगियों के लिए काफी गुणकारी सिद्ध होता है।

(iii) दूसरों पर आश्रित लोग काफी संरचित समूह (structural group) के होने से काफी लाभान्वित होते हैं जबकि स्वतंत्र प्रकृति के व्यक्ति वैसे सामूहिक चिकित्सा से अधिक लाभान्वित होते हैं जो कम संरचित होता है तथा जिसमें क्लायंट में आत्म-अभिव्यक्ति (self-expression) का अवसर अधिक होता है। इसका मतलब यह हुआ कि सामूहिक चिकित्सा दोनों तरह के लोगों अर्थात् दूसरों पर आश्रित व्यक्ति तथा आत्म-निर्भर व्यक्ति के लिए लाभदायक होता है।

(iv) सामूहिक चिकित्सा में कम समय में अधिक व्यक्तियों का उपचार संभव हो पाता है। अत: इसमें समय एवं श्रम दोनों की बचत होती है।

(v) समूह के सदस्य एक-दूसरे के साथ संवेगात्मक अभिव्यक्ति (emotional expression) खुलकर करते हैं जिनसे उनका संवेगात्मक तनाव कम हो जाता है। इससे कुसमायोजित व्यवहार के लक्षण तेजी से दूर हो जाते हैं।

(vi) सामूहिक चिकित्सा में हताहत (casuality) अर्थात् जो चिकित्सा के दौरान और भी गंभीर हालत में चले जाते हैं, की संख्या काफी कम होते पायी गयी है। अधिकतर अध्ययनों से ऐसी हताहत का प्रतिशत 3% से भी कम आंका गया है। इससे सामूहिक चिकित्सा का प्रभावशीलता अपने आप स्पष्ट हो जाता है।

इन लाभों के बावजूद सामूहिक चिकित्सा के कुछ अलाभ हैं (disadvantages) हैं जो इस प्रकार हैं—

(i) सामूहिक चिकित्सा से सभी तरह के रोगी को लाभ नहीं पहुँचता है। जैसे—बालकुण्ड (Walcund, 1987) ने कई अध्ययनों की समीक्षा करके यह बतलाया है कि इस चिकित्सा विधि द्वारा गंभीर रूप से ग्रसित मानसिक रोगियों का उपचार संभव नहीं है।

(ii) सामूहिक चिकित्सा में चूँकि एक ही साथ कई रोगियों का उपचार किया जाता है, इसलिए चिकित्सक सभी रोगियों पर एक समान ढंग से ध्यान नहीं दे पाते हैं। इससे चिकित्सा की प्रभावशीलता अपने आप कम हो जाती है।

(iii) अभी तक कोई भी शोध सबूत इस ढंग से उपलब्ध नहीं हैं जो यह दावा करता हो कि सामूहिक चिकित्सा का एक प्रकार दूसरे प्रकार से अधिक श्रेष्ठ है।

(iv) सामूहिक चिकित्सा की एक मान्यता यह है कि इस चिकित्सा में तरक्की या प्रगति (progress) तब होता है जब क्लायंट को पुनर्निवेशन (feedback) प्राप्त होता है तथा जब एक क्लायंट या सदस्य दूसरे क्लायंट या सदस्य के व्यक्तव्य से उत्पन्न होने वाले भावों को स्पष्ट रूप से व्यक्त करता है। परंतु शोध सबूत यह बतलाते हैं कि हकीकत ऐसी नहीं है। इन सबूतों से यह पता चलता है कि पुनर्निवेशन खासकर नकारात्मक पुनर्निवेशन (negative feedback) तब उपयोगी होता है जब उसके बाद धनात्मक पुनर्निवेशन प्रदान किया जाता है।

इन अलाभों के बावजूद सामूहिक चिकित्सा का उपयोग आजकल काफी बढ़ गया है और इसका चिकित्सीय परिणाम (therapeutic outcome) की अनुकूलता धीरे-धीरे बढ़ रही है इसलिए इसकी लोकप्रियता भी बढ़ रही है।

पारिवारिक चिकित्सा
(Family Therapy)

अर्थ एवं प्रक्रिया *(Meaning and Process)*—पारिवारिक चिकित्सा एक तरह का समूह चिकित्सा (group therapy) ही है जिसमें समूह के सदस्य अपरिचित न होकर एक ही परिवार के सदस्यगण होते हैं। यद्यपि पारिवारिक चिकित्सा का शुभारंभ 1950 वाले दशक में हुआ परंतु यह गत 20 वर्षों में अधिक लोकप्रिय हुआ। पारिवारिक चिकित्सा

की शुरूआत इस तथ्य के सामने आने के फलस्वरूप हुआ है कि मानसिक विकृति के कई रोगियों के किसी वैयक्तिक चिकित्सा (individual therapy) से उपचार करने के बाद उन्हें अपने परिवार में कुछ दिनों तक रहने के बाद उनके रोग के लक्षण पुन: वापस होते देखे गए। इसका कारण परिवार के अन्य सदस्यों का उनके साथ दोषपूर्ण अन्त:क्रिया (faulty interactions) था। अत: नैदानिक मनोवैज्ञानिकों ने इस बात पर बल डाला कि रोगी के कुसमायोजित व्यवहार के लक्षणों को सम्पूर्ण रूप से जड़ से दूर करने के लिए यह आवश्यक है कि रोगी के परिवार के अन्य लोगों का भी उपचार किए जाए। कहने का तात्पर्य यह है कि पारिवारिक चिकित्सा की सबसे बड़ी पूर्वकल्पना यह है कि परिवार का जब एक सदस्य किसी तरह का असामान्य लक्षण विकसित हो जाता है, तो क्षुब्धता (disturbance) लक्षण दिखानेवाले सिर्फ उस व्यक्ति में ही नहीं होता है बल्कि पूरे परिवार में ही होता है। इसमें परिवार को एक तंत्र (system) के रूप में देखा जाता है जिसकी सम्पूर्णता (whole) को वैयक्तिक हिस्सों के योग से कहीं अधिक समझा जाता है।

पारिवारिक चिकित्सा में चिकित्सक पूरे परिवार की सामान्य समस्याओं जो अधिकतर सदस्यों में चिन्ता उत्पन्न कर रही होती है, की पहचान करता है तथा अन्य पारिवारिक नियमों का पता लगाता है तथा उसपर विचार-विमर्श करता है। इसके बाद वह परिवार के सदस्यों को नये ढंग से आपस में अन्त:क्रिया करने तथा संघर्षों को दूर करने के उपायों पर बल डालता है। इससे परिवार के सदस्यों में एक-दूसरे के प्रति सहानुभूति (sympathy) तथा परानुभूति (empathy) बढ़ती है तथा उनमें समायोजन शक्ति में भी वृद्धि हो जाती है। पारिवारिक चिकित्सा का आरंभ परिवार के ऐसे व्यक्ति की पहचान करके होता है जो समस्या से सर्वाधिक ग्रस्त है। इस व्यक्ति को चिह्नित क्लायंट (identified client) कहा जाता है। फिर उसके बाद पारिवारिक चिकित्सा की प्रारंभिक सत्र में परिवार के सबसे बड़े सदस्य जैसा माता-पिता से सम्पर्क स्थापित करके तथा उनसे विचार-विमर्श करके समस्या की पहचान की जाती है तथा फिर बाद के अन्य सत्रों में परिवार के अन्य लोगों को बुलाया जाता है। कभी-कभी ऐसा होता है कि परिवार के सभी सदस्यों को चिकित्सक एक साथ विचार-विमर्श के लिए या चिकित्सीय उद्देश्य (therapeutic purpose) से बुलाया जाता है। इस तरह की पारिवारिक चिकित्सा पर बल साटीर (Satir, 1967) द्वारा दिया गया तथा इसे *संयुक्त पारिवारिक चिकित्सा* (conjoint family therapy) की संज्ञा दी गयी। साटीर के इस चिकित्सा विधि में परिवार के सदस्यों के बीच दोषपूर्ण संचार (communication), अन्त:क्रिया तथा संबंधों को उन्नत बनाने पर अधिक बल डाला जाता है तथा उसकी जगह पर एक ऐसा पारिवारिक तंत्र विकसित किया जाता है जिससे परिवार के सभी सदस्यों की आवश्यकताओं को अच्छी तरह पूरा किया जा सके ताकि उनके बीच एक स्वस्थ्कर संबंध एवं अंत:क्रिया विकसित हो सके।

पारिवारिक चिकित्सा के लक्ष्य
(Goals of Family Therapy)

पारिवारिक चिकित्सा के कुछ निश्चित लक्ष्य (goal) हैं। नैदानिक मनोवैज्ञानिकों द्वारा इस क्षेत्र में किये गए अध्ययनों की समीक्षा से यह स्पष्ट होता है कि पारिवारिक चिकित्सा के निम्नांकित प्रमुख लक्ष्य होते हैं—

(i) समस्याग्रस्त पहलुओं को पहचानना *(Recognizing the troublesome aspects)*—पारिवारिक चिकित्सा का पहला लक्ष्य उस पहलू की पहचान करना होता है जो समस्या उत्पन्न कर रहा है और जो परिवार के विभिन्न व्यक्तियों के संबंध के साथ जुड़ा हुआ है। इसमें चिकित्सक यह तय करते हैं कि परिवार का कौन सदस्य समस्या उत्पन्न कर रहा है और वह किन-किन सदस्यों को अधिक प्रभावित कर रहा है। इसका फायदा यह होता है कि चिकित्सक यह तय कर पाते हैं कि सामूहिक सत्र में परिवार के किन-किन सदस्यों को मुख्य रूप से रखा जाय।

(ii) उन्नत संचार *(Improved communication)*—पारिवारिक चिकित्सा का उद्देश्य क्लायंट तथा उनके परिवार के सदस्यों के बीच के संचार को उन्नत बनाना होता है ताकि वे लोग आपस में बिना किसी अवरोध (inhibition) के बातचीत कर सके तथा किसी भी समस्या का समधान आसानी से कर सके।

(iii) उन्नत स्वायत्तता एवं वैयक्तिकता *(Improved autonomy and individulation)*—पारिवारिक चिकित्सा का उद्देश्य क्लायंट में स्वायत्तता की भावना को उत्पन्न करना होता है ताकि वह अधिक-से-अधिक आत्म-निर्भर होकर कोई निर्णय कर सके। यह गुण विकसित होने से उसमें आत्म-सम्मान (self-esteem) का भाव विकसित होता है जिससे अन्ततोगत्वा उसमें उत्तम वैयक्तिकता (individulation) की अवस्था उत्पन्न हो जाती है।

(iv) उन्नत परानुभूति *(Improved empathy)*—'परानुभूति' से तात्पर्य अपने आप को दूसरे की जगह रखकर दूसरे के मन में होने वाले भावों से अवगत होना होता है। पारिवारिक चिकित्सक का एक उद्देश्य यह भी होता है कि वह न केवल क्लायंट में बल्कि परिवार के अन्य संबंधों में परानुभूति की क्षमता को विकसित कर सके ताकि पारिवारिक संबंध में काफी सुधार हो सके तथा क्लायंट का व्यक्तिगत प्रतिरोध (personal inhibition) आदि दूर हो सके।

(v) लचीला नेतृत्व *(Flexibile leadership)*—पारिवारिक चिकित्सा सत्र के दौरान चिकित्सक एक इस तरह की कार्यशैली अपनाता है जो सत्र की आवश्यकता के अनुसार समायोजी (adjustable) होता है। इसे पारिवारिक चिकित्सा के परिणाम को अनुकूल होने की संभावना अधिक हो जाती है। सागर एवं काप्लान (Sager & Kaplan, 1984) ने अपने अध्ययन से इस तथ्य की संपुष्टि किया है।

(vi) उन्नत भूमिका सहमति *(Improved role agreements)*—पारिवारिक चिकितसा में यह देखा गया है कि क्लायंट के दोषपूर्ण समायोजन (faulty adjustment) का एक प्रमुख कारण परिवार के सदस्यों की भूमिकाओं में अस्पष्टता होती है। सदस्यों को यह मालूम नहीं रहता है कि उनसे परिवार के सदस्यों की क्या-क्या अपेक्षाएँ हैं। पारिवारिक चिकित्सा सदस्यों की भूमिकाओं को परिभाषित करके उनके बीच पर्याप्त सहमति कायम करता है ताकि उनमें किसी तरह का भूमिका संघर्ष (role conflict) नहीं हो।

(vii) संघर्ष को कम करना *(Reduced conflict)*—पारिवारिक चिकित्सा का एक उद्देश्य क्लायंट का परिवार के अन्य सदस्यों के बीच होने वाले वाद-विवाद तथा संघर्ष को कम करना होता है। इसके लिए चिकित्सक को चिकित्सा सत्र के दौरान एक शिक्षक की भूमिका को निभाना पड़ता है। इस पर कोरचिन[1] (Korchin, 1984) ने बहुत ही सटीक टिप्पणी करते हुए कहा है, "सामान्यतः चिकित्सक अंतरंगी-वहिरंगी, संघर्ष के निर्णायक, पारिवारिक प्रक्रिया के व्याख्याता तथा अधिक प्रभावी अन्तर्वैयक्तिक संबंधों के शिक्षक की तटस्थ भूमिका बनाये रखते हैं।"

(viii) वैयक्तिक रोगसूचक उन्नति *(Individual symptomatic improvement)*—पारिवारिक चिकित्सा में चिकित्सक इस बात की भरपूर कोशिश करते हैं कि क्लायंट के सभी तरह के मनोवैज्ञानिक समस्याओं के लक्षणों की पहचान करके उन्हें यथासंभव दूर कर दिया जाय। इसके लिए वे विशेष रूप से दोषपूर्ण संचार तथा आदतों पर अधिक ध्यान देते हैं क्योंकि कुसमायोजित व्यवहार की जड़ें इनमें ही होती हैं।

(ix) उन्नत वैयक्तिक कार्य्र निष्पादन *(Improved individual work performance)*—पारिवारिक चिकित्सा का उद्देश्य न केवल क्लायंट बल्कि परिवार के अन्य सदस्यों के कार्य निष्पादन को उन्नत बनाना होता है। चिकित्सक यह कोशिश करते हैं कि चिकित्सा सत्र में इन लोगों का निष्पादन तो श्रेष्ठ हों ही साथ-ही-साथ वास्तविक कार्य परिस्थिति में भी इनका निष्पादन उन्नत हो तथा उनमें पर्याप्त समायोजनशीलता हो।

स्पष्ट हुआ कि पारिवारिक चिकित्सा के कई लक्ष्य हैं। एक सफल चिकित्सक इन लक्ष्यों की पूर्त्ति का सर्वाधिक प्रयास करता है।

पारिवारिक चिकित्सा के प्रकार या प्रारूप
(Types or Forms of Family Therapy)

पारिवारिक चिकित्सा के कई प्रारूप या प्रकार बतलाये गये हैं। नैदानिक मनोवैज्ञानिकों एवं मनोविश्लेषकों के अनुसार पारिवारिक चिकित्सा के निम्नांकित 10 प्रमुख प्रकार हैं—

(1) संयुक्त पारिवारिक चिकित्सा (Conjoint family therapy)

(2) समवर्ती पारिवारिक चिकित्सा (Concurrent family therapy)

(3) सहयोगी पारिवारिक चिकित्सा (Collaborative family therapy)

(4) वैवाहिक या युग्म चिकित्सा (Martial or Couple therapy)

(5) मनोगतिकी पारिवारिक चिकित्सा (Psychodynamic family therapy)

---

1. "In general, the therapist preserves the neutral role of inside-outside, moderator of conflict, interpreter of family process and teacher of more effective interpersonal relations."

—Korchin : *Modern Clinical Psychology,* 1984, p. 386

(6) व्यवहारपरक पारिवारिक चिकित्सा (Behavioural family therapy)
(7) नेटवर्क पारिवारिक चिकित्सा (Network family therapy)
(8) बहुप्रभाव चिकित्स (Multiple impact therapy)
(9) बहु पारिवारिक चिकित्सा (Multiple family therapy)
(10) संरचनात्मक पारिवारिक चिकित्सा (Structural family therapy)

इन सबों का वर्णन निम्नांकित है—

(1) संयुक्त पारिवारिक चिकित्सा *(Conjoint family therapy)*—पारिवारिक चिकित्सा के इस प्रकार का प्रतिपादन वर्जीनिया साटिर (Virginia Satir, 1967) द्वारा किया गया। इस चिकित्सा में एक ही चिकित्सक द्वारा परिवार के सभी सदस्यों का एक साथ प्रेक्षण किया जाता है। संयुक्त पारिवारिक चिकित्सा का उद्देश्य दोषपूर्ण संचार, अन्त:क्रियाओं तथा परिवार के सदस्यों के संबंधों को उन्नत बनाना होता है तथा एक ऐसा पारिवारिक तंत्र को जन्म देना होता है जो प्रत्येक सदस्य की आवश्यकताओं को ठीक ढंग से पूर्ति कर सके। संयुक्त पारिवारिक चिकित्सा के कुछ प्रारूप में चिकित्सक एक निष्क्रिय एवं अनिदेशात्मक (nondirective) भूमिका निभाता है परंतु कुछ प्रारूप में चिकित्सक एक सक्रिय बल के रूप में कार्य करता है, सत्र के वार्तालाप को निदेशित करता है, परिवार के सदस्यों को कुछ विशेष कार्य भी करने के लिए देता है तथा उत्तम मानवीय संबंधों के लिए सीधे निर्देश भी जारी करता है। साटीर पारिवारिक चिकित्सक को एक ऐसे स्रोत व्यक्ति के रूप में पहचान करते हैं जो कार्यरत पारिवारिक प्रक्रिया का प्रेक्षण करता है और तब वह उत्तम संचार करते हुए परिवार के लिए संचार का एक मॉडल के रूप में कार्य करता है। इस तरह से साटीर के अनुसार संयुक्त पारिवारिक चिकित्सा में चिकित्सक एक शिक्षक, एक स्रोत व्यक्ति तथा एक उत्तम संचारक (communicator) के रूप में कार्य करता है। इस तरह का चिकित्सा परिवार के सदस्यों को यह बतलाता है कि वे एक-दूसरे के साथ उत्तम ढंग से किस तरह से संचार कर सकते हैं तथा सदस्यों के बीच किस तरह से उत्तम संतोषजनक संबंध कायम कर सकते हैं।

(2) समवर्ती पारिवारिक चिकित्सा *(Concurrent family therapy)*—इस तरह के पारिवारिक चिकित्सा में एक ही चिकित्सक परिवार के सभी सदस्यों से विचार-विमर्श करता है परंतु सबसे अलग-अलग वैयक्तिक सत्र (individual session) में। इस तरह के चिकित्सा का लक्ष्य मोटे तौर पर वही होता है जो संयुक्त पारिवारिक चिकित्सा का होता है। कभी-कभी देखा गया है कि चिकित्सक मुख्य क्लायंट या रोगी के साथ परम्परागत मनश्चिकित्सा करता है परन्तु यदा-कदा परिवार के अन्य सदस्यों को भी सत्र में भाग लेने के लिए बुला लेता है। इस तरह के पारिवारिक चिकित्सा की मुख्य पूर्वकल्पना यह होती है कि क्लायंट की वैयक्तिक समस्याओं को अलग से तथा अन्य लोगों के सहयोग से उत्तम ढंग से समझा जा सकता है। इस तरह की चिकित्सा से चिकित्सीय प्रक्रिया को विशेष मदद मिलेगी।

(3) सहयोगी पारिवारिक चिकित्सा *(Collaborative family therapy)*—इस पारिवारिक चिकित्सा की मुख्य विशेषता यह है कि यहाँ परिवार के प्रत्येक सदस्य के लिए एक अलग चिकित्सक कार्यरत होते हैं। इसके बाद सभी चिकित्सक आपस में मिलकर क्लायंट एवं उसके परिवार के बारे में सविस्तार विचार-विमर्श करके कोई निश्चित सुझाव या राय देने के लिए तैयार होते हैं। कभी-कभी चिकित्सक अपने सहचिकित्सक को एक ही परिवार के सदस्यों का प्रेक्षण करने के लिए भी कहते हैं। इसका परिणाम यह होता है कि एक पारिवारिक इकाई के साथ दो या दो से अधिक चिकित्सकों द्वारा भी प्रेक्षण किया जाता है।

(4) वैवाहिक या युग्म चिकित्सा *(Martial or couple therapy)*—वैवाहिक चिकित्सा में पति तथा पत्नी को एक साथ चिकित्सा सत्र में चिकित्सक बुलाते हैं तथा इस चिकित्सा का केन्द्र बिन्दु इन दोनों के क्षुब्ध वैवाहिक संबंध होता है न कि किसी प्रकार की कोई स्नायुविकृत (neurotic) समस्या। चिकित्सक का उद्देश्य पति-पत्नी के बीच टूटे संचार तथा उत्तम संबंध को फिर से कायम करना होता है। इसे आजकल *युग्म चिकित्सा* (couple therapy) कहा जाता है क्योंकि कई ऐसे केसेज सामने आये हैं जिनमें महिला तथा पुरुष दोनों एक साथ एक-दूसरे के साथ रह रहे हैं परंतु उनमें औपचारिक ढंग से शादी नहीं हुई है। अमेरिका में ऐसे केसेज अधिक देखने को मिलते हैं इसलिए इस तरह के पारिवारिक चिकित्सा को नैदानिक मनोवैज्ञानिकों ने युग्म चिकित्सा (couple therapy) कहना अधिक न्यायसंगत कहा है। युग्म चिकित्सा का वर्णन हम अलग से इसी अध्याय में आगे करेंगे।

(5) मनोगतिकी पारिवारिक चिकित्सा *(Psychodynamic family therapy)*—इस तरह की पारिवारिक चिकित्सा पर बल 1980 के दशक से दिया जाने लगा। स्कार्फ एवं स्कार्फ (Scharff & Scharff, 1987) के अनुसार इस तरह की चिकित्सा की मुख्य पूर्वकल्पना यह होती है कि परिवार के सदस्यों का वर्तमान संबंध में जो समस्याएँ हैं, उनका मुख्य कारण अचेतन की इच्छाएँ, उनके प्रति अपनायी गयी सुरक्षा (defenses) तथा अपरिवर्तित पुरानी प्रत्याशाएँ होती हैं। निकोल्स तथा स्र्वाज[1] (Nichols & Schwarts, 1991) ने मनोगतिकी पारिवारिक चिकित्सा के उद्देश्य को इस प्रकार अंकित किया है, ''मनोविश्लेषणात्मक पारिवारिक चिकित्सा का लक्ष्य परिवार के सदस्यों को अचेतन के प्रतिबंधों से मुक्त कराना होता है ताकि वे समग्र रूप से एक-दूसरे के साथ तथा वर्तमान वास्तविकताओं न कि गत अचेतन प्रतिमाओं के आधार पर स्वस्थ रूप से अन्त:क्रिया कर सके।'' चिकित्सा सत्र में चिकित्सक के साथ स्थापित स्थानांतरिक संबंध पर परिवार के अन्य सदस्यों के साथ ऐसे संबंध क्लायंट के उन समस्याओं की ओर इशारा करते हैं जो उनमें सांवेगिक कठिनाई पैदा कर रहा होता है। मनोविश्लेषणात्मक सामूहिक चिकित्सा में चिकित्सक मूलत: उन्हीं प्रविधियों को अपनाता है जिन्हें वह वैयक्तिक चिकित्सा में अपनाता है। दूसरे शब्दों में, चिकित्सक यहाँ क्लायंट एवं परिवार के अन्य सदस्यों की बातों को सुनता है तथा फिर उसकी व्याख्या करके चिकित्सा करता है।

(6) व्यवहारपरक पारिवारिक चिकित्सा *(Behavioural family therapy)*—इस तरह की पारिवारिक चिकित्सा में चिकित्सक पारिवारिक समस्याओं का व्यवहारपरक विश्लेषण (behavioural analysis) करता है। इससे चिकित्सक को उन व्यवहारों के बारे में पता चल जाता है जिनकी बारंबारता को बढ़ाने की जरूरत या घटाने की जरूरत होती है। इस तरह के विश्लेषण से यह भी पता चल जाता है कि अवांछित व्यवहार के पीछे छिपे पुनर्बलन (reinforcement) क्या है या किस तरह के पुनर्बलन से वांछित व्यवहार में वृद्धि या मजबूती हो सकती है। इसके बाद चिकित्सक चिकित्सीय प्रक्रिया प्रारंभ करता है जिसमें परिवार के सदस्यों को एक-दूसरे के लिए उचित पुनर्बलन प्रदान करने के लिए कहा जाता है ताकि वे लोग वांछित व्यवहार कर सके। कुछ चिकित्सक जैसे स्टुआर्ट (Stuart, 1969) परिवार के सदस्यों को संकेत (tokens) का उपयोग करने का सिफारिश किया है। जैसे, रविवार के दिन यदि पति दूरदर्शन का कार्यक्रम त्याग करके पत्नी को इधर-उधर घूमाने के लिए ले जाता है, तो पति को चार संकेत (tokens) दिया जा सकता है जिसके सहारे वह बाद में वांछित वस्तुओं का विनिमय कर सकता है। ऐसा होने से पति पत्नी के बीच संबंध मधुर हो सकता है।

(7) नेटवर्क पारिवारिक चिकित्सा *(Netwrok family therapy)*—जैसा कि नाम से ही स्पष्ट है, इस तरह की पारिवारिक चिकित्सा में चिकित्सक क्लायंट या रोगी के जिन्दगी के सभी महत्त्वपूर्ण व्यक्तियों के पूरे नेटवर्क का प्रेक्षण करता है तथा उनकी अंत:क्रियाओं को विश्लेषण करके समस्या का समाधान करता है। इसमें क्लायंट के परिवार के सदस्य ही नहीं बल्कि उनके दोस्त, पास-पड़ोस के लोग एवं उनके नियोक्ता (employers) आदि को भी सम्मिलित किया जाता है तथा उनके विचार प्राप्त किये जाते हैं। नेटवर्क पारिवारिक चिकित्सा की सफलता इस बात पर आधारित होता है कि ये सभी व्यक्ति कहाँ तक चिकित्सक के साथ और कितना अधिक सहयोग करते हैं। यह सहयोग जितना ही अधिक होता है, नेटवर्क पारिवारिक चिकित्सा उतना ही अधिक सफल होता है। स्पेक तथा एटनीव (Speck & Attneave, 1971) इस चिकित्सा के प्रमुख समर्थक रहे हैं।

(8) बहुप्रभाव चिकित्सा *(Multiple impact therapy)*—इस तरह के चिकित्सा के प्रमुख समर्थक मैक ग्रिगोर, रिशी, सेरानो तथा स्कुस्टर (McGregor, Ritchi, Serrano & Schuster, 1964) रहे हैं। इस तरह की पारिवारिक चिकित्सा में चिकित्सक का एक दल पूरे परिवार के सभी सदस्यों के साथ आपस में हुई अंतक्रियाओं का काफी गहराई में प्रेक्षण करता है। इसके बाद परिवार के प्रत्येक सदस्य के साथ वैयक्तिक सत्र (individual session) में उनकी अन्त:क्रियाओं का विश्लेषण करके उनकी समस्याओं की पहचान की जाती है। इसमें दल मुख्यत: विवाह, प्राधिकार (authority) की भूमिका, बच्चों का परिवार के प्रति विचार तथा अन्य समान बिंदुओं पर ध्यान दिया जाता है और संबंधित समस्या का समाधान ढूँढ़ा जाता है। इसके बाद अगले छह महीना तक अनुवर्ती अध्ययन (follow-up study) करके उस परिवार की प्रगति देखी जाती है।

---

1. "The goal of psychoanalytic family therapy is to free family members of unconscious restrictions so that they will be able to interact with one another as a whole, healthy persons on the basis of current realities rather than unconscious images of the past."—Nichols & Schwart : *Family Therapy : Concept and Methods,* 1991, p. 249

(9) बहुपारिवारिक चिकित्सा *(Multiple family therapy)*—इस पारिवारिक चिकित्सा के समर्थक लाख्यूआर (Laquer, 1972) तथा स्ट्रेलनिक (Strelnick, 1977) हैं। इस तरह की चिकित्सा में कई युगल-जोड़ी (couples) या परिवारों को मिलाकर एक समूह तैयार किया जाता है जिसे एक चिकित्सक के देख-रेख में उनके उलझनों एवं समस्याओं की पहचान करके उनका समाधान ढूँढ़ा जाता है। इस तरह के चिकित्सा के पीछे छिपा तर्क यह होता है कि प्रत्येक युगल जोड़ी या परिवार दूसरे युगल-जोड़ी या परिवार की समस्याओं एवं उलझनों को जब सुनता है तो वे लोग एक सामान्य अनुभूति का अनुभव करते हैं जिनसे उनका आपसी उलझन अपने आप बहुत हद तक कम होने लगता है। सचमुच में, इस चिकित्सा में पारिवारिक चिकित्सा तथा सामूहिक चिकित्सा के बीच एक तरह का क्रॉस (cross) होता दिखलाया गया है।

(10) संरचनात्मक पारिवारिक चिकित्सा *(Structural family therapy)*—इस तरह के पारिवारिक चिकित्सा के समर्थक मिनुचीन एवं फिशमैन (Minuchin & Fishman, 1981) हैं जिसमें चिकित्सक परिवार के इकाई को विभिन्न अंतबर्द्ध भूमिकाओं के एक सेट के रूप में विश्लेषित करता है। इस चिकित्सा की मुख्य पूर्वकल्पना यह है कि एक पारिवारिक तंत्र (family system) अपने आप में वैयक्तिक व्यक्तित्व (individual personality) से अधिक महत्त्वपूर्ण होता है। इसका परिणाम यह होता है कि पारिवारिक तंत्र ही कुछ इस प्रकार का विशेष व्यवहार उत्पन्न करता है जिसे उस परिवार के सदस्य अपनाते हैं या सीखते हैं। अगर पारिवारिक संदर्भ को परिवर्तित कर दिया जाता है, तो परिवार के सदस्य को भी उससे तभी परिवर्तित अनुभूति होगी तथा वह परिवर्तित पारिवारिक संदर्भ की आवश्यकताओं के अनुरूप व्यवहार करेगा। इस तरह से संरचनात्मक पारिवारिक चिकित्सा का महत्त्वपूर्ण लक्ष्य परिवार के संगठन या संदर्भ को इस ढंग से परिवर्तित करना होता है कि परिवार के सदस्य एक-दूसरे के साथ पहले से अधिक सहयोग करते हुए धनात्मक ढंग से व्यवहार कर सकें। इस तरह की चिकित्सा में चिकित्सक सक्रिय तो अवश्य रहता है परंतु निदेशात्मक भूमिका (directive role) नहीं करता है और परिवार के वर्तमान अन्त:क्रियाओं (present interactions) पर अधिक ध्यान देता है। इसमें चिकित्सक परिवार के बारे में पारिवारिक अन्त:क्रियाओं में एक अंतरंगी (insider) के रूप में हाथ बँटाते हुए कुछ सूचनाएँ प्राप्त करता है। दूसरे शब्दों में, चिकित्सक परिवार की अन्त:क्रिया पैटर्न के बारे में एक संरचनात्मक नक्शा (structural map) बनाता है। इससे चिकित्सक को यह पता चल जाता है कि पारिवारिक तंत्र में एक सख्त या लचीला सीमा है, परिवार की शक्ति संरचना (power structure) पर किसका प्रभुत्व है तथा जब कोई गड़बड़ी होती है, तो किसे अक्सर दोषी ठहराया जाता है, आदि-आदि। इतने तरह की सूचना मिल जाने के बाद चिकित्सक परिवार के सदस्यों की अन्त:क्रियाओं को बदलने का एक माध्यम के रूप में कार्य करता है। स्वार्ज, बैरेट तथा साबा (Schwartz, Barrett & Saba, 1983) ने बुलुमिया (Bulumia) के उपचार में संरचनात्मक पारिवारिक चिकित्सा का उपयोग सफलतापूर्वक किया। मिनुकिन तथा उनके सहयोगियों (Munchin et al., 1975) संरचनात्मक पारिवारिक चिकित्सा का उपयोग सफलतापूर्वक वैसे परिवारों के बच्चों के उपचार में किये जिनमें मनोदैहिक बीमारियाँ (psychophysiological illness) उत्पन्न हो गयी थीं।

स्पष्ट हुआ कि पारिवारिक चिकित्सा के कई प्रकार हैं। क्लायंट एवं परिवार की समस्या के अनुरूप चिकित्सक पारिवारिक चिकित्सा का विशेष प्रकार का प्रारूप को अपनाकर चिकित्सा समस्या को दूर करने की कोशिश करता है।

पारिवारिक चिकित्सा का उपयोग कब किया जाना चाहिए?
(When should Family therapy be used ?)

नैदानिक मनोवैज्ञानिकों के बीच इस बात की आम सहमति नहीं है कि पारिवारिक चिकित्सा का उपयोग कब किया जाना चाहिए या कब नहीं। फिर भी इस सिलसिले में लोगों ने कुछ मोटे तौर पर सामान्यीकरण (generalization) किया है। इन लोगों के अनुसार निम्नांकित परिस्थितियों में पारिवारिक चिकित्सा का उपयोग उत्तम माना जाता है—

(i) पारिवारिक चिकित्सा वहाँ उत्तम माना गया है जब परिवार के किसी भी एक सदस्य की समस्या कुछ ऐसी है जो पूरे परिवार को उलझन में डाल दिया हो। यहाँ ऐसी उम्मीद की जाती है कि पूरे परिवार को चिकित्सा में सम्मिलित कर लेने से परिवार में उत्पन्न प्रतिरोध (resistance) दूर हो जाएगा और परिवार समस्या मुक्त हो जाएगा। परिवार में किसी महत्त्वपूर्ण व्यक्ति की मृत्यु, परिवार में महत्त्वपूर्ण व्यक्ति की बेरोजगारी कुछ ऐसी ही समस्या का उदाहरण है।

(ii) जब परिवार में वैवाहिक या लैंगिक असामंजस्य (disharmony) हो तो वैसी परिस्थिति में भी पारिवारिक चिकित्सा उपयोगी सिद्ध होता है।

(iii) जब परिवार के सदस्यों में सामाजिक मूल्यों (social values) तथा अन्य संबंधित पहलुओं के बारे में विचार में टकराव हो तो पारिवारिक चिकित्सा उपयोगी माना गया है। जैसे, मान लिया जाए कि परिवार का एक किशोर सदस्य परम्परागत सामाजिक मूल्यों की अवहेलना करके शराब पीना एवं औषध आदि लेना प्रारंभ कर देता है जिससे परिवार के वरिष्ठ सदस्यों के साथ उस किशोर के नैतिक मूल्यों का टकराव होता है, तो ऐसी परिस्थिति में पारिवारिक चिकित्सा उपयोगी सिद्ध होता है।

कुछ ऐसी भी परिस्थितियाँ हैं जिनमें पारिवारिक चिकित्सा का उपयोग गुणकारी नहीं माना गया है। ऐसी परिस्थितियाँ निम्नांकित हैं—

(i) कभी-कभी यह देखा गया है कि परिवार इतना अधिक बिखरा हुआ होता है कि उसमें पारिवारिक चिकित्सा की प्रक्रिया को करना एक असंभव कार्य दीखता है। अक्सर देखा गया है कि ऐसा परिवार होने पर परिवार के सदस्य चिकित्सा की प्रक्रिया में सहयोग नहीं करते हैं। वे प्राय: चिकित्सक के पास जाते ही नहीं हैं।

(ii) जब परिवार के वरिष्ठ सदस्या जैसे माता-पिता स्थिर-व्यामोही (paranoid), धोखेबाज, ध्वंसकारी प्रवृत्ति के होते हैं, तो ऐसी परिस्थिति में पारिवारिक चिकित्सा के उपयोग से कुछ लाभ नहीं होता है।

(iii) जहाँ परिवार के कुछ धार्मिक या सांस्कृतिक मूल्य ऐसे हों जिन्हें अन्य लोगों को नहीं बतलाया जा सकता है क्योंकि इससे पारिवारिक तनाव में और भी वृद्धि हो सकती है, तो ऐसी परिस्थिति में पारिवारिक चिकित्सा की प्रक्रिया संपन्न नहीं की जा सकती है क्योंकि वैसे मूल्य से संबंधित तथ्य को परिवार का कोई भी सदस्य चिकित्सक को बताना नहीं चाहेगा।

स्पष्ट हुआ कि पारिवारिक चिकित्सा का उपयोग किन-किन परिस्थितियों में किया जाय तथा किन-किन परिस्थितियों में नहीं किया जाय, इसका निर्णय चिकित्सक को काफी ध्यानपूर्वक करना चाहिए क्योंकि यह एक टेढ़ी खीर है। फेयर्स[1] (Phares, 1984) ने इसपर बहुत यथार्थवादी टिप्पणी किया है जो इस प्रकार है, ''कब पारिवारिक चिकित्सा का उपयोग किया जाएगा और कब नहीं, यह एक कठिन बात है जिसमें पर्याप्त नैदानिक संवेदनशीलता तथा सतर्क मूल्यांकन की जरूरत पड़ती है। पारिवारिक चिकित्सा का परामर्श कभी स्वत: या निजवाचक नहीं होना चाहिए।''

पारिवारिक चिकित्सा की समस्याएँ
(Problems of Family Therapy)

पारिवारिक चिकित्सा में कुछ समस्याएँ उत्पन्न हो जाती हैं जिनपर भी विचार करना आवश्यक है। इन समस्याओं में निम्नांकित प्रमुख हैं—

(i) ऐसा प्राय: देखा गया है कि पारिवारिक चिकित्सा के सत्र में सदस्यों द्वारा तीव्र संवेग, नकारात्मक भाव तथा आक्रमकता एवं विद्वेष (hostility) आदि की खुली अभिव्यक्ति से परिवार की एकता पर आँच आने लगती है। इसका परिणाम यह होता है कि पारिवारिक चिकित्सा चिकित्सक के लिए एक सिरदर्द बन जाता है।

(ii) पारिवारिक चिकित्सक में कभी-कभी चिकित्सक को यह समझने में भी सिरदर्द होता है कि इस परिवार में कौन वास्तविक रोगी है। जब चिकित्सक यह परामर्श करते हैं कि मौलिक रोगी के साथ-ही-साथ पूरे परिवार के सदस्यों से बातचीत आवश्यक है, तब तो कोई खास समस्या नहीं उत्पन्न होती है। परंतु कभी-कभी जब चिकित्सक को यह पता चलता है कि प्रारंभ में पहचान किये गये रोगी से बढ़कर तथा अधिक गंभीर रोगी उस परिवार का दूसरा सदस्य भी है तो चिकित्सक के सामने यह समस्या उठ खड़ी होती है कि अब किसे वास्तविक रोगी माना जाय।

(iii) नैतिक तथा कानूनी दृष्टिकोण से भी पारिवारिक चिकित्सा में कुछ समस्याएँ उत्पन्न होती हैं। मारगोलिन (Margolin, 1982) ने यह स्पष्टत: कहा है कि पारिवारिक चिकित्सा में कुछ विशेष प्रश्नों का स्वरूप स्पष्ट नहीं हो

1. "Deciding when to employ family therapy and when not to is often a difficult matter that requires careful assessment and a great deal of clinical sensitivity. Recommending family therapy should never be automatic or reflexive."
—Phares : *Clinical Psychology*, 1984, p. 520

पाता है। जैसे, क्लायंट द्वारा दिये गये गुप्त सूचनाओं को किस तरह से निपटाया जाय? क्या परिवार के प्रत्येक सदस्य को उपचार को अस्वीकृत करने का समान अधिकार है? परिवार के सदस्यों के मूल्यों की तुलना में चिकित्सक के मूल्यों की क्या भूमिका होगी? आदि प्रश्नों का कोई सही उत्तर नहीं मिल पाता है।

स्पष्ट हुआ कि पारिवारिक चिकित्सा की कुछ समस्याएँ हैं जिनपर चिकित्सक को ध्यान देना अनिवार्य हो जाता है।

पारिवारिक चिकित्सा का मूल्यांकन
(Evaluation of Family Therapy)

पारिवारिक चिकित्सा के परिणाम (outcome) का मूल्यांकन करने के लिए कुछ शोध किये गये हैं। इन शोधों के परिणाम को बहुत उत्साहवर्द्धक तो नहीं कहा जा सकता है। हाजेलरिंग, कूपर एवं वोरडुईन (Hazelring, Cooper & Broduin, 1987) ने 20 अध्ययनों का मेटा-विश्लेषण करने के बाद इस निष्कर्ष पर पहुँचे कि पारिवारिक चिकित्सा का गुणकारी प्रभाव बहुत तरह के पारिवारिक समस्याओं के लिए होता पाया गया है। परंतु इन अध्ययनों में कार्य-विधि-संबंधी कई दोष पाये गये। वेल्स, डिलक्सि एवं त्रिवेली (Wells, Dilkes & Trivelli, 1972) ने 1950-1970 तक पारिवारिक चिकित्सा के क्षेत्र में किये गये शोधों की समीक्षा किया। इस अवधि में इन लोगों ने ढीले-ढाले कसौटी जैसे एक अध्ययन में कम-से-कम तीन केसेज का उल्लेख किया गया हो तथा परिणाम माप (outcome measures) स्पष्ट हो, पर 18 अध्ययन को वैध पाया गया जिसमें से 15 अध्ययन में कार्य-विधि (methodological) से संबद्ध दोष पाये गये। रिस्कीन एवं फाऊन्स (Riskin & Faunce, 1972) भी पारिवारिक चिकित्सा के शोध अध्ययनों में कार्य-विधि से संबंधित दोष को महत्त्वपूर्ण बतलाया है।

अभी हाल में वेल्सिक एवं ट्रोक (Wellisch & Trock, 1980) ने तीन साल तक एक अनुवर्ती अध्ययन (follow-up study) किया जिसमें पाया गया कि गंभीर विकृतियों(severe disorders) पर पारिवारिक चिकित्सा के जो गुणकारी प्रभाव पड़ते देखे गये थे, उनमें अब कमी आ गयी है क्योंकि करीब 57% रोगियों को पुन: चिकित्सा की जरूरत महसूस की गयी।

उक्त उध्ययनों एवं समीक्षा से हम इस निष्कर्ष पर पहुँचते हैं कि पारिवारिक चिकित्सा वैयक्तिक चिकित्सा (individual therapy) की तुलना में बहुत अधिक गुणकारी या लाभकारी सिद्ध नहीं होता है।

वैवाहिक या युग्म चिकित्सा
(Martial or Couple Therapy)

वैवाहिक चिकित्सा एक तरह का समूह चिकित्सा ही है जो पारिवारिक चिकित्सा के बहुत करीब है। वैवाहिक चिकित्सा वैसे चिकित्सा को कहा जाता है जिसमें पति एवं पत्नी के बीच मनोमालिन्य संबंध (strained relations) को उत्तम बनाने का भरसक प्रयास चिकित्सक द्वारा किया जाता है। आजकल विशेषकर विदेशों में ऐसा देखा जा रहा है कि पुरुष एवं महिला जो इस तरह की चिकित्सा के लिए आ रहे हैं, वे बहुत दिनों से पति एवं पत्नी के रूप में तो अवश्य रह रहे हैं परंतु वे औपचारिक रूप से विवाहित नहीं हैं। इसलिए आजकल वैवाहिक चिकित्सा के जगह पर मनोवैज्ञानिकों द्वारा *युग्म चिकित्सा* (Couple therapy) का प्रयोग अधिक किया जाता है। युग्म चिकित्सा में विवाहित जोड़े, अविवाहित जोड़े तथा समलिंगी जोड़े (gay or homosexual couple) तीनों ही तरह के लोगों का उपचार किया जाता है।

युग्म चिकित्सा में दोनों सहयोगियों (partners) को प्राय: एक साथ चिकित्सक बुलाते हैं और उनकी बातों को सुनते हैं। चिकित्सा का केन्द्र बिन्दु इन दोनों के अंतक्रियाओं एवं संबंधों को उन्नत बनाना है ताकि ये दोनों फिर से समायोजित जिन्दगी बिता सकें। इस तरह की चिकित्सा में चिकित्सक पारस्परिक आवश्यकता संतुष्टि (mutual need gratification), सामाजिक भूमिका प्रत्याशा (social role expectations), संचार पैटर्न (communication pattern) तथा अन्य समान अन्तर्वैयक्तिक कारकों (interpersonal factors) पर अधिक बल डालते हैं।

युग्म चिकित्सा में कई तरह के उपागमों (approaches) का उपयोग किया जाता है। एक उपागम वह है जिसमें चिकित्सा सत्र में युगल जोड़ी को एक-दूसरे की बातों को सुनने के लिए रोजेरियन प्रविधि (Rogerian technique) का उपायोग किया जाता है। इस प्रविधि को अपनाकर वे एक-दूसरे को अपनी भावों एवं प्रतिक्रियाओं के बीच स्पष्टीकरण करने में मदद करते हैं। इससे भविष्य में इन दोनों के बीच उत्तम संबंध बनने की प्रवृत्ति मजबूत हो जाती है।

युग्म चिकित्सा में एक-दूसरा उपागम वह है जिसमें व्यवहार चिकित्सा का उपयोग किया जाता है। इसमें युगम-जोड़ी

को वांछित व्यवहारों को पुनर्बलित करने के लिए सीखलाया जाता है तथा अवांछित व्यवहार से पुनर्बलन हटाने की प्रेरणा दी जाती है। इस सिलसिले में मारगोलिन, क्रायस्टरेनसेन तथा विस (Margolin, Chirstensen & Weiss, 1975) ने युग्मों (couples) के लिए संरचित व्यवहार चिकित्सा (structured behaviour therapy) का उपयोग किया जिसमें छह बिंदुओं पर विचार किया जाता है जिसे पूरा होने में करीब 2½ महीना समय लगता है। इन छह बिन्दुओं का यहाँ सविस्तार चर्चा आवश्यक है जो इस प्रकार है—

(i) **आकस्मिकता को निश्चित करना** *(Pinpointing contingencies)*—इस अवस्था में चिकित्सक युगल जोड़ी (couple) के समस्यात्मक व्यवहार तथा वे सभी कारक जो उसे संपोषित करते हैं, की पहचान की जाती है।

(ii) **संचार कौशलों में प्रशिक्षण** *(Training in communication skills)*—इस अवस्था में चिकित्सक युगल जोड़ी के बीच टूटे हुए संचार को फिर से पुनर्स्थापित करने की कोशिश करते हैं ताकि इन दोनों के बीच उत्तम समायोजन स्थापित हो सके। इन दोनों के बीच टूटे हुए संचार को उन्नत बनाने के लिए चिकित्सक मॉडलिंग, व्यवहारपरक रिहर्सल (behavioural rehearsal) तथा विडियो पुनर्निवेशन (video feedback) आदि का सहारा लेते हैं।

(iii) **संघर्ष समाधान में प्रशिक्षण** *(Training in conflict resolution)*—इस अवस्था में चिकित्सक युगम जोड़ी को मानसिक संघर्ष का समाधान करने का प्रशिक्षण देते हैं। इसके लिए इन्हें अन्य युग्मों की अन्त:क्रियाओं के विडियो टेप को दिखलाया जाता है जिनमें उन्हें यह बतलाया जाता है कि संघर्ष के समाधान का अमुक तरीका अच्छा है तथा अमुक तरीका बुरा है।

(iv) **उपयोगिता मैट्रिसेज का निर्माण** *(Formation of utility matrices)*—इस अवस्था में चिकित्सक युगल जोड़ी को यह सीखलाते हैं कि किस तरह के व्यवहार के बाद वे लोग एक-दूसरे को पुरस्कार देंगे तथा किस तरह के व्यवहार के बाद वे लोग एक-दूसरे को दंड देंगे। इससे उनमें यह विश्वास उत्पन्न होता है कि वे किस तरह के व्यवहार को अधिक करेंगे और किस तरह के व्यवहार को कम करेंगे क्योंकि उन्हें यह पता रहता है कि किस तरह के व्यवहार के बाद उन्हें ईनाम मिलेगा और किस तरह के व्यवहर के बाद उन्हें दंड मिलेगा।

(v) **समझौता करना तथा प्रासंगिकी अनुबंध करना** *(Negotiating and contingency contracting)*—इसे चिकित्सकों द्वारा एक अतिमहत्त्वपूर्ण अवस्था माना जाता है। इसमें युगल-जोड़ी नये संचार कौशलों को सीखता है तथा वे एक ऐसा व्यवहारपरक अनुबन्धन (behavioural contract) स्थापित करते हैं कि इन दोनों के बीच एक संतोषजनक परन्तु कम दंडात्मक संबंध को स्थापित होने में मदद हो।

(vi) **समाप्ति एवं संपोषण** *(Termination and maintenance)*—जैसे ही युगल-जोड़ी के बीच तैयार किया गया मसौदा या अनुबंध (contract) कार्यरूप दिया जाता है, चिकित्सक उनकी अन्त:क्रियाओं में किसी तरह की समस्या उत्पन्न नहीं होने देता है और उन्हें यह सुनिश्चित करवाता है कि उनके द्वारा अर्जित कौशल का पूर्ण उपयोग हो रहा है तथा उन्नत संबंध को संपोषित किया जा रहा है। जब युगल-जोड़ी अपनी नयी भूमिका को ठीक से करने लगते हैं, उपचार धीरे-धीरे समाप्ति की ओर बढ़ने लगता है।

इस तरह के वैवाहिक चिकित्सा के बाद अनुवर्ती (follow-up) प्रयास भी जारी रखे जाते हैं। चिकित्सा समाप्ति के बाद चिकित्सक साप्ताहिक दूरभाषी संबंध कायम किये रखता है। अगर जरूरत पड़ी तो सत्र समाप्ति के बाद वर्धक सत्र (booster session) भी आयोजित किये जाते हैं। गुरमैन, कनिस्कर्न तथा पिनसोफ (Gurman, Kinskern, & Pinsof, 1986) तथा जैकोवसन एवं मार्टिन (Jacobson & Marcin, 1976) ने इस तरह के व्यवहार को वैवाहिक चिकित्सा की वैवाहिक तुष्टि बढ़ाने का एक बहुत ही सफल तरीका बतलाया है।

गत कुछ वर्षों में वैवाहिक चिकित्सा में संज्ञानात्मक प्रविधियों (cognitive techniques) का भी उपयोग किया जा रहा है। ऐसी परिस्थिति में यह उम्मीद की जाती है कि जब युगल-जोड़ी को संचार कौशल सीखलाया जाता है तो इससे संज्ञानात्मक विकृति (cognitive distorting) की पहचान करने में सुविधा होती है जिनसे एक-दूसरे की समझ-शक्ति प्रभावित होती है। जब युगल जोड़ी को यह सीखलाया जाता है कि उन्हें अपने भाव की अभिव्यक्ति किस तरह करनी चाहिए तो कई तरह की नासमझी (misunderstanding) की स्पष्टीकरण हो जाती है। बाकोम तथा लेस्टर (Baucom & Laster, 1986) ने संज्ञानात्मक पुनर्संरचना (cognitive restructuing) को भी वैवाहिक चिकित्सा के लिए काफी उपयोगी पाया है।

अब प्रश्न यह उठता है कि वैवाहिक चिकित्सा वैवाहिक संकटों को दूर करने में तथा अत्यधिक घनिष्ठ संबंध कायम करने में कहाँ तक प्रभावी (effective) है? इस प्रश्न का उत्तर देने के लिए कूकरली (Cookerly, 1980) ने 320 ऐसे क्लायंट का पाँच सालों तक अनुवर्ती (follow-up) अध्ययन किया जिन्हें पहले वैवाहिक चिकित्सा मिल चुकी थी तथा उनके संबंध-विच्छेद दर (divorce rate) की तुलना सामान्य जीव संख्या से किया। वैसे केसेज में जिसमें दोनों सहयोगियों (partners) को वैवाहिक चिकित्सा एक साथ मिली थी, 56.4% युग्म पाँच सालों तक वैवाहिक जीवन बीता चुके थे तथा जिन केसेज में अन्य दूसरे तरह की चिकित्सा दी गयी थी, केवल 29% ही पाँच साल तक विवाहित जीवन बिता सके। इन सभी तरह की चिकित्सा से वैवाहिक संकट को दूर करने तथा वैवाहिक संबंध को ठीक रखने में काफी सहायता मिली। इस निष्कर्ष की संपुष्टि गुरमैन, कनीस्कर्ण तथा पिनसोफ (Gurman, Kinskern & Pinsof, 1986) द्वारा इस क्षेत्र में किये गये अध्ययनों की समीक्षा से भी मिलता है। जैकोवसन तथा उनके सहयोगियों (Jackobson et al., 1989) ने युगल चिकित्सा को अन्य समस्याओं जैसे विषाद, एगोराफोबिया (Agoraphobia) तथा अल्कोहल दुरूपयोग आदि के उपचार में एक सहायक प्रविधि के रूप में सफलतापूर्वक उपयोग किया है।

स्पष्ट हुआ कि वैवाहिक चिकित्सा जो एक प्रकार का पारिवारिक चिकित्सा, से बहुत हद तक वैवाहिक संकट को दूर करके वैवाहिक संबंधों को उन्नत बनाने में महत्त्वपूर्ण योगदान हुआ है। इसके परिणाम की समीक्षा करने वाले अध्ययनों द्वारा इसे समर्थन भी काफी प्राप्त हुआ है।

भिड़ंत समूह चिकित्सा (Encounter Group Therapy)

अर्थ *(Meaning)*—भिड़ंत समूह चिकित्सा एक अन्य समूह चिकित्सा है जिसकी जड़ नेशनल ट्रेनिंग लेबोरेट्री (National Training Laboratory or NTL) में किये गये शोध में कार्यशालाएँ से उत्पन्न अनुभूतियाँ हैं। इनमें कर्ट लेविन (Kurt Lewin), लाइबरमैन (Liberman) तथा रोजर्स (Rogers) ने मुख्य भूमिका निभाया है। NTL की स्थापना अमेरिका में वेथेल (Bethel) में 1950 में हुई थी। इसका उद्देश्य सामूहिक प्रक्रियाओं जिसमें समूह के सदस्यों को प्रेक्षक (observer) तथा सहभागी (participants) दोनों के रूप में कार्य करना होता है, द्वारा पुनर्शिक्षित (reeducate) किया जाता है। भिड़ंत समूह चिकित्सा में एक भिड़ंत समूह (encounter group) तैयार किया जाता है। भिड़ंत समूह[1] से तात्पर्य व्यक्तियों के वैसे समूह से होता है जो अपने भाव, व्यवहार एवं अन्तःक्रिया के बारें में पहले से अधिक जानकारी प्राप्त करने के लिए एक विशेष स्थान पर मिलते हैं। भिड़ंत समूह का उद्देश्य व्यक्तियों को आत्म-सिद्ध (self-actualize) तथा उत्तम अन्तर्वैयक्तिक संबंध (interpersonal relationsip) विकसित करने में मदद करना होता है। नैदानिक मनोवैज्ञानिकों द्वारा भिड़ंत समूह के क्षेत्र में किए शोधों के आधार पर भिड़ंत समूह चिकित्सा की निम्नांकित विशेषताओं को महत्त्वपूर्ण बतलाया गया है—

(i) भिड़ंत समूह में सदस्यों की संख्या सामान्यतः 6 से 20 तक की होती है जो आमने-सामने (face-to-face) की परिस्थिति में एक-दूसरे से शारीरिक सम्पर्क (bodily contact) करते हुए अन्तःक्रिया करते हैं।

(ii) ऐसे समूह में वर्तमान (here-and-now) अनुभूतियों पर अधिक तथा गत एवं बाहरी अनुभूतियों पर कम-से-कम बल डाला जाता है।

(iii) भिड़ंत समूह चिकित्सा में सदस्यों में अशाब्दिक क्रियाएँ (nonverbal activities) तथा शारीरिक सम्पर्क करने पर बल डाला जाता है।

(iv) भिड़ंत समूह चिकित्सा में चिकित्सक तथा अन्य सदस्यों का स्तर लगभग एक समान होता है।

(v) ऐसे चिकित्सा समूह में चिकित्सक एक प्रेक्षक (observer) तथा सहभागी दोनों की भूमिका निभाते हैं।

(vi) ऐसे चिकित्सा समूह में भाग लेने से सदस्यों में आत्म-प्रकटीकरण (self-disclosure), ईमानदारी, अन्तर्वैयक्तिक पुनर्निवेशन (interpersonal feedback), खुलेपन (openness), दूसरों का सामना करने की क्षमता, भावात्मक अभिव्यक्ति (affective expression) आदि के गुण का विकास मुख्य रूप से होता है।

(vii) भिड़ंत समूह चिकित्सा का सत्र की अवधि छोटी एवं कम संरचित होती है।

---

1. "Encounter group refers to a group of persons who meet together at a designated place to learn more about their feelings, behaviour and interactions. —Author

स्पष्ट हुआ कि भिड़ंत समूह चिकित्सा में व्यवहृत समूह की कुछ अपनी विशेषताएँ होती हैं जिसके कारण भिड़ंत समूह चिकित्सा सामूहिक चिकित्सा के अन्य प्रकारों से भिन्न है।

भिड़ंत समूह चिकित्सा (encounter group therapy) में इस तरह से चिकित्सक सदस्यों को आपस में अन्त:क्रिया करवाकर तथा स्वयं सत्र के दौरान उनके साथ अन्त:क्रिया करके सदस्यों में धनात्मक गुणों को मजबूत करते हैं। इस तरह की चिकित्सा में मानसिक रूप से क्षुब्ध व्यक्ति नहीं बल्कि सामान्य व्यक्ति ही भाग लेते हैं और अपनी अंत:शक्ति (potential) को विकसित करते हैं इस तरह के समूह में समूह के नेता अर्थात चिकित्सक सदस्यों को आपस में ईमानदारीपूर्वक एक-दूसरे के साथ अन्त:क्रिया करवाने के लिए कई प्रविधियों (techniques) का उपयोग करते हैं जिनमें से कुछ महत्त्वपूर्ण प्रविधि निम्नांकित है—

(i) आत्म-विवरण *(Self-description)*—इस प्रविधि में भिड़ंत समूह के सभी सदस्य दिए गए कागज के टुकड़ा पर तीन ऐसे विशेषणों को लिखता है जिनसे स्वयं का उत्तम वर्णन होता हो। इसके बाद सभी टुकड़ों को लेकर उन्हें यादृच्छिक रूप से मिला दिया जाता है और बाद में सदस्यों द्वारा विशेषणों द्वारा वर्णित व्यक्तियों के बारे में चर्चा की जाती है।

(ii) नेत्रगोलक-से-नेत्रगोलक की विधि *(Eyeball-to-eyeball method)*—इस प्रविधि में दो सदस्यों को एक-दूसरे के आँख में ध्यानपूर्वक एक दो मिनट तक देखने के लिए कहा जाता है और उससे उत्पन्न भाव पर फिर चर्चा की जाती है।

(iii) अंध टहल *(Blind walk)*—इस प्रविधि में समूह के सभी सदस्य एक-एक युग्म का निर्माण करते हैं। इसमें एक सदस्य के आँख पर पट्टी बँधा होता है तथा दूसरा आगे-आगे राह दिखाता है। आँख पर पट्टी बँधा व्यक्ति पूरे कमरे में टहल लगाकर अपनी नयी संवेदनशीलता को ग्रहण करता है।

(iv) भरोसेमंद अभ्यास *(Trusting exercises)*—इसमें समूह के सभी सदस्य मिलकर एक वृत्त (circle) का निर्माण करते हैं तथा सदस्य को एक ऐसी वस्तु को पकड़ना होता है जो सदस्यगण वृत्त में एक-दूसरे को बढ़ाते जाते हैं।

(v) गर्म सीट का आसन *(Hot seat)*—इस प्रविधि में एक सदस्य एक विशेष कुर्सी पर बैठता है तथा अन्य लोग उसे अपनी इस भावना से ईमानदारी ढंग से यह अवगत कराते हैं कि उनसे वे किस तरह से प्रभावित होते हैं।

(vi) धनात्मक एवं ऋणात्मक बौछार *(Positive ad negative bombardment)*—इस प्रविधि में समूह के सदस्य को एक ऐसा पुनर्निवेशन (feedback) दिया जाता है, जो सिर्फ धनात्मक बौछार या सिर्फ ऋणात्मक बौछार पर आधारित होता है।

उक्त प्रविधियों में से यथोचित प्रविधि अपनाकर भिड़ंत समूह के चिकित्सक या नेता सदस्यों को आपस में स्वतंत्र एवं निष्पक्ष अन्त:क्रिया करवाते हैं।

भिड़ंत समूह के प्रकार
(Forms or Types of Encounter Group)

(1) मौलिक भिड़ंत समूह (Basic encounter group)
(2) अतिलंबित भिड़ंत समूह (Marathon encounter group)
(3) नंगा अतिलंबित भिड़ंत समूह (Nude marathon encounter group)
(4) गेस्टाल्ट भिड़ंत समूह (Gestalt encounter group)
(5) संव्यवहार विश्लेषण भिड़ंत समूह (Transactional analysis encounter group)
(6) साईनेनोन गेम्स (Synanon games)

इन सबों का वर्णन निम्नांकित है—

(1) मौलिक भिड़ंत समूह *(Basic encounter group)*—मौलिक भिड़ंत समूह की चिकित्सा प्रविधि के प्रतिपादन का श्रेय रोजर्स (Rogers, 1970) को जाता है। इस तरह के समूह का मुख्य उद्देश्य लोगों में व्यक्तिगत वर्द्धन (personal growth) को बढ़ाना है। इसे **राजेरियन भिड़ंत समूह** (Rogerian encounter group) भी कहा जाता हैं। इस समूह में क्लायंट केन्द्रित चिकित्सा के नियमों का अधिक-से-अधिक पालन किया जाता है। समूह का नेता (या

चिकित्सक) एक ऐसा परानुभूतिक वातावरण (empathic atmosphere) तैयार करता है जिसमें सदस्यों को वह सम्मानित करता है तथा साथ-ही-साथ उन्हें अपने किसी भी तरह के निर्णय से मुक्त रखता है। इसकी परिस्थिति काफी असंरचित होता है तथा सदस्यों में स्वायत्तता (autonomy) अधिक होती है। ऐसा मान लिया जाता है कि इससे सदस्यों में व्यक्तिगत वर्द्धन अधिक होगा। इस तरह की परिस्थिति में अन्त:क्रिया होने से सदस्यों में धीरे-धीरे सुरक्षात्मक प्रवृत्ति समाप्त होने लगती है तथा पारस्परिक विश्वास (mental trust) विकसित होने लगता है। पारस्परिक विश्वास उत्पन्न होने से व्यक्ति अपनी वास्तविक भाव की अभिव्यक्ति करता है जिससे बाद में आत्म स्वीकृति (self-acceptance) उत्पन्न होती है तथा आंतरिक अंत:शक्ति (potential) भी मजबूत होती है। इन गुणों का विकास हो जाने पर उनका सामान्य जिंदगी में फिर सामान्यीकरण हो जाने की पूर्वकल्पना की जाती है।

(2) अतिलम्बित भिड़ंत समूह *(Marathon encounter group)*—जैसा कि नाम से ही स्पष्ट है, अति लम्बित भिड़ंत समूह एक ऐसा भिड़ंत समूह होता है जिसके सदस्यों में सतत (continuous) तथा तीव्र अन्त:क्रियाएँ 24 घंटा से 36 घंटा तक लगातार होते रहता है। इस अवधि में सदस्यगण जिनकी संख्या सामान्यत: 10 से 15 तक की होती है, खाने, सोने आदि क्रियाओं में कम-से-कम समय व्यतीत करते हैं। इस दौरान उन्हें सारी क्रियाएँ वहीं रहकर एक साथ करना होता है। समूह से अलग होकर तथा दो-तीन सदस्य मिलकर छोटा उपसमूह बनाना आदि क्रियाएँ वर्जित रहता है। इसका परिणाम यह होता है कि सदस्यों में एक तरह का दबाव (pressure) उत्पन्न होता है जिससे सदस्यों को कुछ चिकित्सीय लाभ होता है। स्टॉलर (Stoller, 1968) ने ऐसे समूह की सतत अन्तक्रिया को एक वर्धित अन्त:क्रिया (accelerated interaction) कहा है तथा बैक (Bach, 1966) ने तो इसके लिए एक नया पद *अतिलम्बित समूह चिकित्सा* (marathon group therapy) का ही उपयोग करना प्रारंभ कर दिया है। यद्यपि यह सही है कि अतिलम्बित भिड़ंत समूह की शुरूआत नैदानिक सेवाओं (clinical practice) में ही हुई थी परंतु इसका उपयोग हाल के वर्षों में सामान्य समूहों में भी सफलतापूर्वक किया गया है। ऐसा देखा गया है कि प्रारंभिक अवस्था में सदस्यगण एक-दूसरे के साथ मात्र औपचारिक ढंग से बातचीत करते हैं। परंतु धीरे-धीरे औपचारिक बातचीत में कमी आते जाती है और लोग अनौपचारिक ढंग से आपस में अन्त:क्रिया करना प्रारंभ कर देते हैं। सदस्यों द्वारा तीव्र संवेग की अभिव्यक्ति होती है, तनाव में वृद्धि होती है तथा लोग एक-दूसरे पर शाब्दिक ढंग से आक्रमण भी करना प्रारंभ कर देते हैं। चूँकि सदस्य परिस्थिति से अपने आप को किसी भी तरह अलग नहीं कर सकते हैं, इस कारण समूह में दबाव और तीव्र हो जाता है। इस तरह के दबाव के कारण सदस्यों में एक तरह वैयक्तिक अनुभूति (personal experience) उत्पन्न होता है जिससे उन्हें अधिक लाभ होता है। इस समूह के अंतिम अवस्था में सदस्यों में विश्रांति (relaxation) की उत्पत्ति होती है, समूह के साथ अपनापन का भाव उत्पन्न होता है तथा समूह में और अधिक समय तक रहने की इच्छा तीव्र होती है। कहने का तात्पर्य यह है कि जैसे ही सत्र समाप्ति के करीब आता है सदस्यों में एक-दूसरे के प्रति धनात्मक भाव तथा स्नेह एवं घनिष्ठता की अनुभूति उत्पन्न होती है। यही कारण है कि इस अवस्था को *प्यार का उत्सव* (love feast) की अवस्था कहा जाता है।

(3) नंगा अतिलम्बित भिड़ंत समूह *(Nude marathon encounter group)*—इस तरह के भिड़ंत समूह का प्रतिपादन विनड्रीम (Bindrim, 1968) द्वारा किया गया। नंगा अतिलम्बित भिड़ंत समूह सचमुच में एक तरह का अतिलम्बित भिड़ंत समूह ही है तथा इसकी प्रविधि भी लगभग वही है। इसमें भाग लेने वाले सभी सदस्य अपने शरीर का वस्त्र उतारकर अर्थात नंगा होकर एक-दूसरे के साथ शारीरिक संपर्क करते हैं परंतु स्पष्ट रूप से लैंगिक क्रिया (sexual activity) करना वर्जित रहता है। इस तरह के भिड़ंत समूह चिकित्सा की मुख्य मान्यता यह होती है कि दैहिक अनावरण (physical exposure) होने से व्यक्तियों में सांवेगिक प्रकटीकरण (emotional exposure) होता है और सांवेगिक प्रकटीकरण से व्यक्ति को एक तरह का मानसिक सुख प्राप्त होता तथा उसके व्यक्तित्व का विकास होता है। नंगा अतिलम्बित समूह में सदस्यगण पहले नंगा होकर पानी से भरे किसी तैराकी पुल (swimming pool) में अन्त:क्रिया करते हैं। इस तरह के आरंभिक लज्जा को झेलने के बाद उनका आपस में एक-दूसरे के प्रति किसी प्रकार का अवरोध (inhibition) में कमी आ जाती है और वे बहुत ही स्वाभाविक ढंग से एक-दूसरे के साथ अन्त:क्रिया करते हैं। बाद में वे निर्धारित स्थान पर एक-दूसरे के साथ नग्न होकर अंतक्रिया करने में तनिक भी नहीं हिचकिचाते हैं। विनड्रीम (Bindrim) का मत है कि नंगा भिड़ंत समूह चिकित्सा उन व्यक्तियों के लिए अधिक लाभकारी या गुणकारी सिद्ध होता है जिनमें लैंगिक समस्याएँ (sexual problems) होतीं हैं या जिनका अपने शरीर के बारे में विशेष कारणों से विकृत धारणा विकसित हो जाती है।

नंगा अतिलम्बित भिड़ंत समूह को पेशेवरों तथा कुछ मनोवैज्ञानिकों द्वारा एक अनुचित एवं अमानवीय पद्धति बतलायी गयी है। इसके चिकित्सीय परिणाम की अनुकूलता पर भी लोगों को शक हुआ है। रोजर्स (Rogers, 1970) ने तो यहाँ तक कह दिया है कि सम्पूर्ण भिड़ंत समूह के एक प्रतिशत का दशवाँ हिस्सा से भी कम नंगा अतिलम्बित भिड़ंत समूह की बारंबारता होती है। इससे इस तरह की चिकित्सा पद्धति की सार्थकता का खुलासा अपने-आप हो जाता है।

(4) गेस्टाल्ट भिड़ंत समूह *(Gestalt encounter group)*—जब भिड़ंत समूह में फ्रिज पर्ल्स (Fritz Perls) द्वारा प्रतिपादित गेस्टाल्ट चिकित्सा का उपयोग किया जाता है, तो इस तरह की चिकित्सा पद्धति को गेस्टाल्ट भिड़ंत समूह चिकित्सा कहा जाता है। जैसा कि हम जानते हैं, गेस्टाल्ट चिकित्सा में क्लायंट की वर्तमान क्रियाओं (here-now-actions) पर अधिक बल डाला जाता है तथा चिकित्सक क्लायंट को इन क्रियाओं का उत्तरदायित्व अपने ऊपर लेने के लिए उन्हें अवगत कराता है। गेस्टाल्ट भिड़ंत समूह चिकित्सा का भी यही उद्देश्य रहता है परंतु यह कार्य एक समूह में किया जाता है। समूह का प्रत्येक सदस्य एक विशेष स्थान पर बैठता है तथा समूह का नेता (अर्थात् चिकित्सक) उससे तरह-तरह के प्रश्न करता है जिनका उत्तर उन्हें देना होता है। समूह के अन्य सभी सदस्य चिकित्सक तथा सदस्य के इस अंत:क्रिया का प्रेक्षण करते हैं। इस तरह से बारी-बारी से प्रत्येक सदस्य को उस विशेष जगह पर बिठाकर चिकित्सक द्वारा प्रश्न पूछे जाते हैं। सदस्य को उस समय अपने भीतर उत्पन्न अनुभूतियों एवं संवेदनों पर विशेष ध्यान देने के लिए कहा जाता है। इस तरह के भिड़ंत समूह चिकित्सा में कभी-कभी चिकित्सा तथा सदस्य विशेष तरह की भूमिका करके अन्त:क्रिया करते हैं। जैसे, सदस्य से यह कहा जा सकता है कि मान लीजिए कि बगल की कुर्सी पर एक-दूसरा आदमी बैठा है जिसके साथ आप विशेष अंत:क्रिया कर रहे हैं। ऐसा देखा गया है कि धीरे-धीरे इस तरह के गेस्टाल्ट भिड़ंत समूह चिकित्सा में समूह के सभी सदस्यों का आवेष्टन (involvement) तीव्र हो जाता है और इनके धनात्मक अंत:शक्ति (positive potential) का विकास होने लगता है।

(5) संव्यवहार विश्लेषण भिड़ंत समूह *(Transactional analysis encounter group)*—जब वर्नी (Berne, 1961, 1966) द्वारा प्रतिपादित चिकित्सीय विधि जिसे संव्यवहार विश्लेषण कहा जाता है का उपयोग भिड़ंत समूह में किया जाता है तो उसे संव्यवहार विश्लेषण भिड़ंत समूह कहा जाता है। जैसा कि हम जानते हैं, संव्यवहार विश्लेषण में एक ही व्यक्ति के भीतर तीन तरह की भूमिका अर्थात्, चाइल्ड (Child), एडल्ट (Adult) तथा पेरेन्ट (Parent) का विश्लेषण होता है न कि एक व्यक्ति का दूसरे व्यक्ति के साथ हुए अन्त:क्रियाओं का। इस तरह के समूह में समूह का नेता सदस्यों को विभिन्न गेम्स (games) खेलते समय उनके व्यवहारों का अर्थ समझता है तथा उसकी एक विशेष व्याख्या करता है। यहाँ गेम्स से तात्पर्य एक ऐसे संगठित कर्मकाण्ड (rituals) से होता है जिसके पीछे उनके विशेष उद्देश्य छिपे रहते हैं। इस तरह के भिड़ंत समूह में नेता एक तरह से शिक्षक की भूमिका में होता है ताकि वह सदस्यों को गेम्स का अर्थ समझाकर उन्हें उससे मुक्ति दिला सके। नेता द्वारा इस तरह की भूमिका को बार-बार करने से सदस्यों में घनिष्ठता विकसित हो जाती है तथा साथ-ही-साथ वे लोग एक-दूसरे के साथ ऐसा संबंध स्थापित कर सकने में समर्थ होते हैं जो गेम्स के बंधन से मुक्त होता है।

(6) साइनेनोन गेम्स *(Synanon games)*—साइनेनोन (synanon) औषध-व्यसनियों (drug addicts) का एक आत्म-मदद संगठन (self-help organization) है। इसी के नाम पर इस तरह के गेम्स को साइनेनोन गेम्स (synanon games) कहा जाता है। यह गेम्स एक ऐसा भिड़ंत समूह होता है जिसमें सदस्यों को क्रोध तथा ईर्ष्या का खुला, प्रत्यक्ष एवं बिना किसी तरह के अवरोध (inhibition) की अभिव्यक्ति शाब्दिक रूप से करने के लिए कहा जाता है। हाँ, उन्हें इस बात की हिदायत जरूर दे दी जाती है कि वे लोग इसकी अभिव्यक्ति सिर्फ शाब्दिक रूप से करेंगे तथा किसी तरह की हिंसा आदि में अपने को लिप्त नहीं करेंगे। इस तरह के सामूहिक भिड़ंत में कोई नेता या चिकित्सक नहीं होता है। यह गेम करीब तीन घंटे तक चलता है जिसमें उन व्यक्तियों की पहचान कर ली जाती है जो सबसे अधिक आक्रमकता दिखलाता है। गेम के सत्र के बाद यह देखा जाता है कि सदस्यों में एक-दूसरे के प्रति भावुक समर्थन एवं प्रोत्साहन का वातावरण कायम हो जाता है। गेम के समय प्रत्येक सदस्य को पूर्णत: ईमानदारी से आक्रमकता दिखाना होता है तथा सामान्य सामाजिक मानकों द्वारा प्रस्तावित अवरोध तथा परम्पराओं की परवाह नहीं करने की सलाह दे दी जाती है। इसमें सदस्यों द्वारा दिखलाये गये ईर्ष्या, आलोचना एवं उपहास का उद्देश्य सदस्यों के सामान्य सुरक्षात्मक उपायों एवं मनगढंत कथाओं जिनके पीछे वह अपने भावों को छिपाता है, को ध्वस्त करना होता है। ऐसे सुरक्षात्मक उपाय एवं मनगढंत

कथाओं के होने से व्यक्ति का सामान्य वर्द्धन ठीक ढंग से नहीं हो पाता है। एक गेम के बाद दूसरे गेम में सदस्यों को सामान्यत: बदलकर भिड़ंत करवाया जाता है। गेम में जितना ही तीव्र आक्रमकता होती है, सदस्यों में सावंगिक आवेष्टन (emotional involvement) की मात्रा तथा पारस्परिक भलाई या कल्याण की चिंता उतनी ही अधिक हो जाती है। नैदानिक मनोवैज्ञानिकों में अभी इस बात पर सहमति नहीं हुई है कि किस तरह के लोगों को इससे लाभ होगा, तथा इसमें भाग लेने से सदस्यों में कितना संभावित परिवर्तन होता है।

स्पष्ट हुआ कि भिड़ंत समूह चिकित्सा के कई प्रारूप होते हैं। इनमें से मौलिक भिड़ंत समूह (basic encounter group) की लोकप्रियता तुलनात्मक रूप से अधिक है।

भिड़ंत समूह की प्रभावशीलता
(Effectiveness of Encounter group)

ऐसा सामान्यत: कहा जाता है कि भिड़ंत समूह व्यक्तिगत वर्द्धन (personal growth) तथा परानुभूति (empathy) को बढ़ाता है जबकि सामूहिक चिकित्सा का उद्देश्य व्यक्ति में हुए मनोवैज्ञानिक क्षति को सुधारना होता है। अब प्रश्न उठता है कि क्या भिड़ंत समूह अपने उद्देश्य में प्रभावी या सफल हो पाया है? इस प्रश्न का उत्तर के लिए नैदानिक मनोवैज्ञानिकों द्वारा किये गये कुछ अध्ययनों एवं समीक्षाओं के परिणाम पर गौर करना होगा। जैसे, गिब (Gibb, 1970) ने 100 भिड़ंत समूह अध्ययनों की समीक्षा किया और अंत में इस निष्कर्ष पर पहुँचे कि ऐसे समूह में धनात्मक चिकित्सीय प्रभाव (positive therapeutic effect) होता है। लाईबरमैन तथा उनके सहयोगियों (Liberman et. al., 1973) ने यह बतलाया है कि भिड़ंत समूह में भाग लेने वाले सदस्यों में से करीब 75% ने अपने में धनात्मक परिवर्तन महसूस किया तथा इस तरह के परिवर्तन का होना इस बात पर निर्भर करता है कि समूह के नेता या पेशेवर चिकित्सकों द्वारा किस तरह की प्रविधि को अपनाया गया है। ओगन तथा उनके सहयोगियों (Wogan et al., 1970) ने भी अपने अध्ययन के आधार पर यह बतलाया है कि समूह के नेता के व्यवहार द्वारा समूह के बातचीत का विषय तो निर्धारित होता ही है साथ-ही-साथ सदस्यों में यह अनुभूति भी उत्पन्न होती है कि वे कहाँ तक समूह से प्रभावित हुए हैं। लाईबरमैन (Liberman, 1976) ने करीब छोटे भिड़ंत समूहों के 50 अध्ययनों से अधिक की समीक्षा किया और बतलाया कि कई ऐसे समूहों में भाग लेने वाले व्यक्तियों ने अपने भीतर धनात्मक परिवर्तन होने की बात बतायी है।

उक्त तथ्यों के आलोक में हम इस निष्कर्ष पर पहुँचते हैं कि भिड़ंत समूह की प्रभावशीलता है और इसमें भाग लेने वाले सदस्यों के भाव एवं चिंतन में पर्याप्त परिवर्तन होते हैं।

भिड़ंत समूह चिकित्सा का मूल्यांकन
(Evaluation of Encounter group Therapy)

भिड़ंत समूह एक तरह की नयी प्रविधि है जिसके माध्यम से मानव समस्याओं का समाधान का प्रयास किया गया है। इस क्षेत्र में तुलनात्मक रूप से शोध भी कम किये गये हैं। इस समूह से कुछ लोग तो काफी आशान्वित हैं तो वहीं कुछ लोगों का दावा है कि इससे समस्या का समाधान न होकर उसकी उग्रता कुछ बढ़ ही जाती है। भिड़ंत समूह में निम्नांकित दोष की आशंका प्राय: जतायी गयी है—

(i) भिड़ंत समूह के सदस्यों में जो तात्कालिक घनिष्ठता पैदा होती है, वह स्थायी नहीं होती है और न ही उसका स्थानान्तरण दिन-प्रतिदिन की जिंदगी में हो पाता है। अत: इससे सदस्यों को वास्तविक लाभ नहीं हो पाता है।

(ii) प्राय: देखा गया है कि भिड़ंत समूह का नेतृत्व अप्रशिक्षित तथा गैर-पेशेवर (non-professionals) लोग करते हैं जिसके कारण इस तरह के समूह का चिकित्सीय प्रभाव (therapeutic effect) धीरे-धीरे कमता जाता है।

(iii) भिड़ंत समूह के सदस्यों को उसमें शामिल करने के पहले कोई परख नहीं की जाती है। संभव है कि कुछ सदस्य काफी संवेदनशील प्रकृति के हों। अध्ययनों से यह पता चला है कि ऐसे संवेदनशील व्यक्ति को भिड़ंत समूह की अन्त:क्रियाओं से काफी हानि पहुँचती है। यालोम तथा लाईबरमैन (Yalom & Loberman, 1971) ने एक अध्ययन किया जिसमें 170 छात्रों ने विभिन्न तरह के भिड़ंत समूहों में भाग लिया। इसमें 16 छात्र ऐसे थे जिन्होंने भिड़ंत समूह में भाग लेने के बाद अपने में सार्थक मनोवैज्ञानिक क्षति (psychological damage) का अनुभव करते हैं।

(iv) भिड़ंत समूह चिकित्सा को कुछ मनोवैज्ञानिकों द्वारा एक बौद्धिक-विरोधी (anti-intellectual) तथा सुखवादी

(hedonistic) बतलाया गया है। ऐसे समूह के सदस्यों में विवेक की कमी पायी जाती है तथा क्षणिक शारीरिक सुख की ओर उन्मुक्तता अधिक होती है। इससे इसका चिकित्सीय मूल्यों में कमी आती है।

(v) भिड़ंत समूह को नैदानिक मनोवैज्ञानिकों द्वारा एक कम महत्त्व वाला चिकित्सक पद्धति कहा गया है। इसमें कोई शक नहीं है कि इसकी विधि काफी आसान है परंतु उनका शायद ही कभी मूल्यांकन अब तक किया गया हैं। अत: उनकी वैधता संदेह के घेरे में है।

इन आलोचनाओं के बावजूद यह उम्मीद जतायी जाती है कि उत्तरदायी नेता के नेतृत्व में एवं व्यक्तियों में बढ़ती सचेतता के कारण इस तरह की चिकित्सा पद्धति का गुणकारी प्रभाव की संभावना अधिक है।

अध्याय सारांश
(Chapter Summary)

1. समूह चिकित्सा आधुनिक समय में एक प्रमुख प्रकार की मनश्चिकित्सा है जब समूह असंबंध व्यक्तियों का होता है और उनका चिकित्सक एक साथ चिकित्सा करता है तो, इस तरह की प्रविधि को सामूहिक चिकित्सा कहा जाता है। सामूहिक चिकित्सा का औपचारिक शुभारंभ जोसेफ एच० प्राट (Joseph H. Pratt) द्वारा 1905 में किये गये प्रयासों के फलस्वरूप हुआ है।
2. सामूहिक चिकित्सा के ग्यारह उपचारी कारक (curative factors) बतलाये गये हैं। यह सूची यालोम (Yalom, 1975) द्वारा तैयार की गयी है।
3. सामूहिक चिकित्सा की प्रक्रिया में चार कदम बतलाये गए हैं—औपचारिक व्यवस्था, समूह का संगठन, समूह की अवधि तथा समूह चिकित्सा की भूमिका।
4. सामूहिक चिकित्सा के मुख्य चार मॉडल का वर्णन किया गया है—मनोगतिकी सामूहिक चिकित्सा मॉडल, व्यवहारपरक सामूहिक चिकित्सा मॉडल, मानवतावादी सामूहिक चिकित्सा मॉडल तथा समकक्षी आत्म-मदद समूह मॉडल।
5. समूह चिकित्सा के जहाँ एक ओर कुछ लाभ हैं वहीं दूसरी ओर कुछ अलाभ भी हैं। लाभ की पाँच बिन्दुओं पर प्रकाश डाला गया है जबकि अलाभ के चार बिन्दुओं की ओर ध्यान आकृष्ट किया गया है।
6. पारिवारिक चिकित्सा एक तरह का सामूहिक चिकित्सा है जिसमें समूह के सदस्य अपरिचित न होकर एक ही परिवार के सभी सदस्यगण होते हैं।
7. पारिवारिक चिकित्सा के नौ स्पष्ट उद्देश्यों का वर्णन किया गया है।
8. पारिवारिक चिकित्सा के दस प्रकारों का विस्तृत वर्णन किया गया है। पारिवारिक चिकित्सा के उपयोग के लिए कुछ परिस्थिति उपयुक्त होती है तो कुछ परिस्थिति अनपयुक्त होती है।
9. पारिवारिक चिकित्सक की कुछ समस्याएँ भी हैं। ऐसी तीन समस्याओं पर विचार-विमर्श किया गया है।
10. वैवाहिक चिकित्सा (martial therapy) या जिसे अब युग्म चिकित्सा (couple therapy) भी कहा जाता है, एक ऐसी चिकित्सा है जिसमें युगल जोड़ी की मनोवैज्ञानिक समस्याओं का समाधान का प्रयास किया जाता है।
11. भिड़ंत समूह चिकित्सा (encounter group therapy) जिसमें सदस्यों की संख्या सामान्यत: 6 से 20 की होती है, एक ऐसी चिकित्सा पद्धति है जिसमें चिकित्सक या नेता समूह के सदस्यों में कई प्रविधियों द्वारा शारीरिक सम्पर्क करवाते हुए ईमानदारी से आपस में अन्त:क्रिया करने की प्रेरणा देते हैं ताकि उन्हें आत्म-सिद्धि (self-actualization) तथा उत्तम अन्तर्वैयक्तिक संबंध विकसित करने में मदद मिले।
12. भिड़ंत समूह के छह प्रकारों का वर्णन किया गया है।
13. यद्यपि कुछ अध्ययनों से यह स्पष्ट हो गया है कि भिड़ंत समूह चिकित्सा के परिणाम बहुत अनुकूल नहीं होते हैं, परंतु फिर भी कई नैदानिक मनोवैज्ञानिकों द्वारा यह तर्क प्रस्तुत किया गया है कि इससे सदस्यों के व्यक्तित्व में धनात्मक परिवर्तन होते हैं।
14. भिड़ंत समूह चिकित्सा के कुछ लाभ एवं अलाभ हैं। इसके अलाभ के पाँच प्रमुख बिंदुओं पर प्रकाश डाला गया है।

❑

अध्याय 25

मनश्चिकित्सा का मूल्यांकन
(EVALUATION OF PSYCHOTHERAPY)

मनश्चिकित्सा एक खर्चीला प्रविधि है। अत: यह स्वाभाविक है कि लोगों के मन में यह प्रश्न उठता हो कि क्या यह प्रभावकारी (effective) होता है? क्या इससे लोगों के व्यवहार में वांछित परिवर्तन आता है? क्या यह लोगों को तकलीफों से छुटकारा दिलाता है? किस तरह की परिस्थिति में किस तरह के रोगी के साथ किस तरह की प्रविधि के उपयोग किए जाने पर यह सबसे अधिक प्रभावकारी होता है? इस सभी तरह के प्रश्नों का संबंध मनोश्चिकित्सा के मूल्यांकन से होता है। इस क्षेत्र में किए गए शोधों (researches) के आधार पर उक्त प्रश्नों तथा अन्य समान प्रश्नों का उत्तर देने की कोशिश की जाती है। इस अध्याय में इन प्रश्नों का संतोषजनक उत्तर देने के लिए निम्नांकित पाँच भागों में बाँटकर गहन विवेचना की गयी है—

(1) मनश्चिकित्सा की प्रभावशीलता का मूल्यांकन करने की विधियाँ (Methods of evaluating the effectiveness of psychotherapy)
(2) क्या मनश्चिकित्सा प्रभावकारी होता है? (Is psychotherapy effective ?)
(3) मनश्चिकित्सा के परिणाम को प्रभावित करने वाले कारक (Factors influencing the outcome of psychotherapy)
(4) मनश्चिकित्सीय शोध तथा मेडिकल शोध में अंतर (Differences between psychotherapeutic research and medical research)
(5) मनश्चिकित्सा की प्रक्रिया पर शोध (Research on the process of psychotherapy)

इन सबों का वर्णन हम अलग-अलग अनुच्छेद में करेंगे। इन सबों के अतिरिक्त नवीनतम प्रकार की मनोचिकित्सा अर्थात् *साईबर चिकित्सा* (cybertherapy) पर भी प्रकार अलग से डाला जाएगा।

चिकित्सीय हस्तक्षेप या मनश्चिकित्सा की प्रभावशीलता के मूल्यांकन करने की विधियाँ (Methods of Evaluating Effectiveness of Psychotherapy or Therapeutic intervention)

मनोवैज्ञानिक उपचार या मनश्चिकित्सा की प्रभावशीलता का मूल्यांकन नैदानिक मनोविज्ञान में एक प्रबल शोध क्रिया रहा है। मनश्चिकित्सा का मूल्यांकन तीन तरह के लोगों के लिए मूल्यवान माना गया है—रोगी, चिकित्सक तथा समाज या तीसरा पार्टी। रोगी के लिए निश्चित रूप से मनश्चिकित्सा की प्रभावशीलता का सबसे अधिक महत्त्व होता है क्योंकि इसमें इनका समय, धन, श्रम आदि लगा होता है। चिकित्सक के लिए भी मनश्चिकित्सा मूल्यवान होता है क्योंकि वह इसके द्वारा यह जान पाता है कि उनके द्वारा किया गया प्रयास कहाँ तक सार्थक है या उसमें कुछ परिमार्जन करने की आवश्यकता है। तीसरा पार्टी या समाज जो माता-पिता, दोस्त, पड़ोसी, शिक्षक, समाज-सेवी कोई भी हो सकता है, यह जानना चाहता है कि मनश्चिकित्सा क्या सचमुच में क्लायंट के व्यवहार में सार्थक परिवर्तन लाता है।

मनश्चिकित्सा के मूल्यांकन में एक लम्बे समय से जो प्रश्न लोगों द्वारा उठाया जा रहा है, वह यह है—क्या मनश्चिकित्सा प्रभावी होता है (Is psychotherapy effective ?)। आधुनिक नैदानिक मनोवैज्ञानिकों की अवधारणा यह रही है कि चूँकि यह प्रश्न जरूरत से ज्यादा विस्तृत है, अत: इसका अर्थपूर्ण एवं सार्थक ढंग से उत्तर नहीं दिया जा सकता है। इसलिए ये लोग अब इस प्रश्न के जगह पर एक दूसरा प्रश्न जिसका स्वरूप अधिक विशिष्ट है, पर ध्यान देने लगे

हैं। यह प्रश्न पॉल (Paul, 1969, p. 44) द्वारा तैयार किया गया है जो इस प्रकार है—*''कौन चिकित्सीय हस्तक्षेप किस परिस्थिति में किस रोगी को किस चिकित्सक द्वारा उपयोग किए जाने पर किस तरह का परिणाम देगा?''* (Which therapeutic interventions applied by which therapists to which patients under which circumstances are likely to lead to which results ?)

पॉल के उक्त प्रश्न का सही-सही उत्तर देने के लिए नैदानिक मनोवैज्ञानिकों ने मनश्चिकित्सा की प्रभावशीलता को मापने के लिए कई तरह की विधियों का प्रतिपादन किया है जो निम्नांकित है—

(1) केस अध्ययन (case studies)

(2) सहसंबंधात्मक अध्ययन (correlational studies)

(3) नैदानिक सर्वे (clinical surveyes)

(4) प्रयोगात्मक अध्ययन (experimental studies)

(5) अनुरूप शोध अध्ययन (analogue research studies)

(6) परसोनालिस्टिक अध्ययन (personalistic studies)

(7) बक्स प्राप्तांक समीक्षा (Box Score Review)

(8) मेटा-विश्लेषण (meta analysis)

(9) परिणाम मापन विधियाँ (methods of measures outcomes)

इन सबों का वर्णन निम्नांकित है—

1. केस अध्ययन *(Case studies)*—केस अध्ययन विधि का उपयोग नैदानिक मनोविज्ञानिक में काफी किया गया है। इस विधि में किसी एक क्लायंट (client) का विस्तृत विवरण तैयार किया जाता है जिसमें उसके कठिनाइयों के विशिष्ट स्रोत का उल्लेख होने के साथ-ही-साथ उपचार विधि तथा उपचार के परिणाम (outcome) का उल्लेख होता है। जैसे—केस अध्ययन में एक ऐसे कॉलेज के छात्र का विवरण हो सकता है जो परीक्षा पास करने के लिए इतना अधिक चिन्तित हो गया है कि उसे कई रातों से नींद नहीं आया है और उसमें दैहिक तथा मानसिक बेचैनी काफी अधिक बढ़ गया है। इस क्षेत्र में अत्यधिक चिन्ता परीक्षा में फेल हो जाने से संबंधित है। विश्राम प्रशिक्षण (relaxation training) तथा सांवेगिक समर्थन (emotional support) देकर उसका उपचार किया जा सकता है। चिकित्सा सत्र के अंत में यह देखा जा सकता है कि क्लायंट अपनी समस्या तथा कठिनाई से निबट चुका है तथा अब वह परीक्षा की तैयारी ठीक ढंग से कर रहा है तथा उसे परीक्षा से अब किसी प्रकार का कोई डर नहीं लगता है।

केस अध्ययन से मनश्चिकित्सा की प्रभावशीलता को आँकने में कई तरह की कठिनाइयाँ सामने आती हैं। इन कठिनाइयों में निम्नांकित प्रमुख हैं—

(i) केस अध्ययन प्रायः अनियंत्रित एवं अक्रमबद्ध (unsystematic) होता है।

(ii) केस अध्ययन के निष्कर्ष में चिकित्सक-प्रेक्षक (clinician-observer) की आत्मगत निर्णय काफी प्रतिबिम्बित होता है जिससे इस विधि के आधार पर किया गया मूल्यांकन दोषपूर्ण होता है।

(iii) केस अध्ययन के आधार पर प्राप्त तथ्यों पर सामान्यीकरण नहीं किया जा सकता है क्योंकि इसका स्वरूप सीमित एवं अनिश्चित (uncertain) होता है।

(iv) केस अध्ययन से यह भी निश्चितपूर्वक नहीं कहा जा सकता है कि क्लायंट की समस्याएँ दी गई चिकित्सा से ही कम हुई है।

इन परिसीमाओं या कठिनाइयों को ध्यान में रखते हुए यह कहा जा सकता है कि केस अध्ययन से कुछ ऐसे आँकड़े या तथ्य नहीं मिल पाता है जिसके आधार पर विशेष मनश्चिकित्सा के मूल्य को स्वीकृत या अस्वीकृत किया जा सके। फिर भी केस अध्ययन से बहुत सारे ऐसी प्राक्कल्पनाओं (hypotheses) का पता चलता है जिससे आगे शोध किया जा सकता है तथा यह पेशेवर नैदानिक मनोवैज्ञानिकों के लिए कुछ सूझ अवश्य ही प्रदान करता है।

2. सहसंबंधात्मक अध्ययन *(Correlational studies)*—सहसंबंधात्मक अध्ययन में यह तय किया जा सकता है कि कहाँ तक दो चर (या दो से अधिक चर) एक साथ संबंधित हैं। इसमें दोनों चरों को मापकर यह निश्चित किया जाता है कि आपस में वे किस सीमा तक सहसंबंधित हैं। मानक व्यवहार के बारे में बहुत सारे विश्वास का आधार यही

सहसंबंधात्मक अध्ययन (correlational study) होता है। जैसे—प्राय: यह कहा जाता है कि निम्न आत्म-सम्मान (low self-esteem) से व्यक्ति में नाखून को दाँत से काटने जैसे आदत उत्पन्न होती है। इस प्राक्कल्पना की जाँच करने के लिए आत्म-सम्मान को मापने के लिए कोई परीक्षण दिया जाएगा तथा फिर इन्हीं व्यक्तियों द्वारा नाखून को दाँत से काटने के व्यवहार का मापन किया जाएगा। फिर इन दोनों तरह के आँकड़ों के बीच सहसंबंध ज्ञात किया जाएगा। इस सहसंबंध गुणांक (correlation coefficient) के आधार पर इस बात का मूल्यांकन किया जा सकता है कि दोनों चर आपस में कहाँ तक सहसंबंधित हैं।

सहसंबंधात्मक अध्ययन में निहित लाभ यह है कि इसमें चरों (variables) को न तो नियंत्रित करना पड़ता है और न ही उनमें जोड़-तोड़ (manipulation) ही करना पड़ता है। ऐसे अध्ययन का प्रमुख दोष (demerit) यह है कि सहसंबंध के आधार पर कारण का पता नहीं लगाया जा सकता है। अगर निम्न आत्म-सम्मान दाँत से नाखून काटने के व्यवहार काफी सहसंबंधित होता पाया जाता है, तो यह नहीं कहा जा सकता है कि

(a) निम्न आत्म-सम्मान से दाँत से नाखून काटने का व्यवहार होता है, या

(b) दाँत से नाखून काटने को रोकने में असमर्थता से निम्न आत्म-सम्मान की उत्पत्ति होती है।

चूँकि सहसंबंधात्मक अध्ययनों के आधार पर कारणात्मक व्याख्या (causative explanation) नहीं की जा सकती है, अत: नैदानिक मनोवैज्ञानिकों द्वारा इसके आधार पर किसी मनश्चिकित्सा की विधि का मूल्यांकन करने में बहुत उत्साह नहीं दिखलाया गया है।

3. नैदानिक सर्वे *(Clinical survey)*—इस तरह के सर्वे में क्लायंट को मनश्चिकित्सा के बाद की स्थिति का पता लगाया जाता है। यह स्थिति सामान्यत: दो प्रकार की होती है—'उन्नत' (improved) या 'उन्नत नहीं' (not improved)। इसके बाद उस क्लायंट का प्रेक्षण विभिन्न परिस्थितियों में कई चिकित्सक अलग-अलग करते हैं। उन सभी की राय या निर्णयों को एक साथ मिलाकर क्लायंट की स्थिति के बारे में मूल्यांकन किया जाता है। कभी-कभी इस तरह के सर्वे में चिकित्सक की मनोवृत्ति तथा क्लायंट द्वारा अनुभव की गयी आवश्यकता तथा अपनी समस्या के बारे में किया गया प्रत्यक्षण को भी आधार मानकर मनश्चिकित्सा का मूल्यांकन किया जाता है।

परंतु इस तरह के नैदानिक सर्वे के आधार पर किया गया मूल्यांकन बहुत विश्वसनीय नहीं होता है क्योंकि इसमें आत्मनिष्ठता (subjectivity) अधिक होती है। इस तरह के सर्वे से वर्णनात्मक उद्देश्य (descriptive purpose) की प्राप्ति होती है परंतु व्याख्यात्मक उद्देश्य (explanatory purpose) की प्राप्ति नहीं होती है।

4. प्रयोगात्मक अध्ययन *(Experimental studies)*—मनश्चिकित्सा में किसी भी उत्तम शोध की पहली आवश्यकता यह है कि हम यह निश्चित रूप से कह सकें कि किए गए जोड़-तोड़ (manipulation) या विवेचन (treatment) से प्रभावकारी या लाभकारी परिवर्तन हुए हैं। ऐसे कारणात्मक संबंध (causal relationship) का मूल्यांकन सिर्फ प्रयोगात्मक अध्ययन में ही होता है। प्रयोगात्मक अध्ययनों में अचर (constant) तथा चर (variables) दोनों ही होते हैं। प्रयोग में बहुत-सी चीजें सभी सहभागियों (participants) के लिए अचर (constant) या एक समान होता है। प्रयोगकर्त्ता एक या एक से अधिक चर में जोड़-तोड़ (manipulation) करता है तथा इसके पड़ने वाले प्रभाव को वह दूसरे चर पर मापता है। जिस चर में जोड़-तोड़ किया जाता है, उसे स्वतंत्र चर (independent variable) तथा जिस चर पर उस जोड़-तोड़ का प्रभाव पड़ता है तथा जिसे फिर मापा जाता है, उसे आश्रित चर (dependent variable) कहा जाता है। कभी-कभी स्वतंत्र चर में जोड़-तोड़ की प्रक्रिया में प्रयोगात्मक विवेचन (experimental treatment) का भी प्रावधान सम्मिलित होता है। जिस समूह को प्रयोगात्मक विवेचन दिया जाता है, उसे प्रयोगात्मक समूह (experimental group) तथा जिस समूह को प्रयोगात्मक विवेचन से वंचित रखा जाता है, उसे नियंत्रित समूह (control group) कहा जाता है। किसी भी आदर्श प्रयोग में स्वतंत्र चर को छोड़कर और उन सभी चर जिनका प्रभाव आश्रित चर पर पड़ सकता है, को नियंत्रित कर दिया जाता है ताकि यह विश्वास के साथ कहा जा सके कि आश्रित चर में जो परिवर्तन (प्रभाव) हुआ है, उसका कारण स्वतंत्र चर में किया गया जोड़-जोड़ (manipulation) है। ऐसे नियंत्रित किए गए चरों को नियंत्रित चर (control variable) या बहिरंग चर (extraneous variable) कहा जाता है।

मान लिया जाए कि कोई प्रयोगकर्त्ता मानवतावादी प्रशिक्षण का बच्चों के आक्रमक व्यवहार पर पड़ने वाले प्रभाव का प्रयोगात्मक अध्ययन करना चाहता है। इसके लिए वह बच्चों का दो समूह तैयार करेगा और यह कार्य यादृच्छिक आवंटन (random assignment) की प्रक्रिया द्वारा होगा। एक समूह को वह मानवतावादी प्रशिक्षण (humanistic training) देगा तथा दूसरे समूह को वह मानवतावादी प्रशिक्षण न देकर समान ढंग का रुचिकर एवं मनोरंजक वर्ग निर्देश (classroom instruction) देगा। पहले समूह को प्रयोगात्मक समूह तथा दूसरे समूह को नियंत्रित समूह (control group) कहा जाएगा। इस अध्ययन में बहिरंग चर जैसे दूरदर्शन पर आक्रमक दृश्यों को देखना अपने आप नियंत्रित हो जाता है क्योंकि दोनों समूह का निर्माण यादृच्छिक आवंटन (random assignment) की प्रक्रिया द्वारा हो रही है। प्रशिक्षण के बाद दोनों समूहों का प्रेक्षण खेलने के मैदान में किया जाएगा जिसमें उन लोगों द्वारा एक-दूसरे के प्रति दैहिक तथा शाब्दिक आक्रमक व्यवहारों का रिकार्ड तैयार किया गया। इसके बाद प्राप्त आँकड़ों का सांख्यकीय विश्लेषण करने के बाद यदि यह पाया जाता है कि दोनों समूह में आक्रमकता व्यवहार पर सार्थक अंतर है तो अंतिम निष्कर्ष यह होगा कि मानवतावादी प्रशिक्षण देने से दोनों समूह को आक्रमकता में अन्तर हो जाता है।

उसी तरह से यदि कोई चिकित्सक-प्रेक्षक (clinician-observer) यह जानना चाहता है कि क्रमबद्ध असंवेदीकरण (systematic desensitization) का प्रभाव चिरकालिक चिन्ता (chronic anxiety) के उपचार पर क्या पड़ता है तो इसके लिए वह ऐसे रोगियों का दो यादृच्छिक समूह लेगा। एक समूह को क्रमबद्ध असंवेदीकरण चिकित्सा देगा तथा दूसरे समूह को वह इसी चिकित्सा से मिलता-जुलता कार्यक्रम लगाएगा। फिर इन दोनों समूहों के चिन्ता स्तर का मापन किया जाएगा। यदि सांख्यिकीय विश्लेषण करने के बाद यह पता चलता है कि क्रमबद्ध असंवेदीकरण चिकित्सा पाने वाले समूह में चिन्ता की मात्रा दूसरे समूह की तुलना में काफी कम हो जाती है तो इस निष्कर्ष पर पहुँचा जाएगा कि क्रमबद्ध असंवेदीकरण दोनों समूह के चिन्ता स्तर में अंतर कर देता है।

यद्यपि प्रयोगात्मक अध्ययन काफी ठोस एवं वैज्ञानिक प्रविधि है जिसके सहारे मनश्चिकित्सा की प्रभावशीलता का मूल्यांकन किया जाता है फिर भी इसे दोषरहित नहीं माना गयाा है। इसके निम्नांकित दोष अधिक गंभीर हैं—

(i) चूँकि प्रयोगात्मक अध्ययन में प्रयोगकर्त्ता को अधिकतम नियंत्रण रखना पड़ता है, अतः वह सीमित संख्या में ही चरों का अध्ययन कर पाता है। परिणामतः उसे कभी-कभी कुछ ऐसे चरों को छोड़ देना पड़ता है जिसका महत्त्व काफी होता है।

(ii) कुछ ऐसे चर होते हैं जिनका अध्ययन प्रयोगात्मक परिस्थिति में वैज्ञानिक एवं संतोषजनक ढंग से नहीं हो पाता है क्योंकि उनपर न तो उतना नियंत्रण संभव है और न ही उनमें वांछित जोड़-तोड़ (manipulation) ही किया जा सकता है। जैसे, यदि हम नैदानिक मनोविज्ञान में बच्चों के आक्रमक व्यवहार पर शारीरिक दंड (corporal punishment) के पड़ने वाले प्रभावों का अध्ययन करना चाहे तो यहाँ प्रयोगात्मक अध्ययन का उपयोग अनुचित होगा क्योंकि यहाँ उन विधियों में जोड़-तोड़ करना जिनका उपयोग माता-पिता अपने बच्चों को अनुशासन सीखलाने में करते हैं, अनैतिक (unethical) होगा।

इन दोषों के बावजूद मनश्चिकित्सा की प्रभावशीलता का मूल्यांकन करने के लिए प्रयोगात्मक अध्ययन को उपलब्ध शोध विधियों में सबसे शीर्ष बतलाता है।

5. अनुरूप शोध अध्ययन *(Analogue research studies)*—अनुरूप शोध वैसे शोध को कहा जाता है जिसमें वास्तविक नैदानिक जीवसंख्या (real clinical populations) का उपयोग व्यावहारिक, नैतिक तथा मानवीय कारणों से संभव नहीं हो पाता है। इसलिए ऐसे जीव-संख्या को अध्ययन करने के लिए चुना जाता है जो नैदानिक जीवसंख्या के लक्षणों का अनुरूपण (simulation) कर सके। जैसे—शोधकर्त्ता को विषाद (depression) के अध्ययन में रुचि हो सकता है परंतु पर्याप्त संख्या में विषादी रोगी नहीं मिल सकता है। ऐसी परिस्थिति में वह कॉलेज के कुछ छात्रों से विषाद से संबंधित अवस्थाओं एवं लक्षण का अनुरूपण करने के लिए कह सकता है और इसी का अध्ययन करके विषादी विशेषताओं का मूल्यांकन कर सकता है। कीट (Keet, 1948) ने विभिन्न तरह के मनश्चिकित्सा का अनुरूपण करवा करके दमित इच्छाओं को चेतन में लाने में उनकी उपयोगिता का सफल मूल्यांकन किया है। विल्सन (Wilson, 1973) ने एक अध्ययन किया जिसमें वे कुछ विशेष तरह के रोगियों में व्यवहारवारदी चिकित्सा तथा मनोविश्लेषणात्मक चिकित्सा के प्रति अपनी पसंदगी जानना चाहते थे। परंतु वैसे रोगी पर्याप्त संख्या में उपलब्ध न होने पर वे कॉलेज छात्रों को यह कल्पना करने के लिए कहे कि वे मान लें कि उनमें अमुक तरह की मानसिक समस्या है और उसके लिए उन्हें नैदानिक मदद की निहायत जरूरत है। ऐसी परिस्थिति में वे उक्त दोनों तरह की मनश्चिकित्सा में से किसे अधिक पसंद करेंगे। पॉल (Paul, 1966) ने चिन्ता को कम करने में परिवर्तित क्रमबद्ध असंवेदीकरण (modified systematic desensitization)

चिकित्सा की तुलना 'सुझ-उन्मुखी मनश्चिकित्सा' (insight-oriented psychotherapy) से अनुरूपी शोध द्वारा किया। इसमें वैसे कॉलेज छात्रों को लिया गया जो जन-व्याख्यान विषय या पाठ्यक्रम (public-speaking course) में अपने आप को पंजीकृत करवा रखे थे। उन्हें यह कल्पना करने के लिए कहा गया कि वे जन-समूह के सामने बोलते समय उत्पन्न होने वाले चिन्ता से अपने को ग्रस्त समझे। ऐसे समझ के साथ उन्हें छह सप्ताह तक उक्त दोनों तरह की प्रविधियों द्वारा चिकित्सा दी गयी। दो अन्य नियंत्रित समूह (control group) भी तैयार किया गया जिन्हें वैसी चिकित्सीय प्रविधि द्वारा उपचार नहीं दिया गया। बाद में इन सभी प्रयोज्यों का तनावग्रस्त परिस्थिति (stress condition) में व्याख्यान परीक्षण (speech test) क्रियान्वयन किया गया। परिणाम में यह देखा गया कि क्रमबद्ध असंवेदीकरण चिकित्सा पाने वाले तथाकथित रोगी का निष्पादन सूझ-उन्मुखी चिकित्सा पाने वाले रोगी के निष्पादन से काफी श्रेष्ठ था। इससे इस निष्कर्ष पर पहुँचा गया कि व्यवहार चिकित्सा (behaviour therapy) गत्यात्मक चिकित्सा (dynamic therapy) से उत्तम होता है।

अनुरूपी शोध का विशेष लाभ यह है कि इसके द्वारा वैसी परिस्थिति में भी अध्ययन किया जाना संभव हो पाता है जहाँ उपयुक्त नैदानिक जीवसंख्या (clinical population) उपलब्ध नहीं हो पाते हैं। फिर भी इस तरह के शोध के कई दोष हैं जो निम्नांकित हैं—

(i) इस तरह के शोध में प्रयोज्यों (subjects) का वास्तविक लगाव या आवेष्टन (actual involvement) कितना रहता है, यह निश्चित रूप से नहीं कहा जा सकता है क्योंकि प्रयोज्यों को वास्तव में कोई समस्या तो होती नहीं परंतु, शोधकर्त्ता के प्रार्थना के मद्देनजर वे वैसी समस्या की कल्पना मात्र करते हैं।

(ii) इस तरह के शोध में सच्चे रोगियों के समान उन्हें कोई मनश्चिकित्सा तो दी नहीं जाती है बल्कि वे तथाकथित रूप से रोगी बनकर मनश्चिकित्सा के सत्र में अपने आप को पेश करते हैं। ऐसी परिस्थिति में उनका दृष्टिकोण दी जाने वाली मनश्चिकित्सा के प्रति वह नहीं होती है जो वास्तविक रोगी का होता है। अत: इससे प्राप्त निष्कर्ष में बाह्य वैधता (external validity) नहीं होती है।

उपर्युक्त दोषों को ध्यान में रखते हुए तब यह कहा जा सकता है कि मनश्चिकित्सा की प्रभावशीलता का मूल्यांकन अनुरूपी शोध से वहाँ करना चाहिए जहाँ शोध का कोई दूसरा विकल्प उपलब्ध न हो सके। फेयर्स[1] (Phares, 1984) ने इस पर सटीक टिप्पणी करते हुए कहा है, ''जब विकल्प कोई दूसरा शोध बिल्कुल न हो, तब अनुरूपी शोध ध्यान देने योग्य विकल्प होता है।''

6. परसोनोलिस्टिक अध्ययन *(Personalistic studies)*—सचमुच में यह एक मिश्रित मॉडल है जिसमें केस अध्ययन तथा प्रयोगात्मक अध्ययन दोनों के लाभों को एक साथ मिला कर मनश्चिकित्सा की प्रभावशीलता का मूल्यांकन किया जाता है। इसमें प्रत्येक रोगी का चिकित्सक के साथ किए अंत:क्रियाओं का विस्तृत इतिहास तैयार किया जाता है ताकि इस प्रक्रिया एवं होने वाले परिवर्तन का एक वैयक्तिक कसौटी तैयार किया जा सके। इसके बाद इन रोगियों को विभिन्न समूहों में बाँटकर उनका नियंत्रित परिस्थिति में रखकर तुलनात्मक अध्ययन किया जा सके। मर्रे (Murray, 1938) द्वारा 'हारवार्ड मनोवैज्ञानिक उपचारगृह' (Harvard Psychological Clinic) में किया गया व्यक्तित्व शोध सचमुच में इसी तरह के शोध का अग्रणी था।

इसी तरह के अध्ययन द्वारा मनश्चिकित्सा की प्रभावशीलता का मूल्यांकन करने में विशेष लाभ यह है कि इसके द्वारा चूँकि प्रत्येक रोगी के बारे में व्यक्तिगत सूचनाएँ उपलब्ध होती हैं, अत: इस आलोक में तैयार किया गया संबंधित कसौटी जिस पर रोगी के व्यवहारों में होने वाले परिवर्तनों को आँका जाता है, अधिक सुस्पष्ट एवं वस्तुनिष्ठ होते हैं। ऐसे कसौटी के निर्माण हो जाने से मनश्चिकित्सा की प्रभावशीलता का मूल्यांकन सही-सही ढंग से हो पाता है। फिर भी इसका दोष यह है कि इस तरह का शोध में समय एवं श्रम अधिक लगता है और जो तथ्य प्राप्त होते हैं, वे उनके अनुपात में काफी कम होता है। इस तरह के अध्ययन में रोगी के व्यक्तिगत सूचनाओं को तैयार करने में शोधकर्त्ता का पूर्वाग्रह का भी समावेश होने का भय बना होता है।

---

1. "After all, if the alternative is no research at all, then anologue research is an alternative worthy of consideration."
—Phares : *Clinical Psychology*, 1984, p. 534

7. बक्स-प्राप्तांक समीक्षा (*Box score review*)—मनश्चिकित्सा के परिणाम की प्रभावशीलता की माप की यह एक पौराणिक विधि है जिसमें अध्ययनकर्त्ता मनश्चिकित्सा से संबद्ध कई अध्ययनों को पहले चुनकर प्रत्येक के परिणाम के बारे में एक सुस्पष्ट या सुनिश्चित निर्णय (categorical judgement) कर लेता है ताकि यह स्पष्ट हो जाए कि उसका परिणाम धनात्मक (positive) है या नकारात्मक (negative) और इसके बाद सभी धनात्मक तथा नकारात्मक परिणामों को एक साथ मिलाकर किसी अंतिम निर्णय पर वह पहुँचता है। अगर अधिकतर अध्ययनों के परिणाम धनात्मक हुए, तो यह अनुमान लगाया जाता है कि मनश्चिकित्सा के परिणाम अनुकूल होते हैं।

इस विधि की आलोचना निम्नांकित बिंदुओं पर की गयी है—

(i) अक्सर देखा गया है कि इस विधि में अध्ययनकर्त्ता बहुत सारे ऐसे अध्ययनों को एक साथ मिलाकर उनके नकारात्मक या धनात्मक परिणाम के होने की समीक्षा करते हैं जिनका आपस में एक-दूसरे से काफी असहमति होता है।

(ii) इस विधि में दूसरी समस्या यह उठती है कि मात्र परिणाम अध्ययनों (outcome studies) की संख्या के आधार पर प्रत्येक अध्ययन के परिणाम के गुण एवं दोष का मूल्यांकन अपने आप में एक टेढ़ी खीर साबित होता है।

8. मेटा विश्लेषण (*Meta analysis*)—मनश्चिकित्सा की प्रभावशीलता का मूल्यांकन करने की इस नयी विधि का प्रतिपादन स्मिथ, ग्लास एवं मिलर (Smith, Glass & Miler 1980) ने किया। इन्होंने 475 ऐसे प्रकाशित अध्ययनों का चयन किया जिसमें कम-से-कम एक चिकित्सा समूह (therapy group) जिसे मनश्चिकित्सा के किसी विधि से उपचार किया गया था, की तुलना आपस में की गयी हो, तथा एक नियंत्रित समूह (control group) हो या फिर दो चिकित्सा समूह ही हो जिनकी आपस में तुलना की गयी हो। इसके बाद वे सांख्यिकीय विश्लेषण करके यह तय किए कि मनश्चिकित्सा का प्रभाव प्रत्येक अध्ययन में कितना पड़ा था अर्थात चिकित्सा पाने वाले समूह नियंत्रित समूह से कितनी मात्रा (magnitude) में अच्छे थे। इसके बाद इन सभी अध्ययनों के अंतर का औसत (average) ज्ञात किए। इसके लिए वे प्रत्येक अध्ययन के चिकित्स मूह का माध्य (mean) तथा नियंत्रत समूह का माध्य (mean) ज्ञात किये और उस अंतर को नियंत्रित समूह के मानक विचलन (standard deviation) से विभाजित कर दिये। प्राप्त मान को प्रभाव की मात्रा (magnitude of effect) या 'प्रभाव आकार' (Effect size or ES) की संज्ञा दी गयी। इस तरह से ES निम्नांकित सूत्र से ज्ञात किया गया—

$$Es = \frac{X_t - X_c}{\sigma_c}$$

यहाँ, ES = Effect Size
X_t = Mean of therapy group
X_c = Mean of control group
σ_c = Standard deviation of control group

उपर्युक्त सूत्र द्वारा यह कहा जाता है कि चिकित्सा समूह तथा नियंत्रित समूह के माध्य (mean) में कितनी मानक विचलन इकाई (standard deviation unit) का अंतर होता है। जैसे, थोड़े देर के लिए मान लिया जाए यह प्रभाव आकार (effect size) .68 मानक विचलन इकाई का होता है। अगर हम मानक सामान्य वितरण (standard normal distribution) का उपयोग करें, तो पायेंगे कि .68 मानक विचलन प्राप्त या .68σ नियंत्रित समूह के संदर्भ में 75 शततमक (percentile) पर पड़ता है। इसका मतलब यह हुआ कि औसत क्लायंट जिन्हें मनश्चिकित्सा दी गयी थी, वैसे क्लायंटों से 75% अधिक उत्तम थे जिन्हें मनश्चिकित्सा नहीं दी गयी थी।

स्मिथ, ग्लास तथा मिलर (Smith, Glass & Miller, 1980) ने जिसमें 475 अध्ययनों के परिणामों पर विचार किया गया था, मेटा-विश्लेषण करने के बाद निम्नांकित निष्कर्ष पर पहुँचे—

(i) मनश्चिकित्सा का औसत प्रभाव आकार (average effect size) .85 मानक विचलन था जो मानक सामान्य वितरण में 80 शततमक पर पड़ता है जिसका मतलब यह हुआ कि औसत रोगी जिन्हें मनश्चिकित्सा दी गयी थी उन 80% से अच्छे थे जिन्हें मनश्चिकित्सक नहीं दी गयी थी।

(ii) मात्र 9% प्रभाव आकार (effect size) नकारात्मक (negative) पाये गए जो इस बात की ओर इशारा करता है कि मनश्चिकित्सा दिये जाने के बाद बहुत कम लोगों पर उसका खराब प्रभाव पड़ा।

(iii) विभिन्न तरह के प्रमुख मनश्चिकित्सा की विधियों जैसे व्यवहार चिकित्सा (behaviour therapy), मनोवैश्लेषिक चिकित्सा, क्लायंट केन्द्रित चिकित्सा बड़े प्रभाव आकारों (effect sizes) से संबंधित नहीं थे जिसका स्पष्ट मतलब यह हुआ कि मनचिकित्सा की ये सभी विधियाँ लगभग समान रूप से प्रभावी थीं।

(iv) उन अध्ययनों में बड़ा प्रभाव आकार (effect size) पाया गया जिसमें मनश्चिकित्सा के परिणाम को मापने के लिए अधिक सक्रिय विधि अपनायी गयी तथा जिनमें ऐसे परिणामों का तात्कालिक एवं अनुवर्ती (follow-up) मूल्यांकन किया गया।

स्मिथ, ग्लास एवं मिलर (Smith, Glass & Miller, 1980) द्वारा किये गए मेटा-विश्लेषण के बाद अन्य शोधकर्त्ताओं जैसे एण्ड्रू एवं हार्वे (Andrews & Harvey, 1981) लैडमैन एवं डावेस (Landman & Dawes, 1982) तथा शापिरो एवं शापिरो (Shapiro & Shapiro, 1982) ने भिन्न तरह की सांख्यिकीय विधियों के सहारे मेटा विश्लेषण किया। इन लोगों ने अध्ययनों के चयन में भी स्मिथ एवं उनके सहयोगियों द्वारा अपनाये गये विधि से भिन्न विधि का उपयोग किया। इन लोगों के अध्ययन के परिणाम में स्मिथ एवं उनके सहयोगियों द्वारा प्राप्त निष्कर्ष की पुष्टि की गयी और यह स्पष्ट रूप से बतलाया गया कि मनश्चिकित्सा विभिन्न तरह के मनोवैज्ञानिक विकृतियों के लिए एक सही उपचार विधि है। इसके अतिरिक्त मेटा-विश्लेषण के आधार पर मनश्चिकित्सा के प्रभावों के बारे में इन लोगों द्वारा निम्नांकित निष्कर्ष पर पहुँचा गया।

(i) लैण्डमैन एवं डावेस (Landman & Dawes, 1982) के अनुसार जिन शोध-अध्ययनों का आधार उत्तम डिजाइन होता है, उनके आधार पर मनश्चिकित्सा की प्रभावशीलता के बारे में आकलन करना काफी आसान होता है।

(ii) कुछ अध्ययनों में यह भी देखा गया है कि मनश्चिकित्सा देने के बाद कुछ रोगियों के लक्षण सुधरने के बजाय और खराब हो जाते हैं। इस नकारात्मक परिवर्तन का कारण तो स्पष्ट नहीं है। शापिरो एवं शापिरो (Shapiro & Shapiro, 1982) ने यह स्पष्ट किया है कि मनश्चिकित्सा के मुख्य मेटा वैश्लेषिक अध्ययनों के करीब़ 10% प्रभाव आकार (effect size) नकारात्मक थे जो स्पष्टत: इस बात की ओर इशारा करते हैं कि कुछ केसेज में मनश्चिकित्सा का रोगियों पर कुप्रभाव भी पड़ता है।

(iii) यद्यपि यह सही है कि मनश्चिकित्सा का प्रभाव रोगियों पर अधिक दिनों तक नहीं बना रहता है, कई अध्ययनों में यह देखा गया कि मनश्चिकित्सा देने के बाद अधिकतर रोगियों के लक्षणों में काफी सुधार हुए। निकोलसन एवं बरमैन (Nicholson & Berman, 1983) के अध्ययन के अनुसार 6 से 18 महीनों तक मनश्चिकित्सा का प्रभाव स्पष्ट रूप से बना रहता है।

(iv) अधिकतर मेटा-वैश्लेषिक अध्ययनों में इस बात की सहमति पायी गयी कि विशेष प्रकार की मनश्चिकित्सा से उसकी प्रभावशीलता के समग्र आकलन में कोई अंतर नहीं होता है, परंतु कुछ विशेष तरह की मानसिक समस्याओं के लिए संज्ञानात्मक चिकित्सा (cognitive therapy) तथा व्यवहार चिकित्सा (behaviour therapy), चिकित्सा की अन्य विधियों से निश्चित रूप से उत्कृष्ट है।

इन मेटा-वैश्लेषिक अध्ययनों को यद्यपि आरंभ में काफी प्रशंसा की गयी, बाद में इसकी तीव्र आलोचना कई बिंदुओं पर की गयी जिनमें निम्नांकित प्रमुख हैं—

(i) रैकमैन एवं विल्सन (Rachman & Wilson, 1980) ने यह कहा कि इन अध्ययनों में उन सभी अध्ययनों को एक साथ मिला दिया है जिनकी गुणवत्ता तथा कार्यविधि सुविज्ञता (methodological sophistication) एक-दूसरे से काफी भिन्न हैं। यह निश्चित रूप से एक दुर्भाग्यपूर्ण कदम है क्योंकि इससे अध्ययन की विश्वसनीयता तथा वैधता दोनों शक के घेरे में आ जाते हैं।

(ii) मेटा विश्लेषण में मनश्चिकित्सा के वैयक्तिक अध्ययनों (individual studies) के शोध गुणवत्ता पर अपर्याप्त ध्यान देता है। इसका परिणाम यह होता है कि इसका निष्कर्ष विश्वसनीय नहीं रह जाता है। इतना ही नहीं, मेटा-विश्लेषण कई तरह की सांख्यिकीय पूर्वकल्पनाओं पर आधारित होता है जिसका यदि अनुपालन नहीं किया गया, तो परिणाम अवैध हो सकते हैं। अधिकतर मेटा-वैश्लेषिक अध्ययनों में सांख्यिकीय पूर्वकल्पनाओं की अनदेखी की गयी है। फलतः उनके परिणाम शक के घेरे में हैं।

(iii) विल्सन तथा रैकमैन (Wilson & Rachman, 1983) ने आलोचना की पहली बिंदु को और भी तीक्ष्ण करते

हुए यह कहा कि इन अध्ययनों में उत्तम एवं घटिया (bad) अध्ययनों को समान महत्त्व दिया गया है जो दुर्भाग्यपूर्ण है। आइजेन्क (Eysenck, 1986) ने भी इस आलोचना से अपनी सहमति प्रदान किया है।

(d) रिमलैंड (Rimland, 1989) ने भी स्मिथ, ग्लास तथा मिलर द्वारा संचालित मेटा-विश्लेषण की आलोचना किया है। इस विश्लेषण में स्मिथ एवं ग्लास ने यह बतलाया था कि मनश्चिकित्सा के प्रभाव आकार (effect size) का संबंध कई चरों (variables) से सार्थक होता है। जैसे—उन्होंने यह बतलाया था कि मनश्चिकित्सा उस परिस्थिति में अधिक प्रभावकारी होता है जब चिकित्सक तथा क्लायंट में सामाजिक स्तर, उम्र एवं मानवजातीय (ethnic) समूह के दृष्टिकोण से समानता होती है। इन लोगों ने अपने विश्लेषण में यह भी पाया था कि जब क्लायंट की बुद्धिलब्धि अधिक होती है, तो मनश्चिकित्सा अधिक प्रभावकारी होता है। इन तथ्यों के लिए रिमलैंड ने अपने अध्ययन में कोई स्पष्ट सबूत नहीं पाया।

इन आलोचनाओं के कारण आइजेन्क (Eysenck, 1978) ने मेटा-विश्लेषण उपागम को 'मेगा-हास्यास्पद उपागम' (mega-silliness approach) कहा है और ऐसे विश्लेषण द्वारा मनश्चिकित्सा की प्रभावशीलता को आँकने के प्रयास को अनुचित बतलाया है। इन अलोचनाओं के बावजूद मेटा विश्लेषण द्वारा मनश्चिकित्सा की प्रभावशीलता को आँकने की प्रक्रिया मजबूत हुई है हालाँकि यह किस हद तक व्यक्ति के उन चरों को समझने में मदद करता है जिनसे प्रभावशीलता में वृद्धि होती है, कहना मुश्किल है।

9. परिणाम मापन विधियाँ *(Methods of measuring outcomes)*—जैसा कि हम जानते हैं, मनश्चिकित्सा से क्लायंट की जिन्दगी में सार्थक परिवर्तन आता है तथा उसकी समस्याएँ कमती हैं। अगर ऐसा होता है तो मनश्चिकित्सा को प्रभावकारी माना जाता है। नैदानिक मनोवैज्ञानिकों द्वारा कुछ ऐसी प्रविधियाँ या कसौटी विकसित किया गया है जिनके द्वारा मनश्चिकित्सा के परिणाम का मापन होता है और तब उसकी प्रभावशीलता के बारे में अंदाज़ लगाया जाता है। ऐसी प्रविधियाँ निम्नांकित छह हैं—

(1) चिकित्सक का निर्णय *(Therapist's Judgement)*—दी गयी मनश्चिकित्सा की प्रभावशीलता का एक कसौटी स्वयं चिकित्सक का निर्णय होता है। चिकित्सक क्लायंट के व्यवहार में होनेवाले विशिष्ट परिवर्तन जैसे उसमें आत्म-विश्वास का उत्पन्न होना, अहम् शक्ति (ego strength) में वृद्धि तथा कुसमायोजी लक्षणों से मुक्ति मिलना आदि के बारे में विशेष रूप से तथा समग्र रूप से उसके व्यवहार में हुए उन्नति के बारे में स्वयं निर्णय लेता है। अगर इन बिंदुओं पर उनका निर्णय अनुकूल होता है, तो स्वभावतः दी गयी चिकित्सा को प्रभावकारी माना जाता है।

(2) रोगी द्वारा किया गया आत्म-मूल्यांकन *(Self-evaluation done by patient)*—दी गयी मनश्चिकित्सा की प्रभावशीलता की जाँच स्वयं रोगी द्वारा किया गया आत्म-मूल्यांकन के भी आधार पर होता है। चिकित्सा से अपने व्यवहार में पहले की तुलना में हुए परिवर्तन या प्रगति के बारे में एक समग्र निर्णय रोगी स्वयं लेता है। निर्णय अनुकूल होने पर चिकित्सा को प्रभावकारी समझा जाता है। मनश्चिकित्सकों ने इसके लिए कुछ परिणाम प्रश्नावली (outcome questionnaire) भी तैयार किए गए हैं। कुछ ऐसे प्रश्नावली समानान्तर प्रारूप (parallel forms) में भी तैयार किए गए है जिनके प्रश्नों का उत्तर रोगी एवं चिकित्सक दोनों देते हैं और फिर उनका तुलनात्मक अध्ययन किया जाता है। अक्सर देखा गया है कि क्लायंट चिकित्सीय लाभ से स्वयं चिकित्सक से अधिक संतुष्ट रहते हैं। कुछ मनोवैज्ञानिकों जैसे बैटल एवं उनके सहयोगियों (Battle et al., 1966) ने इसके लिए क्यू-सार्ट (Q-sort) तथा लक्षण जाँच सूची (symptom checklist) आदि भी विकसित किए हैं जिनके सहारे रोगी आसानी से आत्म-मूल्यांकन वस्तुनिष्ठ रूप से कर पाते हैं।

(3) व्यक्तित्व आविष्कारिका *(Personality inventories)*—मनश्चिकित्सा की प्रभावशीलता का मापन के लिए नैदानिक मनोवैज्ञानिक कभी-कभी कुछ व्यक्तित्व आविष्कारिका का भी उपयोग करते हैं। इस उद्देश्य के लिए एमएमपीआई (MMPI), सीपीआई (CPI) तथा गफ-हिलब्रुन विशेषण जाँच सूची (Gough-Heilbrun Adjective Checklist) आदि का उपयोग किया जाता है। नैदानिक मनोवैज्ञानिकों ने MMPI के कुछ विशेष मापनी जैसे बाध्यता (Psychesthenia या Pt) मापनी, विषाद (Depression या D) मापनी तथा मनोविदालिता (Schizophrenia या Sc) मापनी का उपयोग मनश्चिकित्सा की प्रभावशीलता मापने में प्रायः किया जाता हैं

(4) प्रक्षेपी प्रविधियाँ *(Projective techniques)*—मनश्चिकित्सा की प्रभावशीलता को जाँचने के लिए नैदानिक मनोवैज्ञानिकों द्वारा प्रक्षेपी का भी उपयोग किया गया है। रोशार्क परीक्षण (Rorschach test or RT) तथा विषय-आत्मबोधन

परीक्षण (Thematic Apperception test या TAT) का उपयोग इस उद्देश्य के लिए काफी किया गया है। TAT का उपयोग करके क्लायंट की उन आवश्यकताओं के बारे में पूर्वानुमान लगाया जाता है जो चिकित्सा देने के बाद परिवर्तित होते हैं। RT द्वारा कुछ वैसे व्यक्तित्व शीलगुणों को माप लिया जाता है जो मनश्चिकित्सा के कारण परिवर्तित हो गए हैं।

(5) मूल्यांकन साक्षात्कार *(Assessment interview)*—मनश्चिकित्सा की प्रभावशीलता का मापन कभी-कभी स्वयं चिकित्सक द्वारा न करके अलग चिकित्सकों (clinicians) द्वारा क्लायंट का साक्षात्कार लेकर किया जाता है। माननीकृत साक्षात्कार (standardized interview) के माध्यम से क्लायंटों को जिन्हें चिकित्सा दी गयी है, का गहन साक्षात्कार लिया जाता है जिसमें मौलिक रूप से यह तय किया जाता है कि मनश्चिकित्सा के बाद उनके व्यवहार में किस तरह का परिवर्तन आया है। अगर सार्थक परिवर्तन आया है, तो मनश्चिकित्सा को प्रभावी समझा जाता है। स्पीटजर एवं उनके सहयोगियों (Spitzer et al., 1967) ने मनश्चिकित्सा की प्रभावशीलता को मापने में इसी तरह की एक प्रविधि विकसित किया है जिसे 'मनश्चिकित्सक स्तर अनुरुचि' (Psychiatrist Status Scheudle) कहा जाता है।

(6) चिकित्सा प्रक्रिया पर आधृत उपाय *(Measures based upon therapy process)*—कुछ चिकित्सकों द्वारा दी गयी चिकित्सा की प्रभावशीलता को मापने के लिए चिकित्सा के दौरान क्लायंट द्वारा किए गए व्यवहारों का अन्तर्वस्तु विश्लेषण (content analysis) किया गया है। चिकित्सा के विभिन्न सत्रों में क्लायंट द्वारा दिखलाए गए व्यवहार, प्रयोग किया गया भाषा, अशाब्दिक व्यवहार, भाव अभिव्यक्ति (affect expression), स्वप्न अन्तर्वस्तु (dream content), चिकित्सक के साथ किया गया अन्त:क्रिया (interaction) आदि का अन्तर्वस्तु विश्लेषण किया जाता है तथा चिकित्सा के बारे में किसी निष्कर्ष पर पहुँचा जाता है। डोलार्ड तथा माऊर्र (Dollard & Mowrer, 1947) ने इस क्षेत्र में किए गए अध्ययनों की समीक्षा करके यह बतलाया है कि चिकित्सकों ने मनश्चिकित्सा की प्रभावशीलता को आँकने के लिए एक विशेष लब्धि (quotient) का उपयोग किया है जिसे 'कष्ट शमन लब्धि' (Discomfort Relief Quotient) का उपयोग किया है। यह लब्धि कष्ट की अभिव्यक्ति तथा क्लायंट के कथनों के अन्तर्वस्तु विश्लेषण से व्युत्पन्न (derived) शमन (relief) का अनुपात होता है। इसे चिकित्सकों ने क्लायंट के तनाव स्तर तथा तनाव ह्रास का एक सामान्य मानदंड या पैमाना (measures) माना है।

स्पष्ट हुआ कि मनश्चिकित्सा की प्रभावशीलता को आँकने के लिए मनश्चिकित्सकों एवं नैदानिक मनोवैज्ञानिकों ने कई तरह की प्रविधियों का प्रतिपादन किया है। इन प्रविधियों में केस अध्ययन, प्रयोगात्मक अध्ययन, मेटा विश्लेषण तथा परिणाम-मापन विधि का उपयोग तुलनात्मक रूप से अधिक किया जाता है।

क्या मनश्चिकित्सा प्रभावकारी होता है?
(Is Psychotherapy Effective ?)

नैदानिक मनोवैज्ञानिकों द्वारा किये जाने वाले मनश्चिकित्सा का पेशा गत 60 वर्षों से काफी जोर-शोर से प्रगति पर है। सच पूछा जाए तो द्वितीय विश्व युद्ध से इस पेशे में काफी बढ़ोत्तरी हुई है। काजडिन (Kazdin, 1985) के नवीनतम सर्वे के अनुसार अभी वयस्कों के लिए करीब 400 मनोवैज्ञानिक चिकित्साओं और बच्चों एवं किशोरों के लिए करीब 200 ऐसी चिकित्साओं का उपयोग किया जा रहा है। ऐसी चिकित्साओं द्वारा असामान्य व्यवहार के करीब 300 विभिन्न प्रकारों का उपचार किया जा रहा है। आजकल बहुत सारे ऐसे विश्वविद्यालय एवं संस्थान भी हैं जिनके द्वारा नैदानिक मनोविज्ञान में विशेष रूप से प्रशिक्षण (training) दी जाने लगी है और इससे मनश्चिकित्सा की पेशा (practice) में काफी मजबूती आयी है।

1951 में एच० जे० आइजेन्क (H. J. Eysenck) ने 'जरनल ऑफ कन्सलटिंग साइकोलॉजी' (Journal of Consulting Psychology) में एक शोध-पत्र प्रकाशित किया जिसमें मनश्चिकित्सा के पेशे को खुलकर चुनौती दी गयी और उसमें यहा दावा किया गया कि मनश्चिकित्सा एक प्रभावकारी प्रविधि नहीं है और मनश्चिकित्सा में क्लायंट अपने आप चंगा हो जाता है न कि मनश्चिकित्सा द्वारा अपनायी गयी प्रविधि का उस पर कोई प्रभाव पड़ता है। आइजेन्क का यह निष्कर्ष ऐसे 24 अध्ययनों पर आधारित था जिनमें 7,000 रोगियों के केसेज का विश्लेषण किया गया तथा इस विश्लेषण के बाद आइजेन्क का निष्कर्ष यह था कि करीब दो-तिहाई रोगी बिना किसी तरह के मनश्चिकित्सा के ही चंगा हो गए थे। उन्होंने अपने विश्लेषण में यह भी पाया कि मनश्चिकित्सा देने पर चंगा होने का दर मनश्चिकित्सा नहीं दिए जाने पर चंगा होने के दर से अधिक श्रेष्ठ नहीं था। अत: आइजेन्क का अंतिम निष्कर्ष जो इन अध्ययनों पर आधारित

था, वह यह था कि मनश्चिकित्सा एक प्रभावशाली प्रविधि नहीं है। आइजेन्क (Eysenck, 1961, 1966, 1978) ने इस समस्या से संबंधित अन्य समस्याओं की ओर भी ध्यान दिलाया। इन समस्याओं से संबद्ध इन अध्ययनों में प्रयोगात्मक शोध (experimental research) की अपर्याप्तता, चंगा (cure) पद को ठीक ढंग से नहीं परिभाषित किया जाना तथा चिकित्सा की प्रभावशीलता को आँकने के लिए वैज्ञानिक कसौटी की कमी आदि प्रमुख है।

आइजेन्क का उक्त निष्कर्ष नैदानिक मनोविज्ञान में हलचल पैदा कर दिया और ऐसा लगने लगा कि मनश्चिकित्सा को एक पेशा के रूप में अब लोग स्वीकार नहीं करेंगे। परंतु आइजेन्क के इस निष्कर्ष को कई लोगों ने कड़ी चुनौती दी और उनके द्वारा लगाए गए इस दोष से मनश्चिकित्सा को मुक्त करने में लग गए। कुछ ऐसे ही लोगों के विचार यहाँ संक्षिप्त रूप से उल्लेख किया जा रहा है—

(1) आइजेन्क के इस निष्कर्ष को सबसे पहले मेल्ट्जॉफ तथा कॉर्नरिक (Meltzoff & Korniriech, 1970) ने चुनौती दिया। इस क्षेत्र में किए गए अध्ययनों का इन्होंने गंभीरतापूर्वक समीक्षा किया और पाया कि आइजेन्क ने अपने विश्लेषण में बहुत सारे ऐसे अध्ययनों को तो सम्मिलित ही नहीं किया था जिसमें मनश्चिकित्सा को प्रभावकारी (effective) पाया गया था। अतः ऐसे अध्ययनों के आधार पर इन लोगों का यह निष्कर्ष था कि मनश्चिकित्सा सचमुच में संयोगवश नहीं बल्कि वास्तव में प्रभावकारी (effective) होता है। इन्होंने यह पाया कि मनश्चिकित्सा के परिणाम अध्ययनों का करीब 80% अध्ययनों में धनात्मक परिणाम पाये गए।

(2) आइजेन्क के निष्कर्ष का दूसरा प्रमुख आलोचक एलेन बर्गिन (Allen Bergin, 1971) हैं जिन्होंने आइजेन्क के आँकड़ों को स्वयं पुनर्विश्लेषित किया तथा अन्य नये-नये अध्ययनों को विस्तृत रूप से समीक्षा किया। इन्होंने दो महत्त्वपूर्ण ढंग से आइजेन्क के निष्कर्ष को चुनौती दिया। पहला इन्होंने अपने विश्लेषण में पाया कि मनश्चिकित्सा देने से रोगियों के पुनर्लाभ[1] (spontaneous recovery) के दर को आइजेन्क अतिआकलन (overstimate) किया था। आइजेन्क ने यह दर 65% बतलाया जबकि बर्गिन ने यह दर मात्र 30% बतलाया।

(3) कुछ ऐसे प्रयोगात्मक अध्ययन किए गए हैं जिनसे भी आइजेन्क के निष्कर्ष को चुनौती मिली है। मेनिनगर फाउण्डेशन (Menninger Foundation) द्वारा किया गया अध्ययन को हम यहाँ उदाहरण के रूप में प्रस्तुत कर रहे हैं। कर्नवर्ग तथा उनके सहयोगियों (Kernberg et. al., 1972) ने यहाँ एक प्रकृतिवादी अध्ययन (naturalistic study) किया जिसमें 20 साल तक दिए गए मनोविश्लेषणात्मक चिकित्सा (psychoanalytic therapy) तथा मनोविश्लेषण-उन्मुखी मनश्चिकित्सा (psychoanalytically-oriented therapy) के प्रभावों का तुलनात्मक अध्ययन किया। परिणाम में देखा गया कि इस अध्ययन में दोनों समूह में 21-21 रोगी थे अर्थात् 21 रोगियों के एक समूह को मनोविश्लेषणात्मक चिकित्सा से तथा 21 रोगियों के दूसरे समूह को मनोविश्लेषण-उन्मुखी मनश्चिकित्सा (psychoanalytic-oriented psychotherapy) से उपचार किया गया। परिणाम में देखा गया कि इन 42 रोगियों में से 6 रोगियों के लक्षण, चिकित्सा के बाद और गंभीर हो गए, 11 रोगियों के व्यवहारों में कोई परिवर्तन नहीं हुआ, 7 रोगियों के व्यवहार में न के बराबर उन्नति हुई तथा 18 ऐसे रोगी थे जिनके लक्षणों में साधारण मात्रा में तब्दीली होती देखी गयी। यद्यपि शोधकर्त्ताओं ने इस परिणाम का अंतिम विश्लेषण प्रस्तुत नहीं किया है परंतु फिर भी इस परिणाम के आधार पर इस निष्कर्ष पर पहुँचा जा सकता है कि मनश्चिकित्सा से खासकर इस दीर्घकालीन मनश्चिकित्सा से रोगियों को शायद ही लाभ पहुँचा हो।

(4) स्लोएन तथा उनके सहयोगियों (Solane et. al., 1975) ने एक दूसरा अध्ययन किया जिससे भी आइजेन्क के निष्कर्ष को कड़ी चुनौती दी गयी। इस अध्ययन में तंत्रिकातापी रोगियों को यादृच्छिक ढंग से तीन समूह में बाँट दिया गया—एक समूह का उपचार व्यवहार मनोविश्लेषणात्मक चिकित्सा (psychoanalytic therapy) से, दूसरे समूह का उपचार व्यवहार चिकित्सा (behaviour therapy) से तथा तीसरा समूह नियंत्रित समूह था जो चिकित्सा के लिए इंतजार करने वाला समूह था। परिणाम में पाया गया कि मनोविश्लेषणात्मक चिकित्सा तथा व्यवहार चिकित्सा पाने वाले समूह नियंत्रित समूह से अधिक श्रेष्ठ एवं प्रभावी (effective) थे। मनोविश्लेषणात्मक चिकित्सा पानेवाले समूह तथा व्यवहार चिकित्सा पाने वाले समूह में कोई सार्थक अंतर नहीं पाया गया। इस अध्ययन से यह स्पष्ट हो जाता है कि मनश्चिकित्सा से रोगियों को लाभ मिलता है। इस अध्ययन की सार्थकता मशहूर व्यवहार चिकित्सक जोसफ ओल्प

1. स्वतः पुनर्लाभ (spontaneous recovery) से यहाँ तात्पर्य मनश्चिकित्सा देने के बाद रोगी के लक्षणों में जो कमी आती है, वह कुछ समय बीतने के बाद अपने आप समाप्त हो जाने से होता है, यानी अधिकतर पुराने लक्षणों का फिर से लौट आने से होता है।

(Joseph Wolpe) के इस टिप्पणी से भी होती है, ''मनश्चिकित्सा के इतिहास में इस अध्ययन का अन्य दूसरे नैदानिक अध्ययन से कोई मिलान नहीं है।'' *(This study is unmatched by any other clinical study in the history of psychotherapy.)*

उपर्युक्त तथ्यों के आलोक में यह कहा जा सकता है कि मनश्चिकित्सा की प्रभावशीलता अब धीरे-धीरे स्वीकार किया जाने लगता है। वर्गिन तथा लैमबर्ट (Bergin & Lambert, 1978) गारफिल्ड (Garfield, 1978), स्ट्रप (Strupp, 1982) के भी अध्ययनों से यह संकेत मिलता है कि अधिकतर तंत्रिकातापी रोगी (neurotic patients) (करीब दो-तिहाई रोगी) को मनश्चिकित्सा देने से लाभ पहुँचता है। फ्रैंक (Frank, 1979) ने मनश्चिकित्सा की प्रभावशीलता के क्षेत्र में उपलब्ध तथ्यों को ध्यान में रखते हुए निम्नांकित चार बिंदु का निष्कर्ष दिया है जो लगभग सर्वमान्य है—

(i) मनश्चिकित्सा के करीब सभी प्रकार अनियोजित (unplanned) या अनौपचारिक (informal) मदद से अधिक उत्तम या श्रेष्ठ होता है।

(ii) मनश्चिकित्सा का कोई एक प्रकार अन्य दूसरे प्रकार से अधिक उत्तम या श्रेष्ठ नहीं होता पाया गया है।

(iii) वैसे क्लायंट या रोगी जिसमें सुधार के आरंभिक लक्षण दिखाई देते हैं, बाद में भी वे उसे बरकरार रखते हैं।

(iv) चिकित्सीय प्रविधि (therapeutic technique) की तुलना में क्लायंट एवं चिकित्सक की विशेषताएँ तथा उनकी अन्तःक्रिया अधिक महत्त्वपूर्ण होती हैं।

उक्त चार बिंदु निष्कर्ष में से अंतिम बिंदु को सबसे अधिक इसलिए महत्त्व दिया जाता है क्योंकि इससे इस ओर संकेत मिलता है कि चिकित्सा के विभिन्न प्रकारों की प्रभावशीलता चूँकि लगभग समान होती है, इसलिए किसी एक प्रविध को अधिक प्रभावशाली बनाने के लिए क्लायंट एवं चिकित्सक की विशेषताओं तथा उनकी अन्तःक्रियाओं (जो सभी मनश्चिकित्सा के समान तत्त्व हैं) पर ध्यान देना आवश्यकं है। यही कारएा है कि आजकल शोधकर्त्ताओं का ध्यान 'क्या मनश्चिकित्सा प्रभावी होता है?' से हटकर एक-दूसरे प्रश्न पर अर्थात् किस तरह के क्लायंट के साथ मनश्चिकित्सा का कौन प्रकार प्रभावी होता है? पर अधिक गया है।

मनश्चिकित्सा के परिणाम को प्रभावित करने वाले कारक (Factors influencing Outcomes of Psychotherapy)

मनश्चिकित्सा एक निष्क्रिय प्रक्रिया (passive process) नहीं होता है जिसमें एक विशेषज्ञ चिकित्सक रोगी को अपना सुझाव, राय आदि देकर उसमें सूझ (insight) उत्पन्न करता है यदि हम गौर से देखें तो यह स्पष्ट होगा कि मनश्चिकित्सा एक सक्रिय प्रक्रिया (active) एवं गत्यात्मक (dynamic) प्रक्रिया है जिसमें रोगी, चिकित्सक एवं उनका संबंध महत्त्वपूर्ण कारक होता है। सचमुच में मनश्चिकित्सा की प्रभावशीलता (effectiveness) इन कारकों से काफी प्रभावित होता है। पॉल (Paul, 1967) के इस प्रश्नात्मक पंक्ति से इसकी अभिव्यक्ति और भी स्पष्ट रूप से हो जाती है, ''कौन चिकित्सीय हस्तक्षेप किस परिस्थिति में किस रोगी को किस चिकित्सक द्वारा उपयोग किए जाने पर किस तरह का परिणाम देगा?'' *(Which therapeutic interventions applied by which therapies to which patients under which circumstances are likely to lead to what results ?")*

यदि हम पॉल के इस प्रश्नात्मक पंक्ति पर ध्यान दें तो यह स्पष्ट होगा कि इस एक पंक्ति में पॉल ने उन सारे चरों (variables) या कारकों को कैद कर रखा है जिनसे मनश्चिकित्सा की प्रभावशीलता या उसका परिणाम प्रभावित हो सकता है। ऐसे चर निम्नांकित पाँच हैं—

(1) रोगी की विशेषताएँ (characteristics of patient)

(2) चिकित्सक की विशेषताएँ (characteristics of therapist)

(3) रोगी तथा चिकित्सक का संबंध या अन्तःक्रिया (relation or interaction between patient and therapist)

(4) चिकित्सीय प्रविधियाँ (therapeutic technique)

(5) सामाजिक-सांस्कृतिक परिस्थिति जिसमें चिकित्सा दी जाती है (social-cultural situation in which therapy is given)

इन पाँच कारकों या चरों का वर्णन इस प्रकार है—

1. रोगी की विशेषताएँ *(Characteristics of patient)*—रोगी की विशेषताओं का प्रत्यक्ष प्रभाव मनश्चिकित्सा

के परिणाम (results) पर पड़ता देखा गया है। मनोवैज्ञानिकों द्वारा किए गए अध्ययनों से यह स्पष्ट हुआ है कि रोगी के दस ऐसी विशेषताएँ हैं जिनसे मनश्चिकित्सा का परिणाम सीधे प्रभावित होता पाया गया है। उन सभी दस विशेषताओं का वर्णन इस प्रकार है—

(i) रोगी की क्षुब्धता की मात्रा तथा प्रकार *(Degree and types of patients disturbances)*—रोगी को दी गयी मनश्चिकित्सा के अच्छे परिणाम का होना इस बात पर निर्भर करता है कि उसमें क्षुब्धता (disturbance) या मानसिक समस्या का कौन प्रकार है तथा फिर क्षुब्धता की गंभीरता कितनी हैं। स्टोन एवं उनके सहयोगियों (Stone et. al., 1961), स्टीफेन्स तथा एस्ट्रप (Stephens & Astrup, 1965) तथा लुवोरस्की तथा उनके सहयोगियों (Luborsky et., al., 1971) ने अपने अध्ययनों के आधार पर यह बतलाया है कि मनोविदालिता (schizophrenia), मानसिक मंदता, स्थिर-व्यामोह (paranoia) के रोगी को मनश्चिकित्सा से कोई विशेष लाभ नहीं होता परंतु तंत्रिकातापी या मनःस्नायुविकृति (psychoneurosis) जैसे दुश्चिंता विकृति (anxiety disorders), मनोग्रसित-बाध्यता स्नायुविकृति (obsessive-compulsive neurosis) तथा हिस्टीरिकल मनःस्नायुविकृति (hysterical psychoneurosis) के रोगी को मनश्चिकित्सा से अधिक सार्थक लाभ होता पाया गया है। उसी तरह से ट्रूएक्स तथा कार्कहुफ (Turax & Carkhuff, 1967) ने अपने अध्ययन के आधार पर यह बतलाया है कि वैसे रोगी जो रोग के प्रारंभ में ही काफी क्षुब्धता (disturbance) का अनुभव कर चुके होते हैं परंतु उनके व्यवहार में उतनी अधिक क्षुब्धता नहीं होती है, को मनश्चिकित्सीय लाभ (psychotherapeutic gain) अधिक होता है। इसका मतलब यह हुआ कि वैसे व्यक्ति जो काफी चिंतित रहते हुए, अपने आप को असंतुष्ट रहते हुए एवं प्रायः तीव्र मानसिक संघर्षों से जुझते हुए अपनी जिन्दगी का न्यूनतम मौलिक जवाबदेही को निभाते जाते हैं, मनश्चिकित्सा से काफी लाभान्वित होते हैं। दूसरे तरफ यदि व्यक्ति में क्षुब्धता की मात्रा इतनी बढ़ जाती है कि उसका व्यवहार अत्यधिक असंगठित हो जाता है और वह अपनी जिन्दगी के सामान्य जवाबदेही को भी ठीक ढंग से निभा नहीं पाता है, तो उसे मनश्चिकित्सा से न के बराबर लाभ प्राप्त होता है।

(ii) सामान्य व्यक्तित्व गुण *(General personality qualities)*—नैदानिक मनोवैज्ञानिकों ने कुछ ऐसे सामान्य व्यक्तित्व गुणों की पहचान किया है जिनकी उपस्थिति से मनश्चिकित्सा के परिणाम बेहतर होते हैं। जैसे—कर्नवर्ग तथा उनके सहयोगियों (Kernberg et. al., 1972) के अध्ययन के अनुसार यदि रोगी में अहं-शक्ति (ego-sterngth) अधिक होती है तो उन्हें मनश्चिकित्सक का लाभ अच्छा मिलता है। उसी तरह सिगेल एवं रोजेन (Siegel & Rosen, 1962) ने अपने अध्ययन के आधार पर यह बतलाया कि जिन रोगियों में दुश्चिंता सहनशक्ति (anxiety tolerenace) अधिक होती है, उन्हें भी मनश्चिकित्सा से लाभ अधिक होता है अर्थात उसके परिणाम उत्तम होते हैं। मनोवैज्ञानिकों ने कुछ अन्य सामान्य व्यक्तिव गुणों अर्थात् अन्तमुर्खता-बहिमुर्खता (introversion-extraversion), विद्वेष (hostility), सत्तावाद (authoritarianism) आदि का मनश्चिकित्सा के परिणाम पर पड़ने वाले प्रभावों का अध्ययन किया है परंतु इन अध्ययनों के परिणाम में चूँकि संगति (consistency) नहीं पायी गयी, अतः इनके बारे में किसी सामान्य निष्कर्ष पर नहीं पहुँचा जा सकता है।

(iii) विश्वास एवं प्रत्याशा *(Faith and expectation)*—कई अध्ययनों में यह देखा गया है कि मनश्चिकित्सा का परिणाम बहुत हद तक चिकित्सीय प्रक्रिया (therapeutic process) तथा चिकित्सक में विश्वास पर आधारित होता है। यदि रोगी को इन दोनों में विश्वास है, तो मनश्चिकित्सा का परिणाम अनुकूल होने की उम्मीद या प्रत्याशा अधिक होती है। इस तथ्य की संपुष्टि फ्रैंक (Frank, 1959) द्वारा जॉन हापकिन्स विश्वविद्यालय (John Hopkins University) में किए गए शोधों द्वारा हुआ है। फ्रैंक[1] (Frank, 1953) ने इस बिंदु पर इस प्रकार टिप्पणी किया है, ''रोगी के दैहिक एवं मानसिक अवस्था पर उपचार से लाभ की उम्मीद अपने आप में एक स्थायी तथा गंभीर प्रभाव डालता है। आगे, यह भी युक्तियुक्त लगता है कि मनश्चिकित्सा के सभी प्रारूप का सफल प्रभाव अंशतः रोगी में इस तरह की मनोवृत्ति उत्पन्न करने की क्षमता पर निर्भर करता है।'' इतना ही नहीं, यदि रोगी एवं चिकित्सक के प्रत्याशा के बीच समानता होती है, तो मनश्चिकित्सा के परिणाम अनुकूल होने की उम्मीद काफी बढ़ जाती है।

---

1. "Expectancy of benefit from treatment in itself may have enduring and profound effects on patient's physical and mental state. It seems plausible, furthermore, that the successful effects of all forms of psychotherapy depend in part on their ability to foster such attitudes in the patient." —Frank : *Psychiatry,* 1959, p. 36

(iv) उम्र *(Age)*—अन्य बातें समान रहने पर कम उम्र के रोगी (जैसे 20-25 साल के रोगी) बूढ़े रोगियों की तुलना में मनश्चिकित्सा से अधिक लाभान्वित होते पाए गए हैं। अतः इनके लिए मनश्चिकित्सा के परिणाम (outcome) तुलनात्मक रूप से अधिक अनुकूल होते हैं। इसके दो कारण बतलाए गए हैं। पहला तो यह कि कम उम्र के रोगी के विचार में लचीलापन (flexibility) अधिक होती है क्योंकि इनके चिन्तन अभी पूर्णतः किसी खास दिशा में सेट नहीं होते हैं तथा ऐसे व्यक्ति अपने बाल्यावस्था (childhood) से नजदीक होने के कारण उचित संदर्भ तथा संबंध स्थापित करने में अपने को सक्षम पाते हैं। दूसरा यह कि कम उम्र के रोगी अपने नकारात्मक व्यवहार के लिए बूढ़े रोगियों की तुलना में कम बार पुनर्बलित हुए रहते हैं। अतः इनके व्यवहार में मनश्चिकित्सा द्वारा आसानी से परिवर्तन लाना संभव हो पाता है। इन कारणों से कम उम्र के रोगी को दिए गए मनश्चिकित्सा के परिणाम अधिक अनुकूल होते हैं।

(v) यौन *(Sex)*—यद्यपि रोगी के यौन तथा मनश्चिकित्सा के परिणाम (outcome) में कोई ठोस संबंध नहीं पाया गया है परंतु ऐसा प्रायः देखा गया है कि महिला रोगी को पुरुष रोगी के तुलना में मनश्चिकित्सा से अधिक लाभ होता है। इसका कारण यह बतलाया गया है कि औसतन महिलाएँ मदद लेने के लिए सहर्ष तैयार होती हैं, वे अपनी समस्याओं को खुलकर अभिव्यक्त करती है तथा उनका चिन्तन रक्षात्मक (defensive) कम होता है और उनमें अन्य ऐसे गुण होते हैं जिससे उन्हें एक 'उत्तम रोगी' कहा जा सकता है। स्ट्रीकर (Stricker, 1977) ने यह बतलाया है कि रोगी के यौन के संदर्भ में एक महत्त्वपूर्ण समस्या जो उठती है, वह यह है कि क्या चिकित्सक महिला रोगियों का शोषण करते हैं? इस प्रश्न पर महिला संगठनों का दावा है कि पुरुष चिकित्सक महिला रोगी का शोषण करते हैं तथा उनके साथ चिकित्सा के नाम पर यौन संबंध भी स्थापित करते हैं। अगर सचमुच में ऐसा होता है तो यह मनश्चिकित्सा के पेशा के लिए एक कलंक है और इसका विरोध किया जाना चाहिए।

(vi) बुद्धि *(Intelligence)*—तीव्र बुद्धि के रोगी मनश्चिकित्सा से कम बुद्धि के रोगियों की तुलना में अधिक लाभ उठा पाते हैं। अतः मनश्चिकित्सा के परिणाम ऐसे रोगियों के लिए अधिक अनुकूल होते हैं। इसके तीन मुख्य कारण बतलाए गए हैं—

(a) मनश्चिकित्सा मूलतः एक शाब्दिक प्रक्रिया (verbal process) होती है। इसमें रोगी को अपनी समस्याओं को सुस्पष्ट करना होता है तथा शब्दों एवं वाक्यों के माध्यम से उसे अभिव्यक्त करना पड़ता हे। स्वभावतः इसमें उच्च बौद्धिक स्तर की जरूरत पड़ती है।

(b) मनश्चिकित्सा में रोगी को विभिन्न घटनाओं के बीच संबंध स्थापित करना आवश्यक होता है। रोगी में पहले की घटनाओं तथा वर्तमान समस्याओं के बीच संबंध स्थापित करने की क्षमता होनी चाहिए तथा उनमें वर्तमान संवेगों एवं भावों को अन्य वैसी घटनाओं के साथ संबंध जोड़ने की क्षमता होनी चाहिए जो ऊपर से अर्थहीन लगते हैं। इसके लिए भी निश्चित रूप से बुद्धि की आवश्यकता होती है।

(c) मनश्चिकित्सा में चूँकि विभिन्न घटनाओं के बीच एक कड़ी या संबंध जोड़ना होता है, अतः इसके लिए रोगी में अन्तर्निरीक्षण (introspection) की क्षमता का होना अनिवार्य है। जिस रोगी में अपने भीतर झाँकने की अक्षमता होती है, वह मनश्चिकित्सा की प्रक्रिया के साथ ठीक ढंग से समायोजन नहीं कर पाता है। जाहिर है कि अन्तर्निरीक्षण करने के लिए पर्याप्त मात्रा में बौद्धिक स्तर की जरूरत पड़ती है।

उक्त तथ्यों के आलोक में यह कहा जा सकता है कि मनश्चिकित्सा का परिणाम अनुकूल होने के लिए यह आवश्यक है कि रोगी का बौद्धिक स्तर ऊँचा हो। स्कोफिल्ड (Schofield, 1964) ने यह स्पष्ट किया है कि मनश्चिकित्सक का विश्वास यह होता है कि आदर्श रोगी वह होता है जिसमें YAVIS संलक्षण (syndrome) होते हैं जिसमें Y = young, A = attraction, V = verbal, I = intelligence तथा S = successful का अर्थ होता है। परंतु इसका मतलब यह नहीं हुआ कि मनश्चिकित्सा का लाभ केवल उच्च बौद्धिक स्तर के रोगियों को ही मिलता है। ऐसे अनेक अध्ययन हुए हैं जिनमें यह देखा गया है कि मानसिक रूप से मंद व्यक्ति जिनमें व्यवहारात्मक अभाव (behavioural deficit) एक मुख्य समस्या होती है, व्यवहार चिकित्सा (behaviour therapy) से काफी लाभान्वित हुए हैं।

(vii) अभिप्रेरण *(Motivation)*—जैसा कि हम जानते हैं, मनश्चिकित्सा एक निश्क्रिय प्रक्रिया (passive process) नहीं है जिसमें रोगी में जबर्दस्ती सूझ उत्पन्न किया जाता है बल्कि इसमें रोगी सक्रिय होकर स्वयं ही अपने में सूझ उत्पन्न करने की कोशिश करता है। इसका मतलब यह हुआ कि मनश्चिकित्सा में अभिप्रेरण (motivation)

की नितान्त आवश्यकता है। मनश्चिकित्सा एक स्वैच्छिक प्रक्रिया (voluntary process) है। इसके लिए किसको बाध्य नहीं किया जा सकता है। ऐसा देखा गया है कि प्रत्यक्ष या परोक्ष रूप से जब मनश्चिकित्सा किसी रोगी पर थोप दिया जाता है, तो ऐसे रोगी मनश्चिकित्सा से अधिक लाभान्वित नहीं हो पाते हैं और इसका परिणाम उनके लिए अनुकूल नहीं होता है।

(viii) खुलापन *(Openness)*—स्ट्रप तथा बर्गिन (Strupp & Bergin, 1969) ने अपने अध्ययन के आधार पर यह बतलाया है कि चिकित्सीय प्रक्रिया के प्रति खुला विचार रखने वाले रोगी चिकित्सा से अधिक लाभ उठा पाते हैं। इसका कारण यह है कि ऐसे रोगी को चिकित्सक तथा चिकित्सीय प्रक्रिया में काफी विश्वास होता है। इस तरह के विश्वास के कारण ऐसे रोगी अपनी समस्याओं एवं संवेगों की अभिव्यक्ति खुल कर करते हैं तथा बहुत तेजी से उनमें सूझ विकसित होता है।

(ix) सामाजिक वर्ग एवं प्रजाति *(Social class and race)*—मनश्चिकित्सा के परिणाम पर रोगी के सामाजिक वर्ग (social class) तथा प्रजाति का भी प्रभाव पड़ता है। हंट (Hunt, 1960), लोरियन (Lorion, 1974) आदि ने यह बतलाया है कि निम्न वर्ग (lower class) के रोगियों के लिए मनश्चिकित्सा के पौराणिक प्रारूप (traditional form) अनुपयुक्त होते हैं। इतना ही नहीं, ऐसे निम्न वर्ग तथा गरीब रोगी को मनश्चिकित्सा से उपचार किए जाने के बजाय उन्हें औषध चिकित्सा (drug therapy) तथा वैद्युतीय आघात चिकित्सा (electro shock therapy) देकर उपचार अधिक किया जाता है। अगर उन्हें मनश्चिकित्सा के लिए स्वीकार किया भी जाता है, तो उन्हें कम अनुभव प्राप्त चिकित्सक के यहाँ उपचार के लिए भेजा जाता है। इन कारणों से पौराणिक मनश्चिकित्सा (traditional psychotherapy) जैसे मनोविश्लेषण तथा मनोविश्लेषणात्मक-उन्मुखी चिकित्सा (psychoanalytic oriented therapy) ऐसे वर्ग के रोगियों के लिए लाभदायक नहीं होते हैं। परंतु हाल में गोल्डस्टीन (Goldstein, 1973) ने विशेष प्रयास करके मनश्चिकित्सा की विधि तथा भाषा में कुछ इस तरह का संशोधन किया है कि ऐसे निम्न वर्ग के रोगियों के लिए पौराणिक मनश्चिकित्सा की तुलना में व्यवहारात्मक प्रविधियाँ बहुत हद तक प्रभावी सिद्ध हुई हैं। पेटिट तथा उनके सहयोगियों (Pettitt et. al., 1974) ने अपने अध्ययन में यह भी पाया है कि जब चिकित्सक तथा रोगी के सामाजिक वर्ग में काफी अंतर होता है, तो रोगी में मनश्चिकित्सा से अलग हो जाने की प्रवृत्ति अधिक होती है।

बैंक्स (Banks, 1992) ने अपने अध्ययन के आधार पर यह बतलाया है कि जब रोगी तथा चिकित्सक की प्रजाति (race) एक ही होती है, तो रोगी को दिए गए मनश्चिकित्सा से लाभ अधिक होता है तथा इस तरह के चिकित्सा का परिणाम अनुकूल होता है। इसका कारण यह है कि ऐसी परिस्थिति में रोगी में अधिक घनिष्ठता या सौहार्द्र (rapport) तथा आत्म-अन्वेषण की प्रवृत्ति विकसित होती है। इन्होंने यह भी बतलाया है कि यदि रोगी एवं चिकित्सक को क्रॉस-प्रजाति (cross-race) युग्मित करना है, तो चिकित्सक गोरा (white) एवं रोगी श्याम (black) होने पर मनश्चिकित्सा के परिणाम अनुकूल होते हैं। इसके विपरीत परिस्थिति में मनश्चिकित्सा के परिणाम प्रतिकूल हो जाते हैं।

(x) मस्तिष्कीय विकृति *(Brain disorders)*—कुछ रोगी ऐसे होते हैं जिनमें व्यवहारात्मक विकृति का कारण आंगिक (organic) होता है अर्थात् ऐसे रोगियों में मस्तिष्कीय विकृति होती है। इस तरह के रोगी मनश्चिकित्सा का लाभ नहीं उठा पाते हैं अर्थात् ऐसे रोगियों के लिए मनश्चिकित्सा का परिणाम अनुकूल नहीं होता है। उदाहरणस्वरूप, यदि अलझिमर रोग (Alzheimer's disease) के रोगी को जिसमें चिड़चिड़ापन, एकाग्रता की कमी, आक्रमकता, विभ्रम, व्यामोह (delusions), शारीरिक कम्पन आदि मुख्य लक्षण होते हैं तथा जिसका कारण मस्तिष्क की क्षीणता (atrophy) होता है, मनश्चिकित्सा के माध्यम से उपचार नहीं किया जा सकता है और यदि किया भी जाता है तो उसका परिणाम प्रभावहीन होंगे।

स्पष्ट हुआ कि रोगी की कुछ विशेषताएँ होती हैं जिसे मनश्चिकित्सा के परिणाम प्रभावित होते हैं।

2. चिकित्सक की विशेषताएँ *(Characteristics of therapist)*—आधुनिक मनश्चिकित्सकों की आम राय यह है कि मनश्चिकित्सा के परिणाम पर चिकित्सकों की अपनी विशेषताओं का भी प्रभाव पड़ता है। ऐसे परिणाम को प्रभावित करने वाले चिकित्सक की विशेषताओं को मोटे तौर पर दो भागों में बाँटा गया है—

(1) चिकित्सा प्रारंभ होने के पहले से चिकित्सक में मौजूद गुण (qualities present in therapist before the therapy begins)

(2) चिकित्सा के दौरान रोगी के साथ अन्त:क्रिया होने पर चिकित्सक में उत्पन्न गुण (qualities produced in therapist when making interactions with patient during therapy)

इन दोनों तरह के गुणों का वर्णन इस प्रकार है—

(1) चिकित्सा प्रारंभ होने के पहले से चिकित्सक में मौजूद गुण *(Qualities present in therapist before the therapy begins)*—इसके तहत चिकित्सक में निहित वैसे गुणों को रखा जाता है जो चिकित्सा प्रारंभ होने के पहले से ही उसमें मौजूद रहता है और चिकित्सा के परिणाम पर अपना असर डालता है। ऐसे गुणों में निम्नांकित प्रमुख हैं—

(i) व्यवसायिक पृष्ठभूमि तथा अनुभूति *(Professional background and experience)*—व्यावसायिक पृष्ठभूमि तथा मनश्चिकित्सा के परिणाम के बीच कोई प्रत्यक्ष संबंध नहीं पाया गया है। मनश्चिकित्सा में तीन-चार व्यावसायिक पृष्ठभूमि वाले लोग कार्यरत होते हैं—नैदानिक मनोवैज्ञानिक (clinical psychologist), मनोरोगविज्ञानी (psychiatirst), मनश्चिकित्सीय सामाजिक कार्यकर्त्ता (psychiatric social workers) तथा मनोविश्लेषज्ञ (psychoanalyst) । इस बात का कोई अनुभवजन्य सबूत (empirical evidence) नहीं है कि विशेष तरह के व्यावसायिक पृष्ठभूमि वाले वैज्ञानिक या विशेषज्ञ द्वारा दी गयी चिकित्सा दूसरे तरह के व्यावसायिक पृष्ठभूमि वाले वैज्ञानिक या विशेषज्ञ द्वारा दी जाने वाले चिकित्सा से अधिक प्रभावकारी होता है। इस सिलसिले में हेनरी, सिम्स एवं स्प्रे (Henary, Sims & Spray, 1975) द्वारा किया गया करीब 4,000 अभ्यासरत चिकित्सकों का सर्वे से हमें कुछ दिशा-निर्देश प्राप्त होता है। इन चिकित्सकों में से करीब दो तिहाई चिकित्सक ऐसे थे जो रोगी को अन्य दूसरे चिकित्सक के पास उनका व्यावसायिक पृष्ठभूमि के आधार पर नहीं बल्कि उनके कार्य तथा उन्मुखता के आधार पर भेजते थे। इससे व्यावसायिक पृष्ठभूमि के तुच्छ महत्त्व का अंदाज अपने आप चल जाता है। इनके अध्ययन में नैदानिक मनोवैज्ञानिकों को नकारात्मक शीलगुणों से युक्त कहा गया। मनोरोगविज्ञानी (psychiatrist) को भी अधिकतर नकारात्मक ढंग से मूल्यांकन किया गया तथा मनोविश्लेषकों को अधिकतर सकारात्मक ढंग से (positively) आँका गया। नैदानिक मनोवैज्ञानिकों को आक्रमक, प्रतियोगितावादी तथा बौद्धिक प्रकृति का समझा गया। मनश्चिकित्सीय सामाजिक कार्यकर्ताओं को लोक-उन्मुखी (people-oriented) तथा निष्क्रिय (passive) प्रकृति का समझा गया।

जहाँ तक अनुभव (experience) का प्रश्न है, ऐसे स्पष्ट सबूत उपलब्ध हैं जिनके आधार पर यह कहा जा गया है कि अनुभवी एवं प्रशिक्षित चिकित्सक द्वारा की गयी मनश्चिकित्सा कम अनुभव वाले चिकित्सक द्वारा की गयी मनश्चिकित्सा से अधिक प्रभावी (effective) होता है। अनुभवी चिकित्सकों के रोगी चिकित्सा सत्र का त्याग अपरिपक्व रूप से अर्थात् समापन के पहले नहीं करते हैं तथा उन्हें चिकित्सा का लाभ भी सर्वाधिक होता है। लुब्रोस्की तथा उनके सहयोगियों (Lubrosky et. al., 1971) ने पाँच ऐसे अध्ययनों की समीक्षा किया जिसमें स्वतंत्र रूप से चिकित्सकों के तकनीकी कौशलों का मूल्यांकन किया गया था और निष्कर्ष में वह यह पाये कि अधिक योग्य, अनुभवी एवं प्रशिक्षित चिकित्सकों के रोगी को उनके द्वारा प्रदत्त चिकित्सा से सर्वाधिक लाभ हुआ तथा चिकित्सा के परिणाम काफी अनुकूल पाए गए।

(ii) व्यक्तिगत समस्याओं से स्वतंत्रता *(Freedom from personal problems)*—यद्यपि कि चिकित्सक को उत्तम समायोजन का मूर्त्ति माना जाता है फिर भी कभी-कभी यह देखा गया है कि कुछ चिकित्सक ऐसे होते हैं जिनमें स्वयं ही स्नायुविकृत समस्याएँ (neurotic problems) जैसे अधिक चिंतित रहना, आक्रमक व्यवहार दिखाना तथा क्लायंट द्वारा किए गए प्रश्नों का उत्तर ठीक से नहीं दे पाना आदि होता है। ऐसे चिकित्सक द्वारा दी गयी चिकित्सा से रोगी लाभान्वित नहीं हो पाते हैं और ऐसे चिकित्सा का परिणाम बहुत अनुकूल नहीं होता है। चिकित्सक का सबसे प्रमुख गुण आत्म-चेतन (self-awareness) होता है। चिकित्सक में ऐसी क्षमता होनी चाहिए कि वह रोगी की समस्याओं पर वस्तुनिष्ठ ढंग से ध्यान दे सके तथा रोगी के व्यक्तिगत गत्यात्मकता (personal dynamics) में अपने आप को नहीं उलझा दे। यदि ऐसी क्षमता नहीं है, तो ऐसे चिकित्सक को व्यक्तिगत चिकित्सा (personal therapy) लेने के बाद ही रोगी की चिकित्सा प्रारंभ करनी चाहिए। विनर[1] (Weiner, 1975) ने इस बिंदु पर बहुत ही उत्तम निष्कर्ष दिया है जो

1. "Whatever neurotic elements a therapist may have in his personality, they must ... be either (a) of a kind that will interfere with his objectivity and commitment to his patient's needs in psychotherapy situation of (b) sufficiently within his self-awareness and self-control for him to counteract any such interference with his ability to understand his patients and address their needs."

—Weiner : On being same in same places. *Journal of Abnormal Psychology,* 1975, 85, p. 32.

इस प्रकार है, ''अपने व्यक्तित्व में जैसा भी स्नायुविकृत तत्त्व एक चिकित्सक में क्यों न हो, वे या तो (अ) इस तरह के होते हैं जो मनश्चिकित्सा की परिस्थिति में उनके रोगियों की आवश्यकताओं की वस्तुनिष्ठता तथा वचनबद्धता के साथ बाधा पहुँचाते हैं तथा (ब) उनके आत्म-नियंत्रण तथा आत्म-चेतन के भीतर होते हैं ताकि रोगियों को समझने तथा उनकी आवश्यकताओं का पता लगाने की उनकी क्षमता में उत्पन्न बाधा को रोक सके।''

(iii) ए-बी चिकित्सक विमा *(A-B therapist dimension)*—ह्वाईटहर्न तथा बेज (Whitehorn & Betz, 1962) ने अपने अध्ययन के आधार पर चिकित्सक के दो प्रकार बतलाए—टाईप-ए चिकित्सक (Type-A therapist) तथा टाईप-बी चिकित्सक (Type-B therapist)। इन दोनों तरह के चिकित्सकों की पहचान करने के लिए ये लोग SVIB (Strong Vocational Interest Blank) के चार मापनी से करीब 23 एकांशों को लेकर एक नया मापनी बनाए थे। इन्होंने अपने अध्ययन में पाया कि टाइप-ए चिकित्सक टाइप-बी चिकित्सक की तुलना में मनोविदालिता (schizophrenia) के रोगी की चिकित्सा करने में अधिक सफल एवं प्रभावकारी हुए परंतु सभी तरह के रोगियों के उपचार में टाइप-बी चिकित्सक की तुलना में टाईप-ए चिकित्सक की श्रेष्ठता नहीं पायी गयी। बेज (Betz, 1962) ने ही अपने अध्ययन में पाया कि मनोविदालिता को छोड़कर अन्य रोगियों के उपचार में टाईप-ए तथा टाईप-बी द्वारा प्रदत्त मनश्चिकित्सा की प्रभावशीलता में कोई अंतर नहीं पाया। स्टीफेन्स तथा एस्ट्रप (Stephens & Astrup, 1965) ने भी अपने अध्ययन में मनोविदालिता के रोगी की चिकित्सा में टाईप-ए तथा टाईप-बी चिकित्सक की प्रभावशीलता में कोई अंतर नहीं पाया। मैकनेयर, कालाहान तथा लोर्र (McNair, Callahan & Lorr, 1962) ने अपने अध्ययन में 20 टाईप-ए चिकित्सक तथा 20 टाईप-बी चिकित्सक द्वारा चार महीने तक उपचार किए गए रोगियों का प्रेक्षण किया और पाया कि जिन रोगियों की चिकित्सा टाईप-बी चिकित्सक द्वारा की गयी थी, उनमें तुलनात्मक रूप से अधिक सुधार आया।

उक्त तथ्यों को ध्यान में रखते हुए यह कहा जा सकता है कि ए-बी चिकित्सक द्वारा प्रदत्त चिकित्सा के परिणाम यद्यपि संदिग्ध है फिर भी यह अंतर अपने आप में नया है और मनोवैज्ञानिकों को इस दिशा में आगे शोध करने की पर्याप्त प्रेरणा देता है।

(iv) चिकित्सक का व्यक्तित्व *(Personality of the therapist)*—चिकित्सक के अपने व्यक्तित्व शीलगुणों का प्रभाव मनश्चिकित्सक की प्रभावशीलता (effectiveness) पर पड़ता है। क्रैसनर (Krasner, 1963) ने एक आदर्श चिकित्सक के बहुत सारे व्यक्तित्व शीलगुणों का वर्णन किया है और कहा है कि इन शीलगुणों के होने पर उनके द्वारा प्रदत्त चिकित्सा का परिणाम अनुकूल होता है। इन शीलगुणों में कुछ प्रमुख शीलगुण इस प्रकार है—परिपक्व, सहानुभूतिपूर्ण, सहनशील, धैर्यवान, सांवेगिक रूप से संवेदनशील, आत्म-चेतन, विषमलिंगी संबंध में परिपक्वता, वस्तुनिष्ठ, आत्म-विश्लेषणायुक्त, ईमानदार खुले विचार वाला, अपने पेशा से उत्तम प्यार एवं स्नेह दिखलाने वाला, योग्य, सर्जनात्मक, जिन्दगी में उत्तम लक्ष्य रखने वाला, मानव समस्याओं में अभिरुचि रखने वाला तथा वैज्ञानिक ज्ञान रखने वाला व्यक्ति। क्रैसनर के दृष्टिकोण की आलोचना करते हुए यह कहा गया है कि उनके द्वारा बतलाए गए शीलगुण किसी एक चिकित्सक में सामान्यत: नहीं हो सकते हैं। अत: उनका दृष्टिकोण को मात्र एक आदर्शवादी दृष्टिकोण कहा गया है। हाल्ट एवं लुब्रोस्की (Holt & Lubrosky, 1958) ने अपने अध्ययन में 32 शीलगुणों का चयन किया और एक उत्तम चिकित्सा में उनमें से कुछ गुणों का होना आवश्यक बतलाया। इन गुणों में सामाजिक रूप से पूर्णरूपेण समायोजन, स्तर चिन्ता (status concern) से मुक्त, आत्म-वस्तुनिष्ठ (self-objective), सांवेगिक रूप से नियंत्रित तथा परिपक्व विषमलिंगी समायोजन (hetero-sexual adjustment) आदि प्रधान बतलाए गए हैं। इन शीलगुणों के होने पर चिकित्सक द्वारा प्रदत्त चिकित्सा अधिक प्रभावकारी होता है। फलस्वरूप उसका परिणाम अनुकूल होता है।

(2) चिकित्सा के दौरान रोगी के साथ अन्त:क्रिया होने पर चिकित्सक में उत्पन्न गुण *(Qualities produced in therapist when making interactions with patient during therapy)*—चिकित्सा के परिणाम को प्रभावित करने वाले चिकित्सक के कुछ शीलगुण ऐसे होते हैं जो उनमें पहले से तो मौजूद नहीं रहते हैं परंतु चिकित्सा के दौरान रोगी के साथ किए गए अन्त:क्रिया के दौरान उत्पन्न होते हैं। ऐसे शीलगुणों में निम्नांकित प्रधान हैं—

(i) परानुभूति, हार्दिकता तथा प्रमाणिकता *(Empathy, warmth and genuineness)*—रोजर्स (Rogers, 1951) द्वारा प्रतिपादित क्लायंट-केन्द्रित चिकित्सा (client-centred therapy) के प्रतिपादन होने से ही चिकित्सक के इन तीन गुणों अर्थात् परानुभूति, हार्दिकता तथा प्रमाणिकता को चिकित्सा के अनुकूल परिणाम के लिए उपयुक्त माना गया

है। ये तीनों गुण कुछ ऐसे हैं जो चिकित्सा के दौरान क्लायंट या रोगी के साथ अंत:क्रिया करने पर चिकित्सक में उत्पन्न होते हैं। रोजर्स ने इन तीन गुणों को अनुकूल चिकित्सीय परिवर्तन के लिए आवश्यक एवं पर्याप्त कारक माना है। ट्रुएक्स तथा कारखुफ (Truax & Carkhuff, 1967) तथा ट्रुएक्स तथा मिटचेल (Truax & Mitchell, 1971) ने अपने-अपने अध्ययनों से इस निष्कर्ष पर पहुँचे हैं कि चिकित्सा का अनुकूल परिणाम (favourable outcomes) चिकित्सक के इन तीन गुणों से संबंध होता है। परंतु लैमवर्ट, डिजुलियो तथा स्टीन (Lambert, Dejulio & Stein 1978) ने इन तीन गुणों तथा चिकित्सीय परिणाम के बीच संबंध दिखाने के लिए किए गए कई अध्ययनों की समीक्षा करने के बाद यह बतलाया कि रोजर्स की प्राक्कल्पना (hypothesis) बहुत ज्यादा उचित नहीं पाया गया है। स्ट्रप तथा वर्गिन (Strupp & Bergin, 1989) ने यह बतलाया है कि परानुभूति, हार्दिकता तथा प्रमाणिकता ये तीनों गुण को उत्तम चिकित्सा परिणाम के लिए आवश्यक परंतु पर्याप्त अवस्था नहीं माना जा सकता है। अभी हाल के वर्षों में चिकित्सक के इन तीन गुणों को ऐसा गुण माना गया है जो किसी चिकित्सक द्वारा आसानी से सीखा जा सकता है। इन तीन गुणों एवं अनुकूल चिकित्सीय परिणाम के संबंध पर वर्गिन तथा सुइन[1] (Bergin & Suinn, 1975) ने एक उत्तम निष्कर्ष दिया है जो इस प्रकार है, "अब यह स्पष्ट हो गया है कि ये चर उतने प्रबल नहीं रहे जितना की कभी समझा जाता था। लेकिन उनकी उपस्थिति तथा प्रभाव सर्वव्यापक है, यहाँ तक कि व्यवहार चिकित्सकों में भी उसे तीव्र रूप से देखा जा रहा है।"

(ii) प्रतिस्थानान्तरण *(Contertransference)*—इस तरह के स्थानान्तरण (transfernce) में चिकित्सक ही रोगी के प्रति प्रेम, स्नेह एवं संवेगात्मक लगाव दिखाता है। हालांकि शोध सबूत परस्पर विरोधी(contradictory)हैं। कुछ अध्ययनों में यह पाया गया है जब रोगियों को चिकित्सक द्वारा अधिक पसंद किया जाता है तथा जब चिकित्सक उनके प्रति अधिक धनात्मक संवेगात्मक लगाव दिखाते हैं, तो ऐसे रोगी का चिकित्सीय परिणाम अधिक अनुकूल होता है। इतना ही नहीं, कारासेना(Caracena, 1962)ने तो अपने अध्ययन में यह भी पाया है कि ऐसे रोगी की चिकित्सा की अवधि भी लम्बी होती है। कुछ अध्ययनों में यह भी पाया गया कि चिकित्सक के नैतिक मूल्यों का भी प्रभाव चिकित्सा के परिणाम पर पड़ता है। जैसे—रोजेन्थल (Rosenthal, 1955) ने अपने अध्ययन में यह पाया है कि जो रोगी चिकित्सक द्वारा दिए गए चिकित्सा से अधिक लाभान्वित हुए थे, वे अपने नैतिक मूल्यों में चिकित्सक के नैतिक मूल्यों के अनुरूप परिवर्तन कर लिए थे।

स्पष्ट हुआ कि चिकित्सक के कुछ गुण होते हैं जिनसे चिकित्सा के परिणाम स्पष्ट रूप से प्रभावित होते हैं।

3. रोगी तथा चिकित्सक का संबंध या अन्त:क्रिया *(Relation or interaction between patient and therapist)*—जैसा कि हम जानते हैं कि मनश्चिकित्सा के सत्र में कम-से-कम एक रोगी तथा चिकित्सक अवश्य होता है और इन दोनों के गुणों से चिकित्सा का परिणाम प्रभावित होता है। परंतु सच्चाई यह है कि चिकित्सा का परिणाम इन दोनों के गुणों का समकालिक अन्तक्रिया (simultaneous interaction) द्वारा अधिक प्रभावित होता है। रोगी तथा चिकित्सक के समकालिक अंत:क्रिया का चिकित्सा के परिणाम पर पड़ने वाले प्रभावों से संबद्ध शोधों को निम्नांकित तीन भागों में बाँटा गया है—

(i) रोगी तथा चिकित्सक के प्रत्याशा में सामंजस्य (Congruence between patient and therapist's expectation)
(ii) रोगी तथा चिकित्सक के व्यक्तित्व में समानता(Similarity between personality of patient and therapist)
(iii) रोगी तथा चिकित्सक के सामाजिक-सांस्कृतिक विशेषताओं में समानता (Similarity between socio-cultural characteristics of patient and therapist)

इन तीनों का वर्णन निम्नांकित है—

(i) रोगी तथा चिकित्सक के प्रत्याशा में सामंजस्य *(Congruence between patient and therapist's expectation)*—मनोवैज्ञानिकों का विचार है कि चिकित्सक तथा रोगी की प्रत्याशाओं में सामंजस्य से चिकित्सा का परिणाम अनुकूल होने की संभावना अधिक तीव्र हो जाती है। गोईन तथा उनके सहयोगियों (Goin et al., 1965), लेविट (Levitt, 1966) तथा स्कौनफिल्ड तथा उनके सहयोगियों (Schonfield et. al., 1969) ने अपने-अपने अध्ययनों से इस तथ्य का खुलासा किया है कि जब रोगी को अपनी प्रत्याशा के अनुरूप चिकित्सा मिलती है तो उससे उन्हें काफी लाभ

1. "It is clearer now that these variables are not as prepotent as once believed; but their presence and influence is uniquitous, even showing up strongly in behaviour therapies."—Begin & Suinn : Individual Psychoterapy and Behaviour therapy : *Annual Review of Psychology*, 1975, p. 52

होता है। हीनी तथा ट्रोसमैन (Heine & Trosman, 1960) ने अपने अध्ययन में पाया कि जो रोगी चिकित्सा को एक निष्क्रिय सहयोग (passive cooperation) मानते हैं, अर्थात् जिनमें निर्देशन-उन्मुखता (guidance orientation) होती है यानी जो चिकित्सा को मात्र राय या सलाह लेने की प्रक्रिया, जैसा कहा जाए वैसे काम करने की प्रक्रिया समझते हैं, वे चिकित्सा से अधिक लाभ नहीं उठा पाते हैं तथा ऐसे रोगियों के लिए चिकित्सा का परिणाम अनुकूल नहीं होता है। ऐसे रोगी प्राय: चिकित्सा को बीच में ही छोड़ देते हैं। दूसरे तरफ जो रोगी चिकित्सक की प्रत्याशा (expectation) के अनुरूप चिकित्सा को एक सक्रिय सहयोग की प्रक्रिया मानते हैं अर्थात् जिनमें सहभागिता उन्मुखता (participation orientation) होती है यानी समस्या के समाधान के लिए एक साथ मिल-जुलकर कार्य करने की प्रवृत्ति होती है, ऐसे रोगी चिकित्सा से अधिक लाभ उठाते हैं तथा चिकित्सा का परिणाम उनके लिए अनुकूल होता है। करीब इस प्रकार का परिणाम ओभरऑल तथा एरोनसन (Overall & Aronson, 1963) द्वारा भी अपने प्रयोग में पाया गया। क्लीम्स एवं डीएनड्रीया (Clemes & D'Andrea, 1965) ने अपने अध्ययन में आरंभिक नैदानिक साक्षात्कार में चिन्ता पर रोगी तथा चिकित्सक की प्रत्याशा की संगतता (compatibility) के पड़ने वाले प्रभाव का अध्ययन किया। परिणाम में देखा गया कि संगत साक्षात्कार (compatible interview) में अर्थात् वैसे साक्षात्कार में जहाँ रोगी तथा चिकित्सक की प्रत्याशाएँ लगभग समान थी, रोगी में चिन्ता कम होती थी। इतना ही नहीं, चिकित्सक भी ऐसे साक्षात्कार को संचालित करना आसान समझते थे तथा उनमें भी इस तरह का साक्षात्कार किसी प्रकार की चिन्ता उत्पन्न नहीं करता था। लेनार्ड तथा वर्नस्टीन (Lennard & Bernstein, 1960) ने भी अपने अध्ययन में यह पाये कि रोगी तथा चिकित्सक की प्रत्याशाओं में असंगतता (incongurence) उत्पन्न हो जाने से नैदानिक साक्षात्कार में तो कठिनाई होती है, साथ-ही-साथ ऐसी परिस्थिति में चिकित्सा के परिणाम भी अनुकूल नहीं होते हैं।

(ii) **रोगी तथा चिकित्सक के व्यक्तित्व में समानता** *(Similarity between personality of therapist and patient)*—रोगी तथा चिकित्सक के व्यक्तित्व में समानता का प्रभाव चिकित्सा के परिणाम पर पड़ता है और इसके बारे में अलग-अलग ढंग का तर्क भी प्रस्तुत किया गया है। इस बिंदु पर प्रयोगात्मक सबूत स्पष्ट न होकर मिश्रित (mixed) होता है। एक तर्क यह दिया जाता है कि रोगी तथा चिकित्सक के व्यक्तित्व में अधिक समानता होने से परानुभूति (empathy) तथा समझ-बूझ की मात्रा में वृद्धि होती है एवं अधिक असामानता होने से वस्तुनिष्ठता (objectivity) में वृद्धि होती है। कुछ अन्य लोगों का मत है कि अगर रोगी तथा चिकित्सक के व्यक्तित्व में जरूरत से अधिक तथा जरूरत से कम समानता होती है तो इससे चिकित्सा में बाधा उत्पन्न होती है परंतु जब यह संबंध साधारण होता है, तो रोगी को चिकित्सा से लाभ होता है तथा चिकित्सा के परिणाम अनुकूल होते हैं। चाहे तर्क जो भी हो, इस संबंध में प्राप्त प्रयोगात्मक सबूत स्पष्ट न होकर परस्पर विरोधी है। वर्गेली, मेनडेलसन तथा गेलर (Berkeley, Mendelsohn & Geller, 1967) ने रोगी-चिकित्सक समानता पर किए गए कई अध्ययनों की समीक्षा किया और बतलाया कि रोगी तथा चिकित्सक में अधिक समानता होने से चिकित्सा में रोगी की अभिरुचि समाप्त हो जाती है परंतु यदि इन दोनों में विषमता होती है, तो चिकित्सा में उनकी अभिरुचि बनी होती है तथा चिकित्सा लम्बी चलती है। कारसन तथा हीनी (Carson & Heine, 1962) ने अपने अध्ययन में रोगी-चिकित्सक समानता तथा चिकितसा के लाभ या सफलता के बीच अरेखीय संबंध (curvilinerar relationship) पाया है। इसका मतलब यह हुआ कि रोगी तथा चिकित्सक के बीच एक खास बिंदु तक असमानता होने से चिकित्सा के परिणाम अनुकूल होते हैं। उस सीमा के बाद भी यदि इन दोनों असमानता की मात्रा बढ़ती है तो इससे चिकित्सा के परिणाम प्रतिकूल होने लगते हैं क्योंकि इससे उन्हें सफलता नहीं मिलती है। दुर्भाग्यवश इस प्रयोग की प्रतिकृति (replication) जब स्वयं कारसन ने लेवेलिन (Carson & Lewellyn, 1966) के साथ मिलकर किया, तो निष्कर्ष अनुपयुक्त पाए गए। लिचटेनस्टीन (Lichtenstein, 1966) ने भी अपने अध्ययन में रोगी-चिकित्सा समानता तथा चिकित्सा के परिणाम के बीच कोई संबंध नहीं पाया है। सापोलस्की (Sapolsky, 1965) ने एक अध्ययन किया जिसमें इस प्राक्कल्पना की जाँच की गयी कि जो रोगी यह समझते हैं कि वे चिकित्सक से अधिक समान हैं, उन्हें चिकित्सा का लाभ उन रोगियों की तुलना में अधिक मिलता है जो ऐसा नहीं समझते हैं। परिणाम में इस प्राक्कल्पना की संपुष्टि होते पायी गयी।

स्पष्ट है कि रोगी तथा चिकित्सक के व्यक्तित्व की समानता तथा चिकित्सा के परिणाम के संबंध पर पक्ष तथा विपक्ष दोनों तरह के सबूत उपलब्ध हैं। इसे देखते हुए यही कहा जा सकता है कि रोगी-चिकित्सक समानता या असमानता से

चिकित्सा की प्रभावशीलता में न तो बढ़ोत्तरी होती है और न ही कमी आती है। देखने में समानता प्राक्कल्पना आकर्षक भले ही लगे, यह अनुभवजन्य ढंग से (empirically) न तो अभी स्थापित है और न ही इसकी पूर्णरूपेण जाँच ही की गयी है।

(iii) रोगी तथा चिकित्सक के सामाजिक सांस्कृतिक-विशेषताओं में समानता *(Similarity between socio-cultural characteristics of patient and therapist)*—रोगी तथा चिकित्सक के सामाजिक-सांस्कृतिक पहलुओं जैसे सामाजिक वर्ग, संस्कृति, शिक्षा, भाषा, आय-समूह आदि में समानता या असमानता का प्रभाव भी चिकित्सा के परिणाम पर पड़ता है। सामान्यत: यह तर्क दिया जाता है कि रोगी तथा चिकित्सक में सामाजिक-सांस्कृतिक पहलुओं में यदि समानता होती है, तो चिकित्सा का परिणाम प्रभावी एवं अनुकूल होता है परंतु यदि असमानता होती है तो चिकित्सा या परिणाम प्रतिकूल होता है। परंतु वास्तविकता इतना प्रत्यक्ष एवं सीधा नहीं है। बहुत सारे अन्य ऐसे कारक भी हैं जिनसे इन दोनों का संबंध प्रभावित होता है तथा उसमें जटिलता (complexity) उत्पन्न होती है। इस बिंदु पर उपलब्ध शोध इतना सीमित एवं परस्पर विरोधी है कि उसके आधार पर किसी सामान्य निष्कर्ष पर पहुँचना कठिन है। इन सीमित अध्ययनों में यह स्पष्ट रूप से देखा गया है कि रोगी तथा चिकित्सक में सामाजिक-सांस्कृतिक पहलुओं में असामानता होने से दोनों के बीच संचार काफी सीमित हो जाता है तथा परस्पर समझ में भी कमी हो जाती है। अगर इन पहलुओं में काफी अधिक समानता होती है तो उससे अति तादात्म्य (over identification) तथा प्रक्षेपण (projection) एवं उत्तम संदर्भ (perspective) की कमी पायी जाती है। इसका मतलब तब अपने आप यह हो जाता है कि जब इन पहलुओं में समानता मध्य का होता है, तो चिकित्सा का परिणाम अधिक लाभकारी होते हैं। परंतु सच्चाई ऐसी नहीं है क्योंकि चिकित्सा का परिणाम इन कारकों के अंतक्रिया (interaction) पर निर्भर करता है अर्थात् इस बात पर निर्भर करता है कि अपने सामाजिक वर्ग में तथा चिकित्सक के व्यक्तिगत तथा व्यवसायिक गुणों में रोगी की पहचान तथा समस्याएँ किस हद तक निहित है। जैसे—अगर रोगी के आत्म-संप्रत्यय (self-concept) में सामाजिक पहचान (social identity) की भूमिका काफी महत्त्वपूर्ण है और अगर उसकी समस्या भी इसी क्षेत्र का है तो ऐसी परिस्थिति में वह सामाजिक रूप से समान चिकित्सक के होने से अधिक लाभान्वित होगा। इसके अलावा यदि चिकित्सक काफी योग्य है तथा उसे व्यवसायिक अनुभव काफी प्राप्त है, तो वह असमान, सामाजिक-सांस्कृतिक पहलू वाले रोगी की भी चिकित्सा उत्तम ढंग से कर सकता है।

स्पष्ट हुआ कि चिकित्सक तथा रोगी का संबंध या अन्त:क्रिया (interaction) से चिकित्सा का परिणाम प्रभावित होता है।

4. चिकित्सीय प्रविधियाँ *(Therapeutic techniques)*—चिकित्सा का परिणाम रोगी एवं चिकित्सक के गुणों एवं उनकी अन्त:क्रियाओं पर ही नहीं बल्कि चिकित्सा के दौरान अपनायी गयी विशिष्ट चिकित्सीय प्रविधि पर भी निर्भर करता है। ऐसे तो देखा जाए तो प्राप्त प्रयोगात्मक सबूत या अध्ययनों के आलोक में यही कहा जा सकता है कि मनश्चिकित्सा के किसी एक प्रकार को अन्य दूसरे प्रकार से अधिक प्रभावी नहीं माना जा सकता है परंतु कुछ इससे संबंधित चरों का अध्ययन हुआ है जिनसे चिकित्सा के परिणाम पर पड़ने वाले प्रभावों का पता चलता है। जैसे—यह देखा गया है कि अधिक लम्बी अवधि तक चिकित्सा के अधिक सत्र (session) रोगी को दिए जाते हैं तो वह कम अवधि तक कम संख्या में दी गयी सत्र की अपेक्षा अधिक लाभकारी होता है। फलत: ऐसी मनश्चिकित्सा का परिणाम अधिक अनुकूल होता है। परंतु कुछ लोगों द्वारा अपने शोधों में इसके लिए किसी प्रकार का सबूत नहीं पाया गया क्योंकि इन लोगों ने अपने अध्ययन में मनश्चिकित्सा के परिणाम तथा चिकित्सा की अवधि या चिकित्सीय सत्र की बारंबारता में कोई संबंध नहीं पा सके। कुछ ऐसे भी अध्ययन किए गए हैं जिनमें पहले से चिकित्सा सत्र की बारंबारता (frequency) को निर्धारित करके चिकित्सा के परिणाम पर पड़ने वाले प्रभाव का अध्ययन किया गया है। हेनरी तथा शलियन (Henry & Shlien, 1958) ने अपने अध्ययन में दो समूहों को क्लायंट-केन्द्रित चिकित्सा प्रदान किया—एक समूह को समय-सीमित समूह कहा गया जिसे औसतन 18 चिकित्सीय सत्र दिए गए तथा दूसरा समूह समय-असीमित समूह (time-unlimited group) था जिसे औसतन 37 चिकित्सीय सत्र दिया गया। परिणाम में देखा गया कि समय-सीमित समूह में चिकित्सीय सफलता 90% तक हुई जबकि समय-असीमित समूह में चिकित्सीय सफलता मात्र 66% हुई। इस परिणाम की पुष्टि आगे चलकर शलियन, मोसाक तथा ड्रिकुर्स (Shlien, Mosak & Driekurs, 1962) ने तथा हेनरी तथा मोजाक (Henary & Mosak, 1972) ने अपने-अपने शोधों से किया। कुछ अध्ययनों में वैयक्तिक चिकित्सा (individual therapy) की तुलना सामूहिक चिकित्सा (group therapy) से किया गया और पाया गया कि कुछ अवस्थाओं में वैयक्तिक चिकित्सा का तो कुछ अवस्थाओं में सामूहिक चिकित्सा का परिणाम अधिक अनुकूल होता है।

5. सामाजिक-सांस्कृतिक निर्धारक *(Socio-cultural determinants)*—आधुनिक शोधों से कुछ ऐसे सामाजिक-सांस्कृतिक निर्धारक या कारक का भी पता चला है जिनसे मनश्चिकित्सा का परिणाम प्रभावित होता है। जिस समाज की संस्कृति में यह विश्वास (belief) होता है कि मानव स्वभाव में आवश्यकता पड़ने पर सुधार लाया जा सकता है तथा तकनीकी ज्ञान के सहारे मनुष्यों की मानसिक समस्याओं को दूर किया जा सकता है, उसमें मनश्चिकित्सा का परिणाम अधिक अनुकूल होता है। परंतु जिस सामाजिक संस्कृति में इस तरह का विश्वास नहीं होता है, उनमें दी गई मनश्चिकित्सा अधिक प्रभावकारी नहीं होता है। उसी तरह से यह देखा गया है कि जिस समाज में मनश्चिकित्सा को एक महत्त्वपूर्ण सामाजिक क्रिया समझी जाती है न कि एक सामाजिक कलंक, उसमें दी गयी मनश्चिकित्सा के लिए अधिक लोग तैयार होते हैं, उनका सामाजिक नेटवर्क (social network) तुलनात्मक रूप से अधिक मजबूत होते हैं। मनश्चिकित्सा के परिणाम पर तात्कालिक सामाजिक तंत्र (immediate social system) का भी प्रभाव पड़ता है। जब सामाजिक तंत्र ऐसा होता है जिसमें रोगी तथा चिकित्सक की भूमिका स्पष्ट रूप से परिभाषित होती है तथा परिस्थिति जिसमें चिकित्सा प्रदत्त होगी वह भी स्पष्ट होता है, तो चिकित्सा अधिक प्रभावकारी होती है और उसका परिणाम अधिक अनुकूल होता है।

सामान्य निष्कर्ष—स्पष्ट हुआ कि मनश्चिकित्सा के परिणाम पर कई कारकों का प्रभाव पड़ता है। इन कारकों में मनोवैज्ञानिकों द्वारा रोगी की विशेषताओं, चिकित्सक की विशेषताओं तथा रोगी एवं चिकित्सक के अन्तःक्रिया या संबंध पर तुलनात्मक रूप से अधिक बल डाला गया है।

मेडिकल शोध तथा मनश्चिकित्सीय शोध में अन्तर
(Difference between Medical research and Psychotherapy research)

मेडिकल शोध जिसे मेडिकल क्षेत्र में प्रशिक्षित वैज्ञानिक करते हैं तथा मनश्चिकित्सीय शोध (psychotherapy research) जिसे मनश्चिकित्सा के क्षेत्र में प्रशिक्षित वैज्ञानिक करते हैं, एक दूसरे के समानान्तर हैं। इन दोनों तरह के शोध में समानता (similarity) की बिंदु यह है कि दोनों तरह के शोध का उद्देश्य रोगी की समस्याओं को दूर कर उन्हें अमन-चैन की जिन्दगी प्रदत्त करना। इसके बावजूद मेडिकल शोध तथा मनश्चिकित्सा शोध में स्पष्ट अंतर है। कुछ प्रमुख अंतर इस प्रकार है—

(1) मनश्चिकित्सीय शोध आत्मनिष्ठ (subjective) एवं मूल्य-आश्रित (value-laden) होता है जबकि मेडिकल शोध वस्तुनिष्ठ होते हें तथा इसमें मानवीय मूल्यों को उतना महत्त्व नहीं दिया जाता है। शायद यही कारण है कि मनश्चिकित्सक रोगी के निदान (diagnosis) के बारे में अक्सर भिन्न मत जाहिर करता है और यहाँ तक वे आपस में इस बिंदु पर भी भिन्न विचार दिखाते हैं कि प्रथम अवस्था में रोगी को मनोवैज्ञानिक रूप से 'बीमार' कहा जाय या नहीं। मेडिकल शोध में ऐसी बात नहीं होती है। इस तरह के शोध में बीमारी तथा उत्तम स्वास्थ्य का मानक (standard) वस्तुनिष्ठ ढंग से परिभाषित रहता है जिसका उपयोग सभी डाक्टरों द्वारा सभी रोगियों के लिए एक संगत ढंग से किया जाता है।

(2) मेडिकल शोध में 'एकरूपता पूर्वकल्पना' (uniformity assumption) होती है। इसका मतलब यह हुआ कि इस तरह के शोध में एक मौलिक विश्वास यह होता है कि सभी रोगी लगभग एक समान होते हैं, सभी चिकित्सक भी लगभग एक समान होते हैं तथा सभी चिकित्सा भी एक समान ही होते हैं। परंतु सच्चाई यह है कि सभी रोगियों को समान समझे जाने के बावजूद भी अपनी मनोवृत्ति, मूल्य, जिन्दगी की अवस्थाएँ, प्रत्याशाएँ (expectations) आदि के ख्याल से वे एक-दूसरे से भिन्न होते हैं, समान प्रशिक्षण पाने के बावजूद चिकित्सक एक-दूसरे से शीलगुण में विभिन्न होते हैं तथा समानता के बावजूद चिकित्सीय उपागम भी एक दूसरे से भिन्न होते हैं। मनश्चिकित्सा भी शोध एकरूपता पूर्वकल्पना से ग्रसित है परंतु अब इसमें इन पूर्वकल्पना के बंधन से मुक्त होने की स्पष्ट प्रवृत्ति दीख रही है।

(3) मनश्चिकित्सीय शोध में मनश्चिकित्सा के परिणाम (outcome) को मापने के लिए रोगी के व्यवहार में हुए परिवर्तन (change) को कसौटी (criteria) माना जाता है जो रोगी तथा चिकित्सक के मूल्य निर्णय (value judgement) पर आधारित होता है। कभी-कभी इन दोनों में इस बिंदु पर असहमति भी होता है। जबकि मेडिकल शोध में चिकित्सा के परिणाम को मापने के लिए रोगी के व्यवहार में उन्नति (improvement) या रोगमुक्ति (cure) को कसौटी बनाया जाता है।

(4) मेडिकल शोध (medical research) का स्वरूप विस्तृत होता है जबकि मनश्चिकित्सीय शोध का स्वरूप सीमित होता है।

(5) मनश्चिकित्सीय शोध में मेडिकल शोध की अपेक्षा जटिलता (complexity) अधिक होती है। इसका प्रधान कारण यह बतलाया गया है कि कोई भी मनोवैज्ञानिक या मानसिक समस्या अपने आप में एक अनोखा मनोसामाजिक घटना (psychosocial event) होता है। सामान्यतः इस तरह के शोध में बहुत सारे चर (variables) होते हैं जिनमें से कुछ तो ऐसे होते हैं जिन्हें सीधे मापना या अध्ययन करना मुश्किल होता है। यही कारण है कि मनश्चिकित्सा में क्रमबद्ध शोध (systematic research) बहुत ही कम हो पाते हैं। मेडिकल शोध में ऐसी बात नहीं हैं उसमें क्रमबद्ध शोध करना काफी आसान होता है क्योंकि सभी चरों को वस्तुनिष्ठ एवं वैज्ञानिक ढंग से मापने के लिए परिष्कृत उपकरण (sophisticated instrument) या साधन उपलब्ध होते हैं। मनश्चिकित्सीय शोध में इस तरह के परिष्कृत साधन का सर्वथा अभाव रहता है।

(6) मेडिकल शोध में प्रतिरोध (resistance) कम होता है जबकि मनश्चिकित्सा शोध में प्रतिरोध अधिक होता है। इसका कारण यह है कि मेडिकल शोध में 'दवा' (medicine) कोई औषध (drug) होता है जिसका स्वरूप अवैयक्तिक (impersonal) होता है। अवैयक्तिक स्वरूप होने के कारण वह अपनी ओर से कोई खास प्रतिरोध उत्पन्न नहीं करता है। परंतु मनश्चिकित्सा शोध में दवा (medicine) स्वयं चिकित्सक अपने आप होते हैं। उनका अपना विचार, विश्वास, वैयक्तिक क्रिया (personal action) से रोगी की समस्या का उपचार होता है न कि किसी बाहरी दवा या औषध से। ऐसी परिस्थिति में प्रतिरोध (resistance) अधिक होता है क्योंकि ऐसी परिस्थिति में चिकित्सक के आत्म-सम्मान (self-esteem) को शोध एक तरह से चुनौती या धमकी प्रदान करता है। मेलजौफ तथा कॉनरिक[1] (Meltzoff & Kornreich, 1970) ने इस बिंदु पर बहुत ही सटीक टिप्पणी करते हुए कहा है, "कुछ लोग ऐसा समझते हैं कि मनश्चिकित्सा पर शोध करने की बात सोचना उसके बारे में एक प्रश्न उठाना है, प्रश्न उठाने का मतलब उस पर हमला करना है और हमला करने का मतलब मानव कल्याण के विरुद्ध होना है।"

(7) शोध से मनश्चिकित्सा के वास्तविक स्वरूप में कुछ-न-कुछ विकृति (distortion) अवश्य उत्पन्न हो जाती है। शोध में विशेष तरह के परीक्षणों का उपयोग, रेटिंग्स तथा चिकित्सक एवं रोगी के बातचीत का टेपरेकार्डिंग आदि आवश्यक हो जाता है। कुछ अध्ययनों में यह पाया गया है कि जब शोध के उद्देश्य से चिकित्सक तथा रोगी के बातचीत का टेपरेकार्डिंग किया जाता है, तो वे उससे अधिक चिंतित हो जाते हैं और अपनी बातचीत में मौलिकता के जगह पर आदर्शवादिता को अधिक महत्त्व देने लगते हैं। इससे मनश्चिकित्सा के शोध तो प्रभावित होते ही हैं साथ ही व्यावसायिक नैतिकता (professional ethics) को भी ठेस पहुँचता है क्योंकि मनश्चिकित्सा के सत्र के दौरान अभिव्यक्त किए गए विचार काफी वैयक्तिक एवं गोपनीय स्वरूप के होते हैं जिनका रेकार्डिंग, रेटिंग आदि करना अनुचित है। मेडिकल क्षेत्र में किए जाने वाले शोध में शोध के दौरान व्यहृत किए गए उपकरणों या साधनों से चिकित्सा की प्रक्रिया न तो उस तरह से प्रभावित होती है और न ही उसमें व्यवसायिक नैतिकता से संबंधित किसी तरह का खतरा ही रहता है।

स्पष्ट हुआ कि मेडिकल शोध तथा मनश्चिकित्सा शोध कई बिंदुओं पर एक-दूसरे से भिन्न है।

मनश्चिकित्सा की प्रक्रिया पर शोध
(Research on the Process of Psychotherapy)

मनश्चिकित्सा में प्रक्रिया शोध (research) एक महत्त्वपूर्ण पहलू है जिसपर मनोवैज्ञानिकों द्वारा ध्यान दिया गया है। मनश्चिकित्सा पर चिकित्सक तथा रोगी से संबंधित चरों (variables) के अलावा कुछ वैसी घटनाओं (events) का भी प्रभाव पड़ता है जो चिकित्सा सत्र के दौरान चिकित्सक तथा रोगी के अन्तःक्रिया के कारण होते हैं। इसे प्रक्रिया शोध (process research) कहा जाता है। कोरचिन[2] (Korchin, 1986) ने शोध प्रक्रिया को इन शब्दों में परिभाषित किया

1. "..some feel that to contemplete research on psychotherapy is to question it, to question it is to attack it and to attack it is to be against human welfare." —Meltzoff & Kornreich : *Research in Psychotherapy,* 1970, p. 8
2. "Process research is concerned with events that transpire within the therapy session in interaction between the therapist and the patient." —Korchin : *Modern Clinical Psychology,* 1986, p. 465

है, ''प्रक्रिया शोध से तात्पर्य उन घटनाओं से होता है जो रोगी तथा चिकित्सक के अन्त:क्रिया में चिकित्सा सत्र में घटित होते हैं।''

शोध प्रक्रिया के क्षेत्र में रोजेरियन (Rogerian) को अग्रणी माना गया है और इसमें कुछ चरों का क्रमबद्ध अध्ययन भी इन लोगों द्वारा किया गया है। जैसे—इन लोगों ने चिकित्सा के दौरान चिकित्सक द्वारा किए गए बातचीत की मात्रा पर रोगी के स्वत:प्रवृत्ति patient's spontaneity) पर पड़ने वाले प्रभाव का या चिकित्सक के स्पष्टीकरण तथा विभिन्न पुनर्व्याख्याओं का सत्र में रोगी द्वारा अपनी उन्नति के लिए ली गयी जवाबदेही पर पड़ने वाले प्रभाव का गहन अध्ययन किया है।

शोध प्रक्रिया के स्वरूप को और अधिक स्पष्ट करने के लिए लासेन (Lassen, 1973) द्वारा किया गया सरल अध्ययन को उद्धृत किया जा सकता है। इस अध्ययन के आरंभिक चिकित्सा साक्षात्कार के सत्र में रोगी में चिन्ता तथा संचार (communication) पर भौतिक दूरी (physical distance) के पड़ने वाले प्रभाव का अध्ययन किया गया है। इस अध्ययन में चिकित्सक रोगियों का साक्षात्कार विभिन्न दूरियों अर्थात 3 फीट, 6 फीट एवं 9 फीट की दूरी पर से संचालित किए। परिणाम बड़े रोचक थे जो इस प्रकार थे—

(i) जैसे-जैसे दूरी बढ़ती गयी, रोगी में चिंता का स्तर भी बढ़ता गया जैसा कि उनके द्वारा किए गए संचार में उत्पन्न बाधाओं से अनुमान लगता है।

(ii) रोगियों ने यह बतलाया कि जब अधिक दूरी पर जैसे 9 फीट की दूरी से साक्षात्कार होता था, तो न उनपर अधिक ध्यान दिया जाता था और न ही उनकी समस्याओं को ठीक ढंग से समझा ही जाता था।

(iii) 6 फीट की दूरी होने पर रोगी अपनी चिन्ताओं, आशंकाओं आदि के बारे में अधिक खुलकर अभिव्यक्ति करते थे।

इस तरह के अन्य कई अध्ययन हुए हैं जिनसे यह स्पष्ट हुआ है कि चिकित्सा सत्र की घटनाओं का प्रभाव चिकित्सा पर पड़ता है।

प्रक्रिया मापक (process measures) प्रत्यक्ष (direct) या परोक्ष (indirect) कुछ भी हो सकता है। प्रत्यक्ष मापक में चिकित्सा सत्र के दौरान रोगी तथा चिकित्सक के अन्त:क्रियाओं या व्यवहारों का प्रेक्षण या रेकाडिंग को सम्मिलित किया जा सकता है। परंतु जब चिकित्सा सत्र के तुरंत बाद रोगी या चिकित्सक या दोनों से सत्र के दौरान घटित घटना के बारे में बतलाने के लिए या विशिष्ट चरों पर घटनाओं का रेट करने के लिए कहा जाता है, तो यह परोक्ष मापक का उदाहरण होगा। जैसे—यदि किसी चिकित्सा सत्र की घटना का किसी प्रश्नावली द्वारा रेटिंग करवाया जाए जैसा कि औरलिनस्की तथा होवार्ड (Orlinsky & Howard, 1967) ने अपने अध्ययन में किया था, तो यह शोध प्रक्रिया का परोक्ष मापक का उदाहरण होगा।

निम्नांकित कुछ ऐसे प्रमुख क्षेत्र हैं ज़िनमें नैदानिक मनोवैज्ञानिकों द्वारा शोध प्रक्रिया की गयी है—

(1) **संचार अध्ययन** (communication studies)

(2) **शाब्दिक अनुबंधन** (verbal conditioning)

(3) **मनोदैहिक अध्ययन** (psychophysical studies)

(4) **रोगी चरों से संबंधित अध्ययन** (studies related to patient variables)

(5) **चिकित्सक तथा नैदानिक हस्तक्षेप से संबंधित विशेषताएँ** (characteristics of therapist and clinical interventions)

इन पाँच क्षेत्रों में किए गए प्रक्रिया शोध तथा उनके आशय (implication) का वर्णन निम्नांकित है—

(1) संचार अध्ययन *(Communication studies)*—इस क्षेत्र में किए गए शोध प्रक्रिया द्वारा संचार तथा संभाषण अन्त:क्रियाओं (speech interactions) का अध्ययन किया गया है। माटाराजो एवं वियन्स (Matarazzo & Wiens, 1972) द्वारा चिकित्सा सत्र के दौरान की गयी उक्ति (utterances) जिसमें वाणी की अवधि, गति (pacing), चुप्पी (silences) आदि सम्मिलित होते हैं तथा रोगी-चिकित्सक बातचीत की मात्रा आदि का अध्ययन किया गया है, में सतत स्थिर वैयक्तिक अंतर पाया गया है। इससे अतिरिक्त एक महत्त्वपूर्ण तथ्य जो पाया गया वह यह था कि साक्षात्कारकर्त्ता अपनी भाषा में उद्देश्यपूर्ण परिवर्तन करके रोगी की भाषा में भी वांछित परिवर्तन कर सकता है। पिटेनगर तथा उनके

सहयोगियों (Pittenger et. al., 1960) तथा माह्ल (Mahl, 1968) ने अपने-अपने अध्ययनों में चिकित्सा साक्षात्कार के दौरान दिखाए गए भाषाई (linguistic) तथा अशाब्दिक व्यवहार (non-verbal behaviour) को भी महत्त्वपूर्ण बतलाया है। माह्ल ने तो यह भी बतलाया कि चिकित्सक द्वारा विशेष तरह के आनन अभिव्यक्ति (facial expression) होने से रोगी द्वारा अपने मानसिक संघर्षों एवं इच्छाओं की स्पष्टीकरण में प्रतिरोध उत्पन्न होने लगता है तथा जब रोगी को विशेष तरह के मानसिक संघर्ष तथा दमित इच्छाओं के बारे में बतलाने के लिए कहा जाता है तो उसमें खास तरह की आनन अभिव्यक्ति भी होती है।

(2) शाब्दिक अनुबंधन *(Verbal conditioning)*—अध्ययनों से यह स्पष्ट हुआ है कि चिकित्सा साक्षात्कार में चिकित्सक रोगी के शाब्दिक व्यवहार को पुनर्बलित करके उसे वांछित दिशा में परिवर्तित कर सकते हैं। जैसे—जब-जब रोगी धनात्मक आत्म-संदर्भ (self-reference) की बात करता है और यदि चिकित्सक 'अच्छा', 'शाबाश.' आदि कहकर प्रोत्साहित करता है, तो रोगी द्वारा ऐसे संदर्भ की चर्चा भविष्य में किए जाने की संभावना अधिक बढ़ जाती है। इस शाब्दिक अनुबंधन (verbal conditioning) को स्कीनेरियन सिद्धान्त के अनुसार सभी तरह के चिकित्सा का एक प्रमुख पहलू माना गया है और ट्रूएक्स (Truax, 1966) ने तो इसे क्लायंट-केन्द्रित चिकित्सा में इसके लिए पर्याप्त प्रयोगात्मक साक्ष्य भी उपस्थित किया है।

(3) मनोदैहिक अध्ययन *(Psychophysical studies)*—कुछ अध्ययनों में चिकित्सा प्रक्रिया के दौरान रोगी तथा चिकित्सक में होनेवाले शारीरिक परिवर्तनों जैसे—हृदयगति, रक्तचाप, गल्वैनिक त्वक् अनुक्रिया (Galvanic Skin Response or GSR), श्वसन गति तथा मांसपेशियों, ग्रन्थियों आदि में होनेवाले परिवर्तनों का अध्ययन किया गया है ताकि चिकित्सा सत्र के सांवेगिक वातावरण में परिवर्तन होने पर रोगी तथा चिकित्सक के सांवेगिक उत्तेजनों के दैहिक सूचकांकों का निर्धारण किया जा सके। लेसी (Lacey, 1959) लैंग (Lang, 1971), फेयर्स (Phares, 1991) ने अपने-अपने अध्ययनों में यह पाया है कि रोगी के विभिन्न सांवेगिक अवस्थाओं में इन दैहिक मापकों (physiological measures) का संबंध सीधा है। डिमौसकियो तथा सुटर (Dimoscio & Suter, 1954) ने अपने अध्ययन में पाया कि चिकित्सा सत्र में उच्च सौहार्द्र (rapport) संबंध स्थापित होने पर रोगी तथा चिकित्सा दोनों के हृदय गति में अधिक घट-बढ़ साथ-साथ होते पाया गया परंतु निम्न सौहार्द्र संबंध में इन दोनों के हृदय गति में घट-बढ़ साथ-साथ न होकर एक-दूसरे के विपरीत दिशा में होती पायी गयी।

(4) रोगी चरों से संबंधित प्रक्रिया अध्ययन *(Process studies of patient variables)*—विभिन्न चिकित्सा सत्र के दौरान रोगी से संबंधित चर (patient variables) जैसे रोगी के संवेगात्मक अवस्था, मनोवृत्ति (attidudes), प्रत्याशा (expectations), चिकित्सा के बारे में उत्पन्न भाव आदि का प्रत्यक्ष एवं परोक्ष प्रक्रिया मापकों द्वारा विस्तृत अध्ययन किया गया है और यह पाया गया है कि इन चरों को वांछित दिशा में नियंत्रित करके रोगी के व्यवहार में वांछित दिशा में परिवर्तन किया जा सकता है। इन सभी चरों को क्लायंट-केन्द्रित चिकित्सा (client-centred therapy) तथा मनोविश्लेषणात्मक चिकित्सा में सर्वाधिक महत्त्वपूर्ण विलसन (Wilson, 1983) तथा विटनर (Witner, 1990) द्वारा बतलाया गया है।

(5) चिकित्सा तथा नैदानिक हस्तक्षेप से संबंधित विशेषताओं का प्रक्रिया अध्ययन *(Process studies of therapist characteristics and clinical interventions)*—बहुत सारे अध्ययनों में चिकित्सक के गुणों तथा उनके द्वारा अपनायी गयी चिकित्सा प्रविधि का मूल्यांकन इसलिए किया गया है ताकि यह पता लगाया जा सके उनसे चिकित्सीय प्रगति (therapeutic progress) किस तरह से प्रभावित होता है। इन अध्ययनों में अंतर्वस्तु विश्लेषण विधि (content analysis method) का उपयोग किया गया है। स्पीसमैन (Speisman, 1959) ने चिकित्सक द्वारा विभिन्न तथ्यों का चिकित्सक द्वारा की गयी व्याख्या की गहराई का अध्ययन किया और पाया कि यदि चिकित्सक द्वारा गहरी व्याख्या की जाती है, तो इससे रोगी में प्रतिरोध (resistance) होता है तथा उनकी आत्म-अन्वेषण की क्षमता में भी कमी आती है, परंतु यदि चिकित्सक द्वारा दी गयी व्याख्या की गहराई अधिक न होकर साधारण होती है तो इससे रोगी में अपनी समस्याओं पर विचार करने की प्रवृत्ति एवं इच्छा में तीव्रता आती है। चिकित्सक के व्यवहारों एवं उनके द्वारा अपनाए गए मनोवैज्ञानिक हस्तक्षेपों (psychological intervention) को विश्लेषित करने के ख्याल से स्ट्रप, चासान तथा इविंग (Strupp, Chassan & Ewing, 1966) ने एक बहुआयामी तंत्र (multidimensional system) विकसित किया है जिसे नैदानिक मनोवैज्ञानिकों द्वारा इस क्षेत्र का एक महत्त्वपूर्ण उपलब्धि बतलाया जा रहा है।

निष्कर्षत: यह कहा जा सकता है कि प्रक्रिया शोध कई क्षेत्रों में किए जाने से उसमें विखराव अधिक है जिसके कारण कई महत्त्वपूर्ण प्रश्नों का उत्तर नहीं मिल पाया है। इन प्रश्नों में कुछ प्रमुख इस प्रकार है—मनश्चिकित्सा में चिकित्सीय प्रक्रिया क्या होती है? इसकी उत्पत्ति कैसे होती है? चिकित्सीय परिवर्तन किन चीजों पर आधृत होती है? किस तरह का नैदानिक हस्तक्षेप अधिक उपयोगी हो पाता है? मनश्चिकित्सा की उपयोगिता किस तरह से रोगी तथा चिकित्सक के उन गुणों पर आधृत होता है जो चिकित्सा प्रारंभ होने के पहले से उनमें मौजूद होते हैं, आदि-आदि। इन जटिल प्रश्नों का उत्तर तभी दिया जा सकता है जब प्रक्रिया शोध की विधि को अधिक वैज्ञानिक बनाया जाए।

मनश्चिकित्सा की कुछ नैतिक समस्याएँ
(Some Ethical issues of Psychotherapy)

मनश्चिकित्सा मनोवैज्ञानिक विधियों द्वारा मानसिक रोगों की चिकित्सा है। जब मानसिक रोगों का उपचार मनोवैज्ञानिक विधियों से किया जाता है तो मनश्चिकित्सक को कुछ खास-खास नैतिक नियमों (principles) एवं मानदंडों को अपनाना पड़ता है क्योंकि ऐसा नहीं करने पर न तो वे अपना व्यावसायिक उत्तरदायित्व का पालन ठीक से करेंगे और ना ही सामाजिक तथा कानूनी उत्तरदायित्व का ही। मनश्चिकित्सा के क्षेत्र में किये शोधों तथा अमेरीकन मनोविज्ञानी संघ (American Psychological Assocation) द्वारा किये गए प्रयासों के फलस्वरूप कई ऐसी नैतिक समस्याएँ सामने आयीं हैं जिनपर यहाँ विचार किया जाएगा। इन समस्याओं में से प्रमुख समस्या निम्नांकित है—

1. मनश्चिकित्सक द्वारा मानव रोगियों से सूचित मंजूरी प्राप्त करने से संबंधित समस्याएँ *(Issues relating to obtaining informed consent from prospective human subjects/patients)*—मानव रोगी द्वारा किसी भी नैदानिक परिस्थिति में सहभागिता अपने आप ही सूचित मंजूरी (informed consent) के संप्रत्यय को जन्म देता है जहाँ रोगी विशेष तरह से उपचार के लिए अपना मंजूरी या स्वीकृति प्रदान करता है। यहाँ रोगी ठीक उस ढंग से उपचार करने की अपनी स्वीकृति देता है जिस ढंग से उपचार मनश्चिकित्सक चाहता है। इस ढंग की मंजूरी उन रोगियों से तो आसानी से तुरंत मिल जाता है, जो गंभीर रूप से क्षुब्ध नहीं होते हैं। लेकिन जब रोगी गंभीर रूप से क्षुब्ध होता है जैसा कि मनोविदालिता (schizophrenia) की स्थिति में होता है जहाँ रोगी को मानसिक अस्पताल में रखकर भर्ती करना आवश्यक हो जाता है, इस ढंग की मंजूरी मिलना कठिन हो जाता है। इस ढंग की स्वीकृति के अभाव में चिकित्सा कानूनी रूप से प्रारंभ नहीं हो सकती है। यह मनश्चिकित्सा का एक प्रमुख नैतिक समस्या (ethical issue) बन जाता है।

परंतु अभी हाल के शोधों जिसे एपेलवाम तथा गुथेरील (Applebaum & Guthrel, 1991) तथा ग्रिस्सो (Grisso, 1986) द्वारा किया गया है, से यह स्पष्ट हुआ है कि मनोविदालिता जैसे क्षुब्ध मानसिक रोगियों से सूचित मंजूरी पाने में भले ही कुछ कठिनाई होती है परंतु कोई यह असंभव कार्य नहीं है। इन लोगों ने अपने अध्ययन में यह स्पष्ट रूप से पाया है कि यद्यपि मनोविदालिता के रोगियों में अपने उपचार से संबद्ध सूझ-बूझ की कमी होती है फिर भी बहुत सारे मनोविदालिता के रोगी ऐसे हैं जिनमें उपचार से संबंध बोध (understanding) होती है और वे इस स्थिति में होते हैं कि किये जाने वाले उपचार से संबद्ध तरीकों के बारे में अपनी सहमति या मंजूरी दे सकें। इस तरह से रोगी के गंभीर क्षुब्धता (severe disturbances) तथा उसे मात्र मानसिक अस्पताल में भर्ती हो जाने के कारण यह मान लेना कि वह सूचित मंजूरी देने के लायक नहीं है, एक गलत कदम होगा।

2. गोपनीयता एवं विशेषाधिकृत संचार से संबद्ध समस्याएँ *(Issues relating to confidentiality and privileged communication)*—जब व्यक्ति किसी मनश्चिकित्सक (psychiatist) या मनोचिकित्सक (psychotherapist) से संपर्क करता है, तो वह अपनी समस्याओं से संबंधित तरह-तरह की व्यक्तिगत बातें उन्हें बतलाता है। और साथ-ही-साथ यह उम्मीद करता है कि चिकित्सक उनके द्वारा बतलाये गए सभी तरह के बातों को अन्य व्यक्ति से नहीं कहेगा तथा पूर्ण गोपनीय बनाकर रखेगा। साथ-ही-साथ वह यह भी उम्मीद करता है कि जब वह इन समस्याओं पर विचार-विमर्श अन्य पेशेवर व्यक्तियों से भी करेगा, तो पूर्णत: गोपनीयता बनाकर रखेगा।

एक विशेषाधिकार संचार से मतलब वैसे संचार से होता है जो दोनों पार्टियों के बीच गोपनीय ढंग से होता है तथा जिसे कानूनी संरक्षण भी प्राप्त होता है। यहाँ तक कि संचार को कोर्ट में गवाही के रूप में भी बताकर भेद नहीं खोला जा सकता है। इस तरह का विशेषाधिकार संचार प्राय: पति-पत्नी, रोगी-डॉक्टर, मनोवैज्ञानिक-क्लायंट, अटार्नी-क्लायंट (attorney-client) के बीच होता है। जहाँ तक मनोवैज्ञानिक-क्लायंट के बीच विशेषाधिकार संचार का संबंध है, क्लायंट

को यह पूरी उम्मीद बनी होती है कि उसके इस विशेषाधिकार का हनन नहीं होगा और मनोवैज्ञानिकों की यह नैतिक जिम्मेवारी होती है कि वह उसे पूर्णत: निभाए। कुछ विशेष परिस्थिति में मनोवैज्ञानिकों या मनोचिकित्सकों को इस ढंग के विशेषाधिकार संचार तथा संबंधित गोपनीयता को हनन करने की छूट होती है। ऐसी परिस्थितियों में निम्नांकित प्रमुख हैं—

(i) अगर क्लायंट किसी अपराध का अभियुक्त हो तथा मनोचिकित्सक से अनुरोध किया गया हो कि उसके स्वस्थचित्तता (sanity) की जाँच की जाए।

(ii) अगर क्लायंट चिकित्सक पर अपने पद या चिकित्सा कार्य का दुरूपयोग करने का आरोप लगाया है, तो चिकित्सक अपने बचाव में चिकित्सा से संबद्ध तथ्य को लोगों को बतला सकता है या क्लायंट द्वारा प्रारंभ किये गए कानूनी लड़ाई से वह इन सारे तथ्यों को कोर्ट में बतला सकता है ताकि वह अपने आप को निर्दोष साबित कर सके।

(iii) अगर क्लायंट 16 साल से नीचे का है और चिकित्सक को यह विश्वास हो जाता है कि उसके साथ दुरूपयोग (abuse) हुआ है, तो वह उससे संबद्ध बात को पुलिस या अन्य बाल कल्याण एजेंसी को इसके बारे में बतला सकता है।

(iv) अगर क्लायंट कोई अपराध करके उसे बचाने के ख्याल से मनश्चिकित्सा (psychotherapy) के लिए आया हो, तो वैसी परिस्थिति में भी चिकित्सक चिकित्सा के दौरान बतलाये गए तथ्यों को दूसरों से कह सकता है।

(v) अगर चिकित्सक यह समझता है कि रोगी न केवल अपने आप के लिए बल्कि दूसरों के लिए भी एक खतरा है, तो वह इस खतरा से बचने-बचाने के लिए क्लायंट द्वारा बतलाये गए तथ्यों को वह दूसरों से कह सकता है।

3. चिकित्सीय लक्ष्य का निर्धारण से संबंधित समस्याएँ *(Issues relating to therapeutic goals)*— चिकित्सीय परिस्थिति में आदर्शत: क्लायंट द्वारा लक्ष्य का निर्धारण होता है लेकिन व्यवहार में यह मानना कोई आश्चर्य की बात नहीं है कि कुछ लक्ष्य ऐसे होते हैं जिसे चिकित्सक द्वारा थोप दिया जाता है और जो क्लायंट की इच्छा के विरुद्ध जाता है। मरगोलिन (Margolin, 1982) का मत है कि लक्ष्य निर्धारण का यह प्रश्न पारिवारिक (family) तथा युग्म चिकित्सा (couple therapy) में विशेष रूप से जटिल है। मान लिया जाय कि परिस्थिति ऐसी है जिसमें एक साथ कई क्लायंट की चिकित्सा हो रही है जैसा कि पारिवारिक चिकित्सा में होती है। कोई भी चिकित्सीय उपाय जिससे एक या दो व्यक्ति को फायदा पहुँचता है तो उसी चिकित्सीय उपाय से उसी समूह के कुछ लोगों को हानि भी होती है। युग्म चिकित्सा (couple therapy) में इस तरह का बात तब उत्पन्न होती है जब युग्म का एक सदस्य विवाद विच्छेद (divorce) चाहता है जबकि दूसरा सदस्य चिकित्सीय सुधार द्वारा अपना वैवाहिक संबंध बचाकर रखना चहता हो। गुरमैन तथा क्मीसकर्न (Gurman & Kmiskern, 1981) ने अपने अध्ययन के आधार पर यह बतलाया हे कि ऐसी परिस्थिति में कोई भी लक्ष्य निर्धारित करते समय यह देखना होता है कि युग्म (couple) के दोनों सदस्यों के अपने लक्ष्य परस्पर विरोधी तो नहीं है।

सेमोअर हालेक (Seymour Halleck, 1971) ने जो एक मनश्चिकित्सक (psychotherapist) थे, चिकित्सीय लक्ष्य के निर्धारण के स्वरूप पर गंभीरतपूर्वक विचार किया जिन्होंने यह स्पष्ट रूप से कहा कि चिकित्सक की तटस्थता एक मनगढंत बात या मिथक है *(The neutrality of therapist is a myth)* । उनके विचारानुसार चिकित्सक क्लायंट के लक्षणों को प्रभावित करते हैं जो हालांकि सूक्ष्म परंतु महत्त्वपूर्ण होते हैं। मनोवैज्ञानिकों ने भी इससे सहमति जताया और जैसा कि रोजेन्थल (Rosenthal, 1955) ने इसका समर्थन करते हुए कहा है, कि सचमुच में रोगी चिकित्सकों के मूल्यों (values) से भी प्रभावित होते हैं। एक रोगी सचमुच में चिकित्सा के दौरान न केवल चिकित्सक से प्रभावित होता है बल्कि उनके आदर्शों (ideals) तथा तौर-तरीकों को भी अपनाता है। बहुत से चिकित्सक को क्लायंट द्वारा उनके व्यवहारों, तौर-तरीकों को भी अपनाता है। बहुत से चिकित्सक को क्लायंट द्वारा उनके व्यवहारों, तौर-तरीकों एवं आदर्शों के किये गए मॉडलिंग (modeling) का पता भी होता है जिससे उनकी व्यवसायिक जवाबदेहियाँ (professional responsibilities) और भी बढ़ जाती है।

4. प्रविधियों के चयन से संबंधित समस्याएँ *(Issues relating to the choice of techniques)*—मार्टिन (Martin, 1975) ने कहा है कि चिकित्सक को मानवीय दृष्टिकोण अपनाने के अतिरिक्त चिकित्सा की शुरूआत कुछ ऐसी चिकित्सीय प्रविधियों के चयन से होनी चाहिए जो रोगी या क्लायंट की स्वतंत्रता के साथ कम-से-कम बाधा पहुँचाता हो तथा जिससे उसे कम-से-कम जोखिम का सामना करना पड़ता हो। जब उपचार की प्रविधि ऐसी है जिससे

रोगी में जान-बूझकर कुछ दर्द उत्पन्न किया जाना आवश्यक होता है, तो ऐसी परिस्थिति में चिकित्सीय प्रविधि का चयन करते समय विशेष सावधानी की जरूरत पड़ती है और इसकी जरूरत उस परिस्थिति में विशेष रूप से होती है जहाँ रोगी की अवस्था कुछ ऐसी होती है जिसमें वह चिकित्सक को सूचित मंजूरी (informed consent) नहीं दे पाता है। कुछ परिस्थिति ऐसी होती है जिसमें चिकित्सक को सिर्फ दैहिक दर्द (physical pain) ही नहीं बल्कि मनोवैज्ञानिक दर्द (psychological pain) जैसे जब किसी नजदीकी रिश्तेदार की मृत्यु होने या बहुत की कीमती चीज को खोने आदि से होता है, का भी ख्याल रखना चाहिए। मनोचिकित्सकों का अनुमान है कि मनोवैज्ञानिक दर्द 150 मैक्रोएमपीयर (microampere) के वैद्युतीय आघात (electrical shock) से भी ज्यादा दर्दनाक (painful) होता है। इस तरह से प्रभावकारी चिकित्सीय परिणाम की प्राप्ति के लिए सिर्फ उन्हीं प्रविधियों का चयन किया जाना चाहिए जो क्लायंट में कम-से-कम मनोवैज्ञानिक दर्द तथा दैहिक दर्द (physical pain) उत्पन्न कर रके। इस ख्याल से तब वैद्युतीय आघातीय चिकित्सा (electroconvulsive therapy) तथा विरुचि चिकित्सा (aversive therapy) का उपयोग कम-से-कम होना चाहिए।

स्पष्ट हुआ कि मनश्चिकित्सीय परिस्थिति में (psychotherapeutic situation) में कुछ ऐसी नैतिक समस्याएँ हैं जिनकी उपेक्षा संभव है। ऐसा करने से मनश्चिकित्सीय परिणाम अनुकूल नहीं होंगे।

साईबर चिकित्सा
(Cybertherapy)

साईबर चिकित्सा मनोचिकित्सा (psychotherapy) के क्षेत्र में आधुनिक समय के कम्प्यूटर का देन है। साइबर चिकित्सा वैसे चिकित्सा को कहा जाता है जिसे इन्टरनेट (internet) के सहारे संपन्न किया जाता है। इसे *आन-लाईन इन्टरनेट* या *वेब चिकित्सा* (On-line internet or Web therapy) भी कहा जाता है। ऐसे चिकित्सक को साइबरचिकित्सक (cybertherapist) भी कहा जाता है। इस विधि में कम्प्यूटर पर एक ओर चिकित्सक होता है तथा कहीं दूसरे जगह दूसरे कम्प्यूटर पर प्राय: अपने घर में रोगी या क्लायंट होता है। चिकित्सक कम्प्यूटर के माध्यम से ही रोगी की समस्या से अवगत होकर उसे उचित परामर्श देता है जिससे उसकी समस्या की गंभीरता कम हो जाती है।

साईबर चिकित्सा के क्षेत्र में सबसे महत्त्वपूर्ण कार्य बराक (Barak, 1999) द्वारा किया गया है जो इजरेल के हाफिया विश्वविद्यालय में एक मनोवैज्ञानिक है। अध्ययनों से यह पता चला है कि साइबर चिकित्सा के कुछ लाभ तथा अलाभ दोनों ही हैं। इसके प्रमुख लाभ निम्नांकित हैं—

(i) ऐसी चिकित्सा में धन का व्यय कम होता है।

(ii) ऐसी चिकित्सा उन लोगों को भी आसानी से प्राप्त हो जाती है जो किसी कारणवश चिकित्सक के पास नहीं आ सकते हैं।

(iii) इसमें क्लायंट अपना गुमनामी (anonymity) भी बनाकर रखने में सक्षम होता है।

इन लाभों के बावजूद इसके कुछ अलाभ भी बतलाये गए हैं जो इस प्रकार है—

(i) ऐसी चिकित्सा में इस बात की कोई गारंटी नहीं होती है कि साइबरचिकित्सक एक विश्वासी एवं सक्षम व्यक्ति है।

(ii) ऐसी चिकित्सा में चिकित्सक को क्लायंट के आवाज तथा अन्य शारीरिक हाव-भाव का ज्ञान नहीं हो पाता है जिससे क्लायंट के मनोवैज्ञानिक एवं सांवेगिक अवस्था का ज्ञान चिकित्सक को नहीं हो पाता है।

इन अलाभों के बावजूद साईबर चिकित्सा का भविष्य आज काफी उज्जवल है क्योंकि दिन-प्रतिदिन कम्प्यूटर आधारित कार्यक्रमों का उपयोग मानव जीवन में बढ़ रहा है।

अध्याय सारांश
(Chapter Summary)

1. मनश्चिकित्सा की प्रभावशीलता का मूल्यांकन (evaluation) करने की कई विधियाँ हैं। जिनमें आठ विधियों पर गहन रूप से प्रकाश डाला गया है। ये विधियाँ हैं—केस अध्ययन, संबंधात्मक अध्ययन, नैदानिक सर्वे, प्रयोगात्मक

अध्ययन, अनुरूप शोध अध्ययन, परसोनोलिस्टिक अध्ययन, मेटा विश्लेषण तथा परिणाम मापन विधियाँ। इनमें से परिणाम मापन विधि सबसे अधिक सामान्य है।

2. 'क्या मनश्चिकित्सा प्रभावकारी होता है?' के प्रश्न को लेकर तथा इस सिलसिले में आइजेन्क द्वारा अभिव्यत्तु किए गए विचार से मनोवैज्ञानिकों में काफी वाद-विवाद हुआ है। आइजेन्क ने यह स्पष्ट कर दिया था कि मनश्चिकित्सा प्रभावकारी नहीं होता है तथा रोगी अपने आप धीरे-धीरे चंगा होने लगता है। परंतु बाद में कई मनोवैज्ञानिकों ने इस क्षेत्र में किए गए अध्ययनों से साक्ष्य प्रस्तुत करके यह दिखला दिया कि मनश्चिकित्सा सचमुच में बहुत हद तक प्रभावकारी होता है।
3. मनश्चिकित्सा का परिणाम बहुत से कारकों द्वारा प्रभावित होता है। इनमें अन्य बातों के अलावा पाँच कारकों को महत्त्वपूर्ण बतलाया गया है जो इस प्रकार है—रोगी की विशेषताएँ, चिकित्सक की विशेषताएँ, रोगी तथा चिकित्सक का संबंध या अन्तर्क्रिया, चिकित्सीय प्रविधियाँ तथा सामाजिक-सांस्कृतिक परिस्थिति जिसमें चिकित्सा दी जाती है।
4. मेडिकल शोध तथा मनश्चिकित्सीय शोध (psychotherapeutic research) में कई बिंदुओं पर अंतर है। ऐसे सात बिंदुओं को उजागर किया गया है।
5. मनश्चिकित्सा की प्रक्रिया शोध भी एक महत्त्वपूर्ण संप्रत्यय है। इस तरह के शोध कई क्षेत्रों में किए जा रहे हैं। ऐसे पाँच तरह के अध्ययनों की विस्तृत चर्चा की गयी है—संचार अध्ययन, शाब्दिक अनुबंधन, मनोदैहिक अध्ययन, रोगी चरों से संबंधित अध्ययन एवं चिकित्सक तथा नैदानिक हस्तक्षेप से संबंधित विशेषताएँ।
6. मनश्चिकित्सा में कुछ नैतिक समस्याएँ भी सम्मिलित हैं जिनकी उपेक्षा संभव नहीं है।
7. साइबर चिकित्सा इन्टरनेट पर दी जाने वाली कम्प्यूटर आधारित चिकित्सा है।

❑

अध्याय 26

जैविक चिकित्सा
(BIOLOGICAL THERAPY)

जैविक चिकित्सा के अर्थ एवं प्रकार
(Meaning and Types of Biological Therapy)

जैविक चिकित्सा में असामान्य व्यवहार (abnormal hebaviour) या मानसिक विकृति (mental disorder) का उपचार करने के लिए कुछ दैहिक (physiological or somatic) या मेडिकल विधियों (medical methods) का भी प्रयोग किया जाता है। इसलिए इसे *मेडिकल चिकित्सा* (medical therapy) कहा जाता है। दैहिक विधियों में कुछ विशेष औषधि (drug) का प्रयोग, बिजली का शॉक या आघात का दिया जाना, शल्य क्रिया (operation process) आदि का उपयोग काफी प्रचलित है।

आधुनिक मनोरोगविज्ञानियों (psychiatrists) द्वारा जितने तरह के जैविक विधियों का प्रयोग कुसमायोजित व्यवहार (maladjusted behaviour) के उपचार के लिए किया जाता है, उसे मुख्यत: तीन विस्तृत श्रेणियों में बाँटा जाता है—

(1) औषधि चिकित्सा (Pharamacotherapy)

(2) आघात चिकित्सा (Shock therapy)

(3) मनोशल्य चिकित्सा (Psychosurgery)

इन तीनों तरह के जैविक विधियों की व्याख्या हम अलग-अलग अनुच्छेदों में करेंगे।

औषधि चिकित्सा
(Pharamacotherapy)

इस विधि में असामान्य व्यवहार का उपचार करने के लिए रोगी को कुछ विशेष रासायनिक औषध (chemical drugs) खिलाया जाता है। इसे *रसायन चिकित्सा* (chemotherapy) भी कहा जाता है। ऐसे औषध को *मनोसक्रिय औषध* (Psychoactive Drug) या *मनोट्रोपिक औषध* (Psychotropic Durg) भी कहा जाता है। इन औषधियों के लगातार सेवन से रोगी धीरे-धीरे चंगा हो जाता है और वह अपने कुसमायोजित व्यवहार (maladaptive behaviour) को छोड़कर उसकी जगह पर समायोजित व्यवहार (adaptive behaviour) करना प्रारंभ कर देता है। इसका कारण सामान्यत: यह होता है कि ऐसे औषधियों के लेने से रोगी के तंत्रिका तंत्र के जैवरसायन वातावरण में परिवर्तन हो जाता है और फिर उससे रोगी का चिंतन, मनोदशा (mood) तथा व्यवहार में वांछित परिवर्तन आ जाते हैं। ऐसे औषधियों में से कुछ न्यूरोन को उत्तेजित करते हैं और उन्हें *एगोनिट* (agonist) कहा जाता है जबकि कुछ औषध ऐसे होते हैं जो न्यूरोट्रॉंसमीटर तथा अन्य औषध के प्रभावों को रोक देते हैं और इन्हें *एनटागोनिस्ट* (antagonist) कहा जाता है। ऐसे औषधि को निम्नांकित चार भागों में सामान्यत: बाँटा गया है।

1. चिन्ता विकृतियों के उपचार के लिए औषध (Drugs for the treatment of anxiety disorders)

2. मनोविदालिता तथा अन्य मनोविक्षिप्तियों के उपचार के लिए औषध (Drugs for the treatment of schizophrenia and other psychoses)

3. मनोदशा विकृतियों के उपचार के लिए औषध (Drugs for the treatment of mood disorders)

4. अवधान ह्रास/अतिक्रिया विकृति के उपचार के लिए औषध (Drug for the treatment of Attention Deficit/ Hyperactivity disorder)

इन सबों का वर्णन निम्नांकित है—

1. चिन्ता विकृतियों के उपचार के लिए औषध *(Drugs for the treatment of anxiety disorder)*—चिन्ता विकृतियों के उपचार में औषधों का उपयोग सबसे सामान्य है। ऐसी विकृतियों के उपचार में जिन चिन्ता विरोधी औषधों का उपयोग किया जाता है, उसे **एनक्सिओलिटिक्स** (anxiolytics) कहा जाता हैं। अध्ययनों से यह स्पष्ट हुआ निम्नांकित तीन तरह के एनक्सिओलिटिक्स का सामान्यत: उपयोग चिन्ता विकृतियों में होता है—

(i) वेनजोडियाजेपाइन (Benzodiazepines)

(ii) वुसपिरोन (Buspirone)

(iii) कुछ विषाद प्रतिरोधक (Certain antidepressants)

इन तीनों की व्याख्या हम इस प्रकार कर सकते हैं—

(i) बेनजोडियाजेपाइन *(Benzodiazepines)*—वेनजोडियाजेपाइन रसायनिक रूप से सम्बन्ध ऐसे औषधों का समूह जिनका उपयोग चिन्ता के स्तर को कम करने में किया जाता है। इसे पहले *लघु प्रशांतक* (minor tranquilizers) भी कहा जाता था। मैककीम (McKim, 1991) के अनुसार बेनजोडियाजेपाइन को सबसे पहले पोलैंड (Poland) में पता लगाया गया था तथा 1950 वाले दशक से इसका उपयोग मेडिकल डाक्टरों द्वारा चिन्ता कम करने के लिए किया जाने लगा। बेनजोडियाजेपाइन में सम्मिलित कुछ प्रमुख औषध के नामों को तालिका 26-A में दिखलाया गया है—

तालिका 26-A : चिन्ता विरोधी औषधों के नाम
(Names of anti-anxiety drugs)

रसायनिक/जातीय नाम **(Chemical/Generic names)**	**व्यापार नाम** **(Trade name)**
बेनजोडियाजेपाइन (Benzodiazepines)	
1. डियाजेपाम (Diazepam)	वेलियम (Valium)
2. क्लोराजेपेट (Clorazepate)	ट्रानएक्सीन (Tranxene)
3. क्लोरडियाजेपॉक्साइड (Chlordiazepoxide)	लिब्रियम (Librium)
4. लोराजेपाम (Lorazepam)	एटीभान (Ativan)
5. क्लोनाजेपाम (Clonazepam)	क्लोनोपिन (Klonopin)
6. औसाजेपाम (Oxazepam)	सीरैक्स (Serax)
7. ट्रियाजोलम (Triazolam)	हैलकिओन (Halcion)
8. एल्पराजोलम (Alprazolam)	एक्सानैक्स (Xanax)
नया चिन्ता विरोधी औषध (Novel antiaxiety drug)	
वुस्पीरोन (Buspirone)	बुस्पार (Buspar)

ब्लैकवेल (Blackwell, 1973), लिकी एवं गोर्डन (Lickey & Gorden, 1991) द्वारा किये गए शोधों से यह स्पष्ट हुआ है कि वेनजोडियाजेपाइन समूह में सबसे अधिक प्रचलित औषध जिसका उपयोग करने की सिफारिश 90 प्रतिशत मेडिकल विशेषज्ञों ने किया है, वे हैं—लिब्रियम (Librium) तथा वेलियम (Valium)। अगर हम वेनजोडियाजेपाइन की ऐतिहासिक पृष्ठभूमि पर देखें, तो यह स्पष्ट होगा कि इसकी उत्पत्ति अंशत: उसके जगह पर पहले उपयोग किये औषध जिसे बारविटूरेट्स (Barbiturates) कहा जाता था, के नकारात्मक प्रभाव से रोगियों को बचाने के खयाल से किया गया। चूँकि बेनजोडियाजेपाइन को अधिक मात्रा में लेने से भी उसका कोई कुप्रभाव नहीं पड़ता है, अत: आधुनिक डाक्टरों द्वारा बारविटूरेट्स की तुलना में इसके उपयोग की सिफारिश अधिक की जा रही है।

बेनजोडियाजेपाइन मस्तिष्क के मुख्य अवरोधक न्यूरोट्रांसमीटर (inhibitory neuro transmitter) जैसे गावा

(GABA) के क्रिया को बढ़ाता है जिसका परिणाम यह होता है कि तंत्रिका संचरण (nerve transmission) में कमी हो जाती है और व्यक्ति को चिन्ता एवं तनाव में ह्रास महसूस होता है। रोगी को मानसिक शांति एवं दैहिक शिथिलीकरण (physical relaxation) तथा हल्का सुखाभास (mild euphoria) का अनुभव होता है।

परंतु कुछ अध्ययनों जिसे ग्रीनवाल्ट तथा उनके सहयोगियों (Greenblet et. al., 1993) तथा लेस्सर तथा उनके सहयोगियों (Lesser et. al., 1992) द्वारा किया गया है। यह पाया गया बेनजोडियाजेपाइन से चिन्ता में जो कमी होती है, उसका प्रभाव थोड़े समय तक का ही होता है। जैसे, इन लोगों ने अपने अध्ययन में पाया कि अल्प्राजोलम (Alprazolam) का उपयोग दुर्भीषिका विकृति (panic disorder) तथा एगोराफोबिया (agoraphobia) के उपचार में काफी किया जाता है तथा 50 से 60 प्रतिशत रोगी को इनके लक्षणों से छुटकारा भी मिल जाता है? परंतु दुर्भाग्यवश जब ऐसे रोगी उक्त औषध लेना बंद कर देते हें, तो फिर उनमें चिन्ता तथा तनाव का स्तर पहले ही जैसा उत्पन्न हो जाता है।

इतना ही नहीं, बेनजोडियाजेपाइन के कुछ पार्श्व प्रभाव (side effect) भी होते पाये गए हैं। इनमें प्राय: रोगी में उनींदापन (drowsiness), थकान, दोषपूर्ण मनोपेशीय कार्यवाही (impaired psychomotor functioning), विमूढ़ता (dizziness) तथा अस्पष्ट चिन्तन आदि प्रमुख हैं। ये सभी पार्श्वप्रभाव उस परिस्थिति में और भी गम्भीर हो जाते हैं जब रोगी बेनजोडियाजेपाइन के साथ-साथ अल्कोहल (alcohol) का भी उपयोग करता है। रिकेल तथा उनके सहयोगियों (Rickels et al., 1993) ने अपने-अपने अध्ययन में पाया कि यदि बेनजोडियाजेपाइन का उपयोग अधिक समय तक किया जाता है तो इससे रोगी में दैहिक निर्भरता विकसित हो जाती है और जब अचानक उसका उपयोग रोका जाता है तो उससे उसमें प्रत्याहार संलक्षण (withdrawal syndrome) जिसमें चिन्ता एवं दुर्भीषिका (panic) भी सम्मिलित होता है, उत्पन्न हो जाते हैं।

(ii) बुसपिरोन *(Buspirone)*—बेनजोडियाजेपाइन के पार्श्व प्रभाव (side effect) तथा व्यसनी (addictive) प्रकृति होने के कारण लोगों ने इसका एक विकल्प ढूँढा है जिसे बुसपिरोन जो एक नन-बेनजोडियाजेपाइन औषधि (nonbenzodiazepine drug) है तथा जिसे व्यक्ति की चिन्ता एवं तनाव कम करने के लिए उपयोग किया जाता है। बुसपिरोन गावा (GABA) के ग्राहकों (receptors) को प्रभावित न करके सेरोटोनिन (serotonin) तथा डोपामाइन (dopamine) के ग्राहकों को प्रभावित करते हैं तथा सामान्यीकृत चिन्ता लक्षणों (generalized anxiety symptoms) के उपचार में प्रभावी होते हैं। इस औषध का कोई गम्भीर पार्श्व प्रभाव नहीं होता है और न तो भौतिक या मनोवैज्ञानिक निर्भरता ही इससे विकसित होती है।

परंतु बेनजोडियाजेपाइन के प्रभाव से भिन्न बुसपिरोन का प्रभाव तात्कालिक न होकर मंद गति से रोगी पर होता है। कई सप्ताह तक औषध का सेवन करने के बाद रोगी को कुछ आराम एवं मानसिक शांति का अनुभव होता है। कभी-कभी तो कुछ रोगी इसके प्रभाव को उत्पन्न न होता देखकर इसे लेना बंद कर देते हैं। फेघनर (Feighner, 1982) तथा स्कनावेल (Schnabel, 1987) ने अपने-अपने अध्ययनों में सामान्यीकृत चिन्ता विकृति के उपचार में बुसपिरोन तथा बेनजोडियाजेपाइन के प्रभावों का तुलनात्मक अध्ययन करने के बाद इस निष्कर्ष पर पहुँचे हैं कि बुसपिरोन का प्रभाव तुलनात्मक रूप से अधिक उत्तम होता है।

(iii) कुछ विषादप्रतिरोधक जिनका उपयोग चिन्ता विकृति में किया जाता है *(Some antidepressants that are used in anxiety disorders)*—नवीनतम शोधों से यह स्पष्ट हुआ है कि कुछ औषध जिनका मौलिक उपयोग विषाद (depression) के लक्ष्य को कम करने के लिए किया गया था, का उपयोग चिन्ता विकृतियों के लक्षणों को दूर करने में भी सफलतापूर्वक किया जा सकता है। ऐसे औषधों में नारडिल (Nardil), टोफ्रेनिल (Tofranil), एसएसआरआई (SSRI), एनाफ्रेनिल (Anafranil), प्रोजेक (Prozac) तथा जोलोफ्ट (Zoloft) आदि प्रमुख हैं। नारडिल (Nardil) जिसका रसायनिक नाम फेनेलजाइन (phenelzine) है तथा टोफ्रोनिल (Tofranil) जिसका रासायनिक नाम इमिप्रेमाइन (imipramine) है, का उपयोग भी दुर्भीषिका विकृति (panic disorder) के लक्षणों को दूर करने में सफलातपर्वूक किया गया है। करीब आठ सप्ताह के उपचार के बाद रोगी के दुर्भीषिका के लक्षण दूर होने लगते हैं। एसएसआरआई (SSRI) समूह के विषाद् प्रतिरोधक औषध जैसे फ्ल्यूक्सेटाइन (Fluoxetine) जिसका व्यापार नाम प्रोजेक (Prozac) है, के उपयोग से भी बिना किसी भी तरह के पार्श्वप्रभाव (side effect) के ही दुर्भीषिका

विकृति के लक्षणों को दूर किया जा सकता है। इन विषाद् प्रतिरोधक औषधों (antidepressant drugs) का उपयोग एगरोफोविया (agoraphobia) के उपचार में भी किया जाता है। मनोग्रसित-बाध्यता विकृति (Obsessive-Compulsive disorder or OCD) के भी उपचार में एनाफ्रेनिल, प्रोजेक (Prozac) तथा जोलोफ्ट (Zoloft) का उपयोग प्राय: किया जाता है। लिकी तथा गौर्डन (Lickey & Gordon, 1991) द्वारा किये गए शोधों से यह स्पष्ट हुआ है कि OCD के रोगी जब उक्त विषाद प्रतिरोधक औषध लेते हैं तो पाँच सप्ताह तक तो कोई प्रेक्षणीय लाभ नहीं होता है परंतु उसके अगले पाँच सप्ताह में उसके स्पष्ट प्रभाव दीखने लगते हैं। इन्होंने अपने इस अध्ययन में पाया कि करीब 75 प्रतिशत OCD के रोगी तेजी से अपने लक्षणों में उन्नति (improvement) अनुभव करते हैं।

2. मनोविदालिता तथा अन्य मनोविक्षिप्तियों के उपचार के लिए औषध *(Drug used in the treatment of Schizophrenia and other Psychoses)*—1950 के दशक में औषधों का एक समूह जिसे *मनोविक्षिप्त विरोधी* (antipsychotics), या *वृहत् प्रशांतक* (major tranquilizers) या *न्यूरोलेप्टिक्स* (neuroleptics) कहा जाता है, गम्भीर मानसिक रोगों के उपचार में मेडिकल विशेषज्ञों द्वारा काफी अधिक उपयोग किया जाने लगा। जैसे, जब इन औषधों को मनोविदालिता के रोगी को दिया जाने लगा तो इससे मनोविदालिता के धनात्मक लक्षणों की तीव्रता एवं गम्भीरता में काफी कमी आ गयी। सुविधा के ख्याल से न्यूरोलेपटिक्स को दो भागों में बाँट कर मेडिकल विशेषज्ञों द्वारा अध्ययन किया गया है—*प्रतीकी न्यूरोलेप्टिक्स* (typical neuroleptics) तथा *अप्रतीकी न्यूरोलेप्टिक्स* (atypical neuroleptics), इन दोनों तरह के न्यूरोलेप्टिक्स का वर्णन निम्नांकित है—

(1) प्रतीकी न्यूरोलेप्टिक्स *(Typical neuroleptics)*—प्रतीकी न्यूरोलेप्टिक्स में कई वर्ग के औषधों को सम्मिलित किया गया है जिनमें *फेनोथियाजाइनस* (Phenothiazines), थिऑक्सएन्थेनस (Thioxanthenes), बुटाइरोफेनोन्स (Butyrophenones) तथा डाइवेंजऑक्साजेपाइनस (Dibenzoxazepines) प्रमुख हैं और प्रत्येक वर्ग में कई तरह के औषधों को रखा गया है जिसका वर्णन तालिका 26-B में किया गया है।

तालिका 26-B : मनोविक्षिप्ति विरोधी या न्यूरोलेप्टिक्स
(Antipsychotics or Neuropleptics)

रसायनिक/जातीय नाम (Chemical/Generic name)	व्यापार नाम (Trade name)
प्रतीकी न्यूरोलेप्टिक्स (Typical Neuroleptics)	
फेनोथियाजाइनस (Phenothiazines)	
1. क्लोर प्रोमेजाइन (Chlorpromazine)	थोराजाइन (Thorazine)
2. परफेनाजाइन (Perphenazine)	ट्रीलाफोन (Trilafon)
3. ट्रीफ्लूपेराजाइन (Trifluperazine)	स्टीलाजाइन (Stelazine)
4. थिऔरिडाजाइन (Thioridazine)	मेलारिल (Mellaril)
5. फ्लूफेनाजाइन (Fluphenazine)	प्रोलिक्सिन (Prolixin)
6. मेसोरिडाजाइन (Mesoridazine)	सेरेन्टील (Serentil)
थिऔक्साएनथिन्स (Thioxanthenes)	
1. क्लोरप्रोथिक्सिन (Clorprothixene)	टैरेक्टन (Taracton)
2. थियोथिक्सीन (Thiothixene)	नेभेन (Navane)
बुटाइरोफेनोन्स (Butyrophenones)	
1. हेलोपेरिडोल (Haloperidol)	हालडोल (Haldol)
2. पिमोजाइड (Pimozide)	ओरैप (Orap)

डिवेनज ऑक्साजेपाइनस (Dibenzoxazepines)	
1. लोक्सापाइन (Loxapine)	लोक्सिटेन (Loxitane)
अन्य अप्रतीकी न्यूरोलेप्टिक्स (Other atypical neuroleptics)	
1. मोलिनडोलन (Molindone)	मोबेन (Moban)
2. क्लोजापिन (Clozapine)	क्लोजेरिल (Clozaril)
3. रिसपेरिडोन (Risperidone)	रिसपेरडल (Risperdal)

प्रतीकी न्यूरोलेप्टिक्स जिसमें फेनोथियाजाइनस (phenothiazines) प्रमुख है, के सेवन से न्यूरोट्रांसमीटर डोपामाइन (dopamine) की क्रियाएँ अवरूद्ध (block) हो जाती हैं। लिस्ट तथा क्लेगहॉन (Lost & Cleghon, 1993) के अनुसार ऐसे औषध डोपामाइन प्रतिरोधक (antagonist) के रूप में कार्य करते हैं। दूसरे शब्दों में, वे विशिष्ट तरह के ग्राहक (receptor) जिसे *डी$_2$ ग्राहक* (D_2 receptor) कहा जाता है, पर डोपामाइन के पड़ने वाले प्रभाव को अवरूद्ध कर देते हैं। जितना ही अधिक मात्रा में यह औषध डोपामाइन ग्राहक को अवरूद्ध करने में सफल होता है, उसका मनोविक्षिप्तिविरोधी प्रभाव (antipsychotic effect) उतना ही प्रभावकारी होता है।

इस तरह के प्रतीकी न्यूरोलेपरिक्स (typical neuroleptics) के कुछ पार्श्वप्रभाव (side effect) भी होते हैं जिसकी चर्चा यहाँ अनिवार्य है। वेसल गैंगलिया (basal ganglia) में जब डोपामाइन की अवरूद्धता (blockage) होती है, तो इससे गति से सम्बद्ध कई तरह की विकृतियाँ (disorders) उत्पन्न हो जाती हैं जिन्हें *एक्सट्रापिरामिडल लक्षण* (extrapyramidal symptoms) कहा जाता है। ऐसे पार्श्व प्रभाव में निम्नांकित प्रमुख हैं—

(i) टारडाइभ डायस्कीनेसिया (Tardive dyskinesia or TD) एक प्रमुख पार्श्व प्रभाव है जिसमें रोगी में गति सम्बद्ध विकृति उत्पन्न हो जाती है। इसमें रोगी अपने जीभ, चेहरा, घुटना (trunk) आदि में एक विचित्र ढंग का झटका, खिंचाव (tics) तथा फड़कन (twitches) का बार-बार अनुभव करता है। ऐसी स्थिति में इनकी बोली (speech) भी दोषपूर्ण हो जाती है। जब यह विकृति और भी तीव्र होती है, तो इस ढंग की क्षुब्धता अर्थात् अनैच्छिक गति शरीर के अन्य बड़े हिस्सों तक फैल जाता है। ग्लेजर तथा उनके सहयोगियों (Glazer et al., 1984) तथा अमेरिकन साइकेट्रीक संघ (American Psychiatric Association, 1994) का मत है कि TD लक्षण तब उत्पन्न होता है जब रोगी ने न्यूरोलेप्टिक्स का उपयोग कई सालों तक किया है। जब कई वर्षों तक न्यूरोनलेप्टिक्स लेने के बाद अचानक यदि उनका सेवन बंद कर दिया जाता है, तो इससे TD के लक्षण और गम्भीर हो जाते हैं। TD लक्षणों का उत्पन्न होना रोगी के आयु से भी सम्बद्ध होता है। अधिक उम्र के व्यक्तियों में न्यूरोलेप्टिक्स लेने से TD के लक्षण तेजी से विकसित होते हैं।

(ii) न्यूरोलेप्टिक्स का दूसरा पार्श्व प्रभाव को तीव्र डायस्टोनिया (acute dystonia) कहा गया है जिसमें रोगी के आँख, पीठ, जीभ, गर्दन एवं सिर के मांसपेशियों में अनियंत्रणीय संकुचन (uncontrollable contractions) की शृंखला उत्पन्न होती है जिससे उन्हें दौरा (seizure) पड़ने का अनुभव होता है।

(iii) तीव्र एकाथेसिया (Acute akathesia) एक तीसरा एकसट्रापिरामिडल लक्षण (extrapyramidal symptom) है जिसमें रोगी अनियंत्रित रूप से बेचैन एवं घबड़ाया हुआ दीखता है। ऐसे रोगी अपने शरीर को लगातार हिलाते रहने की तीव्र आवश्यकता महसुस करता है और यदि उसे वे स्थिर करते हैं, तो उन्हें व्याकुलता का अनुभव होता है।

(iv) पारकिनसोनिज्म (Parkinsonism) एक अन्य एक्सट्रापिरामिडल लक्षण है जो बहुत कुछ पारकिन्सन रोग (Parkinson's disease) के लक्षण से मिलते-जुलते हैं। इसमें रोगी के हाथ में कम्पन, घसीटकर चलना, उदास आनन अभिव्यक्ति, पेशीय कमजोरी एवं सख्त तथा मंद गति (slowed movement) होते हैं। इन अध्ययनों से यह स्पष्ट हुआ है कि पारकिनसोनिज्म के लक्षणों की उत्पत्ति तब होती है जब डोपामाइन का स्तर इतना गिर जाता है कि उसका सन्तुलन एक अन्य न्यूरोट्रांसमीटर अर्थात् एसिटीलकोलिन (acetylcholine) के साथ बिगड़ जाता है।

(2) अप्रतीकी न्यूरोलेप्टिक *(Atypical neuroleptics)*—प्रतीकी न्यूरोलेप्टिक्स के तीव्र गम्भीर पार्श्व प्रभाव (side effect) सचमुच में बहुत से मनोफार्मोकोलॉजिस्ट (psycho-pharmocologists) को कुछ अधिक सुरक्षित औषधों का आविष्कार करने के लिए प्रेरित किया। ऐसे औषधों को अप्रतीकी न्यूरोलेप्टिक्स (atypical neuroleptics)

की संज्ञा दी गयी जिसे भी तालिका 26-B में दिखलाया गया है। इन अप्रतीकी न्यूरोलेप्टिक्स में क्लोजापाइन (clozapine) जिसे बाजार में क्लोजेरिल (Clozaril) के नाम से पुकारा जाता है, एक प्रमुख औषध है। इसका उपयोग मनोविदालिता तथा अन्य मनोविक्षिप्ति (Pschoses) के उपचार में लाभदायक सिद्ध हुआ है। ब्रियर तथा उनके सहयोगियों (Breier et al., 1994) द्वारा किये गए शोधों से यह सिद्ध हुआ है कि क्लोजापाइन (clozapine) के सेवन से 30 से 60 प्रतिशत मनोविदालिता के रोगी के धनात्मक एवं ऋणात्मक दोनों लक्षण दूर हो गये जबकि मानक या प्रतीकी न्यूरोलेप्टिक्स से इन रोगियों को कोई फायदा नहीं हुआ था।

क्लोजापाइन अन्य न्यूरोलेप्टिक्स से इस अर्थ में भिन्न है कि इसका प्रभाव D_4 डोपामाइन ग्राहकों पर अधिक पड़ता है परंतु D_2 डोपामाइन ग्राहकों पर बहुत हल्का प्रभाव डालता है। यह अन्य कई न्यूरोट्रांसमीटर जैसे सेरोटोनिन (serotonin), नोरइपाइनफ्राइन (norepinephrine), हिस्टामाइन (histamine) तथा मस्केरिनिक अम्ल (muscarinic acid) आदि का प्रबल विरोधी (potent antagonist) के रूप में कार्य करता है। टन्डन एवं काने (Tandon & Kane, 1993) के अनुसार ऐसे सम्मिलित प्रभाव (combined effect) से यह सभी न्यूरोट्रांसमीटर में पुनर्सन्तुलन कायम हो जाता है जो मनोविदालिता के धनात्मक एवं ऋणात्मक लक्षणों पर अनुकूल प्रभाव डालता है।

क्लोजापाइन से कोई एक्सट्रापिरामिडल लक्षण (extrapyramidal symptoms) या टारडाइभ डायसकिनेसिया (tardive dyskinesia) के लक्षण उत्पन्न नहीं होते हैं परंतु इसका कुछ ऋणात्मक पार्श्वप्रभाव (negative side effect) जैसे कब्ज, नींद के दौरान अत्यधिक लारस्राव, घुमडी (dizziness) आदि प्रमुख हैं। नवीनतम अध्ययनों से यह स्पष्ट हुआ है कि क्लोजापिन के सेवन से करीब एक या दो प्रतिशत रोगियों में एक घातक रक्त रोग जिसे *एग्रानूलोसाइटोसिस* (agranulocytosis) कहा जाता है, विकसित हो जाता है जिसमें श्वेत रक्त कण (white blood cells) की पर्याप्त कमी हो जाती है। उसी तरह 1994 में रिसपेरडल (Risperdal) नामक अप्रतीकी न्यूरोलेपिटक्स का विकास हुआ जो सेरोटोनिन (Serotonin) तथा डी$_2$ डोपामाइन ग्राहक (D_2 dopamine receptors) दोनों के अवरूद्ध करके मनोविदालिता के धनात्मक एवं ऋणात्मक लक्षणों पर उत्तम प्रभाव डालता पाया गया है।

3. मनोदशा विकृतियों के उपचार के लिए औषध *(Drugs used in the treatment of mood disorders)*— कुछ औषध ऐसे हैं जिनका उपयोग दो उद्देश्यों से किया जाता है—विषाद (depression) एवं अन्य मनोदशा विकृतियों के उपचार के लिए जिसे विषादविरोधी या विषादप्रतिरोधक (antidepressants) कहा जाता है तथा मनोदशा में सन्तुलन लाने के लिए जिसे मनोदशा स्थिरकारी (mood stabilizers) कहा जाता है। इन दोनों तरह के औषधों एवं उसके पड़ने वाले प्रभावों का अध्ययन हम यहाँ अलग-अलग करेंगे—

(i) विषादविरोधी या विषाद् प्रतिरोधक *(Antidepressants)*—कई तरह के विषाद विरोधी या विषाद प्रतिरोधक (antidepressants) एवं अन्य मनोदशा विकृतियों के उपचार में किया जाता है जिनसे चार वर्ग के औषध तुलनात्मक रूप से अधिक लोकप्रिय हुआ है। वे चार वर्ग के औषध के नाम तथा उनके तहत आनेवाले औषधों को तालिका 26-C में दिखलाया गया है। इन औषधों में मोनोएमाइन आक्सीडेस इन्हीविटर्स (Monoamine Oxidase Inhibitors or MAO-I) एक प्रमुख औषध है जिनका मौलिक रूप से उपयोग तो यक्ष्मा रोग के उपचार के लिए किया गया था परंतु इसे विषादी लक्षणों को दूर करने में बाद में काफी लाभदायक पाया गया। इसके तहत तीन तरह के औषध ों को रखा गया है। (देखें तालिका 26-C)। MAO प्रतिरोधक (Inhibitors) मोनोएमाइन आक्सीडेस (Monoamine Oxidase) जो सेरोटोनिन (serotonin) तथा नोरइपाइनफ्राइन जैसे न्यूरोट्रांसमीटर को संधिस्थल में तोड़ता है, की क्रियाओं को मंदित कर देता है। चूँकि इन औषधों से MAO अवरूद्ध होते हैं, अत: संधिस्थल पर सेरेटोनिन (postsynaptic neurons) को प्रभावित करता है जिससे विषाद-विरोधी प्रभाव (antidepressant effect) व्यक्ति में उत्पन्न होता है।

यद्यपि MAO विषाद में कमी लाता है, इसके पार्श्व प्रमुख (side effect) भी होते पाये गये हैं। जैसे, यह REM नींद को समाप्त कर देता है। कुछ विशेष भोजन के तत्त्वों के साथ मिलकर MAO रोगी में उच्च रक्तचाप भी उत्पन्न कर देता है।

ट्रीसाइक्लिक एन्टीडीप्रेसेन्ट (Tricyclic Antidepressants or TCA) एक अन्य विषाद विरोधी औषध है जिसके तहत सात तरह के प्रमुख औषधों को रखा गया है (तालिका 26-C)।

तालिका 26-C : विषादविरोधी एवं मनोदशा उत्तेजक
(Antidrepassants and Mood elevators)

जातीय/रसायनिक नाम (Generic/Chemical Name)	व्यापार नाम (Trade Name)
मोनोएमाइन आक्सीडेस इन्हीविटर्स (Monoamine Oxidase Inhibitors or MAO-I)	
1. फेनेलजाइन (Phenelzine)	नाइडिल (Nardil)
2. ट्रैनिल साइप्रोमाइन (Tranylcypromine)	पारनेट (Parnete)
3. आइसोकारवोक्साजिड (Isocarboxazid)	मारप्लान (Marplan)
ट्रीसाइक्लिक एन्टीडिप्रेसैन्ट (Tricyclic Antidepressants or TCA)	
1. इमीप्रामाइन (Imipramine)	टोफ्रानिल (Tofranil)
2. डोएक्सपीन (Doxepin)	साइनक्वान (Sinequan), एडेप्टीन (Adaptin)
3. एमीट्रीपटाइलीन (Amitriptyline)	एलाभिल (Elavil), एमीटीड (Amitid)
4. नोरट्रीपटीलाइन (Nortriptyline)	एभेन्टील (Aventyl), पामेलर (Pamelor)
5. डेसीप्रेमाइन (Desipramine)	नोरप्रेमिन (Norpramin), प्रटोफ्रेन (Pertofrane)
6. प्रोट्रीपटाइलीन (Protriptyline)	भिभेक्टील (Vivactil)
7. क्लोमिप्रेमाइन (Clomipramine)	एनाफ्रेनिल (Anafranil)
सेलेक्टीव सेरोटोनिन रिअपटेक इन्हीविटर्स (Selective Serotonin Reuptake Inhibitors or SSRI)	
1. पैरोएक्सटाइन (Paroxetine)	पाक्सिल (Paxil)
2. फ्ल्युएक्सटाइन (Fluoxetine)	प्रोजेक (Prozac)
3. सरट्रालाइन (Sertraline)	जोलोफ्ट (Zoloft)
हेट्रोसाइक्लिक एवं अन्य (Heterocyclic and others)	
1. एमोएक्सापाइन (Amoxapine)	ऐसेनडिन (Ascendin)
2. बुप्रोप्रिओन (Buproprion)	बेलवट्रीन (Wellbutrin)
3. ट्राजाडोन (Trazadone)	डीसीरेल (Desyrel)

TCA सचमुच में नोरपाइनफ्राइन (norepinephrine) तथा सेरोटोनिन (serotonin) के पुनर्वापसी (reuptake) को रोकता है जिसका लघुकालीन प्रभाव यह होता है कि इससे संधिस्थल पर ऐसे न्यूरोट्रांसमीटर का स्तर में वृद्धि हो जाती है। MAO की तुलना में TCA का कोई गम्भीर पार्श्व प्रभाव नहीं होता है तथा कोई प्रमुख भोजन-सम्बद्ध परिवर्तन की जरूरत नहीं पड़ती है। परंतु ऐसा नहीं कहा जा सकता है कि TCA से कोई समस्या की उत्पत्ति नहीं होती है। कुछ अध्ययनों में यह स्पष्ट रूप से देखा गया है कि TCA के अधिक दिनों तक सेवन से अधिक नींद का आना, सूखा मुँह (dry mouth), कब्ज, धुंधला दृष्टि (blurred vision), यौन प्रणोद में कमी, विचलन एवं घुमड़ी आदि आते हैं।

SSIR एक अन्य विषाद विरोधी औषध है और इस श्रेणी का सबसे लोकप्रिय औषध फ्लूऔक्सेटाइन (fluoxetine) है जिसे प्रोजेक (prozac) के नाम से बाजार में बेचा जाता है। यह TAC के समान प्रभावी होता है परंतु इसका कोई खास पार्श्व प्रभाव नहीं होता है। इसका उपयोग सिर्फ विषाद को ही कम करने में नहीं बल्कि किशोरावस्था के सांवेगिक

तूफान को नियंत्रित करने में भी किया जाता है। SSIR मूलतः एक ही न्यूरोट्रांसमीटर अर्थात् सेरोटोनिन (Serotonin) की उपलब्धता को बढ़ाता है जिससे विषादी प्रभाव को कम होने की सम्भावना तीव्र हो जाती है। इसके बावजूद SSIR के पार्श्व प्रभाव होते पाये गये हैं जिसमें घबड़ाहट, अनिद्रा, संधि में दर्द (joint pain), पसीना आना, वजन में कमी (weight loss) तथा लैंगिक दुष्क्रिया (sexual dysfunction) आदि प्रमुख हैं।

अभी हाल के वर्षों में हट्रोसाइक्लिक (hetrocyclic) जैसे विषाद-विरोधी औषधों का उपयोग अधिक बढ़ रहा है। इस वर्ग के औषध में वुप्रोपिओन (bupropion) अधिक लोकप्रिय है। इस औषध के सेवन से डोपामाइन (Dopamine) की पुनर्वापसी अवरूद्ध (block) हो जाती है और इसकी खाशियत यह है कि इसका उपयोग वैसे रोगी भी कर सकते है जिन्हें हृदय रोग (heart disease) है।

अध्ययनों से यह स्पष्ट हुआ है कि सभी तरह के विषाद-विरोधी औषधों का सम्भावित खतरा अधिक उम्र के व्यक्तियों के लिए तुलनात्मक रूप से ज्यादा होता है। अधिक उम्र होने से औषध चयापचय (drug metabolism) की प्रक्रिया मंद हो जाती है। परिणामतः औषध इनमें ठीक से टूट (या पच) नहीं पाता है और तब ऐसी स्थिति में उन्हें अधिक मात्रा में औषध लेना पड़ता है जिनसे उनमें विभ्रम (hallucination), व्यामोह (delusion), संभ्रान्ति आदि उत्पन्न हो जाते हैं। इतना ही नहीं, कुछ अध्ययनों में यह भी पाया गया है कि विषादविरोधी औषध लेने से व्यक्ति में शारीरिक निर्भरता (physical dependence) भी विकसित हो जाता है। जब इस तरह की निर्भरता बढ़ जाती है, तो औषध को अचानक रोकने से रोगी में मिचलन, चिन्ता, सिरदर्द, पसीना आना, ठंढ लगना तथा अनिद्रा आदि की शिकायत होती है। लिकी एवं गौर्डन (Lickey & Gordon, 1991) ने अपने अध्ययन के आधार पर यह बतलाया है कि विषादविरोधी औषध मुख्य विषाद (major depression) के लिए फिर भी सबसे अधिक प्रभावकारी औषध है।

(ii) मनोदशा स्थिरकारी *(Mood stabilizers)*—मनोदशा स्थिरकारी के रूप में बहुत औषध का उपयोग किया जाता है जिसमें लिथियम कार्बोनेट (lithium carbonate) प्रमुख है। इसका उपयोग द्विध्रुवी रोग (bioplar disorder) के उपचार में अधिक किया जाता है। लिथियम मनोदशा में परिवर्तन (mood swings) को रोकता है तथा विषाद् एवं उन्माद (mania) दोनों की प्रबलता को कम करता है। लिथियम अपना प्रभाव किस तरह से दिखलाता है, यह तो स्पष्ट नहीं है परंतु जुलियन (Julien, 1992) तथा लिकी एवं गौर्डन (Lickey & Gardon, 1991) द्वारा किये गये शोधों से यह स्पष्ट हुआ है कि यह न्यूरोन्स के एल्कट्रोलिट सन्तुलन (electrolyte balances) को प्रभावित करता है जिसके परिणामस्वरूप विभिन्न तरह के न्यूरोट्रांसमीटर के प्रति न्यूरोन्स की प्रतिक्रिया में स्थिरीकरण आता है जिससे उत्तर संधि स्थलीय न्यूरोन्स को उत्तेजित होने की संभावना कम हो जाती है। चाहे जो भी प्रक्रम हो, लिथियम उपयोग से द्विध्रुवीय रोग के उपचार में मदद मिलती है। लिथियम का उपयोग एक प्रोफैलैकटिक औषध (prophylactic drug) के रूप में भी किया जाता है जिसका मतलब यह हुआ कि द्विध्रुवीय रोगी इसका उपयोग उस समय भी करते हैं जब उनमें न तो विषाद और न ही उन्माद के लक्षण होते हैं। इसका उद्देश्य यह होता है कि भविष्य में उनमें इस तरह के रोग के लक्षण उत्पन्न न हो।

यद्यपि लिथियम का उपयोग द्विध्रुवीय रोग के उपचार में काफी किया जाता है, इसके भी कुछ पार्श्वप्रभाव उत्पन्न होते देखे गये हैं। इससे रोगी के कम्पन, वजन में वृद्धि, डायरिया, कमजोरी तथा थकान, प्यास में वृद्धि, स्मृति लोप (memory loss) तथा एकाग्रता में कमी आदि देखने की मिलते हैं।

जो द्विध्रुवीय रोगी लिथियम उपचार में अनुकूल प्रगति नहीं दिखलाते हैं, उन्हें दो अन्य अपस्मारी-विरोधी औषध (antieplieptic drug) अर्थात् कार्बोमेजेपाइन (carbomazepine) तथा वैलप्रोक अम्ल (Valproic acid) का सेवन की सिफारिश की जाती है। लिकी तथा गौर्डन (Lickey & Gordon, 1991) के अनुसार काटवामेजेपाइन जो संरचना के ख्याल से TCA के समान है, को जब लिथियम के साथ दिया जाता है, तो इससे लिथियम का विषाद-विरोधी प्रभाव (antidepressant effects) में वृद्धि हो जाती है।

4. अवधान-ह्रास/अतिक्रिया विकृति के उपचार के लिए औषध *(Drug for the treatment of Attention Deficit/Hyperactivity disorder or ADHD disorder)*—कुछ औषध ऐसे हैं जो बाल्यावस्था के मानसिक विकृति जैसे ADHD के विकृति के उपचार में काफी उपयोग किया जाता है। इसमें उत्तेजक औषधों (stimulant drugs) की अहं भूमिका होती है। ऐसे औषधों में मेथिलफेनिडेट (methylphenidate), पेमोलाइन (pemoline) तथा डेकस्ट्रोएमफिटामाइन

(dextroamphetamine) प्रमुख है। इनके व्यापार नाम (trade name) क्रमश: रिटालीन (Ritalin), साइलर्ट (cylert) तथा डेकेसेड्राइन (dexedrine) है। रिटालीन, नोरइपाइनफ्राइन (norepinephrine) तथा डोपामाइन (dopamine) की मुक्ति (release) में मदद करता है और उनकी पुनर्वापसी (reuptake) को अवरूद्ध (block) करता है। इसका परिणाम यह होता है कि ये दोनों न्यूरोट्रांसमीटर पर्याप्त मात्रा में संधिस्थल में उपलब्ध हो जाते हैं। साइलर्ट (cylert) जो रसायनिक रूप से तो रिटालीन से भिन्न होता है, डोपामाइन की मुक्ति में तो मदद नहीं करता है परंतु उसी के समान न्यूरोट्रांसमीटर के स्राव होने में मदद करता है। परिणामत: इससे भी डोपामाइन के समान ही व्यक्ति पर व्यवहारपरक प्रभाव (behaviour effect) पड़ता है। डेक्सेड्राइन (dexedrine) की रसायनिक संरचना तथा प्रभाव मेथिलफेनिडेट (methylphenidate) के समान ही है।

उक्त उत्तेजकों का प्रभाव बच्चों पर तभी तक रहता है जब तक कि वे शरीर में उपस्थित होते हैं यानी चार से पाँच घंटे तक ही। अगर इन औषधों को बच्चा लेना बंद कर देता है तो एक *धमाका प्रभाव* (rebound effect) उत्पन्न होता है जिसमें ADHD बच्चे पहले से अधिक मात्रा में ध्यान की कमी, अतिक्रिया (hyperactivity) तथा आवेगशीलता (impulsivity) का अनुभव करते हैं। अत: इभान्स तथा पेलहम (Evans & Pelham, 1991) का सुझाव है कि ऐसे बच्चों को किशोरावस्था तथा वयस्कावस्था में भी ऐसे औषध को लेना पड़ता है।

ऐसे मनोत्तेजक औषध (psychostimulant drugs) के कुछ पार्श्व प्रभाव भी होते देखे गये हैं जिनके मद्देनजर इसकी उपयोगिता की जाँच करनी चाहिए। क्लिन एवं मैनुज्जा (Klein & Mennuzza, 1988) तथा स्वार्ज एवं जॉनसन (Swartz & Johnson, 1985) द्वारा किये गए अध्ययनों से यह स्पष्ट हुआ है कि ऐसे औषधों के लगातार सेवन से बच्चे में भूख की कमी, वजन तथा ऊँचाई की वृद्धि में अवरूद्धता आदि मुख्य रूप से होता है। गैडो (Gadow, 1992) जुलियन (Julien, 1992) ने अपने-अपने अध्ययनों में यह पाया है कि ऐसे उत्तेजकों के अधिक समय तक सेवन से बच्चों में अनिद्रा (insomnia), पेटदर्द (abdominal pain), सिरदर्द (headache) रक्तचाप तथा हृदयगति में असामान्य रूप से वृद्धि आदि देखने को मिलते हैं।

स्पष्ट हुआ कि विभिन्न तरह के औषधों को उपयोग करके मानसिक विकृतियों का उपचार किया जाता है। इनमें से लघु प्रशांतक (minor tranqulizers) तथा वृहत् प्रशांतक (major tranqulizers) का उपयोग तुलनात्मक रूप से अधिक होता है।

आघात चिकित्सा (Shock Therapy)

इस तरह की चिकित्सा विधि में रोगी के मस्तिष्क में रासायनिक द्रव्यों अथवा विद्युत प्रवाह (electric current) द्वारा आघात (shock) पहुँचाकर उसे रोग मुक्त किया जाता है। प्राय: यह देखा गया है कि इस तरह के आघात से रोगी अपने गत अनुभूतियों (past experiences) को भूल जाता है। फलस्वरूप, उसका मानसिक तनाव (mental tension) कम हो जाता है तथा उसमें कुसमायोजित व्यवहार धीरे-धीरे कमने लगता है तथा रोगी शांत एवं समायोजित (adapted) नज़र आता है। आघात चिकित्सा मुख्यत: निम्नांकित दो प्रकार के होते हैं—

(1) इनसुलिन आघात चिकित्सा (Insulin shock therapy)

(2) वैद्युत आघात चिकित्सा (Electro-shock therapy)

इन दोनों का वर्णन निम्नांकित है—

1. इनसुलिन आघात चिकित्सा *(Insulin Shock Therapy)*—इस चिकित्सा विधि का प्रतिपादन वियनिज मनोरोगविज्ञानी साकेल (Sakel, 1932) द्वारा मनोविदालिता (schizophrenia) के रोगियों के दैहिक उपचार (physiological treatment) के लिए किया गया था। इस विधि में रोग को प्रतिदिन इनसुलिन की सुई नियमित रूप से दी जाती है। इससे धीरे-धीरे एक अवस्था ऐसी आती है जिससे रक्त में चीनी की मात्रा कम हो जाती है। चीनी की मात्रा कम हो जाने से रोगी में कोमा या बेहोशी की स्थिति उत्पन्न हो जाती है। प्रतिदिन रोगी को करीब-करीब 1 घंटे तक कोमा की स्थिति में रखा जाता है। इस तरह से करीब-करीब 50 बार रोगी में कोमा भिन्न-भिन्न दिनों में (लगभग 50-60 दिनों में) उत्पन्न किया जाता है। 1 घंटे तक कोमा की अवस्था में रहने के बाद रोगी को ग्लूकोज की सूई देकर या चीनी का शर्बत पिलाकर

उसे धीरे-धीरे होश में लाया जाता है। इस बेहोशी की अवस्था से गुजरने पर रोगी में पर्याप्त शारीरिक एवं मानसिक परिवर्तन हो जाते हैं जिससे मनोविदालिता के लक्षण में काफी सुधार होते देखा जाता है। इस विधि को *इनसुलिन कोमा चिकित्सा* (Insulin Coma Therapy or ICT) भी कहा जाता है। बाद में हंगरी (Hungry) के एक मनोरोगविज्ञानी जिसका नाम लाडिसलास वान मेडुना (Ladislas Von Meduna) था, एक सिद्धान्त का प्रतिपादन किया जिसके अनुसार मिरगी रोग के रोगी का मस्तिष्कीय न्यूट्रॉन मनोविदालिता के मस्तिष्कीय न्यूट्रोन से भिन्न होते बतलाया गया। अत: इनका मत था कि जिन व्यक्तियों में मनोविदालिता का रोग हो गया है, उनमें मिरगी रोग नहीं होगा। इस पर उनका तर्क यह था कि यदि मनोविदालिता के रोगियों में किसी तरह से मिरगी के दौरा (eplieptic seizure) उत्पन्न कर दिया जाए तो उसका यह रोग अपने आप समाप्त हो जाएगा। इस ख्याल से उन्होंने मेट्राजोल (Metrazol) नाम का एक संश्लेषिक औषध (synthetic drug) देकर रोगी में दौरा जैसी अवस्था उत्पन्न कर दिया करते थे जिससे रोगी में मनोविदालिता के लक्षण में कुछ कमी आ जाती है। हालांकि मेट्रॉजोल-उत्पन्न दौरा काफी उग्र एवं तीव्र होता था, उपचार की विधि तुरंत लोकप्रिय हो गयी और यूरोप तथा अमेरिका में मनोविदालिता के उपचार में इसका काफी उपयोग किया जाने लगा।

आधुनिक समय में इन विधियों का उपयोग नहीं के बराबर होता है क्योंकि इस चिकित्सा विधि में कुछ खामियाँ (limitations) पायी गई थीं जो निम्नांकित हैं—

(i) इनसुलिन कोमा चिकित्सा आघात चिकित्सा का एक खतरनाक विधि माना गया है क्योंकि प्राय: देखा गया है कि जब कोमा (coma) की अवधि कभी-कभी 1 घंटे से अत्यधिक हो जाती है, तो रोगी की मृत्यु हो जाती है।

(ii) मेट्रोजोल चिकित्सा विधि से रोगी के जिन लक्षणों (symptoms) को दूर किया जाता है, वे पुन: कुछ दिनों के बाद रोगी में उत्पन्न हो जाते हैं। अत: इससे उपचार स्थायी तौर पर नहीं हो पाता है।

उपर्युक्त कारणों से आजकल इस चिकित्सा विधि की जगह पर वैद्युत-आघात चिकित्सा (electro shock therapy) का उपयोग अधिक किया जाने लगा है।

2. वैद्युत-आघात चिकित्सा *(Electro-shock Therapy)*—वैद्युत-आघात चिकित्सा (electro-shock therapy) जिसे *वैद्युत-आक्षेपी चिकित्सा* (electro-convulsive therapy or ECT) भी कहा जाता है, मूलत: सरलेटी एवं बिनी (Cerletti & Binni) द्वारा 1938 में किए गए प्रयोगों के फलस्वरूप विकसित हुआ। इस विधि से उपचार करने में रोगी को एक गद्दीदार बिछावन पर पहले लेटा दिया जाता है। इसके बाद उसके दोनों कनपटियों के पास इलेक्ट्रोड (electrode) लगा दिया जाता है और करीब 70 से 130 वोल्ट (Volts) की विद्युत धारा (clectric current) 1 से 1.5 सेकेंड के लिए रोगी के मस्तिष्क के एक हिस्से से दूसरे हिस्से तक प्रवाहित किया जाता है। इसे *द्विपक्षी ECT* (bilateral ECT) भी कहा जाता है। इसके तुरंत बाद रोगी की चेतनावस्था (consciousness) समाप्त हो जाती है और उनके मांसपेशियों में कंपन उत्पन्न होता है। कुछ मिनट के बाद रोगी जब चेतनावस्था में आता है तो उसे आघात से पहले की बात याद नहीं रहती है और अगले कुछ घंटों तक वह शांत एवं संभ्रांति पूर्ण (confused) दिखलाई देता है। इस तरह का आघात (shock) जो प्राय: एक हफ्ता में तीन बार दिया जाता है, से रोगी में रोग के लक्षण धीरे-धीरे कमते नजर आते हैं। अध्ययनों से यह पता चला है कि ECT विषादी रोगियों (depressive patients) के लिए सबसे उत्तम है परंतु इसका उपयोग मनोविदालिता (schizophrenia) के रोगियों के उपचार में भी यदाकदा किया जाता है। ECT द्वारा उपचार करने में प्राय: एक परोक्ष प्रभाव (side effect) देखने को मिलता है और वह यह है कि ऐसे उपचार के बाद महीनों तक और कभी-कभी वर्षों तक रोगी स्मृतिदोष (memory impairment) से ग्रसित रहता है।

आधुनिक समय में ECT के उपर्युक्त विधि में थोड़ा परिवर्तन करके अधिकतर मनोरोगविज्ञानियों (psychiatrists) द्वारा उसका प्रयोग किया जा रहा है। इस परिवर्तित रूप में रोगी के मस्तिष्क के दोनों गोलार्द्धों (hemispheres) में विद्युत द्वारा आघात न पहुँचा कर एक गोलार्द्ध जो अप्रबल (nondominant) होता है, (दायाँ गोलार्द्ध अधिकतर व्यक्तियों के लिए) में बिजली द्वारा आघात पहुँचा दिया जाता है। इसे *एकपक्षी ECT* (unilateral ECT) कहा जाता है। डेनियल तथा क्रोविज (Daniel & Crovitz, 1983) तथा स्लेटर (Slater, 1989) के अनुसार एकपक्षी ECT का एक फायदा यह होता है कि इससे रोगी में स्मृति दोष (memory impairment) जैसे परोक्ष प्रभाव (side effect) नहीं होता है या बहुत

कम मात्रा में होते देखा जाता है। आधुनिक मनोरोगविज्ञानियों द्वारा निम्नांकित प्रविधियों को अपनाकर ECT को अधिक प्रभावी बनाने की कोशिश की गयी है—

(i) **वैद्युतीय आघात की अवधि** (*Length of electrical charge*)—रोगी को पहले ऐसा आघात 1 सेकेंड तक दिया जाता था परंतु अब इसे घटाकर 1/25 सेकंड कर दिया गया है।

(ii) **वैद्युत चार्ज की तीव्रता** (*Intensity of electrical charge*)—इसकी तीव्रता अब पहले की तुलना में आधी कर दी गयी है।

(iii) **सत्र का समय** (*Timing of session*)—इसे पहले प्रतिदिन दिया जाता था परंतु अब सप्ताह में तीन बार से अधिक नहीं दिया जाता है।

(iv) **उपचार की अवधि** (*Length of treatment*)—पहले करीब 20 साल तक उपचार दिया जाता था जिसे अब घटाकार 10 साल तक कर दिया गया है।

(v) **संवेदनहर एवं शिथिलनों का उपयोग** (*Use of anesthetics and relaxants*)—पहले संवेदनहर एवं शिथिलनों का उपयोग नहीं होता था परंतु अब इसे उपयोग किया जाता है जिसमें रोगी को तकलीफ कम होता है।

(vi) **मॉनिटरिंग** (*Monitoring*)—अब रोगी के मस्तिष्कीय तरंगों तथा हृदय के वैद्युतीय कार्यों का मानिटरिंग क्रमशः EEG तथा EKG से किया जाता है। इससे मनोविरोगविज्ञानियों को आगे का कदम उठाने में मदद मिलती है।

(vii) **एल्कट्रोड्स का रखाव** (*Placement of electrodes*)—पहले रोगी के सिर के दोनों तरफ एल्कट्रोड्स रखा जाता था परंतु अब इसे सिर्फ मस्तिष्क के अप्रबल हिस्से (nondominant side) पर ही रखा जाता है।

ECT के पार्श्व प्रभाव (*Side effect of ECT*)—प्रेक्षणों के आधार पर यह बतलाया गया है कि ECT के करीब 40 प्रतिशत रोगियों में पहले क्षति/हानि (injury) होती थी परंतु अब तकनीकी प्रगति के कारण करीब प्रत्येक 1400 ECT उपचार में एक केस में ऐसी क्षति/हानि होते पायी जाती है। जहाँ तक ECT के दौरान रोगी के मृत्यु का प्रश्न है, यह करीब 2.9 से 4.5 प्रति 100,000 क्रियान्यवयन (administration) में होता देखा गया है जो एक मानक मेडिकल नियम के अनुकूल है। इसके बावजूद आधुनिक ECT के कुछ पार्श्व प्रभाव (side effect) देखने को मिलते हैं। इनमें उत्तर उपचार सिरदर्द (posttreatment headeche), कई घंटों तक संभ्रांति (confusion) का बना रहना, छह महीने तक स्मृति क्षति (memory impairment) का बना रहना, आदि प्रमुख है। ऐसे पार्श्व प्रभाव ब्रेगिन (Breggin, 1980), जानीकैक तथा उनके सहयोगियों (Janicak et. al., 1991) ने अपने-अपने अध्ययनों में स्पष्ट रूप से पड़ते देखा है।

इसके अतिरिक्त (ECT) कुछ और भी पार्श्वप्रभाव देखने को मिले हैं। जैसे, ऐसे उपचार के बाद रोगियों में संज्ञानात्मक क्षति (cognitive impairements) जैसे प्रासंगिक स्मृति (episodic memory) का ह्रास होते पाया गया है और इस तरह का ह्रास अधिक उम्र के रोगियों में प्रायः देखने को मिलता है। कालेभ तथा उनके सहयोगियों (Calev et al., 1993) ने अपने अध्ययन में पाये कि अर्थगत स्मृति (semantic memory), क्रियात्मक स्मृति (procedural memory) तथा अस्पष्ट स्मृति (implicit memory) पर भी ECT का कुप्रभाव कम या बेशी पड़ता है।

ECT के अनुप्रयोग एवं प्रभाव (*Applications and effect of ECT*)—ECT को मूलतः मनोविदालिता के रोगियों के उपचार के लिए किया जाता है। परंतु हाल में फिंक (Fink, 1993) तथा शुक्ला (Shukla, 1999) द्वारा किये गये समीक्षा से यह स्पष्ट हुआ है कि ECT का उपयोग विभिन्न तरह के मनोदशा विकृतियों (mood disorders) अर्थात् द्विध्रुवीय विकृति (bipolar disorder), मेलेनकोलिया के साथ मुख्य विषाद (major depression with melancholia) तथा व्यामोह के साथ मनोविक्षिप्त विषाद (psychotic depression with delusion) के रोगियों के उपचार में भी सफलतापूर्वक किया गया है। इन लोगों के सर्वे से यह पता चला है कि जितने भी रोगियों का उपचार ECT से दिया जाता है, उनमें 80 प्रतिशत गम्भीर रूप से विषादी थे, 5 प्रतिशत द्विध्रुवीय विकृति के रोगी थे, 5 प्रतिशत मनोविदाली थे तथा बाकी अन्य समस्याओं से ग्रसित थे।

ECT विषादी रोगियों के लिए तुलनात्मक रूप से अधिक दिया जाता है। फिंक (Fink, 1993) तथा अमेरिकन साइकेट्रिक एसोसियेशन (American Psychiatric Assocation, 1993) द्वारा कुछ ऐसे अध्ययन किये गये हैं जिसमें कुछ विषादी रोगियों का उपचार ECT तथा कुछ अन्य विषादी रोगियों का उपचार औषध (drugs) देकर किया तथा उनके लाभों का तुलनात्मक अध्ययन किया गया। परिणाम में पाया गया कि ECT के लाभ औषध के लाभ से अधिक

श्रेष्ठ थे। इतना ही नहीं, यह भी देखा गया कि ECT का प्रभाव औषध के प्रभाव से अधिक तेजी से होता है परंतु साथ-ही-साथ समय बीतने के साथ जल्द समाप्त भी हो जाता है। इसलिए इनलोगों ने यह सुझाव दिया है कि ECT द्वारा उपचार दिये जाने के बाद फिर उपचार के उत्तम प्रभाव को बनाये रखने के लिए विषाद-विरोधी औषध (antidepressant drug) का दिया जाना अनिवार्य है।

ECT की उपयोगिता वैसे रोगियों के उन्मादी अवस्था (manic state) के उपचार में भी काफी है जिन्हें द्विध्रुवीय विकृति (bipolar disorder) के रोगी के रूप में पहचान की गयी। मुखर्जी, सैकिम तथा स्कनूर (Mukherjee, Sackeim & Schnur, 1994) के अनुसार ECT दिये जाने के बाद करीब 80 प्रतिशत उन्मादी रोगियों (Manic Patients) में नैदानिक उन्नति (clinical improvement) होते पाया गया तथा मुखर्जी एवं उनके सहयोगियों (Mukherjee et. al., 1994) ने यह भी पाया कि करीब 70 प्रतिशत रोगी जिनपर औषध उपचार (drug treatment) का कोई सार्थक प्रभाव नहीं पड़ा था, ECT दिये जाने पर उनमें तेजी से प्रन्नति होते पायी गयी।

ECT का उपयोग मनोविदालिता (Schizophrenia) के रोगी के लिए भी होता है। मनोविदालिता में खास करके कैटेटोनिक स्टूपर (Catatonic Stupor), तीव्र मनोविदाली घबड़ाहट (acute schizophrenic agitation) या स्किजोएफेटिव विकृति (schizoaffective disorders) के रोगियों के उपचार में इसका अधिक उपयोग किया जाता है। मुखर्जी (Mukherjee, 1999) के अनुसार भारतवर्ष में ECT का उपयोग मनोविदालिता खासकर के तीव्र मनोविदाली घटनाएँ (acute schizophrenic episodes) के उपचार में काफी किया जाता है। इन्होंने यह बतलाया कि ऐसे रोगियों को ECT से उपचार देने पर मानसिक अस्पताल से जल्द छुट्टी मिल जाती है तथा उसके बाद उत्तम अवस्था बनाकर रखने में कम-से-कम औषध की जरूरत पड़ती है। एस गुप्ता एवं विग (S. Gupta & Wig, 1979) ने अपने अध्ययन के आधार पर यह बतलाया है कि ECT द्वारा 83 प्रतिशत मनोविदालिता तथा 78 प्रतिशत विषाद (depression) के रोगियों में साधारण से लेकर उत्तम उन्नति होती है।

अब प्रश्न यह उठता है कि ECT अपना प्रभाव किस तरह से डालता है? ऐसे तो ECT किस तरह से मानव मस्तिष्क को प्रभावित करके लक्षणों की गंभीरता को कम करता है, यह एक रहस्य है, फिर भी कुछ लोगों का विचार है कि ECT से मस्तिष्क में कुछ कम्पन (convulsion) उत्पन्न होता है जिससे अन्तःस्रावी (endocrine) तथा न्यूरोट्रांसमीटर तंत्रों का असन्तुलन (imbalances) दूर हो जाता है। ECT का मस्तिष्क के अधिकतर न्यूरोट्रांसमीटर जैसे सेरोटोनिन (serotonin), डोपामाइन (dopamine), नोरइपाइनफ्राइन (norepinephrine), गावा (GABA) तथा बीटा-इन्ड्रोफिन (beta-endorphin) पर प्रभाव डालता है और उनके असन्तुलन के स्तर को कम करता है। परंतु कुछ लोगों जैसे नेइटजेल (Neitzel, 2000) का मत है कि ECT के उपचार के फलस्वरूप व्यक्ति के मनोदशा तथा व्यवहार में होने वाले परिवर्तन का सम्बन्ध उक्त न्यूरोट्रांसमीटर में होने वाले परिवर्तन से सम्बन्धित है। इसके बावजूद मैक्स फिंक (Max Fink, 1993) का विश्वास है कि ECT देने से मस्तिष्क में जो आवृत्तीय कम्पन (repeated convlusions) होते हैं, उससे एक विशेष तत्त्व जिसे एण्टीडिप्रेसिन (antidepression) कहा जाता है, उत्पन्न होता है जो इन्सुलिन के समान लगभग कार्य करता है और विभिन्न तरह के मनोदशा अवस्थाओं (mood states) को नियंत्रित करता है।

ECT की वर्तमान स्थिति *(Current Status of ECT)*—यद्यपि ECT की प्रभावशीलता कुछ विशेष तरह की मानसिक विकृतियों में स्थापित हुई है, फिर भी ECT आज एक विवादग्रस्त चिकित्सा पद्धति है। इसके क्रियान्वयन के अस्पष्ट तरीके तथा उसके पार्श्व प्रभाव (side effect) के डर से रोगी तथा विशेषज्ञ दोनों ही ECT का उपयोग करने में हिचकिचाते हैं। ECT का उपयोग को ब्रेग्गिन (Breggin, 1980) ने अनुचित बतलाया है जबकि अमेरिकन मनश्चिकित्सक संघ (American Psychotic Association) ने इसे एक उचित चिकित्सा पद्धति माना है। ब्रिटेन में ECT का पर्याप्त उपयोग होता है तथा भारत में भी इसका उपयोग विभिन्न तरह के मानसिक रोगों के उपचार में प्राय: होता है।

मनोशल्य चिकित्सा
(Psychosurgery)

मनोशल्य चिकित्सा की आधुनिक शुरूआत 1891 से माना गया है जब गोट्टलिव वर्कहार्डट (Gottlieb Burckhardt) जो स्वीटजरलैंड के न्यूरोलोजिस्ट थे, ने मानसिक रोग को दूर करने के खयाल से ऐसे रोगियों के

प्रमस्तिष्कीय कॉर्टेक्स (cerebral cortex) के छोटे भाग को नष्ट किया था। जब वे छह ऐसे रोगियों का ऑपरेशन कर चुके थे, तो उनके एक सहकर्मी ने फिर आगे इसे करने से इसलिए रोक दिया क्योंकि उसमें से एक की मृत्यु हो गयी थी तथा एक अन्य को मिरगी रोग हो गया। मनोशल्य चिकित्सा का आगे विकास फिर अमेरिका में किए गए मस्तिष्कीय शल्य (brain operations) क्रियाओं से हुई। यहाँ के चिकित्सकों ने दो वनमानुष जिनका नाम *वेकी* (Becky) तथा *लूसी* (Lucy) था, के मस्तिष्क का ऑपरेशन (operation) करके अग्रपालि (frontal lobe) को निकाल दिया। परिणाम में देखा गया कि ऐसे वनमानुष में चिन्ता तथा कुंठा (frustration) उन परिस्थितियों में भी उत्पन्न नहीं हुआ जिसमें होना चाहिए था। इस तथ्य से प्रोत्साहित होकर पुर्तगाल के मनोरोगविज्ञानियों (Portuguse psychiatrist) जिनका नाम इगास मोनिज (Egas Monitz) था, ने मनुष्यों पर इस विधि का सफलतापूर्वक प्रयोग किया और पाया कि इनकी भी कुंठा तथा चिन्ता बहुत हद तक दूर हो गए। इस खोज के लिए उन्हें 1949 में मेडीसिन (Medicine) में नोबुल पुरस्कार (Nobel Prize) भी दिया गया। मोनिज (Monitz) का मत था कि मस्तिष्क के अग्रपालि (frontal lobe) में कुछ अपअनुकूलित या कुसमायोजित कोशिकाएँ (cells) होती हैं जिनसे कुछ मानसिक विकृतियाँ (mental disorders) उत्पन्न हो जाती हैं। यदि इन कोशिकाओं को खत्म कर दिया जाए या थैलमस एवं अन्य मस्तिष्कीय केन्द्रों (brain centres) के साथ उनका संबंध विच्छेद कर दिया जाए तो इससे व्यक्ति में चिन्ता तथा कुंठा से उत्पन्न होने वाली मानसिक विकृतियाँ (mental disorders) अपने आप समाप्त हो जाएँगी। इस चिकित्सा विधि में रोगी के दोनों कनपटियों में शल्य चाकू (surgical knife) द्वारा छेदकर मस्तिष्क के अग्रखण्ड (frontal lobe) तथा थैलमस (thalamus) को जोड़ने वाले तन्तु (fibroid tracts) को काट दिया जाता है। इस संबंध विच्छेद से रोगी चिन्ता और अन्य संवेगात्मक अवरोधों (emotional inhibitions) से मुक्त होकर चंगा हो जाता है। इस तरह के शल्य चिकित्सा को *प्री-फ्रन्टल लोवेक्टॉमी या ल्यूक्टॉमी* (Prefrontal lobotomy or Leuboctomy) कहा जाता है। जब अग्रखण्ड (frontal lobe) को बिल्कुल ही काटकर कॉर्टेक्स (cortex) से हटा दिया जाता है, तो इस प्रविधि को *प्री-फ्रन्टल लोवेक्टॉमी* (Pre-frontal lobectomy) कहा जाता है। इस विधि का उपयोग मोनिज एवं उनके सहकर्मी अल्मीड लीमा (Almeida Lima) द्वारा भी काफी किया गया।

भेलस्टीन (Valenstein, 1980) के अनुसार 1940 तथा 1950 वाले दशक में मोनिज तथा उनके सहकर्मी अलमीडा लीमा (Almeida Lima) ने इस तरह के मनोशल्य विधि को काफी लोकप्रिय बनाया तथा जिससे प्रेरणा पाकर मनोशल्य चिकित्सा की नयी प्रविधि भी विकसित की गयी। जैसे, अमेरिका में वाल्टर फ्रीमैन (Walter Freeman) तथा जेम्स वाट्टस (James Watt) ने एक मानक लोवेटॉमी (Standard Lobetomy) जिसे *फ्रन्टल लोवेटॉमी* (Frontal Lobectomy) कहा गया, विकसित किये। इस प्रविधि में रोगी के खोपड़ी में एक छोटा छेद करके एक काट यंत्र (cutting instrument) को भीतर करके मस्तिष्क तथा अग्रपालि (frontal lobe) के बीच का संबंध विच्छेद कर दिया जाता था। 1948 में फ्रीमैन तथा वाट्टस (Freeman & Watts) ने *ट्रासआर्विटल लोवोटामी* (Transorbital Lobotomy) जैसी प्रविधि की खोज किया। इस प्रविधि में नेत्र गोलक (eye ball) के ऊपर नेत्र खोल (eye socket) में ही एक छोटा-सा काट यंत्र अग्रपालि (frontal lobe) तथा खुसैड दिया जाता था और यंत्र को आगे पीछे घुमाकर अग्रपालि के कुछ कोशिकाओं को काट दिया जाता था। इसका परिणाम यह होता था कि मानसिक रोग के बहुत से भावात्मक एवं व्यवहारात्मक लक्षण दूर हो जाते थे। यह उस समय काफी लोकप्रिय मनोशल्य प्रक्रिया थी और फ्रीमैन का दावा था कि वे एक दिन में कम-से-कम 50 ऐसे ऑपरेशन करते थे। ऐसे रोगियों में अधिकतर मनोविदालिता (schizophrenia) तथा मनोदशा विकृति (mood disorder) के रोगी होते थे।

इन प्रविधियों का एक सामान्य दोष यह था कि अधिकतर सर्जन को यह ठीक-ठीक नहीं पता चल पाता था कि वे मस्तिष्क के किस विशिष्ट क्षेत्र के कोश को नष्ट कर रहे हैं। इसमें वे मात्र अंदाज से काम चलाते थे जिसका परिणाम यह होता था कि रोगियों में ऐसे मनोशल्य चिकित्सा के कई पार्श्व प्रभाव (side effect) जैसी आवेगशीलता, मिरगी का दौरा, घटिया निर्णय, प्रेरणा तथा आत्म देख-रेख की कमी, अस्पष्ट चिंतन आदि देखने को मिलते थे। ऐसे मनोशल्य ऑपरेशन का सबसे चिंता की बात यह होती थी कि ऑपरेशन के दौरान ही अत्यधिक रक्त बहाव के कारण करीब 5% रोगी की मृत्यु हो जाती थी।

इस तरह के अंध लोवोटॉमी (blind lobotomy) की काफी आलोचना हुई जिसका परिणाम यह हुआ कि आजकल मनोशल्य चिकित्सा के कुछ नयी प्रविधियों का विकास हुआ है जिसमें निम्नांकित दो का नाम अत्यधिक उल्लेखनीय है—

(1) सिनगुलेटॉमी (Cingulatomy)

(2) स्टीरियोटोक्सिक सबकाऊडेट ट्रैक्टोटॉमी (Stereotoxic Subcaudate Tractotomy or SST)

इन दोनों का वर्णन इस प्रकार है—

1. सिनगुलेटॉमी *(Cingulatomy)*—यह प्रविधि आजकल उत्तरी अमेरिका में काफी लोकप्रिय है। चिओका तथा मार्तुजा (Chiocca & Martuza, 1990) के अनुसार इस प्रविधि में मस्तिष्कीय कॉर्टेक्स के विशेष भाग अर्थात् सिनगुलेट गाइरस (Cingulate gyrus) में सिर के दोनों तरफ से एल्कट्रोड (electrode) घुसा दिया जाता है और उसके बाद रेडियो बारंबारता तरंग (radio frequency wave) के माध्यम से पापेज सरकिट (papez circuit) जो लिम्बिक तंत्र का एक सरकिट होता है, को नष्ट कर दिया जाता है। इस सरकिट की भूमिका विशेष सांवेगिक अनुभूतियों की उत्पत्ति में होती है। सिनगुलेटॉमी द्वारा विशेषकर विषाद (depression) तथा मनोग्रस्ति-बाध्यता विकृति के रोगियों का सफलतापूर्वक उपचार किया गया।

यद्यपि सिनगुलेटॉमी के पार्श्व प्रभाव (side effect) कम होते हैं, कुछ नवीनतम अध्ययन जिसे सचदेव तथा उनके सहयोगियों (Sachdev et al., 1992) एवं जेनाइक तथा उनके सहयोगियों (Jenike et al., 1991) द्वारा किया गया है, से यह स्पष्ट हुआ है कि सिनगुलेटॉमी के बाद करीब 12% रोगियों द्वारा आत्महत्या कर लिया गया तथा 9% रोगियों में उत्तर सर्जिकल दौरा (seizures) पड़ा। कुछ रोगियों में वैसे व्यक्तित्व परिवर्तन के लक्षण भी देखे गये जो सामान्यतः अग्रपालि के नष्ट होने से होते हैं।

2. स्टीरियोटौक्सिक सबकाऊडेट ट्रैक्टोटॉमी *(Stereotoxic Subcaudate tractotomy or SST)*—SST की शल्य विधि सिनगुलेटॉमी से काफी समान है। मूल अंतर इतना ही है कि इसमें मस्तिष्क के एक भिन्न क्षेत्र में घाव (lesion) उत्पन्न किया जाता है अर्थात् इसमें अग्रपालि के आधार (base) क्षेत्र में काऊडेट न्यूक्लियस (Caudate nucleus) के नीचे एल्कट्रोड द्वारा रेडियो बारंबारता तरंग भेजकर घाव उत्पन्न किया जाता है। इसका परिणाम यह होता है कि अग्रपालि (Frontal lobe) का संबंध लिम्बिक तंत्र, हाइपोथैलमस (hypothalamus) एवं अन्य उपमस्तिष्कीय क्षेत्रों से टूट जाता है। मैनगालोस तथा मेजी (Nangalos & Mezy, 2000) के अनुसार SST का सफल उपयोग मनोदशा (mood) तथा चिंता विकृतियों (anxiety disorders) के उपचार में हुआ है।

मनोशल्य चिकिंत्सा (psychosurgery) आधुनिक समय में तरह-तरह के मनोक्रियात्मक औषध (psychoactive drugs) के आ जाने के कारण करीब-करीब पूर्णतः दम तोड़ चुका है। इतना ही नहीं, 1951 में सोवियत संघ (Soviet Russia) ने तो इसके प्रयोग पर अपने देश में प्रतिबन्ध भी लगा रखा था। कुछ अध्ययनों से यह भी पता चला है कि इस तरह के मनोशल्य चिकित्सा में रोगी के उच्च स्तरीय मानसिक क्रियाएँ (higher mental processes) जैसे निर्णय लेना, चिन्तन करना आदि को काफी प्रभावित होतीं हैं। यह दुर्भाग्य की बात है कि मनोशल्य चिकित्सा के प्रतिपादक यानी मोनिज को उनके एक ऐसे रोगी द्वारा गोली मारकर हत्या कर दी गयी थी जिसका उन्होंने शल्य चिकित्सा किया था। आजकल मनोशल्य चिकित्सा का उपयोग मनोरोगविज्ञानियों द्वारा अंतिम उपाय के रूप में किया जाता है जब रोगी अन्य उपचार विधियों के प्रति संवेदनहीनता दिखलाता है। आज मनोरोगविज्ञानियों में इस बिंदु पर आम सहमति है कि मनोशल्य चिकित्सा से केवल उन्हीं रोगियों को फायदा पहुँचता है जिनके लक्षणों में तीव्र संवेग होता है तथा जो गंभीर एकध्रुवीय (unipolar) तथा द्विध्रुवीय (bipolar) विषाद एवं मनोग्रसित बाध्यता विकृति के गंभीर प्रभाव से ग्रस्त होते हैं। निटजिल (Neitzel, 1996) के अनुसार जिन रोगियों के लक्षणों में चिंतन विकृति (thought disorder) या चपटा संवेग (flattened emotions) की प्रधानता होती है, वे मनोशल्य चिकित्सा से कम लाभान्वित होते हैं। यही कारण है कि मनोविदालिता के रोगियों का उपचार इससे नहीं किया जाता है।

अध्याय सारांश
(Chapter Summary)

1. जैविक चिकित्सा (biological therapy) में मानसिक रोगियों का उपचार (treatment) दैहिक विधियों जैसे कुछ विशेष औषध (drug) का प्रयोग, बिजली के शॉक या आघात तथा शल्य क्रिया (operation processes) आदि द्वारा किया जाता है।
2. जैविक चिकित्सा (biological therapy) के तीन प्रकार हैं—औषधि चिकित्सा (Pharmacotherapy), आघात चिकित्सा (Shock therapy) तथा मनोशल्य चिकित्सा (Psychosurgery)।
3. औषध चिकित्सा (pharmacotherapy) में कुछ विशेष्र औषध (drugs) जैसे वृहत् प्रशान्तक (major tranqulizers), लघु प्रशान्तक (minor tranquiliers) एवं विषाद-विरोधी औषधियाँ (antidepressant drugs) आदि का उपयोग किया जाता है।
4. आघात चिकित्सा (shock therapy) में इनसुलिन आघात चिकित्सा (inslin shock therapy) तथा वैद्युत-आघात चिकित्सा (Electro-shock therapy) प्रधान है।
5. मनोशल्य चिकित्सा (psychosurgery) जिसका प्रतिपादन इगास मोनिज (Egas Monitz) द्वारा किया गया था, एक ऐसी प्रविधि है जिसमें शल्य प्रक्रिया (operation process) का सहारा लेकर मस्तिष्क के अग्रपालि (frontal lobe) का संबंध थैलमस एवं अन्य उच्च मानसिक केन्द्रों से समाप्त कर दिया जाता है जिसके फलस्वरूप रोगी चिन्ता एवं कुंठा (frustration) आदि से मुक्त हो जाता है।

❑

अध्याय 27

मानसिक स्वास्थ्य

(MENTAL HEALTH)

मानसिक स्वास्थ्य का अर्थ तथा मानसिक रोग से इसकी विभिन्नता
(Meaning of Mental Health and its Distinction from Mental Illness)

यदि नैदानिक मनोविज्ञान (clinical psychology) तथा असामान्य मनोविज्ञान (abnormal psychology) के इतिहास पर हम ध्यान दें तो यह स्पष्ट होगा कि मनोवैज्ञानिकों की अभिरुचि (interest) मानसिक स्वास्थ्य के अध्ययन में एक विशेष आन्दोलन (movement) के फलस्वरूप हुआ। इस आन्दोलन का नाम *मानसिक स्वास्थ्य आन्दोलन* (Mental hygiene movement) है जिसके शीर्ष नेता डी॰ एल॰ डिक्स (D. L. Dix) जो माशासूटे (Massachutts) में स्कूल शिक्षिका थी एवं क्लिफोर्ड डब्ल्यू॰ बिर्स (Clifford W. Beers) थे। इन लोगों के प्रयास से मानसिक अस्पतालों में रखे गए रोगियों के साथ किए जाने वाले अमानवीय व्यवहार में कमी आयी और मानवीय व्यवहारों में वृद्धि हुई एवं मानसिक स्वास्थ्य को उन्नत बनाने की ओर लोगों का ध्यान गया।

अब प्रश्न उठता है कि मानसिक स्वास्थ्य (mental health) से क्या तात्पर्य होता है? सामान्यत: यह समझा जाता है कि जब व्यक्ति किसी भी तरह की मानसिक बीमारी (mental illness) से मुक्त होता है, तो उसे मानसिक रूप से स्वस्थ समझा जाता है और उसकी इस अवस्था को मानसिक स्वास्थ्य की संज्ञा दी जाती है। लेकिन कुछ चिकित्सकों का मत है कि मानसिक स्वास्थ्य को मानसिक बीमारी की अनुपस्थिति कहना बहुत ही उपयुक्त नहीं दीख पड़ता है क्योंकि मानसिक रूप से स्वस्थ व्यक्ति में भी कभी-कभी मानसिक बीमारी के लक्षण जैसे—आवेगशीलता (impulsivity), सांवेगिक अस्थिरता (emotional stability), अनिद्रा आदि के लक्षण दिखाई पड़ते हैं। इसलिए आधुनिक नैदानिक मनोवैज्ञानिकों ने मानसिक स्वास्थ्य (mental health) को समायोजनशीलता (adaptability) की क्षमता को मुख्य कसौटी मानकर इसे परिभाषित किया है। इसी संदर्भ में स्ट्रेन्ज[1] (Strange, 1965 ने मानसिक स्वास्थ्य को परिभाषित करते हुए कहा है, "मानसिक स्वास्थ्य से तात्पर्य वैसे सीखे गए व्यवहार से होता है जो सामाजिक रूप से अनुकूली होते हैं और जो व्यक्ति को अपनी जिन्दगी के साथ पर्याप्त रूप से मुकाबला करने की अनुमति देता है।" हारविज तथा स्कीड[2] (Horwitz & Scheid, 1999) ने मानसिक स्वास्थ को इस प्रकार परिभाषित किया है "मानसिक स्वास्थ्य में कई आयाम सम्मिलित होते हैं—आत्म-सम्मान, अपने अंतशक्तियों का अनुभव, सार्थक एवं उत्तम संबंध बनाये रखने की क्षमता तथा मनोवैज्ञानिक श्रेष्ठता।"

1. "Mental health is no more than a description of learned behaviour that is socially adaptive and allows the persons to cope adequately with life." —Strange : *Abnormal Psychology,* 1965, p. 440
2. "Mental health includes a number of dimensions : self-esteem, realization of one's potential, the ability to maintain fulfilling, meaningful relationship and psychological well-being."
—Horwitz & Scheid : Approaches to Mental Health and Illness : Conflicting definitions and Emphasis. Horwitz & Scheid (Ed.) *A Handbook for the Study of Mental Health,* 1999, p. 2

कार्ल मेनिंगर[1] (Karl Menninger, 1945) के अनुसार, ''मानसिक स्वास्थ्य अधिकतम खुशी तथा प्रभावशीलता के साथ वातावरण एवं उसके प्रत्येक दूसरे व्यक्ति के साथ मानव समायोजन है—वह एक संतुलित मनोदशा, सतर्क बुद्धि, सामाजिक रूप से मान्य व्यवहार तथा एक खुशमिजाज बनाए रखने की क्षमता है।''

इन परिभाषाओं का विश्लेषण करने पर हमें मानसिक स्वास्थ्य के स्वरूप के बारे में निम्नांकित तथ्य प्राप्त होते हैं—

(i) मानसिक स्वास्थ की मूल कसौटी अर्जित व्यवहार (learnt behaviour) है। इस तरह का व्यवहार का स्वरूप कुछ ऐसा होता है जिससे व्यक्ति को सभी तरह के समायोजन (adaptation) करने में मदद मिलती है।

(ii) मानसिक स्वास्थ्य एक संतुलित (balanced) मनोदशा की अवस्था होती है जिसमें व्यक्ति अपने ज़िन्दगी के विभिन्न हालातों में सामाजिक रूप से तथा सांवेगिक रूप से एक मान्य व्यवहार बनाए रखता है।

मानसिक रोग या बीमारी (mental illness) वातावरण के साथ किए गए कुसमायोजी व्यवहार (maladaptive behaviour) को कहा जाता है। डेविड मैकनिक (David Mechanic, 1999) के अनुसार मानसिक बीमारी एक तरह का विचलित व्यवहार (deviant behaviour) होता है जिसमें व्यक्ति की चिंतन प्रक्रियाएँ, भाव एवं व्यवहार सामान्य प्रत्याशाओं एवं अनुभूतियों से भिन्न या अलग होता है और प्रभावित व्यक्ति या समाज इसे एक ऐसी समस्या के रूप में पहचान करता है जिसमें नैदानिक हस्तक्षेप (clinical intervention) आवश्यक हो जाता है। DSM-IV (1994) में मानसिक बीमारी (mental illness) को बहुत ही स्पष्ट एवं वैज्ञानिक ढंग से परिभाषित करने की कोशिश की गयी है जो इस प्रकार है—

"DSM-IV में प्रत्येक मानसिक विकृति को एक नैदानिक रूप से सार्थक व्यवहारपरक या मनोवैज्ञानिक संलक्षण या पैटर्न जो व्यक्ति में उत्पन्न होता है, के रूप में समझा गया है और यह वर्तमान तकलीफ या नियोग्यता (disability) से संबंधित होता है। चाहे उसका मौलिक कारण जो भी हो, इसे वर्तमान समय में व्यक्ति में व्यवहारपरक, मनोवैज्ञानिक या जैविक दुष्क्रिया की अभिव्यक्ति अवश्य माना जाता हो। न तो कोई विचलित व्यवहार (जैसे राजनैतिक, धार्मिक या लैंगिक) और न ही व्यक्ति तथा समाज के बीच होने वाला संघर्ष को मानसिक रोग माना जा सकता है अगर ऐसा विचलन या संघर्ष व्यक्ति में दुष्क्रिया का लक्षण न हो।''[2]

डेविड मैकानिक (David Mechanic, 1999) ने मानसिक बीमारी को इस ढंग से परिभाषित किया है, ''मानसिक बीमारी एक तरह का विचलित व्यवहार है। इसकी उत्पत्ति तब होती है जब व्यक्ति की चिंतन प्रक्रियाएँ, भाव एवं व्यवहार सामान्य प्रत्याशाओं या अनुभवों से विचलित होता है तथा प्रभावित व्यक्ति या समाज के अन्य लोग इसे एक ऐसी समस्या के रूप में परिभाषित करते हैं जिसमें हस्तक्षेप की आवश्यकता होती है।''[3] यदि हम मानसिक बीमारी के उक्त परिभाषाओं पर ध्यान दें तो यह स्पष्ट होगा कि सामान्यत: मानसिक बीमारी के दो पहलू होते हैं—

(i) मानसिक बीमारी से उत्पन्न चिंतन, भाव एवं व्यवहार व्यक्ति के लिए दुखदायी या विघटनकारी (disruptive) होता है।

(ii) समस्या व्यक्ति में किसी-न-किसी दुष्क्रिया (dysfunction) से उत्पन्न होता है। दूसरे शब्दों में, मन या उसके

---

1. Mental health is "the adjustment of human beings to the world and to each other with a maximum effectiveness and happiness... It is the ability to maintainin an even temper, an alert intelligence, socially considerate behaviour and a happy disposition." —Karl Menninger : *The Human Mind,* 1945, p. 102

2. "In DSM-IV each of the mental disorders is conceptualized as a clinically significant behaviour or psychological symptoms or pattern that occurs in an individual and this is associated with present stress or disability... Whatever its original cause, it must concurrently be considered a manifestation of a behavioural, psychological or biological dysfunction in the individual. Neither deviant behaviour (e.g. political, religious or sexual) nor conflicts that are primarily between the individual and society are mental disorders unless the deviance or conflict is a symptom of a dysfunction in the individual." —APA : DSM, 1994, XXI-XXII

3. "Mental illness is a form of deviant behaviour. It arises when the individual's thought processes, feelings or behaviours deviate from usual expectations or experience and the persons affected or others in community define it as a problem that requires intervention." —David Mechanic : Mental health and Mental illness. In Horwitz & Scheid (Eds) : *A Handbook for the Study of Mental Health,* 1999, p. 12

शरीर का कोई-न-कोई पहलू उस ढंग से काम नहीं कर रहा होता है जिस ढंग से उसे कार्य करना चाहिए। इस पहलू पर DSM-IV की परिभाषा में स्पष्ट रूप से बल डाला गया है।

यदि मानसिक स्वास्थ्य एवं मानसिक बीमारी के क्षेत्र में किये गए शोधों पर ध्यान दें तो यह स्पष्ट होगा कि इस क्षेत्र में 1970 के दशक तक मानसिक स्वास्थ्य तथा मानसिक बीमारी का एक विशेष मॉडल जिसे सतत् मॉडल (continuous model_ कहा गया है, का प्रभाव काफी बना रहा। इस मॉडल में मानसिक स्वास्थ्य तथा मानसिक बीमारी को एक ही सांतत्य (continuum) के दो विपरीत ध्रुव (opposite pole) माना गया और अधिकतर लोग इन दोनों छोरों के बीच में होते समझे गए। मानसिक स्वास्थ मानसिक बीमारी से स्पष्टत: एक भिन्न श्रेणी में नहीं समझा जाता था बल्कि स्वास्थ्य और बीमारी तथा सामान्य एवं असामान्य व्यवहारों के विभिन्न मात्राएँ (degrees) होती हैं। स्वास्थ्य तथा बीमारी के बीच की सीमा रेखा सख्त (rigid) न होकर तरल (fluid) है और सामाजिक एवं पर्यावरणी प्रभावों से प्रभावित होते रहता है। यही कारण है कि मानसिक स्वास्थ्य तथा मानसिक बीमारी के बीच स्पष्ट सीमा-रेखा खींचना कठिन है और देखा गया है कि ऐसे व्यक्ति जिसमें कोई मानसिक बीमारी नहीं होती है, कभी-कभी उसमें मानसिक विषाद, काल्पनिक बीमारियों में चिंतित रहना, आवेगशीलता, बिना बात के ही क्रोधित हो जाना आदि लक्षण पाये जाते हैं। उसी तरह से ऐसे लोग जो निश्चित रूप से मानसिक रूप से रोगग्रस्त है, उनमें कभी-कभी ऐसी मानसिक दशा उत्पन्न हो जाती है जो मानसिक रूप से स्वस्थ व्यक्तियों की मनोदशा होती है और उसमें किसी प्रकार की कोई असामान्यता का लक्षण नहीं दिखलाई पड़ती है।

1980 वाले दशक में मानसिक स्वास्थ्य एवं मानसिक बीमारी के इस सतत् मॉडल से हटकर दूसरे तरह के मॉडल पर लोगों का ध्यान अधिक गया जिसे मानसिक बीमारी का पृथक् या असतत मॉडल (discrete or discontinuous model) कहा गया है। यह मॉडल इस बात का स्पष्टरूप से खंडन करता है कि मानसिक स्वास्थ्य तथा मानसिक बीमारी एक सांतत्य (continuum) का निर्माण करते हैं बल्कि इसका मत है कि मानसिक स्वास्थ्य तथा मानसिक बीमारी एक-दूसरे के विपरीत हैं जिससे एक द्विभाजक (dichotomy) का निर्माण होता है। इसका परिणाम यह होता है कि कोई व्यक्ति या तो स्वस्थ है या फिर बीमार। इस मॉडल के अनुसार जो लोग मानसिक रूप से बीमार होते हैं, उन्हें लक्षणों के आधार पर विभिन्न रोग श्रेणियों में रखा जाता है। यह मॉडल जैवमेडिकल शोधों (biomedical research) जिसमें मानसिक बीमारी के आंगिक एवं जैविक कारकों को अधिक महत्त्वपूर्ण समझा जाता है, पर किये गए शोधों पर आधृत है तथा जैसा कि मिकेल्स एवं मार्जुक (Michells & Marzuk, 1993) तथा विलसन (Willson, 1993) ने कहा है, ''इस मॉडल के अनुसार मानसिक बीमारी का कारण आनुवंशिक, जैविक, जैवरसायनिक तथा तंत्रकीय (neurological) होता है।''

उपर्युक्त तथ्यों के आलोक में मानसिक बीमारी (mental illness) तथा मानसिक स्वास्थ्य में अंतर निम्नांकित बिंदुओं पर मोटे तौर पर किया जा सकता है—

1. मानसिक बीमारी में सामान्यत: व्यक्ति में समायोजन संबद्ध समस्याएँ प्रधान होती हैं परंतु मानसिक स्वास्थ्य में सामान्यत: व्यक्ति को समायोजन संबद्ध कठिनाइयाँ या समस्याएँ न के बराबर होती हैं।

2. मानसिक बीमारी में उपचार (treatment) एक अहम् पहलु होता है। यदि उनका उपचार नहीं किया जाता है, तो उसकी उग्रता तीव्र होती जाती है। परंतु मानसिक स्वास्थ्य में उपचार जैसे पहलु की अहमियत नहीं होती है। भले ही उसे उन्नत बनाने के लिए कुछ सुधारात्मक उपाय की जरूरत पड़ती है।

3. अधिकतर मानसिक बीमारियों का एक स्पष्ट जैविक आधार (biological base) होता है। इस तथ्य की पुष्टि अनेकों अध्ययनों से हो चुका है। यही कारण है कि हम पाते हैं कि अगर किसी व्यक्ति में कोई मानसिक रोग हो गया है, तो फिर उसके संतानों में भी संबद्ध मानसिक रोग उत्पन्न होने की संभावना तीव्र हो जाती है। एकांडी जुड़वाँ बच्चों पर किये गये अनेकों अध्ययनों में यह पाया गया है कि यदि ऐसे युग्म के एक बच्चा में कोई मानसिक रोग होता है तो फिर दूसरे बच्चा में भी इस रोग के होने की संभावना तीव्र हो जाती है। मानसिक स्वास्थ्य का कोई इस तरह का जैविक आधार नहीं होता है। बल्कि इसके निर्धारण में अजैविक कारकों की ही भूमिका अधिक होती है।

4. मानसिक बीमारी तथा मानसिक स्वास्थ्य में नैदानिक मनोवैज्ञानिकों तथा मनश्चिकित्सकों को ध्यान मानसिक बीमारी के अध्ययन की ओर तुलनात्मक रूप से अधिक गया है क्योंकि यह समाज के लिए और स्वयं व्यक्ति के लिए भी एक बड़ी चुनौती के समान है।

5. मानसिक बीमारी के अध्ययन क्षेत्र की व्यापकता मानसिक स्वास्थ्य के अध्ययन क्षेत्र की व्यापकता से काफी अधिक है।

स्पष्ट हुआ कि मानसिक बीमारी तथा मानसिक स्वास्थ्य में पारदर्शी अंतर (transparent difference) है।

मानसिक स्वास्थ्य के तत्त्व
(Components of Mental Health)

मानसिक स्वास्थ्य के क्षेत्र में किए गए विभिन्न अध्ययनों को कुछ मनोवैज्ञानिकों जैसे—कार्ल रोजर्स (Carl Rogers), मैसलो एवं मिटिलमैन (Maslow & Mittleman, 1951) द्वारा समीक्षा की गयी और उसके आधार पर कुछ ऐसे सूचकों (indices) की सूची तैयार की है जिसे धनात्मक मानसिक स्वास्थ्य (positive mental health) का प्रमुख तत्त्व के रूप में समझा गया है। ऐसे सूचकों (indices) में निम्नांकित को महत्त्वपूर्ण बतलाए गए हैं—

(1) सामान्य वर्धन एवं विकास (normal growth and development)

(2) अपने प्रति उचित मनोवृत्ति (appropriate attitude towards self)

(3) भविष्य की ओर उन्मुखता (orientation towards futures)

(4) स्वतंत्रता (autonomy)

(5) अधिकतम स्तर पर अपनी क्षमता का उपयोग करना

(6) जिन्दगी के प्रति समन्वित दृष्टिकोण (unifying overlook) तथा तनाव के प्रति प्रतिरोध (resistance)

(7) वास्तविकता का प्रत्यक्षण तथा आवश्यकता विकृति (need distortion) से स्वतंत्रता

(8) अहम् पहचान (ego identity) का ज्ञान

(9) स्वस्थ आत्म-सम्मान (self-esteem) पर आधारित ज्ञान

(10) अन्य लोगों के साथ स्नेह एवं विश्वास का भाव कायम करना

(11) सुरक्षा का भाव (feeling of security)

(12) तर्कसंगत निर्भरता (reasonable dependence)

(13) तर्कसंगत आक्रामकता (reasonable aggressiveness)

(14) समूह की आवश्यकताओं को सम्पन्न करने की क्षमता

(15) उत्तम अन्तर्वैयक्तिक घनिष्ठता विकसित करने की क्षमता

(16) अनुभवों में खुलापन (openness)

(17) कल्याणकारी संवेगों जैसे खुशी, हर्ष, सुखद भाव आदि उत्पन्न करने की क्षमता

(18) प्रयोगात्मक आँकड़ों (experimental data) के अनुरूप उचित संकेतीकरण (accurate symbolizations) का प्रयोग

(19) नवीनतम क्षणों (new moment) के साथ सर्जनात्मकता अनुकूलन (creative adaptation)

(20) अपने अनुभवों के साथ आत्म-संरचनाओं (self-structure) की संगतता (congruence)

(21) लचीलापन (flexibility)

जहोडा (Jahoda, 1959) ने समीक्षा (review) करके यह बतलाया है कि धनात्मक मानसिक स्वास्थ्य (positive mental health) के निम्नांकित छह प्रमुख तत्त्व (components) होते हैं—

(1) आत्मन् (self) के प्रति धनात्मक मनोवृत्ति (positive attitude)

(2) आदर्श वर्धन (growth), विकास एवं आत्म-सिद्धि (self-actualization)

(3) मानसिक समन्वय (psychic integration)

(4) वैयक्तिक स्वतंत्रता (personal autonomy)

(5) वातावरण का वास्तविक प्रत्यक्षण (realistic perception)

(6) पर्याप्त पर्यावरणी निपुणता (adequate environmental mastery)

स्कौट (Scott, 1968) ने अपनी समीक्षा (review) के आधार पर मानसिक स्वास्थ्य के निम्नांकित सात प्रमुख तत्त्व बतलाये हैं—

(1) समायोजनशीलता एवं लचीलापन (flexibility)

(2) अपनी आवश्यकताओं को संतुष्ट करने की क्षमता

(3) अन्य लोगों के साथ सम्पर्क एवं सद्भाव (goodwill) बनाए रखने की क्षमता

(4) बौद्धिक क्षमता

(5) सांवेगिक नियंत्रण

(6) स्वतंत्रता (autonomy), उत्पादकता एवं अपने मूल्य (worth) का ज्ञान

(7) समन्वय (integration) एवं साम्यधारण (equilibration)

ए० के० सिंह एवं डॉ० अल्पना सेनगुप्ता[1] (1989) धनात्मक मानसिक स्वास्थ्य (positive mental health) के विभिन्न तत्त्वों की समीक्षा करके निम्नांकित छह तत्त्वों को सर्वोपरि माना है—

(1) समायोजन (adjustment)

(2) सांवेगिक स्थिरता (emotional stability)

(3) बुद्धि (intelligence)

(4) स्वतंत्रता (autonomy)

(5) सुरक्षा-असुरक्षा (security-insecurity)

(6) क्रिया-स्तर (activity-level)

स्पष्ट हुआ कि मानसिक स्वास्थ्य के कई तत्त्व हैं। इन तत्त्वों के संयोग से धनात्मक मानसिक स्वास्थ्य के संप्रत्यय का प्रादुर्भाव हुआ है।

मानसिक रूप से स्वस्थ व्यक्ति की विशेषताएँ (Characteristics of Mentally Healthy People)

नैदानिक मनोवैज्ञानिकों ने मानसिक रूप से स्वस्थ व्यक्तियों की कुछ खास-खास विशेषताओं का उल्लेख किया है जिनमें निम्नांकित प्रमुख हैं—

(1) आत्म-ज्ञान *(Self-knowledge)*—मानसिक रूप से स्वस्थ व्यक्ति की एक प्रमुख विशेषता यह है कि उसे अपनी प्रेरणा, इच्छा, भाव, आकांक्षाओं आदि का पूर्ण ज्ञान होता है। वह यह पूर्णतः समझता है कि वह क्या कर रहा है, क्यों उसमें अमुक ढंग का भाव उत्पन्न हो रहा है, उसकी आकांक्षाएँ क्या हैं, आदि-आदि।

(2) आत्म-मूल्यांकन *(Self-evaluation)*—मानसिक रूप से स्वस्थ व्यक्ति आसानी से अपने गुण-दोष की परख कर लेता है। वह अपने प्रत्येक व्यवहार को तटस्थ होकर अध्ययन करता है तथा अपने व्यवहार की परिसीमाओं (limitations) की परख करता है।

(3) आत्म-श्रद्धा *(Self-esteem)*—मानसिक रूप से स्वस्थ व्यक्ति में आत्म-श्रद्धा काफी होती है जिसके कारण उसमें आत्म-विश्वास, आत्म-बल तथा अपने भावों को स्वीकार करते हुए कार्य करने की क्षमता होता है।

(4) सुरक्षा का भाव *(Feeling of security)*—मानसिक रूप से स्वस्थ व्यक्ति में यह भावना तीव्र होती है कि वह समाज का स्वीकृत सदस्य है तथा लोग उसके भाव का आदर करते हैं। वह दूसरों के साथ निडर होकर अन्तःक्रिया (interaction) करता है तथा खुलकर हँसी-मजाक में भाग लेता है। समूह का दबाव पड़ने के बावजूद भी वह अपनी इच्छाओं को दमित नहीं करने की कोशिश करता है।

(5) संतोषजनक संबंध बनाए रखने की क्षमता *(Ability to form satisfying relationship)*—मानसिक रूप

1. A. K. Singh & A. Sen Gupta (1989) : UGC Postdoctoral project on "Positive Mental Health and Classroom achievement amomg rural and urban children." —Patna University, Patna

से स्वस्थ व्यक्ति की एक विशेषता यह है कि वह दूसरों के साथ संतोषजनक संबंध बनाए रखने से प्रसन्न होते हैं। वह कभी भी दूसरों के सामने अवास्तविक माँग (unrealistic demand) नहीं पेश करता है। फलस्वरूप, उसका संबंध दूसरों के साथ हमेशा संतोषजनक बना रहता है।

(6) शारीरिक इच्छाओं की संतुष्टि *(Satisfaction of bodily desires)*—मानसिक रूप से स्वस्थ व्यक्ति की यह भी एक विशेषता है कि अपने शारीरिक अंगों (bodily organs) के कार्यों के प्रति एक स्वच्छ एवं धनात्मक मनोवृत्ति रखता है। वह इनके कार्यों से पूर्णरूपेण अवगत रहते हुए भी उसमें किसी प्रकार की आसक्ति (indulgence) नहीं दिखलाता है।

(7) उत्पादी एवं खुश रहने की क्षमता *(Ability to be productive and happy)*—मानसिक रूप से स्वस्थ व्यक्ति अपनी क्षमता को उत्पादी कार्य (productive work) में लगाते हैं तथा उससे वे काफी खुश रहते हैं। वह ऐसे कार्य में अच्छा उत्साह एवं मनोबल (morale) दिखलाता है और अपने को खुशमिजाज साबित करता है।

(8) तनाव एवं अतिसंवेदनशीलता की अनुपस्थिति *(Absence of tension and hypersensitivity)*—मानसिक रूप से स्वस्थ व्यक्ति में मानसिक तनाव उत्पन्न नहीं हो पाता है और यदि कभी हुआ भी तो वह तुरंत ही नियंत्रित कर लिया जाता है। ऐसे व्यक्ति दूसरों द्वारा किए गए प्रशंसा या आलोचना (criticisms) का प्रभाव अपने ऊपर अधिक नहीं पड़ने देते हैं। दूसरे शब्दों में, इसमें संवेदनशीलता (sensitivity) के गुण की कमी होती है।

(9) अच्छा शारीरिक स्वास्थ्य *(Good mental health)*—मानसिक रूप से स्वस्थ्य व्यक्ति की एक विशेषता यह भी होती है कि इनका शारीरिक स्वास्थ्य अच्छा एवं आकर्षक होता है। यह विशेषता उस कहावत से जुड़ी हुई है कि स्वस्थ मस्तिष्क स्वस्थ शरीर में ही रहता है *(Sound mind resides in sound body)*।

(10) जिन्दगी का एक स्पष्ट सिद्धान्त *(Clear-cut philosophy of life)*—मानसिक रूप से स्वस्थ व्यक्ति अपने जीवन में कुछ ठोस सिद्धान्त (philosophy) बनाए रखते हैं और वे हमेशा उसी सिद्धान्त के अनुकूल कार्य करते हैं। ऐसे व्यक्तियों के सिद्धान्त में मानसिक संघर्ष, विरोधाभास जैसी चीजों की सर्वथा कमी होती है।

(11) वास्तविक प्रत्यक्षण *(Realistic perception)*—मानसिक रूप से स्वस्थ व्यक्ति किसी वस्तु, घटना या चीज का प्रत्यक्षण वस्तुनिष्ठ ढंग से करते हैं। वे इन चीजों का प्रत्यक्षण ठीक उसी ढंग से करने की कोशिश करते हैं जो हकीकत होता है। वे अपनी ओर से प्रत्यक्षण करते समय कुछ काल्पनिक तथ्यों का सहारा नहीं लेते हैं।

(12) स्पष्ट जीवन लक्ष्य *(Clear life goal)*—मानसिक रूप से स्वस्थ व्यक्ति का एक स्पष्ट जीवन लक्ष्य (life goal) होता है। वह जीवन लक्ष्य को निर्धारित कर उसे प्राप्त करने का हर संभव प्रयास करता है। प्राय: वह अपने जीवन लक्ष्य निर्धारित करने में अपनी क्षमताओं, योग्यताओं एवं दुर्बलताओं को मद्देनजर रखता है।

स्पष्ट हुआ कि मानसिक रूप से स्वस्थ व्यक्ति की कुछ खास-खास विशेषताएँ होती हैं जिसके आधार पर उसकी पहचान की जाती है तथा उसे एक मानसिक रोगी से भिन्न समझा जाता है।

सामान्यता का अर्थ
(Meaning of Normality)

मानव व्यवहारों को मूलत: दो भागों में बाँटा जा सकता है—सामान्य (normal) तथा असामान्य (abnormal)। 'सामान्य' अंग्रेजी के 'Normal' शब्द का हिन्दी रूपान्तर है। Normal शब्द लैटिन के नौरमा (Norma) शब्द से बना है जिसका अर्थ होता है, 'बढ़ई का स्केल' (Carpenter's scale)। जिस तरह से बढ़ई अपने स्केल का प्रयोग एक मानक (standard) के रूप में करके यह निश्चित करता है कि किस परिस्थिति में क्या सामान्य मापन (normal measurement) होगा, ठीक इसी अर्थ में normal शब्द का प्रयोग अंग्रेजी भाषा में एक मान्य पैटर्न (accepted pattern) या मानक (norms) को दिखाने के लिए किया जाता है। मनोवैज्ञानिकों एवं अन्य विशेषज्ञों के बीच आज भी असहमति इस बात की है कि सामान्य (normal) का अर्थ क्या होगा? कुछ लोग एक तरह के व्यवहार को सामान्य मानते हैं तो उसी व्यवहार को दूसरे समाज या संस्कृति में असामान्य माना जाता है क्योंकि सामान्यता एवं असामान्यता मूल्य-आधारित (value-laden) संप्रत्यय (concept) है।

ऑफर एवं सबशीन (Offer & Sabshin, 1966) ने मनोविज्ञान, मनोरोगविज्ञान (Psychiatry), समाजशास्त्र

(Sociology) एवं मानवशास्त्र (anthropology) में सामान्यता के प्रचलित कई अर्थों की एक समीक्षा किया है। उनके विश्लेषण को आधार मानकर कोरचिन (Korchin, 1985) ने सामान्यता (normality) के निम्नांकित पाँच अर्थ बतलाया है—

(1) स्वास्थ्य के रूप में सामान्यता (normality as health)
(2) आदर्शक के रूप में सामान्यता (normality as ideal)
(3) औसत के रूप में सामान्यता (normality as average)
(4) सामाजिक मान्यता के रूप में सामान्यता (normality as social acceptance)
(5) एक प्रक्रिया के रूप में सामान्यता (normality as process)

इन सभी का वर्णन इस प्रकार है—

1. स्वास्थ्य के रूप में सामान्यता *(Normality as health)*—यह सामान्यता के प्रति एक अति साधारण विचार है जिसे पौराणिक मनोरोगविज्ञानियों द्वारा भी सही ठहराया जाता था। इस अर्थ में सामान्यता का अर्थ होता है—बीमार नहीं (not sick)। जब कोई व्यक्ति में किसी रोगात्मक लक्षण (pathological symptoms) नहीं होते हैं, तो इसे सामान्य समझा जाता है। इस अर्थ में ऑफर एवं सबशीन (Offer & Sabshin) ने कहा है कि स्वास्थ्य एक युक्तिसंगत (reasonable) न कि आदर्श (optimal) अवस्था होती है। नैदानिक शोध (clinical research) में इस विचारधारा का महत्त्व काफी है क्योंकि इससे शोधकर्त्ताओं को एक ऐसी कसौटी (criterion) मिल जाती है जिसके आधार पर धनात्मक स्वास्थ्य (positive health) की मात्रा को परखना आसान हो जाता है।

2. आदर्शक के रूप में सामान्यता *(Normality as ideal)*—जैसा कि नाम से ही स्पष्ट है, इस अर्थ में सामान्यता एक वांछनीय (desirable) या आदर्श अवस्था को कहा जाता है जिसके द्वारा एक सर्वोत्तम (optimal) न कि युक्तिसंगत (reasonable) व्यक्तित्व के कार्यों का वर्णन होता है। इस अर्थ में सामान्यता से यह पता चलता है कि एक सामान्य व्यक्तित्व में कौन-कौन से गुण अपेक्षित हैं।

सामान्यता की इस परिभाषा का महत्त्व मनोश्चिकित्सा (psychoterapy) के आदर्श लक्ष्यों का वर्णन करने में काफी अधिक होता है। जहोडा (Jahoda, 1958) द्वारा बतलाए गए धनात्मक मानसिक स्वास्थ्य (positive mental health) के सूचकों को, मैसलो (Maslow, 1954) एवं गोल्डस्टीन (Goldstein, 1939) द्वारा बतलाए गए आत्म-सिद्धि (self-actualization) के मनोवैज्ञानिक विकास के लक्ष्यों को तथा आलपोर्ट (Alport) द्वारा 'परिपक्व व्यक्ति' (matured personality) के शीलगुणों को सामान्यता (normality) के इस अर्थ में व्यवहार किया गया है। जहोडा (Jahoda, 1958) ने धनात्मक मानसिक स्वास्थ्य (positive mental health) के निम्नांकित छह कसौटी बतलाए हैं—

(i) आत्मन् (self) के प्रति धनात्मक मनोवृत्ति (positive attitude)
(ii) आदर्श वर्धन (growth), विकास एवं आत्म-सिद्धि (self-actualization)
(iii) मानसिक समन्वय (psychic integration)
(iv) वैयक्तिक स्वतंत्रता (personal autonomy)
(v) वातावरण का वास्तविक प्रत्यक्षण (realistic perception)
(vi) पर्याप्त पर्यावरणी निपुणता (adequate environmental mastery)

गौर्डेन आलपोर्ट (Gorden Allport) ने परिपक्व व्यक्ति (mature personality) के निम्नांकित छह आदर्श शीलगुणों का वर्णन किया है—

(i) आत्मन् के ज्ञान का विस्तार (extension of the sense of self)
(ii) दूसरों के साथ सौहार्द्रपूर्ण एवं स्नेहयुक्त संबंध (warm and affectionate relations with others)
(iii) सांवेगिक सुरक्षा (emotional security)
(iv) वास्तविक प्रत्यक्षण, कौशल एवं कार्यभार (realistic perception, skill and assignment)
(iv) आत्म-वस्तुनिष्ठता (self-objectification) अर्थात् सूझ-बूझ एवं हास्य, विनोद का ज्ञान
(vi) जिन्दगी का एक समन्वित सिद्धान्त (unifying philosophy of life)

सामान्यता (normality) को इस अर्थ में (अर्थात् आदर्शक के रूप में) में प्रयोग करने में एक कठिनाई यह है

कि इस तरह के आदर्श शीलगुणों का सेट कोई-कोई व्यक्तित्व में नहीं भी हो सकता है। इसी संदर्भ में फ्रायड (Freud) ने कुछ व्यंगात्मक लहजे में कहा कि इस अर्थ में सामान्यता एक आदर्श कल्पना (ideal fiction) है। इस संदर्भ में सामान्यता का अर्थ निर्धारित करना थोड़ा इसलिए भी कठिन हो जाता है क्योंकि क्या आदर्श है या हो सकता है, यह बहुत कुछ शोधकर्त्ता के व्यक्तिगत मूल्यों (personal values) पर निर्भर करता है।

3. औसत के रूप में सामान्यता *(Normality as average)*—सामान्यता के इस अर्थ को सांख्यिकीय अर्थ (statistical sense) भी कहा जाता है क्योंकि यह मापन (measurement) के सांख्यिकी (statistics) पर आधारित होता है। इस अर्थ में जो औसत (average) है, वही सामान्य (normal) होता है और उस औसत से अत्यधिक कम या अधिक को असामान्य (abnormal) कहा जाता है। दूसरे शब्दों में, जिस व्यक्ति का व्यवहार समूह के औसत व्यवहार से जितना ही नजदीक होगा या उसके अनुरूप होगा, उस व्यवहार में सामान्यता (normality) अधिक होगी और जितना ही वह व्यवहार उस औसत व्यवहार से ऊपर या नीचे की दिशा में दूर होगा, उसमें असामान्यता उतनी ही अधिक होगी। सांख्यिकीय कसौटी (statistical criterion) के इस तथ्य को मनोवैज्ञानिकों ने प्रसामान्य वक्र (normal curve) से भी दिखलाया है (चित्र 27.1 देखें)। इस प्रसामान्य वक्र का आकार घंटी के समान (bell-shaped) होता है जिसका कारण यह है कि अधिकतर केसेज (cases) बीच में आते हैं जिसे हम सामान्य (normal) या सामान्य व्यवहार कहते हैं तथा बहुत ही कम केसेज उससे अत्यधिक ऊपर या अत्यधिक नीचे में पड़ते हैं। सामान्य से ऊपर या नीचे दोनों ही छोरों की तरफ पड़ने वाले केसेज को असामान्य (abnormal) की श्रेणी में रखा जाता है। बहुत से मनोवैज्ञानिक एवं जैविक मापनों में ऐसे गुण पाए गए हैं जिसमें सामान्यता (normality) को इसी औसत अर्थ (average sense) में परिभाषित किया जाता है। बुद्धि, ऊँचाई, भार (weight), रक्तचाप (blood pressure) पठन-कौशल (reading skill), आक्रामकता (aggressiveness) कुछ ऐसे ही शीलगुण के उदाहरण हैं।

सामान्यता का प्रयोग इस औसत या सांख्यिकीय अर्थ में अधिक वैज्ञानिक है, फिर भी जहाँ शीलगुण धनात्मक या वांछनीय (desireable) होते हैं, वहाँ असामान्यता की व्याख्या करने के लिए हम उसके ऊपरी छोर (upper extreme) का प्रयोग शायद ही कभी करते हैं। यही कारण है कि ऐसे व्यक्ति को जिनकी बुद्धिलब्धि 150 या और भी अधिक है, उसे हम असामान्य रूप से बुद्धिमान कहकर पुकारते हैं। किस्कर (Kisker, 1985) के अनुसार औसत के रूप में असामान्य व्यवहार या असामान्यता की जटिलताओं (complexities) का सही-सही वर्णन नहीं हो पाता है। इसके बावजूद सामान्यता का सांख्यिकीय अर्थ का प्रयोग मानवीय शीलगुणों के अनुभवजन्य वितरण (empirical distribution) वर्णन करने में तथा नैदानिक शोध एवं अभ्यास (practice) में काफी होता है।

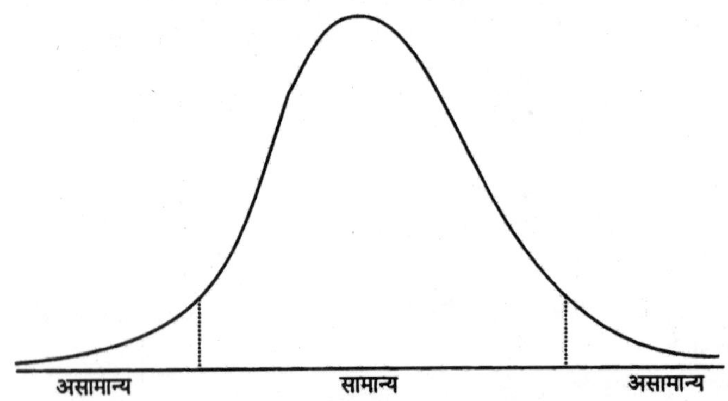

चित्र 27.1 : सामान्यता-असामान्यता की सांख्यिकीय व्याख्या

4. सामाजिक मान्यता के रूप में सामान्यता *(Normality as social acceptance)*—इस अर्थ में असामान्यता को सामाजिक संदर्भ (social conctext) के रूप में समझा जाता है। अगर कोई भी व्यवहार समाज के आदर्शों एवं प्रत्याशाओं (expectations) के अनुरूप होता है, तो उसे सामान्य समझा जाता है तथा यदि वह व्यवहार इन आदर्शों एवं प्रत्याशाओं के अनुरूप नहीं होता है, तो उसे असामान्य (abnormal) कहा जाता है। इस विचारधारा के समर्थक

समाजशास्त्री एवं मानवशास्त्री लोग हैं जिनमें लिनटन (Linton, 1956), बेनेडिक्ट (Benedict, 1941) के नाम अधिक मशहूर हैं। लिनटन[1] (Linton, 1956) के शब्दों में, "व्यक्ति में वास्तविकता को समझने की क्षमता, जैसा कि समाज मानता है, उस वास्तविकता के रूप में कार्य करना, तथा विकासात्मक अवस्था में अपने समाज के द्वारा उत्तम ढंग से प्रभावित होना परिशुद्ध सामान्यता (absolute normality) की जाँच है। जिस सीमा तक व्यक्ति की अनुभूतियाँ उन्हें समाज के मूल व्यक्तित्व के अनुरूप व्यक्तित्व बनाने में मदद करती हैं, वह सापेक्ष सामान्यता की जाँच कहलाती है।" स्पष्ट हुआ कि इस अर्थ में सामान्य व्यवहार वही है जो सामाजिक प्रत्याशाओं (social expectations) के साथ मेल खाता हो।

इस अर्थ में सामान्यता को समझने में कुछ कठिनाइयाँ हैं। वे कठिनाइयाँ खासकर उस समय अधिक सुस्पष्ट रूप में दीख पड़ती है जब हमें किसी व्यवहार की सामान्यता की परख दो या दो से अधिक समाज या संस्कृति के संदर्भ में करना होता है। इन कठिनाइयों में निम्नांकित प्रमुख हैं—

(i) एक समाज में जो सामान्य व्यवहार समझा जाता है, वह दूसरे समाज में असामान्य व्यवहार समझा जा सकता है।

(ii) किसी एक समाज में कुछ ऐसे व्यवहार की विकृतियाँ पायी जाती हैं, जो दूसरे समाज के लोगों को पता भी नहीं रहता है।

इन कठिनाइयों के बावजूद सामाजिक मान्यता के रूप में सामान्यता का अर्थ काफी लोकप्रिय है। इस अर्थ के अनुसार कोई भी चिकित्सक को रोगी के व्यक्तित्व के कार्यों एवं समस्याओं को पूर्णरूपेण समझने के लिए रोगी के सामाजिक संदर्भ (social context) के बारे में ज्ञान आवश्यक हो जाता है।

5. एक प्रक्रिया के रूप में सामान्यता *(Normality as process)*—इस अर्थ में सामान्यता को क्रॉस-विभागीय संदर्भ (cross-sectional perspective) में जाँच न करके जिन्दगी के विभिन्न कालों या समयों में होने वाले जैविक या मनोवैज्ञानिक तंत्र में परिवर्तनों के रूप में समझा जाता है। इस अर्थ में जिन्दगी की विभिन्न अवस्थाओं (phases) पर सामान्यता का अर्थ निर्भर करता है। इस अर्थ को आधार मानकर इरिक्सन (Erikson, 1963) ने व्यक्तित्व का एक सिद्धान्त विकसित किया है। उत्तरबाल्यावस्था (late childhood) में साथी-संगी की टोली बनाकर खेल-कूद करना एक सामान्य व्यवहार समझा जाता है परन्तु वयस्कावस्था में ऐसे व्यवहार का महत्त्व नहीं रह जाता है और इसे इस अवस्था में सामान्य नहीं समझा जाता है।

इस तरह से हम देखते हैं कि सामान्यता (normality) के कई अर्थ हैं। नैदानिक मनोवैज्ञानिकों को इन सभी अर्थों का ज्ञान होना चाहिए ताकि वे सामान्य व्यवहारको असामान्य व्यवहार से भिन्न करके व्यक्ति के व्यक्तित्व के कार्यों को ठीक ढंग से समझ सकें।

मानसिक स्वास्थ्य का महत्त्व
(Importance of Mental Health)

मनोविज्ञान में मानसिक स्वास्थ्य (mental health) तथा मानसिक स्वास्थ्य विज्ञान (mental hygiene) की अहमियत काफी बतलायी गयी है। मानसिक स्वास्थ्य के महत्त्वों को निम्नलिखित ढंग से उजागर किया गया है—

1. निरोधात्मक, उपचारात्मक एवं संरक्षणात्मक महत्त्व *(Preventive, curative and preservative importance)*—नैदानिक मनोवैज्ञानिकों के द्वारा व्यक्तियों के मानसिक स्वास्थ्य का अध्ययन सिर्फ इसलिए नहीं किया जाता है कि ऐसे व्यक्तियों की पहचान करके उन्हें कुसमायोजित एवं असंतुलित व्यक्तियों से अलग रखा जाए तथा कुसमायोजित एवं असंतुलित व्यक्तियों को फिर ठीक ढंग से उपचार किया जा सके ताकि वे भी मानसिक रूप से स्वस्थ हो जाए, बल्कि इसलिए भी किया जाता है कि मानसिक रूप से स्वस्थ व्यक्ति अपनी समायोजनशीलता को और भी अधिक उत्तम एवं आदर्श बना सके ताकि उसके व्यवहार को एक मॉडल मानकर अन्य लोग भी वैसा ही व्यवहार करने के लिए प्रेरित हों।

---

1. "The tests of absolute normalcy are the individual's ability to apprehend reality as understood by his society, to act in terms of this reality, and to be effectively shaped by his society during his developmental period. The test of relative normalcy is the extent to which the individual's experience has given him a personality conforming to the basic personality of his society." —Ralph Linton : *Culture and Mental disorders,* 1956, p. 637

2. बाल मार्गदर्शन संबंधी महत्त्व *(Importance relating to child guidance)*—बाल मार्गदर्शन में मानसिक स्वास्थ्य एवं मानसिक स्वास्थ्य विज्ञान (mental hygiene) के नियमों एवं सिद्धान्तों की अहमियत काफी बतलायी गयी है। बाल मार्गदर्शन का उद्देश्य बालकों का संवेगात्मक विकास, शारीरिक विकास तथा मानसिक विकास, सामाजिक विकास, शैक्षणिक विकास आदि करना होता है। इन्हें तभी किया जाना संभव है जब बालक के मानसिक स्वास्थ्य (mental health) ठीक हो या उनके मानसिक स्वास्थ्य को उन्नत बनाने के लिए पर्याप्त उपाय किए गए हों। बाल मार्गदर्गशन में स्कूल के शिक्षकों एवं माता-पिता की भूमिका अहम होती है। शिक्षक तथा माता-पिता क्रमशः स्कूल एवं घर में बच्चों के सर्वांगीण विकास के लिए महत्त्वपूर्ण कदम उठाते हैं। उनका यह प्रयास तभी सफलीभूत हो पाता है जबकि बालकों के मानसिक स्वास्थ्य की उचित देख-रेख की गयी हो। मानसिक रूप से स्वस्थ बच्चों को वास्तविकता का समुचित ज्ञान रहता है तथा वे सर्वांगीण विकास के लिए किए गए प्रयासों का भरपूर फायदा भी उठाने में सफल हो पाते हैं।

3. व्यक्तित्व संबंधी महत्त्व *(Importance relative to personality)*—मानसिक स्वास्थ्य का महत्त्व व्यक्तित्व विकास में भी काफी है। व्यक्ति के बौद्धिक, शारीरिक एवं संवेगात्मक विकास तभी संभव है जब वह मानसिक रूप से स्वस्थ हो। मानसिक अस्वस्थता की स्थिति में व्यक्तित्व का सामान्य विकास संभव नहीं हैं। कोरचीन (Korchin, 1985) के अनुसार धनात्मक मानसिक स्वास्थ्य (Positive mental health) व्यक्ति के सफल विकास की कुंजी होती है। व्यक्तित्व में किसी प्रकार का कोई विघटनात्मक बल (disintegrating force) न उत्पन्न हो सके, इसके लिए यह आवश्यक है कि व्यक्तित्व में मानसिक संतुलन हो एवं उसका मानसिक स्वास्थ्य अच्छा हो।

4. सामाजिक महत्त्व *(Social importance)*—मानसिक स्वास्थ्य का सामाजिक महत्त्व भी है। मानसिक स्वास्थ्य से सामाजिक जीवन में उत्तम जागरण आता है और समाज का चौमुखी विकास होता है। जब किसी समाज के अधिकतर व्यक्तियों का मानसिक स्वास्थ्य उत्तम होता है तो उससे समाज का मनोबल (morale) ऊँचा होता है तथा उनमें संगठनात्मक प्रक्रियाएँ सक्रिय होती हैं। इससे समाज का भविष्य सुरक्षित रहता है तथा समाज कल्याणकारी दिशा में अग्रसर रहता है। समाज को मानसिक रूप से स्वस्थ नेता मिलता है जिनकें नेतृत्व में फिर समाज का सर्वांगीण विकास संभव हो पाता है।

स्पष्ट हुआ कि मानसिक स्वास्थ्य का महत्त्व कई दृष्टिकोणों से अधिक है। शायद यही कारण है कि नैदानिक मनोवैज्ञानिक मानसिक स्वस्थ्य को एक महत्त्वपूर्ण संप्रत्यय मानते हैं।

मानसिक स्वास्थ्य को प्रभावित करने वाले कारक
(Factors influencing Mental Health)

नैदानिक मनोवैज्ञानिकों ने कुछ ऐसे कारकों की पहचान किया है जिसमें व्यक्ति का मानसिक स्वास्थ्य प्रभावित होता है। इन कारकों में निम्नांकित प्रमुख है—

1. शारीरिक स्वास्थ्य *(Physical health)*—कई मनोवैज्ञानिक अध्ययनों से यह स्पष्ट हुआ है कि शारीरिक स्वास्थ्य तथा मानसिक स्वास्थ्य में गहरा संबंध है। जिस व्यक्ति का शारीरिक स्वास्थ्य उत्तम होता है, उनमें सामान्यतः चिन्ता, संघर्ष (conflict), विरोधाभास आदि नकारात्मक तत्त्व नहीं होते हैं। शारीरिक स्वस्थता के कारण उनमें शारीरिक ऊर्जा पर्याप्त होती है और उनमें कार्य संतोष भी अधिक रहता है। फलस्वरूप, इनका मानसिक स्वास्थ्य उत्तम रहता है।

2. प्रमुख आवश्यकताओं की संतुष्टि *(Satisfaction of primary needs)*—प्रत्येक व्यक्ति की कुछ आवश्यकताएँ होती हैं जिनमें से कुछ प्रमुख होती हैं तथा कुछ गौण होती हैं। जिस व्यक्ति की सभी प्रमुख आवश्यकताओं की तुष्टि हो जाती है तथा अधिकतर गौण आवश्यकताओं की पूर्ति हो जाती है, तो उसका मानसिक स्वास्थ्य भी उत्तम हो जाता है। इसका प्रधान कारण यह है कि ऐसे व्यक्तियों में किसी प्रकार का मानसिक द्वन्द्व या संघर्ष नहीं रह जाता है तथा उनमें आत्म-संतुष्टि (self-satisfaction) की भावना बढ़ जाती है।

3. परिवार के सदस्यों का मानसिक रोग से पीड़ित नहीं होना *(Lack of metnal illness among members of family)*—कुछ नैदानिक मनोवैज्ञानिकों जैसे—शेफर (Shafer, 1975) का मत है कि कुसमायोजित व्यवहार (maladaptive behaviour) अर्जित होते हैं। यदि परिवार का कोई सदस्य विशेषकर यदि माता-पिता या अन्य कोई महत्त्वपूर्ण व्यक्ति मानसिक रूप से बीमार होता है, तो व्यक्ति उनके व्यवहारों से प्रभावित होकर स्वयं भी वैसा ही करने लगता है। इससे उनके मानसिक स्वास्थ्य पर बुरा असर पड़ता है और वह भी अपना मानसिक संतुलन (mental balance) खोने लगता है और वह धीरे-धीरे रोग का शिकार हो जाता है।

4. वास्तविक मनोवृत्ति की कमी *(Lack of realistic attitude)*—यदि व्यक्ति में किसी कारण से वास्तविकता से हटकर काल्पनिक दुनिया में विचरण करने की आदत बन जाती है, तो ऐसे व्यक्तियों में घटनाओं, वस्तुओं एवं व्यक्तियों के प्रति एक तरह का अवास्तविक मनोवृत्ति (unrealistic attitude) विकसित हो जाती है। अवास्तविक मनोवृत्ति के विकसित हो जाने से उनमें आवेगशीलता (impulsivity), सांवेगिक अनियंत्रण, चिड़चिड़ापन आदि के लक्षण विकसित हो जाते हैं और उनका मानसिक स्वास्थ्य धीरे-धीरे खराब हो जाता है।

5. असामाजिक वातावरण *(Unsocial environment)*—फेयर्स (Phares, 1980) ने कुछ ऐसे सबूत प्रदान किये हैं जिनके आधार पर यह कहा जाता है जब व्यक्ति को अस्वस्थ्यकर (unhealthy), अनैतिक एवं असामाजिक वातावरण में लगातार रहते हुए बहुत दिनों तक अन्तःक्रिया (interactions) करना होता है, तो इससे उसमें दोष भाव (guilt-feeling), आत्म-निन्दा (self-condemnation) की भावना विकसित हो जाती है जो धीरे-धीरे इनके मानसिक स्वास्थ्य (mental health) की कमजोर बनाते चला जाता है। फेयर्स (1980) ने 40 ऐसे केसेज का साक्षात्कार किया है जिनका मानसिक स्वास्थ्य पहले अच्छा था परन्तु बाद में काफी गिर गया था। इनके साक्षात्कार से पता चला कि इसमें से अधिकतर व्यक्तियों ने सामाजिक एवं नैतिक रूप से बुरे वातावरण में आ जाने के फलस्वरूप अपने में उत्पन्न हीनता का भाव, दोष-भाव एवं आत्म-निन्दा को ही अपने बुरे मानसिक स्वास्थ्य का कारण बतलाया।

6. मनोरंजन के साधन का अभाव *(Lack of means of entertainment)*—मैकोवर (Machover, 1990) ने पर्याप्त मनोरंजन एवं मानसिक स्वास्थ्य में सीधा संबंध बतलाया है। इनका मत है कि यदि किसी व्यक्ति को उसकी इच्छानुसार पर्याप्त मनोरंजन के साधन उपलब्ध होते हैं, तो उसमें मानसिक प्रफुल्लता पायी जाती है और उनका मानसिक स्वास्थ्य ठीक रहता है। परन्तु यदि किसी कारण से किसी व्यक्ति को उसकी इच्छानुसार पर्याप्त मनोरंजन नहीं हो पाता है, तो उससे इनमें मानसिक घुटन उत्पन्न हो जाती है जो धीरे-धीरे उनके मानसिक स्वास्थ्य को कमजोर करता जाता है।

स्पष्ट हुआ कि मानसिक स्वास्थ्य कई कारकों से प्रभावित होता है। इन कारकों को नियंत्रित करके मानसिक स्वास्थ्य को काफी हद तक उन्नत बनाया जा सकता है।

मानसिक स्वास्थ्य को उन्नत बनाने के उपाय
(Measures of Promoting Mental Health)

नैदानिक मनोवैज्ञानिकों ने कुछ ऐसे विशेष उपायों का भी वर्णन किया है जिनसे व्यक्ति के मानसिक स्वास्थ्य को उन्नत बनाया जाता सकता है। बिटेकर (Whittaker, 1970), कोलमैन (Coleman, 1956), मैकवेस्ट (McBest, 1980) ने नैदानिक मनोवैज्ञानिकों द्वारा मानसिक स्वास्थ्य को उन्नत बनाने के लिए किए गए उपायों को निम्नांकित तीन भागों में बाँटा है—

(1) निरोधात्मक उपाय (Preventive measures)
(2) मनोवैज्ञानिक उपाय (Psychological measures)
(3) सामाजिक सांस्कृतिक उपाय (Sociocultural measures)

1. निरोधात्मक उपाय *(Preventive measures)*—इन उपायों की मूल पूर्वकल्पना (assumption) यह होती है कि दुरूस्त शरीर में ही दुरूस्त मस्तिष्क पाया जाता है *(Sound mind resides in sound body)* । नैदानिक मनोवैज्ञानिकों का मत है कि यदि व्यक्ति शारीरिक रूप से स्वस्थ रहता है, तो वह अपने आप ही मानसिक रूप से भी स्वस्थ रहता है। शारीरिक रूप से स्वस्थ व्यक्ति जिन्दगी के तनावपूर्ण परिस्थितियों का डट कर सामना करने में सक्षम होते हैं। सांवेगिक तनाव से सामना होने पर वे उसका उचित समाधान आसानी से निकाल सकने में समर्थ हो पाते हैं। फलतः ऐसे व्यक्तियों का मानसिक स्वास्थ्य उत्तम होता है। अतः इन उपायों के तहत उन सभी तरह के साधनों पर विचार किया जाता है जिससे व्यक्ति का शारीरिक स्वास्थ्य उन्नत बना रह सके। कुछ नैदानिक मनोवैज्ञानिकों ने इस बात पर भी बल डाला है कि विशेष शारीरिक हालातों जैसे, मस्तिष्कीय ट्यूमर (brain tumors), सिफिलिश (syphilis) एवं अन्य गंभीर आंगिक अवस्थाओं जिनसे मानसिक अक्षमताएँ उत्पन्न हो सकती हैं, का यथासंभव जल्द-से-जल्द उपचार करवाना चाहिए ताकि व्यक्ति का मानसिक स्वास्थ्य उनसे प्रभावित न हो सके।

2. मनोवैज्ञानिक उपाय *(Psychological measures)*—मनोवैज्ञानिक उपायों में कई तरह के उपाय या सुझाव दिए गए हैं जिनसे मानसिक स्वास्थ्य को उन्नत बनाया जा सकता है। इन उपायों का वर्णन नैदानिक मनोवैज्ञानिकों ने दो स्तरों पर किया है—

(1) शैशवावस्था (infancy) एवं प्रारंभिक बाल्यावस्था (early childhood) के उपाय तथा

(2) उत्तर बाल्यावस्था (later childhood), किशोरावस्था एवं वयस्कावस्था के उपाय (measures)

इन दोनों तरह के उपायों का वर्णन निम्नांकित है—

1. शैशवावस्था *(infancy)* **एवं प्रारंभिक बाल्यावस्था** *(early childhood)* **के उपाय**—कुछ नैदानिक मनोवैज्ञानिकों जिनमें रिबल (Ribble, 1964) का नाम अधिक उल्लेखनीय है, का मत है कि शैशवावस्था तथा प्रारंभिक बाल्यावस्था में अपनाये गए पालन-पोषण प्रणाली (child-rearing practices) का मानसिक स्वास्थ्य पर सीधा असर पड़ता है। अत: उन्होंने कुछ सामान्य मनोवैज्ञानिक नियमों (psychological rules) का प्रतिपादन किया है जो शैशवावस्था (infancy) तथा प्रारंभिक बाल्यावस्था (early childhood) से संबंधित है, तथा जिनके अनुसार बच्चों का पालन-पोषण करने से उनका मानसिक स्वास्थ्य काफी ठीक रहता है—

(i) एक नवजात शिशु को लगातार उचित मनोवैज्ञानिक मातृत्व देख-रेख (mothering) की आवश्कता होती है। इस कार्य को एक ही महिला द्वारा किया जाना चाहिए अगर उस कार्य को स्वयं माँ किसी कारण से नहीं कर पा रही है।

(ii) जीवन के पहले कुछ महीनों में चूसन-क्रिया (sucking activity) की पूर्ण स्वतंत्रता की आवयकता होती है। अगर बच्चे को एक निश्चित समय पर नियमित रूप से भोजन दिया जाता है जिससे उसकी चूसन-क्रिया की संतुष्टि लगातार होती जाती है, तो इससे बच्चों का शारीरिक स्वास्थ्य तो ठीक रहता ही है, मानसिक स्वास्थ्य भी उन्नत होता है।

(iii) नैदानिक मनोवैज्ञानिकों का मत है कि चूसन-कार्य (sucking) से दंशन (biting) एवं कंठगायन (vocalization) में पारगमन (transition) महत्त्वपूर्ण होता है। विकास के इस अवस्था में दंशन (biting) के लिए पर्याप्त मौका शिशुओं को दिया जाना चाहिए, कंठगायन (vocalization) के लिए पर्याप्त उद्दीपक (stimulus) भी दिया जाना चाहिए तथा माँ का स्तन-पान करने की क्रिया या चूसनी से दूध पीने की क्रिया को बन्द करने के पहले बच्चे को दूध का कप या गिलास को पकड़ना एवं उसे मुँह तक ले जाना सीखा देना चाहिए। इस नयी आदत को लगाने एवं पुरानी आदत को छुड़वाने की प्रक्रिया को धीरे-धीरे सम्पन्न करना चाहिए। इससे शिशुओं में संतोष (satisfaction) बना होता है जो उनके मानसिक स्वास्थ्य को संतोषप्रद बनाए रखता है।

(iv) अच्छे ढंग से एवं आराम से जबतक बच्चा बैठना प्रारंभ न कर दे, उसे शौच प्रशिक्षण (toilet training) नहीं देना चाहिए। नैदानिक मनोवैज्ञानिकों का मत है कि यदि बच्चों को उचित दुलार-प्यार दिया जाता है तथा उनमें सुरक्षा का भाव पर्याप्त होता है, तो वे अपने आप ही इन शारीरिक कार्यों को नियंत्रित करने में सफल हो जाते हैं। बच्चों द्वारा स्नेहात्मक सहयोग का इसे सबसे महत्त्वपूर्ण चिह्न माना गया है।

यदि उपर्युक्त चार तथ्यों को शिशुओं के पालन-पोषण में ध्यान में रखा जाता है, तो इससे उनका मानसिक स्वास्थ्य उन्नत होने की संभावना तीव्र होती है।

2. उत्तर बाल्यावस्था, किशोरावस्था एवं वयस्कावस्था के उपाय *(Measures in later childhood, adolescence and adulthood)*—उत्तर बाल्यावस्था में माता-पिता तथा शिक्षकों की काफी महत्त्वपूर्ण भूमिकाएँ होतीं हैं जिनसे बच्चों में असामान्य व्यवहारों में कमी तथा मानसिक स्वास्थ्य में उन्नति (promotion) होती है। किशोरावस्था (adolescence) तथा वयस्कावस्था (adulthood) में उत्तम समायोजन (good adjustment) के बहुत सारे नियमों का उल्लेख किया गया है। इन नियमों में निम्नांकित प्रधान है—

(i) इस बात की पूर्व जानकारी रखना कि बाह्य वातावरण के कौन-सा उद्दीपक (stimulus) को परिवर्तित कर देने से उनकी आवश्यकताओं की पूर्ति हो जा सकती है तथा इन उद्दीपकों को बिना किसी अप्रसन्नता के स्वीकार करना जिन्हें बदलना संभव नहीं है।

(ii) विभिन्न तरह की परिस्थितियों से निबटने के लिए उपयुक्त क्षमता विकसित कर लेने से व्यक्ति को असफलता कम हाथ लगती है और इससे उसका मानसिक स्वास्थ्य उन्नत हो जाता है।

(iii) अपने संवेगों (emotions) एवं इच्छाओं का कद्र करके उसे सहर्ष स्वीकार करना चाहिए। नैदानिक मनोवैज्ञानिकों द्वारा किए गए अध्ययनों से यह स्पष्ट हुआ है कि ऐसा करने से मानसिक अक्षमता व्यक्ति में नहीं विकसित होती है और उसका मानसिक स्वास्थ्य धीरे-धीरे उन्नत (improved) होता जाता है।

(iv) व्यक्ति को वैसे रचनात्मक कार्यों में जिसे वह अधिक मूल्यवान समझता है, अपने आप को व्यस्त रखना चाहिए। इससे व्यक्ति में आत्म-संतोष बढ़ेगा जो उसके मानसिक स्वास्थ्य के स्तर को धीरे-धीरे ऊँचा उठायेगा।

(v) व्यक्ति को हास्य या परिहास (humor) का पर्याप्त ज्ञान होना चाहिए। परिहास की क्षमता व्यक्ति क्रोध, चिन्ता, डर आदि को कम करने या नियंत्रित करने में मदद करता है। नैदानिक मनोवैज्ञानिकों का मत हे कि इस तरह की क्षमता से व्यक्ति अपने आप को हमेशा खुश रखता है और इस तरह से उसके मानसिक स्वास्थ्य का स्तर उन्नत होने की संभावना काफी बढ़ जाती है।

(vi) व्यक्ति को सामाजिक क्रियाओं एवं जवाबदेहियों (responsibilities) में हाथ बँटाना चाहिए। इससे उसमें सामाजिक सहभागिता (social participation) का भाव उत्पन्न होगा जो व्यक्ति में पर्याप्त मानसिक संतोष (satisfaction) उत्पन्न करता है। इससे भी व्यक्ति के मानसिक स्वास्थ्य पर अनुकूल प्रभाव पड़ता है।

(vii) किसी भी परिस्थिति की घटनाओं की पुनर्व्याख्या (reinterpretation) की क्षमता व्यक्ति में होनी चाहिए। नैदानिक मनोवैज्ञानिकों का मत है कि अधिकतर परिस्थितियों में जो कुंठा (frustration) व्यक्ति को होता है, उसका कारण बाह्य परिस्थिति की घटना नहीं होती है। बल्कि व्यक्ति द्वारा उसका दोषपूर्ण ढंग से व्याख्या किया जाना होता है। अत: व्यक्ति में ऐसी परिस्थितियों को पुनर्व्याख्या (reinterpretation) करने की क्षमता होनी चाहिए ताकि उसमें कुंठा का स्तर अधिक बढ़ न सके और व्यक्ति में अनावश्यक तनाव आदि उत्पन्न न हो सके। ऐसी क्षमता के रहने से व्यक्ति में मानसिक स्वास्थ्य का स्तर उत्तम बना रहता है।

3. सामाजिक-सांस्कृतिक उपाय *(Socio-cultural measures)*—बहुत सारे ऐसे सबूत मिले हैं जिनसे यह स्पष्ट हुआ है कि विशेष सामाजिक परिस्थिति जैसे निम्न सामाजिक-आर्थिक स्तर (lower socio-economic level) तथा विवाह-विच्छेद (divorce), माता या पिता की मृत्यु तथा अन्य वैसी ही परिस्थितियों से मानसिक रोग उत्पन्न होता है। अत: यदि इन कारकों के पड़ने वाले प्रभावकों को नियंत्रित कर दिया जाए, तो इससे व्यक्ति के मानसिक स्वास्थ्य का स्तर काफी बढ़ सकता है। रोजेन एवं ग्रिगोरी (Rosen & Gregori, 1985) ने अपनी समीक्षा के आधार पर यह बतलाया है कि धीरे-धीरे सामाजिक आर्थिक स्तर उन्नत कर देने से एवं जीवन के अन्य प्रतिकूल परिस्थितियों (adverse situation) के साथ पर्याप्त समझौता कर लेने से व्यक्ति के मानसिक स्वास्थ्य का स्तर उत्तरोतर उत्तम होते चला जाता है।

स्पष्ट हुआ कि मानसिक स्वास्थ्य को उन्नत बनाने के कई उपाय हैं। सही अर्थ में मानसिक स्वास्थ्य तभी उन्नत हो पायेगा जब इन सभी तरह के उपायों को समन्वित करके उसे कार्यरूप दिया जाए।

मानसिक स्वास्थ्य हस्तक्षेप का मॉडल
(Models of Mental Health Intervention)

नैदानिक मनोवैज्ञानिकों द्वारा मानसिक रोगों से पीड़ित व्यक्तियों की समस्याओं को समझने एवं उसे दूर करने से संबंधित कई तरह के उपायों पर विचार किया जा चुका है। दूसरे शब्दों में, नैदानिक मनोवैज्ञानिकों द्वारा मानसिक रोगों से निबटने एवं मानसिक स्वास्थ्य (mental health) को उन्नत बनाने संबंधी कई तरह के उपायों पर विचार किया जा चुका है। विश्लेषणात्मक उद्देश्यों को मद्देनजर रखते हुए नैदानिक मनोवैज्ञानिक, मनोरोगविज्ञानियों (psychiatrists) एवं मनश्चिकित्सीय सामाजिक कार्यकर्ताओं (psychiatric social worker) द्वारा मानसिक स्वास्थ्य उन्मुखताओं का वर्णन निम्नांकित पाँच मॉडल (model) के रूप में किया गया है—

(1) अभिरक्षात्मक मॉडल (Custodial model)
(2) चिकित्सीय मॉडल (Therapeutic model)
(3) नैदानिक ध्रुव मॉडल (Clinical pole model)
(4) जन-स्वास्थ्य ध्रुव मॉडल (Public health pole model)
(5) सामाजिक क्रिया मॉडल (Social action model)

इनमें से अभिरक्षात्मक मॉडल (custodial model) तथा चिकित्सीय मॉडल (therapeutic model) को नैदानिक मॉडल (clinical model) भी कहा जाता है तथा नैदानिक ध्रुव मॉडल एवं जन स्वास्थ्य ध्रुव मॉडल (public health pole model) को सामुदायिक मॉडल (community model) की संज्ञा दी गयी है। इन मॉडलों का वर्णन निम्नांकित है—

नैदानिकमॉडल
(*Clinical Model*)

नैदानिक मॉडल वह मॉडल है जिसमें व्यक्ति विशेष पर बल डाला जाता है, खासकर उस व्यक्ति पर जो मानसिक रूप से क्षुब्ध (disturbed) होता हैं। यहाँ उस व्यक्ति विशेष के शारीरिक एवं मनोवैज्ञानिक हालातों को मद्देनजर रखते हुए उसका उपचार किया जाता है ताकि उसके मानसिक स्वास्थ्य में सुधार हो सके। नैदानिक मॉडल के अन्तर्गत दो मॉडल रखे गए हैं—

(1) अभिरक्षात्मक मॉडल (Custodial model) तथा

(2) चिकित्सीय मॉडल (Therapeutic model)

इन दोनों का वर्णन इस प्रकार है—

1. अभिरक्षात्मक मॉडल *(Custodial model)*—इस मॉडल के केन्द्र बिन्दु स्वयं रोगी एवं उसका मनश्चिकित्सीय अवस्था (psychiatric condition) होता है। ऐसा समझा जाता है कि रोगी अपने सीमित क्षमताओं के कारण मानसिक रोग से ग्रस्त हो गया है। उसके रोग का कारण शारीरिक (physiological) समझकर उसे समाज द्वारा किसी पेशेवर देख-रेख (professional care) में रखने की आवश्यकता जतायी जाती है। दूसरे शब्दों में, ऐसे रोगियों के मानसिक स्वास्थ्य को उन्नत करने के लिए किसी मानसिक अस्पताल में रखकर उपचार करने पर बल डाला जाता है। इसी अर्थ में इस मॉडल को अभिरक्षात्मक मॉडल (custodial model) कहा जाता है। ऐसे रोगियों को समाज कानून के कोर्ट द्वारा मानसिक अस्पताल या आरोग्यशाला में रखने का विशेष प्रबन्ध करता है। मानसिक अस्पताल में रोगियों को इसलिए रखा जाता है क्योंकि वे स्वयं अपने लिए एवं समाज के लिए भी खतरनाक होते हैं। इन अस्पतालों में रोगियों को उपचार करने के लिए दवा (drug), बिजली का आघात (electric shock) एवं अन्य मेडिकल चिकित्सा (medical therapies) प्रदान की जाती है। यहाँ मनश्चिकित्सीय निदान (psychiatric diagnosis) किए तो जाते हैं परन्तु उनका उद्देश्य प्रशासकीय (administrative) एवं रेकार्ड निर्माण के लिए मात्र होता है। इस मॉडल में मनश्चिकित्सा (psychotherapy) को महत्त्वहीन समझकर उसके माध्यम से उपचार करने की कोशिश नहीं की जाती है। रोगी के उपचार में मेडिकल निर्देशों को महत्त्वपूर्ण समझा जाता है तथा रोगी के उपचार की सम्पूर्ण जवाबदेही मनश्चिकित्सकों, डाक्टरों तथा अन्य पारामेडिकल कार्यकर्त्ताओं पर होता है। विशेष मानसिक अवस्था के कारण जघन्य अपराध करने वाले व्यक्ति को कोर्ट संबंधित पेशेवर चिकित्सकों के पास भेज देता है जिसके रिपोर्ट के आधार पर कोर्ट उन्हें किसी मानसिक अस्पताल में रखे जाने की सिफारिश करता है जहाँ उनका उपचार के साथ-ही-साथ सुरक्षित निगरानी (safe custody) भी प्रदान की जाती है। मानसिक अस्पताल के सभी ऐसे रोगियों की देख-भाल एवं उपचार स्वयं वहाँ के कर्मचारीगरण करते हैं।

2. चिकित्सीय मॉडल *(Therapeutic model)*—यह भी एक नैदानिक मॉडल ही है परन्तु यह अभिरक्षात्मक मॉडल से भिन्न है। इस मॉडल का केन्द्र बिन्दु रोगी (patient) से हटकर व्यक्ति (person) होता है और इसमें रोग की उत्पत्ति का कारण मनोजननिक (psychogenic) माना जाता है और उसका उपचार भी मनोचिकित्सा (psychotherapy) की विधियों से किया जाता है। यहाँ मानसिक रूप से क्षुब्ध व्यक्ति को एक रोगी के दृष्टिकोण से नहीं देखा जाता है बल्कि एक ऐसी व्यक्ति के रूप में देखा जाता है जिन्हें मनोवैज्ञानिक हस्तक्षेप (psychological intervention) की आवश्यकता है। इसमें रोगी स्वयं ही अपनी गंभीरता को समझकर किसी नैदानिक मनोवैज्ञानिक या मनोचिकित्सक (psychotherapist) के उपचार गृह (clinic) में पहुँचता है। इस मॉडल में चिकित्सक रोगी पर ही मुख्य रूप से ध्यान केन्द्रित करता है तथा उनके सामाजिक वातावरण के अन्य पहलुओं पर न के बराबर ध्यान देता है। कभी-कभी विशेष परिस्थितियों में चिकित्सक द्वारा रोगी के साथ-संगी एवं अन्य सामाजिक पहलुओं पर विचार किया जाता है। प्राय: चिकित्सक वैयक्तिक चिकित्सा (individual therapy), सामूहिक चिकित्सा (group therapy), मिल्यू चिकित्सा (milieu therapy) तथा पारिवारिक चिकित्सा (family therapy) द्वारा क्षुब्ध व्यक्ति की समस्याओं का उपचार करके उसके मानसिक स्वास्थ्य को उत्तम बनाने की कोशिश करते हैं।

सामुदायिकमॉडल
(*Community Model*)

सामुदायिक मॉडल में रोग के उपचार एवं निदान का केन्द्र बिन्दु व्यक्ति विशेष से हटकर उसकी सामाजिक परिस्थिति (social setting) हो जाती है। इस मॉडल में सभी तरह के लोगों के सामाजिक हालातों को ध्यान में रखकर मनोवैज्ञानिक क्षुब्धताओं (psychological disturbances) का उपचार एवं रोकथाम किया जाता है। यह मॉडल सामुदायिक मानसिक स्वास्थ्य आन्दोलन (community mental health movement) पर आधारित हैं। इस आन्दोलन का उद्देश्य जनसंख्या के सभी हिस्सों में यथासंभव जल्द-से-जल्द सामाजिक हालातों को मद्देनजर रखते हुए मानसिक रोगों की रोकथाम (prevention) एवं उपचार (treatment) करना होता है ताकि मानसिक स्वास्थ्य का आम स्तर उन्नत बन सके।

इस मॉडल के अन्तर्गत भी निम्नांकित दो मॉडल को रखा गया है—

(1) नैदानिक ध्रुव मॉडल (Clinical pole model)

(2) जनस्वास्थ्य ध्रुव मॉडल (Public health pole model)

इन दोनों का वर्णन निम्नांकित है—

1. नैदानिक ध्रुव मॉडल (*Clinical pole model*)—इस मॉडल में मानसिक रोगों की उत्पत्ति में सामाजिक कारकों (social factors) को महत्त्वपूर्ण माना गया है। इस मॉडल में इस बात पर बल डाला जाता है कि जो व्यक्ति मानसिक रूप से क्षुब्ध (disturbed) है, वह अन्य लोगों की सहानुभूति, स्नेह एवं मदद पाने के योग्य भी है। यहाँ रोगी की देख-रेख (patient care) समुदाय (community) के मूल्यों के अनुरूप होता है तथा नैदानिक सेवाओं (clinical services) को समाज के सभी लोगों तक विशेषकर गरीब एवं अलाभान्वित लोगों तक जल्द-से-जल्द पहुँचाने पर बल डाला जाता है। इस मॉडल में नैदानिक हस्तक्षेप (clinical intervention) की विधियाँ करीब-करीब वही हैं जो चिकित्सीय मॉडल (therapeutic model) के हैं परन्तु वे समाज की या समुदाय की विशेष आवश्यकताओं (needs) एवं जीवन-शैली (life style) के अनुरूप होती है। यहाँ नैदानिक सेवाएँ मनोचिकित्सा के समान परिस्थिति में न दिया जाकर एक ऐसी परिस्थिति में दी जाती है जो पेशेवर (professional) नहीं होती है तथा परिवार के सदस्यों को भी उसमें शामिल कर लिया जाता है। चिकित्सा का समय लघु (short) होता है परन्तु संकेन्द्रित (focussed) होती है। इस तरह के समुदायोन्मुखी चिकित्सा (community-oriented therapy) में चिकित्सक रोगी के दिन-प्रतिदिन की जिन्दगी एवं सामाजिक समस्याओं (social problems) को अधिक महत्त्वपूर्ण मानसिक चिकित्सा करता है। दूसरे शब्दों में, चिकित्सक रोगी की वर्तमान समस्याओं एवं उसके तात्कालिक सामाजिक व्यवहार (immediate social behaviour) पर न कि उसकी जिन्दगी की ऐतिहासिक पृष्ठभूमियों (historical backgrounds), व्यक्तित्व संगठनों, मूल्यों (values) तथा मनोवृत्तियों (attitudes) पर अधिक बल डालता है। इस तरह के मानसिक स्वास्थ्य हस्तक्षेप (mental health intervention) में रोगी के व्यक्तित्व का मूल्यांकन (personality evaluation) किसी भी तरह के मनोवैज्ञानिक परीक्षण या साक्षात्कार द्वारा करना एक मुख्य कार्य नहीं बल्कि एक अतिरिक्त कार्य समझा जाता है।

2. जन-स्वास्थ्य ध्रुव मॉडल (*Public health pole model*)—इस मॉडल में किसी व्यक्ति की समस्या से ध्यान हटाकर कुछ विशेष सामाजिक अवस्थाओं (social conditions) की ओर ध्यान दिया जाता है जिससे सम्पूर्ण समुदाय (whole communities) प्रभावित होता है। इस मॉडल में रोग का कारण व्यक्ति की आवश्यकताओं की पूर्ति न होना, मानसिक संघर्ष आदि नहीं होता है बल्कि पूरे समुदाय या समाज में ही कुछ इस तरह कारक पाये जाते हैं जिनसे व्यक्तियों में तनाव एवं चिन्ता बढ़ती है और उनके मानसिक स्वास्थ्य को कमजोर कर देती है। अतः इसमें जो मानसिक स्वास्थ्य हस्तक्षेप (mental health intervention) होता है, वह सामाजिक-तंत्र केन्द्रित हस्तक्षेप (social-system centrered intervention) होते हैं। इस सामाजिक तंत्र के तनावपूर्ण गुणों को कम करने के लिए समाज के लोगों के लिए कल्याणकारी कार्य करने पर बल डाला जाता है तथा जो लोग मानसिक रूप से क्षुब्ध हो गए हों, उनका विशेष ध्यान किया जाता है। इस तरह से इस मॉडल का उद्देश्य सामाजिक तनाव (social stress) कम करना होता है। इस मॉडल के तहत सामुदायिक मनोवैज्ञानिक हस्तक्षेप (community psychological intervention) किसी भी तरह के सामाजिक संस्थान (social institution) में हो सकता है परन्तु प्रायः यह उन संस्थाओं में होता है जिनका संबंध समुदायों के सदस्यों

से सीधा होता है तथा जिनमें आसानी से परिवर्तन लाया जा सकता है। समुदाय का स्कूल तंत्र (school system) एक सबसे अधिक उत्तम तंत्र है जिसके माध्यम से सामुदायिक मनोवैज्ञानिक हस्तक्षेप (community psychological intervention) सम्पन्न किया जा सकता है।

सामाजिक क्रिया मॉडल
(*Social Action Model*)

मानसिक स्वास्थ्य हस्तक्षेप (mental health intervention) के इस मॉडल की पूर्वकल्पना (assumption) यह होती है कि सम्पूर्ण समाज न कि उस समाज का कोई व्यक्ति क्षुब्ध (disturbed) या बीमार होता है। अत: सम्पूर्ण समाज में परिवर्तन करके ही मानसिक रोग का उपचार किया जा सकता है। अत: इस मॉडल में अत्यधिक समाजोन्मुखी स्तर (extreme social-oriented level) पर मनोवैज्ञानिक हस्तक्षेप (psychological intervention) किया जाता है। इस मॉडल के अनुसार हस्तक्षेप के लिए लक्ष्य समूह (target group) सम्पूर्ण समाज (whole society) होता है या समाज का प्रत्येक सदस्य होता है। सदस्यों की समस्या सामाजिक (social) एवं राजनैतिक तंत्र (political system) में निहित होता है। अत: मनोवैज्ञानिक हस्तक्षेप या रोकथाम (prevention) पूरे सामाजिक संस्थान (social institution) में परिवर्तन लाकर किया जा सकता है। जैसे—मान लिया जाए कि किसी समाज में वैवाहिक मतभेद (martial discord) अधिक होता है और उसका कारण यौन शिक्षा का अभाव है। अत: ऐसी परिस्थिति में सामाजिक क्रिया मॉडल के अनुसार पूरे समाज में यौन शिक्षा का प्रसार करके समाज के प्रत्येक व्यक्ति की मनोवृत्ति एवं मूल्यों में परिवर्तन किया जाएगा। इस तरह के प्रावधान से यह स्पष्ट है कि सामाजिक-क्रिया मॉडल, मेडिकल (medical model) अर्थात् अभिरक्षात्मक मॉडल (custodial model) के विपरीत है।

स्पष्ट हुआ कि मानसिक स्वास्थ्य हस्तक्षेप (mental health intervention) के कई मॉडल हैं। इन विभिन्न मॉडलों ने नैदानिक मनोवैज्ञानिकों द्वारा चिकित्सीय मॉडल (therapeutic model) को तुलनात्मक रूप से अधिक महत्त्वपूर्ण माना जाता है।

अध्याय सारांश
(Chapter Summary)

1. मानसिक स्वास्थ्य से तात्पर्य कुछ वैसे अर्जित व्यवहारों से होता है जो सामाजिक रूप से अनुकूली (adaptive) होते हैं और जो व्यक्ति को अपनी जिन्दगी के हालातों के साथ पर्याप्त रूप से मुकाबला करने की अनुमति देता है।
2. मानसिक स्वास्थ्य के कई सूचक या तत्त्व बतलाए गए हैं। रोजर्स (Rogers) एवं मिटिलमैन (Mittleman) के अनुसार ऐसे इक्कीस सूचक हैं। जहोड़ा (Jahoda, 1959) के अनुसार छह ऐसे प्रमुख सूचक हैं तथा स्कॉट (Scott, 1968) के अनुसार 7 ऐसे सूचक हैं। ए० के० सिंह एवं सेनगुप्ता के अनुसार छह ऐसे प्रमुख सूचक हैं।
3. मानसिक रूप से स्वस्थ व्यक्तियों के कुछ विशेषताओं (characteristics) का उजागर किया गया है। ऐसी बारह विशेषताएँ बतलायी गयी है।
4. मानसिक स्वास्थ्य का अध्ययन कई कारणों से महत्त्वपूर्ण बतलाया गया है। इनमें चार प्रमुख कारकों का वर्णन किया गया है।
5. कुछ ऐसे कारकों का भी वर्णन किया गया है जिनसे व्यक्ति का मानसिक स्वास्थ्य (mental health) प्रभावित होता है। ऐसे 6 महत्त्वपूर्ण कारकों का वर्णन किया गया है।
6. मानसिक स्वास्थ्य को उन्नत बनाने के तीन तरीकों का विस्तारपूर्वक वर्णन किया गया है। वे तीन तरीके हैं—निरोधात्मक उपाय (preventive measures), मनोवैज्ञानिक उपाय (psychological measures) तथा सामाजिक-सांस्कृतिक उपाय (socio-cultural measures)।
7. मानसिक स्वास्थ्य हस्तक्षेप (mental health intervention) के पाँच मॉडल का वर्णन किया गया है—अभिरक्षात्मक मॉडल (custodial model), चिकित्सीय मॉडल (therapeutic model), नैदानिक ध्रुव मॉडल (clinical pole model), जन-स्वास्थ्य ध्रुव मॉडल (public health pole model) तथा सामाजिक क्रिया मॉडल (social activity model)।

❑

निबंधात्मक प्रश्न

(Essay Questions)

अध्याय 1

विषय प्रवेश

(Introduction)

1. पूर्व वैज्ञानिक काल में असामान्य मनोविज्ञान के इतिहास का वर्णन करें।
(Describe the history of psychology in prescienetific period.)
2. 19वी शताब्दी में अमेरिका, फ्रांस एवं जर्मनी में असामान्य मनोविज्ञान के क्षेत्र में हुए विकास का तुलनात्मक अध्ययन करें।
(Make a comparative study of developments in the field of abnormal psychology in America, France and Germany during 19th century.)
3. 1801 से 1950 AD तक असामान्य मनोविज्ञान के क्षेत्र में होने वाले विकास पर रोशनी डालें।
(Throw light upon the development in the field of abnormal psychology in between 1801 AD and 1950 AD.)
4. असामान्य व्यवहार को परिभाषित करें। इसके विभिन्न कसौटियों का वर्णन करें।
(Define abnormal behaviour. Describe its different criteria.)
5. असामान्य व्यवहार के विभिन्न विशेषताओं पर प्रकाश डालें।
(Throw light upon the different characteristics of abnormal behaviour.)
6. असामान्य व्यवहार तथा सामान्य व्यवहार में अंतर करें।
(Make distinction between abnormal behaviour and normal behaviour.)
7. 'असामान्य सामान्य से सिर्फ मात्रा में भिन्न होता है, प्रकार में नहीं।' पूर्ण विवेचना करें।
('An abnormal differs from normal only in degree and not in kind.')
8. असामान्य मनोविज्ञान की परिभाषा दें। इसके किन्हीं दो शोध विधियों के गुण एवं दोषों का वर्णन करें।
(Define abnormal psychology. Describe the merits and limitations of its any two research methods.)
9. निम्नलिखित पर संक्षिप्त नोट लिखें *(Write short notes on the following)*
   (i) नैदानिक केस अध्ययन विधि *(clinical case study method)*
   (ii) अनुरूप या तुल्य रूप प्रयोग *(analogue experiments)*
   (iii) प्रेक्षण विधि *(observation method)*
   (iv) एकाकी-केस प्रयोग शोध विधि *(single-case experiment research method)*
10. सामान्य और असामान्य व्यवहार के बीच विभेद करें। मानसिक स्वास्थ्य पेशेवरों की मानसिक स्वास्थ्य के सुधार में भूमिका की विवेचना करें।
(Difference between normal and abnormal behaviour. Discuss the role of mental health professionals in improving mental health.)
11. असामान्य मनोविज्ञान का संक्षिप्त ऐतिहासिक विवरण प्रस्तुत करें।
(Present a brief history of Abnormal Psychology.)
12. असामान्य मनोविज्ञान की एक विधि के रूप में निरीक्षण का मूल्यांकन करें।
(Evaluate observation as a method of abnormal psychology.)
13. मनोरोगविज्ञान की विधि के रूप में नैदानिक केस अध्ययन प्रविधि का मूल्यांकन करें।
(Evaluate clinical case study technique as a method of Psychopathology.)
14. किस प्रकार निरीक्षण असामान्य व्यवहार के नैदानिक वर्गीकरण में मदद करता है? विवेचना करें।
(How observation help in the diagnostic classification of abnormal behaviour ? Discuss.)
15. असामान्य व्यवहार के अध्ययन विधि के रूप में निरीक्षण का वर्णन करें।
(Describe the observation as a method of studying abnormal behaviour.)

अध्याय 2

नैदानिक वर्गीकरण एवं मूल्यांकन

(Diagnostic Classification and Assessment)

1. असामान्य व्यवहारों के नैदानिक वर्गीकरण का संक्षिप्त ब्योरा प्रस्तुत करें।
(Present a brief account of diagnostic classification of abnormal behaviour.)

2. DSM-IV TR द्वारा प्रतिपादित असामान्य व्यवहार के विभिन्न प्रकारों का उदाहरण सहित वर्णन करें।
(Describe, with examples, the different types of abnormal behaviour as proposed by DSM-IV TR.)
3. DSM-IV TR में असामान्य व्यवहार के प्रस्तावित पाँच आयामों का वर्णन करें।
(Describe the five axes of abnormal behaviour as proposed in DSM-IV TR.)
4. नैदानिक मूल्यांकन से आप क्या समझते हैं। नैदानिक साक्षात्कार को मूल्यांकन की एक प्रविधि के रूप में वर्णन करें।
(What do you mean by clinical assessment ? Describe clinical interview as a technique of clinical assessment.)
5. नैदानिक मूल्यांकन के साधन के रूप विभिन्न व्यक्तित्व आविष्कारिकाओं की उपयोगिता पर प्रकाश डालें।
(Throw light upon the utilities of different personality inventories as tools of clinical assessment.)
6. नैदानिक मूल्यांकन के लिए उपयोगी विभिन्न प्रक्षेपीय प्रविधियों का वर्णन करें।
(Describe the different projective techniques considered useful for clinical assessment.)
7. नैदानिक मूल्यांकन के साधन के रूप में विभिन्न बुद्धि परीक्षणों की उपयोगिता पर प्रकाश डालें।
(Throw light upon the utilities of different intelligence tests as tools of clinical assessment.)
8. नैदानिक मूल्यांकन में विभिन्न प्रेक्षण प्रविधियों की उपयोगिता पर प्रकाश डालें।
(Throw light upon the utilities of different observational techniques in clinical assessment.)
9. न्यूरोमनोवैज्ञानिक मूल्यांकन क्या है ? इसके विभिन्न प्रविधियों का वर्णन करें।
(What is neuropsychological assessment ? Describe the different techniques for neuropsychological assessment.)
10. निम्नलिखित पर संक्षिप्त नोट लिखें *(Write short notes on the following)*
    (क) सीएटी, पीईटी तथा एमआरआई *(CAT, PET and MRI)*
    (ख) व्यवहारपरक मूल्यांकन *(Behavioural assessment)*
    (ग) मनोदैहिक मूल्यांकन *(Psychophysiological assessment)*
    (घ) वेक्सलर मापनी *(Wechsler scale)*
    (च) एमएमपीआई-2 *(MMPI-2)*
    (छ) डीएसएम-IV TR के पाँच आयाम *(Five axes of DSM-IV TR)*
11. उदाहरणसहित DSM-IV TR द्वारा प्रतिपादित असामान्य व्यवहार के विभिन्न प्रकारों की विवेचना करें।
(Criting examples discuss the different types of abnormal behaviour as proposed by DSM-IV. TR)
12. डीएसएम III तथा डीएसएम IV द्वारा प्रतिपादित असामान्य व्यवहार के विभिन्न प्रकारों में अंतर बतलावें।
(Distinguish between the different types of abnormal behaviour proposed by DSM-III and DSM-IV)
13. DSM-III तथा DSM-IV में अन्तर बतलावें।
(Distinguish between DSM-III & DSM-IV)
14. मनोवैज्ञानिक परीक्षण क्या है? असामान्य व्यवहार के नैदानिक वर्गीकरण में परीक्षण कैसे मदद करती है?
(What is psychological test ? How the tests help in the diagnositic classification of abnormal behaviour ?)
15. मनोवैज्ञानिक परीक्षणों के नैदानिक अनुप्रयोगों का वर्णन करें।
(Describe the diagnostic uses of psychological test.)

अध्याय 3

असामान्य व्यवहार के वर्तमान सिद्धान्त या मॉडल
(Current Theories or Models of Abnormal behaviour)

1. असामान्य व्यवहार के जैविक मॉडल की आलोचनात्मक व्याख्या प्रस्तुत करें।
(Present a critical explanation of biological model of abnormal behaviour.)
2. असामान्य व्यवहार के मनोगतिकी विचारधारा की आलोचनात्मक व्याख्या करें।
(Critically explain psychodynamic viewpoints of abnormal behaviour.)

3. असामान्य व्यवहार के व्यवहारवादी मॉडल या सिद्धान्त की आलोचनात्मक व्याख्या प्रस्तुत करें।
(Present a critical explanation of behaviourstic model or theory of abnormal behavour.)

4. असामान्य व्यवहार के संज्ञानात्मक मॉडल का वर्णन करें।
(Describe the cognitive model of abnormal behaviour.)

5. असामान्य व्यवहार के मानवतावादी-अस्तित्वात्मक मॉडल की आलोचनात्मक व्याख्या प्रस्तुत करें।
(Present a critical explanation of humanistic-existential model of abnormal behaviour.)

6. असामान्य व्यवहार के मनोगतिकी मॉडल तथा मानवतावादी-अस्तित्वात्मक मॉडल का तुलनात्मक अध्ययन करें।
(Make a comparative study of psychodynamic model and humanistic-existential model of abnormal behaviour.)

7. असामान्य व्यवहार के अंतरवैयक्तिक मॉडल की आलोचनात्मक व्याख्या करें।
(Critically explain interpersonal model of abnormal behaviour.)

8. असामान्य व्यवहार के सामाजिक-सांस्कृतिक विचारधारा का वर्णन प्रस्तुत करें।
(Present a description of socio-cultural viewpoints of abnormal behaviour.)

9. असामान्य व्यवहार के डायथिसिस-तनाव मॉडल की उपयोगिता पर प्रकाश डालें।
(Throw light upon the utilities of diathesis-stress model of abnormal behaviour.)

10. असामान्य व्यवहार की व्याख्या करने में किस मॉडल को आप सबसे उपयुक्त समझते हैं और क्यों ?
(Which model of abnormal behaviour do you consider appropriate in explaining abnormal behaviour and why ?)

11. असामान्य व्यवहार के मानवतावादी मॉडल का आलोचनात्मक परीक्षण करें।
(Critically examine the humanistic model of abnormal behaviour.)

12. असामान्य व्यवहार के संज्ञानात्मक मॉडल की विवेचना करें।
(Discuss the cognitive model of abnormal behaviour.)

13. असामान्य व्यवहार के मनोगतिक मॉडल की विवेचना करें।
(Discuss the psychodynamic model of abnormal behaviour.)

14. असामान्य व्यवहार के व्यवहारवादी मॉडल के गुण एवं दोषों का वर्णन करें।
(Describe the merits and demerits of Behaviouristic model of abnormal behaviour.)

15. असामान्य व्यवहार के व्यवहारवादी तथा संज्ञानात्मक मॉडल में अन्तर पर प्रकाश डालें।
(Distinguish between Behaviouristic and Cognitive models of abnormal behaviour.)

16. मानवतावादी मनोविज्ञान के अस्तित्ववादी मॉडल की विवेचना करें।
(Discuss the Existential model of Humanistic Psychology.)

17. डायथेसिस तनाव मॉडल की व्याख्या करें। असामान्य व्यवहार को समझने में इसका आशय बतलावें।
(Explain the diathesis stress model of abnormal behaviour. Also discuss its implications for understanding abnormal behaviour.)

18. असामान्य व्यवहार के व्यवहारवादी मॉडल के गुण एवं सीमाओं का वर्णन करें।
(Describe the merits and limitations of Behaviouristic model of abnormal behaviour.)

19. असामान्य व्यवहार के संज्ञानात्मक मॉडल का मूल्यांकन करें।
(Evaluate the cognitive model of abnormal behaviour.)

अध्याय 4

असामान्य व्यवहार के कारण

(Causes of Abnormal behaviour)

1. असामान्य व्यवहार के पूर्ववृत्ति कारणों एवं प्रेरित कारणों के बीच, उदाहरण देते हुए, अंतर समझाएँ।
(Citing examples make distinction between predisposing causes and precipitating causes of abnormal behaviour.)

2. उदाहरण देते हुए असामान्य व्यवहार के प्राथमिक कारणों एवं पुनर्बलित कारकों के बीच अंतर करें।
(Citing examples, make distinction between primary causes and reinforcing causes of abnormal behaviour.)
3. असामान्यता की उत्पत्ति में जैविक कारकों की भूमिका पर प्रकाश डालें।
(Throw light upon the role of biological factors in the origin of abnormality.)
4. असामान्य व्यवहार की उत्पत्ति में आनुवंशिक दोष तथा शरीरगत्यात्मक कारकों की भूमिका पर प्रकाश डालें।
(Throw light upon the role of genetic defects and constitutional factors in the origin of abnormal behaviour.)
5. कुसमायोजी व्यवहार के कारण के रूप में मस्तिष्कीय दुष्क्रिया तथा जैव-रसायन कारकों के महत्त्व का वर्णन करें।
(Describe the importance of brain dysfunction and bio-chemical factors as the causes of maladaptive behaviour.)
6. असामान्य व्यवहार की उत्पत्ति में मनोसामाजिक कारकों की भूमिका पर प्रकाश डालें।
(Throw light upon the role of psychosocial factors in the origin of abnormal behaviour.)
7. कुसमायोजी व्यवहार के कारण के रूप में अपर्याप्त जनकता तथा रोगात्मक पारिवारिक संरचना जैसे कारकों के महत्त्व का वर्णन करें।
(Describe the importance of inadequate parenting and pathological family structure in causation of maladaptive behaviour.)
8. असामान्यता की उत्पत्ति में आरंभिक वंचन या आघात तथा कुसमायोजी साथ-संगी के संबंध की भूमिका बतलावें।
(Describe the role of early deprivation or trauma and maladaptive peer relationship in the origin of abnormality.)
9. असामान्य व्यवहार की उत्पत्ति में सामाजिक-सांस्कृतिक कारकों की भूमिका पर प्रकाश डालें।
(Throw light upon the role of socio-cultural factors in the origin of abnormal behaviour.)
10. निम्नलिखित पर संक्षिप्त नोट लिखें *(Write short notes on the following)*
   (i) असामान्यता एवं संज्ञानात्मक कारक *(abnormality and cognitive factor)*
   (iv) असामान्यता एवं शारीरिक तनाव *(abnormality and bodily tension)*
   (iii) कुसमायोजी व्यवहार में यौन भूमिका *(gender role in maladjustive behaviour)*
11. मनोविकृति के कारणों का वर्णन करें।
(Discuss the causes of psychopathologies.)
12. असामान्य व्यवहार की उत्पत्ति में मनोसामाजिक कारकों के महत्त्व पर प्रकाश डालें।
(Throw light on the importance of psychosocial factors in the origin of abnormal behaviour.)
13. असामान्य व्यवहार के मुख्य जैविक कारणों का वर्णन करें।
(Describe the major biological causes of abnormality.)
14. असामान्यता के मनोसामाजिक कारणों पर प्रकाश डालें।
(Throw light on the psychosocial causes of abnormality.)
15. असामान्य व्यवहार के जैविक कारणों का वर्णन करें।
(Describe the biological causes of abnormal behaviour.)
16. असामान्य व्यवहार के मनोवैज्ञानिक कारणों का वर्णन करें।
(Discuss the psychological causes of abnormal behaviour.)

अध्याय 5

असामान्यता का मनोविश्लेषणात्मक व्याख्या
(Psychoanalytic explanation of Abnormality)

1. असमान्यता के फ्रायडियन व्याख्या के गत्यात्मक पहलू का उदाहरण सहित वर्णन करें।
(Describe, with examples, the dynamic aspect of Freudian explanation of abnormality.)
2. असमान्यता के फ्रायडियन व्याख्या के आकारात्मक पहलू का वर्णन उदाहरण सहित करें।
(Describe, with examples, the topographical aspects of Freudian explanation of abnormality.)

3. कुछ उदाहरणों के साथ अचेतन के अस्तित्व को प्रमाणित करने का सबूत प्रदान करें।
(Describe, with examples, the proof for the existence of unconscious.)
4. उपाहं, अहं एवं पराहं के कार्यों का एक तुलनात्मक समीक्षा करें।
(Make a comparative review of the functions of id, ego and superego.)
5. फ्रायड, एडलर एवं युंग द्वारा प्रस्तावित अचेतन के सिद्धान्तों का एक तुलनात्मक समीक्षा करें।
(Make a comparative review of the theory of unconscious as proposed by Freud, Adler & Jung.)
6. ''अहं एक ऐसा मालिक है जिसे दो ऐसे अश्वों को एक साथ नियंत्रण करना पड़ता है जो विपरीत दिशा में दौड़ रहे होते हैं।'' टिप्पणी करें।
("Ego is like a master who has to control two horses running in two opposite directions." Comment.)
7. मानसिक संघर्ष का अर्थ बतलावें। मानसिक संघर्ष के प्रमुख प्रकारों का उदाहरण सहित वर्णन करें।
(Give meaning of mental conflict. Describe, with examples, the major types of mental conflict.)
8. मानसिक मनोरचना का अर्थ बतलावें। किन्हीं तीन प्रमुख मानसिक मनोरचनाओं का वर्णन उदाहरण सहित करें।
(Give the meaning of mental mechanism. Describe, with examples, any three mental mechanisms.)
9. फ्रायड के मनोलैंगिक विकास के सिद्धान्त की आलोचनात्मक व्याख्या प्रस्तुत करें।
(Present a critical explanation of the theory of Freudian psychosexual development)
10. संक्षिप्त नोट लिखें *(Write short Notes)*
   (i) दमन *(repression)*
   (ii) यौक्तिकीकरण *(rationalization)*
   (iii) प्रतिक्रिया निर्माण *(reaction formation)*
   (iv) प्रतिगमन *(regression)*

अध्याय 6

स्वप्न का स्वरूप
(Nature of Dream)

1. स्पप्न का अर्थ बतलाते हुए इसकी महत्त्वपूर्ण विशेषताओं पर प्रकाश डालें।
(Giving the meaning of dream. Throw light on the characteristics of dream.)
2. उपयुक्त उदाहरण देते हुए स्वप्न के विभिन्न प्रकारों का वर्णन करें।
(Citing appropriate examples, discuss the different types of dream.)
3. फ्रायड के इच्छापूर्ति सिद्धान्त की आलोचनात्मक व्याख्या करें।
(Critically explain Freud's wishfulfillment theory of dream.)
4. युंग के स्वप्न सिद्धान्त की आलोचनात्मक व्याख्या करें।
(Critically explain Jung's theory of dream.)
5. एडलर के स्वप्न सिद्धान्त की आलोचनात्मक व्याख्या करें।
(Critically explain Adler's theory of dream.)
6. फ्रायड एवं युंग के स्वप्न सिद्धान्तों का तुलनात्मक अध्ययन करें।
(Make a comparative study of the theories of Freud and Jung.)
7. ''स्वप्न अचेतन की ओर जाने वाला एक राजकीय मार्ग है।'' इस उक्ति की समीक्षा करें।
("Dream is the royal road to the unconscious". Make a review of this statement.)
8. ''स्वप्न नींद का अभिभावक होता है।'' क्या आप इस उक्ति से सहमत हैं।
("Dreams are the guardian of sleep." Do you agree to this statement.)

अध्याय 7

तनाव एवं समायोजन विकृतियाँ

(Stress and Adjustment disorders)

1. तनाव से आप क्या समझते हैं ? तनाव के प्रति होने वाले प्रतिक्रियाओं का उल्लेख करें।
(What do you mean by stress ? Describe the various likely reactions to stress.)
2. सामान्य अनुकूल संलक्षण क्या है ? असामान्य व्यवहारों की उत्पत्ति में उसका आशय बतलावें।
(What is General Adaptation Syndrame ? Describe its implication in origin of abnormal behaviour.)
3. तनाव से निबटने के विभिन्न उपायों का वर्णन करें।
(Describe the various stretegies for coping with stress.)
4. तनाव से अभिमुख कराने वाले पूर्ववर्ती कारकों का उल्लेख करें।
(Describe the predisposing factors to stress.)
5. तनाव के अंतर्गत होने वाले विभिन्न प्रकार के क्षतिपूरणहीनता का उदाहरण के साथ उल्लेख करें।
(Point out, with example the various types of decompensations likely to occur under stress.)
6. उत्तर आघातीय तनाव विकृति के नैदानिक स्वरूप एवं कारणों का वर्णन करें।
(Describe the clinical features and causes of Posttramatic stress disorder or PTSD.)
7. निम्नलिखित पर संक्षिप्त नोट लिखें *(Write short notes on the following)*
   (i) समायोजन विकृति (Adjustment disorder)
   (ii) तनाव का मापन (Measurement of tension)
   (iii) तनाव के सिद्धान्त (Theories of stress)
8. तनाव को परिभाषित करें। तनाव का सामना करने के विविध उपायों की विवेचना करें।
(Define stress. Describe defferent strategies for coping stress.)
9. ऐसा क्यों कहा जाता है कि प्रतिबल से असामान्य व्यवहार की उत्पत्ति होती है? तर्क सहित अपने उत्तर की पुष्टि करें।
(Why it is said that stress leads to abnormal behaviour ? Give reasons for your answer.)
10. "प्रतिबल तथा समायोजन विकृतियों में घनिष्ठ संबंध है।" इस कथन की विवेचना करें।
("Stress and Adjustment disorders are closely related." Discuss this statement.)
11. तनाव किस प्रकार कुसमायोजन की ओर ले जाता है? संक्षेप में उत्तरआघातीय तनाव विकृति की व्याख्या करें।
(How stress leads to maladjustment ? Explain PTSD in brief.)
12. किस प्रकार पोस्ट्ट्रावमेटिक तनाव कुसमायोजन की ओर ले जाता है? विवेचना करें।
(How does posttraumatic stress lead to maladjustment ? Discuss.)
13. उत्तरआघातीय प्रतिबल विकृति के लक्षण एवं कारणों का वर्णन करें।
(Describe the symptoms and etiology of posttramautic stress disorder.)

अध्याय 8

चिंता विकृतियाँ

(Anxiety disorders)

1. चिंता विकृति से आप क्या समझते हैं ? यह डर विकृति से कैसे भिन्न है ?
(What do you understand by anxiety disorder ? How does it differ from fear disorder ?)
2. दुर्भीति से आप क्या समझते हैं ? इसके विभिन्न प्रकारों की व्याख्या करें।
(What do you mean by phobia ? Explain its different types.)
3. एगोराफोबिया के प्रमुख लक्षण बतलावें। दुर्भीति के प्रमुख कारणों की व्याख्या करें।
(Point out the major symptoms of agoraphobia. Explain the major causes of phobia.)
4. सामाजिक दुर्भीति से आप क्या समझते हैं ? दुर्भीति के उपचार के विभिन्न प्रविधियों का वर्णन करें।
(What do you understand by social phobia ? Describe the different techniques of treatment of phobia.)

5. भीषिका विकृति के प्रमुख लक्षणों एवं हैतुकी का वर्णन करें।
(Describe the different symptoms and etiology of panic disorder.)

6. सामान्यीकृत चिंता विकृति के नैदानिक स्वरूप एवं प्रमुख हैतुकी का वर्णन करें।
(Describe the clinical picture and etiology of generalized anxiety disorder.)

7. मनोग्रसित-बाध्यता विकृति के प्रमुख लक्षणों एवं हैतुकी का वर्णन करें।
(Describe the major symptoms and etiology of obsessive-compulsive disorder.)

8. दुर्भीति एवं मनोग्रसित वाध्यता विकृति में अंतर करें।
(Make distinction between phobia and obsessive-compulsive disorder.)

9. भीषिका विकृति तथा उत्तर आघातीय तनाव विकृति में अन्तर करें।
(Make distinction between panic disorder and posttraumatic stress disorder.)

10. दुर्भीति से आप क्या समझते हैं? इसके मनोविश्लेषणात्मक तथा व्यवहारवादी सिद्धान्तों की विवेचना करें।
(What do you mean by phobia? Discuss the psychonalytic and behavioural theories of phobia.)

11. चिंता विकार के प्रमुख लक्षणों तथा कारणों की विवेचनों करें।
(Discuss the main symptoms and etiology of anxiety neurosis.)

12. मनोग्रसित बाध्यता के लक्षणों तथा कारणों का वर्णन करें।
(Describe the symptoms and causes of Obsessive-Compulsive disorder.)

13. निम्नलिखित पर संक्षिप्त नोट लिखें *(Write short notes on the following)*
   (i) सामाजिक दुर्भीति *(social phobia)*
   (ii) एगोराफोबिया एवं भीषिका विकृति में अंतर
   (distinction between agoraphobia and panic disorder)
   (iii) भीषिका विकृति *(panic disorder)*
   (iv) रूपांतर विकृति *(conversion disorder)*

14. दुर्भीति से आप क्या समझते हैं ? इसके मनोविश्लेषणात्मक एवं व्यवहारवादी सिद्धान्तों की विवेचना करें।
(What do you mean by phobia ? Discuss the psychoanalytic and behavioural theories of phobia.)

15. मनोग्रसित-बाध्यता विकृति के कारणों की विवेचना करें।
(Discuss the etiology of obsessive compulsive disorder.)

16. असंगत भय (फोबिया) से आप क्या समझते हैं? इसके लक्षणों एवं कारणों का वर्णन करें।
(What do you mean by Phobia ? Describe its symptoms and etiology.)

17. सामान्यीकृत चिन्ता विकृति से आप क्या समझते हैं? इसके लक्षणों तथा कारणों का वर्णन करें।
(What do you mean by generalized anxiety disorder ? Describe its symptoms and etiology.)

18. मनोग्रस्ति बाध्यता स्नायुविकृति के प्रमुख लक्षणों एवं कारकों की व्याख्या करें।
(Describe the major symptoms and causes of obsessive-compullsive neurosis.)

19. चिन्ता के लक्षणों एवं कारणों का वर्णन करें।
(Describe the symptoms and etiology of anxiety.)

20. मनोग्रस्ति-बाध्यता विकृति के लक्षणों एवं कारकों का वर्णन करे।
(Describe the symptoms and etiology of obsessive compulsive disorder.)

अध्याय 9

कायप्रारूप विकृतियाँ
(Somatoform Disorders)

1. कायप्रारूप विकृति के स्वरूप एवं प्रकार का उल्लेख करें।
(Point out the nature and types of Somatoform disorders.)
2. रूपांतर विकृति या रूपांतर हिस्ट्रीया के लक्षणों एवं कारणों का वर्णन करें।
(Describe the symptoms and etiologies of conversion hysteria.)
3. शरीर दुष्क्रिया आकृति विकृति तथा रोगभ्रम के नैदानिक लक्षणों का वर्णन करें।
(Describe the clinical pictures of Body dysmorphic disorder and hypochondriasis.)
4. निम्नलिखित पर संक्षिप्त नोट लिखें :
(Write short notes on the following)
(i) कायप्रारूप दर्द विकृति *(Somatoform Pain disorder)*
(ii) रोगभ्रम *(Hypochondriasis)*
(iii) शरीर दुष्क्रिया आकृति विकृति *(Body dysmorphic disorder)*
5. रूपांतर विकृति से आप क्या समझते हैं? इसके लक्षणों एवं कारणों का वर्णन करें।
(What do you mean by conversion disorder ? Describe its symptoms and etiology.)
6. रोगभ्रम क्या है? यह दुर्भीति से कैसे अलग है?
(What is Hypochondsiasis ? How does it differ from phobia ?)
7. रूपांतर विकृति के लक्षणों एवं कारकों की व्याख्या करें।
(Describe the symptoms and etiology of conversion disorder.)
8. कायिक रूपान्तर विकृति के मुख्य कारणों एवं लक्षणों का वर्णन करें।
(Discuss the main causes and symptoms of somatiration disorder.)
9. रोगभ्रम विकृति की नैदानिक विशेषताओं तथा कारकों से अपना परिचय दें।
(Show your acquitance with clinical characteristics and etiology of Hypochondrisis.

अध्याय 10

मनोविच्छेदी विकृतियाँ
(Dissociative disorders)

1. मनोविच्छेदी विकृति क्या है ? इसमें होने वाले प्रमुख अनुभूतियों का वर्णन करें।
(What is dissociative disorder ? Describe the major experiences occuring in this type of disorder.)
2. मनोविच्छेदी स्मृति लोप के स्वरूप पर प्रकाश डालें।
(Throw light upon the nature of dissociative amensia.)
3. मनोविच्छेदी आत्म विस्मृति तथा मनोविच्छेदी स्मृति लोप में अन्तर करें।
(Distinguish between dissociative amensia and dissociative fugue.)
4. मनोविच्छेदी पहचान विकृति के लक्षण एवं कारणों पर प्रकाश डालें।
(Throw light upon the symptoms and etiology of dissociative identity disorder.)
5. निम्नलिखित पर संक्षिप्त नोट लिखें *(Write short notes on the following)*
(i) व्यक्तिलोप विकृति *(depersonalization disorder)*
(ii) मनोविच्छेदी आत्मविस्मृति *(dissociative fugue)*
(iii) मनोविच्छेदी स्मृतिलोप *(dissociative amensia)*
6. रोगभ्रम के कारणों एवं नैदानिक स्वरूप की विवेचना करें।
(Discuss the clinical picture and etiology of hypochondisios.)

अध्याय 11

मनोदैहिक विकृतियाँ

(Psychosomatic disorders)

1. मनोदैहिक विकृति से आप क्या समझते हैं ? यह किस तरह से रूपांतर हिस्ट्रीया से भिन्न है ?
   (What do you mean by psychosomatic disorder ? How does it differ from conversion hysteria.)
2. मनोदैहिक विकृति के सामान्य कारणों पर प्रकाश डालें।
   (Throw light upon the general causes of psychomatic disorder.)
3. श्वसनी दमा तथा आवश्यक हाइपरटेंशन के लक्षणों एवं कारणों पर प्रकाश डालें।
   (Throw light upon the symptoms and etiologies of bronchial asthma and hypertension.)
4. निम्नलिखित पर संक्षिप्त नोट लिखें *(Write short notes on the following)*
   (i) एनोरेक्सीया नरभोसा *(Anorexia Nervosa)*
   (ii) बुलिमिया *(Bulimia)*
   (iii) अतिश्वसन संलझण *(hyperventilation syndrome)*
   (iv) टाईप-ए व्यवहार *(Type A behaviour)*

अध्याय 12

व्यक्तित्व विकृतियाँ

(Personality disorders)

1. व्यक्तित्व विकृति के स्वरूप पर प्रकाश डालें। किन-किन कसौटियों के आधार पर आप ऐसे व्यक्तित्व विकृति की पहचान करेंगे?
   (Throw light upon the nature of personality disorder. On what criteria will you diagnose such personality ?)
2. व्यक्तित्व विकृति के पहचान या निदान में सम्मिलित मुख्य समस्याओं का उल्लेख करें।
   (Point out the major problems involved in diagnosis of a personality disorder.)
3. एक केस का उदाहरण देते हुए व्यक्तित्व विकृति के नैदानिक स्वरूप का वर्णन करें।
   (Citing a case, describe the clinical picture of personality disorder.)
4. व्यक्तित्व विकृति के कारणात्मक कारकों का वर्णन करें।
   (Describe the causal factors of personality disorders.)
5. व्यक्तित्व विकृति के विभिन्न प्रकारों का वर्णन करें।
   (Describe the different types of personality disorder.)
6. समाज-विरोधी व्यक्तित्व का अर्थ बतलावें। ऐसे व्यक्तित्व की पहचान के लिए कौन-कौन-सा कसौटी का उपयोग किया जाता है ?
   (Give the meaning of anti-social personality. What criteria are used for diagnosing such personality ?)
7. समाज-विरोधी व्यक्तित्व के प्रमुख कारकों का उल्लेख करें।
   (Point out the major reasons or etiologies of antisocial personality.)
8. निम्नलिखित पर संक्षिप्त नोट लिखें
   (Write short notes on the following)
   (i) स्थिर व्यामोही व्यक्तित्व विकृति
   (Paranoid Personality disorder)
   (ii) हिस्ट्रीओनिक व्यक्तित्व विकृति *(Histrionic Personality disorder)*
   (iii) सीमान्त रेखीय व्यक्तित्व विकृति *(Boarderline Personality disorder)*
   (iv) मनोग्रसित-बाध्यता व्यक्तित्व विकृति
   (Obsessive-compulsive personality disorder)

अध्याय 13

द्रव्य-संबद्ध विकृतियाँ

(Substance-related disorders)

1. द्रव्य दुरुपयोग तथा द्रव्य-निर्भरता में अन्तर करें।

(Make distinction between substance abuse and substance dependence).

2. मद्यपानता का अर्थ बतलावें। मद्यपानता की अवस्थाओं का वर्णन करें।

(Give the meaning of alcoholism. Describe the different phases of alcoholism.)

3. मद्यपानता से संबंध महत्त्वपूर्ण मनोविक्षिप्तियों का वर्णन करें।

(Describe the important psychosis associated with alcoholism.)

4. मद्यपानता के विभिन्न प्रकारों का उदाहरण सहित वर्णन करें।

(Describe, with examples, the different types of alcoholism.)

5. मद्यपानता के विभिन्न प्रभावों का वर्णन करें।

(Describe the different effects of alcoholism.)

6. मद्यपानता के प्रमुख हैतुकी या कारणों की व्याख्या करें।

(Explain the different etiologies of alcoholism.)

7. मद्यपानता के उपचार पर एक कार्यक्रम का प्रस्ताव तैयार करें।

(Prepare a proposal or programme for treatment of alcoholism.)

8. नाइकोटिन एवं सिगरेट धूम्रपान संबद्ध विकृति का संक्षिप्त विवरण प्रस्तुत करें।

(Present a short description of nicotine and cigarette smoking related disorder.)

9. उत्तेजक संबद्ध विकृति खासकर कोकेन तथा केफैईन से संबद्ध विकृतियों पर प्रकाश डालें।

(Throw light upon stimulant-related disorder particularly cocaine and caeffeine related disorder.)

10. स्वापक संबद्ध विकृतियों के लक्षणों एवं उपचार का वर्णन करें।

(Describe the symptoms and treatment of opioid-related disorder.)

11. एलएसडी, पीसीपी तथा एमडीएमए के दुरूपयोग से पड़ने वाले प्रभावों का वर्णन करें।

(Describe the impact of abuse of LSD, PCP and MDMA.)

12. केन्नाविस संबद्ध विकृति के लक्षणों, कारणों एवं उपचार पर एक संक्षिप्त लेख लिखें।

(Write short notes on symptoms, causes and treatment of Cannibas-related disorder.)

13. शामक-निद्राजनक या चिंता-विरोधी संबद्ध विकृति के लक्षणों एवं कारकों का वर्णन करें।

(Describe the symptoms and etiology of sedative-hypnotic or anxiolytic related disorders.)

14. निम्नलिखित पर संक्षिप्त नोट लिखें—

Write short notes on the following—

(i) क्रॉस सहनशीलता प्रभाव *(Cross-tolerance effect)*

(ii) साइनरजिस्टीक प्रभाव *(Synergistic effect)*

15. द्रव्य संबंध विकृतियों की एक समुचित कारणत्व व्याख्या प्रस्तुत करें।

(Present a causal explanation of substance-related disorder.)

16. द्रव्य-संबंध विकृतियों के उपचार का एक कार्यक्रम तैयार करें।

(Prepare a programme for treatment of substance-related disorder.)

अध्याय 14

मनोदशा विकृतियाँ एवं आत्महत्या
(Mood disorders and Sucide)

1. मनोदशा विकृति के अर्थ बतलावें। इसके मुख्य प्रकारों का वर्णन करें।
   (Give the meaning of mood disorder. Describe its different types.)
2. विषाद के प्रमुख लक्षणों का वर्णन करें।
   (Describe the major symptoms of depression.)
3. डायस्थाईमिक विकृति के लक्षण तथा कारण पर प्रकाश डालें।
   (Throw light upon the symptoms and etiology of dysthymic disorder.)
4. बड़ा विषादी विकृति के लक्षणों तथा कारणों का उल्लेख करें।
   (Point out the symptoms and etiologies of major depressive disorder.)
5. विषादी विकृति के प्रमुख कारणत्व विचारधाराओं का उल्लेख करें।
   (Point out the major causative viewpoints of depressive disorder.)
6. विषादी विकृति के जैविक कारणों का उल्लेख करें।
   (Point out the biological causes of depressive disorder.)
7. विषादी विकृति के व्यवहारात्मक एवं संज्ञानात्मक विचारधाराओं का उल्लेख करें।
   (Point out the behavioural and cognitive viewpoints of depressive disorder.)
8. एकध्रुवीय विषाद के उपचार का एक कार्यक्रम तैयार करें।
   (Prepare a programme for the treatment of unipolar depression.)
9. एकध्रुवीय विषाद के संज्ञानात्मक चिकित्सा पर प्रकाश डालें।
   (Throw light upon the cognitive therapy of unipolar depression.)
10. एकध्रुवीय विषाद के जैविक उपचारों पर प्रकाश डालें।
   (Throw light upon the biological treatments of unipolar depression.)
11. द्विध्रुवीय विकृति या उन्माद विषाद विकृति के मुख्य लक्षणों एवं कारकों का उल्लेख करें।
   (Point out the major symptoms and etiologies of bipolar disorder or manic-depressive psychosis.)
12. द्विध्रुवीय विकृति के मुख्य प्रकारों का वर्णन करें।
   (Describe the major types of bipolar disorders.)
13. द्विध्रुवीय एक विकृति तथा द्विध्रुवीय दो विकृति में केस उदाहरण का हवाला देते हुए इन दोनों में अंतर करें।
   (Citing case examples make distinction between bipolar I and bipolar II disorder.)
14. द्विध्रुवीय विकृति के प्रमुख कारणों का उल्लेख करें।
   (Point out the major etiologies of bipolar disorder.)
15. द्विध्रुवीय विकृति के उपचार का एक कार्यक्रम तैयार करें।
   (Prepare a programme for treatment of bipolar disorder.)
16. उत्साह-विषाद मनोविकृति के नैदानिक लक्षणों तथा कारणों की विवेचना करें।
   (Discuss the diagnostic features and causes of manic-depressive psychosis.)
17. एकध्रुवीय विकृति के लक्षणों एवं कारणों का वर्णन करें।
   (Describe the symptims and etiology of unipolar disorder.)
18. द्विध्रुवीय विकृति का क्या अर्थ है? इसके लक्षणों तथा कारणों का वर्णन करें।
   (What is meant by pipolar disorder ? Describe its symptoms and causes.)
19. द्विध्रुवीय मनोदशा विकृति के संबंध में अपना परिचय दें।
   (Show your acquintance with Bipolar mood disorder.)

20. एक ध्रुवीय विकृति के सामान्य लक्षणों की व्याख्या करें।
(Explain the general symptoms of unipolar disorder.)

21. द्विध्रुवीय विकृति के मुख्य लक्षणों का वर्णन करें।
(Discuss the main symptoms of bipolar disorder.)

22. द्विध्रुवीय विकृति की विशेषताओं तथा कारणों पर प्रकाश डालें।
(Throw light upon the characteristics and etiology of bipolar disorder.)

अध्याय 15

मनोविदालिता
(Schizophrenia)

1. मनोविदालिता से आप क्या समझते हैं? इस संप्रत्यय की व्याख्या ऐतिहासिक परिप्रेक्ष्य में करें।
(What do you mean by schizophrenia ? Explain the concept in its historical perspective.)

2. मनोविदालिता को परिभाषित करें। मनोविदालिता के क्रम, विस्तार एवं व्यापकता का वर्णन करें।
(Define schizophrenia. Describe the course, incidence and prevalence of schizophrenia.)

3. मनोविदालिता के नैदानिक लक्षणों का वर्णन करें।
(Describe the clinical symptoms of schizophrenia.)

4. मनोविदालिता के निदान के लिए किन-किन कसौटियों को महत्त्वपूर्ण बतलाया गया है ? वर्णन करें।
(What criteria have been said to be important for diagnosis of schizophrenia ? Describe it.)

5. मनोविदालिता के विभिन्न प्रकारों का वर्णन उदाहरण सहित करें।
(Describe, with examples, the different types of schizophrenia.)

6. मनोविदालिता के विभिन्न आयामों का वर्णन करें।
(Describe the different dimensions of schizophrenia.)

7. मनोविदालिता के जैविक कारणों का उल्लेख करें।
(Point out the biological causes of schizophrenia.)

8. मनोविदालिता के मनोवैज्ञानिक कारणों की व्याख्या करें।
(Point out the psychological causes of schizophrenia)

9. मनोविदालिता के सामाजिक-सांस्कृतिक कारणों का वर्णन करें।
(Describe the socio-cultural causes of schizophrenia.)

10. मनोविदालिता के लक्षणों एवं कारणों की व्याख्या करें।
(Explain the symptoms and etiology of schizophrenia.)

11. मनोविदालिता के उपचार में मनोविक्षिप्ति विरोधी औषधों का महत्त्व बतलायें।
(Point out the role of antipsychotic drugs in the treatment of schizophrenia.)

12. मनोविदालिता के उपचार में मनश्चिकित्सा के विभिन्न विधियों का वर्णन करें।
(Describe the different methods of psychotherapy in the treatment of schizophrenia.)

13. मनोविच्छेद विकृति तथा मनोविदालिता के बीच अंतरों की विवेचना करें।
(Discuss the differences between dissociative disorder and schizophrenia.)

14. मनोविदालिता के उपचार के लिए एक विस्तृत कार्यक्रम तैयार करें।
(Prepare a comprehensive programme for the treatment of schizophrenia.)

15. मनोविदालिता के नैदानिक स्वरूप या सामान्य लक्षणों तथा कारणों का वर्णन करें।
(Describe the general symptoms or clinical pictures and etiology of schizophrenia.)

16. निम्नलिखित पर नोट लिखें (Write short notes on the following)
(i) मनोविदालिता के धनात्मक लक्षण *(Positive symptoms of schizophrenia)*
(ii) मनोविदालिता के नकारात्मक लक्षण *(Negative symptoms of schizophrenia)*

(iii) कैटेटोनिक मनोविदालिता *(Catatonic schizophrenia)*

(iv) मनोविदालिता के आयाम *(Dimension of schizophrenia)*

17. मनोविदालिता क्या है ? संक्षेप में इसके प्रकारों तथा कारणों की विवचेना करें।
(What is schizophrenia ? Discuss in brief its types and causes.)

18. मनोविदालिता के लक्षण एवं कारणों का वर्णन करें।
(Describe the symptoms and etiology of schizophenia.)

19. मनोविदालिता के प्रमुख प्रकारों का वर्णन करें।
(Describe the major types of Schizophremia.)

20. मनोविदालिता के नैदानिक लक्षणों तथा कारणों का वर्णन करें।
(Describe the clinical symptoms and etiology of schizophremia.)

21. मनोविदालिता के विभिन्न प्रकारों का वर्णन करें।
(Describe the different types of schizophremia ?)

22. मनोविदालिता के प्रमुख लक्षण क्या है?
(What are the important symptoms of schizophremia.)

23. मनोविदालिता के प्रकारों एवं कारणों का वर्णन करें।
(Describe the types and causes of schizophrenia.)

24. मनोविदालिता के प्रमुख लक्षणों का वर्णन करें।
(Discuss the major symptoms of schizophremia.)

अध्याय 16

व्यामोही विकृति या स्थिर व्यामोही विकृति
(Delusional disorder or Paranoid disorder)

1. स्थिर व्यमोही विकृति क्या है ? इसके प्रमुख प्रकारों का वर्णन करें।
(What is paranoid disorder ? Describe its major types.)

2. स्थिर-व्यामोही विकृति के प्रमुख लक्षणों का वर्णन करें।
(Describe the major symptoms of paranoid disorder.)

3. स्थिर-व्यामोही विकृति के प्रमुख कारणों का वर्णन करें।
(Describe the major causes of paranoid disorder.)

4. स्थिर-व्यामोही विकृति के प्रमुख लक्षणों एवं कारणों का वर्णन करें।
(Describe the major symptoms and etiologies of paranoid delusion.)

अध्याय 17

मानसिक मन्दन तथा अधिगम असमर्थता
(Mental Retardation and Learning Disabilities)

1. मानसिक मन्दन की परिभाषा दें। मानसिक मन्दन की प्रमुख विशेषताओं को वर्णन करें।
(Define mental retardation. Discuss the major characterstics of mental retardation.)

2. मानसिक मन्दन के विभिन्न स्तरों या प्रकारों का वर्णन करें।
(Describe the different levels or types of mental relation.)

3. मानसिक मन्दन के प्रमुख नैदानिक प्रकारों का वर्णन करें।
(Describe the major clinical types of mental retardation.)

4. मानसिक मन्दन के सामान्य कारणों पर प्रकाश डालें।
(Throw light upon the general causes of mental retardation.)

5. मानसिक रूप से मन्दित बच्चों के उपचार, रोक-थाम तथा पुनर्वास के लिए एक संयुक्त कार्यक्रम तैयार कीजिए।
(Prepare a joint plan for treatment, prevention and rehabilitation of mentally retarded children.)

6. मानसिक मन्दन तथा मानसिक रोग में अंतर कीजिए।
(Make distinction between mental retardation and mental disease.)
7. अधिगम असमर्थता से आप क्या समझते हैं ? इसके प्रमुख कारणों पर प्रकाश डालें।
(What do you mean by learning disabilities ? Throw light upon its major causes.)
8. अधिगम विकृति के प्रमुख प्रकारों का वर्णन करें। इसके उपचार के लिए एक कार्यक्रम तैयार करें।
(Describe the major types of learning disorder. Suggest a programme for its treatment.)
9. अधिगम विकृति के प्रमुख कारणों पर प्रकाश डालें।
(Throw light upon the major causes of learning disorders.)
10. निम्नलिखित पर संक्षिप्त नोट लिखें (Write short notes on the following)
(i) संचार विकृति *(communication disorder)*
(ii) पेशीय-कौशल विकृति *(motor-skill disorder)*
(iii) मानसिक दुर्बलता के नैदानिक प्रकार *(clinical types of mental retardation)*
(iv) टर्नर संलक्षण *(Turner's Syndrome)*
11. मानसिक मंदन या दुर्बलता के किन्हीं दो प्रकारों का वर्णन करें तथा इसके कारक के रूप में वातावरण की भूमिका का वर्णन करें।
(Describe any two types of mental retardation and describe the role of environment in causing mental retardation.)
12. मानसिक रूप से मंदित बच्चों का पुनर्वास करने की प्रमुख प्रविधियों की विवेचना करें।
(Discuss the main techniques of rehabilitating retarded children.)

अध्याय 18

लैंगिक एवं लिंग पहचान विकृतियाँ
(Sexual and Gender Identity Disorders)

1. लैंगिक दुष्क्रियता से आप क्या समझते हैं ? लैंगिक दुष्क्रियता के प्रमुख कारणों का वर्णन करें।
(What do you mean by sexual dysfunction ? Describe the major causes of sexual dysfunction.)
2. लैंगिक विसामान्यता से आप क्या समझते हैं ? किन्हीं दो तरह के लैंगिक विसामान्यताओं पर प्रकाश डालें।
(What do you mean by sexual deviancy ? Throw light upon any two types of sexual deviancy.)
3. क्या समजातिलिंगी मानसिक रूप से बीमार लोग होते हैं ? इनके कारणों पर प्रकाश डालें।
(Are homosexuals mentally ill people ? Throw light upon its causes.)
4. निम्नलिखित पर संक्षिप्त नोट लिखें—
Write short notes on the following—
(i) भिन्नलिंग वस्त्र धारण *(transvestism)* (ii) वस्तुकामुकता *(fetisiticism)*
(iii) अंगप्रदर्शन *(exhibitionism)* (iv) नग्न दर्शन रति *(voyeurism)*
5. लिंग पहचान विकृति के स्वरूप पर प्रकाश डालें।
(Throw light upon the nature of Gender identity disorder.)

अध्याय 19

संज्ञानात्मक विकृतियाँ
(Cognitive Disorders)

1. संज्ञानात्मक विकृति से आप क्या समझते हैं? वृद्धकाल का संज्ञानात्मक क्षमताओं पर पड़ने वाले प्रभावों का उल्लेख करें।
(What do you mean by Cognitive disorder ? Pointout the impact of aging upon the cognitive abilities.)
2. स्मृतिलोप विकृति के स्वरूप पर प्रकाश डालें। इसकी व्यापकता का आकलन किन कारणों से मुश्किल होता है?
(Throw light upon the nature of amnestic disorder. Due to what factors the assessment of the prevalence of amnestic disorders become difficult.)

3. उन्माद के लक्षणों, दिशा, व्यापकता तथा कारणों का उल्लेख करें।
(Pointout the symptoms, course, prevalence and etiologies of delirium.)

4. मनोभ्रम के प्रमुख लक्षण बतलावें। इसके प्रमुख प्रकारों की विवेचना करें।
(Point out the major symptoms of dementia. Discuss its major types.)

5. निम्नलिखित पर संक्षिप्त नोट लिखें -
(Write short notes on the following)
   (i) संवहनी मनोभ्रम (Vascular dementia)
   (ii) द्रव्य-उत्पन्न मनोभ्रम (Substance-induced dementia)

अध्याय 20

नैदानिक हस्तक्षेप : मनश्चिकित्सा

(Clinical intervention : Psychotehrapy)

1. मनश्चिकित्सा से आप क्या समझते हैं ? इसके प्रमुख लक्ष्यों का वर्णन करें।
(What do you mean by psychotherapy ? Describe its major goals.)

2. फ्रायड द्वारा प्रतिपादित मनोवैश्लेषिक चिकित्सा में निहित प्रमुख कदमों पर प्रकाश डालें। इसके गुण एवं दोषों का भी वर्णन करें।
(Throw light upon the important steps involved in Freudian psychoanalytical therapy. Describe its merits and demerits.)

3. मनोव्याधि की चिकित्सा प्रविधि के रूप में विद्युत आघात चिकित्सा प्रविधि का मूल्यांकन करें।
(Evaluate electric shock therapy as therapeutic techinque of mental illness.)

4. व्यवहार चिकित्सा क्या है ? इसके विभिन्न प्रकारों का वर्णन करें।
(What is behaviour therapy ? Describe different techniques of behaviour therapy.)

5. मनश्चिकित्सा के स्वरूप एवं विभिन्न पहलुओं की व्याख्या करें। अनलम्बी तथा पुनर्रचनात्मक मनश्चिकित्साओं के मल उद्देश्यों का वर्णन भी कीजिए।

   (Explain the different aspects and nature of psychotherapy. Also describe the basic purposes of supportive and reconstructive psychotherapies.)

6. अन्तः स्फोटात्मक चिकित्सा तथा फ्लडिंग में क्या अन्तर है ? व्यवहार चिकित्सा के गुण एवं दोषों का वर्णन करें।
(What is the distinction between implosive therapy and flooding. Describe the merits and demerits of behaviour therapy.)

7. निम्नलिखित पर संक्षिप्त टिप्पणी लिखें—
(Write short notes on the following)—
   (i) निश्चयात्मकता चिकित्सा *(Assertiveness therapy)*
   (ii) मनोशल्य चिकित्सा *(Psychosurgery)*
   (iii) बायोफिडबैक प्रविधि *(Biofeedback technique)*
   (iv) मॉडलिंग *(Modeling)*

8. ओल्प के क्रमबद्ध असंवेदीकरण का व्यवहार चिकित्सा की प्रविधि के रूप में विवेचना कीजिए।
(Discuss Wolpe's systematic desensitization as a techinque of behaviour therapy.) *(M.A. Psy. MU '98)*

9. क्लायंट-केन्द्रित चिकित्सा क्या है? इसका मूल्यांकन करते हुए इसमें निहित कदमों पर प्रकाश डालें।
(What is client-centred therapy ? While evaluating it, throw light upon the steps involved in it.)

10. निम्नलिखित पर संक्षिप्त नोट लिखें—
(Write shorts notes on the following)—
   (i) मनोनाटक *(Psychodrama)*
   (ii) दिशाहीन चिकित्सा *(Non-directive therapy)*
   (iii) व्यवहार चिकित्सा *(Behaviour therapy)*
   (iv) समूह चिकित्सा *(Group therapy)*

11. समूह चिकित्सा की विधि एवं उपयोगिता की व्याख्या करें।
(Explain the method and utility of group therapy.)

12. व्यवहार चिकित्सा में अन्तर्निहित प्रमुख मान्यताओं की विवेचना कीजिए तथा व्यवहार चिकित्सा की किन्हीं दो प्रविधियों से अपनी भिज्ञता स्पष्ट कीजिए।
(Discuss the main principles underlying behaviour therapy and show you acquiantance with any two techniques of behaviour therapy.)

13. समूह चिकित्सा कि विधि एवं उपयोगिता की व्याख्या करें।
(Explain the concept of clinical intervention. Evaluation different methods of therapeutic intervention.)

14. मनोचिकित्सा के अर्थ एवं उद्देश्य का वर्णन करें।
(Describe the meaning and goals of psychotherapy.)

अध्याय 21

मनोगत्यात्मक चिकित्सा
(Psychodynamic Therapy)

1. मनोगत्यात्मक चिकित्सा का अर्थ बतलावें। इसकी ऐतिहासिक पृष्ठभूमि पर प्रकाश डालें।
(Give the meaning of psychodynamic therapy. Throw light upon its historical background.)

2. मनोवैश्लेषिक चिकित्सा का अर्थ बतावें। इसके प्रमुख लक्षणों का वर्णन करें।
(Give the meaning of psychoanalytic therapy. Describe its major symptoms.)

3. फ्रायडियन मनोवैश्लेषिक चिकित्सा के गुण एवं दोषों का वर्णन करें।
(Describe the merits and demerits of Freudian psychonalytic therapy.)

4. निम्नलिखित पर संक्षिप्त नोट लिखें—
(Write short notes on the following)—
(i) एडलर का वैयक्तिक चिकित्सा *(Adler's individual therapy)*
(ii) युंग का विश्लेषाणत्मक चिकित्सा *(Jung's analytical therapy)*
(iii) अहं वैश्लेषिक चिकित्सा *(Ego analytic therapy)*
(iv) संक्षिप्त मनश्चिकित्सा *(Brief Psychotherapy)*

5. अन्तर्वैयक्तिक मनोगत्यात्मक चिकित्सा से आप क्या समझते हैं ? इसके गुण एवं दोषों का वर्णन करें।
(What do you mean by interpersonal psychodynamic therapy ? Describe its merits and demerits.)

6. एडलर चिकित्सा पद्धति से अपनी अभिज्ञता दर्शाते हुए उसकी प्रभावशीलता की विवेचना करें।
(Show your acquiantance with Adlerian therapy and discuss its effectiveness.)

7. इस धारणा से आप कहाँ तक सहमत हैं कि मनोवैश्लेषिक चिकित्सा की प्रमुख घटना अवरोधों का व्यवस्थापन है ? इस संदर्भ में इपिनोजिक एवं सुपरइगो अवरोधों के संप्रत्यय की व्याख्या कीजिए।
(How far do yoy agree with the contention that the central event of psychoanalytic therapy is the management of resistances ? In this context explain the concepts of epinosic and super ego resistances.)

8. फ्रायड के मनोवैश्लेषिक चिकित्सा से संबंधित सिद्धान्त का आलोचनात्मक मूल्यांकन करें।
(Evaluate critically the psychoanalytic therapy of Psycheothrapy.)

9. मनोविश्लेषणात्मक चिकित्सा में प्रतिरोध तथा अंतरण की विवेचना करें।
(Describe the importance of resistance ad transference in psychoanalytical therapy.)

10. फ्रायडियन मनोवैश्लेषिक चिकित्सा के गुणों एवं दोषों का वर्णन करें।
(Describe the merits and demerits of Freudian psychoanlytic therapy.)

अध्याय 22

व्यवहार चिकित्सा एवं संज्ञानात्मक व्यवहार चिकित्सा
(Behaviour Therapy and Cognitive Behaviour Therapy)

1. व्यवहार चिकित्सा क्या है ? इसका संक्षिप्त इतिहास का वर्णन करें।
   (What is behaviour therapy ? Describe its brief history.)
2. क्रमबद्ध असंवेदीकरण क्या है ? इसके सापेक्ष लाभ एवं अलाभ का वर्णन करें।
   (What is systematic desensitization ? Describe its relative advantages and disadvantages.)
3. संभाव्यता प्रबंधन से आप क्या समझते है ? संभाव्यता प्रबंधन के विभिन्न प्रविधियों का वर्णन करें।
   (What do you mean by contingency management ? Describe the different techniques of contingency management.)
4. विरुचि चिकित्सा क्या है ? इसकी विधि एवं अनुप्रयोग का वर्णन करें।
   (What is aversion therapy ? Describe its procedures and applications.)
5. व्यवहार चिकित्सा की एक प्रविधि रूप में मॉडलिंग के लाभ एवं अलाभों का वर्णन करें।
   (Describe the advantages and disadvantages of modelling as a technique of behaviour therapy.)
6. व्यवहार चिकित्सा की एक प्रविधि के रूप में वायोफिडबैक विधि के लाभ एवं अलाभों का वर्णन करें।
   (Describe the advantages and disadvantages of biofeedback as a techniques of behaviour therapy.)
7. संज्ञानात्मक व्यवहार चिकित्सा क्या है ? यह व्यवहार चिकित्सा से किस तरह से भिन्न है।
   (What is cognitive behaviour therapy ? How does it differ from behaviour therapy ?)
8. संज्ञानात्मक व्यवहार चिकित्सा के दो प्रमुख प्रकारों के लाभ एवं अलाभ का वर्णन करें।
   (Describe the advantages and disadvantages of two major types of Cognitive Behaviour therapy.)
9. निम्नलिखित पर संक्षिप्त नोट लिखें—
   (Write short notes on the following)—
   (i) फ्लडिंग *(Flooding)*
   (ii) बहुआयामी चिकित्सा *(Multimodal therapy)*
   (iii) सामाजिक समस्या समाधान *(Social problem solving)*
   (iv) सांकेतिक व्यवस्था *(Token economy)*
10. बेक द्वारा प्रतिपादित संज्ञानात्मक चिकित्सा के लाभ एवं अलाभों का वर्णन करें।
    (Describe the advantages and disadvantages of Beck's cognitive therapy.)
11. दुर्भीति के निराकरण में संज्ञानात्मक व्यवहार चिकित्सा की उपयोगिता का विवेचन करें।
    (Discuss the usefulness of Cognitive Behaviour therapy in remediation of phobic disorder.)
12. अनुकूली व्यवहारों के अर्जन में सांकेतिक व्यवस्था तथा आत्म-नियंत्रित विधियों की भूमिका पर प्रकाश डालें।
    (Describe the role of token economy and self-control procedures in the acquisition of adaptive behaviours.)
13. मानसिक विकृतियों के उपचार में व्यवहार चिकित्सा का मूल्यांकन करें।
    (Evaluate behaviour therapy in the treatment of mental disorders.)
14. व्यवहार चिकित्सा के गुण एवं दोषों का वर्णन करें।
    (Discuss the merits and demerits of behaviour therapy.)
15. व्यवहार चिकित्सा कीं मुख्य प्रविधियों का वर्णन करें।
    (Discuss the main techniques of behaviour therapy.)

अध्याय 23

मानवतावादी-अनुभवात्मकचिकित्सा
(Humanistic-Experiential Therapy)

1. चिकित्सा का मानवतावादी अनुभवात्मक उपागम से आप क्या समझते हैं ? इसके लाभ तथा अलाभों का वर्णन करें।
(What do you mean by phenomenological approach to therapy ? Describe its advantages and disadvantages.)
2. क्लायंट केन्द्रित चिकित्सा क्या है ? इसके लाभ तथा अलाभों का वर्णन करें।
(What is client-centered therapy ? Describe its advantages and disadvantages.)
3. गेस्टाल्ट चिकित्सा के प्रमुख संप्रत्यय क्या है ? इसके लाभ एवं अलाभ का वर्णन करें।
(What are the major concepts of Gestalt therapy ? Describe its advantages and disadvantages.)
4. लोगोचिकित्सा क्या है ? इसके लाभ एवं अलाभों का वर्णन करें।
(What is logotherapy ? Describe its advantages and disadvantages.)
5. अस्तित्ववादी चिकित्सा क्या है ? इसके लाभ एवं अलाभों का वर्णन करें।
(What is exisential therapy ? Describe its advatnages and disadvantages.)
6. निम्नलिखित पर संक्षिप्त नोट लिखें—
(Write short notes on the following)—
(i) शर्त्तहीन धनात्मक सम्मान *(Unconditional positive regard)*
(ii) टॉपडॉग तथा अंडरडॉग *(Topdog-Underdog)*
(iii) लोगोचिकित्सा *(Logotherapy)*
7. गेस्टाल्ट चिकित्सा के प्रमुख विशेषताओं का वर्णन करें।
(Describe the sailent features of Gestalt therapy.)
8. क्लायंट-केन्द्रित चिकित्सा के चरणों पर ध्यान केन्द्रित करते हुए चिकित्सीय प्रक्रिया पर विवेचन कीजिए।
(Focussing on the stages of client-centred therapy discuss the therapeutic processes.)
9. रोगी-केंन्द्रित चिकित्सा क्या है? इसका मूल्यांकन करते हुए इसमें निहित कदमों पर प्रकाश डालें।
(What is client centred therapy ? While evaluating it, throw light upon the steps involved in it.)
10. क्लायंट-केन्द्रित चिकित्सा के लाभों एवं सीमाओं का वर्णन करें।
(What are the merits and limitations of client-centred therapy.)
11. रोगी-केन्द्रित चिकित्सा की आलोचनात्मक व्याख्या करें।
(Discuss critically the client-centred therapy.)

अध्याय 24

सामूहिक चिकित्सा, पारिवारिक चिकित्सा, वैवाहिक चिकित्सा तथा भिड़ंत समूह
(Group Therapy, Family Therapy, Marital Therapy and Encounter Group)

1. सामूहिक चिकित्सा का अर्थ बतलावें। इसके विभिन्न उपचार कारकों का वर्णन करें।
(Give the meaning of group therapy. Describe its various therapeutic factors.)
2. उदाहरण के साथ सामूहिक चिकित्सा के विभिन्न प्रक्रियाओं का वर्णन करें।
(Describe, with examples, the various processes of group therapy.)
3. किन्हीं दो ऐसे सामूहिक चिकित्सा का वर्णन करें जिनका लगाव मनोगतिकी चिकित्सा से है।
(Describe any two types of group therapy which has adherence to psytchodynamic therapy.)
4. किन्हीं दो ऐसे सामूहिक चिकित्सा का वर्णन करें जिनका लगाव व्यवहार चिकित्सा से है।
(Describe any two types of group therapy which has adherence to behaviour therapy.)
5. किन्हीं दो ऐसे सामूहिक चिकित्सा का वर्णन करें जो मानवतावादी चिक्रित्सा मॉडल पर आधारित हो।
(Describe any two group therapies which are based upon humanistic therapy model.)

6. सामूहिक चिकित्सा क्या है ? इसका मूल्यांकन करें।
(What is group therapy ? Make an evaluation of it.)

7. सामूहिक चिकित्सा क्या है।? इसके मुख्य लक्ष्यों का वर्णन करें।
(What is group therapy ? Describe its major goals.)

8 कुछ उदाहरण देते हुए सामूहिक चिकित्सा के विभिन्न प्रकारों का वर्णन करें।
(Citing examples, describe the different types of group therapy.)

9. सामूहिक चिकित्सा का उपयोग कब किया जाना चाहिए ? सामूहिक चिकित्सा के मुख्य समस्याओं का वर्णन करें।
(When should group therapy be used ? Describe the major problems of group therapy.)

10. सामूहिक चिकित्सा तथा पारिवारिक चिकित्सा में अंतर करें। पारिवारिक चिकित्सा का मूल्यांकन उपस्थित करें।
(Make distinction between group therapy and family therapy. Make an evaluation of family therapy.)

11. मुठभेड़ सामूहिक चिकित्सा को परिभाषित करें। इसके विभिन्न प्रारूप या प्रकारों का वर्णन करें।
(Define encounter group therapy. Describe its different types or forms.)

12. मुठभेड़ समूह चिकित्सा का मूल्यांकन करें। क्या मुठभेड़ समूह चिकित्सा प्रभावी होता है ?
(Define evaluation of group therapy. Is encounter group therapy effective one ?)

13. समूह चिकित्सा के विभिन्न मॉडल का वर्णन करें।
(Describe the different models of group therapy.)

14. बाल्यावस्था के व्यवहार विकृतियों के निराकरण में परिवार की प्रभावशीलता का वर्णन करें।
(Discuss the effectiveness of family therapy in eliminating behaviour disorder of childhood.)

15. निम्नलिखित पर संक्षिप्त लेख लिखें—
(Write short notes on the following)—
(i) वैवाहिक युग्म चिकित्सा *(Martial or Couple therapy)*
(ii) वैवाहिक चिकित्सा तथा पारिवारिक चिकित्सा में अन्तर
(Distinction between marital therapy and family therapy)
(iii) मुठभेड़ सामूहिक चिकित्सा की प्रविधि
(Technique of encounter group therapy)

16. इस धारणा के साथ अपनी अनभिज्ञता दर्शाएँ कि समूह चिकित्सा यथार्थ परीक्षण, सार्वभौमीकरण, संसक्ति निर्माण प्रक्रियाओं का सहारा लेती है।
(Show your acquiantance with the contention that group therapy resorts to reality testing, universalization and cohesion building process.)

17. मुठभेड़ समूह चिकित्सा का विवरण प्रस्तुत कीजिए तथा उनकी प्रभावशीलता पर टिप्पणी कीजिए।
(Present an account of encounter group therapy and comment on their effectiveness.)

अध्याय 25

मनश्चिकित्सा का मूल्यांकन
(Evaluation of Psychoterapy)

1. मनश्चिकित्सा की प्रभावशीलता के मूल्यांकन करने की प्रमुख विधियों का वर्णन करें।
(Describe the major methods of evaluating the effectiveness of psychotherapy.)

2. क्या मनश्चिकित्सा सचमुच में प्रभावी होता है ? प्रयोगात्मक तथ्यों के आधार पर उत्तर दें।
(Is psychotherapy really effective ? Answer on the basis of experimental facts.)

3. मनश्चिकित्सा के परिणाम को प्रभावित करने वाले कारकों का वर्णन करें।
(Describe the factors that affect the outcome of psychotherapy.)

4. चिकित्सक के उन विशेषताओं का वर्णन करें जिनसे मनश्चिकित्सा का परिणाम प्रभावित होता है?
(Describe those characteristics of therapist that are likely to affect outcome of psychotherapy.)
5. रोगी की उन विशेषताओं का वर्णन करें जिनसे मनश्चिकित्सा के परिणाम प्रभावित होते हैं ?
(Describe the characteristics of the patient that are likely to affect the outcome of psychotherapy.)
6. चिकित्सा के दौरान रोगी के साथ अन्तक्रिया होने पर चिकित्सक में उत्पन्न विशेषताओं का मनश्चिकित्सा पर पड़ने वाले प्रभावों का वर्णन करें।
(Describe the impact of those characteristics upon outcome of therapy that are produced in therapist during interaction with the patient during therapy.)
7. मेडिकल शोध तथा मनश्चिकित्सीय शोध में अंतर करें।
(Make distinction between medical research and psychotherapeutic research.)
8. किन-किन क्षेत्रों में मनश्चिकित्सा की प्रक्रिया पर शोध नैदानिक मनोवैज्ञानियों द्वारा किया जा रहा है ? उदाहरण सहित वर्णन करें।
(In what areas researches on the process of psychotherapy are being conducted by clinical psychologists. Describe with examples.)
9. मनश्चिकित्सीय शोध की कार्य-विधि से संबद्ध कमियों का वर्णन करें।
(Describe the methodological shortcomings of psychotherapeutic research.)
10. मनश्चिकित्सीय एवं मेडिकल शोधों में समरूपता तथा भेदों को रेखांकित कीजिए। मनश्चिकित्सा के परिणाम को प्रभावित करने वाले कारकों पर टिप्पणी भी कीजिए।
(Trace out the areas of commonality and differences between psychotherapeutic research and medical research. Comment on the factors affecting the outcome of psychotherapy.)
11. आघात चिकित्सा के विभिन्न प्रकारों का महत्त्व बतलावें।
(Show the importance of the different types of shock therapy.)
12. मनोचिकित्सा की प्रभावशीलता पर संक्षेप में नोट लिखें।
(Write short note on the effectiveness of psychotherapy.)

अध्याय 26

जैविक चिकित्सा
(Biological Therapy)

1. जैविक चिकित्सा क्या है ? औषधि चिकित्सा में प्रयुक्त किए जाने वाले प्रमुख औषधियों के महत्त्व पर प्रकाश डालें।
(What is biological therapy ? Throw light upon the major types of drugs used in pharmacotherapy.)
2. आघात चिकित्सा के विभिन्न प्रकारों के महत्त्व बतलावें।
(Show the importance of the different types of shock therapy.)
3. निम्नलिखित पर संक्षिप्त टिप्पणी लिखें—
(Write short notes on the following)—
   (i) मनोशल्य चिकित्सा *(Psychosurgery)*
   (ii) इनसुलिन कोमा चिकित्सा *(Insulin coma therapy)*
   (iii) वैद्युत आघात चिकित्सा *(Electro-shock therapy)*
4. मनोव्यधि की चिकित्सा प्रविधि के रूप में विद्युत आघात चिकित्सा प्रविधि का मूल्यांकन करें।
(Evaluate electric shock therapy as a therapeutic technique of mental illness.)

अध्याय 27

मानसिक स्वास्थ्य
(Mental Health)

1. मानसिक स्वास्थ्य से आप क्या समझते हैं ? मानसिक रूप से स्वस्थ व्यक्तियों की विशेषताओं पर प्रकाश डालें।
(What do you mean by mental health ? Throw light upon the characteristics of mentally healthy people.)

2. मानसिक स्वास्थ्य को प्रभावित करने वाले कारकों का वर्णन करें।
(Describe the factors that influence mental health.)

3. मानसिक स्वास्थ्य को उन्नत बनाने के प्रमुख उपायों का वर्णन करें।
(Describe the important measures of promoting mental health.)

4. मानसिक स्वास्थ्य हस्तक्षेप के विभिन्न मॉडलों का वर्णन करें। आप उनमें से किस मॉडल को अधिक उपयोगी समझते हैं और क्यों ?
(Describe the different models of mental health intervention. Which of them do you consider most useful and why ?)

5. निम्नलिखित पर नोट लिखें—
(Write short notes on the following)—
   (i) नैदानिक मॉडल *(clinical model)*
   (ii) सामुदायिक मॉडल *(community model)*
   (iii) सामान्यता के अर्थ *(meaning of normality)*

6. मानसिक स्वास्थ्य के स्वरूप का विस्तार से विवेचन करें। सामान्यता की सांख्यिकीय धारणा का आलोचनात्मक परीक्षण भी करें।
(Discuss in detail the nature of mental health. Also examine critically the statistical concept of normality.)

7. मानसिक स्वास्थ्य के महत्त्व की विवेचन करें। मानसिक स्वास्थ्य को सुधारने के उपाय बतलावें।
(Discuss the importance of mental health. Suggest methods to improve mental health.)

8. मानसिक स्वास्थ्य किसे कहते हैं ? इसका मापन कैसे किया जा सकता है?
(What is mental health ? How can it be measured ?)

9. मानसिक स्वास्थ्य हस्तक्षेप मॉडल की समीक्षा प्रस्तुत कीजिए और मानसिक स्वास्थ्य को उन्नत बनाने के उपायों का वर्णन करें।
(Present an appraisal of mental health intervention models and suggest measures for promoting mental health.)

10. मानसिक स्वास्थ्य तथा मानसिक बीमारी में अंतर करें। मानसिक स्वास्थ्य हस्तक्षेप के किन्हीं दो मॉडलों का वर्णन करें।
(Make distinction between mental health and mental illness. Describe any two models of mental health intervention.)

11. मानसिक स्वास्थ्य में कार्य करने वाले व्यक्तियों (व्यवसाय करने वाले) की भूमिका का वर्णन करें।
(Describe the role of mental health professionals.)

12. असामान्य मनोविज्ञान के क्षेत्र में मानसिक स्वास्थ्य व्यवसायियों की भूमिका की व्याख्या करें।
(Explain the role of Mental Health Professionals in abnormal psychology)

❑

वस्तुनिष्ठ प्रश्न
(Objective Questions)

वस्तुनिष्ठ प्रश्न
(OBJECTIVE QUESTIONS)

1. एक ऐसी मानसिक विकृति (mental disorder) जिसमें रोगी चिन्ताग्रस्त तो रहता है परन्तु उसकी गंभीरता इतनी अधिक नहीं होती है कि उसे मानसिक अस्पताल में रखकर उपचार कराया जाय। इस तरह के मानसिक विकृति को पहले कहा जाता था—
   (क) मनःस्नायुविकृति (Psychoneurosis) (ख) मनोविकृति (Psychosis)
   (ग) मनोदैहिक विकृति (Psychosomatic disorder)
   (घ) उपर्युक्त में से कुछ भी नहीं। **उ० (क)**
2. मानसिक विकृतियों के वर्गीकरण का सबसे उत्तम पद्धति (system) हैं—
   (क) डायगनोस्टिक एण्ड स्टैटिस्टीकल मैनुअल ऑफ मेन्टल डिजौडर (Diagnostic and Statistical Manual of Mental Disorders)
   (ख) इन्टरनेशनल क्लासिफिकेशन ऑफ डिजिजेज (International Classification of Diseases)
   (ग) एनालिशिस एण्ड इन्टरभेन्सन इन डेवलवमेन्ट डिजौडर (Analysis and Intervention in Development disorders)
   (घ) इन्टरनेशनल क्लासिफिकेसन ऑफ मेंटल डिजौडर (International Classification of Mental disorders)
   उ० (क)
3. मानसिक रोगों का पहला वर्गीकरण तंत्र (first classification system) किसके द्वारा तैयार किया गया?
   (क) फिलिप्प पिनेल (Philippe Pinel) (ख) इमिल क्रेपलिन (Emil Kraeplin)
   (ग) जीन-मार्टीन शार्को (Jean-Martin Charcot) (घ) सिगमंड फ्रायड (Sigmund Freud) **उ० (ख)**
4. स्नायुविकृत केन्द्रक (neurotic nucleus) किसे कहते हैं?
   (क) इसमें रोगी को अकारण चिन्ता होता है।
   (ख) इसमें रोगी एक ऐसा जीवन-शैली अपनाता है जिसमें वह वार•विकता का दोषपूर्ण मूल्यांकन करता है तथा तनावपूर्ण परिस्थितियों का मुकाबला न कर वह उससे दूर भाग जाता है।
   (ग) एक ऐसा जीवन-शैली जिसमें रोगी अपअनुकूली (maladaptive) व्यवहार एवं आत्म-असफल (self-defeating) व्यवहार से असंतुष्ट होने पर भी इसे बनाकर रखता है।
   (घ) इसमें रोगी की जीवन शैली इतनी अधिक दोषपूर्ण हो जाती है कि उसमें चिन्ता, विषाद (depression) एवं थकान की अनुभूति की प्रधानता हो जाती है। **उ० (ख)**
5. मानसिक विकृति (mental disorder) एक ऐसी विकृति को कहा जाता है जिसमें—
   (क) मूलतः मनःस्नायु विकृति (psychoneurosis) के लक्षण पाये जाते हैं।
   (ख) मूलतः मनोविकृति (psychosis) के लक्षण पाये जाते हैं।
   (ग) मानसिक दुर्बलता (mental deficiency) के लक्षण पाये जाते हैं।
   (घ) सभी तरह के असामान्य व्यवहार के लक्षण पाये जाते हैं। **उ० (घ)**
6. मानसिक विकृति के वर्गीकरण का नवीनतम पद्धति है—
   (क) DSM-IV (ख) WHO (ग) ICD-9 (घ) DSM-IIIR **उ० (क)**
7. निम्नांकित में से किसे असामान्य व्यवहार की विशेषताओं की श्रेणी में शामिल नहीं किया जाता है—
   (क) मानसिक असंतुलन (ख) संवेगात्मक अपरिपक्वता
   (ग) सूझपूर्ण व्यवहार की कमी (घ) यादाश्त की कमजोरी **उ० (घ)**
8. निम्नांकित में से किसे मनःस्नायु विकृति (psychoneurosis) का स्वतंत्र प्रकार नहीं माना जाता है—

(क) चिन्ता मनःस्नायुविकृति (Anxiety psychoneurosis)
(ख) निद्राभ्रमण (Somnambulism)
(ग) रूपान्तर हिस्ट्रीया (Conversion hysteria)
(घ) विषादी स्नायुविकृति (Depressive neurosis) उ० (ख)

9. बन्द जगहों से अयुक्तिसंगत भय (irrational fear) को कहा जाता है—
(क) एक्रोफोविया (Acrophobia)
(ख) क्लाउस्ट्रोफोविया (Claustrophobia)
(ग) एगोराफोविया (Agoraphobia)
(घ) माइसोफोविया (Mysophobia) उ० (ख)

10. मनोवैश्लेषिक सिद्धान्त (psychonalytical theory) में दुर्भीति (phobia) का दूसरा नाम है—
(क) चिन्ता हिस्ट्रीया (Anxiety hysteria)
(ख) रूपान्तर हिस्ट्रीया (Conversion hysteria)
(ग) मनोविच्छेदी हिस्ट्रीया (Dissociative hysteria)
(घ) एस्ट्राफोबिया उ० (क)

11. मनःस्नायु विकृति (psychoneurosis) के कई प्रकार हैं जिसमें से एक प्रकार ऐसा भी है जिसमें रोगी मुक्त-प्रवाहित चिन्ता (free-floating anxiety) दिखलाता है। इस प्रकार को कहा जाता है—
(क) चिन्ता हिस्ट्रीया (Anxiety hysteria)
(ख) चिन्ता मनस्ताप (Anxiety neurosis)
(ग) रूपान्तर हिस्ट्रीया (Conversion hysteria)
(घ) इनमें से कोई भी नहीं उ० (ख)

12. किसी कुत्ते से अयुक्तिसंगत डर (irratioal fear) को कहा जाता है—
(क) जूफोविया (Zoophobia) (ख) एक्सनोफोविया (Xenophobia)
(ग) साईनोफोविया (Cynophobia) (घ) नाइस्टोफोविया (Nyctophobia) उ० (ग)

13. कुछ लोग आँधी, तूफान एवं बिजली आदि के कौंधने से अयुक्तिसंगत डर दिखलाते हैं। इसे कहा जाता है—
(क) एल्गोफोविया (Algophobia) (ख) एस्ट्राफोविया (Astraphobia)
(ग) एक्रोफोविया (Acrophobia) (घ) एगोराफोविया (Agoraphobia) उ० (ख)

14. कुछ व्यक्तियों में बार-बार साबुन से हाथ धोने की बुरी आदत होती है। इस आदत को वे स्वयं भी बुरा समझते हैं परन्तु उसके बिना उसे चैन ही नहीं आता है। इस तरह के मानसिक विकृति (mental disorder) को कहा जाता है—
(क) मनोग्रसित-बाध्यता मनःस्नायुविकृति (Obsessive-compulsive neurosis)
(ख) हिस्ट्रीकल स्नायुविकृति (Hysterical neurosis)
(ग) विषादी स्नायुविकृति (Depressive neurosis)
(घ) रोगभ्रमी स्नायुविकृति (Hypochondrical neurosis) उ० (क)

15. हाइपेस्थेसिया (hypesthesia) एक लक्षण है—
(क) चिन्ता हिस्ट्रीया (Anxiety hysteria) का।
(ख) रूपान्तर हिस्ट्रीया (Conversion hysteria) का।
(ग) मनोविच्छेदी हिस्ट्रीया (Dissociative hysteria) का।
(घ) रोगभ्रमी मनस्ताप (Hypocondrical neurosis) का। उ० (ख)

16. एस्टासिया-एवासिया (astasia-abasia) एक विशेष मानसिक विकृति (mental disorder) का एक—
(क) संवेदी लक्षण (sensory symptom) है। (ख) क्रियात्मक लक्षण (motor symptom) है।
(ग) आन्त्रिक लक्षण (visceral symptom) है। (घ) इनमें से किसी भी प्रकार का लक्षण नहीं है।
उ० (ख)

17. आत्मविस्मृति (fugue) एक प्रमुख लक्षण है—
(क) विषादी स्नायुविकृति (Depressive neurosis) का।

(ख) रोगभ्रमी स्नायुविकृति (Hypochondrical neurosis) का।
(ग) रूपान्तर हिस्ट्रीया (Conversion hysteria) का।
(घ) इनमें से किसी का भी नहीं। उ० (घ)

18. फ्रायड (Freud) के अनुसार रूपान्तर हिस्ट्रीया का अर्थ होता है—
(क) दमित एवं विचलित यौन ऊर्जा का दैहिक लक्षणों में रूपान्तर।
(ख) डरावने इच्छाओं से उत्पन्न मानसिक संघर्षों का दैहिक लक्षणों में रूपान्तर।
(ग) किसी भी तनावपूर्ण परिस्थिति से उत्पन्न चिन्ताओं का दैहिक लक्षणों में रूपान्तर।
(घ) किसी अनैतिक इच्छाओं से उत्पन्न मानसिक संघर्षों का दैहिक लक्षणों में रूपान्तर। उ० (क)

19. झनझनाना या सनसाने की संवेदना को जिससे रूपान्तर हिस्ट्रीया के रोगी अक्सर ग्रसित होता है, को रखा जाता है—
(क) पारेस्थेसिया (Paresthesia) (ख) हापरस्थेसिया (Hypersethesia)
(ग) एनेस्थेसिया (Anesthesia) (घ) हाइपेस्थेसिया (Hypesthesia) उ० (क)

20. एफोनिया (aphonia) क्या होता है?
(क) इसमें रोगी बातचीत बिलकुल ही करने में असमर्थ रहता है।
(ख) इसमें रोगी सिर्फ फुसफुसाकर बातचीत कर पाता है।
(ग) इसमें रोगी लड़खड़ाकर चलता है।
(घ) इसमें रोगी दूसरे की बातचीत को सुन नहीं पाता है। उ० (ख)

21. रूपान्तर हिस्ट्रीया के विकास में घटनाओं की एक शृंखला (chain) होती है जिसका सही क्रम बतलावें—
(क) दुखद परिस्थिति से हटने की इच्छा—परिस्थिति से छुटकारा पाने के लिए बीमार पड़ जाने की इच्छा—दुखद परिस्थिति का बना रहना—लक्षण का उत्पन्न होना।
(ख) दुखद परिस्थिति का कायम होना—परिस्थिति से छुटकारा पाने के लिए बीमार पड़ जाने की इच्छा—दुखद परिस्थिति से हटने की इच्छा—लक्षण का उत्पन्न होना।
(ग) दुखद परिस्थिति से छुटकारा पाने के लिए बीमार पड़ जाने की इच्छा—दुखद परिस्थिति से हटने की इच्छा—दुखद परिस्थिति का बना रहना—लक्षण का उत्पन्न होना।
(घ) दुखद परिस्थिति से हटने की इच्छा—दुखद परिस्थिति का बना रहना—उस परिस्थिति से छुटकारा पाने के लिए बीमार पड़ जाने की इच्छा—लक्षण का उत्पन्न होना। उ० (क)

22. सीता एक ऐसी लड़की है जो ठीक ढंग से लिख-पढ़ लेती है तथा बात-चीत भी कर लेती है परन्तु पूछने पर वह अपना नाम नहीं बता पाती है। साथ-ही-साथ वह यह नहीं बता पाती है कि वह कौन है तथा कहाँ है। यहाँ तक कि वह अपने माता-पिता, दोस्त एवं रिस्तेदारों को भी नहीं पहचान पाती है। सीता के लक्षणों के आधार पर आप उसे निम्नांकित में से किस रोग से ग्रसित कहेंगे।
(क) रूपान्तरित हिस्ट्रीया (conversion hysteria)
(ख) मनोविच्छेदी हिस्ट्रीया (dissociative hysteria)
(ग) चिन्ता स्नायुविकृति (anxiety neurosis)
(घ) रोगभ्रमी स्नायु विकृति (hypochondrical neurosis) उ० (ख)

23. निम्नांकित में से किस मानसिक रोग की उत्पत्ति में आनुवंशिक (genetic) तथा जैविक-रासायनिक कारकों (bio-chemical factors) की भूमिका लगभग न के बराबर होती है—
(क) रूपान्तर हिस्ट्रीया (conversion hysteria)
(ख) मनोग्रसित-बाध्यता स्नायुविकृति (obsessive-compulsive neurosis)
(ग) स्थिर-व्यामोह (paranoia)
(घ) मनोविदालिता (schizophrenia) उ० (ग)

24. निम्नांकित में से कौन भावात्मक विकृति (affective disorder) नहीं है।
(क) स्थिर-व्यामोह (paranoia)
(ख) मनोविकृति विषादी रोग (psychotic depressive disorders)
(ग) उत्साह-विषाद मनोविकृति (manic-depressive psychosis)
(घ) प्रत्यावर्तित विषादी रोग (involutional melancholia) उ० (क)

25. उत्साह-विषाद मनोविकृति (manic-depressive psychosis) पद का प्रतिपादन किया गया था—
    (क) ब्राउन (Brown) द्वारा। (ख) क्रेपलिन (Kraeplin) द्वारा।
    (ग) फ्रायड (Freud) द्वारा। (घ) हिपोक्रेट्स (Hippocrates) द्वारा। उ० (ख)
26. भूख की कमी, मंदित यौन इच्छा, नींद की कमी आदि प्रमुख पेशीय लक्षण (motor symptoms) है—
    (क) साधारण उत्साह की अवस्था (hypomania) का।
    (ख) उन्मत्त उत्साह की अवस्था (delirious mania) का।
    (ग) तीव्र विषाद की अवस्था (acute depression) का।
    (घ) अतितीव्र विषादी अवस्था (depressive stupor) का। उ० (घ)
27. उत्साही विस्मय (manic stupor) क्या है?
    (क) एक तरह की उत्साही अवस्था है जिसमें रोगी का मनोपेशीय क्रियाएँ (psychomotor activities) चरमसीमा पर होती है।
    (ख) एक तरह की विषादी अवस्था है जिसमें रोगी अधिक उदास एवं भावशून्य रहता है।
    (ग) एक ऐसी अवस्था है जिसमें रोगी भावशून्य की अवस्था में होते हुए भी खुशी की आनन अभिव्यक्ति (facial expression) दिखलाता है।
    (घ) एक ऐसी अवस्था है जिसमें रोगी में विषादी प्रवृत्तियाँ इतनी तेज हो जाती हैं कि वे आत्महत्या (suicide) पर आतुर हो जाते हैं। उ० (ग)
28. स्नायुविकृत विषाद (neurotic depression) तथा मनोविकृत विषाद (psychotic depression) में मूल अन्तर यह है कि—
    (क) स्नायुविकृत विषाद गंभीर होता है जबकि मनोविकृत विषाद साधारण होता है।
    (ख) स्नायुविकृत विषाद साधारण होता है तथा मनोविकृत विषाद गंभीर होता है।
    (ग) स्नायुविकृत विषाद की उत्पत्ति पर्यावरणी तनाव (environmental stress) से होता है जबकि मनोविकृत विषाद की उत्पत्ति ग्रन्थीय गड़बड़ी (glandular disturbances) से होता है।
    (घ) स्नायुविकृत विषाद में स्थितिभ्रान्ति (disorientation), विभ्रम (hallucination) तथा व्यामोह (delusions) नहीं होते हैं जबकि मनोविकृत विषाद में ये सभी उपस्थित रहते हैं। उ० (घ)
29. रूपान्तर हिस्ट्रीया में रोगी प्रायः कुछ असाधारण संवेदना या अपवादात्मक संवेदना सुनता है। इस लक्षण को कहा जाता है—
    (क) हाइपरस्थेसिया (Hyperesthesia) (ख) पैरेस्थेसिया (Paresthesia)
    (ग) एनालजेसिया (Analgesia) (घ) इनमें से कोई भी नहीं उ० (ख)
30. निम्नांकित में से किसे मनोविच्छेदी हिस्ट्रीया (dissociative hysteria) का सबसे गंभीर लक्षण (serious symptom) माना गया है—
    (क) स्मृतिलोप (amnesia) (ख) आत्मविस्मृति (fugue)
    (ग) निद्राभ्रमण (somnambulism) (घ) द्वैधव्यक्तित्व (double personality) उ० (ख)
31. आत्म विस्मृति (fugue) को एक तरह का—
    (क) मनोवैज्ञानिक आत्महत्या (psychological suicide) माना गया है
    (ख) मनोवैज्ञानिक उड़ान माना गया है।
    (ग) मनोवैज्ञानिक विषाद (depression) माना गया है।
    (घ) मनोवैज्ञानिक रूदन (cry) माना गया है। उ० (ख)
32. कुछ व्यक्ति प्रायः यह सोच-सोच कर घबड़ाते रहते हैं कि उन्हें कोई भयंकर बीमारी हो गयी है या निकट भविष्य में होने वाली है। इस तरह के मानसिक विकृति को कहा जाता है—
    (क) रोगगभ्रमी मनस्ताप (Hypochondrical neurosis)
    (ख) मनःस्नायु दुर्बल स्नायुविकृति (Neuresthenic neurosis)
    (ग) विषादी स्नायुविकृति (Depressive neurosis)
    (घ) चिन्ता स्नायुविकृति (Anxiety neurosis) उ० (क)

33. सूची I के पदों को सूची II के साथ सुमेलित (matching) कीजिए तथा उत्तरकूट के अनुसार सही उत्तर का चयन करें। (UPPSC, 1999)

सूची I	सूची II
(अ) स्वलीनता (Autism)	1. बुद्धिलब्धि का निम्न स्तर
(ब) बालाचार (Delinquency)	2. ध्यान की कमी
(स) मनोरोगी (Psychopath)	3. स्नेह के प्रति अनुक्रिया का अभाव
(द) मानसिक मन्दन (Mental Retardation)	4. कानून तोड़ना

उत्तर कूट (Answer Code)

(क) अ-3 ब-4 स-2 द-1 (ख) अ-2 ब-4 स-3 द-1

(ग) अ-4 ब-3 स-2 द-1 (घ) अ-1 ब-2 स-3 द-4 **उ० (क)**

34. डिमेशिया पारेकौक्स (Dementia Paraecox) का दूसरा नाम है—

(क) मनोविदालिता (Schizophrenia)

(ख) स्थिर-व्यामोह (Paranoia)

(ग) उत्साह विषाद मनोविकृत (Manic-depressive psychoneurosis)

(घ) प्रत्यक्कालिक विषमता (Involutional Melancholia) का। **उ० (क)**

35. मनोविदालिता (Schizophrenia) का सबसे प्रमुख लक्षण है—

(क) वास्तविकता से अलगाव (withdrawal from reality)

(ख) विघटित चिन्तन (disorganized thinking)

(ग) तटस्थता (indifference)

(घ) सामान्य उदासीनता (general apathy) **उ० (क)**

36. जिस मानसिक विकृति (mental disorder) में रोगी में व्यामोह (delusion) के अलावा अन्य कोई खास गंभीर लक्षण नहीं पाये जाते हैं, उसे कहा जाता है—

(क) स्थिर व्यामोह (paranoia) (ख) स्थिर व्यामोही अवस्था (paranoid state)

(ग) व्यामोही विकृति (delusional disorder) (घ) इनमें से कोई नहीं **उ० (क)**

37. स्थिर व्यामोह (paranoia) तथा स्थिर व्यामोही अवस्था (paranoid state) में मूल अन्तर यह है कि—

(क) स्थिर व्यामोह स्थायी प्रकृति के होते हैं जबकि स्थिर व्यामोही अवस्था में व्यामोह क्षणिक प्रकृति के होते हैं।

(ख) स्थिर व्यामोह में रोगी का चिन्तन अधिक तार्किक एवं क्रमबद्ध होता है जबकि स्थिर व्यामोही अवस्था में रोगी का चिन्तन कम तार्किक एवं क्रमबद्ध होता है।

(ग) स्थिर व्यामोह में भ्रम तथा विभ्रम नहीं होता है जबकि स्थिर व्यामोही अवस्था में व्यामोह के अलावा भ्रम तथा विभ्रम भी होता है।

(घ) स्थिर व्यामोह सरल है जबकि स्थिर व्यामोह अवस्था जटिल (complex) है। **उ० (ख)**

38. निम्नांकित में से किसे भावात्मक रोग कहा जाएगा—

(क) मनोविदालिता (Schizophrenia)

(ख) उत्साह विषाद मनोविकृति (Manic-depressive psychosis)

(ग) स्थिर व्यामोह (Paranoia)

(घ) प्रत्यक्कालिक विषण्णता (Involutional Melancholia) **उ० (ख)**

39. उत्साही प्रतिक्रिया (manic reaction) की जिस अवस्था में रोगी में सबसे अधिक उत्साह, बेचैनी, व्यामोह (delusion) एवं विभ्रम (hallucination) आदि देखने को मिलता है, उसे कहा जाता है—

(क) हाइपोमैनिया (Hypomania) (ख) एक्यूटमैनिया (Acutemania)

(ग) डिलिरियस मैनिया (Delirious mania) (घ) क्लेपटोमैनिया (Kleptomania) **उ० (ग)**

40. विषादी प्रतिक्रिया (depressive reaction) में विषाद (depression) की सबसे गंभीर मात्रा जिस अवस्था में होती है उसे कहा जाता है—

(क) साधारण विषाद (Simple depression) (ख) तीव्र विषाद (Acute depression)

(ग) विषादी स्टूपर (Depressive Stupor) (घ) गंभीर विषाद (Profound depression) **उ० (ग)**

41. मानसिक विकृति (mental disorder) का एक ऐसा भी प्रकार है जिसमें अधिक उम्र बीतने से विषाद (depression) की मात्रा अधिक बढ़ जाती है। इस विकृति को कहा जाता है—
   (क) प्रत्यक्कालिक विषण्णता (Involutional Melancholia)
   (ख) विषादी स्नायुविकृति (Depressive neurosis)
   (ग) उत्साही-विषाद मनोविकृति (Manic-depressive psychosis)
   (घ) इनमें से कोई भी प्रकार नहीं। उ० (क)

42. मनःस्नायुविकृति (Psychoneuosis) तथा मनोविकृति (Psychosis) में मूल अन्तर यह है कि—
   (क) मनःस्नायु विकृति में रोगी में सामाजिक संबंध तथा वास्तविकता का ज्ञान होता है जबकि मनोविकृति में ऐसे संबंधों एवं वास्तविकता का ज्ञान रोगी को नहीं होता है।
   (ख) मनःस्नायुविकृति (psychoneurosis) एक सरल मानसिक रोग है जबकि मनोविकृति (psychosis) एक जटिल मानसिक रोग है।
   (ग) मनःस्नायुविकृति में रोगियों का व्यवहार शायद ही कभी खतरनाक होता है परन्तु मनोविकृति में रोगियों का व्यवहार प्रायः खतरनाक होता है।
   (घ) मनःस्नायुविकृति (psychoneurosis) का उपचार (treatment) आसान है जबकि मनोविकृति (psychosis) का उपचार कठिन होता है। उ० (क)

43. मनोशारीरिक विकृति (psychophysiologic disorder) एक ऐसी विकृति है जिसमें रोगी उन अंगों द्वारा मानसिक संघर्ष को लक्षण के रूप में व्यक्त करता है जो—
   (क) केन्द्रीय तंत्रिका तंत्र (central nervous system) के नियन्त्रण में होता है।
   (ख) परिधीय तंत्रिका (peripheral nervous system) के नियंत्रण में होते हैं।
   (ग) कायिक तंत्रिका तंत्र (somatic nervous system) के नियंत्रण में होते हैं।
   (घ) इनमें से किसी भी तंत्रिका तंत्र के नियंत्रण में नहीं होते हैं। उ० (घ)

44. अधशीशी (migraine) एक ऐसा मनोदैहिक रोग है जिसे रखा जाता है
   (क) हृदयवाहिका विकृति (cardiovascular disorder) में
   (ख) आमाशयांत्र विकृति (gastrointestinal disorder) में
   (ग) त्वचा संबंधी विकृति (skin disroder) में
   (घ) अन्तःस्रावी विकृति (endocrine disorder) में उ० (क)

45. विशेष अध्ययन करने के बाद यह पता चला कि मोहन में जो एनजाइनल सलक्षण (anginal syndrome) हैं उसका कारण उसके छाती में विशेष सूजन है। इस विकृति को रखा जाएगा—
   (क) मनोदैहिक हृदयवाहिका विकृति (psychophysiologic cardiovascular disorder) में।
   (ख) रूपान्तर हिस्ट्रीया (conversion hysteria) में।
   (ग) रोगभ्रमी मनस्ताप (hypochondrical neurosis) में।
   (घ) इनमें से किसी में भी नहीं। उ० (घ)

46. बुलिमिया (bulimia) एक ऐसा विकृति है जिसमें रोगी को
   (क) भूख कम लगता है। (ख) प्यास अधिक लगता है।
   (ग) भूख अधिक लगता है। (घ) प्यास कम लगता है। उ० (ग)

47. मनोदैहिक विकृति (psychophysiologic disorder) तथा रूपान्तर हिस्ट्रीया (conversion hyesteria) में मूल अन्तर यह है कि—
   (क) मनोदैहिक विकृति एक तरह का मनोविकृति (psychosis) है जबकि रूपान्तर हिस्ट्रीया एक तरह का मनःस्नायुविकृति (psychoneurosis) है।
   (ख) मनोदैहिक विकृति एक तरह का सरल रोग है जबकि रूपान्तर हिस्ट्रीया एक जटिल रोग है।
   (ग) मनोदैहिक विकृति का संबंध उन अंगों से होता है जिसका नियंत्रण स्वायत्तता तंत्रिका तंत्र (autonomic nervous system) से होता है तथा रूपान्तर विकृति का संबंध उन अंगों से होता है जिसका नियंत्रण केन्द्रीय तंत्रिका तंत्र (central nervous system) से होता है।
   (घ) मनोदैहिक विकृति का उपचार (treatment) आसान होता है जबकि रूपान्तर विकृति का उपचार कठिन होता है। उ० (ग)

48. एनोरेक्सीया नरभोसा (anorexia nervosa) एक ऐसी विकृति है जिसकी ठीक विपरीत विकृति का नाम है—
   (क) बुलिमिया (bulimia)
   (ख) एस्टासिया-एबासिया (astasia-abasia)
   (ग) आंत का घाव (peptic ulcer)
   (घ) हृदयगति में वृद्धि (tachycardia) उ० (क)

49. बहुव्यक्तित्व (multiple personality) का लक्षण किस व्यक्ति में होने की संभावना अधिक होती है—
   (क) जो नींद में बातचीत करते पाये जाते हैं।
   (ख) जो नींद में टहलते हैं।
   (ग) जो जल्दी सम्मोहित (hypnotized) हो जाते हैं।
   (घ) जिनमें उपर्युक्त तीनों गुण पाये जाते हैं। उ० (घ)

50. कभी-कभी रोगी कुछ स्वचालित व्यवहार (automatic behaviour) करता है। जैसे, वह अपने आप बोलना शुरू कर देता है जिसे सुनकर वह खुद भी आश्चर्यचकित रह जाता है। कभी-कभी उसके हाथ बिना इच्छा के ही अपने आप लिखना प्रारंभ कर देता है, इस तरह के व्यवहार एक प्रमुख लक्षण है—
   (क) रूपान्तरित हिस्ट्रीया का।
   (ख) मनोविच्छेदी हिस्ट्रीया का।
   (ग) रोगभ्रमी स्नायुविकृति (hypochondrical neurosis) का।
   (घ) विषादी स्नायुविकृति (depressive neurosis) का। उ० (ख)

51. निम्नांकित में से कौन-सा विकृति (disorder) सबसे सामान्य (common) है, अर्थात् अधिकतर लोगों में पाया जाता है—
   (क) दुश्चिंता स्नायुविकृति (anxiety neurosis)
   (ख) रूपान्तरित हिस्ट्रीया (conversion hysteria)
   (ग) मनोग्रसित-बाध्यता स्नायुविकृति (obsessive-compulsive neurosis)
   (घ) विषादी स्नायु विकृति (depressive neurosis) उ० (क)

52. ताला ठीक ढंग से लगा रहने के बावजूद लौट-लौटकर आकर उसे बार-बार झकझोर कर देखना जैसे व्यवहार का संबंध किससे हो सकता है—
   (क) दुश्चिंता स्नायुविकृति (anxiety neurosis) से।
   (ख) मनोग्रसित-बाध्यता स्नायुविकृति (obsessive-compulsive neurosis)
   (ग) रूपान्तरित हिस्ट्रीया (conversion hysteria) से।
   (घ) उपर्युक्त में से किसी से भी नहीं। उ० (ख)

53. शेक्सपीयर (Shakespear) के मशहूर नाटक 'मैकबेथ' में लेडी मैकबेथ जब किंग डनकन (King Duncan) को मरवा देती है तो उसमें दोष-भाव एवं आत्म-निन्दा की भावना उत्पन्न हो जाती है जिसे दूर करने के लिए वह बार-बार हाथ धोने जैसा व्यवहार करने लगती है ताकि अपने आपको पवित्र प्रमाणित कर सके। लेडी मैकबेथ के इस व्यवहार का संबंध है—
   (क) रूपान्तरित हिस्ट्रीया से।
   (ख) मनोविच्छेदी हिस्ट्रीया से।
   (ग) दुश्चिंता स्नायुविकृति से।
   (घ) मनोग्रसित-बाध्यता स्नायुविकृति से। (obsessive-compulsive) उ० (घ)

54. अत्यधिक थकान, कमजोरी एवं ऊब की भावना निम्नांकित में से किसका सबसे प्रमुख लक्षण है—
   (क) दुश्चिंता स्नायुविकृति (anxiety neurosis)
   (ख) रोगभ्रमी स्नायुविकृति (hypochondircal neurosis)
   (ग) मनःस्नायुदुर्बल स्नायुविकृति (neuresthenic neurosis)
   (घ) विषादी स्नायुविकृति (depressive neurosis) उ० (ग)

55. मद्यपानता (alcoholism) की कुछ निश्चित अवस्थाएँ होतीं हैं जो एक क्रम (sequence) में होती है। निम्नांकित में सही क्रम बतलावें—
   (क) प्राक्-मद्यप लक्षणात्मक अवस्था (prealcoholic symptomatic stage)—प्रारंभिक अवस्था (prealcoholic stage)—संकटकालीन अवस्था (crucial phase)—चिरकालिक अवस्था (chronic phase)
   (ख) प्रारंभिक अवस्था—प्राक्मद्यप लक्षणात्मक अवस्था—संकटकालीन अवस्था-चिरकालिक अवस्था
   (ग) प्राक्मद्यप लक्षणात्मक—प्रारंभिक अवस्था—संकटकालीन अवस्था—चिरकालिक अवस्था
   (घ) संकटकालीन अवस्था—प्रारंभिक अवस्था—प्राकमद्यप लक्षणात्मक अवस्था—चिरकालिक अवस्था। उ० (क)

56. मद्यपानता से संबंधित कई तरह की मनोविकृतियाँ (psychosis) होती हैं। निम्नांकित में से किसे इन मनोविकृतियों में नहीं रखा जा सकता है—

(क) अल्कोहल वैशिष्ट्य मादकावस्था (alcohol idiosyncratic intoxication)
(ख) अल्कोहल प्रत्याहार उन्माद (alcohol withdrawal delirium)
(ग) चिरकालिक अल्कोहल विभ्रमावस्था (chronic alchoholic hallucinosis)
(घ) अल्कोहल विकृति (alcoholic disorder) **उ० (घ)**

57. सामान्य अनुकूलन-सलक्षण (general adaptation syndrome) द्वारा
(क) महिलाओं में तनावपूर्ण परिस्थिति के प्रति की गयी प्रतिक्रिया का पता चलता है।
(ख) पुरुषों में तनावपूर्ण परिस्थिति के प्रति की गयी प्रतिक्रिया का पता चलता है।
(ग) बच्चों में तनावपूर्ण परिस्थिति के प्रति की गयी प्रतिक्रिया का पता चलता है।
(घ) उपयुक्त में तीनों तरह के लोगों द्वारा तनावपूर्ण परिस्थिति के प्रति की गयी प्रतिक्रिया का पता चलता है। **उ० (घ)**

58. सामान्य अनुलक्षण संलक्षण के तीन अवस्थाएँ होती हैं जिनका सही क्रम कौन-सा है?
(क) सतर्कता की अवस्था (stage of alarm)—प्रतिरोध की अवस्था (stage of resistance)— परिक्लान्ति की अवस्था (stage of exhausation)
(ख) प्रतिरोध की अवस्था—सतर्कता की अवस्था-प्रतिरोध की अवस्था।
(ग) परिक्लान्ति की अवस्था—सतर्कता की अवस्था—प्रतिरोध की अवस्था।
(घ) सतर्कता की अवस्था—परिक्लान्ति की अवस्था—प्रतिरोध की अवस्था। **उ० (क)**

59. अल्गोफोबिया (algophobia) क्या है?
(क) खून निकलते देखना से अयथार्थ डर।
(ख) दर्द से अयथार्थ डर (irrational fear)
(ग) ऊँचे स्थानों में जाने से अयथार्थ डर।
(घ) छोटे-छोटे जीव जन्तुओं से अयथार्थ डर। **उ० (ख)**

60. एम्बुलेटरी मनोविदालिता (ambulatary schizophrenia) किसे कहते हैं?
(क) मनोविदालिता का एक गंभीर प्रकार है जिसमें रोगी में आत्महत्या की प्रवृत्ति तीव्र होती है।
(ख) मनोविदालिता का एक ऐसा प्रकार है, जिसमें रोगी को अस्पताल में भर्त्ती नहीं कराया जाता है और उसे समुदाय (community) में रखकर ही उपचार किया जाना संभव हो पाता है।
(ग) मनोविदालिता का एक ऐसा प्रकार जिसमें व्यामोह तथा विभ्रम की प्रधानता होती है।
(घ) मनोविदालिता का एक ऐसा प्रकार जिसमें केवल संदर्भ के व्यामोह की प्रधानता होती है। **उ० (ख)**

61. सुडोसिस (Pseudocyesis) एक ऐसा मनोदैहिक विकृति (psychophysiologic disorder) है जिसे रखा जाता है—
(क) मनोदैहिक अन्तःस्रावी विकृति (endocrine disorder) में।
(ख) मनोदैहिक जननमूलन विकृति (genitourinary disorder) में।
(ग) मनोदैहिक पेशीपंजर संबंधी विकृति (musculo-skeletal disorder) में।
(घ) मनोदैहिक आमाशयांत्र विकृति (gastrointestinal disorder) में। **उ० (ख)**

62. एनोरेक्सीया नरभोसा (anorexia nervosa) एक ऐसा मनोदैहिक विकृति है जिसे रखा जाता है—
(क) मनोदैहिक हृदयवाहिका विकृति (cardiovascular disorder) में।
(ख) मनोदैहिक आमाशयांत्र विकृति (gastrointestinal disorder) में।
(ग) मनोदैहिक जननमूलन विकृति (genitourinary disorder) में।
(घ) मनोदैहिक अन्तःस्रावी विकृति (endocrine disorder) में। **उ० (ख)**

63. व्यक्तित्व विकृति (personality disorder) की उत्पत्ति होती है—
(क) तनावपूर्ण परिस्थिति (stress situation) से
(ख) मानसिक संघर्ष (mental conflict) से।
(ग) अपरिपक्व व्यक्तित्व विकास (immature personality development) से।
(घ) सतत सांवेगिक कठिनाई (continuous emotional difficulties) से। **उ० (ग)**

64. यदि एक 14 वर्ष का व्यक्ति कुछ ऐसा अनैतिक कार्य करता है जिसकी अनुमति समाज नहीं देता है, तो उस व्यक्ति को कहा जाएगा—
(क) किशोर अपराधी (juvenile delinquent)
(ख) समाजविरोधी व्यक्तित्व (anti-social personality)
(ग) (paranoid personality)
(घ) सामाजिक अपराधी (social criminal) **उ० (क)**

65. समाजविरोधी व्यक्तित्व (anti-social personality) का
(क) उपाहं (id) अविकसित होता है। (ख) अहं (ego) अविकसित होता है।
(ग) पराहं (super ego) अविकसित होता है।
(घ) उपाहं, अहं तथा पराहं तीनों अविकसित होते हैं। उ० (ग)

66. निम्नलिखित में से किसे लैंगिक विसामान्यता (sexual deviation) में नहीं रखा जाता है—
(क) अंग प्रदर्शन (exhibitionism) (ख) वस्तुकामुकता (fetishism)
(ग) आत्मपीड़न (masochism) (घ) वैजानिसमस (vaginismus) उ० (ग)

67. जिस लैंगिक विसामान्यता (sexual deviation) में व्यक्ति अपने विपरीत लिंग के व्यक्ति द्वारा प्रयोग किये जाने वाले वस्तुओं को मात्र छूकर या चूमकर लैंगिक तुष्टि (sexual satisfaction) प्राप्त करता है, उसे कहा जाता है।
(क) परपीड़न (sadism) (ख) वस्तुकामुकता (fetishism)
(ग) अंग प्रदर्शन (exhibitionism) (घ) नग्न दर्शनरति (voyeurism) उ० (ख)

68. कुछ लोग ऐसे होते हैं जिन्हें विपरीत लिंग के व्यक्तियों में सट जानें या उसके शरीर से स्पर्श पाने से ही लैंगिक तुष्टि (sexual satisfaction) होती है। इसे कहा जाता है—
(क) विलिंगीवस्त्रधारण रति (transvestism) (ख) बाल लैंगिकता (pedophilia)
(ग) फ्रोटियूरिज्म (frotteurism) (घ) स्कोटोफिलिया (scotophilia) उ० (ग)

69. मानसिक दुर्बलता (mental deficiency) में व्यक्ति की बुद्धि लब्धि (intelligence quotient) होता है—
(क) 70 से ऊपर (ख) 70 से नीचे
(ख) 20 से नीचे (घ) 50 सें नीचे उ० (ख)

70. तीव्र मानसिक दुर्बलता (severe mental retardation) के स्तर में व्यक्ति की बुद्धि लब्धि होती है—
(क) 52 से 60 तक (ख) 20 से 35 तक
(ख) 36 से 51 तक (घ) 60 से 70 तक उ० (ख)

71. मूर्ख (moron) के समतुल्य (equivalent) बुद्धि लब्धि के स्तर को कहा जाता है—
(क) मन्द मानिसक दुर्बलता (mild mental retardation)
(ख) साधारण मानसिक दुर्बलता (moderate mental retardation)
(ग) तीव्र मानसिक दुर्बलता (severe mental retardation)
(घ) गंभीर मानसिक दुर्बलता (profound mental retardation) उ० (क)

72. मनोविज्ञान में जड़ (idiot) से तात्पर्य है—
(क) महामूर्ख से।
(ख) ऐसे वयस्क व्यक्ति से जिसकी मानसिक आयु 8 साल का हो।
(ग) ऐसे वयस्क व्यक्ति से जिसकी बुद्धि लब्धि 20 से नीचे हो।
(घ) ऐसे व्यक्ति से जिसकी मानसिक आयु 5 साल का हो। उ० (ग)

73. निम्नांकित में से किसे मानसिक दुर्बलता (mental deficiency) के नैदानिक प्रकार में शामिल नहीं किया जा सकता है—
(क) वौनापन (Cretinism) (ख) डाउन्स संलक्षण (Down's syndrome)
(ग) टर्नर संलक्षण (Turner's syndrome) (घ) जड़ पंडित (Idiot savant) उ० (घ)

74. गलिया कोशिकाओं (glia cells) के असामान्य विकास (abnormal development) से एक विशेष प्रकार की मानसिक दुर्बलता (mental deficiency) उत्पन्न होती है, जिसे कहा जाता है—
(क) लघुशीर्षता (Microcephaly) (ख) वृहद्शीर्षता (Macrocephaly)
(ग) जल शीर्षता (Hydrocephaly) (घ) बौनापन (Cretinism) उ० (ख)

75. निम्नांकित में से मानसिक दुर्बलता का कौन-सा प्रकार कपालीय विसंगति (cranial anomaly) से संबंधित नहीं है—
(क) लघुशीर्षता (Microcephaly) (ख) वृहद्शीर्षता (Macrocephaly)
(ग) जलशीर्षता (Hydrocephaly) (घ) मंगोलिज्म (Mongolism) उ० (घ)

76. टर्नर संलक्षण (Turner's syndrome) मानसिक दुर्बलता (mental deficiency) का एक ऐसा नैदानिक प्रकार है, जो—

(क) सिर्फ स्त्रियों में पाया जाता है। (ख) सिर्फ मर्दों में पाया जाता है।
(ग) दोनों यौन के व्यक्तियों में पाया जाता है। (घ) सिर्फ वनमानुष में पाया जाता है। उ० (क)

77. बौनापन (cretinism) एक ऐसी मानसिक दुर्बलता (mental deficiency) का प्रकार है, जिसमें—
(क) पीयूष ग्रन्थि (pituitary gland) से अधिक स्राव निकलता है।
(ख) पीयूष ग्रन्थि से कम स्राव निकलता है।
(ग) थायरायड ग्रन्थि (thyroid gland) से अधिक स्राव निकलता है।
(घ) थायराइड ग्रन्थि से कम स्राव निकलता है। उ० (घ)

78. पीकेयू (PKU) मानसिक दुर्बलता का एक ऐसा प्रकार है जिसका संबंध—
(क) प्रोटीन चयापचय (protein metabolism) की गड़बड़ी से होता है।
(ख) वसा चयापचय (fat metabolism) की गड़बड़ी से होती है।
(ग) अन्तःस्रावी ग्रन्थियों (endocrine gland) विशेषकर थायरायड ग्रन्थि (thyroid gland) के स्राव में कमी से होता है।
(घ) इनमें से किसी भी के साथ नहीं होता है। उ० (क)

79. निरूत्साह तथा उदासी (dejection) का लम्बे समय तक बना रहना सबसे प्रमुख लक्षण है—
(क) विषादी स्नायुविकृति (depressive neurosis) का।
(ख) मनःस्नायु दुर्बल स्नायुविकृति (neurasthenic neurosis) का।
(ग) दुश्चिंता स्नायुविकृति (anxiety neurosis) का।
(घ) हिस्ट्रीकल स्नायुविकृति (hysterical neurosis) का। उ० (क)

80. निम्नांकित में से किस तरह के व्यक्ति में विषादी स्नायुविकृति (depressive neurosis) का रोग उत्पन्न होने की संभावना अधिक होती है—
(क) ऐसे व्यक्ति जिनमें दोष-भाव (guilt feeling) के प्रति झुकाव अधिक होता है।
(ख) ऐसे व्यक्ति जिनमें तनाव की सहनशक्ति कम होती है।
(ग) ऐसे व्यक्ति जिसमें तनावपूर्ण परिस्थिति के प्रति अतिरंजित ढंग से प्रतिक्रिया करने की आदत होती है।
(घ) ऐसे व्यक्ति जिसमें उपर्युक्त तीनों विशेषताएँ एक साथ पायी जाती हों। उ० (घ)

81. कई अध्ययनों से यह पता चला है कि मनःस्नायुविकृति का रोग उन व्यक्तियों में विकसित होता है जिनके परिवार में इस रोग का इतिहास रहा हो। इस आधार पर हम इस निष्कर्ष पर पहुँचते हैं कि—
(क) इस रोग का एक प्रमुख एवं निश्चित कारण आनुवंशिकता (heredity) है।
(ख) इस रोग की उत्पत्ति में आनुवंशिकता से ज्यादा वातावरण का महत्त्व है।
(ग) इस रोग की उत्पत्ति में आनुवंशिकता तथा वातावरण दोनों का हाथ है।
(घ) इस रोग में केवल वातावरण की भूमिका प्रधान है। उ० (क)

82. मनःस्नायुविकृति (psychoneurosis) के कई सामान्य कारण (etiology) बतलाये गए हैं। निम्नांकित में से किसे इन कारणों में नहीं रखा जा सकता है—
(क) दुश्चिंता प्रतिरक्षा (anxiety defense)
(ख) दोषपूर्ण सीखना (faulty learning)
(ग) बाधित व्यक्तिगत वर्धन (blocked personal growth)
(घ) अत्यधिक कुंठा (excessive frustration) उ० (ग)

83. अस्तित्वात्मक स्नायुविकृति (existential neurosis) क्या है?
(क) एक ऐसी विकृति जिसमें रोगी में अन्य संक्रमण (alienation) की भावना प्रधान होती है।
(ख) एक ऐसी विकृति जिसमें रोगी में अर्थहीनता (meaninglessness) की अनुभूति प्रधान होती है।
(ग) एक ऐसी विकृति जिसमें रोगी में भावशून्यता (apathy) की अनुभूति प्रधान होती है।
(घ) एक ऐसी विकृति जिसमें रोगी में उपर्युक्त तीनों तरह की अनुभूतियाँ होती हैं। उ० (घ)

84. अध्ययनों से यह स्पष्ट हुआ है कि निम्न सामाजिक-आर्थिक स्तर के लोगों में सामान्यतः—
(क) रूपान्तरित हिस्ट्रीया (conversion hysteria) का रोग अधिक पाया जाता है।

(ख) मनोविच्छेदी हिस्ट्रीया (dissociative hysteria) का रोग अधिक पाया जाता है।
(ग) दुश्चिंता स्नायुविकृति (anxiety neurosis) का रोग अधिक पाया जाता है।
(घ) मनोग्रस्ति-बाध्यता (obsessive-compulsive neurosis) का रोग अधिक पाया जाता है। उ॰ (क)

85. निम्नलिखित व्यवहरात्मक लक्षणों (behavioural symptoms) में किसे मनोविदालिता के लक्षण में शामिल किया जा सकता है—
(क) सुबह सबेरे उठकर चिल्लाते रहना
(ख) उदासीपूर्ण आनन अभिव्यक्ति (sad facial expression)
(ग) असंगत बातचीत (incoherent speech)
(घ) प्रसन्न मनोदशा (elated mood) उ॰ (क)

86. विभिन्न प्रकार के व्यामोह (delusion) तथा विभ्रम (hallucinations) की अधिक प्रधानता होती है—
(क) स्थिर-व्यामोह मनोविदालिता (Paranoid schizophrenia) में
(ख) हेविफ्रेनिक मनोविदालिता (Hebephrenic schizophrenia) में
(ग) कैटेटोनिक मनोविदालिता (Catatonic schizophrenia) में
(घ) मनोभावात्मक मनोविदालिता (Schizo-affective schizophrenia) उ॰ (क)

87. मनोविदालिता का एक ऐसा प्रकार होता है जिसमें रोगी अत्यन्त प्रत्याहार (extreme withdrawal) की अवस्था से अधिक उत्तेजन (extreme excitement) की अवस्था में और पुनः कुछ घंटों या दिन के बाद अत्यन्त प्रत्याहार की अवस्था में आ जाता है। इस प्रकार को कहा जाता है—
(क) हेविफ्रेनिक मनोविदालिता (ख) कैटेटोनिक मनोविदालिता
(ग) स्थिर-व्यामोह मनोविदालिता (घ) मिश्रित प्रकार (undifferentiated type) उ॰ (ख)

88. ऐसा व्यक्ति जो अपराधी व्यवहार को अपना पेशा बना चुका है, कहा जाता है
(क) स्किोजाआयड व्यक्तित्व (schizoid personality)
(ख) हिस्ट्रीओनिक व्यक्तित्व (histrionic personality)
(ग) डाईसामाजिक व्यक्तित्व (dysocial personality)
(घ) परिवर्जित व्यक्तित्व (avoident personality) उ॰ (ग)

89. निम्नांकित में से सबसे गंभीर प्रकार की मनोविदालिता जो कम उम्र में विकसित होती है, कौन-सा है?
(क) हेविफ्रेनिक मनोविदालिता (hebephrenic schizophrenia)
(ख) कैटेटोनिक मनोविदालिता (catatonic schizophrenia)
(ग) बाल्यकालीन मनोविदालिता (childhood schizophrenia)
(घ) मनोभावात्मक मनोविदालिता (schizo-affective schizophrenia) उ॰ (क)

90. 'मॉडल मनोविकृति' (model psychosis) किसे कहते हैं?
(क) एक ऐसा मनोविकृति जिसे आदर्श मानकर व्यक्ति उसे विकसित करता है।
(ख) एक ऐसी अवस्था जो मनोविकृति के समान होती है और जिसे व्यक्ति अपने आप को तनावपूर्ण परिस्थिति से बचाने के लिए करता है।
(ग) एक ऐसी अवस्था जो मनोविकृति के समान होती है और जो कुछ खास तरह के औषध (drug) जैसे LSD आदि के खाने से उत्पन्न होता है।
(घ) एक ऐसी अवस्था जो मनोविकृति के समान होती है और जो कुछ गंभीर नींद वंचन (severe sleep deprivation) से उत्पन्न होता है। उ॰ (ग)

91. मनोविकृति विषाद (psychotic depression) तथा उत्साह-विषादी मनोविकृति के विषादी अवस्था (depressive reaction) में मूल अन्तर यह है कि—
(क) मनोविकृति विषाद में विषाद का आवर्त्ती इतिहास (repeated history) या मनोदशा में झूमन (swing) नहीं होता है जबकि उत्साह-विषादी मनोविकृति के विषादी अवस्था में ऐसा होता है।
(ख) मनोविकृति विषाद में विषाद (depression) गंभीर होता है जबकि उत्साह-विषादी मनोविकृति के विषादी अवस्था में विषाद साधारण होता है।

(ग) मनोविकृति विषाद में विषाद की उत्पत्ति पर्यावरणी तनावों से होता है जबकि उत्साह-विषाद मनोविकृति के विषादी अवस्था की उत्पत्ति शारीरिक कारणों से होती है।

(घ) मनोविकृति विषाद में विषाद की अवस्था का व्यामोह (delusion) प्रधान होता है जबकि उत्साह-विषाद मनोविकृति की विषादी अवस्था में विभ्रम (hallucination) प्रधान होता है। **उ० (क)**

92. निम्नांकित में से कौन कथन *असत्य* (false) है?

(क) टैकीकार्डिया (Tachycardia) एक तरह हृदयवाहिका विकृति (cardiovascular disorder) है।

(ख) एनजाइनल संलक्षण (anginal syndrome) एक तरह का हृदयवाहिका विकृति है।

(ग) कोरोनेरी रोग (coronary disease) एक तरह का आमाशयांत्र विकृति (gastrointestinal disorder) है।

(घ) बुलिमिया (bulimia) एक आमाशयांत्र विकृति है। **उ० (ग)**

93. निम्नलिखित का सही सुमेल (match) बतलावें—

(अ) सुडोसिस (pseudocyesis) (च) अत्यधिक भूख लगना

(ब) बुलिमिया (bulimia) (छ) अवास्तविक गर्भधारण

(स) एनोरेक्सिया नरभोसा (anorexia nervosa) (ज) पेट में दर्द

(झ) भूख की अत्यन्त कमी

निम्नांकित कूट संकेतों (codes) के आधार पर उत्तर दें—

(क) अ एवं ज (ख) ब एवं झ

(ग) स एवं च (घ) ब एवं च **उ० (घ)**

94. अध्ययनों से स्पष्ट हुआ है कि आँत का घाव (peptic ulcer) कुछ खास तरह के व्यक्तित्व में आसानी से विकसित हो जाता है। निम्नांकित में से किस तरह के व्यक्तित्व में इसकी संभावना अधिक होती है—

(क) टाइप-ए व्यक्तित्व (Type-A personality)

(ख) टाइप-बी व्यक्तित्व (Type-B personality)

(ग) परपीड़नशील व्यक्तित्व (Sadistic personality)

(घ) स्थिर व्यामोही व्यक्तित्व (Paranoid personality) **उ० (क)**

95. कई अध्ययनकर्त्ता के अनुसार मनोविदालिता (schizophrenia) की उत्पत्ति—

(क) स्वायत्त तंत्रिका तंत्र (autonomic nervous system) की अनियमितता (irregularity) से होती है।

(ख) सिर्फ केन्द्रीय तंत्रिका तंत्र (central nervous system) की अनियमितता से होती है।

(ग) सिर्फ कायिक तंत्रिका तंत्र (somatic nervous system) की अनियमितता से होती है।

(घ) केन्द्रीय तथा कायिक दोनों ही तंत्रिका तंत्रों की गड़बड़ी से होती है। **उ० (घ)**

96. मनोविश्लेषणात्मक सिद्धांत (psychoanalytic theory) के अनुसार मनोविदालिता में रोगी में

(क) प्रतिगमित व्यवहार (regressive behaviour) की प्रधानता होती है।

(ख) दमनात्मक व्यवहार (repressive behaviour) की प्रधानता होती है

(ग) दलनात्मक व्यवहार (suppressive behaviour) की प्रधानता होती है।

(घ) इनमें से किसी व्यवहार की प्रधानता नहीं होती है। **उ० (क)**

97. निम्नांकित कारकों में से मनोविदालिता (schizophrenia) का संबंध किससे सबसे अधिक है—

(क) निम्न सामाजिक आर्थिक स्तर (low socio-economic status) से।

(ख) सामाजिक अलगाव (social isolation) से।

(ग) गर्म जलवायु (hot climate) से।

(घ) नगरीकरण (urbanization) से। **उ० (क)**

98. स्थिर-व्यामोह (paranoia) में निम्नांकित में से किस तरह के व्यामोह (delusion) की प्रधानता होती है—

(क) महानता का व्यामोह (delusion of grandeur)

(ख) प्रभाव का व्यामोह (delusion of influence)

(ग) महानता तथा प्रभाव दोनों के व्यामोहों का।

(घ) महानता तथा दण्ड (perseuction) दोनों के व्यामोहों का। **उ० (घ)**

99. व्यामोह (paranoia) मूलतः एक चिन्तन विकृति (thought disorder) है। इसके रोगियों के चिन्तन में घटनाओं (events) का एक निश्चित क्रम (sequence) होता है। निम्नांकित में से सही क्रम (sequence) बतलावें—
 (क) संदेह (suspiciousness)—रक्षात्मक चिन्तन (protective thinking)—विद्वेष (hostility)— व्यामोही प्रबोधन (paranoid illumination)—व्यामोह (delusion)
 (ख) रचनात्मक चिन्तन—विद्वेष—संदेह—व्यामोही प्रबोधन—व्यामोह
 (ग) विद्वेष—रचनात्मक चिन्तन—संदेह—व्यामोही प्रबोधन—व्यामोह
 (घ) विद्वेष—व्यामोही प्रबोधन—संदेह—रक्षात्मक चिन्तन—व्यामोह उ० (क)

100. मनोविकृति (psychosis) का एक ऐसा भी प्रकार है जिसमें बौद्धिक उन्मुखता (intellectual disorientation) तथा तार्किकता (logicality) बिलकुल ही अक्षुण्ण होती है और रोगी एक सामान्य व्यक्ति के समान प्रतीत होता है। इस प्रकार को कहा जाता है—
 (क) स्थिर-व्यामोह (paranoia) (ख) मनोविदालिता (schizophrenia)
 (ग) उत्साह-विषाद मनोविकृति (manic-depressive psychosis)
 (घ) प्रत्यावर्तित विषाद-रोग (involutional melacholia) उ० (क)

101. कुछ मानसिक रोगी संवेगरहित चेहरा, अपर्याप्त सूझ, तरह-तरह के विभ्रम (delusions), चिन्तन में अस्पष्टता आदि का लक्षण दिखलाता है, तो इसे आप निम्नांकित में से किस श्रेणी का रोगी कहेंगे—
 (क) मनोविदालिता (schizophrenia) (ख) स्थिर-व्यामोह (paranoia)
 (ग) उत्साह-विषाद मनोविकृति (manic-depressive psychosis)
 (घ) इनमें से किसी भी श्रेणी का नहीं। उ० (क)

102. जब कोई मानसिक रोगी किसी वाक्य या शब्द को सुनकर उसे ही बार-बार दोहराता है, तो इसे कहा जाता है—
 (क) न्यूलोग्जिम (neologism) (ख) इकोलैलिया (echolalia)
 (ग) एस्टासिया-एवासिया (astasia-abasia)
 (घ) रहस्यमय संचार (cryptic communication) उ० (ख)

103. व्यामोह का वह प्रकार जिसमें रोगी को यह गलत विश्वास हो जाता है कि दूसरे लोग प्रायः उसके बारे में ही बातचीत करते रहते हैं तथा उसके बारे में झूठ-सच का मसौदा तैयार कर रहे हैं, को कहा जाता है—
 (क) शक्ति का व्यामोह (delusion of power)
 (ख) श्रेष्ठता का व्यामोह (delusion of grandeur)
 (ग) रोगभ्रमी व्यामोह (hypochondriacal delusion)
 (घ) संदर्भ का व्यामोह (delusion of reference) उ० (घ)

104. जिस विभ्रम (hallucination) में रोगी अपने आप को छोटे-छोटे बच्चों एवं व्यक्तियों से घिरा हुआ पाता है, उसे कहा जाता है—
 (क) धनात्मक विभ्रम (positive hallucination) (ख) ऋणात्मक विभ्रम (negative hallucination)
 (ग) लिलिपुटियन विभ्रम (lilliputian hallucination) (घ) छोटा विभ्रम (small hallucination) उ० (ग)

105. आंगिक मनोविकृति (organic psychosis) तथा कार्यात्मक मनोविकृति (functional psychosis) में मुख्य अन्तर यह है कि
 (क) आंगिक मनोविकृति का संबंध रोगी के मस्तिष्क से होता है ज़बकि कार्यात्मक मनोविकृति का संबंध रोगी के व्यवहार या कार्य से होता है।
 (ख) आंगिक मनोविकृति का आधार दैहिक होता है जबकि कार्यात्मक मनोविकृति का आधार मनोवैज्ञानिक होता है।
 (ग) आंगिक मनोविकृति कुछ खास-खास तरह के व्यक्तियों में ही होता है जबकि कार्यात्मक मनोविकृति सभी तरह के व्यक्तियों में विकसित होता है।
 (घ) आंगिक मनोविकृति का संबंध शारीरिक दुर्बलता (physical deficiency) से होता है जबकि कार्यात्मक मनोविकृति का संबंध मानसिक दुर्बलता (mental retardation) से होता है। उ० (ख)

106. कुछ अध्ययनों से यह स्पष्ट है कि उच्च सामाजिक-आर्थिक स्तर के लोगों में
 (क) मनोग्रस्ति-वाध्यता स्नायुविकृति (obsessive-compulssive neurosis) की प्रधानता होती है।
 (ख) रूपान्तरित हिस्ट्रीया की प्रधानता होती है।

(ग) विषादी स्नायुविकृति (depressive neurosis) की प्रधानता होती है।
(घ) मनःस्नायु दुर्बलता स्नायुविकृति (neurasthenic neurosis) की प्रधानता होती है। **उ० (क)**

107. मनोविकृति (psychosis) के कई सामान्य लक्षण हैं। निम्नांकित में से किसे इन लक्षणों में नहीं रखा जा सकता है—
(क) स्थितिभ्रान्ति (disorientation) (ख) व्यामोह (delusions)
(ग) संवेगात्मक विकृति (emotional distortion)
(घ) सुरक्षात्मक उपायों की अपर्याप्तता (inadequacy of defensive measures) **उ० (घ)**

108. निम्नांकित में से कौन चिन्तन विकृति (thought disorder) का रोग है?
(क) स्थिर-व्यामोह (paranoia)
(ख) उत्साह-विषाद मनोविकृति (manic-depressive psychosis)
(ग) रूपान्तरित हिस्ट्रीया (घ) इसमें से कोई भी नहीं **उ० (क)**

109. व्यक्तित्व के विभाजन (splitting of personality) के लिए 'मनोविदालिता' (schizophrenia) पद का प्रयोग सबसे पहले किसने किया था?
(क) ब्लियूलर (Bleuler) (ख) क्रेपलिन (Kraeplin)
(ग) मोरेल (Morel) (घ) फ्रायड (Freud) **उ० (क)**

110. मनोविदालिता (schizophrenia) के नैदानिक स्वरूप (clinical picture) में निम्नांकित में से कौन सम्मिलित नहीं है?
(क) चिन्तन एवं संवेग का विघटन
(ख) व्यामोह (delusion) तथा विभ्रम (hallucination)
(ग) वास्तविकता से प्रत्याहार (withdrawal from reality)
(घ) विच्छिन्न पारस्परिक संबंध (disturbed interpersonal relationship) **उ० (घ)**

111. मनोविदालिता (schizophrenia) के बारे में निम्नांकित में से कौन असत्य (false) है?
(क) इसके सभी तरह के लक्षण एक ही रोगी में नहीं पाये जाते हैं।
(ख) इसके लक्षण के स्वरूप एक रोगी से दूसरे रोगी में भिन्न नहीं होता है।
(ग) इसके लक्षण के स्वरूप समय के अनुसार परिवर्तित होता है।
(घ) मनोविदालिता का नाम लेते ही रोगी के लक्षण के स्वरूप प्रभावित हो जाते हैं। **उ० (ख)**

112. कुछ लोग कैंची, चाकू, नुकीले शीशे या टीन के टुकड़े से अयुक्तिसंगत भय (irrational fear) दिखलाते हैं। ऐसे डर (fear) को कहा जाता है—
(क) एक्रोफोविया (Acrophobia) (ख) एग्रोफोविया (Agoraphobia)
(ग) एइकोमफोविया (Aichomphobia) (घ) एलगोफोविया (Algophobia) **उ० (ग)**

113. कुछ लोग रक्त बहते देखकर अधिक चिन्तित हो जाते हैं और उससे असामान्य रूप से डरने लगते हैं, इसे कहा जाता है—
(क) नाइक्टोफोविया (Nyctophobia) (ख) हेमैटोफोविया (Hematophobia)
(ग) पाइरोफोविया (Pyrophobia) (घ) एस्ट्राफोविया (Astraphobia) **उ० (ख)**

114. कुछ स्नायुविकृत लोग उपयुक्त निर्णय (appropriate decision) करने में गंभीर कठिनाई का अनुभव करते हैं। इसके लिए कॉफमैन (Kaufman, 1973) ने एक विशेष पद का निर्माण किया है जिसे कहा जाता है—
(क) पायरोफोविया (Pyrophobia) (ख) डिसाइडोफोविया (Decidophobia)
(ग) एस्ट्राफोविया (Astraphobia) (घ) कॉफमैन फोविया (Kaufman's phobia)
उ० (ख)

115. यदि ऐतिहासिक घटनाओं पर हम अवलोकन करें तो पायेंगे कि कई महत्त्वपूर्ण व्यक्तित्व ऐसे थे जिन्हें मनोवैज्ञानिक दृष्टि से सामान्य नहीं कहा जाता है। जैसे, डार्विन (Darwin) अपने चर्चित क्रमविकास का सिद्धांत (theory of evolution) का प्रतिपादन करने के पहले 22 वर्षों तक महत्त्वपूर्ण सबूत जमा करने में बुरी तरह व्यस्त रहे। यहाँ डार्विन द्वारा किस तरह का व्यवहारात्मक पैटर्न दिखलाया जा रहा था—
(क) मनोग्रस्ति-वाध्यता विकृति (obsessive-compulsive disorder)
(ख) उन्मादी विकृति (hysterial disorder)

(ग) रोगभ्रमी विकृत (hypochondrical disorder)
(घ) विषादी विकृति (depressive disorder) उ० (क)

116. क्लेपटोमैनिया (Kleptomania) किसे कहते हैं?
(क) किसी वस्तु को चुरा लेने की तीव्र आवेगशील इच्छा।
(ख) किसी वस्तु को अनावश्यक रूप से अपने पास छिपा रखने की तीव्र इच्छा।
(ग) किसी वस्तु में आग लगाकर उसे जलते देखने की तीव्र इच्छा।
(घ) किसी वस्तु को छोटे-छोटे टुकड़ों में बाँट देने की तीव्र इच्छा। उ० (क)

117. रूपान्तरण हिस्ट्रीया (conversion hysteria) में दैहिक लक्षणों (physical symptoms) के रूप में रोगी अपनी चिन्ता की अभिव्यक्ति करता है। ऐसे लक्षण मूलतः उन अंगों द्वारा अभिव्यक्त होते हैं जो
(क) केन्द्रीय तंत्रिका तंत्र (central nervous system) के नियंत्रण में होते हैं।
(ख) स्वायत्त तंत्रिका तंत्र (autonomic nervous system) के नियंत्रण में होते हैं।
(ग) कायिक तंत्रिका तंत्र (somatic nervous system) के नियंत्रण में होते हैं।
(घ) परिधीय तंत्रिका तंत्र (peripheral nervous system) के नियंत्रण में होते हैं। उ० (क)

118. स्नायुविकृति केन्द्रक (neurotic nucleus) के कई महत्त्वपूर्ण लक्षण हैं। निम्नांकित में से किसे इस सूची में नहीं रखा जा सकता है—
(क) अपर्याप्तता एवं चिन्ता की भावना
(ख) परिस्थिति से मुकाबला न करके उससे दूर हटने की प्रवृत्ति
(ग) आत्म-असफल व्यवहार (self-defeating behaviour)
(घ) अत्यधिक संवेदनशीलता (sensitivity) उ० (घ)

119. स्नायुविकृति (neurosis) एक ऐसा पद है जिसका प्रतिपादन किया गया था—
(क) सिगमण्ड फ्रायड (Sigmund Freud) द्वारा।
(ख) विलियम कुलेन (William Cullen) द्वारा।
(ग) इमिल (Emil Kraeplin) द्वारा।
(घ) विलियम एडेलसेन (William Adelson) द्वारा। उ० (ख)

120. दुश्चिंता स्नायुविकृति (anxiety neurosis) का किसे प्रबल लक्षण नहीं कहा जा सकता है?
(क) एकाग्रता की अक्षमता (inability to concentrate) (ख) मुक्ताचारी चिन्ता (free-floating anxiety)
(ग) नींद की गड़बड़ी (sleep disturbances) (घ) अस्पष्ट डर (vague fear) उ० (घ)

121. उत्साह-विषाद मनोविक्षिप्ति (Manic-Depressive Psychosis) एक बड़ा रोग है। यह अपेक्षाकृतः (**MPPSC, 2000**)
(क) लम्बी चिकित्सा की जरूरत होती है
(ख) कभी-कभी थोड़े समय के लिए ठीक हो जाता है।
(ग) कभी ठीक नहीं होता है।
(घ) चिकित्सा की कोई आवश्यकता नहीं होती है उ० (क)

122. नैदानिक अर्थ (clinical sense) में दुश्चिंता स्नायुविकृति (anxiety neurosis) की अवस्था तब उत्पन्न होती है जब
(क) व्यक्ति में चिन्ता स्तर काफी बढ़ जाती है।
(ख) व्यक्ति में चिन्ता का स्तर इतना बढ़ जाता है कि वह व्यक्ति के दिन-प्रतिदिन के समायोजन (adjustment) के साथ हस्तक्षेप करने लगता है।
(ग) व्यक्ति में चिन्ता का स्तर इतना अधिक हो जाता है कि उसे नींद नहीं आती है।
(घ) व्यक्ति में चिन्ता का स्तर इतना हो जाता है कि उसका पेट खराब हो जाता है। उ० (ख)

123. दुश्चिंता स्नायुविकृति में मस्तिष्क का कौन-सा हिस्सा कम प्रभावित होता है—
(क) थैलमस तथा हाइपोथैलमस (thalamus & hypothalamus)
(ख) लिम्बिक तंत्र (limbic system)
(ग) रेटिकुलर एक्टीभेटिंग तंत्र (reticular activating system)
(घ) मेडुला (medulla) उ० (ग)

124. आँत के घाव (peptic ulcer) का एक प्रमुख दैहिक कारण है—
(क) आमाशय से पाच्य रस (digestic juice) का अधिक निकलना।
(ख) अधिक खट्टा एवं तीता वस्तु को खाना।
(ग) खाली आमाशय में पाच्य रस का निकलते रहना।
(घ) निर्धारित समय से भोजन न करना। **उ० (क)**

125. यदि दैहिक कमजोरी प्राक्कल्पना (somatic weakness hypothesis) को सही मान लिया जाए तो एक ऐसा व्यक्ति जिसका पेट (stomach) कमजोर है, में सांवेगिक तनाव की स्थिति में निम्नांकित में से किस तरह की विकृति (disorder) विकसित होगी—
(क) बुलिमिया (bulimia) (ख) एनोरेक्सिया नरभोसा (anorexia nervosa)
(ग) वृहदान्त शोथ (colitis) (घ) आँत का घाव (peptic ulcer) **उ० (घ)**

126. चिरकालिक मस्तिष्कीय विकृति (chronic brain disorder) के कुछ विशेष लक्षण (symptoms) होते हैं। निम्नांकित में से किसे इस श्रेणी में नहीं रखा जा सकता है—
(क) सांवेगिक दोष (emotional impairment)
(ख) आन्तरिक वास्तविकता (inner reality) तथा नैतिक नियंत्रण (ethical control) का दोष
(ग) स्मृति दोष (memory impiarment)
(घ) एकाग्रता की कमी (lack of concentration) **उ० (ख)**

127. न्यूरोसिफिलिस (neurosyphilis) क्या है?
(क) एक ऐसा रोग है जिसमें स्वायत्त तंत्रिका तंत्र (autonomic nervous system) कुछ छूतहा रोगों से प्रभावित हो जाता है।
(ख) एक ऐसा रोग है जिसमें केन्द्रीय तंत्रिका तंत्र स्पाइरोकेट (spirochete) नामक जीवाणु से प्रभावित हो जाता है।
(ग) एक ऐसा रोग है जिसमें कायिक तंत्रिका तंत्र (somatic nervous system) में कुछ छूतहा रोग लग जाते हैं।
(घ) एक ऐसा रोग है जिसमें शरीर की अन्तःस्रावी ग्रन्थियाँ (endocrine glands) का कार्य प्रभावित हो जाता है। **उ० (ग)**

128. एग्राफिया (agraphia) किसे कहते हैं?
(क) इसमें रोगी में साधारण जोड़-घटाव करने की क्षमता समाप्त हो जाती है।
(ख) इसमें रोगी में पढ़ने की क्षमता समाप्त हो जाती है।
(ग) इसमें रोगी में अपने विचारों को लिखकर अभिव्यक्त करने की क्षमता नहीं होती है।
(घ) इसमें रोगी में वस्तुओं का नाम लेने की अक्षमता पायी जाती है। **उ० (ग)**

129. कोरस्कॉफ संलक्षण (Korskoff syndrome) के कुछ निश्चित लक्षण हैं। निम्नांकित में से किसे इन लक्षणों में शामिल नहीं किया जा सकता है—
(क) स्मृति ह्रास (memory loss)। (ख) स्थितिभ्रान्ति (disorientation)।
(ग) संभ्रान्ति (confusion)। (घ) लड़खड़ाते हुए चलना। **उ० (घ)**

130. मनोवैज्ञानिक अध्ययनों से पता चलता है कि अत्यधिक मात्रा में बार-बार जब व्यक्ति किसी मदिरा का सेवन करता है, तो इससे उसके मस्तिष्कीय उत्तक प्रभावित हो जाते हैं और कुछ निश्चित मानसिक विकृतियाँ उत्पन्न हो जाती हैं। निम्नांकित में से किस विकृति को इन मानसिक विकृतियों में नहीं रखा जा सकता है—
(क) रोगात्मक उन्माद (Pathological intoxication) (ख) सन्निपात ट्रीमेन्स (Delirium tremens)
(ग) कोरस्कौप संलक्षण (Korskoff's syndrome) (घ) कुशिंग संलक्षण (Cushing syndrome) **उ० (घ)**

131. निम्नांकित में से किस तरह के मानसिक रोग में रोगी श्रवण विभ्रम (auditory hallucination) के अलावा किसी प्रकार का कोई लक्षण या संलक्षण नहीं दिखलाता है, अर्थात् रोगी इस श्रवण विभ्रम को छोड़कर पूर्णतः सामान्य रहता है—
(क) अलकोहलिक विभ्रम (alcoholic hallucination) (ख) अलकोहलिक ह्रास (alcoholic deterioration)
(ग) रोगात्मक उन्माद (pathological intoxication) (घ) सन्निपात ट्रीमेन्स (delirum tremens) **उ० (क)**

132. एडीसन रोग (Addison disease) का संबंध निम्नांकित में से किस ग्रन्थि से होता है—
(क) कंठ ग्रन्थि (thyroid gland) (ख) एड्रीनल ग्रन्थि (adrenal gland)
(ग) गोनाड्स (Gonads) (घ) इनमें से कोई भी नहीं। **उ० (ख)**

133. कुशिंग संलक्षण किस तरह उत्पन्न होता है?
(क) रोगी के रक्त में थायरक्सीन (thyroxin) अधिक मात्रा में आने से।
(ख) रोगी के रक्त में कॉर्टीसोन (cortisone) अधिक मात्रा में आने से।
(ग) रोगी के गोनाड्स (Gonads) के अतिसक्रियता से।
(घ) रोगी के रक्त में कॉर्टीसोन कम मात्रा में आने से। उ० (ख)

134. सेनाइल डेमेन्सीया (Senile dementia) का रोग
(क) किशोरों का रोग है। (ख) बच्चों का रोग है।
(ग) वयस्कों का रोग है। (घ) वृद्धों का रोग है उ० (घ)

135. एक वैज्ञानिक की उत्सुकता को प्रायः एक ऐसी लैगिंक उत्सुकता (sexual curiosity) का प्रतिबिम्वन माना गया है जो सामाजिक रूप से स्वीकृत क्षेत्र के प्रति पुनर्निर्देशित होता समझा जाता है। ऐसी अवस्था में निम्नांकित में से किससे वैज्ञानिक का व्यवहार निदेशित हो रहा है?
(क) विस्थापन (displacement) (ख) प्रत्यावर्तन (reversal)
(ग) यौक्तिकीकरण (rationalisation) (घ) उदात्तीकरण (sublimation) उ० (घ)

136. सूची I जिसमें मानसिक दुर्बलता (mental deficiency) के विभिन्न प्रकारों को दिखलाया गया, को सूची II जो उनके संभावित कारण (causes) हैं, के साथ सुमेलित करे तथा दिए गए कूटसंकेतों (codes) के आधार पर सही उत्तर का चयन करें।

सूची I (मानसिक दुर्बलता का प्रकार)	सूची II (कारण)
A. माइक्रोसीफैली (Microcephaly)	1. दोषपूर्ण जैवरसायन (defective biochemistry)
B. मंगोलिज्म (Mangolism)	2. दोषपूर्ण गुणसूत्र (defective chromosomes)
C. हाइड्रोसीफैली (Hydrocephaly)	3. मस्तिष्क में विशेष मस्तिष्कीय तरल पदार्थ का जमा होना
D. फ्लेनिलकेटोन्यूरिया (Phenylketonuria or PKR)	4. बृहतमस्तिष्क (cerebrum) का अपर्याप्त विकास

कूटसंकेत (codes)
(क) A–4, B–2, C–3, D–1 (ख) A–4, B–2, C–1, D–3
(ग) A–2, B–4, C–3, D–1 (घ) A–3, B–2, C–4, D–1 उ० (क)

137. DSM–IV के किस विमा (axis) में व्यक्तित्व विकृतियों (personality disorder) को रखा गया है?
(क) आयाम I (axis I) (ख) आयाम II (axis II)
(ग) आयाम III (axis III) (घ) आयाम IV (axis IV) उ० (ख)

138. अगर कोई व्यक्ति में उत्तेजना (mania) तथा विषाद दोनों तरह के मानसिक अवस्थाएँ क्रम से होती है, तो इसे DSM–IV में क्या संज्ञा दी गयी है।
(क) उत्साह-विषाद मनोविक्षिप्ति (manic depressive psychosis)
(ख) द्विध्रुवीय विकृति (bipolar disorder)
(ग) मुख्य विषाद (major depression)
(घ) मनःस्थिति विकृति (mood disorder) उ० (ख)

139. डायथिसिस-प्रतिबल मॉडल (diathesis-stress model) क्या है?
(क) मॉडल यह बतलाता है कि विशेष विकृति (disorder) होने की पूर्ववृत्ति (predisposition) व्यक्ति में अमुक परिस्थिति में अधिक होती है।
(ख) मॉडल यह बतलाता है कि प्रतिबल (stress) उत्पन्न होने पर व्यक्ति उससे निबटने के लिए विभिन्न तरह के रक्षा प्रक्रमों (defense mechanisms) का उपयोग करता है।

(ग) मॉडल यह बतलाता है कि जब प्रतिबल या तनाव व्यक्ति के बर्दाश्त सीमा से अधिक हो जाता है तो उससे व्यक्ति में विकृति (disorder) होने की संभावना बढ़ जाती है।
(घ) मॉडल यह बतलाता है कि व्यक्ति तनाव या प्रतिबल से उत्पन्न अनुभूतियों को दबाकर संभावित मानसिक विकृति से अपने आप को बचा लेता है। **उ० (ग)**

140. मनोविकृत व्यक्तित्त्व (psychopathic personality) की विशेषता निम्नांकित में से कौन है?
(क) स्नेह का अभाव (lack of affection)
(ख) संगति का अभाव (lack of company)
(ग) दोष भाव का अभाव (lack of guilt feeling)
(घ) समाजिकता का अभाव (lack of sociability) **उ० (ग)**

141. सबसे अधिक व्यवहार संबद्ध तीव्र विकार मनोविदालिता के निम्नांकित प्रकार में से किस एक में पाया जाता है? **(MPPSC, 2000)**
(क) सरल मनोविदालिता (Simple Schizophrenia)
(ख) हेवीफ्रेनिक मनोविदालिता (Hbephrenic Schizophrenia)
(ग) कैटेटोनिक मनोविदालिता (Catatonic Schizophrenia)
(घ) स्थिर व्यामोही मनोविदालिता (Paranoid Schizophrenia) **उ० (ग)**

142. निम्नांकित में से किसमें बिना दैहिक विकृति (organic pathology) के आधार के ही दैहिक क्रियाओं के अभाव के लक्षण या नियंत्रण की कमी का लक्षण उपस्थित होता है?
(क) कायिकता विकृति (somatotization disorder)
(ख) रूपांतरण विकृति (conversion disorder)
(ग) कायिक प्रारूप विकृति (somatoform disorder)
(घ) दुश्चिंता विकृति (auxiety disorder) **उ० (ख)**

143. फ्रायड (Freud) ने उस विकृति (disorder) का नाम 'स्नायुविकृति' (neurosis) रखा है जिसमें उनके अनुसार सम्मिलित होता है—
(क) दुश्चिंता (anxiety) (ख) विषाद (depression)
(ग) आक्रमकता (aggression) (घ) दोष-भाव (guilt feeling) **उ० (क)**

144. DSM–IV TR के अनुसार सभी दुर्भीतियों (phobias) का करीब 60% दुर्भीति (phobia) किस श्रेणी का होता है?
(क) सामाजिक दुर्भीति (social phobia)
(ख) विशिष्ट दुर्भीति (specific phobia)
(ग) एगोरादुर्भीति (agoraphobia)
(घ) क्लाऊस्ट्रो दुर्भीति (claustrophia) **उ० (ग)**

145. जिंदा दफना दिये जाने का अयथार्थ डर (irrational fear) को कहा जाता है—
(क) प्रिगोदुर्भीति या प्रिगोफोविया (prigophobia) (ख) टाफेहफोविया (taphephobia)
(ग) एंगलोफोविया (anglophobia) (घ) एक्रोफोविया (acrophobia) **उ० (ख)**

146. एफोनिया (aphonia), एनोसमिया (anosamia) तथा सूडोसाईसिस (pseudocysis) सामान्यतः लक्षण होते हैं—
(क) रूपांतरण विकृति (conversion disorder) का
(ख) रोगभ्रमी विकृति (hypochondriasic disorder) का
(ग) मनोविच्छेदी विकृति (dissociative disorder) का
(घ) दुर्भीति विकृति (phobic disorder) का **उ० (क)**

147. DSM–IV में उन विकृतियों को किस श्रेणी में रखा गया है जिसमें लैगिंक आकर्षकता (sexual attraction), असाधारण वस्तु (unusual objects) की ओर होता है तथा लैगिंक क्रिया भी असाधारण (unusual) होता है?
(क) पाराफिलियाज (paraphilias)
(ख) लिंग पहचान विकृति (gender identity disorder)
(ग) लैगिंक दुष्क्रिया विकृति (sexual dysfunctional disorder)
(घ) उपर्युक्त में से किसी में भी नहीं **उ० (क)**

148. जब मानसिक रोगी में कोई भी उद्दीपक (stimulus) से सांवेगिक अनुक्रिया नहीं उत्पन्न होती है, तो उसे कहा जाता है—

(क) अस्थिरता प्रभाव (immobility effect)
(ख) फ्लैट प्रभाव (flat effect)
(ग) अनुक्रिया बचाव (response prevention)
(घ) मनोपेशीय मिरगी (psychomotor epilepsy) उ० (ख)

149. ट्रिजोमी-21 (trisomy-21) का दूसरा नाम क्या है?

(क) फ्नीलकेटोन्यूरिया (Phenylketonuria or PKU) (ख) डाऊन संलक्षण (Down syndrome)
(ग) टर्नर सलक्षण (Turner's syndrome) (घ) क्रेट्रीनिज्म (cretinism) उ० (ख)

150. आश्रित मंदता (dependent retarded) निम्नांकित में से किसे कहा जाता है?

(क) अल्प मानसिक मदंता (mild mental retordation) को
(ख) साधारण मानसिक मदंता (moderate mental retardation) को
(ग) तीव्र मानसिक मदंता (severe mental retardation) को
(घ) गंभीर मानसिक मदंता (profound mental retardation) को उ० (ग)

151. निम्नांकित में से कौन मानसिक मदंता या दुर्बलता (mental deficiency) मस्तिष्कीय अनियमितता (cranial anomalies) से संबंधित नहीं है?

(क) माइक्रोसिफैली (Microcephaly) (ख) हाइड्रोसिफैली (Hydrocephaly)
(ग) मैक्रोसिफैली (Macrocephaly) (घ) क्रेटीनिज्म (Cretinism) उ० (घ)

152. निम्नांकित में से किसका यह दावा है कि विभ्रम (hallucination) तथा व्यामोह (delusion) का विशेष प्रकार के आधार पर मनोविदालिता (schizophrenia) की पहचान की जा सकती है?

(क) कर्ट स्कनीडर (Kurt Schneider) (ख) ई० फ्रैंक (E. Frank)
(ग) डी० एच० फोर्ड (D. H. Ford) (घ) ई० ब्लियूलर (E. Bleuler) उ० (क)

153. सूची I को सूची II के साथ सुमेलित करें तथा दिए गए कूटसंकेतों (codes) के आधार पर सही उत्तर दें।

सूची I	सूची II
A. मनोविदालिता का धनात्मक लक्षण (positive symptom of schizophrenia)	1. यात्रा पर जाने का भय (fear of traveling)
B. मनोविदालिता का ऋणात्मक लक्षण (negative symptom of schizophrenia)	2. लोगों के साथ भोजन करने में डर (fear of eating with public)
C. सामाजिक दुर्भीति (social phobia)	3. व्यामोह (delusion)
D. एगोरादुर्भीति (agoraphobia)	4. फ्लैट प्रभाव (flat effect)

कूटसंकेत (codes)

(क) A—4, B—3, C—1, D—2 (ख) A—3, B—4, C—2, D—1
(ग) A—3, B—4, C—1, D—2 (घ) A—2, B—3, C—1, D—4 उ० (ग)

154. निम्नांकित में से कौन व्यक्तित्व विकृति (personality disorder) ऐसा है जिसमें व्यक्ति का सामाजिक संबंध असंतोषजनक होता है तथा जिसके प्रायः कुछ सीमित संख्या में ही दोस्त होते हैं?

(क) व्यामोही व्यक्तित्व विकृति (Paranoid personality disorder)
(ख) स्कीजोआयड व्यक्तित्व विकृति (Schizoid personality disorder)
(ग) स्कीजोटाईपल व्यक्तित्व विकृति (Schizotypal personality disorder)
(घ) सीमान्त व्यक्तित्व विकृति (Boarderline personality disorder) उ० (ख)

155. DSM-IV TR के अनुसार निम्नांकित में से किसे दुश्चिंता विकृति (anxiety disorder) की श्रेणी में नहीं रखा गया है?

(क) दुर्भीति (phobia) (ख) तीव्र प्रतिबल विकृति (acute stress disorder)
(ग) रूपांतर विकृति (conversion disorder)
(घ) मनोग्रस्ति-बाध्यता विकृति (obsessive-compulsion disorder) उ० (ग)

156. DSM-IV TR के किस आयाम (axis) का संबंध मानसिक रोगों के वर्गीकरण से न होकर विशेष मापनी (scale) पर रोगी के कार्यों के व्यापक मूल्यांकन (global evaluation) से होता है?

(क) आयाम I (axis I) (ख) आयाम II (axis II)

(ग) आयाम IV (axis IV) (घ) आयाम V (axis V) **उ० (घ)**

157. जिस मनोवैज्ञानिक विधि द्वारा मानसिक रोगों का उपचार किया जाता है, उसे कहा जाता है—

(क) मनश्चिकित्सा (psychotherapy)

(ख) सम्मोहन (hypnosis)

(ग) स्वतंत्र साहचर्य (free association)

(घ) मनोनिदान (psychodiagnosis) **उ० (क)**

158. प्रत्येक मनश्चिकित्सीय संबंध (psychotherapeutic relationship) की कुछ विशेषताएँ होतीं हैं। निम्नांकित में से किसे विशेषताओं की इस सूची में शामिल नहीं किया जा सकता है—

(क) इसमें हमेशा एक रोगी एवं एक चिकित्सक होता है।

(ख) ये दोनों विशेष परिस्थितियों में मिलते रहते हैं।

(ग) इन दोनों के बीच एक अन्तर्वैयक्तिक संबंध होता है जिसका एक निश्चित प्रारंभ, मध्य एवं अन्त होता है।

(घ) इस संबंध का मात्र उद्देश्य रोगी के अचेतन के संघर्षो का पता लगाना होता है। **उ० (घ)**

159. 1950 वाले दशक में मनचिकित्सा पर कुछ मनोवैज्ञानिकों को काफी संदेह होने लगा। फलतः इन लोगों द्वारा इसकी परिसीमाओं (limitations) पर प्रकाश डाला गया। निम्नांकित में से किसे इन परिसीमाओं में सम्मिलित नहीं किया जा सकता है—

(क) मनोचिकित्सा का प्रयोग कम बुद्धि के व्यक्तियों पर नहीं किया जा सकता है।

(ख) मनोचिकित्सा का प्रयोग गंभीर रूप से क्षुब्ध व्यक्तियों पर नहीं किया जा सकता है।

(ग) इसका प्रयोग अपराधी प्रवृत्ति के व्यक्तियों पर नहीं किया जा सकता है।

(घ) मनोचिकित्सा रोगियों को बहुत ज्यादा लाभ बहुत कम समय में दे पाता है। **उ० (घ)**

160. मनश्चिकित्सा का मूलभूत नियम (basic principle) यह है कि

(क) रोगी अपनी समस्याओं के समाधान में सूझ विकसित कर ले।

(ख) रोगी अपने वर्त्तमान को समझकर भविष्य को सँवारे।

(ग) रोगी अपने-आप अनुकूली (maladaptive) व्यवहार के स्वरूप को समझे।

(घ) रोगी अपने साथ अपने परिवार के अन्य सदस्यों का मानसिक स्वरूप सुधार कर सके। **उ० (क)**

161. निम्नलिखित में से किसे मनश्चिकित्सा (psychotherapy) के उद्देश्य (aims) में शामिल नहीं किया जाता है—

(क) कुसमायोजित व्यवहार को परिवर्तित करना।

(ख) अन्तर्वैयक्तिक तथा अन्य समान क्षमताओं को उन्नत बनाना।

(ग) आत्म-बोध (self-identity) का स्पष्ट ज्ञान विकसित करना।

(घ) संज्ञानात्मक विश्लेषण की क्षमता में वृद्धि करना। **उ० (घ)**

162. निम्नलिखित में से कौन तनाव या प्रतिबल (Stress) के प्रति एक संकृत्योन्मुख प्रतिक्रिया (test-oriented reaction) है— **(UPPSC, 2000)**

(क) वास्तविकता का निषेध (denying reality)

(ख) प्रक्षेपण (projection)

(ग) संसाधनों का मूल्यांकन (Appraisal of resources)

(घ) विस्थापन (displacement) **उ० (ग)**

163. फ्रायडियन मनोविश्लेषणात्मक चिकित्सा (psychoanalytical therapy) तथा निर्देशात्मक चिकित्सा (directive therapy) में अन्तर यह है कि—

(क) मनोविश्लेषणात्मक चिकित्सा में चिकित्सक की भूमिका प्रधान होती है जबकि निर्देशात्मक चिकित्सा में चिकित्सक की भूमिका गौण (secondary) होती है

(ख) मनोविश्लेषणात्मक चिकित्सा एक क्रमबद्ध चिकित्सा है जबकि निर्देशात्मक चिकित्सा में कोई क्रमबद्धता नहीं होती है और न ही इसके कार्यविधि (procedure) में समरूपता ही होती है।

(ग) मनोविश्लेषणात्मक चिकित्सा में पाँच अवस्थाएँ होती हैं जबकि निर्देशात्मक चिकित्सा में मात्र तीन ही अवस्थाएँ होती हैं।
(घ) उपर्युक्त अन्तरों में से कोई सही नहीं है। उ० (क)

164. फ्रायड द्वारा प्रतिपादित मनोविश्लेषणात्मक चिकित्सा में निम्नांकित में से किसका महत्त्व सर्वाधिक बतलाया गया है—
(क) स्थानान्तरण (transference)
(ख) प्रतिरोध (resistance)
(ग) स्वतंत्र साहचर्य (free association)
(घ) स्वप्न विश्लेषण (dream analysis) उ० (घ)

165. मनोविश्लेषणात्मक चिकित्सा में एक ऐसी भी अवस्था आती है जहाँ रोगी चिकित्सक से कुछ भी बात-चीत करने से आगे इनकार कर देता है। इस अवस्था को कहा जाता है।
(क) अन्तर्दृष्टि (insight) की अवस्था
(ख) प्रतिरोध (resistance) की अवस्था
(ग) रूकावट की अवस्था
(घ) असहयोग की अवस्था उ० (ख)

166. बर्नी (Berne) द्वारा प्रतिपादित संव्यवहार विश्लेषण (transactional analysis) में मानव व्यक्तित्व की तीन अहं अवस्थाओं (ego states) का वर्णन किया गया है जिनका अर्थ लगभग वही है जो फ्रायड के उपाहं (id), अहं (ego) तथा पराहं (super ego) के हैं। नीचे दिये गए तथ्यों को इस संदर्भ में सुमेलित करें—

सूची I	सूची II
(अ) चाइल्ड (Child)	(च) उपाहं (Id)
(ब) एडल्ट (Adult)	(छ) अहं (Ego)
(स) पेरेन्ट (Parent)	(ज) पराहं (Super ego)

नीचे दिये गए कूटसंकेतों (codes) के आधार पर उत्तर दें—
(क) अ एवं ज
(ख) अ एवं छ
(ग) ब एवं छ
(घ) स एवं च उ० (ग)

167. संव्यवहार विश्लेषण (transactional analysis) में चिकित्सक मुख्यतः बल डालता है—
(क) समूह के सदस्यों के बीच हुए अन्तःक्रिया के विश्लेषण पर।
(ख) समूह के सदस्यों तथा उनके परिवार के सदस्यों के बीच हुए अन्तःक्रिया के विश्लेषण पर।
(ग) रोगी के परिवार के सदस्यों के बीच हुए अन्तःक्रिया पर।
(घ) रोगी का उसके साथी संगी के साथ हुए अन्तःक्रिया के विश्लेषण पर। उ० (क)

168. भूमिका निर्वाह प्रविधि (role playing technique) पर निम्नांकित में से कौन-सा चिकित्सीय प्रविधि (therapeutic method) आधारित है—
(क) शिक्षात्मक समूह चिकित्सा (didactic group therapy)
(ख) मनोनाटक (psychodrama)
(ग) मुठभेड़ समूह चिकित्सा (encounter group therapy)
(घ) वैवाहिक चिकित्सा (martial therapy) उ० (ख)

169. जिस चिकित्सा विधि में मन (mind) तथा शरीर (body) के एकता (unity) पर सर्वाधिक बल डाला जाता है, उसे कहा जाता है—
(क) रैसनल-इमोटिव चिकित्सा (Rational-emotive therapy)
(ख) गेस्टाल्ट चिकित्सा (Gestalt therapy)
(ग) क्लायंट-केन्द्रित चिकित्सा (Client-centred therapy)
(घ) अस्तित्वात्मक चिकित्सा (Existential therapy) उ० (ख)

170. सम्मोहन चिकित्सा (hypnotic therapy) के लिए निम्नांकित प्रविधियों में से कौन-सा प्रविधि महत्त्वपूर्ण नहीं है—
(क) रोगी के पूर्ण सहयोग का होना।
(ख) रोगी को पूर्णतः एक आरामदेह अवस्था में रखना चाहिए।
(ग) रोगी के ध्यान को किसी खास बिन्दु पर केन्द्रित कर सुझाव देना चाहिए।
(घ) प्रस्तावित दिशा में यदि व्यवहार न करे, तो उसे उसके लिए हल्के-फुल्के ढंग से डाँटना भी चाहिए। उ० (घ)

171. मनोविश्लेषणात्मक चिकित्सा (psychoanalytical therapy) में कभी-कभी चिकित्सक रोगी के प्रति अत्यधिक प्यार एवं स्नेह दिखलाने लगता है जो सचमुच में उसे नहीं करना चाहिए। इस अवस्था को कहा जाता है—
(क) धनात्मक स्थानान्तरण (positive transference) (ख) ऋणात्मक स्थानान्तरण (negative transference)
(ग) प्रति स्थानान्तरण (counter transference) (घ) इनमें से कुछ भी नहीं **उ० (ग)**

172. एक गरीब महिला को यदि रूपान्तर हिस्ट्रीया हो जाए, तो आप निम्नांकित में से कौन-सा चिकित्सा की विधि को सबसे अधिक अनुशंसित करेंगे—
(क) मनोविश्लेषणात्मक चिकित्सा (psychoanalytical therapy)
(ख) क्लायंट केन्द्रित चिकित्सा (client-centred therapy)
(ग) विरुचि चिकित्सा (aversion therapy)
(घ) क्रमबद्ध असंवेदीकरण (systematic desensitization) **उ० (घ)**

173. व्यवहार चिकित्सा (behaviour therapy) आधारित होता है—
(क) सीखने के सिद्धांतों (principles) पर। (ख) प्रत्यक्षण के सिद्धान्तों पर
(ग) अभिप्रेरक के सिद्धांतों पर (घ) इनमें से किसी पर भी नहीं **उ० (क)**

174. गुप्त संवेदीकरण (covert sensitization) व्यवहार चिकित्सा की ऐसी प्रविधि है जो आधारित है—
(क) क्लासिकी अनुबंधन (classical conditioning) पर।
(ख) साधनात्मक अनुबंध (instrumental conditioning) पर।
(ग) प्रेक्षणात्मक सीखना (observational learning) पर।
(घ) संज्ञानात्मक सीखना (cognitive learning) पर। **उ० (ख)**

175. किसी व्यक्ति में जुआ खेलने की बुरी लत को दूर करने के लिए आप निम्नांकित में से किसे सबसे अधिक पसंद करेंगे—
(क) दण्ड (punishment) (ख) विलोपन (extinction)
(ग) सांकेतिक व्यवस्था (token economy) (घ) गुण संवेदीकरण (covert sensitization) **उ० (घ)**

176. 'इन विट्रो असंवेदीकरण' (in vitro desensitization) व्यवहार चिकित्सा (behaviour therapy) की एक ऐसी विधि है जो आधारित है—
(क) क्लासिकी अनुबंधन (classical conditioning) पर
(ख) साधनात्मक अनुबंधन (instrumental conditioning) पर
(ग) प्रेक्षणात्मक सीखना (observational learning) पर
(घ) इनमें से किसी पर भी नहीं। **उ० (क)**

177. ओल्प (Wolpe) के अनुसार क्रमबद्ध असंवेदीकरण (systematic desensitization) में—
(क) चार चरण (steps) होते हैं। (ख) तीन चरण होते हैं।
(ग) पाँच चरण होते हैं। (घ) कोई स्पष्ट चरण (step) नहीं होता है। **उ० (ख)**

178. निम्नलिखित में सही क्रम (sequence) बतलावें—
(क) Relaxation training—Desensitization procedure—Construction of hierarchies.
(ख) Desensitization procedure—Relaxation training—Construction of hierarchies
(ग) Relaxation training—Construction of hierarchies—Desensitization procedure.
(घ) Construction of hierarchies—Relaxation training—Desensitization procedure. **उ० (ग)**

179. व्यवहार चिकित्सा की जिस प्रविधि में रोगी को वास्तविक परिस्थिति में रखकर उसमें काफी मात्रा में चिन्ता उत्पन्न कर उसका उपचार किया जाता है उसे कहा जाता है—
(क) फ्लडिंग (flooding)
(ख) विरुचि चिकित्सा (aversive therapy)
(ग) अन्तःस्फोटात्मक चिकित्सा (implosive therapy)
(घ) इनमें से कोई नहीं **उ० (ग)**

180. साँप दुर्भीति (snake phobia) को दूर करने के लिए आप निम्नांकित में से किसे उत्तम प्रविधि मानते हैं—
(क) क्रमबद्ध संवेदीकरण (systematic desensitization)

(ख) मॉडेलिंग (modelling)
(ग) गुप्त संवेदीकरण (covert desensitization)
(घ) इनमें से कोई भी नहीं उ० (ख)

181. इलिस (Ellis, 1962) ने चिकित्सा की जिस प्रविधि का प्रतिपादन किया है, उसे कहा जाता है—
(क) संज्ञानात्मक चिकित्सा (cognitive therapy)
(ख) रैसनल-इमोटिव चिकित्सा (rational-emotive therapy)
(ग) तनाव-टीका चिकित्सा (stress-inoculation therapy)
(घ) व्यवहार चिकित्सा (behaviour therapy) उ० (ख)

182. संज्ञानात्मक व्यवहार चिकित्सा (cognitive behaviour therapy) का मुख्य बल—
(क) रोगी के विश्वास (belief) तथा व्यवहार में ताल-मेल स्थापित करना।
(ख) रोगी के विश्वास से भ्रमात्मक तथ्यों को निकाल फेंकना है।
(ग) रोगी में यथार्थ संज्ञान (relevant congnition) स्थापित करना।
(घ) रोगी के कुसमायोजित व्यवहार (maladaptive behaviour) को दूर करना। उ० (क)

183. बेक (Beck) द्वारा प्रतिपादित संज्ञानात्मक चिकित्सा (cognitive therapy) का सफलतापूर्वक प्रयोग किया जाता है—
(क) विषाद (depression) से ग्रसित रोगियों की चिकित्सा में।
(ख) मनोविदालिता (schizophrenia) से ग्रसित रोगियों की चिकित्सा में।
(ग) स्थिर-व्यामोह (paranoia) से ग्रसित रोगियों की चिकित्सा में।
(घ) रूपान्तर हिस्ट्रीया से ग्रसित रोगियों की चिकित्सा में। उ० (क)

184. तनाव-टीका चिकित्सा (stress-inoculation therapy) में सबसे पहला चरण (step) होता है—
(क) संज्ञानात्मक तैयारी की अवस्था (Stage of cognitive preparation)
(ख) ग्रहण एवं रिहर्सल की अवस्था (Stage of acquisition and rehersal)
(ग) चिंता उत्पन्न करने वाले उद्दीपकों की सूची तैयार करने की अवस्था (Stage of preparing the list of anxious stimuli)
(घ) संज्ञानात्मक बल की अवस्था (Stage of cognitive emphasis) उ० (क)

185. अस्तित्वात्मक चिकित्सा (existenital therapy) एक तरह का—
(क) व्यवहार चिकित्सा है।
(ख) अन्तर्वैयक्तिक संबंध (interpersonal relationship) पर आधारिंत चिकित्सा है।
(ग) मानवतावादी-अनुभावात्मक चिकित्सा (humanistic-experiential therapy) है।
(घ) मनोगतिकी चिकित्सा (psychodynamic therapy) है। उ० (ग)

186. सव्यवहार विश्लेषण (transactional analysis) में एडल्ट (adult) का अर्थ वही होता है जो फ्रायड के मनोविश्लेषणात्मक चिकित्सा में—
(क) उपाहं (id) का होता है। (ख) अहं (ego) होता है।
(ग) पराहं (super ego) का होता है। (घ) लिबिडो (libido) का होता है। उ० (ख)

187. क्लायंट-केन्द्रित चिकित्सा (client-centered therapy) तथा फ्रायडियन मनोविश्लेषणात्मक चिकित्सा में मूल अंतर यह है कि—
(क) पहले तरह की चिकित्सा में चिकित्सक की भूमिका गौण होती है जबकि दूसरे तरह की चिकित्सा में चिकित्सक की भूमिका प्रधान होती है।
(ख) पहले तरह की चिकित्सा में चिकित्सक की भूमिका प्रधान होती है जबकि दूसरे तरह की चिकित्सा में चिकित्सक की भूमिका गौण होती है।
(ग) पहले तरह की चिकित्सा मानवतावादी-अनुभवात्मक श्रेणी (humanistic-experiential category) की चिकित्सा है ज़बकि दूसरे तरह की चिकित्सा मनोगतिकी चिकित्सा है।
(घ) पहले तरह की चिकित्सा में अचेतन में छिपी हुई इच्छाओं एवं संघर्षों पर अधिक बल डाला जाता है जबकि दूसरे तरह की चिकित्सा में ऐसी इच्छाओं एवं संघर्षों को तुच्छ समझा जाता है। उ० (क)

188. 'चिकित्सक विशेषज्ञ होते हैं' (therapists are specialists) जैसी धारणा की महत्ता नहीं होती है—
(क) मनोविश्लेषणात्मक चिकित्सा में
(ख) व्यवहार चिकित्सा में
(ग) क्लायंट-केन्द्रित चिकित्सा में
(घ) संज्ञानात्मक चिकित्सा में
उ० (ग)

189. व्यवहार चिकित्सा का प्रयोग निम्नांकित में से किस मानसिक विकृति (mental disorder) के साथ बहुत लाभदायक नहीं होता है?
(क) चिन्ता स्नायुविकृति (anxiety neurosis)
(ख) दुर्भीति (phobia)
(ग) मनोविदालिता (schizophrenia)
(घ) मनोग्रस्ति-बाध्यता स्नायुविकृति (obsessive-compulsive neurosis)
उ० (ग)

190. एफ पर्ल्स (F. Perls) ने जिस चिकित्सा विधि का प्रतिपादन किया है, उसे कहा जाता है—
(क) क्लायंट केन्द्रित चिकित्सा (client centered therapy)
(ख) गेस्टाल्ट चिकित्सा (Gestalt therapy)
(ग) पारिवारिक चिकित्सा (family therapy)
(घ) अस्तित्वात्मक चिकित्सा (existential therapy)
उ० (ख)

191. गेस्टाल्ट चिकित्सा (Gestalt therapy) एक तरह का
(क) समूह चिकित्सा (group therapy) है।
(ख) वैयक्ति चिकित्सा (individual therapy) है।
(ग) अंशतः समूह तथा अंशतः वैयक्तिक चिकित्सा है।
(घ) न समूह चिकित्सा है और न हो वैयक्तिक चिकित्सा है।
उ० (क)

192. इरिक बर्नी (Erich Berne) ने चिकित्सा के जिस विधि का प्रतिपादन किया है, उसे कहा जाता है—
(क) गेस्टाल्ट चिकित्सा (Gestalt therapy)
(ख) वैवाहिक चिकित्सा (marital therapy)
(ग) संव्यवहार विश्लेषण चिकित्सा (transactional analysis)
(घ) सामूहिक मुठभेड़ चिकित्सा (encounter group therapy)
उ० (ग)

193. उत्तरसम्मोहन सुझाव (posthypnotic suggestion) किसे कहा जाता है—
(क) चिकित्सक द्वारा रोगी को सम्मोहन के बाद दिया सुझाव।
(ख) जागृत अवस्था में चिकित्सक द्वारा रोगी को दिया गया वह सुझाव जिसके अनुसार उसे सम्मोहन की अवस्था में व्यवहार करना होता है।
(ग) सम्मोहन की अवस्था में चिकित्सक द्वारा रोगी को दिया गया वह सुझाव जिसके अनुसार उसे जागृत अवस्था में व्यवहार करना होता है।
(घ) सम्मोहन की अवस्था में चिकित्सक द्वारा रोगी को दिया गया वैसा सुझाव जिसके अनुसार उसे सम्मोहन की अवस्था में व्यवहार करना होता है।
उ० (ग)

194. सम्मोहन (hypnosis) एक ऐसी प्रविधि है जिसके द्वारा
(क) मनोविच्छेदी हिस्ट्रीया (dissociative hysteria) के रोगी का सर्वोत्तम उपचार किया जाता है।
(ख) रोगी के अचेतन की दमित इच्छाओं के बारे में जाना जाता है।
(ग) रोगी के व्यक्तित्व संरचना के गतिकी (dynamics) को समझा जाता है।
(घ) रोगी के चेतन तथा अर्द्धचेतन (subconscious) के बारे में जाना जाता है।
उ० (ख)

195. सम्मोहित स्वप्न (hypnotic dream) किसे कहा जाता है?
(क) ऐसा स्वप्न जिसे रोगी चिकित्सक द्वारा सम्मोहन की अवस्था में दी गयी सुझाव के फलस्वरूप अपने जागृत अवस्था में देखता है।
(ख) ऐसा स्वप्न जिसे रोगी सम्मोहन की अवस्था में चिकित्सक द्वारा बतलाये गए सार (theme) के अनुरूप देखता है।
(ग) ऐसा स्वप्न जिसे रोगी जागृत अवस्था में देखता है परन्तु उसके बारे में चिकित्सा की अवस्था में बतलाता है।
(घ) ऐसा स्वप्न जिसे रोगी अक्सर देखा करता है परन्तु उसके बारे में पहली बार चिकित्सक को सम्मोहन के दौरान बतलाता है।
उ० (ख)

196. मनोविश्लेषणात्मक चिकित्सा (psychoanalytic therapy) में एक ऐसी अवस्था आती है जहाँ रोगी अपने स्वप्न के बारे में या इच्छाओं के बारे में बतलाते-बतलाते रुक जाता है। इस अवस्था को कहा जाता है—
   (क) प्रतिरोध (resistance) की अवस्था (ख) प्रतिगमन (regression) की अवस्था
   (ग) दमन (repression) की अवस्था (घ) दलन (suppression) की अवस्था **उ० (क)**

197. जिस प्रक्रिया द्वारा स्वप्न का अस्पष्ट विषय (latent content) स्पष्ट विषय (manifest content) में बदल दिया जाता है, उसे कहा जाता है—
   (क) स्वप्न प्रक्रम (dream meachanism) (ख) संकेतीकरण (symbolization)
   (ग) नाटकीकरण (dramatization) (घ) गौण विस्तरण (secondary elaboration) **उ० (क)**

198. व्यवहार चिकित्सा की कई विधियाँ स्कीन्नर (Skinner) द्वारा बतलाये गए नियमों पर आधारित है। इन विधियों को कहा जाता है—
   (क) शेपिंग (shaping) (ख) संभाव्यता प्रबन्ध (contingency management)
   (ग) विभेदी पुनर्बलन (differential reinforcement) (घ) सांकेतिक व्यवस्था (token ecnomies) **उ० (ख)**

199. अल्पकाल व्यवहार चिकित्सा एवं शोध का उपयोग वैसे मानसिक स्वास्थ्य समस्याओं के उपचार के लिए भी किया जाता है जिसका उपचार पहले सिर्फ मेडिकल पेशा (medical profession) के लोग ही किया करते थे। इस क्षेत्र को कहा जाता है—
   (क) व्यवहारपरक मेडीसिन (behavioural medicine)
   (ख) दैहिक मेडीसीन (physiological medicine)
   (ग) व्यवहारपरक मेडिकल चिकित्सा (behavioural medical therapy)
   (घ) व्यवहारपक मेडीसीन एवं चिकित्सा (behavioural medicine and therapy) उ० (क)

200. क्रमबद्ध असंवेदीकरण (systematic desensitization) की सफलता पर आधारित होती है—
   (क) प्रतिअनुबन्धन के नियम (principle of counter conditioning) पर।
   (ख) अनुबन्धन के नियम (principle of conditioning) पर।
   (ग) विभेदी पुनर्बलन के नियम (principle of differential reinforcement) पर।
   (घ) अभ्यास प्राक्कल्पना (habituation hypothesis) पर। **उ० (क)**

201. जिस मॉडलिंग में रोगी यह देखता है कि चिकित्सक या मॉडल किसी डरावने वस्तु (जिससे रोगी चिन्तित रहता है) को अपने शरीर पर रखे हुए है और उससे यह सीख लेता है कि वह भी ऐसा कर सकता है, क्योंकि वह वस्तु वास्तव में हानिकारक नहीं है, तो इस तरह की मॉडलिंग को कहा जाता है—
   (क) सहभागी मॉडलिंग (participant modeling) (ख) अस्पष्ट मॉडलिंग (covert modeling)
   (ग) निर्देशित मॉडलिंग (guided modeling) (घ) स्पष्ट मॉडलिंग (overt modeling) **उ० (क)**

202. समूह-चिकित्सा (group therapy) की उत्पत्ति का स्रोत निम्नांकित में से किनका कार्य माना जाता है—
   (क) मोरेनो (Moreno) (ख) जोसेफ प्रॉट (Joesph Prott)
   (ग) बर्नी (Berne) (घ) फ्रैंक (Frank) **उ० (ख)**

203. पारलोफ (Parloff) के अनुसार समूह चिकित्सा के तीन प्रमुख मॉडल हैं जिसे नीचे दिया जा रहा है। सही मॉडल की पहचान करें।
   (क) Intrapersonalist—group interactionst—integralist
   (ख) Intrapersonalist—transactionalist—integralist
   (ग) Intrapersonalist—transactionalist—group integralist
   (घ) Group interpersonalist—transactinalist—integralist **उ० (ख)**

204. पारिवारिक चिकित्सा (family therapy) में चिकित्सक (therapist) का मुख्य उद्देश्य यह पता लगाना होता है कि—
   (क) परिवार का प्रत्येक सदस्य किसे समस्या समझता है।
   (ख) परिवार का प्रत्येक सदस्य के जीवन-शैली (life style) क्या है।
   (ग) परिवार का प्रत्येक सदस्य के दोषपूर्ण अंतक्रियाएँ क्या हैं।
   (घ) परिवार के मुखिया की मनोवृत्ति अन्य सदस्यों के प्रति कैसी है। **उ० (क)**

205. पारिवारिक चिकित्सक (family therapist) कई तरह के कार्यों को सम्पन्न करता है। निम्नांकित में से किसे उनके इस कार्य सूची में शामिल नहीं किया जा सकता है—
(क) परिवार के भीतर संचार (communication) को उत्तम बनाना।
(ख) संघर्ष समाधान को बढ़ावा देना।
(ग) परिवार के सदस्यों के बीच किसी समस्या पर निर्णय करने के नये तरीकों को बढ़ाना।
(घ) परिवार के सदस्यों के बीच एक-दूसरे पर निर्भरता को बढ़ावा देना। **उ० (घ)**

206. मनोनाटक (psychodrama) का उपयोग निम्नांकित में से किस परिस्थिति में अधिक लाभप्रद होता है—
(क) जब समूह में सभी एक उम्र के ही रोगी को रखा गया हो।
(ख) जब समूह में सभी एक यौन के ही रोगी को रखा गया हो।
(ग) जब समूह में ऐसे रोगी हो जिनका अन्य किसी विधि से उपचार नहीं करना पसंद किया जाता हो।
(घ) जब समूह में सभी रोगी मनःस्नायुविकृति (psychoneurosis) के ही हो। **उ० (ग)**

207. मनोनाटक के मुख्य उद्देश्य में निम्नांकित में से किसे शामिल नहीं किया जा सकता है—
(क) रोगी में सार्वजनिक विरेचन (emotional cathrasis) की प्राप्ति करना।
(ख) रोगी के समझ शक्ति में वृद्धि करना।
(ग) रोगी के अन्तर्वैयक्तिक सामर्थ्यता (interpersonal competencies) को बढ़ाना।
(घ) रोगी के पारिवारिक संबंधों को मजबूत करना। **उ० (घ)**

208. मोरेनो (Moreno) के अनुसार मनोनाटक में कई तरह के सहभागियों (participants) का विशेष नामकरण किया गया है। निम्नांकित में से सही सुमेल बतलावें—

सूची I	**सूची II**
(अ) निदेशक (director)	(च) स्वयं रोगी
(ब) प्रधान अभिनेता (protogonist)	(छ) अन्य दूसरे रोगी जिनका उपचार करना नहीं होता है।
(स) सहायक अहं (auxiliary ego)	(ज) मुख्य चिकित्सक
(द) दर्शक (audience)	(झ) चिकित्सा कर्मचारीगण

दिये हुए कूटसंकेतों (codes) के आधार पर उत्तर दें—
(क) अ तथा छ (ख) ब तथा ज
(ग) स तथा झ (घ) द तथा च **उ० (ग)**

209. क्रमबद्ध संवेदीकरण (systematic desensitization) में पहले रोगी को मांसपेशियों के शिथिलन (relaxation) का प्रशिक्षण एक खास प्रविधि (technique) द्वारा किया जाता है। इस प्रविधि को कहा जाता है—
(क) क्रमिक शिथिलन (progressive relaxation)
(ख) संवेदीकृत शिथिलन (sensitized relaxation)
(ग) कार्यक्रमित शिथिलन (programmed relaxation)
(घ) पुनर्बलित शिथिलन (reinforced relaxation) **उ० (क)**

210. क्रमबद्ध असंवेदीकरण में रोगी से संबंधित कई समस्याएँ आतीं हैं। निम्नांकित में से किसे इन समस्याओं की सूची में नहीं रखा जा सकता है—
(क) शिथिलता में कठिनाई (difficulties in relaxation)
(ख) चिन्ताओं की अयथार्थ अनुक्रम (irrelevant hierarchies)
(ग) प्रतिमा शक्ति (imagery) का अपर्याप्त होना।
(घ) रोगी द्वारा असहयोगपूर्ण व्यवहार (unco-operative behaviour) **उ० (घ)**

211. विरुचि चिकित्सा (aversion therapy) का पहला औपचारिक प्रयोग किया गया था—
(क) कैन्टोरोविच (Kantorovich) द्वारा। (ख) लोभास (Lovass) द्वारा
(ग) बुचर तथा लोभास (Bucher & Lovass) द्वारा। (घ) ओल्फ (Wolf) द्वारा। **उ० (क)**

212. मॉडलिंग (Modeling) द्वारा मानसिक समस्याओं का उपचार करने के लिए निम्नांकित में से किनका योगदान (contribution) सबसे अधिक महत्त्वपूर्ण माना गया है—
   (क) बैण्डुरा (Bandura) (ख) कौटैला (Cautela)
   (ग) काजडीन (Kazdin) (घ) एडैम्स एवं बेयर (Adamas & Beyer) उ० (क)

213. वह उपचार उपागम जिसमें रोगी को अपने ही दैहिक प्रक्रियाओं (physiological processes) को प्रभावित करने के लिए सीखलाया जाता है, कहलाता है—
   (क) विरुचि चिकित्सा (aversion therapy)
   (ख) बायोफिडबैक चिकित्सा (biofeedback therapy)
   (ग) 'इनभिभो' प्रविधि (in vivo technique)
   (घ) गुप्त मॉडलिंग (covert modeling) उ० (ख)

215. व्यवहार चिकित्सा (behaviour therapy) के कई लाभ हैं। निम्नांकित में से किसे लाभ की इस सूची में शामिल नहीं किया जा सकता है—
   (क) इस चिकित्सा विधि की कार्यविधि तथा परिणाम पूर्णतः परिशुद्ध (precise) होते हैं।
   (ख) यह चिकित्सा विधि सीखने के वैज्ञानिक नियमों पर आधारित होता है। फलस्वरूप इसकी वैधता अधिक है।
   (ग) इस चिकित्सा विधि में समय तथा धन की बचत होती है।
   (घ) इस चिकित्सा विधि का सफलतापूर्वक उपयोग मनःस्नायुविकृति तथा मनोविक्षिप्ति (psychosis) के रोगियों पर किया जाता है। उ० (घ)

216. रैसनल-इमोटिव चिकित्सा (Rational-emotive therapy or RET) का प्रतिपादन किया गया था—
   (क) इलिस (Ellis) (ख) बेक (Beck)
   (ग) फ्रीडमैन (Friedman) (घ) टर्क (Turk) उ० (क)

217. रैसनल इमोटिव चिकित्सा में अपअनुकूलित व्यवहार (maladaptive behaviour) का मुख्य कारण
   (क) अयथार्थ विश्वास (irrational belief) को समझा जाता है।
   (ख) आन्तरिक मानसिक संघर्ष को समझा जाता है।
   (ग) गलत आत्मन्-माँग (false self-demands) को समझा जाता है।
   (घ) आत्मन्-पराजित व्यवहार (self-defeating behaviour) को समझा जाता है। उ० (क)

218. इलिस (Ellis) के अनुसार एक सामान्य व्यक्ति वह होता है—
   (क) जो तर्कसंगत ढंग से (rationally) व्यवहार करता हो तथा सोचता हो।
   (ख) जो समाज के मानक (norms) के अनुसार व्यवहार नहीं कर रहा हो।
   (ग) जो अपनी अयोग्यताओं की पहचान करके उसके अनुरूप व्यवहार करता हो।
   (घ) जिसमें अवास्तविक विश्वास (unrealistic beliefs) की कमी हो। उ० (घ)

219. रैसनल-इमोटिव चिकित्सा का मुख्य उद्देश्य होता है—
   (क) व्यक्ति के विश्वास तंत्र एवं आत्म-मूल्यांकन (self-evaluation) का पुनर्निर्माण (reconstruct) करना।
   (ख) व्यक्ति के अयथार्थ विश्वासों को हटा देना।
   (ग) व्यक्ति के अवास्तविक प्रलक्षण एवं चिन्तन को दूर करना।
   (घ) व्यक्ति के खुशहाली (happiness) को मजबूत करना। उ० (क)

220. इलिस के अनुसार कुछ अयथार्थ विश्वास (irrational belief) हैं जिनसे व्यक्ति में अपअनुकूलित व्यवहार (maladaptive behaviour) उत्पन्न होते हैं। निम्नांकित में से कौन-सा विश्वास ऐसा है जिसे इलिस ने महत्त्वपूर्ण नहीं माना है—
   (क) प्रत्येक व्यक्ति को प्रत्येक कार्य के लिए दूसरों द्वारा स्नेह मिलना चाहिए।
   (ख) व्यक्ति में सम्पूर्ण आत्म-नियंत्रण (self-control) होना चाहिए।
   (ग) जिन्दगी की समस्याओं से यदि दूर हटना संभव हो, तो उससे दूर ही रहना चाहिए।
   (घ) मानव-दुःख की उत्पत्ति की जड़ कोई बाह्यकारक नहीं बल्कि स्वयं मानव ही है। उ० (घ)

221. संज्ञानात्मक-व्यवहार चिकित्सा (cognitive-behaviour therapy) का प्रतिपादन किया गया है—
(क) बेक (Beck) द्वारा। (ख) राईस (Rice) द्वारा।
(ग) बैण्डुरा (Bandura) द्वारा। (घ) इलिस Ellis) द्वारा। उ० (क)

222. व्यवहार चिकित्सा के संदर्भ में निम्नांकित में से कौन-सा कथन असत्य (false) है—
(क) व्यवहार चिकित्सा में रोगी के गत आघातीय अनुभूतियों (past traumatic experiences) को समझने की कोशिश की जाती है।
(ख) व्यवहार चिकित्सा में रोगी अपअनुकूली व्यवहार को दूर करने के लिए उसके पीछे छिपे पुनर्बलनात्मक कारकों की पहचान की जाती है।
(ग) व्यवहार चिकित्सा में चिकित्सक एक सक्रिय भूमिका निभाता है।
(घ) व्यवहार चिकित्सा में चिकित्सक पर्यावरणी उद्दीपकों जैसे पुरस्कार तथा दंड आदि में जोड़-तोड़ करके अपअनुकूली व्यवहार को परिवर्तित करने की कोशिश करता है। उ० (क)

223. अन्तःस्फोटात्मक चिकित्सा (impolsive therapy) तथा फ्लडिंग (flooding) में मुख्य अन्तर यह है कि
(क) अन्तःस्फोटात्मक चिकित्सा का आधार क्लसिकी अनुबन्धन (classical conditioning) का सिद्धान्त है जबकि फ्लडिंग का आधार साधानात्मक अनुबंधन (instrumental conditioning) है।
(ख) अन्तःस्फोटात्मक चिकित्सा में रोगी को चिन्ता उत्पन्न करने वाली परिस्थिति के बारे में मात्र कल्पना करने के लिए कहा जाता है जबकि फ्लडिंग में रोगी को चिन्ता उत्पन्न करने वाली वास्तविक परिस्थिति में रखकर उपचार किया जाता है।
(ग) अन्तःस्फोटात्मक चिकित्सा एक तरह का व्यवहार चिकित्सा है जबकि फ्लडिंग एक तरह का संज्ञानात्मक व्यवहार चिकित्सा (cognitive-behaviour therapy) है।
(घ) अन्तःस्फोटात्मक चिकित्सा द्वारा मात्र दुर्भीति (phobia) के रोगी का उपचार किया जा सकता है जबकि फ्लडिंग द्वारा सभी तरह के रोगी का उपचार किया जा सकता है। उ० (ख)

224. निम्नांकित में से किसे 'इनभिभो' प्रविधि (in vivo technique) कहा जाता है—
(क) अन्तःस्फोटात्मक चिकित्सा (impolsive therapy)।
(ख) क्रमबद्ध असंवेदीकरण (systematic desensitization)
(ग) दृढ़ग्राही चिकित्सा (assertive therapy)
(घ) फ्लडिंग (flooding) उ० (घ)

225. स्वास्थ्य मनोविज्ञान (health psychology) की वह शाखा जिसमें यह अध्ययन किया जाता है कि मनोवैज्ञानिक कारक किस तरह से असंक्राम्य तंत्र (immune system) को परिवर्तित करके व्यक्ति को किसी रोग के नजदीक ला देता है, को कहा जाता है—
(क) साइकोन्यूरोइम्यूनोलोजी (Psychoneuroimmunology)
(ख) रोगी के अन्तर्वैयक्तिक संबंधों (Interpersonal relationship)
(ग) इम्नोकमपिटेंस (Immunocompetence)
(घ) इम्यूनाइजेसन (Immunization) उ० (क)

226. निम्नांकित में से किसे 'संभाव्यता प्रबंधन' (contigency management) में नहीं रखा जा सकता है—
(क) विलोपन (extinction)
(ख) सांकेतिक व्यवस्था (token economies)
(ग) विभेदी पुनर्बलन (differential reinforcement)
(घ) क्रमबद्ध संवेदीकरण (systematic desensitization) उ० (घ)

227. जब चिकित्सा का उद्देश्य मूल व्यक्तित्व संरचना में मौलिक परिवर्तन लाना तथा अचेतन की प्रक्रियाओं (unconscious processes) का विशेष रूप से अध्ययन करना होता है, तो इस तरह के चिकित्सा को कहा जाता है—
(क) चिकित्सीय सलाह (therapeutic conselling)
(ख) अनिर्देशात्मक चिकित्सा (nondirective therapy)
(ग) निर्देशात्मक चिकित्सा (directive therapy)
(घ) गहन चिकित्सा (depth therapy) उ० (घ)

228. निम्नांकित में से सूझ-उन्मुखी चिकित्सा (insight-oriented therapy) कौन नहीं है—
   (क) मनोविश्लेषण (psychoanalysis)
   (ख) क्लायंट केन्द्रित चिकित्सा (client-centered therapy)
   (ग) गेस्टाल्ट चिकित्सा (gestalt therapy)
   (घ) व्यवहार चिकित्सा (behaviour therapy) **उ॰ (घ)**
229. स्वतंत्र साहचर्य (free association) पर निम्नांकित में से किस चिकित्सा पर सर्वाधिक बल डाला जाता है—
   (क) मनोविश्लेषण
   (ख) क्लायंट-केन्द्रित चिकित्सा
   (ग) गेस्टाल्ट चिकित्सा
   (घ) संज्ञानात्मक-व्यवहार चिकित्सा (cognitive-behaviour therapy) **उ॰ (क)**
230. स्वतंत्र साहचर्य में रोगी—
   (क) उन सभी बातों को कहता है जिनसे उनको किसी प्रकार की तकलीफ पहुँची है।
   (ख) सिर्फ उन्हीं बातों को कहता है जो उसे संगत एवं उचित लगता है।
   (ग) असंगत बातों को बेझिझक कहता है।
   (घ) अपने वर्तमान एवं भूत की उन घटनाओं के बारे में बतलाता है जो उसकी नजर में महत्त्वपूर्ण रहा है। **उ॰ (घ)**
231. स्वप्न द्रष्टा (dreamer) द्वारा देखे गए स्वप्न के विषय को कहा जाता है—
   (क) स्पष्ट विषय (manifest content) (ख) अस्पष्ट विषय (latent content)
   (ग) मिश्रित विषय (mixed content) (घ) इनमें से कुछ भी नहीं **उ॰ (क)**
232. फ्रायड के अनुसार स्वप्न विश्लेषण (dream analysis) का मुख्य उद्देश्य होता है—
   (क) रोगी के वर्तमान को समझना
   (ख) रोगी के भविष्य के बारे में पूर्वकथन करना
   (ग) रोगी के अचेतन के बारे में जानना
   (घ) रोगी के चेतन एवं अर्द्धचेतन (subconscious) के बारे में जानना **उ॰ (ग)**
233. स्वप्न का वास्तविक अर्थ का पता चलता है—
   (क) स्पष्ट विषय के विश्लेषण से।
   (ख) अस्पष्ट विषय के विश्लेषण से।
   (ग) मिश्रित विषय के विश्लेषण से।
   (घ) इनमें से किसी के भी विश्लेषण से नहीं। **उ॰ (ख)**
234. क्लायंट-केन्द्रित चिकित्सा (client-centered therapy) के लिए निम्नांकित में कौन कथन असत्य (false) है?
   (क) चिकित्सक के मन में क्लायंट के लिए परानुभूति (empathy) का होना आवश्यक है।
   (ख) चिकित्सक के मन में क्लायंट के लिए सहानुभूति (sympathy) का होना आवश्यक है।
   (ग) चिकित्सा द्वारा रोगी को अशर्त्त धनात्मक सम्मान (unconditional positive regard) निश्चित रूप से देना चाहिए।
   (घ) चिकित्सक को रोगी को समस्याओं के प्रति उदार दृष्टिकोण रखना चाहिए। **उ॰ (ख)**
235. क्लायंट-केन्द्रित चिकित्सा का मुख्य उद्देश्य है—
   (क) रोगी या क्लायंट को अपने भीतर छिपे अन्तःशक्तियों (potentials) की पहचान करके उसके अनुरूप अपने आप को विकसित करना।
   (ख) अपने अचेतन के मानसिक संघर्षों को समझकर उसे दूर करने के लिए तैयार होना।
   (ग) अपनी समस्याओं के समाधान में सूझ विकसित करने के लिए चिकित्सक से मदद माँगना
   (घ) अपनी समस्याओं के समाधान के लिए चिकित्सक को अपने अचेतन मन में छिपी विचारों से चिकित्सक को अवगत कराना। **उ॰ (क)**

236. रोजर्स (Rogers) द्वारा प्रतिपादित चिकित्सीय विधि की सबसे प्रमुख परिसीमा (limitation) निम्नांकित में से कौन है?
(क) इस विधि द्वारा सिर्फ हल्के-फुल्के तरह के मानसिक क्षुब्धता का उपचार संभव है।
(ख) इस विधि द्वारा उपचार होने के कुछ दिनों के बाद रोगी में लक्षण पुनः विकसित होने लगते हैं।
(ग) इस विधि द्वारा रोगी की समस्याओं के गहराई में नहीं पहुँचा जा सकता है।
(घ) इस विधि द्वारा मानव प्रकृति के बारे में जो पूर्वकल्पना (assumption) कर रखा गया है, वह गलत है।
उ० (ग)

237. व्यवहार चिकित्सा (behaviour therapy) की महत्त्वपूर्ण पूर्वकल्पना (assumption) यह है कि
(क) रोगी में अपअनुकूलित व्यवहार करने की एक पूर्ववृत्ति (predisposition) होती है।
(ख) रोगी में अपअनुकूलित व्यवहार का संपोषण किसी-न-किसी तरह का पुनर्बलन (reinforcement) से होता रहता है।
(ग) रोगी में अपअनुकूलित व्यवहार के विकसित होने में उनके परिवार की भूमिका महत्त्वपूर्ण होती है।
(घ) रोगी में अपअनुकूलित व्यवहार के विकसित होने में सामाजिक विघटन (social disorganization) की भूमिका प्रधान होती है।
उ० (ख)

238. व्यवहार चिकित्सा का निम्नांकित में से कौन-सी प्रविधि विलोपन (extinction) के नियम पर आधारित है—
(क) अन्तःस्फोटात्मक चिकित्सा (implosive therapy)
(ख) दृढ़ग्राही चिकित्सा (assertive therapy)
(ग) शेपिंग (shaping)
(घ) विरुचि चिकित्सा (aversion therapy)
उ० (क)

239. मनश्चिकित्सा का वह आयाम (dimension) जिसमें उपचार का मुख्य उत्तरदायित्व चिकित्सक पर न होकर रोगी पर होता है, उसे कहा जाता है—
(क) निर्देशात्मक चिकित्सा (directive therapy)
(ख) अनिर्देशात्मक चिकित्सा (non-directive therapy)
(ग) वैयक्तिक चिकित्सा (individual therapy)
(घ) सामूहिक चिकित्सा (group therapy)
उ० (ख)

240. सम्मोहन (hypnosis) का सबसे उपयुक्त अर्थ क्या होता है?
(क) सुझावग्रहणशीलता की एक सामान्य अवस्था
(ख) चेतन की एक ऐसी परिवर्तित अवस्था (altered state) जिसमें व्यक्ति में सुझाव ग्रहणशीलता की उच्चतम चरण होती है।
(ग) सुझाव देकर दूसरों को अपने वश में कर लेना।
(घ) वाक्पटुता द्वारा दूसरों को वैसा करने के लिए बाध्य कर देना जैसा व्यक्ति स्वयं चाहता है।
उ० (ख)

241. 'नारकोएनालिशिश' (narcoanalysis) किसे कहा जाता है?
(क) मनश्चिकित्सा की एक ऐसी विधि जो सम्मोहन क्रिया पर आधारित होती है।
(ख) मनश्चिकित्सा की एक ऐसी विधि जो मात्र स्वप्न विश्लेषण (dream analysis) पर आधारित होती है।
(ग) मनोचिकित्सा की एक ऐसी विधि जिसे फ्रायड ने हिस्ट्रीया के रोगी का उपचार करने के लिए किया था तथा जिसमें सम्मोहन एवं स्वप्न विश्लेषण दोनों ही क्रियाएँ सम्मिलित होती हैं।
(घ) चिकित्सा की एक ऐसी विधि जिसमें विशेष औषधि के प्रयोग से सम्मोहन (hypnosis) जैसी अवस्था रोगी में उत्पन्न कर दी जाती है।
उ० (घ)

242. निम्नांकित में से किस मनश्चिकित्सीय विधि का प्रतिपादन स्टूप (Strupp, 1981) द्वारा फ्रायडियन चिकित्सीय विधि को उन्नत बनाने के ख्याल से किया गया है?
(क) गहन चिकित्सा (depth therapy)
(ख) समय-बंधित गतिकी मनश्चिकित्सा (time-limited dynamic psychotherapy)
(ग) युंग का विश्लेषणात्मक चिकित्सा (Jung's analytical therapy)
(घ) एडलर का वैयक्तिक चिकित्सा (Alder's individual therapy)
उ० (ख)

243. सूची I को सूची II के साथ सुमेलित करें—

सूची I	सूची II
(अ) स्वतंत्र साहचर्य (Free association)	(च) सिगमण्ड फ्रायड (Sigmund Freud)
(ब) शब्द साहचर्य (Word association)	(छ) कार्ल युंग (Carl Jung)
(स) गेस्टाल्ट चिकित्सा (Gestalt therapy)	(ज) कार्ल रोजर्स (Carl Rogers)
(द) व्यक्ति-केन्द्रित चिकित्सा (Person-centered therapy)	(झ) फ्रिज पर्ल्स (Fritz Perls)
	(ट) अल्फ्रेड एडलर (Alfred Adler)

दिए गए कूटसंकेतों (codes) के आधार पर सही उत्तर का चयन करें—

(अ) अ तथा ट (ख) ब तथा च
(ग) स तथा छ (घ) द तथा ज उ० (घ)

244. फ्रायडियन मनोविश्लेषणात्मक चिकित्सा में चिकित्सक रोगी के आमने-सामने न बैठकर उसके पीछे बैठना इसलिए पसंद करता है, क्योंकि—

(क) रोगी अपने विचारों की अभिव्यक्ति खुलकर कर सके।
(ख) रोगी अपने विचारों एवं मानसिक संघर्षों के उचित अंशों को ठीक ढंग से अभिव्यक्त कर सके।
(ग) चिकित्सक रोगी से अपने विचारों को ठीक ढंग से अभिव्यक्त कर सके।
(घ) चिकित्सक रोगी पर अपना नियंत्रण ठीक ढंग से रख सके। उ० (क)

245. निम्नांकित युग्मों में से सही सुमेल का चयन करें तथा दिए गए कूटसंकेतों (codes) के आधार पर सही उत्तर दें—

(1) टाईप ए चिकित्सा — वैसी चिकित्सा जो भाव (affect) एवं चिंता में परिमार्जन करता हो।
(2) टाईप बी चिकित्सा — वैसी चिकित्सा जो व्यवहार में परिवर्तन करता हो।
(3) टाईप सी चिकित्सा — वैसी चिकित्सा जो संज्ञान (cognition) में परिवर्तन करता हो।

कूटसंकेत (codes)

(क) केवल 1 सही है। (ख) 1 और 2 सही है।
(ग) 2 और 3 सही है। (घ) 1, 2 और 3 सही है। उ० (घ)

246. लघुकालीन चिकित्सा (short-term therapy) का मुख्य उद्देश्य होता है—

(क) किसी विशेष लक्षण एवं चिन्ता से रोगी को दूर करना।
(ख) रोगी के व्यक्तित्व की संरचना में महत्त्वपूर्ण परिवर्तन करना।
(ग) रोगी को अपनी समस्याओं के समाधान में सूझ उत्पन्न करना।
(घ) रोगी को अपने प्रमुख कठिनाइयों की स्वरूप अवगत करना। उ० (क)

247. दीर्घकालीन चिकित्सा (long-term therapy) का मुख्य उद्देश्य होता है—

(क) रोगी के व्यक्तित्व की संरचना में महत्त्वपूर्ण परिवर्तन करना।
(ख) रोगी को किसी विशेष लक्षण एवं चिन्ता से दूर करना।
(ग) रोगी को अपनी समस्याओं के समाधान में सूझ उत्पन्न करना।
(घ) रोगी को बाल्यावस्था (childhood) की अनुभूतियों, मनोवृत्तियों एवं संघर्षों से अवगत कराना। उ० (क)

248. मनोविश्लेषणात्मक चिकित्सा में एक ऐसी अवस्था आती है जिससे रोगी अपने माता-पिता के प्रति जिस तरह की मनोवृत्ति दिखलाता है, करीब-करीब उसी तरह की मनोवृत्ति चिकित्सक के प्रति भी दिखलाने लगता है। इस तरह की प्रक्रिया को कहा जाता है—

(क) स्वतंत्र साहचर्य (free association)
(ख) स्थानान्तरण (transference)
(ग) संज्ञानात्मक विश्लेषण (cognitive analysis)
(घ) उपर्युक्त में से कुछ भी नहीं उ० (ख)

249. निम्नलिखित का सही सुमेल बतलावें—

सूची I	सूची II
(अ) धनात्मक स्थानान्तरण	(च) रोगी द्वारा विश्लेषक या चिकित्सक के प्रति दिखलाया गया घृणा

(ब) ऋणात्मक स्थानान्तरण (छ) रोगी द्वारा विश्लेषक या चिकित्सक के प्रति दिखलाया गया स्नेह

(स) प्रतिस्थानान्तरण (झ) विश्लेषक द्वारा रोगी के प्रति दिखलाया गया स्नेह

निम्नांकित कूट संकेत (codes) के आधार पर उत्तर दें :

(क) अ एवं च (ख) ब एवं झ

(ग) स एवं झ (घ) ब एवं छ उ० (ग)

250. निश्चयात्मकता चिकित्सा (assertiveness therapy) का प्रयोग सफलतापूर्वक नहीं किया जा सकता है

(क) अव्यक्तिगत उद्दीपकों से संबंधित दुर्भीति (phobia) के उपचार में।
(ख) मनोच्छिेदी हिस्ट्रीया (dissociative hysteria) के उपचार में।
(ग) मनोग्रस्ति-बाध्यता स्नायुविकृति (manic-depressive neurosis) के उपचार में।
(घ) उपर्युक्त तीनों रोगों के उपचार में। उ० (क)

251. मनोविश्लेषणात्मक चिकित्सा (psychoanalytic therapy) के कुछ निश्चित लक्ष्य (goals) हैं। निम्नांकित में से किसे इस लक्ष्य में शामिल नहीं किया जा सकता है—

(क) रोगी के समस्यात्मक व्यवहार (problematic behaviour) के पीछे छिपे कारणों में बौद्धिक एवं सांवेगिक सूझ (insight) विकसित करना।
(ख) ऐसे सूझों (insights) के आशय (implication) को पूर्णतः खोजबीन करना।
(ग) उपाहं (id) तथा पराहं (super ego) पर अहं (ego) के नियंत्रण को मजबूत करना।
(घ) रोगी के वर्तमान की घटनाओं पर प्रकाश डालना। उ० (घ)

252. मनोविश्लेषणात्मक उद्देश्यों के अनुसार स्वप्न का कौन पहलू सबसे अधिक महत्त्वपूर्ण होता है?

(क) अव्यक्त विषय (latent content) (ख) व्यक्त विषय (manifest content)
(ग) दोनों तरह के विषय (घ) दोनों में से कोई नहीं उ० (क)

253. फ्रायड का यह विचार कि मानव व्यवहार चेतन तथा अचेतन मानसिक प्रक्रियाओं द्वारा निर्धारित होता है, को कहा जाता है—

(क) मानसिक निर्धार्यता (psychic determinism) (ख) मानसिक प्रतिरोध (pychic resistance)
(ग) पाराप्रेक्सेज (parapraxes) (घ) बौद्धिकीकरण (intellectualization) उ० (क)

254. व्यवहार चिकित्सा की कुछ पूर्वकल्पनाएँ (assumptions) होतीं हैं। निम्नांकित में से किसे इस सूची में शामिल नहीं किया जा सकता है—

(क) सामान्य तथा असामान्य व्यवहार के बीच निरंतरता (continuity) होती है जिसका मतलब यह हुआ कि सीखने के नियम सभी तरह के व्यवहारों पर लागू होते हैं।
(ख) चिकित्सा का उद्देश्य स्पष्ट अपअनुकूली व्यवहार (maladaptive behaviour) को परिवर्तित करना है।
(ग) रोगी के वर्तमान समस्याओं पर सर्वाधिक ध्यान केन्द्रित किया जाता है।
(घ) चिकित्सीय प्रविधियाँ (therapeutic techniques) प्रयोगात्मक मनोविज्ञान के आनुभाविक परिणामों (empirical findings) पर आधारित होतीं हैं। उ० (घ)

255. गेस्टाल्ट चिकित्सा (Gestalt therapy) का मुख्य उद्देश्य इस तथ्य पर बल डालना होता है कि

(क) रोगी क्यों किसी खास ढंग से व्यवहार कर रहा है।
(ख) रोगी के वर्तमान भाव (feeling) क्या है।
(ग) रोगी किस तरह से व्यवहार कर रहा है।
(घ) 'ख' तथा 'ग' दोनों पहलुओं को समझना। उ० (घ)

256. निम्नांकित में से किस चिकित्सा (therapy) को मानवतावादी-अनुभवात्मक चिकित्सा (humanistic-experiential therapy) तथा समूह चिकित्सा (group therapy) दोनों में रखा गया है—

(क) गेस्टाल्ट चिकित्सा (Gestalt therapy)
(ख) संज्ञानात्मक व्यवहार चिकित्सा (Cognitive behaviour therapy)
(ग) पारिवारिक चिकित्सा (Family therapy)
(घ) मनोनाटक (Psychodrama) उ० (क)

257. 'Now = experience = awareness = reality' का संबंध निम्नांकित में से किस चिकित्सा से है—
(क) गेस्टाल्ट चिकित्सा (Gestalt theory)
(ख) मनोनाटक (Psychodrama)
(ग) संव्यवहार विश्लेषण (Transactional analysis)
(घ) सामूहिक मुठभेड़ चिकित्सा (Encounter group therapy) **उ० (क)**

258. सामूहिक मुठभेड़ चिकित्सा का मुख्य उद्देश्य—
(क) समूह के सदस्यों के विशिष्ट समस्या पर ध्यान देना होता है।
(ख) प्रत्येक सदस्य को दूसरे सदस्य के भावों से संवेदीकृत (sensitize) करना होता है।
(ग) प्रत्येक सदस्य का एक-दूसरे के साथ घनिष्ठ अन्तर्वैयक्तिक संबंध बढ़ाना।
(घ) प्रत्येक सदस्य एक-दूसरे के साथ भावात्मक संबंध स्थापित करना। **उ० (ख)**

259. सामूहिक मुठभेड़ चिकित्सा में समूह के नेता कुछ विधियों को अपनाकर सदस्यों को एक-दूसरे के साथ अन्तःक्रिया करने के लिए प्रेरित करते हैं। निम्नांकित में से किसे इन विधियों में शामिल नहीं किया जा सकता है—
(क) आत्म-वर्णन (self-description)
(ख) नेत्रगोलक-से-नेत्रगोलक (eyeball-to-eyeball)
(ग) अन्ध भ्रमण (blind walk)
(घ) धनात्मक पुनर्बलन की उपस्थिति (presentation of positive reinforcement) **उ० (घ)**

260. मारेथन समूह चिकित्सा (Marathon group therapy) पद का प्रतिपादन किया गया था—
(क) बेक (Beck) द्वारा। (ख) स्टौलर (Stoller) द्वारा।
(ग) कर्टलेविन (Kurt Lewin) द्वारा।
(घ) स्कीन तथा वेनिस (Schein & Bennis) द्वारा। **उ० (क)**

261. रैसनल-इमोटिव चिकित्सा तथा संज्ञानात्मक व्यवहार चिकित्सा में मुख्य अन्तर यह है कि
(क) रैसनल-इमोटिव चिकित्सा में रोगी को अपने अयथार्थ विश्वास (irrational fear) को बातचीत एवं विचार-विमर्श के माध्यम से परिवर्तित किया जाता है जबकि संज्ञानात्मक व्यवहार चिकित्सा में रोगी को कुछ करके इस तरह की सूचना एकत्रित करने के लिए कहा जाता है जिससे वह स्वयं ही अपने अयथार्थ विश्वास को दूर कर सके।
(ख) रैसनल-इमोटिव चिकित्सा में रोगी की समस्याओं को व्यवहारात्मक तरीकों से दूर करने की कोशिश की जाती है जबकि संज्ञानात्मक व्यवहार चिकित्सा में रोगी की समस्या को संज्ञानात्मक तरीकों से दूर करने की कोशिश की जाती है।
(ग) रैसनल-इमोटिव चिकित्सा द्वारा दुर्भीति (phobia) के रोगी को सबसे अधिक लाभ पहुँचता है जबकि संज्ञानात्मक व्यवहार चिकित्सा द्वारा विषाद (depression) के रोगी को सर्वाधिक फायदा होता है।
(घ) रैसनल-इमोटिव चिकित्सा एक खर्चीली चिकित्सा है ज़बकि संज्ञानात्मक व्यवहार चिकित्सा खर्चीली कम परन्तु अधिक समय लेने वाला प्रविधि है। **उ० (क)**

262. निम्नांकित में से किसे आत्म-निर्देशात्मक प्रशिक्षण (self-instructional training) कहा जाएगा—
(क) संघात्मक व्यवहार चिकित्सा (cognitive behaviour therapy)
(ख) तनाव चिकित्सा (stress-inoculation therapy)
(ग) रैसनल-इमोटिव चिकित्सा (rational-emotive therapy)
(घ) क्लायंट-केन्द्रित चिकित्सा (client-centered therapy) **उ० (ख)**

263. निम्नलिखित में से किस रोग के रोगी तनाव-टीका चिकित्सा से सर्वाधिक लाभन्वित होते हैं?
(क) रूपान्तरित हिस्ट्रीया (conversion hysteria) (ख) दुश्चिंता स्नायुविकृति (anxiety neurosis)
(ग) विषादी स्नायुविकृति (depressive neurosis) (घ) मनोविकृति (psychotic depression) **उ० (ख)**

264. निश्चयात्मकता चिकित्सा (assertiveness therapy) को आप किस श्रेणी में रखेंगे?
(क) टाईप ए चिकित्सा (Type A therapy) में। (ख) टाईप बी चिकित्सा (Type B therapy) में।
(ग) टाईप सी चिकित्सा (Type C therapy) में। (घ) उपर्युक्त में से किसी भी श्रेणी में। **उ० (ख)**

265. ऐसे तो व्यवहार चिकित्सा (behaviour therapy) तथा व्यवहार परिमार्जन (behaviour modification) का प्रयोग एक-दूसरे के लिए किया जाता है, परन्तु कुछ नैदानिक मनोवैज्ञानिक ने इन दोनों के प्रयोग में अन्तर किया है। निम्नांकित में से कौन-सा अन्तर सही है—
(क) वैसी चिकित्सा जो स्कीनर द्वारा प्रतिपादित उन्मुखताओं (orientations) पर आधारित होता है, उसे व्यवहार चिकित्सा (behaviour therapy) तथा वैसी चिकित्सा जो पैवलव द्वारा प्रतिपादित उन्मुखताओं पर आधारित होता है, उसे व्यवहार परिमार्जन (behaviour modification) कहा जाता है।
(ख) स्कीनर द्वारा प्रतिपादित उन्मुखताओं पर आधारित चिकित्सा को व्यवहार परिमार्जन (behaviour modification) तथा पैवलव द्वारा प्रतिपादित उन्मुखताओं पर आधारित चिकित्सा को व्यवहार चिकित्सा (behaviour therapy) कहा जाता है।
(ग) स्कीनर द्वारा प्रतिपादित उन्मुखताओं पर आधारित चिकित्सा को व्यवहार परिमार्जन (behaviour modification) तथा सामाजिक सीखना (social learning) तथा/या संज्ञानात्मक सीखना (cognitive learning) के उन्मुखताओं पर आधारित चिकित्सा को व्यवहार चिकित्सा (behaviour therapy) कहा जाता है।
(घ) पैवलव द्वारा प्रतिपादित उन्मुखताओं पर आधारित चिकित्सा को व्यवहार परिमार्जन (behaviour modification) एवं सामाजिक सीखना तथा/या संज्ञानात्मक सीखना के उन्मुखताओं पर आधारित चिकित्सा को व्यवहार चिकित्सा कहा जाता है। **उ० (ग)**

266. किसी व्यक्ति के मानसिक विकृति को पूर्णरूपेण दूर करने के लिए आप निम्नांकित में से किसे सबसे अधिक महत्त्व देंगे—
(क) पारिवारिक चिकित्सा (family therapy) (ख) गेस्टाल्ट चिकित्सा (gestalt therapy)
(ग) संव्यवहार विश्लेषण (transactional analysis) (घ) इसमें से किसी को भी नहीं। **उ० (क)**

267. संव्यवहार विश्लेषण (transactional analysis) एक तरह का
(क) समूह चिकित्सा है।
(ख) वैयक्तिक चिकित्सा है।
(ग) इन दोनों में से कोई भी प्रकार का नहीं है।
(घ) अंशतः समूह चिकित्सा है तथा अंशतः वैयक्तिक चिकित्सा है। **उ० (क)**

268. निम्नांकित में से किस तरह की चिकित्सा विधि में कोई सर्वमान्य कार्यविधि नहीं होती है—
(क) मानवतावादी-अस्तित्वात्मक चिकित्सा (humanistic-existential therapy) में।
(ख) व्यवहार चिकित्सा में।
(ग) मनोगतिकी चिकित्सा (psychodynamic therapy) में।
(घ) अन्तर्वैयक्तिक संबंधों (interpersonal relationship) पर आधारित चिकित्सा में। **उ० (क)**

269. रैसनल-इमोटिव चिकित्सा (rational-emotive therapy) किस श्रेणी की चिकित्सा पद्धति है?
(क) टाईप ए चिकित्सा (ख) टाईप बी चिकित्सा
(ग) टाईप सी चिकित्सा (घ) उसमें सा किसी में भी नहीं **उ० (ग)**

270. जिस चिकित्सा में रोगी को अपने पुराने इर्द-गिर्द के पर्यावरण में रखकर ही उपचार किया जाता है, उसे कहा जाता है—
(क) पारिवारिक चिकित्सा (family therapy) (ख) समूह चिकित्सा (group therapy)
(ग) सामुदायिक चिकित्सा (community therapy) (घ) उपर्युक्त में से कुछ भी नहीं **उ० (ग)**

271. 'टाइम-आउट' का सही अर्थ क्या होता है?
(क) रोगी को समय पर भोजन पानी देना।
(ख) रोगी को समय पर उपचारकक्ष में लाना और फिर ले जाना।
(ग) रोगी को ऐसे वातावरण या परिस्थिति से बाहर निकाल देना जहाँ उसे धनात्मक पुनर्बलन (positive reinforcement) मिलता हो।
(घ) रोगी को ऐसे वातावरण या परिस्थिति से बाहर निकाल देना जहाँ उसे दंड (punishment) मिलता हो। **उ० (ग)**

272. अगर कोई व्यक्ति बंद स्थान (closed space) में जाने से डरता है और चिकित्सक उसे ऐसी परिस्थिति में होने पर उसे चिंतित न होकर शांत रहने में मदद करता है, तो इस प्रविधि को कहा जाएगा—

(क) मॉडलिंग (modeling)
(ख) क्रियाप्रसूत अनुबंधन (operant conditioning)
(ग) प्रति अनुबंधन (counter conditioning)
(घ) व्यवहार परिमार्जन (behaviour modification) उ० (ग)

273. बहुमॉडल चिकित्सा (multimodal therapy) का प्रतिपादन किसके द्वारा किया गया है?
(क) मारलो (Marlow) (ख) लेजारस (Lazarus)
(ग) गोल्डफ्रिड (Goldfried) (घ) लारेंस (Lawrence) उ० (ख)

274. 'BASIC ID' का संबंध किस चिकित्सा से है?
(क) बहुमॉडल चिकित्सा (multimodal therapy) (ख) संज्ञानात्मक चिकित्सा (cognitive therapy)
(ग) व्यवहार चिकित्सा (behaviour therapy) (घ) समूह चिकित्सा (group therapy) उ० (क)

275. 'BASIC ID' का सही रूप कौन है?

(क)		(ख)	
B	= व्यवहार (behaviour)	B	= व्यवहार (behaviour)
A	= भाव (affect)	A	= भाव (affect)
S	= संवेदन (sensation)	S	= ज्ञानेन्द्रियाँ (sense organ)
I	= प्रतिमा (imagery)	I	= कल्पना (imagination)
C	= संज्ञान (cognition)	C	= संज्ञान (cognition)
I	= अंतर्वैयक्तिक सबंध (interpersonal relation)	I	= अंतर्वैयक्तिक सबंध (interpersonal relation)
D	= औषध (drug)	D	= औषध (drug)

(ग)		(घ)	
B	= रक्त दुर्भीति (blood phobia)	B	= मस्तिष्कीय तरंग (brain waves)
A	= समायोजन विकृति (adjustment disorders)	A	= उम्र (age)
S	= संवेदन	S	= संवेदन
I	= कल्पना	I	= कल्पना
C	= संज्ञान	C	= संज्ञान
I	= अंतर्वैयक्तिक सबंध	I	= अंतर्वैयक्तिक सबंध
D	= औषध (drug)	D	= औषध

उ० (क)

276. निम्नांकित में से किसने मनश्चिकित्सा (psychotherapy) में व्यवहार (behaviour) तथा संज्ञान (cognition) से संबंधित दोनों तरह की प्रविधियों के उपयोग पर सर्वाधिक बल डाला है?
(क) बेक (Beck) (ख) लोजारस (Lazarus)
(ग) इल्लिस (Ellis) (घ) बर्नार्ड (Bernard) उ० (ख)

277. जब दाँत से नख काटने की बुरी आदत का उपचार ऐसे व्यवहार के होने के तुरंत बाद विरुचि उत्पन्न करने वाला उद्दीपक (aversive stimuli) को देकर किया जाता है, तो इस चिकित्सा पद्धति को कहा जाता है—
(क) प्रति अनुबंधन (counterconditioning)
(ख) चयनात्मक दंड (selective punishment)
(ग) परिहार अनुबंधन (avoidance conditioning)
(घ) दंड प्रशिक्षण (punishment training) उ० (ख)

278. फ्लडिंग (Flooding) निम्नांकित में से किसके समान है?
(क) क्रमबद्ध असंवेदीकरण
(ख) अंतःस्फोटक चिकित्सा (implosive therapy)
(ग) मॉड़लिंग (modeling)
(घ) प्रति अनुबंधन (counter conditioning) उ० (ख)

279. निम्नांकित में से कौन दुश्चिंता विकृति (anxiety disorder) नहीं है?
   (क) विशिष्ट दुर्भीति (specific phobia)
   (ख) डिसोसियेटिव फ्यूज (dissociative fugue)
   (ग) मनोग्रस्ति-बाध्यता विकृति (obsessive-compulsive disorder)
   (घ) उत्तरआघातीय प्रतिबल विकृति (posttraumatic stress disorder) उ॰ (ख)

280. मनोदशा विकृति (mood disorder) में निम्नांकित किन दो तरह के मनोदशाओं (moods) के अनत्य (extreme) शामिल होता है?
   (क) क्रोध एवं उदासी
   (ख) विषाद (depression)
   (ग) उन्माद (mania) एवं विषाद (depression)
   (घ) उपर्युक्त में से किसी में भी नहीं उ॰ (ग)

281. अन्तस्रावी असंतुलन (endocrine imbalance) से उत्पन्न होने वाली और मानसिक दुर्बलता (mental retardation) के लक्षणों में व्यक्त होने वाली दशा को कहा जाता है— **(UPSC, CSE, 2001)**
   (क) रूबेला (Rubella) (ख) डाउन संलक्षण (Down's syndrome)
   (ग) क्रेटिनिज्म (Cretinism) (घ) टर्नर संलक्षण (Turner's syndrome) उ॰ (ग)

282. किसने स्वप्न (dream) को अचेतन का राजकीय मार्ग (Royal road to unconscious) कहा है—
   (क) सिगमंड फ्रायड (Sigmund Freud) (ख) अन्ना फ्रायड (Anna Freud)
   (ग) कार्ल युंग (Carl Jung) (घ) कार्ल रोजर्स (Carl Rogers) उ॰ (क)

283. निम्नलिखित में से कौन एक सेट समायोजी प्रक्रम (adjustive mechanism) का सही अनुक्रम (sequence) है? **(UPSC, CSE, 2001)**
   (क) संघर्ष (conflict)—कुंठा (frustration—समायोजी प्रक्रम (coping mechanism—रक्षा प्रक्रम (defense mechanism)
   (ख) कुंठा—संघर्ष—समायोजी प्रक्रम—सुरक्षा प्रक्रम
   (ग) संघर्ष—समायोजी प्रक्रम—कुंठा—सुरक्षा प्रक्रम
   (घ) समायोजी प्रक्रम—संघर्ष—कुंठा—रक्षा प्रक्रम उ॰ (ग)

284. तनाव से निबटने (coping) का रहस्य है—अपनी व्याकृतियों (constructs) को इस तरह से परिवर्तित कर देने की इच्छा रखना ताकि वे नयी परिस्थितियों में उपयुक्त हो जायँ। इस कथन का संबंध किससे है? **(UPSC, CSE, 2001)**
   (क) मैसलो (Maslow) (ख) रोजर्स (Rogers)
   (ग) इरिक्सन (Erikson) (घ) जॉर्ज केली (Gorge Kelley) उ॰ (घ)

285. निम्नलिखित में से कौन व्यक्तित्व प्रकार 'ए' (Type A) की विशेषता नहीं है? **(UPSC, CSE, 2001)**
   (क) समय पालन की अत्यधिक बाध्यता (excessive compulsion)
   (ख) समस्याओं का सतर्क विश्लेषण (meticulous analysis)
   (ग) अनिद्रा (sleeplessness)
   (घ) सदैव जल्दबाजी में उ॰ (ख)

286. निम्नांकित में से कौन एक बेमेल पद (odd item) है? **(UPPSC, CSE, 2000)**
   (क) हिस्टीरिया (Hysteria) (ख) मनोविदालिता (Schizophrenia)
   (ग) मानसिक दुर्बलता (Mental deficiency) (घ) स्थिर-व्यामोह (Paranoia) उ॰ (ग)

287. निम्नलिखित में से कौन बेमेल (odd item) है? **(UPPSC, CSE, 2000)**
   (क) प्रक्षेपण (Projection) (ख). यौक्तिकीकरण (Rationalization)
   (ग) रूपांतर (Conversion) (घ) क्षतिपूर्ति (Compensation) उ॰ (ग)

288. इच्छा अवरोध (blocking a desire) से उत्पन्न होता है— **(UPPSC, CSE, 2000)**
   (क) संघर्ष (conflict) (ख) तनाव या प्रतिबल (stress)
   (ग) निराशा (despair) (घ) कुंठा (frustration) उ॰ (ग)

289. स्थिर व्यामोह (paranoia) की मुख्य विशेषता है : (MPPSC, CSE, 2000)
(क) निषेधात्मकता (negativism) (ख) क्रमबद्ध व्यामोह (systematic delusion)
(ग) चिंता (anxiety) (घ) विभ्रम (hallucination) उ० (ख)

290. स्नायुविकृति या मनस्तापी (Neurotic) एवं मनोविक्षिप्त (Psychotic) में अंतर यह भी है कि मनोविक्षिप्त व्यक्ति : (MPPSC, CSE, 2000)
(क) अपनी बीमारी को महसूस नहीं करता है
(ख) का वास्तविकता से सम्पर्क टूट जाता है
(ग) जल्दी ठीक हो जाता है
(घ) व्यामाहों (delusions) से सदैव ग्रस्त रहता है। उ० (ख)

291. मनोविक्षिप्तता (Psychosis) का प्रमुख लक्षण है— (UPPSC, CSE, 2001)
(क) चिंता (anxiety)
(ख) बौद्धिक ह्रास (intellectual deterioration)
(ग) संवेगात्मक विमुखता (affective disorientation)
(घ) वास्तविकता से विमुखता (reality disorientation) उ० (घ)

292. जब चिकित्सक के प्रति जुड़ी हुई भावनाएँ (feelings) प्रेम अथवा प्रशंसा की होती है, तो यह एक अवस्था है : (UPPSC, CSE, 2001)
(क) धनात्मक आदर हस्तान्तरण (positive regard transference) की
(ख) धनात्मक हस्तान्तरण (positive transference) की
(ग) रागात्मक (eros) हस्तांतरण की
(घ) प्रेम हस्तान्तरण (love transference) की उ० (ख)

293. इनमें से किस विकृति (disorder) को प्रक्रिया (process) तथा प्रतिक्रियात्मक (reactive) प्रकार में वर्गीकृत किया जाता है— (UPPSC, CSE, 2001)
(क) दुर्भीति (phobia) (ख) हिस्ट्रीया
(ग) मनोविदालिता (schizophrenia)
(घ) द्विध्रुवीय मनोविक्षिप्त (Bipolar psychosis) उ० (ग)

294. स्मृति लोप (amnesia) किसका उदाहरण है— (UPPSC, CSE, 2001)
(क) रूपांतर हिस्ट्रीया (conversion hysteria)
(ख) अभिसादी प्रतिक्रिया (convergent reaction)
(ग) अपसारी प्रतिक्रिया (divergent reaction)
(घ) विच्छेदी प्रतिक्रिया (dissociative reaction) उ० (घ)

295. मानसिक विकृति वह विचारधारा है जिसका आधार न्यूरोरसायनिक या आंगिक (organic) हो, को कहा जाता है— (UPPSC, CSE, 2001)
(क) जैवजन्य सिद्धान्त (biogenic theory)
(ख) विकृति मॉडल (pathology model)
(ग) आंगिक सिद्धान्त (organic theory)
(घ) न्यूरोविज्ञान सिद्धान्त (neuroscience theory) उ० (क)

296. जड़िमा (stupor) की प्रमुख विशेषता है— (UPPSC, CSE, 2001)
(क) बेहोशी की अत्यधिक मात्रा
(ख) बाह्य अनुक्रियाओं (overt activities) एवं चेतन की कमी
(ग) अत्यधिक बेचैनी (severe restlessness)
(घ) निद्राभ्रमण (sleep walking) उ० (ख)

297. ध्वनि की प्रतिध्वन्यात्मकता (echolalia) निम्नांकित में से किससे संबंधित है— (UPPSC, CSE, 2001)
(क) मनोविदालिता (schizophrenia)
(ख) एकध्रुवीय विषाद (unipolar depression)

(ग) वाल्यावस्था का अंशघात (Juvenile paresis)
(घ) रोगभ्रम (hypochondriasis) उ० (क)

298. निम्नलिखित में से कौन समाज-विरोधी व्यक्तित्व (antisocial personality) में नहीं पाया जाता है— **(UPPSC, CSE, 2001)**
(क) आवेगशीलता (impulsiveness)
(ख) आक्रमकता (aggressiveness)
(ग) दायित्वपूर्ण संबंध की कमी (lack of loyal relationship)
(घ) दोष भाव (guilt feeling) उ० (घ)

299. स्थिर व्यामोही प्रतिक्रियाओं (paranoid reactions) के प्रमुख लक्षण हैं— **(UPPSC, CSE, 2001)**
(क) व्यामोह (delusion) (ख) द्विवास्वप्न
(ग) प्रतिगमन (regression) (घ) विचलन (deviation) उ० (क)

300. एडलर (Adler) ने बल (emphasis) दिया था व्यक्ति की : **(UPPSC, CSE, 2001)**
(क) मूल चिंता (basic anxiety) पर
(ख) असहायता की भावना पर
(ग) श्रेष्ठता के लिए प्रयासों पर (superiority strivings) पर
(घ) बार-बार हाथ धोने की बाध्यता की परित्याग पर उ० (ग)

301. वह व्यक्ति जो सदा यह सोचता है कि हर आदमी उसके विरुद्ध षडयंत्र रच रहा है, पीड़ित है— **(UPPSC, CSE, 2001)**
(क) संविभ्रमात्मक व्यामोह (paranoid dulusion) से
(ख) चिंतन (autistic thinking) से
(ग) अवास्तविक चिंतन (unrealistic thinking) से
(घ) विचारों की उड़ान से (flight of ideas) से उ० (क)

302. जब दो परस्पर विरोधी परंतु लगभग समान रूप से शक्तिशाली प्रवृत्तियाँ अथवा क्रियाएँ समाकालिक रूप से (simultaneously) उत्पन्न होती हैं तो इसका परिणाम होता है— **(UPPSC, CSE, 2001)**
(क) कुंठा (ख) उदासीनता (apathy)
(ग) द्वन्द्व (conflict) (घ) नैराश्य (despair) उ० (ग)

303. परीक्षण पर घटिया निष्पादन के लिए शिक्षक ने किसी छात्र की आलोचना किया। छात्रावास पहुँचने पर वह अपने कक्ष साथी (room mate) पर बहुत गुस्सा करता है और उससे काफी झगड़ता है। उसके इस व्यवहार को सबसे अधिक उत्तम ढंग से वर्णित (describe) किया जाएगा— **(UPSC, CSE, 1999)**
(क) प्रक्षेपण (projection) के रूप में
(ख) प्रतिक्रिया निर्माण (reaction formation) के रूप में
(ग) यौक्तिकीकरण (rationalization) के रूप में
(घ) विस्थापन (displacement) के रूप में उ० (घ)

304. मनोविदालिता की उत्पत्ति में निम्नांकित में से किसकी भूमिका नहीं होती है? **(UPPSC, CSE, 2001)**
(क) मनोविदालिता के रोग की पूर्ववृत्ति (predisposition) रखने वाले व्यक्ति में प्रतिबल (stress)
(ख) जननिक कारक (genetic factor)
(ग) अत्यधिक डोपामाइन क्रिया (excessive dopamine activity)
(घ) अस्वस्थकर पारिवारिक अन्तःक्रिया पैटर्न उ० (घ)

305. निम्नांकित में से किससे कार्ल रोजर्स (Carl Rogers) का नाम संबंधित है?
(क) गेस्टाल्ट चिकित्सा (Gestalt therapy)
(ख) अस्तित्ववादी चिकित्सा (Existential therapy)
(ग) व्यक्ति केन्द्रित चिकित्सा (Person-centered therapy)
(घ) लोगो चिकित्सा (logotherapy) उ० (ग)

306. सामूहिक चिकित्सा (group therapy) के बारे में निम्नांकित में से कौन सही नहीं है?
 (क) सामूहिक चिकित्सा समूह के अन्य सदस्यों से पुनर्निवेशन (feedback) प्राप्त करने की अनुमति देता है
 (ख) यह चिकित्सा समूह के अन्य सदस्यों से मदद एवं समर्थन प्राप्त करने में मदद करता है
 (ग) इसका संचालन प्रशिक्षित चिकित्सकों द्वारा नहीं होता है
 (घ) वैयक्तिक चिकित्सा की तुलना में यह कम खर्चीला होता है **उ० (ग)**

307. मृत्यु एवं रोग (disease) की ओर ले जाने में निम्नांकित में से किसकी भूमिका सबसे प्रधान बतलायी गयी है?
 (क) अस्वथकर जीवन शैली (unhealthy life style)
 (ख) एक घटिया स्वास्थ्य देख-रेख तंत्र (A poor health care system)
 (ग) पर्यावरणी समस्याएँ (environmental hazards)
 (घ) जननिक विकृतियाँ (Genetic disorders) **उ० (क)**

308. कौन स्वास्थ्य समझौता व्यवहार (health compromising behaviour) मनुष्यों में उच्च मृत्यु दर के लिए उत्तरदायी है?
 (क) अत्यधिक भोजन करना (ख) व्यायाम की कमी
 (ग) धुम्रपान (smoking) (घ) अत्यधिक अल्कोहल उपयोग **उ० (ग)**

309. निम्नांकित में से किस मानसिक विकृति के होने की बारंबारता सामान्यतः सबसे अधिक पायी गयी है?
 (क) दुर्भीति (phobias) (ख) मनोविदालिता (schizophrenia)
 (ग) द्विध्रुवीय विकृति (bipolar disorder) (घ) विषाद (depression) **उ० (घ)**

310. संज्ञानात्मक परिप्रेक्ष्य (cognitive perspective) में निम्नांकित में से किसे असामान्य व्यवहार का सबसे उत्तम कारण बतलाया जा सकता है?
 (क) दोषपूर्ण अधिगम (faulty learning) (ख) आरंभिक बाल्यावस्था की अनुभूतियाँ
 (ग) अचेतन द्वन्द्व (unconscious conflict) (घ) दोषपूर्ण चिंतन (faulty thinking) **उ० (घ)**

311. मनोविदालिता (schizophrenia) के उपचार में जो औषध लाभकारी होता है, वह
 (क) मस्तिष्क में नोरपाइनफ्राइन (norepinephrine) के क्रिया को अवरुद्ध कर देता है
 (ख) मस्तिष्क में रक्त प्रवाह को कम कर देता है
 (ग) मस्तिष्क में डोपामाइन (dopamine) के क्रिया को अवरुद्ध कर देता है
 (घ) मस्तिष्क में मेलाटोनिन (melatonin) के स्तर को बढ़ा देता है **उ० (ग)**

312. वह कौन-सी विकृति है जिसमें दो या दो से अधिक भिन्न व्यक्तित्व होते हैं और प्रत्येक व्यक्तित्व एक समय में प्रबल होता है—
 (क) विच्छेदी स्मृति लोप (dissociative amnesia)
 (ख) विभक्त व्यक्तित्व (split personality)
 (ग) विच्छेदी पहचान विकृति (dissociatve identity disorder)
 (घ) मनोविदालिता (schizophrenia) **उ० (ग)**

313. रक्षा प्रक्रम (defence mechanism) के संप्रत्य का प्रतिपादन किसने किया है?
 (क) सिगमंड फ्रायड (Sigmund Freud) (ख) अन्ना फ्रायड (Anna Freud)
 (ग) मेरी फ्रायड (Mary Freud) (घ) डेविड फ्रायड (David Freud) **उ० (ख)**

314. निम्नलिखित में से मनोभ्रम (demensia) का सबसे प्रमुख कारण कौन है?
 (क) अल्झीमर रोग (Alzheimer's disease) (ख) पिक रोग (Pick's diseases)
 (ग) पारकिन्सन रोग (Parkinson's diseases) (घ) हनटिंगटंन रोग (Huntingtan's disease) **उ० (क)**

315. उन्माद (delirium) निम्नांकित में से किसका प्रकार है?
 (क) मनोदशा विकृति (mood disorder) का
 (ख) संज्ञानात्मक विकृति (cognitive disorder) का
 (ग) चिंता विकृति (anxiety disorder) का
 (घ) इनमें से किसी का भी नहीं **उ० (ख)**

316. दु:स्वप्न (nightmares), अतीतावलोकन (flashabck), चिड़चिड़ापन, एकाग्रता में कठिनाई तथा सामान्य अनुक्रियाशीलता (general unresponsiveness) के लक्षणों वाले मनोविकार को कहा जाता है— **(UPSC, CSE, 2002)**
   (क) सामान्य अनुकूलन संलक्षण (general adaptation syndrome)
   (ख) द्विध्रुवीय विकृति (bipolar disorder)
   (ग) उत्तरआघातीय तनाव विकृति (Postramatic Stress disorder)
   (घ) स्थिति भ्रान्तिहीन असक्ति (disoriented attachment) **उ० (ग)**

317. आत्महत्या का प्रयास करने वाले व्यक्तियों में किनका स्तर सामान्य से कम पाया गया है?
   (क) डोपामाइन (dopamine) का (ख) 5-HIAA का
   (ग) सेरोटोनिन (serotonin) का (घ) उपर्युक्त में से किसी का भी नहीं **उ० (ख)**

318. बुसपिरोन (Buspirone), का उपयोग निम्नांकित में से किसके उपचार में सर्वाधिक किया जाता है?
   (क) मनोविदालिता (schizophrenia) के उपचार में।
   (ख) स्थिर-व्यामोह (paranoia) के उपचार में।
   (ग) चिंता विकृति (anxiety disorder) के उपचार में।
   (घ) उपर्युक्त में से किसी के भी उपचार में नहीं **उ० (ग)**

319. टारडाइभ डायस्कीनेसिया (Tardive dyskinesia or TD) का संबंध निम्नांकित में से किससे है?
   (क) गति संबंध विकृति से (ख) संवेदी विकृति से
   (ग) विभ्रम से (घ) इनमें से किसी से भी नहीं **उ० (क)**

320. पिमोजायड (Pimozide) औषध का व्यवसाय नाम (trade name) क्या है?
   (क) हालडोल (Haldol) (ख) लौक्सीटोन (Loxitone)
   (ग) ऑरैप (Orap) (घ) रिसपेरडल (Risperdal) **उ० (ग)**

❑